Thierhoff/Müller/Illy/Liebscher
Unternehmenssanierung

Unternehmenssanierung

Herausgegeben von

Michael Thierhoff   Renate Müller
Thomas Illy   Dr. Marc Liebscher, LL.M.

Bearbeitet von

Prof. Dr. Dr. h.c. Jörg Baetge · Prof. Dr. Andreas Bausch
Matthias Beck, Wirtschaftsprüfer, Steuerberater · Ursula Bergermann, Bankdirektorin
Katrin Bringezu, Rechtsanwältin, Fachanwältin für Arbeitsrecht und Insolvenzrecht
Neil Cooper, Chartered Accountant, Insolvency Practitioner
Dr. Michael C. Frege, Rechtsanwalt, Fachanwalt für Insolvenzrecht
Dipl.-Kfm. Arndt Geiwitz, Wirtschaftsprüfer, Steuerberater
Dr. Burkard Göpfert, LL.M., Rechtsanwalt, Fachanwalt für Arbeitsrecht
Dipl.-Kfm. André Hater, Wissenschaftlicher Mitarbeiter
Dipl.-Kfm. Thomas Illy, Wirtschaftsprüfer, Steuerberater
Dipl.-Ing. Volker Kirchgeorg
Dipl.-Kfm. Guido Koch, Wirtschaftsprüfer, Steuerberater
Dr. Marcus Krumbholz, Wirtschaftsprüfer, Steuerberater
Dr. Martin Landauer, M. Jur., Rechtsanwalt
Dr. Marc Liebscher, LL.M., Rechtsanwalt
Dipl.-Kfm. Markus Matthes, Wissenschaftlicher Mitarbeiter
Dipl.-Kfm. Günther Mayer, Geschäftsführer
Renate Müller, Rechtsanwältin, Lizentiatin der Wirtschaftswissenschaften
Dr. Klaus Olbing, Rechtsanwalt, Fachanwalt für Steuerrecht
Prof. Dr. Christoph G. Paulus, LL.M. · Dr. Stefan Proske, Rechtsanwalt
Axel Roth, Rechtsanwalt, Fachanwalt für Insolvenzrecht
Dr. Matthias Schmidt, Wissenschaftlicher Mitarbeiter
Dipl.-Kfm. Andreas Schneider, CFO
Dipl.-Kfm. Helge Schulz, Geschäftsführer · Dipl.-Kfm. Rüdiger Stannek
Dipl.-Kfm. Michael Thierhoff, Wirtschaftsprüfer, Steuerberater
Dipl.-Betriebsw. (BA) Timo Tschammler, Vorsitzender der Geschäftsführung
Dr. Sven-Holger Undritz, Rechtsanwalt, Fachanwalt für Insolvenzrecht
Volker Peter Voss, Rechtsanwalt

Bibliografische Information der Deutschen Nationalbibliothek

Die Deutsche Nationalbibliothek verzeichnet diese Publikation in der Deutschen Nationalbibliografie; detaillierte bibliografische Daten sind im Internet über <http://dnb.d-nb.de> abrufbar.

Bei der Herstellung des Werkes haben wir uns zukunftsbewusst für umweltverträgliche und wiederverwertbare Materialien entschieden.
Der Inhalt ist auf elementar chlorfreiem Papier gedruckt.

ISBN 978-3-8114-3546-9

E-Mail: kundenbetreuung@hjr-verlag.de

Telefon: + 49 89/2183-7928
Telefax: + 49 89/2183-7620

© 2012 C.F. Müller, eine Marke der Verlagsgruppe Hüthig Jehle Rehm GmbH
Heidelberg, München, Landsberg, Frechen, Hamburg

www.cfmueller-verlag.de
www.hjr-verlag.de

Dieses Werk, einschließlich aller seiner Teile, ist urheberrechtlich geschützt. Jede Verwertung außerhalb der engen Grenzen des Urheberrechtsgesetzes ist ohne Zustimmung des Verlages unzulässig und strafbar. Dies gilt insbesondere für Vervielfältigungen, Übersetzungen, Mikroverfilmungen und die Einspeicherung und Verarbeitung in elektronischen Systemen.

Satz: TypoScript GmbH, München
Druck: CPI Ebner + Spiegel, Ulm

Vorwort

Wenn Sanierungen scheitern, wird dies von den Beteiligten vorrangig damit begründet, dass die Probleme zu spät angegangen wurden. Es trifft in der Tat zu, dass Sanierungsbemühungen erst bei viel zu weit fortgeschrittener Unternehmenskrise eingeleitet werden. Daran haben die zahlreichen und nachhaltigen Bemühungen weder des Gesetzgebers noch der Beraterzunft wirklich etwas geändert. Auch wenn alle Beteiligten weiterhin bemüht sind, Unternehmen und Unternehmer zu motivieren, die Krisen rechtzeitiger anzugehen, werden wir mit diesem Phänomen weiter leben müssen. Dies zu akzeptieren hilft die Erkenntnis, dass der richtige Berater, der die Probleme mit Kreativität und Pragmatismus in einem wohl moderierten Prozess konsequent angeht, häufig in der Lage ist, auch einen objektiv zu spät begonnenen Sanierungsversuch noch zu einem erfolgreichen Ende zu führen. Dazu liefert das vorliegende Handbuch die notwendige Unterstützung und behandelt die Problemgebiete umfassend und in praxisgerechter Form.

Die 31 Autoren des vorliegenden Handbuchs, allesamt ausgewiesene Sanierungsexperten aus Wissenschaft und Praxis, zeigen umfassend die wirtschaftlichen und rechtlichen Erfordernisse und Handlungsoptionen bei Unternehmenssanierungen auf. Das Handbuch stellt den überarbeiteten IDW-Standard S6 dar und berücksichtigt die ersten Erfahrungen mit dem MoMiG, das Kreditreorganisationsgesetz (KredReorgG), den Regierungsentwurf des Gesetzes zur weiteren Erleichterung der Sanierung von Unternehmen (RegE-ESUG) sowie die wirtschaftlichen Auswirkungen der Finanzmarktkrise.

Die erfolgskritischen Faktoren in Sanierungsfällen, welche notwendig sind zum schnellen Erkennen von Krisenlagen, zum erfolgreichen Verhalten in der Krise und zur effektiven Umsetzung von Sanierungskonzepten werden ausführlich erörtert. Hierfür geht das Handbuch auf Fragen der Prozessorganisation der Sanierung, auf Interimsmanagement und auf Handlungsregeln und Informationspolitik in der Krise/Sanierung ein. Möglichkeiten der operativen und strategischen Sanierung werden erläutert, genauso wie auch solche zur finanziellen und bilanziellen Restrukturierung. Die dazugehörigen rechtlichen Gestaltungsmöglichkeiten und -grenzen werden, wie auch die Haftungsrisiken der Beteiligten, praxisnah erläutert.

In selbstständigen Abschnitten geht das Handbuch ferner auf Einzelfragen ein. Mit Fallbeispielen ausgewählter Wirtschaftsbranchen werden abschließend die Lösungen anschaulich. Zur besseren Übersichtlichkeit sind durchweg Schaubilder, Grafiken und Checklisten eingearbeitet.

Herausgeber und Autoren sind guter Hoffnung, dass das Handbuch bei der Leserschaft freundliche Aufnahme findet und freuen sich stets über Kritik und Anregungen, die Sie bitte an HandbuchSanierung@tmpartner.de senden.

Leipzig, im September 2011 *Die Herausgeber*

Bearbeiterverzeichnis

1. **Kapitel:** *Renate Müller / Dr. Marc Liebscher, LL.M.*
   Rechtsanwältin, Lizentiatin der Wirtschaftswissenschaften / Rechtsanwalt, beide Thierhoff Müller & Partner, Leipzig

2. **Kapitel:** *Prof. Dr. Dr. h.c. Jörg Baetge / Dr. Matthias Schmidt / Dipl.-Kfm. André Hater*
   Leiter des Forschungsteams Baetge, Westfälische Wilhelms-Universität, Münster / beide Wissenschaftliche Mitarbeiter in diesem Forschungsteam, Westfälische Wilhelms-Universität, Münster

3. **Kapitel:** *Prof. Dr. Andreas Bausch / Dipl.-Kfm. Markus Matthes*
   Justus-Liebig-Universität, Gießen/Wissenschaftlicher Mitarbeiter, Justus-Liebig-Universität, Gießen

4. **Kapitel:**

    I.–II. *Dipl.-Kfm. Michael Thierhoff*
    Wirtschaftsprüfer, Steuerberater, Thierhoff Müller & Partner, Leipzig

    III.–IV. *Dipl.-Kfm. Andreas Schneider / Dipl.-Kfm. Helge Schulz*
    CFO, Sophus Berendsen A/S, Hamburg / Geschäftsführer NEXIS, Unternehmensberatung GmbH, Hamburg

    V. *Dipl.-Ing. Volker Kirchgeorg*
    Director, Arthur D. Little GmbH, Frankfurt am Main

5. **Kapitel:**

    I.–III. *Dr. Marcus Krumbholz*
    Wirtschaftsprüfer, Steuerberater, Erkrath-Hochdahl

    IV. *Dipl.-Kfm. Guido Koch*
    Wirtschaftsprüfer, Steuerberater, Schultze & Braun GmbH, Berlin

6. **Kapitel:** *Dipl.-Kfm. Michael Thierhoff*
   Wirtschaftsprüfer, Steuerberater, Thierhoff Müller & Partner, Leipzig

7. **Kapitel:** *Dipl.-Kfm. Michael Thierhoff / Dr. Marc Liebscher, LL.M.*
   Wirtschaftsprüfer, Steuerberater / Rechtsanwalt, beide Thierhoff Müller & Partner, Leipzig

8. **Kapitel:** *Renate Müller / Dr. Marc Liebscher, LL.M.*
   Rechtsanwältin, Lizentiatin der Wirtschaftswissenschaften / Rechtsanwalt, beide Thierhoff Müller & Partner, Leipzig

Bearbeiterverzeichnis

9. Kapitel:

I. *Dr. Sven-Holger Undritz*
Rechtsanwalt, Fachanwalt für Insolvenzrecht, White & Case Insolvenz GbR, Hamburg

II. *Axel Roth*
Rechtsanwalt, Fachanwalt für Insolvenzrecht, Thierhoff Müller & Partner, Leipzig

III. *Dipl.-Kfm. Thomas Illy*
pkl Rechtsanwälte, Frankfurt am Main

IV. *Dr. Sven-Holger Undritz*
Rechtsanwalt, Fachanwalt für Insolvenzrecht, White & Case Insolvenz GbR, Hamburg

10. Kapitel:

I. *Matthias Beck / Dipl.-Kfm. Rüdiger Stannek*
Wirtschaftsprüfer, Steuerberater / Senior Manager, beide Ernst & Young, Eschborn

II. *Dr. Burkard Göpfert, LL.M. / Dr. Martin Landauer, M. Jur.*
Rechtsanwalt, Fachanwalt für Arbeitsrecht / Rechtsanwalt, beide Gleiss Lutz, München

III. *Katrin Bringezu*
Rechtsanwältin, Fachanwältin für Arbeitsrecht und Insolvenzrecht, Hermann Rechtsanwälte Wirtschaftsprüfer Steuerberater, Leipzig

IV. *Dr. Klaus Olbing*
Rechtsanwalt, Fachanwalt für Steuerrecht, Streck Mack Schwedhelm Rechtsanwälte, Berlin

V. *Prof. Dr. Christoph G. Paulus, LL.M. / Dipl.-Kfm. Arndt Geiwitz*
Humboldt-Universität zu Berlin / Wirtschaftsprüfer, Steuerberater, Schneider Geiwitz & Partner, Neu-Ulm

VI. *Neil Cooper*
Chartered Accountant, Insolvency Practitioner, Zolfo Cooper LLP, London

VII. *Matthias Beck / Volker Peter Voss*
Wirtschaftsprüfer, Steuerberater, Ernst & Young, Eschborn/Rechtsanwalt, Ernst & Young, München

VIII. *Ursula Bergermann*
Bankdirektorin, HeLaBa Landesbank Hessen-Thüringen, Erfurt

11. Kapitel:

I.	*Dipl.-Kfm. Günther Mayer* Geschäftsführer, Gesellschafter, com.pass Gesellschaft für Unternehmensentwicklung GmbH & Co. KG, Plochingen
II.	*Dr. Stefan Proske* Rechtsanwalt, Wellensiek Rechtsanwälte, Berlin
III.	*Dr. Michael C. Frege* Rechtsanwalt, Fachanwalt für Insolvenzrecht, CMS Hasche Sigle, Frankfurt am Main
IV.	*Dipl.-Betriebsw. (BA) Timo Tschammler* Vorsitzender der Geschäftsführung, DTZ Deutschland Holding GmbH, Frankfurt

Zitierhinweis

Proske in Thierhoff u.a., Unternehmenssanierung, 11. Kap. Rn. 5

Inhaltsübersicht

Vorwort V
Bearbeiterverzeichnis VII
Inhaltsverzeichnis XIII
Abkürzungsverzeichnis XLIII
Literaturverzeichnis LI

1. Kapitel	Rahmenbedingungen für Unternehmenssanierungen	1
2. Kapitel	Determinanten einer Unternehmenskrise	19
3. Kapitel	Unternehmenssanierung als Managementaufgabe	87
4. Kapitel	Operative und strategische Sanierung	115
5. Kapitel	Finanzielle und bilanzielle Restrukturierung	197
6. Kapitel	Implementierung und Überwachung des Sanierungsprozesses	247
7. Kapitel	Exit-Strategien	253
8. Kapitel	Haftungsrisiken in der Krise	275
9. Kapitel	Sanierung in der Insolvenz	355
10. Kapitel	Ausgewählte Einzelfragen	441
11. Kapitel	Branchenspezifische Probleme und Lösungsansätze mit Fallbeispielen	715

Stichwortverzeichnis 839

Inhaltsverzeichnis

Vorwort V
Bearbeiterverzeichnis VII
Inhaltsübersicht XI
Abkürzungsverzeichnis XLIII
Literaturverzeichnis LI

1. Kapitel
Rahmenbedingungen für Unternehmenssanierungen

I. Statistische Daten 1
  1. Aktuelle Insolvenzstatistik 1
    1.1 Unternehmensinsolvenzen in Deutschland 1
    1.2 Sanierungsbedarf und Finanzierungsstruktur 2
    1.3 Fazit 6
  2. Bonität deutscher Unternehmen 6
    2.1 Stand und Entwicklung der Unternehmensbonität 6
    2.2 Bonitätsentwicklung nach Branchen 7
    2.3 Bonität nach Unternehmensgröße 9
    2.4 Fazit 9
  3. Unternehmensgruppen und Internationalität 10
  4. Finanzialisierung 11
  5. Erhöhter Sanierungsbedarf wegen Mezzanine-Finanzierung ... 12

II. Rechtlicher Rahmen 14
  1. Unternehmensformen, GmbH-Schwerpunkt 14
  2. Unternehmenssanierung als Normziel 14
    2.1 Insolvenzordnung von 1999 14
    2.2 Gesetz zur weiteren Erleichterung der Sanierung von Unternehmen (RegE-ESUG) 15
      2.2.1 Verstärkter Einfluss wesentlicher Gläubiger auf die Person des Insolvenzverwalters 15
    2.3 Reform des Insolvenzplanverfahrens 16
      2.3.1 Gesellschaftsrechtliche Strukturveränderungen zur Unternehmenssanierung 16
      2.3.2 Debt-Equity-Swap 16
    2.4 Stärkung der Eigenverwaltung 17
  3. Fazit 17

2. Kapitel
Determinanten einer Unternehmenskrise

I. Einleitung 19
II. Grundlagen von Unternehmenskrisen 20
  1. Begriff der Unternehmenskrise 20
  2. Ablauf von Unternehmenskrisen 23
    2.1 Vorbemerkung 23

2.2 Die Perspektiven von Krisenprozessmodellen 23
   2.2.1 Der Krisenprozess aus der Wahrnehmungs-Perspektive 23
   2.2.2 Der Krisenprozess aus der finanz- und erfolgswirtschaftlichen Perspektive 24
   2.2.3 Der Prozess der Unternehmenskrise aus der Wahrnehmungsperspektive sowie aus der Finanz- und Erfolgswirtschaftlichen Perspektive 26

III. Empirische Untersuchungen von Ursachen von Unternehmenskrisen 28
  1. Überblick 28
  2. Krisentypologien nach Hauschildt 31
  3. Kritische Betrachtung der Krisenursachenforschung 34

IV. Krisenfrüherkennung 35
  1. Überblick 35
  2. Grundlagen der Krisenfrüherkennung 36
    2.1 Risikobegriff 36
    2.2 Begriff und rechtlicher Rahmen des Risikomanagementsystems 38
    2.3 Anforderungen an Krisenfrüherkennungssysteme 41
  3. Bottom-up-Ansätze von Früherkennungssystemen nach Einsatzgebieten 42
    3.1 Überblick 42
    3.2 Operative Ansätze 42
      3.2.1 Charakteristika von operativen Ansätzen 42
      3.2.2 Konzept der indikatororientierten Ansätze 44
      3.2.3 Probleme und Grenzen von indikatororientierten Ansätzen ... 47
    3.3 Strategische Ansätze 48
      3.3.1 Konzept der Schwachen Signale 48
      3.3.2 Probleme und Grenzen von strategischen Ansätzen 49
    3.4 Intergration von operativen und strategischen Bottom-up-Ansätzen am Beispiel der Balanced Scorecard 50
  4. Zwischenfazit 53
  5. Jahresabschlussanalyse als Top-down-Ansatz zur Krisenfrüherkennung 54
    5.1 Überblick 54
    5.2 Klassische Verfahren der Jahresabschlussanalyse 55
      5.2.1 Vorgehen der klassischen Verfahren der Jahresabschlussanalyse 55
      5.2.2 Probleme und Grenzen von klassischen Verfahren der Jahresabschlussanalyse 57
    5.3 Moderne Verfahren der Jahresabschlussanalyse 59
      5.3.1 Überblick 59
      5.3.2 Multivariate Diskriminanzanalyse 60
      5.3.3 Logistische Regressionsanalyse 61
      5.3.4 Künstliche Neuronale Netzanalyse 62
      5.3.5 Baetge-Bilanz-Rating als modernes Verfahren der Jahresabschlussanalyse 64
      5.3.6 Moody's KMV RiskCalc als modernes Verfahren der Jahresabschlussanalyse 70
      5.3.7 Probleme und Grenzen von modernen Verfahren der Jahresabschlussanalyse 73
  6. Top-down- und Bottom-up-Ansätze als sich ergänzende Komponenten eines Früherkennungssystems 76

V. Auswirkungen der Krise 77
   1. Überblick 77
   2. Unternehmenskultur und Unternehmenskrise 78
   3. Unternehmenskrise als self-fulfilling prophecy 81
VI. Zusammenfassung 83

3. Kapitel
Unternehmenssanierung als Managementaufgabe

I. Einleitung 87
II. Begriffliche und konzeptionelle Grundlagen zum Sanierungsmanagement 88
   1. Definitionen und Begriffsabgrenzungen 88
      1.1 Unternehmenskrise, Sanierung, Turnaround, Restrukturierung 88
      1.2 Traditionelles Managementverständnis 91
      1.3 Abgrenzung von Krisen- und Sanierungsmanagement 92
   2. Betriebswirtschaftliche Prozessmodelle zur Krisenbewältigung 94
      2.1 Modelle nach Arogyaswamy et al. und Robbins/Pearce 94
      2.2 Modell nach Krystek/Moldenhauer 95
      2.3 Stufenkonzept des IDW S 6 97
   3. Empirische Forschung zu Unternehmenskrise und
      Sanierungsmanagement 98
III. Empirische Erkenntnisse zum Einfluss unternehmensinterner und
   -externer Kontextfaktoren auf den Sanierungserfolg 101
   1. Einfluss unternehmensinterner Kontextfaktoren 101
      1.1 Finanzwirtschaftliche Bedingungen 101
      1.2 Nicht-Finanzwirtschaftliche Bedingungen 101
   2. Einfluss unternehmensexterner Kontextfaktoren 103
      2.1 Markt- und Branchenbedingungen 103
      2.2 Wettbewerbsbedingungen 103
IV. Empirische Erkenntnisse zum Einfluss phasenspezifischer und
   phasenübergreifender Maßnahmen und Strategien auf den
   Sanierungserfolg 105
   1. Phase der Stabilisierung des Unternehmens 105
      1.1 Finanzwirtschaftliche Maßnahmen 105
      1.2 Ertragswirtschaftliche Maßnahmen 106
   2. Phase der Schaffung nachhaltiger Wettbewerbsfähigkeit 107
      2.1 Konsolidierungsstrategien 107
      2.2 Wachstumsstrategien 109
   3. Phasenübergreifende Maßnahmen 110
      3.1 Organisatorische Maßnahmen 110
      3.2 Führungsbezogene Maßnahmen 110
      3.3 Intensität und Geschwindigkeit der Maßnahmen 111
V. Zusammenfassung und Handlungsempfehlungen für die
   Unternehmenspraxis 112

4. Kapitel
Operative und strategische Sanierung

I. Prüfung von Insolvenzantragspflichten und Stabilisierungsmaßnahmen 115
   1. Logische Arbeitsfolge 115
   2. Überprüfung der aktuellen und kurzfristigen Fortbestehensfähigkeit ... 116
   3. Möglichkeiten zur kurzfristigen Generierung von Liquidität 117
      3.1 Gesellschafter 117
      3.2 Gläubiger 117
      3.3 Kunden 119
      3.4 Nicht zwingende Ausgaben 119
      3.5 Nicht betriebsnotwendiges Vermögen 119
      3.6 Sale-and-Lease-Back-Geschäfte 120
   4. Zahlungsunfähigkeit 120
      4.1 Definitionen 120
      4.2 Prüfung der Zahlungsfähigkeit 121
          4.2.1 Prüfung der Ausgangsbasis 121
          4.2.2 Überprüfung der Prämissen 121
          4.2.3 Überprüfung der historischen Qualität der Liquiditätsplanung 121
          4.2.4 Prüfung der rechnerischen Richtigkeit 122
      4.3 Erstellen einer kurzfristigen Liquiditätsplanung 122
      4.4 Gesellschaftsrechtliche Pflichten bei Verlust der Hälfte des
          gezeichneten Kapitals 123
      4.5 Insolvenzantragspflicht aufgrund von Zahlungsunfähigkeit 123
   5. Überschuldung 124
      5.1 Fortbestehensprognose 124
      5.2 Überschuldungsprüfung 125

II. Analyse des zu sanierenden Unternehmens 127
   1. Einführung 127
   2. Ziele einer Unternehmensanalyse 128
   3. Inhalt der Unternehmensanalyse 128
      3.1 Analyse des externen Unternehmensumfelds 129
      3.2 Interne Unternehmensanalyse 129
          3.2.1 Analyse der internen Informationen 130
          3.2.2 Produkt- und Kundenstrategien 130
          3.2.3 Produktion 130
          3.2.4 Möglichkeiten zur Kostenreduzierung 131
          3.2.5 Nichtproduktive Bereiche 131
          3.2.6 Nettoumlaufvermögen 131
          3.2.7 Organisationsstruktur 132
      3.3 Einschätzung des Managements 132
      3.4 Analyse der Vermögens-, Finanz- und Ertragslage 133
      3.5 Internes Berichtswesen 135
      3.6 Risikopositionen der wesentlichen Beteiligten 135

III. Entwicklung operativer Sanierungsmaßnahmen 136
   1. Charakter operativer Sanierungsmaßnahmen 137
   2. Führung und Organisation 137

3. Kostensenkung im Kerngeschäft 139
   3.1 Direkter Bereich 139
      3.1.1 Beschaffung und Einkauf 139
      3.1.2 Produktion 144
   3.2 Indirekter Bereich 147
      3.2.1 Marketing und Vertrieb 147
      3.2.2 Forschung und Entwicklung 151
      3.2.3 Distribution 151
   3.3 Personalinduzierte Kosten 152
4. Kostensenkung in den unterstützenden Prozessen 152
   4.1 IT 152
   4.2 Finanzen und Controlling 154

IV. Reduktion der Unternehmenskomplexität 154
1. Komplexität in Unternehmen 154
   1.1 Formen von Komplexität in der Unternehmenssphäre 155
      1.1.1 Endogene Komplexität 156
      1.1.2 Exogene Komplexität 159
   1.2 Wahrnehmung von Komplexität in Unternehmen 160
   1.3 Management von Komplexität in Krisensituationen: Beherrschung versus Reduktion 162
2. Reduktion von Komplexität in Krisensituationen 163
   2.1 Strategische Komplexität 164
   2.2 Strukturelle Komplexität 166
   2.3 Organisationale Komplexität 168
   2.4 Prozessuale Komplexität 169
   2.5 Kundenportfolio-Komplexität 170
   2.6 Sortimentskomplexität 172
   2.7 Produktkomplexität 173
   2.8 Das richtige Vorgehen zu Reduktion der Komplexität 174

V. Überprüfung und Erneuerung der Unternehmensstrategie 175
1. Szenarien „klassischer" Sanierungsfälle 175
   1.1 Von der Sanierung zu einer neuen Unternehmensvision 175
2. Kernbausteine des zielorientierten Restrukturierungsansatzes 177
   2.1 Steuerung des Momentums 177
   2.2 Entwicklung einer Zukunftsvision 178
      2.2.1 Auffächern in Zukunftsszenarien 179
      2.2.2 Ideale Unternehmensprofile 179
   2.3 Findung und Definition von Ambitionen 180
   2.4 Entwicklung und Auswahl der attraktivsten Strategie 181
   2.5 Der taktische Plan und seine Umsetzung 182
      2.5.1 Adaptionsfähigkeit der ausgewählten Strategie 182
   2.6 Strategische Überwachung 183
3. Zielorientierte Strategieentwicklung und Innovationsrestrukturierung .. 184
   3.1 Häufig vorgefundene Ausgangssituationen 184
   3.2 Innovation gerade bei Sanierung oder Abschwung wichtig 186
      3.2.1 Portfolio-Bereinigung & Neuausrichtung 188
      3.2.2 Produktkosten 188
      3.2.3 Innovations-Prozesse & -Strukturen 188

       3.2.4 Intensivierung 189
       3.2.5 Erweiterung 189
       3.2.6 Erneuerung 189
   3.3 Innovationsrestrukturierung 190
4. Ausblick: Etablieren eines Corporate Innovation Management Programms 191
5. Erfolgsfaktoren der Innovationsfähigkeit 194
   5.1 Innovationskultur 194
   5.2 Innovationsprozesse 194
   5.3 Innovationsnetzwerke 194
   5.4 Innovationsressourcen und -fähigkeiten 194
6. Conclusio: Innovationsführer nur in strategischen Kernbereichen 195

5. Kapitel
Finanzielle und bilanzielle Restrukturierung

I. Eigenkapitalmaßnahmen 197
  1. Rechtlicher und wirtschaftlicher Maßstab 197
  2. Kapitalerhöhung 198
     2.1 Ordentliche Kapitalerhöhung 198
     2.2 Sonstige Kapitalzuführungen 200
  3. Kapitalherabsetzung 201
  4. Debt-Equity-Swap 203
  5. Stille Beteiligung 205

II. Fremdkapitalmaßnahmen 207
  1. Rechtlicher und wirtschaftlicher Maßstab 207
  2. Gesellschafterdarlehen 208
  3. Erhöhung der Kreditlinien 210
  4. Stundung 212
  5. Novation 213
  6. Forderungsverzicht 214
  7. Rangrücktrittserklärung 216

III. Bilanzielle Restrukturierung 218
  1. Rechtlicher und wirtschaftlicher Maßstab 218
  2. Verkauf nicht betriebsnotwendiger Aktiva 219
  3. Sale and Lease Back 219
  4. Abbau von Forderungen durch Factoring 221
  5. Abbau von Warenbeständen durch Corporate Trading 222

IV. Öffentliche Beihilfen und Förderinstrumente 222
  1. Einleitung 222
  2. Beihilferechtliche Grundlagen 224
     2.1 Allgemeines Beihilfeverbot des Artikel 107 AEUV 224
     2.2 Ausnahmen vom Beihilfeverbot 225
  3. Beihilfen auf Basis der Rettungs- und Umstrukturierungsleitlinien ... 229
     3.1 Definition Unternehmen in Schwierigkeiten 230
        3.1.1 „Harte" Kriterien 231
        3.1.2 „Weiche" Kriterien 234

3.2 Maßgaben der Rettungs- und Umstrukturierungsleitlinien 236
    3.2.1 Rettungsbeihilfen 236
    3.2.2 Umstrukturierungsbeihilfen 236
3.3 Genehmigte Förderprogramme für Unternehmen in Schwierigkeiten 238
4. Beantragung von öffentlichen Ausfallbürgschaften für Sanierungs- und Konsolidierungskredite 239
    4.1 Beihilfewert von öffentlichen Ausfallbürgschaften 240
    4.2 Praxishinweise zur Beantragung von öffentlichen Ausfallbürgschaften 242
5. Mitwirkung der öffentlichen Hand an Sanierungsmaßnahmen bei bestehenden Engagements 244
    5.1 Prolongation von bestehenden Bürgschaften/Krediten 244
    5.2 Mitwirkung an außergerichtlichen Vergleichen 245

6. Kapitel
Implementierung und Überwachung des Sanierungsprozesses

I. **Das Sanierungsteam** 247

II. **Kommunikation des Sanierungskonzeptes und Festlegung von Milestones** 248

III. **Berichtswesen** 249
    1. Kurzfristige Liquiditätsplanung 250
    2. Monatsabschluss 250
    3. Kennzahlen/Covenants 251
    4. Sanierungskonzept 251
    5. Mehrjahresplanung 251

IV. **Monitoring** 251

V. **Reflektionen und Adaptionen** 252

7. Kapitel
Exit-Strategien

I. **Direkte Veräußerung der Gesellschaftsanteile** 253
    1. Potenzielle Unternehmenskäufer 253
    2. Bedeutung der Due Diligence 254
    3. Finanzierungsmodell LBO 255
    4. Verkaufsmodelle: Share Deal oder Asset Deal 255
        4.1 Vor- und Nachteile im Überblick 255
        4.2 Steuerliche Aspekte 257
            4.2.1 Altverbindlichkeiten 257
            4.2.2 Steuerliche Kriterien 257
                4.2.2.1 Asset Deal 257
                4.2.2.2 Share Deal 258
        4.3 Haftungsrisiken des Veräußerers 258
            4.3.1 Gewährleistung 258
                4.3.1.1 Asset Deal 259
                4.3.1.2 Share Deal 259

        4.3.2 Verstoß gegen das Kapitalerhaltungsgebot 259
        4.3.3 Personal- und Betriebsübergang 260
    4.4 Haftungsrisiken des Investors 261
  5. Sonderfall: Veräußerung an einen sog. Firmenbestatter 262
    5.1 Grundmodell 262
    5.2 Erhöhtes Haftungsrisiko seit MoMiG 264

II. Debt to Equity Swap 264
  1. Motivlage der Beteiligten 264
  2. Durchführung des Debt to Equity Swaps 265

III. Veräußerung von NPL-Portfolios durch den Finanzierer 265
  1. Motivlage der Beteiligten 266
  2. Transaktionsstrukturen 266
  3. Zulässigkeitsgrenzen 266

IV. Exit bei einer doppelnützigen Treuhand 267

V. Liquidation statt Gang in die Insolvenz 268
  1. Grundsätze der Liquidation 268
    1.1 Auflösung der Gesellschaft 268
    1.2 Auseinandersetzung 268
  2. Die Wahl zwischen Liquidations- oder Insolvenzverfahren 269
  3. Verfahrenskosten im engeren Sinne 270
  4. Finanzielle Kollateralschäden 270
  5. Haftungsrisiken 271
  6. Kontrolle über den Prozessablauf 271
  7. Langfristige Verträge 272
  8. Kosten der betrieblichen Versorgungsverpflichtungen 272
    8.1 Ausgangssituation 273
    8.2 Kosten der Übernahme von Versorgungsverpflichtungen 273
    8.3 Ausweg: Fortführung der Gesellschaft i.L. als Rentner-Gesellschaft 273

8. Kapitel
Haftungsrisiken in der Krise

I. Geschäftsleitung 275
  1. Krisenvorsorgepflichten 276
    1.1 Risikomanagementpflicht in § 91 Abs. 2 AktG 276
    1.2 Erste Stufe: Pflicht zur Risikofrüherkennung 277
    1.3 Zweite Stufe: Pflicht zur Risikoüberwachung 277
    1.4 Dokumentation der Risikomanagementmaßnahmen 278
    1.5 Pflicht zur Einberufung von Haupt- bzw.
        Gesellschafterversammlung 278
  2. Erhaltung des Gesellschaftsvermögens 279
    2.1 Kapitalerhaltungsgebot 279
        2.1.1 Auszahlungen 280
        2.1.2 Ausnahmen vom Auszahlungsverbot 280
        2.1.3 Erstattungsanspruch 281

2.2 Auszahlungsverbot nach Insolvenzreife 282
    2.2.1 Zahlungen 282
    2.2.2 Unbare Zahlungen (debitorisches oder kreditorisches Konto) 283
    2.2.3 Zahlungen mit der Sorgfalt eines ordentlichen Kaufmanns 284
        2.2.3.1 Aufrechterhaltung des Geschäftsbetriebes 285
        2.2.3.2 Zwingende sozial- oder steuerrechtliche
                Abführungspflichten 285
        2.2.3.3 Zahlung mit Fremdgeldern 286
    2.2.4 Ersatzanspruch 287
3. Insolvenzverschleppung 287
  3.1 Insolvenzantragspflicht nach § 15a InsO 287
  3.2 Zivilrechtliche Haftungsrisiken 288
    3.2.1 Haftung aus § 823 Abs. 2 BGB i.V.m. § 15a Abs. 1 InsO 288
        3.2.1.1 Haftung gegenüber Neugläubigern 289
        3.2.1.2 Haftung gegenüber Altgläubigern 289
    3.2.2 Haftung aus § 826 BGB 289
    3.2.3 Haftung gegenüber der Gesellschaft 290
    3.2.4 Schadenersatzanspruch 290
  3.3 Sonstige, insbesondere strafrechtliche Haftungsrisiken 291
4. Insolvenzverursachung 291
  4.1 Verletzung von Sorgfaltspflichten 291
    4.1.1 Business Judgement Rule 292
    4.1.2 Kompetenzordnung, Weisungen der Gesellschafter 292
    4.1.3 Sonstige Pflichtverletzungen 293
    4.1.4 Schadenersatzansprüche 294
    4.1.5 Haftungserleichterungen, D&O-Versicherung 294
  4.2 Zahlungen an Gesellschafter 294
    4.2.1 Haftungsvoraussetzungen 294
    4.2.2 Zahlung auf fällige Forderungen der Gesellschafter 295
    4.2.3 Auszahlungen im Cash-Pool 296
5. Faktische Geschäftsführung 296
  5.1 Grundsätze der faktischen Geschäftsführung 296
  5.2 Einzelfälle 297
  5.3 Unternehmenssanierung 298
6. Handlungsempfehlungen 298
  6.1 Checkliste: Zulässigkeit von Zahlungen auf Verbindlichkeiten 299
  6.2 Checkliste: Ein- und Auszahlungen auf Bankkonten 304
  6.3 Checkliste: Begründung neuer Verbindlichkeiten 305
  6.4 Checkliste: Zahlungen an Gesellschafter 306

II. Gesellschafter 307
1. Krisenvorsorge 308
  1.1 Kapitalausstattung der Gesellschaft (GmbH) 308
  1.2 Gesellschafter als Aufsichtsrat 308
  1.3 Gesellschafter als faktischer Geschäftsführer 308
2. Erhaltung des Gesellschaftsvermögens 308
3. Insolvenzverschleppung 308

4. Insolvenzverursachung	309
4.1 Existenzvernichtungshaftung	309
4.1.1 Persönlicher Anwendungsbereich	310
4.1.2 Haftungstatbestand	311
4.1.3 Fallbeispiele	311
4.2 Keine Haftung wegen Unterkapitalisierung	313
4.2.1 Keine Haftungsnorm	313
4.2.2 Unanwendbarkeit der Grundsätze der Existenzvernichtung	313
5. Beteiligungspflicht der Gesellschafter an einer Sanierung	314
5.1 Grundsatz: Keine Nachschusspflichten	314
5.2 Nachschusspflicht durch Änderung des Gesellschaftsvertrages	315
6. Gesellschafterleistungen in der Insolvenz	315
6.1 Intertemporäre Anwendung des neuen Rechts	316
6.2 Gesellschafterdarlehen und wirtschaftlich entsprechende Rechtshandlungen	317
6.2.1 Rechtsformübergreifende Anwendung	317
6.2.2 Darlehen und wirtschaftlich entsprechende Rechtshandlungen	317
6.2.3 Gesellschafterstellung	318
6.2.4 Gesellschaftergleiche Dritte	318
6.2.5 Sanierungs- und Kleinbeteiligtenprivileg	319
6.2.6 Rechtsfolgen	320
6.2.6.1 Gesellschafterdarlehen	320
6.2.6.2 Gesellschafterbesicherte Drittdarlehen	320
6.2.6.3 Finanzplankredite	322
6.2.6.4 Sonstige insolvenzrechtliche Anfechtungsvorschriften	322
6.3 Nutzungsüberlassungen	322
6.3.1 Überlassungspflicht des Gesellschafters	323
6.3.2 Vergütungspflicht des Insolvenzverwalters	323
6.3.3 Weitere Rechtsfolgen	323
III. Aufsichtsrat	324
1. Überwachungspflichten	324
2. Aufklärungspflichten	324
3. Einberufungspflichten	325
4. Pflicht zur Herabsetzung von Geschäftsleitergehältern	325
5. Haftung	325
IV. Finanzierer	326
1. Krisenfrüherkennung durch Finanzierer	326
1.1 Vertragliche Krisenfrüherkennungsinstrumente	326
1.2 Handlungs- und Sanktionsmöglichkeiten	327
1.3 Haftungsrisiken bei der Verwendung von Covenants	327
2. „Vor-Sanierungsphase"	329
2.1 Kündigung bestehender Kredite grundsätzlich zulässig	329
2.1.1 Berücksichtigung der Interessen des Kreditnehmers	329
2.1.2 Erhöhte Rücksichtnahmepflicht gegenüber Kreditnehmer	329
2.1.3 Einverleibung von Sicherheiten	330
2.1.4 Rücksichtnahme auf andere Gläubiger	330

2.2 Stillhalten 330
    2.2.1 Grundsätzliche Zulässigkeit des Stillhaltens 330
    2.2.2 Haftung wegen Stillhaltens 331
        2.2.2.1 Schuldnerknebelung 331
2.3 Weitere Kreditgewährung 332
    2.3.1 Kreditgewährung 332
    2.3.2 Zeitlicher Rahmen der Haftung 332
2.4 Haftung wegen Insolvenzverschleppung 333
3. „Sanierungsphase" 333
   3.1 Abgrenzung Sanierungskredit und Überbrückungskredit 334
   3.2 Anforderungen an ein Sanierungskonzept 334
   3.3 Keine Beteiligungspflicht von Banken an der Sanierung 335
   3.4 Keine Überwachungspflicht für Umsetzung des Sanierungskonzepts 335
   3.5 Kündigung des Sanierungskredites 336
      3.5.1 Unzulässigkeit einer ordentlichen Kündigung des
           Sanierungskredites 336
      3.5.2 Zulässigkeit einer außerordentlichen Kündigung des
           Sanierungskredites 336
   3.6 Haftungsrisiken in der Sanierungsphase 336
      3.6.1 Haftung wegen Teilnahme an Sanierungsversuchen 336
      3.6.2 Überbrückungskredit: keine Haftungsgefahr 338
      3.6.3 Strafrechtliches Risiko bei der Vergabe von
           Sanierungskrediten 338
4. Insolvenzanfechtung 338
   4.1 Kreditrückzahlungen 338
   4.2 Kreditsicherheiten 339
      4.2.1 Kongruentes Deckungsgeschäft und Bargeschäft 340
      4.2.2 Inkongruente Deckung 340
      4.2.3. Unentgeltlich Leistung 341

V. Berater 342
1. Hinweispflichten des Sanierungsberaters 342
2. Insolvenzverschleppung 343
3. Haftung gegenüber Dritten 344
   3.1 Unmittelbare Haftung aus Auskunftsvertrag 344
   3.2 Haftung aus Vertrag mit Schutzwirkung zu Gunsten Dritter 344
      3.2.1 Voraussetzungen der Einbeziehung Dritter 344
      3.2.2 Ausschluss der Einbeziehung, Haftungsbeschränkungen 345
      3.2.3 Einbeziehung von Gesellschaftern 345
      3.2.4 Keine Einbeziehung in Anwaltsvertrag 346
4. Anfechtung von Honorar 346
   4.1 Insolvenzanfechtung nach § 130 InsO 346
   4.2 Bargeschäft 347
      4.2.1 Enger zeitlicher Zusammenhang von Leistung und
           Gegenleistung 347
      4.2.2 Ausschluss eines Bargeschäfts 347
   4.3 Insolvenzanfechtung nach § 133 InsO 348

4.4 Besicherung des Honoraranspruchs 348
    4.4.1 Anfechtbarkeit nach § 131 InsO 349
    4.4.2 Anfechtbarkeit nach § 133 InsO 349
5. Weitere strafrechtliche Verantwortlichkeit 349
   5.1 Untreue 349
   5.2 Bankrott bei übertragender Sanierung 350
6. Haftung des dauermandatierten Steuerberaters 351

VI. Auswirkungen der Finanzmarktkrise 352

9. Kapitel
Sanierung in der Insolvenz

I. Chancen und Risiken der Sanierung in der Insolvenz 355
  1. Einleitung 355
  2. Chancen der Sanierung in der Insolvenz 356
    2.1 Insolvenzspezifische Sanierungserleichterungen 356
    2.2 Überwindung außergerichtlicher Sanierungsbarrieren 357
  3. Risiken der Sanierung in der Insolvenz 358

II. Der Ablauf des Insolvenzverfahrens im Überblick 359
  1. Das Insolvenzverfahren als Antragsverfahren 359
  2. Maßnahmen im Insolvenzantragsverfahren 361
    2.1 Bestellung eines Sachverständigen 361
    2.2 Anordnung von Sicherungsmaßnahmen 362
    2.3 Entscheidung über den Insolvenzantrag 364
    2.4 Rücknahme des Insolvenzantrags 365
  3. Die Eröffnung des Insolvenzverfahrens 365
    3.1 Inhalt des Eröffnungsbeschlusses 365
    3.2 Wirkungen der Verfahrenseröffnung 365
  4. Der Berichts- und Prüfungstermin 366
    4.1 Berichtstermin als „Hauptversammlung" im Insolvenzverfahren 366
    4.2 Prüfungstermin 367
  5. Beendigung des Insolvenzverfahrens 367
    5.1 Reguläre Beendigung nach Schlussverteilung 367
    5.2 Beendigung aufgrund von Massearmut und Masseunzulänglichkeit 369

III. Der Insolvenzplan 369
  1. Vorbemerkung 369
  2. Grundlagen 371
    2.1 Der Insolvenzplan als zentraler Baustein der Insolvenzrechtsreform 371
    2.2 Anlehnung an das US-amerikanische Verfahren nach Chapter 11 ... 372
    2.3 Klassifizierungen von Insolvenzplänen 372
    2.4 Konzerninsolvenzpläne 373
    2.5 Insolvenzplan und Eigenverwaltung 374
  3. Ablauf des Insolvenzplanverfahrens 376
    3.1 Aufstellung des Insolvenzplans 376
    3.2 Vorlage des Insolvenzplanes 377
        3.2.1 Vorlage durch den Schuldner 377
        3.2.2 Vorlage durch den Insolvenzverwalter 378

3.2.3 Vorlage durch den vorläufigen Insolvenzverwalter? 378
3.2.4 Zeitpunkt der Planvorlage 379
3.3 Vorprüfung durch das Insolvenzgericht 380
   3.3.1 Prüfung der formalen Anforderungen 380
   3.3.2 Prüfung der inhaltlichen Anforderungen 381
   3.3.3 Einholung der Stellungnahmen der Beteiligten 382
   3.3.4 Aussetzung der Verwertung 383
   3.3.5 Auslage und Bekanntmachung des Insolvenzplans 384
3.4 Der Erörterungs- und Abstimmungstermin 385
   3.4.1 Der Ablauf des Termins 385
   3.4.2 Planänderungen im Termin 386
   3.4.3 Verlauf der Abstimmung 388
      3.4.3.1 Festsetzung der Stimmrechte 388
      3.4.3.2 Durchführung der Abstimmung über den Plan 389
   3.4.4 Planannahme 390
3.5 Bestätigung des Plans 390
   3.5.1 Planannahme durch alle Gruppen 390
   3.5.2 Planannahme durch eine Gruppenmehrheit 391
      3.5.2.1 Der „best-of-creditors-interest"-Test 391
      3.5.2.2 Die angemessene Beteiligung der Gläubiger 392
   3.5.3 Der Minderheitenschutz 392
   3.5.4 Gerichtliche Entscheidung über die Bestätigung des Plans 393
3.6 Aufhebung des Insolvenzverfahrens 394
   3.6.1 Notwendige Maßnahmen vor Aufhebung des
      Insolvenzverfahrens 394
      3.6.1.1 Probleme bei der Anwendung des § 258 Abs. 2 InsO ... 394
      3.6.1.2 Rechnungslegungspflicht des Insolvenzverwalters 395
   3.6.2 Wirkung der Planbestätigung vor Aufhebung des
      Insolvenzverfahrens 396
3.7 Die Planüberwachungsphase 397
   3.7.1 Notwendigkeit der Planüberwachung 397
   3.7.2 Gegenstand der Überwachung 398
   3.7.3 Aufhebung der Überwachung und Kosten 399
   3.7.4 Die Wiederauflebensklausel 400
4. Rechtliche und materielle Anforderungen an einen Insolvenzplan 400
4.1 Die Mindestgliederung des Insolvenzplanes 400
   4.1.1 Der Darstellende Teil 400
      4.1.1.1 Gruppenbildung 401
      4.1.1.2 Insolvenzanfechtung 403
      4.1.1.3 Vergleichende Darstellung 404
   4.1.2 Der gestaltende Teil 405
      4.1.2.1 Haftungsbefreiung des Schuldners bzw. der
         Gesellschafter 406
      4.1.2.2 Planüberwachung 407
      4.1.2.3 Zustimmungsbedürftige Rechtsgeschäfte 407
      4.1.2.4 Kreditrahmen 408
      4.1.2.5 Salvatorische Klausel 409
4.2 Die Plananlagen 409

XXV

5. Geplante Gesetzesänderungen der Regelungen zum Insolvenzplan und zur Eigenverwaltung 411
IV. Die übertragende Sanierung 413
1.1 Wesensmerkmale und Ablauf der übertragenden Sanierung 413
1.2 Vorteile der übertragenden Sanierung gegenüber anderen Sanierungsinstrumenten 415
1.3 Grundformen der übertragenden Sanierung 415
1.4 Besonderheiten der übertragenden Sanierung im Vergleich zum „normalen" Unternehmenskauf 417
    1.4.1 *Asset Deal* und *Share Deal* 417
    1.4.2 Besonderheiten im Rahmen der Vertragsgestaltung 418
    1.4.3 Sonderformen der übertragenden Sanierung 420
1.5 Die übertragende Sanierung in Zeiten der Finanzmarktkrise 421
2. Die einzelnen Schritte der übertragenden Sanierung 422
    2.1 Die Vertragsanbahnungsphase 422
        2.1.1 Suche nach Käufern bzw. Zielobjekten 422
        2.1.2 Due Diligence und Unternehmensbewertung 424
        2.1.3 Kaufpreisfindung 426
    2.2 Signing/Closing 426
    2.3 Die Phase nach Veräußerung des Geschäftsbetriebs 427
3. Der optimale Zeitpunkt der übertragenden Sanierung 428
    3.1 Veräußerung vor Stellung eines Insolvenzantrags 429
        3.1.1 Vorteile 429
        3.1.2 Nachteile 429
            3.1.2.1 Strafrechtliche Haftung 429
            3.1.2.2 Anfechtbarkeit 430
            3.1.2.3 Weitere Haftung des Veräußerers 431
    3.2 Veräußerung im Rahmen des Eröffnungsverfahrens 432
        3.2.1 Befugnis des vorläufigen Insolvenzverwalters zur Veräußerung 432
        3.2.2 Risiken für den Erwerber und den vorläufigen Insolvenzverwalter 433
    3.3 Veräußerung im eröffneten Verfahren 434
        3.3.1 Veräußerung vor dem Berichtstermin 434
        3.3.2 Veräußerung nach dem Berichtstermin 435
        3.3.3 Haftungsprivilegien des Käufers bei Veräußerung im eröffneten Verfahren 436
            3.3.3.1 Haftung aus Firmenfortführung gem. § 25 HGB 436
            3.3.3.2 Haftung für Betriebssteuern gem. § 75 AO 437
            3.3.3.3 Haftung für Altlasten gem. § 4 Abs. 3 BBodSchG 437
            3.3.3.4 Übergang der Arbeitsverhältnisse gem. § 613a BGB 437
            3.3.3.5 Die beihilferechtliche Haftung 439
        3.3.4 Sonderfrage: Übertragung im Regelverfahren oder im Rahmen eines Insolvenzplans? 439
4. Abschließende Betrachtung 440

10. Kapitel
Ausgewählte Einzelfragen

I. Anforderungen an Sanierungskonzepte 441
  1. Vorwort 441
  2. Veränderungen durch den IDW S 6 im Vergleich zur alten Regelung nach IDW FAR 1/1991 441
  3. Grundlagen 442
    3.1 Der Begriff des Sanierungskonzeptes 442
    3.2 Anforderungen an die Qualität der Informationen 443
      3.2.1 Vollständigkeit 444
      3.2.2 Wesentlichkeit und Relevanz 444
      3.2.3 Nachvollziehbarkeit, Klarheit und Übersichtlichkeit 444
      3.2.4 Vertrauenswürdigkeit und Richtigkeit 445
  4. Darstellung und Analyse des Unternehmens (Bestandsaufnahme) 445
    4.1 Basisinformationen über das Unternehmen 445
    4.2 Analyse der Unternehmenslage 446
      4.2.1 Markt- und Wettbewerbsverhältnisse 446
      4.2.2 Wirtschaftliche Lage des Unternehmens 447
    4.3 Feststellung des Krisenstadiums 447
      4.3.1 Feststellung der Stakeholderkrise 449
      4.3.2 Feststellung der Strategiekrise 449
      4.3.3 Feststellung der Produkt- und Absatzkrise 450
      4.3.4 Feststellung der Erfolgskrise 450
      4.3.5 Feststellung der Liquiditätskrise 450
      4.3.6 Feststellung der Insolvenzreife 451
    4.4 Aussagen zur Unternehmensfortführung nach § 252 Abs. 1 Nr. 2 HGB 451
  5. Ausrichtung des Sanierungskonzeptes am Leitbild des sanierten Unternehmens 452
    5.1 Stadiengerechte Bewältigung der Unternehmenskrise 453
    5.2 Maßnahmenprogramm zur Erlangung der Fortführungs- und Sanierungsfähigkeit (finanz-/leistungswirtschaftliche und organisatorische Maßnahmen) 454
    5.3 Erlangung der nachhaltigen Fortführungsfähigkeit 456
  6. Integrierte Sanierungsplanung als Grundlage der Urteilsbildung zur Sanierungsfähigkeit 459
    6.1 Aufbau des integrierten Sanierungsplanes 460
    6.2 Darstellung der Problem- und Verlustbereiche 461
    6.3 Darstellung der Maßnahmeneffekte 461
  7. Fazit inklusive Erfahrungen aus der Praxis mit IDW S 6 462

II. Arbeitsrechtliche Rahmenbedingungen einer Unternehmenssanierung 463
  1. Sanierungsrealität in der Wirtschaftskrise: Kurzarbeit und „kombinierte Kurzarbeitsmodelle" 464
    1.1 Kurzarbeit als Instrument in der Wirtschaftskrise 464
    1.2 Arbeits- und sozialrechtliche Voraussetzungen für die Einführung von Kurzarbeit 465

1.2.1 Arbeitsrechtliche Voraussetzungen für die vorübergehende Absenkung der betrieblichen Arbeitszeit 466
1.2.2 Sozialrechtliche Voraussetzungen des Anspruchs auf konjunkturelles Kurzarbeitergeld 467
1.3 Förderung der Kurzarbeit durch den Gesetzgeber 468
1.4 Verhältnis von betriebsbedingten Kündigungen und der Einführung von Kurzarbeit 469
1.5 Kombinierte Kurzarbeitsmodelle 470
 1.5.1 Das Verhältnis von Kurzarbeit und Betriebsänderungen 470
 1.5.2 Gestaltungsmöglichkeiten bei Kombinationsmodellen 471
  1.5.2.1 „Parallele Modelle" 472
  1.5.2.2 „Konsekutive Modelle" 472
  1.5.2.3 Errichtung einer Servicegesellschaft 473
1.6 Fazit 474
2. „Sanierung in der Insolvenz: Die „neue" europarechtliche Perspektive" 474
2.1 Sanierungsrealität vor europäischem Hintergrund 474
2.2 Europarechtliche Rahmenbedingungen 475
 2.2.1 Haupt- und Sekundärinsolvenzverfahren 475
 2.2.2 Mittelpunkt der hauptsächlichen Interessen – „COMI" 475
2.3 Folgen für die arbeitsrechtliche Sanierungsberatung 476
 2.3.1 Hauptinsolvenzverfahren in einem EU-Mitgliedstaat 477
 2.3.2 Anwendbarkeit der §§ 108, 113 InsO 477
 2.3.3 Anwendbarkeit der §§ 120 ff. InsO 477
 2.3.4 Anwendbarkeit des § 613a BGB 478
 2.3.5 Vorschriften über das Insolvenzgeld, §§ 183 ff. SGB III 479
 2.3.6 Rangfragen 479
2.4 Sekundärinsolvenzverfahren in Deutschland 479
 2.4.1 Änderungen bezüglich des anwendbaren Rechts 479
 2.4.2 Änderungen bezüglich des Rangs von Arbeitnehmerforderungen 479
3. Praktische Umsetzungsfragen: Sanierung unter Einschaltung einer Beschäftigungsgesellschaft 480
3.1 Einleitung 480
3.2 Errichtung 480
3.3 Wechsel der Arbeitnehmer 481
 3.3.1 Rechtliche Ausgestaltung 481
 3.3.2 Vorteile für den Arbeitnehmer 481
 3.3.3 Vorteile für den Arbeitgeber 482
3.4 Folgen für einen möglichen Erwerber 482
 3.4.1 Vorteile 482
 3.4.2 Risiken 482
3.5 Tätigkeit der Beschäftigungsgesellschaft 483
3.6 Transfermaßnahmen 483
4. Kündigung nach Erwerberkonzept – Risiken bei Betriebsübergang 483
4.1 Erwerberkonzept als Basis für den Personalabbau 483
4.2 Die Anwendbarkeit des § 613a BGB und seine Einschränkungen in der Insolvenz 484

4.3 Kündigung nach Erwerberkonzept 485
    4.3.1 Das Erwerberkonzept 485
    4.3.2 Sozialauswahl und Weiterbeschäftigungsmöglichkeit 486
    4.3.3 Abgrenzung: Kündigung nach Veräußererkonzept 486
4.4 Folgen für Veräußerer und Erwerber 487
    4.4.1 Folgen für den Veräußerer: Risiko einer fehlerhaften Belehrung nach § 613a Abs. 5 BGB 487
    4.4.2 Allgemeine Anforderungen an ein Informationsschreiben 487
    4.4.3 Besondere Risiken in Sanierungsfällen 487
    4.4.4 Vorteile 489
    4.4.5 Folgen für einen möglichen Erwerber 489
5. Aggressive Verhandlungsszenarien und Reaktionsmöglichkeiten des Arbeitgebers 489
  5.1 Massenwiderspruch bei Betriebsübergang 489
  5.2 Massenhafte Arbeitsgerichts- und/oder Beschlussverfahren 491
  5.3 Mehrtägige Betriebsversammlungen 491
  5.4 Warnstreiks 492
  5.5 Betriebsblockaden 492
  5.6 „Flashmob"-Aktionen 493

III. Beschäftigungs- und Qualifizierungsgesellschaften 495
1. Einleitung 495
2. Rechtliche Rahmenbedingungen für den Einsatz der BQG 496
  2.2 Abgrenzung zur „normalen" Kurzarbeit 497
  2.3 Anspruchsvoraussetzungen 497
    2.3.1 Dauerhafter und unvermeidbarer Arbeits- und Entgeltausfall (§§ 216b Abs. 1 Nr. 1, Abs. 2 SGB III) 498
    2.3.2 Betriebliche Voraussetzungen (§§ 216b Abs. 1 Nr. 2, Abs. 3 SGB III) 498
        2.3.2.1 Personalanpassungsmaßnahmen infolge einer Betriebsänderung (§ 216b Abs. 3 Nr. 1 SGB III) 499
        2.3.2.2 Zusammenfassung in einer betriebsorganisatorisch eigenständigen Einheit 499
        2.3.2.3 Angemessene Organisation und ausreichende Mittelausstattung der betriebsorganisatorisch eigenständigen Einheit 499
        2.3.2.4 Anwendung eines Systems zur Sicherung der Qualität 500
    2.3.3 Persönliche Voraussetzungen (§ 216b Abs. 1 Nr. 3, Abs. 4 SGB III) 500
        2.3.3.1 Von Arbeitslosigkeit bedroht (§ 216b Abs. 4 Nr. 1 SGB III) 500
        2.3.3.2 Versicherungspflichtige Beschäftigung (§ 216b Abs. 4 Nr. 2 SGB III) 501
        2.3.3.3 Kein Ausschluss vom normalen Kurzarbeitergeldbezug (§ 216b Abs. 4 Nr. 3 SGB III) 501
        2.3.3.4 Verpflichtende Arbeitssuchendmeldung (§ 216b Abs. 4 Nr. 4 SGB III) 501
        2.3.3.5 Feststellung der Eingliederungsaussichten/Profiling (§ 216b Abs. 4 Nr. 4 SGB III) 501

2.3.4 Verpflichtende Beratung durch die Agentur für Arbeit im Vorfeld der Entscheidung über die Inanspruchnahme von Transfer-Kug (§ 216b Abs. 1 Nr. 4 SGB III) 502
2.3.5 Anzeige des dauerhaften Arbeitsausfalls bei der Agentur für Arbeit (§ 216b Abs. 5 SGB III) 502
2.4 Pflichten des Arbeitgebers während des Bezugs von Transfer-Kug (§ 216b Abs. 6 SGB III) 502
2.5 Mitteilungspflichten des Arbeitgebers (§ 216b Abs. 9 SGB III) 503
2.6 Berechnung und Höhe des Transferkurzarbeitergeldes 503
2.7 Auswirkungen auf das Arbeitslosengeld 503
2.8 Laufzeit 503
2.9 Transfermaßnahmen, § 216a SGB III 504
   2.9.1 Voraussetzungen der Förderung (§ 216a Abs. 1 S. 1 Nr. 1-5 SGB III) 504
      2.9.1.1 Beratung durch die Agentur für Arbeit (§ 216a Abs. 1 S. 1 Nr. 1 SGB III) 504
      2.9.1.2 Durchführung der Maßnahme durch einen Dritten (§ 216a Abs. 1 S. 1 Nr. 2 SGB III) 505
      2.9.1.3 Maßnahme zur Eingliederung in den Arbeitsmarkt (§ 216a Abs. 1 S. 1 Nr. 3 SGB III) 505
      2.9.1.4 Gesicherte Durchführung der Maßnahme (§ 216a Abs. 1 S. 1 Nr. 4 SGB III) 505
      2.9.1.5 Anwendung eines System zur Sicherung der Qualität (§ 216a Abs. 1 S. 1 Nr. 5 SGB III) 505
   2.9.2 Maßnahmenbeispiele 506
      2.9.2.1 Profiling gem. § 216a SGB III 506
      2.9.2.2 Fortbildung/Qualifizierung 506
      2.9.2.3 Probearbeit 506
   2.9.3 Förderung der Maßnahmenkosten durch Zuschuss nach § 216a Abs. 2 SGB III 506
   2.9.4 Ausschluss der Förderung 507
3. Begriff und Hintergrund für den Einsatz der BQG 507
3.1 Begriff der Beschäftigungs- und Qualifizierungsgesellschaft 507
3.2 Sanierung außerhalb einer Insolvenz/Umstrukturierung von Unternehmen 507
3.3 Vermeidung eines Betriebsübergangs außerhalb und in der Insolvenz 508
   3.3.1 Anwendbarkeit des § 613a BGB in der Insolvenz 508
   3.3.2 Betriebsübergang gem. § 613a BGB 508
   3.3.3 Kündigungsverbot gem. § 613a Abs. 4 BGB 508
4. Finanzierungsmöglichkeiten in und außerhalb der Insolvenz, Drittfinanzierung 508
4.1 Kostenkalkulation 508
4.2 Finanzierung über Sozialplan, Kündigungsfristen, Insolvenzmasse, Erwerber 511
5. Interessenlage der Beteiligten 514
5.1 Interessenlage der Arbeitnehmer 515
5.2 Interessenlage von Betriebsrat/Gewerkschaft 516

5.3 Interessenlage von Arbeitgeber/Insolvenzverwalter 516
5.4 Interessenlage des Erwerbers 517
6. Vorteile der Einschaltung einer BQG 517
7. Nachteile / Risiken der Einschaltung einer BQG 519
8. Auswahl der geeigneten BQG 521
   8.1 Auswahlkriterien 522
   8.2 Vorbereitungen durch den Arbeitgeber 522
9. Rechtliche Gestaltungsmöglichkeiten, Rechtsprechung des BAG 522
   9.1 Die Beschäftigungs – und Qualifizierungsgesellschaft 524
   9.2 Vertragsverhältnisse/Dreiseitiger Vertrag 524
   9.3 Wirksamkeit des Aufhebungsvertrages 525
       9.3.1 Umgehung von § 613a BGB? 525
       9.3.2 Umgehung des § 1 KSchG? 529
       9.3.3 Widerruf des Aufhebungsvertrages 529
       9.3.4 Irrtumsanfechtung (§ 119 BGB)/Anfechtbarkeit des
             Aufhebungsvertrags wegen arglistiger Täuschung/
             widerrechtlicher Drohung (§ 123 BGB) 529
       9.3.5 § 313 BGB 530
       9.3.6 Sittenwidrigkeit 530
       9.3.7 Benachteiligungen nach dem AGG 531
       9.3.8 Fehlende Unterrichtung nach § 613a Abs. 5 BGB 531
   9.4 Wesentliche Inhalte des Aufnahmevertrages mit der BQG 532
   9.5 Dienstleistungs- und Kooperationsvertrag zwischen
       personalabgebenden Unternehmen und der BQG 534
   9.6 Mitbestimmungsrechte des Betriebsrates 535
       9.6.1 Interessenausgleich, §§ 112 BetrVG, 121 InsO 536
       9.6.2 Sozialplan, § 123 InsO 537
       9.6.3 Erzwingung der Einschaltung einer BQG durch den
             Betriebsrat? 537
10. Überblick Zeitlicher Ablauf: 539
    10.1 Vorbereitungsphase 539
    10.2 Entscheidungsphase 539
    10.3 Durchführungsphase 539

IV. Steuern in der Sanierung und Insolvenz 539
1. Einleitung 539
2. Rechtsstellung der Beteiligten in der Krise (Tax Compliance) 540
   2.1 Allgemeines 540
   2.2 Risiko- und Gefahrenbereiche 541
       2.2.1 Aufgabenverteilung 541
             2.2.1.1 Gesellschafter 541
             2.2.1.2 Geschäftsleitung 541
             2.2.1.3 Sanierungsberater 542
             2.2.1.4 Vorläufiger Verwalter 542
             2.2.1.5 Verwalter 544
             2.2.1.6 Haftungsnormen 544
       2.2.2 Liquiditätsprobleme 545
       2.2.3 Notwendige Maßnahmen 546
   2.3 Risiko- und Gefahrenminimierung 546

2.3.1 Geschäftsleitung	546
2.3.2 Sanierungsberater	548
2.3.3 Verwalter	548
2.4. Schadensabwehr und -minimierung	549
2.5 Schadensausgleich	549
3. Steuerfolgen von Sanierungsmaßnahmen	550
3.1 Kapitalmaßnahmen	551
3.1.1 Kapitalherabsetzung	553
3.1.2 Kapitalerhöhung	554
3.1.3 Einlage	555
3.1.4 Stille Beteiligung	555
3.1.5 Hybride Finanzierungen	556
3.1.6 Darlehen	556
3.1.7 Anteilsübertragung	558
3.2 Verkauf von Wirtschaftsgütern	558
3.3 Schuldenreduzierung	559
3.3.1 Stundung	559
3.3.2 Rangrücktritt	559
3.3.3 Forderungsverzicht	559
3.4 Sicherheitsleistung	561
3.4.1 Bürgschaft	561
3.4.2 Sicherungsübereignung/Sicherungsabtretung	561
3.4.3 Patronatserklärung	562
3.4.4 Schuldbeitritt/Schuldübernahme	562
3.4.5 Verlustübernahme	562
3.5 Umwandlung	563
3.6 Teilgeschäftseinstellung	566

V. Konzernrecht 566
1. Legislative Verortung der Konzernierung 566
2. Sämtliche Gruppenmitglieder sind (noch) nicht in einem Insolvenzverfahren 566

2.1 Rechtliche Besonderheiten	566
2.1.1 Vertragskonzern versus faktischer Konzern	566
2.1.2 Auswirkungen konzerninterner Verbindlichkeiten auf die Insolvenzantragsgründe der Überschuldung und Zahlungsunfähigkeit	567
2.1.3 Besonderheiten im Bereich des Anfechtungsrechtes	570
2.1.4 Besonderheiten im Bereich des Arbeitsrechtes	570
2.1.4.1 Definition arbeitsrechtlicher Begriffe	570
2.1.4.2 Arbeitsrechtliche Aspekte der Konzernsanierung	572
2.1.5 Besonderheiten bei Kommunikation und Durchsetzbarkeit von Sanierungsansätzen	576
2.2 Wirtschaftliche Besonderheiten	576
2.2.1 Leistungswirtschaftliche Besonderheiten	576
2.2.2 Finanzwirtschaftliche Besonderheiten	577
2.2.2.1 Zentrale, konzernübergreifende versus dezentrale Finanzierungsstruktur	577
2.2.2.2 Cash-Pooling	578

3. Sämtliche (bzw. funktional zusammengehörende) Gruppenmitglieder sind in einem Insolvenzverfahren 579
   3.1 Rein nationale Konstellationen 580
      3.1.1 Besonderheiten bei der Massebildung 580
      3.1.2 Zuständiges Gericht 582
      3.1.3 Insolvenzverwalterbestellung 582
      3.1.4 Kooperation 583
      3.1.5 Planverfahren 584
   3.2 Grenzüberschreitende Konstellationen 585
      3.2.1 Europäisches Ausland (EuInsVO) 585
          3.2.1.1 Massebildung 585
          3.2.1.2 Einheitliches Gericht 585
          3.2.1.3 Bestellung gerade eines Verwalters 586
          3.2.1.4 Kooperation 587
          3.2.1.5 Planverfahren 587
      3.2.2 Sonstiges Ausland 587

VI. Besonderheiten grenzüberschreitender Sanierungen 588
   1. Der optimale Weg: außergerichtlicher Vergleich oder formales Insolvenzverfahren? 588
   2. Determinanten für die Kontrolle des Restrukturierungsprozesses 589
      2.1 Verhältnis Konzern/Einzelgesellschaft 589
      2.2 Vorstand/Geschäftsführung 589
      2.3 Anwendbares Insolvenzrecht 590
      2.4 Arbeitnehmer 590
      2.5 Lieferanten 591
      2.6 Kunden 591
   3. Determinanten für die Erhaltung des Unternehmenswertes 591
      3.1 Konzernwert 591
      3.2 Liquidität 592
      3.3 Zahlungsunfähigkeit 592
   4. Das formale Insolvenzverfahren: Verfahrensmanagement 593
      4.1 Welches Verfahren? 593
          4.1.1 Kontrollverlust vermeiden 594
          4.1.2 Geringer Verwertungserlös 594
          4.1.3 Erhöhte Ausgaben 594
          4.1.4 Vorteile von Sekundärverfahren 594
      4.2 Verfahrenseinleitung 595
      4.3 Anerkennung 595
      4.4 Koordination 596
      4.5 Verwendung von Protokollen 596
      4.6 UNCITRAL-Modellgesetz 596
      4.7 Erste Gläubigerversammlungen und Berichte 597
      4.8 Kontinuierliche Kommunikation 598
      4.9 Verfahrensabschluss 598
   5. Formales Insolvenzverfahren: Verwaltung der Insolvenzmasse 598
      5.1 Arbeitnehmer 598
      5.2 Kreditgeber und Liquidität 599

     5.3 Lieferanten und Gläubiger 599
     5.4 Kunden und Drittschuldner 600
  6. Formales Insolvenzverfahren: Masseverwertung 600
  7. Schlussfolgerungen 601

VII. Einflüsse des internationalen Insolvenzrechts 601
  1. Koordinierte Sanierung in der grenzüberschreitenden Insolvenz 601
     1.1 Fehlen eines einheitlichen Konzerninsolvenzrechts und eines
         internationalen Insolvenzverfahrens 601
     1.2 Verfahrenskonzentration und koordinierte Verwalterbestellung 603
     1.3 Realisierung von Fortführungswerten der Einzelgesellschaften vom
         Konzernzusammenhalt abhängig 604
     1.4 Chance zur Wiederherstellung der Verkehrsfähigkeit von
         Konzerngesellschaften 605
     1.5 Konzept simultaner, weltweit koordinierter übertragender
         Sanierungen 605
     1.6 Auslandsbezug auf einzelgesellschaftlicher Ebene 606
  2. Verschiedene Rechtsgrundlagen für europäische Insolvenzverfahren
     und Drittstaatenverfahren 606
     2.1 Die Europäische Insolvenzverordnung (EuInsVO) 606
     2.2 Innerstaatliches Recht für Drittstaatenverfahren (§§ 335 ff. InsO) .. 608
  3. Internationale Zuständigkeit: Schlüssel zur Verfahrenskonzentration
     bei internationalen Sanierungen 609
     3.1 Zuständigkeit nach der EuInsVO – Centre of Main Interest
         (COMI) 609
         3.1.1 Auswirkungen der Anknüpfung am COMI 609
         3.1.2 Zur Auslegung des COMI-Begriffes 610
         3.1.3 Leitentscheidungen des EuGH: „Eurofood" und „Interedil" 611
         3.1.4 Reaktionen der nationalen Gerichte auf die Eurofood-
             Entscheidung 612
         3.1.5 Stellungnahme zum COMI-Begriff 614
         3.1.6 Forum Shopping 615
     3.2 Zuständigkeit bei Drittstaatenverfahren 615
  4. Anerkennung kraft Gesetzes: Effektivität des Insolvenzverfahrens als
     Handlungs- und Entscheidungsrahmen 616
     4.1 Anerkennung europäischer Verfahren nach der EuInsVO 616
     4.2 Tatbestandswirkung 619
     4.3 Kern-Insolvenzrecht – ausdrückliche und ungeschriebene Grenzen 620
     4.4 Anerkennung von Drittstaatenverfahren 622
  5. Anwendbares Recht: Gemischte Rahmenbedingungen der Sanierung
     aus verschiedenen Rechtsordnungen 623
     5.1 Rahmenbedingungen des Kern-Insolvenzrechts: Das
         Verfahrensstatut (*lex fori concursus*) 624
         5.1.1 Insbesondere: Laufende Verträge 625
         5.1.2 Insbesondere: Insolvenzplan 625
     5.2 Rahmenbedingungen außerhalb des Kern-Insolvenzrechts 626
         5.2.1 Insbesondere: Miet- Pacht- und Leasingverhältnisse über
             Immobilien 626

        5.2.2 Insbesondere: Einbeziehung von Sicherungsgut in
              übertragende Sanierungen und Insolvenzpläne 627
        5.2.3 Aufrechnung und Insolvenzanfechtung 631
        5.2.4 Rechnungslegung 631
  6. Arbeitsrecht in der internationalen Insolvenz – insbesondere:
     Personalabbau und Betriebsübergang 632
     6.1 Arbeitsvertrag und Arbeitsverhältnis im Sinne der
         Kollisionsvorschriften 632
     6.2 Anknüpfung an den Arbeitsort 633
        6.2.1 Rechtsgrundlagen und Systematik der Anknüpfung 633
        6.2.2 Inhalt der Anknüpfung – konkrete Ermittlung des geltenden
              Arbeitsrechts 634
     6.3 Geltung der Restrukturierungserleichterungen der InsO für
         ausländische Verfahren – Vertrauenschutz für deutsche
         Arbeitnehmer 635
     6.4 Kollektives Arbeitsrecht – Interessenausgleich und Sozialplan 637
     6.5 Erleichterte und beschleunigte Kündigungsmöglichkeit nach §§ 113,
         125, 126, 128 InsO 639
     6.6 Betriebsübergang im Rahmen der übertragenden Sanierung 641
     6.7 Insolvenzgeld 642
     6.8 Betriebliche Altersversorgung 642
  7. Insolvenzantragspflichten in internationalen Sanierungsfällen 643
     7.1 Risiko der Konzern-Fragmentierung durch „flächendeckende"
         Insolvenzantragstellung 643
     7.2 Abhängigkeit der Antragspflichten vom Internationalen Privat-
         und Verfahrensrecht 644
     7.3 Risiko-Management für Vertretungsorgane und sonstige
         Antragspflichtige 645
  8. Sekundärinsolvenzverfahren – unvermeidbares Sanierungshindernis? 646
     8.1 Voraussetzungen und Wirkungen von Sekundärinsolvenzverfahren 647
     8.2 „Liquidationsverfahren": Zerschlagung, Asset Deal, Insolvenzplan? 649
     8.3 Psychologie vs. Interessen – Akzeptanz des Hauptverfahrens oder
         Wettlauf der Eröffnungen? 650
        8.3.1 Rationale Entscheidungsmaßstäbe 650
        8.3.2 Abhängigkeit von der konkreten Ausgangslage 652
        8.3.3 „Systemwettbewerb" 652
     8.4 Prävention gegen und Schadensminderung bei
         Sekundäreröffnungen 653
  9. Fazit 655

VIII. Ausgewählte Themen aus Sicht der Banken 657
  1. Der Konsortialkreditvertrag 657
     1.1 Einleitung 657
  2. Inhalt des Konsortialkreditvertrags 658
     2.1 Übersicht 658
     2.2 Definitionen 659
     2.3 Kreditarten und Verwendungszweck 659
        2.3.1 Betriebsmittelkredit 660
        2.3.2 Investitionskredit 660

2.3.3 Schuldscheindarlehen	660
2.3.4 Diskontkredit	661
2.3.5 Akzeptkredit	661
2.3.6 Avalkredit	661
2.3.7 Akkreditivlinien	661
2.3.8 Roll Over Kredit	661
2.4 Rechte und Pflichten des Konsortiums	662
2.5. Ziehungs-/Inanspruchnahmevoraussetzungen	662
2.5.1 Gesellschaftsrechtliche Unterlagen	662
2.5.2 Jahresabschlüsse	662
2.5.3 Sicherheiten	663
2.6 Auszahlung	663
2.7 Rückzahlung, Tilgung	664
2.8 Zinsklausel	664
2.9 Zusätzliche Kosten	665
2.10 Zusicherungen, Gewährleistungen, Verpflichtungserklärung	665
2.11 Kündigungsklausel	665
2.11.1 Fristablauf	665
2.11.2 Ordentliche Kündigung	666
2.11.3 Außerordentliche Kündigung	666
2.12 Agent, Sicherheitenagent	667
2.13 (Mehrheits-)entscheidungen	668
2.14 Ausgleichsklausel	668
2.15 Provisionen, Kosten, Gebühren	669
2.16 Abtretungsklausel	669
2.17 Mitteilungen, Allgemeine Geschäftsbedingungen, Rechtswahlklausel	669
3. Sicherheitenvertrag	669
3.1 Grundsätze	669
3.2 Sicherheitenpoolvertrag	671
3.2.1 Rubrum	671
3.2.1.1 Einbeziehung des Unternehmens	671
3.2.1.2 Einbeziehung der Drittsicherungsgeber	671
3.2.2 Kredite	672
3.2.3 Sicherheiten	672
3.2.4 Bestellung eines Pfandrechts an Guthaben	672
3.2.5 Sicherungszweck	673
3.2.6 Sicherheitenverwaltung	673
3.27 Erlösverteilung („Wasserfall")	673
4. Vertragliche Nebenabreden (Covenants) im Kreditvertrag	686
4.1 Einleitung	686
4.2 Covenants	687
4.2.1 Arten von Covenants	687
4.2.1.1 Positive Covenants	688
4.3 Negative Covenants	690
4.3.1 Financial Covenants	691
4.3.1.1 (Praxis-)relevante Financial Covenants	692
4.3.2 Ermittlung der Kennziffern	692

4.4 Festlegung von Financial Covenants 692
4.5 Sanktionsmöglichkeiten bei Covenant-Verletzungen 694
    4.5.1 Konditionenänderung 695
    4.5.2 Nachbesicherung 695
    4.5.3 Kündigung 695
    4.5.4 Schaubild 697
5. Der Kreditverkauf 697
   5.1 Einleitung 697
   5.2 Marktteilnehmer und ihre Strategien 699
    5.2.1 Investmentbanken und Loan Broker 699
        5.2.1.1 Investmentbanken 699
    5.2.2 Loan Broker 699
    5.2.3 Investoren ohne aktive Restrukturierungsstrategie 700
    5.2.4 Investoren mit aktiver Restrukturierungsstrategie 700
   5.3 Motivation 701
    5.3.1 Motivationen aus Verkäufersicht 701
    5.3.2 Motivation aus Käufersicht (Investoren) 702
   5.4 Marktfähige Arten von verkaufbaren Problemkrediten 702
    5.4.1 Großkredite (Unternehmenskredite) 702
    5.4.2 Gewerbliche Kredite mittlerer Größe 703
    5.4.3 Einzelforderungen gegenüber Privatpersonen 703
    5.4.4 Sonderfall: Avale 704
   5.5 Der Verkaufsprozess und Bewertung einer NPL-Transaktion 704
   5.6 Cashflow orientierte Betrachtungsweise 704
    5.6.1 Einzelwertberichtigungsorientierte Betrachtungsweise 705
    5.6.2 Anhang 705
6. Die doppelnützige Treuhand als Restrukturierungsinstrument 707
   6.1 Einleitung 707
   6.2 Motivation für eine doppelnützige Treuhand seitens der Bank/
      Gesellschafter 710
    6.2.1 Motivation seitens der Banken 710
    6.2.2 Motivation seitens der Gesellschafter 711
   6.3 Die Person des Treuhänders und der Auswahlprozess 711
   6.4 Fazit 713

11. Kapitel
Branchenspezifische Probleme und Lösungsansätze mit Fallbeispielen

I. Sanierung im Einzelhandel 715
  1. Der Sanierungsrahmen und die Vorgehensweise im Verlauf der
    Sanierung 716
    1.1 Die Engpass-Analyse 716
    1.2 Einzelhandelsspezifische Hebel zur Sicherung stabiler und
       wirtschaftlicher Abläufe 717
    1.3 Stabilisatoren für die Zukunft des Unternehmens 717
    1.4 Die Marktfähigkeit des Sortimentes 717
    1.5 Die Vision des Unternehmens überzeugt im Markt 718
    1.6 Die Multiplizierbarkeit und Modifizierbarkeit des Warenkorbes 718

1.7 Alleinstellungsmerkmale im Sortiment 718
1.8 Konzept- und verkaufsorientiertes Einkaufen 719
1.9 Identifikation des Teams mit dem Unternehmen und der
 Unternehmensidee 719
1.10 Feststellung der Sanierungsfähigkeit 719
2. Der Sanierungsprozess mit Lösungen und Maßnahmen 719
 2.1 Analyse der wichtigen Kennzahlen 719
 2.2 Beobachtungen im laufenden Betrieb 720
 2.3 Abweichungen bzw. Ansatzpunkte für die Sanierung 720
  2.3.1 Die Zentralkosten 720
  2.3.2 Die Leistungsqualität der Steuerungsfunktionen in der
   Zentrale 720
  2.3.3 Die Dominanz und Innovationsfreude des Chefs 720
  2.3.4 Schwelender Konflikt bzw. Blockaden wegen eines
   Familienmitglieds 720
  2.3.5 Viele sich wiederholende Störungen in den Arbeitsabläufen 720
  2.3.6 Unbefriedigender Wirkungsgrad der Filialbetreuer 721
  2.3.7 Qualitätsdefizite in der Führung auf allen Ebenen 721
  2.3.8 Unkoordinierte Abläufe 721
  2.3.9 Unkoordinierte Verträge bei den Verkaufsverantwortlichen .. 721
  2.3.10 Feinsteuerung des Mitarbeitereinsatzes in Abhängigkeit von
   Kundenfrequenz und Warenbelieferung 721
  2.3.11 Unklare Kassenabläufe 722
  2.3.12 Ordnung vor und hinter den Kulissen 722
  2.3.13 Wirksame Verkaufsleitung über alle Regionen 722
  2.3.14 Standards für effiziente Abläufe in der Zentrale wie in den
   Filialen 722
  2.3.15 Expansionswissen 722
  2.3.16 Sortimentsprofil (Aktionsware vs. Basisartikel) 723
  2.3.17 IT-gesteuerte Warenwirtschaft 723
  2.3.18 Identifikation der Verantwortlichen mit den Planzahlen 723
  2.3.19 Anreizsystem zur Unterstützung der Umsatz- und Kostenziele
   in den Filialen und Regionen 723
 2.4 Die Handlungsschwerpunkte der Sanierung 724
 2.5 Sofortprogramm zur Steigerung der Geschäftsmodell-Rentabilität
  und Anhebung der Kapitalrendite 724
  2.5.1 Rotationsplan 724
  2.5.2 Personaleinsatzplan 725
  2.5.3 Sonderflächen 727
   2.5.3.1 Lagerverkauf im ehemaligen Warenlager 727
   2.5.3.2 Sonderverkäufe in ausgewählten Filialen 728
   2.5.3.3 Sonderverkaufsflächen bei anderen
    Einzelhandelsunternehmen 728
  2.5.4 Warensteuerung 729
   2.5.4.1 Steuern mit dem Know-how der Betroffenen 729
   2.5.4.2 Neue Warenanlieferungszeiten 729
   2.5.4.3 Hotline für Störungen und „Schnellschüsse" 729

  2.5.5 Leistungssteigerung durch besser qualifizierte Führungskräfte 730
    2.5.5.1 Input von Externen 730
    2.5.5.2 Interimsmanagement mit Hilfe einer „Management-
       Plattform" 731
3. Schlussfolgerungen 731
 3.1 Verschiedene Handelsformen im Einzelhandel 731
 3.2 Der Weg ist das Ziel 732

II. Sanierung in der Automobilzulieferindustrie 732
1. Ausgangspunkte 732
 1.1 Lage und Entwicklung des Automobilmarkts 732
  1.1.1 Verhältnis der OEM zu den Zulieferern 735
  1.1.2 Technische Zusammenarbeit 735
 1.2 Wirtschaftliches Verhältnis 738
  1.2.1 Struktur, wirtschaftliche Situation und Zukunft der
     Automobilzulieferer in Deutschland 739
  1.2.2 Insolvenztatsachen 742
  1.2.3 Beispiel 743
 1.3 Erfolgs- und Risikofaktoren bei Automobilzulieferern 743
  1.3.1 Strategische Ausrichtung 743
  1.3.2 Ausrichtung in der Wertschöpfungskette 744
  1.3.3 Regionale Ausrichtung 744
  1.3.4 Fokussierung 745
  1.3.5 Operative Aspekte 745
  1.3.6 Preiskalkulation 745
  1.3.7 Entwicklung und Industrialisierung 746
  1.3.8 Ganzheitliche Produktionssysteme 748
  1.3.9 Overall Equipment Effectiveness (OEE) 748
  1.3.10 Vertragscontrolling 749
  1.3.11 Altersatzteile 749
  1.3.12 Identifizierung und Umsetzung 749
 1.4 Krisenerkennung 750
  1.4.1 Auftragssituation 750
  1.4.2 Beteiligung an aktuellen OEM-Anfragen 751
  1.4.3 Sonderfrachten 752
 1.5 Krisenmanagement 752
  1.5.1 Feststellung und Ausräumung von Insolvenzgründen 752
  1.5.2 Zur Zahlungsunfähigkeit 752
  1.5.3 Feststellung 753
  1.5.4 Beseitigung 754
2. Zur Überschuldung 755
 2.1 Aktivierung selbstgeschaffener immaterieller
   Vermögensgegenstände 756
 2.2 Formen und Werkzeuge 757
 2.3 Sanierungskonzept 757
 2.4 Kommunikation mit Kunden 759
 2.5 Kommunikation mit Kreditinstituten 761
 2.6 Mezzaninekapital 762
 2.7 Arbeitsrecht 763

2.8	Operative Sanierung	763
2.9	Sanierungscontrolling	764
2.10	Sanierung in der und durch die Insolvenz	765
2.11	Typische Gründe für die Insolvenz eines Automobilzulieferers	765
2.12	Arbeitsrechtliche Aspekte	766
2.13	Miet-, Leasing- und sonstige Dauerschuldverhältnisse	766
2.14	Kundenbeziehungen	767
2.15	Nachunternehmerbeziehungen	767
2.16	Fremdrechte	767
2.17	M&A in der Insolvenz	768
2.18	Der Insolvenzplan in der Automobilzuliefererindustrie	769
2.19	Das Beispiel	769
2.20	Doppelnützige Treuhand als Sanierungshilfe	771

III. Sanierung von Finanzdienstleistern ... 771
1. Einleitung ... 771
2. Erfasste Unternehmen ... 775
3. Europäisierung des Sanierungs- und Insolvenzrechts für Kreditinstitute ... 775
   3.1 Sanierungsmaßnahmen gem. Sanierungs-RL ... 776
   3.2 Liquidationsverfahren gem. Sanierungs-RL ... 777
4. Sanierung vor Eröffnung eines Insolvenzverfahrens ... 778
   4.1 Maßnahmen bei unzureichenden Eigenmitteln ... 779
      4.1.1 Tatbestand ... 779
      4.1.2 Erlaubte Maßnahmen ... 779
      4.1.3 Rechtsmittel ... 780
   4.2 Maßnahmen bei organisatorischen Mängeln ... 780
   4.3 Entsendung eines Sonderbeauftragten ... 781
      4.3.1 Aufgaben und Befugnisse ... 781
      4.3.2 Rechtsstellung im Kreditinstitut ... 781
      4.3.3 Kostenübernahme ... 781
      4.3.4 Persönliche Haftung ... 782
   4.4 Maßnahmen bei Gefahr für die Erfüllung von Verbindlichkeiten ... 782
      4.4.1 Tatbestand ... 782
      4.4.2 Erlaubte Maßnahmen ... 783
      4.4.3 Rechtsmittel ... 784
   4.5 Maßnahmen bei Insolvenzgefahr ... 784
      4.5.1 Tatbestand ... 785
      4.5.2 Erlaubte Maßnahmen ... 785
      4.5.3 Rechtsmittel ... 788
   4.6 Sanierungs- und Reorganisationsverfahren nach dem KredReorgG ... 788
      4.6.1 Das Sanierungsverfahren ... 788
         4.6.1.1 Einleitung des Sanierungsverfahrens ... 788
         4.6.1.2 Befugnisse des Sanierungsberaters ... 789
         4.6.1.3 Befugnisse des OLG ... 790
      4.6.2 Das Reorganisationsverfahren ... 791
         4.6.2.1 Einleitung des Reorganisationsverfahrens ... 791
         4.6.2.2 Durchführung des Reorganisationsverfahrens ... 791
         4.6.2.3 Aufhebung des Reorganisationsverfahrens ... 795
   4.7 Anordnung eines Moratoriums gem. § 47 KWG ... 795

4.8 Übertragungsanordnung und Unterstützung durch den
   Restrukturierungsfonds 796
4.9 Insolvenzantragstellung durch die BaFin 797
   4.9.1 Anzeigepflicht des Vorstands gem. § 46b Abs. 1 S. 1 KWG 797
   4.9.2 Stellung des Insolvenzantrags durch die BaFin 797
   4.9.3 Rechtsfolgen der Antragstellung 798
5. Sanierung im vorläufigen Insolvenzverfahren 799
   5.1 Einleitung 799
   5.2 Antragsbefugnis der BaFin 799
   5.3 Zuständigkeit des Insolvenzgerichts 800
   5.4 Anwendbares Verfahrensrecht 800
   5.5 Zulässige Maßnahmen des Insolvenzgerichts 801
   5.6 Aufgaben des vorläufigen Insolvenzverwalters 802
   5.7 Zusammenfassung 803
6. Sanierung im eröffneten Insolvenzverfahren 803
   6.1 Eröffnung des Insolvenzverfahrens 804
   6.2 Verfahrensgrundsätze 805
   6.3 Anwendbares Verfahrensrecht 805
      6.3.1 Grundsatz 805
      6.3.2 Sonderanknüpfungen 805
   6.4 Sanierungsmaßnahmen 806
      6.4.1 Unternehmensfortführung 806
      6.4.2 Wahlrecht des Insolvenzverwalters 807
      6.4.3 Beendigung von Arbeitsverhältnissen 807
      6.4.4 Insolvenzplanverfahren 807
7. Zusammenfassung 808

IV. Sanierung von Immobilienportfolios als Managementaufgabe 808
1. Einleitung 808
2. Theorie des Portfoliomanagements und der -sanierung von Immobilien .. 810
   2.1 Ebenen des Portfoliomanagements 810
      2.1.1 Strategische Ebene 810
      2.1.2 Operative Ebene 812
   2.2 Portfoliosanierung als Prozess 813
      2.2.1 Drei Phasen des Portfoliomanagements 813
      2.2.2 Rückkopplung zwischen den Phasen 813
3. Portfoliosanierung in der Praxis 813
   3.1 Planungsphase 813
      3.1.1 Bestandsaufnahme 813
      3.1.2 Marktresearch 815
      3.1.3 Zielportfolio 816
         3.1.3.1 Kern-, Management- und Handelsportfolio 817
         3.1.3.2 Durchlässigkeit zwischen den Portfolios 817
   3.2 Steuerungsphase 818
      3.2.1 Steuerungsmaßnahmen zur Ertragsoptimierung 819
         3.2.1.1 Projektentwicklung 819
         3.2.1.2 Refurbishment 820
         3.2.1.3 Vermietung 822
         3.2.1.4 Marketing 824

          3.2.2 Steuerungsmaßnahmen zur Kostenoptimierung 825
                3.2.2.1 Finanzierung optimieren 825
                3.2.2.2 Mietausfälle reduzieren 825
                3.2.2.3 Instandhaltungskosten optimieren 826
                3.2.2.4 Nebenkosten senken 828
     3.3 Kontrollphase 828
          3.3.1 Performancemessung 828
          3.3.2 Portfolio Monitoring 829
          3.3.3 Risikokontrolle 829
  4. Fazit 830
  5. Case-Study: Strategien zur wirtschaftlichen Sanierung von Shopping
     Center-Portfolios 831
     5.1 Cash-Flow sichern 831
     5.2 Finanzierung optimieren 833
     5.3 Marketing verbessern 834
     5.4 Praxis-Beispiel aus einer deutschen Großstadt 834
     5.5 Fazit 835

Stichwortverzeichnis 839

Abkürzungsverzeichnis

a.A.	anderer Ansicht
a.a.O.	am angegebenen Ort
Abb.	Abbildung
abgedr.	abgedruckt
abl.	ablehnend
ABlEG	Amtsblatt der EG
ABlEU	Amtsblatt der EU
Abs.	Absatz
Abschn.	Abschnitt
abw.	abweichend
a.E.	am Ende
a.F.	alte Fassung
AG	Die Aktiengesellschaft (Zeitschrift), Aktiengesellschaft, Amtsgericht, Ausführungsgesetz
AGFVO	Allgemeine Gruppenfreistellungsverordnung
AiB	Arbeitsrecht im Betrieb
AKEIÜ	Arbeitskreis Externe und Interne Überwachung der Unternehmung der Schmalenbach-Gesellschaft für Betriebswirtschaft e. V.
AktG	Aktiengesetz
Alt.	Alternative
a.M.	anderer Meinung
AMJ	Academy of Management Journal
amtl.	amtlich
Anh.	Anhang
Anm.	Anmerkung
AO	Abgabenordnung
AP	Arbeitsrechtliche Praxis
ArbR	Arbeitsrecht
Art.	Artikel
ASQ	Administrative Science Quarterly
AuA	Arbeit und Arbeitsrecht
Aufl.	Auflage
ausf.	ausführlich
Az.	Aktenzeichen
BaFin	Bundesanstalt für Finanzdienstleistungsaufsicht
BAG	Bundesarbeitsgericht
BAGE	Entscheidungen des Bundesarbeitsgerichts
BAnz	Bundesanzeiger
BauGB	Baugesetzbuch
BB	Der Betriebsberater
BBodSchG	Bundesbodenschutzgesetz
BBR	Baetge Bilanz-Rating
Bd.	Band
Bearb.	Bearbeiter
Begr.	Begründung
Bek.	Bekanntmachung
Beschl.	Beschluss
betr.	betreffend
BetrVG	Betriebsverfassungsgesetz
BeurkG	Beurkundungsgesetz
BFH	Bundesfinanzhof
BFHE	Entscheidungen des Bundesfinanzhofs

Abkürzungsverzeichnis

BGB	Bürgerliches Gesetzbuch
BGBl	Bundesgesetzblatt
BGH	Bundesgerichtshof
BGHZ	Entscheidungen des Bundesgerichtshofs in Zivilsachen
BHO	Bundeshaushaltsordnung
BilMoG	Bilanzrechtsmodernisierungsgesetz
BJM	British Journal of Management
BQG	Beschäftigungs- und Qualifizierungsgesellschaft
BR-Drucks.	Bundesratsdrucksache
BRIC	Brasilien, Russland, Indien und China
Bsp.	Beispiel
bspw.	beispielsweise
BStBl	Bundessteuerblatt
BT-Drucks.	Bundestagsdrucksache
Buchst.	Buchstabe
Bürgschaftsmitteilung	Mitteilung der Kommission über die Anwendung der Artikel 87 und 88 des EG-Vertrages auf staatlichen Beihilfen in Form von Haftungsverpflichtungen und Bürgschaften
BVerfG	Bundesverfassungsgericht
BVerfGE	Entscheidungen des Bundesverfassungsgerichts
bzgl.	bezüglich
bzw.	beziehungsweise
ca.	circa
c.i.c	culpa in contrahendo
CMR	California Management Review
CoA	Center of Automotive
COMI	center of main interest
CRO	Chief Risk Officer
DB	Der Betrieb
DBW	Die Betriebswirtschaft
De-minimis-VO	De-minimis-Verordnung
ders.	derselbe
d.h.	das heißt
dies.	dieselbe
DNotZ	Deutsche Notarzeitschrift
DRS	Deutsche-Rechnungslegungs-Standards
DSGV	Deutscher Sparkassen- und Giroverband
DStR	Deutsches Steuerrecht
DVFA	Deutsche Vereinigung für Finanzanalyse und Asset Management
DW	Die Wirtschaftswissenschaften
DZWIR	Deutsche Zeitschrift für Wirtschafts- und Insolvenzrecht
EBIT	Earnings before Interests and Taxes
EBITD-ROI	Earnings before Interests Taxes and Depreciation – Return on Investment
EBITDA	Earnings before interest, taxes, depreciation and amortization
EBRG	Gesetz über Europäische Betriebsräte
EBS	European Business School
ECFR	European Company and Financial Law Review
EG	Europäische Gemeinschaft, Einführungsgesetz
Einf.	Einführung
Einl.	Einleitung
EnEV	Energieeinsparverordnung
entspr.	entsprechend
EOP	End of Production
ErbStG	Erbschaftssteuer- und Schenkungssteuergesetz

erg.	ergänzend
EStG	Einkommensteuergesetz
ESUG	Gesetz zur weiteren Erleichterung der Sanierung von Unternehmen
etc.	et cetera
EU	Europäische Union
EuGH	Europäischer Gerichtshof
EuGH	Slg. Sammlung der Rechtsprechung des EuGH
EuInsVO	Europäische Insolvenzverordnung
evtl.	eventuell
EWG	Europäische Wirtschaftsgemeinschaft
EwiR	Entscheidungen zum Wirtschaftsrecht
f.	folgende
FAR	IDW Fachausschuss Recht FAR Standard
FAST	Future Automotive Industry Structure
FAZ	Frankfurter Allgemeine Zeitung
F&E	Forschung und Entwicklung
ff.	fortfolgende
FinDAG	Gesetz über die Bundesanstalt für Finanzdienstleistungsaufsicht (Finanzdienstleistungsaufsichtsgesetz)
FMEA	Fehler-Möglichkeits und Einflussanalyse, kurz Auswirkungsanalyse
FMStG	Finanzmarktstabilisierungsgesetz
Fn.	Fußnote
FR	Finanz-Rundschau
FS	Festschrift
FTD	Financial Times Deutschland
GAE	Gesamtanlageneffektivität
GbR	Gesellschaft bürgerlichen Rechts
gem.	gemäß
GewStG	Gewerbesteuergesetz
ggf.	gegebenenfalls
GmbH	Gesellschaft mit beschränkter Haftung
GmbHG	Gesetz betreffend die Gesellschaften mit beschränkter Haftung
GmbHR	GmbH-Rundschau
GPS	ganzheitliche Produktionssysteme
grds.	grundsätzlich
GrEStG	Grunderwerbsteuergesetz
GuV	Gewinn- und Verlustrechnung
GWR	Gesellschafts- und Wirtschaftsrecht
h.A.	herrschende Ansicht
HambKomm	Hamburger Kommentar zum Insolvenzrecht
HBR	Havard Business Review
HGB	Handelsgesetzbuch
h.L.	herrschende Lehre
h.M.	herrschende Meinung
Hrsg.	Herausgeber
HS	Halbsatz
HUM	Human Relations
i.d.F.	in der Fassung
i.d.R.	in der Regel
IDW	Institut der Wirtschaftsprüfer
IDW FAR 1/1991	Verlautbarung Nr. 1 aus 1991 (Anforderungen an Sanierungskonzepte) des Fachausschusses Recht beim Institut der Wirtschaftsprüfer
IDW PS	Prüfungsstandards des Institut der Wirtschaftsprüfer

Abkürzungsverzeichnis

IDW S 6	Verlautbarung Standard 6 (Anforderungen an die Erstellung von Sanierungskonzepten) vom 20.6.2009 des Instituts der Wirtschaftsprüfer
IFRS	International Financial Reporting Standards
IKB	IKB Deutsche Industriebank AG
InsO	Insolvenzordnung
Iprax	Praxis des Internationalen Privat- und Verfahrensrecht
i.S.d.	im Sinne der/des
i.S.v.	im Sinne von
i.Ü.	im Übrigen
IVD	Immobilienverband Deutschland (Bundesverband der Immobilienberater, Makler, Verwalter und Sachverständigen e.V.)
i.V.m.	in Verbindung mit
JAP	Journal of Applied Psychology
JBR	Journal of Business Research
JBS	Journals of Business Strategy
JfB	Journal für Betriebswirtschaft
JGM	Journal of General Management
JIT	just-in-time
JMS	Journal of Management Studies
JoF	Journal of Finance
JR	Juristische Rundschau
Justiz	Die Justiz
JZ	Juristenzeitung
Kap.	Kapitel
KfW	Kreditanstalt für Wiederaufbau
KG	Kammergericht; Kommanditgesellschaft
KGR Berlin	KG-Report Berlin
KMU	kleine und mittelständische Unternehmen
Komm.	Kommentar; Kommentierung
Kommission	Europäische Kommission
KoR	Zeitschrift für internationale und kapitalmarktorientierte Rechnungslegung
KÖSDI	Kölner Steuerdialog
KPMG	KPMG AG Wirtschaftsprüfungsgesellschaft
KR	Gemeinschaftskommentar zum Kündigungsschutzgesetz und zu sonstigen kündigungsrechtlichen Vorschriften
KredReorgG	Reorganisationsgesetz für Kreditinstitute
KontraG	Gesetz zur Kontrolle und Transparenz im Unternehmensbereich
KSchG	Kündigungsschutzgesetz
KSI	Zeitschrift Krisen-, Sanierungs- und Insolvenzberatung
KStG	Körperschaftsteuergesetz
KTS	Zeitschrift für Insolvenzrecht-Konkurs-Treuhand Sanierung
KWG	Gesetz über das Kreditwesen
LBO	Leveraged Buy Out
LG	Landgericht
Lit.	Literatur
LRP	Long Range Planning
M&A Prozess	Mergers & Acquisitions Prozess
MAJ	Managerial Auditing Journal
MBO	Management Buy Out
MD	Management Decision
MDR	Monatsschrift für Deutsches Recht
Mio.	Million
MK	Münchner Kommentar

mm	Manager Magazin
m.N.	mit Nachweisen
MoMiG	Gesetz zur Modernisierung des GmbH-Rechts und zur Bekämpfung von Missbräuchen
MOPF	Modellpflegen
Mrd.	Milliarde
m.w.N.	mit weiteren Nachweisen
NAFTA	North American Free Trade Agreement
n.F.	neue Fassung
NJOZ	Neue Juristische Online Zeitschrift
NJW	Neue Juristische Wochenschrift
NJW-RR	NJW Rechtsprechungsreport Zivilrecht
NOC	Net Organisational Capital
Nr.	Nummer
NZA	Neue Zeitschrift für Arbeits- und Sozialrecht
NZG	Neue Zeitschrift für Gesellschaftsrecht
NZI	Neue Zeitschrift für das Recht der Insolvenz und Sanierung
o.Ä.	oder Ähnliche/s
OD	Organizational Dynamics
OEE	Overall Equipment Effectiveness
OEM	Original Equipment Manufacturer
o.g.	oben genannt(e)
OHG	offene Handelsgesellschaft
OICA	Organisation Internationale des Constructeurs d'Automobiles
OLG	Oberlandesgericht
o.V.	ohne Verfasser
p.a.	per annum
Prot.	Protokoll
PSV	Pensions-Sicherungs-Verein aG
PWC	PricewaterhouseCoopers AG Wirtschaftsprüfungsgesellschaft
RA	Rechtsanwalt
rd.	rund
RefE-KWG	Referentenentwurf des Gesetzes über das Kreditwesen
RefE-KredReorgG	Referentenentwurf des Reorganisationsgesetzes für Kreditinstitute
RegE	Regierungsentwurf
RegE-ESUG	Regierungsentwurf des Gesetzes zur weiteren Erleichterung der Sanierung von Unternehmen
Regionalleitlinien	Leitlinien für staatliche Beihilfen mit regionaler Zielsetzung
RG	Reichsgericht
RGBl	Reichsgesetzblatt
RICS	Royal Institution of Chartered Surveyors
RL	Richtlinie
Rn.	Randnummer
ROA	Return on Assets
ROCE	Return on Capital Employed
ROI	Return on Investment
Rpfleger	Der Deutsche Rechtspfleger
Rspr.	Rechtsprechung
RStruktFG	Gesetz zur Errichtung eines Restrukturierungsfonds für Kreditinstitute
RUL	Rettungs- und Umstrukturierungsleitlinie
S., s.	Satz, Seite, siehe
Sanierungs-RL	Sanierungsrichtlinie

Abkürzungsverzeichnis

SGB III	Sozialgesetzbuch Drittes Buch – Arbeitsförderung
SMJ	Strategic Management Journal
s.o.	siehe oben
sog.	sogenannte
SOP	Start of Production
SprAuG	Sprecherausschussgesetz, Gesetz über Sprecherausschüsse der leitenden Angestellten
StB	Der Steuerberater
str.	streitig
s.u.	siehe unten
Tab.	Tabelle
Temporary Framework	Mitteilung der Kommission zum vorübergehenden Gemeinschaftsrahmen für staatliche Beihilfen zur Erleichterung des Zugangs zu Finanzierungsmitteln in der gegenwärtigen Finanz- und Wirtschaftskrise
TPS	Toyota Produktionssystem
TVG	Tarifvertragsgesetz
TZ	Teilziffer
u.a.	unter anderem, und andere
u.Ä.	und Ähnliche/s
UG	Unternehmergesellschaft
UiS	Unternehmen in Schwierigkeiten
u.M.	unter Mitarbeit, unter Mitwirkung
UmwStG	Umwandlungssteuergesetz
UNCITRAL	Kommission der Vereinten Nationen für internationales Handelsrecht (engl. United Nations Commission on International Trade Law)
unstr.	unstreitig
Unterabs	Unterabsatz
UStG	Umsatzsteuergesetz
usw.	und so weiter
u.U.	unter Umständen
v.	von, vom
VAG	Versicherungsaufsichtsgesetz
Var.	Variante
vgl.	vergleiche
VO	Verordnung
Vorb.	Vorbemerkung
Vorübergehender Gemeinschaftsrahmen	Mitteilung der Kommission zum vorübergehenden Gemeinschaftsrahmen für staatliche Beihilfen zur Erleichterung des Zugangs zu Finanzierungsmitteln in der gegenwärtigen Finanz- und Wirtschaftskrise
WI	Wirtschaftsinformatik
wiSta	Wirtschaft und Statistik
WM	Wertpapier-Mitteilungen
WPg	Die Wirtschaftsprüfung
WpHG	Wertpapierhandelsgesetz
WWU	Westfälische Wilhelms-Universität Münster
z.B.	zum Beispiel
ZBB	Zeitschrift für Bankrecht und Bankwirtschaft
ZeuP	Zeitschrift für Europäisches Privatrecht
ZfB-E	Zeitschrift für Betriebswirtschaft-Ergänzungsheft
ZFBF	Zeitschrift für betriebswirtschaftliche Forschung

ZFO	Zeitschrift Führung + Organisation
ZGR	Zeitschrift für Unternehmens- und Gesellschaftsrecht
ZHR	Zeitschrift für das gesamte Handels- und Wirtschaftsrecht
Ziff.	Ziffer
ZIP	Zeitschrift für Wirtschaftsrecht
zit.	Zitiert
Zplan	Zeitschrift für Planung & Unternehmenssteuerung
z.T.	zum Teil
zust.	zustimmend
zutr.	zutreffend
zz.	zurzeit
ZZP	Zeitschrift für Zivilprozess

Literaturverzeichnis

Achsnik Die doppelnützige Treuhand in der Sanierung, 1. Aufl. 2010
Adam Produktions-Management, 9. Aufl. 2001
Akermann Neue Anforderungen an eine virtuelle Gewerbeimmobilienbörse aus Sicht der Anbieter, 2004
Allendorf/Kurzrock Portfoliomanagement mithilfe qualitativer Modelle, 2007
Ansoff Management-Strategie, 1966
Arbeitskreis für Insolvenzwesen Köln e.V. (Hrsg.) Kölner Schrift zur Insolvenzordnung, 3. Aufl. 2009
Arnolds/Heege/Röh/Tussing Materialwirtschaft und Einkauf, 2010
Arogyaswamy A Two-Stage Strategy-Contingency Model, Diss. Milwaukee, 1992
Backhaus/Erichson/Plinke/Weiber Multivariate Analysemethoden, 2008
Baetge Empirische Methoden zur Früherkennung von Unternehmenskrisen, 1998
ders. Betriebswirtschaftliche Systemtheorie, 1974
Baetge/Kirsch/Thiele Bilanzanalyse, 2004
Barker Corporate Turnarounds as Strategic Reorientations: A Field Study of Turnaround Attempts from Firm-Based Decline, Diss. Urbana-Champaign, 1992
Bateman/Snell Management - The New Competitive Landscape, 2004
Baumbach/Hopt Handelsgesetzbuch, 33. Aufl. 2008
Baumbach/Hueck GmbHG, 19. Aufl. 2010
Baur Sanierung, Wege aus Unternehmenskrisen, 1978
Bausch Unternehmungszusammenschlüsse: Strategien und Strukturen für kooperatives und akquisitorisches Wachstum in Industrieunternehmungen, 2003
Bausch/Schwenker (Hrsg.) Handbook Utility Management, 2009
Beck/Depré Praxis der Insolvenz, 2. Aufl. 2010
Bibeault Corporate Turnaround, 1982
Bickhoff/Blatz/Eilenberger (Hrsg.) Die Unternehmenskrise als Chance, 2004
Binder Bankeninsolvenzen im Spannungsfeld zwischen Bankaufsichts- und Insolvenzrecht, 2005
Bitz Risikomanagement nach KonTraG, 2000
Bleicher/Mayer Führung in der Unternehmung, 1976
Blöse/Kihm Unternehmenskrisen – Ursachen, Sanierungskonzepte, Krisenvorsorge, Steuern, 2006
Blümich Kommentar zum EStG, KStG, GewStG, hrsgg. v. Heuermann/Brandis, 111. Aufl. 2011
Böckenförde Unternehmenssanierung, 2. Aufl. 1994
Bone-Winkel Das strategische Management von offenen Immobilienfonds unter besonderer Berücksichtigung der Projektentwicklung von Gewerbeimmobilienmärkten, 1994
ders. Strategisches Immobilien-Portfoliomanagement, 2005
Boos/Fischer/Schulte-Mattler Kreditwesengesetz, 3. Aufl. 2008
Büschgen Handbuch Rating, 2007
Buschmann Erfolgreiches Turnaround-Management, Empirische Untersuchung mit Schwerpunkt auf dem Einfluss der Stakeholder, 2006
Buth/Hermanns Restrukturierung, Sanierung, Insolvenz, 3. Aufl. 2009
Cartwright/Zander (Hrsg.) Group Dynamics, Research and Theory, 1960
CoA (Center of Automotive) an der FHDW Bergisch Gladbach/*Management Engineers Düsseldorf* Die Zukunft der Automobilzulieferindustrie, 2009
Coenenberg Bilanzanalyse nach neuem Recht, 1989
Corsten/Reiß(Hrsg.) Handbuch Unternehmensführung, 1995
Crone/Werner (Hrsg.) Handbuch modernes Sanierungsmanagement, 2007
Daft New Era of Management, 2009
Dörner/Horvath/Kagermann Praxis des Risikomanagements, 2000
Drescher Die Haftung des GmbH-Geschäftsführers 6. Aufl. 2009
Dudenhöfer/Faulhaber Automobilindustrie. Die Krise ist noch lange nicht vorbei. Eine Gemeinschaftsstudie des Centers Automotive Research (CAR) und der Struktur Management Partner GmbH, 2009
Ebenroth/Boujong/Joost/Strohn HGB, 2. Aufl. 2009

Literaturverzeichnis

EBS (European Business School) Wandel in den Wertschöpfungsstrukturen der Automobilindustrie – Konsequenzen für Prozesse und Informationssysteme, abrufbar unter www.ebs.edu/index.php?id=4758
Eisenbeis/Avery Discriminant Analysis and Classification Procedures, 1972
Erfurter Kommentar zum Arbeitsrecht, hrsgg. v. Müller-Glöge/Preis/ Schmidt, 11. Aufl. 2011
Everling/Holschuh/Leker Credit analyst, 2009
Everling/Riedel/Weimerskirch Technology Rating, 2000
Feidicker Kreditwürdigkeitsprüfung, 1992
Fraunhofer-Institut für Materialfluß und Logistik Future Automotive Industry Structure (FAST) 2015 – die neue Arbeitsteilung in der Automobilindustrie, 2004
Frese Unternehmensführung, 1987
Frotscher Besteuerung bei Insolvenz, 7. Aufl. 2010
Glanegger/Güroff GewStG, 7. Aufl. 2009
Goette/Kleindiek Eigenkapitalersatzrecht in der Praxis, 5. Aufl. 2007
Gottwald (Hrsg.) Insolvenzrechts-Handbuch, 4. Aufl. 2010
Graumann Controlling – Begriffe, Elemente, Methoden und Schnittstellen, 2008
Griffin Fundamentals of Management – Core Concepts and Applications, 2003
Grunwald/Grunwald Bonitätsanalyse im Firmenkundengeschäft, 2008
Hahn/Hungenberg PuK: Wertorientierte Controllingkonzepte, 2001
Hahn/Taylor Strategische Unternehmensführung, 9. Aufl. 2006
Harz/Hub/Schlarb Sanierungsmanagement, 3. Aufl. 2006
Hauschildt/Leker Krisendiagnose durch Bilanzanalyse, 2000
Heintzen Unternehmen in der Krise, 2004
Henkel von Donnersmarck/Schatz Frühwarnsysteme, 1999
Herzig Das Insolvenzplanverfahren, 2001
Hess Sanierungshandbuch, 4. Aufl. 2009
Hess/Obermüller Insolvenzplan, Restschuldbefreiung und Verbraucherinsolvenz, 3. Aufl. 2003
Höft Lebenszykluskonzepte, 1992
Höhn Das Unternehmen in der Krise, 1974
Hölscher/Elfgen Herausforderung Risikomanagement, 2002
Holzapfel/Pöllath Unternehmenskauf in Recht und Praxis, 14. Aufl. 2010
Hommel/Knecht/Wohlenberg (Hrsg.) Handbuch Unternehmensrestrukturierung, 2006
Hook/Sydow Strategisches Portfoliomanagement in der Immobilienwirtschaft, 2. Aufl. 2010
Horváth Controlling, 2009
Hüffer Aktiengesetz, 7. Aufl. 2006
Hüls Früherkennung insolvenzgefährdeter Unternehmen, 1995
Hutzschenreuter/Griess-Nega Krisenmanagement, 2006
IKB Information: Automobilindustrie 9/2009, Automobilindustrie 2020 6/2009, Automobilzulieferer 11/2009, Automobilzulieferer 11/2010
Institut der Wirtschaftsprüfer (Hrsg.) WP Handbuch, Wirtschaftsprüfung, Rechnungslegung, Beratung, Band I 2006, Band II 2008
Jacobs (Hrsg) Internationale Unternehmensbesteuerung, 7. Aufl. 2011
Kindler/Nachmann Handbuch Insolvenzrecht in Europa, 2010, Loseblatt
Kohmann Kooperationsmodelle im internationalen Insolvenzrecht, 2010
Koller/Roth/Morck Kommentar HGB, 6. Aufl. 2007
KPMG Global Auto Executive Survey, 2010
KPMG Global Location Strategy For Automotive Suppliers, 2009
KPMG Global M&A: Outlook for Automotive, 2009
KPMG Unternehmens- und Markenkonzentration in der europäischen Automobilindustrie, 2010
Krause Kreditwürdigkeitsprüfung mit Neuronalen Netzen, 1993
Krause/Arora Controlling-Kennzahlen – Key Performance Indicators, 2010
Kreft Insolvenzordnung, 5. Aufl. 2008
Krystek Unternehmungskrisen, 1987
Krystek/Moldenhauer Handbuch Krisen- und Restrukturierungsmanagement, 2007
Küting/Weber Die Bilanzanalyse, 2009
Leffson Die Grundsätze ordnungsmäßiger Buchführung, 7. Aufl. 1987
Lehner Erfolgreiches Portfolio- und Asset Management für Immobilienunternehmen, 2010
Leonhardt/Smid/Zeuner Insolvenzordnung, 3. Aufl. 2010

Lutter/Hommelhoff GmbH-Gesetz, 17. Aufl. 2009
Lützenrath/Peppmeier/Schuppener Bankstrategien für Unternehmenssanierungen, 2006
Macharzina Unternehmensführung, 2003
Mai Insolvenzplanverfahren, 2008
Malik Systemisches Management, Evolution, Selbstorganisation, 2. Aufl. 2000
Marktl Die Koordination und Konfiguration der globalen Wertschöpfungskette in der Automobilindustrie, Bakkalaureatsarbeit WS 2005/06, Uni Graz, abrufbar unter www.scribd.com
Meißner/Jürgens Zur Lage der deutschen Automobilzulieferindustrie im Jahr 2007, abrufbar unter www.fastev-berlin.org/zulieferstudie_06-2007_bt_die_linke.pdf
Melcher Aufdeckung wirtschaftskrimineller Handlungen durch den Abschlussprüfer, 2009
Michalski GmbHG, 2. Aufl. 2010
Milling Systemtheoretische Grundlagen zur Planung der Unternehmenspolitik, 1981
Moon Rate of Recovery: Effects of Organizational and Industrial Variables on the Rate of Recovery in Turnarounds, Diss. Carbondale, 1996
Müller Krisenmanagement in der Unternehmung, 1986
Müller/Stöcker Die Organschaft, 8. Aufl. 2011
Münchener Kommentar zum Aktiengesetz, 3. Aufl. 2008
Münchener Kommentar zum HGB, 2. Aufl. 2005
Münchener Kommentar zur InsO, 2. Aufl. 2008
Niehaus Früherkennung von Unternehmenskrisen, 1987
Nothardt Corporate Turnaround and Corporate Stakeholders, 2001
Oberdörster Finanzberichterstattung und Prognosefehler von Finanzanalysten, 2009
Obermann Assessment Center: Entwicklung, Durchführung, Trends, 2009
Obermüller Insolvenzrecht in der Bankpraxis, 7. Aufl. 2007
Olbing Sanierung durch Steuergestaltung, 3. Aufl. 2003
Oldendorff Grundzüge der Sozialpsychologie, 1965
Paccioli Suma de arithmetica geometria proportioni & proportionalita, 1494
Palandt BGB, 70. Aufl. 2011
Pannen Krise und Insolvenz bei Kreditinstituten, 3. Aufl. 2009
Pant The Determinants of Corporate Turnaround, Diss. Boston, 1986
Paulus Europäische Insolvenzverordnung, 3. Aufl. 2010
Perridon/Steiner/Rathgeber Finanzwirtschaft der Unternehmung, 2009
Peters Einsatz der Balanced Scorecard im Risikomanagement, 2008
Petersen/Zwirner/Künkele Bilanzanalyse und Bilanzpolitik, 2009
Portig Eventmarketing in der Immobilienwirtschaft, 2006
Ramanujam Environmental Context, Organizational Context, Strategy, and Corporate Turnaround, Diss. Pittsburgh, 1984
Rehkugler Grundlagen des Portfoliomanagements, 1998
Rehkugler/Poddig Bilanzanalyse, 4. Aufl. 1998
Roland Berger Strategy Consultants GmbH Global Automotive Supplier Study 2009
Roland Berger Strategy Consultants GmbH Insolvenzen in Deutschland 2010
Roth/Altmeppen GmbHG, 5. Aufl. 2005
Rottke Immobilienzyklen und Immobilien-Portfoliomanagement, 2007
Runkel Anwaltshandbuch Insolvenzrecht, 2. Aufl. 2008
Rüsen Krisen und Krisenmanagement in Familienunternehmen, 2009
Rutsch Unternehmenssicherung durch Krisenfrüherkennung, 2007
Schimansky/Bunte/Lwowski Bankrechtshandbuch, 3. Aufl. 2007
Schmidt, A. Hamburger Kommentar zum Insolvenzrecht, 3. Aufl. 2009
Schmidt, L. Einkommensteuergesetz, 29. Aufl. 2010
Schmidt, K./Lutter Aktiengesetz, 2. Aufl. 2010
Schmidt, K./Uhlenbruck Die GmbH in Krise, Sanierung und Insolvenz, 4. Aufl. 2009
Scholz GmbHG, 10. Aufl. 2006
Scholz Strategische Organisation, 1997
Schuh Produktkomplexität managen, 2. Aufl. 2005
Schulte Lexikon des Controllings, 1996
Schulte/Bone-Winkel (Hrsg.) Handbuch Immobilien Projektentwicklung, 2. Aufl. 2002
Schulte/Bone-Winkel/Thomas (Hrsg.) Handbuch Immobilien-Investition, 2. Aufl. 2005

Schulte/Thomas (Hrsg.) Handbuch Immobilien-Portfoliomanagement, 2007
Schwedhelm Die Unternehmensumwandlung, 6. Aufl. 2008
Seefelder Unternehmenssanierung, 2. Aufl. 2007
Seidel Betriebliche Führungsformen, 1978
Slatter Corporate Recovery – Successful Turnaround Strategies and Their Implementation, 1984
Slatter/Lovett Corporate Turnaround: Managing Companies in Distress, 1999
Smid Deutsches und Europäisches Internationales Insolvenzrecht, 2004
Smid/Rattunde Der Insolvenzplan, 2. Aufl. 2005
Sorge/Ulmer Entwicklung einer Kennzahl zur Beurteilung von Büroimmobilienmärkten hinsichtlich ihrer natürlichen Flächenumsatzzahlen, 2009
Staehle Management, 1991
Steinle Führung, Grundlagen, Prozesse und Modelle der Führung in der Unternehmung, 1978
Stock Risikomanagement im Rahmen des Immobilien-Portfoliomanagaments institutioneller Investoren, 2009
Streck Körperschaftsteuergesetz, 7. Aufl. 2008
Streck/Mack/Schwedhelm Tax Compliance, 2010
Sudhoff GmbH & Co. KG, 6. Aufl. 2005
Teichmann Integriertes Facilities Management in Europa, 2009
Theiselmann (Hrsg.) Praxishandbuch des Restrukturierungsrechts, 2010
Toutenbourg/Knöfel Six Sigma, 2008
Uhlenbruck Insolvenzordnung, 13. Aufl. 2010
Uthoff Erfolgsoptimale Kreditwürdigkeitsprüfung auf der Basis von Jahresabschlüssen und Wirtschaftsauskünften mit Künstlichen Neuronalen Netzen, 1997
Virgós/Schmit Erläuternder Bericht zu dem EU-Übereinkommen über Insolvenzverfahren, Doc. 6500/1/96
Waza/Uhländer/Schmittmann Insolvenzen und Steuern, 8. Aufl. 2010
Weinbörner Das neue Insolvenzrecht mit EU-Übereinkommen: Gesetzestexte, Materialien und umfassende Erläuterungen zur Reform, 1997
Weintraub/Resnik Bankruptcy Law Manual, 1985
Weisemann/Smid Praxis der Unternehmensinsolvenz, 1998
Wellner Entwicklung eines Immobilien-Portfolio-Management-Systems, 2003
Wenniger/Graf Hoyos Arbeits-, Gesundheits- und Umweltschutz-Handbuch verhaltenswissenschaftlicher Grundbegriffe, 1996
Werdan/Ott/Rauch Das Steuerberatungsmandat in der Krise, Sanierung und Insolvenz , 2006
Wimmer Frankfurter Kommentar zur Insolvenzordnung, 5. Aufl. 2009
Wimmer/Dauernheim/Wagner/Gietl (Hrsg.) Handbuch des Fachanwalts Insolvenzrecht, 4. Aufl. 2010
Zell Simulation Neuronaler Netze, 1994

1. Kapitel
Rahmenbedingungen für Unternehmenssanierungen

Die Erörterung von Lösungsansätzen zur Unternehmenssanierung bezieht sich immer auch auf die vorgefundenen wirtschaftlichen und rechtlichen Rahmenbedingungen. 1

I. Statistische Daten

Gesamtwirtschaftliche Daten über Unternehmenssanierungen werden in Deutschland von den statistischen Ämtern nicht erhoben. Daten zur Insolvenzstatistik, zur Bonität deutscher Unternehmen, zum Zahlungsverhalten, zu Unternehmensgruppen und deren Internationalität sowie zum Stand von Mezzanine-Programmen sind aber gutes **Analysematerial** zur Einschätzung der Rahmenbedingungen bei Unternehmenssanierungen. 2

1. Aktuelle Insolvenzstatistik

Ein Indikator für die Anzahl sanierungsbedürftiger Unternehmen ist die Zahl der **Unternehmensinsolvenzen** in Deutschland. 3

1.1 Unternehmensinsolvenzen in Deutschland

Im Jahr 2010 verbesserte sich die Finanzlage deutscher Unternehmen vor allem wegen des Aufschwungs an den Exportmärkten und der verbesserten Binnennachfrage. Daher stieg die Zahl der Unternehmensinsolvenzen im Jahr 2010 nicht wie aufgrund der Finanzkrise erwartet an, sondern ging gegenüber dem Vorjahr um 2,1 % auf ca. 32 000 Unternehmensinsolvenzen zurück. 4

Tab. 1: Insolvenzverfahren in Deutschland
    Quellen: *Creditreform* Insolvenzen, Neugründungen, Löschungen, 2010, S. 1;
    Statistisches Bundesamt Pressemitteilung Nr. 096 v. 10.3.2011.

	Gesamtinsolvenzen		Unternehmens-insolvenzen		Verbraucher-insolvenzen**		sonstige Insolvenzen**	
1999	33 870	– 0,3 %	26 620	– 4,3 %	2 450	–	4 800	–
2000	41 780	+ 23,4 %	27 930	+ 4,9 %	10 360	+ 322,9 %	3 490	– 27,3 %
2001	49 510	+ 18,5 %	32 390	+ 16,0 %	13 490	+ 30,2 %	3 630	+ 4,0 %
2002	84 330	+ 70,3 %	37 620	+ 16,1 %	21 520	+ 59,2 %	25 190	+ 593,9 %
2003	100 350	+ 19,0 %	39 470	+ 4,9 %	33 510	+ 55,7 %	27 370	+ 8,7 %
2004	118 260	+ 17,8 %	39 270	– 0,5 %	49 100	+ 46,5 %	29 890	+ 9,2 %
2005	136 570	+ 15,5 %	36 850	– 6,2 %	68 900	+ 40,3 %	30 820	+ 3,1 %
2006	161 320	+ 18,1 %	34 040	– 7,6 %	96 500	+ 40,1 %	30 780	– 0,1 %
2007	164 750	+ 2,1 %	29 150	– 14,4 %	105 300	+ 9,1 %	30 300	– 1,6 %
2008	155 910	– 5,4 %	29 580	+ 1,5 %	98 450	– 6,5 %	27 880	– 8,0 %
2009	162 870	+ 4,5 %	32 930	+ 11,3 %	100 790	+ 2,4 %	29 150	+ 4,6 %
2010	168 450	+ 3,4 %	32 000	– 2,1 %	108 800	+ 7,6 %	27 650	– 5,1 %

** Privatinsolvenzen werden erst seit Einführung der InsO (1999) ausgewiesen.

1 Rahmenbedingungen bei Unternehmenssanierungen

5 Betrachtet man die einzelnen Wirtschaftsbranchen, so fällt auf, dass der Dienstleistungssektor hohe Zuwachsraten beim Insolvenzgeschehen erfahren hat.

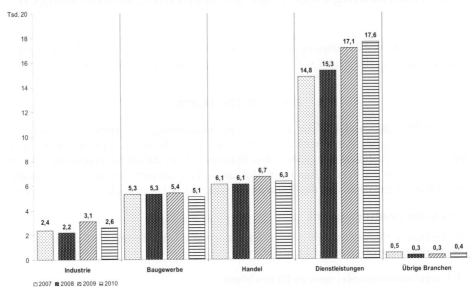

Abb. 1: *Unternehmensinsolvenzen nach Hauptbranchen*
Quelle: Statistisches Bundesamt, 2011; eigene Branchenzuordnung.

1.2 Sanierungsbedarf und Finanzierungsstruktur

6 Wesentliche Indikatoren für Sanierungsbedarf sind die Finanzierungsstrukturen eines Unternehmens, v.a. im Hinblick auf **Eigenkapital**, **Zugang zu Finanzierungsmöglichkeiten** sowie die **Ertragslage**. Ausweislich der Creditreform Herbstumfrage 2010 verzeichnen 31,6 % der mittelständischen Unternehmen **Ertragszuwächse**, im Vorjahr waren dies nur 20,5 %. Der Anteil der Unternehmen mit **Gewinnrückgängen** verringerte sich von 42,7 % (2009) auf 22,6 % in 2010. Daher ist der Saldo aus Unternehmen mit Ertragssteigerungen und Unternehmen mit Ertragsrückgängen mit plus 10,0 positiv (erstmals seit 2007).[1]

---

1 *Creditreform* Insolvenzen, Neugründungen, Löschungen, Jahr 2010, S. 11.

Statistische Daten 1

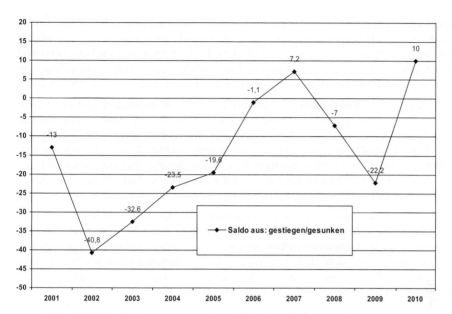

Abb. 2: Ertragslage Mittelstand in Deutschland (Herbst 2010)
Quelle: Creditreform Insolvenzen, Neugründungen, Löschungen, Jahr 2010, S. 11.

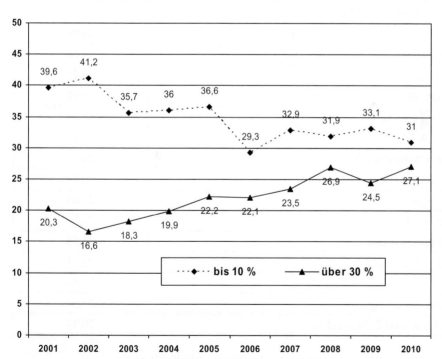

Abb. 3: Eigenkapitalausstattung des Mittelstandes in Deutschland (Herbst 2010) im Verhältnis zur Bilanzsumme
Quelle: Creditreform Insolvenzen, Neugründungen, Löschungen, Jahr 2010, S. 12.

1 Rahmenbedingungen bei Unternehmenssanierungen

Die **Eigenkapitalsituation** hat sich im Jahr 2010 ebenfalls verbessert. Nur noch 31,0 % der mittelständischen Unternehmen haben eine Eigenkapitalquote unter der Marke von 10 % im Verhältnis zur Bilanzsumme (33,1 % der Unternehmen im Jahr 2009) und sind als unterkapitalisiert zu qualifizieren. Eine solide Eigenkapitalausstattung von über 30 % im Verhältnis zur Bilanzsumme weisen 2010 27,1 % der Unternehmen auf.[2]

8 Die Creditreform hat **Bilanzdaten** der unternehmerischen Insolvenzkandidaten 2010 einer Vergleichsgruppe gegenübergestellt und herausgearbeitet, dass in der Summe die betrachteten Unternehmen im Kalenderjahr vor der Insolvenzanmeldung ein **negatives Eigenkapital** aufwiesen. Nur 41 % der untersuchten Firmen besaßen vorinsolvenzlich überhaupt noch eine **positive** Eigenkapitalquote. Bei der Mehrzahl der Insolvenzunternehmen 2010 war das Eigenkapital bereits vor dem amtlich festgestellten Zusammenbruch vollständig aufgezehrt oder negativ.[3]

9 Rückschlüsse auf die Häufigkeit eines Sanierungsbedarfes lassen sich auch ziehen, wenn man die Unternehmen mit einer **Eigenkapitalquote unter 10 %** im Verhältnis zur Bilanzsumme nach **Wirtschaftsbereichen** aufteilt. In der entsprechenden Creditreform-Bonitätsbewertung zeigt sich, dass Unternehmen aus Wirtschaftsbereichen mit einer hohen Anzahl an Risikokandidaten zugleich Schwächen bei der Eigenkapitalausstattung haben und sich bei diesen auf einen erhöhter Sanierungsbedarf schließen lässt.[4]

Tab. 2: Anteil der Unternehmen mit einer Eigenkapitalquote* unter zehn Prozent nach Wirtschaftsbereichen
Quelle: *Creditreform* Die Krise als Stresstest – zur Bonität deutscher Unternehmen, 2010, S. 17.

Branche	2009
Gastgewerbe	39,74
Kfz-Handel	36,27
Baugewerbe	32,91
Verkehr/Logistik	31,48
Einzelhandel	30,75
Bergbau, Grundstoffe	26,54
konsumnahe Dienstleistungen	26,49
Konsumgüter	25,03
Großhandel	24,21
Mittelstand gesamt	**23,73**
Ver- und Entsorger	23,53
IKT	21,80
Metallverarbeitung	21,59
Maschinen- und Fahrzeugbau	20,94

---

2 *Creditreform* Insolvenzen, Neugründungen, Löschungen, Jahr 2010, S. 11, 12.
3 *Creditreform* Insolvenzen, Neugründungen, Löschungen, Jahr 2010, S. 12 f.
4 *Creditreform* Die Krise als Stresstest – zur Bonität deutscher Unternehmen, 2010, S. 20 f., abrufbar unter www.creditreform.de.

Branche	2009
Elektro	20,59
Landwirtschaft	19,59
unternehmensnahe Dienstleistungen	18,68
Chemie/Pharma	16,94
Finanzdienstleister	13,67

* Eigenkapital im Verhältnis zur Bilanzsumme

Auch der Sanierungsparameter „**aktuelle Finanzierungsbedingungen**" hat sich 2010 verbessert. Die vom IFO in München ermittelte **Kredithürde** ist so niedrig wie seit drei Jahren nicht mehr. Im Oktober 2010 bezeichnen nur 27,6 % der Befragten laut IFO die Kreditvergabe der Banken als restriktiv.[5]

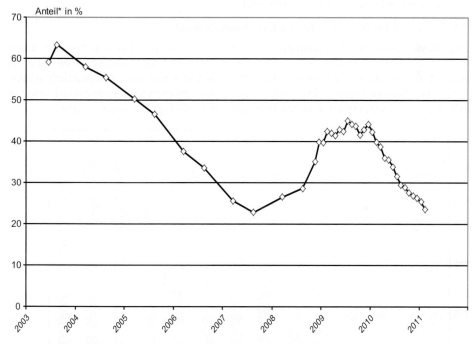

* Anteil der Unternehmen, die angeben, die Kreditvergabe sei restriktiv.

Abb. 4: *Kredithürde*
Quelle: *ifo* Konjunkturtest Februar 2011, abrufbar unter www.ifo.de.

---

5 *IFO* Kreditzugang für Unternehmen erneut leichter, Februar 2011.

1.3 Fazit

11 Ausgehend von den Analysen der Creditreform kann festgehalten werden, dass Grund für die Sanierungsbedürftigkeit der deutschen Unternehmen oftmals eine erhebliche **Eigenkapitallücke** und die schwache **Ertragskraft** ist. Vielfach lässt es die Wettbewerbsposition im Markt nicht zu, höhere Gewinnmargen zu erzielen. Ein wesentlicher Teil der deutschen Unternehmen kann als zu schwach kapitalisiert gelten.[6]

2. Bonität deutscher Unternehmen

12 Auch aus dem **Creditreform-Bonitätsindex** lassen sich über die Anzahl und statistische Verteilung von sanierungsbedürftigen Unternehmen mittelbar Rückschlüsse ziehen und ein erhöhter **Sanierungsbedarf** herausarbeiten, z. B. für besonders insolvenzanfällige Wirtschaftsbereiche und Faktoren benennen, die im Sanierungsfall die Realisierung des Ausfallrisikos befürchten lassen.[7] Der Creditreform Index arbeitet mit einer Skala von 100 bis 600, wobei 100 eine ausgezeichnete Bonität und 600 eine absolut ungenügende Bonität bezeichnet.[7]

2.1 Stand und Entwicklung der Unternehmensbonität

13 Der **durchschnittliche Bonitätsindex** deutscher Unternehmen hat sich bis zum Jahreswechsel 2009/2010 kontinuierlich verschlechtert. Der Grad der Veränderung gibt aber nur bedingt wieder, dass sich nach den Ermittlungen von Creditreform wesentlich seltener gute Bonitätsnoten ergaben. Daraus kann auf einen erhöhten Sanierungsbedarf sowie auf erhöhte Insolvenzgefahren in vielen Wirtschaftsbereichen geschlossen werden.[8]

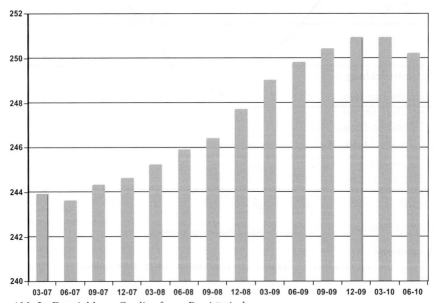

Abb. 5: Entwicklung Creditreform-Bonitätsindex
Quelle: *Creditform* Die Krise als Stresstest – zur Bonität deutscher Unternehmer, Jahr 2010, S. 9.

---

6 *Creditreform* Die Krise als Stresstest – zur Bonität deutscher Unternehmen, 2010, S. 23 f.
7 *Creditreform* Die Krise als Stresstest – zur Bonität deutscher Unternehmen, 2010.
8 *Creditreform* Die Krise als Stresstest – zur Bonität deutscher Unternehmen, 2010, S. 8 f.

Deutschlandweit werden 2010 ca. 113 000 Unternehmen als risikoreich eingestuft und zeigen sich die Unternehmen insgesamt anfälliger als noch 2006/2007. Die **Risikoquote** beträgt Anfang 2011 3,46 %.[9] Deswegen lässt sich bei ca. 3,5 % der 3,3 Mio. Unternehmen in Deutschland ein Sanierungsbedarf vermuten.

Tab. 3: *Entwicklung Anteil der als risikoreich eingestuften Unternehmen in Deutschland 2001 bis 2010*
   Quelle: Creditreform Die Krise als Stresstest – zur Bonität deutscher Unternehmen, 2010, S. 10.

Jahr*	absolut	in %
2001	68 000	2,33
2002	83 000	2,83
2003	92 000	3,16
2004	91 000	3,08
2005	90 000	2,96
2006	91 000	2,93
2007	90 500	2,88
2008	112 000	3,51
2009	115 000	3,54
2010**	113 000	3,46

* Stand jeweils 31.12.
** 1. HJ

2.2 Bonitätsentwicklung nach Branchen

Bei **Wirtschaftsbranchen** mit einem höheren Wert als Bonitätsindex wird ein höherer Sanierungsbedarf angenommen werden können. Ausgehend von einer **mittleren Bonität** bei 250 Punkten für alle Unternehmen schneiden Chemie/Pharma mit 227 Punkten am besten ab, das Gastgewerbe hingegen mit 276 Punkten am schlechtesten.[10]

Tab. 4: *Durchschnittlicher Bonitätsindex nach Branchen*
   Quelle: Creditreform Die Krise als Stresstest – zur Bonität deutscher Unternehmen, 2010, S. 15.

Branche	Bonitätsindex 6/2010
Gastgewerbe	276
Baugewerbe	257
konsumnahe Dienstleistungen	257
Kfz-Handel	256
Verkehr/Logistik	252
unternehmensnahe Dienstleistungen	251

9 Creditreform Die Krise als Stresstest – zur Bonität deutscher Unternehmen, 2010, S. 10.
10 Creditreform Die Krise als Stresstest – zur Bonität deutscher Unternehmen, 2010, S. 14 f.

1 *Rahmenbedingungen bei Unternehmenssanierungen*

Branche	Bonitätsindex 6/2010
Einzelhandel	251
Gesamtwirtschaft	**250**
Landwirtschaft	249
IKT	249
Konsumgüter	245
Ver- und Entsorger	239
Metallverarbeitung	239
Bergbau, Grundstoffe	239
Großhandel	238
Maschinen- und Fahrzeugbau	236
Elektro	234
Finanzdienstleistungen	229
Chemie/Pharma	227

16   Die Analyse der als risikoreich eingestuften Unternehmen nach Branchen zeigt, dass neben dem Gastgewerbe (8,95 %) vor allem Unternehmen aus den Bereichen Baugewerbe (4,68 %), konsumnahe Dienstleistungen (4,66 %) und unternehmensnahe Dienstleistungen (3,9 %) sanierungsbedürftig sein dürften.

Tab. 5: Anteil der als risikoreich eingestuften Unternehmen nach Branchen (Stand: 6/10)
   Quelle: *Creditreform* Die Krise als Stresstest – zur Bonität deutscher Unternehmen, 2010, S. 16.

Branche	in %
Gastgewerbe	8,95
Baugewerbe	4,68
konsumnahe Dienstleistungen	4,66
unternehmensnahe Dienstleistungen	3,90
Verkehr/Logistik	3,71
Konsumgüter	3,58
Einzelhandel	3,57
Ver- und Entsorger	3,56
Gesamtwirtschaft	**3,46**
Kfz-Handel	3,06
IKT	2,93
Bergbau, Grundstoffe	2,73
Großhandel	2,64
Maschinen- und Fahrzeugbau	2,59

Branche	in %
Metallverarbeitung	2,49
Landwirtschaft	2,47
Finanzdienstleistungen	2,35
Elektro	1,97
Chemie/Pharma	1,83

2.3 Bonität nach Unternehmensgröße

Beschäftigt man sich weiter mit der Bonität nach Unternehmensgröße, so fällt auch auf, dass insbesondere kleine und mittelgroße Unternehmen eine sehr schwache Bonität ausweisen. Im Juni 2010 stellt Creditreform fest, dass 3,85 % der Unternehmen mit bis zu zehn Beschäftigten gefährdet sind, aber nur 0,6 % der Unternehmen mit mehr als 100 Beschäftigten.[11] In der Sanierungspraxis spielen kleine Unternehmen jedoch nur eine untergeordnete Rolle, da sie regelmäßig nicht in der Lage sind, die für einen Sanierungsprozess erforderlichen Mittel aufzubringen, und für die Beteiligten und Betroffenen die auf sie entfallenden maximalen Verluste die Investition in ein Sanierungskonzept nicht zu rechtfertigen vermögen.

Tab. 6: *Anteil der als risikoreich eingestuften Unternehmen* nach Betriebsgröße*
   Quelle: *Creditreform* Die Krise als Stresstest – zur Bonität deutscher Unternehmen, 2010, S. 21.

Größe des Unternehmens	Stand 06-10
bis 10 Beschäftigte	3,85
bis 20 Beschäftigte	2,69
bis 50 Beschäftigte	1,87
bis 100 Beschäftigte	1,20
> 100 Beschäftigte	0,59
Gesamtwirtschaft	**3,46**

* Creditreform-Bonitätsindex zwischen 350 und 499; Angaben in Prozent

2.4 Fazit

Folgt man den Analysen der Creditreform, so kann festgehalten werden, dass branchenbezogen Unterschiede in der Krisenanfälligkeit von Unternehmen erkennbar vorhanden sind. Eine Aussage, inwieweit sich dies auch auf das Sanierungsgeschehen auswirkt, ist aber nur bedingt möglich, da die Statistiken von einer Vielzahl von Klein- und Kleinstunternehmen geprägt sind, die im Sanierungsalltag keine Rolle spielen.

---

11 *Creditreform* Die Krise als Stresstest – zur Bonität deutscher Unternehmen, 2010, S. 20f.

1 *Rahmenbedingungen bei Unternehmenssanierungen*

3. Unternehmensgruppen und Internationalität

19 Krisen von Konzernen und internationalen Unternehmensgruppen sind in der Unternehmenssanierung besondere Herausforderungen. Versuche zu ermitteln, welche Bedeutung Konzerne und internationale Unternehmensgruppen im Bereich Sanierung oder Insolvenz einnehmen, sind schwierig. EuroStat[12] und das Statistische Bundesamt[13] haben erst spät begonnen, Informationen über Unternehmensverflechtungen und Unternehmensgruppen zu sammeln und aufzubereiten. Der derzeit verfügbare Stand bezieht sich auf den 31.12.2007 und enthält keinerlei Hinweise und Daten zum Insolvenz- oder Sanierungsgeschehen. Die Statistik wird dadurch gedehnt, dass für die Bundesrepublik Deutschland bereits eine einzelne GmbH & Co. KG als Unternehmensgruppe fungiert.[14]

20 Folgt man andererseits der Fachpresse, so haben sowohl Insolvenz- als auch Restrukturierungsfälle bei Konzernen und international tätigen Unternehmensgruppen einen hohen Stellenwert und nehmen breiten Raum ein. Dies erklärt sich sicherlich zum einen daraus, dass bei Sanierungsprojekten von Unternehmensgruppen eine häufig sehr große Zahl von Beratern involviert ist, aber auch aus der wirtschaftlichen Relevanz von größeren Unternehmensgruppen, die auch aus folgender Tabelle deutlich wird.

Tab. 7: Die größten Unternehmensgruppen 2007
Quelle: aus *Kleber/Sturm/Tümmler* WiSta 6/2010, 534.

Die ... größten Unternehmensgruppen	Mitglieder (Unternehmensregister)		Umsatz		Beschäftigte	
	Anzahl	%	Mrd. EUR	%	Mill.	%
nach Anzahl der Beschäftigen						
10	1 211	0,03	487	10	1,2	5
50	3 528	0,10	896	17	2,6	10
100	5 441	0,15	1 086	21	3,3	13
Unternehmensregister insgesamt	3 592 217	100	5 125	100	24,9	100
nach dem Umsatz						
10	1 254	0,03	558	11	0,9	4
50	2 760	0,08	1 110	22	2,1	8
100	4 434	0,12	1 353	26	2,7	11
Unternehmensregister insgesamt	3 592 217	100	5 125	100	24,9	100

---

12 Rechtsgrundlage ist die Verordnung zum Unternehmensregister VO (EG) Nr. 177/2008 v. 20.2.2008.
13 Zur Datenermittlung erwerben die statistischen Ämter in Deutschland Daten eines kommerziellen Datenanbieters, die das von den statistischen Ämtern des Bundes und der Länder aufgebaute Statistische Unternehmensregister ergänzen.
14 *Kleber/Sturm/Tümmler* WiSta 2010, 528.

Angesichts der **überproportionalen Bedeutung** von Unternehmensgruppen für wirtschaftliche Kenndaten wie Anteil am Umsatz und an sozialversicherungspflichtigen Arbeitsplätzen sowie der häufigen internationalen Verflechtung sollte die Schaffung eines Konzerninsolvenzrechts mit starkem Sanierungsbezug stärker ins „legislatorische Bewusstsein"[15] rücken und für internationale Konzerninsolvenzen zumindest die Verwirklichung der „kleinen Lösung" (d. h. einheitliche Bestimmung der internationalen Zuständigkeit für alle Verfahren über die von der Konzerninsolvenz betroffenen Gesellschaften)[16] Ziel des europäischen Gesetzgebers sein. Andernfalls werden internationale Konzernsanierungen oder -insolvenzen weiterhin eine schwer lösbare Aufgabe in der Praxis sein. Hierzu mehr unter 10. Kap. Rn. 568 ff. „Konzernrecht" und 10. Kap. Rn. 717 ff. „Einflüsse des internationalen Insolvenzrechts".

4. Finanzialisierung

Auch in der Sanierungspraxis spiegelt sich der Trend der letzten Dekade zur Finanzialisierung wider. Mit Finanzialisierung ist ein Prozess gemeint, „bei dem ein zunehmender Anteil der Unternehmensgewinne und Haushaltseinkünfte aus finanziellen Aktivitäten erzielt wird. Damit geht eine Machtverschiebung sowohl innerhalb als auch zwischen Unternehmen einher, bei dem der Finanzsektor dem produzierenden Sektor übergeordnet wird."[17] Schon seit einiger Zeit erwerben verstärkt angelsächsisch geprägte **Finanzinvestoren** angeschlagene Unternehmen oder deren Fremdkapitalanteile, sodass die Bedingungen des Kapitalmarkts eine zunehmende Rolle in Sanierungsszenarien spielen. Die Beteiligten haben daher neben **neuen Refinanzierungsformen** auch verstärkt kapitalmarktgetriebene Verhaltens- bzw. Vorgehensweisen adaptieren müssen. Dies alles spielt sich vor dem Hintergrund einer zunehmenden Renditeorientierung ab, sodass in den letzten Jahren eine **Professionalisierung** der Sanierungsberatung zu beobachten ist.

Seit dem Abflauen der akuten Symptome der Weltfinanzkrise von 2008/2009 stand zunächst nicht so sehr die **ganzheitliche Sanierung** im Vordergrund, sondern unter Zurückdrängung struktureller und leistungswirtschaftlicher Sanierung wurde vor allem die finanzielle Sanierung angewandt, häufig in Form der Laufzeit- oder Stundungsverlängerung von Fremdkapital. Nunmehr muss aber die leistungswirtschaftliche Sanierung in den Vordergrund rücken. Noch ist dies nicht erfolgt und herrscht im Bereich der Unternehmenssanierung die Ruhe vor dem Sturm. Betrachtet man aber die Situation der Unternehmensfinanzierung genauer, so wird man gewahr, dass **strukturelle Defizite**, z. B. hoher Fremdkapitalanteil weiterhin bestehen.

Ausufernde Staatsdefizite und auslaufende staatliche Finanzhilfen befördern die Dringlichkeit von Sanierungsmaßnahmen, denn als Folge der im Jahre 2010 ausgebrochenen Staatsschuldenkrise ist mittel- und langfristig mit einer **Kapitalverknappung** zu rechnen. So konstatiert Allianz AG-Finanzvorstand Achleitner im Januar 2011:

„Wir haben das Wachstum der vergangenen 30 Jahre über Kredite finanziert. 1980 gab es auf der Welt genauso viele Schulden wie Eigenkapital, heute gibt es dreieinhalb Mal so viel geliehenes wie gespartes Geld. Diese Entwicklung müssen wir umkehren. Kredite

---

15 S. unten 10. Kap. Rn. 568 ff.
16 S. unten 10. Kap. Rn. 668 ff., 717 ff.
17 So die Definition des Wissenschaftsnetzwerks „Politische Ökonomie der globalen Finanzialisierungsprozesse" der Deutschen Forschungsgemeinschaft (DFG), abrufbar unter www.finanzialisierung.net.

werden teurer, es gibt weniger Geld. Höhere Kosten und niedrigeres Wachstum bedeuten wiederum niedrigere Gewinne."[18]

5. Erhöhter Sanierungsbedarf wegen Mezzanine-Finanzierung

26 In den Jahren 2004 bis 2007 haben viele Unternehmen des **gehobenen Mittelstandes** ihre Eigenkapitalquoten mit der Hereinnahme von Mezzanine-Finanzierungen gestärkt. Knapp 800 Mittelständler haben zusätzlich zu ihren ca. 15 Mrd. EUR Bankverbindlichkeiten Mezzanine-Kapital über rund 4,6 Mrd. EUR aufgenommen.[19] Bei der Mehrzahl der **Standardprogramme** der Mezzanine-Gläubiger handelt es sich um ungesicherte und endfällige Darlehen mit einer festen **Laufzeit** von sieben Jahren und *Hölzle/Pink* haben nach eigenen Angaben bundesweit 620 Unternehmen (PWC: 572 Unternehmen) als Mezzanine-Nehmer identifiziert, mit Bilanzsummen von zusammen rund 40 Mrd. EUR, einem Umsatzvolumen von ca. 62 Mrd. EUR und ca. 400 000 Arbeitnehmern.[20] Ein Großteil der Mezzanine-Programme sieht die **Endfälligkeit** der Mezzanine-Darlehen in den **Jahren 2011 bis 2015** vor, sodass dann rund 4,6 Mrd. EUR aus kurzfristig fälligen Fremdverbindlichkeiten zur Rückzahlung fällig werden.

27 Problematisch ist in diesem Zusammenhang, dass sich die **Refinanzierungsbedingungen** seit der Wirtschaftskrise 2008/2009 grundlegend geändert haben und voraussichtlich 10 bis 18 % Zinsen für die Refinanzierung aufzubringen sein werden, anstatt wie vormals 7 bis 10 % für die Aufnahme von Darlehen in Standard-Mezzanine-Programmen. 60 % der in einer Studie der EBS–Business School[21] befragten Unternehmen benötigen bei Auslaufen ihres Mezzanine-Programms eine **Anschlussfinanzierung**.

28 Der **Abschreibungsbedarf** in den kommenden Jahren wird daher mit bis zu 6,5 Mrd. EUR angegeben[22] und ausweislich der EBS-Studie kommt potenziell auf mehr als 130 Unternehmen des gehobenen Mittelstandes konkreter Sanierungsbedarf zu. Hiervon wären ca. 100 000 Arbeitsplätze betroffen. PWC gibt ferner an, dass die Default-Quoten bei 6 bis 24 % liegen und u.a. das Mezzanine-Programm der HSBC Trinkaus & Burkhardt (Volumen ca. 814 Mio. EUR) bereits mit etwa 20 % notleidend sei.[23] Ca. 70 Unternehmens-Mezzanine-Finanzierungen mit einem Gesamtvolumen von ca. 511 Mio. EUR mussten insolvenzbedingt in den Bilanzen der Kapitalgeber wertberichtigt werden.[24] Die EBS-Studie kommt zum Ergebnis, dass Investoren bereits 12,4 % des ursprünglichen Marktvolumens aufgrund von 71 Tranchenausfällen abschreiben mussten und spricht immerhin davon, dass wegen des Vorwurfs des Marktversagens Entwarnung gegeben werden könne.[25]

---

18 Allianz AG-Finanzvorstand Achleitner am 26.1.2011 auf Spiegel-Online, www.spiegel.de.
19 Hierzu die Studien *PWC* Fälligkeit Standard-Mezzanin 2011 (abrufbar unter www.bmwi.de); *Hommel/Schneider/Nohtse* Programm-Mezzanine – Quo Vadis? (abrufbar unter www.ebs.edu); *Banik/Bruch* Mezzanine und dessen aktuelle Situation am deutschen Kapitalmarkt, IFZ Working Paper No. 009/2009 (abrufbar unter www.mezzanine.li); s. auch *Hölzle/Pink* ZIP 2011, 361 sowie www.mezzanine-bericht.de.
20 *Hölzle/Pink* ZIP 2011, 362; *PWC* Fälligkeit Standard-Mezzanin, 2011, S. 89 ff.
21 *Hommel/Schneider/Nohtse* Programm-Mezzanine – Quo Vadis?, abrufbar unter www.ebs.edu.
22 *Hölzle/Pink* ZIP 2011, 363 (ohne Verwertungserlös von Sicherheiten, danach: 3,5 Mrd. EUR); *PWC* Fälligkeit Standard-Mezzanin, 2011, S. 87 f. geht von 518 Mio. EUR aus (abrufbar unter www.bmwi.de); Mezzanine-Bericht von 611 Mio. EUR (abrufbar unter www.mezzanine-bericht.de).
23 Hierzu auch die Meldung von www.peopleanddeals.de v. 1.11.2010 (unter Berufung auf Moody's) über konkrete Restrukturierungspläne des Mezzanine-Gebers HSBC, z.B. Laufzeitverlängerung von vier Jahren.
24 *Hölzle/Pink* ZIP 2011, 363; *PWC* Fälligkeit Standard-Mezzanin (abrufbar unter www.bmwi.de), 2011, S. 87 f.
25 *Hommel/Schaum* Die Bank 2/2011.

Tab. 8: Risikoqualität laufender Mezzanine-Programme
Quelle: *PWC* Fälligkeit Standard-Mezzanin, Studie im Auftrag des Bundesministeriums für Wirtschaft und Technologie, abrufbar unter www.bmwi.de.

	Anbieter	Standard-Mezzanine-Programm	Transaktion	reguläre Fälligkeit des Mezzanine-Kapitals	Volumen in Mio. EUR	Erwartete Ausfälle in Mio. EUR	Erwartete Ausfälle in % vom Transaktionsvolumen
1.	Capital Efficency Group/HVB	PREPS	2004-1	Mai 2011	249	11,81	4,74
			2004-2	Dezember 2011	616	25,00	4,06
			2005-1	August 2012	313	27,00	8,62
			2005-2	Dezember 2012	360	55,93	15,54
				Juli 2013	321	30,67	9,55
			2007-1	März 2014	248	44,05	17,76
2.	HSBC/Trinkhaus & Burkhardt	H.E.A.T.	I-2005	August 2012	220	40,11	18,23
			I-2006	August 2013	280	50,83	18,15
			I-2007	Februar 2014	314	75,89	24,17
3.	Deutsche Bank/IKB	FORCE/equiNotes	2005-1	Februar 2013	370,5	31,34	8,46
			2006-1	Januar 2014	214,5	15,05	7,02
4.	Merrill Lynch/Advisum	PULS	2006-1	Juli 2013	260	50,45	19,40
5.	Commerzbank AG	CB MezzCap	2006	Januar 2013	199,5	31,03	15,55
6.	HSH Nordbank/LBBW	PRIME/SmartMezzanine	2006-1	August 2013	186,5	14,50	7,77
7.	WestLB/Bayern LB	S-Mezzanine/StaGe Mezzanine	2006	Dezember 2012	175,8	14,44	8,21
	SUMME				**4327,8**	**518,10**	**11,97**

Damit droht einer Vielzahl von Unternehmen des gehobenen Mittelstandes in den Jahren 2011–2014 ein **starker Sanierungsbedarf**, denn das Anschlussfinanzierungsrisiko der Mezzanine-Programme ist aufgrund der endfälligen Struktur hoch.[26]

Ein ähnliches Bild malen die Analysten der Ratingagentur Standard & Poor's (S&P), die für 2012 mit Ausfallraten bei Finanzierungen europäischer Unternehmen von 5,5 % bis 7 % rechnen. Bis 2015 müssen Unternehmen mit schwachen Bonitätsnoten 229 Mrd. EUR im Umfeld ansteigender Zinsen refinanzieren, vorwiegend Kredite, die den Unternehmen bei Übernahmen aufgebürdet wurden.[27] Hier werden **finanzielle Restrukturierungen** notwendig.

---

26 *PWC* Fälligkeit Standard-Mezzanin (abrufbar unter www.bmwi.de), 2011, S. 13; *Hölzle/Pink* ZIP 2011, 367 gehen von ca. 130 Unternehmen aus.
27 FAZ v. 15.12.2010, S. 20.

II. Rechtlicher Rahmen

1. Unternehmensformen, GmbH-Schwerpunkt

31 Fragen der Unternehmenssanierung stellen sich für alle gängigen Gesellschaftsformen, in denen ein Unternehmen betrieben werden kann. Der **Praxis-Schwerpunkt** liegt jedoch bei der GmbH, da diese die häufigste Unternehmensform[28] in Deutschland ist: Rund 990 000 Gesellschaften waren am 1.1.2008 registriert. An diesem Stichtag bestanden hingegen nur rund 18 000 **Aktiengesellschaften**, welche vor allem im Bereich von Industrie, Versicherung und Banken als Unternehmensform gewählt werden.[29] Allerdings übersteigt die Gesamtsumme des GmbH-Stammkapitals das Grundkapital aller Aktiengesellschaften lediglich um ca. ein Drittel.[30] Die gleichfalls für eine mittelständische Unternehmensführung konzipierten Rechtsformen der **OHG** und **KG** fallen weit hinter die Anzahl von GmbHs zurück. Grund hierfür ist sicherlich die bessere Möglichkeit der Haftungsbeschränkung bei der GmbH.

32 Ferner sind in Deutschland ca. 15 000 Unternehmen ansässig, welche in der Rechtsform einer **britischen Limited** geführt werden.[31] Es steht aber zu erwarten, dass mit Einführung der Unternehmergesellschaft ohne ein Mindeststammkapital durch § 5a GmbHG die britische Limited zurückgedrängt wird. Für die **Unternehmergesellschaft** sind bis Ende des Jahres 2010 über 44 000 Gründungen festzustellen.[32] Zwar ist die GmbH sowohl für Klein- als auch für Großunternehmen geeignet, charakteristisch sind allerdings die kleineren und mittleren als GmbH geführten Betriebe. Denn rund drei Viertel aller Gesellschaften begnügen sich mit dem gesetzlichen Mindeststammkapital vom 25 000 EUR.[33]

33 Wegen der niedrigen Stammkapitalausstattung ist die GmbH besonders **insolvenzanfällig** und macht in den meisten Wirtschaftsjahren ca. 50 % aller Unternehmensinsolvenzen in Deutschland aus.[34] So liegt bei der **GmbH** auch der **Schwerpunkt des Sanierungsgeschehens**. Zwar ist die Mehrzahl der UG vor dem Hintergrund der in der Regel geringen Kapitalausstattung besonders insolvenzanfällig. Aufgrund der Zweckbestimmung als Existenzgründergesellschaft kann aber vermutet werden, dass bei der UG professionelle Sanierungsversuche wegen Wirtschaftlichkeitsgesichtspunkten oftmals von vornherein ausscheiden.

2. Unternehmenssanierung als Normziel

2.1 Insolvenzordnung von 1999

34 Bereits mit der Einführung der InsO im Jahr 1999 hat der Gesetzgeber das **Ziel** verfolgt, die Sanierung von Unternehmen zu erleichtern und Insolvenzschuldner insgesamt zu einer frühzeitigen Stellung eines Insolvenzantrages zu veranlassen. Denn ein wesentlicher Mangel des früheren Rechts war, dass den Beteiligten kein funktionsfähiger rechtlicher Rahmen für die Sanierung notleidender Unternehmen zur Verfügung stand.[35]

---

28 Zum Nachfolgenden *Gehrlein* BB 2011, 3.
29 *Kornblum* GmbHR 2009, 25 f.
30 Zahl für das Jahr 1996, *Ulmer* GmbHG, 2008, Einl. A 70.
31 *Fastrich* in Baumbach/Hueck, GmbHG, 19. Aufl. 2010, Einl. Rn. 17.
32 Forschungsprojekt Unternehmergesellschaft der Universität Jena, www.rewi.uni-jena.de.
33 *Roth* in Roth/Altmeppen, GmbHG, 6. Aufl. 2009, Einl. Rn. 12.
34 *Ulmer* GmbHG, 2008, Einl. A. 91.
35 *Vallender* NZI 2010, 834.

Kernstück der InsO-Reform war das Rechtsinstrument des **Insolvenzplanverfahrens**, 35 das es den Beteiligten ermöglichen sollte, Insolvenzen auf der Grundlage der Gläubigerautonomie flexibel und wirtschaftlich effektiv unter Erhalt der schuldnerischen Unternehmung abzuwickeln. Allerdings wurden die Hoffnungen des Gesetzgebers nicht erfüllt, denn die Durchführung von Insolvenzplanverfahren hat in der Praxis bisher **wenig Beachtung** gefunden.[36]

Weiterer Schwerpunkt der InsO war die **Stärkung der Eigenverwaltung**. Auch diese 36 hat in der gerichtlichen Praxis noch keine besondere Bedeutung erlangt, obwohl sie grundsätzlich auch ein taugliches Instrumentarium zur effektiven Unternehmenssanierung ist.[37] Grund hierfür sind u.a. drei Beschlüsse des BGH,[38] mit denen die Eigenverwaltung ausgesprochen **restriktiv** gehandhabt wurde und die die zurückhaltende Einstellung der Insolvenzgerichte hinsichtlich der Eigenverwaltung gut illustrieren.[39] Bedenkenswert ist, dass vor allem ausländische Finanzinvestoren, welche in den letzten Jahren wesentlich in deutsche Unternehmen investiert haben, die kritische Einstellung der Insolvenzgerichte gegenüber dem Sanierungsinstrument Eigenverwaltung als nachteilig für den Insolvenzstandort Deutschland wahrnehmen. Besonders die fehlende Vorhersehbarkeit für den Schuldner zum Zeitpunkt der Antragstellung, ob das Insolvenzgericht eine Eigenverwaltung anordnen wird oder nicht, motiviert Fremdkapitalgeber zur Migration in andere Insolvenzrechtsordnungen.[40]

2.2 Gesetz zur weiteren Erleichterung der Sanierung von Unternehmen (RegE-ESUG)[41]

Mit dem vom Bundeskabinett am 23.2.2011 beschlossenen Regierungsentwurf des 37 Gesetzes zur weiteren Erleichterung der Sanierung von Unternehmen (RegE-ESUG) soll den Defiziten der InsO begegnet werden: **Sanierungsmöglichkeiten** und **Gläubigerautonomie** werden gestärkt.[42] Es soll ein in die InsO integriertes Sanierungsverfahren geschaffen und Deutschland durch unterschiedliche Maßnahmen im Wettbewerb mit den europäischen Rechtsordnungen konkurrenzfähiger werden. Wie der sperrige Name des Reformgesetzes bereits aussagt, ist vorrangiges Reformziel, die Möglichkeiten der Unternehmenssanierung zu verbessern.

2.2.1 Verstärkter Einfluss wesentlicher Gläubiger auf die Person des Insolvenzverwalters

Der RegE-ESUG sieht vor, dass der Insolvenzschuldner einem Eigenantrag ein Ver- 38 zeichnis der wesentlichen Gläubiger und ihrer Forderungen beizufügen und Angaben zur Gläubigerstruktur einerseits und zu den finanz- und personalwirtschaftlichen Verhältnissen eines noch nicht eingestellten Geschäftsbetriebs andererseits zu machen hat. Diese Angaben sind Grundlage für die Besetzung des im RegE-ESUG neu eingeführten **vorläufigen Gläubigerausschusses**, der einen einstimmigen, das

---

36 *Vallender* NZI 2010, 841 dort auch zu den Gründen.
37 *Vallender* NZI 2010, 841; *Hölzle* NZI 2011, 125.
38 *BGH* NZI 2007, 231; 238, 240.
39 *Vallender* NZI 2010, 842.
40 *Vallender* NZI 2010, 842;. zu Reformfragen konzeptionell *Bork* ZIP 2010, 397.
41 RegE für das Gesetz zur weiteren Erleichterung der Sanierung von Unternehmen v. 23.2.2011, BT-Drucks. 17/5712 v. 4.5.2011, abrufbar unter www.bmj.de. Synopse von RefE-ESUG und DiskE-ESUG in Beilage zu ZIP 6/2011.
42 Ausf. zum RegE-ESUG *Hirte/Knof/Mock* DB 2011, 632.

Gericht bindenden Vorschlag zur Person des vorläufigen Insolvenzverwalters machen kann.[43] Der vorläufige Gläubigerausschuss kann dem Insolvenzgericht aber auch nur Anforderungen an die Person des Insolvenzverwalters aufgeben. Damit erhalten die Gläubiger wesentlichen Einfluss auf die Auswahl des (vorläufigen) Insolvenzverwalters. Die Autoren des RegE-ESUG versprechen sich davon das Fallen eines Sanierungshindernisses im „Wettbewerb der Rechtsordnungen".

39 Der Gesetzgeber hat darüber hinaus deutlich gemacht, dass ein Insolvenzverwalter seine grundsätzlich anzunehmende Unabhängigkeit nicht deswegen einbüßt, weil er vom Insolvenzschuldner selbst vorgeschlagen worden ist oder eine beratende Tätigkeit vor Insolvenzantragstellung ausgeübt hat oder einen Insolvenzplan erstellt hat. Ein verbindliches **Vorschlagsrecht** hat der Insolvenzschuldner allerdings nicht; dieses steht allenfalls den Gläubigern zu.

2.3 Reform des Insolvenzplanverfahrens

40 Der ESUG-Gesetzgeber beabsichtigt das Insolvenzplanverfahren ebenfalls stärker zu beleben. Als bisherige **Schwachstellen** sind das Fehlen einer praktikablen Umwandlung von Forderungen in Anteilsrechte (Debt-Equity-Swap) und die fehlende Kalkulierbarkeit des Planverfahrens identifiziert.[44]

2.3.1 Gesellschaftsrechtliche Strukturveränderungen zur Unternehmenssanierung

41 Durch den **Insolvenzplan** soll im Interesse der Unternehmenssanierung mit gestaltender Wirkung in die gesellschaftsrechtliche Struktur des zu sanierenden Unternehmens und auch in Mitgliedschaftsrechte **eingegriffen** werden können – ein **Paradigmenwechsel**, der v.a. (aber nicht ausschließlich) auf die Erleichterung der Durchführung von Debt-Equity-Swaps abzielt. Eine gerichtliche Entscheidung ist nicht notwendig. Anteils- oder Mitgliedschaftsrechte werden damit im Sanierungsszenario, wie zuvor bereits alle sonstigen Gläubigerrechte, einfach zu manövrierende Verhandlungsmasse.[45]

2.3.2 Debt-Equity-Swap

42 Der RegE-ESUG sieht vor, dass der Insolvenzplan insbesondere die **Umwandlung von Forderungen von Gläubigern in Anteils- oder Mitgliedschaftsrechte** am Schuldner, eine Kapitalherabsetzung oder -erhöhung, die Leistung von Sacheinlagen, den Ausschluss von Bezugsrechten und die Zahlung von Abfindungen an ausscheidende Anteilsinhaber vorsehen kann (sog. Debt-Equity-Swap).[46]

43 Ein Debt-Equity-Swap (oder andere Kapitalmaßnahme) soll auch gegen den Willen einzelner Gesellschafter möglich sein (sog. **Obstruktionsverbot**). Gesellschafter werden im Ergebnis wie letztrangige Gläubiger behandelt. Zudem soll das erhebliche Störpotenzial einzelner Gläubiger dadurch reduziert werden, dass die Voraussetzungen für eine Beschwerde gegen den Insolvenzplan verschärft werden und der Insolvenzplan Ausgleichszahlungen vorsehen kann, falls ein Beteiligter eine Schlechterstellung durch den Plan geltend macht. Der Streit über die **Höhe des**

---

43 *Hölzle* NZI 2011, 125.
44 *Hirte/Knof/Mock* DB 2011, 636 und 693 ff.
45 *Hirte/Knof/Mock* DB 2011, 638.
46 *Hölzle* NZI 2011, 128; *Brinkmann* WM 2011, 97.

Ausgleichs in Geld wird vor den ordentlichen Gerichten geführt und hindert nicht die Umsetzung des Insolvenzplans.[47]

Allerdings ist noch nicht abzusehen, ob der Debt-Equity-Swap in seiner jetzigen Form tatsächlich zur Sanierung geeignet ist,[48] vor allem wegen rechtsträgerspezifischen Berechtigungen und Sonderkündigungsrechten aufgrund von Change-of-Control-Klauseln in Verträgen, welche vorinsolvenzlich vom Insolvenzschuldner abgeschlossen worden waren.[49] **44**

2.4 Stärkung der Eigenverwaltung

Der ESUG-Gesetzgeber sieht als Schwerpunkt zur Erleichterung der Sanierung von Unternehmen die Vereinfachung des Zugangs zur Eigenverwaltung vor.[50] Ziel des ESUG-Entwurfs ist es daher, allen Beteiligten eine **größere Planungssicherheit** hinsichtlich des Ablaufs des Verfahrens zu geben. Damit bezweckt der Gesetzgeber einen Paradigmenwechsel bei der Anerkennung der Eigenverwaltung als **echtes Sanierungsinstrument** dahingehend, dass dieses die Regel werden soll und nicht mehr nur Ausnahme bleiben darf.[51] So ist auch vorgesehen, dass das Insolvenzgericht einen **Antrag auf Eigenverwaltung** nicht mehr mit der Begründung ablehnen kann, die Eigenverwaltung wirke sich nachteilig auf die Gläubiger aus, wenn der Gläubigerausschuss den schuldnerischen Antrag auf Eigenverwaltung einstimmig unterstützt.[52] **45**

Wohl wichtigste Neuerung ist die Schaffung eines „Schutzschirms", wonach bei einer nicht offensichtlich aussichtslosen Sanierungsmöglichkeit auf Antrag des Schuldners Eigenverwaltung anzuordnen ist und dem Schuldner eine Frist von bis zu drei Monaten für die Vorlage eines Insolvenzplans gewährt wird, ohne dass bereits die vollständigen Beschränkungen des Insolvenzverfahrens greifen.[53] **46**

3. Fazit

Der Weg des Gesetzgebers bei der Optimierung der rechtlichen Rahmenbedingungen für eine Sanierung von Unternehmen hat mit dem **RegE-ESUG**, dessen Inkrafttreten nach letzten Stand frühestens zum Jahresbeginn 2012 zu erwarten ist, eine bemerkenswerte **Wegmarke** erreicht. Diese ist, trotz aller Kritik und Verbesserungsmöglichkeiten zu begrüßen und es steht zu hoffen, dass ein nachhaltiger Wandel in der Insolvenzkultur Deutschlands[54] herbeigeführt werden kann und Spielräume für die Unternehmenssanierung erweitert werden. Denn mit Recht hat die Bundesjustizministerin anlässlich ihrer Rede beim 7. Deutschen Insolvenzrechtstag am 17.3.2010 in Berlin betont, dass das Insolvenzrecht noch stärker als Chance zur Sanierung eines Unternehmens begriffen werden müsse.[55] Der Gesetzgeber wird das Ziel **Unternehmenssanierung** also auch in **Zukunft** weiterverfolgen. **47**

---

47 *Trams* NJW-Spezial 2011, 150.
48 *Brinkmann* WM 2011, 100 ff.
49 *Brinkmann* WM 2011, 100.
50 Begründung RegE-ESUG, BT-Drucks. 17/5712, 1 f.
51 *Hölzle* NZI 2011, 130; *Hofmann* NZI 2010, 798.
52 *Trams* NJW-Spezial 2011, 149.
53 *Hirte/Knof/Mock* DB 2011, 695.
54 *Vallender* NZI 2010, 834.
55 Abrufbar unter www.bmj.de.

2. Kapitel
Determinanten einer Unternehmenskrise

I. Einleitung

In der Betriebswirtschaftslehre wird oft davon ausgegangen, dass ein Unternehmen **1** auf unbestimmte Zeit existiert. Unternehmen werden vielfach als „unsterblich" angesehen.[1] Indes zeigen die jährlichen Insolvenzstatistiken, dass objektiv betrachtet auch die Existenz von Unternehmen endlich ist. Im aktuell schwierigen gesamtwirtschaftlichen Umfeld steigt die Zahl der Firmeninsolvenzen sogar an. Im Jahr 2010 registrierte die Wirtschaftsauskunftei Creditreform 32 100 Unternehmensinsolvenzen in Deutschland.[2]

Einer Unternehmensinsolvenz geht in aller Regel eine Unternehmenskrise[3] voraus, **2** die Betrachtungsschwerpunkt dieses Beitrags ist. Eine Unternehmenskrise lässt sich analog zur Medizin gut mit einem Krankheitsverlauf bei einem Menschen vergleichen. Die Erkrankung wird durch Krankheitsursachen hervorgerufen. Krankheitsursachen bzw. Krisenursachen werden im ersten Abschnitt dieses Beitrags erläutert. Hierzu werden im Folgenden Erkenntnisse aus der empirischen Krisenursachenforschung zur Entstehung von Unternehmenskrisen erläutert.

Wenn Krankheitssymptome auftreten, wird die Krankheit durch den hinzugezogenen **3** Arzt diagnostiziert. Wie eine Krankheit in der Regel nicht plötzlich ausbricht, so entsteht auch eine Unternehmenskrise ganz selten plötzlich: Der Weg in die Krise ist zumeist ein dynamischer Prozess.

Im Krankheitsverlauf eines Menschen zeigen sich Symptome als typische negative **4** Auswirkungen einer Krankheit. Auch eine Unternehmenskrise ist anhand von „Symptomen", z.B. anhand von negativ zu beurteilenden Kennzahlenmustern mit ansteigenden Insolvenzwahrscheinlichkeiten, erkennbar. Wird die Unternehmenskrise indes nach einer entsprechenden Diagnose adäquat bekämpft (therapiert), kann die Unternehmenskrise als Ergebnis der „therapeutischen" Maßnahmen letztlich positive Auswirkungen haben, z.B. eine höhere Überlebenswahrscheinlichkeit.

Auf die Therapie, also die Behandlung der Krankheit bzw. die Maßnahmen zur **5** Bekämpfung der Ursachen für die Unternehmenskrise (Unternehmenssanierung) wird in diesem Beitrag nicht eingegangen.

In den Rn. 11–46 werden zunächst die **Grundlagen von Unternehmenskrisen** erläutert. **6** Zunächst wird der Begriff der „Unternehmenskrise" definiert und typische Verläufe von Unternehmenskrisen werden vorgestellt. Gegenstand der Rn. 47–80 sind die **Krisenursachen**. Hier werden die in empirischen Studien identifizierten Krisenursachen erläutert. Krisen sind zumeist sehr komplexe Prozesse. Krisen können durch die verschiedensten Sachverhalte ausgelöst werden, die einander u.U. verstärken oder auch abschwächen und daher nicht unmittelbar als Krisenursachen erkannt werden (können).

---

1 Vgl. *Hauschildt* FS Wöhe, 2004, S. 36.
2 Vgl. einen Anstieg um 16 % im Vergleich zum Vorjahr, www.creditreform.de.
3 Im Folgenden werden die Begriffe „Unternehmenskrise" und „Krise", soweit nicht ausdrücklich anders angegeben, synonym verwendet.

2 *Determinanten einer Unternehmenskrise*

7 In den Rn. 81–230 werden die Methoden zur **Krisenfrüherkennung** charakterisiert und erläutert. Hierbei wird zwischen Bottom-up- und Top-down-Ansätzen zur Krisenfrüherkennung unterschieden.

8 Bei den **Bottom-up-Ansätzen** sind die operativen und die strategischen Ansätze zu unterscheiden, die die Ursachen einer Unternehmenskrise im operativen bzw. strategischen Entscheidungsfeld auszumachen suchen. Die Balanced Scorecard wird als Instrument zur Integration von operativen und strategischen Ansätzen vorgestellt.

9 Beim **Top-down-Ansatz** sind die Jahresabschlüsse Ausgangspunkt zur Ermittlung von Unternehmenskrisen. Daher wird vor allem auf die Jahresabschlussanalyse eingegangen. Denn der Jahresabschluss eines Unternehmens umfasst sämtliche Geschäftsvorfälle eines Unternehmens im Geschäftsjahr und spiegelt daher alle Wirkungen von krisenauslösenden Sachverhalten. Er ist zudem, falls er durch eine Abschlussprüfung geprüft ist, eine objektive Informationsbasis und ermöglicht, mit hoher Zuverlässigkeit eine Unternehmenskrise sowie deren Krisensymptom-Muster frühzeitig zu erkennen. Leser, die vor allem an Instrumenten zur Früherkennung von Unternehmenskrisen interessiert sind, seien auf die Rn. 81–230 verwiesen. Diese sind auch ohne eine Lektüre der Rn. 11–80 verständlich.

10 In den Rn. 231–258 werden die **Auswirkungen einer Krise** auf das Unternehmen erläutert. Hier sind die psychologischen Auswirkungen einer Krise der Betrachtungsschwerpunkt. Zum einen werden die negativen Auswirkungen einer Unternehmenskrise auf die Unternehmenskultur und die daraus resultierenden Krisenverstärkungen betrachtet und zum anderen werden die Gefahren, die sich aus einer Früherkennung einer Krise ergeben können, dass nämlich Früherkennung der Krise zu einer „self-fulfilling prophecy" werden könnte. In den Rn. 259–268 werden die **Erkenntnisse kurz zusammengefasst**.

II. Grundlagen von Unternehmenskrisen

1. Begriff der Unternehmenskrise

11 Die individuellen Ziele eines jeden erwerbswirtschaftlichen Unternehmens lassen sich auf die beiden zentralen finanziellen Unternehmensziele zurückführen, nämlich mit dem Unternehmen „Geld verdienen" und das Unternehmen als „Verdienstquelle sichern" zu wollen. Beide finanziellen Teilziele lassen sich zu dem langfristigen **Oberziel „Sicherung des Fortbestands des Unternehmens"** zusammenfassen. Unternehmenskrisen sind den Fortbestand des Unternehmens gefährdende Situationen. Sie machen die Erreichung der beiden finanziellen Ziele unsicher. Um die beiden Ziele „Geld verdienen" und „Verdienstquelle sichern" aber dauerhaft verwirklichen zu können, muss ein Unternehmen ständig versuchen, Chancen zu ergreifen, z.B. eine erkannte Marktlücke für ein bestimmtes Produkt zu schließen. Mit jeder Chancen-Wahrnehmung, also mit jeder Gewinnmöglichkeit, geht das Unternehmen aber zugleich Risiken, d.h. Verlustgefahren ein, nämlich wenn sich das angebotene Produkt als „Flop" herausstellen sollte. Solche Verluste können existenzbedrohende Unternehmenskrisen auslösen, wenn die akkumulierten Verluste das Eigenkapital aufzehren und damit ein Fortbestand der Verdienstquelle wegen der eintretenden Überschuldung nicht mehr möglich ist. Aufgabe der Unternehmensleitung ist es, Chancen und Risiken abzuwägen und zu entscheiden, welche Chancen ergriffen werden und

welche nicht. Wird eine Chance, z.B. durch entsprechende Investitionen, ergriffen, dann ist es in der Folge die Aufgabe der Unternehmensleitung, die mit den ergriffenen Chancen verbundenen Risiken so zu managen, dass diese keine Unternehmenskrise auslösen.

Der Begriff der „Krise" stammt vom griechischen **„krísis"** und bedeutet „Entscheidung" oder „entscheidende Wendung". Im allgemeinen Sprachgebrauch wird mit dem Begriff eine „schwierige Lage", eine „Zeit der Gefährdung" bzw. eine „Zeit, die den Höhe- und Wendepunkt einer gefährlichen Entwicklung darstellt", bezeichnet.[4] Ursprünglich wurde der Begriff in der Medizin verwendet, wo er einen kritischen Wendepunkt (mit der Aussicht zur Besserung hin oder auch eines tödlichen Ausgangs) im Verlauf einer Krankheit beschreibt.[5]

12

Der Krisenbegriff ist in seiner Bedeutung eng mit den Begriffen „Konflikt", „Schwachstelle", „Störung" und „Katastrophe" verbunden. Diese vier Begriffe sind allerdings mit dem Begriff der „Krise" nicht synonym, sie beschreiben vielmehr Ereignisse, die zu einer Krise führen können, aber nicht müssen.

13

Konflikte sind durch das Aufeinanderprallen widerstreitender Auffassungen oder Interessen von Einzelpersonen oder Gruppen entstandene schwierige Situationen, die zum Zerwürfnis zwischen Einzelpersonen oder Gruppen führen. Konflikte können die Ursache für eine Existenzgefährdung des Unternehmens sein. Indes führt nicht jeder Konflikt notwendigerweise zu einer Unternehmenskrise, vielmehr kann er nach seiner Lösung auch zu einem höherem Stabilitätsniveau führen als vor dem Auftreten der Konfliktsituation.

14

Der Begriff **„Schwachstelle"** bezeichnet einen für **Störungen** anfälligen Sachverhalt. Eine Störung wiederum ist ein Bruch im Betriebsablauf oder -aufbau. Schwachstellen, die im betrieblichen Ablauf zu Störungen führen, mindern die Effizienz des Unternehmens. Allerdings hat nicht jede Schwachstelle zwangsläufig eine Störung zur Folge. Des Weiteren löst nicht jede Störung automatisch eine Krise aus.

15

Eine **Katastrophe** kann – ebenso wie Konflikte, Schwachstellen und Störungen – eine Unternehmenskrise auslösen. Bsp. für solche Katastrophen sind Erdbeben oder nicht versicherte Lagerbrände. Darüber hinaus kann eine Katastrophe, wenn sie begrifflich als eine „entscheidende Wendung zum Schlimmen"[6] verstanden wird, dazu führen, dass ein bereits bestandsgefährdetes Unternehmen nicht mehr fortgeführt werden kann und daher abzuwickeln ist.

16

Die folgenden **fünf Merkmale** kennzeichnen eine Unternehmenskrise:

17

1. Unternehmenskrisen sind **bestandsgefährdend**.
   Krisensituationen unterscheiden sich vom „normalen" Geschäftsverlauf dadurch, dass der Fortbestand des Unternehmens oder einzelner Segmente des Unternehmens konkret gefährdet ist und das Unternehmen bzw. das Segment – sofern die Unternehmensleitung die Krise nicht durch geeignete Maßnahmen abwendet – im ungünstigsten Fall liquidiert werden muss.
2. Unternehmenskrisen treten im Regelfall **unbeabsichtigt** und **unerwartet** auf.
   In diesen Fällen laufen Unternehmenskrisen den Planungen der betroffenen Unternehmensleitung zuwider und stellen daher eine unbeabsichtigte, außergewöhnliche

---
4 Vgl. *Duden* Universalwörterbuch, 6. Aufl. 2007.
5 Vgl. *Duden* Medizinische Fachausdrücke, 2003; *Kluge* Wörterbuch, 2002, S. 540.
6 *Duden* Universalwörterbuch, 6. Aufl. 2007.

Entwicklung des Unternehmens dar, weil es im Normalfall das Ziel der Unternehmensleitung ist, bestandsgefährdende Situationen zu vermeiden. Eine Krise beginnt mit dem Zeitpunkt, zu dem einzelne Konflikte und Störungen unerwartet kumulativ und möglicherweise einander verstärkend und ggf. bestandsgefährdend für das Unternehmen auftreten.

3. Unternehmenskrisenursachen sind in den meisten Fällen **nicht eindeutig (ambivalent)**.
Denn Unternehmenskrisen haben selten eine einzige Ursache. Ausnahmen sind durch Katastrophen, z.B. Naturkatastrophen, ausgelöste Krisen. Meist ist der Weg in die Krise ein schleichender und komplexer Prozess. In diesen Fällen werden die komplexen Krisenursachen von der betroffenen Unternehmensleitung oft nicht vollumfänglich und auch nicht klar erkannt. Selten lassen sich Ursachen-Komplexe einfach und prospektiv eindeutig als bestandsgefährdend erkennen. Daher ist es notwendig Methoden zur Krisenfrüherkennung zu entwickeln bzw. einzusetzen.

4. Die Krisenbewältigung ist in den meisten Fällen aber nur innerhalb einer **begrenzten Zeitspanne** möglich.
Der Unternehmensleitung steht in Krisensituationen also in der Regel lediglich ein relativ kurzer Zeitraum zur Verfügung, um die Krise abzuwenden bzw. die für das Unternehmen negativen Krisenauswirkungen zumindest zu vermindern.

5. Die **Eingriffsmöglichkeiten** der Unternehmensleitung nehmen im Krisenverlauf ab.
Der Verlauf einer Krise hängt von internen und von externen Faktoren ab, die sich gegenseitig verstärken können. Die externen Faktoren lassen sich von der Unternehmensleitung weniger als die internen beeinflussen. Zu Beginn der Krise kann die Unternehmensleitung in der Regel noch agieren. Gelingt es nicht, die Krise frühzeitig zu erkennen und zu bewältigen, ist das Unternehmen im weiteren Prozessverlauf mehr und mehr gezwungen, auf die Entwicklungen zu reagieren.[7]

18 Eine „**Unternehmenskrise**" ist ein Abschnitt im Lebenszyklus eines Unternehmens, in dem die Existenz des Unternehmens gefährdet ist, sofern keine wirksamen Gegenmaßnahmen ergriffen werden.[8] Die Unternehmenskrise ist ein stetiger, aber endlicher Prozess: Sie endet positiv, wenn die Bestandsgefährdung abgewendet werden kann; sie endet negativ, wenn z.B. ein zwischenzeitlich eröffnetes Insolvenzverfahren mit der Abwicklung des Unternehmens abgeschlossen wird.[9] Die Prozessdauer, d.h. der Zeitraum zwischen den ersten krisenverursachenden Vorfällen und dem (positiven oder negativen) Ende der Unternehmenskrise, ist einzelfallabhängig und kann wenige Wochen oder mehrere Jahre dauern.

19 Im folgenden Abschnitt (Rn. 23 ff.) wird die Dynamik von Unternehmenskrisen skizziert und gezeigt, dass Unternehmenskrisen in der Regel bestimmte Phasen durchlaufen. Für die Charakterisierung von Krisen werden zwei Perspektiven gewählt. Darauf aufbauend werden in den Abschnitten III und IV dieses Beitrags konkrete Determinanten von Unternehmenskrisen im Allgemeinen und der einzelnen Krisenphasen im Speziellen herausgearbeitet.

---

7   Vgl. *Schreyögg* Unternehmen in der Krise, S. 14 und *Roselieb* Frühwarnsysteme, S. 88.
8   Vgl. *Hauschildt/Grape/Schindler* DBW 2006, 7.
9   Vgl. *Krystek/Moldenhauer* Krisenmanagement, S. 7 ff.

2. Ablauf von Unternehmenskrisen

2.1 Vorbemerkung

Wie unter Rn. 18 verdeutlicht, ist eine Unternehmenskrise als ein Prozess zu verstehen. Aus der Analyse von kriselnden Unternehmen konnten in der Vergangenheit Strukturen bzw. Muster dafür erkannt werden, in welchen Phasen ein Krisenprozess typischerweise abläuft.[10] Die Kenntnis dieser Muster ist für die Krisenfrüherkennung von Bedeutung, um einschätzen zu können, ob ein Vorfall bzw. eine bestimmte Situation eine potenzielle Krisenursache ist bzw. hervorruft oder nicht. Ferner erlaubt eine Identifikation der aktuellen Krisenphase, wie weit die Krise bereits fortgeschritten ist, und wie viel Zeit für Gegenmaßnahmen verbleibt.

20

Die Kenntnis des Krisenablaufs bzw. die Art der Krise verrät zumeist die Krisenursachen. D.h. der Ablauf einer Krise lässt Rückschlüsse auf die Krisenursachen zu.[11]

21

Krisenprozessmodelle sind zu unterscheiden nach der Perspektive, aus der der Krisenprozess analysiert wird. Es können zwei Ansätze unterschieden werden, den Krisenprozess zu betrachten, nämlich erstens die Wahrnehmungsperspektive und zweitens die Finanz- und Erfolgswirtschaftliche Perspektive. Beide Perspektiven werden im Folgenden vorgestellt.

22

2.2 Die Perspektiven von Krisenprozessmodellen

2.2.1 Der Krisenprozess aus der Wahrnehmungs-Perspektive

Im Lebenszyklus eines Unternehmens gibt es außergewöhnliche, kritische Phasen, wie die der Gründung des Unternehmens oder die der Suche nach einem Unternehmensnachfolger. In beiden Bsp. kritischer Phasen ist der Fortbestand des Unternehmens stärker bedroht als im normalen Geschäftsverlauf.

23

Jede Krisenphase wird von unterschiedlichen Beobachtern unterschiedlich wahrgenommen. So kann es sein, dass die Unternehmensleitung die wirtschaftliche Lage ihrer Gesellschaft – zumindest mittelfristig – als positiv einschätzt, während eine Bank den Fortbestand der Gesellschaft als akut gefährdet bewertet. Die beteiligten Parteien kommen allerdings nicht nur aufgrund von bestehenden Informationsasymmetrien zwischen Unternehmensleitung und Unternehmensexternen zu unterschiedlichen Ergebnissen, sondern es handelt sich auch um ein psychologisches Phänomen, dass Menschen, geprägt durch ihre persönliche Risikoaversion, bestimmte Risiken als unterschiedlich bedrohlich für den Fortbestand des Unternehmens wahrnehmen.

24

Abhängig davon, wie gefährdet der Fortbestand des Unternehmens ist, d.h. wie schwerwiegend die Unternehmenskrise ist, unterscheidet *Krystek* vier **Phasen im Prozessverlauf einer Krise**:

25

1. Potenzielle Unternehmenskrise,
2. Latente Unternehmenskrise,
3. Akute, beherrschbare Unternehmenskrise,
4. Akute, nicht (mehr) beherrschbare Unternehmenskrise.

---

10 In der Literatur findet man eine Vielzahl unterschiedlicher Phaseneinteilungen. Eine Übersicht über die unterschiedlichen Einteilungen findet sich bei *Krystek/Moldenhauer* Krisenmanagement S. 35.
11 Vgl. *Krystek/Moldenhauer* Krisenmanagement, S. 43.

26 **Ad 1. Potenzielle Unternehmenskrise:** Die potenzielle Unternehmenskrise beschreibt eine Situation, in der Krisensymptome (noch) nicht als solche erkannt werden (können). Diese erste Phase des Unternehmenskrisenprozesses ist als „Quasi-Normalzustand" zu bezeichnen, denn Unternehmen müssen zwangsläufig mit der Wahrnehmung von Chancen Risiken eingehen. Erst wenn die Risiken schlagend werden, ist eine latente oder akute Krise erkennbar.

27 **Ad 2. Latente Unternehmenskrise:** Die latente Krise beschreibt eine Krisenphase, die aufgrund fehlender offensichtlicher Krisenmerkmale und Krisenauswirkungen nur schwierig wahrzunehmen ist. Dennoch ist die Krise in dieser Phase bereits erkennbar, wenn geeignete – speziell auf der Basis von empirisch-statistischen Methoden entwickelte – Früherkennungsinstrumente[12] eingesetzt werden. Für den Fall, dass die Krise in einem frühen Stadium erkannt wird, können durch geeignete vorbeugende Maßnahmen künftig existenzgefährdende Auswirkungen eingeschränkt bzw. abgewendet werden.

28 **Ad 3. Akute, beherrschbare Unternehmenskrise:** Wenn die negativen Auswirkungen einer Krise offenbar werden, tritt der Krisenprozess in seine dritte Phase, die akute, wenn auch noch beherrschbare Unternehmenskrise. In dieser Phase verstärken sich die destruktiven Auswirkungen der Krisenursachen indes stetig. Mit ihnen steigen auch die Anforderungen an die Krisenabwehr.

29 **Ad 4. Akute, nicht (mehr) beherrschbare Unternehmenskrise:** In der letzten Phase, der akuten, nicht (mehr) beherrschbaren Unternehmenskrise, ist das Unternehmen schließlich durch die Auswirkungen der Krise überfordert. Die destruktiven Wirkungen verstärken sich weiter. Die Unternehmensleitung hat nur noch wenige Handlungsalternativen. Die verbleibenden Handlungsalternativen müssen unter hohem Zeitdruck umgesetzt werden, um den destruktiven Folgen der Krise entgegenzuwirken. Das Unternehmen kann indes bestenfalls noch durch einen vom Unternehmen nicht beeinflussbaren externen Eingriff oder durch einen positiv wirkenden „Zufall" gerettet werden. Im Normalfall (ohne einen solchen externen Eingriff oder „Zufall") geht das Unternehmen unter.[13]

30 Die Phasen eines Krisenprozesses können, wenn diese aus der **Wahrnehmungs-Perspektive** betrachtet werden, nicht eindeutig voneinander abgegrenzt werden. Unterschiedliche Beobachter nehmen die Situation, in der sich das Unternehmen befindet, möglicherweise unterschiedlich wahr und ordnen die Situation des Unternehmens daher unterschiedlichen Phasen zu.

31 Nicht jede Unternehmenskrise durchläuft alle genannten Phasen. So werden Phasen „übersprungen", wenn beispielsweise aus einer potenziellen Unternehmenskrise unmittelbar eine akute, aber beherrschbare Unternehmenskrise entsteht. Wenn die Unternehmensleitung rechtzeitig geeignete Maßnahmen zur Bewältigung der Krise eingeleitet hat, kann ein Unternehmen aber auch von einer späteren in eine frühere Phase zurückgeführt werden.

2.2.2 Der Krisenprozess aus der finanz- und erfolgswirtschaftlichen Perspektive

32 Der Unternehmenskrisenprozess kann auch danach beurteilt werden, **welche Unternehmensziele gefährdet** sind. So unterscheidet *Müller* vier Krisenphasen, nämlich die

---

12 Vgl. *Baetge/Kirsch/Thiele* Bilanzanalyse, 2. Aufl. 2004, S. 547 ff.
13 Vgl. *Krystek/Moldenhauer* Krisenmanagement, S. 48 ff.

strategische Krise, die Erfolgskrise, die Liquiditätskrise und die Insolvenz. Je weiter der Krisenprozess vorangeschritten ist, desto weniger Zeit und desto weniger Handlungsmöglichkeiten verbleiben der Unternehmensleitung, die Krise zu bewältigen (vgl. **Abb. 1**).

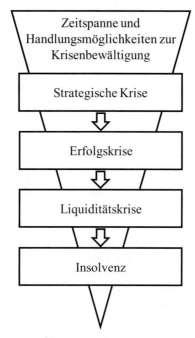

Abb. 1: Krisenprozess nach Müller[14]

In der **strategischen Krise**, der ersten Phase des Krisenprozesses, sind die Erfolgspotenziale des Unternehmens durch eine ungeeignete oder auch eine fehlende Strategie gefährdet. In der auf die strategische Krise folgenden **Erfolgskrise** sind die Zielerreichungsgrade der Erfolgsziele, z.B. der Gewinn-, der Umsatz- und/oder der Rentabilitätsziele, des Unternehmens gefährdet. Das Kennzeichen der dritten Phase, der **Liquiditätskrise**, ist eine (drohende) Illiquidität oder Überschuldung des Unternehmens. Beide Kennzeichen sind gem. §§ 17–19 InsO Eröffnungsgründe für ein Insolvenzverfahren. In dieser Phase ist die Existenz des Unternehmens sehr stark bedroht. Die Möglichkeiten der (im Regelfall ausgetauschten) Unternehmensleitung, den Krisenverlauf durch geeignete Maßnahmen zu beeinflussen, sind stark eingeschränkt, da das Unternehmen kaum noch finanzielle Spielräume hat. In der letzten Phase, der **Insolvenz**, hat die (neue) Unternehmensleitung dann nur noch den vom Gericht und den Gläubigern zugestandenen Handlungsspielraum. Die Insolvenz ist als eine Phase des Krisenprozesses zu kennzeichnen, weil im Rahmen eines Insolvenzverfahrens gem. § 1 InsO vom Insolvenzverwalter ausdrücklich das Ziel verfolgt werden soll, das insolvente Unternehmen zu erhalten, die Krise zu beenden oder deren Folgen zumindest abzumildern.[15]

---

14 Quelle: Eigene Darstellung in Anlehnung an *Müller* Krisenmanagement in der Unternehmung, S. 56; *Krystek/Moldenhauer* Krisenmanagement, S. 47.
15 Vgl. *Müller* Krisenmanagement in der Unternehmung, S. 24 ff.

2 Determinanten einer Unternehmenskrise

2.2.3 Der Prozess der Unternehmenskrise aus der Wahrnehmungsperspektive sowie aus der Finanz- und Erfolgswirtschaftlichen Perspektive

35 Der Krisenprozess lässt sich aus beiden Perspektiven zugleich betrachten, wie die folgende Abb. zeigt.

36

Finanz- und Erfolgswirtschaftliche Perspektive	Potenzielle Krise	Latente Krise	Akute, beherrschbare Krise	Akute, nicht (mehr) beherrschbare Krise
Strategische Krise	■	■		
Erfolgskrise		■	■	
Liquiditätskrise			■	■
Insolvenz				■
	Wahrnehmungsperspektive			

Abb. 2: Gegenüberstellung von Krisenprozess-Perspektiven[16]

37 **Abb. 2** zeigt eine Gegenüberstellung der beiden zuvor beschriebenen Krisenprozessperspektiven. Die grauen Flächen zeigen die Übereinstimmungen der beiden Ansätze. Beispielsweise wird eine Krisenphase, die aus der finanz- und erfolgswirtschaftlichen Perspektive als Liquiditätskrise bezeichnet würde, aus der Wahrnehmungsperspektive als eine akute Krise bezeichnet. Diese akute Krise kann, abhängig von der Länge der Zeitspanne und dem Umfang der Handlungsmöglichkeiten, die der Unternehmensleitung verbleiben, um die Krise abzuwenden, entweder beherrschbar oder nicht (mehr) beherrschbar sein.

38 Auch *Hauschildt* verbindet die beiden Perspektiven der Krisenbetrachtung und bezeichnet hierbei die Wahrnehmungsperspektive als „subjektive Sichtweise" und die finanz- und erfolgswirtschaftliche Perspektive als „objektive Sichtweise".

39

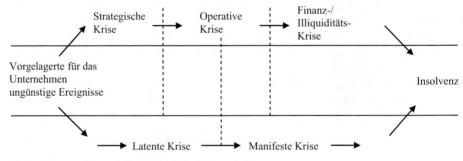

Abb. 3: Krisenprozess aus unterschiedlichen Perspektiven in Anlehnung an Hauschildt[17]

---
16 Vgl. *Krystek/Moldenhauer* Krisenmanagement, S. 51.
17 Vgl. *Hauschildt* Krisenmanagement, S. 24; *Hauschildt* KSI 2008, 6.

Aus der **Wahrnehmungsperspektive** unterscheidet *Hauschildt* zwei Krisenphasen, nämlich die Phasen „Latente Krise" (vergleichbar mit den Phasen „Potenzielle Krise" und „Latente Krise" in **Abb. 2**) und „Manifeste Krise" (vergleichbar mit den Phasen „Akute, beherrschbare Krise" und „Akute, nicht (mehr) beherrschbare Krise" in **Abb. 2**). Bereits vor der ersten Phase können einzelne ungünstige Ereignisse auftreten, die aber nicht unmittelbar mit einer Unternehmenskrise assoziiert werden. In der Phase der latenten Krise ist die Unternehmenskrise für Unternehmensexterne selten wahrnehmbar. Selbst von der Unternehmensleitung und von anderen Mitarbeitern wird sie nicht immer – vor allem nicht ohne Ermittlung der Überlebenswahrscheinlichkeit – als solche erkannt. Wenn Unternehmensexterne die Unternehmenskrise z.B. mit Hilfe von herkömmlichen oder modernen Jahresabschlussanalysen wahrnehmen, geht der Krisenprozess in die zweite Phase, die manifeste Krise, über.[18]

40

Obwohl die **finanz- und erfolgswirtschaftliche Perspektive** als objektive Sicht bezeichnet wird, ist nur die letzte Phase, die Eröffnung des Insolvenzverfahrens und dessen Beendigung, zeitlich objektiv bestimmbar. In den ersten drei Phasen lässt sich die Existenzgefährdung nur durch Ermittlung sog. Ausfallwahrscheinlichkeiten (*probabilities of default*) mit Hilfe von empirisch-statistisch gestützten Jahresabschlussanalysen „objektivieren".[19] Aus Sicht der finanz- und erfolgswirtschaftlichen Perspektive unterscheidet *Hauschildt* – ähnlich dem Ansatz von *Müller* – anhand des verbleibenden Handlungsspielraums zur Krisenbewältigung drei Phasen einer Unternehmenskrise:

41

1. strategische Krise,
2. operative Krise,
3. Finanz-/Illiquiditätskrise.

Ad. 1. Die **strategische Krise** ist nicht eindeutig identifizierbar. Diese Phase zeichnet sich vor allem durch erfolgswirksame Belastungen aus; z.B. geringe oder negative Deckungsbeiträge bei einzelnen Produkten oder Segmenten. Bei steigender Verschuldung ist die Liquidität des Unternehmens noch nicht gefährdet. In dieser frühen Phase des Krisenprozesses bleibt dem Unternehmen noch ein strategischer Handlungsspielraum und Zeit, um die Krise zu bewältigen.

42

Ad. 2. In der sich anschließenden **operativen Krise** werden die Verluste, vor allem im operativen Bereich, offensichtlich. Die Verschuldung steigt weiter. Kreditlinien werden ausgereizt. Das Eigenkapital bzw. der Eigenkapitalanteil wird stark vermindert. Die Handlungsmöglichkeiten des Unternehmens, den Verlauf der Krise zu beeinflussen, schwinden.

43

Ad. 3. In der letzten Phase des Krisenprozesses, der **Finanz- bzw. Illiquiditätskrise**, reduziert sich der Handlungsspielraum auf ein Minimum: Lieferanten liefern nur noch gegen Vorkasse, Banken verlangen die Rückzahlung von Krediten etc. Dem Unternehmen droht die Überschuldung und/oder die Illiquidität. Der Fortbestand des Unternehmens ist extrem bedroht.[20]

44

---

18 Vgl. *Hauschildt* Krisenmanagement, S. 22 ff.; *Hauschildt/Grape/Schindler* DBW 2006, 7 ff.
19 Vgl. *Baetge/Hüls/Uthoff* Forschungsjournal WWU 2/1995, 21-28; *Baetge/Kruse/Uthoff* WI 1996, 279 ff.; *Baetge/von Keitz/Wünsche* in Büschgen/Everling, 2. Aufl. 2007, S. 485 ff.; *Baetge* DB 2002, 2283.
20 Vgl. *Kehrel/Leker* ZFO 2009, 201; *Hauschildt/Grape/Schindler* DBW 2006, 7 ff.; *Lützenrath/Peppmeier/Schuppener* S. 3 ff.

45 Zusammenfassend lässt sich sagen: Bei Unternehmenskrisen handelt es sich um außergewöhnliche, von der Unternehmensleitung nicht absichtlich herbeigeführte Prozesse. Unter Rn. 7 wurden die Merkmale einer Unternehmenskrise beschrieben und der Begriff „Unternehmenskrise" definiert. Unter Rn. 10 ff. wurden zwei Perspektiven zur Krisenprozessanalyse erläutert und gezeigt, dass beide Perspektiven miteinander vereinbar sind und einander ergänzen. Zum einen wurde gezeigt, dass Krisen nach bestimmten Mustern ablaufen und zum anderen, dass Krisen zu Beginn häufig gar nicht als solche wahrgenommen werden. Indes ist es für die Unternehmensleitung enorm wichtig, jede Krise so früh wie möglich zu erkennen, um noch möglichst viele Handlungsalternativen in einer möglichst großen Zeitspanne einsetzen zu können, mit dem Ziel, die (potenziell) bestandsgefährdende Situation abzuwenden und die Krisenursachen zu bekämpfen.

46 Im folgenden Abschnitt (Rn. 47) werden die Ursachen von Unternehmenskrisen beschrieben. Die Kenntnis der Ursachen ist wichtig, um Krisen einerseits frühzeitig an den Auslösern zu erkennen, andererseits, um diese Ursachen bekämpfen zu können. Hierzu werden die empirisch beobachteten Krisenursachen charakterisiert, die bei Befragungen oder empirisch-statistischen Auswertungen identifiziert worden sind.

III. Empirische Untersuchungen von Ursachen von Unternehmenskrisen

1. Überblick

47 Unternehmenskrisen werden selten durch ein einziges Ereignis verursacht, sondern durch das Zusammenspiel von vielen, möglicherweise einander verstärkenden negativen Ereignissen. Dabei sind Krisenursachen und Krisenauslöser zu unterscheiden. **Krisenursachen** sind interne oder externe Ereignisse, z.B. Naturereignisse, aber auch politische Entscheidungen oder Entscheidungen der Unternehmensleitung, die zum Entstehen einer Krise führen (können). Einzelne Ursachen können einen sehr geringen bis wesentlichen Einfluss auf das Ausbrechen einer Krise haben. Eine wesentliche Ursache, durch die eine bisher nicht bestandsgefährdende Situation bedrohlich für das Unternehmen wird, wird als **Krisenauslöser** bezeichnet. Dabei kann ein Ereignis, das für das eine Unternehmen einen Krisenauslöser darstellt für das andere unbedeutend sein (vgl. das folgende Bsp.). Krisen können aber auch durch viele kleine Ursachen verursacht werden.

48 **Beispiel:** Unternehmen A und Unternehmen B stellen beide ein sehr ähnliches Produkt (P) her.

Die Unternehmensleitung des Unternehmens A habe mehrere Entscheidungen bzgl. des vom Unternehmen A angebotenen Produktes P_A getroffen, die Kosteneinsparungen und Effizienzverbesserungen erbringen sollen. Nun stellt sich heraus, dass während der Nutzung des Produktes P durch die Kunden klima- oder gesundheitsgefährdende Gase emittiert werden. Der Gesetzgeber beschränkt diese Emission umgehend auf einen strengen Grenzwert, den das Produkt P_A derzeit nicht erfüllt, während das Produkt P_B von Unternehmen B die neu festgelegten Grenzwerte erfüllt.

Das Unternehmen A gerät infolgedessen in eine bestandsgefährdende Krise, da es die Produktion nicht kurzfristig umstellen und demzufolge seine Produkte nicht mehr absetzen kann und sich daraufhin seine wirtschaftliche Lage dramatisch verschlechtert. Zum Zeitpunkt der Kosteneinsparungs- und Effizienzsteigerungsmaßnahmen zeichnete sich die

Krise nicht ab. Die Unternehmensleitung schien die richtigen Entscheidungen zu treffen, das Unternehmen steigerte den Gewinn, war also erfolgreich. Retrospektiv kann indes festgestellt werden, dass die Unternehmensleitung das Risiko, dass der Gesetzgeber eine strenge Emissionsobergrenze festlegen könnte/würde, nicht erkannt hat bzw. die Eintrittswahrscheinlichkeit des Risikos als zu niedrig und somit falsch eingeschätzt hat. Diese Fehleinschätzung und die daraus folgenden Managemententscheidungen stellen rückblickend die Krisenursachen dar. Der Fortbestand des Unternehmens war zum Zeitpunkt der Entscheidungen des Managements allerdings (noch) nicht gefährdet! Erst durch die Festlegung von strengen Emissionsschwellenwerten durch den Gesetzgeber war das Unternehmen A nicht mehr wettbewerbsfähig und geriet in eine bestandsgefährdende Krise. Die Herabsetzung der Emissionsgrenzwerte stellt also den Krisenauslöser dar.

Die Leitung des Unternehmens B hat das Risiko einer Emissionsbegrenzung indes frühzeitig erkannt. Sie hat die Eintrittswahrscheinlichkeit dieses Risikos als „hoch" eingeschätzt und ihr Produkt P_B bzgl. der Emissionen bereits frühzeitig verbessert. Die Festlegung von Schwellenwerten stellt daher für Unternehmen B – anders als für Unternehmen A – keinen Krisenauslöser dar. Vielmehr ergibt sich für Unternehmen B ein Wettbewerbsvorteil gegenüber Unternehmen A, denn es kann nun entweder seinen Marktanteil oder seine Marge erhöhen.

Die Identifikation der Ursachen von Unternehmenskrisen ist nicht trivial. Es ist zwischen der prospektiven und der retrospektiven Identifikation von Krisenursachen zu unterscheiden. **49**

Die **prospektive Identifikation von Krisenursachen** hat das Ziel, ein potenziell bestandsgefährdendes Risiko frühzeitig zu erkennen, dessen Eintrittswahrscheinlichkeiten und die damit verbundene Schadenshöhe zu bewerten und dieses Risiko derart zu steuern, dass keine Krise eintritt oder diese abgewendet werden kann. Die prospektive Identifikation von Krisenursachen ist Gegenstand des Risikomanagementsystems und wird in den Rn. 81–230 behandelt. In dem in Rn. 48 angeführten Bsp. hat Unternehmen B die potenzielle Krisenursache „Festlegung einer Emissionsobergrenze für das Produkt P" frühzeitig erkannt und aufgrund der als „hoch" eingeschätzten Eintrittswahrscheinlichkeit dieses Risikos durch technische Veränderungen des Produktes P gegengesteuert. Eine potenzielle Krise konnte so von vorneherein abgewehrt bzw. ausgeschlossen werden. **50**

Gegenstand der **retrospektiven Identifikation von Krisenursachen** und somit der empirischen Erforschung von Krisenursachen ist die Analyse von positiv oder negativ beendeten Unternehmenskrisen. Indem Ereignisse und/oder Entscheidungen identifiziert werden, die die spätere Krise (wesentlich) beeinflusst haben, sollen gesunde Unternehmen darin unterstützt werden, potenziellen Krisen so früh wie möglich gegenzusteuern bzw. die Auswirkungen der Krise soweit wie möglich abzumildern. Aus der retrospektiven Erforschung von Krisenursachen und deren Auswirkungen, z.B. der Veränderung der Ausfallwahrscheinlichkeiten, sollen somit Hinweise erarbeitet werden, wie potenzielle Krisenursachen, welche für das Unternehmen Risiken darstellen, vom Unternehmen zukünftig prospektiv gemanagt werden können. **51**

Allerdings wirken **Krisenursachen** – wie gezeigt – auf jedes Unternehmen in spezifischer Weise. Wird das unter Rn. 48 angeführte Bsp. dahingehend abgewandelt, dass der Gesetzgeber keine Emissionsobergrenze für das Produkt P festlegt, und hätte Unternehmen A die Wahrscheinlichkeit für den Eintritt des Risikos „Festlegung einer Emissionsobergrenze für das Produkt P" als „niedrig", das Unternehmen B als **52**

„hoch" eingeschätzt und deshalb hohe Beträge für die Absenkung der Emissionswerte in Forschung & Entwicklung investiert, dann hätte sich diese Investition in diesem Fall nicht rentiert, weil den hohen Aufwendungen keine höheren Erträge gegenüberstehen. Die wirtschaftliche Lage des Unternehmens B hätte sich verschlechtert, woraufhin dieses in eine Krise hätte geraten können. Das ursprüngliche Bsp. in Rn. 48 und die hier angenommene Variante verdeutlichen, dass jede Entscheidung, die unter unsicheren Erwartungen getroffen wird, eine potenzielle Krisenursache darstellt. Ob eine bestimmte Entscheidung eine Krise (mit-)verursacht hat, ist aber nur retrospektiv zu beurteilen, nicht prospektiv.

53 Die Ursachen für eine Krise können zeitlich weit vor dem Erkennen der potenziellen Krise bzw. vor dem Ausbruch der Krise liegen (s. Rn. 25 ff.). Vorfälle bzw. Entscheidungen, die einzeln betrachtet keine Bestandsgefährdung für das Unternehmen auslösen, können im Zusammenspiel miteinander durchaus eine Krise auslösen. Viele tatsächliche Krisenursachen werden zunächst nicht mit einer später ausbrechenden Krise in Verbindung gebracht. Denn in manchen Fällen ist weder retrospektiv noch prospektiv eindeutig erkennbar, ob ein Ereignis eine (potenzielle) Krisenursache ist oder nicht. Außerdem ist nicht immer erkennbar, ob ein bestimmtes Ereignis Auslöser oder die eigentliche Ursache der Krise ist. Ursachen lassen sich nur schwierig identifizieren, weil zumeist mehrstufige Ursache-Wirkungs-Beziehungen zur Unternehmenskrise führen. D. h. die Wirkung einer Ursache löst häufig die nächste Ursache aus. Hilfreich für die Ursachenidentifikation ist, dass im Verlauf der Krise sog. **Krisensymptome** in Erscheinung treten, die das Vorliegen von Krisenursachen anzeigen. Die Symptome müssen indes nicht die Krisenursachen sein. Beispielsweise ist eine geringe Eigenkapitalquote zwar ein Krisenindikator und ein Faktor, der eine Unternehmenskrise weiter verschärft. Sie ist aber in der Regel nicht die Ursache für die Krise, sondern nach verlustreichen Jahren das Ergebnis der krisenhaften Entwicklung.[21]

54 In der Krisenursachenforschung kann zwischen der quantitativen und der qualitativen Krisenursachenforschung unterschieden werden. Mit der **quantitativen Forschung** werden statistische Zusammenhänge zwischen leicht erfassbaren Daten (z.B. Unternehmensgröße, Unternehmensalter) und dem Auftreten von Unternehmenskrisen ermittelt. Mit der **qualitativen Forschung** werden dagegen durch die Auswertung von Umfragen und individuellen Krisenverläufen Rückschlüsse auf mögliche Krisenursachen gezogen, d.h. es werden entsprechende Hypothesen gebildet und geprüft. Die Krisenursachenforschung verwendet dabei vor allem Informationen aus der Zeit vor der Insolvenz von insolvent gewordenen Unternehmen. Hierdurch werden nur solche Krisenursachen berücksichtigt, die in der Zeit vor der Insolvenz zu beobachten waren bzw. nachträglich ermittelt werden konnten bzw. die dokumentiert waren. Dieses Vorgehen kann keine Krisenursachen oder -symptome berücksichtigen, die zwar während eines Krisenprozesses aufgetreten aber positiv bewältigt worden sind, bevor ein Insolvenzverfahren über das Unternehmen eröffnet werden muss.[22]

55 In der Literatur werden Insolvenzursachen häufig nach internen und externen Insolvenzursachen unterschieden. Dabei werden Ursachen, die durch das Unter-

---

21 Vgl. *Hauschildt/Leker* Krisendiagnose, S. 4 f.; *Hauschildt/Grape/Schindler* DBW 2006, 9; *Krystek/ Moldenhauer* Krisenmanagement, S. 67; *Grunwald/Grunwald* S. 9.
22 Vgl. *Krystek* Krisenmanagement, S. 52.

nehmen bzw. das Management beeinflussbar sind, als **interne Krisenursachen** bezeichnet (z.B. veraltetes Produktangebot, mangelhafter Kundenservice). **Externe Krisenursachen** liegen dagegen außerhalb des Einflussbereichs des Unternehmens (z.B. technologischer oder Werte-Wandel).[23] Die Schwäche dieser Kategorisierung ist die statische Betrachtung von Krisenursachen. So gibt es zwar Ereignisse, die keinesfalls vom Unternehmen beeinflusst werden können und eindeutig externe Krisenursachen sind, wie Naturkatastrophen. Interne Krisenursachen, wie ein mangelhafter Kundenservice, wirken sich indes auf die Unternehmensumwelt aus und rufen Reaktionen hervor, beispielsweise von den Wettbewerbern oder den Kunden des Unternehmens. So ist die interne Krisenursache „veraltetes Produktangebot" strenggenommen gar nicht (allein) intern verursacht. Das Produktangebot eines Unternehmens kann nur dann veraltet sein, wenn Wettbewerber des Unternehmens technisch verbesserte Produkte am Markt anbieten. Die eigentliche Krisenursache ist in diesem Fall keine interne, sondern die externe Krisenursache „technologischer Wandel".

Unternehmenskrisen sind zumeist **multikausal**, d.h. sie werden in der Regel nicht durch eine einzige, sondern durch mehrere Ursachen hervorgerufen. Diese Ursachen wirken im Krisenprozess zusammen und verstärken einander. Aus diversen Ursachen entsteht also letztendlich ein gefährlicher Mix, der die Existenz des Unternehmens bedroht.[24] 56

Im zweiten Kapitel wurde der Verlauf von Unternehmenskrisen erläutert. Dort wurden Unternehmenskrisen als ein Prozess geschildert, in dessen Verlauf die der Unternehmensleitung zur Verfügung stehende Zeitspanne und die Zahl der Bekämpfungsmöglichkeiten stetig abnehmen. Zudem wurde verdeutlicht, dass Unternehmenskrisen in der Regel mehrere Krisenursachen haben. Diese Krisenursachen sind Sachverhalte, die, wenn sie nicht gemeinsam mit anderen für das Unternehmen negativen Sachverhalten auftreten würden, den Fortbestand des Unternehmens nicht gefährden würden. Im folgenden Abschnitt werden Krisenursachen vorgestellt. 57

2. Krisentypologien nach Hauschildt

In der Literatur findet man zahlreiche Auflistungen einer Vielzahl von Krisenursachen, die auf Befragungen oder Untersuchungen von in der Vergangenheit krisenbehafteten Unternehmen basieren. Im Folgenden sind Krisenursachen in Form einer Balanced Scorecard aufgeführt, wie man sie bei *Hauschildt* findet (vgl. **Abb. 4**). *Hauschildts* Untersuchungen basieren auf Unternehmen, deren Krisen im ManagerMagazin (mm) beschrieben wurden.[25] 58

---

23 Vgl. *Schmidt/Uhlenbruck* Rn. 1.13 oder *Rutsch* S. 15.
24 Vgl. *Hauschildt/Grape/Schindler* DBW 2006, 18; *Krystek/Moldenhauer* Krisenmanagement, S. 67.
25 Eine erste Studie von Hauschildt basiert auf 72 kriselnde Unternehmen im Zeitraum 1972–1982. Seiner folgenden Aktualisierungsstudie liegen 53 Unternehmen zu Grunde, deren Krisen im Zeitraum 1992–2001 im Manager Magazin beschrieben wurden; vgl. *Hauschildt/Grape/Schindler* DBW 2006, 15. Da die Vorauswahl von Unternehmen in der Krise und auch die Berichterstattung nur auf einer subjektiven Auswahl beruht, sind die Ergebnisse nicht allgemeingültig.

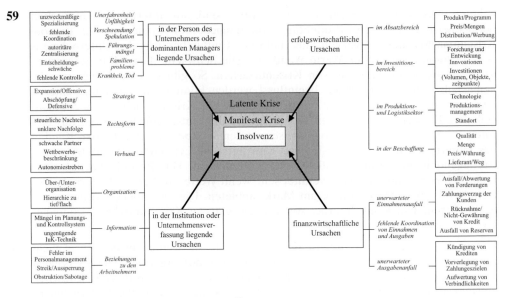

Abb. 4: Krisenursachen nach Hauschildt[26]

60 In **Abb. 4** werden Krisenursachen aufgezählt. Dabei werden **vier Kategorien von Krisenursachen**, nämlich in der Person des Unternehmers oder dominanten Managers liegende Ursachen, erfolgswirtschaftliche Ursachen, in der Institution oder Unternehmensverfassung liegende Ursachen sowie finanzwirtschaftliche Ursachen unterschieden. Infolge des Zusammenspiels mehrerer Krisenursachen durchläuft ein Unternehmen den bereits beschriebenen Krisenprozess mit den Phasen latente Krise, manifeste Krise sowie Insolvenz (vgl. Rn. 35 ff.).

61 **In der Person des Unternehmers oder des dominanten Managers bzw. in der Zusammenarbeit des Top-Managements liegende Ursachen** umfassen die fehlende fachliche Qualifikation des Unternehmensführers sowie private Probleme, die sich auf seine berufliche Tätigkeit auswirken.

62 **Erfolgswirtschaftliche Ursachen** sind diejenigen Ursachen, die sich auf die Ertragslage des Unternehmens auswirken, nämlich aufgrund ausbleibender Erträge, zu hoher Aufwendungen in den Bereichen Beschaffung bzw. Produktion sowie aufgrund von kapitalintensiven (Fehl-)Investitionen.

63 **In der Institution oder der Unternehmensverfassung liegende Ursachen** ergeben sich aus dem organisationellen Rahmen der Unternehmensführung.

64 **Finanzwirtschaftliche Ursachen** bewirken eine für das Unternehmen negative Veränderung der finanziellen Werte, z.B. infolge von Forderungsausfällen oder infolge der Kündigung von Kreditlinien.

65 Eine einzelne der in **Abb. 4** genannten Ursachen führt in der Regel noch nicht zur Unternehmenskrise. Selbst wenn in einem Unternehmen mehrere der in **Abb. 4**

---

26 Vgl. *Hauschildt* FAZ Nr. 100 v. 30.4.2001, S. 31; *Hauschildt/Leker* Krisendiagnose, S. 6 ff. Eine Aufzählung von Krisenursachen findet sich auch bei *Grunwald/Grunwald* S. 9 ff.; *Rutsch* S. 17 ff.; *Schmidt/Uhlenbruck* Rn. 1.13.

genannten Sachverhalte erfüllt sind, muss dies nicht zwangsläufig in eine bestandsgefährdende Krise führen. Vielmehr ist die **Wesentlichkeit** der einzelnen Sachverhalte **für den Fortbestand** des betrachteten Unternehmens **zu beachten**. Beispielsweise können mehrere kleinere Forderungen ausfallen, ohne dass der Fortbestand des Unternehmens dadurch gefährdet würde. Allerdings kann der Ausfall einer einzigen, sehr hohen Forderung für das Gläubigerunternehmen bestandsgefährdend sein.

Die Vielzahl der Ursachen lässt sich greifbar machen mit Hilfe der **Clusteranalyse**, indem kriselnde Unternehmen auf Gemeinsamkeiten hinsichtlich der Krisenursachen untersucht werden. Dabei konnten **acht Typen von Krisenursachen bei den Unternehmen ermittelt werden, die später in eine Krise gerieten.** Unternehmenskrisen können demnach ausgelöst werden durch:[27]

1. Persönlichkeitsdefizite,
2. Störungen der persönlichen Interaktion,
3. operative Störungen,
4. institutionelle Störungen,
5. unerwartete, abrupte Absatzprobleme,
6. Abhängigkeit von dominierenden Abnehmern oder Lieferanten,
7. starkes, unkontrolliertes Wachstum sowie
8. fraudulente Mitarbeiter.

Ad 1. Die **Persönlichkeitsdefizite** im ersten Krisentyp sind vor allem bei solchen Unternehmensleitern zu finden, deren Handeln von Gewinnsucht, Verschwendung und/oder riskanten Spekulationen geprägt ist.

Ad 2. Die **Störungen in den persönlichen Interaktionen** ergeben sich beispielsweise aufgrund von zwischenmenschlichen Problemen bzw. von erheblichen Dissonanzen im Managementteam, aber auch aufgrund von häufigem Wechsel in der Unternehmensleitung oder aufgrund von mangelnden Kontrollen durch den Aufsichtsrat oder ähnliche Gremien. Hierdurch ergeben sich Führungsfehler, die im normalen Geschäftsverlauf hätten verhindert werden können, z.B. wenn die mit einer Entscheidung verbundenen Chancen und Risiken gründlicher diskutiert und analysiert worden wären.

Ad 3. Die Probleme der Unternehmen mit **operativen Störungen** können vor allem in den Bereichen Beschaffung, Produktion, Absatz und Investition bzw. Forschung und Entwicklung (F&E) liegen. Unternehmen mit Problemen im Absatzbereich nutzen z.B. veraltete Vertriebsmethoden. Mängel im Investitionsbereich treten bei den Unternehmen auf, denen es nicht gelingt, durch F&E langfristige Erfolgspotenziale zu generieren.

Ad 4. Unternehmen mit **institutionellen Störungen** sind solche, die Mängel in der Organisation aufweisen. Zu diesen Mängeln zählen z.B. ungenaue Aufgabenverteilungen oder die Verteuerung der Abläufe durch Bürokratie.

Ad 5. Unternehmen vor **unerwarteten, abrupten Absatzproblemen** geraten in einen Krisenprozess, weil sie die Marktentwicklung falsch einschätzen. Hier spielt die konjunkturelle Entwicklung eine wesentliche Rolle. Während die Krisenursachen für die vier zuvor genannten Typen im Unternehmen selbst zu suchen sind, liegt die Ursache

---

27 Vgl. *Hauschildt/Grape/Schindler* DBW 2006, 22.

bei diesem Krisentyp zumeist außerhalb des Einflussbereiches des Unternehmens.[28] So kann auch ein eigentlich gesundes Unternehmen mit Bedingungen konfrontiert werden, die es in eine Krise stürzen. Diese These wird durch die Auswertungen der *Creditreform Wirtschaftsforschung* gestützt, welche als Folge der Finanzkrise für Westeuropa einen Anstieg der Insolvenzen um 22 % im Vergleich zum Vorjahr feststellt.[29]

72 **Ad 6.** Unternehmen, die von einem **dominierenden Abnehmer oder Lieferanten** abhängig sind, geraten in Schwierigkeiten, wenn das dominierende Unternehmen die Geschäftsbeziehung beendet oder insolvent wird.

73 **Ad 7.** Unternehmen mit **starkem, unkontrolliertem Wachstum** geraten in eine Krise, weil sie ihre Organisationsstruktur nicht an das Unternehmenswachstum angepasst haben.[30]

74 **Ad 8.** Unternehmen mit **fraudulenten Mitarbeitern** geraten in eine Krise, weil Mitarbeiter dem Unternehmen wissentlich schaden, weil sie eigene, von den Unternehmenszielen abweichende Ziele verfolgen.[31]

3. Kritische Betrachtung der Krisenursachenforschung

75 Krisenursachen sind komplex. Erst das Zusammenwirken vielfältiger Ursachen führt in der Regel zu einer Krise (**Multikausalität**). Das Zusammenwirken vollzieht sich oft in mehrstufigen Ursache-Wirkungs-Beziehungen (**Mehrstufigkeit**). Die Ursachen können zudem im Unternehmen und/oder außerhalb des Unternehmens liegen (**Multilokalität**).

76 Dies hat zur Folge, dass auch die empirische Bestimmung von Krisenursachen sehr komplex ist. Oftmals werden Sachverhalte als Krisenursachen benannt, die bei genauerer Betrachtung **Krisensymptome** sind. Die tatsächlichen, originären Krisenursachen bleiben nicht selten unerkannt. Einige der Merkmale eines Unternehmens in der Krise, die in den umfangreichen in der Literatur zu findenden Listen von Krisenursachen aufgeführt werden[32], sind häufig eher Begleiterscheinungen einer Unternehmenskrise (Symptome) als tatsächliche Ursachen einer Unternehmenskrise.

77 In der Literatur findet man neben den empirischen Untersuchungen von Krisenursachen auch zahlreiche **theoretische Konzepte** von Unternehmenskrisen.[33] Diese Konzepte beschäftigen sich mit den Ursachen, dem Verlauf und dem Ausgang von Unternehmenskrisen. Die unterschiedlichen Konzepte konzentrieren sich jeweils auf die Wirkungsweise einzelner ausgewählter Ursachen. Die in diesen Ansätzen durch die Auswahl von Krisenursachen fokussierte Betrachtungsweise reduziert die reale Komplexität, da sich die Vielfalt der empirisch festzustellenden Ursachen nicht beurteilen/analysieren lässt. Deshalb kann ein Ursache-Wirkungs-Modell der Unternehmens-

---

28 Wenn man von der Möglichkeit absieht, dass man die konjunkturellen Schwankungen vorhersehen und angemessen darauf reagieren könnte.
29 Vgl. *Creditreform* Insolvenzen in Europa, Jahr 2010, S. 1 f.
30 Im Bilanzratingsystem RiskCalc wird die Insolvenzwahrscheinlichkeit u.a. auf Basis des Umsatzwachstums bestimmt.
31 Vgl. *Melcher* S. 61 ff; *Baetge/Melcher/Schmidt* FS Hopt, 2010, S. 358–361.
32 Vgl. *Grunwald/Grunwald* S. 9 ff.; *Rutsch* S. 17 ff.; *Schmidt/Uhlenbruck* Rn. 1.13.
33 Beispielhaft seien hier das Konzept des Organisationslebenszyklus, das Konzept der Wachstumskrise und das Konzept des technologischen Wandels genannt. Zum Konzept des Organisationslebenszyklus vgl. *Höft* S. 88–102; zum Konzept der Wachstumskrise vgl. *Greiner* HBR 1998, 55–67; zum Konzept des technologischen Wandels vgl. *Tushman/Anderson* ASQ 1986, 439–465.

krise immer nur eine vereinfachende Abbildung der Realität sein. Kein Modell kann sämtliche Krisenursachen erfassen und miteinander verbinden.[34]

Auflistungen von retrospektiv erkannten Krisenursachen sind aufgrund der Vielfalt der Ursachen unübersichtlich und wenig hilfreich. Unternehmensleiter können hieraus keine konkreten Hinweise für ein proaktives Krisenmanagement ziehen. Typologien von Unternehmenskrisen könnten diesbezüglich Abhilfe schaffen. Solche Typologien können die Unternehmensleiter zumindest für verschiedene Typen krisenverursachender Sachverhalte sensibilisieren.

78

Eine besondere Rolle unter den Krisenursachen nehmen Fehler in der Unternehmensführung und finanzwirtschaftliche Ursachen ein. Führungsfehler verschärfen indirekt andere Krisenursachen und können also sowohl selbst Krisenursache als auch Katalysator anderer Krisenursachen sein.[35] **Managementfehler** werden bei Befragungen am häufigsten als Krisenursache genannt.[36] Tatsächlich lassen sich letztlich alle Fehlentwicklungen im Unternehmen auf Managementfehler zurückführen. **Finanzwirtschaftliche Ursachen** wirken sich für ein Unternehmen besonders gravierend aus. Beispielsweise können Zahlungsausfälle von Schuldnern unmittelbar zur Zahlungsunfähigkeit des Gläubigerunternehmens führen. Allerdings haben auch finanzwirtschaftliche Probleme häufig Managementfehler als Ursachen und sind nicht die eigentliche Ursache für die Krise, wenn beispielsweise ein Kredit an einen Kunden, d. h. eine große Lieferung auf Rechnung vom Management akzeptiert wurde, der Kunde aber zahlungsunfähig ist, wie das Management zu spät feststellt.

79

Unternehmenskrisen können vermieden werden, sofern die potenzielle Krise frühzeitig erkannt wird und der Unternehmensleitung ein möglichst großer Handlungsspielraum sowie ein möglichst großer Zeitrahmen verbleiben, um die Krise abzumildern bzw. vollständig abzuwehren (vgl. Rn. 17). Voraussetzung hierfür ist, dass existenzgefährdende Tendenzen frühzeitig erkannt werden. Im Folgenden werden Instrumente beschrieben, die eine Krisenfrüherkennung erlauben.

80

IV. Krisenfrüherkennung

1. Überblick

Die in der Literatur zahlreich vorzufindenden Aufzählungen von Krisenursachen sind für eine praktische Umsetzung in ein Krisenfrüherkennungsinstrument wenig geeignet. In der Regel bewirken verschiedene Ursachen gemeinsam den Eintritt einer Unternehmenskrise (vgl. Rn. 56). Die Multikausalität ist eine wesentliche Eigenschaft von Unternehmenskrisen; diese wird durch eine bloße Aufzählung einzelner Krisenursachen nicht berücksichtigt. Als Krisenursachen werden häufig solche Sachverhalte angeführt, die in der Schlussphase einer Unternehmenskrise, also kurz vor der Insolvenz, zu beobachten sind. Ziel der Krisenerkennung sollte indes sein, eine Unternehmenskrise möglichst früh zu erkennen. In der Praxis zeigt sich, dass die unterschiedlichen Ursachen oft miteinander verwoben sind und sich gegenseitig bedingen. Das macht die Krisenfrüherkennung zu einer schwierigen Aufgabe.[37]

81

---

34 Vgl. *Hauschildt* KSI 2005, 6; *Schreyögg* Unternehmen in der Krise, S. 24.
35 Vgl. *Krystek/Moldenhauer* Krisenmanagement, S. 7; *Hauschildt/Grape/Schindler* DBW 2006, 22.
36 Vgl. *Schreyögg* Unternehmen in der Krise, S. 22.
37 Vgl. *Leidinger* in Hölscher/Elfgen, S. 242.

82 Der folgende Abschnitt geht auf die (gesetzlichen) Grundlagen der Krisenfrüherkennung durch ein **Risikomanagementsystem** ein. Die Vorschriften des AktG bzgl. des Risikomanagementsystems werden vorgestellt. Ferner werden die an ein Risikomanagementsystem zu stellenden Anforderungen für eine sichere und frühzeitige Krisenerkennung erläutert.

83 Hinsichtlich der Erkennung von Risiken sind zwei Vorgehensweisen zu unterscheiden, nämlich der Bottom-up- und der Top-down-Ansatz.

84 Beim **Bottom-up-Ansatz** werden Einzelrisiken identifiziert und sukzessive gruppiert bzw. aggregiert und bewertet. Das Ergebnis ist ein Gesamtschadenerwartungswert als Summe der einzeln ermittelten Schadenerwartungswerte. Unter Rn. 107 ff. werden Bottom-up-Ansätze eines Frühwarnsystems vorgestellt. Hierbei wird zwischen operativen und strategischen Ansätzen unterschieden.

85 Beim **Top-down-Ansatz** wird eine Gesamtunternehmensperspektive bzw. die Perspektive der Unternehmensleitung eingenommen. Risiken werden hierzu nicht einzeln betrachtet, sondern es wird das Gesamtrisiko des Unternehmens – die Ausfallwahrscheinlichkeit, die sog. Probability of Default (PD) – direkt ermittelt. Der hier vorgestellte Top-down-Ansatz beruht auf einer detaillierten Jahresabschlussanalyse. Der Schwerpunkt der Betrachtung liegt hierbei in der Aufbereitung von Informationen aus den Jahresabschlüssen und der Auswertung von diesbezüglichen Kennzahlen bzw. Kennzahlensystemen. Die Untersuchung von Jahresabschlüssen mit dem Ziel, ein Urteil über die wirtschaftliche Lage und Entwicklung eines Unternehmens zu fällen, wird als Jahresabschlussanalyse[38] bezeichnet. Die Jahresabschlussanalyse ist Gegenstand der Rn. 154 ff. Bei der Jahresabschlussanalyse ist zwischen den herkömmlichen und den „modernen" Verfahren der Jahresabschlussanalyse zu unterscheiden. Bei den „modernen" Verfahren werden mit Hilfe empirisch-statistischer Methoden die Jahresabschlüsse nach Kennzahlen-Muster für gesunde und kranke (später in die Insolvenz gegangene) Unternehmen analysiert.

86 Die vorgestellten Bottom-up- und Top-down-Ansätze werden an den unter Rn. 101 ff. vorgestellten Anforderungen an Krisenfrüherkennungssysteme gemessen und kritisch beurteilt.

2. Grundlagen der Krisenfrüherkennung
2.1 Risikobegriff

87 In der betriebswirtschaftlichen Literatur wird der Risikobegriff nicht einheitlich verwendet. Im weitesten Sinne lässt sich der Begriff „Risiko" als **Unsicherheit** bzw. als **„Möglichkeit eines Abweichens vom erwarteten Wert"** umschreiben.[39] Als Risiko wird in der **Finanztheorie** die Abweichung vom erwarteten Wert in beide Richtungen verstanden, unabhängig davon, ob es sich um eine positive Abweichung – im Folgenden als **Chance** bezeichnet – oder um eine negative Abweichung, also ein **Risiko** im engeren Sinn – im Folgenden als Risiko bezeichnet – handelt. **Abb. 5** gibt einen Überblick über die Begriffe „Chance" und „Risiko", wie sie in der Finanztheorie definiert sind, sowie über die unterschiedlichen Formen der Unsicherheit. Bei der **Jahresabschluss-**

---

38 Vgl. *Baetge/Ströher* in Burmann/Freiling/Hülsmann, 2005, S. 120; *Elfgen* in Hölscher/Elfgen, S. 212; *Lück* DB 1998, 11.
39 Vgl. dazu ausf. *Perridon/Steiner/Rathgeber* S. 102–105.

analyse werden die Begriffe der **Chance** als „Gewinnmöglichkeit" und des **Risikos** als „Verlustgefahr" verstanden. Im Folgenden werden diese Definitionen zugrunde gelegt.

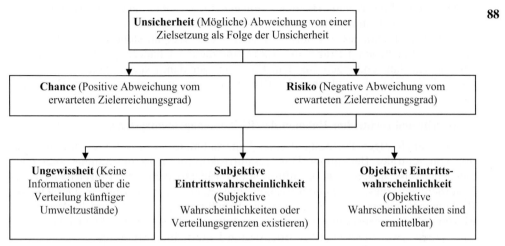

Abb. 5: Systematik des Risikobegriffs sowie Formen der Unsicherheit[40]

Unternehmerische Entscheidungen werden unter **Unsicherheit** getroffen, d.h. in Unkenntnis der künftigen Entwicklung, beispielsweise der politischen, rechtlichen, technologischen und konjunkturellen Entwicklung. Aufgrund dieser Unsicherheit ist es möglich, dass Ziele, die die Unternehmensleitung für die künftige Entwicklung des Unternehmens gesetzt hat, verfehlt werden.

Drei **Formen von Unsicherheit** über die künftigen Umweltzustände sind zu unterscheiden. Die Form der Unsicherheit bestimmt die Möglichkeit, die Eintrittswahrscheinlichkeit einer Abweichung von einem Ziel zu bestimmen. Fast nie verfügt die Unternehmensleitung über die Kenntnis **objektiver Eintrittswahrscheinlichkeiten**. Das wäre nur gegeben, wenn die Eintrittswahrscheinlichkeit für die Abweichung zweifelsfrei feststünde, z.B. bei der Gewinnwahrscheinlichkeit in einer staatlichen Lotterie. Dieser Fall ist in der Unternehmensrealität aber nicht gegeben. In der Regel wird die Unternehmensleitung die **Eintrittswahrscheinlichkeiten** künftiger Umweltzustände nur **subjektiv** schätzen können, d.h. auf der Basis von subjektiven Erfahrungen und Überlegungen. Sofern bei einer Entscheidung für das Eintreten der relevanten Umweltzustände weder objektive noch subjektive Wahrscheinlichkeiten angegeben werden können, handelt es sich um eine Entscheidung unter **Ungewissheit**. Die Unternehmensleitung weiß in einem solchen Fall nicht, welche Werte eine Zustandsvariable annehmen kann. Die beiden Fälle der völligen „Ungewissheit" und der „objektiven Eintrittswahrscheinlichkeit" sind in der Praxis regelmäßig nicht gegeben, daher wird die Unternehmensleitung entweder nur subjektive Eintrittswahrscheinlichkeiten schätzen können oder die Unternehmensleitung folgt der Aufforderung von Galileo Galilei: „Zähle, was zählbar ist, miss, was messbar ist und was nicht messbar ist, versuche messbar zu machen!" Dieser Aufforderung Galileo Galileis wird mit dem Konzept des Top-down-Ansatzes gefolgt. So kann man objek-

---

40 Vgl. *Baetge/Schulze* DB 1998, 939.

tivierte Wahrscheinlichkeiten ermitteln, die sich mit Hilfe empirisch-statistischer Jahresabschlussdaten ermitteln lassen.

91 Dass ein Unternehmen überhaupt Risiken eingeht, ist wegen der Chancenwahrnehmung unternehmerischen Handelns unverzichtbar, aber auch unproblematisch, solange sich die Unternehmensleitung dieser Risiken bewusst ist und diese Risiken mit den wahrzunehmenden Chancen abgleicht und adäquat steuert, d.h. dafür sorgt, dass die zusätzlichen Erträge aus wahrgenommenen Chancen größer sind als die zusätzlichen Aufwendungen aus dem Eintreten der damit verbundenen Risiken. Im Folgenden werden die Aufgaben des Risikomanagementsystems sowie der Risikomanagementprozess erläutert.

2.2 Begriff und rechtlicher Rahmen des Risikomanagementsystems

92 Für den langfristigen Fortbestand eines Unternehmens ist dessen Gesamtrisikoposition von zentraler Bedeutung. Die Gesamtrisikoposition ist die Summe aller (sich möglicherweise gegenseitig beeinflussenden) Einzelrisiken und Einzelchancen des Unternehmens; diese ist mit dem Risikomanagementsystem zu ermitteln. Das **Ziel des Risikomanagements** ist die **Sicherung**, die **Erhaltung** und die erfolgreiche **Weiterentwicklung des Unternehmens** im Sinne der unter Rn. 11 genannten finanziellen Ziele einer jeden erwerbswirtschaftlich orientierten Unternehmensführung.

93 Das Risikomanagementsystem ist ein „Instrument der Geschäftsführung".[41] Es umfasst „die Gesamtheit aller organisatorischen Regelungen und Maßnahmen zur Risiko- (und Chancen-) Erkennung und zum Umgang mit den (Chancen und) Risiken unternehmerischer Betätigung."[42] Die Leitung, die Planung und die Kontrolle unternehmerischer Betätigung sind nicht allein an Chancen auszurichten, sondern auch an den mit den Chancen verbundenen Risiken.[43]

94 Die rechtliche Verpflichtung für die Einrichtung eines Risikomanagementsystems ergibt sich aus § 91 Abs. 2 AktG. Danach hat der Vorstand einer Aktiengesellschaft Maßnahmen zu treffen und vor allem ein **Überwachungssystem** einzurichten, damit den Fortbestand der Gesellschaft gefährdende Entwicklungen früh erkannt werden. Der Gesetzgeber hat diese Vorgabe ausdrücklich nicht nur auf Aktiengesellschaften beschränkt. Vielmehr sind nach dessen Auffassung alle Unternehmensleiter, vor allem auch GmbH-Geschäftsführer, verpflichtet, ein der Größe, der Komplexität und der Struktur des Unternehmens entsprechendes Risikomanagementsystem einzurichten.[44] Für den Gesetzgeber hat die Regelung des § 91 Abs. 2 AktG ohnehin nur klarstellenden Charakter.[45]

95 Dieser Einschätzung des Gesetzgebers ist zuzustimmen, da Risikomanagement eine betriebswirtschaftliche Notwendigkeit zur unternehmerischen Chancenwahrnehmung darstellt. Die Implementierung eines adäquaten, also an die unternehmensspezifischen Gegebenheiten angepassten Risikomanagementsystems ergibt sich nicht nur aus der Verantwortung der Unternehmensleitung, den Fortbestand des Unternehmens zu sichern. Vielmehr ist ein funktionierendes Risikomanagementsystem auch ein

---

41 *IDW* PS 720, Tz. 20.
42 *IDW* PS 340, Tz. 4, Klammerzusätze von den Verfassern.
43 Vgl. *Horváth* Controlling, 9. Aufl. 2004, S. 718.
44 Vgl. BT-Drucks. 13/9712, 36.
45 Vgl. BT-Drucks. 13/9712, 37.

Instrument zur Leitung des Unternehmens, um die finanziellen und die operativen Ziele, vor allem aber die Unternehmensstrategie möglichst unter Berücksichtigung des Verhältnisses von sich gegebenenfalls ändernden Risiken und Chancen zu optimieren. Das Risikomanagementsystem unterstützt die Leitungsfunktion des Top-Managements umso besser, je stärker die Mitarbeiter sensibilisiert werden, die mit den wahrzunehmenden Chancen sich ergebenden Risiken zu identifizieren und zu bewerten und die für die Bewältigung der Risiken notwendigen Maßnahmen zu ergreifen bzw. beim Management anzuregen. Denn je eher ein Risiko – auf welcher Hierarchieebene oder in welcher Abteilung auch immer – identifiziert und analysiert wird, desto mehr Zeit bleibt dem zuständigen Management, angemessen auf dieses Risiko zu reagieren.[46] Demnach handelt es sich bei der in § 91 Abs. 2 AktG kodifizierten Verpflichtung zur Einrichtung eines Risikomanagementsystems um eine Konkretisierung der allgemeinen Leitungsfunktion des Vorstandes, welche sich aus § 76 Abs. 1 AktG ergibt.[47]

96 Da der Gesetzgeber eine Unternehmenskrise richtigerweise als einen Prozess versteht, der die Existenz des Unternehmens gefährden kann, war es die Zielsetzung des Aktien-Gesetzgebers, eine Regelung zu schaffen, mit der Unternehmenskrisen von der Unternehmensleitung möglichst rechtzeitig erkannt werden.[48] Das vom Gesetzgeber mit dem Risikomanagementsystem implizit geforderte Frühwarnsystem darf sich dementsprechend nicht auf einzelne Risiken beschränken. Da Unternehmenskrisen multikausal verursacht werden (vgl. Rn. 56), muss ein Monitoring sämtlicher Teilrisiken gewährleistet sein, um auch eine Existenzgefährdung aus dem Zusammenwirken verschiedener Risiken bzw. Ursachen erkennen zu können.[49]

97 Der Begriff bzw. das Konstrukt des Risikomanagements wird durch die Deutschen Rechnungslegungs-Standards (DRS) im DRS 5.9 definiert. Danach ist Risikomanagement definiert als ein „nachvollziehbares, alle Unternehmensaktivitäten umfassendes System, das auf Basis einer definierten Risikostrategie ein systematisches und permanentes Vorgehen mit folgenden Elementen umfasst: Identifikation, Analyse, Bewertung, Aggregation, Steuerung, Dokumentation und Kommunikation von Risiken sowie die Überwachung dieser Aktivitäten."

98 Beim Bottom-up-Ansatz des Risikomanagementprozesses ist die **Risikoidentifikation** Ausgangspunkt der Analyse. Im Rahmen einer **Inventur der Risiken**[50] sind die Risiken nach Unternehmensbereichen, Geschäftsprozessen, Art der Bedrohung oder Beeinflussbarkeit der Risiken zu erfassen. Ziel der **Risikoanalyse** ist, diejenigen Risiken zu identifizieren, die einzeln oder in Kombination den Fortbestand des Unternehmens beeinträchtigen (können) bzw. dessen wirtschaftliche Lage negativ beeinflussen (können). Hierbei ist zwischen vornehmlich strategischen und vornehmlich operativen Risiken zu unterscheiden. Strategische Risiken sind aufgrund ihres stärkeren Zukunftsbezugs schwieriger zu erkennen als operative Risiken.[51] Gegenstand der **Risikobewertung** ist, die identifizierten und analysierten Risiken monetär zu quantifizieren, d.h. den Erwartungswert des akkumulierten Verlustes aus allen identifizierten

---

46 Vgl. *AKEIÜ* DB 2010, 1250.
47 Vgl. *Böttcher/Blasche* NZG 2006, 569f.; *Schäfer/Missling* NZG 1998, 444.
48 Vgl. BT-Drucks. 13/9712, 36 f.
49 Vgl. *Hauschildt/Heldt* FS Otte, 2001, S. 170 ff.
50 *Leffson* GoB, 7. Aufl. 1987, S. 220.
51 Vgl. *Horvarth* Controlling, 9. Aufl. 2004, S. 718 f.

Krisenursachen abzuschätzen. Der Schadenserwartungswert, also das bewertete Risiko, entspricht dem rechnerischen Produkt der Höhe des drohenden Vermögensverlustes (Quantitätsdimension) und der Wahrscheinlichkeit des drohenden Vermögensverlustes (Intensitätsdimension). Schwierigste Aufgabe bei der Ermittlung des Gesamtschadenerwartungswertes ist die **Risikoaggregation**. Hier sind die Abhängigkeiten zwischen den verschiedenen identifizierten Risiken zu berücksichtigen. Einzelrisiken können einander verstärken oder aufheben. Des Weiteren kann ein Risiko ein anderes Risiko verursachen. Die **Risikosteuerung** umfasst alle Maßnahmen und Mechanismen eines Unternehmens, die dazu dienen, Risiken zu beeinflussen.[52] Die Unternehmensleitung kann Risiken durch unterschiedliche Maßnahmen abmildern. Sie muss u.a. entscheiden, ob sie ein Risiko

– in voller Höhe eingeht (Risikoakzeptanz),
– vermindert (z.B. indem ein Joint Venture-Partner hinzugezogen wird),
– in Teilen überwälzt (z.B. indem eine Versicherung abgeschlossen wird) oder
– gänzlich vermeidet (z.B. indem entschieden wird, eine riskante Akquisition nicht durchzuführen oder ein Produkt nicht herzustellen).

Die Arbeit des Risikomanagementsystems und auch die Arbeitsergebnisse sind angemessen zu dokumentieren. Der **Dokumentation** kommt besondere Bedeutung zu. Die Interne Revision und später auch der Abschlussprüfer müssen die Angemessenheit der Risikomanagementinstrumente prüfen, können dies aber nur im Abgleich mit einer adäquaten Dokumentation. Zu prüfen ist, ob der Vorstand ein angemessenes Risikomanagementsystem implementiert hat und ob dieses wirksam ist. Jede Risikokommunikation muss sich am Empfängerkreis orientieren. Hinsichtlich der Risikokommunikation ist zwischen interner und externer Risikokommunikation zu unterscheiden. Für die interne Risikokommunikation ist zu klären, wer im Unternehmen Risiken verantwortet und daher über Risiken und Risikoausmaße informiert werden muss. Die identifizierten Führungskräfte sind regelmäßig, z.B. monatlich oder quartalsweise, mithilfe von Standardberichten über die ihren Verantwortungsbereich betreffenden Risiken zu informieren. Ausnahmeberichte sind zu erstellen, wenn ursprünglich ermittelte Risikoerwartungswerte wesentlich überschritten werden oder plötzlich neue, wesentliche Risiken identifiziert werden. Des Weiteren sind Schwellenwerte festzulegen, ab wann die Unternehmensleitung über Risikoursachen und Verlustgefahren zu informieren ist. Die **externe Risikokommunikation** umfasst die Information über wesentliche Risiken im Geschäftsbericht gem. § 315 Abs. 1 S. 5 sowie Abs. 2 Nr. 2 und 5 HGB. Die Interne Revision muss die Angemessenheit der Risikomanagementinstrumente prüfen.

99 Das Risikomanagementsystem umfasst **drei zentrale Elemente**: Das **Risikofrühwarnsystem**, das **Risikoüberwachungssystem** und das **Risikobewältigungssystem**. Gesetzlich verpflichtend für AG sind nach §91 Abs. 2 AktG nur die ersten beiden Bestandteile, die gem. § 317 Abs. 2, 4 HGB sowie § 321 Abs. 4 HGB auch Gegenstand der Abschlussprüfung sind. Die Notwendigkeit, ein Risikobewältigungssystem einzurichten, ergibt sich aus der allgemeinen Sorgfaltspflicht des Vorstands nach § 93 Abs. 1 AktG. Des Weiteren ist Risikomanagement ein kontinuierlicher Risikoerkennungs- und Risikobewertungsprozess, der stets zu entsprechenden Risikobewältigungsentscheidungen führen muss. Ein Risikofrühwarnsystem und ein Risikoüberwachungssystem wären somit ohne ein Risikobewältigungssystem nicht sinnvoll. Gegenstand der

---

52 Vgl. *Wittmann* in Dörner/Horvath/Kagermann, S. 814 ff.

drei Elemente ist es, die Einzelrisiken sowie das sich daraus ergebende Gesamtrisiko des Unternehmens kontinuierlich zu ermitteln, zu überwachen und zu bewältigen.

Eine frühzeitige Krisenerkennung ist für das Unternehmen von großer Bedeutung, da sich der Handlungsspielraum für das Unternehmen in den späteren Krisenphasen verringert (vgl. Rn. 17). Frühwarnsysteme zielen darauf ab, die Krise möglichst schon zu Beginn der latenten Krisenphase (vgl. Rn. 27) zu erkennen.[53] In dieser Phase kann das Unternehmen durch ein präventives Krisenmanagement die Krise abwenden. In einer späteren Phase greifen meist nur noch Maßnahmen des reaktiven Krisenmanagements. Ein Unternehmen, welches lediglich im normalen Geschäftsbetrieb strategisch und langfristig orientiert *agieren* würde, indem es Chancen unter der Berücksichtigung der mit diesen Chancen verbundenen Risiken ergreifen oder nicht ergreifen würde, wird zum lediglich kurzfristig orientierten Reagieren gezwungen. Gegenüber reaktivem Handeln hat proaktives Handeln den Vorteil, dass z.B. Störungen (vgl. Rn. 15) unmittelbar bei ihrem Auftreten entgegengewirkt wird, um diese zu beseitigen. Störungen und daraus resultierende Krisen sind beim proaktiven Handeln besser beherrschbar.[54]

100

2.3 Anforderungen an Krisenfrüherkennungssysteme

Konkrete Vorschriften für die Ausgestaltung des Frühwarnsystems seitens des Gesetzgebers gibt es nicht. Dennoch lassen sich aus dem Anspruch, eine Unternehmenskrise möglichst sicher und frühzeitig zu erkennen, Anforderungen für ein Frühwarnsystem ableiten. Damit ein Frühwarnsystem seine Prognosefunktion erfüllen kann, sollen die hierfür eingesetzten Analyse- bzw. die Früherkennungs-Instrumente die folgenden **fünf Anforderungen** erfüllen. Ein Früherkennungssystem sollte sich demnach auszeichnen durch:[55]

101

1. Objektivität,
2. Neutralität,
3. Ganzheitlichkeit,
4. Frühzeitigkeit und
5. Wirtschaftlichkeit.

Ad 1. Objektivität: Das Objektivierungsprinzip besagt, dass Analyseverfahren nicht lediglich auf der subjektiven Erfahrung des Analysten basieren sollten, sondern von einem Dritten **intersubjektiv nachprüfbar** sein müssen. Die Verfahren können beispielsweise durch empirische Untersuchungen objektiviert werden, indem das Verfahren anhand eines ausreichend großen Datensatzes gesunder und kranker, d.h. später insolventer Unternehmen getestet wird.

102

Ad 2. Neutralität: Gemäß dem Neutralisierungsprinzip sollten Informationen, die für die Krisenerkennung verwendet werden, **nicht durch Dritte beeinflussbar/verfälschbar** sein. Die wirtschaftliche Lage eines Unternehmens verschleiernde Informationen sollten vom Früherkennungssystem erkannt und bereinigt werden. Hierdurch wird gewährleistet, dass die Krise eindeutig erkannt wird und Fehlinterpretationen von möglichen Krisenanzeichen vermieden werden.

103

---

53 Vgl. *Baetge/Ströher* in Burmann/Freiling/Hülsmann, 2005, S. 121, *Hauschildt/Leker* Krisendiagnose durch Bilanzanalyse, 2. Aufl. 2000, S. 3.
54 Zum Vergleich von reaktivem und proaktivem Handeln bzw. von Steuerung und Regelung vgl. *Baetge* Systemtheorie, S. 24 ff.
55 Vgl. *Baetge/Kirsch/Thiele* Bilanzanalyse, 2. Aufl. 2004, S. 586 f.; *Hahn/Krystek* ZFBF 1979, 81.

104 **Ad 3. Ganzheitlichkeit:** Damit der Analytiker die wirtschaftliche Lage des Unternehmens richtig beurteilen kann, muss er außerdem das Ganzheitlichkeitsprinzip beachten. Es sind die Informationen heranzuziehen, die für eine Beurteilung der wirtschaftlichen Lage des Unternehmens relevant sind, so dass beim Analyseziel „Ist das Unternehmen existenzgefährdet?" die **wirtschaftliche Lage des Unternehmens vollständig (ganzheitlich)** abgedeckt wird.

105 **Ad 4. Frühzeitigkeit:** Für das Unternehmen ist die frühzeitige Erkennung von immenser Bedeutung, weil hierdurch Zeitrahmen und Handlungsspielraum größtmöglich sind, die dem Unternehmen verbleiben, um Maßnahmen zur Krisenabwehr einzuleiten. Die zur Krisenerkennung eingesetzten Instrumente müssen die Krise also mit **möglichst großem zeitlichen Vorlauf** anzeigen.

106 **Ad 5. Wirtschaftlichkeit:** Der **Nutzen** einer Information eines Früherkennungsinstruments muss in einem wirtschaftlich vertretbaren Verhältnis zum **Aufwand** für die Informationsbeschaffung des Instruments liegen.

3. Bottom-up-Ansätze von Früherkennungssystemen nach Einsatzgebieten

3.1 Überblick

107 Im Rahmen des Bottom-up-Ansatzes werden Einzelrisiken identifiziert und zu einem Gesamtrisiko zusammengefasst. In einem Top-Down-Ansatz dagegen wird das gesamte Unternehmen auf der Basis des Jahresabschlusses betrachtet und das Gesamtrisiko ermittelt. Bottom-up-Ansätze werden vor allem für die unternehmensinterne Krisenfrüherkennung verwendet, weil Unternehmensinterne aufgrund ihrer im Vergleich zu Unternehmensexternen besseren Informationsbasis einen besseren Zugang zu den Einzelrisiken des Unternehmens haben. Im Folgenden werden Bottom-up-Ansätze nach Einsatzgebieten differenziert: Es wird zwischen operativen und strategischen Ansätzen unterschieden. **Operative Ansätze** der Krisenfrüherkennung nutzen überwiegend „harte", quantitative Informationen und betrachten im Vergleich zur strategischen Krisenfrüherkennung einen kurzfristigeren Planungshorizont. Operative Ansätze nutzen vor allem Informationen, die auch im operativen Management verwendet werden. Operative Früherkennung kann auf einen bestimmten Unternehmensbereich beschränkt sein. **Strategische Ansätze** zur Krisenfrüherkennung erfassen das gesamte Unternehmen und basieren auf der Wahrnehmung sog. „schwacher Signale" und sollen langfristig die Existenz des Unternehmens sichern.[56]

3.2 Operative Ansätze

3.2.1 Charakteristika von operativen Ansätzen

108 Anders als die noch zu beschreibenden strategischen Früherkennungsansätze sind die operativen Ansätze zur Krisenfrüherkennung an ein System, z.B. eine Organisationseinheit des Unternehmens, gebunden. Diese Systeme sind einerseits durch ihre Elemente und andererseits durch die Beziehungen zwischen den Elementen charakterisiert (vgl. Abb. 6).

---

[56] Vgl. *Schmidt/Uhlenbruck* Rn. 1.121.

—	Beziehungen	◯	Peripher-Elemente
- - -	Subsystemgrenzen		
→	Daten, Informationen	～	Unternehmensgrenze

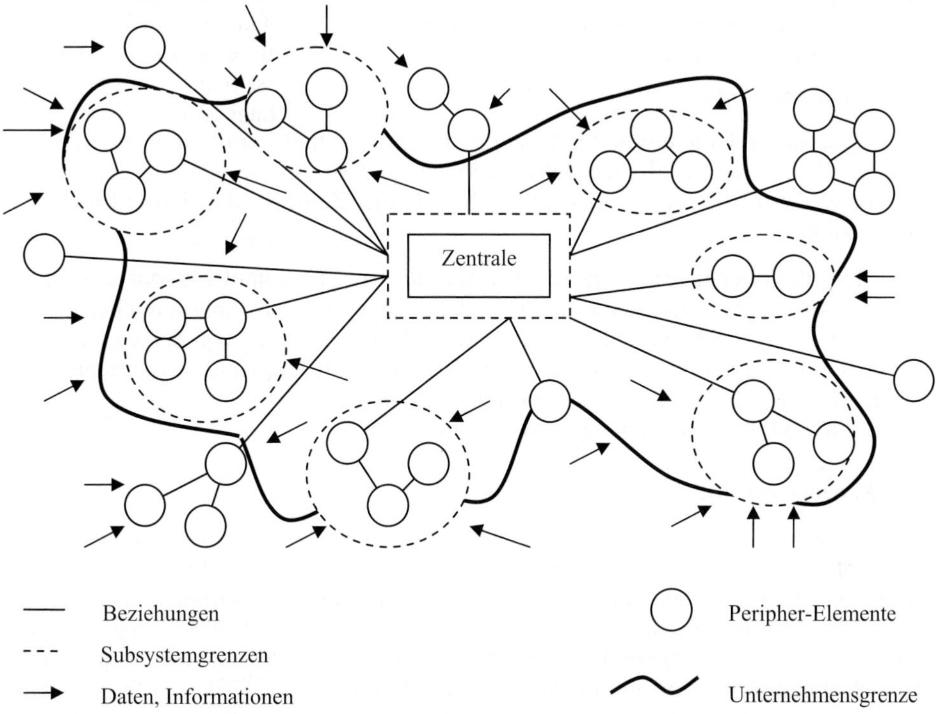

Abb. 6: Elemente eines Früherkennungssystems sowie deren Beziehung zueinander[57]

Abb. 6 zeigt die Elemente eines unternehmensweiten Früherkennungssystems für operative Risiken. Die „**Zentrale**" kann beispielsweise die Holding eines Konzerns sein; die **Subsysteme** können in diesem Fall beispielsweise die unterschiedlichen Tochterunternehmen oder Segmente sein, aber auch die verschiedenen betrieblichen Funktionsbereiche, wie Einkauf, Produktion, Absatz, Rechnungswesen etc. Die einzelnen Subsysteme erhalten im Rahmen ihrer operativen Tätigkeit unternehmensinterne und -externe Daten bzw. Informationen (in **Abb. 6** dargestellt durch Pfeile), die von Systemelementen bzw. von außerhalb des Konzerns (die dicke schwarze Linie zeigt die Konzerngrenze) fließen. Entsprechend der bereits erläuterten Idee des Bottom-Up-Ansatzes (vgl. Rn. 84) müssen die Subsysteme im Rahmen eines Risikoscreenings und -monitorings die eingehenden Daten und Informationen dahingehend prüfen, ob diese für das Unternehmen Verlustgefahren (bestandsgefährdende Risiken) darstellen und sie gegen die Chancen abwägen. Überschreitet der ermittelte Erwartungswert des akkumulierten Verlustes einen vom Chief Risk Officer (CRO) festzulegenden Schwellenwert ist der dem Risiko zugrundeliegende Sachverhalt an die Zentrale, also an den CRO bzw. an die Unternehmensleitung oder das konzernweite Risikomanagementsystem, zu berichten.

---

57 Vgl. *Hahn/Krystek* ZFBF 1979, 78.

111 Als **Elemente** eines operativen Frühwarn- bzw. Früherkennungssystems werden in der Abbildung zwei Arten von Elementen unterschieden:
1. Zentral-Elemente und
2. Peripher-Elemente.

112 Ad 1. Die **Zentral-Elemente** des Systems überprüfen und verarbeiten die von den Peripher-Elementen erhaltenen Informationen zu Krisenfrüherkennungsinformationen. Alle Zentral-Elemente zusammen bilden die Zentrale des Krisenfrüherkennungssystems.

113 Ad 2. Die **Peripher-Instrumente** sollen relevante Ereignisse und Entwicklungen, die latenten Risiken bzw. Chancen, in zuvor definierten Beobachtungsbereichen erkennen, analysieren und bewerten. Weichen die analysierten Daten von den ex ante definierten Grenzwerten ab, müssen die Peripher-Elemente die Zentral-Elemente über solche Abweichungen informieren. Peripher-Elemente können zu Subsystemen, sog. „Sensorenbündeln", zusammengefasst werden.[58]

3.2.2 Konzept der indikatororientierten Ansätze

114 Indikatororientierte Krisenfrüherkennungssysteme sind Informationssysteme, die mit Hilfe von Indikatoren dem Nutzer des Systems Gefahren (z.B. die Existenzgefährdung des Unternehmens) möglichst früh anzeigen. Als **Indikatoren** dienen für die Gefahr als relevant erachtete Erscheinungen in bestimmten Beobachtungsbereichen bzw. die Veränderung dieser Erscheinungen. Indikatoren können sowohl qualitative als auch quantitative Informationen sein. Eine Frühwarnung wird vom System dann angezeigt, wenn für die Indikatoren ex ante definierte Grenzen über- bzw. unterschritten werden.[59]

115 Formal ausgedrückt geht man davon aus, dass eine Funktion existiert, mit der ein Erwartungswert ermittelt werden kann. Der Erwartungswert drückt das Gefahrenpotenzial aus, d.h. die Wahrscheinlichkeit für eine Unternehmenskrise (vgl. **Abb. 7**).[60]

116

$$E(y_{t+\tau}) = f(x_t) \text{ mit } \tau > 0$$

E	≙	Erwartungswert
t	≙	Zeitperiode
x_t	≙	Vektor vorauseilender Indikatoren in Periode t
$y_{t+\tau}$	≙	Realisation einer Variablen in Periode t+τ

Abb. 7: Indikatorfunktion[60]

117 Der Aufbau eines indikatororientierten Frühwarnsystems lässt sich anhand von **fünf Schritten** beschreiben (**Abb. 8**).

---

58 Vgl. *Krystek/Moldenhauer* Krisenmanagement, S. 103 ff.
59 Vgl. *Hahn/Krystek* ZFBF 1979, 76.
60 Vgl. *Brockhoff* DW 1977, 87 f.

118

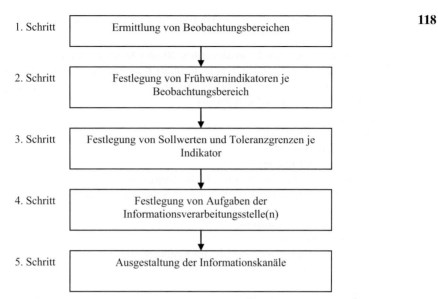

Abb. 8: Schritte eines indikatororientieren Frühwarnsystems[61]

1. Schritt: Ermittlung von Beobachtungsbereichen 119

Eine Unternehmenskrise wird in der Regel nicht nur durch eine Ursache ausgelöst (vgl. Rn. 56). Betrachtet man einzelne Ursachen separat, stellen diese einzelnen Ursachen oft kein Risiko für die Existenz des Unternehmens dar. Das Zusammenwirken mehrerer Ursachen kann indes zu einer Unternehmenskrise führen. Deswegen ist es wichtig, dass man alle Risiken unternehmensübergreifend beobachtet, um abschätzen zu können, ob das Zusammenwirken aller Risiken eine Gefährdung für die Existenz des Unternehmens darstellt. Im ersten Schritt zum Aufbau eines indikatororientierten Frühwarnsystems gilt es, die **Beobachtungsbereiche** festzulegen, die Ursache von Unternehmenskrisen sein können. Beobachtungsbereiche können sowohl im Unternehmen selbst (interne Beobachtungsbereiche) als auch außerhalb des Unternehmens (externe Beobachtungsbereiche) liegen. Ein interner Beobachtungsbereich ist beispielsweise das Personalwesen. Absatz- und Beschaffungsmärkte sind Beispiele für externe Beobachtungsbereiche.[62]

2. Schritt: Festlegung von Frühwarnindikatoren je Beobachtungsbereich 120

Im zweiten Schritt sind für die Beobachtungsbereiche **Indikatoren** festzulegen. Es lassen sich quantitative und qualitative Indikatoren unterscheiden, wobei operative Frühwarnsysteme vor allem quantitative Indikatoren nutzen (z.B. Anzahl der sog. Bauanfragen bei Bauämtern als Indikator für den Absatz von Haushaltskeramik). Indikatoren zeigen relevante Erscheinungen bzw. die Veränderung von relevanten Erscheinungen eines Beobachtungsbereichs. An die Indikatoren sind die in Rn. 101 ff. erläuterten **Anforderungen** zu stellen, damit sie ihre Prognoseaufgabe als „Vorboten" der Unternehmenskrise im Rahmen der Früherkennung erfüllen kön-

---

61 Vgl. *Elfgen* in Hölscher/Elfgen, S. 219.
62 Vgl. *Hauschildt/Heldt* FS Otte, 2001, 175 f.; *Grunwald/Grunwald* S. 81.

nen. An diesen Anforderungen werden die indikatororientierten Ansätze im folgenden Abschnitt auch gemessen.

121 Für die folgenden **unternehmensinternen Beobachtungsbereiche** werden beispielhaft Indikatoren aufgelistet, die in einem indikatororientierten System angewendet werden können.[63] Das jeweils verwendete Adjektiv umschreibt diejenige Ausprägung des Indikators, der auf eine Krise hinweist.

- Mitarbeiter:
    - hohe Fluktuationsrate;
    - hohe Krankenstände.
- Maschinelle Ausrüstung:
    - niedrigerer Technologiestand als die Konkurrenz / veraltete Maschinen;
    - schlechtere Kapazitätsabstimmung zwischen den Produktionsstufen als bei der Konkurrenz.
- Produktion und Beschaffung:
    - hohe Ausschussrate;
    - höhere Beschaffungspreise als die Konkurrenz;
    - längere Produktionszeiten.
- Internes Rechnungswesen:
    - sinkende Deckungsbeiträge.

122 **Unternehmensexterne Beobachtungsbereiche** mit beispielhaften Indikatoren sind z.B. die folgenden.[63]

- Beschaffungsmarkt:
    - Verschlechterung der Preise/Konditionen je Lieferant, sofern die höheren Beschaffungskosten nicht an die Abnehmer weitergegeben werden können.
- Absatzmarkt:
    - rückläufige Auftragseingänge (nach Produkten/Regionen);
    - sinkendes Nachfragevolumen wichtiger Kunden.
- Kapitalmarkt:
    - steigende Inflationsraten in wichtigen Märkten;
    - für das Unternehmen ungünstige Entwicklung von Zinsen bzw. von Wechselkursen.

123 **3. Schritt: Festlegung von Sollwerten und Toleranzgrenzen je Indikator**

Im dritten Schritt werden für jeden Indikator Sollwerte und Toleranzwerte festgelegt. Der **Soll-Wert** ist der für die beabsichtigte Unternehmensentwicklung erwünschte Wert eines Indikators. **Toleranzwerte** sind die für einen Indikator gerade noch als zulässig erachteten Abweichungen vom Soll-Wert. Schwankungen eines Indikators innerhalb der Toleranzgrenzen um den Sollwert lösen keine Frühwarnung aus. Sollwerte und Toleranzgrößen sind von der Unternehmensleitung auf Basis der Unternehmensziele festzulegen (z.B. werde ein Soll-Umsatzwachstum von 5 % für ein bestimmtes Unternehmenssegment vorgegeben und die gerade noch tolerierte negative Abweichung mit 2 %-Punkten festgelegt). Überschreitet oder unterschreitet ein Indikator die Toleranzgrenzen, löst dies eine Krisenfrühwarnung aus.[64] **Abb. 9** fasst das Gesagte noch einmal graphisch zusammen:

---

63 Vgl. *Lück* DB 1998, 12.
64 Vgl. *Grunwald/Grunwald* S. 81 f.

Fall A: Frühwarnung bei Unterschreitung des Toleranzwertes eines Risiko-Indikators

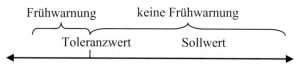

Fall B: Frühwarnung bei Überschreitung des Toleranzwertes eines Risiko-Indikators

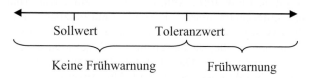

Abb. 9: Schritte eines indikatororientieren Frühwarnsystems

4. Schritt: Festlegung von Aufgaben der Informationsverarbeitungsstelle(n)   124

Die Festlegung der Aufgaben der Informationsverarbeitungsstellen im vierten Schritt dient der **Ausgestaltung der Aufbauorganisation** des Frühwarnsystems. In diesem Schritt werden Verantwortlichkeiten festgelegt, einzelnen Mitarbeitern werden bestimmte Aufgabenbereiche zugeordnet.

5. Schritt: Ausgestaltung der Informationskanäle   125

Im letzten Schritt werden die **Informationsbeziehungen** ausgestaltet, indem die internen und die externen Informationsflüsse festgelegt werden.[65]

3.2.3 Probleme und Grenzen von indikatororientierten Ansätzen

In diesem Abschnitt werden die indikatororientierten Ansätze an den in Rn. 101 ff. vorgestellten Anforderungen an ein Früherkennungssystem gemessen.   126

Die Herausforderung bei der Einrichtung eines indikatororientierten Systems zur Früherkennung von existenzbedrohenden Risiken liegt vor allem darin, geeignete Indikatoren zu finden, deren Veränderungen in einem kausalen Zusammenhang mit der zukünftigen wirtschaftlichen Lage des Unternehmens stehen. Die Indikatoren werden indes vor allem aufgrund der subjektiven Erfahrungen der Vergangenheit festgelegt.[66] Ferner sind die Toleranzgrenzen für die Indikatoren subjektiv festgelegt. Sie basieren auf der Entscheidung der Unternehmensleitung bzw. des CRO. Für sie gibt es üblicherweise keine empirisch bestätigten kritischen Schwellenwerte. Indikatorbasierte Ansätze sind folglich nicht intersubjektiv nachprüfbar. Sie erfüllen nicht das Objektivitätsprinzip (vgl. Rn. 102).   127

Indikatororientierte Ansätze werden vor allem unternehmensintern zur Krisenfrüherkennung genutzt. Da die Unternehmensleitung ein Interesse daran hat, die tatsächliche wirtschaftliche Situation des eigenen Unternehmens einschätzen zu können, kann davon ausgegangen werden, dass die in indikatororientierten Ansätzen verwendeten Informationen zumindest nicht von der Unternehmensleitung durch informationspolitische Maßnahmen verfälscht sind, wie dies aber im Jahresabschluss durch bilanzpoli-   128

---

65 Vgl. *Lück* DB 1998, 12.
66 Vgl. *Holst/Holtkamp* BB 2000, 815 f.; *Romeike* Rating aktuell 2005, 23.

tische Maßnahmen erfolgt, auf den unternehmensexterne Analysten angewiesen sind. Die Neutralität von indikatororientierten Ansätzen ist also im Normalfall gegeben (vgl. Rn. 103).

129 Die Informationsverarbeitungskapazitäten eines Unternehmens sind begrenzt. Das Frühwarnsystem ist durch eine begrenzte Anzahl von Indikatoren in seiner Effektivität limitiert. Es besteht die Gefahr, dass Unternehmen zu viele Daten generieren, um jede für das Unternehmen ungünstige Entwicklung möglichst frühzeitig zu erkennen. Eine zu große Zahl an Indikatoren könnte jene, die zur Krisenfrüherkennung erforderlich sind, leicht untergehen lassen.[67] Besonders gut nutzbar sind quantitative Informationen. Qualitative Informationen spielen bei den indikatororientierten Ansätzen nur eine untergeordnete Rolle, da diesen in der Regel kein eindeutiger, monetärer Wert beigemessen werden kann. Daraus folgt, dass manche Beobachtungsbereiche nicht oder nur eingeschränkt vom operativen Frühwarnsystem abgedeckt werden, weil für sie keine unmittelbar quantifizierbaren Daten verfügbar sind.[68] Es erscheint fraglich, ob durch einen indikatororientierten Ansatz alle wesentlichen bestandsgefährdenden Risiken eines Unternehmens abgedeckt werden können. Die Anforderung der Ganzheitlichkeit wird also (wohl) nicht erfüllt (vgl. Rn. 104).

130 Für die indikatororientierten Krisenfrüherkennungs-Ansätze sind nur solche Informationen geeignet, die der Krise vorauseilen (sog. vorauseilende Indikatoren). Mit der Krise gleichlaufende oder nacheilende Informationen sind für die Früherkennung ungeeignet.

131 Das Management und der CRO müssen Zugang zu allen unternehmensinternen Indikatorinformationen haben. Da operative Ansätze auf „harten", quantitativen Daten basieren, sind die hierbei verwendeten Informationen – anders als die Daten der noch vorzustellenden strategischen Ansätze, welche auf sog. schwachen Signalen basieren – greifbarer und für das Unternehmen in der Regel auch zugänglich. Das Unternehmen muss lediglich abwägen, ob die für einen Indikator benötigte Information wirtschaftlich erhoben werden kann. Die Wirtschaftlichkeit von indikatororientierten Ansätzen kann also unterstellt werden.

132 Als Ergebnis ist festzuhalten, dass vor allem die Objektivität und Ganzheitlichkeit durch die indikatororientierten Ansätze nicht gewährleistet werden können. Daher wird in der Folge ein weiterer Bottom-up-Ansatz zur Früherkennung von strategischen Risiken vorgestellt, mit dem versucht wird, die Einzelrisiken zu identifizieren. Dieser strategische Ansatz ist ebenfalls anhand der in Rn. 101 ff. vorgestellten Anforderungen zu beurteilen.

3.3 Strategische Ansätze

3.3.1 Konzept der Schwachen Signale

133 **Strategische Planungen und Entscheidungen** sind durch die folgenden Merkmale gekennzeichnet:[69]
- Sie sind von besonderer Bedeutung für die Entwicklung des Unternehmens.
- Sie sind grundsätzlich nur von der obersten Unternehmensleitung zu treffen.
- Sie betreffen die langfristige Entwicklung des Unternehmens.

---

67 Vgl. *Bitz* S. 56; *Grunwald/Grunwald* S. 87 f.
68 Vgl. *Holst/Holtkamp* BB 2000, 815.
69 Vgl. *Graumann* S. 42.

- Sie werden – verglichen mit operativen Planungen und Entscheidungen – unter hoher Unsicherheit getroffen.
- Sie bilden die Grundlage sowie den Handlungsspielraum für die operativen Planungen und Entscheidungen.

Strategische Ansätze zur (unternehmensinternen) Krisenfrüherkennung werden auch als „**strategisches Radar**" oder „**360-Grad-Radar**"[70] bezeichnet. Diese Ansätze basieren auf dem **Konzept der schwachen Signale**. Dem Konzept der schwachen Signale liegt die Annahme zu Grunde, dass Diskontinuitäten in jedweden Bereichen (z.B. im ökonomischen oder politischen Bereich) nicht zufällig sind. Sie kündigen sich durch schwache Signale („Weak Signals") mit zeitlichem Vorlauf an. Der zeitliche Vorlauf von schwachen Signalen ist wesentlich größer als der der (harten) Früherkennungsindikatoren, die in den operativen Ansätzen verwendet werden.[71]

134

Schwache Signale können beispielsweise sein:

135

- die Verbreitung von neuartigen Meinungen/Ideen, z.B. in Medien,
- die Meinungen und Stellungnahmen von Schlüsselpersonen aus unterschiedlichen Bereichen des öffentlichen Lebens,
- Meinungen und Stellungnahmen von Organisationen und Verbänden,
- erkennbare Initiativen zur Veränderung/Neugestaltung von Gesetzen,[72]
- Mitarbeiterzufriedenheit,
- Kundenzufriedenheit.

Die wichtigsten Instrumente der Früherkennung von strategischen Risiken sind das „**Scanning**", welches das allgemeine Unternehmensumfeld abtastet und rastert, sowie das „**Monitoring**", bei dem die im Rahmen des Scanning erkannten Veränderungen näher analysiert und im Zeitablauf überwacht werden, um konkretere Hinweise auf Risiken aus den aufgedeckten Erscheinungen zu gewinnen.[73] Quellen von schwachen Signalen können vor allem Kunden des Unternehmens sein: Ein gutes strategisches Radar hat den Kunden im Focus. Spitzenunternehmen verdanken ihre besten Produktideen ihrer Kundenorientierung. In der Folge wird auf die Probleme und Grenzen der strategischen Ansätze eingegangen.

136

3.3.2 Probleme und Grenzen von strategischen Ansätzen

Im Gegensatz zu den operativen Ansätzen von Frühwarnsystemen nutzen die strategischen Ansätze vor allem qualitative Informationen. Diese qualitativen Informationen sind häufig nur mit der Hilfe von Experten interpretierbar. Diese Art von qualitativen Informationen ist selten objektiv oder objektivierbar, sondern die qualitativen Informationen sind subjektiv. So geschieht es nicht selten, dass diese Informationen falsch eingeschätzt werden. Vor allem die Prognose von künftigen Entwicklungen auf der Basis qualitativer Informationen ist problematisch, weil schwache qualitative Signale eine wenig verlässliche Prognosebasis und daher fehleranfällig sind. Bezogen auf die Anforderungskriterien aus Rn. 101 ff. bedeutet dies, dass strategische Ansätze weder das Objektivitätsprinzip noch das Neutralitätsprinzip erfüllen.

137

---

70 Vgl. *Romeike* Rating aktuell 2005, 25.
71 Vgl. *Lück* DB 1998, 11.
72 Vgl. *Hahn/Krystek* in Dörner/Horvath/Kagermann, S. 86.
73 Vgl. *Romeike* Rating aktuell 2005, 25.

138 Schwache Signale sind oft einmalige, neue (d.h. noch nicht dagewesene), unscharfe Botschaften. Schwache Signale sind, wie ihr Name schon sagt, im Vergleich zu Indikatoren weit weniger scharf umrissen und schwächer strukturiert. Diese Eigenschaften von schwachen Signalen machen es für das Unternehmen sehr schwierig, diese „Botschaften" richtig auszuwerten. Ein auf schwachen Signalen basiertes Früherkennungsinstrument kann also nicht gewährleisten, dass alle Risiken, die zu einer Unternehmenskrise führen können, abgedeckt werden. Auch dem Ganzheitlichkeitsprinzip wird also nicht entsprochen.

139 Der zeitliche Vorlauf von schwachen Signalen ist dagegen wesentlich größer als der der härteren Früherkennungsindikatoren, die in den operativen Ansätzen verwendet werden. Der große zeitliche Vorlauf macht für jene Unternehmensleitungen den Wert der schwachen Signale für die Krisenfrüherkennung aus, die „das Gras wachsen hören". Bei solchen Fähigkeiten verbleibt dem Unternehmen nach der Krisenerkennung auf Basis eines schwachen Signals mehr Zeit, die Krise abzuwenden.

140 Geeignete (im Sinne der oben beschriebenen Anforderungen) schwache Signale zeichnen sich durch eine hohe Effizienz aus. Strategische Risiken sind aufgrund der langfristigen Ausrichtung von Strategien indes schwieriger zu identifizieren als operative Risiken. Die in strategischen Ansätzen verwendeten Informationen sind weit weniger gut greifbar als harte quantitative Daten. Der Informationsnutzen und folglich die Beurteilung, ob Aufwand und Nutzen für diese Art der Informationsbeschaffung in einem wirtschaftlichen Verhältnis stehen, sind für das Unternehmen schwierig einzuschätzen. Es ist also fraglich, ob strategische Informationssysteme dem Wirtschaftlichkeitsprinzip genügen.

3.4 Intergration von operativen und strategischen Bottom-up-Ansätzen am Beispiel der Balanced Scorecard

141 Wie bereits vorgestellt, nutzen operative Ansätze in erster Linie quantitative Daten und sind auf die Erkennung von tendenziell kurzfristigen Risiken ausgerichtet. Dagegen nutzen strategische Ansätze vor allem qualitative Daten und sind längerfristig ausgerichtet. Diesbezüglich ergänzen sich operative und strategische Ansätze. Sie schließen einander nicht aus. Für eine Integration von operativen und strategischen Ansätzen in einem Risikomanagementsystem spricht ferner, dass sich Indikatoren und schwache Signale häufig nur unscharf trennen lassen. Der Übergang zwischen beiden Ansätzen ist fließend. Sowohl operative als auch strategische Ansätze haben das Ziel, latente Risiken und Chancen frühzeitig zu erkennen.[74] Dem Anwender von Bottom-up-Ansätzen ist also zu empfehlen, einen Ansatz zu wählen, der sowohl strategische als auch operative Risiken berücksichtigt, damit beide Arten von Risiken identifiziert und berücksichtigt werden (können).

142 Die Balanced Scorecard ist ein Controllinginstrument, welches quantitative und qualitative Informationen nutzt.[75] Die Balanced Scorecard erfasst sowohl die „harten" Informationen, die charakteristisch für die operativen Ansätze sind, als auch die „weichen" Informationen, wodurch sich die strategischen Ansätze auszeichnen. Mit der Balanced Scorecard als operatives Controllinginstrument mit strategischer Ausrichtung[76] können beide Ansätze in ein Instrument integriert werden.

---
74 Vgl. *Krystek/Moldenhauer* Krisenmanagement, S. 103 und 126.
75 Vgl. *Bitz* S. 58f.; *Horváth/Gleich* in Dörner/Horvath/Kagermann, S. 114.
76 Vgl. *Teichmann/Erkens* Dortmunder Diskussionsbeiträge zur Wirtschaftspolitik, 2000, Nr. 101, 37.

In einer Balanced Scorecard werden anhand von zu identifizierenden kritischen Erfolgsfaktoren auf der Ebene des Gesamtunternehmens messbare Ziele definiert. Zu diesen Zielen werden Strategien für die obersten Unternehmensebenen (z.B. Leitung der Geschäftsbereiche) entwickelt und aus den Zielen für die darunter liegenden Ebenen lassen sich wiederum Strategien für die hierunter liegenden Unternehmensebenen (z.B. Abteilungen) entwickeln.[77]

Die Balanced Scorecard umfasst im Regelfall **vier Perspektiven**, in denen die Strategien und Ziele zur Erfüllung der kritischen Erfolgsfaktoren erfasst werden.

1. Die **Finanzperspektive** ist die übergeordnete Perspektive und bildet die wirtschaftlich messbaren Konsequenzen unternehmerischen Handelns ab. Sie liefert den Maßstab für die Ziele der anderen Perspektiven. Beispielsweise wird bei der *Whirlpool Cooperation* die Erfüllung der Ziele der Finanzperspektive u.a. mittels der Kennzahlen *Earnings Per Share, Net Operating Profit* und *Total Cost Productivity* gemessen.[78]
2. Die **Kundenperspektive** bildet die strategischen Ziele bezüglich Kunden- und Marktsegmenten ab. Als Indikator für ein Frühwarnsystem kann hier beispielsweise die Kundenzufriedenheit genutzt werden. Die Kundenzufriedenheit wird innerhalb der Balanced Scorecard als Treiber für die künftigen Ergebniszahlen der Finanzperspektive verstanden.
3. Die **Prozessperspektive** bildet die internen Unternehmensprozesse ab, die für das Erreichen der Kundenziele erforderlich sind.
4. Die **Lern- und Entwicklungsperspektive** bildet die Infrastruktur ab, welche die Grundlage für die drei anderen Perspektiven ist. Indikator dieser Perspektive ist z.B. die Mitarbeiterzufriedenheit.[79]

Durch die Herleitung von Ursache-Wirkungs-Beziehungen, die aus dem Herunterbrechen der kritischen Erfolgsfaktoren in Ziele und Strategien resultieren, können die zeitlich nachfolgenden finanziellen Auswirkungen der qualitativen Indikatoren ermittelt werden.

Die Balanced Scorecard kann so erweitert werden, dass sie auch zur Erkennung von externen strategischen Risiken genutzt werden kann. Hierzu sind die in den Perspektiven formulierten strategischen Ziele **durch Risikoindikatoren zu erweitern**, wie in **Abb. 10** beispielhaft durch die gestrichelten Linien angedeutet.[80] Die Balanced Scorecard könnte um eine weitere, externe Perspektive ergänzt werden, um auch unternehmensexterne Risiken erfassen zu können, die mit den durch die klassische Balanced Scorecard vorgegebenen vier internen Perspektiven nicht abgedeckt werden können.[81]

---

77 Vgl. *Kemper/Sachse* Frühwarnsysteme, 1999, S. 59.
78 Vgl. *Horváth* S. 267–274.
79 Vgl. *Horváth* S. 229–232.
80 Vgl. *Kemper/Sachse* Frühwarnsysteme, 1999, S. 66; *Horváth/Gleich* in Dörner/Horvath/Kagermann, S. 116.
81 Vgl. *Peters* S. 100.

2 Determinanten einer Unternehmenskrise

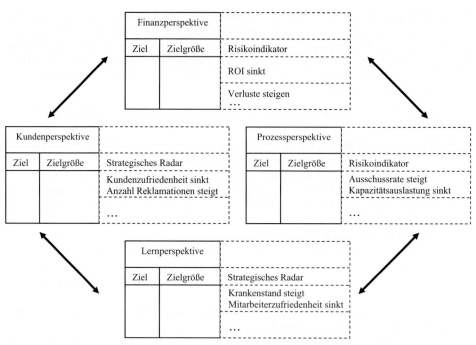

Abb. 10: Balanced Scorecard als Instrument der Krisenfrüherkennung[82]

147 Eine Balanced Scorecard unterstützt durch die Vorgabe von (strategischen) Erfolgsfaktoren die systematische Ermittlung von Beobachtungsbereichen und der darauf basierenden Erfassung von Risiken (und Chancen).[83] Für die Nutzung der Balanced Scorecard als System zur Früherkennung von Unternehmenskrisen spricht ferner, dass hiermit steuerungsrelevante Kennzahlen bzw. Indikatoren genutzt werden, die sich sowohl auf die strategischen Ziele als auch auf die damit verbundenen Risiken eines Unternehmens beziehen und ein möglichst breites und ausgewogenes Spektrum unterschiedlicher Indikatoren (sowohl quantitative als auch qualitative Indikatoren) berücksichtigen. Die in der Balanced Scorecard definierten Treiber können also als Informationen für ein Frühwarnsystem genutzt werden.[84] Die Erweiterung der Balanced Scorecard um Risikoindikatoren würde auch das Risikobewusstsein der Mitarbeiter steigern und die Risikokommunikation im Unternehmen fördern. Beide Aspekte – ein gesteigertes Risikobewusstsein und eine verbesserte Risikokommunikation – steigern die Transparenz der wirtschaftlichen Lage des Unternehmens.[85]

---

82 Vgl. *Burger/Buchhart* DB 2002, 598; *Romeike* Rating aktuell 2005, 27; *Horváth/Gleich* in Dörner/Horváth/Kagermann, S. 116.
83 Vgl. *Pedell/Schwihell* Controlling 2004, 150.
84 Vgl. *Horváth/Gleich* in Dörner/Horváth/Kagermann, S. 116; *Romeike* Rating aktuell 2005, 25 f.; *Kemper/Sachse* Frühwarnsysteme, 1999, S. 58 ff.
85 Vgl. *Peters* S. 117.

4. Zwischenfazit

Strategische und operative Ansätze setzen als Bottom-up-Ansätze bei den Einzelrisiken an. Aber eine Integration beider Ansätze kann nicht gewährleisten, dass sämtliche Risiken des Unternehmens erfasst und richtig zum Gesamtrisiko zusammengefasst werden, weil die Wirkungszusammenhänge nicht für alle Risiken bekannt sind. Das Ganzheitlichkeitsprinzip lässt sich also auch bei einer Integration von operativen und strategischen Ansätzen zur Risikoerkennung nicht vollständig erfüllen. Das gilt immer dann, wenn das Zusammenführen einzelner Risiken zu einem Gesamtrisiko durch den Krisenmanager bzw. CRO die Abhängigkeiten zwischen einzelnen Risiken nicht erkannt bzw. nicht richtig eingeschätzt werden, ob bzw. in welchem Ausmaß sich Risiken verstärken oder kompensieren. **148**

Der Bottom-up-Ansatz für die Krisenerkennung sollte deswegen durch den **Top-down-Ansatz** ergänzt werden, um die Gesamtunternehmensperspektive bzw. die Perspektive der Unternehmensleitung mit hoher Sicherheit zu gewährleisten. Die Unternehmensleitung sollte auf diese Weise (auch) die mit dem Bottom-up-Ansatz ermittelten Risikoerwartungswerte plausibilisieren und objektivieren.[86] Ein solcher Top-down-Ansatz für die Krisenfrüherkennung muss sich dabei auf einen Datensatz stützen, der sämtliche finanziellen Transaktionen des Unternehmens erfasst. Der einzige Datensatz, der diese Bedingung weitgehend erfüllt, ist der von jedem Unternehmen aufzustellende Jahresabschluss auf der Basis der bereits im Jahr 1494 entwickelten und weltweit eingesetzten „Doppelten Buchführung"[87]. **149**

Der Top-down-Ansatz für die Krisenfrüherkennung sollte sich also auf die **Jahresabschlussanalyse**[88] stützen, zumal die Jahresabschlüsse zumindest für mittlere und große Kapitalgesellschaften durch die Abschlussprüfung in gewissen Grenzen objektiviert sind. **150**

Der **Jahresabschluss** umfasst die Dokumentation der finanziellen Auswirkungen aller Aktivitäten des Unternehmens. So werden über die Erfassung der Umsätze und Aufwendungen auch alle Kontextfaktoren indirekt erfasst. Kein Einflussfaktor auf Erträge und Aufwendungen und auf Vermögen und Schulden bleibt in der Buchführung und damit im Jahresabschluss unberücksichtigt. Buchführung und Jahresabschluss sind ein Spiegelbild aller Aktivitäten des Unternehmens. Damit ist der Jahresabschluss auch ein idealer „Sammler" aller Risiken und Chancen eines Unternehmens (vgl. **Abb. 11**).[89] **151**

---

86 Vgl. *Baetge/Jerschensky* Controlling, 1999, 172.
87 Vgl. *Paccioli* Suma de arithmetica geometria proportioni & proportionalita, 1494.
88 Im Schrifttum wird die Jahresabschlussanalyse meist als Bilanzanalyse bezeichnet. Tatsächlich wird bei der sog. Bilanzanalyse neben der Bilanz auch die GuV und der Anhang analysiert (außerdem wird bei der Jahresabschlussanalyse auch der nicht zum Jahresabschluss gehörige Lagebericht analysiert). Nachfolgend werden wir die Termini „Bilanzanalyse" und „Jahresabschlussanalyse" synonym verwenden.
89 Vgl. *Baetge* WPg 1980, 652.

152

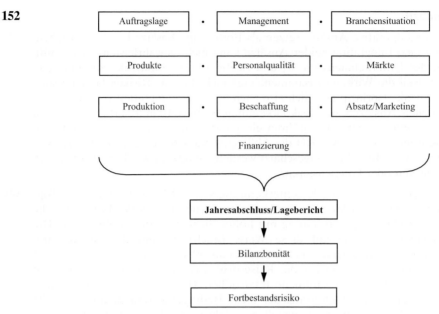

Abb. 11: Der Jahresabschluss als Chancen- und Risikosammler

153 Im Folgenden wird die Jahresabschlussanalyse als Instrument der Krisenfrüherkennung in ihren verschiedenen Formen behandelt.

5. Jahresabschlussanalyse als Top-down-Ansatz zur Krisenfrüherkennung

5.1 Überblick

154 Gegenstand der Jahresabschlussanalyse ist es, Kennzahlen aus den Bestandsgrößen der Bilanz sowie aus den Stromgrößen der Gewinn- und Verlustrechnung zu bilden sowie die Angaben im Anhang und im Lagebericht zu beurteilen. Hier wird zwischen der klassischen Bilanzanalyse und den modernen, mithilfe von mathematisch-statistischen Methoden entwickelten Verfahren unterschieden. Das Ergebnis der klassischen Bilanzanalyse ist ein (Gesamt-)Urteil über die wirtschaftliche Lage des Unternehmens.[90] Das Ergebnis der modernen Jahresabschlussanalyse ist die Gewinnung einer Ausfallwahrscheinlichkeit (Probability of Default, pd) für das Unternehmen auf der Basis der Jahresabschlussanalyse.[91]

155 Die klassische Jahresabschlussanalyse wurde für die Beurteilung der wirtschaftlichen Lage von Unternehmen durch Unternehmensexterne entwickelt. Sie erweist sich aber auch für die Unternehmensleitung (als Unternehmensinterne) als das wichtigste und einzige Instrument zur zusammenfassenden Beurteilung der wirtschaftlichen Lage des Gesamtunternehmens. Die Jahresabschlussanalyse ist damit zugleich das wichtigste Instrument für die zusammenfassende Beurteilung der Krisenfrüherkennung sowohl für externe als auch für interne Nutzer. Externe Nutzer sind vor allem aktuelle und potenzielle Eigen- und Fremdkapitalgeber. Sie sehen das Unternehmen als Investiti-

---

90 Vgl. *Baetge/Kirsch/Thiele* Bilanzanalyse, 2. Aufl. 2004, S. 48 und 50.
91 Vgl. *Baetge* DB 2002, 2281.

onsobjekt und möchten als Eigen- oder Fremdkapitalgeber am Erfolg des Unternehmens teilhaben. Dafür müssen sie neben den Chancen auch das Risiko einer Fehlinvestition und eines damit verbundenen (Teil-)Verlustes ihres eingesetzten Kapitals gegebenenfalls in Kauf nehmen und abschätzen. Dies geschieht mit der Ermittlung der Ausfallwahrscheinlichkeit des betreffenden Unternehmens (vgl. Rn. 213). Die mit einer Jahresabschlussanalyse gewonnenen Erkenntnisse sind – wie gesagt – auch für Unternehmensinterne als Top-down-Ansatz unverzichtbar. Denn Unternehmensinterne (z.B. die Unternehmensleitung) können nur mit einer auf den Jahresabschluss gestützten Risikoanalyse (mit einem Top-down-Ansatz) das Gesamtrisiko objektiv ermitteln und die Ergebnisse des Bottom-up-Ansatzes plausibilisieren bzw. kontrollieren.

156 Jahresabschlüsse sind zumeist extern zugänglich. Sie bieten damit die Grundlage für eine großzahlige empirisch-statistische Früherkennungsanalyse bzgl. Unternehmenskrisen: Mit mathematisch-statistischen Methoden wurde analysiert, welche **Jahresabschluss-Kennzahlenmuster** bereits Jahre vor einer Insolvenz in Jahresabschlüssen typisch sind. Tatsächlich ist die Forschung diesbezüglich fündig geworden und kann somit nicht nur für die externe Krisenfrüherkennung, sondern auch für Überprüfung der Ergebnisse des internen Risikomanagementsystems genutzt werden.

157 In der Folge werden zunächst die klassischen Verfahren der Jahresabschlussanalyse dargestellt. Es wird sich aber zeigen, dass bei der klassischen Jahresabschlussanalyse die in Rn. 101 ff. erläuterten Anforderungen nicht hinreichend beachtet werden (können). Daher werden nach den klassischen Verfahren moderne, objektivierende Verfahren der Jahresabschlussanalyse vorgestellt, die diese Anforderungen zumindest besser als die klassische Jahresabschlussanalyse erfüllen.

5.2 Klassische Verfahren der Jahresabschlussanalyse

5.2.1 Vorgehen der klassischen Verfahren der Jahresabschlussanalyse

158 Zu Beginn der klassischen Jahresabschlussanalyse sollte sich der Analyst einen Überblick über die das Unternehmen **bestimmenden Kontextfaktoren** (z.B. Branche, Wettbewerbssituation und Größe des Unternehmens) und die **wirtschaftlichen Rahmenbedingungen** (z.B. allgemeine Konjunktur- und Branchenentwicklung) verschaffen, um spätere bilanzanalytische Ergebnisse vor diesem Hintergrund würdigen zu können. Neben Bilanz und Gewinn- und Verlustrechnung enthalten Anhang und Lagebericht für die Jahresabschlussanalyse Informationen, ohne die der Bilanzanalytiker sich nur ein eingeschränktes Bild von der Lage des Unternehmens machen kann. Eine umfassende Analyse dieser Informationen ist für die Jahresabschlussanalyse unverzichtbar.[92]

159 Vor der Kennzahlenberechnung sind erkennbare Informationsmängel des Jahresabschlusses zu beheben und die Daten sind in ein **einheitliches Erfassungsschema** zu überführen, um deren Auswertung vorzubereiten.[93] **Abb. 12** zeigt die Schritte der Jahresabschlussanalyse.

---

[92] Vgl. *Baetge/Kirsch/Thiele* Bilanzanalyse, 2. Aufl. 2004, S. 29–31.
[93] Vgl. *Baetge/Kirsch/Thiele* Bilanzanalyse, 2. Aufl. 2004, S. 31–35.

2 Determinanten einer Unternehmenskrise

160

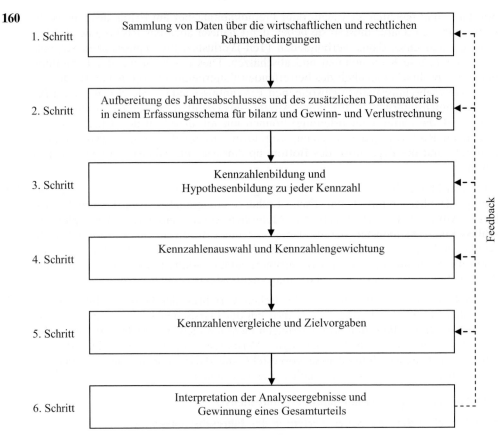

Abb. 12: Die Schritte der Jahresabschlussanalyse[94]

161 Nach der Aufbereitung des Zahlenmaterials werden die Daten zu **Kennzahlen** verdichtet. Erst diese Verdichtung der Daten ermöglicht die Analyse der Unternehmenssituation. Betriebswirtschaftliche Kennzahlen charakterisieren einen betriebswirtschaftlichen Sachverhalt in verdichteter Form. Kennzahlen sind entweder absolute Zahlen, z.B. die Bilanzsumme, oder relative Zahlen (Verhältniszahlen), die das Verhältnis von absoluten Zahlen ausdrücken. Für die Jahresabschlussanalyse werden zumeist Verhältniszahlen verwendet, um relevante Sachverhalte auch zwischen verschieden großen Unternehmen vergleichen zu können. Voraussetzung für eine Analyse mittels Kennzahlen ist, dass für jede Kennzahl eine Arbeitshypothese gebildet wird, die angibt, ob deren hoher bzw. niedriger Wert zu einem positiven oder negativen Urteil über die wirtschaftliche Lage beiträgt.[95]

162 Im Rahmen der **Kennzahlenauswahl** müssen aus diesem Katalog die „richtigen" Kennzahlen – also die im Hinblick auf das Analyseziel geeignetsten Kennzahlen – ausgewählt

---

94 Vgl. *Baetge/Sickmann* Unternehmen in der Krise, S. 51; *Baetge/Kirsch/Thiele* Bilanzanalyse, 2. Aufl. 2004, S. 25.
95 Vgl. *Baetge/Kirsch/Thiele* Bilanzanalyse, 2. Aufl. 2004, S. 41–43.

werden.⁹⁶ Für eine umfassende Analyse sollten Kennzahlen aus möglichst allen Informationsbereichen des Jahresabschlusses betrachtet werden. D. h. für die finanzwirtschaftliche Analyse sollten Kennzahlen gewählt werden, die die Vermögensstruktur, die Kapitalstruktur und die horizontale Bilanzstruktur (also die Liquiditätslage) analysieren. Die erfolgswirtschaftliche Analyse sollte mit Hilfe von Rentabilitätskennzahlen und der Erfolgsquellenanalyse erfolgen.⁹⁷ Bei der klassischen Jahresabschlussanalyse wählt der Analytiker die Kennzahlen selbst, beispielsweise aufgrund seiner persönlichen Erfahrung, oder er wählt einen in der Literatur vorgeschlagenen Kennzahlenkatalog, in dem ein Kennzahlensystem festgelegt wurde (z.B. das sog. Dupont-System mit Eigenkapitalrentabilität und Eigenkapitalquote sowie Return-On-Investment und Umsatzsatzrentabilität und Kapitalumschlaghäufigkeit mit Return-On-Investment). Kennzahlensysteme unterstützen den Bilanzanalytiker dabei, sich systematisch ein möglichst umfassendes Urteil zu bilden.⁹⁸

163 Eine aus einem konkreten Jahresabschluss gebildete Kennzahl wird erst aussagefähig, wenn sie mit der gleichen Art der **Kennzahl** zeitlich, zwischenbetrieblich oder im Soll-Ist-Vergleich **verglichen** wird. Die ausgewählten Kennzahlen sind also mit einer geeigneten Größe zu vergleichen. Als Vergleichsgrößen für eine Kennzahl kommen in Betracht:

1. Dieselbe Kennzahl in einer anderen Periode: Beim sog. **Zeitvergleich** wird die Kennzahl mit dem Istwert einer früheren Periode verglichen.
2. Dieselbe Kennzahl eines anderen Unternehmens: Beim sog. **Betriebsvergleich** wird die Kennzahl mit dem Istwert eines Unternehmens der gleichen Branche oder dem Istwert des Branchendurchschnitts verglichen.
3. Die Ziel-/Soll-Vorgabe für diese Kennzahl: Beim sog. **Soll-Ist-Vergleich** dient ein zuvor ermittelter normativer Sollwert als Vergleichsgröße der Kennzahl.⁹⁹

164 Die mit den Kennzahlen gewonnenen jeweiligen Teilurteile über die Vermögens-, Finanz- und Ertragslage müssen nun unter Berücksichtigung von qualitativen Informationen z.B. aus dem Lagebericht (vgl. Schritt 1) zu einem Gesamturteil über die wirtschaftliche Lage des analysierten Unternehmens zusammengefasst werden. Die Kennzahlen sind hierzu nach dem subjektiven fachmännischen Urteil des Bilanzanalytikers oder nach den in der Literatur zu findenden Vorgaben zu dem gewählten Kennzahlensystem¹⁰⁰ zu gewichten und zum Gesamturteil zu aggregieren.¹⁰¹

5.2.2 Probleme und Grenzen von klassischen Verfahren der Jahresabschlussanalyse

165 Probleme der klassischen Jahresabschlussanalyse ergeben sich also aus der Notwendigkeit Kennzahlen mehr oder weniger subjektiv auszuwählen, zu gewichten und zusammenzufassen: Bei der herkömmlichen Jahresabschlussanalyse ist die Auswahl der Kennzahlen als subjektiv zu bezeichnen, weil der Analyst gemäß seiner eigenen Erfahrung eine Auswahlentscheidung trifft. Dieses Problem lässt sich auch nicht

---

96 Bspw. konnte nachgewiesen werden, dass die Informationsbereiche „Rentabilität" und „Verschuldung" den größten Einfluss auf die Ausfallwahrscheinlichkeit eines Unternehmens hatten, vgl. *Baetge* DB 2002, 2286.
97 Vgl. *Baetge/Sickmann* Unternehmen in der Krise, S. 52–67.
98 Vgl. *Baetge/Melcher/Schmidt* in Everling/Holschuh/Leker, S. 3 f.; *Baetge/Kirsch/Thiele* Bilanzanalyse, 2. Aufl. 2004, S. 43–46.
99 Vgl. *Baetge* DB 2002, 653; *Baetge/Kirsch/Thiele* Bilanzanalyse, 2. Aufl. 2004, S. 46 f.
100 Vgl. bspw. zum Saarbrücker Modell *Küting/Weber* Bilanzanalyse, 9. Aufl. 2009, S. 423 ff.
101 Vgl. *Baetge/Kirsch/Thiele* Bilanzanalyse, 2. Aufl. 2004, S. 48.

durch die Anwendung eines allgemein bekannten Kennzahlensystems beheben, da sich der Analyst (auch) subjektiv zwischen vordefinierten subjektiv gebildeten Kennzahlenkatalogen entscheidet. Damit wird das **Objektivierungsprinzip** verletzt, weil bei der herkömmlichen Jahresabschlussanalyse keine objektiven Verfahren verwendet werden (können), um die für das Urteil relevanten Kennzahlen auszuwählen, zu gewichten und zusammenzufassen.

166 Die üblichen Kennzahlen der klassischen Jahresabschlussanalyse sind nicht darauf angelegt, bilanzpolitische Maßnahmen zu neutralisieren; bei ihrer Verwendung geht der Bilanzanalytiker zumeist implizit davon aus, dass keine Bilanzpolitik vom Bilanzierenden gemacht wird.[102] Ein auf diese Weise gewonnenes Ergebnis der klassischen Jahresabschlussanalyse wäre indes durch bilanzpolitische Maßnahmen verfälscht, sofern das zu analysierende Unternehmen das Bild seiner wirtschaftlichen Lage durch bilanzielle Ansatz- und Bewertungswahlrechte, Ermessensspielräume sowie durch bilanzpolitisch motivierte Sachverhaltsgestaltungen (sog. financial engineering) geschönt oder auch verschlechtert hat.[103] Das **Neutralisationsprinzip** wird verletzt.

167 Die mit der klassischen Jahresabschlussanalyse gewonnenen Teilurteile über die Vermögens-, Finanz- und Ertragslage können zudem **widersprüchlich** sein, wenn diese Teilurteile über ein und dasselbe Unternehmen teils eine bestimmte gute Teillage und teils eine andere bestimmte schlechte wirtschaftliche Teillage indizieren. Mit Hilfe einiger weniger ausgesuchter Kennzahlen kann der Bilanzanalytiker zwar auf einfache Weise ein subjektives Vor-Urteil bilden. Dabei ist indes nicht sichergestellt, dass alle für das Urteil relevanten Kennzahlen in seine Beurteilung einbezogen werden. Dem **Ganzheitlichkeitsprinzip** wird also nicht entsprochen. Somit ist nicht gewährleistet, dass sämtliche für eine Beurteilung der Existenzgefährdung des Unternehmens tatsächlich und empirisch relevanten Kennzahlen ausgewählt worden sind.[104]

168 Der Jahresabschluss als Informationsbasis für die klassischen Verfahren der Jahresabschlussanalyse ist zumindest bei Kapitalgesellschaften leicht verfügbar, weil diese zur Offenlegung ihres Jahresabschlusses verpflichtet sind. Die Daten können indes nicht direkt aus dem Jahresabschluss für die Kennzahlenberechnung verwendet werden. Sie müssen zunächst aufbereitet werden (vgl. Rn. 160 f.). Der Aufwand für die Datenaufbereitung sollte mit dem Informationsnutzen aus der Analyse verglichen werden, um die **Wirtschaftlichkeit** des Verfahrens zu wahren.

169 Die klassische Jahresabschlussanalyse ist vergangenheitsorientiert, weil das Urteil mit den gesetzlich vorgeschriebenen vergangenheitsbezogenen Jahresabschlüssen gebildet wird. Die Aussagekraft der Jahresabschlussanalyse wird darüber hinaus geschmälert, wenn die Jahresabschlüsse – wie häufig in der Praxis – erst Monate nach dem Bilanzstichtag vorgelegt werden.[105] Vor diesem Hintergrund ist die Erfüllung des **Frühzeitigkeitsprinzip** in Frage zu stellen (vgl. Rn. 105).

170 Um alle diese Mängel der herkömmlichen Jahresabschlussanalyse zu vermeiden, sind Analyseverfahren entwickelt worden, die mit einer sehr großen Zahl an Jahresabschlüssen von solventen und von später insolventen Unternehmen sowie mit bilanzpo-

---

102 Vgl. *Baetge/Kirsch/Thiele* Bilanzanalyse, S. 37–39; *Baetge/von Keitz/Wünsche* in Büschgen/Everling, 2. Aufl. 2007, S. 480.
103 Vgl. *Baetge* WPg 1980, 653 f; *Baetge* DB 2002, 2281; *Baetge/Melcher Schmidt* Credit analyst, S. 4.
104 Vgl. *Baetge/Melcher/Schmidt* in Everling/Holschuh/Leker, S. 4; *Baetge* DB 2002, 2281.
105 Vgl. *Baetge/von Keitz/Wünsche* in Büschgen/Everling, 2. Aufl. 2007, S. 477 f.

litik-konterkarierenden Kennzahlen die Lage des Unternehmens an typischen Kennzahlenmustern von später insolvent werdenden Unternehmen beurteilen. Damit steht die sog. „moderne" Jahresabschlussanalyse zur Verfügung, mit der aktuelle Jahresabschlüsse auf die derzeitige und künftige Bestandsfestigkeit des betreffenden Unternehmens geprüft werden können. In der Folge werden die modernen Verfahren der Bilanzanalyse vorgestellt. Zu prüfen ist, ob bei diesen Verfahren die in Rn. 101 ff. genannten Anforderungen erfüllt werden.

5.3 Moderne Verfahren der Jahresabschlussanalyse

5.3.1 Überblick

Unter „modernen" Verfahren der Jahresabschlussanalyse werden **Bilanzratingsysteme** verstanden, bei denen die Kennzahlen zur Beurteilung der (Bilanz-)Bonität von Unternehmen mit Hilfe von empirisch-statistischen Verfahren aus einem großen Katalog (auch von bilanzpolitik-neutralisierenden) Kennzahlen als die typischen Kennzeichen für Bestandsfestigkeit ausgewählt und gewichtet werden. Ziel dieser Verfahren ist es, die aktuelle wirtschaftliche Lage und auch die künftige wirtschaftliche Entwicklung eines Unternehmens auf Basis einer Zeitreihe von dessen letzten Jahresabschlüssen zu beurteilen. Mit Hilfe der Verfahren soll eine Aussage zum Ausmaß der Existenzgefährdung eines jeden Unternehmens gemacht werden.[106] **171**

Da die im Jahresabschluss dargestellte wirtschaftliche Situation des Unternehmens durch bilanzpolitische Maßnahmen beeinträchtigt sein kann, ist generell zu versuchen, die genutzten Ansatz- und Bewertungswahlrechte, Sachverhaltsgestaltungen und Ermessensspielräume durch die Bildung sog. **„intelligenter" Kennzahlen** zu neutralisieren. Die Kennzahlen werden hierzu nach dem Prinzip „*Creative accounting needs creative analysing*"[107] modifiziert, d.h. dass möglichst alle denkbaren bilanzpolitischen Maßnahmen konterkariert werden.[108] **172**

Als mathematisch-statistische Verfahren wurden zur Entwicklung der modernen Verfahren der Jahresabschlussanalyse u.a. die **Multivariate Diskriminanzanalyse, die Künstliche Neuronale Netzanalyse und die Logistische Regression** mit großem Erfolg eingesetzt. Im Gegensatz zur klassischen Jahresabschlussanalyse werden die Auswahl, die Gewichtung und die Zusammenfassung einzelner Kennzahlen zu einem Gesamturteil bei der modernen Jahresabschlussanalyse nicht subjektiv durch den Jahresabschlussanalytiker vorgenommen, sondern anhand der Auswertung tausender Jahresabschlüsse mit empirisch-statistischen Verfahren. Auf diese Weise lassen sich die typischen Kennzahlenmuster von mehr oder weniger bestandsgefährdeten Unternehmen schon Jahre vor einer Insolvenz aus dem Jahresabschluss des noch als solvent geltenden Unternehmens erkennen. **173**

Eine große Zahl von Jahresabschlüssen von gesund gebliebenen Unternehmen und von kranken, d.h. von bis zu drei Jahren später insolvent gewordenen Unternehmen bildet die Datenbasis für die Verfahren der modernen Jahresabschlussanalyse. Aus der Datenbasis werden **Kennzahlenfunktionen** extrahiert, mit deren Hilfe krisenfrüher- **174**

---
106 Vgl. *Baetge/Kirsch/Thiele* Bilanzanalyse, 2. Aufl. 2004, S. 52 f.; *Baetge/von Keitz/Wünsche* in Büschgen/Everling, 2. Aufl. 2007, S. 478.
107 *Baetge/Kirsch/Thiele* Bilanzanalyse, 2. Aufl. 2004, S. 164.
108 Vgl. *Baetge/Kirsch/Thiele* Bilanzanalyse, 2. Auf. 2004, S. 164–166; zur Bildung einer kreativen Kennzahl vgl. *Baetge/Kirsch/Thiele* Bilanzanalyse, 2. Aufl. 2004, S. 166–174.

kennende **Kennzahlenmuster** die Existenzgefährdung eines Unternehmens frühzeitig, d.h. aus Jahresabschlüssen viele Jahre vor der Insolvenz, anzeigen. Die aus dieser Art der Analysen gewonnenen Kennzahlenfunktionen basieren auf der Identifikation jener Kennzahlenmuster, die später insolvent werdende Unternehmen kennzeichnen. Die auf diese Weise gewonnenen Kennzahlenfunktionen werden auf zur Analyse vorgelegte Jahresabschlüsse von Unternehmen angewandt. Mit der Kennzahlenfunktion wird geprüft, ob und wieweit bei ihnen solche die Insolvenzgefahr anzeigenden Kennzahlenmuster vorliegen. Die modernen Verfahren der Jahresabschlussanalyse weisen im Vergleich zur klassischen Jahresabschlussanalyse eine wesentlich geringere Fehlerwahrscheinlichkeit bei der Klassifikation in bestandsfeste und existenzgefährdete Unternehmen auf.[109]

5.3.2 Multivariate Diskriminanzanalyse

175 Die Multivariate Diskriminanzanalyse ist ein Verfahren zur **Analyse von Gruppenunterschieden**, also im hier interessierenden Fall von Unterschieden zwischen solventen und (von mehr oder weniger) insolvenzgefährdeten Unternehmen. Das Verfahren ermöglicht also, die solventen von den insolvenzgefährdeten Unternehmen anhand von mehreren Merkmalsvariablen, z.B. anhand von den ermittelten (und gewichteten) Jahresabschlusskennzahlen (mulitvariat) mit nur einem Trennwert (Diskriminanzwert als verdichteter Wert der zusammengefassten Merkmalsvariablen) zu unterscheiden. Ist mithilfe der Multivariaten Diskriminanzanalyse eine sog. Diskriminanzfunktion ermittelt worden, lassen sich Unternehmen, deren Jahresabschlüsse nicht bei der Diskriminanzanalyse verwendet worden sind, gut auf ihre Bestandsfestigkeit beurteilen. Mit dem ermittelten Trennwert der Diskriminanzfunktion können also bestandsfeste von existenzgefährdeten Unternehmen anhand der als relevant ermittelten Jahresabschlusskennzahlen separiert werden.[110]

176 Die Entwicklung einer multivariaten Diskriminanzfunktion umfasst **fünf Schritte**:
1. Im ersten Schritt wird die Datenbasis, bestehend aus einer Vielzahl von Jahresabschlüssen gesunder und kranker (später insolventer) Unternehmen, per Zufallsauswahl auf zwei Stichproben, nämlich auf die **Lernstichprobe** und auf die **Kontrollstichprobe**, verteilt. Die Lernstichprobe dient der Ermittlung der Diskriminanzfunktion.
2. Daraufhin wird ein großer **Kennzahlenkatalog** (unter Einbeziehung der bilanzpolitik-konterkarierenden „intelligenten" Kennzahlen) auf Basis der Jahresabschlussinformationen definiert.
3. Im dritten Schritt wird eine **Diskriminanzfunktion** ermittelt, d.h. mit der Diskriminanzanalyse wird identifiziert, welche Kennzahlen aus dem ursprünglichen sehr großen Kennzahlenkatalog in welcher Gewichtung die Unternehmen der Lernstichprobe am besten in solvente und insolvenzgefährdete trennen. D.h. mit der Multivariaten Diskriminanzanalyse werden die Kennzahlen ausgewählt, gewichtet und schließlich zu einer Diskriminanzfunktion zusammengefasst (vgl. **Abb. 13**).

---

109 Vgl. *Baetge/Melcher/Schmidt* in Everling/Holschuh/Leker, S. 5; *Baetge/Stellbrink* Controlling 2005, 214; *Baetge/von Keitz/Wünsche* in Büschgen/Everling, 2. Aufl. 2007, S. 480 f.
110 Vgl. *Backhaus/Erichson/Plinke/Weiber* Multivariate Analysemethoden, 13. Aufl. 2010, S. 181 ff.; *Baetge/Sickmann* Unternehmen in der Krise, S. 38 ff. Die Multivariate Diskriminanzanalyse wurde von *Altman* bereits im Jahr 1968 genutzt, um Unternehmen in zwei Gruppen (gesund und krank) zu klassifizieren; vgl. *Altman* JoF 1968, 589–609.

4. Im vierten Schritt wird der **kritische Trennwert** (Cut-off) ermittelt, anhand dessen die Gruppen der solventen und der später insolventen Unternehmen voneinander getrennt werden können.
5. Im fünften Schritt wird die **Klassifikationsleistung** der ermittelten Diskriminanzfunktion an den Datensätzen der Kontrollstichprobe getestet. Die Kontrollstichprobe sollte keine Daten enthalten, die bereits zur Entwicklung der Diskriminanzfunktion verwendet wurden.[111]

$$D = a_0 + a_1 \times x_1 + a_2 \times x_2 + \ldots + a_m \times x_m$$

D	$\triangleq$	Diskriminanzwert
a_0	$\triangleq$	absolutes Glied
a_i	$\triangleq$	Regressionskoeffizient (i = 1, ..., m)
x_i	$\triangleq$	Kennzahlenwert (i = 1, ..., m)
m	$\triangleq$	Zahl der einbezogenen Kennzahlen

Abb. 13: Allgemeine Formel zur Berechnung des Diskriminanzwertes[112]

Die an der Kontrollstichprobe getestete und für gut befundene Diskrimanzfunktion lässt sich dann nutzen, um Unternehmen anhand ihrer Jahresabschlüsse im Hinblick auf ihre Bonität zu beurteilen. Die Verwendung der Multivariaten Diskriminanzfunktion setzt eigentlich voraus, dass die Kennzahlen in der Diskriminanzfunktion normalverteilt, multivariat trennfähig und voneinander unabhängig sind. Ferner müssen die Varianz-Kovarianz-Matrizen der bestandsfesten und der existenzgefährdeten Unternehmen gleich sein.[113] In empirischen Studien von *Niehaus*, *Feidicker* und *Hüls* konnten indes auch dann sehr gute Trennergebnisse zwischen bestandssicheren und existenzgefährdeten Unternehmen erzielt werden, wenn nicht sämtliche dieser Voraussetzungen erfüllt waren.[114]

5.3.3 Logistische Regressionsanalyse

Die Logistische Regressionsanalyse ist ein mathematisch-statistisches Verfahren zur **Bestimmung von Gruppenzugehörigkeitswahrscheinlichkeiten**. So kann mit der Logistischen Regressionsanalyse beispielsweise die Wahrscheinlichkeit für die Insolvenz eines Unternehmens in Abhängigkeit von verschiedenen Einflussgrößen (z.B. Jahresabschlusskennzahlen) berechnet werden. Sie ermöglicht – anders als die Multivariate Diskriminanzanalyse – nicht nur, die Einflussgrößen auf eine Unternehmensinsolvenz zu bestimmen und diese Einflussgrößen zu gewichten, vielmehr kann mit Hilfe der Logistischen Regressionsanalyse auch die Eintrittswahrscheinlichkeit für eine Insolvenz bestimmt werden.[115]

Die Logistische Regressionsanalyse erfolgt in **zwei Schritten**:
1. Die **latente Variable Z** stellt den linearen Zusammenhang zwischen der abhängigen und den unabhängigen Variablen (den Kennzahlenwerten) her. Die latente Variable entsteht aus der Addition der gewichteten Kennzahlenwerte.

---

111 Vgl. *Hüls* S. 168–178; *Baetge* WPg 1980, 657 ff.
112 Vgl. *Backhaus/Erichson/Plinke/Weiber* Multivariate Analysemethoden, 13. Aufl. 2010, S. 186; *Baetge/Sickmann* in Heintzen, 2004, S. 39.
113 Vgl. *Eisenbeis/Avery* S. 37–52.
114 Vgl. *Niehaus* S. 33–141; *Feidicker* S. 142; *Hüls* S. 121.
115 Vgl. *Backhaus/Erichson/Plinke/Weiber* Multivariate Analysemethoden, 13. Aufl. 2010, S. 244 ff.

2. Mit Hilfe der **Logistischen Regression** kann im zweiten Schritt die Wahrscheinlichkeit für die Insolvenz eines Unternehmens berechnet werden (vgl. **Abb. 14**).[116]

181

$$p\,(\text{Insolvenz}) = \frac{1}{1+e^{-z}} \quad \text{mit} \quad z = \sum_{i=1}^{n} a_i \times e_i$$

p	≙	Ausfallwahrscheinlichkeit
z	≙	latente Variable
a_0	≙	absolutes Glied
a_i	≙	Regressionskoeffizient (i = 1, ..., n)
x_i	≙	Kennzahlenwert (i= 1,..., n)
n	≙	Zahl der einbezogenen Kennzahlen

Abb. 14: Insolvenzwahrscheinlichkeit gemäß Logistischer Regressionsanalyse

182 Im Vergleich zur Multivariaten Diskriminanzanalyse gilt die Logistische Regressionsanalyse als robuster, weil sie an weniger enge Voraussetzungen gebunden ist (Variablen müssen beispielsweise nicht normalverteilt sein), um gute Klassifikationsleistungen zu erzielen.[117] Weitere Vorteile der Logistischen Regressionsanalyse sind ihre hohe Transparenz und ihre einfache Interpretierbarkeit.[118]

5.3.4 Künstliche Neuronale Netzanalyse

183 Die Künstliche Neuronale Netzanalyse ist eine Technik der **Künstlichen Intelligenz**.[119] Mit der Künstlichen Neuronalen Netzanalyse können Muster in Datenmengen erkannt werden. Die **Mustererkennung** kann u.a. dazu eingesetzt werden, Kombinationen von Kennzahlen auf der Basis einer Vielzahl von Jahresabschlüssen von Unternehmen zu ermitteln, die eine Unterscheidung zwischen bestandsfesten und existenzgefährdeten Unternehmen erlauben.[120]

184 Das Künstliche Neuronale Netz ist ein **Abbild (Modell) des biologischen neuronalen Netzes**. Ähnlich wie ein biologisches neuronales Netz besteht auch ein Künstliches Neuronales Netz aus Modellzellen (Neuronen), die in Schichten angeordnet miteinander verbunden sind. Die Verbindungen zwischen den Neuronen im biologischen Netz, die sog. Synapsen, werden im Künstlichen Neuronalen Netz durch Verbindungsgewichte dargestellt. Je stärker ein Verbindungsgewicht ist, desto bedeutender sind die Informationen, die zwischen den verbundenen Neuronen fließen. Abhängig von den vorzugebenden Lernregeln werden diese Gewichte während einer Lernphase durch die „gesammelten Erfahrungen" beim Training des neuronalen Netzes mit den Kennzahlen von gesunden und kranken Unternehmen modifiziert. Die Lernregeln schreiben dem Netz vor, wie es lernen soll, aus einer bestimmten Eingabe die gewünschte Ausgabe zu erzeugen, z.B. zu ermitteln, ob es sich bei den verarbeiteten Jahresabschlusskennzahlen um solche eines gesunden oder eines kranken Unternehmens handelt.[121]

---

116 Vgl. *Backhaus/Erichson/Plinke/Weiber* Multivariate Analysemethoden, 13. Aufl. 2010, S. 249.
117 Vgl. *Hartmann-Wendels/Lieberoth-Leden/Mählmann/Zunder* DB 2004, 146.
118 Vgl. *Baetge/Melcher/Schmidt* in Everling/Holschuh/Leker, S. 9.
119 Vgl. *Baetge/Stellbrink* Controlling 2005, S. 215.
120 Vgl. *Baetge/Hüls/Uthoff* Forschungsjournal WWU 2/1995, 22; *Baetge/Kirsch/Thiele* Bilanzanalyse, S. 565 ff.
121 Vgl. *Zell* S. 170–174; *Baetge/Hüls/Uthoff* Forschungsjournal WWU 2/1995, 22.

Wird die Künstliche Neuronale Netzanalyse zur Ermittlung von Jahresabschlusskennzahlen-Symptom-Mustern zur Erkennung von Unternehmenskrisen eingesetzt, besteht die Netzeingabe aus Kennzahlenausprägungen jener Unternehmen, deren Jahresabschlüsse als Trainings- bzw. als Lern-Stichprobe zufällig ausgewählt wurden. Die **Netzausgabe (N-Wert)** ist in diesem Fall ein Bonitätsindex. Welche Kennzahlen in den N-Wert mit welchem Gewicht eingehen, lernt das Künstliche Neuronale Netz anhand einer großen Zahl von Jahresabschlussdaten der solventen sowie der später insolvent gewordenen Unternehmen, die in das Netz immer wieder zum Training eingegeben werden. Analysen im Bereich der Früherkennung von Unternehmenskrisen mithilfe von Jahresabschlusskennzahlen haben ergeben, dass Drei-Schichten-Netze mit einer Eingabeschicht, einer versteckten Schicht und einer Ausgabeschicht bei der empirisch-statistischen Jahresabschlussanalyse die besten Klassifikationsergebnisse liefern.[122] Die Neuronen in der Eingabeschicht nehmen die Informationen auf und geben sie weiter. In der versteckten Schicht werden die Informationen verarbeitet und an die Ausgabeschicht weitergeleitet, welche das Ergebnis der Informationsverarbeitung ausgibt (vgl. **Abb. 15**).

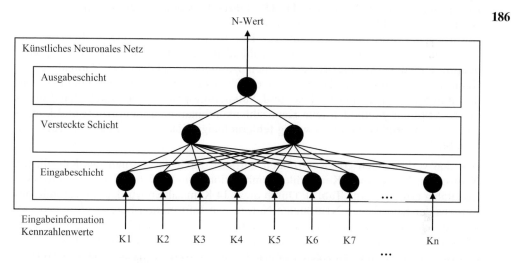

Abb. 15: Aufbau eines dreischichtigen Künstlichen Neuronalen Netzes[123]

Der Entwicklungs-Datenbestand an Jahresabschlüssen der Unternehmen wird zur Analyse mittels Künstlicher Neuronaler Netzanalyse in die Trainings-, die Test- und die Validierungsstichprobe aufgeteilt. Anhand der Kennzahlen aus den Jahresabschlüssen der **Trainingsstichprobe** lernt das Künstliche Neuronale Netz, die relevanten Kennzahlen auszuwählen und zu gewichten. Die Klassifikationsleistung, welche durch die richtige Klassifikation von bestandsfesten bzw. existenzgefährdeten Unternehmen definiert ist, wird an der **Teststichprobe** überprüft. Die Kennzahlen werden dem Künstlichen Neuronalen Netz so häufig zum Lernen präsentiert, bis sich die Klassifikationsleistung nicht mehr verbessern lässt. Die mit Hilfe der Künstlichen Neuronalen Netzanalyse gefundene und gewichtete Kennzahlenkombination wird an einer dritten Stichprobe, der **Validierungsstichprobe**, endgültig überprüft.[124]

---
122 Vgl. *Krause* S. 170–174; *Rehkugler/Podding* S. 15.
123 Vgl. *Baetge* Empirische Methoden, S. 18.
124 Vgl. *Baetge/Ströher* in Burmann/Freiling/Hülsmann, 2005, S. 123–130.

188 Die Künstliche Neuronale Netzanalyse setzt – wie alle mathematisch-statistischen Verfahren – voraus, dass ein umfangreicher Bestand an Jahresabschlüssen gesunder und kranker Unternehmen zur Verfügung steht. Im Vergleich zur Multivariaten Diskriminanzanalyse hat die Künstliche Neuronale Netzanalyse den Vorteil wesentlich schwächerer Anwendungsvoraussetzungen (z.B. müssen die Kennzahlenausprägungen nicht normalverteilt sein). Auch kann mit der Künstlichen Neuronalen Netzanalyse – wie mit der nicht-linearen Diskriminanzanalyse – eine nicht-lineare Trennfunktion ermittelt werden.[125] Ein weiterer Vorteil der Künstlichen Neuronalen Netzanalyse ist, dass neben den quantitativen Daten der Jahreskennzahlen auch qualitative Daten leicht simultan verarbeitet werden können.[126]

5.3.5 Baetge-Bilanz-Rating als modernes Verfahren der Jahresabschlussanalyse

189 Ein konkretes Bsp. für ein Künstliches Neuronales Netz ist das Backpropagation-Netz[127] BP-14, welches später in **Baetge-Bilanz-Rating (BBR)** umbenannt wurde. Das BBR wurde mit Hilfe der künstlichen neuronalen Netzanalyse entwickelt. Für die Entwicklung des BBR standen **11 427 Jahresabschlüsse**[128] zur Verfügung, wovon 10 515 Jahresabschlüsse von solventen und 912 Jahresabschlüsse von später insolvent gewordenen Unternehmen stammten.[129] Der Entwicklung des Baetge-Bilanz-Rating lag in der Ausgangssituation ein Kennzahlenkatalog mit 259 teilweise Bilanzpolitik neutralisierenden (kreativen) Kennzahlen zugrunde. Nachdem bei Voranalysen 50 Kennzahlen aufgrund von Hypothesenverstößen zu eliminiert werden konnten, wurden durch zahlreiche Lern-, Test- und Validierungsphasen und durch den Einsatz diverser Pruning-Methoden jene Kennzahlenkombinationen identifiziert und kombiniert, die eine stabile und sehr wenig fehleranfällige Klassifikation der Unternehmen erlaubt.[130]

190 Aus den verbliebenen 209 Kennzahlen hat sich durch das Lernen des Künstlichen Neuronalen Netzes eine Kennzahlenkombination von 14 Kennzahlen als besonders trennfähig erwiesen (vgl. **Tab. 1**). Durch diese 14 Kennzahlen wurden im Verlaufe des Lernens der Künstlichen Neuronalen Netzes acht Informationsbereiche[131] abgedeckt, welche sich einer der drei Teillagen (Vermögens-, Finanz- und Ertragslage) der wirtschaftlichen Lage eines Unternehmens zuordnen lassen. Die 14 Kennzahlen werden gewichtet und zu einer einzigen Kennzahl, dem N-Wert, aggregiert. Der N-Wert ist ein Maß für die Existenzgefährdung eines Unternehmens.[132]

---

125 Vgl. *Baetge/Hüls/Uthoff* Forschungsjournal WWU 2/1995, 23 ff.; *Baetge* DB 2002, 2283.
126 Vgl. *Uthoff* S. 157 f.
127 Das BP-14 wurde mit dem sog. Backpropagation-Algorithmus trainiert, einer Lernregel, bei der die Verbindungsgewichte im Netz nach jedem Trainingsschritt angepasst werden. Vgl. *Krause* S. 210–215.
128 Für eine konkrete Beschreibung der Ausgangsdaten vgl. *Baetge/Krause/Uthoff* Wirtschaftsinformatik 1996, S. 275.
129 Vgl. *Baetge/Thun* in Everling, 2000, S. 163.
130 Vgl. *Baetge/Hüls/Uthoff* WWU 1995, 23–25; *Baetge/Baetge/Kruse* DStR 1999, 1919; *Baetge/Thun* Technology Rating, S. 164; *Baetge* Empirische Methoden, S. 17 f.
131 Die Informationsbereiche sind das Ergebnis einer vorgeschalteten Clusteranalyse; vgl. *Baetge/Hüls/Uthoff* Controlling 1994, 325.
132 Vgl. *Baetge/Ströher* in: Burmann/Freiling/Hülsmann, 2005, S. 130–132; *Baetge/von Keitz/Wünsche* in Büschgen/Everling, 2. Aufl. 2007, S. 485–487.

Tab. 1: Kennzahlen des BBR[133]

Bezeichnung	Informationsbereich	Teillage	Definition
Kapitalbindungsdauer1	Kapitalbindungsdauer	Vermögenslage	((Akzepte + Verbindlichkeiten aus Lieferungen und Leistungen) × 360) / Gesamtleistung
Kapitalbindungsdauer2			((Akzepte + Verbindlichkeiten aus Lieferungen und Leistungen) × 360) / Umsatz
Kapitalbindung	Kapitalbindung		(Kfr. Bankverbindlichkeiten + kfr. Verbindlichkeiten aus Lieferungen und Leistungen + Akzepte + kfr. Sonstige Verbindlichkeiten) / Umsatz
Fremdkapitalquote	Verschuldung		(Kfr. Fremdkapital − erhaltene Anzahlungen) / Bilanzsumme
Fremdkapitalstruktur			(Verbindlichkeiten aus Lieferungen und Leistungen + Akzepte + Bankverbindlichkeiten) / (Fremdkapital − erhaltene Anzahlungen)
Eigenkapitalquote1	Kapitalstruktur		(Wirtschaftliches Eigenkapital − immaterielle Vermögensgegenstände) / (Bilanzsumme − immaterielle Vermögensgegenstände − flüssige Mittel − Grundstücke und Bauten)
Eigenkapitalquote2			(Wirtschaftliches Eigenkapital + Rückstellungen) / (Bilanzsumme − flüssige Mittel − Grundstücke und Bauten)
Finanzkraft1	Finanzkraft	Finanzlage	Ertragswirt. Cashflow / (Fremdkapital − erhaltene Anzahlungen)
Finanzkraft2			Ertragswirt. Cashflow / (Kfr. Fremdkapital − mfr. Fremdkapital − erhaltene Anzahlungen)
Anlagendeckung	Deckungsstruktur		Wirtschaftliches Eigenkapital / (Sachanlagevermögen − Grundstücke und Bauten)

---

[133] Vgl. *Baetge/Kruse/Uthoff* Bonitätsklassifikationen, Wirtschaftsinformatik 1996, S. 278; *Baetge* Empirische Methoden, S. 24.

Bezeichnung	Informations-bereich	Teillage	Definition
Umsatzrentabilität	Rentabilität	Ertragslage	Ordentliches Betriebsergebnis / Umsatz
Cashflow1-ROI			Ertragswirt. Cashflow / Bilanzsumme
Cashflow2-ROI			(Ertragswirt. Cashflow + Zuführungen zu den Pensionsrückstellungen) / Bilanzsumme
Personalaufwandsquote	Aufwandsstruktur		Personalaufwand / Gesamtleistung

192 Anhand des N-Wertes lässt sich nicht nur zweiwertig herleiten, ob ein Unternehmen existenzgefährdet ist oder nicht. Es sind auch differenzierte Aussagen über die Bestandsfestigkeit des betrachteten Unternehmens möglich. Der N-Wert kann auf einer Skala Werte zwischen -10 (sehr hohe Existenzbedrohung) und +10 (ausgezeichnete Bestandssicherheit) annehmen. Die Skala ist in sechs Güteklassen und vier Risikoklassen unterteilt. Letztere geben den Grad der Existenzgefährdung eines Unternehmens an. **Je kleiner der N-Wert, desto gefährdeter ist die Existenz des Unternehmens.** Durch eine Beobachtung der N-Wert-Entwicklung eines Unternehmens im Zeitablauf können auch allmählich sich entwickelnde Existenzgefahren identifiziert werden.[134] Wenn also der N-Wert eines Unternehmens im Intervall von -2 bis -10 liegt, ist von einer zunehmend drohenden Unternehmenskrise auszugehen (vgl. **Tab. 2**).[135]

Tab. 2: N-Wert und Grad der Bestandssicherheit/Existenzgefährdung[136]

N-Wert	Klasse	Grad der Bestandssicherheit/Existenzgefährdung
10 – 8	Güteklasse	Ausgezeichnete Bestandssicherheit
8 – 6		Sehr gute Bestandssicherheit
6 – 4		Gute Bestandssicherheit
4 – 2		Befriedigende Bestandssicherheit
2 – 0		Ausreichende Bestandssicherheit
0 bis -2		Kaum ausreichende Bestandssicherheit
-2 bis -4	Risikoklasse	Leichte Existenzgefährdung
-4 bis -6		Mittlere Existenzgefährdung
-6 bis -8		Hohe Existenzgefährdung
-8 bis -10		Sehr hohe Existenzgefährdung

---

134 Vgl. *Baetge/Jerschensky* DB 1996, 1587–1591.
135 Vgl. *Baetge/Kirsch/Thiele* Bilanzanalyse, S. 586; *Baetge/Kruse/Uthoff* Wirtschaftsinformatik 1996, S. 278.
136 Vgl. *Baetge/Krause/Uthoff* Wirtschaftsinformatik 1996, 279.

Wie treffsicher die modernen Verfahren der Bilanzbonitätsanalyse und der Kri- 193
senfrüherkennung sind, zeigt die folgende **Tab. 3**. Am Institut für Revisionswesen
der Westfälischen Wilhelms-Universität Münster konnte nachgewiesen werden,
dass das BBR in der Lage ist, existenzgefährdete Unternehmen zuverlässig und
frühzeitig (d.h. Jahre vor der Insolvenz) zu identifizieren.[137] Beispielsweise wurde
das BBR in den 1990er Jahren dazu verwendet, die Jahresabschlüsse der umsatz-
stärksten Unternehmen aus den Wirtschaftszweigen Industrie, Handel und
Dienstleistung auf deren Bestandsfestigkeit zu untersuchen. Die Leistungsfähigkeit bezüglich der **Frühwarnung vor Krisen durch das BBR** ist bereits im Jahr
1996 in einem DB-Artikel dokumentiert.[138] **Tab. 3** umfasst einige der auf der
Grundlage des BBR frühzeitig erkannten Unternehmenskrisen. Beispielsweise
konnte mit Hilfe des BBR bereits 1995 erkannt werden, dass die Existenz des
Philipp Holzmann Konzerns stark gefährdet war, obwohl dieser erst im Jahre
1999 endgültig insolvent wurde.[139]

Tab. 3: Frühzeitig mit dem BBR erkannte Unternehmenskrisen[139]   194

Unternehmen	Jahresabschluss	N-Wert	(Manifeste) Krise	Veröffentlichung
Phillipp Holzmann	1995	-3,30	November 1999	
Pittler	1992	-4,30	Januar 1997	Der Betrieb August 1996
Traub	1992	-8,20	Oktober 1996	
KHD	1993	-1,80	Mai 1996	
Gebr. März	1994	-1,90	Februar 1996	

Das BBR erlaubt nicht nur das Bestandrisiko eines Unternehmens als Ganzes in 195
einem Top-down-Ansatz zu ermitteln, sondern mithilfe der speziell für das BBR
entwickelten sog. **Fragengeleiteten Ursachenanalyse** und der **Individuellen Sensitivitätsanalyse** ist auch ein Rückschluss auf die möglichen Krisenursachen eines Unternehmens möglich. Die Ursachenanalyse lässt sich mit Hilfe einer Fragenpyramide
darstellen (vgl. **Abb. 16**).

---

137 Zum Einsatzgebiet des BBR vgl. *Baetge/Baetge/Kruse* DStR 1999, 1919; *Baetge/Manolopoulus* Die Unternehmung 1999, 351; *Baetge/Jerschensky* Controlling 1999, 171.
138 Vgl. *Baetge/Jerschensky* DB 1996, 1584–1591.
139 Vgl. *Baetge* DB 2002, 2283.

196

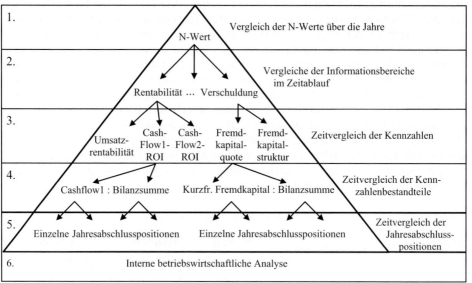

Abb. 16: Fragengeleitete Jahresabschlussanalyse auf Basis des BBR

197 An der Spitze der **Fragenpyramide** steht der ermittelte N-Wert des analysierten Unternehmens. Auf der ersten Stufe der Abbildung hat sich der Jahresabschlussanalytiker die Frage zu stellen, wie sich das bilanzielle Standing, d.h. der N-Wert eines Unternehmens, über mehrere Jahre entwickelt hat, vor allem wie der Vorjahresvergleich ausfällt. Auf der darunterliegenden zweiten Stufe werden die Informationsbereiche (vgl. Rn. 113 in diesem Kapitel) identifiziert, die am stärksten zur Änderung des N-Wertes beigetragen haben. In der **Abb. 16** sind beispielhaft nur die Informationsbereiche „Rentabilität" und „Verschuldung" als Hauptursachenkomplexe für die N-Wert-Änderung aufgeführt. Aus der Frage der zweiten Stufe ergibt sich die Frage auf der dritten Stufe: Wie entwickelten sich die zu den als Krisenkennzeichen identifizierten Informationsbereichen gehörigen Kennzahlen des BBR über die Geschäftsjahre? Auf der vierten bzw. fünften Stufe der Fragengeleiteten Ursachenanalyse werden die Zähler und Nenner der Kennzahlen in ihre Bestandteile bzw. Jahresabschlusspositionen zerlegt und die Veränderungen der Jahresabschlusspositionen ermittelt. Nach der fünften Stufe der Fragenpyramide sind auf der 6. Stufe die Gründe für die wesentlichen Veränderungen der einzelnen Jahresabschlusspositionen anhand von betriebswirtschaftlichen Analysen zu suchen.[140]

198 Mit einem eigens von Baetge & Partner entwickelten Analysetool, der **Individuellen Sensitivitätsanalyse**, lässt sich darüber hinaus prozentual ermitteln, welche Änderungen der Jahresabschlusskennzahlen am stärksten zur N-Wert-Verschlechterung oder -Verbesserung beigetragen haben. Die individuelle Sensitivitätsanalyse erlaubt es, den Beitrag der Änderungen der Kennzahlen des BBR auf die Entwicklung des N-Werts eines Unternehmens von einem Jahr auf das folgende Jahr zu untersuchen. Mit der

---

140 Vgl. *Baetge* DB 2002, 2285 f.; *Baetge/Dossmann/Kruse* in Hauschildt/Leker, 2. Aufl. 2000, S. 201–220.

Sensitivitätsanalyse lässt sich ermitteln, welche Kennzahlen sich wie auf die Gesamtrisiko-Änderung (Ausfallwahrscheinlichkeit) ausgewirkt haben. Mit einer betriebswirtschaftlich inhaltlichen Analyse muss dann ermittelt werden, welche Transaktionen bzw. Situationen zu der Änderung der als krisenrelevant ermittelten Kennzahlen und zugehörigen Jahresabschlussposten geführt haben. Die Sensitivitätsanalyse wird anhand des folgenden Beispiels[141] veranschaulicht.

Beispiel: Der N-Wert des Beispielunternehmens M verringert sich von Jahr 1 auf Jahr 2 um -1,17 N-Wert-Punkte. Die gesamte N-Wert-Änderung i.H.v. -1,17 N-Wert-Punkten wird als -100 % gesetzt (vgl. die erste Zeile in **Abb. 17**). Negative N-Wert-Änderungen werden in der Grafik als Balken nach links, positive nach rechts abgetragen. Die Beiträge, der einzelnen Kennzahlen zu der gesamten N-Wert-Änderung von Jahr 1 auf Jahr 2, zeigen die darunter liegenden Säulen. Die Beiträge aller 14 Kennzahlen zur Gesamtänderung addieren sich zu -100 %. Die Kennzahlen sind nach der Höhe ihres Beitrags zur N-Wert-Änderung aufgeführt.

N-Wert-Änderung: -1,17 N-Wert-Punkte = -100%	
-37,94%	Kapitalbindung
-32,81%	Eigenkapitalquote1
-25,84%	Fremdkapitalquote
-24,56%	Eigenkapitalquote2
-10,70%	Kapitalbindungsdauer1
-8,06%	Kapitalbindungsdauer2
-1,60%	Finanzkraft2
-1,16%	Anlagendeckung
-0,70%	Finanzkraft1
2,49	Personalaufwandsquote
3,48	Cashflow1-ROI
5,15	Cashflow2-ROI
15,36	Umsatzrenabilität
16,88	Fremdkapitalstruktur

Abb. 17: Individuelle Sensitivitätsanalyse bzgl. der N-Wert-Änderung von Jahr 1 auf Jahr 2 für das Beispielunternehmen

Von Jahr 1 auf das Jahr 2 haben die Kapitalstruktur (Eigenkapitalquoten und Fremdkapitalquote) und die Kapitalbindung den größten Einfluss auf die Verschlechterung des N-Werts des Beispielunternehmens M. Die Verringerung der Eigenkapitalquoten allein erklärt bereits über 57 % der N-Wert-Änderung (32,81 % + 24,56 %). Etwa 38 % der N-Wert-Änderung sind auf die Kapitalbindung zurückzuführen.

Dem Vorgehen bei der **Fragengeleiteten Ursachenanalyse** entsprechend, sind nach der Ermittlung der wesentlichen Einflussfaktoren die betriebswirtschaftlichen Gründen für die Verschlechterung des N-Wertes, der Kennzahlen und der Jahresab-

---

141 Das Bsp. basiert auf den Geschäftsberichtsdaten der Merck KGaA aus den Jahren 1993 und 1994; vgl. *Baetge/Dossmann/Kruse* in Hauschildt/Leker, 2. Aufl. 2000, S. 201–202 und 217; vgl. ebenfalls *Baetge* DB 2002, 2287.

schlussposten zu suchen: Im Beispielfall hat das Unternehmen M den Kauf eines anderen Unternehmens mit der Aufnahme von kurzfristigem Fremdkapital finanziert, da die Eigentümer kurzfristig kein Eigenkapital zur Verfügung stellen konnten. Dies hat zur Folge, dass die Eigenkapitalquote sinkt, die Fremdkapitalquote steigt. Die negative Entwicklung des Unternehmens M konnte durch einen Börsengang und die aus den zugeflossenen Mitteln mögliche Bereitstellung von Eigenkapital „aufgefangen" werden.

203 **Beispiel:** Mit Hilfe der individuellen Sensitivitätsanalyse kann der Bilanzanalytiker auch den Informationsbereich bzw. die wirtschaftliche Teillage identifizieren, die den stärksten Beitrag zur N-Wert-Änderung leistet. Addiert man die Beiträge der Kennzahlenänderungen eines Informationsbereichs (vgl. Rn. 190), erhält man den Einfluss des Informationsbereichs auf die N-Wert-Änderung. Analog kann der Beitrag einer der drei wirtschaftlichen Teillagen (Vermögens-, Finanz- oder Ertragslage, vgl. Rn. 190) zur N-Wert-Änderung ermittelt werden.

204 Mithilfe des BBR kann der Analytiker zielgerichtet die Kennzahlen und Informationsbereiche des Jahresabschlusses identifizieren, die zur krisenhaften Situation des Unternehmens besonders stark beigetragen haben. Er erhält somit Ansatzpunkte für seine Risiko- und Krisenursachen-Analyse sowie für die daraus zu folgernden Sanierungsmaßnahmen. Auch ein evtl. Erfolg oder Misserfolg der Sanierungsmaßnahmen lässt sich im Folgejahr anhand des neuen Jahresabschlusses mit der individuellen Sensitivitätsanalyse ermitteln. Mit diesen Möglichkeiten bietet das BBR Ansatzpunkte und wertvolle Informationen auch für die Unternehmensleitung und den Abschlussprüfer.

5.3.6 Moody's KMV RiskCalc als modernes Verfahren der Jahresabschlussanalyse

205 Als ein weiteres am Markt allgemein verfügbares modernes Verfahren der Bilanzbonitätsanalyse hat sich **Moody's RiskCalc** (**RiskCalc**) durchgesetzt. Dieses moderne Verfahren der Bilanzanalyse ist eine Weiterentwicklung des zuvor beschriebenen BBR. Auch bei RiskCalc ist analog zum BBR eine fragengeleitete Ursachenanalyse und eine individuelle Sensitivitätsanalyse möglich. Die diesbezüglichen Analysen werden in diesem Abschnitt indes nicht vorgestellt.

206 Im Jahr 2001 wurde das erste deutsche RiskCalc-Modell von Baetge & Partner sowie Oliver Wyman nach dem Vorbild des BBR für Moody's entwickelt. Der Entwicklungs- und Validierungsdatenbestand des deutschen RiskCalc-Modells umfasste **mehr als 100 000 HGB-Jahresabschlüsse.** Um das RiskCalc-Modell dabei optimal an den künftigen Anwendungsbereich anzupassen, wurden bei der Entwicklung von RiskCalc – ebenso wie beim BBR – ausschließlich Jahresabschlüsse von Unternehmen berücksichtigt, die eine jährliche Gesamtleistung von mindestens 0,5 Mio. EUR erreichen, nicht staatsabhängig sind, nicht zur Finanzdienstleistungsbranche gehören, konzernunabhängig sind und keine Besitzgesellschaften oder Bauträger sind.[142]

207 Für **andere Länder** wurde das deutsche RiskCalc-Modell in drei Schritten weiterentwickelt.[143] Auf diese Weiterentwicklungen kann hier aber nicht eingegangen werden.

---

142 Vgl. *Escott/Glormann/Kocagil* Moody's Investors Service Nov 2001 Nr. 72044, 4.
143 Vgl. *Moody's Corporation* RC GER 0206, 1; www.moodyskmv.com/products.

Wie beim BBR wurden für RiskCalc in einem **ersten Schritt** 209 **Kennzahlen univariat auf ihre Eignung untersucht**, solvente Unternehmen von insolvenzgefährdeten Unternehmen zu trennen und um Hypothesenkonformität zu gewährleisten.

Die im ersten Schritt zur Trennung der solventen von den insolvenzgefährdeten Unternehmen als geeignet identifizierten Kennzahlen wurden im **zweiten Schritt** anhand des empirisch-statistischen Verfahrens, der **Logistischen Regressionsanalyse**, hinsichtlich ihrer besonderen Trennfähigkeit bzgl. solventer und später insolventer Unternehmen bewertet. Danach verblieben neun Kennzahlen, die als Kombination in einem optimal gewichteten ganzheitlichen logistischen Modell besonders gut dazu geeignet sind, solvente von insolvenzgefährdeten Unternehmen Jahre vor der Insolvenz zu trennen. Die optimale Gewichtung dieser neun Kennzahlen geschah mit Hilfe der 100 000 Jahresabschlüsse des Datensatzes. Danach konnte mit der logistischen Regressionsfunktion für Unternehmen, die nicht zum Entwicklungsdatensatz gehörten, anhand seiner Jahresabschlusszahlen der Gesamtwert für die Ausfallwahrscheinlichkeit berechnet werden.

Dafür war es in einem **dritten Schritt** notwendig, die ermittelten **Scorewerte in Ausfallwahrscheinlichkeiten** zu transformieren. Um die Handhabung der RiskCalc-Ergebnisse dabei noch einfacher zu gestalten, wurden die Ausfallwahrscheinlichkeiten aufgrund beobachteter historischer Ausfallraten den bekannten Moody's Ratingklassen zugeordnet. Abschließend wurde das deutsche RiskCalc-Modell an den spezifischen Anwendungsbereich der nicht-börsennotierten deutschen Unternehmen angepasst, wobei Branchenbesonderheiten berücksichtigt wurden. RiskCalc berechnet die Ausfallwahrscheinlichkeit jeweils sowohl für einen Ein-Jahreszeitraum als auch für einen Fünf-Jahres-Zeitraum.

Tab. 4 stellt die für das deutsche RiskCalc ermittelten Jahresabschlusskennzahlen mit ihren jeweiligen Definitionen dar. Diese **neun Kennzahlen** des RiskCalc decken die sieben Informationsbereiche des Jahresabschlusses ab, nämlich die Kapitalbindungsdauer, die Verschuldung, die Kapitalstruktur, die Finanzkraft, die Rentabilität, den Personalaufwand und das Wachstum. Die Mehrzahl der Kennzahlen berücksichtigt und neutralisiert einen Großteil der möglichen bilanzpolitischen und sachverhaltsgestaltenden Maßnahmen eines Unternehmens.

212 Tab. 4: Kennzahlen des RiskCalc[144]

Bezeichnung	Informationsbereich	Teillage	Definition
Kapitalbindungsdauer	Kapitalbindung	Vermögenslage	((Akzepte + Verbindlichkeiten aus Lieferungen und Leistungen) × 360) / Umsatz
Nettoverschuldungsquote	Verschuldung	Vermögenslage	(Kfr. Fremdkapital – flüssige Mittel) / Bilanzsumme
Fremdkapitalstruktur	Verschuldung	Vermögenslage	(Verbindlichkeiten aus Lieferungen und Leistungen + Akzepte + Bankverbindlichkeiten) / (Fremdkapital – erhaltene Anzahlungen)
Eigenkapitalquote	Kapitalstruktur	Vermögenslage	(Eigenkapital – immaterielle Vermögensgegenstände) / (Bilanzsumme – immaterielle Vermögensgegenstände – flüssige Mittel – Grundstücke und Bauten)
Finanzkraft	Finanzkraft	Finanzlage	Ertragswirt. Cashflow / (Fremdkapital – erhaltene Anzahlungen)
Umsatzrentabilität	Rentabilität	Ertragslage	Ordentliches Betriebsergebnis / Umsatz
EBITD-ROI	Rentabilität	Ertragslage	(Jahresüberschuss + Zinsaufwendungen + Steuern vom Einkommen und Ertrag + Abschreibungen) / Bilanzsumme
Personalaufwandsquote	Aufwandsstruktur	Ertragslage	Personalaufwand / Gesamtleistung
Umsatzwachstum	Wachstum	Ertragslage	Umsatz der aktuellen Periode / Umsatz der Vorperiode

213 Die Zusammenhänge des deutschen RiskCalc-Modells veranschaulicht **Abb. 18**. Angelehnt an die international etablierte **Ratingskala** von Moody's differenziert die RiskCalc-Ratingskala zwischen 19 mit Aaa bis C bezeichneten Ratingklassen. Unternehmen von Aaa bis Baa3 zeichnen sich durch eine Bestandfestigkeit (Solvenz- bzw. Überlebenswahrscheinlichkeit) von mind. 99 % aus (sog. Investment Grade). Unternehmen aus den Ratingklassen von Ba1 bis C signalisieren eine Existenzgefährdung (Speculative Grade).

---

144 Vgl. *Escott/Glormann/Kocagil* Moody's Investors Service Nov 2001 Nr. 72044, 20.

Krisenfrüherkennung **2**

214

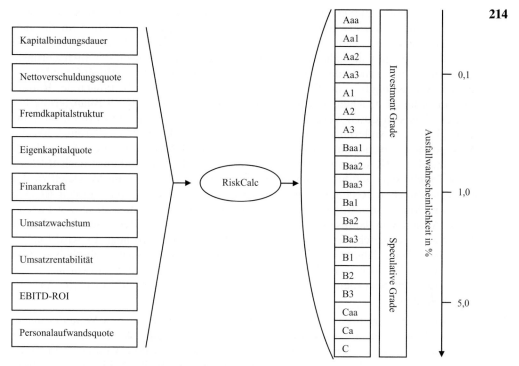

Abb. 18: Zusammenhänge im RiskCalc

Die Probleme und Grenzen für die modernen Verfahren der Jahresabschlussanalyse   215
sind Gegenstand des folgenden Abschnitts.

5.3.7 Probleme und Grenzen von modernen Verfahren der Jahresabschlussanalyse

Ein modernes Verfahren der Jahresabschlussanalyse zeigt eine Bestandsgefährdung so   216
frühzeitig an, dass Maßnahmen zur Krisenabwehr noch möglich sind. Das konnte am
Bsp. des BBR anhand von vielen Anwendungen nachgewiesen werden (vgl. Rn. 194).
Zwar ist die Entwicklung eines Bilanzratingsystems aufwändig, indes kann ein einmal
entwickeltes System auf beliebig viele Jahresabschlüsse einer breiten Klasse von
Unternehmen angewendet werden. Unternehmen, die kein eigenes Bilanzratingsystem entwickeln möchten bzw. können, können sich über einen externen Anbieter
Zugang zu einem solchen Tool verschaffen, beispielsweise im Rahmen eines Lizenzerwerbs, wie dies bei RiskCalc möglich ist. Dem Anwender eines modernen Verfahrens
der Jahresabschlussanalyse steht somit ein Top-down-Ansatz zur Verfügung, der
finanzielle Risiken (und Chancen) **frühzeitig und wirtschaftlich** erfasst und anzeigt
(vgl. Rn. 105 f.) und eine weitergehende Sensitivitätsanalyse ermöglicht – wie beim
Bsp. unter Rn. 198 f. gezeigt werden konnte.

Die in modernen Verfahren der Jahresabschlussanalyse verwendeten mathematisch-   217
statistischen Verfahren auf Basis einer großen empirischen Datenbasis gewährleisten,
dass die Kennzahlen **objektiv** ausgewählt, gewichtet und zusammengefasst werden.
Das Gesamturteil (N-Wert beim BBR bzw. PD beim RiskCalc) sind somit intersubjektiv nachprüfbar. Dem Objektivierungsprinzip wird also entsprochen (vgl. Rn. 102).

Stabile Ergebnisse aus einer empirisch-statistischen Analyse von Jahresabschlüssen lassen sich indes nur erwarten, wenn die Rechnungslegungsvorschriften für die Jahresabschlussinformationen, auf welche die für die Analyse gebildeten Kennzahlen basieren, im Zeitablauf nahezu unverändert bleiben. Änderungen der Bilanzierungsvorschriften, wie durch das Bilanzrechtsmodernisierungsgesetz (BilMoG) oder die häufige Neufassung bzw. die Revision der IFRS, können Überarbeitungen der Ratingtools erforderlich machen. Vor allem die Umstellung auf die IFRS-Bilanzierung hat gezeigt, dass sich durch Veränderungen der Rechnungslegungsvorschriften die Notwendigkeit von Änderungen der Kennzahlen ergeben können.[145] Allerdings hat die Anwendung des bisher auf der Basis der „alten" HGB-Abschlüsse entwickelten Risk-Calc und des BBR selbst auf Jahresabschlüsse nach BilMoG und auch nach IFRS zu guten Ergebnissen geführt, wenn die Besonderheiten der IFRS im Vergleich zu der handelsrechtlichen Rechnungslegung berücksichtigt werden.[146] Im Übrigen ist eine Neuentwicklung eines Bilanzrating-Tools erst möglich, wenn eine statistisch genügend große Anzahl von Jahresabschlüssen nach dem geänderten Rechnungslegungsstandard von später gescheiterten und gesunden Unternehmen vorliegt. Es wird folglich noch einige Jahre dauern, bis eine genügend große Anzahl von Jahresabschlüssen (die nach HGB-BilMoG bzw. nach IFRS aufgestellt wurden) solventer und vor allem von später insolvent gewordener Unternehmen vorliegt, die empirisch-statistische Auswertungen erlauben.[147]

218 Die modernen Verfahren der Bilanzanalyse müssen auf Dauer den Veränderungen, die das Bilanzrechtsmodernisierungsgesetz und der ständige Wandel der IFRS mit sich bringen, angepasst werden. Die Verringerung der expliziten Wahlrechte im HGB durch das BilMoG erleichtert zwar die Bilanzanalyse. Explizite Wahlrechte werden in den vorgestellten Bilanzratings indes durch kreative Kennzahlen bei der Bilanzanalyse berücksichtigt.[148] Durch das BilMoG werden neue Ermessensspielräume und Möglichkeiten der Sachverhaltsgestaltung bei der Aufstellung von Jahresabschlüssen ermöglicht, die vom Bilanzanalytiker schwieriger zu erkennen sind.[149] In noch größerem Maße gilt das für die IFRS. Bilanzpolitik neutralisierende Kennzahlen müssen entsprechend den neuen bilanzpolitischen Möglichkeiten entwickelt bzw. angepasst werden. Kreative Kennzahlen werden also auch künftig eine wichtige Rolle bei der Bilanzanalyse spielen.[150] Sie sollen ermöglichen, eine durch den Jahresabschluss-Ersteller mittels Bilanzpolitik bewusst verzerrte Darstellung der wirtschaftlichen Lage zu **neutralisieren**.

219 Wichtige Datenbasen für die modernen Verfahren der Bilanzanalyse sind neben zahlreichen Jahresabschlüssen von solventen Unternehmen eine statistisch hinreichende Zahl von Jahresabschlüssen von später insolvent gewordenen, also von kranken Unternehmen. Als „krank" werden Unternehmen bezeichnet, wenn sie innerhalb von vier Jahren in die Insolvenz gehen. Die in einer solchen Datenbasis enthaltenen kranken Unternehmen entsprechen zwar nicht vollständig der in Rn. 18 gewählten Definition von **Unternehmen in der Krise**, weil in einer solchen Datenbasis nur jene Unter-

---

145 Vgl. *Baetge/Maresch/Schulz* DB 2008, 417–422; *Leker/Mahlstedt/Kehrel* KoR 2008, 379–388.
146 Vgl. *Baetge/Brüggemann* FS Schierenbeck, 2000, S. 582 ff.
147 Vgl. *Baetge/Schmidt* FS DVFA, 2010, S. 171; *Göllert* DB 2009, 1773 f.
148 Vg. *Küting/Weber* S. 86 ff.; *Baetge/Kirsch/Thiele* Bilanzanalyse, 2. Aufl. 2004, S. 83 ff.
149 Vgl. *Petersen/Zwirner/Künkele* 2010, S. 11; *Göllert* DB 2009, 1773 f.
150 Vgl. *Baetge/Schmidt* FS DVFA, 2010, S. 171; *Göllert* DB 2008, 1165–1171.

nehmen mit Krisen enthalten sind, die in einem Insolvenzverfahren enden. Unternehmen, die die Krise vor Eintritt in ein Insolvenzverfahren erfolgreich bewältigen, werden in dem Jahresabschluss-Datensatz nicht als „krank" erfasst, sondern als „gesund". Insofern wird die mit dem Jahresabschluss-Datensatz zu ermittelnde Trennfunktion für solvente und insolvenzgefährdete Unternehmen zur Früherkennung von Krisen sogar erschwert. Vor diesem Hintergrund ist es besonders bemerkenswert, wie treffsicher Unternehmenskrisen auch heute trotz geänderter Rechnungslegungsvorschriften mit dem BBR und dem RiskCalc frühzeitig erkannt werden.

In den hier vorgestellten Verfahren der modernen Bilanzanalyse (BBR und RiskCalc) wurde gewährleistet, dass sämtliche Informationsbereiche des Jahresabschlusses durch Kennzahlen abgedeckt werden. Hierdurch werden vor allem die numerischen Informationen des Jahresabschlusses ausgewertet. Die verbalen, nicht oder nur schwierig quantifizierbaren Informationen aus dem Anhang, dem Lagebericht und dem Unternehmensumfeld bleiben dabei zumindest unmittelbar unberücksichtigt. Da diese qualitativen Daten wichtige unmittelbar zukunftsgerichtete Informationen für die Früherkennung einer Krise enthalten können, sollte man solche qualitativen Risiken in die Beurteilung der wirtschaftlichen Lage des Unternehmens zusätzlich einbeziehen, die erst nach Jahren ihres Wirksamwerdens durch ein Bilanzbonitätsrating erfasst werden (können), sonst läuft man Gefahr, von qualitativen Faktoren unmittelbar hervorgerufene Unternehmenskrisen nicht rechtzeitig zu erkennen. Diese qualitativen Risiken werden als Negativmerkmale bezeichnet.[151] **220**

Negativmerkmale können nach den Unternehmensbereichen unterschieden werden, in denen sie auftreten. Danach lassen sich Negativmerkmale aus **221**

– dem globalen Umfeld,
– dem Unternehmensumfeld,
– dem internen operativen Geschäft und
– der internen Organisation

des Unternehmens unterscheiden.

Ad 1. Globales Umfeld: Negativmerkmale können im globalen Umfeld des Unternehmens liegen: Die Rahmenbedingungen des Unternehmens, welche sich aus dem gesamtwirtschaftlichen, rechtlich-politischen, wissenschaftlich-technischen oder ökologischen Umfeld ergeben, bergen Risiken. Zu den Risiken aus dem globalen Umfeld sind im Speziellen zu zählen: **222**

– Währungsrisiken,
– wirtschaftliche und politische Labilität der wichtigsten Abnehmer-/Lieferländer oder
– wirtschaftliche und politische Labilität des Standortes des zu beurteilenden Unternehmens selbst.

Ad 2. Unternehmensumfeld: Qualitative Risiken sind auch im Unternehmensumfeld zu finden; diese Risiken ergeben sich aus der Branchenentwicklung, den Marktbedingungen auf Absatz- und Beschaffungsmärkten sowie aus den Wettbewerbsverhältnissen. Hierunter fallen beispielsweise die Abhängigkeit des Unternehmens von (wenigen oder) nur einem einzigen Lieferanten, Abnehmer(n), Produkt(en), Geldgeber(n) oder Rohstoff(en) sowie neue staatliche Auflagen oder Steueränderungen. **223**

---

151 Vgl. *Baetge/Niehaus* Bilanzanalyse nach neuem Recht, 1989, S. 84–86.

224 Ad 3. Operatives Geschäft: Negativmerkmale im unternehmensinternen operativen Geschäft lassen sich anhand der unternehmensinternen Erfolgsfaktoren erfassen. Hierzu gehören Risiken in der Leistungs- und Produktpalette, der Beschaffungs- und Absatzpolitik, der strategischen Ausrichtung des Unternehmens. Bsp. für unternehmensinterne Erfolgsfaktoren sind:

- Übernahme von Eventualrisiken,
- Bürgschaften,
- Auslaufen von Patenten,
- Auslaufen von Verträgen.

225 Ad 4. Interne Organisation: Ferner können bestimmte Negativmerkmale in der **internen Organisation** und der Entscheidungsfindung nicht durch den Jahresabschluss bzw. ein Bilanzbonitätsrating erfasst werden. Negativmerkmale in der Unternehmensleitung selbst sind auch hierunter zu fassen. Zu diesen Negativmerkmalen zählen:

- Mängel im Risikoüberwachungs-/Risikomanagementsystem,
- schwierigste Verhältnisse zwischen den Leitenden des Unternehmens oder
- Unzuverlässigkeit der Unternehmensleitung.

226 Neben den o.g. Negativmerkmalen werden solche Risiken durch ein Bilanzbonitätsrating nicht erfasst, die durch die **Periodenabgrenzung** zeitlich nicht im analysierten Jahresabschluss erfasst wurden. Diese Risiken sind ebenfalls gesondert zu beurteilen. Hierzu zählen z.B. Risiken aus laufenden Gerichtsprozessen oder Risiken die sich aus besonderen den Unternehmensbestand gefährdende Geschäftsvorfällen nach dem Bilanzstichtag ergeben (könnten).

227 Erst durch die zusätzliche Beurteilung der (qualitativen) Negativmerkmale und der mittels des Bilanzbonitätsratings ermittelten Bestandsfestigkeit kann das Risiko der künftigen Entwicklung des Unternehmens adäquat bestimmt werden.

6. Top-down- und Bottom-up-Ansätze als sich ergänzende Komponenten eines Früherkennungssystems

228 Der wesentliche Nachteil der Bottom-up-Ansätze – sowohl der operativen als auch der strategischen Ansätze – liegt in ihrer subjektiven und u.U. nicht vollständigen Erfassung der existenzbedrohenden Risiken eines Unternehmens. Bottom-up-Ansätze – für sich separat betrachtet – erfüllen nicht die an ein Krisenfrüherkennungssystem gestellten Anforderungen der Objektivität und Ganzheitlichkeit. Diese Anforderungen lassen sich aber mit den modernen Verfahren der Jahresabschlussanalyse Top-down-Ansätzen erfüllen, denn mit ihnen kann ein objektives Gesamturteil über die wirtschaftliche Lage eines Unternehmens gebildet werden.

229 Die Bilanzbonitätsratings bedürfen allerdings der zusätzlichen Berücksichtigung der Negativmerkmale. Die sich aus den Negativmerkmalen ergebenden Risiken werden aber gerade durch die Bottom-up-Ansätze erfasst und bewertet. Ein Bottom-up-Ansatz kann diese Lücke in der Informationsauswertung der Top-down-Ansätze schließen. Top-down-Ansatz und Bottom-up-Ansatz ergänzen sich also in idealer Weise.

230 Das Ergebnis zeigt, dass sich Bottom-up- und Top-down-Ansatz nicht ausschließen, sondern sie sind die unbedingt zusammengehörenden Komponenten jedes Krisenfrühwarnsystems.

V. Auswirkungen der Krise

1. Überblick

In einem Unternehmen reduziert sich mit einer Verschärfung einer Krise die für die Abwehr der Krisenursachen verbleibende Zeit. Entscheidungen müssen unter Zeitdruck getroffen werden. Solche Entscheidungen werden oft mit einer schwächeren Informationsbasis begründet, weil für eine hinreichende Informationsbeschaffung Zeit und Ressourcen fehlen. Hierdurch steigt die **Gefahr von Fehlentscheidungen**. Außerdem nimmt der Handlungsspielraum der Unternehmensleitung mit dem Krisenverlauf ab (vgl. Rn. 17).

231

In der Krise verändert sich die Zielsetzung des Unternehmens. Häufig werden riskantere, aber angeblich rentablere Entscheidungsalternativen realisiert, um das oben genannte erste finanzielle Ziel „Geld verdienen" wieder zu realisieren. Auf diese Weise wird versucht, bereits eingetretene Verluste durch erhoffte höhere Erträge aus riskanteren Geschäften auszugleichen. Mit diesem Streben nach höherer Rentabilität wird aber – aufgrund des höheren Risikos – das zweite finanzielle Ziel, „die Verdienstquelle zu sichern", erheblich beeinträchtigt. Tatsächlich sollte sich das Unternehmen vor allem darum bemühen, eine Überschuldung bzw. eine Illiquidität abzuwenden, um das Überleben des Unternehmens kurzfristig zu sichern. In einer solchen Lage lässt sich indes das ursprünglich gesetzte finanzielle Ziel des „Geld verdienens" zumindest vorübergehend nicht weiter verfolgen.

232

Um eine (drohende) **Überschuldung** abzuwenden, konzentrieren sich kriselnde Unternehmen vor allem auf die Kostenreduktion. Kosten lassen sich – anders als Erlöse – durch das Unternehmen stärker und schneller beeinflussen. Allerdings werden dabei oft überlebenswichtige Forschungs- und Entwicklungs- aber auch Marketing- und Personalqualifikationsaufwendungen reduziert oder gänzlich eingespart, was relativ kurzfristig Ertragsminderungen zur Folge hat.

233

Zur **Sicherung der Liquidität** versuchen kriselnde Unternehmen, Einnahmen vorzuziehen und Ausgaben zeitlich nach hinten zu verschieben (liquiditätspolitische Maßnahmen). Durch den Verkauf von Vermögen bzw. von Segmenten, wie der in der Presse diskutierte Verkauf der Aral-Tankstellen durch BP in Deutschland[152], können liquide Mittel generiert werden. Indem Investitionen unterlassen bzw. verschoben werden oder desinvestiert wird oder Instandhaltungsmaßnahmen auf ein Minimum reduziert werden, lässt sich die Zahlungsfähigkeit kurzfristig verbessern. Diese Maßnahmen sind vor allem geeignet, die kurzfristige Liquiditätslage des Unternehmens zu verbessern. Sie laufen indes dem zweiten Unternehmensziel „Geld verdienen" regelmäßig zuwider und sind daher mittel- bis langfristig oft nachteilig für das Unternehmen, z.B. wenn infolge von Investitionsstopps die künftigen Kundenwünsche nicht (mehr) befriedigt werden können.[153]

234

In den Rn. 11–80 wurde deutlich, dass eine Krise ein Prozess ist, der in der Regel durch eine Vielzahl von Ursachen ausgelöst wird. Diese Ursachen können einander verstärken bzw. weitere Krisenursachen auslösen (mehrstufige Ursache-Wirkungsbeziehungen). Aus diesem Grund stellen die Auswirkungen einer (beginnenden) Krise in der Regel gleichzeitig Ursachen der (sich verschlimmernden) Krise dar.

235

---

152 Vgl. *Wildhagen* Wirtschaftswoche 2010, Nr. 31, S. 54.
153 Vgl. *Hauschildt* FAZ Nr. 100 v. 30.4.2001, S. 31.

236 In Kapitel 4 wurde zunächst dargelegt, dass Unternehmertum ohne Risiko undenkbar ist, da das Ergreifen einer Chance immer zugleich bedeutet, dass Risiken eingegangen werden. Unternehmen befinden sich daher auch in guten Zeiten stets in einer potenziellen Krise (vgl. Rn. 26). Ein Unternehmen sollte daher nicht danach streben, jegliche Risiken zu minimieren, vielmehr muss es versuchen, sein **Chancen-Risiken-Profil**, also das Verhältnis von ergriffenen Chancen zu den damit verbundenen Risiken, zu **optimieren**. Hieraus ergibt sich das Erfordernis eines angemessenen Risikomanagements im Unternehmen.

237 Dem von Ludwig Erhard geäußerten Ausspruch „Wirtschaft ist zur Hälfte Psychologie" folgend, werden im Folgenden zwischenmenschliche, „weiche" Auswirkungen der Krise im Unternehmen fokussiert. Hierbei wird zunächst die Bedeutung der Unternehmenskultur für die Krisenfrüherkennung betrachtet, des Weiteren werden die Auswirkungen einer Krise auf die Unternehmenskultur erläutert. Schließlich wird die Gefahr verdeutlicht, dass eine Krise infolge verzerrter Wahrnehmungen der tatsächlichen Unternehmenslage zu einer „self-fulfilling prophecy" werden kann.

2. Unternehmenskultur und Unternehmenskrise

238 Ein Risikofrüherkennungssystem unterstützt die Leitungsfunktion des Top-Managements eines Unternehmens umso besser, je stärker die Mitarbeiter für die Risiken, die mit den wahrzunehmenden Chancen in Zusammenhang stehen, sensibilisiert werden und sie die für die Steuerung der Risiken vorgeplanten Prozesse anstoßen. Denn je eher ein Risiko, auf welcher Hierarchieebene bzw. in welcher Abteilung auch immer, identifiziert wird, desto mehr Zeit verbleibt der Unternehmensleitung, auf dieses Risiko zu reagieren.[154] Die **Unternehmenskultur** spielt einerseits bei der Krisenfrüherkennung eine bedeutende Rolle, andererseits kann die Unternehmenskultur, sofern sie im Verlauf einer bestandsgefährdenden Krise geschädigt wird, die Krise verstärken.

239 Jedes Unternehmen hat eine Unternehmenskultur.[155] Der **Begriff der „Unternehmenskultur"** ist definiert als ein dynamisches Gefüge aus von den Mitarbeitern geteilten Werten, Normen und Überzeugungen, das über einen längeren Zeitraum gewachsen ist und das Verhalten des Kollektivs aller Mitarbeiter des Unternehmens in eine bestimmte Richtung lenkt.

240 Eine Unternehmenskultur, die von allen Mitarbeitern geteilt wird, wird als „stark" bezeichnet. Im gegenteiligen Fall, in dem von den verschiedenen Mitarbeitern unterschiedliche Werte, Normen und Überzeugungen vertreten werden, handelt es sich um eine „schwache" Unternehmenskultur.

241 In empirischen Studien konnten die folgenden **fünf Funktionen einer starken Unternehmenskultur** identifiziert werden, die den Erfolg eines Unternehmens unabhängig von dessen Branchenzugehörigkeit, Marktposition oder Größe positiv beeinflussen.[156]

---

154 Vgl. *AKEIÜ* DB 2010, 1250.
155 Vgl. ausf. zur Unternehmenskultur *Baetge/Schewe/Schulz/Solmecke* JfB 2007, 183–218; *Baetge/Meffert/Lepp/Schmidt* Arbeitspapier Nr. 201 der Wissenschaftlichen Gesellschaft für Marketing und Unternehmensführung, 2008, S. 7; *Baetge/Melcher/Schmidt* FS Hopt, 2010, S. 361–364.
156 Vgl. *Baetge/Schewe/Schulz/Solmecke* JfB 2007, 205–207; *Baetge/Meffert/Lepp/Schmidt* Arbeitspapier Nr. 201 der Wissenschaftlichen Gesellschaft für Marketing und Unternehmensführung, 2008, S. 8.

1. **Motivation/Zufriedenheit:** Die Unternehmenskultur fördert die Bereitschaft der (zufriedenen) Mitarbeiter, eigeninitiativ zu arbeiten und sich für das Unternehmen zu engagieren. Sie fühlen sich gegenüber dem Unternehmen „verpflichtet", auf dessen Ziele hinzuarbeiten.
2. **Integration:** Neue Mitarbeiter werden in bestehende Teams integriert; die Mitarbeiter entwickeln ein „Wir-Gefühl".
3. **Identifikation:** Die Mitarbeiter identifizieren sich mit dem Unternehmen und den Unternehmenszielen.
4. **Koordination/Kommunikation:** Bei wiederkehrenden Problemen und Herausforderungen koordinieren sich die Mitarbeiter „automatisch", da jeder Mitarbeiter die Anforderungen und Grenzen seines Handlungsspielraums kennt. Die Orientierung an den (verinnerlichten) Organisationszielen vereinfacht die Abstimmungsprozesse innerhalb des Unternehmens.
5. **Innovation:** Um Produkte und Prozesse zu verbessern, müssen die Mitarbeiter umfassend aus- und weitergebildet werden. Ebenfalls sollten sie ermutigt werden, Produkt- und Prozessverbesserungen vorzuschlagen und umzusetzen.

242 Diese fünf Funktionen sind nicht überschneidungsfrei, vielmehr verstärken sie einander. Beispielsweise wird ein Mitarbeiter, der in das Unternehmen integriert ist, sich stärker mit dem Unternehmen identifizieren. Des Weiteren wird ein zufriedener und motivierter Mitarbeiter eher Produkt- und Prozessverbesserungen vorschlagen als ein unzufriedener und unmotivierter Mitarbeiter. Bei einer starken Unternehmenskultur sind diese fünf Funktionen positiv ausgeprägt. Das gleichzeitig hohe Niveau jeder der fünf Funktionen führt dazu, dass die Arbeitsprozesse im Unternehmen reibungsloser ablaufen, dass zielgerichtet gearbeitet wird, dass Kunden einwandfrei bedient werden und so eine hohe Kundenbindung aufgebaut wird. Hierdurch wird der Unternehmenserfolg positiv beeinflusst. Eine schwache Unternehmenskultur hingegen beeinflusst den Unternehmenserfolg negativ.[157]

243 Eine starke Unternehmenskultur ist ein wesentlicher Faktor für ein optimal funktionierendes Krisenfrüherkennungsinstrument. Motivierte und zufriedene Mitarbeiter identifizieren sich mit „ihrem" Unternehmen. In diesem Fall wirkt die Unternehmenskultur wie ein „psychologischer Arbeitsvertrag."[158] Da das Unternehmen für die motivierten und zufriedenen Mitarbeiter mehr ist als nur ein Arbeitgeber, engagieren sich diese Mitarbeiter stärker für ihr Unternehmen. Sofern diesen Mitarbeitern potenziell krisenverursachende Sachverhalte bekanntwerden, werden sie diese Sachverhalte umgehend weitergeben und so den Risikomanagementprozess (vgl. Rn. 98) anstoßen. Sehr gut integrierte Mitarbeiter kennen ihre jeweiligen Ansprechpartner, hierdurch wird die Kommunikation der potenziellen Krisenursache sowie die Koordination der einzuleitenden Gegenmaßnahmen erheblich erleichtert. Bei einer schwachen Unternehmenskultur sind die genannten Unternehmenskulturfunktionen schwach ausgeprägt, sodass Krisen tendenziell später erkannt werden und der Unternehmensleitung somit weniger Spielräume bleiben, um die Krise abzuwenden.

244 Eine starke Unternehmenskultur trägt zwar erheblich zum Funktionieren eines Krisenfrüherkennungssystems bei, allerdings wird das dynamische Gefüge Unternehmenskultur (vgl. Rn. 239) durch eine Krise negativ beeinflusst. In der Krise müssen

---

157 Vgl. hierzu ausf. *Baetge/Schewe/Schulz/Solmecke* JfB 2007, 183–218.
158 Vgl. *Baetge/Melcher/Schmidt* FS Hopt, 2010, S. 367.

alle Mitarbeiter des Unternehmens unter erhöhtem Zeitdruck arbeiten (vgl. Rn. 231). Gleichzeitig ist das Unternehmen gezwungen, Aufwendungen zu verringern (vgl. Rn. 232–234). Insoweit wird eine (fortgeschrittene) Unternehmenskrise nicht selten dazu führen, dass die Unternehmenskultur des Unternehmens negativ beeinflusst wird, wodurch der Erfüllungsgrad der Unternehmenskultur-Funktionen (vgl. Rn. 241) abnimmt. Eine Verschlechterung der Unternehmenskultur beeinflusst den Unternehmenserfolg negativ und verstärkt so die Krise.

245 Durch den Zeitdruck und den Zwang, Aufwendungen zu kürzen, wird der Umgangston im Unternehmen rauer. Die Mitarbeiter stehen unter Druck und sorgen sich um die Sicherheit ihres Arbeitsplatzes. Infolgedessen werden sie nicht selten **unzufriedener und unmotivierter**.

246 Die Sorgen um die Sicherheit des Arbeitsplatzes fördern ein Ellenbogen-Verhalten der Mitarbeiter. Dies führt zu einer **Desintegration** innerhalb des Unternehmens. Ein zuvor bestehendes Wir-Gefühl wird zumindest gestört, ggf. zerstört.

247 Aufgrund der erhöhten Unzufriedenheit **nimmt die Identifikation** der Mitarbeiter mit dem Unternehmen **ab**. Auch die Identifikation mit den Unternehmenszielen schwindet, da die strategischen Unternehmensziele, mit denen sich die Mitarbeiter ursprünglich identifiziert hatten, aufgegeben werden müssen zugunsten der kurzfristig dringlicheren Existenzsicherung des Unternehmens. Die von der Unternehmensleitung zur Existenzsicherung ergriffenen Mittel und Maßnahmen entsprechen möglicherweise in keiner Weise den Werthaltungen der Mitarbeiter.

248 Eine existenzbedrohende Unternehmenskrise stellt im Unternehmenslebenszyklus eine außergewöhnliche Situation dar. Es handelt sich daher nicht um ein wiederkehrendes Problem, bei dessen Lösung sich die Mitarbeiter „automatisch" koordinieren (vgl. Rn. 241). Vielmehr werden in der Krise Handlungsspielräume der Mitarbeiter häufig infolge des Zwangs, Aufwendungen zu kürzen, eingeschränkt. Selbst kleine Ausgaben müssen in solchen Krisensituationen durch die Unternehmensleitung genehmigt werden. Hierdurch wird der Abstimmungsbedarf innerhalb des Unternehmens und somit die allgemeine Komplexität des Unternehmens erhöht, wodurch der **Erfüllungsgrad der Funktion „Koordination/Kommunikation" abnimmt**.

249 Da die Identifikation der Mitarbeiter mit dem Unternehmen abnimmt, nimmt auch deren Bereitschaft, Produkt- und Prozessverbesserungen vorzuschlagen, ab. Diese Verbesserungsvorschläge sind aufgrund der erforderlichen Verringerung des Aufwands in der Regel von der Unternehmensleitung ohnehin unerwünscht. Die **Innovationskraft**, die maßgeblich für den künftigen Unternehmenserfolg ist, **sinkt**.

250 Die Verschlechterung der Unternehmenskultur sowie die Verschlechterung der Zielerreichungsgrade der genannten fünf Unternehmenskulturfunktionen beeinflussen den Unternehmenserfolg negativ und verstärken so die Krise. Die Krise und die dadurch verschlechterte Unternehmenskultur führen in vielen Fällen dazu, dass sich die Mitarbeiter um andere Arbeitsplätze bemühen. Vor allem den hervorragenden Mitarbeitern wird es leicht fallen, einen neuen Arbeitgeber zu finden. Selbst wenn es gelingt, die Krise abzuwenden, besteht die Gefahr, dass das Unternehmen mittelfristig wieder in eine bestandsgefährdende Krise gerät, da wichtige Know-how-Träger das Unternehmen in der Krise verlassen haben.

An dieser Stelle mag der Leser den Eindruck gewinnen, dass eine Krise nur **destruk-** 251
tive Auswirkungen auf das Unternehmen hat. Eine **Krise kann** indes auch **konstruk-**
tive Auswirkungen haben.

Ein Unternehmen, das eine **Krise erfolgreich abwendet**, geht im Regelfall gestärkt aus 252
dem Krisenprozess hervor, wenn die Krisenursachen frühzeitig erkannt wurden und
das Unternehmen Gegenmaßnahmen ergreifen konnte. Gegenmaßnahmen bedürfen
grundlegender Innovationsentscheidungen bzgl. der Unternehmensstruktur. Innovationen
bringen Veränderungen mit sich, gegen die sich Unternehmen – vor allem
erfolgreiche Unternehmen – oft stemmen. Unternehmen in der Krise sehen in strukturellen
Veränderungen häufig den (letzten) Ausweg aus der Krise. Sie sind daher
eher bereit, solche Änderungen umzusetzen.

Es lässt sich aber beobachten, dass es bisher erfolgsverwöhnten Unternehmen häufig 253
nicht gelingt, sich an **geänderte Umweltbedingungen**, z.B. geänderte Kundenerwartungen,
rechtzeitig anzupassen. Der Grund hierfür ist eine außerordentlich starke Unternehmenskultur,
gepaart mit einer sich aus den vergangenen Erfolgen ergebenden
Erfolgsarroganz.[159] Ein Management, das lange Zeit mit einem bestimmten Vorgehen
erfolgreich war, unterliegt der Gefahr, die Erfolge in der Vergangenheit als eine
Selbstverständlichkeit anzusehen und sich wenig beeindruckt von Krisenanzeichen
zeigen. Diese Situation liegt vor, wenn der Gedanke dominiert „Wir haben das schon
immer so gemacht" und es an Änderungswillen mangelt, wie das folgende Bsp. illustriert.

Beispiel: Betrachtet man einen typischen italienischen Traditionsanbieter von Fahrrad- 254
rahmen in den 80er Jahren, so war dessen Position von einem stabilen Marktanteil
gekennzeichnet. Für die Rahmen wurde als Werkstoff vor allem Stahl verwendet. Die
Ende der 80er Jahre aufstrebenden US-amerikanischen Anbieter nutzten die Werkstoffe
Aluminium, Carbon und Titan. Aufgrund besserer Materialeigenschaften in Bezug auf
Gewicht, Steifigkeit, Dämpfung, Verarbeitung etc. war es diesen Anbietern möglich, relativ
schnell Marktanteile zu gewinnen. Obwohl die technologischen Möglichkeiten, beispielsweise
über Messen, den italienischen Traditionsanbietern bekannt waren, nahmen
sie die neuen Werkstoffe erst dann in das Produktprogramm auf, als sie signifikant
Marktanteile verloren hatten.[160]

Mit Blick auf den für ein Unternehmen gefährlichen, oben erläuterten Gedanken 255
„Wir haben das schon immer so gemacht" ist bei der Reaktion auf Krisenursachen zu
beachten, dass gleiche Probleme mit gleichen Mitteln gelöst werden können und müssen,
während unterschiedliche Probleme unterschiedliche Lösungen erforderlich
machen.

3. Unternehmenskrise als self-fulfilling prophecy

Schätzen Banken aufgrund ihrer Ratingprozesse die wirtschaftliche Lage eines Unter- 256
nehmens als schlecht ein, werden sie die Kreditvergabe an dieses Unternehmen an
stärkere Auflagen (Financial Covenants[161]) knüpfen oder das Volumen des Kreditgeschäfts
mit dem Unternehmen reduzieren oder den zu zahlenden Zinssatz um einen
entsprechenden Zuschlag erhöhen. Damit wird dem Unternehmen der Zugang zu
neuem Fremdkapital schwierig gemacht. Dies gilt vor allem für deutsche Unterneh-

---

159 Vgl. *Schulz-Hardt/Frey/Lüthgens* Verhaltenswissenschaftliche Grundbegriffe in Pautik, S 468
160 *Hutzschenreuter* in Hutzschenreuter/Griess-Nega, S. 7.
161 Vgl. hierzu ausf. *Schmidt/Uhlenbruck* Rn. 1.142 ff.

men, deren wichtigste Kapitalquelle Banken sind. Werden die finanziellen Mittel des Unternehmens eingeschränkt, wird dieses Unternehmen seine Geschäftstätigkeit einschränken müssen, z.B. könnten Investitionen unterbleiben oder die Forschung und Entwicklung eingeschränkt werden. Dies wiederum wirkt sich möglicherweise negativ auf die Wettbewerbsfähigkeit des Unternehmens aus und die wirtschaftliche Lage des Unternehmens könnte sich real verschlechtern, was sich auch im Jahresabschluss und damit in den Jahresabschlusskennzahlen niederschlagen würde. Die Ratingmeinungen über das Unternehmen würden sich verschlechtern. Ein schlechtes Rating wiederum würde Banken dazu zwingen, die Kreditkonditionen erneut anzupassen (Basel II bzw. III). Die Banken würden dann entweder nicht bereit sein, das höhere Risiko in ihre Bücher zu nehmen oder sie würden einen entsprechend höheren Kreditzinssatz vom Unternehmen verlangen. Bei einem solchen Szenario schließt sich der Kreis und das Unternehmen gerät in eine bestandsgefährdende Krise (vgl. **Abb. 19**).

257

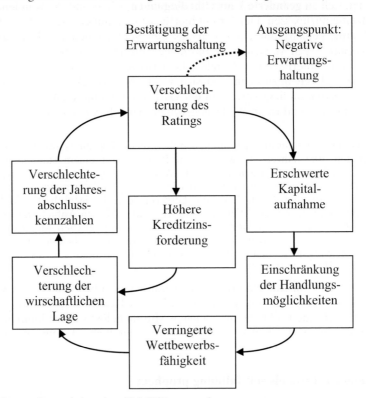

Abb. 19: Unternehmenskrise als self-fulfilling prophecy

258 Die Gefahr, dass sich die Identifizierung einer Unternehmenskrise als self-fulfilling prophecy erweisen könnte, macht erforderlich, dass innerhalb des Risikomanagementsystems diejenigen Informationen überwacht werden, die Unternehmensexternen zur Verfügung stehen. Konkret heißt dies, dass der in Rn. 154–227 beschriebene Ansatz der Krisenfrüherkennung mittels Jahresabschlussanalyse, die das wichtigste Krisenfrüherkennungsinstrument für externe Analysten darstellt, auch intern verwendet werden muss. Eine umfangreiche Kapitalmarktkommunikation ist erforderlich: Unternehmen müssen einen Ansprechpartner für die externen Kapitalgeber haben, an den sich die Kapitalgeber wenden können, um etwaige Negativmerkmale sowie deren potenzielle Auswirkungen auf die wirtschaftliche Lage des Unternehmens zu besprechen. Börsennotierte Unternehmen sollten beispielsweise eine Investor Relations Abteilung einrichten, um von der tatsächlichen Unternehmenslage abweichenden und negativen Einschätzungen durch Unternehmensexterne vorzubeugen.[162]

VI. Zusammenfassung

Eine Unternehmenskrise ist ein dynamischer Prozess. Die Existenz des Unternehmens wird zunehmend gefährdet. Unternehmen müssen Risiken in Kauf nehmen, um Chancen zu ergreifen. Daher befinden sie sich auch in guten Zeiten in einer latenten Krisensituation. Manifeste Unternehmenskrisen können vermieden bzw. ihr Verlauf positiv beeinflusst werden, sofern diese frühzeitig erkannt werden und der Unternehmensleitung somit ausreichend Handlungsspielraum verbleibt, um die notwendigen Maßnahmen zur Krisenabwehr einzuleiten. Die Krise verläuft positiv, wenn die Bestandsgefährdung abgewendet wird. Bei einem negativen Prozessverlauf endet sie in der Liquidation des Unternehmens. Der Krisenprozess kann dabei aus zwei Perspektiven betrachtet werden: Erstens, aus der (subjektiven) Wahrnehmungsperspektive, in der die Phasen potenzielle, latente, akute bzw. manifeste Krise unterschieden werden und zweitens aus der (objektiven) finanz- und erfolgswirtschaftlichen Perspektive, in der die Phasen strategische, operative bzw. Erfolgs- und Liquiditäts- bzw. Finanz-Krise unterschieden werden. 259

Es wurde deutlich, dass die Entstehung von Krisen sehr komplex ist. Vielfältige Ursachen aus unterschiedlichen internen und externen Unternehmensbereichen wirken häufig zusammen und führen zu einer Krise. Krisen sind in aller Regel multikausal und multilokal. In der Krisenursachenforschung wurde versucht, die Vielzahl von Einzelursachen durch die Zusammenfassung zu Krisentypen greifbar zu machen. 260

Die unterschiedlichen Ursachen bedingen sich gegenseitig und führen zu mehrstufigen Ursache-Wirkungs-Beziehungen. Die Erforschung von einzelnen Krisenursachen oder eine reine Aufzählung von Krisenursachen berücksichtigen diese Ursache-Wirkungs-Beziehungen nicht. Zur Krisenerkennung sind deshalb spezielle Krisenerkennungsinstrumente notwendig. 261

Hinsichtlich der Erkennung von Risiken sind zwei Vorgehensweisen gleichzeitig erforderlich: Der Bottom-up-Ansatz und der Top-down-Ansatz. 262

Beim Bottom-up-Ansatz werden einzelne Risiken des Unternehmens identifiziert, sukzessive gruppiert und zu einem Gesamtunternehmensrisiko aggregiert. Hierbei wird zwischen operativen und strategischen Bottom-up-Ansätzen unterschieden. Operative Ansätze nutzen überwiegend harte, quantitative Informationen und betrachten im Vergleich zur strategischen Krisenfrüherkennung einen kurz- bis mittelfristigen Zeithorizont. Strategische Ansätze zur Krisenfrüherkennung basieren auf dem Konzept der schwachen Signale. Mit diesen sollen langfristige Krisenfaktoren des Unternehmens identifiziert werden. Es wurde deutlich, dass sich operative und strategische Ansätze ergänzen, indem die operativen Ansätze zur Überwachung von kurzfristigen

---

162 Vgl. zur Kapitalmarktkommunikation ausf. *Oberdörster* 2008, S. 39–82.

Risiken genutzt und strategische Ansätze zur Erkennung von langfristigen Existenzrisiken eingesetzt werden. Die Bottom-up-Ansätze müssen also sowohl operative als auch strategische Risiken berücksichtigen. Doch ist damit noch nicht gewährleistet, dass sämtliche Risiken des Unternehmens erfasst werden, weil es kein objektives Bottom-Up-Verfahren gibt, die einzelnen Risiken zu einem objektiven Gesamtrisiko zusammenzuführen.

263 Der Bottom-up-Ansatz ist deswegen unbedingt durch den Top-down-Ansatz zu ergänzen. Bei einem Top-down-Ansatz wird eine Gesamtunternehmensperspektive eingenommen und das Gesamtrisiko des Unternehmens wird aus dem Jahresabschluss ermittelt, da er ein idealer „Sammler" aller Risiken und Chancen des Unternehmens ist.

264 In diesem Beitrag wurden klassische und moderne Verfahren der Jahresabschlussanalyse unterschieden. Die klassischen Verfahren erfüllen, ebenso wie die Bottom-up-Ansätze, nicht die Anforderungen an ein objektives, ganzheitliches Urteil. Moderne Verfahren der Jahresabschlussanalyse sind Bilanzratingsysteme, mit Hilfe derer die (Bilanz-)Bonität von Unternehmen auf der Grundlage einer großen statistischen Datenbasis an Jahresabschlüssen gesunder und kranker Unternehmen mit Hilfe von mathematisch-statistischen Verfahren beurteilt wird. Zu den modernen Verfahren der Jahresabschlussanalyse zählen u.a. die Multivariate Diskriminanzanalyse, die Logistische Regression und die Künstliche Neuronale Netzanalyse. Als praktisches Bsp. für ein auf einem künstlichen neuronalen Netz basierendes Bilanzratingsystem wurde das Baetge-Bilanz-Rating vorgestellt. Anhand des Baetge-Bilanz-Rating konnte gezeigt werden, dass moderne Verfahren der Jahresabschlussanalyse Unternehmenskrisen frühzeitig und treffsicher anzeigen. RiskCalc, das zweite in diesem Beitrag vorgestellte Bsp. für ein Bilanzratingsystem wurde mit Hilfe der logistischen Regression entwickelt. Es ist eine Weiterentwicklung des Baetge-Bilanz-Ratings.

265 Das Baetge-Bilanz-Rating und RiskCalc erlauben nicht nur, das Bestandsrisiko eines Unternehmens als Ganzes in einem Top-down-Ansatz zu ermitteln, sondern beide Verfahren geben durch die fragengeleitete Ursachenanalyse und die individuelle Sensitivitätsanalyse auch Hinweise auf die möglichen Krisenursachen und liefern somit Ansatzpunkte für eine Unternehmenssanierung.

266 Einem Anwender ist prinzipiell zu empfehlen, zur Früherkennung von Unternehmenskrisen auf die modernen Verfahren der Jahresabschlussanalyse zurückzugreifen, indem ein solches System erworben wird. Wenn ein solches Instrument zur Jahresabschlussanalyse nicht zur Verfügung steht, kann auf die klassische Analyse des Jahresabschlusses zurückgriffen werden, um ein Gesamturteil über die wirtschaftliche Lage des Unternehmens zu bilden. Die klassische Jahresabschlussanalyse garantiert allerdings kein objektives, neutrales sowie ganzheitliches Urteil.

267 Ferner wurde der Einfluss der Unternehmenskultur auf die Unternehmenskrise betrachtet. Hierbei wurde deutlich, dass eine Verschlechterung der Unternehmenskultur und der Zielerreichungsgrade der Unternehmenskulturfunktionen die Unternehmenskrise verschärfen kann. In diesem Beitrag wurde auch klargestellt, dass eine Krise auch konstruktive Auswirkungen haben kann. Ein Unternehmen, das eine Krise erfolgreich abwendet, geht im Regelfall gestärkt aus dem Krisenprozess hervor. Die erfolgreiche Krisenabwendung steht und fällt mit der frühzeitigen Krisenerkennung. Nur wenn die Krise frühzeitig erkannt wird, kann das Unternehmen rechtzeitig

Gegenmaßnahmen ergreifen. Dies unterstreicht die Bedeutung der hier beschriebenen Ansätze zur Krisenfrüherkennung.

Bestimmte qualitative und zukunftsgerichtete Informationen, sogenannte Negativmerkmale, werden durch eine Jahresabschlussanalyse nicht erfasst. Sie müssen zusätzlich zu dem Urteil durch das Bilanzratingsystem identifiziert und gemanagt werden. Negativmerkmale werden durch die Bottom-up-Ansätze erfasst. Bottom-up-Ansätze und Top-down-Ansätze ergänzen sich somit, indem Top-down die Aggregation des Gesamtunternehmensrisikos objektiviert und plausibilisiert und Bottom-up die Überwachung der Negativmerkmale abdeckt wird. Zur Erkennung von Unternehmenskrisen ist also zu empfehlen, „das eine (Bottom-up-Ansatz) zu tun ohne das andere (Top-down-Ansatz) zu lassen". **268**

3. Kapitel
Unternehmenssanierung als Managementaufgabe

I. Einleitung

Gegenwärtig könnte ein Themenfeld kaum aktueller sein als das der Unternehmenskrise und des Sanierungsmanagements. Gerade in den beiden zurückliegenden Jahren zeigen sich die Folgen der Wirtschafts- und Finanzkrise, die seit Ende 2008 weite Teile der Weltwirtschaft erfasst hat. Die Zahl der registrierten Insolvenzfälle belief sich in den USA im Jahr 2009 auf über 1,5 Mio. Die Anzahl der Insolvenzmeldungen nach Chapter 7 (Liquidationen) stieg im Vergleich zum Vorjahr um 45 %, im Chapter 11 (Sanierungen) erhöhte sich die Anzahl der Fälle um 65 %. In Europa waren die Konjunktureinbrüche ebenfalls mit immensen Folgen verbunden. So wurden in Westeuropa für das Jahr 2009 – nach einem Anstieg um 22 % gegenüber dem Vorjahr – rund 185 000 Unternehmenszusammenbrüche registriert. Auch in den Bilanzen der europäischen Unternehmen hat die Finanzkrise deutliche Spuren hinterlassen. Eine Auswertung der Jahresabschlüsse von mehr als 5 Mio. Unternehmen zeigte, dass jedes vierte Unternehmen in Westeuropa einen gefährlich hohen Verschuldungsgrad mit einer Fremdkapitalquote von über 90 % aufwies. Knapp ein Fünftel aller Unternehmensinsolvenzen in Westeuropa betraf im Jahr 2009 ein Unternehmen aus Deutschland. Insbesondere die Unternehmensinsolvenzen in Branchen wie der Automobilzulieferindustrie (Karmann, Edscha und Aksys) und eine Reihe namhafter Großinsolvenzen (Arcandor, Woolworth, Qimonda, Escada) prägten 2009 das Insolvenzgeschehen in Deutschland.[1] Eine umfangreiche Darstellung statistischer Daten zum Insolvenz-, Sanierungs- und Wirtschaftsgeschehen findet sich in der Einleitung, Kapitel 1. 1

Es handelt sich bei Unternehmenskrisen um ein Problemfeld, das nicht nur die Unternehmenspraxis, sondern auch die betriebswirtschaftliche Forschung in zunehmendem Maße beschäftigt. Empirische Forschungsarbeiten zeigen, dass rund ein Fünftel aller Unternehmen über einen Zeitraum von ca. 10 Jahren in eine Krisensituation gerät – und nur rund einem Drittel gelingt die Unternehmenssanierung.[2] Demzufolge ist es weitaus wahrscheinlicher, an einer Krise zu scheitern, als sie erfolgreich zu bewältigen. Aber wodurch zeichnen sich erfolgreiche Sanierungen gegenüber erfolglosen aus? Und was sind wesentliche Erfolgsfaktoren eines Sanierungsmanagements? Diesen Überlegungen gehen wir im vorliegenden Kapitel nach, wobei drei Fragestellungen im Mittelpunkt stehen: 2

1. Welche unternehmensinternen und -externen Kontextfaktoren beeinflussen den Erfolg einer Unternehmenssanierung?
2. Welche Sanierungsmaßnahmen und -strategien sind besonders geeignet, um eine Krisensituation erfolgreich zu bewältigen?
3. Welche Handlungsempfehlungen können daraus für die Unternehmenspraxis abgeleitet werden?

---

1 Vgl. *Verband der Vereine Creditreform e.V.* Insolvenzen in Europa, Jahr 2010/11, Onlineausgabe, 2011, S. 2 ff.
2 Vgl. *Hambrick/Schecter* AMJ 1983, Vol. 26, S. 238; *Pandit* M@n@gement 2000, Vol. 3, No. 2, S. 32 f.

3 Zur Beantwortung dieser Fragen folgen wir der Idee des „Evidence-based Management" – ein Schlagwort, unter dem in jüngster Zeit die Forderung nach verbesserter Entscheidungsqualität in der Managementpraxis laut wird. Im Kern wird argumentiert, dass Manager die Qualität ihrer Entscheidungen erhöhen könnten und müssten, indem sie auf aktuellste und beste Informationen zurückgreifen, die als wissenschaftlich-empirisch gesicherte Erkenntnis und als praktisch erprobtes Wissen anzuerkennen sind. „In many cases, the facts about what works are out there – so why don't managers use them?"[3], so eine von Pfeffer/Sutton, zwei Wegbereitern des „Evidence-based Management", gestellte Grundsatzfrage. In diesem Sinne stellen wir in den Hauptabschnitten III und IV die vorliegenden Erkenntnisse der empirischen Forschung zum Zusammenhang zwischen Sanierungsmanagement und Sanierungserfolg dar und verdichten diese im Abschnitt V zu Handlungsempfehlungen für die Unternehmenspraxis. Als Bezugsrahmen dienen einschlägige Phasenmodelle der Krisenbewältigung, die gemeinsam mit ausgewählten Begriffsabgrenzungen Gegenstand des nachfolgenden Abschnitts II sind.

II. Begriffliche und konzeptionelle Grundlagen zum Sanierungsmanagement

1. Definitionen und Begriffsabgrenzungen

1.1 Unternehmenskrise, Sanierung, Turnaround, Restrukturierung

4 Eine im Schrifttum der Betriebswirtschaftslehre häufig zugrunde gelegte Definition der Unternehmenskrise ist jene von Krystek aus dem Jahr 1987. Umfassend beschreibt er Unternehmenskrisen als „ungeplante und ungewollte Prozesse von begrenzter Dauer und Beeinflussbarkeit sowie mit ambivalentem Ausgang. Sie sind in der Lage, den Fortbestand der gesamten Unternehmung substanziell und nachhaltig zu gefährden oder sogar unmöglich zu machen. Dies geschieht durch die Beeinträchtigung bestimmter Ziele (…), deren Gefährdung oder gar Nichterreichung gleichbedeutend ist mit einer nachhaltigen Existenzgefährdung oder Existenzvernichtung".[4] Unter Verwendung zentraler Führungsparameter der Unternehmensführung definiert das Institut der Wirtschaftsprüfer (IDW) eine Unternehmenskrise als „Notsituation (…), gleichsam als Ergebnis eines ungewollten Prozesses, in dessen Verlauf die Erfolgspotenziale, das Reinvermögen und/oder die Liquidität des Unternehmens sich so ungünstig entwickelt haben, dass seine Existenz akut bedroht ist."[5] Obgleich beide Definitionsansätze den Aspekt des ungewollten Entstehens von Krisen betonen, wird nicht ausgeschlossen, dass Unternehmenskrisen auch positive Wirkungen aufweisen und mitunter gewollt sein können, zum Beispiel um im Schumpeterschen Sinne eine Basis für Problembewusstsein, Wandel und Innovationen in Unternehmen zu schaffen.[6]

5 Krisen verändern ihre Eigenschaften im Zeitablauf. Der Krisenverlauf wird ausgehend von einer Normalsituation (potenzielle Unternehmenskrise) und dem Krisenbeginn in unterschiedliche Stadien eingeteilt. Diese Differenzierung ist letztlich für

---

3 Vgl. *Pfeffer/Sutton* HBR 2006, Vol. 84, No. 1, S. 63.
4 *Krystek* Unternehmungskrisen, S. 6 f.
5 *Institut der Wirtschaftsprüfer (Hrsg.)* 2002, Abschn. F, Tz. 21.
6 Vgl. *Zelewski* in Corsten/Reiß (Hrsg.), Handbuch Unternehmensführung: Konzepte – Instrumente – Schnittstellen, 1995, S. 900 ff.

Begriffliche und konzeptionelle Grundlagen zum Sanierungsmanagement 3

die Unternehmenspraxis von besonderem Interesse, da sich jedes dieser Stadien idealtypisch durch bestimmte Charakteristika auszeichnet und Unternehmen stadienspezifische Anhaltspunkte dafür gegeben werden können, welche Gegenmaßnahmen vorzugsweise in Frage kommen. Die Krisenabfolge wird an dieser Stelle exemplarisch am etablierten Krisenverlaufsmodell nach Müller beschrieben, da diese Darstellung die Ambivalenz des Krisenergebnisses berücksichtigt, im Schrifttum weite Verbreitung gefunden hat und auch für die Einordnung nachfolgender Termini zweckmäßig ist.

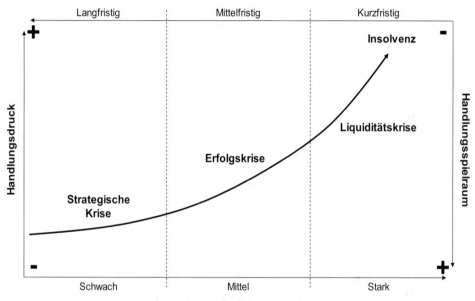

Abb. 1: Krisenverlaufsmodell nach Müller;
Quelle: *Müller* 1986, S. 25 ff.

Wie **Abb. 1** verdeutlicht, wird nach der Ausprägung der Krisensymptome bzw. dem Wirkungshorizont der Gegenmaßnahmen zwischen Strategie-, Ergebnis-, Liquiditätskrise und Insolvenz unterschieden. In der strategischen Krise sind die längerfristig wirkenden Erfolgspotenziale eines Unternehmens substanziell gefährdet. Sofern Unternehmensziele wie z.B. Umsatz-, Gewinn- und/oder Rentabilitätsziele fortwährend unterschritten werden, erweitert sich die Strategiekrise zur Erfolgskrise. Die Liquiditätskrise ist erreicht, wenn die ernsthafte Gefahr einer Illiquidität und/oder Überschuldung besteht. Liegt einer dieser Tatbestände tatsächlich vor, befindet sich das Unternehmen in der Insolvenz. Manifestiert sich eine betriebswirtschaftliche Krise, in deren Folge sodann ein konkreter Insolvenztatbestand eintritt, spricht man von einer rechtlichen Unternehmenskrise. Dieser idealtypische Verlauf ist durch die gegenläufige Entwicklung der Entstehung einer Krise einerseits und ihrer Wahrnehmung andererseits gekennzeichnet, so dass betriebswirtschaftliche Unternehmenskrisen oft zu spät erkannt werden.[7] Im Verlauf sind die Handlungsmöglichkeiten des Unternehmens zunehmend beschränkt, während der Handlungsdruck und die Anforderungen an eine Krisenbewältigung steigen. Insbesondere der Grad der Existenzbedrohung variiert in den verschiedenen Stadien erheblich. Während die Bedrohung in der strategischen Krise latent ist, steigt sie in der Erfolgs- und Liquiditätskrise stark an und findet ihren Höhepunkt in der Insolvenz.

7 Speziell im Hinblick auf die Abwendung und die Beseitigung von Krisensituationen sind die Begriffe Sanierung, Turnaround und Restrukturierung abzugrenzen. Unter Sanierung versteht man im betriebswirtschaftlichen Kontext ganz allgemein die Gesamtheit der Aktivitäten zur Gesundung eines Unternehmens. Differenziert man nach dem Inhalt einer Sanierung, so sind verschieden weit ausgelegte Begriffsfassungen zu verzeichnen. Sanierung im engeren Sinne umfasst ausschließlich finanzwirtschaftliche Maßnahmen zur Genesung eines Unternehmens. Um eine existenzgefährdende Krise zu überwinden und nachhaltige Erfolgspotenziale wiederherzustellen, dürfte eine Beschränkung auf rein finanzwirtschaftliche Aktivitäten regelmäßig unzureichend sein. Daher verstehen wir unter Sanierung im weiteren Sinne alle unmittelbar zur Wiederherstellung der Leistungsfähigkeit eines Unternehmens erforderlichen Initiativen. Diese können Gestaltungs-, Lenkungsaufgaben und Implementierungsaufgaben in der finanzwirtschaftlichen ebenso wie der leistungswirtschaftlichen Sphäre beinhalten.

8 Eine allgemein anerkannte Definition für den Terminus Turnaround existiert nicht. In der angelsächsischen Forschung wird im Zusammenhang mit Unternehmenskrisen häufig der Begriff „turnaround situation" verwendet, mit dem die Wissenschaftler besonders zwei konstitutive Merkmale verbinden. Es liegt erstens der Geschäftserfolg über mehrere Perioden hinweg unterhalb eines minimal zu akzeptierenden Niveaus und es ist zweitens ohne die Einleitung von Gegenmaßnahmen die Überlebensfähigkeit des Unternehmens in absehbarer Zukunft gefährdet.[8] Da gleichermaßen die Gefährdung unternehmerischer Ziele und die Existenzbedrohung[9] herausgestellt werden, ist der Ausdruck im vorliegenden Kapitel synonym zum Begriff der Unternehmenskrise zu verwenden. Im deutschen Sprachgebrauch kann Turnaround im Sinne einer drastischen unternehmerischen Kursänderung interpretiert werden und führt sodann zu einer substanziellen und nachhaltigen Veränderung im Geschäftserfolg eines Unternehmens – mit dem Ziel, eine existenzgefährdende Fehlentwicklung abzuwenden.[10]

9 Auch für den Begriff der Restrukturierung existiert eine Vielzahl an Definitionen. Übereinstimmend werden unter dem Begriff alle Optimierungs- und Verbesserungsaktivitäten eines Unternehmens subsumiert, die keine Krise voraussetzen, sondern im Rahmen des „üblichen" strategischen Managements erfolgen, um das Unternehmen langfristig erfolgreicher werden zu lassen.[11] Die hierbei ergriffenen Maßnahmen konzentrieren sich auf die Veränderung von Strukturen und Prozessen eines Unterneh-

---

7 Vgl. *Müller* Krisenmanagement in der Unternehmung, 1986, S. 25 f.; *Böckenförde* S. 21.
8 Vgl. *Schendel/Patton/Riggs* JGM 1976, Vol. 3, No. 3, S. 3.; *Robbins/Pearce* SMJ 1992, Vol. 13, No. 4, S. 295; *Barker/Duhaime* SMJ 1997, Vol. 18, No. 1, S. 18.
9 Einige Autoren schließen die Existenzbedrohung nicht in die Definition einer Turnaround-Situation ein und sehen darin ein Abgrenzungsmerkmal zur Unternehmenskrise (vgl. *Böckenförde* S. 6).
10 In Anlehnung an *Buschmann* S. 199.
11 Vgl. *Buschmann* S. 29; *Rüsen* S. 200 f.

mens zur Anpassung an veränderte Marktgegebenheiten bei gleichzeitiger Fortführung der bisherigen Geschäftstätigkeit.

1.2 Traditionelles Managementverständnis

Mit der Beschreibung der Unternehmenskrise als überlebenskritischen Prozess, der systematisch und zielorientiert zu beeinflussen ist, nehmen wir eine rational-ökonomische Perspektive ein. Hiernach stellen sich Unternehmen als Systeme dar, die durch Akteure bewusst gestaltet und beeinflusst werden können und sollen. Führungskräften, gesehen als rationale Akteure, kommt dabei die Aufgabe zu, künftige Unternehmens- und Umfeldentwicklungen antizipativ vorwegzunehmen, gewünschte Zukünfte zu entwerfen, Lösungswege zu erarbeiten und schließlich aus den Handlungsoptionen die besten auszuwählen; oder kurz: Ihre Aufgabe besteht in der planvollen – der systematischen, wohl überlegten und zielführenden – Unternehmensgestaltung und -lenkung.[12]

Die Führungs- bzw. Managementaufgaben in Unternehmen lassen sich entsprechend als eine sachlogische Abfolge aufeinander aufbauender Aktivitäten verstehen, einer folgerichtigen und schlüssigen Reihung von Tätigkeiten, beginnend mit der Formulierung der Planungs- bzw. Entscheidungsaufgabe, die sich schließlich über die Suche, Beurteilung und Auswahl möglicher Handlungsalternativen erstreckt und in entscheidungsverwirklichende und -sichernde Tätigkeiten einmündet. Hiermit ist auf den prozessualen Führungs- bzw. Managementbegriff Bezug genommen. Daneben steht der institutionelle Führungsbegriff, wonach die Unternehmensführung bzw. das Management – trägerorientiert – die Gesamtheit der Personen ausmacht, die Führungstätigkeiten in einem Unternehmen ausüben. Hierzu gehören vor allem unternehmensinterne und -externen Personen(-gruppen), die gesetzlich oder organisatorisch geregelte Entscheidungs- und Weisungskompetenzen besitzen.[13]

Als Kernfunktionen umschließt der Führungsprozess nach dieser sachlogischen Phasenbetrachtung zum einen willensbildende Tätigkeiten der Planung, zum anderen der Willensdurchsetzung dienende Steuerungs- und Kontrolltätigkeiten.[14] Die sach-rationalen Führungsaufgaben, die Willensbildungs- und Willensdurchsetzungsprozesse, werden dabei stets von Menschen getragen und bei multipersonalen, d.h. arbeitsteiligen und interaktiven Aufgabenerfüllungsprozessen gegenüber anderen Menschen ausgeübt. Sie sind daher untrennbar mit sozio-emotionalen Führungstätigkeiten verbunden, d.h. der Personalführung.[15] Da es sich hierbei im Kern um die zielgerichtete Einflussnahme auf das Handlungsfeld anderer Personen handelt, kann Führung insgesamt als kombinierter Sach-/Macht-Prozess verstanden werden.

Während im deutschen Sprachraum die Tätigkeit der Unternehmensführung häufig entscheidungstheoretisch anhand des dargestellten erweiterten Entscheidungsprozesses erklärt wird, kommt es in der angloamerikanischen Managementforschung üblicherweise zu einer Differenzierung der Kernfunktionen der Unternehmensführung, die zugleich prozess- und gegenstandsbezogen ist. Man unterscheidet hier in der Regel zwischen Planning, Organizing, Leading und Controlling.[16]

---

12 Vgl. *Bausch* Unternehmenszusammenschlüsse, S. 33 ff.
13 Vgl. *Staehle* S. 82 ff.; *Frese* S. 15 ff.
14 Vgl. *Hahn/Hungenberg* S. 35.
15 Vgl. *Bleicher/Mayer* S. 37 ff.; *Steinle* S. 13 ff.
16 Vgl. *Daft* S. 5 ff.; *Bateman/Snell* S. 14 ff.; *Griffin* S. 9.

14 Ob es sich um ein normatives, strategisches oder operatives Aufgabenfeld der Unternehmensführung handelt, ergibt sich aus den konkreten Gestaltungs- und Lenkungsaufgaben. Auf normativer Ebene der Unternehmensführung werden Entscheidungen zusammengefasst, die von den Trägern des Unternehmens als Wertvorstellungen oder Selbstverständnis vorgegeben werden, zum Beispiel in Form von Leitbildern oder generellen Zielen. Strategische Unternehmensführung soll die sachlichen und strukturellen Voraussetzungen schaffen, um die normativen Ansprüche an die Entwicklung des Unternehmens langfristig erfüllen zu können. Hierfür müssen Strategien (Unternehmens- und Wettbewerbsstrategien) formuliert, ausgewählt und in Einklang mit Strukturen (Organisations- und Rechtsstrukturen) und Systemen (Führungskräfteplanungs-, Führungskräfteanreiz- und Führungskräfteinformationssystemen) umgesetzt werden. Aufgabe der operativen Unternehmensführung ist es insbesondere, die strategischen Absichten in konkrete, kurz- bis mittelfristige Ziele und Maßnahmen für einzelne Funktionsbereiche zu überführen. Aus Sicht aller Interessengruppen (Stakeholder) ist die übergeordnete Zielsetzung in der normativen und strategischen Unternehmensführung die Sicherung der langfristig erfolgreichen Unternehmensentwicklung.[17] An dieses primäre Unternehmensziel, der Sicherung des unternehmerischen Erfolgspotenzials, haben die Ziele und Aufgaben des Krisenmanagements unmittelbar anzuknüpfen.

1.3 Abgrenzung von Krisen- und Sanierungsmanagement

15 Aufbauend auf einer funktionalen Begriffsauslegung wird unter Krisenmanagement ein besonderes Aufgabenspektrum der Unternehmensführung von höchster Priorität verstanden, welches darin besteht, jene Zustände und Entwicklungen von Unternehmen proaktiv zu vermeiden oder reaktiv zu bewältigen, die ansonsten in der Lage wären, den Fortbestand der langfristigen Unternehmensentwicklung substanziell zu gefährden.[18] Entsprechend werden aktives und reaktives Krisenmanagement unterschieden. Während sich ersteres auf die Krisenfrüherkennung und -vermeidung konzentriert, beinhaltet das reaktive Krisenmanagement Aktivitäten zur Beherrschung und Bewältigung einer Unternehmenskrise.[19]

16 Die größten Überlebenschancen haben Unternehmen, die Krisen durch Vorsorge und Früherkennung vermeiden können, so dass gerade dem Krisenmanagement vor Ausbruch einer betrieblichen Unternehmenskrise besonderes Augenmerk zu schenken ist. Ziel des (pro-)aktiven Krisenmanagements sollte es sein, Gefährdungspotenziale frühzeitig zu identifizieren, Handlungsoptionen zur Beseitigung oder Abschwächung abzuleiten sowie schließlich möglichen Krisensituationen durch gezielte Eingriffe vorzubeugen. Ein aktives Krisenmanagement muss daher konsequenterweise als integraler Bestandteil des strategischen Managements verstanden werden, dessen Hauptzweck gerade in der Erhaltung und erfolgreichen Weiterentwicklung von Unternehmen zu sehen ist.[20] Dabei kommt dem Grundverständnis der Branchen- und Marktgesetzmäßigkeiten, insbesondere der Kenntnis identifizierbarer Bestimmungsfaktoren für den

---

17 Vgl. *Hahn* in Hahn/Taylor (Hrsg.), Strategische Unternehmungsplanung – Strategische Unternehmensführung. Stand und Entwicklungstendenzen, 2006, S. 34 ff.
18 Vgl. *Krystek* Unternehmungskrisen, S. 90.
19 Vgl. *Krystek* Unternehmungskrisen, S. 105 ff.; *Macharzina* S. 613 ff.
20 Vgl. *Hahn* in Hahn/Taylor (Hrsg.), Strategische Unternehmungsplanung – Strategische Unternehmensführung. Stand und Entwicklungstendenzen, 2006, S. 6.

Erfolg oder Misserfolg eines Unternehmens besondere Bedeutung zu.[21] Gleichzeitig sind strategische und strukturelle Veränderungsprozesse in der Branche und bei Wettbewerbern frühzeitig wahrzunehmen, um das Unternehmen im Spannungsfeld aus Wandlungsbedarf, Innovationsdruck und Effizienzanforderungen zeitgemäß zu positionieren und weiterzuentwickeln. Unter Vorsorge- und Schutzgesichtspunkten besitzen dabei Krisenerkennungsinstrumente einen hohen Stellenwert.[22] Diese Überlegung findet auch Ausdruck im Gesetz zur Kontrolle und Transparenz im Unternehmensbereich (KonTraG), welches den Vorstand einer Aktiengesellschaft gem. § 91 Abs. 2 AktG verpflichtet, ein Überwachungssystem zu implementieren, um die Risiken, die den Fortbestand des Unternehmens gefährden können, frühzeitig zu erkennen.

Das reaktive Krisenmanagement setzt beim Auftreten einer Unternehmenskrise, im Idealfall bereits beim Ausbruch einer strategischen Krise ein. Zielsetzung bei dieser Form des Krisenmanagements ist es, die vorhandene Unternehmenskrise zu bewältigen, also im Sinne eines Turnarounds eine noch stärker werdende Existenzgefährdung abzuwenden und letztlich eine vollständige Gesundung des Unternehmens herbeizuführen. Im Mittelpunkt des reaktiven Krisenmanagements müssen letztlich die Planung, Steuerung und Kontrolle konkreter Krisenbewältigungsinitiativen im Sinne von Sanierungsstrategien und -maßnahmen stehen.[23] Unter der Annahme einer erfolgreichen Repulsion mündet diese Form des Krisenmanagements in eine unternehmenserhaltende Krisenbewältigung. Einzubeziehen in das reaktive Krisenmanagement ist überdies das Management einer nicht unternehmenserhaltenden Krisenbewältigung im Falle eines Insolvenzverfahrens ohne Fortführung bzw. einer freiwilligen oder zwangsweisen Liquidation.[24]

Unter Sanierungsmanagement fassen wir alle Führungsaktivitäten zusammen, die eine Wendung existenzgefährdender Unternehmensentwicklungen und eine nachhaltige Rentabilität von Unternehmen zum Ziel haben. Es umfasst neben finanzwirtschaftlichen auch leistungswirtschaftliche Maßnahmen, regelmäßig überlagert von strategischen und organisatorischen Weichenstellungen zur Krisenbewältigung. Das Primärziel des Sanierungsmanagements ist damit nicht nur die kurzfristige Sicherung der Überlebensfähigkeit, sondern auch die Wiederherstellung der mittel- bis langfristigen, existenzerhaltenden Rentabilität und die damit verbundene nachhaltige Sicherstellung der unternehmerischen Wettbewerbsfähigkeit.[25] Sanierungsmanagement wird infolgedessen als eine Form des reaktiven Krisenmanagements interpretiert; im Mittelpunkt steht also die Bewältigung einer Krise, sei sie strategischer, erfolgswirtschaftlicher oder liquiditätsbezogener Art. Eingeordnet in das Krisenverlaufsmodell beginnt das Sanierungsmanagement damit zeitlich sofort nach der Entdeckung einer betriebswirtschaftlichen Unternehmenskrise.

Festzuhalten bleibt, dass das Krisenmanagement, bestehend aus proaktiven und reaktiven Elementen, umfassender auszulegen ist als das rein reaktive Sanierungsmanagement. Zentraler Unterschied ist die Einbeziehung der aktiven Krisenvermeidung in

---

21 Vgl. *Bausch* Unternehmungszusammenschlüsse, S. 195 f.
22 Vgl. *Macharzina* S. 616.
23 Vgl. *Krystek* Unternehmungskrisen, S. 107.
24 Man spricht in diesem Fall vom liquidativen Krisenmanagement mit dem Ziel der Milderung destruktiver Wirkungen einer unausweichlichen, nicht beherrschbaren Unternehmenskrise (vgl. *Krystek* Unternehmungskrisen, S. 107).
25 Vgl. *Krystek/Moldenhauer* S. 140; *Böckenförde* S. 7.

den Prozess des Krisenmanagements. Als strukturierter Führungsprozess ist das Sanierungsmanagement üblicherweise durch einen hohen Zeitdruck, limitierte Handlungsoptionen und eine erhebliche Ungewissheit für Führungskräfte und Mitarbeiter gekennzeichnet.

2. Betriebswirtschaftliche Prozessmodelle zur Krisenbewältigung
2.1 Modelle nach Arogyaswamy et al. und Robbins/Pearce

20 Die Bewältigung von betriebswirtschaftlichen Unternehmenskrisen beinhaltet eine Vielzahl an Aufgaben, die hinsichtlich ihrer sachlichen und zeitlichen Abfolge in Form idealtypischer Prozesse strukturiert werden können. Derartige Phasendarstellungen haben sich in der Praxis nicht zuletzt deshalb bewährt, da sie in systematischer Weise über das jeweilige Handlungsspektrum an Gegenmaßnahmen in Abhängigkeit von der Krisen- bzw. Sanierungssituation informieren. Die Charakterisierung der nachfolgenden Prozessmodelle dient als konzeptioneller Bezugsrahmen dieses Kapitels – vor allem aber als Raster für die Analyse und Auswertung empirischer Untersuchungen in den Hauptabschnitten III und IV. Allen vorgestellten Modellen ist gemein, dass sich Unternehmen im Zeitverlauf schrittweise in Richtung einer existenzerhaltenden Rentabilität und nachhaltigen Wettbewerbsfähigkeit entwickeln. Zwischen den Phasen kann es zu Vor- und Rückkoppelungen kommen, innerhalb der einzelnen Phasen entstehen möglicherweise problembedingt Subzyklen.

21 Zur Erreichung eines Sanierungserfolges wird in der angelsächsischen Literatur üblicherweise eine Trennung in zwei aufeinander aufbauende Phasen vorgenommen.[26] **Abb. 2** zeigt das in der Sanierungsforschung vielzitierte Phasenmodell (Two-Stage Contingency Model of Firm Turnaround) von Arogyaswamy/Barker/Yasai-Ardekani. Dieses unterscheidet zwischen einer Phase zur Sicherung der Überlebensfähigkeit (Decline Stemming) und einer darauf aufbauenden Phase der strategischen Neuausrichtung (Recovery). Der Prozess der Krisenbewältigung wird dabei im Kontext verschiedener situativer Faktoren beschrieben, und zwar Krisenausmaß und Ressourcen sowie Krisenursachen und Wettbewerbsposition des Unternehmens. Die erste Phase dient intern der Stabilisierung des Geschäfts, der Wiederherstellung ausreichender Liquidität und der Verbesserung des krisenbedingt angespannten Unternehmensklimas. Extern soll hiermit vor allem dem sinkenden Vertrauen der Stakeholder entgegengewirkt werden. In der zweiten Prozessphase steht die Wiedererlangung einer existenzerhaltenden Rentabilität im Vordergrund. Dies soll durch strategische Neuausrichtung des Unternehmens erfolgen. Zu betonen ist, dass nur bei erfolgreicher Bewältigung beider Phasen von einem Überleben des Unternehmens ausgegangen werden kann.[27] Das Modell konzentriert sich auf die Darstellung wesentlicher Zusammenhänge und Erfolgsfaktoren im Krisenbewältigungsprozess. Konkrete Handlungsmöglichkeiten und Erfolgswirkungen von Sanierungsmaßnahmen werden weitestgehend außer Acht gelassen.[28]

---

26 Vgl. *Arogyaswamy/Barker/Yasai-Ardekani* JMS 1995, Vol. 32, No. 4, S. 497; *Robbins/Pearce* SMJ 1992, Vol. 13, No. 4, S. 291; *Slatter/Lovett* S. 5.
27 Vgl. *Arogyaswamy/Barker/Yasai-Ardekani* JMS 1995, Vol. 32, No. 4, S. 497 ff.
28 Vgl. *Buschmann* S. 67.

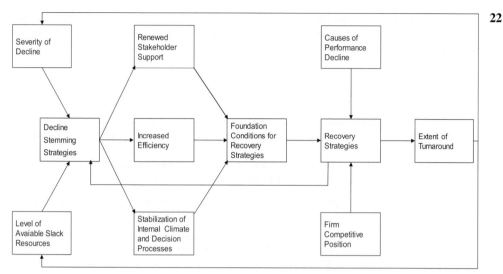

Abb. 2: *Two-Stage Contingency Model of Firm Turnaround nach Arogyaswamy/Barker/ Yasai-Ardekani*
Quelle: *Arogyaswamy/Barker/Yasai-Ardekani* 1995, JMS, Vol. 32, No. 4, S. 498.

Im Modell nach Robbins/Pearce kommt ein ähnliches Prozessverständnis zum Ausdruck. Nach diesem Ansatz setzt sich ein erfolgreicher Sanierungsprozess aus einer Phase der Konsolidierung (Retrenchment) und wiederum einer Phase der Neuausrichtung (Recovery) zusammen. In der Konsolidierungsphase erfolgt unter Berücksichtigung des Bedrohungsgrades die Initiierung von Gegenmaßnahmen, um hierdurch eine Stabilisierung der rückläufigen Unternehmensperformance zu erreichen. Den Schwerpunkt dieser Phase bilden operative Maßnahmen der Reduzierung von Kosten und/oder Vermögenswerten, wobei explizit erläutert wird, dass mit steigendem Krisenausmaß beide „Stellhebel" gleichzeitig zu verändern seien. Nachdem das Unternehmen durch Konsolidierungsanstrengungen in eine stabile(re) Lage geführt wurde, gilt es in der anschließenden Recovery-Phase den langfristigen Erholungsprozess einzuleiten. Hierbei stehen dem Unternehmen vor allem Maßnahmen zur Effizienzsteigerung sowie der strategischen Repositionierung zur Verfügung. Ergänzend nehmen Robbins/Pearce eine Fallunterscheidung vor: Sind vordergründig interne Ursachen für den Kriseneintritt verantwortlich, sollte das Unternehmen mit den o.g. operativen Anpassungen reagieren. Bei extern verursachten Unternehmenskrisen seien dagegen strategische Anpassungen von besonderer Relevanz. Hinsichtlich der zeitlichen Abfolge betonen die Autoren die Überlappung beider Prozessphasen.[29] Die Maßnahmen der Retrenchment-Phase werden von Robbins/Pearce nur dann als notwendig erachtet, wenn eine instabile Unternehmenssituation gegeben ist.[30]

2.2 Modell nach Krystek/Moldenhauer

Das in **Abb. 3** dargestellte siebenstufige Phasenmodell nach Krystek/Moldenhauer folgt der sachlogischen Phasenbetrachtung des Management- und Führungsprozesses

---
29 Vgl. *Robbins/Pearce* SMJ 1992, Vol. 13, No. 4, S. 290 f.
30 Vgl. *Robbins/Pearce* SMJ 1992, Vol. 13, No. 4, S. 304.

3 Unternehmenssanierung als Managementaufgabe

und unterscheidet grob die Phasen der Planung, Steuerung und Kontrolle. Ziel hierbei ist die Komplexitätsreduktion des Krisenbewältigungsprozesses durch Zerlegung in weitere sieben Teilaufgaben.[31]

Abb. 3: Phasenmodell zur Krisenbewältigung nach Krystek/Moldenhauer
Quelle: In Anlehnung an *Krystek/Moldenhauer* 2007, S. 142.

Der Prozess umfasst die Phasen (1) Krisenerkennung, (2) Initiierung der Krisenbewältigung, (3) Grobanalyse, (4) Sofortmaßnahmen, (5) Sanierungskonzept, (6) Implementierung und (7) Kontrolle. Das Sanierungsmanagement setzt das Erkennen einer betrieblichen Unternehmenskrise voraus. Mit fortschreitendem Krisenstadium (Strategie-, Erfolgs-, Liquiditätskrise) treten zunehmend Krisensymptome in Erscheinung. Die Identifikation der Krisensituation (1) wird jedoch durch unzureichende Informationssysteme und feste Wahrnehmungs-, Denk- und Verhaltensmuster erschwert.[32] Wird infolgedessen eine Krise zu spät erkannt, treten Vertrauensverluste gegenüber dem Management deutlich zu Tage.[33] Die Initiierung des Krisenbewältigungsprozesses (2) erfolgt mitunter nicht durch das Management selbst. Betriebliche Unternehmenskrisen werden von Entscheidungsträgern gegebenenfalls falsch interpretiert, bewusst verdrängt oder gar verschleiert – Situationen, in denen sich unternehmensexterne Akteure wie zum Beispiel Gläubigerbanken möglicherweise gezwungen sehen, Sanierungsmaßnahmen anzustoßen.[34] Mit zunehmendem Fortschritt des Krisenprozesses ist fortan eine erhöhte Reaktionsstärke zur Krisenbewältigung gefordert. Ziel der Grobanalyse (3) ist es, sich einen umfassenden Überblick über das aktuelle Krisenausmaß zu verschaffen, um auf Basis der Ergebnisse über die grundsätzlichen Möglichkeiten und die Realisierungsfähigkeit der Sanierung zu entscheiden. Schwerpunkte einer Grobanalyse sollten nach Krystek/Moldenhauer sein:

– Identifikation von Krisenart und wesentlichen Krisenursachen,
– Beurteilung von Auswirkungen der Krise auf das Unternehmen,
– Einschätzen des weiteren Krisenverlaufs ohne Gegenmaßnahmen,
– Erstellen eines Stärken-/Schwächenprofils des Unternehmens,
– Prognose zukünftiger Erfolgschancen des Unternehmens.[35]

Anhand der Ergebnisse der Grobanalyse ist darüber zu entscheiden, ob ein Unternehmen fortgeführt und saniert oder liquidiert werden soll.[36] Indes werden parallel, oder bei sehr kritischen Situationen bereits vor der Grobanalyse, Sofortmaßnahmen (4) ergriffen, die der Stabilisierung und kurzfristigen Verbesserung der Liquiditäts- und Ergebnissituation des Unternehmens dienen. Zur nachhaltigen Krisenbewältigung ist

---

31 Vgl. *Krystek/Moldenhauer* S. 141 f.
32 Vgl. *Krystek/Moldenhauer* S. 142.
33 Vgl. *Slatter/Lovett* S. 179.
34 Vgl. *Müller* Krisenmanagement in der Unternehmung, S. 324.
35 Vgl. *Krystek/Moldenhauer* S. 143 f.
36 Die Prüfung der Sanierungsfähigkeit und Sanierungswürdigkeit wird in Rn. 27 erläutert.

über die Sofortmaßnahmen hinaus ein Sanierungskonzept (5) zu erstellen, in dem die beabsichtigten strategischen Anforderungen und Weichenstellungen aufzuzeigen sind. Während die Sofortmaßnahmen auf die kurzfristige Beseitigung von Verlusten abzielen, steht das Sanierungskonzept im Zeichen nachhaltiger Ertragsstärke und langfristiger Wettbewerbsfähigkeit. Das Sanierungskonzept dient in späteren Phasen des Sanierungsprozesses als Grundlage der Kommunikation, Implementierung und Kontrolle der Sanierungsaktivitäten. Die im Sanierungskonzept entwickelten strategischen und operativen Maßnahmen werden im Unternehmen idealerweise zeitnah implementiert (6). Krystek/Moldenhauer betonen, dass es in dieser Phase häufig zu einem Implementierungsverzug komme, der neben fachlichen Problemen insbesondere auf psychologische Barrieren im Führungsverhalten zurückzuführen sei. In der Kontrollphase (7) wird die Zielerreichung mit entsprechenden Abweichungsanalysen überprüft, zusätzliche Gegenmaßnahmen bei Nichterreichung der Sanierungsziele initiiert und die Stakeholder über den Fortschritt des Sanierungsprozesses informiert.[37]

2.3 Stufenkonzept des IDW S 6

Als eine mögliche Kombination der bisher vorgestellten Phasenmodelle kann das Stufenkonzept des IDW Standards 6 (IDW S 6) „Anforderungen an die Erstellung von Sanierungskonzepten" gesehen werden.[38] Dieses beschreibt die Bewältigung einer Unternehmenskrise in zwei Stufen. Ziel der ersten Stufe ist es, kurzfristig die Überlebensfähigkeit des Unternehmens zu sichern. Sie ist vergleichbar mit der Decline-Stemming-Phase nach Arogyaswamy/Barker/Yasai-Ardekani, ähnlich der Retrenchment-Phase von Robbins/Pearce und schließt die Phasen der Krisenerkennung, Initiierung, Grobanalyse und Sofortmaßnahmen des Krisenbewältigungsmodells nach Krystek/Moldenhauer ein. Im Rahmen dieser ersten Stufe ist eine Aussage über die Sanierungsfähigkeit des Unternehmens abzuleiten. Diese wird dann als gegeben angesehen, wenn neben der Sicherung der Fortführungsfähigkeit im Sinne einer positiven Fortführungsprognose nach § 252 Abs. 1 Nr. 2 HGB (Going Concern) zusätzlich die nachhaltige Wettbewerbsfähigkeit und die nachhaltige Rentabilität wiedererlangt werden können. Fortführungsfähigkeit ist gegeben, wenn es einem Unternehmen gelingt, durch geeignete Sanierungsmaßnahmen die Bestandsgefährdung, insbesondere die Gefahr von insolvenzauslösenden Tatbeständen abzuwenden oder zu beheben. Ist diese Voraussetzung erfüllt, wird auf der sich anschließenden zweiten Stufe ein Sanierungskonzept[39] zur Erlangung einer nachhaltigen Rentabilitäts- und Wettbewerbsfähigkeit mit Ausrichtung am Leitbild des zu sanierenden Unternehmens erstellt und implementiert (nachhaltige Fortführungsfähigkeit). Nachhaltig wettbewerbs- und renditefähig ist ein Unternehmen, wenn es in der Lage ist, in einem angemessenen Zeitraum eine Marktstellung zu erlangen, die dauerhaft eine branchenübliche Rendite ermöglicht.[40] Übertragen auf die bisher vorgestellten Modelle ist die zweite Stufe des IDW S 6 mit der strategischen Neuausrichtung nach Arogyaswamy/Barker/Yasai-

---

37 Vgl. *Krystek/Moldenhauer* S. 148.
38 Vgl. *IDW* Fachnachrichten 2009, 578 ff.
39 Bei der Erstellung eines Sanierungskonzeptes nach IDW S 6 können nur objektive oder zumindest objektivierbare Kriterien zugrunde gelegt werden. Da bei der Beurteilung der Sanierungswürdigkeit eines Unternehmens aus Sicht des jeweiligen Betrachters auch subjektive Werteelemente in den Entscheidungsprozess einfließen, wird vom IDW im S 6 keine Aussage mehr zur Sanierungswürdigkeit gefordert (vgl. *IDW* Fachnachrichten 2009, 581).
40 Vgl. *IDW* Fachnachrichten 2009, 580.

Ardekani, der Recovery-Phase von Robbins/Pearce und den Phasen Sanierungskonzept, Implementierung und Kontrolle nach Krystek/Moldenhauer vergleichbar.

3. Empirische Forschung zu Unternehmenskrise und Sanierungsmanagement

28 Bei den empirischen Studien zu Unternehmenskrisen und Sanierungsmanagement sind hinsichtlich Zielsetzung, Forschungsinhalt und Forschungsmethodik zwei grobe Forschungsrichtungen zu erkennen. Zum einen existieren empirisch-qualitative Arbeiten, in denen auf Basis kleiner Stichproben explorative Aussagen zu Unternehmenssanierungen entwickelt werden. Auffallend ist, dass vor allem in der deutschsprachigen Literatur viele empirisch-qualitative und praxisnah ausgerichtete Forschungsarbeiten existieren. Die Autoren wählen eine explorative bzw. qualitative Vorgehensweise z.B. in Form von Fallstudien oder persönlichen Erfahrungen von Führungskräften in betroffenen Unternehmen. Insofern handelt es sich dabei in erster Linie um so genannte Anecdotal Studies.[41] Dadurch werden zwar eine hohe Inhaltsvalidität und ein tieferer Informationsgehalt der Ergebnisse erreicht, repräsentative Aussagen über Ursache-Wirkungs-Zusammenhänge können jedoch nicht abgeleitet werden. Zum anderen existieren großzahlige, empirisch-quantitative Studien, welche das Verhalten von Unternehmen in Krisensituationen in Form von Modellen und Zusammenhängen möglichst genau beschreiben und empirisch testen. Auch wenn die Bedingungen des Einzelfalls einer Sanierung nicht differenziert berücksichtigt werden können, so diskutieren wir im vorliegenden Kapitel primär die Ergebnisse quantitativer Untersuchungen, da sie repräsentativ sind und auf dieser Basis generelle Handlungsempfehlungen abgeleitet werden können.

29 Wie lassen sich eine Unternehmenskrise und ein anschließender Sanierungserfolg messen? In empirischen Untersuchungen versucht man hierauf in der Regel anhand finanzieller Messgrößen wie dem Return on Investment (RoI), dem Return on Assets (RoA) oder dem Jahresergebnis eine Antwort zu finden. Der RoI ist definiert als Quotient aus operativem Ergebnis vor Steuern und Zinsen (Earnings Before Interest and Taxes; EBIT) und durchschnittlich investiertem Kapital.[42] Diese relative Kennzahl wird in den quantitativen Forschungsarbeiten mehrheitlich verwendet. Neben einer guten Transparenz bietet der RoI als Verhältniskennzahl – im Gegensatz zu absoluten Messgrößen – die Möglichkeit, Unternehmen unterschiedlicher Größe zu vergleichen.[43]

30 Wie bereits im vorangegangenen Abschnitt erläutert, liegt eine Unternehmenskrise bzw. eine „turndaround situation" vor, wenn der Geschäftserfolg über mehrere Perioden hinweg unterhalb eines minimal zu akzeptierenden Niveaus liegt und wenn ohne die Einleitung von Gegenmaßnahmen die Überlebensfähigkeit des Unternehmens in absehbarer Zukunft gefährdet ist.[44] Die Operationalisierung dieser allgemeinen Definition erfolgt sehr unterschiedlich, wobei Abweichungen vor allem im Hinblick auf Zeitraum und Ausmaß der Verschlechterung spezifischer Messgrößen vorliegen.[45] In einzelnen Studien wird bereits dann von einer Unternehmenskrise gesprochen, wenn

---

41 Vgl. *Pandit* M@n@gement 2000, Vol. 3, No. 2, S. 43.
42 Vgl. *Krause/Arora* S. 45.
43 Vgl. *Buschmann* S. 159.
44 Vgl. *Schendel/Patton/Riggs* JGM 1976, Vol. 3, No. 3, S. 3.; *Robbins/Pearce* SMJ 1992, Vol. 13, No. 4, S. 295; *Barker/Duhaime* SMJ 1997, Vol. 18, No. 1, S. 18.
45 Vgl. *Nothardt* S. 150.

Begriffliche und konzeptionelle Grundlagen zum Sanierungsmanagement 3

der RoI oder das Jahresergebnis mindestens 2 (maximal 4) Jahre rückläufig ist oder die Messgröße unter einem definierten Benchmark (z.B. RoI < 10 %) liegt.[46] Da in Krisendefinitionen die potenzielle Existenzgefährdung als weiteres konstitutives Merkmal angesehen wird, verweisen Autoren zusätzlich auf negative Ergebnissituationen im Krisenhöhepunkt, gemessen anhand negativer Jahresergebnisse oder – noch enger gefasst – anhand negativer Kapitalrenditen.[47] Durch die Kombination soll ausgeschlossen werden, dass Unternehmen, die lediglich einmalig negative Ergebnisse aufweisen oder deren Performance zwar kontinuierlich rückläufig, aber dennoch positiv ist, als Krisenunternehmen angesehen werden.

Um eine Klassifizierung in erfolgreiche und nicht erfolgreiche Unternehmenssanierungen vorzunehmen, ist Sanierungserfolg zu konkretisieren und für Zwecke der empirischen Forschung zu operationalisieren. Allgemein wird eine Sanierung als erfolgreich bezeichnet, wenn es einem Unternehmen nach einer Krisenperiode gelingt, substanzielle und nachhaltig positive Veränderungen im Geschäftserfolg zu realisieren.[48] In der empirischen Sanierungsforschung sind zwei unterschiedliche Vorgehensweisen bei der Operationalisierung von Sanierungserfolg anzutreffen.[49] Die Erfolgsmessung einer Unternehmenssanierung mit den genannten (relativen) Größen wie RoI kann entweder in Form einer relativen Veränderung von Rentabilitätskennzahlen oder in Form der absoluten Höhe der Rentabilitätsgrößen ermittelt werden. Um dem konstitutiven Merkmal der Nachhaltigkeit im positiven Geschäftserfolg (langfristige Rentabilität) Rechnung zu tragen, sind in jedem Fall Erfolge über einen längeren Zeitraum zu erzielen. Speziell bei der zweiten Variante werden für die Erfolgsindikatoren Wertebereiche festgelegt, deren Unterschreiten ein Unternehmen als Krisenunternehmen klassifiziert und deren anschließendes Überschreiten für einen Mindestzeitraum eine erfolgreiche Unternehmenssanierung signalisiert. Gelingt es einem Unternehmen nicht, diesen Benchmark zu übertreffen, wird es als nicht erfolgreich eingestuft. Hambrick/Schecter beispielsweise bezeichnen ein Unternehmen als erfolgreich saniert, wenn es in den ersten zwei Jahren eines insgesamt vierjährigen Betrachtungszeitraumes einen RoI von weniger als 10 % (Vorliegen einer Unternehmenskrise) und in den folgenden zwei Jahren einen durchschnittlichen RoI von mindestens 20 % verzeichnen kann. Unternehmen, deren RoI weiterhin kleiner als 10 % ist, gelten als nicht erfolgreich saniert.[50]

Die Darstellung der empirischen Forschungsergebnisse stützt sich in diesem Kapitel auf den in **Abb. 4** zusammengefassten Überblick der Einflussfaktoren des Sanierungserfolges. Die ausgewählten Variablen sind diejenigen, welche in den empirischen Studien gehäuft als Erfolgsfaktoren oder Misserfolgsfaktoren des Krisenbewältigungsprozesses (Sanierungsmanagements) herausgestellt werden. Ausgangspunkt sind sowohl unternehmensinterne als auch unternehmensexterne Kontextfaktoren des Sanierungsmanagements (Abschnitt III). Diese können ursächlich für eine Unternehmenskrise sein oder einen großen Einfluss auf den Sanierungserfolg ausüben. Die internen Kontextfaktoren werden in finanzwirtschaftliche Bedingungen (Unternehmensperformance vor der Krise, Fixkostenstruktur) und nicht-finanzwirtschaftliche

---

46 Vgl. u.a. *Hambrick/Schecter* AMJ 1983, Vol. 26, S. 237; *Thiétart* Interfaces 1988, Vol. 18, No. 3, S. 36.
47 Vgl. *Francis/Desai* MD 2005, Vol. 43, No. 9, S. 1210 f.; *Buschmann* S. 159.
48 Vgl. *Bibeault* S. 81; *Barker/Duhaime* SMJ 1997, Vol. 18, No. 1, S. 18.
49 Übersicht weiterer Möglichkeiten der Erfolgsmessung: s. *Nothardt* S. 147–160.
50 Vgl. *Hambrick/Schecter* AMJ 1983, Vol. 26, S. 238.

Bedingungen (Krisenausmaß, Unternehmensgröße, Managementprobleme) unterteilt. Die externen Kontextfaktoren gliedern sich in Markt- und Branchenbedingungen (Konjunkturentwicklung, Branchenentwicklung) sowie Wettbewerbsbedingungen (Preiswettbewerb, Stakeholderbeziehungen). In Abschnitt IV werden Strategien und Maßnahmen dargestellt, die in den verschiedenen Phasen des Krisenbewältigungsprozesses zu ergreifen sind. In der ersten Prozessphase sind finanzwirtschaftliche Maßnahmen (Innen- und Außenfinanzierung) und ertragswirtschaftliche Maßnahmen (Umsatzsteigerung, Kostensenkung) zur Stabilisierung des Unternehmens durchzuführen (positive Fortführungsprognose nach IDW S 6). In der darauf folgenden Phase stehen die Strategien zur Erlangung einer nachhaltigen Rentabilitäts- und Wettbewerbsfähigkeit des Unternehmens (nachhaltige Fortführungsfähigkeit nach IDW S 6) im Vordergrund. Dazu zählen Konsolidierungsstrategien (Konzentration auf rentable Geschäftsbereiche, Bereinigung Produkt-/Leistungsspektrum) und Wachstumsstrategien (unterschieden nach Wachstumsrichtung und Wachstumsform). Als phasenübergreifende Aktivitäten finden sowohl organisatorische und führungsbezogene Maßnahmen als auch die Frage nach der Intensität und Geschwindigkeit des Krisenbewältigungsprozesses Berücksichtigung.

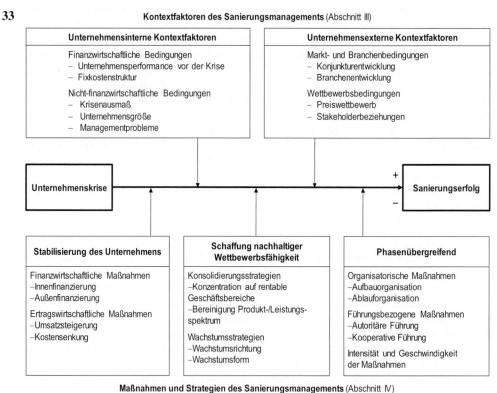

Abb. 4: *Überblick über die Einflussfaktoren des Sanierungserfolges*
Quelle: Eigene Darstellung.

III. Empirische Erkenntnisse zum Einfluss unternehmensinterner und -externer Kontextfaktoren auf den Sanierungserfolg

1. Einfluss unternehmensinterner Kontextfaktoren

1.1 Finanzwirtschaftliche Bedingungen

Unternehmen, welche vor Beginn des Sanierungsprozesses erfolgreich waren, dürften auch in der Krise höhere Erfolgsaussichten haben. Einen signifikant positiven Zusammenhang zwischen der Vorkrisen-Performance eines Unternehmens und dessen erfolgreicher Gesundung weist Ramanujam nach.[51] Eine bereits schlechte Performance vor der Krise weist ggf. auf strukturelle Probleme und auf Managementprobleme hin – allesamt nachteilige Ausgangsbedingungen für eine anstehende Krisenbewältigung. Barker und Nothardt schlussfolgern jeweils auf Basis ihrer Untersuchungsergebnisse, dass die Performance vor der Unternehmenskrise keine signifikante Rolle im Sanierungsprozess eines Unternehmens einnimmt.[52] 34

Slatter, Nothardt und Chowdhury/Lang weisen übereinstimmend nach, dass mit höherem Anteil von Fixkosten an den Gesamtkosten eines Unternehmens die Wahrscheinlichkeit einer erfolgreichen Sanierung abnimmt. Dieser negative Zusammenhang zwischen Fixkostenanteil und Sanierungserfolg ist insbesondere mit der geringeren Flexibilität der Unternehmen bei rückläufigen Umsätzen zu erklären.[53] Da in einer solchen Situation den geringeren Verkaufserlösen weitgehend unveränderte Kosten gegenüberstehen, müssen Unternehmen (in preissensitiven Märkten) mit Preissenkungen reagieren, um die Nachfrage erhöhen und die Stückkosten annähernd auf das vorherige Niveau senken zu können. Eine erfolgreiche Unternehmenssanierung wird hierdurch insgesamt erschwert, da spätere, nachfolgende Preisaufholungen im Markt in der Regel schwer durchzusetzen sind.[54] Nothardt kommt zu dem Schluss, dass Unternehmen, bei denen die Gesamtkosten zu einem hohen Anteil aus Personalkosten bestehen, beispielsweise im Dienstleistungssektor, eine geringere Sanierungswahrscheinlichkeit aufweisen, als Unternehmen in anderen Branchen – soweit eine Variabilisierung der Kosten nicht möglich ist.[55] 35

1.2 Nicht-Finanzwirtschaftliche Bedingungen

Unternehmen stehen mit fortschreitender Krise zunehmend weniger Handlungsalternativen zur Verfügung. Sie verlieren wichtige Reserven und werden krisenanfälliger. Zugleich kann das Krisenausmaß selbst, z.B. ausgedrückt durch Ergebnis- oder Rentabilitätseinbußen, ein Indikator für bereits geleistete Krisenbewältigungsmaßnahmen sein, die sich später in einer besseren Sanierungsperformance niederschlagen. Die Ergebnisse der empirischen Untersuchungen zum Einfluss des Krisenausmaßes auf den Erfolg einer Unternehmenssanierung sind entsprechend zweigeteilt. Eine positive Korrelation zwischen Krisenausmaß und Sanierungserfolg stellt Zimmermann fest.[56] Unternehmen mit einem deutlich negativen RoI im Krisenhöhepunkt weisen am Ende des Betrachtungszeitraums eine deutlich bessere Finanzper- 36

---

51 Vgl. *Ramanujam* S. 116.
52 Vgl. *Barker* 1992, S. 344 f., 354; *Nothardt* S. 272.
53 Vgl. *Slatter* S. 112; *Nothardt* S. 271; *Chowdhury/Lang* JBR 1996, Vol. 36, No. 2, S. 174 ff.
54 Vgl. *Buschmann* S. 39.
55 Vgl. *Nothardt* S. 271.
56 Vgl. *Zimmermann* LRP 1989, Vol. 22, No. 3, S. 106 ff.

formance auf als die Vergleichgruppe mit ursprünglich besserer Performance. Robbins/Pearce bestätigen diese Ergebnisse und führen das Resultat auf eine höhere Intensität bei der Durchführung von Sanierungsmaßnahmen zurück.[57] Im Gegensatz dazu wird in den Untersuchungen von Chowdhury/Lang und Francis/Desai ein signifikant negativer Zusammenhang zwischen der Höhe des Krisenausmaßes und dem Sanierungserfolg empirisch bestätigt. Die Autoren argumentieren, dass vor allem in schweren Krisensituationen die Handlungsfähigkeit der Unternehmen aufgrund der geringeren Ressourcenbasis eingeschränkt ist.[58]

37 Uneinigkeit besteht hinsichtlich des Einflusses der Unternehmensgröße auf die Wahrscheinlichkeit des Sanierungserfolges. Die Größe eines Unternehmens wird über quantitative Größenindikatoren wie Bilanzsumme, Umsatz oder Anzahl der Mitarbeiter abgebildet.[59] Mit diesen Indikatoren werden indirekt spezifische Unternehmenscharakteristika kleiner bzw. großer Unternehmen ausgedrückt, mit denen der Zusammenhang zwischen Unternehmensgröße und Sanierungserfolg zu erklären ist. Pant identifiziert einen signifikant negativen Zusammenhang zwischen Unternehmensgröße und Sanierungserfolg und erklärt diesen mit der geringeren Komplexität in der Organisationsstruktur und der höheren Flexibilität kleiner Unternehmen.[60] Einer verhaltensorientierten Perspektive folgend argumentieren Hambrick/D'Aveni, dass die Trägheit großer Unternehmen zu einer Verringerung der Erfolgswahrscheinlichkeit einer Unternehmenssanierung führen müsste.[61] Die Untersuchungsergebnisse von Ramanujam zeigen einen signifikant positiven Zusammenhang zwischen der Unternehmensgröße und der Wahrscheinlichkeit einer erfolgreichen Unternehmenssanierung. Große Unternehmen scheinen eine Sanierung erfolgreicher bewältigen zu können, da sie über mehr Erfahrungen im Wettbewerbsumfeld und umfangreichere Ressourcen verfügen.[62] Nothardt bestätigt den signifikant positiven Zusammenhang – und dies unabhängig vom verwendeten Größenindikator.[63]

38 Eine weitere Erklärungsvariable für den Erfolg einer Unternehmenssanierung stellt das unternehmensinterne Humankapital dar. In empirischen Untersuchungen wird gezeigt, dass sich Managementprobleme negativ auf den Sanierungserfolg auswirken. Slatter identifiziert in seiner Untersuchung, dass in 75 % der Unternehmen eine Krisensituation durch Managementfehler verursacht wird und sich hieraus ein signifikant negativer Zusammenhang zwischen Managementproblemen und dem Sanierungserfolg ergibt.[64] Nothardt kann zudem nachweisen, dass sich die Chancen einer erfolgreichen Gesundung beim Auftreten von managementbedingten Schwierigkeiten stark verringern. Demnach weisen Unternehmen mit Managementproblemen eine Erfolgswahrscheinlichkeit von 15 % der Erfolgswahrscheinlichkeit von Unternehmen ohne Managementprobleme auf.[63] Im Interesse des Fortbestandes des Unternehmens dürfte vor diesem Hintergrund die Neubesetzung von Schlüsselposi-

---

57 Vgl. *Robbins/Pearce* SMJ 1992, Vol. 13., No. 4, S. 304.
58 Vgl. *Chowdhury/Lang* JBR 1996, Vol. 36, No. 2, S. 175; *Francis/Desai* MD 2005, Vol. 43, No. 9, S. 1217 f.
59 Vgl. *Nothardt* S. 180.
60 Vgl. *Pant* JMS 1991, Vol. 28, No. 6, S. 637.
61 Vgl. *Hambrick/D'Aveni* ASQ, 1988, Vol. 33, No. 2.
62 Vgl. *Ramanujam* S. 144 f.
63 Vgl. *Nothardt* S. 271.
64 Vgl. *Slatter* S. 53.

tionen im Sanierungsprozess häufig notwendig werden.[65] Die Neubesetzung der obersten Führungsetage wird zumeist als Vorbedingung einer erfolgreichen Sanierung angesehen.[66] Sie ist zugleich ein konkretes Signal für Stakeholder, dass mit deutlichen Veränderungen zu rechnen ist.[67]

2. Einfluss unternehmensexterner Kontextfaktoren

2.1 Markt- und Branchenbedingungen

Ganz allgemein hängt der Erfolg von Unternehmen von der Attraktivität des marktlichen Umfelds ab, nicht zuletzt von der konjunkturellen Situation. Leicht zeitversetzt zeigt sich, dass geringere Wachstumsraten des Bruttosozialproduktes zu einer höheren Anzahl von Unternehmensinsolvenzen führen. Bei negativen konjunkturellen Veränderungen sind grundsätzlich alle Marktteilnehmer betroffen, so dass selbst relativ solide Unternehmen in eine Krisensituation geraten können. Diese Unternehmen verzeichnen Krisensymptome nicht aufgrund unternehmensinterner Defizite; bei ihnen sind die Symptome meist extern ausgelöst. Die Wahrscheinlichkeit, dass sie die Krise erfolgreich bewältigen, ist dementsprechend relativ hoch. Gleichzeitig findet Bibeault heraus, dass bei lediglich 16 % der erfolgreich sanierten Unternehmen eine Verbesserung der konjunkturellen Bedingungen vorlag. Krystek sieht eine konjunkturelle Fehlentwicklung lediglich als auslösendes Element für dahinter verborgene Krisenursachen, nicht aber als krisenbestimmenden Faktor.[68]

39

Der Sanierungserfolg wird daneben durch Veränderungen der Branche beeinflusst. So stellt Ramanujam einen signifikant positiven Zusammenhang zwischen dem Branchenwachstum und dem Sanierungserfolg fest.[69] Im Forschungsmodell von Nothardt gehören Strukturprobleme einer Branche zu den Variablen mit dem höchsten Erklärungsgehalt. Ein Unternehmen, welches in einer Branche mit strukturellen Problemen tätig ist, hat weniger als 5 % der Erfolgswahrscheinlichkeit eines vergleichbaren Unternehmens ohne strukturelle Branchendefizite.[70] Strukturelle Defizite liegen u.a. bei andauernden Überkapazitäten und langfristig sinkender Nachfrage vor. Liegen neben einer negativen Branchenentwicklung auch Kostenremanenzen[71] vor, kommt es in der Branche zu erhöhtem Konsolidierungsdruck und für das Unternehmen zu sinkenden Erfolgsaussichten.[72]

40

2.2 Wettbewerbsbedingungen

Die Wettbewerbsbedingungen können u.a. durch den Preiswettbewerb in einer Branche und die Beziehungen der Unternehmen zu ihren Stakeholdern erklärt wer-

41

---

65 Vgl. *Buschmann* S. 40.
66 Vgl. *Bibeault* S. 145.
67 Vgl. *Sudarsanam/Lai* BJM 2001, Vol. 12, S. 184.
68 Vgl. *Krystek* Unternehmungskrisen, S. 62.
69 Vgl. *Ramanujam* S. 133.
70 Vgl. *Nothardt* S. 272.
71 Kostenremanenzen liegen vor, wenn die tatsächlichen Kosten zu einem bestimmten Zeitpunkt höher als die auf Grund der Beschäftigung erforderlichen Kosten sind und dies auf die fehlende Anpassungsfähigkeit der Kosten an den Beschäftigungsgrad zurückzuführen ist. Das heißt, bei rückläufiger Beschäftigung erfolgt die Anpassung der Kosten zeitverzögert (oder grundsätzlich anders als bei Beschäftigungszunahmen) (vgl. *Schulte* S. 460).
72 Vgl. *Buschmann* S. 36.

den. Für den Kontextfaktor des Preiswettbewerbs identifiziert Slatter einen nachweisbar negativen Zusammenhang zum Erfolg einer Unternehmenssanierung. In seinem Sample agiert nur rund ein Fünftel der erfolgreich sanierten Unternehmen in Branchen mit hohem Preiswettbewerb – allerdings befinden sich alle erfolglosen Fälle in derartigen Branchen.[73] Weitere Autoren betonen indes den Einfluss der Wettbewerbsposition auf die Ausgestaltung von Strategien und Maßnahmen in Krisenzeiten.[74]

42 Im Hinblick auf den Einfluss von Stakeholderbeziehungen gelangen empirische Untersuchungen einheitlich zu dem Ergebnis, dass starke Beziehungen zu Kunden, Lieferanten und Kapitalgebern den Erfolg einer Unternehmenssanierung positiv beeinflussen. Die Messung der Intensität der Beziehungen erfolgt zumeist über das Net Organisational Capital (NOC). Darunter versteht man den durchschnittlichen Marktwert aller impliziten Verträge von non-investor Stakeholdern mit dem Unternehmen, die das Unternehmen in Zukunft verkaufen kann, abzüglich der damit verbundenen durchschnittlichen Kosten.[75] In der Studie von Nothardt wird anhand von 95 Unternehmen ein signifikant positiver Zusammenhang zwischen dem NOC und dem Sanierungserfolg festgestellt. Unternehmen mit engen Bindungen (hohem NOC), speziell zu Mitarbeitern, Kunden und Lieferanten, weisen eine signifikant höhere Erfolgswahrscheinlichkeit auf, als Unternehmen mit weniger intensiven Stakeholderbeziehungen. Insbesondere enge Kundenbindungen beeinflussen den Erfolg signifikant positiv.[76] Ein statistisch signifikanter Unterschied des Einflusses von Eigen- und Fremdkapitalgebern auf die Wahrscheinlichkeit der Gesundung eines Krisenunternehmens wird von Buschmann ermittelt. Bei einer Fremdkapitalgeberdominanz beträgt die Erfolgswahrscheinlichkeit einer Sanierung 22 %. Liegt hingegen eine Dominanz von Eigenkapitalgebern vor, steigt die Wahrscheinlichkeit des Erfolges auf 50 %.[77] Ein wesentlicher Grund hierfür kann sein, dass durch die Verbesserung der Liquidität und Erhöhung des Eigenkapitals ein positives Signal für weitere Stakeholder ausgesendet wird. Zudem könnten die Interessen der Eigenkapitalgeber näher an den langfristigen Unternehmensinteressen liegen als die der Fremdkapitalgeber. Pant betont in diesem Zusammenhang, dass die Wahrscheinlichkeit einer erfolgreichen Sanierung bei Unternehmen mit hoher externer Kontrolle signifikant über der durchschnittlichen Erfolgswahrscheinlichkeit liegt. Hierzu zählen Unternehmen, bei denen mehr als 4 % der Stammaktien von nicht geschäftsführenden Anteilseignern und weniger als 4 % von Mitgliedern der Unternehmensführung gehalten werden.[78]

---

73 Vgl. *Slatter* S. 53.
74 Vgl. *Hofer* JBS 1980, Vol. 1, No.1, S. 22 f.; *Thiétart* Interfaces 1988, Vol. 18, No. 3, S. 40 ff.
75 Vgl. *Steadman/Green* MAJ 1997, Vol. 12, No. 3, S. 142.
76 Vgl. *Nothardt* S. 273.
77 Vgl. *Buschmann* S. 202.
78 Vgl. *Pant* S. 76 ff.

IV. Empirische Erkenntnisse zum Einfluss phasenspezifischer und phasenübergreifender Maßnahmen und Strategien auf den Sanierungserfolg

1. Phase der Stabilisierung des Unternehmens

1.1 Finanzwirtschaftliche Maßnahmen

Unter den finanzwirtschaftlichen Maßnahmen dieser Phase werden alle Aktivitäten zusammengefasst, welche die Verhinderung der Zahlungsunfähigkeit und der Überschuldung zum Ziel haben.[79] Grundsätzlich kann zwischen den Maßnahmen der Innenfinanzierung und Außenfinanzierung unterschieden werden. Die Aktivitäten der Innenfinanzierung umfassen im Wesentlichen die Finanzierung aus thesaurierten Gewinnen, die Reduzierung von Working Capital (z.B. Abbau von Vorräten, Verminderung von Forderungen aus Lieferungen und Leistungen sowie Aufbau von Lieferantenverbindlichkeiten) und die Reduzierung von Anlagevermögen (z.B. Verkauf von Grundstücken und/oder Maschinen und Verminderung von Investitionen in neues Anlagevermögen). Die Außenfinanzierung umfasst Maßnahmen der Neustrukturierung und Erhöhung von Eigen- und Fremdkapital. Als eigenkapitalgeberorientierte Maßnahmen sind vor allem Kapitalerhöhungen, Reduzierung von Gewinnausschüttungen und die Vergabe von Gesellschafterdarlehen zu nennen. Die fremdkapitalgeberorientierten Maßnahmen beinhalten vor allem die Stundung von Verbindlichkeiten, die Erhöhung von Krediten und den Einsatz von Kreditsubstituten wie das Factoring.[80]

Es existieren zahlreiche empirische Untersuchungen, welche einen positiven Zusammenhang zwischen den Maßnahmen der Innenfinanzierung und dem Sanierungserfolg nachweisen. Ramanujam ermittelt einen signifikant positiven Zusammenhang zwischen der Reduzierung der Wachstumsrate von Vorräten und Forderungen aus Lieferungen und Leistungen und der Wahrscheinlichkeit einer erfolgreichen Unternehmenssanierung.[81] Slatter zeigt, dass 93 % der erfolgreich sanierten Unternehmen und nur 50 % der nicht-erfolgreichen Unternehmen die Reduzierung von Anlagevermögen vornehmen.[82] Dass eine Reduzierung von Anlagevermögen, unabhängig von den Wettbewerbsbedingungen einer Branche, mit einem höheren RoI einhergeht, wird durch Thiétart bestätigt.[83] Ein positiver Zusammenhang der Reduzierung von Assets und dem RoA wird von Moon identifiziert.[84] Hofer und Finkin betonen, dass insbesondere vor dem Hintergrund von fortgeschrittenem Krisenausmaß und vorhandenen Überkapazitäten eine Anwendung der Maßnahmen zur Innenfinanzierung notwendig wird.[85]

Die finanzwirtschaftlichen Maßnahmen der Außenfinanzierung sind – verglichen mit den Maßnahmen der Innenfinanzierung – seltener Betrachtungsgegenstand empirischer Studien. Im Hinblick auf die Eigenkapitalmaßnahmen stellen Sudarsanam/Lai fest, dass Unternehmen, welche eine Unternehmenskrise erfolgreich bewältigen konn-

---

79 Vgl. *Krystek/Moldenhauer* S. 158.
80 Systematisierung der finanzwirtschaftlichen Maßnahmen: Siehe *Buschmann* S. 59 ff.
81 Vgl. *Ramanujam* S. 152.
82 Vgl. *Slatter* S. 121.
83 Vgl. *Thiétart* Interfaces 1998, Vol. 18, No. 3, S. 41.
84 Vgl. *Moon* S. 64.
85 Vgl. *Hofer* JBS 1980, Vol. 1, No. 1, S. 27; *Finkin* JBS 1985, Vol. 5, No. 4, S. 20.

ten, mehrheitlich Kapitalerhöhungen vorgenommen haben. Es wird zwar ein positiver, aber nicht signifikanter Effekt von Kapitalerhöhungen auf den Sanierungserfolg ermittelt.[86] Buschmann weist eine signifikant positive Korrelation zwischen Eigenkapitalerhöhung und Sanierungserfolg nach. Von den untersuchten Unternehmen erhöht rund ein Viertel das Eigenkapital, von denen wiederum ca. 60 % als erfolgreich saniert eingestuft werden.[87] Bei einer Untersuchung zu Fremdkapitalmaßnahmen kann Slatter einen positiven Zusammenhang der Neustrukturierung von Schulden und dem Sanierungserfolg ermitteln.[88] Sudarsanam/Lai hingegen gehen von einem negativen Zusammenhang aus.[89] Eine negative Korrelation mit dem Sanierungserfolg wird auch von Buschmann bei Forderungsverzichten von Fremdkapitalgebern erkannt. Hierbei fließt dem Unternehmen im Gegensatz zur Kapitalerhöhung kein frisches Kapital zu. Bei einem Viertel der untersuchten Unternehmen verzichten die Gläubiger (teilweise) auf ihre Forderungen, gerade einmal 17 % dieser Unternehmen waren erfolgreich.[90]

1.2 Ertragswirtschaftliche Maßnahmen

46 Die ertragswirtschaftlichen Maßnahmen umfassen alle Aktivitäten, welche die Verbesserung des Erfolges durch Maßnahmen der Umsatzsteigerung oder Kostensenkung zum Ziel haben.[91] Sie dienen damit der Wiederherstellung einer für Kapitalgeber akzeptablen Unternehmensprofitabilität. Maßnahmen der Umsatzsteigerung beinhalten operative, kurzfristig ausgerichtete Maßnahmen, zum Beispiel Maßnahmen der Verkaufsförderung oder Preisgestaltung. Die Aktivitäten der Kostensenkung umfassen vor allem Maßnahmen zur Senkung von Personal-, Material- und Sachkosten, abhängig von den branchen-, geschäftsmodell- und unternehmensspezifischen Kostenstrukturen und den vorhandenen Kostensenkungspotenzialen.[92]

47 Die empirischen Forschungsarbeiten von Hambrick/Schecter, Ramanujam, Nothardt und Sudarsanam/Lai gelangen einheitlich zu dem Ergebnis, dass Maßnahmen der kurzfristigen Umsatzsteigerung einen (signifikant) positiven Einfluss auf den Erfolg einer Unternehmenssanierung haben.[93] Einzig Thiétart akzentuiert einen potenziellen „Trade-off" zwischen einer Umsatzsteigerung, gemessen an der Erhöhung des Marktanteils, und der Profitabilität eines Unternehmens in Form des RoI.[94] Buschmann unterscheidet bei der Untersuchung des Einflusses von Maßnahmen der Umsatzsteigerung zwischen kurzfristigen und langfristigen Effekten. Eine positive Korrelation mit dem Sanierungserfolg weisen nur langfristige Umsatzsteigerungen auf.[95] Für kurzfristige Maßnahmen der Umsatzsteigerung kann kein Einfluss auf den Sanierungserfolg festgestellt werden.[96]

---

86 Vgl. *Sudarsanam/Lai* BJM 2001, Vol. 12, S. 196 f.
87 Vgl. *Buschmann* S. 190.
88 Vgl. *Slatter* S. 121.
89 Vgl. *Sudarsanam/Lai* BJM 2001, Vol. 12, S. 190 ff.
90 Vgl. *Buschmann* S. 191.
91 Vgl. *Krystek/Moldenhauer* S. 154.
92 Vgl. *Buschmann* S. 54 ff.
93 Vgl. *Hambrick/Schecter* AMJ 1983, Vol. 26, S. 239; *Ramanujam* S. 142; *Nothardt* S. 274; *Sudarsanam/ Lai* 2001, BJM 2001, Vol. 12, S. 197.
94 Vgl. *Thiétart* Interfaces 1988, Vol. 18, No. 3, S. 40.
95 Vgl. Rn. 52 f. Wachstumsstrategien.
96 Vgl. *Buschmann* S. 178, 187.

Hambrick/Schecter, Ramanujam, Nothardt und Sudarsanam/Lai können in ihren quantitativen Forschungsarbeiten überdies einen signifikant positiven Effekt von Maßnahmen der Kostensenkung auf den Sanierungserfolg nachweisen.[97] Unter der Bezeichnung Retrenchment fassen Robbins/Pearce die operativen Maßnahmen der Kostensenkung zusammen und gelangen zu der vielzitierten These: „Regardless of cause or severity of the turnaround situation or the longterm competitive strategy to be used to combat the situation, the most expeditious road to turnaround begins with a sustained retrenchment response."[98] Dass Maßnahmen der Kostensenkung ein zwingender Bestandteil jeder Unternehmenssanierung sein sollten, widerlegen Castrogiovanni/Bruton zumindest für akquirierte Unternehmen.[99] Auch Arogyaswamy/Barker/ Yasai-Ardekani betonen, dass allein Maßnahmen der Kostensenkung nicht zur Stabilisierung eines Unternehmens ausreichen, sondern zudem nachhaltige, strategische Aspekte berücksichtigt werden müssen.[100] Slatter findet heraus, dass operative Kostensenkungsmaßnahmen häufiger von nicht erfolgreichen Krisenunternehmen (90 %) als von erfolgreich sanierten Unternehmen (63 %) genutzt werden.[101] Buschmann kann keine signifikanten Unterschiede zwischen erfolgreichen und nicht erfolgreichen Unternehmen im Bezug auf Maßnahmen wie Personalabbau, Senkung der Personalaufwands-, Materialaufwands- und Sachaufwandsquote feststellen.[102] Die situative Abhängigkeit und die Zweckmäßigkeit von operativen Kostensenkungsmaßnahmen werden ausführlicher von Zimmermann, O'Neill und Hambrick/Schecter diskutiert. Eine Anwendung sollte demnach nur erfolgen, wenn interne Effizenzprobleme Krisenursache sind, das Krisenausmaß fortgeschritten ist und sich das Unternehmen in einer Reife- und nicht in einer Wachstumsperiode befindet.[103] Zudem zeigen empirische Studien, dass mit Aktivitäten zur Kostensenkung auch negative Effekte, insbesondere beim Personal, verbunden sein können. So wird in diesem Zusammenhang häufig die rückläufige Arbeitsmoral, das nachlassende Commitment und die Abwanderung der Mitarbeiter betont.[104]

2. Phase der Schaffung nachhaltiger Wettbewerbsfähigkeit
2.1 Konsolidierungsstrategien

Obgleich mehrheitlich der positive Effekt finanz- und ertragswirtschaftlicher Maßnahmen auf den Erfolg einer Unternehmenssanierung betont wird, ergeben sich langfristige Wirkungen auf das Erfolgspotenzial aus Initiativen mit strategischen Eigenschaften. Gleichwohl besteht eine hohe Interdependenz zwischen den Maßnahmen zur kurzfristigen Sicherung und den strategischen Optionen zur Wiedererlangung der Erfolgspotenziale.[105] Bereits in Abschnitt II wurde dieses Prozess-

---

97 Vgl. *Hambrick/Schecter* AMJ 1983, Vol. 26, S. 239; *Ramanujam* S. 142; *Nothardt* S. 274; *Sudarsanam/Lai* BJM 2001, Vol. 12, S. 197.
98 *Robbins/Pearce* SMJ 1992, Vol. 13, No. 4, S. 304.
99 Vgl. *Castrogiovanni/Bruton* JBR 2000, Vol. 48, No. 1, S. 31 f.
100 Vgl. *Arogyaswamy/Barker/Yasai-Ardekani* JMS 1995, Vol. 32, No. 4, S. 495.
101 Vgl. *Slatter* S. 121.
102 Vgl. *Buschmann* S. 186.
103 Vgl. *Zimmermann* LRP 1989, Vol. 22, No. 3, S. 106 ff.; *Hofer* JBS 1980, Vol. 1, No. 1, S. 26 ff.; *O'Neill* LRP 1986, Vol. 19, No.1, S. 84 f.
104 Vgl. *Hardy* CMR 1987, Vol. 29, No. 4, S. 112; *Böckenförde* S. 38; *Sutton/Eisenhardt/Jucker* OD 1986, Vol. 14, No. 4, S. 21 ff.
105 Vgl. *Arogyaswamy/Barker/Yasai-Ardekani* JMS 1995, Vol. 32, No. 4, S. 497 ff.

verständnis verdeutlicht. In Anlehnung an das beschriebene Phasenmodell konstatiert Arogyaswamy, dass nach der kurzfristigen Sicherung der Überlebensfähigkeit des Unternehmens die strategische Neuausrichtung den Sanierungserfolg signifikant positiv beeinflusst.[106] Die Sanierungsstrategien zielen auf die Entwicklung, Erhaltung und Nutzung von Erfolgspotenzialen zur Erreichung einer langfristigen und nachhaltigen Rentabilitäts- bzw. Wettbewerbsfähigkeit. Eine strategische Neuausrichtung ist für das Unternehmen sowohl mit Chancen als auch mit Risiken verbunden. Einerseits können zusätzliche Geschäftsaktivitäten zwecks Arrondierung oder Neuausrichtung des Geschäftsportfolios die Gesundungschancen erhöhen, andererseits erfolgen diese Schritte im Zuge restriktiver Rahmenbedingungen wie einer eingeschränkten Ressourcenbasis. Geringere finanzielle Reserven haben nach Barker/Duhaime einen negativen Effekt auf die Häufigkeit strategischer Neuausrichtungen.[107]

50 Eine Konsolidierungsstrategie beinhaltet die Konzentration des Unternehmens auf rentable Geschäftsbereiche bzw. die Bereinigung des Produkt-/Leistungsspektrums mit dem Ziel der Allokation interner Ressourcen auf gegenwärtig und zukünftig profitable Einheiten. Hierdurch sollen bei verringertem Umsatz höhere Margen und damit bessere (Jahres-)Ergebnisse erzielt werden. Typische Maßnahmen der Konsolidierung sind Desinvestitionen, strategische Kostensenkungsprogramme und die Fokussierung auf rentable Kunden- und Produktsegmente. Damit geht häufig die Bereinigung von Produktprogrammen zur konsequenten Reduktion der Produktvielfalt einher.

51 Schandel/Patton/Riggs betonen, dass Krisenunternehmen in der zweiten Prozessphase vor allem deshalb Desinvestitionen tätigen, um eine strategische Neuausrichtung im Unternehmen vorzunehmen – und nicht nur, wie in der ersten Prozessphase, um Liquiditätsdefizite auszugleichen. Sudarsanam/Lai stellen fest, dass bei erfolgreich sanierten Unternehmen Desinvestitionen (z.B. der Verkauf von unrentablen Tochtergesellschaften) zu den drei wichtigsten strategischen Aktivitäten gehören.[108] Hofer empfiehlt unter anderem eine Beibehaltung bzw. Verringerung des Marktanteils, verbunden mit einer Fokussierung der Geschäftstätigkeiten auf verteidigungsfähige Produkt-Markt-Segmente.[109] In einer qualitativen Untersuchung weisen Grinyer/Mayes/McKiernan auf eine Nischenstrategie als häufig angewendete und erfolgreiche Strategie zur Krisenbewältigung hin.[110] Buschmann kann einen signifikant negativen Zusammenhang zwischen einer Konsolidierungsstrategie und dem Sanierungserfolg aufzeigen. Nach erfolgreicher Sicherung der kurzfristigen Überlebensfähigkeit sind in der zweiten Prozessphase nur 18 % der konsolidierenden, jedoch 63 % der wachsenden Krisenunternehmen erfolgreich. Diese erfolgreichen Unternehmen weisen deutliche Umsatzzuwächse ab dem zweiten Jahr nach dem Krisenhöhepunkt auf. Um eine Krise zu bewältigen, scheinen Unternehmen nach erfolgter Konsolidierung in der ersten Prozessphase wieder wachsen zu müssen.[111]

---

106 Vgl. *Arogyaswamy* S. 155 ff.
107 Vgl. *Barker/Duhaime* SMJ 1997, Vol. 18, No. 1, S. 33 f.
108 Vgl. *Sudarsanam/Lai* BJM 2001, Vol. 12, S. 193.
109 Vgl. *Hofer* JBS 1980, Vol. 1, No. 1, S. 28.
110 Vgl. *Grinyer/Mayes/McKiernan* LRP 1990, Vol. 23, No. 1, S. 122 ff.
111 Vgl. *Buschmann* S. 179.

2.2 Wachstumsstrategien

Eine Wachstumsstrategie kann grundsätzlich auf eine der vier in der Ansoff-Matrix abgebildeten Wachstumsrichtungen (Scope of Growth) ausgerichtet sein: Ausschöpfung bestehender Produkt-Markt-Kombinationen (Marktdurchdringung), die Bearbeitung neuer Märkte (Marktentwicklung), neuer Produkte (Produktentwicklung) und neuer Märkte mit neuen Produkten (Diversifikation).[112] In der Literatur werden hinsichtlich der Wachstumsform (Mode of Growth) vor allem Investitionen in internes Wachstum und Akquisitionstätigkeiten (externes Wachstum) als wesentliche Maßnahmen identifiziert und gleichfalls die restriktiven Rahmenbedingungen betont. Hofer sieht im Zugang zu finanziellen Ressourcen die wichtigste Voraussetzung einer erfolgreichen Wachstumsstrategie.[113] Unberücksichtigt bleibt zumeist, dass es für interne wie externe Wachstumsstrategien vor allem auch qualifizierter Managementressourcen bedarf.

Zum Einfluss von Wachstumsstrategien auf den Sanierungserfolg existieren mehrheitlich Untersuchungen, welche vor allem einen positiven Effekt hervorheben. Einen signifikant positiven Zusammenhang zwischen der Umsatzwachstumsrate in der zweiten Phase des Krisenbewältigungsprozesses und dem Sanierungserfolg konstatiert Ramanujam.[114] Sudarsanam/Lai zeigen in ihrer Untersuchung, dass sich erfolgreich sanierte Unternehmen im Zeitablauf verstärkt auf Wachstum in Form von internen Investitionen (in Anlagevermögen) und Akquisitionen konzentrieren.[115] Auf Basis von Interviews und Umfragen in Krisenunternehmen gelangt Slatter zu vergleichbaren Ergebnissen und stellt einen positiven Zusammenhang zwischen Wachstum via Akquisition bzw. Investition und der Wahrscheinlichkeit einer erfolgreichen Sanierung heraus.[116] Schendel/Patton/Riggs identifizieren in ihrer Untersuchung Investitionen in Forschung & Entwicklung (F&E) und neue Produkte als zwei der wichtigsten strategischen Maßnahmen einer erfolgreichen Gesundung.[117] Die Einführung neuer Produkte und die Ausrichtung auf Qualität zeigen auch in der Untersuchung von Buschmann die stärksten positiven Korrelationen mit dem Sanierungserfolg. Bei Produktneueinführungen beträgt die Erfolgswahrscheinlichkeit 62 %, bei Qualitätsausrichtung 72 %. Zudem stellt Buschmann eine positive Korrelation zwischen einer Wachstumsstrategie (starkes Umsatzwachstum über einen Betrachtungszeitraum von vier Jahren) und neuen Produkten fest. Ein nachhaltiger Sanierungserfolg scheint durch zusätzliche Umsätze aus neuen Produkten wahrscheinlicher.[118] Hambrick/Schecter stellen hingegen einen negativen Zusammenhang zwischen der Veränderung des Anteils der F&E-Ausgaben am Umsatz und dem RoI fest, wobei zwischen den beiden Größen – F&E als unabhängige und RoI als abhängige Variable – kein ausreichend großer Time Lag berücksichtigt wurde. Durch die Zeitverzögerung der positiven Wirkungen bei unmittelbarem Effekt der F&E-Aufwandssteigerung sind kurzfristig negative Erfolgswirkungen naheliegend.[119]

---

112 Vgl. *Ansoff* S. 132.
113 Vgl. *Hofer* JBS 1980, Vol. 1, No. 1, S. 29 f.
114 Vgl. *Ramanujam* S. 142.
115 Vgl. *Sudarsanam/Lai* BJM 2001, Vol. 12, S. 192 ff.
116 Vgl. *Slatter* S. 121.
117 Vgl. *Schendel/Patton/Riggs* JGM 1976, Vol. 3, No. 3, S. 8 ff.; *Slatter* S. 121.
118 Vgl. *Buschmann* S. 241.
119 Vgl. *Hambrick/Schecter* AMJ 1983, Vol. 26, S. 239.

3. Phasenübergreifende Maßnahmen
3.1 Organisatorische Maßnahmen

54 Neben phasenspezifischen Strategien und Maßnahmen ist es erforderlich, aufbau- und ablauforganisatorische Strukturen im Unternehmen zu schaffen, die den Krisenbewältigungsprozess gezielt unterstützen und auf die strategische Neuausrichtung abgestimmt werden – ganz im Sinne eines „Structure follows Strategy". Bisher wird in der Literatur die Gestaltung von Aufbau- und Ablaufstrukturen in Krisenunternehmen wenig dokumentiert. Schendel/Patton/Riggs betonen, dass eine Reorganisation im Unternehmen, insbesondere eine verstärkte Ergebnisverantwortung (Profit Center), ein wichtiges Entscheidungsfeld im Rahmen der Krisenbewältigung darstellt.[120] Slatter illustriert einen positiven, gleichwohl insignifikanten Zusammenhang zwischen der Veränderung der Aufbauorganisation und dem Sanierungserfolg. Während diese Maßnahme von fast 50 % der erfolgreichen Unternehmen durchgeführt wird, weist nur rund ein Fünftel der erfolglosen Krisenunternehmen organisatorische Veränderungen auf.[121] Insbesondere müsse die Aufbauorganisation dezentral gestaltet werden, so eine zentrale These, um eine intensivere Einbindung der operativen Einheiten in die Entscheidungsfindung zu gewährleisten. Damit einhergehende Vorteile seien u.a. eine höhere Mitarbeiterzufriedenheit sowie schnellere Entscheidungen durch weniger involvierte Hierarchieebenen.[122] Organisatorische Umstrukturierungen, zumeist in eigenständige Profit Center, werden in der Forschungsarbeit von Buschmann für 75 % aller untersuchten Unternehmen festgestellt. Ein statistisch signifikanter Unterschied zwischen erfolgreichen und nicht erfolgreichen Unternehmen kann nicht nachgewiesen werden.[123]

3.2 Führungsbezogene Maßnahmen

55 Unternehmenskrisen haben erhebliche physische und psychische Belastungen von Mitarbeitern und Führungskräften zur Folge. Es kommt zu wahrgenommener Ausweglosigkeit, Verunsicherung, Stress, Angst und Demotivation, um nur einige typische Verhaltensreaktionen zu nennen.[124] Angemessene (Personal-)Führungsformen in einer Unternehmenskrise, die sich zwischen den Extrempositionen einer autoritären oder kooperativen Führung bewegen, müssen vor diesem Hintergrund gewürdigt werden.

56 Aussagen über den optimalen Führungsstil in Krisensituationen sind in qualitativen Forschungsarbeiten zu finden, wobei zumeist ein autoritärer Führungsstil empfohlen wird. Die Akzeptanz dieser Führungsform oder gar das Verlangen danach steigen in Krisensituationen stark an.[125] Seidel stellt dies mit zunehmender Krisendauer und steigendem Krisenausmaß fest.[126] Bibeault identifiziert als wichtige Erfolgsfaktoren der Unternehmenssanierung eine enge Führung der Mitarbeiter („tight control") und die Fähigkeit, Einstellungen von Menschen zu ändern.[127] Oldendorff ist der Auffassung,

---

120 Vgl. *Schendel/Patton/Riggs* JGM 1976, Vol. 3, No. 3, S. 9.
121 Vgl. *Slatter* S. 121.
122 Vgl. *Slatter* S. 88 f.
123 Vgl. *Buschmann* S. 195.
124 Vgl. *Böckenförde* S. 38.
125 Vgl. *Hamblin* in Cartwright/Zander (Hrsg.) Group Dynamics, Research and Theory, 1960, S. 571 ff.; *Mulder/Stemerding* HUM 1963, Vol. 16, No. 4, S. 317 ff.
126 Vgl. *Seidel* S. 268.
127 Vgl. *Bibeault* S. 114.

dass eine kooperative Führung in der Unternehmenskrise die Panik einer Gruppe zunehmend verstärkt.[128] Mulder et al. vergleichen das Führungsverhalten in Krisensituationen mit dem in Nicht-Krisensituationen und stellen fest, dass Mitarbeiter in Krisensituationen signifikant mehr Expertenmacht, mehr formale Macht und weniger Rücksprache von Seiten der Führungskräfte wahrnehmen.[129] Insgesamt spricht dies für einen eher autoritären Führungsstil.

Höhn hingegen vertritt die Position, dass sich in Unternehmenskrisen ein kooperativer Führungsstil auszahle.[130] Es müsse die Selbständigkeit der Mitarbeiter gefördert und das vorhandene Potenzial an Individualkräften ausgeschöpft werden – eine These, die auch von Baur vertreten wird.[131] Die Forschungsarbeit von Blake/Mouton im Rahmen eines NASA-Forschungsprogramms, welche den Einfluss menschlichen Versagens bei Flugzeugunfällen untersucht, war Quelle weiterer Erkenntnisse über Führungsstile in Krisensituationen.[132] Autoritäre Führung vernachlässige wertvolle Informationen und Erfahrungen anderer Führungskräfte und gehe daher mit einer reduzierten Problemlösungskompetenz einher – so eines der zentralen Ergebnisse, das für ein Mindestmaß an kooperativer Führung und Einbindung von Mitarbeitern auch in Krisensituationen spricht.[133] Eine Studie von Kim/Mauborgne stützt diese Überlegung, denn Mitarbeiter zeigen eine höhere Bereitschaft Veränderungen herbeizuführen, wenn sie die Notwendigkeit einer Veränderung selbst erkennen und dadurch stärker intrinsisch motiviert sind.[134]

3.3 Intensität und Geschwindigkeit der Maßnahmen

Mit zunehmender Krisendauer schwinden nach und nach die internen Ressourcen des Unternehmens und das Vertrauen wichtiger Stakeholder. Ausgehend von dieser Überlegung kann Ramanujam einen signifikant negativen Zusammenhang zwischen der Dauer einer Unternehmenskrise und dem Sanierungserfolg nachweisen.[135] In weiteren Forschungsarbeiten werden eine hohe Intensität und eine hohe Geschwindigkeit, mit denen der Krisenbewältigungsprozess durchzuführen ist, als notwendig angesehen.[136] Sudarsanam/Lai stellen in ihrer Untersuchung fest, dass erfolgreiche Krisenunternehmen im zweiten Jahr nach dem Krisenhöhepunkt eine deutlich rückläufige Häufigkeit und Intensität von Effizienzmaßnahmen vorweisen.[137] Frühe Erfolge gelten als positives Signal für die Stakeholder eines Unternehmens. Castrogiovanni/Bruton sehen darin eine Möglichkeit für die Unternehmensführung, die Glaubwürdigkeit und das Vertrauen der wichtigsten Anspruchsgruppen zu erhalten oder zurückzugewinnen: „These improvements serve to strengthen stakeholder beliefs that there will be a successful turnaround, and consequently they become more motivated to do their part to make it occur."[138]

---

128 Vgl. *Oldendorff* S. 182 ff.
129 Vgl. *Mulder et al.* JAP 1986, Vol. 71, No. 4, S. 568.
130 Vgl. *Höhn* S. 111.
131 Vgl. *Baur* S. 79.
132 Vgl. *Blake/Mouton* Personal 1986, Vol. 38, No. 1, S. 8 ff.
133 Vgl. *Krystek/Moldenhauer* S. 67 f.
134 Vgl. *Kim/Mauborgne* HBR 2003, Vol. 81, No. 4, S. 67.
135 Vgl. *Ramanujam* S. 100 ff.
136 Vgl. *Zimmermann* LRP 1989, Vol. 22, No. 3, S. 109; *Schendel/Patton/Riggs* JGM 1976, Vol. 3, No. 3, S. 10.
137 Vgl. *Sudarsanam/Lai* BJM 2001, Vol. 12, S. 191 ff.
138 *Castrogiovanni/Bruton* JBR 2000, Vol. 48, No. 1, S. 27.

V. Zusammenfassung und Handlungsempfehlungen für die Unternehmenspraxis

59 Allgemeingültige „Patentrezepte" für eine erfolgreiche Unternehmenssanierung können zwar nicht abgeleitet werden. Gleichwohl bieten die hier vorgenommene Systematisierung der Erfolgsfaktoren und die vorhandenen Untersuchungen einige empirisch fundierte Anhaltspunkte für den Krisenbewältigungsprozess.

60 Bereits die Kontextfaktoren eines Krisenunternehmens geben messbar Aufschluss über die Wahrscheinlichkeit des Sanierungserfolges. Vor allem negative Konjunktur- und Branchenentwicklungen sowie ein starker Preiswettbewerb lassen die Erfolgswahrscheinlichkeit signifikant sinken. Markt-, Branchen- und Wettbewerbsbedingungen sind Faktoren, die durch das Sanierungsmanagement kaum beeinflusst werden können. Umso wichtiger erscheinen die Implementierung von Instrumenten der Krisenfrüherkennung und ein aktives Krisenmanagement. Ergänzend sollte auf Instrumente zurückgegriffen werden, die zur Analyse der Jahresabschlussdaten dienen. Da mit steigendem Fixkostenanteil an den Gesamtkosten die Wahrscheinlichkeit eines Sanierungserfolges sinkt, sollte – sofern keine Variabilisierung der Kosten möglich ist – eine fortwährende Fixkosten-Überwachung im Unternehmen durchgeführt werden. Da empirische Studien ebenso nachweisen, dass Unternehmen mit kurzer Krisendauer signifikant höhere Erfolgschancen aufweisen[139], sollte die Krisenbewältigung mit hoher Intensität und Geschwindigkeit erfolgen. Zudem ist es von Anfang an notwendig, die Anspruchsgruppen eines Unternehmens in den Sanierungsprozess aktiv einzubinden. Hierzu sind die Interessen der Stakeholder zu analysieren und gegeneinander abzuwägen.

61 Zunächst ist der Schwerpunkt des Sanierungsprozesses darauf auszurichten, die Überlebensfähigkeit des Unternehmens durch kurzfristige, schnell wirkende Maßnahmen zur Liquiditätssicherung und Ergebnisverbesserung sicherzustellen. Da die Erfolgswahrscheinlichkeit durch eine Kapitalerhöhung signifikant steigt, mag das Werben um zusätzliches Eigenkapital in vielen Fällen eine wesentliche Grundlage des Reüssierens sein. Durch eine Eigenkapitalerhöhung ist es nicht zuletzt möglich, Investitionen nach dem Krisenhöhepunkt konsequenter durchführen zu können. Da der Einfluss von Maßnahmen der kurzfristigen Umsatzsteigerung auf den Sanierungserfolg in vielen Studien als positiv bewertet wird, sollte ein Unternehmen verstärkt Verkaufssonderaktionen, Fokussierung auf die wichtigsten Kundengruppen und eine Steigerung der Vertriebsleistung (in Verbindung mit einer Veränderung des Anreizsystems) als Optionen in Erwägung ziehen. Kostensenkungsprogramme werden in der Regel nicht ausbleiben können. Je nach Branche, Geschäftsmodell und unternehmensspezifischen Kostenstrukturen ist an Kostensenkungspotenzialen anzuknüpfen, die durch das Management zu beeinflussen sind und einen möglichst hohen Ergebnis- und Liquiditätshebel aufweisen.

62 In der zweiten Prozessphase, der (wachstums-)strategischen Neuausrichtung des Unternehmens, verspricht offensichtlich ein Wachstum durch Konzentration auf gesunde Marktsegmente, Einführung neuer Produkte und Qualitätssteigerung mittelfristig die größten Erfolge. Bereits bei der Erstellung des Sanierungskonzeptes müssen zukünftige Investitionen in internes und externes Wachstum berücksichtigt werden.

---

139 Vgl. *Ramanujam* S. 100 ff.

Zusammenfassung und Handlungsempfehlungen für die Unternehmenspraxis

Es gilt, zielgerichtet potenzielle Ertrags- und Wachstumsquellen in Form neuer Produkte und/oder neuer Märkte zu identifizieren. Hierzu sollten klassische Strategie-Tools der Segmentierung und Analyse angewendet werden.

63 Insgesamt führt eine Unternehmenssanierung vor allem dann zum Erfolg, wenn Unternehmen kurzfristig eine intensive Stabilisierungsphase durchlaufen, das heißt, verstärkt finanz- und ertragswirtschaftliche Maßnahmen durchführen und anschließend eine auf nachhaltiges Wachstum ausgerichtete Strategie implementieren. Alle Sanierungsmaßnahmen und -strategien müssen in einer integrierten Unternehmensplanung zusammengefasst werden. Dies ist bereits in den Kernanforderungen an Sanierungskonzepte nach dem IDW S 6 festgeschrieben. Hierdurch ist es möglich, die Auswirkungen der Maßnahmen auf die Vermögens-, Finanz- und Ertragslage des Unternehmens transparent darzustellen. Zudem ist die integrierte Business-Planung ein effektives Controlling-Instrument für den Krisenbewältigungsprozess. Als wesentliche Elemente sind die Planung der Bilanz, der Gewinn- und Verlustrechnung sowie der Kapitalflussrechnung zu nennen. Ergänzt werden diese durch Ertrags-, Produktivitäts-, Performance- und Liquiditätskennzahlen sowie weitere Kenngrößen, die sich aus dem Controlling- und Steuerungsansatz des Unternehmens (z.B. Economic Value Added) ergeben.[140]

64 Die größte Herausforderung erfolgreicher Unternehmenssanierungen dürfte in der inhaltlichen und zeitlichen Balancierung der Schlüsselentscheidungen liegen, zumal vielfach mit ambivalenten Wirkungen zu rechnen ist. Klarheit sollte dahingehend bestehen, wie weit operative Maßnahmen gehen müssen und ab wann strategischen Weichenstellungen Vorrang zu geben ist. Dies gilt es vor allem im Spannungsfeld aus Ergebnis-, Kosten- und Liquiditätseffekten und kurzfristigen Überlebensanforderungen einerseits sowie markt- und innovationsorientierter Leistungsfähigkeit und langfristigen Erfolgspotenzialen des Unternehmens andererseits zu beurteilen.

---

140 Vgl. *Kraus/Haghani* in Bickhoff/Blatz/Eilenberger/Haghani/Kraus (Hrsg.), Die Unternehmenskrise als Chance, 2004, S. 31; *Bausch/Hunoldt/Matysiak* in Bausch/Schwenker (Hrsg.) Handbook Utility Management, 2009, S. 20.

4. Kapitel
Operative und strategische Sanierung

I. Prüfung von Insolvenzantragspflichten und Stabilisierungsmaßnahmen

Die Prüfung, ob eine Insolvenzantragspflicht vorliegt oder sich abzeichnet, gehört, schon wegen der für die Organe gegebenen persönlichen Haftungsrisiken[1], zu den kritischen **Aufgaben von Geschäftsführern und Vorständen**. Zur Vermeidung von Risiken sind deswegen nach der ständigen Rechtsprechung des BGH[2] die Organe dazu verpflichtet, in angemessenen, ggf. sehr kurzen Abständen anhand der aktuellen Gegebenheiten zu überprüfen, ob Insolvenzantragsgründe vorliegen.[3] Dies ist in Krisenzeiten, d.h. wenn das gezeichnete Kapital weitestgehend aufgebraucht ist, sich bereits eine bilanzielle Überschuldung abzeichnet oder ergeben hat, wesentliche Verbindlichkeiten fällig werden und nicht ohne Probleme oder gar nicht refinanziert werden können, der Fall. Nach dem **IDW Prüfungsstandard PS 270**[4] sollte Anlass für eine solche Überprüfung jede „nachhaltige Störung des finanziellen Gleichgewichtes eines Unternehmens oder durch die aufgrund einer nachhaltigen Beeinträchtigung seiner Ertragskraft verursachte Aufzehrung des Eigenkapitals" sein. Eine Überprüfung der Insolvenzantragspflichten lediglich zu den Abschlussstichtagen reicht dann regelmäßig nicht aus.

1

In Anbetracht der besonderen Komplexität der Aufgabe und der regelmäßig mangelnden Erfahrung sowie zur Risikominimierung neigen Organe von Gesellschaften dazu, die Feststellung, ob Insolvenzantragsgründe vorliegen, **erfahrenen Beratern** zu übertragen. Berater, denen diese Aufgabe übertragen wird, sind gut beraten, sorgfältig zu prüfen, ob sie über die für diese besondere Aufgabenstellung erforderliche Kompetenz und Erfahrung verfügen, da auch für den mit der Aufgabe betrauten Berater ggf. Haftungsrisiken bestehen.[5]

2

Vor dem Hintergrund der Problematik einer Kreditgewährung in derartigen Situationen und wegen des resultierenden latenten Anfechtungsrisikos werden Aufträge dieser Art nur als Bargeschäfte i.S.d. § 142 InsO oder gegen **Vorkasse** durchgeführt werden können.

3

1. Logische Arbeitsfolge

Das nachfolgende Schaubild zeigt die logische Abfolge einer **Auftragsdurchführung** und damit gleichzeitig auch die in einer Auftragsbestätigung abzudeckenden Inhalte.

4

---

1 Dazu 8. Kap.
2 *BGH* ZIP 2007, 1265.
3 Zu Krisenvorsorgepflichten 2. Kap. Rn. 81 ff., 8. Kap. Rn. 4 ff.
4 IDW-Fachnachrichten 2003, S. 316.
5 Dazu 8. Kap. Rn. 265 ff.

4 Operative und strategische Sanierung

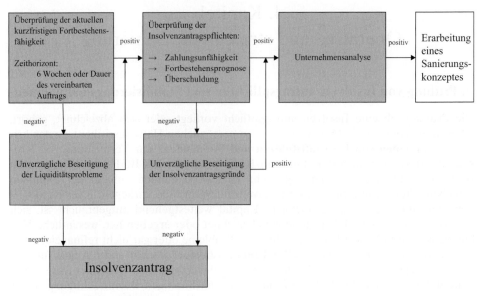

Abb. 1: Antragsdurchführung

5 Die dargelegten Bausteine sollten sinnvollerweise **Gegenstand jeglicher Auftragsübernahme** in Krisensituationen sein, auch wenn vom Unternehmen explizit lediglich eine Unternehmensanalyse, die Erarbeitung eines Sanierungskonzeptes o.Ä. angefragt ist. Nur auf diese Art und Weise können mögliche Haftungsrisiken und Reputationsschäden vermieden werden. Der teilweise anzutreffende Ausschluss der Überprüfung von Insolvenzantragspflichten bei Aufträgen zur Unternehmensanalyse oder zur Erstellung eines Sanierungskonzeptes ist nur dann sinnvoll, wenn die Insolvenzantragspflichten von anderen Beratern geprüft werden oder zeitnah geprüft worden sind.

2. Überprüfung der aktuellen und kurzfristigen Fortbestehensfähigkeit

6 Der Berater sollte bei der Auftragsannahme oder allerspätestens bei Beginn der Auftragstätigkeit die aktuelle und kurzfristige Fortbestehensfähigkeit des Unternehmens angemessen und sorgfältig überprüfen. Sicherzustellen ist dabei, dass das Unternehmen während der Laufzeit des Auftrages, mindestens aber bis zum voraussichtlichen Abschluss der Arbeiten zur Überprüfung der Insolvenzantragspflichten, über die für ein geordnetes Fortbestehen des Geschäftsbetriebes **notwendige Liquidität** verfügt.

7 Für die Überprüfung sollte die kurzfristige Liquiditätsplanung des Unternehmens zugrunde gelegt werden. Hierzu ist eine **Liquiditätsplanung** erforderlich, die den Cash Flow nach der direkten Methode, d.h. durch Gegenüberstellung von Einnahmen und Ausgaben, ermittelt und die Zahlungsein- und -ausgänge idealerweise auf Tagesbasis, mindestens aber auf Wochenbasis darstellt. Für den hier diskutierten Zweck muss diese **Planungsrechnung** mit besonderer Sorgfalt durchgeführt werden und auch durch mindestens Stichprobenprüfungen verifiziert werden, da Unternehmen in finanziell kritischen Situationen durchaus dazu neigen, fällige Zahlungen in derartigen Planungen nicht fristgerecht zu berücksichtigen und auch die zeitnahe Erfassung von Verbindlichkeiten vielfach nicht mehr vollständig gegeben ist. Es hat sich deshalb bewährt, ergänzend abzufragen, wann bestimmte kritische Zahlungen zuletzt erfolgt sind und für welchen Zeitraum sie geleistet wurden.

Im Einzelnen sind dies: 8
- Löhne und Gehälter,
- Sozialversicherungsbeiträge,
- Lohnsteuer,
- Umsatzsteuer,
- Mieten.

Des Weiteren lohnt es sich zu ermitteln, ob Gläubiger Ansprüche bereits klageweise 9
geltend machen, Mahnbescheide vorliegen oder bereits tituliert wurden und ob und in welchem Umfang „letzte" Mahnungen bereits eingegangen sind.

Ergeben diese Prüfungen keine Auffälligkeiten, so empfiehlt es sich, weiter zu über- 10
prüfen, ob die genannten kritischen Zahlungen auch innerhalb der kurzfristigen Zukunft gesichert sind und hierfür ausreichende Liquidität zur Verfügung steht.

Führt vorstehend geschilderte Überprüfung der kurzfristigen Fortbestehensfähigkeit 11
zu einem **negativen Ergebnis**, so sind vor einer weiteren Auftragsdurchführung unverzüglich Maßnahmen zur Beseitigung der akuten Liquiditätsprobleme und damit der Stabilisierung des Unternehmens erforderlich.

3. Möglichkeiten zur kurzfristigen Generierung von Liquidität

Für eine kurzfristige Stabilisierung und Liquiditätsbeschaffung sollten jene **Personen** 12
oder Unternehmen gezielt angesprochen werden, die im Falle einer Insolvenz **besondere Nachteile** zu gewärtigen hätten. Neben den Gesellschaftern und großen, wesentlichen Kreditgebern können dies auch Großkunden oder wesentliche Lieferanten sein. Angesichts des regelmäßig äußerst engen Zeitrahmens ist die Ansprache bisher nicht Beteiligter oder größerer Kreise kaum erfolgversprechend und deshalb nicht sinnvoll. Zudem sind zu diesem Zeitpunkt die Fakten typischerweise nicht oder nur bedingt geklärt, und die erforderliche Finanzierung ist deshalb mit einem so hohen Risiko behaftet, dass nur die Ansprache an einer Unternehmensfortführung dringend oder zwingend interessierter Personen oder Unternehmen zielführend ist.

3.1 Gesellschafter

Die erste logische Ansprache richtet sich an die Gesellschafter. Sie sollten das **größte** 13
Interesse an einer Fortführung des Unternehmens haben. In fortgeschrittenen Krisensituationen ist es allerdings häufig der Fall, dass die Gesellschafter ihre finanziellen Möglichkeiten bereits ausgeschöpft oder sogar überstrapaziert haben und insoweit nicht in der Lage sind, weitere Beiträge zu leisten. Zudem haben die Gesellschafter aufgrund der Gesetzeslage keine Möglichkeiten, ihre Beiträge abzusichern. Sollte es nicht zu einer nachhaltigen Lösung für die Unternehmenskrise kommen, so sind auch diese weiteren Mittel unweigerlich verloren. Dies gilt gleichgültig, ob die Beiträge als Einlage oder als Gesellschafterdarlehen geleistet wurden.[6]

3.2 Gläubiger

Da Liquiditätsprobleme regelmäßig auf ein zu hohes Maß an fälligen Verbindlichkei- 14
ten zurückzuführen sind, ist es naheliegend zur Beseitigung der akuten Liquiditätsprobleme auf Gläubiger zuzugehen. Dabei ist **dringend davon abzuraten**, alle Gläubiger

---

6 Zu diesen Haftungsrisiken 8. Kap. Rn. 156.

oder einen größeren Kreis der Gläubiger anzusprechen. Aufgrund der vertraglichen Vereinbarungen mit Warenkreditversicherern sind Lieferanten mit versicherten Forderungen regelmäßig gehalten, Stundungsvereinbarungen unmittelbar an den Warenkreditversicherer zu melden. Soweit der Warenkreditversicherer nicht ohnehin schon auf das Unternehmen aufmerksam geworden ist, wird er spätestens jetzt die Kreditlimits reduzieren oder gar die weitere Kreditierung vollständig einstellen. In solchen Fällen führt dann die ursprünglich beabsichtigte Stundung und damit einhergehende Entschärfung der Liquiditätssituation zu einer dramatischen Verschlechterung der Lage, da nunmehr die Lieferanten in großem Umfang zügigere Zahlungen oder Vorkasse für neue Lieferungen einfordern werden.

15 Wenn Mieten einen wesentlichen Teil der Liquiditätsabflüsse ausmachen, sollte versucht werden, eine **Stundung von Mietzahlungen** herbeizuführen. Vorteil ist, dass die Ansprache der Vermieter nicht die Aufmerksamkeit von Warenkreditversicherern auf sich zieht und es den Vermietern vor dem Hintergrund der ihnen in der Regel zur Verfügung stehenden Kautionen und des ihre Ansprüche sichernden Vermieterpfandrechtes leichter fällt, temporäre Verzögerungen der Mietzahlungen zu billigen.

16 Die Ansprache von Gläubigern sollte sich insoweit auf möglichst wenige große und an einer Unternehmensfortführung besonders interessierte Gläubiger beschränken.

17 Ohne die vorstehend geschilderten Probleme befürchten zu müssen, können **Finanzgläubiger**, typischerweise **Kreditinstitute**, angesprochen werden. Eine temporäre Aussetzung von fälligen Zins- und Tilgungszahlungen ist hier vergleichsweise leicht erreichbar, da, wenn die unmittelbare unausweichliche Alternative ein Insolvenzantrag ist, dies auch für die Kreditgeber leicht nachvollziehbar ist. Deutlich anders ist die Situation, wenn die Zuführung neuer Liquidität erforderlich ist. Hier sind zudem längere Verhandlungen zu erwarten. Erfahrungsgemäß ist frische Liquidität nur zu erlangen, wenn bereits in diesem Stadium den Finanzgläubigern eine grundsätzlich positive Prognose gegeben werden kann, was in der Regel schwierig ist. Hilfreich ist es auch, wenn noch werthaltige und freie Sicherheiten für eine Absicherung eines Neukredites zur Verfügung stehen. Dies ist erfahrungsgemäß nur in seltenen Ausnahmefällen gegeben. Zur Unterstützung von derartigen Gesprächen mag es auch sinnvoll sein, die öffentliche Hand (Stadt oder Land) anzusprechen. Zwar sind diese aufgrund der strengen Reglementierung von öffentlichen Beihilfen durch die Europäische Union nur bei kleinen und kleinsten Unternehmen in der Lage, selbst zu helfen (hierzu 8. Kap. Rn. 1 ff.), sie haben aber häufig Möglichkeiten oder Zugang zu Entscheidungsträgern, um die Verhandlungen mit Kreditinstituten hilfreich zu moderieren.

18 Es versteht sich von selbst, dass eine **Vereinbarung** über Stundungen und Zahlungspläne, zumindest kurz **schriftlich** und verbindlich festgehalten werden sollte. Auch wenn der BGH in einem sehr besonderen Fall festgehalten hat[7], dass auch informelle faktische Stundungen eine Zahlungsunfähigkeit beseitigen können, so ist dies schon aufgrund der Unsicherheiten und möglichen Missverständnisse in keiner Weise empfehlenswert.

---

7 *BGH* ZIP 2007, 1666 ff.

3.3 Kunden

Häufig übersehen wird die Möglichkeit, auch durch die Ansprache von Kunden kurzfristig benötigte Liquidität zu generieren.

Bei Krisenunternehmen wird häufig das systematische und konsequente **Inkasso** der eigenen Forderungen nur noch unzureichend betrieben. Zudem ist häufig die Neigung zu beobachten, sich mit Kunden in die Diskussion über strittige Spitzenbeträge zu verstricken und so mögliche größere Zahlungseingänge zu blockieren. Ein stringentes zielgerichtetes Inkasso und ein pragmatischer Umgang mit strittigen Forderungen sind in vielen Fällen geeignet, binnen kurzer Frist wesentliche Zahlungseingänge zu generieren.

Reicht dies nicht aus, so sollten wichtige Schlüsselkunden identifiziert werden, die an einer Fortführung des Unternehmens besonders interessiert oder von ihr gar abhängig sind. Bei solchen Kunden sollte über eine **Verkürzung von Zahlungsfristen** gesprochen werden. Es ist häufig anzutreffen, dass die wichtigsten Kunden recht großzügige Zahlungskonditionen haben. So werden beispielsweise Automobilzulieferer klassisch jeweils einmal monatlich Mitte des Folgemonats von ihren Kunden bezahlt. Hier ist es wegen der besonderen Abhängigkeiten in der Regel möglich, auf wesentlich kürzere Zahlungsfristen umzustellen.

Eine weitere Möglichkeit, Liquidität zu generieren, ergibt sich im Bereich des **Anlagenbaus** oder bei **Projektgeschäft**. In solchen Fällen ergibt sich die Möglichkeit der projektgebundenen Finanzierung, entweder durch ein Kreditinstitut oder auch den Auftraggeber. Durch entsprechende Gestaltung ist es auch möglich, dem Finanzierer hierbei Sicherheiten einzuräumen.

Weitere Finanzierungsmöglichkeiten können sich in bestimmten Situationen dadurch ergeben, dass man bisher getätigte wesentliche **Materialeinkäufe** durch den Kunden **beistellen** lässt. Bei entsprechender vertraglicher Gestaltung ist auch in diesen Fällen das sich ergebende Risiko für den Kunden überschaubar.

Zur generellen Verbesserung der Liquiditätssituation sollte zudem darauf geachtet werden, dass Kunden mit kurzen Zahlungszielen oder besseren Margen bei der Ansprache und der Auftragsabarbeitung erhöhte **Priorität** eingeräumt wird.

3.4 Nicht zwingende Ausgaben

In einzelnen Fällen lässt sich eine Entspannung der Liquiditätssituation auch dadurch herbeiführen, dass die anstehenden wesentlichen Zahlungen **kritisch analysiert** werden. Es mag im Einzelfall möglich sein, durch Leasingfinanzierung anstehender Anlageinvestitionen wesentliche kurzfristige Ausgaben zu vermeiden. Auch Sonderzahlungen an leitende Mitarbeiter (Boni), Sponsorenzahlungen etc. sollten in der Regel aufschiebbar sein oder wenn möglich ganz entfallen können.

3.5 Nicht betriebsnotwendiges Vermögen

Eine weitere Möglichkeit, Liquidität zu generieren, liegt grundsätzlich in der **Verwertung** nicht betriebsnotwendigen Vermögens. Die Lösung von Liquiditätsproblemen auf diese Art und Weise findet nach persönlichen Beobachtungen des Autors allerdings häufiger in der Literatur als in der Praxis statt. Zum einen ist etwaig tatsächlich vorhandenes nicht betriebsnotwendiges Vermögen im Laufe einer Unternehmenskrise typischerweise bereits veräußert worden und des Weiteren ist die Vermarktung von nicht betriebsnotwendigen Vermögenspositionen in der Regel nicht kurzfristig möglich.

27 Dennoch sollte bei der Suche nach kurzfristiger Liquidität der Bestand an Waren und Vorräten kritisch betrachtet werden. Etwaig vorhandene Überbestände an nicht (mehr) marktgängigen Vorräten sollten konsequent und zügig vermarktet werden.

3.6 Sale-and-Lease-Back-Geschäfte

28 Sale-and-Lease-Back-Transaktionen sind grundsätzlich sehr gut dazu geeignet, einem Unternehmen kurzfristig wesentliche Liquidität zuzuführen. Wegen der damit verbundenen regelmäßig sehr hohen **Folgekosten** ist allerdings Zurückhaltung geboten. Eine auch nur annähernd sinnvolle Relation von kurzfristiger Liquiditätszuführung und Folgekosten wird sich in der Regel nur erzielen lassen, wenn es sich bei dem Objekt um einen objektiv werthaltigen Vermögensgegenstand handelt, der auch allgemein vermarktet werden kann.

29 Sollten alle Bemühungen zur Beseitigung einer vorhandenen oder sich kurzzeitig abzeichnenden offensichtlichen Zahlungsunfähigkeit nicht zu einer Lösung führen, so sind die gesetzlichen Vertreter des Mandanten auf die bestehende **Insolvenzantragspflicht** in dokumentierter Form hinzuweisen. Dies sollte ausführlich und schriftlich geschehen. Der bisher vereinbarte Auftrag wird an dieser Stelle im beiderseitigen Einvernehmen abgebrochen. Die weitere Beratung kann sich sinnvollerweise nur noch auf eine Beratung bei der Stellung des Insolvenzantrages und hinsichtlich der möglichen Ausgestaltung eines Insolvenzverfahrens erstrecken.

4. Zahlungsunfähigkeit

4.1 Definitionen

30 Für die Prüfung der Zahlungsunfähigkeit und damit der Insolvenzantragspflicht sollten vorab die **Begrifflichkeiten** geklärt werden, bei denen immer wieder Unklarheiten und Missverständnisse auftreten. Sorgfältig zu unterscheiden sind die Zahlungseinstellung, die Zahlungsunfähigkeit und die Zahlungsstockung.

– Zahlungseinstellung

31 Von einer Zahlungseinstellung ist auszugehen, wenn der Schuldner die Zahlung von fälligen und überfälligen Verbindlichkeiten im Wesentlichen eingestellt hat.

– Zahlungsunfähigkeit

32 Die Definition der Zahlungsunfähigkeit findet sich in § 17 InsO. Danach ist ein Schuldner dann zahlungsunfähig, „wenn er nicht in der Lage ist, die fälligen Zahlungspflichten zu erfüllen". Auch wenn die explizite Gesetzesformulierung keinen Hinweis auf das Kriterium der Wesentlichkeit gibt, so hat der BGH doch in ständiger Rechtsprechung entschieden[8], dass dann nicht von einer Zahlungsunfähigkeit auszugehen ist, wenn die Deckungslücke zwischen fälligen und überfälligen Verbindlichkeiten und der frei verfügbaren Liquidität nur unwesentlich ist. Dabei ist eine Deckungslücke von bis zu 10 % der fälligen und überfälligen Verbindlichkeiten nach der Rechtsprechung des BGH als nicht wesentlich anzusehen.

---

8 *BGH* ZIP 2005, 1468.

– Zahlungsstockung

Liegt Zahlungsunfähigkeit vor, dabei zeichnet sich aber ab, dass diese mit überwiegender Wahrscheinlichkeit kurzfristig wieder überwunden werden kann, so ist lediglich eine Zahlungsstockung gegeben. Als kurzfristig ist in diesem Zusammenhang ein Zeitraum von maximal 3 Wochen anzusehen.

4.2 Prüfung der Zahlungsfähigkeit

Ausgangspunkt für die Prüfung der aktuellen Zahlungsfähigkeit ist regelmäßig eine **Gegenüberstellung** der frei verfügbaren **Liquidität** und der fälligen und überfälligen **Verbindlichkeiten**. Auf dieser Ausgangsbasis ist die zukünftige Entwicklung der Liquidität, vorzugsweise tageweise, mindestens aber auf Wochenbasis, am besten für die nächsten 3 Monate, fortzuschreiben. Dabei werden Einzahlungen und Auszahlungen in allen wesentlichen Punkten einzeln und zahlenmäßig aufgeführt. Angesichts der bei solchen Planungsrechnungen nicht erreichbaren Präzision und zur Sicherstellung eines pragmatischen Ansatzes hat es sich bewährt, solche Rechnungen auf Tausend oder Millionen-EURO Basis durchzuführen.

Erfahrungsgemäß findet man in jedem Krisenunternehmen eine Liquiditätsplanung vor. Zur Vermeidung unnötiger Kosten und Zeitverluste ist daher im ersten Angang zu überprüfen, inwieweit die im Unternehmen **vorhandene Liquiditätsplanung** den vorstehenden Ansprüchen gerecht wird. Ist dies der Fall, so ist die vorliegende Liquiditätsplanung hinsichtlich ihrer wesentlichen Annnahmen sorgfältig zu überprüfen.

Die wesentlichen **Schritte zur Prüfung** einer Liquiditätsplanung sind:

4.2.1 Prüfung der Ausgangsbasis

Folgende Punkte sind zu verifizieren:
– Sind die Banksalden zutreffend?
– Sind die Gelder tatsächlich in vollem Umfang frei verfügbar (Hinterlegungen, Verpfändungen)?
– Ist die dargestellte freie Kreditlinie, wenn überhaupt vorhanden, ohne Einschränkungen frei verfügbar?
– Wie wurden die fälligen und überfälligen Verbindlichkeiten ermittelt?
– Ist sichergestellt, dass alle Verbindlichkeiten vollständig berücksichtigt sind?
– Wie sind strittige Positionen berücksichtigt?

4.2.2 Überprüfung der Prämissen

Inwiefern sind die in die Planung eingeflossenen Prämissen **nachvollziehbar** und **entsprechen** den Erfahrungswerten der jüngeren Vergangenheit? Lassen sich wesentliche Sonderzahlungen zu den vertraglichen Vereinbarungen nachvollziehen? Wie wurde die Vollständigkeit sichergestellt?

4.2.3 Überprüfung der historischen Qualität der Liquiditätsplanung

Welche **Abweichungen** haben sich in der jüngeren Vergangenheit zwischen den unternehmenseigenen Liquiditätsplanungen und der tatsächlichen Liquiditätsentwicklung ergeben? Wie wurden diese Erfahrungswerte in der nun vorliegenden Liquiditätsplanung berücksichtigt?

4.2.4 Prüfung der rechnerischen Richtigkeit

40 Planungsrechnungen der geschilderten Art werden typischerweise in Excel oder ähnlichen Tabellenkalkulationsprogrammen durchgeführt. Oft sind die Tabellen sehr kompliziert und damit **fehleranfällig**. Insoweit ist eine sorgfältige Überprüfung der rechnerischen Richtigkeit unabdingbar.

41 Ergibt sich aus einer solchen Planungsrechnung, nach ggf. erforderlichen Korrekturen, dass die Zahlungsfähigkeit des Unternehmens während der gesamten Vorschauperiode gewährleistet ist, so liegt kurzfristig keine Zahlungsunfähigkeit vor.

4.3 Erstellen einer kurzfristigen Liquiditätsplanung

42 Liegt eine Liquiditätsplanung im oben dargelegten Format und in der erwähnten Qualität nicht vor, so ist diese unverzüglich zu erstellen. Dabei ist große **Vorsicht** und Umsicht geboten. Der Berater ist regelmäßig mit den Einzelheiten des Unternehmens nicht oder nur sehr unzulänglich vertraut. Das betroffene Unternehmen verfügt nicht über historische verwertbare Erfahrungen in der Erstellung sinnvoller Liquiditätsplanungen. Dies sind keine guten Eingangsvoraussetzungen für eine nachhaltig belastbare Liquiditätsplanung.

43 **Ausgangspunkt** für eine von dem Berater unter Mitwirkung des Mandanten erstellte Liquiditätsplanung sollte immer ein zeitnaher Abschluss und eine Analyse der Liquiditätsentwicklung sein.

44 Ein vorliegender zeitnaher Abschluss ist in jedem Fall angemessen und sorgfältig auf seine **Qualität** hin zu überprüfen. Dies gilt für die liquiditätsrelevanten Positionen der Aktivseite, d. h. die Vorräte, Forderungen und sonstigen Vermögensgegenstände. Höhere Aufmerksamkeit ist allerdings erfahrungsgemäß der Qualität der Passivseite zu widmen, die zumindest stichprobenweise und durch Abgleich mit vorhergehenden Abschlüssen sicherzustellen ist. Weiter ist nun zu prüfen, inwieweit die in dem zugrunde zu legenden Abschluss ausgewiesenen Positionen auf den aktuellen Zeitpunkt fortgeschrieben werden müssen. Neben den liquiden Mitteln dürfte dies insbesondere für die laufenden Forderungen, Vorräte und Verbindlichkeiten regelmäßig erforderlich sein. Der so angepasste vorliegende Abschluss ist dann liquiditätsmäßig abzuwickeln, d. h. die Realisierung der Forderungen und sonstigen Vermögensgegenstände sowie die zahlungsmäßige Abwicklung der Verbindlichkeiten und Rückstellungen sind aufgeteilt in die einzelnen Einzahlungs- und Auszahlungskategorien über die nächsten 12 Wochen darzustellen. Zu ergänzen sind dann die Zahlungen, die in einer Bilanz typischerweise keinen Niederschlag finden und sich periodisch ergeben. Dies sind insbesondere Lohn- und Gehaltsaufwendungen, Mieten, Leasingraten und Zahlungen für Steuern und Sozialversicherungen. Die **abschließende Überprüfung** der Vollständigkeit und Richtigkeit der so erstellten Planungsrechnungen ist sorgfältig und kritisch durch eine Analyse der Liquiditätsentwicklung der Vergangenheit und eine sorgfältige Analyse der vorliegenden Gewinn- und Verlustrechnungen vorzunehmen. Angesichts der problematischen Ausgangslage empfiehlt es sich, vorsichtig zu schätzen und angemessene Risikopuffer in einer solchen Planungsrechnung zu berücksichtigen.

4.4 Gesellschaftsrechtliche Pflichten bei Verlust der Hälfte des gezeichneten Kapitals

Ergibt sich aus dem von der Gesellschaft vorgelegten aktuellen Abschluss, dass mehr als die Hälfte des gezeichneten Kapitals durch Verluste aufgezehrt worden ist, so ist zu prüfen, ob die für diese Fälle zwingend vorgesehene **Gesellschafter- bzw. Hauptversammlung** (§§ 49 Abs. 3 GmbHG/ 92 Abs. 1 AktG) bereits stattgefunden hat. Es lohnt sich dabei, auch regelmäßig zu überprüfen, ob diese Gesellschafter- bzw. Hauptversammlung ordnungsgemäß einberufen und die Abhaltung angemessen protokolliert wurde. Ist dies nicht der Fall, so sind die Organe unverzüglich auf ihre aus §§ 49 Abs. 3 GmbHG bzw. 92 Abs. 1 AktG resultierenden Pflichten hinzuweisen (hierzu 8. Kap. Rn. 14 f.).

4.5 Insolvenzantragspflicht aufgrund von Zahlungsunfähigkeit

Unter Berücksichtigung der vorstehend aufgezeigten Definition ist zu prüfen, ob eine Zahlungsunfähigkeit vorliegt, die auch eine Insolvenzantragspflicht zur Folge hat. Eine Zahlungsunfähigkeit muss daher nicht nur vorliegen, sondern auch nachhaltig sein. Eine Zahlungsstockung löst keine Insolvenzantragspflicht aus. Leider führt die vielfältig hierzu vorhandene Rechtsprechung nicht immer zur Klarheit und lädt in mancherlei Hinsicht durchaus auch zu Fehlinterpretationen ein. Grundsätzlich ist davon auszugehen, dass **jede** Zahlungsunfähigkeit zur Insolvenzantragspflicht führt. Der BGH hat allerdings auch entschieden, dass **ausnahmsweise** keine Insolvenzantragspflicht vorliegt, wenn die Zahlungsunfähigkeit nicht nachhaltig ist und den Gläubigern unter besonderer Berücksichtigung der Umstände des Einzelfalles ein auch über die 3 Wochenfrist hinausgehendes Zuwarten zugemutet werden kann[9]. Diese Aussage eröffnet einen sehr weiten und risikoreichen **Interpretationsspielraum**. Es sollte sehr kritisch und mit aller gebotenen Vorsicht geprüft werden, ob die Organe einer Gesellschaft und ihre Berater im Einzelfall gut beraten sind, sich unter Berufung auf diese Aussagen zu entschließen, dass keine Insolvenzantragspflicht vorliegt. In jedem Fall ist unzweifelhaft vom Vorliegen einer die Insolvenzantragspflicht auslösenden Zahlungsunfähigkeit auszugehen, wenn in einem Betrachtungszeitraum von drei Monaten eine vorliegende Zahlungsunfähigkeit nicht mit an Sicherheit grenzender Wahrscheinlichkeit vollständig beseitigt werden kann.

Liegt Insolvenzantragspflicht vor, so hat der Berater die Organe des Mandanten umfassend über ihre **Pflichten** aufzuklären. Dabei ist besonders darauf hinzuweisen, dass der Insolvenzantrag bei Vorliegen der Insolvenzantragspflicht unverzüglich zu stellen ist. Wenn und soweit Aussichten bestehen, dass sich die Insolvenzantragspflicht ggf. noch abwenden lässt, kann bei Vorliegen einer Insolvenzantragspflicht ein Zeitraum von maximal 3 Wochen für eine solche Lösung genutzt werden. Dabei ist dringend zu beachten, was sehr häufig übersehen wird, dass die 3 Wochen einen **maximalen Zeitraum** darstellen und dass zudem während dieser 3 Wochen bei einer Unternehmensfortführung Besonderheiten zu beachten sind. In dem 3-Wochenzeitraum ist das Unternehmen verpflichtet, nur noch solche Zahlungen zu leisten, die für eine geordnete Betriebsfortführung zwingend erforderlich sind. Nicht betriebsnotwendige Zahlungen haben zu unterbleiben. Werden nicht betriebsnotwendige Zahlungen dennoch ausgeführt, so haften die Organe hierfür im Insolvenzfall persönlich.[10]

---

9 *BGH* ZIP 2005, 1468.
10 § 64 GmbHG.

48 Dabei sind solche **Zahlungen nicht betriebsnotwendig**, deren Nichtleistung keine Beeinträchtigung der Fortführung eines geordneten Geschäftsbetriebes zur Folge hätte. In der Regel dürften dies z.B. Zinsen, Tilgungszahlungen, Zahlungen an Lieferanten und Dienstleister, zu denen keine Geschäftsbeziehungen mehr bestehen usw., sein.

5. Überschuldung

49 Die Überschuldung löst nur bei Kapitalgesellschaften und Personengesellschaften, bei denen keine natürliche Person vollhaftender Gesellschafter ist, Insolvenzantragspflichten aus.

5.1 Fortbestehensprognose

50 Vor dem Hintergrund der aktuellen Regelung des § 19 InsO löst eine Überschuldung nur dann eine Insolvenzantragspflicht aus, wenn das Fortbestehen des Unternehmens nach den Umständen nicht überwiegend wahrscheinlich ist. Insoweit ist vorrangig die Fortbestehensfähigkeit des Unternehmens zu überprüfen. Dabei ist die Fortbestehensfähigkeit im rechtlichen Sinne dann zu bejahen, wenn das Unternehmen voraussichtlich seine geschäftlichen Aktivitäten unter Einhaltung der Zahlungspflichten fortsetzen kann. Das Unternehmen hat seine **finanzwirtschaftlichen Verhältnisse** so zu ordnen, dass mindestens für das laufende und das kommende Geschäftsjahr der Eintritt von Zahlungsunfähigkeit mit überwiegender Wahrscheinlichkeit ausgeschlossen werden kann.[11]

51 Dem folgend ist für die Frage, ob Fortbestehensfähigkeit gegeben ist, eine **Liquiditätsplanung** für das laufende und das folgende Geschäftsjahr aufzustellen. In jedem Fall sollte der Zeitraum, für den eine solche Liquiditätsplanung aufgestellt wird, 18 Monate nicht unterschreiten. Die zugrunde zu legende Liquiditätsplanung sollte dabei immer zwingend Teil einer integrierten Unternehmensplanung, bestehend aus Liquiditätsplanung, Erfolgsplanung (Gewinn- und Verlustrechnung) und Planbilanzen, sein. Der in der Praxis häufig anzutreffende Versuch, aus einer schlichten Gewinn- und Verlustrechnung durch wenige Korrekturen einen Liquiditätsplan abzuleiten, birgt erhebliche Fehlerrisiken und ist deswegen abzulehnen. Gerade in Umbruchsituationen können sich aus bilanziellen Effekten erhebliche Liquiditätsauswirkungen ergeben, die in jedem Fall berücksichtigt werden müssen. Dies ohne eine Planbilanz zu ermitteln, ist nur schwerlich möglich.

52 Ausgangspunkt für eine solche **integrierte Unternehmensplanung** sollte auch hier jeweils ein aktueller zeitnaher Abschluss sein, der angemessen sorgfältig auf seine Qualität hin analysiert sein muss.

53 Die Abbildung solcher integrierter Unternehmensplanungen in Tabellenkalkulationsprogrammen hat sich nicht in allen Fällen bewährt. Wesentlich besser geeignet sind spezielle Planungssoftwareprogramme, da nur sie zwingend eine saubere Verknüpfung zwischen Liquiditäts-, Erfolgs- und Bilanzplanung sicherstellen. Insbesondere wenn eine angemessene **Planungsqualität** erreicht werden soll, ist es erforderlich, die Planungsrechnung von unten aufzubauen. Dass heißt im Einzelfall, die Planung auf Filialebene oder Niederlassungsebene zu beginnen und Geschäftsfelder, Regionen sowie größere Projekte und wesentliche Gemeinkostenbereiche (Verwaltung, Vertrieb

---

11 WP Handbuch, Bd. 1 F 49 ff.

usw.) eigenständig zu planen und diese Teilplanungen zu einer Gesamtplanung zusammenzuführen. Wird dies in herkömmlichen Tabellenkalkulationsprogrammen durchgeführt, so ergibt sich eine Komplexität und damit Fehleranfälligkeit, die vermieden werden sollte. Die Komplexität steigert sich dabei regelmäßig durch die im Projektverlauf unvermeidliche Anpassung und Veränderung von Planungsprämissen. Die Vorgehensweise des Beraters entspricht dabei grundsätzlich der oben unter Rn. 42 zur Prüfung einer kurzfristigen Liquiditätsplanung gemachten Ausführungen. Im Unterschied zur kurzfristigen Liquiditätsplanung wird eine solche **mittelfristige Liquiditätsplanung** allerdings typischerweise nach der indirekten Methode, d.h. im Wege einer Überleitungsrechnung aus der Gewinn – und Verlustrechnung, abgeleitet.

Zwingend ist auch hier, dass der Berater eine etwaig vorhandene **Planungsrechnung** 54 des Unternehmens mit größerer und kritischer Sorgfalt gegen die Erfahrungswerte der Vergangenheit abgleicht und die abgebildeten Trends für die Zukunft kritisch **hinterfragt**. Es hat sich dabei auch bewährt, **Planungsszenarien** zu bilden, also neben einer normalisierten Planungsrechnung auch einen optimistischen Fall („Best Case") und einen konservativ pessimistischen Fall („Worst Case") durchzurechnen. Besonders zu hinterfragen und konservativ realistisch zu betrachten ist es, wenn im Betrachtungszeitraum wesentliche Kredite refinanziert werden müssen, oder andere für das Unternehmen wesentliche Verträge mit Kunden oder Lieferanten auslaufen. Die Frage, ob solche Verträge prolongiert oder durch ähnliche Vereinbarungen ersetzt werden können, ist mit den Organen kritisch und eingehend zu diskutieren. Dabei sind solche Prolongationen oder Neuverträge nur dann berücksichtigungsfähig, wenn sie realistischerweise überwiegend wahrscheinlich sind.

Kommt diese mittelfristige Planung zu dem Ergebnis, dass das Unternehmen fortführungsfähig ist, so kann nach der aktuellen Gesetzeslage die Überprüfung der Überschuldung **entfallen**, da eine Überschuldung keine Insolvenzantragspflicht auslösen würde. Kommt die durchgeführte Planungsrechnung zu dem Ergebnis, dass die Fortführung im Betrachtungszeitraum nicht liquiditätsmäßig abgesichert ist, so ist eine Überschuldungsprüfung **durchzuführen**. 55

5.2 Überschuldungsprüfung

Nach allgemeiner Auffassung sind Grundlage für eine Überschuldungsprüfung die 56 durch den **IDW FAR Standard 1/1996**[12] festgehaltenen Überlegungen. In Anbetracht der aktuellen Gesetzeslage ist für die Prüfung der Überschuldung dabei grundsätzlich von einer Abwicklung eines Unternehmens auszugehen, da die Überschuldungsprüfung nur stattfindet, wenn die Fortbestehensfähigkeit des Unternehmens mittelfristig nicht gegeben ist. Dementsprechend ist bei der Überprüfung der Überschuldung von dem Szenario einer Abwicklung des Unternehmens außerhalb eines Insolvenzverfahrens auszugehen.

Die Frage der Fortbestehensfähigkeit ist für jede juristisch **eigenständige Einheit** 57 **selbstständig** durchzuführen. Sind innerhalb eines Konzerns oder einer Unternehmensgruppe die Unternehmen durch einen intensiven Lieferungs- und Leistungsverkehr oder gar durch ein Cash-Pooling eng und intensiv miteinander verbunden, so kann eine Überprüfung der Fortbestehensfähigkeit grundsätzlich auch auf Ebene der

---

12 Institut der Wirtschaftsprüfer, Verlautbarungen, Fachausschuss Recht, Empfehlungen zur Überschuldungsprüfung bei Unternehmen.

Unternehmensgruppe durchgeführt werden. Ergibt sich allerdings, dass die Fortbestehensfähigkeit der Unternehmensgruppe insgesamt nicht gegeben ist, so ist nachfolgend ergänzend zu überprüfen, ob diese Feststellung zwingend auch für alle eigenständigen juristischen Einheiten der Gruppe zutreffend ist.

58 Grundlage für die Prüfung der Überschuldung ist ein auf einen zeitnahen Stichtag zu erstellender Status. In diesem **Überschuldungsstatus** sind die Vermögenswerte, Schulden und Verpflichtungen des Unternehmens stichtagsbezogen abzubilden. Dabei ist mit dem FAR 1/1996 bei Ansatz und Bewertung im Überschuldungsstatus vom Zweck der Überschuldungsprüfung auszugehen. Demzufolge sind handelsrechtliche oder auf sonstigen Bilanzierungs- und Bewertungsgrundsätzen aufbauende Maßstäbe nicht relevant. Für die Ansatzfähigkeit in dem Status ist ausschließlich ausschlaggebend, dass Vermögenswerte im Rahmen des zugrundeliegenden Szenarios, also einem Liquidationsszenario, verwertbar sind. Auch wenn der Ausgangspunkt für die Erstellung eines solchen Status schon aus praktischen Gründen eine **zeitnahe Handelsbilanz** ist, so sind die in der Handelsbilanz berücksichtigten Vermögenswerte kritisch auf ihre **Verwertbarkeit im Liquidationsfall** zu überprüfen. So sind z.B. erworbene Lizenzen zwar handelsrechtlich zu aktivieren, in einem Überschuldungsstatus aber wegen der Unzulässigkeit, diese zu übertragen, nicht zu berücksichtigen. Gegebenenfalls vorhandene Vermögenswerte, die in einer Handelsbilanz nicht angesetzt wurden (z.B. Patente, vorteilhafte Verträge, wie z.B. Mietverträge, soweit diese übertragbar wären), können dabei angesetzt werden, falls sie tatsächlich verwertbar sind.

59 Die Bewertung sämtlicher Vermögenswerte erfolgt ausschließlich zu aktuellen Marktwerten (Verkehrswerten). Dabei ist zu berücksichtigen, wie sich die Werte für das Anlage- und Umlaufvermögen bei angemessen zurückhaltender Einschätzung im Falle einer Abwicklung des Unternehmens am Markt realisieren lassen würden.

60 Die **Bewertung** hat dabei zu berücksichtigen, dass längerfristige Verträge in der Regel nicht eingehalten werden können und für die Kunden z.B. keine längerfristigen Garantien mehr dargestellt werden können. Große wertmäßige Verschiebungen gegenüber einem Handelsbilanzabschluss ergeben sich regelmäßig auf der Passivseite. Die in einem **Liquidationsszenario** notwendige Auflösung längerfristiger Miet- und Leasingverträge führt in der Regel zu Schadensersatzpflichten und die Auflösung sämtlicher Arbeitsverhältnisse ist fast immer mit Aufwendungen für einen Interessenausgleich und Sozialplan verbunden. Bei letzterem ist die im Insolvenzverfahren gegebene gesetzliche Beschränkung (§ 123 InsO) nicht zu berücksichtigen, da ja von einer Abwicklung im Rahmen einer ordentlichen Liquidation auszugehen ist.

61 Wenn und soweit sich aus Sicht der Organe der Gesellschaft wesentliche **stille Reserven** ergeben, so sind diese kritisch zu hinterfragen und auf ihre Realitätsnähe hin zu überprüfen. In der Praxis sind die anzutreffenden Einschätzungen zu stillen Reserven häufig sehr pauschal und von überoptimistischen Erwartungen getragen.

62 Im Regelfall wird sich bei einem Unternehmen allein schon aufgrund der zu berücksichtigenden **Verpflichtungen** aus einem Interessenausgleich und Sozialplan für den Liquidationsfall eine Überschuldung ergeben.

63 Ergibt sich aus der Überschuldungsprüfung, dass das Unternehmen zum Stichtag nicht überschuldet ist, so liegt keine Insolvenzantragspflicht vor. Bleibt die Fortführungsprognose negativ, so ist die Überschuldungsprüfung in der Folge in kurzen Abständen, d.h. mindestens monatlich zu **wiederholen**. Bei den nachfolgenden weite-

ren Überschuldungsprüfungen ist dabei jeweils sorgfältig zu überprüfen, inwieweit die ursprünglich getroffenen Annahmen zum Liquidationsszenario und zum Ansatz und der Bewertung der einzelnen Vermögensgegenstände, Schulden und Verpflichtungen weiterhin Gültigkeit haben oder an die zeitliche Entwicklung oder neuere Erkenntnisse angepasst werden müssen.

II. Analyse des zu sanierenden Unternehmens

1. Einführung

Anlass für die Beauftragung von Beratern zur umfassenden Analyse eines Unternehmens sind typischerweise empfundene oder tatsächliche **Informationsdefizite**. Auch wenn im Regelfall das zu analysierende Unternehmen selbst den Auftrag vergibt, so ist die Unzufriedenheit über den aktuellen Informationsstand oder eine Verunsicherung über die Entwicklung bei Gesellschaftern und/oder Kreditgebern Auslöser für eine solche Beauftragung. In selteneren Fällen mag auch das Management interessiert sein, die aktuelle Unternehmenssituation durch unabhängige Dritte umfassend analysieren zu lassen. Art, Umfang und Ausgestaltung des Auftrages sind dabei in Abhängigkeit vom Krisenstadium zu bestimmen. Als Krisenstadien werden typischerweise unterschieden[13]: 64

– Stakeholderkrise,
– strategische Krise,
– Erfolgskrise,
– Liquiditätskrise.

Aufgrund der Thematik dieses Handbuches werden die Aspekte einer Beauftragung in den ersten beiden Krisenstadien nicht weiter erörtert. 65

Für den Auftragsinhalt sowohl im Falle einer Erfolgs- als auch in einer bereits eingetretenen Liquiditätskrise ist eine sehr **umfassende Unternehmensanalyse** erforderlich. Ist bereits eine Liquiditätskrise[14] eingetreten oder zeichnet sie sich kurzfristig ab, so kann der Umfang und die Tiefe einer ersten Unternehmensanalyse allein aufgrund des noch zur Verfügung stehenden Zeitrahmens nicht allumfassend sein. Es empfiehlt sich, in jedem Falle Art und Umfang der Analyse im Rahmen der Auftragsannahme sorgfältig und intensiv mit dem Auftraggeber und den Adressaten eines späteren Berichtes abzustimmen. Diese Abstimmung sollte schriftlich dokumentiert werden. Etwaige Einschränkungen des Auftragsumfangs sollten dabei sorgfältig hinterfragt werden. Wo die Einschränkungen erkennbar zu wesentlichen Beeinträchtigungen einer sinnvollen Gesamtaussage führen, sollten diese auch in jedem Fall abgelehnt werden. 66

Als **Berichtsform** hat sich die Präsentation gegenüber dem Fließtextgutachten durchgesetzt. Die Präsentation hat auch den Vorteil, dass wesentliche Punkte klarer und transparenter hervorgehoben und dargestellt werden können. Risiken ergeben sich bei der Präsentationsform aber durch die typischerweise schlagwortartige Darstellung. Dies kann zu Fehlinterpretationen bei Adressaten führen, die lediglich die Präsenta- 67

---

13 WP Handbuch 2008, Bd. 2, 13. Aufl., F Rn. 26 ff.; ausführlich zu den Determinanten einer Unternehmenskrise 2. Kap. Rn. 1 ff.
14 Hierzu 2. Kap. Rn. 32 ff.

tion erhalten und denen diese nicht vom Berater persönlich präsentiert und erläutert worden ist. Diese Risiken sollten sowohl in der Auftragsbestätigung als auch in der endgültigen Präsentation in klarer und verständlicher Form ausdrücklich angesprochen werden.

2. Ziele einer Unternehmensanalyse

68 Es ist sinnvoll, sich schon bei der Auftragsannahme mit dem Auftraggeber und den Adressaten auf die Ziele der Unternehmensanalyse zu verständigen. Typischerweise sollten am Ende einer Unternehmensanalyse **folgende Punkte** klar herausgearbeitet sein und entsprechend dargestellt werden:
1. Krisenursachen,[15]
2. aktuelle wirtschaftliche Lage und voraussichtliche zukünftige Entwicklung,
3. die Stärken und Schwächen des Unternehmens,
4. wesentlicher Wettbewerbsvorteil/Alleinstellungsmerkmale,
5. wesentlicher Träger des wirtschaftlichen Erfolges und wesentliche Ursachen für Verluste (Top-Ten/Flop-Ten),
6. die Risikoposition der wesentlichen Beteiligten,
7. Aussage zur Einschätzung der grundsätzlichen Sanierungsfähigkeit,
8. Empfehlungen für das weitere Vorgehen.

3. Inhalt der Unternehmensanalyse

69 Eine umfassende Unternehmensanalyse hat das gesamte externe und interne **Unternehmensumfeld** eingehend zu beleuchten, die vorhandenen **Managementkapazitäten** zu bewerten und die aktuelle **finanzielle Situation** eingehend darzustellen. Ergänzend ist auch die Risikoposition der wesentlichen Beteiligten, typischerweise Gesellschafter, Kreditgeber, wesentlichen Kunden und Lieferanten sorgfältig herauszuarbeiten.[16] Es mag besondere Einzelfälle geben, in denen sich der Umfang der Analyse reduzieren lässt. Hierbei wäre an die aktuell und sehr häufig anzutreffende Situation zu denken, in der Unternehmen aufgrund eines **Leveraged-Buy-Out** in der Boomphase in nachhaltige finanzielle Probleme gekommen sind, das Unternehmen selbst aber operativ durchaus profitabel ist. In diesen Fällen mag es auf den ersten Blick ausreichen, sich auf eine Analyse der Finanzierungssituation zu beschränken und die maximale Schuldentragfähigkeit (**debt capacity**) zu ermitteln. Der Autor kann diese Vorgehensweise nicht empfehlen, da die Gesellschafter und Kreditgeber in einer solchen Situation durchaus daran interessiert sind, von unabhängiger Seite darüber informiert zu werden, welche Potenziale zur operativen Ergebnisverbesserung das Unternehmen aufweist, um durch die Hebung dieser Potenziale die mit der zwingend anstehenden Refinanzierung für die Beteiligten verbundenen Einbußen ggf. einschränken zu können.

70 Eine sehr umfassende Darstellung zu Methoden einer Unternehmensanalyse und zu Vorgehensweisen findet sich im **WP Handbuch 2008 Band 2**[17]. Die Darstellung der Vorgehensweise und der Inhalte einer umfassenden Unternehmensanalyse kann immer nur beispielhaft sein. Das konkrete Vorgehen muss sich **individuell** am jeweili-

---
15 Hierzu 2. Kap. Rn. 47 ff.
16 Dazu Rn 116 ff.; zu Haftungsrisiken 8. Kap. Rn. 1 ff.
17 WP Handbuch 2008, Bd. 2 S. 454 ff, Rn. 177 ff.

gen Unternehmen, der Branche, der Einbindung in eine Unternehmensgruppe und sich aus Krisenstadium und Krisenursachen herleitenden Besonderheiten ausrichten.

3.1 Analyse des externen Unternehmensumfelds

Am Anfang einer Analyse des externen Unternehmensumfelds steht eine Analyse der Branche oder der Branchen, in denen das Unternehmen tätig ist. Es ist dabei sorgfältig zu hinterfragen, in welcher Branche oder in welchem **Branchensegment** das Unternehmen tätig ist. Diese Branche bzw. das Branchensegment ist dann hinsichtlich seiner Marktgröße, Marktentwicklung und marktüblichen Profitabilität zu analysieren. Bei der Analyse sind auch die typischen Kunden, das von ihnen nachgefragte Volumen und sich ergebende, ggf. unterschiedliche, Renditen zu ermitteln. Weitere Punkte, die zu adressieren sind, sind der Standort, der Lebenszyklus, in dem sich ein Produkt oder die Produkte befinden, der aktuelle Marktanteil und seine Entwicklung sowie die Positionierung des Unternehmens im Verhältnis zu den Mitbewerbern. 71

Die **Besonderheiten** der Märkte und ihre Attraktivität im Hinblick auf Profitabilität, Wachstum und voraussichtliche zukünftige Entwicklung sind gezielt herauszuarbeiten. 72

Die identifizierten **Wettbewerber** sind hinsichtlich ihrer Anzahl und Größe zu benennen, ihre Strategie und ihre Stärken und Schwächen (technologisch, Vertrieb, Breite des Angebotes, wirtschaftlicher Erfolg, Kapazität usw.) sind angemessen darzustellen. 73

Weiter sind auch die für die Branche wesentlichen **Wettbewerbsfaktoren** zu bestimmen und darzustellen. Dies sind neben der Intensität des Wettbewerbes die Frage, inwieweit mit neuen Anbietern gerechnet werden muss oder welche Rolle mögliche alternative Produkte spielen. Wo dies wesentlich ist, sind auch die Marktstärke der Kunden und Lieferanten darzustellen. So ist zum Beispiel in der Automobilzulieferindustrie die Stärke der Fahrzeughersteller für die Situation der Zulieferer von überragender Relevanz. 74

Besondere **Sorgfalt** sollte auch der Frage gewidmet werden, warum sich die Kunden für das Unternehmen entscheiden: 75
- Warum kaufen die Kunden?
- Wann kauft ein Kunde?
- Wer trifft die Entscheidungen für den Kauf?

Am Ende sollte sich eine **klare Aussage zur Positionierung** des Unternehmens innerhalb der Branche oder des Branchensegments finden, die auch die Chancen und Risiken des Unternehmens in seinem Umfeld klar herausstellt. 76

3.2 Interne Unternehmensanalyse

Die interne Unternehmensanalyse sollte alle Bereiche umfassen. **Wesentliche Punkte** sind dabei insbesondere: 77
- Qualität und Umfang der internen Informationssysteme,
- Struktur und Profitablilität der Produkte, Dienstleistungen und Kunden,
- Tiefe der Produktion oder Leistungserbringung,
- Strategien des Unternehmens zur Reduzierung von Kosten,
- Strategien zur Reduzierung der nichtproduktiven Bereiche,
- Möglichkeiten zur Reduzierung des Netto-Umlaufvermögens,
- Anpassungsnotwendigkeiten der Organisationsstruktur.

3.2.1 Analyse der internen Informationen

78 Interne Informationssysteme in Unternehmen sind häufig historisch gewachsen und damit insbesondere in kritischen Situationen nicht immer zielführend. Es hat sich bewährt, die in Unternehmen vorgefundenen Ergebnisrechnungen und Ermittlungen von Produkt-, Kunden- oder Spartenergebnissen umfassend **kritisch zu hinterfragen**. In vielen Fällen sind die Mechanismen zur Verrechnung von Kosten unvollständig oder berücksichtigen die aus der individuellen Komplexität (geringe Stückzahl, niedriges Auftragsvolumen, logistische Probleme, Inkassoschwierigkeiten usw.) resultierenden Kosten nicht zutreffend. Zudem liegen wichtige Daten vielfach gar nicht vor. Die Begründung, dass sich bestimmte Daten nicht oder nur mit massivem Aufwand ermitteln lassen, trifft in der Regel nicht zu.

79 Mit einem **Grundverständnis** der Abläufe, der Organisation und mit angemessenem Pragmatismus lassen sich solche Werte fast immer in für eine Analyse ausreichender Präzision ermitteln. Die Ergebnisse sind für die Gesamtbetrachtung des Unternehmens von hoher Relevanz und helfen häufig auch der Unternehmensführung, ein besseres und klareres Verständnis für die eigene Situation zu entwickeln.

3.2.2 Produkt- und Kundenstrategien

80 Auf Basis der ermittelten Informationen, ist die vom Unternehmen verfolgte Produkt- und Kundenstrategie zu ermitteln und **kritisch zu hinterfragen**. Im ersten Angang sind hierfür ABC-Analysen der Kunden und Produktangebote hilfreich.

3.2.3 Produktion

81 Für eine umfassende Analyse der Produktion empfiehlt sich die Hinzuziehung **spezialisierter Berater**.

82 Inwieweit sich im Produktionsbereich wesentliche Ansätze zur Optimierung ergeben, kann allerdings auch ein nicht umfassend technisch versierter Berater in der Regel schnell abschätzen. Im Rahmen einer Begehung der Betriebsstätten sollte man dazu das Augenmerk auf den **Produktionsfluss** legen. Eine effiziente Produktion reiht die einzelnen Prozesse logisch und ortsnah zueinander auf. Auf diese Art und Weise werden kostenträchtige innerbetriebliche Transporte und Zwischenlagerungen auf ein erforderliches Mindestmaß reduziert.

83 Ein weiteres Merkmal für eine effiziente Produktion ist auch die **Auftragsdurchlaufzeit**. In einer effizienten Produktion erklären sich der Fertigungsbeginn und die Fertigstellung des Produktes in weitesten Teilen aus der notwendigen Dauer der einzelnen Prozesse. Erhebliche Pufferzeiten führen zu kostenintensiven Zwischenlagern und weisen auf Koordinations- und Abstimmungsmängel oder Kapazitätsengpässe hin.

84 Zu hinterfragen ist auch, ob das Unternehmen sich bei seiner Produktion auf die wesentlichen **Produktionsstufen** beschränkt. Wurde für alle Prozesse die Alternative des Zukaufs oder der Drittvergabe angemessen analysiert und wurden die Ergebnisse umgesetzt?

85 Wichtig ist auch, zu analysieren, ob die vom Kunden zwingend geforderten Voraussetzungen hinsichtlich Preis, Lieferzeiten und Qualität von der Produktion angemessen sichergestellt werden und ob die **Differenzierungsmerkmale** Preis, Qualität, Lieferzeit oder Service im Produktionsbereich bekannt sind und angemessen berücksichtigt werden.

Sollten die vorgenannten ersten Schritte wesentliche Auffälligkeiten zeigen, so ist ein qualifizierter Berater hinzuzuziehen oder im weiteren Projektverlauf einzuschalten.

3.2.4 Möglichkeiten zur Kostenreduzierung

Die Identifizierung von Kostenreduktionspotenzialen im Bereich der direkten und der Gemeinkosten ist eine **wichtige**, oft aber für den mit dem Unternehmen noch wenig vertrauten Berater, **schwierige** Aufgabe. Die identifizierten Potenziale sollten deshalb regelmäßig mit unterschiedlichen Ebenen im Unternehmen diskutiert werden, um zu vermeiden, dass Anregungen gegeben werden, die nicht umsetzbar sind, oder aber mit erheblichen anderweitigen Nachteilen verbunden sind.

Wichtige mögliche Ansatzpunkte für eine Reduzierung der Kosten sind Überlegungen zur
- Losgröße,
- Zukauf/Fremdvergabe,
- Fokussierung auf margenstarke Produkte,
- Konzentration auf wesentliche Kunden.

Sämtliche Vorschläge dieser Art sind hinsichtlich ihrer Auswirkung **sorgfältig intern zu diskutieren**. Dabei kann es auch hilfreich sein, betroffene Kunden in eine Analyse einzubeziehen, um festzustellen, inwieweit eine kostenorientierte Optimierung geeignet ist, die Kundenbeziehung zu gefährden oder zu sondieren, inwieweit der Kunde bereit ist, für bestimmte Produkte und Leistungen einen höheren (angemessenen) Preis zu zahlen.

3.2.5 Nichtproduktive Bereiche

Das historische Problem, dass nichtproduktive Bereiche bei Anpassungsmaßnahmen häufig nicht mit einbezogen wurden, ist sicher so nicht mehr existent. Es bleibt aber das Problem, die **Effizienz** und damit die kostenoptimale Dimensionierung dieser Bereiche sicherzustellen.

Mögliche Methoden hierzu sind der **Drittvergleich (Benchmarking)** oder im Zweifel eine tiefergehende umfassende Analyse, die vorhandene Kapazitäten und Transaktionsvolumen sauber ermittelt. Damit wird zum einen aufgezeigt, wieviel Zeit pro Transaktion zur Verfügung steht und damit die Angemessenheit der vorhandenen Kapazitäten leichter ersichtlich, zum anderen wird auch aufgezeigt, wo Probleme bestehen, die ein Vorhalten von zu hohen Kapazitäten erfordern.

3.2.6 Nettoumlaufvermögen

Die Optimierung der Liquidität durch eine Reduzierung des Nettoumlaufvermögens (Forderungen, Vorräte, Verbindlichkeiten aus Lieferungen und Leistungen) weist in vielen Unternehmen **erhebliches Potenzial** auf.

Forderungslaufzeiten und **Kundenkonditionen** werden in vielen Fällen nicht oder nur unsystematisch hinterfragt. Allzu häufig wird auch übersehen, dass Inkassoprobleme ihre Ursache typischerweise in der Auftragsannahme haben. Sorgfalt bei der Akzeptanz von Kunden und klar kommunizierte transparente Konditionen sind essentielle Voraussetzungen. Für dennoch auftretende Probleme sind ein konsequentes **Mahnwesen** und eine Rückkoppelung von **Inkassoproblemen** an den Vertrieb notwenig. Der Vertrieb sollte auch in das Inkasso eingebunden werden. Wenn im Vertrieb mit finanziellen Incentives gearbeitet wird, sollten diese auch das Inkasso berücksichtigen. Für Kunden, die nachhaltig die Zahlung verweigern, muss unbedingt ein **Lieferstop** ausgesprochen werden, und es sollten keine weiteren Aufträge mehr angenommen werden.

94 Bei **kundenspezifischen Produkten** ist dabei zu beachten, dass ein Lieferstopp rechtzeitig in der Produktion und ggf. auch im Einkauf Berücksichtigung findet. Alternativ mag es noch akzeptabel sein, wenn die weitere Belieferung an klare Vereinbarungen zur Tilgung der aufgelaufenen Rückstände gekoppelt ist.

95 Bei der Zusammenarbeit mit einem **Warenkreditversicherer** sollten die von dem Warenkreditversicherer vorgegebenen Kreditlimits beachtet werden. Etwaige über die vom Warenkreditversicherer gewährten Kreditlimits hinausgehende Kreditierungen sollten einzeln genehmigt sein und einer fortlaufenden Kontrolle unterliegen. Bei kundenspezifischen Produkten sollte die Versicherung auch das bestehende Lagerrisiko mit umfassen.

96 Möglichkeiten zur **Reduzierung der Vorräte** ergeben sich häufig aus dem Abgleich mit den eigenen historischen Daten des Unternehmens oder dem Vergleich mit entsprechenden Daten von Konkurrenten. Ergänzend zu prüfen ist die Entwicklung von Inventurbeständen mit Überreichweiten sowie veraltete Vorräte. Das Niveau der unfertigen Erzeugnisse und die notwendige Vorratshaltung im Produktionsbereich müssen kritisch hinterfragt werden.

97 Auf der **Lieferantenseite** sind die Konditionen und Zahlungsziele zu analysieren. Durch die Einführung von Konsignationslagern, Depotsystemen u.Ä. ergeben sich weitere Möglichkeiten, die Kapitalbindung und damit die Liquidität zu optimieren. Da durch derartige Systeme die Bindung an den Lieferanten deutlich verstärkt wird, lassen sich diese zudem gut vermarkten.

3.2.7 Organisationsstruktur

98 Die Organisationsstruktur des Unternehmens ist im Hinblick auf ihren logischen **Aufbau** und die angemessene **Kommunikation** zu überprüfen:
– Sind die Einheiten klar gegliedert?
– Sind Mitarbeiter mit Leitungsfunktionen in den Budgetierungsprozess eingebunden und für Soll – Ist-Abweichungen verantwortlich?
– Ist die Personalausstattung in den einzelnen Bereichen an die Unternehmensentwicklung der überschaubaren Vergangenheit angemessen angepasst worden?
– Wurden in anderen Bereichen der Untersuchungen Krisenursachen festgestellt, die erkennbar auf fehlende oder unzureichende Kommunikation zurückzuführen sind?

3.3 Einschätzung des Managements

99 Die Einschätzung der Kompetenz und der Fähigkeiten des Managements stellt eine besondere Herausforderung für den Berater dar. Man ist leicht geneigt, sich vor dieser Aufgabe zu drücken, beurteilt man doch in der Regel den direkten Auftraggeber. Am Ende kommt man an dieser Aufgabe allerdings nicht vorbei. Nur allzu häufig sind Defizite und Fehler des Managements **wesentliche Krisenursachen** und eine umfassende und nachhaltige Sanierung des Unternehmens erfordert zwingend, dass auch die Unternehmensführung die Fehler der Vergangenheit als solche erkannt hat und die uneingeschränkte Bereitschaft mitbringt, notwendige Veränderungen konsequent und nachhaltig anzugehen. Wer diesen Schritt einer Beurteilung des Managements

persönlich scheut, mag es in Erwägung ziehen, ein **Management Assessment** durch eine erfahrene Personalberatungsfirma durchführen zu lassen. In keiner Weise bewährt haben sich Versuche mit einem ungeeigneten Management, die Herausforderungen und Risiken einer Sanierung auf sich zu nehmen. Erfahrene Berater gewinnen bereits einen guten Eindruck aus den Gesprächen mit den Führungskräften. Bei einer Beurteilung der Kompetenz der Führungsmannschaft sind insbesondere **folgende Punkte** zur berücksichtigen:
- Einordnung und Stellenwert im Führungsteam,
- Branchen-Know-how,
- Funktions-Know-how,
- Führungskompetenz,
- Projekt- und Krisenmanagementkompetenz,
- Team- und Kritikfähigkeit,
- Vernetzung.

Für den Berater mag es auch hilfreich sein, sich **folgende Fragen** zu einem Geschäftsführer oder leitenden Mitarbeiter zu beantworten:
- er erkennt die aktuellen Probleme der Gesellschaft,
- er hat in der Vergangenheit wesentliche wichtige Entscheidungen getroffen,
- er ist aktiv an einer Lösung der derzeitigen Probleme interessiert,
- er bringt die notwendige Kreativität und den Enthusiasmus für eine Veränderung mit,
- er verfügt über die Qualifikation und die Entschlossenheit, die für ein Sanierungsprojekt erforderlich sind,
- er ist in der Lage, eigene Fehler einzugestehen.

Wenn die Antworten auf diese Fragen im Wesentlichen **positiv** ausfallen und dies für alle Schlüsselpositionen zutrifft, ist das Unternehmen für die anstehende Restrukturierung angemessen personell ausgestattet. In der Praxis ist dies sehr selten der Fall.

Dort, wo sich **Defizite** aufzeigen, müssen diese taktvoll aber mit der notwendigen Offenheit und Klarheit angesprochen werden. Ohne eine Bereinigung wesentlicher personeller Defizite in diesem Bereich ist eine erfolgreiche Sanierung nicht vorstellbar.

3.4 Analyse der Vermögens-, Finanz- und Ertragslage

Die Analyse im Finanzbereich baut auf den **historischen Jahresabschlüssen** und dem aktuell verfügbaren internen **Berichtswesen** auf.

Im Rahmen der Analyse sind sämtliche Finanzpositionen, Aktiva sowie Passiva, hinsichtlich ihres Inhaltes und ihrer Bewertung **kritisch zu hinterfragen** und zu analysieren. Kritische Positionen sind zu den zugrundeliegenden Verträgen abzugleichen.

Bei der **Gewinn- und Verlustrechnung** sind Aufwandspositionen sorgfältig zu analysieren und etwaige Auffälligkeiten aufzuklären. Es hat sich auch als hilfreich erwiesen, diverse Kennzahlen zu ermitteln und deren Entwicklung in einer Zeitreihe darzustellen. Neben der eigenen Information eignen sich solche Zeitreihendarstellungen insbesondere dazu, Probleme und Defizite erfolgreich zu kommunizieren. Mögliche **Kennzahlen** sind:

4 *Operative und strategische Sanierung*

106 Liquiditätskennzahlen
- Liquiditätsgrade I – III,
- Cash Flow in % vom Umsatz,
- Schuldentilgungsdauer in Jahren,
- Kapitaldienstdeckungsfähigkeit.

107 Ertragskennzahlen
- Rentabilitätskennzahlen (Ergebnis bezogen auf Eigenkapital, Gesamtkapital, Umsatzrentabilität),
- Material/-Fremdleistungsquote,
- Personalaufwandsquote,
- EBITDA in % vom Umsatz.

108 Vermögenskennzahlen
- Eigenmittelquote,
- Verschuldungsgrad,
- Anlagendeckung,
- Working Capital,
- Kreditoren- und Debitorenlaufzeiten,
- Vorratsreichweiten.

109 Die Analyse der **Vergangenheitssituation** ist wesentliche Grundlage für die Analyse der Unternehmensplanung. Eine den Anforderungen und der aktuellen Diskussion entsprechende Unternehmensplanung sollte typischerweise 2 -3 Jahre abdecken und als integrierte Planung mit einer Erfolgs- (Gewinn- und Verlustrechnung), Liquiditäts- und Bilanzplanung aufwarten. Ist dies nicht der Fall, so ist dies in jedem Fall als Defizit zu vermerken. Sollte nur eine Erfolgsplanung oder nur eine Erfolgs- und Liquiditätsplanung vorliegen, so ist für eine sichere Beurteilung der Planungsrechnungen in jedem Fall eine sich aus den vorliegenden Planzahlen ableitende Bilanzplanung zu erstellen. Nur so können Fehler sicher aufgedeckt werden.

110 Die wesentlichen Schritte bei der **Prüfung einer Unternehmensplanung** sind:
- Prüfung der Ausgangsbasis,
- Überprüfung der Prämissen,
- Überprüfung der historischen Qualität der Planungsrechnungen des Unternehmens,
- Überprüfung der rechnerischen Richtigkeit.

111 Jede Planung setzt auf einen Ist-Stand auf. **Startpunkt** der Planungsrechnungen sollte ein möglichst zeitnaher Monatsabschluss sein. Setzt eine vorliegende Planung auf länger zurückliegenden Ist-Daten auf, so ist zu überprüfen, inwieweit eine Anpassung der Daten auf Basis der inzwischen bekannt gewordenen Ist-Ergebnisse und Zahlen notwendig ist. Bei wesentlichen Soll-Ist-Abweichungen ist dies grundsätzlich vorzusehen.

112 Prämissen lassen sich grundsätzlich nur auf Plausibilität überprüfen. Aber auch wenn sich Prämissen einer echten Prüfung entziehen, ist sicherzustellen, dass die zugrunde gelegten **Prämissen** nachvollziehbar und aufgrund der Erfahrungswerte der jüngeren Vergangenheit wahrscheinlich sind und sowohl Chancen als auch Risiken angemessen berücksichtigen. Es hat sich auch bewährt, alternative Szenarien (best case, base case, worst case) darzustellen, um den Adressaten die Bandbreite einer voraussichtlichen Entwicklung transparent aufzuzeigen. Wann immer dies möglich ist, sollten sie auch zu vertraglichen Vereinbarungen abgeglichen werden.

Planung lebt von der **Erfahrung**. Hohe Planungsqualität wird erfahrungsgemäß immer dann in einem Unternehmen erreicht, wenn langjährige Erfahrungen in die Planungen einfließen. Wer die Soll-Ist-Abweichungen der Vergangenheit immer nur als einzigartige Unglücksfälle interpretiert, wird kaum in der Lage sein, eine tragfähige und belastbare Planung zu erarbeiten.

113

Planungsrechnungen sind die Domäne von Tabellenkalkulationsprogrammen. Unzureichende Vertrautheit im Umgang mit solchen Tabellenkalkulationsprogrammen und die Neigung dazu, in Planungsrechnungen sehr komplizierte Verknüpfungen und Berechnungen einfließen zu lassen, ergeben eine hohe Fehleranfälligkeit. Vor diesem Hintergrund ist eine sorgfältige und umfassende Prüfung der rechnerischen **Richtigkeit** von vorliegenden Planungsrechnungen zwingend erforderlich.

114

3.5 Internes Berichtswesen

Das interne Berichtswesen ist auf seine **Richtigkeit** und **Vollständigkeit** hin zu untersuchen. Das interne unterjährige Berichtswesen sollte mindestens zu den Quartalsenden auch jeweils eine Bilanz enthalten. Ein zeitgemäßes Berichtswesen verfügt zudem über eine Auswertung von wichtigen Kennzahlen und beinhaltet wichtige, für die Steuerung des Unternehmens wesentliche Werte (Entwicklung von Umsätzen mit Großkunden, Produktprofitabilitäten, Kapazitätsauslastung, durchschnittliche Forderungslaufzeiten u.Ä.). Auch der Soll – Ist Vergleich der Ist-Ergebnisse mit den budgetierten Ergebnissen ist wesentlicher Bestandteil eines zeitgemäßen Berichtswesens. Dabei sind die Abweichungen nicht nur aufzuzeigen, sondern auch, so sie wesentlich sind, angemessen und umfassend zu erläutern.

115

3.6 Risikopositionen der wesentlichen Beteiligten

Zur Ermittlung der Risikopositionen[18] der wesentlichen Beteiligten ist eine umfassende und sorgfältige **Vertragsanalyse** erforderlich. Diese Analyse sollte von erfahrenen Juristen durchgeführt oder zumindest begleitet werden. Dabei ist zu ermitteln, wie sich die Positionen der wesentlichen Beteiligten im Falle eines Ausfalls des Unternehmens durch Liquidation oder Insolvenz darstellen.

116

Für den **Eigenkapitalbereich** sollte die Gesellschafterstruktur und die Einbindung des Unternehmens in eine Unternehmensgruppe sorgfältig analysiert und transparent gemacht werden. Wichtige Punkte sind neben der direkten Beteiligung vertragliche Zusagen von Gesellschaftern oder verbundenen Unternehmen (z.B. Patronatserklärungen, Drittsicherheiten, Freistellungserklärungen, Bürgschaften, Mithaft usw.).[19] Wesentliche **Lieferungs- und Leistungsbeziehungen** mit verbundenen Unternehmen sind aufzuzeigen und die Abhängigkeit der Vertragspartner des Unternehmens objektiv zu ermitteln. Ziel bei der Ermittlung der Risikopositionen ist es, in quantifizierter Form aufzuzeigen, welche **Auswirkungen** eine Insolvenz oder Liquidation für die Beteiligten mit sich bringen würde.

117

Gleiches ist für die **Kreditgeber** erforderlich.[20] Dabei sind die Realisierbarkeit[21] und Werthaltigkeit von Sicherheiten zu ermitteln, aber auch die Auswirkungen

118

---

18 Zu Haftungsrisiken ausführlich 8. Kap. Rn. 1 ff.
19 Dazu 8. Kap. Rn. 144 ff., Rn. 151 ff.
20 Dazu 8. Kap. Rn. 197 ff. und 10. Kap. Rn. 964 ff.
21 Zur Anfechtbarkeit 8. Kap. Rn. 253 ff.

der Nichteinhaltung von vertraglich vereinbarten Kennzahlen (covenants) durch das Unternehmen darzustellen.

119 Zur Abrundung des Bildes ist ergänzend zu analysieren, inwieweit bei Kunden oder Lieferanten **Abhängigkeiten** bestehen und welche Auswirkungen ein Ausfall des Unternehmens als Lieferant oder Kunde für diese Vertragspartner hätte.

120 Eine **Transparenz** der Risikopositionen der wesentlichen Beteiligten ist hilfreiche Grundlage, um zu ermitteln, wer neben dem Unternehmen selbst wesentliches Interesse an einer erfolgreichen Bewältigung der aktuellen Krise hat, und zu welchen Beiträgen er mit logischer Begründung herangezogen werden könnte.

III. Entwicklung operativer Sanierungsmaßnahmen

121 Aufgrund von Krisen und Marktveränderungen sehen sich Unternehmen verschiedenster Größenordnung schnell wandelnden externen Einflüssen ausgesetzt. Die Anzahl der Unternehmen die aufgrund aktueller Wechselkursschwankungen auf relevanten Beschaffungs- oder Absatzmärkten, nicht ausreichenden Cash-flows, Finanzierungsschwierigkeiten usw. in eine leistungs- und/oder finanzwirtschaftliche Schräglage geraten, ist erheblich.

122 Bei der Sanierung von Unternehmen offenbart sich immer wieder ein Mangel an „echter" **Transparenz** in Prozessen, der Organisation sowie in der Profitabilität von Produkten, Produktgruppen und den Aktivitäten in unterschiedlichen regionalen Absatzmärkten – unabhängig von einer weltweiten Krisensituation oder aber einem lang anhaltendem Siechtum des Unternehmens. Die Entwicklung von operativen Sanierungsmaßnahmen muss aufgrund einer drohenden Überschuldung oder aber einer möglicherweise sich ankündigenden Zahlungsunfähigkeit notwendigerweise zwei wesentliche Kriterien erfüllen. Zum einen ist Geschwindigkeit und damit einhergehend ein gesunder Pragmatismus notwendig, zum anderen müssen die Maßnahmen vollständig oder nahezu vollständig unabhängig vom Verhalten Dritter durchführbar sein. Das Warten darauf, dass der nächste große Auftrag kommt oder aber der Wechselkurs sich wieder zum Besseren wandeln wird könnte trügerisch sein und sich als reiner Hoffungswert erweisen, mit entsprechend weitreichenden, negativen Auswirkungen auf die wirtschaftliche Situation des Unternehmens.

123 Die operativen Maßnahmen müssen eine schnelle wirtschaftliche Wirkung entfalten und in der vollständigen Entscheidungsverantwortung des Managements liegen. Die Bedeutung der Stabilisierung bzw. Ausweitung der Umsätze der in den Analysen als Kerngeschäft erkannten Produkt- und Geschäftsbereichen darf darüber hinaus jedoch nicht vernachlässigt werden. Die Erfahrung zeigt das die strukturell notwendigen Maßnahmen auf der Vertriebsseite in einem Sanierungsprozess bereits in einem frühen Stadium eingeleitet werden müssen um zu verhindern, dass die Umsatzseite über einen längeren Zeitraum erodiert und sich das Unternehmen aufgrund fallender Umsätze und Mengen in einer dauerhaften Anpassung der betrieblichen Ressourcen wiederfindet – quasi in einer „**andauernden Sanierung**". Unternehmen denen es gelingt die Umsätze in ihrem Kerngeschäft zu stabilisieren sind weitaus häufiger in der Lage eine Turnaround-Situation zu meistern und sich mit einem re-fokussierten Unternehmen nachhaltig im Markt zu etablieren.

1. Charakter operativer Sanierungsmaßnahmen

Die Entwicklung und Umsetzung operativer Sanierungsmaßnahmen setzt voraus, dass in der erfolgten Analyse des Unternehmens bereits ein klares Verständnis darüber erlangt wurde was den **„gesunden Kern"** eines Unternehmens darstellt. In der Praxis der Sanierung von Unternehmen ist immer wieder das Phänomen vorzufinden, dass Unternehmen sich – häufig getrieben durch den Wunsch nach Umsatzausweitung – auf Märkte, in Produkte oder Regionen etc. vorgewagt haben die nicht ausreichend verstanden und deren Auswirkungen auf das bereits existierende Geschäft nicht hinreichend analysiert wurden.[22] Kostensenkungsmaßnahmen zu initiieren und im Anschluss umzusetzen ist nur in den Geschäfts- und/oder Produktbereichen sinnvoll die zukünftig – auf Basis der im Unternehmen vorhandenen Kernkompetenzen – die Möglichkeit haben zum positiven Unternehmensergebnis beizutragen. Die gesamte Energie des Managements und der Belegschaft muss darauf ausgerichtet sein, die bereits eingetretene negative Entwicklung zu stoppen (Kundenverluste, negative Ergebnisse, Vertrauensverlust bei Banken etc.). Somit muss es – im Gegensatz zu strukturellen Maßnahmen – bei der Initiierung von operativen Sanierungsmaßnahmen darum gehen eine möglichst unmittelbare Ergebnisverbesserung herbeizuführen womit, wie bereits in der Einleitung zu diesem Kapitel beschrieben, die Kostensenkungsinitiativen zwangsweise den Schwerpunkt der Maßnahmen bilden sollten. Die **operativen Maßnahmen** zur Sanierung zielen auf Personal-, Material- und Sachkosten sowie die Steigerung der Effizienz in den Prozessen. **Strukturelle Kostensenkungsmaßnahmen** sind hingegen darauf ausgerichtet die Strukturen des Unternehmens durch Produkt- und Sortimentsbereinigungen, Veränderungen in den regionalen Schwerpunkten und/oder der Schließung von Standorten usw. nachhaltig und in einer komplexeren Ausprägung zu verändern.

Der konsequenten und schnellen Umsetzung der Sanierungsmaßnahmen kommt dabei eine herausragende Bedeutung zu. Voraussetzung hierfür ist jedoch, dass das verantwortliche Management in der Lage ist die Maßnahmen wirkungsvoll umzusetzen.

2. Führung und Organisation

Der Besetzung des Managements kommt in der Bewältigung von Sanierungssituationen eine herausragende Bedeutung zu. Dafür ist es wichtig die Leistungsfähigkeit sowie die notwendige **Veränderungsbereitschaft** bei jedem einzelnen Manager der ersten und zweiten Führungsebene kritisch in einem strukturierten Prozess zu hinterfragen. Die Erfahrungen aus diversen Sanierungen zeigen, dass in jeder Branche und zu jeder Zeit bestimmte Unternehmen wirtschaftlich besser dastehen als andere. Der Hauptgrund liegt unseres Erachtens darin das diese Unternehmen von einem proaktivem und veränderungsbereitem Managementstil getragen werden, aufbauend auf einer umfangreichen Transparenz die es ermöglicht die notwendigen Anpassungsmaßnahmen frühzeitig einzuleiten und konsequent zu implementieren.

Das Management eines in der Sanierung befindlichen Unternehmens muss in der Lage sein auch in einer Ausnahmesituation zu führen, zeitgleich den Prozess der notwendigen Veränderungen zu initiieren und die Umsetzung der Maßnahmen sicherzustellen. Neben einer entsprechenden fachlichen Kompetenz – die in vielen Unterneh-

---

22 Vgl. hierzu *Emmerich* S. 7.

men in hohem Umfang natürlicherweise vorhanden ist – bekommen weitere Kriterien eine Bedeutung die im „normalen", sprich Nichtkrisen-Unternehmen, eine bisher geringere Bedeutung hatten.

128 Die entscheidenden Kriterien für eine erfolgreiche Sanierung sind neben der Kommunikation ein effizientes und zielgerichtetes **Projektmanagement** um die verschiedenen Maßnahmen erfolgreich und nachhaltig im Unternehmen zu verankern. Führungskräfte die diese Aufgabe am ehesten erfüllen können, müssen bereit sein neue Ideen und Sichtweisen zu erlangen und durch **zielgerichtete und überzeugende Kommunikation** zu vermitteln. Darüber hinaus sind ein hohes Durchsetzungsvermögen, Zuverlässigkeit, eine hohe Fachkompetenz sowie eine ausgeprägte soziale Kompetenz und der unbedingte Wille zur Veränderung unabdingbar. Um in einem existierenden Managementteam – das die Fehlentwicklungen in der Vergangenheit und damit die Sanierungssituation in Teilen mit verantwortet hat – die wesentlichen Führungskräfte zu identifizieren die für die erfolgreiche Umsetzung der Maßnahmen geeignet sind, sollte kurzfristig eine Evaluierung des Managements durch professionelle Unterstützung im Wege eines **Management Audits**[23] durchgeführt werden.

129 Ein strukturierter Prozess in der Bewertung des Managements ist zudem von hoher Bedeutung um einem in der Vergangenheit wohlmöglich eingetretenen **Vertrauensverlust** bei Banken und anderen Stakeholdern zu begegnen. Die Durchführung eines Management Audits durch einen externen Berater ist hilfreich um einen unvoreingenommenen Blick auf die vorhanden Fähigkeiten des Managements zu erhalten und somit den Erfolg der Sanierung maßgeblich zu unterstützen. Die Realität in Unternehmen zeigt jedoch häufig das diejenigen Führungskräfte, die am ehesten in der Lage sind die – auch unpopulären – Maßnahmen umzusetzen und in die Belegschaft zu kommunizieren, auch diejenigen sind die im operativen Tagesgeschehen wesentliche Aufgaben wahrnehmen. Aus diesem Grund kann es unumgänglich sein den Prozess der Sanierung durch externe Berater unterstützen zu lassen. Zum einen erlangt das Unternehmen die notwendigen, zusätzlichen Ressourcen, zum anderen werden damit zusätzlich Fähigkeiten und Erfahrungen in das Unternehmen eingebracht die in dieser Ausprägung in der Regel in einem Unternehmen nicht vorhanden sind.

130 Die wesentlichen Kriterien für eine erfolgreiche Sanierung auf Ebene der Führung und Organisation sind:
– klare Zuordnung von Verantwortlichkeiten für die Maßnahmenumsetzung,
– Aufstellen einer Projektstruktur aus gemischten Team,
– stringentes Controlling der Umsetzung der vereinbarten Restrukturierungsmaßnahmen,
– Einbeziehung aller Stakeholder zur Wiederherstellung des Vertrauens,
– Übernahme der Sanierungsaufgabe durch das Top-Management.

131 Die Erfahrung zeigt das schnelle – auch kleine – Erfolge für eine erfolgreiche Sanierung von großer Bedeutung sind. Der positive „Rückenwind" ist wichtig damit die Umsetzung der Maßnahmen von einer gewissen Eigendynamik getrieben wird. Bei der Auswahl der umzusetzenden Maßnahmen sollte die **80/20 – Regel**[24] beherzigt wer-

---

23 Vgl. u.a. *Obermann* S. 391 ff.
24 Abgeleitet aus Untersuchungen von Vilfredo Pareto zur Verteilung des Volksvermögens in Italien im 19. Jahrhundert.

den um sicherzustellen das die Fokussierung auf die wesentlichen Teilprojekte erfolgt und die Organisation nicht zu viele Projekte gleichzeitig verfolgen und umsetzen muss.

Wenn die richtigen Projektteilnehmer identifiziert wurden, sollte ein durchsetzungsfähiger und kommunikativ starker Projektleiter benannt werden der ausschließlich und frei vom operativen Tagesgeschäft für die Implementierung der verabschiedeten Maßnahmen und die Realisierung der Ergebnisse verantwortlich ist. Hierfür sind ein stringentes **Umsetzungscontrolling** sowie ein Regelkreislauf zur Überprüfung der Ergebnisse und Adjustierung der eingeleiteten Maßnahmen nötig. Die folgende **Struktur eines Umsetzungscontrollings** ist sehr hilfreich um zu Gewährleisten, dass entsprechende Klarheit darüber vorhanden ist, was es zu erreichen gilt:
– betroffener Bereich/Abteilung,
– Art der Maßnahme (z.B. Personal, Sachkosten, Einkauf, Vertrieb…),
– Darlegung der zu prüfenden Inhalte,
– Höhe der aus der Maßnahme zu erwartenden Effekte,
– Zieldatum der Umsetzung der Maßnahme,
– wer die Maßnahme verantwortlich durchführt,
– aktueller Status der Maßnahme.

Über das Controlling der aus den verschiedenen Maßnahmen erwarteten Effekte und deren Auswirkungen auf die Ergebnissituation ist es somit auch möglich einen gestiegenen Informationsbedarf der verschiedenen Stakeholder besser zu befriedigen.

3. Kostensenkung im Kerngeschäft

Auf Basis der zu Beginn eines jeden Sanierungsprojektes durchzuführenden Analyse des Unternehmens sollte es – zumindest im groben – eine Idee dazu geben, welche Produkte, Sortimente und Absatzmärkte Sanierungsfähig- und würdig erscheinen und welche nicht. Es liegt auf der Hand das die von verschiedenen Seiten aufgebrachte Energie zielgerichtet zu einer schnellen Verbesserung der Ergebnissituation führen muss, wobei unterschiedliche Bereiche im Unternehmen erhebliche Potenziale aufweisen können.

3.1 Direkter Bereich

In Abhängigkeit zur Branche und der jeweiligen Situation des Unternehmens können die Potenziale die sich in einem Sanierungsprozesses positiv auf die Liquidität und die Kosten- und Ergebnissituation auswirken, erheblich sein, wobei sich die **Geschwindigkeit** und die Auswirkungen auf das Ergebnis und die Liquidität erheblich voneinander unterscheiden können.

3.1.1 Beschaffung und Einkauf

Generell ist die Professionalisierung im Bereich des Einkaufs und der **Beschaffung** in den vergangenen 10 Jahren u.E. deutlich vorangeschritten. Die Bedeutung des Einkaufs – und der sich daraus für eine Sanierung ergebende Hebel – ist erheblich und lässt sich aus dem Anteil der bezogenen Waren und Dienstleistungen in Relation zum getätigten Umsatz ermessen. Dies bestimmt damit auch das relative Potenzial für die Verbesserungen von Unternehmensergebnis und Liquidität.

137 Je nach Branche kann der Anteil der zugekauften Materialien und Dienstleistungen eine Relation von 40–60 % am Umsatz haben, wobei dieser Anteil auch bedeutend höher sein kann. Die häufig angestellte Schlussfolgerung, dass eine Sanierung ausschließlich über einen sofortigen und entsprechend radikalen Personalabbau zu erreichen ist scheint somit zweifelhaft. Insbesondere stehen dieser Schlussfolgerung entgegen, das bei einem Personalabbau zuerst einmal – zum Teil in erheblichem Ausmaß – zusätzliche Kosten in Form eines Sozialplanes sowie eine erhebliche Unruhe und Demotivation im Unternehmen auftreten. Der aktuelle Trend zu **Outsourcing**, Verringerung der Wertschöpfungstiefe und der zunehmenden Fokussierung auf die eigenen Stärken dürfte weiterhin dazu führen das der Anteil der eingekauften Waren und Dienstleistungen in Relation zum Umsatz sogar noch weiter ansteigen wird. Eine Verbesserung im Bereich des Einkaufs von Waren und Dienstleistungen wirkt sich über einen Anstieg der Rohmarge oder des Deckungsbeitrages 1 unmittelbar und vollständig auf das Ergebnis des Unternehmens aus.

138 Erfahrungen zeigen, dass der **Einkauf** in Unternehmen eine traditionell eher untergeordnete Bedeutung hat. Die Wahrnehmung ist in den Unternehmen häufig von der implizit gemachten Unterstellung getrieben, dass die Preise für die eingekauften Materialen und Dienstleistungen schon „Marktpreise" sein werden – die Einkaufsabteilung somit einen eher administrierenden Charakter erhält und – im Wege einer selbsterfüllenden Prophezeiung – auch häufig so ausgestaltet ist.

139 Für die Probleme im Bereich des Einkaufs in einem Unternehmen lassen sich naturgemäß keine allgemeingültigen Aussagen treffen – die Erfahrungen zeigen jedoch, dass es immer wieder ähnlich auftretende Problemstellungen gibt. Aufgrund der Unternehmenshistorie gibt es recht häufig – in Teilen über Jahrzehnte – **gewachsene Beziehungen** zu Lieferanten. Das Beharrungsvermögen in den verschiedenen Bereichen eines Unternehmens „Ihren" bewährten Zulieferer zu behalten und dieses mit der langjährigen guten Zusammenarbeit, der gelieferten Qualität sowie der Liefertreue zu begründen ist häufig vorzufinden und stark ausgeprägt. Diese ins Feld geführten Gründe sind natürlich von Bedeutung und somit in jedem Falle ernsthaft zu bewerten. Häufig zeigt sich allerdings, dass im Bereich des Einkaufs in der Regel ein nicht unerhebliches Maß an Intransparenz vorzufinden ist und auf dieser Grundlage das Agieren der Einkaufsabteilung im Unternehmen erheblich eingeschränkt ist. Die Konditionen werden häufig keinem **Benchmarking** unterzogen um zu ermessen ob die Konditionen von dem langjährigen Zulieferer aktuell immer noch den Marktgegebenheiten entsprechen oder nicht.

140 Desweiteren lässt sich – insbesondere in mittelständischen Unternehmen, in Teilen jedoch auch in international tätigen Konzernen – eine Tendenz zur Beschaffung um den eigenen **„Kirchturm"** herum feststellen. Dies geht häufig einher mit einer über lange Zeit gewachsenen Lieferantenbeziehung, wobei festzustellen ist, dass die Bewertung dieser Lieferanten in der Regel nicht systematisch erfolgte und nicht in Abgleich zu den sich neu ergebenden Möglichkeiten auf den globalisierten Beschaffungsmärkten gebracht wurden. Es gibt immer wieder Situationen in denen die Beschaffung von einzelnen Materialien oder aber Waren auf dem internationalen Beschaffungsmärkten zu einer Reduzierung der Einstandskosten von 40–50 % führen, manchmal sogar noch mehr. Darüber hinaus ist in den Unternehmen häufig eine Situation vorzufinden in der die Prozesse der Beschaffung nicht klar geregelt sind und damit ein Wildwuchs und eine in Teilen unermessliche Vielfalt in den beschafften

Artikeln vorzufinden ist. Mögliche Vorteile durch die Beschaffung von größeren Mengen zu niedrigeren Preisen werden somit häufig nicht systematisch genutzt – mit entsprechend höherer Materialeinsatzquote im Verhältnis zum Umsatz und entsprechenden negativen Ergebnisauswirkungen.

Aufgrund der zu erwartenden, großen Bedeutung des Einkaufs von Material, Waren und Dienstleistungen ist es in einer Sanierung entscheidend, dass eine entsprechende Transparenz über die eingekauften Waren und Dienstleistungen erlangt wird. Auf Basis dieser Transparenz sind diejenigen Maßnahmen zu gestalten und umzusetzen die zu einer deutlichen Verbesserung der Ergebnis- und Liquiditätssituation führen. Die Analyse sollte nach **Waren- bzw. Warengruppen**, **Einkaufsstandort** sowie **Lieferant** erfolgen um die notwendige Transparenz zu erhalten. Dafür kann es notwendig sein die u.U. nicht harmonisierten Waren und Dienstleistungen an verschiedenen Standorten des Unternehmens oder in unterschiedlichen Ländern einheitlich in Warengruppen zu erfassen um für die weitergehende Analyse keine Vielfalt zu erhalten die faktisch nicht vorhanden ist. Dies ist wichtig um das vorhandene Einkaufsvolumen für die sich anschließenden Verhandlungen mit den Lieferanten richtig einschätzen zu können. Der Einkauf von Waren und Dienstleistungen ist jedoch nicht nur von den gewährten Konditionen abhängig. Darüber hinaus gibt es eine weitere Anzahl von Kriterien die für die Verhandlung mit existierenden oder aber neuen Lieferanten von großer Bedeutung sind und im Vorwege klar verstanden sein müssen um nicht kontraproduktive Ergebnisse zu erzielen.

Wesentlich sind, neben den Volumina in den verschiedenen Artikeln und denen damit im Zusammenhang stehenden Preisen, die Überprüfung der notwendigen Funktionen und Spezifikationen die die Artikel erfüllen müssen. Neben den rein betrieblichen oder aber produktseitigen Spezifikationen sind unbedingt auch die rechtlichen Rahmenbedingungen hinsichtlich **Produkthaftung, Umweltrisiken** etc. zu berücksichtigen. Der mögliche Austausch von existierenden Lieferanten sollte auf mögliche rechtliche Konsequenzen (Nichteinhaltung von vertraglich vereinbarten Mindestabnahmemengen etc.) hin überprüft werden.

Der eher mittel- bis langfristig wirkende Ansatz einer **Wertanalyse**[25] des Produktprogrammes und die Überprüfung der Möglichkeiten hinsichtlich von Veränderungen und Vereinfachungen in den Produkten oder gar deren veränderte und überarbeitete Konstruktion können darüber hinaus erhebliche Potenziale entfalten. Da dies jedoch in der Regel ein sehr zeitintensiver Prozess ist, sollte dieser gegebenenfalls wieder in der eintretenden Konsolidierung des Unternehmens aufgegriffen werden um die notwendige Fokussierung auf die kurzfristig wirkenden, operativen Maßnahmen aufrecht zu erhalten.

Um auf Basis der durchgeführten Analyse die geeigneten Maßnahmen ableiten zu können ist es im ersten Schritt notwendig die unterschiedlichen beschafften Waren- bzw. Warengruppen und Dienstleistungen in einer für die Sanierung geeigneten Struktur zu kategorisieren:
– Materialien und Waren mit einem jeweils hohem Einkaufsvolumen die sich durch eine geringe Komplexität auszeichnen, somit auf dem Lieferantenmarkt ohne größere Herausforderungen auf alternative Anbieter treffen würden (Kategorie A),

---

25 Vgl. u.a. *Arnolds/Heege/Röh/Tussing* S. 117 ff.

4 *Operative und strategische Sanierung*

- Materialien und Waren mit einem jeweils geringen Einkaufsvolumen und einer geringen Komplexität auf dem Lieferantenmarkt (Kategorie B),
- Materialen und Waren mit einem jeweils geringen Einkaufsvolumen und einer hohen Komplexität auf dem Lieferantenmarkt (Kategorie C),
- Materialen und Waren mit einem jeweils hohen Einkaufsvolumen die sich durch eine hohe Komplexität auszeichnen und somit von strategischer Bedeutung auf dem Lieferantenmarkt sind (Kategorie A).

145 Eine solche Einordnung der verschiedenen von einem Unternehmen beschafften Materialen und Waren ist hilfreich um den Fokus entweder auf einen schnellen und maßgeblichen wirtschaftlichen Erfolg zu legen oder aber strategisch von großer Bedeutung sind und somit ein besonderes Augenmerk verlangen (Kategorie A). Dies heißt allerdings nicht, dass die Materialen und Waren in den Kategorien B und C zu vernachlässigen sind. Aufgrund der geringeren Komplexität in Kategorie B sind dort unter Umständen mit entsprechenden Maßnahmen auch kurzfristig signifikante Einsparungen für das Unternehmen zu realisieren. Kategorie C erscheint am wenigsten attraktiv, sollte in jedem Fall aber auch mit betrachtet werden da in diesem Fall mit einer gewissen Abhängigkeit aufgrund der erhöhten Komplexität zu rechnen ist.

146 Die Möglichkeiten Einsparungen im Bereich von Material, Waren und Dienstleistungen zu realisieren sind naturgemäß sehr umfangreich und können sich in Abhängigkeit zur Branche deutlich voneinander unterscheiden. Darüber hinaus sind in einer Sanierung auch nicht alle Maßnahmen gleichermaßen geeignet da sie sich in der Komplexität der Umsetzung sowie in der Geschwindigkeit teilweise deutlich voneinander unterschreiben.

147 Maßnahmen im Bereich der **Anpassung der Konditionen** erfüllen erfahrungsgemäß die Anforderungen an die Umsetzungsgeschwindigkeit und an die direkte Wirkung auf das Ergebnis und die Liquidität einer Unternehmung. Sie zielen darauf ab, eine direkte, positive Wirkung auf den Einstandspreis zu entfalten. Einfache Preisvergleiche von verschiedenen Lieferanten auf Basis des vorhandenen Volumens, die Neuausschreibung des benötigten Volumens oder aber die Verlagerung der Beschaffung weg vom „Kirchturm" – Prinzip in Länder mit niedrigeren Kosten können hierbei zu einem erheblichen Erfolg führen. Bei der Verlagerung in sog. **„Niedriglohnländer"** ist allerdings zu beachten dass die benötigte Lieferfähigkeit in Bezug auf Geschwindigkeit und auch Qualität erreicht werden kann, was den Prozess oftmals zeitlich aufwendiger gestaltet bis ein neuer Lieferant gefunden wurde. Die Realität zeigt, dass in der Regel der systematische Vergleich von Einstandspreisen von verschiedenen Anbietern einen Prozess bei existierenden Lieferanten in Gang setzt, der sich bereits vorteilhaft auswirkt. Darüber hinaus sollte ein bloßes nachverhandeln von bestehenden Preisen und auch Zahlungsbedingungen in jedem Fall ins Auge gefasst werden. In der Regel haben existierende Lieferanten ein hohes Interesse, Kunden zu halten und ihnen gegen Zugeständnisse wie der Verlängerung von bestehenden Verträgen zu „helfen".

148 Eine weitere Maßnahme die in der Krise erhebliche Ergebniswirkung entfalten kann liegt in der **Bündelung** von Volumen von bezogenen Materialien, Waren und Dienstleistungen. Auf Basis der durchgeführten Analyse der beschafften Materialen kann eine Bündelung der Mengen aus verschiedenen Standorten und über verschiedene Material- und Warengruppen auf einen Lieferanten erfolgen. Dies macht das Unternehmen für den Lieferanten deutlich attraktiver – mit entsprechenden Auswirkungen

auf die gewährten Einstandspreise sowie Zahlungsbedingungen. Die Praxis zeigt immer wieder, dass in diesem Bereich erhebliche Potenziale zu realisieren sind. Historisch gewachsene und über Jahre oder gar Jahrzehnte existierende Lieferantenbeziehungen von einzelnen Standorten werden immer wieder verlängert ohne dass die unternehmensweite Bündelung der Mengen erfolgt. Die Erfahrungen zeigen auch, dass es häufig möglich ist die Bündelung von Warengruppen auf bestimmte Lieferanten durchzuführen. Die Anzahl der Lieferanten für die volumenmässig größten Waren und Materialien kann auf einige wenige reduziert werden. Dies führt zu einem deutlichen Anstieg des Unternehmens in der „Wertschätzung" der Lieferanten was wiederum entsprechende Kosteneinsparungen und Liquiditätsvorteile nach sich zieht. Desweiteren ist es aufgrund des höheren Volumens pro Lieferant möglich die Bestandsmengen im eigenen Unternehmen zu verringern, was zusätzliche Vorteile für die Liquidität durch ein geringeres **working capital** mit sich bringt.

Maßnahmen deren Wirkung eher nicht so signifikanten Einfluss haben oder sich aber erst mit einem gewissen Zeitverzug positiv auf die Ergebnissituation im Unternehmen auswirken sind durch die Veränderung in der Herstellung der beschafften Güter und deren technischer Spezifikation, in der Anpassung von Prozessen, der stärkeren Integration von Lieferanten oder aber das **Outsourcing** der Produktion von sog. C-Artikeln gegeben. Die Veränderungen in der Spezifikation, Funktion oder aber in dem Produktionsverfahren kann zu entsprechenden Einsparungen über den Einsatz von anderen Materialien, den Wegfall von überflüssigen Funktionen oder aber von Komponentenfertigung führen. Es ist allerdings intuitiv einsehbar, dass die Umsetzung dieser Maßnahmen – nach Umfang der initiierten Veränderungen oder aber in Abhängigkeit zur Branche – mit erheblichen Zeit- und/oder Ressourcenaufwand verbunden sein kann. Unter Umständen müssen für weitergehende Produktveränderungen neue Zertifizierungen oder Produkttests durchgeführt werden und erscheinen somit nicht als geeignet für Unternehmen in einer Sanierungssituation.

Die Analyse der vorhandenen Prozesse in der Beschaffung von Waren und Dienstleistungen zeigt häufig zusätzliche Potenziale. Allerdings bedingen Veränderungen in den Prozessen einen relativ hohen Initialaufwand und die Reduktion der Kosten führt erst über den Zeitablauf zu einer Verbesserung des Ergebnisses. Zu diesen prozessgetriebenen Veränderungen in der Beschaffung gehören die Einführung von **E-Procurement**, von **Konsignationslägern** der Zulieferer mit großem Volumen sowie die Reduktion der Schnittstellen im Beschaffungsprozess. Desweiteren kann es bei einer Beschaffung von Rohstoffen im Fremdwährungsraum sinnvoll sein ein entsprechendes **Hedging** der unterschiedlichen Währungen durchzuführen um die Unsicherheiten in der Beschaffung durch Wechselkursveränderungen zu reduzieren.

Wie bereits Eingangs beschrieben kann der Erfolg der Sanierung in wesentlichen Teilen oder aber nahezu vollständig von den Maßnahmen im Bereich der Beschaffung abhängen. Umso wichtiger ist es die verabschiedeten Maßnahmen konsequent zu monitoren und bei Abweichungen unverzüglich entsprechende Gegenmaßnahmen zu ergreifen. Da das Einkaufsvolumen verschiedener Komponenten über die Jahre in der Regel nicht statisch ist, muss hierbei frühzeitig einer Herausforderung begegnet werden die sich insbesondere bei Fehlen eines konsistenten **Beschaffungscontrollings** ergibt. Die möglichen Einsparungspotenziale werden in der Praxis häufig dadurch ermittelt das die beschafften Volumen mit den neuen – reduzierten – Preisen multipliziert werden um die entsprechenden Auswirkungen auf das Ergebnis und die Liquidität ermessen zu können. Hierbei ist es von außerordentlicher Bedeutung nicht nur die Summe der Kosten zu monitoren sondern auch die Veränderungen im beschafften Volumen sowie die u.U. eingetretene, strukturelle, Veränderung in den beschafften Artikeln. Im anderen Fall besteht die nicht unerhebliche Gefahr das aus einer aggregierten Betrachtung Rückschlüsse auf den Erfolg oder Misserfolg gezogen werden die lediglich durch eine Veränderung im Mix der beschafften Artikel oder aber durch Volumenveränderungen determiniert ist.

152 Nachdem die ersten Erfolge im Einkauf erzielt wurden, ist es wichtig ein „abgleiten" in alte Verhaltensmuster zu unterbinden. Hierfür ist es von großer Bedeutung die bereits angesprochenen Prozessveränderungen und ein **valides Controlling** zu etablieren das über ein nachhalten der Preise, Volumen und Qualitäten eine hinreichende Transparenz bietet. Nur so wird die Grundlage geschaffen um von einem projektgetriebenen Ansatz zu einem in der Ablauf- und Aufbauorganisation verankerten kontinuierlichen Prozess auch zukünftig sich bietende Potenziale für das Unternehmen zu Nutzen und eine entsprechend nachhaltige Veränderung zu etablieren. Hierfür sollten entsprechende Steuerungskennzahlen im Unternehmen etabliert und mit entsprechenden Zielvereinbarungen verknüpft werden.

3.1.2 Produktion

153 Die meisten oder gar alle in einem Unternehmen vorhandenen Bereich treffen in der **Produktion** in irgendeiner Weise aufeinander. Bestellungen von Kunden müssen mit der Beschaffung von Rohmaterialien und zugekauften Teilen in Einklang gebracht werden. Anforderungen hinsichtlich Qualität sowie Liefertreue müssen erfüllt werden, der Ausschuss in der Produktion sollte möglichst niedrig gehalten werden und die innerbetriebliche Logistik muss effizient erfolgen um die unnötige Bindung von Kapital in einer ausufernden Komplexität zu verhindern. Auch wenn die Kosten in der Produktion selbst unter Umständen aufgrund höherer Kosten im Materialeinkauf oder aber Vertrieb nicht den größten Kostenblock darstellen, muss in der Produktion häufig die **Komplexität** im Unternehmen gemanagt werden, womit Ihr eine entsprechend hohe Bedeutung für den Sanierungserfolg zukommt. Im Gegensatz zu anderen Bereichen im Unternehmen muss es bei den operativen Sanierungsmaßnahmen in der Produktion darum gehen, trotz der erheblichen Komplexität diejenigen Stellhebel zu identifizieren die schnell zum Erfolg der Sanierung durch Absenkung der Kosten und / oder Freisetzung von Liquidität beitragen.

154 Aufgrund der Komplexität in der Produktion sind die sich daraus ergebenen Ursachen für Ineffizienzen häufig durch Wechselwirkungen geprägt, die sich unter einer Überschrift zusammen fassen lassen: **Verschwendung**! Die Formen von Verschwendung können sehr unterschiedlich sein, münden jedoch nahezu immer in zu hohen Kosten. Die folgende Aufzählung erhebt keinen Anspruch auf Vollständigkeit, gibt jedoch einen Hinweis darauf, wie umfangreich die Probleme sind und wie herausfordernd die richtige Wahl der Maßnahmen sein kann, um schnelle Erfolge zu erzielen:
- Mangelnde bzw. unklare Kommunikationsprozesse zwischen Vertrieb bzw. Kundenservice mit der Produktion hinsichtlich der Kundenwüsche mit der Konsequenz von Stillstand, Ausschuss und zusätzlichen Kosten in der Logistik zur Einhaltung der Liefertreue,
- Mängel im Produktionsplanungsprozess, hervorgerufen durch organisatorische und/oder systemseitige Ursachen, mit dem Ergebnis das Materialen und/oder

Werkzeuge nicht zum richtigen Zeitpunkt am richtigen Ort sind mit der Folge von erhöhten Kosten,
- um bekannte Mängel im Produktionsplanungsprozess zu umgehen werden sowohl Werkzeuge als auch Materialien innerhalb des Produktionsprozesses vorgehalten. Das gebundene Kapital steigt erheblich an ohne das damit eine kausale Wertschöpfung verknüpft ist – die dafür benötigen zusätzlichen Flächen und der Aufwand für die innerbetriebliche Logistik steigen an,
- unzureichende Planung des Arbeitsanfalls an den Arbeitsplätzen führt zu entsprechendem Leerlauf und Anstieg der Kosten,
- mangelnde Berücksichtigung von Engpässen in bestimmen Fertigungsschritten oder von bestimmen Maschinen mit einem entsprechenden Stillstand in nachfolgenden Fertigungsstufen,
- unzureichende **präventive Instandhaltungsmaßnahmen** mit der Konsequenz von Maschinenausfällen während der Produktion mit entsprechender Entstehung von Leerkosten,
- unzureichende Fertigungstechnologien, die wiederkehrend zu einem niedrigen **first – pass – yield**[26] führen, mit entsprechenden Korrekturmaßnahmen am Ende des Fertigungsprozesses. Dadurch entstehen zusätzliche Kosten und der Ausschuss erreicht ein Maß welches eine wirtschaftliche Produktion nicht mehr zulässt.

In der Praxis lässt sich häufig feststellen, dass über das organische Wachstum bzw. im Zeitablauf eintretende Veränderungen und damit einhergehende Anpassungen im Produktionsprozess nicht konsequent berücksichtigt werden. Im Ergebnis konnten dadurch „Insellösungen" entstehen, die im Anschluss nicht in einem Gesamtzusammenhang bewertet wurden. Häufig führt das hinterfragen bestehender Strukturen und Prozesse in der Produktion über die Frage „Warum so?" zu ersten Hinweisen darauf welche Maßnahmen – auch kurzfristig – zu einer Steigerung der Effizienz führen und damit positive Auswirkungen auf die Stückkosten haben. **155**

Operative Sanierungsmaßnahmen sollten kurzfristig wirken und somit einen direkten, positiven Einfluss auf Kosten und/oder die Liquidität haben. Zwingende Voraussetzung ist eine entweder vorhandene oder aber bereits zu Beginn des Sanierungsprozess erstellte Transparenz die es ermöglicht ein Bild über die Kosten in verschiedenen Abteilungen/Bereichen und Fertigungsstufen auf Ebene der unterschiedlichen Produkte zu erlangen. Sofern diese Transparenz nicht vorhanden ist besteht die inhärente Gefahr, dass die entwickelten Maßnahmen zwar die Kosten senken, jedoch nicht fokussiert auf diejenigen Produkte oder aber Bereiche abzielen in denen die höchsten Potenziale vorhanden sind. **156**

Aufgrund der vielfältigen und von Betrieb zu Betrieb unterschiedlichen Herausforderungen sollen an dieser Stelle nur exemplarisch häufig auftretende Maßnahmen **aufgeführt werden, die eine** kurzfristige Wirkung entfalten können: **157**
- die Beseitigung von Engpässen in der Produktion um die Entstehung von Leerkosten im nachfolgenden Produktionsprozess zu reduzieren. Sofern zusätzliche Investitionen zur Erhöhung der Kapazität notwendig sind muss in jedem Fall eine Lösung über eine Fremdvergabe /Zukauf in Betracht gezogen werden. Ziel muss es sein die Leerkosten soweit wie möglich zu reduzieren,

---

26 Vgl. *Toutenburg/Knöfel* S. 102 ff.

- sofern Leerkosten bereits ein Problem darstellen sollten, kann es auch sinnvoll sein kurzfristig Fremdfertigungsaufträge zu akquirieren um somit eine Deckung der existierenden Fixkosten zu erlangen und einen Liquiditätszufluss zu erzeugen,
- Erstellung eines Bewegungsprofils und der tatsächlichen Auslastung pro Arbeitsplatz mit dem Ziel nicht wertschöpfende Wege und unproduktive Zeiten zu eliminieren. Hierbei bekommt auch die Reihenfolge in der die unterschiedlichen Tätigkeiten verrichtet werden eine Bedeutung. Ziel muss es sein die Produktivität zu erhöhen und somit die Stückkosten zu senken,
- „Keep it simple" – häufig ist das gewählte Produktionslayout durch die Grundannahme determiniert das ein möglichst hoher Einsatz von Maschinen zu niedrigeren Stückkosten zu entsprechenden „economies of scale"[27] führt. Die Erfahrung zeigt, dass ein schlanker Prozess verknüpft mit der Zielsetzung die Werkstücke möglichst wenig zu berühren zu erheblichen Produktivitätssteigerungen führen kann,
- **Rüstzeiten** spielen bei Unternehmen – insbesondere in der Kleinserienfertigung – eine erhebliche Rolle. Durch die relativ geringe Auslastung des Maschinenparks ist es von erheblicher Bedeutung die Rüstzeiten ebenfalls einer Überprüfung zu unterziehen um auch hier die Kosten zu senken,
- Review der Kommunikationsprozesse in der Produktion mit dem Ziel, durch eine höhere Klarheit über die Kundenwünsche am Anfang des Produktionsprozesses zeit- und kostenaufwendige Korrekturen und Nacharbeiten deutlich zu reduzieren,
- Review des Produktionsplanungsprozesses um die Durchlaufzeiten zu erhöhen und die u.U. vorhanden **„Pufferläger"** zu reduzieren, um die Kosten zu senken und Liquidität zu schaffen,
- Prüfung der vorhandenen Produktionsmittel und deren Nutzung – bei Identifizierung von nicht betriebsnotwendigen Vermögen sollte dies entsprechend veräußert werden,
- Einführung einer **präventiven Instandhaltung** der Anlagen die grundsätzlich außerhalb der normalen Betriebszeiten stattfindet. Stillstandzeiten in der Produktion werden reduziert und die Effizienz in der Instandhaltung gesteigert da der Zielkonflikt von Produktion und substanzieller Instandhaltung der Anlagen aufgelöst wird.

158 Häufig lässt sich feststellen, dass traditionell ein sehr starker Fokus im Bereich der Auslastung der vorhandenen Maschinen liegt. Erfahrungsgemäß ist jedoch eine relativ hohe Anzahl von Ressourcen in der **innerbetrieblichen Logistik** involviert bei der es ausschließlich um die Ver- und Entsorgung von Rohmaterialien, Werkzeugen sowie den produzierten Waren geht. Da es sich in der Wahrnehmung um Tätigkeiten handelt in denen keine direkt wahrnehmbare Wertschöpfung erfolgt wird in diesem Bereich häufig nicht – oder nur rudimentär – geplant, was erhebliche Potenziale brach liegen lässt, insbesondere deswegen weil diese innerbetriebliche Logistik nicht an den Einsatz von Maschinen geknüpft ist, somit die Hürden für die Optimierung niedrig sind. Sofern ein Unternehmen über mehrere Produktionsstandorte verfügt, besteht über die bereits aufgeführten Maßnahmen hinaus noch die Möglichkeit die verschiedenen Standorte auf bestimmte Produkte oder Fertigungsstufen zu fokussieren ohne dass dies automatisch zu zusätzlichen Investitionen führen muss. Bedingt durch die historische Entwicklung eines Unternehmens ist der Spezialisierungsgrad in den unterschiedlichen Standorten häufig nicht sonderlich hoch. Die Produktion erfolgt dort wo z.B. montiert wird – mit einer entsprechend hohen Fertigungstiefe und inner-

---

27 Vgl. *Krugman* The American Economic Review, Vol. 70, No. 5, 1980, S. 950–959.

betrieblichen Komplexität. Über ein Tauschen von Volumen über verschiedene Betriebe kommt es über das höhere Maß an Spezialisierung zu **Losgrößenvorteilen**, Rüstzeiten werden verringert und u.U. zu einer höheren Qualität. In jedem Fall werden durch eine geringere Fertigungstiefe am Standort die Kosten der Komplexität reduziert. Durch die gegebene Komplexität ist die Suche nach der einen, heilsbringenden Idee, meist vergebens. Vielmehr muss es in der Produktion darum gehen diejenigen, detaillierten Maßnahmen zu ergreifen die in Ihrer Gesamtheit auch kurzfristig zu entsprechenden Ergebnisverbesserungen führen. Ein entsprechend detaillierter Plan in dem die einzelnen Maßnahmen aufgeführt sind und in dem der Grad der Umsetzung entsprechend nachgehalten wird, ist zur Erfolgskontrolle unerlässlich. **Strukturelle Veränderungen** führen in der Regel zu bedeutenderen Effekten sind aber keinesfalls kurzfristig umzusetzen und bedingen Aufgrund der Komplexität der vorgefundenen Problemstellung meist eine sehr viel intensivere Analyse und in Teilen auch zusätzliche Investitionen um zur Umsetzung zu gelangen.

3.2 Indirekter Bereich

3.2.1 Marketing und Vertrieb

Die erfolgreiche Umsetzung von kurzfristigen Maßnahmen im Einkauf und in der Produktion sind in der Regel dadurch determiniert das eine entsprechende „Schwungmasse" zur Verfügung steht. Ohne das Vorhandensein einer „**kritischen Masse**" im Einkauf oder aber in der Produktion zur Erzielung entsprechender economies of scale[28] gleicht die Sanierung eines Unternehmens dem Versuch „ein fallendes Messer zu ergreifen". Umgesetzte Maßnahmen erbringen nicht oder nicht im notwendigen Umfang die Kosten- bzw. Liquiditätseffekte die geplant wurden, da sich z.B. die Bündelungseffekte im Einkauf nicht im vollen Umfang realisieren lassen oder aber die Auslastung der Maschinen nicht das notwendige Niveau erreicht. Die Erarbeitung und die Implementierung von entsprechenden Maßnahmen im direkten Bereich ist notwendige Voraussetzung für eine erfolgreiche Sanierung – sollte jedoch keine Stabilisierung auf der Vertriebsseite erfolgen und die notwendigen Volumen nicht generiert werden, steht ein Unternehmen nach relativ kurzer Zeit auf verlorenem Posten. Der Erfolg auf der Vertriebsseite liegt jedoch naturgemäß nicht vollständig im Entscheidungsbereich des Managements – ein Kunde muss zunächst ein entsprechendes Angebot annehmen. Auf der anderen Seite – und durchaus gegensätzlich zu dem was soeben beschrieben wurde – werden existierende Produkte bzw. Kundenbeziehungen im jedem Fall aufrechterhalten – nach dem Motto „koste es was es wolle". Das Handeln wird demnach bestimmt durch die irrige Annahme, dass mit ausreichender Menge und damit einhergehenden „economies of scale" schon ein positives Ergebnis erwirtschaftet werden wird.

Die Ursachen für die Probleme die zu einem nicht ausreichenden Erfolg in der Vergangenheit geführt haben, liegen im Vertrieb in der Regel auf der strategischen Ebene begründet. Deren Symptome in Form von rückläufigen Volumen und Preisen sowie dem **Verlust von Marktanteilen** werden erst über einen längeren Zeitraum sichtbar. Häufig werden Marktentwicklungen im Vertrieb bzw. im Marketing nicht realistisch eingeschätzt oder aber nur unzureichend kommuniziert. In der Praxis ist regelmäßig zu beobachten, dass markseitige Veränderungen nicht als nachhaltige Veränderung im Verhalten der Kunden antizipiert werden, sondern als eine kurzfristige Fehlentwick-

---

28 Vgl. *Krugman* The American Economic Review, Vol. 70, No. 5, 1980, S. 950–959.

lung die aber keinesfalls einen neuen Trend entstehen lässt. Dem eigentlich vorhandenen Druck durch diese Veränderungen im Markt wird somit nicht begegnet – mit entsprechend negativen Konsequenzen. Es wird kostbare Zeit für den notwendigen Veränderungs- und Anpassungsprozess verloren. Die Fehleinschätzung führt in der Folge zu einer in dem Planungsprozess zu optimistischen Einschätzung der Absatzmenge und der für die Produkte zu realisierenden Preise. Die Betriebsleistung wird aufgrund der geplanten Absatzmenge zu hoch eingeplant was wiederum zu einer Unterauslastung der Anlagegüter und somit in die **Fixkostenfalle** führt. Sofern ein Unternehmen sich in dieser Situation befindet bleibt die Analyse der Ursachen meistens auf der Strecke und das bereits beschriebene Problem des Haltens von Kunden „um jeden Preis" kommt zum Tragen. Die Gefahr, dass auch Kunden im Portfolio gehalten werden die entweder aufgrund der Preisstellung oder aber aufgrund einer deutlich überdurchschnittlichen Komplexität im Verhältnis zum generierten Umsatz keine positiven Deckungsbeiträge erwirtschaften ist dabei erheblich.

161 Zur Ergreifung der zum Erfolg führenden Maßnahmen ist eine Analyse der **Marktbedingungen- und Anforderungen** sowie der **Vertriebsprozesse** (inkl. Vertriebsinnendienst bzw. Kundenservice) unumgänglich. Die Analyse sollte möglichst folgende Inhalte abdecken um gezielte Maßnahmen einleiten zu können:
– Aufteilung des Produktportfolio in Geschäftseinheiten,
– Volumen und Umsätze nach Produktgruppen, Produkten sowie nach Kundengruppen und Kunden,
– Gliederung jeweils nach Regionen und Vertriebsgebieten,
– Zuordnung von direkten und – sofern möglich – von indirekten Kosten auf Produkte und Kunden um eine Aussage über die entsprechenden Deckungsbeiträge zu erhalten.

162 Auf der Grundlage der Analyse des vorhandenen Kunden- und Produktportfolios und den Markterkenntnissen sollten die entsprechenden Maßnahmen initiiert werden. Hierbei sollte grundsätzlich eine Unterteilung in die am Markt ausgerichteten und den aufbau- sowie ablauforientierten Maßnahmen erfolgen wobei auch im Vertrieb die operativen Maßnahmen mit einem direkten und kurzfristigen Einfluss auf das Ergebnis und die Liquidität im Vordergrund stehen sollten.

163 Den direktesten Einfluss auf die Ergebnis- und Liquiditätssituation im Unternehmen haben in erster Linie **Preisanpassungen**. Analysen zeigen sehr häufig, dass sich die realisierten Preise bei Kunden für völlig identische Produkte und Dienstleistungen deutlich voneinander unterscheiden. Die Erfahrungen mit bereits in der Krise befindlichen Unternehmen zeigen das folgende Bild: Die Kunden mit überdurchschnittlich hohen Preisen und dementsprechend auskömmlichen Margen sind nicht mehr in dem erwarteten Umfang vorhanden. Vielmehr sind häufig einige wenige dieser „guten Kunden" im Portfolio verblieben, darüber hinaus besteht der existierende Kundenstamm aus vielen kleinen Kunden mit niedrigen Mengen verknüpft mit zu niedrigen Preisen für die im Unternehmen hervorgerufene Komplexität. Darüber hinaus sind häufig wenige große Kunden mit sehr niedrigen Preisen als Kunde verblieben. Diese Anpassungen der Konditionen müssen entsprechend differenziert erfolgen. Die **Standardisierte Erhöhung** der Preise um einen linearen Prozentsatz führt leider dazu das die verbliebenden Kunden mit auskömmlichen Margen sich anderweitig orientieren wohingegen die Kunden mit einem niedrigen Preisniveau und/oder hoher Komplexität

die lineare Preiserhöhung akzeptieren – final dürfte somit auf dem Pfad der Sanierung kein Fortschritt erzielt werden. Die Differenzierung sollte in drei Gruppen erfolgen.

a) Kunden mit ausreichenden Deckungsbeiträgen erhalten nur eine geringe Preiserhöhung – die Erfahrung zeigt häufig das auch auf Kundenseite eine Abhängigkeit vorhanden ist und somit eine Preisanpassung die im Rahmen bleibt, akzeptiert wird.

b) A und B-Kunden – auch mit niedrigem Preisniveau – müssen aufgrund der direkten Auswirkung auf die Auslastung der Produktion und die Deckung von Fixkosten sehr detailliert untersucht werden. In der Praxis zeigt sich, dass die detaillierte Untersuchung der Ergebnisbeiträge pro Kunde zu teilweise erstaunlichen Ergebnissen führen kann da aufgrund langwährender Kundenbeziehung eine kritische Überprüfung nicht systematisch stattgefunden hat. So hat z.B. die Analyse eines Kunden ergeben, dass es für die bezogenen Leistungen auf dem vorhandenen Preisniveau keinerlei Bezugsalternativen gibt. Aufgrund der Größe des Kunden wurden in der Vergangenheit lediglich marginale Preiserhöhungen unterhalb der Inflationsrate durchgeführt um den Umsatz in jedem Fall zu sichern. Nach intensiven Verhandlungen und der Evaluierung der (bekannten) Alternativen akzeptierte der Kunde eine Vertragsverlängerung über mehrere Jahre mit einem Preisanstieg von 60 %! Wesentlich kann auch das Orderverhalten bei größeren Kunden sein. Trotz recht hoher Umsätze und damit einhergehender Mengenrabatte gibt es oftmals keine vertraglichen Vereinbarungen hinsichtlich des Bestellverhaltens. Neben großen Volumina werden häufig auch viele Klein- und Kleinstmengen bestellt, die aufgrund der damit verknüpften Prozesskosten unmöglich wirtschaftlich abgearbeitet werden können. In diesem Zusammenhang müssen die Maßnahmen dies durch entsprechende Veränderungen in der Preisgestaltung (**Mindestabnahmen** oder fixe **Bearbeitungsgebühr** pro Lieferung) berücksichtigen.

c) Kleinere Kunden (C-Kunden), die sich durch einen geringen Umsatz pro Bestellung einhergehend mit hohen Prozess- und **Komplexitätskosten** auszeichnen, lassen sich in der Regel in zwei Gruppen aufteilen. Analysen zeigen, dass es in Unternehmen eine Gruppe von C-Kunden gibt die schon lange Kunden sind und trotz der relativ höheren Prozess- und Komplexitätskosten noch ausreichende Deckungsbeiträge erzielen. Die andere Gruppe der C-Kunden kennzeichnet sich dadurch, dass die Kosten aufgrund der geringen Umsätze pro Auftrag nicht gedeckt werden. Auf Basis der durchgeführten Analysen lässt sich definieren, wie hoch der Mindestumsatz pro Bestellung bei gegebenem Kostenniveau sein muss um noch einen positiven Deckungsbeitrag zu erwirtschaften. Hierzu sollte ein Mindestbestellwert eingeführt werden, verbunden mit dem Risiko den einen oder anderen Kunden zu verlieren. Dadurch entstehende Kundenverluste werden aber in der Regel durch die niedrigeren Komplexitätskosten überkompensiert.

Die Analyse der Kundenbeziehungen offenbart eine Reihe von „historisch" gewachsenen Verhaltensweisen die zur Absicherung der Produkt- sowie der Servicequalität gegenüber den Kunden unbewusst gelebt wurden ohne dass dies jemals Bestandteil der ursprünglich ausgehandelten Verträge war. Die Aufdeckung dieser Differenzen in der Analyse der Kundenbeziehungen muss in einen entsprechenden Maßnahmenplan münden. Lediglich über die Gewinnung von neuen Kunden lässt sich die Sanierung im Vertrieb nicht bewerkstelligen. Das aktive Management der existierenden Kundenbeziehungen und der konstruktive Dialog über die bestehenden Verträge und deren Einhaltung bzw. Veränderungen in einer Vielzahl von kleineren Maßnahmen birgt ein erhebliches Potenzial – zumal existierende Kunden sich häufig aufgeschlossen zeigen die bereits existierenden Verträge „anzupassen" sofern dies im Rahmen bleibt. Hierzu gehört insbesondere das Berechnen von zusätzlichen Services wie kurzfristige Lieferung, besondere Anlieferung, Verpackung etc.

165 Bei weiteren Maßnahmen im Bereich des Vertriebes sollte neben der kurzfristigen auch die mittel- und langfristige Wirkung betrachtet und vor diesem Hintergrund kritisch bewertet werden. Zu diesen Maßnahmen die u.U. kurzfristig, aber auch mittel- und langfristig den Absatz als auch den Umsatz beflügeln, gehören **Preisrabatte, Kundengutschriften, Preissenkungen** etc. Hierbei ist zu berücksichtigen das die einmal gewährten, gegebenenfalls auch zeitlich limitierten Preisreduktionen, zu höheren Absätzen führen, sich aber nur unter großen Schwierigkeiten und erheblichem vertrieblichem Aufwand korrigieren lassen. Die inhärente Gefahr für ein bereits in der Sanierung befindliches Unternehmen besteht darin, dass sich das Preisniveau lediglich auf ein niedrigeres Niveau absenkt. Zulässig und sinnvoll sind diese Maßnahmen dann, wenn damit Bestände von Produktionsüberhängen oder aber von Produkten die zukünftig nicht mehr in das Produktportfolio gehören sollen, abgebaut werden. Auf diesem Wege führen die attraktiven Preise zu einem Liquiditätszuwachs der in der Sanierungssituation notwendig sein kann, ohne dass das Preisniveau im verbleibenden Produktportfolio nachhaltig gefährdet wird.

166 In diesem Zusammenhang erlangt auch die **Preiskalkulation** für die Produkte im Kontext mit der Umsetzung der Maßnahmen im operativen Bereich eine maßgebliche Bedeutung. In vielen Unternehmen wird nach wie vor eine sog. **Zuschlagskalkulation** auf Basis der aktuell existierenden Kostenstruktur zur Festlegung der Preisuntergrenzen für die Produkte durchgeführt. Sofern die im Unternehmen etablierten Prozesse sich (noch) nicht auf einem wettbewerbsfähigen Niveau befinden besteht die klassische Gefahr des sog. „aus dem Markt kalkulieren" mit der Konsequenz, das der Startpunkt für die Gespräche mit existierenden Kunden und zur Akquisition von Neukunden falsch gesetzt wird. Vielmehr sollte eine wesentliche Maßnahme in der Sanierung die Preiskalkulation auf Basis der angestrebten und mit Maßnahmen hinterlegten, verbesserten **Ziel – Kostenstruktur** sein. Dies mag im Einzelfall dazu führen das der selektiv betrachtete, potentielle Auftrag, nicht die erwünschten Deckungsbeiträge erwirtschaftet. Auf der anderen Seite werden die vorhandenen „economies of scale" in der Produktion nicht negativ beeinflusst. Da die Anpassung der Strukturen bei geringeren Mengen zunehmend schwieriger wird hat das Aufrechterhalten von existierenden Kundenbeziehungen sowie die Gewinnung von neuen Kunden und Aufträgen auf Basis der mit Maßnahmen hinterlegten und erreichbaren Zielkosten für den nachhaltigen Sanierungserfolg eine große Bedeutung.

167 Auf die vertrieblichen Prozesse ausgerichtete Maßnahmen bieten ebenfalls eine Reihe von Ansatzpunkten die zum Sanierungserfolg beitragen können. Hierzu gehört insbesondere die Vergütung der im Vertrieb beschäftigten Mitarbeiter. Nach wie vor ist im Vertrieb – nebenbei bemerkt auch in erfolgreichen und nicht in der Sanierung befindlichen Unternehmen – eine rein umsatzabhängige **Vergütung** der Normalfall. Eine umsatzfokussierte Kultur führt im Ergebnis jedoch zu einem niedrigeren Preisniveau als die Fokussierung auf die Generierung von Deckungsbeiträgen oder aber der Hebung von „economies of scale" durch zusätzliche Mengen oberhalb der Grenzkosten um eine existierende und nicht oder nur unter Schwierigkeiten anzupassende Infrastruktur besser auszulasten. Die Erfahrung zeigt auch immer wieder, dass die

Zeitspanne zur Erreichung von Bonuszielen einen erheblichen Einfluss auf das Verhalten im Vertrieb haben kann. Monatliche Ziele (und Boni) verhindern das Aufbauen von „Puffern" für traditionell schlechtere Monate um dann im Anschluss die Jahresziele zu erreichen. Die klare Vorgabe von Preisen und ein abgestufter Prozess zur Genehmigung von Rabatten die über das Normalmaß hinausgehen sind unumgänglich. Eine von der betrieblichen Situation unabhängige Preisgestaltung des Vertriebes darf es nicht geben.

3.2.2 Forschung und Entwicklung

Sofern in einem Unternehmen Forschung und Entwicklung betrieben wird, ist häufig eine Tendenz nach dem Motto „viel hilft viel" festzustellen – ein bestimmter Aufwand und damit Kosten – sind unumgänglich um Innovationen und, damit einhergehend, die Wettbewerbsfähigkeit zu stärken oder zu erhalten. Ursache ist hierfür häufig das Fehlen der Definition des spezifischen – aus dem Markt abgeleiteten – Kundennutzens. Die Aufwendungen in Forschung und Entwicklung tragen so nur in Teilen zum Markterfolg bei. Abhilfe schafft die Analyse der aktuell durchgeführten Projekte und deren Klassifizierung nach den erwarteten Kosten, den Risiken, dem erwarteten wirtschaftlichen Erfolg und wann dieser Erfolg zu erwarten ist. Ziel muss es sein, eine klare Fokussierung auf Projekte zu legen die kurzfristig und in einer Chancen und Risiken Abwägung eine hohe Erfolgswahrscheinlichkeit haben könnten. Nachdem diejenigen Projekte mit dem höchsten, erwarteten Erfolg identifiziert wurden sollten diese im Hinblick auf die Kosten und die verbleibende Projektlaufzeit optimiert werden. Freiwerdende Ressourcen (sofern geeignet), aus wohlmöglich geparkten oder aber wegen unklarer Erfolgsaussichten beendeten Projekten, sollten auf die wenigen Projekte mit hoher Erfolgswahrscheinlichkeit verlagert werden. Von hoher Bedeutung ist es die verbliebenen Projekte hinsichtlich der Kosten und der Einhaltung der terminlichen Ziele zu monitoren, um mögliche Fehlentwicklungen früh zu erkennen und sofort und konsequent gegensteuern zu können.

3.2.3 Distribution

In vielen Unternehmen findet keine besonders intensive Auseinandersetzung mit der Art und Weise der durchgeführten Distribution statt. Die Optimierung von Struktur und Häufigkeit der Belieferung von Kunden in Kombination mit der verbesserten Auslastung der Ressourcen kann entsprechende, für den Sanierungsprozess positive, Wirkungen nach sich ziehen. Neben der Beantwortung der Grundsätzlichen Fragestellung nach einer Fremdvergabe gehören hierzu die **Optimierung der Routen** in Hinblick auf die gefahrenen Kilometer und die Anzahl der durchgeführten Anlieferungen genauso wie die Verhinderung von **Eilanlieferungen** und Sondertouren. Neben der Nachverhandlung von Frachtkosten mit externen Dienstleistern bietet die zentrale Planung von Touren die Möglichkeit die Kosten in diesem Bereich zu optimieren und entweder gebundenes Kapital freizusetzen oder aber durch eine verbesserte Planung zusätzliche Kosten wie z.B. Überstunden der Fahrer und der in der Logistik beschäftigten Mitarbeiter zu reduzieren. Die Drosselung der Höchstgeschwindigkeit von im Einsatz befindlichen Fahrzeugen ist eine kleine Maßnahme – bei entsprechender Drosselung lassen sich die Verbräuche von Treibstoff signifikant reduzieren (häufig in einer Spanne von 10 – 20 %) – ohne das die Qualität in der Distribution dadurch maßgeblich negativ beeinflusst wird.

3.3 Personalinduzierte Kosten

170 Wie bereits ausgeführt ist die Fokussierung auf die Reduktion von **Personalkosten** zu vordergründig und lässt zum anderen in einer Sanierungssituation Potenziale mit niedrigerem Aufwand und eventuell höheren Effekten unberücksichtigt. Die in Deutschland üblichen Regelungen hinsichtlich Sozialauswahl, Dotierung eines Sozialplans sowie lange Kündigungsfristen führen zu erheblichen zusätzlichen Aufwendungen und einer Belastung der – in der Sanierungssituation ohnehin – angespannten Liquiditätssituation. Abgesehen von der „großen Lösung" im Bereich der Personalkosten gibt es aber eine Reihe von Maßnahmen die durchaus zu einer erheblichen Reduktion der Kosten führen können. Hierbei steht im Vordergrund die Personalkosten ohne entsprechende Freisetzungskosten zu senken. Die Analyse der Personalkosten muss dabei relativ umfangreich sein um folgende Maßnahmen zum Erfolg zu führen:

Innerbetriebliche Maßnahmen:
- Abbau von Überstunden (insbesondere wenn mit Zuschlägen versehen),
- Flexibilisierung der Arbeitszeit und Anpassung an die gegebenen Auslastungsschwankungen (am Tag, in der Woche sowie saisonal) – konsequent an den Arbeitsanfall ausgerichtete Schichtplanung,
- Festlegung des Urlaubs/aktive Steuerung des Urlaubs in Phasen der schwachen Saison und damit die Reduktion von zeitlich befristeten Arbeitskräften,
- Besetzung von Vakanzen mit innerbetrieblichen Versetzungen.

171 Weitere Personalmaßnahmen:
- Verzicht auf Neueinstellungen,
- Schließen von Aufhebungsverträgen,
- Nutzung der Möglichkeiten von Frühruhestand und Altersteilzeit,
- Einführung von Kurzarbeit,
- Überprüfung und Streichung von freiwilligen Zulagen und Sozialleistungen die nach erfolgreicher Bewältigung der Krise u.U. wieder aufleben können.

172 Maßnahmen bei denen die Beschäftigten durch Lohn- und Gehaltseinbußen betroffen sind sollten eng und frühzeitig gemeinsam mit dem Betriebsrat diskutiert und erarbeitet werden um in der Phase der Sanierung zu verhindern das durch mangelnde Einbindung neue Herausforderungen entstehen.

4. Kostensenkung in den unterstützenden Prozessen

4.1 IT

173 Die IT in einem Unternehmen hat hauptsächlich die Aufgabe die Geschäftsprozesse in einem Unternehmen, ggf. auch mit seinen Kunden und Lieferanten, effizient zu unterstützen und darüber hinaus über ein strukturiertes zur Verfügung stellen der Daten die Transparenz für Managemententscheidungen herzustellen. Mangelnde Kommunikation, fehlender Fokus von Seiten des Top-Managements, mangelndes Verständnis dafür, dass die IT die Geschäftsprozesse lediglich unterstützt, eine unzureichende bzw. veraltete IT- Infrastruktur, Technik-Verliebtheit etc. sind die Ursachen für die vielschichtigen Probleme in der IT und können somit Auswirkungen auf die anderen Bereiche des Unternehmens haben.

In einer Sanierung muss es im Bereich der IT somit zum einen um die direkt in der IT wirkenden Maßnahmen gehen, darüber hinaus sind jedoch auch die positiven Effekte durch Veränderungen in der IT auf die anderen Bereiche im Unternehmen von großer Bedeutung. **174**

Für den IT – Bereich ist im Rahmen der Sanierung zu prüfen ob die Kosten durch Veränderungen in der „Fertigungstiefe" zu reduzieren sind. Das Vorhalten von Rechenzentren, IT-Infrastruktur, speziellem know how für bestimmte Anwendungen sowie der Support gehören hierbei auf den Prüfstand. Insbesondere dann, wenn eine Anpassung der IT an neue technologische und andere sich verändernde Faktoren angeraten scheint, muss die Fragestellung nach dem **„make or buy"** klar beantwortet werden. Die Vorteile liegen hierbei auf der Hand. Ein externer Dienstleister ist aufgrund seiner Spezialisierung, im Hinblick auf das notwendige know how sowie seiner „economies of scale" in der Lage, den notwendigen Grad der professionellen Betreuung zu entsprechenden Kosten zu gewährleisten. Insbesondere in kleineren und mittelständischen Unternehmen ist die Aufrechterhaltung des know how im Unternehmen aufgrund der hohen Veränderungsgeschwindigkeit in der IT zu vertretbaren Kosten nahezu unmöglich. Die aktuelle IT – Struktur inklusive der Beschreibung der aktuell durchgeführten Aktivitäten gehört auf den Prüfstand mit dem Ziel, einen klaren Maßnahmenplan zur Senkung der IT – Kosten über die Auslagerung von Teilbereichen zu erzielen. Die Analyse sollte auch die im Unternehmen befindliche IT-Hardware mit berücksichtigen – sehr häufig ist eine große Vielfalt an Hardware – Komponenten im Unternehmen im Einsatz der hohe Komplexitätskosten nach sich zieht und Bündelungseffekte mit entsprechend besseren Einkaufskonditionen unmöglich macht. **175**

Hinsichtlich der Wechselwirkung mit anderen Bereichen im Unternehmen lässt sich immer wieder feststellen, dass – so banal es klingen mag – **mangelnde Kommunikation** die Hauptursache für Ineffizienzen und das nicht realisieren von nicht genutzten Potenzialen darstellt. Die nicht erfüllten Anforderungen der verschiedenen betrieblichen Bereiche müssen in einem ersten Schritt systematisch erfasst und mit einem entsprechenden Kostensenkungspotenzial versehen werden. Die so entstandene Anforderungsliste sollte dann unter der Berücksichtigung der notwendigen Ressourcen und den dadurch zu realisierenden Vorteilen klassifiziert und abgearbeitet werden. Hierbei haben unklare Beschreibungen dessen was das gewünschte Ziel der Nutzer ist zu unterbleiben. Nur so kann eine effiziente und zielgerichtete Unterstützung aus der IT erfolgen. Durch die historisch zu unterschiedlichen Zeitpunkten eingeführten Programmlösungen sowie die sich im Laufe der Zeit veränderten Anforderungen kommt es z.B. zu Stillstandzeiten, Programmabbrüchen oder aber zu vielfältigen Mehrfacherfassungen. Immer wieder lassen sich durch eine fokussierte Abarbeitung und eine verbesserte Kommunikation erhebliche Produktivitäts- und Kostenvorteile in verschiedenen Bereichen des Unternehmens realisieren. **176**

Um Fehlentwicklungen möglichst im Ansatz zu unterbinden sollte die Zusammenarbeit der IT mit den sonstigen Bereichen im Unternehmen über entsprechende, verbindliche Verabredungen über den Servicegrad (SLA = **Service Level Agreement**) erfolgen – dies führt allerdings zu keinen sofortigen Einsparungen sondern hat vielmehr einen strukturellen Charakter. **177**

Desweiteren ist in der IT häufig ein mangelhaftes **Projektmanagement** in Zusammenhang mit der Herausforderung bestehende Systeme weiterzuentwickeln und neue **178**

Lösungen zu implementieren, erkennbar. In der Sanierung ist es unumgänglich eine Bestandsaufnahme durchzuführen und eine anschließende Bewertung vorzunehmen. Der Fokus muss auf diejenigen Projekte gelegt werden die zur Aufrechterhaltung des Betriebes und zur direkten Verbesserung im Leistungserstellungsprozess führen – also eine klare Unterscheidung in „nice to have" und „need to have". Vor diesem Hintergrund muss auch der Mut vorhanden sein bereits begonnene Projekte die in die zweite Kategorie fallen sofort zu beenden um das vorhandene know how und die finanziellen Ressourcen gezielt einzusetzen.

4.2 Finanzen und Controlling

179 Die direkten Möglichkeiten im Bereich Finanzen und Controlling durch kostensenkende Maßnahmen zum Erfolg einer Sanierung beizutragen sind in der Regel sehr eingeschränkt. Allerdings kommt dem Bereich innerhalb des Sanierung eine herausragende Rolle durch das zur Verfügung stellen der notwendigen, erfolgskritischen Informationen als auch das aktive Management der Liquidität, zu. Neben der Überschuldung ist die Zahlungsunfähigkeit ein weiteres Insolvenzkriterium. Im Finanzbereich gibt es eine Reihe von Maßnahmen die sofort ergriffen werden sollten um primär die Zahlungsfähigkeit aufrecht zu erhalten und zu verbessern. Dazu gehört das gesamte, aktive Management des Working capitals in einem Unternehmen. Die wesentlichen Maßnahmen sind:

– Verbesserung der Zahlungsbedingungen (Vorkasse, Zahlungsziele verkürzen, konsequente Verfolgung der Mahnungen, Einsatz von Inkassofirmen, Verkauf von Forderungen (Factoring),
– Reduktion des Umlaufvermögens durch den Abbau von zu hohen Beständen, Reduktion von Puffern, Einführung von Systemen zur optimalen Vorratshaltung, Verlagerung von Roh-, Hilfs-, und Betriebsstoffen in Konsignationsläger,
– Verbindlichkeiten in Absprache mit Lieferanten langsamer bedienen, Vereinbarung von Sonderkonditionen, Teilerlass von Verbindlichkeiten (u.U. mit Besserungsschein),
– Nachverhandeln von Finanzierungskonditionen.

180 Dem Controlling kommt innerhalb der Sanierung insbesondere die Aufgabe zu die verschiedenen, initiierten Maßnahmen zu monitoren und in einer integrierten Ertrags-, Liquiditäts- und Bilanzplanung transparent zu machen. Darüber hinaus ist die Transparenz des gesamten Unternehmens auf einem entsprechenden Detaillierungsgrad von herausragender Bedeutung – ohne ausreichende Transparenz gleicht eine Sanierung dem Versuch im Sichtflug mit einer kleinen Sportmaschine in 2 000 Meter Höhe die Alpen zu queren – kann gut gehen, oder aber nicht!

IV. Reduktion der Unternehmenskomplexität

1. Komplexität in Unternehmen

181 In Gesprächen mit Führungskräften von Krisenunternehmen können diese schnell einige Gründe für die wirtschaftliche Schieflage identifizieren. Neben exogenen Faktoren wie Nachfrageverschiebungen oder dem Auftreten von Technologiesprüngen werden regelmäßig auch endogene Gründe wie nicht angepasste Kostenstrukturen oder Fehleinschätzungen bei der Geschäftsentwicklung genannt.

Die detaillierte Analyse der Krisenursachen bringen dann auch genau diese genannten Faktoren an die Oberfläche. Die Analyse zeigt in der Regel aber auch, dass nicht isolierte Faktoren zu einer schnellen oder schleichenden **Ergebniserosion** geführt haben, sonder vielmehr eine Überforderung des Managements bei der Beherrschung der Krisentreiber im Inneren des Unternehmens und denen aus seiner relevanten Umwelt sowie ihrer vielfältigen Interdependenzen. Mit anderen Worten: die verbindende Klammer um viele Krisensituationen ist ein **ungenügendes Komplexitätsmanagement**.

1.1 Formen von Komplexität in der Unternehmenssphäre

Da Komplexität jedem System immanent ist, ist sie auch für Entscheidungen und Handlungen innerhalb des Systems „Unternehmen" von zentraler Bedeutung. Um ein Verständnis für die Entstehung und Wirkung von Komplexität im betrieblichen Umfeld zu entwickeln und daraus Mechanismen für den Umgang mit Komplexität ableiten zu können, benötigt der Manager eines Unternehmens eine **Erklärungsstruktur**, welche sich für das System „Unternehmen" am einfachsten aus der Systemtheorie ableiten lässt[29]. In der Systemtheorie werden komplexe Systeme (wie Unternehmen) als Kombination von **Elementen** und ihrer **Verknüpfungen** beschrieben. Die Komplexität in so einem komplexen System ist abhängig von der Anzahl der Elemente, der Anzahl von Verknüpfungen zwischen den Elementen und der Art dieser Verknüpfung. Eine weitere relevante Komponente für die Steigerung von Komplexität sind die Beziehungen des Systems zu seiner Umwelt. Grundsätzlich ist im Sinne der Systemtheorie alles Umwelt, wovon sich ein System abgrenzt und auch abgrenzen kann. Die Verknüpfungen zu den Systemen der eigenen Systemumwelt erzeugen nun weitere Komplexität, so dass durch Verknüpfungen aller Elemente des eigenen Systems mit beliebig vielen Elemente der Systemumwelt auch ein beliebig großes Maß an Komplexität entstehen kann.[30] Dies führt mithin dazu, dass komplexe Systeme und ihr Gesamtverhalten auch dann nicht vollständig antizipiert und verstanden werden können, wenn vollständige Informationen über die einzelnen Elemente und ihre Interdependenzen vorliegen. Entscheidungen in komplexen Systemen sind demnach immer Entscheidungen unter Unsicherheit und deren Ergebnisse können lediglich mit **Eintrittswahrscheinlichkeiten** prognostiziert werden.[31]

Diese Entscheidungen unter **Unsicherheit** in Konstellationen mangelhafter Komplexitätsbeherrschung führen Unternehmen häufig in Krisensituationen, ohne dass das Management in der Lage wäre, die Wechselwirkungen zwischen den **Krisenauslösern** hinreichend zu beschreiben. Um diesen Schritt zu ermöglichen, muss nun, nachdem erläutert wurde, wie Komplexität beschaffen ist, die oben angesprochene Erklärungsstruktur um die Treiber für den Anstieg von Komplexität im System ergänzt werden:

---

29 Zur Systemtheorie vgl. z.B. *Malik* Systemisches Management, Evolution, Selbstorganisation.
30 Zum Wesen der Komplexität vgl. z.B. *Milling* Systemtheoretische Grundlagen zur Planung der Unternehmenspolitik.
31 Vgl. *Scholz* S. 191.

4 Operative und strategische Sanierung

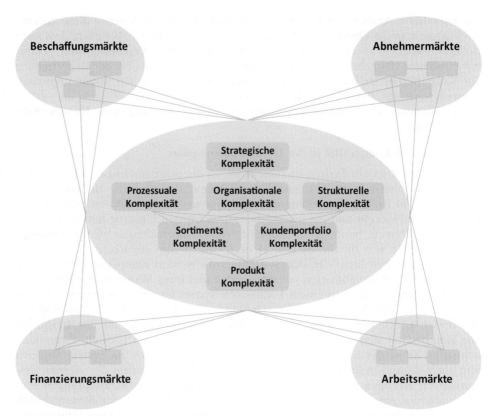

Abb. 2: Exemplarisches Treibermodell für die Komplexität im Unternehmen

184 Die **Komplexitätstreiber** für die Steigerung der Komplexität liegen zum einen in den Elementen des Unternehmens begründet und erzeugen die **endogene Komplexität**, zum anderen aber auch in seiner Umwelt, welche die **exogene Komplexität** begründen, so dass ein Treibermodell für die Komplexitätsbeherrschung diese beiden Bereiche abbilden muss.[32]

1.1.1 Endogene Komplexität

185 Im inneren eines Unternehmens lassen sich verschiedene Treiber identifizieren, welche entscheidenden Einfluss auf den Grad der Gesamtkomplexität und damit auch auf die Krisenanfälligkeit eines Unternehmens haben. Neben einer Reihe von sekundären Treibern können sieben **Komplexitätsbereiche** als wesentliche Komplexitätstreiber herausgestellt werden:

a) Die **strategische Komplexität** beruht in der Regel auf dem Wachstum des Unternehmens in neue Geschäfts- oder Produktbereiche sowie neue geographische Märkte. Der Aufbau neuer Business-Units im In- und Ausland erzeugt viele neue Elemente mit neuen Verknüpfungen, welche häufig nicht nach den etablierten Mustern der Unternehmensführung gesteuert werden können. Außerdem werden in der Regel andere Persönlichkeiten für die Führung der neuen Bereiche benötigt.

---

32 Vgl. *Schuh* S. 42 ff.

Diese unternehmerischen Entscheidungen erzeugen demnach in der Regel bereits auf der strategischen Ebene eine neue Dimension der Komplexität für die Unternehmensführung.

b) Ein große Hürde für die effiziente innerbetriebliche Leistungserstellung ist häufig die **strukturelle Komplexität** des Unternehmens. Im Zuge der Ausweitung des eigenen Leistungsprogrammes sowie dem Zukauf oder Aufbau neuer Geschäftseinheiten werden Strukturen ausgebildet, welche nicht notwendigerweise der betriebswirtschaftlichen Rationalität geschuldet sind. So steigt die Komplexität z.B. durch die Weiterführung der Betriebsstätten zugekaufter Einheiten ohne Anpassung des Gesamtsystems sowie den Aufbau von Niederlassungen in jedem Zielmarkt im Rahmen der geographischen Ausweitung des Vertriebssystems.

c) Auch im Aufbau der Organisation liegt ein Komplexitätstreiber in Form der **organisationalen Komplexität**. Insbesondere organisch gewachsene Organisationen ohne regelmäßige Überprüfung der eigenen Aufbau- und Führungsorganisation bilden häufig ein erhebliches Maß an Komplexität durch Anordnung ihrer Einheiten, hierarchischer Ausrichtung, Distanz der Führungskräfte zu den Entscheidungskompetenzen sowie Grad der Delegation von Verantwortung an Mitarbeiter aus.

Je komplexer die Strukturen des Unternehmens sind, desto anspruchsvoller ist auch die Steuerung der Organisation, so dass ebenfalls aus dem **Steuerungssystem** erhebliche Komplexität resultieren kann. Dies ist insofern paradox, als gerade die **Unternehmenssteuerung** einen wichtigen Beitrag zur Beherrschung von Komplexität leisten muss.

d) Nicht nur der Aufbau sondern auch die Abläufe in einem Unternehmen beeinflussen die Komplexität in Form der **prozessualen Komplexität**. Die Anzahl der Schnittstellen zwischen beteiligten Einheiten innerhalb eines Geschäftsprozesses ist ebenso ein Komplexitätstreiber wie die Qualität der Prozesse in Hinblick auf Effizienz und Effektivität. Auch der Grad der Prozessorientierung der Führung im Unternehmen hat einen entscheidenden Einfluss auf die Gesamtkomplexität im System.

e) Diverse strategische und operative Entscheidungen beeinflussen die **Kundenportfolio-Komplexität**. Neben dem Aufbau neuer Geschäftsfelder und der Erschließung neuer Märkte haben häufig auch einfache Umsatzsteigerungsprogramme erheblichen Einfluss auf das Kundenportfolio. Es werden neue Kundengruppen aufgenommen und diese mit neuen Serviceleistungen für das Unternehmen gewonnen und an dieses gebunden.

Die Aktivitäten für die Aufrechterhaltung der Kundenbeziehungen und die Gestaltung eines kontinuierlich attraktiven Leistungsprogrammes sind häufig ein Treiber für erhebliche Komplexität in den Kundenbeziehungen.

f) Die **Sortimentskomplexität** ist in der Regel eine Resultante vieler der genannten Faktoren der anderen Komplexitätstreiber. Neue Märkte bringen neue Kunden welche häufig nur mit neuen Produkten gewonnen werden können. Insbesondere die geographische Ausweitung des Geschäftsbetriebes führt häufig zur Notwendigkeit, neue Produkte oder Produktvarianten zu entwickeln, um den Geschmäckern und Vorschriften der Zielmärkte gerecht zu werden.

In technikorientierten Unternehmen wächst die Sortimentskomplexität aber häufig auch aus sich selbst heraus, da ein zumindest subjektiv empfundener Druck entsteht, immer neue Produkte mit neuen Eigenschaften auf den Markt zu bringen.

g) Auch auf der Ebene des einzelnen Erzeugnisse eines Unternehmens gibt es einen Komplexitätstreiber in Form der **Produktkomplexität**. Durch Anreicherung von Produkten mit immer mehr Eigenschaften und Varianten steigt die Komplexität z.B. in Bezug auf Entwicklung, Fertigung aber auch Erklärungsbedürftigkeit im Vertrieb. Auslöser sind häufig die oben beschriebene Technikverliebtheit sowie der Wunsch, mit einem Produkt alle internationalen Normen und Vorschriften abzudecken. Aber auch ständig wachsende Kundenanforderungen oder der technologische Druck der Branche steigern die Komplexität in diesem Bereich.

186 Wie bereits deutlich wird, sind diese Treiber nicht unabhängig voneinander im Unternehmen zu identifizieren. Grundsätzlich kann man davon ausgehen, dass alle Komplexitätsbereiche durch die Elemente des Unternehmens (z.B. Unternehmenseinheiten, Führungskräfte, Mitarbeiter, Steuerungssysteme) miteinander **interdependent verbunden** sind.

Am einfachsten lässt sich dies am Beispiel des Aufbaus einer neuen Geschäftseinheit in einem internationalen Markt darstellen:

Abb. 3: Komplexitätsentwicklung beim Aufbau einer internationalen Niederlassung

187 Man sieht in diesem Beispiel, dass eine einzelne **strategische Entscheidung** die Komplexität im Unternehmen in allen relevanten Komplexitätsbereichen automatisch erhöht. Die Auswirkungen betreffen in diesem Falle also nicht nur den Funktionsbereich „Internationales Geschäft" sondern sind in allen Funktionseinheiten spürbar. Dieses Beispiel illustriert insbesondere die charakteristische Eigenschaft der **Interdependenz innerhalb der Gesamtkomplexität** eines Systems. Durch die mannigfaltigen Verbindungen zwischen den Elementen des Systems ändern sowohl die Elemente selbst als auch die Verbindungen zwischen ihnen permanent ihren Charakter. Außerdem wächst mit den Unternehmen in der Regel auch die Menge der Verbindungen zwischen den Elementen.

Und gerade das Erkennen dieser Interdependenzen ist in Krisensituationen von entscheidender Bedeutung für die Analyse der Krisenursachen und die Entwicklung geeigneter **Maßnahmen** für die Abwendung der Krise.

Anders als in obigem Beispiel dargestellt, sind die Verbindungen zwischen den Komplexitätsbereichen aber nicht grundsätzlich hierarchisch gestaltet. Zwar kann aus der betrieblichen Praxis eine gewisse **Hierarchie** zwischen den Komplexitätsbereichen abgeleitet werden, die (wie in Abb. 1 dargestellt) von der strategischen Ebene über Strukturen und Abläufe sowie Kunden und Sortiment bis hinunter zu den Produkten reicht. Allerdings können alle Komplexitätstreiber unabhängig von ihrer Anordnung in diesem Schema aus sich heraus zu einem **Anstieg der Gesamtkomplexität** führen. Der Aufbau einer Stabsabteilung steigert z.B. die organisationale Komplexität, ohne das hinter dieser Maßnahme strategische Überlegungen stehen müssen. Und die operative Entscheidung eines Vertriebsmitarbeiters, eine neue Kundengruppe zu gewinnen, muss ebenfalls nicht aus übergeordneten strategischen Zielen resultieren sondern kann allein dem Wunsch des Mitarbeiters nach persönlicher Ergebnisverbesserung geschuldet sein.

Dieser nicht hierarchische Charakter der Komplexität lässt erahnen, wie anspruchsvoll es sein kann, ein **effektives Komplexitätsmanagement** aufzubauen und welche Schwierigkeiten mit der Steuerung des richtigen Maßes an Komplexität verbunden sein können.

1.1.2 Exogene Komplexität

Neben der endogenen, also aus dem Unternehmen heraus entstehenden Komplexität spielt die exogene Komplexität eine weitere, wichtige Rolle für die Entwicklung der Gesamtkomplexität. Die einzelnen Elemente des Systems „Unternehmen" bilden Verbindungen zu Elementen aus **Umweltsystemen** aus und erhöhen damit die Gesamtkomplexität erheblich. Da diese Verbindungen sowohl aus Vorgaben der Betriebsorganisation als auch aus subjektiv wahrgenommenen betrieblichen Notwendigkeiten resultieren ist ihre Menge extrem hoch und nur schwer steuerbar.

In Abb. 2 sind exemplarisch vier Bereiche selektiert worden, welche über ihre Verknüpfungen mit dem Unternehmen eine entscheidende Rolle für die Komplexitätsentwicklung spielen:

a) Die **Beschaffungsmärkte** stellen einen entscheidenden Interaktionsbereich für die eigene Leistungserstellung dar. Insbesondere die Verteilung des Beschaffungsvolumens auf viele Zulieferer ohne Berücksichtigung von Bündelungseffekte wirkt als Komplexitätstreiber durch die Vielzahl an Interaktionspartnern und Konditionen. Eine Internationalisierung der Beschaffung führt häufig zu einem weiteren Anstieg der Komplexität durch z.B. fremde Sprachen, Kulturen, Bedingungen und Lieferzeiten. Die Komplexität im Zusammenhang mit den Beschaffungsmärkten lässt sich allerdings relativ gut steuern, da in der Regel wenige Elemente des Unternehmens (Einkaufsabteilung, Finanz- und Rechnungswesen) als Interaktionspartner mit den Beschaffungsmärkten in Frage kommen.

b) Einen weiteren großen Komplexitätstreiber stellen die **Abnehmermärkte** dar. Neben einer Vielzahl von Interaktionspartnern sind hier z.B. gesetzliche Vorschriften, technologische Entwicklungen, Verschiebungen von Kundenwünschen und Wettbewerbsleistungen zu berücksichtigen. Grundsätzlich interagiert jedes Element des Unternehmens mit den Abnehmermärkten, sei es nun unmittelbar wie der Vertrieb und der Kundenservice als auch mittelbar wir die Buchhaltung bei der Gutschriftenbearbeitung oder die Fertigung bei der Erstellung fehlerfreier Produkte. Daher ist die viel zitierte Kundenorientierung bei allen unternehmerischen Handlungen nicht nur eine Worthülse sondern sogar im Bereich des Umgangs mit Komplexität von zentraler Bedeutung.

c) Die **Finanzierungsmärkte** als Komplexitätstreiber sind von derart großer Bedeutung, weil hier ein Marktversagen beziehungsweise eine gestörtes Marktverhältnis sehr unmittelbare Folgen für den Bestand des Unternehmens haben kann. Banken als Kapitalgeber werfen in der Regel einen sehr genauen Blick in das Unternehmen und scheuen auch nicht davor zurück, in Krisensituation schnell drastische Maßnahmen zu ergreifen. In diesem Zusammenhang stellen Kreditinstitute sehr hohe Anforderungen an die Informationspflichten des Unternehmens. Eigenkapitalgeber (z.B. Private Equity Gesellschaften) entsenden darüber hinaus Vertreter in das Unternehmen, welche entweder indirekt über Aufsichtsgremien oder sogar direkt in die Führung des Unternehmens eingreifen.

d) Auch die Verbindungen zu den **Arbeitsmärkten** führen zu einer Steigerung der Gesamtkomplexität. Viele Elemente des Unternehmens in Form der Mitarbeiter sind Teil der Arbeitsmärkte und Abbau sowie Neubesetzungen von Stellen führen zu intensiver Interaktion mit diversen Umweltsystemen wie Gewerkschaften, Bundesagentur für Arbeit, Arbeitsgerichten oder Personalberatungen. Für zusätzliche Komplexität sorgt die hohe Regelungsdichte durch die Arbeitsgesetzgebung sowie eine Vielzahl von weiteren Vorschriften wie Arbeitsschutz oder Hygienevorschriften. Die Herausforderung in der Komplexität dieses Bereiches liegt in der Abhängigkeit vieler unternehmerischer Entscheidungen von den verbindlichen Regelungen der Arbeitsmärkte beziehungsweise der Intensität der Verhandlungen zur notwendigen Konsensbildung.

192 Unabhängig von den beschriebenen Märkten, auf denen ein Unternehmen agiert, stellen grundsätzlich natürlich alle Arten von **Gesetzen** und **Verordnungen** einen starken Komplexitätstreiber dar. Neben den beschriebenen Arbeitsrechtlichen Vorschriften sind unter anderem z.B. Produkthaftungs-, Umwelt- und Steuerrechtliche Vorschriften zu beachten und frühzeitig in die Planung unternehmerischer Entscheidungen einzubeziehen.

1.2 Wahrnehmung von Komplexität in Unternehmen

193 Grundsätzlich ist die Wahrnehmung der Verantwortlichen innerhalb eines Unternehmens für Auslöser und Verlauf einer Krise beschränkt, da diese als Betroffene nicht frei von **subjektiven Einschätzungen** bezüglich der aktuellen Situation sind. Häufig ist das Management aber viel mehr als nur Betroffener. Die Erfahrung zeigt, dass gerade Führungsschwäche, falsche Einschätzungen der Geschäftsentwicklung und fehlerhafte strategische wie operative Entscheidungen Unternehmenskrisen auslösen. Damit fallen die handelnden Elemente, die eine mögliche Krise frühzeitig identifizieren sollten und mit geeigneten Maßnahmen gegensteuern könnten, durch ihre starke persönliche Beteiligung als **objektive Analysten** der aktuellen Unternehmenssituation weitgehend aus. Der eingangs beschriebene Charakter der Komplexität, dass komplexe Systeme selbst dann nicht vollständig verstanden werden können, wenn vollständige Informationen über alle ihre Elemente und deren Wechselwirkungen vorliegen, wirkt in diesem Zusammenhang als weiterer Hinderungsgrund für eine vollständige Erfassung des tatsächlichen Krisenverlaufs aus dem Unternehmen heraus.

Das Wesen der Komplexität führt in Krisensituationen häufig zu dem Versuch, die einfach zu identifizierende Ursache mit **einfachen Maßnahmen** zu beheben. So kann eine auftretende Ergebniskrise häufig linear auf einen Umsatzrückgang bei einem Schlüsselprodukt zurückgeführt werden. Die erste Reaktion des Managements ist daher, diese Krisenursache durch Maßnahmen zur Steigerung des Umsatzes des Produktes zu beseitigen. Unberücksichtigt bleibt dabei häufig die Frage, ob dieses Produkt aus Deckungsbeitragssicht wirklich am stärksten gefördert werden sollte, ob veränderte Kundenbedürfnisse dieses Produkt überhaupt wieder auf das alte Niveau zurückkehren lassen, ob durch konstruktive Anpassungen die Stückkosten gesenkt werden könnten oder ob der Einkauf durch Lieferantenwechsel zur Ergebnisberuhigung beitragen könnte. Diese Vereinfachung von Problem und Lösung zeigt deutlich die herrschenden **Defizite** bei der Wahrnehmung von Komplexität in Entscheidungssituationen.

194

Die Strukturen des Unternehmens können eine wesentliche Rolle bei der Verstärkung des Effektes mangelhafter Wahrnehmung der Komplexität spielen. So ist die klassische Linienorganisation durch die starke **Zergliederung von Verantwortlichkeiten**, unflexible Entscheidungswege und formalisierte Kommunikationskanäle am wenigsten dazu geeignet, die Komplexität der Unternehmenswirklichkeit transparent zu machen und in Entscheidungssituationen explizit zu berücksichtigen. Die Entscheider erhalten in der Regel nur einen kleinen Ausschnitt der entscheidungsrelevanten Informationen und konzentrieren sich auf optimale Wirkungen für den eigenen Verantwortungsbereich.

195

Bereichsegoismen und eine Fokussierung auf den persönlichen Erfolg wirken in diesen Organisationen besonders stark und verhindern häufig einen produktiven Umgang mit der vorhandenen Komplexität. Bessere Organisationsformen für die Beherrschung von Komplexität finden sich im Bereich der **prozessorientierten Organisationen**. Hier finden sich Führungskräfte mit vernetzten Verantwortungen für einen gesamten Leistungsprozess und der Überblick über eine gesamte Wertekette führt zu einer funktionsübergreifenden Berücksichtigung der relevanten Elemente sowie deren Wechselwirkungen und damit automatisch zur **Integration der Komplexität** in die Entscheidungssituationen.

Auch die **Steuerungssysteme** des Unternehmens sind bei der Komplexitätswahrnehmung von entscheidender Bedeutung. Je mehr Wechselwirkungen zwischen den Unternehmenseinheiten durch das Controlling abgebildet werden, desto größer ist das Maß der identifizierten und damit hoffentlich beherrschten Komplexität. Basis für ein **komplexitätsintegrierendes Berichtswesen** auf der obersten Ebene bildet eine strategische Planung, welche neben harten Faktoren wie Umsätzen und Kosten auch weiche Faktoren wie Marktentwicklungen und technologische Entwicklungen integriert. Sie beinhaltet somit Daten zu den bedeutendsten Elementen des Unternehmens und berücksichtigt explizit die Verbindungen und Wechselwirkungen auch mit den Umweltsystemen. Diese **strategische Planung** darf nicht für eine längere Periode festgeschrieben werden (5-Jahres-Plan) sondern muss kontinuierlich aktualisiert werden, um neue Einflüsse und Entwicklungen berücksichtigen zu können. Auch auf der Ebene der Kostenrechnungssysteme gibt es Methoden, die die Komplexität stärker in den Wahrnehmungsfokus der Entscheider rücken als andere. So bilden z.B. **Prozesskostenrechnungen** (ABC – **Activity Based Costing**) explizit die Wertschöpfungsketten im Unternehmen nach und ermöglichen so Transparenz bezüglich der wirklichen Kostentreiber und ihrer Wechselwirkungen mit anderen Elementen in der Prozesskette.

196

1.3 Management von Komplexität in Krisensituationen: Beherrschung versus Reduktion

197 Wie in den vorangegangenen Abschnitten bereits deutlich wurde, spielt die Komplexität in **Entscheidungssituationen** eine erhebliche Rolle. Ihre ungenügende Berücksichtigung, ausgelöst z.b. durch eine gestörte Wahrnehmung kann unmittelbar krisenauslösend sein. Um einen adäquaten Umgang mit Komplexität zu gewährleisten, bedarf es eines expliziten Komplexitätsmanagements. Diese Form des Managements zielt auf den **Umgang mit Unsicherheiten** und Wahrscheinlichkeiten durch den Aufbau geeigneter Instrumente für die Steuerung von Komplexität sowie der Planung und Umsetzung von Maßnahmen zur Reduktion der endogenen sowie exogenen Komplexität. Es richtet sich demnach auf die beiden Zielbereiche:

a) **Beherrschung** der Komplexität und
b) **Reduktion** der Komplexität.[33]

Alle Management-Aktivitäten zur Beherrschung der Komplexität richten sich auf den Aufbau von Strukturen und Instrumenten, um die gegebene Komplexität eines Systems jederzeit kontrollieren zu können. Sie richten sich also auf Informationen über die Elemente des Systems sowie die Art ihrer Verbindungen. Eine große Rolle spielt die bereits beschriebene Gestaltungen von Organisation und Steuerungssystem des Unternehmens. **Transparenz über Wirkzusammenhänge** durch Reports und Planungsabgleiche sind demnach ebenso wichtig wie eine Aufbauorganisation und Führungskultur, welche zum übergreifenden, systemischen Denken anregt und auch Verantwortungsbereiche schafft, die wertkettenübergreifende Entscheidungen ermöglicht. Als ein taugliches Instrument zur Beherrschung von Komplexität haben sich Performance-Measurement-Systeme wie z.B. die **Balanced-Score-Card** (BSC) erwiesen. Mit ihren vier Perspektiven:

– Finanzwirtschaftlicher Erfolg,
– Prozesse und Organisation,
– Kunden und Marktbearbeitung sowie
– Mitarbeiter und Lernen

bildet die Balanced Score-Card bereits die entscheidenden Bereiche eines Unternehmens in der Krise ab. Durch die geschickte Wahl der darunterliegenden **Kennzahlen und Ziele** werden Verbindungen zwischen Elementen abgebildet, welche per se schon komplexitätsdarstellend sind. Darüber hinaus ist die Erstellung der Score-Card ein **Führungsprozess**, welcher bei den Führungskräften den Blick für Zusammenhänge schult und damit die Wahrnehmung der Komplexität im Unternehmen fördert.

198 Die Beschäftigung mit der Balanced-Score-Card zeigt ganz deutlich auf, dass für die Beherrschung komplexer Systeme auch ein besonderer Manager-Typus erforderlich ist. Der klassische Linienmanager mit beschränkter, klar umrissener Verantwortung ist häufig nicht die richtige Person, um in einer zeitlich und inhaltlich extrem anspruchsvollen Krisenphase mit hochkomplexen Sachverhalten richtig zu führen und zu entscheiden. Hierin liegt aber auch die Herausforderung, der Komplexität in Krisensituationen durch Aufbau von Instrumenten und Ressourcen zur Komplexitätsbeherrschung Herr zu werden. In der Regel fehlen dem Krisenunternehmen sowohl Zeit als auch finanzielle Ressourcen, um ein **Komplexitätssteuerungssystem**

---
33 Vgl. *Adam* S. 52 ff.

aufzubauen und geeignete Manager im Markt zu identifizieren, welche das Unternehmen mit dem vorhandenen Komplexitätsniveau führen könnten.

Als Maßnahmentreiber in der Krise hat daher die Reduktion der Komplexität eine weitaus größere Bedeutung. Diese Management-Aktivitäten richten sich direkt auf die Anzahl der Elemente im System sowie die Anzahl ihrer Verbindungen[34]. Grundsätzlich ist eine Reduktion von Komplexität deutlich einfacher umzusetzen, als ein Unternehmen zu ertüchtigen, ein gegebenes Maß an Komplexität zu beherrschen. Dies gilt umso mehr für Krisenunternehmen, die unter den o.g. Restriktionen agieren müssen. Reduktion von Komplexität bedeutet im diesem Kontext zunächst **Reduktion der Elemente** im System. Die Spannbreite möglicher Maßnahmen reicht hier vom Abspalten von Unternehmensteilen über Bereinigung von Kunden- und Produktportfolio bis hin zu Personalfreisetzungen. Bei all diesen Maßnahmen verliert das System Elemente und damit automatisch auch Verbindungen zwischen Elementen, so dass das Maß an Komplexität sinkt.

Die vorhandenen **Managementkapazitäten** können sich auf Steuerungsbereiche mit weniger Komplexität konzentrieren, so dass eine komplexitätsbedingte Überforderung des Managements in der Krisensituation (hoffentlich) beseitigt werden kann und eine stabile Führung den Turnaround schafft. Ein weiterer Vorteil der Reduktion besteht in der Möglichkeit, leichter temporäres Know-How von außen zu integrieren. Während die Beherrschung von Komplexität zwingend auf Dauer angelegt sein muss, da eine erneute Überforderung in diesem Bereich unweigerlich wieder zu einer Krisensituation führen würde, sind Reduktionsmaßnahmen **projektartig** angelegt und hinterlassen nach erfolgreichem Abschluss ein komplexitätsreduziertes Unternehmen, welches im Idealfalle vom bestehenden Management erfolgreich weitergeführt werden kann.

Da Komplexität systemimmanent ist, kann sie selbstverständlich nicht beliebig weit reduziert werden um das Unternehmen wieder steuerbar zu machen. Insbesondere im Bereich der Umweltkomplexität sind der Reduktion gewisse Grenzen gesetzt, da häufig nur ein geringer Einfluss auf die Umweltsysteme ausgeübt werden kann und viele Verbindungen imperativ sind. Zwar können die Interaktionen z.B. mit den Beschaffungsmärkten durch Lieferantenkonzentration und zu den Abnehmermärkten durch Portfoliobereinigung reduziert werden. Aber Unternehmen bleiben immer **umweltreferenzierte Systeme** und daher ist der alleinige Fokus auf Reduktion der Komplexität in Krisenunternehmen nicht möglich. Ein erfolgreiches Projekt im Komplexitätsmanagement wird somit immer Maßnahmen zur Beherrschung der Komplexität und weitere zu deren Reduktion integrieren.

2. Reduktion von Komplexität in Krisensituationen

In Krisensituationen müssen Unternehmen schnell wieder in einen steuerbaren Zustand überführt werden. Die vorhandenen Kapazitäten müssen ziel- und zukunftsgerichtet eingesetzt werden sowie Potenziale im Unternehmen identifiziert und gehoben werden. Um diese Ziele zu erreichen, ist die Reduktion der vorhandenen Komplexität von besonderer Bedeutung. Erfolgreiche Maßnahmen zur Komplexitätsreduktion unterstützen genau die genannten Stoßrichtungen eines **Turnaround-Konzeptes**. Da Komplexität auch durch Wechselwirkungen getrieben wird, ist bei

---

[34] Vgl. *Scholz* S. 49.

der Reduktion von Komplexität aber immer das **Gesamtsystem** im Auge zu behalten. Die Optimierung eines Teilbereiches des Unternehmens kann für das Gesamtunternehmen durch interdependente Bezüge zu einer suboptimalen Lösung führen. Die Komplexitätsreduktion leistet für Krisenunternehmen konkret drei entscheidende Beiträge. Neben der Senkung des **Steuerungsaufwandes** und damit der Verbesserung der Steuerungsfähigkeit werden in besonderem Maße die **Komplexitätskosten** gesenkt. Darüber hinaus können in der Regel auch Zahlungsströme durch Verwertung nicht mehr benötigter Anlagen beziehungsweise Unternehmensteile erzeugt werden.

2.1 Strategische Komplexität

202 Ein wesentlicher Treiber für die Gesamtkomplexität eines Unternehmens stellt die Strategische Komplexität dar. Im Zuge ihres **organischen Wachstums** bilden viele Unternehmen starke Komplexitätstreiber in Form diversifizierter Geschäftseinheiten aus. Um Abhängigkeiten von bestehenden Produkten zu reduzieren und um vermeintliche Geschäftschancen zu nutzen werden Unternehmen gekauft oder Töchter beziehungsweise Geschäftsbereiche aufgebaut. Mit jeder neuen Einheit wächst aber auch der Steuerungsbedarf und vorhandene Management-Ressourcen müssen auf die bestehenden und angewachsenen Einheiten verteilt werden. Die Erfahrung zeigt, dass insbesondere die **Ergebnissteuerung** aller Geschäftseinheiten viele Unternehmen vor große Herausforderungen stellt. Die Steuerungssysteme sind häufig nicht auf die Lenkung konzernartiger Strukturen ausgelegt, so dass auch unprofitable Einheiten ohne Anpassungen weitergeführt werden. Darüber hinaus wird regelmäßig durch eine innerbetriebliche „Subventionierung" eine **transparente Ergebnisdarstellung** verhindert.

203 Ist das Management von der Steuerung derart komplexer Strukturen überfordert, kommt es zu Krisensituationen die nicht nur die originär defizitären Einheiten betrifft, sondern über Verflechtungen und den Abzug von Management-Kapazitäten auch das Gesamtunternehmen gefährden können. Im Turnaround muss das Management daher mitleidlos und objektiv alle Geschäftseinheiten auf den Prüfstand stellen. Im Rahmen einer detaillierten Deckungsbeitragsrechnung müssen die tatsächlichen operativen Ergebnisse der einzelnen Einheiten ermittel werden. Eine derartige Segmentrechnung darf mit ihrer **detaillierten Kostenzuweisung** nicht unterhalb der direkten Kosten enden und die indirekten Kosten mit der Gießkanne bzw. prozentual zum Umsatz zuweisen. Denn gerade die „Sorgenkinder" im Portfolio erhalten häufig die besondere Aufmerksamkeit des Vertriebes und der Geschäftsleitung, verbunden mit der Hoffnung, gerade hier den Ertragsbringer der Zukunft groß zu ziehen.

204 Nach der Erzeugung von Transparenz in den wahren Ergebnisbeiträgen muss die Unternehmensleitung die zentrale Frage im Turnaround beantworten: welches ist das **Kerngeschäft** des künftigen, gesunden Unternehmens. Neben den aktuellen Ergebnissen sind natürlich strategische Aspekte für die künftige Entwicklung der Geschäftsfelder, und damit des gesamten Unternehmens von entscheidender Bedeutung. Als Grundlage für die **Portfoliobereinigung** und als Denkraster für das Management sind klassische Portfoliomatrizen immer noch sehr hilfreich (hier am Beispiel des Lebenszyklus-Portfolio von Arthur D. Little):

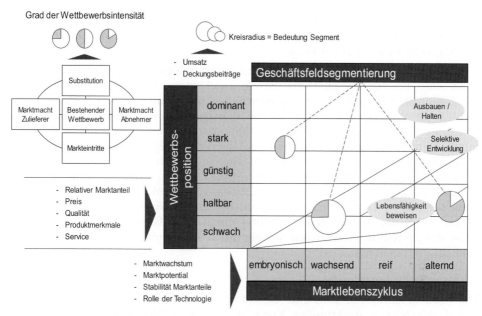

Abb. 4: Matrix für die Portfolioselektion strategischer Geschäftseinheiten

Die Beschäftigung mit den Aspekten des Portfolios gibt in der Regel bereits die Antwort auf die Frage, welche Geschäftseinheiten eine Zukunft haben, und daher gehalten beziehungsweise ausgebaut werden sollen, und welche Einheiten aufgegeben werden müssen. Die Einstellung eines Segmentes ist insbesondere vorteilhaft, wenn **Verwertungserlöse** durch den Verkauf von Anlagen oder Lagerbestände zu erwarten sind. Weitaus wichtiger in Krisensituationen ist allerdings die Veräußerung von Geschäftsteilen an Dritte Unternehmen. Durch positive Synergien oder eine bessere Integration können Geschäftseinheiten, die sich im eigenen Unternehmen nicht entwickeln konnten, bei Drittfirmen durchaus prosperieren. Um einen möglichst hohen Kaufpreis zu erzielen, gilt es, diese potenziellen Käufer zu ermitteln und ihnen durch einen gesteuerten **M+A-Prozess** das eigene Angebot schmackhaft zu machen. Da dieser Prozess viele Risiken enthält (Ungewollter Abfluss von Know-How und Kundendaten, Desinformation im Markt, Falsche Bewertung von Kaufpreis und Angeboten), empfiehlt es sich, einen erfahrenen Berater in die Verhandlungen einzubeziehen. Die Zielsetzung bei der Veräußerung von Geschäftseinheiten kann, je nach Qualität der Einheit, unterschiedlich sein. Eine solide Einheit, die aus strategischen Erwägungen nicht mehr zum Kerngeschäft gehört, soll sicherlich auch einen soliden Kaufpreis erzielen. Es kann aber auch durchaus Sinn machen, eine defizitäre Einheit einschließlich aller Anlagen für eine symbolische Summe zu übertragen, um zunächst einen Verlustbringer zu eliminieren, aber auch um z.B. keinen Aufwand mit der Abwicklung von Arbeitsplätzen zu haben und die Managementkapazitäten für wichtigere Aufgabe im Turnaround zu reservieren. Ein besonderer Fall ist sicherlich der sogenannte „**Verkauf des Tafelsilbers**". In besonders kritischen Unternehmenssituationen, insbesondere beim Fehlen der notwendigen finanziellen Mittel für den Turnaround, kann es sinnvoll sein, eine besonders wertvolle Einheit, welche für gute Erträge oder besondere strategische Perspektiven steht, zu veräußern, wenn damit der eigentliche Unternehmenskern saniert werden kann.

206 Die Portfoliobereinigung beinhaltet selbstverständlich erhebliche Risiken. So kann eine falsche Einschätzung der Entwicklungsmöglichkeiten der Kerngeschäftseinheiten schnell zu einer **existenziellen Bedrohung** für das Unternehmen werden. Durch die Bereinigung nimmt sich das Unternehmen darüber hinaus generell einen Teil seiner strategischen Optionen und verringert seine Marktflexibilität. Dem gegenüber steht in der Regel die Notwendigkeit, durch eine Konzentration auf das Kerngeschäft die Komplexität im Unternehmen soweit zu verringern, dass es wieder steuerbar und überlebensfähig ist. Das Management erhält die Chance, sich auf den Turnaround in einem verschlankten, weniger komplexen Unternehmen zu konzentrieren. Eine entscheidende Wirkung ist darüber hinaus in der Regel der **Zufluss frischer Mittel** durch Veräußerungserlöse beziehungsweise der gebremste Abfluss von Mitteln durch die Eliminierung von Verlustbringern im Unternehmen.

2.2 Strukturelle Komplexität

207 Die oben beschriebene Zunahme der strategischen Komplexität geht häufig mit einem Anwachsen struktureller Komplexität einher. Wachsende Unternehmen benötigen zunehmende Kapazitäten für die Leistungserstellung und bauen damit kontinuierlich Komplexität im Bereich der **Standorte** und **Anlagen** auf. Ein bedeutender Treiber in diesem Komplexitätsbereich war z.B. der Drang der Unternehmen, der Lohnkostendegression zu folgen und Standorte in Osteuropa oder Asien aufzubauen. Dieser Aufbau orientiert sich in der Regel aber nicht an einem betriebswirtschaftlich rationalen Wachstumsplan sondern ist eher situativ getrieben. So werden Produktionsstätten nicht nach der Logik von **Fertigungsfluss** und **Prozesslogik** aufgebaut oder erweitert, sonder häufig für neue Geschäftsbereiche, Produktbereiche oder regionale Märkte explizit gebaut beziehungsweise zugekauft.

208 So sinnvoll die einzelnen Maßnahmen zur Kapazitätserweiterung im jeweiligen Kontext auch waren, in Krisensituationen zeigen sich die negativen Auswirkungen dieses unkontrollierten Komplexitätszuwachses besonders deutlich. So gehen zu hohe Kosten für den Unterhalt der Anlagen und Gebäude mit einem überdimensionierten Personalbestand aufgrund nicht abgestimmter Fertigungsprozesse einher. Einen weiteren bedeutenden Kostenblock stellen häufig innerbetrieblichen Logistikkosten dar, welche aus dem Transport zwischen Fertigungsstufen resultieren. Ein Beispiel aus der metallverarbeitenden Industrie zeigt die Potenziale für eine Optimierung der Fertigungsstruktur durch Standortkonzentration:

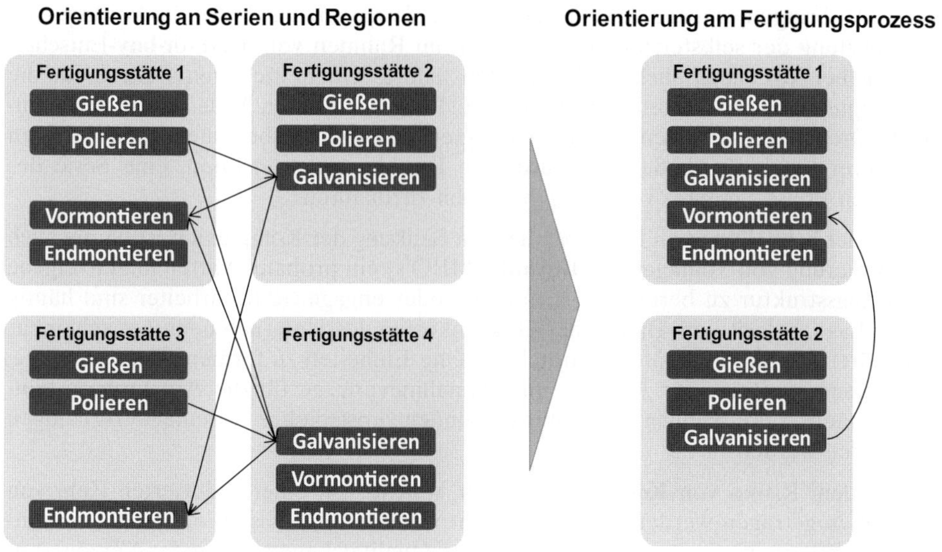

Orientierung an Serien und Regionen

Fertigungsstätte 1
- Gießen
- Polieren
- Vormontieren
- Endmontieren

Fertigungsstätte 2
- Gießen
- Polieren
- Galvanisieren

Fertigungsstätte 3
- Gießen
- Polieren
- Endmontieren

Fertigungsstätte 4
- Galvanisieren
- Vormontieren
- Endmontieren

Orientierung am Fertigungsprozess

Fertigungsstätte 1
- Gießen
- Polieren
- Galvanisieren
- Vormontieren
- Endmontieren

Fertigungsstätte 2
- Gießen
- Polieren
- Galvanisieren

Abb. 5: Standortkonzentration in der Fertigung

Das ursprüngliche **Fertigungslayout** sah vier Standorte in drei Ländern vor. Die einzelnen Werke waren durch Programmerweiterungen und Expansionen in Niedriglohnstandorte historisch gewachsen und orientierten sich an Produktserien oder Absatzregionen. Keines der Werke integrierte einen vollständigen Fertigungsprozess, so dass alle Produkte, zum Teil grenzüberschreitend, für die Fertigstellung zwischen den Standorten bewegt werden mussten. Neben den hohen **Logistikkosten** und hohen Aufwendungen für Einrichten und Umrüsten der Anlagen erzeugte dieses Layout durch einen extrem hohen Steuerungsaufwand für die permanente Aufnahme der zugelieferten Vorprodukte hohe endogene Komplexität. Im Rahmen einer Sanierungsanalyse wurde festgestellt, dass diese Fertigungsstruktur immense offene und verdeckte **Überkapazitäten** enthielt und durch die komplexitätsinduzierte Kostenposition nicht mehr weiterbetrieben werden konnte. Der entscheidende limitierende Faktor für die Neuorganisation des Produktionsverbundes waren die beiden Galvaniken zur Oberflächenveredelung der Produkte. Da diese Anlagen bereits eine sehr hohe Kapazität hatten und Kapital in der Krise knapp war, kam eine Erweiterung der Galvanikkapazitäten aus Komplexitätsgründen an den Standorten ohne Galvanik natürlich nicht in Frage. Die Entscheidung musste demnach für eine Zusammenfassung der Produktion an den Galvanikstandorten fallen. Problematisch waren zunächst die geringen räumlichen Kapazitäten am ursprünglichen Standort 4. Hier konnte entweder eine Vorproduktion oder eine Montage installiert werden. Durch die Entscheidung für ein Montage- und Logistikzentrum am zweiten Galvanikstandort für alle Produkte und Märkte bildete sich aber schnell die künftige **Produktionsstruktur** heraus. Die Kosten konnten durch diese Maßnahmen erhebliche gesenkt werden und es entstanden leicht steuerbare, schnelle und qualitativ verbesserte Produktionseinheiten.

Möglich wurde diese Konzentration an zwei Standorten zum einen durch Hebung der **Kapazitätsreserven** in den Anlagen, zum anderen war aber eine umfangreiche Sortimentsbereinigung mit Abbau diverser unprofitabler Produkte und damit einer niedrigeren Ausbringungsmenge eine entscheidende Voraussetzung. Auch die konsequente Überprüfung der selbsterstellten Leistungen im Rahmen von **make-or-buy**-Entscheidungen bei Vor- aber auch Endprodukten lieferte einen wichtigen Beitrag für die Bereinigung der strukturellen Komplexität. Im geschilderten Falle wurde die komplette Dreherei geschlossen und die benötigten Vorprodukte bei einem spezialisierten Zulieferer beschafft. Außerdem wurde die Entscheidung getroffen, eine Serie des untersten Preissegmentes vollständig in Asien zuzukaufen.

211 Neben der Schließung von Betriebsteilen zur Senkung der Komplexität ist häufig auch die Initiierung von **Management-Buyouts** (MBO's) ein probates Mittel, um die eigene Fertigungsstruktur zu bereinigen. Erfahrene oder engagierte Mitarbeiter sind häufig in der Lage, befreit vom Ballast der Gemeinkosten des Unternehmens, aus scheinbar defizitären Produktionsstätten profitable kleine Einheiten zu formen. Durch Kredite, Überlassungsverträge für Anlagen und Abnahmeverträge für die Anlaufphase können so häufig Entlassungen und damit verbundene kostspielige Auseinandersetzungen vermieden werden.

212 Neben dem Risiko von **Kostenremanenzen**, welche von einer reduzierten Zahl von Produkten getragen werden müssen, besteht weiterhin das Risiko der Fertigungsumstellung mit einem eventuellen Absinken der Qualitätskennzahlen oder Verzögerungen in der Auslieferung von Produkten. Diese Risiken sind aber in der Regel von temporärer Natur und können von engagierten Managern durchaus beherrscht werden. Die neuen, optimierten Fertigungsstrukturen führen aber zu einer beschleunigten, flexibleren Leistungserstellung bei erheblich niedrigeren Kosten und einem stark reduzierten Steuerungsaufwand. Die Komplexität in der Leistungserstellung und den Strukturen sinkt signifikant. Darüber hinaus können im Idealfall **Verwertungserlöse** durch Veräußerung von Anlagen oder Immobilien erzielt werden, welche im Krisenfall besonders willkommen sind.

2.3 Organisationale Komplexität

213 Die Komplexität in Organisationen wird jedem Mitarbeiter und Manager durch die tägliche Arbeit deutlich vor Augen geführt, denn sie resultiert zu einem erheblichen Teil aus der Vielfältigkeit **interpersonaler Beziehungen** und Interaktionen in einem Unternehmen. Diese tägliche Herausforderung ist insbesondere in Krisensituationen immanent, da es zur Bewältigung von Krisen auf die Leistungsbereitschaft und Leistungsfähigkeit jedes Mitarbeiters ankommt. Da die Aufarbeitung dieses Komplexitätstreibers aber den Rahmen dieses Kapitels deutlich sprengen würde, konzentrieren wir uns hier auf die Komplexität, welche aus dem Aufbau und der Anordnung der Einheiten eines Unternehmens resultiert.

214 Klassische Linienorganisationen erzeugen aufgrund ihrer Struktur und Kommunikationswege entlang der Einheiten ein erhebliches Maß an organisationaler Komplexität. Da die Mitarbeiter nicht entlang der Prozesskette miteinander verbunden sind, bewegen sich Arbeitspakete und Entscheidungen in der Regel sowohl vertikal (innerhalb eines Bereiches) als auch horizontal (über Bereichsgrenzen hinweg) durch die Organisation. Es entstehen vielfältige **Schnittstellen**, welche als Verbindungen zwischen Elementen Komplexität erzeugen und für Wartezeiten sowie Kommunikationsverluste verantwortlich sind. Einen erheblichen Beitrag für die Reduktion der Komplexität kann die prozessorientierte Anordnung und Zusammenfassung der Unternehmenseinheiten leisten. Ein hervorragendes Beispiel für diese Form der

Organisationsgestaltung ist die Einrichtung von „Auftragszentren" im Unternehmen. Wie das Konzept des **Business-Process-Reengineering** (BPR) lehrt, soll bei jeder Form von Prozessgestaltung der Kunde den Start- und den Endpunkt bilden. Die Zusammenfassung verschiedener Unternehmensfunktionen zu einem Auftragszentrum bildet diese Prozessorientierung idealerweise ab, da die Verantwortlichkeit dieser Einheit mit der Auftragsannahme beginnt und mit der Bearbeitung möglicher Reklamationen endet. Um eine solche Konstruktion erfolgreich zu machen, müssen die Mitarbeiter verschiedenster Abteilungen integriert und unter einer einheitlichen Führung vereint werden. Hierzu zählen z.B.:

– Vertriebsinnendienst (Auftragsannahme und Reklamationsbearbeitung),
– Beschaffung (Materialplanung und -steuerung – nicht der strategische Einkauf),
– Produktionsplanung und -steuerung (Gewährleistung optimaler Fertigungsfluss).

Dieses Konzept reduziert die Schnittstellen und damit die Komplexität im Unternehmen signifikant. Die **kundenorientierten Prozesse** sind leichter und mit geringerem Aufwand steuerbar. Da die Mitarbeiter durch die Zusammenfassung in einer Einheit ein **Job-Enrichment** erfahren und nicht mehr verschiedenen Verantwortungsbereichen angehören, können sie sich gegenseitig vertreten und reduzieren damit die benötigten Personalressourcen im Gesamtunternehmen. Eine weitere **Reduktion der Personalressourcen** wird durch die geringere Zahl zu besetzender Schnittstellen sowie den schnelleren und effektiveren Prozessdurchlauf erreicht. 215

Eine noch erheblich weitreichendere Reduktion der Komplexität erreicht man durch das Streichen ganzer Funktionen. In Krisensituationen muss sich jedes Unternehmen die Frage stellen, welche Aktivitäten, Bereiche und Funktionen tatsächlich erforderlich sind und welche ausgelagert oder sogar gestrichen werden können. Ein sehr weitgehender Weg, organisationale Komplexität zu reduzieren ist somit das **Outsourcing** von Unternehmenseinheiten und Funktionen. Neben dem Abbau von Managementaufwand für die ausgelagerten Einheiten entsteht Kostentransparenz über die tatsächlichen Kosten für die betreffenden Aktivitäten. 216

Grundsätzlich stellt die Reduktion der organisationalen Komplexität einen der kritischen Bereiche in Krisensituationen dar. Die Mitarbeiter des Unternehmens sind vom Umbau der Organisation durch Versetzungen, Freisetzungen und Betriebsübergängen unmittelbar und **nachhaltig betroffen** und reagieren entsprechend verunsichert bis ablehnend. Hier ist es Aufgabe des Managements, frühzeitig die Reichweite der Krisensituation und ihre Auswirkungen auf alle Mitarbeiter zu kommunizieren, um ein **gemeinsames Verständnis** für mögliche Folgen zu erzielen. Außerdem müssen alle Mitarbeiter durch Kommunikation und Delegation in den Sanierungsprozess einbezogen werden, um aus ihnen Beteiligte zu machen. Das Management muss darüber hinaus sofort identifizieren, welche **Schlüsselpersonen** im Unternehmen für den Sanierungserfolg entscheidend sind. Diese Mitarbeiter müssen vorrangig durch das Aufzeigen von Perspektiven und die Ausweitung ihrer Verantwortungsbereiche an das Unternehmen gebunden werden. 217

2.4 Prozessuale Komplexität

Die Komplexität im Bereich der Prozesse wächst ähnlich wie in den anderen Komplexitätsbereichen im Zeitverlauf. Die ursprüngliche Art und Weise, wie Unternehmen ihre Leistungen erbringen wird selten vollständig hinterfragt, mit dem Wachstum des Unternehmens aber um immer mehr Aktivitäten und betriebliche Funktionen erwei- 218 tert. Die Abläufe in den **Leistungsprozessen** werden damit zunehmend intransparent und weisen Brüche an der ständig steigenden Anzahl von Schnittstellen sowie viele **redundante Tätigkeiten** auf. Auch die effektive Nutzung der IT-Systeme wird häufig durch „handgestrickte" Parallellösungen verhindert, so dass der erhöhte Steuerungsaufwand die Komplexität deutlich erhöht.

219 Die Lösung dieser Komplexitätsproblematik liegt auch im Krisenfall in den Methoden des **Business-Process-Reengineering**. Alle relevanten Leistungsprozesse müssen schnellstmöglich daraufhin untersucht werden, ob Aktivitäten zusammengefasst, auf andere Unternehmen übertragen oder gar ganz wegfallen können. Die Abläufe selbst müssen auf **Redundanzen**, unnötige Schnittstellen und Parallelisierungsmöglichkeiten überprüft werden. Auf diese Weise entstehen die **Sollprozesse** der künftigen Leistungserbringung, welche mit einer verbindlichen Nutzung der verfügbaren, eventuell optimierten, IT-Systeme unterlegt werden muss.

Ein schönes Beispiel für einen derart optimierten Prozess stellt die Einrichtung eines Auftragszentrums aus dem vorhergehenden Abschnitt dar. Die organisatorische Anpassung konnte in diesem Falle selbstverständlich nur durch eine Neugestaltung des zugrundeliegenden Leistungsprozesses umgesetzt werden. In diesem Falle wurde ein Prozess realisiert, welcher nur noch geringe Schnittstellen aufwies, da fast alle Prozessbeteiligten **organisatorisch zusammengefasst** waren. Die Integration der Verantwortung in das Team führte darüber hinaus zu einer weiteren Beschleunigung und eine gemeinsam genutzte Auftragsbearbeitungs- und Produktionsplanungssoftware bildete die Basis für die effiziente Steuerung des Gesamtprozesses. Insgesamt wurde durch die organisatorische Maßnahme und die umfassende Prozessoptimierung ein komplexitätsarmer Prozess geschaffen, welcher darüber hinaus auch durch reduzierten Personaleinsatz erhebliche Kostenreduktionen realisierte.

220 Grundsätzlich führen Prozessoptimierungen zu denselben Widerständen, die auch Organisationsanpassungen auslösen, da diese in der Regel nicht unabhängig voneinander realisiert werden können. Außerdem führt die Neuorganisation von Aufgaben und Verantwortlichkeiten häufig zu einem Gefühl der **Überforderung** und **Überlastung**. Führungskräfte sollten in diesem Falle mit denselben Mechanismen arbeiten, die auch in der Organisationsanpassung zum Erfolg führen und den betroffenen Mitarbeitern darüber hinaus insbesondere Angebote zur individuellen Anpassung an die neuen Anforderungen machen. Dies können neben Trainingsmaßnahmen, z.B. für neue Softwaresysteme, auch Coaching- oder Mentorenprogramme sein. Zur Reduktion der prozessualen Komplexität ist aber insbesondere auch die Qualität der Führung zu hinterfragen. Führungskräfte müssen extrem veränderungsbereit und auch veränderungsfähig sein, um ein Umdenken von einer vertikalen Linienorganisation in eine horizontale Prozessorientierung zu gewährleisten.

2.5 Kundenportfolio-Komplexität

221 Eine klassische Strategie für Unternehmen in **stagnierenden Märkten** besteht darin, möglichst alle erreichbaren potentiellen Kunden mit individuellen Produkten für das Unternehmen zu gewinnen und an dieses zu binden. Diese Maßnahme führt in der Regel direkt in die unternehmerische Krise. Neben den Auswirkungen auf die Komplexität des Produktprogramms und damit auch auf die Fertigung, welche im nächsten Abschnitt beschrieben werden, hat dies auch unmittelbare Auswirkungen auf die Komplexität und **Qualität des Kundenportfolios**. Eine einfache Analyse der kumulier-

ten Anzahl der Kunden im Verhältnis zum kumulierten Umsatz aller Kunden zeigt regelmäßig die Schieflage innerhalb des Kundenbestandes und lässt unmittelbar Rückschlüsse auf möglich Krisenursachen zu:

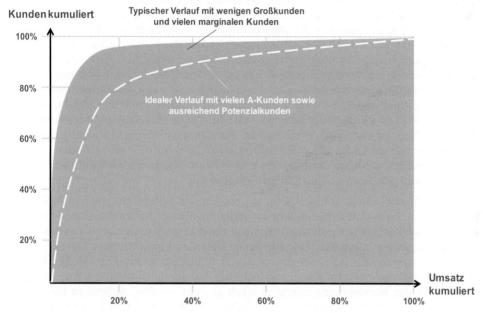

Abb. 6: Analyse der kumulierten Kundenumsätze

Der graue Bereich des obigen Schaubildes ist der häufig anzutreffende Verlauf der **kumulierten Kundenumsätze** bei Krisenunternehmen. Bereits mit weniger als 10 % der Kunden werden mehr als 90 % des Umsatzes erzielt. Die verbleibenden 90 % der Kunden stehen jeweils nur für einen marginalen Anteil, erzeugen aber in der Regel einen ähnlichen Aufwand für Bearbeitung und Steuerung. Die Komplexität im Gesamtsystem wird damit zu einem Großteil durch Kunden determiniert, welche keinen relevanten Beitrag zum **Unternehmenserfolg** leisten.

Dramatischer wird diese Situation noch, wenn keine detaillierte, tiefgehende **Kundendeckungsbeitragsrechnung** vorliegt, so dass das Unternehmen gar nicht effektiv beurteilen kann, mit welchen Kunden wirklich Geld verdient wird. Anhand des obigen Bildes kann wunderbar verdeutlicht werden, welche Folgen z.B. eine Verteilung der Gemeinkosten innerhalb der Kundendeckungsbeitragsrechnung über den Schlüssel „Umsatz" haben kann. Obwohl der Aufwand für die Auftragsbearbeitung häufig unabhängig vom Umsatz ist, bekämen die marginalen Kunden nur einen marginalen Anteil der Vertriebsgemeinkosten zugeschlüsselt.

Ein Beispiel aus der Textilbranche zeigt, welche Folgen dieser „Blindflug" innerhalb eines Unternehmens haben kann. Das betreffende Unternehmen hat seine Produkte ursprünglich nur im B2B-Bereich des textilen Fachhandels abgesetzt. Durch die Konzentration in diesem Handelsbereich und das Aussterben des textilen Kleinhandels wurden aber zunehmend auch Einzelkunden direkt beliefert. Im Zeitablauf erodierten die Margen und das Unternehmen geriet in eine Schieflage. Die Kundenumsatzkurve glich der oben dargestellten, so dass entschieden wurde, über eine detaillierte Kundendeckungsbeitragsrechnung festzustellen, welche Kunden überhaupt profitabel sind. Über eine Prozessaufnahme und Aktivitätenbewertung stand ein **Kostengerüst** zur Verfügung, welches nun eine **verursachungsgerechte Kostenzuweisung** ermöglichte. Die spannendste Erkenntnis war die Tatsache, dass ein Durchlauf des Auftragsbearbeitungsprozesses über 40 EUR kostete – der durchschnittliche Bestellwert im Unternehmen aber inzwischen nur bei ca. 36 EUR lag. Mit einem Großteil der Kunden konnte also gar kein Geld verdient werden. Die ergriffenen Maßnahmen zielten in zwei Richtungen: Abbau der Komplexität durch Bereinigung des Kundenportfolios um langfristig unprofitable Kunden und Kundengruppen sowie „Profitabilisierung" von **Potenzialkunden**. Dies wurde zum einen durch die Einführung eines Mindestbestellwertes erreicht, welcher automatisch einen Großteil der marginalen Kunden ausschloss und somit die Komplexität durch Bereinigung deutlich reduzierte. Zum anderen wurde für nicht registrierte Stammkunden eine Online-Bestellplattform als alleinigen Zugangsweg zu den Produkten eingerichtet, wodurch die Steuerung und Bearbeitung der Kleinaufträge extrem automatisiert und damit komplexitätsreduziert wurde.

225 Natürlich besteht durch solche rigiden Methoden die Gefahr, potenzielle A-Kunden schon in der ersten Anbahnungsphase zu verlieren, aber in Krisensituationen muss das Risiko akzeptiert werden, potenzielle Kunden zu verlieren, um sich auf die wirklich profitablen Kunden mit **stabilen Zukunftsperspektiven** zu konzentrieren. Durch Einführung und Anwendung von Instrumenten und Maßnahmen zur Portfoliobereinigung können die Komplexität im Kundenbereich zum Teil erheblich reduziert und damit die Kosten für das Kundenmanagement deutlich gesenkt werden. Außerdem bleiben im Wesentlichen profitable Kunden zurück, so dass mit geringerem Umsatz geringere Kosten in fast allen Bereichen des Unternehmens sowie höhere Erträge einher gehen.

2.6 Sortimentskomplexität

226 Analog zum Anstieg der Komplexität im Kundenportfolio wächst auch die Sortimentskomplexität aufgrund verschiedener Faktoren im Zeitverlauf an. Neben der gesteuerten Ausweitung des Geschäftes auf neue Geschäfts- oder Produktbereiche sowie neue regionale Märkte ist auch immer wieder eine „schleichende" **Sortimentsausweitung** (in der Breite und in der Tiefe) aufgrund wirklicher oder subjektiv empfundener Markterfordernisse zu beobachten. Neue Kunden können vermeintlich nur gewonnen werden, wenn ihnen auch maßgeschneiderte Produkte offeriert werden. Und damit beginnt häufig eine Spirale starker Komplexitätsverstärkung, denn neue Produkte müssen entwickelt werden, beanspruchen Rüst- und Fertigungszeit in der Produktion, müssen als Stammdaten verwaltet und von Vertrieb und Marketing „an den Kunden gebracht" werden.

Und auch in diesem Bereich zeigt eine ABC-Analyse auf Basis einer Deckungsbeitragsrechnung mit verursachungsgerechter Gemeinkostenzuordnung häufig die Probleme der Unternehmen bei der Steuerung ihrer Sortimentsergebnisse auf.

227 Auf Basis der Deckungsbeitragsrechnung könnten die C-Artikel, insbesondere jene mit neutralem oder negativem Deckungsbeitrag, einfach gestrichen werden, um eine deutliche Reduktion der Sortimentskomplexität und damit der Ergebnisqualität zu erzielen. Da sich aber in dieser Sortimentsgruppe auch neu entwickelte Potenzialprodukte sowie strategische Produkte verbergen, ist auch in Krisensituationen eine differenziertere Herangehensweise angezeigt.

Daher sollte das gesamte Sortiment im Rahmen einer **Sortimentsbereinigung** nach folgenden Kriterien sowohl quantitativ als auch qualitativ untersucht werden:
- Betrachtung der Produkte aus der **Finanzperspektive** mit Hilfe der Deckungsbeitragsanalyse,
- Portfolioüberlegungen aus der **Marketingperspektive** (z.B. Potenzialprodukte),
- Komplexitätsüberlegungen aus der **Fertigungsprozessperspektive,**
- Kundenüberlegungen aus der **Vertriebsperspektive** (z.B. strategische Produkte).

Diese Perspektiven können, je nach Unternehmenssituation, unterschiedlich gewichtet werden. In der latenten Krise wird z.B. die Marketingperspektive im Hinblick auf die profitable Entwicklung des Portfolios einen höheren Stellenwert haben als in der akuten Krise, in welcher sicherlich die Finanz- und Fertigungsperspektive deutlich überwiegen. Innerhalb der Perspektiven werden die einzelnen Produkte beziehungsweise Serien mit **Scores** versehen, so dass sich aus der Multiplikation mit dem Gewicht der Perspektive schlussendlich eine Bewertung ergibt. Produkte unterhalb eines Grenzwertes sollten dann gestrichen werden, wobei der Prozess des Streichens sauber gesteuert werden muss, um keine Probleme mit wichtigen Kunden, der eigenen Fertigung sowie den Verantwortlichen für die Lagerbestände zu provozieren.

Besondere Risiken bei der Bereinigung der Sortimentskomplexität bestehen in möglichen remanenten Kosten, welche nicht analog zu den Produkten abgebaut werden können sowie dem möglichen Verlust von Kunden beim Wegfall ihrer Lieblingsprodukte. Diese Auswirkungen lassen sich aber im Vorfeld relativ transparent ermitteln und durch geeignete Maßnahmen in der Regel dämpfen. Stärkere negative Auswirkungen könnte die **Streichung von Potenzialprodukten** haben, da dieses die künftige Entwicklung des Unternehmens behindern und somit zeitversetzt zu einer noch größeren Krise führen könnte. Gleichwohl senkt eine Bereinigung des Sortimentes die Komplexität im Unternehmen deutlich. Die Steuerung der Fertigung wird wesentlich vereinfacht da diese in der Regel ebenfalls verkleinert und die Fertigungsprozesse optimiert werden können. Es werden weniger Vorprodukte benötigt und die Lagerhaltung von Komponenten und Endprodukten wird reduziert. Die Folge ist eine geringere Kapitalbindung und eine Konsolidierung auf weniger Fläche mit entsprechenden **Strukturkostenvorteilen** sowie eventuell Verwertungserlöse für Gebäude und Anlagen, sofern die Fertigung drastisch reduziert werden kann.

2.7 Produktkomplexität

Ein weiterer bedeutender Komplexitätstreiber ist die Komplexität, die den einzelnen Produkten eines Unternehmens innewohnt. Der technologische Druck einer Branche, eines regionalen Marktes beziehungsweise der eigenen, technikverliebten Konstruktionsabteilung führt zu Produkten mit einem hohen Maß an eigener Komplexität. Die Entwicklung immer **anspruchsvollerer Produkte** führt aber in der Folge zu höherem Konstruktionsengagement, aufwändigerer Beschaffung, höherem Fertigungsaufwand und schwierigerer Qualitätskontrolle mit höherem Fehlerlevel. Außerdem sind diese Produkte im Vertrieb verstärkt erklärungsbedürftig und erzeugen ein größeres Maß an Nachfragen.

Diese negativen Effekte werden noch verstärkt, wenn die **technologische Komplexität** in den Produkten tatsächlich gar nicht vom Markt nachgefragt wird beziehungsweise trotz Nachfrage nicht komplexitätsadäquat honoriert wird. In Krisensituation muss daher schnellstmöglich auf die Orientierung an den maximal möglichen technischen Lösungen verzichtet werden und die tatsächlich vom Kunden gewünschten und **honorierten Lösungen** identifiziert werden. Hierzu stehen verschiedene Methoden bereit, welche eine Annäherung an die gewünschten Ergebnisse ermöglichen. Zum einen können aus Sicht des **Quality-Function-Deployment** (QFD) die Kundenwünsche auf die eigenen Produkte aus Qualitäts- und Fertigungssicht projiziert und unnötige Funktionen gestrichen werden. Das **Target-Costing** (TC) unterstützt dabei, den erzielbaren Marktpreis im Verhältnis zu den eigenen Kostenpositionen zu betrachten und so akzeptable technische Lösungen für gegebene Kundenwünsche zu finden beziehungsweise die Produktentwicklung frühzeitig zu unterbinden. Schließlich kann eine Betrachtung aus der **Total Cost of Ownership** (TCO) Perspektive dabei helfen, die eigenen Produkte über ihren gesamten Lebenslauf aus Sicht der Kunden zu betrachten und quantitativ zu bewerten.

232 Die konstruktiven Maßnahmen zur Gestaltung von Produkten mir der gerade notwendigen Komplexität sind vielfältig und sehr individuell. Grundsätzlich bewähren sich aber die Verwendung von wenigen, modularisierten Komponenten sowie **gleichartige Technologien** wie ähnliche Fertigungsprozesse oder Materialidentität. Auch die Entwicklung von Varianten bestimmt die Produktkomplexität erheblich. Häufige Neuentwicklungen auf Basis individueller Kundenbedürfnisse sollten durch den Einsatz von Basismodulen oder Plattformen mit einer möglichst späten Variantenausbildung ersetzt werden. Und sollte für bestimmte Produkte doch die technisch anspruchsvollste Lösung notwendig sein, muss darauf geachtet werden, dass diese Produkte auch die höchsten relativen Deckungsbeiträge erzielen, da sie die höchsten Komplexitätskosten erzeugen.

233 Das Hauptrisiko bei der Reduktion der Produktkomplexität ist eine zu starke **Vereinfachung** und der damit verbundenen Verlust von Kunden mit ihren spezifischen Anforderungen. Die Firma Märklin hat z.B. in der Sanierungsphase einen Teil der Fertigung nach Fernost verlagert und technisch simplere Eisenbahnmodelle auf den Markt gebracht – sehr zum Unmut der technikverliebten Eisenbahnsammler. Problematisch ist auch eine Vereinfachung durch zu viele Gleichteile, welche zu starker Angleichung von Premium- und Standardprodukten führt. Insbesondere Autohersteller wie Porsche (911 versus Boxter) oder Volkswagen (VW versus Skoda) waren in der Vergangenheit hiervon betroffen.

2.8 Das richtige Vorgehen zu Reduktion der Komplexität

234 Der Umgang mit Komplexität im Unternehmen stellt eine große Herausforderung dar und darf auch im Krisenfalle nicht leichtfertig erfolgen. Wie in den vorhergehenden Abschnitten gezeigt, betreffen Maßnahmen zur Komplexitätsreduktion alle **vitalen Bereiche** eines Unternehmens wie Mitarbeiter, Marktposition, Leistungserstellungsprozess oder interne Struktur. Zu beachten ist außerdem, dass aufgrund des interdependenten Charakters der Komplexität Maßnahmen zur Reduktion in einem Komplexitätsbereich zum Aufbau an einer anderen Stelle führen können.

235 Bevor also ein Unternehmen krisenbedingt ein Programm zur Komplexitätsreduktion startet, muss es ein **Leitbild** entwickeln, welches die künftige, lebensfähige Struktur abbildet. Um ein vollständiges Leitbild zu erhalten, müssen zunächst folgende Fragen beantwortet werden:

- In welchen Geschäftsfeldern wird das Unternehmen zukünftig tätig sein?
- Mit welchen Produkten und für welche Kunden?
- Welche Leistungen müssen dafür erbracht werden?
- Welcher Ressourceneinsatz ist notwendig?
- Welche Strukturen und Steuerungssysteme sind hierfür effizient?

Da dieses Leitbild unbedingt auf realistischen Annahmen basieren muss, um in die Realität überführt werden zu können, ist die weitere Beachtung von **Perspektiven** wie Kernkompetenzen, finanzielle Möglichkeiten, notwendiger und verfügbarer Zeithorizont, gesetzliche Vorgabe sowie weitere Abhängigkeiten unabdingbar.

Beinhaltet das Leitbild aber all diese Faktoren und zeigt ein zukunftsfähiges Unternehmen auf, erstellt sich das Programm für die Komplexitätsreduktion quasi automatisch. Die Bereiche sind innerhalb des Leitbildes identifiziert und müssen daraufhin auf den jeweiligen Reduktionshorizont analysiert und mit **Reduktionsmaßnahmen** hinterlegt werden. In der Maßnahmenplanung sind dann insbesondere interdependente Verbindungen zu berücksichtigen. So kann z.B. die strukturelle Komplexität in Anlagen und Standorten in der Regel nicht reduziert werden, wenn nicht zuvor Maßnahmen in Sortiment und Kundenportfolio durchgeführt werden. Ebenso sind Maßnahmen im Bereich der prozessualen und organisationalen Komplexität immer interdependent zu betrachten und regelmäßig von den Komplexitätsbereichen Strategie und Struktur abhängig.

So herausfordernd das Thema Komplexitätsreduktion insbesondere in Krisensituationen mit geringen finanziellen Ressourcen und wenig verfügbarer Zeit für Veränderungen auch erscheinen mag – für die erfolgreiche Sanierung ist eine Reduktion von Komplexität unabdingbar.

V. Überprüfung und Erneuerung der Unternehmensstrategie

1. Szenarien „klassischer" Sanierungsfälle

In Krisenzeiten muss es meist schnell gehen: Nach kurzfristigem Denken und Handeln für das Überleben folgen drastische Maßnahmen zur Liquiditätssicherung, strikten Kostensenkungen und meist Entlassungen. Unter diesen Umständen waren die Unternehmen häufig der Insolvenz sehr nahe, manches Mal haben sie auch wertvolle Teile Ihres Produktportfolios verkauft oder verloren. Oft haben bereits sehr wertvolle Mitarbeiter vor der Krise das Unternehmen verlassen.

In solchen Situationen muss es daher das Ziel sein, wieder eine ertragbringende, nachhaltig verteidigbare Wettbewerbsposition zu erreichen. Themen wie die Zurückgewinnung des Vertrauens der Kunden, Lieferanten und Mitarbeiter müssen wieder im Zentrum stehen. Dies gelingt aber in der Regel nur im Rahmen einer größer angelegten Strategieentwicklung, die den Mitarbeitern das Vertrauen in die eigene Organisation und deren Zukunftsfähigkeit zurückgibt.

1.1 Von der Sanierung zu einer neuen Unternehmensvision

Im Falle einer Sanierung geht es für Unternehmen zunächst ums nackte Überleben. Ist der erste Turnaround geschafft, muss das Unternehmen aus dem Reaktiv- in den Aktivmodus kommen, um nicht noch einmal in dieselbe Falle zu tappen.

242 Bei der Strategieentwicklung stellt sich immer auch die Frage, welche Zukunft ein Unternehmen für sich plant bzw. welche Zukünfte es für sich oder die jeweilige Branche überhaupt sieht. Eine der Bedingungen dafür ist, dem Unternehmen selbst die Möglichkeiten zu geben, sich losgelöst von der heutigen Realität – der gerade erfolgten Verkleinerung – eine Vision zu neuen geschäftlichen Möglichkeiten in der Zukunft zu verschaffen.

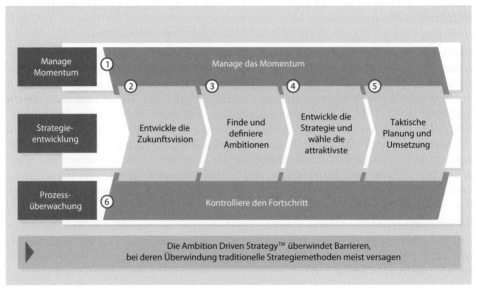

Abb. 7: Vorgehensweise der Arthur D. Little Ambition Driven Strategy^{TM}

243 Mit Hilfe des von **Arthur D. Little entwickelten Frameworks Ambition Driven Strategy (Abb. 7)** können Unternehmen gezielt ihre strategischen Ziele klären und schaffen neue Voraussetzungen, sich zu innovieren. Zentrale Frage ist dabei die Bestimmung des Ausgangspunkts. Wo genau befindet sich das Unternehmen derzeit – hier im Kontext der gerade durchlaufenen Sanierung – und wo sieht es sich in der Zukunft: Nachhaltig erfolgreich, wettbewerbsfähig und v.a. verteidigbar, das geht nur über eine gute Innovationsstrategie.

244 Der Prozess der Strategieentwicklung muss iterativ, sowohl top-down als auch bottom-up erfolgen und sämtliche Managementebenen involvieren. Einer der zentralen Erfolgsfaktoren ist die Frage, wie es dem Unternehmen gelingen kann, das eventuell verlorengegangene notwendige **„Momentum"** zu entwickeln bzw. wieder zu erlangen, dieses im Verlauf des Prozesses in Gang zu bringen und kontinuierlich zu verstärken. Entscheidend ist außerdem die vollständige Unterstützung durch das Top- und Mittel-Management.

245 Zentraler Ausgangspunkt für die ambitionsgetriebene Strategieentwicklung ist also die Frage, wie das Unternehmen diese Wirklichkeit werden lassen kann. In der Regel bieten sich dazu verschiedene strategische Szenarien an, die durchgespielt, bewertet und dann zur Umsetzung entschieden werden. Vor allem müssen dabei auch neue Kunden- oder Marktbedürfnisse identifiziert und diese über einen kreativen Transformationsprozess als erste umgesetzt werden.

Dies bietet zwei wesentliche Vorteile:
- Strategie wird von der Idee der Zukunft angetrieben – und nicht von der Vergangenheit.
- Gut organisiert arbeitet die Organisation an einem gemeinsamen Ziel und ist zugleich aktiv anstatt reaktiv – wie zuletzt in der Sanierung erforderlich – antizipiert die Verhältnisse im Markt und beginnt, wo möglich durchaus wieder zu prägen.

2. Kernbausteine des zielorientierten Restrukturierungsansatzes[35]
2.1 Steuerung des Momentums

Abb. 8: Die Phasen der Steuerung des Momentums

Die strategische Neuausrichtung eines Unternehmens und der Organisation muss zur erfolgreichen Umsetzung immer auch durch einen signifikanten Change-Prozess – vielleicht den fundamentalsten, den es gibt – unterstützt werden. Für den Erfolg ist es daher besonders wichtig, die Organisation so zu mobilisieren, dass sie an den richtigen Stellen wieder die kritische Masse entwickelt. Zugleich ist die Strategieentwicklung kein rein rationaler Prozess. Denn während profunde Analyse und Auswertung wichtig und vorgeblich objektiv sind, wird die erfolgreiche Umsetzung nur durch eine optimal ausgerichtete Organisation möglich sein, die die Strategie auch umsetzen kann und v.a. will. Wichtig ist v.a. die Auseinandersetzung mit den ungeschriebenen Gesetzen der Branche und der Organisation. In beiden Ebenen müssen diese identifiziert werden. Es verbergen sich dahinter in der Regel diejenigen Verhaltensweisen, auf die der Großteil der Mitarbeiter v.a. vor der Sanierung

---

[35] Ambition Driven Strategy™-Ansatz: Dieser von Arthur D. Little entwickelte Ansatz hilft Unternehmern, Krisenzeiten durch einen Innovationsansatz zu erfolgreich zu durchlaufen.

zurückgegriffen hat und nun weder dem neuausgerichteten Unternehmen noch den offiziell gewollten Verhaltensrichtlinien des Unternehmens entsprechen. Ziel muss hier sein, diese ungeschriebenen Gesetze wo sinnvoll zu integrieren oder – wenn kontraproduktiv – abzuschaffen. Am Ende dieses Entwicklungsprozesses wird das Management einen guten Überblick über die Bereitschaft der Organisation zur Veränderung haben, die sie durch einen „Sense-of-Urgency" noch unterstützen sollte. Wichtigste Elemente auf dem Weg dahin sind einerseits Teambuilding und andererseits ein starker und klarer Kommunikationsplan, um persönliche Überein- (Alignement) und Zustimmung (Committment) zu erhalten.

249 Das **Momentum** muss durch den gesamten Prozess hindurch aktiv gemanaged werden – und v.a. in der gesamten Organisation: sei es beim Top Management, beim oberen und mittleren Management bis zur Sachbearbeiterebene. Dies setzt auch die Bereitschaft des Managements voraus, sich ernsthaft mit Kritik und Anregungen der unteren Unternehmensebenen auseinanderzusetzen (z.B. durch regelmäßige formelle aber auch informelle Mitarbeiterbefragungen). Auf diese Weise kann sich das Management ein klares Bild des Unterstützungsgrades der Belegschaft machen.

250 Nun kann mit dem begonnen werden, eine gemeinsame ambitionsgetriebene Vision der Zukunft zu entwickeln.

2.2 Entwicklung einer Zukunftsvision

251

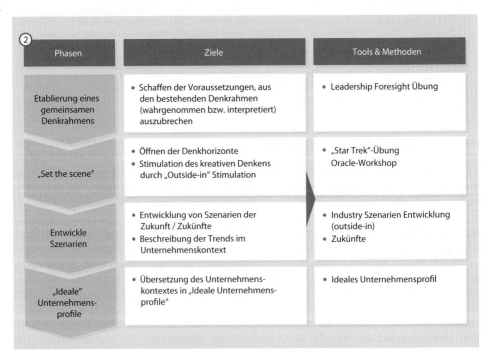

Abb. 9: Entwickle die Zukunftsvision

Im ersten Schritt geht es darum, kreatives Denken ins Unternehmen zu bringen und vorhandene Denkbarrieren und -routinen zu überwinden.

Eine der erfolgreichsten Methoden in diesem Prozess ist die sog. **„Star Trek" Exercise**, die Mitarbeitern dabei hilft, sich zu öffnen und ihre bisherigen Denkansätze zu verlassen. Es beginnt, indem der Gruppe verschiedene Ausschnitte aus „Star Trek" Videos (oder andere Zukünfte visionärer Schriftsteller oder Filmemacher) gezeigt werden, in denen ihnen in „Star Trek" dargestellte Zukunftstechnologien wie das Beamen gezeigt werden. Im nächsten Schritt wird der Gruppe dann demonstriert, dass einige der Technologien in „Star Trek", die für die damalige Zeit als unumsetzbar und revolutionär galten, durchaus realistische Elemente haben. So ist der persönliche Communicator aus der Serie heute als Handy verfügbar und aus dem Holodeck wurde die Virtual Reality. Dieses neue Verständnis im Zeitsprung zwischen einstmals unmöglich geglaubten Technologien und derer heutigen Existenz im Alltag hilft anschließend dem Team bei der Überwindung der eigenen Denkbarrieren, indem sie dazu ermuntert wird, über neue unmögliche Technologien in der eigenen Branche zu sinnieren. Dabei kommen in der Regel sehr prägnante Ideen heraus – in jeder Branche.

Eine andere Methode ist der **Orakel-Workshop**. Hier müssen sich die Teilnehmer die Frage stellen, was sie eine Person fragen würden, die ihnen präzise Aussagen über die Zukunft machen könnte. Zum anderen müssen sie sich mit dem Thema von Unsicherheiten beschäftigen und zwar in zweierlei Hinsicht: zum einen in einer guten Welt und zum andern in einer schlechten Welt mit negativer Entwicklung. Über verschiedene Ansätze lassen sich hier die Unsicherheiten identifizieren.

Flankiert wird das Ganze durch das gezielte Kombinieren der internen Expertise mit Outside-In-Analysen z.B. durch einen Berater und dessen Wissen zu Markt-, Kunden-, Wettbewerber- und v.a. Technologietrends. Das gemeinsam beste Wissen muss auf den Tisch!

2.2.1 Auffächern in Zukunftsszenarien

Visionen der Zukunft werden anschließend in Szenarien oder „Zukünften" aufgefächert, die Lücke des Unternehmens im Hinblick auf die einzelnen Szenarien abschätzt und Optionen zur Schließung der Lücke entwickelt. Diese Planung von Szenarien fördert in der Regel sehr stark die Kreativität und gibt Sicherheit über strategische Entscheidungen in unsicheren Zeiten. Zudem hilft sie dem Unternehmen, langfristig über die Zukunft nachzudenken und sie zu beschreiben. Dabei verläuft der Prozess der Szenarienbildung streng systematisch.

Im ersten Schritt werden in Brainstormings die treibenden Kräfte der Branche identifiziert, anschließend geclustert und in einer Matrix nach Einflussfaktoren gewichtet. Hier zeigen sich bereits erste Unterschiede zwischen Themen wie Marktentwicklung, Preisentwicklung, Innovationen oder Produktionsprozesse in Bezug auf sicher anzunehmende Entwicklungen und vermutlich eintretenden. Die Szenarien werden jeweils anhand drei Kriterien ausgeprägt: Wahrscheinlichkeit des Eintretens, Glaubwürdigkeit und Einzigartigkeit. Dann werden sie möglichst detailliert beschrieben.

2.2.2 Ideale Unternehmensprofile

Nun gilt es, diese möglichen Szenarien und Geschäftsumfelder in Unternehmensprofile zu überführen, die möglichst ideal auf diese Herausforderungen antworten. Es geht also um die Beantwortung der Frage, wie das Unternehmen jeweils beschaffen sein müsste, um in idealer Weise auf das äußere Umfeld zu reagieren. Dafür gilt es, vier wesentliche Perspektiven des Geschäftsmodells zu überdenken: Stakeholder, Prozesse, Ressourcen und Kompetenzen; sowie die Organisationsstruktur. Diesen Prozess nennt man **„Ideal Company Profiling"**, also die Profildefinition des Idealunternehmens.

259 Anschließend werden die einzelnen Szenarien bewertet, ihre Wahrscheinlichkeit abgeschätzt, ihr Marktpotenzial identifiziert und auch überlegt, welche Wege die Konkurrenz wohl einschlagen wird. Dies geschieht durch Scoring sowie Berechnungen über den künftigen potenziellen geschäftlichen Mehrwert einzelner Optionen.

2.3 Findung und Definition von Ambitionen

260

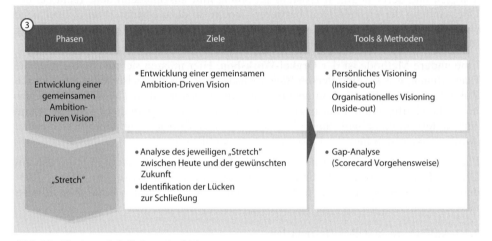

Abb. 10: Finde und definiere Ambitionen

261 Aus all diesen Elementen wird eine Vision entwickelt, die von **starken Ambitionen** – was traue ich dem Unternehmen maximal zu – geprägt ist und möglichst von allen im Unternehmen geteilt wird. Im Regelfall sind die Meinungen über die Vision der Unternehmensstrategie sehr unterschiedlich, werden möglicherweise falsch eingeschätzt und nicht vom Top-Management unterstützt. Etwaige Lücken im Verständnis gilt es zu schließen. Dabei wird meist von zwei Seiten her vorgegangen: vom persönlichen „Visioning" der Mitarbeiter und vom organisationellen „Visioning" des Unternehmens selbst. Aus der Lücke zwischen dem anschließend identifizierten Wunschbild – der Vision für die Zukunft und dem heutigen Status quo – lässt sich dann die Differenz bestimmen. Danach können erste Überlegungen angestellt werden, wie diese Lücken möglichst erfolgreich geschlossen werden können.

262 Nach Abschluss dieses Prozessschrittes hat das Unternehmen seine Geschäftsausrichtung als **Ambition** für die Zukunft definiert und hat damit seine Strategie anstatt konditions-getrieben nah am bisher vermeintlich Möglichen seine Strategie ausgerichtet.

2.4 Entwicklung und Auswahl der attraktivsten Strategie

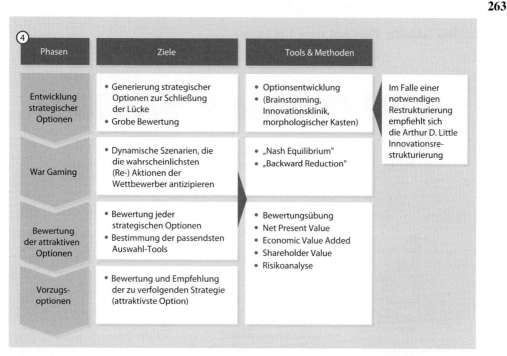

Abb. 11: Entwicklung und Auswahl der attraktivsten Strategie

Die Kunst der Strategieentwicklung besteht in der Regel darin, Optionen zu entwickeln, die ausgewählte Ambition zu erreichen und sich nicht vorschnell auf eine zu versteifen. Die strategischen Optionen, die man gemeinsam erarbeitet hat, werden zunächst grob ausgearbeitet und nach den wesentlichen branchen- und unternehmensspezifischen Dimensionen beschrieben (Siehe auch Modul 6 „Kontrolliere den Fortschritt").

In der Praxis hat es sich sehr bewährt, die Optionen im Rahmen des so genannten „War gaming" als dynamische Szenarien zu entwickeln, um durchzuspielen, wie einzelne Marktteilnehmer und v.a. Wettbewerber sich vermutlich verhalten werden. Damit lässt sich die Solidität der einzelnen Optionen sehr gut überprüfen. Gerne werden hier als Methode das Nash Equilibrium[36] oder die Backward Reduction[37] angewendet.

Die Ergebnisse geben anschließend wertvolle Hinweise für die Bewertung der attraktivsten Optionen: Dabei wird jede durchgespielte Option eingehend bewertet und die passenden Umsetzungswerkzeugen zur Auswahl bestimmt. Danach wird entschieden, welcher Option letztlich der Vorzug zu geben ist.

---

36 Http://de.wikipedia.org/wiki/Nash_Equilibrium.
37 Rückwärts-Regression.

4 Operative und strategische Sanierung

267 Dabei empfiehlt es sich, in der Optionserarbeitung eine aggressive Innovationsstrategie zu überprüfen. Diese spezielle Form der Innovationsrestrukturierung wird im hinteren Teil des Kapitels noch eingehend beschrieben.

2.5 Der taktische Plan und seine Umsetzung

268

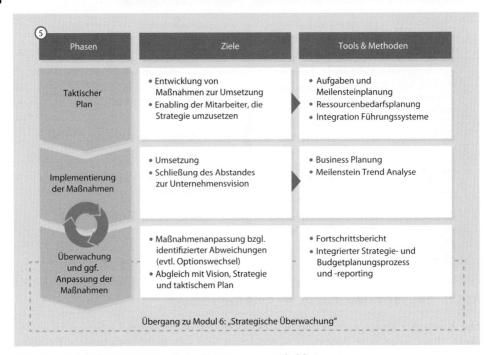

Abb. 12: Der taktische Plan und die Umsetzungsmöglichkeiten

In der letzten Phase geht es dann um die Umsetzung der ausgewählten Strategie mit einer klare Zeit- und Aktivitätenplanung, Bestimmung von Umsetzungsverantwortlichen und der Festlegung von Meilensteinen zur Fortschrittsüberwachung. Zudem müssen die definierten Unternehmensziele in die bestehenden Führungssysteme integriert werden, die ggf. erweitert werden müssen. Dazu gehören z.B. ein integrierter Strategie- und Budgetplanungsprozess, die Fortschrittsüberwachung in Quartalsgesprächen/Performance Reviews oder die Verankerung in den individuellen Zielvorgaben.

2.5.1 Adaptionsfähigkeit der ausgewählten Strategie

269 Strategien haben in der Regel die Eigenschaft, dass sich auf dem Weg zu ihrer Erreichung Umfeldfaktoren verändern. Der Implementierungsprozess ist daher so zu gestalten, dass jederzeit auf Veränderungen reagiert werden kann. Auf diese Weise müssen Vision, Strategie und Umsetzungsschritte permanent miteinander synchronisiert werden. Hierzu ist in der Regel ein Fortschrittsbericht sowie ein integrierter Strategie- und Budgetplanungsprozess inklusive abgestimmtem Reporting notwendig.

2.6 Strategische Überwachung

Phasen	Ziele	Tools & Methoden
Definition strategischer Messindikatoren	• Ermöglichung der Fortschrittsüberwachung in den Dimensionen Vision, Trends, Optionen, idealer Wettbewerber und Maßnahmenabweichung	• Identifikation der Business Treiber • Strategische Koordinaten • Führungssysteme
Etablierung der Verbindung von Strategie zu Operationen	• Übersetzung der strategischen Maßnahmen in Organisationsstruktur und Prozesse	• Verbindung zu Operations (High Performance Business Scorecard, Geschäftsmodelle, Lückenanalyse, Benchmarking)
Entwicklung des Fortschrittsberichts	• Entwicklung eines Instrumentes, das dem Unternehmen schnelle Überwachung, aber auch Handlungsfelder zur Korrektur aufzeigt	• Effizientes Reporting (Strategic Dashboard, Flugsimulator-Übung, IT-Auswahl und Bewertung)
Entwicklung von unterstützendem Verhalten	• Enabling der Mitarbeiter in den Dimensionen Wollen und Können • Aufsetzen Change Programm	• Unterstützendes Verhalten (Training und Ausbildung, kontinuierliche Mitarbeiterbefragungen, Unwritten Rules)

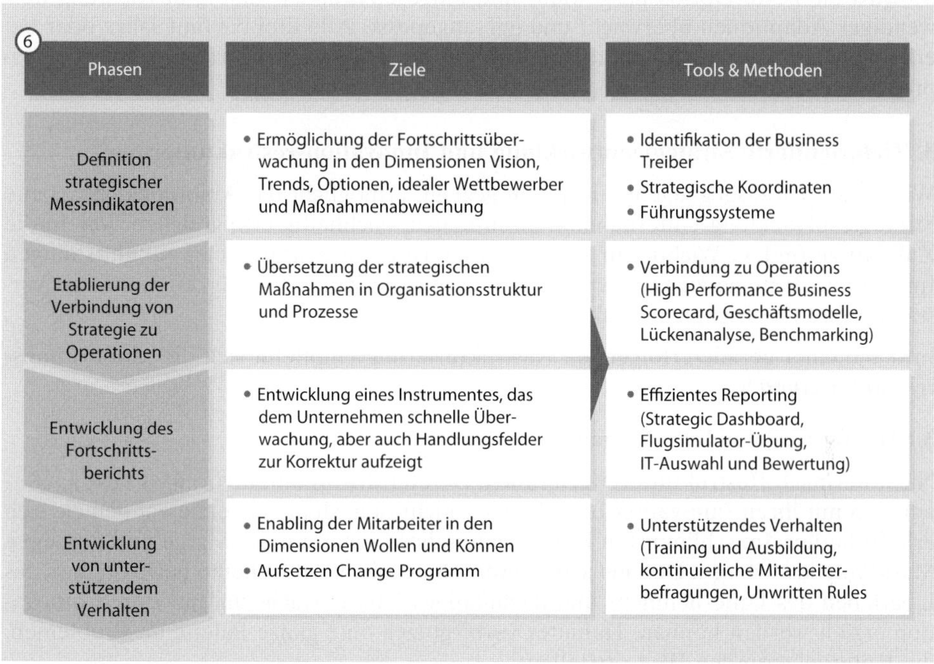

Abb. 13: Strategische Überwachung

Zur Unterstützung des gesamten Strategieentwicklungsprozesses und v.a. für eine erfolgreiche Umsetzung gehört die kontinuierliche **strategische Überwachung** der Umsetzung. Strategische Indikatoren müssen festgelegt werden, anhand derer festgestellt werden kann, wie sehr man in der Umsetzung vom eigentlichen Kurs abweicht. Dabei sind bereits in den Modulen 3 und 4 die Treiber des Geschäfts zu identifizieren und die strategischen Koordinaten für die Fortschrittsüberwachung festzulegen.

Viele Unternehmen bauen dazu auch sogenannte „Frühwarnsysteme" oder ein „Intelligence Management" auf, die kontinuierlich Markt-, Kunden-, Wettbewerber und Technologietrends systematisch erfassen und der Strategieentwicklung, aber v.a. auch der Umsetzung zur Verfügung stellen.

Außerdem muss die Verbindung zwischen der Strategie und dem Tagesgeschäft hergestellt werden, d.h. die entscheidenden Stellhebel für den strategischen Fortschritt sind festzulegen und in eine Reporting-Struktur zu betten, die jederzeit einen genauen Überblick über den Projektverlauf erlaubt: Dies kann eine Scorecard sein, ein Flugsimulator unterstützt ggf. durch entsprechende IT-Systeme.

Auch auf dieser Ebene dürfen die Mitarbeiter keinesfalls vernachlässigt werden, vielmehr ist es wichtig, unterstützende Maßnahmen zu entwickeln, die ihnen dabei helfen, die Maßnahmen umzusetzen. Der Geschäftsleitung muss bewusst sein, dass es sich bei all diesen Maßnahmen auch um ein Changeprogramm handelt und nur die kontinuierliche und offene die Kommunikation mit den Mitarbeitern den Erfolg möglich macht.

Kommunikation in beide Richtungen ist als fester Bestandteil des Führungssystems zu etablieren.

275 So wird die beste Option ausgewählt und umgesetzt, dabei ständig in Richtung notwendiger Adaptionen überwacht und ggf. angepasst. Alle drei bis fünf Jahre oder bei erheblichen, nicht antizipierten Ereignissen sollte der gesamte Strategieentwicklungsprozess wiederholt werden.

3. Zielorientierte Strategieentwicklung und Innovationsrestrukturierung[38]

276 Wie in den vorausgegangenen Kapiteln gezeigt, ermöglicht die Ambitions-getriebene Strategieentwicklung Unternehmen ihren neuen, nachhaltig erfolgreichen Weg in die Zukunft zu finden. Wichtig für Unternehmen ist es, diesen mit einer zukunftsfähigen Innovationsstrategie zu verknüpfen, um die eigene Zukunftsfähigkeit weiter zu verstärken und langfristig zu erhalten.

277 Im Falle einer gerade erfolgenden Restrukturierung empfiehlt sich die „**Innovationsrestrukturierung**".

3.1 Häufig vorgefundene Ausgangssituationen

278 Nicht nur nach Restrukturierungen finden Berater die Situation vor, dass viele Unternehmen mit ihren Innovationsbemühungen nicht den Mehrwert erzielen, den sie sich erhofft hatten. Im schlimmsten Fall drückten diese sogar auf die Marge und es gingen Marktanteile verloren. Den meisten Unternehmenslenkern ist heute bewusst, dass das Überleben des Unternehmens und nachhaltiges Umsatzwachstum nur durch Innovation erzielt werden können. Dahinter verbirgt sich eine ganze Palette an Problemen, die Unternehmen den Weg verstellen:
– Fehleinschätzungen von Kundenbedürfnissen und Neuprodukten, die bereits bei der Einführung obsolet sind,
– erfolgreiche Wettbewerber, die Kundenbedürfnisse besser erkennen und abdecken,
– die Unfähigkeit, neue Marktchancen zu erkennen und diese auch auf andere Produktkategorien zu übertragen,
– fehlender Fokus auf Emerging Markets mitsamt den sich dort bietenden spezifischen Chancen, die aber nur wahrgenommen werden können, wenn man die Bedürfnisse dieser Märkte erkennt.

279 In der Folge drückt dies – insbesondere bei börsennotierten Unternehmen – auch auf Image und letztlich auf den Unternehmenswert selbst. Im Unternehmen selbst entsteht Unsicherheit über die eigene Innovationsstärke. In vielen Fällen sind es dabei noch Unternehmen, die früher Innovationsführer waren. Häufig geht diese Entwicklung mit einer Erosion der Innovationskultur im Unternehmen selbst einher; eindrucksvolle Fälle für diese Entwicklung sind die deutsche Kamera- und Elektronikindustrie in den siebziger und achtziger Jahren. Deutschland entwickelte sich hier von der Wiege dieser Entwicklungen zum reinen Absatzmarkt.

280 Einer der Gründe dafür ist der Mangel an Innovationskultur und insbesondere die Art und Weise, wie Unternehmen ihre Innovationsbemühungen managen. Der Denkfehler: Sie begreifen Innovations-Management als eine Art Black Box, die einen Geschäftsansatz in Kundenergebnisse umwandeln will – leider gehen bei dieser eindi-

---

38 Ambition Driven Strategy™ ist Teil der Innovationsrestrukturierung von Arthur D. Little.

mensionalen Sichtweise die Kundenbedürfnisse verloren. Ein klassisches Beispiel dafür ist Betamax von Sony, das dem VHS System eindeutig überlegen war, aber durch die Nicht-Lizensierung Sonys bei den Kunden nicht Fuß fassen konnte. Die Folge ist bekannt: Betamax wurde zum Nischenplayer der Filmindustrie während Philipps mit dem lizensierten VHS System einen großen Markterfolg landete.

Der Fehler im System liegt in der einseitigen Sichtweise von der Vision aus auf den Markt – aber nicht in umgekehrter Richtung von den Fakten des Marktes auf die Geschäftsstrategie. Upstream Innovation heißt, in Sachen Vision, die richtigen Dinge zu tun, also die richtigen Entscheidungen zu fällen. Downstream Innovation heißt, die Dinge richtig anzupacken (also im Hinblick auf den Kunden) und dabei das gewählte Handlungsszenario richtig umzusetzen. 281

Dass Technologieführerschaft allein noch keinen Erfolg garantiert, zeigt in diesem Zusammenhang das Beispiel der Ende der 90er-Jahre erfolgreichen Musiktauschbörse Napster. Dem Unternehmen ist es damals nicht gelungen, ein nachhaltiges Geschäftsmodell für den Online-Vertrieb von Musik aufzubauen. 282

Nur kurze Zeit später erkannte Apple die Gunst der Stunde und startete die Onlineplattform iTunes als Komplementärprodukt zu seinen iPods. Der Erfolg spiegelt sich seit Jahren in den Geschäftszahlen wider. Mit dem Einstieg in den Markt für Mobiltelefone hat Apple zudem ein weiteres Mal die Fähigkeit zu erfolgreichen Innovationen unter Beweis gestellt. Es stellt sich allerdings die Frage, was einen damals finanziell angeschlagenen Computer-Anbieter dazu bewegt hat, seine Ressourcen scheinbar auf Innovationen abseits des ursprünglichen Kerngeschäfts zu konzentrieren anstelle sich noch stärker zu fokussieren und Kostensenkungs-Strategien zu forcieren? 283

Apple hatte erkannt, dass das Unternehmen als Nischenanbieter keine Kostenführerschaft in einer Industrie erringen konnte, die signifikant auf „Economies of Scale" basiert. Als Konsequenz stellte Apple sogar die eigene Chip-Produktion ein, die einst zum Herzstück gehörte. Die Kernkompetenz des Unternehmens besteht heute im Wesentlichen darin, Produkte und Dienstleistungen rund um das Themenfeld Computer und v.a. Entertainment zu entwickeln und zu vermarkten. Die reine Hardwareproduktion hat in der Vergangenheit zunehmend an Bedeutung verloren. Das Beispiel Apple zeigt, dass eine Konzentration auf Kernkompetenzen in Verbindung mit einer intelligenten Innovationsstrategie eine erfolgreiche Alternative zu den Kostenstrategien der Konkurrenz aus Niedriglohnländern darstellt. 284

Damit Unternehmen den maximalen Mehrwert aus ihren Innovationsbemühungen ziehen können, müssen sie sich darauf konzentrieren, wie sie in ihrem Geschäftsfeld Mehrwert generieren können. Dabei geht es in erster Linie um Entscheidungen – und zwar möglichst richtige. Einer der Schlüssel zum Innovationsmanagement ist das Management des Produkt- und Technologieportfolios. Als zentrale Bausteine des Planungsprozesses für die Geschäftsaktivitäten entscheiden sie darüber, wann ein Unternehmen wo, wie und wann in den Wettbewerb treten wird. Die Dinge richtig anzupacken, bedeutet auf der anderen Seite, die jeweiligen Entscheidungen zu implementieren. Dabei sind Entwicklung und Produkteinführung die Komponenten, an denen sich am häufigsten Probleme mit den Entscheidungen von der Geschäftsstrategie im Hinblick auf den Markt zeigen. Dabei sind die Aktivitäten nach der Produkteinführung entscheidend für die Wettbewerbsfähigkeit der Produkte nach der Einführung. 285

3.2 Innovation gerade bei Sanierung oder Abschwung wichtig

286 Unternehmen, die eine Restrukturierung durchlaufen, müssen zu diesem Zeitpunkt auch ihre Innovationsbemühungen einer Restrukturierung unterwerfen, um nicht ein zweites Mal ein Restrukturierungskandidat zu werden. Hier gilt es, die Innovationsbemühungen einer kritischen Überprüfung zu unterziehen, um dies zu vermeiden. Dies ist auch aus makroökonomischer Sicht sehr sinnvoll, denn auch im Falle von Rezessionen sollten Unternehmen die Weichen für den nächsten Aufschwung stellen. Erfolgreiche Innovatoren leiten Teile der abzubauenden Ressourcen in Innovations- und Wachstumsprogramme um, anstatt einfach zu entlassen. Gerade im Abschwung gilt es, umsichtig zu verschlanken und zugleich das Technologie-, Innovations- und Produktportfolio für den nächsten Aufschwung vorzubereiten.

287 So schien der deutsche Maschinenbau bis kurz vor der Krise auf den ersten Blick gut aufgestellt. In der fast fünf Jahre andauernden Boomphase bis 2008 hatten die meisten Unternehmen wenig Speck angesetzt. Neue Kapazitäten in Hochlohnländern wurden nur zögerlich aufgebaut, da neben kontinuierlichen Produktivitätsverbesserungen auch verstärkt Zeitarbeitskräfte zum Einsatz gekommen waren. Die Firmen glänzten noch in ihren Halbjahres- und Quartalsberichten 2008 mit Rekordumsätzen und Erträgen.

288 Dieses Bild wandelte sich binnen weniger Wochen vollständig mit der Folge massiver Einbrüche bei den Auftragseingängen und Stornierungen. Auch die Automobilbranche schockte mit Umsatzrückgängen und dramatischen Kürzungen der für die nächsten Jahre geplanten Absatzzahlen. In einer ersten Reaktion wurden zunächst Zeitarbeitskräfte entlassen und über die Freisetzung von Festangestellten laut nachgedacht.

289 Die betriebswirtschaftlich „natürliche" Reaktion in dieser Konjunkturphase war die alleinige Fokussierung auf Kostensenkungen – und das obwohl sich diese Methode in der Vergangenheit oft als Fehler erwiesen hat. So wurden trotz des sich bereits Ende 2004 abzeichnenden Aufschwungs in vielen Maschinenbaubranchen bis über den Jahreswechsel 2005/2006 hinaus immer noch Mitarbeiter abgebaut. Was die Unternehmen dabei nicht bedachten: Mit den Mitarbeitern verließen die später dringend benötigten Fachkräfte und v.a. Kompetenzen das Unternehmen. Im Nachhinein zeigte sich dabei, dass die erfolgreichsten Unternehmen aus dem Maschinenbau gerade im Abschwung Wachstums- und Innovationsprogramme auf den Weg brachten und sich damit einen herausragenden Vorteil für den Aufschwung sicherten. Die wesentliche Erkenntnis: Unternehmen können sich nicht aus Abschwüngen „heraussparen".

290 Die Kernfragen im Falle einer Abschwung-induzierten Restrukturierung lauten:
– Welche Elemente des Produkt- und Technologieportfolios sollte ein Unternehmen behalten und verstärken, welche können oder müssen aufgegeben werden?
– Wie ist mit Remanenzkosten umzugehen?
– Wie kann der Verlust von Know-how und der Kernbelegschaft, auf der das Unternehmen aufbaut, vermieden werden?

291 Sowohl die Maßnahmen auf der Restrukturierungsseite als auch die Maßnahmen zur Steigerung des Umsatzes durch „Innovation und Wachstum" müssen geschickt miteinander verbunden werden (**Abb. 14**). Ziel auf der Kostenseite ist es hierbei, durchaus kurzfristig zu realisierende Potentiale zu identifizieren und diese im „Worst Case" zu großen Teilen auch als Kostensenkung zu realisieren.

Überprüfung und Erneuerung der Unternehmensstrategie 4

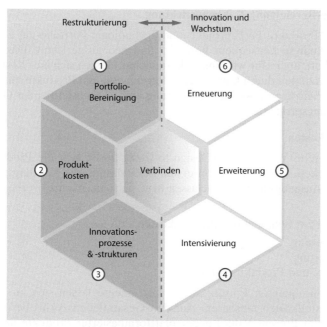

Abb. 14: Die Verbindung von Restrukturierung und Innovation

Insbesondere beim Humankapital ist eine kurzfristige Kostensenkung durch Freisetzung aber oft gar nicht möglich. Außerdem muss ein „Schweinezyklus-Verhalten" und der Verlust von kritischem Know-how vermieden werden. Ein Teil der frei werdenden Innovations-Ressourcen sollte auch deshalb auf die für die Zukunft richtigen Wachstums- und Innovations-Themen verschoben werden. Hier gilt es, die richtige Balance zwischen Einsparungen und den richtigen Zukunftsthemen zu finden. Viele auch im Abschwung erfolgreiche Unternehmen haben die nachfolgend beschriebenen Maßnahmen des Technologie- und Innovations-Managements (TIM) entlang der Arthur D. Little- Logik „Innovationsrestrukturierung" eingesetzt – und zwar nicht nur sequentiell sondern gleichzeitig (**Abb. 15**).

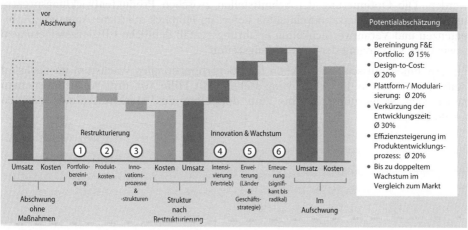

Abb. 15: Vorgehen der Innovationsrestrukturierung

3.2.1 Portfolio-Bereinigung & Neuausrichtung

293 Hier wird das Produkt-, F&E-Projekt- und Technologie-Portfolio auf Basis einer systematischen Analyse konsequent bereinigt und neu ausgerichtet. Diese Einschnitte sind schmerzhaft, aber sehr wirkungsvoll. Im Schnitt lassen sich hier Kostensenkungen von ca. 15 % erzielten durch konsequente Bereinigung um Produkte mit unzureichenden Deckungsbeiträgen sowie der Validierung und Aktualisierung der Geschäftspläne der Entwicklungsprojekte.

3.2.2 Produktkosten

294 Durch die gezielte Wertanalyse (Design-to-Cost) lassen sich die Produktkosten um rund 20 % senken. Dabei geht es in erster Linie darum, die Leistungsparameter der Produkte auf Ausgangsniveau zu belassen bzw. sie sogar noch zu verbessern wo möglich.

295 Weitere Hebel zur Senkung der Produktkosten sind u.a.:
- Standardisierung,
- Modularisierung,
- Technologie- und Produktplattformen.

296 Durch den konsequenten Einsatz dieser Instrumente lassen sich im Schnitt 15 bis 25 % der Herstellkosten einsparen. Auf den Gesamtlebenszyklus bezogen kann der Kapitalwert (Net Present Value) neuer plattformbasierter Produkte im Vergleich zu neuen konventionellen Produkten erfahrungsgemäß fast verdoppelt werden.

3.2.3 Innovations-Prozesse & -Strukturen

297 Bei der Optimierung von Innovations-Prozessen und -Strukturen gilt es folgende Herausforderungen zu meistern: Einführung skalierbarer Referenzprozessmodelle
- je nach Entwicklungstyp,
- einheitliche Qualitätsvorgaben je Meilenstein,
- Reorganisation der F&E-Abteilung nach Wachstums- und Innovationstypen.

298 Im Rahmen eines Projektes zur Effizienzsteigerung konnten bei einem Industrieautomatisierer rund 20 % der Personalkosten im Produktentwicklungsprozess reduziert werden. Die Optimierung der Schnittstellen zwischen Produktentwicklungsprozess und beteiligten Organisationseinheiten liefert im Hinblick auf klare Aufgaben, Kompetenzen und Verantwortlichkeiten erfahrungsgemäß deutliche Effizienzsteigerungen sowie eine Verkürzung der Entwicklungszeiten.

299 Unternehmen müssen die Weichen für überproportionales Wachstum im nächsten Aufschwung bereits im Abschwung stellen. Mit Hilfe von drei Wachstumshebeln lassen sich Steigerungsraten bis zum doppelten des Marktwachstums erzielen (**Abb. 16**).

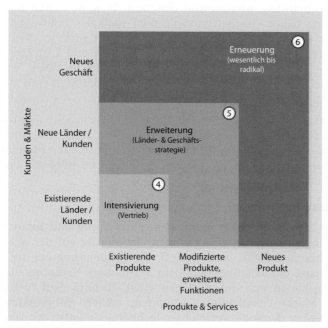

Abb. 16: Innovations- und Wachstumstypen

3.2.4 Intensivierung

Die wirkungsvollsten Hebel zur Intensivierung sind Maßnahmen im Vertrieb, die auf Umsatzsicherung und -steigerung mit heutigen Kunden und existierenden Produkten abzielen. Instrumente wie innovatives Kanal- oder Account- Management erweisen sich hierbei regelmäßig als starke Hebel im Abschwung.

3.2.5 Erweiterung

Internationalisierung, Preisstrategien und Variantenmanagement sind einige der Ansätze zur Erweiterung der Kunden- und Länderbasis sowie der Modifikation und Erweiterung des Funktionsumfangs einzelner Produkte. Hierbei kann es beispielsweise sinnvoll sein, das Produktportfolio an die landesspezifischen technischen Anforderungen anzupassen und so die Grundlage für die internationale Expansion zu schaffen.

Diese Hebel (4) und (5) orientieren sich eng an der bestehenden bzw. optimierten Organisation sowie an etablierten bzw. optimierten Prozessen und zielen auf kurz- und mittelfristige Umsatzsteigerungen ab.

3.2.6 Erneuerung

Einen mittel- bis langfristigen Zeithorizont haben Erneuerung im Technologie- und Produktportfolio, die bis hin zu neuen Anwendungen und Geschäftsmodellen reichen können. Ansätze zur Erreichung dieser Ziele sind Technologie-entwicklung, Technologiezukauf, Kommerzialisierung neuer Technologien aus dem eigenen Portfolio, Identifizierung neuer Wachstumsmärkte (z.B. neuer Anwendungen) oder gar die Entwicklung neuer Geschäftsmodelle.

304 Dabei lassen sich Methodiken des Ideenmanagements und Business Opportunity Scanning im Abschwung wirkungsvoll einsetzen. In Krisenzeiten werden Projekte zur Entwicklung neuer Geschäftsmodelle oder radikaler Innovationen häufig die ersten Opfer von Einsparungen oder werden gar nicht gestartet. Viele Alteingesessene sehen andere Kostenstrukturen, andere Kunden und Lieferantensysteme als Bedrohung an. Da sie meist ein eher geringes Volumen haben, ist ihre interne Lobby eher klein. In der Folge werden sie von Seite der Stärkeren meist sofort zur Elimination vorgeschlagen.

305 Hier gilt es differenziert vorzugehen. Häufig ist es ratsam, solche Aktivitäten grundsätzlich in eigenen separierten Einheiten zu realisieren. In der Regel scheitern derartige Wachstumsprojekte, wenn sie in den etablierten Strukturen zusammen mit anderen Wachstumsprojekten vom Typ (4) und (5) umgesetzt werden – unabhängig von Ab- oder Aufschwung.

3.3 Innovationsrestrukturierung

306 Der Schlüssel zum Erfolg liegt darin, Restrukturierung und Innovation gemeinsam anzugehen und Ansätze zu verbinden, die sowohl auf der Kosten- als auch auf der Umsatzseite wirken. So muss z.B. die Optimierung des Technologieportfolios in Einklang mit Analysen aus dem Technology Venturing stehen. Gerade im Abschwung bieten sich viele Gelegenheiten, Technologien zu günstigen Konditionen am Markt einzukaufen. Außerdem sollten insbesondere strategisch unbedeutende aber dennoch werthaltige Technologien entweder verkauft oder in strategische Partnerschaften eingebracht werden. Mit Hilfe der Plattform- und Modularisierungsstrategien lassen sich Märkte schneller besetzen. Zudem eröffnen die auf diese Weise erreichbaren Kostenpositionen den Zugang zu attraktiven Nischenmärkten.

307 Design-To-Customer-Value senkt sowohl die Produktkosten signifikant und deckt zudem die Kundenbedürfnisse durch erweiterte Funktionalitäten besser ab. Der Ansatz kombiniert damit Kostensenkung und Umsatzsteigerung. Der Aufbau einer schlanken Innovationsorganisation umfasst die Einführung effizienter Innovationsprozesse und -strukturen. Diese müssen auf die Anforderungen der Erweiterungs- und Erneuerungsstrategien maßgeschneidert ausgerichtet werden. Auch umsatzsteigernde Maßnahmen, wie z.B. die Intensivierung des Vertriebs von marktanteilsschwachen Produkten, haben erhebliche Auswirkung auf die Produktportfoliobereinigung.

4. Ausblick: Etablieren eines Corporate Innovation Management Programms

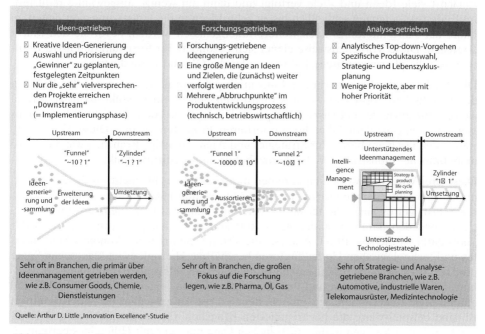

Abb. 17: Ideen-, Forschungs- oder Analyse- getriebene Innovation

Bei Innovations- und Wachstumsbemühungen bieten sich im Wesentlichen drei Formen (**Abb. 16**): Erstens bietet sich die Intensivierung der Sales-Aktivitäten an, um den Umsatz zu steigern. Dies ist im Wesentlichen im Marketing angesiedelt. Zweitens bietet sich die Stärkung einer Kundenbasis oder eines regionalen Marktes, der Produktfunktionalitäten, Variantenmanagement oder Preisbildung an, die aus den einzelnen Abteilungen oder dem regionalen Management kommt. Drittens bietet sich die Ausweitung des Technologie- und Produktportfolios, die Entwicklung neuer Anwendungen und neuer Geschäftsmodelle an, die meist vom Management angestoßen wird.

Jede dieser drei Varianten kann als Innovations- und Wachstumsmotor gesehen werden, der sich gezielt einsetzen lässt, um auf diese Weise Kreativität und Ideenreichtum in einem Unternehmen zu fördern. „Treibstoff" des jeweiligen Innovationsmotors können Ideen, Forschung oder Analyse sein (**Abb. 17**).

Ideen-getriebene Innovation setzt in erster Linie auf kreative Ideengenerierung und anschließende Auswahl und Priorisierung der „Gewinner". Damit der Prozess aber auch hier zielgerichtet läuft, gilt es, einen strengen Zeitplan einzuhalten. Im Endeffekt gelangen so nur wirklich ausgewählte aber vielversprechende Projekte in die Umsetzung. Diese Vorgehensweise ist ein guter Beweis für die Tatsache, dass Ideenfindung nicht unbedingt eines „Heureka-Moments" bedarf, sondern gezielt angestoßen werden kann. Diese Vorgehensweise eignet sich insbesondere für die Branchen Konsumgüter, chemische Produkte und Dienstleistungen. Von zehn Ideen gelangt hier eine in die Umsetzung.

312 Eine andere Vorgehensweise ist die auf Forschung basierende Innovation. Hier entstehen zunächst Ideen durch Forschungsarbeiten und im ersten Schritt werden zunächst viele Ideen und Ziele verfolgt und dann auf wenige ausgewählte reduziert. Im Endeffekt gelangen schließlich bis zu zehn Ideen in die Umsetzung, von denen im Laufe der Jahre allerdings noch weitere fallengelassen werden, bevor sie den Markt erreichen. Diese Vorgehensweise eignet sich besonders für forschungsintensive Branchen wie die pharmazeutische Industrie oder die Öl- und Gasindustrie.

313 Die Analyse-getriebene Form der Innovation geht am gezieltesten vor. Im Rahmen des analytischen Top-Down-Ansatzes wird ganz gezielt ein Produkt inklusive Strategie gewählt sowie der Lebenszyklus geplant. Die logische Folge: Im Schnitt hat man es hier mit wenigen, dafür aber hoch-prioritären Projekten zu tun. Diese Vorgehensweise eignet sich am besten für Strategie- und Analyse-lastige Branchen wie die Automobilbranche, Industriegüter, Telekomzubehör und Medizintechnik.

314 Diese drei Vorgehensweisen beschreiben nun zunächst nichts mehr als die Mechanik, mit der ein Unternehmen sich dem Thema Innovation nähern kann. In einem weiteren Schritt gilt es auch, die technologische Roadmap des Unternehmens mit Markttrends und den daraus resultierenden Reflexen in Einklang zu bringen. Eines der Tools dafür ist die sog. PEST-Analyse, die sich mit politischen, ökonomischen, sozialen und technologischen Umfeldfaktoren beschäftigt. Hier gilt es im klassischen Sinne der Desk-Research die für die eigene Branche jeweils relevanten Trends und Entwicklungen genau zu verfolgen und ihre Bedeutung für das eigene Geschäftsmodell und die Strategie zu erkennen. Sektoren, in denen diese Aufgabe ganz besonders komplex ist, sind beispielsweise die hochregulierten Branchen Telekommunikation und Energie. Den Entwicklungen in diesen Branchen kann man nur mit Hilfe eines permanenten Monitoringprozesses begegnen, der das Umfeld dauerhaft kontrolliert und überprüft.

315 Besonders wichtig ist, die gesammelten und entwickelten Ideen systematisch zu analysieren, bewerten und in konkrete Business-Konzepte zu überführen, um ihre wirkliche Marktfähigkeit zu überprüfen. Auch dies geschieht über einen kontinuierlichen Rechercheprozess. Hier gilt es, die Fragen zu beantworten, ob das Unternehmen über die entsprechenden Fähigkeiten verfügt, ob es eine Abschätzung der Wettbewerbsintensität gibt usw. Die Antworten können auf einer Matrix, die Marktattraktivität und strategischen Fit bewertet, einsortiert werden, womit zugleich die Relevanz zweidimensional illustriert wird.

316 Eine zentrale Rolle für den Erfolg von Innovationsprojekten kommt dem CEO zu. Denn wenn alle ersten Schritte richtig eingeleitet sind, geht es darum, der Organisation die Nachhaltigkeit der Aktivitäten zu kommunizieren. Dies gelingt in der Regel am besten, wenn das jeweilige Projekt unter der Obhut des CEOs angesiedelt ist und seine direkte Unterstützung erfährt (**Abb. 18**).

Überprüfung und Erneuerung der Unternehmensstrategie 4

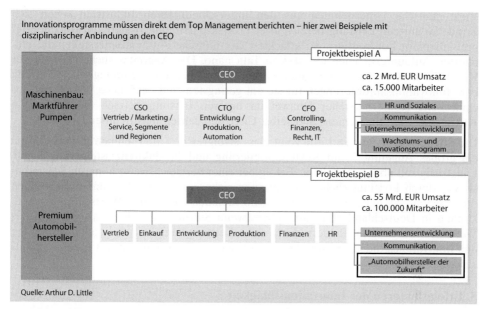

Abb. 18: Beispiele für Corporate Innovation Management

Hinzu gesellen sich die Punkte Staffing – also die Auswahl der richtigen Leute für das Projekt – die Gewährung von Handlungsfreiheit für die Akteure, effiziente Berichtsstrukturen und eine Unternehmenskultur, die offen für Innovation ist.

Laut einer aktuellen branchenübergreifenden Studie von Arthur D. Little zum Thema „Innovation Excellence 2010" verfolgen 73 % der befragten Unternehmen als primäres Ziel ihrer Innovationsstrategie die Steigerung des Umsatzes. Die größte Bedeutung wird dabei mit 29 Prozentpunkten Innovationen zugeschrieben, die sowohl neue Produkte als auch gleichzeitig neue Märkte adressieren. Eine ähnlich hohe Bedeutung messen die befragten Unternehmen der Strategie bei, das Einsatzgebiet bestehender Produkte durch neue Applikationen zu erweitern und den Zugang zu neuen Märkten zu bereiten.

Nur 27 % sehen hingegen eine Fokussierung der Innovationsaktivitäten auf Kostensenkungsmaßnahmen als vorrangiges Ziel. Daraus lässt sich ableiten, dass für das Groß der Studienteilnehmer die strategische Stoßrichtung auf der frühen Besetzung neuer, margenträchtiger Märkte und Geschäftsfelder liegt. Da es gilt, ein zielgerechtes Vorgehen zu erreichen, ist eine strukturierte Steuerung der Innovationsaktivitäten erforderlich. Unternehmen müssen nach einer systematischen Identifikation neuer Geschäfts-Chancen eine Priorisierung vornehmen und zeitnah entscheiden, welche erforderlichen Produkttechnologien intern erarbeitet werden sollten und für welche Aufgaben sich auf der anderen Seite die Vergabe an leistungsfähige Lieferanten anbietet. Erfolgreiche Unternehmen wie beispielsweise der Computer- und Elektronikhersteller Apple haben in der Vergangenheit vielfach gezeigt, dass eine Fokussierung auf die eigenen Kernkompetenzen nicht nur in der Produktion, sondern auch im Innovationsmanagement geboten ist.

320 Viele deutsche Unternehmen aus den unterschiedlichsten Industrien sehen sich gerade im unteren Leistungsbereich ihrer Produktpalette mit Angeboten von Niedrigpreisanbietern konfrontiert. So attackiert der indische Automobilhersteller die etablierten Autounternehmen mit seinem Tata nano. Die Angreifer suchen sich in der Regel die kostensensitiven Segmente, bei denen auch die technologischen Hürden bzw. Innovationsanforderungen für sie am geringsten sind. Auf diese Weise setzt der chinesische Routerhersteller Huawei im unteren Leistungsbereich die etablierten Anbieter wie Nokia-Siemens und selbst Cisco seit Jahren massiv unter Druck.

321 Die Studie von Arthur D. Little zeigt, dass erfolgreiche Unternehmen in Westeuropa ein großes Augenmerk auf Kostenoptimierung und Produktivitätssteigerung legen. Langfristig soll aber nachhaltiger Erfolg bei einer vergleichsweise höheren Kostenbasis v.a. durch kontinuierliche Innovationen sichergestellt werden, um Preisprämien durchsetzbar zu machen. Vor allem Unternehmen mit hoher Wertschöpfungstiefe können in Deutschland dann überleben, wenn Sie nicht den Preis als wesentliches Wettbewerbskriterium, sondern durch ihrer Leistungsfähigkeit und damit verbunden den Innovationsgrad ihrer Produkte ihren Kunden besseren und damit bezahlten Nutzen generieren.

5. Erfolgsfaktoren der Innovationsfähigkeit

5.1 Innovationskultur

322 Die Erfolgsfaktoren der Innovationsfähigkeit sind in der Basis eine gelebte Innovationskultur. Es muss eine neugierige, offene und fehlertolerante Unternehmenskultur herrschen, die sich dem Thema Innovation auf allen Ebenen und Funktionen verschrieben hat.

5.2 Innovationsprozesse

323 Etablierte und gut strukturierte Innovationsprozesse sind dabei ein Muss. Ideengenerierung und deren professionelles Management – von der Idee bis zu erfolgreichen Umsetzung – bedürfen schneller und v.a. Rückantwort gebender Prozesse.

5.3 Innovationsnetzwerke

324 Innovationspotentiale liegen in den eigenen Köpfen aber auch in der Einbindung von Externen wie Entwicklungspartnern, Zulieferern und natürlich den Kunden. Es gilt ein intelligentes Innovationsnetzwerk aufzubauen, aus dem die richtigen Innovationsimpulse aber oft auch direkte Innovationsideen aufgenommen werden.

5.4 Innovationsressourcen und -fähigkeiten

325 Neben der klassischen Funktion der F&E bedarf es immer auch eigener Ressourcen, die sich vollzeitig mit der ganzheitlichen Ausrichtung des Unternehmens auf Innovation beschäftigen. Als übergeordnete Schnittstelle nehmen sie Innovationsideen auf, sichten und bewerten diese mit den eigenen und oft auch externen Experten und, wenn lohnenswert, schlagen sie zur Umsetzung vor.

326 So haben sich in vielen deutschen Unternehmen mittlerweile eigene Einheiten herausgebildet, die entweder direkt dem CEO unterstellt sind oder dem CTO und dem Gesamtvorstand berichten. Allen gemein ist, dass sie die unternehmensweiten Innovationsprogramme erfolgreich treiben.

6. Conclusio: Innovationsführer nur in strategischen Kernbereichen

Jedes Unternehmen muss für sich v.a. im Fall der gerade erfolgten Sanierung/Restrukturierung seine verteidigbaren strategischen Kernbereiche der Innovationsführerschaft definieren, ausbauen und stärken als auch seine Position im Wettbewerb und bei den Kunden ständig überprüfen.

Auf vielen technologischen Gebieten gleichzeitig brilliant zu sein, ist in der Regel weder halt- noch finanzierbar. Ein Angriff der Wettbewerber auf vermeintliche Schwachstellen ist mehr als wahrscheinlich. Beim Versuch potentielle Angriffe abzuwehren, kann es schnell passieren, dass die eigene Aufmerksamkeit und Ressourcen auf Felder konzentriert werden, die zur strategischen Unternehmenspositionierung gar nicht von Bedeutung sind.

5. Kapitel
Finanzielle und bilanzielle Restrukturierung

I. Eigenkapitalmaßnahmen

1. Rechtlicher und wirtschaftlicher Maßstab

Die Finanzierungsmaßnahmen, Eigenkapital- wie auch Fremdkapitalmaßnahmen, **1** sind im Idealfall Bestandteil eines umfassenden Sanierungskonzeptes, das grundsätzlich auch leistungswirtschaftliche Sanierungsmaßnahmen umfasst. Das Sanierungskonzept wird bestimmt durch das jeweilige Krisenstadium und gibt die im Hinblick auf das Leitbild des sanierten Unternehmens, das das Bild eines rendite- und wettbewerbsfähigen Unternehmens zeichnet, zu ergreifenden Sanierungsmaßnahmen vor. Die dringendsten Sanierungsmaßnahmen haben oftmals das Ziel, zunächst die drohende Insolvenz des Krisenunternehmens abzuwenden. Da der deutsche Gesetzgeber neben der **Zahlungsunfähigkeit** (§ 17 InsO) und der **drohenden Zahlungsunfähigkeit** (§ 18 InsO), auch – anders als eine Reihe von europäischen Mitgliedstaaten – die **Überschuldung** (§ 19 InsO) als Insolvenzgrund festgelegt hat, müssen die zu ergreifenden Sanierungsmaßnahmen diesen rechtlichen Kriterien genügen. Demnach sind zunächst also Finanzierungsmaßnahmen gefragt, von denen bestenfalls **liquiditäts– wie auch eigenkapitalerhöhende Effekte** ausgehen. Im Anschluss an die Finanzierungsmaßnahmen oder parallel dazu folgen in der Regel Kostensenkungs- und Effizienzsteigerungsmaßnahmen sowie bei Bedarf eine strategische Neuausrichtung des Krisenunternehmens. Die zu ergreifenden Finanzierungsmaßnahmen müssen also nicht nur die Zahlungsfähigkeit des zu sanierenden Unternehmens sicherstellen, sondern sie müssen darüber hinaus auch gewährleisten, dass das Vermögen des zu sanierenden Unternehmens auch die Schulden deckt. Neben Fremdkapitalmaßnahmen, die grundsätzlich eine liquiditätsfördernde Wirkung aber keinen eigenkapitalerhöhenden Effekt haben, sind also insbesondere auch Eigenkapitalmaßnahmen in Betracht zu ziehen, die allerdings nicht in jedem Fall eine liquiditätsfördernde Wirkung haben.

Eine Beurteilung der Finanzierungsmaßnahmen wäre unvollständig, wenn nicht **2** zugleich auch die zum Teil nicht unwesentlichen **steuerrechtlichen Folgen** der einzelnen Maßnahmen berücksichtigt werden. Im Folgenden werden deshalb in den Grundzügen auch jeweils die steuerlichen Folgen einzelner Maßnahmen skizziert. Zu weitergehenden Ausführungen zu den steuerlichen Folgen wird auf den Abschnitt „Steuern in Sanierung und Insolvenz" verwiesen (vgl. 10. Kap. Rn. 404 ff.).

Nachfolgend wird eine Auswahl von Eigenkapitalmaßnahmen vorgestellt. Im Einzel- **3** nen die **Kapitalerhöhung gegen Einlagen** als Universalmaßnahme, die **Kapitalherabsetzung** in Verbindung mit einer nachfolgenden **Barkapitalerhöhung** inkl. eines kurzen Fallbeispiels, der **Debt-Equity-Swap** als spezielle Form der **Sachkapitalerhöhung**, bei der Verbindlichkeiten in Eigenkapital umgewandelt werden, sowie die Gründung einer **stillen Beteiligung**, bei der typisch oder atypisch stille Gesellschafter Einlagen in das Vermögen des Krisenunternehmens leisten.

2. Kapitalerhöhung

2.1 Ordentliche Kapitalerhöhung

4   Die Kapitalerhöhung gegen Einlagen ist die Universalmaßnahme bei Sanierungen. Auf der Passivseite der Bilanz wird die Kapitalstruktur verbessert und auf der Aktivseite fließen frische liquide Mittel oder Sachmittel zu. Durch eine ordentliche Kapitalerhöhung können eine drohende Unterbilanz oder Überschuldung und im Fall der Einbringung neuer Barmittel zudem eine Illiquidität des zu sanierenden Unternehmens vermieden werden. Durch eine Kapitalerhöhung kann zudem die Bonität des Krisenunternehmens möglicherweise auch soweit verbessert werden, dass Kreditinstitute oder andere Gläubiger weitere Fremdmittel gewähren. In Krisensituationen ist vor allem die **Verlustausgleichsfunktion** des Eigenkapitals bedeutend.[1] Das Eigenkapital dient als Puffer, der die Verluste des Krisenunternehmens auffängt. Je umfangreicher das bilanzielle Eigenkapital erhöht wird, desto höhere Verluste können ausgeglichen werden, und desto mehr Zeit gewinnt die Unternehmensleitung, um die Unternehmenskrise durch ergänzende leistungswirtschaftliche Sanierungsmaßnahmen überwinden zu können. Die Relevanz einer hohen Eigenkapitalbasis für die Bestandsfestigkeit von Unternehmen wird durch empirische Untersuchungen belegt (vgl. 2. Kap. Determinanten einer Unternehmenskrise). Die Kapitalerhöhung gegen Bareinlagen hat zudem eine unmittelbar positive Liquiditätswirkung für das Krisenunternehmen.

5   Bei der **AG** regeln die §§ 182 ff. AktG die **Kapitalerhöhung gegen Einlagen**. Zur Erhöhung des Grundkapitals ist ein satzungsändernder Beschluss der Hauptversammlung erforderlich (§ 179 AktG), der bei dem Handelsregister anzumelden und einzutragen ist (§ 184 AktG). Die Kapitalerhöhung wird durch Ausgabe neuer Aktien ausgeführt, die von den Aktionären zu zeichnen sind (§ 185 AktG). Jedem (Alt-) Aktionär steht ausdrücklich ein Bezugsrecht zu (§ 186 AktG), nach dem diesem ein verhältniswahrender Anteil der neuen Aktien zugeteilt werden muss. Das Bezugsrecht kann ganz oder teilweise nur in dem Beschluss über die Kapitalerhöhung ausgeschlossen werden und Bedarf einer Mehrheit von mindestens 75 % des bei der Beschlussfassung vertretenen Grundkapitals (§ 186 Abs. 3 AktG). Der Vorstand der AG hat dazu der Hauptversammlung eine sachliche Begründung der Notwendigkeit des Bezugsrechtsausschlusses vorzulegen (§ 186 Abs. 4 AktG).

6   Die Sonderformen der Kapitalerhöhung bei AG, d.h. die **bedingte Kapitalerhöhung** (§§ 192 ff. AktG), die Kapitalerhöhung durch **genehmigtes Kapital** (§§ 202 AktG) sowie die Kapitalerhöhung aus **Gesellschaftsmitteln** (§§ 207 ff. AktG) sind in Krisensituationen nur eingeschränkt zielführend oder nicht zulässig. So ist etwa die Kapitalerhöhung aus Gesellschaftsmitteln nicht zulässig, soweit in der zugrunde gelegten Bilanz ein Verlust oder ein Verlustvortrag ausgewiesen ist (§ 208 Abs. 2 AktG).

7   Bei der **GmbH** regeln die §§ 55 ff. GmbHG die **Kapitalerhöhung gegen Einlagen**. Zur Erhöhung des Stammkapitals ist ein satzungsändernder Beschluss der Gesellschafter erforderlich (§ 53 GmbHG), der bei dem Handelsregister anzumelden und einzutragen ist (§ 57 GmbHG). Die Einlageverpflichtung entsteht nicht bereits durch den Gesellschafterbeschluss, sondern erst durch Abschluss einer formgerechten **Übernahmeerklärung** des jeweiligen Übernehmers der neuen Geschäftsanteile (§ 55 Abs. 1 GmbHG). Die Einlageverpflichtung ist für den Übernehmer auch dann bindend, wenn die geplante Sanierung nach dem Kapitalerhöhungsbeschluss und nach

---

[1] Zu den weiteren Funktionen des Eigenkapitals vgl. m.w.N. *Baetge* Bilanzen, 7. Aufl. 2003, S. 420 f.

Abschluss der Übernahmeerklärung scheitert.² Grundsätzlich sind die Gesellschafter der GmbH zur verhältniswahrenden Übernahme neuer Geschäftsanteile berechtigt, obgleich ein gesetzliches Bezugsrecht im GmbHG nicht verankert ist.³ Das Bezugsrecht kann aber aus sachlichen Gründen ausgeschlossen sein, wenn etwa die Beteiligung eines neuen Investors zur Sanierung der Krisengesellschaft geplant ist und diese Beteiligung nur unter Ausschluss des Bezugsrechts der Altgesellschafter realisiert werden kann. Eine Verpflichtung zur verhältniswahrenden Übernahme neuer Geschäftsanteile besteht grundsätzlich nicht, auch nicht aus der Treuepflicht der Gesellschafter gegenüber ihrer Gesellschaft.⁴

Eine in der Sanierungspraxis zu beobachtende Form der **Sachkapitalerhöhung** ist der **Debt-Equity-Swap**, bei dem Forderungen gegen das Krisenunternehmen im Rahmen einer Sachkapitalerhöhung in haftendes Eigenkapital umgewandelt werden (vgl. dazu Rn. 26 ff.). Bei der Sachkapitalerhöhung handelt es sich anders als bei der Barkapitalerhöhung um eine reine bilanzsanierende Maßnahme ohne unmittelbare Liquiditätswirkung, durch die lediglich das bilanzielle Eigenkapital gestärkt wird. **8**

Die Erhöhung des Nennkapitals ist auf Ebene der Gesellschaft **steuerrechtlich erfolgsneutral** und führt bei den Gesellschaftern in Höhe der übernommenen Einlagen, ggf. zuzüglich Agio, zu nachträglichen Anschaffungskosten der Beteiligung. **9**

Steuerrechtlich ist ferner zu beachten, dass eine Kapitalerhöhung der Übertragung des gezeichneten Kapitals gleichgestellt ist, soweit sie zu einer Veränderung der Beteiligungsquoten führt. Damit greift insbesondere in Sanierungsfällen, in denen sich Neugesellschafter engagieren, die für Anteilsübertragungen nach dem 31.12.2007 anzuwendende neue Vorschrift § 8c KStG zum sog. **Mantelkauf**. Die Vorschrift regelt **Verlustverrechnungsbeschränkungen** bei Körperschaften und war **zunächst ohne Sanierungsprivileg** vorgesehen. Danach ist ein schädlicher Beteiligungserwerb anzunehmen, wenn innerhalb von 5 Jahren mittelbar oder unmittelbar mehr als 25 % des gezeichneten Kapitals, der Mitgliedschaftsrechte, Beteiligungsrechte oder der Stimmrechte an einer Körperschaft an einen Erwerber oder diesem nahe stehende Personen übertragen werden oder ein vergleichbarer Sachverhalt vorliegt. In diesem Fall sind insoweit die bis zum schädlichen Beteiligungserwerb nicht ausgeglichenen oder abgezogenen negativen Einkünfte, d.h. **körperschaftsteuerliche** und **gewerbesteuerliche Verlustvorträge**, nicht mehr abziehbar (§ 8c Abs. 1 KStG, § 10a S. 10 GewStG). Die steuerlichen Verlustvorträge gehen vollständig unter, wenn innerhalb von 5 Jahren mittelbar oder unmittelbar mehr als 50 % des gezeichneten Kapitals, der Mitgliedschaftsrechte, Beteiligungsrechte oder der Stimmrechte an einer Körperschaft an einen Erwerber oder diesem nahe stehende Personen übertragen werden oder ein vergleichbarer Sachverhalt vorliegt. Ein **Sanierungsprivileg** wurde erst mit dem Bürgerentlastungsgesetz Krankenversicherung v. 16.7.2009⁵ **eingeführt** und bereits wieder durch das Wachstumsbeschleunigungsgesetz v. 22.12.2009⁶ **modifiziert**. Die Sanierungsklausel des § 8c Abs. 1a KStG sieht vor, dass ein Beteiligungserwerb unbeachtlich ist, sofern dieser zur Sanierung des Geschäftsbetriebs der Gesellschaft erfolgt. Der Erwerb erfolgt zum Zwecke der Sanierung, wenn er zum Zeitpunkt der drohen- **10**

---

2 Vgl. hierzu *OLG Hamm* v. 15.6.1988 – 8 U 2/88, *BGH* v. 7.11.1994 – II ZR 248/93.
3 Zum Bezugsrecht bei der GmbH vgl. *BGH* v. 18.4.2005 – II ZR 151/03.
4 Vgl. m.w.N. *Schmidt K./Uhlenbruck* S. 153.
5 BR-Drucks. 567/09, BGBl. I 2009, 1959.
6 BR-Drucks. 865/09, BGBl. I, 3950.

den oder eingetretenen Zahlungsunfähigkeit oder Überschuldung stattfindet und die Sanierung darauf gerichtet ist, die **Zahlungsunfähigkeit** oder **Überschuldung** zu verhindern oder zu beseitigen und zugleich die wesentlichen **Betriebsstrukturen** zu erhalten. Die Erhaltung der Betriebsstrukturen ist in § 8c Abs. 1a S. 3 KStG beispielhaft geregelt und knüpft z.B. an die Erhaltung von Arbeitsplätzen, an die Lohnsumme oder die Zuführung von Betriebsvermögen durch Einlagen oder Erlass von Verbindlichkeiten durch den Erwerber an. Die EU-Kommission sieht in der Sanierungsklausel des § 8c Abs. 1a KStG eine **wettbewerbswidrige Beihilfe** und hat daher gegen die Bundesrepublik Deutschland ein Vertragsverletzungsverfahren nach Art. 108 Abs. 2 AEUV eingeleitet.[7] Das BMF hat darauf am 30.4.2010 mit einem **Nichtanwendungserlass** reagiert. Danach ist die **Sanierungsklausel des § 8c Abs. 1a KStG** bis zu einem abschließenden Beschluss der EU-Kommission **nicht mehr anzuwenden**. Das gilt auch in Fällen, in denen bereits eine verbindliche Auskunft erteilt worden ist. Die betroffenen Bescheide sind unter dem Vorbehalt der Nachprüfung (§ 164 AO) zu erlassen. Bereits unter Anwendung der Sanierungsklausel durchgeführte Veranlagungen bleiben einschließlich der entsprechenden Verlustfeststellungen bis auf weiteres bestehen.

11 Die **EU-Kommission** hat durch **Beschluss v. 26.1.2011** entschieden, dass die Sanierungsklausel des § 8c Abs. 1a KStG eine mit dem Binnenmarkt nicht zu vereinbarende **rechtswidrige Beihilferegelung** im Sinne des Art. 107 Abs. 1 AEUV darstellt, durch die selektiv „Unternehmen in Schwierigkeiten" begünstigt werden (vgl. AblEU 2011 vom 10.9.2011 Nr. L 235, 26). Die Umsetzung dieses Beschlusses ist unionsrechtlich zwingend geboten, gewährte Steuervorteile müssen innerhalb von vier Monaten nach Bekanntgabe des Beschlusses zurückgefordert und die gesetzliche Vorschrift aufgehoben werden. Die Bundesregierung hat gegen die Kommissionsentscheidung eine Nichtigkeitsklage vor dem EuGH erhoben. Die Klage hat indes keine aufschiebende Wirkung. Das Ergebnis der Klage bleibt abzuwarten.

2.2 Sonstige Kapitalzuführungen

12 Als kurzfristige liquiditätsfördernde Sanierungsmaßnahme ohne besondere formelle Anforderungen können die Gesellschafter auch **Zuzahlungen ohne Gegenleistungen** erbringen, um einen Jahresfehlbetrag zu vermeiden oder zu verringern oder um einen außerordentlichen Aufwand zu decken. Dazu ist der **Sanierungszuschuss** notwendigerweise ertragswirksam in der Gewinn- und Verlustrechnung zu erfassen, da eine erfolgsneutrale Erfassung als sog. „andere Zuzahlung" durch Einstellung in die Kapitalrücklage (§ 272 Abs. 4 Nr. 2 HGB) und gleichzeitige Entnahme aus der Kapitalrücklage den Saldo der Gewinn- und Verlustrechnung nicht berührt. Dieser Sanierungszuschuss verbessert damit mittelbar das Eigenkapital des Krisenunternehmens.

13 Daneben besteht aber auch die Möglichkeit, den Sanierungszuschuss zunächst erfolgsneutral in die Kapitalrücklage einzustellen und anschließend die nach § 272 Abs. 4 Nr. 2 HGB gebildete Kapitalrücklage aufzulösen, um – ohne Veränderung des Jahresergebnisses – einen entstandenen **Bilanzverlust** direkt auszugleichen.[8]

14 In **steuerlicher** Hinsicht ist zu beachten, dass der Zuschuss nach Auffassung des BFH als verdeckte Einlage des Gesellschafters zu behandeln ist, die zu **nachträglichen Anschaffungskosten** der Beteiligung führt.[9] Ein sofortiger Abzug des Sanierungszu-

---
7 AZ C7/2010, ex NN 5/10 – „KStG, Sanierungsklausel".
8 Vgl. *Küting* Handbuch der Rechnungslegung, 4. Aufl. 1995, Bd. Ia, § 272 HGB, Tz. 98 f.
9 *BFH* v. 28.4.2004 – I R 20/03, GmbHR 2004, 1484.

schusses als Betriebsausgabe kommt deshalb nicht in Betracht. Wird die Beteiligung im Privatvermögen gehalten, erhöht der Sanierungszuschuss ebenfalls nachträglich die Anschaffungskosten der Beteiligung.

3. Kapitalherabsetzung

Eine weitere Eigenkapitalmaßnahme ist die Kapitalherabsetzung (sog. **Kapitalschnitt**), an die sich regelmäßig eine sanierende Kapitalerhöhung anschließt. Die Kapitalherabsetzung dient dazu, Wertminderungen auszugleichen oder Verluste zu decken. Das bilanzielle Eigenkapital wird damit wertmäßig an das durch Wertminderungen oder Verluste geschmälerte Reinvermögen (Aktiva abzüglich Verbindlichkeiten) des Krisenunternehmens angepasst. Bei einer anschließenden Kapitalerhöhung wird durch die vorausgehende Kapitalherabsetzung vermieden, dass das im Wert geminderte Eigenkapital der Altgesellschafter durch die Kapitalerhöhung der Neugesellschafter quersubventioniert wird. Die Kapitalherabsetzung schafft damit die oftmals erforderlichen Rahmenbedingungen für die Aufnahme neuer Gesellschafter.

15

Seit 1994 ist bei **GmbH** durch die Einführung der §§ 58a ff. GmbHG eine **vereinfachte Kapitalherabsetzung** zulässig, ebenso wie bei **AG** (§§ 229 ff. AktG). Die vereinfachte Kapitalherabsetzung setzt voraus, dass sie der Verlustdeckung dienen muss und dass offene Eigenkapitalposten zuvor aufgelöst worden sind (§ 229 Abs. 1, 2 AktG, § 58a Abs. 1, 2 GmbHG). Die aus der Kapitalherabsetzung und der Rücklagenauflösung gewonnenen Beträge dürfen nur zur Verlustdeckung verwendet werden und sind darüber hinaus in die Kapitalrücklage bzw. bei AG in die Kapitalrücklage oder die gesetzliche Rücklage einzustellen (§ 230 AktG, § 58b Abs. 1, 2 GmbHG). Stellt sich nachträglich bei der Rechnungslegung für das Geschäftsjahr heraus, dass Verluste in der bei der Beschlussfassung angenommenen Höhe tatsächlich nicht eingetreten sind, so sind diese Differenzbeträge ebenfalls in die Kapitalrücklage einzustellen (§ 232 AktG, § 58c GmbHG). Aus Gründen des Gläubigerschutzes unterliegen die in die Kapitalrücklage eingestellten Beträge bei GmbH einer **Ausschüttungssperre** von 5 Jahren (58b Abs. 3 GmbHG). Zudem dürfen künftige Gewinne nur beschränkt ausgeschüttet werden (§ 233 AktG, § 58d GmbHG).

Bei AG wie auch bei GmbH darf das Nennkapital jeweils auch **unter den Mindestnennbetrag** von 50 000 EUR bzw. 25 000 EUR herabgesetzt werden, sofern in dem Beschluss über die Kapitalherabsetzung zugleich eine **Barkapitalerhöhung** festgesetzt wird, mit der der Mindestnennbetrag wieder erreicht wird (§ 229 Abs. 3 AktG i.V.m. § 228 AktG, § 58a Abs. 4 GmbHG). Damit ist eine **Kapitalherabsetzung auf null Euro** möglich. Diese Möglichkeit darf aber nicht dazu genutzt werden, Minderheitsgesellschafter aus der Gesellschaft zu drängen. Diese dürfen aufgrund von Treuepflichten nicht vom Bezugsrecht ausgeschlossen werden.[10]

16

Steuerrechtlich führt die Kapitalherabsetzung zu einem Buchgewinn der Gesellschaft, der indes nicht der Körperschaft- und Gewerbesteuer unterliegt (§ 8 Abs. 1 KStG, § 7 GewStG i.V.m. § 4 Abs. 1 EStG). Aufgrund der nicht gegebenen Ausschüttung unterbleibt eine Besteuerung auf Ebene der Gesellschafter.

17

Nachfolgend werden anhand eines einfachen **Fallbeispiels** die Effekte einer **vereinfachten Kapitalherabsetzung** im Zusammenhang mit einer **Barkapitalerhöhung** schematisch dargestellt.

18

---

10 Vgl. hierzu m.w.N. *Schmidt K./Uhlenbruck* S. 154.

19 Die familiengeführte mittelständische Automotive GmbH leidet erheblich unter Umsatzrückgang aufgrund reduzierter Aufträge. Der Umsatzrückgang hat zu Verlusten geführt, die bereits das gesamte Nennkapital der Gesellschaft aufgezehrt haben. Die Liquidität der Gesellschaft ist angespannt (vgl. **Abb. 1**). Bei dem gegenwärtig niedrigen Auftragseingang drohen in Kürze eine Überschuldung sowie auch Illiquidität der Gesellschaft, da der Gesellschafter keine Möglichkeiten hat, Kapital nachzuschießen. Potentielle externe Kapitalgeber sind nicht motiviert, weitere Kredite zu gewähren. Die Automotive GmbH befindet sich in der Krise.

Bilanz der Automotive GmbH vor Eigenkapitalmaßnahmen

20

Aktiva		Passiva	
Anlagevermögen	400	*Gezeichnetes Kapital*	***100***
Vorräte	200	*Kapitalrücklage*	*20*
Forderungen	280	Verbindlichkeiten	***880***
Liquide Mittel	20		
Nicht durch Eigenkapital gedeckter Fehlbetrag	*100*		
	1 000		1 000

Abb. 1: Bilanz vor Eigenkapitalmaßnahmen

21 Eine ausländische Fondsgesellschaft beurteilt die Zukunftsaussichten der deutschen Automobilzulieferindustrie positiv und möchte deshalb ein beschränktes Budget im Automobilsektor investieren. Die internen Richtlinien für unternehmerische Beteiligungen der Fondsgesellschaft sehen Beteiligungsquoten von mindestens 75 % vor. Als potentielles Investitionsobjekt hat die Fondsgesellschaft die Automotive GmbH identifiziert. Gesellschafter und Fondsgesellschaft einigen sich darauf, im ersten Schritt das Kapital herabzusetzen. Nach Auflösung der Kapitalrücklage entspricht das gezeichnete Kapital wertmäßig dem durch Verluste reduzierten Reinvermögen (Aktiva abzüglich Verbindlichkeiten) der Gesellschaft (vgl. **Abb. 2**).

Bilanz der Automotive GmbH nach Kapitalherabsetzung und Rücklagenauflösung

22

Aktiva		Passiva	
Anlagevermögen	400	*Gezeichnetes Kapital*	***20***
Vorräte	200	Verbindlichkeiten	880
Forderungen	280		
Liquide Mittel	20		
	900		900

Abb. 2: Bilanz nach Kapitalherabsetzung und Rücklagenauflösung

23 Auf Basis des herabgesetzten Kapitals wird im zweiten Schritt zugleich eine Erhöhung des gezeichneten Kapitals beschlossen, an der sich lediglich die Fondsgesellschaft beteiligt. Vereinbarungsgemäß leistet die Fondsgesellschaft ein Aufgeld (Agio), das in die Kapitalrücklage der Automotive GmbH eingestellt wird. Die Automotive GmbH verfügt nun wieder über eine angemessene Kapitalausstattung sowie auch über ausreichende liquide Mittel, so dass die Fortführung der Gesellschaft gesichert ist (vgl. **Abb. 3**). Die Fondsgesellschaft führt unmittelbar nach den Eigenkapitalmaßnahmen ein straffes Kostensenkungsprogramm durch und ist als neuer Gesellschafter mit einer Quote von 80 % an der sanierten Automotive GmbH beteiligt.

Die steuerlichen Verlustvorträge der GmbH können aufgrund des Beitritts der Fondsgesellschaft nicht genutzt werden, da das Sanierungsprivileg des § 8c Abs. 1a KStG aufgrund des Beschlusses der EU-Kommission v. 26.1.2011 als rechtswidrige Beihilferegelung beurteilt worden ist (vgl. Rn. 11). 24

Bilanz der Automotive GmbH nach Barkapitalerhöhung inkl. Agio

Aktiva		Passiva	
Anlagevermögen	400	*Gezeichnetes Kapital*	*100*
Vorräte	200	*Kapitalrücklage*	*40*
Forderungen	280	Verbindlichkeiten	880
Liquide Mittel	*140*		
	1 020		1 020

25

Abb. 3: Bilanz nach Barkapitalerhöhung inkl. Agio

4. Debt-Equity-Swap

Bei einem Debt-Equity-Swap werden Verbindlichkeiten in Eigenkapital umgewandelt. Investoren, die sich an einem Debt-Equity-Swap beteiligen, erwerben die Forderungen regelmäßig mit einem deutlichen Abschlag gegenüber ihrem Nennwert, da diese Forderungen häufig aufgrund der Krisensituation des Schuldners nicht mehr vollwertig sind. Durch einen Debt-Equity-Swap kann das Eigenkapital des Krisenunternehmens erhöht und damit eine mögliche Überschuldung vermieden werden. Gleichzeitig kann dadurch auch die Liquidität entlastet werden, weil Zins- und Tilgungsverpflichtungen entfallen. Als weiterer Vorteil von Debt-Equity-Swaps wird das vertrauensbildende Signal aufgrund des Engagements externer Investoren gesehen. Die Übernahme unternehmerischer Verantwortung durch die Neugesellschafter bildet Vertrauen bei Gläubigern, Kunden, Mitarbeitern und sonstigen Geschäftspartnern. Für Investoren bietet ein Debt-Equity-Swap die Chance, insbesondere von einer erfolgreichen Sanierung wesentlich zu profitieren. Im besten Fall ist ihre Beteiligung an dem sanierten Unternehmen mehr wert als die Anschaffungskosten für den Erwerb der Forderung. 26

Ein Debt-Equity-Swap lässt sich realisieren durch eine **vereinfachte Kapitalherabsetzung** (§§ 229 ff. AktG, § 58a GmbHG) und eine anschließende **Sachkapitalerhöhung** gegen Ausgabe neuer Anteile (§§ 182, 183 AktG, §§ 55, 56 GmbHG). Durch die vereinfachte Kapitalherabsetzung wird bei dem Krisenunternehmen das Grund- bzw. Stammkapital an das durch Verluste reduzierte Reinvermögen (Aktiva abzüglich Verbindlichkeiten) angepasst und mit den Verlusten verrechnet. Bei der anschließenden Sachkapitalerhöhung wird die Forderung gegen die Gesellschaft als Sacheinlage eingebracht, wobei die Einbringung entweder durch Abtretung der Forderung (§ 398 BGB) oder durch Erlass (§ 397 BGB) erfolgt. Im Falle der Abtretung erlischt die Forderung durch Konfusion. Eine zweite Variante des Debt-Equity-Swap besteht darin, dass die Altgesellschafter **Anteile** an den oder die Gläubiger **übertragen** und diese im 27

Gegenzug auf ihre Forderungen durch Erlassvertrag verzichten. Bei der zweiten Variante besteht das Risiko für den Erwerber der Anteile, dass dieser für rückständige Einlageverpflichtungen haftet (§ 16 Abs. 2 GmbHG).

28 Durch einen Debt-Equity-Swap verlieren die Altgesellschafter an Einfluss auf die Gesellschaft während die ehemaligen Gläubiger sich entsprechenden Einfluss sichern. Der innere Wert der Anteile der Altgesellschafter sinkt, weil der Unternehmenswert inklusive etwaiger stiller Reserven nach der Kapitalerhöhung anteilig auch den neuen Gesellschaftern zuzurechnen ist.

29 Besicherte Gläubiger sowie Gläubiger, die ihre Forderung als werthaltig betrachten, werden indes kaum motiviert sein, sich an einem Debt-Equity-Swap zu beteiligen, da mit einer Beteiligung nicht unwesentliche rechtliche Risiken und mögliche wirtschaftliche Nachteile verbunden sind. Nachrangige Gläubiger dürften vergleichsweise höher motiviert sein, sich an einem Debt-Equity-Swap zu beteiligen, da sich ihnen auf diesem Wege die Chance bietet, im Falle einer erfolgreichen Sanierung als Gegenleistung für das eingegangene Risiko an künftigen Unternehmensgewinnen teilzuhaben.[11]

30 Problematisch sind bei einem Debt-Equity-Swap vor allem das gesetzliche **Bezugsrecht der Altgesellschafter** sowie die **Werthaltigkeit der Forderungen**.

31 Die den Altgesellschaftern einer **AG** bei einer Kapitalerhöhung zustehenden Bezugsrechte werden grundsätzlich ausgeschlossen (§ 186 Abs. 3 AktG), damit die einzubringende Forderung im geplanten Umfang in Eigenkapital umgewandelt und die angestrebte Beteiligungsquote der Neugesellschafter erreicht werden können. Der **Bezugsrechtsausschluss** bedarf einer Mehrheit von mindestens 75 % des bei der Beschlussfassung vertretenen Grundkapitals (§ 186 Abs. 3 S. 2 AktG). Diese Hürde birgt ein erhebliches **Blockadepotential** für Altgesellschafter, die oftmals andere Ziele verfolgen als die Neugesellschafter. Während die Altgesellschafter an einer Fortführung des Unternehmens interessiert sind, sind die Neugesellschafter tendenziell eher an einem mittelfristigen gewinnbringenden Verkauf des Unternehmens interessiert. Das Blockadepotential kann dazu genutzt werden, den Neugesellschaftern einen Anteil des verbliebenen Unternehmenswertes als Gegenleistung für ihre Zustimmung abzuringen. Für **GmbH-Gesellschafter** sieht das GmbHG zwar kein Bezugsrecht vor – anders als § 186 AktG für Aktionäre – dennoch geht die h.M. davon aus, dass auch GmbH-Gesellschafter bei einer Kapitalerhöhung ein Bezugsrecht haben[12], so dass durch den für eine Sanierung oftmals notwendigen Ausschluss des Bezugsrechts auch bei GmbH ein **Blockadepotential** entstehen kann. Sind die GmbH-Altgesellschafter allerdings nicht in der Lage oder nicht bereit, gleichwertige Sanierungsleistungen zu erbringen wie der Sanierungsinvestor, können sie sich einem Bezugsrechtsausschluss nicht widersetzen. Eine **Kapitalerhöhung mit Bezugsrechtsausschluss** wird insbesondere als zulässig angesehen, wenn durch die Aufnahme eines Sanierungsinvestors die Sanierungserwartung signifikant erhöht wird[13] oder die Sanierung anders nicht erreichbar ist.[14]

32 Das vorbezeichnete Blockadepotential soll nach dem **RegE-ESUG v. 23.2.2011** entschärft werden. § 217 InsO-E sieht ergänzend vor, dass auch die Anteils- oder Mitgliedschaftsrechte der am Schuldner beteiligten Personen in den Insolvenzplan einbe-

---

11 Vgl. *Knecht/Drescher* in Burth/Hermanns, S. 477.
12 Vgl. m.w.N. *Schmidt K./Uhlenbruck* S. 209.
13 Vgl. *Schmidt K./Uhlenbruck* S. 209.
14 Vgl. *Baumbach/Hueck* Rn. 27.

zogen werden. Dadurch werden auch die Altgesellschafter Beteiligte im Sinne des Insolvenzplanverfahrens, in deren Rechtsstellung gemäß § 221 InsO durch den gestaltenden Teil des Insolvenzplans eingegriffen werden kann (vgl. *Meyer/Degener* BB 2011, 847 f.). Zusätzlich ist geplant, dass der **Insolvenzplan** die Grundelemente eines **Debt-Equity-Swap** enthalten kann, d. h. die Kapitalherabsetzung und Kapitalerhöhung, die Leistung von Sacheinlagen, den Ausschluss von Bezugsrechten oder die Zahlung von Abfindungen an ausscheidende Gesellschafter (§ 225a Abs. 2 InsO-E). Im Insolvenzplan soll ferner jede Regelung getroffen werden können, die gesellschaftsrechtlich zulässig ist (§ 225a Abs. 3 InsO-E). Weiterhin soll die Blockademacht der Altgesellschafter dadurch ausgehebelt werden, dass die gesellschaftsrechtlich notwendigen Beschlüsse zur Kapitalherabsetzung und Kapitalerhöhung nicht mehr gesondert gefasst werden müssen, sondern automatisch mit der Annahme des Insolvenzplans vorliegen (§ 254a Abs. 2 InsO-E) (vgl. *Bauer/Dimmling* NZI 2011, 517 f.).

Bei einer Sachkapitalerhöhung besteht im Hinblick auf die Werthaltigkeit der einzubringenden Forderung gegen das Krisenunternehmen das Risiko der **Differenzhaftung**. Ist die einzubringende Forderung nicht mehr vollwertig, kann die Eintragung der Sachkapitalerhöhung verweigert werden, und es besteht in Höhe der Differenz gegenüber dem Nominalwert eine **Nachschusspflicht** (§ 46 AktG, § 9 GmbHG). Vor allem bei Krisenunternehmen entsteht die Frage nach der Werthaltigkeit der einzubringenden Forderung, da diese krisenbedingt regelmäßig nicht mehr fällig, liquide und vollwertig ist. Scheitert die Sanierung, muss der Investor damit rechnen, dass er aufgrund der Differenzhaftung weitere Geldleistungen zu erbringen hat. 33

Das Risiko der **Differenzhaftung** soll nach dem **RegE-ESUG** bei einem Debt-Equity-Swap im **Insolvenzplanverfahren** für die Neugesellschafter dadurch **ausgeschlossen** werden, dass Ansprüche aus einer Überbewertung der Forderungen gegen die bisherigen Gläubiger gem. § 254 Abs. 4 InsO-E ausdrücklich ausgeschlossen werden (vgl. *Bauer/Dimmling* NZI 2011, 519). Außerhalb des Insolvenzplanverfahrens verbleibt indes für den ehemaligen Gläubiger, der seine Forderungen gegen Eigenkapital tauscht, ein wesentliches Haftungsrisiko. 34

Steuerrechtlich führt der Debt-Equity-Swap auf Ebene der Gesellschaft zu einer Gewinnrealisation, soweit die Forderung gegen das Krisenunternehmen nicht werthaltig ist. Vor dem Hintergrund des EU-Beschlusses v. 26.1.2011 zur Rechtswidrigkeit der Sanierungsklausel des § 8c Abs. 1a KStG (vgl. Rn. 1) führt der mit dem Debt-Equity-Swap verbundene Gesellschafterwechsel dazu, dass die **steuerlichen Verlustvorträge** des Krisenunternehmens nicht mehr oder nur noch eingeschränkt im Rahmen v. § 8c Abs. 1 KStG und § 10a S. 10 GewStG nutzbar sind (vgl. Rn. 10). Auf Ebene des neuen Gesellschafters führt der Debt-Equity-Swap in Höhe der eingebrachten Forderung zu Anschaffungskosten der neuen Beteiligung. 35

5. Stille Beteiligung

Neben der sanierenden Kapitalerhöhung durch die Aufnahme neuer Gesellschafter kommt die Gründung einer **stillen Beteiligung** (§§ 230 ff. HGB) als Sanierungsmaßnahme in Betracht. Durch den Beitritt stiller Gesellschafter, die nach außen nicht in Erscheinung treten, kann nicht nur die Zahlungsfähigkeit, sondern auch die Eigenkapitalposition des Krisenunternehmens verbessert werden. Das Konzept der stillen Gesellschaft existiert seit der Einführung des HGB im Jahre 1897. Der historische Gesetzgeber beabsichtigte ein darlehensähnliches Dauerrechtsverhältnis zu konzipie- 36 ren, mit dem der Kaufmann sein Handelsgewerbe finanzieren kann.[15] Die stille Gesellschaft ist einfach und flexibel handhabbar. Der stille Gesellschafter und der Geschäftsinhaber sind lediglich durch schuldrechtliche Beziehungen miteinander verbunden. Die schuldrechtlichen Vereinbarungen können weitgehend nach den Wünschen der Beteiligten frei gestaltet werden. Grundsätzlich bestehen keine Formvorschriften. Aus Nachweisgründen, auch gegenüber dem Finanzamt, ist indes zu empfehlen, den Gesellschaftsvertrag (§ 705 BGB) schriftlich abzufassen. Die Rechte und Pflichten des stillen Gesellschafters beschränken sich ausschließlich auf das Innenverhältnis mit der Gesellschaft. Der stille Gesellschafter überlässt dem Unternehmen, an dem er sich beteiligt, eine Einlage, die in das Vermögen des Unternehmens eingeht. Die stille Gesellschaft wird grundsätzlich nicht zum Handelsregister angemeldet. Bei AG ist allerdings die Zustimmung der Hauptversammlung einzuholen (§§ 292 Abs. 1 Nr. 2, 293 Abs. 1 AktG) und die stille Gesellschaft ist zum Handelsregister anzumelden (§ 294 AktG). Je nach Ausgestaltung des Gesellschaftsvertrages wird zwischen der **typisch stillen Beteiligung** und der **atypisch stillen Beteiligung** unterschieden.

37 Der **typisch stille Gesellschafter** ist am Gewinn und je nach Vereinbarung auch am Verlust des Unternehmens beteiligt. Er ist indes nicht am Vermögen der Gesellschaft beteiligt. Grundsätzlich stehen dem typisch stillen Gesellschafter nur die Kontrollrechte nach § 233 Abs. 1 und 3 HGB zu, wonach er berechtigt ist, eine Abschrift vom Jahresabschluss zu verlangen und dessen Richtigkeit unter Einsicht der Bücher und Belege zu prüfen. Einlagen typisch stiller Gesellschafter sind indes grundsätzlich nur als Fremdkapital zu qualifizieren und erhöhen nicht das haftende Eigenkapital des Krisenunternehmens. Als ergänzende Sanierungsmaßnahme ist in diesem Fall zu empfehlen, dass der stille Gesellschafter einen **Rangrücktritt** (§ 39 Abs. 2 InsO; vgl. dazu Rn. 77 ff.) erklärt und ggf. mit einer **Besserungsklausel** (vgl. Rn. 72) versieht. Im Insolvenzfall kann der stille Gesellschafter seine Einlage, soweit diese seinen anteiligen Verlust übersteigt, als Gläubiger geltend machen (§ 236 Abs. 1 HGB), sofern nichts anderes vereinbart ist. Rückständige Einlagen hat der stille Gesellschafter zur Insolvenzmasse einzuzahlen, soweit dies zur Deckung seines anteiligen Verlustes erforderlich ist (§ 236 Abs. 2 HGB). Leistet ein Gesellschafter des Krisenunternehmens eine typisch stille Einlage, wird diese grundsätzlich wie ein **Gesellschafterdarlehen** (vgl. Rn. 44 ff.) gewertet. Von einer Passivierung im Überschuldungsstatus kann nur dann abgesehen werden, wenn ein **Rangrücktritt** vereinbart wird (§§ 39 Abs. 1 Nr. 5, 135 InsO).

38 Der **atypisch stille Gesellschafter** ist an den laufenden Gewinnen und Verlusten sowie auch an den stillen Reserven des Unternehmens beteiligt und hat weitergehende Mitwirkungs- und Kontrollrechte als der typisch stille Gesellschafter. Eine atypisch stille Beteiligung kann in der Regel nicht kurzfristig gekündigt werden. Verbunden mit der nicht ausschließbaren Verlustbeteiligung ist die Einlage des atypisch stillen Gesellschafters handelsrechtlich grundsätzlich als Posten mit Eigenkapitalcharakter zu werten und wird in diesem Fall in der Handelsbilanz als gesonderter Posten nach dem Eigenkapital ausgewiesen. Diese handelsrechtliche Wertung genügt allerdings nicht, um auf die Passivierung im Überschuldungsstatus zu verzichten.[16] Auf eine Passivierung im Überschuldungsstatus darf nur verzichtet werden, wenn der atypisch stille Gesellschafter einen **Rangrücktritt** erklärt (§ 39 Abs. 2 InsO).

---

15 Vgl. *Hense* Die stille Gesellschafte im handelsrechtlichen Jahresabschluss, 1. Auflage, 1990, S. 1.
16 Vgl. m.w.N. *Schmidt K./Uhlenbruck* S. 531.

In **steuerlicher Hinsicht** erzielt der typisch stille Gesellschafter Einkünfte aus Kapitalvermögen (§ 20 EStG), während der atypisch stille Gesellschafter als Mitunternehmer Einkünfte aus Gewerbebetrieb erzielt (§ 15 Abs. 1 Nr. 2 EStG). Die Verluste stiller Gesellschafter sind nur beschränkt steuerlich abzugsfähig. Auf Anteile des typisch und des atypisch stillen Gesellschafters am Verlust ist § 15a EStG anzuwenden. Ferner dürfen Verluste aus atypisch stillen Gesellschaften weder mit Einkünften aus Gewerbebetrieb noch aus anderen Einkunftsarten ausgeglichen werden; sie dürfen auch nicht nach § 10d EStG abgezogen werden (§ 15 Abs. 4 S. 6 EStG). Sie mindern jedoch nach Maßgabe des § 10d EStG die Gewinnanteile aus „derselben" stillen Gesellschaft in dem unmittelbar vorangegangenen Wirtschaftsjahr oder in den Folgejahren. Für typisch stille Gesellschaften gilt entsprechendes sinngemäß (§ 20 Abs. 1 Nr. 4 S. 2 EStG). Beteiligt sich ein atypisch stiller Gesellschafter an einer Kapitalgesellschaft, wird die Kapitalgesellschaft in Verbindung mit der atypisch stillen Beteiligung gewerbesteuerlich wie eine Personengesellschaft behandelt, so dass der Gewebeertrag um den Freibetrag von 24 500 EUR gekürzt werden kann (§ 11 Abs. 1 Nr. 1 GewStG). 39

II. Fremdkapitalmaßnahmen

1. Rechtlicher und wirtschaftlicher Maßstab

Gläubiger sind rechtlich nicht verpflichtet, sich an Sanierungsmaßnahmen eines Krisenunternehmens zu beteiligen. Gleichwohl haben Gläubiger häufig ein wirtschaftliches Interesse, einen Beitrag zur Restrukturierung des Krisenunternehmens zu leisten, um dadurch das Krisenunternehmen vor der Insolvenz zu bewahren. Im Insolvenzfall verringert sich in der Regel die Aussicht der Gläubiger, ihre Forderungen zu realisieren. 40

Häufig ist die Beteiligung der Gläubiger notwendige Voraussetzung für eine erfolgreiche Sanierung. Eine wesentliche Voraussetzung für die Beteiligung von Gläubigern an Sanierungsmaßnahmen ist, dass ihnen zunächst ein schlüssiges Sanierungskonzept auf Basis einer integrierten Bilanz-, Ertrags- und Finanzplanung vorgelegt wird. Auf Basis des Sanierungskonzeptes sollte zunächst in quantitativer und qualitativer Hinsicht ersichtlich sein, in welchem Umfang welche Art von Beiträgen zur Sanierung des Krisenunternehmens erforderlich sind. Zudem benötigen die Gläubiger, nicht nur aus rechtlichen Gründen, eine Unterlage zur Unterlegung ihrer Entscheidung (z.B. Stundung oder Ausweitung von Krediten) anhand derer sie später die Zielerreichung überprüfen können. Darüber hinaus müssen die Prämissen und die Sanierungsmaßnahmen, mit Hilfe derer die Wettbewerbsfähigkeit und eine branchenübliche Rendite des Krisenunternehmens wiederhergestellt werden soll, exakt abgebildet und nachvollziehbar erläutert werden, um das Vertrauen der Gläubiger wieder zu gewinnen. Gelingt es auf dieser Basis, mit einem wesentlichen Kreis der Gläubiger **vor Eröffnung eines Insolvenzverfahrens** Maßnahmen zur Sanierung des Unternehmens zu vereinbaren, spricht man von einem **außergerichtlichen Vergleich**. Sanierungsmaßnahmen von Gläubigern können aber auch **nach Eröffnung eines Insolvenzverfahrens** in einen **Insolvenzplan** eingebettet werden. 41

Die zu ergreifenden Fremdkapitalmaßnahmen haben vorrangig das Ziel, die Liquiditätssituation des zu sanierenden Unternehmens zu verbessern. Ein eigenkapitalerhöhender Effekt geht von den Fremdkapitalmaßnahmen in der Regel nicht aus, so dass 42 begleitend zu den Fremdkapitalmaßnahmen grundsätzlich auch eigenkapitalerhöhende Maßnahmen zu ergreifen sind.

43 Nachfolgend werden verschiedene Maßnahmen zur Sanierung von Krisenunternehmen vorgestellt, die jeweils das Fremdkapital des Krisenunternehmens betreffen. Im Einzelnen die Gewährung von **Gesellschafterdarlehen,** die **Erhöhung von Kreditlinien** vor allem durch Kreditinstitute, die **Stundung** und **Novation** insbesondere von Lieferantenforderungen, der **Forderungsverzicht** durch Gesellschafter und sonstige Gläubiger sowie die **Rangrücktrittserklärung** durch Gesellschafter und sonstige Gläubiger.

2. Gesellschafterdarlehen

44 Gesellschafter können frei darüber entscheiden, ob sie ihrem Unternehmen in der Krise benötigtes zusätzliches Kapital entweder zusätzliches Eigenkapital gewähren oder mit Abschluss eines Darlehensvertrages (§ 488 BGB) der Gesellschaft Fremdkapital in Form eines Darlehens (**Gesellschafterdarlehen**) zur Verfügung stellen. Gesellschafterdarlehen kommen v.a. in Krisensituationen in Betracht, in denen es in erster Linie darum geht, die drohende Zahlungsunfähigkeit zu vermeiden. Zusätzlich lassen sich positive Liquiditäts- und Ergebniseffekte bei dem Krisenunternehmen erreichen, wenn der Gesellschafter dem Krisenunternehmen das Darlehen **zinsvergünstigt** oder **zinslos** gewährt. Eine Überschuldung lässt sich durch die Gewährung von Gesellschafterdarlehen indes nicht ohne Weiteres vermeiden, da die liquiden Mittel zwar die Aktiva des Krisenunternehmens erhöhen, in gleichem Maße erhöhen sich aber auch die Verbindlichkeiten auf der Passivseite der Bilanz bzw. des Überschuldungsstatus.

45 Aus Gesellschaftersicht bietet die Gewährung von Darlehen statt Eigenkapital den Vorteil, dass die Gewährung von Darlehen grundsätzlich befristet ist gegenüber der grundsätzlich unbefristeten Überlassung von Eigenkapital, so dass das der Gesellschaft überlassene Kapital bei Bedarf schneller wieder verfügbar ist. Zudem erwirbt der Gesellschafter auch während der Unternehmenskrise Ansprüche auf Zinszahlungen für die Darlehensgewährung, sofern er das Darlehen nicht zinslos gewährt, während er bei der Überlassung von Eigenkapital unter Umständen nur an den Unternehmensverlusten teilnimmt. Die Darlehensgewährung hat gegenüber der Eigenkapitalfinanzierung indes den Nachteil, dass insoweit das Verlustausgleichspotential des Eigenkapitals nicht vergrößert wird. Empirische Untersuchungen zeigen, dass vor allem eine hohe Eigenkapitalbasis maßgebend ist für die Bestandsfestigkeit von Unternehmen.[17]

46 Durch das mit Wirkung zum 1.11.2008 in Kraft getretene MoMiG sind die Vorschriften zum Rechtsinstitut des „**Eigenkapitalersetzenden Darlehen**", v.a. die §§ 32a, 32b GmbHG, für künftige Fälle abgeschafft worden, ebenso wie die bisherigen „Rechtsprechungsregeln" zum eigenkapitalersetzenden Darlehen (§§ 30, 31 GmbHG a.F. analog; vgl. § 30 Abs. 1 S. 3 GmbHG n.F.). Die Qualifizierung von Gesellschafterdarlehen als „eigenkapitalersetzend" hat also, abgesehen von Altfällen, keine rechtliche Relevanz mehr (hierzu auch unter Rn. 107 ff.).

47 Die Gewährung von Gesellschafterdarlehen in der Unternehmenskrise sind in Art. 9 MoMiG verankert und werden nunmehr durch die gesetzlichen Vorschriften der InsO geregelt. Die Neuregelungen gelten für alle Arten von Gesellschafterdarlehen.

---

17 Vgl. m.w.N. *Baetge* Bilanzen, 7. Aufl. 2003, S. 421.

Danach werden im Insolvenzverfahren Rückzahlungsansprüche aus jeglichen Gesellschafterdarlehen von Gesetzes wegen nachrangig bedient (§ 39 Abs. 1 Nr. 5 InsO). Die Rückzahlung von Gesellschafterdarlehen außerhalb des Insolvenzverfahrens ist anfechtungsfrei, wenn sie vor der maßgebenden Jahresperiode des § 135 Abs. 1 Nr. 2 InsO erfolgt ist. Andernfalls kann die Rückzahlung des Gesellschafterdarlehens angefochten und auf diesem Wege zur Insolvenzmasse gezogen werden. Auch zu Zeiten der Unternehmenskrise resultiert aus dem Gesetz **keine gesetzliche Rückzahlungssperre** analog § 30 GmbHG mehr (§ 30 Abs. 1 S. 3 GmbHG n. F.). Im Hinblick auf die Behandlung von Gesellschafterdarlehen im Überschuldungsstatus ist indes weiterhin eine **Rangrücktrittserklärung** des Darlehensgebers erforderlich, um den in § 39 Abs. 1 Nr. 5 InsO festgeschriebenen Nachrang bereits vor Eröffnung eines Insolvenzverfahrens zu erreichen. Vereinfacht wird die Formulierung des Rangrücktritts im Hinblick auf die Tiefe des Rangrücktritts durch § 19 Abs. 2 S. 2 InsO, wonach ein schlichter Rangrücktritt nach § 39 Abs. 2 InsO genügt (vgl. dazu Rn. 77 ff.).

Kleingesellschafter und **Sanierungsgesellschafter** sind, wie zuvor nach alter Rechtslage (§§ 32a Abs. 3 S. 2, 32a Abs. 3 S. 3 GmbHG a.F.) durch das neue Recht nach dem MoMiG privilegiert. Ihre Gesellschafterdarlehen sind von der nachrangigen Befriedigung gemäß § 39 Abs. 1 Nr. 5 InsO ausgeklammert. Das **Sanierungsprivileg** (§ 39 Abs. 4 S. 2 InsO n.F.) soll Gläubiger motivieren, zunächst eine Beteiligung am Krisenunternehmen zu erwerben, um anschließend privilegierte Sanierungskredite oder stille Einlagen zur Finanzierung des Krisenunternehmens zu leisten. Nach § 39 Abs. 4 S. 2 InsO gilt die Einstufung als nachrangiges Gesellschafterdarlehen nicht für Forderungen aus bestehenden oder neu gewährten Darlehen von solchen Gläubigern, die bei drohender oder eingetretener Zahlungsunfähigkeit der Gesellschaft oder bei Überschuldung Anteile der Gesellschaft nachweisbar zum Zwecke der Sanierung erwerben (s. hierzu unter Rn. 107 ff.). 48

Das **Kleinbeteiligungsprivileg** oder **Zerganteilsprivileg** (§ 39 Abs. 5 InsO n.F.) soll die Finanzierung mittelständischer Unternehmen erleichtern, hat aber in der Praxis keine nennenswerte Bedeutung erlangt[18]. Nach § 39 Abs. 5 InsO gilt die Einstufung als nachrangiges Gesellschafterdarlehen nicht für Forderungen von nicht geschäftsführenden Gesellschaftern, die mit 10 Prozent oder weniger am Haftkapital beteiligt sind. 49

Bei der Bewertung von niedrig oder nicht verzinsten (Gesellschafter-) Darlehen stellt sich die Frage, ob handelsrechtlich eine **Abzinsung** geboten ist. § 253 Abs. 1 S. 2 HGB schreibt vor, dass Verbindlichkeiten grundsätzlich mit ihrem Rückzahlungsbetrag anzusetzen sind. Eine Abzinsung ist danach nicht zulässig, da diese dem Wortlaut des § 253 Abs. 1 S. 2 HGB widersprechen würde. Zudem würde eine Abzinsung auch gegen das handelsrechtliche Realisationsprinzip verstoßen, weil ungewiss ist, ob der aus der Abzinsung resultierende Gewinn unternehmensintern überhaupt erwirtschaftet wird.[19] 50

In **steuerlicher** Hinsicht gilt, dass der Finanzierungsaufwand bei der Gesellschaft grundsätzlich als Betriebsausgabe steuerlich abzugsfähig ist (§ 4 Abs. 4 EStG). Allerdings wurde die Abziehbarkeit von Zinsaufwendungen durch das Unternehmensteuerreformgesetz 2008 vom 14.8.2007 deutlich eingeschränkt durch die Einführung einer 51

---

18 Vgl. m.w.N. *Schmidt K./Uhlenbruck* S. 175.
19 Vgl. *Baetge* Bilanzen, 7. Aufl. 2003, S. 196 f.; *Wöhe* Bilanzierung und Bilanzpolitik, 9. Aufl. 1997, S. 514.

Zinsschranke (§ 4h EStG) sowie die geänderten gewerbesteuerlichen Hinzurechnungsvorschriften (§ 8 GewStG). Die Zinsschranke wird nicht angewendet, wenn die die Zinserträge übersteigenden Zinsaufwendungen die Freigrenze von gegenwärtig 3 Mio. EUR nicht überschreiten. Wird diese Freigrenze überschritten, ist der Abzug auf 30 % des steuerlichen Gewinns vor Zinsen, Steuern und Abschreibungen (EBITDA) begrenzt. Die Zinsschranke gilt zwar nicht für Betriebe, die nicht oder nur anteilmäßig zu einem Konzern gehören, allerdings greift die Zinsschranke bei Kapitalgesellschaften auch ohne Konzernzugehörigkeit, wenn eine schädliche Gesellschafterfremdfinanzierung nach § 8a Abs. 2 KStG vorliegt. Diese ist anzunehmen, wenn die Vergütungen für das Fremdkapital an einen zu mehr als 25 % unmittelbar oder mittelbar am Grund- oder Stammkapital beteiligten Gesellschafter, eine diesem nahe stehende Person (§ 1 Abs. 2 AStG) oder einen Dritten, der ein Rückgriffsrecht auf die zuvor genannten hat, mehr als 10 % des Zinssaldos betragen (§ 8a Abs. 2 KStG). Gelingt Konzernunternehmen der Nachweis, dass ihre Eigenkapitalquote gleich hoch oder höher als die Konzerneigenkapitalquote ist, ist die Zinsschranke nicht anzuwenden (Escape-Klausel, § 4h Abs. 2 S. 1 lit. c EStG), allerdings darf auch hier wiederum keine schädliche Gesellschafterfremdfinanzierung (§ 8a Abs. 3 KStG) vorliegen. Nicht abziehbare Schuldzinsen werden durch das Betriebsfinanzamt gesondert festgestellt und können in die steuerlichen Folgeperioden vorgetragen und unter Beachtung der Zinsschranke abgezogen werden. Da gerade Krisenunternehmen durch eine hohe Fremdkapitalquote und einen entsprechend hohen Zinsaufwand sowie durch eine schlechte Ertragslage und ein entsprechend niedriges EBITDA gekennzeichnet sind, kann die Zinsschranke insbesondere bei Krisenunternehmen zu wesentlichen steuerlichen Mehrbelastungen führen.

52 Die Gewährung eines **zinsvergünstigten** oder **zinslosen** Darlehens ist steuerlich nicht als verdeckte Einlage zu werten, da der Zinsvorteil kein eigenständiges, einlagefähiges Wirtschaftsgut darstellt, sondern lediglich einen nicht einlagefähigen Nutzungsvorteil.[20] Unverzinsliche und niedrig verzinsliche Darlehen, deren Laufzeit am Bilanzstichtag mehr als 12 Monate beträgt, sind mit einem Zinssatz von 5,5 % abzuzinsen (§ 6 Abs. 1 Nr. 3 EStG), so dass bei der Gesellschaft ein steuerpflichtiger Abzinsungsgewinn entsteht. In den Folgejahren ist die Verbindlichkeit wieder schrittweise aufwandswirksam bis zum Erreichen des Rückzahlungsbetrages zu erhöhen.

53 Auf Ebene der Gesellschafter sind Zinserträge, unabhängig von einem eventuell eingeschränkten Betriebsausgabenabzug auf Ebene der Gesellschaft, in voller Höhe zu versteuern. Bei natürlichen Personen unterliegen Zinserträge im Privatvermögen der Abgeltungsteuer in Höhe von 25 % und im Betriebsvermögen dem Regeltarif. Zinserträge, die im Gewerbebetrieb erzielt werden, unterliegen der Gewerbesteuer, die auf die Einkommensteuer anrechenbar ist (§ 35 EStG). Bei Kapitalgesellschaften unterliegen Zinserträge der Körperschaftsteuer und der Gewerbesteuer.

3. Erhöhung der Kreditlinien

54 Eine Erhöhung der Kreditlinien kann auf einfache Art einen Liquiditätsengpass und damit eine drohende Zahlungsunfähigkeit beseitigen. Eine drohende oder eingetretene Überschuldung kann dadurch aber nicht beseitigt werden. Einerseits werden zwar liquide Mittel zugeführt und damit die Aktiva des Krisenunternehmens entspre-

---

20 Vgl. *BFH* v. 26.10.1987, GrS 2/86, BStBl II 1988, S. 348.

chend erhöht, andererseits erhöhen sich aber insoweit auch die Verbindlichkeiten auf der Passivseite der Bilanz bzw. des Überschuldungsstatus. Die Erhöhung der Kreditlinien führt somit zu einer Erhöhung der Fremdkapitalquote sowie zu einem zusätzlichen Zinsaufwand, der sich insoweit negativ auf die Ertragslage der Gesellschaft auswirkt.

Bei der Erhöhung der Kreditlinien kommt vor allem den **Kreditinstituten** häufig eine Schlüsselstellung zu, weil Sanierungsbeiträge der anderen beiden großen Gruppen von Gläubigern, Lieferanten und Arbeitnehmer, aufgrund der Vielzahl der Betroffenen nur schwer zu organisieren sind und aufgrund der zum Teil nur geringen Leistungsfähigkeit der einzelnen Gläubiger kaum im erforderlichen Umfang geleistet werden können. Allerdings besteht für Kreditinstitute keine Rechtspflicht, Sanierungsbeiträge zu leisten. Etwaige nebenvertragliche Treuepflichten beschränken sich lediglich auf die bereits abgeschlossenen Kreditverträge und nicht etwa auf die Gewährung neuer Kredite.[21] Die Gewährung neuer Kredite treffen Kreditinstitute auf Basis einer unternehmerischen Entscheidung. Entscheidungsgrundlage ist regelmäßig ein **schlüssiges Sanierungskonzept**, das von den erkannten und erkennbaren Gegebenheiten ausgeht und sowohl in quantitativer als auch in qualitativer Hinsicht offenlegt, in welchem Umfang welche Art von Beiträgen von Gesellschaftern und Gläubigern zur Sanierung des Krisenunternehmens erforderlich sind. Darüber hinaus müssen die Prämissen und die notwendigen Sanierungsmaßnahmen, mit Hilfe derer die Wettbewerbsfähigkeit und eine branchenübliche Rendite des Krisenunternehmens wiederhergestellt werden soll, exakt abgebildet und nachvollziehbar erläutert werden. Aus dem Sanierungskonzept muss erkennbar sein, dass die Kreditvergabe durch das Kreditinstitut dem Zweck der Sanierung dient und dazu auch objektiv geeignet ist. Schließlich dürfen keine ernsthaften Zweifel am Gelingen der Sanierung bestehen. Andernfalls müsste das Kreditinstitut sich bei einer gescheiterten Sanierung möglicherweise den Vorwurf der **Insolvenzverschleppung** gefallen lassen und dass es durch die Kreditvergabe sittenwidrig andere Gläubiger geschädigt habe (§ 826 BGB). Der Vorwurf könnte lauten, das Kreditinstitut habe den zusätzlichen Kredit ohne Sanierungsabsicht vergeben, um lediglich eigennützige Ziele zu verfolgen, etwa um bereits gewährte Kredite zurückzuführen. Andere **Gläubiger** könnten auch dadurch **benachteiligt** sein, dass diese aufgrund der zusätzlichen Kreditvergabe die Lage des Krisenunternehmens zu günstig beurteilt haben und deshalb ihre Forderungen gegen das Krisenunternehmen nicht mit letzter Konsequenz eingefordert oder gesichert haben oder weitere Forderungen aufgebaut haben.[22]

Liegen die vorgenannten Voraussetzungen vor, kann das Kreditinstitut die Gewährung zusätzlicher liquider Mittel auf Basis einer unternehmerischen Entscheidung treffen. Diese werden nur dann zusätzliche Kreditlinien gewähren, wenn absehbar ist, dass dadurch ein Liquiditätsengpass bei dem Krisenunternehmen ohne wesentliche Beeinträchtigung des Ertragspotenzials überwunden werden kann oder notwendige Sanierungsmaßnahmen oder Investitionen realisiert werden können, durch die das Ertragspotenzial des Krisenunternehmens wieder hergestellt werden kann. In diesem Fall kann die Gewährung zusätzlicher Kredite die Wahrscheinlichkeit der Rückführung der bestehenden Kredite erhöhen.

---

21 Vgl. *Wittig* in Schmidt K./Uhlenbruck, S. 256 f.
22 Vgl. m.w.N. *Wittig* in Schmidt K./Uhlenbruck, S. 259 f.

57 Gewährt ein Kreditinstitut in der Phase der Prüfung eines vorgelegten Sanierungskonzeptes einen **Überbrückungskredit**, der zumindest bis zum Ende der Prüfungsphase die Zahlungsfähigkeit des Krisenunternehmens gewährleistet, wird die Kreditgewährung nicht als sittenwidrige Insolvenzverschleppung anzusehen sein, sofern die Beteiligten ernsthaft und mit aus ihrer Sicht tauglichen Maßnahmen die Sanierung verfolgen, auch wenn das Kreditinstitut damit eigennützige Ziele verfolgt.[23]

58 In **steuerlicher** Hinsicht ist zu beachten, dass durch die Gewährung zusätzlicher Kredite und die damit verbundene Erhöhung des Zinsaufwands die steuerliche Abziehbarkeit des Zinsaufwands durch die **Zinsschranke** (§ 4h EStG) begrenzt sein kann (vgl. dazu im Einzelnen Rn. 51).

4. Stundung

59 Die Stundung von Forderungen kann in den Fällen hilfreich sein, in denen das Krisenunternehmen sich in vorübergehenden Zahlungsschwierigkeiten befindet und glaubhaft machen kann, dass es zu einem späteren Zeitpunkt die Schuld begleichen wird. Dazu vereinbaren Gläubiger und Schuldner, die Fälligkeit der Forderung gegen das Krisenunternehmen über den Zeitpunkt hinauszuschieben, der sich sonst aus Vereinbarung oder Gesetz ergeben würde. Eine Stundung kann bereits bei Vertragsschluss vereinbart werden oder im Wege einer nachträglichen Vertragsänderung (§ 311 Abs. 1 BGB). Für die Stundung ist grundsätzlich keine bestimmte Form vorgeschrieben. Grundsätzlich genügt eine mündliche Vereinbarung zwischen Gläubiger und Schuldner. Aus Nachweisgründen ist indes die Schriftform zu empfehlen. Ist der zu Grunde liegende Vertrag formbedürftig, so erstreckt sich die Formbedürftigkeit entsprechend auf die Stundungsvereinbarung, z.B. bei Grundstückskaufverträgen (§ 311b BGB). Die Stundung ist ein Leistungsverweigerungsrecht des Schuldners und hemmt als solches die Verjährung (§ 205 BGB). Abhängig vom Einzelfall kann die nachträgliche Stundungsvereinbarung als Anerkenntnis des Schuldners ausgelegt werden, wodurch die Verjährung erneut beginnt (§ 212 BGB).

60 Als Restrukturierungsmaßnahme eignet sich die Stundung, um einen **Liquiditätsengpass** zu überbrücken. Eine Überschuldung des Krisenunternehmens kann durch eine Stundung nicht beseitigt werden. Eine Stundung ist eine sehr einfache Maßnahme. Bei Lieferanten besteht indes das Risiko, dass diese bei einer Stundungsanfrage mit einem Lieferstop reagieren oder nur noch gegen Vorkasse liefern. Stundungen lassen sich deshalb grundsätzlich eher mit Kreditinstituten vereinbaren. So kann zwischen dem Krisenunternehmen und dem Kreditinstitut vereinbart werden, Zins- und/oder Tilgungsraten zu stunden. Für Kreditinstitute besteht indes keine Rechtspflicht, Zins- oder Tilgungsraten im Krisenfall zu stunden (vgl. Rn. 55).

61 **Steuerforderungen** können ganz oder teilweise durch Finanzbehörden gestundet werden, wenn die Einziehung der Steuerforderung bei Fälligkeit eine erhebliche Härte für den Schuldner bedeuten würde und der Anspruch durch die Stundung nicht gefährdet erscheint (§ 222 AO). Die Stundung von Steuerforderungen soll in der Regel nur auf Antrag und gegen Sicherheitsleistung gewährt werden. Die einfachste Form der Stundung von Steuerforderungen ist die Überbrückungsstundung aus **sachlichen Gründen**, die in Betracht kommt, wenn die Möglichkeit absehbar ist, die Steuerforderung des Finanzamtes mit künftigen Steuererstattungsansprüchen zu verrechnen.

---

23 Vgl. m.w.N. *Wittig* in Schmidt K./Uhlenbruck, S. 261.

Diese sogenannte technische Stundung wird in der Regel zinslos gewährt. Dem gegenüber können Steuerforderungen auch aus **persönlichen Gründen** gegen Zinsen gestundet werden, um eine vorübergehende finanzielle Notlage zu überbrücken. Die sogenannte echte Stundung setzt voraus, dass der Steuerschuldner **stundungsbedürftig** und **stundungswürdig** ist. Die Stundungsbedürftigkeit ist gegeben, wenn die sofortige Einziehung der Steuerschuld für den Steuerschuldner eine erhebliche Härte bedeuten würde, die etwa dann vorliegt, wenn die sofortige Zahlung die wirtschaftliche Existenz des Steuerschuldners bedrohen würde. Der Steuerschuldner ist stundungswürdig, wenn er die finanzielle Notlage nicht selbst herbeigeführt hat. Der Stundungsantrag sollte deshalb zum einen belegen, dass der Steuerschuldner sich in einer vorübergehenden finanziellen Krise befindet, die aber in absehbarer Zeit abgewendet wird. Zum anderen sollte der Stundungsantrag die externen Ursachen der finanziellen Notlage belegen, z.B. Umwelteinflüsse (Vulkanausbruch, Hochwasser, Ölpest etc.), konjunkturelle oder branchenbedingte Gründe. Für die Dauer der gewährten Stundung von Steuerforderungen werden Stundungszinsen erhoben in Höhe von 0,5 % pro Monat (§§ 234, 238 AO).

Wird der Stundungsantrag abgelehnt, bleibt der Versuch, mit der zuständigen Vollstreckungsstelle eine Ratenzahlung in Verbindung mit einem **Vollstreckungsaufschub** (§ 258 AO) zu vereinbaren. Die Vollstreckungsstelle wird in diesem Fall keine weiteren Vollstreckungsmaßnahmen (z.B. Kontenpfändung) ergreifen, so dass die betreffende Steuerforderung praktisch gestundet wird. In diesem Fall sind statt der Stundungszinsen indes Säumniszuschläge von 1,0 % pro Monat zu leisten (§ 240 AO), die nach Zahlung der letzten Raten auf Antrag zur Hälfte erlassen werden können (Abschn. 178 Nr. 5d AEAO).

Die durch den Arbeitgeber abzuführende **Lohnsteuer** sowie auch die **Umsatzsteuerzahllast** werden von den Finanzämtern grundsätzlich nicht gestundet und sind unabhängig von der finanziellen Lage des Unternehmens an das zuständige Finanzamt abzuführen.

Auswirkungen der Stundung auf die **Handelsbilanz** beschränken sich grundsätzlich auf geänderte Bilanzvermerke und Angaben im Anhang im Hinblick auf die Restlaufzeiten der Verbindlichkeiten (§§ 268 Abs. 5 S. 1, 285 Nr. 1 lit. a) HGB).

5. Novation

Die Novation von Schuldverhältnissen kommt, ergänzend zur Stundung, als Sanierungsmaßnahme in Betracht, wenn bei dem Krisenunternehmen ein vorübergehender **Liquiditätsengpass** zu überbrücken ist. Anders als bei der Stundung, bei der ein bestehendes Vertragsverhältnis geändert wird, erlischt das alte Vertragsverhältnis bei der Novation vollständig und wird vereinbarungsgemäß inhaltlich durch ein neues Vertragsverhältnis ersetzt (§ 311 Abs. 1 BGB). Auf diesem Wege können zum Beispiel kurzfristig fällige Lieferantenkredite in mittel- oder langfristig fällige Darlehen umgewandelt werden.

In der **Handelsbilanz** führt die Novation von Verbindlichkeiten grundsätzlich (nur) zu einer Umgliederung innerhalb der Bilanzposten der Verbindlichkeiten (§ 266 Abs. 3 HGB), etwa vom Posten „Verbindlichkeiten aus Lieferungen und Leistungen" zum Posten „Sonstige Verbindlichkeiten", sowie zu geänderten Bilanzvermerken und Angaben im Anhang im Hinblick auf die Restlaufzeiten der Verbindlichkeiten (§§ 268 Abs. 5 S. 1, 285 Nr. 1 lit. a) HGB).

67 Unverzinsliche und niedrig verzinsliche Darlehen, deren Laufzeit am Bilanzstichtag mehr als 12 Monate beträgt, sind mit einem Zinssatz von 5,5 % abzuzinsen (§ 6 Abs. 1 Nr. 3 EStG), so dass bei der Gesellschaft ein **steuerpflichtiger Abzinsungsgewinn** entsteht. In den Folgejahren ist die Verbindlichkeit wieder schrittweise aufwandswirksam bis zum Erreichen des Rückzahlungsbetrages zu erhöhen.

6. Forderungsverzicht

68 Ein in der Unternehmenskrise bewährtes Instrument ist der Erlass von Forderungen. Durch Vertrag erlischt das Schuldverhältnis, wenn der Gläubiger dem Schuldner die Schuld erlässt (§ 397 Abs. 1 BGB). In Höhe der erlassenen Schuld mindert sich das Fremdkapital auf der Passivseite der Bilanz bzw. im Überschuldungsstatus des Krisenunternehmens und das Eigenkapital erhöht sich insoweit. Neben diesem positiven Eigenkapitaleffekt wird das Krisenunternehmen von Zins- und Tilgungsleistungen entlastet, soweit diese für die erlassene Schuld zu leisten waren. Der Forderungsverzicht führt damit auch zu einem positiven Liquiditätseffekt.

69 Verzichtet der **Gesellschafter** des Krisenunternehmens auf Forderungen gegen dieses Unternehmen, hängt die Art und Weise, wie dieser Gesellschafterbeitrag handelsrechtlich zu vereinnahmen ist, vom Gesellschafterwillen sowie von der Werthaltigkeit der Forderung ab. Der Forderungsverzicht durch einen Gesellschafter ist zwar grundsätzlich geeignet, um den Forderungsverzicht als „andere Zuzahlung, die Gesellschafter in das Eigenkapital leisten" gemäß § 272 Abs. 2 Nr. 4 HGB **erfolgsneutral** in die **Kapitalrücklage** einzustellen. Dazu muss der entsprechende Wille des Gesellschafters zur Leistung in das Eigenkapital erkennbar sein[24], wozu ein entsprechender Gesellschafterbeschluss zu fassen und zu dokumentieren ist. Fehlt eine solche Willenserklärung des Gesellschafters, ist eine Dotierung der Kapitalrücklage nicht zulässig. Stattdessen ist die Leistung des Gesellschafters in diesem Fall **erfolgswirksam** als **außerordentlicher Ertrag** in der Gewinn- und Verlustrechnung auszuweisen. Eine erfolgsneutrale Kapitalzuführung setzt weiterhin voraus, dass der Kapitalgesellschaft durch den Gesellschafterbeitrag ein greifbarer, d.h. werthaltiger, Vermögenswert zugeht.[25] In Sanierungsfällen wird gerade diese Voraussetzung in der Regel nicht oder nur teilweise zutreffen, so dass – soweit die Forderung gegen das Krisenunternehmen zum Erlasszeitpunkt nicht werthaltig ist – der Forderungsverzicht erfolgswirksam als außerordentlicher Ertrag zu erfassen ist.

70 Eine **Sachkapitalerhöhung**, bei der das Nennkapital der Gesellschaft durch Sacheinlage der Forderung erhöht wird, ist in Sanierungsfällen aufgrund der fraglichen Werthaltigkeit der Forderung nicht ohne Weiteres zu empfehlen. Stellt sich nach Eintragung der Sachkapitalerhöhung in das Handelsregister heraus, dass die eingelegte Forderung überbewertet ist, führt die Sacheinlage zur verschuldensunabhängigen **Differenzhaftung** des Gesellschafters (§§ 56 Abs. 2, 9 Nr. 1 GmbHG; §§ 188 Abs. 2, 36a Abs. 2 AktG). Gleichwohl ist der sog. **Debt-Equity-Swap**, bei dem Darlehensverbindlichkeiten grundsätzlich im Rahmen einer Sachkapitalerhöhung in Eigenkapital umgewandelt werden, eine in der Praxis nicht unübliche „moderne" Restrukturierungsmaßnahme für Krisenunternehmen (vgl. im Einzelnen Rn. 26 ff.).

---

24 Vgl. BT-Drucks. 10/4268, S. 107.
25 Vgl. *Groh* FS Flume, 1978, Bd. 2, S. 71.

Wird der **Forderungsverzicht durch einen Dritten** ohne gesellschaftsrechtliche Beziehung zum Krisenunternehmen erklärt, etwa um auf diese Weise einen andernfalls drohenden höheren Schaden abzuwenden, handelt es sich um einen **Sanierungszuschuss**, der aufgrund der fehlenden Ursächlichkeit des Gesellschaftsverhältnisses von der Kapitalgesellschaft **erfolgswirksam** als **außerordentlicher Ertrag** zu erfassen ist. 71

Im Hinblick auf weitere Folgen des Forderungsverzichts, wird unterschieden zwischen einem unbedingten und einem bedingten Forderungsverzicht. An den **unbedingten Forderungsverzicht** knüpfen grundsätzlich keine weiteren, über die zuvor beschriebenen hinausgehenden Rechtsfolgen an. Für die beteiligten Parteien ist der unbedingte Forderungsverzicht endgültig. Bei dem **bedingten Forderungsverzicht**, bei der der Forderungsverzicht mit einer bedingten **Besserungsvereinbarung** verbunden wird, besteht für den Gläubiger die Chance, dass seine Forderung nach Ende der Unternehmenskrise wieder auflebt. Der Gläubiger verzichtet in diesem Fall auf seine Forderung mit der Maßgabe, dass sie zunächst erlischt, aber in der Folgezeit insoweit wieder auflebt, wie sie aus einem künftigen Jahresüberschuss oder aus einem die sonstigen Verbindlichkeiten des Schuldners übersteigenden Vermögen oder aus einem Liquidationsüberschuss getilgt werden kann. Notwendiger Bestandteil der Besserungsvereinbarung ist grundsätzlich auch die Verpflichtung der Gesellschafter, bis zum Eintritt des Besserungsfalls keine Gewinnausschüttungen zu beschließen. Im **Besserungsfall** ist das zuvor durch den Forderungsverzicht gebildete Eigenkapital handelsrechtlich wieder in Fremdkapital umzuwandeln. Wurde der Forderungsverzicht zuvor erfolgsneutral als Einlage in die Kapitalrücklage behandelt, ist im Besserungsfall ebenfalls **erfolgsneutral** insoweit eine **Entnahme aus der Kapitalrücklage** zu tätigen und als Verbindlichkeit gegenüber dem Gesellschafter auszuweisen. Wurde der Forderungsverzicht zuvor erfolgswirksam als außerordentlicher Ertrag erfasst, ist im Besserungsfall das Aufleben der Verbindlichkeit ebenfalls **erfolgswirksam** insoweit als **außerordentlicher Aufwand** zu erfassen. 72

Für AG gilt in Bezug auf Rechte aus Besserungsscheinen, dass in dem Anhang der AG Angaben zu machen sind über die Rechte aus Besserungsscheinen und ähnliche Rechte unter Angabe der Art und Zahl der jeweiligen Rechte sowie der im Geschäftsjahr neu entstandenen Rechte (§ 160 Abs. 1 Nr. 6 AktG). Hintergrund der **Berichterstattungspflicht** ist die Information der Aktionäre, die im Besserungsfall auf Gewinn verzichten müssen. 73

In der Bilanz des **Gesellschafters**, der auf die Forderung gegen das Krisenunternehmen verzichtet, ist die Forderung auszubuchen und die Beteiligung in Höhe des werthaltigen Teils aufzustocken. In Höhe des nicht werthaltigen Teils der Forderung entsteht betrieblicher Aufwand. Werden Zahlungen auf einen Besserungsschein geleistet, sind diese zunächst mit dem aufgestockten Teil der Beteiligung zu verrechnen und darüber hinaus als betrieblicher Ertrag zu erfassen. Bei **Dritten** ohne gesellschaftsrechtliche Beziehung zum Krisenunternehmen führt der Forderungsverzicht in voller Höhe zu betrieblichem Aufwand während nachfolgende Zahlungen als betrieblicher Ertrag zu erfassen sind. 74

In **steuerlicher** Hinsicht ist der Forderungsverzicht durch den Gesellschafter in Höhe des werthaltigen Teils der Forderung als erfolgsneutrale **verdeckte Einlage** zu werten.[26] In Höhe des nicht werthaltigen Teils entsteht bei dem Krisenunternehmen ein 75

---

26 Vgl. *BFH* GrS 1/94; BStBl II, 98, 307.

steuerpflichtiger Sanierungsgewinn, der grundsätzlich die Steuerlast erhöht, soweit keine steuerlichen Verlustvorträge nutzbar sind. Nach Streichung der Steuerfreiheit von Sanierungsgewinnen (§ 3 Nr. 66 EStG a.F.) mit Wirkung zum 1.1.1998 hat die Finanzverwaltung die Möglichkeit eingeräumt, die Steuer, die auf Sanierungsgewinne entfällt, auf Antrag unter dem Aspekt der sachlichen Billigkeitsregelung (§§ 163, 222, 227 AO) zunächst zu stunden und dann zu erlassen.[27] Soweit der Sanierungsgewinn auf einem Forderungsverzicht gegen Besserungsschein beruht, besteht die **Stundung** so lange, wie Zahlungen auf den Besserungsschein geleistet werden können. Erfolgte Zahlungen vermindern nachträglich den Sanierungsgewinn und somit die zu stundende bzw. zu erlassende Steuer. Ein **Erlass** darf während der Besserungsfrist nicht erfolgen (BMF-Schreiben v. 27.3.2003, BStBl. I 2003, 240, Rn. 12). Diese Vorgehensweise ist indes aktuell zumindest in Frage gestellt, weil mit Streichung von § 3 Nr. 66 EStG a.F. keine Rechtsgrundlage ersichtlich ist. Vor diesem Hintergrund ist zu empfehlen, das Finanzamt frühzeitig über die einzelnen Schritte der Sanierung zu informieren und einzubeziehen und auf einen rechtssicheren Erlass hinzuwirken.

76 Auf Ebene des Gesellschafters führt der Forderungsverzicht in Höhe des werthaltigen Teils zum fiktiven Zufluss der Forderung. Wird die Beteiligung im Privatvermögen gehalten, erhöhen sich die Anschaffungskosten der Beteiligung nachträglich um den Wert der verdeckten Einlage (§ 17 EStG). Wird die Beteiligung im Betriebsvermögen gehalten, erhöhen sich die Anschaffungskosten nachträglich um den werthaltigen Teil der Forderung (§ 6 Abs. 6 S. 2 EStG). Die Abschreibung in Höhe der Differenz zwischen Nennwert und werthaltigem Teil der Forderung führt grundsätzlich zu steuerlichen Betriebsausgaben. Bei der Einkommensteuer unterliegenden Personen ist umstritten, ob das Teilabzugsverbot des § 3c Abs. 2 EStG anzuwenden ist. Ist der verzichtende Gesellschafter eine Kapitalgesellschaft, ist der Betriebsausgabenabzug ausgeschlossen, sofern der Gesellschafter unmittelbar oder mittelbar zu mehr als 25 % am Nennkapital beteiligt ist (§ 8b Abs. 3 S. 4 ff. KStG). Dies gilt indes nicht, falls der Gesellschafter nachweisen kann, dass auch ein fremder Dritter das Darlehen unter sonst gleichen Umständen gewährt oder noch nicht zurückgefordert hätte.

7. Rangrücktrittserklärung

77 Ein in der Praxis gängiges Instrument zur Vermeidung einer Überschuldung ist die Rangrücktrittserklärung, durch die die Verbindlichkeit des Krisenunternehmens zwar nicht erlischt, aber im Überschuldungsstatus nicht anzusetzen ist. Die Rangrücktrittserklärung kommt durch gegenseitigen Vertrag zwischen Gläubiger und Schuldner zustande (§ 311 Abs. 1 BGB), der mit Begründung der Forderung oder auch nachträglich geschlossen werden kann. Im Fall der nachträglichen Erklärung des Rangrücktritts dürfte die Rangrücktrittserklärung rechtlich als Schuldabänderungsvertrag einzuordnen sein.[28]

78 Durch Art. 9 MoMiG und die dort verankerte Ergänzung von § 19 InsO wurde die Anwendung von Rangrücktrittserklärungen im Hinblick auf den Streit um die erforderliche **Tiefe des Rangrücktritts** und das Urteil des BGH vom 8.1.2001 (**einfacher Rangrücktritt** versus **qualifizierter Rangrücktritt**) relativiert.[29] Die Frage, ob eine

---

27 Vgl. BMF-Schreiben v. 27.3.2003, BStBl I 2003, 240.
28 Vgl. m.w.N. *Schmidt K./Uhlenbruck* S. 251.
29 Vgl. im Einzelnen m.w.N. *Schmidt K./Uhlenbruck* S. 527.

Gesellschafterforderung im Überschuldungsstatus der Gesellschaft zu passivieren ist, hat sich aufgrund einer Ergänzung von § 19 Abs. 2 InsO wesentlich vereinfacht. Der neue S. 2 dieser Vorschrift lautet:

„Forderungen auf Rückgewähr von Gesellschafterdarlehen oder aus Rechtshandlungen, die einem solchen Darlehen wirtschaftlich entsprechen, für die gem. § 39 Abs. 2 zwischen Gläubiger und Schuldner der Nachrang im Insolvenzverfahren hinter den in § 39 Abs. 1 Nr. 1–5 bezeichneten Forderungen vereinbart worden ist, sind nicht bei den Verbindlichkeiten nach S. 1 zu berücksichtigen." **79**

Das bedeutet, dass nur solche Gesellschafterforderungen im Überschuldungsstatus der Gesellschaft unberücksichtigt bleiben dürfen, die mit einem ausdrücklichen Rücktritt in den Rang des § 39 Abs. 2 InsO versehen sind. Dies dürfte für Ansprüche Dritter gleichermaßen gelten.[30] **80**

Zum Zwecke der Sanierung eines Unternehmens ist zu empfehlen, zusätzlich zu der Rangrücktrittserklärung ausdrücklich zu vereinbaren, unter welchen Voraussetzungen, d.h. aus welchen freien Mitteln, die im Rang zurückgetretene Forderung bedient werden soll, so dass nicht nur der Überschuldungsstatus entlastet, sondern auch das Risiko der Illiquidität verringert wird. **81**

Im **Insolvenzfall** bewirkt die Rangrücktrittserklärung lediglich, dass die Forderungen nachrangiger Gläubiger nur zur Tabelle anzumelden sind, soweit das Insolvenzgericht diese dazu besonders auffordert (§ 174 Abs. 3 InsO). Die Forderungen nachrangiger Gläubiger werden im Rang erst nach den Forderungen nach § 39 Abs. 1 Nr. 1–5 InsO berücksichtigt (§ 39 Abs. 2 InsO). **82**

In der **Handelsbilanz**, wie auch in der **Steuerbilanz**, hat eine Rangrücktrittserklärung, durch die vor allem der Ausweis einer Überschuldung im Überschuldungsstatus vermieden werden soll, grundsätzlich keinen Einfluss auf die Existenz der Verbindlichkeit, so dass diese also **grundsätzlich nicht gewinnerhöhend** aufzulösen ist. Gleichwohl stellt sich die Frage, in welchen Fällen § 5 Abs. 2a EStG anzuwenden ist. Nach dieser Vorschrift sind Verpflichtungen, die von Beginn an nur zu erfüllen sind, soweit künftig Einnahmen oder Gewinne anfallen, erst dann als Verbindlichkeiten oder Rückstellungen anzusetzen, wenn die Einnahmen oder Gewinne angefallen sind. In dem BMF-Schreiben vom 8.9.2006[31] wird dazu ausgeführt, dass eine Verbindlichkeit zu passivieren ist, wenn sie rechtlich entstanden und wirtschaftlich verursacht ist. Anderes gilt, wenn mit einer Inanspruchnahme durch den Gläubiger mit an Sicherheit grenzender Wahrscheinlichkeit nicht mehr zu rechnen ist und die rechtlich bestehende Verpflichtung keine wirtschaftliche Belastung mehr darstellt.[32] Die Vereinbarung eines einfachen oder qualifizierten Rangrücktritts hat keinen Einfluss auf die Passivierung der Verbindlichkeit, da die Verbindlichkeit nicht erlischt. § 5 Abs. 2a EStG greift, sofern zwischen dem Ansatz der Verbindlichkeit und Gewinnen und Einnahmen eine Abhängigkeit im Zahlungsjahr besteht. Bei einem **einfachen Rangrücktritt**, bei dem die Verbindlichkeit nur dann zurückzuzahlen ist, wenn der Schuldner dazu aus künftigen Gewinnen, aus einem Liquidationsüberschuss oder aus einem anderen – freien – Vermögen künftig in der Lage ist, besteht die erforderliche Abhängigkeit zwischen Verbindlichkeit und Einnahmen oder Gewinnen nicht, so dass § 5 Abs. 2a EStG nicht **83**

---

30 Vgl. *Buth/Hermanns* S. 343; *OLG Naumburg* ZIP 2004, 566.
31 BStBl. I 2006, 497.
32 Vgl. *BFH* v. 22.11.1988, BStBl II 1989, 359.

anzuwenden ist. Maßgebend ist die Bezugnahme auf die Möglichkeit einer Tilgung aus sonstigem freien Vermögen. Bei einem **qualifizierten Rangrücktritt**, bei dem der Gläubiger sinngemäß erklärt, er wolle wegen der Forderung erst nach Befriedigung sämtlicher anderer Gläubiger der Gesellschaft und – bis zur Abwendung der Krise – auch nicht vor, sondern nur zugleich mit den Einlagenrückgewähransprüchen der Gesellschafter berücksichtigt werden (als handle es sich bei seiner Forderung um statutarisches Kapital), ist § 5 Abs. 2a EStG ebenfalls nicht anzuwenden, weil die Begleichung der Verbindlichkeit zeitlich aufschiebend bedingt – bis zur Abwendung der Krise – verweigert werden kann.[33]

III. Bilanzielle Restrukturierung

1. Rechtlicher und wirtschaftlicher Maßstab

84 Unter bilanzieller Restrukturierung werden im Folgenden solche Maßnahmen verstanden, mit denen die Finanzierungsstruktur und die Liquiditätslage des Krisenunternehmens verbessert werden kann, ohne zugleich unmittelbar Eigen- oder Fremdkapitalmaßnahme zu sein. Während die Eigen- und Fremdkapitalmaßnahmen unmittelbar die Finanzierungsstruktur oder die Liquiditätslage des Krisenunternehmens beeinflussen, haben die hier dargestellten bilanziellen Restrukturierungsmaßnahmen grundsätzlich nur einen mittelbaren Einfluss darauf. Die bilanziellen Restrukturierungsmaßnahmen betreffen vor allem die **Aktivseite** der Bilanz.

85 Ohne auf die in der Literatur ausführlich geführte theoretische Diskussion über die Thesen zur optimalen Finanzierungsstruktur einzugehen,[34] werden die bilanziellen Restrukturierungsmaßnahmen im Folgenden daran gemessen, ob und wieweit sie geeignet sind, eine drohende Insolvenz des Krisenunternehmens abzuwenden. Die Restrukturierungsmaßnahmen sind also anhand der durch die InsO vorgegebenen zivilrechtlichen Tatbestandsmerkmale der **Zahlungsunfähigkeit** (§ 17 InsO) und der **drohenden Zahlungsunfähigkeit** (§ 18 InsO) sowie der **Überschuldung** (§ 19 InsO) zu beurteilen. Von den bilanziellen Restrukturierungsmaßnahmen müssen also im Idealfall **liquiditäts–** wie auch **eigenkapitalerhöhende Effekte** ausgehen. Die Frage nach einer optimalen Finanzierungsstruktur bleibt der Zeit vorbehalten nachdem die dringendsten Sanierungsmaßnahmen ergriffen und die drohende Insolvenz des Krisenunternehmens abgewendet worden sind.

86 Eine Beurteilung der bilanziellen Restrukturierungsmaßnahmen wäre unvollständig, wenn nicht zugleich auch die zum Teil nicht unwesentlichen **steuerrechtlichen Folgen** der einzelnen Maßnahmen berücksichtigt werden. Im Folgenden werden deshalb in den Grundzügen auch jeweils die steuerlichen Folgen einzelner Maßnahmen skizziert. Zu weitergehenden Ausführungen wird auf den Abschnitt „Steuern in Sanierung und Insolvenz" verwiesen (vgl. 10. Kap. Rn. 404 ff.).

87 Als bilanzielle Restrukturierungsmaßnahmen kommen in Betracht der **Verkauf nicht betriebsnotwendiger Aktiva**, der **Verkauf und das Zurückmieten betriebsnotwendiger Aktiva** (Sale and Lease Back), der Abbau von Forderungen durch den

---

33 Vgl. dazu jeweils m.w.N. *Weber-Grellet* in Schmidt L., 30. Aufl. 2011, S. 422; *Crezelius* in Schmidt K./Uhlenbruck, S. 334.
34 Vgl. etwa *Perridon/Steiner/Rathgeber* S. 487 ff.

Verkauf von Forderungen im Wege des **Factoring** sowie der **Abbau von Vorräten** etwa durch **Corporate Trading**.

2. Verkauf nicht betriebsnotwendiger Aktiva

Der Verkauf **nicht betriebsnotwendiger Aktiva**, die für den betrieblichen Leistungserstellungsprozess nicht zwingend erforderlich sind (z.B. Beteiligungen, Immobilien), dient primär dem Ziel, die Liquidität des Krisenunternehmens zu sichern. Daneben kann durch die Aufdeckung stiller Reserven die Eigenkapitalsituation verbessert werden. Der Verkauf nicht betriebsnotwendiger Aktiva kann indes auch zu Buchverlusten führen, die das Eigenkapital insoweit belasten. Insofern ist vor dem Verkauf nicht betriebsnotwendiger Aktiva zu prüfen, ob und ggf. wie weit das Eigenkapital durch den erwogenen Verkauf zu dem erzielbaren Preis belastet wird. Daneben ist zu beachten, dass die Aktiva in Krisensituationen häufig nicht frei veräußerbar sind, da Verfügungsbeschränkungen, Sicherungsübereignungen etc. bestehen. 88

Als Restrukturierungsmaßnahme ist der Verkauf nicht betriebsnotwendiger Aktiva problematisch, wenn dadurch strategisch wertvolle Beteiligungen verkauft werden müssen. Bei gravierenden Liquiditätsproblemen kommt erschwerend hinzu, dass hoher Zeitdruck sich regelmäßig negativ auf den Verkaufspreis auswirkt. 89

Werden durch den Verkauf nicht betriebsnotwendiger Aktiva stille Reserven aufgedeckt, entsteht bei dem Krisenunternehmen ein **steuerpflichtiger Gewinn**, der grundsätzlich die Steuerlast erhöht, soweit keine steuerlichen Verlustvorträge nutzbar sind. 90

3. Sale and Lease Back

Betriebsnotwendige Aktiva können im Rahmen einer Sale and Lease Back-Transaktion verkauft und wieder zurück geleast werden. **Sale and Lease Back** dient vor allem der Freisetzung von Liquidität. Durch den Verkauf des Leasingobjektes an den künftigen Leasinggeber wird gebundenes Kapital freigesetzt, wobei gleichzeitig durch Lease Back sichergestellt wird, dass diese Vermögensgegenstände wieder für den betrieblichen Leistungserstellungsprozess zur Verfügung stehen. Gegenstand von Sale and Lease Back-Transaktionen sind regelmäßig Immobilien, Maschinen und Fahrzeuge. Ebenso wie bei dem Verkauf nicht betriebsnotwendiger Aktiva steht das Ziel im Vordergrund, die Liquidität zu verbessern und in dem Leasingobjekt gebundene stille Reserven zu realisieren. Allerdings wird der Vorteil der kurzfristigen Verbesserung der Liquiditätssituation relativiert durch die in der Regel langfristigen Leasingverpflichtungen, die zu einer entsprechenden Liquiditäts- und Ergebnisbelastung des Leasingnehmers führen. Fraglich ist zudem, ob und ggf. zu welchen Konditionen überhaupt eine Sale and Lease Back-Transaktion während einer Krisensituation durchgeführt werden kann, da der Leasinggeber, der das Leasingobjekt erwirbt, das Risiko eingeht, dass der Leasingnehmer seine regelmäßigen Leasingverpflichtungen aufgrund der Krisensituation künftig nicht erfüllen kann. Aus Sicht des Leasinggebers ist daher für das Zustandekommen eines Sale and Lease Back die Frage entscheidend, ob und wieweit er seine Ansprüche aus dem Leasingverhältnis sichern kann. 91

Sale and Lease Back-Transaktionen werden in Krisensituationen eher selten als **Operating Leasing** ausgestaltet. Bei Operating-Leasing-Verträgen handelt es sich um Mietverträge i.S.d. BGB (§ 535 BGB). Da Operating-Leasing-Verträge von beiden Vertragsparteien jederzeit unter Berücksichtigung gewisser Fristen kündbar sind, trägt 92 die Leasinggesellschaft im Wesentlichen das Investitionsrisiko. Gegebenenfalls muss die Leasinggesellschaft den Leasinggegenstand mehrmals vermieten, bis sich die Anschaffungskosten amortisiert haben.

93 In Krisensituationen sind Sale and Lease Back-Transaktionen eher als **Financial Leasing** ausgestaltet. Dabei wird eine von beiden Vertragsparteien nicht kündbare Grundmietzeit vereinbart, die grundsätzlich kürzer als die betriebsgewöhnliche Nutzungsdauer des Leasingobjektes ist. Vielfach beträgt die Grundmietzeit zwischen 50 % und 75 % der betriebsgewöhnlichen Nutzungsdauer des Objektes. Die Leasingraten sind in der Regel so bemessen, dass sich die Kosten des Leasinggebers, vor allem die Anschaffungskosten und Zinsen, während der Grundmietzeit voll amortisieren. Hauptzweck des Financial Leasing ist schlicht die Finanzierung des Leasingobjekts.

94 Für die **ertragsteuerliche Behandlung** des Financial Leasing und die Frage nach der Zurechnung des Leasinggegenstandes zum Leasinggeber oder zum Leasingnehmer ist die Vertragsgestaltung maßgebend. Ausschlaggebend sind die Vereinbarungen über das Leasingobjekt nach Ablauf der Grundmietzeit, wobei zu unterscheiden ist zwischen Leasingverträgen ohne Optionsrecht, mit Kaufoption für den Leasingnehmer sowie Leasingverträge mit Mietverlängerungsoption. Die Einzelheiten der ertragsteuerlichen Behandlung sind in den verschiedenen Leasing-Erlassen der Finanzverwaltung geregelt.[35] Unabhängig von der Vertragsgestaltung ist beim **Spezial Leasing** das Leasingobjekt dem Leasingnehmer zuzurechnen. Spezial Leasing liegt vor, wenn das Leasingobjekt speziell auf die Bedürfnisse des Leasingnehmers abgestimmt ist und nur von diesem nach Ablauf der Mietzeit wirtschaftlich sinnvoll genutzt werden kann.

95 Wird das Leasingobjekt dem **Leasinggeber** zugerechnet, ist das Leasingobjekt mit den Anschaffungskosten in der Bilanz des Leasinggebers auszuweisen und über die betriebsgewöhnliche Nutzungsdauer abzuschreiben. Die Leasingraten sind Betriebseinnahmen beim Leasinggeber und abziehbare Betriebsausgaben beim Leasingnehmer. Ist das Leasingobjekt dagegen dem **Leasingnehmer** zuzurechnen, hat dieser die Anschaffungskosten, die der Leasinggeber der Berechnung der Leasingraten zugrundegelegt hat, zu aktivieren und über die betriebsgewöhnliche Nutzungsdauer abzuschreiben. Gleichzeitig ist in Höhe der aktivierten Anschaffungskosten eine Verbindlichkeit gegenüber dem Leasinggeber zu passivieren. Der in den Leasingraten enthaltene Zins- und Kostenanteil ist sofort abzugsfähige Betriebsausgabe für den Leasingnehmer, während der Tilgungsanteil erfolgsneutral mit der passivierten Verbindlichkeit verrechnet wird. Entsprechend ist der Zins- und Kostenanteil bei dem Leasinggeber Betriebseinnahme, während der Tilgungsanteil mit der vom Leasinggeber aktivierten Forderung erfolgsneutral zu verrechnen ist.

96 Die **handelsrechtliche Bilanzierung** folgt weitgehend den steuerlichen Vorschriften. Im Anhang ist zusätzlich der Gesamtbetrag der finanziellen Verpflichtungen aus dem Leasingverhältnis anzugeben, sofern diese Angabe für die Beurteilung der Finanzlage des Leasingnehmers von Bedeutung ist (§ 285 Nr. 3 HGB).

97 In steuerlicher Hinsicht ist ferner zu beachten, dass bei Immobilien durch die Transaktion zusätzlich **Grunderwerbsteuer** entsteht. Weitere Belastungen können aus der teil-

---

35 Vgl. zum Mobilien-Leasing BMF-Schreiben v. 19.4.1971 für Vollamortisationsverträge und BMF-Schreiben vom 22.12.1975 für Teilamortisationsverträge sowie zum Immobilien-Leasing BMF-Schreiben v. 21.3.1972 für Vollamortisationsverträge und BMF-Schreiben vom 23.12.1991 für Teilamortisationsverträge.

weisen Hinzurechnung der Leasingraten zum Gewerbeertrag bei der **Gewerbesteuer** entstehen (§ 8 Nr. 1 GewStG). Zur **umsatzsteuerlichen** Behandlung einer Sale and Lease Back-Transaktion ist stets im Einzelfall zu prüfen, ob die Verfügungsmacht am Leasinggegenstand beim Leasingnehmer bleibt und deshalb (nur) eine umsatzsteuerfreie Finanzierungsleistung vorliegt. Geht die Verfügungsmacht, d.h. Substanz, Wert und Ertrag des Leasinggegenstandes, auf den Leasinggeber über, ist von einer Lieferung i.S.d. § 3 Abs. 1 UStG auszugehen.[36] Verbleibt die Verfügungsmacht beim Leasingnehmer, besteht das Risiko, dass der Vorsteuerabzug aus den jeweiligen Rechnungen versagt wird, während die Umsatzsteuer wegen eines unberechtigten Umsatzsteuerausweises in den Rechnungen geschuldet wird.

4. Abbau von Forderungen durch Factoring

Eine Maßnahme zur Freisetzung von Liquidität durch den Abbau von Forderungen aus Lieferungen und Leistungen ist der Verkauf der Forderungen im Wege des **Factoring**. Beim Factoring verkauft der Forderungsinhaber laufend seine Forderungen aus Lieferungen und Leistungen vor ihrer Fälligkeit zu vertraglich festgelegten Bedingungen an eine Factoringgesellschaft. Voraussetzung für den laufenden Verkauf der Forderungen ist, dass diese frei sind von Ansprüchen Dritter, von Gegenforderungen oder anderen Rückbehaltungsrechten. Die Factoringgesellschaft übernimmt neben der Finanzierungsfunktion verschiedene Service-Funktionen (vor allem Debitorenbuchhaltung, Mahn- und Inkassowesen) und trägt häufig auch das Risiko des Forderungsausfalls. Neben der Dienstleistungsfunktion und der Kreditversicherungsfunktion, soweit die Factoringgesellschaft das Ausfallrisiko trägt, ist für Krisenunternehmen vor allem die Finanzierungsfunktion interessant. Die Bevorschussung der angekauften Forderung erfolgt in der Regel innerhalb weniger Tage nachdem die Rechnungskopien oder die entsprechenden Daten an die Fatoringgesellschaft übermittelt worden sind. Für den Forderungsverkauf erhält der Verkäufer von dem Factor eine Gutschrift in Höhe von rund 80 – 90 % des verkauften Forderungsbestandes. Die Differenz verbleibt auf einem Sperrkonto, um etwaige Rechnungskürzungen aufgrund von Mängelrügen, Massendifferenzen o. ä. auszugleichen, und wird nach dem Eingang der jeweiligen Forderung auf dem Konto der Factoringgesellschaft ausgezahlt. Der mit dem Factoring verbundene **Kapitalfreisetzungseffekt** beschränkt sich indes im Wesentlichen auf den Zeitpunkt der Aufnahme des Factoring. 98

Weitere potentielle Vorteile des Factoring sind die Verbesserung der Bilanzstruktur durch den Abbau von Forderungen und Verbindlichkeiten, sofern die freigesetzte Liquidität dazu verwendet wird, Lieferantenverbindlichkeiten abzubauen, die Skontierungsfähigkeit gegenüber den Lieferanten, Kosteneinsparungen bei der Debitorenbuchhaltung, der Kreditprüfung sowie dem Mahn- und Inkassowesen sowie ggf. die Vermeidung von Forderungsverlusten. 99

Die Factoringgesellschaft berechnet für die Bevorschussung der Forderungen bankübliche Sollzinsen. Zusätzlich wird eine Gebühr für die Übernahme der verschiedenen Service-Funktionen in Höhe von etwa 0,8 – 2,8 % des angekauften Forderungsbestandes erhoben. Trägt die Factoringgesellschaft auch das Ausfallrisiko, wird dafür zusätzlich eine Gebühr von etwa einem Prozent berechnet. Die Höhe der Gebühren 100

---

36 Vgl. BFH-Urteil v. 9.2.2006 – V R 22/03; BMF-Schreiben v. 4.12.2008 – IV B 8 – S 7100/07/10031.

hängt insbesondere ab von der Bonität der Schuldner und des Forderungsverkäufers sowie dem Geschäftsumfang.

5. Abbau von Warenbeständen durch Corporate Trading

101 Bilanzielle Abwertungen von Warenbeständen, deren Marktwert stark gefallen ist, lässt sich durch **Corporate Trading** vermeiden. Das Geschäftsmodell Corporate Trading stammt aus den USA und ist in Deutschland bisher wenig etabliert. Dabei erwirbt der Corporate Trading-Anbieter die abschreibungsbedrohte Ware, vor allem überschüssige und veraltete Ware, Aktionsware, Warenretouren, Warenstornos etc., um diese auf eigene Rechnung über spezialisierte Vermarktungspartner zu vertreiben. Im Gegenzug erteilt der Corporate Trading-Anbieter dem Corporate Trading-Kunden eine entsprechende Gutschrift. Die Gutschrift wird im Idealfall in Höhe des Buchwertes erteilt, so dass eine bilanzielle Abwertung und eine entsprechende **Belastung des Eigenkapitals entfällt**. Der Corporate Trading-Kunde kann anschließend im Gegenzug sukzessive Leistungen aus einem Dienstleistungsportfolio des Corporate Trading-Anbieters in Anspruch nehmen. Diese Dienstleistungen werden in der Regel von Servicepartnern des Corporate Trading-Anbieters erbracht, vor allem in den Bereichen Werbung in TV- und Printmedien, Hotel- und Reisekontingente, Transport, Verpackung und Logistik. Die Dienstleistungen sind teilweise mit Barmitteln sowie zum Teil durch Inanspruchnahme der Gutschrift zu begleichen, so dass insoweit die Forderung gegen den Corporate Trading-Anbieter sukzessive abgebaut und die **Liquidität** des Corporate Trading-Kunden entsprechend **entlastet** wird. Ob und wieweit Corporate Trading für den Kunden tatsächlich vorteilhaft ist, hängt insbesondere von den vom Anbieter festgesetzten Preisen für seine angebotenen Dienstleistungen ab. Werden diese Dienstleistungen zu überhöhten Preisen angeboten, relativieren sich die vermeintlichen Vorteile durch Corporate Trading.

102 Corporate Tarding-Transaktionen werden insbesondere von Herstellern aus den Branchen Kosmetik, Spielzeug, Haushaltswaren, Elektrogeräte, Kleidung sowie Lebensmittel und Getränke in Anspruch genommen. Anders als bei **Bartergeschäften**, bei denen Waren oder Dienstleistungen direkt gegen andere Waren oder Dienstleistungen getauscht werden, sind die Transaktionen zwischen den Beteiligten beim Coporate Trading voneinander entkoppelt.

IV. Öffentliche Beihilfen und Förderinstrumente

1. Einleitung

103 Im Folgenden werden die Voraussetzungen und Grundlagen für die Einbeziehung von öffentlichen Förderinstrumenten in Sanierungskonzepte dargestellt. Als Förderinstrumente kommen hierbei u. a. sowohl unmittelbare Darlehen von Förderbanken/-instituten als auch Ausfallbürgschaften für Konsolidierungs- und Sanierungskredite in Frage. In Abhängigkeit von der Unternehmensgröße stehen darüber hinaus Beratungskostenzuschüsse oder stille Beteiligungen zur Verfügung. Im Hinblick auf die besondere Bedeutung in der Praxis und die Besonderheiten des Instrumentes wird auf Ausfallbürgschaften und deren Beantragung unter Rn. 160 ff. gesondert eingegangen.

104 Voraussetzung für eine Mitwirkung der öffentlichen Hand im Rahmen von Unternehmenssanierungen ist grundsätzlich ein erfolgversprechendes Sanierungskonzept, das in der Regel von einem unabhängigen Dritten zu begutachten/plausibilisieren ist. Ferner muss die jeweilige Maßnahme nach den Vorschriften des Beihilferechts der Europäischen Union (nachfolgend „EU") zulässig sein. Staatliche Hilfen unterliegen dem grundsätzlichen Verbot staatlicher Beihilfen nach Art. 107 AEUV[37] und dürfen nur erfolgen, soweit es für sie konkrete positiv definierte Ausnahmeregeln vom generellen Beihilfeverbot gibt. Im Hinblick auf die insofern zentrale Bedeutung des Beihilferechts für öffentliche Förderinstrumente erfolgt zunächst unter Rn. 103 ff. eine Darstellung der relevanten beihilferechtlichen Rahmenbedingungen.

105 Neben der Verbürgung/Gewährung von Sanierungskrediten kann auch eine Mitwirkung der öffentlichen Hand bei bereits bestehenden Kreditengagements erforderlich werden. Dies betrifft Fälle, in denen in der Vergangenheit öffentliche Ausfallbürgschaften übernommen oder z.B. rückzahlbare Darlehen gewährt worden waren und im Rahmen einer anstehenden Sanierung Beiträge der bisherigen Gläubiger – und damit auch der öffentlichen Hand – erforderlich werden. Auf die Regelungen einer Mitwirkung an Sanierungen bei bestehenden Engagements wird unter Rn. 176 ff. eingegangen.

106 Öffentliche Förderungen im Rahmen von großen Unternehmenssanierungen sind häufig politisch umstritten. Zuletzt wurden 2009 und 2010 die Hilfen im Rahmen des sog. Deutschlandfonds im Zusammenhang mit der Finanz- und Wirtschaftskrise teilweise kontrovers diskutiert. Auf der einen Seite sind politische Entscheidungsträger alarmiert, wenn Arbeitsplätze gefährdet oder regionale Wirtschaftsstrukturen durch den insolvenzbedingten Wegfall einzelner Unternehmen bedroht sind und fordern vehement öffentliche Unterstützung für gefährdete Unternehmen.[38] Auf der anderen Seite werden prinzipielle ordnungspolitische Bedenken gegen Eingriffe des Staates – besonders zur Unterstützung von Sanierungsmaßnahmen – geltend gemacht. Darüber hinaus werden im Hinblick auf Großunternehmen Bedenken hinsichtlich der Subsidiarität von Unterstützungsmaßnahmen des Staates geäußert.[39]

107 Letztlich sei das insolvenzbedingte Ausscheiden aus dem Markt Ausdruck einer funktionierenden Marktwirtschaft und der marktwirtschaftliche Ausleseprozess dürfe nicht unnötig durch staatliche Interventionen behindert werden. Dadurch würden im Ergebnis Misswirtschaft und Managementfehler prämiert oder die Anpassung an unvermeidliche Strukturveränderungen verzögert und eine Wettbewerbsverzerrung

---

37 Anmerkung: Das allgemeine Beihilfeverbot war bis zum Inkrafttreten des Vertrages über die Arbeitsweise der Europäischen Union (AEUV) zum 1.12.2009 in Art. 87 EG Vertrag geregelt.
38 Anmerkung: Dies wird zuweilen auch von Politkern gefordert, die „generell" für den „Abbau von Subventionen" eintreten.
39 Vgl. der seinerzeitige Bundeswirtschaftsminister Rainer Brüderle im Fall der Adam Opel GmbH v. 11.6.2010 im Deutschlandfunk zu den verfügbaren liquiden Mitteln der Muttergesellschaft General Motors: „... Und es kann ja nicht angehen, wenn ein Konzern über zehn Milliarden Euro flüssige Mittel hat, wenn er im ersten Quartal schon rund 900 Millionen Gewinn macht – für das Jahr gibt es Prognosen auf etwa vier Milliarden –, dann kann er selbst seiner Tochter helfen. ... Sie haben das Geld, sie haben die Möglichkeiten und können nicht ausschließlich praktisch die Ressourcen bei den europäischen Steuerzahlern einsammeln, um ihre Aufgabe zu erledigen. Das ist im Privatleben so, das ist im Wirtschaftsleben so. Eine Mutter hat die Verantwortung für ihre Tochter."

zu Lasten von gesunden Unternehmen in Kauf genommen. Dieser Grundgedanke findet sich auch im Beihilferecht der EU wieder, weshalb Beihilfen für Unternehmen in Sanierungsphasen im besonderen Maße reguliert sind.

108 Gegen die ordnungspolitischen Argumente kann angeführt werden, dass öffentliche Hilfen im Rahmen von Sanierungen und Restrukturierungen als Korrektur eines partiellen oder temporären Marktversagens gerechtfertigt sein können und ohne eine Intervention des Staates in diesem Falle betriebs- und volkswirtschaftlich sinnvolle Sanierungen/Restrukturierungen unterbleiben würden. Ursächlich dafür können Informationsunvollkommenheiten (Asymmetrien) oder prohibitive Transaktionskosten bei kleinen und mittleren Unternehmen sein. Nicht zu unterschätzen sind ferner die Auswirkungen der Bankenregulierung (Basel II), die in Sanierungssituationen faktisch den Spielraum für an sich betriebswirtschaftlich vertretbare Kreditneugewährungen erheblich reduziert.

109 Bei den bereits angesprochenen Förderinstrumenten, wie Bürgschaften, Darlehen, Beteiligungen und Zuschüssen, handelt es sich jeweils um gezielte (in der Diktion des Beihilferechts „selektive") Begünstigungen des betroffenen Unternehmens. Diese setzen neben einem tragfähigen Konzept regelmäßig auch eine Prüfung der volkswirtschaftlichen Förderungswürdigkeit der jeweiligen Maßnahme voraus, in deren Rahmen eine Abwägung des volkswirtschaftlichen Nutzens einer Unternehmenssanierung mit einer möglichen Wettbewerbsverzerrung zu Lasten anderer Marktteilnehmer erfolgt. In die Beurteilung fließen insbesondere eventuell bestehende branchenspezifische Überkapazitäten ein.

110 Daneben tritt die öffentliche Hand in Sanierungsphasen regelmäßig noch als Fiskus, Sozialversicherungsträger oder Gläubiger öffentlicher Forderungen in Erscheinung. Eventuelle Maßnahmen des Fiskus, der Sozialversicherungsträger oder sonstiger öffentlicher Gläubiger erfolgen dabei nach den jeweils allgemein geltenden Regeln ohne explizite Prüfung der Förderungswürdigkeit und sind somit regelmäßig nicht als selektiv im Sinne des Beihilferechts der EU anzusehen[40] und sollen somit hier nicht als „öffentliche Förderungsinstrumente" im engeren Sinne verstanden werden.

2. Beihilferechtliche Grundlagen
2.1 Allgemeines Beihilfeverbot des Artikel 107 AEUV

111 Nach Art. 107 AEUV ist es den Mitgliedstaaten der EU und ihren Verwaltungsebenen grundsätzlich untersagt, einzelne Unternehmen oder Unternehmenszweige gezielt zu begünstigen, soweit hierdurch der Wettbewerb verfälscht und dadurch der Handel zwischen den Mitgliedstaaten beeinträchtigt wird. Beihilfen können dabei sowohl in Form von Geldzuwendungen als auch in Form von Haftungszusagen, wie Garantien oder Bürgschaften,[41] oder in anderer Weise gewährt werden. Den beihilferechtlichen Regelungen unterliegt beispielsweise auch der Abschluss von nicht marktüblichen

---

40 Anmerkung: Die Entscheidungspraxis der Kommission kann jedoch von dieser Ansicht abweichen (vgl. z.B. Verfahren der Europäischen Kommission über die staatliche Beihilfe Deutschlands C7/10 (ex NN/5/10) – „KStG, Sanierungsklausel" veröffentlicht im ABlEU Nr. C 90 v. 8.4.2010 Punkt 3.1.3).
41 Vgl. „Mitteilung der Kommission über die Anwendung der Art. 87 und 88 des EG-Vertrages auf staatlichen Beihilfen in Form von Haftungsverpflichtungen und Bürgschaften" veröffentlicht im ABlEU Nr. C 155 v. 20.6.2008.

Geschäften, wie der Verkauf von Grundstücken unter Verkehrswert,[42] oder aber die Belieferung zu Vorzugskonditionen durch staatliche bzw. staatlich kontrollierte Unternehmen. Allerdings bestehen verschiedene Ausnahmen zum grundsätzlichen Beihilfeverbot, die in Art. 107 Abs. 2 und 3 AEUV bestimmt sind.

Ziel des grundsätzlichen Verbotes von Beihilfen ist es, den Wettbewerb innerhalb der EU für alle Unternehmen, unabhängig in welchem Mitgliedstaat sie ansässig sind, zu fördern und den Handel zwischen den Mitgliedstaaten zu schützen. Dazu gehört auch das Ausscheiden von leistungsschwachen Unternehmen aus dem Markt. Der vorstehend skizzierten Ansicht kann allerdings, wie eingangs erwähnt, entgegengehalten werden, dass es aufgrund der faktischen Unvollkommenheit der Märkte zu Marktversagen kommen kann, die ein staatliches Eingreifen im gesamtwirtschaftlichen Interesse und aus sozialen Gründen rechtfertigen kann. Die Europäische Kommission (nachfolgend „Kommission") trägt diesem Argument dadurch Rechnung, dass sie ausdrücklich als Ausnahme vom grundsätzlichen Beihilfeverbot auch die Möglichkeit der Gewährung von „Rettungs- und Umstrukturierungsbeihilfen" für „Unternehmen in Schwierigkeiten" (kurz „UiS") eröffnet, auf die unter Rn. 125 ff. eingegangen wird. Im Rahmen der Finanz- und Wirtschaftskrise hatte die Kommission zudem durch die temporäre Erweiterung („vorübergehender Gemeinschaftsrahmen")[43], befristet bis zum 31.12.2010 und teilweise mit Übergangsregelungen („vorübergehender Unionsrahmen")[44] verlängert bis zum 31.12.2011, der vorhandenen Beihilferahmen einem solchen Marktversagen Rechnung getragen. 112

2.2 Ausnahmen vom Beihilfeverbot

Das Beihilfeverbot wird durch die erwähnten Ausnahmebestimmungen des Art. 107 Abs. 2 und 3 AEUV durchbrochen. Die Legalausnahmen nach Abs. 2 sind in der Praxis weniger bedeutend, während die Tatbestandslösungen nach Abs. 3 mittels von der Kommission erlassener Leitlinien und Verordnungen ausgeformt werden. Diese ermöglichen den Mitgliedstaaten zum einen den Erlass von eigenen Richtlinien, nach denen Beihilfen gewährt werden können, und geben zum anderen die Maßgaben vor, nach denen die Kommission nicht unter generellen Ausnahmeregelungen fallende, einzeln anzumeldende Beihilfen genehmigen wird („Einzelfallnotifizierung"). 113

---

42 Bzw. der in Sanierungsfällen zuweilen anzutreffende Erwerb von Betriebsgrundstücken zu über dem Verkehrswert liegenden Preisen.
43 Vgl. „Mitteilung der Kommission zum vorübergehenden Gemeinschaftsrahmen für staatliche Beihilfen zur Erleichterung des Zugangs zu Finanzierungsmitteln in der gegenwärtigen Finanz- und Wirtschaftskrise" (kurz „vorübergehender Gemeinschaftsrahmen" oder „Temporary Framework") v. 17.12.2008 in der Fassung v. 7.4.2009 veröffentlicht im ABlEU Nr. C 83 v. 7.4.2009.
44 Vgl. „Mitteilung der Kommission – Vorübergehender Unionsrahmen für staatliche Beihilfen zur Erleichterung des Zugangs zu Finanzierungsmitteln in der gegenwärtigen Finanz- und Wirtschaftskrise" (kurz „vorübergehender Unionsrahmen") v. 1.12.2010 veröffentlicht im ABlEU Nr. C 6 v. 11.1.2011.

5 Finanzielle und bilanzielle Restrukturierung

Abb. 4: Ausnahmen vom Beihilfeverbot

114 Im Rahmen der **Regionalförderung**[45] können Investitionsförderungen in benachteiligten Gebieten (Fördergebieten) vorgenommen werden.[46] Hierunter fallen z.B. Investitionszuschüsse und -zulagen in den neuen Bundesländern bis zu einer Höhe von noch maximal 30 % (bzw. bis zu 50 % bei KMU) der förderfähigen Kosten. In den neuen Bundesländern sind darüber hinaus noch als Regionalfördermaßnahmen Bürgschaften für Betriebsmittelkredite, z.B. zur Vorfinanzierung von einzelnen Großaufträgen, zulässig. Bei Investitionen im Rahmen der Regionalförderung ist ein Eigenbeitrag des Beihilfeempfängers in Höhe von mindestens 25 % der Finanzierung verlangt. Nach Auslaufen der aktuellen „Förderperiode" zum 31.12.2013 ist mit einer Einschränkung der Fördermöglichkeiten in den neuen Bundesländern zu rechnen. Insbesondere erscheint eine Verlängerung von Sonderregelungen für Betriebsmittelkredite fraglich.

115 Für **kleine und mittelständische Unternehmen (kurz „KMU")** existieren ferner gesonderte Beihilfemöglichkeiten zur Förderung von Investitionen und Beschäftigungsverhältnissen sowie Bestimmungen für die Inanspruchnahme von Beratungsdiensten und für die Teilnahme an Messen. Auch die Übernahme von Beihilfen in Form von Risikokapital ist für KMU möglich. Nach Auffassung der Kommission liegt ein Großunternehmen vor, wenn das Unternehmen mehr als 250 Beschäftigte hat und entweder Umsatzerlöse von mehr als 50 Mio. EUR oder eine Bilanzsumme von mehr als 43 Mio. EUR aufweist. Zu beachten ist allerdings, dass für die Qualifikation als KMU jeweils die Über- bzw. Unterschreitung an den zwei vorhergehenden Bilanzstichtagen relevant ist.[47]

116 Weiterhin können Beihilfen zur Förderung von **Ausbildung und Beschäftigung** gewährt werden. In diesem Zusammenhang haben kleine, von Unternehmerinnen

---

45 Vgl. „Leitlinien für staatliche Beihilfen mit regionaler Zielsetzung 2007–2013" (kurz „Regionalleitlinien") veröffentlicht im ABlEU Nr. C 54 v. 4.3.2006.
46 Anmerkung: Dabei ist zu beachten, dass gem. Regionalleitlinien Rn. 36 ff. nur Erstinvestitionen förderfähig sind.
47 Vgl. „Verordnung (EG) Nr. 800/2008 v. 6.8.2008 zur Erklärung der Vereinbarkeit bestimmter Gruppen von Beihilfen mit dem Gemeinsamen Markt in Anwendung der Art. 87 und 88 EGV" veröffentlicht im ABlEU Nr. L 214 v. 9.8.2008 Anhang 1.

gegründete Unternehmen die Möglichkeit, Beihilfen in Form von Zuschüssen zu erhalten. Zudem können Fördermittel für die Beschäftigung von benachteiligten und behinderten Arbeitnehmern zugewandt werden. Auch allgemeine und spezifische Ausbildungsmaßnahmen können grundsätzlich bezuschussungsfähig sein.

Im Rahmen von Beihilfen für **Umweltschutz und Erneuerbare Energien** können Vorhaben, wie die Anschaffung neuer Fahrzeuge, um geltende Emissionsbestimmungen einzuhalten bzw. zu überschreiten, Energiesparmaßnahmen, die vor allem den Energieverbrauch im Produktionsprozess minimieren, Investitionen in hocheffiziente Kraft-Wärme-Koppelung, Investitionen zur Förderung erneuerbarer Energien, wie z.B. Biokraftstoffe oder Solartechnologie, sowie Umweltschutzstudien gefördert werden. 117

Zur Förderung von Innovationen sind Beihilfen für **Forschungs- und Entwicklungsvorhaben** erlaubt. Im Zuge dessen kommen auch technische Durchführbarkeitsstudien, Innovationsberatungsdienste und innovationsunterstützende Dienstleistungen sowie das Ausleihen von hochqualifiziertem Personal für eine mögliche Bezuschussung in Betracht. Für KMU besteht gesondert die Möglichkeit, sich die Kosten für gewerbliche Schutzrechte anteilig erstatten zu lassen. 118

Durch die **Allgemeine Gruppenfreistellungsverordnung (kurz „AGFVO")**[48] hat die Kommission geregelt, unter welchen Bedingungen Beihilfen für die vorgenannten Förderschwerpunkte in Form von Förderprogrammen bei der Kommission angemeldet werden müssen bzw. nur einer Anzeige bedürfen, dass sie „freigestellt" sind. In besonderen Fällen kann es trotz genehmigtem Förderprogramm Maßnahmen geben, die eine Einzelanmeldung erfordern. Im Falle einer Anmeldung ist eine Entscheidung der Kommission nötig, während eine Anzeige lediglich der Kenntnisnahme der Kommission bedarf. Die Umsetzung dieser Anzeigen bzw. Anmeldungen fällt jedoch in den Zuständigkeitsbereich der fördergebenden Behörden und nicht in den des antragstellenden Unternehmens. 119

Die Inanspruchnahme von den oben genannten Förderprogrammen kann im Rahmen einer strategischen Neuausrichtung in Restrukturierungskonzepte einfließen, in der unmittelbaren Phase eines Turnaroundprozesses sind diese wegen fehlender Liquiditätswirkung weniger relevant. Sie stehen im Übrigen nur für Unternehmen, die nicht als UiS zu qualifizieren sind, zur Verfügung. 120

Unabhängig von ihrer Zielsetzung sind Beihilfen, die aus Sicht der Kommission eine zu geringe Höhe ausweisen, um den Wettbewerb und Handel innerhalb der EU beeinflussen zu können, nicht genehmigungspflichtig **(De-minimis-Beihilfen)**.[49] Diese Hilfen sind jeweils in Höhe von bis zu 200 000 EUR (100 000 EUR für Unternehmen des Straßengüterverkehrs) innerhalb eines Zeitraumes von drei Jahren[50] zulässig. Die De-minimis-Verordnung (kurz „De-minimis-VO") sieht lediglich Einschränkungen für die Bereiche Agrarwirtschaft, Fischerei und Aquakultur vor und ist ebenfalls für UiS nicht anwendbar. Die Vergabe von nicht in Barform gewährten Beihilfen (z.B. Bürg- 121

---

48 Vgl. „Verordnung (EG) Nr. 800/2008 v. 6.8.2008 zur Erklärung der Vereinbarkeit bestimmter Gruppen von Beihilfen mit dem Gemeinsamen Markt in Anwendung der Art. 87 und 88 EGV" veröffentlicht im ABlEU Nr. L 214 v. 9.8.2008.
49 Vgl. „Verordnung (EG) Nr. 1998/2006 v. 15.12.2006 über die Anwendung der Art. 87 und 88 EGV auf „De-minimis"-Beihilfen" veröffentlicht im ABlEU Nr. L379 v. 28.12.2006.
50 Anmerkung: Die Summe der De-minimis-Beihilfen im aktuellen und in den letzten beiden Steuerjahren darf den Betrag von 200 000 EUR nicht übersteigen.

schaften) erfordert regelmäßig die Berechnung des Baräquivalents in Form des Beihilfewertes gemäß einer von der Kommission genehmigten Berechnungsmethode.[51]

122 In Folge der sog. Finanz- und Wirtschaftskrise hatte die Kommission die beihilferechtlichen Möglichkeiten für staatliche Förderungen bei Sanierungen vorübergehend wesentlich erweitert. Die Bewilligung von Maßnahmen nach dem **vorübergehenden Gemeinschaftsrahmen** wurde bis zum 31.12.2010 befristet. Im Wesentlichen hatte die Kommission für Unternehmen, die am 1.7.2008 nicht als UiS einzuordnen waren, zugestanden, dass diese, wenn sie später in Folge der Finanz- und Wirtschaftskrise in Schwierigkeiten geraten waren, insbesondere auch formal UiS geworden waren, auch außerhalb der restriktiven Regelungen für UiS Beihilfen erhalten konnten. Ergänzend war u. a. die Möglichkeit der Gewährung von sog. Kleinbeihilfen bis zu einem Barwert von 500 000 EUR geschaffen worden, die in der Praxis als faktische Erweiterung des De-minimis-Rahmens erhebliche Bedeutung erlangt hatten, sowie eine Erhöhung der Bürgschaftsquote von maximal 80 % auf maximal 90 % erlaubt worden. Mit dem **vorübergehenden Unionsrahmen** wurden eine teilweise Verlängerung der Maßnahmen bis zum 31.12.2011 vorgenommen und hinsichtlich der per 31.12.2010 auslaufenden Maßnahmen Übergangsregelungen geschaffen. Im Rahmen der beihilferechtlichen Möglichkeiten des vorübergehenden Gemeinschaftsrahmens hat die Bundesrepublik Deutschland im Wesentlichen folgende Förderprogramme aufgelegt:

123 Nach der **Bundesregelung Kleinbeihilfen 2011**[52] können, sofern eine vollständige Antragstellung bis zum 31.12.2010 erfolgt ist, Kleinbeihilfen bis zu einem Beihilfehöchstbetrag von 500 000 EUR übernommen werden. Begünstigt sind alle Wirtschaftszweige außer dem Fischereisektor und die Primärerzeugung landwirtschaftlicher Erzeugnisse. Zudem schließt die Regelung Unternehmen aus, die im Bereich der Verarbeitung und Vermarktung von landwirtschaftlichen Erzeugnissen tätig sind, wenn der Beihilfewert auf Basis des Preises oder der Menge solcher Erzeugnisse festgesetzt wird und die Beihilfe als Auflage die vollständige oder teilweise Weiterreichung an die Primärerzeugung beinhaltet. Die Bundesregelung Kleinbeihilfen stellt dabei keine Änderung der vorhandenen De-minimis-VO dar, diese sind unabhängig voneinander aber miteinander zu kumulieren. Die **Befristete Regelung Bürgschaften**[53] erlaubt in der für das Jahr 2011 geltenden Fassung unter bestimmten Voraussetzungen die Übernahme von Bürgschaften bis zu einer Bürgschaftsquote von 80 %[54] und die Anwendung von verminderten „Safe-Harbour-Prämien" für KMU.[55]

---

51 Anmerkung: Der Beihilfewert (auch Subventionswert oder Bruttosubventionsäquivalent) soll die Höhe des Vorteils (z.B. Zinsverbilligung, vergünstigte Konditionen) der Beihilfe im Vergleich zu den marktüblichen Bedingungen angeben. Bei einem Zuschuss entspricht der Beihilfewert der Höhe des Zuschusses. Bei Garantien/Bürgschaften muss eine Berechnung des Beihilfewertes auf Basis einer durch die Kommission genehmigten Berechnungsmethode erfolgen. Auf die Berechnungen gehen wir in Rn. 166 f. näher ein.
52 Vgl. „Regelung zur vorübergehenden Gewährung geringfügiger Beihilfen im Geltungsbereich der Bundesrepublik Deutschland während der Finanz- und Wirtschaftskrise („Bundesregelung Kleinbeihilfen 2011")" v. 2.12.2010.
53 Vgl. „Regelung zur vorübergehenden Gewährung von Bürgschaften im Geltungsbereich der Bundesrepublik Deutschland während der Finanz- und Wirtschaftskrise („Befristete Regelung Bürgschaften 2011")" v. 2.12.2010.
54 Anmerkung: In der bis zum 31.12.2010 geltenden Fassung war eine Übernahme bis zu einer Bürgschaftsquote von 90 % erlaubt.
55 Vgl. Rn. 164.

Die **Bundesrahmenregelung Niedrigverzinsliche Darlehen**[56] ermöglichte bis zum 31.12.2010 die Vergabe von Darlehen mit einem verminderten Zinssatz. Die Regelung umfasst dabei Unternehmen aller Wirtschaftsbereiche. Ausgenommen sind Unternehmen, die in den Anwendungsbereich des Finanzmarktstabilisierungsgesetzes[57] fallen, für die Sonderregelungen getroffen wurden. Die Dauer der Zinsvergünstigungen ist ebenfalls bis zum 31.12.2012 befristet. Mit Ablauf des 31.12.2012 muss sodann eine Zinsanpassung an die üblichen Marktkonditionen erfolgen oder eine andere beihilferechtliche Grundlage herangezogen werden. Auf Basis dieser Regelung wurden durch die Kreditanstalt für Wiederaufbau (kurz „KfW") Sonderprogramme für mittlere und große Unternehmen erlassen, die auch UiS, sofern sie erst nach dem 1.7.2008 in Schwierigkeiten geraten sind, die Möglichkeit eröffnete, zinsgünstige Kredite bei der KfW zu beziehen. Mit der **Bundesrahmenregelung Niedrigverzinsliche Darlehen II**[58] wurde diese Möglichkeit der Vergabe von niedrigverzinslichen Darlehen – jedoch unter Ausschluss von UiS – bis zum 31.12.2011 sowie der Zinsanpassungszeitpunkt bis zum 31.12.2013 verlängert.

124

3. Beihilfen auf Basis der Rettungs- und Umstrukturierungsleitlinien

Beihilfen an Unternehmen in der Sanierungsphase bergen aus Sicht der EU in besonderem Maße die Gefahr, wettbewerbsverzerrend zu wirken. In den Rettungs- und Umstrukturierungsleitlinien (kurz „RUL")[59] wird dazu ausgeführt:

125

„Das Ausscheiden leistungsschwacher Unternehmen ist ein normaler Vorgang am Markt. Es darf nicht zur Regel werden, dass ein Unternehmen, das in Schwierigkeiten geraten ist, vom Staat gerettet wird. Die umstrittensten Beihilfefälle der Vergangenheit betrafen Rettungs- und Umstrukturierungsbeihilfen, die zu den Beihilfearten zählen, die den Wettbewerb am stärksten verzerren. Das allgemeine Beihilfeverbot des EG-Vertrags sollte somit die Regel bleiben und Ausnahmen nur begrenzt zugelassen werden."[60]

Dem vorstehend definierten Gedanken folgend gilt für Beihilfen nach den RUL der Grundsatz der Einmaligkeit („One time last time"), der eine wiederholte Gewährung von Hilfen an das gleiche Unternehmen ausschließt. Des Weiteren wird in Abhängigkeit von der Unternehmensgröße eine angemessene Eigenleistung des Beihilfeempfängers bzw. Dritter erwartet (z.B. durch den Verkauf von Aktiva oder Beiträge der Gesellschafter), mit der dieser seine eigene Überzeugung bzw. die Überzeugung anderer Marktteilnehmer dokumentieren soll, dass sich die Rentabilität tatsächlich innerhalb einer angemessenen Frist wiederherstellen lässt. Zudem ist die Beihilfe auf das absolut notwendige Maß zu begrenzen. Zur Beschränkung der Wettbewerbsverzerrung auf das notwendige Maß hat der

126

---

56 Vgl. „Regelung zur vorübergehenden Gewährung niedrigverzinslicher Darlehen an Unternehmen im Geltungsbereich der Bundesrepublik Deutschland während der Finanz- und Wirtschaftskrise („Bundesrahmenregelung Niedrigverzinsliche Darlehen")" in der endgültigen Fassung v. 19.2.2009.
57 Vgl. „Gesetz zur Umsetzung eines Maßnahmenpakets zur Stabilisierung des Finanzmarktes (Finanzmarkt-stabilisierungsgesetz – FMStG)" veröffentlicht im BGBl Nr. 46 v. 17.10.2008.
58 Vgl. „Regelung zur vorübergehenden Gewährung niedrigverzinslicher Darlehen an Unternehmen im Geltungsbereich der Bundesrepublik Deutschland während der Finanz- und Wirtschaftskrise („Bundesrahmenregelung Niedrigverzinsliche Darlehen II")" v. 21.12.2010.
59 Vgl. „Leitlinien der Gemeinschaft für staatliche Beihilfen zur Rettung und Umstrukturierung von Unternehmen in Schwierigkeiten" (kurz „Rettungs- und Umstrukturierungsleitlinie" oder „RUL") veröffentlicht im AblEU Nr. C 244 v. 1.10.2004.
60 Vgl. RUL im AblEU Nr. C 244 v. 1.10.2004, Rn. 4.

Beihilfeempfänger zudem ggf. Ausgleichsmaßnahmen wie Kapazitätsabbau oder Spartenverkäufe vorzunehmen.

127 Während Beihilfen nach den RUL für Großunternehmen grundsätzlich einzeln von der Kommission zu genehmigen sind, besteht für KMU die Möglichkeit der Genehmigung von Förderprogrammen, nach deren Maßgaben Beihilfen an UiS ohne Einzelfallgenehmigung vergeben werden können.[61]

128 Die RUL sind auf Unternehmen anwendbar, die bestimmten in den RUL festgelegten Definitionen für ein UiS entsprechen. Damit soll vorrangig sichergestellt werden, dass Beihilfen nach den RUL tatsächlich nur an in wirtschaftlichen Schwierigkeiten befindliche Unternehmen erfolgen, nicht aber der allgemeinen Wirtschaftsförderung für bspw. den Ausbau von Kapazitäten dienen. Vor diesem Hintergrund sind auch Unternehmen in den ersten drei Jahren nach ihrer Gründung von Beihilfen nach den RUL grundsätzlich ausgeschlossen.[62]

3.1 Definition Unternehmen in Schwierigkeiten

129 Eine Definition des UiS ist im Gemeinschaftsrecht der EU nicht vorhanden. Der Begriff wird im Rahmen der RUL von der Kommission erläutert. In der sog. Generalklausel in Rn. 9 der RUL erfolgt eine allgemeine Begriffsbestimmung:

„Ein Unternehmen befindet sich im Sinne der Leitlinien dann in Schwierigkeiten, wenn es nicht in der Lage ist, mit eigenen finanziellen Mitteln oder Fremdmitteln, die ihm von seinen Eigentümern/Anteilseignern oder Gläubigern zur Verfügung gestellt werden, Verluste einzudämmen, die das Unternehmen auf kurze oder mittlere Sicht so gut wie sicher in den wirtschaftlichen Untergang treiben werden, wenn der Staat nicht eingreift."

Diese Begriffsbestimmung ist aber häufig nicht synonym mit der betriebswirtschaftlichen Definition eines Sanierungsfalles.

130 Ein Indikator für das Vorliegen eines UiS im Sinne der Leitlinien ist demnach, dass das Unternehmen nicht mehr in der Lage ist, sich auf dem Kapitalmarkt mit frischem Kapital zu versorgen. Da diese Definition aber in zumindest für KMU und nicht börsennotierte Unternehmen kaum praktikabel ist, sehen die RUL die Prüfung, ob ein UiS vorliegt oder nicht, anhand der sog. „harten" und „weichen" Kriterien in den Rn. 10 und 12 vor. Die weiterreichenden „weichen" Kriterien sind dabei nur obligatorisch zu prüfen, wenn es sich bei dem betroffenen Unternehmen um ein Großunternehmen im Sinne der KMU-Definition der Kommission[63] handelt. Für KMU kann die Frage, ob ein UiS vorliegt oder nicht, dagegen nach hier vertretener Auffassung abschließend anhand der „harten" Kriterien beurteilt werden. Dabei ist zu beachten, dass KMU i.S.d. AGFVO abweichend von den allgemeinen Grundsätzen der RUL in den ersten drei Jahren nach ihrer Gründung nur dann als UiS gelten, wenn die Voraussetzungen für die Eröffnung eines Insolvenzverfahrens erfüllt sind, so dass insoweit nach der AGFVO freigestellte Beihilfen ausnahmsweise auch für UiS i.S.d. RUL in Frage kommen können.[64]

---

61 Vgl. Rn. 156 ff.
62 Anmerkung: Dies gilt nicht für Beihilfen nach der AGFVO an KMU, die das Insolvenzkriterium nicht erfüllen (vgl. Rn. 130).
63 Vgl. Rn. 115.
64 Vgl. AGFV, Rn. 15.

Die Beurteilung, ob ein UiS vorliegt, muss letztlich abschließend von der bewilligenden Behörde/Stelle vorgenommen werden. Im Hinblick auf die unterschiedlichen Fördermöglichkeiten für „gesunde" Unternehmen und UiS ist aber in der Sanierungspraxis durch Banken/Berater oftmals vorab zu beurteilen, ob ggf. ein UiS vorliegt. Danach richtet sich, inwieweit auf bestehende Förderprogramme für Darlehen, Ausfallbürgschaften bzw. andere öffentliche Förderinstrumente zurückgegriffen werden kann.   **131**

3.1.1 „Harte" Kriterien

Nach der Rn. 9 der RUL ist ein Unternehmen als im Sinne der RUL in Schwierigkeiten zu qualifizieren, wenn eines der nachfolgend genannten „harten" Kriterien als erfüllt angesehen werden muss. Trifft keines der Kriterien zu, kann bei KMU ohne weitere Prüfung der „weichen" Kriterien von einem im beihilferechtlichen Sinne „gesunden" Unternehmen ausgegangen werden. Dies erlaubt z.B. auch Förderungen auf De-minimis-Basis, Hilfen nach den RUL wären aber ausgeschlossen. Allerdings besteht auch für KMU die Möglichkeit, eine Beihilfe auf Grundlage der RUL in Anspruch zu nehmen, wenn nur nach den „weichen" Kriterien ein UiS vorliegt.   **132**

Nach den RUL liegt zwingend ein UiS vor, wenn: **133**
– bei einer Gesellschaft mit beschränkter Haftung bereits mehr als die Hälfte des gezeichneten Kapitals verloren gegangen und davon mehr als ein Viertel in den letzten 12 Monaten verschwunden sind;

beziehungsweise:
– bei einer Gesellschaft mit mindestens einem unbeschränkt haftenden Gesellschafter mehr als die Hälfte der in den Büchern ausgewiesenen Eigenmittel verloren gegangen und davon mehr als ein Viertel in den letzten 12 Monaten verschwunden sind.

Bei der Prüfung des o.g. Kapitalverzehrskriteriums ist bei Kapitalgesellschaften ausschließlich auf das Stammkapital bzw. bei Aktiengesellschaften[65] auf das Grundkapital abzustellen. Bei Personenhandelsgesellschaften ist die Prüfung analog auf die jeweils bedungene Pflichteinlage ohne Berücksichtigung von Rücklagen zu beziehen.   **134**

In Abhängigkeit von der Ausgangsstruktur des Eigenkapitals der Gesellschaft kann sich demnach bei gleichen Verlusten ceteris paribus eine durchaus unterschiedliche Beurteilung des Kapitalverzehrskriteriums ergeben, wie nachfolgendem fiktiven Beispiel zu entnehmen ist: **135**

---

65 Anmerkung: Die Kapitalverzehrskritierien gelten für die in Art. 1 Abs. 1 Unterabs. 1 der Richtlinie 78/660/EWG des Rates veröffentlicht im ABlEU Nr. L 222 v. 14.8.1978, zuletzt geändert durch die Richtlinie 2006/99/EG des Rates veröffentlicht im ABlEU Nr. L 363 v. 20.12.2006 aufgeführten Gesellschaftsformen Aktiengesellschaft (AG), Kommanditgesellschaft auf Aktien (KGaA) und Gesellschaft mit beschränkter Haftung (GmbH).

5 Finanzielle und bilanzielle Restrukturierung

Unternehmen A		Unternehmen B	
	in T€		in T€
Aktiva		**Aktiva**	
Anlagevermögen	400	Anlagevermögen	400
Umlaufvermögen	720	Umlaufvermögen	720
	1.120		1.120
Passiva		**Passiva**	
Eigenkapital	120	Eigenkapital	120
Stammkapital	*60*	*Stammkapital*	*270*
Kapitalrücklage	*210*	*Kapitalrücklage*	*0*
Jahresergebnis	*-150*	*Jahresergebnis*	*-150*
Verbindlichkeiten	1.000	Verbindlichkeiten	1.000
gegenüber Kreditinstituten	*1.000*	*gegenüber Kreditinstituten*	*800*
gegenüber Gesellschafter	*0*	*gegenüber Gesellschafter*	*200*
	1.120		1.120

Abb. 5: Beispielbilanzen

136 Unternehmen B ist unter Anwendung der „harten" Kriterien als UiS einzustufen, Unternehmen A hingegen, trotz gleichem bilanziellen Reinvermögen (Eigenkapital) in Höhe von 120 000 EUR, nicht, da das nominale Stammkapital in Höhe von 60 000 EUR durch die Verluste in Höhe von 150 000 EUR noch nicht angegriffen wurde. Auch die Erklärung eines Rangrücktritts bezüglich des bilanzierten Gesellschafterdarlehens bei Unternehmen B würde die Einstufung als UiS nicht berühren, da die Verbindlichkeit weiter – zutreffend – passiviert wurde und nur bei einer Verzichtserklärung des Gesellschafters eine Passivierung unterbleiben könnte.[66]

137 Relevanter Beurteilungsstichtag für die Kapitalverzehrskriterien ist der Zeitpunkt der beabsichtigten Gewährung einer Beihilfe, also in der Regel der Erlass eines begünstigenden Verwaltungsaktes (Bewilligungsbescheid) durch den Fördergeber. In der Praxis wird man vom letzten Jahres- bzw. Zwischenabschluss des zu begünstigenden Unternehmens ausgehen. Darauf aufbauend kann aus pragmatischen Gründen unter Berücksichtigung laufender Monatsergebnisse grundsätzlich eine Hochrechnung der Kapitalentwicklung auf das der Beihilfevergabe vorausgehende Monatsende erfolgen. Die Bilanzierungs- und Bewertungsgrundsätze sind entsprechend der konzeptgemäßen Unternehmensfortführung beizubehalten. In

---

66 Vgl. Rn. 138.

Zweifelsfällen kann aus Gründen der Rechtssicherheit ein Zwischenabschluss erwägenswert sein.[67]

Bei der Berechnung des Eigenkapitals sind, wie im Beispiel unterstellt, Verbindlichkeiten gegenüber Gesellschaftern weiter zu passivieren. Dies gilt auch für den Fall, dass ein insolvenzrechtlich relevanter Rangrücktritt erklärt wurde, da die Leitlinie bei den „harten" Kriterien ausschließlich auf bilanzielle Größen abstellt. Eine Nichtberücksichtigung von Passiva erfordert demnach grundsätzlich einen Verzicht (ggf. mit Besserungsschein). Eine Übertragung der für die Aufstellung eines Überschuldungsstatus entwickelten Grundsätze (Ansatz von „wahren" Werten statt von Buchwerten) für die Ermittlung des nach den „harten" Kriterien relevanten Kapitals erscheint aufgrund des ausdrücklich formalen Charakters nicht vertretbar. **138**

Kumulativ mit dem ersten Teil des Kapitalverzehrskriteriums (Verlust von 50 % des relevanten Kapitals) ist zu beachten, dass mehr als ein Viertel des Nominalkapitals im letzten Jahr vor dem Stichtag verlorengegangen sein muss. Gesellschaften, bei denen aufgrund von Anfangsverlusten zwar mehr als die Hälfte des Kapitals verzehrt sind, die jedoch im relevanten Jahreszeitraum vor Beihilfegewährung nur geringe Verluste erlitten haben, erfüllen somit ggf. das Kapitalverzehrskriterium nicht. **139**

Ferner liegt ein UiS vor, wenn das Insolvenzkriterium vorliegt, d.h. wenn die im nationalen Recht verankerten Voraussetzungen für die Eröffnung eines Insolvenzverfahrens als erfüllt anzusehen sind. Nach Eröffnung eines Insolvenzverfahrens ist das Insolvenzkriterium demnach in jedem Fall als erfüllt anzusehen und das insolvenzbefangene Unternehmen ein UiS. Demzufolge sind Beihilfen im eröffneten Verfahren, z.B. für Massedarlehen, nur noch nach den Regeln der RUL zulässig.[68] **140**

Im Übrigen sind nach deutschem Recht die Zahlungsunfähigkeit sowie die Überschuldung einer juristischen Person und ggf. auch die drohende Zahlungsunfähigkeit gem. §§ 17 ff. InsO Voraussetzungen für die Eröffnung des Insolvenzverfahrens. Liegt Zahlungsfähigkeit gemäß § 17 InsO vor, ist das Insolvenzkriterium unabhängig davon, ob tatsächlich ein Antrag gestellt wurde, als erfüllt anzusehen. Gleiches gilt, wenn eine Antragspflicht wegen Überschuldung besteht. **141**

Die Bedeutung des Tatbestandes der Überschuldung von juristischen Personen gem. § 19 InsO wurde mit dem Finanzmarktstabilisierungsgesetz jedoch faktisch eingeschränkt, da eine Verpflichtung einen Antrag auf Eröffnung des Insolvenzverfahrens bei Überschuldung für den Fall einer positiven Fortführungsprognose ausgeschlossen ist.[69] Für die im Rahmen einer Überschuldungsprüfung vorzunehmende Fortbestehensprognose ist ein Sanierungs-/Unternehmenskonzept zugrundezulegen. Im Übrigen wäre bei einer rechnerischen Überschuldung unter Fortführungsaspekten bereits regelmäßig das Kapitalverzehrskriterium als erfüllt anzusehen. **142**

---

67 Anmerkung: Die Beurteilungen sind hinreichend zu dokumentieren. Stellt sich im Rahmen der Überprüfung durch die Kommission, z.B. aufgrund der Beschwerde eines Wettbewerbers, heraus, dass die Prüfung der Kriterien fehlerhaft war, ist die ggf. zu Unrecht erhaltene Beihilfe v. Unternehmen zurückzufordern (vgl. z.B. Entscheidung der Kommission v. 23.1.2007 über die staatliche Beihilfe C38/2005 (ex NN 52/2004) Deutschlands an die Biria-Gruppe).
68 Anmerkung: Nach dem vorübergehenden Gemeinschaftsrahmen konnten bis 31.12.2010 abweichend auch UiS und damit auch Unternehmen im eröffneten Verfahren Beihilfen außerhalb der RUL in Anspruch nehmen, sofern sie per 1.7.2008 nicht als UiS anzusehen waren.
69 Vgl. FMStG in der Fassung v. 17.10.2008 Art. 5. Mit dem FMStÄndG v. 24.9.2009 wurde ursprüngliche Befristung zum 31.12.2010 bis zum 31.12.2013 verlängert.

143 Fraglich könnte sein, ob auch bereits bei drohender Zahlungsunfähigkeit das Insolvenzkriterium vorliegt. Bei drohender Zahlungsunfähigkeit *kann* zwar ein Insolvenzverfahren eröffnet werden, „die Voraussetzungen für die Eröffnung eines Insolvenzverfahrens nach nationalem Recht" erfordern jedoch auch einen *freiwilligen* Insolvenzantrag des Schuldners.[70] Die drohende Zahlungsunfähigkeit stellt nach der nationalen Rechtslage ausdrücklich keine Verpflichtung zur Stellung eines Insolvenzantrages dar, so dass die Erfüllung des „harten" Kriteriums nur gegeben wäre, wenn tatsächlich auch ein Eigenantrag auf Eröffnung eines Insolvenzerfahrens zum Zeitpunkt der Gewährung der Beihilfe vorliegt. Dafür spricht auch, dass die „harten" Kriterien sich bewusst auf formale Aspekte beschränken, für die Frage der drohenden Zahlungsunfähigkeit jedoch weitergehende Prognosen zukünftiger Zahlungsströme erforderlich sind.

3.1.2 „Weiche" Kriterien

144 Während bei KMU allein auf Grundlage der „harten" Kriterien abschließend geprüft werden kann, ob ein UiS vorliegt oder nicht, sind bei Großunternehmen zusätzlich zwingend die sog. „weichen" Kriterien nach der Leitlinie zu prüfen. Selbst wenn die „harten" Kriterien nicht erfüllt werden, kann somit im Fall von Großunternehmen ein UiS vorliegen, wenn das Unternehmen folgende typischen Symptome aufweist:

- steigende Verluste,
- sinkende Umsätze,
- wachsende Lagerbestände,
- Überkapazitäten,
- verminderter Cashflow,
- zunehmende Verschuldung und Zinsbelastung sowie
- Abnahme oder Verlust des Reinvermögenswertes.

145 Bei den „weichen" Kriterien handelt es sich um einen Indizienkatalog von Symptomen nicht um formale Angaben von Prüfkriterien. Zusätzlich ist die in Rn. 129 genannte Generalklausel heranzuziehen. Es ist also letztendlich zu beurteilen, inwiefern das Unternehmen ggf. in der Lage wäre, sich mit frischem Kapital von seinen Stakeholdern (z.B. Gesellschaftern, Banken, Lieferanten usw.) zu versorgen, um die auflaufenden Verluste aufzufangen und eine Insolvenz zu vermeiden, ohne dass ein Eingreifen des Staates erforderlich ist. Am Ende wird man das Gesamtbild der Verhältnisse zu würdigen haben. In Zweifelsfällen wird bei nicht als KMU einzustufenden Unternehmen von UiS auszugehen sein, es sei denn, das Unternehmen könnte nachweislich am Markt insoweit Kapital/Kredite erlangen, sodass ein Überleben ohne Eingreifen des Staates möglich erscheint, was allerdings die Frage der Subsidiarität der staatlichen Hilfe aufwerfen würde.

146 Für die Beurteilung der „weichen" Kriterien kann die Entwicklung von typischen Unternehmenskennzahlen im Zeitvergleich herangezogen werden:

---

70 Anmerkung: Da ein Antrag auf Eröffnung des Insolvenzverfahrens bei Zahlungsunfähigkeit gem. § 17 InsO für Kapitalgesellschaften obligatorisch ist, liegen die Voraussetzungen für die Eröffnung des Insolvenzverfahrens i.S.d. RUL unabhängig davon vor, ob der Antrag tatsächlich bereits gestellt wurde.

Kennzahlen 2006		Kennzahlen 2007		Kennzahlen 2008	
Umsatz	T€ 950	Umsatz	T€ 800	Umsatz	T€ 700
EBIT	T€ -70	EBIT	T€ -58	EBIT	T€ -5
Vorräte	T€ 300	Vorräte	T€ 400	Vorräte	T€ 500
op. Cashflow	T€ -60	op. Cashflow	T€ -48	op. Cashflow	T€ -90
Verschuldungsgrad*	8,3	Verschuldungsgrad*	19,6	Verschuldungsgrad*	30,7
Finanzergebnis	T€ -10	Finanzergebnis	T€ -12	Finanzergebnis	T€ -15
Eigenkapital	T€ 120	Eigenkapital	T€ 50	Eigenkapital	T€ 30

*Abb. 6: Auszug von Unternehmenskennzahlen. * Der Verschuldungsgrad errechnet sich aus dem Verhältnis des bilanziellen Fremdkapitals zum Eigenkapital*

Im Beispiel liegen die Merkmale sinkende Umsätze, wachsende Lagerbestände, verminderter Cashflow, zunehmende Verschuldung und Zinsbelastung sowie Verlust des Reinvermögenswertes (Eigenkapital) vor. Anzeichen von Überkapazitäten lassen sich aus dieser Übersicht nicht entnehmen. Damit können jedoch sechs von den acht in den Leitlinien genannten typischen Symptomen als erfüllt angesehen werden.

147

Für die Prüfung der Kriterien für UiS ist dabei jede wirtschaftlich tätig werdende Einheit unabhängig von ihrer Rechtsform zu qualifizieren.[71] Die Frage der Unternehmensdefinition ist besonders von Bedeutung, wenn das Unternehmen in Konzern- oder Gruppenstrukturen eingebunden ist. Nach herrschender Auffassung stellen im kartellrechtlichen Sinne verbundene Unternehmen eine Einheit im Sinne des Beihilferechts dar, für die insgesamt die Eigenschaft eines UiS zu prüfen ist.[72] Demnach wäre für unter einheitlicher Leitung stehende Gesellschaften für die Einheit als Ganzes eine Prüfung der Kriterien für UiS vorzunehmen. Handelt es sich bei dem Konzern bzw. der Gruppe um ein KMU im Sinne der Definition der Kommission,[73] kann jedoch davon abweichend entsprechend dem formalen Charakter der „harten" Kriterien auf die jeweilige Rechtsperson des potentiellen Beihilfeempfängers abgestellt werden, wenn diese alleine und nicht die Gruppe bzw. der Konzern begünstigt werden soll und Haftungsbeziehungen bzw. Ergebnisabführungsverträge nicht bestehen. Die –

148

---
71 Vgl. AGFVO Anhang 1 Art. 1.
72 Vgl. *EuGH* C-323/82 v. 14.11.1984 in der Rechtssache Intermills Entscheidungsgrund 11.
73 Vgl. Rn. 115.

rein bilanziellen – „harten" Kriterien stellen eben ausdrücklich auf einzelunternehmensbezogene Formalkriterien ab. Das Vorliegen der „harten" Kriterien kann sich daher nach hier vertretener Auffassung auf die formal begünstigte Rechtseinheit beschränken. Bei Einbeziehung der „weichen" Kriterien wird demgegenüber immer auf einen als wirtschaftliche Einheit zu betrachtenden Verbund abzustellen sein.

3.2 Maßgaben der Rettungs- und Umstrukturierungsleitlinien

3.2.1 Rettungsbeihilfen

149   Ist ein Unternehmen UiS i.S.d. RUL können ihm sog. Rettungs- und ggf. daran anschließend Umstrukturierungsbeihilfen gewährt werden. Als **Rettungsbeihilfen** können Unternehmen zur Deckung von Liquiditätsbedarf für einen Zeitraum von bis zu sechs Monaten Darlehen oder Garantien erhalten. Die Rettungsbeihilfen dienen dabei der Aufrechterhaltung der Geschäftstätigkeit bis zur Erarbeitung eines Umstrukturierungs- bzw. Liquidationsplanes. Sie müssen in Form einer reversiblen Finanzhilfe (Bürgschaft oder Darlehen zu Konditionen mindestens wie für gesunde Unternehmen) erfolgen und auf das unbedingt erforderliche Maß reduziert sein. Im Gegensatz zu der noch nach den RUL in der Fassung von 1999 vertretenen Auffassung kann der Begünstigte im Rahmen einer Rettungsbeihilfe aber zumindest eingeschränkt bereits Sofortmaßnahmen „struktureller Art" ergreifen, was aus Praxissicht sehr zu begrüßen ist, da anderenfalls wertvolle Zeit für Sanierungsmaßnahmen verloren gehen würde. Die RUL nennen die „sofortige Schließung von Zweigniederlassungen" oder „den Rückzug aus defizitären Tätigkeitsbereichen" als Beispiele.

3.2.2 Umstrukturierungsbeihilfen

150   Spätestens nach sechs Monaten muss ein Umstrukturierungs- oder Liquidationsplan bei der Kommission vorgelegt werden. Alternativ kann auch der Nachweis erbracht werden, dass die Rettungsbeihilfe vollumfänglich zurückgezahlt wurde. Wird der Kommission ein entsprechender Umstrukturierungsplan vorgelegt, so können dem Unternehmen **Umstrukturierungsbeihilfen** gewährt werden. Die Kommission stellt dabei die folgenden Anforderungen an den Umstrukturierungsplan:
- Darstellung, dass das Unternehmen in einer angemessenen Frist seine Rentabilität wiederherstellen kann, was vorrangig durch unternehmensinterne Maßnahmen herbeigeführt wird.
- Faktoren, auf die das Unternehmen keinen Einfluss hat, wie Preis- oder Nachfrageschwankungen, sind nur dann zu berücksichtigen, wenn betreffende Marktprognosen allgemein anerkannt sind, z.B. durch aktuelle Marktstudien.
- Aufgabe von Tätigkeitsbereichen, die nach der Umstrukturierung defizitär wären.
- Beschreibung der Umstände, welche zu den Schwierigkeiten geführt haben.
- Beschreibung der aktuellen Situation sowie der voraussichtlichen Entwicklung von Angebot und Nachfrage auf den relevanten Produktmärkten in verschiedenen Szenarien (worst-case, base-case, best-case).
- Darstellung einer Stärken-Schwächen-Analyse des Unternehmens.
- Darstellung, dass das Unternehmen nach der Umstellung in der Lage ist, all seine Kosten, einschließlich Abschreibungen und Finanzierungskosten, aus eigener Kraft zu decken und die erwartete Kapitalrendite wettbewerbsfähig ist.

151   Die Kommission macht die Genehmigung eines Umstrukturierungsplanes grundsätzlich davon abhängig, dass aus ihrer Sicht unzumutbare Wettbewerbsverfälschungen

durch Ausgleichsmaßnahmen, wie der Veräußerung von Vermögenswerten, Abbau von Kapazitäten oder Beschränkung der Marktpräsenz, ausgeglichen werden. Die begünstigten Unternehmen müssen zudem einen Eigenbeitrag in Höhe von mindestens 25 % bei kleinen Unternehmen, bei mittleren Unternehmen von mindestens 40 % und bei großen Unternehmen von mindestens 50 % leisten. Zudem muss das begünstigte Unternehmen in einer ausführlichen jährlichen Berichterstattung dem Beihilfegeber und der Kommission darlegen, dass der Umstrukturierungsplan wie geplant durchgeführt wird. Versagt die Kommission die Genehmigung des Umstrukturierungsplans, ist eine zuvor erhaltene Rettungsbeihilfe zurückzugewähren.

Für KMU gelten erleichterte Anforderungen an die vorgenannten Ausgleichsmaßnahmen. Auch muss der Umstrukturierungsplan im Falle eines KMU nicht von der Kommission, sondern lediglich vom jeweiligen Mitgliedstaat selbst geprüft und genehmigt werden. Die Kommission begnügt sich an dieser Stelle mit einer Kenntnisnahme des Plans. Inhaltlich sind nur die fristgemäße Aussicht auf Rentabilität, die Umstände für die vorliegenden Schwierigkeiten sowie der Nachweis einer zukünftig wettbewerbsfähigen Rendite darzustellen. Auch ist der Umfang der jährlichen Berichterstattung bei KMU auf die Übermittlung einer Gewinn- und Verlustrechnung sowie einer Bilanz begrenzt. **152**

Für Großunternehmen besteht für Beihilfen nach den RUL generell eine Einzelnotifizierungspflicht, während KMU gegebenenfalls[74] von bereits genehmigten Förderprogrammen auf Basis dieser Leitlinie partizipieren können, von deren Bestimmungen allerdings nicht abgewichen werden kann, ohne wiederum eine Einzelfallnotifizierungspflicht zu begründen. Liegt ein UiS gemäß den „harten" Kriterien vor und überschreitet der Subventionswert der Beihilfe nicht den Betrag von 10 Mio. EUR, ist es zudem möglich, ggf. auf ein vereinfachtes Notifizierungsverfahren, welches innerhalb eines Monats abgeschlossen sein soll, zurückzugreifen.[75] **153**

Nicht anwendbar sind die RUL auf neu gegründete Unternehmen, die sich in den ersten drei Jahren nach Aufnahme ihrer Geschäftstätigkeit befinden. Dieser Zeitraum gilt ebenso für Unternehmen, die aus der Abwicklung oder der Übernahme von Vermögenswerten eines anderen Unternehmens hervorgegangen sind (Auffanglösungen). Weiterhin dürfen Beihilfen nach den RUL für konzernangehörige einzelne UiS nur erfolgen, wenn die Schwierigkeiten nicht durch gruppeninterne Kostenverteilungen hervorgerufen worden sind und es sich um Schwierigkeiten des beantragenden Unternehmens selbst handelt. In den vorstehend bezeichneten Fällen können demnach auch dann keine Hilfen nach den RUL erfolgen, wenn im Übrigen nach den Kriterien der RUL ein UiS vorliegt. Der Umkehrschluss, nach dem Unternehmen in diesen Fällen (in den ersten 3 Jahren) generell als gesund im Sinne des Beihilferechts gelten, ist nicht zulässig. **154**

An dieser Stelle ist hinzuzufügen, dass von einer Überarbeitung der RUL in absehbarer Zeit ausgegangen werden kann. Nach den letzten Überarbeitungen 1999 und 2004 sind mit Einkehr der Finanz- und Wirtschaftskrise neue Rahmenbedingungen für derartige Beihilfen eingetreten, die in einer weiteren Überarbeitung der RUL umgesetzt werden dürften. **155**

---

74 Anmerkung: Beihilfen an Unternehmen, die in Märkten agieren, in denen strukturelle Überkapazitäten vorhanden sind, müssen größenunabhängig generell einzeln angemeldet werden. Das Gleiche gilt für Rettungsbeihilfen, die den Zeitraum von sechs Monaten überschreiten.
75 Vgl. RUL, Rn. 30.

5 Finanzielle und bilanzielle Restrukturierung

3.3 Genehmigte Förderprogramme für Unternehmen in Schwierigkeiten

156 Für UiS[76] wurden in verschiedenen Bundesländern auf Grundlage der RUL Förderprogramme für KMU genehmigt, die Beihilfen an UiS ohne Einzelnotifizierung bei der Kommission, vorwiegend in Form von direkten Darlehen der Landesförderinstitute an die Unternehmen, ermöglichen.

157 Zu diesen genehmigten Förderprogrammen zählen u. a.:
- Das Programm zur Konsolidierung und Standortsicherung (KoSta) des Landes Brandenburg, welches KMU der gewerblichen Wirtschaft Kredite im Rahmen von 15 000 EUR bis 1,5 Mio. EUR ermöglicht. Antragsbearbeitende Stelle ist die Investitionsbank des Landes Brandenburg.
- Das Programm zur Rettung und Umstrukturierung von kleinen und mittleren Unternehmen in Schwierigkeiten (RuB) des Freistaats Sachsen für Darlehen von 20 000–500 000 EUR sowie das Programm „Krisenbewältigung und Neustart" (KUNST) für sanierungsfähige KMU mit akuter Insolvenzgefahr zur Übernahme der Kosten für einen Insolvenzplan, zur Sicherstellung der Liquidität mittels eines Insolvenzmassedarlehens sowie zur anteiligen Finanzierung von Neu- bzw. Ersatzinvestitionen sowie Auftragsfinanzierungen, die der Existenzfestigung und Stabilisierung der Wettbewerbsfähigkeit dienen. Antragsbearbeitende Stelle ist jeweils die Sächsische Aufbaubank.
- Der Thüringer Fonds zur Konsolidierung von Unternehmen in Schwierigkeiten (Konsolidierungsfonds) des Freistaates Thüringen mit einem Darlehenshöchstbetrag von 1 Mio. EUR und einer Maximallaufzeit von 10 Jahren. Antragsbearbeitende Stelle ist die Thüringer Aufbaubank.
- Der RUB-Fonds (Rettungs- und Umstrukturierungsbeihilfen) der Freien Hansestadt Bremen mit auf eine Laufzeit von sechs Monaten begrenzten Rettungsbeihilfen in Form von Bürgschaften oder Darlehen von maximal 6,2 Mio. EUR und auf zehn Jahre begrenzte Umstrukturierungsbeihilfen in Form von Haftkapital und stillen Beteiligungen von maximal 2,6 Mio. EUR und Bürgschaften sowie Darlehen in Höhe von maximal 5,2 Mio. EUR. Antragsbearbeitende Stelle ist die Bremer Aufbau-Bank.
- Der Liquiditätsfonds Berlin für Darlehen von bis zu 1 Mio. EUR, in Ausnahmefällen bis zu 2,5 Mio. EUR sowie der Konsolidierungsfonds Berlin für Unternehmen mit einer Betriebsstätte im Ostteil von Berlin für Darlehen von bis zu 1,02 Mio. EUR, in Ausnahmefällen bis zu 2,56 Mio. EUR. Antragsbearbeitende Stelle ist jeweils die Investitionsbank Berlin.
- Die Richtlinie der Hansestadt Hamburg über die Gewährung von Umstrukturierungsbeihilfen für kleine Unternehmen in Schwierigkeiten, welche die Gewährung von 80 %igen Bürgschaften in Höhe von bis zu 500 000 EUR mit einer Laufzeit von maximal 5 Jahren an UiS erlaubt. Ergänzend dazu kann im Rahmen dieses Höchstbetrages von 500 000 EUR eine stille Beteiligung von maximal 25 % der Summe aus verbürgtem Kredit und Beteiligung, jedoch maximal 150 000 EUR, mit einer Laufzeit von bis zu 10 Jahren gewährt werden. Die Kosten des anzufertigenden Restrukturierungsplans können mit bis zu 75 %, jedoch maximal 10 000 EUR (in

---

[76] Anmerkung: Die vorübergehenden Sonderbedingungen im Rahmen des Temporary Frameworks sind für den Zeitraum bis zum 31.12.2010 befristet. Beihilfen, die nach diesem Zeitpunkt beantragt bzw. gewährt werden, müssen für ein UiS unter den normalen Maßgaben auf Basis der entsprechenden Leitlinien behandelt werden.

Einzelfällen auch bis zu 15 000 EUR), bezuschusst werden. Antragsbearbeitende Stelle ist die Bürgschaftsgemeinschaft Hamburg GmbH bzw. die BTG Beteiligungsgesellschaft Hamburg mbH.

Teilweise liegen darüber hinaus genehmigte Richtlinien ausschließlich für Bürgschaften an UiS vor.[77] Sofern ein solches genehmigtes Programm nicht vorliegt, sind Bürgschaften an UiS – wie andere Beihilfen außerhalb von genehmigten Förderprogrammen auch – auch bei KMU einzeln anzumelden. **158**

Daneben bestehen Hilfsmöglichkeiten für UiS im Rahmen der Unternehmenssicherungsprogramme der KfW. So können Kostenübernahmen für externe Berater zur Erstellung einer Schwachstellenanalyse und der anschließenden Abstimmung mit den Beteiligten im Rahmen eines „Runden Tisches" erfolgen. Dabei bezahlt das antragstellende Unternehmen lediglich die anfallende Mehrwertsteuer des Honorars sowie die Fahrtkosten in Höhe der gesetzlichen Fahrtkostenpauschale für Dienstreisen des Beraters.[78] Für die Umsetzung der im Rahmen des „Runden Tisches" beschlossenen Maßnahmen können KMU mit einer positiven Fortführungsprognose das anfallende Beraterhonorar im Rahmen der Turn-Around-Beratung der KfW mit bis zu 75 % bezuschussen lassen.[79] **159**

4. Beantragung von öffentlichen Ausfallbürgschaften für Sanierungs- und Konsolidierungskredite

Im Hinblick auf die große Bedeutung in der Praxis soll nachfolgend auf die Voraussetzungen und den Ablauf der Beantragung von Ausfallbürgschaften der öffentlichen Hand im Einzelnen eingegangen werden. Ferner sollen die Voraussetzungen einer Mitwirkung der öffentlichen Hand bei der Unternehmenssanierung im Rahmen bestehender Bürgschaften/Darlehensforderungen näher erläutert werden. **160**

Ausfallbürgschaften der öffentlichen Hand stehen grundsätzlich als Sicherheit für die Finanzierung von Investitionen und Betriebsmitteln, einschließlich Avale für Anzahlungen, Gewährleistungen oder andere marktübliche Zwecke, zur Verfügung, wenn bzw. soweit das antragstellende Unternehmen bzw. die Gesellschafter nicht über ausreichende eigene Sicherheiten verfügen (Subsidiarität). Auch im Rahmen von Sanierungskonzepten besteht grundsätzlich die Möglichkeit der Beantragung einer solchen Bürgschaft. Bund und Länder und die mit staatlichen Rückbürgschaften versehen Bürgschaftsbanken bzw. Förderinstitute übernehmen Bürgschaften zugunsten von Unternehmen, wenn dies „im besonderen staatlichen Interesse" ist. Dabei hat das antragstellende Unternehmen keinen Rechtsanspruch auf eine Bürgschaft, da diese mittels Ermessensentscheidungen spezieller Gremien unter Beachtung des Beihilferechts vergeben werden. Unabhängig davon können Bürgschaften aus haushaltsrechtlichen Gründen nur übernommen werden, wenn mit überwiegender Wahrscheinlichkeit eine Inanspruchnahme nicht erwartet werden muss. **161**

---

77 Anmerkung: Genehmigte Bürgschaftsprogramme für UiS gibt es z.B. in Berlin (vgl. Landesbürgschaftsrichtlinie v. 15.8.2006 Teil B) und Mecklenburg-Vorpommern (vgl. Richtlinie für die Übernahme von Bürgschaften des Landes Mecklenburg-Vorpommern zu Gunsten von Unternehmen in Schwierigkeiten, in der Verwaltungsvorschrift des Finanzministeriums v. 7.10.2009 – IV Bürg.– VV Meckl.-Vorp. Gl. Nr. 630 – 177).
78 Vgl. Merkblatt Runder Tisch der KfW zur Beratung von Unternehmen in Schwierigkeiten 04/2010
79 Vgl. Richtlinie Turn-Around-Beratung der KfW v. 21.4.2009 veröffentlicht im Bundesanzeiger Nr. 65 v. 30.4.2009.

162 Die Vergabe von Bürgschaften erfolgt in der Regel in Abhängigkeit von der Höhe des zu verbürgenden Betrages durch Bürgschaftsbanken[80] (Bürgschaftsobligo je nach Bundesland von maximal 2 Mio. EUR) oder die Länder bzw. deren Förderbanken.[81] Erster Anlaufpunkt für staatliche Hilfen ist in der Regel das Wirtschaftsministerium bzw. die Förderbank im Bundesland des Hauptsitzes des betroffenen Unternehmens. Bei länderübergreifenden Konzernstrukturen kommt es in der Praxis ggf. zu Abstimmungs- und Koordinationserfordernissen der beteiligten Gebietskörperschaften.[82] Eine frühzeitige Einbindung aller Beteiligten ist daher anzuraten.

163 Die Höhe der Bürgschaftsquote beträgt grundsätzlich maximal 80 % des Ausfalls nach Verwertung aller Sicherheiten,[83] so dass die finanzierende Bank ein Eigenobligo von mindestens 20 % zu tragen hat. In einigen Ländern werden Bürgschaften für Betriebsmittelfinanzierungen nur zu gegenüber dem maximalen Satz von 80 % verminderten Quoten übernommen. Die Bestellung von Sondersicherheiten zugunsten des Risikoanteils der finanzierenden Bank ist in der Regel ausdrücklich ausgeschlossen, da nicht zuletzt durch ein verbleibendes wirtschaftliches Risiko beim Kreditgeber wirtschaftliche Anreize für die banktibliche Verwaltung der Engagements geschaffen werden sollen. Die Tatsache einer öffentlichen Bürgschaft darf dabei die Sorgfalt der Bank nicht mindern. In einem Ausfall kann die Bank den nach Verwertung aller – neben der öffentlichen Bürgschaft gestellten – Sicherheiten verbleibenden Ausfall in Höhe der Bürgschaftsquote geltend machen. Regelmäßig erfolgen in einem solchen Fall Abschlagszahlungen auf Grundlage von geschätzten Sicherheitenerlösen. Die Bank bleibt weiterhin treuhänderisch zur Verwertung der Sicherheiten verpflichtet.

4.1 Beihilfewert von öffentlichen Ausfallbürgschaften

164 Die Kommission hat in ihrer Bürgschaftsmitteilung[84] die Voraussetzungen definiert, unter denen öffentliche Bürgschaften der Beihilfekontrolle unterliegen. Gem. Abschn. 2 der Bürgschaftsmitteilung geht die Kommission grundsätzlich davon aus, dass öffentliche Bürgschaften zur Absicherung von Fremdfinanzierungen ein Beihilfeelement enthalten können. Nach der Bürgschaftsmitteilung ist allerdings bei KMU dann nicht von einer beihilferelevanten Zuwendung auszugehen, wenn die staatliche Stelle in Abhängigkeit von der Rating- und Besicherungsklasse des verbürgten Engagements bestimmte Mindestprämien („Safe-Harbour-Prämien")[85] erhebt.

---

80 Anmerkung: Anzumerken ist, dass die Bürgschaftsbanken nach ihren Satzungen eine Verbürgung von Krediten zum Zwecke der Sanierung aufgrund ihrer insoweit eingeschränkten Rückbürgschaften von Bund und Ländern ausschließen. Zumindest scheidet damit eine Übernahme von Bürgschaften zugunsten von UiS durch Bürgschaftsbanken aus.

81 Anmerkung: In den neuen Bundesländern erfolgt ab einem Bürgschaftsobligo in Höhe von 10 Mio. EUR eine Beteiligung des Bundes in Form von Parallelbürgschaften mit den betroffenen Ländern. In den alten Bundesländern erfolgt eine Beteiligung des Bundes nur in Ausnahmefällen.

82 Anmerkung: In der Regel erfolgt eine Aufteilung der Obligen zwischen den beteiligten Ländern nach einem Belegschaftsschlüssel.

83 Anmerkung: Nach dem vorübergehenden Gemeinschaftsrahmen waren bis zum 31.12.2010 auch Bürgschaften von bis zu 90 % zulässig.

84 Vgl. „Mitteilung der Kommission über die Anwendung der Art. 87 und 88 des EG-Vertrages auf staatlichen Beihilfen in Form von Haftungsverpflichtungen und Bürgschaften" (kurz „Bürgschaftsmitteilung") veröffentlicht im ABlEU Nr. C 155 v. 20.6.2008.

85 Vgl. Bürgschaftsmitteilung, ABlEU Nr. C 155 v. 20.6.2008, Punkt 3.3; Anmerkung: Im Zuge des vorübergehenden Gemeinschaftsrahmens wurden hiervon abweichende Bestimmungen getroffen. (vgl. Anhang der Mitteilung der Kommission „Vorübergehender Gemeinschaftsrahmen für staatliche Beihilfen zur Erleichterung des Zugangs zu Finanzierungsmitteln in der gegenwärtigen Finanz- und Wirtschaftskrise" v. 17.12.2008 in der Fassung v. 7.4.2009, veröffentlicht im ABlEU Nr. C 83).

Bonität	Standard & Poor's	Fitch	Moody's	jährliche Safe-Harbour-Prämie
Höchste Bonität	AAA	AAA	Aaa	0,40%
Sehr starke Fähigkeit zur Erfüllung von Zahlungsverbindlichkeiten	AA+ bis AA-	AA+ bis AA-	Aa1 bis Aa3	0,40%
Starke Fähigkeit zur Erfüllung von Zahlungsverbindlichkeiten	A+ bis A-	A+ bis A-	A1 bis A3	0,55%
Angemessene Fähigkeit zur Erfüllung von Zahlungsverbindlichkeiten	BBB+ bis BBB-	BBB+ bis BBB-	Baa1 bis Baa3	0,80%
Bonität kann von nachteiligen Entwicklungen beeinflusst werden	BB+ bis BB-	BB+ bis BB-	Ba1 bis Ba3	2,00%
Bonität wird wahrscheinlich durch nachteilige Entwicklungen beeinflusst	BB+ bis BB-	BB+ bis BB-	Ba1 bis Ba3	3,80% - 6,30%
Bonität hängt von anhaltend günstigen Bedingungen ab	CCC+ bis CC	CCC+ bis C	Caa1 bis Caa3	keine jährliche Prämie möglich
In oder nahe Zahlungsverzug	SD bis D	DDD bis D	Ca bis C	keine jährliche Prämie möglich

Abb. 7: Safe-Harbour-Prämien

Alternativ kann jedoch auch der Barwert des Vorteils durch eine Bürgschaft unter Berücksichtigung des üblicherweise zu zahlenden Bürgschaftsentgeltes (z.B. 1 % p.a. auf das Bürgschaftsobligo) unter Anwendung der genehmigten Berechnungsmethode ermittelt werden. Überschreitet der so ermittelte Barwert z.B. nicht die nach der De-minimis-VO vorgesehenen Höchstgrenzen, ist die betreffende Bürgschaft nicht beihilferelevant (sofern kein UiS i.S.d. RUL vorliegt).

Der Beihilfewert einer Bürgschaft ergibt sich aus der Differenz des Barwertes der kalkulatorischen Ausfallkosten und des Barwertes des für die Bürgschaft an die öffentliche Hand zu zahlenden Bürgschaftsentgeltes für die Dauer der Bürgschaft. Die kalkulatorischen Ausfallkosten bestimmen sich in Abhängigkeit des internen Ratings der kreditgebenden Bank, der Kreditlaufzeit und der Tilgungsstruktur. Entsprechende Berechnungsmethoden für den Beihilfewert von Bürgschaften an gesunde Unternehmen wurden von der Kommission genehmigt und stehen als Rechentools im Internet zur Verfügung.

Nach der Berechnungsmethode kann beispielsweise aktuell auf De-minimis-Basis für ein Unternehmen mit einem internen Bankenrating DSGV 9[86] (entspricht S&P BB- oder Bürgschaftskategorie 1) für ein Tilgungsdarlehen für Investitionszwecke mit einer Laufzeit von sieben Jahren ein maximales Bürgschaftsobligo in Höhe von ca. 20 Mio. EUR übernommen werden. Bei einem internen Rating von DSGV 12 (entspricht S&P B oder Bürgschaftsratingkategorie 4) wäre auf De-minimis-Basis die Übernahme eines Obligos in Höhe von 2,3 Mio. EUR möglich. Da sich die Parameter der Berechnungstools (kategoriespezifische Ausfallraten) und der für die Barwertberechnung heranzuziehende Referenzzinssatz der EU regelmäßig ändern, ist stets eine aktuelle Berechnung des Beihilfewertes auf den Zeitpunkt der Bürgschaftsvergabe durchzuführen.

---

86 Anmerkung: DSGV = Deutscher Sparkassen- und Giroverband.

5 *Finanzielle und bilanzielle Restrukturierung*

168 Für den Fall, dass eine Berechnung des Beihilfewertes nicht erfolgen kann, sieht die De-minimis-VO pauschal eine Bürgschaft/Gewährleistung von bis zu 1,5 Mio. EUR (Bürgschaftsobligo) als Höchstbetrag vor.[87] Bei einer Verbürgungsquote von maximal 80 % kann mithin ein Kredit von ca. 1,875 Mio. EUR unabhängig vom internen Rating der Bank für das Kreditengagement verbürgt werden, sofern das Unternehmen kein UiS i.S.d. RUL ist.

4.2 Praxishinweise zur Beantragung von öffentlichen Ausfallbürgschaften

169 Abgesehen von kleineren Bürgschaften[88] kann die Bearbeitung eines Antrages nur mit einer finanzierenden Bank oder Kapitalsammelstelle erfolgen. Teilweise ist die Bank auch Antragstellerin. Das begleitende Kreditinstitut hat eine Stellungnahme zum geplanten Vorhaben abzugeben. Bei Sanierungsfällen ist grundsätzlich zu empfehlen, möglichst bei Antragstellung ein mit einer positiven Fortführungsprognose versehenes Sanierungsgutachten eines unabhängigen Dritten einzureichen. Bei Sanierungs- bzw. Restrukturierungsvorhaben wird dies regelmäßig Voraussetzung für die Übernahme einer Bürgschaft sein, da diese haushaltsrechtlich nur bei hinreichenden Erfolgsaussichten erfolgen kann, unabhängig davon, ob beihilferechtlich ein UiS vorliegt oder nicht.

170 Umschuldungen von bestehenden Bankrisiken bzw. solcher Dritter kommen aufgrund des grundsätzlich subsidiären Charakters öffentlicher Ausfallbürgschaften nur in Ausnahmefällen in Betracht. Die Ablösung von bestehenden unverbürgten Bankverbindlichkeiten kann zudem die Frage einer – insoweit unzulässigen – Beihilfe an die abgelöste Bank aufwerfen.[89] Anders sind ggf. Anschlussfinanzierungen nach planmäßigem Auslaufen der bisherigen Finanzierung zu bewerten.

171 Nach Antragstellung hat das beantragende Unternehmen den Bürgen bzw. dessen Beauftragten mit Informationen, Materialien und Unterlagen zu versorgen, die diesen die Möglichkeit verschafft, eine Entscheidungsvorlage zur wirtschaftlichen und juristischen Tragfähigkeit für die Entscheidungsträger anzufertigen. Bei zu verbürgenden Sanierungs- und Restrukturierungsvorhaben ist ein Sanierungsgutachten eines externen Dritten in der Regel wesentlicher Bestandteil der Unterlagen.

172 Da die Vergabe einer staatlichen Bürgschaft als Ermessensentscheidung der öffentlichen Hand an ein öffentliches Interesse, die sog. volkswirtschaftliche Förderungswürdigkeit, gebunden ist, wird zumindest bei Landesbürgschaften in der Regel entsprechend dem Betätigungsfeld des antragstellenden Unternehmens von dem zuständigen Fachreferat im jeweiligen Wirtschaftsministerium ein Votum abgegeben. Im Rahmen der Beurteilung spielt die betroffene Branche und die Frage eventueller Überkapazitäten sowie regionalwirtschaftliche Aspekte (Anzahl der Arbeitsplätze) aber auch die Innovationskraft und die Einbindung in Wertschöpfungsketten eine Rolle. In der Praxis wird von Unternehmen bzw. dem Berater häufig im Vorfeld einer Beantragung der Kontakt mit dem zuständigen Wirtschaftsministerium gesucht werden, um im Rahmen von Sanierungsprozessen die Fragen der Förderungswürdigkeit frühzeitig zu erläutern.

---

87 Vgl. De-minimis-VO, Rn. 15.
88 Anmerkung: z.B. Bürgschaft ohne Bank (BoB) bei der Bürgschaftsbank Brandenburg bis zu 250 000 EUR.
89 Vgl. Bürgschaftsmitteilung AblEU Nr. C 155 v. 20.6.2008, Punkt 2.3.

Beraten wird über den Antrag letztendlich in einer Ausschusssitzung. In manchen **173** Verfahren werden Antragsteller sowie finanzierende Bank zu den Ausschusssitzungen hinzugebeten. Das Prozedere der Entscheidung unterscheidet sich jedoch im Detail von Verfahren zu Verfahren. Dies gilt auch für die Entscheidungspraxis, insbesondere bei Fragen wie maximale Bürgschaftshöhe (z.B. Landesbürgschaft Baden-Württemberg max. 50 %)[90] oder Höhe der obligatorischen Mithaft von natürlichen Personen, z.B. solchen, die Kraft ihrer Stellung als Gesellschafter wesentlichen Einfluss auf das begünstigte Unternehmen ausüben können. Die bestehende Entscheidungspraxis sollte möglichst frühzeitig in die Sanierungsüberlegungen einbezogen werden. Hierzu sollten frühzeitig Vorgespräche mit der bewilligenden Stelle bzw. dem von dieser eingesetzten Beauftragten (Mandatar) gesucht werden.

Bei positiver Entscheidung geht dem antragstellenden Unternehmen als Begünstigten **174** ein entsprechender Bewilligungsbescheid mit Einzelheiten des Bürgschaftsbeschlusses zu, der einen für den Bürgen bindenden Verwaltungsakt darstellt. Eine öffentliche Bürgschaft aber ist damit in der Regel noch nicht begründet, da der Verwaltungsakt einen Widerrufsvorbehalt für den Fall einer wesentlichen Verschlechterung der wirtschaftlichen Verhältnisse des begünstigten Unternehmens bis zur Ausreichung der Urkunde enthält. Mit Ausreichung des Bescheides wird dem Unternehmen und dem Kreditinstitut eine Verbriefungsfrist mitgeteilt. Innerhalb dieser Frist kommt es zur Abstimmung des Kreditvertrages mit den Inhalten und Bedingungen des Bürgschaftsbeschlusses und nach anschließender Unterzeichnung wird der Bank die Bürgschaftsurkunde ausgereicht. Durch die Annahme der Urkunde und die damit regelmäßig abzugebende Bestätigung, dass seit dem Bewilligungszeitpunkt eine wesentliche Verschlechterung der wirtschaftlichen Verhältnisse des begünstigten Unternehmens nicht eingetreten ist, wird ein zivilrechtlicher Bürgschaftsvertrag mit dem öffentlichen Ausfallbürgen begründet. Das Verhältnis Bank/Bürge ist demnach ab Urkundenausreichung rein zivilrechtlicher Natur (Zwei-Stufen-Theorie).

Die Übernahme einer öffentlichen Bürgschaft erfolgt in der Regel unter bestimmten **175** Auflagen und Bedingungen. Üblicherweise hat das begünstigte Unternehmen alle zumutbaren Sicherheiten aus seinem Vermögen an rangbereiter Stelle zu stellen sowie eine mögliche Kontrolle und Begrenzung zukünftiger Gewinnausschüttungen bis zur vollständigen Rückzahlung des verbürgten Krediτes zu akzeptieren. Ferner ist ggf. das Verhältnis der Verrechnung von zukünftigen Kapitaldiensten auf bestehende Alt-Verbindlichkeiten im Verhältnis zu neu zu verbürgenden Krediten zu regeln. Ausgangspunkt dafür sind die bestehenden vertraglichen Regelungen hinsichtlich der Altengagements. Im Interesse einer ausgewogenen Risikoverteilung wird in der Praxis von öffentlicher Seite mindestens eine pari passu-Bedienung der verbürgten Kredite entsprechend der Valuten zum Zeitpunkt der Bürgschaftsübernahme von bestehenden unverbürgten Tilgungskrediten und verbürgten Krediten verlangt werden. Hinsichtlich bestehender revolvierend ausnutzbarer Kreditlinien wird möglicherweise erwartet, dass diese für die Laufzeit der verbürgten Kredite ungekürzt belassen werden. Dies gilt ebenso für Gesellschafterdarlehen, die in der Regel ebenfalls für die Laufzeit der Bürgschaft ungekürzt zu belassen sind.

---

90 Vgl. Merkblatt Bürgschaftsprogramm v. 24.9.2009 der L-Bank (Staatsbank für Baden-Württemberg), Punkt 3.2.

5. Mitwirkung der öffentlichen Hand an Sanierungsmaßnahmen bei bestehenden Engagements

176 Kommt es im Rahmen von bereits laufenden Bürgschafts- oder Darlehensengagements der öffentlichen Hand zu Kreditstörungen, stellt sich die Frage, unter welchen Voraussetzungen und Maßgaben die öffentliche Hand an Sanierungsmaßnahmen aktiv mitwirken kann.[91] Kann ein Darlehen oder verbürgter Kredit nicht in vorgesehener Laufzeit zurückgeführt werden, weil sich die wirtschaftlichen Verhältnisse der Kreditnehmerin anders als bei Darlehensvergabe erwartet entwickelt haben, sind möglicherweise Zins- und Tilgungsstunden oder Laufzeitverlängerungen zielführend, um einen anderenfalls drohenden Ausfall (Schaden) zu vermeiden. Sind Stundungen oder Prolongationen für eine Sanierung nicht ausreichend, können Teilverzichte bzw. Teilinanspruchnahmen (aus Bürgschaften) im Rahmen eines außergerichtlichen Vergleichs notwendig sein.

5.1 Prolongation von bestehenden Bürgschaften/Krediten

177 Grundsätzlich gelten für Maßnahmen im Rahmen eines laufenden Engagements dieselben beihilferechtlichen Grundsätze wie im Rahmen einer erstmaligen Bürgschaftsübernahme. Ob es sich bei einer späteren Maßnahme um eine neue Beihilfe i.S.v. Art. 107 AEUV handelt, ist anhand des Vergleichs mit dem Verhalten eines privaten Gläubigers („Private Creditor Test")[92] unter Berücksichtigung sämtlicher Umstände des konkreten Einzelfalles zu prüfen. Würde ohne die Stundung oder Prolongation ein Ausfall drohen, ist davon auszugehen, dass ein privater Gläubiger diese ebenfalls vornehmen würde. Somit wäre eine Beihilfe nach den Grundsätzen des „Private Creditor Tests" nicht gegeben. Zu berücksichtigen ist in diesem Zusammenhang bei Ausfallbürgschaften auch das Verhalten der marktwirtschaftlich agierenden Bank, die in Bezug auf ihr mindestens 20 %iges Eigenobligo die Kreditstundung/-prolongation zur Vermeidung eines Kreditausfalls vorzieht.

178 Die Grundsätze des „Private Creditor Tests" sind auch auf die ggf. verbürgte Stundung von Zinsen anwendbar. Zwar wird in einem solchen Fall formal das Obligo der öffentlichen Hand erhöht, jedoch würde auch ein privater Gläubiger bei einem erfolgversprechenden Sanierungskonzept eine Zinsstundung akzeptieren, wenn er hierdurch einen sonst drohenden Ausfall seiner Hauptforderung mit großer Wahrscheinlichkeit vermeiden kann. Bei einem sofortigen Ausfall wäre unmittelbar der Kapitaldienst für die Ausfallzahlung des Bürgen von diesen zu leisten, welcher wirtschaftlich dem Obligo der auflaufenden Zinsen entspräche, sofern die verbürgten Zinsen nicht höher als die Refinanzierungskosten des Bürgen sind. Demgegenüber würde allerdings eine vollständige Neukreditierung auch eine materielle Obligoerhöhung bedeuten, die nicht ohne Weiteres von einem privaten Investor unter dem Gesichtspunkt der Schadensminderung für ein bereits

---

91 Anmerkung: Dies kann z.B. auch die Stundung von Rückzahlungsverpflichtungen für erhaltene Zuwendungen betreffen, wenn beispielsweise Arbeitsplatzzusagen krisenbedingt nicht eingehalten werden können und durch eine unmittelbare Zahlung die Illiquidität eintreten würde.

92 Anmerkung: Der „Private Creditor Test" stellt eine Abwandlung des „Privat Investor Tests" dar, bei dem der potentielle Investor bereits Gläubiger des Unternehmens ist. In beiden Fällen wird bewertet, inwieweit die öffentliche Maßnahme bzw. Unterstützung durch einen hypothetischen privaten Investor unter vergleichbaren Marktbedingungen im gleichen Maße vorgenommen worden wäre. Ist dies nicht der Fall, liegt eine Beihilfe vor. Nähere Ausführungen zum Private Investor Test siehe: *Sühnel* Der „Private Investor Test" im Beihilferecht EWS 3/2007, S. 115–120.

bestehendes Engagement in Kauf genommen werden dürfte. Hier wird in der Regel von einer neuen Beihilfe auszugehen sein.

Entgegen der hier vertretenen Auffassung zur beihilfefreien Prolongationen von Beihilfen könnte unter den Voraussetzungen des „Private Creditor Tests" unter Berufung auf eine – aktuell noch nicht rechtskräftige – Entscheidung („Bank Burgenland")[93] der EU-Kommission argumentiert werden, dass jede Folgemaßnahme zu einer ursprünglich als Beihilfe zu qualifizierenden Maßnahme (z.B. Bürgschaft) wiederum selbst immer ein Beihilfe darstelle und als solche zu behandeln sei. Dem ist entgegenzuhalten, dass der in der Burgenlandentscheidung angesprochene Sachverhalt gerade nicht im Zusammenhang mit Maßnahmen zur Schadensvermeidung stand und es sich zudem bei der Ausfallbürgschaft um eine 100 %-Garantie ohne privaten Risikoanteil handelte. Der österreichische Staat stand bei seiner Entscheidung über den Verkauf eines öffentlichen Kreditinstitutes nicht vor der Frage einer Prolongation der staatlichen Ausfallhaftung zur Vermeidung der sonst unmittelbar drohenden Insolvenz des Kreditinstitutes. Vielmehr ging es vereinfacht um die Frage, ob der als Privateigentümer der Bank agierende österreichische Staat bei der Ermittlung eines marktüblichen Verkaufspreises seiner Anteile die mögliche Wahrscheinlichkeit der Inanspruchnahme aus einer als Beihilfe eingestuften 100 %igen Ausfallhaftung berücksichtigen und daraus folgend ein Angebot mit einem deutlich geringerem Kaufpreis hatte akzeptieren dürfen oder nicht.

5.2 Mitwirkung an außergerichtlichen Vergleichen

Reichen Stundungen und/oder Prolongationen nicht aus, kann die öffentliche Hand mit ihren Forderungen auch an außergerichtlichen Vergleichen oder Insolvenzplänen mitwirken. Gelegentlich kommt dies bei verbürgten Kreditengagements vor, bei denen sich während der Laufzeit der verbürgten Kredite die Notwendigkeit einer finanzwirtschaftlichen Restrukturierung mit Teilverzichten der Gläubiger ergibt. Sofern hiervon verbürgte Kreditforderungen betroffen sind, können die Verzichte nur mit Zustimmung des Bürgen erklärt werden, der sodann hinsichtlich des verzichteten Kreditbetrages einen Teilantritt vornehmen soll. Die Entscheidungsträger auf öffentlicher Seite sind dabei an die Maßgaben des Haushaltsrechts[94] gebunden, nach denen u.a. einseitige Vertragsänderungen zu Lasten der öffentlichen Hand ohne entsprechende Gegenleistungen nicht zulässig sind. Vor diesem Hintergrund haben sich für die Mitwirkung der öffentlichen Hand an außergerichtlichen Vergleichen in der Verwaltungspraxis folgende Grundsätze entwickelt:

– die öffentliche Hand stellt sich mit Teilverzicht/-inanspruchnahme besser als bei einer alternativ nicht vermeidbaren Insolvenz, die Maßnahme dient also der Minderung eines ansonsten nicht vermeidbaren Schadens,
– es liegt ein Sanierungskonzept eines unabhängigen Dritten vor, welches erkennen lässt, dass mit den Maßnahmen des Konzeptes die drohende Insolvenz abgewendet und von einer Fortführung des Unternehmens ausgegangen werden kann,

---

93 Vgl. „Entscheidung der Kommission v. 30.4.2008 über die staatliche Beihilfe Nr. C56/2006 (ex NN 77/2006) Österreichs für die Privatisierung der Bank Burgenland".
94 Vgl. BHO v. 19.8.1969 veröffentlicht im BGBl Nr. 81v. 23.8.1969 zuletzt geändert durch Art. 4 des Gesetzes zur Modernisierung des Haushaltsgrundgesetzes und zur Änderung anderer Gesetze v. 31.7.2009 veröffentlicht im BGBl Nr. 51v. 6.8.2009, 2580), § 9; die Landeshaushaltsordnungen der Bundesländer enthalten entsprechend analoge Regelungen.

- alle beteiligten wesentlichen Gläubiger leisten angemessene Beiträge im Rahmen des Konzeptes,
- hinsichtlich ihres Teilverzichts/-inanspruchnahme erhält die öffentliche Hand eine Besserungsoption.

181 Die unter den vorstehenden Maßgaben im Rahmen von außergerichtlichen Vergleichen oder Insolvenzplänen erbrachten Maßnahmen zur Schadensminderung dürften über die Anforderungen eines nach marktwirtschaftlichem Grundsatz handelnden Gläubigers hinausgehen. Mithin stellt die Mitwirkung der öffentlichen Hand an einem außergerichtlichen Vergleich gemäß den dargestellten Maßgaben schon von daher keinen beihilferechtlich relevanten Vorgang dar.

182 Zusammenfassend ist festzuhalten, dass Zins- und Tilgungsstundungen sowie Prolongationen zur Schadensvermeidung auf Grundlage des „Private Creditor Tests" keine neuen Beihilfen im Sinne des Beihilferechts darstellen und von daher in diesen Fällen die Frage, ob bei Durchführung der Maßnahmen ein UiS vorliegt oder nicht, irrelevant ist. Einschränkend ist anzumerken, dass den privaten Beteiligten jedoch im Zusammenhang mit den Sanierungsmaßnahmen keine Sondervorteile gewährt werden dürfen. Dies schließt z.B. eine Erhöhung der vertraglich vereinbarten Kreditmargen oder sonstige Vertragsänderungen zugunsten einzelner Beteiligter im Zusammenhang mit dem Vergleich aus. Ferner dürfen derartige Maßnahmen nur im für die Schadensvermeidung notwendigen Ausmaß erfolgen, ohne eine neue Beihilfe zu begründen. Laufzeitverlängerungen mit dem Ziel, die Innenfinanzierungskraft des Unternehmens, z.B. für weitere Investitionen, zu stärken, dürften hingegen in der Regel neue Beihilfen darstellen.

6. Kapitel
Implementierung und Überwachung des Sanierungsprozesses

Die erfolgreiche und zügige Umsetzung des Sanierungskonzeptes ist das **Kernelement** eines jeden Beratungsprojektes in einer Krisensituation. Neben der schon anspruchsvollen Zielsetzung, wesentliche und erfolgreiche Veränderungen herbeizuführen, machen die für diesen Prozess typischen Parameter die Herausforderungen noch größer. Die **typischen Zielvorgaben** lassen sich mit folgenden Punkten zusammenfassen:

Aufgabe ist es, mit möglichst wenig Kosten in kürzester Zeit und unter Sicherstellung der Akzeptanz der Geschäftsleitung und der Mitarbeiter sowie der beteiligten Dritten das Sanierungskonzept erfolgreich umzusetzen. Als zwingende Nebenbedingung wünschen die Beteiligten verständlicherweise, dass dieser Prozess für sie während der gesamten Zeit transparent abläuft.

I. Das Sanierungsteam

Für die Zusammensetzung eines Sanierungsteams haben sich einige **Regeln** herausgebildet und bewährt. Typischerweise wird ein Lenkungsausschuss (Steering Committee) gebildet, dem die Organe des Unternehmens und ein leitender Mitarbeiter der federführenden Beratungsgesellschaft zwingend angehören sollten. Aufgabe des **Lenkungsausschusses** ist es dabei, den planmäßigen Projektfortschritt zu überwachen und sicherzustellen. Die entsprechende Besetzung des Lenkungsausschusses ist allerdings auch für die Glaubwürdigkeit der Bestrebungen zur Umsetzung des Sanierungskonzepts im Unternehmen sowie gegenüber den beteiligten Externen nicht zu unterschätzen. Der Lenkungsausschuss sollte sich mindestens einmal monatlich, in kritischen Phasen auch häufiger, treffen und über den aktuellen Stand des Projekts informiert werden sowie über die geplante weitere Vorgehensweise.

Die **Projektleitung** berichtet direkt an den Lenkungsausschuss. Die Projektleitung sollte einem Team aus internen Mitarbeitern und externen Beratern möglichst unter Führung eines erfahrenen Beraters übertragen werden. Die Übertragung dieser Aufgabe an einen Berater empfiehlt sich, da dieser über nachhaltige Projekt- und Sanierungserfahrung verfügt und insofern die Voraussetzungen mitbringt, eine planmäßige Abarbeitung der Aufgaben sicherzustellen, und zudem Erfahrungen in der Dokumentation und Berichterstattung des Prozesses hat. Die Projektleitung bildet Teams für die einzelnen Maßnahmen und individuellen Schritte des Sanierungskonzepts. Um die Akzeptanz von Veränderungen sicherzustellen und die Umsetzung zu erleichtern, ist es wichtig, dass die einzelnen Teams im Wesentlichen mit geeigneten internen Mitarbeitern besetzt werden. Dabei kommt der Auswahl der Mitarbeiter große Bedeutung zu. Der ideale Kandidat verfügt neben den fachlichen Qualitäten über Kreativität, Motivation zur Veränderung und hohe Sozialkompetenz. Letzteres ist von nicht zu unterschätzender Relevanz, da alle Maßnahmen irgendwann auch einmal intern „verkauft" werden müssen. Maßnahmen und Veränderungen, die keine Akzeptanz im Unternehmen finden, sind nicht geeignet, die angestrebten Ergebnisse zu erzielen.

6   Implementierung und Überwachung des Sanierungsprozesses

5   Ein weiterer wesentlicher Punkt für die Besetzung des Sanierungsteams ist es, sicherzustellen, dass die notwendigen fachlichen **Qualifikationen** abgedeckt sind. Welche fachlichen Qualifikationen erforderlich sind, wird vom Inhalt des Sanierungskonzepts vorgegeben. Ist das Kernziel eines Sanierungskonzepts, die Struktur einer Unternehmensgruppe zu verändern, ist zwingend juristische und steuerliche Fachkompetenz erforderlich. Sollen Produktionsabläufe umgestaltet werden, so ist ein in solchen Aufgabenstellungen erfahrener Berater oder Mitarbeiter zwingend Mitglied des Teams. Insgesamt sollte das Team möglichst oft mit Mitarbeitern besetzt werden, die auch bereits bei der Ausarbeitung des Sanierungskonzepts beteiligt waren. Die Einbindung in die Ausarbeitung und Gestaltung des Sanierungskonzepts sichert eine Identifikation mit den Aufgabenstellungen, deren Wichtigkeit für den Projekterfolg nicht überschätzt werden kann.

6   Fachlich oder persönlich ungeeignete Mitarbeiter können **nicht Teammitglieder** werden. Auch Mitarbeiter, die aufgrund der Ergebnisse des Sanierungskonzepts unbedingt oder wahrscheinlich aus dem Unternehmen ausscheiden, sind grundsätzlich nicht geeignet, Teammitglieder zu sein.

7   Die **Projektleitung** soll einem Berater übertragen werden, der geeignet ist, mit hoher Sozialkompetenz und verwertbaren Mediationsfähigkeiten, Ergebnisse zeitgerecht einzufordern, und die sich zwangsläufig im Rahmen des Projekts ergebenden Konflikte aufzulösen.

8   In Anbetracht der möglichen Vielschichtigkeit der Aufgabenstellungen für Berater bei der Kommentierung und Überwachung von Sanierungsprozessen kann nur dringend empfohlen werden, die dem Berater zugedachte **Aufgabe** im Vorhinein möglichst präzise zu definieren und dies in einer Auftragsbestätigung schriftlich festzuhalten. Aus der Natur der Sache ergibt sich, dass die Aufgabenstellungen im Laufe des Projekts immer wieder Veränderungen und Anpassungen mit sich bringen. Zur Vermeidung von Missverständnissen sollten auch diese jeweils kurz und knapp **protokolliert** und **kommuniziert** werden.

II. Kommunikation des Sanierungskonzeptes und Festlegung von Milestones

9   Die **externe** Kommunikation des Sanierungskonzepts und die Vereinbarung von Maßnahmen mit den beteiligten Dritten ist regelmäßig Bestandteil des Sanierungskonzepts und seiner Genehmigung. Dieses Kapitel beschränkt sich daher auf die **interne** Kommunikation des Sanierungskonzepts.

10 **Spätestens** mit der Verabschiedung des Sanierungskonzepts ist dieses zeitnah und in angemessener Offenheit intern zu kommunizieren. Hat das Unternehmen einen Betriebsrat, so empfiehlt es sich, diesen als Erstes, soweit nicht bereits geschehen, mit den Details des vorgesehenen Sanierungskonzepts vertraut zu machen. Jede interne Kommunikation des Sanierungskonzepts sollte die drei folgenden **wesentlichen Punkte** klar herausstellen:
1. Notwendigkeit der Sanierung,
2. Ziele des Sanierungskonzepts,
3. Vorteile der Sanierung für das Unternehmen und die Mitarbeiter.

Zeitgleich mit der Information des Betriebsrats sollte auch die **zweite Führungsebene** mit dem Sanierungskonzept vertraut gemacht werden. Da das Wort „Sanierungskonzept" aus sich selbst heraus eine Skepsis auszulösen geeignet ist und Vorbehalte und Ängste der Angesprochenen ausgeräumt werden müssen, ist es wichtig, die Kenntnisse und den Wissensstand der Angesprochenen in der Präsentation angemessen zu berücksichtigen. Empfehlenswert ist es auch, wesentliche Punkte und Inhalte für die Mitarbeiter zusammenzustellen und ihnen auszuhändigen. Idealerweise werden diese Informationsrunden von den Organen durchgeführt. **Delegation** ist an dieser Stelle keine gute Idee. Es muss insgesamt klar sein, dass das Sanierungskonzept von der Geschäftsführung getragen wird und die Geschäftsführung dieses Sanierungskonzept will und in jeder Art und Weise fördert. 11

Zu jedem Wettlauf gibt es einen **Startschuss**. Auch ein Sanierungskonzept sollte förmlich gestartet werden. Damit wird noch einmal allen im Unternehmen unmittelbar ins Gedächtnis gerufen, dass die Zeit für die Veränderungen nun beginnt. Mit dem Startschuss sollte allen Mitarbeitern die Notwendigkeit der Sanierungsmaßnahmen, die Vorteile für das Unternehmen und die Mitarbeiter sowie die Ziele des Sanierungskonzepts transparent gemacht werden. Der **Zeitplan** und die wesentlichen Schritte sollten zu diesem Zeitpunkt ebenfalls bekannt gegeben werden. Mögliche Ausgestaltung für diesen Startschuss (**Kick-off**) sind eine Betriebsversammlung und, wo dies nicht möglich ist, Information aller über eine Seite im Intranet, eine Hauszeitung oder eine Broschüre zum Sanierungskonzept. Bewährt hat es sich auch, einem Sanierungskonzept einen einprägsamen und Aufbruchstimmung unterstützenden Projektnamen zu geben. 12

Sobald das Projekt im Unternehmen in der Breite kommuniziert worden ist, muss man davon ausgehen, dass auch Externe, d.h. Kunden und die Öffentlichkeit allgemein davon informiert werden. Für den Erfolg eines Konzepts ist es hilfreich, diese **Kommunikation nach außen** aktiv anzugehen und durch einen in der Begleitung solcher Prozesse erfahrenen PR-Berater betreuen zu lassen. Nur so können Gerüchte und Fehlinformationen und -interpretationen minimiert und im besten Fall ganz verhindert werden. 13

Die Berichterstattung über das Projekt, den erreichten Stand und die noch anstehenden Aufgaben sollte regelmäßig und während der ganzen Laufzeit des Projektes fortgesetzt werden. Wichtig ist es dabei, möglichst früh **Erfolge zu kommunizieren**. Auch wenn diese in den Vordergrund gestellt werden, sollte eine ehrliche Kommunikation auch etwaige Rückschläge und negative Ereignisse aufzeigen. Im gesamten Unternehmen muss, insbesondere bei einschneidenden Veränderungen, vermittelt werden, dass eine umfassende und offene Informationspolitik zum Sanierungskonzept gepflegt wird. Flurfunk und Gerüchte sind für einen zügigen und erfolgreichen Fortschritt des Sanierungsplanes nicht hilfreich. 14

III. Berichtswesen

Ein den Sanierungsprozess begleitendes Berichtswesen ist wichtiger und wesentlicher Teil des Projekts. 15

Das Berichtswesen fördert die Disziplin und die Motivation, und es hilft den Fokus auf das Ziel aufrechtzuerhalten. Für die beteiligten Externen ist das Berichtswesen 16

Informationsquelle und stellt die notwendige **Transparenz** her. Dabei dient es auch als Frühwarnsystem, das Fehlentwicklungen aufzeigt und Nachbesserungsbedarf erkennen lässt.

17 Ein gutes Berichtswesen ist **zeitnah** und **stetig**. Stetigkeit bezieht sich dabei auf Form und Inhalt ebenso wie auf den Bezug. Bezug ist dabei immer das ursprüngliche Sanierungskonzept mit seinem Zeitplan, seinen Planzahlen und Maßnahmen. Die Berichte erscheinen auch in regelmäßiger Frequenz. Ein gutes Berichtswesen ist kompakt fokussiert auf das Wesentliche und verzichtet auf unnötige Details. Es ist optisch ansprechend gestaltet, adressatenorientiert und „klar und lesbar".

18 Die oben geschilderte Struktur des Sanierungsteams bedingt dabei eine gewisse **Struktur des Berichtswesens**. Die Projektteams berichten der Projektleitung. Auch wenn dies häufig im persönlichen Gespräch geschehen wird, so sind die wesentlichen Inhalte doch auch schriftlich zu dokumentieren und zu unterlegen. Die Projektleitung führt die Berichte zusammen und präsentiert sie dem Lenkungsausschuss. Projektleitung und/oder Lenkungsausschuss berichten den beteiligten externen Dritten und kommunizieren den Fortschritt intern.

19 Für das externe Berichtswesen hat sich folgende **Struktur und Frequenz** grundsätzlich bewährt:

Thema	Frequenz Bericht	Aktualisierung
Kurzfristige Liquiditätsplanung	Wöchentlich	Wöchentlich
Monatsabschluss	Monatlich	Quartalsweise Hochrechnung
Kennzahlen Covenants	Monatlich	N/A
Sanierungskonzept	Monatlich	Quartalsweise
3-Jahresplanung	Jährlich	Jährlich

1. Kurzfristige Liquiditätsplanung

20 Die kurzfristige Liquiditätsplanung wird **wöchentlich aktualisiert**. Sie enthält einen Soll-Ist-Vergleich der Vorwoche und bringt eine aktualisierte Vorschau für die folgenden zwei oder drei Monate auf Wochenbasis.

2. Monatsabschluss

21 Der Monatsabschluss enthält mindestens eine vollständige und Monatsabgrenzungen berücksichtigende **Gewinn- und Verlustrechnung** und den **Cash Flow**, idealerweise auch eine Bilanz. Eine Bilanz sollte in jedem Fall mindestens quartalsweise mit enthalten sein. Wo dies wesentlich und von Relevanz ist, sollten auch die Ergebnisrechnungen für wesentliche Sparten, Standorte o.Ä. mit enthalten sein. Die Zahlen beinhalten auch einen aktuellen Soll-Ist-Vergleich. Wesentliche Abweichungen werden dabei knapp und klar erläutert. Vielfach empfinden Adressaten auch eine kurze knappe Kommentierung durch die Geschäftsführung als sinnvoll. Diese Kommentierung sollte sich auf maximal eine Seite beschränken.

Jeweils zum Quartalsende sollte die monatliche Berichterstattung um eine **aktualisierte Hochrechnung** für das laufende Geschäftsjahr ergänzt werden. Im Interesse der Klarheit und Stetigkeit sollte aber für den Soll-Ist-Vergleich auch in der Folge auf das ursprüngliche Budget abgestellt werden. 22

3. Kennzahlen/Covenants

Das monatliche Berichtswesen sollte auch die Entwicklung wesentlicher Kennzahlen (Forderungslaufzeiten, Vorratsreichweite, Auftragsbestand, Grad der Einhaltung von Kreditauflagen usw.) beinhalten. Zu diesen Kennzahlen sollten die Werte der Vorperioden präsentiert werden und etwaige Zielvereinbarungen ermittelt werden. Die wesentlichen **Abweichungen** sind knapp und klar zu kommentieren. 23

4. Sanierungskonzept

Die Berichterstattung zum Sanierungskonzept präsentiert einen **Soll-Ist-Vergleich** des ursprünglichen Zeitplanes und zeigt so den Projektfortschritt und etwaige negative Abweichungen auf. Außerdem berichtet sie über abgeschlossene Maßnahmen und deren Ergebniswirksamkeit. Auch hier werden Abweichungen vom ursprünglichen Plan angemessen erläutert. 24

Das Sanierungskonzept wird routinemäßig mindestens quartalsweise in seinen wesentlichen Punkten **überprüft** und, wo erforderlich, **angepasst und fortgeschrieben.** Die vorgenommenen Anpassungen werden für die Berichtsempfänger erläutert und begründet. 25

5. Mehrjahresplanung

Die alljährlich stattfindende **Mehrjahresplanung** spielt im Berichtswesen eines Sanierungsprozesses keine wesentliche Rolle. 26

IV. Monitoring

Monitoring bezeichnet die **überwachende Begleitung eines Sanierungsprozesses** und die damit einhergehende Berichterstattung an Kreditgeber und Gesellschafter. Es ist heute allgemeines Verständnis, dass ein Monitoring des Sanierungsprozesses durch einen qualifizierten Berater das Mindestmaß an externer Beteiligung für einen erfolgreichen Sanierungsprozess darstellt. Auch wenn das Sanierungskonzept ganz oder weitestgehend intern erstellt wurde und das Unternehmen selbst über die für den Sanierungsprozess erforderlichen Kompetenzen und Erfahrungen verfügt, ist die regelmäßige Überwachung des Projektfortschritts und die damit einhergehende **Berichterstattung** an die Kreditgeber und Gesellschafter aufgrund ihrer Wirkung als vertrauensbildende und Transparenz sichernde Maßnahme akzeptiert. Grad und Umfang der Aufgabenstellung sind dabei situationsbezogen und in Abhängigkeit von der Komplexität des Projekts frei gestaltbar. 27

Greift man die oben dargelegte typisierte **Form** der externen Berichterstattung in einem Sanierungsprojekt auf, so könnte ein sinnvolles Monitoring aus dem regelmäßigen Austausch mit der Projektleitung, der Teilnahme an den Sitzungen des Lenkungs- 28 ausschusses und der Kontrolle der vorgelegten Berichte hinsichtlich ihrer Richtigkeit und Vollständigkeit bestehen.

29 Ein solcher Beratungsauftrag kann grundsätzlich von jedem qualifizierten Berater durchgeführt werden. Sinnvollerweise sollte er aber an den **Berater** vergeben werden, der bereits vorher bei der Erstellung oder Verabschiedung des Sanierungskonzepts beteiligt war, da ansonsten eine sinnvolle Erfüllung der Aufgabe eine zeitaufwendige Einarbeitung des Beraters in das Unternehmen und das vorliegende Sanierungskonzept erforderlich wird.

V. Reflektionen und Adaptionen

30 Sanierungskonzepte sind nicht in Stein gemeißelt. Der Zeitablauf und unvorhergesehene Änderungen von gesetzlichen und regulatorischen Rahmenbedingungen führen dazu, dass sich ursprünglich im Sanierungskonzept vorgesehene Maßnahmen nicht mehr umsetzen lassen, oder ihre Umsetzung nicht mehr sinnvoll ist. Dies macht eine **regelmäßige kritische Durchsicht** und, wo notwendig, **Überarbeitung** des ursprünglichen Sanierungskonzepts zwingend erforderlich. Dabei kennt ein guter Review keine Tabus, aber vermeidet auf der anderen Seite auch, das Rad neu zu erfinden.

31 **Grund und Ziel** eines Reviews sind dabei immer, festzustellen, ob das überragende Ziel, die Herstellung einer nachhaltigen und sicheren Rentabilität des Unternehmens, auch unter den veränderten Rahmenbedingungen noch erreichbar ist und ob und inwieweit vor diesem Hintergrund das ursprüngliche Sanierungskonzept ergänzt, verändert oder reduziert werden kann oder muss.

32 **Gründe** für die Notwendigkeit, ein Sanierungskonzept anzupassen, liegen, bei aller Sorgfalt der Ersteller, immer wieder in Irrtümern, aber auch in der Veränderung von gesetzlichen Rahmenbedingungen, Veränderungen am Markt, eingetretenen Verzögerungen in der Abarbeitung des Sanierungskonzepts und auch in Opportunitäten, die sich im Zeitablauf ergeben haben.

33 Im Rahmen des Reviews des Sanierungskonzepts ist auszugehen von der **aktuellen Soll-Ist-Abweichung** in Ergebnis und Liquidität. Die gegebene Überschreitung oder Unterschreitung zeigt grundsätzlich auf, in welchem Maße mit welcher Wirkung Anpassungen vorgenommen werden müssen.

34 Die Revision des Sanierungskonzepts stellt eine **Herausforderung** für alle Beteiligten dar. Die Herausforderung ergibt sich, da neben den als allgemeines Planungsrisiko zu qualifizierenden extern vorgegebenen Anpassungsnotwendigkeiten in vielen Fällen auch eigene Einschätzungen zu Sanierungseffekten und Potenzialen, sich als unzutreffend herausstellen. Natürlich ist es auch der Reputation eines Beraters nicht förderlich, wenn er Fehleinschätzungen eingestehen muss. In Summe ist es aber besser, **frühzeitig** Fehlentwicklungen aufzuzeigen, als beim späteren Scheitern nicht nur einen ursprünglichen Fehler erklären zu müssen, sondern auch, warum dieser solange nicht bemerkt wurde.

35 Es sind dieser Anpassungs- und Modifikationsprozess und die mit den erforderlichen Nachbesserungen einhergehenden Erfahrungen, die Berater dazu verleiten, auch gegen den typischerweise heftigen Widerstand der Unternehmen in Sanierungskonzepte angemessene **Risikopuffer** einzubauen.

7. Kapitel
Exit-Strategien

Die Beteiligten einer Unternehmenssanierung gelangen unter Umständen an einen Punkt, an dem Sie nach sorgfältiger Prüfung aller Optionen eingestehen müssen, dass die Sanierungsversuche gescheitert sind bzw. sie (aber vielleicht andere) hierzu nicht in der Lage sind. Das nachfolgende Kapitel zeigt daher auf, welches die Grundüberlegungen und -bedingungen sind bei der Entscheidung über die Strategie zur Aufgabe des Engagements (sog. **Exit-Strategie**). Die Wahl des Exit[1] ist natürlich zunächst bedingt durch die Person des jeweiligen Beteiligten: **Gesellschaftsanteilsinhaber oder Gläubiger/Finanzierer**, wobei in der Praxis zumeist der Anteilseigner einen Exit sucht und dazu die Wahl unter mehreren Gestaltungsmöglichkeiten hat. Daher liegt im folgenden Kapitel der Schwerpunkt der Darstellung von Exit-Strategien beim Gesellschafter. Für den kreditgebenden Finanzierer kommt neben der Kündigung und Verwertung der Sicherheiten (z.B. durch Zwangsversteigerung) als Exit nur die Veräußerung/Übertragung seiner Darlehensforderung in Betracht (dazu Rn. 63 ff.).

1

I. Direkte Veräußerung der Gesellschaftsanteile

Direkter und unmittelbarer Exit für den Anteilseigner ist die Veräußerung der Gesellschaftsanteile. Die Verkaufsstrategie hängt dabei von vielen Faktoren ab: Vor einem Verkaufsangebot sind zunächst die potenziellen Unternehmenskäufer zu identifizieren (dazu Rn. 3 ff.). Der Käufer hat ein starkes Interesse, das **Kaufobjekt möglichst umfassend kennen zu lernen** und der Verkäufer ist gut beraten, wenn er den Erwerber umfassend und zutreffend über dessen Zielgesellschaft unterrichtet. Nur so können **Haftung** und eine spätere Anfechtung des Kaufes **weitestgehend vermieden** werden. Bei ernsthaftem Interesse wird deshalb regelmäßig eine Due Diligence durchgeführt (dazu Rn. 7). Hinsichtlich möglicher Finanzierungsarten des Kaufs wird kurz das sog. LBO-Modell beleuchtet (dazu Rn. 9 ff.). Unter Berücksichtigung der spezifischen Haftungsrisiken muss außerdem stets zwischen einem Asset Deal oder einem Share Deal entschieden werden (dazu Rn. 12 ff.). Ist der Verkauf der Anteile nicht möglich, helfen sich verzweifelte Anteilseigner in Einzelfällen auch mit dem **unseriösen Ausweg**, die Gesellschaftsanteile an einen sog. Firmenbestatter zu übertragen (dazu Rn. 52). Hiervon muss aber dringend abgeraten werden.

2

1. Potenzielle Unternehmenskäufer

Als Unternehmenskäufer kommen mehrere Personengruppen in Betracht. Klassischerweise bilden **Konkurrenten aus dem eigenen Branchenumfeld** in Krisensituationen die größte Gruppe von Kaufinteressenten, da die Anforderungen von Finanzinvestoren von Krisenunternehmen häufig nicht erfüllt werden. **Strategische Investoren**

3

---

[1] Zu Exitkanälen von Turnaround-Investoren *Brunke/Waldow* in Buth/Hermanns § 18 Rn. 44 ff. Demnach wurde im Jahre 2001 von Turnaround-Investoren in 48 % der Fälle als Exit der Verkauf des Unternehmens an einen strategischen Investor gewählt, gefolgt von Verkäufen an einen anderen Finanzinvestor (18 %). Ein Rückkauf der Anteile durch einen ehemaligen Gesellschafter oder durch das Management erfolgte in 14 % der Fälle, in 11 % wurde ein Börsengang vollzogen und in 9 % der Fälle erfolgte eine Liquidation bzw. Abschreibung des Engagements.

versprechen sich von Unternehmenszukäufen in der Regel Vorteile durch die Vergrößerung ihres eigenen Unternehmens, wie z.B. erhöhte Wirtschaftlichkeit, Erhöhung der Produktionskapazitäten oder die Übernahme von etablierten Marken und die damit verbundene Besserstellung auf den entsprechenden regionalen Märkten.[2]

4   Gleichfalls motiviert durch nicht rein finanzielle Aspekte sind **Lieferanten und Kunden als Kaufinteressenten**. Deren Ziel ist insbesondere, Wertschöpfungsketten aufzubauen und diese in eigener Regie zu führen und so Absatz oder Versorgung zu sichern. Dies lässt mehr Spielraum für Optimierung. Lagerhaltung, Lieferprozesse usw. sind besser planbar und greifen besser ineinander. Außerdem kann sich der Unternehmenskäufer so von der Marktmacht seiner Vertragspartner lösen.[2]

5   Einzelne **Investoren aus dem Private-Equity-Bereich** haben sich auf den Erwerb sanierungsbedürftiger Unternehmen spezialisiert. In diesen Fällen geht der Erwerb regelmäßig einher mit einer wesentlichen Reduzierung der Forderungen von Fremdkapitalgebern und anderen Gläubigern oder Zuschüssen der Verkäufer (negativer Kaufpreis).

6   Eine weitere mögliche Käufergruppe kommt aus dem Unternehmen. In Anbetracht des typischerweise überschaubaren Kaufpreises bildet der Erwerb selbst keine Hürde. So kann vor allem das **Management das Unternehmen übernehmen** (Management-Buy-Out) oder sich **Mitarbeiter des Unternehmens** für die **Übernahme des Unternehmens** empfehlen (Employee-Buy-Out). Die Vorteile dieser Käufergruppe liegen auf der Hand. Sowohl Management als auch Mitarbeiter kennen das Unternehmen bereits, womit Einarbeitungszeit und Widerstände aus der Belegschaft minimiert werden.[3]

2. Bedeutung der Due Diligence

7   Der Unternehmenskäufer wird im Rahmen des Erwerbs des Unternehmens regelmäßig eine sogenannte Due Diligence durchführen. Zwar steht dem **Geschäftsleiter der erwerbenden Gesellschaft bei seinen unternehmerischen Entscheidungen grundsätzlich ein erhebliches Handlungsermessen** zu. Sind allerdings nicht ausreichend gesicherte Erkenntnisse über das zu erwerbende Unternehmen vorhanden oder weisen vorhandene Informationen Unklarheiten auf, kommt bei einer zu erheblichen Verlusten führenden Fehlinvestition eine Geschäftsleiterhaftung in Betracht, falls eine umfassende Due Diligence unterlassen worden ist.[4] Die Due Diligence bezweckt eine **ganzheitliche Unternehmensanalyse** und ist regelmäßig unterteilt in die Bereiche Commercial, Operations, Financial, Tax und Legal Due Diligence. Ziel ist, die unterschiedlichen Beziehungen zwischen Anteilsinhabern, Kunden, Mitarbeitern und Lieferanten eingehend und vollständig zu erfassen und zu bewerten.[5]

8   Vor der Durchführung der Due Diligence sollte der Veräußerer auf der Abgabe einer Vertraulichkeitserklärung, vorzugsweise mit einer Vertragsstrafe, bestehen.[6] Selbst wenn eine solche Erklärung vorliegt, erfordert eine Due Diligence mit Konkurrenten, Kunden und Lieferanten besonderes Fingerspitzengefühl und sehr selek-

---

2   *Ehlers/Meinberg* ZInsO 2010, 1169.
3   *Ehlers/Meinberg* ZInsO 2010, 1169, *Hess* Sanierungshandbuch, Kap. 13 Rn. 274.
4   *OLG Oldenburg* DB 2006, 2511.
5   Zu den einzelnen Prüfungsschritten und -punkten *Wagner/Russ* WP Handbuch Bd. 2, S. 1079 ff.
6   *Van Betteray/Gass* BB 2004, 2309 ff.

tive Auskunftserteilung, um nachhaltige Schäden für das zum Verkauf stehende Unternehmen zu vermeiden.

3. Finanzierungsmodell LBO

Da in der Praxis ein Unternehmenskauf häufig in Gestalt eines sogenannten Leveraged-Buy-Out (LBO) durchgeführt wird, soll darauf kurz eingegangen werden. Bei diesem Modell wird die **Übernahme zum Großteil durch Fremdkapital finanziert**.[7] Bei renditelosen oder renditeschwachen Unternehmen kommt dies daher von vornherein schon nicht in Betracht.

Für den Unternehmenskäufer bietet ein Vorgehen nach dem Modell eines LBO die Möglichkeit, vom sogenannten Leverage-Effekt zu profitieren. **Kredite**, die die Erwerber für den Kauf eines Unternehmens aufgenommen haben, werden nach der Übernahme faktisch **auf die erworbene Gesellschaft übertragen**. Der Darlehensrückzahlungsanspruch wird regelmäßig **durch Vermögenswerte der erworbenen Gesellschaft besichert**. Im Ergebnis finanziert das übernommene Unternehmen seinen Kauf damit ganz überwiegend selbst.

Dieses Geschäftsmodell wird immer wieder kritisiert, da die für den erheblichen Zins- und Kapitaldienst erforderlichen Renditen sich oft nicht durch die Fortführung des Unternehmens erzielen lassen, sondern allein durch dessen „**Ausschlachten**". Attraktive, zukunftsträchtige Geschäftsfelder müssen zur Erzielung einer möglichst schnellen und hohen Entschuldung vermarktet werden. In der jüngeren Vergangenheit war auch eine Vielzahl von Fällen zu verzeichnen, wo selbst operativ gesunde Unternehmen finanziell restrukturiert werden mussten, weil die für die **LBO-Finanzierung zugrunde gelegten ambitionierten Planungen sich als nicht realisierbar** erwiesen hatten. Dies ist allerdings ein Risiko, welches in der Erwerbersphäre liegt. Für den Veräußerer bestehen wegen einer LBO-Finanzierung grundsätzlich keine erhöhten Risiken.

4. Verkaufsmodelle: Share Deal oder Asset Deal

Bei der Veräußerung von Unternehmen sind zwei Grundtypen der Veräußerung/ Übertragung möglich: die **Veräußerung von Geschäftsanteilen am Rechtsträger** des Unternehmens (Share Deal) oder die **Übertragung der Wirtschaftsgüter des Unternehmens** unabhängig von seinem Rechtsträger (Asset Deal). Beim Asset Deal ist die Zielgesellschaft selbst die Person des Veräußerers, beim Share Deal ist dies der bisherige Anteilseigner der Zielgesellschaft. Die Vor- und Nachteile dieser beiden Verkaufsmodelle werden nachfolgend beleuchtet.

4.1 Vor- und Nachteile im Überblick

Beim Asset Deal erfolgt keine Übertragung von Geschäftsanteilen, sondern von einzelnen Wirtschaftsgütern nach den für sie gültigen Vorschriften des Zivilrechts. Dabei ist zu beachten, dass die Übertragung von Wirtschaftsgütern den sachenrechtlichen Anforderungen des BGB zu genügen hat. Schwierigkeiten bereitet dabei die Einhaltung des sogenannten **Bestimmtheitsgebotes**. Danach sind die **Wirtschaftsgüter,** die Gegenstand der Übertragung sein sollen, so **präzise zu bezeichnen**, dass sie eindeutig identifizierbar sind. Dies stellt sowohl Veräußerer als auch Erwerber angesichts der Menge der zu übertragenden Wirtschaftsgüter immer wieder vor besondere Herausforderungen und kann erhebliche (Beratungs-) Kosten verursachen.

---

7 *Wohlenberg/Altenkirch* in Hommel/Knecht, S. 497.

14 Die Übertragung von Geschäftsanteilen zur Durchführung des Share Deals bereitet demgegenüber – abgesehen von gesellschaftsrechtlichen Fragestellungen – keine besonderen Probleme. Dieser Weg ist zumindest im Vollzug meistens einfacher als ein Asset Deal.[8]

15 Allerdings weist der **Asset Deal gegenüber dem Share Deal eine größere Flexibilität** auf, da auch nur ausgewählte Teilbereiche übernommen und so ganze Teilbereiche des Unternehmens beim Veräußerer verbleiben können. Beim Share Deal wäre hierfür zuvor die Herauslösung der Teilbereiche aus der Zielgesellschaft notwendig. Hinsichtlich der Firma ist festzuhalten, dass diese beim Asset Deal ausdrücklich mit übertragen werden muss. Weist das Namensrecht also einen wirtschaftlichen Wert für den Erwerber auf, so kann der Veräußerer sich diesen beim Asset Deal mit abkaufen lassen.[9]

16 Ein Asset Deal ist allerdings erschwert, wenn die Zielgesellschaft für **den Erwerber essentiell wichtige Verträge** abgeschlossen hat und eine **Zustimmung zum Vertragsübergang** auf den Erwerber durch die dritte Vertragspartei voraussichtlich nicht ohne Weiteres erteilt wird oder – z.B. wegen der großen Zahl der Vertragspartner – nur sehr aufwändig erlangt werden kann. Für den Share Deal gilt diese Einschränkung allerdings auch, wenn der in Rede stehende Vertrag eine sog. **change-of-control-Klausel** erhält, derzufolge bei einem Gesellschafterwechsel der Vertragspartner von dem Vertrag Abstand nehmen kann. Das Belassen der Verträge beim Veräußerer und die Vereinbarung einer **Leistungsweiterleitung im Innenverhältnis** vom Veräußerer an den Erwerber mag dann auf den ersten Blick als attraktive Lösung erscheinen. Zu bedenken ist aber, dass dies im Betriebsablauf wenig praktikabel sein kann und dadurch aus Sicht des Veräußerers bei ihm (oftmals ungewollte) Nacharbeiten und eventuell Haftungsfragen hängen bleiben. Daher ist immer vorab im Einzelnen zu prüfen, welche Verträge für den Erwerber von essentieller Bedeutung sind, ob diese change-of-control-Klauseln enthalten und welches die Interessenlage des dritten Vertragspartners ist.[10] Hängt der Betrieb von **öffentlichen Genehmigungen** ab, kann ein Asset Deal nachteilig sein, da die Genehmigungen vom Erwerber (anders beim Share Deal) **erneut zu beantragen** sind.[10] Gleiches gilt für **Zertifizierungen oder andere Zulassungen**, welche von manchen Kunden (z.B. im Automotive-Bereich) zwingend gefordert werden.

17 Aus Sicht des Veräußerers ist hinsichtlich **bestehender Verbindlichkeiten** und deren Übergang auf den Erwerber (sog. Altverbindlichkeiten) wiederum ein Share Deal vorteilhafter, denn Altverbindlichkeiten hängen grundsätzlich an der Zielgesellschaft. Bleibt hingegen beim Asset Deal die (Mantel-) Gesellschaft beim Veräußerer zurück, so gilt dies auch für Altverbindlichkeiten. Für **Pensionsverpflichtungen**[11] gilt, dass diese bei einem Asset Deal nur bedingt übertragen werden können. Zu beachten ist, dass beim Asset-Deal nur Pensionsverpflichtungen aktiver Arbeitnehmer überhaupt übergehen können. Pensionsverpflichtungen ausgeschiedener Anwärter oder von Rentnern verbleiben stets bei der (Mantel-)Gesellschaft.[12]

---

8 *Holzapfel/Pöllath* Rn. 109.
9 *Beck/Klar* DB 2007, 2820.
10 *Beck/Klar* DB 2007, 2821.
11 *Paul/Daub* BB 2011, 1525.
12 *Beck/Klar* DB 2007, 2822.

4.2 Steuerliche Aspekte

Bei der Wahl zwischen Asset Deal und Share Deal spielen steuerliche Aspekte eine erhebliche Rolle.[13] 18

4.2.1 Altverbindlichkeiten

Alte Steuerverbindlichkeiten (also solche, die vor dem Unternehmensverkauf entstanden waren) bleiben beim Asset Deal grundsätzlich im Verantwortungsbereich des Veräußerer und gehen nicht, wie beim Share Deal, mit der übertragenen Gesellschaft in die Sphäre des Erwerbers über. Zwar kann beim **Share Deal** aufgrund einer etwaig vereinbarten Vertragsklausel der Veräußerer vom Erwerber in Regresshaftung genommen werden, allerdings ist **gegenüber der Finanzverwaltung die Zielgesellschaft unmittelbar und allein steuerpflichtig**. Diese trägt also beim Share Deal immer das Bonitätsrisiko hinsichtlich des Veräußerers, soweit nicht vereinbart wird, dass ein Teil des gezahlten Kaufpreises auf ein Treuhandkonto fließt. Anders ist die Lage bei **Asset Deal**, dort bleibt der **Veräußerer unmittelbar steuerpflichtig**. 19

4.2.2 Steuerliche Kriterien

Der Veräußerer hat in der Regel das ertragsteuerliche **Ziel, dass ein etwaiger Veräußerungsgewinn aus dem Unternehmensverkauf steuerfrei bleibt**, dass ein etwaiger **Veräußerungsverlust steuerlich nutzbar ist** und **steuerliche Verlustvorträge erhalten oder zeitnah nutzbar** sind. Ein potenzieller Erwerber hat das Ziel, seinen Kaufpreis möglichst in **steuerliches Abschreibungspotential** zu transferieren, alle mit dem Erwerb im Zusammenhang stehende **Aufwendungen steuerlich geltend zu machen** und, dass möglichst **steuerliche Verlustvorträge** auf ihn **übergehen** und nutzbar sind[14]. 20

4.2.2.1 Asset Deal

Aus Sicht des Verkäufers können beim Asset Deal zwei seiner drei Ziele erreicht werden. Ein etwaiger **Veräußerungsverlust** kann in der bestehenden Gesellschaft weiter genutzt werden. Des Weiteren bleiben die **steuerlichen Verlustvorträge** erhalten, soweit tatsächlich nur einzelne Vermögensgegenstände veräußert werden und keine weiteren Änderungen in der Gesellschaftsstruktur vorgenommen werden. Einziger Nachteil für den Veräußerer ist die Versteuerung eines eventuellen entstehenden **Veräußerungsgewinnes**. Aber natürlich besteht auch hier die Möglichkeit der Verrechnung mit früheren Verlusten in den Grenzen des § 10d EStG. 21

Der Erwerber hat den Vorteil, dass sein gezahlter **Kaufpreis in steuerliches Abschreibungspotenzial umgewandelt** werden kann, soweit es sich um abnutzbare Wirtschaftsgüter handelt. Auch können die entstandenen **Aufwendungen vollumfänglich steuerlich genutzt** werden. Ein **Übergang von Verlustvorträgen** vom Veräußerer zum Erwerber ist **nicht möglich**. 22

Wird im Rahmen eines Asset Deals ein **Grundstück** übertragen, so fällt auch Grunderwerbsteuer an (§ 1 Abs. 1 GrEStG). Diese kann nur vermieden werden, wenn eine Übertragung des Grundstückes nicht erfolgt. Der Veräußerer könnte z.B. das Grundstück an den Erwerber vermieten[15]. 23

---

13 Ausführlich *Jacobs/Enders/Spengel* in Jacobs, S. 1226 ff.
14 *Beck/Klar* DB 2007, 2824.
15 *Beck/Klar* DB 2007, 2825.

4.2.2.2 Share Deal

24 Der Share Deal hat für den Verkäufer den Vorteil, **soweit es sich** bei den Vertragsparteien **um Kapitalgesellschaften** handelt, dass ein **Veräußerungsgewinn zu 95 % steuerfrei** bleibt. 5 % des Gewinnes gelten als nichtabziehbare Betriebsausgaben und werden demnach versteuert. Bei der Veräußerung von Anteilen an Einzelunternehmen oder Personengesellschaften durch Nicht-Kapitalgesellschaften erfolgt eine Versteuerung nach den Regelungen der §§ 16 und 34 EStG. Die Veräußerung von Anteilen an Kapitalgesellschaften ist in § 17 EStG geregelt.

25 Ein **Übergang von Verlustvorträgen** ist **regelmäßig stark eingeschränkt**. Ein Erwerber wird regelmäßig das Ziel haben, über 50 % der Gesellschaftsanteile zu kaufen, was durch § 8c KStG zu einem vollständigen Untergang der bisherigen steuerlichen Verlustvorträge führt. Bereits bei einem Übergang von mehr als 25 % der Gesellschaftsanteile erfolgt ein anteiliger Verlust des bisherigen Vortrages, so dass hier kaum sinnvolle Gestaltungen zum Erhalt des Verlustvortrages möglich sind.

26 Die im Zusammenhang mit dem Share Deal entstehenden **Aufwendungen** können auf Seiten des Erwerbers **nur beschränkt steuerlich genutzt** werden. Die Kosten zählen regelmäßig zu den Anschaffungskosten der Beteiligung und kommen somit erst mit der Veräußerung der Beteiligung steuerlich zum Tragen.

27 Auch die **Grunderwerbsteuer** kann beim Share Deal eine Rolle spielen, soweit in den Anteilen Grundstücke und ähnliche Rechte enthalten sind. Werden mindestens 95 % der entsprechenden Anteile veräußert, ist der Erwerbsvorgang grunderwerbsteuerpflichtig und die Steuer vom Erwerber zu tragen.

4.3 Haftungsrisiken des Veräußerers

28 Veräußerer und Erwerber können die Risiko- bzw. Haftungsverteilung hinsichtlich der Zielgesellschaft sowohl beim Asset Deal als auch beim Share Deal frei vereinbaren. Verhandlungsgrundlage für eine **individualvertragliche Haftungsverteilung** ist aber zumeist die in Rechtsvorschriften niedergelegte Wertung, wer nach Ansicht des Gesetzgebers welches Risiko tragen sollte. Daher werden nachfolgend die **gesetzlichen Haftungsgefahren** für den Veräußerer beleuchtet, welche durch geeignete individualvertragliche Absprachen modifiziert oder abgemildert werden können. Haftungsrisiken des Veräußerers ergeben sich u. a. aus Gewährleistungspflichten hinsichtlich des Kaufgegenstandes, aus Verstößen gegen das Kapitalerhaltungsgebot oder wegen Existenzvernichtungshaftung im Falle der Insolvenz sowie aus arbeitsrechtlichen Haftungstatbeständen wegen eines Betriebsübergangs.

4.3.1 Gewährleistung

29 Den **Veräußerer** des Unternehmens **treffen in erste Linie Gewährleistungspflichten** gegenüber dem Erwerber wegen Mangelhaftigkeit des jeweiligen Kaufgegenstandes. Der Erwerber kann je nach Einzelfall Nacherfüllung verlangen oder vom Kaufvertrag zurücktreten bzw. den Kaufpreis mindern. Ist dem Erwerber darüber hinaus ein Schaden entstanden, kommen auch Schadensersatzansprüche zu seinen Gunsten in Betracht. Dabei ist zwischen Asset Deal und Share Deal zu unterscheiden.

4.3.1.1 Asset Deal

Haben sich die Vertragsparteien auf eine Unternehmensübertragung im Rahmen eines Asset Deals geeinigt, **haftet der Veräußerer nach den allgemeinen kaufrechtlichen Vorschriften des BGB** (§§ 433 ff. BGB) für die Mangelhaftigkeit des Unternehmens als Ganzes. **30**

Eine Haftung kommt insbesondere dann in Betracht, wenn sich die Angaben des Verkäufers über den Ertrag oder den Umsatz des Unternehmens, als maßgebliche **wertbildende Faktoren**, als unrichtig erweisen oder der **Ruf des Unternehmens** nicht den Angaben des Verkäufers entspricht. Diese Kriterien werden regelmäßig im Kaufvertrag näher beschrieben und bestimmt. Sollten die Vertragsparteien hingegen keine Vereinbarungen über die Beschaffenheit des Unternehmens getroffen haben, so haftet der Veräußerer lediglich für die übliche Beschaffenheit. Die Mangelhaftigkeit des Unternehmens kann in diesem Fall anhand der einzelnen Wirtschaftsgüter des Unternehmens zu bestimmen sein.[16] **31**

Darüber hinaus haftet der Veräußerer auch für **Rechtsmängel** des Unternehmens. Dies können z.B. berufsgenossenschaftliche Betriebsverbote, baupolizeiliche Nutzungsbeschränkungen, bestehende Vertriebsrechte Dritter oder die Abhängigkeit des Unternehmens von einem durch höchstpersönliche Lizenz erteilten Patent sein. **32**

4.3.1.2 Share Deal

Bei einem Share Deal werden lediglich Anteile eines Unternehmensträgers im Wege des Rechtskaufs veräußert. Gleichwohl sind auch auf diesen Kauf von Rechten die allgemeinen Vorschriften des Kaufrechts anwendbar. Dementsprechend kommt auch hier eine **Haftung wegen Sach- und Rechtsmängeln** in Betracht. **33**

Zwar kann im Rahmen der Sachmängelhaftung nicht ohne weiteres die Beschaffenheit der Geschäftsanteile mit der Beschaffenheit des Unternehmens, das hinter den Anteilen steht, gleichgesetzt werden. In diesem Fall können jedoch die Vorschriften über den Kauf eines Unternehmens analog angewendet werden, wenn der Rechtskauf der Anteile materiell dem Kauf des Unternehmens entspricht. Das ist nach der Rechtsprechung dann der Fall, wenn alle, fast alle oder **zumindest 75 % der Anteile des Unternehmensträgers** erworben werden und der Erwerber eine beherrschende Stellung erlangt.[17] **34**

Beim Share Deal greift die **Rechtsmängelhaftung** stets dann ein, wenn die verkauften Anteile selbst mangelhaft sind. Das ist insbesondere dann der Fall, **wenn Dritte in Bezug auf die gekauften Anteile** entgegen den Angaben des Veräußerers **Rechte geltend machen** können. In der Regel ist das dann der Fall, wenn die gekauften Anteile mit einem Pfandrecht oder einem Nießbrauch belastet sind oder der Erwerber für nicht bezahlte Einlageschulden haften muss. **Kein Rechtsmangel** der übertragenden Gesellschaftsanteile selbst ist dagegen die **Überschuldung der Gesellschaft**.[18] **35**

4.3.2 Verstoß gegen das Kapitalerhaltungsgebot

Haftungsrisiken können für den Veräußerer ferner aus Verstößen gegen die Kapitalaufbringungsregeln, das Kapitalerhaltungsgebot (§§ 30, 31 GmbHG) und wegen existenzvernichtenden Eingriffen in das Vermögen des Unternehmens resultieren. **36**

---

16 *Holzapfel/Pöllath* Rn. 411.
17 *Holzapfel/Pöllath* Rn. 423 f.
18 *Holzapfel/Pöllath* Rn. 419 f.

37 Ein **Verstoß gegen die Kapitalerhaltungsvorschriften** liegt insbesondere dann vor, wenn der Verkäufer Zahlungen aus dem Gesellschaftsvermögen erhalten hat und zu diesem Zeitpunkt noch Gesellschafter des übernommenen Unternehmens war. Ein Verstoß gegen das Kapitalerhaltungsgebot zieht einen Erstattungsanspruch nach sich, der in seinem Umfang auf Wertausgleich in der vollen Höhe der Auszahlungen gerichtet ist.

38 Grundsätzlich kommt eine solche Haftung nur dann in Betracht, wenn der Veräußerer noch vor Übertragung der Geschäftsanteile tatsächlich (Kaufpreis-)Zahlungen aus dem Vermögen des Unternehmens erlangt hat, welche das Stammkapital angreifen.

39 Weitere Voraussetzung einer Haftung wegen Verstoßes gegen die Kapitalerhaltungsvorschriften ist, dass der Veräußerer im Zeitpunkt einer etwaigen Auszahlung noch Gesellschafter des übernommenen Unternehmens war. Besondere Vereinbarungen zwischen Erwerber und Veräußerer dahin, dass Zahlungen an den Veräußerer erst nach Übertragung der Gesellschaftsanteile auf den Erwerber erfolgen und damit eine Haftung wegen Verstoßes gegen das Kapitalerhaltungsgebot umgehen, sind nach der Rechtsprechung des BGH nicht mehr hilfreich. Eine Haftung des Veräußerers kommt nämlich auch dann in Betracht, wenn die Zahlungen zu einem Zeitpunkt erfolgen, in dem der Veräußerer nicht mehr Gesellschafter ist. Denn dann greift nach Ansicht des BGH eine Vorverlagerung auf den Zeitpunkt, in dem eine entsprechende Vereinbarung zwischen den Vertragsparteien getroffen wurde.

4.3.3 Personal- und Betriebsübergang

40 Grundsätzlich geht das Personal sowohl beim Share als auch beim Asset Deal kraft Gesetzes mit über. Denn beim Share Deal ändert sich der Arbeitgeber nicht und beim Asset Deal greift zumeist § 613a BGB. Allerdings **kann ein Arbeitnehmer beim Asset Deal dem Übergang seines Arbeitsverhältnisses auf den Erwerber widersprechen** und spätestens seit dem Fall Siemens AG / BenQ Corp. ist bei Unternehmensverkäufen diese arbeitsrechtliche Problematik eines Betriebsübergangs und das diesbezügliche Haftungsrisiko des Veräußerers deutlich geworden.

41 Nach § 613a BGB tritt der Erwerber eines Betriebes oder Betriebsteils in die Rechte und Pflichten aus dem zum Zeitpunkt des rechtsgeschäftlichen (Teil-)Betriebsübergangs bestehenden Arbeitsverhältnissen ein. In besonderen Fallkonstellationen können diese **Arbeitsverhältnisse** jedoch wieder **auf den Veräußerer zurückfallen**, mit der Folge, dass er für Pflichten des neuen Arbeitgebers haftet. Dies veranschaulicht folgender Fall:

42 Siemens veräußerte im Jahr 2005 seine Handysparte mit etwa 3 000 Arbeitnehmern im Wege eines Asset Deals an die BenQ Mobile GmbH & Co. OHG (BenQ). Mehr als ein Jahr später wurde über das Vermögen des Erwerbers das Insolvenzverfahren eröffnet. Nunmehr widersprachen (§ 613a Abs. 6 S. 1 BGB) rund 1 500 Arbeitnehmer dem Betriebsübergang, obwohl die Frist dafür abgelaufen schien. Die Arbeitnehmer beriefen sich darauf, dass das **Unterrichtungsschreiben nach § 613a Abs. 5 BGB** über den Betriebsübergang unvollständig und unrichtig gewesen sei und deshalb die Monatsfrist zur Ausübung des Widerspruchsrechts noch nicht zu laufen begonnen habe.[19]

---

19 *Dzida* DB 2010, 167.

Für Siemens als Veräußerer wäre eine nachträgliche Rückkehr der Arbeitnehmer mit schwerwiegenden wirtschaftlichen Folgen verbunden gewesen. Auch wenn Siemens betriebsbedingte Kündigungen hätte aussprechen können, würde dies in der Praxis erhebliche Kosten nach sich ziehen. Darüber hinaus könnten zurückkehrende Arbeitnehmer ihren Anspruch auf betriebliche Altersversorgung wieder gegen Siemens als Betriebsveräußerer geltend machen.[20] Für Siemens als Veräußerer hätte dies darüber hinaus (so liegt zumeist auch der Regelfall) eine doppelte Belastung dargestellt, da im Rahmen der Betriebsveräußerung ein negativer Kaufpreis vereinbart worden war.

Das BAG[21] war der Ansicht, dass Siemens es pflichtwidrig unterlassen hatte, die Mitarbeiter darüber aufzuklären, dass BenQ nur über ein Kapital in Höhe von TEUR 50 verfügt, dass Siemens einen negativen Kaufpreis gezahlt hat sowie dass der Erwerber im Zeitpunkt der Unterrichtung über den Betriebsübergang noch nicht gegründet war. Daher hätten die Mitarbeiter die Bedeutung des Betriebsübergangs nicht ordnungsgemäß beurteilen können.

Aufgrund dieser Mängel war das BAG der Ansicht, dass die Widerspruchsfrist noch nicht abgelaufen war. Die Widersprüche im Allgemeinen waren zudem allein durch die Aufnahme der Arbeit beim Betriebserwerber noch nicht verwirkt. Als Folge dessen fielen die Arbeitsverhältnisse auf den Betriebsveräußerer Siemens zurück, der sich deswegen erheblichen finanziellen Belastungen ausgesetzt sah.

Die Entscheidung des BAG verdeutlicht, dass **Arbeitsverhältnisse auch noch nach mehr als einem Jahr** und damit dem vermeintlichen Ablauf der Jahresfrist in § 613a Abs. 1, 2 BGB **auf den Betriebsveräußerer zurückfallen können**. Der Veräußerer sollte deshalb besondere Sorgfalt auch bei der Erstellung des Unterrichtungsschreibens nach § 613a Abs. 5 BGB walten lassen, wobei fraglich ist, ob dabei abschließende Rechtssicherheit überhaupt erreichbar ist.

4.4 Haftungsrisiken des Investors

Dem **Erwerber eines Geschäftsanteils** drohen wegen offener Einlagen oder gesetzlicher Haftungserstreckung, Haftungsrisiken.

Der Erwerber eines Geschäftsanteils haftet nach § 16 Abs. 2 GmbHG für die zur Zeit der Anmeldung seines Erwerbs **rückständigen Einlagen**. Diese Haftung erstreckt sich auch auf Einlageforderungen der Gesellschaft, deren Erfüllung durch den Vorgesellschafter wegen Verstoßes gegen § 19 GmbHG fehlgeschlagen ist. Abhängig vom Inhalt des Kaufvertrages kann dem Erwerber im Falle einer Inanspruchnahme dann ggf. ein **Anspruch auf Freistellung oder Schadensersatz gegen den Veräußerer** zustehen.[22]

Grundsätzlich hat der Erwerber des Unternehmens nach einem **Asset Deal** auch bei Fortführung der bisherigen Firma für Verbindlichkeiten des übernommenen Geschäftsbetriebes einzustehen, wobei in der Regel von einem (gesetzlichen) Schuldbeitritt mit unbeschränkter persönlicher Haftung auszugehen ist. Diese Haftung gilt neben vertraglichen Nachbesserungsansprüchen auch für Darlehens- und Kaufpreisforderungen sowie für Verbindlichkeiten aus Delikten, Steuerschulden und Vertragsstrafen.

---

20 *Dzida* DB 2010, 167.
21 *BAG* ZIP 2010, 46.
22 *Ebbing-Michalski* GmbHG 2. Aufl. 2010, § 19 Rn. 42.

50 Für eine solche Haftung aufgrund eines Asset Deals reicht es aus, wenn nur der den **Schwerpunkt des Unternehmens** bildende wesentliche **Kern des Geschäftsbetriebes und der Firma fortgeführt** wird.[23] Neben dem Erwerber haftet allerdings auch noch der frühere Inhaber bis zum Ablauf der fünfjährigen Verjährungsfrist des § 26 HGB für die vor der Veräußerung entstandenen Verbindlichkeiten.

51 Eine von dieser Haftungserstreckung abweichende Vereinbarung ist einem Dritten gegenüber nur wirksam, wenn sie in das Handelsregister eingetragen und bekannt gemacht oder von dem Erwerber oder dem Veräußerer dem Dritten mitgeteilt worden ist (§ 25 Abs. 2 HGB). Wird die Firma hingegen nicht fortgeführt, so haftet der Erwerber für die früheren Geschäftsverbindlichkeiten nur, wenn ein besonderer Verpflichtungsgrund vorliegt, wovon insbesondere dann auszugehen ist, wenn die Übernahme der Verbindlichkeiten in handelsüblicher Weise von dem Erwerber bekannt gemacht worden ist.

5. Sonderfall: Veräußerung an einen sog. Firmenbestatter

52 Der Gesetzgeber hat versucht, mit dem am 1. November 2008 in Kraft getretenen „Gesetz zur Modernisierung des GmbH-Rechts und zur Bekämpfung von Missbräuchen (MoMiG)" die Möglichkeiten zur unredlichen Firmenbestattung zurückzudrängen. Allerdings kann davon ausgegangen werden, dass die MoMiG-Reformen das Auftreten dieses Phänomens nicht endgültig verhindern können.[24] Unter den Begriff „Firmenbestattung" fallen Unternehmensverkäufe, die in der Regel die Liquidation des Unternehmens unter Missachtung von sowohl zivil- als auch strafrechtlichen Vorgaben zum Ziel haben. Das Grundmodell der Firmenbestattung besteht darin, dass Gesellschafter-Geschäftsführer einer insolvenzreifen Kapitalgesellschaft ihre Gesellschaftsanteile auf einen Dritten übertragen und zeitgleich auch das Amt als Geschäftsführer niederlegen.[25] Auf diese Weise beabsichtigt der Alt-Gesellschafter sich insbesondere seiner krisenspezifischen Pflichten und damit verbundenen Haftungsansprüchen zu entledigen. Hiervon ist aber dringend abzuraten. Insbesondere ist diese Art des Exit für den Altgesellschafter/-geschäftsführer mit erheblichen Haftungsrisiken verbunden, die sich auch relativ einfach und schnell realisieren. Denn vormalige Gesellschafter oder Geschäftsführer haben regelmäßig vor Veräußerung der Anteile haftungsrelevante Pflichtverletzungen begangen und sind – im Unterschied zum unauffindbaren und/oder vermögenslosen Erwerber – für die Gläubiger oder den Insolvenzverwalter greifbar. Von einer „Firmenbestattung" als Exit-Strategie ist also dringend abzuraten.

5.1 Grundmodell

53 Das Grundmodell der Firmenbestattung ist denkbar einfach: Gegen Zahlung eines (symbolischen) Kaufpreises treten die Alt-Gesellschafter ihre Gesellschaftsanteile direkt an den Firmenbestatter oder an eine mit diesem kooperierende Beteiligungsgesellschaft ab. Unter Verzicht auf sämtliche Form- und Fristvorschriften wird sodann eine Gesellschafterversammlung des bzw. der neuen Gesellschafter abgehalten, in der der bisherige Geschäftsführer abberufen und ein neuer Geschäftsführer bestellt wird.[26] Das Unternehmen, insbesondere alle Geschäftsunterlagen werden den neuen

---

23 *Roth* in Koller/Roth/Mork, § 25 Rn. 6.
24 S. nur *BGH* NZG 2010, 26.
25 *Schaefer* NJW-Spezial 2007, 456.
26 *Ehlers/Meimberg* ZInsO 2010, 1169.

Gesellschaftern oder deren Vertretern übergeben. Im Gegenzug erhalten die Firmenbestatter für ihre Dienste Provisionen, deren Höhe frei verhandelt wird und sich wohl regelmäßig an der verbliebenen Leistungsfähigkeit des ehemaligen Gesellschafters orientiert.

Für die – im Ergebnis geschädigten – Gläubiger der Gesellschaft offenbart sich das Ausmaß einer solchen Firmenbestattung erst dann, wenn sie vergeblich versuchen, ihre Außenstände zu realisieren.[27] Die Erwerber haben nämlich zuvor bereits regelmäßig sämtliche Vermögenswerte der Gesellschaft veräußert, Forderungen eingezogen und das Barvermögen getarnt über Gehälter und Beraterverträge abgezogen. Das sodann beantragte Insolvenzverfahren wird in manchen Fällen mangels Masse nicht eröffnet. Ansprüche der Gesellschaft gegenüber Dritten, die in der Praxis erst durch einen Insolvenzverwalter aufgeklärt werden, können damit zumindest faktisch nicht mehr geltend gemacht werden. Dies betrifft vor allem Ansprüche der Gesellschaft gegen die Geschäftsführer (§ 64 GmbHG) wegen Verstößen gegen Kapitalerhaltungsvorschriften, Auszahlungsverboten und wegen Insolvenz auslösenden Zahlungen, aber auch Insolvenzanfechtungsansprüche. 54

Sollte gleichwohl ein Insolvenzverfahren eröffnet werden, scheitert eine Inanspruchnahme Dritter zumeist daran, dass Geschäftsunterlagen lückenhaft sind oder zum Teil sogar vernichtet wurden. Die – wenn überhaupt – neu bestellten Geschäftsführer (sog. „entsorgende Geschäftsführer") sind oft nicht greifbar oder wegen Mittellosigkeit nicht mehr in Anspruch zu nehmen und zur Aufklärung außerstande. Da aber die ursprünglichen Geschäftsführer und Gesellschafter oftmals auffindbar sind, werden sie haftbar gemacht. Dabei verstehen insbesondere die Insolvenzverwalter mit Hilfe von Bankunterlagen und anderen aus dritten Quellen zusammengetragenen Beweismitteln die ursprünglichen Geschäftsführer insbesondere wegen Insolvenzverschleppung in Anspruch zu nehmen. Deswegen ist die „Firmenbestattung" für diese keine sinnvolle Exit-Strategie. 55

Daneben ist es in der Praxis häufig, dass Gläubiger die ursprünglichen Gesellschafter und Geschäftsführer in Anspruch nehmen wollen. Dies ist erfolgversprechend, wenn diese – was meistens der Fall ist – bereits vor der Übertragung gegen Krisen- oder Geschäftsführerpflichten verstoßen haben.[28] Dabei ist in der Praxis eine erfolgreiche Verfolgung der Ansprüche wegen der für externe Dritte schwierigen Beweisführung nur durch eine Zusammenarbeit mit dem Insolvenzverwalter möglich. Für den Alt-Geschäftsführer besteht ferner die Gefahr, dass auch der Abberufungsbeschluss bzw. eine Amtsniederlegung eine Haftung für die Zukunft nicht beseitigt. Denn ausnahmsweise kann nach Ansicht des BGH[29] eine Amtsniederlegung unwirksam sein, wenn dadurch insolvenzrechtliche Pflichten umgangen werden sollen. Allerdings wird sich oftmals das Problem stellen, dass keine Unterlagen mehr vorhanden sind, mit denen ein solcher Sachverhalt tatsächlich bewiesen werden kann.[30] Offen gelassen hat der 56

---

27 Zusammenfassend dazu *Ehlers/Meimberg* ZInsO 2010, 1169; *Mackenroth* NJW 2009, 1.
28 Zu den Haftungsrisiken für Gesellschafter und Geschäftsführer sei auf 8. Kap. Rn. 4 ff. und 8. Kap. Rn. 107 ff. verwiesen.
29 BGHSt 48, 307.
30 Die Amtsniederlegung im eigentlichen Sinne kommt in der Praxis zumeist bei Streitigkeiten mehrerer Geschäftsführer untereinander über die Frage, ob Insolvenzantrag gestellt werden soll, vor. Bei Fällen von Firmenbestattungen ist die Amtsniederlegung in der Praxis hingegen eher typisch für Fälle von 100 %igen Gesellschaftern-Geschäftsführern.

BGH dabei, ob dies auch dann gilt, wenn die Gesellschaft durch einen anderen Geschäftsführer weitergeführt wird und damit eine Übertragung und Übernahme der Leitungsverantwortung gewährleistet ist. Da mit den Änderungen des MoMiG nunmehr auch die Gesellschafter bei Führungslosigkeit der Gesellschaft die Pflicht zur Stellung des Insolvenzantrages trifft (§ 15a Abs. 3 InsO), besteht für eine Haftung des Alt-Geschäftsführers in solchen Fällen eigentlich keine Notwendigkeit mehr.

5.2 Erhöhtes Haftungsrisiko seit MoMiG

57 Das ohnehin schon hohe Haftungsrisiko ist seit der MoMiG-Reform weiter angestiegen. Gesellschaften müssen nunmehr eine inländische Geschäftsanschrift in das Handelsregister eintragen lassen (§ 39 Abs. 1 AktG, § 10 GmbHG). Unter dieser Anschrift können Willenserklärungen abgegeben und Schriftstücke zugestellt werden. Ist eine Zustellung darunter nicht möglich, darf eine öffentliche Zustellung bewirkt werden. Auch sofern kein Geschäftsleiter mehr eingesetzt wurde, können sonach Willenserklärungen gegenüber den Gesellschaftern abgegeben werden. Wirken die Neu-Gesellschafter oder die Neu-Geschäftsleiter nach einem Insolvenzantrag der Gläubiger nicht in der vom Gesetz geforderten Weise mit, trifft diese, wenn der Insolvenzantrag mangels Masse abgewiesen wird, die Pflicht zur Tragung der Kosten des Verfahrens. Im Übrigen werden sowohl Geschäftsleiter als auch Gesellschafter stärker in die Pflicht genommen, um ein Ausplündern der Gesellschaft zu verhindern.[31] Es gilt also weiterhin, dass Firmenbestattung keine sinnvolle Exitmöglichkeit ist.

II. Debt to Equity Swap

58 Ein Debt to Equity Swap bedeutet, dass es zu einem **Umtausch (Swap) einer gegen die Gesellschaft gerichteten Forderung (Debt) in Anteile an dieser Gesellschaft (Equity)** kommt. Dieser Umtausch erfolgt technisch zumeist im Wege einer Sachkapitalerhöhung, mit der die gegen die Gesellschaft gerichtete Forderung durch den Gläubiger in die Gesellschaft eingebracht wird.[32] Sind die Sanierungsbemühungen der Anteilseigner im Ergebnis gescheitert, so bietet sich als Exit-Möglichkeit für die Gesellschafter statt eines **Verkaufs der Gesellschaftsanteile** eine solche Vorgehensweise an. Zumeist wird ein Debt to Equity Swap durchgeführt, wenn der Gläubiger noch Kapital in das sanierungsbedürftige Unternehmen zuschießen kann und dies auch will, während der Anteilseigner ausgezehrt ist und kein Kapital mehr zuschießen kann oder will. Wesentliches Kriterium für einen Debt to Equity Swap ist i.d.R. die finanzielle Leistungsfähigkeit der Beteiligten.

1. Motivlage der Beteiligten

59 Ein Debt to Equity Swap ist für Gläubiger attraktiv, wenn sie (unter Einberechnung notwendiger Sanierungsaufwendungen) den **Fortführungswert der Zielgesellschaft höher als deren Liquidationswert** einschätzen. Das ist v.a. der Fall, wenn keine hinreichende Forderungsbesicherung vorliegt. Verfügt der Gläubiger über ausreichend Kapital und besteht dann noch ausreichend Zeit für eine sorgfältige Due Diligence

---

31 Die Einzelheiten dazu werden in 8. Kap. Rn. 4 ff. und 8. Kap. Rn. 107 ff. dargestellt.
32 Dazu 5. Kap. Rn. 26; *Schnitt/Ries* in Theiselmann, 9. Kap. Rn. 2.

und scheint der Erwerb der Kontrollrechte vorteilhaft, können Gläubiger an einem Debt to Equity Swap Interesse haben.

Für den Gesellschafter können etwaige Reputationsschäden und ggf. auch Haftungsrisiken verhindert werden, indem ein Insolvenzverfahren abgewendet wird. Verbleiben dem Gesellschafter nach dem Swap noch Gesellschaftsanteile, so kann er, zumindest in bescheidenem Rahmen, am zukünftigen Wertzuwachs der Gesellschaft partizipieren. 60

Nachteilig für den Gläubiger und neuen Gesellschafter ist typischerweise das **Risiko der Differenzhaftung** bei einer Sachkapitalerhöhung (§§ 9 GmbHG, 46 AktG). Bei der Einbringung von Forderungen in der Krise besteht nämlich ein nicht unerhebliches Wertermittlungsrisiko für die Sachkapitalerhöhung, denn der Gläubiger wird von seiner Einlageverpflichtung nur befreit, soweit die eingebrachte Forderung dem Sacheinlagewert entspricht, also den angenommenen Wert hat. Darüber hinaus bestehen für einen Gläubiger Haftungsgefahren wegen der insolvenzrechtlichen Nachrangigkeits- und Anfechtungsregeln, wobei das **Sanierungsprivileg** (§§ 39 Abs. 4, 135 Abs. 4 InsO) Abhilfe schaffen kann. Für beide Seiten, also für Gesellschafter als auch für Gläubiger ist zudem die Vermeidung von ungewollten Steuerbelastungen ein Aspekt, der bei der Durchführung eines Debt to Equity Swaps zu beachten ist. 61

2. Durchführung des Debt to Equity Swaps

Die **vorinsolvenzliche Durchführung des Debt to Equity Swaps** ist mit zahlreichen gesellschaftsrechtlichen Problemen belastet, da ohne Mitwirkung der Anteilsinhaber nicht in deren Anteilsrechte eingegriffen werden kann.[33] Hierin bietet sich bei einem vorinsolvenzlichen Debt to Equity Swap für Anteilsinhaber ein zusätzlicher Hebel, um ihre Verhandlungsposition zu verbessern.[34] Unter der aktuell geltenden InsO bestehen diese Probleme auch bei einem Debt to Equity Swap innerhalb des Insolvenzverfahrens, allerdings soll **nach dem RegE-ESUG der Debt to Equity Swap im Rahmen der Durchführung eines Insolvenzplanverfahrens vereinfacht werden**.[35] Dies würde die Verhandlungsposition eines Anteilseigners abschwächen, sodass nach Inkrafttreten des ESUG Gläubiger geneigt sein könnten, einen Debt to Equity Swap innerhalb der Insolvenz durchzuführen. Allerdings ist zu beachten, dass diese Option **mit den typischen Kosten und Risiken eines Insolvenzplanverfahrens verbunden** ist. Daher steht zu vermuten, dass auch nach Inkrafttreten der ESUG-Reform Gläubiger einen vorinsolvenzlichen Debt to Equity Swap bevorzugen werden. 62

III. Veräußerung von NPL-Portfolios durch den Finanzierer

Will der Gläubiger/Finanzierer aus seinem Engagement aussteigen, so bietet sich ein Exit mittels der Veräußerung des Engagements, einzeln oder in einem NPL-Portfolio, an. Beim Verkauf von NPL-Portfolios oder von Einzelforderungen sind allerdings Mindestwerte marktnotwendig zu erreichen. 63

---

33 Speziell zur Kapitalrichtlinie *EuGH* ZIP 2010, 407.
34 Zur Durchführung des Debt to Equity Swap *Meyer/Degener* BB 2011, 847; *Redecker* BB 2007, 673 ff.; *Scheunemann/Hoffmann* DB 2009, 983 ff.
35 BT-Drucks. 17/5712 v. 4.5.2011; hierzu *Meyer/Degener* BB 2011, 846 ff.; *Willemsen/Rechel* BB 2011, 839.

1. Motivlage der Beteiligten

64 Für den Finanzierer bietet sich eine Exit-Möglichkeit durch die **Veräußerung des Darlehensengagements entweder über ein NPL-Portfolio oder aber als Einzelforderung**. Der Verkauf einer Einzelforderung bringt für die Beteiligten den Vorteil einer vereinfachten Preisfindung mit sich.

65 Durch einen solchen Exit erhält der Finanzierer einen unmittelbaren Liquiditätszufluss und realisiert den wirtschaftlichen Wert der Forderung, indem er das **Ausfallrisiko** im Übrigen **auf den Erwerber verlagert**. Auf Seiten des Finanzierers erfolgt zudem eine Bilanzbereinigung und eine Entlastung des regulatorischen Eigenkapitals. Dies kann positive Auswirkungen auf das eigene Rating haben und niedrigere Refinanzierungskosten bedeuten. Personelle und finanzielle Ressourcen können eingespart, Klumpen- oder Branchenrisiken können beseitigt oder eine strategische Neuausrichtung des Kreditgeschäfts ermöglicht werden.

66 Ein Investor ist am Erwerb des notleidenden Darlehens interessiert, wenn er aufgrund einer professionell durchgeführten Due Diligence einen für sich attraktiven Einkaufspreis wegen besserer **Ertragspotenziale im Servicing-/Work-out- und Asset-Management** durchsetzen kann,

2. Transaktionsstrukturen

67 Als typische Transaktionsstrukturen haben sich zwei Gruppen herausgebildet.[36] Die **Übertragung des Kreditengagements kann in Form der partiellen Gesamtrechtsnachfolge** nach den Vorschriften des Umwandlungsgesetzes aufgrund einer Spaltung nach § 123 ff. UmwG erfolgen. Diese Möglichkeit steht allerdings öffentlich-rechtlichen Kreditinstituten nicht offen. Daneben wird sehr häufig in der Praxis die **Übertragung durch Einzelrechtsnachfolge** gewählt. Das Darlehensengagement wird veräußert, wobei zumeist mehrere Kreditforderungen in einem Portfolio zusammengefasst und **mit allen Rechten und Pflichten** verkauft und abgetreten werden.

3. Zulässigkeitsgrenzen

68 Die Zulässigkeit der Übertragung von Kreditengagements war lange Zeit umstritten, doch inzwischen hat die Rechtsprechung diese grundsätzlich bejaht.[37]

69 Die Verfolgung einer offenen Forderung durch den Erwerber mit einer höheren Stringenz als durch den ursprünglichen Gläubiger ist rechtlich unproblematisch, denn **professionelle Forderungsdurchsetzung ist zulässig**. Natürlich dürfen dem Schuldner wegen der Veräußerung des Darlehensrückzahlungsanspruches keine rechtlichen Nachteile entstehen. Handelt es sich um voll valutierte und/oder gekündigte Darlehensforderungen (fehlt es beim Erwerber also an einer Auszahlungsverpflichtung gegenüber dem Schuldner), bedarf der Erwerber auch keiner Erlaubnis der BaFin nach § 32 Abs. 1 S. 1 KWG.[38]

---

36 *Bredow/Vogel* Kreditverkäufe in der Praxis, ILF Working Paper Series No. 82, 04/2008, S. 6 ff.
37 *BGHZ* 171, 180 ff.
38 *Zuleger/Wegmann* in Beck/Depré, § 25 Rn. 38.

IV. Exit bei einer doppelnützigen Treuhand

Auch die zu Sanierungszwecken häufig genutzte doppelnützige Treuhand (hierzu 10. Kap. Rn. 1164 ff.) bietet Exit-Möglichkeiten. Sie kann unterschiedlich ausgestaltet sein. Ist die **Sanierungstreuhand als Verkaufstreuhand** gestaltet, so ist ihr alleiniger Zweck die **Absicherung des Verkaufs der Geschäftsanteile**. Sie ist also auf den Exit ausgerichtet. Ganz anders liegt der Fall bei einer reinen **Sanierungstreuhand**, welche grundsätzlich keine Verkaufsmöglichkeit und mithin keinen Exit zum Ziel hat. Der Regelfall ist eine solche reine Sanierungstreuhand aber nicht, sondern vielmehr die **kombinierte Sanierungs- und Verkaufstreuhand**. Letztere sieht einen Exit im Sicherungsfall (auch Verwertungsfall genannt) vor. Tritt dieser ein, wird aus dem vorübergehenden Exit (Übertragung der Gesellschaftsanteile auf einen Treuhänder) ein endgültiger Exit: Die Gesellschaftsanteile werden vom Treuhänder veräußert.

70

Bei einer solchen kombinierten Sanierungs- und Verkaufstreuhand werden die **Gesellschaftsanteile** des Krisenunternehmens zur Sicherung eines Sanierungsdarlehens und der Festschreibung und Absicherung von in diesem Zusammenhang getroffenen Abreden **vorübergehend auf einen Treuhänder übertragen**, damit dieser – zumeist bei zunehmender **Verschlechterung der wirtschaftlichen Situation** des kreditnehmenden Krisenunternehmens und dem hiermit einhergehenden Bruch kreditvertraglicher Regeln – diese **Anteile zugunsten der Banken verwerten** kann.[39] Im Fall einer erfolgreichen Sanierung fallen die Anteile wieder zurück an den ursprünglichen Gesellschafter. Der Treuhänder ist aufgrund der **Treuhandabrede** verpflichtet, seine Aufgaben in zwei Richtungen auszuüben: Für den Treugeber (also die vormaligen Anteilsinhaber/Gesellschafter) und für die Begünstigten (also die Sanierungskreditgeber). Aus Sicht der ehemaligen Gesellschafter mag zwar bereits die treuhänderische Vollrechtsübertragung der Gesellschaftsanteile auf den Treuhänder einem Exit gleichgekommen sein. Allerdings ist zu beachten, dass im Regelfall erst bei **Eintritt des Sicherungsfalls** der **Rückfall der Gesellschaftsanteile** an die ehemaligen Gesellschafter **endgültig ausgeschlossen** ist. Erst damit ist der eigentliche Exit verbunden. Nach erfolgter Geschäftsanteilsveräußerung durch den Treuhänder haben sodann die Treugeber bzw. der Begünstigte Anspruch auf den (anteiligen) Erlös entsprechend der Sicherungsabrede des Treuhandvertrages.

71

Der **Eintritt des Sicherungsfalls** kann durch unterschiedliche Ereignisse ausgelöst werden. Maßgeblich ist insoweit stets die Treuhandkonstruktion und die Regelung des konkreten Treuhandvertrages. Die Treuhandvereinbarung enthält daher zumeist genaue Vorgaben hinsichtlich des Sicherungsfalls sowie einen Verkaufsauftrag für das Treugut. Zwar sind die Parteien bei der Festlegung der Bedingungen für den Sicherungsfall frei. In der Praxis hat sich aber oftmals die Zugrundelegung der nachfolgend aufgeführten Bedingungen als sachgerecht erwiesen:
- Ablauf einer bestimmten Frist,
- Nichtumsetzung von Maßnahmen gemäß dem Sanierungskonzept, Verfehlung von definierten Sanierungszielen,
- wirtschaftliche Fehlentwicklung mit der Folge, dass weitere Liquidität benötigt wird,
- Kündigung der Kreditlinien durch den Finanzierer (auch Warenkredit- oder Leasinggeber),

72

---

[39] *Achsnick* Rn. 3; *Hagebusch/Knittel* in Theiselmann, Kap. 16, Rn. 1 ff.

- Zahlungseinstellung durch die Gesellschaft oder Aufnahme von Vergleichsverhandlungen mit mehreren Gläubigern, Insolvenzantragstellung,
- Nichteinhaltung von Financial Covenants,
- Eintritt einer für die Verwertung günstigen wirtschaftlichen Situation.[40]

V. Liquidation statt Gang in die Insolvenz

73   Als Exit-Möglichkeit bietet sich schlussendlich die Liquidation der Gesellschaft außerhalb der Insolvenz an. Nachfolgend werden kurz die **Verfahrensgrundsätze des Liquidationsverfahrens** dargestellt und sodann die Vor- und Nachteile im Verhältnis zum Insolvenzverfahren beleuchtet.

1. Grundsätze der Liquidation

74   Entschließen sich die Gesellschafter des Unternehmens die **Geschäftstätigkeit der Gesellschaft zu beenden** und das Unternehmen „vom Markt zu nehmen", so wird die Durchführung eines Liquidationsverfahrens notwendig. Die hierfür einschlägigen Vorschriften differenzieren zwar nach den **unterschiedlichen Gesellschaftsformen,** lassen sich im Ergebnis jedoch auf nachfolgend dargestellte **Grundstruktur** reduzieren.

1.1 Auflösung der Gesellschaft

75   Zur Liquidation einer Gesellschaft ist ein Gesellschafterbeschluss und die sog. Gläubigeraufforderung notwendig. Liegt also ein sog. Auflösungsgrund vor, in der Regel nämlich der **Auflösungsbeschluss der Gesellschafter,** besteht der nunmehr neue Gesellschaftszweck in der Abwicklung und nachfolgenden Auseinandersetzung der Gesellschaft. Sämtliche Geschäftshandlungen sind ab diesem Zeitpunkt an der Liquidation der Gesellschaft auszurichten. Das bedeutet insbesondere, dass neue Verbindlichkeiten nur noch eingegangen werden dürfen, soweit sie der Abwicklung der Gesellschaft dienen. Der Gesellschafterbeschluss über die Liquidation kann unabhängig davon gefasst werden, ob noch offene Forderungen gegen die Gesellschaft bestehen. Allerdings muss die Gesellschaft in der Liquidation diese Forderungen – soweit vom jeweiligen Gläubiger angemeldet – erfüllen.

76   Die Liquidation übernehmen ab der Auflösung die sog. **Liquidatoren** (bei der AG Abwickler genannt). Bei der GmbH und AG erfolgt die Liquidation durch die Geschäftsführer (Vorstände), als sog. geborene Liquidatoren, wenn nicht durch Gesellschaftsvertrag oder Gesellschafterbeschluss andere Personen bestimmt sind.

1.2 Auseinandersetzung

77   Die sich anschließende **Auseinandersetzung der aufgelösten Gesellschaft** dient der Befriedigung der Gläubiger der Gesellschaft und im Übrigen der Verteilung des verbleibenden Vermögens unter den Gesellschaftern.

78   Da die Liquidation zur Beendigung der Gesellschaft führen soll, müssen die Gläubiger unterrichtet sein (sog. **Gläubigeraufforderung,** § 65 Abs. 2 GmbHG, § 267 AktG). Dies geschieht mit einer Bekanntmachung durch den Liquidator. Diese Bekanntmachung muss die Auflösung mitteilen und die Aufforderung zur Anmeldung von

---

40   *Hagebusch/Knittel* in Theiselmann, Kap. 16 Rn. 28, 149; *Achsnick* Rn. 174 ff.

Ansprüchen bei der Gesellschaft unter Angabe des Grundes und der Höhe des Anspruchs enthalten. Sie ist in den sog. Gesellschafterblättern vorzunehmen, das ist nach § 12 GmbHG, § 25 AktG der elektronische Bundesanzeiger. Eine dreimalige Veröffentlichung im elektronischen Bundesanzeiger ist Pflicht. Eine besondere Aufforderung (Brief o. ä.) an die der Gesellschaft bekannten einzelnen Gläubiger ist nicht vorgeschrieben.

Mit der Bekanntmachung der Gläubigeraufforderung beginnt nach § 73 Abs. 1 GmbHG, § 272 Abs. 1 AktG, der Lauf des sogenannten **Sperrjahres** und der Liquidator der Gesellschaft muss die **berücksichtigungsfähigen Schulden erfassen**. Eine solche liegt vor, wenn eine Forderung dem Grunde und dem wesentlichen Betrage nach bekannt ist. Eine Verbindlichkeit der Gesellschaft ist bekannt, wenn „die Gesellschaft" hiervon Kenntnis hat. Bekannte Forderungen müssen berücksichtigt werden, egal ob die Gläubiger sich melden oder nicht, und ob das Sperrjahr noch läuft oder abgelaufen ist. Ist der Ausgleich einer Verbindlichkeit zz. nicht ausführbar oder ist eine Verbindlichkeit streitig, so hat der **Liquidator dem Gläubiger Sicherheit zu leisten** (§ 73 Abs. 2 GmbHG, § 272 Abs. 2, 3 AktG). 79

Im Liquidationsverfahren sind schwebende Geschäfte zu beenden, Verpflichtungen der aufgelösten Gesellschaft zu erfüllen, Forderungen gegenüber Dritten einzuziehen und sonstige Vermögensgegenstände der Gesellschaft in Geld umzusetzen. Der sich nach der Befriedigung sämtlicher Gläubiger ergebende Überschuss ist unter den Gesellschaftern aufzuteilen. 80

Die Liquidation einer GmbH oder AG kennt insoweit jedoch die Besonderheit, dass aus Gläubigerschutzgründen die Verteilung von Vermögen an die Gesellschafter nicht vor Tilgung oder Sicherstellung der Schulden der Gesellschaft und nicht vor Ablauf des Sperrjahres vorgenommen wird. Handelt der Liquidator diesen Pflichten zuwider, so macht er sich erstattungspflichtig. 81

Diese Verfahrensweise **gilt nicht für Personengesellschaften** mit Vollhaftern, da dort die Gesellschafter für Verbindlichkeiten der Gesellschaft persönlich haften und diese Haftungsansprüche erst nach Ablauf von fünf Jahren seit der Auflösung der Gesellschaft verjähren, sofern nicht die Ansprüche gegen die Gesellschaft einer kürzeren Verjährung unterliegen. 82

2. Die Wahl zwischen Liquidations- oder Insolvenzverfahren

Ob die Gesellschafter die Beendigung der Geschäftstätigkeit des Unternehmens über eine Liquidation anstreben sollten oder ob sie letztendlich den Weg über das Insolvenzverfahren wählen, wird sich v.a. danach entscheiden, welches Verfahren die größeren **Vorteile** bietet und die geringeren **Risiken** birgt. Dies soll nachfolgend näher dargestellt werden. 83

Zunächst ist aber klarzustellen, dass die Entscheidung zwischen Liquidation und Insolvenz freilich **nicht** im Sinne einer echten **Wahlfreiheit zwischen Liquidations- und Insolvenzverfahren** zu verstehen ist. Liegen Insolvenzantragsgründe vor, so bleibt es ohnehin bei der Insolvenzantragspflicht nach den allgemeinen Regeln. Die Durchführung und Beendigung der Liquidation wird also **nur** möglich sein, **solange keine Insolvenzantragsgründe** bei der Gesellschaft **vorliegen**. Eine „Flucht in die Liquidation" ist nicht möglich. Auch dann, wenn sich ein Insolvenzgrund erst während des Liquidationsverfahrens ergibt, bleibt diesen Gesellschaften grundsätzlich nur noch die Durch- 84 führung eines Insolvenzverfahrens. Denn bis zum Abschluss der Liquidation ist der Liquidator verpflichtet, bei Vorliegen von Insolvenzgründen Insolvenzantrag zu stellen. Die Vermeidung eines Insolvenzverfahrens und die Durchführung eines Liquidationsverfahren kommt also nur dann in Betracht, wenn die etwaig vorhandenen Insolvenzgründe vorher beseitigt worden sind.

85 Für **Personengesellschaften** stellt sich die Frage nach dem durchzuführenden Verfahren in der Regel nicht, da die Gesellschafter ohnehin für Verbindlichkeiten der Gesellschaft persönlich haften. Sie werden deshalb unabhängig von der gewählten Exitstrategie in Anspruch genommen.

3. Verfahrenskosten im engeren Sinne

86 Ein wesentlicher Kostenpunkt sind die Verfahrenskosten im engeren Sinne, also solche die unmittelbar zur Durchführung des Verfahrens aufgewendet werden müssen. Da die Liquidatoren die Liquidation der Gesellschaft in eigener Verantwortung ohne Einflussnahme Außenstehender vornehmen können und auch gerichtliche Hilfe nicht in Anspruch genommen werden muss, stellt die **Liquidation der Gesellschaft grundsätzlich eine kostengünstige Exitstrategie** dar.

87 Demgegenüber verursacht ein **Insolvenzverfahren** in der Regel **nicht unerhebliche Verfahrenskosten**, die nicht selten die letzten Vermögenswerte des Unternehmens aufzehren. So sind die Gerichtskosten und die Vergütung des (vorläufigen) Insolvenzverwalters noch vor der Befriedigung der Gläubiger aus der Insolvenzmasse zu entnehmen. Diese Beträge stehen dann den Gläubigern nicht mehr zur Verfügung.

88 Dies mag für den Gesellschafter einer juristischen Person weniger von Bedeutung sein als für den Gesellschafter einer Personengesellschaft. Eine Haftung des Gesellschafters einer juristischen Person für deren Verbindlichkeiten besteht grundsätzlich nicht. Der Gesellschafter einer Personengesellschaft haftet demgegenüber auch mit seinem Privatvermögen für Verbindlichkeiten der Gesellschaft.

4. Finanzielle Kollateralschäden

89 Ein Insolvenzverfahren kann ungewünschte negative finanzielle Auswirkungen auf andere Unternehmen haben, wenn diese mit der insolventen Gesellschaft (konzernartig) finanziell verbunden sind.

90 Gerade bei **konzernartigen Gesellschaftsstrukturen** finden sich häufig Vereinbarungen, die zu einer finanziellen Verflechtung führen und in deren Folge eine (Mutter-) Gesellschaft für eine andere insolvente (Tochter-) Gesellschaft finanziell einzustehen hat. Dies kann auf Grundlage von internen/externen Haftungs- oder Patronatserklärung drohen, wegen der Inanspruchnahme aus erteilten Bürgschaften, wegen abgeschlossenen Ergebnisabführungsverträgen oder vereinbarten Finanzplankrediten (hierzu 8. Kap. Rn. 178 ff.). Häufig droht auch bei der gemeinsamen Nutzung von Cash-Management-Systemen (Cash-Pool) eine Inanspruchnahme der anderen Teilnehmer.[41] Die **der (Mutter-) Gesellschaft** durch den Insolvenzverwalter **drohende Inanspruchnahme für Verbindlichkeiten der insolventen Gesellschaft** ist oft Grund dafür, eine Insolvenz vermeiden zu wollen und stattdessen den Weg der Liquidation einzuschlagen.

---

41 Hierzu 8. Kap. Rn. 12, 23, 31, 77, 89, 136, 160.

5. Haftungsrisiken

Da krisenspezifische Pflichten auch die Liquidatoren treffen können, kann eine pflichtenwidrige Liquidation zu nicht unerheblichen Haftungs- und Strafbarkeitsrisiken der Liquidatoren führen. Demgegenüber kann die **Einleitung eines Insolvenzverfahrens** bei Vorliegen von Insolvenzgründen zu einer „Haftungsvermeidung" bei den Liquidatoren führen, wenn diese gerade dadurch ihren krisenspezifischen Pflichten nachkommen. 91

Sind im Moment der Entscheidung, ob eine Liquidation oder eine Insolvenz bevorzugenswert ist, allerdings schon **(strafrechtliche) Haftungstatbestände** verwirklicht, so sollte regelmäßig eine **Liquidation angestrebt** werden. Denn anders als bei der Insolvenz bleiben die Liquidatoren, gesteuert durch die Gesellschafter über Gesellschafterbeschlüsse und die Satzung „Herr im eigenen Hause". Bei der Liquidation findet keine Mitteilung an die Staatsanwaltschaft statt[42] und es wird kein Insolvenzverwalter bestellt, dem an der Durchsetzung von Haftungsansprüchen gegen Geschäftsführer/Anteilsinhaber der Gesellschaft gelegen ist.[43] Sehen die Beteiligten also die Gefahr einer Haftung, insbesondere einer strafrechtlichen Verantwortung, so ist die Liquidation anzustreben. Allerdings muss auch unzweifelhaft sicher sein, dass die Liquidation bis zum endgültigen Abschluss durchgeführt werden kann. 92

6. Kontrolle über den Prozessablauf

Unter Umständen kann es entscheidungserheblich sein, welche Person die Kontrolle über den Prozessablauf innehat. Dies ist bspw. der Fall, wenn Anteilsinhaber oder Geschäftsleiter die **Aufdeckung von Haftungspotenzialen**[43] fürchten. Hier unterscheiden Liquidation und Insolvenzverfahren sich voneinander ganz wesentlich. 93

Herrscher des Liquidationsverfahrens sind die Liquidatoren der Gesellschaft. Ihre Rechte und Pflichten werden durch die Satzung und die einschlägigen gesellschaftsrechtlichen Vorschriften bestimmt. Innerhalb der dadurch abgesteckten Grenzen sind die Liquidatoren in ihren Entscheidungen, wie sie die Gesellschaft liquidieren möchten völlig frei. 94

Ganz anders ist die Lage in der Insolvenz: Der **Insolvenzverwalter** ist gem. § 80 InsO Herr über die Gesellschaft und **bestimmt** damit den **Verfahrensablauf** in der Praxis ganz erheblich. Er ist nur den Gläubigern bzw. dem Insolvenzgericht Rechenschaft schuldig und er unterliegt erst recht keiner Weisungsbefugnis der Anteilsinhaber. Seine Rechte und Pflichten sind durch die InsO bestimmt und dienen in erster Linie den Gläubigerinteressen, die auf eine größtmögliche und gleichmäßige Befriedigung gerichtet sind. Darüber hinaus verfolgt der Insolvenzverwalter natürlich auch sein eigenes Vergütungsinteresse. Beide Zielsetzungen haben zur Folge, dass dem Insolvenzverwalter immer an einer Anreicherung der Masse gelegen ist und er wird regelmäßig versuchen, diese Anreicherung durch Inhaftungnahme der Geschäftsführer der Gesellschaft und/oder der Anteilsinhaber zu erreichen, soweit sich Anhaltspunkte für Haftungsansprüche finden lassen.[44] Daher wird er die finanziellen/rechtlichen Verhältnisse der Gesellschaft eingehend unter die Lupe nehmen. Liegen also Sachverhalte 95

---

42 Anders in Insolvenzsachen, s. IX. der Anordnung über Mitteilungen in Zivilsachen (MiZi) des Bundesministeriums der Justiz, abrufbar unter http://vvvbund.juris.de.
43 Hierzu 8. Kap. Rn. 10 ff., 107 ff.
44 Zu den Haftungsansprüchen 8. Kap. Rn. 5 ff., 107 ff.

vor, wegen denen den Beteiligten daran gelegen ist, das Heft des Handelns in der Hand zu behalten, sollte ein Insolvenzverfahren vermieden und der Weg der Liquidation gewählt werden.

96 Mit der Liquidation ist auch ein **Erhalt des know-how** der bisherigen Führung verbunden. Dies sollte eine **optimale operative Abwicklung sicherstellen** und die friktionslose Durchführung sichern. Im Gegensatz dazu wird ein Insolvenzverwalter sich – mit unvermeidbarem Verlust an Zeit und Geld – in die Situation einfinden müssen und u. U. auch Dritte seines Vertrauens einschalten um die Abwicklung durchzuführen.

7. Langfristige Verträge

97 Hinsichtlich der Kosten, die durch langfristige Vertragsbindungen entstehen, unterscheiden sich Insolvenz und Liquidation ebenfalls erheblich. In der Insolvenz kann sich die Gesellschaft von Verträgen einfacher lösen. **Mit der Vertragserfüllung verbundene Kosten** fallen **in der Insolvenz** rechtlich zwar nicht weg, sind aber faktisch – da sie lediglich Insolvenzforderungen sind und nur quotal befriedigt werden – **nur bedingt zu zahlen.**

98 Bedeutung hat insoweit insbesondere § 113 InsO, wonach ein Dienstverhältnis vom Insolvenzverwalter nach Eröffnung des Insolvenzverfahrens **ohne Rücksicht auf die vereinbarte Vertragsdauer oder eine vereinbarte Kündigungsfrist** mit einer Frist von drei Monaten zum Monatsende gekündigt werden kann. Zudem hat der Insolvenzverwalter die Möglichkeit, sich von gegenseitigen, **nicht vollständig erfüllten Verträgen** – z.B. von langfristigen Lieferverträgen – zu lösen (§ 103 InsO). Miet- oder Pachtverträge gelten zwar nach Insolvenzeröffnung fort, allerdings kann der Insolvenzverwalter diese unter vereinfachten Voraussetzungen beenden (§§ 109, 110 InsO). Ferner erlöschen mit Insolvenzverfahrenseröffnung die von der Gesellschaft erteilten Aufträge, Geschäftsbesorgungsverträge und Vollmachten automatisch (§§ 115 ff. InsO). **Erhebliche Kostenreduzierungen** sind zudem **bei der Aufstellung von Sozialplänen** wegen der in § 123 Abs. 1 InsO vorgesehenen Deckelung auf zweieinhalb Monatsverdienste realisierbar.

99 Bei der Kalkulation einer Liquidation sollte hingegen beachtet werden, dass wegen der Einstellung der werbenden Tätigkeit die Umsätze zurückgehen werden, während die Kosten (zunächst) noch nicht so schnell reduziert werden können. Z.B. sind Dauerschuldverhältnisse, schwebende Rechtsverhältnisse und laufende Verträge ordnungsgemäß durchzuführen und können von der Gesellschaft i.L. nicht allein unter Berufung auf die Liquidation gekündigt werden. Allerdings kann u.a. ein Arbeitsvertrag oder langfristiger Mietvertrag durch Vereinbarung mit dem Vertragspartner abgefunden, von einem oder mehreren Gesellschaftern übernommen und bis zur regulären Vertragsbeendigung fortgesetzt werden, um die Gesellschaft i.L. von der Vertragserfüllung zu befreien.[45] Gleiches gilt für Ansprüche auf betriebliche Altersversorgung (hierzu Rn. 100 ff.). Allerdings entstehen hierfür wiederum Kosten.

8. Kosten der betrieblichen Versorgungsverpflichtungen

100 Bei der Entscheidung für/gegen eine Liquidation spielt die **Höhe der betrieblichen Versorgungsverpflichtungen** eine ganz wesentliche Rolle. Denn wesentliches Hindernis bei der schnellen und kostengünstigen Liquidation einer Gesellschaft sind die Ver-

---

45 *Mohr* GmbH-StB 2007, 288 f.

pflichtungen des Arbeitgebers aus betrieblicher Altersversorgung. Von diesen kann sich die Gesellschaft in aller Regel nicht befreien. Sind diese also relativ umfangreich, ist unter wirtschaftlichem Blickwinkel die **Liquidation der Gesellschaft u.U. faktisch ausgeschlossen.** In der Insolvenz dagegen greift die Insolvenzsicherung der betrieblichen Versorgungsverpflichtungen und diese werden vom Pensions-Sicherungs-Verein aG (PSVaG) übernommen. Die Gesellschaft wird also davon im untechnischen Sinne „frei".

8.1 Ausgangssituation

Die **Liquidation** einer Gesellschaft ist für den PSVaG **kein Sicherungsfall i.S.v. § 7 Abs. 1 BetrAVG.** Die Verpflichtungen des Arbeitgebers aus betrieblicher Altersversorgung bleiben also bestehen und darauf gerichtete Ansprüche der Arbeitnehmer sind sicherzustellen. Ein Widerruf von unter Insolvenzschutz stehenden Ansprüchen durch den Arbeitgeber ist unwirksam. Unter Insolvenzschutz stehen laufende Versorgungsleistungen sowie unverfallbare Anwartschaften auf betriebliche Versorgungsleistungen. Etwas anderes gilt nur für nicht unter Insolvenzschutz stehende Verpflichtungen gegenüber (geschäftsführenden) Gesellschaftern. 101

8.2 Kosten der Übernahme von Versorgungsverpflichtungen

Da eine Übernahme der Versorgungsverpflichtungen durch der PSVaG im Rahmen der Liquidation nicht möglich ist, wird **im Falle der Liquidation regelmäßig nur die Übernahme der Versorgungsansprüche gemäß § 4 Abs. 4 BetrAVG durch eine Pensionskasse oder ein Unternehmen der Lebensversicherung** in Frage kommen.[46] Mit einer Übernahmezusage können dann nicht nur unverfallbare Anwartschaften, sondern auch laufende Leistungen übertragen werden und zwar ohne Begrenzung auf eine bestimmte Höhe.[47] Eine Zustimmung des Berechtigten zu der Übertragung ist nicht erforderlich. 102

Allerdings verursacht dieser Weg **erhebliche Kosten,** die vom (ehemaligen) Arbeitgeber zu tragen sind.[48] So verlangt § 4 Abs. 4 BetrAVG eine Verpflichtungsübernahme „eins zu eins". Für die deckungsgleiche Versicherung ohne inhaltliche Änderung macht der Übernehmer daher regelmäßig Mehrkosten geltend, die sich zwangsläufig aus den kraft Gesetzes sehr unterschiedlichen Rechnungsgrundlagen ergeben. Diese Kosten hat der (ehemalige) Arbeitgeber zu tragen.[49] Eine umfassende Darstellung der Problematik findet sich bei Prost/Rethmeier.[50] In jedem Fall empfiehlt es sich, für solche Problemstellungen einen auf Fragen der Altersversorgung spezialisierten Berater hinzuzuziehen. Die Übernahme der Versorgungsansprüche durch eine Pensionskasse oder einen Lebensversicherer ist daher in den allermeisten Fällen **wirtschaflich für den Arbeitgeber keine attraktive Alternative.** 103

8.3 Ausweg: Fortführung der Gesellschaft i.L. als Rentner-Gesellschaft

Da die Liquidation des Unternehmens nicht abgeschlossen werden kann, bevor nicht dem PSV gegenüber die Ablösung sämtlicher betrieblicher Versorgungsverpflichtun- 104

---

46 Eine Abfindung gem. § 3 BetrAVG betrifft nur Bagatellansprüche.
47 *PSVaG* Merkblatt 300/M 8, Ziff. 4.3; Merkblatt 300/M 15, Ziff. 3.3.
48 *Steinmeyer* in Erfk-ArbR, § 4 BetrAVG Rn. 23.
49 *Prost/Rethmeier* DB 2007, 1946 f.
50 *Prost/Rethmeier* DB 2007, 1945 ff.

gen im Einzelnen nachgewiesen ist, kommt man u.U. nicht umhin, die Liquidation der Gesellschaft im Übrigen durchzuführen und die Gesellschaft „i.L." zur Abwicklung der betrieblichen Altersversorgung als sog. Rentner-Gesellschaft fortbestehen zu lassen.[51] Es ist in diesen Fällen immer frühzeitig und sorgfältig zu prüfen, ob dann nicht Insolvenzantragsgründe vorliegen. Dies dürfte erfahrungsgemäß ganz überwiegend der Fall sein.

---

51 *PSV AG* Merkblatt 300/M 8, Ziff. 5, Merkblatt 300/M 15. Zur zulässigen Rentnergesellschaft durch Auslagerung und Umwandlung, s. *BAG* BB 2009, 329; *Uckermann* BB 2010, 282.

8. Kapitel
Haftungsrisiken in der Krise

Befindet sich ein Unternehmen in der Krise, sind die Beteiligten häufig bestrebt, **1** Maßnahmen zur Wahrung ihrer eigenen wirtschaftlichen Interessen zu ergreifen, oftmals unter Hintanstellung der berechtigten Interessen anderer Beteiligter. Dies führt nicht selten zu Vermögensverschiebungen oder -schäden, welche die Rechtsordnung als unbillig ansieht, verhindern möchte und sanktioniert. Daher werden den handelnden Personen **krisenspezifische Sorgfaltspflichten** auferlegt, die von allgemeinen, nicht krisenbedingten Sorgfaltspflichten zu unterscheiden sind. Darüber hinaus gibt es in der Insolvenz eine Reihe von Rückgewähransprüchen, die dem Gläubigergleichbehandlungsgrundsatz dienen. Insbesondere sog. **„qualifizierte Beteiligte"**, die aufgrund vertraglicher, satzungsmäßiger oder gesetzlicher Regelungen oder einfach nur wegen ihrer faktischen Stellung erhöhte Einflussmöglichkeiten auf eine Gesellschaft in der Krise haben, sind erhöhten Haftungsrisiken ausgesetzt. Dies ist zuerst die **Geschäftsleitung** der Gesellschaft (unter Rn. 4 ff.), aber auch deren **Gesellschafter** (unter Rn. 107 ff.) und **Aufsichtsorgane** (unter Rn. 185 ff.), deren **Finanzierer** (unter Rn. 197 ff.) und deren **Berater** (unter Rn. 265 ff.).

Daher werden für diese Beteiligten nachfolgend die typischen Haftungsrisiken in der **2** Krise besprochen und erörtert, wie man diesen begegnen kann. Zu beachten ist, dass in der nächsten Zeit, als eine wesentliche Auswirkung der **Finanzkrise**, mit einer spürbaren Zunahme und wohl auch Verschärfung der diesbezüglichen Rechtsprechung und deren Ausdifferenzierung zu rechnen ist (dazu Rn. 313 ff.). Bei der Prüfung von Haftungsrisiken in der Krise ist es daher in besonderem Maße notwendig, pauschale Beurteilungen zu vermeiden und eine aktuelle und **einzelfallbezogene Bewertung** jedes Falles vorzunehmen.

Ein Teil der Sorgfaltspflichten in der Krise sind unabhängig von der **Rechtsform** des **3** Unternehmens, andere wiederum rechtsformspezifisch. Wo Letzteres der Fall ist, wird in der nachfolgenden Darstellung auf die Besonderheit hingewiesen. Andernfalls wird lediglich in Klammerzusätzen auf die anwendbaren **Parallelvorschriften** verwiesen.

I. Geschäftsleitung

Die Geschäftsleitung einer Gesellschaft ist Adressat einer Vielzahl von gesetzlichen **4** Sorgfaltspflichten und unterliegt damit reflexartig Haftungsgefahren. Diese können sich aus der Verletzung von **Krisenvorsorgepflichten** (dazu Rn. 6 ff.), aus der Verletzung der Pflicht zur **Erhaltung** des **Gesellschaftsvermögens** (dazu Rn. 16 ff.), wegen **Insolvenzverschleppung** (dazu Rn. 50 ff.) sowie wegen **Insolvenzverursachung** (hierzu Rn. 67 ff.) ergeben. Der sogenannte **„faktische Geschäftsführer"** (dazu Rn. 90 ff.) haftet wie der formal bestellte.

Nachfolgend wird stets die besondere Organbezeichnung (Geschäftsführung bei der **5** GmbH, OHG, KG, GmbH & Co. KG oder Vorstand bei der AG) verwendet, falls es sich um einen rechtsformspezifischen Tatbestand handelt. Ist die besprochene Haftungsnorm rechtsformunabhängig, wird der **allgemeine Oberbegriff „Geschäftsleiter/ Geschäftsleitung"** benutzt.

1. Krisenvorsorgepflichten

6 Die Pflicht zur Installation eines **Risikofrüherkennungssystems** und zur Installation eines Risikoüberwachungssystems sowie die Anzeigepflicht bei **Verlust des hälftigen Stamm- bzw. Grundkapitals** bei der GmbH bzw. AG sind drei wesentliche Krisenvorsorgepflichten der Unternehmensgeschäftsführung.[1] Sie dienen der kontinuierlichen Selbstprüfungspflicht der Geschäftsführer, um Krisen bestenfalls zu vermeiden, jedenfalls frühzeitig zu erkennen und daraus geeignete Sanierungsmaßnahmen abzuleiten.

7 Die Krisenvorsorgepflichten liegen in der Gesamtverantwortung der Geschäftsleitung. Eine **haftungsausschließende Delegation** an Dritte (z.B. auf Zweckgesellschaften) ist nicht möglich.[2] Vorstandsmitglieder, die diese Pflichten schuldhaft verletzen, haften gegenüber der Gesellschaft gem. § 93 Abs. 2 S. 1 AktG[3] auf Ersatz des durch die Pflichtverletzung entstandenen Schadens. Die Schadenersatzansprüche verjähren in fünf Jahren und bei Gesellschaften, die zum Zeitpunkt der Pflichtverletzung börsennotiert waren, in zehn Jahren (§ 93 Abs. 6 AktG). Eine **Außenhaftung** nach § 823 Abs. 2 BGB i.V.m. § 91 Abs. 2 AktG[4] kommt in der Regel nicht in Betracht, da die Pflichten sich auf den gesellschaftsinternen organisatorischen Bereich beziehen, mithin kein Schutzgesetz vorliegt.

1.1 Risikomanagementpflicht in § 91 Abs. 2 AktG

8 In § 91 Abs. 2 AktG sind die Risikomanagementpflichten für den Vorstand der Aktiengesellschaft geregelt, wobei anerkannt ist, dass diese Regelungen auch auf den Pflichtenkreis der Geschäftsleiter anderer Rechtsformen[5] ausstrahlen, also **rechtsformunabhängig** sind.[6] Danach hat der Vorstand geeignete Maßnahmen zu ergreifen, um den Fortbestand der Gesellschaft gefährdende Entwicklungen früh zu erkennen.[7]

9 Der Gesetzgeber hat keine genauen Vorgaben für die **Ausgestaltung eines Risikomanagementsystems** aufgestellt. In den Begründungen[6] zur Einführung des Mindeststandards von § 91 Abs. 2 AktG durch das KonTraG wird darauf hingewiesen, dass die konkrete Ausgestaltung des Überwachungssystems von der Größe, Branche, Struktur, dem Kapitalmarktzugang und weiteren Faktoren im jeweils betroffenen Unternehmen abhängig ist. Für bestimmte Unternehmen (insbesondere aus dem Finanzsektor) sind die in § 91 Abs. 2 AktG sehr allgemein formulierten Krisenvorsorgepflichten spezialgesetzlich konkretisiert.[8] Zudem sind Risikomanagementpflichten im Deutschen Corporate Governance Kodex[9] festgeschrieben. Im Rahmen der Aufarbeitung der Finanz-

---

1 Hierzu *Bihr/Kalinowsky* DStR 2008, 620; *Schäfer/Zeller* BB 2009, 1706, *Preußner* NZG 2004, 303; *Preußner/Becker* NZG 2002, 846.
2 *OLG Düsseldorf* ZIP 2010, 28 ff.
3 § 43 Abs. 2 GmbHG bei der GmbH; § 114 Abs. 1 HGB i.V.m. § 708 BGB bei der OHG; §§ 161 Abs. 2, 114 Abs. 1 HGB i.V.m. § 708 BGB bei der KG.
4 Bzw. § 43 Abs. 1 GmbHG bei der GmbH; § 114 Abs. 1 HGB i.V.m. § 708 BGB bei der OHG; §§ 161 Abs. 2, 114 Abs. 1 HGB i.V.m. § 708 BGB bei der KG.
5 S. § 43 GmbHG, §§ 114 Abs. 1, 161 Abs. 2 HGB.
6 Vgl. BT-Drucks. 13/9712, 15.
7 Ausführlich zum Risikomanagement in 2. Kap. Rn. 92 ff.
8 Z.B. durch § 25a KWG; MaRisk-Bafin (Mindestanforderungen an das Risikomanagement, Rundschreiben der BaFin 15/2009 v. 14.8.2009 [BA 54-FR 2210-2008/0001]); SolvV (Solvabilitätsverordnung v. 14.12.2006, BGBl I 2006, 2926).
9 Deutscher Corporate Governance Kodex v. 26.5.2010, Ziff. 4.1.2, 5.2, 5.3.2. Zu Entsprechenserklärungen zum DCGK in Krise und Insolvenz s. *Mock* ZIP 2010, 15 ff.

krise sind in Zukunft darüber hinaus verstärkt allgemeingültige, gerichtliche Impulse zu den Krisenvorsorgepflichten zu erwarten.[10]

Es ist also jeweils eine genaue Betrachtung des einzelnen Unternehmens notwendig, um festzustellen, welchen Umfang das jeweilige Risikomanagement verlangt.[11] Das „Ob" eines Risikomanagementsystems steht nicht zur Disposition des Geschäftsleiters. Er hat jedoch in Ansehung der konkreten Ausgestaltung des Risikomanagementsystems, also beim „Wie" ein **unternehmerisches Ermessen.**

10

1.2 Erste Stufe: Pflicht zur Risikofrüherkennung

Ein Risikofrüherkennungssystem verlangt ein umfassendes, vorausschauendes System zur **Informationsgewinnung,** -verarbeitung und -mitteilung, das jederzeit einen Überblick über die wirtschaftliche und finanzielle Situation der Gesellschaft gestattet.[12] Es hat die Gewinnung von Daten und Informationen zum Ziel, die für den Fortbestand des Unternehmens wesentlich sind und eine große Eintrittswahrscheinlichkeit haben.[13] Geschäftsleiter können sich somit nicht darauf berufen, dass sie von bestimmten, krisenrelevanten Sachverhalten keine Kenntnis gehabt hätten. Notwendig ist, dass das System unternehmensintern **kommuniziert** wird und unmissverständliche Zuständigkeiten begründet werden.[14] Es ist ständig auf seine Angemessenheit zu prüfen.[15]

11

1.3 Zweite Stufe: Pflicht zur Risikoüberwachung

Ein System zur ordnungsgemäßen Risikoüberwachung erfordert die ständige **Beobachtung der Geschäftsprozesse** und baut auf einer Bestandsaufnahme der für das Unternehmen relevanten Risikobereiche und Einzelrisiken auf. Zu erfassen sind alle den Fortbestand des Unternehmens gefährdenden Entwicklungen, wobei nur die tatsächlich bestandsgefährdenden Risiken zu beobachten sind. Für die Vermögens-, Finanz- und Ertragslage des Unternehmens wesentliche Auswirkungen sind zu berücksichtigen. Bei Teilnahme an einem **Cash-Pool** ist dessen Gesamtliquidität sowie die Liquiditätslage der beteiligten Gesellschaften und der Muttergesellschaft mit geeigneten Kontrollsystemen zu beachten.[16] Zur Risikoüberwachung ist eine **regelmäßige Analyse** von Chancen, Risiken, Stärken und Schwächen des Unternehmens erforderlich.[17] Das installierte Überwachungssystem muss die Prüfung ermöglichen,

12

---

10 So hat das *BVerfG* ZIP 2010, 1596 ff. – Untreue Lewandowsky – im Rahmen der Verfassungsmäßigkeitsprüfung des § 266 StGB ausführlich zu den Risikokontrollpflichten eines Bankvorstands bei Kreditvergabeentscheidungen Stellung genommen und die bisherige Pflichtenkonkretisierung durch die Rechtsprechung und die BaFin als zutreffend bezeichnet. Das LG Düsseldorf im Fall der IKB Deutsche Industriebank AG gemeint, dass kein Vorstand sorgfältig handele, wenn er Risiken eingeht, deren Verwirklichung zum Unternehmensuntergang führen *LG Düsseldorf* ZIP 2010, 28 ff.; dazu *Lutter* ZIP 2009, 197). Zu den Organpflichten von Geschäftsleitern, die keinem Kreditinstitut vorstehen und bestandsgefährdende Risiken eingehen *Redeke* ZIP 2010, 159.
11 *LG Berlin* AG 2002, 682 ff.; *VerwG Frankfurt/Main* WM 2004, 2157 ff. Ungeklärt ist die Reichweite der Risikomanagementpflicht im Konzern, *Krieger/Sailer* – Schmidt/Lutter, § 91 Rn. 10.
12 *BGH* ZIP 1995, 560 ff.
13 *LG Berlin* AG 2002, 682 ff.
14 *LG München I* NZG 2008, 319 ff.
15 S. auch IDW-Prüfungsstandard: Prüfung des Risikofrüherkennungssystems nach § 317 Abs. 4 HGB (IDW PS 340), (Stand 11.9.2000).
16 *Willemsen/Rechel* GmbHR 2010, 352.
17 *Haas/Ziemons*-Michalski § 43 Rn. 65a ff.

ob die eingeleiteten Maßnahmen beachtet werden und ob Anpassungsbedarf besteht. Dies erfordert ein **ständiges Controlling** samt Weiterleitung der erlangten Informationen an die Geschäftsleitung. Das System muss unternehmensintern kommuniziert werden und unmissverständliche Zuständigkeiten sind zu begründen. Es ist sicherzustellen, dass alle Hierarchieebenen bis zur Unternehmensleitung **Kenntnis** von vorhandenen Risiken erlangen, um Gegenmaßnahmen einleiten zu können.[18] Das System ist ständig auf seine Angemessenheit zu prüfen. Angesichts der nur dreiwöchigen Insolvenzantragsfrist (§ 15a InsO) hat die Geschäftsleitung im Besonderen sicherzustellen, dass Informationen über die **Liquiditätsentwicklung** zumindest im Abstand von zwei Wochen vorliegen, damit eine etwaige **Insolvenzantragspflicht** so rechtzeitig erkennbar ist, dass noch Gegenmaßnahmen (hierzu 4. Kap. Rn. 1 ff.) ergriffen werden können.[19]

1.4 Dokumentation der Risikomanagementmaßnahmen

13 Eine sorgfältige schriftliche Dokumentation des Risikofrüherkennungssystems und des Risikoüberwachungssystems ist notwendig.[20] Die in der Risikoüberwachung tätigen Personen müssen über **klare Richtlinien** verfügen, welche auch bei einem Personalwechsel weiter Geltung besitzen. Das Risikomanagement ist ständig mit einem engmaschigen, systematischen **Berichtswesen** schriftlich zu dokumentieren. Mindestens müssen die Organisationsstrukturen und die Tätigkeitsinhalte schriftlich **dokumentiert** sein.

1.5 Pflicht zur Einberufung von Haupt- bzw. Gesellschafterversammlung

14 Aus § 43 GmbHG[21] leitet sich die **Pflicht der Geschäftsleitung** ab, im Interesse der Gesellschafter (Aktionäre) eine Gesellschafter- bzw. Hauptversammlung einzuberufen, sofern dies zur Kriseninformation, zur Implementierung eines Krisenmanagements oder zur Veranlassung geeigneter Sanierungsmaßnahmen erforderlich ist.[22] Ausdrücklich und zwingend sieht § 49 Abs. 3 GmbHG[23] vor, dass, falls das Reinvermögen der Gesellschaft nicht mehr die Hälfte des Stamm- (bzw. Grund-)kapitals deckt, die Geschäftsleitung unverzüglich unter Anzeige des Verlusts die **Haupt- bzw. Gesellschafterversammlung** einzuberufen hat, **um die rechtzeitige Inangriffnahme von Sanierungsmaßnahmen zu ermöglichen.**[24] Nach h.M.[25] besteht diese **Einberufungspflicht** sobald das Erreichen der auslösenden Kennzahlen erkennbar wird. Bereits der fahrlässige Pflichtverstoß ist bei der **AG** gem. § 401 AktG strafbar. Bestehen Zweifel hinsichtlich des Verlusts des hälftigen Kapitals, so kann sich daraus die Pflicht zur Erstellung einer **außerordentlichen Zwischenbilanz** ergeben.

15 Der Geschäftsleiter hat daher für eine **Gesellschaftsorganisation** zu sorgen, die es ihm ermöglicht, die wirtschaftliche Entwicklung laufend und kontinuierlich zu beobachten

---

18 *LG München I* NZG 2008, 319 ff.
19 *Willemsen/Rechel* GmbHR 2010, 353.
20 *LG Berlin* AG 2002, 682 ff; *LG München I* NZG 2008, 319 ff; *VerwG Frankfurt/Main* WM 2004, 2157 ff.
21 Für die anderen Rechtsformen s. § 93 AktG, § 114 Abs. 1 bzw. §§ 161 Abs. 2, 114 Abs. 1 HGB.
22 So sind grundlegende Sanierungsentscheidungen den GmbH-Gesellschaftern vorbehalten, *Kleindiek* in Lutter/Hommelhoff, § 43 Rn. 28.
23 Für die AG § 92 Abs. 1 AktG.
24 *Altmeppen* GmbHG, 6. Auflage 2009, § 49 Rn. 11.
25 *Wellensiek/Schluck-Amend* in K. Schmidt/Uhlenbruck, 1.76.

und sich bei Anzeichen einer krisenhaften Entwicklung einen Überblick über den Vermögensstand zu verschaffen.[26]

2. Erhaltung des Gesellschaftsvermögens

Eine weitere wesentliche Sorgfaltspflicht der Geschäftsleitung in der Krise ist die Erhaltung des Gesellschaftsvermögens, indem zum einen das **Stammkapital erhalten** bleibt (Rn. 17 ff.) und zum anderen **gewisse Auszahlungen** nach Insolvenzreife unterbleiben (Rn. 29 ff.). **16**

2.1 Kapitalerhaltungsgebot

Für Kapitalgesellschaften gelten zur Wahrung des Gläubigerschutzes haftungsbewehrte Vorschriften, die das **Gesellschaftsvermögen binden.** Häufig wird die Bedeutung dieser Vorschriften erst in der Insolvenz erkannt, wenn Insolvenzverwalter Rückgriffsansprüche geltend machen. Sie dienen aber nicht nur zur Wahrung des Gläubigerschutzes, sondern gleichsam der Krisenvermeidung und Krisenbereinigung und ergänzen die Kapitalaufbringungsregelungen, auf die an dieser Stelle nicht weiter eingegangen werden soll. Für die GmbH sind die Kapitalerhaltungsregeln im Wesentlichen in §§ 30, 31 GmbHG normiert.[27] Auch das Vermögen der Kommanditgesellschaft ist im Falle einer GmbH & Co. KG analog § 30 GmbHG geschützt.[28] Dies gilt auch bei Auszahlungen an Nur-Kommanditisten[29] und bei der GmbH & Still bei Auszahlungen an stille Gesellschafter.[30] Für die Aktiengesellschaft sind die Regelungen zur Vermögensbindung im Wesentlichen in §§ 57, 59, 62 AktG enthalten.[31] Nachfolgend beschränken wir uns auf die Darstellung bei der GmbH. **17**

Das zur Erhaltung des Stammkapitals erforderliche Vermögen der Gesellschaft darf an die Gesellschafter nicht ausgezahlt werden. Die Kapitalerhaltungsvorschrift enthält also das Verbot, an Gesellschafter Aktivvermögen der Gesellschaft auszuzahlen, wenn und soweit dadurch eine Unterbilanz herbeigeführt oder weiter vertieft oder eine Überschuldung herbeigeführt oder vertieft wird.[32] Eine **Unterbilanz** i.S.v. § 30 GmbHG liegt vor, wenn das bilanzielle Vermögen die Stammkapitalziffer nicht erreicht, d.h. wenn die Aktiva hinter der Summe von Stammkapital und echten Passiva zurückbleibt.[33] **18**

---

26 *BGH* ZIP 1995, 560 ff.
27 Ausführlich zur GmbH *K. Schmidt/Uhlenbruck* 1.23 ff.
28 *BGH* NJW 1973, 1036 ff., *BGH* NJW 1977, 104 ff. Hierzu *K. Schmidt/Uhlenbruck* 1.41.
29 *BGH* ZIP 1990, 578 ff.
30 *BGH* NJW 1989, 982 ff.; *BGH* ZIP 2006, 703 ff.
31 Bei der AG unterfällt nicht nur das zur Erhaltung des Nominalkapitals erforderliche Vermögen der Gesellschaft der Vermögensbindung, sondern gemäß §§ 57 Abs. 1 und 59 Abs. 1, § 62 i.V.m. § 174 Abs. 1 S. 1, § 150 Abs. 2 AktG das gesamte Sondervermögen, welches allein im Wege der Ausschüttung eines Bilanzgewinns an die Aktionäre ausgekehrt werden darf. Dieser muss aber ordnungsgemäß festgestellt und zur Erteilung freigegeben worden sein. Leistungen der AG an ihre Aktionäre dürfen nur aus dem Überschuss des Nettovermögens über das Eigenkapital genommen werden. Dies setzt aber voraus, dass dieser Überschuss im gesetzlich vorgesehenen Verfahren als Bilanzgewinn ausgewiesen ist (zu alledem *H.P. Westermann-Scholz* § 30 Rn. 7; MK-AktG/*Bungeroth* Vor § 53a Rn. 48). Für vorschriftswidrig geleistete Zahlungen an Aktionäre haftet der Vorstand gem. §§ 93 Abs. 3 Nr. 1 und 2, 116 AktG (MK-AktG/*Hüffer* § 57 Rn. 25)
32 *BGH* GmbHR 2002, 550; *BGH* ZIP 1990, 453.
33 *BGH* ZIP 1993, 917.

2.1.1 Auszahlungen

19 Der Begriff der Auszahlung ist von der Rechtsprechung weit interpretiert worden. Danach sind Auszahlungen nicht nur Geldleistungen, sondern Leistungen aller Art an Gesellschafter, denen keine gleichwertige Gegenleistung gegenübersteht und die wirtschaftlich das zur Erhaltung des Stammkapitals erforderliche Vermögen der Gesellschaft verringern.[34] So liegt nach der Rechtsprechung auch eine Zahlung vor, wenn das Gesellschaftsvermögen durch **Verzicht auf** eine Forderung gegen den Gesellschafter oder durch prozessuales Fallenlassen (z.B. im Wege der Säumnis) verringert wird.[35] Eine Auszahlung liegt dagegen nicht vor, wenn das Gesellschaftsvermögen infolge von Pflichtverletzungen des Alleingesellschafter-Geschäftsführers mit **Ansprüchen Dritter** belastet wird.[36] In Betracht kommt dann nur noch eine Existenzvernichtungshaftung (dazu unter Rn. 122).

20 Ob eine verbotene Auszahlung vorliegt, ist **bilanziell zu bestimmen** und dann zu verneinen, wenn ein bloßer Aktiventausch vorgenommen wird.[37] Demnach liegt z.B. keine Auszahlung in diesem Sinne vor, wenn auf vertragliche **Vergütungsansprüche** des Gesellschafter-Geschäftsführers (einschließlich umsatzabhängiger Tantieme) gezahlt wird.[38] Die **Höhe** ist dabei jedoch mit den (hypothetischen) Vergütungsansprüchen eines Fremdgeschäftsführers zu vergleichen, wobei gesellschafts-, tätigkeits- und personenbezogene Kriterien zu beachten sind. Bei Verschlechterung der wirtschaftlichen Lage kann der Gesellschafter-Geschäftsführer aufgrund seiner **Treuepflicht** zur Gesellschaft jedoch gehalten sein, einer Herabsetzung seiner Vergütung zuzustimmen.

2.1.2 Ausnahmen vom Auszahlungsverbot

21 Der Gesetzgeber hat durch das MoMiG den Anwendungsbereich der Kapitalerhaltungsregeln in drei Fällen eingeschränkt (§ 30 Abs. 1 S. 2 und 3 GmbHG).

22 Das Auszahlungsverbot gilt nicht bei Leistungen an Gesellschafter, wenn mit dem Gesellschafter ein **Beherrschungs- oder Gewinnabführungsvertrag** besteht.

23 Leistungen an den Gesellschafter, z.B. eine Darlehensgewährung, unterliegen dann nicht dem Auszahlungsverbot, wenn diese durch eine vollwertige Gegenleistung oder einen Rückgewähranspruch gegen den Gesellschafter gedeckt sind. Ein **vollwertiger Rückzahlungsanspruch** setzt voraus, dass dieser durchsetzbar ist und dass ein Forderungsausfall unwahrscheinlich ist. In der Regel zu verneinen dürfte die Vollwertigkeit sein, wenn der Gesellschafter eine mit nur geringen Mitteln ausgestattete Gesellschaft ist.[37] Da immer eine **Prognoseentscheidung** zu treffen ist, steht es der **Vollwertigkeit** nicht entgegen, wenn es später, wider Erwarten, zu einem Forderungsausfall kommt, denn für die Vollwertigkeit ist der Zeitpunkt der Darlehensvalutierung entscheidend.[39] Den Geschäftsführer kann aber die Sorgfaltspflicht treffen, die Bonitätsentwicklung des Gesellschafters zu beobachten und bei Verschlechterung der Bonität die Forderung wenn möglich geltend zu machen oder nachträglich Sicherheiten zu verlangen. Bei umfangreichen und langfristigen Darlehen oder **Cash-Management-Systemen** (z.B. Cash-Pool) kann dies die Einrichtung eines geeigneten Informations- oder Früh-

---

34 *Lutter/Hommelhoff* § 30 Rn. 8 m.w.N.
35 *BGH* ZIP 2009, 802 ff.
36 *BGH* NJW 2000, 1571.
37 BT-Drucks. 16/6140, 41.
38 *BGH* ZIP 1992, 1152 ff.
39 *BGH* ZIP 2009, 70; hierzu *Willemsen/Rechel* GmbHR 2010, 351 f.

warnsystems erfordern.⁴⁰ Bei Unterlassen kommt eine Haftung nach § 43 Abs. 2 GmbHG (dazu unter Rn. 68 ff.) in Betracht.

Soweit Darlehen an Gesellschafter zurückgezahlt werden und dadurch eine **Unterbilanz** vertieft oder herbeigeführt wird, liegt ebenfalls kein Verstoß mehr gegen das Kapitalerhaltungsgebot vor. Wegen der Rückzahlung von Gesellschafterdarlehen haftet der Geschäftsführer, entgegen der vormaligen Rechtslage, also grundsätzlich nicht. Eine Haftung des Geschäftsführers bei Vorliegen der Voraussetzungen von § 64 S. 1 oder S. 3 GmbHG ist aber weiterhin möglich. **24**

2.1.3 Erstattungsanspruch

Rechtsfolge von verbotenen Auszahlungen ist die Erstattungspflicht. Nicht nur der Gesellschafter haftet für die Rückzahlung solcher empfangener Zahlungen (§ 31 GmbHG), sondern daneben auch der Geschäftsführer für deren Auszahlung (§§ 30, 43 Abs. 3 GmbHG). **25**

Seinem Umfang nach ist der Erstattungsanspruch nach §§ 30, 43 Abs. 3 GmbHG – ebenso wie der Anspruch gem. § 31 GmbHG gegenüber dem Gesellschafter – auf **Wertausgleich in der vollen Höhe** der verbotenen Auszahlung gerichtet. War die Auszahlung so umfangreich, dass sie nicht bloß das Stammkapital verletzte und aufzehrte, sondern darüber hinaus noch zu einer Überschuldung führte, so hat der Erstattungsschuldner den vollen Wertverlust auszugleichen. Seine Schuld ist nicht auf den Umfang des Stammkapitals begrenzt.⁴¹ Ist die Erstattung vom Gesellschafter, der den ausgezahlten Betrag empfangen hat, nicht zu erlangen, so haften für den zu erstattenden Betrag, soweit er zur Befriedigung der Gesellschaftsgläubiger erforderlich ist, die **übrigen Gesellschafter** nach dem Verhältnis ihrer Geschäftsanteile, § 31 Abs. 3 GmbHG. Die **Ausfallhaftung** nach § 31 Abs. 3 GmbHG erfasst jedoch nicht den gesamten durch das Eigenkapital nicht gedeckten Betrag. Vielmehr ist die Haftung auf den Betrag des Stammkapitals zu beschränken, der zur Befriedigung der Gläubiger benötigt wird.⁴² Realisiert sich jedoch die Ausfallhaftung der Gesellschafter aus § 31 Abs. 3 GmbHG, sind die Geschäftsführer diesen zum vollen Ersatz verpflichtet (§ 31 Abs. 6 GmbHG). **26**

Wie dargelegt haftet neben dem Gesellschafter, der die Zahlung erhalten hat und den sekundär haftenden Mitgesellschaftern im Wege des Schadenersatzes auch der **Geschäftsführer** nach § 43 Abs. 3 GmbHG. Mehrere Geschäftsführer haften als Gesamtschuldner.⁴³ Der Geschäftsführer hat nicht nur eigene Zahlungen i.S.v. § 30 GmbHG zu unterlassen, er hat auch aufgrund seiner **Überwachungspflicht** dafür zu sorgen, dass Auszahlungen auch nicht von Mitgeschäftsführern oder anderen zur Vertretung berechtigten Personen vorgenommen werden.⁴⁴ Die Haftung wegen Pflichtverletzungen und wegen Auszahlungen aus dem Stammkapital greift gleichermaßen für den **faktischen Geschäftsführer** (dazu unter Rn. 90 ff.)⁴⁴ wie für den **Strohmann-Geschäftsführer**.⁴⁵ Bei Letzterem ist es unerheblich, wenn die Geschäftsführertätigkeit unentgeltlich und unter bestimmendem Einfluss eines faktischen Geschäftsführers **27**

---

40 *BGH* ZIP 2009, 70; *Willemsen/Rechel* GmbHR 2010, 351f.
41 *Hommelhoff* in Lutter/Hommelhoff, § 31 Rn 9.
42 *BGH* ZIP 2002, 848 ff.
43 *BGH* ZIP 2008, 117 ff.
44 *BGH* ZIP 2001, 1458.
45 *OLG Frankfurt* GmbHR 2009, 317.

ausgeübt wird, da eine Haftung an die formale Organstellung anknüpft. Wird der Geschäftsführer nach § 43 Abs. 3 GmbHG in Anspruch genommen, so besteht ein **Regressanspruch** im Rahmen des Gesamtschuldnerausgleichs gegen den Gesellschafter, der gem. § 31 Abs. 1 GmbHG zur Rückzahlung verpflichtet ist.[46] Ein einmal wegen Verstoßes gegen § 30 Abs. 1 GmbHG entstandener Erstattungsanspruch nach § 31 Abs. 1 GmbHG entfällt nicht von Gesetzes wegen, wenn das Gesellschaftskapital zwischenzeitlich anderweitig bis zur Höhe der Stammkapitalziffer nachhaltig wiederhergestellt ist.[47] Die Erstattungsansprüche gegen den Gesellschafter und die Schadenersatzansprüche gegen den Geschäftsführer verjähren in fünf Jahren (§ 43 Abs. 4 GmbHG).

28 Die Zahlung an den Gesellschafter kann zudem nach § 135 Abs. 1 Nr. 2 InsO **anfechtbar** sein (dazu unter Rn. 156 ff.).

2.2 Auszahlungsverbot nach Insolvenzreife

29 Für Zahlungen, die nach dem Eintritt der Zahlungsunfähigkeit oder der Überschuldung[48] der Gesellschaft erfolgen, ist der **Geschäftsführer ersatzpflichtig** soweit diese pflichtwidrig erfolgten (§ 64 S. 1 GmbHG).[49] Sinn und Zweck der Erstattungspflicht ist es, die verteilungsfähige Vermögensmasse der insolvenzreifen Gesellschaft im Interesse der Gläubiger zu erhalten und eine bevorzugte Befriedigung einzelner Gesellschaftsgläubiger zu verhindern.[50] Die Vermögenserhaltungspflicht **beginnt** mit dem objektiven Vorliegen der Insolvenzgründe, nicht erst mit Kenntnis der Geschäftsführer hiervon oder mit Ablauf der Drei-Wochen-Frist.[51] § 64 GmbHG und die Parallelvorschriften sind als insolvenzrechtliche Normen auf **ausländische Gesellschaften** anwendbar, die ihren Tätigkeitsmittelpunkt in Deutschland haben.[52]

2.2.1 Zahlungen

30 Zahlungen sind sämtliche geldwerten Leistungen aus dem Gesellschaftsvermögen.[53] Deshalb unterfallen dem **Zahlungsbegriff** nicht nur Geldleistungen, sondern auch aus dem Vermögen der Gesellschaft erbrachte Lieferungen, Dienstleistungen oder in sonstiger Weise erbrachte Leistungen, die bei anderweitiger Verwendung zumindest verlustneutral, also zumindest kostendeckend, hätten eingesetzt werden können.[54] Eine verbotene Auszahlung liegt auch dann vor, wenn Vertragspartnern Einzugser-

---

46 *Zöllner/Noack* in Baumbach/Hueck, § 43 Rn 49.
47 *BGH* ZIP 2000, 1251 ff.
48 Zum Begriff der Zahlungsunfähigkeit und der Überschuldung oben 4. Kap. Rn. 30 ff.
49 Die nachfolgenden Ausführungen gelten entsprechend für den Vorstand einer Aktiengesellschaft (§§ 92 Abs. 2, 93 Abs. 3 Nr. 6 AktG), den Vorstand einer Genossenschaft (§§ 99, 34 Abs. 3 Nr. 4 GenG), organschaftliche Vertreter der vertretungsberechtigten GmbH einer OHG bzw. GmbH & Co. KG (§§ 130a Abs. 1 und Abs. 2, 161 Abs. 2, 177a HGB). Die Erstattungspflicht kann nach *BGH* ZIP 2009, 860 auch den Aufsichtsrat der AG treffen. Der fakultative Aufsichtsrat der GmbH haftet nach *BGH* ZIP 2010, 1988 (DOBERLUG) nur unter besonderen Voraussetzungen. Vereinsvorstände haften nicht für Masse schmälernde Zahlungen nach Eintritt der Insolvenzreife. Eine analoge Anwendung der vorstehenden Normen auf den Verein wurde vom *BGH* (ZIP 2010, 1080) abgelehnt. Hierzu *Haas* GmbHR 2010, 1 ff.
50 *BGH* ZIP 2001, 235 ff.
51 *BGH* ZIP 2009, 860.
52 BT-Drucks. 16/6140, 47; *KG Berlin* ZIP 2009, 2156 ff.
53 *OLG Düsseldorf* GmbHR 1999, 661 ff.
54 *OLG Düsseldorf* DB 1996, 1226.

mächtigungen erteilt werden und diese sodann die Lastschriften einlösen.[55] Erteilte Lastschriftermächtigungen sind deshalb durch den Geschäftsführer zu widerrufen. Es macht auch keinen Unterschied, ob die weggegebenen Leistungen von der Gesellschaft höchstpersönlich oder zum Teil von Dritten erbracht worden sind, bei denen die Gesellschaft ihrerseits die Leistungen "erkauft" hat.[56]

Nimmt die Gesellschaft an einem **Cash-Pool** teil, so muss sie die Teilnahme daran aussetzen oder kündigen, sobald sie zahlungsunfähig oder überschuldet ist, denn Zahlungen an den Cash-Pool fallen unter den Zahlungsbegriff. Daher sollte bereits im Moment des Beitritts zu einem Cash-Management-System darauf geachtet werden, dass kurzfristige Kündigungs- oder Austrittsmöglichkeiten vereinbart sind, die nicht die Zustimmung des Hauptkontoinhabers voraussetzen.[57]

31

Da der Geschäftsführer nur für solche Schmälerungen des Gesellschaftsvermögens verantwortlich gemacht werden kann, die mit seinem Wissen und Willen geschehen sind oder die er hätte verhindern können, liegt keine Zahlung i.S.v. § 64 S. 1 GmbHG vor, wenn der Vermögensabfluss im Wege von **Zwangsvollstreckungen** erfolgte.[58] Die Befolgung von Weisungen an die Buchhaltung, Zahlungen zu unterlassen, hat der Geschäftsführer zu kontrollieren und durchzusetzen.[59]

32

Wurden Zahlungen aufgrund eines **Austauschgeschäftes** vorgenommen und entsprachen sich die ausgetauschten Leistungen wertmäßig, so kommt eine Haftung für die abgehenden Zahlungen gleichwohl in Betracht, wenn die Zahlungen das Zahlungsziel unterschreiten und vor Fälligkeit erfolgten.[60]

33

§ 64 S. 1 GmbH hat grundsätzlich Zahlungen vor Insolvenzeröffnung im Blick. Nach Sinn und Zweck entsteht jedoch eine Haftung auch für Zahlungen, die **nach Insolvenzeröffnung erfolgt** sind. Im Hinblick auf die §§ 80, 81 InsO sind solche Zahlungen zwar unwirksam; gleichwohl ist eine Masseschmälerung möglich, wenn diese Zahlungen nicht zurückerlangt werden können. Das gilt auch für den Fall, dass infolge des Verhaltens des Geschäftsführers der Insolvenzverwalter durch **unterlassene Mitteilung** über das Bestehen von Verträgen, z.B. Mietverträgen, diese erst verspätet kündigen bzw. aufheben kann und deshalb zu **unnötigen Zahlungen** gezwungen wird.[61]

34

2.2.2 Unbare Zahlungen (debitorisches oder kreditorisches Konto)

Werden unbare Zahlungen vorgenommen, so ist zwischen debitorischen und kreditorischen Konten zu unterscheiden.

35

Zahlungen **aus** einem **kreditorischen Konto** des Unternehmens werden sanktioniert, wenn die Gesellschaft bereits insolvenzreif ist. Dies gilt auch für **Abbuchungen** im Rahmen des Lastschriftverfahrens. Diese Abbuchungen sind, wenn möglich, zu widerrufen.[62] Zahlungen **aus** einem **debitorischen Konto** hingegen berühren den Schutz-

36

---

55 *LG Köln* WM 1990, 411.
56 *OLG Düsseldorf* DB 1996, 1226.
57 *Willemsen/Rechel* GmbHR 2010, 353.
58 *BGH* ZIP 2009, 956 ff.; *OLG München* ZIP 2011, 277.
59 *OLG Hamm* NZG 2009, 1116; *BGH* ZIP 1994, 891, Rn. 13.
60 *OLG Düsseldorf* NZG 1999, 1066 ff.
61 *OLG Hamm* ZIP 1980, 280 ff.
62 *LG Köln* GmbHR 1990, 136 ff.

zweck des § 64 S. 1 GmbHG[63] nicht, da sie in der Regel einen bloßen Gläubigertausch darstellen. An die Stelle der mit Kreditmitteln erfüllten Forderungen der Gesellschaftsgläubiger tritt eine entsprechend höhere Gesellschaftsverbindlichkeit gegenüber der Bank. Es werden weder die Verbindlichkeiten erhöht, noch die Masse vermindert.[64] Auch soweit durch die **Erhöhung des Debet** eine entsprechend erhöhte Zinsschuld der Gesellschaft gegenüber der Bank entsteht, stellt dies keine Zahlung i.S.d. § 64 S. 1 GmbHG (bzw. der Parallelvorschriften) dar.[65] Etwas anderes gilt jedoch dann, wenn sich die Bank wegen dieser Auszahlung aus **Gesellschaftssicherheiten** bedienen kann.[66]

37 Bei Zahlungen an die Gesellschaft ist es genau umgekehrt. Zahlungen an die Gesellschaft **auf** ein **kreditorisches** Konto sind sanktionslos möglich. Zahlungen **auf** ein **debitorisches** Konto auf Veranlassung der Geschäftsführung dagegen verringern die Verbindlichkeiten gegenüber der Bank und sind daher als erstattungspflichtige Zahlungen anzusehen.[67]

38 Der Geschäftsführer hat deshalb aufgrund seiner Vermögenserhaltungspflicht dafür zu sorgen, dass Zahlungen von Gesellschaftsschuldnern nicht auf ein debitorisches Bankkonto der Gesellschaft geleistet werden,[66] sondern auf ein ggf. **neu einzurichtendes Guthabenkonto**. Gleichfalls hat er zu vermeiden, dass nach Insolvenzreife Zahlungen von Gesellschaftsschuldnern auf ein debitorisches Konto veranlasst werden. So sollten z.B. keine **Rechnungsformulare** mehr mit Angabe des debitorischen Kontos verwendet werden.[68] Dem Geschäftsführer ist es zwar möglich, die Tagesgeschäfte der Buchhaltung auf Dritte zu delegieren. Dann trifft ihn jedoch die Pflicht, die Entscheidung zu treffen und entsprechend durchzusetzen, dass nach Insolvenzreife entsprechende Zahlungen auf ein debitorisches Konto unterbleiben. Dies hat er durch geeignete **organisatorische Maßnahmen** zu kontrollieren und sicherzustellen.[69]

2.2.3 Zahlungen mit der Sorgfalt eines ordentlichen Kaufmanns

39 Den Geschäftsführer trifft keine Erstattungspflicht, wenn die Zahlungen nach Insolvenzreife gleichwohl mit der Sorgfalt eines ordentlichen Kaufmanns vereinbar sind (§ 64 S. 2 GmbHG).[70]

40 Das ist bei Zahlungen der Fall, die zur **Aufrechterhaltung des Geschäftsbetriebes** geleistet werden, dem Zweck dienen, **Sanierungsversuche** und Chancen für eine Veräußerung nicht zu schmälern und bei Zahlungen, deren Nichterbringung **strafbewehrt** sind.

---

63 Dies gilt auch für die Parallelvorschriften in den §§ 92 Abs. 2, 93 Abs. 3 Nr. 6 AktG; §§ 99, 34 Abs. 3 Nr. 4 GenG; §§ 130a Abs. 1 und Abs. 2, 161 Abs. 2, 177a HGB.
64 *BGH* ZIP 2010, 470 ff.; *BGH* ZIP 2007, 1006 ff.
65 *OLG Hamm* NZG 2009, 1116 ff.; *BGH* ZIP 2010, 470 ff.
66 *BGH* ZIP 2007, 1006 ff.
67 *OLG Düsseldorf* 24.11.1994 – 6 U 2/94. Dies gilt auch für den Einzug von Schecks, *BGH* ZIP 2000, 184 ff.
68 *OLG Oldenburg* ZIP 2004, 1315 ff.
69 *OLG Hamm* NZG 2009, 1116 ff.
70 S. für die AG § 92 Abs. 2 AktG, für die Genossenschaft § 99 S. 2 GenG und für OHG, KG und GmbH & Co. KG §§ 130a Abs. 1 S. 2, 161 Abs. 2, 177a HGB.

2.2.3.1 Aufrechterhaltung des Geschäftsbetriebes

Zahlungen, die mit einem ernsthaften Sanierungsversuch verbunden sind und zur Aufrechterhaltung des Geschäftsbetriebes dienen, sind mit der Sorgfalt eines ordentlichen Geschäftsmannes in der Regel vereinbar. Es genügt dabei, dass die Zahlungen mit dazu beitragen, dass ein **laufender Sanierungsversuch nicht scheitert** oder ein **sofortiger Zusammenbruch** des Unternehmens **vermieden** wird. Für Wasser, Strom und Heizkosten hat der BGH[71] dies bereits angenommen, wenn andernfalls der Betrieb hätte sofort eingestellt werden müssen. Es kommen aber auch andere laufende Zahlungen aus **Dauerschuldverhältnissen** in Betracht, wie Löhne und Gehälter, Versicherungsprämien und Mietzahlungen, die der vorübergehenden Aufrechterhaltung des Geschäftsbetriebes dienen.[72] **41**

Das OLG Celle[72] hält in diesem Zusammenhang Zahlungen auf Verträge mit der Sorgfalt eines ordentlichen Kaufmannes für vereinbar, die **für die Gesellschaft vorteilhaft** sind und die ein Insolvenzverwalter mit Blick auf § 103 InsO ebenfalls erfüllt hätte. Danach bestünde keine Erstattungspflicht für einen hypothetischen Zeitraum bis zur frühesten Beendigungsmöglichkeit der Verträge durch den Insolvenzverwalter.[73] Lediglich dann, wenn **keinerlei Chancen** auf eine **Betriebsfortführung** bestünden, wie im Fall der bereits erfolgten Betriebseinstellung, könne eine Erstattungspflicht früher begründet werden.[72] **42**

In zeitlicher Hinsicht geht das OLG Hamburg[74] davon aus, dass auch Zahlungen **außerhalb der Drei-Wochen-Frist** des § 15a Abs. 1 InsO mit der Sorgfalt eines ordentlichen Kaufmannes vereinbar sein können, wenn sie dazu beitragen, dass ein laufender Sanierungsversuch nicht scheitert. Eine **Zeitüberschreitung** war demnach im zu entscheidenden Fall unschädlich, da der Geschäftsführer ein **tragfähiges Sanierungskonzept** erarbeitet hatte, welches lediglich daran scheiterte, dass ein Teil der Gesellschafter von dem zuvor gefassten Sanierungsplan abrückte. Der Geschäftsführer hatte jedoch stets aktiv die Umsetzung der Sanierung betrieben. Der **BGH** hatte bislang noch nicht zu entscheiden, inwiefern Zahlungen außerhalb des Drei-Wochen-Zeitraumes mit der Sorgfalt eines ordentlichen Geschäftsmannes vereinbar sein können.[75] **43**

Zahlungen an einen Sanierungsberater können mit der **Sorgfalt eines ordentlichen Geschäftsmannes** vereinbar sein, wenn sie einem Erfolg versprechenden – nicht notwendigerweise erfolgreichen – **Sanierungsversuch** dienen. Ein Verstoß gegen das Auszahlungsverbot liegt jedoch vor, wenn keine hinreichende **Aussicht** besteht, die Vermögensbilanz voll ausgleichen zu können. Allein die **Hoffnung**, in ausreichendem Umfang weitere Kredite zu erhalten, genügt nicht.[76] **44**

2.2.3.2 Zwingende sozial- oder steuerrechtliche Abführungspflichten

Die Zahlung von (rückständigen)[77] **Arbeitnehmerbeiträgen** zur Sozialversicherung nach Insolvenzreife ist im Gegensatz zur Zahlung der **Arbeitgeberbeiträge** mit der Sorgfalt eines ordentlichen Geschäftsmannes vereinbar, da strafrechtlich das Vorent- **45**

---
71 *BGH* DB 2008, 52 ff.
72 *OLG Celle* ZIP 2004, 1210 ff.
73 Näher dazu: *Kind/Schork* EWiR 2004, 913.
74 *OLG Hamburg* ZIP 2010, 2448 ff.
75 Die gegen dieses Urteil zunächst eingelegte Revision wurde zurückgenommen.
76 *OLG Koblenz* NZG 2006, 583 ff.
77 *BGH* DB 2011, 462.

halten der Arbeitnehmerbeiträge, nicht aber der Arbeitgeberbeiträge unter Strafe steht (§§ 266a Abs. 1, 14 Abs. 1 Nr. 1 StGB) bzw. zur Haftung gegenüber der Einzugsstelle für Sozialversicherungsbeiträge führt (§§ 823 Abs. 2 BGB, 266a StGB). Bei der Zahlung besteht keine Tilgungsvermutung für Arbeitnehmeranteile, so dass bei Zahlung eine entsprechende Tilgungsbestimmung gemacht werden sollte. Andernfalls richtet sich die Tilgungsreihenfolge nach § 4 BVV.[78] Auch Zahlungen von (rückständiger)[79] **Lohnsteuer** oder **Umsatzsteuer** sind sanktionslos möglich.[80] Reichen die Finanzmittel in der Krise nicht aus, um die Lohnsteuer vollständig zu zahlen, sind die Netto-Löhne anteilig zu kürzen.[81] Die nur anteilige Zahlung von Arbeiternehmerbeiträgen zur Sozialversicherung ist allerdings unzulässig und der Arbeitgeber hat notfalls sogar durch Kürzung der auszuzahlenden Löhne seine Fähigkeit zur Abführung der Arbeitnehmerbeiträge soweit wie möglich sicherzustellen, gegebenenfalls durch Aufstellung eines Liquiditätsplans oder durch Bildung ausreichender Rücklagen.[82] Anderenfalls haftet die Geschäftsführung dafür, dass sie pflichtwidrig verursacht hat, dass die Gesellschaft bei Fälligkeit ihrer Sozialversicherungsbeiträge nicht auf diese zahlen kann.[83] Die Lohnsteuerzahlungspflicht besteht auch nach Insolvenzantragstellung, wenn noch Finanzmittel vorhanden sind, so lange, bis dem Geschäftsführer durch Bestellung eines (starken) Insolvenzverwalters oder Eröffnung des Insolvenzverfahrens die Verfügungsbefugnis entzogen wird.[84]

2.2.3.3 Zahlung mit Fremdgeldern

46 Grundsätzlich wird die Haftung des Geschäftsführers wegen Verstoßes gegen die Masseerhaltungspflicht auch durch Zahlungen mit **Geldern** ausgelöst, die ihm **von Dritten,** insbesondere **verbundenen Unternehmen** eines Konzerns, eigens zu diesem Zweck zur Verfügung gestellt wurden. Die Massesicherungspflicht aus § 64 S. 1 GmbHG ist deshalb auch dann verletzt, wenn der Geschäftsführer mit Geldern, die von anderen Konzerngesellschaften auf das Geschäftskonto der GmbH gezahlt worden sind, Schulden dieser Gesellschaften begleicht.[85] Der Geschäftsführer mehrerer **Konzerngesellschaften** haftet für Zahlungen nach Eintritt der Insolvenzreife bei jeder einzelnen Gesellschaft gesondert, wenn dieselben Zahlungen **durch mehrere Gesellschaften gelaufen** sind.[86] Diese mehrfache „Haftung" trägt dem Umstand Rechnung, dass durch einen solchen Geschäftsleiter Gelder innerhalb des Konzerns verschoben werden können, um Gläubiger bevorzugt zu befriedigen.

47 Die Haftung des Geschäftsleiters kann aber nach § 64 S. 2 GmbHG ausgeschlossen sein, wenn und weil er bei den Auszahlungen angesichts des Zusammentreffens der Massesicherungspflicht mit der strafbewehrten Pflicht zur **weisungsgemäßen Verwendung** der fremden Gelder mit der Sorgfalt eines ordentlichen Geschäftsmanns

---

78 Verordnung über die Berechnung, Zahlung, Weiterleitung, Abrechnung und Prüfung des Gesamtsozialversicherungsbeitrages (Beitragsverfahrensverordnung), BGBl I 2006, 1138; so *BGH* DB 2011, 462.
79 *BGH* DB 2011, 462.
80 Wegen § 26b UStG oder § 380 AO i.V.m. § 41a Abs. 1 S. 1 Nr. 2, § 38 Abs. 3 S. 1 EStG sowie der persönlichen Haftung aus §§ 69, 34 AO; s. *BGH* ZIP 2008, 2220 ff.; *OLG Frankfurt* ZIP 2009, 2293 ff.
81 *BFH/NV* 1990, 756.
82 *BGH* ZIP 1997, 412, Rn. 14.
83 *BGH* ZIP 2002, 261.
84 *BFH* ZIP 2009, 122.
85 *BGH* ZIP 2008, 1229 ff.
86 *OLG München* ZIP 2008, 2169 ff.

gehandelt hat. Hierfür müssen aber besondere Anhaltspunkte vorliegen. Nach Ansicht des BGH soll daher eine Zahlung zulässig sein, zu der eine (insolvenzreife) Tochtergesellschaft gegenüber ihrer Muttergesellschaft aufgrund eines Treuhandverhältnisses verpflichtet war und sich der Geschäftsführer der Tochter ansonsten wegen des Unterlassens der Zahlungen nach § 266 StGB (Untreue) strafbar gemacht hätte.[87] Zu bedenken ist allerdings, dass der BGH eine von den Beteiligten konstruierte strafrechtliche Verantwortlichkeit aller Voraussicht nach nicht als ausreichend ansehen wird, damit aus unzulässigen Zahlungen zulässige Zahlungen werden.

Im Hinblick auf Zahlungen an Gesellschafter, die zur Insolvenz führen, wird auf Rn. 82 ff. verwiesen. **48**

2.2.4 Ersatzanspruch

Der Ersatzanspruch gegenüber dem Geschäftsführer ist seiner Natur nach darauf gerichtet, das Gesellschaftsvermögen wieder aufzufüllen, damit es im Insolvenzverfahren zur ranggerechten und gleichmäßigen Befriedigung aller Gesellschaftsgläubiger zur Verfügung steht.[88] Dementsprechend hat der Geschäftsführer bei einem Verstoß gegen § 64 S. 1 GmbHG die geleisteten Zahlungen ungekürzt zu erstatten. Er kann jedoch nach Erstattung dieses Betrages seinen **Gegenanspruch,** der sich nach Rang und Höhe mit dem Betrag deckt, den der begünstigte Gesellschaftsgläubiger im Insolvenzverfahren erhalten hätte, gegen den Insolvenzverwalter des Unternehmens verfolgen[89] und Abtretung etwaiger Erstattungsansprüche des Unternehmens gegen den befriedigten Gesellschaftsgläubiger verlangen. Der Ersatzanspruch gegen den Geschäftsführer verjährt in fünf Jahren ab der Zahlung (§ 64 S. 4 i.V.m. § 43 Abs. 4 GmbHG). **49**

3. Insolvenzverschleppung

Wird eine juristische Person zahlungsunfähig oder überschuldet, sind die Mitglieder der **Geschäftsleitung** oder **Liquidatoren** (Abwickler) nach § 15a Abs. 1 InsO verpflichtet, ohne schuldhaftes Zögern, spätestens aber drei Wochen nach Eintritt der Insolvenzreife, einen Insolvenzantrag zu stellen. Anknüpfungspunkt der Haftung der Geschäftsleiter wegen Insolvenzverschleppung ist der Vorwurf einer verspäteten Insolvenzantragstellung. **50**

3.1 Insolvenzantragspflicht nach § 15a InsO

Die rechtsformübergreifende Insolvenzantragspflicht nach § 15a InsO trifft **alle Mitglieder des Vertretungsorgans** unabhängig von der Ressortaufteilung und ist **nicht abdingbar** (z.B. durch Satzung, Gesellschafterbeschluss oder Gläubigervereinbarung). Sie trifft auch Geschäftsleiter der Vor-GmbH oder einer ausländischen Kapitalgesellschaft mit geschäftlichem Schwerpunkt im Inland.[90] Antragspflichtig ist ebenfalls der **faktische Geschäftsleiter,**[91] z.B. der fehlerhaft bestellte, welcher die Geschäftsleitung mit Einverständnis der Gesellschafter ohne förmliche Bestellung faktisch übernommen und ausgeübt hat. Die **Stellung eines Insolvenzantrages durch einen Gläubiger** **51**

---

87 *BGH* ZIP 2008, 1229 ff.
88 *BGH* ZIP 2001, 235 ff.
89 *BGH* ZIP 2005, 1550 ff.; *K. Schmidt* in Scholz, § 64 Rn 55.
90 BT-Drucks. 16/6140, 55.
91 *BGH* ZIP 1988, 771 ff; *BGH* ZIP 2005, 1550 ff.

entbindet die Geschäftsleiter nach Auffassung des 5. Strafsenates des BGH nicht von dieser Pflicht. Dies deshalb, da ein solcher Gläubigerantrag bis zu einer Entscheidung hierüber noch stets zurückgenommen werden kann.[92] Diese Auffassung ist in der Literatur aber umstritten.[93]

52 Die **Antragspflicht entsteht sofort** mit Eintritt der Zahlungsunfähigkeit oder Überschuldung, allerdings gesteht der Gesetzgeber der Geschäftsleitung eine **Karenzfrist** von **drei Wochen** zu, um Sanierungsmöglichkeiten zu prüfen. Diese Frist ist **Höchstfrist** und darf nicht ohne weiteres voll ausgeschöpft werden, z.B. wenn Sanierungsversuche endgültig gescheitert sind.

53 Die **Antragspflicht erlischt** erst, wenn (z.B. aufgrund eines anderweitigen Antrages) das Insolvenzverfahren eröffnet worden ist, die Eröffnung mangels Masse abgelehnt wird[94] oder sich die Lage der Gesellschaft nachhaltig verbessert und sie nicht mehr insolvenzreif ist.[95]

3.2 Zivilrechtliche Haftungsrisiken

54 Die Schadenersatzpflicht des Geschäftsleiters bei verspäteter Insolvenzantragstellung beruht grundsätzlich auf § 823 Abs. 2 BGB i.V.m. § 15a InsO (dazu unter Rn. 57 ff.). In engen Grenzen hat die Rechtsprechung auch eine Schadenersatzpflicht nach § 826 BGB wegen vorsätzlicher Insolvenzverschleppung bejaht (dazu unter Rn. 60 ff.).

55 Eine Haftung aus c.i.c. unter dem Aspekt der unterlassenen Aufklärung über die Finanzsituation der Gesellschaft besteht dagegen nicht.[96]

56 Ergänzend sei darauf hingewiesen, dass bei verspäteter Insolvenzantragstellung § 26 Abs. 4 RefE-InsO[97] eine unmittelbare Pflicht des Geschäftsleiters vorsieht, bei nicht kostendeckender Masse einen Massekostenvorschuss aus seinem Privatvermögen zu leisten, es sei denn, der Geschäftsleiter kann beweisen, dass er nicht schuldhaft gegen die Insolvenzantragspflicht verstoßen hat. Zahlung des Vorschusses kann der vorläufige Insolvenzverwalter sowie jede Person verlangen, die einen begründeten Vermögensanspruch gegen den Insolvenzschuldner hat. **Zweck** der vorgeschlagenen Änderung ist, eine höhere Anzahl von Verfahrenseröffnungen herbeizuführen. Schon nach der bisherigen Rechtslage kann ein Gläubiger, der einen Massekostenvorschuss geleistet hat, diesen vom Geschäftsleiter erstattet verlangen, wenn dieser den Insolvenzantrag pflichtwidrig und schuldhaft nicht gestellt hat (§ 26 Abs. 3 InsO).[98]

3.2.1 Haftung aus § 823 Abs. 2 BGB i.V.m. § 15a Abs. 1 InsO

57 Verstößt die Geschäftsleitung pflichtwidrig und schuldhaft gegen die Insolvenzantragspflicht, so haftet nach § 823 Abs. 2 BGB i.V.m. § 15a Abs. 1 InsO **jedes Mitglied der Geschäftsleitung gesamtschuldnerisch** den Gläubigern der Gesellschaft auf Scha-

---

92 *BGH* ZIP 2008, 2308 ff.
93 *Scherk/Gassinger* EWiR 2009, 235.
94 S. *OLG Dresden* GmbHR 1998, 830.
95 *BGH* ZIP 2005, 1734 ff.
96 *Poertzgen* ZInsO 2010, 416 und 460. Zur Ablehnung von Schadenersatzansprüchen aus § 823 Abs. 2 BGB i.V.m. einem Schutzgesetz (hier §§ 266, 263, 246 StGB) wegen Unterlassens der Offenbarung einer drohenden Insolvenz s. zuletzt *OLG Brandenburg* ZInsO 2010, 1883 ff.
97 Art. 1 Nr. 6 Gesetzesentwurf für ein Gesetz zur weiteren Erleichterung der Sanierung von Unternehmen (ESUG) v. 4.5.2011, BT-Drucks. 17/5712, 6.
98 *OLG Hamm* NZI 2002, 437 ff.

denersatz. § 15a Abs. 1 InsO ist **Schutzgesetz**, da die Stellung des Insolvenzantrags v.a. die Gläubiger des Unternehmens vor einer Verschlechterung ihrer Befriedigungsmöglichkeiten schützen soll sowie auch die Allgemeinheit vor insolventen Gesellschaften.

3.2.1.1 Haftung gegenüber Neugläubigern

Neugläubiger,[99] also solche deren Gläubigerstellung erst nach Insolvenzreife begründet wurde,[100] haben Anspruch auf **Ersatz des Vertrauensschadens,** der ihnen dadurch entstanden ist, dass sie in Rechtsbeziehungen zu einer insolvenzreifen Gesellschaft getreten sind.[101] Sie sind also so zu stellen, als wäre es nie zu einem Vertragsschluss mit der insolventen Gesellschaft gekommen. Ihnen ist der sog. **Kreditgewährungsschaden** zu ersetzen ohne die Insolvenzquote von ihrer Forderung abzuziehen.[102] Ein eröffnetes Insolvenzverfahren steht der **Aktivlegitimation** des Neugläubigers nicht entgegen[102] und der Insolvenzverwalter ist auch nicht berechtigt, dessen Schaden geltend zu machen.[103]

58

3.2.1.2 Haftung gegenüber Altgläubigern

Altgläubiger, also solche die schon zu einem Zeitpunkt Gläubiger waren, als der Insolvenzantrag hätte gestellt werden müssen, haben nur Anspruch auf Ersatz des (nur schwer zu beweisenden) **Quotenminderungsschadens.** Dies ist der Betrag, um den sich die tatsächlich erzielte Quote infolge der Insolvenzantragsverschleppung gegenüber der bei rechtzeitiger Antragstellung erzielbaren Quote verringert hat.[104] Ist ein Insolvenzverfahren eröffnet, so steht (anders als bei Neugläubigern) nach § 92 InsO die **Prozessführungsbefugnis** diesbezüglich dem Insolvenzverwalter zu.[105] Der in praxi nahezu unerhebliche[106] Anspruch verjährt nach §§ 195 ff. BGB in drei Jahren.

59

3.2.2 Haftung aus § 826 BGB

In engen Grenzen haften Geschäftsleiter nach § 826 BGB auf Schadenersatz wegen vorsätzlicher Insolvenzantragsverschleppung.[107] Voraussetzung ist, dass die als unabwendbar[108] erkannte **Insolvenz** des Unternehmens **hinausgezögert** und die **Schädigung** der Gläubiger billigend in Kauf genommen wird. Dies ist z.B. der Fall bei positiver Kenntnis und **Verschweigen** der unmittelbar drohenden Insolvenz gegenüber Geschäftspartnern oder hinsichtlich des Insolvenzgeldes, wenn der **Bundesagentur für Arbeit** wegen der unterlassenen Antragstellung ein Schaden entsteht, da sie Insolvenzgeld an Arbeitnehmer bezahlt hat.[109]

60

---

99 Ausführlich zur Differenzierung zwischen Altgläubiger und Neugläubiger *Bitter* ZInsO 2010, 1575 ff.
100 Hierunter fällt z.B. auch die Saldoerhöhung eines zuvor eingeräumten Kontokorrentkredits, der Abschluss eines Erweiterungs- oder Verlängerungsvertrags oder die Einräumung von zusätzlichem Kredit (*BGH* ZIP 2007, 676 ff.).
101 *BGH* ZIP 1994, 1103 ff.; zum Ganzen *Bork* ZGR 1995, 505 ff.
102 *BGH* ZIP 2007, 676 ff.
103 *BGH* ZIP 1998, 776 ff.
104 Zur Berechnung *BGH* ZIP 1998, 776 ff.
105 *BGH* ZIP 2004, 1218 ff.
106 *K. Schmidt* NZI 1998, 9, 10 ff.; *Haas* ZIP 2009, 1257, 1260.
107 *BGH* ZIP 1989, 1341 ff.; ZIP 2008, 361 ff.; ZIP 1992, 694 ff.; *Drescher* Rn. 763 ff.
108 Anders also, wenn die Geschäftsleitung berechtigt von der Überwindbarkeit der Krise und einem Sanierungserfolg ausgehen durfte, *BGH* ZIP 1989, 1341 ff.; ZIP 1991, 1140 ff.
109 *BGH* ZIP 1989, 1341 ff.; ZIP 2008, 361 ff.; hierzu *Drescher* Rn. 700 ff.; *Pieckenbrock* ZIP 2010, 2421.

61 Dieselbe Haftung greift, wenn die Geschäftsleitung **risikoreiche Verträge** abschließt, die in der Insolvenz überwiegend den Gläubigern das Risiko zuweisen (sog. planmäßige Aufspaltung von Vor- und Nachteilen).[110] Ist die Gesellschaft für die betriebene Geschäftstätigkeit **erkennbar unterfinanziert** oder verfügt sie offensichtlich über keine ausreichende Eigenkapitalbasis und mussten die Nachteile aus der Geschäftstätigkeit notwendig die Gläubiger der Gesellschaft treffen, so droht dem Geschäftsleiter entweder eine Beteiligtenhaftung nach § 830 Abs. 1 BGB neben den Gesellschaftern oder eine unmittelbare Haftung nach § 826 BGB.[111] Der Anspruch verjährt gleichfalls nach §§ 195 ff. BGB in drei Jahren.

62 Nimmt der Geschäftsleiter bei Vertragsanbahnung oder -abschluss ein besonderes **persönliches Vertrauen** des Geschäftspartners in Anspruch, z.B. indem er sich in der Krise des Unternehmens ganz auf seine persönliche Zuverlässigkeit beruft und bewegt er damit den Vertragspartner zum Abschluss[112] oder hat er (typischerweise beim Gesellschafter-Geschäftsführer) ein **eigenes gesteigertes wirtschaftliches Interesse** an dem namens der juristischen Person (typischerweise eine GmbH) abgeschlossenen Vertrag,[113] so haftet der Geschäftsleiter neben der insolventen Gesellschaft gesamtschuldnerisch auf Vertragserfüllung.[114]

3.2.3 Haftung gegenüber der Gesellschaft

63 Ergänzend wird darauf hingewiesen, dass abweichend von den Regelungen bei der GmbH, die Geschäftsführer bei der OHG nach § 130a Abs. 2 HGB und der Vorstand der AG nach § 93 Abs. 2 AktG[115] **gesamtschuldnerisch** der Gesellschaft auf Ersatz des der Gesamtgläubigerschaft zugefügten Gesamtschadens haften, wenn der Insolvenzantrag nicht rechtzeitig gestellt wurde.[116] Zur Geltendmachung des Gesamtgläubigerschadens ist in der Insolvenz nur der **Insolvenzverwalter** berechtigt (§ 92 InsO).[117] Der Anspruch auf Gesamtschadenausgleich hat Vorrang vor dem Anspruch der Einzelgläubiger auf Individualschadenersatz, sodass die Neugläubiger in diesem Fall nur den über den Gesamtschaden hinausgehenden Individualschaden selbständig geltend machen können.[118]

3.2.4 Schadenersatzanspruch

64 Wenn aus der verspäteten Antragstellung Gläubigern ein Schaden entstanden ist, so ist die Geschäftsleitung zum Ersatz dieses Schadens verpflichtet.[119]

65 Pflichtwidrig handelt die Geschäftsleitung, wenn die Frist des § 15a Abs. 1 InsO objektiv überschritten wurde. Im Hinblick auf das Verschulden genügt nach herr-

---

110 *BGH* ZIP 1992, 694 ff.
111 Exemplarisch *BGH* DB 1979, 585 f.; *BGH* NJW-RR 1988, 1181 f.; *BGH* ZIP 1993, 1785 ff.; *BGH* ZIP 2008, 1232 ff.
112 *BGH* DB 1971, 1006 f.; *BGH* ZIP 1981, 278 f.
113 *BGHZ* 14, 313 ff.; *BGH* ZIP 1983, 428 ff.; ZIP 1986, 26 ff.
114 *Hirte* in Uhlenbruck, § 15a Rn. 37. m.w.N.
115 Krit. zur Rechtsform als Differenzierungsgrund *Altmeppen* ZIP 2010, 1973, 1975.
116 MK-HGB/*Schmidt* § 130a Rn. 34 ff.
117 *BGH* ZIP 1994, 1103 ff., ZIP 1998, 776 ff., ZIP 2007, 676 ff.; im Einzelnen sehr str., s. Baumbach/Hopt § 130a Rn. 11, 14; MK-HGB/*Schmidt* § 130a Rn. 45 f.
118 MK-HGB/*Schmidt* § 130a Rn. 45.
119 Wegen eines zu früh gestellten Insolvenzantrages haften Mitglieder des Vertretungsorgans nach § 43 Abs. 2 GmbHG (bzw. § 93 Abs. 1 S. 1 AktG; § 114 Abs. 1, §§ 161 Abs. 2, 114 Abs. 1 HBG).

schender Meinung Fahrlässigkeit.[120] Das Verschulden des Geschäftsleiters, d.h. die Erkennbarkeit des Insolvenzeintritts wird widerleglich vermutet.[121] Deshalb ist es auch zur Vermeidung von Haftungsrisiken in der Krise in besonderem Maße erforderlich, dass die Geschäftleitung für eine Gesellschaftsorganisation sorgt, die es ihr ermöglicht, die wirtschaftliche Entwicklung laufend zu beobachten und sich bei Anzeichen einer krisenhaften Entwicklung einen Überblick über den Vermögensstand zu verschaffen. Daher kann es ratsam sein, dass sich die Geschäftsleitung bei fehlender eigener Sachkunde in einer Krisensituation durch einen Wirtschaftsprüfer, Steuerberater oder Rechtsanwalt im Hinblick auf das Vorliegen von Insolvenzantragsgründen beraten lässt. Denn verneint ein ordnungsgemäß informierter, unabhängiger und fachlich qualifizierter **Berufsträger** plausibel die Insolvenzreife, fehlt es bei der Geschäftsleitung am Verschulden (**Erkennbarkeit** der Insolvenzreife).[122] Trotzdem trifft den Geschäftsleiter aber weiterhin die Pflicht zur sorgfältigen Auswahl und zur Überwachung der eingesetzten Hilfsperson.[123]

3.3 Sonstige, insbesondere strafrechtliche Haftungsrisiken

66 Vorsätzliche oder fahrlässige **Insolvenzantragsverschleppung** ist strafbar gem. § 15a Abs. 4, 5 InsO.[124] Dies gilt auch, wenn der Insolvenzantrag nicht richtig gestellt worden ist. Zudem kann eine Strafbarkeit wegen § 263 StGB,[125] wegen § 266a StGB,[126] wegen § 265b StGB,[127] wegen § 266 StGB[128] oder wegen der **Insolvenzstraftatbestände** der §§ 283 ff. StGB in Frage kommen. Nach § 380 AO ist die **Gefährdung von Abzugssteuern** eine Ordnungswidrigkeit. Nach § 6 Abs. 2 GmbHG[129] kann zudem eine Person, die zu einer der dort benannten Straftaten verurteilt worden ist, für die Dauer von fünf Jahren nicht zum **Mitglied eines Vertretungsorgans** bestellt werden. Darüber hinaus sieht § 35 GewO vor, dass die **Ausübung eines Gewerbes** zu untersagen ist, wenn Tatsachen vorliegen, welche die Unzuverlässigkeit des Gewerbetreibenden oder einer mit der Leitung des Gewerbebetriebes beauftragten Person dartun.

4. Insolvenzverursachung

67 Eine Haftung des Geschäftsleiters wegen Verursachung der Insolvenz des Unternehmens kommt in Betracht, wenn der Geschäftsleiter entsprechende **Sorgfaltspflichten verletzt** hat (hierzu Rn. 68 ff.) oder wenn er **Zahlungen** an Gesellschafter erbracht hat, die insolvenzauslösend waren (hierzu Rn. 80 ff.).

4.1 Verletzung von Sorgfaltspflichten

68 Abgesehen von der Haftung nach § 43 Abs. 3 GmbHG für entgegen § 30 GmbHG vorgenommene Zahlungen aus dem Stammkapital (dazu unter Rn. 17 ff.), haftet der

---

120 *OLG Celle* NZG 2002, 730 f.; *Thüringer OLG* GmbHR 2002, 112.
121 *BGH* ZIP 2000, 184 ff.; ZIP 2007, 676 ff., ausführlich *Drescher* Rn. 706 ff.
122 *BGH* ZIP 2007, 1265 ff.
123 *OLG Schleswig* ZIP 2010, 516 ff.
124 Hierzu ausführlich *Bittmann*.
125 Betrug zum Nachteil von Geschäftspartnern.
126 Vorenthalten und Veruntreuung von Arbeitsentgelt.
127 Kreditbetrug.
128 Untreue.
129 Für die AG § 76 Abs. 3 AktG.

Geschäftsleiter auch für Schäden, die aus einer Verletzung von **allgemeinen Sorgfaltpflichten** gegenüber der Gesellschaft herrühren.[130]

69 Nachfolgend werden die **typischen Pflichtverletzungsfälle** bei Krise und Insolvenz des Unternehmens dargestellt.

4.1.1 Business Judgement Rule

70 Es ist stets von dem Grundsatz auszugehen, dass eine unternehmerische Entscheidung – mag sie auch risikobehaftet sein – eine Haftung nicht nach sich ziehen wird, wenn sich der Geschäftsleiter an anerkannte **betriebswirtschaftliche Grundsätze** hält.[131] Der Geschäftsleiter hat deshalb in der konkreten Entscheidungssituation alle verfügbaren **Informationsquellen** tatsächlicher und rechtlicher Art auszuschöpfen und auf dieser Grundlage die Vor- und Nachteile der bestehenden Handlungsoptionen sorgfältig abzuschätzen und den erkennbaren Risiken Rechnung zu tragen.[132] So sind insbesondere vor der Eingehung einer Geschäftsbeziehung Informationen über die Risiken aus dieser Geschäftsverbindung für das Unternehmen einzuholen und zur **Entscheidungsgrundlage** zu machen.[133] Wurde die Entscheidungsgrundlage pflichtgemäß ermittelt, wird dem Geschäftsleiter ein **Ermessensspielraum** eingeräumt, welcher sich am Gesellschaftszweck auszurichten hat und seine Grenzen innerhalb gesetzlicher Vorschriften und Weisungen der Gesellschafterversammlung findet. Für eine Insolvenz haftet die Geschäftsleitung aber jedenfalls dann, wenn sie auf ihrem schuldhaften **Missmanagement** beruht. Zur Vermeidung einer Haftung sollte daher geprüft werden, ob und wie eine Finanz- und Liquiditätsplanung im Unternehmen installiert werden sollte und ein Risikomanagementsystem auszugestalten ist (dazu unter Rn. 8 ff.).

71 Macht sich der Geschäftsleiter jedoch bei seiner unternehmerischen Entscheidung **strafbar** und fügt damit der Gesellschaft einen Schaden zu, haftet er grundsätzlich für diesen. In der Regel wird dem Geschäftsleiter Untreue (§ 266 StGB) zu Lasten der Gesellschaft vorgeworfen.

4.1.2 Kompetenzordnung, Weisungen der Gesellschafter

72 Ein Gesellschafter, der sich bei seinem geschäftsleitenden Handeln über die in der Gesellschaft intern zu beachtende **Kompetenzordnung** (z.B. die Einholung von Gesellschafterbeschlüssen oder Zustimmungsvorbehalte) **hinwegsetzt,** haftet für die Schäden, die durch die schuldhafte Missachtung dieser internen Bindungen entstehen.[134] Unerheblich ist, ob dem Geschäftsleiter bei seinen weiteren Maßnahmen selbst ein Verschulden zur Last fällt.

---

130 Bei der GmbH § 43 Abs. 2 GmbHG; bei der AG § 93 Abs. 1 AktG; bei der OHG (wegen des Fehlens einer spezialgesetzlichen Regelung) § 114 HGB i.V.m. allgemeinen Grundsätzen des Schadenersatzrechts (i.V.m. § 161 Abs. 2 HGB bei der KG); bei der GmbH & Co. KG besteht nach h.L. zwischen dem Geschäftsführer der Komplementär-GmbH und der GmbH & Co. KG eine organschaftliche Sonderrechtsbeziehung durch die § 43 Abs. 1 GmbHG analog anzuwenden sei und der GmbH-Geschäftsführer der GmbH & Co. KG hafte (*Kleindiek* in Lutter/Hommelhoff, § 43 Rn 39); bei der Genossenschaft § 34 Abs. 1 GenG (*Keßler/Herzberg* BB 2010, 907 ff.).
131 S. die spezialgesetzliche Regelung der Business Judgement Rule in § 93 Abs. 1 S. 2 AktG, welche als rechtsformübergreifender Grundsatz im gesamten Gesellschaftsrecht Anwendung findet (*Mayen* in Ebenroth/Boujong/Joost/Strohn, § 114 Rn. 32 und Rn. 34).
132 *BGH* ZIP 2008, 1675 ff.
133 *BGH* ZIP 2009, 223 ff.
134 *BGH* NZG 2008, 622 ff.; *Goette* DStR 2008, 1600; *BGH* ZIP 2008, 1818 ff.; dazu *Wagner* EWiR 2007, 201.

Handelt der Geschäftsleiter auf **Weisung der Gesellschafter** bzw. ist er selbst alleiniger Gesellschafter-Geschäftsführer,[135] scheidet eine Haftung wegen Pflichtverletzung aus.[136] Dies gilt jedoch nur soweit er nicht gegen gesetzliche Pflichten – etwa aus §§ 30, 64 GmbHG – verstößt.[135] Auch ein Handeln oder Unterlassen des Geschäftsleiters im **stillschweigenden Einverständnis** mit sämtlichen Gesellschaftern stellt grundsätzlich keine (haftungsbegründende) Pflichtverletzung i.S.v. § 43 Abs. 2 GmbHG dar.[137] In diesem Fall hat der Geschäftsleiter jedoch über den unter Umständen risikoreichen und existenzbedrohenden Charakter des Geschäftes zu **informieren** und gegebenenfalls **Bedenken** zu äußern. Das OLG Thüringen[138] hielt dies in einem Fall für notwendig, bei dem nahezu die gesamte Stammeinlage des Unternehmens für eine Produktionsanlage verwendet werden sollte, die weitere Sicherung der Finanzierung und der wirtschaftliche Sinn jedoch unklar waren. Eine Pflicht zur **Überwachung der Gesellschafter** besteht für die Geschäftsleiter jedoch nicht. Deshalb verneinte der BGH eine Pflichtverletzung bei der unerkannten Veruntreuung durch den Mehrheitsgesellschafter.[137]

73

Da die Gesellschaft kein vom Willen der Gesellschafter unabhängiges Eigenleben führt, ist das **Weisungsrecht der Gesellschafter** grundsätzlich nicht durch die Interessen der Gesellschaft begrenzt. Folglich muss der Geschäftsleiter auch offensichtlich wirtschaftlich nachteilige Weisungen der Gesellschafter umsetzen. Die **Grenzen des Weisungsrechts** werden dort erreicht, wo die Gesellschaft „sehenden Auges" in die Insolvenz geführt und damit zwangsläufig die Gläubiger geschädigt werden. In einem vom OLG Frankfurt entschiedenen Fall[139] wurden Langzeitverträge einer Gesellschaft mit ihrer Alleingesellschafterin als einziger Auftraggeberin so zum Nachteil der Gesellschaft verändert, dass diese ihre laufenden Kosten nicht mehr decken konnte.

74

Sollen risikoreiche und **existenzbedrohende Geschäfte** vorgenommen werden, so hat der Geschäftsführer unabhängig von einem Gesellschafterbeschluss eventuell bestehende inhaltliche **Bedenken** gegen die Gesellschafterweisung vorzubringen und die Gesellschafter über bestehende Risiken zu informieren.[140]

75

4.1.3 Sonstige Pflichtverletzungen

Eine krisentypische Pflichtverletzung der Geschäftsleitung liegt in der unzureichenden Einrichtung eines Risikofrüherkennungssystems sowie im mangelhaften Risikomanagement. Verstößt ein Geschäftsleiter hiergegen, so haftet er (hierzu **ausführlich** unter Rn. 6 ff.).

76

Da die **Muttergesellschaft** nach § 826 BGB wegen existenzvernichtendem Eingriff im Falle der Insolvenz einer Tochter haftet (hierzu unter Rn. 122 ff.), wenn sie einer an einem **Cash-Pool** teilnehmenden Tochtergesellschaft Gelder entzieht und weiß, dass die Vollwertigkeit der gegen sie gerichteten Rückzahlungsansprüche im Auszahlungszeitpunkt fehlt und eine etwaige Verlustübernahmepflicht aus Ergebnisabführungsverträgen nicht erfüllbar ist, droht dem Geschäftsleiter der Muttergesellschaft eine Haf-

77

---

135 *BGH* ZIP 2009, 2335 ff.; *BGH* NZG 2000, 544 f.
136 *BGH* ZIP 1993, 917 ff.
137 *BGH* ZIP 2003, 945 ff.
138 *OLG Thüringen* NZG 1999, 121 ff.
139 *OLG Frankfurt* ZIP 1997, 450 ff.
140 *OLG Jena* NZG 1999, 121 ff.

tung nach § 43 GmbHG, wenn die von ihm faktisch zu verantwortende Auszahlung/ Verrechnung eine Obliegenheitsverletzung nach § 43 Abs. 2 GmbHG ist.[141]

4.1.4 Schadenersatzansprüche

78 Die Geschäftsleiter haben der Gesellschaft den Schaden zu ersetzen, der durch die Pflichtverletzung kausal verursacht wurde (§ 43 Abs. 2 GmbHG).

79 Die Schadenersatzansprüche **verjähren** gem. § 43 Abs. 4 GmbHG in fünf Jahren ab der jeweiligen Zahlung bzw. der Pflichtverletzung. Unterlässt der Geschäftsführer im Rahmen von § 43 Abs. 3 GmbHG die Geltendmachung von Rückforderungsansprüchen der Gesellschaft gegen den Zahlungsempfänger bis zum Eintritt der Verjährung dieser Ansprüche, wird dadurch nicht eine weitere Schadenersatzverpflichtung mit einer erst von da an laufenden Verjährungsfrist ausgelöst.[142]

4.1.5 Haftungserleichterungen, D&O-Versicherung

80 Die Geschäftsleitung kann sich bei Inanspruchnahme wegen Pflichtverletzungen nicht auf die durch die Rechtsprechung entwickelten **Haftungserleichterungen für Arbeitnehmer** berufen, da die Rechtsprechung diese Grundsätze nicht auf Organe einer juristischen Person anwendet. Für den Fall, dass die Geschäftsleitung einer **existenzvernichtenden Weisung** der Gesellschafter nachgekommen ist und sodann vom Insolvenzverwalter in Anspruch genommen wird, ist jedoch an einen **Freistellungsanspruch** gegenüber den Gesellschaftern zu denken. Ein **nachträglicher Verzicht** auf einen Anspruch wegen Pflichtverletzungen kommt durch einen Entlastungs- oder Generalbereinigungsbeschluss in Betracht.[143]

81 Da Haftungsansprüche gegenüber Geschäftsleitern oft deren wirtschaftliche Leistungsfähigkeit übersteigen, sollte der Abschluss einer **D&O- (Directors and Officers) Versicherung** erwogen werden. Der Geschäftsleiter kann sich damit sowohl vor Ansprüchen Dritter als auch vor Ansprüchen der Gesellschaft bzw. des Insolvenzverwalters in gewissem Rahmen schützen.

4.2 Zahlungen an Gesellschafter

82 Mit dem MoMiG hat der Gesetzgeber das unter Rn. 29 ff. dargelegte Auszahlungsverbot zeitlich nach vorne verlagert, wenn durch die Auszahlungen die Insolvenz verursacht wurde. Danach haften Geschäftsleiter für Zahlungen an Gesellschafter, die die **Zahlungsunfähigkeit** der Gesellschaft **zur Folge** haben mussten.[144] Anspruchsschuldner ist der Geschäftsleiter, nicht der Gesellschafter.

4.2.1 Haftungsvoraussetzungen

83 Unter **Zahlungen** sind alle Leistungen zu verstehen, die die Aktiva der Gesellschaft vermindern, also bare und unbare Geldabflüsse, Leistungen an Erfüllungs statt, Aufrechnungen[145] und Sachleistungen.[146] **Keine Zahlungen** sind hingegen die Begründungen von Verbindlichkeiten, da diese noch keinen Masseabfluss bewirken.

---

141 *Willemsen/Rechel* GmbHR 2010, 354.
142 *BGH* ZIP 2008, 2217 ff.
143 *BGH* ZIP 2003, 945 ff.
144 § 64 S. 3 GmbHG für die GmbH; für organschaftliche Vertreter einer OHG bzw. KG § 130a Abs. 1 S. 3, § 161 Abs. 2 HGB i.V.m § 130a Abs. 3 für die GmbH & Co. KG; für den Vorstand einer AG § 92 Abs. 3 S. 3 AktG.
145 Näher dazu *Seulen/Osterloh* ZInsO 2010, 881, 882.
146 BT-Drucks. 16/6140, 46.

Vom Zahlungsverbot erfasst werden nur **Zahlungen an Gesellschafter,** an andere Personen können grundsätzlich Zahlungen[147] geleistet werden. Um jedoch eine Umgehung des Auszahlungsverbotes zu verhindern, ist der Anwendungsbereich des Zahlungsverbotes auf **Dritte** zu erstrecken, die mit dem Gesellschafter rechtlich, wirtschaftlich oder persönlich eng verbunden sind. Hierzu gehören insbesondere mit dem Gesellschafter verbundene Unternehmen.

84

Sanktioniert sind jedoch nur Zahlungen, soweit sie dazu führen, dass die Gesellschaft ihre **fälligen Verbindlichkeiten** nicht mehr erfüllen kann. Das ist dann nicht der Fall, wenn und soweit der Gesellschaft durch eine Leistung des Gesellschafters im Ergebnis in gleichem Maße wieder **liquide Mittel zugeführt** werden.[148]

85

§ 64 S. 3 GmbHG sowie die Parallelvorschriften für andere Rechtsformen verlangen dem Geschäftsleiter eine **Prognoseentscheidung** ab, ob die Zahlung an den Gesellschafter zur Zahlungsunfähigkeit führen musste. Eine Haftung kommt daher nur in Betracht, wenn die Zahlungsunfähigkeit überwiegend wahrscheinlich war. Der Geschäftsleiter hat sich daher ein Bild von der Liquidität der Gesellschaft zum Zeitpunkt der Zahlung und zum anderen von den unter dem normalen Verlauf der Dinge zu erwartenden Einnahmen und Ausgaben zu machen[149] und dies im eigenen Interesse zu dokumentieren.

86

4.2.2 Zahlung auf fällige Forderungen der Gesellschafter

Wie sich der Geschäftsleiter zu verhalten hat, wenn Gesellschafter von ihm Zahlung auf fällige Verbindlichkeiten gegenüber der Gesellschaft fordern, kann derzeit **nicht mit Rechtssicherheit** beantwortet werden. Es liegt nahe, in dieser Situation ein **Leistungsverweigerungsrecht** der Gesellschaft anzunehmen. Aufgrund einer Entscheidung des OLG München scheint dieser Weg jedoch versperrt.[150] Das OLG München vertritt – entgegen dem LG Berlin[151] – die Auffassung, § 64 S. 3 GmbHG begründe nur einen **Erstattungsanspruch,** nicht jedoch auch ein Leistungsverweigerungsrecht.[152] Dies erstaunt, wird so doch die Haftung des Geschäftsführers durch eine Zahlung begründet, die der Gesellschafter jederzeit fordern kann. Der Gesetzgeber geht jedenfalls davon aus, dass der Geschäftsführer bei einem bevorstehenden Verstoß gegen das Zahlungsverbot des § 64 S. 3 GmbHG nicht zur Zahlung verpflichtet sei. Er habe daher in diesem Falle sein **Amt niederzulegen.**[153] Dass dies nicht die Lösung des Problems sein kann, zeigt der Umstand, dass jeder neu bestellte Geschäftsführer vor demselben Problem stünde und die Gesellschaft letztlich führungslos bleiben müsste.[154] Eine **Lösung** könnte allenfalls darin zu sehen sein, dass der Geschäftsführer Insolvenzantrag wegen drohender Zahlungsunfähigkeit stellt. Der Bundesgerichtshof hat zu dieser Fragestellung noch keine Stellung genommen.

87

---

147 Unter dem Vorbehalt des Verbots masseschmälernder Auszahlungen, hierzu Rn. 29 ff.
148 BT-Drucks. 16/6140, 46.
149 Näher dazu *Knof* DStR 2007, 1536, 1540.
150 *OLG München* ZIP 2010, 1236 ff.; hierzu *Desch* BB 2010, 2586; *Henkel* EWiR 2010, 745.
151 *LG Berlin* GmbHR 2010, 201 ff.
152 Die Entscheidung und deren Argumentation sind auf die übrigen Rechtsformen übertragbar.
153 BT-Drucks. 16/6140, 47. Zu den Anforderungen an den Nachweis des Zugangs der Amtsniederlegung *OLG Jena* DB 2011, 698.
154 Näher dazu *Seulen/Osterloh* ZInsO 2010, 881, 887.

88 Letztlich wird die Entscheidung in einer **Abwägung** zwischen der Schutzbedürftigkeit des Geschäftsführers, der Schutzbedürftigkeit der Gesellschaft und den Interessen der Gläubiger zu finden sein.[155] **Zwischenzeitlich bleibt festzuhalten:** Verweigert der Geschäftsleiter die Auszahlung an den Gesellschafter, kann ihn dieser nicht unmittelbar in Anspruch nehmen und müsste sich an die Gesellschaft halten. Allein die Gesellschaft kann den Geschäftsleiter bei einer schadensverursachenden Geschäftsführung nach § 43 Abs. 2 GmbHG in Anspruch nehmen. Ergibt sich jedoch im Rahmen dieser Inanspruchnahme, dass die Zahlung nach § 64 S. 3 und 2 GmbHG nicht mit der Sorgfalt eines ordentlichen Geschäftsmannes vereinbar gewesen wäre, dann scheitert der Anspruch der Gesellschaft gegenüber dem Geschäftsleiter wegen angeblich schadensverursachender Nichtzahlung an den Gesellschafter bereits am mangelnden Verschulden.[155]

4.2.3 Auszahlungen im Cash-Pool

89 Der Geschäftsleiter der Tochtergesellschaft darf keine Zahlungen in den von der Mutter verwalteten Cash-Pool vornehmen, soweit diese Gelder zur Sicherstellung der Liquidität der Tochter benötigt werden und andernfalls die Gefahr der Zahlungsunfähigkeit der Tochter drohen würde.[156] Dadurch entsteht eine Pflicht des Geschäftsleiters, sich über die Gesamtentwicklung der Liquidität im Cash-Pool und seiner Teilnehmer auf dem Laufenden zu halten, um bei Bedarf die Pool-Teilnahme der Tochter auszusetzen oder zu kündigen und so weitere Zahlungen an den Pool zu unterbinden.[157] Ein **Ergebnisabführungsvertrag** zwischen Mutter und Tochter[158] beseitigt das Problem nicht, denn eine Verlustübernahme scheitert im Insolvenzfall der Tochter häufig daran, dass auch die Mutter oder der Cash-Pool dann nicht mehr über ausreichend Liquidität verfügen.[157]

5. Faktische Geschäftsführung

90 Verschiedene zivilrechtliche und strafrechtliche Haftungen, die vornehmlich den Geschäftsleiter treffen, können auch auf andere Beteiligte, insbesondere den Gesellschafter und Finanzierer Anwendung finden, wenn diese nach den von der Rechtsprechung aufgestellten **Voraussetzungen wie ein faktischer Geschäftsführer** handeln.

91 Den faktischen Geschäftsführer trifft die **Pflicht zur Stellung des Insolvenzantrages** (§ 15a InsO)[159] verbunden mit einer Schadenersatzpflicht wegen verspäteter Antragstellung (§ 15a InsO i.V.m. § 823 Abs. 2 BGB) und einer Strafbarkeit nach § 15a Abs. 4 und 5 InsO. Er haftet auch für Zahlungen, die er nach Eintritt der Insolvenzreife vornimmt (§ 64 S. 1 GmbHG).[159] Zum Umfang der Haftungsrisiken wird auf Rn. 6 ff. verwiesen.

5.1 Grundsätze der faktischen Geschäftsführung

92 Geschäftsführer ist nicht nur der formell zur Geschäftsführung Berufene, sondern auch derjenige, der mit **Einverständnis der Gesellschafter** die regelmäßig Geschäftsführern zufallenden Geschäftsvorgänge faktisch übernommen und ausgeübt hat und

---

155 *Haas* DStR 2010, 1991.
156 *Willemsen*/Rechel GmbHR 2010, 352.
157 *Willemsen/Rechel* GmbHR 2010, 353.
158 Häufig nach § 291 AktG analog vereinbart; *Bultmann* ZInsO 2007, 785.
159 *BGH* ZIP 2005, 1550 ff.

sowohl betriebsintern – gegenüber den formellen Geschäftsführern – eine **überragende Stellung** innehat als auch **nach außen** maßgeblich in Erscheinung getreten ist.[160] Dieser Verantwortlichkeit liegt die Wertung zugrunde, dass derjenige, der Verantwortung wie ein Geschäftsführer übernimmt auch wie ein solcher haften soll.[161] Demgemäß hat die Rechtsprechung verschiedene **Fallgruppen** der faktischen Geschäftsführung herausgearbeitet anhand derer eine überragende Stellung angenommen werden kann:
– Bestimmung der Unternehmenspolitik,
– Unternehmensorganisation,
– Einstellung/Kündigung von Mitarbeitern,
– Gestaltung von Geschäftsbeziehungen zu Vertragspartnern,
– Verhandlung mit Kreditgebern,
– Bestimmung der Gehaltshöhe,
– Entscheidung der Steuerangelegenheiten,
– Steuerung der Buchhaltung.

Die Rechtsprechung hat eine überragende Stellung dann unstreitig angenommen, wenn sechs der acht klassischen Geschäftsführerfunktionen ausgeübt wurden.[162] Aber auch bei geringerer Ausübung von Geschäftsführerfunktionen kann eine faktische Geschäftsführung in Betracht kommen.   **93**

5.2 Einzelfälle

Ein die faktische Geschäftsführung begründendes Handeln mit Außenwirkung ist etwa dann anzunehmen, wenn **Verträge mit erheblichem Umfang** geschlossen werden und auch Verbindlichkeiten der Gesellschaft **aus eigenen Mitteln** beglichen werden.[163] Ebenso auch, wenn aufgrund einer entsprechenden Vollmacht allein die Bankgeschäfte der Gesellschaft unter Ausschluss der Geschäftsführung vorgenommen werden können, wenn mit Banken **Verhandlungen** über die Bedienung von Außenständen geführt werden,[164] mit Lieferanten Zahlungsmodalitäten und Stundungen verabredet werden, Mitarbeiterzeugnisse ausgestellt werden und Geschäftsführer formelle Verhandlungen nur im Beisein des faktischen Geschäftsführers aufnehmen möchten.[165]   **94**

Über ein Auftreten als „engagierter Angestellter" geht es hinaus, wenn unter der Bezeichnung „Verkaufsdirektor" finanzielle Belange des Unternehmens geregelt werden. Im Fall des LG Stade[166] hatte ein Angestellter des Unternehmens für dieses Mietverträge aufgehoben bzw. neu geschlossen. Des Weiteren wurde der Angestellte auf dem Briefkopf des Unternehmens als sog. „Ansprechpartner" mit seiner Handynummer aufgeführt. Demgegenüber wurde die Telefonnummer des tatsächlich bestellten Geschäftsführers auf Ausgangsrechnungen nicht mehr angegeben. Der Angestellte nahm Zahlungen an das Unternehmen entgegen, verwaltete die Barkasse und kümmerte sich um den gesamten operativen Geschäftsverkehr des Unternehmens. Vom tatsächlich bestellten Geschäftsführer wurde er mit einer Generalvollmacht ausgestattet.   **95**

---

160 *BGH* ZIP 2000, 1390 ff.
161 *BGH* ZIP 2002, 848 ff.
162 *BayObLG* GmbHR 1997, 453 ff.
163 *OLG Jena* ZIP 2002, 631 ff.
164 *BGH* ZIP 2005, 1550 ff.
165 *BGH* GmbHR 1983, 43 f.
166 *LG Stade* ZInsO 2010, 1797.

96 **Interne Einwirkungen** auf die Geschäftsführung genügen demgegenüber nicht, so etwa wenn Geschäftsführer wesentliche Tätigkeiten durch den vermeintlichen faktischen Geschäftsführer genehmigen lassen müssen, also zu Befehlsempfängern degradiert werden,[167] oder diesen gegenüber auskunfts- und berichtspflichtig sind.[168] Auch die Teilnahme an Sitzungen, die das operative Geschäft betreffen, begründet keine faktische Geschäftsführung.[168] Ebenso wenig genügt es, wenn noch **Zugriffsmöglichkeiten auf ein Gesellschaftskonto** bestehen und von dort einzelne Zahlungen – auf Weisung des formellen Geschäftsführers – vorgenommen werden, ohne den Empfänger von der Beendigung des Geschäftsführeramtes in Kenntnis zu setzen.[169] **Interne Tätigkeiten** bleiben ebenso die zentrale Steuerung der Werbemaßnahmen, der Preiskalkulation und -festsetzung sowie des Abrechnungssystems der Gesellschaft und der abhängigen Gesellschaften im Konzern.[170] Keine faktische Geschäftsführung liegt vor bei **Einsetzung eines Gremiums** zur Geschäftsleitung der Gesellschaft und der Einflussnahme auf Anstellungsverträge der Geschäftsführung. Auch der regelmäßige Kontakt zum Betriebsrat und zur Belegschaft reicht nicht aus. Dies gilt sogar dann, wenn sich der Betreffende bei diesen Kontakten als „Vorsitzender der Geschäftsführung" ausgibt.[168]

5.3 Unternehmenssanierung

97 Nach neuerer Rechtsprechung[168] ist das Institut der **faktischen Geschäftsführung** in Fällen der beabsichtigten Unternehmenssanierung **restriktiv** anzuwenden. In Fallkonstellationen, in denen wenig eigenes, nach außen hervortretendes, üblicherweise der Geschäftsführung zuzurechnendes Handeln des Betroffenen vorliegt, welches aber zum Zwecke der Sanierung/Konsolidierung eines finanziell angeschlagenen Unternehmens vorgenommen wird, ist im Interesse dieses Zweckes Zurückhaltung geboten. Würde jede Einflussnahme mit Außenwirkung per se eine Haftung wegen faktischer Geschäftsführung nach sich ziehen, würden Investitionen von außen in Unternehmen, die sich in einer finanziell angeschlagenen Phase befinden, nachhaltig erschwert, da sich niemand einem Haftungsrisiko als faktischer Geschäftsführer aussetzen will. Üben Gesellschafter daher – allein oder über die Gesellschafterversammlung – maßgeblich Einfluss auf die Geschäftsführung aus und treten – etwa im Rahmen von Kontaktanbahnungen und Besprechungen – auch nach außen auf, ist nicht pauschal von faktischer Geschäftsführung auszugehen. Das eigene Interesse des Gesellschafters an der **Stabilisierung des Unternehmens** stehe nämlich im Vordergrund und rechtfertige die Kontaktaufnahme mit Banken zur Herstellung von Liquidität und die Vereinbarung von längerfristigen Zahlungszielen mit Lieferanten.

6. Handlungsempfehlungen

98 Die vorstehenden Ausführungen haben gezeigt, dass die Geschäftsleiter insbesondere in dem Zeitraum ab dem Eintritt eines Insolvenzgrundes bis zum Zeitpunkt der Stellung eines Insolvenzantrages einerseits oder dem Abschluss von erfolgreichen Sanierungsversuchen und damit der Beseitigung der Insolvenzgründe andererseits erheblichen Haftungsrisiken ausgesetzt sind. Vor diesem Hintergrund sollen die

---

167 *BGH* ZIP 2002, 848 ff.
168 *OLG München* ZIP 2010, 2295 ff.
169 *BGH* ZIP 2008, 1026 f.
170 *BGH* ZIP 2005, 1414 f.

in den nachfolgenden Checklisten enthaltenen Handlungsempfehlungen den Geschäftsleitern eine gewisse Orientierung geben, welche Zahlungen und Handlungen nach dem Eintritt eines Insolvenzgrundes noch **mit der Sorgfalt eines ordentlichen Geschäftsmanns** vereinbar sind. Deutlich hinzuweisen ist darauf, dass sich angesichts der Ausdifferenzierung der bereits bestehenden Rechtsprechung und den laufenden Rechtsprechungsänderungen insbesondere zu diesem Thema eine schematische Beantwortung verbietet und stets auf die Umstände des Einzelfalls aktuell abzustellen ist. Insbesondere im Hinblick auf Tatbestände, welche erst durch das MoMiG eingeführt wurden, ist darauf hinzuweisen, dass die Rechtsprechung hierzu noch nicht gefestigt ist.

6.1 Checkliste: Zulässigkeit von Zahlungen auf Verbindlichkeiten

Die folgende Checkliste gibt einen Überblick, welche Zahlungen auf typische Geschäftsverbindlichkeiten einer Gesellschaft nach dem Eintritt eines Insolvenzgrundes noch mit der Sorgfalt eines ordentlichen Geschäftsmannes vereinbar sind:

Dauerschuldverhältnisse		
Art der Zahlung	Zahlung zulässig?	Anmerkung
Löhne	ja	Die Zahlung der Löhne ist im Regelfall mit der Sorgfalt eines ordentlichen Geschäftsmanns vereinbar, wenn ohne die Zahlung die Arbeitnehmer ihre Tätigkeit einstellen und so den Geschäftsbetrieb sofort zum Erliegen bringen würden.
Arbeitnehmeranteil Sozialversicherung	ja	Die Zahlung laufender oder rückständiger Arbeitnehmeranteile ist nach aktueller Rechtsprechung des BGH mit der Sorgfalt eines ordentlichen Geschäftsmannes vereinbar; zur Klarstellung sollte bei der Zahlung eine Tilgungsbestimmung für Arbeitnehmeranteile getroffen werden.
Arbeitgeberanteil Sozialversicherung	nein	Die Zahlung der Arbeitgeberanteile nach Eintritt der Insolvenzreife löst die Haftung des Geschäftsleiters nach § 64 GmbHG aus.
Lohnsteuer	ja	Die Zahlung laufender oder rückständiger Lohnsteuer ist mit der Sorgfalt eines ordentlichen Geschäftsmannes vereinbar.
Sozialplan	ja/nein	Ist die Zahlung von Leistungen aus einem Sozialplan erforderlich, um den Geschäftsbetrieb aufrechtzuerhalten, weil die Arbeitnehmer sonst ihre Arbeit einstellen würden, ist die Zahlung mit der Sorgfalt eines ordentlichen Geschäftsmanns vereinbar. Dies ist aber im Einzelfall zu prüfen!

Dauerschuldverhältnisse		
Art der Zahlung	**Zahlung zulässig?**	**Anmerkung**
Miete	ja	**betriebsnotwendige Mietflächen:** Die Zahlung der Miete für betriebsnotwendige Mietflächen ist im Regelfall mit der Sorgfalt eines ordentlichen Geschäftsmanns vereinbar, wenn die Kündigung der entsprechenden Mietverträge den Geschäftsbetrieb sofort zum Erliegen bringen würde und bei einer Nichtzahlung die Kündigung droht.
	nein	**nicht betriebsnotwendige Mietflächen:** Die Zahlung der Mieten für Mietflächen, die zur Aufrechterhaltung des Geschäftsbetriebs nicht notwendig sind, ist mit der Sorgfalt eines ordentlichen Geschäftsmanns nicht vereinbar.
Leasing	ja	**betriebsnotwendige Leasinggegenstände:** Die Zahlung der Leasingraten für betriebsnotwendige Leasinggegenstände ist im Regelfall mit der Sorgfalt eines ordentlichen Geschäftsmanns vereinbar, wenn die Kündigung der entsprechenden Leasingverträge den Geschäftsbetrieb sofort zum Erliegen bringen würde.
	nein	**nicht betriebsnotwendige Leasinggegen-stände:** Die Zahlung der Leasingraten für Leasinggegenstände, die zur Aufrechterhaltung des Geschäftsbetriebs nicht notwendig sind, ist mit der Sorgfalt eines ordentlichen Geschäftsmanns nicht vereinbar **Problem:** Bei Leasingverträgen, die sowohl betriebsnotwendige als auch nicht betriebsnotwendige Leasinggegenstände umfassen, ist im Einzelfall zu prüfen, ob die Zahlung der anteiligen Leasingraten für die nicht betriebsnotwendigen Leasinggegenstände wegen des Risikos der Kündigung des Gesamtvertrags eventuell ebenfalls mit der Sorgfalt eines ordentlichen Geschäftsmanns vereinbar ist.

Dauerschuldverhältnisse		
Art der Zahlung	Zahlung zulässig?	Anmerkung
Strom, Wasser, Heizung	ja	Die Zahlung für die Belieferung mit Strom, Wasser, Heizung ist im Regelfall mit der Sorgfalt eines ordentlichen Geschäftsmanns vereinbar, wenn die Nichtzahlung der laufenden Rechnungen zur Einstellung der Belieferung und damit zum Erliegen des Geschäftsbetriebs führen würde. Für die Begleichung von **Altschulden** muss im Einzelfall geprüft werden, ob bei Nichtzahlung ebenfalls mit einer Einstellung der Belieferung gerechnet werden muss.
Telefon, Internet etc.	ja/nein	Die Zahlung der Kosten für Telefon, Internet etc. ist dann mit der Sorgfalt eines ordentlichen Geschäftsmanns vereinbar, wenn die Nichtzahlung zur Einstellung der Leistung der Anbieter führen würde und die Einstellung der Leistung den Geschäftsbetrieb kurzfristig zum Erliegen bringt. Im **Einzelfall** muss geprüft werden, ob die Telefon- oder Internetanbindung für die Fortführung des Geschäftsbetriebs zwingend erforderlich ist.

101

Weitere laufende Verbindlichkeiten		
Art der Zahlung	Zahlung zulässig?	Anmerkung
Kraftstoffe	ja	Die Zahlung der Rechnungen für die **laufende Belieferung** mit Kraftstoffen ist mit der Sorgfalt eines ordentlichen Geschäftsmanns vereinbar, wenn ohne Kraftstoff der Geschäftsbetrieb sofort zum Erliegen kommt. Bei **Sofortzahlung** an einer Tankstelle ergibt sich dies bereits daraus, dass ohne Zahlung kein Kraftstoff geliefert wird. Bei Nutzung eines **Kartenabrechnungssystems** muss im Einzelfall geprüft werden, ob: Die Nichtzahlung der offenen Monatsabrechnungen zu einem Lieferstopp führt – hier ist Vorsicht geboten, da bei Nutzung von Fremdtankstellen auf Bargeldzahlung umgestellt werden könnte. Bei Nutzung einer eigenen Betriebstankstelle führt die Nichtzahlung der laufenden und rückständigen Rechnungen im Regelfall zu einem Lieferstopp, bei Lieferung gegen Vorkasse ist Zahlung in jedem Fall unproblematisch.

8 Haftungsrisiken in der Krise

Weitere laufende Verbindlichkeiten		
Art der Zahlung	Zahlung zulässig?	Anmerkung
Versicherungsprämien etc.	ja	Hinsichtlich der Versicherungen, die für die Aufrechterhaltung des Geschäftsbetriebs erforderlich sind, können die Versicherungsprämien gezahlt werden, wenn die Nichtzahlung der Prämien zu einer Kündigung oder zumindest Leistungsfreiheit des Versicherers führen würde. Prämienzahlung von **Haftpflichtversicherungen** sind in der Regel zur Aufrechterhaltung des Geschäftsbetriebs erforderlich; Prämienzahlungen von Feuer-, Diebstahlversicherungen etc. sind im Einzelfall danach zu prüfen, ob die jeweilige Versicherungen für den Geschäftsbetrieb zwingend erforderlich ist.
innerbetriebliche Bewirtung	nein	Zahlungen auf Rechnungen für die Lieferung von Lebensmitteln zur innerbetrieblichen Bewirtung sind nur dann mit der Sorgfalt eines ordentlichen Geschäftsmanns vereinbar, wenn eine vorläufige Einstellung der Belieferung zu einem sofortigen Erliegen des Geschäftsbetriebs führen würde. Dies dürfte nur in Ausnahmefällen zutreffen, wenn z.B. die Arbeitnehmer die Einstellung ihrer Arbeiten konkret angekündigt haben.
Beratungsleistungen	ja	Die Zahlung von laufenden Rechnungen für Steuer- oder Rechtsberatungsleistungen ist dann mit der Sorgfalt eines ordentlichen Geschäftsmanns vereinbar, wenn diese Leistungen zur Aufrechterhaltung des Geschäftsbetriebs erforderlich sind.
laufende Umsatzsteuerverbindlichkeiten	ja/nein	Die Zahlung laufender Umsatzsteuerverbindlichkeiten ist nach aktueller Rechtsprechung des BGH mit der Sorgfalt eines ordentlichen Geschäftsmannes vereinbar, da die Nichtzahlung eine Ordnungswidrigkeit darstellt und der Geschäftsführer sich ersatzpflichtig macht bzw. durch die Nachzahlung rückständiger Verbindlichkeiten sich davon befreien kann. Bei Nichtzahlung ist die Haftung des Geschäftsführers nach § 69 AO auf die anteilige Tilgungsquote beschränkt. Die anteilige Tilgungsquote ergibt sich aus dem Teilbetrag, der dem Steuergläubiger bei einer gleichmäßigen Befriedigung aller Gläubiger mit den vorhandenen liquiden Mitteln zukommen würde (fiktive Quote).

Weitere laufende Verbindlichkeiten		
Art der Zahlung	Zahlung zulässig?	Anmerkung
laufende Beiträge an IHK etc.	nein	Laufende Beiträge an Handelskammern, Berufsgenossenschaften etc. dürfen nicht gezahlt werden, da die Nichtzahlung im Regelfall nicht zum Erliegen des Geschäftsbetriebs führt und damit nicht mit größeren Nachteilen für die Insolvenzmasse verbunden ist.
laufende Kosten für Reparaturen und Instandhaltung	ja	Die laufenden Kosten für Reparaturen oder Instandhaltung des Fuhrparks oder weiterer technischer Einrichtungen können im Regelfall gezahlt werden, da die Aufrechterhaltung der Funktionstüchtigkeit für den Fortgang des Geschäftsbetriebs erforderlich ist. Es sollte jedoch in jedem Einzelfall geprüft werden, ob die Maßnahmen für die Aufrechterhaltung des Geschäftsbetriebs wirklich zwingend erforderlich sind (Schönheitsreparaturen sind dies regelmäßig nicht).
laufende Bußgelder	nein	Die Zahlung von laufenden Bußgeldern ist im Regelfall nicht mit der Sorgfalt eines ordentlichen Geschäftsmanns vereinbar, da eine Nichtzahlung nicht mit größeren Nachteilen für die Insolvenzmasse verbunden ist.

102

Zahlungen auf Altverbindlichkeiten		
Art der Zahlung	Zahlung zulässig?	Anmerkung
Lieferanten	nein	Altverbindlichkeiten aus Lieferungen und Leistungen dürfen im **Regelfall** nicht gezahlt werden, da durch die Zahlung keine größeren Nachteile für die Insolvenzmasse abgewendet werden. **Ausnahme:** Die Zahlung von Altverbindlichkeiten ist dann mit der Sorgfalt eines ordentlichen Geschäftsmanns vereinbar, wenn von dem Lieferanten weiterhin betriebsnotwendige Leistungen bezogen werden und die Nichtzahlung der Altverbindlichkeiten zu einem Lieferstopp führen würde. **Voraussetzungen** für die Zulässigkeit einer Zahlung sind: von dem Lieferanten werden weiterhin betriebsnotwendige Leistungen bezogen, ein Wechsel zu einem anderen Lieferanten ist nicht möglich, der Lieferant hat die Leistungseinstellung konkret angedroht, eine Leistungseinstellung ist mit erheblichen Nachteilen für die Insolvenzmasse verbunden (Erliegen des Geschäftsbetriebs).
Umsatzsteuer, Lohnsteuer	ja	Altverbindlichkeiten (Lohnsteuer, Umsatzsteuer) gegenüber Steuergläubigern dürfen gezahlt werden, da sich der Geschäftsführer damit von seiner Haftung und von einer eventuellen Geldbuße befreien kann.

6.2 Checkliste: Ein- und Auszahlungen auf Bankkonten

103 Ganz regelmäßig unterhält ein Unternehmen ein oder mehrere Bankkonten. Damit stellt sich die Frage, wie **Ein- und Auszahlungen** auf/von diesen Konten zu beurteilen sind im Hinblick auf das Verbot masseschmälernder Zahlungen. Die folgende **Checkliste** gibt einen Überblick:

Ein- und Auszahlungen auf Bankkonten		
Art der Zahlung	Haftungsrisiko	Anmerkung
Erhöhung des Soll-Saldos	ja	Eine Zahlung aus einem im Soll geführten Konto führt zu einer Haftung, wenn der Bank werthaltige Sicherheiten auch für diese Beträge eingeräumt wurden, andernfalls liegt ein neutraler Gläubigertausch und dann keine verbotswidrige Zahlung vor. Prüfung im Einzelfall erforderlich!

Ein- und Auszahlungen auf Bankkonten		
Art der Zahlung	Haftungs-risiko	Anmerkung
Zahlungseingänge auf ein im Soll geführtes Konto	ja	Der Geschäftsleiter muss dafür sorgen, dass Zahlungen von Gesellschaftsschuldnern nicht auf ein im Soll geführtes Konto geleistet werden. Der Geschäftsführer haftet in Höhe der Reduzierung des Soll-Saldos Zahlungseingänge müssen ab Eintritt der Insolvenzreife auf Konten mit Guthabenbasis umgeleitet werden – gegebenenfalls müssen hierzu neue Konten eröffnet werden.
Gutschrift durch Lastschrifteinzug über ein im Soll geführtes Konto	ja	Lastschriften dürfen nicht mehr über ein im Soll geführtes Konto eingezogen werden. Lastschriften müssen auf Konten mit Guthabenbasis umgeleitet werden – gegebenenfalls müssen hierzu neue Konten eröffnet werden.
Scheckeinzug über ein im Soll geführtes Konto	ja	Kundenschecks dürfen nicht mehr über ein im Soll geführtes Konto eingezogen werden. Kundenschecks müssen auf Konten mit Guthabenbasis umgeleitet werden – gegebenenfalls müssen hierzu neue Konten eröffnet werden.

6.3 Checkliste: Begründung neuer Verbindlichkeiten

Die **Fortführung der Unternehmenstätigkeit** bringt die Begründung neuer Verbindlichkeiten mit sich. Die folgende Checkliste verdeutlicht, wann darin ein Haftungsrisiko zu sehen ist. 104

Checkliste: Begründung neuer Verbindlichkeiten			105
Art des Vorgangs	Haftungs-risiko	Anmerkung	
Annahme neuer Aufträge	nein	Mit der Annahme neuer Aufträge sind im **Regelfall** keine Nachteile für die Insolvenzmasse verbunden, da entsprechende Ansprüche auf die Gegenleistung entstehen. Es muss jedoch im **Einzelfall** geprüft werden, ob die Verpflichtungen aus den neuen Aufträgen erfüllt werden können, denn positive Kenntnis des Unvermögens zur Auftragsdurchführung kann Schadenersatzansprüche des Auftraggebers auslösen. Der Schadenersatzanspruch des Auftragnehmers kann sich im **Extremfall** bei bewusster Täuschung auch gegen die Geschäftsführung richten (im Normalfall nur vertraglicher Anspruch gegen die Gesellschaft)	

8 *Haftungsrisiken in der Krise*

Checkliste: Begründung neuer Verbindlichkeiten		
Art des Vorgangs	Haftungsrisiko	Anmerkung
Eingehung neuer Verbindlichkeiten aus Lieferverträgen etc.	ja	Die Eingehung neuer Verbindlichkeiten kann zu einer Haftung des Geschäftsleiters gegenüber dem Vertragspartner aus § 823 Abs. 2 BGB i.V.m. § 15a Abs. 1 InsO führen. Neue Verbindlichkeiten dürfen daher nur dann eingegangen werden, wenn die entsprechende Gegenleistung für die Fortführung des Geschäftsbetriebs **zwingend erforderlich** ist und hierdurch schwere Nachteile für die Insolvenzmasse abgewendet werden. Die Erforderlichkeit der entsprechenden Leistung muss in jedem Einzelfall geprüft werden. Zudem besteht ein **strafrechtliches Risiko:** Der Abschluss eines Vertrages in Kenntnis der Unfähigkeit zur Zahlung der Gegenleistung kann den Tatbestand des Eingehungsbetruges nach § 263 StGB erfüllen. Vor dem Abschluss entsprechender Verträge muss daher geprüft werden, ob die Gegenleistung zum Fälligkeitszeitpunkt erbracht werden kann.

6.4 Checkliste: Zahlungen an Gesellschafter

106 Die folgende Checkliste gibt einen Überblick, welche Zahlungen an Gesellschafter nach dem Eintritt eines Insolvenzgrundes noch zulässig sind.

Zahlungen aus dem GmbH-Stammkapital		
Art der Zahlung	Zahlung zulässig?	Anmerkung
auf gleichwertige Gegenleistung	ja/nein	Die Zahlung auf eine gleichwertige Gegenleistung des Gesellschafters verstößt zwar nicht gegen die Kapitalerhaltungsvorschrift des § 30 GmbHG, stellt jedoch im Regelfall eine verbotswidrige Zahlung nach § 64 GmbHG dar. Prüfung im Einzelfall erforderlich!
als Darlehen	ja/nein	Darlehen an Gesellschafter, die aus dem Stammkapital geleistet werden, verstoßen nicht gegen § 30 GmbHG, wenn sie durch einen vollwertigen Rückzahlungsanspruch gegen den Gesellschafter gedeckt sind oder ein Beherrschungs- und Gewinnabführungsvertrag besteht. Prüfung im Einzelfall erforderlich, ob Rückzahlungsanspruch vollwertig!

Zahlungen aus dem GmbH-Stammkapital		
Art der Zahlung	Zahlung zulässig?	Anmerkung
als ungleichwertige Gegenleistung	nein	Bei entgeltlichen Verträgen zwischen Gesellschaft und Gesellschafter verstoßen alle Zahlungen gegen § 30 GmbHG, die den Wert der Gegenleistung des Gesellschafters übersteigen. Ausnahme: Vorliegen eines Beherrschungs- oder Gewinnabführungsvertrages.

Sonstige Zahlungen an Gesellschafter		
Grund der Zahlung	Zahlung zulässig?	Anmerkung
auf Darlehen	ja/nein	Keine Haftung des Geschäftsleiters, es sei denn, die Zahlung führt zur Zahlungsunfähigkeit. Nach Insolvenzeröffnung nur Erstattungspflicht der Gesellschafter nach § 135 Abs. 1 InsO.
auf Nutzungsüberlassung	ja	Keine Haftung des Geschäftsleiters. Nach Insolvenzeröffnung nur Nutzungsüberlassungspflicht des Gesellschafters nach § 135 Abs. 3 InsO.
Zahlungen, die zur Zahlungsunfähigkeit führen	nein	Haftung der Geschäftsleiter für Auszahlungen wegen Verbotswidrigkeit, wenn Zahlungsunfähigkeit erkennbar.

II. Gesellschafter

Auch die Gesellschafter sind in der Krise der Gesellschaft Adressat einer Vielzahl von Sorgfaltspflichten und unterliegen damit Haftungsrisiken. Diese können sich aus der Verletzung von Krisenvorsorgepflichten (dazu unter Rn. 109 ff.), aus der Verpflichtung zur Erhaltung des Gesellschaftsvermögens (dazu unter Rn. 113 ff.), wegen Insolvenzverschleppung, insbesondere in Fällen der führungslosen Gesellschaft (dazu unter Rn. 114 ff.) sowie wegen Insolvenzverursachung (dazu unter Rn. 121 ff.) ergeben. Zudem kann unter gewissen Voraussetzungen eine Beteiligungspflicht an einer Sanierung bestehen (dazu unter Rn. 144 ff.) Schließlich kann die Insolvenz Rückgewähransprüche auslösen und führt in der Regel zur Nachrangigkeit der geleisteten Gesellschafterhilfen (dazu unter Rn. 151 ff.). **107**

Nicht besprochen werden die Rechtsfolgen für einen GmbH-Gesellschafter, wenn **Maßnahmen der Kapitalerhöhung** fehlschlagen und sich diesbezügliche Haftungsrisiken verwirklichen (z.B. Hin- und Herzahlen, verdeckte Sacheinlage). Zwar werden solche Kapitalmaßnahmen oftmals zur Krisenabwehr getroffen. Sie sind aber nicht krisentypisch, sondern werden zumeist schon zur Gründung einer GmbH vorgenommen. Als allgemeines Problem der **Kapitalaufbringung** bei der GmbH sind sie damit losgelöst von einer Krise zu beurteilen.[171] **108**

---

171 Hierzu *K. Schmidt* in Uhlenbruck, Rn. 2.29 ff.

1. Krisenvorsorge

109 Auch den **Gesellschafter** treffen Krisenvorsorgepflichten. Er hat für eine ausreichende Kapitalausstattung zu sorgen und ist **als Aufsichtsrat** verpflichtet, Vorsorgemaßnahmen zu ergreifen.

1.1 Kapitalausstattung der Gesellschaft (GmbH)

110 Der Krisenvorsorge dient bei der GmbH zunächst eine für die Zwecke und Tätigkeit der Gesellschaft ausreichende Eigenkapitalausstattung. Verstöße führen aber nur in engen Grenzen zu einer Haftung (dazu unter Rn. 140 ff.).

1.2 Gesellschafter als Aufsichtsrat

111 Haftungsrisiken für Gesellschafter wegen **mangelnder Krisenvorsorge** ergeben sich auch, wenn diese gleichzeitig dem Aufsichtsrat einer in die Krise geratenen AG oder GmbH angehören (dazu unter Rn. 185 ff.).

1.3 Gesellschafter als faktischer Geschäftsführer

112 Nur **ausnahmsweise** kann ein Gesellschafter als faktischer Geschäftsführer qualifiziert werden, unterliegt dann aber den Haftungstatbeständen eines Geschäftsführers (dazu unter Rn. 90 ff.).

2. Erhaltung des Gesellschaftsvermögens

113 Verstößt ein Gesellschafter gegen den Grundsatz, das Gesellschaftsvermögen zu erhalten und **nimmt verbotswidrig Zahlungen an,** so haftet er bei der GmbH nach §§ 30, 31 GmbHG und bei der AG nach § 62 AktG und § 117 AktG gesamtschuldnerisch neben der Geschäftsleitung (dazu unter Rn. 19 ff.). Gleiches gilt für **existenzvernichtende Eingriffe** (dazu unten Rn. 122 ff.). Ausfluss des Kapitalerhaltungsgrundsatzes ist auch die Anfechtbarkeit von zurückgezahlten **Gesellschafterdarlehen** (dazu unter Rn. 151 ff.).

3. Insolvenzverschleppung

114 **Gesellschafter** einer führungslosen Gesellschaft können wegen Insolvenzverschleppung haften.

115 Die Insolvenzantragspflicht entfällt nicht dadurch, dass die Gesellschaft **führungslos** ist oder wird. In diesem Fall ist bei einer GmbH auch jeder Gesellschafter zur Stellung des Insolvenzantrages verpflichtet (§ 15a Abs. 3 InsO). Diese Norm gilt gleichermaßen für den Aufsichtsrat einer Aktiengesellschaft oder Genossenschaft. Für andere Gesellschaften, insbesondere Personengesellschaften, gilt diese Antragspflicht nicht, ebenso ausweislich des klaren Wortlautes nicht für **Auslandsgesellschaften.**[172] Anwendung findet § 15a Abs. 3 InsO jedoch, obgleich Personengesellschaft, auf die GmbH & Co. KG. Damit erstreckt sich die Insolvenzantragspflicht des Gesellschafters einer führungslosen **Komplementär-GmbH** auch auf das Vermögen der GmbH & Co. KG. Denn die Wertung des Gesetzes, Gesellschaften nicht zum Schaden des Rechtsverkehres führungslos zu lassen, trifft auch auf die GmbH & Co. KG zu.[173]

---

[172] Näher dazu *Römermann* NZI 2010, 241, 242.
[173] Näher dazu *Löser* ZInsO 2010, 799.

Führungslosigkeit liegt nur dann vor, wenn Vertretungsorgane der Gesellschaft tatsächlich oder rechtlich nicht mehr existieren. Dies ist der Fall wenn das Vertretungsorgan tot ist, kraft Gesetzes kein Vertretungsorgan mehr sein darf, abberufen wurde oder sein Amt niedergelegt hat.[174] Eine GmbH ist auch dann führungslos, wenn nur ein faktischer Geschäftsführer (dazu unter Rn. 90 ff.) existiert. Ein unbekannter Aufenthalt genügt demgegenüber nicht.[175] Ebenso genügen nicht handlungsunwillige oder unerreichbare Vertretungsorgane.   116

Die Antragspflicht besteht dann nicht, wenn der Gesellschafter vom Insolvenzgrund oder der Führungslosigkeit keine Kenntnis hatte. Eine ausufernde Nachforschungspflicht wird dem Gesellschafter dabei nicht auferlegt. Hat der Gesellschafter **Kenntnis vom Insolvenzgrund,** so ist dies jedoch für ihn Anlass nachzuforschen, warum kein Insolvenzantrag gestellt wird.[176] Er muss prüfen, wie es um die wirtschaftliche Situation der Gesellschaft steht, wenn kein Geschäftsführer (mehr) existiert.[177] Kleinbeteiligte Gesellschafter treffen in der Regel geringere Informationspflichten.   117

Für den Geschäftsführer bejaht die Rechtsprechung eine Antragspflicht auch dann, wenn bereits ein **Gläubiger Insolvenzantrag** gestellt hat (dazu unter Rn. 51). Denn der Gläubiger kann den Antrag bis zur Verfahrenseröffnung oder rechtskräftigen Abweisung jederzeit zurücknehmen.[178] Eine Übertragung dieser Rechtsprechung auf den Gesellschafter ist zwar möglich, von der Rechtsprechung jedoch bislang nicht entschieden.[179]   118

Sobald wieder ein Vertretungsorgan bestellt ist, geht die **Antragspflicht** auf dieses über.[180] Wird über das Vermögen des Gesellschafters das Insolvenzverfahren eröffnet, so geht die Antragspflicht auf den Insolvenzverwalter über.[181]   119

Im Hinblick auf die zivilrechtlichen Folgen der Verletzung der Insolvenzantragspflicht eines Gesellschafters, gelten die Ausführungen unter Rn. 54 ff. entsprechend.   120

4. Insolvenzverursachung

Der Gesellschafter kann wegen Insolvenzverursachung haftbar gemacht werden, wenn er in das Gesellschaftsvermögen **existenzvernichtend eingreift** und nur ausnahmsweise, wenn er die Gesellschaft **unterkapitalisiert ausgestattet** hat.   121

4.1 Existenzvernichtungshaftung

Als Existenzvernichtungshaftung bei der GmbH[182] wird die Haftung von Gesellschaftern für missbräuchliche, zur Insolvenz der GmbH führende oder diese vertiefende kompensationslose **Eingriffe in das Gesellschaftsvermögen** verstanden.[183] Diese Haftung stellt ein Korrektiv für die beschränkte Haftung der GmbH dar und soll die   122

---

174 MoMiG-RegE v. 23.5.2007, S. 126.
175 *Amtsgericht Hamburg* ZIP 2009, 333 f.; MoMiG-RegE v. 23.5.2007, BT-Drucks. 16/6140, S. 127.
176 MoMiG-RegE v. 23.5.2007, BT-Drucks. 16/6140, S. 55.
177 MoMiG-RegE v. 23.5.2007, BT-Drucks. 16/6140, S. 128.
178 *BGH* ZIP 2008, 2308 ff.
179 Näher dazu *Schröder* GmbHR 2009, 207, 208.
180 MoMiG-RegE v. 23.5.2007, BT-Drucks. 16/6140, S. 127.
181 Näher dazu *Göcke* ZInsO 2008, 1305, 1306 ff.
182 Zur AG *Hüffer* § 1 Rn. 22 ff., zur GmbH & Co. KG *Liebscher* in Sudhoff GmbH & Co. KG, 6. Aufl. 2005, § 50 Rn. 105 ff.
183 Hierzu *Hueck/Fastrich* in Baumbach/Hueck, § 13 Rn. 57 ff.; *Bitter* ZInsO 2010, 1520 ff.

Befriedigung der Gesellschaftsgläubiger sichern. Die Existenzvernichtungshaftung fügt sich in das Haftungsrecht dergestalt ein, dass solche Eingriffe in das Gesellschaftsvermögen sanktioniert werden, die von den Kapitalerhaltungsvorschriften nicht erfasst werden.

123 Die Gesellschafter eines Unternehmens sind nicht zur Fortführung des Unternehmens verpflichtet. Sie können den Geschäftsbetrieb sogar mit dem Ziel der Weiterführung durch eine neu gegründete Gesellschaft einstellen. Dabei müssen sie aber die für die Abwicklung der GmbH geltenden Regeln beachten. Insbesondere dürfen sie nicht außerhalb eines Liquidationsverfahrens planmäßig das Vermögen einschließlich der Geschäftschancen von der alten Gesellschaft auf die neue Gesellschaft verlagern und so den Gläubigern der alten Gesellschaft **den Haftungsfonds entziehen**.[184] Tun sie dies doch, ist dies eine Fallgruppe der vorsätzlichen sittenwidrigen Schädigung gem. § 826 BGB.

124 Ansprüche, die ihre Grundlage in der Existenzvernichtung finden, sind Ansprüche der Gesellschaft (sog. **Innenhaftung**) und werden daher durch den Insolvenzverwalter geltend gemacht.[185] Die Haftung der Gesellschafter ist in der Insolvenz insofern beschränkt, als nur das zu zahlen ist, was zur Befriedigung der Gläubiger erforderlich ist. Die vorhandene Masse ist daher entsprechend zu berücksichtigen.[186]

4.1.1 Persönlicher Anwendungsbereich

125 Adressat der Existenzvernichtungshaftung ist zunächst der unmittelbare Gesellschafter, aber auch derjenige, der zwar nicht an der GmbH, wohl aber an einer Gesellschaft beteiligt ist, die ihrerseits Gesellschafterin der GmbH ist (Gesellschafter-Gesellschafter). Dies gilt jedenfalls dann, wenn er einen **beherrschenden Einfluss auf die Gesellschafterin** ausüben kann.[187] In dieser Lage ist nicht auf die formaljuristische Konstruktion, sondern auf die **tatsächliche Einflussmöglichkeit** abzustellen. Eine ausreichend große Einflussmöglichkeit hat der **BGH** bereits dann angenommen, wenn der Gesellschafter zwar nur zu 50 % an der Gesellschafter-Gesellschaft beteiligt ist, jedoch auch deren Alleingeschäftsführer ist. In dieser Konstellation könne er, auch wenn er nicht über eine Stimmenmehrheit verfüge, die Geschicke beider Gesellschaften lenken und anderslautende Beschlüsse der Gesellschafterversammlung aufgrund seiner Sperrminorität verhindern.[187] Unerheblich ist, ob der maßgebliche Einfluss über eine **ausländische Gesellschaft** ausgeübt wird. Entscheidend ist die Rechtsordnung, der die geschädigte Gesellschaft untersteht.[188]

126 Die Haftung wegen existenzvernichtendem Eingriff trifft auch diejenigen **Mitgesellschafter,** die – ohne selbst etwas empfangen zu haben – durch ihr Einverständnis mit einem Vermögensabzug an der Existenzvernichtung **mitgewirkt** haben.[189]

127 Neben dem Gesellschafter haftet auch der Geschäftsführer, der zum existenzvernichtenden Eingriff **Beihilfe** geleistet hat.[190]

---

184 *BGH* ZIP 2004, 2138 ff.
185 *BGH* ZIP 2007, 1552 ff.
186 *BGH* ZIP 2006, 467 ff.
187 *BGH* ZIP 2005, 117 ff.
188 *BGH* ZIP 2005, 250 ff.
189 *BGH* ZIP 2002, 848 ff.
190 *Strohn* ZInsO 2008, 706, 709.

Derzeit noch ungeklärt ist die Frage, ob die Existenzvernichtungshaftung auch auf **Auslandsgesellschaften** anwendbar ist. Nationales Gesellschaftsrecht ist – so der **EuGH**[191] – auf Auslandsgesellschaften in jedem Falle unanwendbar. Grundsätzlich anwendbar hingegen ist das nationale Deliktsrecht und damit auch § 826 BGB.[192] Ob dies europarechtlich zu halten sein wird, bleibt abzuwarten. 128

4.1.2 Haftungstatbestand

Die Existenzvernichtungshaftung setzt voraus, dass der Eingriff zur **Insolvenz der Gesellschaft** geführt oder sie vertieft hat. Sie bezieht sich nicht auf Managementfehler beim Betrieb des Unternehmens, sondern setzt einen **gezielten Eingriff** des Gesellschafters in das Gesellschaftsvermögen, der **betriebsfremden Zwecken** dient, voraus. Eine Haftung wird daher nicht ausgelöst, wenn im Rahmen eines Unternehmensverbundes Unterstützungshandlungen zugunsten von Tochtergesellschaften vorgenommen werden, die wirtschaftlich auch der Muttergesellschaft zugute kommen sollten, letztlich jedoch zur finanziellen Überforderung der Muttergesellschaft führten.[193] Werden danach Forderungen der Muttergesellschaft gegenüber ihren ausländischen Vertriebstöchtern über längere Zeit stehengelassen und wird erst (zu) spät dazu übergegangen, nur noch gegen Vorkasse Waren abzugeben, so mag dies nicht einem kaufmännisch vernünftigen Wirtschaften entsprochen haben, ist aber kein gezielter Entzug der Konzernobergesellschaft von Vermögenswerten zu Lasten von Gläubigern. Dies belege – so der BGH – auch das spätere Verlangen von **Vorkasse**. 129

Auch die – abredewidrige – **Veräußerung von Sicherungsgut** zu Lasten eines konkreten Gläubigers begründet keine Haftung wegen existenzvernichtendem Eingriff. Eine Haftung des Gesellschafters kommt nur bei einem Eingriff in den für alle Gläubiger zu ihrer Befriedigung dienenden Haftungsfonds in Betracht.[193] 130

Die **Sicherungsübereignung von Gegenständen,** die zum Betrieb benötigt werden, ist kein existenzvernichtender Eingriff, wenn die Gegenstände durch die Gesellschaft weiterhin benutzt werden können und durch die Sicherungsübereignung die Kreditfähigkeit nicht beeinträchtigt wird.[194] 131

4.1.3 Fallbeispiele

In der Rechtsprechung haben sich insbesondere folgende Fallbeispiele herausgebildet: 132

Eine Haftung wegen existenzvernichtendem Eingriff kommt in Betracht, wenn **Geschäftschancen der Gesellschaft** auf Gesellschafter verlagert werden, was insbesondere der Fall ist, wenn der Geschäftsbetrieb der Insolvenzschuldnerin auf einen Dritten übertragen wird und eine entsprechende Gegenleistung nicht erfolgte. Der **BGH** hielt nach diesen Grundsätzen eine Existenzvernichtungshaftung für möglich, als der Kundenstamm eines Autohauses an einen Dritten veräußert wurde, sämtliche Mitarbeiter fortan für den Dritten tätig sein sollten und ein Vertriebsvertrag – bisher in Konkurrenz zum Dritten – zu dessen Gunsten nicht verlängert wurde.[195] Gleiches galt 133

---

191 *EuGH* ZIP 1999, 438 – Centros; *EuGH* ZIP 2002, 2037 – Überseering; *EuGH* ZIP 2003, 1885 – Inspire Art.
192 *Strohn* ZInsO 2008, 706, 711.
193 *BGH* ZIP 2005, 250 ff.
194 *BGH* ZIP 2007, 1552 ff.
195 *BGH* ZIP 2005, 117 ff.

im Fall der Übernahme des gesamten „Beraterstamms" der Insolvenzschuldnerin ohne Erbringung einer realen Gegenleistung.[196]

134 Die **Übernahme sämtlicher Aktiva** gegen Übernahme eines nur geringen Teils der Verbindlichkeiten erfüllt ebenfalls die Voraussetzungen des existenzvernichtenden Eingriffs.[197] Die Gesellschafter der Insolvenzschuldnerin übertrugen im entschiedenen Fall an eine Erwerberin sämtliche Aktiva der Insolvenzschuldnerin in Höhe ca. 1,6 Mio. DM. Im Gegenzug übernahm die Erwerberin Verbindlichkeiten der Insolvenzschuldnerin in Höhe von ca. 800 000 DM. Die Passiva der Insolvenzschuldnerin betrugen jedoch insgesamt ca. 5,4 Mio DM.

135 Eine Haftung besteht auch, wenn die Gesellschafter der Insolvenzschuldnerin **planmäßig deren Vermögen entziehen** und es auf eine Schwestergesellschaft verlagern, um den Zugriff der Gläubiger zu verhindern und auf diese Weise das von der Insolvenzschuldnerin betriebene Unternehmen ohne Rücksicht auf die entstandenen Schulden fortführen zu können.[198] Die Kündigung sämtlicher Verträge durch die Insolvenzschuldnerin und deren Neuabschluss durch die Schwestergesellschaft, die Überlassung sämtlichen Inventars durch die Insolvenzschuldnerin im Rahmen eines Pachtvertrages sowie die Übernahme des gesamten Personals löste hier die Haftung wegen existenzvernichtendem Eingriff aus. Diese Haftung wurde nach dem **BGH** nicht dadurch beseitigt, dass der Insolvenzschuldnerin noch Ansprüche aus der Verpachtung des Inventars belassen wurden.

136 Die **Muttergesellschaft** haftet nach § 826 BGB im Falle der Insolvenz einer Tochter, wenn sie der an einem **Cash-Pool** teilnehmenden Tochtergesellschaft Gelder entzieht und weiß, dass die Vollwertigkeit der gegen sie gerichteten Rückzahlungsansprüche im Auszahlungszeitpunkt fehlt und eine etwaige Verlustübernahmepflicht aus Ergebnisabführungsverträgen nicht erfüllbar ist.[199] Grundsätzlich hat die Muttergesellschaft bei Cash-Pooling also sicherzustellen, dass die Tochter zahlungsfähig bleibt, will sie sich wegen der Annahme von *upstream-loans* nicht im Insolvenzfall der Tochter schadenersatzpflichtig machen.[199] Als Lösung bietet sich die Vereinbarung eines sog. „Conditional Balancing" an, das den Tochtergesellschaften einen Sockelbetrag belässt und deren Grundliquidität sicherstellt.[200]

137 Gleichermaßen wird eine Haftung begründet, wenn der Alleingesellschafter einer GmbH das den wesentlichen Vermögensstamm bildende Grundvermögen der Gesellschaft zu einem den Verkehrswert weit **unterschreitenden Kaufpreis** erwirbt, wobei der Gesellschafter sich zur Finanzierung ein Darlehen der Gesellschaft einräumen lässt, das durch Verrechnung mit Ansprüchen des Gesellschafters aus der Vermietung der Liegenschaften an die Gesellschaft getilgt werden soll.[201]

138 Ein existenzvernichtender Eingriff kann ferner vorliegen, wenn alle sachlichen Betriebsmittel durch Dritte übernommen werden, die **Insolvenzschuldnerin nur noch als Geschäftsbesorgerin** für diese tätig wird und die dafür vereinbarte Vergütung unangemessen niedrig ist, sodass zwangsläufig die Insolvenz eintreten musste.[202] Glei-

---

196 *BGH* ZIP 2002, 848 ff.
197 *BGH* ZIP 2002, 1578 ff.
198 *BGH* ZIP 2004, 2138 ff.
199 *Willemsen/Rechel* GmbHR 2010, 354.
200 *Willemsen/Rechel* GmbHR 2010, 3540.
201 *OLG Sachsen-Anhalt* OLGR Naumburg 2001, 238 ff.
202 *BGH* ZIP 2007, 1552 ff.

ches gilt für die nachträgliche **Herabsetzung** einer zunächst angemessenen **Gegenleistung** auf ein unangemessenes Maß.[203]

Eine Haftung ist des Weiteren zu bejahen, wenn aus dem Vermögen der Gesellschaft **Zahlungen auf Privatkonten** von Gesellschaftern fließen, denen keine Gegenleistungen gegenüberstehen.[204] **139**

4.2 Keine Haftung wegen Unterkapitalisierung

In diesen Fallkonstellationen werden einer Gesellschaft alle Risiken in einer Unternehmensgruppe zugewiesen, anderen Gesellschaften die Ertragschancen. Gesellschafter können aber grundsätzlich nicht direkt in Anspruch genommen werden, wenn ihren Gesellschaften von Beginn an die Fähigkeit vorenthalten wird, die vorhersehbaren Risiken ihres Geschäftsbetriebes zu bestehen und ihre Verbindlichkeiten zu erfüllen (sog. "**Aschenputtel-Gesellschaften**").[205] Allenfalls kommen in solchen Fallkonstellationen in engen Grenzen Ansprüche geschädigter Gläubiger wegen arglistigem Verschweigen der mangelhaften Kapitalausstattung in Höhe des jeweiligen individuellen **Kontrahierungsschadens** in Betracht (vorsätzliche sittenwidrige Schädigung nach § 826 BGB). **140**

4.2.1 Keine Haftungsnorm

Eine Haftung des GmbH-Gesellschafters wegen unzureichender Kapitalisierung der Gesellschaft – sei es in Form zu geringer Eigenkapitalausstattung, sei es in Gestalt einer allgemeinen Mangelhaftigkeit der Vermögensausstattung im weitesten Sinne – ist bislang weder **gesetzlich normiert** noch durch **richterrechtliche Rechtsfortbildung** als gesellschaftsrechtlich fundiertes Haftungsinstitut anerkannt. Denn der Gesetzgeber hat bewusst davon abgesehen, eine am konkreten Kapitalbedarf orientierte Kapitalausstattung vorzuschreiben und auf diese Weise eine gesetzlich normierte Unterkapitalisierungshaftung zu begründen.[206] **141**

Entsprechend hat auch der **BGH** eine Haftung der Gesellschafter abgelehnt, wenn ihnen allein vorzuwerfen ist, dass sie es unterlassen haben, die Gesellschaft gegen die Inanspruchnahme aus bestimmten Verbindlichkeiten abzusichern.[207] Im entschiedenen **Fall GAMMA** war einziger Zweck der neu gegründeten und später insolventen Gesellschaft die Übernahme von Verbindlichkeiten gegenüber Dritten. Entgegen den branchenüblichen Gepflogenheiten wurde die später insolvente Gesellschaft nicht mit dem Kapital ausgestattet, um diese Verbindlichkeiten bedienen zu können. Höhere Anforderungen an die Kapitalaufbringung als das Mindestkapital von 25 000 EUR, so der BGH, würden die Gesellschaftsform der GmbH grundsätzlich in Frage stellen. Das GmbHG will nicht die Lebensfähigkeit einer jeden GmbH sicherstellen, sondern nur einen generellen **Mindestschutz der Gläubiger** gewähren. **142**

4.2.2 Unanwendbarkeit der Grundsätze der Existenzvernichtung

Auf Fälle der vorliegenden Konstellation sind der Rechtsprechung zufolge die Grundsätze der Existenzvernichtungshaftung (dazu unter Rn. 122 ff.) auch nicht **143**

---

203 *BGH* ZIP 2007, 1552 ff.
204 *BGH* ZIP 2008, 455 f.
205 *OLG Düsseldorf* ZIP 2007, 227 ff.
206 BR-Drucks. 354/07, 66.
207 *BGH* ZIP 2008, 1232 ff. – GAMMA.

anwendbar. Die fehlende finanzielle Absicherung der Gesellschaft ist schon begrifflich kein „Eingriff". Der **BGH** lehnt auch deswegen eine Ausdehnung der Fallgruppen des **„existenzvernichtenden Eingriffs"** auf sog. Aschenputtelkonstellationen ab. Die Existenzvernichtungshaftung solle als eine über die §§ 30, 31 GmbHG hinausgehende Entnahmesperre wirken, indem sie die sittenwidrige, weil insolvenzverursachende oder -vertiefende „Selbstbedienung" des Gesellschafters vor den Gläubigern der Gesellschaft durch die repressive Anordnung der Schadenersatzpflicht in Bezug auf das beeinträchtigte Gesellschaftsvermögen ausgleichen soll. Die **Übertragung** auf Fälle bereits anfänglich bestehender unzureichender Kapitalausstattung wäre **systemwidrig,** da das Kapital der Gesellschaft nicht angegriffen werde.[208]

5. Beteiligungspflicht der Gesellschafter an einer Sanierung

144 Gelangt ein Unternehmen in die Krise, werden damit regelmäßig auch Interessen der Gesellschafter tangiert. Für diese stellt sich die Frage, wie deren Mitgliedschaftsrechte beeinflusst werden und welche finanziellen Belastungen auf sie zukommen können. In jüngster Zeit hat sich der BGH verstärkt mit diesen Fragen bei Personengesellschaften auseinandergesetzt.

5.1 Grundsatz: Keine Nachschusspflichten

145 Grundsätzlich ist der Gesellschafter einer **Gesellschaft bürgerlichen Rechts** weder zur Erhöhung seines Beitrages noch zum Nachschuss verpflichtet (**§ 707 BGB**). Eine einstimmige Erhöhung, z.B. durch **Gesellschafterbeschluss**, ist jedoch möglich.[209] Nicht ausreichend ist es, wenn etwa bereits im **Gesellschaftsvertrag** weitere Einzahlungen für den Fall vereinbart wurden, dass der erwirtschaftete Überschuss nicht für die Bedienung eines Darlehens ausreicht. Denn die **Kriterien** für die Entstehung der Nachschusspflicht sind dann nicht hinreichend **konkret** bezeichnet, da weder der anteilig zu tragende Kapitaldienst des Darlehens noch die Zusammensetzung des Überschusses bestimmbar sind.[209] Unter Umständen kann sich aber für den Gesellschafter eine **Pflicht zur Zustimmung zu einer Nachschusspflicht** ergeben.[210] Gleiches gilt für die OHG[211] und die KG.[212]

146 Die Bestimmung im **Gesellschaftsvertrag** einer **Publikumskommanditgesellschaft**, dass die Gesellschafter unter bestimmten Voraussetzungen zur Erhöhung ihrer Einlagen verpflichtet sind, ist im Zweifel dahin auszulegen, dass die Erhöhung nur gefordert werden kann, solange das zusätzliche Kapital dem Gesellschaftszweck und nicht der Gläubigerbefriedigung zu dienen bestimmt ist.[213] Nachschusspflichten für **GmbH-Gesellschafter** können im ursprünglichen **Gesellschaftsvertrag** vereinbart oder durch **Satzungsänderung** eingeführt werden (§§ 26-28 GmbHG). **Aktionären** einer Aktiengesellschaft können dagegen grundsätzlich keine Nachschusspflichten auferlegt werden (Ausnahme § 55 Abs. 1 S. 1 AktG).

---

208 *BGH* ZIP 2008, 1232 ff. – GAMMA.
209 *BGH* ZIP 2008, 697.
210 Näher dazu: *Sprau* in Palandt § 707 Rn. 2 und § 705 Rn. 15.
211 § 707 BGB, 105 Abs. 3 HGB.
212 § 707 BGB, 105 Abs. 3, 161 Abs. 2 HGB.
213 *BGH* DB 1979, 300 f.

5.2 Nachschusspflicht durch Änderung des Gesellschaftsvertrages

In der Krise der Gesellschaft können unter Umständen weitere Finanzmittel von Dritten nur erlangt werden bzw. diese zu Forderungsverzichten bewogen werden, wenn sich die **Gesellschafter** selbst zu **weiteren finanziellen Beiträgen** entschließen. Die Gesellschafter werden damit vor die Frage gestellt, ob sie an einem **Sanierungskonzept** teilnehmen wollen bzw. müssen und wie ihre weitere **Beteiligung an der Gesellschaft** fortan gestaltet werden soll.

Der **BGH**[214] hatte Gelegenheit, sich zur Stellung von Gesellschaftern zu äußern, die einem **mehrheitlich beschlossenen Sanierungskonzept** der übrigen Gesellschafter nicht zugestimmt hatten. Ein geschlossener Immobilienfonds in der Rechtsform der OHG hatte zur Abwendung der drohenden Insolvenz einen Beschluss gefasst, der die Herabsetzung und anschließende Erhöhung des Kapitals vorsah und sodann den Gesellschaftern ermöglichte, ihren Kapitalbeitrag – freiwillig – zu erhöhen.[215] Die an der Kapitalerhöhung nicht teilnehmenden Gesellschafter sollten jedoch dann aus der Gesellschaft **ausscheiden** und den sich aus der **Auseinandersetzungsbilanz** ergebenden **Fehlbetrag** zahlen. Der Beschluss wurde nicht von allen Gesellschaftern mitgetragen. Diese verweigerten die Zahlung des auf sie entfallenden Fehlbetrages, welcher durch verschiedene Gläubigerbeiträge nur noch 90 % des bei einer Liquidation anfallenden Fehlbetrages ausmachte.[215] Der BGH ging davon aus, dass in diesem Fall die nicht zahlungsbereiten Gesellschafter aus gesellschaftlicher Treuepflicht jedenfalls dazu verpflichtet sind, dem Gesellschafterbeschluss zuzustimmen, wenn sie infolge ihrer mit dem Ausscheiden verbundenen Pflicht, den auf sie entfallenden Auseinandersetzungsfehlbetrag zu leisten, finanziell nicht schlechter stehen, als sie im Falle der sofortigen Liquidation stünden.[216]

Wurde jedoch im Gesellschaftsvertrag geregelt, dass eine Kapitalerhöhung auch im Krisenfall nur einstimmig beschlossen werden kann und bei Nichterreichung der Einigkeit die zustimmenden Gesellschafter berechtigt sind, ihre Einlagen zu erhöhen, während die nicht zustimmenden Gesellschafter eine Verringerung ihrer Beteiligungsverhältnisse hinzunehmen haben, so sind die zahlungsunwilligen Gesellschafter nicht aus gesellschaftsrechtlicher Treuepflicht verpflichtet, einem Beschluss zuzustimmen, dass ein nicht sanierungswilliger Gesellschafter aus der Gesellschaft ausscheidet.[217]

Ob die zu Personengesellschaften ergangene **Rechtsprechung** auch auf juristische Personen, insbesondere die **GmbH**, anzuwenden ist, wurde vom BGH nicht thematisiert. In der Literatur[218] wird dies jedenfalls unter bestimmten Voraussetzungen für möglich gehalten.

6. Gesellschafterleistungen in der Insolvenz

Häufig stellen Gesellschafter ihrer Gesellschaft die erforderlichen Mittel über Darlehen zur Verfügung. Eine solche **Kreditfinanzierung** an Stelle einer Eigenkapitalfinanzierung ist eine erlaubte Strategie. In der Insolvenz nehmen die Gesellschafter aber eine Sonderstellung ein. Denn der Gesetzgeber möchte verhindern, dass der Gesell-

---

214 *BGH* ZIP 2009, 2289 ff.
215 *Haas* NJW 2010, 984, 985.
216 *BGH* ZIP 2009, 2289 ff.
217 *BGH* 25.1.2011 – II ZR 122/09.
218 Näher dazu: *Priester* ZIP 2010, 497 ff.

schafter das Risiko, das mit der eigentlich geforderten Kapitalzuführung verbunden wäre, nicht durch eine Darlehensgewährung auf die Gesellschaftsgläubiger abwälzt und in der Insolvenz seinen Rückzahlungsanspruch gleichberechtigt mit Forderungen der übrigen Gesellschaftsgläubiger geltend machen kann.[219] Es soll verhindert werden, dass der Gesellschafter wie ein Außen stehender Dritter am Haftungsfonds partizipiert.[220]

152 Zur Lösung dieser Sachverhalte hatten Gesetzgeber, Rechtsprechung und Wissenschaft das auf der Finanzierungsfolgenverantwortung fußende sog. **Eigenkapitalersatzrecht**[221] entwickelt, welches aber v.a. wegen seiner Komplexität stets starker Kritik ausgesetzt war und zum 1.11.2008 durch das **MoMiG** ausdrücklich abgeschafft worden ist.

153 Die novellierten Regelungen sehen für den geschilderten Sachverhalt im Kern nunmehr nur noch zwei Rechtsfolgen vor: **Nachrangigkeit** der Rückgewährforderung des Gesellschafters und **Anfechtbarkeit** einer Rückgewährleistung der Gesellschaft. Zudem sind die Tatbestandvoraussetzungen vereinfacht: So sind die Merkmale „Krise" und „eigenkapitalersetzende Wirkung" nicht mehr notwendig, stattdessen ist eine **zeitliche Anwendungsgrenze** eingezogen. In sachlicher Hinsicht sind die neuen Sonderregeln **rechtsformübergreifend** einschlägig für **Gesellschafterdarlehen** sowie für wirtschaftlich entsprechende Rechtshandlungen, **Gesellschaftersicherheiten** und **Nutzungsüberlassungen**. Insgesamt muss derzeit aber konstatiert werden: Die Folgen der geschilderten Neuregelungen für die Unternehmensfinanzierung und Sanierungspraxis sind noch nicht vollständig abzusehen.[222]

6.1 Intertemporäre Anwendung des neuen Rechts

154 Auf „**Altfälle**" findet das bisherige Recht des Eigenkapitelersatzes indes weiterhin Anwendung.

155 Die **intertemporäre Geltung der Reformregeln** bestimmt sich gem. Art. 103d EGInsO nach dem Stichtag 1.11.2008. Bei Anwendungsproblemen für diese Vorschrift sind stets die allgemeinen Grundsätze des intertemporalen Rechts zu beachten, wonach nach Maßgabe des alten Rechts entstandene Erstattungsansprüche im Falle von Normänderungen ohne Übergangsbestimmungen fortbestehen.[223] Entsprechend hat für Insolvenzverfahren, die vor dem Inkrafttreten des MoMiG bereits eröffnet worden waren, inzwischen der **BGH** entschieden, dass in diesen Fällen die bisherigen Eigenkapitalersatzregeln weiterhin Anwendung finden.[224] Gleiches gilt, wenn das Insolvenzverfahren über das Vermögen der Gesellschaft zwar erst nach dem Inkrafttreten des MoMiG eröffnet wurde, jedoch der Verstoß gegen das vormals geltende Eigenkapitalersatzrecht und damit der Haftungstatbestand nach §§ 32a, 32b GmbHG a.F., §§ 30, 31 GmbHG a.F. analog vor dem 1.11.2008 verwirklicht worden

---

219 BT-Drucks. 8/1347, 39.
220 *Gehrlein* BB 2011, 7.
221 Hierzu ausführlich *Goette/Kleindiek* Eigenkapitalersatzrecht in der Praxis, 5. Aufl. 2007; *Stodolkowitz/Kleindiek* in Schimansky/Bunte/Lwowski, § 84.
222 *K.Schmidt/Uhlenbruck* Rn. 2.88.
223 Vgl. Art. 170; Art. 229, § 5; Art. 232, § 1 EGBGB. Hierzu *Altmeppen* ZIP 2011, 642.
224 *BGH* ZIP 2009, 615 – Gut Buschow; ebenso schon *OLG Köln* ZIP 2009, 315; abgrenzend *OLG Frankfurt* ZInsO 2010, 235 und *OLG München* ZIP 2010, 1236; 2011, 225. Ausführlich *Rellermeyer/Gröblinghoff* ZIP 2009, 1933.

war.²²⁵ Für die juristische Bewältigung von **„Altlasten"** bleibt also das **frühere Eigenkapitalersatzrecht** noch einige Jahre lang von Bedeutung, soll hier aber nicht weiter dargestellt werden.²²⁶ Für die Rechtsprechungsentwicklung ist beachtenswert, dass für Altfälle der II. Zivilsenat (Gesellschaftsrecht), für Neufälle der IX. Zivilsenat (Insolvenzrecht) des BGH letztinstanzlich zuständig ist.

6.2 Gesellschafterdarlehen und wirtschaftlich entsprechende Rechtshandlungen

Stellt ein Gesellschafter der Gesellschaft **Darlehen** oder **funktional vergleichbare Gesellschafterhilfen** zur Verfügung, so ist in der Insolvenz der Gesellschaft die Forderung auf Rückgewähr eines solchen Darlehens oder die Forderung aus einer Rechtshandlung, die einem solchen Darlehen wirtschaftlich entspricht nach § 39 Abs. 1 Nr. 5 InsO **nachrangig**. Darauf erfolgte Zahlungen der Gesellschaft sind **anfechtbar** nach § 135 Abs. 1 Nr. 2 InsO. **156**

6.2.1 Rechtsformübergreifende Anwendung

Nach §§ 39 Abs. 4 S. 1, 135 Abs. 4 InsO fallen in den Anwendungsbereich **alle Gesellschaftsformen**, die weder eine natürliche Person noch eine Gesellschaft als persönlich haftenden Gesellschafter haben, bei der eine natürliche Person Vollhafter im Außenverhältnis ist.²²⁷ Im Ergebnis schließt nur die persönliche Haftung einer natürlichen Person auf der ersten oder zweiten Stufe die MoMiG-Regeln über Gesellschafterdarlehen aus. Erfasst sind also auch die Vor-GmbH, die GmbH & Co. KG oder eine atypische BGB-Gesellschaft, welche nur aus Kapitalgesellschaften besteht. Findet auf Auslandsgesellschaften das deutsche Insolvenzrecht gem. §§ 2, 3 InsO, § 17 Abs. 1 ZPO bzw. Art. 3, 4 EuInsVO Anwendung, so sind auch **Auslandsgesellschaften** umfasst.²²⁸ **157**

6.2.2 Darlehen und wirtschaftlich entsprechende Rechtshandlungen

Die Rechtsfolgen der §§ 39 Abs. 1 Nr. 5, 135 Abs. 1 InsO erfassen neben Darlehen (einschließlich Zinsen und sonstige Nebenforderungen) auch sonstige **Rechtshandlungen,** die einem Darlehen **„wirtschaftlich entsprechen"**. Zur **Auslegung** dieses Tatbestandsmerkmals kann auf die zum Eigenkapitalersatzrecht entwickelten Grundsätze weiterhin zurückgegriffen werden. Danach ist entscheidend, ob die Maßnahme der Finanzierung der Gesellschaft durch Zuführung oder Belassen von Finanzierungsmitteln dient. Darlehensgleiche Leistungen sind z.B. ²²⁹ **158**
– Forderungsstundungen, Prolongationen u.Ä. Stillhalteabkommen (auch für Miet- und Pachtzinsforderungen),²³⁰
– die Einräumung einer Warenkreditlinie durch Duldung nachträglicher Forderungsbegleichung.²³¹

---

225 *OLG Thüringen* ZIP 2009, 2098 ff.; *OLG München* ZIP 2011, 225; *Gutmann/Nawroth* ZInsO 2009, 174 ff.; krit. *Haas* DStR 2009, 976 ff.
226 Zum früheren Eigenkapitalersatzrecht ausführlich *Goette/Kleindiek* Eigenkapitelersatzrecht in der Praxis, 5. Aufl. 2007; *Stodolkowitz/Kleindiek* in Schimansky/Bunte/Lwowski, § 84.
227 Haftungsbeschränkte UG, AG, KGaA, SE, OHG, KG, GbR, PartG, EWIV.
228 Begründung RegE-MoMiG v. 23.5.2007, BT-Drucks. 16/6140, 57, zur Vereinbarkeit mit der EU-Niederlassungsfreiheit s. *Zahrte* ZInsO 2009, 223 ff.
229 *K.Schmidt/Uhlenbruck* Rn. 2.91.
230 *BGH* ZIP 1981, 974 ff.; *BGH* ZIP 1995, 23 ff.; *OLG Düsseldorf* ZIP 1995, 1907 ff.
231 *BGH* ZIP 1995, 23 ff.

159 Die **Nutzungsüberlassung** ist tatbestandsmäßig nicht mehr eine „dem Darlehen wirtschaftlich entsprechende Rechtshandlung", da § 135 Abs. 3 InsO dafür nunmehr eine Sonderregel enthält (siehe unten Rn. 180 ff.).

160 Problematisch ist die Beurteilung von **absteigenden Darlehen** (*downstream loans*) in Cash-Pool-Systemen, deren Nutzung nach der Intention des MoMiG-Gesetzgebers[232] gestärkt werden sollte. Nach dem MoMiG-Gesetzeswortlaut werden absteigende Darlehen im **Cash-Pool** aber als Gesellschafterdarlehen von § 135 Abs. 1 InsO grundsätzlich erfasst mit der Folge, dass auf absteigende Darlehen erfolgte Rückzahlungen und Verrechnungen an die Mutter nunmehr anfechtbar wären. In der Literatur werden verschiedene Lösungsansätze für dieses vom Gesetzgeber nicht bedachte Problem diskutiert,[233] allerdings liegt bislang keine Rechtsprechung vor. Daher ist aus Gründen der Vorsicht davon auszugehen, dass absteigende Darlehen im Cash-Pool **tatbestandsmäßig** und hierauf erfolgte Rückzahlungen/Verrechnungen anfechtbar sind.

6.2.3 Gesellschafterstellung

161 Nach altem Recht kam es darauf an, ob die Gesellschafterstellung zum Zeitpunkt der Verstrickung des Darlehens als eigenkapitalersetzend bestanden hat.[234] Nach neuem Recht geht ein maßgeblicher Teil der Literatur davon aus, dass es für die Gesellschafterstellung darauf ankommt, ob die Darlehensforderung innerhalb der Jahresfrist des § 135 InsO die eines Gesellschafters gewesen ist.[235] Erwirbt danach ein **Zessionar** die Darlehensforderung innerhalb der Jahresfrist des § 135 Abs. 1 Nr. 2 InsO von einem Gesellschafter, so gelten auch für den Dritten die Regelungen zum Nachrang und zur Anfechtbarkeit. Gleiches gilt, wenn ein früherer Gesellschafter innerhalb der Jahresfrist seinen **Gesellschaftsanteil überträgt** oder wenn ein zunächst nicht an der Gesellschaft beteiligter Kreditgeber später einen **Gesellschaftsanteil erwirbt**.[236] Rechtsprechung, die diese Ansicht ausdrücklich bestätigt, liegt allerdings noch nicht vor, sodass die weitere Entwicklung abzuwarten bleibt.

6.2.4 Gesellschaftergleiche Dritte

162 Auch nach neuem Recht wird nicht nur an die formale Gesellschafterstellung angeknüpft, sondern es kommt darauf an, ob die Darlehensgewährung eines Dritten der Darlehensgewährung durch einen Gesellschafter entspricht. Über Auslegungsprinzipien und Anwendungsergebnisse besteht aber noch Unklarheit, so dass mit Rechtsunsicherheit gerechnet werden muss.[237]

163 Der **MoMiG-Gesetzgeber** hatte die Absicht, den bisherigen § 32a Abs. 3 S. 1 GmbHG a.F. „in personeller und in sachlicher Hinsicht" zu übernehmen.[238] Sonach können die zum **alten Eigenkapitalersatzrecht** entwickelten Grundsätze für die **Einbeziehung Dritter** weiterhin Anwendung finden. **Problematisch** hierbei ist allerdings, dass die bisherigen Grundsätze seit langem umstritten sind und im Streit mit den tragenden Gründen des Eigenkapitalersatzrechts argumentiert wurde. Diese sind nach dem neuen Recht aber gerade nicht mehr Bezugspunkt der Auslegung.

---

232 RegE-MoMiG v. 23.5.2007, BT-Drucks. 16/6140, 40 f.
233 S. *Willemsen/Rechel* BB 2009, 2215; *Rönnau/Krezer* ZIP 2010, 2269.
234 *Kleindiek* in Lutter/Hommelhoff, Anh § 64, Rn. 118.
235 *Altmeppen* NJW 2008, 3601 ff.; *Haas* ZInsO 2007, 617 ff.; *Hirte* ZInsO 2008, 689 f.
236 *Kleindiek* in Lutter/Hommelhoff, Anh § 64, Rn. 119 m.w.N.
237 Zum Meinungstand *Schall* ZIP 2010, 205; *K. Schmidt* Beilage ZIP 39/2010, 15, 21 f.
238 Begründung RegE-MoMiG v. 23.5.2007 zu § 39 Abs. 1 InsO, BT-Drucks. 16/6140, 56.

Nach anderer Ansicht soll das **alte Eigenkapitalersatzrecht** nur sehr **restriktiv** Anwendung finden, sodass Dritte in den persönlichen Anwendungsbereich des neuen Rechts nur bei „Strohmann"-Finanzierungen sowie in Fällen wirtschaftlicher Einheit im Konzernverbund einzubeziehen seien.[239] Gleiches soll bei Treuhandkonstruktionen gelten.[240] Wiederum andere Stimmen lehnen autonome Zurechnungsregeln ab und greifen auf §§ 16 Abs. 4, 17, 56 Abs. 2, 71d S. 2 AktG analog als rechtsformübergreifendes Zurechnungsregime zurück.[241] **164**

Da der **BGH** sich hierzu noch nicht geäußert hat, besteht zudem die Möglichkeit, dass der nach der MoMiG-Reform nunmehr zuständige Insolvenzrechtssenat des BGH in seiner künftigen Rechtsprechung sich eher an den anfechtungsrechtlichen Zurechnungsmaßstäben unter Anlehnung an § 138 InsO orientieren und damit zu einer extensiveren Einbeziehung Dritter als im vormaligen Eigenkapitalersatzrecht gelangen könnte.[242] **165**

6.2.5 Sanierungs- und Kleinbeteiligtenprivileg

Gesellschafterhilfen zu Sanierungszwecken oder von Kleinbeteiligten sind vom **Anwendungsbereich** der Nachrangregeln **ausgenommen** (dies kommt auch gesellschaftergleichen Dritten zugute). Die neue Regelung knüpft an die zum alten Eigenkapitalersatzrecht entwickelten **Grundsätze** an.[243] **166**

§§ 39 Abs. 4 S. 2, § 135 Abs. 4 InsO gewähren ein **Sanierungsprivileg** für Fälle des **Anteilserwerbs zum Zwecke der Sanierung** bei drohender oder eingetretener Zahlungsunfähigkeit oder bei Überschuldung. Mit Eintritt der „nachhaltigen Sanierung" fällt das Privileg weg und muss sich der Sanierungsgesellschafter vor der Frist des § 135 InsO zum Abzug seiner Hilfe entschließen.[244] Nur so kann er vermeiden, dass seine Hilfe der Nachrangordnung von § 39 Abs. 1 Nr. 5 InsO unterliegt.[245] Ein Scheitern der Sanierung lässt die Freistellungswirkung des Sanierungsprivilegs dagegen unberührt. **167**

Auch das **Kleinbeteiligungsprivileg** für nicht geschäftsführende Gesellschafter mit einer Beteiligung von 10 % oder weniger ist im Sinne der bisherigen Unterscheidung[246] aufrechterhalten worden (§§ 39 Abs. 5, 135 Abs. 4 InsO). Die Nachrangrechtsfolgen treffen jedoch den Gesellschafter, der binnen der Fristen des § 135 InsO die **10 %ige Kapitalbeteiligungsschwelle** überschreitet oder Geschäftsführungsfunktion innehat. Das gilt auch für solche Gesellschafterhilfen, bei deren Gewährung diese Voraussetzungen noch nicht vorlagen und die Schwelle später überschritten wird.[247] Denn es ist allein der kritische Zeitraum des § 135 InsO entscheidend. **168**

---

239 Insbesondere wegen Bestehens eines Beherrschungs- und Gewinnabführungsvertrages, *U. Huber* FS Priester, S. 259, 275 ff.; *Habersack* ZIP 2008, 2385, 2387.
240 *Gehrlein* BB 2008, 846.
241 *Schall* ZIP 2010, 205, 209 ff.
242 *Kleindiek* in Lutter/Hommelhoff, Anh § 64, Rn. 127 unter Hinweis auf *Goette* Einführung in das neue GmbH-Recht, 2008, Rn. 58. Auch unter Hinweis auf *Goette*: *K. Schmidt* Beilage ZIP 39/2010, 15, 21.
243 Näher zu den Unterschieden *Bork* ZGR 2007, 250, 254 ff.; *Hirte/Knof* WM 2009, 1961, 1969; zum alten Recht *Stodolkowitz/Kleindiek* in Schimansky/Bunte/Lwowski, § 84, Rn. 49 f.
244 Näher *Hirte* WM 2009, 1961.
245 *Hirte*-Uhlenbruck § 39 Rn. 67.
246 Näher *Stodolkowitz/Kleindiek* in Schimansky/Bunte/Lwowski, § 84, Rn. 54 ff.
247 *Kleindiek* in Lutter/Hommelhoff, Anh. § 64 Rn. 129 m.w.N.

169 Bei einer **indirekten Beteiligung** wie z.B. bei der GmbH & Co. KG ist die „durchgerechnete" Beteiligung an der gesamten Gesellschaft ausschlaggebend: Zur Kapitalbeteiligung als Kommanditist ist also die Beteiligung an der Komplementärin zu addieren und in Bezug zum Gesamtkapital zu setzen.[248] Versuche, die starre 10 %-Grenze zu umgehen, sind mit **Zurechnungsregeln** zu lösen, wobei z.B. auf die Nachweismöglichkeiten und -vermutungen bei den Meldepflichten der § 20 AktG, §§ 31 ff. WpHG und bei den Umgehenstatbeständen von Höchststimmrechten in § 134 Abs. 1 S. 2 AktG zurückgegriffen werden kann.[249]

6.2.6 Rechtsfolgen

170 Gesellschafterdarlehen und gleichgestellte Leistungen sind in der Insolvenz nachrangig und unterliegen strengen Anfechtungsregeln.

6.2.6.1 Gesellschafterdarlehen

171 Rechtshandlungen, die für eine Forderung aus einem Gesellschafterdarlehen oder für eine wirtschaftlich gleichgestellte Forderung **Befriedigung gewährt** haben, kann der Insolvenzverwalter, wenn sie **im letzten Jahr vor Stellung des Antrags** auf Eröffnung des Insolvenzverfahrens oder nach Antragstellung vorgenommen worden sind gem. § 135 Abs. 1 Nr. 2 InsO anfechten. Befriedigung meint Erfüllung und erfasst neben der Zahlung alle Erfüllungssurrogate, also auch Leistungen an Erfüllungs statt oder erfüllungshalber oder die Aufrechnung oder die Verwertung einer Sicherheit aus dem Gesellschaftsvermögen. Daneben sind auch Rechtshandlungen anfechtbar, mit denen für eine solche Gesellschafterforderung **Sicherung gewährt** worden ist, wenn dies im Zeitraum von 10 Jahren vor Antragstellung oder danach erfolgte (§ 135 Abs. 1 Nr. 1 InsO).

172 Das anfechtbar Erlangte ist **an die Masse zurückzugewähren** und im Falle einer Geldschuld mit 5 % über Basiszinssatz zu **verzinsen**.[250] Wird die Gewährung einer Sicherheit angefochten, so richtet sich der Anspruch auf Aufhebung der Sicherung. Nach erfolgter Rückgewähr lebt die Forderung des Gesellschafters wieder auf und nimmt als **nachrangige Forderung** am Insolvenzverfahren teil.

173 **Anders** als im früher geltenden Eigenkapitalersatzrecht haftet ein anderer Gesellschafter nicht deshalb, weil das an den Gesellschafter zurückgezahlte Darlehen bei diesem nicht zurückerlangt werden kann.

174 Noch nicht zurückgeführte Gesellschafterdarlehen sind in der Insolvenz nachrangig (§ 39 Abs. 1 Nr. 5 InsO). Von der Gesellschaft gestellte Sicherheiten kann der Gesellschafter aufgrund der Nachrangigkeit dann ebenfalls nicht verwerten und hat diese an den Insolvenzverwalter herauszugeben, wenn feststeht, dass auf die nachrangige Insolvenzforderung keine Quote zu erwarten ist.[251]

6.2.6.2 Gesellschafterbesicherte Drittdarlehen

175 Hat ein Gesellschafter einem Dritten für ein der Gesellschaft gewährtes Darlehen Sicherheiten bestellt, so sind Rückzahlungen innerhalb der Jahresfrist vor Antragstel-

---

248 *Hirte* in Uhlenbruck, § 39 Rn. 73. m.w.N., *Gehrlein* BB 2008, 849.
249 *Hirte* in Uhlenbruck, § 39 Rn. 74. m.w.N., *Paulus* BB 2001, 425, 428f.
250 §§ 143 InsO, 819 Abs. 1, 818 Abs. 4, 288 Abs. 1 BGB.
251 *BGH* ZIP 2009, 471 ff.

lung oder danach nach § 135 Abs. 2 InsO anfechtbar. Die Rechtsfolge ist, dass der sicherungsgebende Gesellschafter die an den Dritten erfolgte Rückgewährleistung einschließlich Nebenleistungen wie Zinsen und Kosten zur Masse erstatten muss. Sein daraus folgender Regress- bzw. Freistellungsanspruch gegen die Gesellschaft ist in der Insolvenz aber nachrangig. Leistungen auf Forderungen, die einem Darlehen **wirtschaftlich entsprechen** sind wiederum gleichgestellt. Der **Umfang der Anfechtung** reicht aber nur soweit, wie die Gesellschaftersicherheit haftet und der Gesellschafter aus seiner Sicherheit frei wird. Dem Gesellschafter steht eine sog. **Ersetzungsbefugnis zu**, d.h. er kann die als Sicherheit dienenden Gegenstände der Masse zur Verfügung stellen und wird als Folge dann von seiner Erstattungspflicht frei.

Ist die Rückgewährforderung noch nicht erfüllt, so kann der Dritte anteilsmäßige **Befriedigung aus der Insolvenzmasse** verlangen, allerdings nur insoweit, wie er bei Inanspruchnahme der Gesellschaftersicherheit ausgefallen ist. Für die **Auslegung** des hierfür anwendbaren § 44a InsO kann auf die zu § 32a Abs. 2, § 32b GmbHG a.F. gewonnenen Erkenntnisse zurückgegriffen werden.[252] **176**

Bei Doppelsicherheiten von Gesellschafter und Gesellschaft für das Drittdarlehen besteht das Risiko, dass der Insolvenzverwalter den Gesellschafter in Anspruch nimmt. Nach vormals geltendem Eigenkapitalersatzrecht bestand ein Freistellungsanspruch der Gesellschaft gegen den Gesellschafter in Höhe des Betrages, mit dem die Gesellschaftersicherheit durch die Verwertung der Gesellschaftssicherheit freigeworden ist. Der Gläubiger konnte also zunächst Befriedigung aus seinen Absonderungsrechten am Gesellschaftsvermögen verlangen und soweit der Gesellschafter dadurch aus seiner Sicherheit frei wurde, unterlag der Gesellschafter nach § 32b GmbHG a.F. und analog §§ 30, 31 GmbHG a.F. i.V.m. den sog. Rechtsprechungsregeln dem Regress durch den Insolvenzverwalter. Diese Rechtsgrundlage ist aber durch das MoMiG abgeschafft worden. Der 8. Zivilsenat des OLG Hamm[253] hat entschieden, dass ein Insolvenzverwalter nach Verwertung der dem Absonderungsrecht unterliegenden Gegenstände und Auskehr des Erlöses an den besicherten Gläubiger gegenüber dem Gesellschafter mit der Begründung, durch die Tilgung der Gesellschaftsschuld sei die Sicherheit entsprechend frei geworden, keine Insolvenzanfechtung mehr geltend machen kann. Gegen das Urteil ist Revision eingelegt.[254] Demgegenüber hat der 27. Zivilsenat des OLG Hamm in einem ähnlichen gelagerten Fall einen Erstattungsanspruch des Insolvenzverwalters in analoger Anwendung des § 135 Abs. 2 InsO bejaht.[255] Es bleibt abzuwarten, welche Ansicht sich durchsetzt und ob die Rechtsprechung den gewichtigen und unseres Erachtens zutreffenden Stimmen in der Literatur[256] folgt, die über eine analoge Anwendung des § 44a, § 135 Abs. 2 InsO die Rechtsfolgen der Erstattungspflicht des Gesellschafters beibehalten möchten. **177**

---

252 *K. Schmidt* BB 2008, 1966; *Spliedt* ZIP 2009, 149, 154 ff.
253 *OLG Hamm* ZIP 2011, 343.
254 Anhängig unter *BGH* IX ZR 11/11.
255 OLG Hamm ZIP 2011, 1226; Bespr. *Mikolajczak* ZIP 2011, 1285.
256 *Altmeppen* ZIP 2011, 741; *Gundlach/Frenzel/Strandmann* DZWIR 2010, 232; *K. Schmidt* BB 2008, 1966.

6.2.6.3 Finanzplankredite

178 Noch unklar ist, welchen Weg die **Rechtsprechung** zur Beurteilung von Finanzplankrediten (auch „gesplittete Einlage") einschlagen wird.[257] Dabei handelt es sich um die außerhalb oder innerhalb der Satzung **privatautonom vereinbarte Verpflichtung** des Gesellschafters zur Gewährung entsprechender Leistungen an die Gesellschaft. Ist die zugrunde liegende **Abrede nicht beendet** (z.B. nicht gekündigt), so kann die Gesellschaft oder der Insolvenzverwalter vom Gesellschafter deren Erfüllung, also **Gewährung der versprochenen Leistung** verlangen. Fraglich ist in diesem Zusammenhang oftmals, ob die vertraglich eingegangene Bindung des Gesellschafters auch einvernehmlich wieder aufgehoben bzw. gekündigt werden kann und welche Regeln für die Zulässigkeit einer **einvernehmlichen Aufhebung** bzw. einer Kündigung gelten.[258] Unter Geltung des Eigenkapitalersatzrechts hat der **BGH** eine einvernehmliche Aufhebung nur außerhalb der Krise zulassen wollen.[259] Aller Voraussicht nach wird die Rechtsprechung[260] die Aufhebung einer Finanzplanbindung wohl an den Tatbeständen der Insolvenzanfechtung (§§ 129 ff. InsO) messen und es wäre zu fragen, ob die Aufhebung nach diesen Vorschriften anfechtbar ist. Dies ist eine Frage des Einzelfalls, aber voraussichtlich wird bei einer Mehrzahl der Fälle eine Anfechtbarkeit zu bejahen sein.

6.2.6.4 Sonstige insolvenzrechtliche Anfechtungsvorschriften

179 Außerhalb der Jahresfrist können Rückzahlungen von Gesellschafterdarlehen insbesondere nach § 133 InsO angefochten werden, wenn die weiteren Voraussetzungen vorliegen. § 135 Abs. 1 InsO stellt keine abschließende Regelung mit Sperrwirkung dar. Wäre dies nämlich der Fall, dann wäre trotz vorsätzlicher Gläubigerbenachteiligung eine Anfechtung ausgeschlossen. Eine solche Privilegierung war vom Gesetzgeber aber nicht intendiert.[261]

6.3 Nutzungsüberlassungen

180 Aufgrund der Aufgabe des bisherigen Konzepts des Eigenkapitalersatzrechts wurden die Regelungen zur Nutzungsüberlassung von Gesellschaftern durch das MoMiG in § 135 Abs. 3 InsO neu gefasst.[262] Damit bestehen erhebliche Änderungen gegenüber dem früheren Recht der eigenkapitalersetzenden Nutzungsüberlassung.

181 Die **neue Vorschrift** ist systematisch unpassend verortet, denn eigentlich ergänzt sie die Insolvenzverwalteroptionen in den Bestimmungen der §§ 103 ff. InsO und passt nicht in den Regelungskörper der Insolvenzanfechtung. So greifen hinsichtlich des zugrundeliegenden Überlassungsvertrags die §§ 103 ff. InsO und der Insolvenzverwalter hat die Wahl, ob er vom dort normierten **„großen" Wahlrecht** oder nur vom eingeschränkten insolvenzrechtlichen Nutzungsanspruch des § 135 Abs. 4 InsO Gebrauch machen möchte.[263]

---

257 Hierzu *Buschmann* NZG 2009, 91; *Schodder* EWiR 2010, 491 f.; *Orlikowski-Wolf* GmbHR 2009, 902 ff.; *Krolop* GmbHR 2009, 397 ff.; *K. Schmidt* GmbHR 2009, 1009 ff.; *Klöckner* ZIP 2011, 1454.
258 *Kleindiek* in Lutter/Hommelhoff, Anh. zu § 64 Rn. 144; zur vertraglich vereinbarten Kündigungsmöglichkeit der Patronatserklärung *BGH* ZIP 2010, 2092.
259 Grundlegend *BGH* ZIP 1999, 1263 ff.; zuletzt: *BGH* ZIP 2010, 1078 ff. mit Bezug zur intertemporären Anwendung des MoMiG.
260 Aus dem Schrifttum: *Gunßer* GmbHR 2010, 1250.
261 *Kleindiek* in Lutter/Hommelhoff, Anh. § 64 Rn. 108, m.w.N.
262 Krit. *K. Schmidt* Beilage ZIP 39/2010, 15, 23 ff.
263 *Hirte* in Uhlenbruck, § 135 Rn. 26; *K. Schmidt* BB 2008, 1727, 1732 f.

6.3.1 Überlassungspflicht des Gesellschafters

Überlässt ein Gesellschafter der Gesellschaft Gegenstände zur betrieblichen Nutzung (z.B. Maschinen, Betriebsgrundstück, Immaterialgüter und vergleichbare Schutzrechte) und sind die Gegenstände für die **Fortführung des Unternehmens** von erheblicher Bedeutung[264] (Anknüpfung an § 21 Abs. 2 S. 1 Nr. 5 InsO), so kann der Insolvenzverwalter nach § 135 Abs. 3 S. 1 InsO eine **Aussonderung** des Gegenstandes durch den Gesellschafter **verhindern**. Für die Dauer des Insolvenzverfahrens, maximal jedoch für ein Jahr ab Verfahrenseröffnung, kann der Gesellschafter eine gegebenenfalls bestehende Herausgabe wegen seiner im Insolvenzverfahren fortwirkenden Treuepflicht und des andernfalls gefährdeten **Insolvenzverfahrenszwecks**[265] nicht geltend machen. Der Verwalter hat die beabsichtigte **Weiternutzung** dem Gesellschafter unverzüglich **anzuzeigen** und dieser kann den Verwalter analog § 103 Abs. 2 S. 2 InsO zu einer Erklärung hierüber auffordern. Während des Nutzungszeitraums hat der Gesellschafter seine aus dem zugrundeliegenden Nutzungsüberlassungsvertrag folgenden Erhaltungs- und **Wartungspflichten** hinsichtlich des überlassenen Gegenstands weiter zu erfüllen, ungeachtet ob er Ausgleichzahlungen erhält.

182

6.3.2 Vergütungspflicht des Insolvenzverwalters

Anders als früher erhält im Gegenzug der überlassende Gesellschafter einen **Vergütungsanspruch** in **Höhe** der im letzten Jahr vor Eröffnung des Insolvenzverfahrens (richtigerweise: vor Stellung des Antrags auf Eröffnung des Insolvenzverfahrens)[266] durchschnittlich tatsächlich geleisteten Vergütung. War die Überlassungsdauer kürzer als ein Jahr, so gilt der **Durchschnittswert** der im jeweiligen Zeitraum geleisteten Vergütung. Zahlungen, welche der Anfechtung nach § 135 Abs. 1 InsO unterliegen, werden bei der Berechnung des Ausgleichsanspruches nicht berücksichtigt. War die Vergütung überhöht, droht eine Anfechtung der ihr zugrundeliegenden Vereinbarungen und/oder der erfolgten Zahlungen.[267] Unklar ist, ob, wie dies von der Rechtsprechung zum alten Recht vertreten wurde,[268] im Fall der **Kollision mit Grundpfandrechten** am überlassenen Grundstück oder bei der Doppelinsolvenz von Gesellschaft und Gesellschafter der Insolvenzverwalter die Option aus § 135 Abs. 3 InsO auch zu Lasten der Grundpfandrechtsgläubiger oder der Gesellschaftergläubiger ausüben kann. Wesentlich für die Antwort auf diese Frage wird sein, ob man der Ansicht ist, dass der Ausgleichsanspruch nach § 135 Abs. 3 S. 2 InsO einen gerechten **Interessenausgleich** im Verhältnis zu diesen Dritten gewährleistet oder nicht.[269]

183

6.3.3 Weitere Rechtsfolgen

Liegt hinsichtlich der rückständigen Forderungen auf das **Nutzungsentgelt** eine **Kreditgewährung** vor (z.B. wegen Stundung), so sind diese Forderungen nach § 39 Abs. 1 Nr. 5 InsO nachrangig und Zahlungen darauf sind nach § 135 Abs. 1 InsO anfechtbar.

184

---

264 Kriterium: Der Betriebsablauf wird durch den Zugriff auf den Gegenstand nicht unerheblich gestört; hierzu *Spliedt* ZIP 2009, 149, 156 f.
265 Begr. BeschlEmpfehlung BT-Drucks. 16/9737, 59.
266 *Dahl/Schmitz* NZG 2009, 325, 330; *Spliedt* ZIP 2009, 149, 157.
267 *Hirte* in Uhlenbruck, § 135 Rn. 23.
268 BGH ZIP 1999, 65 ff.; ZIP 2000, 455 f.; ZIP 2008, 1176 ff.; zusammenfassend *Stodolkowitz/Kleindiek* in Schimansky/Bunte/Lwowski, § 84 Rn. 105
269 Für eine Anwendung der bisherigen Rechtsprechung *Hirte* in Uhlenbruck, § 135 Rn. 22; *Bitter* ZIP 2010, 1 ff.; dagegen: *Göcke/Henkel* ZinsO 2009, 170 ff.

Wie schon bei den Gesellschafterdarlehen bleibt eine Anfechtung aus den übrigen Tatbeständen der §§ 130 ff. InsO möglich. Unklar ist, ob die vor Insolvenzeröffnung erfolgte **Beendigung der Nutzungsüberlassung** anfechtbar ist.[270]

III. Aufsichtsrat

185 Gerade in letzter Zeit rückt verstärkt die Haftung des Aufsichtsrates einer in die Krise geratenen AG oder GmbH in den Fokus. Zwar verfügt die GmbH im Normalfall über kein obligatorisches **Aufsichtsorgan.** Aber oftmals ist in der Satzung gem. § 52 GmbHG ein **entsprechendes Gremium** (sog. fakultativer Aufsichtsrat) vorgesehen.

1. Überwachungspflichten

186 Der Aufsichtsrat hat die Geschäftsführung in der Krise besonders eng zu **kontrollieren** und ggf. auf die Geschäftsleitung unmittelbar **Einfluss zu nehmen.** Ansonsten haftet der Aufsichtsrat gesamtschuldnerisch mit dem Geschäftsleiter für dessen Pflichtverletzungen. Erheblich wirkt diese gesamtschuldnerische Haftung, wenn der Geschäftsleiter **Zahlungen trotz Insolvenzreife** leistet.

187 So hat der BGH für die AG entschieden, dass sich die aus § 111 AktG ergebende **Beratungs- und Überwachungspflicht des Aufsichtsrats** im Stadium der Insolvenzreife der Gesellschaft auch auf die in dieser Situation bestehenden besonderen Pflichten des Vorstands bezieht und ferner festgestellt, dass diese Grundsätze auch für den (fakultativen) Aufsichtsrat der GmbH über § 52 Abs. 1 GmbHG, § 116 AktG gelten.[271]

188 Erkennt also der Aufsichtsrat oder muss er erkennen, dass die Gesellschaft insolvenzreif ist, hat er darauf **hinzuwirken,** dass der Vorstand/Geschäftsführer seinen spezifischen **Krisenpflichten nachkommt,** also bspw. rechtzeitig einen Insolvenzantrag stellt und keine Zahlungen leistet, die mit der Sorgfalt eines ordentlichen und gewissenhaften Geschäftsleiters nicht vereinbar sind (§ 92 Abs. 2 S. 1 AktG bzw. § 64 S. 1 GmbHG). Erforderlichenfalls muss er ein ihm unzuverlässig erscheinendes Vorstandsmitglied **abberufen.**[272] Bei Führungslosigkeit der Gesellschaft treffen ihn gegebenenfalls die Kapitalerhaltungs- und Insolvenzantragspflichten.

2. Aufklärungspflichten

189 Voraussetzung für eine Haftung ist, dass der Aufsichtsrat für den Pflichtverstoß Anhaltspunkte hat. Der Aufsichtsrat muss sich deshalb ein **genaues Bild** von der wirtschaftlichen Situation der Gesellschaft verschaffen und insbesondere in einer Krisensituation alle ihm nach §§ 90 Abs. 3, 111 Abs. 2 AktG (§ 52 GmbHG) zur Verfügung stehenden **Erkenntnisquellen** ausschöpfen.[273] Erforderlichenfalls muss er sachverständige Berater hinzuziehen. Für den Aufsichtsrat **wichtige Hinweisquelle** ist der Jahresabschluss und gegebenenfalls der Prüfungsbericht des Abschlussprüfers. Bei **börsennotierten AGs** enthält der Prüfungsbericht auch einen Bericht des Abschlussprüfers darüber, ob der Vorstand ein geeignetes **Risikoüberwachungssystem** eingerichtet hat.

---

270 *Kleindiek* in Lutter/Hommelhoff, Anh. zu § 64 Rn. 141 m.w.N.
271 *BGH* ZIP 2010, 1988 – DOBERLUG; hierzu *Altmeppen* ZIP 2010, 1973; *Schürnbrand* NZG 2010, 1207 ff.; *K. Schmidt* GmbHR 2010, 1319 ff.; *Vetter* EWiR 2010, 713.
272 *BGH* ZIP 2009, 860 ff.
273 *BGH* ZIP 2009, 70 – MPS.

Demgemäß sieht § 100 Abs. 5 AktG nunmehr vor, dass bei kapitalmarktorientierten Gesellschaften mindestens ein unabhängiges Aufsichtsratsmitglied berufen sein muss, das über Sachverstand auf den Gebieten Rechnungslegung oder Abschlussprüfung verfügen muss.

Nach der **Rechtsprechung** ist das Erfordernis der Anhaltspunkte für einen Pflichtverstoß schnell erfüllt. So hat der **BGH** entschieden, dass ein Anhaltspunkt für einen Verstoß gegen das Zahlungsverbot für einen Aufsichtsrat etwa dann besteht, wenn die Gesellschaft Arbeitnehmer beschäftigt und die Geschäftsleitung das Unternehmen nach Eintritt der Insolvenzreife fortführt. Dann liegt es nahe, dass der Vorstand/Geschäftsführer zumindest die Zahlung der Löhne und Arbeitgeberanteile zur Sozialversicherung veranlasst und dadurch gegen § 92 Abs. 2 S. 1 AktG (§ 64 S. 1 GmbHG) verstoßen wird.[274]

190

3. Einberufungspflichten

Der Aufsichtsrat (auch bei der GmbH) hat nach § 111 Abs. 3 AktG die **Pflicht** zur Einberufung einer Haupt- (bzw. Gesellschafterversammlung), wenn das Wohl der Gesellschaft es erfordert. Insoweit muss der Aufsichtsrat prüfen, ob bei wesentlichen Pflichtverletzungen des Vorstandes in der Krise gegebenenfalls eine Hauptversammlung einzuberufen ist. Verstößt er hiergegen, so haftet er nach § 116 S. 1 i.V.m. § 93 Abs. 2 AktG der Gesellschaft auf Schadenersatz.

191

4. Pflicht zur Herabsetzung von Geschäftsleitergehältern

Der Aufsichtsrat der AG soll bei einer Verschlechterung der Lage der AG das Gehalt des Vorstandes herabsetzen (§ 87 Abs. 2 AktG). Auch der Gesellschafter-Geschäftsführer der GmbH kann in der Krise der GmbH verpflichtet sein, in analoger Anwendung des § 87 Abs. 2 AktG sein Gehalt angemessen zu reduzieren, andernfalls haftet er aus § 43 GmbHG auf Ersatz des zuviel gezahlten Gehalts.[275]

192

5. Haftung

Verletzt der Aufsichtsrat einer Aktiengesellschaft schuldhaft seine Aufklärungs-, Überwachungs- und Handlungspflichten, sind seine Mitglieder der AG zum Schadenersatz verpflichtet (§§ 116 S. 1, 93 Abs. 3 Nr. 6 AktG). Das Gesetz stellt den Drittschaden der Insolvenzgläubiger einem Schaden der Gesellschaft gleich. Diese ausdrücklich normierte **Gleichstellung** ist notwendig, denn durch die pflichtwidrigen Zahlungen sind eigentlich nur die Insolvenzgläubiger durch eine Masseschmälerung und nicht die Gesellschaft geschädigt.[276]

193

Für den **fakultativen Aufsichtsrat** bei der GmbH gilt diese Gleichstellung allerdings nicht, denn dort sind die Rechtsfolgen anders geregelt. § 52 Abs. 1 GmbHG nimmt § 93 Abs. 3 Nr. 6 AktG nicht in Bezug.[277] Daher fehlt eine Gleichstellung des Zahlungsabflusses mit einem Schaden der Gesellschaft i.S.d. §§ 249 ff. BGB. Die Mitglieder des

194

---

274 *BGH* ZIP 2010, 1988 ff. – DOBERLUG.
275 *OLG Köln* ZIP 2009, 36.
276 *BGH* ZIP 2010, 1988 ff. – DOBERLUG; hierzu *Altmeppen* ZIP 2010, 1973.
277 Anders als die Vorschriften für den obligatorischen Aufsichtsrat einer GmbH, § 1 Abs. 1 Nr. 3 DrittelbG, § 25 Abs. 1 Nr. 2 MitbestG, § 3 Abs. 2 MontanMitbestG, § 3 Abs. 1 Satz 2 MontanMitbestGErgG, § 6 Abs. 2 InvG.

fakultativen Aufsichtsrats der Gesellschaft sind also nur dann ersatzpflichtig, wenn durch die verbotswidrige Zahlung ausnahmsweise ein eigener Schaden der Gesellschaft entstanden ist. Im Übrigen werden sie aber – und damit im Regelfall – mangels eines der Gesellschaft entstandenen Schadens nicht haften. Eine Haftung des fakultativen Aufsichtsrates allein wegen der Verminderung der Insolvenzmasse wegen verbotenen Zahlungen des Geschäftsleiters nach Insolvenzreife scheidet daher in der Regel aus. [278]

195 **Festzuhalten bleibt:** Die Aufsichtsratmitglieder einer AG oder solche in einem obligatorischen Aufsichtsrat einer (der Mitbestimmung unterliegenden) GmbH sind durch die BGH-Rechtsprechung **erheblichen Haftungsrisiken** ausgesetzt, denn für die **Beweislast** reicht, dass sich der Aufsichtsrat nicht von der Vermutung[279] entlasten kann, die erkennbare Insolvenz sowie den Umstand schuldhaft verkannt zu haben, dass die Geschäftsführung trotz Insolvenzreife weiter „wirtschaftet".[280] Für die Berechnung der **Schadenshöhe** gelten die allgemeinen Regeln. Über die Erfüllung seiner Pflichten sollte der Aufsichtsrat wegen der ihm obliegenden Darlegungs- und Beweislast schriftliche Vermerke oder Sitzungsprotokolle anfertigen.

196 Die Schadenersatzansprüche verjähren in fünf Jahren bzw. zehn Jahren bei börsennotierten Gesellschaften (§ 116 S. 1 i.V.m. § 93 Abs. 6 AktG).

IV. Finanzierer

197 Zwischen Unternehmen und ihren Kreditgebern bestehen häufig enge Rechtsbeziehungen, die in der Krise und folgenden Insolvenz eine Haftung des Kreditgebers bedeuten können. Die nachfolgende **Darstellung** der Haftungsgefahren folgt dem **zeitlichen Ablauf** des Sanierungsgeschehens: **Krisenfrüherkennung, Vor-Sanierungsphase, Sanierungsphase**. Abschließend werden die **Anfechtungsrisiken** dargestellt.

1. Krisenfrüherkennung durch Finanzierer

198 Da die Wirtschaftsentwicklung unvorhersehbar ist, ist es im Interesse des Finanzierers, natürliche Schwankungen in der Unternehmensentwicklung von Krisen unterscheidbar zu machen, um so das **Ausfallrisiko** zu verringern und bei Erkennen von Krisenanzeichen auf eine Sanierung des Unternehmens hinzuarbeiten. Im Mittelpunkt stehen damit **Instrumente** für eine frühzeitige Krisenerkennung und ein aktives Krisenmanagement.[281] Diese bergen aber **Haftungsgefahren**.

1.1 Vertragliche Krisenfrüherkennungsinstrumente

199 Kreditgeber bringen in der Regel Auflagen in den Kreditvertrag ein (sog. **Covenants**),[282] über welche sie sich Einwirkungsmöglichkeiten auf den Kreditnehmer verschaffen, die Bedienung von Krediten sicherstellen und ein rechtzeitiges Erkennen

---

278 *BGH* ZIP 2010, 1988 ff. – DOBERLUG; kritisch zur Begründung, aber zustimmend im Ergebnis *Altmeppen* ZIP 2010, 1973, 1976.
279 Vgl. § 93 Abs. 2 S. 2 AktG.
280 Krit. *Altmeppen* ZIP 2010, 1973, 1976 f. mit der Einschätzung, diese „dramatische Haftungsfalle" werde die Insolvenzverwalter „aufjubeln lassen" und Aufsichtsräte dürften „in Panik kommen".
281 Näher dazu: *Krolak/Morzfeld/Remmen* DB 2009, 1417 ff.
282 S. auch 2. Kap. Rn. 256, 6. Kap. Rn. 23, 10. Kap. Rn. 1068 ff.

von und Eingreifen bei finanziellen Schwierigkeiten möglich machen.[283] Die Auflagen können in Handlungspflichten (sog. **Affirmative Covenants**), Unterlassungspflichten (sog. **Negative Covenants**) und die Verpflichtung zur Einhaltung bestimmter Finanzkennzahlen (**Financial Covenants**) unterteilt werden.[284]

1.2 Handlungs- und Sanktionsmöglichkeiten

Verstößt der Kreditnehmer gegen die Kreditauflagen stehen dem Kreditgeber mehrere Handlungsalternativen zur Verfügung. Sofern vereinbart, kann er die ausgereichten **Kredite kündigen** und zur Rückzahlung **fällig stellen**. Er kann aber auch den Kredit **stehen lassen** oder ggf. weitere Finanzmittel **nachschießen**. Außerdem kommt eine Umwandlung der Kreditforderungen in Eigenkapital (**Debt to Equity Swap**[285]) in Betracht. 200

1.3 Haftungsrisiken bei der Verwendung von Covenants

Bislang ist **ungeklärt**, ob und wann bei der Verwendung von Covenants eine Stellung eingenommen wird, die zur (haftungsmäßigen) **Gleichstellung** von Kreditgeber und Gesellschafter führt.[286] 201

Voraussetzung für die Anwendung der Eigenkapitalersatzvorschriften nach altem Recht war grundsätzlich die formale Gesellschafterstellung des Kreditgebers. Dies hat sich auch nach der Einführung des MoMiG nicht geändert. 202

Zur **Vermeidung von Umgehungstatbeständen** sah § 32a Abs. 3 S. 1 GmbHG a.F. vor, dass die Vorschriften über die eigenkapitalersetzenden Gesellschafterdarlehen für andere Rechtshandlungen eines Dritten, die der Darlehensgewährung wirtschaftlich entsprechen, sinngemäß gelten. In Konkretisierung dieser Norm hat der BGH in seiner Rechtsprechung gewisse Fallkonstellationen herausgebildet, in denen der Adressatenkreis der Eigenkapitalersatzregeln auf Dritte ausgedehnt wurde. Eine Gleichstellung erfolgt dabei ohne weiteres in Fällen der **Treuhand**[287] oder in Fällen einer **mittelbaren Stellvertretung**.[288] Bei verbundenen Unternehmen hat der BGH zuletzt eine Gleichstellung dann angenommen, wenn der Dritte an dem Gesellschafter maßgeblich beteiligt ist und deshalb die Geschicke bestimmen und durch Gesellschafterbeschlüsse Weisungen erteilen kann, insgesamt also einen **beherrschenden Einfluss** auf den Gesellschafter und damit auch auf die Gesellschaft ausüben konnte.[289] Nach der Rechtsprechung des BGH ist in allen Fallkonstellationen das **mitgliedschaftliche Merkmal** für die Einbeziehung eines Dritten in den Adressatenkreis des § 32a Abs. 3 S. 1 GmbHG a.F. von entscheidender Bedeutung. 203

Die zentrale Rolle des mitgliedschaftlichen Merkmales findet sich dann auch in den Entscheidungen des BGH zur Einbeziehung des **atypischen stillen Gesellschafters** und des **atypischen Pfandgläubigers** wieder. Der **BGH** hat auch in diesen Fällen die Ein- 204

---

283 Näher dazu: *Krolak/Morzfeld/Remmen* DB 2009, 1417, 1419 ff.
284 *Hess* ZIP 2010, 461 ff.
285 Näher dazu und mit Berücksichtigung des Entwurfes für ein Gesetz zur weiteren Erleichterung der Sanierung von Unternehmen (ESUG): *Kresser* ZInsO 2010, 1409; *Himmelsbach/Achsnik* NZI 2006, 562 ff.
286 Zu wirtschaftlichen Grenzen von Covenants: *Krolak/Morzfeld/Remmen* DB 2009, 1417 ff.
287 *BGH* ZIP 1990, 1593.
288 *BGH* ZIP 2001, 115.
289 *BGH* ZIP 2006, 279.

beziehung des Dritten in den Normadressatenkreis des § 32a Abs. 3 S. 1 GmbHG a.F. nur dann bejaht, wenn der Dritte über weitreichende **Einflussmöglichkeiten** auf die Geschicke der Gesellschaft **und** über eine **Beteiligung an dem Vermögen** verfügt hat. Die Eigenkapitalersatzregeln finden bei einer stillen Beteiligung nach dieser Rechtsprechung nur dann Anwendung, wenn der stille Gesellschafter – abweichend von dem gesetzlichen Leitbild – neben seiner Beteiligung an Vermögen und Ertrag aufgrund schuldrechtlich vereinbarter Mitspracherechte in gesellschafterähnlicher Weise auf die Geschicke der Gesellschaft Einfluss nehmen kann.[290] Allein die Bestellung von Pfandrechten an Gesellschaftsanteilen gewähren ebenfalls noch keinen hinreichenden Einfluss auf die Gesellschafterstellung. Nur wenn sich der Pfandgläubiger weitere Mitspracherechte im konkreten Fall einräumen lässt, die im wirtschaftlichen Ergebnis der Stellung eines Gesellschafters gleich- oder nahekommen, wird dieser als atypischer Pfandgläubiger in den Adressatenkreis der Eigenkapitalersatzregeln einbezogen, da er dann auch die Finanzierungsverantwortung für die Gesellschaft zu tragen hat.[291]

205 In der **Literatur** wird teilweise die Auffassung vertreten, dass es auf eine Vermögensbeteiligung bzw. mitgliedschaftsrechtliche Rechte nicht ankommen würde, sondern eine Gleichstellung auch dann erfolgen könne, wenn einem Dritten **schuldrechtlich erhebliche Einflussmöglichkeiten** eingeräumt werden und er aus diesem Grund als „Quasi-Gesellschafter" anzusehen sei.[292] Anknüpfungspunkt dieser Überlegungen sind die in Darlehensverträgen typischerweise enthaltenen „Covenants". Diese können dem Kreditgeber je nach Ausgestaltung einen solchen Einfluss auf die Geschäftsführung des Unternehmens verschaffen, dass darin eine Kompensation der Vermögensbeteiligung gesehen werden kann und dementsprechend eine Gleichstellung mit einem Gesellschafter zu erfolgen habe. Danach wird die Auffassung vertreten, dass „Financial Covenants" in Kreditverträgen immer dann zu einer Umqualifizierung des Darlehens in eigenkapitalersetzende Mittel führen, wenn sie über bloße Informations- und Inspektionsrechte hinausgehen und eine breitflächige und intensive Einflussnahme des Kreditgebers ermöglichen.

206 Bislang sind – soweit ersichtlich – keine Fälle bekannt geworden, in welchen Kreditgeber, die nicht gleichzeitig auch mitgliedschaftlich an der Gesellschaft beteiligt waren, ausschließlich aufgrund von schuldrechtlichen Vereinbarungen einem Gesellschafter gleichgestellt wurden. Der **BGH** hat in seiner bisherigen Rechtsprechung immer auf ein **Nebeneinander** von **Mitgliedschaftsrechten** und **Einflussnahmemöglichkeiten** abgestellt, so dass Kreditgeber ohne Beteiligung am Kreditnehmer jedenfalls nicht in den Adressatenkreis des Eigenkapitalersatzrechtes nach altem Recht einzubeziehen sind.

207 Mit dem Inkrafttreten des **MoMiG** am 1.11.2008 wurden die Eigenkapitalersatzregeln abgeschafft. Rechtsprechung zu der mit dem MoMiG erfolgten Gesetzesänderung zu Gesellschafterdarlehen ist bisher nur sehr wenig vorhanden. In der Literatur ist deshalb eine Diskussion darüber entstanden, ob und unter welchen Voraussetzungen Dritte aufgrund dieser neuen Regelungen einem Gesellschafter gleichgestellt werden können. In diesem Zusammenhang wird teilweise die Auffassung vertreten, dass ein **Perspektivenwechsel** durch den Gesetzgeber stattgefunden habe und dementspre-

---
290 *BGH* NJW 1989, 982 ff.
291 *BGH* ZIP 1992, 1300.
292 *Schwintowski/Dannischewski* ZIP 2005, 840.

chend Bankdarlehen unter gewissen weiteren Voraussetzungen im Gegensatz zur alten Rechtslage auch ohne Beteiligung am Gesellschaftsvermögen zur Gesellschafterstellung des Kreditgebers führen können.[293] Derzeit ist aber nicht erkennbar, dass die Rechtsprechung dieser Argumentation folgen würde.

2. „Vor-Sanierungsphase"

Kreditgeber befinden sich in der Krise im **Konflikt** zwischen Herbeiführung der **Insolvenz** und **Insolvenzverschleppung**.[294] Die **Rechtsprechung** hat zur Haftung von Kreditgebern zwar verschiedene **Fallgruppen** gebildet, beurteilt die Haftung dennoch stets nach den **Umständen des Einzelfalls**.[295] Die nachfolgenden Ausführungen gelten gleichermaßen für Maßnahmen, die zwar als „Sanierungsversuche" durchgeführt werden, jedoch den von der Rechtsprechung gestellten Anforderungen nicht genügen und deshalb als „**Scheinsanierungen**" lediglich die Insolvenz hinausschieben.[296]   208

2.1 Kündigung bestehender Kredite grundsätzlich zulässig

Einen allgemeinen **Grundsatz**, wonach ein Kreditgeber Kredite dann nicht kündigen darf, wenn dadurch der Zusammenbruch eines Unternehmens herbeigeführt werden könnte, gibt es nicht.[297] Dennoch können gegen den Kreditgeber gerichtete Schadensersatzansprüche entstehen.   209

2.1.1 Berücksichtigung der Interessen des Kreditnehmers

Im Einzelfall können die kontoführende Bank besondere **Pflichten bei der Beendigung des Kreditverhältnisses** treffen.[298] Bei der Kündigung sind neben den eigenen auch die Interessen des Kreditnehmers zu berücksichtigen und ist, wenn die **eigenen Interessen** dies zulassen, eine fristlose Kündigung ohne Vorankündigung zu vermeiden, wenn dem Kreditnehmer daraus **schwere Schäden** drohen. Dies gilt insbesondere dann, wenn der Kreditnehmer seit langer Zeit sämtlichen Zahlungsverkehr über seine **kreditgebende Hausbank** abgewickelt und auch sonst keine anderen Bankverbindungen unterhalten hat. In diesem Fall, so der **BGH**,[299] sei es der Bank verwehrt, **ohne Vorankündigung** die für fällige Gehälter benötigten Auszahlungen sowie Scheckeinlösungen zu verweigern, obwohl sich diese Zahlungen im Rahmen des Kontokorrents gehalten hätten und die Bank darüber hinaus noch über ausreichende Kreditsicherungen verfügte. Die Bank hat daher dem Kreditnehmer einen **angemessenen Aufschub** bis zur Kündigung zu gewähren, um den sofortigen Zusammenbruch zu verhindern. Anders liegt der Fall aber, wenn der Kreditnehmer trotz **Abmahnungen** die Kontoüberziehungen fortsetzt.[299]   210

2.1.2 Erhöhte Rücksichtnahmepflicht gegenüber Kreditnehmer

Die außerordentliche Kündigung darf nicht „aus heiterem Himmel", also ohne jede **Vorwarnung** und ohne dem Kreditnehmer **Möglichkeit zur Abhilfe** oder sonstigen   211

---

293 *Breidenstein* ZInsO 2010, 273.
294 *Kiethe* KTS 2005, 179, 187.
295 *BGH* DB 1970, 342 f.
296 *Kiethe* KTS 2005, 179, 192.
297 *OLG Frankfurt* WM 1992, 1018 ff.
298 *BGH* WM 1984, 586 ff.
299 *BGH* WM 1984, 586.

Maßnahmen zu geben, erfolgen, wenn sich der Kreditnehmer in einer **besonderen wirtschaftlichen Lage** befindet, wie z. B in einer Existenzgründung. Verfolgt ein Kreditnehmer ein Konzept zur wirtschaftlichen Neuausrichtung, liegt eine sog. Kündigung zur „Unzeit" vor, wenn durch die Kündigung das Konzept vereitelt würde, es sei denn, es erweist sich als aussichtslos.[300]

2.1.3 Einverleibung von Sicherheiten

212 Dient die Kündigung des Darlehens dem Zweck, die bei Kreditgewährung eingeräumten werthaltigen Sicherheiten nunmehr dem **eigenen Vermögen** einzuverleiben und dabei die **Insolvenz** des Kreditnehmers zu verursachen,[301] kommt eine Haftung in engen Grenzen nach § 826 BGB (**sittenwidrige Schädigung**) in Betracht. Dies ist z.B. der Fall, wenn ein Kreditgeber nach Eintritt des Sicherungsfalles die Verwertung betreibt und sich im Wege des freihändigen Erwerbs das Sicherungsgut – unterhalb des **tatsächlichen Wertes** – zueignet.[301]

2.1.4 Rücksichtnahme auf andere Gläubiger

213 Eine **deliktische Haftung** gegenüber Dritten wegen der Kreditkündigung **scheidet** in der Regel **aus**, egal ob diese mit dem Bewusstsein geschieht, dass dadurch möglicherweise andere Gläubiger gefährdet werden.[302] Das OLG Köln[302] legt dem Kreditgeber allerdings eine **besondere Pflicht zur Rücksichtnahme** auf andere Gläubiger auf. Gerade wenn ein Schuldner auf ein Kreditinstitut besonders angewiesen ist und dieses ihm gegenüber eine erhebliche Machtstellung hat, kann sich eine Kreditkündigung auch schädigend auf weitere Gläubiger auswirken. Insbesondere der Kreditgeber, der über eine **Leitungsmacht** gegenüber seinem Kreditnehmer verfügt, kann gegenüber anderen Gläubigern dieses Kreditnehmers spezifisch verantwortlich sein. Es kann sittenwidrig sein, wenn er sein **eigenes unternehmerisches Risiko auf Mitgläubiger verlagert**. Bei der Bewertung kommt es wesentlich auf das Maß der **eigennützigen Missachtung** fremder Interessen durch den Gläubiger an. Dabei ist auch von Bedeutung, inwieweit der Schuldner vor und nach der zu beurteilenden Maßnahme von seinem Gläubiger abhängig war.

2.2 Stillhalten

214 Unter „Stillhalten" ist zunächst der **Verzicht** auf die Ausübung eines gesetzlichen oder vertraglichen **Kündigungsrechtes** bei einem schon voll ausgezahlten Kredit mit fest vereinbarter und noch nicht beendeter Laufzeit zu verstehen. Dies umfasst insbesondere die (stillschweigende) **Aufrechterhaltung einer Kreditlinie,** die unbefristet oder bis auf weiteres gewährt wurde. Ein ausdrückliches Stillhalten wird in der Regel als **Stundungsabrede** oder **Moratorium** umgesetzt.[303] Unter Umständen kommen auch beim Stillhalten Schadenersatzansprüche Dritter nach § 826 BGB in Betracht.

2.2.1 Grundsätzliche Zulässigkeit des Stillhaltens

215 Ein Kreditgeber verstößt nicht gegen die guten Sitten, wenn er davon absieht, einen überzogenen Kredit fällig zu stellen. Dies gilt auch, wenn er erkennt, dass das Unter-

---

300 *LG Frankenthal* ZIP 2006, 752 f.
301 *Kiethe* KTS 2005, 179, 190 ff.
302 *OLG Köln* ZIP 2000, 742 ff.
303 Zum Vorstehenden näher: *Obermüller* Rn 5.200 ff.

nehmen vor dem Zusammenbruch steht und an sich insolvenzreif ist. Auch wenn der Kreditgeber voraussieht, dass andere Gläubiger unbefriedigt bleiben, weil sie ihre Forderungen nicht rechtzeitig beitreiben können, wenn die Kreditunwürdigkeit des Unternehmens nicht zugleich von ihm aufgedeckt wird, reicht dies **nicht** für eine **sittenwidrige Schädigung** aus.[304] Grundsätzlich kann die Bank, wenn ein Unternehmen an sich insolvenzreif ist, davon ausgehen, dass die Gläubiger sich selbst darüber vergewissern, ob sie dem Unternehmen auf Kredit ohne Sicherheiten liefern sollen. Der Bank bleibt es überlassen, ob sie den Anstoß zum Zusammenbruch des Unternehmens geben will.[304] Die Bank ist weder zur Kündigung des Kreditengagements[305] noch zur Stellung des Insolvenzantrages verpflichtet.[306]

2.2.2 Haftung wegen Stillhaltens

Eine Haftung droht allerdings, wenn die **Grenze der Sittenwidrigkeit** überschritten wird und die übrigen Gläubiger des Kreditnehmers geschädigt werden. Eine Bank, die das Hinausschieben des nach den Verhältnissen (die sie meist am besten durchschaut) gebotenen Insolvenzantrages durch ihr Stillhalten und Weitergewähren des Kredits bewirkt oder duldet, handelt dann sittenwidrig, wenn sie das nicht mehr in der Annahme tut, dass es sich nur um eine überwindbare und vorübergehende Krise gehandelt habe, sondern deshalb, um in **rücksichtsloser und eigensüchtiger Weise** ihre Stellung bei dem in Kürze erwarteten Zusammenbruch auf Kosten der anderen Gläubiger zu verbessern. Das gilt vor allem dann, wenn sie dem insolvenzreifen Unternehmen nicht (mehr) Kredit in der Höhe geben oder belassen will, den es zur Sanierung braucht, sondern nur einen solchen, der den wirtschaftlichen **Todeskampf** des Unternehmens lediglich **verlängert**, damit sie sich in der so gewonnenen Zeit aus ihren Sicherheiten zum Nachteil der anderen Gläubiger ungehindert und besser befriedigen kann.[307] Anstößiger Eigennutz der Bank liegt vor, wenn sie die um eigener Vorteile willen bewirkte Hinausschiebung der Insolvenz veranlasst, obwohl sie zumindest billigend in Kauf nimmt, dass dadurch die **Lieferanten** des Unternehmens **geschädigt** werden können, während sie, weil deren neue Lieferungen kraft des Sicherungsvertrages in ihr Eigentum übergehen, dadurch demnächst **günstiger abschneiden** kann („Auffüllen von Globalsicherheiten"[308]). Ob und in welchem Umfang sie diesen Zweck bei der Liquidation des Unternehmens erreicht hat, ist nicht wesentlich. Schon der **Beweggrund**, der sie bei der Hinausschiebung der Insolvenz geleitet hat, macht ihr Verhalten sittenwidrig.[309]

216

2.2.2.1 Schuldnerknebelung

Eine gewisse **Kontrolle** der Geschäftsführung durch die Bank ist **hinzunehmen**, solange dem Kreditnehmer noch ausreichend wirtschaftliche **Bewegungsfreiheit** verbleibt.[310] Eine Haftung ist aber möglich, wenn die Bank zwar keine Kredite kündigt, jedoch die Geschäftsführung des Schuldnerunternehmens **praktisch entmachtet** und sie durch

217

---

304 *LG Köln* 27.2.2008 – 4 O 272/07.
305 *BGH* DB 1970, 342 f.
306 *Wallner/Neuenhahn* NZI 2006, 553.
307 *BGH* DB 1970, 342 f.; *OLG Hamm* BB 1972, 1028 f.
308 *Neuhof* NJW 1998, 3225, 3226.
309 *BGH* DB 1970, 342 f; *LG Köln* 27.2.2008 – 4 O 272/07.
310 Näher dazu: *Obermüller* Rn 5.212 ff.

Vertrauensleute übernimmt oder zumindest erheblich beeinflusst.[311] Wird unter Ausnutzung dieser **Beherrschung** sämtlicher Gewinn des Unternehmens an die Bank abgeführt, ein etwaiger Verlust nicht von ihr getragen und jede Haftung für die Geschäftsschulden abgelehnt, kann eine **sittenwidrige Schädigung** der Gläubiger und eine Haftung nach § 826 BGB in Betracht kommen.

218 Auch unter dem Aspekt der **Sicherheitenstellung** bzw. **Sicherheitenverstärkung** kann eine Schuldnerknebelung vorliegen, wenn die wirtschaftliche Bewegungsfreiheit des Kreditnehmers übermäßig eingeschränkt wird und dieser seine Selbständigkeit nahezu vollständig verliert.[312] Dem Schuldner muss zumindest soviel wirtschaftliche Bewegungsfreiheit eingeräumt bleiben, dass er in der Lage bleibt, in einem seinen Verhältnissen angemessenen Rahmen durch freiwillige Leistung auch andere Gläubiger zu befriedigen. Fallen die übrigen Gläubiger mit ihren Forderungen deshalb aus, kommt eine „**Ausfallhaftung**" gem. § 826 BGB in Betracht.

2.3 Weitere Kreditgewährung

219 Gewährt der Kreditgeber dem Unternehmen in der Krise weitere Kredite oder erweitert er die bestehende Kreditlinie **ohne dass es sich um einen Sanierungskredit** (dazu unter Rn. 226 ff.) handelt, so kommt ebenfalls in engen Grenzen eine Haftung gem. § 826 BGB in Frage. Dies insbesondere dann, wenn Unterstützungshandlungen den Insolvenzzeitpunkt lediglich hinausgeschoben haben. Grundsätzlich aber gilt: Ein Versuch, das Unternehmen durch weitere Kredite zu stützen, ist nicht schon deshalb sittenwidrig, weil die **Möglichkeit eines Misslingens** und damit einer Schädigung anderer Gläubiger besteht, die infolge einer zu günstigen Beurteilung der Lage des Unternehmens ihre Forderungen nicht rechtzeitig beitreiben bzw. sichern oder neue Geschäfte eingehen. Eine **Haftung** wird in diesen Fällen jedenfalls regelmäßig **zweifelhaft** sein, da dem Kreditgeber, der einem Unternehmen – möglicherweise unter Zeitdruck – Kredite gewährt, oftmals nicht alle **Informationen** vorliegen, die für die überwiegende Wahrscheinlichkeit des Eintritts der Insolvenz sprechen.[313]

2.3.1 Kreditgewährung

220 Neben der Auszahlung eines tatsächlich neuen Kredites, kann eine Kreditgewährung in diesem Sinne auch dann vorliegen, wenn lediglich die bisher vom Kreditgeber geduldete Überziehungspraxis des Kreditnehmers festgeschrieben wird. Eine Haftung wird jedoch in der Regel ausscheiden, wenn es sich um eine **überschaubare Liquiditätshilfe** handelt und insbesondere der Kreditgeber nicht ernsthaft erwarten konnte, dadurch die Insolvenz des Kreditnehmers nennenswert hinauszuschieben. In diesem Fall ist mit dem OLG Köln[314] nicht davon auszugehen, dass sich der Kreditgeber eine über die Krediterweiterung **hinausgehende Befriedigung** verschaffen wollte und konnte.

2.3.2 Zeitlicher Rahmen der Haftung

221 Für eine Haftung ist erforderlich, dass der Kreditnehmer bereits insolvenzreif war[315] oder sich zumindest in der Krise[316] befand.

---

311 Näher dazu: *Obermüller* Rn 5.215.
312 *OLG Frankfurt* 25.8.2004 – 13 U 80/02.
313 *Neuhof* NJW 1998, 3225, 3227.
314 *OLG Köln* ZIP 2002, 521 ff.
315 *BGH* DB 1970, 342 f.
316 Näher zur Unbestimmtheit dieses Begriffes: *Schäffler* BB 2006, 56, 57.

Musste aber der Kreditgeber nicht mit dem Zusammenbruch des Kreditnehmers rechnen, sondern durfte er davon ausgehen, dass der Kreditnehmer mit dem gewährten Kredit den **Geschäftsbetrieb ordnungsgemäß weiterführen** werde, so scheidet eine Haftung aus.[317] In einem vom **BGH** entschiedenen Fall hatte die Vorinstanz noch angenommen, dass ein **Zusammenbruch des Kreditnehmers** daran hätte **erkannt** werden können, dass dieser den eingeräumten Kredit im Wesentlichen ausgeschöpft und das gesamte Vermögen zur Absicherung dieses Kredites auf den Kreditgeber übertragen hatte. Der BGH[317] hielt jedoch eine solche Prognose für nicht angezeigt, da die **Auftragslage** des Kreditnehmers für den Kreditgeber erkennbar gut war, hohe Umsatzzahlen vorlagen und auch Zahlungsschwierigkeiten nicht erkennbar waren. Darüber hinaus sprach gegen die Annahme eines Zusammenbruchs, dass der Kreditnehmer den vom Kreditgeber gesetzten Rahmen für **Wechsel- und Avalkredite** noch nicht ausgeschöpft hatte und die gewährten **Kredite** durch die Einnahmen aus Forderungseinzug bislang **getilgt** werden konnten.

2.4 Haftung wegen Insolvenzverschleppung

Den Kreditgeber treffen zwar grundsätzlich **keine Insolvenzantragspflichten**, dennoch kommt auch eine Haftung wegen der Verletzung von Insolvenzantragspflichten in engen Grenzen in Betracht.

Dies ist der Fall, wenn der Kreditgeber als Anstifter oder **Gehilfe** an einer Insolvenzverschleppung durch die zur Stellung des Insolvenzantrages Verpflichteten teilnimmt oder aber dann, wenn er in die Stellung eines **faktischen Geschäftsführers** einrückt[318] (dazu unter Rn. 92 ff.).

Für eine Teilnahme in Form der **Anstiftung** oder **Beihilfe** ist zumindest erforderlich, dass der Finanzierer die **Umstände der Insolvenzantragspflicht kannte** und trotzdem durch seine Handlungen die Schädigung weiterer Gläubiger in Kauf genommen hat. Stellt sich in diesem Zusammenhang nach dem endgültigen Scheitern des Sanierungsversuches heraus, dass der Kreditnehmer **von Anfang an insolvenzreif** war und deshalb Insolvenzantrag hätte gestellt werden müssen, wird zumindest, wenn es sich bei dem Finanzierer um die **Hausbank** des Kreditnehmers handelt, zu unterstellen sein, dass dieser jedenfalls die maßgeblichen Umstände bekannt waren und damit das Vorliegen eines Insolvenzgrundes **billigend in Kauf genommen** wurde.[319]

3. „Sanierungsphase"

Auch in der Sanierungsphase ergeben sich für die an der Sanierung Beteiligten Pflichten bzw. **Einschränkungen**, aber auch **Privilegierungen**. Insbesondere die Besonderheiten im Zusammenhang mit der Vergabe von Sanierungskrediten sollen dabei näher beleuchtet werden. Die **Rechtsprechung** stellt bestimmte Anforderungen an einen **Sanierungskredit**. Die Vergabe eines Sanierungskredites kann unter Umständen zu einer **Haftung gegenüber Dritten** führen. Weitere Haftungsfragen stellen sich vor allem wegen der Anwendung **insolvenzrechtlicher Vorschriften**.

---

317 *BGH* ZIP 1984, 37 f.
318 Haftung gegenüber geschädigten Gläubigern aus den §§ 830 Abs. 2, 823 Abs. 2 BGB i.V.m. § 15a Abs. 1 InsO (dazu oben Rn. 54 ff.).
319 *Neuhof* NJW 1998, 3225, 3227.

3.1 Abgrenzung Sanierungskredit und Überbrückungskredit

227 Wird ein Kredit ausgereicht, welcher nur das **kurzfristige Überleben** eines insolvenzreifen Unternehmens bis zum Zeitpunkt der Entscheidung über die Durchführung eines Sanierungsplans sichern soll (in der Regel bis zum Vorliegen eines Sanierungsgutachtens), ist dies ein **Überbrückungskredit**. Wird der Kredit mit dem Ziel vergeben, dem insolventen Unternehmen die Sanierung zu ermöglichen, ist also der Zeitraum zwischen Feststellung der Sanierungsfähigkeit bis zum Erreichen des *turn around* betroffen, liegt ein **Sanierungskredit** vor. Darunter fällt auch die Aufstockung bestehender Kreditlinien, die unterlassene Kündigung bereits gewährter Kredite mit Rücksicht auf den Sanierungszweck sowie die Verlängerung der ursprünglich vereinbarten Laufzeit.[320] Die **bloße Auszahlung** bereits früher zugesagter Kredite oder die volle Inanspruchnahme einer nur teilweise ausgenutzten Kreditlinie werden von der Rechtsprechung hingegen nicht als Sanierungskredit behandelt.[321]

228 **Maßgebliches Kriterium** für einen Sanierungskredit ist also, dass bei dem Kreditnehmer bereits ein Insolvenzgrund vorliegt. **Voraussetzung** ist jedoch, dass die **Sanierungsfähigkeit** des Unternehmens geprüft und bejaht werden konnte. Ein Kredit, dessen Gewährung auf eine bloße zeitliche **Verlagerung der Eröffnung** des Insolvenzverfahrens hinausläuft, eine Sanierungsfähigkeit also nicht vorliegt, ist kein Sanierungskredit.[322] Überwiegend, wenn auch vom **BGH** bislang nicht entschieden, wird jedoch auch dann von einem Sanierungskredit auszugehen sein, wenn der Kreditnehmer bereits sanierungsbedürftig ist. Das ist dann der Fall, wenn das Unternehmen ohne Stützungsmaßnahmen die für eine erfolgreiche Weiterführung des Betriebes und die Abdeckung der bestehenden Verpflichtungen **erforderliche Betriebssubstanz nicht erhalten** kann. Von einer solchen Lage ist auszugehen, wenn abzusehen ist, dass – falls sich die Entwicklung fortsetzt – das Unternehmen in gewisser Zeit zahlungsunfähig oder überschuldet sein wird, und wenn eine rechtzeitige Änderung dieser Entwicklung nicht mit hinreichender Sicherheit zu erwarten ist.[323]

3.2 Anforderungen an ein Sanierungskonzept

229 Die Anforderungen an ein Sanierungskonzept sind ausführlich besprochen, unter 10. Kap. Rn. 1 ff. Von maßgeblicher Bedeutung für die Haftung des Finanziers ist, ob das Sanierungskonzept den **Anforderungen der Rechtsprechung** genügt und daher die **Haftungsprivilegien** gegeben sind.

230 Notwendig ist ein in sich **schlüssiges Konzept**, das jedenfalls in seinen Anfängen schon in die Tat umgesetzt ist und infolgedessen auf der Seite des Schuldners zur Zeit der angefochtenen Rechtshandlung ernsthafte und begründete **Aussichten auf Erfolg** rechtfertigt. Das Konzept hat sich dabei an den erkannten und erkennbaren Gegebenheiten auszurichten und darf nicht offensichtlich undurchführbar sein.[324] Sowohl für die Frage der Erkennbarkeit der Ausgangslage als auch für die Prognose der Durchführbarkeit ist auf die Beurteilung eines unvoreingenommenen – nicht notwendigerweise unbeteiligten –, **branchenkundigen Fachmanns** abzustellen, dem die vorgeschriebenen oder üblichen Buchhaltungsunterlagen zeitnah vorliegen. Eine solche

---

320 *Kiethe* KTS 2005, 179, 185.
321 Näher dazu: *Wallner/Neuenhahn* NZI 2006, 553.
322 *OLG Nürnberg* DZWIR 2008, 481 ff.
323 *Obermüller* Rn 5.28 ff.
324 *BGH* ZIP 1998, 248 ff.

Prüfung muss die wirtschaftliche Lage des Schuldners im Rahmen seiner Wirtschaftsbranche analysieren und die Krisenursachen sowie die Vermögens-, Ertrags- und Finanzlage erfassen. Das gilt grundsätzlich auch für den Versuch der Sanierung eines **kleineren Unternehmens**, weil dabei ebenfalls Gläubiger in für sie beträchtlichem Umfang geschädigt werden können; lediglich das **Ausmaß der Prüfung** kann dem Umfang des Unternehmens und der verfügbaren Zeit angepasst werden.

Nicht ausreichend ist es deshalb, wenn lediglich **kurzfristig** die Zahlungsunfähigkeit wiederhergestellt wird, die Überschuldung beseitigt wird und sich im Übrigen mit einer günstigen **Zukunftserwartung** des Geschäftsführers begnügt wird.[325] Ebenso wenig genügt die bloße Hoffnung, durch bestimmte Maßnahmen das Unternehmen retten zu können, wenn die dazu erforderlichen Bemühungen über die Entwicklung von Plänen und die Erörterung von Hilfsmöglichkeiten nicht hinausgekommen sind. Werden auch schlechte Aussichten in der jeweiligen Unternehmensbranche **nicht berücksichtigt** und auch der Wegfall eines Großkunden nicht mit einkalkuliert, ist nicht mehr von einem privilegierten Sanierungskonzept auszugehen.[326] **231**

Selbst wenn ein Sanierungsversuch erkennbar mit Risiken belastet ist **genügt** es dennoch, wenn die Bemühungen um die Rettung des Unternehmens im Vordergrund stehen und aufgrund konkret erkennbarer Umstände eine positive Prognose **nachvollziehbar und vertretbar** erscheint. **232**

3.3 Keine Beteiligungspflicht von Banken an der Sanierung

Banken trifft keine Pflicht, sich an Unternehmenssanierungen zu beteiligen. Ist das gewährte Darlehen fällig, so bestehen grundsätzlich **keine Rechtspflichten** der Bank zur Kreditbelassung und Sanierung, auch nicht zur Deckung eines kurzfristigen **Liquiditätsbedarfs** selbst bei Sicherheitenstellung.[327] Auch zur **Überbrückung** eines Liquiditätsengpasses durch die Ausreichung eines längerfristigen Krediten über die bestehende Kreditlinie hinaus[328] oder zur kurz- bis mittelfristigen Tilgungs- oder Zinsstundung[329] ist die **Hausbank** nicht verpflichtet. Aus dem Umstand, dass die Bank bereits die Überziehung einer eingeräumten Kreditlinie geduldet hat, erwächst keine Verpflichtung, einen weiteren zusätzlichen Sanierungskredit zu bewilligen.[330] War die Auftrags- und Gewinnentwicklung eines sanierungsbedürftigen Unternehmens erheblich hinter den Zahlen des Sanierungsplanes zurückgeblieben, ist es auch nicht treuwidrig, wenn die kreditgebende Bank sich **weigert,** ihre bisherigen **Kreditlinien zu überschreiten,** um damit ihr **Risiko** nicht weiter zu **erhöhen.**[331] **233**

3.4 Keine Überwachungspflicht für Umsetzung des Sanierungskonzepts

Die kreditgebende Bank trifft hinsichtlich der Umsetzung des Sanierungskonzepts grundsätzlich keine Überwachungspflicht im Interesse anderer Gläubiger. Eine Inanspruchnahme der Bank durch Dritte bei unterlassener bzw. mangelhafter Umsetzung des Sanierungskonzepts kommt deshalb nicht in Betracht.[332] **234**

---

325 *BGH* ZIP 1998, 248 ff.
326 *BGH* ZIP 1998, 248 ff.
327 *OLG München* WM 1994, 1028 ff.; *OLG Zweibrücken* ZIP 1984, 1334 ff.
328 *OLG Frankfurt/Main* BB 1986, 626.
329 *OLG Karlsruhe* WM 1991, 1332 f.
330 *OLG Düsseldorf* WM 1989, 1838 ff.
331 *BGH* NJW-RR 1990, 110 f.
332 *Obermüller* Rn 5.66.

3.5 Kündigung des Sanierungskredites

235 Die Kündigung von Sanierungskrediten unterliegt **besonderen Einschränkungen**, die dem Wesen der Sanierung geschuldet sind und damit dem Kreditgeber einen erheblichen Teil des Erfolgsrisikos zuweisen.

3.5.1 Unzulässigkeit einer ordentlichen Kündigung des Sanierungskredites

236 Bei einem Sanierungskredit ist die ordentliche Kündigung durch den von den Vertragspartnern vereinbarten Sanierungszweck zumindest **konkludent ausgeschlossen**.[333] Hat sich die Bank am Sanierungskonzept beteiligt, gilt der **Grundsatz**, dass Sanierungskredite nicht kündbar sind, solange die Sanierung erwartungsgemäß verläuft und nicht feststeht, dass die Bemühungen aussichtslos sein werden.[334]

3.5.2 Zulässigkeit einer außerordentlichen Kündigung des Sanierungskredites

237 Eine außerordentliche Kündigung ist **erst dann zulässig**, wenn sich die **Vermögensverhältnisse** des Schuldners seit den Sanierungsvereinbarungen wesentlich **verschlechtert** haben.[335] Solange sich die wirtschaftliche Entwicklung des Kreditnehmers im Rahmen des vereinbarten Liquiditäts- und Sanierungsplans hält oder hiervon nur unwesentlich abgewichen wird, ohne die Sanierungsaussichten ernsthaft zu gefährden, bleibt auch eine außerordentliche Kündigung ausgeschlossen.

238 Wurden jedoch die bei Gewährung eines Sanierungskredites vorgefundenen **Umstände** durch die kreditgebende Bank **falsch eingeschätzt** und war eine Sanierung des Kreditnehmers **von Anfang an objektiv chancenlos,** wird eine außerordentliche Kündigung von der Literatur[336] für möglich gehalten, wenn die Fehleinschätzung nicht ausschließlich vom Kreditgeber zu vertreten war. Andernfalls könne er den Kredit nicht vorzeitig kündigen, da es zur Risikosphäre des Kreditgebers gehört, wenn er in schuldhafter Verkennung der Sanierungschancen einen Sanierungskredit für einen festgelegten Zeitraum verspricht.

239 Eine Lösung vom Sanierungsvertrag im Sinne einer außerordentlichen Kündigung wird von *Waldburg*[337] jedoch dann für möglich gehalten, wenn sich andere Gläubiger oder Kreditgeber von Stillhaltevereinbarungen, die zur Stützung der Sanierung getroffen werden, lossagen und ihre Forderungen fällig stellen (sog. Cross-Default-Klausel).

3.6 Haftungsrisiken in der Sanierungsphase

240 Haftungsrisiken in der Sanierungsphase ergeben sich für den Finanzierer insbesondere aus der Inanspruchnahme durch Dritte, die infolge eines **gescheiterten Sanierungsversuches** Schäden erlitten haben.

3.6.1 Haftung wegen Teilnahme an Sanierungsversuchen

241 Auch bei der Vergabe von Sanierungskrediten besteht das Risiko, dass Dritte Schadenersatzansprüche gem. § 826 BGB geltend machen, wenn dem Kreditgeber die wirtschaftliche Lage des Kreditnehmers bekannt war und der Kreditgeber wusste, dass die

---

333 *BGH* ZIP 2004, 1589 ff.
334 *Obermüller* Rn 5.161 ff; *OLG Celle* ZIP 1982, 94 ff. – zu den Anforderungen an die Darlegung der Sanierungsfähigkeit.
335 *BGH* ZIP 2004, 2131 ff.
336 *Eisner* EWiR 2005, 17.
337 *Waldburg* in Theiselmann, Kap. 10, Rn 50.

Insolvenz des Kreditnehmers durch den Kredit lediglich herausgezögert und dadurch die übrigen Gläubiger geschädigt werden.[338] Lässt sich der Kreditgeber in diesem Rahmen Sicherheiten einräumen, besteht zudem das Risiko, dass die Sicherheitenverträge wegen sittenwidriger Gläubigergefährdung nach § 138 BGB unwirksam sind.[339]

Bezweckte der Sanierungskredit allerdings die **wirkliche Sanierung** des Kreditnehmers und war er zur Sanierung auch **geeignet,** so sind dritte Gläubiger mit Schadensersatzansprüchen ausgeschlossen. Das gilt auch dann, wenn aufgrund der Vergabe des Kredites durchaus, wenn auch nicht allzu naheliegend, die **Möglichkeit der Schädigung Dritter** besteht. Schadensersatzansprüche sind ausgeschlossen, wenn die Parteien des Kreditvertrages aufgrund einer sachkundigen und sorgfältigen **Prüfung** der Lage des Kreditnehmers und besonders der **Geschäftsaussichten** überzeugt waren, das Sanierungsvorhaben werde Erfolg haben und eine Schädigung Dritter letztlich nicht eintreten.[340] Dabei sind an die Pflicht zur sachkundigen, sorgfältigen und gewissenhaften Prüfung der Lage des Kreditnehmers und der Entwicklungsmöglichkeit seines Geschäfts strengere Anforderungen zu stellen, wenn der Beweggrund für die Bewilligung des Kredites zur Sanierung des Kreditnehmers von **eigennützigen Motiven** geprägt war. **242**

Sind früher gewährte Kredite ohne die Bereitstellung neuer Kredite ausfallgefährdet, **spricht** dies **grundsätzlich für Eigennutz,**[341] sodass an die Prüfungspflichten im Rahmen eines Sanierungsgutachtens erhöhte Anforderungen zu stellen sind. Eigennützigkeit des Kreditgebers wird sich demgegenüber nicht feststellen lassen, wenn der Kreditgeber über die Zinszahlungen hinaus keine weiteren Vorteile zu erwarten hat. **Uneigennützigkeit** in diesem Sinne liegt auch dann vor, wenn die neu ausgereichten Kredite nicht aus dem Vermögen des Kreditnehmers besichert sind und auch keine Forderungen gegen den Schuldner aus früheren Kreditverträgen bestehen. Dann kann der Kreditgeber über den Zins- und Tilgungsdienst hinaus keine Vorteile gewinnen.[342] Uneigennützig sind Kredite auch, wenn die nach Auskehrung insgesamt erhaltenen Rückzahlungen und der Wert der zusätzlich gewährten Sicherheiten die Höhe des ausgereichten Kredites nicht übersteigen.[343] **243**

Teilweise wird vertreten, dass ein **deutlicher Hinweis auf den Eigennutz** (bzw. auf ein unlauteres Verhalten) dann vorliege, wenn der Finanzierer die Erstellung eines **Sanierungsgutachtens** nicht durch einen externen Gutachter vornehmen lässt sondern sich vielmehr auf eine **eigene Analyse** stützt.[344] Die **Rechtsprechung** dazu ist uneinheitlich.[345] Im eigenen Interesse sollte der Finanzierer jedoch ein **externes Sanierungsgutachten** einholen, um damit nachweisen zu können, dass das Sanierungsvorhaben unter Berücksichtigung aller maßgeblichen Umstände erfolgversprechend schien.[346] **244**

---

338 *Kiethe* KTS 2005, 179, 209.
339 *BGHZ* 10, 228 ff.; *OLG Brandenburg* ZInsO 2005, 42 ff.
340 *BGHZ* 10, 228 ff.
341 *Kiethe* KTS 2005, 179, 210.
342 *Obermüller* Rn 5.34.
343 *Schäffler* BB 2006, 56, 58.
344 *Neuhof* NJW 1998, 3225, 3230.
345 Näher dazu: *Wallner/Neuenhahn* NZI 2006, 553, 556.
346 *Neuhof* NJW 1998, 3225, 3231.

3.6.2 Überbrückungskredit: keine Haftungsgefahr

245 Im Gegensatz zu Sanierungskrediten besteht bei Überbrückungskrediten die Gefahr einer Haftung wegen sittenwidriger Schädigung in der Regel nicht. Das Recht auf Gewährung von Überbrückungskrediten steht insoweit außerhalb einer Haftung, als **andernfalls** das Unternehmen **vorschnell zerschlagen** werden müsste. Um eine Haftung weitgehend auszuschließen, sollte der Kreditgeber darauf achten, dass die Kreditgewährung lediglich einen **eng begrenzten Zeitraum** bis zur baldigen Erstellung eines Sanierungsgutachtens umfasst und der Kredit auch nur soweit gewährt wird, wie es für die **Aufrechterhaltung des Geschäftsbetriebes** notwendig ist.[347]

3.6.3 Strafrechtliches Risiko bei der Vergabe von Sanierungskrediten

246 Hatte die Sanierung trotz der Vergabe eines Sanierungskredites keinen Erfolg, stellt sich auch die Frage nach der **persönlichen Haftung von Mitarbeitern des Kreditinstitutes**. Es kommt eine Strafbarkeit wegen Untreue gem. § 266 Abs. 1 StGB[348] (und in Verbindung mit § 823 Abs. 2 BGB auch eine zivilrechtliche Haftung) in Betracht.

247 Eine **Pflichtverletzung** i.S.d. § 266 Abs. 1 StGB ist durch Entscheidungsträger einer Bank nur dann zu bejahen, wenn die Risiken und die Chancen der Kreditvergabe nicht auf der Grundlage umfassender Informationen sorgfältig abgewogen worden sind. Wenn allerdings die – weit zu ziehenden – Grenzen des **unternehmerischen Entscheidungsspielraums**, innerhalb dessen die Risikoabwägung durchzuführen ist, durch Verstöße gegen die banküblichen Informations- und Prüfungspflichten überschritten werden, mithin das **Verfahren** der Kreditgewährung **fehlerhaft** ist, kann eine Pflichtverletzung vorliegen, die zugleich einen Missbrauch der Vermögensbetreuungspflicht aus § 266 Abs. 1 StGB begründen kann. Handlungs- und Beurteilungsspielräume bestehen somit nur auf der Grundlage sorgfältig erhobener, geprüfter und analysierter **Informationen**.[349]

4. Insolvenzanfechtung

248 Wird das Insolvenzverfahren schließlich doch eröffnet, wird der **Insolvenzverwalter** versuchen, Vermögensverschiebungen, wie z.B. Kreditrückführungen oder Bestellungen von Sicherheiten, aus dem Zeitraum vor der Insolvenz mittels Insolvenzanfechtungen (§§ 129 ff. InsO) rückgängig zu machen. Nach erfolgreicher Insolvenzanfechtung muss der Kreditgeber als Anfechtungsgegner Sicherheiten freigeben oder die erhaltenen Beträge **zurückerstatten** (§ 143 InsO). Im Gegenzug kann er die offenen Forderungen über die Anmeldung zur Insolvenztabelle weiter verfolgen. Eine Befriedigung wird dann aber nur in der **Höhe der Quote** erfolgen.

4.1 Kreditrückzahlungen

249 Werden vor der Krise ausgereichte Kredite **innerhalb der letzten drei Monate** vor dem Insolvenzantrag infolge Fristablaufs oder durch Ausübung eines Kündigungsrechtes fällig und zurückgezahlt, so kann der Insolvenzverwalter die Rückzahlung (nur) anfechten, wenn der Kreditnehmer zahlungsunfähig war und der Kreditgeber dies wusste (**§ 130 Abs. 1 S. 1 Nr. 1 InsO**) bzw. Umstände kannte, die zwingend auf eine

---

[347] *Obermüller* Rn. 5.68.
[348] Näher dazu: *Aldenhoff/Kuhn* ZIP 2004, 103 ff.
[349] *BGH* ZIP 2009, 1854 ff.

Zahlungsunfähigkeit schließen ließen (**§ 130 Abs. 2 InsO**). Wird ein Kredit hingegen vor Fälligkeit zurückgeführt, liegt also eine **inkongruente** Deckung vor, kommt eine Insolvenzanfechtung nach **§ 131 Abs. 1 InsO** in Betracht. Es wird dabei jedoch an einer Gläubigerbenachteiligung fehlen, wenn der Kreditnehmer die Forderung bei Eintritt der Fälligkeit ebenfalls rechtlich wirksam hätte erfüllen können.[350]

Wird ein fälliger Kredit **nach der Stellung des Insolvenzantrages** getilgt, so unterliegen die Tilgungsraten der Insolvenzanfechtung, wenn der Kreditgeber die Zahlungsunfähigkeit oder den Insolvenzantrag kannte (**§ 130 Abs. 1 S. 1 Nr. 2 InsO**). Eine Insolvenzanfechtung ist auch in diesem Fall schon dann möglich, wenn der Kreditgeber **Umstände kannte**, die zwingend auf eine Zahlungsunfähigkeit oder den Eröffnungsantrag schließen ließen (**§ 130 Abs. 2 InsO**). 250

Handelte der Kreditnehmer bei der Tilgung des Kredites mit **Gläubigerbenachteiligungsabsicht** und kannte der Kreditgeber zur Zeit der Tilgung diesen Vorsatz, kommt im Übrigen eine Insolvenzanfechtung gem. § 133 Abs. 1 InsO in Betracht, die sogar Tilgungsleistungen innerhalb eines **Zehn-Jahres-Zeitraumes** vor dem Insolvenzantrag erfasst. 251

Im Hinblick auf **Sanierungskredite** gilt der **Grundsatz**, dass Zahlungen des Kreditnehmers, die im Rahmen realistischer Sanierungsbemühungen erfolgt sind, **nicht** der Insolvenzanfechtung unterliegen.[351] Im Fall eines **gescheiterten Sanierungsversuches** können erfolgte Tilgungsleistungen aber der Insolvenzanfechtung unterliegen. Dies ist z.B. der Fall, wenn der Anfechtungsgegner weiß, dass die später angefochtenen **Zahlungen außerhalb des** ihm bekannten **Sanierungsrahmens** liegen.[352] Im Fall des OLG Dresden[352] teilte die spätere Insolvenzschuldnerin zahlreichen Gläubigern mit, dass die Abwendung eines Insolvenzverfahrens nur dann noch möglich erscheint, wenn sämtliche Gläubiger auf 70 % ihrer Forderungen verzichten und die Schuldnerin die verbleibenden 30 % in drei Raten begleichen könne. Die Anfechtungsgegnerin erreichte jedoch, dass die Schuldnerin unter dem Druck eines bereits bestimmten Termins zur Abgabe einer eidesstattlichen Versicherung 50 % ihrer Forderung beglich. Die Zahlung der Schuldnerin erfolgte damit – wie die Anfechtungsgegnerin wusste – nicht mehr im Rahmen des ursprünglich vorgeschlagenen Sanierungskonzeptes, welches eine Quote von 30 % sowie weitere Ratenzahlungen vorsah. Damit war der Anfechtungsgegnerin klar, dass sie eine **Besserstellung** nur aufgrund der von ihr betriebenen Zwangsvollstreckung gegen die Schuldnerin erlangt hatte, die notwendigerweise **auf Kosten anderer Gläubiger** gehen musste. Damit konnte die Anfechtungsgegnerin nicht darauf vertrauen, eine Gläubigerbenachteiligung sei nicht eintreten. Das **Verlassen** des ursprünglichen **Sanierungskonzeptes** schließt es aus, dass sich der Anfechtungsgegner auf den pauschalen Hinweis des Schuldners verlassen kann, die Sanierung werde noch gelingen. 252

4.2 Kreditsicherheiten

Auch bei der Bestellung von Kreditsicherheiten bestehen Anfechtungsrisiken. Besonderheiten ergeben sich auch hier wieder im Rahmen eines Sanierungskonzeptes. 253

---

350 *BGH* ZIP 1997, 853 ff.
351 *BGH* ZIP 2007, 1469 ff.
352 *OLG Dresden* ZIP 2003, 1052 ff.

4.2.1 Kongruentes Deckungsgeschäft und Bargeschäft

254 Grundsätzlich ist bei einer Kreditgewährung gegen Sicherheiten von einem **unanfechtbaren Bargeschäft i.S.d. § 142 InsO** auszugehen, wenn die bestellten Sicherheiten im Hinblick auf den neu eingeräumten Kredit angemessen sind und insbesondere keine Übersicherung vorliegt.[353]

255 Weitere Voraussetzung für ein unanfechtbares Bargeschäft ist ein **enger zeitlicher Zusammenhang** zwischen Valutierung des Kredites und der Bestellung der Sicherheiten. Die Zeitspanne zwischen Valutierung und Bestellung ist dabei unter Berücksichtigung des üblichen Geschäftsverkehrs zu bestimmen. Eine feste Zeitspanne, innerhalb derer die Abwicklung eines Rechtsgeschäfts den Charakter eines Bargeschäfts nicht verliert, lässt sich jedoch vor allem dann nicht bestimmen, wenn die vom Kreditnehmer zu erbringende Leistung in der Bestellung eines Grundpfandrechts besteht. In einem vom **BGH**[354] entschiedenen Fall wurde die für eine Kreditgewährung versprochene Grundschuld erst zweieinhalb Monate nach der Vereinbarung des Kreditgebers mit dem Kreditnehmer im Grundbuch eingetragen. Der BGH hielt diesen Zeitraum nicht für geeignet, den Rahmen eines Bargeschäftes zu sprengen, da die bis zur Abwicklung des Geschäfts verflossene Zeit nicht geeignet war, den von den Parteien gewollten und **durch ihr Verhalten angestrebten Zusammenhang** zwischen der Kreditgewährung und der Grundschuldbestellung zu beseitigen. Dies wird darin deutlich, da zwischen den Vertragsparteien jedenfalls die Grundschuldbewilligung Zug-um-Zug **gegen** Kreditgewährung erfolgte. Nach dem OLG Hamburg[355] steht es einem Bargeschäft auch dann nicht entgegen, wenn die Bestellung eines Grundpfandrechts zur Sicherung eines im Gegenzug gewährten Kredits erst etwa **vier Monate später im Grundbuch** eingetragen wird, sofern die Beteiligten diese Verzögerung nicht zu vertreten haben. Ob diese – ältere – Rechtsprechung unter Beachtung des § 140 Abs. 2 InsO weiter Geltung beanspruchen kann, bleibt abzuwarten.[356] Da nach § 140 Abs. 2 InsO das Rechtsgeschäft schon mit dem Eingang des **Eintragungsantrages** als vorgenommen gilt, wäre es konsequent, auch für das Bargeschäft nur noch die bis zur erfolgreichen Antragstellung nötige, und damit **kürzere Zeitspanne** zugrunde zu legen.[357]

4.2.2 Inkongruente Deckung

256 Insbesondere die **nachträgliche Bestellung von Sicherungsrechten** kann eine Insolvenzanfechtung nach sich ziehen. Dabei wird es sich aufgrund des zeitlichen Rahmens in der Regel um eine Vorsatzanfechtung gem. § 133 InsO handeln.

257 Nach **§ 133 Abs. 1 InsO** sind Rechtshandlungen des Schuldners anfechtbar, die innerhalb der letzten zehn Jahre vor dem Insolvenzantrag mit dem Vorsatz vorgenommen wurden, die übrigen Gläubiger zu benachteiligen, wenn der Anfechtungsgegner zur Zeit der Handlung diesen Vorsatz kannte. Dabei wird die Gewährung einer **inkongruenten Deckung** gem. § 131 Abs. 1 InsO von der Rechtsprechung im Allgemeinen als erhebliches **Beweisanzeichen** für eine **Gläubigerbenachteiligungsabsicht** des Kreditnehmers i.S.d. § 133 Abs. 1 InsO und für eine **diesbezügliche Kenntnis** des Anfech-

---
353 Näher dazu: *Wallner/Neuenhahn* NZI 2006, 553.
354 *BGH* DB 1977, 492 f.
355 *OLG Hamburg* ZIP 1984, 1373 ff.
356 Dagegen: MK-InsO/*Kirchhof* § 142 Rn. 20.
357 Näher dazu: MK-InsO/*Kirchhof* § 142 Rn. 20.

tungsgegners betrachtet. Eine sog. inkongruente Deckung liegt **insbesondere** dann vor, wenn dem Anfechtungsgegner eine Sicherung gewährt wurde, die er nicht oder nicht in der Art oder nicht zu der Zeit zu beanspruchen hatte.

Wird für einen Kredit eine **Sicherheit** gewährt, die zugleich das dafür ausbezahlte Darlehen und **ältere Ansprüche des Gläubigers abdecken** soll, ohne dass für die älteren Ansprüche eine solche Sicherung vereinbart war, handelt es sich um ein **insgesamt inkongruentes,** in vollem Umfang anfechtbares Deckungsgeschäft, wenn nicht festgestellt werden kann, ob und in welchem Umfang sich die Sicherungen auf bestimmte Ansprüche beziehen.[358] 258

Anders liegt der Fall, wenn die Sicherheit für die Altkredite nur **nachrangig** nach der Absicherung des neuen Kredits haftet und der Wert der Sicherheit nicht dafür ausreicht, dass aus dem Verwertungserlös etwas zugunsten einer Rückführung der Altkredite zur Verfügung stehen könnte.[359] Dann ist der Masse ein dem Sicherungsgut entsprechender Wert zugeflossen. Kann ein solches **Rangverhältnis** durch den Anfechtungsgegner jedoch nicht dargelegt werden, liegt ein inkongruentes Deckungsgeschäft i.S.d. § 131 Abs. 1 InsO mit seinen erleichterten Anfechtungsvoraussetzungen vor. 259

Im Übrigen wird das aus der Inkongruenz folgende Beweisanzeichen für die Benachteiligungsabsicht des Insolvenzschuldners als weniger bedeutungsvoll einzuschätzen sein, wenn die Inkongruenz nur in geringem Umfang besteht. Werden dem Schuldner Kreditmittel in einer Höhe zur Verfügung gestellt, die in etwa dem Wert des Sicherungsgutes entsprechen und folgt die Inkongruenz lediglich daraus, dass das Sicherungsgut auch für andere – ältere – Schulden haften soll, ist das Beweisanzeichen der Inkongruenz in seinem Bedeutungsgehalt für den Nachweis der Gläubigerbenachteiligungsabsicht deutlich herabgesetzt. 260

Die insbesondere aus der nachträglichen Besicherung folgende Inkongruenz kann auch dann in ihrer Erheblichkeit als Beweisanzeichen reduziert sein, wenn die angefochtene Rechtshandlung von einem anfechtungsrechtlich unbedenklichen Willen geleitet war und das Bewusstsein der Gläubigerbenachteiligung infolgedessen in den Hintergrund getreten ist. Das kommt insbesondere dann in Betracht, wenn die Gewährung der inkongruenten Sicherung den Bestandteil eines ernsthaften, letztlich aber fehlgeschlagenen Sanierungsversuchs bildete.[360] 261

4.2.3. Unentgeltlich Leistung

Sieht der Kreditgeber die Rückzahlung älterer Kredite in der Zukunft gefährdet, wird er ein Stillhalten, einen Verzicht auf die Geltendmachung von Kündigungsrechten oder eine Prolongation häufig davon abhängig machen, dass ihm weitere Sicherheiten zur Absicherung der Kreditrückzahlungsansprüche bestellt werden. Ist der Kreditnehmer dazu selbst nicht in der Lage, werden auch Sicherheiten durch Dritte, wie z.B. Schwestergesellschaften und Muttergesellschaften bestellt. 262

Die nachträgliche Besicherung einer fremden Schuld kann vom Insolvenzverwalter eines später insolventen Sicherungsgebers gegenüber dem Kreditgeber als **unentgeltliche Leistung** nach § 134 Abs. 1 InsO angefochten werden, wenn der Kreditgeber als 263

---
358 *BGH* ZIP 1993, 276 ff.
359 *BGH* ZIP 1993, 276 ff; *OLG Hamburg* ZIP 1984, 1373 ff.
360 *BGH* ZIP 1993, 276.

Zuwendungsempfänger keine ausgleichende Gegenleistung erbracht hat.[361] Die **Unentgeltlichkeit** i.S.d. § 134 Abs. 1 InsO liegt unabhängig davon vor, ob der Schuldner gegenüber dem mittelbar begünstigten Drittschuldner – etwa im Rahmen einer konzernähnlichen Abrede – zu der Leistung verpflichtet war oder ob er ein eigenes Interesse an der Leistungserbringung hatte.[362] Auch das bloße **Stehenlassen des Darlehensrückzahlungsanspruchs** ist nach der Rechtsprechung des BGH keine ausreichende Gegenleistung, da das bloße Unterlassen der Rückforderung **keine Zuführung eines neuen Vermögenswertes** darstellt.[363] Der Kreditgeber wird damit in Zukunft in Insolvenzanfechtungsprozessen nicht mehr einwenden können, er habe das Darlehen fällig stellen können.

264 Da die Insolvenzanfechtung nach § 134 Abs. 1 InsO keine weiteren subjektiven Voraussetzungen hat, können Insolvenzverwalter ohne erheblichen Aufwand Sicherheiten, die für fremde Verbindlichkeiten in einem Vier-Jahres-Zeitraum vor dem Insolvenzantrag gestellt wurden, für die Insolvenzmasse zurückgewinnen.

V. Berater

265 Berater des in die Krise geratenen Unternehmens können Haftungsgefahren ausgesetzt sein.[364] Weisen sie ihren Mandanten nicht auf die Insolvenzreife hin, so kann darin eine **Verletzung des Beratervertrages** liegen (dazu unter Rn. 266 ff.). Zudem besteht die Gefahr zivilrechtlicher und strafrechtlicher Haftung wegen **Beihilfe zur Insolvenzverschleppung** (dazu unter Rn. 271 ff.). Ferner ist unter bestimmten Voraussetzungen eine **Haftung gegenüber Dritten** denkbar (dazu unter Rn. 273 ff.). Zu beachten ist auch, dass gezahltes Honorar der **Insolvenzanfechtung** unterliegen kann (dazu unter Rn. 284 ff.). In bestimmten Fällen ist letztlich auch eine anderweitige **strafrechtliche** Haftung denkbar (dazu unter Rn. 302 ff.).

1. Hinweispflichten des Sanierungsberaters

266 Erlangt der Sanierungsberater[365] im Rahmen seiner Tätigkeit Kenntnis von der Insolvenzreife seines Mandanten, so besteht für ihn aus dem Beratungsverhältnis die Pflicht, auf die bestehende **Insolvenzreife** und die sich daraus **ergebenden Handlungspflichten** hinzuweisen.[366]

267 Insbesondere hat der Sanierungsberater darauf hinzuweisen, dass der Mandant innerhalb der Frist des § 15a InsO **Insolvenzantrag stellen** muss und **keine Zahlungen** mehr

---

361 *BGH* ZIP 2006, 957.
362 *BGH* ZIP 2006, 1362.
363 *BGH* ZIP 2009, 1122.
364 Für Steuerberater und Wirtschaftsprüfer ausführlich *Gräfe* DStR 2010, 618 ff. sowie *Ehrenfried* WPg 2009, 326 ff.
365 Das KredReorgG, das seit dem 1.1.2011 in Kraft ist, sieht die spezielle Institution des Sanierungsberaters als Beteiligten bei der Reorganisation von Kreditinstituten vor. Auf die speziellen Haftungsgefahren solcher Sanierungsberater soll hier nicht eingegangen werden. Die Rechtsstellung dieses Sanierungsberaters wird in § 4 KredReorgG beschrieben. Für Verletzungen von Pflichten nach dem KredReorgG haftet der Sanierungsberater gemäß § 4 Abs. 3 KredReorgG. Näher zum KredReorgG: 11. Kap. Rn 285 ff.
366 *BGH* ZIP 2001, 33 ff. Zur Hinweispflicht des Notars bei wirtschaftlicher Schieflage eines Bauträgers, *BGH* WM 2010, 2281 ff.

leisten darf, die mit der Sorgfalt eines ordentlichen und gewissenhaften Geschäftsleiters nicht vereinbar sind. Das gilt auch dann, wenn sich der Mandant dem Sanierungsberater als rechtlich und wirtschaftlich erfahren darstellt und auch, wenn der Mandant bereits vor dem Sanierungsauftrag über die Insolvenzreife informiert wurde. Ein Rechtsanwalt hat grundsätzlich von der **Belehrungsbedürftigkeit** seines Auftraggebers auszugehen. Für die fehlende Belehrungsbedürftigkeit trägt der Sanierungsberater also die **Beweislast**.

Wird ein Rechtsanwalt in der Krise der Gesellschaft hinzugezogen und zu Vergleichsverhandlungen mit Gläubigern beauftragt, so hat der Rechtsanwalt den Mandanten darauf **hinzuweisen,** wenn voraussichtlich nur Vergleichsabschlüsse mit **allen Gläubigern** insgesamt ein Insolvenzverfahren verhindern können.[367] Grundsätzlich ist ein Rechtsanwalt zu einer allgemeinen, umfassenden und möglichst **erschöpfenden Belehrung** verpflichtet, soweit sein Auftraggeber „nicht unzweideutig" zu erkennen gibt, dass er nur des Rates einer bestimmten Richtung bedarf. Der Sanierungsberater hat im Streitfalle darzulegen, wie die Beratung ausgesehen hat, die er erbracht haben will. Er hat dazu den Gang von Besprechungen zu schildern, insbesondere konkrete Angaben dazu zu machen, welche Belehrungen und Ratschläge er erteilt und wie sein Mandant darauf reagiert hat.[367] Es empfiehlt sich daher – wie sonst auch – eine genaue **Dokumentation** des Mandates. **268**

Die **Höhe des Schadenersatzes** bestimmt sich nach der Höhe der abgeflossenen Gelder, die nicht abgeflossen wären, wenn der Mandant nach ordnungsgemäßer Beratung Insolvenzantrag gestellt hätte. **269**

Ob sich der Sanierungsberater auch gegenüber den Organen des Mandanten haftbar macht, betrifft die Frage nach der **Schutzwirkung des Beratungsvertrages** für Dritte (dazu unter Rn. 276 ff.). **270**

2. Insolvenzverschleppung

Haben die Insolvenzantragspflichtigen **Kenntnis** von den die Zahlungsunfähigkeit und/oder Überschuldung begründenden **Fakten und Zahlen**[368] und erlangt auch der Sanierungsberater diese Kenntnis, so kommt in engen Grenzen sowohl eine zivilrechtliche als auch strafrechtliche Haftung des Sanierungsberaters wegen Beihilfe zur vorsätzlichen Insolvenzverschleppung in Betracht. **271**

Die Strafbarkeit eines Sanierungsberaters wegen Beihilfe zur Insolvenzverschleppung richtet sich nach den allgemeinen Grundsätzen der Rechtsprechung.[369] Dabei ist zu entscheiden, ob es sich um eine **neutrale berufstypische Tätigkeit** gehandelt hat oder ob die Grenze zur strafbaren Beihilfe bereits überschritten wurde. Die Frage stellt sich insbesondere dann, wenn die beratende Tätigkeit in Kenntnis der Insolvenzlage erfolgte und der Berater annehmen konnte, dass sie den zur Insolvenzantragstellung Verpflichteten darin bestärkt, keinen Eigenantrag zu stellen. **272**

---

367 *OLG Düsseldorf* 9.2.2010 – I-24 U 100/09.
368 *Schmerbach* in Wimmer, § 15a Rn. 23.
369 *BGH* ZIP 2000, 1828 ff.

3. Haftung gegenüber Dritten

273 Kommt der Sanierungsberater im Rahmen seiner Sanierungsbemühungen mit Dritten (Gläubiger oder Organe der zu beratenden Gesellschaft) in Kontakt, so kann sich auch die Frage nach der vertraglichen Dritthaftung des Beraters ergeben. Dabei kommt es v.a. auf die **Erweiterung des Schutzbereiches** des Beratungsvertrages und die unmittelbare **vertragliche Drittbeziehung** an.

3.1 Unmittelbare Haftung aus Auskunftsvertrag

274 Nimmt der Sanierungsberater im Rahmen seiner Sanierungsbemühungen unmittelbaren Kontakt zu Dritten auf, so kann er diesen unmittelbar haften, wenn durch die **Kontaktaufnahme** ein Auskunftsvertrag mit dem Dritten zustande kommt. Dies ist der Fall, wenn der Sanierungsberater **Gespräche** mit Gläubigern des Mandanten beginnt und der Dritte deutlich macht, dass er für seine (Finanzierungs-) Entscheidung die besonderen Kenntnisse und Verbindungen des Sanierungsberaters **in Anspruch nehmen will,** und der Sanierungsberater sodann die **gewünschten Auskünfte erteilt.**

275 Ein solcher Auskunftsvertrag verpflichtet den Sanierungsberater zu **richtiger und vollständiger Information** über diejenigen tatsächlichen Umstände, die für die Entscheidung des Dritten von besonderer Bedeutung sind.[370] **Kein Auskunftsvertrag** kommt hingegen zustande, wenn der Sanierungsberater bislang nur ein Sanierungsgutachten gegenüber dem Mandanten abgegeben hat und dieser das Gutachten an Dritte zur Entscheidungsfindung weitergegeben hat.[371]

3.2 Haftung aus Vertrag mit Schutzwirkung zu Gunsten Dritter

276 Grundsätzlich können **Dritte,** also auch Gläubiger aus dem zwischen dem Mandanten und dem Sanierungsberater geschlossenen Vertrag **keine Ansprüche** herleiten. Die insofern **restriktive Rechtsprechung** stützt sich auf die Überlegung, dass der Sanierungsberater gegenüber Dritten, anders als gegenüber dem Mandanten, kaum eine Möglichkeit der rechtsgeschäftlichen Haftungsbeschränkung hat und auch keine Vergütungsansprüche bestehen.[372]

3.2.1 Voraussetzungen der Einbeziehung Dritter

277 Allerdings kommt im Wege der **ergänzenden Vertragsauslegung** eine Einbeziehung Dritter in den Beratungsvertrag in Betracht – vor allem, wenn der Sanierungsberater über eine besondere, **vom Staat anerkannte Sachkunde** verfügt, so etwa beim Wirtschaftsprüfer oder Steuerberater.[373]

278 Eine Haftung nach den Grundsätzen des Vertrages mit Schutzwirkung zugunsten Dritter ist aber nur dann denkbar, wenn das **Arbeitsergebnis** des Sanierungsberaters nicht nur zur eigenen Entscheidung bestimmt ist, sondern dazu angefertigt werden soll, **Investoren die Finanzierungsentscheidung zu erleichtern** oder Gläubiger zu einem Stillhalten zu bewegen. Für die Erstreckung der Schutzwirkung ist es ferner erforderlich, dass der Dritte von dem Gutachten Gebrauch gemacht und hierdurch

---

370 *BGH* ZIP 2005, 1082 ff.
371 *OLG München* WM 1997, 613 ff.
372 *OLG Celle* MDR 2007, 1228.
373 *BGH* ZIP 2006, 954 ff.

ein **Vertrauen des Dritten** erzeugt wird und auf seinen Willensentschluss Einfluss genommen wird. Ist dies nicht der Fall, fehlt es an einem konkreten Vertrauen.[374]

Nimmt der Mandant die Hilfe des Sanierungsberaters in Anspruch, um mit dessen – von Sachkunde geprägten – Stellungnahme oder Begutachtung bei Gläubigern entsprechendes Vertrauen hervorzurufen, so ist die Inanspruchnahme von besonderem Vertrauen zwar Haftungsvoraussetzung, genügt aber für eine Haftung gegenüber Dritten allein nicht. Eine Haftung des Sanierungsberaters ist nur zu bejahen, wenn die **Einbeziehung** Dritter für den Sanierungsberater zumindest **erkennbar** ist. Dies ist nicht der Fall, wenn sich erst später die Absicht des Mandanten einstellt, nach Investoren zu suchen und auch, wenn vereinbart wurde, dass die **Weitergabe** von Äußerungen des Sanierungsberaters dessen Zustimmung erfordern.[375] **279**

3.2.2 Ausschluss der Einbeziehung, Haftungsbeschränkungen

Ausgeschlossen ist eine Einbeziehung Dritter in den Schutzbereich des Vertrages, wenn dem Dritten **originäre Ansprüche** – gleich gegen wen – zustehen, die denselben oder zumindest einen gleichwertigen Inhalt haben wie ein Schadenersatzanspruch aus dem Sanierungsvertrag.[376] Ob dies auch dann gilt, wenn ein solcher Anspruch wegen Leistungsunfähigkeit des Mandanten **nicht durchsetzbar** ist, ist fraglich, wurde aber vom BGH in bisher einer Entscheidung bejaht.[377] **280**

Ist das Arbeitsergebnis des Sanierungsberaters zur Weitergabe an Dritte vorgesehen und war dies dem Sanierungsberater auch ohne weiteres erkennbar, so gelten **Einwendungen des Sanierungsberaters** gegenüber seinem Vertragspartner dem Dritten gegenüber als konkludent abbedungen. Will der Sanierungsberater dies vermeiden, so muss er dies in seinem Arbeitsergebnis festhalten, z.B. dass dieses **nur zum internen Gebrauch bestimmt** ist, dass es auf nicht geprüften Angaben des Mandanten beruht, für die der Sanierungsberater keine Gewähr übernimmt oder dass mit dem Auftraggeber Haftungsbeschränkungen vereinbart wurden. Fehlen diese Angaben, so können Dritte davon ausgehen, dass keine Einwendungen aus dem Sanierungsvertrag bestehen.[378] **281**

3.2.3 Einbeziehung von Gesellschaftern

Eine Einbeziehung von Gesellschaftern in den Schutzbereich kommt nur dann in Betracht, wenn sich aus dem **Inhalt des Beratungsvertrages** ergibt, dass dieser gerade oder auch nur neben anderen Aufgaben dazu dient, Schäden von den Gesellschaftern abzuwenden. Eine grundsätzliche Pflicht, bei der Beratung auch die Belange der Gesellschafter zu beachten, besteht jedenfalls bei **steuerrechtlicher Beratung** nicht.[379] Der Umstand, dass Gesellschafter Sicherheiten für ein Darlehen der Gesellschaft gestellt haben, ist nicht ausreichend, um von einem **besonderen Interesse** des Gesellschafters an der Einbeziehung auszugehen.[380] **282**

---

374 *BGH* ZIP 2007, 1993 ff.
375 *BGH* ZIP 2006, 954 ff.; *BGH* DB 2007, 1635 ff.
376 *BGH* ZIP 1996, 1664 ff.
377 *BGH* WM 2004, 1825 ff.
378 *BGH* ZIP 1998, 556 ff.
379 *OLG Celle* MDR 2007, 1228.
380 *OLG Celle* WM 2007, 740 ff.

3.2.4 Keine Einbeziehung in Anwaltsvertrag

283 Für den in Sanierungsbemühungen eingeschalteten Rechtsanwalt geht die Rechtsprechung[381] grundsätzlich davon aus, dass **Insolvenzgläubiger nicht** in den Schutzbereich des Anwaltsvertrages **einbezogen** sind. In der Regel nimmt ein Rechtsanwalt nur einseitig die Interessen seines Auftraggebers wahr. **Anders** kann dies sein, wenn der Rechtsberater bei seiner Tätigkeit für den Auftraggeber auftragsgem. auch die Interessen eines Dritten wahren und deswegen eine unparteiische Stellung einnehmen soll. Eine solche Stellung ist jedoch nicht anzunehmen, wenn der Rechtsanwalt beauftragt wird, die Interessen des Mandanten gegenüber den Gläubigern als Anspruchsgegner wahrzunehmen. Ebenso ist von einer **unparteiischen Stellung** nicht auszugehen, wenn der Mandant den Rechtsanwalt vor der Eröffnung des Insolvenzverfahrens mandatiert und durch dessen Tätigkeit gerade die Verhinderung eines solchen Verfahrens anstrebt.

4. Anfechtung von Honorar

284 Als Folge fehlgeschlagener Sanierungsberatungen können sich Berater einer Insolvenzanfechtung ihrer Honorare ausgesetzt sehen.[382] Sanierungsberaterhonorare werden vom **BGH** einer strengen **anfechtungsrechtlichen Kontrolle** unterworfen. Hintergrund dieser Rechtsprechung ist das Bestreben, die Insolvenzmasse vor dem Entzug von Vermögenswerten zu schützen.[383]

285 Sanierungsberater können der Inanspruchnahme infolge von Insolvenzanfechtungen in stärkerem Maße ausgesetzt sein, da sie in der Regel von den wirtschaftlichen Verhältnissen des Unternehmens – und damit **vom Insolvenzgrund** – **Kenntnis** haben. Diese Voraussetzung verschiedener Anfechtungstatbestände ist also regelmäßig erfüllt.

286 Grundlage für die Insolvenzanfechtung sind zumeist **§§ 130** und **133 InsO**. Danach können Honorarzahlungen angefochten werden, wenn das schuldnerische Unternehmen zum Zeitpunkt der Zahlung, die innerhalb von **drei Monaten** vor dem Antrag auf Eröffnung des Insolvenzverfahrens erfolgte, bereits zahlungsunfähig war und der Berater dies wusste (§ 130 Abs. 1 Nr. 1 InsO) oder wenn die Zahlung nach dem Insolvenzeröffnungsantrag vorgenommen wurde und der Berater den Eröffnungsantrag oder die Zahlungsunfähigkeit kannte (§ 130 Abs. 1 Nr. 2 InsO). Eine Anfechtung ist daneben innerhalb eines **Zehn-Jahres-Zeitraums** vor Eröffnungsantrag möglich, wenn der Schuldner die Zahlungen mit dem Vorsatz vorgenommen hat, seine übrigen Gläubiger zu benachteiligen und der Berater dies wusste (§ 133 Abs. 1 InsO).

4.1 Insolvenzanfechtung nach § 130 InsO

287 § 130 InsO betrifft Berater, die gerade wegen der wirtschaftlichen Schieflage eines Unternehmens mit der Sanierung beauftragt werden. Aufgrund der ihnen in der Regel zur Verfügung gestellten Unterlagen dürften sie die **Zahlungsunfähigkeit** des Schuldners alsbald **erkennen.** Dies folgt schon aus § 130 Abs. 2 InsO, wonach der Kenntnis von der Zahlungsunfähigkeit die Kenntnis von Umständen gleichsteht, die

---

381 *OLG Düsseldorf*, 9.2.2010 – I-24 U 100/09.
382 Hatte der Sanierungsversuch nachhaltigen Erfolg, ist eine Insolvenzanfechtung mangels Insolvenz ausgeschlossen.
383 Dazu *Freudenberg* EWiR 2008, 409.

zwingend auf die Zahlungsunfähigkeit schließen lassen. Dem wird sich ein Sanierungsberater kaum entziehen können, wenn ihm die maßgeblichen Buchhaltungsunterlagen zur Verfügung gestellt worden bzw. ihm die Zahlungsunfähigkeit bei Auftragserteilung offenbart worden ist. Zahlungen innerhalb eines **Drei-Monats-Zeitraums** vor Stellung des Insolvenzantrages sind damit in der Regel anfechtbar. Erfolgten die Zahlungen noch **nach Antragstellung,** so liegt ein Anfechtungsgrund vor, wenn der Berater den Eröffnungsantrag kannte oder zumindest Umstände, die zwingend auf einen solchen schließen ließen. Der Berater wird sich daher im Falle einer fehlgeschlagenen Sanierung gegen einen Anfechtungsanspruch nur mit dem **Einwand des Bargeschäfts** wehren können.

4.2 Bargeschäft

Als Bargeschäft (§ 142 InsO) werden Leistungen des Schuldners **privilegiert,** für die unmittelbar eine **gleichwertige Gegenleistung** in sein Vermögen gelangt ist. Nach der ständigen Rechtsprechung des **BGH**[384] kann entsprechend den Grundsätzen über das Bargeschäft die Zahlung eines der Höhe nach angemessenen Honorars für ernsthafte und nicht von vornherein als aussichtslos erscheinende **Sanierungsbemühungen** der Deckungsanfechtung entzogen sein. Dies gilt auch, wenn diese Bemühungen letztlich **gescheitert** sind. Den Nachweis dafür hat der Sanierungsberater ggf. durch Vorlage seiner dokumentierten Sanierungsbemühungen, z.B. anhand der Darstellung des erarbeiteten Sanierungskonzeptes, zu führen.[385]

288

4.2.1 Enger zeitlicher Zusammenhang von Leistung und Gegenleistung

Voraussetzung in zeitlicher Hinsicht ist, dass Leistung und Gegenleistung in einem engen zeitlichen Zusammenhang ausgetauscht werden.

289

Bei **länger andauernden Vertragsbeziehungen** – also auch bei Verträgen über die Erbringung von Sanierungsleistungen – hält der **BGH** bei der Bestimmung des zeitlichen Zusammenhanges zwischen Beratungsleistungen und Honorarzahlung den **Zeitraum** für maßgeblich, der zwischen der Annahme des Auftrages oder dem Beginn der Tätigkeit und der Gegenleistung liegt. Wenn zwischen dem Beginn der anwaltlichen Tätigkeit und der Erbringung der Gegenleistung **mehr als 30 Tage** liegen, liegt jedenfalls kein Bargeschäft mehr vor. Das gilt auch dann, wenn zwischen dem Berater und dem Unternehmen eine Vereinbarung getroffen wurde, nach der der Berater über längere Zeit **vorleistungspflichtig** ist und die Fälligkeit erst später eintreten soll.[386]

290

Sanierungsberater sind daher gehalten, entweder bereits erbrachte Teilleistungen vereinbarungsgemäß gesondert und **innerhalb kurzer Zeiträume abzurechnen** oder **Vorschüsse** auf ihre Vergütung zu verlangen, um sich den Bargeschäftseinwand zu erhalten.[387]

291

4.2.2 Ausschluss eines Bargeschäfts

Ein Bargeschäft ist abzulehnen, wenn der insolvente Mandant durch Gewährung von Vorschüssen vorgeleistet hat, der Berater aber **nicht innerhalb von 30 Tagen** mit seiner Tätigkeit begonnen hat.[388] Der Bereich eines Bargeschäftes wird bei Vorschüssen

292

---

384 *BGH* ZIP 2002, 1540 ff.
385 *KG Berlin* 22.2.2008 – 7 U 61/07, KGR Berlin 2008, 627 ff.
386 *BGH* ZIP 2006, 1261 ff.
387 *KG Berlin* 22.2.2008 – 7 U 61/07, KGR Berlin 2008, 627 ff., *BGH* ZIP 2008, 232 ff.
388 *KG Berlin* ZInsO 2008, 330 ff.

auch verlassen, wenn die verlangte Vergütung dem Wert der bisher entfalteten oder innerhalb der nächsten 30 Tage noch zu erbringenden Tätigkeit nicht entspricht.[389]

293 Dementsprechend liegt ein Bargeschäft dann nicht vor, wenn der Auftrag des Beraters die **Erarbeitung eines Konzeptpapiers vor Insolvenzantragstellung** umfasst, aus welchem nach Insolvenzeröffnung erst ein Sanierungsplan entwickelt werden soll. Einer solchen Tätigkeit des Beraters wurde durch den **BGH** die Gleichwertigkeit abgesprochen, da der Masse kein praktischer Nutzen entstünde. Da zudem noch die Zustimmung der Gläubiger zum beabsichtigten Insolvenzplan erforderlich war, hätte die Masse auch nicht einen Teil des abgeflossenen Honorars wertgleich zurückerlangt.[390]

4.3 Insolvenzanfechtung nach § 133 InsO

294 Der notwendige **Gläubigerbenachteiligungsvorsatz** des beauftragenden Schuldners wird sich in der Regel daraus ergeben, dass dieser seine **Zahlungsunfähigkeit kannte**. Dies ist in entsprechender Anwendung des § 133 Abs. 1 S. 2 InsO zu vermuten. Ein Schuldner, der seine Zahlungsunfähigkeit kennt, handelt in aller Regel mit Benachteiligungsvorsatz, denn ihm muss klar sein, dass er in Kürze nicht mehr alle seine Gläubiger wird befriedigen können. Befriedigt er dennoch einzelne von ihnen, dann muss sich ihm nahezu zwangsläufig die Erkenntnis aufdrängen, dass infolge dieser Rechtshandlung andere Gläubiger benachteiligt werden.[391] Kannte ebenso der **Sanierungsberater** die Zahlungsunfähigkeit bzw. Umstände, die zwingend auf eine solche schließen ließen, so hatte er auch **Kenntnis** von der Gläubigerbenachteiligungsabsicht des Schuldners. Diese Grundsätze für sich genommen führen praktisch zur Anfechtbarkeit jeglicher Honorarzahlungen. Darüber hinaus ist dem Berater auch der Bargeschäftseinwand nach § 142 InsO verwehrt.

295 Um Sanierungsberatung und deren anfechtungsfeste Bezahlung dennoch zu ermöglichen, wendet die Rechtsprechung die **Grundsätze zu Sanierungsdarlehen** an.[392] Der Sanierungsberater kann demnach die oben genannten Vermutungen widerlegen, wenn die **Zahlungen in unmittelbarem Zusammenhang mit einem Sanierungskonzept** standen. Werden Sanierungsberater beauftragt, so will der Schuldner damit in der Regel die nach § 133 InsO vorausgesetzte Gläubigerbenachteiligung verhindern. Voraussetzung ist jedoch, dass es sich, trotz des letztendlichen Fehlschlages der Sanierung, um ein **schlüssiges**[393] **Sanierungskonzept** handelte, welches mindestens schon in den Anfängen in die Tat umgesetzt war und ernsthafte Aussichten auf Erfolg hatte.[394]

296 Erfolgt die Bezahlung des Beraters hingegen, erst wenn die **Sanierung** bereits erkennbar **gescheitert** ist, sind solche Zahlungen anfechtbar.

4.4 Besicherung des Honoraranspruchs

297 Auch die Besicherung des Honoraranspruchs kann grundsätzlich der Insolvenzanfechtung unterliegen. Dabei ist in der Regel zwischen Anfechtungen nach **§ 130 und § 131 InsO** zu unterscheiden.

---

389 *BGH* ZIP 2006, 1261 ff.
390 *BGH* ZIP 2008, 232 ff.
391 *BGH* ZIP 2008, 2224 ff.
392 Näher dazu *Ganter* WM 2009, 1441.
393 *BGH* ZIP 1998, 248 ff.
394 *BGH* ZIP 1993, 276 ff.; *OLG Hamburg* ZInsO 2005, 891 f.

4.4.1 Anfechtbarkeit nach § 131 InsO

Wurde die **Sicherheit nicht** schon bereits **bei Abschluss des Sanierungsvertrages** vereinbart, so wird diese in aller Regel anfechtbar sein. Nach § 131 Abs. 1 Nr. 2 InsO ist eine solche Sicherung anfechtbar, wenn sie **innerhalb eines Drei-Monats-Zeitraumes** vor dem Insolvenzantrag gestellt wurde und der Schuldner zu dieser Zeit bereits zahlungsunfähig war. Der Grund dieser Anfechtbarkeit liegt darin, dass der Sanierungsberater zwar einen Anspruch auf das vereinbarte Honorar hat, nicht jedoch auf eine nachträgliche Sicherung.[395]

298

In diesem Fall ist dem Sanierungsberater auch der **Bargeschäftseinwand** des § 142 InsO verwehrt, da ein Bargeschäft eine zwischen den Vertragsparteien getroffene **Vereinbarung** über die beiderseits zu erbringenden Leistungen voraussetzt, die im Falle einer nicht oder nicht so geschuldeten Leistung gerade **fehlt**.[396]

299

4.4.2 Anfechtbarkeit nach § 133 InsO

Auch eine nachträgliche, aber **außerhalb des Drei-Monats-Zeitraums** getroffene **Vereinbarung** bzw. Stellung einer Sicherheit kann der Insolvenzanfechtung unterliegen. Denn konnte der Sanierungsberater die Sicherung im oben genannten Sinne nicht verlangen, so ist dies im Rahmen des § 133 Abs. 1 InsO ein Anhaltspunkt für den Gläubigerbenachteiligungsvorsatz des Schuldners und auch für die Kenntnis des Sanierungsberaters davon.

300

Der Sanierungsberater kann eine spätere Insolvenzanfechtung nur vermeiden, wenn er eine **Sicherung** bereits **bei Vertragsschluss** vereinbart. Eine solche Besicherung ist kongruent und eröffnet die Möglichkeit eines unanfechtbaren Bargeschäfts nach § 142 InsO. **Nachträgliche Vertragsänderungen** sind dann unschädlich, wenn sie bereits vor der wirtschaftlichen Krise des Schuldners – also außerhalb des Drei-Monats-Zeitraumes – erfolgten.[397] Allerdings wird dies angesichts des Umstandes, dass der Berater häufig erst innerhalb dieses Drei-Monats-Zeitraumes hinzugezogen wird, kaum noch möglich sein.

301

5. Weitere strafrechtliche Verantwortlichkeit

5.1 Untreue

Der Erfolg von Sanierungsberatern hängt von der Effektivität der Umsetzung der empfohlenen, notwendigen und geeigneten Maßnahmen ab. Zur Steigerung dieser Effektivität werden den eingeschalteten Beratern zum Teil nicht unerhebliche Befugnisse und Gestaltungsspielräume zugestanden. Aus dieser **Einräumung von Handlungsmöglichkeiten** erwachsen den Beratern jedoch auch gewisse Haftungsrisiken.

302

Dem OLG München[398] lag folgender **Fall** vor: Die **Sanierungsberater** schlossen – als Geschäftsführer ihrer Beratungsgesellschaft – einen „**Beratervertrag**" mit einer AG, die sich in wirtschaftlichen Schwierigkeiten befand und schließlich – trotz Sanierungsbemühungen – Insolvenz anmelden musste. Aufgrund dieses Vertrages sollten sie die AG „in allen finanzpolitischen Fragen, insbesondere in Fragen der im Rahmen einer

303

---

[395] Dazu näher MK-InsO/*Kirchhof* § 131 Rn 19a.
[396] *BGH* ZIP 2007, 1162 ff.
[397] Dazu naher: *Kirchhof* ZInsO 2005, 340, 345.
[398] *OLG München* ZIP 2004, 2438 ff.

Sanierung anstehenden Kreditaufnahme und /oder einer bevorstehenden Kreditumschuldung und/oder Krediterlasses beraten". Dem schloss sich ein zweiter Beratervertrag an, in welchem das Beraterhonorar erhöht wurde. Im Rahmen der Beraterverträge verhandelten die Berater mit Banken und suchten Investoren, nahmen an Sitzungen mit einer Wirtschaftsprüfergesellschaft teil, in deren Verlauf ein Sanierungskonzept dargestellt wurde, traten gegenüber einer Bank unter dem Briefkopf der AG auf und übernahmen Mitarbeiterentlassungen, Forderungsverzichtsverhandlungen sowie die Aufstellung von Businessplänen.

304 Das OLG München nahm an, die Berater hätten mit dem ersten Beratervertrag faktisch **„die Rolle eines Finanzvorstandes"** eingenommen und damit die für den Tatbestand der Untreue erforderliche Vermögensbetreuungspflicht innegehabt. Die Berater hätten sich durch eine extensive Auslegung des ersten Beratervertrages **tatsächliche Einwirkungsmacht** auf das Vermögen der AG verschafft. War diese Pflicht aber durch den ersten Beratervertrag und das Einrücken in die Vorstandsaufgaben einmal wirksam begründet, stand es den Beratern nicht mehr frei, beliebig hohe Honorare auszuhandeln, noch dazu zu eigenen Gunsten. Dies gelte umso mehr, als die AG zum Zeitpunkt der Zahlung offenkundig in ihrem Fortbestand bereits auf das Höchste gefährdet war. Entlastend wirkte nicht, dass der Vorstandsvorsitzende der AG entschied, dass die Zahlungen an die Beratungsgesellschaft zu leisten seien. Der **Schaden** der AG bestand in der Erhöhung des ursprünglich vereinbarten Honorars für Leistungen, die die AG schon allein aufgrund des ersten Beratungsvertrages verlangen konnte.

305 Das Urteil des OLG München ist auf **Kritik** gestoßen,[399] zeigt jedoch auch die Gefahren für Sanierungsberater auf. Bislang wurde für eine Untreuestrafbarkeit gefordert, dass dem Täter **Raum für eigenverantwortliche Entscheidungen** und eine **gewisse Selbständigkeit** eingeräumt wurde. Keine der vom OLG genannten Kriterien lassen den Schluss zu, dass die Berater unmittelbar und eigenständig auf das Vermögen der AG zugreifen konnten.[400] Es hat vielmehr den Anschein, dass das Gericht einen **wirtschaftlichen Vorgang,** den es als **unangemessen** empfand – vorliegend betrug die zusätzliche Honorarzahlung für die gescheiterte Sanierung ca. 3,75 Mio. DM und damit das 16fache der ursprünglichen Vergütung – strafrechtlich erfassen wollte.

5.2 Bankrott bei übertragender Sanierung

306 Wenn eine Übertragung der Assets eines Unternehmens oder Teilen hiervon zu einem **Zeitpunkt** erfolgt, zu dem das Unternehmen **bereits überschuldet** ist, die Zahlungsunfähigkeit droht oder sogar eingetreten ist, kann der Tatbestand des Bankrotts gem. § 283 Abs. 1 verwirklicht sein. Schutzwzeck ist die Sicherung der Insolvenzmasse im Interesse der gesamten Gläubigerschaft.[401]

307 In der Regel wird der **Tatbestand** des Bankrotts durch ein „**Beiseiteschaffen von Vermögensteilen**" erfüllt. Davon ist immer auszugehen, wenn der Vermögensbestandteil durch räumliches Verschieben oder Veränderung der rechtlichen Lage dem Zugriff der Gläubiger entzogen oder der Zugriff erheblich erschwert wird. Dieses **weite Verständnis** zugrunde gelegt, ist eine danach strafbare Handlung bei übertragenden Sanierungen nicht fern. Die Strafbarkeit wird jedoch insoweit **eingeschränkt,** als ein Beiseiteschaffen nicht vorliegen soll, wenn der bei einer Veräußerung oder Übertra-

---

[399] *Tiedemann* ZIP 2004, 2440; *Schork/Gross* EWiR 2005, 519.
[400] *Schork/Gross* EWiR 2005, 519.
[401] *Niesert/Hohler* NZI 2010, 127.

gung des Vermögenswertes erlangte Erlös wertmäßig dem Weggegebenen entspricht und damit die Zugriffsrechte der Gläubiger gewahrt bleiben.[402] Zur Beurteilung dessen kann der **Maßstab des Bargeschäftes** nach § 142 InsO herangezogen werden.

Wird der Sanierungsberater im Rahmen einer solchen Übertragung, etwa in Form von Planungen und Handlungsanweisungen tätig und ist der Tatbestand des Bankrotts durch einen organschaftlichen Vertreter erfüllt worden, kommt eine **Beihilfe zum Bankrott** durch den Berater in Betracht. Eine strafbare Beihilfe liegt dabei vor, wenn der Berater – im Falle des Rechtsanwaltes – das ihm berufsmäßig erlaubte Risiko dadurch überschritten hat, dass er **erkennbar tatgeneigte Täter förderte.** Das wurde etwa vom Amtsgericht Ingolstadt in einem Fall angenommen, bei dem Gesellschafter und Geschäftsführer von übertragender und erwerbender Gesellschaft personenidentisch waren.[403]   308

6. Haftung des dauermandatierten Steuerberaters

Erstellt der Steuerberater den **Jahresabschluss** des Unternehmens und ist daraus die Krise des Unternehmens erkennbar, so stellt sich für den Steuerberater die Frage nach dem Umgang mit dieser Feststellung. Der Steuerberater hat zu entscheiden, ob und wie er die Geschäftsleitung über den (drohenden) Eintritt der Krise **informiert** und welche **Handlungsmöglichkeiten** zu Gebote stehen. Dem Steuerberater droht – im Falle einer fehlerhaften Beantwortung dieser Frage – die Inanspruchnahme durch den Insolvenzverwalter des schuldnerischen Unternehmens auf Ersatz des **„Insolvenzverschleppungsschadens"**, d.h. den Ersatz der durch die Fortführung des Unternehmens entstandenen Verbindlichkeiten wegen Nichtstellung des Insolvenzantrages.   309

Die Frage, ob und wann eine solche Haftung greift, ist umstritten und bislang höchstrichterlich nicht abschließend entschieden. Die **Rechtsprechung** hat eine solche Haftung abgelehnt mit der Begründung, dass ein Steuerberater nur zur steuerlichen Beratung verpflichtet sei.[404] Die Beratung umfasse eine **Aufklärung** über Vor- und Nachteile sowie Risiken in steuerlicher, **nicht** jedoch **in wirtschaftlicher Hinsicht.** Der Hinweis auf eine Überschuldung und ein möglicherweise einzuleitendes Insolvenzverfahren läge außerhalb des eigentlichen Bereiches steuerlicher Beratung. Der **BGH** bestätigte dieses Urteil zumindest für den Fall, dass den Geschäftsführern des Unternehmens die Insolvenzreife bewusst war.[405] Dies war auch im Fall des LG Koblenz anzunehmen, da – so das Gericht – die Geschäftsführer einer GmbH **wussten,** dass die letzten Jahresabschlüsse **Fehlbeträge auswiesen** und das Unternehmen mit einer Kapitalerhöhung konsolidiert werden sollte.[406] Der Steuerberater musste deshalb nicht darüber aufklären, dass eine Insolvenzreife der Gesellschaft infolge Überschuldung gem. § 19 Abs. 2 InsO unmittelbar droht oder unmittelbar eingetreten ist und dass zur Klärung dieser Frage eine Überschuldungsbilanz aufzustellen und bei Feststellung der Überschuldung innerhalb der Frist des § 15a InsO die Eröffnung des Insolvenzverfahrens über das Vermögen der Gesellschaft zu beantragen ist. Ob den Steuerberater dem Grunde nach jedoch eine **Pflicht zu einer** solchen **Aufklärung** trifft, wurde durch die vorgenannten Entscheidungen nicht geklärt.[407]   310

---

[402] *Niesert/Hohler* NZI 2010, 127.
[403] *Bärenz* EWiR 2004, 1245.
[404] *OLG Schleswig* 28.5.1993 – 10 U 13/92.
[405] *BGH* 24.2.1994 – IX ZR 126/93; *BGH* 27.4.2010 – IX ZA 4/10.
[406] *LG Koblenz* NZG 2010, 259.
[407] Auch in *BGH* 27.4.2010 – IX ZA 4/10 wurde diese Frage offen gelassen.

311 Bejaht man jedoch eine solche Pflicht des Steuerberaters zum Hinweis auf die Insolvenzantragspflicht (insbesondere dann, wenn der Geschäftsführer keine Anhaltpunkte für einen Insolvenzgrund hatte), wird auch eine Haftung des Beraters wegen fehlerhafter Beratung im Ergebnis anzunehmen sein. Im Rahmen von Verträgen mit rechtlichen oder steuerlichen Beratern gilt die Vermutung, dass der Mandant beratungsgemäß gehandelt hätte[408] und damit bei ordnungsgemäßer Beratung ein entsprechender Schaden hätte vermieden werden können. Der Berater kann einer Haftung jedoch dann entgehen, wenn er darlegen kann, dass es für den Geschäftsführer durchaus mehrere Handlungsalternativen gegeben hätte. So ist z.B. die Stellung des Insolvenzantrages nur eine mögliche Alternative, wenn darüber hinaus die Möglichkeit besteht, die Überschuldung des Unternehmens durch einen qualifizierten Rangrücktritt des Geschäftsführer-Gesellschafters zu beseitigen. Ein solcher Rangrücktritt lag nahe, da er ohnehin der Rechtslage zu Gesellschafterdarlehen entsprochen hätte.[409] Berücksichtigung können in diesem Zusammenhang auch die persönliche Verbundenheit des Geschäftsführer-Gesellschafters zum Unternehmen und andere individuelle Motive finden. [409]

312 Da der Steuerberater anhand der ihm zur Verfügung stehenden Unterlagen die bilanzielle Überschuldung erkennen kann, dürfte ihm der **Hinweis** auf die Notwendigkeit einer Überschuldungsprüfung allerdings **zuzumuten** sein.[410] Steuerberatern ist daher zu raten, auf die (drohende) Krise und die daraus resultierenden Folgen **hinzuweisen und dies zu dokumentieren.**

VI. Auswirkungen der Finanzmarktkrise

313 Die Finanzmarktkrise wird unseres Erachtens nach spürbare Auswirkungen auf das Haftungsrecht der Geschäftsleiter, Finanzierer und weiterer Beteiligter haben. Die Rechtsprechung wird insbesondere Gelegenheit haben, sich mit **Haftungsfragen aus dem Finanzmarktsektor** zu befassen. Dabei sind rechtliche Impulse und Grundsatzentscheidungen zu erwarten, die auch auf Geschäftsleiter und Beteiligte anderer Industrien anwendbar sein dürften.[411]

314 Gleichzeitig wird der Gesetzgeber weiter versuchen, offenbar gewordenen Missständen entgegenzuwirken und die Durchsetzungsmöglichkeiten von Organhaftungsansprüchen zu verbessern. Angesichts der bereits laufenden **Gesetzgebungsarbeiten** zu Reformen des Insolvenzrechts[412] und dem Auswachsen der Finanzmarktkrise zu einer Staatsschuldenkrise sind die Ressourcen in den zuständigen Ministerien allerdings beschränkt und wird sich der Gesetzgeber vermutlich zunächst auf (vermeintliche bzw. öffentlichkeitswirksame) **Schwerpunkte** konzentrieren müssen. Beispielhaft hierfür ist die Einführung von § 87 Abs. 2 AktG durch das Gesetz zur Angemessenheit der Vorstandsvergütung (VorstAG),[413] wonach in der Firmenkrise der Aufsichtsrat die

---

408 *BGH* DB 2009, 729.
409 *OLG Köln* DStR 2011, 397.
410 *Wagner* EWiR 2010, 317 f.; Ausführlich dazu: *Gräfe* DStR 2010, 618 ff. und 669 ff.
411 Hierzu *Lutter* ZIP 2009, 197; *von Werder* ZIP 2009, 500; *Brüning/Werder* ZIP 2009, 1089; *Redeke* ZIP 2010, 159; *Habbe/Köster* BB 2011, 265.
412 S. z.B. Gesetzesentwurf für ein Gesetz zur weiteren Erleichterung der Sanierung von Unternehmen (ESUG) v. 4.5.2011, BT-Drucks. 17/5712.
413 BGBl. I 2009, 2509.

verstärkte Pflicht hat, über Gehaltskürzungen der Vorstände nachzudenken. Eine Gehaltskürzung gibt dann allerdings dem Vorstand zu einem Zeitpunkt ein Sonderkündigungsrecht, in dem ein Aufsichtsrat es sich gerade nicht leisten kann, seinen Vorstand zu verlieren.

Um die Durchsetzung von Organhaftungsansprüchen zu verbessern, **verjähren Organhaftungsansprüche** für börsennotierte Aktiengesellschaften und Kreditinstitute i.S.d. § 1 Abs. 1 KWG nach der Neufassung des § 93 Abs. 6 AktG und des § 52a Abs. 1 KWG durch das **Restrukturierungsgesetz**[414] nicht mehr nach fünf, sondern nach zehn Jahren. 315

Zu vermuten steht, dass u.a. folgende Themen in den **Fokus** rücken könnten: Um einer (vermeintlichen) Vollkaskomentalität bei Geschäftsleitern entgegenzuwirken, wird an den Gesetzgeber die Forderung gerichtet, über **Haftungsverschärfungen** für Fälle der Verletzung von Krisen(vorsorge)pflichten sowie über weitere spürbare Selbstbehaltsverpflichtungen für **D&O-Versicherungen** nachzudenken.[415] 316

Für die Zukunft wird die nochmals **erhöhte Sensibilität** aller Beteiligten für Haftungsfragen ebenfalls eine Rolle spielen. Insbesondere Aufsichtsorgane und Gesellschafter werden **zunehmend Geschäftsleiter haftbar** machen, sollten genügend Anhaltspunkte für das Vorliegen von Schadenersatzansprüchen vorliegen. In diesem Zusammenhang dürfte z.B. die (außergerichtliche) Inanspruchnahme von Hakan Samuelsson, ehemaliger **MAN-Konzernchef** wegen der Höhe der verlangten Schadenssumme von 237 Mio. EUR und der Prominenz eines der Beteiligten, Aufsichtsratvorsitzenden Ferdinand Piëch, spektakulärer Katalysator sein für zukünftige Überlegungen von Aufsichtsorganen/Gesellschaftern anderer Unternehmen, Gleiches zu versuchen. Der **Siemens-Skandal** kann wohl als Startpunkt dieser Entwicklung bezeichnet werden, deren Abschluss noch nicht absehbar ist. 317

Das Auslaufen von Unterstützungsprogrammen der öffentlichen Hand sowie die Staatsschuldenkrise im Euro-Raum, Großbritannien und den USA bedeutet für Gesellschafter, dass staatsfinanzierte Kapitalmaßnahmen nur noch selten gewährt werden. Allerdings besteht Aussicht, dass wegen der zumindest in Deutschland robusten wirtschaftlichen Erholung verstärkt privates Kapital zur Verfügung stehen wird und so Unternehmensinsolvenzen verhindert werden können und die Fragen nach einer Verwirklichung von Haftungsrisiken in den Hintergrund treten. 318

---

414 BGBl. I 2010, 1900.
415 *Timm* ZIP, 2010, 2125, 2132.

9. Kapitel
Sanierung in der Insolvenz

I. Chancen und Risiken der Sanierung in der Insolvenz

1. Einleitung

Der durch die andauernde Finanzkrise verursachte Anstieg der Insolvenzzahlen (s. hierzu unter 1. Kap. Rn. 4) wirft die Frage auf, welche Chancen eine Sanierung aus der Insolvenz bietet und welche Risikofaktoren die an der Sanierung Beteiligten beachten müssen, um die Insolvenz effizient zur Krisenbewältigung einzusetzen. Die Praxis zeigt, dass das Management vieler Unternehmen immer noch nicht das Potential der insolvenzrechtlichen Sanierungsinstrumente erkannt hat und folglich oft vielversprechende Handlungsoptionen ungenutzt bleiben. Grund dafür ist immer wieder die ausgeprägte Angst des Managements vor einer rufschädigenden Insolvenz und dem Verlust von Entscheidungskompetenz, mangelnde Krisenerfahrung und in nicht wenigen Fällen eine gewisse Realitätsflucht und Beratungsresistenz. Insbesondere der im Zuge der Insolvenzrechtsreform neu eingeführte Insolvenzantragsgrund der drohenden Zahlungsunfähigkeit (s. hierzu unter 5. Kap. Rn. 1) erlaubt es dem Schuldner, den Zeitpunkt der Antragsstellung je nach Unternehmenssituation so zu wählen, wie es strategisch günstig ist. Von dieser Möglichkeit wird jedoch nur selten Gebrauch gemacht, der sanierungsfeindliche Trend zur verspäteten Antragsstellung hält weiter an.[1] Dabei bietet vor allem das Insolvenzplanverfahren, in Kombination mit der hierzulande eher unbeliebten Eigenverwaltung, dem Schuldner ein hohes Maß an Flexibilität, um in einem von ihm maßgeblich beeinflussten Prozess das Unternehmen umzustrukturieren, neu auszurichten und von den angehäuften Schulden zu befreien.[2]

Im Hinblick auf den aus § 1 S. 1 InsO ableitbaren Sanierungsauftrag ist stets im Auge zu behalten, dass der Sinn des Insolvenzverfahrens in erster Linie die bestmögliche und gemeinschaftliche Befriedigung der Gläubiger ist. Die Sanierung eines Unternehmens ist kein Selbstzweck. Andere, teilweise ordnungspolitisch motivierte Sanierungsziele, müssen neben dem Zweck der Haftungsverwirklichung zurücktreten. Wenn die Zerschlagung eines Unternehmens für die Gläubiger wirtschaftlich sinnvoller als etwaige Sanierungslösungen ist, bleibt eine Sanierung grundsätzlich außen vor. Allerdings kann eine Abwägung der einzelnen Verfahrensziele im Spannungsverhältnis zwischen Gläubigerbefriedigung und Sanierungsfunktion ausnahmsweise auch dazu führen, dass einer wirtschaftlich suboptimalen Sanierungslösung der Vorzug gewährt wird.[3] Beispielsweise kann eine Sanierung im Einzelfall zwar für die Gläubiger wirtschaftlich geringfügig schlechter sein als eine Zerschlagung des Unternehmens, doch dieser Nachteil wird durch die Erhaltung eines wesentlichen Teils der Arbeitsplätze

---

1 Noch nicht einmal 1 % der Eröffnungsanträge haben als Grund die drohende Zahlungsunfähigkeit; vgl. *Ehlers* ZInsO 2010, 264. Laut der im Rahmen der Studie der *Euler Hermes Kreditversicherung* (Wirtschaft Konkret Nr. 107, Juni 2009) befragten Insolvenzverwalter stellen 66 % der Unternehmen den Insolvenzantrag weiterhin zu spät (im Jahr 2006: 72 %).
2 Zu Risiken und Chancen der Eigenverwaltung s. *Westrick* NZI 2003, 65 ff.; zur Stärkung der Eigenverwaltung vgl. auch den aktuellen Gesetzesentwurf der Bundesregierung zu einem Gesetz zur Erleichterung der Sanierung von Unternehmen (ESUG).
3 Hamburger Kommentar *A. Schmidt* § 1 Rn. 26; vgl. auch *Zipperer* NZI 2008, 209.

und des Unternehmens als gesundes Unternehmen aufgewogen. Inwieweit der Insolvenzverwalter eine Abwägung der finanziellen Interessen der Gläubiger, der volkswirtschaftlichen Interessen der Allgemeinheit und eventuellen sozialpolitischen Interessen anderer vornehmen darf oder muss, ist bislang nicht gesetzlich geregelt. Auch die Rechtsprechung hat zum diesbezüglichen Ermessensspielraum des Verwalters bisher keine Vorgaben gemacht. Die Frage verliert jedoch insbesondere deshalb an Brisanz, weil die Gläubiger im Regelfall über den Gläubigerausschuss in die Entscheidung über das weitere Vorgehen mit einbezogen werden und damit auch eine für sie wirtschaftlich nachteilige Sanierungslösung nicht gegen ihren Willen durchgesetzt werden kann. § 1 S. 1 InsO appelliert nicht nur an den Insolvenzverwalter, sondern sämtliche Verfahrensbeteiligten, sanierungsfähige Unternehmen zu erhalten und die Sanierung als gleichwertige Lösung neben der Liquidation anzuerkennen.

2. Chancen der Sanierung in der Insolvenz

3   Im Folgenden wird zunächst auf einige wichtige in der deutschen Insolvenzordnung verankerte insolvenzspezifische Sanierungshilfen eingegangen, die eine Sanierung von Unternehmen erheblich erleichtern können. Anschließend wird die Möglichkeit der Überwindung besonders gravierender, bei einer Sanierung außerhalb der Insolvenz auftretender Sanierungsbarrieren untersucht.

2.1 Insolvenzspezifische Sanierungserleichterungen

4   Eine der wichtigsten Erleichterungen ist die im internationalen Vergleich einmalige Vorfinanzierung der Arbeitslöhne durch das Insolvenzgeld, das einen maximalen Zeitraum von drei Monaten umfasst und damit erhebliche Liquidität für das Unternehmen freisetzt.[4] Daneben bringt die Eröffnung des Insolvenzverfahrens den Vorteil, dass die Pensionsverpflichtungen, die der Schuldner gegenüber seinen versorgungsberechtigten Arbeitnehmern zu erbringen hat, gem. § 7 BetrAVG infolge der Insolvenz vom Pensionssicherungsverein übernommen werden.[5]

5   Im Gegensatz zur außergerichtlichen Sanierung kann sich der Insolvenzverwalter von nachteiligen Bindungen in Form von Dauerschuldverhältnissen auch ohne das Entgegenkommen seiner Vertragspartner lösen. In der Insolvenz können Miet-, Kredit-, Lizenz- und Arbeitsverträge unabhängig von der vereinbarten Laufzeit mit einer Frist von drei Monaten gekündigt werden.[6] § 103 InsO ermöglicht dem Insolvenzverwalter ferner, die vom Schuldner geschlossenen beiderseitig nicht vollständig erfüllten gegen-

---

4 Zeitweise bestanden Zweifel hinsichtlich der Vereinbarkeit der deutschen Insolvenzgeldvorschrift des § 183 SGB III mit den europarechtlichen Regelungen der RL 80/987/EWG (EuGH NZA 2003, 713; ZIP 1997, 1658; Rechtssachen Mau und Maso). Diese haben sich mit Änderung der RL durch die RL 2002/74/EG vom 23.9.2002 für alle nach dem 8.10.2002 liegenden Fälle erledigt. Vgl. dazu *Peters-Lange* ZIP 2003, 1877 ff.

5 Bei Eröffnung des Insolvenzverfahrens wird ein gesetzliches Schuldverhältnis zwischen dem PSV und dem Versorgungsberechtigten begründet. Der PSV ist auf Grund des Sicherungsfalls verpflichtet, mit dem Beginn des Kalendermonats, der auf den Eintritt des Sicherungsfalls folgt, die laufenden Versorgungsleistungen (Betriebsrenten) in dem Umfang und mit dem Inhalt der Versorgungszusage des Arbeitgebers zu übernehmen, § 7 Abs. 1 und Abs. 1a BetrAVG. Vgl. *Neufeld/Beyer* NZA 2008, 1162.

6 §§ 109, 113, 120 InsO. Diese Erleichterungen sind insbesondere für Filialbetriebe von erheblicher Bedeutung. Nicht profitable Filialen können wegen des Gleichlaufs der Kündigungsfristen innerhalb von drei Monaten geschlossen werden, wenn nicht der Vermieter und die Belegschaft unter diesem Druck ausreichend Entgegenkommen zeigen. Vgl. *Ehlers* ZInsO 2010, 258.

seitigen Verträge neu zum Wohle der Gläubigergesamtheit zu überdenken. Er hat ein Wahlrecht, die Verträge zu erfüllen oder nicht zu erfüllen, je nachdem, ob die Erfüllung für die Masse von Vorteil ist.

Einen weiteren entscheidenden Sanierungsvorteil bieten Vorschriften, die die Gefahr eines Wettlaufs der ungesicherten und gesicherten Gläubiger um Befriedigung und Sicherheiten unterbinden. Die Rückschlagsperre des § 88 InsO verschafft dem Schuldnerunternehmen erhebliche Liquidität, wenn Gläubiger innerhalb des letzten Monats vor Antragstellung das Betriebsvermögen durch Zwangsvollstreckungsmaßnahmen blockiert haben. Ergänzend zu den Unpfändbarkeitsregeln der ZPO ist bereits im Eröffnungsverfahren die Anordnung eines absoluten Verwertungsstopps möglich, §§ 21 Abs. 2 Nr. 3 und 5, 89, 166 InsO.[7] Im eröffneten Verfahren sind Zwangsvollstreckungen der Gläubiger grundsätzlich unzulässig, §§ 89, 90 InsO. Lieferanten, die unter Eigentumsvorbehalt geliefert haben, werden durch § 107 Abs. 2 InsO daran gehindert, ihr Eigentum bereits kurz nach Verfahrenseröffnung und noch vor dem Berichtstermin herauszuverlangen. Die genannten Vorschriften unterbinden den Wettlauf der Gläubiger um Befriedigung und halten das dringend benötigte Vermögen zusammen, so dass sich für den (vorläufigen) Insolvenzverwalter ein Zeitfenster für die Durchführung der nötigen Sanierungsmaßnahmen öffnet.

Die aufgeführten insolvenzspezifischen Sanierungserleichterungen bedeuten für in die Krise geratene Unternehmen eine Art „Schutzschirm", der die Chancen einer erfolgreichen Unternehmensrettung erheblich verbessern kann.

2.2 Überwindung außergerichtlicher Sanierungsbarrieren

Neben den genannten insolvenzrechtlichen Sanierungserleichterungen können im Insolvenzverfahren Sanierungsbarrieren überwunden werden, die eine außergerichtliche Sanierung unmöglich gemacht haben.

Das Auftreten von sogenannten „Akkordstörern" stellt eines der Haupthindernisse außergerichtlicher Sanierungen dar.[8] Darunter werden Gläubiger verstanden, die einem außergerichtlichen Sanierungsvergleich fernbleiben oder versuchen, über eine angedrohte Störung eines solchen Vergleichs Sondervorteile auszuhandeln. Sie können auch bei einer Zustimmung der übrigen Gläubiger nicht minorisiert und dadurch überstimmt werden, da es außerhalb der Insolvenz kein dem Insolvenzplan vergleichbares Obstruktionsverbot gibt.[9] Ferner kann es vorkommen, dass sogenannte „Trittbrettfahrer" versuchen, von Beiträgen anderer Sanierungsbeteiligter zu profitieren, ohne selbst Sanierungsbeiträge zu leisten. Dadurch werden selbst sanierungswillige Beteiligte von der Leistung eigener Lösungsbeiträge abgehalten.[10]

---

7 Die §§ 166 ff. InsO verhindern, dass Sicherungsgläubiger das Sicherungsgut selbst verwerten können, so dass es weiter im Betrieb eingesetzt werden kann.
8 Dazu *Eidenmüller* ZIP 2010, 649 ff.; *Hölzle* NZI 2010, 207; zum Ganzen auch *Undritz* in Kölner Schrift zur InsO, 3. Aufl. 2009, Kap. 29 Rn. 12 ff.
9 Vgl. *BGH* NJW 1992, 967 („Akkordstörer-Urteil"): „Sogenannte Akkordstörer sind grundsätzlich auch dann nicht gehindert, ihre Ansprüche gegen den Schuldner uneingeschränkt durchzusetzen, wenn eine ganz überwiegende Mehrheit der Gläubiger einen derartigen Vergleich befürwortet." Bis heute gibt es kein Instrumentarium, Gläubiger zur Kooperation im Rahmen eines außergerichtlichen (Sanierungs-)Vergleichs zu zwingen.
10 Der Gesetzgeber hat dieses Problem erkannt und mit dem Insolvenzplanverfahren ein Steuerungsinstrument geschaffen, um opponierende Gläubiger zu disziplinieren. Vgl. auch MK-InsO/*Drukarczyk* § 245 Rn. 1; *Kötzle/Zirener* Zplan 2006, 87.

10   Neben den Sanierungsbarrieren, die sich mit der unterschiedlichen Interessenlage und Risikobereitschaft der Beteiligten sowie einer asymmetrischen Informationsverteilung und generellen Koordinationsproblemen erklären lassen,[11] kann das fehlende Vertrauen in die Leistungsfähigkeit des bisherigen Managements eine außergerichtliche Sanierung erschweren.[12] Die Einsetzung eines (vorläufigen) Insolvenzverwalters kann bei allen Beteiligten die Bereitschaft zur Wiederaufnahme von Verhandlungen auslösen.

3. Risiken der Sanierung in der Insolvenz

11   Neben den herausgestellten Chancen birgt die Sanierung in der Insolvenz auch Risiken. Ganz allgemein wächst das Risiko des Scheiterns der Sanierung, je länger die Krise des Unternehmens andauert. Die Insolvenz ist dabei immer noch mit dem Makel des Konkurses behaftet, so dass die Gläubiger, Mitarbeiter und Vertragspartner eines Unternehmens mit der Stellung eines Insolvenzantrags leicht das Vertrauen in die Rettung des Unternehmens verlieren: Die Arbeitnehmer fordern sofortige Aufklärung, wann und wie die zukünftigen Löhne bezahlt werden. Die Vertragspartner zum Teil existenziell wichtiger Dauerschuldverhältnisse drängen auf eine Erklärung, ob die Verträge schuldnerseitig zukünftig erfüllt werden und erwarten hierzu entsprechende Zahlungszusagen des vorläufigen Insolvenzverwalters. Die Organe des schuldnerischen Unternehmens selbst sind verunsichert und benötigen kurzfristig praktikable Richtlinien für die Kooperation mit dem vorläufigen Insolvenzverwalter, um im Außenverhältnis einen konsequenten Auftritt zu ermöglichen. Und die verunsicherten Insolvenzgläubiger wollen wissen, inwiefern ihre Aus- und Absonderungsrechte noch die ursprünglich damit verbundene Sicherheit bieten.

12   Gegen den allseitigen Vertrauensverlust muss bereits der vorläufige Insolvenzverwalter im Insolvenzveröffnungsverfahren aktiv vorgehen, in dem er so schnell wie möglich Aussagen zur Sanierungsfähigkeit des Unternehmens trifft und die anschließend erforderlich werdenden Schritte umsetzt.[13] Der Erwartungsdruck ist regelmäßig extrem hoch, so dass positive Nachrichten letztlich unerlässlich sind, um alle Beteiligten auf dem anstrengenden Sanierungsprozess „mitzunehmen". Häufig wird mitgeteilt, dass die Löhne und Gehälter der Mitarbeiter zunächst gesichert seien (eine Folge der deutschen Insolvenzgeldsicherung) und dass erste Gespräche mit potenziellen Interessenten geführt werden. Dies indiziert das Interesse Dritter am Unternehmen, wodurch die Restrukturierungspsychologie gefördert wird.

13   Falls der vorläufige Insolvenzverwalter auf die bohrenden Fragen nicht rechtzeitig die passenden Antworten findet, droht dem Unternehmen, dass die bis dahin bestehende Chance einer Sanierung zunichte gemacht wird: Wenn die Lieferanten und Kunden dem insolventen Schuldner und vorläufigen Insolvenzverwalter misstrauen, halten sie Leistungen und Lieferungen zurück, verlangen Vorkasse und verweigern ihrerseits Vorauszahlungen und den Abschluss neuer Verträge. Wenn die Mitarbeiter nicht vom Sanierungskonzept zu überzeugen sind, werden insbesondere die höher qualifizierten

---

11   Zu den überwiegend auch psychologischen Barrieren für ein kooperatives Verhalten der Gläubiger im Rahmen eines außergerichtlichen Sanierungsvergleiches siehe *Eidenmüller* a.a.O. S. 264 ff.; *Hölzle* NZI 2010, 208.
12   *Kötzle/Zirener* Zplan 2006, 87.
13   Es liegt auf der Hand, dass es in komplexen Betrieben für einen vorläufigen Insolvenzverwalter, und sei er noch so gut, faktisch unmöglich ist, nach wenigen Tagen sachlich fundierte Aussagen zur Sanierungsfähigkeit eines Unternehmens zu treffen.

Fachkräfte von ihrem Sonderkündigungsrecht des § 113 InsO Gebrauch machen und zur Konkurrenz abwandern. Schließlich werden sich die über das Schicksal des Unternehmens maßgeblich mitbestimmenden Gläubiger mit dem ihnen abgeforderten Forderungsverzicht zurückhalten, wenn das Misstrauen, dass sich der Schuldner auf ihre Kosten bereichern könnte, nicht beseitigt werden kann. All das zeigt, dass eine unvorbereitete Insolvenzantragsstellung die Krise eines Unternehmens verschärfen und das Risiko des Scheiterns der Sanierungsbemühungen erheblich steigern kann.

Daraus folgt, dass bereits frühzeitig bei in die Schieflage geratenen Unternehmen geprüft werden muss, ob die Insolvenzantragsstellung und Sanierung aus der Insolvenz eine echte Alternative zur außergerichtlichen Sanierung darstellt. Hierzu sind verschiedene betriebs- und volkswirtschaftliche Risikofaktoren zu bewerten, um das Gefahrenpotenzial der gerichtlichen Sanierung einschätzen und sodann minimieren zu können. Wichtige Faktoren in diesem Zusammenhang sind u.a.:[14]

- das makroökonomische Umfeld und die allgemeine Branchenentwicklung,
- die Marktposition des Unternehmens,
- die Stellung des Kerngeschäfts,[15]
- die Machtposition und Sanierungsbereitschaft der Gläubiger,
- das Vorhandensein von Compliance-Strukturen und deren Befolgung,[16]
- weitere verfahrensimmanente Faktoren (u.a. die Umsetzungsgeschwindigkeit, die Sanierungserfahrung des Verwalters und die Managementqualitäten des Schuldners).

Festzuhalten bleibt, dass die Insolvenz neben den aufgezeigten Risiken auch erhebliche Chancen bietet, mit Hilfe der in der Insolvenzordnung gewährten Sanierungserleichterungen verschiedene außergerichtliche Sanierungsbarrieren zu überwinden und somit ein in die Krise geratenes Unternehmen vor dem Zusammenbruch zu retten.

II. Der Ablauf des Insolvenzverfahrens im Überblick

Der folgende Beitrag soll kursorisch einen Überblick über den Ablauf des Insolvenzverfahrens geben und dabei insbesondere aufzeigen, wie Schuldner und Gläubiger in den einzelnen Verfahrensabschnitten auf den Verfahrensablauf einwirken können. Im Sinne einer **praxisnahen Darstellung** wird auf ausführliche Einzelerläuterungen mit umfangreichen Nachweisen verzichtet. Zur Klärung von Detailfragen und des jeweiligen Meinungsstandes in der Rechtsprechung sowie in der wissenschaftlichen Literatur wird auf die einschlägigen Kommentare und Handbücher verwiesen.

1. Das Insolvenzverfahren als Antragsverfahren

Zur **Einleitung** des Insolvenzverfahrens ist ein schriftlicher Antrag beim örtlich zuständigen Insolvenzgericht erforderlich, der entweder vom Schuldner selbst oder von einem Gläubiger gestellt werden kann (§ 13 Abs. 1 InsO). Der **Insolvenzantrag** kann grundsätz-

---

14 Dazu ausführlich *Kötzle/Zirener* Zplan 2006, 84 ff.
15 Eine Restrukturierung im Rahmen des Insolvenzverfahrens kann nur dann gelingen, wenn der Betrieb zum Zeitpunkt der Bestellung eines vorläufigen Insolvenzverwalters noch läuft oder zumindest sehr kurzfristig wieder in Gang gesetzt werden kann.
16 Vgl. zu den Risiken und Chancen mangelhafter Compliance in der Unternehmensinsolvenz *Passarge* NZI 2009, 86 ff.

lich formlos gestellt werden. Lediglich für einen Antrag, der auf Eröffnung eines Verbraucherinsolvenzverfahrens gerichtet ist, herrscht bislang Formularzwang (vgl. § 13 Abs. 3 InsO). Jedoch hat sich bei einer Vielzahl von Insolvenzgerichten – insbesondere bei Eigenanträgen – die Verwendung von gerichtlichen Formularen durchgesetzt. Die Verwendung dieser Formulare ist empfehlenswert, da dadurch das Risiko gemindert wird, dass für die Entscheidung des Insolvenzgerichtes wesentliche Angaben vergessen werden. Insbesondere ist durch eine Verwendung dieser Formulare und durch das vollständige Beifügen der dort genannten Unterlagen gewährleistet, dass das Insolvenzgericht zeitnah über die Zulässigkeit des Insolvenzantrages entscheiden kann.

18 Die **Zuständigkeit** für die Eröffnung und Abwicklung von Insolvenzverfahren liegt ausschließlich bei den Amtsgerichten. Nicht bei jedem Amtsgericht existiert zwingend ein Insolvenzgericht. Eine Reihe von Bundesländern hat von der in § 2 Abs. 2 InsO normierten Möglichkeit Gebrauch gemacht, die örtliche Zuständigkeit für Insolvenzverfahren auf einige wenige spezialisierte Gerichte zu konzentrieren (z.B. Sachsen) oder in jedem Landgerichtsbezirk nur ein Insolvenzgericht einzurichten, wohingegen in anderen Bundesländern teilweise bei jedem Amtsgericht auch ein Insolvenzgericht existiert. Welche Insolvenzgerichte in den einzelnen Bundesländern zuständig sind, lässt sich z.B. im Internet unter www.insolvenzbekanntmachungen.de erfahren.

19 Das Insolvenzgericht prüft zunächst anhand von § 3 InsO seine **örtliche Zuständigkeit**. Sofern der Schuldner in Form eines Einzelunternehmens, einer Personenhandelsgesellschaft oder einer juristischen Person selbstständig wirtschaftlich tätig ist, kommt es für die örtliche Zuständigkeit des Insolvenzgerichts darauf an, wo sich der Mittelpunkt der selbstständigen wirtschaftlichen Tätigkeit des Schuldners befindet (§ 3 Abs. 1 S. 2 InsO). Dies wird in der Regel derjenige Ort sein, an dem sich der Sitz der Unternehmensleitung befindet (z.B. bei einer Gesellschaft mit verschiedenen Niederlassungen der Ort, an dem sich die Hauptniederlassung befindet).

20 Sofern sich das Insolvenzgericht für örtlich zuständig hält, prüft es die weiteren Zulässigkeitsvoraussetzungen für den Insolvenzantrag. Hierbei ist zwischen einem Eigenantrag durch den Insolvenzschuldner selbst und einem Fremdantrag durch einen Gläubiger zu unterscheiden.

21 Bei einem **Eigenantrag** ist bei juristischen Personen in der Regel das vertretungsberechtigte Organ antragsberechtigt. Besteht dieses aus mehreren Personen, ist es im Hinblick auf die Reglungen in § 15 Abs. 2 InsO empfehlenswert, dass der Insolvenzantrag von allen Mitgliedern des Vertretungsorgans gestellt wird. Andernfalls hat das Insolvenzgericht zusätzliche Anforderungen zu prüfen, was wiederum zu einer Verzögerung des Verfahrens führt. Zur Überprüfung der jeweiligen Vertretungsverhältnisse wird das Insolvenzgericht in der Regel einen aktuellen Handelsregisterauszug beiziehen. Weitere Zulässigkeitsvoraussetzungen sind bei einem Eigenantrag nicht zu prüfen.

22 Bei einem **Fremdantrag** eines Gläubigers hat das Insolvenzgericht dagegen weitere Voraussetzungen zu prüfen. Der Gläubiger hat zunächst glaubhaft zu machen, dass er Inhaber einer Forderung gegen den Insolvenzschuldner ist (§ 14 Abs. 1 InsO). Am einfachsten gelingt dies z.B. durch die Vorlage eines rechtskräftigen Titels oder eines Schuldanerkenntnisses, aus dem sich die Forderungshöhe und der Rechtsgrund der Forderung ergeben. Ausreichend sind z.B. aber auch Rechnungen, Saldenbestätigungen oder Ähnliches.

Der Gläubiger hat darüber hinaus glaubhaft zu machen, dass beim Schuldner ein **Insolvenzgrund** gegeben ist. Bei einem Fremdantrag wird sich der Gläubiger in der Regel auf den Insolvenzgrund der Zahlungsunfähigkeit i.S.v. § 17 InsO berufen und dies z.B. durch die Vorlage eines Protokolls des Gerichtsvollziehers über eine fruchtlose Zwangsvollstreckung beim Schuldner nachweisen. Ausreichend kann aber z.B. auch ein Schreiben des Schuldners selbst sein, in dem dieser mitteilt, nicht mehr zahlungsfähig zu sein. Dem Gläubiger wird es in der Regel kaum gelingen, den Insolvenzgrund der Überschuldung i.S.v. § 19 InsO glaubhaft zu machen, da dies detaillierte Kenntnis von der gesamten wirtschaftlichen Situation des Schuldners und von dessen Buchwerk voraussetzt. 23

Bei einem Fremdantrag hat das Insolvenzgericht zusätzlich zu prüfen, ob der Gläubiger ein **Rechtsschutzinteresse** an der Eröffnung eines Insolvenzverfahrens hat. Ein solches Rechtsschutzinteresse wird z.B. verneint, wenn der Insolvenzantrag ausschließlich mit dem Ziel gestellt wird, einen Wettbewerber zu schädigen oder wenn der Gläubiger seine Forderung auf einfachere und billigere Art und Weise befriedigen kann[17] 24

Gelangt das Insolvenzgericht nach entsprechender Prüfung zu der Einschätzung, dass der Insolvenzantrag zulässig ist, ist eine ausdrückliche gerichtliche Entscheidung über die Zulässigkeit des Antrages nicht erforderlich. Vielmehr hat das Insolvenzgericht bei einem Fremdantrag eines Gläubigers den Schuldner gem. § 14 Abs. 2 InsO anzuhören, wobei die **Anhörung** in aller Regel schriftlich erfolgen wird. Im Rahmen dieser Anhörung hat der Schuldner die Möglichkeit, entweder die vom Gläubiger behauptete Forderung oder den behaupteten Insolvenzgrund zu bestreiten. 25

2. Maßnahmen im Insolvenzantragsverfahren

Nach Zulassung des Insolvenzantrages hat das Insolvenzgericht von Amts wegen die Voraussetzungen für die Eröffnung eines Insolvenzverfahrens zu prüfen. Im Rahmen dieses sogenannten Eröffnungsverfahrens ist der Schuldner gem. §§ 20 Abs. 1, 97, 98, 101 InsO umfassend zur **Auskunftserteilung** und **Mitwirkung** verpflichtet. Der Schuldner ist insbesondere verpflichtet, dem Insolvenzgericht sämtliche für die Entscheidung über den Insolvenzantrag erforderlichen Auskünfte zu erteilen und die jeweiligen Unterlagen vorzulegen. Die Erfüllung dieser Auskunfts- und Mitwirkungspflichten kann mit teilweise drastischen Sanktionen herbeigeführt werden: So kann z.B. gem. §§ 20 Abs. 1, 98 Abs. 2 InsO der Schuldner zwangsweise vorgeführt und gegebenenfalls auch inhaftiert werden. 26

2.1 Bestellung eines Sachverständigen

Das Insolvenzgericht hat nun zu prüfen, ob ein für die Rechtsform des Schuldners maßgeblicher Eröffnungsgrund (vgl. §§ 16–19 InsO) vorhanden ist und ob voraussichtlich ausreichend freie Masse zur Verfügung stehen wird, um mindestens die Kosten des Insolvenzverfahrens (§ 54 InsO) zu decken. Sofern sich das Insolvenzgericht anhand der vorgelegten Unterlagen nicht zweifelsfrei vom Vorliegen dieser beiden Voraussetzungen überzeugen kann, wird es einen **Sachverständigen** bestellen, der im Auftrag des Insolvenzgerichts die Voraussetzungen für die Eröffnung des Insolvenz- 27

---

17 Z.B. bei zweifelsfreier vollständiger dinglicher Sicherung der Forderung, vgl. *BGH* ZinsO 2008, 103 und *BFH* vom 16.9.2010 – VII B 281/09, zitiert nach juris.

verfahrens prüfen soll. Sofern für das Insolvenzgericht aus den Antragsunterlagen ersichtlich ist, dass der Schuldner noch einen laufenden Geschäftsbetrieb unterhält, wird es den Sachverständigen in der Regel auch damit beauftragen zu prüfen, welche Aussichten für eine Fortführung des schuldnerischen Unternehmens bestehen.

28 Der Sachverständige hat sich dann mit dem Schuldner in Verbindung zu setzen und ihn zur umfassenden Auskunftserteilung und Bereitstellung von Unterlagen aufzufordern, anhand derer er seinen Gutachtenauftrag erfüllen kann. Der Sachverständige erstellt dann nach Auswertung der vom Schuldner bereitgestellten Informationen und eigener Ermittlungen ein sog. **Masse- oder Eröffnungsgutachten**, in dem ausführlich zur wirtschaftlichen Entwicklung des Schuldners, zu den Insolvenzursachen, zur Vermögenslage, zur Frage der Verfahrenskostendeckung sowie ggf. auch zu etwaigen Sanierungsmöglichkeiten Stellung genommen wird.

29 Kommt der Schuldner im Rahmen des Eröffnungsverfahrens seinen Auskunfts- und Mitwirkungspflichten nicht in ausreichendem Umfang nach, hat der Sachverständige lediglich die Möglichkeit, beim Insolvenzgericht die **gerichtliche Anhörung** des Schuldners anzuregen (§§ 20 Abs. 1, 97 Abs. 3, 98 Abs. 1 InsO). Weitergehende Befugnisse stehen dem Sachverständigen gegenüber dem Schuldner nicht zu.

2.2 Anordnung von Sicherungsmaßnahmen

30 Sofern das Insolvenzgericht bei Prüfung des Antrages Anhaltspunkte dafür feststellt, dass beim Schuldner Vermögenswerte in nicht nur geringfügigem Umfang vorhanden sind oder wenn sich aus dem Insolvenzantrag ergibt, dass der Schuldner einen laufenden Geschäftsbetrieb unterhält, wird es in der Regel einen **vorläufigen Insolvenzverwalter** bestellen (vgl. §§ 21, 22 InsO). Die Bestellung eines vorläufigen Insolvenzverwalters kann mit dem Auftrag zur Erstellung eines Sachverständigengutachtens verbunden werden (§ 22 Abs. 1 S. 2 Nr. 3 InsO) oder einem isolierten Sachverständigenauftrag zeitlich nachfolgen. Die Bestellung eines vorläufigen Insolvenzverwalters ist die wichtigste Sicherungsmaßnahme aus einem Maßnahmenkatalog (§ 21 Abs. 2 InsO), die dem Insolvenzgericht zur Verfügung steht, um im Eröffnungsverfahren eine für die Gesamtgläubigerschaft nachteilige Veränderung der Vermögensverhältnisse des Schuldners zu verhindern. Neben der Bestellung eines vorläufigen Insolvenzverwalters hat das Insolvenzgericht z.B. auch die Möglichkeit, Zwangsvollstreckungsmaßnahmen gegen den Schuldner einstweilen einzustellen (§ 21 Abs. 2 S. 1 Nr. 3 InsO).

31 Die Bestellung eines vorläufigen Insolvenzverwalters kann in unterschiedlichen **Ausprägungen** erfolgen:

32 Als in der Praxis am weitesten verbreitete Form ist die vorläufige Insolvenzverwaltung mit allgemeinem Zustimmungsvorbehalt anzutreffen (vgl. §§ 21 Abs. 2 S. 1 Nr. 2 Var. 2, 22 Abs. 2 InsO), die sogenannte **schwache vorläufige Verwaltung**. Die Anordnung dieser Sicherungsmaßnahme hat zur Folge, dass der Schuldner Verfügungen jeder Art nur mit Zustimmung des vorläufigen Insolvenzverwalters treffen kann. Im Falle einer Betriebsfortführung führt dies z.B. dazu, dass der Geschäftsführer des schuldnerischen Unternehmens nur noch mit Zustimmung des vorläufigen Insolvenzverwalters Bestellungen auslösen, über Bankguthaben verfügen, Verträge abschließen, Forderungen einziehen oder Vermögensgegenstände verwerten kann.

Die weitere von der InsO vorgesehene Erscheinungsform der vorläufigen Insolvenzverwaltung ist die vorläufige Insolvenzverwaltung mit allgemeinem Verfügungsverbot (§§ 21 Abs. 2 S. 1 Nr. 2 Var. 1, 22 Abs. 1 S. 1 InsO), die sog. **starke vorläufige Verwaltung**. Im Gegensatz zur schwachen vorläufigen Insolvenzverwaltung gehen bei dieser Form der Sicherungsmaßnahme die bisher beim Schuldner liegenden Verwaltungs- und Verfügungsbefugnisse vollständig auf den vorläufigen Insolvenzverwalter über, der diese Befugnisse auch ohne Zustimmung oder sonstige Mitwirkung des Schuldners ausüben kann. Mit dieser umfassenden Rechtsposition ist der starke vorläufige Insolvenzverwalter dem späteren Insolvenzverwalter weitgehend angenähert. 33

Diese Erscheinungsform der vorläufigen Insolvenzverwaltung hat sich jedoch **in der Praxis kaum durchgesetzt**, da sie mit einer nachteiligen Rechtsfolge verbunden ist: Gem. § 55 Abs. 2 InsO begründet der starke vorläufige Insolvenzverwalter durch seine Handlungen Masseverbindlichkeiten, die nach Eröffnung des Insolvenzverfahrens vorrangig zu befriedigen sind. Dies konfrontiert den starken vorläufigen Insolvenzverwalter mit einem erheblichen Haftungsrisiko (vgl. § 61 InsO), da er in der Kürze der für eine vorläufige Insolvenzverwaltung zur Verfügung stehenden Zeit in der Regel nicht die Möglichkeit haben wird, sämtliche Vertragsbeziehungen des Schuldners im Hinblick auf ihre Vorteilhaftigkeit für die spätere Insolvenzmasse genau zu analysieren. 34

Vor dem Hintergrund der Haftungsprobleme der starken vorläufigen Insolvenzverwaltung hat sich in der Praxis eine weitere Form der vorläufigen Insolvenzverwaltung herausgebildet, nämlich die sog. schwache vorläufige Verwaltung mit **Einzelermächtigung**. Hierbei wird der schwache vorläufige Verwalter durch einen separaten Beschluss des Insolvenzgerichts ermächtigt, einzelne im Voraus genau festgelegte Verpflichtungen zu Lasten der späteren Insolvenzmasse einzugehen, also Masseverbindlichkeiten zu begründen. Solche Einzelermächtigungen sind in der Praxis z.B. dann anzutreffen, wenn dem Insolvenzschuldner im Eröffnungsverfahren ein Massekredit zur Verfügung gestellt werden soll und der Kreditgeber – in der Regel verbunden mit weiteren Sicherheiten – eine Gewähr dafür haben möchte, dass dieser Massekredit nach Verfahrenseröffnung vorrangig zurückgeführt werden kann. Die grundsätzliche Zulässigkeit derartiger Einzelermächtigungen ist von der Rechtsprechung zwar anerkannt, in der Ausgestaltung im Einzelnen bestehen jedoch noch in erheblichem Umfang Unsicherheiten.[18] 35

Seit Einführung der InsO wird die Frage lebhaft diskutiert, welcher Einfluss den Gläubigern oder dem Schuldner bei der Auswahl des vorläufigen (und auch des endgültigen) Insolvenzverwalters zuzubilligen sein soll. Nach geltendem Recht ist das Insolvenzgericht gem. §§ 21 Abs. 2 S. 1 Nr. 1 i.V.m. 56 Abs. 1 InsO bei der Auswahl des vorläufigen Insolvenzverwalters nur an die im Gesetz genannten Kriterien (geeignete, insbesondere geschäftskundige, von den Gläubigern und dem Schuldner unabhängige natürliche Person) gebunden. Es besteht insbesondere keine Verpflichtung des Insolvenzgerichtes, einem bestimmten **Gläubigervorschlag** oder einem Vorschlag des Schuldners zu folgen. Gleichwohl kann es nützlich sein, dem Insolvenzgericht für ein konkretes Verfahren einen bestimmten vorläufigen Insolvenzverwalter vorzuschlagen, der z.B. aufgrund seiner nachgewiesenen Branchenexpertise oder der Leistungsfähigkeit seines Büros (z.B. Kanzlei mit mehreren Standorten für ein Insolvenzverfahren 36

---

18 Vgl. im Einzelnen z.B. HambKomm/*Schröder* § 22 Rn. 90 ff.

über das Vermögen eines Unternehmens mit verschiedenen Niederlassungen) für das konkrete Insolvenzverfahren besonders geeignet erscheint. Ein derartiger Vorschlag kann z.B. so aussehen, dass dem Insolvenzgericht entweder verschiedene geeignete Personen namentlich benannt werden, so dass das Insolvenzgericht aus diesen Vorschlägen eine Auswahl treffen kann. Die Eingrenzung eines bestimmten vorläufigen Insolvenzverwalters kann aber auch so erfolgen, dass abstrakt und fallbezogen verschiedene Anforderungen an die zu bestellende Person benannt werden, so dass nur wenige potenzielle Kandidaten sämtliche dieser Voraussetzungen erfüllen.

37 Im Zuge der anhaltenden Reformdiskussion bezüglich der InsO hat sich der Gesetzgeber auch dieses Problems angenommen. In dem Regierungsentwurf eines Gesetzes zur weiteren Erleichterung der Sanierung von Unternehmen (ESUG)[19] findet sich eine neue Fassung des § 56 InsO, der dann auch für die Bestellung des vorläufigen Insolvenzverwalters gelten soll. Nach diesem Novellierungsvorschlag soll bei Erreichen bestimmter Größenmerkmale eines Unternehmens vom Insolvenzgericht im Insolvenzeröffnungsverfahren zwingend ein **vorläufiger Gläubigerausschuss** bestellt werden, der die Möglichkeit hat, einen bestimmten vorläufigen Verwalter vorzuschlagen. Von einem derartigen einstimmig gefassten Vorschlag des vorläufigen Gläubigerausschusses soll das Gericht nur ausnahmsweise abweichen[20]. Es bleibt allerdings abzuwarten, ob sich der Gesetzgeber zu einer derartigen Veränderung des bislang gültigen Rechts wird durchringen können.

2.3 Entscheidung über den Insolvenzantrag

38 Sobald der Sachverständige seine Ermittlungen abgeschlossen und das Massegutachten vorgelegt hat, kann das Insolvenzgericht über den Insolvenzantrag entscheiden. Hierbei kommen verschiedene **Entscheidungsmöglichkeiten** in Betracht.

39 Gelangt das Insolvenzgericht zu der Auffassung, dass beim Schuldner kein Insolvenzgrund gegeben ist, weist es den Insolvenzantrag durch Beschluss als **unbegründet** zurück. In diesem Fall hat der Antragsteller die Kosten des Verfahrens zu tragen. Neben den Gerichtskosten, die sich nach dem Wert des freien Aktivvermögens oder der dem Antrag zugrunde liegenden Forderung bestimmen (§ 58 Abs. 1 und 2 GKG), handelt es sich v.a. um das Honorar des Sachverständigen, der entsprechend seines Zeitaufwands nach gesetzlich festgelegten Stundensätzen vergütet wird.[21]

40 Wenn das Insolvenzgericht der Auffassung ist, dass beim Schuldner zwar ein maßgeblicher Insolvenzgrund vorliegt, nach den Ermittlungen des Sachverständigen jedoch davon auszugehen ist, dass das prognostizierte freie Schuldnervermögen voraussichtlich nicht ausreichen wird, um die Verfahrenskosten vollständig zu decken, weist es den Insolvenzantrag gem. § 26 Abs. 1 InsO **mangels Masse** ab. Gleichzeitig sind eventuell angeordnete Sicherungsmaßnahmen aufzuheben. In diesem Fall hat grundsätzlich der Schuldner die bisherigen Verfahrenskosten zu tragen. Können diese allerdings beim Schuldner seitens der Staatskasse nicht beigetrieben werden, besteht für den Antragsteller das Risiko, dass dieser für die bisherigen Verfahrenskosten als sog. Zweit- oder Sekundärschuldner in Anspruch genommen wird.[22]

---

19 Stand v. 23.2.2011, abrufbar unter der Homepage des Bundesjustizministeriums: www.bmj.de.
20 Vgl. §§ 22a, 56 InsO-RegE.
21 Vgl. hierzu das JVEG – Justizvergütungs- und Entschädigungsgesetz.
22 Vgl. § 31 Abs. 2 GKG.

Ist sowohl ein Insolvenzgrund als auch die ausreichende Massekostendeckung gegeben, **eröffnet** das Gericht durch Beschluss das Insolvenzverfahren. In diesem Fall werden sämtliche Verfahrenskosten aus der Insolvenzmasse bezahlt. 41

2.4 Rücknahme des Insolvenzantrags

Der Insolvenzantrag kann solange zurückgenommen werden, solange nicht rechtskräftig über ihn entschieden wurde. Sofern das Eröffnungsverfahren wegen einer zwischenzeitlich erfolgten Zahlung des Schuldners beendet werden soll, empfiehlt sich eine **Erledigungserklärung**, da mit Hilfe einer solchen Erklärung die unter Umständen für den Gläubiger negative Kostenfolge gem. §§ 4 InsO, 269 Abs. 3 ZPO vermieden werden kann. Wird ein ursprünglich zulässiger und begründeter Insolvenzantrag durch eine Zahlung des Schuldners erledigt, so hat dieser für sämtliche bis dahin angefallenen Kosten aufzukommen (§§ 4 InsO, 91a ZPO analog). Auch hier kann u.U. das Risiko der **Zweitschuldnerhaftung** des Antragstellers bestehen.[23] 42

3. Die Eröffnung des Insolvenzverfahrens
3.1 Inhalt des Eröffnungsbeschlusses

Der Inhalt des Eröffnungsbeschlusses ist im Wesentlichen gesetzlich vorgegeben (vgl. §§ 27–29 InsO). Der **Eröffnungsbeschluss** enthält somit mindestens die folgenden Angaben: 43

- Genaue Bezeichnung des Schuldners,
- Name und Kontaktdaten des Insolvenzverwalters,
- Eröffnungsdatum mit Angabe einer Uhrzeit,
- Aufforderung an die Gläubiger, ihre Forderungen innerhalb einer bestimmten Frist beim Insolvenzverwalter anzumelden,
- Aufforderung an die Gläubiger, etwaige Sicherungsrechte mitzuteilen,
- Aufforderung an die Drittschuldner, nicht mehr an den Schuldner zu leisten und
- Terminbestimmung für den Berichtstermin und den Prüfungstermin (ggf. mit Angabe der dort zu behandelnden Tagesordnung).

Der Inhalt des Eröffnungsbeschlusses ist ebenfalls im Internet unter www.insolvenzbekanntmachungen.de öffentlich bekannt zu machen (§ 30 Abs. 1 InsO). 44

3.2 Wirkungen der Verfahrenseröffnung

Die Eröffnung des Insolvenzverfahrens hat eine **Vielzahl** von Auswirkungen, deren wichtigste hier nur überblicksartig dargestellt werden können. 45

Aufgrund der Verfahrenseröffnung verliert der Schuldner die **Verwaltungs- und Verfügungsbefugnis** über sein zur Insolvenzmasse gehörendes Vermögen (§ 80 Abs. 1 InsO). Die Befugnis über die Insolvenzmasse zu verfügen, steht ab Verfahrenseröffnung ausschließlich dem Insolvenzverwalter zu. 46

Die Verfahrenseröffnung hat auch zur Folge, dass anhängige **Rechtsstreitigkeiten** zunächst unterbrochen werden (vgl. z.B. § 4 InsO i.V.m. § 240 ZPO) und nur unter bestimmten Vorraussetzungen wieder aufgenommen werden können (vgl. §§ 85 und 86 InsO). Insolvenzgläubiger können ihre Forderungen nur noch durch Anmeldung zur Tabelle geltend machen. **Zwangsvollstreckungsmaßnahmen** sind ab Eröff- 47

---

23 Vgl. oben Rn. 22.

nung des Insolvenzverfahrens unzulässig und bereits eingeleitete Zwangsvollstreckungsmaßnahmen werden unter bestimmten Vorraussetzungen unwirksam (vgl. §§ 88–90 InsO).

48 Durch die Verfahrenseröffnung wird auch in erheblichem Umfang in bestehende **Vertragsverhältnisse** eingegriffen. So kann der Insolvenzverwalter z.B. Miet- oder Arbeitsverhältnisse unter bestimmten Voraussetzungen ordentlich kündigen, selbst wenn das Recht zur ordentlichen Kündigung ausgeschlossen ist (§§ 109 Abs. 1, 113 InsO). Im Übrigen werden gegenseitige Verträge, die noch nicht vollständig erfüllt sind, durch die Verfahrenseröffnung in einen Schwebezustand versetzt und dem Verwalter wird die Möglichkeit eingeräumt zu prüfen, ob die weitere Erfüllung des entsprechenden Vertrages für die Insolvenzmasse vorteilhaft ist oder nicht (§ 103 InsO).

4. Der Berichts- und Prüfungstermin

49 Im Eröffnungsbeschluss bestimmt das Insolvenzgericht die Termine von zwei für den weiteren Verlauf des Insolvenzverfahrens wesentlichen Gläubigerversammlungen, nämlich den **Berichtstermin** (§ 29 Abs. 1 Nr. 1 InsO) sowie den **Prüfungstermin** (§ 29 Abs. 1 Nr. 2 InsO). Häufig werden diese beiden Termine gem. § 29 Abs. 2 InsO miteinander verbunden, so dass faktisch nur eine Gläubigerversammlung stattfindet. In Insolvenzverfahren, bei denen wichtige Entscheidungen durch die Gläubiger bereits unmittelbar nach Verfahrenseröffnung getroffen werden sollen, werden diese beiden Termine getrennt voneinander abgehalten, was jedoch in der Praxis eher die Ausnahme ist.

4.1 Berichtstermin als „Hauptversammlung" im Insolvenzverfahren

50 Der Berichtstermin ist die wichtigste Gläubigerversammlung im Rahmen des Insolvenzverfahrens, da im Berichtstermin die **wesentlichen Weichenstellungen** für das weitere Insolvenzverfahren erfolgen. In der Praxis finden die Berichtstermine häufig ohne Gläubiger statt, so dass keine Beschlüsse gefasst werden können. Bei der Vielzahl von masselosen Kleinstverfahren ist dies nicht wirklich erheblich. Bei für die Gläubiger wirtschaftlich bedeutenden Insolvenzverfahren ist es jedoch dringend zu empfehlen, dass die Gläubiger ihre Mitwirkungsrechte im Insolvenzverfahren durch eine aktive Teilnahme am Berichtstermin ausüben.

51 Der Berichtstermin findet als **nichtöffentliche Verhandlung** des Insolvenzgerichtes statt und wird in der Regel vom Rechtspfleger, der für das Verfahren seit Eröffnung zuständig ist, geleitet. Teilnahmeberechtigt sind neben den Gläubigern im Wesentlichen der Schuldner sowie der Insolvenzverwalter. Gem. § 156 Abs. 2 InsO kann jedoch auch der Betriebsrat, ein Vertreter der zuständigen Berufsvertretung oder der zuständigen Kammer am Berichtstermin teilnehmen.

52 Stimmberechtigt sind gem. § 77 InsO jedoch lediglich die Insolvenzgläubiger. Um ein **Stimmrecht** zu erhalten und an Abstimmungen teilnehmen zu können, ist es für die Gläubiger erforderlich, dass sie zuvor ihre **Forderungen** schriftlich unter Beifügung vollständiger Unterlagen beim Insolvenzverwalter **anmelden** (vgl. § 174 InsO). Grundsätzlich gewähren nur vom Insolvenzverwalter festgestellte Forderungen ein Stimmrecht (§ 77 Abs. 1 InsO). Unter bestimmten Voraussetzungen kann auch Gläubigern bestrittener Forderungen ein Stimmrecht gewährt werden (§ 77 Abs. 2 InsO).

Zu Beginn des Berichtstermins erläutert der **Insolvenzverwalter** zunächst die Entwicklung des schuldnerischen Unternehmens, die Insolvenzursachen, die von ihm bislang ergriffenen Maßnahmen und bei einem laufenden Geschäftsbetrieb, ob das Unternehmen des Schuldners fortgeführt werden kann. Außerdem gibt der Insolvenzverwalter eine erste Einschätzung über die voraussichtlichen Befriedigungsaussichten für die Gläubiger ab (vgl. § 156 Abs. 1 InsO). Im Rahmen dieses Tagesordnungspunktes können Fragen an den Insolvenzverwalter gestellt werden.

Da der Insolvenzverwalter durch das Insolvenzgericht im Eröffnungsbeschluss zunächst nur vorläufig bestellt wurde, haben die **Gläubiger** im Berichtstermin die Möglichkeit, nach § 57 InsO entweder den gerichtlich bestellten Insolvenzverwalter im Amt zu bestätigen oder – mit entsprechenden Mehrheiten – einen neuen Insolvenzverwalter zu bestellen.

In komplexen Insolvenzverfahren bietet sich die Wahl eines **Gläubigerausschusses** durch die Gläubigerversammlung nach § 68 ff. InsO an. Die Aufgabe des Gläubigerausschusses besteht darin, als Repräsentant der Gläubigerversammlung den Insolvenzverwalter während des laufenden Insolvenzverfahrens zu überwachen und bei allen wesentlichen Entscheidungen zu unterstützen. Die Mitglieder des Gläubigerausschusses haben einen Vergütungsanspruch (§ 73 InsO), haften jedoch auch im Falle einer Pflichtverletzung (§ 71 InsO).

Die Gläubigerversammlung hat dann die Möglichkeit, darüber zu beschließen, ob der **Geschäftsbetrieb** fortgeführt wird oder stillgelegt werden soll. Sie hat auch die Möglichkeit, den Insolvenzverwalter mit der Erstellung eines Insolvenzplanes zu beauftragen (vgl. § 157 InsO). Die Gläubigerversammlung hat außerdem die Möglichkeit, bereits jetzt dem Insolvenzverwalter die Zustimmung zu besonders **bedeutsamen Rechtshandlungen** zu erteilen (z.B. Veräußerung von Grundstücken, des Unternehmens als Ganzes oder die Einleitung von Rechtsstreiten mit wesentlichem Streitwert, §§ 160–163 InsO).

4.2 Prüfungstermin

An den Berichtstermin schließt sich der Prüfungstermin an (vgl. §§ 176, 177 InsO). Der Prüfungstermin ist im Vergleich zum Berichtstermin eher formaler ausgestaltet und bietet den Gläubigern deutlich geringere Beteiligungsrechte. Der Prüfungstermin dient dazu, den anwesenden Gläubigern das Ergebnis der vom Insolvenzverwalter vorgenommenen **Forderungsprüfung** mitzuteilen. In der Praxis werden im Prüfungstermin in der Regel nicht sämtliche Prüfungsergebnisse verlesen, sondern lediglich die Prüfungsergebnisse zu den Forderungen, die von den anwesenden Gläubigern angemeldet wurden. Im Prüfungstermin haben sowohl der Schuldner als auch andere Insolvenzgläubiger die Möglichkeit, gegen die Feststellung einer Forderung durch den Insolvenzverwalter Widerspruch zu erheben (vgl. § 178 InsO).

5. Beendigung des Insolvenzverfahrens

5.1 Reguläre Beendigung nach Schlussverteilung

Wenn sämtliche Vermögensgegenstände durch den Insolvenzverwalter verwertet wurden und sämtliche Rechtsstreitigkeiten abgeschlossen sind, reicht der Insolvenzverwalter seinen **Schlussbericht** beim Insolvenzgericht ein. Die Dauer eines Insolvenzverfahrens kann sehr unterschiedlich sein und hängt insbesondere vom Umfang der durchzuführenden Verwertungsmaßnahmen ab. Eine Verfahrensdauer von 3 – 5 Jahren für ein mittleres Unternehmensinsolvenzverfahren ist dabei nichts Außergewöhnliches. Im Schlussbericht stellt der Insolvenzverwalter zusammenfassend das Ergebnis seiner Verwertungstätigkeit dar und überreicht dem Gericht eine **Schlussrechnung** (§ 66 InsO), aus der sämtliche Einnahmen und Ausgaben während des Insolvenzverfahrens ersichtlich sind.

59 Der vom Insolvenzverwalter vorgelegte Schlussbericht wird durch das Insolvenzgericht geprüft. Dabei hat der funktional zuständige Rechtspfleger anhand des Berichtes zur 1. Gläubigerversammlung zu prüfen, ob der Insolvenzverwalter sämtliche Massegegenstände vollständig verwertet hat und ob die Abwicklung des Insolvenzverfahrens durch den Insolvenzverwalter rechtmäßig erfolgte. Zum Prüfungsumfang des Insolvenzgerichtes gehört nicht die Prüfung der Zweckmäßigkeit des Verwalterhandelns. Sofern im Verfahren ein **Gläubigerausschuss** bestellt ist, hat dieser die Schlussrechnung des Insolvenzverwalters zu prüfen und über die Prüfung eine Stellungnahme gegenüber dem Insolvenzgericht abzugeben (§ 66 Abs. 2 InsO). Dabei erstreckt sich die Prüfungskompetenz des Gläubigerausschusses auch auf die Zweckmäßigkeit und die Wirtschaftlichkeit des Verwalterhandelns.

60 Nach Abschluss der Schlussrechnungsprüfung bestimmt das Insolvenzgericht einen **Schlusstermin** (§ 197 InsO) und setzt gleichzeitig die Vergütung des Insolvenzverwalters fest (§§ 63, 64 InsO). Mit dem Schlussbericht und der Schlussrechnung ist auch das **Verteilungsverzeichnis** (§ 188 InsO) einzureichen, in dem sämtliche Forderungen mit ihrem jeweiligen Prüfungsergebnis erfasst werden und das die Grundlage für die spätere Verteilung bildet.

61 Im Schlusstermin, der öffentlich bekannt zu machen ist (§ 197 Abs. 2 InsO), haben sämtliche beteiligten Insolvenzgläubiger die Möglichkeit, **Einwendungen** gegen die Schlussrechnung oder das Schlussverzeichnis zu erheben. Falls keine Einwendungen erhoben werden, werden die Schlussrechnung und das Schlussverzeichnis durch das Insolvenzgericht genehmigt. Auf der Basis dieses genehmigten Schlussverzeichnisses ist der Insolvenzverwalter innerhalb eines vom Gericht vorgegebenen Zeitraums verpflichtet, die **Verteilung** des vorhandenen Massebestandes quotal auf alle festgestellten Insolvenzforderungen vorzunehmen. Über diese Schlussverteilung hat der Insolvenzverwalter dem Insolvenzgericht einen Abschlussbericht vorzulegen, den das Gericht wiederum mit den dazugehörigen Belegen zu prüfen hat.[24]

62 Sofern das Insolvenzgericht keine Beanstandungen an der vorgenommenen Schlussverteilung hat, beendet das Gericht durch einen **Aufhebungsbeschluss** das Insolvenzverfahren (§ 200 InsO). Damit sind das Insolvenzverfahren und das Amt des Insolvenzverwalters beendet. Die Gläubiger haben nach Beendigung des Insolvenzverfahrens die – in der Regel nur theoretische – Möglichkeit, gegen den ursprünglichen Insolvenzschuldner weiter zu vollstrecken, sofern sie nicht im Insolvenzverfahren vollständig befriedigt wurden (§ 201 InsO). Diese wiederauflebende Vollstreckungsmöglichkeit hat im Falle einer Unternehmensinsolvenz in aller Regel jedoch keine praktische Bedeutung, da grundsätzlich im Rahmen des Insolvenzverfahrens sämtliche Vermögensgegenstände vollständig verwertet werden.

---

24 Zur Möglichkeit der Freigabe nicht verwertbarer Vermögensgegenstände vgl. § 197 Abs. 1 Nr. 3 InsO und zur Nachtragsverteilung vgl. § 203 InsO.

5.2 Beendigung aufgrund von Massearmut und Masseunzulänglichkeit

Neben der unter 5.1. dargestellten regulären Beendigung des Insolvenzverfahrens nach vollzogener Schlussverteilung gibt es noch die Möglichkeit, dass das Insolvenzverfahren vorzeitig beendet wird, weil nicht ausreichende Masse zur Verfügung steht. Hierbei sind im Wesentlichen **zwei Konstellationen** zu unterscheiden: 63

Im Fall der sog. **Massearmut** stellt sich nach Eröffnung des Insolvenzverfahrens heraus, dass aufgrund einer nicht vorhersehbaren Entwicklung die Kosten des Insolvenzverfahrens nicht mehr gedeckt sind (z.B. ein Anfechtungsgegner erweist sich nachträglich als zahlungsunfähig oder ein ursprünglich als werthaltig eingeschätztes Grundstück ist aus der Masse freizugeben, weil es tatsächlich nicht verwertbar ist). In einem solchen Fall ist das Insolvenzverfahren gem. § 207 InsO mangels Masse einzustellen. Der Insolvenzverwalter ist bei dieser Fallkonstellation nicht mehr verpflichtet, weitere Verwertungshandlungen vorzunehmen. Er hat einen Schlussbericht einzureichen und das Gericht hat dann den beteiligten Gläubigern die Möglichkeit zu geben, einen Massekostenvorschuss zu leisten, mit dessen Hilfe die Verfahrenskostendeckung gewährleistet wird. Falls ein solcher Massekostenvorschuss nicht geleistet wird, stellt das Gericht das Insolvenzverfahren durch Beschluss mangels Masse ein. Wird ein ausreichender Massekostenvorschuss geleistet, kann das Verfahren weiterbetrieben werden. 64

Eine zweite Sonderform der Verfahrensbeendigung ist die Einstellung des Insolvenzverfahrens nach Anzeige der **Masseunzulänglichkeit** gem. § 208 ff. InsO. Bei dieser Fallkonstellation sind zwar noch ausreichende Mittel vorhanden, um die Verfahrenskosten zu decken, diese Mittel reichen jedoch nicht aus, um die vorrangigen Masseverbindlichkeiten vollständig auszugleichen. Bei einer derartigen Situation hat der Insolvenzverwalter die noch vorhandenen Mittel nach einer im Gesetz vorgegebenen Rangfolge (§ 209 InsO) zu verteilen, wobei vorrangig die Verfahrenskosten vollständig zu befriedigen sind. Nach dem Ausgleich der Verfahrenskosten sind die **Massegläubiger** anteilig zu befriedigen. Bei dieser Konstellation setzt sich der Insolvenzverwalter einer besonderen Haftung nach § 61 InsO aus, wenn er Masseverbindlichkeiten begründet, obwohl er bei pflichtgemäßem Handeln hätte erkennen müssen, dass er diese Masseverbindlichkeiten nicht vollständig ausgleichen kann. Auch im Fall der Masseunzulänglichkeit stellt das Gericht nach Verwertung der vorhandenen Masse durch einen gesonderten Beschluss das Insolvenzverfahren ein (§ 211 InsO). 65

Gemeinsam ist beiden Fallkonstellationen, dass die Insolvenzgläubiger **keinerlei Zahlungen** auf ihre festgestellten Forderungen erhalten. 66

III. Der Insolvenzplan

1. Vorbemerkung

Die Erfahrungen mit dem Instrument des Insolvenzplans in den letzten 10 Jahren haben gezeigt, dass sich das Planverfahren allmählich aus der anfänglichen Bedeutungslosigkeit heraus zu einem anerkannten Werkzeug bei der Überwindung von Unternehmenskrisen entwickelt. Die Masse der erfolgreichen Sanierungen sind zwar nach wie vor die sogenannten übertragenden Sanierungen, bei denen ein Unternehmen im Wege eines „Asset-Deals", also durch Verkauf einzelner Vermögenswerte als 67

Ganzes auf einen neuen Rechtsträger übertragen wird. Daneben haben sich aber typische Fallkonstellationen heraus gebildet, bei denen der Insolvenzplan eindeutig das Mittel der ersten Wahl ist. Dies sind insbesondere:
- Unternehmen mit unverzichtbaren Rechten wie Lizenzen oder öffentlich-rechtlichen Genehmigungen,
- Filialunternehmen, z.B. im Einzelhandel,
- Freiberuflerpraxen, die ohne den Schuldner nicht übertragbar sind,
- Kleinbetriebe, die für Investoren uninteressant sind,
- Immobilien (single-asset-cases),
- Sportvereine,
- Unternehmen mit hohen Verlustvorträgen (insbesondere seit der Lockerung der Mantelkaufvorschriften).

68 Der wesentliche Vorteil des Planverfahrens ist dabei in den Regelungen zum Obstruktionsverbot (§ 245 InsO) zu sehen, die verhindern, dass einzelne Gläubiger die Sanierung des Unternehmens blockieren können.

69 Leider hat der Gesetzgeber bei der Aufstellung der Regeln zum Insolvenzplan an zwei für die praktische Anwendung sehr bedeutenden Stellen entweder bewusst oder unbewusst Hürden eingebaut, die bei den Anwendern in der Praxis regelmäßig zu einer ablehnenden Haltung gegenüber diesem Sanierungsinstrument führen.

70 Zum einen ist dies die fehlende Möglichkeit des Eingriffs in die Rechte der Gesellschafter bei einer juristischen Person oder einer Personengesellschaft. Obwohl die Gesellschaftsanteile im Insolvenzfall unstrittig wertlos sind, kann im Insolvenzplan nicht in die Rechte der Gesellschafter eingegriffen werden, auch wenn diese nicht mehr in der Lage sind, durch eigene Sanierungsbeiträge zum Erfolg der Sanierung beizutragen. Dadurch werden die Gesellschafter zum Hauptnutznießer im Fall einer erfolgreichen Durchführung eines Planverfahrens. Dieses Manko beabsichtigt der Gesetzgeber nunmehr nach über 10 Jahren mit der aktuell in der Diskussion befindlichen Insolvenzrechtsreform zu beseitigen, was sehr zu begrüßen ist.[25]

71 Zum anderen sind es die Regelungen des § 258 InsO, die es nach erfolgreicher Durchführung des Planverfahrens dem Insolvenzverwalter auferlegen, eine Erklärung abzugeben, die er bei einem laufenden Geschäftsbetrieb gar nicht abgeben kann, nämlich die, dass er alle Masseverbindlichkeiten befriedigt hat oder hierfür Sicherheit geleistet hat. Dies würde bedeuten, dass neben den fälligen auch alle nicht fälligen Verbindlichkeiten aus der laufenden Geschäftstätigkeit zu zahlen sind, was mit der vorhandenen Liquidität regelmäßig auch bei gut laufenden Unternehmen nicht möglich ist. Ein Insolvenzverwalter wird also schon aus diesem Grund dem Planverfahren eher skeptisch gegenüber stehen, steht doch zu befürchten, dass er am Schluss gezwungen ist, eine unwahre Erklärung gegenüber dem Gericht abzugeben. Eine Änderung dieser unsinnigen Vorschrift ist ebenfalls Gegenstand der aktuellen Reformdiskussion.[26]

---

25 Vgl. 5. Kap. Rn. 32 ff.
26 Vgl. Rn. 185.

2. Grundlagen
2.1 Der Insolvenzplan als zentraler Baustein der Insolvenzrechtsreform

Mit dem Inkrafttreten der InsO am 1.1.1999 wurde im deutschen Insolvenzrecht erstmalig in § 1 S. 1 InsO die Sanierung des Insolvenzschuldners neben der Verwertung des schuldnerischen Vermögens als gleichberechtigtes Ziel eingeführt, indem es dort heißt:

„Das Insolvenzverfahren dient dazu, die Gläubiger eines Schuldners gemeinschaftlich zu befriedigen, indem das Vermögen des Schuldners verwertet und der Erlös verteilt wird oder in einem Insolvenzplan eine abweichende Regelung, insbesondere zum Erhalt des Unternehmens getroffen wird."

Die bis zu diesem Zeitpunkt gültige Konkursordnung (KO) kannte die Sanierung des Unternehmens nicht als eigenen Gesetzeszweck. Sie war einzig auf die Zerschlagung des schuldnerischen Unternehmens und die Verteilung des Erlöses an die Gläubigerschaft ausgerichtet. Daneben existierte jedoch mit der Vergleichsordnung (VerglO) bereits ein gesetzliches Instrument, mit dem die Sanierung eines Unternehmens ermöglicht werden sollte. Das Insolvenzplanverfahren ist also nicht der erste Versuch des Gesetzgebers, einen gesetzlichen Rahmen für die Sanierung von Unternehmen zu schaffen. Da die VerglO sich jedoch in der Praxis für die Sanierung als untauglich erwiesen hat, war vor Inkrafttreten der InsO die außergerichtliche Sanierung das in Deutschland bevorzugte und nahezu ausschließlich angewandte Sanierungsmodell. Dies dokumentierte sich in der regelmäßig zu beobachtenden Einmischung der Politik als Retter des Unternehmens durch die Bereitstellung von Bundes- oder Landesbürgschaften und dem Ausüben von Druck auf die finanzierenden Banken, bzw. der Ausreichung von neuen Krediten in der Krise durch öffentliche Banken, mit dem Ziel, einen Konkurs des Unternehmens mit der Folge der Zerschlagung und dem Verlust von Arbeitsplätzen in jedem Fall zu vermeiden. Der Fall Holzmann ist in diesem Zusammenhang das populärste von vielen Beispielen.

Das Leitbild des Gesetzgebers bei der Ausgestaltung des Insolvenzplanverfahrens ist die Eigensanierung des Schuldners[27], es kommen jedoch auch Liquidations- oder Übertragungspläne in Betracht.[28] Ein typischer Fall für einen Liquidationsplan ist der sog. „gesponsorte" Plan, bei dem Drittmittel in die Insolvenzmasse eingezahlt werden, wodurch eine bessere Gläubigerbefriedigung erzielt wird und gleichzeitig der Schuldner die sofortige Restschuldbefreiung erlangt ohne die sechsjährige Restschuldbefreiungsphase durchlaufen zu müssen. Bei einem Übertragungsplan werden die Elemente einer übertragenden Sanierung[29] mit denjenigen des Insolvenzplans kombiniert.

In den ersten Jahren nach Inkrafttreten der InsO wurde das Planverfahren als Sanierungsinstrument nur in sehr wenigen Fällen eingesetzt. Dies hängt zum einen damit zusammen, dass das zum Teil sehr komplizierte Regelwerk, das Gläubigern, die der Sanierung ablehnend gegenüber stehen, zahlreiche Möglichkeiten einräumt, den Plan zu verhindern oder zumindest erheblich zu verzögern, auf die mit Sanierungen befassten Personengruppen abschreckend wirkte, zum anderen damit, dass diesem Personenkreis (Insolvenzverwalter, Unternehmensberater, Rechtsanwälte, etc.) mit der übertragenden Sanierung ein bewährtes Instrument zur Verfügung stand, um die Sanierungsziele auch ohne Planverfahren zu erreichen. Seit 2005 ist jedoch eine jähr-

---
27 *Herzig* S. 15
28 *Hess/Obermüller* Rn. 7.
29 Vgl. *Undritz* 9. Kap. Rn. 286 ff.

lich ansteigende Zahl von Insolvenzplänen in den Statistiken zu beobachten. Dies ist wahrscheinlich darauf zurückzuführen, dass mit der zunehmenden Anzahl von erfolgreichen Planverfahren die ursprünglich vorhandene Skepsis mehr und mehr in den Hintergrund tritt.

2.2 Anlehnung an das US-amerikanische Verfahren nach Chapter 11

77 Bei der Ausgestaltung des Planverfahrens hat sich der Gesetzgeber am Vorbild des US-amerikanischen Insolvenzrechts orientiert. Nicht übernommen wurde dabei die im US-amerikanischen Recht vorgenommene gesetzlich verankerte Trennung des Liquidationsverfahrens vom Reorganisationsverfahren (Chapter 11). Stattdessen wurde das Insolvenzplanverfahren in die InsO integriert und gleichberechtigt als Gesetzesziel neben der Liquidation des schuldnerischen Vermögens definiert. Im US-amerikanischen Recht, das aus historischen Gründen den Schutz des Schuldners vor dem Zugriff der Gläubiger und die Ermöglichung eines „Neustarts" für den Schuldner durch das Insolvenzverfahren in den Vordergrund stellt, hat sich dagegen ein eigenes Reorganisationsverfahren etabliert, bei dem der Schuldner unter dem Schutz des „Automatic stay"[30] in Eigenregie aber unter gerichtlicher Aufsicht die Sanierung gestaltet.[31]

Dem deutschen Insolvenzrecht ist dieser Schutzgedanke des Schuldners hingegen nach wie vor fremd. Es gilt weiterhin die Prämisse der Haftungsverwirklichung, modifiziert lediglich dadurch, dass dem Insolvenzplanverfahren der Vorzug zu geben ist, wenn dadurch eine bessere Gläubigerbefriedigung ermöglicht wird.

78 Die Parallelen zum US-amerikanischen Recht ergeben sich im Wesentlichen im Bezug auf die Regelungen zur Bildung von und Abstimmung in Gläubigergruppen und zu der Möglichkeit, die Zustimmung widersprechender Gläubiger zu ersetzen (Obstruktionsverbot bzw. „cram-down").

2.3 Klassifizierungen von Insolvenzplänen

79 Eine Klassifizierung von Insolvenzplänen folgt typischerweise den folgenden Unterscheidungsmerkmalen:
– Einteilung nach Planziel,
– Einteilung nach Zeitpunkt der Planvorlage,
– Einteilung nach Planinhalt.

80 Danach ergibt sich folgende schematische Übersicht der unterschiedlichen Planarten:

Einteilung nach Planziel	Zeitpunkt der Planvorlage	Einteilung nach Planinhalt
Sanierungspläne	Prepacked-Pläne	Finanzwirtschaftliche Pläne
Übertragungspläne	Schuldnerpläne	
Liquidationspläne	Verwalterpläne	Leistungswirtschaftliche Pläne
Mischformen	– aus Eigeninitiative – aufgrund Beschluss der Gläubigerversammlung	

Abb. 1: Planarten

---

30 *Kennedy* The Automatic Stay in Bankruptcy, 11 U. Mich. J. Law. Rev. 170, 247, 1978.
31 *Weintraub/Resnik* Bankruptcy law manual, 3. Aufl. 1986, Fn. 78, 8-28.

Sanierungspläne sind üblicherweise auf die Wiederherstellung der Ertragskraft des 81
schuldnerischen Unternehmens unter gleichzeitigem Erhalt des Rechtsträgers ausgelegt. Sie stellen die typische, auch dem Gesetzgeber vorschwebende Variante des Insolvenzplanes dar.

Übertragungspläne verbinden die Elemente einer übertragenden Sanierung mit dem 82
Instrument des Insolvenzplanes. Im Rahmen des Planverfahrens wird der operative Geschäftsbetrieb des schuldnerischen Unternehmens auf einen neuen Rechtsträger (Auffanggesellschaft oder Investorengesellschaft) übertragen.

Liquidationspläne sind eine eher untypische Form des Insolvenzplanes, da die Liqui- 83
dation eines Unternehmens normalerweise auch in einem Regelinsolvenzverfahren durchgeführt werden kann und die Planinsolvenz typischerweise mit höheren Verfahrenskosten verbunden ist.

Mischformen der zuvor genannten Planarten sind in Form einer Kombination von 84
zwei oder sogar allen drei Planarten vorstellbar. So kann z.B. ein Plan vorsehen, dass ein gesunder Kern des schuldnerischen Unternehmens saniert werden soll, während ein weiterer ebenfalls sanierungsfähiger Teil an einen Investor veräußert wird und der verbleibende Rest liquidiert werden soll.

Bei der Einteilung nach dem Verfahrensstadium unterscheidet man sog. „prepacked- 85
Pläne", die fertig vorbereitet und mit den Hauptgläubigern abgestimmt, gemeinsam mit dem Insolvenzantrag eingereicht werden, von Insolvenzplänen, die erst nach Eröffnung des Insolvenzverfahrens vom Insolvenzverwalter eingereicht werden.

Die Unterscheidung nach dem Planinhalt kennt im Wesentlichen zwei Varianten, 86
nämlich den finanzwirtschaftlichen und den leistungswirtschaftlichen Plan. Während bei dem finanzwirtschaftlichen Plan das Planziel vorrangig die Beseitigung der Insolvenzgründe Zahlungsunfähigkeit und/oder Überschuldung ist, tritt bei dem leistungswirtschaftlichen Plan in der Regel die operative Sanierung mit dem Ziel der Wiederherstellung der Ertragskraft hinzu. Leistungswirtschaftliche Pläne beinhalten immer auch die finanzwirtschaftliche Sanierung, sind also umfassender als rein finanzwirtschaftliche Pläne.

2.4 Konzerninsolvenzpläne

Im Gegensatz zum US-amerikanischen Recht sieht die InsO die Aufstellung von 87
Insolvenzplänen für einen Konzern unter Einbeziehung aller verbundenen Unternehmen nicht vor.[32] Der Grundsatz im deutschen Recht lautet „Eine Person, ein Vermögen, eine Insolvenz".[33]

Dieser Grundsatz führt regelmäßig dann nicht zu Problemen, wenn lediglich eine oder mehrere Tochtergesellschaften in einem Konzern insolvent werden, z.B. weil die Konzernmutter nicht mehr länger bereit ist, durch Transferzahlungen die Zahlungsfähigkeit der Tochter länger aufrecht zu erhalten. Es kann dann, ggf. unter der Regie und mit finanzieller Unterstützung der Konzernmutter, ein Insolvenzplan für die Tochtergesellschaft ausgearbeitet werden.

Anders ist der Fall zu sehen, in dem die Konzernmutter insolvent wird, was in der 88
Regel dazu führt, dass auch bei den Tochtergesellschaften sehr schnell Illiquidität ein-

---

[32] MK-InsO/*Eidenmüller* 2002, Vor § 217 Rn. 34 a.E.
[33] *Uhlenbruck* KTS 1986, 419, 425.

tritt. In diesem Fall muss auch jede Tochtergesellschaft einen eigenen Insolvenzantrag stellen und muss über deren Vermögen ein separates Insolvenzverfahren eröffnet werden. Ein Konzerninsolvenzplan für alle insolventen Konzerngesellschaften böte in diesem Fall den Vorteil, dass die wirtschaftliche Einheit des Konzerns erhalten werden könnte.[34] Dies ist jedoch im Gesetz nicht vorgesehen. Auch die Möglichkeit der Einreichung abgestimmter Insolvenzpläne[35] dürfte in der Regel daran scheitern, dass die Insolvenzanträge bei verschiedenen Gerichten gestellt werden müssen und für jede juristische Einheit ein anderer Verwalter eingesetzt wird. Dass in der Praxis auch andere Wege beschritten werden können, hat der Fall der „Arcandor"-Insolvenz gezeigt, bei dem sämtliche Insolvenzanträge bei einem Gericht gestellt wurden, das sich dann auch für zuständig erklärt hat. Das Gericht hat dann auch für alle Gesellschaften einen Verwalter bestellt, bzw. in Konfliktfällen einen Verwalter aus der selben Kanzlei ausgewählt. Dies hätte die Möglichkeit von abgestimmten Insolvenzplänen eröffnet, was jedoch dann im weiteren Verlauf des Insolvenzverfahrens nicht mehr zum Tragen kam. Ein Insolvenzplan wurde letztlich nur für die Karstadt AG eingereicht. Andere Konzernteile wurden/werden entweder veräußert oder liquidiert.

89   Es bleibt abzuwarten, ob im Rahmen der Reformdiskussion zur InsO eine Regelung zur Konzerninsolvenz in das Gesetz Eingang findet. Zu begrüßen wäre dies in jedem Fall. Bis dahin muss sich die Praxis jedoch mit abgestimmten Insolvenzplänen, die von kooperierenden Verwaltern vorgelegt werden, behelfen.

2.5 Insolvenzplan und Eigenverwaltung

90   Die InsO regelt in den §§ 270 ff. InsO, dass der Schuldner unter bestimmten Voraussetzungen in die Lage versetzt wird, auch nach der Stellung eines Insolvenzantrags unter der Aufsicht eines Sachwalters die Geschicke des schuldnerischen Unternehmens weiter zu lenken. Diese Regelung, die im US-amerikanischen Recht den Standardfall darstellt, fristet in der deutschen Insolvenzpraxis ein Schattendasein, obgleich auch dem deutschen Gesetzgeber die Kombination von Insolvenzplan und Eigenverwaltung als sinnvoll vorschwebte. Die Kritik an dem Instrument der Eigenverwaltung richtet sich in erster Linie darauf, dass man „den Bock zum Gärtner mache" oder es schlechterdings schwer vorstellbar ist, dass der Schuldner in der Lage ist, die Interessen der Gläubiger genauso gut zu vertreten, wie ein Insolvenzverwalter, da es nahe liegend ist, dass der Schuldner vorwiegend eigene Interessen vertritt.[36]

91   Gerade in den Fällen, in denen der Schuldner im Vorfeld des Insolvenzantrages bereits ein Sanierungskonzept ausgearbeitet hat und daraus zumindest schon ein Konzept für einen Insolvenzplan abgeleitet wurde, sollte jedoch die Möglichkeit der Stellung eines Antrages auf Eigenverwaltung verbunden mit der Einreichung des Planes (oder des Planentwurfes) in Erwägung gezogen werden. Gerade in den Fällen, in denen mit der Umsetzung eines vorher ausgearbeiteten Sanierungskonzeptes bereits begonnen wurde, ist es dem Gericht durchaus verständlich zu machen, dass durch die Einsetzung eines Insolvenzverwalters bei gleichzeitiger Ablehnung des Antrages auf Eigenverwaltung eine deutliche Verzögerung der Umsetzung der Sanierungsmaßnahmen eintritt, da sich der eingesetzte Insolvenzverwalter natürlich erst einmal in die Verhältnisse im Unternehmen einarbeiten muss, um beurteilen zu können, ob er die

---

34 *Smid/Rattunde* Rn. 2.63.
35 *Eidenmüller* 1999, S. 797.
36 *Grub* in Kölner Schrift zur Insolvenzordnung, Kap. 16, Rn. 42.

beschlossenen Sanierungsmaßnahmen für zielführend erachtet. Es empfiehlt sich in diesen Fällen, den Antrag im Vorfeld mit dem zuständigen Richter abzustimmen, um dessen Einstellung zu dem Instrument der Eigenverwaltung abzufragen. Die gerichtliche Praxis in den letzten Jahren hat gezeigt, dass die Gerichte Anträgen auf Eigenverwaltung äußerst kritisch gegenüber stehen, was sich in einer verschwindend geringen Anzahl von Eigenverwaltungen ausdrückt. Der Antrag sollte daher sorgfältig begründet sein, insbesondere dem Richter deutlich machen, worin die Vorteile für die Gläubiger bei der Anordnung der Eigenverwaltung liegen.

Um dem Gericht die Sorge zu nehmen, mit der Anordnung der Eigenverwaltung „den Bock zum Gärtner zu machen" kann es auch empfehlenswert sein, vor Einreichung des Insolvenzantrages eine Umbesetzung im Management des schuldnerischen Unternehmens vorzunehmen, indem man einen sanierungs- und insolvenzerfahrenen Berater in ein Aufsichtsgremium oder in die Geschäftsführung aufnimmt. Damit dokumentiert der Schuldner gegenüber dem Gericht, dass im Management ausreichend Expertise vorhanden ist, um die Steuerung des Unternehmens durch die Insolvenz und die operative Sanierung ohne einen Insolvenzverwalter zu stemmen. Diese Vorgehensweise wird zwischenzeitlich nach einigen Querelen im Fall Babcock Borsig AG als angemessen und sinnvoll angesehen.[37] **92**

Da in der Regel bei einem Insolvenzantrag, der ein Untenehmen mit einem laufenden Geschäftsbetrieb betrifft, vom Insolvenzgericht zunächst ein vorläufiger Insolvenzverwalter mit oder ohne Verfügungsbefugnis eingesetzt wird, um die vorhandenen Vermögenswerte zu sichern und zu erhalten, stellt sich die Frage, ob dies im Fall eines Antrages auf Eigenverwaltung opportun ist. Dazu ist zunächst festzuhalten, dass ein Antrag auf Anordnung der Eigenverwaltung die Anordnung von Sicherungsmaßnahmen (§§ 21 ff. InsO) grundsätzlich nicht ausschließt.[38] Für das Insolvenzgericht stellt sich die Frage, ob aufgrund der beantragten Eigenverwaltung, ggf. bereits verbunden mit der Einreichung des Insolvenzplanes davon ausgegangen werden kann, dass das Management des schuldnerischen Unternehmens Gläubiger schädigende Handlungen unterlässt. Da das Insolvenzgericht dies unmittelbar nach dem Antrag nicht wird beurteilen können, ist davon auszugehen, dass die Einsetzung eines vorläufigen Verwalters zunächst unumgänglich ist. In der Praxis hat sich gezeigt, dass auch bei Einsetzung eines nur „schwachen" vorläufigen Insolvenzverwalters ohne Verfügungsbefugnis dieser in dem Zeitraum der vorläufigen Verwaltung die Geschicke des schuldnerischen Unternehmens wesentlich bestimmt. Dies kann zu erheblichen Problemen führen, wenn der eingesetzte vorläufige Verwalter dem vorgelegten Insolvenzplan, bzw. dem Sanierungskonzept keine ausreichende Realisierungswahrscheinlichkeit beimisst und bereits während der vorläufigen Verwaltung andere Abwicklungsziele vorbereitet, z.B. eine übertragende Sanierung. Es ist in diesem Fall nicht auszuschließen, dass im Zeitraum der vorläufigen Verwaltung bereits Maßnahmen ergriffen oder unterlassen werden, die die Realisierung des Insolvenzplans in Frage stellen oder sogar unmöglich machen. Verzögert der vorläufige Verwalter beispielsweise die Einreichung seines Massegutachtens, was die Eröffnung des Insolvenzverfahrens entsprechend verzögert, kann es passieren, dass bestimmte Maßnahmen, die im Plan vorgesehen sind, nicht mehr umgesetzt werden können, da wesentliche Kunden oder Lieferanten, mit denen Absprachen getroffen worden waren, abgesprungen sind. **93**

---

37 *Pape* in: Kölner Schrift zur Insolvenzordnung, Kap. 24, Rn. 8.
38 Vgl. *Pape* a.a.O., S. 780.

94 Demzufolge ist bei einer beabsichtigten Eigenverwaltung mit dem Insolvenzgericht möglichst im Vorfeld auch zu besprechen, dass dieses einen vorläufigen Verwalter einsetzt, der über ausreichend Erfahrung mit Insolvenzplänen verfügt und diesem Instrument auch positiv gegenüber steht. Denkbar wäre in diesem Fall auch, die Befugnisse des vorläufigen Insolvenzverwalters zunächst nur auf den in § 21 InsO vorgesehenen Mindestumfang zu beschränken, mit der Ankündigung an den Schuldner, dass das Gericht die Befugnisse erweitern wird, wenn sich heraus stellt, dass der Schuldner nicht im Interesse der Gläubiger an der Masseerhaltung mitwirkt. Diese Option wird dem Gericht in § 22 Abs. 2 InsO ausdrücklich eröffnet und sollte auch in Anspruch genommen werden.

95 Der Gesetzgeber hat dieses Problem offensichtlich auch erkannt und in dem neuesten Diskussionsentwurf für ein Gesetz zur weiteren Erleichterung der Sanierung von Unternehmen eine Neuregelung vorgeschlagen, die Abhilfe schaffen soll.[39]

3. Ablauf des Insolvenzplanverfahrens
3.1 Aufstellung des Insolvenzplans

96 Wie bereits zuvor erläutert ist der Insolvenzplan eine Kombination aus einem Sanierungskonzept, mit dem die Ertragskraft des Unternehmens durch eine Vielzahl von einzelnen Maßnahmen wieder hergestellt werden soll, mit einem Konzept, das darauf ausgerichtet ist, eine Vielzahl von einzelnen Gläubigern dazu zu bewegen, in einer einzigen Vereinbarung der Sanierung des Unternehmens zuzustimmen, unter gleichzeitigem Verzicht auf einen mehr oder weniger großen Teil der eigenen Ansprüche gegen das Unternehmen.

97 Die Aufstellung des Insolvenzplanes besteht daher in der Regel aus zwei wesentlichen Teilen. Dies ist zum einen die Erarbeitung des eigentlichen Sanierungskonzeptes, in dem dargestellt wird, welche einzelnen strategischen und operativen Maßnahmen ergriffen werden sollen, mit dem Ziel, das Unternehmen wieder in die Gewinnzone zu führen. Zum anderen beschäftigt sich der Plan mit der Frage, welche Rechtsbeziehungen, die das Unternehmen eingegangen ist, auf welche Art und Weise verändert werden sollen und beschreibt das vom Planersteller vorgesehene Procedere der Abstimmung über den vorgelegten Insolvenzplan. Der zuerst genannte Teil, das Sanierungskonzept, wird in den weiteren Kapiteln dieses Werkes im Detail beschrieben, sodass an dieser Stelle darauf verzichtet wird, die Vorgehensweise und die unterschiedlichen Optionen bei der Erstellung eines Sanierungskonzepte nochmals eingehend zu besprechen. Dieser Teil des Insolvenzplanes ist auch von der Herangehensweise in der Insolvenz identisch mit den bei einer Sanierung ohne Insolvenz zu ergreifenden Schritten. Die Vorgehensweise entspricht insoweit den Vorgaben, wie sie das IDW in seiner Stellungnahme S6 gemacht hat.[40] Es sei jedoch an dieser Stelle darauf hingewiesen, dass dies das aus Sicht des Verfassers zentrale Element des Insolvenzplanes ist, da nur dann, wenn in diesem Teil eine überzeugende Konzeption dokumentiert wird, die Gläubiger bereit sein werden, über eine Zustimmung zu dem vorgelegten Insolvenzplan nachzudenken.

98 Eine wesentliche Bedeutung bei der Durchführung des Insolvenzplanverfahrens kommt neben dem zuvor genannten Sanierungskonzept der Einteilung der Gläubiger

---

39 Vgl. 5. Kap. Rn. 277 ff.
40 Vgl. *Beck/Stanneck* 10. Kap.

in Gruppen und der vergleichenden Darstellung der unterschiedlichen Optionen für die Gläubiger mit oder ohne Plan zu. Diese Fragen werden in Kapitel D behandelt.

3.2 Vorlage des Insolvenzplanes

3.2.1 Vorlage durch den Schuldner

Ein Insolvenzplan kann vom Schuldner gem. § 218 Abs. 1 S. 2 InsO bereits zusammen mit dem Insolvenzantrag eingereicht werden. Dies stellt damit gleichzeitig den frühesten Zeitpunkt für die Initiierung eines Planverfahrens dar. Wird der Insolvenzplan vom Schuldner bereits im Vorfeld einer Antragstellung fix und fertig ausgearbeitet und mit den wesentlichen Gläubigern abgestimmt, spricht man in Anlehnung an das US-amerikanische Insolvenzrecht von einem sog. Prepacked-Plan. 99

Für den Schuldner hat diese Vorgehensweise den Vorteil, dass er schon zu Beginn des Insolvenzverfahrens dem Gericht und dem neu in das Unternehmen kommenden Insolvenzverwalter gegenüber seine Vorstellungen für eine erfolgreiche Sanierung des schuldnerischen Unternehmens im Insolvenzverfahren dokumentieren kann. Er liefert damit gleichsam einen Leitfaden, an dem sich der Insolvenzverwalter orientieren soll aber nicht muss. Der Insolvenzverwalter wird es sich aber sehr genau überlegen müssen, wenn er beabsichtigt, einen alternativen Weg einzuschlagen, da er sich für den Fall, dass dieser Weg scheitert, unter Umständen Haftungsansprüchen aussetzen würde. 100

In der Praxis entsteht dann ein Problem, wenn das Insolvenzgericht aufgrund des Insolvenzantrages zunächst eine vorläufige Insolvenzverwaltung anordnet und sich die Eröffnung des Insolvenzverfahrens verzögert, z.B. weil der vorläufige Insolvenzverwalter es versäumt, sein Massegutachten zeitnah einzureichen. Dies kann z.B. dann der Fall sein, wenn der vorläufige Insolvenzverwalter den Insolvenzgeldzeitraum in vollem Umfang ausschöpfen möchte, um eine entsprechende Masseanreicherung zu erreichen. Sind in dem Insolvenzplan bestimmte zeitkritische Bestandteile enthalten, die die Sanierung nur dann gelingen lassen, wenn bestimmte Ereignisse zu bestimmten Zeitpunkten eingetreten sind, so kann die Durchführung des Planverfahrens unter Umständen schon daran scheitern, dass das Insolvenzverfahren zu spät eröffnet wird. 101

Der Schuldner hat allerdings auch die Möglichkeit, einen Insolvenzplan noch nach Eröffnung des Insolvenzverfahrens vorzulegen. Der späteste Zeitpunkt für die Vorlage ist die abschließende Gläubigerversammlung (Schlusstermin gem. § 197 InsO), die vom Gericht anberaumt wird, wenn der Insolvenzverwalter seine Schlussrechnung vorgelegt hat (§ 218 Abs. 1 S. 3 InsO). Dieser Zeitpunkt spielt jedoch in der Praxis keine Rolle, da ja die Verwertung des schuldnerischen Vermögens bereits mehr oder weniger abgeschlossen ist und daher für eine Insolvenzplanregelung kein Raum mehr sein wird. 102

Hat der Schuldner mit dem Insolvenzantrag auch einen Antrag auf Eigenverwaltung gestellt und hat das Gericht diesem Antrag im Insolvenzeröffnungsbeschluss stattgegeben, so wirkt der Sachwalter bei der Erstellung des Insolvenzplanes beratend mit (§ 284 Abs. 1 InsO), soweit ein Beschluss der Gläubigerversammlung vorliegt, mit dem diese den Schuldner mit der Erstellung eines Insolvenzplanes beauftragt. 103

3.2.2 Vorlage durch den Insolvenzverwalter

104 Neben dem Schuldner hat auch der Insolvenzverwalter ein Planinitiativrecht (§ 218 Abs. 1 S. 1 InsO). Der Verwalter kann außerdem von der Gläubigerversammlung beauftragt werden, einen Insolvenzplan auszuarbeiten (§ 218 Abs. 2 InsO). Dieser Auftrag kann entweder in der ersten Gläubigerversammlung, dem Berichtstermin gem. § 156 InsO erteilt werden, er kann aber auch das Ergebnis einer gesondert zu diesem Thema einberufenen Gläubigerversammlung zu einem späteren Zeitpunkt sein. Die Gläubigerversammlung kann dabei dem Insolvenzverwalter konkrete inhaltliche Vorgaben machen, an die dieser dann auch gebunden ist. Vorstellbar ist auch, dass die Gläubigerversammlung einen Beschluss fasst, mit dem der Insolvenzverwalter beauftragt wird, einen aus der Gläubigerschaft heraus erarbeiteten Insolvenzplan vorzulegen. Hält der Insolvenzverwalter einen solchen Plan für fehlerhaft, weil z.B. wesentliche Bestandteile fehlen, oder für inhaltlich undurchführbar, so hat er die Möglichkeit, die Aufhebung des Beschlusses zu beantragen (§ 78 InsO). Dies ist insbesondere dann denkbar, wenn eine kleine Gruppe von Gläubigern ihre Mehrheit in der Gläubigerversammlung ausnutzt, um einen Plan vorzulegen, der die übrigen Gläubiger benachteiligt.

105 Die Gläubigerversammlung kann ihre Entscheidung, einen Plan ausarbeiten zu lassen, auch zu einem späteren Zeitpunkt ändern oder ganz zurück nehmen. Sie kann dem Insolvenzverwalter sogar untersagen, einen Insolvenzplan auszuarbeiten, z.B. aus Kostengründen oder aufgrund einer durch die Aufstellung des Insolvenzplanes eintretenden, unerwünschten Zeitverzögerung bei der Durchführung des Insolvenzverfahrens. Der Insolvenzverwalter ist daher gut beraten, sein Planinitiativrecht möglichst nur in Abstimmung mit den Gläubigern auszuüben, da er ansonsten Gefahr läuft, dass er auf den mit der Aufstellung des Plans verbundenen Kosten sitzen bleibt. Ein Ansatz eines Zuschlags auf die Regelvergütung des Insolvenzverwalters für die Ausarbeitung des Plans wird in aller Regel vom Insolvenzgericht nur dann akzeptiert werden, wenn der Plan von den Gläubigern angenommen wurde oder wenn der Verwalter von der Gläubigerversammlung einen Auftrag hatte.[41]

3.2.3 Vorlage durch den vorläufigen Insolvenzverwalter?

106 Die InsO gibt in § 21 Abs. 2 Nr. 1 InsO dem Insolenzgericht die Möglichkeit, nach Antragstellung zur Sicherung der Insolvenzmasse zunächst einen vorläufigen Insolvenzverwalter einzusetzen, der bei einem bestehenden Geschäftsbetrieb diesen bis zur Eröffnung des Insolvenzverfahrens fortzuführen hat. Ein Recht zur Planvorlage durch den vorläufigen Insolvenzverwalter sieht die InsO nicht vor. Dies gilt auch dann, wenn eine so genannte „starke" vorläufige Verwaltung (§ 21 Abs. 2, 1. Var., § 22 Abs. 1 InsO) durch das Gericht angeordnet wurde, wodurch die Verwaltungs- und Verfügungsbefugnis auf den vorläufigen Verwalter übergeht.

107 Unabhängig von der gesetzlichen Regelung wird in der Praxis relativ häufig der vorläufige Verwalter derjenige sein, der die wesentlichen Weichen für die Durchführung des Planverfahrens stellt. Im Verlauf der vorläufigen Verwaltung werden in aller Regel die notwendigen Sanierungsmaßnahmen identifiziert und die entsprechenden Schritte eingeleitet, die Planungsrechnungen, die als Plananlagen wesentliche Bestandteile des Insolvenzplans sind, werden in dieser Phase aufgestellt, die

---

41 *Smid/Rattunde* Rn. 3.8.

Gespräche mit den wesentlichen Gläubigern werden geführt. Es ist daher zu empfehlen, dass der vorläufige Insolvenzverwalter zur Beschleunigung des Insolvenzplanverfahrens bereits frühzeitig auf die Konstituierung eines vorläufigen Gläubigerausschusses hinwirkt, damit die Kommunikation über die Ausgestaltung des Insolvenzplanes möglichst schnell einsetzen kann. Die InsO sieht zwar die Einsetzung eines Gläubigerausschusses erst nach Eröffnung des Insolvenzverfahrens vor, die Rechtsprechung hat jedoch die Einsetzung eines „vorläufigen Gläubigerausschusses" für zulässig erklärt.[42]

3.2.4 Zeitpunkt der Planvorlage

Je nach Planziel kommt dem Faktor Zeit bei der Vorlage eines Insolvenzplanes eine mehr oder weniger starke Bedeutung zu. Bei einer angestrebten Sanierung des schuldnerischen Unternehmens ist eine schnelle Durchführung des Verfahrens in aller Regel ein wesentlicher Faktor für die Sanierungschancen des Unternehmens. Aufgrund der gesetzlichen Fristen muss der Planersteller realistischerweise davon ausgehen, dass zwischen der Einreichung des Insolvenzplanes bei Gericht und der Aufhebung des Insolvenzverfahrens nach erfolgter Planbestätigung ein Zeitraum von mindestens 6-8 Monaten vergeht. Das folgende Schaubild stellt diesen Zeitverlauf anhand der Fristen ergänzt um Erfahrungswerte des Verfassers dar.

108

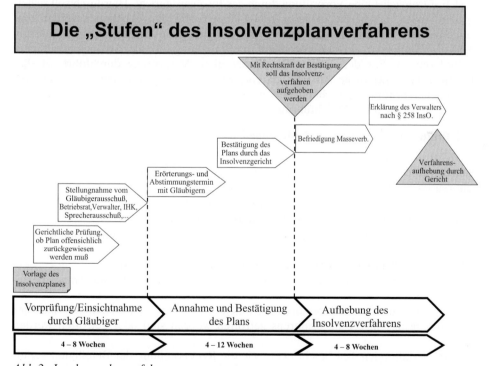

Abb. 2: Insolvenzplanverfahren

---

42 *Smid/Rattunde* Rn. 3.9.

109 Das bedeutet, dass auch bei einer zügigen Planeinreichung relativ viel Zeit vergeht, bis der Schuldner auf gesicherter Rechtsgrundlage die Sanierung in Gang setzen kann. In der Praxis ist jedoch davon auszugehen, dass die Umsetzung der Sanierungsmaßnahmen unmittelbar nach Aufstellung des Sanierungskonzeptes beginnt.

110 Wird die Ausarbeitung eines Insolvenzplanes erst im Rahmen der ersten Gläubigerversammlung von den Gläubigern beschlossen und der Insolvenzverwalter mit der Planausarbeitung beauftragt, wird das Gericht dem Insolvenzverwalter ausreichend Zeit einräumen bis zur Vorlage des Plans. Gem. § 218 Abs. 2 InsO muss der Plan innerhalb einer „angemessenen Frist" vorgelegt werden, ohne diesen Begriff weiter zu präzisieren. In der Regel ist hier ein Zeitraum von 3–6 Monaten als realistisch anzusehen, in Abhängigkeit von der Komplexität der Aufgabe. Der Insolvenzverwalter ist dann aber auch an die eingeräumten Fristen gebunden. Sieht er sich aus bestimmten Gründen außer Stande, einen Insolvenzplan nach den Vorstellungen der Gläubiger auszuarbeiten, hat er dies unter Angabe der Gründe dem Insolvenzgericht anzuzeigen. Das Gericht entscheidet dann über die Festsetzung von Zwangsmaßnahmen, die bis zur Einsetzung eines neuen Insolvenzverwalters reichen können.

3.3 Vorprüfung durch das Insolvenzgericht

111 Nach Einreichung des Insolvenzplanes beim zuständigen Insolvenzgericht erfolgt gem. § 231 InsO zunächst eine Vorprüfung durch das Insolvenzgericht. Hierdurch soll sichergestellt werden, dass bereits in dieser frühen Phase grobe Mängel behoben werden können, ohne dass sich die übrigen Verfahrensbeteiligten damit intensiv befassen müssen. Die Vorprüfung erstreckt sich sowohl auf die Einhaltung formaler als auch inhaltlicher Anforderungen. Für den Rechtspfleger, der diese Vorprüfung durchführt, ist dies sicherlich die schwierigste Aufgabe, da eine Zurückweisung des Planes aufgrund der gerichtlichen Prüfung eine erhebliche Verzögerung im Verfahrensablauf nach sich zieht, im Extremfall sogar die Durchführung des Planes unmöglich machen kann.[43]

3.3.1 Prüfung der formalen Anforderungen

112 Zunächst prüft das Gericht gem. § 231 Abs. 1 Nr. 1 InsO, ob die formalen Vorschriften über das Recht zur Vorlage und den Inhalt des Planes beachtet worden sind. Dazu gehören im Einzelnen die folgenden Prüfungsschritte:
- Ist der Plan durch eine berechtigte Person eingereicht worden?
- Wurde der Plan vor Abhaltung des Schlusstermins eingereicht?
- Haben bei einem Verwalterplan die in § 218 Abs. 3 InsO genannten Gremien mitgewirkt?
- Enthält der Plan die Pflichtbestandteile gem. §§ 219, 229 InsO?
- Ist die Erklärung des Schuldners nach § 230 Abs. 1 InsO dem Plan als Anlage beigefügt?
- Ist im darstellenden Teil beschrieben, welche (Sanierungs-) Maßnahmen nach der Eröffnung des Insolvenzverfahrens getroffen worden sind oder getroffen werden sollen?
- Ist im gestaltenden Teil beschrieben, wie die Rechtsstellung der Beteiligten verändert werden soll und wie die Gruppenbildung erfolgen soll?
- Ist bei der Gruppenbildung die Mindestgliederung nach § 222 Abs. 1 InsO befolgt worden?

---
43 *Weisemann/Smid* Rn. 66.

Bei dem Vorliegen von Mängeln ist zu unterscheiden zwischen solchen, die heilbar **113**
sind und solchen, die unheilbar sind. So ist z.B. eine Planvorlage durch eine Gläubigergruppe ein unheilbarer Mangel, der zur sofortigen Zurückweisung des Planes führt. Das gleiche gilt für den Fall, dass die Mitwirkungsrechte des Gläubigerausschusses sowie des Betriebsrates/Sprecherausschusses nicht beachtet worden sind. Ist der Mangel heilbar, z.B. die fehlende Erklärung des Schuldners nach § 230 Abs. 1 InsO, dass dieser zur Fortführung des Unternehmens auf der Grundlage des Planes bereit ist, so darf das Gericht den Plan nicht einfach zurück weisen. Es hat in diesem Fall eine angemessene Nachfrist zur Behebung des Mangels zu setzen.[44] Diese Frist sollte, um die zügige Durchführung des Planverfahrens nicht zu behindern, nicht länger als vier Wochen betragen,[45] eine Frist von nur zwei Wochen wird jedoch in der Praxis nach den Beobachtungen des Verfassers ebenfalls von den Gerichten für angemessen erachtet.

3.3.2 Prüfung der inhaltlichen Anforderungen

Während die formale Prüfung im Wesentlichen darauf abstellt, ob Pflichtbestandteile **114**
des Insolvenzplans vollständig vorliegen, erstreckt sich die Prüfung der inhaltlichen Anforderungen darauf, ob die Vorschriften der InsO bei der Planaufstellung in richtiger Weise angewendet wurden. Dabei geht der Prüfungsumfang bei einem Schuldnerplan deutlich weiter, als bei einem Verwalterplan. Das Gericht hat in diesem Fall ergänzend zu prüfen, ob der vom Schuldner vorgelegte Insolvenzplan „offensichtlich" keine Aussicht auf Annahme durch die Gläubiger oder auf Bestätigung durch das Gericht hat (§ 231 Abs. 1 Nr. 2 InsO) und ob Ansprüche, die die den Gläubigern nach dem gestaltenden Teil des vom Schuldner vorgelegten Planes zustehen, „offensichtlich" nicht erfüllt werden können (§ 231 Abs. 1 Nr. 3 InsO). Eine entscheidende Bedeutung kommt dabei dem Begriff „offensichtlich" zu. Damit soll zum Ausdruck gebracht werden, dass nur in eindeutigen Fällen von der Befugnis zur Zurückweisung Gebrauch gemacht werden darf, da ansonsten eine unzulässige Einschränkung des Verfahrensgrundsatzes der Gläubigerautonomie vorliegen würde.[46]

Die Erfahrung des Verfassers mit Insolvenzplänen zeigt, dass die Gerichte ihre Befug- **115**
nisse zum Teil sehr weit auslegen. So hat das Gericht in einem vom Verfasser als Insolvenzverwalter vorgelegten Plan die Berechnungsmethode bei der Vergleichsrechnung nach § 229 InsO (Vermögensvergleich zwischen Planverfahren und Regelabwicklung) in Frage gestellt und mit der Zurückweisung des Plans gedroht, für den Fall, dass der Verwalter die Berechnungsmethode nicht ändert. Dies ist sicherlich ein unzulässiger Eingriff in die Gläubigerautonomie, da dem Gericht zum einen bei einem Verwalterplan überhaupt kein Prüfungsrecht nach § 231 Abs. 1 Nr. 2 und 3 InsO zusteht. Zum anderen handelt es sich hierbei eindeutig um eine Frage, die einer Erörterung mit den Gläubigern vorbehalten gewesen wäre, für den Fall, dass ein Gläubiger die Berechnung in Frage gestellt hätte. Der Insolvenzverwalter hätte dann im Erörterungstermin Gelegenheit gehabt, seine Berechnungsmethode zu erläutern. Um eine Zurückweisung des Planes mit der Konsequenz einer deutlichen zeitlichen Verzögerung zu vermeiden, blieb dem Verwalter in diesem Fall keine andere Wahl, als den Plan nach den Vorstellungen des Gerichtes zu ändern.

---

44 *Weisemann/Smid* Rn. 71.
45 *Hess/Obermüller* Rn. 57.
46 *Mai* Rn. 279.

116 Neben der Prüfung nach § 231 InsO umfasst die inhaltliche Vorprüfung im Wesentlichen die Einhaltung der gesetzlichen Vorschriften bei der Gruppeneinteilung. Hier sind insbesondere die folgenden Fragen zu klären:
- Wurden die Pflichtgruppen gem. § 222 Abs. 1 Nr. 1–3 InsO gebildet, sofern die Voraussetzungen vorliegen?
- Erfolgte die Bildung von Untergruppen nach § 222 Abs. 2 InsO sachgerecht oder besteht die Vermutung der Willkürlichkeit?
- Sind die Abgrenzungskriterien im Plan ausreichend erläutert?
- Ist die Berechnung des Wertes der Absonderungsrechte plausibel und wurden die absonderungsberechtigten Gläubiger mit ihren Ausfallforderungen der richtigen Gruppe gem. § 222 Abs. 2 InsO zugeordnet?
- Sind im Plan nur Gläubiger, deren Forderungen endgültig festgestellt sind, aufgenommen und gibt es keine ungeprüften nachträglichen Forderungsanmeldungen?

117 Insbesondere der zuletzt genannte Punkt kann bei einem Schuldnerplan, der erst nach Abhaltung des Prüfungstermins vorgelegt wird, zu erheblichen zeitlichen und inhaltlichen Problemen führen, wenn vor Abhaltung des Erörterungs- und Abstimmungstermins noch ein nachträglicher Prüfungstermin zur Prüfung von Forderungsanmeldungen, die verspätet eingegangen waren, abgehalten werden muss. Der Schuldner ist dabei abhängig davon, dass der Verwalter diese Forderungen prüft und kurzfristig einen weiteren Prüfungstermin beantragt. In Folge der nachträglichen Forderungsprüfung ändert sich zudem der Gesamtbestand der Forderungen, mit eventuell gravierenden Auswirkungen auf die Mehrheitsverhältnisse in den einzelnen Gruppen. Das gleiche Problem tritt dann auf, wenn bisher teilweise bestrittene Forderungen vom Verwalter noch festgestellt werden. Der Schuldner ist daher gut beraten, diese Fragen vor Einreichung des Insolvenzplanes mit dem Verwalter abzustimmen.

3.3.3 Einholung der Stellungnahmen der Beteiligten

118 Wurde der vorgelegte Insolvenzplan vom Gericht nicht zurückgewiesen, hat das Gericht den Plan einschließlich sämtlicher Anlagen den folgenden Beteiligten zwingend zur Stellungnahme zuzustellen, sofern eine Beteiligung gegeben ist (§ 232 Abs. 1 InsO):
- dem Gläubigerausschuss,
- dem Betriebsrat,
- dem Sprecherausschuss der leitenden Angestellten,
- dem Schuldner, wenn der Verwalter den Plan vorgelegt hat,
- dem Verwalter, wenn der Schuldner den Plan vorgelegt hat.

119 Für die anzufordernden Stellungnahmen setzt das Gericht eine Frist, die nicht länger als vier Wochen betragen sollte. Eine kürzere Frist von z.B. nur zwei Wochen kann, da es sich um ein Eilverfahren handelt, auch noch als angemessen angesehen werden. Liegen bis zum Ablauf der Frist nicht alle Stellungnahmen vor, so stellt dies kein Hindernis für die weitere Fortführung des Insolvenzplanes dar.[47]

120 Neben den zuvor genannten zwingenden Zustellungen, kann das Gericht gem. § 232 Abs. 2 InsO den Plan auch den zuständigen Berufsvertretungen (z.B. IHK, Handwerkskammer, Ärztekammer, etc.) oder anderen sachkundigen Stellen zur Stellungnahme zuleiten. Das Gericht ist bei der Auswahl und dem Umfang der anzuschreibenden Stellen frei.

---

47 *Mai* Rn. 283.

Eine Zustellung an eine berufsständische Institution (z.B. Anwaltskammer, Steuerberaterkammer, Wirtschaftsprüferkammer) ist insbesondere dann geboten, wenn die Berufsordnung vorsieht, dass dem Berufsträger bei Vermögensverfall der Entzug der Zulassung zum Beruf droht. Dies ist z.B. bei Steuerberatern und Wirtschaftsprüfern der Fall, da diese treuhänderische Aufgaben wahrnehmen können. Ein Insolvenzplan ist zwar grundsätzlich dazu geeignet, bei dem Schuldner wieder „geordnete Vermögensverhältnisse"[48] herzustellen, die zuständige Kammer kann jedoch trotzdem ein Ausschlussverfahren einleiten, wenn sie der Auffassung ist, dass der Insolvenzplan hierzu keine ausreichende Grundlage darstellt. Insbesondere besteht für die Kammer das Problem, dass die Zahlungsunfähigkeit bei dem Schuldner erst mit Erfüllung des Insolvenzplanes beseitigt ist, sodass während der Laufzeit des Planverfahrens von bis zu 3 Jahren der Berufsangehörige trotz Vermögensverfall und Vorliegens eines Ausschlussgrundes weiter tätig sein würde. Es empfiehlt sich daher in diesen Fällen, die Haltung der Kammer zu dieser Problematik rechtzeitig mit dieser abzustimmen. **121**

Für den Planersteller ist es daher empfehlenswert, die wesentlichen Planinhalte zumindest mit den zwingend beteiligten Gruppen zuvor abzustimmen, um hier als Ergebnis der Stellungnahmen keine bösen Überraschungen zu erleben. Er kann in Ergänzung dazu die Beteiligten bereits um Zustimmung ersuchen und diese dem Plan bei Vorlage beifügen. Das Gericht könnte dann auf eine erneute Zustellung verzichten. Der Planersteller muss sich darüber im Klaren sein, dass das Gericht, so es kritische bzw. ablehnende Stellungnahmen gibt, den Planersteller um eine Replik dazu ersucht, was zwangsläufig zu Planverzögerungen führt. **122**

3.3.4 Aussetzung der Verwertung

Ein weiterer wesentlicher Schritt im Rahmen der Vorprüfung durch das Gericht ist die Anordnung der Aussetzung der Verwertung gem. § 233 InsO. Dieser Verfahrensschritt ist immer dann notwendig, wenn die Verwertung und Verteilung des Vermögens bereits begonnen hat und für die Erfüllung des Insolvenzplans die weitere Verwertung kontraproduktiv wäre. Die Anordnung des Gerichts erfordert jedoch einen Antrag des Schuldners oder des Insolvenzverwalters. Das Gericht ist daher gehalten, bei der Vorprüfung des Insolvenzplans darauf zu achten, dass der Antrag nach § 233 InsO gestellt wurde, wenn eine weitere Verwertung der Insolvenzmasse die Plandurchführung gefährden würde. Es hat dann den Planersteller unter Fristsetzung aufzufordern, diesen Antrag zu stellen. **123**

Der vom Gericht zu fassende Beschluss umfasst allerdings nur die massezugehörigen Gegenstände, die sich im Besitz des Schuldners bzw. der Masse befinden. Dazu gehören nicht die mit Aussonderungsrechten belasteten Gegenstände sowie solche, die mit Absonderungsrechten belastet sind und sich im Besitz des Gläubigers befinden.[49] **124**

Um jedoch zu verhindern, dass der den Plan vorlegende Schuldner mit dem Insolvenzplan lediglich die Verwertung der Masse durch den Insolvenzverwalter verschleppen möchte, sieht § 233 S. 2 InsO einschränkend vor, dass das Gericht von der Aussetzung dann absehen muss, wenn entweder ein Nachteil für die Masse droht oder der Verwalter mit Zustimmung des Gläubigerausschusses oder, falls ein solcher nicht besteht, der Gläubigerversammlung, die Fortsetzung der Verwertung beantragt. **125**

---

48 Vgl. z.B. § 10 Abs. 1 Nr. 4 WPO.
49 *Hess/Obermüller* Rn. 118.

126 Dabei hat das Gericht keinen Ermessenspielraum, die Fortsetzung der Verwertung ist zwingend anzuordnen, wenn die entsprechenden Anträge gestellt werden. Dies wird z.B. dann der Fall sein, wenn der Verwalter im Zeitpunkt der Einreichung des Insolvenzplans eine übertragende Sanierung bereits nahezu zu Ende verhandelt hat und für die Gläubiger die übertragende Sanierung die wirtschaftlich günstigere Alternative darstellt, was z.B. dann der Fall ist, wenn bei der übertragenden Sanierung der Kaufpreis sofort in die Masse fließt und verteilt werden kann, während der Insolvenzplan eine Befriedigung aus (unsicheren) zukünftigen Gewinnen vorsieht.

127 Ein Problem für den Verwalter entsteht dann, wenn bei dem für die Zustimmung der Gläubigerversammlung erforderlichen vom Gericht anzuordnenden Termin kein Gläubiger erscheint, was nach den allgemeinen Erfahrungen zur Teilnahme von Gläubigern am Verfahren durchaus realistisch ist. Es stellt sich dann die Frage, ob das „Schweigen" der Gläubigerversammlung als Zustimmung zu werten ist oder nicht.[50]

128 In der Praxis wird daher das Gericht in der Regel beim Verwalter erfragen, ob gegen einen Beschluss nach § 233 InsO Bedenken bestehen. Durch die Einschränkung soll dem Prinzip der Gläubigerautonomie und der Haftungsverwirklichung Rechnung getragen werden.[51]

3.3.5 Auslage und Bekanntmachung des Insolvenzplans

129 Nachdem die Stellungnahmen der Beteiligten vorliegen, bzw. die gesetzte Frist zur Stellungnahme abgelaufen ist, wird der Insolvenzplan einschließlich der Anlagen und der vorliegenden Stellungnahmen gem. § 234 InsO in der Geschäftsstelle des Gerichts zur Einsichtnahme der Beteiligten niedergelegt. Die Niederlegung wird im Rahmen der öffentlichen Bekanntmachung des Erörterungs- und Abstimmungstermin gem. § 235 Abs. 2 S. 2 InsO ebenfalls bekannt gemacht. Damit erübrigt sich um die gesetzlichen Pflichten zu erfüllen, eine Zustellung des Insolvenzplanes an alle Gläubiger zu diesem Zeitpunkt.[52]

130 Es stellt sich jedoch die Frage, ob es für die Schaffung der notwendigen Transparenz und der Werbung um die Zustimmung der Gläubiger nicht zweckmäßig ist, den Insolvenzplan allen Gläubigern zuzusenden. In der Praxis hat es sich bewährt, dem zu diesem Zeitpunkt versendeten Insolvenzplan ein Vollmachtsformular beizufügen, mit dem ein Gläubiger, der an dem Erörterungs- und Abstimmungstermin nicht teilnehmen kann, eine Vollmacht erteilen kann, dass der Bevollmächtigte dem Plan in der vorliegenden Fassung zustimmen soll. Hinzu kommt, dass den Gläubigern ein Abdruck des Insolvenzplanes oder eine Zusammenfassung desselben sowieso gem. § 235 Abs. 3 InsO mit der Ladung zum Erörterungs- und Abstimmungstermin zu übersenden ist.

131 Die Zusendung des Insolvenzplans an die Gläubiger hat weiterhin den Vorteil, dass Fragen zum Inhalt des Plans mit den Gläubigern bereits im Vorfeld des Erörterungs- und Abstimmungstermins geklärt werden können, was den Erklärungsbedarf im Termin deutlich reduziert. Werden die Gläubiger erst im Termin über Plandetails erstmalig informiert, wird sich an die Planpräsentation regelmäßig eine lang anhaltende Diskussion über Einzelfragen anschließen, die im Sinne einer zügigen Durchführung des Termins vermieden werden sollte.

---

[50] *Smid/Rattunde* Rn. 10.24.
[51] *Hess/Obermüller* Rn. 119a.
[52] *Mai* Rn. 291.

3.4 Der Erörterungs- und Abstimmungstermin

Nachdem das Insolvenzgericht die Vorprüfung des Insolvenzplans mit einem positiven Votum abgeschlossen hat, setzt es eine Gläubigerversammlung an, die als Erörterungs- und Abstimmungstermin bezeichnet wird (§ 235 InsO). Der Termin dient dazu, 132
- den Insolvenzplan zu erörtern,
- das Stimmrecht der Gläubiger zu erörtern und
- über den Plan abstimmen zu lassen.

Der Termin ist öffentlich bekannt zu machen. Die Bekanntmachung erfolgt, wie alle anderen Bekanntmachungen in Insolvenzverfahren ausschließlich im Internet (§ 9 Abs. 1 S. 1 InsO). Der Termin soll nicht über einen Monat hinaus angesetzt werden (§ 235 Abs. 1 S. 2 InsO), wobei die Frist vom Zeitpunkt der Wirksamkeit der Bekanntmachung an zu rechnen ist. 133

Der Termin kann mit dem ersten Berichts- und Prüfungstermin verbunden werden, insbesondere dann, wenn der Plan vom Schuldner bereits mit Stellung des Insolvenzantrags eingereicht wurde und daher dem Gericht bei Abfassung des Eröffnungsbeschlusses und der damit verbundenen Terminierung für den Berichts- und Prüfungstermin bekannt war. In diesem Fall ist unbedingt darauf zu achten, dass bis zum Prüfungstermin alle Forderungen geprüft sind und der Verwalter eventuell bestehende Zweifelsfragen, ob eine Forderung festzustellen ist oder nicht, geklärt hat. Dies ist für die Festsetzung der Stimmrechte in der Abstimmung über den Plan von wesentlicher Bedeutung. 134

Findet der Erörterungs- und Abstimmungstermin erst nach Abhaltung des ersten Prüfungstermins statt, so ist es in der Regel erforderlich, einen weiteren nachträglichen Prüfungstermin, der am gleichen Tag stattfinden kann, anzuberaumen, da es in den meisten Insolvenzverfahren nachträgliche Anmeldungen gibt, die im ersten Termin nicht mitgeprüft werden konnten. 135

Zu dem Termin sind die folgenden Beteiligten zwingend zu laden: 136
- alle anmeldenden Insolvenzgläubiger, auch diejenigen, deren Forderungen bestritten wurden,
- absonderungsberechtigte Gläubiger,
- Betriebsrat,
- Sprecherausschuss der leitenden Angestellten,
- Schuldner und
- Insolvenzverwalter.

Eine Verletzung dieser Ladungspflichten ist als Verstoß gegen die Verfahrensvorschriften zu werten und hätte damit die Versagung der Bestätigung des Insolvenzplanes zur Folge.[53] 137

3.4.1 Der Ablauf des Termins

Der Erörterungs- und Abstimmungstermin sollte mindestens die folgenden Tagesordnungspunkte beinhalten: 138
- Begrüßung durch das Gericht und Feststellung der ordnungsgemäßen Ladung und Veröffentlichung,
- Bericht des Insolvenzverwalters zum bisherigen Verfahrensverlauf,
- Vorstellung des Plans durch den Planersteller (Schuldner oder Verwalter),

---
53 *Mai* Rn. 299.

- Stellungnahme des Insolvenzverwalters zum Schuldnerplan und vice versa,
- Diskussion des Insolvenzplans, gegebenenfalls Modifizierung,
- Festsetzung der Stimmrechte durch das Gericht,
- Abstimmung über den (modifizierten) Insolvenzplan,
- Bekanntmachung des Abstimmungsergebnisses,
- Anträge (z.B. nach § 251 InsO),
- gerichtliche Bestätigung und Bekanntgabe (fakultativ, kann auch später erfolgen).

139 Der Termin beginnt in der Regel mit der Feststellung der Personalien der anwesenden Gläubiger. Gläubigervertreter sollten darauf bedacht sein, dass sie ordnungsgemäß legitimiert sind, da ansonsten kein Stimmrecht gewährt werden kann. Insbesondere bei Geschäftsführern von juristischen Personen fehlt häufig eine legitimierende Kopie des Handelsregisterauszugs. Gläubiger, die sich selbst vertreten, sollten einen Personalausweis dabei haben. Da die Sitzung nicht öffentlich ist, wird das Gericht Gläubiger, die nicht ordnungsgemäß legitimiert sind, von der Sitzung ausschließen, es sei denn, dass die übrigen Anwesenden keine Bedenken dagegen haben.

140 Nach Feststellung der Personalien folgt zunächst ein kurzer Bericht des Insolvenzverwalters zum Stand des Insolvenzverfahrens. Daran anschließend erläutert der Planersteller den Insolvenzplan. Er ist dabei in der Ausgestaltung seiner Präsentation und dem Umfang der Darstellung an keine Vorgaben gebunden. In Abhängigkeit von der Komplexität des Insolvenzplans kann es geboten sein, visuelle Hilfsmittel, wie z.B. eine Powerpoint-Präsentation mit Beamer einzusetzen. Dies ist insbesondere dann hilfreich, wenn die Planungsrechnungen, die z.T. aus umfangreichem Zahlenmaterial bestehen, erläutert werden sollen. Falls von der Möglichkeit Gebrauch gemacht wurde, den Insolvenzplan den Gläubigern vor dem Termin zuzustellen und ggf. sogar zu diskutieren, kann der Umfang der Präsentation deutlich reduziert werden. Dies ist auch dann der Fall, wenn aufgrund vorliegender Vollmachten klar ist, dass der Plan von den Gläubigern angenommen werden wird. Der Planersteller sollte jedoch stets darauf bedacht sein, dass er eine möglichst breite Zustimmung zum Plan erhält, dass insbesondere eine Mehrheit in allen Gruppen vorhanden ist, da dann der Plan durch das Gericht sofort bestätigt werden kann.

141 Nach dem Bericht des Planerstellers wird das Gericht im Fall des Schuldnerplanes zunächst den Insolvenzverwalter um seine Stellungnahme zu dem vorgelegten Plan bitten. Im umgekehrten Fall beschränkt sich die Stellungnahme des Schuldners auf die Frage, ob dieser bereit ist, das Unternehmen in Übereinstimmung mit den im Plan getroffenen Regelungen weiter zu führen, bzw. ob ein Widerspruch gem. § 247 InsO zu Protokoll gegeben werden soll.

142 Bei der sich daran anschließenden Diskussion des Plans kommt dem Gericht, das die Sitzung leitet, eine wesentliche Rolle zu, da bei unterschiedlichen Auffassungen der Gläubiger zu dem Plan die Diskussion sehr schnell unsachlich und unübersichtlich werden kann. Der Planersteller sollte daher unbedingt mit dem Gericht im Vorfeld klären, in welchem Umfang eine Diskussion zugelassen werden soll, z.B. durch Begrenzung von Redezeiten und Festlegung einer zeitlichen Obergrenze für diesen Tagesordnungspunkt.

3.4.2 Planänderungen im Termin

143 Ergeben sich aufgrund der Diskussion des Insolvenzplans einzelne Kritikpunkte, die sich als wesentliches Hindernis für die Zustimmung einzelner Gläubiger heraus kris-

tallisieren, steht dem Planersteller die Möglichkeit offen, gem. § 240 InsO einzelne Regelungen des Insolvenzplans zu ändern. Es sind jedoch keine Änderungen zulässig, die den Kern des Insolvenzplans treffen.[54] Über den so modifizierten Plan kann sogar noch im Termin abgestimmt werden.

144 Es stellt sich damit die Frage nach dem möglichen Umfang von Änderungen des Planes nach § 240 InsO, da die Missbrauchsgefahr gerade in diesem Punkt als besonders hoch einzuschätzen ist. So ist es beispielsweise vorstellbar, dass der Planersteller im Termin eine veränderte Gruppeneinteilung vornimmt, da sich so ein positiver Effekt aufgrund der Mehrheitsverhältnisse im Termin ergibt. Auch könnte der Planersteller einzelne anwesende Gläubiger durch eine Planänderung besser oder abwesende Gläubiger schlechter stellen, um dadurch eine Zustimmung zum Plan zu erreichen.

145 Als Kernbestandteile des Plans sind nach allgemeiner Auffassung in der Literatur die Einteilung der Gläubiger in Gruppen und die Festlegung von Befriedigungsquoten für die jeweilige Gläubigergruppe anzusehen. Ferner gehören dazu die ggf. erforderlichen Sonderregelungen für absonderungsberechtigte Gläubiger.[55] Dagegen dürften Änderungen im Hinblick auf einzelne Gläubiger zulässig sein, z.B. dann, wenn sich im Termin heraus stellt, dass bei einem absonderungsberechtigten Gläubiger der Wert des Absonderungsrechtes unzutreffend ermittelt wurde.

146 Ein häufiger anzutreffender Fall einer nachträglichen Planänderung, über die auch im Termin problemlos abgestimmt werden kann, dürfte sich bei Fortführungsplänen dadurch ergeben, dass die Gläubiger mit dem an sie auszuschüttenden Anteil an den zukünftigen Gewinnen des Unternehmens unzufrieden sind. Dieser Anteil könnte dann vom Planersteller erhöht werden, indem z.B. geplante Investitionen auf der Zeitachse nach hinten verschoben werden oder die in der Planung vorhandene Liquiditätsreserve reduziert wird. Das Gleiche gilt sicher im Hinblick auf die Frage, ob eine Planüberwachung angeordnet werden soll oder nicht.

147 Stellt sich im Rahmen der Erörterung des Planes heraus, dass doch Änderungen notwendig sind, die als wesentlich einzustufen sind, kann das Insolvenzgericht den ggf. gemeinsam anberaumten Abstimmungstermin aufheben und einen neuen Termin ansetzen, der nicht länger als 1 Monat nach dem Erörterungstermin liegen sollte (§ 241 Abs. 1 S. 2 InsO). Dies ist jedoch eine Regelung, an die das Gericht nicht gebunden ist. Teilweise wird in der Literatur die Auffassung vertreten, dass bei einer Nachbesserung des Insolvenzplans ein neuer Abstimmungstermin angesetzt werden muss, um dem Anspruch der Gläubiger auf rechtliches Gehör im Insolvenzverfahren gerecht zu werden.[56] Ein gesonderter Abstimmungstermin ist insbesondere dann geboten, wenn zahlreiche Vollmachten vorliegen, die entweder in ihrem Umfang nicht klar zum Ausdruck bringen, dass die Vollmacht auch für eine Abstimmung über einen wesentlich geänderten Plan gilt oder wenn der Bevollmächtigte Bedenken äußert hinsichtlich des Umfangs seiner Vertretungsmacht.

148 Zu dem vertagten Abstimmungstermin sind gem. § 241 Abs. 2 InsO nur die stimmberechtigten Gläubiger und der Schuldner erneut zu laden. Der gesonderte Abstimmungstermin kann auch im schriftlichen Verfahren durchgeführt werden.

---

54 *Mai* Rn. 302, *Smid/Rattunde* Rn. 11.45.
55 *Smid/Rattunde* Rn. 11.45.
56 *Smid/Rattunde* Rn. 11.36.

3.4.3 Verlauf der Abstimmung

149 Während zu dem Erörterungstermin alle Gläubiger zuzulassen sind und sich die Feststellung des Gerichts zu den Anwesenden daher auf diesen Umstand beschränken kann, ist bei Eintritt in den Abstimmungstermin das Stimmrecht jedes einzelnen Gläubigers zu erörtern und festzusetzen. Dazu wird gem. § 239 InsO vom Gericht eine Stimmliste erstellt.

3.4.3.1 Festsetzung der Stimmrechte

150 Das Stimmrecht der Insolvenzgläubiger bei der Abstimmung über einen Insolvenzplan folgt in weiten Zügen den Grundsätzen für das Stimmrecht in der Gläubigerversammlung (§ 237 Abs. 1 S. 1 InsO). Danach steht allen Gläubigern i.S.v. § 38 InsO ein Stimmrecht in Höhe ihrer angemeldeten Forderung zu, soweit weder der Insolvenzverwalter noch die übrigen anwesenden Gläubiger dem Stimmrecht dem Grunde oder der Höhe nach widersprechen. Dem Schuldner steht dagegen kein Widerspruchsrecht zu. Im Fall einer vom Verwalter festgestellten Forderung ist dies sicher unproblematisch, es ist jedoch insbesondere in einem frühen Verfahrensstadium realistisch, dass noch nicht alle Forderungen in voller Höhe festgestellt werden konnten, da dem Insolvenzverwalter noch nicht alle für die abschließende Prüfung der Forderung notwendigen Unterlagen vorliegen. In diesem Fall ist eine Einigung über die Stimmrechtsfestsetzung im Termin erforderlich. Ist eine einvernehmliche Regelung unter den Beteiligten nicht möglich, entscheidet das Insolvenzgericht über das Stimmrecht. Gegen die Entscheidung des Gerichts sind Rechtsmittel nur im Rahmen von § 18 Abs. 3 S. 2 RPflG möglich.

151 Komplizierter stellt sich die Stimmrechtsfestsetzung bei den absonderungsberechtigten Gläubigern dar. Bei diesen ist zu unterscheiden zwischen dem Teil der Forderung, der wertmäßig durch das Absonderungsrecht gesichert ist und dem in der Regel vorhandenen ungesicherten Teil der Forderung. Wird in die Behandlung des Absonderungsrechts durch den Plan eingegriffen, z.B. durch eine Einschränkung des Verwertungsrechts des Gläubigers, so ist dem Gläubiger zunächst in der dann zwingend vorzusehenden Gruppe der absonderungsberechtigten Gläubiger (§ 222 Abs. 1 Nr. 1 InsO) ein Stimmrecht in Höhe des Wertes des Absonderungsrechtes zu gewähren. Mit seiner Ausfallforderung stimmt der Gläubiger ein zweites Mal in der Gruppe der nicht nachrangigen Gläubiger (§ 222 Abs. 1 Nr. 2 InsO), bzw. einer der ggf. eingerichteten Untergruppen ab. Dies führt immer dann zu Problemen, wenn die Höhe der Ausfallforderung nicht eindeutig feststeht. Es ist dann im Wege der Einigung zwischen den Beteiligten der mutmaßliche Ausfall zu ermitteln, ist keine Einigung möglich, entscheidet wiederum das Insolvenzgericht.

152 Der Planersteller ist daher gut beraten, bereits im Plan zu erläutern, nach welchen Grundsätzen der Wert von Absonderungsrechten ermittelt wurde und dies vor Einreichung des Insolvenzplans mit den betroffenen Gläubigern abzustimmen. Dies vermeidet umfangreiche und zeitraubende Diskussionen im Abstimmungstermin.[57] Einige wenige Grundsätze zur Ermittlung des Wertes von Absonderungsrechten hat der Gesetzgeber in der Gesetzesbegründung festgelegt.[58] Danach ist bei einem Sanierungsplan für die Berechnung des Absonderungsrechts vom Fortführungswert auszugehen, während bei einer Liquidation vom Zerschlagungswert auszugehen ist. Das

---

[57] *Mai* Rn. 305.
[58] Amtl. Begr. BT-Drucks. 12/2443, 206 f. (zu § 281).

ändert jedoch nichts an dem Problem, dass die jeweiligen Werte geschätzt werden müssen, was aufgrund der Bandbreite einer Schätzung immer Diskussionsstoff bietet.

Ist zwischen den Beteiligten im Termin keine Einigung über das Stimmrecht zu erzielen, so werden die strittigen Stimmrechte durch das Gericht festgesetzt. Gegen eine fehlerhafte Stimmrechtsfestsetzung durch den Rechtspfleger steht den Beteiligten das Rechtsmittel der sofortigen Beschwerde Gem. § 253 InsO zur Verfügung. In diesem Fall kann der Rechtspfleger jedoch, wenn er seinen Fehler erkennt, eine Neufestsetzung des Stimmrechts gem. § 18 Abs. 3 S. 2 RPflG vornehmen, die den Fehler beseitigt. Es ist dann eine neue Abstimmung über den Insolvenzplan durchzuführen, für die gegebenenfalls ein neuer Termin anzuberaumen ist.[59]

3.4.3.2 Durchführung der Abstimmung über den Plan

Mit dem Eintritt in die Abstimmung ist eine Rücknahme des Insolvenzplans nicht mehr möglich. Abgegebene Stimmen können jedoch bis zum Ende der Abstimmung widerrufen werden.

Das Gericht fordert nun die einzelnen Gruppen der Reihe nach auf, ihre Stimmen abzugeben. Dabei wird gem. § 244 Abs. 1 InsO sowohl die Summenmehrheit als auch die Kopfmehrheit verlangt. Jeder Gläubiger stellt dabei in der Regel einen „Kopf" dar. Eine Ausnahme hiervon bilden Gläubigerpools, da diese durch den Treuhänder vertreten werden und daher nur eine Stimme haben. Da § 244 InsO ausdrücklich auf die abstimmenden Gläubiger abstellt, werden Stimmenthaltungen bei der Abstimmung nicht mit gezählt.

Die Praxis hat gezeigt, dass die Gläubigerbeteiligung auch bei Erörterungs- und Abstimmungsterminen häufig nur sehr gering ist. Das kann dann zu einem Problem führen, wenn im Abstimmungstermin eine Gruppe gar nicht vertreten ist. Solange in den übrigen Gruppen eine Mehrheit zustande gekommen ist, kann davon ausgegangen werden, dass ein rechtskräftiger Bestätigungsbeschluss ergehen kann, da die nicht erschienen Gläubiger kein Widerspruchsrecht haben. Dies gilt insbesondere dann, wenn im Insolvenzplan schlüssig dargelegt worden ist, dass mit dem Plan kein Gläubiger schlechter gestellt wird, als er sich bei einem Regelverfahren stellen würde.

Problematisch könnte dagegen die Konstellation sein, in der eine Gruppe zugestimmt hat, eine weitere Gruppe den Plan ablehnt und die dritte Gruppe gar nicht erschienen ist, da eine Ersetzung der Zustimmung gem. § 245 Abs. 1 Nr. 3 InsO nur möglich ist, wenn eine Mehrheit der Gruppen dem Plan zugestimmt hat. Dies ist in der zuvor genannten Konstellation nicht der Fall. Smid/Rattunde[60] vertreten in diesem Fall die Auffassung, dass auch hier eine Bestätigung des Insolvenzplans erfolgen kann, da in Analogie zu § 246 Nr. 3 InsO davon ausgegangen werden kann, dass nicht erschienene Gläubiger ihre Zustimmung nicht verweigern wollen, da sie ansonsten zum Termin erschienen wären. Schließlich haben sie mit ihrer Nichtteilnahme in Kauf genommen, dass ein einzelner erschienener Gläubiger mit einer Kleinstforderung eine Mehrheitsentscheidung in dieser Gruppe herbei führen kann.

In der Praxis behilft man sich, um das Auftreten dieses Problems zu vermeiden, damit, dass der Planersteller die Gläubiger zuvor anschreibt und um die Erteilung von Zustimmungsvollmachten ersucht. Liegen bis kurz vor dem Termin keine Vollmach-

---

[59] Smid/Rattunde Rn. 11.58.
[60] Smid/Rattunde Rn. 11.72.

ten für alle Gruppen vor, ist der Planersteller gut beraten, erneut Kontakt zu Gläubigern dieser Gruppe aufzunehmen und um Erteilung einer Vollmacht zu ersuchen.

3.4.4 Planannahme

159 Erreicht der Plan bei der Abstimmung die Zustimmung der Mehrheit der Gruppen oder in allen Gruppen, so gilt der Plan als angenommen. Die entsprechende Feststellung wird vom Gericht protokolliert. Das Gericht fragt nach der Feststellung, dass der Plan angenommen ist, ob weitere Anträge, insbesondere solche nach § 251 InsO gestellt werden, bevor es darüber entscheidet, ob der Plan noch im Abstimmungstermin bestätigt werden kann oder ob ein gesonderter Termin gem. § 252 Abs. 1 InsO anberaumt wird. Der gesonderte Termin wird insbesondere dann erforderlich, wenn ein Versagungsantrag nach § 251 InsO gestellt worden ist, da das Gericht dann zunächst über diesen Antrag zu entscheiden hat. Da der Antrag nach § 251 InsO vom Gläubiger glaubhaft zu machen ist und dies in der Regel eine umfassende Begründung erfordert, wird sich das Gericht zunächst mit der Prüfung des Antrags auseinander setzen müssen, was den Rahmen des Abstimmungstermins normalerweise sprengt.

3.5 Bestätigung des Plans

160 Ist der Plan angenommen, so muss er vor seiner Wirksamkeit noch vom Insolvenzgericht bestätigt werden. Dabei ist zu unterscheiden zwischen dem Fall, dass der Plan von allen Gruppen mit der erforderlichen Mehrheit (Kopf- und Summenmehrheit) angenommen wurde und dem Fall, dass nur eine Mehrheit der Gruppen dem Plan zugestimmt hat. Das Gericht hat gem. § 248 Abs. 2 InsO in jedem Fall vor einer Bestätigung des Plans den Gläubigerausschuss, den Insolvenzverwalter und den Schuldner zu hören. Dies kann, wenn der Ausschuss und der Schuldner im Abstimmungstermin anwesend sind, bereits im Termin erfolgen, ansonsten sind die Mitglieder des Gläubigerausschusses und der Schuldner schriftlich zu hören. Die Frist zur Stellungnahme sollte dabei nicht länger als zwei Wochen sein.

3.5.1 Planannahme durch alle Gruppen

161 Haben alle Gruppen dem Plan zugestimmt, gestaltet sich das weitere Procedere relativ einfach. Das Gericht hat vor einer Bestätigung des Planes nur noch zu prüfen, ob
– der Schuldner dem Plan gem. § 247 Abs. 1 InsO widersprochen hat und dieser Widerspruch nicht aus den in § 247 Abs. 2 InsO genannten Gründen unbeachtlich ist,
– die Bestätigung des Planes nicht gem. § 250 InsO von Amts wegen zu versagen ist,
– ein Antrag nach § 251 InsO fristgerecht (im Termin) und formgerecht (begründet) gestellt wurde, über den das Gericht zuvor entscheiden müsste.

162 Liegen die zuvor genannten Hinderungsgründe nicht vor, wird das Gericht den Plan bestätigen. Durch die rechtskräftige Bestätigung treten die im gestaltenden Teil des Plans vorgesehenen Rechtsänderungen unmittelbar ein. Gegen den Bestätigungsbeschluss stehen allen Gläubigern, auch denen die nicht abgestimmt haben und dem Schuldner, sofern seine Rechtsstellung durch den Plan tangiert wurde, als Rechtsmittel die sofortige Beschwerde zu (§ 253 InsO).

3.5.2 Planannahme durch eine Gruppenmehrheit

Haben nicht alle Gruppen mit der erforderlichen Mehrheit zugestimmt, so ist die Voraussetzung des § 244 Abs. 1 InsO, dass in jeder Gruppe die Mehrheit der Gläubiger dem Plan zustimmen muss, nicht erfüllt. Der Plan ist daher nicht angenommen. In diesem Fall sieht jedoch § 245 InsO vor, dass die Zustimmung der ablehnenden Gruppen durch das Gericht „ersetzt" werden kann, wenn 163

- die Gläubiger dieser Gruppe(n) durch den Insolvenzplan voraussichtlich nicht schlechter gestellt werden, als sie ohne Plan stünden,
- die Gläubiger dieser Gruppe angemessen an dem wirtschaftlichen Wert beteiligt werden, der auf der Grundlage des Plans den Beteiligten zufließen soll, und
- die Mehrheit der abstimmenden Gruppen dem Plan mit den erforderlichen Mehrheiten zugestimmt hat.

Es wird also eine Zustimmung dieser Gruppen fingiert, die Ablehnung wird als unbeachtlich betrachtet. Die Regelung dient in erster Linie dazu, zu verhindern, dass einzelne Gläubiger oder Gläubigergruppen aus persönlichen Gründen die Durchführung eines für alle Beteiligten vorteilhaften Verfahrens verhindern. 164

Der Gesetzgeber hat sich mit dieser Regelung an dem „cramdown"-Verfahren im US-amerikanischen Chapter 11 bankruptcy code orientiert. Im Gegensatz zum „cramdown"- Verfahren, bei dem das Gericht eine Obstruktionsentscheidung nur auf Antrag des Schuldners fasst, ist in § 245 InsO vorgesehen, dass das Gericht auch ohne Antrag des Planerstellers das Vorliegen der Voraussetzungen für eine Ersetzung der Zustimmung zu prüfen hat und für den Fall, dass die Voraussetzungen vorliegen, auch eine positive Entscheidung zu treffen hat. 165

3.5.2.1 Der „best-of-creditors-interest"-Test

Als besonders problematisch, weil mit einer wirtschaftlichen Prognoseabschätzung verbunden, erweist sich dabei die erste materielle Voraussetzung, dass die widersprechende Gruppe durch den Plan nicht schlechter gestellt werden kann, als sie ohne Plan stünde. Die Regelung entspricht dem „best-interest-of-creditors"-Test des US-Rechts, der auch in den USA regelmäßig zu Gutachterwettstreiten über die Frage führt, ob eine Schlechterstellung von Gläubigergruppen durch den Plan gegeben ist oder nicht. 166

Der Planersteller sollte daher im darstellenden Teil des Plans im Einzelnen erläutern und durch eine Vergleichsrechnung plausibel darlegen, aus welchen konkreten Gründen eine Schlechterstellung der Gläubiger durch den Insolvenzplan nicht gegeben ist. Während insbesondere bei einem Sanierungsplan die Planungsrechnungen und deren Erläuterung sowieso Bestandteil des Plans sind, ist besonderes Augenmerk auf die Berechnung der Quotenaussichten für die Gläubiger ohne Insolvenzplan zu legen. Je exakter die Vergleichsrechnung im Plan dargestellt ist, um so eher wird das Gericht geneigt sein, bei seiner Entscheidung der im Plan vorgegebenen Argumentation zu folgen. Fehlt die Vergleichsrechnung im Plan oder ist diese nicht plausibel, so wird das Gericht mangels eigener betriebswirtschaftlicher Kompetenz nicht umhin kommen, einen gerichtlich bestellten Sachverständigen mit der Überprüfung des Insolvenzplans im Hinblick auf diesen Punkt zu beauftragen. Da dies mit zeitlichen Verzögerungen und zusätzlichen, von der Masse zu tragenden Kosten verbunden ist, sollte der Planersteller alles daran setzen, dies zu vermeiden. 167

168 In Fällen, in denen der Planersteller aufgrund der Vorabstimmung des Plans mit den Gläubigern bereits mit einer opponierenden Gruppe rechnen kann, sollte er erwägen, die Vergleichsrechnung von einem Wirtschaftsprüfer vorab prüfen zu lassen und dessen Stellungnahme gemeinsam mit dem Plan einzureichen. Damit vermeidet er zumindest eine zeitliche Verzögerung durch die Einsetzung eines gerichtlichen Gutachters.

169 Ein weiteres Problem im Rahmen der Prüfung der Schlechterstellung von Gläubigern tritt immer dann auf, wenn im Insolvenzplan in die Rechte von Gläubigern derart eingegriffen wird, dass nicht die Zahlung einer bestimmten Geldsumme zu einem bestimmten Zeitpunkt vorgesehen ist, die mit der Quote im Zerschlagungsfall verglichen werden könnte, sondern beispielsweise in die Rechte der absonderungsberechtigten Gläubiger dergestalt eingegriffen wird, dass diese auf die Verwertung der mit Absonderungsrechten belasteten Gegenstände gegen Zahlung einer Nutzungsentschädigung verzichten sollen. Es ist daher bei der Planerstellung darauf zu achten, dass bei solchen „nicht monetären" Eingriffen in Gläubigerrechte diese zuvor mit den betroffenen Gläubigern abgestimmt und deren Zustimmung eingeholt wird.

3.5.2.2 Die angemessene Beteiligung der Gläubiger

170 Diese im US-amerikanischen „cramdown"-Verfahren als „absolute-priority-rule" bezeichnete Regelung soll sicher stellen, dass bei einer Obstruktionsentscheidung die Gläubiger der opponierenden Gruppe angemessen am wirtschaftlichen Wert beteiligt werden, der nach dem Plan den Beteiligten zufließen soll. § 245 Abs. 2 InsO regelt dabei abschließend, wann diese Voraussetzung als gegeben anzusehen ist.[61] Danach liegt Angemessenheit vor, wenn kumulativ kein anderer Gläubiger mehr erhält, als dem Betrag seiner festgestellten Forderung entspricht, kein Nachranggläubiger, der ohne Plan nichts erhalten würde, durch den Plan etwas erhält, der Schuldner eine Befriedigung erlangt und schließlich kein Gläubiger, der ohne Plan gleichrangig mit den opponierenden Gläubigern wäre, besser gestellt wird als diese.

171 Nach Auffassung des Gesetzgebers ist bei Vorliegen der zuvor genannten Voraussetzungen davon auszugehen, dass die opponierenden Gläubiger aus anderen als rein wirtschaftlichen Erwägungen heraus, den Plan ablehnen und damit die übrigen Gläubiger unangemessen benachteiligt würden.

3.5.3 Der Minderheitenschutz

172 Eine Bestätigung des Planes ist neben den zuvor genannten Voraussetzungen auch davon abhängig, dass kein Gläubiger im Abstimmungstermin einen Antrag nach § 251 InsO stellt. Während bei der Obstruktionsentscheidung das Verhalten einer Gläubigergruppe beleuchtet wird, stellt § 251 InsO auf die Interessen eines einzelnen Gläubigers, der innerhalb seiner Gruppe überstimmt wurde, ab. Für einen wirksamen Antrag ist erforderlich, dass dieser im Termin schriftlich oder zu Protokoll der Geschäftsstelle abgegeben wird und dass der Gläubiger in seinem Antrag glaubhaft macht, dass er durch den Plan schlechter gestellt wird.

173 Im Gegensatz zu § 245 InsO, bei dem das Gericht von Amts wegen zu prüfen hat, ob eine Schlechterstellung einer Gläubigergruppe vorliegt, ist bei § 251 InsO also das Vorliegen eines Antrags des einzelnen Gläubigers erforderlich. Antragsbefugt ist

---

61 *Weisemann/Smid* Rn. 116.

dabei jeder Gläubiger, der im Termin anwesend ist, unabhängig davon, ob er stimmberechtigt war oder nicht. Daher kann auch ein Gläubiger, dem z.B. zu Unrecht kein Stimmrecht gewährt wurde, den Antrag nach § 251 InsO stellen.[62]

Hat der Planersteller in dem Plan eine Vergleichsrechnung vorgenommen, aus der sich ergibt, dass durch den Plan kein Gläubiger schlechter gestellt wird als er ohne Plan stünde, ist zwangsläufig davon auszugehen, dass der Antrag stellende Gläubiger bei der Begründung seines Antrages zu teilweise anderen Ergebnissen gekommen sein muss. Hierbei wird es sich insbesondere bei einem Sanierungsplan um eine abweichende Beurteilung der Prämissen handeln. Das Gericht steht damit vor der schwierigen Aufgabe, eine betriebswirtschaftliche Beurteilung darüber abzugeben, welche Planprämissen eine höhere Eintrittswahrscheinlichkeit aufweisen, bzw. ob die Planprämissen, die vom Planersteller angewendet wurden, eine ausreichend hohe Eintrittswahrscheinlichkeit haben, so dass man davon ausgehen kann, dass die im Plan versprochenen Quotenzahlungen erwirtschaftet werden können. Da weder Richter noch Rechtspfleger über die dafür notwendigen betriebswirtschaftlichen Kenntnisse verfügen, wird das Gericht gezwungen sein, einen neutralen Gutachter damit zu beauftragen, was dann zu erheblichen zeitlichen Verzögerungen und zu zusätzlichen Kosten führt, die aus der Masse zu zahlen sind. **174**

Um die Nachteile, die mit einem Antrag nach § 251 InsO verbunden sind zu vermeiden, behilft sich die Praxis teilweise mit sog. „Salvatorischen Klauseln", mit denen im Plan geregelt wird, dass für den Fall, dass wider Erwarten ein Gläubiger durch den Plan doch schlechter gestellt wird, dieser Nachteil finanziell ausgeglichen wird. Hierfür wird dann im Plan eine Rückstellung gebildet, aus der diese Zahlungen dann vorgenommen werden. Sollten keine Ausgleichszahlungen erforderlich sein, wird dieser Betrag zusätzlich an alle Gläubiger ausgeschüttet. Die Klausel soll es dem Gericht ermöglichen, den Plan bestätigen zu können, ohne das Ergebnis der in der Regel weiterhin erforderlichen gutachterlichen Stellungnahme abwarten zu müssen, da durch die Klausel sicher gestellt ist, dass sofern eine behauptete Schlechterstellung vom Gutachter bestätigt werden sollte, dieser Nachteil ausgeglichen wird. Das Gericht muss sich lediglich davon überzeugen, dass die Rückstellung in ausreichender Höhe gebildet wurde. Durch die Aufnahme der Klausel in den Plan haben auch alle Gläubiger Kenntnis von diesen Zahlungen, sodass kein Fall des „Stimmenkaufs" vorliegen kann. **175**

In der Praxis hat sich jedoch nach den Beobachtungen des Verfassers gezeigt, dass Anträge nach § 251 InsO nur in den seltensten Fällen wirksam gestellt werden, da die Gläubigerbeteiligung in Abstimmungsterminen nur relativ gering ist und die Gläubiger regelmäßig nicht ausreichend vorbereitet sind, um einen Antrag nach § 251 InsO glaubhaft zu machen. **176**

3.5.4 Gerichtliche Entscheidung über die Bestätigung des Plans

Nach Abschluss der gerichtlichen Prüfung und Verneinung eventuell vorliegender Versagungsgründe entscheidet das Gericht durch Beschluss über die Bestätigung oder Versagung des Insolvenzplans. Dies kann entweder im Abstimmungstermin oder im Rahmen eines gesonderten Verkündungstermins erfolgen. Für den Eintritt der rechtlichen Wirkungen der im gestaltenden Teil beschriebenen Maßnahmen ist **177**

---

62 Vgl. Begründung zu § 298 RegE, BT-Drucks. 12/2443, 211.

die Rechtskraft des Beschlusses erforderlich. **Für den Eintritt der Rechtskraft gelten die zivilprozessualen Regelungen.**

178 Gegen den Beschluss steht den Gläubigern, auch den nicht stimmberechtigten, sowie dem Schuldner, sofern seine Rechte durch den Plan tangiert werden, gem. § 253 InsO die sofortige Beschwerde zu. Die Frist zur Einlegung der Beschwerde beträgt nach § 569 Abs. 1 ZPO zwei Wochen. Die Beschwerde ist schriftlich bei dem Amtsgericht oder dem zuständigen Landgericht oder zu Protokoll der Geschäftsstelle einzulegen.

179 Hilft das Insolvenzgericht der Beschwerde nicht ab, entscheidet das zuständige Landgericht. Gegen die Entscheidung über die sofortige Beschwerde ist gem. § 7 InsO, der auch im Planverfahren gilt, die Rechtsbeschwerde möglich, über die der BGH entscheidet (§ 133 GVG).

180 Ein opponierender Gläubiger, der z.B. zuvor mit einem Antrag nach § 251 InsO nicht durchgedrungen ist, hat hierdurch erneut die Möglichkeit, das Zustandekommen eines Insolvenzplanverfahrens zu torpedieren, da insbesondere bei einem Sanierungsplan ohne ein zügiges Eintreten der Regelungen im Plan die Sanierung des schuldnerischen Unternehmens unmöglich werden kann.

3.6 Aufhebung des Insolvenzverfahrens

3.6.1 Notwendige Maßnahmen vor Aufhebung des Insolvenzverfahrens

181 Nachdem die Bestätigung des Insolvenzplans Rechtskraft erlangt hat, beschließt das Insolvenzgericht gem. § 258 Abs. 1 InsO die Aufhebung des Insolvenzverfahrens. Gem. § 258 Abs. 2 InsO hat der Verwalter jedoch bevor eine Aufhebung des Verfahrens angeordnet werden kann die unstreitigen Masseansprüche zu befriedigen und für die streitigen Sicherheit zu leisten. Das Insolvenzgericht wird also das Verfahren nicht aufheben, solange dem Gericht eine entsprechende Bestätigung des Verwalters nicht vorliegt.

182 Weiterhin gelten auch bei einer Beendigung des Insolvenzverfahrens durch einen Insolvenzplan die Rechnungslegungsvorschriften für den Insolvenzverwalter (§ 66 InsO). Danach hat der Insolvenzverwalter bei Beendigung des Insolvenzverfahrens über seine Tätigkeit Rechnung zu legen.

183 Die Aufhebung des Verfahrens kann auch auf Wunsch des Planerstellers hinausgeschoben werden, wenn dies für die Durchführung des Planverfahrens notwendig erscheint.

184 Die zuvor genannten Regelungen der InsO werfen in der Praxis einige praktische Probleme auf, die der Planersteller mit einkalkulieren muss, wenn er nicht Gefahr laufen will, dass der Plan daran scheitert, dass aus den unterschiedlichsten Gründen das Gericht das Insolvenzverfahren nicht aufhebt, obwohl ein bestätigter Plan vorliegt.

3.6.1.1 Probleme bei der Anwendung des § 258 Abs. 2 InsO

185 Das Grundproblem bei der Anwendung des § 258 Abs. 2 InsO besteht darin, dass im Regelfall des Insolvenzplans, nämlich der Sanierung eines laufenden Unternehmens, ständig, quasi täglich oder stündlich, Masseverbindlichkeiten entstehen, dadurch dass der Insolvenzverwalter Leistungen in Anspruch nimmt (Gas, Strom, Wasser, Miete, Leasing, etc.), Lieferungen von Waren erhält und Bestellungen auslöst. So ist es z.B. betriebswirtschaftlich sicherlich nicht sinnvoll, Lieferantenrechnungen, die noch gar

nicht fällig sind, vor Fälligkeit zu bezahlen, nur weil § 258 Abs. 2 InsO vorschreibt, dass der Verwalter alle Masseverbindlichkeiten befriedigen muss. Dies wird auch in der Regel gar nicht möglich sein, da die vorhandene Liquidität hierfür nicht ausreichend ist. Eine Erklärung des Insolvenzverwalters, die den Anforderungen des § 258 InsO genügt, wird daher im Normalfall falsch sein, sie verlangt ihm etwas Unmögliches ab.[63] Der Regelung liegt die eigentlich sinnvolle Annahme des Gesetzgebers zu Grunde, dass der Verwalter Masseverbindlichkeiten ausgelöst hat, die vor Aufhebung des Verfahrens von diesem auch zu zahlen sind. Insbesondere dann, wenn der Plan nicht vom Verwalter, sondern vom Schuldner erstellt wurde, ist die Regelung jedoch unsinnig, da der Schuldner natürlich nach Aufhebung des Verfahrens an die Stelle des Verwalters tritt und damit für die Zahlung der Verbindlichkeiten haftet.

Auch eine Sicherheitsleistung in Form einer Bankbürgschaft scheidet als Alternative in der Regel aus, da hierfür in voller Höhe Guthaben hinterlegt werden müssten. **186**

Dem Landgericht Stuttgart[64] ist daher zuzustimmen, wenn es in seiner Entscheidung feststellt, dass der § 258 Abs. 2 InsO auf Fälle der Aufhebung des Insolvenzverfahrens nach Bestätigung eines Insolvenzplans keine Anwendung findet. **187**

Der Verwalter sollte daher bereits zum Zeitpunkt der Einreichung des Insolvenzplans mit dem Gericht abstimmen, ob und falls ja, welche Erklärung das Insolvenzgericht vom Verwalter haben möchte. Smid/Rattunde[65] empfehlen, dass das Gericht die folgende Erklärung, die zwar nicht den Wortlaut, aber doch den Sinn und Zweck der Vorschrift abdeckt, anerkennt: **188**

„Ich habe die bekannten und fälligen Masseverbindlichkeiten bezahlt und für die Begleichung der nicht fälligen und unbekannten Masseschulden Rückstellungen in Höhe von EUR [...] vorgenommen." **189**

3.6.1.2 Rechnungslegungspflicht des Insolvenzverwalters

Da auch bei Beendigung des Insolvenzverfahrens durch einen Insolvenzplan der Verwalter eine Schlussrechnung vorzulegen hat, droht aufgrund dieser Vorschrift eine weitere die Plandurchführung eventuell gefährdende Verzögerung der Aufhebung des Insolvenzverfahrens. So ist es z.B. nicht selbstverständlich, dass der Insolvenzverwalter, wenn er den Plan nicht selbst erstellt hat, unmittelbar nach Planannahme seine Schlussrechnung vorlegt. Das Gericht kann ihn zwar dazu auffordern, wenn die Voraussetzungen für eine Planbestätigung vorliegen, es wird ihm aber eine angemessene Frist von wenigstens 4-6 Wochen dafür einräumen müssen. Selbst wenn der Verwalter binnen dieser Frist seine Schlussrechnung vorlegt, ist es Praxis der Gerichte, das Verfahren erst dann aufzuheben, wenn die Prüfung der Schlussrechnung beanstandungslos erfolgt ist. In Abhängigkeit von Größe und Dauer des Verfahrens wird das Gericht mit dieser Prüfung einen externen Prüfer beauftragen, da das Gericht sich außerstande sieht, eine eigene Prüfung der Schlussrechnung vorzunehmen. Dies kann unter Umständen eine erhebliche Zeitverzögerung bedeuten. So ist dem Verfasser ein Planverfahren beim AG Köln bekannt, bei dem sich die Prüfung der Schlussrechnung über einen Zeitraum von sieben Monaten hingezogen hatte und die Verfahrensaufhebung erst zehn Monate nach dem Erörterungs- und Abstimmungstermin erfolgte. **190**

---

63 *Smid/Rattunde* Rn. 17.7.
64 *LG Stuttgart* Urteil v. 11.12.2002 – 27 O 295/02, DZWIR 2003, 171.
65 *Smid/Rattunde* a.a.O., Rn. 17.7.

191 Es ist daher dringend zu empfehlen, dass der Planersteller rechtzeitig Vorkehrungen trifft, um diese zeitlichen Verzögerungen zu vermeiden. Dazu sind im Wesentlichen zwei Alternativen dankbar:
– rechtzeitige Abstimmung mit dem Gericht über die Vorgehensweise oder
– Verzicht der Gläubiger auf die Schlussrechnung.

192 Der Planersteller sollte, insbesondere dann, wenn es nicht der Verwalter ist, mit diesem und dem Gericht abstimmen, dass der Verwalter seine Schlussrechnung zeitgleich mit dem Insolvenzplan einreicht, sodass das Gericht die notwendige Zeit für die Prüfung der Schlussrechnung hat. Besteht das Gericht auf eine externe Prüfung, sollte der externe Prüfer bereits im Vorfeld vom Gericht beauftragt und vom Verwalter kontaktiert werden, um den Ablauf und den Umfang der Prüfung abzustimmen. Handelt es sich um einen „Prepacked-Plan", der bereits bei Antragstellung eingereicht wird, verlieren diese Schritte natürlich an Bedeutung, da ja dann der zu prüfende Zeitraum nur sehr kurz ist und die Prüfung daher keinen großen Aufwand verursacht.

193 Alternativ hierzu kann der Planersteller im Insolvenzplan eine Regelung aufnehmen, nach der die Gläubiger auf eine Prüfung der Schlussrechnung des Insolvenzverwalters verzichten. Wird der Plan angenommen, besteht daher m.E. keine Verpflichtung des Gerichts zur Prüfung, da es sich um ein Verfahren handelt, das vom Prinzip der Gläubigerautonomie getragen wird. Wenn es der Wunsch der Gläubiger ist, aus verfahrensökonomischen Gründen auf eine Prüfung zu verzichten, so kann das Gericht diesem Wunsch auch folgen. Dies entbindet jedoch den Verwalter nicht von der Pflicht zur Rechnungslegung. Die Schlussrechnung ist daher von diesem vorzulegen und zur Gerichtsakte zu nehmen, wo sie von jedem Gläubiger, der sich dafür interessiert, eingesehen werden kann. Diese Vorgehensweise ist insbesondere dann sinnvoll, wenn im Plan vorgesehen ist, dass die Gläubiger Zahlungen in bestimmter Höhe zu bestimmten Zeitpunkten erhalten, da sich dann eventuelle Prüfungsfeststellungen im Rahmen der Schlussrechnungsprüfung auf die Befriedigung der Gläubiger überhaupt nicht mehr auswirken würden.

3.6.2 Wirkung der Planbestätigung vor Aufhebung des Insolvenzverfahrens

194 Das zuvor geschilderte Problem der zeitlichen Verzögerung des Beschlusses nach § 258 InsO führt zu der Frage, wer in diesem Zeitraum in welchem Umfang handlungsbefugt ist. Gem. § 259 InsO erlöschen erst mit der Aufhebung des Insolvenzverfahrens die Ämter des Insolvenzverwalters und des Gläubigerausschusses. Erst mit der Rechtskraft des Aufhebungsbeschlusses kann der Schuldner wieder über die Insolvenzmasse frei verfügen.

195 Das bedeutet, dass der Insolvenzverwalter den Geschäftsbetrieb des Schuldners solange fortführen muss, bis der Aufhebungsbeschluss rechtskräftig geworden ist. Dies ist insbesondere dann problematisch, wenn in diesem Zeitraum schon den Plan betreffende Sanierungsmaßnahmen eingeleitet werden sollen und der Verwalter, im Fall eines Schuldnerplanes nicht bereit ist, diese Maßnahmen mit zu tragen, z.B. weil er die in der Regel damit verbundene Haftung für eingegangene Verpflichtungen nicht übernehmen möchte. Auch eine Haftungsfreistellung dürfte in den meisten Fällen daran scheitern, dass die Bonität des Schuldners für das Sicherungsbedürfnis des Verwalters nicht ausreichend ist.

Das Problem stellt sich dagegen normalerweise dann nicht, wenn der Insolvenzverwalter den Plan aufgestellt hat, da er dann in der Übergangsphase lediglich damit beginnt, die Maßnahmen umzusetzen, die er selbst im Plan als richtig und notwendig dargestellt hat. Es stellt sich dann allenfalls die Frage, ob dem Verwalter für diese Tätigkeit eine gesonderte Vergütung zustehen könnte, was aber abzulehnen ist.

3.7 Die Planüberwachungsphase

In den Insolvenzplan kann im gestaltenden Teil gem. § 260 ff InsO vorgesehen werden, dass die Erfüllung des Plans nach der Aufhebung des Insolvenzverfahrens überwacht werden soll. Nach § 261 InsO obliegt die Überwachung in der Regel dem Insolvenzverwalter. Insoweit besteht sein Amt und das des Gläubigerausschusses weiter fort. War in dem Insolvenzverfahren eine Eigenverwaltung angeordnet, obliegt die Planüberwachung dem Sachwalter (§ 284 Abs. 2 InsO).

3.7.1 Notwendigkeit der Planüberwachung

Eine Notwendigkeit zur Aufnahme einer die Planüberwachung betreffende Klausel ist davon abhängig, in welchem Umfang die Erfüllung der Verpflichtungen aus dem Insolvenzplan von zukünftigen Handlungen des Unternehmers abhängig ist. Erfolgen bei einem Insolvenzplan die Zahlungen an die Gläubiger z.B. aus Drittmitteln, die dem Schuldner sicher zufließen und werden die Gläubiger innerhalb eines überschaubaren Zeitraumes nach der Bestätigung des Insolvenzplanes befriedigt, kann auf eine Planüberwachung sicherlich im Normalfall verzichtet werden.

Dies ist sicher dann anders zu beurteilen, wenn es sich um einen klassischen Sanierungsplan handelt, bei dem über einen Zeitraum von drei Jahren regelmäßige Zahlungen an die Gläubiger aus dem laufenden Cash-Flow erfolgen sollen. Der Planersteller ist dann gut beraten, wenn er als vertrauensbildende Maßnahme eine entsprechende Regelung im Vertrag vorsieht. Dies insbesondere dann, wenn aufgrund der Historie die Gläubiger nicht davon überzeugt sind, dass die unternehmerischen Fähigkeiten des Schuldners die volle Bandbreite der notwendigen Fachkenntnisse umfassen. So ist gerade bei kleineren Unternehmen immer wieder zu beobachten, dass die Gründe für das Scheitern in mangelhaften Kenntnissen des Schuldners im kaufmännischen Bereich zu finden sind. Hier kann eine Planüberwachung dafür sorgen, dass die Funktionsfähigkeit des Rechnungswesens regelmäßig überprüft und Schwächen unverzüglich abgestellt werden. Die Planüberwachung stellt außerdem sicher, dass die Gläubiger rechtzeitig über auftretende Probleme bei der Planerfüllung informiert werden.

In der Praxis hat sich gezeigt, dass die Gläubiger eher geneigt sind, einem Insolvenzplan zuzustimmen, wenn eine Planüberwachung vorgesehen ist. Das einzig schlüssige Argument, das ein Schuldner und/oder Gläubiger gegen eine Planüberwachung vorbringen kann, ist letztlich die Vermeidung der mit der Planüberwachung verbundenen Kosten. Dem Insolvenzverwalter und dem Gläubigerausschuss steht nämlich für diese Tätigkeit eine gesonderte Vergütung zu, deren Höhe im Insolvenzplan ebenfalls geregelt werden sollte, wenngleich hierzu keine Verpflichtung besteht. Die Kosten sollten jedoch im Plan geregelt werden, da das Vergütungsrecht (InsVV) hierzu keine Vorgaben macht.

3.7.2 Gegenstand der Überwachung

201 Grundsätzlich beschränkt sich die Überwachung auf die Erfüllung der im gestaltenden Teil geregelten Ansprüche der Gläubiger. Das bedeutet, dass der Insolvenzverwalter – solange der Schuldner seinen Pflichten nachkommt – lediglich eine beobachtende Funktion hat[66]. Er ist im Rahmen dieser Aufgabe befugt, jederzeit die Geschäftsräume des Schuldners zu betreten, Einsicht in die Bücher und Geschäftsunterlagen zu nehmen sowie vom Schuldner Auskünfte einzuholen. Dies ergibt sich aus dem Verweis in § 261 Abs. 1 S. 3 InsO auf § 22 Abs. 3 InsO. Ohne dass dies explizit gesetzlich geregelt ist, wird man auch bejahen können, dass der Verwalter Auskünfte von Mitarbeitern des Schuldners und Dritten (Banken, Steuerberater, Rechtsanwälten) wird einholen dürfen, wenn dies notwendig erscheint.

202 Die Überwachung kann jedoch im Plan auch abweichend von der gesetzlichen Regelung ausgestaltet werden. So ist es z.B. möglich, statt des Insolvenzverwalters eine dritte Person als Sachwalter zu beauftragen, was insbesondere dann sinnvoll sein kann, wenn bei einem Schuldnerplan die Zusammenarbeit zwischen Schuldner und Verwalter nicht funktioniert hat. Die Planüberwachung kann auch in ihrem Umfang erweitert oder eingeschränkt werden. Dies kann in Fällen, in denen sich bei der Erörterung des Planes heraus stellt, dass die anwesenden Gläubiger dem Plan gegenüber eher skeptisch eingestellt sind, ein probates Mittel für den Planersteller sein, durch eine Erweiterung der Überwachung das Vertrauen bei den Gläubigern in die Erfüllbarkeit der Ansprüche aus dem Plan zu erhöhen. Da der Plan im Erörterungstermin noch angepasst werden kann, ist es möglich, diese Änderung noch im Erörterungstermin vorzunehmen und anschließend darüber abstimmen zu lassen.

203 In der Praxis wird es bei Sanierungsplänen ratsam sein, wenn der Verwalter sich für die Erfüllung seiner Aufgabe ein eigenes Monitoring-System entwickelt, das es ihm erlaubt, die Fortschritte bei der Sanierung laufend feststellen zu können und Abweichungen analysieren zu können. Dazu gehört mindestens eine monatliche Plan-/Ist-Analyse der laufenden Ergebnisse, besser noch eine Abweichungsanalyse der gesamten im Rahmen des Insolvenzplans vorgelegten Planungsrechnungen (Planbilanzen, Plan-GuV, Liquiditätsplan). Der Umfang dieser Analysen wird in der Regel davon abhängig sein, welchen Komplexitätsgrad die Tätigkeit des schuldnerischen Unternehmens hat.

204 Der Insolvenzverwalter hat gem. § 261 Abs. 2 InsO dem Insolvenzgericht und einem ggf. bestehenden Gläubigerausschuss jährlich einen Rechenschaftsbericht einzureichen, in dem er über den Stand der Erfüllung des Plans und die weiteren Aussichten zu berichten hat. Liegen dem planüberwachenden Insolvenzverwalter Anzeichen dafür vor, dass fällige Ansprüche aus dem Plan nicht erfüllt worden sind oder eventuell zukünftig fällig werdende Ansprüche nicht mehr erfüllt werden können, so hat er das Insolvenzgericht und den Gläubigerausschuss unverzüglich davon zu unterrichten. Besteht kein Gläubigerausschuss, so hat der Verwalter stattdessen alle Gläubiger zu informieren.

205 Im Hinblick auf die Erfüllung zukünftiger Verpflichtungen hat dies zunächst keine unmittelbaren Konsequenzen, solange eine Erfüllbarkeit zum Fälligkeitszeitpunkt grundsätzlich noch möglich ist. Die Gläubiger müssen dann zunächst abwarten, bis die Fälligkeit eingetreten ist, bevor sie Maßnahmen, wie z.B. die Stellung eines neuen

---

66 *Mai* Rn. 357.

Insolvenzantrags ergreifen können. Trotzdem ist dies eine wichtige Information insbesondere für die Gläubiger, die weiterhin mit dem Schuldner in laufender Geschäftsbeziehung stehen, was regelmäßig zumindest bei Lieferanten und auch Sozialversicherungsträgern der Fall sein dürfte.

3.7.3 Aufhebung der Überwachung und Kosten

Ist der Insolvenzplan erfüllt oder der maximal für die Erfüllung vorgesehene Zeitrahmen von drei Jahren ausgeschöpft, beschließt das Insolvenzgericht die Aufhebung der Überwachung (§ 268 InsO). Der Beschluss wird öffentlich bekannt gemacht. **206**

Wurde im Insolvenzverfahren ein Kreditrahmen i.S.d. § 264 InsO geschaffen, so verlieren die Kreditgläubiger mit der Aufhebung der Überwachung ihre Privilegien,[67] da es keinen Grund mehr gibt, die Privilegierung aufrecht zu erhalten, wenn in diesem Zeitraum kein neuer Insolvenzantrag gestellt wurde. **207**

Die Überwachung des Plans endet, ohne dass es einer Aufhebung bedarf, wenn in dem Planerfüllungszeitraum ein neuer Insolvenzantrag gestellt wird oder der Plan endgültig nicht mehr erfüllt werden kann. **208**

Gem. § 269 InsO trägt die Kosten der Überwachung der Schuldner, bzw. im Fall des § 260 Abs. 3 InsO die Übernahmegesellschaft. Die Kosten der Überwachung umfassen neben dem Honorar des Insolvenzverwalters auch die Vergütung des Gläubigerausschusses sowie die Auslagen. Ob auch Honorare Dritter, die der Verwalter oder der Gläubigerausschuss zu Rate zieht, erstattungsfähig sind, ist umstritten. So sollte bei Anordnung der Überwachung darauf geachtet werden, dass die Person, die mit der Überwachung beauftragt wird, die notwendige Sachkunde besitzt, um der Überwachungstätigkeit in dem konkreten Fall möglichst vollumfänglich nachkommen zu können. So ist es sicher empfehlenswert, bei einem Sanierungsplan, bei dem im Wesentlichen die Überwachung der betriebswirtschaftlichen Sanierungsmaßnahmen gefordert ist, statt eines Juristen eher einen Wirtschaftsprüfer mit der Überwachung zu beauftragen. Gegen die Beauftragung von Dritten für die Beurteilung von Einzelfragen bestehen dagegen sicher keine Bedenken. **209**

Gerichtskosten fallen in diesem Zeitraum nicht mehr an, es können jedoch Veröffentlichungskosten entstehen. Für die Kosten der Überwachung ist aufgrund der Kostentragung durch den Schuldner im Plan eine entsprechende Rückstellung zu bilden. **210**

Die Kosten werden durch das Insolvenzgericht auf Antrag des Anspruchstellers bei Beendigung der Tätigkeit festgesetzt. Die Festsetzung der Kosten erfolgt gegen den Schuldner oder die Übernahmegesellschaft. Hinsichtlich der Höhe der Vergütung bestehen grundsätzlich drei denkbare Varianten: **211**
– Bruchteil der Verwaltervergütung,
– Pauschalhonorar,
– Abrechnung nach Stundensätzen.

Für welche Variante sich der Insolvenzverwalter entscheidet, bleibt diesem überlassen, soweit nicht bereits im Plan eine entsprechende Vorgabe gemacht wurde. **212**

---

67 *Mai* Rn. 363.

3.7.4 Die Wiederauflebensklausel

213 Gerät der Schuldner mit der Erfüllung seiner Verpflichtungen erheblich in Rückstand, so wird eine Stundung oder ein Erlass von Forderungen hinfällig (§ 255 Abs. 1 S. 1 InsO). Ein erheblicher Rückstand ist dabei erst dann anzunehmen, wenn der Schuldner eine fällige Verbindlichkeit nicht gezahlt hat, obwohl ihn der Gläubiger schriftlich gemahnt und eine mindestens 2-wöchige Nachfrist gesetzt hat (§ 255 Abs. 1 S. 2 InsO).

214 Die Rechtsfolge des Wiederauflebens tritt auch dann ein, wenn der Schuldner bisher seinen Verpflichtungen pünktlich nachgekommen ist und nur eine Rate rückständig ist[68]. Der Gläubiger kann nunmehr gegen den Schuldner wieder vollstrecken oder wahlweise einen neuen Insolvenzantrag stellen.

215 Die Wiederauflebensklausel kann im Plan abbedungen oder modifiziert werden, ist dies nicht erfolgt, so sie jedoch zwingendes Recht.[69] Von der Regelung in § 255 Abs. 1 InsO kann nicht zum Nachteil des Schuldners abgewichen werden.

216 Es genügt auch nicht, die Mahnung an den Insolvenzverwalter oder den Sachwalter bzw. das Gericht zu senden. Sie muss dem Schuldner selbst zugegangen sein. Sonstige im Insolvenzplan erfasste Verpflichtungen des Schuldners (z.B. Informationspflichten) werden von der Regelung nicht erfasst.

4. Rechtliche und materielle Anforderungen an einen Insolvenzplan

217 Bei der Vorlage eines Insolvenzplans hat der Schuldner inhaltlich relativ große Spielräume, es sind jedoch was Inhalt und Umfang des Plans angeht, eine Reihe von Formvorschriften zu beachten.

4.1 Die Mindestgliederung des Insolvenzplanes

218 Die InsO verlangt zunächst, dass der Insolvenzplan in zwei Teile gegliedert werden muss, den darstellenden Teil und den gestaltenden Teil. Dies stellt zugleich die Mindestgliederung eines Insolvenzplans dar, die zwingend ist. Einen Plan, der nicht zumindest diese Zweiteilung eindeutig erkennen lässt, wird das Insolvenzgericht daher bereits bei der Vorprüfung als unzulässig zurück weisen. Ergänzt wird der Plan durch die Plananlagen, die immer dann mit zu erstellen sind, wenn die Gläubiger aus zukünftigen Erträgen befriedigt werden sollen (§ 229 InsO). Diese bestehen aus einer Vermögensübersicht sowie einer Plan-Gewinn- und Verlustrechnung, Planbilanz und Finanzplan.

4.1.1 Der Darstellende Teil

219 Im darstellenden Teil wird zunächst die Ist-Situation des Unternehmens im Zeitpunkt der Vorlage des Insolvenzplans dargestellt. Wird der Plan als „prepacked-plan" erstellt, beschränkt sich die Darstellung auf die Krisenursachenanalyse und die Erläuterung der aktuellen rechtlichen und wirtschaftlichen Verhältnisse des Unternehmens. Wird der Plan erst vom Verwalter eingereicht, nachdem das Verfahren bereits einige Zeit läuft, sind zusätzlich Angaben zu machen über die bisher eingeleiteten Sanierungsschritte und die eventuell bereits erzielten Ergebnisverbesserungen.

---

68 *Hess/Obermüller* Rn. 407.
69 *Hess/Obermüller* Rn. 392.

Der darstellende Teil hat im Wesentlichen die Funktion, den Gläubigern ein möglichst 220
umfassendes Bild von dem Unternehmen zu vermitteln und die Maßnahmen zu
beschreiben, die ergriffen werden sollen, um durch quantifizierte Ergebnisverbesserungspotentiale zukünftig wieder nachhaltige Einnahmeüberschüsse zu erreichen.
Kernpunkt des darstellenden Teils ist dabei das eigentliche Sanierungskonzept, also
die Beschreibung der einzelnen Sanierungsmaßnahmen. Die Erläuterung der historischen Entwicklung und der Krisenursachen sollte dabei auf das notwendige Maß
reduziert werden, um zu vermeiden, dass der Insolvenzplan insgesamt zu umfangreich
wird, da dann die Bereitschaft der Gläubiger sich mit dem Plan zu beschäftigen deutlich abnehmen wird.

Daneben sollten bereits im darstellenden Teil Angaben über die vorgesehene Gruppenbildung gemacht werden. Dort sollten zumindest die Kriterien für die Gruppeneinteilung beschrieben und die ausführliche Darstellung im gestaltenden Teil einführend vorbereitet werden. 221

Eine Grobgliederung für den darstellenden Teil eines Insolvenzplans könnte beispielhaft wie folgt aussehen: 222

Darstellender Teil
1.2.1 rechtliche Verhältnisse,
1.2.2 wirtschaftliche und finanzielle Verhältnisse,
1.2.3 Krisenursachenanalyse,
1.2.4 Darstellung des Sanierungskonzeptes,
1.2.5 Darstellung der bisher ergriffenen Maßnahmen,
1.2.6 Gruppenbildung,
1.2.7 Insolvenzanfechtung,
1.2.8 vergleichende Darstellung.

Der vorstehende Gliederungsvorschlag stellt eine Art Mindestgliederung dar, da auf 223
die genannten Punkte in jedem Plan zwingend einzugehen ist. Zu den Punkten 1.1 bis
1.5 kann an dieser Stelle auf die Stellungnahme des Instituts der Wirtschaftsprüfer in
Deutschland e. V. IDW S6 verwiesen werden, auf die in dem Beitrag von Beck/Stanneck[70] ausführlich eingegangen wird. Insoweit kann auf eine Erläuterung an dieser
Stelle verzichtet werden. Die dort behandelten Grundsätze für die Aufstellung eines
Sanierungskonzeptes gelten für Sanierungsfälle ohne Insolvenz, wie auch für Insolvenzpläne gleichermaßen.

Im Weiteren wird an dieser Stelle daher lediglich auf die plantypischen Punkte 1.5 – 224
1.7 eingegangen.

4.1.1.1 Gruppenbildung

Bereits im darstellenden Teil werden die Prinzipien für die Gruppenbildung erläutert. 225
Im gestaltenden Teil wird dann im Einzelnen festgelegt, in welchem Umfang in die
Gläubigerrechte eingegriffen werden soll.

In § 222 InsO ist zunächst die Bildung von obligatorischen Gläubigergruppen vorge- 226
schrieben. Danach ist zu unterscheiden zwischen
– absonderungsberechtigten Gläubigern, in deren Rechte eingegriffen wird,
– Insolvenzgläubigern nach § 38 InsO und
– nachrangigen Gläubigern.

---

[70] Vgl. Beitrag *Beck/Stanneck* 10. Kap.

227 Dies gilt natürlich nur dann, wenn in die Rechte absonderungsberechtigter Gläubiger eingegriffen werden soll und Nachranggläubiger vorhanden sind. Im einfachsten Fall ohne diese Gruppen kann der Planverfasser sich daher auf nur eine Gläubigergruppe beschränken. Dies ist auch sinnvoll, wenn aus den Vorgesprächen mit den Gläubigern bereits klar geworden ist, dass der Plan eine zustimmungsfähige Mehrheit aller anwesenden Gläubiger erreichen wird, da die Komplexität und damit die Risiken für eine Planannahme mit zunehmender Zahl von Gläubigergruppen steigt. Zu beachten ist weiterhin, dass nach § 226 Abs. 1 InsO die Gläubiger einer Gruppe immer gleich zu behandeln sind, es sei denn, dass einer davon abweichenden Regelung alle übrigen Gläubiger dieser Gruppe zugestimmt haben und dies durch entsprechende Erklärungen als Anlage zum Plan nachgewiesen ist.

228 Ist für die Sanierung des Unternehmens ein Eingriff in die Rechte der absonderungsberechtigten Gläubiger notwendig, gibt es also mindestens 2 Gläubigergruppen. Da eine gerade Anzahl von Gruppen das Risiko einer Pattsituation mit sich bringt, bedeutet das automatisch, dass eine dritte Gruppe zu bilden ist, um zumindest eine Mehrheitsentscheidung herbei führen zu können. Es ist also die Gruppe der Insolvenzgläubiger nach § 38 InsO zumindest in zwei Gruppen aufzuteilen. Dabei lässt das Gesetz dem Planverfasser einen relativ großen Spielraum.

§ 222 Abs. 2 InsO sagt dazu lediglich, dass Gläubiger mit „gleichartigen wirtschaftlichen Interessen" zusammen gefasst werden können und „sachgerecht voneinander abgegrenzt werden" müssen. Die dabei angewandten Kriterien müssen zwingend im Plan und dort sinnvollerweise im darstellenden Teil angegeben wurden. Daneben regt das Gesetz lediglich ergänzend an, dass die Arbeitnehmer eine eigene Gruppe bilden sollen, wenn sie nicht unerhebliche Forderungen haben und dass für sog. „Kleingläubiger" eine besondere Gruppe vorgesehen werden kann.

229 Absonderungsberechtigte Gläubiger werden im Allgemeinen nicht bereit sein, auf die ihnen eingeräumten Sicherheiten einfach so verzichten. Denkbar sind jedoch eher marginale Eingriffe, die für den absonderungsberechtigten Gläubiger keinen echten Schaden bedeuten und ggf. seine Aussichten auf eine quotale Befriedigung für seinen Ausfall erhöhen. Beispielhaft seien an dieser Stelle nur einige Alternativen aufgeführt:
– Verzicht auf Verwertung des Sicherungsgutes für einen bestimmten Zeitraum (Stundungsabrede),
– Verpflichtung zur freihändigen Veräußerung von mit Grundpfandrechten belasteten Immobilien bei gleichzeitigem Verzicht auf Zwangsvollstreckungsmaßnahmen,
– Verzicht auf eine Nutzungsentschädigung für die weitere Nutzung von Absonderungsgegenständen für einen bestimmten Zeitraum,
– Verzicht auf Grundbuchzinsen ab Eröffnung des Verfahrens (insbesondere dann, wenn aus dem voraussichtlichen Erlös diese sowieso nicht gedeckt werden können).

230 Da es sich bei den absonderungsberechtigten Gläubigern in der Regel um eine kleine abgegrenzte Gruppe handelt, teilweise sogar nur um einen Gläubiger, kann es zur Erreichung einer gesicherten Zustimmung einer Gruppe sinnvoll sein, durch einen Eingriff in die Rechte eines Absonderungsgläubigers eine solche Gruppe bewusst zu kreieren, wenn aufgrund einer Vorbesprechung mit dem Gläubiger sicher ist, dass dieser dem Plan zustimmt.

In der Praxis haben sich für die Abgrenzung von Gläubigern im Rang des § 38 InsO **231** einige typische Kriterien heraus gebildet, die regelmäßige Verwendung finden. Es sind dies die Gruppen der:
- Finanzgläubiger,
- Sozialkassen und Bundesagentur für Arbeit,
- Pensionssicherungsverein,
- Lieferanten,
- Arbeitnehmer,
- Kleingläubiger,
- öffentlich rechtliche Gläubiger (Fiskus, Kommunen, etc.).

Die Gruppe der Lieferanten wird gelegentlich nochmals unterteilt in: **232**
- Materiallieferanten,
- Miet- und Leasinggläubiger und
- sonstige Dienstleistungsunternehmen.

In vielen Fällen aus der Praxis ist eine klassische Dreiteilung anzutreffen in die Gruppen der: **233**
- absonderungsberechtigten Gläubiger (Zustimmung sicher wegen Vorabsprache),
- Bundesanstalt für Arbeit und Sozialkassen (Zustimmung durch Bundesanstalt gewährleistet normalerweise Mehrheit in dieser Gruppe) sowie
- übrige Gläubiger im Rang des § 38 InsO.

Durch Vorabsprachen oder Vollmachten in den Gruppen 1 und 2 ist damit eine **234** Annahme des Insolvenzplans mit einer Mehrheit sicher gestellt und damit die Möglichkeit für das Gericht eröffnet, die Zustimmung der ablehnenden Gruppe, so es denn eine gibt, zu ersetzen (§ 245 InsO). Lediglich das Abstimmungsverhalten in Gruppe 3 birgt gewisse Risiken, aber auch die Aussicht einer Planannahme in allen Gruppen. Der Planverfasser muss sich darüber im Klaren sein, dass ein Abweichen von der klassischen Dreiteilung zwingend die Bildung von zwei weiteren Gruppen erforderlich macht. Dies erhöht die Komplexität des Planes nicht unerheblich und birgt das Risiko, dass das Gericht die Gruppeneinteilung als nicht gesetzeskonform ablehnt oder ein Gläubiger gegen die Gruppeneinteilung Rechtsmittel einlegt.

4.1.1.2 Insolvenzanfechtung

Im darstellenden Teil sind auch Aussagen zu machen zu dem Stand bestehender **235** Anfechtungsansprüche gem. § 129 ff. InsO und zum weiteren Schicksal dieser Ansprüche nach Rechtskraft eines bestätigten Insolvenzplans. Die Insolvenzanfechtung hat als Ziel, ungerechtfertigte Vermögensverschiebungen, die zu einem Schaden für die Insolvenzmasse und die Gesamtgläubigerschaft geführt haben, rückgängig zu machen. Solche Ansprüche können sich gegen einzelne Gläubiger, Organe einer Schuldnerin, die Personengesellschaft oder juristische Person ist oder sonstige Dritte, die ohne Gläubiger zu sein, einen Vermögensvorteil im Vorfeld der Antragstellung erhalten haben, richten. Da Anfechtungsansprüche vom Insolvenzverwalter im Klagewege durchgesetzt werden müssen, sind diese Verfahren bei Einreichung eines Insolvenzplanes häufig noch nicht abgeschlossen. Im darstellenden Teil sind diese laufenden Verfahren auszuführen und eine Einschätzung vorzunehmen, wie wahrscheinlich die Durchsetzung der Ansprüche ist. Gem. § 259 Abs. 3 InsO ist der Verwalter berechtigt, einen anhängigen Rechtsstreit, der die Insolvenzanfechtung zu Gegenstand hat, auch nach Aufhebung des Insolvenzverfahrens fortzuführen, wenn dies im gestaltenden Teil vorgesehen ist. Insoweit sind auch im gestaltenden Teil entsprechende Angaben zu machen. Diese Regelung bezieht sich jedoch nur auf bereits anhängige Rechtsstreite. Im darstellenden Teil ist daher auszuführen, wie Anfechtungsansprüche erledigt werden sollen, die noch nicht rechtshängig gemacht worden sind, bzw. welche Maßnahmen noch vor der Aufhebung des Insolvenzverfahrens getroffen werden sollen, um die Geltendmachung dieser Ansprüche abzusichern.

236 Insbesondere bei einem „prepacked-plan", der bereits mit Antragstellung eingereicht wird, sollte der Planersteller den Insolvenzverwalter ersuchen, das Bestehen oder Nichtbestehen von Anfechtungsansprüchen vorrangig zu prüfen, damit er in der Lage ist, hierzu im Erörterungstermin Stellung zu nehmen (im Negativfall), bzw. für den Fall, dass Ansprüche identifiziert werden, eine entsprechende Ergänzung im Plan vorgenommen werden kann. Der Planersteller muss davon ausgehen, dass diese Frage im Erörterungstermin von Gläubigern angesprochen wird und eine unbefriedigende Auskunft die Genehmigungsfähigkeit des Planes stark einschränken kann.

237 Anfechtungsansprüche werden in vielen Fällen bereits vor Klageerhebung im Vergleichswege erledigt. Wurde mit einem Anspruchsgegner ein Vergleich geschlossen, der unter der aufschiebenden Bedingung der rechtskräftigen Bestätigung des Plans steht, so sind auch hierüber entsprechende Auskünfte im darstellenden Teil des Plans zu erteilen. Der Abschluss von Vergleichen sollte bei einem beabsichtigten Planverfahren der zu bevorzugende Weg sein, da dann die damit verbundenen Massezuflüsse bereits konkret feststehen und in den Finanzplan einfließen können.

238 Ebenso problematisch wie Anfechtungsansprüche gegen Organe der Schuldnerin sind sonstige Ansprüche z.B. aus § 64 GmbHG gegen die Geschäftsführer/Vorstände der Schuldnerin, wenn diese weiterhin im Management die Sanierung begleiten sollen. Bestehen derartige Ansprüche, sind auch dazu im darstellenden Teil Angaben zu machen. Ergänzend sollten nach Möglichkeit auch Lösungsvorschläge unterbreitet werden, wie diese Ansprüche erledigt werden sollen. Auch für diese Ansprüche gilt, dass die Gläubiger erfahrungsgemäß äußerst sensibel reagieren, wenn im Plan hierzu nichts ausgeführt ist und der Verwalter im Erörterungstermin nicht konkret bestätigen kann, dass derartige Ansprüche nach seiner gewissenhaften Prüfung nicht bestehen.

4.1.1.3 Vergleichende Darstellung

239 Ein weiterer wesentlicher Baustein im darstellenden Teil ist die sog. „vergleichende Darstellung", die zwar im Gesetz nicht ausdrücklich als Planbestandteil genannt ist, deren Aufstellung sich aber indirekt aus §§ 245 Abs. 1 Nr. 1, 247 Abs. 2 Nr. 1 und 251 Abs. 1 Nr. 2 InsO ergibt. Dort ist jeweils das Schlechterstellungsverbot einzelner Gläubiger erwähnt. Aus dem Erfordernis der Nachprüfbarkeit, dass kein Gläubiger durch den Plan schlechter gestellt wird, als er ohne Plan stünde, ergibt sich die Notwendigkeit, im Plan entsprechende Ausführungen zu machen. Der Planersteller muss daher im Plan eine Vergleichsrechnung durchführen, in der er die unterschiedlichen wirtschaftlichen Ergebnisse mit und ohne Insolvenzplan für die Gläubiger darstellt. In der Praxis werden hierzu in der Regel Planbilanzen erstellt, die dem darstellenden Teil als Anlage beigefügt werden.

240 Für die Darstellung ist es zunächst erforderlich, im Plan das Alternativszenario bei einer Regelabwicklung zu skizzieren. Der Standardfall ist hier sicherlich die Zerschlagung des schuldnerischen Unternehmens und Versilberung der Insolvenzmasse. Gibt

es für das Unternehmen einen Kaufinteressenten, kann die Alternative zum Plan aber auch eine übertragende Sanierung sein. Denkbar sind auch Mischformen der zuvor genannten Alternativen, also eine übertragende Sanierung von Teilbereichen des Unternehmens unter gleichzeitiger Abwicklung der übrigen Unternehmensteile. Handelt es sich bei dem Schuldner um eine natürliche Person, so ist in der Regel davon auszugehen, dass der Verwalter ohne Insolvenzplan die selbstständige Tätigkeit des Schuldners freigeben würde und dieser dann monatliche Beträge an die Insolvenzmasse in der Höhe abführt, wie er dies tun müsste, wenn er ein angemessenes Dienstverhältnis eingegangen wäre (§ 295 Abs. 2 InsO).

Der Planverfasser wird dabei mit dem Problem konfrontiert, dass er neben der sowieso erforderlichen Prognose für die Ergebnis- und Finanzpläne im Insolvenzplan zusätzlich eine Prognose im Hinblick auf das Alternativszenario aufstellen muss. Dabei müssen z.B. im Zerschlagungsfall die potentiellen Verwertungserlöse der einzelnen Vermögensgegenstände, die mit der Abwicklung verbundenen Verwertungskosten, eventuell anfallende Räumungs- und Entsorgungskosten, Abfindungen für Personal und sonstige Masseverbindlichkeiten aus Dauerschuldverhältnissen während der Kündigungsfrist geschätzt werden. Der Planverfasser sollte sich bei der Schätzung dieser Posten nach Möglichkeit auf externe Angaben z.B. aus Angeboten und Gutachten stützen, um die gemachten Angaben objektivierbar zu machen. **241**

4.1.2 Der gestaltende Teil

Während der darstellende Teil des Insolvenzplans einen rein beschreibenden Charakter hat, werden im gestaltenden Teil diejenigen Maßnahmen umgesetzt, die zur Sanierung des schuldnerischen Unternehmens erforderlich sind. Nur diejenigen Regelungen, die im gestaltenden Teil getroffen werden, erlangen Rechtskraft. Das heißt, dass auch alle Regelungen zur Änderung der Rechtsstellung von Beteiligten am Insolvenzverfahren, die bereits im darstellenden Teil beschrieben worden sind, im gestaltenden Teil erneut auszuführen sind. **242**

Für die Klarheit der zu treffenden Regelungen ist es erforderlich, dass diese im gestaltenden Teil in Form von eindeutigen Willenserklärungen formuliert werden. Eine Formulierung über einen Forderungsverzicht könnte z.B. wie folgt lauten: **243**

„Die Gläubiger der Gruppen 1 und 2 erklären den Verzicht auf 85 % ihrer Forderungen einschließlich aufgelaufener Zinsen und Kosten".

Sollen absonderungsberechtigte Gläubiger für die Dauer des Planverfahrens auf ihre Verwertungsrechte aus Immobilien verzichten, könnte dies wie folgt formuliert werden: **244**

„Die Gläubiger der Gruppe 1 verzichten bis zum 31.12.20[...] auf das Recht, die Zwangsversteigerung aus den ihnen eingeräumten Grundpfandrechten zu betreiben."

Sind die von den Gläubigern abzugebenden Willenserklärungen sehr umfangreich, so kann dem Insolvenzplan eine diesbezügliche Anlage beigefügt werden. Dies kann z.B. dann der Fall sein, wenn ein von der Hausbank aufgrund der Insolvenz gekündigter Kredit nach Aufhebung des Insolvenzverfahrens zu geänderten Bedingungen weitergeführt werden soll. In den Plan kann dann eine Formulierung aufgenommen werden, die wie folgt lauten könnte: **245**

„Die X-Bank schließt mit der Schuldnerin den als Anlage X diesem Plan beigefügten Kredit- und Sicherheitenvertrag, der mit der Bestätigung des Insolvenzplans durch das Gericht wirksam wird."

246 In die Regelungen im gestaltenden Teil können jedoch keine Rechtsänderungen der Rechtsstellung von Nichtbeteiligten aufgenommen werden. Dies betrifft z.B. die Rechte von Aussonderungsberechtigten, Massegläubigern und Gesellschaftern. Es ist jedoch zulässig, Regelungen, die diese Personengruppen betreffen, in den Plan aufzunehmen, wenn diese freiwillig bereit sind, sich an der Sanierung zu beteiligen.[71] Ein Stimmrecht im Abstimmungstermin steht ihnen dennoch nicht zu. Eine Zulassung zum Erörterungs- und Abstimmungstermin ist jedoch grundsätzlich möglich, wenn die übrigen Gläubiger nicht widersprechen.

247 Die gesetzlichen Vorgaben zum gestaltenden Teil sind den folgenden Vorschriften der InsO zu entnehmen:
- § 221 Festlegung der Änderung der Rechtsstellung der Beteiligten,
- § 222 Abs. 1 Gläubigergruppen,
- § 222 Abs. 2 Gruppenbildung,
- § 223 Abs. 2 Eingriff in Rechte der absonderungsberechtigten Gläubiger,
- § 224 Regelungsvorgaben für Verzichte der nicht nachrangige Gläubiger,
- § 225 Abs. 1 Erlass der nachrangigen Forderungen als Regelfall,
- § 225 Abs. 2 mögliche Abweichung vom Regelfall,
- § 227 Abs. 1 Regelung der Restschuldbefreiung des Schuldners,
- § 227 Abs. 2 Restschuldbefreiung der persönlich haftenden Gesellschafter,
- § 228 Willenserklärungen zur Änderung sachenrechtlicher Verhältnisse,
- § 249 Bedingungseintritt vor Planbestätigung,
- § 260 Abs. 1 Überwachung der Planerfüllung,
- § 260 Abs. 3 Reichweite der Überwachung,
- § 263 Definition zustimmungsbedürftiger Rechtsgeschäfte,
- § 264 Abs. 1 Definition des Kreditrahmens mit Vorrechten.

248 Einige wesentliche Regelungen zum gestaltenden Teil werden im Folgenden erläutert.

4.1.2.1 Haftungsbefreiung des Schuldners bzw. der Gesellschafter

249 In § 227 InsO ist grundsätzlich vorgesehen, dass der Schuldner mit der Erfüllung der Verpflichtungen aus dem Insolvenzplan von seinen restlichen Verbindlichkeiten frei wird. Dies gilt auch für die persönlich haftenden Gesellschafter von Gesellschaften ohne Rechtspersönlichkeit. Dies sind:
- Gesellschafter einer GbR,
- persönlich haftende Gesellschafter einer OHG,
- Komplementäre einer KG,
- Kommanditisten bis zur Höhe ihrer Einlage,
- ausgeschiedene Gesellschafter im Rahmen der Nachhaftung (§§ 160, 161 Abs. 2 HGB, § 736 Abs. 2 BGB).

250 Zu beachten ist dabei, dass die Restschuldbefreiung nur für diejenigen Verbindlichkeiten der Gesellschafter greift, die aus der gesamtschuldnerischen Haftung für Gesellschaftsverbindlichkeiten resultieren.

251 Soll von der grundsätzlichen Regelung des § 227 InsO abgewichen werden, so sind diese Regelungen im gestaltenden Teil detailliert anzugeben. Handelt es sich dabei um Regelungen, die den Schuldner belasten, steht diesem jedoch unter Umständen

---

71 Vgl. *Mai* Rn. 227.

ein Widerspruchsrecht nach § 247 InsO zu, nämlich dann, wenn dieser durch den Plan schlechter gestellt würde, als er ohne Plan stehen würde.

4.1.2.2 Planüberwachung

Im gestaltenden Teil kann vorgesehen werden, dass die Erfüllung der Verpflichtungen aus dem Insolvenzplan vom Insolvenzverwalter überwacht werden soll (§ 260 InsO). Nach dem Wortlaut des § 260 InsO erstreckt sich die Überwachung nur auf die Erfüllung der im gestaltenden Teil geregelten Verpflichtungen des Insolvenzschuldners aus dem Plan. Das heißt im Umkehrschluss, dass der Verwalter nicht befugt ist, quasi als eine Art Aufsichtsrat die operative Geschäftsführung, bzw. die Umsetzung der im darstellenden Teil beschriebenen Sanierungsmaßnahmen zu beaufsichtigen oder gar in die Geschäftsführung einzugreifen. Er kann natürlich jederzeit Einsicht in die Bücher nehmen und sich den Fortgang der Sanierung erläutern lassen. Im Hinblick auf die notwendige Beurteilung einer Gefährdung der Erfüllung der Verpflichtungen aus dem Insolvenzplan wird dies sogar notwendig sein. 252

Soll der Umfang der Überwachung über das im Gesetz geregelte Ausmaß hinaus erweitert werden, so ist dies im gestaltenden Teil im Einzelnen zu regeln durch Angabe der Befugnisse des Insolvenzverwalters. Dies kann z.B. die Aufnahme einer Regelung sein, nach der bestimmte Geschäfte des Schuldners von der Zustimmung des planüberwachenden Insolvenzverwalters abhängig sein sollen (s. unten 2.3). Ist dies vorgesehen, so sollte der Umfang der Überwachung mit dem Schuldner, bzw. der Geschäftsführung zuvor einvernehmlich geregelt werden. 253

In den gestaltenden Teil sollte ebenfalls eine Regelung zur Vergütung des Insolvenzverwalters aufgenommen werden. Eine Festsetzung der Vergütung durch das Gericht ist dann nicht mehr erforderlich. 254

4.1.2.3 Zustimmungsbedürftige Rechtsgeschäfte

Im gestaltenden Teil kann, wie oben bereits angemerkt, gem. § 263 InsO vorgesehen werden, dass bestimmte Rechtsgeschäfte des Schuldners während der Planerfüllungsphase nur mit der Zustimmung des Insolvenzverwalters wirksam sein sollen. Dies setzt natürlich voraus, dass ebenfalls eine Planüberwachung vorgesehen ist, da die Ämter des Insolvenzverwalters ja ansonsten mit der Aufhebung des Insolvenzverfahrens vollumfänglich erlöschen. 255

In der Literatur wird mehrheitlich die Auffassung vertreten, dass diese Regelung nicht so umfassend sein kann, dass alle Rechtsgeschäfte des Schuldners dem Zustimmungsvorbehalt unterliegen sollen.[72] Da diese Regelung Außenwirkung entfaltet, bedeutet das, dass ohne Zustimmung vorgenommene Rechtsgeschäfte des Schuldners Dritten gegenüber unwirksam sind[73]. Eine solche Regelung kann z.B. sinnvoll sein, wenn die Investitionstätigkeit des Schuldners in der Planüberwachungsphase reguliert werden soll. Damit kann vermieden werden, dass der Schuldner über das in der Planung vorgesehene Budget hinaus Investitionen vornimmt, die die Liquidität belasten und damit die zeitgerechte Erfüllung der Zahlungspflichten aus dem Plan gefährden können. Die zustimmungsbedürftigen Rechtsgeschäfte sind im Plan einzeln anzugeben und möglichst präzise zu definieren, um Streitigkeiten im Rahmen der Planüberwachung zum Umfang der Zustimmungserfordernisse möglichst gering zu halten. 256

---

[72] *Hess/Obermüller* Rn. 429 mit weiteren Verweisen.
[73] Vgl. *Mai* Rn. 241.

257 Die Planüberwachung sowie die Zustimmungsbedürftigkeit zu bestimmten Rechtsgeschäften sind gem. § 267 Abs. 2 i.V.m. §§ 31, 32 InsO öffentlich bekannt zu machen und auch in den entsprechenden Registern zu vermerken, sodass die Möglichkeit eines gutgläubigen Erwerbs nahezu ausgeschaltet ist.[74]

4.1.2.4 Kreditrahmen

258 Für die Sanierung eines Unternehmens ist es in der Regel erforderlich, dass dem Unternehmen frisches Geld zur Verfügung gestellt wird, um die geplanten Sanierungsmassnahmen, die zumeist erst einmal Geld kosten, bevor sie wirken, umsetzen zu können. Da das schuldnerische Unternehmen wegen der Insolvenz normalerweise keinen Zugang mehr zu Krediten hat, ist in § 264 InsO geregelt, dass Kredite, die das Unternehmen nach Bestätigung des Insolvenzplans und Aufhebung des Insolvenzverfahrens während der Planüberwachungsphase aufnimmt, vorrangig vor allen Insolvenzgläubigern, aber im Rang nach den Massegläubigern, befriedigt werden, wenn das Planverfahren scheitern sollte und es zu einer erneuten Insolvenz kommt.

259 Voraussetzung hierfür ist, dass in den gestaltenden Teil eine entsprechende Regelung aufgenommen wird. In diesem Fall ist der Gesamtbetrag für derartige Kredite festzulegen (Kreditrahmen). Dieser darf den Wert des Aktivvermögens nicht übersteigen. Da § 264 Abs. 1 S. 3 InsO auf die Vermögensübersicht gem. § 229 S. 1 InsO Bezug nimmt, ist dabei das freie, das heißt nicht mit Drittrechten belastete Aktivvermögen gemeint. Diese Einschränkung dient dem Schutz der Neugläubiger, gegenüber denen der Kreditrahmen ebenfalls wirksam ist.[75]

260 Den neu aufgenommenen Krediten gleichgestellt werden gem. § 264 Abs. 1 InsO solche Kredite, die ein Massegläubiger in die Zeit der Überwachung hinein stehen lässt. Hierunter sind insbesondere Lieferantenkredite zu verstehen, die im eröffneten Insolvenzverfahren im Rahmen der Fortführung des schuldnerischen Unternehmens weiter gewährt oder neu eingeräumt worden sind. In Betracht kommen auch Massedarlehen, die im eröffneten Verfahren dem Insolvenzverwalter gewährt wurden und nach Aufhebung des Insolvenzverfahrens stehen gelassen werden.

261 Im Insolvenzplan ist zum einen der Gesamtkreditrahmen anzugeben, zum anderen aber auch mit jedem Gläubiger, dem die Regelung zugute kommen soll, eine Vereinbarung über die Höhe der Forderung, Zinsen und Kosten zu treffen, die entweder in den Plan aufzunehmen ist oder diesem als Anlage beizufügen ist. Weiterhin ist erforderlich, dass der Insolvenzverwalter die Vereinbarung schriftlich bestätigt (§ 264 Abs. 2 InsO).

262 Das Privileg der vorrangigen Befriedigung kann jedoch nicht auf Gesellschafterkredite, die vor Beendigung der Planüberwachung gewährt werden, ausgedehnt werden. Gesellschafterkredite sind also für den Fall eines neuen Insolvenzverfahrens nach Scheitern des Insolvenzplans immer nachrangig. Im Umkehrschluss bedeutet das, dass für den Fall, dass im Plan trotzdem eine solche Regelung getroffen wurde, dieser vom Gericht als unzulässig zurückzuweisen wäre.

---

74 *Herzig* Das Insolvenzplanverfahren – Eine schwerpunktmäßige Untersuchung aus praktischer Sicht unter dem Gesichtspunkt der Zeitkomponente mit rechtsvergleichender Betrachtung des Reorganisationsverfahrens nach Chapter 11 des Bankruptcy Code, Frankfurt am Main 2001, S. 66.
75 *Hess/Obermüller* Rn. 440.

Kritisch ist zu der in § 264 InsO getroffenen Regelung anzumerken, dass sie das Ziel einer zusätzlichen Bereitstellung von Krediten für die Sanierung tendenziell eher verfehlt, da die bestehenden Absonderungsrechte durch die Regelung nicht berührt werden. Eine bevorrechtigte Befriedigung in einer Folgeinsolvenz ohne die Bereitstellung von weiteren Sicherheiten alleine wird jedoch keinen Gläubiger motivieren, frisches Geld bereit zu stellen.[76] Da üblicherweise in der Insolvenz die bestehenden Aktiva eines Unternehmens mit Absonderungsrechten belastet sind, würde im Normalfall für eine bevorrechtigte Befriedigung auch kein Vermögen mehr zur Verfügung stehen. Der Planverfasser ist daher aufgefordert, in Verbindung mit einer Regelung zum Kreditrahmen einen sinnvollen, für die absonderungsberechtigten Gläubiger akzeptablen Eingriff in deren Rechte vorzunehmen, um dem kreditierenden Gläubiger eine Sicherheit anbieten zu können.

4.1.2.5 Salvatorische Klausel

In der Praxis hat es sich als sinnvoll erwiesen, in den gestaltenden Teil des Plans eine Regelung aufzunehmen, nach der es der Schuldnerin erlaubt wird, eine Rückstellung zu bilden, für den Fall, dass sich nachträglich heraus stellen sollte, dass ein widersprechender Gläubiger durch den Plan schlechter gestellt wird, als er ohne Plan stünde. Diese Regelung eröffnet dem Gericht die Möglichkeit, bei Zweifeln, ob ein Gläubiger benachteiligt ist oder nicht, das Verfahren trotzdem durchzuführen, da das Gericht den Gläubiger auf diese Regelung verweisen kann, insbesondere dann, wenn der Eindruck besteht, dass es dem Gläubiger nur um eine Verzögerung der Durchführung des Plans geht. Das Gericht sollte in diesem Fall den widersprechenden Gläubiger auffordern, den Umfang seiner mutmaßlichen Benachteiligung anzugeben. Liegt der Betrag innerhalb des Volumens der gebildeten Rückstellung, kann der Gläubiger sich nicht länger auf eine Benachteiligung berufen, da diese ja für den Fall, dass er mit seiner Beschwerde durchdringt, durch Zahlung aus der Rückstellung beseitigt würde.

Im Plan ist außerdem anzugeben, wie mit der Rückstellung zu verfahren ist, wenn diese nicht oder nicht in voller Höhe zur Befriedigung widersprechender Gläubiger benötigt wird.

In den Plan könnte beispielsweise folgende Formulierung aufgenommen werden: „Sollten entgegen den Ausführungen im Insolvenzplan einzelne Gläubiger durch den Plan schlechter gestellt werden, als sie ohne Plan stünden, so wird dieser Nachteil durch eine Zahlung in Höhe des nachgewiesenen Nachteils ausgeglichen. Hierfür wurde im Plan eine Rückstellung in Höhe von EUR [...] gebildet."

4.2 Die Plananlagen

Handelt es sich bei dem vorgelegten Insolvenzplan um einen Sanierungsplan, bei dem die Gläubiger aus zukünftigen Erträgen des fortgeführten Unternehmens befriedigt werden sollen, so sind dem Plan gem. § 229 InsO mindestens die folgenden Anlagen beizufügen:

- Vermögensübersicht,
- Plan-Gewinn-und Verlustrechnung (Ergebnisplanung),
- Finanzplan (Plan-Liquiditätsrechnung),
- Erklärung des Schuldners/der Gesellschafter nach § 230 InsO.

---

[76] *Braun/Frank* in Kölner Schrift zur Insolvenzordnung, Rn. 42 ff.

268 Daneben können natürlich dem Plan, wie zuvor bereits erwähnt, weitere Anlagen beigefügt werden.

269 Die Vermögensübersicht als Gegenüberstellung der Aktiva und Passiva zu Fortführungswerten hat zum einen die Funktion, den Gläubigern nochmals anschaulich die Vermögenslage des Schuldners zum Zeitpunkt der Vorlage des Plans vor Augen zu führen. Zum anderen ist sie Ausgangspunkt für die für jede Planungsrechung notwendigen Planbilanzen. § 229 InsO sieht zwar die Gegenüberstellung von Fortführungs- und Zerschlagungswerten nicht ausdrücklich vor, für die Entscheidungsfindung der Gläubiger ist aber eine solche vergleichende Darstellung in jedem Fall notwendig.[77] Sie ist gleichzeitig auch die Basis für die vergleichende Darstellung gem. § 251 InsO. Bei der Ermittlung der Werte ist der Planverfasser wie auch bereits bei der Insolvenzeröffnungsbilanz nicht an die handelsrechtlichen Werte aus der Finanzbuchhaltung gebunden, diese können lediglich als Anhaltspunkte für die Wertfindung dienen.

270 Die Plan-Gewinn- und Verlustrechnung ist das Herzstück der Planungsrechnungen. In ihr werden optimalerweise im Wege einer sogenannten „Bottom-up-Planung" die einzelnen Erlös- und Kostenbestandteile geplant. Bei der Erlösplanung ist die Einschätzung des Vertriebs, bzw. der einzelnen Vertriebsabteilungen über die Entwicklung der Umsätze zu Grunde zu legen. Hierbei kann je nach Art des Geschäftes eine kundenbezogene Analyse erfolgen oder bei einem Massenmarkt auf die Entwicklung des Gesamtmarktes bzw. einzelner Teilmärkte abgestellt werden.

271 Bei der Kostenplanung werden die einzelnen Kostenarten separat geplant. Basis dafür ist zum einen die Erlösplanung und daraus abgeleitet die Personal- und Investitionsplanung sowie weitere Detailpläne für einzelne Bereiche oder Kostenstellen.

272 Im Insolvenzplan sollte die Planung in übersichtlicher Form (nicht zu detailliert) für das 1. Jahr monatsweise angegeben werden. Für die Folgejahre ist eine quartals- oder jahresweise Darstellung in der Regel ausreichend.

273 Bei der Aufstellung der Plananlagen sollte der Planverfasser einen Experten, in der Regel einen Wirtschaftsprüfer oder Steuerberater zu Rate ziehen, der mit der Erstellung von Planungsrechnungen vertraut ist und über eine Planungssoftware verfügt, die im Wege einer integrierten Planung dafür sorgt, dass die Einzelpläne aufeinander abgestimmt sind und ineinander greifen. Eine Planung auf „Excel-Basis" ist allenfalls für sehr einfache Planungsrechnungen bei Kleinunternehmen geeignet, ansonsten führt sie insbesondere bei der Liquiditätsplanung zu fehlerhaften Ergebnissen, die die Durchführung des Planverfahrens insgesamt gefährden können, wenn die Liquiditätsentwicklung nicht dem geplanten Verlauf entspricht und dadurch beispielsweise im Zeitpunkt einer geplanten Ausschüttung an die Gläubiger nicht genügend Liquidität zur Verfügung steht.

274 Für die Aufstellung des Finanzplanes sind bestimmte Annahmen darüber zu treffen, welche Zahlungsziele den Kunden gewährt werden sollen und welche Zahlungsziele gegenüber Lieferanten das Unternehmen seinerseits hat. Ferner sind die Zahlungen von Sozialversicherungsbeiträgen und Abzugssteuern zu den gesetzlich vorgeschriebenen Zeitpunkten zu planen. Zusätzlich sind in die Planung Angaben aufzunehmen, wann Kredite zur Auszahlung gelangen, wann Investitionen getätigt werden müssen und wann Ausschüttungen an die Gläubiger vorzunehmen sind. In einer integrierten

---

77 Vgl. 9. Kap. Rn. 239.

Planungsrechnung werden aus den Angaben in der Plan-GuV, ergänzt um die zuvor genannten zusätzlichen Angaben, die Finanzplanung sowie die Planbilanzen systemseitig erzeugt. Als Plananlage ist dem Plan auch die Finanzplanung mit einer übersichtlichen Darstellung der monatlichen Ein- und Auszahlungen und der Entwicklung des Liquiditätsbestandes auf Monats- bzw. Quartalsbasis beizufügen.

5. Geplante Gesetzesänderungen der Regelungen zum Insolvenzplan und zur Eigenverwaltung

Der Gesetzgeber hat am 1.9.2010 als Folge der Finanzmarktkrise einen Reformentwurf[78] für die InsO (DiskE) vorgelegt, der zwischenzeitlich durch einen Referentenentwurf[79] vom 25.1.2011 (RefE) präzisiert wurde, der auch Änderungen für das Planverfahren mit sich bringen wird. Die darin geplanten Änderungen werden im Folgenden skizziert. 275

Die Ziele der geplanten Änderungen der InsO im Hinblick auf die Erleichterung der Sanierung von Unternehmen werden in der Gesetzesbegründung wie folgt beschrieben: 276
– der Gläubigereinfluss soll gestärkt werden,
– das Insolvenzplanverfahren soll ausgebaut werden,
– Blockademöglichkeiten durch Rechtsmittel sollen reduziert werden,
– Gesetzeslücken (§ 258 InsO) sollen geregelt werden,
– die Eigenverwaltung soll gestärkt werden.

Im Bezug auf den Insolvenzplan ist die bedeutendste Änderung der mögliche Eingriff in die Rechte der Anteilsinhaber des insolventen Unternehmens. Der Gesetzgeber hat hier insbesondere die Möglichkeit des sog. „Debt-Equity-Swap", also die Umwandlung von Verbindlichkeiten in Gesellschaftsanteile, sowie andere Kapitalmaßnahmen (Kapitalherabsetzung, Kapitalerhöhung) im Blick, aber auch die Einbeziehung notwendiger Gesellschafterbeschlüsse (z.B. zur Fortsetzung der Gesellschaft) in den gestaltenden Teil. Infolgedessen soll es möglich sein, im Insolvenzplan auch die Inhaber von Anteils- oder Mitgliedschaftsrechten bei der Gruppenbildung und Abstimmung zu berücksichtigen. Eine Beteiligung ist natürlich nur dann erforderlich, wenn in die Anteils- oder Mitgliedschaftsrechte eingegriffen werden soll. Die im Plan getroffenen Regelungen sollen dann, wie auch alle übrigen im gestaltenden Teil vorgesehenen Rechtsänderungen mit der Rechtskraft des bestätigten Plans in Kraft treten, ohne dass es nochmals der Mitwirkung der Gesellschafter bedarf. 277

Aufgrund der Einbeziehung der Gesellschafter ist es notwendig, zukünftig den Begriff der „Beteiligten" zu verwenden statt den Begriff der „Gläubiger". Der Entwurf beinhaltet auch eine zu den Kleingläubigern parallele Regelung zur Gruppenbildung für „geringfügig beteiligte Anteilsinhaber". 278

Nach dem Entwurf sollen die Anteilsinhaber in ihrer Gruppe ebenso abstimmen wie die Gläubiger. Für die Höhe des Stimmrechts ist danach ausschließlich maßgeblich, mit welchem Anteil eine Person am gezeichneten Kapital oder Vermögen des Schuldners beteiligt ist. Stimmrechtsbeschränkungen, Sonder- oder Mehrheitsstimmrechte 279

---

78 Diskussionsentwurf für ein Gesetz zur weiteren Erleichterung der Sanierung von Unternehmen, Stand 1.9.2010.
79 Referentenentwurf für ein Gesetz zur weiteren Erleichterung der Sanierung von Unternehmen, Stand 25.1.2011.

bleiben dabei außer Betracht. Die Stimmrechte im Planverfahren entsprechen damit nicht zwangsläufig den Stimmrechten, die den Anteilsinhabern nach Maßgabe des einschlägigen Gesellschaftsrechts zustehen. Dies hat z.B. zur Konsequenz, dass stimmrechtslose Vorzugsaktien bei der Abstimmung über den Insolvenzplan zu beteiligen sind.[80] Die Anteilsinhaber sind zum Erörterungs- und Abstimmungstermin genauso zu laden, wie die Gläubiger, es sei denn, es handelt sich um eine börsennotierte Gesellschaft. In diesem Fall soll die öffentliche Bekanntmachung ausreichend sein.

280 Die Anteilsinhaber werden bei den Regeln zum Obstruktionsverbot (§ 245 Abs. 3 InsO) ebenso berücksichtigt wie beim Minderheitenschutz (§ 251 InsO) und bei dem Recht auf Einlegung der sofortigen Beschwerde (§ 253 InsO). Um Rechtsklarheit in Bezug auf den Wert der eingebrachten Forderungen beim Debt-Equity-Swap zu schaffen, wird § 254 Abs. 4 InsO angefügt, der besagt, dass der Schuldner nach der gerichtlichen Bestätigung des Plans keine Ansprüche wegen einer Überbewertung der umgewandelten Forderungen mehr geltend machen kann.

281 In § 251 Abs. 3 InsO wird eine bisher in der Praxis angewandte aber stets umstrittene Strategie zur Aushebelung von Versagungsanträgen wegen angeblicher Schlechterstellung eines Gläubigers legalisiert. Dort wird nunmehr geregelt, dass ein Versagungsantrag nach § 251 InsO abzuweisen ist, wenn im gestaltenden Teil des Plans Mittel für den Fall bereitgestellt werden, dass ein Beteiligter eine Schlechterstellung nachweist, da dann keine Schlechterstellung mehr vorliegt. Die Finanzierung des finanziellen Ausgleichs muss durch eine Rücklage, eine Bankbürgschaft oder in ähnlicher Weise gesichert sein. Ein eventueller Rechtsstreit um den finanziellen Ausgleich ist außerhalb des Insolvenzverfahrens in einem gesonderten Rechtsstreit vor den ordentlichen Gerichten auszutragen.[81]

282 Eine weitere sinnvolle Neuerung ist der neu in § 66 Abs. 1 InsO aufgenommene Passus, nachdem der Insolvenzplan eine abweichende Regelung zur Vorlagepflicht einer Schlussrechnung durch den Insolvenzverwalter treffen kann. Die Schlussrechnungslegung und –prüfung können die Aufhebung des Insolvenzverfahrens, wie zuvor auch beschrieben [82] erheblich verzögern, obwohl materiellrechtlich eine Beendigung des Insolvenzverfahrens bereits durch die Planbestätigung eingetreten ist. Dies kann im Einzelfall Sanierungschancen beeinträchtigen, da der Schuldner die Verfügungsbefugnis über sein Vermögen erst zeitverzögert zurückerhält. Den Gläubigern soll durch die Neuregelung Gelegenheit gegeben werden, im Insolvenzplan eine Regelung über die Notwendigkeit einer Schlussrechnung zu treffen und ggf. auf diese nach § 66 InsO vollständig zu verzichten.[83]

283 Zur Stärkung der Eigenverwaltung sieht der Diskussionsentwurf in § 270b InsO vor, dass im Fall eines Antrages wegen drohender Zahlungsunfähigkeit verbunden mit einem Antrag auf Eigenverwaltung, das Gericht zunächst keinen vorläufigen Insolvenzverwalter einsetzen darf. Es hat stattdessen zunächst auf Vorschlag des Schuldners einen vorläufigen Sachwalter (§ 270a Abs. 1 InsO) einzusetzen, der die Geschäfte des Schuldners überwachen soll. Von dem Vorschlag darf das Gericht nur abweichen, wenn die vorgeschlagene Person offensichtlich ungeeignet ist. Es hat ferner eine Frist

---

80 Vgl. RefE zu Nr. 23, § 238a.
81 Vgl. RefE zu Nr. 30, § 251.
82 Vgl. 9. Kap. Rn. 190.
83 Vgl. RefE zu Nr. 9, § 66.

von höchstens 3 Monaten für die Vorlage eines Insolvenzplanes durch den Schuldner zu setzen. Voraussetzung für die zuvor genannte Vorgehensweise ist, dass die angestrebte Sanierung nicht offensichtlich aussichtslos sein darf, was der Schuldner durch Vorlage einer entsprechenden Bescheinigung eines Wirtschaftsprüfers oder Steuerberaters nachzuweisen hat.

Mit dieser Vorschrift soll ein weiterer Anreiz zur rechtzeitigen Stellung von Insolvenzanträgen gesetzt werden. Insbesondere der Einfluss des Schuldners auf die Einsetzung des vorläufigen Sachwalters dürfte hierzu erheblich beitragen, da dies dem Schuldner die Sorge nimmt, mit einer Person konfrontiert zu werden, mit der er nicht zusammenarbeiten kann. **284**

Es bleibt abzuwarten, welche der sicherlich sinnvollen und begrüßenswerten Vorschläge tatsächlich Eingang ins Gesetz finden werden. **285**

IV. Die übertragende Sanierung

1.1 Wesensmerkmale und Ablauf der übertragenden Sanierung

In der Sanierungspraxis ist nach wie vor die „übertragende" Sanierung das Restrukturierungsinstrument von höchster Relevanz. Weit über 90 % der erfolgreichen Restrukturierungen infolge eines Insolvenzverfahrens erfolgen auf diesem Wege.[84] **286**

Die öffentliche Meinung in Deutschland tritt dem Einsatz der Insolvenz als Instrument der Krisenbewältigung immer noch eher skeptisch, wenn nicht gar ablehnend gegenüber. Bereits der Insolvenzantrag gilt gemeinhin als wirtschaftliches Scheitern und führt im Regelfall zu einem enormen Imageverlust des betroffenen Unternehmens. Insbesondere der mit einer Unternehmensübertragung stets befürchtete und oft verbundene Personalabbau ist Aufhänger für negative Schlagzeilen. Diese allgemeine Bewusstseinslage steht jedoch in starkem Gegensatz zu den gerade in letzter Zeit **beachtlichen Sanierungserfolgen** durch Unternehmensübertragungen aus der Insolvenz.[85] In vielen öffentlichkeitswirksamen und teilweise auch politisch unterstützten Verfahren wurden Unternehmen oder Teile dieser an Finanzinvestoren oder Konkurrenten verkauft und infolgedessen vor der Liquidation bewahrt. Es zeichnet sich ein Trend ab, dass die übertragende Sanierung, je mehr Unternehmen mit ihrer Hilfe gerettet werden können, langsam an Reputation gewinnt und Unternehmen schneller und häufiger das enorme Gestaltungspotenzial dieses Sanierungsinstruments erkennen. **287**

Gerät ein Unternehmen in die Insolvenz, gibt es für den Insolvenzverwalter mehrere Sanierungsalternativen, die unter Umständen wirtschaftlich sinnvoller als eine sofortige Zerschlagung des Unternehmens und damit eine Verwertung der einzelnen Ver- **288**

---

84 Vgl. zur Zunahme der absoluten Zahl an erfolgreich durchgeführten Insolvenzplänen *Creditreform* v. 2.12.2009: http://www.creditreform.de/Deutsch/Creditreform/Aktuelles/Creditreform_News_dyn/ Creditreform_News/2009-12-02_Presseinformation_Insolvenzen.jsp.
85 Es sei hier nur auf die Insolvenzen von Herlitz, Sinn Leffers, KarstadtQuelle AG, Philipp Holzmann AG hingewiesen.

mögensgegenstände sein können.[86] Die InsO nennt ausdrücklich das Insolvenzplanverfahren und die Eigenverwaltung. Im Gegensatz zum komplex in 53 Paragraphen geregelten Insolvenzplanverfahren ist der Begriff der übertragenden Sanierung (immer noch) nicht in der InsO zu finden.[87] Dennoch ist er seit seiner Konzeption und Bezeichnung durch Karsten Schmidt[88] zu Beginn der achtziger Jahre längst allgemein anerkannt. Wie im Folgenden näher ausgeführt, hat der Gesetzgeber inzwischen Instrumentarien geschaffen, die indirekt die Durchführung der übertragenden Sanierung erleichtern sollen.

289 Unter „übertragender Sanierung" wird die Unternehmensübertragung in Form des Verkaufs von Vermögensgegenständen (*Asset Deal*) aus der Insolvenzmasse heraus verstanden. Der Begriff wird teilweise deswegen kritisiert, weil es sich bei dieser Form der Unternehmensrettung rein technisch betrachtet gar nicht um eine (Eigen-)Sanierung handle, sondern um eine Verwertung durch den Insolvenzverwalter, wobei der ursprüngliche Unternehmensträger liquidiert wird.[89] Diese aus dogmatischer Sicht durchaus nachvollziehbare Kritik vermag jedoch nichts daran zu ändern, dass sich diese „besondere Form der Unternehmenssanierung"[90] in der insolvenzrechtlichen Praxis als vielversprechendes Rettungsinstrument etabliert hat.

290 Ziel der übertragenden Sanierung ist es, eine **Trennung** von **Aktiva** (Vermögensgegenständen) und **Passiva** (Schulden) sowie eine Trennung der rentablen von unwirtschaftlichen Unternehmensteilen herbeizuführen und dadurch das Unternehmen bzw. Teile davon zu erhalten (= zu sanieren).

291 Dabei wird zur Sicherung des Weiterbestehens des Unternehmens der Unternehmensträger mitsamt den Unternehmensschulden zurückgelassen und lediglich die zur Fortführung des Unternehmens notwendigen Vermögensgegenstände auf einen neuen Unternehmensträger übertragen. Ist der bisherige Unternehmensträger eine juristische Person, wird sie bis zur Löschungsreife geführt und anschließend gelöscht. Das Unternehmen kann nach der Trennung „in neuem Gewand" entschuldet weiterarbeiten und sich auf leistungswirtschaftliche Sanierungsmaßnahmen konzentrieren. Damit findet die eigentliche Sanierung erst nach der Übertragung statt.[91]

292 Die Möglichkeit zur übertragenden Sanierung ist bereits in **§ 1 InsO** angelegt, wenn dort von Gläubigerbefriedigung durch Verwertung des Schuldnervermögens und anschließender Erlösverteilung die Rede ist. Nichts anderes ist die übertragende Sanierung: Die für die Fortführung des sanierungsbedürftigen Unternehmens notwendigen Unternehmensteile werden entgeltlich auf einen neuen Rechtsträger übertragen und der daraus resultierende Erlös durch den Insolvenzverwalter unter den Gläubigern verteilt.

---

86 „Wirtschaftlich sinnvoller" ist die Sanierung dabei in erster Linie, wenn sie eine bessere Gläubigerbefriedigung ermöglicht. Zum möglichen Zielkonflikt zwischen finanziellen, volkswirtschaftlichen und sozialpolitischen Interessen s. bereits Rn. 2.
87 Der Begriff der „Sanierung" findet sich seit der Einführung des MoMiG am 1.11.2008 in § 39 Abs. 4 S. 2 InsO.
88 *K. Schmidt* ZIP 1980, 329.
89 *Kluth* NZI 2002, 1 ff.
90 *Wellensiek* NZI 2002, 234.
91 *Thiele* in Wimmer/Dauernheim/Wagner/Gietl, Kap. 13 Rn. 63; *Wellensiek* NZI 2002, 235.

1.2 Vorteile der übertragenden Sanierung gegenüber anderen Sanierungsinstrumenten

Geeignet ist diese Art der Sanierung insbesondere dann, wenn das Unternehmen leistungswirtschaftlich betrachtet überlebensfähig scheint und lediglich der Unternehmensträger in eine Situation geraten ist, in der die Insolvenz nicht mehr abzuwenden ist.[92] Um eine dauerhafte Rentabilität des Unternehmens zu erreichen, ist nach der Übertragung eine Unternehmenskonsolidierung nötig, deren Hauptaugenmerk meist auf der Suche nach Einsparpotenzialen liegt. Größere Einsparungen lassen sich wiederum oft durch den Abbau von Personal erreichen, der im Rahmen des Insolvenzverfahrens nach den §§ 120 ff. InsO in einem schlankeren Verfahren unter vereinfachten Voraussetzungen als außerhalb des Insolvenzverfahrens möglich ist.[93]

293

Ein **wesentlicher Vorteil** der übertragenden Sanierung gegenüber dem Insolvenzplanverfahren ist der **Zeitfaktor**: Selbst sehr komplexe Unternehmensverkäufe können innerhalb weniger Monate abgeschlossen und abgewickelt werden. Häufig wird der wesentliche Teil der Arbeit in der Praxis bereits vor Eröffnung des Insolvenzverfahrens getätigt. So wird im Eröffnungsverfahren ein Vertrag verhandelt, der dem zukünftigen Insolvenzverwalter als Angebot unter der aufschiebenden Bedingung der Verfahrenseröffnung vorgelegt wird. Die relative Schnelligkeit ist für den Erfolg der Sanierung unter mehreren Gesichtspunkten wichtig: Es kann ein höherer Verkaufspreis erzielt werden, wenn das Unternehmen noch am Markt ist; je früher Aussicht auf Sanierung besteht, desto mehr Vertragspartner und Mitarbeiter behalten das Vertrauen in die Zukunft des Unternehmens; der Goodwill des Unternehmens nimmt mit jedem Tag in der Krise ab; Investoren und Gläubiger sind eher bereit, bei „noch laufenden Maschinen" dringend benötigte frische Liquidität zur Verfügung zu stellen. All diese Punkte führen dazu, dass mit der **Insolvenz** des Unternehmens eine **Entwertungsspirale in Gang gesetzt** wird, die durch die übertragende Sanierung bestenfalls relativ schnell wieder verlassen werden kann, was schließlich den Gläubigern in Form des ihnen zufließenden Verkaufserlöses zugute kommt.

294

1.3 Grundformen der übertragenden Sanierung

Mit Blick auf den Unternehmensträger, auf den das insolvente Unternehmen übertragen werden soll, ist zwischen zwei Grundformen der übertragenden Sanierung zu unterscheiden:[94]

295

Zum einen können die Vermögensgegenstände des Unternehmens auf einen bisher verfahrensfremden Dritterwerber übertragen werden, der die Sanierung anschließend selbst vorantreibt. Voraussetzung dafür ist aber, dass ein solcher Käufer überhaupt gefunden werden kann. Zum anderen können die Unternehmensaktiva zunächst auf eine eigens zum Zweck der Sanierung neu zu gründende Auffanggesellschaft übertra-

296

---

92 *Wellensiek/Oberle* in Priester/Mayer, Münchener Hdb. des Gesellschaftsrechts Bd. 3, 3. Aufl. 2009, § 68 Rn. 35.
93 *Heinze/Bertram* in Gottwald, Insolvenzrechtshandbuch, 4. Aufl. 2010, § 105 Rn. 62 ff. So kann bei der Durchführung von Betriebsänderungen die Einigung mit dem Betriebsrat über einen Interessenausgleich gegebenenfalls durch das Arbeitsgericht ersetzt werden, §§ 122 InsO, 125 InsO bestimmt, dass die Rechtmäßigkeit von Kündigungen nach § 1 KSchG in bestimmten Fällen nur noch eingeschränkt überprüft werden bzw. in einem Sammelverfahren vereinfacht festgestellt werden kann. Vgl. dazu auch *Rieble* NZA 2007, 1393.
94 *Wellensiek* NZI 2002, 234.

gen werden.[95] Dieses Verfahren bietet sich oft als Übergangslösung an, wenn es dem Insolvenzverwalter nicht gelingt, das Unternehmen ohne weiteres im unsanierten Zustand zu verkaufen. Nachdem der Insolvenzverwalter und andere Verfahrensbeteiligte[96] einen Teil oder auch die gesamten Sanierungsmaßnahmen abgeschlossen haben, kann entweder die Krisenunternehmung den Betrieb wieder selbst übernehmen (Sanierungs-Auffanggesellschaft) oder die Auffanggesellschaft den Betrieb erwerben (Übernahme-Auffanggesellschaft) oder der Betrieb wird zu einem höheren Kaufpreis wiederum an einen Dritten veräußert und übertragen.[97] Ein ähnliches Modell ist die Eingehung einer schuldrechtlichen Verpflichtung zur (zeitlich begrenzten) Fortführung des Geschäfts in Form eines **Unternehmenspachtvertrags mit der anschließenden Option zum Kaufs** des Unternehmens.[98] Der Tatbestand einer übertragenden Sanierung im engen Sinne ist mit dieser vorläufigen Verpachtung jedoch (noch) nicht erfüllt. Als Pächter kommen potentielle Käufer in Betracht, die die Sanierungschancen für eine gewisse Zeit „aus nächster Nähe" ausloten wollen, um anschließend eine endgültige Kaufentscheidung treffen zu können.

297 Die nachfolgenden Ausführungen konzentrieren sich auf Sanierungsbemühungen in der Insolvenz, d.h. der „wirtschaftliche Tod" des Unternehmens wird vorausgesetzt. Die vielfältigen Aspekte der Unternehmenssanierung im Vorfeld der Insolvenz wurden an anderer Stelle (dieses Handbuchs) genauer untersucht. Grundsätzlich kann die übertragende Sanierung innerhalb oder außerhalb eines Insolvenzverfahrens erfolgen. Im eröffneten Insolvenzverfahren ist wiederum eine übertragende Sanierung sowohl im Regelverfahren als auch im Rahmen eines Insolvenzplans möglich. Die Vor- und Nachteile der verschiedenen Sanierungsvarianten werden weiter unten (Kap. 3.) näher behandelt.

298 Schließlich sei kurz auf die Besonderheit der Konzerninsolvenz hingewiesen (hierzu ausführlich unter 10 Kap. Rn. 568 ff.). Weder in der deutschen InsO noch in der EuInsVO finden sich kodifizierte Rechtsinstitute zur Behandlung von Konzerninsolvenzen.[99] Nach deutschem Recht führt die Insolvenz der Muttergesellschaft nicht automatisch zur Insolvenz der Tochtergesellschaften. Die Prüfung der Insolvenzeröffnungsgründe und die Abwicklung des Insolvenzverfahrens ist für jedes Konzernunternehmen getrennt durchzuführen.[100] Insbesondere bei Konzernen, deren Gesellschaf-

---

95 Dazu umfassend *Brete/Thomsen* NJOZ 2008, 4159 ff.
96 Als Gesellschafter der Auffanggesellschaft kommen die Altgesellschafter des Krisenunternehmens, die Gläubiger der Altverbindlichkeiten oder externe Finanzinvestoren in Betracht.
97 Diese Veräußerung kann im Rahmen eines *Asset* oder *Share Deals* erfolgen, da der entscheidende Schritt der übertragenden Sanierung bereits die Übertragung der Aktiva auf die vom Insolvenzverwalter neu gegründete Auffanggesellschaft ist (*Asset Deal*).
98 Dazu *Brete/Thomsen* NJOZ 2008, 4159.
99 Im US-amerikanischen Recht gibt es dagegen verschiedene Möglichkeiten zur Regelung dieser Problematik, insbesondere die sog. *Joint Administration* (Verfahrenszusammenlegung) und die Veränderung der Zuordnung des Konzernvermögens zwischen den Massen der einzelnen Gesellschaften. Dazu und zur Zusammenfassung mehrerer Verfahren nach französischem Recht vgl. *Haß/Herweg* in Haß/Huber/Gruber/Heiderhoff, EU-Insolvenzverordnung, 2005, Art. 3 Rn. 71; *Ehricke* EWS 2002, 101.
100 Die *substantive consolidation* des US-amerikanischen Insolvenzrechts ermöglicht die Veränderung der Zuordnung des Konzernvermögens zwischen den Massen der Konzerngesellschaften. Wenn die betreffenden Gesellschaften faktisch eine Einheit bilden und die Vorteile einer einheitlichen Konsolidation ihre Nachteile überwiegen, kann eine *substantive consolidation* angeordnet werden, wodurch die selbständige Existenz der Konzerngesellschaften durchbrochen und eine einheitliche Konkursmasse gebildet wird. Dazu *Paulus* NZI 2008, 1 ff., *ders.* in ZIP 2005, 1948 ff.

ten hauptsächlich auf den Leistungsaustausch untereinander angewiesen sind oder die in einem vertraglich vereinbarten gesellschaftsübergreifenden Haftungsverband stehen, besteht die große Gefahr, dass die Insolvenz der Muttergesellschaft die einzelnen Gesellschaften mit in die Insolvenz reißt. Im umgekehrten Falle kann aber auch die Insolvenz einer einzigen Tochtergesellschaft die Insolvenz des gesamten Konzerns auslösen.

1.4 Besonderheiten der übertragenden Sanierung im Vergleich zum „normalen" Unternehmenskauf

Der wichtigste Unterschied des „normalen" Unternehmenskaufes von der übertragenden Sanierung liegt auf der Hand: die Motivation der Beteiligten zur Vornahme der Transaktion. Während bei klassischen M&A-Geschäften regelmäßig strategische und persönliche Gründe im Vordergrund stehen, bezweckt der Veräußerer mit der übertragenden Sanierung vornehmlich, das **Überleben des Unternehmens** zu sichern. Allerdings ist der Sinn des Insolvenzverfahrens gem. dem aus § 1 S. 1 InsO ableitbaren Sanierungsauftrag in erster Linie die bestmögliche und gemeinschaftliche Befriedigung der Gläubiger. Die Sanierung eines Unternehmens ist kein Selbstzweck. Dennoch hat der besonnene Insolvenzverwalter neben dem primären Ziel der Kaufpreisoptimierung insbesondere die Erhaltung möglichst vieler Arbeitsplätze im Auge zu behalten und in gewissem Maße eine Abwägung der einzelnen Verfahrensziele im Spannungsverhältnis zwischen Gläubigerbefriedigung und Sanierungsfunktion vorzunehmen. 299

Diese besonderen Motive haben entscheidende Auswirkungen auf die Verhandlungsführung und -macht der einzelnen Akteure. So finden die Verhandlungen bei der übertragenden Sanierung oft vor dem Hintergrund statt, dass sich die Gläubiger und der Insolvenzschuldner bewusst sind, dass sie bei einem Scheitern der Verhandlungen sehr viel verlieren können. **Ausgewogene Zugeständnisse** von mehreren Seiten sind deshalb in vielen Fällen **durchaus verhandelbar**.[101] 300

1.4.1 *Asset Deal* und *Share Deal*

Die übertragende Sanierung ist ein normaler Unternehmenskauf in Form eines *Asset Deals*, der lediglich einige Besonderheiten aufweist.[102] Dabei wird die Gesamtheit der Vermögensgegenstände oder Teile davon, die zusammen das Unternehmen bilden, einzeln übertragen. 301

Dazu gehören vor allem Gegenstände des Anlage- und Umlaufvermögens, wie etwa Grundstücke, Beteiligungen, Lizenzen, Betriebs- und Geschäftsausstattung, Maschinen, Forderungen aus Lieferung und Leistung, Roh-, Hilfs- und Betriebsstoffe, Waren oder halbfertige Erzeugnisse. 302

Daneben haben auch nicht bilanzierte und als Einzelposten auch nicht bilanzierungsfähige Vermögensgegenstände wie Kundenbeziehungen oder der Auftragsbestand des Unternehmens einen wirtschaftlichen Wert, der im Rahmen der Vertragsverhandlungen und -gestaltung Beachtung finden sollte. 303

---

101 *Faulhaber/Grabow* Turnaround-Management in der Praxis, 2009, S. 274.
102 Umfassend zum Unternehmenskauf *Picot* Unternehmenskauf und Restrukturierung, 3. Aufl. 2004, *Undritz* in Runkel, § 15.

304 Schuldrechtlich ist ein *Asset Deal* weder ein reiner Sach- noch ein reiner Rechtskauf, wobei diese Unterscheidung durch die Einführung des § 453 Abs. 1 BGB nicht mehr von Bedeutung ist. Wichtig bleibt, dass es sich um den Kauf *eines* Gegenstandes handelt.[103]

305 Dagegen ist ein *Share Deal* eher unüblich, da bei einer Insolvenz einer Gesellschaft deren eigene Anteile nicht in die Insolvenzmasse fallen. Ein etwaiger Investor müsste so neben dem Erwerb der Anteile dem Unternehmen zusätzlich neues Kapital zur Verfügung stellen, so dass entweder der Eigenantrag zurückgenommen werden kann oder die Gläubiger befriedigt und zur Antragsrücknahme bewegt werden können. Streng genommen ist der Erwerb der Geschäftsanteile des insolventen Unternehmens (*share deal*) gar keine übertragende Sanierung, weil das wesentliche Element dieser Sanierungsvariante, die Trennung des Unternehmens vom Unternehmensträger, hier nicht gegeben ist.[104]

306 Noch dazu fehlt dem Insolvenzverwalter bereits die Verfügungsbefugnis über das Vermögen der Anteilseigner. In diesem Zusammenhang ist auf das dem US-amerikanischen Chapter 11-Verfahren nachgebildete Obstruktionsverbot des § 245 InsO hinzuweisen.[105] In der Praxis kann diese Vorschrift im Rahmen eines Insolvenzplanverfahrens bedeutsam werden, wenn es zuvor zu einer Gruppenbildung gem. § 222 InsO gekommen ist und die Abstimmungsergebnisse innerhalb dieser Gruppen nicht einheitlich sind.[106] Hat nun die Mehrheit der Gruppen dem Plan zugestimmt und eine oder mehrere Gruppen die Zustimmung verweigert, so kann das Gericht unter den Voraussetzungen des § 245 InsO die Zustimmung fingieren. Faktisch geschieht dies durch die gerichtliche Bestätigung des Plans gem. § 248 InsO trotz Widerspruch einer oder mehrerer Gruppen. Fest steht jedoch, dass selbst bei der besten denkbaren Plankonzeption, die Einwände antizipiert und möglichst gut begründet, warum das Planverfahren im besten Interesse der Gläubigergesamtheit ist, für eine Opposition trotz des Obstruktionsverbots zahlreiche Möglichkeiten bestehen, das Planverfahren zu verzögern und letztendlich den Plan zu Fall zu bringen.

1.4.2 Besonderheiten im Rahmen der Vertragsgestaltung

307 Wie bereits ausgeführt, werden lediglich die Aktiva veräußert, die Passiva verbleiben in der Insolvenzmasse. Auch Verpflichtungen aus Vertragsverhältnissen, die für die Fortführung des Unternehmens zwingend erforderlich sind, können grundsätzlich nur hinsichtlich der künftig neu entstehenden Verbindlichkeiten übernommen werden. So kann z.B. der Insolvenzverwalter der Übernahme von Lieferantenverbindlichkeiten durch den Erwerber im Rahmen der übertragenden Sanierung nicht ohne weiteres zustimmen, selbst wenn die Lieferanten die weitere Belieferung von der Begleichung offener Rechnungen abhängig machen.[107] Denn der Grundsatz der Gläubigergleichbehandlung zwingt ihn dazu, der durch die Übernahme einzelner Verbindlichkeiten ein-

---

103 Dies wird insbesondere dann beachtlich, wenn der Insolvenzverwalter einen „schwebenden Unternehmenskauf" vorfindet. Im Rahmen des § 103 InsO kann er dann folglich nur die Vertragserfüllung im Ganzen wählen. Vgl. dazu *Hölzele* DStR 2004, Fn. 46.
104 *Thiel* in Wimmer/Dauernheim/Wagner/Gietl, Kap. 13 Rn. 13; *Arends/Hofert-von Weiss* BB 2009, 1538.
105 Sog. *cramdown* Regelung, vgl. Chapter 11 § 1129 US-Bankruptcy-Code.
106 Vgl. zu den Voraussetzungen eines solchen Planes MK-InsO/*Eidenmüller* § 222 Rn. 36.
107 Zudem bedarf sowohl die Vertrags- als auch die Schuldübernahme (§§ 414 ff. BGB) der Zustimmung der jeweiligen Gläubiger.

tretenden Kaufpreisreduzierung und damit einhergehenden Verringerung der Verteilungsmasse entgegenzuwirken, da anderenfalls die Gläubiger der übrigen (nicht übertragenen) Forderungen durch die Übernahme benachteiligt würden.

Der Insolvenzverwalter, der nicht nur Aktiva, sondern auch Passiva eines insolventen Unternehmens überträgt, sieht sich insoweit der Gefahr der persönlichen Haftung gem. § 60 InsO ausgesetzt.[108] **308**

Aus Sicht des Käufers ist besondere Sorgfalt bei der Erfassung sämtlicher zu übertragender Vermögensgegenstände im Kaufvertrag oder in Anlagen zum Kaufvertrag (Inventarlisten) geboten, da anderenfalls die Übertragung leicht am **sachenrechtlichen Bestimmtheitsgrundsatz** scheitern kann.[109] Unproblematisch ist dagegen der Fall, dass sämtliche Aktiva auf den Käufer übertragen werden sollen, was jedoch in der Praxis eher die Ausnahme darstellt.[110] **309**

Eine weitere Schwierigkeit besteht darin, dass sich der Insolvenzverwalter oft erst seit kurzer Zeit mit der Unternehmenssituation befasst hat und es ihm folglich in der Regel nicht möglich sein wird, sich einen umfassenden Überblick über die Eigentumsverhältnisse sämtlicher Veräußerungsgegenstände zu schaffen. Dies kann insbesondere bei der Übereignung von Waren in Warenlagern, die zum Teil im Sicherungseigentum und zum Teil im Vorbehaltseigentum von Lieferanten stehen, oder bei der Abtretung von Kundenforderungen problematisch sein. Vorausgesetzt der Erwerber lässt sich darauf ein, bietet sich die Aufnahme entsprechender Vorbehalte in die Verträge an, wonach nur diejenigen Gegenstände veräußert werden sollen, über die der Insolvenzverwalter auch verfügen kann. **310**

Regelmäßig wird der Insolvenzverwalter bei einer übertragenden Sanierung im Rahmen des Möglichen die **Gewährleistung ausschließen**, um die Haftung der Masse als auch die eigene Haftung zu vermeiden.[111] Grund für den Haftungsausschluss ist vor allem der enorme Zeitdruck, der eine Identifizierung etwaiger Haftungsrisiken durch den Insolvenzverwalter vor Durchführung der Transaktion unmöglich macht. Das Haftungsrisiko für die Masse ergibt sich daraus, dass Ansprüche aus dem Unternehmenskaufvertrag, den der Insolvenzverwalter nach Eröffnung des Insolvenzverfahrens abschließt, Masseverbindlichkeiten gem. § 55 Abs. 1 Nr. 1 InsO darstellen. Daneben tritt das Haftungsrisiko des Verwalters selbst gem. § 61 InsO, wenn die von ihm begründete Masseverbindlichkeit aus der Masse nicht voll erfüllt werden kann.[112] In diesem Punkt ergibt sich ein weiterer Unterschied zum „normalen" Unternehmenskauf, bei dem Eigenschaftszusicherungen und Verkäufergarantien häufig Punkte langwieriger Verhandlungen sind.[113] **311**

---

108 Etwas anderes gilt dann, wenn der Erwerber lediglich Verbindlichkeiten übernimmt, die auf einzelnen Aktiva des erworbenen Unternehmens lasten und wenn der anteilige Kaufpreis für die in Rede stehenden Aktiva über die darauf lastenden Verbindlichkeiten hinausgeht. Dazu *Arends/Hofert-von Weiss* BB 2009, 1543.
109 Das Inventar wird in aller Regel im Auftrag des Insolvenzverwalters durch ein Verwertungsunternehmen erstellt. Vgl. dazu *Feuerborn* ZIP 2001, 608.
110 In diesem Fall wird im Kaufvertrag eine sog. *Catch-All-Klausel* aufgenommen. Zu dem damit verbundenen Problem des Erfordernisses der notariellen Beurkundung gem. § 311b Abs. 3 BGB vgl. Rn. 339.
111 Vgl. *Undritz* in Runkel § 15 Rz 31 ff. sowie 349 f. zu einer Musterklausel.
112 S. auch *Arends/Hofert-von Weiss* BB 2009, 1543.
113 Vgl. dazu ausführlich *Triebel/Hölzle* BB 2002, 521.

312 Dem Käufer bleibt oft nichts anderes übrig, als sich auf den Haftungsausschluss einzulassen, da die Insolvenzmasse ohnehin nicht in der Lage sein wird, etwaig auftretende Gewährleistungsansprüche zu erfüllen. Dieses Prozedere liegt letztlich auch im Gläubigerinteresse, da auf diese Weise relativ zeitnah feststeht, welche Erlöse in die Masse fließen und folglich auch, in welcher Höhe die (gesicherten und ungesicherten) Gläubiger befriedigt werden. Zudem wird gewährleistet, dass weder Teile des Kaufpreises zunächst zurückgehalten oder im Haftungsfall an den Erwerber zurückgezahlt werden müssen. Als „Gegenleistung" wird der Käufer einen niedrigeren Kaufpreis aushandeln.

313 Auch die bei Unternehmenskäufen außerhalb der Insolvenz standardmäßig aufgenommenen **Wettbewerbsverbote** spielen nur in Ausnahmefällen eine Rolle, da die Insolvenzschuldnerin in der Regel nicht in der Lage sein wird, nach der Veräußerung ihrer Vermögensgegenstände in der gleichen Branche sofort wieder Fuß zu fassen.[114]

314 Zwischen dem Insolvenzverwalter und dem Insolvenzschuldner kann es im Zusammenhang mit der **Übertragung der handelsrechtlichen Firma** des insolventen Unternehmens zu Differenzen kommen, wenn der Insolvenzschuldner sie behalten und der Erwerber sie erwerben will.[115] Die Firma bleibt auch nach Eröffnung des Insolvenzverfahrens bestehen und fällt als immaterielles Vermögensrecht grundsätzlich in die Masse.[116] Inzwischen ist wohl anerkannt, dass der Verwalter zur Übertragung der Firma im Rahmen der übertragenden Sanierung – gleich, ob es sich um eine Personal-, Sach- oder Phantasiefirma handelt – nicht der Zustimmung des Insolvenzschuldners bedarf.[117]

1.4.3 Sonderformen der übertragenden Sanierung

315 Vor allem bei kleineren und mittleren Unternehmen wird die Unternehmensübernahme in der Insolvenz oft als **Management Buy Out (MBO)** ausgestaltet. An sich handelt es sich hierbei um einen gewöhnlichen Unternehmenskauf mit dem Unterschied, dass nicht ein außenstehender Dritter, sondern das Management als Käufer auftritt.[118] In der Insolvenz sind in leitender Position Beschäftigte häufig die einzigen Interessenten, da für sie das Risiko, ein Unternehmen zu erwerben, das nicht den beim Abschluss des Kaufvertrags bestehenden Erwartungen entspricht, deutlich geringer ist.

316 Die Kaufpreisfinanzierung erfolgt bei dieser Erwerbsform vorwiegend durch Aufnahme von Fremdkapital, da die finanziellen Mittel des Managements regelmäßig limitiert sind. Der fremdkapitalfinanzierte MBO wird auch *Leveraged Buy-Out* (LBO) bezeichnet. Insolvenzrechtliche Probleme ergeben sich insbesondere daraus, dass die Erwerber sog. **nahestehende Personen i.S.d. § 138 Abs. 2 InsO** sein können, was wiederum Auswirkungen auf die Anfechtbarkeit und eventuelle Zustimmungserfordernisse haben kann.[119]

---

114 *Hölzle* DStR 2004, 1436.
115 Nach § 23 HGB kann die Firma i.Ü. nur gemeinsam mit dem Unternehmen und nicht isoliert an einen Dritten übertragen werden. Die Firma hat für die Masse daher nur bei einer gemeinsamen Übertragung mit dem Unternehmen einen Wert.
116 *BGH* ZIP 1989, 937.
117 Vor der Handelsreform aus 1998 wurde nach der Art der Firma differenziert. Vgl. dazu MK-InsO/*Ott/Vuia* § 80 Rn. 57; ausf. auch *Butzer/Knof* in Münchener Handbuch des Gesellschaftsrechts, Bd. 1, 3. Aufl. 2009, § 85 Rn. 38 ff.
118 Vgl. *Lachmann* in Nerlich/Kreplin/Lachmann, Münchener Anwaltshdb. Insolvenz und Sanierung, § 8 Rn. 99 m.w.N.
119 Dazu *Wellensiek* NZI 2002, 234.

1.5 Die übertragende Sanierung in Zeiten der Finanzmarktkrise

Welche Auswirkungen die Finanzkrise und die damit verbundene Wirtschaftskrise[120] auf die Praxis der übertragenden Sanierungen in Deutschland hat, kann noch nicht endgültig abgesehen werden. Sicher ist jedoch, dass sich das Marktumfeld, in dem Unternehmenstransaktionen aus der Insolvenz erfolgen, durch die Krise nachhaltig geändert hat. Nachdem die deutsche Wirtschaft 2009 in die tiefste Rezession seit dem zweiten Weltkrieg gerutscht war, stieg die Zahl der Unternehmensinsolvenzen, wenngleich die bisherige Höchstmarke von 2003 nicht erreicht wurde.[121] Damit verbunden steigt selbstverständlich auch der Bedarf nach Expertise im Bereich der übertragenden Sanierung. Die gewachsene Bedeutung dieses Sanierungsinstruments wird insbesondere durch das verstärkte Fundraising von auf insolvente Unternehmen spezialisierten Beteiligungsgesellschaften bestätigt.[122]

Es wird jedoch befürchtet, dass – anders als in vorhergehenden Krisen – seltener als gewohnt Fortführungslösungen generiert werden können und der Anteil an Liquidationen überproportional zunehmen wird.[123] Die **restriktivere Kreditvergabe** der Banken und die **größere Vorsicht von Finanzinvestoren** spielt dabei eine entscheidende Rolle. Zudem besteht bei zunehmender Anzahl von in die Insolvenz geratenen Auftraggebern und Lieferanten die Gefahr eines Dominoeffekts. Insgesamt fällt jede Form der Sanierung schwer, wenn dem in die Krise geratenen Unternehmen neue Aufträge ausbleiben und bereits erteilte Aufträge storniert oder verschoben werden, und im Vorfeld der Krise weder Rücklagen für unerwartete Ereignisse angelegt, noch ein gezielter Personalabbau bei rückläufigem Umsatz verfolgt wurde.

Hinzu kommt, dass die Öffentlichkeit durch die anhaltend eingehenden „Schreckensmeldungen" von in die Krise geratenen Unternehmen extrem sensibel auf jede weitere Firmenpleite reagiert und somit das Image eines in die Insolvenz geratenen Unternehmens sehr schnell nachhaltig Schaden nehmen kann. Der „Fall Opel" hat ferner gezeigt, dass sich alle Beteiligten an größeren Transaktionen kurz vor und in der Insolvenz darauf einstellen müssen, dass die **politische Einflussnahme** auf den Sanierungsprozess in Zukunft eher zunehmen wird.[124]

Es kann festgehalten werden, dass die übertragende Sanierung **auch in Krisenzeiten** eine **erfolgsversprechende Sanierungsoption** darstellt. Die Vorteile gegenüber einem

---

120 Zum Begriff der Finanzkrise und weiteren mit dieser zusammenhängenden Fachbegriffen vgl. *Socher/Hanke* NJW 2010, 495.
121 Die Prognosen sahen ein noch größeres Anwachsen der Unternehmensinsolvenzen vorher, vgl. die Studie der Euler Hermes Kreditversicherung „Insolvenzen in Zeiten der Finanzkrise", Wirtschaft Konkret Nr. 107, bei der insgesamt 107 Insolvenzverwalter zur Lage auf dem deutschen Insolvenzmarkt befragt wurden. Danach waren 86 % der befragten Insolvenzverwalter der Ansicht, dass die Zahl der Unternehmensinsolvenzen in der aktuellen Krise die alten Rekordmarke von 2003 erreichen oder übertreffen werde, wobei ein deutlicher Anstieg der Insolvenzzahlen ab Mitte 2009 erwartet wurde. Vgl. für eine Zusammenfassung und Analyse der Studie *Bitter/Röder* ZInsO 2009, 1283.
122 Zu den neuen Transaktionsformen als Folge der Finanzmarktkrise, insbesondere zu *Distressed M&A* und ihren steuerrechtlichen Implikationen, vgl. *Rödding/Bühring* DStR 2009, 1933 ff.
123 *Fröhlich/Sittel* ZInsO 2009, 858.
124 Vor diesem Hintergrund ist auch erwähnenswert, dass dem Staat im Zusammenhang mit der Karstadt-Insolvenz als größtem Gläubiger voraussichtlich 650 Mio. EUR verloren gehen. Vgl. Financial Times Deutschland v. 1.4.2010 [http://www.ftd.de/unternehmen/:fazit-der-insolvenz-karstadt-pleite-kostet-staat-650-mio-euro/50099001.html].

Insolvenzplanverfahren – u.a. die rasche Abwicklungsgeschwindigkeit, die Flexibilität und Vertrautheit der Marktteilnehmer mit dem Verfahren – sind gerade in Krisenzeiten schlagende Argumente für die übertragende Sanierung.

2. Die einzelnen Schritte der übertragenden Sanierung

321 Nach dem in § 1 S. 1 InsO verankerten Grundsatz der bestmöglichen Gläubigerbefriedigung kommt eine übertragende Sanierung nur dann in Betracht, wenn sie zumindest ebenso günstig ist wie die Zerschlagung des Unternehmens. Dies ist der Fall, wenn der **Veräußerungserlös** der einzelnen Aktiva **über** dem **Zerschlagungswert** im Liquidationsfall liegt. Eine jede übertragende Sanierung beginnt folglich mit der Prüfung dieser Frage. Bei einem „normalen" Unternehmenskauf steht am Anfang des Verkaufsprozesses stets die Frage nach den zugrundeliegenden Motiven der Parteien für die Transaktion.[125] Warum ein Unternehmen verkauft beziehungsweise gekauft werden soll, entscheidet maßgeblich über die Strategieentwicklung für den gesamten Unternehmenskauf. Bei einer übertragenden Sanierung ist das Motiv für den Verkauf zumindest auf Verkäuferseite klar: die (drohende) Insolvenz. Die Beweggründe des Käufers können zwar variieren, haben aber keine entscheidenden Auswirkungen auf den weiteren Ablauf des Transaktionsprozesses, weil der Käufer auf diesen, wie bereits ausgeführt, ohnehin nur begrenzten Einfluss hat. Anstelle der Motive der Parteien entscheidet bei der übertragenden Sanierung die Wahl des Veräußerungszeitpunktes über die optimale Strategie des Unternehmenskaufs. Auf die verschiedenen Zeitpunkte, die dabei in Frage kommen, wird unter 3. näher eingegangen.

2.1 Die Vertragsanbahnungsphase

322 Über Erfolg oder Misserfolg einer übertragenden Sanierung entscheidet nicht selten eine gründliche und effiziente Vorbereitung zum frühestmöglichen Zeitpunkt. Ein einmal stillgelegtes Unternehmen ist faktisch kaum noch übertragbar.

323 In diesem Zusammenhang sei kurz auf die neue Regelung des § 21 Abs. 2 Nr. 5 InsO hingewiesen. Danach kann das Insolvenzgericht anordnen, dass Gegenstände, die im Falle der Eröffnung des Verfahrens gem. § 166 InsO verwertet werden müssten oder deren Aussonderung verlangt werden könnte, zur Fortführung des Unternehmens eingesetzt werden können. Diese Anordnung kann jedoch nicht durch formularmäßige Pauschalanordnungen getroffen werden, die die erforderliche Prüfung der gesetzlichen Voraussetzungen dem vorläufigen Insolvenzverwalter aufbürdet.[126] Diese Regelung soll dem vorläufigen Insolvenzverwalter die Weiternutzung von Sicherungsgut im laufenden Geschäftsbetrieb erleichtern, wobei der durch die Nutzung eintretende Wertverlust durch laufende Zahlungen an den Sicherungsgläubiger ausgeglichen werden soll.

2.1.1 Suche nach Käufern bzw. Zielobjekten

324 Wie soeben beschrieben, birgt der Verkauf eines Unternehmens in der Insolvenz zahlreiche Besonderheiten. Auf Seiten des Verkäufers bzw. (vorläufigen) Insolvenzverwalters ist eine große Expertise im Bereich der übertragenden Sanierung daher unerlässlich.

---

125 Diese sind vielfältig, unter anderem kommen als Gründe die Verbesserung der Wettbewerbsfähigkeit, die Kapazitätsausweitung, die Eingliederung von qualifizierten Mitarbeitern oder herausragendem Management, Diversifikationen im Produktionsbereich und steuerliche oder persönliche Gründe in Betracht. Vgl. *Beisel/Klumpp* Kap. 1 Rn. 1 ff.
126 S. dazu *BGH* DB 2010, 103.

Auf Seiten des Käufers führt ebenfalls nur die Beteiligung mit in Krisen erfahrenen Investoren zu einer erfolgversprechenden Sanierung. Anstelle umfangreicher Verkaufsprospekte werden oft nur aussagekräftige Kurzprofile erstellt, die einem erfahrenen Investor zur grundsätzlichen Beurteilung der Unternehmenssituation ausreichen.[127] Entscheidend ist es daher, die richtigen Kaufinteressenten auszuwählen. Ein unerfahrener Käufer ist in der Regel nicht in der Lage, in der Kürze der Zeit die komplexe Situation mit ausreichender Sicherheit zu beurteilen und das verbleibende Risiko der Investition zu prognostizieren.

325

Auf der anderen Seite dürfen Veräußerer bzw. Insolvenzverwalter bei der Suche nicht allzu wählerisch sein, wenn der Verkauf von maroden Unternehmen wenig Interessenten anlockt. Auf Ressentiments des insolventen Unternehmens kann dann keine Rücksicht genommen werden. Die Suche nach einem Kaufinteressenten hängt davon ab, wie groß und medienpräsent das zu verkaufende Unternehmen ist. Wird in den Medien über die Insolvenz berichtet, können sich potentielle Erwerber von sich aus bei dem Unternehmen oder dem (vorläufigen) Verwalter melden. Bei kleineren Unternehmen lohnt es sich, einen **seriösen Unternehmensmakler** einzuschalten, der zwischen Verkäufer und potentiellen Käufern vermittelt. Ferner kommen auch Handwerkskammern als Ansprechpartner bei der Suche in Betracht. Eventuell sind auch (leitende) Mitarbeiter bereit, das Unternehmen im Rahmen eines MBO/MBI zu übernehmen.[128]

326

Inzwischen ist unstreitig, dass der vorläufige starke Insolvenzverwalter auch ohne Zustimmung der Geschäftsführung des insolventen Unternehmens – ggf. über die Einschaltung von Unternehmensberatern[129] – Kontakt zu potenziellen Interessenten aufnehmen kann. Mit Zustimmung des Insolvenzgerichts kann dies auch der schwache vorläufige Insolvenzverwalter. In dieser Phase ist die Mitwirkung der Geschäftsführung in vielen Fällen wichtig, weil sie den Markt und potentielle Kaufinteressenten besser als der (vorläufige) Insolvenzverwalter kennt.

327

Es kann durchaus vorkommen, dass **konkurrierende Unternehmen** des insolventen Unternehmens versuchen, sich **als Kaufinteressenten zu „tarnen"** und dadurch an Informationen zu sonst unzugänglichen Betriebsinterna zu gelangen. Meist haben sie es auf Liefer- und Leistungsbeziehungen, Kundendaten, Vertriebswege, strategische Ziele des Unternehmens und andere betriebliche Kennzahlen abgesehen. Daher ist es wichtig, dass sich der Insolvenzverwalter vor der Einsichtsgewährung in geheime Dokumente eine Vertraulichkeitserklärung des vermeintlichen Kaufinteressenten abgeben lässt, wie es im Rahmen eines „normalen" Unternehmenskaufs Standard ist.[130]

328

Neben dem herkömmlichen Veräußerungsverfahren kann die übertragende Sanierung auch im Rahmen eines **Bieterverfahrens (*Auction* oder *Bidding Process*)** durchgeführt werden.[131] Voraussetzung für einen erfolgreichen Verlauf ist das Vorhandensein eines Veräußerungsobjektes, für das sich mehrere Erwerbsinteressenten (Bieter) interessie-

329

---

127 *Faulhaber/Grabow* Turnaround-Management in der Praxis, 2009, S. 273.
128 S. dazu 9. Kap. Rn. 315.
129 Vgl. hierzu *Fröhlich/Sittel* ForderungsPraktiker 2010, 32 ff.
130 *Hölzle* DStR 2004, 1433; *Krüger/Kaufmann* ZIP 2009, 1095 ff.
131 S. auch *Brunke/Waldow* in Buth/Hermanns, § 18 Rn. 48; *Holzapfel/Pöllath* Unternehmenskauf in Recht und Praxis, 14. Aufl. 2010, Rn. 69a ff.; *Hölters* in Holters, Handbuch des Unternehmens- und Beteiligungskaufs, Teil I Rn. 139 ff.

ren. Diese Veräußerungsmethode bietet sich an, um potentielle Kaufinteressenten aufzufinden, auf schnellem Wege zeitgleich mit mehreren Interessenten in Verhandlungen einzusteigen und bestenfalls den Kaufpreis durch gegenseitiges Überbieten der Bieter nach oben zu treiben. Die Gebote der Bieter sind für den Insolvenzverwalter zudem ein gutes Indiz, wie viel das Unternehmen auf dem Markt tatsächlich noch an Wert hat. Die größte Besonderheit zum Auktionsverfahren außerhalb der Insolvenz ist der hohe Zeitdruck, unter dem der Ablauf des gesamten Veräußerungsprozesses steht. Die wichtigsten Schritte eines solchen Verfahrens sind:

– die erste Kontaktaufnahme mit potentiellen Bietern, eventuell unter Einschaltung von Investmentbankern,
– die bieterseitige Abgabe eines vorläufigen Angebots (*Indicating Offer*),
– die Vorauswahl einzelner Bieter und Gewährung der Durchführung einer Due Diligence,
– die Abgabe von endgültigen Geboten (*Binding Offer*),
– der Abschluss von Absichtserklärungen, Optionen oder Vorverträgen nach weiteren Vertragsverhandlungen mit einer Endauswahl von Kaufinteressenten,
– der Abschluss eines Unternehmenskaufvertrages mit einem der Bieter.

2.1.2 Due Diligence und Unternehmensbewertung

330 Wichtig ist, dass die übertragende Sanierung nur dann erfolgreich sein kann, wenn das Unternehmen aus Sicht eines Käufers, nicht des Insolvenzverwalters oder gar des insolventen Unternehmens selbst, sanierungsfähig ist. Der Insolvenzverwalter muss sich daher bei der grundsätzlichen Frage, ob eine übertragende Sanierung überhaupt in Betracht kommt, in die Position eines vernünftigen Kaufinteressenten versetzen und aus seiner Sicht die Sanierungsfähigkeit des Unternehmens oder Teile dessen bewerten.

331 Dabei muss stets im Hinterkopf behalten werden, dass Unternehmen in der Insolvenz insbesondere im finanzkrisenbedingt eher zurückhaltenden M&A-Markt eine schwer verkäufliche Ware sind.[132] Fast immer wird sich das Interesse von Investoren auf lukrative Einheiten des Unternehmens beschränken, möglichst mit eingearbeitetem, hoch motiviertem Personal. Existiert ein solcher profitabler Unternehmenskern, ist es dem Insolvenzverwalter dennoch auch in Krisenzeiten möglich, mit einer übertragenden Sanierung die Befriedigungschancen der Gläubiger zu verbessern.

332 Die Unternehmensbewertung durch Kaufinteressenten unterscheidet sich dabei nicht fundamental von der Bewertung gesunder Unternehmen. Daher wird hier auf eine umfassende Darstellung der Einzelheiten dieses seit Jahrzehnten in Theorie und Praxis besonders intensiv diskutierten Gebietes verzichtet.[133] Grundsätzlich erfolgt die Bewertung – je nachdem ob der Investor nach der Akquisition eine Fortführung oder eine Liquidation des Unternehmens bezweckt – entweder nach dem **Zukunftserfolgswert**, dem **Substanzwert** oder dem **Liquidationswert**.[134]

333 Der Liquidationswertmethode, bei der alle Wirtschaftsgüter des Unternehmens mit ihrem Wiederverkaufswert angesetzt werden, kommt bei der Bewertung in der Insolvenz besondere Bedeutung zu. Zum einen kann ein Investor mit ihrer Hilfe sein

---

132 *Zipperer* NZI 2008, 206.
133 Siehe dazu *Wagner* in WP Handbuch 2008, Abschn. A Rn. 1 ff.
134 Vgl. dazu näher *Jobsky* in Buth/Hermanns, Restrukturierung, Sanierung, Insolvenz, § 26 Rn. 43 ff.

finanzielles Risiko („*Down-Side*") abschätzen,[135] zum anderen kann der Insolvenzverwalter anhand des Liquidationswerts klären, ob eine Veräußerung des gesamten Unternehmens tatsächlich eine höhere Gläubigerbefriedigung als bei der Veräußerung der einzelnen Wirtschaftsgüter verspricht. Bei der Zukunftserfolgswertmethode wird das Unternehmen aufgrund einer Prognose über die zukünftig durch das Unternehmen zu erzielenden Erträge bewertet.[136] Diese Methode hat sich zur Unternehmensbewertung weitgehend durchgesetzt und wird von Kaufinteressenten in den meisten Fällen herangezogen.

Um die notwendigen Informationen für die Unternehmensbewertung zusammenzustellen, ist vorher eine **financial Due Diligence** beim Zielunternehmen durchzuführen, um dann auf Basis der erhobenen Daten und Informationen einen realistischen Unternehmenswert für das Target zu ermitteln. Eine sorgfältige Due Diligence ist bei Krisenunternehmen besonders herausfordernd, da klassische Bewertungsinstrumente wie die Cashflowprognose und die Herleitung eines Kapitalisierungszinsfußes nur begrenzt nutzbar sind.[137] Das liegt zum einen daran, dass für die Analyse durch potentielle Käufer oft nur spärliche und unzureichende Informationen über die finanzielle Lage des Unternehmens vorliegen. Eine mangelhafte unternehmerische Finanzplanung und ungeeignete Steuerungs- und Controllinginstrumente können unter Umständen auch auslösende Faktoren für die Krisenentstehung gewesen sein. Zum anderen lässt sich über die Geschäftsaussichten infolge des extrem hohen insolvenzbedingten Zeitdrucks oft nur eine grobe Schätzung abgeben. Stark vereinfacht ist entscheidend für die Kaufentscheidung, ob ein gesunder Unternehmenskern vorhanden ist, der einen Fortführungswert hat, der abzüglich der Sanierungsaufwendungen über dem Liquidationswert liegt.[138]

334

Die Darstellung der Einzelheiten einer Due Diligence in der Insolvenz würden den Rahmen dieses Kapitels sprengen.[139] Es bestehen zahlreiche Varianten für die Prüfung von Unternehmensinformationen, die sich u.a. nach Art und Struktur des Unternehmens, nach dem Umfang der einzusehenden Dokumente, der zur Verfügung stehenden Zeit[140] und insbesondere dem Zeitpunkt der Prüfung[141] unterscheiden. Diese Variablen entscheiden, welche Punkte in die zu prüfende Checkliste aufgenommen werden sollten.[142] Bei der übertragenden Sanierung fehlt oft sowohl die Zeit als auch die finanziellen Ressourcen, um eine vergleichsweise umfassende Due Diligence wie bei einem „normalen" Unternehmensverkauf durchzuführen. Das hiermit für den Erwerber einhergehende Risiko kann er im Rahmen der Kaufpreisverhandlungen als Argument für einen verhältnismäßig günstigeren Kaufpreis nut-

335

---

135 Vgl. dazu *Brunke/Waldow* in Buth/Hermanns, Restrukturierung, Sanierung, Insolvenz, § 18 Rn. 38.
136 Neben dem Ertragswertverfahren wird in der Bewertungspraxis auch auf die *Discounted-cashflow-Methode* (DCF-Methode) zurückgegriffen, nach welcher der Unternehmenswert aus dem abgezinsten künftigen *Cash-flow* ermittelt wird. Vgl. *Kruschwitz/Löffler* DB 2003, 1401 ff.
137 *Fastrich/Treptow* Restrukturierung, Jahrbuch 2010, S. 74.
138 *Fastrich/Treptow* Restrukturierung, Jahrbuch 2010, S. 75; *Zipperer* NZI 2008, 209.
139 Vgl. dazu *Wagner/Russ* in WP Handbuch 2008, Abschn. O Rn. 1 ff.; *Rauscher* in Brühl/Göpfert, Unternehmensrestrukturierung, 2004, S. 231 ff.
140 Im strengsten Fall wird eine Anzahl von Mann-Stunden festgelegt.
141 Die Interessen des Verkäufers und Käufers stehen sich hier meist diametral entgegen. Der Käufer ist an einer möglichst frühen, der Verkäufer an einer möglichst späten Due Diligence interessiert.
142 Vgl. für einen Überblick über die im Rahmen einer Due Diligence zu prüfenden Punkte *Fiebig/Undritz* MDR 2003, 254 ff.; *Wagner/Russ* in WP Handbuch 2008, Abschn. O Rn. 355 ff.

zen. Wichtig in diesem Zusammenhang ist auch die vorhergehende Vereinbarung einer Verschwiegenheitsvereinbarung und die Beachtung von Offenlegungsverboten über Geschäftsinterna.[143]

336 Neben der Bewertung des Unternehmens dient die Prüfung von Unternehmensdaten vor allem auch zur Kaufpreisfindung und dazu, die mit dem regelmäßigen Ausschluss der Mängelgewährleistung durch den Verkäufer verbundenen Risiken aufzuspüren.[144]

2.1.3 Kaufpreisfindung

337 Nachdem das Unternehmen bewertet ist, kann auf dieser Grundlage in die Kaufpreisverhandlungen übergegangen werden. Vor der Bewertung sollte sich ein potentieller Käufer allenfalls auf eine Preisspanne festlegen, nicht jedoch auf einen konkreten Kaufpreis, auch wenn dies aus Verkäufersicht erwünscht wird. Der Verkäufer hat ein berechtigtes Interesse daran, sich möglichst früh auf einen ungefähren Kaufpreis zu einigen, um keine Betriebsinterna an Dritte preiszugeben, mit denen eine Einigung später ohnehin an inkompatiblen Kaufpreisvorstellungen scheitern wird. Wie bereits ausgeführt ist ein Vorteil der übertragenden Sanierung im Bieterverfahren, dass durch die Abgabe der Kaufangebote der Marktpreis des Unternehmens ermittelt wird, an dem sich der Verkäufer orientieren kann.

338 Die Praxis zeigt, dass der Kaufpreis eines insolventen Unternehmens meist näher am Liquidations- als am Fortführungswert liegt. Er kann teilweise auch noch deutlich darunter liegen.[145] Der Gläubigerausschuss wird seine für die übertragenden Sanierung gem. § 160 InsO erforderliche Zustimmung jedoch in der Regel verweigern, wenn der Kaufpreis ihm zu niedrig erscheint. Auch § 163 InsO soll die Gläubiger vor einem **zu niedrigen Kaufpreis schützen**. Danach ist die Veräußerung nach Antrag der dort aufgeführten Berechtigten nur mit Zustimmung der Gläubigerversammlung zulässig, wenn glaubhaft gemacht wird, dass eine Veräußerung an einen anderen Erwerber für die Insolvenzmasse günstiger wäre.[146]

2.2 Signing/Closing

339 Der eigentliche Abschluss des Unternehmenskaufvertrags, d.h. die schuldrechtliche Vereinbarung über Kauf und Abwicklung der Transaktion, wird in der M&A-Praxis auch *Signing* genannt. Diesbezüglich ergeben sich bei der übertragenden Sanierung keine Besonderheiten zum Unternehmenskauf außerhalb der Insolvenz. Stets zu beachten ist allerdings, ob und, wenn ja, welcher Teil des Kaufvertrages **notariell beurkundet** werden muss. Nach **§ 311b Abs. 1 S. 1 BGB** ist ein Vertrag über die Veräußerung eines Grundstücks beurkundungspflichtig. Soweit bei der übertragenden Sanierung in Form des *Asset Deals* ein Grundstück mitveräußert wird, ist folglich grundsätzlich der gesamte Unternehmenskaufvertrag notariell zu beurkunden.[147] Ob, und wenn ja, in welchen Fällen **§ 311b Abs. 3 BGB** auf den klassischen *Asset Deal* anwendbar ist, wird unterschiedlich beantwortet. Im Einzelfall sollte genau geprüft werden, ob sich der Veräußerer zur Übertragung seines gesamten gegenwärtigen Vermögens oder eines Bruchteils davon verpflichtet und es folglich einer notariellen Beurkundung des Unternehmenskaufvertrags bedarf.[148]

---

143 Vgl. dazu ausführlich *Rittmeister* NZG 2004, 1032.
144 *Undritz* in Runkel, § 15 Rn. 260 ff.
145 *Eidenmüller* S. 37.
146 Zu den einzelnen Voraussetzungen der Norm vgl. MK-InsO/*Görg* § 163 Rn. 4 ff.
147 *BGH* NJW 1999, 951.
148 Vgl. dazu u.a. *Müller* NZG 2007, 201 ff. und *Kiem* NJW 2006, 2363.

Der dingliche Vollzug des Unternehmenskaufvertrags, d.h. die Übertragung der **340** Assets, erfolgt am Übergangsstichtag. Die Zug-um-Zug Erfüllung sämtlicher Vertragspflichten (z.B. Kaufpreiszahlung, Freigabe der auf Treuhandkonten hinterlegten Beträge, Feststellung von Bilanzen, u.Ä.) zu diesem Stichtag wird auch *Closing* genannt. Bis zur Erfüllung zum Übergangsstichtag stehen dem Veräußerer Besitz und Nutzungen zu, er trägt jedoch auch die Gefahr für Untergang und nachteilige Veränderungen, die auf dem Kaufgegenstand ruhenden Lasten sowie grundsätzlich die Haftung.[149] In der Praxis wird oft eine *Closing-Agenda* aufgestellt, in der unter anderem die Vertragspflichten der Parteien und die jeweiligen Stichtage eingetragen werden. Das Problem der Veränderung des Kaufgegenstandes zwischen *Signing* und *Closing* stellt sich bei der übertragenden Sanierung in der Regel nicht, zum einen, weil die Gewährleistung meistens ohnehin ausgeschlossen wird, zum anderen, weil die Vertragsabwicklung besonders zügig vonstattengeht.[150]

2.3 Die Phase nach Veräußerung des Geschäftsbetriebs

Die Veräußerung des Geschäftsbetriebs oder wesentlicher Teile davon beendet jedoch **341** nicht automatisch auch die Arbeit des Insolvenzverwalters. Er hat im weiteren Verlauf des Insolvenzverfahrens unter anderem für die Bearbeitung von Aus- und Absonderungsrechten, den Forderungseinzug und die Klärung von bilanzierungs- und steuerrechtlichen Fragen zu sorgen. Dabei ist er auf Unterstützung durch Mitarbeiter des Erwerbers angewiesen, was ggf. auch bereits im Kaufvertrag festgehalten werden sollte. Wichtig ist in diesem Zusammenhang auch, dass alle Verträge des Unternehmens, zu denken ist vornehmlich an Verträge auf Lieferung oder Leistung an Kunden, mit dem alten Unternehmensträger abgeschlossen worden sind. Es bedarf folglich des **Einverständnisses eines jeden Vertragspartners**, da bei Veräußerung des Unternehmens anstelle des insolventen Rechtsträgers das neue Rechtssubjekt tritt. Die Vertragspartner können darin eine Chance sehen, die Verträge anzupassen und die krisenbedingt schlechte Verhandlungsposition des Unternehmens auszunutzen, bessere Konditionen auszuhandeln.

Desweiteren wird der Kaufpreis vom Insolvenzverwalter zur Masse vereinnahmt und **342** nach den allgemeinen insolvenzrechtlichen Bestimmungen an die verschiedenen Gläubiger verteilt (Aus- und Absonderungsberechtigte, Masse- und Insolvenzgläubiger). Bereits während der Verhandlungen über den Kaufpreis sollte der Insolvenzverwalter mit den verschiedenen Gläubigern auch über die spätere Allokation der einzelnen Teile des Kaufpreises sprechen.[151]

Im Zuge des *Closings* übernimmt der Käufer häufig die Geschäftsunterlagen des **343** Unternehmens (vgl. § 36 Abs. 2 InsO) und verpflichtet sich für die Zukunft, sämtliche Unterlagen aufzubewahren und dem Insolvenzverwalter gegebenenfalls Einsicht zu gewähren.

---

149 *Beisel/Klumpp* Kap. 9 Rn. 103.
150 Vgl. dazu *Beisel/Klumpp* Kap. 9 Rn. 110.
151 Insbesondere wenn der Kaufpreis nicht zur vollständigen Befriedigung ausreicht und mehreren Gläubigern Sicherungsrechte zustehen, bedarf es großen Geschickes des Insolvenzverwalters, zwischen den Gläubigern eine Einigung zu vermitteln. S. für einen Beispielsfall auch *Lerche/Wahl* in Brühl/Göpfert, Unternehmensrestrukturierung, 2004, S. 231 ff.

3. Der optimale Zeitpunkt der übertragenden Sanierung

344 Anders als bei einem „normalen" Unternehmenskauf ist bei einer übertragenden Sanierung zumindest auf Seiten des Veräußerers nicht das **Warum,** sondern das **Wann** der Transaktion der Hauptfaktor für die gesamte Strategieentwicklung. Es stellt sich stets die Frage, ob es vorteilhaft ist, die Übertragung des Unternehmens nach den allgemeinen Regeln zu vollziehen, oder ob die InsO für derartige Sanierungsvorhaben im Einzelfall nicht bessere Rahmenbedingungen bietet (zu den grundsätzlich denkbaren vier verschiedenen Zeitpunkten für die übertragende Sanierung sogleich Rn. 346). So kommen dem Unternehmen in der Insolvenz insbesondere insolvenzrechtliche Haftungserleichterungen und die Einschaltung eines objektiven Sanierungsexperten in Form des Insolvenzverwalters zu gute. Bereits vor der näheren Betrachtung sei gesagt, dass sich pauschal kein optimaler Zeitpunkt für alle übertragenden Sanierungen festlegen lässt. Vielmehr sind die mit dem jeweiligen Veräußerungszeitpunkt einhergehenden und im Folgenden näher dargelegten Vor- und Nachteile im Einzelfall sorgfältig gegeneinander abzuwägen, bevor der für den konkreten Fall „optimale" Zeitpunkt gewählt werden kann. In diesem Zusammenhang ist auch auf die aktuell wieder lauter werdende Diskussion über die Notwendigkeit eines institutionalisierten außergerichtlichen (d.h. außerinsolvenzlichen) Sanierungsvergleichs hinzuweisen.[152] Die Einführung eines Unternehmens-Sanierungsgesetzes hätte weitreichende und bisher kaum absehbare Folgen auf die Sanierungspraxis. Die InsO stellt bereits jetzt in der Praxis bewährte und in Rechtsprechung und Literatur umfassend aufbereitete Sanierungsinstrumentarien bereit, so dass die Effizienz eines solchen Gesetzes unter ökonomischen Gesichtspunkten bezweifelt werden darf.[153]

345 Seit der Einführung des Insolvenzantragsgrundes der **drohenden Zahlungsunfähigkeit** in § 18 InsO steht es den Beteiligten **in gewissem Rahmen frei,** ob sie die Unternehmensübernahme **innerhalb** oder **außerhalb** des **Insolvenzverfahrens** durchführen wollen.[154] Zur Beurteilung der drohenden Zahlungsunfähigkeit dient der Finanzplan, der Bestände an liquiden Mitteln sowie für das laufende und das nächste Jahr Planeinzahlungen und Planauszahlungen enthält. Kalkuliert man etwa bei den Planeinzahlungen entsprechend vorsichtig, lässt sich dieser Insolvenzgrund frühzeitig darstellen. Interessant ist, dass von der Möglichkeit, bereits bei drohender Zahlungsunfähigkeit Insolvenzantrag zu stellen, sehr selten Gebrauch gemacht wird. Noch nicht einmal 1% aller Eröffnungsanträge haben als Grund die drohende Zahlungsunfähigkeit.[155]

346 Es kommen grundsätzlich **vier verschiedene Zeitpunkte** für die übertragende Sanierung in Betracht:
– vor Stellung eines Insolvenzantrags,
– nach Antragsstellung, aber vor Eröffnung des Insolvenzverfahrens (Eröffnungsverfahren),
– nach Eröffnungsbeschluss, aber vor Berichtstermin
– nach Berichtstermin

---

152 Für die Einführung eines Sanierungsvergleichsgesetzes spricht sich insbesondere die CDU in ihrem „Aufschwungstärkungsprogramm" aus.
153 Vgl. *Hölzle* NZI 2010, 207; *Eidenmüller* Finanzkrise, Wirtschaftskrise und das deutsche Insolvenzrecht, 2009, S. 27 ff.
154 Drohende Zahlungsfähigkeit liegt vor, wenn der Schuldner voraussichtlich nicht in der Lage sein wird, die bestehenden Zahlungspflichten im Zeitpunkt der Fälligkeit zu erfüllen. Für zukünftige Verbindlichkeiten und Einnahmen gilt der Grundsatz der Wahrscheinlichkeit von über 50 %.
155 *Ehlers* ZInsO 2010, 264.

3.1 Veräußerung vor Stellung eines Insolvenzantrags

Da das vorliegende Kapitel die übertragende Sanierung in der Insolvenz zum Thema hat, soll auf die Vor- und Nachteile der Veräußerung aus der Krise vor Antragsstellung nur kurz eingegangen werden. 347

3.1.1 Vorteile

Wichtigster Unterschied zur Veräußerung aus der Insolvenz ist, dass bei der außergerichtlichen Sanierung die **Autonomie der Transaktionsbeteiligten** weitestgehend gewahrt bleibt. Einzig die Banken des Veräußerers, die regelmäßig Sicherheiten an wesentlichen Unternehmensteilen halten, haben oft erhebliche Verhandlungsmacht und können die außergerichtliche Sanierung zum Scheitern bringen. 348

Für den Veräußerer ist vorteilhaft, dass der erzielte Kaufpreis unmittelbar an ihn gezahlt wird. Außerdem muss kein Insolvenzverwalter bestellt werden, der sich in das Unternehmen und die Branche meist erst einarbeiten muss. Dem Veräußerer bleibt die Verfügungsbefugnis über sein Unternehmen vollständig erhalten. Die Sanierung verläuft zu diesem Zeitpunkt noch weitgehend inkognito. Zudem kann eine unvorbereitete Antragsstellung die Krise eines Unternehmens noch erheblich verschärfen: Das Image und der Goodwill des Unternehmens sind gefährdet, Kunden und Lieferanten zögern mit Vorauszahlungen und Lieferungen, Fachkräfte drohen abzuwandern, usw. Insgesamt kann der Verkauf geräuschloser, selbstbestimmter, schneller und billiger vollzogen werden.[156] 349

Auch für den Erwerber ist es oft vorteilhaft, dass er mit dem Management und nicht mit dem Insolvenzverwalter verhandeln kann. Ferner erhofft er sich ein „Schnäppchen", da die Höhe des Kaufpreises nicht von einer etwaigen Zustimmung der Gläubiger abhängt. 350

3.1.2 Nachteile

Ein großer Nachteil der Veräußerung vor Insolvenzantragsstellung ist, dass der Erwerber der Gefahr einer Inanspruchnahme aus § 25 HGB[157] und § 75 AO[158] ausgesetzt ist. Zudem haftet der Betriebserwerber vollumfänglich nach § 613a BGB. Auf die diesbezüglichen Haftungserleichterungen bei übertragender Sanierung in der Insolvenz wird unten in Rn. 384 ff. eingegangen. 351

3.1.2.1 Strafrechtliche Haftung

Zunächst ist unbedingt zu beachten, dass die Durchführung einer übertragenden Sanierung vor Eröffnung des Insolvenzverfahrens mit einem **erhöhten Risiko** eines **strafbaren Handelns** verbunden ist und in einem Spannungsfeld von besonderen Insolvenz- und allgemeinen Vermögensdelikten steht. Wenn die Übertragung der *Assets* eines Unternehmens oder Teile hiervon zu einem Zeitpunkt erfolgt, zu dem das Unternehmen bereits überschuldet ist, die Zahlungsunfähigkeit droht oder sogar eingetreten ist, können insbesondere der Tatbestand des Bankrotts gem. § 283 Abs. 1 Nr. 1, 3 oder 8 StGB verwirklicht sein. Daneben sind die Straftatbestände der InsO 352

---

156 Vgl. *Ehlers* ZInsO 2010, 262.
157 Zur aktuellen Diskussion bzgl. der Erwerberhaftung bei Unternehmensfortführung vgl. *BGH* DB 2010, 50 ff.; *Müller/Kluge* NZG 2010, 256 ff.
158 Zu steuerrechtlichen Problematiken in der Insolvenz s. 10. Kap. Rn. 404 ff. In diesem Buch und *Runkel* § 11.

(u.a. § 15a Abs. 4 und 5 InsO) und bei einer Vermögensübertragung durch organschaftliches Handeln der Untreuetatbestand des § 266 StGB im Blick zu behalten.[159]

3.1.2.2 Anfechtbarkeit

353 Letztlich ist es trotz Einholung von Sachverständigengutachten, Wirtschaftprüfertestaten etc. nie restlos auszuschließen, dass ein späterer Insolvenzverwalter versuchen wird, den vor der Insolvenzantragsstellung geschlossenen Unternehmenskaufvertrag „zu knacken".[160] Die Literatur geht heute einhellig von der grundsätzlichen Anfechtbarkeit der Veräußerung eines Unternehmens als Ganzes, nicht allein der übertragenen einzelnen Bestandteile, aus.[161] Die §§ 129 ff. InsO haben gemein, dass aus der Übertragung stets eine **Gläubigerbenachteiligung** resultieren muss. Dies ist der Fall, wenn das Unternehmen zu einem zu geringen Kaufpreis veräußert wird. Gläubigerbenachteiligend ist die Veräußerung auch, wenn der Käufer eines Unternehmens außer den Aktiva auch Verbindlichkeiten übernimmt und in laufende Verträge eintritt. Denn damit verbunden ist, dass die Gläubiger der vom Erwerber übernommenen Verbindlichkeiten voll befriedigt und die übrigen Gläubiger benachteiligt werden, weil die übergehenden Aktiva der Masse ohne entsprechenden Gegenwert entzogen werden.[162]

354 Als Anfechtungsgrund kommt insbesondere die **Benachteiligungsanfechtung gem. §§ 130–132 InsO** in Betracht, wenn innerhalb von **drei Monaten** nach der Veräußerung ein Insolvenzantrag über das Vermögen des Veräußerers gestellt wird, der Schuldner zum Zeitpunkt der Übertragung zahlungsunfähig war und der Erwerber die Zahlungsunfähigkeit kannte. Zu beachten ist, dass nach § 130 Abs. 2 InsO bereits ausreicht, wenn der Erwerber von tatsächlichen Umständen positive Kenntnis hatte, aus denen auf das Vorliegen einer Zahlungsunfähigkeit geschlossen werden muss.[163] Die Anfechtung des Kaufs als „Bargeschäft" ist jedoch gem. § 142 InsO ausgeschlossen, wenn der Veräußerer in unmittelbarem zeitlichen Zusammenhang eine der durch die Veräußerung entzogene Haftungsmasse entsprechende Gegenleistung erhält.[164]

355 Bei **vorsätzlicher Gläubigerbenachteiligung** ist die Veräußerung gem. **§ 133 InsO** sogar anfechtbar, wenn ein Insolvenzantrag innerhalb von **zehn Jahren** nach der Veräußerung gestellt wird und der Erwerber den Vorsatz des Schuldners, die Gläubiger zu benachteiligen, kannte.[165] Ein unlauteres Zusammenwirken von Schuldner und Gläubiger ist nicht Voraussetzung.[166] Die Kenntnis wird dabei vermutet, wenn der Erwerber Kenntnis von der Zahlungsunfähigkeit des Schuldners und der Gläubigerbenachteiligung hatte.

---

159 Zu alledem *Niesert/Hohler* NZI 2010, 127.
160 Zur Problematik der Anfechtbarkeit von Unternehmensverkäufen vgl. *Kreft* § 129 Rn. 15 m.w.N.; noch generell die Anfechtbarkeit verneinend *BGH* WM 1964, 114.
161 MK-InsO/*Kirchhof* § 129 Rn. 94; *Kreft* § 129 Rn. 15. Zum Ausschluss der Anfechtung wegen Treuwidrigkeit s. *OLG Celle* NZI 2003, 95; *OLG Stuttgart* ZIP 2002, 1900.
162 Verstoß gegen den Grundsatz der gleichmäßigen Befriedigung der Insolvenzgläubiger. Vgl. dazu *BGH* ZIP 2003, 810; *Wessels* ZIP 2004, 1237; *Vallender* GmbHR 2004, 546 ff.; zur Benachteiligungsabsicht in diesen Fällen *BGH* ZIP 1993, 276. Umfassend *Beisel/Klumpp* Kap. 5 Rn. 37.
163 Vgl. *BGH* NJW 2002, 515; *OLG Frankfurt* ZIP 2003, 1055; vgl. zu den Anforderungen betreffend des Kennenmüssens des Erwerbers auch MK-InsO/*Kirchhof* § 130 Rn. 34 ff.
164 *BGH* NJW 1995, 1093.
165 Vgl. zu den einzelnen Voraussetzungen *Kreft* § 133 Rn. 22. Zu beachten ist auch § 138 InsO, wonach für die Anfechtbarkeit bei Veräußerung an eine dem Schuldner nahe stehende Person innerhalb einer Frist von zwei Jahren eine objektive Gläubigerbenachteiligung ausreicht.
166 *BGH* ZIP 2003, 1304 und 1799.

Abschließend sei auf das große Anfechtungsrisiko bei einer unentgeltlichen Unternehmensübertragung etwa auf ein Tochterunternehmen gem. § 134 InsO hingewiesen. Dazu bedarf es lediglich einer unentgeltlichen Übertragung innerhalb der letzten vier Jahre vor Antragsstellung, subjektive Elemente sind nicht erforderlich.[167]

356

Folge der Anfechtung des Unternehmenskaufs durch den Insolvenzverwalter ist, dass das gesamte Unternehmen als Einheit in die Masse zurückzuführen ist. Der Erwerber erhält einen Anspruch auf Rückzahlung des Kaufpreises, der jedoch gem. § 144 Abs. 2 S. 2 InsO als Insolvenzforderung zur Tabelle angemeldet werden muss und in der Regel wenig Aussicht auf Befriedigung bietet.

357

Für die Praxis bedeutet dies: Das **Risiko einer Anfechtung** der Unternehmensveräußerung spielt in der Beratungspraxis gerade in der kritischen Zeit vor der Initiierung von Insolvenzverfahren eine große Rolle. Es kann minimiert werden, wenn der Erwerber für die übernommenen Aktiva eine angemessene Gegenleistung zur Masse erbringt. Vollständig ausgeschlossen werden kann es indes nicht.

358

3.1.2.3 Weitere Haftung des Veräußerers

Nach den gesetzlichen Regelungen der **§§ 433 ff. BGB** haftet der Veräußerer grundsätzlich für die Mangelfreiheit des Unternehmens. Angesichts der Ungewissheit über die Reichweite der gesetzlichen Gewährleistungsrechte und den Schwierigkeiten, die sich bei der Anwendung der auf den Sachkauf zugeschnittenen Mängelrechte auf den Unternehmenskauf ergeben, werden in der Vertragspraxis standardmäßig Beschaffenheitsangaben, Gewährleistungen und Garantien sowie individualrechtlich ausgestaltete Haftungsfolgen vereinbart. Beim Unternehmensverkauf in der Krise wird der Veräußerer allerdings versuchen, die Gewährleistung so weit wie möglich auszuschließen und Garantiezusagen nur in sehr begrenztem Umfang abzugeben. Als Kompromiss kann er entweder einen Abschlag beim Kaufpreis oder eine auf einen bestimmten Kaufpreiseinbehalt beschränkte Gewährleistungsregelung anbieten.[168]

359

Daneben trägt der Veräußerer weitere **Aufklärungs-, Wahrheits- und Berichtigungspflichten**, die bei Nichtbeachtung zu weitreichenden Haftungsfolgen führen können. Eine Pflicht zur Aufklärung besteht grundsätzlich immer dann, wenn der Erwerber nach der Verkehrsauffassung eine Aufklärung über bestimmte Tatsachen erwarten durfte und das Verschweigen der Information gegen Treu und Glauben verstoßen würde.[169] In der Praxis bietet sich die **Vereinbarung eines Garantiekatalogs** mit den offen zu legenden Informationen, dem zu beachtenden Sorgfaltsmaßstab sowie abschließend vereinbarten Rechtsfolgen an, der weitere Ansprüche aus Aufklärungspflichtverletzungen ausschließt (sogenannte *disclosures*).[170]

360

---

[167] Dazu *Meyer* ZIP 2002, 250 ff. Zur Anfechtbarkeit nach § 135 InsO vgl. *Undritz* in Runkel, § 15 Rn. 135.
[168] *Holzapfel/Pöllath* Unternehmenskauf in Recht und Praxis, 14. Aufl. 2010, Rn. 527; *Arends/Hofert-von Weiss* BB 2009, 1543.
[169] BGH NJW-RR 1996, 429. Zum abgestuften System der Aufklärungspflichten siehe auch *Picot* Unternehmenskauf und Restrukturierung, 3. Aufl. 2004, Teil VIII Rn. 38.
[170] Vgl. *Louven* BB 2001, 2390; zu den von der Rspr. geforderten gesteigerten Aufklärungspflichten BGH BB 2001, 1167 ff. Für einen Rechtsprechungsüberblick vgl. *Undritz* in Runkel, § 15 Rn. 53 f.

3.2 Veräußerung im Rahmen des Eröffnungsverfahrens

361 Häufig werden dem vom Gericht bestellten vorläufigen Insolvenzverwalter unmittelbar nach Stellung des Insolvenzantrags verlockende Angebote für die Gesamtveräußerung des Unternehmens unterbreitet. Je mehr sich die Krise im weiteren Verlauf verschärft, desto höher ist die Wahrscheinlichkeit, dass die ursprünglichen Interessenten wieder abspringen. Solange das Unternehmen noch am Markt tätig ist, das Image keinen größeren Schaden genommen und sowohl Vertragspartner als auch Arbeitnehmer noch Vertrauen in das Unternehmen haben, ist eine Sanierung besonders vielversprechend. Daher ist die Phase zwischen Antragsstellung und Verfahrenseröffnung für die Zukunft des insolventen Unternehmens häufig von entscheidender Bedeutung. Im Folgenden wird auf die Möglichkeiten einer Veräußerung zu diesem Zeitpunkt und die damit verbundenen Risiken eingegangen.

3.2.1 Befugnis des vorläufigen Insolvenzverwalters zur Veräußerung

362 Nach altem Recht war es dem Sequester untersagt, im Rahmen des § 106 Abs. 1 KO das Unternehmen des Schuldners als Ganzes zu veräußern, da diese Maßnahme weit über den bloßen Sicherungscharakter hinausgeht.[171]

363 **Nach überwiegender Ansicht** in Rechtsprechung und Literatur ist der **starke vorläufige Insolvenzverwalter** auch nach neuem Recht **nicht** zur Veräußerung des gesamten Unternehmens **befugt**.[172] Während der Diskussionsentwurf eines Gesetzes zur Änderung der InsO des BMJ von 2003 die Aufnahme der Unternehmensveräußerung im Eröffnungsverfahren als vorläufige Verwertungsmaßnahme im Rahmen des § 22 Abs. 1 Nr. 2 InsO vorsah, hat der Gesetzgeber diese Regelung im Gesetz zur Vereinfachung des Insolvenzverfahrens vom April 2007 nicht umgesetzt.

364 Ausnahmsweise kann die Veräußerung aber zulässig sein, wenn die Fortführung des Unternehmens durch den vorläufigen Insolvenzverwalter zu einer erheblichen Verminderung des Vermögens führen würde und das Insolvenzgericht seine Zustimmung zur Stilllegung des schuldnerischen Unternehmens gem. § 22 Abs. 1 S. 2 Nr. 2 InsO erteilt hat. Voraussetzung dafür ist, dass man die Unternehmensveräußerung im Eröffnungsverfahren „wirtschaftlich als Minusmaßnahme zur Betriebsstilllegung" versteht, was zumindest zweifelhaft ist.[173]

365 Bei Bestellung eines **schwachen vorläufigen Insolvenzverwalters** ist die Befugnis des Schuldners zum Abschluss des schuldrechtlichen Unternehmenskaufvertrags durch § 21 Abs. 2 Nr. 2 Alt. 2 InsO nicht beschränkt; lediglich die anschließende Verfügung bedarf der Zustimmung des vorläufigen Insolvenzverwalters. Da die sich aus dem Vertrag ergebenen Ansprüche des Erwerbers bei Eröffnung lediglich Insolvenzforderungen sind, ist von einem Erwerb eines Unternehmens in dieser Konstellation abzuraten.

366 Es besteht ein großes praktisches Bedürfnis, bereits in der Phase der Insolvenzeröffnung die potentiell in Betracht kommenden Mitglieder eines später von der Gläubigerversammlung zu wählenden Gläubigerausschusses in die Transaktion mit einzube-

---

171 *Gerhardt* JZ 1968, 977.
172 *BGH* NZI 2007, 339; NZI 2003, 259; NZI 2001, 191; ausführl. *Arends/Hofert-von Weiss* BB 2009, 1538; *Vallender* GmbHR 2004, 544; *Foltis* ZInsO 1999, 386; *Uhlenbruck/Vallender* § 22 Rn. 32.
173 *Uhlenbruck/Vallender* § 22 Rn. 32 mit überzeugender Begründung. Zur Stilllegung bei gleichzeitiger Überleitung der Geschäftstätigkeit auf eine Auffanggesellschaft durch übertragende Sanierung siehe *Vallender* DZWIR 1999, 265 ff.

ziehen. Inwieweit ein „doppelt" vorläufiger Gläubigerausschuss (noch vor der Bestellung des vorläufigen Gläubigerausschusses durch das Insolvenzgericht im eröffneten Verfahren, § 67 InsO) im Eröffnungsverfahren bestellt werden kann, ist noch nicht eindeutig geklärt.[174]

Festzuhalten bleibt, dass der vorläufige Insolvenzverwalter **nur dann befugt** ist, das Unternehmen bereits im Eröffnungsverfahren zu veräußern, wenn eine **extrem günstige Verwertungsmöglichkeit** vorliegt, der Insolvenzschuldner seine Zustimmung erteilt hat, die Veräußerung sich als für die Gläubiger günstigste Verwertungsart darstellt und gleichzeitig zur Erhaltung des *Goodwill* erforderlich ist.[175] 367

3.2.2 Risiken für den Erwerber und den vorläufigen Insolvenzverwalter

Unabhängig davon, ob der vorläufige Insolvenzverwalter bei „Gefahr im Verzug" zu einer übertragenden Sanierung überhaupt befugt ist, ist sie mit **erheblichen Haftungsrisiken** für den **Erwerber** und den **vorläufigen Insolvenzverwalter** selbst verbunden und damit nur in Ausnahmefällen sinnvoll. 368

Wie bei einer Unternehmensübertragung vor Stellung des Insolvenzantrags trägt der Erwerber neben der Haftung gem. § 25 Abs. 1 HGB sowie den Rechtsfolgen des § 613a BGB das Risiko, dass der Insolvenzverwalter nach Verfahrenseröffnung den Unternehmenskaufvertrag nach §§ 129 ff. InsO anficht. Das gilt insbesondere, wenn keine Personenidentität zwischen vorläufigem und endgültigem Insolvenzverwalter gegeben ist oder Gläubigerorgane nach Verfahrenseröffnung die Rückgängigmachung eines vermeintlich masseverkürzenden Unternehmenskaufs verlangen.[176] Die Haftung aus § 75 Abs. 1 AO ist dagegen bereits beim Erwerb nach Stellung des Insolvenzantrags ausgeschlossen.[177] 369

Handlungen des Schuldners, die mit Zustimmung des „schwachen" vorläufigen Insolvenzverwalters erfolgt sind, unterliegen der Insolvenzanfechtung. Sie sind nach der Rechtsprechung nach den Grundsätzen der unzulässigen Rechtsausübung gem. § 242 BGB allerdings nicht anfechtbar, wenn beim Käufer das Vertrauen begründet wird, er habe eine nicht mehr entziehbare Rechtsposition erlangt.[178] Auf dieses unsichere Rechtsinstitut sollte sich der Erwerber jedoch im Zweifelsfall nicht verlassen. 370

Noch nicht abschließend geklärt ist die Frage, ob der Insolvenzverwalter auch eine Unternehmensveräußerung durch den „starken" vorläufigen Insolvenzverwalter anfechten kann. Im Ergebnis dürfte dies wohl abzulehnen sein, da mit § 55 Abs. 2 InsO das Vertrauen des Rechtsverkehrs in die Handlungen des mit Verwaltungs- und Verfügungsbefugnis ausgestatteten vorläufigen Insolvenzverwalters gestärkt werden soll.[179] 371

---

174 Bestellung erfolgt durch *AG Köln* ZIP 2000, 1350; ähnlich *AG Duisburg* ZIP 2003, 1460; *LG Duisburg* ZIP 2004, 729. Vgl. *Uhlenbruck* § 67 Rn. 4 m.w.N.; *ders.* in ZIP 2002, 1373; *Undritz* EWiR 2000, 1115 und *Undritz* in Runkel, § 15 Rn. 157. Zu Haarmeyers Vorschlag eines „Gesetzes zur Effizienzsteigerung und Verbesserung der Verwalterauswahl im Insolvenzverfahren", in dem auch die Bestellung eines „vor-vorläufigen Gläubigerausschusses" vorgeschlagen wird, vgl. ZInsO 2008, 367 ff.
175 *Uhlenbruck/Vallender* § 22 Rn. 32.
176 *Kammel* NZI 2000, 103.
177 BFH 23.7.1998 – VII R 143/97 = NZI 1998, 95 ff.
178 BGH NJW 1992, 2485; s. auch *BGH* NJW 1997, 3028.
179 *Vallender* GmbHR 2004, 547 m. w. N.

372 Den **vorläufigen Insolvenzverwalter** trifft für die Richtigkeit der Verkaufsentscheidung das **volle Haftungsrisiko** aus § 60 InsO i.V.m. § 21 Abs. 2 Nr. 1 InsO.

373 In der Regel ist eine Veräußerung im Eröffnungsverfahren daher nur möglich, wenn der Erwerber und der vorläufige Insolvenzverwalter sich auf die Haftungsrisiken einlassen, der Schuldner seine Zustimmung erteilt hat und ein „doppelt" vorläufiger Gläubigerausschuss an der Transaktion beteiligt worden ist.

3.3 Veräußerung im eröffneten Verfahren

374 Es gibt zahlreiche Gründe, warum es ratsam ist, dass der Insolvenzverwalter den Vertrag erst nach Eröffnung des Insolvenzverfahrens schließt. Insbesondere profitiert der Erwerber von erheblichen Haftungserleichterungen. So greifen die § 25 HGB und § 75 Abs. 2 AO im eröffneten Verfahren nicht und auch hinsichtlich des Übergangs von Arbeitsverhältnissen gem. § 613a BGB bestehen – wenn auch nur geringfügige – Haftungserleichterungen. Für den Erwerber ist daneben vorteilhaft, dass er beim Verkauf aus der Insolvenz oft einen günstigeren Kaufpreis verhandeln kann.

3.3.1 Veräußerung vor dem Berichtstermin

375 Grundsätzlich ist das insolvente Unternehmen bis zur Entscheidung der Gläubigerversammlung gem. § 157 InsO vom Insolvenzverwalter fortzuführen. Stellt sich zwischen Eröffnung und Berichtstermin heraus, dass die Fortführung zu einer nicht unerheblichen Verminderung des Haftungsvermögens führt oder eine frühzeitige Veräußerung des Geschäftsbetriebes aus vergleichbaren Gründen geboten ist, ist der Insolvenzverwalter gut beraten, bereits zu diesem Zeitpunkt an eine Unternehmensveräußerung zu denken.

376 Nach dem durch das Insolvenzvereinfachungsgesetz zum 1.7.2007 neu gefassten **§ 158 InsO** kann der Insolvenzverwalter das Unternehmen im Ganzen im eröffneten Verfahren mit Zustimmung des Gläubigerausschusses auch **schon vor dem Berichtstermin** veräußern, wenn sich hierdurch die optimale Möglichkeit der Masseverwertung ergibt.[180] Wie bisher bereits für die Stilllegung geregelt war, ist nach § 158 Abs. 2 S. 2 InsO entscheidend, ob die Veräußerung ohne eine erhebliche Verminderung der Insolvenzmasse bis zum Berichtstermin aufgeschoben werden kann. Allein der Umstand, dass das Unternehmen nicht kostendeckend weitergeführt werden kann, reicht hierfür jedoch nicht aus.[181]

377 Die für den Zeitraum vor der Verfahrenseröffnung geäußerten Bedenken, dass es keine Berechtigung gebe, derart schwerwiegend in das Eigentum des Schuldners einzugreifen, entfallen. Denn dem Schuldner wird sein Unternehmen erst zu einem Zeitpunkt entzogen, zu dem das Vorliegen eines Insolvenzgrundes bereits positiv festgestellt worden ist.[182] Die Einbeziehung der übertragenden Sanierung in die Vorschrift des § 158 InsO ist zu begrüßen, da es einen **zeitlichen Vorteil von bis zu drei Monaten** gegenüber dem vorherigen Recht mit sich bringt, und ein Warten bis zur Entscheidung der Gläubigerversammlung im Berichtstermin oft mit erheblichen Verlusten verbunden wäre.[183]

---

180 Vgl. *Pape* NZI 2007, 481 ff.; *Vallender/Fuchs* NZI 2003, 292 ff.
181 *Braun/Dithmar* InsO, 4. Aufl. 2010, § 158 Rn. 2.
182 *Thiele* in Wimmer/Dauernheim/Wagner/Gietl, Kap. 13 Rn. 99.
183 Ebenso *Pannen/Riedemann* NZI 2006, 195; *Sternal* NZI 2006, 192.

Ist bereits vor der ersten Gläubigerversammlung ein **vorläufiger Gläubigerausschuss** eingesetzt, so hat der Insolvenzverwalter dessen **Zustimmung** einzuholen. Da die Kaufangebote in der Regel gegenüber dem Insolvenzverwalter abgegeben werden, wird dieser das Angebot vorab prüfen und dem Gläubigerausschuss anschließend alle Informationen zukommen lassen, die notwendig sind, um eine sachgerechte Entscheidung treffen zu können.[184] 378

Ist ein (vorläufiger) Gläubigerausschuss dagegen noch nicht bestellt, kann der Insolvenzverwalter nach pflichtgemäßem Ermessen über eine Unternehmensveräußerung entscheiden.[185] Jedoch ergibt sich auch aus § 160 Abs. 1 Nr. 1 InsO, dass die Veräußerung des Unternehmens im Ganzen der Zustimmung des Gläubigerausschusses, und ist ein solcher nicht bestellt, der Gläubigerversammlung bedarf.[186] Daher ist es nicht ratsam, dass der Insolvenzverwalter das Unternehmen „im Alleingang" veräußert, sondern vielmehr beim Insolvenzgericht auf eine möglichst schnelle Bestellung eines vorläufigen Gläubigerausschusses hinwirkt, der im Anschluss seine Zustimmung erteilen kann. Als Alternative kann der Unternehmenskaufvertrag auch unter der aufschiebenden Bedingung der Zustimmung des (vorläufigen) Gläubigerausschusses geschlossen werden, wenn sich der Erwerber auf diese Konstellation einlässt. In Fällen, in denen der Erwerber sofort nach Übertragung nicht oder nur schwer rückabwickelbare Umstrukturierungsmaßnahmen vornehmen will, wird er dies jedoch nicht tun. Dann führt kein Weg an einer kurzfristig einzuberufenden Gläubigerversammlung vorbei. 379

Wichtig ist zudem, dass die Veräußerungshandlung des Insolvenzverwalters im Außenverhältnis auch dann wirksam ist, wenn keine Zustimmung des Gläubigerausschusses erteilt wurde, obwohl ein solcher bestellt wurde (**§ 164 InsO**).[187] Der Schutz des Vertragspartners bedeutet für den Insolvenzverwalter allerdings ein erhebliches persönliches Haftungsrisiko aus § 60 InsO. 380

In der Praxis wird weiterhin meist bereits im Insolvenzeröffnungsverfahren ein Unternehmenskaufvertrag ausgehandelt, der dem zukünftigen Insolvenzverwalter als Angebot unter der aufschiebenden Bedingung der Verfahrenseröffnung vorgelegt wird. 381

3.3.2 Veräußerung nach dem Berichtstermin

Gem. § 159 InsO hat der Insolvenzverwalter nach dem Berichtstermin unverzüglich das zur Insolvenzmasse gehörende Vermögen zu verwerten, soweit die Beschlüsse der Gläubigerversammlung nicht entgegenstehen. Er ist alleiniger Verhandlungs- und Vertragspartner (§ 80 InsO). Es reicht aus, den **Insolvenzschuldner** von der Veräußerung zu unterrichten. Weiterhin ist jedoch im Innenverhältnis für die Unternehmensveräußerung die **Zustimmung** der **Gläubigerversammlung** bzw. des **Gläubigerausschusses** nötig (§§ 160–163 InsO).[188] Wenn der Insolvenzverwalter bereits zum Berichtstermin einen Kaufinteressenten gefunden hat, bietet es sich unter verfahrens- 382

---

184 Zum weiterhin bestehenden Haftungsrisiko des Verwalters trotz Zustimmung des Gläubigerausschusses s. *BGH* ZIP 1985 423 ff.
185 *Braun/Dithmar* InsO, 4. Aufl. 2010, § 158 Rn. 2 m.w.N.
186 Zwar kann der Insolvenzverwalter hierüber gem. § 164 InsO hinweggehen; dies wird er regelmäßig aus Gründen der persönlichen Haftungsvermeidung aber nicht tun.
187 *BGH* ZIP 1995, 290.
188 Zum Zustimmungserfordernis bei einem Verkauf an einen „Insider" vgl. *Undritz* in Runkel, § 15 Rn. 175 ff.

ökonomischen Gesichtspunkten an, bereits in der ersten Gläubigerversammlung die Zustimmung der Gläubiger einzuholen.

383 Die Chance zur Veräußerung nach dem Berichtstermin bietet sich in der Regel nur dann, wenn das Unternehmen nach der Verfahrenseröffnung vom Verwalter fortgeführt wird. Die Haftungsrisiken des Insolvenzverwalters sind bei Veräußerung in diesem relativ späten Verfahrensstadium gering, solange er die Gläubiger über den Unternehmenskauf ausreichend informiert hat und die Veräußerung nicht offensichtlich masseschädigend ist.[189]

3.3.3 Haftungsprivilegien des Käufers bei Veräußerung im eröffneten Verfahren

384 Zunächst sei nur kurz angemerkt, dass sich an der **Haftung des Veräußerers** durch die Eröffnung des Insolvenzverfahrens grundsätzlich **nichts ändert**. Allerdings wird die Haftung aus Gewährleistungs- und allgemeinem Leistungsstörungsrecht bei der übertragenden Sanierung im eröffneten Insolvenzverfahren in der Regel soweit wie möglich ausgeschlossen, um sowohl die Haftung der Masse als auch die persönliche Haftung des Insolvenzverwalters zu vermeiden.

385 Würde der Erwerber eines Unternehmens aus der Insolvenz für die Altverbindlichkeiten genau wie bei einem Erwerb vor der Insolvenz haften, fände sich wohl in den seltensten Fällen ein Kaufinteressent. Deshalb werden dem **Erwerber verschiedene Haftungsprivilegien** gewährt. Gleichzeitig können sich diese aber auch als Hindernis einer außergerichtlichen übertragenden Sanierung vor der Verfahrenseröffnung erweisen.

3.3.3.1 Haftung aus Firmenfortführung gem. § 25 HGB

386 Führt der Erwerber den Betrieb des übertragenen Unternehmens unter der alten Firma fort und handelt es sich dabei um ein Handelsgewerbe i.S.d. HGB, haftet der Erwerber gem. **§ 25 HGB** grundsätzlich mit seinem ganzen Vermögen für alle betrieblichen Verbindlichkeiten des Altinhabers.[190] Im **eröffneten Insolvenzverfahren** findet diese Vorschrift jedoch **keine Anwendung**.[191] In der rechtspolitischen Diskussion im Zuge der Insolvenzrechtsreform von 1999 ist teilweise vorgeschlagen worden, die übertragende Sanierung gegenüber der Sanierung des Unternehmensträgers zu erschweren.[192] Es wurde angedacht, § 25 HGB auch beim Unternehmenserwerb im Rahmen eines Insolvenzverfahrens zur Anwendung kommen zu lassen, was die Haftung des Erwerbers für Altverbindlichkeiten zur Folge gehabt hätte. Der Regierungsentwurf hat diesen Vorschlag jedoch nicht aufgegriffen, so dass sämtliche Altverbindlichkeiten beim insolventen Unternehmen verbleiben. Eine weitergehende Erleichterung, die Wirkungen des § 25 HGB bereits für die übertragende Sanierung in der Krise (vor der Insolvenz) auszuschließen, wurde von der Rechtsprechung jedoch abgelehnt.[193]

---

189 *Vallender* GmbHR 2004, 644.
190 Zur Frage der Haftung des Erwerbers bei Fortführung nur eines Teilbereichs des Unternehmens: *BGH* NJW 2010, 236; *BGH* ZInsO 2010, 84; zur Fortführung bei einer sukzessiv erfolgenden Übernahme *BGH* NJW-RR 2009, 820.
191 Vgl. *BGHZ* 104, 153 f. (= NJW 1988, 1912 ff.) m.w.N.; jüngst *BAG* NZA 2007, 335 ff.
192 MK-InsO/*Eilenberger* § 220 Rn. 18 ff.
193 *BGH* NJW-RR 1990, 1253.

3.3.3.2 Haftung für Betriebssteuern gem. § 75 AO

Bei Erwerb im eröffneten Insolvenzverfahren ist die Haftung des Unternehmenserwerbers für Steuerverbindlichkeiten des Altinhabers gem. § 75 Abs. 1 AO nach der in Abs. 2 geregelten Haftungsfreistellung ebenfalls ausgeschlossen.[194] Damit haftet der Erwerber nicht für Betriebssteuern (u.a. Gewerbe-, und Verbrauchssteuern) und Steuerabzugsbeträge (u.a. Lohn-, Kapitalertrags- und Einkommenssteuern) des letzten Kalenderjahres vor der Übernahme. In diesem Zusammenhang sei zudem auf die Frage nach der Umsatzsteuerbarkeit der Unternehmensveräußerung hingewiesen. Es ist zu empfehlen, den Kaufgegenstand vertraglich derart „zuzuschneiden", dass die Voraussetzungen des Unternehmensverkaufs im Ganzen gem. § 1 Abs. 1a UStG erfüllt sind und der Unternehmenskauf somit nicht der Umsatzsteuer unterliegt.[195]

387

3.3.3.3 Haftung für Altlasten gem. § 4 Abs. 3 BBodSchG

Die Insolvenzeröffnung berührt nicht auch die Verantwortlichkeit des Übernehmers neben dem ursprünglichen Eigentümer für die Beseitigung von Altlasten gem. § 4 Abs. 3 BBodSchG für Grundstücke. Auch der Ausgleichsanspruch der öffentlichen Hand bei einer Altlastensanierung aus öffentlichen Mitteln gilt weiter. Bei Inanspruchnahme wird der Käufer in der Regel keine Ausgleichsmöglichkeit gegenüber der unzulänglichen Insolvenzmasse haben.[196]

388

Nach Verfahrenseröffnung, aber noch vor einer etwaigen Veräußerung, stellt sich die höchstrichterlich noch nicht entschiedene Frage, ob und inwieweit der Insolvenzverwalter ordnungsrechtlich für kontaminierte Grundstücke haftet. Von enormer praktischer Relevanz ist vor allem, ob die im Zusammenhang mit der Beseitigung von Altlasten entstehenden Verbindlichkeiten als Insolvenzforderungen oder aufgrund eigener ordnungsrechtlicher Haftung des Insolvenzverwalters als Masseverbindlichkeiten gelten.[197] Allein die Einordnung als Masseverbindlichkeit kann dazu führen, dass der Insolvenzverwalter Masseunzulänglichkeit anzeigen muss.

389

3.3.3.4 Übergang der Arbeitsverhältnisse gem. § 613a BGB

Nicht selten entscheidet die Vorschrift des § 613a BGB über Erfolg und Misserfolg einer übertragenden Sanierung.[198] Ihr kommt eine ähnlich sanierungsfeindliche Wirkung wie dem früheren § 419 BGB zu. Nach § 613a BGB tritt, wenn ein Betrieb oder Betriebsteil veräußert wird, der Erwerber in die Rechte und Pflichten aus bestehenden Arbeitsverhältnissen ein. Beim *Asset Deal* werden die Arbeitsverhältnisse automatisch vom Erwerber mit übernommen.[199] Daran ändert sich auch durch Übertragung aus der Insolvenz nichts. Dies hat zur Folge, dass ein Investor stets das Risiko,

390

---

194 Zu steuerrechtlichen Fragen im Zusammenhang mit der Sanierung in der Insolvenz siehe *Sauer* in: Rechtsprechungs-ABC Handels- und Steuerbilanz (Steuertabellen) Stand 1.1.2009 unter dem Stichpunkt „Sanierung". Vgl. zur Haftung nach § 75 AO und 25 HGB auch *Leibner/Pump* DStR 2002, 1689 ff.
195 Zu Gestaltungsmöglichkeiten s. *Kammel* NZI 2000, 102 ff.
196 Zum behördlichen Ermessen bei der Auswahl eines Sanierungsverantwortlichen vgl. *Landmann/Rohmer/Dombert* Umweltrecht, Loseblatt, § 4 BBodSchG Rn. 14 ff.
197 Dazu umfassend *Undritz* in Runkel, § 15 Rn. 89. Für die Einordnung als Insolvenzforderung u.a. BGH NZI 2002, 425; für Masseverbindlichkeiten u.a. *VG Hannover* ZInsO 2003, 913.
198 Ausführl. zu arbeitsrechtlichen Fragen im Zusammenhang mit dem Unternehmenskauf aus der Insolvenz s. *Wellensiek* NZI 2005, 603 ff.
199 Zu den arbeitgeberseitigen Informationspflichten s. *Undritz* in Runkel, § 15 Rn. 76 ff.

dass er die mit der Personalübernahme verbundenen Kosten zu tragen hat, in das Gesamtverhandlungspaket mit einzupreisen hat.

391 Im Zuge der Reformdiskussion und erneut in der aktuellen Finanzkrise wird vielfach gefordert, diese Vorschrift für Betriebsübernahmen im Insolvenzverfahren auszuschließen oder zumindest für einen Zeitraum von mindestens drei Jahren während der aktuellen Krise auszusetzen.[200] In fast allen Restrukturierungsfällen stellt die Arbeitnehmerfrage ein ganz zentrales Problem dar. Unter Berücksichtigung der derzeitigen Wirtschaftslage ist davon auszugehen, dass sich diese Problematik eher noch verschärfen als abmildern wird. Der Gesetzgeber hat bisher jedoch nicht reagiert.

392 Stattdessen wird die Vorschrift von der Rechtsprechung jedoch teleologisch reduziert. Unter Berufung auf den Grundsatz der Gläubigergleichbehandlung hat das BAG entschieden, dass der Erwerber nicht für die arbeitsrechtlichen Verbindlichkeiten haftet, die vor der Eröffnung des Insolvenzverfahrens entstanden sind.[201] Er muss auch nicht für das Insolvenzgeld eintreten, das von der Bundesanstalt für Arbeit in den letzten drei Monaten vor Insolvenzeröffnung gezahlt worden ist.

393 Vor dem Hintergrund der weitreichenden Haftungsfolgen des § 613a BGB auch in der Insolvenz hat es sich mitunter bewährt, eine **Transfergesellschaft** zu gründen, in die zunächst sämtliche Arbeitnehmer des insolventen Unternehmens eintreten.[202] Die Auffanggesellschaft des Erwerbers bietet sodann Mitarbeitern aus dieser Transfergesellschaft neue Arbeitsverträge an. So wird das Risiko, dass sich weitere Mitarbeiter aus der Transfergesellschaft bei ihr einklagen, minimiert. Dieses Vorgehen wird von der Rechtsprechung (noch) gebilligt,[203] obwohl der Vorwurf, hierdurch würde der § 613a BGB unzulässigerweise umgangen, im Raum steht.[204] Gegebenenfalls ist es dem Verwalter auch möglich, unter Bereitstellung finanzieller Anreize mit einigen Arbeitnehmern Aufhebungsverträge abzuschließen, kombiniert mit dem Abschluss eines befristeten Arbeitsvertrags mit einer Beschäftigungs- und Qualifizierungsgesellschaft (näher zu BQG s. unten 10. Kap. Rn. 186 ff.).[205]

394 Gem. § 613a Abs. 4 S. 1 BGB ist eine Kündigung wegen eines Betriebsübergangs grundsätzlich unwirksam. Allerdings wird die Veräußererkündigung wegen Rationalisierungen auf Grund eines verbindlichen Sanierungskonzepts des Erwerbers, dessen Durchführung bereits im Zeitpunkt des Zugangs der Kündigung greifbare Formen angenommen hat, vom BAG anerkannt.[206] Ferner ordnet § 128 Abs. 1 InsO an, dass die §§ 125 ff. InsO – die den Kündigungsschutz für die Arbeitnehmer eines insolventen

---

200 U.a. *GravenbrucherKreis* ZIP 1994, 585; vgl. zur aktuellen Meinung unter den Insolvenzverwaltern die Studie der *Euler Hermes Kreditversicherung* „Insolvenzen in Zeiten der Finanzkrise", Wirtschaft Konkret Nr. 107, Juni 2009.
201 *BAG* ZIP 2003, 222. Dies betrifft insbesondere Gehalts- und Sozialversicherungsrückstände und Ansprüche aus Altersteilzeitverträgen, nicht jedoch bestehende Urlaubsansprüche vgl. *BAG* NJW 2004, 1972; *BAG* BB 2005, 1339. Vgl. auch *Müller* NZI 2009, 153.
202 Früher: BQG = Beschäftigungs- und Qualifizierungsgesellschaft; vgl. zur aktuellen Einsatzmöglichkeit dieses Instruments *Bissels/Jordan/Wisskirchen* NZI 2009, 865 ff.; *Staufenbiel* ZInsO 2010, 497.
203 Vgl. *BAG* NJW 2007, 2351; NJW 2006, 938 ff.; *LAG Baden-Württemberg* Urteil v. 18.12.2008 – 11 Sa 59/08 (m. Anm. *Witthöft* GWR 2009, 158). Die Rechtsprechung gibt wertvolle Anhaltspunkte, unter welchen Voraussetzungen ein zwischen dem ursprünglichen Arbeitgeber und dem Arbeitnehmer geschlossener Aufhebungsvertrag wegen Umgehung des § 613a BGB gem. § 134 BGB nichtig ist.
204 Vgl. zum aktuellen Stand der Diskussion: *Leister/Fischer* ZInsO 2009, 985.
205 Vgl. *BAG* ZIP 1999, 1572 ff.; *Wellensiek* NZI 2002, 236.
206 *BAG* NJW 2003, 3507; *BAG* NJW 1984, 627; *BAG* NZA 1997, 148.

Unternehmens modifizieren – auch im Fall einer Betriebsveräußerung durch den Insolvenzverwalter gelten, und zwar unabhängig davon, ob der Insolvenzverwalter die Betriebsänderung selbst oder der Erwerber nach Veräußerung durchführt.[207] Daneben hindert § 613a BGB den Insolvenzverwalter auch nicht daran, betriebsbedingte Kündigungen (sogar mit der verkürzten Kündigungsfrist von drei Monaten gem. § 113 InsO) auszusprechen.

3.3.3.5 Die beihilferechtliche Haftung

Entscheidungen der EU Kommission in den letzten zehn Jahren haben die Befürchtung geweckt, dass neben dem Unternehmensveräußerer nun vermehrt auch der Erwerber als Rückforderungsschuldner von rechtswidrig gewährten Beihilfezahlungen haften muss.[208] Bei der Veräußerung eines Unternehmens als ganzes befürchtete die Kommission, dass Unternehmen die Veräußerung gezielt dazu einsetzen, die Rückforderungsentscheidung zu umgehen. Es drohte, dass übertragende Sanierungen aus der Insolvenz erheblich erschwert oder gar unmöglich würden, wenn die Höhe der drohenden Beihilferückforderung den Unternehmenswert übersteigt und somit kein Käufer zu einer Übernahme dieses Haftungsrisikos bereit wäre. Inzwischen hat der Gerichtshof jedoch klargestellt, dass ein **Umgehungstatbestand** zumindest dann **nicht vorliegt**, wenn die folgenden **drei Voraussetzungen** erfüllt sind, sodass eine Haftungserstreckung auf den Erwerber ausscheidet:[209]   395

a) Der Staat hat die Beihilferückforderungen zur Insolvenztabelle angemeldet.
b) Der Verkauf des Unternehmens erfolgt auf Initiative eines unter gerichtlicher Aufsicht stehenden Insolvenzverwalters, der die Aufgabe hat, auf die möglichst umfassende und gleichmäßige Befriedigung aller Gläubiger hinzuwirken.
c) Die Vermögensgegenstände werden zum Marktpreis in einem offenen und transparenten Verfahren veräußert.

Nach dieser Rechtsprechung hat sich das Risiko des Erwerbers bei der übertragenden Sanierung von beihilfebegünstigten Unternehmen deutlich verringert. Soweit der Insolvenzverwalter wie in Deutschland die Aufgabe hat, die Interessen aller Gläubiger gleichmäßig wahrzunehmen, geht der Gerichtshof in Fällen des geordneten und gerichtlich überwachten Insolvenzverfahrens grundsätzlich vom Vorliegen dieser Voraussetzungen aus. Eine Praxis dergestalt, dass die EU-Kommission dem Erwerber im Rahmen des Unternehmenskaufs auf Anfrage bestätigt, ihn nicht zur Rückforderung heranzuziehen (sog. *comfort letter*) hat sich allerdings bislang nicht entwickelt.[210]   396

3.3.4 Sonderfrage: Übertragung im Regelverfahren oder im Rahmen eines Insolvenzplans?

Wie bereits erläutert, hat der Insolvenzverwalter im eröffneten Verfahren die Wahl, die übertragende Sanierung im Regelverfahren oder im Rahmen eines Insolvenzplans durchzuführen. Die **Veräußerung im Insolvenzplanverfahren** bringt **einige Nachteile** mit sich, wodurch meist eine **Veräußerung im Regelverfahren vorzugswürdig** ist.   397

---

207 MK-InsO/*Ganter* § 1 Rn. 94.
208 Entscheidung der Kommission v. 2.6.1999 ABlEU 2000 Nr. L 227/24 – Seleco; v. 8.7.1999 ABlEU 1999 Nr. L 292/27 – Gröditzer Stahlwerke; v. 11.4.2000 ABlEU 2000 Nr. L 238/50 – SMI; v. 21.6.2000 ABlEU 2000 Nr. L 318/62 – CDA. Vgl. zum Ganzen: *Undritz* in Runkel, § 15 Rn. 67 ff.
209 EuGH Rs. C-277/00, *Bundesrepublik Deutschland/Kommission (SMI)*, Slg. 2004, I-3925.
210 *Reul/Heckschen/Wienberg* Insolvenzrecht in der Kautelarpraxis, 2006, Abschn. O. I.

398 Die differenzierten Zustimmungspflichten des Gläubigerausschusses bzw. der Gläubigerversammlung und die Informationspflichten des Verwalters gegenüber dem Schuldner im Regelverfahren sorgen dafür, dass die Interessen der Beteiligten ausreichend gewahrt werden und dennoch der Verhandlungsspielraum des Verwalters im Rahmen der Verkaufsverhandlungen nicht unnötig eingeschränkt wird. Im Insolvenzplanverfahren haben die Gläubiger zahlreiche Möglichkeiten zur Erhebung von Einwendungen, der Verwahrung der Zustimmung sowie der Erhebung von Beschwerden gegen den Plan (u.a. §§ 251, 253 InsO). Damit wird das Verfahren unnötig kompliziert und aufwändig und bietet störungswilligen Gläubigern reichlich Chancen, die übertragende Sanierung zu „torpedieren". Die Variante der übertragenden Sanierung im Insolvenzplanverfahren ist zudem meist kostspieliger und langwieriger, da das Gericht den Plan einer ggf. schwierigen betriebswirtschaftlichen Vorprüfung unterziehen muss, in der es bereits die Erfolgsaussichten mit zu beurteilen hat.[211] Im Allgemeinen wird deshalb, falls eine übertragende Sanierung durch Unternehmensveräußerung in das Blickfeld gerät, kein Insolvenzplan vorgelegt.

4. Abschließende Betrachtung

399 Die übertragende Sanierung ist und bleibt zumindest mittelfristig das Restrukturierungsmittel erster Wahl in Deutschland. Beobachtet man die Entwicklung der letzten zehn Jahre, so lässt sich zwar feststellen, dass das Insolvenzplanverfahren als Alternative zur übertragenden Sanierung an Bedeutung gewinnt.[212] Der Anteil der im Planverfahren sanierten Unternehmen gemessen an den gesamten Unternehmensinsolvenzen liegt jedoch immer noch lediglich bei etwa 2 %, so dass die vom Gesetzgeber ursprünglich angestrebte Quote von 5 % der Insolvenzfälle bei weitem (noch) nicht erreicht worden ist.[213] Wie bereits ausführlich dargelegt, sind die Gründe für die fortdauernde Beliebtheit der übertragenden Sanierung vor allem in ihrer Klarheit, der raschen Abwicklungsgeschwindigkeit sowie der vielfach erprobten Flexibilität zu sehen.

400 Die aufgezeigten Risiken zeigen, dass der Erwerb im Vorfeld der Insolvenz, auch der Erwerb vom vorläufigen Insolvenzverwalter, nur begrenzt und wenn überhaupt, dann nur nach sorgfältiger Due Diligence empfohlen werden kann. Eine Vielzahl der hier angedeuteten Risiken können vermieden werden, wenn die Vorbereitungen der Unternehmensübertragung *vor,* der Erwerb vom Verwalter jedoch erst unmittelbar *nach* Eröffnung des Insolvenzverfahrens durchgeführt wird.

---

211 Vgl. *Wellensiek* NZI 2002, 238; MK-InsO/*Ganter* 2. Aufl. 2007, § 1 Rn. 91.
212 Bundesjustizministerin Sabine Leutheusser-Schnarrenberger sagte im Rahmen der Eröffnung des 7. Deutschen Insolvenzrechtstages 2010 in Berlin, dass die Bundesregierung die Reform des Insolvenzrechts vorantreiben und bis Mitte des Jahres 2010 einen ersten Gesetzentwurf vorlegen wolle, in dem insbesondere das Insolvenzplanverfahren und die Eigenverwaltung umgestaltet werden sollen.
213 Zur Prognose der steigenden Bedeutung des Insolvenzplanverfahrens vgl. bereits *Hagebusch/Oberle* NZI 2006, 618.

10. Kapitel
Ausgewählte Einzelfragen

I. Anforderungen an Sanierungskonzepte

1. Vorwort

Die Einführung des IDW S 6 fiel in eine Zeit wirtschaftlicher Verwerfungen – mithin hatte der neue Standard direkt seine Bewährungsprobe zu bestehen. Aufgrund der Modifikationen im Vergleich zu seinem Vorgängerstandard, soll sich der S 6 dabei als geeignetes Instrumentarium im Rahmen der Unternehmenssanierung erweisen.

2. Veränderungen durch den IDW S 6 im Vergleich zur alten Regelung nach IDW FAR 1/1991

Der IDW S 6 stellt klar, das der Begriff der Sanierungswürdigkeit aufgrund der Berücksichtigung von subjektiven Elementen nicht Gegenstand einer Aussage sein kann. Sind allerdings im Rahmen des Sanierungskonzeptes Beiträge Dritter (von Stakeholdern oder neu hinzutretenden Stakeholdern) erforderlich, bildet die Abklärung deren subjektiver Einschätzung der Sanierungswürdigkeit den objektiven Rahmen zur Beurteilung, ob diese konzeptgemäß erforderlichen Beiträge auch mit hinreichender Wahrscheinlichkeit realisiert werden können.[1]

Weitere wesentliche Veränderungen im Vergleich zum Vorgängerstandard sind:
- die Einführung eines 2-Stufen Konzeptes,
- die stärkere Betonung der Bestimmung des Krisenstadiums sowie
- das Erfordernis einer nachhaltigen Fortführungsfähigkeit im Sinne der Sanierungsfähigkeit.

Mit der Einführung des 2-Stufen-Konzeptes trägt der S 6 der Tatsache Rechnung, dass im Rahmen von Unternehmenskrisen im Regelfall kurzfristig Sofortmaßnahmen getroffen werden müssen, um die Existenz des Unternehmens zu sichern.[2] Hierbei handelt es sich um liquiditätssichernde Maßnahmen zur Insolvenzvermeidung oder Beseitigung vorliegender Insolvenzantragsgründe.[3] Dieses Notprogramm stellt den ersten Schritt des Sanierungskonzeptes dar. Im Anschluss daran ist zeitnah der zweite Schritt einzuleiten – die systematische Aufarbeitung der Krisenursachen und der daraus abzuleitenden Restrukturierungsmaßnahmen zur Wiedererlangung der nachhaltigen Fortführungsfähigkeit.[4]

Im Vergleich hierzu war im FAR 1/1991 keine Unterteilungsstufe vorgesehen, was in der Praxis jedoch aufgrund des bestehenden Zeit- und Handlungsdrucks häufig modifiziert werden musste.[5] So wurden beispielsweise im S 6 die darzustellenden Basisinformationen über das Unternehmen dahingehend modifiziert, dass hier nur noch die wesentlichen, für das Sanierungskonzept sanierungsrelevanten Daten, in einer klaren

---
1 Vgl. *IDW* S 6, Rn. 16.
2 Vgl. *Groß* Wfg 5/2009, Themenheft, 232.
3 Vgl. *IDW* S 6, Rn. 12.
4 Vgl. *IDW* S 6, Rn. 13.
5 Vgl. *Groß* Wfg 5/2009, Themenheft, 231.

und übersichtlichen Form zusammengestellt werden müssen, ohne dabei die starre Anwendung der in Anlage 1 des FAR 1/1991 aufgezeigten Gliederungsebenen beachten zu müssen.[6]

6 Der S 6 verlangt im Rahmen der Lagebeurteilung die Feststellung des eingetretenen Krisenstadiums. Dies führt dazu, dass vorgelagerte Krisenstadien und auslösende Krisenursachen ebenfalls dezidiert abzuarbeiten und zu analysieren sind. Basierend auf den Ergebnissen dieser Analyse sind adäquate Sanierungsmaßnahmen zu definieren, denn nicht identifizierte und nicht behobene Krisenursachen wirken weiter und führen dazu, dass z.B. die Erfolgs- und Liquiditätskrise nur vorübergehend überwunden wird, ohne dass eine nachhaltige Sanierung erreicht ist.[7]

7 Mit dem Erfordernis der nachhaltigen Fortführungsfähigkeit geht der S 6 über den FAR 1/1991 hinaus. Während der FAR 1/1991 lediglich die Feststellung eines positiven Einnahmeüberschusses als Kriterium der Sanierungsfähigkeit forderte[8], verlangt der S 6 darüber hinaus die nachhaltige Fortführungsfähigkeit im Sinne einer Wettbewerbs- und Renditefähigkeit. Wettbewerbsfähigkeit ist hierbei der für die Kunden des Unternehmens zu schaffende Mehrwert, der in der Folge zur Renditefähigkeit führt, d.h. über die Marktstellung des Unternehmens kann eine branchenübliche Rendite erzielt werden.[9] Somit stellt der IDW S 6 bei der Beurteilung der Sanierungsfähigkeit nicht nur auf kurzfristiges Handeln ab, sondern explizit auf die Nachhaltigkeit unternehmerischer Entscheidungen: „Eine Vernachlässigung der Nachhaltigkeitsanforderungen hingegen schwächt das Unternehmen und seine finanzielle Basis und erschwert damit das Gelingen der Sanierung."[10]

8 Der S 6 definiert als Standard die Anforderungen an die Erstellung eines Sanierungskonzeptes. Bei der Beurteilung von Sanierungskonzepten wird dieser Standard in der Praxis in modifizierter Form entsprechend angewandt.

3. Grundlagen

3.1 Der Begriff des Sanierungskonzeptes

9 Ein Sanierungskonzept soll dazu geeignet sein, anhand der durchgeführten Analysen sowie der Bestimmung des Krisenstadiums und der Krisenursachen Maßnahmen zu definieren, welche die eingetretene Unternehmenskrise nachhaltig beheben können. Dabei sind die Maßnahmen am Leitbild des sanierten Unternehmens auszurichten. Bei der Analyse der Krisenursachen und der Definition der Maßnahmen ist auf Ursachen- und Wirkungszusammenhänge zu achten sowie auf die Realisierbarkeit der einzelnen definierten Restrukturierungsmaßnahmen.[11]

10 Die Realisierbarkeit von Maßnahmen bzw. die zur Verfügung stehenden Maßnahmen hängen vom Sanierungsspielraum ab. Je fortgeschrittener die Krise, desto begrenzter ist im Regelfall der Sanierungsspielraum bei implizit steigendem Handlungsdruck. Der Sanierungsspielraum kann z.B. durch Probleme bei der Kapitalbeschaffung, durch Widerstände notwendig vorzunehmender Personalmaßnahmen oder auch durch

---

6 Vgl. *IDW* S 6, Rn. 41 f.
7 Vgl. *IDW* S 6, Rn. 58.
8 Vgl. FAR 1/1991, Abs. 3.
9 Vgl. *IDW* S 6, Rn. 13.
10 Vgl. *IDW* S 6, Rn. 15.
11 Vgl. *IDW* S 6, Rn. 2.

die Vorschriften der Insolvenzordnung im Falle bereits eingetretener Insolvenzantragsgründe begrenzt werden.[12]

Das Ziel des Sanierungskonzeptes besteht darin, eine intersubjektiv nachvollziehbare Aussage zur Sanierungsfähigkeit des Unternehmens zu treffen. Hierfür muss ein Sanierungskonzept nach IDW S 6 folgende Kernbestandteile enthalten:[13]
- Beschreibung von Auftragsgegenstand und -umfang,
- Darstellung der wirtschaftlichen Ausgangslage,
- Analyse von Krisenstadium und -ursachen,
- Darstellung des Leitbildes des sanierten Unternehmens,
- Maßnahmen zur Bewältigung der Unternehmenskrise und
- eine integrierte Unternehmensplanung (GuV-, Bilanz- und Liquiditätsplanung).

3.2 Anforderungen an die Qualität der Informationen

Die Anforderungen an die Qualität der Informationen ergeben sich aus der vorstehend dargestellten Zielsetzung des Sanierungskonzeptes. Ein Kennzeichen von Krisenunternehmen ist in der Regel, dass die bereits vor der Krise existierenden Informationssysteme die Lage des Unternehmens nur unzureichend abgebildet haben, da die notwendige Datenbasis nicht im erforderlichen Umfang existiert oder nicht erhoben wurde. Daher muss der Konzeptersteller sich zunächst der verfügbaren Daten vergewissern und unter Umständen „angemessene Maßnahmen zur hinreichenden Absicherung der Datenqualität" ergreifen.[14]

Erfahrungen aus der Praxis zeigen, dass die Überprüfung der Qualität der Informationen zu Beginn der Arbeiten an einem Sanierungskonzept wesentlich für die zeitgerechte Erledigung der Arbeiten und die Aussagefähigkeit des Sanierungskonzeptes ist.

Dabei ist der Auftragsumfang, der im Wesentlichen die Erstellung eines Sanierungskonzeptes bzw. die Beurteilung eines solchen umfasst, von der Jahresabschlussprüfung abzugrenzen. Während es sich bei der Jahresabschlussprüfung um eine umfassende Prüfung der Ordnungsmäßigkeit der Rechnungslegung handelt[15], bei der der Jahresabschluss und der Lagebericht unter Einbeziehung der Buchführung darauf hin zu überprüfen ist, ob die gesetzlichen Vorschriften, die unmittelbar für die Rechnungslegung erlassen sind, eingehalten wurden[16], handelt es sich bei der Sanierungsprüfung um ein Aufgabengebiet bei der in einem Gesamturteil eine Feststellung darüber getroffen werden soll, ob ein Not leidendes Unternehmen sanierungsfähig ist.[17]

Sanierungsfähig ist ein Unternehmen nur dann, wenn zum einen die Annahme der Unternehmensfortführung i.S.d. § 252 Abs. 1 Nr. 2 HGB bejaht werden kann und zum anderen durch geeignete Maßnahmen nachhaltig die Wettbewerbs- und Renditefähigkeit sowie eine branchenübliche Eigenkapitalquote wieder zu erlangen sind.[18] Die Gesamtbeurteilung über die Sanierungsfähigkeit eines Unternehmens innerhalb eines Sanierungskonzeptes erfolgt dabei in einer zusammenfassenden Schlussbemerkung,

---

12 Vgl. *Groß* Wfg 5/2009, Themenheft, 234 ff.
13 Vgl. *IDW* S 6, Rn. 7.
14 Vgl. *Rockel/Andersch* Wfg 5/2009, Themenheft, 248.
15 Vgl. *IDW* PS 200, Rn. 2.
16 Vgl. WP Handbuch 2008, Bd. II, Abschn. G Rn. 26.
17 Vgl. WP Handbuch 2008, Bd. II, Abschn. F Rn. 1.
18 Vgl. *IDW* S 6, Rn. 10, 83.

die sowohl kritische Faktoren und Annahmen von besonderer Bedeutung aufstellt als auch Bedingungen enthalten kann.[19] Dabei entspricht die Gesamtbeurteilung zur Sanierungsfähigkeit keinem Testat bzw. Bestätigungsvermerk gem. § 322 HGB i.V.m. § 2 Abs. 1 WPO.[20]

3.2.1 Vollständigkeit

16 Ausgangspunkt für die Erstellung eines Sanierungskonzeptes ist die vollständige Erfassung aller für das Unternehmen wesentlichen Daten.[21] Nach dem Grundsatz der Vollständigkeit muss das Sanierungskonzept alle Angaben enthalten, die für die Gesamtbeurteilung der historischen und aktuellen wirtschaftlichen Verhältnisse sowie der Risiken der künftigen Entwicklung erforderlich sind. Die Angaben im Sanierungskonzept müssen den Konzeptadressaten ein zutreffendes Bild von der Ausgangslage des Unternehmens und ihrer voraussichtlichen Entwicklung in Bezug auf die Sanierungsfähigkeit vermitteln.[22]

17 Die vollständige Datenerfassung und genaue Informationszusammenstellung bilden dabei im Rahmen der Wesentlichkeit die Grundlage für eine vollständige Abbildung der aktuellen Situation des Unternehmens und damit die Basis für das jeweilige Sanierungskonzept.[23] Eine unvollständige Datenerfassung und Informationsgrundlage erhöht die Gefahr einer falschen Krisen- und Ursachendarstellung im Sanierungskonzept und damit verbunden eine falsche Interpretation dessen.[24]

3.2.2 Wesentlichkeit und Relevanz

18 Die Begriffe der Wesentlichkeit und Relevanz bestimmen wie stark und in welchem Umfang Informationen z.B. zu einzelnen Krisenursachen und deren Wirkungen auf das zukünftig auszurichtende Unternehmen in die Beurteilung einbezogen werden sollen und welche zur Darstellung der Sanierungsproblematik notwendig sind.[25]

19 Die Einflussfaktoren sind dabei als wesentlich zu beurteilen, wenn eine Nichtberücksichtigung dem Interessentenkreis ein nicht eindeutiges Bild über die Lage des Krisenunternehmens bietet. Die Festlegung ist daran auszurichten, ob die Nichtberücksichtigung eine Bedeutung auf den Einfluss des jeweiligen Aussagewertes des Konzeptes gegenüber dem Adressatenkreis hat.[26]

3.2.3 Nachvollziehbarkeit, Klarheit und Übersichtlichkeit

20 Diese Grundsätze nehmen Bezug auf die inhaltliche und formale Darstellungsweise des Sanierungskonzeptes.[27] Durch eine klare, nachvollziehbare und übersichtliche Struktur der Unternehmensbeschreibung und der damit verbundenen Analysen der Krisenursachen und Ableitungen des Maßnahmenpaketes soll gewährleistet werden,

---

19 Vgl. *IDW* S 6, Rn. 142 ff.
20 Vgl. *Andersch/Schneider* in Hommel/Knecht/Wohlenberg (Hrsg.), Handbuch Unternehmensrestrukturierung, 1. Aufl. 2006, S. 328.
21 Vgl. *IDW* S 6, Rn. 41.
22 Vgl. WP Handbuch 2008, Bd. II, Abschn. F Rn. 534.
23 Vgl. *Hommel/Knecht/Wohlenberg* in Hommel/Knecht/Wohlenberg (Hrsg.), Handbuch Unternehmensrestrukturierung, 1. Aufl. 2006, S. 52.
24 Vgl. WP Handbuch 2008, Bd. II, Abschn. F Rn. 533.
25 Vgl. *Peemöller/Weigert* BB 1995, 2312; WP Handbuch 2008, Bd. II, Abschn. F Rn. 537.
26 Vgl. *IDW* PS 250, Rn. 4.
27 Vgl. *Peemöller/Weigert* BB 1995, 2313.

dass ein Adressat aufgrund seiner fachlichen Vorkenntnisse in der Lage ist, die Aussagen im Sanierungskonzept zu verstehen[28] und Irreführungen ausgeschlossen sind.[29]

Des Weiteren bezieht sich der Begriff der Klarheit nicht nur auf die Darstellungsform an sich, sondern insbesondere auch auf das Ergebnis der Sanierungsbeurteilung. Diese muss als eindeutige Aussage die Frage hinsichtlich der Fortführungsfähigkeit oder Sanierungsfähigkeit des Unternehmens entweder positiv oder negativ beantworten[30] und ebenso klar eventuelle Bedingungen und kritische Annahmen darstellen, wie in der zusammenfassenden Schlussbemerkung vorgesehen.[31]

3.2.4 Vertrauenswürdigkeit und Richtigkeit

Im Rahmen der Vertrauenswürdigkeit und Richtigkeit muss dargelegt werden, wie die gewonnenen Daten auf Plausibilität geprüft wurden – dies trifft insbesondere auf die Planungsprämissen zu. Diese werden einerseits basierend auf Zukunftserwartungen, andererseits auch über die Analyse von Vergangenheitsdaten gewonnen. Bei der Nutzung von Vergangenheitsdaten ist somit darauf zu achten, ob die historischen Wirkungszusammenhänge auch in der Zukunft weiterhin ihre Gültigkeit behalten. Daher sind die zugrunde gelegten Planungsprämissen offen zu legen und ihre Herleitung zu erläutern.[32]

4. Darstellung und Analyse des Unternehmens (Bestandsaufnahme)

Die grundlegende Basis für ein Sanierungskonzept und eine erfolgreiche Sanierung ist die Aufarbeitung der Problemfelder in Bezug auf die derzeitige Situation des Unternehmens. Dabei umfasst die Darstellung und Analyse die wesentlichen Eckpunkte der rechtlichen Verhältnisse und die wirtschaftliche Ausgangslage[33], die sich sowohl in interne als auch in externe Verhältnisse unterscheiden lassen. Die akkurate Aufnahme der Ist-Situation ist dabei grundlegend für die spätere Ableitung der Krisenursachen sowie der notwendigen Restrukturierungsmaßnahmen.

4.1 Basisinformationen über das Unternehmen

Die Basisinformationen beinhalten sowohl Aussagen zur bisherigen Unternehmensentwicklung als auch zu rechtlichen Verhältnissen des Unternehmens. Dabei ist die Vermittlung eines verlässlichen Tatsachenbildes der historischen Unternehmensentwicklung fast immer unverzichtbar.[34] Hierzu gehören vor allem Angaben zur Unternehmensgeschichte, die finanzwirtschaftliche, leistungswirtschaftliche sowie organisatorische Entwicklung und die Mitarbeiterentwicklung inkl. des arbeitsrechtlichen Rahmens.[35]

Des Weiteren beinhalten die Basisinformationen eine umfassende Aufnahme der wesentlichen rechtlichen Verhältnisse des Unternehmens, die für die Beurteilung der Sanierungsfähigkeit relevant sind. Im Regelfall ist die Entwicklung aller gesellschafts-

---

28 Vgl. WP Handbuch 2008, Bd. II, Abschn. F Rn. 542.
29 Vgl. *Peemöller/Weigert* BB 1995, 2313.
30 Vgl. WP Handbuch 2008, Bd. II, Abschn. F Rn. 543.
31 Vgl. *IDW* S 6, Rn. 143.
32 Vgl. *Mochty/Wiese* WPg 5/2009, Themenheft, 258.
33 Vgl. *IDW* S 6, Rn. 28.
34 Vgl. WP Handbuch 2008, Bd. II, Abschn. F Rn. 232.
35 Vgl. *IDW* S 6, Rn. 41 ff.; WP Handbuch 2008, Bd. II, Abschn. F Rn. 233 ff.

rechtlichen Sachverhalte in ihrer aktuellen Situation, Beziehungen zu Gesellschaftern, ihnen nahestehenden Dritten, Angestellten, Beratern und Mitarbeitern zu erfassen. Darunter fallen insbesondere alle tatsächlichen Umstände über gewährte Darlehen, gestundete Forderungen, bestehende Verbindlichkeiten und Nutzungsverhältnisse, arbeitsrechtliche Grundlagen des Unternehmens, geltende Tarifbestimmungen, die betriebsverfassungsrechtliche Situation sowie wesentliche Dauerschuldverhältnisse, Bezugsverpflichtungen oder -rechte und entgeltliche Bindungen aller Art.[36]

26 Besondere Bedeutung können in diesem Zusammenhang rechtliche Beziehungen zwischen Konzernunternehmen z.B. Haftungsbrücken, Darlehensgewährungen, etc. erlangen.

4.2 Analyse der Unternehmenslage

27 Basierend auf den erhobenen Grunddaten dient die Lagebeurteilung des Unternehmens dazu, das Zusammenwirken der einzelnen Faktoren zu untersuchen und offen zu legen sowie weitere Informationsbedürfnisse zu erkennen. Hieraus folgt die systematische Beurteilung des Unternehmens und die Ableitung der strategischen Neuausrichtung.[37] Dabei werden sowohl externe Zusammenhänge zwischen dem Unternehmen und seiner Umwelt als auch interne Faktoren innerhalb des Unternehmens berücksichtigt.

4.2.1 Markt- und Wettbewerbsverhältnisse

28 Die hierbei vorgenommene Analyse der externen Faktoren ist im Wesentlichen darauf ausgerichtet, Chancen und Risiken des Unternehmens im Markt zu identifizieren.[38] Insbesondere ist die Frage zu beantworten, ob sich das Unternehmen im künftig erwarteten Marktumfeld positiv entwickeln kann,[39] wobei zwischen der Analyse des globalen und des aufgabenbezogenen Umfeldes zu unterscheiden ist.

29 Bei der Analyse des globalen Umfeldes steht die Untersuchung der externen Rahmendaten[40] im Mittelpunkt, die auf die Entwicklung und aktuelle Situation des Krisenunternehmens Einfluss nehmen. Das darauf aufbauende aufgabenbezogene Umfeld umfasst Untersuchungen zu Nachfrage- und Wettbewerbsbeziehungen auf den unternehmensrelevanten Märkten.[41] Dabei ergeben sich nicht nur Anhaltspunkte, wie profitabel die Branche, in dem sich das Unternehmen bewegt, in naher Zukunft sein wird, sondern auch dafür, wie das Unternehmen im Spannungsfeld der einzelnen Kräfte und ihrer Entwicklungen positioniert ist. Entscheidend dabei ist vor allem die Analyse der für die Unternehmensbranche charakteristischen Wettbewerbssituation und deren Entwicklung im Planungszeitraum.[42]

---

36 Vgl. WP Handbuch 2008, Bd. II, Abschn. F Rn. 239 ff.
37 Vgl. *Andersch/Schneider* in Hommel/Knecht/Wohlenberg (Hrsg.), Handbuch Unternehmensrestrukturierung, 1. Aufl. 2006, S. 321.
38 Vgl. *IDW* S 6, Rn. 44.
39 Vgl. *Groß* WPg 5/2009, Themenheft, 233.
40 Externe Rahmendaten sind unter anderem gesamtwirtschaftliche, politisch-rechtliche und demographische Einflussfaktoren, die den Rahmen für die Unternehmenstätigkeit bilden.
41 Vgl. *Andersch/Schneider* in Hommel/Knecht/Wohlenberg (Hrsg.), Handbuch Unternehmensrestrukturierung, 1. Aufl., 2006, S. 321.
42 Vgl. *IDW* S 6, Rn. 49.

4.2.2 Wirtschaftliche Lage des Unternehmens

Hier sind die unternehmensinternen Verhältnisse darzustellen, die sich in einem ersten Schritt in die Ergebnis-, Finanz- und Vermögenslage des Unternehmens unterteilen lassen. Dabei sind entsprechende Entwicklungen ohne Umsetzung von Sanierungsmaßnahmen ebenfalls mit zu erfassen und abzuschätzen,[43] welche die notwendige Basis für die spätere Entwicklung von Sanierungsmaßnahmen darstellen.

In einem weiteren Schritt sind die Stärken und Schwächen des Unternehmens zu analysieren, einschließlich der Wettbewerbsstrategie und der vorhandenen Kernkompetenzen. Dazu ist auch das bestehende Leitbild des Unternehmens (Ausgangsleitbild) zu hinterfragen und kritisch zu würdigen. Hier rücken Faktoren wie der Kernauftrag bzw. die Kerngeschäfte und ihre Rentabilität, die Kernprodukte mit ihren Eigenschaften sowie die Kernkompetenzen des Unternehmens in den Blickwinkel.[44]

4.3 Feststellung des Krisenstadiums

Ausgangspunkt für eine erfolgreiche Bewältigung der Unternehmenskrise ist eine genaue Analyse der Krise bzw. der Krisenursachen.[45] Die Einordnung der vorliegenden Ist-Situation des Unternehmens in das adäquate Krisenstadium ist die Grundlage für eine erfolgreiche Sanierung. Das Krisenstadium kennzeichnet dabei den Grad der Bedrohung für das Unternehmen.[46] Das rechtzeitige Erkennen und zugleich die richtige Zuordnung der Krisensituation in das entsprechende Stadium sind unabdingbare Voraussetzungen, um notwendige Anhaltspunkte für eine erfolgreiche Krisenüberwindung zu erkennen sowie daraus abgeleitete Fehlentscheidungen zu vermeiden.[47] In diesem Zusammenhang ist die vorstehend beschriebene Darstellung und Analyse des Unternehmens von Bedeutung, da sie entscheidend zur Feststellung des Krisenstadiums beiträgt. Erst dadurch lässt sich ein vollständiges Sanierungskonzept ableiten, welches nicht nur aus dem aktuellen Krisenstadium herausführt, sondern auch nachhaltig die Rendite- und Wettbewerbsfähigkeit sichern soll. Wenn die Probleme in ihrer Vielschichtigkeit und Komplexität nicht erfasst werden, kann die Krise nicht behoben werden.

Der IDW S 6 unterscheidet dabei in sechs Krisenstadien, die in **Abb. 1** entsprechend ihrem zeitlichen Ablauf dargestellt sind.

---

43 Vgl. *IDW* S 6, Rn. 52.
44 Vgl. *IDW* S 6, Rn. 54.
45 Vgl. *Kraus/Buschmann* in Buth/Hermanns, Restrukturierung, Sanierung, Insolvenz, 3. Aufl. 2009, S. 136 Rn. 4.
46 Vgl. WP Handbuch 2008, Bd. II, Abschn. F Rn. 32.
47 Vgl. *Crone* in Crone/Werner (Hrsg.), Handbuch modernes Sanierungsmanagement, 2007, S. 6 f.

10 Ausgewählte Einzelfragen

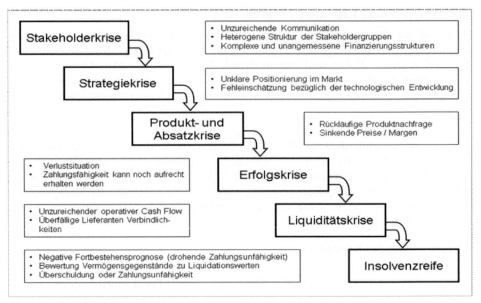

Abb. 1: Krisenstadien nach IDW S 6[48]

34 In der Regel nehmen die Handlungsmöglichkeiten im fortschreitenden Zeitverlauf des Krisenstadiums ab und enden ohne entsprechend entgegengesetzte Maßnahmen in der Insolvenz des Unternehmens. Es ist dabei nicht zwingend, dass die Krisenstadien in der dargestellten zeitlichen Reihenfolge eintreten.[49] Vielmehr bestimmt die Ursache der Krise die Reihenfolge der Krisenstadien.

35 In der Literatur finden sich abweichende, strukturell jedoch ähnliche Gliederungen hinsichtlich der Krisenarten. So existieren Gliederungen mit fünf [50] oder vier[51] Krisenphasen. Die Einteilung in die größeren Krisencluster bieten zwar auf den ersten Blick den Vorteil einer größeren Übersichtlichkeit und geringeren Abgrenzungsproblemen, jedoch ist die gewählte feinere Unterteilungssystematik für die Entwicklung eines vollständigen Sanierungskonzeptes nach IDW S 6, welches gegebenenfalls auch einer kritischen Überprüfung standhalten muss, sachlich geboten. Insbesondere hilft dieses feinere Clustering einer genaueren Ursachenanalyse.

36 Eine systematische Ursachenanalyse des entsprechenden Krisenstadiums erfolgt durch Eingrenzung der vermuteten kritischen Geschäftsbereiche, für welche die Krisenursachen entsprechend zu analysieren sind.[52] Dabei reichen allgemeine Angaben zu den Krisenursachen, wie z.B. Managementfehler, nicht aus. Einerseits muss zwischen Krisenursachen und -symptomen unterschieden, andererseits zusammenwirkende, sich gegenseitig positiv und auch negativ bedingende Ursachen analysiert werden. [53]

---

48 Vgl. *Beck* WPg 5/2009, Themenheft, 266.
49 Vgl. *Crone* in Crone/Werner (Hrsg.), Handbuch modernes Sanierungsmanagement, 2007, S. 6.
50 Vgl. *Crone* in Crone/Werner (Hrsg.), Handbuch modernes Sanierungsmanagement, 2007, S. 3 ff.
51 Vgl. *Zöller* in Blöse/Kihm, Unternehmenskrisen – Ursachen, Sanierungskonzepte, Krisenvorsorge, Steuern, 2006, S. 22, Rn. 7 ff.; WP Handbuch 2008, Bd. II, Abschn. F Rn. 26.
52 Vgl. *Beck* WPg 5/2009, Themenheft, 265.
53 Vgl. *IDW* S 6, Rn. 74 f.; *Crone* in Crone/Werner (Hrsg.), Handbuch modernes Sanierungsmanagement, 2007, S. 10.

Im Folgenden wird entsprechend der Gliederung des S 6 eine Abgrenzung der einzelnen Krisenstadien vorgenommen.

4.3.1 Feststellung der Stakeholderkrise

Die Gruppe der Stakeholder setzt sich aus einer Vielzahl von Mitgliedern mit heterogenen Interessen zusammen, die entsprechende Konflikte auslösen können. Hierzu gehören z.B. die Mitglieder der Unternehmensleitung, die Gesellschafter, aber auch die Arbeitnehmer und ihre Interessenvertreter, Banken sowie Kunden und Lieferanten.

So kann ein Konflikt beispielsweise aufgrund eines veränderten Führungsverhaltens der Unternehmensleitung entstehen, welches sich negativ auf die Beziehungen zu den Arbeitnehmern auswirkt oder auch auf die Beziehungen zu externen Stakeholdern. Dieses auf Ebene der Stakeholder vorfindbare Verhalten kann sich bis zur Belegschaft fortsetzen, so dass sich insgesamt das Unternehmensleitbild und die -kultur verändern.[54]

Die Gründe für Konflikte auf Ebene der Stakeholder können verschiedenste Ursachen haben, z.B. Krankheit des geschäftsführenden Gesellschafters, missglückte Unternehmensnachfolgen oder ein Streit innerhalb der Unternehmensleitung bzw. innerhalb des Gesellschafterkreises.[55] Des Weiteren kann es zu Konflikten mit Banken hinsichtlich der Finanzierungsstruktur kommen. Komplexe Finanzierungsstrukturen können eine von der Unternehmensleitung angestrebte Weiterentwicklung des Unternehmens behindern, da diese Strukturen den möglichen Verhandlungsspielraum der Banken einschränken und somit zu einer Unsicherheit für das Unternehmen führen.[56]

Im Verlauf der Stakeholderkrise sind im Regelfall noch keine negativen finanziellen Entwicklungen zu verzeichnen (z.B. Ertragsrückgang oder Liquiditätsprobleme), so dass die Bedeutung dieser Phase von den handelnden Personen oft unterschätzt wird bzw. teilweise nicht als ein solches Krisenstadium wahrgenommen wird.

4.3.2 Feststellung der Strategiekrise

Dieses Krisenstadium ist gekennzeichnet durch einen Verlust an Wettbewerbsfähigkeit, was z.B. an sinkenden Marktanteilen zu erkennen ist.

Die Gründe für das Entstehen einer Strategiekrise liegen beispielsweise in nicht erkannten technologischen Entwicklungen, der Einführung innovativer Verfahren und Produkte durch Konkurrenten oder auch den aus der Stakeholderkrise resultierenden Blockaden bzw. ungelösten Konflikten. Des Weiteren können Fehlentscheidungen der Unternehmensleitung ursächlich für das Entstehen einer strategischen Krise sein.[57]

Häufig erzielen Unternehmen in dieser Krisenphase noch Gewinne, so dass man sich selten mit den Ursachen dieser Krisenphase auseinandersetzt, sondern lediglich die Symptome bekämpft (z.B. Kostensenkungsmaßnahmen beschließt, die die rückläufigen Gewinne kompensieren sollen). Somit vergeht ein längerer Zeitraum, bis die Strategiekrise als solche erkannt wird und entsprechende Gegenmaßnahmen ergriffen werden können.[58]

---

54 Vgl. *Beck* WPg 5/2009, Themenheft, 265.
55 Vgl. *Groß* WPg Sonderheft 2003, 129 f.
56 Vgl. *Beck* WPg 5/2009, Themenheft, 266.
57 Vgl. *Crone* in Crone/Werner (Hrsg.), Handbuch modernes Sanierungsmanagement, 2007, S. 4.
58 Vgl. *Seefelder* Unternehmenssanierung – Zerschlagung vermeiden, Ursachen analysieren, Konzepte finden, Chancen erkennen, 2003, S. 59.

4.3.3 Feststellung der Produkt- und Absatzkrise

45 Eine nicht erkannte Strategiekrise führt im nächsten Schritt zur Produkt- und Absatzkrise. Hier erfährt das Unternehmen zunächst eine stagnierende Nachfrage und im weiteren Verlauf dieser Phase eine dauerhaft sinkende Nachfrage bei seinen Kernprodukten und bisherigen Erfolgsträgern. Verschärft wird diese Situation im Verlauf des Stadiums durch einen Margenrückgang. Im Ergebnis führt dies im fortgeschrittenen Krisenstadium zu einem spürbaren Rückgang des Unternehmensergebnisses.[59]

46 Diese Phase geht oft mit einem Aufbau des Vorratsbestandes einher, um die Unterauslastung in der Produktion auszugleichen, der in Verbindung mit dem zu verzeichnenden Rückgang des Unternehmensergebnisses zu ersten Engpässen in der Finanzierungsstruktur führen kann.

4.3.4 Feststellung der Erfolgskrise

47 Bei Eintreten der Erfolgskrise ist die Unternehmenskrise nicht mehr zu übersehen. Der fortgesetzte Nachfragerückgang in Verbindung mit rückläufigen Preisen führt zu starken Gewinnrückgängen bzw. ab einem bestimmten Punkt auch zu Verlusten. Die Verluste wiederum greifen das Eigenkapital an,[60] und in Kombination führt beides zu einer verschlechterten Kreditbonität bei Banken und Lieferanten.

48 Die operativen Probleme führen zu einer angespannten Liquiditätssituation, so dass das Unternehmen die notwendigen finanziellen Mittel zu einer nachhaltigen Sanierung (z.B. Behebung des Investitionsstaus, Sozialpläne, etc.) nicht mehr erwirtschaften kann. Somit ist eine nachhaltige Sanierung ohne Kapitalzuführung durch Dritte nicht mehr möglich.[61]

49 Bei längerem Anhalten dieses Krisenstadiums besteht eine sich erhöhende Gefahr des Eintritt der Zahlungsunfähigkeit nach § 17 InsO und/oder – bei längerem Anhalten der Verlustsituation – Überschuldung nach § 19 InsO.[62]

4.3.5 Feststellung der Liquiditätskrise

50 Eine länger anhaltende Erfolgskrise sowie die Verschärfung ihrer Krisenmerkmale führen im nächsten Schritt zur Liquiditätskrise. In der Liquiditätskrise wird nur noch ein geringfügig positiver bzw. oft ein negativer Cash-Flow aus der laufenden Geschäftstätigkeit generiert. Dies führt in der Konsequenz zu einem weiteren Verzehr liquider Mittel bzw. einer steigenden Ausnutzung der zur Verfügung gestellten Finanzierungslinien.[63]

51 Im Ergebnis führt dies nicht nur zu Zahlungsschwierigkeiten gegenüber Lieferanten (mit entsprechender Weitermeldung an die Kreditversicherer), sondern auch zu Problemen bei der Leistung von Zins- und Tilgungsverpflichtungen gegenüber möglichen Kreditgebern.[64] Solche Ereignisse können die Kreditgeber zu Kreditkündigungen

---

59 Vgl. *Beck* WPg 5/2009, Themenheft, 266.
60 Vgl. *Crone* in Crone/Werner (Hrsg.), Handbuch modernes Sanierungsmanagement, 2007, S. 4.
61 Vgl. *IDW* S 6, Rn. 69.
62 Vgl. *Harz/Hub/Schlarb* Sanierungsmanagement – Unternehmen aus der Krise führen, 3. Aufl. 2006, S. 7.
63 Vgl. *IDW* S 6, Rn. 72.
64 Vgl. *Werdan/Ott/Rauch* Das Steuerberatungsmandat in der Krise, Sanierung und Insolvenz – Vom Normalmandat zum Insolvenzmandat, 2006, S. 44.

bewegen, wodurch eine weitere Verschärfung der Krise folgt und das Insolvenzantragsrisiko deutlich steigt.[65]

4.3.6 Feststellung der Insolvenzreife

Greifen die in den zuvor genannten vorgelagerten Krisenstadien eingeleiteten Gegensteuerungsmaßnahmen nicht, ist der Eintritt der Insolvenztatbestände, sollten sie nicht bereits in den vorherigen Stadien vorliegen, sehr wahrscheinlich. 52

Der Fall einer vorliegenden Überschuldung[66] bei positiver Fortbestehensprognose wurde durch Änderung der Insolvenzordnung vom 18.10.2008 durch Einführung des Finanzmarktstabilisierungsgesetz – Art. 5, befristet bis zum 31.12.2010, ausgesetzt.[67] Durch Art. 1 des Gesetzes zur Erleichterung der Sanierung von Unternehmen, das am 30.9.2009 in Kraft trat, wurde die Frist um 3 Jahre bis zum 31.12.2013 verlängert.[68] Die Einführung bzw. Verlängerung der modifizierten Überschuldungsdefinition bedeutet eine Rückkehr zur modifizierten zweistufigen Überschuldungsprüfung des BGH[69], die vor der Einführung der Insolvenzordnung zum 1.1.1999 Gültigkeit hatte.[70] 53

Im Fall einer überwiegend wahrscheinlich positiven Fortbestehensprognose entfällt eine Überschuldungsprüfung. Dagegen ist im Fall einer negativen Fortbestehungsprognose eine Überschuldungsprüfung im zweiten Schritt unumgänglich. Hierbei sind die Vermögenswerte auch nach Einführung des Finanzmarktstabilisierungsgesetzes zu Liquidationswerten zu bewerten, was im Regelfall zur Überschuldung des Unternehmens führt – dies gilt im Übrigen auch bei Vorliegen einer drohenden Zahlungsunfähigkeit. Die finale Stufe der Insolvenzreife ist die Insolvenzantragspflicht. 54

4.4 Aussagen zur Unternehmensfortführung nach § 252 Abs. 1 Nr. 2 HGB

Die Aussagen hinsichtlich der Unternehmensfortführung beziehen sich auf Aussagen zur Zahlungsfähigkeit nach § 17 InsO, Aussagen zur Überschuldung nach § 19 InsO und Aussagen zur Annahme der Fortführung der Unternehmenstätigkeit nach § 252 Abs. 1 Nr. 2 HGB. 55

Dabei ist im Rahmen der Prüfung der Zahlungsunfähigkeit nach § 17 InsO spätestens ab der Liquiditätskrise ein Liquiditätsstatus zu erstellen, der die Zahlungsfähigkeit des Unternehmens untersucht. Maßgeblich für das Bestehen der Zahlungsunfähigkeit und damit dem Vorliegen des Insolvenzantragsgrundes ist dabei nicht allein eine stichtagsbezogene Gegenüberstellung der verfügbaren Finanzmittel, sondern ob ein vorliegender Liquiditätsengpass nur eine Zahlungsstockung[71] darstellt, den die Gesellschaft in einem kurzfristigen Zeitraum beseitigen kann.[72] 56

---

65 Vgl. *Crone* in Crone/Werner (Hrsg.), Handbuch modernes Sanierungsmanagement, 2007, S. 5.
66 § 19 II InsO lautet nunmehr wie folgt: „Überschuldung liegt vor, wenn das Vermögen des Schuldners die bestehenden Verbindlichkeiten nicht mehr deckt. Bei der Bewertung des Vermögens des Schuldners ist jedoch die Fortführung des Unternehmens zugrunde zu legen, wenn diese nach den Umständen überwiegend wahrscheinlich ist."
67 Vgl. BGBl I v. 17.10.2008, S. 1982.
68 Vgl. BGBl I v. 29.10.2009, S. 3151.
69 Vgl. BGH-Urteil vom 13.7.1992 – II ZR 269/91, in BB 1992, 1898 f.
70 Zur modifizierten zweistufigen Überschuldungsdefinition vgl. *Schmidt* Wege zum Insolvenzrecht der Unternehmen, 1990, S. 50 ff.; zuerst *Schmidt* AG 1978, 337 ff.
71 Vgl. *IDW* PS 800, S. 1 ff.
72 Vgl. *IDW* S 6, Rn. 77.

57 Liegen Indizien für eine Überschuldung nach § 19 InsO vor, so ist ein entsprechender Überschuldungsstatus[73] zu erstellen. Die hier zu wählenden Wertansätze hängen vom Ergebnis der Fortbestehensprognose ab. [74] Dabei ist das alleinige Kriterium einer positiven Fortbestehensprognose die voraussichtliche Aufrechterhaltung der Zahlungsfähigkeit während des Prognosezeitraumes.[75]

58 Die insolvenzrechtlich darzustellende Fortbestehensprognose ist von der handelsrechtlichen Fortführungsprognose nach § 252 Abs. 1 Nr. 2 HGB zu unterscheiden. Die Fortführungsprognose geht im Hinblick auf die tatsächlichen Gegebenheiten über die rein liquiditätsorientierter Fortbestehensprognose hinaus. Das heißt, innerhalb der Fortführungsprognose hat die Geschäftsleitung des Unternehmens zu beurteilen, ob nach § 252 Abs. 1 Nr. 2 HGB rechtliche oder tatsächliche Gegebenheiten der Fortführung der Unternehmenstätigkeit entgegenstehen. Dabei ist eine positive Fortführungsprognose nur gegeben, wenn weder Insolvenzantragsgründe noch andere rechtliche oder tatsächliche Gegebenheiten der Annahme der Unternehmensfortführung im Prognosezeitraum[76] entgegenstehen.[77]

5. Ausrichtung des Sanierungskonzeptes am Leitbild des sanierten Unternehmens

59 Das Leitbild des sanierten Unternehmens beschreibt den Zielzustand des Unternehmens nach Umsetzung der definierten Sanierungsmaßnahmen. Es orientiert sich an den identifizierten Krisenursachen und den durchlaufenen Krisenstadien und muss die aufgetretenen Probleme stimmig lösen. Dabei umschreibt es die Konturen eines Unternehmens, das in wirtschaftlicher Hinsicht mindestens eine nachhaltige, durchschnittliche branchenübliche Umsatzrendite und Eigenkapitalquote aufweist.[78] Hierdurch wird das Unternehmen wieder attraktiv für Eigen- und Fremdkapitalgeber.[78] Jedoch ist zu berücksichtigen, dass das Leitbild kein starrer Fixpunkt ist, sondern angepasst werden muss, wenn sich im Laufe des Sanierungsprozesses neue Erkenntnisse ergeben, z.B. durch Veränderungen der Unternehmensumwelt.

60 Inhaltlich muss das künftige Geschäftsmodell sowie die Kerngeschäftsfelder, in denen das Unternehmen künftig tätig sein will, unter Berücksichtigung der Markt- und Wettbewerbssituation beschrieben werden. Unternehmensintern sind Ziele und Maßnahmen sowie die geplante Unternehmensstruktur zu kommunizieren, um zu einer positiven Veränderung der Unternehmenskultur beizutragen.[79]

---

73 Vgl. *IDW* FAR 1/1996, S. 1 ff.
74 Aufgrund der zeitlich befristeten Änderung des Überschuldungsbegriffes ist die Erstellung eines Überschuldungsstatus nur im Fall einer negativen Fortbestehensprognose erforderlich.
75 Vgl. *IDW* S 6, Rn. 78.
76 Als Prognosezeitraum ist nach *IDW* PS 270, Rn. 8 der Zeitraum zugrunde zu legen, den die gesetzlichen Vertreter für ihre Einschätzung verwendet haben, jedoch mindestens ein Zeitraum von zwölf Monaten, gerechnet vom Abschlussstichtag des Geschäftsjahres. Darüber hinausgehend dürfen bis zum Abschluss der Aufstellung des Jahresabschlusses keine fundierten Anhaltspunkte dafür vorliegen, dass die Annahme der Fortführung der Unternehmenstätigkeit zu einem nach diesem Zeitraum liegenden Zeitpunkt nicht mehr aufrecht zu halten sein wird.
77 Vgl. *IDW* S 6, Rn. 79 f.
78 Vgl. *IDW* S 6, Rn. 83.
79 Vgl. *Groß* WPg 5/2009, Themenheft, 241.

5.1 Stadiengerechte Bewältigung der Unternehmenskrise

Basierend auf dem festgestellten Krisenstadium sind die ersten Maßnahmen zur Behebung der Unternehmenskrise zu definieren. Wie in **Abb. 2** dargestellt, sind in umgekehrter Reihenfolge der Krisenstadien, d.h. zunächst sind eventuell vorliegende Insolvenzgründe, danach die Gründe für die Liquiditätskrise und die Erfolgskrise, etc. zu beseitigen.

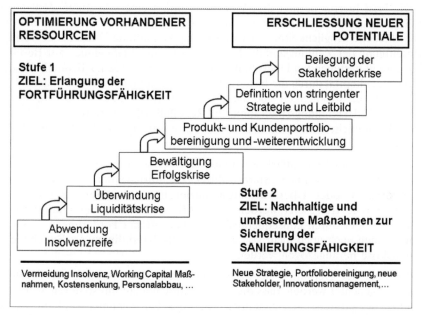

Abb. 2: Sanierung als stadiengerechte Bewältigung der Krise[80]

Hier setzt das neu eingeführte zweistufige Sanierungskonzept des S 6 an. Um vorliegende Insolvenzgründe bzw. eine Liquiditätskrise zu beheben, ist es erforderlich, sich auf kurzfristig wirkende Sofortmaßnahmen zu konzentrieren. Das Ziel dieser Sofortmaßnahmen besteht darin, die Fortführungsfähigkeit i.S.d. § 252 Abs. 1 Nr. 2 HGB herzustellen bzw. zu sichern. Wenn dies erreicht ist, sind in den nächsten Stufen Maßnahmen zu definieren, um die nachhaltige Sanierungsfähigkeit zu erlangen – um eine Insolvenz zu vermeiden, sind zunächst liquiditätssichernde und verlustbeseitigende Maßnahmen einzuleiten, wobei sich ein nachhaltiger Sanierungserfolg nur einstellen wird, wenn auch die Ursachen aus vorgelagerten und parallelen Krisensituationen beseitigt werden.[81] Zu berücksichtigen ist auch hier die Stimmigkeit der Maßnahmen untereinander[82] sowie ein enger zeitlicher Zusammenhang zwischen den beiden Stufen.[83]

---

80 Vgl. *Beck* WPg 5/2009, Themenheft, 268.
81 Vgl. *IDW* S 6, Rn. 96.
82 Vgl. *Groß* WPg 5/2009, Themenheft, 243.
83 Vgl. *Groß* WPg 5/2009, Themenheft, 232.

5.2 Maßnahmenprogramm zur Erlangung der Fortführungs- und Sanierungsfähigkeit (finanz-/leistungswirtschaftliche und organisatorische Maßnahmen)

63 Befindet sich das Unternehmen bereits im Stadium der Insolvenz, so kann diese im Wege einer übertragenden Sanierung sowie eines Insolvenzplanverfahrens[84] und der in diesem Rahmen bereitgestellten Sanierungsinstrumente überwunden werden.[85]

64 Die Insolvenzantragspflicht entsteht grundsätzlich bei Eintritt eines Eröffnungsgrundes.[86] Die Frist hierfür beträgt drei Wochen[87], mithin eine sehr kurze Zeit um wirksame Gegenmaßnahmen einzuleiten. Um die Zahlungsunfähigkeit zu verhindern, stehen verschiedene Möglichkeiten der Generierung von liquiden Mitteln zur Verfügung. Die Beseitigung der Zahlungsunfähigkeit kann auch mit Maßnahmen zur Beseitigung einer eventuell bestehenden Überschuldung kombiniert werden, z.B. durch die Zuführung von Eigenkapital durch die bisherigen oder neu aufgenommenen Shareholder. In der Unternehmenswirklichkeit sind die tatsächlich ernsthaft zur Verfügung stehenden Instrumente und Handlungsspielräume im Regelfall sehr begrenzt. Dabei kann nur auf abstrakt mögliche Handlungsalternativen keine Aussage zur Fortführungsfähigkeit gestützt werden.[88]

65 Zur Behebung einer Liquiditätskrise stehen eine Reihe von möglichen Optionen zur Verfügung. Einerseits können externe Mittel zugeführt werden,[89] wie z.B. Factoring von Forderungen oder Überbrückungsfinanzierungen. Andererseits können auch interne Potentiale freigesetzt werden,[90] wie z.B. im Rahmen der Optimierung der Lagerhaltung oder durch konsequentes Eintreiben offener Forderungen. Sofern vorhanden, können auch noch nicht voll ausgeschöpfte Kreditlinien zur Behebung einer Liquiditätskrise herangezogen werden.

66 Spätestens bei der Definition der Maßnahmen zur Überwindung der Erfolgskrise muss darauf geachtet werden, dass diese Maßnahmen nicht mit späteren Maßnahmen hinsichtlich der strategischen Neuausrichtung des Unternehmens kollidieren. Maßnahmen zur Überwindung der Erfolgskrise können einerseits umsatzerhöhend wirken, andererseits in Kostensenkungen bestehen. So können z.B. die am Markt noch erfolgreichen und margenträchtigen Produkte stärker in den Vordergrund treten, wogegen der Anteil der Verlustbringer zurückgefahren wird. Des Weiteren sollte die Abfrage der Kundenbedürfnisse einen höheren Stellenwert erhalten, um hierüber Produkte mit höheren Margen platzieren zu können. Auf der Kostenseite sind die einzelnen Positionen zu analysieren, um ein entsprechendes Kostensenkungspotential – typischerweise im Overheadbereich – zu identifizieren. Darüber hinaus sind aber auch im leistungswirtschaftlichen Bereich Kostensenkungspotentiale vorhanden, z.B. bei Einkaufspreisen, durch erste Effizienzverbesserungen in der Produktion oder durch die Optimierung des Nettoumlaufvermögens.[90]

---

84 Vgl. *Gietl* in Wimmer/Dauernheim/Wagner/Gietl (Hrsg.), Handbuch des Fachanwalts Insolvenzrechts, 4. Aufl. 2010, S. 1071 ff.
85 Vgl. *Seagon* in Buth/Hermanns (Hrsg.), Restrukturierung Sanierung, Insolvenz, 3. Aufl. 2009, § 27 Rn. 88 ff. und 73 f.
86 § 15a InsO.
87 Vgl. *BGH* NZI 2005, 547.
88 Vgl. *IDW* S. 6, Rn. 102.
89 Vgl. *Hettich/Micke* in Crone/Werner(Hrsg.), Handbuch modernes Sanierungsmanagement, 2007, S. 144 ff.
90 Vgl. *Crone* in Crone/Werner(Hrsg.), Handbuch modernes Sanierungsmanagement, 2007, S. 181 ff.

Die Ausführungen zur Behebung der Erfolgskrise verdeutlichen, dass die dort einzuleitenden Maßnahmen sehr eng mit den Maßnahmen zusammenhängen, die zur Überwindung der Produkt- und Absatzkrise notwendig sind. Ist eine Produkt- und Absatzkrise lediglich kurzfristiger Natur, d.h. die Produkte des Unternehmens sind marktgerecht und wettbewerbsfähig im Hinblick auf Technologie und Preis, so sollten Maßnahmen zur Überstehung der Phase ergriffen werden und somit das Potenzial des Unternehmens zu erhalten. Hierzu gehören z.B. zeitlich befristete Kostensenkungen oder auch Kurzarbeit.[91] Im Falle grundsätzlich struktureller Probleme, z.B. nicht wettbewerbsfähige Produkte oder Preise, sind jedoch andere Maßnahmen zu ergreifen. Basierend auf den Ergebnissen der Ursachenanalysen, sind beispielsweise Produktionsmethoden zu verändern, Investitionen in neue Technologien und Produkte zu tätigen oder gar Geschäftsbereiche ganz oder teilweise aufzugeben, wenn der Rückstand auf die Wettbewerber nicht mehr oder nur noch mit einem unverhältnismäßig hohen Kapitaleinsatz beseitigt werden kann.[92] Dies macht deutlich, dass die Bereinigung einer Unternehmenskrise sehr eng mit den zu treffenden finanzwirtschaftlichen Maßnahmen zusammenhängt, da zur leistungswirtschaftlichen Krisenbewältigung im Regelfall zusätzliche finanzielle Mittel benötigt werden.[93]

67

Die Grundlage der strategischen Neuausrichtung ist das Leitbild des rendite- und wettbewerbsfähigen Unternehmens.[94] Dies zeigt die Bedeutung der Definition des neuen Leitbildes und verdeutlicht gleichzeitig, dass die neue Strategie im Einklang mit den Entscheidungen, die im Rahmen der Beseitigung der Produkt- und Absatzkrise getroffen wurden, stehen muss. Die strategische Neuausrichtung basiert zunächst auf einer Lagebeurteilung der gegenwärtigen strategischen Position des Unternehmens im Wettbewerb sowie der Ursachen der Strategiekrise.[95] Darauf aufbauend, muss das Unternehmen seine Wettbewerbsstrategie definieren um in Zukunft die nachhaltige Wettbewerbsfähigkeit des Unternehmens zu sichern. Ausgerichtet am Leitbild des sanierten Unternehmens sieht der S 6 fünf alternative Wettbewerbsstrategien vor, die sich zum Teil auch kombinieren lassen: der Kosten-/ Preiswettbewerb (Kostenführerschaft), der Qualitäts-/ Leistungswettbewerb (Differenzierungsstrategie), der Wettbewerb um Zeitvorteile („Responsewettbewerb"), der Innovations- und Technologiewettbewerb sowie der Wettbewerb um die beste Wertschöpfungsarchitektur (sog. Layer Competition).[96] Die vom Unternehmen gewählte Strategie schlägt sich dann in entsprechenden Folgeentscheidungen nieder, wie z.B. notwendige Qualifikation von Mitarbeitern, Anpassung von Ressourcen oder notwendiger finanzieller Mittel. Daneben lassen sich in der Literatur zum Themenfeld der Unternehmenssanierung je nach Problemfeld drei verschiedene Strategietypen unterscheiden: Wachstumsstrategie, Stabilisierungsstrategie und Schrumpfung- bzw. Desinvestitionsstrategie.[97]

68

Schließlich ist zur nachhaltigen Sanierung des Unternehmens die Überwindung der Stakeholderkrise nötig. Hierzu gehört zunächst, dass das Unternehmen wieder in sich

69

---

91 Vgl. *IDW* S 6, Rn. 109.
92 Vgl. WP Handbuch 2008, Bd. II, Abschn. F Rn. 337 ff.
93 Vgl. WP Handbuch 2008, Bd. II, Abschn. F Rn. 467.
94 Vgl. *IDW* S 6, Rn. 113.
95 Vgl. *Kraus/Buschmann* in Buth/Hermanns (Hrsg.), Restrukturierung Sanierung, Insolvenz, 3. Aufl. 2009, § 6 Rn. 20.
96 Vgl. *IDW* S 6 Rn. 92; zu den einzelnen Strategiearten s. *Groß* WPg 5/2009, Themenheft, 239 f.
97 Vgl. *Weiland* Praxis des Sanierungsmanagements – von der Krisendiagnose zum Leitbild des zu sanierenden Unternehmens, in Krisen/Sanierung/Insolvenz, 2006, S. 67 ff.

ruht, d.h. die im Rahmen der Sanierung veränderte/eingeführte Unternehmenskultur muss im Einklang mit den Handlungen der Unternehmensleitung stehen. Darüber hinaus müssen sich auch die heterogenen Interessengruppen grundsätzlich über ihre Erwartungshaltung an die künftige Ausrichtung des Unternehmens und die hieraus folgenden Implikationen geeinigt haben. Hierbei kommt dem durch das Management zu definierenden Leitbild des sanierten Unternehmens eine besondere Bedeutung zu, denn in ihm sollten sich die übrigen Stakeholder wieder finden. [98]

5.3 Erlangung der nachhaltigen Fortführungsfähigkeit

70 Das 2-Stufen-Konzept des S 6 unterteilt sich in die zuerst durchzuführenden Maßnahmen zur Herbeiführung bzw. Sicherstellung der unmittelbaren Fortführungsfähigkeit mit im Anschluss verbundener Erreichung einer nachhaltigen Fortführungsfähigkeit[99]. Die Erreichung einer nachhaltigen Fortführungsfähigkeit bzw. Wettbewerbsfähigkeit sind das wesentliche Kriterium für die Sanierungsfähigkeit. Charakteristika einer nachhaltigen Wettbewerbsfähigkeit sind eine branchenübliche Renditefähigkeit (Umsatzrendite) sowie Eigenkapitalquote.[100]

71 In der Praxis führt die Darstellung einer branchenüblichen Rendite bzw. auch die Darstellung einer nachhaltigen Fortführungsfähigkeit regelmäßig zu Unsicherheiten bei den betroffenen Unternehmen und Konzepterstellern, wie sich diese Größen bestimmen oder auch darstellen lassen. Des Weiteren führen die Begriffe Nachhaltigkeit und Branchenüblichkeit regelmäßig zu Problemen – was heißt überhaupt Nachhaltigkeit oder woraus lässt sich eine Branchenüblichkeit ableiten.

72 Die dabei im S 6 genannten Begriffe beziehen sich nicht auf die Darstellung einer EBITDA-Marge oder die Vergleichbarkeit des ROCE (Return On Capital Employed[101]) zwischen dem Zielunternehmen und dessen Branche, sondern klassisch auf die Umsatzrendite, d.h. auf das Ergebnis nach Steuern im Verhältnis zu Umsatz bzw. Gesamtleistung.

73 Das nachfolgende Beispiel eines mittelständischen Automobilzulieferers soll vereinfacht aufzeigen, wie auf Basis einer branchenüblichen Rendite die maximale Verschuldung mit entsprechendem Einfluss auf die Eigenkapitalrendite berechnet werden kann.

74 Das Beispielunternehmen erwirtschaftet eine EBITDA-Marge in Höhe von 9,0 %. Es fallen Abschreibungen bezogen auf das Sachanlagevermögen in Höhe von 4,0 % an, woraus eine EBIT-Marge in Höhe von 5,0 % resultiert.

75 Nachfolgende **Tab. 1** zeigt ausgewählte Kennzahlen mittelständischer Automobilzulieferer für die Jahre 2006–2008[102]:

---

98 Vgl. WP Handbuch 2008, Bd. II, Abschn. F Rn. 141.
99 Vgl. *IDW* S 6, Rn. 12 f.
100 Vgl. *IDW* S 6, Rn. 10, 13; *Weimar* in Wimmer/Dauernheim/Wagner/Gietl, Handbuch des Fachanwalts Insolvenzrecht, 4. Aufl. 2010, S. 1715, Rn. 7.
101 Hierbei handelt es sich um eine Weiterentwicklung de Gesamtkapitalrentabilität, die zeigt wie effektiv und profitabel ein Unternehmen mit seinem eingesetzten Kapital umgeht.
102 Vgl. IKB-Studie: Automobilzulieferer – Zulieferer stellen sich einem weiteren schwierigen Jahr, November 2009, S. 9.

Tab 1: Ausgewählte Kennzahlen mittelständischer Automobilzulieferer[103]

GuV-Positionen	2006	2007	2008
EBITDA-Marge	7,5% bis 10,4%	7,8% bis 10,2%	6,3% bis 8,4%
Afa auf Sachanlagen	-3,5% bis -5,0%	-3,5% bis -4,6%	-3,7% bis -4,6%
EBIT-Marge	4,0% bis 5,4%	4,3% bis 5,6%	2,3% bis 3,8%
Finanzergebnis	-0,9% bis -1,4%	-0,8% bis -1,5%	-0,9% bis -1,6%
Umsatzrendite (vor Steuern)	2,6% bis 4,4%	2,8% bis 4,7%	1,0% bis 2,7%

Unterstellt man aus obiger **Tab. 1** eine durchschnittliche branchenübliche Umsatzrendite vor Steuern in Höhe von 2,5 % für das Jahr 2008, verbleiben 2,5 % der Gesamtleistung, die für das Finanzergebnis, hier insbesondere für den Zinsaufwand des Beispielunternehmens, maximal zur Verfügung stehen bzw. aufgewendet werden können.

Tab. 2: Beispielrechnung

	in% der Gesamtleistung
EBITDA	9,0%
AfA	-4,0%
EBIT-Marge	5,0%
Finanzergebnis (Zinsaufwand)	2,5%
Umsatzrentabilität (vor Steuern)	**2,5%**
Durchschnittlicher Zinssatz	7,0%
EBITDA Multiple (net debt/EBITDA)	**3,97**

Tab. 3: Berechnung EBITDA-Multiple

Berechnung des EBITDA-Multiples (net debt/EBITDA):

1. Verschuldung (net debt) im Verhältnis zur Gesamtleistung:

$$\frac{\text{Zinsaufwand (in \% der Gesamtleistung)}}{\text{Zinssatz}} \quad \frac{2,5\%}{7,0\%} = 35,71\%$$

2. EBITDA im Verhältnis zur Gesamtleistung (vgl. Tab.2) 9,0%

3. EBITDA-Multiple:

$$\frac{\text{Verschuldung im Verhältnis zur Gesamtleistung*}}{\text{EBITDA im Verhältnis zur Gesamtleistung}} \quad \frac{35,71\%}{9,0\%} = 3,97$$

* in diesem Bruch kann die Gesamtleistung gekürzt werden, so dass gilt:

$$\frac{\text{Verschuldung im Verhältnis zur Gesamtleistung}}{\text{EBITDA im Verhältnis zur Gesamtleistung}} = \frac{\text{Verschuldung}}{\text{EBITDA}}$$

---

103 Vgl. IKB-Studie: Automobilzulieferer – Zulieferer stellen sich einem weiteren schwierigen Jahr, November 2009, S. 9.

77 Aus diesen Angaben resultiert aus dem Finanzergebnis im Verhältnis zu einem angenommenen durchschnittlichen Zinssatz für den aufgenommenen Kapitaldienst in Höhe von 7 % und einer durchschnittlichen branchenüblichen EBITDA-Marge in Höhe von 9 %, dass die maximal für das Unternehmen tragfähige Verschuldung das 3,97-fache EBITDA betragen kann. Dies bildet dabei einen guten Anhaltspunkt für den möglich Verschuldungsgrad bzw. die mögliche maximale Verschuldung für das Unternehmen.

78 Um die branchenübliche Umsatzrendite, die bisher als Umsatzrendite vor Steuern betrachtet wurde, mit der Erreichung einer branchenüblichen Umsatzrentabilität auch die Erreichung einer branchenüblichen Eigenkapitalquote, wie der S 6 es fordert,[104] zu verbinden, ist die Berücksichtigung der Steuerlast notwendig (vgl. **Tab. 4**). Dies ist auch der Grund (vgl. Rn. 72), dass konzeptionell der Begriff der Umsatzrendite im S 6 als Nachsteuerrendite zu verstehen sein muss.

79 Für die durchschnittliche Steuerquote für Kapitalgesellschaften in Deutschland werden 30 % unterstellt (KörpSt. zzgl. GewSt.). Reduziert man die branchenübliche Umsatzrendite vor Steuern in Höhe von 2,5 % von der Steuerquote in Höhe von 30 % verbleibt ein mögliches zu thesaurierendes Jahresergebnis in Höhe von 1,75 % p.a. bei gleichbleibenden Annahmen.[105]

Tab. 4: Beispielrechnung inklusive Steuerlast

	in% der Gesamtleistung
EBITDA	9,0%
AfA	-4,0%
EBIT-Marge	5,0%
Finanzergebnis (Zinsaufwand)	2,5%
Umsatzrentabilität (vor Steuern)	**2,5%**
Durchschnitllicher Zinssatz	7,0%
EBITDA Multiple (net debt/EBITDA)	**3,97**
Pauschale Steuerlast	30,0%
Jahresergebnis	**1,75%**

80 Nach der Studie der Deutschen Industriebank vom November 2009[106] lag die durchschnittliche Eigenkapitalquote für 2008 der mittelständischen Automobilzulieferindustrie bei 38,3 %.[107] Diese erscheint aus Sicht der Praxis verhältnismäßig hoch, auf-

---

104 Vgl. *IDW* S 6, Rn. 10, 83.
105 Die pauschalen Steuersätze berücksichtigen naturgemäß nicht die komplexe Thematik der steuerlichen Gewinnermittlung im Einzelfall (Behandlung von Verlustvorträgen, Mindestbesteuerung, Zinsschranke, nicht abziehbare Aufwendungen etc.).
106 In der Studie wurden die Jahresabschlüsse aus 2008 von 120 Kundenunternehmen der IKB analysiert.
107 Vgl. IKB-Studie: Automobilzulieferer – Zulieferer stellen sich einem weiteren schwierigen Jahr, November 2009, S. 8.

grund der aber in der Studie genannten hohen Bonitätsanforderungen an die Kunden der IKB kann die Angabe dieser Studie zur Gesamtbranche abweichen.

Zielführender erscheint es daher, die praktischen Anforderungen der Automobilhersteller an ihrer Zulieferer zugrunde zu legen. Diese Anforderungen variieren zwar durchaus von Hersteller zu Hersteller, in der Praxis hat sich aber herauskristallisiert, dass eine Untergrenze der Eigenkapitalquote in Höhe von 15,0 % vorübergehend akzeptiert wird und eine Eigenkapitalquote von größer 20 % als Ziel erreicht werden sollte. Diese Mindestzielgröße könnte demnach pragmatisch als branchenübliche Eigenkapitalquote zum Zweck der Sanierungsfähigkeit unterstellen werden.

Das Beispielunternehmen erreiche nach der Durchführung der im Sanierungskonzept definierten (finanzwirtschaftlichen) Sanierungsmaßnahmen eine anfängliche Eigenkapitalquote in Höhe von 15 %. Um nunmehr die von den Automobilherstellern genannte vorgegebene Mindestzielgröße im Hinblick auf die Eigenkapitalquote in Höhe von größer 20,0 % zu erreichen, muss das Jahresergebnis nach Steuern von 1,75 %, unterstellt man in den folgenden Jahren keine Veränderung, mindestens 3 Jahre thesauriert werden. Dies bedeutet, dass somit im für Sanierungskonzepte üblichen Betrachtungszeitraum von 3 bis 5 Jahren[108] bei Erreichung der branchenüblichen Rendite (vgl. **Tab. 2**) auch die geforderte Eigenkapitalquote erreicht wird.

In der Praxis kann es zu Problemen kommen, die branchenübliche Rendite zu bestimmen. Dies trifft insbesondere für die Fälle zu, in denen sich Unternehmen in Nischenbereichen bewegen, die Branche mithin schwierig zu definieren ist, oder es nur unzureichende Veröffentlichungen des jeweiligen Branchenverbandes gibt. Im ersteren Fall bietet es sich an, die durchschnittliche Rendite der Branche heranzuziehen, der das Unternehmen am Ehesten zuzuordnen ist. Bei unzureichenden Veröffentlichungen des Branchenverbandes sollte zunächst nach weiteren Quellen recherchiert werden und dann ggf. die letzte dokumentierte durchschnittliche Branchenrendite unter Berücksichtigung der gesamtwirtschaftlichen Entwicklung seit dem Zeitpunkt der Veröffentlichung herangezogen werden. Sollte keine branchenübliche Rendite veröffentlicht werden, so kann man sich beispielsweise mit gesamtwirtschaftlichen Zahlen behelfen. Jedoch muss dies im Einzelfall entschieden werden. Das Sanierungsgutachten sollte einen entsprechenden Vermerk enthalten.

Des Weiteren kann die gesamtwirtschaftliche Entwicklung auch dazu führen, dass eine Branche eine negative durchschnittliche Branchenrendite erwirtschaftet. Natürlich kann dann diese negative Rendite nicht der Maßstab sein. Vielmehr ist dann als Mindestanforderung ein positiver Liquiditätsüberschuss in der Planungsperiode heranzuziehen um eine positive Rendite zu erwirtschaften. Ggf. sind auch hier gesamtwirtschaftliche Größen heranzuziehen oder auch durchschnittliche Renditen verwandter Branchen. Auch hier muss die exakte Vorgehensweise im Einzelfall entschieden werden.

6. Integrierte Sanierungsplanung als Grundlage der Urteilsbildung zur Sanierungsfähigkeit

Unter dem Begriff der integrierten Planung versteht man die aufeinander abgestimmte und miteinander verbundene gleichzeitige Planung von Bilanz, Gewinn- und

---

108 Vgl. *Harenberg/Wlecke* in Buth/Hermanns, Restrukturierung, Sanierung, Insolvenz, 2. Aufl. 2009, S. 357, Abb. 2.

Verlustrechnung sowie Liquiditätsrechnung.[109] Eine integrierte Planung ist dazu geeignet, die Zusammenhänge zwischen den einzelnen Rechenwerken sicherzustellen und die Auswirkungen geplanter Entscheidungen umfänglich darzustellen.[110] Als Hilfsmittel hierzu dienen Tabellenkalkulationsprogramme oder Softwarelösungen. In der Unternehmenspraxis findet man sehr häufig lediglich nur eine Planung der Gewinn- und Verlustrechnung und vielleicht noch eine daraus abgeleitete Cash-Flow Rechnung. Solche Teilmodelle sind nicht dazu geeignet die Auswirkungen unternehmerischen Handelns darzustellen, da sie nicht alle Aspekte erfassen bzw. nachvollziehbar miteinander verbinden. Die konsistente Verbindung der Rechenwerke ist insbesondere beim Aufsetzen einer Sanierungsplanung von herausragender Bedeutung, um die Effekte der geplanten Sanierungsmaßnahmen nachvollziehbar abzubilden sowie den notwendigen Kapitalbedarf zu bestimmen.

6.1 Aufbau des integrierten Sanierungsplanes

86   Der Aufbau der integrierten Sanierungsplanung ist entscheidend für die Aussagefähigkeit derselben. Hierbei sind zwei wesentliche Punkte zu berücksichtigen – die Qualität der Daten sowie die Abbildung des Geschäftsmodells.

87   Wie bereits früher ausgeführt, ist zu Beginn der Arbeiten die Qualität der vorliegenden Unternehmensdaten zu überprüfen. Ein Kennzeichen von Sanierungsfällen ist, dass Daten nicht in der benötigten Qualität oder Detailtiefe zur Verfügung stehen, somit fehlende Steuerungsmöglichkeiten und Früherkennungssysteme ein Grund dafür sind, dass das Management nicht frühzeitig Gegenmaßnahmen zur Verhinderung einer Unternehmenskrise ergreifen kann. In der Praxis ist beispielsweise häufig anzutreffen, dass keine Erfolgsrechnung nach Geschäftsbereichen existiert bzw. diese nur auf unvollständigen Daten und Annahmen beruht. In diesem Fall muss im Rahmen der Erstellung eines Sanierungskonzeptes versucht werden die Qualität der Datenbasis hinreichend zu verbessern. Im Rahmen der Berichterstattung sind ggf. Aussagen zur Qualität der vorliegenden Daten zu machen und die Adressaten auf Unsicherheiten und noch zu behebende Mängel aufmerksam zu machen.

88   Im Rahmen der Konzeption der integrierten Planungsrechnung sind auch das Geschäftsmodell des Unternehmens sowie die wesentlichen Einflussgrößen des Geschäftes zu identifizieren und zu definieren. In der Konzeptphase müssen die Anforderungen an die Planungsrechnung sowie das erwartete Ergebnis definiert werden, dies auch insbesondere im Hinblick auf die zu variabilisierenden Treiber des Geschäftes. So ist beispielsweise die Planungstiefe zu definieren bzw. wenn ein Unternehmen mehrere Geschäftsbereiche unterhält, ist eine Planung nach Geschäftsbereichen aufzusetzen, die dann in einer Gesamtplanung des Unternehmens zusammengeführt wird. Eine besondere Herausforderung ist die Planung einer Unternehmensgruppe mit mehreren rechtlichen Einheiten und konzerninternen Lieferungs- und Leistungsbeziehungen. Hier sind bereits in der Konzeptionsphase die notwendigen Schritte zur Abstimmung der jeweiligen Einzelplanungen (technisch und inhaltlich) untereinander festzulegen. Es kommt in der Praxis durchaus vor, dass die einzelnen Gruppenunternehmen unterschiedliche konzerninterne

---

109 Vgl. *Weimar* in Wimmer/Dauernheim/Wagner/Gietl, Handbuch des Fachanwalts Insolvenzrecht, 4. Aufl. 2010, S. 1718, Rn. 10 ff.
110 Vgl. *Werner/Schreitmüller* in Crone/Werner(Hrsg.), Handbuch modernes Sanierungsmanagement, 2007, S. 107.

Umsatz- bzw. Einkaufsvolumina planen – daher ist eine frühzeitige Abstimmung zwischen den einzelnen Gesellschaften geboten.[111]

Der gewählte Ansatz sowie die zugrunde gelegten Planungsprämissen sind von Beginn an zu dokumentieren, damit diese im Sanierungskonzept nachvollziehbar dargestellt werden können.[112]

6.2 Darstellung der Problem- und Verlustbereiche

Die Darstellung der Problem- und Verlustbereiche beruht auf der Analyse der Krisenstadien und der identifizierten Krisenursachen. Zwar ist auch die historische Entwicklung der Problem- und Verlustbereiche darzustellen, der Schwerpunkt der Darstellung liegt jedoch auf der Zukunft, nämlich in der Abbildung der künftigen Entwicklung der Bereiche und des Gesamtunternehmens ohne die Ergreifung von Gegenmaßnahmen.[113] Auf diesem Wege erhält man eine Basisplanung, d.h. ein Ergebnis darüber, wie sich die weitere Unternehmensentwicklung ohne das Ergreifen von Gegenmaßnahmen darstellt. Die Basisplanung stellt somit ein wichtiges Element für die Quantifizierung des zu lösenden Problems dar.

Der Detaillierungsgrad der Problem- und Verlustbereiche hängt von der Struktur des Unternehmens bzw. der Unternehmensgruppe ab. Der Schwerpunkt sollte hierbei auf den Verlustbereichen liegen. Eine klare Trennung von Geschäftsbereichen mit positiven Ergebnisbeiträgen ist notwendig, um Quersubventionierungen auszuschließen, so dass die für die Verlustbereiche notwendigen Sanierungsmaßnahmen nicht verwässert werden.

6.3 Darstellung der Maßnahmeneffekte

Die geplanten Sanierungsmaßnahmen sind verständlich zu beschreiben (Inhalt und Wirkungsweise), nach Geschäftsbereichen zu ordnen, zeitlich einzuordnen und zu quantifizieren.[114] Hierbei ist auf die Realisierbarkeit zu achten.

In der Praxis enthalten die geplanten Maßnahmen im Regelfall auch Beiträge Dritter, die zum Zeitpunkt der Erstellung des Sanierungskonzeptes noch nicht verbindlich zugesagt sind, z.B. Beiträge von Banken oder Arbeitnehmern.[115] Diese Stakeholder möchten sehr oft zunächst eine Planung unter Berücksichtigung der von ihnen erwarteten Beiträge sehen, um die Nachhaltigkeit beurteilen zu können, bevor sie eine rechtlich bindende Zustimmung erteilen (vgl. auch Rn. 2).

Aufbauend auf der ermittelten Basisplanung sind die Maßnahmeneffekte in die integrierte Sanierungsplanung einzuarbeiten.[116] Hier wird deutlich, dass dem Aufbau und der Konzeption der integrierten Planungsrechnung eine besondere Bedeutung zukommt, da schon im Rahmen der Konzeption die spätere nachvollziehbare Einarbeitung von Sanierungsmaßnahmen berücksichtigt werden muss.

---

111 Vgl. *Weimar* in Wimmer/Dauernheim/Wagner/Gietl, Handbuch des Fachanwalts Insolvenzrecht, 4. Aufl. 2010, S. 1720 Rn. 15 ff.
112 Vgl. *Weimar* in Wimmer/Dauernheim/Wagner/Gietl, Handbuch des Fachanwalts Insolvenzrecht, 4. Aufl. 2010, S. 1720 Rn. 14.
113 Vgl. *IDW* S 6, Rn 126 f.
114 Vgl. *Kraus/Buschmann* in Restrukturierung/Sanierung/Insolvenz, 3. Aufl. 2009, Rn. 14.
115 Vgl. *IDW* S 6, Rn. 130.
116 Vgl. *Kraus/Buschmann* in Restrukturierung/Sanierung/Insolvenz, 3. Aufl. 2009, Rn. 35.

95 Für eine transparente Darstellung der Maßnahmeneffekte ist es notwendig das Gesamtkostenverfahren und nicht das Umsatzkostenverfahren anzuwenden, da nur im Gesamtkostenverfahren eine Differenzierung nach Aufwandsarten (Material, Personal, sonstiger betrieblicher Aufwand etc.) erfolgt, auf die sich die Sanierungsmaßnahmen (positiv) auswirken sollen.

96 Die Wirkung der geplanten Maßnahmen in zeitlicher und quantitativer Hinsicht verdeutlicht sich beim Vergleich der Basisplanung mit der Planung unter Berücksichtigung der Maßnahmen. Aus letzterer ergibt sich der notwendige Kapitalbedarf zur Finanzierung der vorgesehenen Maßnahmen sowie die Höhe notwendiger zusätzlicher Eigenmittel. Ebenfalls sollten verschiedene Szenarien berechnet werden, die einen unterschiedlichen Wirkungsgrad der geplanten Maßnahmen berücksichtigen bzw. zeitliche Verschiebungen darstellen. Im Ergebnis erhält man somit einen Überblick über mögliche Schwankungen des Kapitalbedarfs [117] und des verbleibenden finanziellen Spielraums.

97 Im Rahmen der Darstellung der Maßnahmeneffekte ist weiterhin zu beachten, dass eine fortlaufende Überwachung der Umsetzung implementiert wird und somit eine fortlaufende Planüberwachung durchgeführt wird.[118] Dabei muss auch berücksichtigt werden, dass Maßnahmen im Laufe einer Sanierung auch anzupassen sind, wenn sich z.B. externe Einflussfaktoren ändern.

7. Fazit inklusive Erfahrungen aus der Praxis mit IDW S 6

98 Schon mit der Einführung des Vorgängerstandards FAR 1/1991 ist es dem Berufsstand der Wirtschaftsprüfer und dem IDW gelungen eine breite Öffentlichkeitswirkung zu erzielen[119], sowie Eingang in die Rechtssprechung zu finden.[120] Dies ist auch für den S 6 zu erwarten.

99 Zwar eröffnet der S 6 gegenüber dem Vorgängerstandard bei der Betrachtung der sanierungsrelevanten Sachverhalte im Sinne der Wesentlichkeit und der Erstellung von Teilkonzepten (z.B. 1. Stufe: Erlangung der Fortführungsfähigkeit i.S.d. § 252 Abs. 1 Nr. 2 HGB – 2. Stufe: Erreichung der Sanierungsfähigkeit im Sinne der nachhaltigen Fortführungsfähigkeit) neue Freiräume, stellt aber gleichzeitig höhere Anforderungen an die Sanierungsfähigkeit. Verlangte der FAR 1/1991 lediglich die Erreichung eines positiven Einnahmenüberschusses („schwarze Null"), so geht der S 6 mit den Anforderungen einer branchenüblichen (Umsatz-) Rendite und einer branchenüblichen Eigenkapitalquote, abgesichert durch nachhaltige Wettbewerbsfähigkeit und ein stimmiges Unternehmensleitbild, deutlich darüber hinaus.

100 Weiterhin verlangt der S 6 im Vergleich zum FAR 1/1991 eine stärker differenziertere Betrachtung und Analyse des jeweiligen Krisenstadiums, in dem sich das Unternehmen befindet, sowie Maßnahmen zur Überwindung der identifizierten Krisenstadien mit ihren Ursachen.

---

117 Vgl. *Hommel/Knecht/Wohlenberg* in Hommel/Knecht/Wohlenberg (Hrsg.), Handbuch Unternehmensrestrukturierung, 1. Aufl. 2006, S. 53; *Kraus/Buschmann* in Restrukturierung/Sanierung/Insolvenz, 3. Aufl. 2009, Rn. 13, 35 f.
118 Vgl. *IDW* S 6, Rn. 131.
119 Vgl. *Holtkötter* in ForderungsPraktiker, 4/2010, 152 ff.
120 Vgl. *OLG Köln* v. 24.9.2009 – 18 U 134/05.

In der Praxis stellt die Ermittlung der branchenüblichen Rendite und Eigenkapitalquote regelmäßig eine gewisse Herausforderung dar, jedoch lassen sich – wie am Beispiel der Automobilzulieferindustrie dargestellt – im Regelfall entsprechende Vergleichsdaten identifizieren und daraus – mit dem gebotenen Pragmatismus – die Anforderungen für den Einzelfall ableiten. **101**

Als eine wesentliche praktische Auswirkung dieser erhöhten Anforderungen zeigt sich, dass zur Erlangung der Sanierungsfähigkeit im Sanierungskonzept neben operativen Maßnahmen fast durchgängig auch tiefgreifende finanzielle Restrukturierungsmaßnahmen für die Sicherstellung einer tragfähigen Bilanzstruktur erforderlich sind. Die dadurch erhöhte Komplexität (insbesondere bei internationaler Gläubigerstruktur), bei der immer auch steuerliche Auswirkungen zu beachten sind, macht es für Unternehmen in der Krise, bei denen die Erstellung eines Sanierungsgutachtens durch das Management bzw. Geschäftsleitung geboten ist, nahezu unabdingbar sich aufgrund des üblicherweise vorhandenen Zeitdrucks, Expertise durch externe Sanierungsberater einzuholen, die das Unternehmen zum einen bei der Erstellung eines solchen Konzeptes aber auch im weiteren Verlauf bei der Umsetzung der definierten Sanierungsmaßnahmen begleiten. Dabei sollte bei der Auswahl entsprechender Berater auch auf eine nachgewiesene Expertise im Umgang mit Unternehmenskrisen, Insolvenzen und Liquiditätsmanagement sowie auf spezifische steuerliche und rechtliche Erfahrungen geachtet werden. **102**

II. Arbeitsrechtliche Rahmenbedingungen einer Unternehmenssanierung[121]

Die Diskussionen der letzten Jahre waren weitgehend von den Möglich- und Schwierigkeiten eines „Financial Restructuring" in Deutschland geprägt. Diese – stark angelsächsisch geprägte – Beschränkung der Sichtweise auf finanzielle Rahmenbedingungen einer Restrukturierung wurde und wird aber den besonderen Anforderungen an eine erfolgreiche Sanierung gerade in Deutschland nicht gerecht. Die industrielle Struktur, die demokratische Entwicklung und die industrielle Substanz der Restrukturierungs-Targets in Deutschland, geprägt durch eine in der Regel überalterte Belegschaftsstruktur mit teilweise jahrzehntelangen Betriebszugehörigkeiten macht es unumgänglich, neben das „Financial Restructuring" einen besonderen Schwerpunkt auf die operative Restrukturierung zu legen, was in Deutschland immer auch einhergeht mit Fragen rund um die Personalrestrukturierung. Belegschaften mit einer Betriebszugehörigkeit von über 15 Jahren (tarifvertraglicher Sonderkündigungsschutz!), einem Altersdurchschnitt von 45+ Lebensjahren und entsprechend „mitgewachsenen" Vergütungsstrukturen einschließlich Pensionssystemen sind fast schon der „Normalfall" einer personalwirtschaftlichen Restrukturierung in Deutschland. **103**

Dennoch haben sich die „Spielregeln" für eine personalwirtschaftliche Restrukturierung in den letzten Jahren deutlich gedreht: **104**

---

[121] Wir bedanken uns bei Herrn Martin Gliewe für seine Unterstützung bei der Erstellung des Beitrags.

- Personalwirtschaftliche Anpassungsprozesse können häufig außerhalb der Öffentlichkeit (Presse) in vertrauensvoller Zusammenarbeit zwischen Arbeitgebern, Betriebsräten und zuständigen Gewerkschaften herbeigeführt werden. Hier zeigen sich gerade seit Beginn der Wirtschaftskrise erhebliche Flexibilitäten auf allen Seiten, mit der Folge äußerst kreativer Ansätze für Interessenausgleich, Sozialpläne, Überleitungsvereinbarungen, Standortsicherungs- und Standortentwicklungsvereinbarungen, kombinierten Modellen aus Kurzarbeit und Personalabbau, Einsatz von Ergänzungs- und unternehmensbezogenen Verbandstarifverträgen usw.
- Während der Einsatz der Kurzarbeit in den letzten beiden Jahren im Mittelpunkt der vertraglichen Gestaltung lag, handelt es sich bei den Diskussionen in neuerer Zeit vor allem um Fragen der Aus- und Weiterbildung, der betrieblichen Altersstruktur, der Absicherung bei Outsourcing- und Shared-Service-Projekten sowie der Absicherung bei „Global Sourcing" oder „fab-less" Industriestrukturen deutscher Herstellungs- und Entwicklungsunternehmen.

105 Die Zukunft der „personalwirtschaftlichen Restrukturierung" liegt also nicht mehr bei teuren Interessenausgleichs- und Sozialplänen, sondern bei intelligenten Kombinationslösungen aus Standortsicherung und -entwicklung, freiwilligen Personalabbauprogrammen unter Einsatz von Kurzarbeit, Kombinationsmodellen mit Nearshore- und Outsourcing-Maßnahmen und Maßnahmen der Beschäftigungssicherung und Qualifizierung. Derartige intelligente Lösungen können letztlich nur in vertrauensvoller Zusammenarbeit mit den zuständigen Betriebsräten und Gewerkschaften verhandelt und abgeschlossen werden.

106 Eine weitere Entwicklung, die sich in den nächsten Jahre noch verstärken wird, ist der Drang zur außergerichtlichen Restrukturierung (also außerhalb der Insolvenz), allerdings unter koordiniertem Vorgehen über die Landesgrenzen hinweg. Personalwirtschaftliche Restrukturierungen lassen sich, schon aufgrund der industriellen Vernetzung deutscher Unternehmen in Europa und darüber hinaus, letztlich nur noch über die Landesgrenzen hinweg verhandeln, so dass der intelligente Einsatz von angelsächsischen Restrukturierungsverfahren (koordinierte Administration-Lösungen à la Nortel), der Einsatz von Treuhand-Modellen (z.B. Merkle) und koordinierte Umstrukturierung unter der europäischen Insolvenzordnung künftig zum „Tagesgeschäft" einer personalwirtschaftlichen Sanierung werden.

107 Vor diesem Hintergrund gibt der nachfolgende Beitrag einen Überblick über die heute gängigen „handwerklichen" Mittel der personalwirtschaftlichen Restrukturierung, die dann je nach Einzelfall in enger Abstimmung mit den zuständigen Betriebsräten und Gewerkschaften zum Einsatz gebracht werden müssen.

1. Sanierungsrealität in der Wirtschaftskrise: Kurzarbeit und „kombinierte Kurzarbeitsmodelle"

1.1 Kurzarbeit als Instrument in der Wirtschaftskrise

108 In der Wirtschaftskrise 2008/2009 nach der Erschütterung der weltweiten Finanzmärkte infolge des massiven Ausfalls US-amerikanischer Immobilienkredite erlebte das in den 1920er Jahren als Reaktion auf Probleme in der Schwerindustrie eingeführte Instrument der Kurzarbeit[122] eine Renaissance ungeahnten Ausmaßes: Im Juni

---

122 S. zur Kurzarbeit in der Krise etwa *Bauer/Günther* BB 2009, S. 662 ff.; *Cohnen/Röger*, BB 2009, 46 ff.; *Petrak* NZA-Beil. 2010, 44 ff.; *Haußmann/Schwab* ArbRAktuell 2010, 84 ff.

2009 befanden sich 1.415 800 Arbeitnehmer in Kurzarbeit; über das ganze Jahr hinweg waren durchschnittlich 1,06 Mio. Arbeitnehmer von Kurzarbeit betroffen.[123]

Die Anordnung von Kurzarbeit führt zu einer vorübergehenden Absenkung der Arbeitszeit, die gleichzeitig mit einer anteiligen Reduzierung des Arbeitsentgelts verbunden ist. Im Falle der sogenannten „Kurzarbeit Null" wird der Arbeitnehmer sogar vollständig von der Arbeit freigestellt, so dass er vorbehaltlich etwaiger Sozialleistungen seinen gesamten Vergütungsanspruch verliert. Die Kurzarbeit stellt somit einen Eingriff in das durch den Arbeitsvertrag fixierte Austauschverhältnis zwischen Arbeitnehmer und Arbeitgeber dar. Um die mit der Entgeltabsenkung verbundenen finanziellen und sozialen Risiken abzumildern, können die betroffenen Arbeitnehmer unter bestimmten Voraussetzungen Sozialleistungen der Arbeitslosenversicherung beziehen. Hiermit erhält das Instrument der Kurzarbeit neben der arbeitsrechtlichen auch eine sozialrechtliche Dimension.

Durch die mit der Kurzarbeit erzielte Senkung der Lohnkosten können Unternehmen, die infolge eines konjunkturellen Einbruchs in Refinanzierungsschwierigkeiten geraten sind und mitunter nicht über die Liquidität zur Finanzierung eines Personalabbaus verfügen, sehr kurzfristig Einspareffekte realisieren. Darüber hinaus sind sie nicht gezwungen, Personal (und damit Know-how) abzubauen, das bei einem Aufschwung wieder benötigt wird und das vor der Wirtschaftskrise unter oftmals nicht unerheblichem Aufwand rekrutiert worden war.[124]

Die Kurzarbeit ist somit ein Instrument, das gerade bei vorübergehenden Auftrags- und Umsatzeinbrüchen äußerst flexibel angewendet werden kann. Denn sie ermöglicht dem durch Kündigungsfristen und möglicherweise auch durch Standortsicherungsverträge gebundenen Arbeitgeber nicht nur eine kurzfristige Anpassung der im Unternehmen verfügbaren Arbeitskraft an einen gesunkenen Arbeitsbedarf, sondern sie erlaubt bei einer wirtschaftlichen Stabilisierung auch eine zügige Rückkehr zur Vollbeschäftigung. Im Vergleich hierzu wären ein Personalabbau und gegebenenfalls anschließende Neueinstellungen – sofern sie sich zum gegebenen Zeitpunkt überhaupt durchsetzen ließen – schon angesichts bestehender Kündigungsfristen und der nötigen Auswahlverfahren zeitlich sehr viel langwieriger. Zwar löst die Kurzarbeit anders als ein Personalabbau nicht das Problem dauerhafter Überkapazitäten. Ein Personalabbau führt infolge der zu zahlenden Auslauflöhne und gegebenenfalls der Kosten für Sozialplanmaßnahmen jedoch nur mittelfristig zu Einsparungen, während die Kurzarbeit einen unmittelbaren Liquiditätseffekt zeigt.

1.2 Arbeits- und sozialrechtliche Voraussetzungen für die Einführung von Kurzarbeit

Die Einführung von Kurzarbeit ist in der Regel nur dann attraktiv und mit den Betriebsräten verhandelbar, wenn neben den arbeitsrechtlichen Voraussetzungen auch die sozialrechtlichen Voraussetzungen für den Bezug von konjunkturellem Kurzarbeitergeld vorliegen. Beide Ebenen sollen im Folgenden kurz dargestellt werden.

---

123 S. den Geschäftsbericht 2009 der Bundesagentur für Arbeit, S. 14 und S. 40.
124 Vgl. zu den Grundlagen und Hintergründen der Kurzarbeit *Bauer/Günther* BB 2009, 662 ff.; *Cohnen/Röger* BB 2009, 46 ff.

1.2.1 Arbeitsrechtliche Voraussetzungen für die vorübergehende Absenkung der betrieblichen Arbeitszeit

113 Arbeitsrechtlich bedarf der Eingriff in die Hauptleistungspflichten des Beschäftigungsverhältnisses einer entsprechenden Rechtsgrundlage. Diese kann entweder in einer einzelvertraglichen oder kollektiven Vereinbarung bestehen. Allein aufgrund seines Direktionsrechts nach § 106 GewO kann der Arbeitgeber Kurzarbeit nicht anordnen.[125]

114 Die häufigste kollektivvertragliche Grundlage für die Anordnung von Kurzarbeit besteht im Abschluss einer entsprechenden Betriebsvereinbarung. Hintergrund hierfür ist, dass der Betriebsrat ein Mitbestimmungsrecht gem. § 87 Abs. 1 Nr. 3 BetrVG hinsichtlich einer „vorübergehenden Verkürzung oder Verlängerung der betriebsüblichen Arbeitszeit" hat. Die Betriebsvereinbarung muss inhaltlich Beginn und Dauer der Kurzarbeit, die Lage und Verteilung der Arbeitszeit, die Auswahl der von der Kurzarbeit betroffenen Arbeitnehmer oder Abteilungen sowie auch die einzelnen Tage, an denen die Arbeit ganz ausfallen soll, regeln.[126]

115 Eine geeignete kollektive Vereinbarung kann auch auf Tarifvertragsebene getroffen werden. Abschließende tarifvertragliche Befugnisse zur Einführung von Kurzarbeit finden sich in der Praxis jedoch nur selten. Vielmehr enthalten Tarifverträge häufig lediglich Regelungen über einzelne Aspekte der Art und Weise – also das „Wie" – der Einführung von Kurzarbeit, die Voraussetzungen für die Anordnung einer vorübergehenden Absenkung der regelmäßigen Arbeitszeit sind allerdings nur selten abschließend normiert.[127] Derartige tarifliche Regelungen, die nicht alle genannten Aspekte des Mitbestimmungsrechts nach § 87 Abs. 1 Nr. 3 BetrVG abschließend und positiv regeln, müssen daher vor der Einführung von Kurzarbeit durch Betriebsvereinbarungen ergänzt werden.

116 Grundsätzlich kann Kurzarbeit alternativ auch auf individualvertraglicher Basis angeordnet werden. Am flexibelsten können hierbei Arbeitgeber agieren, die bereits bei Abschluss des Arbeitsvertrages mit ihren Arbeitnehmern Kurzarbeitsklauseln vereinbart hatten. Derartige Klauseln müssen allerdings einer AGB-Kontrolle standhalten, was bedeutet, dass sie den Arbeitnehmer insbesondere nicht unangemessen benachteiligen dürfen. Außerdem muss der Arbeitgeber von der Klausel auch im Einzelfall nach § 315 BGB angemessen Gebrauch machen. Dies unterliegt in vollem Umfang gerichtlicher Kontrolle.[128] Beim Fehlen einer entsprechenden Klausel im Arbeitsvertrag kommt auf individualvertraglicher Ebene dann allein der Abschluss von Änderungsverträgen in Betracht. Da solche aber individuell zwischen Arbeitnehmer und Arbeitgeber ausgehandelt werden müssen, ist dieses Verfahren bei großen Belegschaften unpraktikabel. Überdies ist der Arbeitgeber auf das Einverständnis der Arbeitnehmer angewiesen, so dass betriebseinheitliche Lösungen in der Regel nicht verwirklicht werden können.

---

125 So etwa *BAG* Urt. v. 12.10.1994 – 7 AZR 398/93, NZA 1995, 641 ff., 642; *BAG* Urt. v. 27.1.1994 – 6 AZR 541/93, NZA 1995, 134 f., 135; *BAG* Urt. v. 14.2.1991 – 2 AZR 415/90, NZA 1991, 607 ff., 607.
126 S. *Hessisches LAG* Urt. v. 14.3.1997 – 17/13 Sa 162/96, NZA-RR 1997, 479 ff., 480 (im Einzelnen str.).
127 Vgl. auch *Bauer/Günther* BB 2009, 662 ff.
128 Näher zur individualvertraglichen Vereinbarung von Kurzarbeitsklauseln *Bauer/Günther* BB 2009, 662 ff., 663 ff.

1.2.2 Sozialrechtliche Voraussetzungen des Anspruchs auf konjunkturelles Kurzarbeitergeld

Das konjunkturelle Kurzarbeitergeld ist demgegenüber im Sozialrecht, genauer im Arbeitsförderungsrecht des SGB III, geregelt. Die Voraussetzungen für einen Anspruch auf Kurzarbeitergeld, das vom Arbeitgeber für die betroffenen Arbeitnehmer bei der örtlich jeweils zuständigen Agentur für Arbeit zu beantragen ist, finden sich in §§ 169–174 SGB III.

Das Kurzarbeitergeld beträgt nach § 178 SGB III in Abhängigkeit von bestehenden Unterhaltspflichten entweder 60 % oder 67 % der pauschalierten Nettoentgeltdifferenz zwischen dem ursprünglichen Lohn bis maximal zur Beitragsbemessungsgrenze des SGB III und dem Kurzarbeitslohn.

Für das Bestehen eines Anspruchs auf Kurzarbeitergeld muss nach §§ 169 Nr. 1, 170 Abs. 1 und 2 SGB III ein „erheblicher Arbeitsausfall mit Entgeltausfall" vorliegen. Zentrale Voraussetzung hierfür ist, dass der Arbeitsausfall auf wirtschaftlichen Gründen beruht, § 170 Abs. 1 Nr. 1 SGB III. Unter wirtschaftlichen Gründen im Sinne dieser Vorschrift werden externe, d.h. außerhalb des Unternehmens entstandene Ursachen verstanden, beispielsweise ein konjunkturell bedingter Auftragsrückgang oder Störungen in der wirtschaftlichen Infrastruktur oder der arbeitsteiligen Organisation der Wirtschaft.[129] Solche Gründe liegen nach § 170 Abs. 2 SGB III allerdings auch dann noch vor, wenn interne Umstrukturierungen wesentlich auf solchen externen Faktoren beruhen. Rein innerbetriebliche „Modernisierungsmaßnahmen" können demgegenüber nicht mit Kurzarbeitergeld „subventioniert" werden.

Außerdem darf der Arbeitsausfall nur vorübergehend sein (§ 170 Abs. 1 Nr. 2 SGB III). Das bedeutet, dass in absehbarer Zeit wieder mit einer Rückkehr zur Vollbeschäftigung zu rechnen sein muss.[130] Der Arbeitsausfall darf ferner nicht vermeidbar gewesen sein (§ 170 Abs. 1 Nr. 3 SGB III). Der Unternehmer muss also im Betrieb alles Zumutbare unternommen haben, um den Wegfall des Beschäftigungsbedarfs zu vermeiden. Vorrangige Maßnahmen können der Abbau von Überstunden, unter Umständen auch die Nutzung flexibler Arbeitszeitmodelle oder die Anordnung von Urlaub sein.

Darüber hinaus muss der Arbeitsausfall eine bestimmte Relevanzschwelle überschreiten (§ 170 Abs. 1 Nr. 4 SGB III). Hierfür ist erforderlich, dass im jeweiligen Kalendermonat mindestens ein Drittel der in dem Betrieb beschäftigten Arbeitnehmer von einem Entgeltausfall betroffen ist, der mehr als zehn Prozent ihres monatlichen Bruttogehaltes beträgt.[131]

Ferner müssen die betrieblichen und persönlichen Voraussetzungen nach §§ 169 Nr. 2 und 3, 171 f. SGB III erfüllt sein. Hierbei kommt es vor allem darauf an, dass die kurzarbeitenden Arbeitnehmer vor und nach Beginn des Arbeitsausfalls jeweils in demselben sozialversicherungspflichtigen Beschäftigungsverhältnis stehen und ihr Arbeits-

---

129 Hierzu näher und kritisch *Bieback* in Gagel, SGB III, 38. EL 2010, § 170 Rn. 22 ff.
130 S. etwa *Bieback* in Gagel, SGB III, 38. EL 2010, § 170 Rn. 73 m.w.N.
131 Diese Schwelle wurde durch die Übergangsvorschrift des § 421t Abs. 2 Nr. 1 SGB III vorübergehend bis zum 31.12.2010 abgesenkt. Kurzarbeitergeld kann während dieser Zeit auch von Arbeitnehmern bezogen werden, in deren Betrieb weniger als ein Drittel der Arbeitnehmer von Arbeitsausfall betroffen sind.

10 *Ausgewählte Einzelfragen*

verhältnis nicht gekündigt oder anderweitig aufgelöst ist.[132] Außerdem darf der Arbeitnehmer nicht von dem Bezug von Kurzarbeitergeld ausgeschlossen sein, etwa infolge der Inanspruchnahme bestimmter Sozialleistungen.[133] Schließlich müssen gem. §§ 169 Nr. 4, 173 SGB III Arbeitgeber oder alternativ der Betriebsrat bezogen auf den gesamten Betrieb, in dem Kurzarbeit angeordnet werden soll, die Einführung der Kurzarbeit gegenüber der Arbeitsverwaltung angezeigt haben. In der Praxis zeigen Betriebsrat und der Arbeitgeber die Kurzarbeit häufig gemeinsam unter Verweis auf die von ihnen geschlossene Betriebsvereinbarung an.

1.3 Förderung der Kurzarbeit durch den Gesetzgeber

123 Angesichts der Finanzkrise 2008/2009, die zu einem konjunkturellen Einbruch in einem Ausmaß führte, wie es seit der Weltwirtschaftskrise des Jahres 1929 nicht mehr eingetreten war, entschloss sich die Bundesregierung zu einer massiven Förderung des Instruments Kurzarbeit.

124 Hierzu wurde die maximale Bezugsdauer im Verordnungswege von vormals sechs Monaten nach § 177 Abs. 1 S. 3 SGB III auf zunächst 24 Monate (für bis zum 31.12.2009 eingeführte Kurzarbeit) und auf 18 Monate (für bis zum 31.12.2010 gestellte Anträge) verlängert.[134] Zudem wurden bis zum 31.12.2010 die Anspruchsvoraussetzungen für das konjunkturelle Kurzarbeitergeld abgesenkt. So wurde etwa die Relevanzschwelle vorübergehend dahingehend angepasst, dass Kurzarbeitergeld auch dann bezogen werden kann, wenn weniger als ein Drittel der Arbeitnehmer des Betriebes von Entgeltausfall betroffen sind (§ 421t Abs. 2 Nr. 1 SGB III). Außerdem werden im Zeitraum bis zum 31.12.2010 Arbeitgebern, die in ihrem Betrieb Kurzarbeit angeordnet haben, pauschal die Hälfte der von ihnen zu zahlenden Sozialversicherungsbeiträge erstattet (§ 421t Abs. 1 S. 1 Nr. 1 SGB III). Nimmt ein Arbeitnehmer an bestimmten beruflichen Qualifizierungsmaßnahmen teil, werden die vom Arbeitgeber zu tragenden Sozialversicherungsbeiträge von Beginn der Maßnahmen an in voller Höhe von der Arbeitsagentur getragen (§ 421t Abs. 1 S. 1 Nr. 2 SGB III). Unabhängig von der Durchführung von Qualifizierungsmaßnahmen werden dem Arbeitgeber, in dessen Unternehmen sich mehrere Betriebe oder Betriebsteile in Kurzarbeit befinden, ab dem siebten Monat ebenfalls pauschal die vollen Beiträge erstattet (§ 421t Abs. 1 S. 1 Nr. 3 SGB III).

125 Allein im Jahr 2009 wurden für das Kurzarbeitergeld und die Erstattung der Sozialversicherungsbeiträge 4,57 Mrd. EUR ausgegeben; dies war mehr als das Doppelte der ursprünglich hierfür veranschlagten Summe.[135] Der Haushaltsplan der Bundesagentur für Arbeit sah für 2010 Kosten von weiteren 3,05 Mrd. EUR vor,[136] so dass der Bund Liquiditätshilfen nach §§ 364, 434t SGB III zur Verfügung stellen musste.

---

132 Vgl. auch *Cohnen/Röger* BB 2009, 46 ff., 49 ff.; *Haußmann/Schwab* ArbRAktuell 2010, 84 ff., 85 f.
133 Vgl. im Einzelnen *Bieback* in Gagel, SGB III, 38. EL 2010, § 172 Rn. 38 ff.
134 S. Verordnung über die Bezugsfrist für das Kurzarbeitergeld vom 26.11.2008 i.d.F. der 1. Änderungsverordnung vom 29.5.2009, BGBl I 2008, 2332, sowie Zweite Verordnung zur Änderung der Verordnung über die Bezugsfrist für das Kurzarbeitergeld vom 8.12.2009, BGBl I 2009, 2855.
135 S. den Geschäftsbericht 2009 der Bundesagentur für Arbeit, S. 29.
136 S. die Pressemitteilung der Bundesagentur für Arbeit vom 13.11.2009.

1.4 Verhältnis von betriebsbedingten Kündigungen und der Einführung von Kurzarbeit

Nach der ständigen Rechtsprechung des BAG musste die Kurzarbeit bislang jedenfalls nicht als milderes Mittel vor Ausspruch einer betriebsbedingten Kündigung durchgeführt werden. Vielmehr sah das BAG eine betriebsbedingte Kündigung auch dann als sozial gerechtfertigt an, wenn der Arbeitgeber zuvor die Einführung von Kurzarbeit als Alternative nicht einmal in Betracht gezogen hatte. Hintergrund hierfür ist, dass der Betriebsrat nach § 87 Abs. 1 Nr. 3 BetrVG ein erzwingbares Mitbestimmungsrecht bei der vorübergehenden Verkürzung oder Verlängerung der betriebsüblichen Arbeitszeit hat. Danach kann er vom Arbeitgeber die Einführung von Kurzarbeit im Betrieb verlangen und theoretisch sogar gegen dessen Willen durchsetzen. Zentrales Argument des BAG, die Kurzarbeit nicht als vorrangiges Mittel gegenüber Kündigungen anzusehen, war daher, dass die Einführung von Kurzarbeit letztlich der Entscheidung beider Betriebspartner unterliegt. Wenn aber weder der Arbeitgeber noch der Betriebsrat die Initiative zur Einführung von Kurzarbeit ergriffen haben, dann könne diese Entscheidung – auch in einem Kündigungsschutzprozess – gerichtlich nicht überprüft werden.[137]

Vor dem Hintergrund der oben beschriebenen gesetzgeberischen Aufwertung des Instruments der Kurzarbeit könnte sich diese Rechtsprechung künftig jedoch ändern. In diese Richtung weist jedenfalls eine kürzlich ergangene Entscheidung des Arbeitsgerichts Dessau-Roßlau.[138] Dieses Gericht entschied, dass jedenfalls für den Fall, dass in einem Betrieb kein Betriebsrat existiert, die Rechtsprechung des BAG nicht anwendbar sei. In solchen Fällen sei die Frage, ob die Einführung von Kurzarbeit gegenüber dem Ausspruch betriebsbedingter Kündigungen ein tatsächlich bestehendes milderes Mittel darstelle, vollständig gerichtlich überprüfbar. Der Arbeitgeber müsse vor dem Ausspruch der Kündigung selbst die Einführung von Kurzarbeit prüfen.

Diese Argumentation stellt sich bei näherem Hinsehen jedoch als unzutreffend heraus: Die Einführung von Kurzarbeit setzt einen lediglich vorübergehenden Arbeitsausfall voraus, wohingegen betriebsbedingte Kündigungen auf einem dauerhaften Wegfall von Arbeitsplätzen beruhen. Die Entscheidung, ob der Wegfall des Arbeitsbedarfes lediglich vorübergehend ist, muss jedoch – freilich innerhalb der Grenzen des Willkürverbots – dem Unternehmer vorbehalten bleiben, der ja auch das wirtschaftliche Risiko seiner Einschätzung zu tragen hat.[139]

Außerdem müssten – wollte man der Rechtsprechung des Arbeitsgerichts Dessau-Roßlau grundsätzlich folgen – jedenfalls die Kosten der Einführung von Kurzarbeit und des Personalabbaus gegeneinander abgewogen werden. Dies würde aber kaum zu lösende Probleme bei der Beurteilung aufwerfen, wann einem Arbeitgeber die Einführung von Kurzarbeit als milderes Mittel zur betriebsbedingten Kündigung zumutbar ist.[140] Hierfür müssten die Kosten des Personalabbaus den Kosten der Kurzarbeit prognostisch[141] im Zeitpunkt des Zugangs der Kündigung gegenüber gestellt werden.

---

137 *BAG* Beschl. v. 4.3.1986 – 1 ABR 15/84, NZA 1986, 432 ff., 435; *BAG* Urt. v. 11.9.1986 – 2 AZR 564/85, BB 1987, 1882 ff., 1884.
138 *ArbG Dessau-Roßlau* Urt. v. 18.6.2009 – 10 Ca 77/09.
139 Ähnlich auch *Wahlig/Jeschke* NZA 2010, 607 ff., 610 m.w.N.
140 So auch *Wahlig/Jeschke* NZA 2010, 607 ff., 610 f.
141 Vgl. nur *Kiel* in A/P/S Kündigungsrecht, 3. Aufl. 2007, § 1 KSchG Rn. 453 f.

Die Kosten eines Personalabbaus sind zum Zeitpunkt des Ausspruchs der Kündigungen aber noch schwer abschätzbar, schon weil eventuelle Abfindungen häufig erst im Nachhinein im Rahmen von Gerichtsverfahren verhandelt werden. Schließlich müsste eine Prognose über die Eignung der Kurzarbeit angestellt werden, die ihrerseits von der – unsicheren – künftigen konjunkturellen Entwicklung abhängt.

130 Nach richtiger Ansicht kann die Frage, ob die Einführung der Kurzarbeit ein milderes Mittel gegenüber dem Ausspruch betriebsbedingter Kündigungen darstellt, somit nicht davon abhängen, ob im Unternehmen ein Betriebsrat besteht oder nicht.[142] Vielmehr handelt es sich bei der Einschätzung, ob ein vorübergehender oder ein dauerhafter Wegfall des Arbeitsplatzes vorliegt, um eine Beurteilung, die allein der Arbeitgeber beantworten kann. Diese Beurteilungskompetenz zählt zum Kernbereich seiner verfassungsrechtlich geschützten unternehmerischen Freiheit.

1.5 Kombinierte Kurzarbeitsmodelle

131 Unabhängig davon ist das Urteil des Arbeitsgerichtes Dessau-Roßlau allerdings ein deutlicher Beleg für die gestiegene Bedeutung der Kurzarbeit. Bleibt man nicht beim strikten Entweder-Oder von Kurzarbeit und dem betriebsbedingten Abbau von Arbeitsplätzen stehen, sondern geht man einen Schritt weiter und fragt danach, ob und wie sich beide Personalmaßnahmen miteinander verbinden lassen, gelangt man zu verschiedenen Gestaltungsmöglichkeiten in Form sogenannter „kombinierter Kurzarbeitsmodelle". Diesen kommt, weil sie Rücksicht auf die prognostischen Unsicherheiten nehmen, denen Unternehmen bei der Gestaltung zukunftsorientierter Umstrukturierungen ausgesetzt sind, erhebliche praktische Bedeutung zu.

132 Kombinierte Kurzarbeitsmodelle bestehen im Wesentlichen aus zwei Komponenten. Zum einen wird durch eine kollektive Vereinbarung für einen bestimmten Zeitraum Kurzarbeit eingeführt. Zum anderen wird gleichzeitig schon der Fall bedacht, dass die Kurzarbeit nicht die erhofften Entlastungen bringt, sich der konjunkturelle Einbruch verfestigt und (Teil-) Betriebsstilllegungen letztlich doch nicht vermieden werden können.

133 Kombinierte Kurzarbeitsmodelle haben damit mehrere Funktionen. Zum einen tragen sie dem ultima-ratio-Aspekt betriebsbedingter Kündigungen Rechnung. Zum anderen verschafft die unmittelbar liquiditätswirksame Einführung der Kurzarbeit dem Arbeitgeber Zeit zur weiteren Beurteilung, ob, bzw. welche, Umstrukturierungen angesichts der weiteren konjunkturellen Entwicklung erforderlich sind. Gleichzeitig sorgt der Arbeitgeber für die Situation vor, dass sich ein zunächst als nur vorübergehend angenommener Arbeitsausfall strukturell zu einem dauerhaften Wegfall des Beschäftigungsbedarfs verfestigt.

1.5.1 Das Verhältnis von Kurzarbeit und Betriebsänderungen

134 Die Verbindung von Kurzarbeit und potentiellen Betriebsänderungen in Gestalt eines Personalabbaus durch kombinierte Kurzarbeitsmodelle erfordert in der Praxis große Präzision beim Entwurf der betreffenden betriebsverfassungsrechtlichen oder tarifvertraglichen Vereinbarungen. Denn Kurzarbeit für den Fall eines vorübergehenden Arbeitsausfalls und ein Personalabbau, dem ein endgültiger Wegfall der Beschäfti-

---

142 So i.E. wohl auch *Rolf/Riechwald* BB 2010, S. 1597 ff., S. 1597; a.A. *Wahlig/Jeschke* AuA 2010, 16 ff., 18.

gungsmöglichkeiten zugrunde liegt, lassen sich nicht ohne Weiteres kombinieren. Hier gilt es, innerhalb der engen rechtlichen Grenzen Gestaltungen zu finden, die den jeweiligen betrieblichen und unternehmerischen Bedürfnissen gerecht werden.

Ausgangspunkt für die Entwicklung kombinierter Kurzarbeitsmodelle ist der Grundsatz, dass die Grundlage für die Gewährung des Kurzarbeitergeldes entfällt, wenn der Arbeitgeber eine unternehmerische Entscheidung trifft, einen Betrieb oder bestimmte Betriebsteile stillzulegen oder sonst eine Betriebsänderung in Form eines erheblichen Personalabbaus durchzuführen, der sich auf die derzeit in Kurzarbeit befindlichen Mitarbeiter erstreckt.[143] Denn in diesen Fällen ist der Arbeitsausfall für die kurzarbeitenden Arbeitnehmer nicht mehr vorübergehend, sondern endgültig und damit nicht mehr „erheblich" i.S.d. § 170 Abs. 1 Nr. 2 SGB III. Das Kurzarbeitergeld wird daher im Falle einer Betriebsstilllegung nicht mehr gewährt, sobald der erste Schritt zur Durchführung der Betriebsänderung konkret in Bezug auf die kurzarbeitenden Mitarbeiter unternommen wurde, also beispielsweise wenn Kündigungen ausgesprochen wurden oder ein Interessenausgleich mit einer Namensliste vereinbart wurde.[144]

Entscheidend für die Möglichkeit, Kurzarbeitergeld zu beziehen, ist demnach, ob der von der Betriebsänderung betroffene Personenkreis schon hinreichend individualisiert ist. Betrifft die unternehmerische Entscheidung zum Personalabbau beispielsweise eine Teilbetriebsstilllegung und ist der stillzulegende Betriebsteil noch nicht benannt, entfällt für keinen der Arbeitnehmer der Anspruch auf Kurzarbeitergeld. Dasselbe gilt, solange die Betriebsparteien noch über die geplante Betriebsänderung beraten. Erst wenn ein Interessenausgleich zustande gekommen ist und die vom Personalabbau betroffenen Arbeitnehmer konkretisiert sind, endet die Möglichkeit zur Gewährung von Kurzarbeitergeld.

Für den Entwurf von Kombinationsmodellen bedeutet dies, dass die Einführung von Kurzarbeit und die gleichzeitige, definitive Entscheidung für einen Personalabbau ein- und desselben Personenkreises nicht in Betracht kommt. Gestaltungen, bei denen das Kurzarbeitergeld dazu dient, einen Personalabbau mittels des Kurzarbeitergeldes für die später zu kündigenden Arbeitnehmer finanziell erträglicher zu machen, sind somit nicht möglich.[145]

1.5.2 Gestaltungsmöglichkeiten bei Kombinationsmodellen

Kombinationsmodelle müssen daher einerseits Kurzarbeit einführen, andererseits aber vermeiden, dass bezogen auf den betroffenen Personenkreis bereits ein Personalabbau konkrete Formen annimmt. Hierzu bieten sich verschiedene Vorgehensweisen an.

---

143 S. GA Kurzarbeit, Nr. 1. Nicht angesprochen ist, ab wann von einem erheblichen Personalabbau ausgegangen werden kann. Dabei dürfte aber eine Orientierung an den Schwellenwerten des § 112a Abs. 1 S. 1 BetrVG in Betracht kommen; so auch *Bieback* in Gagel, SGB III, 38. EL 2010, § 170 Rn. 90.
144 GA Kurzarbeit Nr. 1; zu weitgehend hier *Bonanni/Naumann* ArbRB 2009, 172 ff, 173, die bereits ein Entfallen des Kurzarbeitergeldes zu Beginn von Interessenausgleichsverhandlungen annehmen.
145 Zu Fallgestaltungen, in denen Kurzarbeit und Kündigungen parallel laufen können, s. *Haußmann/ Schwab* ArbRAktuell 2010, 84 ff., 86 f.

1.5.2.1 „Parallele Modelle"

138 Auf betrieblicher Ebene kann ein kombiniertes Kurzarbeitsmodell so gestaltet werden, dass zunächst eine Betriebsvereinbarung zur Einführung von Kurzarbeit abgeschlossen wird und noch während der Dauer der Kurzarbeit Interessenausgleichsverhandlungen über den Personalabbau aufgenommen und geführt werden („paralleles Modell").

139 Diese Vorgehensweise ist mit den genannten Grundsätzen über die Gewährung von Kurzarbeitergeld vereinbar. Während der Dauer der Kurzarbeit und der Interessenausgleichsverhandlungen steht noch nicht endgültig fest, in welchem Volumen Personal abgebaut wird und welche Arbeitnehmer namentlich hiervon betroffen sein werden.[146] Die Entscheidung hierüber fällt erst mit dem Abschluss des Interessenausgleichsverfahrens, wenn sich die Betriebsparteien auf eine Namensliste einigen, oder mit einer anderweitigen Konkretisierung der Arbeitnehmer, die betriebsbedingt zu kündigen sind. Erst ab einer derartigen Individualisierung scheidet der weitere Bezug von Kurzarbeitergeld aus.

140 Bei dieser Vorgehensweise muss die Betriebsvereinbarung über die Einführung von Kurzarbeit entweder eine kurze Laufzeit aufweisen oder eine Klausel zum Ausstieg aus der Kurzarbeit vorsehen. Denn nur so können der Abschluss der Interessenausgleichsverhandlungen und die Beendigung der Kurzarbeit zeitlich aufeinander abgestimmt und die nunmehr erforderlich gewordenen Stilllegungsmaßnahmen zeitnah umgesetzt werden. Überdies ergibt sich auch bezüglich der Arbeitnehmer, die nicht vom Personalabbau betroffen sind, regelmäßig die betriebliche Notwendigkeit, im Zuge der Umstrukturierung zur Normalarbeitszeit zurückzukehren.

141 Auf dieselbe Weise lassen sich auch Ergänzungstarifverträge mit parallel geführten Interessenausgleichsverhandlungen kombinieren: Ein Ergänzungstarifvertrag ordnet Kurzarbeit für die Dauer seiner Geltung an. Außerdem vereinbaren die Parteien bestimmte Parameter, bei deren Eintritt der Arbeitgeber aus dem Ergänzungstarifvertrag aussteigen darf mit der Folge, dass er die Kurzarbeit beenden kann und an gegebenenfalls zugesagte Beschäftigungsgarantien nicht mehr gebunden ist. Hierzu empfiehlt sich der Einsatz eines sog. „Steering Committee", das die wirtschaftliche Entwicklung des Unternehmens überwacht („Prozessmonitoring"). Das „Steering Committee" beurteilt insbesondere, ob und wann die vereinbarten Bedingungen für den Ausstieg aus der Kurzarbeit eingetreten sind. Parallel zur Laufzeit des Ergänzungstarifvertrags kann der Arbeitgeber mit dem Betriebsrat bereits Interessenausgleichsverhandlungen führen. Den Interessenausgleich koordinieren die Betriebsparteien zeitlich dergestalt mit dem Ausstieg aus dem Ergänzungstarifvertrag und der Kurzarbeit, dass die Verhandlungen sofort finalisiert werden, sobald das „Steering Committee" den Eintritt der vereinbarten Parameter feststellt.

1.5.2.2 „Konsekutive Modelle"

142 Kombinierte Kurzarbeitsmodelle können ferner so ausgestaltet werden, dass in einer einzigen Betriebsvereinbarung Kurzarbeit eingeführt und gleichzeitig ein sog. „prozessorientierter Interessenausgleich" für einen später gegebenenfalls erforderlich werdenden Personalabbau vereinbart wird („konsekutive Modelle").

---

146 So GA Kurzarbeit Nr. 1; a.A. *Bonanni/Naumann* ArbRB 2009, 172 ff., 173.

Der Interessenausgleich führt hierbei für einen bestimmten Zeitraum Kurzarbeit ein, umschreibt aber auch ein zum jetzigen Zeitpunkt noch nicht erwartetes, aber im Falle der Verfestigung des konjunkturellen Einbruchs möglicherweise eintretendes „worst case"-Szenario, bei dem ein Personalabbau – anders als zunächst erwartet – nicht länger vermieden werden kann. Um auf eine derartige Situation möglichst schnell reagieren zu können, werden bereits jetzt die wesentlichen Rahmenbedingungen und der zeitliche Ablauf für die dann erforderlichen Interessenausgleichs- und Sozialplanverhandlungen festgelegt. 143

Beispielsweise können sich die Betriebspartner grundsätzlich derart verständigen, dass der erforderliche Personalabbau primär durch das Angebot zum Abschluss von Aufhebungsverträgen sowie durch die Errichtung einer Transfergesellschaft und nur nachrangig durch den Ausspruch betriebsbedingter Kündigungen auf Basis einer Namensliste durchgeführt werden soll. Für die Verhandlungen wird zugleich ein bestimmtes Zeitfenster gesetzt und die konkrete Zusammensetzung einer Einigungsstelle samt des Verhandlungsthemas benannt, die angerufen werden kann, falls in der vorgeschriebenen Zeitspanne keine Einigung erzielt wird. Äußerst wichtig ist es zudem, die Parameter zu benennen, bei deren Vorliegen der Arbeitgeber die Beendigung der Kurzarbeit und die Aufnahme von konkreten Verhandlungen über einen Personalabbau verlangen kann. Hier empfiehlt sich der Rückgriff auf objektive Kriterien und Kennzahlen, wie etwa den Auftragseingang, den Absatz, den Lagerbestand oder ein bestimmtes Produktionsvolumen. Dieser prozessbezogene Interessenausgleich hat noch keine konkreten Maßnahmen zum Personalabbau zum Inhalt und gerät deswegen nicht mit dem Bezug von Kurzarbeitergeld in Konflikt. 144

Ein derartiges Modell lässt sich auch mit dem für das parallele Vorgehen bereits beschriebenen Ergänzungstarifvertrag kombinieren. Auch in diesem Fall muss mit dem Betriebsrat eine prozessorientierte Regelung getroffen werden, welche die Einrichtung und Zusammensetzung einer Einigungsstelle vorsieht. Als auslösendes Moment für die Aufnahme von Verhandlungen zwischen den Betriebsparteien ist auch hier wieder auf den Eintritt der im Ergänzungstarifvertrag vereinbarten Parameter abzustellen, der durch das „Steering Committee" festgestellt wird. 145

Somit kann auch mit den konsekutiven Modellen zügig von Kurzarbeit zu Betriebsänderungen, insbesondere zu Personalabbaumaßnahmen übergegangen werden, falls sich die wirtschaftliche Lage anders als erwartet nicht stabilisiert und die sich Kurzarbeit somit nicht länger ein probates Mittel zur Überwindung der Krise darstellt. 146

1.5.2.3 Errichtung einer Servicegesellschaft

Eine zusätzliche Gestaltungsmöglichkeit innerhalb der beschriebenen Kombinationsmodelle bietet die Errichtung einer sogenannten „Service-Gesellschaft". Dabei werden Arbeitnehmer aus den Bereichen, die von dem Arbeitsausfall betroffen sind, in eine Einheit überführt, die betriebsorganisatorisch von den nicht von der Kurzarbeit betroffenen Geschäftsbereichen abgegrenzt ist. In dieser Servicegesellschaft wird Kurzarbeit eingeführt. 147

Der Zweck der Servicegesellschaft besteht darin, das vorhandene Know-How zu bündeln, durch Qualifikationsmaßnahmen auszubauen und über Arbeitskraftreserven zu verfügen, die in anderen Geschäftsbereichen mit kurzfristig entstandenem Personalbedarf flexibel eingesetzt werden können. Gleichzeitig hat dieses Modell administrative Vorteile: In den Geschäftsbereichen, in denen kein Arbeitsausfall aufgetreten ist, 148 werden die Geschäftsabläufe nicht gestört. Sie bleiben von der Kurzarbeit in der Servicegesellschaft unberührt und unbeeinträchtigt.

149 Zur Umsetzung dieses Modells eignen sich unternehmensinterne Lösungen am besten, weil die Arbeitsverträge der betroffenen Mitarbeiter häufig keine konzernweiten Versetzungsklauseln vorsehen. Die Arbeitnehmer könnten deswegen nicht ohne ihre Zustimmung in eine rechtlich verselbstständigte Servicegesellschaft überführt werden.

150 Die Einrichtung einer derartigen Servicegesellschaft muss mit den jeweils örtlich zuständigen Agenturen für Arbeit abgestimmt werden, um sicherzustellen, dass das Vorliegen der betrieblichen Voraussetzungen für den Bezug von konjunkturellem Kurzarbeitergeld anerkannt wird. Hierbei muss insbesondere bedacht werden, dass die Voraussetzungen für die Einführung von Kurzarbeitergeld betriebsbezogen, nicht unternehmensbezogen geprüft werden. Vor diesem Hintergrund ist mit der Arbeitsverwaltung abzuklären, ob die betriebliche Kontinuität des Arbeitsausfalls trotz des Wechsels der kurzarbeitenden Arbeitnehmer in die Servicegesellschaft gewahrt ist. Die Servicegesellschaft muss hierfür so gestaltet sein, dass der betriebliche Zusammenhang zwischen ihr und dem Stammbetrieb erhalten bleibt. Zudem muss sich die Beschäftigung der Arbeitnehmer in der Servicegesellschaft als Fortsetzung ihrer bereits im Stammbetrieb aufgenommenen versicherungspflichtigen Beschäftigung darstellen. Hierfür bietet es sich an, Rückkehrrechte auf die alten Arbeitsplätze zu vereinbaren, sollte dort wieder ein Beschäftigungsbedarf entstehen.

1.6 Fazit

151 Insgesamt stellen kombinierte Kurzarbeitsmodelle neue, praktikable Lösungen dar, um die Personalpolitik eines Unternehmens in einer Wirtschaftskrise flexibel zu handhaben. Mit ihnen lassen sich Vorkehrungen für die prognostischen Unsicherheiten treffen, die bei einem konjunkturellen Einbruch in Bezug auf den Zeitpunkt und den Umfang eines in der Zukunft erhofften Aufschwungs bestehen. Sie ermöglichen daher Lösungen, die jeweils auf die Bedürfnisse des einzelnen Unternehmens zugeschnitten sind. Die während der globalen Wirtschaftskrise infolge der US-Immobilienkrise beobachtete Renaissance der Kurzarbeit wird sich daher angesichts der entwickelten Kombinationsmodelle auch in künftigen Krisensituationen fortsetzen.

2. „Sanierung in der Insolvenz: Die „neue" europarechtliche Perspektive"
2.1 Sanierungsrealität vor europäischem Hintergrund

152 Die Zahlen der Unternehmensinsolvenzen, die im Ansatz die Möglichkeit einer erfolgreichen Sanierung und Fortführung bieten, betreffen häufig nicht Unternehmen, die als einzelne Gesellschaft auftreten, sondern verstärkt Konzerne oder Konzernteile.

Insbesondere internationale Konzernstrukturen stellen sich jedoch als nur schwer durchschaubares Geflecht dar. Typischerweise finden sich im internationalen Konzern Patente und sonstige Rechte in einer US-amerikanischen Konzernmutter. Operativ wird dagegen für das Europa-Geschäft – zumeist aus steuerlichen Gründen – häufig aus London, Amsterdam oder Madrid agiert. Deutsche Tochterunternehmen sind in ihrer Berichtskette der jeweiligen Europaabteilung unterstellt.

153 Gerät eines oder mehrere Unternehmen eines Konzerns in die Insolvenz, kann sich dies – zumindest wirtschaftlich – auch auf zahlreiche andere Konzernunternehmen in anderen Ländern auswirken. Die gesellschaftsrechtlichen Verflechtungen können sich

dabei als Hindernis herausstellen. Umfangreiche und wirkungsvolle Restrukturierungen lassen sich nur erzielen, wenn die weltweiten Konzerngesellschaften aus einer Hand in die Restrukturierungsmaßnahmen einbezogen werden.

2.2 Europarechtliche Rahmenbedingungen

Nach den Strukturen sowohl des deutschen Insolvenzrechts, als auch des europäischen Insolvenzverfahrensrechts, aber entgegen der wirtschaftlichen Realität, existiert ein Konzern nicht als eigenständige Rechtspersönlichkeit. Allerdings wird der Verflechtung von Konzerngesellschaften in jüngerer Zeit verstärkt dadurch Rechnung getragen, dass die nationalen Gerichte – allen voran die englischen – in der Praxis versuchen, die Insolvenzverfahren über das Vermögen verschiedener europäischer Konzerngesellschaften an einem Verfahrensort zu konzentrieren.[147] Ermöglicht wird diese Vorgehensweise durch das europäische Insolvenzverfahrensrecht[148], namentlich durch die Regelungen zur internationalen Zuständigkeit in Art. 3 Abs. 1 S. 1 EuInsVO (vgl. hierzu ausführlich unten Rn. 751 ff.). 154

2.2.1 Haupt- und Sekundärinsolvenzverfahren

Im Rahmen des Anwendungsbereichs der EuInsVO, also innerhalb der Europäischen Union (mit Ausnahme Dänemark) ist zu unterscheiden zwischen Haupt-, Sekundär- und Partikularinsolvenzverfahren. 155

Ein Hauptinsolvenzverfahren umfasst dabei das gesamte in der Gemeinschaft belegene Vermögen des Schuldners. Sekundär- und Partikularinsolvenzverfahren sind demgegenüber beschränkt auf die im jeweiligen Eröffnungsland befindlichen Gegenstände. 156

Ein Sekundärinsolvenzverfahren ist abhängig von der Eröffnung eines Hauptinsolvenzverfahrens und wird nach dem Recht des Eröffnungslandes abgewickelt. Dagegen kann das Partikularinsolvenzverfahren unabhängig von einem Hauptinsolvenzverfahren, beschränkt auf das Gebiet des Eröffnungslandes, durchgeführt werden. 157

2.2.2 Mittelpunkt der hauptsächlichen Interessen – „COMI"

Die EuInsVO geht davon aus, dass jeder Schuldner nur einen Mittelpunkt seiner hauptsächlichen Interessen besitzt. Von diesem Mittelpunkt der hauptsächlichen Interessen („COMI" – *centre of main interest*) hängt die Zuständigkeit der Gerichte des Eröffnungslandes ab. Die Bestimmung des COMI ist daher von erheblicher Bedeutung für verfahrensrechtliche Folgefragen. 158

Die EuInsVO gibt keine Legaldefinition des COMI vor, so dass der Begriff auslegungsbedürftig ist. Art. 3 Abs. 1 S. 2 EuInsVO gibt lediglich die widerlegbare Vermutung vor, dass bei Gesellschaften und juristischen Personen der Ort des satzungsmäßigen Sitzes gleichsam das COMI ist. Das COMI ist objektiv zu bestimmen. Folgerichtig wird in den Erwägungsgründen zur EuInsoVO festgestellt, dass das COMI der Ort sei, an dem der Schuldner gewöhnlich der Verwaltung seiner Interessen nachgehe und damit für Dritte erkennbar sei.[149] 159

---

147 Vgl. zum nationalen „Konzerninsolvenzverfahren" *Graeber* NZI 2007, 265.
148 Grundlegend hierzu *Göpfert/Müller* NZA 2009, 1057 ff.
149 Vgl. EuInsVO, Erwägungsgrund 13.

160 Vor allem die englischen Gerichte scheinen aber zu einer weiten Auslegung des COMI zu tendieren und bejahen – insbesondere bei Konzerninsolvenzen – häufig ihre internationale Zuständigkeit. Sie stellen regelmäßig darauf ab, an welchem Ort strategische Leitungsentscheidungen getroffen werden. Die sog. „Head Office Functions" bzw. das „Mind of Management" bildet hiernach die Entscheidungsgrundlage für Zuständigkeitsentscheidungen.[150] Auch andere europäische Gerichte folgen teilweise dieser extensiven Auslegung des COMI, was manchen Insolvenzschuldner animieren könnte, im Vorfeld einer Insolvenz zum Mittel des sog. „forum shopping" zu greifen.[151]

161 Der Automobilzulieferer Schefenacker und die deutschen Nickelwerke etwa verlegten – nicht zuletzt auf Drängen ihrer Gläubiger – den Unternehmenssitz kurzerhand nach England, um im Falle einer möglichen Insolvenz in den Genuss der englischen Insolvenzvorschriften zu kommen.[152]

162 Die Grundsatzentscheidung des EuGH zur Frage des COMI in der *Eurofood*-Entscheidung hat insoweit nicht abschließend zur Rechtssicherheit beigetragen.[153] Der EuGH hat sich der sogenannten „Business Activity"-Theorie angeschlossen und festgestellt, dass die an den satzungsmäßigen Sitz anknüpfende Vermutung des Art. 3 Abs. 1 S. 2 EuInsVO durch die bloße Beherrschung durch die Konzernmutter nicht widerlegt werde. Lediglich bei – für Dritte erkennbar – keinerlei Aktivitäten im Land des satzungsmäßigen Sitzes, etwa bei Briefkastenfirmen, könne nicht von der Vermutung des Art. 3 Abs. 1 S. 2 EuInsVO ausgegangen werden.[154]

163 Während teilweise die Vermutung geäußert wurde, mit dieser Entscheidung sei der Theorie der „Head Office Functions" der Boden entzogen, wurde andernorts darauf hingewiesen, dass auf Grund der vom EuGH verwendeten weichen Kriterien auch künftig genügend Spielraum für eine Widerlegung der Sitzvermutung bliebe.[155]

164 Eine einheitliche Rechtsprechung der verschiedenen nationalen Gerichte sowie des EuGH ist weiterhin nicht absehbar (ausführlicher zum COMI siehe unten Rn. 751 ff.).

2.3 Folgen für die arbeitsrechtliche Sanierungsberatung

165 Ungeachtet dieser Unsicherheiten schließen sich für die Sanierungsberatung komplexe Fragen internationalen Insolvenzrechts an. Insbesondere aus arbeitsrechtlicher Sicht sind vor allem die folgenden Punkte relevant:

Kommt bei der Verfahrenseröffnung (beispielsweise im Wege eines englischen Administrationsverfahrens) über das Vermögen einer deutschen Gesellschaft in Bezug auf

---

150 Vgl. *Pannen/Riedemann* NZI 2004, 646; *Vallens/Dammann* NZI 2006, 29.
151 Willcock umschreibt dieses Phänomen plastisch wie folgt: „This is real draw for Forum Shoppers. Simply pick your favoured jurisdiction, transfer your company's papers and bank accounts there and you're in business. If you're worried about antecedent transaction, go to Greece. Preferential creditors? Try Germany or the UK, which don't have any. Want to protect jobs? Go to France...", Zitat aus: *Pannen/Riedemann* NZI 2004, 646.
152 Vgl. hierzu FAZ v. 18.10.2006, S. 21; *Paulus* ZIP 2005, 2301; *Bork* ZIP 2006, 58; zu den Unterschieden im Ablauf eines englischen im Vergleich zu einem deutschen Insolvenzverfahren s. *Schilling* DZWiR 2006, 143; *Westpfahl/Janjuah* ZIP 2008, Beil. 3, 1, 2.
153 *Eurofood*-Entscheidung, vgl. *EuGH* NZI 2006, 360.
154 *EuGH* NZI 2006, 360.
155 Zu der Auslegung des Urteils in den verschiedenen Mitgliedstaaten s. *Schmidt* ZIP 2007, 405; *Paulus* NZI 2008, 1.

die Arbeitsverhältnisse der bei ihr beschäftigten Arbeitnehmer ausländisches oder deutsches Recht zur Anwendung? Können etwa die gesetzlichen Restrukturierungserleichterungen, die das deutsche Insolvenzrecht in den §§ 123 ff. InsO bereithält, nutzbar gemacht werden? Gelten die deutschen Arbeitnehmerschutzvorschriften im Falle einer Betriebsveräußerung durch den ausländischen Verwalter (etwa den englischen Administrator)? Und ergäbe sich etwas anderes, wenn in Deutschland ein Sekundärinsolvenzverfahren durchgeführt würde? Diesen Fragen soll in den nachfolgenden Abschnitten nachgegangen werden (vgl. hierzu auch unten 10. Kap. Rn. 853 ff.).

2.3.1 Hauptinsolvenzverfahren in einem EU-Mitgliedstaat

Wird durch einen Eröffnungsbeschluss eines Gerichts in der EU, beispielsweise den Administrationsbeschluss eines englischen Gerichts, gem. Art. 3 Abs. 1 EuInsVO das Hauptinsolvenzverfahren über eine deutsche Gesellschaft eröffnet, ist dies gem. Art. 16 Abs. 1, 17 Abs. 1 EuInsVO in jedem Mitgliedstaat anzuerkennen.

Die prozessualen und materiell-rechtlichen Wirkungen des Insolvenzverfahrens richten sich gem. Art. 4 Abs. 1 EuInsVO grundsätzlich nach der lex fori concursus generalis, im oben gewählten Beispiel demnach nach englischem Insolvenzrecht.

Art. 10 EuInsVO regelt abweichend davon, dass *„für die Wirkungen des Insolvenzverfahrens auf einen Arbeitsvertrag und auf das Arbeitsverhältnis"* ausschließlich das Recht des Mitgliedstaates gilt, das auf den Arbeitsvertrag anzuwenden ist.

Art. 10 EuInsVO knüpft allerdings nur insoweit an das Recht des Arbeitsvertragsorts an, als *„die Wirkungen des Insolvenzverfahrens auf einen Arbeitsvertrag und auf das Arbeitsverhältnis"* betroffen sind.

Unter Art. 10 EuInsVO sind sowohl individual- als auch kollektivarbeitsrechtliche Normen zu subsumieren.

2.3.2 Anwendbarkeit der §§ 108, 113 InsO

Danach sind im Falle der Eröffnung eines englischen Administrationsverfahrens über eine deutsche Gesellschaft jedenfalls die §§ 108, 113 InsO anwendbar,[156] da diese Normen die Wirkungen des Insolvenzverfahrens auf die Fortsetzung bzw. Beendigung von Arbeitsverhältnissen regeln.[157]

Nach § 113 InsO kann ein Arbeitsverhältnis vom Insolvenzverwalter oder vom Arbeitnehmer unter Einhaltung einer Kündigungsfrist von drei Monaten zum Monatsende gekündigt werden, sofern nicht eine kürzere Frist maßgeblich ist. Allerdings ist die Insolvenz als solche kein Kündigungsgrund. Auch bei der Kündigung durch den Insolvenzverwalter sind daher die allgemeinen und besonderen (deutschen) Kündigungsschutzbestimmungen zu beachten.

2.3.3 Anwendbarkeit der §§ 120 ff. InsO

Auch die §§ 120 ff. InsO sind anwendbar und vom ausländischen Verwalter, etwa dem englischen Administrator zu beachten.[158] Die Normen enthalten spezifische Regelungen zur Wirkung des Insolvenzverfahrens auf die Beendigung von Arbeitsverhältnissen sowie auf die Rechte und Pflichten aller an einem solchen Arbeitsverhältnis beteiligten Parteien.

---

156 *LAG Hessen* Urt. v. 14.12.2010 – 13 Sa 969/10.
157 So auch *LAG Hessen* v. 5.3.2007 – 17 Sa 122/06.
158 *Gottwald* in Gottwald InsolvenzR-Hdb., 3. Aufl. 2006, § 131 Rn. 55.

173 § 126 InsO etwa sieht eine spezielle Kündigungsmöglichkeit des Insolvenzverwalters für den Fall des Scheiterns eines Insolvenzsozialplans vor. Sind Entlassungen oder Betriebsänderungen i.S.v. § 111 ff. BetrVG in der deutschen Gesellschaft geplant, hat der Administrator daher den Betriebsrat entsprechend zu unterrichten und mit diesem über den Abschluss eines Interessenausgleichs zu verhandeln und im Rahmen des § 123 InsO einen Sozialplan aufzustellen. Unterlässt er den Versuch eines Interessenausgleichs, haben die Arbeitnehmer einen Anspruch auf Nachteilsausgleich, vgl. § 113 Abs. 3, 1 BetrVG. Im Rahmen der Festsetzung der Höhe des Nachteilsausgleichs spielt die Insolvenzsituation keine Rolle.

174 Die §§ 121 ff. InsO enthalten ergänzend Sonderbestimmungen für den Fall der Arbeitgeberinsolvenz, die Betriebsänderungen durch den Insolvenzverwalter wesentlich erleichtern. Nach der allgemeinen Regelung des § 112 Abs. 2 S. 1 BetrVG können wahlweise der Unternehmer oder der Betriebsrat den Vorstand der Bundesagentur für Arbeit um Vermittlung ersuchen, wenn ein Interessenausgleich oder ein Sozialplan scheitert. Nach der Sondervorschrift des § 121 InsO kann die Bundesagentur nur dann um Vermittlung ersucht werden, wenn dies auf Wunsch beider Parteien erfolgt. Die Norm dient der Beschleunigung der Entscheidungsfindung.

175 Denselben Zweck verfolgt § 122 InsO, wonach der Insolvenzverwalter die Möglichkeit erhält, mit gerichtlicher Zustimmung eine Betriebsänderung auch dann durchzusetzen, wenn innerhalb von drei Wochen nach Anrufung des Betriebsrats ein Interessenausgleich mit dem Betriebsrat nicht zu Stande kommt. Die §§ 125, 128 InsO enthalten außerdem wesentliche Erleichterungen der Darlegungs- und Beweislast zu Gunsten des Insolvenzverwalters hinsichtlich der Kündigung von Arbeitnehmern im Rahmen einer Betriebsänderung. Insofern werden die Prozessrisiken für den Insolvenzverwalter erheblich minimiert. Kommt ein Interessenausgleich nach § 125 Abs. 1 InsO nicht innerhalb von drei Wochen zu Stande, kann der Insolvenzverwalter nach § 126 InsO durch das Arbeitsgericht feststellen lassen, dass die Kündigung betrieblich bedingt und sozial gerechtfertigt ist. Schließlich enthält § 123 InsO zwingende Beschränkungen hinsichtlich des Umfangs des Sozialplanvolumens. § 123 Abs. 1 InsO enthält eine absolute Obergrenze des Sozialplanvolumens von 2,5 Bruttomonatsverdiensten der von einer Entlassung betroffenen Arbeitnehmer. Nach § 123 Abs. 2 S. 2 InsO gilt außerdem eine relative Grenze; danach darf, sofern nicht ein Insolvenzplan zu Stande kommt, nicht mehr als ein Drittel der Teilungsmasse für die Sozialplanforderungen verwendet werden.

2.3.4 Anwendbarkeit des § 613a BGB

176 Unter den Anwendungsbereich des Art. 10 EuInsVO lässt sich außerdem die Thematik eines Betriebsüberganges subsumieren. Demnach greift auch im Falle der Eröffnung eines englischen Administrationsverfahrens über das Vermögen einer deutschen Gesellschaft die Regelung des § 613a BGB.[159]

177 Veräußert der englische Administrator demnach einen in Deutschland belegenen Betrieb oder Betriebsteil des Insolvenzschuldners, so hat er gegenüber den deutschen Arbeitnehmern § 613a BGB zu beachten und kann sich nicht etwa darauf berufen, dass es nach englischem Recht einen vergleichbaren Schutz nicht gibt.[160]

---

159 H.M., *Undritz* in Schmidt, Hamburger Komm. z. InsolvenzR, 5. Aufl. 2008, Anh. §§ 335 ff., Art. 10 EuInsVO Rn. 3; *Reinhart* in MK-InsO, 2. Aufl. 2008, Art. 10 EuInsVO Rn. 10.
160 *Gottwald* in Gottwald, InsolvenzR-Hdb., 3. Aufl. 2006, § 131 Rn. 56.

2.3.5 Vorschriften über das Insolvenzgeld, §§ 183 ff. SGB III

Gemäß der Richtlinie 2992/74/EWG sowie § 183 Abs. 1 S. 2 SGB III können in Deutschland beschäftigte Arbeitnehmer auch bei Fehlen eines Sekundärinsolvenzverfahrens Insolvenzgeld beanspruchen (vgl. hierzu auch Rn. 890 f.). 178

2.3.6 Rangfragen

Soweit hingegen der Rang von Forderungen der Arbeitnehmer und die Verteilung der Masse betroffen sind, greifen die Normen der lex fori concursus, Art. 4 Abs. 2 lit. g und i EuInsVO.[161] Nach dem Insolvenzrecht des Eröffnungsstaats – im Beispielsfall nach englischem Recht – richtet sich daher insbesondere die Frage, ob ein Arbeitslohnanspruch aus dem Arbeitsverhältnis Masseforderung, privilegierte Masseforderung oder Insolvenzforderung ist. Denn die Frage, welchen Befriedigungsrang die Arbeitnehmerforderungen bei einer Verteilung der Insolvenzmasse einnehmen, ist lediglich eine indirekte Wirkung des Insolvenzverfahrens und als solche nicht von Art. 10 EuInsVO erfasst. Dies soll nach h.M. für alle Forderungen gelten, unabhängig davon, ob sie vor oder nach Eröffnung des Insolvenzverfahrens entstanden sind.[162] Die lex fori concursus dürfte daher auch gelten, soweit es die Frage der Einstufung von Sozialplanansprüchen als Masseverbindlichkeiten nach § 123 Abs. 2 InsO betrifft.[163] 179

2.4 Sekundärinsolvenzverfahren in Deutschland

Die Frage des anwendbaren Rechts kann sich durch die Eröffnung eines Sekundärinsolvenzverfahrens (vgl. hierzu ausführlich unten Rn. 913 ff.) ändern. Die Wirkungen des Sekundärinsolvenzverfahrens beschränken sich auf die Liquidierung des in diesem Mitgliedstaat belegenen Schuldnervermögens. 180

2.4.1 Änderungen bezüglich des anwendbaren Rechts

Nach Art. 28 EuInsVO finden auf das Sekundärinsolvenzverfahren die Rechtsvorschriften des Mitgliedstaates Anwendung, in dessen Gebiet es eröffnet wurde, soweit die Verordnung nichts anderes bestimmt. 181

Allerdings enthält Art. 28 EuInsVO ebenso wie Art. 4 EuInsVO einen Vorbehalt, wonach dies nur gilt, soweit die Verordnung *„nichts anderes bestimmt"*. Daher gelten die Art. 5–15 EuInsVO auch im Falle eines Sekundärinsolvenzverfahrens.[164] 182

Insoweit ergeben sich keine Änderungen hinsichtlich der Wirkungen des Insolvenzverfahrens auf den Arbeitsvertrag und auf das Arbeitsverhältnis. 183

2.4.2 Änderungen bezüglich des Rangs von Arbeitnehmerforderungen

Änderungen können sich allerdings insoweit ergeben, als es den Rang der Arbeitnehmerforderungen betrifft. Denn die Frage des Rangs der Arbeitnehmerforderungen richtet sich nach dem Recht des Mitgliedstaats, in dem die Durchführung des Sekundärinsolvenzverfahrens beantragt wird. Im gewählten Beispielsfall würde sich daher 184

---

161 *Beck* NZI 2007, 1.
162 *Liebmann* Der Schutz des Arbeitnehmers bei grenzüberschreitenden Insolvenzen, 2005, S. 188
163 *Wenner/Schuster* in Wimmer, Frankfurter Komm. z. InsO, 5. Aufl. 2009, § 337 InsO Rn. 9, für die Parallelnorm des § 337 InsO.
164 *LAG Hessen* v. 5.3.2007 – 17 Sa 122/06.

die Frage, welchen Rang die Forderungen der Arbeitnehmer im Rahmen der Masseverteilung einnehmen, im Hauptinsolvenzverfahren nach englischem Insolvenzrecht richten, während bei Durchführung eines Sekundärinsolvenzverfahrens insoweit deutsches Insolvenzrecht einschlägig wäre.

185 Vor diesem Hintergrund ist auch der Beschluss des *High Court of Justice Birmingham* in dem Hauptinsolvenzverfahren über den MG Rover-Konzern zu sehen. Der High Court hatte *administration orders* für acht europäische Vertriebsgesellschaften des Konzern erlassen und dadurch Hauptinsolvenzverfahren gem. Art. 3 Abs. 1 EuInsVO eröffnet. Das Gericht erließ anschließend auf Antrag der Administratoren *supplemental orders* die diese ermächtigten, die Forderungen der Arbeitnehmer der europäischen Vertriebsgesellschaften in demselben Rang zu bedienen, den sie nach dem jeweils anwendbaren nationalen Insolvenzrecht hätten, das gelten würde, wenn in dem jeweiligen Mitgliedstaat ein Sekundärinsolvenzverfahren eröffnet würde. Das Gericht wollte hierdurch den Arbeitnehmern an anderen europäischen Standorten den Anreiz nehmen, dort die Durchführung eines Sekundärinsolvenzverfahrens zu beantragen. Ohne die *supplemental orders* hätte sich der Rang der Arbeitnehmerforderungen gem. Art. 4 Abs. 2 lit. g und i EuInsVO nach dem – für die Arbeitnehmer gegebenenfalls nachteiligen – englischen Recht gerichtet, während bei Eröffnung von Sekundärinsolvenzverfahren gem. 28 Art. EuInsVO insoweit das Recht des jeweiligen Mitgliedstaats zur Anwendung gekommen wäre.

3. Praktische Umsetzungsfragen: Sanierung unter Einschaltung einer Beschäftigungsgesellschaft

3.1 Einleitung

186 Gerät ein Unternehmen in die Krise, scheitert die Übernahme von noch rentablen Betrieben oder Betriebsteilen häufig daran, dass der Erwerber nicht bereit ist, nach § 613a BGB alle Arbeitnehmer zu den alten Bedingungen weiterzubeschäftigen. Hier kann die Errichtung einer Beschäftigungsgesellschaft (sog. BQG – *Beschäftigungs- und Qualifizierungsgesellschaft*) (hierzu ausführlich unten Rn. 249 ff.) eine Lösung sein. Die BQG ist ein rechtlich selbstständiges Unternehmen. Ihr Zweck ist es diejenigen Arbeitnehmer, für die kein Beschäftigungsbedarf mehr besteht, auf die BQG „auszulagern" und sie durch Bewerbungstraining, Umschulungs- und Qualifizierungsmaßnahmen bei der Suche nach einem neuen Arbeitsverhältnis zu unterstützen. In der Praxis ist die Wiedereingliederungsquote in den ersten Arbeitsmarkt hierdurch weitaus höher als etwa bei staatlichen Wiedereingliederungsversuchen.[165]

187 Folge bei erfolgreicher Einschaltung einer BQG ist ein Personalabbau unter Vermeidung von betriebsbedingten Kündigungen.

3.2 Errichtung

188 Die BQG ist ein eigenständiger Rechtsträger. Sie wird meist in Form einer GmbH betrieben; dies ist jedoch nicht zwingend. BQG können speziell für einen konkreten Fall gegründet werden oder aber dauerhaft von gewerblichen Betreibern geführt werden. Für den Unternehmer besteht daher auch die Möglichkeit, sich einer der dauerhaft am Markt existierenden BQG (s. hierzu unten Rn. 337 ff.) zu bedienen. Die Inan-

---

[165] *Moll/Liebers* Münchener Anwaltshandbuch Arbeitsrecht, 2. Aufl. 2009, § 55 Rn. 102: mehr als 60 % der übergegangenen Arbeitsverhältnisse.

spruchnahme einer solchen, externen BQG dürfte auch unter Belegschaft und Betriebsrat für größere Akzeptanz sorgen.

Die Errichtung der BQG unterliegt als solche nicht der Mitbestimmung des Betriebsrates. Es empfiehlt sich jedoch regelmäßig eine frühzeitige Zusammenarbeit mit dem Betriebsrat, denn spätestens mit der notwendigen Einschränkung oder Stilllegung des ganzen Betriebs oder von wesentlichen Betriebsteilen nach § 111 S. 3 Nr. 1 BetrVG (als Folge des Betreibens einer BQG) sind Mitbestimmungsrechte zu beachten. Allerdings kann der Betriebsrat die Errichtung (und das Betreiben) einer Beschäftigungsgesellschaft nicht erzwingen. Da das „Ob" der Beschäftigungsgesellschaft ausschließlich eine Frage des Interessenausgleichs ist und dieser gem. § 112 Abs. 4 BetrVG nicht erzwingbar ist, ist die Errichtung bzw. Einschaltung der Beschäftigungsgesellschaft durch den Spruch der Einigungsstelle gegen den Willen des Arbeitgebers nicht möglich (zur Mitwirkung des Betriebsrats ausführlich unten Rn. 392 ff.). **189**

Die Finanzierung der BQG geschieht primär über Transferkurzarbeitergeldleistungen der Agentur für Arbeit, nicht selten übernimmt der ehemalige Arbeitgeber Aufstockungszahlungen (ausführlich zu Finanzierungsfragen unten Rn. 297 ff.). **190**

3.3 Wechsel der Arbeitnehmer

3.3.1 Rechtliche Ausgestaltung

Der Wechsel des Arbeitnehmers erfolgt in der Regel durch einen dreiseitigen Vertrag. Dieser beinhaltet die Aufhebung des alten und die Begründung des neuen, befristeten Arbeitsverhältnisses und wird von Arbeitnehmer, Arbeitgeber und Beschäftigungsgesellschaft unterzeichnet (s. hierzu unten Rn. 347). **191**

Der Wechsel der betroffenen Arbeitnehmer erfüllt dabei nicht den Tatbestand des Betriebsübergangs gem. § 613a BGB (zu diesem Aspekt s. Rn. 295, 350 ff.). **192**

3.3.2 Vorteile für den Arbeitnehmer

Arbeitnehmer, die sich mit dem Wechsel in die BQG nicht einverstanden erklären, gehen das Risiko einer betriebsbedingten Kündigung ein. Umgekehrt gewährt der Wechsel in die BQG dem Arbeitnehmer zahlreiche Vorteile: Die Arbeitslosigkeit wird jedenfalls für die Zeit, in der der Arbeitnehmer bei der BQG angestellt ist, vermieden. Des Weiteren erhält der Arbeitnehmer die Gelegenheit, an Qualifizierungsmaßnahmen teilzunehmen und so seine Chancen auf eine Rückkehr in den ersten Arbeitsmarkt zu erhöhen. Der ununterbrochene Verlauf von Entgeltpunkten in der Rentenversicherung wird sichergestellt, der Bezug von Arbeitslosengeld aufgeschoben; außerdem erhält der Arbeitnehmer die Möglichkeit, sich aus einem bestehenden Beschäftigungsverhältnis heraus zu bewerben. **193**

Durch den Wechsel in die Beschäftigungsgesellschaft werden auch die üblicherweise mit dem Abschluss eines Aufhebungsvertrags verbundenen, nachteiligen sozialversicherungsrechtlichen Folgen des § 144 SGB III vermieden. In der Regel führt die freiwillige Aufgabe des Arbeitsverhältnisses durch Abschluss eines Aufhebungsvertrages gem. § 144 Abs. 1 S. 1, S. 2 Nr. 1 und Abs. 3 SGB III zu einer Sperrzeit von zwölf Wochen, während der der Anspruch des Arbeitnehmers auf Arbeitslosengeld ruht. Indem der Arbeitnehmer einen neuen Arbeitsvertrag mit der Beschäftigungsgesellschaft schließt, gibt er sein Arbeitsverhältnis jedoch gerade nicht auf, so dass eine Sperrzeit nicht verhängt werden kann. Auch nach Ende des Beschäftigungsverhältnis- **194** ses mit der Beschäftigungsgesellschaft liegen die Voraussetzungen des § 144 SGB III nicht vor. Denn die Beendigung erfolgt ohne Zutun des Arbeitnehmers durch wirksame Befristung.

195 Ebenso wird durch den Wechsel des Arbeitnehmers in die Beschäftigungsgesellschaft ein Ruhen des Anspruchs auf Arbeitslosengeld gem. § 143a SGB III verhindert. Dieser greift, wenn der Arbeitnehmer wegen der Beendigung des Arbeitsverhältnisses einen Anspruch auf Abfindung, Entschädigung oder ähnliche Leistungen erwirbt und durch die Beendigung zugleich die Kündigungsfrist des Arbeitnehmers verkürzt wird. Beim Wechsel in die Beschäftigungsgesellschaft sind diese beiden Voraussetzungen zwar in der Regel erfüllt, der Arbeitnehmer wird jedoch nicht arbeitslos. Nach Beendigung des Arbeitsverhältnisses mit der Beschäftigungsgesellschaft kommt ein Ruhen des Anspruchs auf Arbeitslosengeld gem. § 143a SGB III nicht in Betracht, weil die Beendigung wiederum allein aufgrund der wirksamen Befristung eintritt. Zu weiteren Vorteilen der Einschaltung einer BQG s. unten Rn. 326.

3.3.3 Vorteile für den Arbeitgeber

196 Der Vorteil einer BQG gegenüber betriebsbedingten Kündigungen besteht aus Unternehmersicht darin, dass Personalabbaumaßnahmen auch relativ kurzfristig möglich sind. Eine Sozialauswahl findet nicht statt. Gleichzeitig wird durch den einvernehmlichen Wechsel der Arbeitnehmer in die BQG das Risiko langwieriger Kündigungsschutzprozesse vermieden. Andererseits bedarf die Errichtung bzw. Einschaltung einer BQG besonderer Umsicht, insbesondere weil es nicht ausreicht, betriebsbedingte Kündigungen auszusprechen. Vielmehr muss die Zustimmung jedes einzelnen Arbeitnehmers zum Abschluss des dreiseitigen Vertrages herbeigeführt werden. Dies bedarf einer hohen Akzeptanz auf Seiten der Belegschaft und der Betriebsräte, für die regelmäßig erst aktiv geworben werden muss (vgl. auch unten Rn. 331, 334).

3.4 Folgen für einen möglichen Erwerber

3.4.1 Vorteile

197 Für den Erwerber (zu dessen Perspektive s. auch unten Rn. 325) besteht im Idealfall ein erheblicher Vorteil darin, dass er einen Betrieb mit reduzierter Belegschaft bzw. „arbeitnehmerfrei" erwerben und sich dann aus der BQG diejenigen Arbeitnehmer aussuchen kann, die er weiterbeschäftigen möchte, um sich gewissermaßen seine „Wunschmannschaft" zusammenzustellen. Zudem ist er bei der Neueinstellung einzelner Arbeitnehmer nicht an die bei dem vorherigen Arbeitgeber geltenden Konditionen gebunden, sondern kann die Arbeitsverträge vollständig neu ausgestalten.[166]

3.4.2 Risiken

198 Dieser Idealfall tritt freilich nur ein, wenn entweder sämtliche Arbeitnehmer in die BQG wechseln oder die im ursprünglichen Betrieb verbleibenden Arbeitnehmer wirksam gekündigt werden können. Mit der Ausgestaltung der dreiseitigen Verträge steht und fällt die Attraktivität einer Betriebsübernahme für den Erwerber. Sind nämlich die (im Rahmen des dreiseitigen Vertrages geschlossenen) Aufhebungsverträge zwischen Unternehmen und Arbeitnehmer unwirksam oder werden wirksam angefochten, bleibt das Arbeitsverhältnis mit dem Unternehmen bestehen. Als Folge der

---

166 Vgl. hierzu *Krieger/Fischinger* NJW 2007, 2289.

Betriebsübernahme des vermeintlich „arbeitnehmerfreien" Betriebs gehen diese Arbeitsverhältnisse im Wege des § 613a BGB auf den Erwerber über, mit allen – für den Erwerber regelmäßig negativen – Folgen.

Die Risiken für einen potentiellen Erwerber sind erheblich und lassen sich nur bei sorgsamer Umsetzung des Modells vermeiden. Essentiell hierfür ist eine rechtssichere Gestaltung der Aufhebungsverträge, bei der vor allem eine unzulässige Umgehung von § 613a BGB vermieden sowie die Risiken einer Anfechtbarkeit des Aufhebungsvertrags minimiert werden müssen (näher zu diesen Aspekten unten Rn. 349 ff.). 199

3.5 Tätigkeit der Beschäftigungsgesellschaft

Die Aufgabe der BQG besteht hauptsächlich in der Durchführung von Qualifizierungsmaßnahmen für die übernommenen Arbeitnehmer sowie in der Unterbreitung von Vermittlungsvorschlägen gem. § 216b Abs. 6 SGB III. Die Qualifizierungsmaßnahmen kann die BQG selbst durchführen oder die Arbeitnehmer an externe Anbieter vermitteln. 200

Darüber hinaus muss die BQG der Agentur für Arbeit halbjährlich die in § 216b Abs. 9 SGB III genannten Daten übermitteln, d.h. insbesondere mitteilen, wie viele Arbeitnehmer sie beschäftigt, welche Altersstruktur diese aufweisen und wie hoch die Integrationsquote ist. 201

3.6 Transfermaßnahmen

Arbeitnehmer, die auf Grund von Betriebsänderungen oder im Anschluss an die Beendigung eines Berufsausbildungsverhältnisses von Arbeitslosigkeit bedroht sind, können gem. § 216a SGB III auch an Transfermaßnahmen teilnehmen. Transfermaßnahmen sind gem. § 216b Abs. 1 S. 2 SGB III alle Maßnahmen zur Eingliederung von Arbeitnehmern in den Arbeitsmarkt, an deren Finanzierung sich der Arbeitgeber angemessen beteiligt. Die Teilnahme an solchen Maßnahmen wird gem. § 216a SGB III von der Arbeitsagentur gefördert, wenn die Maßnahme von einem Dritten durchgeführt wird, der Eingliederung des Arbeitnehmers in den Arbeitsmarkt dienen soll, ihre Durchführung gesichert ist und ein System zur Qualitätssicherung angewendet wird. Gem. § 216a Abs. 2 SGB III wird die Förderung in Form eines Zuschusses gewährt, der 50 % der aufzuwendenden Maßnahmekosten, jedoch höchstens 2 500 EUR pro gefördertem Arbeitnehmer beträgt. Als förderungsfähige Transfermaßnahmen kommen insbesondere Maßnahmen zur Feststellung der Leistungsfähigkeit, der Arbeitsmarktchancen und des Qualifikationsbedarfs (Profiling), Hilfestellungen für Bewerbung und Stellensuche, Outplacementberatung, Praktika und Existenzgründungsberatungen in Betracht. 202

4. Kündigung nach Erwerberkonzept – Risiken bei Betriebsübergang

4.1 Erwerberkonzept als Basis für den Personalabbau

Wenn die Errichtung bzw. Einschaltung einer Beschäftigungsgesellschaft nicht in Betracht kommt ist der Betriebserwerb als Asset Deal meist Betriebsübergang i.S.d. § 613a BGB. Der Betriebserwerber hat so regelmäßig keine Möglichkeit, sich seine „Wunschmannschaft" an Arbeitnehmern herauszusuchen. Dennoch kann er in Zusammenarbeit mit dem Betriebsveräußerer, gegebenenfalls also auch mit dem Insolvenzverwalter, Einfluss auf den Restrukturierungsprozess nehmen und damit den 203 zu übernehmenden Betrieb auch in personeller Hinsicht – freilich begrenzt – gestalten. Insbesondere das Insolvenzverfahren bietet hier Möglichkeiten.

4.2 Die Anwendbarkeit des § 613a BGB und seine Einschränkungen in der Insolvenz

204 Nach ständiger Rechtsprechung des BAG[167] und h.M. in der Literatur[168] findet § 613a BGB auch im eröffneten Insolvenzverfahren Anwendung, sofern es um den Schutz der Arbeitsplätze und die Kontinuität des Betriebsrates geht. Allerdings sind folgende Einschränkungen zu beachten:

§ 613a BGB findet im eröffneten Insolvenzverfahren insoweit keine Anwendung, als es um die Haftung des Betriebserwerbers für bereits vor Eröffnung des Insolvenzverfahrens entstandene Ansprüche der Arbeitnehmer geht. Hier haben die Verteilungsgrundsätze des Insolvenzverfahrens, insbesondere der Grundsatz der gleichmäßigen Gläubigerbefriedigung Vorrang.[169] Eine Haftung des Erwerbers für die schon entstandenen Ansprüche würde dazu führen, dass die Arbeitnehmer einen zweiten Schuldner erhielten und somit gegenüber anderen Gläubigern eine nicht gerechtfertigte Besserstellung erfahren würden.

Demgegenüber gilt § 613a BGB uneingeschränkt, wenn der Erwerber den Betrieb bereits vor Eröffnung des Insolvenzverfahrens übernommen hat. Ebenso wenig erfährt § 613a BGB beim Erwerb vom vorläufigen Insolvenzverwalter eine Einschränkung, weil dann der Grundsatz der gleichmäßigen Gläubigerbefriedigung nicht gilt.[170]

Ist das Insolvenzverfahren eröffnet, bleibt die damit einhergehende Haftungsbeschränkung im Rahmen des § 613a BGB auch dann bestehen, wenn das Insolvenzverfahren später nach § 207 InsO mangels einer die Kosten des Verfahrens deckenden Masse eingestellt wird. Wird das Insolvenzverfahren hingegen mangels Masse gar nicht erst eröffnet, kommt dem Erwerber die Haftungseinschränkung nicht zugute[171].

205 Eine weitere Modifikation des § 613a BGB im eröffneten Insolvenzverfahren folgt aus § 128 InsO. Die Vorschrift erleichtert betriebsbedingte Kündigungen durch den Insolvenzverwalter, die dieser in Abstimmung mit einem potentiellen Erwerber ausspricht. Dies ermöglicht eine Anpassung des Betriebs an die Vorstellungen und Bedürfnisse des Erwerbers bereits vor Veräußerung, ohne dass der Insolvenzverwalter die Betriebsänderung selbst durchführen muss.

§ 128 Abs. 1 S. 1 InsO erklärt die §§ 125–127 InsO für anwendbar, wenn die Kündigung durch den Insolvenzverwalter erfolgt, und die Betriebsänderung, der der Interessenausgleich nach § 125 InsO oder der Feststellungsantrag nach § 126 InsO zugrunde liegt, erst nach Betriebsveräußerung durchgeführt werden soll. Sofern also ein Interessenausgleich zwischen Insolvenzverwalter und Betriebsrat zustande gekommen ist, in dem die Arbeitnehmer, denen gekündigt werden soll, namentlich genannt sind, wird die soziale Rechtfertigung der Kündigung vermutet.

---

167 Vgl. etwa *BAG* NZA 2003, 1027.
168 Vgl. etwa *Plössner* NZI 2003, 401; *Preis* in Erfurter Kommentar, 10. Aufl. 2010, § 613a BGB Rn. 146.
169 St. Rspr. seit *BAG* v. 17.1.1980, NJW 1980, 1124.
170 *BAG* v. 20.6.2002, NZA 2002, 318.
171 *BAG* v. 19.5.2005, BB 2006, 943.

§ 128 Abs. 2 InsO erstreckt die Vermutungswirkungen der §§ 125 Abs. 1 S. 1 Nr. 1, 126 Abs. 1 S. 1 InsO im Fall des Betriebsübergangs nach § 613a BGB auch darauf, dass die Kündigung der Arbeitsverhältnisse nicht wegen des Betriebsübergangs erfolgte. Will der Arbeitnehmer seine Kündigung später unter Berufung auf § 613a Abs. 4 BGB gerichtlich angreifen, so ist er darlegungs- und beweispflichtig dafür, dass die Kündigung *wegen* des Betriebsübergangs erfolgt ist.

Schließlich richten sich die Versorgungsansprüche der Arbeitnehmer nach Eröffnung des Insolvenzverfahrens gem. §§ 14, 7 BetrAVG gegen den Pensions-Sicherungsverein, und nicht gem. § 613a BGB gegen den Betriebserwerber. Das gleiche gilt für die Anwartschaften im Rahmen der bestehenden Arbeitsverhältnisse. **206**

4.3 Kündigung nach Erwerberkonzept

Auch bei Übertragung des Betriebs außerhalb der Insolvenz kann es im Interesse des Erwerbers liegen, dass schon vor dem Betriebsübergang Kündigungen ausgesprochen werden. So kann er eine Belastung des zukünftigen Arbeitsklimas durch Entlassungen vermeiden und die Einhaltung möglicherweise langer Kündigungsfristen umgehen.[172] Kündigt der Veräußerer jedoch betriebsbedingt unter Berufung auf dringende betriebliche Erfordernisse des potentiellen Erwerbers, so stellt sich die Frage, ob diese Kündigung gem. § 613a Abs. 4 BGB unwirksam ist, weil sie *wegen* des Betriebsübergangs erfolgte. **207**

4.3.1 Das Erwerberkonzept

Das BAG hat für diese Fälle die sog. Kündigung nach Erwerberkonzept anerkannt.[173] Danach liegt eine nach § 613a Abs. 4 BGB unwirksame Kündigung durch den bisherigen Arbeitgeber dann nicht vor, wenn der Arbeitsplatz des Arbeitnehmers auf Grund eines Sanierungskonzepts des Erwerbers entfallen ist und die Durchführung des verbindlichen Konzepts oder Sanierungsplans des Erwerbers im Zeitpunkt des Zugangs der Kündigungserklärung bereits greifbare Formen angenommen hat. Dies stellt keinen Verstoß gegen den Schutzzweck des § 613a BGB dar. Denn eine Fortführung des Arbeitsverhältnisses bis zum Vollzug des Betriebsübergangs würde nur eine künstliche Verlängerung darstellen, wenn der Erwerber seinerseits sofort nach Vollzug betriebsbedingt kündigen könnte, weil er aus betriebswirtschaftlichen Gründen keine Beschäftigungsmöglichkeit für den Arbeitnehmer hat. § 613a BGB will aber nur den Bestand und die Kontinuität des Arbeitsverhältnisses gewährleisten,[174] nicht jedoch dem Arbeitnehmer eine derartige kurzfristige Verlängerung garantieren.[175] **208**

Jedenfalls in der Insolvenz hängt die Kündigungsmöglichkeit des Veräußerers auch nicht davon ab, ob das Konzept auch bei dem Veräußerer hätte durchgeführt werden können. Denn in Sanierungsfällen ist der Betrieb häufig aus sich heraus nicht mehr sanierungsfähig, so dass die Anerkennung des Erwerberkonzepts in diesen Fällen auch nicht davon abhängig sein kann, dass dieses auch der bisherige Arbeitgeber hätte durchführen können.[176] **209**

---

172 *Cohen/Tepass* in Moll, Münchner Anwaltshdb. Arbeitsrecht, 2. Aufl. 2009, § 51 Rn. 175.
173 *BAG* v. 20.3.2003, NZA 2003, 1027; *BAG* v. 20.9.2006, NZA 2007, 387.
174 *Preis* in Erfurter Kommentar, 10. Aufl. 2010, § 613a BGB Rn. 2; *Annuß/Stammer* NZA 2003, 1247.
175 *BAG* v. 20.3.2003, NZA 2003, 1027.
176 *BAG* v. 20.3.2003, NZA 2003, 1027; a.A. noch *BAG* v. 26.5.1983, NJW 1984, 627.

210 Wann die Realisierung des Erwerberkonzepts bereits so greifbare Formen angenommen hat, dass eine Kündigung durch den Veräußerer nicht wegen Verstoßes gegen § 613a Abs. 4 BGB unwirksam ist, hat das BAG nicht näher konkretisiert. Jedenfalls reicht allein das Verlangen des Erwerbers, die Belegschaft vor dem Erwerb zu reduzieren, nicht aus.[177] Nach ganz überwiegender Auffassung in der Literatur muss rechtlich abgesichert sein, dass das Konzept tatsächlich umgesetzt wird.[178] Dies kann durch Abschluss eines verbindlichen Vorvertrags oder eines aufschiebend durch die Konzeptumsetzung bedingten Kaufvertrags erfolgen. Ebenso kann das Erwerberkonzept in einem rechtsverbindlichen Sanierungsplan festgehalten werden.[179]

4.3.2 Sozialauswahl und Weiterbeschäftigungsmöglichkeit

211 Auch zu der Frage, welche Arbeitnehmer in eine Sozialauswahl einzubeziehen sind und ob bei der Frage, ob eine Weiterbeschäftigungsmöglichkeit besteht, auf das veräußernde oder das erwerbende Unternehmen abzustellen ist, hat das BAG nicht Stellung genommen. Beide Fragen werden in der Literatur kontrovers diskutiert.[180]

212 Jedenfalls bei Unternehmenskäufen aus der Insolvenz erlangen sie jedoch keine praktische Bedeutung. Denn Weiterbeschäftigungsmöglichkeiten im insolventen Unternehmen bestehen regelmäßig nicht. Das Erwerberunternehmen ist meistens eine neu gegründete Gesellschaft, die bisher keine Arbeitnehmer hat und nur diejenigen Arbeitnehmer beschäftigen kann, die nach dem Sanierungsplan nicht gekündigt werden sollen.[181]

213 Hinsichtlich der Sozialauswahl besteht jedenfalls dahingehend Einigkeit, dass sie auf den zu übertragenden Betrieb oder Betriebsteil zu beschränken ist, wenn dieser vom Erwerber als eigenständiger Betrieb fortgeführt und nicht mit einem anderen Betrieb oder Betriebsteil verschmolzen werden soll.[182] Genau diese Konstellation liegt in den meisten Fällen des Unternehmenskaufs aus der Insolvenz vor.

4.3.3 Abgrenzung: Kündigung nach Veräußererkonzept

214 Kein Fall der Kündigung nach Erwerberkonzept liegt vor, wenn der Veräußerer aus Gründen kündigt, die die Kündigung „aus sich heraus" rechtfertigen, und die Kündigung lediglich im zeitlichen Zusammenhang mit dem Betriebsübergang ausgesprochen wird. § 613a BGB bezweckt nicht den Schutz des Arbeitnehmers vor betriebsbedingten Kündigungen, die zum Zwecke der Rationalisierung oder Optimierung ausgesprochen werden. Dies gilt auch dann, wenn die Rationalisierungsmaßnahmen lediglich dazu dienen, den Betrieb verkaufsfähig zu machen.[183] Eine Kündigung, die auf einem Sanierungskonzept des Veräußerers beruht, ist daher allein am Maßstab des § 1

---

177 *BAG* v. 20.9.2006, NZA 2007, 387, 389.
178 *Steffan* in Ascheid/Preis/Schmidt, Kündigungsrecht, 3. Aufl. 2007, § 613a BGB Rn. 191; *Preis* in Erfurter Kommentar, 20. Aufl. 2010, § 613a BGB Rn. 171; *Karthaus/Richter* in Däubler/Hjort/Hummerl/Worth/Wolmerath, Arbeitsrecht, 1. Aufl. 2008, § 613a BGB Rn. 250; a.A. *Cohnen/Tepass* in Moll, Münchner Anwaltshdb. Arbeitsrecht, 2. Aufl. 2009, § 51 Rn. 177.
179 *Steffan* in Ascheid/Preis/Schmidt, Kündigungsrecht, 3. Aufl. 2007, § 613a BGB, Rn. 191.
180 Vgl. *Merten* in FS Bauer, 755 m.w.N.; *Cohen/Tepass* in Moll, Münchner Anwaltshandbuch Arbeitsrecht, 2. Aufl. 2009, § 51 Rn. 181 m.w.N.
181 *Merten* in FS Bauer, 755, 756.
182 *Preis* in Erfurter Kommentar, 10. Aufl. 2010, § 613a BGB Rn. 172; *Merten* in FS Bauer, 755, 756.
183 *BAG* v. 20.9.2006, NJW 2007, 387, 389.

Abs. 2 S. 1 KSchG zu messen.[184] Diese Rechtsprechung des BAG birgt allerdings gewisse Missbrauchsrisiken, den mit § 613a BGB intendierten Schutz zu umgehen. Daher ist nicht auszuschließen, dass sich die BAG Rechtsprechung in diesem Bereich vor dem Hintergrund der europarechtlichen Vorgaben künftig restriktiver entwickeln könnte.

4.4 Folgen für Veräußerer und Erwerber

4.4.1 Folgen für den Veräußerer: Risiko einer fehlerhaften Belehrung nach § 613a Abs. 5 BGB

Den Betriebsveräußerer trifft neben dem Prozessrisiko etwaiger Kündigungsschutzklagen vor allem das Risiko eines fehlerhaften Informationsschreibens nach § 613a Abs. 5 BGB. Bei falscher Belehrung der Arbeitnehmer über den Betriebsübergang beginnt die Widerspruchsfrist des § 613a Abs. 6 BGB nicht zu laufen. Unter Umständen kann dies dazu führen, dass Arbeitnehmer noch Jahre nach dem Betriebsübergang dem Übergang ihres Arbeitsverhältnisses auf den – zu diesem Zeitpunkt ggf. insolventen – Betriebserwerber widersprechen können und somit nach wie vor und ununterbrochen als Arbeitnehmer des Veräußerers anzusehen sind – mit immensen Folgen für Personal- und Finanzplanung des Veräußerers. Dies allerdings ist kein Spezifikum des Modells der Kündigung nach Erwerberkonzept, sondern im Rahmen eines jeden Betriebsübergangs ein nicht zu unterschätzendes Problem. **215**

4.4.2 Allgemeine Anforderungen an ein Informationsschreiben

Geht ein Betrieb nach § 613a Abs. 1 BGB über, so ist der veräußernde oder der erwerbende Unternehmer zur Unterrichtung der betroffenen Arbeitnehmer gem. § 613a Abs. 5 BGB verpflichtet. Die Informationspflicht umfasst den Zeitpunkt oder den geplanten Zeitpunkt des Betriebsübergangs, den Grund für den Übergang, die rechtlichen, wirtschaftlichen und sozialen Folgen des Übergangs für die Arbeitnehmer sowie die hinsichtlich der Arbeitnehmer in Aussicht genommenen Maßnahmen. Sinn und Zweck der Vorschrift ist es, dem Arbeitnehmer eine ausreichende Wissensgrundlage für die Entscheidung über die Ausübung des Widerspruchsrechts nach § 613a Abs. 6 BGB zu verschaffen.[185] Die einmonatige Widerspruchsfrist des § 613a Abs. 6 BGB beginnt mit dem Zugang der richtigen und vollständigen Unterrichtung zu laufen. War die Unterrichtung hingegen fehlerhaft oder unvollständig, so ist die Ausübung des Widerspruchs grundsätzlich zeitlich unbegrenzt möglich.[186] Eine Ausnahme gilt nur für den Fall, dass der betroffene Arbeitnehmer sein Widerspruchsrecht verwirkt hat.[187] **216**

4.4.3 Besondere Risiken in Sanierungsfällen

Eine fehlerhafte Belehrung birgt für die beteiligten Unternehmen erhebliche wirtschaftliche Risiken. Denn der Arbeitnehmer kann, sofern die strengen Voraussetzungen der Verwirkung nicht vorliegen, auch noch nach langer Zeit dem Betriebsübergang widersprechen. Der Widerspruch wirkt ex tunc, so dass das Arbeitsverhältnis als nicht auf den Erwerber übergangen gilt und der Veräußerer gegebenenfalls die Vergü- **217**

---

184 *Preis* in Erfurter Kommentar, 10. Aufl. 2010, § 613a BGB Rn. 168.
185 *BAG* v. 13.7.2006, NZA 2006, 1268; *Preis* in Erfurter Kommentar, 10. Aufl. 2010, § 613a BGB Rn. 84.
186 *Preis* in Erfurter Kommentar, 10. Aufl. 2010, § 613a BGB Rn. 93.
187 *Preis* in Erfurter Kommentar, 10. Aufl. 2010, § 613a BGB Rn. 101a.

tung in erheblichem Umfang nachzahlen muss. Auch kann die Verletzung von § 613a Abs. 5 BGB Schadensersatzansprüche des Arbeitnehmers nach § 280 Abs. 1 BGB auslösen.

218 Das BAG hat die Anforderungen an ein korrektes Belehrungsschreiben sukzessive erhöht.[188] Ob ein Schreiben diesen, sich stetig wandelnden Anforderungen entspricht, lässt sich kaum mehr rechtssicher vorhersagen. Ist die Fehlerhaftigkeit des Schreibens erst ein mal rechtskräftig festgestellt, bleibt dem Veräußerer in der Regel nur die Verwirkung als Verteidigungsmittel.[189]

219 Daher ist es gerade in Sanierungsfällen von besonderer Bedeutung, den Grund des Betriebsübergangs sowie die rechtlichen, wirtschaftlichen und sozialen Folgen zutreffend, vollständig und präzise darzulegen.

220 Für die Angabe des Grundes genügt nicht nur die Nennung des Rechtsgrundes, d.h. ob dem Betriebsübergang ein Kaufvertrag, eine Umwandlung etc. zugrunde liegt, sondern es müssen auch die unternehmerischen Gründe mitgeteilt werden. Insbesondere ist der Arbeitnehmer darüber zu informieren, ob der Veräußerer den übergehenden Betrieb oder Betriebsteil endgültig stillzulegen beabsichtigt, so dass im Fall eines Widerspruchs die betriebsbedingte Kündigung droht.

221 Die rechtlichen, wirtschaftlichen und sozialen Folgen des Betriebsübergangs erstrecken sich nicht nur auf die unmittelbaren, sondern auch auf die mittelbaren Folgen. Die Informationspflicht bezüglich der rechtlichen Folgen umfasst zunächst die genaue Bezeichnung und Anschrift des Erwerbers. Hierdurch muss der Arbeitnehmer in die Lage versetzt werden, über den möglichen neuen Arbeitgeber Erkundigungen einzuholen.[190] Weiterhin muss der Arbeitnehmer auf die gesetzlichen Folgen des § 613a BGB hingewiesen werden, d.h. auf den Eintritt des Unternehmers in die Rechte und Pflichten des bestehenden Arbeitsverhältnisses gem. § 613a Abs. 1 BGB, die Gesamtschuldnerschaft von Veräußerer und Erwerber gem. § 613a Abs. 2 BGB sowie auf die Möglichkeit eines Widerspruchs.

222 Besondere Schwierigkeiten ergeben sich bei der Unterrichtung über die wirtschaftlichen Folgen des Betriebsübergangs. Hier steht die Darstellung der finanziellen Situation des Erwerbers im Mittelpunkt. Gegebenenfalls kann es notwendig sein, auf die bisherigen und künftigen Geschäftsaktivitäten einzugehen und bestehende Konzernverflechtungen darzustellen. Diesem Erfordernis wird nicht genüge getan, wenn lediglich die finanzielle Potenz des Konzerns herausgehoben wird, ohne zugleich das Verhältnis der Erwerbergesellschaft zum Konzern und das Fehlen einer entsprechenden finanziellen Ausstattung gerade der Erwerbergesellschaft zu verdeutlichen.[190]

223 All diesen Anforderungen rechtssicher Genüge zu tun, ist praktisch unmöglich. Denn das Unterrichtungsschreiben muss nicht nur vollständig und fehlerfrei, sondern zugleich für einen juristischen oder betriebswirtschaftlichen Laien verständlich sein.

224 Die einzige Möglichkeit des Arbeitgebers an dieser Stelle ein Mindestmaß an Rechtssicherheit zu erlangen ist es, die Arbeitnehmer eine Verzichtserklärung unterschreiben zu lassen.[191] Dies setzt jedoch die Kooperationsbereitschaft der Arbeitnehmer

---

188 *Baeck/Winzer* NZG 2009, 943.
189 *Lingemann* ArbR Aktuell 2009, 13; *Rolf* BB 2009, 1422, 1423.
190 *BAG* v. 23.7.2009, NZA 2010, 89.
191 *Rolf* BB 2009, 1422, 1424.

voraus und schützt den Arbeitgeber zudem nicht davor, dass die Verzichtserklärung möglicherweise später nach § 123 BGB wegen arglistiger Täuschung angefochten wird, so dass ein Widerspruch des Arbeitnehmers wieder möglich wird.

4.4.4 Vorteile

Demgegenüber bietet das Modell der Kündigung nach Erwerberkonzept den Vorteil, dass ein Personalabbau zügig und einfach umgesetzt werden kann. Nach den erforderlichen Interessenausgleichsverhandlungen können die Kündigungen erklärt werden. Die Risiken der Unwirksamkeit der Kündigungen trägt hierbei regelmäßig der Betriebserwerber, da auch die Arbeitsverhältnisse der gekündigten Arbeitnehmer – im Status der Kündigung – auf den Erwerber übergehen und dort nach Ablauf der Kündigungsfrist enden. 225

4.4.5 Folgen für einen möglichen Erwerber

Kündigungen nach dem Erwerberkonzept haben für einen potentiellen Betriebserwerber den Vorteil, nicht erst im übernommenen Betrieb Restrukturierungen vornehmen zu müssen, sondern die gewünschte Betriebsstruktur bereits als – noch – Außenstehender und ohne die Mühen eines Personalabbauverfahrens beeinflussen zu können. Allerdings übernimmt der Betriebserwerber das Prozessrisiko etwaiger Kündigungsschutzklagen. 226

Ein entscheidender Nachteil ist zudem, dass der Erwerber – im Gegensatz zur Übernahme eines im Idealfall „arbeitnehmerfreien" Betriebes durch Einschaltung einer BQG – die Arbeitsverhältnisses grundsätzlich zu unveränderten und deshalb häufig unrentablen Bedingungen übernehmen muss. 227

5. Aggressive Verhandlungsszenarien und Reaktionsmöglichkeiten des Arbeitgebers

Die Reaktionen der Belegschaft auf eine Umstrukturierung können je nach den Umständen des Einzelfalls mehr oder weniger heftig ausfallen. Nicht selten ergreifen Betriebsräte und Gewerkschaften Maßnahmen, die das Ziel haben, die Aufmerksamkeit der Öffentlichkeit auf die geplante Umstrukturierung zu lenken und den Arbeitgeber durch öffentlichen Druck zur Aufgabe, jedenfalls aber zu Einschränkungen und sozialen Absicherungen der beabsichtigten Umstrukturierung zu bringen. Die nachfolgenden Ausführungen befassen sich vor allem mit der Frage, wie auf aggressive Abwehrstrategien der Arbeitnehmerseite reagiert werden kann, um die Situation zu deeskalieren und ein vernünftiges Verhandlungsklima zu schaffen.[192] 228

5.1 Massenwiderspruch bei Betriebsübergang

Bei Interessenausgleichs- und Sozialplanverhandlungen im Zusammenhang mit einem Betriebsübergang ist nicht auszuschließen, dass der Betriebsrat bzw. die den Betrieb vertretende Gewerkschaft die Belegschaft zu einem massenhaften Widerspruch gegen den Betriebsübergang auffordert. Das gilt insbesondere dann, wenn eine Vielzahl von Arbeitsplätzen in Gefahr ist und nur eine „Kernmannschaft" übergehen soll. Werden diese Pläne in der Betriebsöffentlichkeit bekannt, was schon infolge der umfassenden 229

---

[192] S. hierzu ausführlich *Göpfert* in Bauer/Göpfert/Haussmann/Krieger (Hrsg.), Umstrukturierung, Handbuch für die arbeitsrechtliche Praxis, 2. Aufl. 2009, Teil 4 F.

Unterrichtungspflichten gegenüber dem Wirtschaftsausschuss zu befürchten ist, hat es der Betriebsrat in der Hand, durch entsprechende Massenwidersprüche die Maßnahme zu verhindern bzw. Druck auf die Verhandlungspartner auszuüben, damit die soziale Absicherung nachgebessert wird. Hierzu wird häufig die „Rücknahme" der Widersprüche in Aussicht gestellt, wenn die Arbeitgeberseite die Änderung des Sozialplans oder die Einführung einer Tarifbindungsgarantie zusagt.

230 Eine kollektive Ausübung des Widerspruchsrechts kann missbräuchlich i.S.d. § 242 BGB und deshalb unwirksam sein.[193] Dies ist der Fall, wenn der Widerspruch erkennbar nur eingesetzt wird, um andere Zwecke als die Sicherung der arbeitsvertraglichen Rechte und die Beibehaltung des Arbeitsverhältnisses mit dem bisherigen Arbeitgeber herbeizuführen. So zum Beispiel, wenn der massenhafte Widerspruch von der Motivation getragen ist, den Betriebsübergang als solchen zu verhindern oder aber Vergünstigungen zu erzielen, auf die die Arbeitnehmer keinen Rechtsanspruch haben. Dies muss auch gelten, wenn der kollektive Widerspruch als eine Art Arbeitskampfmittel mit gezielter Schädigungsabsicht eingesetzt wird. Die Darlegungs- und Beweislast für das Vorliegen einer rechtsmissbräuchlichen kollektiven Ausübung trägt allerdings der Arbeitgeber. Er muss also frühzeitig damit beginnen, Indizien und Beweise für diesen Vorwurf zu sammeln.

231 Der Arbeitgeber hat in solchen Situationen insbesondere zu beachten, dass der Betriebsrat aufgrund seiner nur partiellen Geschäftsfähigkeit die Widersprüche nicht wirksam als Vertreter der einzelnen Arbeitnehmer erklären kann. Sollte er dies dennoch getan haben, sind alle Widersprüche nichtig. Ging die Initiative zu solchen kollektiven Widersprüchen nachweislich von einzelnen Betriebsratsmitgliedern oder dem Betriebsrat als Kollektiv aus, oder wurde die Maßnahme von diesen nachweislich unterstützt, kann sich der Arbeitgeber auf eine Verletzung der Friedenspflicht aus § 74 Abs. 2 S. 1 BetrVG oder zumindest auf eine gem. § 74 Abs. 2 S. 2 BetrVG unzulässige Störung des Betriebsfriedens berufen und den Ersatz eventueller Schäden nach § 823 Abs. 2 BGB geltend machen. Bezüglich einer Verletzung der tarifrechtlichen Friedenspflicht ist die Geltendmachung von Schadensersatzansprüchen gegen die beteiligten Arbeitnehmer i.S.d. § 280 Abs. 1 BGB möglich. Außerdem kommen Schadensersatzansprüche gem. § 823 Abs. 1 BGB wegen einer Verletzung des Rechts am eingerichteten und ausgeübten Gewerbebetrieb in Betracht.

232 Interessant ist in diesem Zusammenhang auch die Entscheidung des BAG vom 31.5.2007, 2 AZR 276/07.[194] In dieser führt der BAG aus, dass die vom Betriebsteilübergang nicht betroffenen Arbeitnehmer nicht in die Sozialauswahl i.S.d. § 1 Abs. 3 KSchG einzubeziehen sind, wenn durch den Widerspruch etwa einer größeren Anzahl von Arbeitnehmern gegen den Betriebsübergang und der in ihrer Folge vom Arbeitgeber durchzuführenden Sozialauswahl tiefgreifende Umorganisationen notwendig werden, die zu schweren betrieblichen Ablaufstörungen führen können. Ein Kollektivwiderspruch ist für die Widersprechenden daher mit einem erhöhten Arbeitsplatzverlustrisiko verbunden.

---

193 *BAG* Urt. v. 30.9.2004, NZA 2005, 43; *BAG* Urt. v. 19.2.2009, NZA 2009, 1095.
194 NZA 2008, 33 ff.

5.2 Massenhafte Arbeitsgerichts- und/oder Beschlussverfahren

Eine weitere Strategie der Betriebsräte kann darin bestehen, Mitarbeiter zu massenhaften Klagen gegen Personalmaßnahmen des Arbeitgebers aufzufordern, z.B. bei Versetzungen und Kündigungen oder im Fall von „Bündnissen für Arbeit" wegen der Verletzung von tariflichen Rechten. Erfahrungsgemäß ist selbst bei Deckungszusage der Gewerkschaft meist nur ein kleiner Kern von Mitarbeitern bereit, derartige Verfahren zu führen. Der Arbeitgeber muss daher abwägen zwischen einem zügigen Vermittlungsangebot und einer Abwehrstrategie, die auf eine jahrelange Rechtsverteidigung hinauslaufen kann. Dabei ist immer zu bedenken, dass eine Kompromisslösung nur dann zielführend ist, wenn letztlich alle Mitarbeiter, also auch der „harte Kern", bereit ist, die Klagen zurückzunehmen. Andernfalls besteht die Gefahr, dass dieser „harte Kern" vor Gericht obsiegt und es zu einer Spaltung in der Belegschaft kommt, die den Arbeitgeber im Ergebnis dazu zwingt, das Prozessergebnis auch für die anderen Mitarbeiter anzuerkennen.

Davon zu unterscheiden sind massenhafte Beschlussverfahren, die vom Betriebsrat eingeleitet werden. Meist handelt es sich um eine beliebige Aneinanderreihung von Beschlussverfahren zu verschiedenen (angeblichen) Verletzungen des Mitbestimmungsrechts mit dem Ziel, bei mehrfachem Obsiegen des Betriebsrats ein Verletzungsverfahren nach § 23 Abs. 3 BetrVG gegen den Arbeitgeber einzuleiten. § 23 Abs. 3 BetrVG stellt eine Sonderregelung für die Fälle dar, in denen der Arbeitgeber grob gegen seine Verpflichtungen aus dem BetrVG verstoßen hat. Hier muss der Arbeitgeber sorgfältig prüfen, welche Beschlussverfahren geführt werden sollten, weil dahinter ernsthafte und auch aus Sicht des Arbeitgebers wichtige Streitfragen stehen und in welchen Fällen der Arbeitgeber ggf. durch die Kündigung von Betriebsvereinbarungen oder das Angebot zum Abschluss neuer Vereinbarungen Einigungsstellen einsetzen kann, die den vom Betriebsrat gerügten Mitbestimmungsverstoss durch eine klarstellende Betriebsvereinbarung regeln sollen. Hierdurch kann gegenüber den Arbeitsgerichten häufig argumentiert werden, dass der Streitgegenstand auch Gegenstand einer Einigungsstelle ist und die mögliche Verletzung von Betriebsverfassungsrecht in der Vergangenheit jedenfalls keine Wiederholungsgefahr für die Zukunft begründet.

5.3 Mehrtägige Betriebsversammlungen

Gelegentlich sind Betriebsräte versucht, eine Betriebsversammlung über einen längeren Zeitraum – unter Umständen über Tage – abzuhalten, um so den ordnungsgemäßen Betrieb des Unternehmens erheblich zu stören. Die zulässige Dauer einer Betriebsversammlung richtet sich grundsätzlich nach der Erforderlichkeit[195]. In diesem Zusammenhang hat das LAG Baden-Württemberg entschieden, dass eine Betriebsversammlung im Einzelfall an einem zweiten Arbeitstag fortgesetzt werden darf.[196] Bei länger dauernden Betriebsversammlungen dürften sich regelmäßig erhebliche Zweifel an der Erforderlichkeit ergeben. Sie stellen versteckte Arbeitskampfmaßnahmen dar. Maßnahmen des Arbeitskampfs sind zwischen Arbeitgeber und Betriebsrat jedoch gem. § 74 Abs. 2 BetrVG unzulässig. Dabei gelten als Maßnahmen des Arbeitskampfs nicht nur Streik und Aussperrung, sondern jede kollektiv organisierte Störung der Arbeitsbeziehungen, um dadurch Druck auszuüben. Der Arbeitge-

---
193 *Richardi* § 44 Rn. 21, 22.
196 *LAG Baden-Württemberg* v. 12.12.1985, AiB 1986, 67.

ber könnte also auch hier Schadensersatzansprüche i.S.d. § 823 Abs. 2 BGB geltend machen. Darüber hinaus kann er Abmahnungen aussprechen und eine Grundlage für eventuelle verhaltensbedingte Kündigungen schaffen.

5.4 Warnstreiks

236 Der Warnstreik ist eine Sonderform des Streiks. Wegen seiner nicht einheitlichen Bewertung durch die Rechtsprechung ist er für die Arbeitgeberseite mit erheblichen Unsicherheiten behaftet. Ziel ist die Unterstützung der verhandlungsführenden Gewerkschaft. Besonderes Merkmal ist die Streiktaktik, Betriebe zu unterschiedlichen Tageszeiten kurzzeitig und dadurch mit geringem Einsatz und Aufwand zu bestreiken.

237 In der inzwischen überholten Rechtsprechung des BAG wurde ein Warnstreik aufgrund des verhältnismäßig milden Drucks stets als mit dem Ultima–Ratio–Prinzip vereinbar und damit als zulässig angesehen.[197] Nach neuerer Rechtsprechung hingegen wurde diese Privilegierung des Warnstreiks aufgegeben und der Warnstreik einem Erzwingungsstreik gleichgestellt.[198] Mit Urteil vom 24.4.2007 hat das BAG nunmehr allerdings die Möglichkeit für Arbeitskämpfe mit dem Ziel von Regelungen zum Ausgleich und zur Abmilderung eventueller wirtschaftlicher Nachteile einer Umstrukturierung eröffnet.[199] Danach stellen die §§ 111, 112 BetrVG keine Sperre zu Lasten einer Regelung auf tariflicher Ebene dar. Auch Inhalte, die an sich Gegenstand eines Interessenausgleichs bzw. eines Sozialplanes sind, können so zum Gegenstand eines Tarifvertrages gemacht werden, soweit das geforderte Ziel einer Regelung durch Tarifvertrag grundsätzlich zugänglich ist, § 1 Abs. 1 TVG.

238 Ebenso sollen nach neuerer Rechtsprechung des BAG auch sog. Unterstützungsstreiks, also Arbeitskampfmaßnahmen, die außerhalb des räumlichen oder fachlichen Geltungsbereiches eines umkämpften Tarifvertrags erfolgen, unter dem Grundsatz der Verhältnismäßigkeit zulässig sein.[200] Regelmäßig unangemessen sei ein Unterstützungsstreik jedoch, wenn der Hauptstreik, zu dessen Unterstützung er geführt wird, rechtswidrig ist, zum Beispiel weil er gegen die Friedenspflicht verstößt. Aus der Abhängigkeit des Unterstützungsstreiks vom Hauptarbeitskampf folgt auch, dass die Dauer des Hauptarbeitskampfs grundsätzlich den äußersten zeitlichen Rahmen des Unterstützungsstreiks bildet. Im Übrigen ist für die Beurteilung der Verhältnismäßigkeit insbesondere die räumliche, branchenmäßige oder wirtschaftliche Nähe oder Ferne des Unterstützungsstreiks gegenüber dem unterstützten Hauptarbeitskampf maßgeblich. Von ganz wesentlicher Bedeutung ist dabei die wirtschaftliche Verflechtung der betroffenen Arbeitgeber.

239 Als Reaktionsmöglichkeiten für den Arbeitgeber kommen all diejenigen Abwehrmittel in Betracht, die auch gegenüber einem Hauptstreik zur Verfügung stehen, insbesondere also die suspendierende Abwehraussperrung.

5.5 Betriebsblockaden

240 Kein zulässiges Mittel des Arbeitskampfs sind Betriebsblockaden und Betriebsbesetzungen. Die Betriebsblockade bezweckt, die Zugänge zum Betrieb durch Streikposten

---

197 *BAG* v. 18.8.1987, AP Nr. 51 zu Art. 9 GG Arbeitskampf.
198 *BAG* v. 14.12.1999, AP Nr. 108 zu Art. 9 GG Arbeitskampf.
199 *BAG* v. 24.4.2007, DB 2007, 1924.
200 *BAG* v. 19.6.2007, DB 2007, 2038.

zu kontrollieren, um dadurch eine Zugangssperre einzurichten. Dadurch wird Arbeitswilligen der Zutritt zum Betrieb erschwert. Eine noch stärkere Intensität weist die Betriebsbesetzung auf. Betriebsblockade und Betriebsbesetzung sind unzulässig.[201] Werden Arbeitswillige festgehalten oder sogar mit körperlicher Gewalt bedroht, ist dies darüber hinaus eine strafbare Nötigung (§ 240 StGB). Der Arbeitgeber kann sein Hausrecht ausüben und Besitzschutzrechte aus § 859, 862 Abs. 1 BGB geltend machen. Entfernen sich die beteiligten Arbeitnehmer dennoch nicht vom Betriebsgelände, machen sie sich gem. § 123 Abs. 1 StGB wegen Hausfriedensbruchs strafbar. Wünscht der Arbeitgeber eine strafrechtliche Verfolgung, muss er wegen des in § 123 Abs. 2 StGB geregelten absoluten Antragserfordernisses innerhalb der Dreimonatsfrist des § 77b StGB bei Polizei, Staatsanwaltschaft oder Gericht Strafantrag erheben. Bezüglich sonstiger Straftaten kann Strafanzeige erstattet werden.

5.6 „Flashmob"-Aktionen

Der „Flashmob" („flash" – Blitz; „mob" – mobilisieren) ist eine im Jahr 2003 in New York entstandene neue Aktionsform mit künstlerischen Ursprüngen, bei der sich die Teilnehmer, die sich üblicherweise nicht persönlich kennen, via Weblogs, Nachrichtengruppen, E-Mails, Internet-Communities, SMS oder sonstigen neuen Medienformen zu einem kurzen, scheinbar spontanen Menschenauflauf auf öffentlichen oder nichtöffentlichen Plätzen verabreden. **241**

Neben reinen „Spaß-Happenings" hat sich der „Flashmob" mittlerweile auch als politische Aktionsform etabliert. Ver.di entdeckte den „Flashmob" im Dezember 2007 auch als Arbeitskampfmittel. Seither nutzen viele Gewerkschaften diese neue kostengünstige und medienwirksame Aktionsform, auch „Blitzpöbel" genannt, zur Unterstützung von Streikmaßnahmen. So wurde mittlerweile mehrfach dazu aufgefordert, einen gewerkschaftlichen Streik zu unterstützen, indem der Ablauf bestimmter Betriebe durch regelwidriges Verhalten gestört werden sollte, z.B. durch massenhaftes Einkaufen von Cent-Artikeln, das Herumstehenlassen von befüllten Einkaufswägen oder sonstigen Kassenblockaden in Einzelhandelsgeschäften. Der Unterschied zu den bisher üblichen Arbeitskampfmitteln besteht darin, dass der „Flashmob" keine passive Arbeitsverweigerung darstellt, sondern auf eine aktive Betriebsstörung gerichtet ist, an der auch unbeteiligte Dritte teilnehmen können.[202] **242**

In der Entscheidung vom 22.9.2009 erklärte der BAG solche Arbeitskampfmaßnahmen für nicht generell unzulässig.[203] Art. 9 Abs. 3 GG umfasse auch das Recht der Koalitionen, ihre Kampfmittel an die sich wandelnden Umstände anzupassen, um den Gegnern gewachsen zu bleiben und ausgewogene Tarifabschlüsse zu erzielen. Der Schutzbereich des Art. 9 Abs. 3 GG sei auch nicht aufgrund der möglichen gewünschten Teilnahme unbeteiligter Dritter versperrt. Eingriffe in den eingerichteten und ausgeübten Gewerbebetrieb des Betriebsinhabers können aus Gründen des Arbeitskampfes gerechtfertigt sein, wenn sie verhältnismäßig sind. Ob ein Eingriff in den eingerichteten und ausgeübten Gewerbebetrieb angemessen ist, hängt wesentlich davon ab, ob das Kampfmittel den durch Richterrecht entwickelten Grundsätzen genügt. Dazu zählt insbesondere das Gebot der fairen Kampfführung, also v.a. die Frage, ob für den Arbeitgeber wirksame Verteidigungsmöglichkeiten bestehen. Wenn sich der Arbeitgeber gegen „Flashmob"- **243**

---

201 *BAG* v. 21.6.1988, NZA 1988, 884.
202 *Krieger/Gunther* NZA 2010, 20.
203 *BAG* Urt. v. 22.9.2009 – 1 AZR 972/08, NJW 2010, 631–638.

Aktionen der streitbefangenen Art z.B. durch die Ausübung seines Hausrechts und die Möglichkeit zur suspendierenden Betriebsschließung wehren kann, sind „Flashmob"-Aktionen nicht generell unangemessen.

244 In der Literatur ist diese Rechtsprechung zu Recht auf scharfe Kritik gestoßen,[204] der Handelsverband HDE hat gegen die Entscheidung des BAG Verfassungsbeschwerde erhoben.

245 Abhängig von der Art der „Flashmob"-Aktion kann sich der Arbeitgeber hiergegen gegebenenfalls durch Ausübung seines Hausrechts wehren. Dieses ermöglicht ihm, Personen vom Zugang zum und Aufenthalt am Unternehmensgelände auszuschließen, die von ihm nicht gebilligte Zwecke verfolgen.[205] Fügen sich die Aktionsteilnehmer nicht, machen sie sich des Hausfriedensbruchs strafbar. Da eine auf Betriebsstörung angelegte „Flashmob"-Aktion verbotene Eigenmacht in Form einer Besitzstörung i.S.d. § 858 Abs. 1 BGB darstellt, ist der Arbeitgeber zudem gem. § 859 Abs. 1 BGB dazu befugt, sein Hausrecht mit Gewalt durchzusetzen. Er kann dazu Hausdetektive oder den Werkschutz einsetzen. Hierfür ist nicht Voraussetzung, dass polizeiliche Hilfe nicht zu erlangen ist.[206] § 862 Abs. 1 BGB gibt dem Arbeitgeber darüber hinaus einen Anspruch auf künftige Unterlassung derartiger Betriebsstörungen. Nach ständiger Rechtsprechung des BGH ist der Arbeitgeber ferner dazu befugt, ein vorbeugendes Hausverbot auszusprechen, auch wenn es bisher noch nicht zu Störungen durch „Flashmob"-Aktionen kam.[207] Einzige Voraussetzung ist, dass das Hausverbot die untersagten Verhaltensweisen hinreichend genau bestimmt.[208] Durch solche vorbeugenden Maßnahmen kann auch dem Problem entgegengetreten werden, dass die Teilnehmer von „Flasmob"-Aktionen in der Regel äußerlich nicht erkennbar sind und eine Betriebsstörung daher oft schon eingetreten ist, bevor das Hausrecht ausgeübt werden kann. Fügen sich die Aktionsteilnehmer dieser Einschränkung des Zutrittsrechts nicht, machen sie sich gem. § 123 Abs. 1 StGB wegen Hausfriedensbruchs strafbar. Auch hier ist wieder an die rechtzeitige Stellung eines Strafantrags zu denken.

246 Gegen eine streikführende Gewerkschaft, die zu einer solchen „Flashmob"-Aktion aufgerufen hat, kann der Arbeitgeber mit Unterlassungsanträgen nach § 1004 BGB vorgehen, da diese als sogenannte „mittelbare Handlungsstörerin" i.S.d. § 1004 BGB anzusehen ist.[209] Das BAG verlangt in seinem Urteil vom 22.9.2009, dass die den Arbeitskampf führende Gewerkschaft in zurechenbarer Weise deutlich machen müsse, dass es sich nicht um eine „wilde" Aktion unbeteiligter Dritter, sondern um eine von ihr organisierte und gesteuerte Arbeitskampfmaßnahme handelt, etwa in Form von Flugblättern oder öffentlichen Kundgebungen.[210] Sollte die Gewerkschaft dem nicht nachkommen, macht sie sich schadensersatzpflichtig. Unter Umständen macht sich die Gewerkschaft auch dann schadensersatzpflichtig, wenn die von ihr bestellte Streikleitung nicht versucht, streikende Arbeitnehmer von einer „Flash-

---

204 Vgl. *Willemsen/Mehrens* AP 5/2010, Art. 9 GG Arbeitskampf Nr. 174; *Krieger/Günther* NZA 2010, 20; *Otto* RdA 2010, 135; *Rieth* SAE 2010, 37; *Rüthers/Höpfner* JZ 2010, 261; *Simon/Greßlin* BB 2010, 381; *Jakobs* Bucerius Law Journal 2010, 1–2.
205 *BGH* Urt. v. 20.12.1988, BGHZ 106, 229; Urt. v. 25.4.1991, NJW-RR 1991, 1512; Urt. v. 20.1.2006, NJW 2006, 1054; *BAG* Urt. v. 22.9.2009 – 1 AZR 972/08, NJW 2010, 631–638.
206 *Bassenge* in Palandt, 69. Aufl. 2010, § 859 BGB Rn 2.
207 *BGH* Urt. v. 20.1.2006 – V ZR 134/05, NJW 2006, 1054.
208 *BGH* Urt. v. 13.7.1979 – I ZR 138/77, NJW 1980, 700.
209 *Löwisch* NZA 2010, 209 (211).
210 *BAG* Urt. v. 22.9.2009 – 1 AZR 972/08, NJW 2010, 631–638.

mob"-Aktion abzuhalten, die trotz eines (vorbeugend) verhängten Hausverbotes durchgeführt wird.[211]

Die suspendierende Betriebsstilllegung scheint demgegenüber nicht als Verteidigungsstrategie geeignet. Die Durchführung einer suspendierenden Betriebsstillegung würde dazu führen, dass auch die Arbeitsverhältnisse der nicht streikenden Arbeitnehmer des von der „Flashmob"-Aktion betroffenen Betriebsteils suspendiert wären und dem Arbeitgeber damit für die Folgenbeseitigung der Abwehmaßnahmen weniger Arbeitnehmer zur Verfügung stehen würden. Im Endeffekt würde sich der Arbeitgeber dem Ziel der Arbeitnehmerseite somit beugen. **247**

Problematisch sind daher „Flashmob"-Aktionen, gegen die sich der Arbeitgeber nicht durch die Ausübungen seines Hausrechts wehren kann. Beispiele sind etwa massenhafte Telefonanrufe oder Emailanfragen. Über die Zulässigkeit derartiger Aktionen hat das BAG bislang noch nicht entschieden. Nach richtiger Ansicht sind diese jedoch unverhältnismäßig und stellen somit unzulässige Kampfmaßnahmen dar. **248**

III. Beschäftigungs- und Qualifizierungsgesellschaften

1. Einleitung

Die Entscheidung, Personal abzubauen, um Kosten zu senken, Betriebe wettbewerbsfähig zu halten oder diese ganz zu schließen, ist nicht einfach. Oft ist sie aber unumgänglich und daher notwendig, um nicht das gesamte Unternehmen zu gefährden. **249**

Die Arbeitgeber stehen dann vor der Herausforderung, die notwendigen Schritte schnellstmöglich umzusetzen, die Kosten hierbei möglichst gering zu halten und die soziale Verantwortung auch für zu entlassende Mitarbeiter wahrzunehmen. Dies kann auch mit dem Instrument der BQG (Beschäftigungs- und Qualifizierungsgesellschaft), auch Transfergesellschaft genannt, erreicht werden. Transfergesellschaften helfen den betroffenen Mitarbeitern, von Arbeit in Arbeit zu gelangen, also Arbeitslosigkeit zu vermeiden, neue Perspektiven zu entwickeln, Qualifizierungen durchzuführen und damit letztlich auch die Risiken sozialverträglich abzufedern, die die Betriebsänderung für die Arbeitnehmer mit sich bringt.

Aber auch der Arbeitgeber profitiert durch schnelle und klare Umsetzung der Betriebsänderung ohne die Risiken langwieriger Kündigungsschutzprozesse. Eine Veräußerung des Betriebes kann erleichtert werden.

Am 8.7.2010 hat der Gesetzgeber das sog. **Beschäftigungschancengesetz**[212] verabschiedet und damit mit Wirkung zum 1.1.2011 zum ersten Mal seit Einführung der Regelungen zu Transferleistungen und Transfermaßnahmen erhebliche Änderungen an den rechtlichen Rahmenbedingungen vorgenommen.

Die folgenden Ausführungen bieten einen breiten Überblick über die gesamte Thematik unter Berücksichtigung der aktuellen Gesetzesänderungen.

Folgende Grafik soll das System und die Funktionsweise des Beschäftigtentransfers veranschaulichen.[213] **250**

---

211 *Löwisch* NZA 2010, 209 (211).
212 Beschäftigungschancengesetz, BT-Drucks. 17/1945.
213 Quelle: Böckler Impuls 4/2010, 4.

10   Ausgewählte Einzelfragen

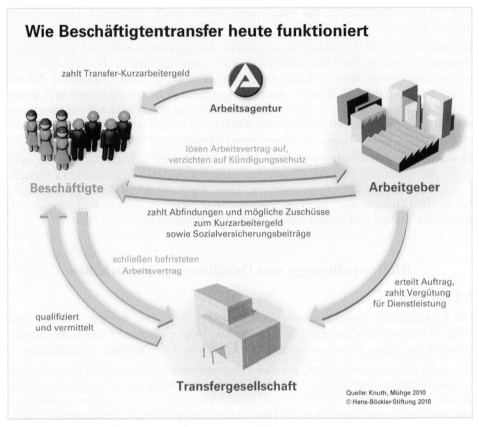

Abb. 3: Funktionsweise des Beschäftigtentransfers[214]

2. Rechtliche Rahmenbedingungen für den Einsatz der BQG

251   Den rechtlichen Rahmen für den Einsatz einer BQG geben insbesondere die §§ 216a, b SGB III mit ihren Regelungen über Transferleistungen vor. Danach haben Arbeitnehmer unter bestimmten Voraussetzungen zum einen Anspruch auf die finanzielle Förderung bestimmter Transfermaßnahmen (§ 216a SGB III) und zum anderen Anspruch auf die Zahlung von Transferkurzarbeitergeld (§ 216b SGB III).

2.1 Transferleistungen nach § 216b SGB III, Grundlagen und Voraussetzungen

252   Das Transferkurzarbeitergeld (Transfer-Kug) stellt gem. § 216b SGB III eine Förderung der Eingliederung bei betrieblichen Restrukturierungen dar. Diese Leistung soll dabei zur Vermeidung von Entlassungen und zur Verbesserung der Vermittlungsaussichten der betroffenen Arbeitnehmer dienen. Das Transferkurzarbeitergeld ist eine **Sonderform des Kurzarbeitergeldes (Kug)**, da es eine Leistung für den nicht nur vorübergehenden, sondern den dauerhaften Arbeitsausfall bietet (§ 216b Abs. 1 Nr. 1 und Abs. 2 SGB III). Durch das Transferkurzarbeitergeld wird also nicht der Arbeitsplatz im Betrieb erhalten, jedoch werden die Arbeitnehmer finanziell abgesichert und qua-

---

214   Quelle: Böckler Impuls 4/2010, 4.

lifiziert. Dies soll erreicht werden, indem die Arbeitnehmer in einer betriebsorganisatorischen eigenständigen Einheit (beE) zusammengefasst (§ 216b Abs. 3 Nr. 2 SGB III) und ebenda entsprechend gefördert werden.

Wie auch das Kurzarbeitergeld müssen die Leistungen zur Förderung der Teilnahme an Transfermaßnahmen gem. § 323 Abs. 2 SGB III vom Arbeitgeber oder der Betriebsvertretung beantragt werden.

2.2 Abgrenzung zur „normalen" Kurzarbeit

Kurzarbeit bzw. das Kurzarbeitergeld wird grundsätzlich gem. §§ 169 ff. SGB III gewährt, wenn ein erheblicher Arbeitsausfall mit Entgeltausfall vorliegt. Zu beachten ist hierbei jedoch, dass dieser Ausfall nur vorübergehend sein darf[215] (§ 170 Abs. 1 Nr. 2 SGB III). Das Transferkurzarbeitergeld hingegen soll gerade erst bei **dauerhaftem Arbeitsausfall** zum Einsatz kommen, also genau dann, wenn der Arbeitsplatz des Arbeitnehmers im Betrieb nicht mehr gesichert werden kann. Ziel des Transferkurzarbeitergeldes ist es, den Arbeitnehmer für den Arbeitsmarkt und ein neues Arbeitsverhältnis zu qualifizieren, nicht aber die Beschäftigung in einer vorübergehenden schwierigen wirtschaftlichen Lage zu sichern.

Tab. 5: Kurzarbeiter nach Anspruchsgrundlage[216]

Berichtsmonate	Kurzarbeiter gesamt	Nach § 170 SGB III	Nach § 175 SGB III	Nach § 216b SGB III
Januar 2008	137 759	24 939	101 849	10 971
Januar 2009	574 407	446 980	117 688	9 739
Januar 2010	1 009 168	855 283	127 884	26 001
Februar 2010	961 382	793 486	143 399	24 497
März 2010	829 510	692 962	111 136	25 412

Anhand der Tabelle wird sichtbar, dass die Bezieher des Transferkurzarbeitergeldes einen nur sehr geringen Teil der Kurzarbeiter ausmachen. Jedoch hat sich die Zahl der Bezieher bis 2010 mehr als verdoppelt.

2.3 Anspruchsvoraussetzungen

Die Voraussetzungen für die Gewährung der Leistungen nach § 216b SGB III werden in dessen Abs. 1 Nr. 1–5 aufgezählt. Eine genauere Definition dieser Voraussetzungen findet sich sogleich in den Absätzen 2–4.

Die folgenden Bedingungen müssen erfüllt sein, damit die Arbeitnehmer einen Anspruch auf die Transferleistungen aus § 216b SGB III erhalten:

§ 216b
SGB III (Transferkurzarbeitergeld)

(1) Zur Vermeidung von Entlassungen und zur Verbesserung ihrer Vermittlungsaussichten haben Arbeitnehmer Anspruch auf Kurzarbeitergeld zur Förderung der Eingliederung bei betrieblichen Restrukturierungen (Transferkurzarbeitergeld), wenn

---
215 Deshalb auch oft als „konjunkturelle Kurzarbeit" bezeichnet.
216 Quelle: Bericht der Statistik der BA – Inanspruchnahme von Kurzarbeitergeld, Juni 2010, S. 10.

1. und solange sie von einem dauerhaften unvermeidbaren Arbeitsausfall mit Entgeltausfall betroffen sind,
2. die betrieblichen Voraussetzungen erfüllt sind,
3. die persönlichen Voraussetzungen erfüllt sind und
4. sich die Betriebsparteien im Vorfeld der Entscheidung über die Inanspruchnahme von Transferkurzarbeitergeld, insbesondere im Rahmen ihrer Verhandlungen über einen die Integration der Arbeitnehmer fördernden Interessenausgleich oder Sozialplan nach § 112 des Betriebsverfassungsgesetzes, durch die Agentur für Arbeit beraten lassen, und
5. der dauerhafte Arbeitsausfall der Agentur für Arbeit angezeigt worden ist.

2.3.1 Dauerhafter und unvermeidbarer Arbeits- und Entgeltausfall (§§ 216b Abs. 1 Nr. 1, Abs. 2 SGB III)

257 Der Arbeitsausfall ist dauerhaft, wenn infolge einer Betriebsänderung i.S.d. § 216a Abs. 1 S. 3 SGB III i.V.m. § 111 BetrVG die Beschäftigungsmöglichkeiten nicht nur vorübergehend entfallen (§ 216b Abs. 2 SGB III) – oder wie es der Gesetzgeber formulierte: „Wenn unter Berücksichtigung der Gesamtumstände des Einzelfalls davon auszugehen ist, dass der betroffene Betrieb in absehbarer Zeit die aufgebauten Arbeitskapazitäten nicht mehr im bisherigen Umfang benötigt"[217]. Dies gilt auch für Arbeitnehmer von Kleinbetrieben, welche nicht vom Geltungsbereich des BetrVG erfasst sind, sofern 30 % der Beschäftigten des Betriebes vom dauerhaften Arbeits- und Entgeltausfall betroffen sind.[218] Der Anspruch auf Transferkurzarbeitergeld ist folglich **unabhängig von der Unternehmensgröße**.

258 Die Dauerhaftigkeit des Arbeitsausfalls geht einher mit dessen **Unvermeidbarkeit**. Für den einzelnen Arbeitnehmer steht aufgrund der Betriebsänderung der Arbeitsplatz bzw. die Beschäftigungsmöglichkeit dauerhaft nicht mehr zur Verfügung und ist aufgrund des Wegfalls insofern auch nicht vermeidbar. Der Gesetzgeber geht selbst von einer regelmäßigen Unvermeidbarkeit des Arbeitsausfalls aus. Lediglich „wenn ein vorübergehender Personal(mehr)bedarf aufgrund offensichtlicher Umstände anzunehmen war und gleichwohl Arbeitskapazitäten auf Dauer aufgebaut wurden"[217], läge ein Fall der Vermeidbarkeit vor.

259 Der dauerhafte unvermeidbare Arbeitsausfall muss weiterhin mit einem **Entgeltausfall** einhergehen. Ein solcher liegt für den Arbeitnehmer vor, wenn mit der arbeitsrechtlichen Vereinbarung über den Bezug des Transferkurzarbeitergeldes, mit der die Arbeitszeit in der Regel auf Null reduziert wird, auch der Entgeltanspruch abbedungen wird.[219]

2.3.2 Betriebliche Voraussetzungen (§§ 216b Abs. 1 Nr. 2, Abs. 3 SGB III)

260 Als weitere Anspruchsvoraussetzung fordert § 216b Abs. 1 Nr. 2 SGB III, dass die sog. betrieblichen Voraussetzungen vorliegen. Diese sind gem. § 216b Abs. 3 SGB III erfüllt, wenn in einem Betrieb **Personalanpassungsmaßnahmen** aufgrund einer **Betriebsänderung** durchgeführt (§ 216b Abs. 3 Nr. 1 SGB III) und die vom Arbeitsausfall betroffenen Arbeitnehmer zur Vermeidung von Entlassungen und zur Verbesserung ihrer Eingliederungschancen in einer betriebsorganisatorisch eigenständigen

---

217 BT-Drucks. 15/1515, 92.
218 *Nimscholz* in Henssler/Willemsen/Kalb, Arbeitsrecht Kommentar, 4. Aufl. 2010, § 216 SGB III Rn. 13; vgl. auch ausdrücklich den Wortlaut von § 216a Abs. 1 S. 3 SGB III.
219 *Nimscholz* in Henssler/Willemsen/Kalb, Arbeitsrecht Kommentar, 4. Aufl. 2010, § 216 SGB III Rn. 13.

Einheit zusammengefasst werden (§ 216b Abs. 3 Nr. 2 SGB III). Die betroffenen Arbeitnehmer werden hierdurch endgültig aus dem Betrieb ausgegliedert und von den verbleibenden Arbeitnehmern getrennt, um ihnen die Transferleistungen zugänglich machen zu können.

Zudem muss die Organisation und Mittelausstattung der betriebsorganisatorisch eigenständigen Einheit den angestrebten **Integrationserfolg** erwarten lassen (§ 216b Abs. 3 Nr. 3 SGB III), sowie ein System zur **Sicherung der Qualität** vorhanden sein (§ 216b Abs. 3 Nr. 4 SGB III).

2.3.2.1 Personalanpassungsmaßnahmen infolge einer Betriebsänderung (§ 216b Abs. 3 Nr. 1 SGB III)

Zu **Personalanpassungsmaßnahmen** zählen neben den Entlassungen auch jene durch Aufhebungsverträge sowie Eigenkündigungen, welche vom Arbeitgeber veranlasst wurden. Nicht berücksichtigt werden jedoch verhaltens- und personenbedingte Kündigungen sowie die Nichtverlängerung von befristeten Arbeitsverhältnissen.[220] Die Personalanpassungsmaßnahme muss die Folge einer Betriebsänderung (§ 111 BetrVG) sein, ein bestimmter Schwellenwert (wie z.B. in § 17 KSchG) muss indes nicht erreicht werden.

261

2.3.2.2 Zusammenfassung in einer betriebsorganisatorisch eigenständigen Einheit

Die vom Arbeitsausfall betroffenen Arbeitnehmer sind in eine **betriebsorganisatorische eigenständige Einheit (beE)** einzugliedern. Diese Einheit kann unternehmensintern oder unternehmensextern realisiert werden. Sofern die Arbeitnehmer in eine unternehmensinterne beE überstellt werden, ist eine strikte Trennung zwischen den betroffenen Arbeitnehmern und der übrigen Belegschaft erforderlich.

262

Die betroffenen Arbeitnehmer können aber auch in eine unternehmensexterne Gesellschaft (zumeist Transfergesellschaft bzw. Beschäftigungs- und Qualifizierungsgesellschaft) übergeben werden. Hierzu wird in aller Regel mittels eines dreiseitigen Vertrages die Ausgliederung der Arbeitnehmer aus dem Unternehmen und die Eingliederung in die Transfergesellschaft als befristetes Arbeitsverhältnis bewirkt.[221]

2.3.2.3 Angemessene Organisation und ausreichende Mittelausstattung der betriebsorganisatorisch eigenständigen Einheit

Durch die Gesetzesänderung zum 1.1.2011 durch das Beschäftigungschancengesetz wurde als zusätzliche neue betriebliche Voraussetzung in § 216b Abs. 3 Nr. 3 SGB III eingeführt, dass die Organisation und Mittelausstattung der beE den angestrebten Integrationserfolg erwarten lassen muss. Ziel dieser zusätzlichen Voraussetzung ist die Schaffung der **organisatorischen und finanziellen Gewähr** für eine erfolgreichere Eingliederungsarbeit als bisher. Dies soll nicht zuletzt auch den in die beE wechselnden Arbeitnehmern zu Gute kommen, die vor dem Wechsel in ein nutzloses Instrument geschützt werden sollen.[222] Gefordert wird eine angemessene Infrastruktur des Trägers, wobei unter anderem ausreichende Niederlassungskapazitäten sowie eine angemessene Anzahl an Beratern im Verhältnis der zu betreuenden Arbeitnehmer aus-

263

---

220 *Bieback* in Gagel, SGB III, § 216b Rn. 52 f.
221 Vgl. dazu ausführlich unten unter Ziff. 9.2.
222 So auch *Paulsen* AuA 2011, 640 ff.

schlaggebend sein sollen.²²³ So einleuchtend diese Anforderungen auch scheinen, so problematisch können sie im Einzelfall für die jeweilige Fördermaßnahme werden. Gerade im Fall der Insolvenz des Arbeitgebers verfügen die Transfergesellschaften oft nicht über eine großzügige Mittelausstattung, so dass die Erfüllung dieser Voraussetzung als fraglich erscheint. Welche Folgen dies dann für die Autonomie der Entscheidung der beteiligten Betriebsparteien hat, bleibt mangels konkreter Vorgaben abzuwarten.

2.3.2.4 Anwendung eines Systems zur Sicherung der Qualität

264 Neu eingeführt wurde in § 216a Abs. 3 Nr. 4 SGB III zudem die Voraussetzung, dass der Träger der beE ein System zur Sicherung der Qualität anwenden müsse. Dies soll nicht zuletzt eine nachhaltige Betrachtung der Eingliederungsergebnisse ermöglichen. Zur Umsetzung ist dabei die Verwendung einer individuell zu führenden **„Transfer-Mappe"** vorgesehen.²²⁴

2.3.3 Persönliche Voraussetzungen (§ 216b Abs. 1 Nr. 3, Abs. 4 SGB III)

265 Nach § 216b Abs. 4 SGB III sind die persönlichen Voraussetzungen erfüllt, wenn der Arbeitnehmer
1. **von Arbeitslosigkeit bedroht** ist (§ 216b Abs. 4 Nr. 1 SGB III),
2. nach Beginn des Arbeitsausfalls eine versicherungspflichtige Beschäftigung
   a) fortsetzt (§ 216b Abs. 4 Nr. 2a SGB III) oder
   b) im Anschluss an die Beendigung eines Berufsausbildungsverhältnisses aufnimmt (§ 216b Abs. 4 Nr. 2b SGB III),
3. nicht vom Kurzarbeitergeldbezug ausgeschlossen ist (§ 216b Abs. 4 Nr. 3 SGB III) und
4. sich vor der Überleitung in die beE aus Anlass der Betriebsänderung bei der Agentur für Arbeit arbeitssuchend meldet und an einer arbeitsmarktlich zweckmäßigen Maßnahme zur Feststellung der Eingliederungsaussichten teilgenommen hat (§ 216b Abs. 4 Nr. 4 SGB III).

2.3.3.1 Von Arbeitslosigkeit bedroht (§ 216b Abs. 4 Nr. 1 SGB III)

266 Der Arbeitnehmer muss von Arbeitslosigkeit bedroht sein, um das Transferkurzarbeitergeld in Anspruch nehmen zu können. Wann dies der Fall ist, regelt **§ 17 SGB III**, welcher festlegt, welche Personen „von Arbeitslosigkeit [bedroht] ..." sind. Hierzu zählen demnach Personen, welche versicherungspflichtig beschäftigt sind, wodurch beispielsweise geringfügig Beschäftigte, mit einem monatlichen Verdienst unter 400 EUR ausgeschlossen werden. Zudem muss die Person mit der alsbaldigen Beendigung der Beschäftigung rechnen, d.h. innerhalb eines Zeitraumes von bis zu 24 Monaten,²²⁵ sowie anschließend voraussichtlich arbeitslos werden (§ 17 Nr. 2 und 3 SGB III). Der Anspruch ist demzufolge mangels drohender Arbeitslosigkeit gem. § 216b Abs. 7 SGB III ausgeschlossen, wenn die Arbeitnehmer von vornherein nur vorübergehend in der BQG zusammengefasst werden sollen, um anschließend einen anderen Arbeitsplatz in demselben Unternehmen oder Konzern zu besetzen.

---

223 Der Gesetzgeber geht insoweit von einem Betreuungsschlüssel von 1:50 aus, BT-Drucks. 17/1945, 15; vgl. auch die Geschäftsanweisungen „Transferleistungen" der BA, Stand 01/11, 36.
224 Vgl. zur TransferMappe Anlage 7 der Geschäftsanweisungen „Transferleistungen" der BA, Stand 01/11.
225 Geschäftsanweisungen „Transferleistungen" der BA, Stand 01/11, 17.

2.3.3.2 Versicherungspflichtige Beschäftigung (§ 216b Abs. 4 Nr. 2 SGB III)

Wie zuvor festgestellt, muss bereits eine versicherungspflichtige Beschäftigung vorliegen, um von Arbeitslosigkeit bedroht sein zu können. Zudem muss der Arbeitnehmer auch nach Beginn des Arbeitsausfalls eine versicherungspflichtige Beschäftigung fortsetzen oder nach der Beendigung eines Berufsausbildungsverhältnisses aufnehmen. Vor dem Übergang in die BQG darf also keine Arbeitslosigkeit eintreten.[226] Aufgrund ihrer nicht versicherungspflichtigen Beschäftigung sind beispielweise geringfügig Beschäftigte, Bezieher von Erwerbunfähigkeitsrente und Studenten, die einer ihrem Studium nachrangigen Beschäftigung nachgehen, vom Bezug des Transferkurzarbeitergeldes ausgeschlossen.[227] 267

2.3.3.3 Kein Ausschluss vom normalen Kurzarbeitergeldbezug (§ 216b Abs. 4 Nr. 3 SGB III)

Der Arbeitnehmer darf selbst nicht vom Bezug des normalen Kurzarbeitergeldes ausgeschlossen sein; die persönlichen Voraussetzungen für den Bezug des Kurzarbeitergeldes sind in § 172 SGB III geregelt. § 172 Abs. 2 SGB III schließt das Kurzarbeitergeld für Arbeitnehmer aus, welche an einer beruflichen Weiterbildungsmaßnahme mit Bezug von Arbeitslosengeld, Übergangsgeld oder Krankengeld teilnehmen, wenn die Leistung nicht für eine neben der Beschäftigung durchgeführte Teilzeitmaßnahme gezahlt wird. Des Weiteren sind gem. § 172 Abs. 3 SGB III auch Arbeitnehmer ausgeschlossen, welche nicht in der gebotenen Weise bei einer Vermittlung durch die Agentur für Arbeit mitwirken. 268

2.3.3.4 Verpflichtende Arbeitssuchendmeldung (§ 216b Abs. 4 Nr. 4 SGB III)

Durch das Beschäftigungschancengesetz ebenfalls neu eingeführt ist die Verpflichtung des Beziehers von Transfer-Kug, sich vor der Überleitung in die beE bei der Agentur für Arbeit arbeitsuchend zu melden. Diese Voraussetzung stellt eine echte Fördervoraussetzung dar und damit zugleich einen originären Ablehnungstatbestand bei Nichteinhaltung. Eine genaue Beachtung dieser Voraussetzung in der zukünftigen Praxis ist damit unabdingbar. Folge ist, dass in Bezug auf die Vermittlung des Arbeitnehmers eine **Doppelbetreuung** durch die Arbeitsvermittlung einerseits und die Transfergesellschaft andererseits stattfindet. Damit sollen nicht nur die Eingliederungschancen der betroffenen Arbeitnehmer verbessert werden. Zugleich geht der Gesetzgeber davon aus, dass der Bezieher von Transfer-Kug damit auch seinen Anspruch auf Vermittlung aus § 35 SGB III geltend macht.[228] 269

2.3.3.5 Feststellung der Eingliederungsaussichten/Profiling (§ 216b Abs. 4 Nr. 4 SGB III)

Schließlich muss der Arbeitnehmer an einer gem. § 216b Abs. 4 Nr. 4 SGB III arbeitsmarktlich zweckmäßigen Maßnahme zu der Feststellung der Eingliederungsaussichten teilgenommen haben. Diese Vorschaltung eines sog. **Profiling-Moduls** bezweckt die Aktivierung der Arbeitnehmer, welche so in die Lage versetzt werden, die eigenen Perspektiven auf dem Arbeitsmarkt besser einzuschätzen und danach zu handeln.[229] 270

---

226 *Nimscholz* in Henssler/Willemsen/Kalb, Arbeitsrecht Kommentar, 4. Aufl. 2010, § 216 SGB III Rn. 16.
227 Ausführlich hierzu *Bieback* in Gagel, SGB III, § 216b Rn. 65f.
228 BT-Drucks. 17/1945, 16.
229 BT-Drucks. 15/1515, 92.

2.3.4 Verpflichtende Beratung durch die Agentur für Arbeit im Vorfeld der Entscheidung über die Inanspruchnahme von Transfer-Kug (§ 216b Abs. 1 Nr. 4 SGB III)

271 Seit dem 1.1.2011 sind die Betriebsparteien nunmehr gem. § 216b Abs. 1 Nr. 4 SGB III verpflichtet, sich im Vorfeld der Entscheidung über die Inanspruchnahme von Transfer-Kug durch die Agentur für Arbeit beraten zu lassen. Eine Parallelregelung existiert zudem für die Inanspruchnahme von Transferleistungen nach § 216a SGB III, wie sich aus § 216a Abs. 1 Nr. 1 SGB III ergibt. Die bis zum 31.12.2010 geltende Rechtslage sah hingegen lediglich eine Beratungsmöglichkeit auf Verlangen der Betriebsparteien vor. Die neue Regelung stellt eine originäre Anspruchsvoraussetzung dar und bildet demzufolge einen eigenständigen Ablehnungsgrund, so dass sich die Praxis auf die frühzeitige Einbeziehung der Agentur für Arbeit einrichten muss.

Wird ein Interessenausgleich oder ein Sozialplan nach § 112 BetrVG ausgehandelt, so ist die Agentur für Arbeit dem eindeutigen Wortlaut nach schon in dieser Phase in die Verhandlungen einzubeziehen. Die Änderung soll sicherstellen, dass die Agentur für Arbeit die Betriebsparteien frühzeitig über Fördermöglichkeiten und- Voraussetzungen des § 216b SGB III beraten kann, damit eine schnellstmögliche und nachhaltige Integration der betroffenen Personen in das Erwerbsleben zu erwarten ist. Die Agentur für Arbeit erkennt dabei an, dass ihr allein die sozialrechtliche Bewertung des integrationsfördernden Inhalts obliegt und dass sie keinen gesetzlichen Auftrag hat, an der rechtlichen Ausgestaltung der einzelnen Vereinbarungen mitzuwirken.[230] Gleichwohl wird sich in der Praxis ein diesbezüglicher tatsächlicher Einfluss der Agentur für Arbeit nicht vermeiden lassen.

2.3.5 Anzeige des dauerhaften Arbeitsausfalls bei der Agentur für Arbeit (§ 216b Abs. 5 SGB III)

272 Der dauerhafte Arbeitsausfall ist der Agentur für Arbeit, in deren Bezirk der personalabgebende Betrieb liegt, schriftlich anzuzeigen. Die Anzeige hat nach den Regelungen des § 173 SGB III zu erfolgen, wobei das Vorliegen eines erheblichen Arbeitsausfalls sowie der betrieblichen Voraussetzungen des Kurzarbeitergeldes glaubhaft zu machen sind.

2.4 Pflichten des Arbeitgebers während des Bezugs von Transfer-Kug (§ 216b Abs. 6 SGB III)

273 Während des Bezugs von Transfer-Kug hat der Arbeitgeber den geförderten Arbeitnehmern **Vermittlungsvorschläge zu unterbreiten**. Stellt der Arbeitgeber oder die Agentur für Arbeit während dieser Zeit Qualifizierungsdefizite bei Arbeitnehmern fest, soll der Arbeitgeber diesen nach § 216b Abs. 6 S. 2 SGB III geeignete Maßnahmen zur Verbesserung der Eingliederungsaussichten anbieten. Als geeignet gelten nach § 216b Abs. 6 S. 3 Nr. 1 SGB III Maßnahmen, die nach den §§ 84, 85 SGB III in Verbindung mit der Anerkennungs- und Zulassungsverordnung Weiterbildung durch eine fachkundige Stelle zugelassen wurden. Ziel dieser seit 1.1.2011 geltenden Regelung ist die Sicherung der Qualität. In Anbetracht der Tatsache, dass diese Maßnahmen allein der Arbeitgeber finanziert, erscheint die Regelung jedoch als in ihrer Systematik verfehlt.[231]

---

230 Vgl. Geschäftsanweisung „Transferleistungen" der BA, Stand 01/11.
231 Vgl. zu diesem Gedanken auch *Paulsen* AuA, 2011, 640 ff.

§ 216b Abs. 6 S. 3 Nr. 2 SGB III sieht weiterhin auch eine zeitlich begrenzte Beschäftigung auf längstens sechs Monate bei einem anderen Arbeitgeber zum Zwecke der Qualifizierung als geeignete Maßnahme an. Bei der Festlegung beider Maßnahmen ist die Agentur für Arbeit gem. § 216b Abs. 6 S. 4 SGB III zu beteiligen. Diese Pflicht wurde ebenfalls durch das Beschäftigungschancengesetz zum 1.1.2011 neu eingeführt. Sie soll der Bedeutung der frühzeitigen Beteiligung der Agentur für Arbeit Rechnung tragen.[232]

2.5 Mitteilungspflichten des Arbeitgebers (§ 216b Abs. 9 SGB III)

Zur Erhöhung der **Transparenz im Leistungssystem** wurde § 216b Abs. 9 SGB III neu gefasst: Danach hat der Arbeitgeber nun monatlich statt bisher halbjährlich Mitteilung an die Agentur für Arbeit über Daten der Bezieher von Transfer-Kug zu machen und Berichte über etwaige Vermittlungserfolge vorzulegen. Um den dadurch entstehenden Mehraufwand für den Arbeitgeber relativ gering zu halten, wird die monatliche Meldung mit dem Antrag auf Transfer-Kug abzugeben sein. **274**

2.6 Berechnung und Höhe des Transferkurzarbeitergeldes

Das Transfer-Kurzarbeitergeld wird, wie auch das Kurzarbeitergeld, nur bis zur Höhe der Beitragsbemessungsgrenze[233] gezahlt. Maßgeblich ist dabei die Differenz des vor der Kurzarbeit erhaltenen Entgeltes (Soll-Entgelt) und dem Verdienst während des Transferkurzarbeitergeldbezuges. Mit der BQG wird regelmäßig Kurzarbeit „Null" vereinbart, wodurch kein Ist-Entgelt vom Arbeitnehmer bezogen wird. Durch die Nettoentgeltdifferenz entspricht das Transferkurzarbeitergeld sodann 60 % bzw. 67 % des vor Eintritt in die BQG erhaltenen pauschalierten Nettoentgeltes (Soll-Entgelt), gedeckelt durch die Beitragsbemessungsgrenze. Alle darüber hinausgehenden Verdienstansprüche verliert der Arbeitnehmer, wodurch die Attraktivität der BQG für ihn sinkt. Hiervon werden besonders hochqualifizierte Arbeitnehmer betroffen sein, an deren Know-how potentielle Betriebserwerber speziell interessiert sein werden. Im Hinblick darauf sind Anreize für Leistungsträger zum Verbleib empfehlenswert. **275**

2.7 Auswirkungen auf das Arbeitslosengeld

Prinzipiell wird das spätere Arbeitslosengeld (ALG I) auf der Grundlage des Einkommens in dem der Arbeitslosigkeit vorangehenden Jahr berechnet (§ 130 Abs. 1 SGB III). Soweit sich die Arbeitslosigkeit an eine Beschäftigung mit Transferkurzarbeitergeldbezug anschließt, ist gem. § 131 Abs. 3 Nr. 1 SGB III als Bemessungsentgelt dasjenige Arbeitsentgelt zugrunde zu legen, welches der Arbeitslose ohne den Arbeitsausfall und ohne Mehrarbeit erzielt hätte. Durch diese Regelung wird verhindert, dass der Arbeitnehmer durch die Transferleistung schlechter gestellt wird und ggf. finanzielle Einbußen erleidet, was insofern einen zusätzlichen Anreiz zum Eintritt in die BQG für die Arbeitnehmer darstellt. **276**

2.8 Laufzeit

Gem. § 216b Abs. 8 SGB III beträgt die Bezugsfrist für das Transferkurzarbeitergeld maximal 12 Monate. Kürzere Laufzeiten sind möglich. Die insgesamt kurze Laufzeit soll verhindern, dass das Transferkurzarbeitergeld als Instrument zur Frühverrentung genutzt wird.[234] **277**

---

232 BT-Drucks. 17/1945, 16.
233 Vgl. §§ 179 SGB III, 223 Abs. 3 SGB V; Die Beitragsbemessungsgrenze beträgt derzeit 5 550 EUR in den sog. Alten Bundesländern und 4 650 EUR in den sog. Neuen Bundesländern.
234 BT-Drucks. 15/1515, 74.

2.9 Transfermaßnahmen, § 216a SGB III

278 Die Transfermaßnahmen i.S.d. § 216a SGB III bilden ein Anreizsystem, die bei Betriebsänderungen verantwortlich Handelnde dazu zu bewegen, den von Arbeitslosigkeit bedrohten Arbeitnehmern **beschäftigungswirksame Maßnahmen** anstelle von Abfindungen zu gewähren.[235] Die Arbeitnehmer werden so auf ein neues Beschäftigungsverhältnis vorbereitet und gleichzeitig die Zahlungen der Agentur für Arbeit für ein ansonsten anfallendes Arbeitslosengeld abgewendet. Die Ausgestaltungen der Transfermaßnahmen sind mannigfaltig und wurden durch den Gesetzgeber bewusst mit großem Gestaltungsspielraum versehen[235] – in Betracht kommen insbesondere Profiling, Outplacement (Bewerbungstraining, Stellensuche, etc.), Maßnahmen der beruflichen Weiterbildung, aber auch die Existenzgründungsberatung.

279 Solche Transfermaßnahmen bieten sich insbesondere an, wenn entweder keine Bereitschaft der Arbeitnehmer zum Wechsel in eine Transfergesellschaft vorhanden ist, weil sie beispielsweise ihre Arbeitsplätze als nicht bedroht ansehen oder wenn sich viele junge Arbeitnehmer im Betrieb befinden und diese so gut qualifiziert sind, dass keine Notwendigkeit zur Qualifizierung in einer BQG besteht.

280 Anspruchsberechtigter der Bezuschussung einer zu seinen Gunsten durchgeführten Transfermaßnahme ist der einzelne Arbeitnehmer. Da dies häufig durch eine Betriebsänderung ausgelöst wird, ist jene Bezuschussung vom Arbeitgeber unter Beifügung einer Stellungnahme der Betriebsvertretung oder von der Betriebsvertretung (Initiativrecht des Betriebsrates) selbst nach § 323 Abs. 2 S. 1 und S. 2 SGB III durch Antragstellung (innerhalb der Drei-Monats-Frist des § 325 Abs. 5 SGB III) bei der zuständigen Agentur für Arbeit durchzusetzen.[236]

2.9.1 Voraussetzungen der Förderung (§ 216a Abs. 1 S. 1 Nr. 1-5 SGB III)

281 Die Teilnahme von Arbeitnehmern, die auf Grund von Betriebsänderungen oder im Anschluss an die Beendigung eines Berufsausbildungsverhältnisses von Arbeitslosigkeit bedroht sind, an Transfermaßnahmen i.S.v. § 216a SGB III wird gefördert, wenn sich die Betriebsparteien im Vorfeld der Entscheidung über die Einführung von Transfermaßnahmen (insbesondere im Rahmen eines Interessenausgleichs oder Sozialplans nach § 112 BetrVG) durch die Agentur für Arbeit beraten lassen (§ 216a Abs. 1 S. 1 Nr. 1 SGB III), die Maßnahme selbst von einem Dritten durchgeführt wird (§ 216a Abs. 1 S. 1 Nr. 2 SGB III), die vorgesehene Maßnahme der Eingliederung der Arbeitnehmer in den Arbeitsmarkt dienen soll (§ 216a Abs. 1 S. 1 Nr. 3 SGB III) und wenn die Durchführung der Maßnahme gesichert ist (§ 216a Abs. 1 S. 1 Nr. 4 SGB III), sowie ein System zur Sicherung der Qualität angewandt wird (§ 216a Abs. 1 S. 1 Nr. 5 SGB III).

2.9.1.1 Beratung durch die Agentur für Arbeit (§ 216a Abs. 1 S. 1 Nr. 1 SGB III)

282 Wie bereits bei den Voraussetzungen zum Bezug des Transfer-Kug kurz dargestellt, besteht seit 1.1.2011 gem. § 216a Abs. 1 S. 1 Nr. 1 SGB III die Pflicht, sich im Vorfeld der Entscheidung über die Einführung von Transfermaßnahmen durch die Agentur für Arbeit beraten zu lassen. Finden Verhandlungen über einen Interessenausgleich oder einen Sozialplan i.S.v. § 112 BetrVG statt, ist die Agentur für Arbeit bereits zu

---

235 BT-Drucks. 15/1515, 91.
236 *Bepler* in Gagel, SGB III, § 216a Rn. 14 ff.

diesem Zeitpunkt einzubeziehen.

Auch im Rahmen der Förderung von Transfermaßnahmen nach § 216a SGB III bildet diese neu eingeführte **Beratungspflicht** eine **echte Anspruchsvoraussetzung** und damit spiegelbildlich bei Verstoß gegen diese Pflicht einen echten Ablehnungstatbestand. Parallel zur Beratungspflicht nach § 216b Abs. 1 Nr. 4 SGB III ist die Agentur für Arbeit nur zur sozialrechtlichen Bewertung berechtigt und gerade nicht zur aktiven Beteiligung an der arbeitsrechtlichen Ausgestaltung der Vereinbarungen.[237]

2.9.1.2 Durchführung der Maßnahme durch einen Dritten (§ 216a Abs. 1 S. 1 Nr. 2 SGB III)

Die Maßnahme muss von einem Dritten, also einem vom Arbeitgeber verschiedenen Rechtsträger, durchgeführt werden. So wird die Unabhängigkeit der Eingliederungsmaßnahme gesichert und etwaigem Missbrauch der Leistungen vorgebeugt. Die Auswahl des Dritten obliegt jedoch den betrieblichen Akteuren.

2.9.1.3 Maßnahme zur Eingliederung in den Arbeitsmarkt (§ 216a Abs. 1 S. 1 Nr. 3 SGB III)

Der Arbeitnehmer soll durch die Maßnahme in den Arbeitsmarkt eingegliedert werden, wozu schließlich auch die Transfermaßnahmen zu dienen bestimmt sind (§ 216a Abs. 1 S. 1 Nr. 3 SGB III). Eine anderweitige Ausrichtung der Transfermaßnahmen ist demzufolge nicht statthaft.

2.9.1.4 Gesicherte Durchführung der Maßnahme (§ 216a Abs. 1 S. 1 Nr. 4 SGB III)

Die Maßnahme bzw. deren Durchführung ist nur förderungsfähig, wenn von Anfang an gesichert ist, dass sie bis zum geplanten Ende durchgeführt werden kann. Dazu muss der Träger (Dritte) der Agentur für Arbeit schriftlich erklären, dass die notwendigen Voraussetzungen in räumlicher und personeller Hinsicht bis zum Ende der geplanten Maßnahme vorliegen bzw. aufrechterhalten werden können.[238] Hierauf sollte bei der Auswahl des Dritten, welcher die Maßnahme durchführt, besonders geachtet werden, da die Förderfähigkeit für die BQG wirtschaftlich meist unabdingbar ist, um die Realisierung zu gewährleisten.

2.9.1.5 Anwendung eines System zur Sicherung der Qualität (§ 216a Abs. 1 S. 1 Nr. 5 SGB III)

Das personalabgebende Unternehmen hat dafür einzutreten, dass der die Transfermaßnahme durchführende Dritte ein **Qualitätssicherungssystem** zur Feststellung der Zufriedenheit der Teilnehmer am Ende der Maßnahme und deren Verbleib anwendet. Innerhalb von sechs Monaten nach Beendigung der Maßnahme sind diese Feststellungen, insbesondere Vermittlungserfolge und Verbleibsquote, dem Arbeitgeber und der Bundesagentur für Arbeit mitzuteilen.[239] Die Entscheidung für einen konkreten Dritten wird sich folglich auch an dem jeweils eingesetzten Qualitätssicherungssystem orientieren.

---

[237] Geschäftsanweisungen „Transferleistungen" der BA, Stand 01/11, 9.
[238] Geschäftsanweisung „Transferleistungen" der BA, 01/11, 21.
[239] BT-Drucks. 15/1515, 91.

2.9.2 Maßnahmenbeispiele

2.9.2.1 Profiling gem. § 216a SGB III

287 Als Profiling werden Maßnahmen zur **Feststellung der Leistungsfähigkeit**, der Arbeitsmarktchancen und des Qualifikationsbedarfs des einzelnen Arbeitnehmers bezeichnet.[240] Diese Profilingmaßnahmen sind vor Bewilligung des Transferkurzarbeitergeldes durchzuführen bzw. in berechtigten Ausnahmefällen (§ 216b Abs. 4 Nr. 4 SGB III) im unmittelbaren Anschluss an die Überleitung in die beE nachzuholen. Als Transfermaßnahme wird das Profiling mit 50 % der erforderlichen und angemessenen Kosten durch die Agentur für Arbeit bezuschusst.

2. 9.2.2 Fortbildung/Qualifizierung

288 Durch Fort- und Weiterbildung mittels Transfermaßnahmen kann die ausreichende Qualifikation der Arbeitnehmer für den zukünftigen Arbeitsmarkt gesichert werden. Sofern das Profiling Qualifizierungsdefizite des einzelnen Arbeitnehmers aufweist, soll letzterem eine geeignete Maßnahme zur Verbesserung seiner Eingliederungsaussichten angeboten werden (§ 216b Abs. 6 S. 2 SGB III). Die eigentliche Fortbildung muss seit dem 1.1.2011 von **nach §§ 84, 85 SGB III zertifizierten** Bildungsträgern, beauftragt durch die BQG, durchgeführt werden,[241] so dass die Maßnahme und der Qualifizierungsgrad des Arbeitnehmers durch bewährte Zertifikate nachgewiesen werden können.

2. 9.2.3 Probearbeit

289 Praktika und Probearbeitsverhältnisse können ebenfalls im Rahmen der Transfermaßnahmen durchgeführt werden, um die Arbeitnehmer schnell wieder langfristig zu vermitteln. Der Vorteil für den potentiellen neuen Arbeitgeber besteht darin, dass ihm für die Zeit der Probearbeit des bei der BQG angestellten Arbeitnehmers keine Kosten entstehen. Arbeitgeber erhalten somit die Möglichkeit, sich ein Bild von den Arbeitnehmern und deren Qualifikation zu verschaffen bzw. diese Arbeitnehmer überhaupt als potentielle Neueinstellung in Betracht zu ziehen. Im Rahmen einer Qualifizierungsmaßnahme ist auch eine zeitlich begrenzte, längstens sechs Monate dauernde Beschäftigung zum Zwecke der Qualifizierung bei einem anderen Arbeitgeber möglich (§ 216b Abs. 6 S. 3 Nr. 2 SGB III).

2.9.3 Förderung der Maßnahmenkosten durch Zuschuss nach § 216a Abs. 2 SGB III

290 Grundsätzlich trägt das personalabgebende Unternehmen die Kosten der Transfermaßnahme; dies können u.a. sein: Personalkosten, Miete für Beratungsräume, Bürokosten sowie Beratungs- bzw. Verwaltungskosten (inkl. Remanenzkosten) der BQG. Der Zuschuss zu den Beratungskosten (z.B. Profiling) durch die Bundesagentur für Arbeit zur Förderung der Maßnahme beträgt gem. § 216a Abs. 2 SGB III 50 % der **erforderlichen und angemessenen Maßnahmenkosten**, jedoch maximal 2 500,00 EUR pro Arbeitnehmer, die übrigen Kosten sind vom Arbeitgeber zu tragen. Er werden nur solche Maßnahmenkosten bezuschusst, welche auch tatsächlich entstanden sind. Kosten, die zum Teil durch Leistungen Dritter (z.B. überbetriebliche Fonds oder Länderprogramme) abgedeckt werden, sind bei den für die Förderung maßgeblichen Kosten nicht zu berücksichtigen.[242]

---

[240] Geschäftsanweisung „Transferleistungen" der BA, 01/11, 20.
[241] Vgl. § 216b Abs. 6 S. 3 Nr. 1 SGB III.
[242] Geschäftsanweisung „Transferleistungen" der BA, 01/11, 22.

Die Zuschussregelung des § 216a Abs. 2 SGB III hat durch das Beschäftigungschancengesetz eine entscheidende Neuerung erfahren. Nachdem bis zum 31.12.2010 50 % der aufzuwendenden Maßnahmekosten, maximal jedoch 2 500 EUR von der Agentur für Arbeit erstattet wurden, werden seit 1.1.2011 nur noch 50 % der *erforderlichen und angemessenen* Maßnahmekosten erstattet. Hintergrund der Änderungen sind schlechte Erfahrungen der Agentur für Arbeit mit den tatsächlich abgerechneten Maßnahmekosten, die in einigen Fällen unangemessen hoch waren. Nach der Gesetzesbegründung sind die Maßnahmekosten erforderlich, wenn keine günstigere Maßnahme verfügbar ist, durch die das erfolgte Ziel gleichermaßen erreicht werden kann. Angemessene Maßnahmekosten sind zudem dann zu bejahen, wenn die Verhältnismäßigkeit zwischen dem verfolgten Ziel und dem eingesetzten Mittel gegeben ist.[243] Aus der Geschäftsanweisung der Bundesagentur folgt, dass sich die Berechnung des konkret zu gewährenden Zuschusses in Zukunft an von der Bundesagentur ermittelten Bundesdurchschnittskostenansätzen orientieren wird.[244]

2.9.4 Ausschluss der Förderung

Die Leistungen dürfen nicht genutzt werden, um den Arbeitnehmer für eine Anschlussbeschäftigung im gleichen Betrieb oder in einem anderen Betrieb des gleichen Unternehmens oder Konzerns vorzubereiten (§ 216a Abs. 3 SGB III). Ziel der Transfermaßnahmen ist der unmittelbare Transfer des Arbeitnehmers „aus Arbeit in Arbeit", weshalb gem. § 216a Abs. 5 SGB III die gleichzeitige Gewährung anderer Arbeitsförderungsleistungen ausgeschlossen ist. Die Förderung darf den Arbeitgeber zudem nicht von bestehenden Verpflichtungen entlasten, ist also ausgeschlossen, wenn der Arbeitgeber aufgrund gesetzlicher oder vertraglicher Regelungen zur Durchführung entsprechender Eingliederungsmaßnahmen verpflichtet ist.[245]

291

3. Begriff und Hintergrund für den Einsatz der BQG

3.1 Begriff der Beschäftigungs- und Qualifizierungsgesellschaft

Die BQG ist ein **selbstständiger Rechtsträger**, welcher zumeist in Form einer GmbH betrieben wird. Die BQG ist die unternehmensexterne Realisierung der „betriebsorganisatorisch eigenständigen Einheit" i.S.d. § 216b Abs. 2 Nr. 2 SGB III und dient der Ausgliederung der vom dauernden Arbeits- und Entgeltausfall betroffenen Arbeitnehmer aus dem Betrieb. An die Stelle des bisherigen Arbeitgebers tritt die Beschäftigungsgesellschaft. Ein Betriebserwerber könnte dann den Betrieb arbeitnehmerfrei erwerben und zu seinen Konditionen Neueinstellungen vornehmen.

292

3.2 Sanierung außerhalb einer Insolvenz/Umstrukturierung von Unternehmen

Außerhalb der Insolvenz kann die BQG genutzt werden, um Arbeitsplätze abzubauen, um so das zu sanierende **Unternehmen** wieder **wettbewerbsfähig** zu machen. Der bisherige Arbeitgeber hat die Remanenzkosten (z.B. Sozialversicherungsbeiträge) weiter zu tragen. Dennoch kann der Personalabbau schneller und günstiger erfolgen als bei einer Massenentlassung. Realisiert wird dies zumeist mit Hilfe eines dreiseitigen Vertrages, durch den die betroffenen Arbeitnehmer in die BQG überführt und so Massenentlassungen verhindert werden. Rechte, Pflichten sowie die Kostentragung werden zumeist

293

---

243 BT-Drucks. 17/1945, 15.
244 Geschäftsanweisungen „Transferleistungen" der BA, Stand 01/11, 22.
245 BT-Drucks. 15/1515, 91.

Bringezu

in einem Sozialplan geregelt. Infolgedessen kann mitunter eine sonst drohende Insolvenz abgewendet werden. Die betroffenen Arbeitnehmer erhalten wiederum den Vorteil, dass das Transferkurzarbeitergeld ihnen nicht auf die Zeit des Arbeitslosengeldes angerechnet wird und sie faktisch bis zu einem Jahr Zeit für die Suche nach einer Anschlussbeschäftigung und zur Weiterqualifizierung gewinnen.

3.3 Vermeidung eines Betriebsübergangs außerhalb und in der Insolvenz

3.3.1 Anwendbarkeit des § 613a BGB in der Insolvenz

294 § 613a BGB ist in der Insolvenz grundsätzlich anwendbar und hat keine Auswirkung auf den Kündigungsschutz der Arbeitnehmer, sofern es sich um einen Betriebsübergang handelt, beispielsweise bei Veräußerung des Betriebes (übertragende Sanierung) durch den Insolvenzverwalter oder bei Fortführung durch eine Auffanggesellschaft. Besonders hervorzuheben ist, dass die Insolvenz als solche keinen Kündigungsgrund darstellt.[246]

3.3.2 Betriebsübergang gem. § 613a BGB

295 Die Anwendbarkeit des § 613a BGB auf die BQG scheidet indes aus, da in die BQG gerade keine Betriebmittel übertragen werden[247], sondern nur die Arbeitnehmer, welche qualifiziert und fortgebildet werden und eben nicht ihre Tätigkeit fortsetzen (**„Kurzarbeit Null"**). Ein Betriebsübergang liegt bei Überführung der Arbeitnehmer in eine BQG damit nicht vor.[248]

3.3.3 Kündigungsverbot gem. § 613a Abs. 4 BGB

296 Einem Arbeitnehmer darf gem. § 613a Abs. 4 BGB nicht aufgrund eines Betriebsübergangs gekündigt werden. Eine gleichwohl ausgesprochene Kündigung ist unwirksam. Insbesondere ist auch ein Aufhebungsvertrag unwirksam gem. § 134 BGB, wenn zugleich ein neues Arbeitsverhältnis zum Betriebsübernehmer vereinbart oder zumindest verbindlich in Aussicht gestellt wird (**sog. Lemgoer Modell**).[249] Deshalb ist es schädlich, wenn bereits vor Übergang in die BQG Absprachen diesbezüglich erfolgen.

4. Finanzierungsmöglichkeiten in und außerhalb der Insolvenz, Drittfinanzierung

4.1 Kostenkalkulation

297 Die Einschaltung einer Beschäftigungs- und Qualifizierungsgesellschaft als Mittel zum Personalabbau soll für das zu sanierende Unternehmen kurzfristig deutlich spürbare **Einsparungen** mit sich bringen und so die Kosten der laufenden Betriebsfortführung zügig senken. Dies gilt gleichermaßen für solche Unternehmen, die sich bereits in der Insolvenz befinden. Hier kommt jedoch noch die Überlegung hinzu, dass sich die Personalanpassungsmaßnahmen im Rahmen einer beabsichtigten übertragenden Sanierung im Kaufpreis niederschlagen, mithin die Einschaltung einer BQG einen ggf. deutlich höheren Kaufpreis für das zu veräußernde Unternehmen bzw. Teile hiervon nach sich ziehen kann.

---

246 MK -InsO/*Löwisch/Caspers* § 113 Rn. 36 m.w.N.
247 *Mengel/Ullrich* BB 2005, 1109 m.w.N.
248 *BAG* NJW 2007, 2351.
249 *BAG* NZA 2006, 145.

298 Jedoch darf nicht übersehen werden, dass die Einschaltung einer BQG auch mit deutlichen Kosten verbunden ist, zumal die anfallenden Zahlungen für Personen geleistet werden müssen, deren Arbeitskraft im Unternehmen gerade nicht mehr benötigt wird. Die Kosten sind daher im Rahmen der Vorbereitungsphase genau zu analysieren, um das Einsparungspotential ermitteln zu können. Zudem werden seitens der Agentur für Arbeit im Rahmen einer Entscheidung über Förderungsleistungen gem. §§ 216a, b SGB III Nachweise dafür gefordert, dass die Finanzierung der seitens des Arbeitgebers zu erbringenden Eigenleistungen gesichert ist. Für einen Insolvenzverwalter ist die Ermittlung des finanziellen Aufwandes auch mit Blick auf § 160 InsO von Bedeutung – regelmäßig wird er sich für den Abschluss des Dienstleistungs- und Kooperationsvertrages die Genehmigung der Gläubigerversammlung / des Gläubigerausschusses einholen müssen. Diese wiederum wird er regelmäßig nur dann erhalten, wenn er den Gläubigern detailliert und nachvollziehbar Rechenschaft über die Kosten-Nutzen-Relationen des beabsichtigten Geschäfts abgelegt hat.

299 Soweit sich das Unternehmen dafür entscheidet, eine eigene Transfergesellschaft zu gründen, in der die beE('s) aufgenommen werden soll(en), fallen zunächst **Gründungskosten** für diese Gesellschaft an. Die Kosten hierfür sind rechtsformabhängig. Regelmäßig wird es sich um eine GmbH handeln, in selteneren Fällen um einen Verein oder eine Stiftung.[250]

300 Lohn bzw. Gehalt im eigentlichen Sinne fällt während des Verbleibs der Arbeitnehmer in der BQG nicht an, da insoweit regelmäßig keine Arbeitsleistung geschuldet ist. Vielmehr wird zwischen dem Arbeitnehmer und der BQG **„Kurzarbeit Null"** vereinbart. Soweit hierzu Transferleistungen gem. § 216b SGB III von der Agentur für Arbeit gewährt werden, ist der einzelne Arbeitnehmer anspruchsberechtigt. Lediglich aus Praktikabilitätsgründen nimmt die Agentur für Arbeit eine Auszahlung an den Arbeitgeber[251] vor. Der Arbeitgeber ist sodann gem. § 320 Abs. 1 S. 2 SGB III verpflichtet, das Transferkurzarbeitergeld kostenlos zu errechnen und auszuzahlen.

301 Die Höhe des Transferkurzarbeitergeldes beträgt, wie auch das Arbeitslosengeld I, 60 % bzw. 67 %[252] des vormaligen Netto-Entgeltes (Nettoentgeltdifferenz). Um den Wechsel in die BQG für Arbeitnehmer attraktiver zu gestalten, werden die Transferleistungen häufig seitens des bisherigen Arbeitgebers aufgestockt. Es ist daher durchaus möglich, dass die Arbeitnehmer bis zu 100 % ihres bisherigen Netto-Entgelts erhalten. Üblich ist jedoch die Aufstockung bis zu einem Betrag von ca. 75–85 % des bisherigen Netto-Entgelts. Zu hohe Aufstockungsbeträge zeigen oft eine vermittlungshemmende Wirkung, erscheint doch für den einzelnen Arbeitnehmer der Verbleib in der BQG bis zum Ende der Laufzeit bequemer. Denkbar – in der Praxis doch eher selten – ist weiterhin auch die Zahlung von Urlaubs- und Weihnachtsgeld sowie vermögenswirksamen Leistungen. Sämtliche dieser Aufstockungsbeträge sind der BQG zum Zwecke der Auszahlung an die Arbeitnehmer seitens des bisherigen Arbeitgebers zur Verfügung zu stellen.

302 Zu den weiterhin vom Unternehmen zu tragenden Eigenleistungen gehören auch die sog. **Remanenzkosten.** Hierzu zählen

---

250 *Bissels/Jordan/Wisskirchen* NZI 2009, 865, 866 m.w.N.
251 BT-Drucks. 15/1515, 91;
252 Für Arbeitnehmer mit mind. einem Kind i.S.d. § 32 Abs. 1, 3 bis 5 EStG gilt der erhöhte Leistungssatz.

Ausgewählte Einzelfragen

– Arbeitgeber- und Arbeitnehmeranteile an Sozialversicherungsbeiträgen (Kranken- ca. 15,5 %, Pflege- ca. 1,95 %, Rentenversicherung 19,9 % mit Ausnahme der Arbeitslosenversicherung),[253]
– Entgeltfortzahlung für gesetzliche Feiertage gem. § 2 EFZG einschließlich des Arbeitgebersozialversicherungsanteils,
– Entgeltfortzahlung für gesetzliche Urlaubstage gem. § 3 BUrlG einschließlich des Arbeitgebersozialversicherungsanteils,
– Beiträge zur Berufsgenossenschaft[254] (§§ 150, 167 SGB VII).

303 Schließlich sind vom personalabgebenden Unternehmen die (anteiligen)[255] **Kosten für Qualifizierungsmaßnahmen** sowie die Verwaltungskostenpauschale für die dienstleistende BQG (sog. Overhead-Kosten) zu tragen. Hierzu gehören insbesondere Kosten für Lehrgänge[256], aber auch EDV bzw. etwaige Kosten für die Bereitstellung von Räumen inklusive Ausstattung. Die Verwaltungskosten an sich setzen sich insbesondere aus Kosten für die administrative Verwaltung sowie die Lohn- und Gehaltsabrechnung zusammen.

304 Die zumindest anteilige Finanzierungspflicht[257] an den Qualifizierungsmaßnahmen ergibt sich jedenfalls für den Fall einer beabsichtigten Förderung durch die Agentur für Arbeit aus § 216a Abs. 1 S. 2 SGB III.[258] Innerhalb der Kündigungsfrist wird die Finanzierung durch die Löhne der Arbeitnehmer gewährleistet. Zur weiteren Verringerung bzw. besseren Kalkulation des Kostenrisikos bestehen folgende Möglichkeiten: Einerseits kann die Teilnahme an Transfermaßnahmen bis zu einem bestimmten Datum befristet werden. Empfehlenswert ist dies, wenn die Transfermaßnahmen für die jeweiligen Arbeitnehmer noch vor Eintritt in die BQG bis zum Ablauf der individuellen Kündigungsfristen durchgeführt werden sollen. In diesem Falle sind die Kosten der Transfermaßnahmen nämlich neben dem regulären Entgelt zu tragen. Wirtschaftlich sinnvoll ist dies regelmäßig nur dann, wenn der einzelne Arbeitnehmer durch die Transfermaßnahmen vermittelt werden kann, mithin noch vor Ablauf der individuellen Kündigungsfrist aus dem bisherigen Arbeitsverhältnis ausscheidet[259] bzw. mangels Bedrohung von Arbeitslosigkeit jedenfalls nicht in die Beschäftigungs- und Qualifizierungsgesellschaft wechseln wird. Andererseits kann ein vom Arbeitgeber zu tragender Höchstbetrag für Transfermaßnahmen je Arbeitnehmer – ähnlich der Deckelungsgrenze des § 216a Abs. 2 SGB III – vereinbart werden[259]. Beide Vereinbarungen werden regelmäßig in einem Sozialplan vereinbart werden.

---

253 Deutsche Rentenversicherung, www.deutsche-rentenversicherung.de.
254 Die Beiträge zur Berufsgenossenschaft werden regelmäßig reduziert, da die BQG im Rahmen der Kurzarbeit Null ein anderes Gefährdungsrisiko darstellt und so das Versicherungsrisiko sinkt.
255 Soweit eine Förderung der Transfermaßnahmen durch die Agentur für Arbeit nicht in Betracht kommt, sind die Kosten hierfür vollständig vom bisherigen Arbeitgeber zu tragen.
256 Zu den verschiedenen förderungsfähigen Maßnahmen im Sinne des § 216a SGB III s. oben Ziff. 2.9.2.
257 Die Bundesagentur für Arbeit geht von einer angemessenen Eigenbeteiligung des Arbeitgebers aus, wenn dieser mindestens 50 % der Kosten für die Durchführung der Transfermaßnahmen trägt, vgl. Beratungs- und Interpretationshilfen der BA, 05/2006, 12.
258 BT-Drucks. 15/1515, 91.
259 *Mengel/Ullrich* BB 2005, 1109, 1115.

Im Ergebnis sind vom zu sanierenden Unternehmen pro Arbeitnehmer ca. 50– **60 % der vormaligen monatlichen Kosten** für jeden Monat Laufzeit der BQG zu tragen. Formelhaft ausgedrückt können also mit den regulär zu veranschlagenden monatlichen Personalkosten bis zu zwei Monate Laufzeit der BQG finanziert werden. Zu berücksichtigen ist weiterhin, dass für jeden vorzeitig aus der BQG ausscheidenden Arbeitnehmer Zuzahlungen und Remanenzkosten entfallen. Die so frei werdenden finanziellen Mittel können entweder zur weiteren Förderung der verbliebenen Arbeitnehmer oder für andere (Sanierungs-)Zwecke eingesetzt werden. 305

Für das zu sanierende Unternehmen rechnet sich die Einschaltung einer Beschäftigungs- und Qualifizierungsgesellschaft letztlich nur dann, wenn hiermit verbesserte Rahmenbedingungen verbunden sind, vorhandene Risiken spürbar reduziert werden können und schnelleres bzw. flexibleres Handeln ermöglicht werden[260]. Beispielsweise entfällt bei einer Teilbetriebsschließung durch eine Übernahme aller betroffenen Arbeitnehmer in die BQG die Sozialauswahl, welche anderenfalls betriebsweit gem. § 1 Abs. 2 und 3 KSchG durchgeführt werden müsste. 306

4.2 Finanzierung über Sozialplan, Kündigungsfristen, Insolvenzmasse, Erwerber

Sobald die anfallenden Kosten geklärt sind, stellt sich die Frage ihrer Finanzierung. Hierbei handelt es sich um eine **Schlüsselfrage**, steht und fällt doch damit das gesamte Konzept. Die wesentlichen Finanzmittel sind insoweit letztlich vom zu sanierenden Unternehmen aufzubringen. 307

Grundlage der Entscheidung für den Einsatz einer BQG ist regelmäßig die Gewährung von Transfer-Kurzarbeitergeld nach § 216b SGB III. Teilweise kommen (zusätzliche) Fördermöglichkeiten nach den ESF-Richtlinien[261] des ESF-BA-Programms bzw. in Sonderfällen auch aus Leistungen des Europäischen Globalisierungsfonds (EGF) in Betracht.[262] Die Agentur für Arbeit berät dabei über die einzelnen Instrumente. Solange keine verbindliche Entscheidung über die Gewährung der Förderung vorliegt, sollten die Verträge zum Einsatz der BQG unter die aufschiebende Bedingung der Förderung durch die Bundesagentur für Arbeit gestellt werden. 308

Die grundsätzlich vom personalabgebenden Unternehmen aufzubringenden **Eigenleistungen** (insbesondere die Remanenzkosten) sollten regelmäßig von den Arbeitnehmern mitfinanziert werden, da auch sie von den verschiedenen Transfermaßnahmen profitieren können.[263] Vielfach ist eine solche Finanzierung über die Kündigungsfristen vorgesehen[264]. Hintergrund ist folgende Überlegung: Gekündigte (und freigestellte) Arbeitnehmer haben während der Kündigungsfristen gleichwohl Anspruch auf Zahlung des vertraglich vereinbarten Entgelts. Dieser Anspruch entfällt, sobald die Arbeitnehmer einvernehmlich in die BQG überwechseln. Findet der Wechsel bereits zu Beginn der ansonsten zu berücksichtigenden Kündigungs- 309

---

260 Vgl. auch *Ries* NZI 2002, 521, 524.
261 Richtlinie für aus Mitteln des Europäischen Sozialfonds (ESF) mitfinanzierte ergänzende Qualifizierungsangebote für Bezieher von Transferkurzarbeitergeld, Stand 15.10.2008.
262 Vgl. Bundesagentur für Arbeit, HEGA 09/08 – 14 – Transferleistungen – Transfermaßnahmen nach § 216a SGB III und Transferkurzarbeitergeld nach § 216b SGB III; Stand 20.1.2008, 1.
263 Zur Interessenlage der Arbeitnehmer bzw. den sich für sie ergebenden Vorteilen bei Einschaltung einer BQG vgl. Ziff. 5.1 bzw. 6.
264 ErfK/*Kania* §§ 112, 112a BetrVG Rn. 37c.

frist statt, stehen entsprechend „eingesparte" Entgeltkosten für die Finanzierung der BQG zur Verfügung. Zu bedenken ist, dass das Einsparpotential im vorinsolvenzlich zu sanierenden Unternehmen bei Arbeitnehmern mit langen Kündigungsfristen (bspw. aufgrund langer Betriebszugehörigkeit) deutlich größer ausfallen kann als bei einem insolventen Unternehmen. Hintergrund ist die maximal dreimonatige Kündigungsfrist zum Monatsende gem. § 113 S. 2 InsO.

310 Diese „Finanzierungsart" scheidet folglich aus, wenn die Arbeitnehmer erst sehr spät oder gar erst nach Ablauf der individuellen Kündigungsfristen zum Wechsel in die BQG bewegt werden können. Anreize für die Arbeitnehmer zum frühzeitigen Wechsel können mit dem Hinweis darauf geschaffen werden, dass durch frühzeitigere und damit größere Entlastungen im Personalkostenblock längere Laufzeiten und Verweildauern in der BQG ermöglicht werden[265]. Teilweise werden auch Prämien für einen freiwilligen Eintritt in die BQG (zu einem bestimmten Datum) gezahlt.[266]

311 Denkbar ist weiterhin die **Finanzierung über Sozialplanabfindungen**, soweit solche gezahlt werden sollen: Die Arbeitnehmer können sich in einem solchen Fall dazu verpflichten, einen Teil ihrer Abfindungen für die Finanzierung der BQG zur Verfügung zu stellen. Soweit der einzelne Arbeitnehmer vorzeitig aus der BQG ausscheidet, kann die Abfindung in Höhe der nicht verbrauchten Anteile an ihn zurückgezahlt werden, wenn die Kosten im Übrigen für ihn gedeckt sind. Ebenso kann zwischen Unternehmen und Betriebsrat vereinbart werden, dass die Arbeitnehmer gar keine Sozialplanabfindung erhalten sollen,[267] sondern hierfür vorgesehene Beträge unmittelbar der BQG zur Verfügung gestellt werden.

312 Im Übrigen sind die Eigenleistungen unmittelbar aus dem Vermögen des zu sanierenden Unternehmens bzw. aus der Insolvenzmasse zu tragen. Insbesondere ist der Insolvenzverwalter nicht daran gehindert, während der Durchführung des Insolvenzverfahrens eine Transfergesellschaft in Anspruch zu nehmen.[268] Er ist berechtigt, entsprechende vertragliche Verpflichtungen einzugehen. Regelmäßig wird er jedoch nach genauer Ausarbeitung des Finanzierungskonzepts dieses der Gläubigerversammlung bzw. dem Gläubigerausschuss vorstellen und sich deren Zustimmung gem. § 160 Abs. 1 InsO einholen, zumal gem. § 123 Abs. 2 InsO für die Berechtigung von Sozialplanforderungen nicht mehr als ein Drittel der Masse verwendet werden dürfte.

313 Zu berücksichtigen ist weiterhin, dass jedenfalls hinsichtlich der Kosten der einzelnen Transfermaßnahmen der **Arbeitgeber regelmäßig vorleistungspflichtig** ist, da die Agentur für Arbeit die Maßnahmekosten erst nach Abschluss der Eingliederung bezuschusst. Die Beschäftigungs- und Qualifizierungsgesellschaft hat die entsprechenden Beträge vom personalabgebenden Unternehmen vorab anzufordern. Eine vollumfängliche Vorfinanzierung der Eingliederungsmaßnahmen ist damit jedoch nicht zwingend verbunden, da auch abschlagweise, monatliche Zahlungen seitens der Agentur für Arbeit in Betracht kommen.[269] Die Sicherung der Finanzierung der BQG erfolgt zumeist durch Bürgschaften o. Ä.

---

265 Vgl. die Kostenberechnung unter Ziff. 4.1.; *Moderegger* ArbRB 2003, 279, 280.
266 *Bissels/Jordan/Wisskirchen* NZI 2009, 865, 867.
267 Bei Transfermaßnahmen im Rahmen von Insolvenzverfahren handelt es sich hierbei um den Regelfall, vgl. *Danko/Cramer* BB 2004, Beilage Nr. 14, 9, 12.
268 *ArbG Gelsenkirchen* DZWIR 2000, 142.
269 *Meyer* BB 2004, 490, 491.

Schließlich ist zu erwägen, wie die **Kosten** für die Beschäftigungs- und Qualifizierungsgesellschaft **minimiert werden können**. Neben der Entscheidung für eine kostengünstige Transfergesellschaft[270] lässt sich dies letztlich nur durch eine kürzere individuelle Verweildauer der Arbeitnehmer in der Transfergesellschaft erreichen. Zusätzliche Anreize für (noch) mehr Eigeninitiative der Arbeitnehmer und zügigen Wechsel aus der BQG heraus in ein neues Beschäftigungsverhältnis oder die Selbstständigkeit können mit Hilfe sog. „Renn- oder Sprinterprämien" oder „Mobilitätsprämien" geschaffen werden. Die einzelnen Modelle sind auch hier vielfältig und reichen von der Auszahlung einer Prämie für jeden Monat des früheren Ausscheidens aus der Beschäftigungs- und Qualifizierungsgesellschaft[271] bis zur anteiligen Zahlung solcher Prämien an den frühzeitig ausgeschiedenen Arbeitnehmer (sog. „Sprinter-Prämien"), die Beschäftigungs- und Qualifizierungsgesellschaft sowie das zu sanierende Unternehmen bzw. die Insolvenzmasse. Ebenso gut kann eine degressive Vergütung in der Transfergesellschaft vereinbart werden.[272] Denkbar sind weiterhin Sanktionen, die zu einem vorzeitigen Ausscheiden des Arbeitnehmers aus der Transfergesellschaft führen, z.B. wegen Verletzung seiner Pflicht aus § 2 Abs. 5 Nr. 4 SGB III, den Vermittlungserfolg selbst aktiv und konstruktiv zu unterstützen. Letztlich sind die durch vorzeitiges Ausscheiden der Arbeitnehmer einzusparenden Beträge jedoch nur äußerst schwer vorhersehbar und damit kalkulierbar.

314

Die Agentur für Arbeit wird im Rahmen ihrer Entscheidung über Leistungen der aktiven Arbeitsförderung die vorgelegten Unterlagen auf Plausibilität prüfen. Für sie dürfte ausreichend sein, dass „ersichtlich" ist, dass die vom Unternehmen zu tragenden laufenden Kosten erwirtschaftet werden bzw. zur Verfügung stehen.[273] Der eingesetzten BQG wird dies regelmäßig nicht genügen, da sie sich selbst keinen unsicheren Risiken aussetzen wird. Insbesondere wird sie sich davor schützen wollen, letztlich selbst Personalkosten bzw. Kosten der Qualifizierungsmaßnahmen für die übernommenen Arbeitnehmer tragen zu müssen, wenn beispielsweise das personalabgebende Unternehmen insolvent wird oder bei bereits bestehender Insolvenz der Insolvenzverwalter die Masseunzulänglichkeit gem. § 208 InsO anzeigt. Regelmäßig fordern daher Beschäftigungs- und Qualifizierungsgesellschaften die Vorlage einer Bankbürgschaft. Gelegentlich genügen auch Bestätigungen, wonach dem Insolvenzverwalter speziell für die vorgenannten Kostenbeiträge zweckgebundene Massekredite, regelmäßig von Banken, eingeräumt werden.[274] Die Begründung einer Masseverbindlichkeit im Sinne des § 55 Abs. 1 Nr. 1 InsO hingegen wird nicht als ausreichende Sicherheit erachtet, insbesondere wenn sich abzeichnet, dass die Insolvenzmasse nicht zur Befriedigung sämtlicher Verpflichtungen ausreichen wird.[275]

315

---

270 S. dazu Ziff. 8 „Auswahl der geeigneten BQG".
271 *Danko/Cramer* BB 2004, Beilage Nr. 14, 9, 12.
272 *Meyer* NZS 2002, 580; *Moderegger* ArbRB 2003, 279, 280.
273 *Ries* NZI 2002, 526.
274 Vgl. *Ries* NZI 2002, 521, 526.
275 *Bissels/Jordan/Wisskirchen* NZI 2009, 865, 866; *Wisskirchen/Bissels* BB 2009, 2142, 2145.

316 Tab. 6: Kostenarten[276]

Kostenart	Kostenhöhe	Kostenträger
Profiling	interne Kosten	Unternehmen (ggf. Förderung, 50 % max. 2 500 EUR pro AN gem. § 216a SGB III)
Transferkurzarbeitergeld	60 % bzw. 67 % (bei mindestens einem Kind) des bisherigen Nettomonatsentgelts bis zur Beitragsbemessungsgrenze	Agentur für Arbeit
Freiwillige Aufstockung des Transferkurzarbeitergeldes	bis auf 100 % des letzten Nettomonatsentgelts, regelmäßig auf ca. 75 – 85 %, somit max. 40 % durch Unternehmen	Unternehmen (Sozialplan)
Sozialversicherungsbeiträge für die Zeit der Kurzarbeit	Arbeitgeber- und Arbeitnehmeranteile auf der Basis von 80 % des Bruttomonatsentgelts bei vollzeitiger Arbeit	Unternehmen (Sozialplan)
Lohnleistungen für Urlaub / Feiertage	voller Lohn, wenn nicht andere Regelung vereinbart	Unternehmen (Sozialplan)
Qualifizierungsmaßnahmen	Kosten abhängig von Art und Träger der Qualifizierungsmaßnahmen	Unternehmen (Sozialplan), ggf. Förderung gem. § 216a SGB III)
ggf. Prämien zum frühzeitigen Eintreten in und/oder vorzeitigen Ausscheiden aus der BQG	je nach Vereinbarung	Unternehmen (Sozialplan)
Verwaltungskosten für BQG	Kosten abhängig von gewählter BQG	Unternehmen

5. Interessenlage der Beteiligten

317 Auch nach etlichen Jahren der „Erprobung" in der Praxis stehen im Falle der Einschaltung einer **Beschäftigungs- und Qualifizierungsgesellschaft** vielfach die daran Beteiligten – hauptsächlich auf Seiten der Arbeitnehmer (im weiteren Sinne) – dem geplanten Konzept **skeptisch gegenüber**. Hintergrund sind oftmals die mit dem Personalabbau einhergehenden Ängste und Sorgen um die eigene wirtschaftliche Existenz. Arbeitnehmer wollen nicht nur in die BQG „abgeschoben" werden. Neuerdings vollzieht sich hier jedoch krisenbedingt ein Wandel. Da die Arbeitnehmer zunehmend in

---

276 Ähnlich *Bissels/Jordan/Wisskirchen* NZI 2009, 865, 868.

der BQG eine neue Chance und eine gewisse Planungssicherheit sehen, wird oftmals die BQG ohne Betriebsrat oder Gewerkschaft initiiert. Es gilt daher, die Interessenlagen der einzelnen Beteiligten und die sich für sie jeweils ergebenden Vor- und Nachteile durch den Wechsel der Arbeitnehmer in eine Transfergesellschaft herauszuarbeiten.

5.1 Interessenlage der Arbeitnehmer

Die Interessenlage der Arbeitnehmer liegt auf der Hand: Je nach Branche und Größenordnung der geplanten Personalanpassungsmaßnahmen, aber auch der regionalen Struktur des Arbeitsmarktes und den individuellen Kenntnissen, Fähigkeiten und sonstigen Umständen (z.B. Lebensalter, Dauer der Betriebszugehörigkeit) im Bereich des einzelnen Arbeitnehmers ist das Risiko, ohne weitere Maßnahmen im Anschluss an den Personalabbau ggf. dauerhaft in die Arbeitslosigkeit „abzurutschen", hoch. Den betroffenen Arbeitnehmern ist daher daran gelegen, möglichst zügig eine Anschlussbeschäftigung zu finden oder jedenfalls die drohende Arbeitslosigkeit möglichst lange hinauszuzögern.

Durch den Wechsel in eine Beschäftigungs- und Qualifizierungsgesellschaft können die Arbeitnehmer dem **„Stigma der Arbeitslosigkeit"**[277] zunächst **entgehen**. Sie stehen mit der BQG in einem Beschäftigungsverhältnis, aus dem heraus die Bewerbungen erfolgen. Letzteres beeinflusst bekanntermaßen die Vermittlungschancen positiv. Innerhalb der BQG bieten sich zudem durch Nutzung der verschiedenen Qualifizierungsmaßnahmen und Vermittlungsmöglichkeiten weitere Chancen, die Aussichten auf eine Anschlussbeschäftigung auf dem sog. Ersten Arbeitsmarkt deutlich zu erhöhen. Insbesondere die individuelle Betreuung versetzt die Arbeitnehmer häufig erst in die Lage, ihre eigenen Qualitäten sachgerecht einzuschätzen und diese sodann entsprechend anzubieten. Von bedeutendem Vorteil ist dabei auch die Neutralität und Professionalität der eingesetzten Transfergesellschaft – die intensive, individuelle Betreuung und das Ergreifen präventiver Maßnahmen führen nicht selten zu Vermittlungsquoten von über 50 %[278]. Im Rahmen der Verhandlungen über den Einsatz einer BQG ist die Höhe der vom personalabgebenden Unternehmen bereitzustellenden Qualifizierungsmittel für die Arbeitnehmer mithin von besonderem Interesse, ebenso wie die Höhe der Aufstockungsbeträge und etwaigen Abfindungen bzw. Prämien. Zum freiwilligen Wechsel in eine BQG sind Arbeitnehmer erfahrungsgemäß nur dann bereit, wenn ihnen dadurch keine oder nur geringe finanzielle Nachteile entstehen.[279]

Auch für den Fall, dass spätestens mit Ablauf der BQG keine Weiterbeschäftigung gefunden werden konnte, wirkt sich der Verbleib in der BQG für den Arbeitnehmer mit Blick auf die Höhe des Arbeitslosengeldes nicht negativ aus. Zum einen wird der Bezugszeitraum um die Zeit der Beschäftigung in der BQG hinausgeschoben.[280] Auch ist weder eine Sperrzeit noch eine Kürzung des Arbeitslosengeldes aufgrund des Wechsels in die BQG zu befürchten: Insbesondere die Sperrzeit käme nur dann in Betracht, wenn der Arbeitnehmer das Arbeitsverhältnis bspw. durch Eigenkündigung

---

277 *Lembke* BB 2004, 773; *Meyer* NZS 2002, 578, 579.
278 Vgl. die Erfahrungen von *Staufenbiel* ZInsO 2010, 497, 502; *Ruhfus* AuA 2010, 164, 165.
279 Vgl. auch *Staufenbiel* ZInsO 2010, 497, 502.
280 *Zobel* ZInsO 2006, 576, 578.

beendet hätte. Hinsichtlich des Beschäftigungsverhältnisses mit der BQG[281] wird sich der Arbeitnehmer hierfür aber nur dann entscheiden, wenn er eine Anschlussbeschäftigung gefunden hat oder den Schritt in die Selbstständigkeit wagt, mithin keine Arbeitslosigkeit droht. Soweit eine Vermittlung in ein Arbeitsverhältnis nicht erreicht werden konnte, endet das Beschäftigungsverhältnis mit der BQG regelmäßig automatisch aufgrund zeitlicher Befristung[282]. Eine solche löst jedoch gerade keine Sperrzeit aus.[283] Denkbar ist eine Sperrzeit nach Auflösung des Beschäftigungsverhältnisses mit der BQG allenfalls dann, wenn dem Arbeitnehmer aufgrund mangelnder Mitwirkung bei der Vermittlung außerordentlich gekündigt wurde (vgl. § 119 Abs. 4 S. 2 Nr. 2 i.V.m. § 172 Abs. 3 S. 3 SGB III).

321 Die Höhe des im Anschluss an die Beschäftigung in der BQG zu zahlenden Arbeitslosengeldes richtet sich im Übrigen nicht nach dem Transferkurzarbeitergeld, sondern nach dem zuvor beim personalabgebenden Unternehmen erhaltenen Entgelt.[284]

Auch kann sich die Hinauszögerung des Bezugs von Arbeitslosengeld auf den Zeitpunkt nach Ablauf der BQG in Einzelfällen vorteilhaft auf die Dauer des Arbeitslosengeld-Anspruchs auswirken, nämlich wenn Altersgrenzen oder Vorbeschäftigungszeiten überschritten werden (vgl. § 127 Abs. 2 SGB III).

5.2 Interessenlage von Betriebsrat/Gewerkschaft

322 Ausgehend vom Gedanken der Fürsorge für die Beschäftigten haben Betriebsräte und Gewerkschaften erkannt, dass der **„goldene Abfindungshandschlag"** vielen Arbeitnehmern regelmäßig die Neuorientierung auf dem Arbeitsmarkt erschwert. Oft bleiben Arbeitnehmer nach dem Ausscheiden aus dem Unternehmen zunächst untätig. Die Suche nach einem neuen Arbeitsplatz wird erst dann aufgenommen, wenn die Abfindungsbeträge verbraucht sind. Spätestens dann fehlt jedoch die seitens Betriebsräten und Gewerkschaften als wichtig erkannte Unterstützung durch die BQG bei der Vermittlung. Nicht selten ist es daher inzwischen so, dass von Seiten der Arbeitnehmervertretung der Einsatz von Transfergesellschaften vorgeschlagen und/oder deutlich unterstützt wird.

5.3 Interessenlage von Arbeitgeber/Insolvenzverwalter

323 Intention des bisherigen Arbeitgebers bzw. des Insolvenzverwalters ist es, den als dringend notwendig eingeschätzten **Personalabbau** möglichst **schnell und finanziell spürbar**, vor allen Dingen auch kalkulierbar auszugestalten. Insbesondere soll die Belastung des Unternehmens bzw. der Insolvenzmasse mit weiteren hohen Personalkostenblöcken entlastet werden.[285] Durch den einvernehmlichen Wechsel der betroffenen Arbeitnehmer auf die Beschäftigungs- und Qualifizierungsgesellschaft wird die Einhaltung von unter Umständen langen Kündigungsfristen vermieden bzw. verkürzt, Arbeitsentgelte werden nicht mehr geschuldet. Gleichzeitig entfällt das Erfordernis der (trotz Erleichterungen durch § 125 InsO fehleranfälligen![286]) Sozialauswahl gem.

---

281 Nur auf dieses ist abzustellen, nicht auf den Aufhebungsvertrag hinsichtlich des Arbeitsverhältnisses mit dem personalabgebenden Unternehmen im Vorfeld zum Wechsel in die BQG.
282 Befristung gem. § 14 Abs. 2 TzBfG.
283 *Balze/Rebel/Schuck* Outsourcing Rn. 465.
284 Vgl. §§ 131 Abs. 3 Nr. 1, 216b Abs. 10 SGB III.
285 *Ries* NZI 2002, 521.
286 *Danko/Cramer* BB 2004, Beilage Nr. 14, 12.

§ 1 KSchG und das damit verbundene Prozessrisiko von kostenintensiven und unkalkulierbaren Kündigungsschutzklagen.

Der sozialverträgliche Personalabbau trägt des Weiteren zu einer größeren Akzeptanz bei den Arbeitnehmern bei, was das Betriebsklima nicht noch zusätzlich belastet. Dies ist wichtig gleichermaßen für kriselnde wie in Insolvenz befindliche Unternehmen, um das Image des Unternehmens nicht zu schädigen. Der Insolvenzverwalter gewinnt zudem zusätzliche Zeit zur Vorbereitung einer eventuellen übertragenden Sanierung – er kann durch die Personalanpassungsmaßnahmen die Attraktivität des zu veräußernden Betriebs(teils) steigern und gewinnt Zeit für ggf. noch andauernde Vertragsverhandlungen mit potentiellen Investoren[287]. Aber auch in den Fällen, in denen eine Betriebsveräußerung zwar geplant, ein potentieller Erwerber jedoch noch nicht in Sicht ist, hat ein Insolvenzverwalter ein erhebliches Interesse daran, den Geschäftsbetrieb betriebswirtschaftlich und ohne neue Verluste für die Insolvenzmasse fortzuführen – an der Personalreduzierung führt insoweit kaum ein Weg vorbei.[288]

5.4 Interessenlage des Erwerbers

Nicht zu verkennen ist schließlich die Interessenlage potentieller Erwerber des zu sanierenden Unternehmens. Deren Fortführungsinteresse beruht nicht selten auf einem anderen Finanzierungsmodell und einer restrukturierten Belegschaft unter Ausschluss der mit einem Betriebsübergang einhergehenden Haftungsrisiken.[289] Durch den Einsatz einer BQG **wird** regelmäßig ein **Betriebsübergang nach § 613a BGB vermieden,** was für den Investor insbesondere bei langen Beschäftigungszeiten und / oder für ihn unattraktiven Inhalten der Arbeitsverträge bedeutsam sein kann. § 613a BGB findet in der Insolvenz im Hinblick auf den Schutz von Arbeitsplätzen und der Kontinuität des Betriebsrates uneingeschränkte Anwendung.[290] Lediglich die Haftung für bis zur Eröffnung des Insolvenzverfahrens entstandene Ansprüche der Arbeitnehmer ist für den Erwerber ausgeschlossen.[291] Der Wechsel der bisherigen Arbeitnehmer auf die BQG eröffnet einem Erwerber der verbleibenden Vermögensgegenstände des Unternehmens/Betriebes nämlich die Möglichkeit, die neue Belegschaft nach seinen Wünschen und seinem Fortführungskonzept entsprechend zusammenzustellen. Denkbar sind insoweit sämtliche Konstellationen aus dem Einsatz einer eigenen, nicht personenidentischen Mannschaft des Erwerbers, eine Mischung aus neuen und bisherigen Arbeitnehmern, oder aber auch die (reduzierte) Neuaufstellung aus dem Kreise der bisherigen Arbeitnehmer. In den letztgenannten Fällen greifen Investoren bei ihrer Auswahl regelmäßig auf die in die BQG übergewechselten Arbeitnehmer zurück, ohne sich Vorbeschäftigungszeiten und Vertragskonditionen anrechnen lassen zu müssen.

6. Vorteile der Einschaltung einer BQG

Aus den vorgenannten Interessenlagen der Beteiligten lassen sich bereits eine Vielzahl von Vorteilen ablesen, die die Einschaltung einer BQG mit sich bringen kann. Mit dem verbindlichen Abschluss der Aufhebungsverträge über die bisherigen

---
287 *Lembke* BB 2004, 773.
288 Vgl. auch *Danko/Cramer* BB 2004, Beilage Nr. 14, 9.
289 *Reinhard* ArbRB 2010, 184, 185; *Ries* NZI 2002, 521, 522.
290 *BAG* DB 2008, 989.
291 Ausführlich zum Betriebsübergang in der Insolvenz *Lembke* BB 2007, 1333 ff.

Arbeitsverhältnisse herrscht regelmäßig Klarheit über deren (Nicht-)Bestand, ggf. zeitlich hinausgezögert, wenn und soweit die Aufhebungsverträge unter verschiedenen aufschiebenden Bedingungen[292] stehen. Die **Personalanpassungsmaßnahmen** können somit jedenfalls teilweise ohne Berücksichtigung der Vorschriften des KSchG zur Sozialauswahl vorgenommen werden, was wiederum einerseits die Prozess- und Kostenrisiken von Kündigungsschutzprozessen erheblich vermindert und zum anderen im Betrieb schnell wieder Betriebsfrieden einkehren lässt. Zusätzliche Kostenquellen aufgrund geringer Motivation und Produktivität und erhöhten Krankenständen sowie die Verschlechterung der Alters- und Personalstruktur können vermieden werden.[293] Die reibungslose Wiederaufnahme reduzierter Betriebsabläufe ist somit möglich, was insbesondere im insolventen Unternehmen, dessen Betrieb (zunächst noch vom Insolvenzverwalter) fortgeführt wird, oftmals von entscheidender Bedeutung für die weitere Teilnahme am Markt und damit auch für seine Attraktivität als Kaufobjekt ist.[294] Für das Unternehmen bzw. die Insolvenzmasse folgt daraus eine spürbare Kostenentlastung.

327 Gleichzeitig ist mit dem Einsatz einer BQG auch eine zeitliche Komponente mit Vorteilen für verschiedene Beteiligte verbunden: Arbeitgeberseitig können **Sanierungskonzepte besser zeitlich gestaffelt** werden, bspw. indem für verschiedene Abteilungen/Betriebsteile ein Wechsel in die BQG zu unterschiedlichen Zeitpunkten vorgesehen ist. Sinnvoll kann dies bspw. dann sein, wenn einzelne Abteilungen für bestimmte Projekte oder weitergehende Produktion zunächst noch benötigt werden, andere jedoch nicht. Für Arbeitnehmer ist der Wechsel zu einem Stichtag mit gleichen Chancen auf Vermittlung verbunden. Sie stehen dem Arbeitsmarkt nicht erst nach und nach zur Verfügung, so dass einzelne passende Beschäftigungsverhältnisse zwischenzeitlich bereits wieder „vergeben" sein können, sondern sämtliche zu einem Stichtag wechselnde Arbeitnehmer stehen gleichzeitig für neue Arbeitsverhältnisse zur Verfügung. Spiegelbildlich vergrößert sich hierdurch natürlich auch der Bewerberpool für neue Arbeitgeber, aus dem sie die Bestgeeigneten für zu besetzende Stellen auswählen können.

328 Durch die intensive und individuelle Betreuung in der BQG erhöhen sich zusätzlich die **Chancen der Arbeitnehmer** auf Weitervermittlung, Qualifizierung und Fortbildung und damit auch ihrer persönlichen Absicherung. Insbesondere für Arbeitnehmer mit besonderen Vermittlungshemmnissen bspw. aufgrund ihres Alters, langjähriger Betriebszugehörigkeit, fehlender Berufsausbildung oder mangelnder Sprachkenntnisse kann diese Betreuung vorteilhaft sein. Zudem werden sie regelmäßig von der Arbeitsleistung freigestellt, können sich mithin ausschließlich auf die berufliche Zukunft konzentrieren.[293] Anderenfalls müssten die Bewerbungsbemühungen ohne Unterstützung parallel zum weiterlaufenden, wenngleich gekündigten Arbeitsverhältnis vorgenommen werden.

329 Das einvernehmliche Ausscheiden aus dem Arbeitsverhältnis gegen Zahlung einer Abfindung ohne Wechsel in die BQG („goldener Handschlag") kann sozialversiche-

---

292 Regelmäßig enthalten die Aufhebungsverträge die aufschiebende Bedingung i.S.d. § 158 Abs. 1 BGB der Förderung der überwechselnden Arbeitnehmer durch die zuständige Agentur für Arbeit mit Transferkurzarbeitergeld und/oder weiteren Leistungen.
293 *Bissels/Jordan/Wisskirchen* NZI 2009, 865, 869.
294 *Lembke* BB 2004, 773.

rungsrechtliche Konsequenzen nach sich ziehen.[295] Soweit dem Arbeitnehmer mangels einvernehmlicher Lösung betriebsbedingt gekündigt wird, verbleibt zudem die Gefahr, dass im Rahmen eines Kündigungsschutzprozesses die Wirksamkeit der Kündigung festgestellt wird und der Arbeitnehmer ohne Abfindung nach Ablauf der Kündigungsfrist in die Arbeitslosigkeit fällt. Die Abfindung wird zudem gem. § 3 Nr. 9 EStG voll versteuert,[296] wodurch die Attraktivität des Angebotes für den Arbeitnehmer weiter sinkt.

7. Nachteile / Risiken der Einschaltung einer BQG

Bei all den Vorteilen, die mit der Einschaltung einer BQG verbunden sind, sollen doch auch die Nachteile und Risiken nicht verschwiegen werden, auf die immer wieder zu treffen ist. 330

Am gravierendsten wirkt es sich aus, wenn die Arbeitnehmer nicht von Sinn und Zweck sowie den Vorteilen der BQG überzeugt werden können. Ohne deren freiwilligen Wechsel in die Transfergesellschaft ist das Modell „Personalabbau durch BQG" schlicht nicht durchführbar. Deshalb muss, um eine möglichst hohe Akzeptanz zu erreichen, Transparenz gegenüber den Arbeitnehmern das oberste Gebot sein. Insbesondere kann ein Arbeitgeber die Arbeitnehmer nicht aufgrund seines Direktionsrechts aus § 106 GewO i.V.m. § 2 KSchG in die BQG „versetzen".[297] Arbeitnehmern fehlt eine Wechselbereitschaft beispielsweise dann, wenn für sie auch bei Wegfall des bisherigen Arbeitsplatzes gute Weiterbeschäftigungsmöglichkeiten, bestenfalls in unmittelbarem Anschluss, bestehen.[298] Dies trifft z.B. auf junge, bereits hoch qualifizierte Kräfte in innovativen Branchen zu. Setzt sich nahezu die gesamte Belegschaft aus solchen Arbeitnehmern zusammen (z.B. junge Start-up-Unternehmen), ist eine BQG kaum vermittelbar, insbesondere wenn der Verdienst der Arbeitnehmer über der Beitragsbemessungsgrenze liegt und diese folglich nur Transferkurzarbeitergeld bis zur Beitragsbemessungsgrenze erhalten würden. Durch Bonuszahlungen an diese Arbeitnehmer kann das Problem aufgefangen werden, so dass auch hoch qualifizierte Arbeitnehmer in die BQG wechseln und so weiter zur Verfügung stehen. 331

Umgekehrt besitzt der Wechsel in eine BQG auch für ältere Arbeitnehmer spätestens seit der Gesetzesänderung durch das „Dritte Gesetz für moderne Dienstleistungen am Arbeitsmarkt" vom 27.12.2003[299] deutlich weniger Attraktivität. Bis zum Wegfall[300] des § 177 Abs. 4 SGB III durch das obige Gesetz betrug die maximale Förderdauer für das Kurzarbeitergeld in einer beE zwei Jahre. Vielfach wurde diese Regelung daher zum Übergang in die Frühverrentung genutzt. Nach der Kürzung der **Förderdauer** auf **maximal 12 Monate** scheidet diese Lösung regelmäßig aus. Arbeitnehmer befürchten teilweise, nach dem Laufzeitende der BQG insbesondere aufgrund ihres Alters keine Anschlussbeschäftigung zu finden und sich durch den Wechsel quasi selbst die (bei 332

---

295 Insbesondere Nachteile beim Bezug von Arbeitslosengeld aufgrund Sperrzeit von 12 Wochen gem. § 144 Abs. 1 S. 2 Nr. 1 SGB III; Verkürzung der Anspruchsdauer auf ein Viertel gem. § 128 Abs. 1 Nr. 4 SGB III; Ruhen des Anspruchs auf Arbeitslosengeld gem. § 143a SGB III.
296 Die Freibeträge für Abfindungen aus § 3 Nr. 9 EStG sind etappenweise von 1998–2006 weggefallen.
297 *LAG Brandenburg* ZIP 2006, 392 bzgl. Tarifvertrag; *Becker* in Hk-Arbeitsrecht § 106 GewO Rn. 21.
298 Vgl. *Reinhard* ArbRB 2010, 184, 185.
299 Drittes Gesetz für moderne Dienstleistungen am Arbeitsmarkt, BGBl I 2003, 2850.
300 Drittes Gesetz für moderne Dienstleistungen am Arbeitsmarkt, BGBl I 2003, 2864.

langer Betriebszugehörigkeit entsprechend langen) Kündigungsfristen abzuschneiden. Letzteres Argument kann jedenfalls im Falle der Insolvenz mit dem Hinweis auf § 113 InsO und der darin verankerten Kündigungsfrist von maximal 3 Monaten zum Monatsende entkräftet werden. Ähnliche Schwierigkeiten ergeben sich in Fällen der (ordentlichen) Unkündbarkeit bestimmter Arbeitnehmer bspw. aus dem BetrVG. Gesetzliche und vertragliche Kündigungsbeschränkungen sind auch seitens eines Insolvenzverwalters zu beachten, der Ausspruch einer ordentlichen Kündigung mit Auslauffrist ist für ihn nur im Falle einer Betriebs(teil-)stilllegung möglich.[301] Anreize zur Wechselbereitschaft können letztlich häufig nur über die Höhe von Abfindungszahlungen geschaffen werden, was wiederum mit geringeren Einsparungen auf Unternehmensseite bzw. Seite der Insolvenzmasse und ggf. Forderungen auch anderer Arbeitnehmergruppen nach (höheren) Abfindungen verbunden sein wird.

333 Als nachteilig empfinden Arbeitnehmer gelegentlich auch den Umstand, dass in der Beschäftigungs- und Qualifizierungsgesellschaft regelmäßig **kein Betriebsrat** zur Wahrung ihrer Interessen vorhanden ist.[302] Die Befugnisse eines im personalabgebenden Unternehmen etwaig vorhandenen Betriebsrates reichen nicht in die BQG hinein.

334 Noch in der Vorbereitungsphase ist es für das personalabbauende Unternehmen, insbesondere aber für den Insolvenzverwalter, häufig schwierig, innerhalb kurzer Fristen abschätzen zu können, welche Zahl von Arbeitnehmern wechselbereit ist. Die möglichst genaue Kenntnis dieser Zahl ist jedoch von entscheidender Bedeutung für die Frage, ob sich die Einschaltung der BQG überhaupt rechnet oder ob im konkreten Fall nicht doch der konventionelle Weg über betriebsbedingte Kündigungen der „bessere" ist. Schließlich gilt es, auch mit der ausgewählten Beschäftigungs- und Qualifizierungsgesellschaft und ggf. finanzierenden Banken Verträge und Vereinbarungen zu schließen.[303] Die Aufnahme sog. Lösungsklauseln im Aufhebungsvertrag z.B. für den Fall, dass ein bestimmtes, benötigtes Quorum wider Erwarten nicht erreicht wird, könnte zu größerem Misstrauen, mithin weniger Akzeptanz auf Seiten der Arbeitnehmer führen. Häufig geht man in der Praxis den Weg, dass die Angebote auf Abschluss des Aufhebungsvertrags von den Arbeitnehmern zunächst gegenüber einem Treuhänder abgegeben werden. Dieser wertet sodann die Zahl der Vertragsangebote mit dem Arbeitgeber/Insolvenzverwalter aus, bevor über die Annahme, mithin über das Einschalten der BQG, entschieden wird.

335 Soweit die Entscheidung über die Einschaltung der BQG im Rahmen eines Insolvenzverfahrens letztlich von den Gläubigern gem. **§ 160 InsO** zu treffen ist, kommen für den Insolvenzverwalter weitere vorbereitende Tätigkeiten hinzu. Auf der Grundlage der unter Ziff. 2.9.1 aufgezeigten Kosten ist die Belastung der Insolvenzmasse durch die Einschaltung der BQG genau zu analysieren und die Vorteile für die Insolvenzmasse abzuwägen. In die Vergleichsrechnung, ob Freistellungen und Kündigungen die Masse weniger belasten, können auch Aspekte wie höhere Veräußerungserlöse miteinbezogen werden.[304] Zu berücksichtigen sind u.a. die in § 1 S. 1 InsO verankerten Ziele der bestmöglichen Gläubigerbefriedigung durch Massemehrung und Erhalt von Arbeitsplätzen.[305]

---

301 *Uhlenbruck/Berscheid* § 113 Rn. 51, 68.
302 *Bissels/Jordan/Wisskirchen* NZI 2009, 865, 870.
303 Namentlich den Dienstleistungs- und Kooperationsvertrag zwischen Unternehmen/Insolvenzverwalter und BQG, vgl. dazu Ziff. 9.5, sowie etwaigen Verträgen zwischen Unternehmen/Insolvenzverwalter über (Masse-)Kredite zur Vorfinanzierung der anfallenden Kosten.
304 *Wellensiek* NZI 2005, 603, 605; *Danko/Cramer* BB 2004 Beilage Nr. 14, 9, 12.
305 *Staufenbiel* ZInsO 2010, 497, 502.

Für etwaige Investoren, die ihre Wunschbelegschaft aus den auf die BQG überge- 336
wechselten Arbeitnehmern ergänzen bzw. zusammenstellen wollen, ergeben sich auf
den ersten Blick keine Nachteile. Insbesondere bestehen keine Beschränkungen bei
der Auswahl der konkreten Arbeitnehmer. Jedoch sollten insoweit die Benachteili-
gungsverbote der §§ 1, 7 AGG berücksichtigt werden, da sich der Investor anderenfalls Entschädigungs- und Schadenersatzansprüchen aus § 15 AGG ausgesetzt sehen
kann.[306] Verstöße gegen § 7 AGG ziehen jedoch keinen Anspruch auf Begründung
eines Beschäftigungsverhältnisses mit dem nicht übernommenen Arbeitnehmer nach
sich, vgl. § 15 Abs. 6 AGG.[307] Im Zusammenhang mit der Auswahl konkreter Arbeitnehmer ist dringend abzuraten von Namenslisten[308] und/oder verbindlichen Übernah-
mezusagen an die zu übernehmenden Arbeitnehmer noch vor deren Wechsel in die
BQG, der Begründung eines Beschäftigungsverhältnisses nach nur sehr knapper Verweildauer in der BQG oder der Übernahme nahezu aller Beschäftigten aus der BQG.
In diesen Fällen besteht die Gefahr, dass trotz Einschaltung der BQG von einem
Betriebsübergang im Sinne des § 613a BGB auf den Erwerber des personalabgebenden Betriebes auszugehen ist.[309] Unbestritten geht damit für den Investor das Risiko
einher, dass sich die Arbeitnehmer während dieser Phase der Unsicherheit eine
anderweitige Beschäftigung suchen und zu dem Zeitpunkt der Auswahl durch den
Investor nicht mehr zur Verfügung stehen. Auf die Ausführungen unter Ziff. 8.1.2.1.
wird verwiesen.

8. Auswahl der geeigneten BQG

Die Auswahl der BQG ist für den weiteren Verlauf der Maßnahmen von entscheiden- 337
der Bedeutung. Eine hilfreiche Auswahlhilfe bietet die **G.I.B. Gesellschaft für innova-
tive Beschäftigungsförderung** Bottrop mit den „Auswahlkriterien Transferträger/Pro-
jektträger"[310]. Die G.I.B. ist eine Gesellschaft des Landes Nordrhein-Westfalen und
soll die Landesregierung bei der Beschäftigungsförderung und Vermeidung von
Arbeitslosigkeit unterstützen. Zudem bemüht sich der Bundesverband der Träger im
Beschäftigtentransfer um einheitliche Qualitätskriterien.[311] Die Bundesagentur für
Arbeit stellt sowohl für Arbeitnehmer als auch für Arbeitgeber zahlreiche Broschüren
über Transfermaßnahmen usw. auf ihrer Internetseite bereit, für die Auswahl der
BQG ist die Broschüre „Qualitätskriterien für erfolgreiche Transfermaßnahmen"[312]
dienlich.

Neutrale Verzeichnisse über Transferdienstleister existieren nicht. Jedoch ist die Bun- 338
desagentur gehalten, neutral zu beraten. Die G.I.B. veröffentlicht aber eine Datenbank
mit Unternehmen und Institutionen, welche Transferdienstleistungen anbieten.[313]

---

306 *Staufenbiel* ZInsO 2010, 497, 502; *Bissels/Jordan/Wisskirchen* NZI 2009, 865, 868.
307 Vgl. auch *Leister/Fischer* ZInsO 2009, 985, 989.
308 Vgl. *Leister/Fischer* ZInsO 2009, 985, 986; *Bissels/Jordan/Wisskirchen* NZI 2009, 865, 869.
309 Soweit die BQG nur zum „Schein" eingesetzt wird, sind die Aufhebungsverträge zwischen dem
personalabgebenden Unternehmen und den betroffenen Arbeitnehmern nichtig, wenn und weil
ihre objektive Zielsetzung in der Beseitigung der Kontinuität des Arbeitsverhältnisses bei gleichzeitigem Erhalt des Arbeitsplatzes liegt, vgl. *BAG* NZA 2009, 144; *Reinhard* ArbRB 2010, 184,
186.
310 Www.gib.nrw.de.
311 Www.bvbt.de.
312 Www.arbeitsagentur.de.
313 Www.arbeit.nrw.de.

8.1 Auswahlkriterien

339 Auf folgende **Kriterien** sollte der Arbeitgeber bei der Auswahl der BQG achten:
- Regionalität des Anbieters,
- Referenzen vor Ort,
- Kontakte zur regionalen Agentur für Arbeit,
- Kenntnis des regionalen Arbeitsmarktes,
- Zertifizierung durch Bundesverband,
- Kenntnis der Berufsbilder und möglicher Qualifizierungsmaßnahmen,
- Erreichbarkeit der Gesellschaft und der Berater, Büroausstattung, Infrastruktur,
- eingesetzte Berater (fest angestellt oder freie Mitarbeiter?), deren Fachlichkeit sowie Arbeitsgebiet (z.B. Pädagogen, Psychologen),
- Betreuerschlüssel für Arbeitnehmer,
- Dokumentation der Aktivitäten für die Transfermitarbeiter,
- absolute Kostentransparenz – tagesaktueller Sachstand über eingesparte Remanenzkosten und Restmittel,
- evtl. eigene Rechtsabteilung.

8.2 Vorbereitungen durch den Arbeitgeber

340 Um die Auswahl der BQG möglichst effektiv zu gestalten, kann der Arbeitgeber, auch zur eigenen Prüfung, Vorbereitungen treffen.

Erfahrungsgemäß wünschen sich die Transfergesellschaften eine rechtzeitige Einbindung. Diese sollte schon zu den Sozialplanverhandlungen erfolgen, um die Rahmenbedingungen des Transfers regeln zu können. Des Weiteren sollten die betroffenen Arbeitnehmer frühzeitig informiert und deren Arbeitnehmerdaten rechtzeitig an die BQG übersandt werden. Besonders sinnvoll ist es, wenn der Arbeitgeber der BQG einen Ansprechpartner für das Projekt zur Seite stellt. Ebenfalls ist eine seriöse finanzielle Projektabsicherung durch Bürgschaft o.Ä. notwendig. Seit 1.1.2011 ist es zudem als vorbereitende Maßnahme unverzichtbar, die Agentur für Arbeit in die entsprechenden Verhandlungen einzuschalten (§§ 216a Abs. 1 Nr. 1, 216b Abs. 1 Nr. 4 SGB III).

341 Der Arbeitgeber sollte sich zudem die Frage stellen, ob er infolge des Stellenabbaus sein Auftragsvolumen abarbeiten kann. Die BQG kann daran scheitern, dass der Arbeitgeber Stamm-Mitarbeiter in die BQG übergibt und anschließend dafür Zeitarbeiter einstellt – wodurch kein dauerhafter Stellenabbau gegeben ist. Die Führungskräfte sollten ebenfalls von Anfang an in den Prozess eingebunden sein, damit der Zeitplan zur Umsetzung der Maßnahme eingehalten werden kann. Es sollte zudem eine fachliche und rechtliche Beratung zur Sozialauswahl hinzugezogen werden, um spätere gerichtliche Auseinandersetzungen zu vermeiden. Zeit sollte generell in umfassendem Maße zur Verfügung stehen, insbesondere für die Massenentlassungsanzeige sowie das Erstellen der dreiseitigen Verträge und der Arbeitszeugnisse.

9. Rechtliche Gestaltungsmöglichkeiten, Rechtsprechung des BAG

342 Die Interessenlagen des Arbeitgebers bzw. Insolvenzverwalters und auch potentieller Investoren an Personalreduktion sind bereits dargelegt worden.[314] Dem bisherigen Arbeitgeber stehen hierzu die gesetzlichen und vertraglich vereinbarten Möglichkeiten

---

314 Vgl. dazu Ziff. 5.3 und 5.4.

durch **Kündigungen** zur Verfügung.[315] Mit den §§ 113, 120 ff. InsO hat der Gesetzgeber für den Insolvenzverwalter wichtige Erleichterungen geschaffen – hierzu zählen insbesondere die Verkürzung von Kündigungsfristen auf maximal drei Kalendermonate zum Monatsende (abweichend von § 622 BGB) ohne Rücksicht auf (tarif-)vertragliche Unkündbarkeitsklauseln[316] sowie der Interessenausgleich mit Namensliste. Im Übrigen bleiben die allgemeinen Kündigungsvorschriften (Schriftformerfordernis der Kündigung, § 623 BGB; Anhörung des Betriebsrats, § 102 BetrVG etc.) bestehen.[317]

Kündigungen seitens des Insolvenzverwalters kommen zu verschiedenen Zeitpunkten in Betracht – bereits unmittelbar nach Eröffnung des Insolvenzverfahrens, wenn der Geschäftsbetrieb bereits eingestellt wurde, oder aber bei noch laufendem Geschäftsbetrieb zur Gewährleistung einer masseschonenden Betriebsfortführung. Zu späteren Zeitpunkten ausgesprochene Kündigungen tragen entweder dem Umstand der Betriebsstilllegung oder bereits einem Sanierungskonzept Rechnung. **343**

Bei letzterem kann es sich dabei auch um ein solches des Erwerbers handeln – ein Verstoß gegen das **Kündigungsverbot des § 613a Abs. 4 BGB** ist dann nicht zu befürchten, wenn die Kündigung auf der Grundlage eines verbindlichen Konzepts oder Sanierungsplans des Erwerbers erfolgt, wobei die Durchführung des Konzepts im Zeitpunkt der Kündigungserklärung bereits greifbare Formen angenommen haben muss.[318] Zwar soll nach dem Schutzzweck des § 613a BGB ein Betriebserwerber daran gehindert werden, bei der Übernahme der Belegschaft durch Ausspruch von Kündigungen eine solche Auslese zu treffen, der überwiegend besonders schutzwürdige Arbeitnehmer zum Opfer fallen würden. Gleichwohl bleibt eine Anpassung an die wirtschaftliche Lage und die Unternehmenssanierung im Rahmen eines Betriebsübergangs möglich. Der Erwerber soll nämlich nicht dazu verpflichtet werden, bei aus betriebswirtschaftlichen Gründen voraussehbar fehlenden Beschäftigungsmöglichkeiten die betroffenen Arbeitsverhältnisse bis zur nächsten Kündigungsmöglichkeit durch den Erwerber selbst künstlich zu verlängern.[319] Ungenügend ist hingegen die schlichte Forderung des Erwerbers, die Belegschaft zu verkleinern.[320] Zur Vermeidung einer Umgehung des § 613a Abs. 4 BGB durch Veräußererkündigungen sollte die tatsächliche Verwirklichung des Erwerberkonzepts jedoch rechtlich abgesichert sein, bspw. durch rechtsverbindlichen Sanierungsplan oder Abschluss eines Vorvertrages über den Betriebsübergang und die Zahl der zu übernehmenden Arbeitsverhältnisse[321], wobei jedoch die Sozialauswahl i.S.d. § 1 KSchG zu beachten ist. **344**

---

315 Die Eröffnung des Insolvenzverfahrens hat gem. § 108 Abs. 1 InsO keine Auswirkungen auf den Bestand eines Arbeitsverhältnisses.
316 Vgl. Uhlenbruck/Berscheid § 113 InsO Rn. 71.
317 Auch in der Insolvenz ist der Sonderkündigungsschutz bestimmter Personengruppen nach Maßgabe der folgenden Vorschriften zu beachten: § 22 BBiG (Berufsausbildungsverhältnisse); § 9 MuSchG (werdende Mütter); § 18 Abs. 1 S. 1 BErzGG (Erziehungsurlaub); §§ 85 ff. SGB IX (Schwerbehinderte Menschen); § 2 ArbPlSchG, § 78 Abs. 1 ZDG (Wehr- und Ersatzdienstleistende); § 15 Abs. 1, Abs. 3 KSchG (Betriebsräte, Wahlvorstände, Wahlbewerber); § 96 Abs. 3 SGB IX (Mitglieder der Schwerbehindertenvertretung); § 58 Abs. 2 BImSchG (Immissions- und Umweltschutzbeauftragte); Art. 48 Abs. 2 GG (Abgeordnete und Mandatsträger); Bergmanns- und Versorgungsscheininhaber.
318 BAG NJW 2003, 3506; vgl. Annuß/Stamer NZA 2003, 1247; ErfK/Preis § 613a Rn. 165.
319 BAG NJW 2003, 3506, 3507.
320 Ascheid/Preis/Schmidt-Steffan Großkommentar zum Kündigungsrecht, 2007, § 613a BGB Rn. 189.
321 Vgl. Danko/Cramer BB 2004, Beilage Nr. 14, 9, 14; ErfK/Preis § 613a BGB Rn. 167; ausführlich Annuß/Stamer NZA 2003, 1247, 1248 m.w.N.

Bringezu

345 Im Zusammenhang mit der Personalreduzierung bei gleichzeitiger bzw. zeitnaher Veräußerung der wesentlichen Vermögensgegenstände sei hier lediglich nochmals darauf hingewiesen, dass die Rechtsprechung den Ausspruch betriebsbedingter Kündigungen schon bisher ohne Verstoß gegen § 613a Abs. 4 BGB als rechtlich wirksam erachtet, wenn entweder ein verbindliches Konzept oder ein Sanierungsplan des Erwerbers vorliegen und im Zeitpunkt der Kündigungserklärung bereits greifbare Formen angenommen haben.[322] Die vor diesem Hintergrund ausgesprochenen Kündigungen können im Rahmen von Kündigungsschutzverfahren auf ihre Wirksamkeit hin überprüft werden. Die ungekündigten Arbeitsverhältnisse hingegen gehen zu unveränderten Bedingungen auf den Erwerber über – insoweit findet ein Betriebsübergang gem. § 613a BGB statt.

9.1 Die Beschäftigungs – und Qualifizierungsgesellschaft

346 Sinn und Zweck des Einsatzes von Beschäftigungs- und Qualifizierungsgesellschaften ist es jedoch gerade, einen Betriebsübergang nach § 613a BGB mit den dortigen Konsequenzen zu vermeiden. Nachfolgend sollen die hierzu zu berücksichtigenden rechtlichen Voraussetzungen und Gestaltungsmöglichkeiten aufgezeigt werden.

9.2 Vertragsverhältnisse/Dreiseitiger Vertrag

347 Die Arbeitnehmer müssen einvernehmlich vom personalabgebenden Unternehmen auf die BQG überwechseln. Üblicherweise wird zu dieser Überleitung ein **dreiseitiger Vertrag** zwischen dem bisherigen Arbeitgeber resp. Insolvenzverwalter, dem jeweiligen Arbeitnehmer und der BQG geschlossen, der einerseits eine Aufhebungsvereinbarung hinsichtlich des bisherigen Arbeitsverhältnisses und andererseits die Begründung eines neuen, befristeten Beschäftigungsverhältnisses mit der BQG enthält. Ebenso ist es möglich, Aufhebungsvereinbarung und Begründung des neuen Beschäftigungsverhältnisses in zwei getrennten Verträgen zu treffen, aus Haftungsgründen wird dies z.T. empfohlen.[323] Begründet wird dies damit, dass ein sog. dreiseitiger Vertrag möglicherweise nach den Grundsätzen des „Rechtsgeschäftes wen es angeht" ggf. auch Pflichten des abgebenden Arbeitgebers begründen könne, die dieser eigentlich durch die Transfergesellschaft erfüllen lassen will. Denn auch in Verbindung mit den Regelungen des zivilrechtlichen Kooperationsvertrages könne der abgebende Arbeitgeber womöglich nach den Grundsätzen des Vertrages zugunsten Dritter neben der Transfergesellschaft von den Arbeitnehmern gem. § 328 Abs. 2 BGB in Anspruch genommen werden.[324]

348 Vor dem Hintergrund, dass für das Funktionieren des BQG-Modells regelmäßig bestimmte Quoren erfüllt werden müssen[325], werden die Vertragsangebote i.S.d. § 145 ff. BGB häufig von den Arbeitnehmern abgegeben. Zur praktischen Umsetzung können Blankovertragsmuster an die betroffenen Arbeitnehmer verteilt werden.[326] Insbesondere in Fällen, in denen das Erreichen der Quoren zweifelhaft ist, kann zudem ein Treuhänder, bspw. ein Betriebsratsmitglied, bestimmt werden, der die ihm gegenüber abge-

---

322 *BAG* NJW 2003, 3506.
323 *Lembke* BB 2004, 773, 775; *Meyer* NZS 2002, 578, 580.
324 *Meyer* NZS 2002, 578, 580.
325 Dieses Erfordernis ergibt sich regelmäßig aus den aufzuwendenden Kosten einerseits und den geplanten Einsparungen aufgrund „Abkürzung" der Kündigungsfristen andererseits, vgl. dazu oben Ziff. 4.1.
326 *Ries* NZI 2002, 521, 526.

gebenen Vertragsangebote sammelt und anschließend mit dem Arbeitgeber resp. Insolvenzverwalter auswertet.[327] Anschließend kann die Annahme der Angebote erfolgen. Soweit zwar die Annahme eines Angebotes auf Aufhebung des Beschäftigungsverhältnisses auch gem. § 151 BGB ohne Erklärung gegenüber dem Arbeitnehmer möglich sein soll, ist dies unter Berücksichtigung des Schriftformerfordernisses des § 14 Abs. 4 TzBfG jedenfalls bei Abschluss eines dreiseitigen Vertrages nicht empfehlenswert.

9.3 Wirksamkeit des Aufhebungsvertrages

Durch den schriftlichen (§ 623 BGB) **Aufhebungsvertrag** wird das Arbeitsverhältnis zwischen Arbeitnehmer und bisherigem Arbeitgeber einvernehmlich beendet. Neben den hierzu üblichen Klauseln enthält die Vereinbarung die Einigung der Vertragsparteien über die Beendigung des Arbeitsverhältnisses, um eine Kündigungsschutzklage auszuschließen sowie eine allgemeine Erledigungsklausel.[328] Mit Blick auf die beabsichtigten Einsparungen von Personalkosten[329] werden die Kündigungsfristen regelmäßig deutlich abgekürzt. Der Auflösungszeitpunkt kann aber auch in der Vergangenheit liegen, wenn das Arbeitsverhältnis bereits außer Vollzug gesetzt war.[330] Zur Klarstellung und Absicherung sollte zudem eine Regelung aufgenommen werden, dass eine außerordentliche Kündigung des Vertragsverhältnisses mit der BQG wegen Verletzung insbesondere von Mitwirkungspflichten[331] durch den Arbeitnehmer die Aufhebung des Vertrages mit dem alten Arbeitgeber unberührt lässt. **349**

9.3.1 Umgehung von § 613a BGB?

Im Rahmen der Vertragsabschlüsse ist genau darauf zu achten, ob die Transfermaßnahmen zu einem Betriebsübergang gem. § 613a BGB führen können. Mit Blick auf die Vertragsfreiheit und die Berufs(ausübungs)freiheit (Art. 12, Art. 2 Abs. 1 GG) können sich die Vertragsparteien grundsätzlich ohne sachlichen Grund auf die Aufhebung eines Arbeitsverhältnisses verständigen. Insbesondere ist dies auch im Zusammenhang mit einem Betriebsübergang möglich. Bei Vertragsgestaltung und -abschluss sind jedoch die nachfolgenden Ausführungen zu bedenken. **350**

Schon unter Geltung der Konkursordnung hatte das BAG § 613a BGB in ständiger Rechtsprechung auf die Fälle angewandt, in denen es nach Eröffnung eines Konkursverfahrens zu einer Betriebsveräußerung kam.[332] Der Gesetzgeber der InsO hat diese Rechtsprechung mit der Einführung des § 128 Abs. 2 InsO, der die Anwendbarkeit des § 613a BGB begrifflich voraussetzt, bestätigt.[333] Nach der Rechtsprechung des EuGH und des ihm folgenden BAG liegt ein Betriebsübergang vor, wenn eine ihre **Identität wahrende wirtschaftliche Einheit** im Sinne einer organisierten Zusammenfassung von Ressourcen zur Verfolgung einer wirtschaftlichen Haupt- oder Nebentätigkeit übergeht. Das Vorliegen einer wirtschaftlichen Einheit ist im Wege einer wertenden Gesamtbetrachtung anhand der nachfolgenden Kriterien zu ermitteln:[334] **351**

---

327 Vgl. *Lembke* BB 2004, 773, 775; *Ries* NZI 2002, 521, 526.
328 *Lembke* BB 2004, 773, 775.
329 Sei es zur Schonung der Insolvenzmasse oder zum Freisetzen von Mitteln zur Finanzierung des BQG-Modells.
330 *BAG* NZA 1999, 422 ; *BAG* ZIP 1999, 1572, 1573; ErfK/*Müller-Glöge* § 623 Rn. 13.
331 Zu dieser Sanktionsmöglichkeit vgl. unten unter Ziff. 9.4–Ziff. 136.
332 *BAG* NJW 1984, 627.
333 *Balze/Rebel/Schuck* Outsourcing Rn. 1221.
334 *Danko/Cramer* BB 2004, Beilage Nr. 14, 9, 13.

- Art des Unternehmens oder Betriebs,
- Übergang der materiellen Vermögensgegenstände, insbesondere Grundstücke und bewegliche Güter des Anlage- und Umlaufvermögens,
- Wert der übergehenden immateriellen Aktiva zum Zeitpunkt ihres Übergangs,
- Übernahme oder Nichtübernahme der Hauptbelegschaft,
- Übergang oder Nichtübergang des wesentlichen Kundenstamms,
- Grad der Ähnlichkeit der vor und nach Übergang verrichteten Tätigkeiten,
- Dauer der Betriebsunterbrechung.

Für die Annahme eines Betriebsübergangs ist daher maßgeblich, ob eine organisierte Sach- und Personengesamtheit zur Ausübung wirtschaftlicher, von eigener Zielsetzung geprägter Tätigkeit übergeht. Entscheidend sind gleichbleibender Betriebszweck und -methoden.

352 Im Zusammenhang mit dem Wechsel des Arbeitnehmers auf die BQG ist insoweit zu berücksichtigen, dass dieser weder aufgrund eines Betriebsüberganges erfolgt, noch ein solcher hierdurch bewirkt wird.[335] Vielmehr übernimmt die BQG ausschließlich (Teile der) Belegschaft, jedoch keine anderen materiellen oder immateriellen Betriebsmittel. Auch werden innerhalb der BQG völlig andere Zwecke als im übertragenden Betrieb verfolgt: Im Vordergrund stehen nicht mehr die Produktion/Dienstleistung etc., welche im übertragenden Betrieb erbracht wurde, sondern ausschließlich die Qualifizierung, Fortbildung und Vermittlung der überwechselnden Arbeitnehmer. Im Ergebnis wird keine wirtschaftliche Einheit unter Wahrung ihrer Identität übertragen,[336] so dass die BQG weder an die im personalabgebenden Unternehmen geltenden Bedingungen gebunden ist noch Ansprüche auf betriebliche Altersversorgung zu übernehmen hat.

353 In Betracht kommen kann ein Betriebsübergang jedoch, sobald ein Investor Betriebsmittel des personalabgebenden Unternehmens einerseits – regelmäßig die wesentlichen Vermögensgegenstände wie Grundstücke, Inventar, Maschinen, Arbeitsmittel, Kundendatei, aber auch Patente, Namensrechte etc. im Wege der Übertragenden Sanierung – und Arbeitnehmer aus der BQG andererseits übernimmt. Insbesondere bei Vorliegen eines engen zeitlichen Zusammenhangs bestehen hier jedenfalls Anhaltspunkte für den Übergang einer eigenständigen wirtschaftlichen Einheit und deren Fortbestehen beim Investor, mithin für das Vorliegen eines Betriebsübergangs.

354 Zwar soll der Wechsel der Arbeitnehmer auf die BQG bezwecken, dass ein Arbeitsverhältnis mit dem Unternehmen, dessen Betriebsmittel der Investor übernimmt, gerade nicht mehr besteht. Die Arbeitsverhältnisse der aus der BQG ausgewählten Arbeitnehmer können mithin nicht qua Gesetz auf den Investor übergehen. Etwas anderes kann jedoch dann gelten, wenn die Aufhebungsverträge wegen Umgehung des § 613a BGB nichtig sind. Mit der Dörries-Scharmann-Rechtsprechung[337] hat das BAG entsprechende Maßstäbe gesetzt.

355 Demnach sind die Aufhebungsverträge zwischen Arbeitnehmer und früherem Arbeitgeber ebenso wie Eigenkündigungen nichtig i.S.d. § 134 BGB, wenn sie nicht auf das tatsächliche Ausscheiden des Arbeitnehmers gerichtet sind, sondern nur den

---

335 *Lembke* BB 2004, 773, 776.
336 Ebenso *Lembke* BB 2004, 773, 776; *Danko/Cramer* BB 2004, Beilage Nr. 14, 9, 13; *Ries* NZI 2002, 521, 528.
337 *BAG* NZA 1999, 422.

Abschluss neuer Arbeitsverträge zu schlechteren Konditionen ermöglichen sollen.[338] Denn § 613a BGB bietet lediglich Schutz vor einer Veränderung des Vertragsinhalts ohne sachlichen Grund, nicht aber vor dessen einvernehmlicher Beendigung ohne sachlichen Grund.

Im Unterschied dazu liegt nach dem BAG eine **unzulässige Umgehung des § 613a BGB** vor, wenn bei Abschluss des Aufhebungsvertrags mit dem Arbeitnehmer auf eine Einstellungsgarantie beim Investor hingewiesen wird (sog. Lemgoer Modell), gleichzeitig ein neues Arbeitsverhältnis mit dem Erwerber des Betriebes vereinbart oder zumindest verbindlich in Aussicht gestellt wird.[339] In diesen Fällen sei der Abschluss der Aufhebungsvereinbarung nämlich gerade nicht auf das endgültige Ausscheiden aus dem Betrieb, sondern von vornherein auf die Wiedereinstellung ausgerichtet, ein „Risikogeschäft" für den Arbeitnehmer aufgrund nur unverbindlicher Chancen auf Übernahme durch den Betriebserwerber liege nicht vor. Letzteres ist nach der Rechtsprechung des LAG Baden-Württemberg aber schon dann gegeben, wenn dem Arbeitnehmer bei Abschluss des dreiseitigen Vertrags der Entwurf sowohl eines befristeten als auch eines unbefristeten Vertrages mit dem Erwerber vorgelegt werde verbunden mit der Aufforderung abzuwarten, welches Exemplar er gegengezeichnet zurückerhalte – in dieser Konstellation könne der Arbeitnehmer nicht von einer sicheren Aussicht auf Einstellung ausgehen.[340]

356

Im Zusammenhang mit der Information der und Kommunikation mit den Arbeitnehmern ist folglich von den am BQG-Modell Beteiligten unbedingt darauf zu achten, dass der Eindruck, es werde eine feste/verbindliche Übernahme durch den Investor zugesagt, nicht entstehen darf. Indizien für eine verbindliche Zusage sind beispielsweise schon im Zeitpunkt des Abschlusses der Aufhebungsverträge vorliegende Namenslisten des Erwerbers, die diejenigen Mitarbeiter aufführen, welche später tatsächlich aus der BQG übernommen werden ebenso wie die Tatsache, dass nahezu alle Mitarbeiter aus der BQG übernommen werden.[341]

357

Das BAG verkennt die Missbrauchsgefahr des von ihm für maßgeblich erachteten Abgrenzungskriteriums der verbindlichen Einstellungszusage nicht.[342] Es geht daher auch bei einer Scheinübernahme der Arbeitsverhältnisse in die BQG von einer Nichtigkeit der Aufhebungsverträge aus.[343] Eine Scheinübernahme in diesem Sinne liege nahe, wenn sämtliche Arbeitnehmer zeitlich unmittelbar auf den Abschluss des dreiseitigen Vertrags folgend übernommen werden.

358

Darlegungs- und beweisbelastet für die Umgehung des § 613a BGB ist der dies geltend machende Arbeitnehmer.[343] Für seinen Vortrag hat er den hohen Anforderungen des BAG zu genügen. Insbesondere liege eine Umgehung des § 613a BGB nicht schon dann vor, wenn in der erleichterten Betriebsübernahme lediglich ein Motiv des Aufhebungsvertrags zu sehen ist.[342] Auch könne aus dem Umstand, im Zeitpunkt des Aufhebungsvertrags habe die Betriebsfortführung bereits festgestanden, nicht der Schluss gezogen werden, es sei auch über die vom Investor zu übernehmenden Arbeitnehmer schon entschieden worden.[342] Den Betriebserwerbern gibt das BAG zudem das Argu-

359

---

338 *BAG* ZIP 1998, 320; *BAG* NJW 2006, 938.
339 *BAG* ZIP 1998, 320.
340 *LAG Baden-Württemberg* ZInsO 2010, 640.
341 Vgl. *Bissels/Jordan/Wisskichen* NZI 2009, 865, 869 m.w.N.
342 *BAG* NJW 2006, 938.
343 *BAG* NJW 2007, 2351.

ment an die Hand, eine Umgehung des § 613a BGB liege nicht vor, wenn bei Vereinbarung eines neuen Arbeitsverhältnisses zu verschlechterten Bedingungen die Änderung der Arbeitsbedingungen sachlich gerechtfertigt sei. Als sachlichen Rechtfertigungsgrund nahm das BAG im konkreten Fall die Vermeidung der sonst drohenden Insolvenz und der damit verbundenen Beseitigung sämtlicher Arbeitsplätze durch die Vertragsgestaltung an.[344]

360 Vor dem Hintergrund des Risikos einer eventuellen Nichtigkeit der Aufhebungsverträge nach Maßgabe des Vorstehenden kann es für den bisherigen Arbeitgeber zur Erreichung größtmöglicher Rechtssicherheit sinnvoll sein, die Aufhebungsverträge mit dem Ausspruch von Kündigungen zu verbinden.[345] Soweit eine solche Lösung vom Betriebsrat mitgetragen wird, kann in dem abzuschließenden Interessenausgleich neben den Regelungen zur Auflösung der Arbeitsverhältnisse durch Kündigung die Vereinbarung getroffen werden, wonach den zu kündigenden Arbeitnehmern ein Wechsel in die BQG angeboten wird. Die entsprechenden Angebote werden regelmäßig unbeschadet der ausgesprochenen Kündigungen erteilt.[346] Bei dieser Konstruktion gilt es jedoch zum einen zu berücksichtigen, dass die Angebote auf Aufhebungsvertrag und Wechsel in die BQG vom Arbeitgeber resp. Insolvenzverwalter ausgehen und nicht vom Arbeitnehmer, mithin dem personalabgebenden Unternehmen ein gewisses Maß an Planungssicherheit (nicht zuletzt hinsichtlich der Finanzierungsfragen, vgl. Ziff. 2.9) verloren geht. Zum anderen sind zur Vermeidung eines Vertrages zu Lasten Dritter korrespondierende Vereinbarungen in den Dienstleistungs- und Kooperationsvertrag zwischen personalabgebendem Unternehmen und BQG zu treffen, wonach sich die BQG zur Aufnahme der gekündigten Arbeitnehmer verpflichtet. Hierbei darf die Massenentlassungsanzeige (§ 17 KSchG) nicht vernachlässigt werden. Zudem ist vorher zu klären, ob die Maßnahme von der Bundesagentur für Arbeit gefördert wird bzw. förderfähig ist.

361 Eine Förderung i.S.d. § 216a Abs. 3 SGB III ist ausgeschlossen, wenn die Maßnahme dazu dient, den Arbeitnehmer auf eine Anschlussbeschäftigung im gleichen Betrieb oder in einem anderen Betrieb des gleichen Unternehmens oder, falls das Unternehmen einem Konzern angehört, in einem Betrieb eines anderen Konzernunternehmens des Konzerns vorzubereiten. Das in Aussicht stellen einer Beschäftigung im Anschluss an die BQG ist somit eine unzulässige Ausnutzung der Förderung, da der Arbeitnehmer durch das in Aussicht stellen nicht vom dauerhaften Arbeitsausfall bedroht ist.

362 Ein allzu kurzer Zeitraum zwischen Ausscheiden aus dem Betrieb und Eintritt bei dem neuen Erwerber deutet nach Ansicht des LAG Bremen darauf hin, dass der § 613a Abs. 4 BGB umgangen werden soll, um die Kontinuität des Arbeitsverhältnisses zu unterbrechen, woraus sich die Nichtigkeit des dreiseitigen Vertrages aus § 134 BGB ergebe.[347]

363 War der ehemalige Betriebsinhaber bei Zugang der Kündigungen ernstlich und endgültig entschlossen, den Betrieb stillzulegen, werden die Kündigungen nicht dadurch unwirksam, dass es dann doch noch zu einem Betriebsübergang kommt. Lag dagegen zu diesem Zeitpunkt die Betriebsveräußerung ebenso im Bereich des Möglichen wie

---

344 *BAG* NJW 2006, 938.
345 *Danko/Cramer* BB 2004, Beilage Nr. 14, 9, 12.
346 *Danko/Cramer* BB 2004, Beilage Nr. 14, 9, 12 f.
347 *LAG Bremen* ZIP 2004, 2452, *BAG* NJW 2006, 938.

die Betriebsstilllegung, sind die Kündigungen „wegen" des Betriebsübergangs erfolgt und deshalb nach § 613a Abs. 4 S. 1 BGB unwirksam.[348]

Wenn die geplante Verweildauer in der BQG nur wenig länger ist als die Kündigungsfrist nach § 113 InsO und kein erheblicher Bedarf für die Transferleistungen besteht, weil ein großer Teil der Arbeitnehmer übernommen werden soll,[349] kann dies darauf hinweisen, dass in der Beseitigung der Kontinuität des Arbeitsverhältnisses eine Umgehung des § 613a BGB liegt. **364**

9.3.2 Umgehung des § 1 KSchG?

Auch in der Insolvenz behalten die allgemeinen Regelungen des KSchG ihre Geltung. Durch den Abschluss eines Aufhebungsvertrags wird die Regelung über die **Sozialauswahl** nach § 1 Abs. 3 KSchG jedoch grds. nicht umgangen. Insbesondere verbietet diese Vorschrift den Abschluss von Aufhebungsverträgen nicht.[350] Zu berücksichtigen ist insoweit, dass die regelmäßig besonders relevante betriebsbedingte Kündigung dann sozial gerechtfertigt ist, wenn aufgrund der betrieblichen Erfordernisse der Erhalt des Arbeitsplatzes nicht mehr möglich ist und die Sozialauswahl der Arbeitnehmer berücksichtigt wurde, § 1 Abs. 2 S. 1 KSchG. Betriebsstilllegung bzw. Teilbetriebsstilllegung sind solche betrieblichen Erfordernisse.[351] Im Rahmen des § 125 Abs. 1 Nr. 2 InsO ist die Sozialauswahl seitens des Insolvenzverwalters schon dann richtig getroffen, wenn eine grobe Fehlerhaftigkeit nicht zu erkennen ist, d.h. eine ausgewogene Personalstruktur erhalten oder geschaffen wird.[352] Für ihn ergeben sich daher Möglichkeiten, anhand eines an Leistungskriterien orientierten unternehmerischen Konzepts von der konventionellen Sozialauswahl abzuweichen und in die bestehenden Betriebsstrukturen zur Steigerung der Leistungsfähigkeit des Betriebes einzugreifen.[353] **365**

9.3.3 Widerruf des Aufhebungsvertrages

Die Willenserklärung des Arbeitnehmers zum Abschluss des Aufhebungsvertrages kann nicht wirksam i.S.d. §§ 312 Abs. 1 S. 1 Nr. 1, 1. Alt., 355 BGB widerrufen werden, wenn der Arbeitnehmer den Aufhebungsvertrag am Arbeitsplatz geschlossen hat und sich anschließend von diesem lösen will. Am Arbeitsplatz geschlossene Aufhebungsverträge erfüllen nicht die **Voraussetzungen eines Haustürgeschäfts** gem. § 312 Abs. 1 S. 1 Nr. 1, 1. Alt. BGB; §§ 312 ff. BGB sind schon nach der Gesetzessystematik und dem Sinn und Zweck der Regelungen auf arbeitsvertragliche Beendigungsvereinbarungen nicht anwendbar.[354] **366**

9.3.4 Irrtumsanfechtung (§ 119 BGB)/Anfechtbarkeit des Aufhebungsvertrags wegen arglistiger Täuschung/widerrechtlicher Drohung (§ 123 BGB)

Die Anfechtbarkeit des Aufhebungsvertrags gem. §§ 119, 123 BGB liegt fern, wenn die Arbeitnehmer rechtzeitig, umfassend und zutreffend informiert wurden. Insbesondere sind klare Angaben zu Sinn und Zweck der Einschaltung der BQG zu machen.[355] **367**

---

348 ErfK/*Preis* § 613a BGB Rn. 158.
349 *BAG* NJW 2007, 2351.
350 *Leister/Fischer* ZInsO 2009, 985, 987.
351 Vgl. *BAG* NJW 1986, 91; NZA 2004, 477.
352 Vgl. *BAG* NZA 2007, 387 ff.
353 *BAG* NZA 2004, 432.
354 *BAG* NZA 2006, 149; *BAG* NZA 2004, 1295.
355 Vgl. zum Ganzen *BAG* ZIP 1999, 1572, 1574.

Bringezu

Hierzu gehören vor allem die Entlastung des Unternehmens/der Insolvenzmasse, der Übergang der Arbeitsverhältnisse auf die BQG sowie die damit verbundenen sozialrechtlichen Konsequenzen ebenso wie die Chance zur Rettung von Arbeitsplätzen ohne Berücksichtigung der Sozialauswahl, aber auch der mit dem Aufhebungsvertrag verbundene Risikocharakter.[356] Aus dem Hinweis des BAG, die Annahme eines Irrtums oder einer Täuschung käme schon deshalb nicht in Betracht, weil sowohl Gewerkschaft als auch Betriebsrat hinter dem Modell stünden,[357] ist die Bedeutung der frühen Einbeziehung und Überzeugung dieser Beteiligten klar abzulesen. Zudem dürfte es dem klagenden Arbeitnehmer schwer fallen, seine Darlegungs- und Beweislast zu erfüllen.[358]

368 Gelegentlich wird denjenigen Arbeitnehmern, die einem freiwilligen Wechsel in die BQG ablehnend gegenüberstehen, mit einer betriebsbedingten Kündigung „gedroht". Dies begründet sich regelmäßig mit der dann notwendigen Betriebsstillegung, wenn und weil das Modell unter Einschaltung der BQG scheitert. Auch kann die Hinnahme der Kündigung im Sozialplan durch sehr niedrige Abfindungen unattraktiv gestaltet werden.[359] Beide Konstellationen begründen jedoch nicht eine Anfechtbarkeit des Aufhebungsvertrages nach § 123 Abs. 1 BGB, da die „Drohung" des Arbeitgebers regelmäßig nicht widerrechtlich ist.[360]

9.3.5 § 313 BGB

369 Auch das Argument, infolge der späteren Übernahme von Arbeitnehmern aus der BQG durch den Investor sei die Geschäftsgrundlage zum Aufhebungsvertrag nachträglich weggefallen, verwarf das BAG.[361] Mit Blick auf die vom BAG geforderte vertraglich angelegte Risikoverteilung[362] kann schlicht nichts anderes gelten. Zu beachten ist im Übrigen die Darlegungs- und Beweislast.

9.3.6 Sittenwidrigkeit

370 Im Rahmen von BQG-Modellen abgeschlossene Aufhebungsverträge sind **regelmäßig nicht sittenwidrig** i.S.v. § 138 Abs. 1 BGB.[363] Eine für eine Sittenwidrigkeit gem. § 138 BGB erforderliche ungewöhnliche Belastung und Unangemessenheit des abgeschlossenen Vertrages für eine Seite ist in diesen Fällen regelmäßig nicht gegeben. Insbesondere bei insolventen Unternehmen ist regelmäßig ein schnelles und effizientes Handeln zwingend erforderlich. Die in diesem Zusammenhang getroffenen Vereinbarungen zur Umsetzung eines BQG-Modells dienen nicht ausschließlich den Interessen des insolventen Unternehmens, sondern auch der Sicherung von Arbeitsplätzen im Rahmen der übertragenden Sanierung. Schon deshalb kann kaum angenommen werden, dass dreiseitige Verträge wegen ungewöhnlicher einseitiger Belastung der Arbeitnehmer als Interessenausgleich offensichtlich unangemessen und damit sittenwidrig sind.[364] Gegen eine Sittenwidrigkeit nach § 138 BGB spricht insbesondere auch, wenn die übertra-

---

356 Vgl. *Lembke* BB 2004, 773, 778.
357 *BAG* ZIP 1999, 1572, 1574.
358 Vgl. z.B. *BAG* NJW 2007, 2351.
359 *Bissels/Jordan/Wisskirchen* NZI 2009, 865, 868.
360 *Bissels/Jordan/Wisskirchen* NZI 2009, 865, 868; *Leister/Fischer* ZInsO 2009, 985, 987 m.w.N.
361 *BAG* NZA 1999, 422.
362 *BAG* ZIP 1998, 320.
363 *BAG* Urt. v. 27.1.2000 – 8 AZR 874/98, n.v.
364 *Leister/Fischer* ZInsO 2009, 985, 988.

gende Sanierung unter Einschaltung einer BQG nicht zuletzt unter Mitwirkung öffentlicher Stellen, wie z.B. der Bundesagentur für Arbeit, aber auch des Betriebsrates und der zuständigen Gewerkschaft, erarbeitet wird. Diese zur Vertretung der Arbeitnehmerinteressen berufenen Institutionen würden unangemessene einseitige Belastungen der Arbeitnehmer regelmäßig nicht mittragen.[365] Darüber hinaus wäre der Arbeitnehmer für das Vorliegen der Sittenwidrigkeit darlegungs- und beweisbelastet.

9.3.7 Benachteiligungen nach dem AGG

Die Vorschriften des Allgemeinen Gleichbehandlungsgesetzes (AGG) sind auch im Rahmen der Umsetzung eines BQG-Modells einzuhalten. Von Bedeutung dürften sie für den potenziellen Erwerber sein, nämlich bei Zusammenstellung der neuen Belegschaft bei Übernahme bestimmter Arbeitnehmer aus der BQG. Aus etwaigen Diskriminierungen folgt jedoch **kein Anspruch** des diskriminierten Arbeitnehmers **auf Einstellung** bei dem Erwerber. Gem. § 15 Abs. 6 AGG ist ein Anspruch auf Begründung eines Beschäftigungsverhältnisses bei Verstoß gegen das Benachteiligungsverbot des § 7 Abs. 1 AGG ausgeschlossen. Vielmehr drohen Entschädigungs- und Schadenersatzansprüche nach § 15 Abs. 1 und 2 AGG. Vor diesem Hintergrund wird empfohlen, die Auswahlentscheidung durch den übernehmenden Erwerber hinreichend zu dokumentieren.[366] **371**

9.3.8 Fehlende Unterrichtung nach § 613a Abs. 5 BGB

Gem. § 613a Abs. 5 BGB hat der bisherige Arbeitgeber oder der neue Inhaber die von einem Betriebsübergang betroffenen Arbeitnehmer vor dem Übergang in Textform über den (geplanten) Zeitpunkt des Übergangs, den Grund, die rechtlichen wirtschaftlichen und sozialen Folgen des Übergangs für die Arbeitnehmer und die hinsichtlich der Arbeitnehmer in Aussicht genommenen Maßnahmen zu unterrichten. Hierbei handelt es sich um eine Rechtspflicht, deren Verletzung **Schadenersatzansprüche des Arbeitnehmers** auslösen kann.[367] Denkbar ist die Argumentation der in die BQG übergewechselten Arbeitnehmer, sie hätten einen Aufhebungsvertrag nicht unterzeichnet, wenn sie ordnungsgemäß über den – nach Unterzeichnung der Aufhebungsverträge und der Überleitung in die BQG – erfolgten Betriebsübergang auf den Erwerber informiert worden wären. Ihr Arbeitsverhältnis hätte daher weiter zu dem Veräußerer bestanden und wäre gem. § 613a Abs. 1 BGB auf den Erwerber übergegangen. **372**

Bei Verstoß gegen die Unterrichtungspflichten nach § 613a Abs. 5 BGB ist der dies geltend machende Arbeitnehmer so zu stellen, wie er gestanden hätte, wenn er richtig und vollständig informiert gewesen wäre. Mithin besteht für den potenziellen Betriebserwerber das Risiko, als Schadenersatz den Arbeitnehmer zu den Arbeitsbedingungen, die bei dem Veräußerer bestanden haben, einstellen zu müssen.[368] **373**

Die Frage der Unterrichtungspflicht nach § 613a Abs. 5 BGB stellt sich insbesondere dann, wenn bereits vor Abschluss der Aufhebungsverträge feststeht, dass es zu einem Betriebsübergang kommen wird. Gegen die Unterrichtungspflicht spricht jedoch, dass diese zwar schon vor dem Betriebsübergang erfüllt werden kann, jedoch erst eine **374**

---

365 *Leister/Fischer* ZInsO 2009, 985, 988.
366 *Krieger/Fischinger* NJW 2007, 2289, 2292.
367 *BAG* ZInsO 2008 219; *BAG* ZInsO 2007, 1284.
368 *Leister/Fischer* ZInsO 2009, 985, 989.

juristische Sekunde vor dem Betriebsübergang fällig wird.[369] Soweit aber im Zeitpunkt des Betriebsüberganges die Arbeitsverhältnisse bereits aufgrund wirksamer Aufhebungsverträge beendet worden waren, besteht keine Unterrichtungspflicht nach § 613a Abs. 5 BGB (mehr), denn aus dem Arbeitsverhältnis ausgeschiedene Arbeitnehmer werden gerade nicht von einem Betriebsübergang erfasst.[370]

9.4 Wesentliche Inhalte des Aufnahmevertrages mit der BQG

375   Im Aufnahmevertrag zwischen der BQG und dem Arbeitnehmer bzw. dem entsprechenden Teil im dreiseitigen Vertrag sind die wesentlichen Vertragsinhalte des neuen Beschäftigungsverhältnisses zu regeln. Dieser Arbeitsvertrag ist **primär auf** die **Qualifizierung** und **Vermittlung** des Arbeitnehmers **gerichtet**, woraus sich Besonderheiten ergeben.

376   Der Arbeitnehmer verpflichtet sich zunächst nicht zur Arbeitsleistung, sondern er erklärt ausdrücklich seine Bereitschaft zur Leistung einer Wochenarbeitszeit von null Stunden, sog. **„Kurzarbeit Null"**.[371] Darüber hinaus verpflichtet er sich zur Wahrnehmung der ihm angebotenen Qualifizierungs- und Fortbildungsmaßnahmen, der aktiven und konstruktiven Unterstützung der Vermittlungsbemühungen sowie der Annahme einer Beschäftigung bei Dritten während der Vertragslaufzeit (sog. Arbeiten auf Probe, ggf. auch vermittlungsorientierte Arbeitnehmerüberlassung).

377   Als **Gegenleistung** erhält der Arbeitnehmer von der Agentur für Arbeit das Transferkurzarbeitergeld gem. § 216b SGB III. Zu berücksichtigen ist insoweit, dass Anspruchsberechtigter der einzelne Arbeitnehmer ist, der entsprechende Antrag aus Praktikabilitätsgründen jedoch vom Arbeitgeber[372] zu stellen ist, wobei dies auch durch die Betriebsvertretung geschehen kann (§ 323 Abs. 2 S. 2 SGB III). Ggf. sollte daher zur Klarstellung die Verpflichtung der BQG zur Stellung der erforderlichen Anträge aufgenommen werden. Soweit darüber hinaus im Zeitpunkt des Vertragsabschlusses noch keine Klarheit über die Förderfähigkeit des Arbeitnehmers bestehen sollte, kann die Wirksamkeit des Vertragsschlusses zudem unter die aufschiebende Bedingung der Bewilligung der Förderung mit Transferkurzarbeitergeld durch die Agentur für Arbeit gem. § 216b SGB III und die jeweils persönliche Erfüllung der Förderungsvoraussetzungen gestellt werden. Bestandteil der Gegenleistung sind auch – von der BQG geschuldete[373], aber vom personalabgebenden Unternehmen finanzierte – etwaig vereinbarte Aufstockungsbeträge.[374]

---

369   *Lembke* BB 2004, 773, 778; *Leister/Fischer* ZInsO 2009, 985 ,989.
370   *BAG* ZIP 2004, 1227.
371   Kurzarbeit ist die vorübergehende Verkürzung der betriebsüblichen normalen Arbeitszeit. Kurzarbeit Null liegt bei vorübergehender Einstellung der Arbeit vor. Da im Aufnahmevertrag Kurzarbeit Null für die gesamte Laufzeit des Vertrags vereinbart wird, wird teilweise davon ausgegangen, es handle sich gar nicht um ein „echtes" Arbeitsverhältnis, vgl. *Danko/Cramer* BB 2004, Beilage Nr. 14, 9, 11. *Meyer* NZS 2002, 578, 580 f. spricht insoweit von einem „Berufsorientierungsvertrag".
372   Mit Abschluss des Aufnahme-/Beschäftigungsvertrages übernimmt die BQG die Arbeitgeberstellung, und zwar in arbeitsrechtlicher und betriebsverfassungsrechtlicher Hinsicht ebenso wie unter steuerrechtlichen und sozialversicherungsrechtlichen Aspekten, vgl. *Lembke* BB 2004, 773, 775 m.w.N.
373   Die BQG wird sich die Aufstockungsbeträge regelmäßig vom personalabgebenden Unternehmen erstatten bzw. finanzieren lassen, entsprechende Vereinbarungen sind im Dienstleistungs- und Kooperationsvertrag mit dem bisherigen Arbeitgeber zu treffen, vgl. unten Ziff. 9.5.
374   Vgl. hierzu oben Ziff. 4.1.

Darüber hinaus sollte die Vereinbarung Regelungen zu Urlaubsansprüchen enthalten. Fehlen solche, gelten die gesetzlichen Bestimmungen. Selten sind hingegen Regelungen zu Urlaubsgeld, Gratifikationen, Weihnachtsgeld und betrieblicher Altersvorsorge. Zu solchen Leistungen wird sich die BQG regelmäßig nur dann verpflichten, wenn sie die entsprechenden Beträge vom personalabgebenden Unternehmen zur Verfügung gestellt bekommt.   378

Mit Blick auf den Vermittlungszweck enthalten die Aufnahmeverträge vielfach Regelungen, wonach der Arbeitnehmer für Tätigkeiten in einem anderen Unternehmen (z.B. zur Arbeit auf Probe/„Schnupperarbeitsverhältnis") freigestellt wird und das Arbeitsverhältnis zur BQG für diesen Zeitraum ruhend gestellt wird.[375] Besonderheiten, insbesondere die Nachweispflichten des § 11 AÜG und das Schlechterstellungsverbot nach §§ 10 Abs. 4, 9 Nr. 2, 3 Abs. 1 Nr. 3 AÜG, sind seitens der BQG zu beachten, falls eine gewerbsmäßige Überlassung des Arbeitnehmers an Dritte vorgesehen ist.[376]   379

Der Vertrag ist regelmäßig ohne sachlichen Grund gem. **§ 14 Abs. 2 TzBfG** auf die Dauer von bis zu einem Jahr befristet. Diese Höchstfrist trägt dem Umstand der maximalen Förderung mit Transferkurzarbeitergeld Rechnung. Die konkrete Dauer wird im Vorfeld zwischen dem personalabgebenden Unternehmen und der BQG abgestimmt und richtet sich letztlich nach den zur Verfügung stehenden finanziellen Mitteln. Nicht selten beträgt sie die doppelte Kündigungsfrist des Arbeitnehmers aus dem vorgehenden Arbeitsverhältnis, beschränkt durch die maximale Laufzeit der BQG. Zur Wirksamkeit der Befristung ist das Schriftformerfordernis des § 14 Abs. 4 TzBfG unbedingt zu beachten.   380

Neben der Befristung können weitere Regelungen zur Beendigung des Vertragsverhältnisses aufgenommen werden. Häufig ist ein Ausscheiden nach nur kurzer Ankündigungsfrist seitens des Arbeitnehmers vorgesehen, wenn dieser erfolgreich in ein neues Arbeitsverhältnis vermittelt werden konnte oder sich für die Selbstständigkeit entschieden hat.[377] Das Vertragsverhältnis kann jederzeit durch Aufhebungsvertrag beendet werden. Im Falle der Eigenkündigung seitens des Arbeitnehmers wird auf die Einhaltung von Kündigungsfristen regelmäßig verzichtet.   381

Schließlich sollten mit Blick auf das **Ziel einer schnellstmöglichen Vermittlung** des Arbeitnehmers in eine Anschlussbeschäftigung Regelungen zu entsprechenden Anreizen und Sanktionsmöglichkeiten aufgenommen werden. Dies dürfte weder den Interessen des Arbeitnehmers, des bisherigen Arbeitgebers noch der BQG widersprechen: Der Arbeitnehmer selbst hat gewöhnlich ein Interesse an schnellstmöglicher Reintegration in den Ersten Arbeitsmarkt, nicht zuletzt um wieder ein voll(wertig)es Arbeitsentgelt zu erhalten. Das vorzeitige Ausscheiden ist zudem mit einer Kostenminimierung verbunden, die dem Interesse des bisherigen Arbeitgebers an Schonung des verbleibenden Vermögens bzw. der Insolvenzmasse entgegen kommt. Auch die BQG wird in der Regel keine Einbußen zu verzeichnen haben – anfallende Verwaltungskosten werden üblicherweise in Form von Pauschalen unabhängig von der individuellen Verweildauer erhoben, Kosten für Qualifizierungsmaßnahmen sind – soweit nicht von der Agentur für Arbeit oder aus anderen Töpfen gefördert – vom ehemaligen Arbeitgeber zu erstatten.   382

---

375 *Lembke* BB 2004, 773, 775.
376 Zu Einzelheiten vgl. *Lembke* BB 2004, 773, 775 f. m.w.N.
377 Vgl. *Lembke* BB 2004, 773, 775.

383 **Anreize** können insbesondere geschaffen werden durch die Gewährung von Mobilitätshilfen, die Vereinbarung einer degressiven Vergütung und/oder Zahlung von (weiteren) Abfindungen für jeden Monat des vorzeitigen Ausscheidens aus der BQG.[378] Mit dem vorzeitigen Ausscheiden aus der BQG geht ein automatischer Anspruch auf Erstattung der dadurch bei der BQG entstehenden Ersparnisse im Übrigen nicht einher.[379] Vielmehr bedarf es entsprechender Vereinbarungen nicht zuletzt mit dem bisherigen Arbeitgeber.

384 Als **Sanktion** kommt insbesondere die vorzeitige Beendigung des Rechtsverhältnisses mit der BQG bei Verletzung von Pflichten aus § 2 Abs. 5 Nr. 4 SGB III durch den Arbeitnehmer in Betracht. Unterstützt der Arbeitnehmer den Vermittlungserfolg nicht aktiv und konstruktiv, z.B. weil er mehrfach Bewerbungsgespräche ohne sachlichen bzw. nachvollziehbaren Grund absagt oder durch sein Vorstellungsverhalten eine Absage des potentiellen neuen Arbeitgebers provoziert, kann dies Gründe für eine außerordentliche Kündigung darstellen. Eine betriebsbedingte Kündigung ist weiterhin denkbar, wenn der Arbeitnehmer durch seine Obstruktion eine Vermittlung vereitelt und eine BQG mit begrenzten Finanzmitteln ihre Ressourcen aussichtsreicher bei kooperationswilligeren Arbeitnehmern einsetzen könnte.[380]

9.5 Dienstleistungs- und Kooperationsvertrag zwischen personalabgebenden Unternehmen und der BQG

385 Regelungsbedürftig sind ferner die Rechtsbeziehungen zwischen dem personalabgebenden Unternehmen und der eingeschalteten (externen) BQG. Hierzu wird in der Regel ein Dienstleistungs- und Kooperationsvertrag geschlossen, der sämtliche Vereinbarungen über die von der BQG **zu erbringenden Qualifizierungs-, Fortbildungs- und Vermittlungsdienste** sowie die Vergütungs-, Finanzierungsverpflichtungen sowie sonstigen Leistungen durch den bisherigen Arbeitgeber bzw. den Insolvenzverwalter enthält.[381] Soweit über das Vermögen des personalabgebenden Unternehmens ein Insolvenzverfahren eröffnet wurde, wird der Insolvenzverwalter zum Vertragsschluss zur Einholung der Zustimmung der Gläubigerversammlung gem. § 160 Abs. 1 InsO verpflichtet sein.

386 Im Dienstleistungs- und Kooperationsvertrag sollten sich die Verhandlungsergebnisse mit der Seite der Arbeitnehmervertreter, aber auch der Inhalt der dreiseitigen Verträge mit den Arbeitnehmern wiederfinden. Insbesondere die einzelnen geplanten Transfermaßnahmen, ihr Umfang wie auch der Zeitpunkt ihrer Vornahme sollte detailliert geregelt werden,[382] um etwaige spätere Auseinandersetzungen zu vermeiden. Gleiches gilt für den Zeitraum des Profilings. Ergänzend sollte die Pflicht zur Erfüllung der Mindeststandards der Bundesagentur für Arbeit gemäß der von ihr veröffentlichten Geschäftsanweisungen „Transferleistungen" aufgenommen werden.[383]

387 Gegenüber der Agentur für Arbeit besteht neben verschiedenen **Mitteilungs- und Informationspflichten** als Voraussetzung für die Förderung gem. §§ 216a, b SGB III

---

378 Vgl. schon oben Ziff. 4.2.
379 *BAG* NJW 2002, 3650.
380 Vgl. *Meyer* NZS 2002, 578, 582.
381 *Lembke* BB 2004, 773, 776.
382 *Mengel* BB 2005, 1109, 1116.
383 Geschäftsanweisungen „Transferleistungen" der BA, Stand 01/11.

nunmehr seit 1.1.2011 zusätzlich die Verpflichtung, sich von dieser bereits im Vorfeld der Entscheidung über die Inanspruchnahme derartiger Leistungen beraten zu lassen. So ist beispielsweise der Maßnahmeträger zur Abgabe einer Erklärung über das Vorliegen der Voraussetzungen für die Durchführung (z.B. in räumlicher und personeller Hinsicht) der Maßnahmen verpflichtet. Kommt er dieser Pflicht nicht nach, kann die Agentur für Arbeit die Förderung der Maßnahmen verweigern. Im Dienstleistungs- und Kooperationsvertrag sollte daher die BQG zur ordnungsgemäßen und rechtzeitigen Vorlage der Erklärung verpflichtet werden. Ggf. kann dies gar als Bedingung für die (anteilige) Kostenerstattung durch das personalabgebende Unternehmen ausgestaltet werden.[384] Zudem erscheint es sinnvoll, daneben auch die Beratungsverpflichtung gegenüber der Agentur für Arbeit im Vertrag zu fixieren.

Wie bereits erwähnt, hat der Arbeitgeber gegenüber der Agentur für Arbeit gem. § 216a Abs. 1 Nr. 5 SGB III die Verwendung eines **internen Qualitätssicherungssystems** beim Maßnahmeträger nachzuweisen. Der Arbeitgeber wird hierauf schon bei der Auswahl der BQG achten. Der Nachweis selbst wird dem Arbeitgeber vergleichsweise einfach gelingen, wenn und weil die BQG als Maßnahmeträger zur rechtzeitigen und vollständigen Mitteilung bzw. Erklärung gegenüber dem Arbeitgeber verpflichtet wird. 388

Hinsichtlich der Förderung mit Transferkurzarbeitergeld verlangt § 216b Abs. 9 SGB III nach einer Qualitätskontrolle. Zum Zwecke der Ermittlung und Verbreitung besonders erfolgreicher Konzepte ist der Arbeitgeber seit 1.1.2011 verpflichtet, **monatlich** Informationen **an die Agentur für Arbeit** zu übermitteln. Sofern die Arbeitgeberstellung nicht ohnehin schon auf die BQG übertragen wurde, die Informationspflicht mithin bei ihr liegt, sollte diese Informationspflicht auch in die Kooperationsvereinbarung aufgenommen werden.[385] 389

Unbedingt ist die Pflicht der BQG zur Übernahme derjenigen Arbeitnehmer zu vereinbaren, welche ein Angebot auf Wechsel in die BQG abgegeben – bzw. je nach Antragendem – angenommen haben. Auf die Angebote zum Aufnahmevertrag, insbesondere hinsichtlich des jeweils zu zahlenden Entgelts und sonstige Bestimmungen des (dreiseitigen) Vertrags, ist zu verweisen. 390

Darüber hinaus enthalten die Dienstleistungs- und Kooperationsverträge regelmäßig Vereinbarungen zum vom personalabgebenden Unternehmen zu zahlenden **Abwicklungshonorar**, der internen Abrechnung (Zeitpunkte, Art der Zahlungsleistungen etc.) sowie zur Nutzung von Büro- und Schulungsräumen im Unternehmen. 391

9.6 Mitbestimmungsrechte des Betriebsrates

Der in der Unternehmenskrise beabsichtigte Personalabbau – unabhängig davon, ob er außerhalb oder innerhalb eines Insolvenzverfahrens durchgeführt werden soll – stellt regelmäßig eine **Betriebsänderung im Sinne des § 111 BetrVG** dar. Der eigenständige Beratungsanspruch des Betriebsrates aus § 92a BetrVG sowie die §§ 111 ff. BetrVG sind bei der Durchführung von personalbetreffenden Sanierungsmaßnahmen zu beachten. Soweit also von den Personalanpassungsmaßnahmen die gem. §§ 111 ff. 392

---

384 So auch *Mengel* BB 2005, 1109, 1111.
385 Vgl. *Mengel* BB 2005, 1109, 1113.

BetrVG maßgeblichen Arbeitnehmerzahlen betroffen sind,[386] sind auch Interessenausgleich und Sozialplan zu behandeln. Für den Fall der beabsichtigten Inanspruchnahme von Transferleistungen im kleineren Unternehmen besteht die Möglichkeit des Abschlusses eines freiwilligen Interessenausgleiches und Sozialplan.

393 Die Frage der **Interessenausgleichs- und Sozialplanpflicht** richtet sich nach §§ 111 ff. BetrVG. Betriebseinschränkungen i.S.d. § 111 S. 3 Nr. 1 BetrVG liegen regelmäßig nur dann vor, wenn eine größere Zahl von Arbeitnehmern betroffen sind. Nach der Rechtsprechung des BAG muss die Personalreduzierung den Quoten des § 17 KSchG entsprechen und zumindest 5 % der Gesamtbelegschaft betreffen.[387] Zu berücksichtigen sind insoweit lediglich solche Arbeitnehmer, die aus betriebsbedingten Gründen aufgrund Arbeitgeberkündigung oder Aufhebungsvertrag oder aufgrund arbeitgeberseitig veranlasster Eigenkündigung ausscheiden, nicht jedoch diejenigen, die aus personen- oder verhaltensbedingten Gründen entlassen werden oder deren Arbeitsverhältnis aufgrund Fristablauf endet.[388]

9.6.1 Interessenausgleich, §§ 112 BetrVG, 121 InsO

394 Im Interessenausgleich sollte lediglich die **Möglichkeit der Inanspruchnahme von Transferleistungen vereinbart** werden. Über die Eignung hinsichtlich der Teilnahme an den Transfermaßnahmen sollte jedoch allein der Träger der Transfermaßnahmen bindend entscheiden. Durch eine solche Regelung werden Auseinandersetzungen zwischen den Betriebspartnern bzw. zwischen Arbeitgeber und Arbeitnehmern über die Eignung für die Teilnahme vermieden. Arbeitnehmer sind dann nicht geeignet, an Transfermaßnahmen teilzunehmen, wenn sie der Maßnahme zur Vermittlung nicht bedürfen,[389] d.h. auch ohne Qualifizierungsmaßnahme ein neues Arbeitsverhältnis finden werden.

395 Im Interessenausgleich sollte weiterhin vereinbart werden, dass die Arbeitnehmer nach Maßgabe des Sozialplans ein Angebot erhalten, in ein befristetes Arbeitsverhältnis mit einer Beschäftigungsqualifizierungsgesellschaft zu wechseln und zu diesem Zwecke Aufhebungsverträge sowie anschließend auf max. 12 Monate befristete Arbeitsverhältnisse mit der BQG zu schließen. Das Angebot zum Wechsel in die BQG sollte jedoch unter dem Vorbehalt der Bewilligung von Fördermitteln durch die Agentur für Arbeit, der Bewilligung des Transferkurzarbeitergeldes sowie der jeweiligen persönlichen Erfüllung der Förderungsvoraussetzungen durch die Arbeitnehmer stehen.[390] Zu berücksichtigen ist weiterhin, dass die Einhaltung des Interessenausgleiches nicht erzwingbar ist. Der Arbeitgeber ist vielmehr nur verpflichtet, einen ernsthaften Versuch eines Interessenausgleiches zu unternehmen.[391]

396 Zur schnellen Durchführung von Betriebsänderungen in der **Insolvenz** gewährt die Insolvenzordnung folgende Erleichterungen: Nach **§ 121 InsO** kann der Insolvenzverwalter den in § 112 Abs. 2 BetrVG vorgesehenen Vermittlungsversuch beim Vorstand

---

386 Wann eine sog. größere Zahl von Arbeitnehmern betroffen ist, richtet sich grundsätzlich nach § 17 KSchG. Das *BAG* (NJW 1980, 2094) bejaht die größere Anzahl von Arbeitnehmern, wenn zusätzlich mindestens 5 % der Belegschaft von dem Arbeitsplatzabbau betroffen sind.
387 *BAG* NZA 2004, 741; *BAG* NZA 1999, 949.
388 *Uhlenbruck/Berscheid/Ries* §§ 121, 122, Rn. 21.
389 Vgl. Merkblatt 8c der Bundesagentur für Arbeit, „Transferleistungen", S. 11.
390 *Mengel/Ullrich* BB 2005, 1109, 1114.
391 Düsseldorf v. 16.12.1996 – 18 TABV 75/96.

der Bundesagentur für Arbeit vermeiden. Weiterhin kann er nach § 122 InsO mit Zustimmung des Arbeitsgerichtes eine Betriebsänderung in der Insolvenz ohne ein vorheriges Einigungsstellenverfahren durchführen, ohne dass Ansprüche auf Nachteilsausgleich entstehen oder gar Unterlassungsansprüche drohen.

9.6.2 Sozialplan, § 123 InsO

Sozialplanansprüche stellen nach ihrem Sinn und Zweck keine Entschädigung für den Verlust des Arbeitsplatzes dar, vielmehr sollen sie **zukünftige Umstände**, namentlich künftig entstehende bzw. zu erwartende Nachteile und künftige Aussichten auf dem Arbeitsmarkt **berücksichtigen**.[392] Neben den üblichen Regelungen enthalten Sozialpläne, die die Einschaltung einer BQG beabsichtigen, daher regelmäßig Regelungen zu 397

- der Teilnahme am Profiling. Insbesondere aus Gründen der Organisation ist die Verpflichtung der Arbeitnehmer enthalten, ihre bindende Anmeldung bis zu einem bestimmten Zeitpunkt zu erklären.
- der Teilnahme an Fortbildungs- und Qualifizierungsmaßnahmen. Aus Gründen der Kostenkalkulation können ggf. Höchstzahlen der teilnehmenden Arbeitnehmer bzw. Fristen, bis zu der die Transfermaßnahmen durchgeführt werden können, festgesetzt werden. Sinnvoll ist dies insbesondere bei langen Kündigungsfristen, um die Arbeitnehmer möglichst frühzeitig zu einem Wechsel in die BQG zu animieren. Andererseits wird durch das Einhalten bestimmter Fristen arbeitgeberseitig auch eine gewisse Planungssicherheit erreicht, die nicht zuletzt für die Massenentlassungsanzeige von Bedeutung ist.
- der unmittelbaren Auszahlung von Zuschüssen der Agentur für Arbeit an den Arbeitgeber als Erstattung der Kosten für die Transfermaßnahmen. Hintergrund ist die Anspruchsberechtigung des einzelnen Arbeitnehmers auf Zuschüsse für Transfermaßnahmen. Ohne die hier vorgeschlagene Auszahlungsregelung hätte der Arbeitnehmer jedoch ggf. einen „doppelten" Anspruch auf Zuschüsse, nämlich gegenüber der Agentur für Arbeit aus dem Gesetz einerseits und gegenüber dem Arbeitgeber aus dem Sozialplan andererseits.
- den Voraussetzungen für den Wechsel in die BQG bzw. Teilnahmeberechtigung. Ausgeschlossen werden können beispielsweise diejenigen Arbeitnehmer, die im Rahmen von Transfermaßnahmen zumutbare Arbeitsverhältnisse nicht annehmen. Insoweit sollte inhaltlich auf den als Muster anliegenden dreiseitigen[393] Vertrag verwiesen werden.
- dem konkreten (beabsichtigten) Zeitpunkt der Bildung der betriebsorganisatorisch eigenständigen Einheit sowie
- zu Konkretisierungszwecken die genaue Bezeichnung der Maßnahmeträger bzw. der Transfergesellschaft.

9.6.3 Erzwingung der Einschaltung einer BQG durch den Betriebsrat?

Soweit sich die Betriebspartner im Rahmen der Sozialplanverhandlungen nicht auf konkrete Transfermaßnahmen bzw. deren Umfang einigen können, stellt sich die Frage nach der **Erzwingbarkeit** durch die Anrufung der Einigungsstelle im Rahmen des § 112 398

---

392 *BAG* NZA 1995, 644, 646.
393 Bei gesonderten Aufhebungs- und Aufnahmeverträgen sollte jedenfalls der Aufnahmevertrag in die BQG als Muster beigefügt werden.

Abs. 5 S. 2 Nr. 2a BetrVG. Letztere hat bei ihrer Entscheidung auch die Aussichten der von der Entlassung betroffenen Arbeitnehmer auf dem Arbeitsmarkt zu berücksichtigen. Hieraus kann auf eine Verpflichtung der Einigungsstelle geschlossen werden, die Chancen der zu entlassenden Arbeitnehmer am Arbeitsmarkt durch geeignete Maßnahmen im Sozialplan zu verbessern.[394] Als geeignete Maßnahme in diesem Sinne käme auch die Einbeziehung einer BQG durch die Einigungsstelle in Betracht.

399 Jedoch dürfte nicht zuletzt wegen der vielfältigen Ausgestaltungsmöglichkeiten der Sozialpläne eine **Ermessensreduzierung auf Null** in der Form einer Erzwingbarkeit der Einrichtung einer BQG über die Einigungsstelle **ausgeschlossen sein**.[395] Ein entsprechender Zwang würde zudem in die geschützte unternehmerische Freiheit des Arbeitgebers eingreifen, jedenfalls dann, wenn die Transfermaßnahmen in einer unternehmensinternen beE erfolgen sollen.[396] In diesem Fall wäre die verpflichtende Durchführung von Fort- und Weiterbildungsmaßnahmen regelmäßig mit einer Veränderung oder Ausweitung des Betriebszweckes und der Verpflichtung zur Fortsetzung des Arbeitsverhältnisses im Rahmen der Kurzarbeit verbunden. Gegen eine einseitige Erzwingung spricht weiterhin auch der eindeutige Wortlaut des § 216a Abs. 1 Nr. 1 SGB III, wonach die Betriebsparteien durch die Agentur für Arbeit über Eingliederungsmaßnahmen beraten werden. Hieraus kann der Rückschluss gezogen werden, die Förderung seitens der öffentlichen Hand solle auf einer freiwilligen Einigung beruhen.[397] Die Einigungsstelle selbst besitzt kein eigenes Auskunftsrecht mehr über die Fördermöglichkeiten. Für den Fall der Insolvenz erscheint eine Erzwingbarkeit zudem ausgeschlossen, da außerhalb der in §§ 123 und 124 InsO angeordneten Fälle eine zwangsweise Schaffung von Masseverbindlichkeiten nicht möglich ist.[398]

400 Hingegen soll ein **Einigungsstellenspruch**, der die finanzielle Beteiligung des Arbeitgebers an einer bereits existenten, externen BQG und von Dritten durchgeführten Fördermaßnahmen vorsieht, möglich sein.[399] Soweit hier die finanziellen Grenzen (vgl. §§ 112 Abs. 5 S. 1, 2 Nr. 2 BetrVG) beachtet werden, stellen die arbeitgeberfinanzierten Qualifizierungsmaßnahmen in diesem Falle nichts anderes dar als eine Sonderform der Abfindung, die einer einmaligen Abfindungszahlung vorgezogen werden können.[400]

401 Mitbestimmungsrechte des Betriebsrates kommen darüber hinaus regelmäßig nur im personalabgebenden Unternehmen in der Planungsphase betrieblicher Qualifizierungsmaßnahmen in Betracht. Gem. §§ 96 ff. BetrVG können Beteiligungsrechte geltend gemacht werden. Innerhalb der Transfergesellschaft scheiden solche Beteiligungsrechte regelmäßig schon aufgrund des Fehlens eines Betriebsrates aus. Nachdem die Arbeitnehmer in die BQG überwechseln und dort für den externen Arbeitsmarkt, nicht jedoch für die Rückkehr in den ursprünglichen Betrieb qualifiziert werden, kommt auch ein Nachhangmandat nach § 21a BetrVG des „alten" Betriebsrates nicht in Betracht.[401]

---

394 *Gaul/Otto* NZA 2004, 1301, 1304.
395 So auch *Gaul/Otto* NZA 2004, 1301, 1304.
396 *Meyer* BB 2004, 490, 493; *Gaul/Bonanni/Otto* DB 2003, 2386, 2390; *Lingemann* NZA 2002, 934, 941.
397 Vgl. *Meyer* BB 2004, 490, 493.
398 So auch *Lembke* BB 2004, 773, 775.
399 *Krieger/Fischinger* NJW 2007, 2289, 2293; *Bissels/Jordan/Wisskirchen* NZI 2009, 865, 869; ErfK/Kania, § 112 BetrVG Rn. 37d.
400 *Krieger/Fischinger* NJW 2007, 2289, 2293.
401 Mangels identitätswahrenden Fortbestehens des Betriebes.

10. Überblick Zeitlicher Ablauf:

10.1 Vorbereitungsphase

- Planung der Betriebsänderung, aufgrund der dauerhaft Arbeitsplätze wegfallen, im Insolvenzfall regelmäßig Betriebsstillegung,
- Beratungen und Verhandlungen mit Betriebsrat über Interessenausgleich und Sozialplan, insbesondere über Transfermaßnahmen, Abfindung, Beschäftigungs- und Qualifizierungsgesellschaft,
- Einholung von Informationen über mögliche Transfergesellschaften,
- Übermittlung anonymisierter Mitarbeiterdaten unter Angabe von Kündigungsfristen, Bruttolöhnen, betroffenem Personenkreis, Tätigkeitsmerkmalen/Grundqualifikationen (beachte: keine Rückschlussmöglichkeiten auf einzelne Mitarbeiter!),
- Einbeziehung der örtlichen Agentur für Arbeit im Vorfeld der Entscheidung über die Inanspruchnahme von Transferleistungen und Transferkurzarbeitergeld – Beratungspflicht der Agenturen gem. §§ 216a Abs. 1 Nr. 1, 216b Abs. 1 Nr. 4 SGB III,
- ggf. Vorbereitung der Massenentlassungsanzeige gem. § 17 KSchG.

10.2 Entscheidungsphase

- Auswahl der Beschäftigungs- und Qualifizierungsgesellschaft und Entscheidung über die durchzuführenden Transfermaßnahmen, Sicherung der Finanzierung, ggf. Bürgschaften

10.3 Durchführungsphase

- ausführliche Information der Arbeitnehmer über die geplanten Maßnahmen, ggf. auch durch die ausgewählte BQG,
- Profiling (ggf. nachzuholen unverzüglich nach Übergang in BQG), Dauer bis zu zwei Tage,
- ggf. Massenentlassungsanzeige gem. § 17 KSchG,
- Abschluss eines sog. dreiseitigen Vertrages, alternativ eines Aufhebungsvertrages und eines befristeten Arbeitsvertrages; soweit erforderlich Ausspruch von betriebsbedingten Kündigungen,
- Abschluss eines Dienstleistungs- und Kooperationsvertrages mit der Beschäftigungs- und Qualifizierungsgesellschaft,
- Übergang in die Beschäftigungs- und Qualifizierungsgesellschaft, dort Kurzarbeit Null, Qualifizierung,
- Antrag auf Zuschüsse für Transfermaßnahmen,
- Qualifizierungs- und Weiterbildungsmaßnahmen innerhalb der BQG,
- entweder vorzeitiges Ausscheiden aus BQG wg. Beschäftigung im ersten Arbeitsmarkt, z.B. beim Erwerber, oder – nach Ablauf der BQG und bei fehlender Beschäftigungsmöglichkeit – Arbeitslosengeld nach individueller Berechnung.

IV. Steuern in der Sanierung und Insolvenz

1. Einleitung

Steuern in der Sanierung und Insolvenz eines Unternehmens spielen eine **immer wichtigere Rolle**. Fast alle Entscheidungen sind mit weitreichenden steuerlichen Folgen verbunden. Ob es um die Kapitalzuführung geht, den Erlass bzw. die Stundung von Verbindlichkeiten, die (Teil-)Veräußerung des Betriebs, die (teilweise) Einstellung eines Geschäftsbetriebs, die gesellschaftsrechtliche Umstrukturierung etc., die steuerrechtlichen Folgen sind komplex und müssen vorher geklärt werden. Betriebswirtschaftlich sinnvolle oder gar notwendige Sanierungs- bzw. Abwicklungsmaßnahmen können mit nachteilhaften Steuerfolgen verbunden sein. Unter gleichwertigen Sanierungsalternativen ist die mit den geringsten steuerlichen Nachteilen auszuwählen.

405 Leider gibt es **kein geschlossenes Sanierungs- bzw. Insolvenzsteuerrecht**. Das Sanierungs- bzw. Insolvenzrecht und das Steuerrecht stehen nebeneinander und sind nicht immer sauber aufeinander abgestimmt. Die Geschäftsleitung des notleidenden Unternehmens, der Insolvenzverwalter und zum Teil der Sanierungsberater tragen die Verantwortung für die Einhaltung der steuerlichen Vorschriften. Es bestehen **besondere Haftungsgefahren**. Im Sinne einer **Tax Compliance** ist ein System aufzubauen, das es den beteiligten Personen ermöglicht, auch unter Berücksichtigung des Steuerrechts die optimale Entscheidung zu treffen.

406 Die Problematik wird dadurch verschärft, dass das **Steuerrecht zunehmend sanierungsfeindlich** geworden ist (z.B. Streichung des steuerfreien Sanierungsprivilegs, § 3 Nr. 66 EStG a.F.; Verschärfung der Mantelkaufproblematik, § 8 Abs. 4 KStG a.F., § 8c KStG). Die letzten Versuche, sanierungsfreundliche Regelungen wieder einzuführen (insb. zu § 8c KStG die Beteiligung von Wagniskapitalbeteiligungsgesellschaften in Abs. 2 sowie das Sanierungsprivileg in Abs. 1a), sind an den EU-rechtlichen Vorgaben gescheitert bzw. drohen zu scheitern (vgl. dazu Rn. 481 f.).

2. Rechtsstellung der Beteiligten in der Krise (Tax Compliance)

2.1 Allgemeines

407 Das Kernproblem der Tax Compliance im Rahmen der Sanierung und Insolvenz ist, dass sich die Krise in der Regel über einen **längeren Zeitraum** hinzieht (zunächst unerkannt, dann nicht ernst genommen, dann – nicht immer geeignet – bekämpft, um – u.U. zu spät – am Ende den Antrag auf Eröffnung des Insolvenzverfahrens zu stellen). Zudem nimmt das Steuerrecht keine Rücksicht auf die Krise. Es fordert normgerechtes – d.h. profiskalisches – Verhalten. Schließlich kommt erschwerend hinzu, dass im Laufe der Krise **verschiedene Personen** auftreten (Gesellschafter, Geschäftsleitung, Sanierungsberater, vorläufiger Verwalter, Verwalter), deren Rechte und Pflichten abzugrenzen sind. Dabei muss sich gerade in der Krise eines Unternehmens die Qualität der Tax Compliance beweisen. Insbesondere ist die Buchhaltung fortzuführen, Steuererklärungen und Voranmeldungen sind fristgerecht einzureichen, die Steuern sind termingerecht zu zahlen.

408 Auch in der Krise kommen die **allgemeinen Grundsätze** der **Tax Compliance** zur Anwendung. So gelten z.B. die umsatzsteuerrechtlichen Grundsätze unabhängig davon, ob ein „gesundes" Unternehmen einen Gegenstand ins innereuropäische Ausland liefert oder ein sanierungsbedürftiges.[402] Hinzu kommen drei krisenbedingte, **besonders haftungsrelevante Umstände**:
– **Aufgabenverteilung** der an der Sanierung/Insolvenz beteiligten Personen,
– Auswirkungen der **Liquiditätsprobleme** auf steuerliche Pflichten,
– Berücksichtigung von gesetzlich gebotenen bzw. betriebswirtschaftlich notwendigen **Sanierungs– bzw. Abwicklungsmaßnahmen** bei der Besteuerung.

---

[402] Vgl. dazu ausführlich *Streck/Mack/Schwedhelm*.

2.2 Risiko- und Gefahrenbereiche
2.2.1 Aufgabenverteilung
2.2.1.1 Gesellschafter

Die **nicht zur Geschäftsführung berechtigten Gesellschafter** (insb. der Kommanditist bei der KG sowie die Gesellschafter bei der GmbH und AG) treffen grundsätzlich keine steuerrechtlichen Rechte und Pflichten der notleidenden Gesellschaft. **409**

Lediglich bei **Personengesellschaften** ist unabhängig von der Krise (also auch nach der Insolvenzeröffnung) die gesonderte Gewinnfeststellungserklärung gem. § 180 Abs. 1 Nr. 2 AO von den Gesellschaftern abzugeben (§ 181 Abs. 2 Nr. 1 AO[403]). Die Finanzverwaltung hat den Feststellungsbescheid an die einzelnen Gesellschafter bekanntzugeben.[404] Der einzelne Gesellschafter muss das Rechtsbehelfsverfahren führen. **410**

Engagiert sich der an sich nicht geschäftsführungsbefugte Gesellschafter darüber hinaus in der Krise gegenüber Dritten (führt er z.B. Verhandlungen über die Stundung und/oder den Teilerlass von Verbindlichkeiten), besteht die Gefahr, dass der Gesellschafter zum sog. **faktischen Geschäftsführer** wird. In diesem Fall treffen ihn alle steuerlichen Pflichten des Unternehmens nach § 34 AO.[405] **411**

2.2.1.2 Geschäftsleitung

Die steuerlichen Pflichten richten sich primär an die **gesetzlichen Vertreter** (im Folgenden auch Geschäftsleitung genannt) des notleidenden Unternehmens (§ 34 AO): die geschäftsführenden Gesellschafter bei der Personengesellschaft (insb. § 709 BGB; §§ 114, 164 HGB), die Geschäftsführer bei der GmbH, den Vorstand bei der AG. Den Aufsichtsrat bei der AG bzw. den Beirat bei der GmbH treffen keine steuerlichen Pflichten. **412**

Bei einer **mehrköpfigen Geschäftsleitung** ist es möglich, durch einen Geschäftsverteilungsplan bestimmte Aufgabenbereiche einzelnen Mitgliedern der Geschäftsleitung zuzuweisen. Dieser Geschäftsverteilungsplan begrenzt die Verantwortlichkeit der einzelnen Mitglieder der Geschäftsleitung nach außen.[406] Das nicht zuständige Mitglied ist grundsätzlich nicht verantwortlich für das Fehlverhalten des zuständigen Mitglieds. Eine Verantwortung besteht für das nicht zuständige Mitglied nur dann, wenn es entgegen der Zuständigkeitsverteilung an dem Fehlverhalten des anderen mitwirkt, es von dem Fehlverhalten positiv wusste und es nicht verhindert hat oder das Fehlverhalten hätte erkennen und verhindern müssen. **413**

In der Krise des Unternehmens kommt eine weitere Ausnahme hinzu. In der Krise verliert der Geschäftsverteilungsplan seine Wirkung. Alle Mitglieder sind wieder für alles zuständig und verantwortlich.[407] In Einzelfällen kann das Gremium einzelne Mitglieder mit der Durchführung bestimmter Maßnahmen beauftragen. Die Durchführung dieses Auftrags ist aber von allen Mitgliedern der Geschäftsleitung zu kontrollieren. **414**

---

403 *BFH* ZIP 1993, 374.
404 *BFH* BStBl II 2005, 246.
405 *BFH* DStRE 2007, 1129; *BFH*/NV 2003, 442.
406 *BFH*/NV 2004, 157.
407 *BFH*/NV 2009, 1968; *BFH*/NV 2006, 1441.

2.2.1.3 Sanierungsberater

415 Den Sanierungsberater treffen **grundsätzlich keine steuerlichen Pflichten** im Hinblick auf das notleidende Unternehmen. Im Zusammenhang mit der Insolvenzantragspflicht beim notleidenden Unternehmen wird hingegen derzeit kontrovers diskutiert, ob der Berater auf die rechtzeitige Insolvenzantragstellung hinwirken muss, um einer eigenen Haftung wegen Insolvenzverschleppung zu entgehen.[408] Erfüllt er seine Beratungsleistung fehlerhaft, kann dies eine Haftung gegenüber dem Auftraggeber (i.d.R. das sanierungsbedürftige Unternehmen) und Dritten auslösen.[409] Sein Honoraranspruch unterliegt einem besonderen Anfechtungsrisiko nach §§ 129 ff. InsO, da der Sanierungsberater i.d.R. aufgrund seiner Tätigkeit im notleidenden Unternehmen „bösgläubig" ist.[410]

416 Besondere steuerrechtliche Pflichten werden hingegen begründet, wenn dem Berater die **Bearbeitung steuerrelevanter Bereiche** übertragen wird. Fehler können zu einer Strafbarkeit nach § 371 AO und einer Haftung nach § 71 AO führen. Andererseits ist der Berater nicht verpflichtet, die Finanzverwaltung auf Fehler der Geschäftsleitung hinzuweisen. Die Verantwortung, Fehler nach § 153 AO bzw. § 371 AO zu korrigieren, liegt bei der Geschäftsleitung.

417 Übernimmt der Sanierungsberater hingegen nach außen Geschäftsführungsaufgaben, besteht die Gefahr, dass er als **faktischer Geschäftsführer** angesehen wird. In diesem Fall treffen ihn alle steuerlichen Pflichten, auch wenn er nicht organschaftlich zum Geschäftsleiter bestellt ist.[411] Neben dem faktischen Geschäftsleiter bleiben die organschaftlichen Geschäftsleiter in ihrer vollen Verantwortung.[412] Sie können sich nicht damit exkulpieren, dass ein Dritter die Geschäfte geführt habe. Es bleibt bei der in der Krise bestehenden Alleinverantwortlichkeit. Die organschaftliche Geschäftsleitung muss das Handeln des faktischen Geschäftsleiters unterbinden oder kontrollieren und sich zurechnen lassen.

418 Wird der Sanierungsberater **offiziell in die Geschäftsleitung** aufgenommen, treffen ihn alle steuerlichen Pflichten, auch soweit sie sich auf die Zeit vor seiner Bestellung beziehen.

2.2.1.4 Vorläufiger Verwalter

419 Zwischen Insolvenzantrag und Insolvenzeröffnung bestellt das Insolvenzgericht in aller Regel einen **vorläufigen Verwalter** nach § 21 Abs. 2 Nr. 1 InsO. Welchen Einfluss die Bestellung des vorläufigen Verwalters auf die steuerlichen Pflichten hat, hängt davon ab, mit welchen Rechten das Insolvenzgericht den vorläufigen Verwalter nach § 22 InsO ausstattet.

420 Ordnet das Insolvenzgericht ein **allgemeines Veräußerungsverbot** an, geht die Verwaltungs- und Verfügungsbefugnis über das Vermögen auf den vorläufigen Verwalter über. Man spricht vom **„starken" vorläufigen Verwalter**. Alle **steuerrechtlichen Pflichten** gehen auf ihn über (§ 34 Abs. 3 AO). Er hat die laufenden steuerlichen Pflichten zu erfüllen. Die von ihm begründeten Steuerschulden gelten als Masseverbindlichkei-

---

408 Vgl. dazu *Weber/Buchert* ZinsO 2009, 1731.
409 Vgl. dazu *Gräfe* DStR 2010, 618 und 669 sowie *Schmittmann* ZinsO 2011, 545.
410 Vgl. dazu *Heidbrink* BB 2008, 958.
411 *BFH* DStRE 2007, 1129; *BFH*/NV 2003, 442.
412 *BFH*/NV 2009, 1589.

ten gem. § 55 Abs. 2 InsO. Es wird lediglich kontrovers diskutiert, ob der starke vorläufige Verwalter zur Abführung verpflichtet ist.[413] Fällt dem starken vorläufigen Verwalter bei seiner Tätigkeit auf, dass vor seiner Bestellung Fehler begangen wurden, muss er diese nach § 153 AO richtig stellen. Unterlassene Handlungen (wie Buchführung, Steuererklärungen, Voranmeldungen und Meldungen) muss er nachholen. Wegen der relativen Kürze des Eröffnungsverfahrens kommt diesen Korrektur- und Nachholpflichten i.d.R. eine geringe Bedeutung zu.

Die **bisherige Geschäftsleitung** ist von der Erfüllung der laufenden steuerlichen Pflichten weitestgehend ausgeschlossen. Sie ist nicht für das Tun oder Unterlassen des starken vorläufigen Verwalters verantwortlich. Sie bleibt aber im sog. **insolvenzfreien Bereich** verpflichtet. Ein solcher Bereich kann bei Unternehmen nur bei Personengesellschaften bestehen. Hier bleibt die Geschäftsleitung zur fristgerechten Abgabe zutreffender Gewinnfeststellungserklärungen verpflichtet. Darüber hinaus hat die Geschäftsleitung das Recht, auch ohne bzw. gegen den Willen des starken vorläufigen Verwalters eine **Selbstanzeige** nach § 371 AO abzugeben bzw. **Berichtigungen** nach § 153 AO vorzunehmen. **421**

Weitaus häufiger ordnet das Insolvenzgericht **kein allgemeines Verfügungsverbot** an. Nach § 22 Abs. 2 InsO bestimmt es vielmehr die **einzelnen Kompetenzen** des sog. **„schwachen" vorläufigen Verwalters**. Das Insolvenzgericht kann z.B. für einzelne Bereiche ein besonderes Verfügungsverbot oder einen allgemeinen bzw. speziellen Zustimmungsvorbehalt anordnen. Häufig ermächtigt das Gericht zur vorläufigen Unternehmensfortführung. Besondere Bedeutung hat auch die Übertragung der Kassenführung auf den schwachen vorläufigen Verwalter, hier kann nur der vorläufige Verwalter Zahlungen veranlassen und mit schuldbefreiender Wirkung entgegennehmen.[414] **422**

Welche **steuerlichen Pflichten** damit auf den schwachen vorläufigen Verwalter übergehen, hängt von der von dem Insolvenzgericht eingeräumten Machtstellung ab.[415] Bei einer Unternehmensfortführung ist der vorläufige Verwalter nach § 34 Abs. 3 AO für den von ihm verwalteten Bereich zuständig. Bei besonderen Verfügungsverboten und der Übertragung der Kassenführung hat der schwache vorläufige Verwalter die Stellung eines Verfügungsberechtigten nach § 35 AO. Ansonsten hat er keine steuerlichen Pflichten des Unternehmens zu erfüllen.[416] **423**

Mit Ausnahme der Unternehmensfortführung durch den schwachen vorläufigen Verwalter bleibt die Verfügungsmacht und damit die steuerrechtliche Verantwortung vollumfänglich bei der **bisherigen Geschäftsleitung**. Sie muss alle Pflichten erfüllen und die fälligen Steuern zahlen. Je nach Anordnung des Insolvenzgerichts kann dazu die **Mitwirkung des schwachen vorläufigen Verwalters** erforderlich sein. Steht die Steuerzahlung z.B. unter dem Zustimmungsvorbehalt des Verwalters, muss sich die Geschäftsleitung nachweislich um eine solche Zustimmung bemühen.[417] Nur wenn die Erfüllung der steuerlichen Pflicht an einer mangelnden Mitwirkung des schwachen **424**

---

413 Vgl. *Frotscher* S. 45 ff.
414 Vgl. zum Ganzen *Leonhardt/Smid/Zeuner/Thiemann* § 22 Rn. 73 ff.
415 Vgl. dazu *Leonhardt/Smid/Zeuner/Thiemann* § 22 Rn. 194 ff.
416 *BFH*/NV 2009, 1591.
417 *BFH*/NV 2010, 1120; *BFH*/NV 2005, 665.

vorläufigen Verwalters scheitert, kann die Geschäftsleitung nicht von der Finanzverwaltung zur Verantwortung gezogen werden.[418]

425 An der steuerlichen Pflichtenstellung bezogen auf den schwachen vorläufigen Verwalter hat sich durch Einführung des neuen **§ 55 Abs. 4 InsO** nichts geändert. Die mit Zustimmung des vorläufigen schwachen Verwalters begründeten Steuerforderungen gelten zwar mit der Verfahrenseröffnung als Masseverbindlichkeit. Bis dahin hat der vorläufige schwache Verwalter jedoch keine unmittelbare eigene steuerliche Verantwortung für das Unternehmen.

2.2.1.5 Verwalter

426 Mit der Eröffnung des Insolvenzverfahrens geht die gesamte Verfügungsbefugnis auf den Verwalter über (§ 80 InsO). Es wird nicht mehr nach stark und schwach differenziert. Der Verwalter ist **Vermögensverwalter nach § 34 Abs. 3 AO** und hat als solcher alle steuerlichen Pflichten zu erfüllen. Lediglich die Pflicht zur Abführung von Steuern, die als Insolvenzforderung nach § 38 InsO zu qualifizieren ist, ist eingeschränkt. Diese Steuerforderungen nehmen an dem allgemeinen Feststellungsverfahren nach §§ 174 ff. InsO teil und sind im Rahmen der Verteilung nach § 187 InsO nur mit der auf sie entfallenden Quote zu berücksichtigen. Der Verwalter ist hingegen nicht für die Einhaltung der steuerlichen Pflichten der Gesellschafter verantwortlich.

427 Die **Geschäftsleitung** trägt im Gegenzug nicht mehr die Verantwortung für die Erfüllung der laufenden steuerlichen Pflichten des Unternehmens (§ 81 InsO). Sie kann jedoch weiterhin von der Finanzverwaltung für bereits verwirklichte Sachverhalte zur Verantwortung gezogen werden. Der Geschäftsleitung bleibt es zudem unbenommen, für die Zeit vor Insolvenzeröffnung Selbstanzeigen nach § 371 AO und Berichtigungserklärungen nach § 153 AO abzugeben. Bei Personengesellschaften gibt es zudem steuerrechtlich einen insolvenzfreien Bereich. Wie unter 2.2.1.1 dargestellt, sind die Gesellschafter für die Gewinnfeststellungserklärung zuständig.

2.2.1.6 Haftungsnormen

428 Auch hier gelten zunächst die **allgemeinen Grundsätze**. Für die Personen, die steuerliche Pflichten nach §§ 34, 35 AO zu erfüllen haben, steht die Haftung gegenüber der Finanzverwaltung nach § 69 AO im Mittelpunkt (hier Geschäftsleiter und Verwalter, u.U. Sanierungsberater und vorläufiger Verwalter). Im Mittelpunkt steht hier die Verpflichtung, Bücher zu führen, Erklärungen abzugeben und die fälligen Steuern fristgerecht zu zahlen.[419]

429 Daneben steht die **strafrechtliche Verantwortung** nach § 370 AO sowie die damit verbundene Haftungsnorm nach § 71 AO. Hier ist der Kreis der Betroffenen weiter gesteckt, da als Täter und Teilnehmer auch die Personen in Betracht kommen, die außerhalb von §§ 34 und 35 AO stehen (hier insb. Sanierungsberater). Steuerliches Fehlverhalten kann zu einem Schaden der Gesellschaft, des Gesellschafters oder Dritter führen. Auch insoweit gelten die allgemeinen Grundsätze.[420]

---

418 *FG Münster* EFG 2009, 1616, zum Widerspruch des vorläufigen Verwalters zum Lasteneinzug; *BFH*/NV 2001, 665 zur Stornierung eines Überweisungsauftrags durch den vorläufigen Verwalter.
419 Vgl. dazu ausführlich *Streck/Mack/Schwedhelm/Binnewies* S. 325 ff.
420 Vgl. dazu ausführlich *Streck/Mack/Schwedhelm/Binnewies* S. 341 ff.

Besondere Haftungsvorschriften gelten für den vorläufigen sowie den (endgültigen) **430**
Verwalter. Neben die steuerliche Haftung nach § 69 AO tritt die insolvenzrechtliche Haftung nach §§ 60 ff. InsO. Die Haftung nach §§ 60 ff. InsO weicht in mehreren Punkten von der nach § 69 AO ab:
- Für die Haftung nach § 60 InsO genügt einfache Fahrlässigkeit.
- Hingegen ist die Haftung für Erfüllungsgehilfen nach § 60 Abs. 2 InsO eingeschränkt.
- Die Verjährung richtet sich nach § 62 InsO.
- Die Haftung kann nicht durch Haftungsbescheid geltend gemacht werden.

Die **insolvenzspezifische Haftung** nach §§ 60 ff. InsO kommt zur Anwendung, wenn **431** der (vorläufige) Verwalter gegen insolvenzrechtliche Vorschriften verstößt (insb. Verstoß gegen §§ 174 ff. InsO durch nicht, nicht rechtzeitige bzw. nicht ausreichende Erfüllung von Steuern, die Insolvenzforderung sind). Der Verstoß gegen rein steuerrechtliche Pflichten (z.B. Verletzung von Steuererklärungspflichten oder Nichtzahlung von Steuerforderungen, die Masseverbindlichkeiten sind) richtet sich nach § 69 AO.[421]

2.2.2 Liquiditätsprobleme

Die Krise führt über kurz oder lang zu Liquiditätsproblemen. Diese entbinden die **432** **Geschäftsleitung** nicht von der Einhaltung der steuerlichen Pflichten. Die Erfüllung der steuerlichen Pflichten hat ihre Grenzen an den finanziellen Möglichkeiten. Sind keine Mittel für die Buchhaltung oder zur Fertigung der Steuererklärung vorhanden, ist i.d.R. Zahlungsunfähigkeit gegeben mit der Folge, dass der Insolvenzantrag ohne schuldhaftes Zögern nach § 15a InsO gestellt werden muss. Das Unterlassen der steuerlichen Pflichten aus Liquiditätsproblemen ohne die Stellung eines Insolvenzantrags ist außerhalb der 3-Wochen-Frist des § 15a InsO pflichtwidrig. Es dürfen hingegen neue Geschäfte eingegangen werden, auch wenn die Geschäftsleitung davon ausgehen muss, die daraus resultierenden Steuern nicht entrichten zu können.[422]

Bei der Auszahlung von Lohn muss sichergestellt sein, dass die darauf entfallende **433** **Lohnsteuer** entrichtet werden kann. Der Lohn ist zur Not so weit zu kürzen, dass die auf den gekürzten Lohn entfallende Lohnsteuer entrichtet werden kann. Dies soll sogar dann gelten, wenn die Geschäftsleitung die für die Lohnzahlung erforderlichen Mittel privat aufbringt.[423] **Andere Steuern** sind anteilig wie andere Verbindlichkeiten zu zahlen. Die Zahlung der Steuern darf auch innerhalb der 3-Wochen-Frist des § 15a InsO vor dem Hintergrund einer möglichen Haftung nach § 92 Abs. 2 AktG bzw. § 64 GmbHG nicht unterbleiben.[424] Die Geschäftsleitung kann die Zahlung nicht mit dem Hinweis unterlassen, bei einer späteren Insolvenzeröffnung sei die Zahlung nach §§ 129 ff. InsO anfechtbar.[425]

Auch der **Verwalter** kann sich nur eingeschränkt auf mangelnde Liquidität berufen. **434** Sind die **Steuern** als Insolvenzforderungen zu qualifizieren, werden sie von Gesetzes wegen nur mit einer Quote nach §§ 187 ff. InsO berücksichtigt. Sind die Steuern Masseverbindlichkeit nach § 55 InsO, müssen sie vollständig vorweg erbracht werden. Reicht das verwaltete Vermögen wider Erwarten nicht aus, um die Masseverbindlich-

---

421 Ständige Rspr. seit *BGH* ZIP 1989, 50.
422 *BFH* BStBl II 2003, 337, zur USt.
423 *BFH* BStBl II 2006, 397.
424 *BFH* BStBl II 2009, 129.
425 *BFH* BStBl II 2009, 342.

keiten zu erfüllen, muss der Verwalter unverzüglich die Masseunzulänglichkeit nach § 208 InsO erklären. Ansonsten haftet der Verwalter nach § 61 InsO persönlich.

435 Mangelnde finanzielle Mittel entbinden ihn grundsätzlich nicht von der Verpflichtung zur **Buchführung**, die **Gewinnermittlung** vorzunehmen und **Steuererklärungen** abzugeben. Der BFH[426] ist hier besonders streng. Solange sich die Masseunzulänglichkeit nicht herausgestellt hat, gelten die Pflichten uneingeschränkt. Bei Masseunzulänglichkeit ist der als Verwalter tätige Rechtsanwalt oder Steuerberater zur Not selbst verpflichtet, diese Aufgaben zu erfüllen. Ausnahmen sind nur zulässig, wenn es sich um besonders schwierige und umfangreiche Arbeiten handelt. Für Stundungsverfahren nach § 4a InsO hat der BGH[427] eine beschränkte Erleichterung zugelassen: In Ausnahmefällen ist eine Erstattung der angemessenen Kosten für die Beauftragung eines Steuerberaters als Auslagen möglich.

2.2.3 Notwendige Maßnahmen

436 Die **Sanierung** eines **notleidenden Unternehmens** erfordert vielfältige Maßnahmen, um weitere Verluste zu vermeiden (z.B. Einstellung eines (Teil-)Betriebs) oder um Liquidität zu schaffen, die anderweitig benötigt wird (z.B. Verkauf eines Wirtschaftsguts, um damit Verbindlichkeiten zurückzuführen oder notwendige Investitionen zu tätigen).

437 Der vorläufige Verwalter wie auch der **Verwalter** kann sogar verpflichtet sein, einen verlustträchtigen Betrieb kurzfristig zu schließen (vgl. § 23 Abs. 1 Nr. 2 sowie §§ 157f. InsO), um eine weitere Minderung des Vermögens zu verhindern. Das Vermögen des Unternehmens muss dann verwertet werden (§ 159 InsO). Auch bei einer Unternehmensfortführung wird in der Regel zumindest in Teilbereichen der Geschäftsbetrieb eingeschränkt. Auch hier werden die Wirtschaftsgüter über kurz oder lang veräußert. Die dauerhafte Fortführung des Unternehmens z.B. im Rahmen des Insolvenzplanverfahrens ist die Ausnahme.

438 Bei diesen gesetzlich vorgesehenen und/oder betriebswirtschaftlich notwendigen Maßnahmen treten zunächst die **allgemeinen steuerlichen Folgen** ein. Bei einer Veräußerung können ertragsteuerliche Gewinne anfallen; hinzu kommt i.d.R die Umsatzsteuer. Die Freigabe von Masse an den Schuldner oder dessen Gesellschafter stellt eine Entnahme dar, die nach § 6 Abs. 1 Nr. 4 EStG ebenfalls zu einer Gewinnrealisierung führen und nach § 3 Abs. 1b Nr. 1 UStG der Umsatzsteuer unterliegen kann.

439 Weniger bekannt sind die **mittelbaren Steuerfolgen** von Sanierungsmaßnahmen. Um eine Haftung der Beteiligten zu vermeiden, sind diese mittelbaren Steuerfolgen bei der Entscheidung über die Sanierungsmaßnahme bzw. bei der Entscheidung des Verwalters zu berücksichtigen (vgl. dazu Rn. 462). Der BFH gewährt in diesen Fällen grundsätzlich kein Sanierungs- bzw. Verwalterprivileg.

2.3 Risiko- und Gefahrenminimierung

2.3.1 Geschäftsleitung

440 Zunächst hat die Geschäftsleitung die **allgemeinen Risiko- und Gefahrenminimierungsobliegenheiten** einzuhalten.[428] Vor dem Hintergrund der Krise sind folgende Maßnahmen von **besonderer Bedeutung**:

---
426 *BFH* ZIP 1994, 1969.
427 *BGH* ZIP 2004, 1717.
428 Vgl. dazu ausführlich *Streck/Mack/Schwedhelm* S. 9 ff., 65 ff., 325 ff.

Bei einer **mehrköpfigen Geschäftsleitung** ist bereits in „normalen" Zeiten auf eine 441
klare Kompetenzverteilung zu achten. Diese Einhaltung der Verteilung ist auch von
dem nicht zuständigen Mitglied der Geschäftsleitung bereits vor der Krise regelmäßig
zu kontrollieren. In der Krise muss die Kontrolle verdichtet werden. Dies kann bis zu
einer täglichen Kontrolle aller relevanten Geschäftsbereiche führen. Diese Kontrolle
ist zeitnah zu dokumentieren, um in einem späteren Haftungsfall beweisen zu können,
dass man seine Sorgfaltspflichten eingehalten hat. Diese Kontrollpflicht gilt auch,
wenn man **Mitarbeiter** oder **fremde Dienstleister** mit einzelnen steuerrelevanten
Pflichten beauftragt hat.

Vor dem Hintergrund der Haftung für nicht gezahlte Steuern sollten in der Krisenzeit 442
Zahlungen an die Finanzverwaltung nicht zurückgestellt werden. Vielmehr ist zu zahlen unter ausdrücklichem Hinweis auf die Krise. Hiermit macht man den Empfänger
bösgläubig und ermöglicht eine spätere Anfechtung der Zahlung durch den Insolvenzverwalter nach §§ 129 ff. InsO.

Unabhängig davon sollte das **Finanzamt frühzeitig eingebunden** werden. Es können 443
Fristverlängerungsanträge für die Abgabe der Steuererklärungen gestellt werden
(§ 109 AO). Bestehen Probleme mit der Einhaltung der Buchführungspflichten, können Erleichterungen nach § 148 AO beantragt werden. Zur Not sind Erklärungen mit
geschätzten Zahlen abzugeben, wobei ausdrücklich auf die Schätzung hinzuweisen ist.
Hinsichtlich der Abführungspflicht können Stundungs- und Erlassanträge gestellt werden (§§ 222, 227 AO). Hierbei handelt es sich i.d.R. um Ermessensentscheidungen der
Finanzverwaltung.

Unabhängig davon ist zu dokumentieren, wann und wie man von der Krise erfahren 444
hat. Ebenso sind **Sanierungsbemühungen** zu **dokumentieren**. I.d.R. sollte man spätestens zu diesem Zeitpunkt einen Rechtsanwalt hinzuziehen, der die Geschäftsleitung
hinsichtlich der Pflichten in der Krise berät. Man muss darauf bestehen, die Auskünfte des Rechtsanwalts schriftlich zu erhalten.

Im Zweifel ist **frühzeitig** der **Insolvenzantrag** zu stellen, da die Insolvenzantragspflicht 445
innerhalb von maximal 3 Wochen seit Eintritt von Insolvenzgründen besteht. Auch
bei erfolgversprechenden Sanierungsbemühungen verlängert sich diese Frist nicht.
Sollte die Sanierung nach Antragstellung erfolgreich sein, kann der Antrag bis zur
Eröffnung des Verfahrens zurückgenommen werden (§ 13 Abs. 2 InsO).

Weisungen der **Gesellschafter** sind irrelevant. Sie entbinden nicht von der eigenen 446
Verantwortung. Verlangen die Gesellschafter normwidriges Verhalten, muss man sich
im Zweifel abberufen lassen. Bis dahin muss die Geschäftsleitung gegen den Willen
der Gesellschafter gesetzeskonform handeln.

Zwischen Antragstellung und der Eröffnung des Insolvenzverfahrens muss die 447
Geschäftsleitung versuchen, insb. die Steuerabführungspflichten einzuhalten. Verweigert der vorläufige Verwalter die erforderliche Mitwirkung (z.B. Verweigerung der
Zustimmung, Widerruf des Überweisungsauftrags), muss dokumentiert werden, dass
man sich um eine fristgerechte Zahlung bemüht hat.

Im eröffneten Verfahren sollte die Geschäftsleitung **mit dem Verwalter zusammenar-** 448
beiten. Ihm sind die erforderlichen Auskünfte zu geben. Er sollte auf bisher von ihm
nicht erkannte Risiken hingewiesen werden. Die Mitwirkung ist zu dokumentieren.

2.3.2 Sanierungsberater

449 Der Sanierungsberater hat insb. darauf zu achten, nicht in die Rolle des **faktischen Geschäftsführers** zu geraten. Sein Beratungsauftrag ist klar zu formulieren und zu dokumentieren. Der Berater sollte darauf achten, dass nach außen weiterhin die bisherige Geschäftsleitung als gesetzlicher Vertreter gegenüber der Finanzverwaltung auftritt und er bei Kontakten mit dieser stets darauf hinweist, dass er als Berater des Unternehmens nur mit einer beschränkten Vertretungsmacht auftritt. Die Beschränkungen sind nach außen deutlich zu machen und einzuhalten. Rechtsverbindliche Erklärungen sollten grundsätzlich von der bisherigen Geschäftsleitung abgegeben werden. Nur in Ausnahmesituationen sollte er als Vertreter ohne Vertretungsmacht auftreten, um dann unverzüglich die erforderliche Genehmigung der Geschäftsleitung einzuholen. Auch hier ist auf eine saubere Dokumentation zu achten.

450 Um dem Vorwurf der Beihilfe zur Steuerhinterziehung zu entgehen, sollte er seine **Beratungsleistung** gegenüber dem notleidenden Unternehmen **dokumentieren**. Hierbei ist auch von Bedeutung, welche **Informationen** er von dem notleidenden Unternehmen erhalten hat.

451 Wird der Sanierungsberater **zur vertretungsberechtigten Geschäftsleitung berufen**, treffen ihn die gleichen Pflichten wie die bisherige Geschäftsleitung. Wie beim Verwalter kommt hinzu, dass er sich innerhalb kürzester Zeit und beschränkter Informationen in die Pflichtenstellung begibt (vgl. dazu Rn. 452).

2.3.3 Verwalter

452 Die Vorgaben der steuerlichen Risiko- und Gefahrenminimierung für den Verwalter sind von **besonderer Bedeutung**. Er hat in kürzester Zeit ein für ihn fremdes Unternehmen zu übernehmen und zumindest teilweise fortzuführen bzw. abzuwickeln. Hierzu ist unbedingte Voraussetzung, dass er **eigene Sachkunde** in steuerlichen Fragen hat. Er muss sich durch eigene und fremde Mitarbeiter eine Infrastruktur schaffen, so dass er zur Not kurzfristig die Buchführung sowie andere steuerrelevante Bereiche übernehmen kann.

453 Bei der Übernahme der Verwaltung muss er rasch die Entscheidung treffen, ob er die bisherige **Infrastruktur (Mitarbeiter und Berater) des Unternehmens** nutzen kann oder durch eigene sachkundige Personen ganz oder teilweise ersetzt. Hierbei ist von entscheidender Bedeutung, dass er sich das Wissen im Unternehmen sichert. Viele relevante Informationen sind nicht dokumentiert. Sind sie dokumentiert, benötigt man die bisherigen Mitarbeiter, um die Dokumente zu finden. Im Vordergrund steht die Aufdeckung der bereits bestehenden steuerlichen Probleme. Vor dem Hintergrund eines eventuellen Verstoßes gegen Haltefristen ist auch bei anstehenden Gestaltungen und Verwertungshandlungen das Wissen der bisherigen Mitarbeiter von großer Bedeutung.

454 Der Verwalter muss kurzfristig **Kontakt mit der Finanzverwaltung** aufnehmen. Wichtige Informationen erhält man nur von dort. Die Finanzverwaltung kann sich gegenüber dem Verwalter nicht auf das Steuergeheimnis berufen.[429] Zudem sollte man zunächst versuchen, die Probleme mit dem Finanzamt im Konsens zu lösen. Die Mittel sind hierzu die gleichen, die der Geschäftsleitung in der Krise zur Verfü-

---

429 *Waza/Uhländer/Schmittmann* Rn. 614.

gung stehen (insb. Fristverlängerungen, Buchführungserleichterungen nach § 148 AO, geschätzte Steuererklärungen).

Dies schließt den **Konflikt mit dem Finanzamt** nicht aus. Das Insolvenzrecht kennt noch keine Vorrechte des Fiskus. Forderungsanmeldungen der Finanzverwaltung bzw. Steuerbescheide gegenüber der Masse sind vom Verwalter auf ihre Rechtmäßigkeit hin zu überprüfen. Im Zweifel sind Rechtsmittel einzulegen (Nichtanerkennung der Forderungsanmeldung, Einspruch gegen den Steuerbescheid). Nur in Ausnahmesituationen kann davon abgesehen werden, wenn die Kosten der Rechtsmittel zu dem erhofften Vorteil für die Masse in keinem Verhältnis stehen. 455

2.4. Schadensabwehr und -minimierung

Als **Schaden** kommen eine Steuermehrbelastung, die Haftung für fremde Steuern sowie die strafrechtliche Verantwortlichkeit für ein Fehlverhalten in Betracht. 456

Vorrangig sind unsichere Gestaltungen vorher mit der Finanzverwaltung im Rahmen einer **verbindlichen Auskunft** (insb. nach § 89 Abs. 2 AO) abzuklären. Hierbei ist jedoch zu berücksichtigen, dass in der Krise häufig rasche Entscheidungen zu fällen sind und die Zeit für eine solche Auskunft fehlt. Signalisieren die Finanzbehörden informell eine bestimmte Handhabung (z.B. Erlass einer Steuer), kann man i.d.R. davon ausgehen, dass sich die Verwaltung entsprechend verhält. Eine sichere Gestaltungsgrundlage ist das jedoch nicht. 457

Ansonsten bleibt der **Streit**, um den Steuerschaden zu reduzieren, die Inhaftungnahmen abzuwehren bzw. eine Bestrafung zu vermeiden. Im Insolvenzverfahren besteht die Besonderheit, dass die Finanzverwaltung nur eingeschränkt Bescheide erlassen kann. Insolvenzforderungen sind nach §§ 174 ff. InsO zur Tabelle anzumelden. Masseforderungen und Haftungsansprüche gegenüber dem Verwalter und/oder der Geschäftsleitung können weiterhin durch Bescheid festgesetzt werden. 458

Bei der Abwehr von Haftungsansprüchen ist es von Vorteil, wenn die Maßnahmen zur Risiko- und Gefahrenminimierung **zeitnah dokumentiert** wurden und im Rechtsbehelfsverfahren dargelegt werden können. 459

2.5 Schadensausgleich

Da in der Krise mehrere Personen steuerliche Sorgfaltspflichten zu erfüllen haben, kann die Finanzverwaltung oft **mehrere Personen** in Haftung nehmen. Grundsätzlich ist es zulässig, alle Personen kumulativ in Haftung zu nehmen. Dennoch muss das Finanzamt im Haftungsbescheid darlegen, dass und wie es das Auswahlermessen ausgeübt hat. Zwischen den in Haftung genommenen Personen ist ein Ausgleich nach § 430 BGB vorzunehmen. 460

Die Verletzung von steuerlichen Pflichten in der Krise kann zu einem **Steuerschaden bei einem Dritten** führen. So kann die Einstellung des Betriebs einer GmbH zu einer Erbschaftsteuer beim Gesellschafter nach § 13a ErbStG führen. Hier findet ein Schadensausgleich nach den allgemeinen Regeln nur statt, wenn die betreffende Person auch Sorgfaltspflichten gegenüber dem Dritten hat und diese schuldhaft verletzt. Soweit die betreffende Person sanierungs- bzw. insolvenzrechtliche Vorgaben erfüllt, ist sie i.d.R. nicht zum Ersatz des daraus dem Dritten entstandenen Schadens verpflichtet. 461

3. Steuerfolgen von Sanierungsmaßnahmen

462 Die Steuerfolgen von Sanierungsmaßnahmen können **komplex und weitreichend** sein. Zu differenzieren sind die steuerlichen Folgen auf der Ebene des zu sanierenden Unternehmens von denen bei der Person, die den Sanierungsbeitrag leistet.

463 Zu den **unmittelbaren Steuerfolgen** einer Sanierungsmaßnahme (z.B. Verkauf einer Maschine mit ertragsteuerlichen Folgen sowie Umsatzsteuer) können **mittelbare Steuerfolgen** treten (z.B. Wegfall der Betriebsaufspaltung, wenn die Maschine die wesentliche Betriebsgrundlage war, vgl. dazu Rn. 519).

464 Zudem gewährt das Steuerrecht an verschiedenen Stellen Privilegien (insb. im Schenkung- und Erbschaftsteuerrecht Bewertungsabschläge und besondere Freibeträge nach § 13a ErbStG sowie bei Umgestaltungen das Recht auf Buchwertfortführung nach §§ 6 Abs. 5 sowie 16 EStG und dem UmwStG) unter der Voraussetzung, dass die gewählte Gestaltung für einen bestimmten Zeitraum (3–12 Jahre) beibehalten wird (sog. **„Haltefristen"**).[430] Wird gegen diese Haltefrist verstoßen, fallen die gewährten Privilegien ganz oder teilweise weg. Unter dem Zeitdruck der Sanierung und wegen des Fehlens der erforderlichen Informationen wird häufig gegen diese Fristen verstoßen, was zu ungewollten Steuerfolgen führt.

465 Als **Beispiel** sei auf § 13a ErbStG hingewiesen. Die unentgeltliche Übertragung von Betriebsvermögen ist nach § 13a Abs. 1 ErbStG durch einen Verschonungsabschlag und nach § 13a Abs. 2 ErbStG durch einen Abzugsbetrag privilegiert. Wird der Betrieb jedoch innerhalb von 5 Jahren eingestellt oder veräußert, fallen diese Privilegien nach § 13a Abs. 5 ErbStG zumindest teilweise mit Rückwirkung wieder weg. Entsprechendes gilt, wenn durch Sanierungsmaßnahmen die in §§ 13a Abs. 1 bzw. 8 ErbStG geforderten Lohnsummen unterschritten werden.

466 Der BFH hat klargestellt, dass es insoweit **kein allgemeines Sanierungs- oder Verwalterprivileg** gibt. Der Wegfall der Vergünstigung nach § 13a ErbStG tritt auch dann ein, wenn der Verwalter den Betrieb einstellen oder verkaufen muss.[431] Es besteht darüber hinaus i.d.R. kein Grund, die daraus entstehende Steuer aus sachlicher Unbilligkeit nach § 227 AO zu erlassen.[432]

467 Die **Gewinnrealisierung** in der Sanierung kann zudem ertragsteuerlich von Bedeutung sein (Einkommensteuer, Körperschaftsteuer und Gewerbesteuer), selbst wenn man über ausreichende **Verlustvorträge** nach § 10d EStG bzw. § 10a GewStG verfügt. Die in der Verlustphase angesammelten Verluste stehen zwar grundsätzlich für einen Verlustvortrag zur Verfügung. Hierbei sind jedoch die Beschränkungen des § 10d Abs. 2 EStG zu beachten. Nicht ausgeglichene negative Einkünfte aus den Vorjahren können nur bis zu 1 Mio. EUR unbeschränkt, darüber hinaus bis zu 60 % des 1 Mio. EUR übersteigenden Gesamtbetrags der Einkünfte abgezogen werden.[433] Der nicht verbrauchte Verlustvortrag steht im folgenden Jahr unter den gleichen Voraussetzungen zur Verfügung. Eine „zu rasche" Sanierung kann damit zu einer Ertragsteuerbelastung führen, obwohl „an sich" genügend Verlustpotential zur Verfügung steht. Im Idealfall wäre die Sanierungsphase so zu gestalten, dass nicht mehr als 1 Mio. EUR Gewinn pro Jahr entsteht.

---
430 Vgl. dazu *Olbing* GmbH-StB 2005, 376 sowie *Korn/Fuhrmann* KÖSDI 2010, 17077.
431 *BFH*/NV 2007, 1321.
432 *BFH* DB 2010, 880.
433 *Schmidt/Heinicke* § 10d Rn. 30 ff.

Diese Verlustvorträge können zudem durch Sanierungsmaßnahmen ganz oder teilweise **verloren gehen** (insb. § 8c KStG, § 10a GewStG, §§ 4 Abs. 2, 12 Abs. 3 und 15 Abs. 3 UmwStG). In diesem Fall bleibt die wirtschaftliche Belastung durch die den Verlustvorträgen zugrunde liegenden Verbindlichkeiten bestehen. Die Rückführung der Verbindlichkeiten muss jedoch aus dem versteuerten Einkommen erfolgen. **468**

Im Übrigen fallen die **übrigen Steuern** (insb. Umsatzsteuer, Lohnsteuer, Grunderwerbsteuer) nach den allgemeinen Grundsätzen an. **469**

3.1 Kapitalmaßnahmen

Die **unmittelbaren Steuerfolgen** von Kapitalmaßnahmen (insb. Kapitalherabsetzung, Kapitalerhöhung, Einlage, Darlehensgewährung, Anteilsübertragung) sind je nachdem, ob es sich um eine Personen- oder Kapitalgesellschaft handelt, unterschiedlich. Zudem sind die Steuerfolgen auf der Ebene der Gesellschaft von denen auf der Ebene des Gesellschafters/Darlehensgebers zu unterscheiden. **470**

Insbesondere bei Kapitalmaßnahmen sind aber auch die **mittelbaren Steuerfolgen** zu berücksichtigen. So kann z.B. die Übertragung von Anteilen an grundstückshaltenden Gesellschaften Grunderwerbsteuer auslösen (§ 1 Abs. 2a und 3 GrEStG). Disquotale Kapitalmaßnahmen, bei denen die Gesellschafter nicht gleichmäßig an der Kapitalerhöhung bzw. -herabsetzung teilnehmen, führen in aller Regel zu einer Vermögensverschiebung, die je nach dem Maß der Gegenleistung als kaufähnlicher Tatbestand bzw. Schenkung gewertet werden. **471**

Verschiedene Gestaltungen und Vorschriften setzen eine **Mindestbeteiligungsquote** voraus (z.B. gewerbesteuerliches Schachtelprivileg bei einer Beteiligung an einer Kapitalgesellschaft von 15 % gem. § 9 Nr. 2a GewStG). Die Veränderung der Beteiligungsverhältnisse kann zum Wegfall bzw. zur erstmaligen Möglichkeit der Nutzung dieser Vorschriften führen. **472**

Hervorzuheben ist hier vor allem die Betriebsaufspaltung und die Organschaft. Die **Betriebsaufspaltung** setzt neben einer sachlichen Verflechtung (Überlassung einer wesentlichen Betriebsgrundlage wie z.B. einer Immobilie) die persönliche Verflechtung voraus.[434] Die personelle Verflechtung ist gegeben, wenn zwischen dem überlassenden Unternehmen (sog. Besitzgesellschaft) und dem nutzenden Unternehmen (sog. Betriebsgesellschaft) eine Beherrschungsidentität besteht. Dies setzt voraus, dass das Besitzunternehmen seinen Willen in dem Betriebsunternehmen durchsetzen kann, was i.d.R. bei einer Mehrheitsbeteiligung gegeben ist. Durch die Betriebsaufspaltung wird das Besitzunternehmen unabhängig von seiner sonstigen Tätigkeit gewerblich. Die Anteile an dem Besitzunternehmen sowie das überlassene Wirtschaftsgut sind Betriebsvermögen. Verliert das Besitzunternehmen durch eine Kapitalmaßnahme bei der Betriebsgesellschaft den beherrschenden Einfluss, entfällt die gewerbliche Prägung des Besitzunternehmens, das Betriebsvermögen gilt als entnommen. Es kommt zu einer Gewinnrealisierung bei dem Besitzunternehmen, wenn es nicht aufgrund anderer Umstände (z.B. bei einer gewerblichen Prägung nach § 15 Abs. 3 Nr. 2 EStG wie bei einer GmbH & Co. KG) gewerblich ist. **473**

Bei allen **Organschaftsformen** (körperschaftsteuerlich nach §§ 14 ff. KStG, gewerbesteuerlich nach § 2 Abs. 2 S. 2 GewStG, umsatzsteuerlich nach § 2 Abs. 2 Nr. 2 UStG) **474**

---

[434] Vgl. zum Ganzen *Schmidt/Wacker* § 15 Rn. 800 ff.

ist eine finanzielle Eingliederung der Tochtergesellschaft in das Unternehmen des Gesellschafters erforderlich.[435] Dies setzt in allen Fällen die Stimmrechtsmehrheit voraus. Fällt diese Stimmrechtsmehrheit durch die Veränderung der Kapitalstruktur weg, können für die Zukunft nicht mehr die Rechtsfolgen der Organschaft geltend gemacht werden. Bei der körperschaft- und gewerbesteuerlichen Organschaft ist zudem zu berücksichtigen, dass der Gewinnabführungsvertrag für mindestens fünf Jahre abgeschlossenen und tatsächlich durchgeführt werden muss (§ 14 Abs. 1 Nr. 3 KStG, § 2 Abs. 2 S. 2 GewStG). Eine vorzeitige Beendigung ist nur aus wichtigem Grund möglich. Der Wegfall der finanziellen Verknüpfung ist kein wichtiger Grund.[436] Eine vorzeitige Beendigung würde zum rückwirkenden Wegfall der Organschaft führen.[437]

475 Kapitalmaßnahmen haben zudem Auswirkungen auf die **Zinsschranke** (§ 4h EStG, § 8a KStG).[438] Kommt die Zinsschranke zum Tragen, können nicht alle Zinszahlungen steuerlich geltend gemacht werden. Der Teil des Zinsaufwands, der steuerlich nicht geltend gemacht wird, ist entsprechend § 10d EStG gesondert festzustellen und vorzutragen (§ 4h Abs. 1 und 4 EStG).

476 Die Zinsschranke knüpft zum einen an die **Zinsaufwendungen** an (die Zinsaufwendungen übersteigen die Zinserträge um 3 Mio. EUR, § 4h Abs. 2 Buchst. a EStG). Zudem ist die **Eigenkapitalquote** des Unternehmens mit der Eigenkapitalquote des Konzerns zu vergleichen (§ 4h Abs. 2 Buchst. c EStG). Bei Kapitalgesellschaften ist zudem darauf abzustellen, ob mehr als 10 % des Zinsaufwandes an maßgeblich beteiligte Gesellschafter (Mindestbeteiligung mehr als 25 %), diesem nahe stehende oder rückgriffsberechtigte Personen entrichtet werden (§ 8a KStG). Die Frage, wer (Gesellschafter oder Dritter) dem Unternehmen Kapital zur Verfügung stellt und wie (Einlage oder Darlehen), kann sich an verschiedenen Stellen bei der Zinsschranke auswirken.

477 Bei der Körperschaft kommt die besondere Problematik des **Mantelkaufs nach § 8c KStG** hinzu. Änderungen in der Kapitalstruktur können zum Wegfall des noch nicht genutzten Verlusts führen.[439] Werden innerhalb von 5 Jahren mehr als 25 % der Anteile veräußert, fällt der Verlust anteilig weg (§ 8c Abs. 1 S. 1 KStG). Werden innerhalb von 5 Jahren mehr als 50 % der Anteile übertragen, entfällt der gesamte Verlust (§ 8c Abs. 1 S. 2 KStG). Der Anteilsübertragung werden die Stimmrechtsübertragung, die Kapitalerhöhung und „vergleichbare Sachverhalte" gleichgestellt. Der mittelbare Anteilserwerb über eine nicht notleidende Muttergesellschaft kann zum Wegfall des Verlusts bei der Tochtergesellschaft führen.

478 Entsprechende Rechtsfolgen treten bei einer Personengesellschaft hinsichtlich des **gewerbesteuerlichen Verlustvortrags** ein, wenn eine Kapitalgesellschaft beteiligt ist, bei der eine schädliche Anteilsübertragung nach § 8c KStG gegeben ist (§ 10a S. 10 GewStG). Ebenso geht der **nicht verbrauchte Zinsvortrag** nach § 4h Abs. 5 S. 3 EStG bzw. § 8a Abs. 1 S. 3 KStG verloren.

---

435 Vgl. dazu *Müller/Stöcker* Die Organschaft, 8. Aufl. 2011, Rn. 75 ff., 904 ff., 1274 ff.
436 Vgl. *Streck/Olbing* § 134 Rn. 107.
437 Vgl. dazu *Streck/Olbing* § 14 Rn. 175 ff.
438 Vgl. dazu *Schwedhelm/Finke* GmbH-StB 2007, 282; dies. GmbHR 2009, 281.
439 Vgl. dazu ausführlich *Streck/Olbing* § 8c Rn. 6 ff.

Vor diesem Hintergrund werden verschiedene **Alternativgestaltungen** gesucht, um 479 eine Beteiligung von Investoren an den notleidenden Unternehmen zu ermöglichen, ohne dass § 8c KStG zur Anwendung kommt (z.B. Beteiligung über einen Venture Capital Fonds).[440] Hier besteht jedoch die Gefahr, dass die Finanzverwaltung diese Gestaltungen als „vergleichbare Sachverhalte" i.S.v. § 8c Abs. 1 S. 1 KStG wertet.

Sicher ist es, vor der Kapitalmaßnahme die Verlustbeträge sowie den Zinsvortrag 480 nach § 4h EStG durch eine gezielte **Gewinnrealisierung** weitestgehend auszunutzen, damit bei der späteren Kapitalmaßnahme entsprechend weniger Verlust- und Zinspotential verloren gehen kann (z.B. Asset Deal unter Aufdeckung der stillen Reserven, Forderungsverzicht mit Besserungsschein, Verzicht auf geltend gemachte Sonder-AfA oder die § 7g EStG-Rücklage, Ausübung von Bilanzierungswahlrechten). Auch hier wird man sich darauf einstellen müssen, dass die Finanzverwaltung auch diese Maßnahmen kritisch überprüfen wird.[441]

Die **Versuche**, die Vorschrift **sanierungsfreundlicher** zu gestalten, sind bisher **gescheitert**. 481 Der durch das Gesetz zur Modernisierung der Rahmenbedingungen für Kapitalgesellschaften vom 12.8.2008[442] eingeführte § 8c Abs. 2 KStG sollte es ermöglichen, dass sich **Wagniskapitalbeteiligungsgesellschaften** an jungen Unternehmen mit Anlaufverlusten beteiligen. Die Kommission hat am 30.9.2009 entschieden, dass es sich hierbei um eine unzulässige Beihilfe handelt. Die Vorschrift ist damit nicht in Kraft getreten.[443]

Die mit dem Bürgerentlastungsgesetz Krankenversicherung vom 16.7.2009 einge- 482 führte **Sanierungsklausel** nach § 8c Abs. 1a KStG ist derzeit nicht anwendbar, da die Kommission sie mit Entscheidung vom 26.1.2011 als unzulässige Beihilfe qualifiziert. Die Bundesregierung hat gegen die Entscheidung beim Europäischen Gericht Klage eingelegt. Bis zu einer positiven Entscheidung darf die Sanierungsklausel nicht angewendet werden. Soweit sie bereits zur Anwendung gekommen ist, ist die Finanzverwaltung gehalten, die Steuervorteile zurückzufordern. In diesem Rückforderungsverfahren besteht nur ein sehr eingeschränkter Vertrauensschutz zugunsten des Steuerpflichtigen.[444]

Es bleibt damit als Ausnahmetatbestand nur die **Konzernklausel** nach § 8c Abs. 1 S. 5 483 KStG sowie die **Verschonungsregelung** nach § 8c Abs. 1 S. 6–8 KStG, wenn entsprechende stille Reserven vorliegen.[445]

3.1.1 Kapitalherabsetzung

Bei einer **Personengesellschaft** kommt eine Kapitalherabsetzung nur bei einer KG 484 hinsichtlich des Haftkapitals in Betracht (§ 174 HGB). Auf der Ebene der Gesellschaft ist dieser Vorgang steuerneutral. Beim Gesellschafter kann sich ein Gewinn nach § 15a Abs. 3 S. 3 EStG ergeben. Erfolgt die Herabsetzung disquotal, kann je nachdem, ob und in welcher Höhe der Gesellschafter, der eine überprozentuale Herabsetzung

---

440 Vgl. dazu *Klemt* DB 2008, 2100; *Dörr* NWB 2009, 3499, 3505.
441 Z. B. *BMF* BStBl I 2003, 648 zum Forderungsverzicht mit Besserungsschein, zu Recht anderer Ansicht *Berg/Schmich* FR 2004, 520.
442 BGBl I 2008, 1672.
443 Vgl. dazu *Dörr* NWB 2009, 3499.
444 Vgl. dazu *Frost/Kofman/Pittelkow* FStB 2010, 309.
445 Vgl. dazu *Wittkowski/Hielscher* DB 2010, 11; *Dörr* NWB 2010, 184; *Frey/Mückl* GmbHR 2010, 71; *Cortez/Brucker* BB 2010, 734.

akzeptiert, ein Veräußerungstatbestand nach § 16 EStG oder eine Schenkung an die anderen Gesellschafter vorliegen. Hierdurch kann zudem gegen Haltefristen verstoßen werden. Unabhängig davon hat die Kapitalherabsetzung über § 4h Abs. 2c EStG Auswirkungen auf die Zinsschranke.

485 Auch bei einer **Kapitalgesellschaft** ist die Kapitalherabsetzung grundsätzlich steuerneutral. Bei einer Kapitalherabsetzung **ohne Auskehrung von Vermögen** an die Gesellschafter verringert sich das nicht gedeckte Eigenkapital. Ansonsten gilt die Verwendungsreihenfolge nach § 28 Abs. 2 KStG (Minderung des Sonderausweises nach § 28 Abs. 1 KStG aus einer vorangegangenen Kapitalerhöhung aus Rücklagen, dann Erhöhung des Einlagenkontos i.S.v. § 27 KStG).

486 Erfolgt eine **Mittelauskehrung** an den Gesellschafter, ist vorrangig der Sonderausweis nach § 28 Abs. 1 KStG auszugleichen. Bei den Gesellschaftern liegen insoweit Einkünfte aus Kapitalvermögen vor. Es ist KapESt von der Gesellschaft einzubehalten. Für eine darüber hinausgehende Auskehrung gilt nach § 28 Abs. 2 S. 2 KStG das Einlagenkonto als verwendet. Bei Gesellschaftern sind insoweit keine Einkünfte aus Kapitalvermögen gegeben. Vielmehr reduzieren sich ihre Anschaffungskosten, was sich bei einem späteren Verkauf oder einer Liquidation steuererhöhend auswirkt.

487 Bei einer **disquotalen Kapitalherabsetzung** kann wie bei einer Personengesellschaft ein verkaufsähnlicher Tatbestand oder eine Schenkung gegeben sein.

488 Zudem sind bei einer Kapitalgesellschaft die **mittelbaren Steuerfolgen** zu berücksichtigen. Kommt es durch die Kapitalherabsetzung zu einer Veränderung der Beteiligungsverhältnisse, kann ein veräußerungsähnlicher Tatbestand nach § 8c KStG gegeben sein[446], was zum vollständigen oder teilweisen Wegfall des bisher nicht genutzten Verlusts führen kann. Setzen steuerliche Vorschriften gewisse Mindestbeteiligungshöhen voraus (z.B. § 14 KStG bei der Organschaft oder bei der Betriebsaufspaltung), kann die Kapitalherabsetzung zur Änderung der bisherigen Besteuerung führen.

489 Die Herabsetzung des Kapitals kann zudem als Verstoß gegen die **Haltefristen** gewertet werden (z.B. § 13 Abs. 5 Nr. 4 ErbStG, § 22 Abs. 1 Nr. 3 UmwStG). Sie hat über § 8a Abs. 3 KStG wie bei der Personengesellschaft Auswirkungen auf die Zinsschranke.

3.1.2 Kapitalerhöhung

490 Eine Bar- und Sachkapitalerhöhung bei einer **Personengesellschaft** ist bei der Gesellschaft als Einlage nach § 4 Abs. 1 S. 1 EStG erfolgsneutral. Es können sich aber durch die Veränderung der Eigenkapitalquote Änderungen bei der Zinsschranke nach § 4h EStG ergeben. Beim Gesellschafter ist die **Barkapitalerhöhung** ebenfalls erfolgsneutral. Bei der **Sachkapitalerhöhung** ist danach zu differenzieren, ob Betriebsvermögen eingebracht wird, dann ist eine Buchwertfortführung nach § 6 Abs. 5 EStG möglich. Es werden jedoch u.U. Haltefristen ausgelöst. Bei der Einbringung von Privatvermögen liegt ein tauschähnlicher Vorgang vor, der unter den Voraussetzungen der §§ 17, 20, 23 EStG zu einer Gewinnrealisierung führen kann. Bezogen auf das eingebrachte Vermögen können u.U. bereits bestehende Haltefristen zu beachten sein.

---

446 *Streck/Olbing* § 8c Rn. 41.

Beim **Kommanditisten** führt die Kapitalerhöhung nach § 15a Abs. 1 S. 2 EStG zu **491**
einem erweiterten Verlustausgleich. Diese Erweiterung erfasst aber nur die Verluste
des Wirtschaftsjahres, in dem die Erhöhung erfolgt.[447]

Bei einer **Kapitalgesellschaft** ist die Kapitalerhöhung auf der **Ebene der Gesellschaft** **492**
steuerneutral. Vorrangig ist auf das gezeichnete Kapital zu buchen. Überschießende
Beträge sind auf dem Einlagenkonto nach § 27 KStG steuerneutral zu erfassen.
Erfolgt die Erhöhung aus Gesellschaftsmitteln, ist nach § 28 Abs. 1 KStG ein Sonderposten zu bilden, um bei einer späteren Kapitalherabsetzung eine Besteuerung wie
bei einer Gewinnausschüttung sicherzustellen (vgl. dazu Rn. 486).

Beim **Gesellschafter** führt die Kapitalerhöhung zu der Erhöhung der Anschaffungskos- **493**
ten, was sich bei einem späteren Verkauf steuermindernd auswirkt. Die Barkapitalerhöhung hat bei ihm keine weiteren Steuerfolgen. Bei einer Sachkapitalerhöhung gibt es
außerhalb des § 20 UmwStG keine Möglichkeit, Betriebsvermögen ohne Gewinnrealisierung auf die Kapitalgesellschaft zu übertragen (§ 6 Abs. 6 EStG). Bei der Übertragung von Privatvermögen liegt wie bei der Personengesellschaft ein tauschähnlicher
Vorgang vor, der nach §§ 15, 17, 20 oder 23 EStG steuerpflichtig sein kann. Zudem sind
auch hier beim eingebrachten Vermögen u.U. Haltefristen zu beachten.

Verändert sich durch die Kapitalerhöhung bei der Kapitalgesellschaft die Beteili- **494**
gungsstruktur (z.B. das Bezugsrecht für die Kapitalerhöhung wird nur von einem
Gesellschafter ausgeübt, der bisher nur mit 10 % beteiligt war und nach der Kapitalerhöhung über 75 % der Anteile verfügt), kann nach **§ 8c Abs. 1 S. 4 KStG** der bisher
nicht genutzte Verlust ganz oder teilweise wegfallen.

Zudem kann die Veränderung der Beteiligungsstruktur zum Wegfall einer Steuerge- **495**
staltung führen, wenn dort eine **Mindestbeteiligung** vorgeschrieben ist (insb. Betriebsaufspaltung und Organschaft).

Wie jede Veränderung am Kapital kann die Kapitalerhöhung auch Auswirkungen auf **496**
die **Zinsschranke** nach § 8a KStG haben.

Ein Sonderfall der Sachkapitalerhöhung ist die Umwandlung von Fremdkapital in **497**
Eigenkapital (**Dept Equity Swap**). Hier sind die Rechtsfolgen grundsätzlich die gleichen wie bei jeder Sachkapitalerhöhung. Verzichtet der Gläubiger im Rahmen der
Kapitalerhöhung auf einen Teil des Fremdkapitals, ist das sowohl bei der Kapitalgesellschaft wie auch bei dem beitretenden Gesellschafter ertragswirksam.[448]

3.1.3 Einlage

Bei einer **offenen oder verdeckten Einlage** ohne Kapitalerhöhung sind die Steuerfol- **498**
gen grundsätzlich die gleichen wie bei einer Kapitalerhöhung. Jedoch kommt § 8c
KStG nicht zur Anwendung. Haltefristen sind nur im Hinblick auf das eingebrachte
Vermögen zu beachten.

3.1.4 Stille Beteiligung

Bei der **stillen Beteiligung** ist danach zu differenzieren, ob sie **typisch oder atypisch** **499**
ist. Eine atypische stille Gesellschaft ist gegeben, wenn der stille Gesellschafter Mitunternehmerrisiko und -initiative hat.[449]

---

447 Vgl. dazu im Einzelnen *Schäfers* GmbH-StB 2010, 15
448 Vgl. dazu im Einzelnen *Mückl* FR 2009, 497.
449 Vgl. dazu *Schmidt/Wacker* § 15 Rn. 340 ff. und *Schmidt/Weber-Grellet* § 20 Rn. 92.

10 *Ausgewählte Einzelfragen*

500 Die Begründung einer **typischen stillen Beteiligung** ist bei dem Unternehmen steuerneutral. Die Einlage ist zu aktivieren, das Einlageguthaben des stillen Gesellschafters ist als Verbindlichkeit zu buchen. Die Vergütung kann als Betriebsausgabe gebucht werden. Die Zinszahlungen sind im Rahmen der Zinsschranken (§ 4h EStG und § 8a KStG) zu berücksichtigen. Beim stillen Gesellschafter sind entsprechende Einkünfte aus Kapitalvermögen gegeben.

501 Wird eine **atypische stille Beteiligung** begründet, entsteht zwischen dem Unternehmen und dem stillen Gesellschafter eine Mitunternehmerschaft i.S.v. § 15 Abs. 1 Nr. 2 EStG. Die Einlage und das Einlageguthaben sind in der Bilanz des Unternehmens auszuweisen. Wird eine Sacheinlage erbracht, gelten die bei der Personengesellschaft dargelegten Grundsätze. Die Einkünfte sind für den stillen Gesellschafter gewerblich. Bei ihm finden die Verlustbeschränkungen des § 15a EStG Anwendung. Es ist eine einheitliche und gesonderte Gewinnfeststellung nach § 180 AO vorzunehmen. Der Gewinn-/Verlustanteil des stillen Gesellschafters reduziert den Gewinn bzw. Verlust des Unternehmens. Der stille Gesellschafter kann Sonderbetriebsvermögen haben.[450] Hierzu zählt auch die kapitalmäßige Beteiligung an der Gesellschaft (z.B. Aktien). Die Veräußerung dieser Beteiligung sowie des sonstigen Sonderbetriebsvermögens ist unabhängig von den sonstigen Vorschriften (insbesondere §§ 17, 20 und 23 EStG) stets steuerpflichtig.

502 Bei **Kapitalgesellschaften** sind alle Formen der stillen Beteiligung nicht im Rahmen des § 8c KStG zu berücksichtigen.[451]

3.1.5 Hybride Finanzierungen

503 **Wandel- und Optionsanleihen** sind bis zu ihrer Ausübung steuerrechtlich wie Darlehen zu behandeln (vgl. dazu 3.1.6). Aufgelder sind ergebnisneutral in die Kapitalrücklage einzustellen.

504 Die **Veräußerung** der Wandelanleihe ist nach § 20 Abs. 2 S. 1 Nr. 2b EStG, die der Optionsanleihe nach § 17 EStG steuerbar.[452]

505 Bei der **Ausübung** der Wandelanleihe tritt die verfallende Anleihe an die ansonsten zu erbringende Einlage bzw. den Kaufpreis. Zwischenzeitliche Wertsteigerungen sind steuerrechtlich irrelevant. Bei der Optionsanleihe bleibt bei der Ausübung der Option die Anleihe bestehen, der Erwerb erfolgt unter den in der Option festgelegten Bedingungen. Mit dem Erwerb der Anteile können die mittelbaren Steuerfolgen zum Tragen kommen wie bei der Kapitalerhöhung (vgl. Rn. 484 ff.) bzw. der Anteilsübertragung (vgl. Rn. 512 ff.).

3.1.6 Darlehen

506 Die **Darlehensgewährung** ist für beide Vertragsparteien ertragsneutral. Die **Zinszahlungen** sind bei dem Darlehensnehmer abzugsfähige Betriebsausgaben. Gewerbesteuerlich erfolgt eine teilweise Hinzurechnung nach § 8 Nr. 1a GewStG.[453] Bei Darlehensnehmern sind Einkünfte aus Kapitalvermögen gegeben.

---

450 Vgl. dazu *Schmidt/Wacker* § 15 Rn. 506 ff.
451 *Streck/Olbing* § 8c Rn. 42.
452 *BFH* DStR 2008, 668.
453 Vgl. *Glanegger/Güroff* § 8 Nr. 1a Rn. 4. ff.

Das Darlehen ist beim Empfänger im Rahmen der **Zinsschranke** gem. § 4h EStG **507**
mehrfach von Relevanz. Der Zinsaufwand kann dazu führen, dass die 3 Mio. EUR-
Grenze gem. § 4h Abs. 1 Buchst. a EStG überschritten wird. Das Darlehen verschlechtert die Eigenkapitalquote nach § 4h Abs. 2 Buchst. c EStG. Gewährt der maßgeblich beteiligte Gesellschafter einer Kapitalgesellschaft bzw. eine ihm gleichgestellte Person der Kapitalgesellschaft ein Darlehen, sind die Zinszahlungen im Rahmen des § 8a Abs. 2 und 3 KStG zu berücksichtigen.

Wird das Darlehen mit einer Laufzeit von mindestens 12 Monaten **zinslos** gestellt, ist **508**
beim Darlehensnehmer eine ertragswirksame Abzinsung nach § 6 Abs. 1 Nr. 3 EStG mit 5,5 % vorzunehmen. Ein geringer Zinssatz verhindert die Abzinsung.[454] Der Darlehensgeber kann eine Teilwertabschreibung vornehmen, wenn die Forderung in seinem Betriebsvermögen liegt.[455]

Gewährt der **Gesellschafter einer Personengesellschaft** seiner Gesellschaft ein unver- **509**
zinsliches Darlehen, unterbleibt ausnahmsweise die Abzinsung.[456] Gewährt der **Gesellschafter einer Kapitalgesellschaft** seiner Gesellschaft ein zinsloses Darlehen, kommt die Abzinsung auf der Ebene der Gesellschaft zum Tragen. Eine Neutralisierung auf der Ebene des Gesellschafters erfolgt bei natürlichen Personen nur, wenn die Forderung dort im Betriebsvermögen liegt und damit eine Teilwertabschreibung vorgenommen werden kann. Gewährt eine Kapitalgesellschaft einer verbundenen Kapitalgesellschaft ein zinsloses Darlehen, ist eine Teilwertabschreibung nur unter den Voraussetzungen des § 8b Abs. 3 S. 4–8 KStG zulässig.[457]

Der Darlehensgeber hat ein Interesse daran, beim **Scheitern der Sanierung** den Verlust **510**
des Darlehens **steuerlich wirksam** werden zu lassen.

Ist der **Darlehensgeber nicht an der Gesellschaft beteiligt**, konnte er schon immer eine Teilwertabschreibung vornehmen, wenn er die Forderung in seinem Betriebsvermögen hatte. War die Forderung im Privatvermögen, war bis 2008 der Verlust eines Darlehens steuerlich irrelevant. Ab 2009 erlaubt nach zutreffender Ansicht[458] § 20 Abs. 2 Nr. 7 EStG die Geltendmachung des Verlusts auch für Privatpersonen.

Ist der **Gesellschafter an einer Kapitalgesellschaft beteiligt**, konnte nach der bisherigen **511**
Ansicht der Verlust im Rahmen des § 17 EStG nur als nachträgliche Anschaffungskosten geltend gemacht werden, wenn das Darlehen eigenkapitalersetzend ist. Hierbei wurde bisher streng der Rechtsprechung des BGH gefolgt.[459] Nach dem Wegfall des Eigenkapitalrechts durch das MoMiG ist unklar, ob die bisherigen zivilrechtlichen Grundsätze des Eigenkapitalrechts für das Steuerrecht fortgeführt werden.[460] Nach zutreffender Ansicht kann der Verlust unabhängig von § 17 EStG seit 2009 im Rahmen des § 20 Abs. 2 Nr. 7 EStG geltend gemacht werden.[461] Vorsorglich sollten jedoch weiterhin die bisherigen Regeln des Eigenkapitalrechts berücksichtigt werden. Will der Gesellschafter sicherstellen, dass ihm die steuerliche Abzugsfähigkeit erhalten bleibt, sollte er das Darlehen als „krisenbestimmt" ausgestalten.[462]

---

454 Vgl. *Schmidt/Kulosa* § 6 Rn. 461.
455 Vgl. *Schmidt/Kulosa* § 6 Rn. 296.
456 Vgl. *BFH*/NV 2008, 1301.
457 Vgl. *Streck/Binnewies* § 8b Rn. 89.
458 Vgl. insb. *Heuermann* NZG 2009, 841, 847 sowie DB 2009, 2173, 2177.
459 Vgl. *Schmidt/Weber-Grellet* § 17 Rn. 170 ff.
460 So das BMF-Schreiben v. 21.10.2010, BStBl I 2010, 832.
461 Vgl. *Heuermann* NZG 2009, 841, 847 sowie DB 2009, 2173, 2177.
462 Vgl. *Schmidt/Weber-Grellet* § 17 Rn. 171.

3.1.7 Anteilsübertragung

512 Mittelbar zu den **kapitalbezogenen Maßnahmen** gehört auch die Anteilsübertragung.

513 Überträgt der **Gesellschafter einer Personengesellschaft** seine Anteile, hat dies grundsätzlich keine steuerlichen Auswirkungen auf der Ebene der Gesellschaft. Der Gewinn bzw. Verlust des Gesellschafters ist nach § 16 EStG (u.U. i.V.m. § 15a EStG) nur bei diesem steuerrelevant. Hierbei ist das **Sonderbetriebsvermögen** des Gesellschafters zu beachten.[463] Wird dieses nicht mit übertragen, kann die Tarifbegünstigung nach § 34 EStG entfallen.[464] Wird das Sonderbetriebsvermögen nicht nach § 6 Abs. 5 EStG vor der Anteilsübertragung steuerneutral in ein anderes Betriebsvermögen des Gesellschafters übertragen, erfolgt bezogen auf das Sonderbetriebsvermögen eine Gewinnrealisierung durch Entnahmen.

514 Da die Fortführung des **gewerbesteuerlichen Verlustvortrags** nach § 10a GewStG unternehmens- und unternehmerbezogen ist, entfällt anteilig der entsprechende Verlustvortrag.[465] Zudem kann die Anteilsübertragung einen Verstoß gegen Haltefristen bedeuten (insb. § 13a Abs. 5 Nr. 1 ErbStG, § 18 Abs. 3 UmwStG). Die Anteilsübertragung kann bei grundstückshaltenden Gesellschaften Grunderwerbsteuer auslösen (§§ 1 Abs. 2a und 3, 6a GrEStG).

515 Bei einer **Kapitalgesellschaft** ist die Anteilsübertragung grundsätzlich steuerneutral. Es sind jedoch die Rechtsfolgen des § 8c KStG, § 4h Abs. 5 EStG, § 10a S. 10 GewStG zu beachten. Es kann wie bei der Personengesellschaft Grunderwerbsteuer anfallen. Besondere Bedeutung hat auch hier die Einhaltung der Haltefristen (insb. § 13a Abs. 6 Nr. 4 ErbStG, §§ 15 Abs. 2 S. 4 und 22 Abs. 1 S. 6 UmwStG).

516 Die Anteilsübertragung ist vorrangig für den veräußernden **Gesellschafter** von Bedeutung. Der Veräußerungsgewinn bzw. -verlust ist im Rahmen der §§ 15, 17, 20 bzw. 23 EStG zu berücksichtigen. Für die Ermittlung des Gewinns bzw. Verlusts sind nicht nur die historischen Anschaffungs- und Anschaffungsnebenkosten (wie z.B. Anwalts- und Notarkosten) zu berücksichtigen, sondern auch die sogenannten nachträglichen Anschaffungskosten.[466] Dies sind insbesondere die Einlagen, aber auch die Gesellschafterdarlehen, auf die verzichtet wurde (vgl. dazu Rn. 529).

3.2 Verkauf von Wirtschaftsgütern

517 Der Verkauf von Wirtschaftsgütern wird auch im Rahmen der Sanierung der **regulären Besteuerung** unterworfen (insb. Ertragsteuer, Umsatzsteuer, Grunderwerbsteuer). U.U. kommt die **umsatzsteuerliche Korrekturvorschrift** nach § 15a UStG zum Tragen, wenn ein Wirtschaftsgut mit Vorsteuerabzug angeschafft bzw. hergestellt, aber ohne Umsatzsteuer veräußert wird (z.B. Bebauung eines Grundstücks mit Vorsteuerabzug aus den Bauleistungen; anschließende Vermietung an Dritte mit dem Verzicht auf die Steuerbefreiung nach § 9 UStG; bei einem Verkauf des Grundstücks innerhalb von 10 Jahren kommt die Vorsteuerkorrektur nach § 15a UStG zur Anwendung).

518 War das Wirtschaftsgut vorher an einen **Dritten zur Sicherheit übertragen**, ist bei einer Verwertung durch den Sicherungsnehmer § 13b Abs. 2 Nr. 2 UStG einschlägig. Gleiches gilt, wenn der Sicherungsgeber die Veräußerung im Namen und für Rech-

---

[463] Vgl. allgemein zum Sonderbetriebsvermögen *Schmidt/Wacker* § 15 Rn. 506 ff.
[464] Vgl. *Schmidt/Wacker* § 16 Rn. 410.
[465] Vgl. *Glanegger/Güroff* § 10a Rn. 97.
[466] Vgl. *Schmidt/Weber-Grellet* § 17 Rn. 163 ff.

nung des Sicherungsnehmers vornimmt. Verwertet der Sicherungsgeber hingegen in eigenem Namen, aber für Rechnung des Sicherungsnehmers, liegt nach Ansicht des BFH ein Dreifachumsatz vor.[467]

Es sind die für das jeweilige Wirtschaftsgut geltenden **Haltefristen** zu beachten. Zudem können **mittelbar Steuerfolgen** eintreten (z.B. im Rahmen der Betriebsaufspaltung beim Verkauf der wesentlichen Betriebsgrundlage durch das Besitzunternehmen; in diesem Fall würde die sachliche Verflechtung (vgl. dazu 3.1) wegfallen, was zur Gewinnrealisierung auch bei den nicht verkauften Wirtschaftsgütern führt, wenn diese Wirtschaftsgüter nicht vorher steuerneutral nach § 6 Abs. 5 EStG in ein anderes Betriebsvermögen des Gesellschafters übertragen wurden. 519

Ist das Wirtschaftsgut, das veräußert werden soll, betriebsnotwendig, kann es zurückgemietet werden (**Sale-And-Lease-Back-Verfahren**). Hierbei sind die gewerbesteuerlichen Konsequenzen zu beachten. Die gezahlten Mieten/Leasingraten sind teilweise nach § 8 Nr. 1d bzw. 1e GewStG dem Ertrag wieder zuzurechnen. 520

Verkauft werden können auch Forderungen. Die ertragsteuerlichen Folgen hängen davon ab, welche Art des **Factoring** vereinbart wird.[468] 521

Werden **notleidende Forderungen veräußert**, ist umsatzsteuerlich noch nicht abschließend geklärt, unter welchen Voraussetzungen auch der Erwerber gegenüber dem Verkäufer eine umsatzsteuerpflichtige Leistung erbringt.[469] 522

3.3 Schuldenreduzierung

3.3.1 Stundung

Die Stundung hat grundsätzlich **keine steuerlichen Folgen**. Bei den Unternehmern, die den Gewinn nach § 4 Abs. 3 EStG ermitteln, kann der Aufwand erst mit der tatsächlichen Zahlung als Betriebsausgabe gebucht werden. Ist der Unternehmer umsatzsteuerlicher Ist-Versteuerer nach § 20 UStG, verschiebt sich entsprechend die Berechtigung zum Vorsteuerabzug. 523

3.3.2 Rangrücktritt

Beim Rangrücktritt bleibt die Verbindlichkeit zivilrechtlich bestehen, was handelsrechtlich eine Gewinnrealisierung verhindert. Die Finanzverwaltung geht dennoch gem. **§ 5 Abs. 2a EStG** von einer steuerlichen Gewinnrealisierung aus, soweit der Rücktritt nicht qualifiziert ist oder nicht auf das freie Vermögen Bezug nimmt.[470] 524

Der Gläubiger kann nach den allgemeinen Vorschriften eine **Teilwertabschreibung** vornehmen. 525

3.3.3 Forderungsverzicht

Der Forderungsverzicht ist grundsätzlich für beide Parteien **ertragsrelevant**. Dies gilt für den Gläubiger seit Einführung des § 20 Abs. 2 Nr. 7 EStG auch dann, wenn er seine Forderung im Privatvermögen hält. Zudem sind umsatzsteuerlich die **Korrekturvorschriften des § 17 UStG** zu beachten.[471] 526

---

467 BFH/NV 2009, 2070 sowie *Crezelius* NZI 2010, 88.
468 Vgl. dazu *Schmidt/Weber-Grellet* § 5 Rn. 270 „Factoring" und „Fortfaitierung".
469 Vgl. Vorlagebeschluss des *BFH* an den EuGH, BStBl II 2010, 654 sowie *Kaufhold* BB 2010, 2207; *Raab/Wildner/Krause* DB 2010, 750.
470 *BMF* BStBl I 2006, 497; vgl. dazu auch *Schwenker/Fischer* DStR 2010, 1117.
471 Vgl. *Olbing* Rn. 317 ff.

527 Verzichtet der **Gesellschafter einer Personengesellschaft** gegenüber seiner Gesellschaft, ist danach zu differenzieren, ob der Gesellschafter aus eigenbetrieblichen Interessen (z.B. Erhalt einer Geschäftsbeziehung zu der Gesellschaft) oder als Gesellschafter zum Erhalt der Gesellschaft verzichtet. Erfolgt der Verzicht aus gesellschaftsrechtlichen Gesichtspunkten, ist der Vorgang insgesamt ertragsneutral. Das Kapital des verzichtenden Gesellschafters erhöht sich entsprechend. Erfolgt der Verzicht aus eigenbetrieblichen Gründen, ist nach zutreffender Ansicht bereits beim Verzicht hinsichtlich des werthaltigen Teils ein ertragswirksamer Vorgang gegeben.[472]

528 Bei der **Kapitalgesellschaft** sind die Rechtsfolgen seit der Entscheidung des Großen Senats des BFH[473] aus dem Jahr 1997 geklärt.[474]

529 Der Verzicht auf den **werthaltigen Teil** der Forderung ist bei der Kapitalgesellschaft steuerneutrale Einlage. Die (nachträglichen) Anschaffungskosten des Gesellschafters erhöhen sich entsprechend. Ermittelt der Gesellschafter seinen Gewinn nach § 4 Abs. 3 EStG oder liegt der Forderung eine Leistungsbeziehung i.R.d. Überschusseinkünfte i.S.v. § 2 Abs. 1 Nr. 2 EStG zugrunde (z.B. Lohn, Miete), kommt es mit dem Verzicht zum steuerrelevanten Zufluss beim Gesellschafter.

530 Soweit die Forderung **nicht mehr werthaltig** ist, kommt es zur Gewinnrealisierung bei der Kapitalgesellschaft. Beim Gesellschafter liegen keine nachträglichen Anschaffungskosten vor. Ist der Gesellschafter eine natürliche Person und ist die Forderung Bestandteil des Betriebsvermögens, ist der Verzicht, soweit noch keine Teilwertabschreibung vorgenommen wurde, laufender Aufwand. Befindet sich die Forderung im Privatvermögen, ist nach zutreffender Ansicht der Verzicht nach § 20 Abs. 2 Nr. 7 EStG steuerlich zu berücksichtigen.[475] Ist eine Kapitalgesellschaft Gesellschafter, sind die Beschränkungen des § 8b Abs. 4 KStG zu berücksichtigen.

531 Vor einem Forderungsverzicht des Gesellschafters ist deshalb zu überprüfen, ob die Forderung wieder **werthaltig gemacht** werden kann. In Betracht kommen Sicherheitsleistungen Dritter, vorrangiger Verzicht von Dritten bzw. andere ertragswirksame Sanierungsmaßnahmen. Alternativ ist die Einlage des zur Darlehensrückzahlung erforderlichen Betrags zu überprüfen, da die Einlage in der Regel steuerneutral ist.

532 Lässt sich ein Gewinn durch den Forderungsverzicht auf der Ebene des Unternehmens nicht vermeiden, ist der dadurch entstehende **Sanierungsgewinn** grundsätzlich ertragsteuerpflichtig. Mit der Streichung des § 3 Nr. 66 EStG im Jahr 1997 gibt es neben den allgemeinen Vorschriften (insb. § 227 AO) keine spezielle gesetzliche Grundlage für einen steuerfreien Sanierungsgewinn. Das BMF-Schreiben vom 27.3.2003[476] bietet dazu nur teilweise Abhilfe. So kommt dieses BMF-Schreiben nicht bei der Gewerbesteuer zur Anwendung.[477] Hier sind die Erlassverhandlungen mit jeder einzelnen Gemeinde erforderlich. Zudem hilft das Schreiben nicht beim Verzicht von nur einzelnen Gläubigern. Hier bleibt die Möglichkeit, nach § 227 AO einen Erlass der Steuern im Einzelfall zu bewirken. Der BFH folgt nicht den Bedenken einzelner Finanzgerichte hinsichtlich des Erlasses von Steuern, nachdem § 3 Nr. 66

---

472 Streitig, vgl. *Schmidt/Wacker* § 15 Rn. 550.
473 BStBl II 1998, 307.
474 Vgl. dazu auch *Olbing* Rn. 329 ff. sowie *Schmidt/Kulosa* § 6 Rn. 756 ff.
475 Vgl. *Heuermann* NZG 2009, 841, 847 sowie DB 2009, 2173, 2177.
476 BStBl I 2003, 240; vgl. dazu aus der umfangreichen Literatur *Blöse* GmbHR 2003, 579; *Nolte* NWB Fach 3, 13735; *Geist* BB 2008, 2658.
477 *OFD Hannover* DStR 2006, 2128.

EStG a.F. gestrichen wurde.[478] Vielmehr erklärt der BFH ausdrücklich, dass die ermessenslenkenden Verwaltungsvorschriften in dem BMF-Schreiben von der Finanzgerichtsbarkeit zu beachten sind.

Bei einem **Verzicht mit Besserungsschein** sind die Steuerfolgen zunächst so wie beim normalen Verzicht.[479] Tritt der Besserungsfall ein, lebt die Forderung wieder auf. Die durch den Verzicht ausgelösten Steuerfolgen werden spiegelbildlich korrigiert. Beim Schuldner führt die Einbuchung der wiederaufgelebten Verbindlichkeit handelsrechtlich zu Aufwand. Soweit der Forderungsverzicht als Einlage behandelt wurde, gilt diese als zurückgewährt. Der handelsrechtliche Aufwand ist steuerrechtlich zu neutralisieren. Beim Gläubiger führt das Wiederaufleben zu einem steuerpflichtigen Ertrag, wenn der Verzicht vorher als Aufwand berücksichtigt wurde. Wurde der Verzicht als steuerneutrale Einlage gewertet, ist die Aktivierung der wiederauflebenden Forderung steuerlich zu neutralisieren. Die Anschaffungskosten reduzieren sich entsprechend. 533

Ist der Schuldner eine **Kapitalgesellschaft**, ist noch nicht geklärt, ob die **Verwendungsreihenfolge** nach § 27 Abs. 1 S. 3 KStG mit der Folge gilt, dass die Rückzahlung der Einlage wie eine Gewinnausschüttung zu versteuern ist.[480] Nach zutreffender Ansicht kommt die Verwendungsreihenfolge nicht zum Tragen. Vorrangig ist steuerneutral gegen das Einlagenkonto zu buchen. 534

3.4 Sicherheitsleistung

Sicherheitsleistungen, die von Dritten oder den Gesellschaftern gestellt werden, sind zunächst grundsätzlich **steuerlich irrelevant**. Erst wenn von der Sicherheit Gebrauch gemacht wird, treten Steuerfolgen ein. 535

3.4.1 Bürgschaft

Die Bürgschaft ist **steuerlich** zum Zeitpunkt der Erteilung **irrelevant**. Der Bürge darf die Bürgschaftsverpflichtung erst als Rückstellung passivieren, wenn die Inanspruchnahme ernsthaft droht.[481] Der **Rückgriffsanspruch** ist zu aktivieren und gegebenenfalls wertzuberichtigen.[482] Die Wertberichtigung hat beim Bürgen die gleichen steuerlichen Folgen wie die Wertberichtigung auf eine Darlehensforderung (vgl. dazu Rn. 511). Entsprechendes gilt, wenn auf die Rückgriffsforderung verzichtet wird (vgl. dazu Rn. 529 ff.). 536

3.4.2 Sicherungsübereignung/Sicherungsabtretung

Stellt das Unternehmen eine Sicherheit (z.B. für ein Darlehen), ist das Sicherungsgut trotz zivilrechtlichen Eigentums des Dritten in der Steuerbilanz des Unternehmens auszuweisen.[483] Erst im Sicherungsfall treten steuerlich die Rechtsfolgen wie beim Verkauf des Wirtschaftsguts ein (vgl. dazu Rn. 517 ff.). 537

Stellt ein Dritter oder der Gesellschafter die Sicherheit, ist das Sicherungsgut in der Steuerbilanz des Sicherungsgebers weiterhin auszuweisen. Im Sicherungsfall tritt an 538

---

478 BB 2010, 2205.
479 *BFH* BStBl II 1991, 588, *BMF* BStBl I 2003, 648.
480 Vgl. dazu *Pohl* DB 2007, 1553.
481 *Schmidt/Weber-Grellet* § 5 Rn. 550 „Bürgschaft".
482 *BFH* BStBl II 1999, 333; *Hahne* BB 2005, 819, 823.
483 Vgl. *Schmidt/Weber-Grellet* § 5 Rn. 154.

die Stelle des verwerteten Wirtschaftsguts die Rückgriffsforderung gegen das Unternehmen. Hinsichtlich der Rückgriffsforderung gelten die gleichen Grundsätze wie bei der Bürgschaft[484] (vgl. dazu Rn. 536).

3.4.3 Patronatserklärung

539 Eine Patronatserklärung ist grundsätzlich nicht in der Steuerbilanz des Unternehmens auszuweisen, für die sie abgegeben wird. Sollte eine sog. **harte Patronatserklärung** ausnahmsweise aktivierungsfähig sein[485], ist der Rückgriffsanspruch des Patrons in der Steuerbilanz zu passivieren, so dass es nicht zu einem Gewinn kommen kann.

540 **Der Patron** darf die Patronatserklärung wie bei einer Bürgschaft erst passivieren, wenn und soweit die Inanspruchnahme droht.[486] Hinsichtlich des Rückgriffanspruchs gelten die gleichen Grundsätze wie bei der Bürgschaft (vgl. Rn. 536).

3.4.4 Schuldbeitritt/Schuldübernahme

541 Der Schuldbeitritt sowie die Schuldübernahme haben zunächst **keine steuerlichen Folgen**. Erst wenn der Beitretende bzw. Übernehmende auf seinen Rückgriffsanspruch verzichtet, treten die zur Bürgschaft dargestellten Rechtsfolgen ein (vgl. dazu Rn. 536).

542 Auf diese Weise lassen sich steuerneutral Verbindlichkeiten der Tochtergesellschaft auf die Muttergesellschaft (sog. **Debt-Push-Up**) übertragen. Der Verzicht der Muttergesellschaft auf den Regressanspruch ist in der Regel zum Nennbetrag eine steuerneutrale Einlage.[487]

3.4.5 Verlustübernahme

543 Sehr viel weitreichender sind die Steuerfolgen bei der Verlustübernahme im Rahmen der **ertragsteuerlichen Organschaft** (§ 14 ff. KStG, § 2 Abs. 2 S. 2 GewStG). Hier wird vorbehaltlich § 16 KStG (Ausgleichszahlungen an Minderheitsgesellschafter) das gesamte Einkommen der Tochtergesellschaft (sog. Organgesellschaft) dem Gesellschafter (sog. Organträger) zugerechnet. Der Organträger kann seine Gewinne mit den Verlusten der Organgesellschaft bzw. seine Verluste mit den Gewinnen der Organgesellschaft saldieren. Dies reduziert die Gesamtsteuerbelastung des Organkreises.

544 Als **Organträger** kommen jede unbeschränkt steuerpflichtige natürliche Person, eine nicht steuerbefreite Körperschaft mit Geschäftsleitung im Inland sowie gewerblich tätige Personengesellschaften in Betracht (§ 14 Abs. 1 Nr. 2 KStG).[488]

545 **Organgesellschaft** können alle Kapitalgesellschaften sein, deren Geschäftsleitung und Sitz im Inland liegen (§ 14 Abs. 1 S. 1 sowie § 17 KStG).[489]

546 Der Organträger muss direkt oder mittelbar die Stimmrechtsmehrheit beim Organträger haben (sog. **finanzielle Eingliederung** nach § 14 Abs. 1 Nr. 1 KStG).[490]

---

484 *BFH*/NV 1991, 588.
485 Vgl. *Küffner* DStR 1996, 146.
486 *BFH* BStBl II 2007, 384.
487 *BFH*/NV 2002, 678 sowie *Schmidt/Hageböke* DStR 2002, 2150.
488 Vgl. *Streck/Olbing* § 14 Rn. 20 ff.
489 Vgl. *Streck/Olbing* § 14 Rn. 10 ff.
490 Vgl. *Streck/Olbing* § 14 Rn. 40 ff.

Hinzu kommt ein **Gewinnabführungsvertrag**, der den Anforderungen der §§ 291 ff. AktG und der §§ 14 Abs. 1 und 17 KStG genügen muss.[491] Der Vertrag muss auf mindestens fünf Jahre abgeschlossen und in dieser Zeit auch tatsächlich durchgeführt werden.

547

Die Organschaft kann nur eingeschränkt mit **Rückwirkung** begründet werden. Sie gilt ab dem Jahr, zu dessen Beginn die finanzielle Eingliederung bestand und in dem der Gewinnabführungsvertrag wirksam wird.[492] Übernimmt der Organträger vorher entstandene Verluste (sog. vororganschaftliche Verluste), kann er sie nicht als Verlust in der eigenen Besteuerung geltend machen. Vielmehr liegt eine Einlage des Organträgers bei der Organgesellschaft vor (§ 14 Abs. 3 KStG).

548

3.5 Umwandlung

Die Umwandlung des Unternehmens ist ein geeignetes **Sanierungsinstrument**.[493]

549

Umwandlungen können nach dem **UmwG** sowie dem **allgemeinen Gesellschaftsrecht** (z.B. „Verschmelzung" einer KG auf eine GmbH, indem alle Anteile an der KG in die GmbH im Rahmen einer Sachkapitalerhöhung eingebracht werden) umgesetzt werden. Das **UmwStG** kommt unabhängig davon zur Anwendung, ob nach dem UmwG oder den allgemeinen Regeln umgewandelt wird.

550

Das UmwG sieht im Wesentlichen die Verschmelzung, die Spaltung und den Formwechsel vor. Nach dem UmwG ist eine Umwandlung grundsätzlich auch noch bei einer aufgelösten Gesellschaft möglich, solange die Fortsetzung des Unternehmens beschlossen werden kann (z.B. § 193 Abs. 3 UmwG). Zivilrechtlich ist jedoch zu beachten, dass die allgemeinen Grundsätze der **Kapitalerhaltung bzw. -aufbringung** zu beachten sind. Zudem sieht das UmwG strenge Gläubigerschutzvorschriften vor (§§ 22 ff., 133 ff., 204 ff. UmwG).

551

Steuerrechtlich besteht nach dem UmwStG sowie den §§ 6 Abs. 5 und 16 EStG die weitgehende Möglichkeit, die Umwandlung **ohne Gewinnrealisierung** vorzunehmen. Die Buchwerte können in der Regel fortgeführt werden (ausnahmsweise ist bei der Umwandlung eines Einzelunternehmens bzw. einer Personengesellschaft in eine Kapitalgesellschaft ein negatives Vermögen/Kapitalkonto nach § 20 Abs. 2 Nr. 2 UmwStG ertragswirksam auf mindestens 0 EUR anzuheben).[494]

552

Bei der Sanierung ist jedoch ernsthaft in Erwägung zu ziehen, **freiwillig die Gewinnrealisierung** vorzunehmen. Hat das umzuwandelnde Unternehmen Verlustvorträge nach §§ 10d, 15a EStG bzw. § 10a GewStG und/oder Zinsvorträge nach § 4h EStG, drohen diese durch die Umwandlung unterzugehen (insbesondere §§ 4 Abs. 2 S. 2, 12 Abs. 3, § 15 Abs. 3 UmwStG). Es kann daher sinnvoll sein, die stillen Reserven im Umwandlungsvorgang bei dem übertragenden Rechtsträger aufzudecken und mit den – noch – vorhandenen Verlustvorträgen/dem Zinsvortrag auszugleichen.

553

---

491 Vgl. *Streck/Olbing* § 14 Rn. 80 ff.
492 Vgl. *Streck/Olbing* § 14 Rn. 100 ff.
493 Vgl. *Olbing* Rn. 387 ff. So kann die Umwandlung einer GmbH & Co. KG in eine „normale" KG sinnvoll sein, wenn der Kommanditist über Bürgschaften persönlich haftet, um der Insolvenzantragspflicht nach § 15a InsO zu entgehen, um damit Zeit für die Sanierung zu gewinnen. Die Umwandlung einer GmbH in eine GmbH & Co. KG kann Vorteile bringen, wenn die anstehende Sanierung zunächst mit Verlusten verbunden ist, die der Gesellschafter über § 15a EStG persönlich geltend machen will. Die Verschmelzung von zwei GmbHs kann vorteilhaft sein, um mit den Erträgen der gut gehenden GmbH die Verluste der notleiden GmbH auszugleichen.
494 Vgl. *Schwedhelm* Rn. 256 ff. sowie 1741 f.

554 Bei den Umwandlungsvorgängen sind bereits bestehende **Haltefristen** zu beachten. Die Umwandlung kann **weitere Haltefristen** in Gang setzen.

555 Hierzu im **Einzelnen**:

Wird **eine Kapitalgesellschaft in eine Personengesellschaft** umgewandelt, kommen die §§ 3 ff., 9 und 18 UmwStG zur Anwendung.[495] Eine Buchwertfortführung ist möglich (§ 3 UmwStG). Nach § 4 Abs. 2 S. 2 UmwStG gehen verrechenbare Verluste, verbleibende Verlustvorträge, vom übertragenden Rechtsträger nicht ausgeglichene negative Einkünfte und der Zinsvortrag nach § 4h EStG nicht auf den aufnehmenden Rechtsträger über. Ein beim übernehmenden Rechtsträger entstehender Übernahmeverlust (z.B. Verschmelzung der Tochter-GmbH auf die Mutter-KG, das Betriebsvermögen der Tochter-GmbH ist geringer als der Buchwert der Anteile an der Tochter-GmbH in der Bilanz der Mutter-KG) kann steuerlich nur sehr eingeschränkt geltend gemacht werden (§ 4 Abs. 6 UmwStG). In diesen Fällen wäre es steuerlich günstiger, die GmbH zu liquidieren oder zu verkaufen.

556 Die Umwandlung löst nach § 18 Abs. 3 UmwStG eine fünfjährige **Haltefrist** aus. Wird der Betrieb der aufnehmenden Personengesellschaft innerhalb von fünf Jahren aufgegeben oder veräußert, unterliegt der Aufgabe- oder Veräußerungsgewinn der Gewerbesteuer. Entsprechendes gilt für Teilbetriebe und die Anteile an der Personengesellschaft.

557 Wandelt eine **Kapitalgesellschaft** ihre Rechtsform durch **Formwechsel, bleibt** sie jedoch eine **Kapitalgesellschaft** (z.B. GmbH in AG), ist dieser Vorgang steuerlich irrelevant, da kein Vermögen übertragen wird und im Besteuerungsrecht keine Änderungen eintreten. Die Gesellschaft ist weiterhin körperschaftsteuerpflichtig.

558 Werden zwei **Kapitalgesellschaften** miteinander **verschmolzen**, kommen die §§ 11 ff. UmwStG zur Anwendung.[496] Eine Buchwertfortführung ist möglich, § 11 UmwStG. Verluste sowie der Zinsvortrag nach § 4h EStG gehen nicht auf den übernehmenden Rechtsträger über (§ 12 Abs. 3 UmwStG). In diesem Fall wäre es besser, nicht die notleidende Kapitalgesellschaft auf eine andere zu verschmelzen, sondern auf die notleidende Kapitalgesellschaft die Verschmelzung vorzunehmen. Wird in diesem Zusammenhang bei der aufnehmenden Kapitalgesellschaft das Kapital erhöht, ist § 8c KStG zu beachten (vgl. Rn. 490 ff.). Eine Kapitalerhöhung ist seit 2009 nach § 54 Abs. 1 S. 3 UmwG nicht mehr zwingend vorgesehen. Insbesondere bei der Verschmelzung von Schwestergesellschaften kann auf sie verzichtet werden. Unabhängig davon, in welche Richtung die Verschmelzung geht, werden keine neuen Haltefristen ausgelöst.

559 Bei der **Spaltung einer Kapitalgesellschaft** ist danach zu differenzieren, ob eine Auf- bzw. Abspaltung vorliegt oder eine Ausgliederung.

560 Bei der **Auf- und Abspaltung** ist § 15 UmwStG einschlägig.[497] Eine Buchwertfortführung ist möglich (§§ 15 Abs. 1 i.V.m. 11 UmwStG). Der Verlustvortrag sowie der Zinsvortrag nach § 4h EStG gehen bei der Aufspaltung vollständig und bei der Abspaltung anteilig verloren (§ 15 Abs. 1 i.V.m. § 12 Abs. 3 bzw. § 15 Abs. 3 UmwStG). Zudem wird eine fünfjährige **Haltefrist** in Gang gesetzt. Es dürfen nicht mehr als 20 % der Anteile übertragen werden.

---

495 Vgl. ausführlich *Schwedhelm* Rn. 1271 ff. und 1337 ff.
496 Vgl. ausführlich *Schwedhelm* Rn. 1102 ff.
497 Vgl. dazu ausführlich *Schwedhelm* Rn. 841 ff.

Bei der **Ausgliederung** überträgt eine Kapitalgesellschaft (wie bei der Abspaltung) auf eine andere Kapitalgesellschaft einen Teil ihres Vermögens. Im Gegensatz zur Abspaltung erhalten nicht die Gesellschafter des übertragenden Rechtsträgers Anteile, sondern der übertragende Rechtsträger. Hier sind die §§ 20 ff. UmwStG einschlägig.[498] Eine Buchwertfortführung ist möglich. Verlustvorträge und Zinsvorträge nach § 4h EStG gehen nicht auf den übernehmenden Rechtsträger über. Sie gehen bei dem übertragenden Rechtsträger aber auch nicht anteilig unter. Wird bei der Umwandlung nicht der gemeine Wert angesetzt, wird eine siebenjährige **Haltefrist** in Gang gesetzt. Wird der Anteil innerhalb dieser Zeit verkauft oder liegt ein vergleichbarer Tatbestand vor, werden nach § 22 UmwStG die stillen Reserven zum Zeitpunkt der Umwandlung rückwirkend anteilig versteuert. 561

Wird **eine Personengesellschaft in eine Kapitalgesellschaft umgewandelt**, kommen die §§ 20 ff. UmwStG zur Anwendung. Grundsätzlich ist eine Buchwertfortführung möglich. Nur soweit ein negatives Kapitalkonto bei einem Gesellschafter besteht, ist insoweit eine Buchwertaufstockung ertragswirksam vorgeschrieben, um das Kapitalkonto auf mindestens 0 EUR anzuheben (§ 20 Abs. 2 Nr. 2 UmwStG). Ein Verlustvortrag des Kommanditisten nach § 15a EStG sowie der Zinsvortrag nach § 4h EStG gehen nicht auf die Kapitalgesellschaft über. Wie bei der Ausgliederung entsteht eine siebenjährige **Haltefrist** nach § 22 UmwStG, wenn bei der Umwandlung nicht der gemeine Wert angesetzt wird. 562

Die **Verschmelzung von Personengesellschaften** erfolgt nach § 24 UmwStG.[499] Eine Buchwertfortführung ist möglich (§ 24 Abs. 2 S. 2 UmwStG). Eine gewinnrelevante Verpflichtung zur Aufstockung des negativen Vermögens besteht nicht. Der Verlustvortrag nach § 10d EStG sowie nach § 10a GewStG, Verluste nach § 15a EStG und der Zinsvortrag nach § 4h EStG bleiben erhalten. Es werden keine neuen Haltefristen in Gang gesetzt. 563

Wandelt eine **Personengesellschaft** ihre Rechtsform durch **Formwechsel, bleibt** sie jedoch eine **Personengesellschaft** (z.B. OHG in KG), ist dieser Vorgang steuerlich irrelevant, da kein Vermögen übertragen wird und im Besteuerungsrecht keine Änderungen eintreten. Die Gesellschaft ist weiterhin ertragsteuerlich eine Mitunternehmerschaft. 564

Bei der Umwandlung der **KG** ist zu beachten, dass der Wechsel vom Vollhafter zum Kommanditisten dazu führt, dass die Verlustausgleichsbeschränkungen des § 15a EStG für das gesamte Wirtschaftsjahr gelten, in dem der Wechsel vorgenommen wird.[500] Umgekehrt führt der Statuswechsel vom Kommanditisten zum Komplementär dazu, dass der gesamte Verlust, der im Wirtschaftsjahr des Statuswechsels entstanden ist, nicht mehr den Ausgleichsbeschränkungen des § 15a EStG unterliegt.[501] Ältere Verluste i.S.v. § 15a EStG werden von dem Statuswechsel nicht erfasst.[502] In allen Fällen ist auf die Beschlussfassung und nicht auf die Eintragung im Handelsregister abzustellen.[503] 565

---

498 Vgl. ausführlich *Schwedhelm* Rn. 940 ff. i.V.m. 229 ff.
499 Vgl. dazu ausführlich *Schwedhelm* Rn. 1977 ff.
500 *BFH*/NV 2008, 271.
501 *BFH*/NV 2007, 888.
502 *BFH* BStBl II 2004, 115.
503 *BFH* DStR 2004, 678.

3.6 Teilgeschäftseinstellung

566 Die Einstellung von Teilen des Geschäftsbetriebs hat **keine unmittelbaren steuerlichen Auswirkungen**. Sollten im Rahmen der Einstellung Wirtschaftsgüter veräußert werden, gelten die allgemeinen Grundsätze (vgl. Rn. 517 ff.).

567 Unabhängig davon sind weitere **Haltefristen** zu beachten. So knüpfen einige Haltefristen an den Bestand des Teilbetriebs (z.B. § 18 Abs. 3 UmwStG)[504] oder an die Einhaltung der Lohnsumme an (z.B. § 13a Abs. 1, 4 und 8 ErbStG).

V. Konzernrecht

1. Legislative Verortung der Konzernierung

568 Was die rechts- und wirtschaftstatsächliche Bedeutung von Konzernen anbelangt, so hat sie die der vom Gesetzgeber nahezu ausschließlich adressierten Einzelgesellschaft längst hinter sich gelassen.[505] Erst allmählich – und dies gilt ganz besonders für die Sanierungs- und Insolvenzrelevanz[506] – rückt das Phänomen in das legislatorische Bewusstsein, dass nämlich die Insolvenz eines Konzernmitglieds in vielen Fällen in Gestalt eines Dominoeffekts die Insolvenzen der anderen Gruppenmitglieder nach sich zieht und damit eine gesonderte Behandlung erfordern könnte.[507] Während dies geschieht, rückt übrigens die Rechtswirklichkeit noch einen Schritt weiter – hin zur immer stärker werdenden Bedeutung von Netzwerken.[508] Nachfolgend werden demgemäß die beiden Situationen unterschieden, dass der Konzern zu einem Zeitpunkt saniert werden soll, zu dem sich noch kein Mitglied im Insolvenzverfahren befindet Rn. 569 ff., und zu dem das bei einigen oder allen der Fall ist Rn. 637 ff.

2. Sämtliche Gruppenmitglieder sind (noch) nicht in einem Insolvenzverfahren

2.1 Rechtliche Besonderheiten

2.1.1 Vertragskonzern versus faktischer Konzern

569 Das Konzernrecht des Aktiengesetztes schützt die Gläubiger einer abhängigen Konzerngesellschaft primär über ein nach der Intensität der Leitungsmacht abgestuftes Ausgleichssystem, das vom Einzelausgleich schädigender Maßnahmen im faktischen Konzern über eine Pflicht zum Verlustausgleich im Vertragskonzern bis hin zu einer gesamtschuldnerischen Mithaftung des herrschenden Unternehmens bei der Eingliederung reicht.[509]

570 Gerade im Bereich der Konzernsanierung ist es aber regelmäßig notwendig, über die Leitungsmacht des herrschenden Unternehmens Sanierungsmaßnahmen in den abhängigen Gesellschaften durchzusetzen. Eine Konzernsanierung kann aber nur dann nachhaltig erfolgreich sein, wenn derartige Sanierungsmaßnahmen nicht später

---

504 Vgl. zum Begriff des Teilbetriebs *Schmidt/Wacker* § 16 Rn. 140 ff. sowie *BMF* BStBl I 1998, 268 Rn. 18.04.
505 Eindringlich dazu *Lutter* Das unvollendete Konzernrecht, FS K. Schmidt, 2009, S. 1065 f.
506 Dazu, dass das moderne Insolvenzrecht bei richtigem Verständnis auch die Restrukturierungsoption umfasst, s. *Paulus* DB 2008, 2523 ff. Aufschlussreich auch *K. Schmidt* ZHR (174), 2010, 243 ff.
507 Wegen der Bestrebungen, dem abzuhelfen, s nur die Nachweise bei *Paulus* ZGR 2010, 270, 272 ff.
508 Dazu etwa *Lange* Das Recht der Netzwerke, 1998; *Grundmann* AcP 2007, 718; *ders.* Welche Einheit des Privatrechts? FS Hopt, Bd. I, 2010, S. 61, 76 ff.; *Paulus* ZGR 2010, 270, 292 f.
509 *Rieckers* Konzernvertrauen und Konzernrecht, 2004, S. 1.

durch Verlustausgleichsansprüche, Ansprüche von Minderheitsaktionären oder Anfechtungsansprüchen nivelliert werden.

Im Rahmen zahlreicher Erscheinungsformen von Konzernen,[510] soll nur auf die grundsätzliche Unterscheidung zwischen Vertragskonzern und faktischem Konzern eingegangen werden. 571

Der Vertragskonzern kennzeichnet sich dadurch, dass in der Regel durch einen Beherrschungsvertrag (§ 291 I 1 AktG) ein über die Mehrheitsbeteiligung hinausgehendes Weisungsrecht des herrschenden Unternehmens (§ 308 AktG) geschaffen wird. Im Gegenzug werden für die außenstehenden Aktionäre des abhängigen Unternehmens Ausgleichs- (§ 304 AktG), Abfindungs- (§ 305 AktG) und Haftungsansprüche (§ 309 AktG) und zugunsten der Gläubiger eine Verlustübernahme- (§ 302 AktG) und Sicherheitsleistungspflicht (§ 303 AktG) begründet.[511] 572

Der faktische Konzern hingegen ist ein tatsächliches Phänomen ohne gesetzliche Definition und dadurch gekennzeichnet, dass zwar keine rechtliche anerkannte Konzernleitungsmacht des herrschenden Unternehmens begründet ist, jedoch die regelmäßig auf Mehrheitsbeteiligung beratende Abhängigkeit dazu führt, dass sich Vorstand und Aufsichtsrat der Untergesellschaft einer faktischen Konzernleitung durch die Obergesellschaft (Konzernspitze) unterordnen.[512] Trotz mangelnder gesetzlicher Definition des faktischen Konzerns ist aber im § 311 AktG eine Ausgleichspflicht im Falle eines durch das herrschende Unternehmen veranlassten Nachteils für das abhängige Unternehmen geregelt.[513] 573

Im Rahmen von Konzernsanierungen sind aber in aller Regel konzernübergreifende Maßnahmen notwendig, die bei isolierter Betrachtung einzelner abhängiger Konzerngesellschaften Ausgleichsansprüche dieser gegenüber dem herrschenden Unternehmen begründen können. 574

Im Gegensatz zum Vertragskonzern, bei welchem die durch die Konzernsanierung verursachten vertraglichen Ausgleichspflichten in aller Regel im Vorhinein bekannt sind und Berücksichtigung finden, werden diese möglichen Ausgleichsansprüche Dritter im faktischen Konzernverhältnis oftmals übersehen oder unterschätzt. 575

Bereits die Durchsetzung gesellschaftsübergreifender Sanierungsmaßnahmen im Konzern scheitern oftmals an haftungsrechtlichen Bedenken der Geschäftsführung des abhängigen Unternehmens im faktischen Konzern. Das Scheitern einer Gesamtkonzernsanierung und damit einhergehende Insolvenzverfahren von Tochtergesellschaften führten nicht selten zu Kettenreaktionen „botton up" und damit zu Gesamtkonzerninsolvenzen. 576

2.1.2 Auswirkungen konzerninterner Verbindlichkeiten auf die Insolvenzantragsgründe der Überschuldung und Zahlungsunfähigkeit

Die Sanierung von Unternehmen stellt generell eine Gradwanderung zwischen Insolvenz und künftigem Überleben dar. In diesem Zusammenhang müssen auch während der Sanierung die Insolvenzgründe der Überschuldung und Zahlungsunfähigkeit per- 577

---

510 S. beispielhaft *Bayer* in MK-AktG, 3. Aufl. 2008, § 18 Rn. 1 ff. Auf globaler Ebene s. auch: www.uncitral.org/uncitral/en/commission/working_groups/5Insolvency.html.
511 *Schenk* in Bürgers/Körber, AktG, 2008, § 304 Rn. 1 ff.
512 *Bayer* in MK-AktG, 2000, § 18 AktG Rn. 9.
513 *Crone/Werner* S. 244 ff.

manent im Fokus stehen. Für dessen Beurteilung sind die Verbindlichkeiten gegenüber verbundenen Unternehmen i.S.d. §§ 15 ff. AktG oftmals von wesentlicher Bedeutung, insbesondere dann, wenn der Konzern unter einheitlicher Leitung geführt wird.

578 Die Aufstellung des Überschuldungsstatus erfolgt auch im Konzern für jedes rechtlich selbstständige Unternehmen gesondert.[514] Die rechtliche Relevanz eines Konzernüberschuldungsstatus für die Frage der Überschuldung kann zunächst nicht erkannt werden. Verbindlichkeiten gegenüber verbundenen Unternehmen können dabei aus der Überlassung von Finanzierungsmitteln (Darlehen etc.), aus Lieferbeziehungen oder sonstigen Verrechnungskonten bestehen, wobei die Unterscheidung im Rahmen der Überschuldungsprüfung primär nicht bedeutend ist. Entscheidend kommt es dabei – wie auch bei der Überschuldungsprüfung außerhalb von Konzernunternehmen – auf die Frage an, ob ein Rangrücktritt erfolgt ist. Mit Inkrafttreten des MoMiG zum 1.11.2008[515] wurde der Rangrücktritt in § 19 InsO erstmals gesetzlich kodifiziert. Verbindlichkeiten gegenüber verbundenen Unternehmen, bei denen es sich um Gesellschafterdarlehen oder wirtschaftlich gleichgestellte Forderungen handelt, sind nun nur dann nicht mehr zu berücksichtigen, wenn für diese ein Nachrang im Insolvenzverfahren hinter den in § 39 Abs. 1 Nr. 1–5 InsO bezeichneten Forderungen vereinbart worden ist. Damit gilt auch für Verbindlichkeiten verbundener Unternehmen, dass zur Vermeidung der Passivierung einer Verbindlichkeit im Überschuldungsstatus ein Rangrücktritt erforderlich ist.[516]

579 Neben den unmittelbaren Verbindlichkeiten gegenüber konzern-verbundenen Unternehmen sind aber auch mittelbare Verbindlichkeiten zu berücksichtigen, die daraus resultieren, dass ein verbundenes Unternehmen für Verbindlichkeiten der Gesellschaft werthaltige Sicherheiten in Form von Bürgschaften, Sicherungsübereignungen etc. bestellt. In solchen Fällen kommt zur Vermeidung einer Überschuldung gegebenenfalls ein mittelbarer Rangrücktritt[517] in Betracht, der jedoch gesetzlich nicht verankert ist und zu dem höchstrichterliche Rechtssprechung nicht existiert.

580 Zur Beurteilung einer bereits eingetretenen oder drohenden Zahlungsunfähigkeit sind die fälligen Verbindlichkeiten des jeweiligen Konzernunternehmens zu ermitteln. Hier ergeben sich – wie bei der Überschuldungsprüfung auch – keine Unterschiede zur Prüfung bei Unternehmen, die nicht in einen Konzern eingebunden sind. Im ersten Prüfungsschritt,[518] dem Erstellen eines Finanzstatus, sind dabei die fälligen Verbindlichkeiten gegenüber verbundenen Unternehmen von Bedeutung. Häufig fehlen in der Praxis zugrundeliegende Vereinbarungen für die Rückführung von Verrechnungskonten, nach denen die Fälligkeit konzerninterner Verbindlichkeiten zu beurteilen sind. Im Regelfall liegen solche am ehesten für konzerninterne Darlehen und Verbindlichkeiten aus Lieferung und Leistungen vor. Wenn eine Vereinbarung zwischen

---

514 Eine Überschuldung liegt gem. § 19 Abs. 2 S. 1 in der Fassung des FMStG bis 31.12.2013 nur dann vor, wenn die Fortführung des Unternehmens nach den Umständen nicht überwiegend wahrscheinlich ist, *Bremen* in *Graf-Schlicker* InsO, 2. Aufl. 2010, § 19 Rn. 6.
515 BGBl I 2008, 2006.
516 Das bisher in der Praxis vorhandene Problem, dass ein sogenannter qualifizierter Rangrücktritt nach dem BGH-Urteil vom 8.1.2001 (II ZR 88/99, BGHZ 146, 264) noch zu einem außerordentlichen Ertrag und damit zu einer zu passivierenden Steuerverbindlichkeit führen kann, ist durch die Kodifizierung des Rangrücktritts in § 19 InsO behoben. Zur steuerlichen Problematik: *Funk* BB 2009, 867.
517 *Wälzholz* DB 2007, 671.
518 *IDW* PS 800, Stand: 6.3.2009, Tz. 6 ff.

zwei Konzernunternehmen fehlt oder sich die Fälligkeit auch nicht aus den sonstigen Umständen ergibt, muss sich die rechtliche Einordnung an den gesetzlichen Regelungen des § 271 Abs. 1 BGB ausrichten, das heißt die Verbindlichkeit ist sofort fällig und damit in den Finanzstatus einzustellen. Nun könnte man an dieser Stelle argumentieren, dass ein verbundenes Unternehmen „per se" kein Interesse haben kann, dass die andere Konzerngesellschaft in die Insolvenz fällt und damit analog dem Urteil des BGH v. 19.7.2007[519] eine spätere Zahlung ihrer Forderung duldet. Es gibt aber auch Stimmen in der Literatur,[520] denen zufolge in solchen Fällen ganz besonders von der sofortigen Fälligkeit auszugehen ist, da der Vertreter des anderen Konzernunternehmens gerade eine die Fälligkeit beendende Erklärung zur Vermeidung eines Insolvenzverfahrens abgeben täte. Schließlich habe er ja ein besonderes Interesse daran. Die Literaturmeinung überzeugt dabei, weshalb auch bei fälligen Verbindlichkeiten gegenüber verbundenen Unternehmen eine sofortige Fälligkeit und damit die Aufnahme in den Finanzstatus zu erfolgen hat.

581 Weitere Probleme entstehen im zweiten Prüfungsschritt[521] zur Feststellung einer bereits eingetretenen oder drohenden Zahlungsunfähigkeit, wenn aufbauend auf dem Finanzstatus ein Finanzplan erstellt wird. In vielen Fällen bestehen nämlich auch Forderungen gegenüber verbundenen Unternehmen, die es zu beurteilen gilt. Vor allem dann, wenn keine Regelungen über die Fälligkeit vorhanden sind, fällt eine Beurteilung des voraussichtlichen Zahlungseingangs schwer. Für eine seit längerer Zeit bestehende (und noch immer nicht beglichene) Forderung kann die Zahlungsunfähigkeit des schuldnerischen Konzernunternehmens verantwortlich sein. Hiervon zu unterscheiden ist eine Zahlungsunwilligkeit des schuldnerischen Konzernunternehmens. Bei böswilliger Zahlungsverweigerung oder Zahlungsunwilligkeit liegt nach ständiger Rechtssprechung des BGH keine Zahlungsunfähigkeit vor.[522] Dennoch darf nicht übersehen werden, dass oftmals eine angebliche Zahlungsunwilligkeit als Vorwand herangezogen wird, über eine Zahlungsunfähigkeit hinweg zu täuschen. Bei einem im Konzern installierten Cash Pooling ist zur Beurteilung der Leistungsfähigkeit der Cash Poolführerin eine Konzernfinanzplan unerlässlich, nachdem die Zahlungsfähigkeit dieser Gesellschaft von der Leistungsfähigkeit aller in das Cash Pooling eingebundenen Gesellschaften abhängt und nicht isoliert betrachtet werden kann.[523]

582 Im Fall der Insolvenz eines Tochterunternehmens sind darüber hinaus noch mögliche Verlustübernahmepflichten nach § 302 I AktG zu berücksichtigen. Ein Jahresfehlbetrag der insolventen Tochtergesellschaft muss dabei ausgeglichen werden, wobei Liquidationswerte zum Ansatz kommen und damit auch Abwicklungsverluste verbunden sind.[524] Sie haftet damit auf den gesamten Fehlbetrag, der sowohl in eine Überschuldungsbilanz mit aufzunehmen ist als auch in den Finanzstatus zur Prüfung der Zahlungsunfähigkeit, sobald der Anspruch fällig ist.

---

519 *BGH* Urt. v. 19.7.2007 – IX ZB 36/07, ZInsO 2007, 939 ff.
520 *Nickert/Lamberti* Überschuldungs- und Zahlungsunfähigkeitsprüfung, 2008, Rn. 27.
521 *IDW* PS 800, Stand: 6.3.2009, Tz. 42 ff.
522 *BGH* Urt. v. 17.5.2001 – IX ZR 188/98, NZI 2001, 417; *BGH* Urt. v. 5.11.1956 – III ZR 139/55, WM 1957, 67, 69; *BGH* Urt. v. 30.4.1959 – VIII ZR 179/58, WM 1959, 891; vgl. auch *Uhlenbruck* InsO, 13. Aufl. 2010, § 17 Rn. 26.
523 *IDW* PS 800, Stand: 6.3.2009, Tz. 41.
524 *Rittscher* Cash-Management-Systeme in der Insolvenz, 2007, S. 165 m.w.N.

2.1.3 Besonderheiten im Bereich des Anfechtungsrechtes

583 An dieser Stelle werden unter den Bereich des Anfechtungsrechtes die insolvenzrechtlichen Anfechtungsvorschriften des § 129 ff. sowie die Vorschriften zum Eigenkapitalersatzrecht behandelt. Andere Anfechtungsnormen (zum Beispiel aus dem Deliktsrecht oder aus Sittenwidrigkeitstatbeständen) bleiben außer Betracht.

584 Die Problematik bei der Konzernsanierung in Bezug auf das Anfechtungsrecht besteht darin, dass die beteiligten Konzerngesellschaften und deren Organe zumindest im direkten Abhängigkeitsverhältnis[525] sog. „nahestehende Personen" (§ 138 InsO) sind. Daraus ergeben sich teilweise unmittelbar eigene Anfechtungstatbestände (§ 133 II InsO, §§ 135, 136 InsO) als auch eine Reihe von Beweislastregeln § 130 III, § 131 II 2, § 132 III, § 137 II 2) oder auch Tatbestandvoraussetzungen (§ 133 II, § 162 I Nr. 1 InsO).[526]

585 Nachdem bei jeder Konzernsanierung auch die Möglichkeit in Betracht gezogen werden muss, dass im Laufe der Sanierungsbemühungen einzelne Konzerngesellschaften einen Insolvenzantrag stellen müssen, ist auch vor der Veranlassung von Sanierungsmaßnahmen ein Anfechtungsszenario im Bezug auf derartige Maßnahmen angebracht. Werden beispielsweise Lieferverträge zwischen Konzerngesellschaften im Rahmen von Sanierungsmaßnahmen in der Gestalt geändert, dass sie für die spätere Insolvenzschuldnerin nachteilig sind, so sind derartige Gestaltungen gegebenenfalls nach § 133 II InsO anfechtbar. Sanierungsmaßnahmen, die aus Konzernsicht zweifelsfrei richtig und sinnvoll sind, können aus der Perspektive für die einzelner Tochtergesellschaften nachteilig sein und damit einem Anfechtungsrisiko bei späterer Insolvenz unterliegen. Diese Sachverhalte verkomplizieren sich noch im internationalen Konzern aufgrund national unterschiedlicher Anfechtungsvorschriften.

586 Auch wenn das MoMiG eine Entschärfung im Bereich des Eigenkapitalersatzrechtes brachte, bleiben nach wie vor einige Tatbestände bestehen. So sind Forderungen eines Gesellschafters, die innerhalb eines Jahres vor Insolvenzantragstellung der Tochtergesellschaft zurückgeführt worden sind nach § 135 InsO Abs. 1 Nr. 2 anfechtbar. Hierbei bereitet in der Praxis oftmals die Abgrenzung zwischen einer Darlehensrückzahlung sowie einem nicht anfechtbaren Bargeschäft im Konzern große Probleme, da die meisten Konzerne über ein undifferenziertes Verrechnungskonto reine Leistungsbeziehungen mit anderen Zahlungsvorgängen abbilden.

2.1.4 Besonderheiten im Bereich des Arbeitsrechtes
2.1.4.1 Definition arbeitsrechtlicher Begriffe

587 Das Arbeitsrecht verfügt in keiner arbeitsgesetzlichen Bestimmung über eine eigene Begriffbestimmung des Konzerns, sondern verweist in § 54 Abs. 1 BetrVG auf den Konzernbegriff des § 18 Abs. 1 AktG.[527]

588 Die einzelnen Unternehmen bzw. Betriebe eines Konzerns bilden auch im Arbeitsrecht einen gewissen Haftungsverbund. Jedoch geht dieser nicht so weit wie in der Rechtsprechung der übrigen Obergerichte im Falle einer Insolvenz eines einzelnen

---
525 S. nur *Hirte* in Uhlenbruck § 138 Rn. 39 ff.
526 *Hirte* in Uhlenbruck § 138 Rn. 1.
527 Vgl. *Fitting* BetrVG, 25. Aufl. 2010, § 54 Rn. 8.

Konzernunternehmens. Die Richter des Bundesarbeitsgerichtes haben hier wesentlich mehr Fingerspitzengefühl bewiesen.

Um die möglichen Maßnahmen innerhalb einer Sanierung eines Konzerns transparent darstellen zu können, müssen zunächst die im Arbeitsrecht vorliegenden Besonderheiten der einzelnen Einheiten erläutert werden. **589**

Die kleinste Einheit ist hier der Betrieb. Dieser Begriff wird sowohl im Kündigungsschutzgesetz als auch im Betriebsverfassungsgesetz verwandt. Dies mit gutem Grund, denn selbst innerhalb des Arbeitsrechts ist der Betriebsbegriff nicht immer einheitlich. So können Bestimmungsversuche zu anderen Reglungsbereichen – wie etwa zu § 613a BGB – nicht uneingeschränkt übernommen werden. Auch können Tarifverträge den Betriebsbegriff für ihren Anwendungsbereich selbstständig festlegen. Die Begriffsbestimmung richtet sich nach dem Zweck der Regelung.[528] **590**

Der Gesetzgeber hat weder im Kündigungsschutzgesetz noch im Betriebsverfassungsgesetz den Begriff des Betriebes bestimmt. Auch das BetrVG-ReformG hat auf eine Begriffsbestimmung verzichtet. Dennoch hat die Rechtsprechung des Bundesarbeitsgerichtes einen eigenen Betriebsbegriff entwickelt. Die Definitionen aus anderen Rechtsgebieten (Handels- und Wirtschaftsrecht, Sozialrecht und Steuerrecht) können nicht ohne Weiteres herangezogen werden. **591**

Ein Betrieb im Sinne des Betriebsverfassungsgesetzes liegt vor, wenn die in einer Arbeitsstätte vorhandenen materiellen Betriebsmittel für den oder die verfolgten arbeitstechnischen Zwecke zusammengefasst, geordnet und gezielt eingesetzt werden und der Einsatz der menschlichen Arbeitskraft von einem einheitlichen Leitungsapparat gesteuert wird.[529] **592**

Ein Betrieb im arbeitsrechtlichen Sinne setzt deshalb nicht immer eine eigenständige gesellschaftsrechtliche Rechtsform voraus, sondern ein Betrieb kann eine Niederlassung (weite räumliche Entfernung) sein. Umgekehrt können im arbeitsrechtlichen Sinn auch rechtlich eigenständige GmbHs unter bestimmten Voraussetzungen einen sogenannten Gemeinschaftsbetrieb bilden. **593**

Im Fall der Insolvenz wird der Gemeinschaftsbetrieb aufgelöst, soweit für die einzelnen GmbHs verschiedene Insolvenzverwalter bestellt werden.[530] Ebenso wird der Gemeinschaftsbetrieb aufgelöst, wenn eine gesellschaftsrechtliche Einheit veräußert oder stillgelegt wird.[531] **594**

Die nächste Einheit im Arbeitsrecht ist das Unternehmen. Dieser Begriff findet sich (wiederum ohne Definition[532]) sowohl im Kündigungsschutzgesetz als auch im Betriebsverfassungsgesetz. Dem Unternehmensbegriff kommt insbesondere im Rahmen des letztgenannten Gesetzes Bedeutung zu, wenn in einem Unternehmen mehrere Betriebsräte bestehen. In diesem Fall ist ein Gesamtbetriebsrat zu errichten (§ 47 Abs. 1 BetrVG).[533] **595**

---

528 Vgl. *Fitting* § 1 Rn. 62.
529 Vgl. *Fitting* § 1 Rn. 64.
530 *BAG* Urt. v. 22.9.2005 – 6 AZR 526/04, *BAGE* 116, 19 = ZIP 2006, 631.
531 *BAG* Urt. v. 22.3.2007 – 6 AZR 499/05, NZA 2007, 1101.
532 Das Bundesarbeitsgericht hat lediglich entschieden, dass ein Unternehmen einen einheitlichen Rechtsträger voraussetzt: *BAG* Beschl. v. 23.8.1989 – 7 ABR 39/88, AP Nr. 7 zu § 106 BetrVG.
533 Vgl. *Fitting* § 1 Rn. 144.

596 Die nächste nationale Einheit im Arbeitsrecht ist der Konzern. Auch hier kennt zumindest das Betriebsverfassungsgesetz keinen einheitlichen Konzernbegriff. Dagegen enthält das Gesetz über Europäische Betriebsräte (EBRG) in § 6 Abs. 1 eine eigenständige, ausschließlich für den Bereich des EBRG geltende Legaldefinition des herrschenden Unternehmens sowie in § 6 Abs. 2 für einen beherrschenden Einfluss. Aber auch bei der Anwendung des § 54 im Rahmen des Betriebsverfassungsgesetzes kann es wegen der unterschiedlichen Zielsetzungen von Gesellschaftsrecht und Betriebsverfassungsgesetz zu Abweichungen zwischen gesellschaftsrechtlichem und betriebsverfassungsrechtlichem Konzernbegriff kommen.[534]

2.1.4.2 Arbeitsrechtliche Aspekte der Konzernsanierung

597 Die Konzernsanierung im arbeitsrechtlichen Bereich gestaltet sich schwierig, soweit eine Sanierung konzernübergreifend erfolgen soll. Dies ist nicht rein rechtlich begründet, sondern resultiert meist aus der Historie. Seit vielen Jahrzehnten bestehende große Konzerne wie z.B. die meisten DAX-Konzerne haben aufgrund ihrer Unternehmenskultur und auch aufgrund der Arbeitnehmervertretungen seit langem einheitliche oder zumindest vergleichbare Bedingungen. Größere Probleme im arbeitsrechtlichen Bereich stellen sogenannte „junge Konzerne" dar, die in den letzten 20 Jahren insbesondere im Bereich der Automobilzulieferindustrie und auch im Bereich der neuen Technologien entstanden sind. Die Geschäftspolitik dieser Konzerne bestand in vielen Fällen aus sehr schnellem Wachstum durch Zukauf im In- und Ausland, um entweder Kostenvorteile in der Produktion oder geographische Marktbesetzungen zu realisieren. Hierdurch entstanden Konzernbetriebe unterschiedlichster tariflicher Bindung, betriebsverfassungsrechtlicher Struktur und arbeitsvertraglicher Regelungen. Nachdem die Tarifverträge in den unterschiedlichen Branchen aber selten deckungsgleich sind, ist eine Vereinheitlichung von unterschiedlichen Tarifverträgen im Falle einer branchenübergreifenden Konzernentstehung ein schwieriges und oftmals aussichtsloses Projekt.

Betriebsverfassungsrecht

598 Voraussetzung der Beteiligungsrechte der betriebsverfassungsrechtlichen Organe ist, dass eine Betriebsänderung vorliegt, die wesentliche Nachteile für die Belegschaft hat. Bei einer Sanierung wird diese Grundvoraussetzung für die Beteiligungsrechte gem. § 111 BetrVG wohl immer vorliegen. Nach Festlegung der einzelnen Betriebsänderungen muss der Arbeitgeber die Zuständigkeit der Betriebsräte klären. Das Betriebsverfassungsgesetz kennt eine originäre Zuständigkeit des Gesamtbetriebsrates (§ 50 Abs. 1 BetrVG) und eine Zuständigkeit des Gesamtbetriebsrates durch Beauftragung der örtlichen Betriebsräte (§ 50 Abs. 2 BetrVG).

Zuständigkeit des Gesamtbetriebsrats

599 Der Gesamtbetriebrat ist originär nur dann zuständig, wenn es sich um eine überbetriebliche Angelegenheit handelt, die nicht durch die einzelnen Betriebsräte innerhalb ihrer Betriebe geregelt werden können. Beide Voraussetzungen müssen kumulativ vorliegen.[535]

600 Es müssen nicht alle Betriebe des Unternehmens betroffen sein, mindestens aber zwei.

---

534 Vgl. *Fitting* § 54 Rn. 8.
535 Vgl. *BAG* Beschl. v. 3.5.2006 – 1 ABR 15/05, *BAGE* 118, 131 = ZIP 2006, 1596.

Der Begriff des „Nichtregelnkönnens" setzt nicht notwendig eine objektive Unmöglichkeit voraus. Ausreichend, aber regelmäßig auch zu verlangen, ist jedoch, dass ein zwingendes Erfordernis für eine betriebsübergreifende Regelung besteht. Das zwingende Erfordernis kann sich aus technischen und rechtlichen Gründen ergeben.[536] 601

Ist eine Zuständigkeit des GbR gem. § 50 Abs. 1 BetrVG begründet, nimmt er die Rechte eines Betriebsrates auch für solche Betriebe wahr, in denen kein Betriebsrat besteht (§ 50 Abs. 1 S. 1, 2. HS. BetrVG) 602

Der Gesamtbetriebsrat kann damit bei Betriebsänderungen, die mehrere Betriebe betreffen und seine originäre Zuständigkeit begründen, für betriebsratslose Betriebe einen Interessenausgleich und Sozialplan verlangen. 603

Bei unklarer Rechtslage genügt der Arbeitgeber seinen betriebsverfassungsrechtlichen Pflichten, wenn er in geeigneter Weise versucht, den richtigen Verhandlungspartner über einen Interessenausgleich zu finden. Ein vorgeschaltetes gerichtliches Klärungsverfahren ist meist nicht möglich. Für die Annahme eines hinreichenden Versuchs eines Interessenausgleichs muss daher bei unklarer Zuständigkeit ausreichen, dass der Arbeitgeber alles ihm Zumutbare unternimmt. Vor diesem Hintergrund hat das BAG zugunsten der Rechtssicherheit klargestellt, dass der Arbeitgeber die in Betracht kommenden Gremien zu Beginn der Verhandlung zur internen Klärung der Zuständigkeit auffordern kann.[537] 604

Die Zuständigkeit des Gesamtbetriebsrates für den Interessenausgleich begründet nicht automatisch und zwingend auch dessen Zuständigkeit für den Abschluss eines Sozialplans.[538] 605

Soweit die Zuständigkeit des Gesamtbetriebsrats vorliegt, werden hierdurch andere betriebsverfassungsrechtliche Mitwirkungsrechte, wie die Anhörung nach § 102 BetrVG nicht berührt. 606

Umstritten ist, inwieweit die Zuständigkeit für die Namensliste gem. § 1 Abs. 5 S. 1 KSchG immer bei den örtlichen Betriebsräten liege. Die wohl herrschende Meinung vertritt die Ansicht, dass eine Zuständigkeit des Gesamtbetriebsrats gegeben ist, da bei einer einheitlichen beteiligungspflichtigen Maßnahme eine Kompetenzaufspaltung nicht möglich ist.[539] 607

---

536 Vgl. *Fitting* § 50 Rn. 21, 22.
537 Vgl. *Bauer/Göpfert/Haußmann/Krieger* Umstrukturierung, 2. Aufl. 2009, Teil 2 A Rz. 98. – BAG Urt. v. 24.1.1996 – 1 AZR 542/95, *BAGE* 82, 79 = ZIP 1996, 1391: „Bei Zweifeln über den zuständigen Verhandlungspartner muss der Arbeitgeber die in Betracht kommenden Arbeitnehmervertretungen zur Klärung der Zuständigkeitsfrage auffordern. Weist er hingegen ohne weiteres einen der möglichen Verhandlungspartner zurück, so trägt er das Risiko, dass sein Verhandlungsversuch als unzureichend gewertet wird, wenn dieser zuständig gewesen wäre."
538 BAG Beschl. v. 3.5.2006 – 1 ABR 15/05, *BAGE* 118, 131 = ZIP 2006, 1596: „Für die Prüfung, ob die Regelung des Ausgleichs oder der Milderung der durch die Betriebänderung entstehenden Nachteile ebenfalls zwingend unternehmenseinheitlich oder betriebsübergreifend erfolgen muss, ist allein der Umstand, dass die für den Sozialplan erforderlichen Mittel von ein und demselben Arbeitgeber zur Verfügung zu stellen sind, nicht ausreichend. Da der Unternehmer nach der Konzeption der Betriebsverfassung die Kosten der betrieblichen Mitbestimmung zu tragen hat, „fehlen" Mittel, die er für einen Betrieb aufzuwenden hat, damit stets in den anderen Betrieben. Gleichwohl begründet die Kostenwirksamkeit von mitbestimmten Regelungen allein nicht die Zuständigkeit des Gesamtbetriebsrats. Dieser ist allerdings dann zuständig, wenn ein mit dem Arbeitgeber im Rahmen eines Interessenausgleichs vereinbartes, für das gesamte Unternehmen betreffendes Sanierungskonzept nur auf der Grundlage eines bestimmten, auf das gesamte Unternehmen bezogene Sozialplanvolumens realisiert werden kann."
539 Vgl. *Griebeling* in KR, KSchG, 9. Aufl. 2009, § 1 Rn. 703 f.

Zuständigkeit des Konzernbetriebsrats

608 Besteht in einem sogenannten Unterordnungskonzern ein Konzernbetriebsrat (§ 54 BetrVG), ist dieser originär zuständig für die Behandlung von Angelegenheiten, die den Konzern oder mehrere Konzernunternehmen betreffen und nicht durch die einzelnen Gesamtbetriebsräte innerhalb ihrer Unternehmen geregelt werden können (§ 58 Abs. 1 S. 1 BetrVG).

609 Dazu können in Ausnahmefällen auch Betriebsänderungen und deren Folgen gehören. Nehmen die in einem Konzernverbund zusammengeschlossenen Unternehmen eine Neuausrichtung der Konzernstruktur vor, die zur Folge hat, dass eine Vielzahl von Betriebsteilen aus den bestehenden Betrieben der Konzernunternehmen abgespalten und mit Betriebsteilen anderer Konzernunternehmen zusammengeschlossen werden, und liegt dieser Neuausrichtung ein einheitliches Organisationskonzept zugrunde, handelt es sich um eine unternehmensübergreifende Maßnahme, die zwingend konzerneinheitlich geregelt werden muss.[540] Im Übrigen kann der Gesamtbetriebsrat mit der Mehrheit der Stimmen seiner Mitglieder den Konzernbetriebsrat beauftragen, eine Angelegenheit für ihn zu behandeln.

Sprecherausschuss

610 In Konzernen beziehungsweise in den Unternehmen eines Konzerns sind auch leitende Angestellte beschäftigt. Soweit in einem Betrieb mehr als zehn leitende Angestellte beschäftigt sind, kann ein Sprecherausschuss gewählt werden (§ 1 Abs. 1 SprAuG). Bei mindestens zehn leitenden Angestellten in einem Unternehmen mit mehreren Betrieben kann ein Unternehmenssprecherausschuss gewählt werden (§ 20 SprAuG).

611 Bei geplanten Betriebsänderungen i.S.v. § 111 BetrVG bestehen Unterrichtungs- und Beratungsrechte. Das gilt auch für Maßnahmen zum Ausgleich oder zur Milderung der Nachteile, die leitenden Angestellten infolge einer Betriebsänderung entstehen. Der Sprecherausschuss hat aber keinen Anspruch auf Aufstellung eines Sozialplans.[541] Vor Kündigungen eines leitenden Angestellten ist der Sprecherausschuss zu hören. Eine ohne Anhörung des Sprecherausschusses ausgesprochene Kündigung ist rechtsunwirksam (§ 31 Abs. 2 S. 1 und 2 SprAuG)

Tarifverträge und Sanierungsbeiträge der Arbeitnehmer

612 Bei allen Sanierungen sind Arbeitnehmerbeiträge erforderlich. Soweit eine tarifliche Bindung vorliegt (Verbandszugehörigkeit, allgemeinverbindlicher Tarifvertrag, Anerkennung- oder Haustarifvertrag), sind Regelungen zwingend mit der tarifvertraglich zuständigen Gewerkschaft zu vereinbaren (§ 4 Abs. 4 S. 1 TVG), soweit die Tarifverträge keine Öffnungsklausel enthalten.

613 Bei Konzernen, die in den einzelnen Betrieben beziehungsweise Unternehmen verschiedene Tarifverträge anwenden, kann dies zu eine erheblichen Mehrbelastungen bei den Verhandlungen führen Ein Lösungsansatz könnte hier ein Konzerntarifvertrag sein. Die Zulässigkeit eines Konzerntarifvertrages ist umstritten. Das BAG hat diese Frage bisher nicht abschließend beantwortet. Allerdings hat es einen auf Grundlage des § 117 Abs. 2 BetrVG abgeschlossenen Tarifvertrag Personalvertretung im Lufthansa-Konzern und ein konzernweites Rationalisierungsschutzabkommen unbean-

---

540 *Bauer/Göpfert/Haußmann/Krieger* Umstrukturierung, 2. Aufl. 2009, Teil 2 A Rn. 102.
541 Vgl. *Fitting* § 5 Rn. 453.

standet gelassen.⁵⁴² Rechtlich unproblematisch ist der Abschluss eines mehrgliedrigen Tarifvertrages, um einen konzerneinheitlichen Sanierungstarifvertrag abzuschließen.⁵⁴³

Die technische Umsetzung in Mischkonzernen ist dadurch erschwert, dass auf Arbeitnehmerseite mehrere Gewerkschaften tarifzuständig sein können und damit mehrere Verhandlungspartner⁵⁴⁴ zuständig werden. Ähnliche praktische Probleme stehen der Schaffung konzerneinheitlicher Regelungen durch den Abschluss eines unternehmensbezogenen Verbandstarifvertrages entgegen.

614

Ein konzerneinheitlicher Tarifvertrag kann in der Weise zustande kommen, dass die Konzernunternehmen die Konzernobergesellschaft oder einen anderen Verhandlungsführer mit dem Abschluss eines Konzerntarifvertrages beauftragen. Aufgrund der Leitungsmacht im Konzern ist die Konzernobergesellschaft in der Lage, ihr Tochterunternehmen zur Bevollmächtigung anzuweisen.⁵⁴⁵ Die gesamte Problematik ist umstritten. Eine abschließende Rechtsprechung des BAG liegt bis heute nicht vor.

615

Im Rahmen eines Konzerntarifvertrages wäre auch der Abschluss eines konzernweiten Tarifsozialplanes möglich. Vorteil ist hier, dass der Tarifsozialplan vielen rechtlichen Beschränkungen nicht unterliegt. So dürfte in diesem Rahmen auch zulässig sein, dass Sozialplanabfindungen nur diejenigen Mitarbeiter erhalten, die keine Kündigungsschutzklage erheben.⁵⁴⁶

616

Individualarbeitsrechtliche Probleme

Besteht innerhalb eines Konzerns keine Tarifbindung (viele Drogeriemarktketten haben dies beispielsweise über Jahre hinweg erfolgreich praktiziert), so kann der Sanierungsbeitrag der Arbeitnehmer nur einzelvertraglich vereinbart werden. Die Umsetzung ist zeitraubend und einheitlich nahezu nicht umsetzbar. Eine 100 %ige Zustimmung der beschäftigten Arbeitnehmer zu den geforderten Verzichten ist unrealistisch.

617

Der Arbeitgeber müsste gegenüber diesen Arbeitnehmern eine Änderungskündigung aussprechen. Unter bestimmten Voraussetzungen hat das BAG eine solche Änderungskündigung für zulässig angesehen.⁵⁴⁷

618

---

542 Vgl. *Däubler-Peter* TVG, 2. Aufl. 2006, § 2 Rn. 91.
543 *Däubler-Reim* § 1 Rn. 73: „Von einem mehrgliedrigen Tarifvertrag spricht man, wenn mindestens auf einer Seite mehrere Tarifvertragsparteien auftreten oder ein Spitzenverband einen Tarifvertrag im Namen seiner Mitgliedsverbände abschließt."
544 Vgl. *Däubler-Peter* § 1 Rn. 93.
545 Vgl. *Däubler-Peter* § 1 Rn. 95.
546 Vgl. *Bauer/Göpfert/Haußmann/Krieger* Teil 2 C Rn. 61.
547 BAG Urt. v. 26.6.2008 – 2 AZR 139/07, NZA 2008, 1182: „Besteht die vom Arbeitgeber angebotene Vertragsänderung allein in der Absenkung der bisherigen Vergütung, bedarf es regelmäßig eines umfassenden Sanierungsplans, der alle gegenüber der beabsichtigten Änderungskündigung milderen Mittel ausschöpft. Vom Arbeitgeber ist in diesem Fall zu verlangen, dass er die Finanzlage des Betriebs, den Anteil der Personalkosten, die Auswirkungen der erstrebten Kostensenkungen für den Betrieb und für die Arbeitnehmer darstellt und ferner darlegt, warum andere Maßnahmen nicht in Betracht kommen.
Der Kündigungsgrund für eine bestimmte individuelle Änderungskündigung zur Entgeltreduzierung entfällt nicht dadurch, dass bereits 97 v. H. der Belegschaft eines Betriebes ein Änderungsangebot des Arbeitgebers zur Entgeltreduzierung angenommen haben und dadurch das Sanierungsziel in hinlänglichem Maße erreicht ist."

Besonderheiten Im Rahmen des Kündigungsschutzgesetzes

619 Die Sozialauswahl ist nur betriebsbezogen durchzuführen. Der allgemeine Kündigungsschutz ist auch bei der betriebsbedingten Kündigung nicht konzernbezogen. Das BAG macht davon eine Ausnahme, wenn sich ein anderes Konzernunternehmen ausdrücklich zur Übernahme bereit erklärt oder sich eine Übernahmeverpflichtung unmittelbar aus dem Arbeitsvertrag oder anderen vertraglichen Absprachen ergibt. Dann ist der Arbeitgeber verpflichtet, zunächst die Unterbringung eines Arbeitnehmers in einem anderen Konzernunternehmen zu versuchen, bevor er betriebsbedingt kündigt.[548] Das Bundesarbeitsgericht hat in besonderen arbeitsvertraglichen Konstellationen das KSchG konzernbezogen gesehen.[549] Es lag hier eine sog. Konzernversetzungsklausel vor.

620 Die Weiterbeschäftigungsmöglichkeit an einem freien Arbeitsplatz innerhalb des Konzerns ist aber immer zu prüfen. Zwar ist in der gesetzlichen Vorgabe des § 1 Abs. 2 KSchG nur von einer Weiterbeschäftigung im Unternehmen, nicht aber im Konzern die Rede. Bei dieser Regelung wurde jedoch die spezifische Situation konzernbezogener Arbeitsverhältnisse mit deren besonderen Beschäftigungsrisiken nicht bedacht, sodass eine erweiternde Auslegung nicht ausgeschlossen, sondern geboten ist.[550]

2.1.5 Besonderheiten bei Kommunikation und Durchsetzbarkeit von Sanierungsansätzen

621 Bereits die Sanierung einer einzelnen Gesellschaft erfordert einen hohen Anspruch der Unternehmensführung an die Kommunikation von Sanierungsansätzen und dem Leitbild des sanierten Unternehmens mit den Stakeholdern des Unternehmens. Hierbei werden bei Konzernsanierungen in aller Regel die wichtigsten Maßnahmen in der herrschenden Konzerngesellschaft zentral mit der Konzernführung getroffen. In aller Regel wird eine Sanierung dann massiv erschwert, wenn das Leitbild des sanierten Unternehmens und die hierfür notwendigen Maßnahmen nicht den Leistungsträgern im gesamten Unternehmen kommuniziert werden. Dabei liegt auf der Hand, dass die Anforderungen bei der Konzernsanierung mit vielen regionalen gegebenenfalls internationalen und kulturellen Unterschieden wesentlich höher sind als bei einem Unternehmen mit einem Standort. Je nach Identifikationsgrad der einzelnen Gesellschaften eines Konzerns mit dem Gesamtkonzern treten nicht selten größere Probleme im Bereich der Mitarbeiter in Bezug auf „gefühlte" Ungerechtigkeiten oder Ungleichheiten auf. Aufgrund der in aller Regel bestehenden Eilbedürftigkeit von Sanierungsmaßnahmen wird dem Feld der Kommunikation im Rahmen einer Konzernsanierung oftmals ein zu geringer Stellenwert beigemessen.

2.2 Wirtschaftliche Besonderheiten

2.2.1 Leistungswirtschaftliche Besonderheiten

622 Grundsätzlich gelten die leistungswirtschaftlichen Aspekte eines Einzelunternehmens in gleicher Weise auch für den Konzern. Besonderheiten entstehen in den vertikal aufgebauten Konzernen, in welchen die Wertschöpfung eines oder mehrerer Endprodukte durch mehrere Tochtergesellschaften erbracht wird. Nachdem Sanierungsmaßnahmen in der Regel an der gesamten Wertschöpfungskette vom Einkauf

---

548 Vgl. *Griebeling* in KR, § 1 Rn. 539.
549 Vgl. *BAG* Urt. v. 23.3.2006 – 2 AZR 162/05, ZIP 2006, 2279.
550 Vgl. *Griebeling* in KR, § 1 Rn. 542.

des Rohmaterials oder Vorproduktes bis zum Vertrieb ansetzen, betreffen diese in vertikalen Konzernstrukturen meistens sämtliche Konzerngesellschaften.

Leistungswirtschaftliche Sanierungsansätze verursachen hierbei nicht selten haftungsrechtliche Problematiken auf Ebene von Tochter- Mutter-, und Schwestergesellschaften. Eine Verlagerung von Produkten, eine Änderung von Verrechnungspreisen bis hin zur Liquidation von Tochtergesellschaften haben aus der einzelnen Legaleinheitsperspektive Gewinner und Verlierer und begründen damit oftmals Ausgleichs- oder Schadensersatzansprüche.

Im Rahmen der Konzernsanierung empfiehlt sich vor einer Realisierung leistungswirtschaftlicher Sanierungsmaßnahmen Drittvergleiche anzustellen, diese zu dokumentieren und entstehende Nachteile auf Einzelunternehmensebene ggf. auch auszugleichen. So notwendig die Gesamtbetrachtung des Konzerns für den wirtschaftlichen Erfolg seiner Sanierung aber auch ist, so irrelevant ist sie im Rahmen von Ausgleichs- und Anfechtungsansprüchen Dritter.

2.2.2 Finanzwirtschaftliche Besonderheiten

2.2.2.1 Zentrale, konzernübergreifende versus dezentrale Finanzierungsstruktur

Für die Finanzierung eines Konzerns einschließlich aller der sich darin befindlichen Konzernunternehmen sind theoretisch drei Formen denkbar: eine zentrale, konzernübergreifende Finanzierungsstruktur, eine Finanzierung auf Ebene der einzelnen Konzernunternehmen bzw. Mischformen aus den beiden zuvor genannten Typen. Im Folgenden sollen nur die zuerst genannten Extrempositionen näher diskutiert werden. Die Wahl der Finanzierungsstruktur hängt schließlich davon ab, wie der Konzern selbst organisiert (Führungsstruktur, vertikaler oder horizontaler Konzern etc.) ist und in welchem Umfeld er tätig ist.

Zentrale, konzernübergreifende Finanzierungsstruktur

Eine zentrale konzernübergreifende Finanzierungsstruktur lässt sich insbesondere bei kapitalmarktfähigen Unternehmen beobachten, da diese z.B. durch die Begebung von Anleihen oder Kapitalerhöhungen über die Börse mehr Finanzierungsmöglichkeiten haben als die klassischen Darlehensfinanzierungen. Im klassischen Fremdfinanzierungsbereich stößt die zentrale Finanzierung allerdings dann an ihre Grenzen, wenn keine „nationalen" Sicherheiten mehr zur Verfügung stehen, da eine z.B. ausländische dingliche Besicherung bei nationalen Kreditinstituten trotz der generellen Globalisierung der Wirtschaft restriktiv gesehen wird.

Im Rahmen von Konzernsanierungen ist eine zentrale konzernübergreifende Finanzierungsstruktur von Vorteil, da die Verhandlungen, der Struktur angepasst, zentral geführt werden können und auch in der Regel weniger kulturelle und sprachliche Hürden innerhalb des Finanzierungskreises bestehen.

Im Rahmen von Konzernsanierungen muss aber oftmals von einer rein zentralen Finanzierungsstruktur in eine Mischform ausgewichen werden, wenn z.B. zum Standorterhalt dezentrale länderbezogene Fördermittel in Anspruch genommen werden sollen. So kann letztendlich auch die jeweilige am Ort der Tochtergesellschaft vorhandene Fördermöglichkeit (u.a. Landesbürgschaften, EU-Hilfen, Zuschüsse und Zulagen) Einfluss auf den Sanierungsansatz des gesamten Konzerns haben.

629 Tendenziell sinken die Chancen einer Konzernsanierung mit steigender Zahl beteiligter Fremdfinanzierer, wobei gerade in den letzten Jahren durch neue Finanzierungsformen (Mezzaninkapital und Schuldscheindarlehen) eher mehr Konfliktpotential im Bereich der Sanierungsverhandlungen auftritt. Darüber hinaus sind die Kapitalgeber neuer Finanzierungsformen in der Regel personell und fachlich nicht auf Sanierungsfälle eingestellt, was zusätzlich hohe Anforderungen an die Kommunikation in diesen Fällen stellt.

Dezentrale Finanzierungsstruktur

630 Dezentrale Finanzierungsstrukturen sind oftmals historisch gewachsen, in dem bei zum Beispiel grenzüberschreitender Akquistionen bestehende dezentrale Finanzierungen beibehalten wurden. Im Rahmen einer dezentralen Konzernführung sind sie auch als Kennzeichen der Eigenständigkeit der Geschäftsleitung von Tochtergesellschaften und damit auch als Motivationskriterium gewollt.

631 Im Fall von Konzernsanierungen sind dezentrale Finanzierungsstrukturen eher nachteilig, da sich konzernübergreifende Sanierungsmaßnahmen selten homogen zur bisherigen dezentralen Finanzierungsstruktur finanzieren lassen und daher Konfliktpotential auftritt. Gerade in den letzten Jahren entstanden aufgrund einer starken Expansion deutscher Unternehmen nach Osteuropa und Asien oftmals mehrere (internationale) Finanzierungskreise, die im Falle einer Sanierung komplexe Sanierungskonstruktionen und eine intensive Kommunikation erfordern. Dies führte auch dazu, dass ein neues Beratungsfeld, das sog. „debt advisory" entstanden ist und insgesamt die Beratungskosten gerade im Fall von größeren Konzernsanierungen exponentiell angestiegen sind.

2.2.2.2 Cash-Pooling

632 Völlig losgelöst von der Frage, ob die Finanzierungsstruktur im Konzern zentral oder dezentral erfolgt, muss entschieden werden, ob ein Cash Pooling installiert werden soll. Die Inanspruchnahme der Geldmittel kann zwischen den einzelnen Konzernunternehmen zum Teil erheblich variieren. Insbesondere wird dies dann der Fall sein, wenn der Konzern diversifiziert ist und die im Konzern enthaltenen Unternehmen jeweils unterschiedlichen Saisonverläufen unterliegen. Über ein Cash Pooling können erhöhte Inanspruchnahmen zumindest teilweise innerhalb der Unternehmen ausgeglichen werden, ohne dass es einer Änderung bei der Finanzierung mit den Banken bedarf.

633 Beim physischen Cash-Pooling werden die Salden (positiv oder negativ) der einzelnen Gesellschaftskonten für gewöhnlich am Ende eines jeden Tages auf ein Zielkonto übertragen, dessen Inhaber die Mutter- oder ein anderes Konzernunternehmen ist. Werden die einzelnen Gesellschaftskonten auf Null gestellt, handelt es sich um ein „zero balancing". Alternativ findet beim „Target-Pooling" ein Ausgleich bis zu vereinbarten Beträgen statt. Bei einer Glattstellung eines Gesellschaftskontos zu Lasten des Zielkontos gewährt rechtlich die Cash-Poolführerin dem anderen Konzernunternehmen ein Darlehen (downstream-loans). Im umgekehrten Fall spricht man von upstream-loans. Das virtuelle Cash-Pooling bleibt im Weiteren unberücksichtigt, nachdem dies nicht zur Erhöhung der konzerninternen Liquidität dient und damit im Sanierungsfall bezüglich der Gesamtfinanzierung keine Bedeutung hat.[551]

---

[551] Anders im Fall der Insolvenz der Muttergesellschaft und der mangelnden Ausstattung sanierungsfähiger Tochtergesellschaften mit Liquidität.

In der Vergangenheit führte das Cash Pooling bei der Insolvenz eines oder mehrerer **634**
Konzernunternehmen zu erheblichen (Haftungs-)problemen unter anderem in Bezug
auf die rechtliche Beurteilung von Kapitalersatz, Insolvenzanfechtungssachverhalten,
Haftung wegen existenzvernichtender Eingriffe, materieller Unterkapitalisierung oder
Ansprüchen aus einer Liquiditätsverantwortung.[552]

Mit der Einführung des MoMiG zum 1.11.2008 sollten die Nachteile in Bezug auf die **635**
Haftung etc. für upstream-loans beseitigt werden. Entgegen der bisherigen Rechtslage
wird beispielsweise nun auch gem. § 19 Abs. 5 GmbHG die Einbeziehung von Einlagen in einen Cash-Pool anerkannt, wenn Deckung durch einen vollwertigen Rückgewähranspruch besteht. Im Gegensatz dazu führte allerdings die Abschaffung der
Regeln zum Eigenkapitalersatzrecht für das Cash-Pooling zu neuen insolvenzrechtlichen Haftungsrisiken. Durch den Verzicht auf die Einschränkung der insolvenzrechtlichen Anfechtungsregeln auf eigenkapitalersetzende Darlehen können nunmehr alle
Rückzahlungen auf Gesellschafterdarlehen, die innerhalb eines Jahres vor Insolvenzantrag erfolgten, gem. §§ 135, 143 Abs. 3 InsO angefochten werden (für die Bestellung
von Sicherheiten und bei Vorsatz beträgt die Frist sogar zehn Jahre). Diese Regelung
gilt auch für das Cash-Pooling, da der auf Null oder einen bestimmten Betrag erfolgende Ausgleich von Einzelkonten der Konzernunternehmen zu Gunsten oder zu Lasten eines „gemeinsamen" Zielkontos auch als Gesellschafterdarlehen qualifiziert werden kann.

Unsicherheit beim Cash-Pooling besteht dabei hinsichtlich des Zeitraums, in dem Ver- **636**
rechnungen angefochten werden können (nach den obigen Ausführungen ein oder
zehn Jahre seit Stellung des Insolvenzantrags) und auch bei der Höhe der anfechtbaren Einzelverrechnungen. Damit kann das Cash-Pooling auch weiterhin zu Anschlussinsolvenzen aller an einem Cash-Pool beteiligten Konzernunternehmen führen.

3. Sämtliche (bzw. funktional zusammengehörende) Gruppenmitglieder sind in einem Insolvenzverfahren

Wie schon erwähnt: Unbeschadet des Umstandes, dass das Phänomen durchaus seit **637**
längerem schon bekannt ist, dass verbundene Unternehmen gerne sukzessiv, aber
gleichwohl kollektiv in Insolvenzverfahren geraten, wenn sie miteinander verbunden
sind,[553] und dass damit besondere insolvenzrechtliche Herausforderungen verbunden
sein können,[554] gibt es bislang noch kein in legislative Form gegossenes Konzerninsolvenzrecht. Ausdruck dessen ist die zwischenzeitlich hinlänglich bekannte Gleichung:
„Eine Gesellschaft, eine Insolvenz, ein Verfahren".[555] Die Rigidität dieser Gleichung
stellt klar, dass das Insolvenzrecht das, was zuvor wirtschaftlich als Einheit agiert
hatte,[556] im Insolvenzfall in seine juristischen Einzelteile zerlegt und somit einer isolie-

---

552 *Rittscher* Cash-Management-Systeme in der Insolvenz, 2007 zu den Einzelheiten.
553 Das BAG benutzt in seinem Urteil v. 10.2.2009 (3 AZR 727/07, ZIP 2009, 2213, 2215 Tz. 20) im Kontext einer Krisensituation das Wort der „Schicksalsgemeinschaft" der verbundenen Gesellschaften.
554 S. etwa den Ersten Bericht der Kommission für Insolvenzrecht, 1985, 290 ff.; *Kübler* ZGR 1984, 561 ff.; *Lutter* ZfB 1984, 781, 784 ff.
555 Statt vieler *Haas* in Gottwald (Hrsg.), Insolvenzrechts-Handbuch, 3. Aufl. 2006, § 95 Rn. 2; *Depré/ Büteröwe* in Beck/Depré, Praxis der Insolvenz, 2. Aufl. 2010, § 32 Rn. 1. S. auch *K. Schmidt* Gesellschaftsrecht, 4. Aufl. 2002, S. 957 f.
556 Vgl. damit etwa den Einheitsgedanken des deutschen Konzernbilanzrechts, dazu etwa *Küting* DB 2010, 177, 183.

renden Behandlung unterwirft.[557] Obgleich sich das mit der in der Insolvenzordnung eigens adressierten (und in der Koalitionsvereinbarung von 2009 auf die politische Agenda gehobenen) Sanierungsoption schwerlich in Einklang bringen lässt, finden sich jüngst vermehrt Stimmen, die nachdrücklich für die Beibehaltung dieser Haltung votieren und sich ausdrücklich gegen ein – wie auch immer zu verstehendes – Konzerninsolvenzrecht aussprechen.[558]

638 Die in diesem Abschnitt zugrunde gelegte Ausgangssituation, dass nämlich über sämtliche konzerngebundene Unternehmen (oder doch einen funktional zusammengehörenden Teil) ein Insolvenzverfahren eröffnet ist, ist wegen des hinlänglich bekannten Dominoeffekts ein realistisches Szenario. Darüber hinaus lässt es sich mit Hilfe des § 18 InsO auch gestalterisch unschwer herbeiführen, was immer dann eine Option ist, wenn sich aus dem einmal eröffneten Verfahren Vorteile insbesondere der nachfolgend beschriebenen Art ergeben sollten.[559]

3.1 Rein nationale Konstellationen

639 In einem rein nationalen Kontext ist die Festlegung dessen, was überhaupt unter einem Konzerninsolvenzrecht zu verstehen ist, insoweit erleichtert, als in Gestalt des § 290 HGB zumindest schon einmal festgelegt ist, was unter einem Konzern zu verstehen ist.[560] Hieran wird man sich im praktischen Einzelfall orientieren können. Was dagegen den zweiten Teil der Wortkombination ‚Konzerninsolvenzrecht' anbelangt, kann man bestenfalls auf Faktisches, überwiegend jedoch nur auf Überlegungen de lege ferenda[561] zurückgreifen, so gut wie gar nicht aber auf gesetzlich Geregeltes. In Anbetracht dessen ist nachdrücklich zu empfehlen, die Kommunikation mit den diversen Entscheidungsträgern und Betroffenen zu versuchen.

3.1.1 Besonderheiten bei der Massebildung

640 Sofern jede einzelne konzernverbundene Gesellschaft in einem Insolvenzverfahren verfangen ist, setzen sich die Massen aus den jeweiligen, den Schuldnern zugewiesenen Vermögensgegenständen i.S.d. §§ 35 f. InsO zusammen. Eine Konzerninsolvenzmasse als solche gibt es nicht. Gleichwohl können sich aus der Konzernverbundenheit Eigenheiten der Massebildung ergeben, die über das hinausgehen, was im Falle der Insolvenz eines bloßen Einzelunternehmens bestünde. Dabei handelt es sich um solche Ansprüche, die gerade aus der Konzernverbundenheit resultieren;[562] dazu können

---

557 Vgl. demgegenüber (in einem etwas anderen rechtlichen Kontext) *EuGH* Urt. v. 10.9.2009 – Rs. C-97/08 P(EuG), ZIP 2010, 392, 394 Tz. 55 – Akzo Nobel.
558 Besonders *Ehricke* in Kölner Schrift, 3. Aufl. 2009, Kap. 32; erhebliche Vorbehalte anmeldend jedoch auch *K. Schmidt* KTS 2010, 1; *Vallender* Plädoyer für einen Konzerninsolvenzgerichtsstand, FS Runkel, 2009, S. 373; *Vallender/Deyda* NZI 2009, 825.
559 Dazu etwa *Paulus* ZGR 2005, 309; *Strümpell* Die übertragene Sanierung innerhalb und außerhalb der Insolvenz, 2006. S. jetzt auch eindrücklich *Westpfahl* Die Praxis der grenzüberschreitenden Konzerninsolvenz, FS Görg, 2010, S. 569 ff.
560 Zur Einbeziehung auch eines faktischen Konzerns s. etwa *Wiedmann* in Ebenroth/Boujong/Joost/Strohn, HGB, 2. Aufl. 2007, § 290 Rn. 34.
561 S. insb. *Hirte* ZIP 2008, 444; *Eidenmüller* ZHR 169, 2005, 528; *Paulus* ZGR 2010, 270 ff.; *Rodriguez* Die Empfehlungen der UNCITRAL zur Behandlung von Gruppeninsolvenzen unter Berücksichtigung der Sanierungsrechtsrevision in der Schweiz, ZZ Pint 2011 (im Erscheinen begriffen); *K. Schmidt* KTS 2011, 161 ff.
562 In Bezug auf beabsichtigte Betriebsverlagerungen beachtenswert im Hinblick auf § 613a BGB *LAG Stuttgart* Urt. v. 17.9.2009 – 11 Sa 39/09, ZIP 2010, 388.

selbstverständlich auch konzerninterne Anfechtungsansprüche[563] oder Schadensersatzansprüche aus der Verletzung strafrechtlich sanktionierter Pflichten[564] zählen.

Sofern zwischen den Gesellschaften ein Beherrschungs- und Gewinnabführungsvertrag bestanden hat, so wird er nach herrschender Ansicht mit Eröffnung des Insolvenzverfahrens von Mutter- bzw. Tochtergesellschaft automatisch beendet.[565] Damit endet auch die (im Falle eines GmbH-Konzerns analog bestehende[566]) Verlustausgleichsverpflichtung nach § 302 AktG; es ist aber ggf. ein Rumpfgeschäftsjahr zu bilden, für das das herrschende Unternehmen die Verlustausgleichspflicht trifft – im Falle der kumulativen eigenen Insolvenz stellt diese allerdings nur eine Insolvenzforderung dar.[567] Die Abfindungsansprüche außenstehender Aktionäre, § 305 AktG, bestehen grundsätzlich auch nach Eröffnung von Insolvenzverfahren über herrschendes wie beherrschtes Unternehmen fort, werden dann aber regelmäßig als Insolvenzforderungen geltend zu machen sein.[568] 641

Sofern die Gruppenbildung die Eigenheiten eines faktischen Konzerns aufweisen, endet nach Ansicht vieler[569] die bloße, auf dem Mitgliedschaftsrecht basierende Leitungsmacht mit Eröffnung des Insolvenzverfahrens des Untergesellschaft nach Maßgabe des § 80 Abs. 1 InsO. In diesem Fall kommen als konzernspezifische Ansprüche die §§ 311, 317 AktG in Betracht, sofern es sich bei der Untergesellschaft um eine Aktiengesellschaft handelt; die Geltendmachung steht auf Seiten der insolventen Untergesellschaft dem Insolvenzverwalter zu, §§ 317 Abs. 4, 318 Abs. 4 AktG. Ist die Untergesellschaft eine GmbH, leitet man Ansprüche insbesondere aus Treuepflichten her.[570] 642

Inwieweit im Falle eines von vielen[571] als zu bloßer Rechtsgeschichte verkommenen Figur des qualifiziert faktischen Konzerns spezifische Ansprüche aus einer analogen Anwendung der §§ 302 f. AktG herleiten lassen, oder ob diese durch die bislang nur auf Einzelgesellschaften angewendete Figur des existenzvernichtenden Eingriffs[572] verdrängt und damit durch (im Falle einer GmbH analog herzuleitende) Ansprüche aus § 826 BGB ersetzt werden, ist bislang eine noch offene Frage. Es empfiehlt sich unter diesen Umständen ein zwar aufwändiges, aber pragmatisches doppelgleisiges Begründen der Ansprüche. 643

---

563 S. dazu insb. *Paulus* ZIP 1996, 2141, 2146; *Ehricke* Das abhängige Konzernunternehmen in der Insolvenz, 1998, S. 15 ff.; *Hirte* Insolvenzanfechtung im Konzern: upstream guarantees als anfechtbare Rechtshandlungen, FS Kreft, 2004, S. 307; neuerdings auch *Wenner/Schuster* ZIP 2008, 1512; *Willemsen/Rechel* BB 2009, 2215; v. *Bömmel* Insolvenzanfechtung von upstream guarantees im GmbH-Konzern, 2009.
564 *Haas* in Gottwald (Hrsg.) Insolvenzrechts-Handbuch, 3. Aufl. 2006, § 95 Rn. 23, verweist zutreffend auf eine Haftung nach den §§ 266 StGB i.V.m. 823 Abs. 2 BGB.
565 BGH Urt. v. 14.12.1987 – II ZR 170/87, NJW 1988, 1326, 1327 (noch zum alten Recht); *Haas* in Gottwald (Hrsg.) Insolvenzrechts-Handbuch, 3. Aufl. 2006, § 95 Rn. 6 m.w.N. in Fn. 20.
566 S. nur *OLG Jena* Urt. v. 21.9.2004 – 8 U 1187/03, NZG 2005, 716.
567 Ist in einem derartigen Fall die Tochtergesellschaft noch solvent, ist im Rahmen der Überschuldungsprüfung diese Entwertung des Verlustausgleichsanspruchs zu berücksichtigen.
568 Vgl. dazu BGH Urt. v. 17.3.2008 – II ZR 45/06, NZG 2008, 391; dazu *Müller* ZIP 2008, 1701.
569 A.A. zutreffend *Haas* in Gottwald (Hrsg.) Insolvenzrechts-Handbuch, 3. Aufl. 2006, § 95 Rn. 20.
570 Vgl. etwa *Depré/Büteröwe* in Beck/Depré, Praxis der Insolvenz, 2. Aufl. 2010, § 32 Rn. 10; *Schmelz* in Schwerdtfeger (Hrsg.), Gesellschaftsrecht, 2007, Kap. 14 Rn. 71.
571 S. nur *Heider* in MK-AktG, § 1 Rn. 68.
572 Dazu statt vieler *Wagner* in MK-BGB, 5. Aufl. 2009, § 826 Rn. 118; *Altmeppen* in Roth/Altmeppen, GmbHG, 6. Aufl. 2009, § 13 Rn. 75 ff.

3.1.2 Zuständiges Gericht

644 Die Chancen, einen Konzern (oder zumindest Teile desselben) in einem bzw. mit Hilfe eines Insolvenzverfahren(s) sanieren zu können, erhöhen sich naheliegenderweise erheblich, wenn die Gesamtleitung in einer Hand liegt. Das bezieht sich sowohl auf das zuständige Gericht wie auch auf den im nachfolgenden Abschnitt angesprochenen Verwalter.[573] Dementsprechend ist de lege ferenda anerkannt, dass ein für ein funktionierendes Konzerninsolvenzrecht unabdingbarer Regelungsbedarf darin besteht, ein einheitlich zuständiges Gericht für sämtliche Konzernmitglieder zu bestimmen. Dieses könnte per Gesetz ex ante festgelegt sein – etwa am Sitz der Muttergesellschaft oder bei dem erstangegangenen Gericht –, oder die Festlegung wird dem jeweiligen Konzernmitglied überlassen, sofern es denn das Verfahren per Eigenantrag (und dann gleich als ein weitere Konzernmitglieder mitumfassendes) einleitet.

645 Die lex lata eröffnet mit einigem guten Willen bereits jetzt schon eine ähnliche Möglichkeit, wenn und soweit sich ein Richter dazu versteht, die im europäischen Rahmen und im PIN-Verfahren zu Gunsten eines deutschen Gerichtes vorexerzierte Interpretation des Mittelpunkts „einer selbstständigen wirtschaftlichen Tätigkeit des Schuldners" im Inland zu übernehmen.[574] Dann nämlich ließe sich eine Zuständigkeitskonzentration der Verfahren mehrerer (ggf. auch aller) Konzernmitglieder herbeiführen, wenn nur besagter Mittelpunkt je an einem Ort gebündelt sein sollte.

646 Sofern sich ein Richter einem derartigen Vorgehen gegenüber ablehnend verhält, verbleibt als Bündelungsmaßnahme allenfalls noch die Sitzverlegung sämtlicher Konzernmitglieder an einen gemeinsamen Ort, wobei eine vorherige Absprache mit dem dadurch zuständig werdenden Richter nahe gelegt wird.[575] Dergleichen Bemühungen dürften allerdings wohl nur dann sinnvoll sein, wenn die Verfahren je durch Eigenanträge eingeleitet werden und nicht ohnedies allein Liquidationen in Betracht kommen, ohne dass eine übertragende Sanierung angestrebt wird.

3.1.3 Insolvenzverwalterbestellung

647 Was voranstehend über das Gericht gesagt ist, gilt in noch stärkerem Maß für den Verwalter. Kraft seiner tragenden Rolle in einem Insolvenzverfahren stellt in einem auf Sanierung ausgerichteten Verfahren die Bestellung einer einzigen Person als Verwalter aller betroffenen Verfahren sicherlich das Ideal dar. Die Pläne, dieses in gesetzliche Form zu gießen, bestehen. Doch ist es auch unter dem geltenden Recht schon nicht unüblich, dass Richter den § 56 InsO in der Weise verstehen, dass sie eine derartige Bestellung vornehmen. Die „Geeignetheit" resultiert diesem Verständnis zufolge gerade daraus, dass die betreffende Person aus einer Hand heraus agieren (und ein vielleicht schon vorformuliertes Sanierungskonzept umsetzen) kann.

648 Sofern sich ein Richter eine solche Bestellungspraxis nicht zu eigen machen will, bietet sich als Kompromiss an, unterschiedliche Verwalter zu bestellen, die aber alle in

---

573 Eindringlich dazu am praktischen Fall *Rennert-Bergenthal* ZInsO 2008, 1316, 1318. Zum zuständigen Gericht de lege ferenda *K. Schmidt* Ein gesetzlicher „Konzerngerichtsstand" im Insolvenzrecht? FS Ganter, 2010, S. 351 ff.

574 S. dazu insb. *AG Köln* Beschl. v. 1.2.2008 – 73 IN 682/07, NZI 2008, 254, mit Bespr. v. *Müller* EWiR 2008, 595, oder *Knof/Mock* Innerstaatliches Forum Shopping in der Konzerninsolvenz – Cologne Calling?, ZInsO 2008, 253; ferner *AG Essen* Beschl. v. 1.9.2009 – 166 IN 119/09, NZI 2009, 810 – Arcandor. So auch schon *Uhlenbruck* NZI 1999, 41, 44.

575 *Graeber* NZI 2007, 265, 267.

einer Kanzlei zusammengeschlossen sind. Auch das wird an mehreren Gerichten praktiziert. Gleiches gilt für die Bestellung eines Verwalters für die Insolvenz etwa der Muttergesellschaft, der zugleich als Sachwalter in den gem. § 270 InsO eigenverwalteten Insolvenzen der Tochtergesellschaft(en) fungiert.[576]

Das übliche – und naturgemäß keineswegs von der Hand zu weisende – Bedenken gegen diese Bestellungspraktiken ergibt sich aus möglichen Interessenkollisionen, die sich etwa bei der Frage nach der Feststellung von Forderungen zwischen den einzelnen Konzernmitgliedern ergeben können, wenn die Legalität einer Forderung von derselben Person geprüft wird, die auch die Legalität der korrespondierenden Verbindlichkeit zu untersuchen hat. Während de lege ferenda ein nicht unbeträchtlicher Vertrauensvorschuss an die in der Bestellung nur eines Insolvenzverwalters liegende Effizienzsteigerung erbracht werden soll,[577] reagiert die gegenwärtige Praxis auf Interessenkollisionen vielfach mit der Bestellung eines Sonderinsolvenzverwalters,[578] der entweder von vornherein[579] für bestimmte Verfahrenssegmente vorgesehen ist oder aber erst ad hoc eingesetzt wird. **649**

Interessenkollisionen können sich nicht nur bei Unklarheiten oder gar Streitigkeiten zwischen den Konzerngesellschaften ergeben, sondern auch schon – wesentlich schwerer nach außen hin erkennbar – bei der Anerkennung von Forderungen im Forderungsanmeldungsverfahren der §§ 174 ff. InsO.[580] **650**

3.1.4 Kooperation

Sofern allerdings für jedes Verfahren nur je ein Verwalter bestellt wird bzw. mehrere, je voneinander unabhängige Verwalter eine Konzerninsolvenz abwickeln, empfiehlt sich eine bislang vom nationalen Gesetzgeber noch nicht normierte Vorgehensweise, die gleichwohl aus Gründen der Professionalität und der Verpflichtung dem gemeinsamen Ziel gegenüber von allen betroffenen Verwaltern gewählt werden sollte[581] – nämlich die Verfahrenskoordination, wenn möglich gar in Form einer Vereinbarung.[582] **651**

---

576 Zu dieser Bestellungsvariante *AG Köln* Beschl. v. 23.1.2004 – 71 IN 1/04, ZInsO 2004, 216 – Automold; dazu etwa *Laukemann* Die Unabhängigkeit des Insolvenzverwalters, 2010, 408 ff.; *Meyer-Löwy/Poertzgen* Eigenverwaltung (§§ 270 ff. InsO) löst Kompetenzkonflikt nach der EuInsVO, ZInsO 2004, 195, 197 f.
577 Vgl. *Paulus* ZGR 2010, 270, 285 f.
578 Dazu umfassend *Laukemann* Die Unabhängigkeit des Insolvenzverwalters, 2010, 350 ff., 357 ff.; *Schäfer* Der Sonderinsolvenzverwalter, 2009; *Frege* Der Sonderinsolvenzverwalter, 2008; ferner *Lüke* ZIP 2004, 1693; *Dahl* ZInsO 2004, 1014. S. auch *BGH* Beschl. v. 5.2.2009 – IX ZB 187/08, ZIP 2009, 529; dazu *Fölsing* NZI 2009, 297.
579 Vgl. *Graeber* NZI 2007, 265, 269.
580 Dazu *Hirte* ZIP 2008, 444, 447 f.
581 *Eidenmüller* geht sogar von einer Koordinationspflicht aus ZHR 169, 2005, 549 ff.
582 Zu derartigen ‚protocols' oder Insolvenzverwaltungsverträgen *Paulus* ZIP 1998, 977; *Eidenmüller* ZZP 114, 2001, 3; *Ehricke* Verfahrenskoordination bei grenzüberschreitenden Unternehmensinsolvenzen, FS MPI für Privatrecht, 2001, 337, 356 ff. Umfassend *Wittinghofer* Der nationale und internationale Insolvenzverwaltungsvertrag, 2004. S. jetzt auch *Geroldinger* Verfahrenskoordination im Europäischen Insolvenzrecht, 2010, 295 ff.; *Hortig* Kooperation von Insolvenzverwaltern, 2008, 125 ff. (der auf S. 216 ff. – ein wenig unglücklich – die Protokolle offenbar als eigenständige Kategorie gegenüber den Insolvenzverwalterverträgen verstehen will); *Vallender* KTS 2008, 59, 64 ff. Aus internationaler Perspektive s. *Wessels* Judicial Cooperation in Cross-Border Insolvency Cases, 2008, Tz. 29 ff; *Wessels/Markell/Kilborn* International Cooperation in Bankruptcy and Insolvency Matters, 2009, S. 174 ff. Eine solche Einigung könnte mit der Vereinbarung eines weiter unten angesprochenen „Masterplanes" einhergehen.

Sie ist bekanntlich auch in Deutschland unmittelbar geltendes Recht, sofern eine grenzüberschreitende Konzerninsolvenz in Frage steht, bei der der COMI aller Konzerngesellschaften an einem Ort konzentriert, an dem jeweiligen Sitz der Töchter jedoch ein Sekundärverfahren eröffnet worden ist, Art. 31 EuInsVO. In dessen Anwendungsbereich ist allerdings eine Hierarchisierung der Verfahren vorgegeben, was dem angestrebten Ziel förderlich sein dürfte.[583]

652 Ziel einer solchen Verfahrenskoordination ist, die mit der Bestellung mehrerer Verwalter notwendigerweise einhergehenden Verluste an Verfahrenseffizienz so weit als möglich zu mindern. Aus dieser Vorgabe folgt die Ausgestaltung der Verfahrenskoordination: Sie umfasst die vornehmlich im Wege der wechselseitigen Kommunikation erfolgende Abstimmung der je gesondert geführten Verfahren. Zu diesem Zweck sollten die Verwalter ihre Handlungen insgesamt koordinieren, im Detail kooperieren und sich gegenseitig informieren. Für die dabei zu beachtenden, der Rechtsstaatlichkeit geschuldeten Kautelen existiert bereits eine Unmenge an einschlägigen Leitfäden,[584] so dass sich deren Wiedergabe an dieser Stelle erübrigt.

3.1.5 Planverfahren

653 Nachdem das Planverfahren der §§ 217 ff. InsO seine eigentliche Domäne in der Unternehmensrestrukturierung haben sollte, stellt sich für den vorliegenden Kontext die Frage, ob überhaupt und, wenn ja, inwieweit dieses Instrumentarium für eine konzernweite Sanierung nutzbar gemacht werden kann. Einen einheitlichen, die Sanierung des Konzerns insgesamt regelnden Plan wird man allerdings wohl deswegen nicht zulassen können, weil die Insolvenzordnung nun einmal ausweislich der §§ 11 und 12 die einzelne Person als Bezugsgröße ansieht und damit wohl einer Konsolidierung des Konzerns auf diesem Wege entgegenstehen dürfte.[585]

654 Das allerdings schließt die Möglichkeit nicht aus, dass die betroffenen Verwalter einen „Masterplan" verfassen oder aber einen (beispielsweise) von der Konzernmutter vorformulierten Masterplan akzeptieren, der durch je einzelne Insolvenzpläne in den konzernverbundenen Unternehmen nach näherer Maßgabe der §§ 217 ff. InsO umgesetzt wird.[586] Da es sich bei einem solchen Masterplan nicht um einen Plan im technischen Sinne handelt, bedarf es zu seiner Annahme nicht des Abstimmungsverfahrens nach den §§ 235 ff. InsO. Dafür muss aber dieser Plan von allen Verwaltern angenommen werden, um umfassend bindend zu sein.

---

583 Dazu *Piepenburg* NZI 2004, 231, 236.
584 S. insb. UNCITRAL Practice Guide on Cross-Border Insolvency Cooperation, 2009. Ferner *Ehricke* WM 2005, 397; *Geroldinger* Verfahrenskoordination im Europäischen Insolvenzrecht, 2010; *Hortig* Kooperation von Insolvenzverwaltern, 2008; *Wessels/Markell/Kilborn* International Cooperation in Bankruptcy and Insolvency Matters, 2009; *Wessels/Virgós* European Communication & Cooperation Guidelines for Cross-border Insolvency, 2007; *Westbrook* in Peter/Jeandin/Kilborn (Hrsg.), The Challenges of Insolvency Law Reform in the 21st Century, 2006, S. 361. Wichtig gerade für die Einbeziehung der Gerichte in die Kooperation *Busch/Remmert/Rüntz/Vallender* NZI 2010, 417. Aus dem Umstand, dass alle vorgenannte Literatur sich auf grenzüberschreitende Insolvenzen bezieht, ist zu schließen, dass eine entsprechende Kooperation erst recht in inländischen Fällen Anwendung finden muss.
585 Dazu *Eidenmüller* in MK-InsO, 2. Aufl. 2008, Vorb. vor §§ 217–269 Rn. 34 ff.; *Rotstegge* Konzerninsolvenz, 2007, 327 ff.; *Uhlenbruck* NZI 1999, 41 – je m.w.N.
586 Vgl. dazu *Rattunde* ZIP 2003, 596. Es versteht sich von selbst, dass die Koordinierung mittels eines Masterplans dann überflüssig ist, wenn lediglich eine Person zum Verwalter über die insolventen Konzerngesellschaften ernannt ist.

3.2 Grenzüberschreitende Konstellationen

Die Erfahrung zeigt, dass gerade im grenzüberschreitenden Bereich Konzerninsolvenzen praktisch an der Tagesordnung sind. Gemäß den unterschiedlichen Regelungsbereichen ist dabei zwischen Auslandsbezügen hin zu Mitgliedstaaten im Sinne der EuInsVO und denen zum Rest der Welt zu unterscheiden. Im Übrigen sind jedoch die im voranstehenden nationalen Kontext angesprochenen, spezifisch konzernbezogen relevanten Themenbereiche auch vorliegend weitgehend zu übernehmen. **655**

3.2.1 Europäisches Ausland (EuInsVO)

Die EuInsVO enthält sich ebenfalls einer konzernrechtlichen Regelung,[587] indem sie ausschließlich die Insolvenz eines Einzelunternehmens adressiert. Gleichwohl hat auch hier die Praxis Wege gefunden, die gesetzlichen Vorgaben konzernkompatibel zu machen. Die folgenden Ausführungen gehen von der Annahme aus, dass die insolventen Konzernmitglieder zwar in unterschiedlichen Ländern belegen sind, die jedoch allesamt Mitgliedstaaten der Europäischen Insolvenzverordnung sind. Sollten aber noch weitere Staaten betroffen sein, sind die nachfolgenden Ausführungen parallel zu denen unten sub 2) zu lesen. **656**

3.2.1.1 Massebildung

Hinsichtlich der Massebildung ergeben sich aus der europäischen Regelung grundsätzlich keine Besonderheiten. Denn das für die Zusammenstellung der Masse maßgebliche Recht ist hinsichtlich des Hauptverfahrens dessen lex concursus, Art. 4 II lit. b EuInsVO, und hinsichtlich eines Sekundärverfahrens das hierauf gem. Art. 28 EuInsVO anzuwendende Recht. Im letzteren Fall ist allerdings auch Art. 18 II EuInsVO zu beachten, der dem Sekundärverfahren für gewisse Fälle den Zugriff auf im Ausland belegenes Vermögen eröffnet. Im Übrigen ergeben sich für Haupt- wie Sekundärverfahren gewisse Einschränkungen aus den Art. 5–15 EuInsVO, von denen im vorliegenden Kontext die Sonderbehandlungen von dinglichen Rechten (Art. 5), von Arbeitsverhältnissen (Art. 10) und Anfechtungsansprüchen (Art. 13) hervorgehoben zu werden verdienen. **657**

3.2.1.2 Einheitliches Gericht

Fast noch mehr als im rein nationalen Kontext ist vorliegend ein einheitlich zuständiges Gericht wünschenswert, wenn eine Sanierung des Konzerns in toto oder auch nur in Teilen angestrebt wird. Die Bestimmung eines solchen Gerichts durch einen exzessiv interpretierten „Mittelpunkt der hauptsächlichen Interessen" (COMI) nach Art. 3 I EuInsVO verbietet sich bekanntlich seit der „Eurofood"-Entscheidung des EuGH.[588] Damit lässt sich allein aus der Leitungsmacht eines der Unternehmen (Muttergesellschaft) nicht mehr der COMI auch der Tochtergesellschaften herleiten; vielmehr ist für dessen Bestimmung die Kombination von objektiven Elementen erforderlich, die für Dritte erkennbar sind. Die Konkretisierung dieser beiden, je für sich durchaus klärungsbedürftigen Tatbestandsvoraussetzungen[589] erfolgt gerade in der **658**

---

[587] *Virgós/Schmit* Report on the Convention on Insolvency Proceedings, 1996, Tz. 76.
[588] *EuGH* Urt. v. 2.5.2006 – Rs. C-341/04, *EuGHE* I 2006, 3813 = ZIP 2006, 907 mit Anm. *Knof/Mock* = ZInsO 2006, 484 = NZI 2006, 360 = IPRax 2007, 120 mit Anm. *Hess/Laukemann/Seagon*, 89.
[589] Dazu etwa *Paulus* Europäische Insolvenzverordnung, 3. Aufl. 2010, Art. 3 Rn. 25a ff., 30a und 30b.

deutschen Rechtsprechung mit einem bemerkenswerten Pragmatismus[590] – will sagen, dass der COMI auch für die Tochtergesellschaften erstaunlich häufig bei der Muttergesellschaft verortet wird.

659 Die Festlegung eines zuständigen Gerichts für alle Konzernmitglieder ist regelmäßig von der Absicht getragen, die Sanierung effizienter zu gestalten und möglichst in einem Verfahren durchzuführen. Vor diesem Hintergrund können sich Eröffnungen von Sekundärverfahren nach Maßgabe der Art. 3 II, 27 ff. EuInsVO als Störfaktoren erweisen. Eine Einschränkung sieht die Verordnung nicht vor, Art. 29 EuInsVO; der Verwalter des Hauptverfahrens kann allenfalls über die Art. 33 und 34 EuInsVO gewisse Feinsteuerungen vornehmen.

660 Vor diesem Hintergrund sind die gerade in England (erfolgreich) unternommenen Versuche zu verstehen, mittels Koordination – und Kommunikation – die Eröffnung von Sekundärverfahren zu unterbinden. Ob allerdings das deutsche Recht die Möglichkeit eröffnet, abweichend vom deutschen insolvenzrechtlichen Verteilungsschema ausländischen Gläubigern das ihnen nach ihrem Heimatinsolvenzrecht Zustehende zu gewähren, ist selbst bei Abfassung eines Insolvenzplanes fragwürdig.[591] Gleiches dürfte auch für den Versuch gelten, mittels einer Art von Schutzschrift präventiv um rechtliches Gehör bei den für die Eröffnung von Sekundärverfahren in Frage kommenden Insolvenzgerichten zu bitten, um die Zweckmäßigkeit gerade nur des einen universellen Verfahrens belegen zu können.[592]

3.2.1.3 Bestellung gerade eines Verwalters

661 Die Frage, ob die Bestellung einer einzigen Person als Insolvenzverwalter für alle insolventen Konzerngesellschaften wünschenswert ist, ist zwar keinesfalls ausgeschlossen;[593] doch sollte gründlich überlegt werden, ob dies überhaupt angestrebt werden sollte. Denn nicht nur die Sprachbarrieren, sondern mehr noch die volle oder auch nur teilweise Unkenntnis des – geschriebenen wie gelebten – Rechts wirken sich dafür typischerweise als kontraproduktiv aus. Als vorzugswürdige Variante erscheint demgegenüber die Bestellung von Verwaltern, die durch dieselbe Kanzlei oder ein Kanzleinennetzwerk miteinander verbunden sind. Eine solche Verbundenheit dürfte im Regelfall dem angestrebten Ziel einer schnellen und effizienten Sanierung förderlich sein. Als Alternative bietet sich die Bestellungspraxis an, die das AG Köln[594] vorexer-

---

590 S. etwa *AG Köln* Beschl. v. 19.2.2008 – 73 IE 1/08, ZIP 2008, 432 – PIN, dazu EWiR 2008, 531 (*Paulus*); *AG Essen* Beschl. v. 1.9.2009 – 166 IN 119/09, ZIP 2009, 1826 – Quelle/Arcandor; AG Wuppertal, Beschl. v. 1.5.2009 – 145 IE 1–5, 7, 9, 10–12, 14, 93/09 (unveröffentlicht) – Edscha; AG Aachen, Beschl. v. 1.3.2009 – 93 IN 348/08 und 91 IN 449/08 (unveröffentlicht) – tedrive.
591 Vgl. High Court of Justice, Entsch. v. 9.6.2006 – 4697, 4698, 4700, 4705, 4711, 4717–4719, 4721, 4722/2005, [2006] EWHC 1343 (Ch) = NZI 2006, 654 – Re Collins & Aikman Europe SA u.a., dazu EWiR 2006, 623 (*Mankowski*); zu einem ähnlichen Vorgehen im Rover SAS-Fall s. Menjucq, EC-Regulation No 1346/2000 on Insolvency Proceedings and Groups of Companies, ECFR 2008, 135, 145 f. Für das deutsche Recht *Meyer-Löwy/Plank* NZI 2006, 622 sowie *Köhler-Ma/Burkard* DZWIR 2007, 410.
592 High Court of Justice, Entsch. v. 11.2.2009 – 535, 537–540, 542, 544–547, 549–554/2009, [2009] EWHC 206 (Ch)= IILR 2010, 47 – Nortel Group; dazu EWiR 2009, 177 (*Paulus*).
593 S. nur *Paulus* Europäische Insolvenzverordnung, 3. Aufl. 2010, Einl. Rn. 72.
594 Zu dieser Bestellungsvariante *AG Köln* Beschl. v. 23.1.2004 – 71 IN 1/04, ZInsO 2004, 216 – Automold; dazu etwa *Laukemann* Die Unabhängigkeit des Insolvenzverwalters, 2010, 408 ff.; *Meyer-Löwy/Poertzgen* Eigenverwaltung (§§ 270 ff. InsO) löst Kompetenzkonflikt nach der EuInsVO, ZInsO 2004, 195, 197 f.

ziert hat – nämlich die Bestellung des ausländischen Verwalters als Eigenverwalter, dem als Sachwalter ein inländischer Restrukturierungsexperte an die Seite gestellt wird.

3.2.1.4 Kooperation

Sofern keine der vorbeschriebenen Koordinierungsmaßnahmen greifen und infolgedessen unverbundene Verwalter in den je einzelnen Insolvenzverfahren der Konzernmitglieder bestellt werden, gewinnt die gesetzlich vorgeschriebene Kooperation gegenüber einer eher informellen die Überhand. Dreh- und Angelpunkt sind hierfür die Art. 31 ff. EuInsVO, die allerdings nur im Verhältnis Haupt- zu Sekundärverfahren Anwendung finden. Zu einem derartigen „Rangverhältnis" kann es jedoch nur kommen, wenn COMI einheitlich bei einem der Konzernmitglieder festgelegt ist (s. dazu oben sub b). Ist das nicht der Fall und werden je ein Hauptverfahren pro Konzernmitglied eröffnet, fehlt es an einer rechtlichen Regelung der Verfahrenskoordination und Kooperation. 662

Hier wird man allein an die Professionalität der beteiligten Akteure appellieren können, sich im Sinne des gemeinsam festgelegten Zieles der Sanierung kooperativ zu verhalten – etwa indem ein Insolvenzverwaltungsvertrag[595] geschlossen wird. In Bezug auf das angesprochene Ziel ist allerdings zu bedenken, dass die Zwecke eines Insolvenzverfahrens in unterschiedlichen Rechtsordnungen unterschiedlich verstanden werden kann, dass man also durchaus aneinander vorbeireden kann, wenn alle von einem „bestmöglichen" Ziel sprechen! Bekanntlich steht dem in § 1 InsO genannten Zweck der bestmöglichen Gläubigerbefriedigung in Frankreich das Ziel entgegen, vorrangig das Unternehmen und Arbeitsplätze zu retten. In England steht die Förderung von Unternehmertum im Vordergrund, während ein italienisches Verfahren darauf ausgerichtet sein kann, weitere Kredite zu gewährleisten. 663

3.2.1.5 Planverfahren

Bei der Abfassung eines im voranstehenden Abschnitt angesprochenen Insolvenzverwaltungsvertrags sollte darauf geachtet werden, dass er zugleich die Merkmale eines oben (Rn. 654) bereits thematisierten Masterplans erfüllt. Sofern die Konzerngesellschaften jeweils in Hauptverfahren verfangen sind, kann er damit das verbindende Element zwischen den rechtlich unabhängig voneinander verlaufenden Verfahren abgeben. 664

Wenn bzw. soweit die Verfahren jedoch im Verhältnis von Haupt- zu Sekundärverfahren stehen, ist ein Masterplan deswegen entbehrlich, weil dann der Verwalter des Hauptverfahrens gem. Art. 34 I Unterabs. 1 EuInsVO ohnedies dem Verwalter eines Sekundärverfahrens einen Sanierungsplan vorschlagen kann. 665

3.2.2 Sonstiges Ausland

In diesem Abschnitt sind diejenigen Fallkonstellationen angesprochen, in denen sich eines der Konzerngesellschaften in Deutschland im Insolvenzverfahren und ein anderes (oder andere) in einem Ausland, das nicht Mitgliedstaat der EuInsVO ist. Naturgemäß sind hier legislatorische Anhaltspunkte besonders dünn gesät. Immerhin 666

---

[595] S. bereits Fn. 580. In praxi wurden Protokolle bereits angewendet beispielsweise im sog. Sendound im EMTEC-Fall, vgl. *Menjucq* ECFR 2008, 135, 143, 147; *ders./Dammann* Regulation Business Law International 2008, 145, 153.

könnte aber künftighin der von UNCITRAL entworfene Abschnitt über Konzerninsolvenzrecht[596] wichtige Anhaltspunkte dafür liefern, welche Zielrichtung einschlägige Vorstellungen in diesem Bereich dominieren dürften.

667 Was spezifisch konzernbezogene Masseansprüche anbelangt, so kann über § 335 InsO auch hier die Maßgeblichkeit einer ausländischen lex concursus zu beachten sein, wobei natürlich die Sonderregelungen der §§ 336–342 InsO jeweils eine Rolle spielen können. Versuche, zu einem einheitlichen Konzerngerichtsstand oder gar zu einer einheitlichen Verwalterbestellung zu kommen, dürften sich allenfalls mit Hilfe von Vereinbarungen bzw. protocols realisieren lassen.[597] Eine gesetzlich statuierte Pflicht zur Kooperation ergibt sich für den deutschen Insolvenzverwalter nur dann, wenn die Voraussetzungen des § 357 InsO erfüllt sind, wenn also im Inland ein Sekundärverfahren und demgemäß im Ausland ein Hauptverfahren eröffnet worden ist. In einem derartigen Fall sieht § 357 Abs. 1 S. 2 und 3 vor, dass der Verwalter des Hauptverfahrens aktiv in die Gestaltung des inländischen Verfahrens einbezogen werden muss.[598]

VI. Besonderheiten grenzüberschreitender Sanierungen

668 Bei der Restrukturierungsgestaltung einer Unternehmensgruppe sind die internationalen Aspekte eine besondere Herausforderung für den Sanierungsberater; dieser muss neben den üblichen Fragestellungen auch bedenken, wie sich die grenzüberschreitende Verflechtung auf Vereinbarung und Umsetzung einer erfolgreichen Strategie auswirkt. Die Restrukturierung einer **internationalen Unternehmensgruppe** stellt sich rechtlich und praktisch als eine größere Komplexität und Herausforderung dar. Mit der Thematik „Besonderheiten grenzüberschreitender Sanierungen" sollen einige jener praktischen und handelsrechtlichen Aspekte in den Blickpunkt rücken, derer sich Sanierungsberater oder Insolvenzverwalter bewusst sein sollten.

1. Der optimale Weg: außergerichtlicher Vergleich oder formales Insolvenzverfahren?

669 Die Berater eines Konzerns oder seine Kreditgeber müssen über den besten Weg zur Erreichung der Restrukturierungsziele nachdenken. Die Wahl der jeweiligen Vorgehensweise hängt von den besonderen **Gegebenheiten des Konzerns**, der Position und der relativen Stärke der **wesentlichen Stakeholder** ab, aber auch von dem **gewünschten Ergebnis** (das sich im Zuge einer Restrukturierung sehr wohl verändern kann). Die Maxime, wonach eine Insolvenz „wertvernichtend" ist, ist ein guter Ausgangspunkt: Folglich wird man sich, wenn möglich, für eine einvernehmliche Lösung entscheiden. Unter bestimmten Umständen lässt sich ein außergerichtlicher Vergleich jedoch nicht erzielen, vielmehr sind formale Insolvenzverfahren (entweder selektiv oder konzernweit) unumgänglich oder bieten die bessere Lösung. Bei der Überlegung, welches Verfahren am wahrscheinlichsten zu dem gewünschten Ergebnis führen wird, sind folgende Faktoren hilfreich.

---

596 S. unter www.uncitral.org; Legislative Guide on Insolvency law, Part Three: Treatment of Enterprise Groups in Insolvency.
597 Eine repräsentative Auflistung von derartigen Vereinbarungen findet sich unter: www.iiiglobal.org/component/jdownloads/?task=viewcategory&catid=395.
598 Einzelheiten etwa bei *Kübler/Prütting/Bork-Paulus* InsO, Stand: 40. EL 5/2010, § 357 Rn. 3 ff.

2. Determinanten für die Kontrolle des Restrukturierungsprozesses

2.1 Verhältnis Konzern/Einzelgesellschaft

Restrukturierungen werden gemeinhin von der Muttergesellschaft, dem Konzernvorstand und von deren Beratern geleitet, die ein Ziel verfolgen, das der für den **Gesamtkonzern besten Lösung** entspricht, ohne dabei jedoch notwendigerweise die Vorteile und Risiken dieses Ziels für jede einzelne Gesellschaft zu bedenken. Die Präferenzen der Vorstände von Einzelgesellschaften und die Erfordernisse der einzelnen Tochtergesellschaften sind nicht zwangsläufig auf die Konzernziele abgestimmt. Wird die vorgeschlagene Lösung nicht von allen Beteiligten uneingeschränkt unterstützt, wird ein außergerichtlicher Vergleich wohl kaum gelingen. Das **Risiko einer Spaltung** aufgrund eines nicht koordinierten Ansatzes ist in denjenigen Konzernen höher, in denen die Konzernstruktur auf die Minimierung der Steuer ausgerichtet war, Ergebnis einer Akquisitionsstrategie war oder eher operative Prozesse abbildet als jede einzelne operative Einheit als Gesellschaft.

670

2.2 Vorstand/Geschäftsführung

In finanziell schwierigen Zeiten sollten sich die Mitglieder eines Konzernvorstands auch über ihre **eigene Position** Gedanken machen. Inwieweit sich ihre Befürchtungen auf die Umsetzbarkeit eines außergerichtlichen Vergleichs auswirken, hängt in hohem Maße von der finanziellen Lage der Gesellschaft (im Kontext des lokalen Insolvenz- und Gesellschaftsrechts) ab; daneben spielt aber auch ihre persönliche Motivation oder Loyalität eine Rolle.

671

In den meisten Ländern ist seitens der Vorstandsmitglieder besondere Aufmerksamkeit gefragt, wenn sich eine Gesellschaft im insolvenznahen Bereich befindet. Das Risiko der zivil- und strafrechtlichen **persönlichen Haftung** in manchen Jurisdiktionen kann dazu führen, dass ein Vorstand einer Einzelgesellschaft weniger geneigt ist, potenzielle Vorteile eines besseren Ergebnisses für den Konzern oder auch der lokalen Gesellschaft zu verfolgen, wo dies auf Kosten des persönlichen Risikos geht. Die Rechtsordnung in der Slowakei gibt dafür ein klares Beispiel: Die slowakische Gesetzgebung schreibt vor, dass der Vorstand innerhalb eines kurzen, definierten Zeitrahmens bestimmte Maßnahmen ergreifen muss, sobald die Insolvenz des Unternehmens eingetreten ist. Hat ein Vorstand einer slowakischen Einzelgesellschaft einmal entschieden, dass sich die Gesellschaft im insolvenznahen Bereich befindet, und holt er unabhängigen Rechtsrat hinsichtlich seiner Pflichten ein, lässt sich das Unternehmen ohne aufwändige Unterstützungsmaßnahmen wie (harte) Patronatserklärungen oder eine erhebliche Kapitalzufuhr – was unter Umständen nicht möglich ist – kaum vor einem formalen Insolvenzverfahren bewahren.

672

Das **Verhältnis zwischen den Vorständen** auf Konzern- und Einzelgesellschaftsebene bestimmt häufig darüber, inwieweit die Muttergesellschaft den Rest der Gruppe in die vorgeschlagene Strategie einbinden kann; Vorstände von Einzelgesellschaften, die sich in der Vergangenheit ausgegrenzt oder ignoriert fühlten, werden in finanziell schwierigen Zeiten verstärkt ein Gefühl der Isolation und Misstrauen zeigen. Wer sich in das Loyalitätsverhältnis und die Motivation dieser Vorstände hineinversetzen kann, hat schon halb gewonnen: Möglicherweise hegen die Vorstandsmitglieder große Befürchtungen hinsichtlich ihrer eigenen Reputation auf dem Markt (und ihrer künftigen Karrieremöglichkeiten) oder es liegt ihnen die Sicherung dauerhafter Arbeitsplätze in einer kleinen Gemeinde am Herzen.

673

674 Die Unterstützung der **Vorstände der Einzelgesellschaften** sollte man sich deshalb unbedingt sichern. Die Kontrolle über die Tochtergesellschaften lässt sich über die Auswechslung von Vorstandsmitgliedern herstellen, üblicherweise durch den Austausch lokaler Vorstandsmitglieder durch Mitglieder des Konzernvorstands – dieser Ansatz birgt jedoch das Risiko einer Verunsicherung der lokalen Belegschaft. Alternativ kann man Incentive-Programme einführen, um sicherzustellen, dass die Ziele des Managements auf das gewünschte Ergebnis der Restrukturierung abgestimmt sind.

2.3 Anwendbares Insolvenzrecht

675 Ob ein Vorstand geneigt ist, ein formales Insolvenzverfahren einzuleiten, hängt häufig von der Art des Verfahrens ab, dem damit verbundenen Stigma und dem Ausmaß, in dem es die Konzernsteuerung Dritten überträgt: Auf den Fortbestand des Unternehmens gerichtete Verfahren wie **Chapter 11** in den USA, das **CCAA-Verfahren** in Kanada und die **Eigenverwaltung** in Deutschland sind für den Vorstand häufig attraktiver als jene Verfahren, bei denen ein Verwalter seine Amtsgeschäfte übernimmt, wie z.B. bei der *Administration* in England und Wales. Bei der Diskussion über das Für oder Wider einer bestimmten Regelung ist für die Kreditgeber häufig ausschlaggebend, ob sie es dem vorhandenen Managementteam zutrauen, den Konzern durch den für die Realisierung einer erfolgreichen Restrukturierung notwendigen Veränderungsprozess zu führen; fehlt es an dem entsprechenden Know-how, sind die Kreditgeber oftmals bereit, die Bestellung eines **CRO** (*Corporate Restructuring Officer, Interim-Manager*) zu unterstützen; ist das Vertrauensverhältnis zwischen Kreditgebern und Management jedoch zerstört, ist der Rückgriff auf ein formales Insolvenzverfahren wahrscheinlicher. **COMI:** Für jede Einzelgesellschaft muss der Sanierungsberater den Mittelpunkt der hauptsächlichen Interessen (Centre Of Main Interests – **COMI**) feststellen. Konzentriert sich COMI geographisch nicht auf ein bis zwei Länder, besteht die Gefahr, dass eine auf formalen Insolvenzverfahren basierende Strategie eine Fragmentierung zur Folge hat und weniger erfolgreich ist – es sei denn, es gelingt, mit den diversen Insolvenzverwaltern ein koordiniertes Verfahren zu erreichen. Eine Methode zur Lösung der Schwierigkeiten des Umgangs mit diversen Gesellschaften ist das Verfahren der *„substantive consolidation"* (insbesondere in den USA und Mexiko); an die Stelle dieser Bestrebungen tritt jedoch künftig wohl die *„administrative co-ordination"*, so dass die Notwendigkeit grenzüberschreitender Kooperation zwischen den Insolvenzverwaltern wächst.

2.4 Arbeitnehmer

676 Die **Unterstützung der Arbeitnehmer zu gewinnen und zu sichern** ist bei jeder Restrukturierung eine Herausforderung. Durch Gewerkschaften und/oder Betriebsräte vertretene Arbeitnehmer können dank ihrer Möglichkeit der Arbeitsniederlegung großen Einfluss auf ein Unternehmen nehmen. Verhandlungen mit Arbeitnehmervertretern über die künftige Betriebsstruktur können insbesondere dann, wenn ein Personalabbau damit verbunden ist, sehr zeitraubend sein und sich verzögern, bis die gewünschte Lösung erreicht ist. Vielen in Not geratenen Unternehmen bleibt häufig nicht genug Zeit, um die Notwendigkeit von Veränderungen ruhig zu kommunizieren, und ein formales Insolvenzverfahren (oder dessen Androhung) ist unter Umständen der einzige Weg zu einer frühzeitigen Regelung. Gleich, ob ein außergerichtlicher Vergleich zustande kommt oder der Weg einer formalen Insolvenz gewählt wird: Die

Sanierungsberater sollten bedenken, dass in manchen Jurisdiktionen ein gewisser Zeitraum für die Einholung der Zustimmung der lokalen Arbeitsgerichte einzuplanen ist, wenn der Personalabbau über spezifizierte Mindestzahlen hinausgeht (und dass vorherige Freisetzungen in die Berechnung der Schwellenwerte einzubeziehen sind).

2.5 Lieferanten

Lieferanten sind in der Regel mehr mit finanziellen Restrukturierungen vertraut und über ihre eigene Position, Rechte und Funktion **besser im Bilde**. Infolgedessen besteht bei ihnen eine höhere Wahrscheinlichkeit, dass sie Eigentumsvorbehalte geltend machen, wegen einer Art „Lösegeld" Druck machen und/oder bessere Zahlungsbedingungen verlangen. Eine beschleunigte Bezahlung der Lieferanten kann unabhängig von dem eingeschlagenen Restrukturierungsweg reale Cashflow-Auswirkungen haben, und diese Situation verschärft sich noch, wenn der Lieferant eine Kreditversicherung besitzt (insbesondere, wenn das Rating auf der Bonität sowohl der Muttergesellschaft als auch der lokalen Tochtergesellschaft beruht).

2.6 Kunden

Um den Wert des Konzerns zu erhalten, muss insbesondere die **Bindung und Betreuung** des Kundenstamms bei einer Restrukturierung im Mittelpunkt stehen. Ein außergerichtlicher Vergleich lässt sich besser vermarkten; die formale Insolvenz hingegen wirkt sich negativ auf das Kundenvertrauen aus und birgt das reale Risiko, dass sich die Kunden nach einer anderen Bezugsquelle umsehen, wodurch Umsatzeinbußen entstehen. Unabhängig von dem jeweils gewählten Weg wird eine gezielte, geplante Kommunikationsstrategie (wie auch die Einhaltung von Zusagen) das Risiko des Kundenrückzugs minimieren.

3. Determinanten für die Erhaltung des Unternehmenswertes

3.1 Konzernwert

Der Wert eines Konzerns lässt sich maximieren, wenn der Verkauf des fortgeführten und funktionierenden Geschäftsbetriebes möglich ist (im Gegensatz zu einem Zerschlagungswert), also der **Konzern als Ganzes** (und nicht Stück für Stück) vermarktet werden kann, und der Makel der Insolvenz gering bleibt. Für diese Zwecke kann ein Konzern aus mehreren Teilkonzernen bestehen, die trennbar und eigenständig sind. Um den Wert zu maximieren ist es notwendig, dass die Einzelgesellschaften im M&A-Prozess kooperieren und in Bezug auf den Käufer und annehmbare Konditionen zu einer Einigung gelangen. Dies ist **besonders schwierig**, wenn ein Konzern mehrere Geschäftsbereiche in einer Einheit vereint, wenn Aktiva konzernweit genutzt werden (beispielsweise gemeinsame Kundenverträge oder geistiges Eigentum in zentraler Hand) und wo Vorstände (oder mehrere Insolvenzverwalter) auf den Schutz lokaler Interessen bedacht sind. Idealerweise sollte man deshalb **formale Insolvenzen zunächst einmal vermeiden**: Sollte sich eine Veräußerung von Geschäftsbetrieb und Vermögenswerten als erforderlich erweisen, könnte man das Unternehmen zwecks Veräußerung zu einem späteren Zeitpunkt einem formalen Insolvenzverfahren unterziehen.

3.2 Liquidität

680 Die Wahl der am besten geeigneten **Strategie** hängt weitgehend von der **Verfügbarkeit hinreichender Finanzmittel** für ihre **Umsetzung** ab. Ein außergerichtlicher Vergleich kann sich langfristig auszahlen, setzt aber voraus, dass der Konzern Zugang zu ausreichend Barmitteln hat, um seine Geschäfte fortzuführen, während die Konditionen für eine Refinanzierung vereinbart und/oder Verbesserungen mit Hilfe operativer Änderungen realisiert werden. Sind weitere Mittel erforderlich, wird der Fremdkapitalgeber (häufig einer der bisherigen Kreditgeber) in den Restrukturierungsverhandlungen an Einfluss gewinnen.

681 Eine bestehende **Liquiditätsknappheit** kann sich im Rahmen einer einvernehmlichen Restrukturierung noch **verschärfen**. Wenn lokale Kreditgeber eingeräumte Überziehungsmöglichkeiten im Anschluss an einen Zahlungsverzug oder wegen anderweitiger Verletzung der Kreditbedingungen streichen, kann es Einschnitte bei den Kreditfazilitäten geben, und wenn die profitablen, Cash generierenden Einzelgesellschaften Barmittel nur zögerlich beisteuern, weil eine gewisse Wahrscheinlichkeit der Nichtrückzahlung besteht, kann das konzernweite Cash Management fehlschlagen. Die Zahlungsausgänge des Konzerns können sich infolge der Notwendigkeit, die Kosten und Honorare der Restrukturierung – u.a. für Berater, Abfindungen und Standortschließungen bzw. -verlegungen – zu decken, aber auch infolge der beschleunigten Bezahlung der Lieferanten erhöhen. Mit dem Instrument der Debtor-in-Possession-Finanzierung ist es in manchen Ländern (so zum Beispiel in den Vereinigten Staaten) möglich, neue Mittel zu beschaffen; dieser Ansatz ist jedoch relativ unüblich und bringt häufig Einschränkungen hinsichtlich der Ausgabe der Mittel (wo und wie) sowie die besondere Herausforderung der Beschaffung von Sicherheiten in verschiedenen Jurisdiktionen mit sich.

682 Eine vergleichbare Problematik entsteht zwar auch bei einer **formalen Insolvenz**, der Konzern kann jedoch in der Regel den Vorteil der Stundung für gegenüber den Gläubigern vor Verfahrenseröffnung bestehende Verbindlichkeiten nutzen. Hingegen wird in einigen Ländern das Honorar des Insolvenzverwalters nur dann ausgezahlt, wenn hinreichende finanzielle Mittel aus Verwertungen vorhanden sind, und manche Jurisdiktionen sehen eine Sozialregelung – wie z.B. das *Insolvenzgeld* in Deutschland – vor, das die Zahlung von Löhnen und Gehältern über einen Zeitraum von bis zu drei Monaten ermöglicht. Die **Kosten** einer formalen Insolvenz können in manchen Ländern sehr hoch sein, so etwa in den Vereinigten Staaten, wo bei einem Gläubigerschutzverfahren nach Chapter 11 die Kosten der diversen Ausschüsse durch die Masse gedeckt werden müssen.

3.3 Zahlungsunfähigkeit

683 Eine häufig missachteter Aspekt im Anfangsstadium einer Restrukturierung ist die **Auswirkung konzerninterner Bilanzen** auf die Solvenz des Konzerns: Durch die formale Insolvenz einer Einzelgesellschaft kann eine Reihe verbundener Gesellschaften insolvent werden, sofern die schwarzen Zahlen ihrer Bilanzen von der Bonität konzerninterner Forderungen abhängig sind. Dieser Dominoeffekt kann rasch dazu führen, dass es schwierig wird, andere Einzelgesellschaften vor einer formalen Insolvenz zu schützen, insbesondere in jenen Ländern, wo der Überschuldungsprüfung große Bedeutung beigemessen wird (wie beispielsweise in Ungarn). Zur Förderung eines außergerichtlichen Vergleichs könnte der Konzernvorstand Stundungsvereinbarungen erwägen, um die drastischen Auswirkungen (vorbehaltlich des Inhalts von Vereinbarungen mit Kreditgebern oder der Gläubiger untereinander) hinauszuzögern.

Gelingt es dem Konzernvorstand und dessen Beratern, sich die fortgesetzte Unterstützung der Vorstände der Einzelgesellschaften zu sichern, und unterstützen die wesentlichen Stakeholder ein gemeinsames Ziel, dann muss – im Interesse der Wahrung des Unternehmenswerts – ein **außergerichtlicher Vergleich** die bevorzugte Option sein. Die Notwendigkeit einer intensiven Kommunikation mit allen Stakeholdern während des Verfahrens ist für einen internationalen Konzern noch stärker gegeben: Lokale Besorgnisse müssen erkannt und schnell und angemessen behandelt werden. 684

Um Schuldner, Kreditgeber und Berater durch einen außergerichtlichen Vergleich zu begleiten, stehen formale **Gestaltungsmöglichkeiten** zur Verfügung, wie z.B. die INSOL-Grundsätze für Multi-Gläubiger-Maßnahmen[599], gesetzliche Regelungen wie in Thailand und Japan sowie die Aktivitäten der Weltbank mit der Förderung solcher Regelungen in der weltweiten Finanzkrise. In jedem dieser Fälle geht es schwerpunktmäßig um die Identifikation der wesentlichen Akteure, um die Vereinbarung eines Stillhalteabkommens, die Einbeziehung von Wirtschaftsprüfern als Berater zur Schaffung von Transparenz, die Verhandlung eines Restrukturierungskonzeptes, welches Debt-Equity-Swaps oder Forderungsverzichte vorsehen kann, sowie um die Möglichkeit eines beschleunigten Verfahrens für den Fall, dass ein Gläubiger durch Verharren einen Lästigkeitsbonus für sich anstrebt. 685

Eine **einvernehmliche Regelung** wird mit zunehmender Verschärfung der finanziellen Notlage **erschwert**, und Liquiditätsknappheit kann zur Folge haben, dass den Stakeholdern zur Erzielung einer Verständigung die Zeit davonläuft und bei Vorstandsmitgliedern und Kreditgebern gleichermaßen die Sorge um ihre jeweilige Position wächst. Einen „**Plan B**" in der Tasche zu haben, um sich über eine formale Insolvenz eine direktere Kontrolle zu verschaffen, ist fast immer eine sinnvolle Option, deren praktische Aspekte ausführliche Betrachtung verdienen. 686

4. Das formale Insolvenzverfahren: Verfahrensmanagement

Ist die Entscheidung für eine Restrukturierungslösung gefallen, die auch formale Insolvenzverfahren beinhaltet, stellt sich eine **Reihe praktischer Fragen**, die im Sinne besserer Aussichten auf einen erfolgreichen Ausgang zu bedenken und zu behandeln sind. 687

4.1 Welches Verfahren?

Es ist womöglich nicht erforderlich, für alle **Tochtergesellschaften** Insolvenz zu beantragen, und wenn die Gesellschaft solvent und der Vorstand kooperativ ist, sollte man die Kosten und negativen Folgen eines formalen Insolvenzverfahrens vermeiden. 688

Beruht die vorgeschlagene Restrukturierungsstrategie darauf, dass der Konzern als Ganzes funktionsfähig bleibt, dann ist die **Zahl der Insolvenzverfahren** vorzugsweise so niedrig wie möglich zu halten. Im Rahmen der auf COMI bezogenen Einschränkungen wird wahrscheinlich derjenigen Gestaltung der Vorzug gegeben, die bei maximaler Flexibilität am meisten Anerkennung findet und bei möglichst geringen Kosten 689

---

599 UNCITRAL-Richtlinie mit umfangreichen Empfehlungen für die nationale Gesetzgebung auf dem Gebiet des Insolvenzrechts, verabschiedet 2004. www.uncitral.org.

am wahrscheinlichsten zu dem favorisierten Ergebnis führt. Dann können, sofern es die verbleibende Zeit erlaubt, die Berater die Möglichkeit einer Verlegung des COMI von Einzelgesellschaften eruieren, um in den Genuss einer noch zielführenderen Gesetzgebung zu kommen.

Generell sollte die Zahl der (lokalen) **Sekundärverfahren** weitgehend beschränkt werden, um nachfolgende Konsequenzen zu vermeiden.

4.1.1 Kontrollverlust vermeiden

690 Ein Kontrollverlust für den **Hauptinsolvenzverwalter** sollte vermieden werden. Die lokalen Insolvenzverwalter sind verpflichtet, vorrangig die Interessen der Gläubiger der lokalen Gesellschaft zu verfolgen und den örtlichen Gerichten Bericht zu erstatten; selbst wenn die Bereitschaft besteht, eine umfassende Konzernstrategie mitzutragen, können es die Verpflichtungen der lokalen Insolvenzverwalter erschweren, einen vollständig abgestimmten Ansatz zu verfolgen.

4.1.2 Geringer Verwertungserlös

691 Der durch eine Veräußerung erzielte Wert kann **bei mangelnder Koordination des Verkaufsprozesses** geringer ausfallen. Die jeweiligen Insolvenzverwalter würden (zu Recht) dafür sorgen, das Maximum für ihre Masse herauszuholen, und womöglich sogar eine Blockade herbeiführen, was den Vollzug einer einheitlichen Transaktion vollständig durchkreuzen könnte. Ein **Paradebeispiel** für dieses Problem bot die KPNQwest-Gruppe: Dort gingen (über etliche Länder verteilte) Vermögenswerte in Milliardenhöhe verloren, weil es die Insolvenzverwalter an Koordination fehlen ließen – im Gegensatz zur Nortel-Gruppe, wo in puncto COMI ein einheitlicher Ansatz verfolgt wurde mit dem Ergebnis, dass der Konzern weiterhin koordiniert agieren konnte.

4.1.3 Erhöhte Ausgaben

692 Höhere **Honorare** infolge des doppelten Aufwands und der zusätzlichen Kosten für die Koordination sind oftmals die Regel, genauso wie verminderte **steuerliche Flexibilität**.

4.1.4 Vorteile von Sekundärverfahren

693 Es gibt jedoch auch Situationen, bei denen die Eröffnung von Sekundärverfahren der Gesamtstrategie förderlich sein kann. Eine lokale Insolvenzanmeldung kann als **offensive Strategie** von Nutzen sein: So sollte beispielsweise im Falle der Gruppe Sendo International die französische Niederlassung geschlossen werden, und die Masse wies nur ein sehr geringes Vermögen auf. Der Insolvenzverwalter des Hauptverfahrens musste die Belegschaft über eine langwierige Beratungsperiode hinweg weiter bezahlen – dies war eine Herausforderung, da die Masse nicht genügend liquide Mittel zur Bezahlung der Löhne und Gehälter aufwies. In diesem Fall war es vorzuziehen, dass der Hauptinsolvenzverwalter die Eröffnung des lokalen Liquidationsverfahrens betrieb, da dies eine schnelle Beendigung der Arbeitsverträge ermöglichte und die Arbeitnehmer Ansprüche an den örtlichen Sozialversicherungsfonds stellen konnten. Ein lokales Verfahren lässt sich auch defensiv einsetzen, um Kontrollverluste zu vermeiden: Beispielsweise waren die Hauptinsolvenzverwalter in der Sache Collins & Aikman darauf bedacht, die Eröffnung eines sekundären Liquidationsverfahrens in

Deutschland zu vermeiden, das einer koordinierten Strategie abträglich sein würde. Also bestellten sie einen in Deutschland anerkannten Insolvenzexperten zum neuen Geschäftsführer und beantragten – mit Erfolg – ein Eigenverwaltungs-Verfahren, das dem Hauptinsolvenzverwalter und dem lokalen Sachwalter eine effektive Zusammenarbeit und die Verfolgung aufeinander abgestimmter Ziele erlaubte.

4.2 Verfahrenseinleitung

Bei der Restrukturierung eines internationalen Konzerns kann **frühzeitige, sorgfältige Planung** ausschlaggebend sein, um sich einen Vorteil zu verschaffen. So sollten insbesondere die **örtlichen Rechtsberater** frühzeitig über die eingeschlagene Strategie informiert und ihre Auffassungen bei der lokalen Umsetzung und Kommunikation berücksichtigt werden. Zudem sollten die örtlichen Berater das Insolvenzrecht des Hauptverfahrens kennen und hierdurch wesentliche Unterschiede zu ihrem Insolvenzrecht vorab feststellen und beherrschen können. Dies gewährleistet, dass die örtlichen Rechtsberater informiert und in der Lage sind, bei folgenden Maßnahmen zu unterstützen: zügige Beschaffung der Anerkennung vor Ort (durch örtliche Gerichte oder durch gesetzlich vorgeschriebene Bekanntmachungen), Eintragung der Insolvenzverwalterbestellung, Erläuterung des COMI-Verfahrens gegenüber dem örtlichen Gericht und/oder dem Handelsregister sowie Lösung eventuell entstehender geschäftlicher Streitigkeiten. Regelmäßige Gespräche mit dem örtlichen Rechtsberater stellen sicher, dass das „Naheliegende" nicht übersehen wird. 694

Die **Festlegung des Zeitpunkts** für die Einleitung des Verfahrens liegt häufig außerhalb des Einflusses der Insolvenzverwalter, da diese Entscheidung durch die wesentlichen Stakeholder oder infolge mangelnder Liquidität erfolgt. Wo irgend möglich, sind die **lokalen betrieblichen Gepflogenheiten** der Tochtergesellschaften und deren mögliche Auswirkung auf die Umsetzung zu berücksichtigen. So sind beispielsweise in einigen europäischen Ländern bei zahlreichen Fertigungsbetrieben im Sommer mehrwöchige Betriebsferien üblich; während dieser Zeit erzielen sie allenfalls geringe Erlöse, die Gemeinkosten laufen jedoch weiter, so dass im Laufe der formalen Insolvenz ein Betriebsverlust entsteht, für den Mittel vorhanden sein müssen. 695

4.3 Anerkennung

Es empfiehlt sich, das **örtliche Gericht** neben einer Erläuterung der geplanten **Strategie** und einem Antrag auf **Anerkennung** (nach der Europäischen Insolvenzverordnung[600] oder nach dem UNCITRAL-Modellgesetz[601] für grenzüberschreitende Insolvenzen, sofern einschlägig) auch über die **Person des Insolvenzverwalters** im Hauptverfahren zu informieren. Dies minimiert zum einen das Risiko, dass konkurrierende Verfahren unzutreffend eröffnet werden und bietet zum anderen im Falle von Streitigkeiten mit örtlichen Gläubigern raschen Zugang zum örtlichen Gericht. 696

In jedem formalen Insolvenzverfahren ist es nützlich, **beglaubigte Kopien** des Gerichtsbeschlusses über die Eröffnung des Verfahrens bereitzuhalten, um Bestellung und Status des Insolvenzverwalters nachzuweisen. Bei einem internationalen Konzern sollten beglaubigte Übersetzungen der Gerichtsbeschlüsse angefertigt werden, die häufig für die Eröffnung von Bankkonten in anderen Jurisdiktionen und/oder für die Anmeldungen bei örtlichen Gerichten usw. benötigt werden. Besonders sachdienlich 697

---

600 Verordnung des Rates 1346/200/EG über Insolvenzverfahren.
601 UNCITRAL-Modellgesetz über grenzüberschreitende Insolvenzen; www.uncitral.org.

ist es, wenn der Originalbeschluss eine **Liste der Sonderbefugnisse** des Insolvenzverwalters und die zentralen Bestimmungen des für das Hauptverfahren einschlägigen Insolvenzrechts enthält, um den Informationszugang für die örtlichen Gerichte zu erleichtern und ihnen ein besseres Verständnis der Rechtsfolgen zu ermöglichen.

4.4 Koordination

698 Vorstehend ist ausgeführt, dass **unerwünschte Sekundärinsolvenzverfahren** nach Möglichkeit zu vermeiden sind. Um dieses Risiko zu minimieren, ist die Einführung eines eindeutigen **Kommunikationsplans** mit den Gläubigern hilfreich, um eine gemeinsam Restrukturierungsvision auszutauschen und zu erläutern, welche Auswirkungen diese auf die Gläubiger hat und um darzustellen, wie sich daraus ein besseres Ergebnis als mit konkurrierenden Insolvenzverfahren erzielen ließe. In der Sache **Collins & Aikman** sorgten sich die örtlichen Gläubiger in einigen Jurisdiktionen insbesondere um den Verlust von nach ihren nationalen Rechtsordnungen vorrangigen Forderungen (die oftmals wegen der Nachrangigkeit von Forderungen konzerninterner Gläubiger, verglichen mit dem Hauptverfahren vorteilhaft waren). Um diese Sorge aufzugreifen, beantragten die Verwalter (*Administrators*) bei dem englischen Gericht (mit Unterstützung eines Hauptgläubigers) einen Beschluss, der es ihnen erlauben würde, lokale vorrangige Forderungen entsprechend zu berücksichtigen. Dieser Beschluss erging und bedeutete für die lokalen Gläubiger insofern eine Erleichterung, als sie nicht durch Verfahren im Ausland benachteiligt wurden, sondern von höheren Verwertungen aus der Veräußerung des Konzerns potenziell sogar profitieren konnten.

4.5 Verwendung von Protokollen

699 Im Falle konkurrierender Verfahren sollten die Insolvenzverwalter die **Einführung eines Protokolls** erwägen, in dem die **Verantwortlichkeiten** für Kontrolle und Einzug der Vermögenswerte, der Ansatz für die Verständigung über die Gläubigerforderungen und die Grundlage niedergelegt werden, auf welcher Informationen zwischen den Insolvenzverwaltern ausgetauscht werden sollen. Ein solches Protokoll kann einen Vertrauensbeweis zwischen den Insolvenzverwaltern darstellen und ihren Wunsch nach Kooperation verdeutlichen – im Sinne einer optimalen Befriedigung der Gläubiger der Haupt- und lokalen Insolvenzmassen.

4.6 UNCITRAL-Modellgesetz

700 Das UNCITRAL-Modellgesetz war außerordentlich hilfreich, um eine **gerichtliche Kooperation** sowie eine direkte **Kommunikation** zwischen Gerichten in unterschiedlichen Jurisdiktionen zu ermöglichen. Doch es fehlte an Hinweisen zur praktischen Umsetzung. Dies wurde zwischenzeitlich nachgebessert mit der Einführung des **UNCITRAL Practice Guide on Cross-Border Insolvency Cooperation**[602] (nachstehend **Praxisleitfaden**), der Insolvenzverwalter und Richter über praktische Aspekte der Kooperation und Kommunikation in grenzüberschreitenden Insolvenzfällen und insbesondere über Verwendung und Inhalt grenzüberschreitender Insolvenzvereinbarungen oder Protokolle zu diesem Zweck informieren soll.

701 Eine Reihe von Protokollen unterschiedlicher Ausgestaltung ist in den vergangenen Jahren erfolgreich eingesetzt worden und soll künftig im internationalen Umfeld noch

---

602 UNCITRAL-Praxisleitfaden zu grenzüberschreitender Kooperation in Insolvenzverfahren, verabschiedet 2009; abrufbar unter www.uncitral.org.

häufiger zur Anwendung kommen. Inhalt und Form eines Protokolls hängen maßgeblich von den **Restrukturierungszielen** sowie von Anzahl und Art der einschlägigen Jurisdiktionen ab und werden auf die Erfordernisse der Beteiligten zugeschnitten. Der Praxisleitfaden enthält Hinweise zur inhaltlichen Gestaltung eines Protokolls und Vorschläge für Musterklauseln. Darüber hinaus stellt der Praxisleitfaden übliche Merkmale der Vereinbarung und Umsetzung von Protokollen heraus.

Ein **Protokoll** kann u.a. unter den folgenden Umständen **zweckmäßig** sein: wenn ein internationaler Konzern von komplexer Struktur betroffen ist; wenn in den zuständigen Jurisdiktionen ein vergleichbares materielles Insolvenzrecht besteht und ausreichend Zeit für Verhandlungen sowie Masse zur Kostendeckung bleibt. 702

Die **Verständigung** kann vor oder während des Verfahrens ausgehandelt werden, und es können im Zuge der Restrukturierung ein oder mehrere (außergerichtliche) Vergleiche geschlossen werden. Oftmals erzwingt der für den Umgang mit Unternehmen in finanziellen Schwierigkeiten typische knappe Zeitrahmen den Zeitpunkt für den Abschluss eines Vergleichs. 703

Die an der Verständigung Beteiligten (üblicherweise nur die Insolvenzverwalter, gelegentlich jedoch auch Hauptgläubiger) müssen die für die Vereinbarung des Protokolls nötige **Geschäftsfähigkeit** besitzen. In einigen Gerichtsständen zählt dies zu den gesetzlichen Befugnissen eines Insolvenzverwalters (z.B. in England und Wales), in anderen ist die Zustimmung des Gerichts (und ein gerichtlicher Ermessensspielraum) erforderlich. 704

Als **allgemeine Vorsichtsmaßnahme** sollen bestimmte Vorschriften gewährleisten, dass weder in gerichtliche Entscheidungskompetenzen noch in die Prinzipien von Recht und Ordnung eingegriffen wird und auf welche Art und Weise etwaige Streitigkeiten zwischen den Parteien zu beheben sind. 705

4.7 Erste Gläubigerversammlungen und Berichte

Für die Erstellung des ersten Berichts an die Gläubiger und die Planung der ersten Gläubigerversammlung ist **ausreichend Zeit** einzuplanen. Steht ein Konzern auf dem Spiel, ist der **Inhalt des Berichts** zwangsläufig umfassender, da auf die Komplexitäten der Rolle jeder einzelnen Gesellschaft in einem großen Konzern eingegangen werden muss. Die internationale Dimension hingegen bedeutet, dass weitere Erläuterungen – beispielsweise ein Überblick über die örtlichen steuerlichen Anforderungen – sachdienlich sein können. Es wird zudem notwendig sein, mit Hilfe eines örtlichen Rechtsberaters sicherzustellen, dass Format und Inhalt der Gläubigerberichte und -versammlungen den Erwartungen der lokalen Gläubiger und den gesetzlichen Vorschriften des Hauptverfahrens entsprechen. So bestehen beispielsweise Unterschiede bezüglich des Verfahrens für die Anmeldung von Forderungen: In manchen Rechtsordnungen haben Gläubiger nur einmal Gelegenheit, ihre Forderung anzumelden, in anderen können Forderungen allein für Abstimmungszwecke auf einer Gläubigerversammlung angemeldet werden. In dem Zeitrahmen für die Erstellung und Vorlage der Berichte an die Gläubiger ist die Beschaffung von **Übersetzungen** zu berücksichtigen: Je nach Sprache kann dies zwei Tage bis eine Woche in Anspruch nehmen. Es ist hilfreich, wenn den **Gläubigerversammlungen** sowohl der örtliche Rechtsberater (der präziser auf die Erfordernisse des lokalen Publikums abgestimmte Erläuterungen geben kann) als auch Dolmetscher (die die Fachausdrücke des Insolvenzrechts beherrschen) beiwohnen. In Bezug auf Ort und zeitlichen 706

Ablauf der Gläubigerversammlungen ist es sinnvoll, die Versammlungen an einem für die örtlichen Gläubiger ohne weiteres zugänglichen Ort abzuhalten, den betreffenden Raum (nicht zuletzt aufgrund des durch die Dolmetscheinsätze höheren Zeitaufwands) für einen längeren Zeitraum als üblich zu reservieren und darauf zu achten, die Versammlungen nicht an örtlichen Feiertagen einzuberufen.

4.8 Kontinuierliche Kommunikation

707 Die kontinuierliche Unterstützung der Restrukturierung erfordert, dass die **wesentlichen Stakeholder** jederzeit über die **aktuellen Entwicklungen** informiert sind. Unabhängig von den formalen Berichtsvorschriften der Haupt- oder örtlichen Verfahren empfiehlt es sich, die Gläubiger auf dem Laufenden zu halten. Bei Verfahren auf internationaler Ebene lässt sich dies mit Hilfe elektronischer **Notice Boards**, auf denen wesentliche Nachrichten in allen relevanten Sprachen publik gemacht werden, leichter realisieren. In einigen wenigen Gerichtsständen ist es gestattet, die gesetzlich vorgeschriebene Berichterstattung in elektronischer Form vorzunehmen, was Kosten senkt und den mit der Berichterstattung verbundenen Zeitdruck mindert. Auch das örtliche Gericht sollte über wesentliche Entwicklungen auf dem Laufenden gehalten werden. Der andere wesentliche Stakeholder ist häufig der **Gläubigerausschuss**: Die Bereitschaft der Gläubiger, sich an einem Ausschuss zu beteiligen, reicht von der eher zurückhaltenden Einstellung in Großbritannien bis zu einem starken, proaktiven Interesse, wie es in den Vereinigten Staaten häufig anzutreffen ist, während die Gläubiger in Deutschland häufig das Risiko der persönlichen Haftung scheuen und den Abschluss einer Versicherung (als Aufwand) verlangen, bevor sie sich in einen Ausschuss berufen lassen.

4.9 Verfahrensabschluss

708 Bei Abschluss eines formalen Insolvenzverfahrens, insbesondere bei einem Hauptverfahren, ist auf die Wahl des richtigen **Abschlusses** zu achten. In manchen Gerichtsständen kann ein Unternehmen mit einem einfachen Antrag auf Auflösung gelöscht werden, andere schreiben eine häufig langwierige lokale Liquidation vor, bevor die Gesellschaft aus dem Handelsregister gelöscht werden kann.

5. Formales Insolvenzverfahren: Verwaltung der Insolvenzmasse

709 Ziel einer jeden Restrukturierung ist es, das „**business as usual**" fortzuführen, während gleichzeitig die für die Umsetzung eines Restrukturierungskonzeptes notwendigen Änderungen erfolgen – seien es betriebliche Verbesserungen zur Wertsteigerung oder eine unmittelbarere Realisierung des Wertes durch einen oder mehrere Verkäufe. Die wesentlichen Stakeholdergruppen und einige praktische Überlegungen zum Umgang mit ihnen während des laufenden Geschäftsbetriebs sind Gegenstand der nachfolgenden Ausführungen.

5.1 Arbeitnehmer

710 Für einen neu bestellten Insolvenzverwalter stellt sich in der Regel als erstes die Herausforderung, die **fristgerechte Auszahlung** der nächsten Löhne und Gehälter sicherzustellen. Dies kann besonders schwierig sein, wenn nicht nur lokale Bankfazilitäten gestrichen, sondern auch Konten gesperrt wurden. Um sich erneut Kontozugang zu verschaffen, ist möglicherweise die Vorlage einer beglaubigten Übersetzung des

Beschlusses als Nachweis der Bevollmächtigung des Insolvenzverwalters erforderlich; eine weitere Voraussetzung ist, dass das Konto hinreichend frei verfügbare Gelder aufweist. Wichtig ist auch die Kenntnis der jeweils vor Ort üblichen **Auszahlungstermine**. In Spanien beispielsweise erhalten die Arbeitnehmer üblicherweise 13 oder 14 gleiche Zahlungen, wobei zwei Zahlungen im Sommer und/oder zu Weihnachten erfolgen. Dadurch kann sich in einer Geschäftsperiode der Liquiditätsbedarf erhöhen und der Gewinn reduzieren. Des Weiteren ist auf die Notwendigkeit der Kommunikation und Verhandlungen mit den Gewerkschaften und Betriebsräten zu achten, die zeitaufwändig sein und eine Verunsicherung der Belegschaft bewirken können. Insolvenzverwalter sollten sich außerdem dessen bewusst sein, dass zum einen für die **Arbeitsverträge** das Recht des Mitgliedsstaates gilt[603] und zum anderen die Arbeitnehmer bei Freisetzungen aufgrund der örtlichen Vorschriften erheblich besser gestellt sein können als durch die im Hauptverfahren vorgesehenen Regelungen. Dadurch erhöht sich die Wahrscheinlichkeit der Einleitung **unerwünschter Sekundärverfahren** erheblich, sofern nicht eine Verständigung erreicht wird. Incentive-Zahlungen beispielsweise können dazu beitragen, Arbeitnehmer auf die Ziele der Restrukturierung einzuschwören, sie sollten aber auf ihre jeweiligen Positionen zugeschnitten sein. Die Bedienung lokaler vorrangiger Forderungen (sofern die Hauptverfahren dies erlauben) hingegen kann hilfreich dabei sein, sich die Unterstützung der Belegschaft zu sichern.

5.2 Kreditgeber und Liquidität

Kreditgeber des Konzerns oder einzelner Einzelgesellschaften sollten über die Entwicklungen im Zuge der Restrukturierung und deren Auswirkungen für sie **laufend informiert** werden. Nutzte der Konzern bisher lokale Überziehungskredite, werden diese wohl kaum weiter verfügbar sein, wenn der Kreditgeber bei anderen Fazilitäten des Konzerns einen Zahlungsverzug oder Drittverzug feststellt. Bei Einleitung formaler Insolvenzverfahren ist es sinnvoll, liquide Mittel von lokalen Konten in eine vom Insolvenzverwalter kontrollierte **zentrale Treasury-Funktion** zu überführen und sicherzustellen, dass Barmittel im Laufe des weiteren Geschäftsbetriebs auf neue Konten fließen. Damit ist gewährleistet, dass der Insolvenzverwalter nach Anmeldung der Insolvenz entstandene Verbindlichkeiten befriedigen kann, ohne die Verrechnung oder Umleitung der Barmittel zum Insolvenzverwalter im Sekundärverfahren befürchten zu müssen. In einigen Ländern müssen Zahlungen an bestimmte Regierungsbehörden von einem lokalen Bankkonto getätigt werden, deshalb ist dafür zu sorgen, dass dafür die bisherigen Konten verwendet oder neue Konten eröffnet werden können. 711

5.3 Lieferanten und Gläubiger

Die Gläubiger in den jeweiligen Jurisdiktionen haben unterschiedliche Gepflogenheiten und Erwartungen im Hinblick darauf, wie mit ihren **Forderungen** verfahren wird, und die unterschiedlichen lokalen Ansätze müssen eingehend erläutert werden, um auszuschließen, dass sich bestimmte **Gläubigergruppen** unfair behandelt fühlen. So ist es in einigen Ländern für Gläubiger üblich, eine Art „**Lösegeldzahlungen**" auszuhandeln, um die Lieferkontinuität aufrechtzuerhalten, wohingegen dieser kommerziell orientierte Ansatz in anderen Ländern verboten ist. Ein weiteres Beispiel: In vielen 712

---

603 § 10, Verordnung (EG) 1346/200/EG des Rates über Insolvenzverfahren.

Ländern sind bestimmte konzerninterne eigenkapitalersetzende Darlehen nachrangig, während diese Verbindlichkeiten in anderen Gesetzgebungen gleichen Rang haben. Sich Anerkennung in den relevanten Jurisdiktionen zu verschaffen ist deshalb von wesentlicher Bedeutung, denn sie wird dazu beitragen, einzelne Gläubiger von einseitigen Vollstreckungsmaßnahmen abzuhalten, die – einmal eingeleitet – nur sehr zeit- und kostenaufwändig gerichtlich zu klären sind. Im Fall **Collins & Aikman** beispielsweise leitete ein lokaler belgischer Gläubiger eine Sicherungspfändung ein mit dem Effekt, dass ein Kunde die Bezahlung ausstehender Restbeträge an den Gläubiger umleiten musste. Der Hauptinsolvenzverwalter legte gegen die Gerichtsentscheidung zwar Berufung ein, es dauerte jedoch volle zehn Monate, bis eine zufriedenstellende Lösung erzielt wurde.

5.4 Kunden und Drittschuldner

713 Die Kommunikation mit den Kunden ist darauf abgestellt, sie von der **Fähigkeit** des Konzerns zu überzeugen, Dienstleistungen und/oder Produkte **weiter zu liefern** bzw. zu erbringen – im Vorgriff auf einen Verkauf eines Unternehmens nach dem Grundsatz der Unternehmensfortführung (**Going Concern**). Auf internationaler Ebene ist es schwieriger, diese Botschaft glaubhaft zu vermitteln, wenn einige Tochtergesellschaften bereits örtliche Insolvenzverfahren eingeleitet haben.

6. Formales Insolvenzverfahren: Masseverwertung

714 Die Vorteile eines koordinierten Ansatzes in der Restrukturierung werden besonders deutlich in den **verbesserten Verwertungen**, die zu erzielen sind, wenn der oder die Insolvenzverwalter den Konzern als „**Going Concern**" veräußern und dabei Geschäftsbereiche aus verschiedenen Ländern in einer Transaktion zusammenfassen können. Bei international aufgestellten Konzernen wird die **Abspaltung geschäftlicher Einheiten** komplexer, und dies umso mehr, wenn sich der Konzernaufbau an Geschäftsbereichen und nicht an der rechtlichen Struktur orientiert. **Schwierigkeiten** bereiten häufig zentral gehaltenes geistiges Eigentum (Patente, Lizenzen), Arbeitsverträge, die in einem anderen Unternehmen oder Land abgeschlossen sind als das bzw. der, für das bzw. den die Leistungen erbracht werden, zentrale oder gemeinsame Systeme (insbesondere IT-Infrastruktur) und gemeinsame vertragliche Vereinbarungen. Es sollten Überlegungen angestellt werden, wie diese **frühzeitig** im Restrukturierungsprozess gemanagt werden können oder wie sich gegebenenfalls Übergangsdienstleistungsverträge einsetzen lassen, um den Käufern die Fortführung des abgespalteten Betriebes nach dem Abschluss der Transaktion zu ermöglichen.

715 **Verkaufsverhandlungen** gestalten sich häufig komplexer und langwieriger, wenn internationale Erwägungen und/oder parallel tätige Insolvenzverwalter im Spiel sind. Besonderer Aufmerksamkeit bedürfen Bereiche wie die Übertragung von Pachtansprüchen: In manchen Jurisdiktionen (beispielsweise in England und Wales) bekäme ein Käufer vom Insolvenzverwalter die Genehmigung für die Inbesitznahme und würde anschließend mit den Verpächtern in bilaterale Verhandlungen über die Abtretung des Pachtverhältnisses oder einen neuen Pachtvertrag eintreten, während man in anderen Ländern (wie z.B. in der Tschechischen Republik) zunächst die Einwilligung der Verpächter in eine Abtretung einholen muss, mit der eine weitere Partei in die Verhandlungen einbezogen wird.

7. Schlussfolgerungen

In den vergangenen zehn Jahren hat die Restrukturierungsbranche bedeutende Veränderungen in der Herangehensweise und Bewältigung grenzüberschreitender Restrukturierungen erlebt und mitgestaltet. Viele Sanierungsberater und Insolvenzverwalter ebenso wie Richter haben mit Engagement an der Entwicklung **neuer Lösungen** für gemeinsame Herausforderungen und der **pragmatischen Anwendung** des örtlichen Insolvenzrechts mit dem Ziel verbesserter Quoten für die Gläubiger gearbeitet. Die internationale Restrukturierungs-Community verfügt nun über ein **verbessertes Instrumentarium** (wie z.B. von UNCITRAL und INSOL vorgesehen) und größere praktische Erfahrung, auf der künftige Restrukturierungsstrategien aufbauen und umgesetzt werden können. Dies erlaubt einen optimistischen Blick in die Zukunft in der Hoffnung, dass sich die internationalen Aspekte der Restrukturierungspraxis weiterentwickeln werden, um mit neuen Lösungsmöglichkeiten immer wieder neuen Herausforderungen gerecht zu werden.

716

VII. Einflüsse des internationalen Insolvenzrechts

1. Koordinierte Sanierung in der grenzüberschreitenden Insolvenz

Konzerninsolvenzen stellen gewissermaßen den Prototyp grenzüberschreitender Insolvenzen dar.[604] Angesichts der in der Regel anzutreffenden engen wirtschaftlichen Verflechtungen innerhalb eines Konzerns führt die Insolvenz einer Gesellschaft durch den Abriss von Zahlungsströmen und die Entwertung von Intercompany-Forderungen häufig zu Insolvenztatbeständen bei verbundenen ausländischen Gesellschaften, auch wenn diese, isoliert betrachtet, vordergründig als „gesund" erscheinen mögen.[605] Dieser Befund trifft um so häufiger zu, je mehr die verbundenen Unternehmen operativ, finanziell und personell sowie hinsichtlich des geistigen Eigentums miteinander verzahnt sind.[606] Sanierungsbemühungen versprechen in einer solchen Situation meist nur dann Erfolg, wenn der Zusammenhalt der Gruppe im wesentlichen gewahrt bleibt.

717

Daneben wirft ein Auslandsbezug auch aus einzelgesellschaftlicher Perspektive die Frage auf, welcher Rechtsordnung die angestrebten Sanierungsmaßnahmen unterliegen und wie es um die Wirksamkeit dieser Maßnahmen in den betroffenen Staaten bestellt ist.

718

1.1 Fehlen eines einheitlichen Konzerninsolvenzrechts und eines internationalen Insolvenzverfahrens

Sobald verbundene Gesellschaften von einer Insolvenz erfasst werden, entsteht unvermeidbar ein Spannungsverhältnis zwischen dem wirtschaftlichen Begriff des Konzerns als integriertes Unternehmen und dem haftungsrechtlichen Ansatz am Rechtsträger. Ersteres muss der ökonomischen Realität[607] gerecht werden, während letzterer dem Charakter des Insolvenzrechts als Gesamtvollstreckung, die grundsätzlich am rechtlichen Zuordnungssubjekt von Verbindlichkeiten ansetzt, geschuldet ist.[608]

719

---

604 *Paulus* EWiR 2004, 493; *Knof/Mock* ZIP 2006, 913 f.; *Mankowski* NZI 2004, 452.
605 Vgl. *Göpfert/Müller* NZA 2009, 1057; zur Bedeutung internationaler Konzernstrukturen vgl. oben 1. Kap. Rn. 19 ff.
606 *Adam/Poertzgen* ZInsO 2008, 281.
607 Vgl. *Göpfert/Müller* NZA 2009, 1057.
608 Vgl. oben Rn. 637 f.

720 Eine „große Lösung" der internationalen Konzerninsolvenz (*substantive consolidation*[609]) mit Zusammenfassung der Gläubiger verschiedener Rechtsträger zu einer einzigen Gläubigergesamtheit,[610] Vermischung der Haftungs- und Schuldenmassen[611] sowie der damit einhergehenden Einebnung der Quotenaussichten scheitert von vornherein an den berührten Grundrechten und deren Wechselwirkung im Insolvenzfall. Insbesondere die Eigentumsgarantie sowohl für die einzelnen Gläubiger als auch für den Schuldner, der allgemeine Gleichheitssatz sowie nicht zuletzt die Vertragsfreiheit als Teil der allgemeinen Handlungsfreiheit stehen einer derartigen Einebnung entgegen. Der Ansatz am einzelnen Rechtsträger kann mithin nicht aufgegeben werden[612]; es gilt auch für Unternehmen im Konzernverbund der Grundsatz: „eine Person, ein Vermögen, ein Verfahren"[613].

721 Gleichwohl bliebe *de lege ferenda* eine „kleine Lösung" der internationalen Konzerninsolvenz möglich, die durch eine einheitliche Bestimmung der internationalen (und möglichst auch der örtlichen[614]) Zuständigkeit für alle Verfahren über die von der Konzerninsolvenz betroffenen Gesellschaften geprägt wäre. Denkbar wäre insoweit eine einheitliche Zuständigkeit etwa am tatsächlichen Verwaltungssitz der Muttergesellschaft[615] oder – bei gleichzeitiger Antragstellung über mehrere Gesellschaften – an einem davon abweichenden Ort, der den Schwerpunkt der Interessen dieser Gruppe darstellt. Ein sinnvoller Vorschlag, um insofern sachfremde Pauschalierungen zu vermeiden, kann darin gesehen werden, (widerlegliche) Vermutungen für die internationale Zuständigkeit von Tochterunternehmen am Satzungssitz oder am tatsächlichen Verwaltungssitz der Muttergesellschaft einzuführen.[616] Hingegen bleibt der Vorschlag, eine grundsätzliche Anknüpfung am einzelgesellschaftlichen Satzungssitz mit Verweisungsmöglichkeiten an einen tatsächlichen Konzernverwaltungssitz zu flankieren,[617] hinter dem in der Praxis bereits erreichten Stand zurück.

722 An die Konzentration der Verfahren in einem einzigen Staat und möglichst an einem einzigen Gericht könnte eine automatische Geltung des entsprechenden nationalen – oder auch eines international vereinheitlichten – Insolvenzverfahrensrechts („Kern-Insolvenzrecht") angeknüpft werden.

723 Ein solches kodifiziertes, an die gesellschaftsrechtlichen Umstände anknüpfendes Konzerninsolvenzrecht sehen bislang jedoch weder das europäische Unionsrecht[618] noch die deutschen Vorschriften über das Verhältnis zu Drittstaaten vor. Ebenso fehlt

---

609 Ausführlich zur Kritik *Adam/Poertzgen* ZInsO 2008, 349 ff. m.w.N.
610 Vorsichtig in diese Richtung gehen Vorschläge von *Paulus* ZIP 2005, 1953 ff.; zur (berechtigten) Kritik an einer *substantive consolidation* s. *Sester* ZIP 2005, 2099 ff.
611 Zu diesem – wesentlichen – Aspekt besonders klar *Jaffé/Friedrich* ZIP 2008, 1851.
612 So im Ergebnis auch *Hirte* ZIP 2008, 444, 449; ausführlich zur Kritik *K. Schmidt* KTS 2010, 13 ff.; *Adam/Poertzgen* ZInsO 2008, 349 ff. ; vgl. *Graeber* NZI 2007, 265.
613 *Vallender/Deyda* NZI 2009, 826; *Knof/Mock* ZIP 2006, 914; *Virgós/Schmit Erläuternder Bericht zu dem EU-Übereinkommen über Insolvenzverfahren, Doc. 6500/1/96* Nr. 76; kritisch *Paulus* EWiR 2004, 494; vgl. oben 9. Kap. Rn. 298.
614 Vgl. *Vallender/Deyda* NZI 2009, 826 ff.; *Hirte* ZIP 2008, 444 f.
615 *Jaffé/Friedrich* ZIP 2008, 1852.
616 Vgl. *Adam/Poertzgen* ZInsO 2008, 283.
617 *K. Schmidt* KTS 2010, 22 ff.
618 Vgl. *Virgós/Schmit* Erläuternder Bericht zu dem EU-Übereinkommen über Insolvenzverfahren, Doc. 6500/1/96 Nr. 76; *Kindler* in Kindler/Nachmann § 2 Rn. 42 mit rechtspolitischer Kritik.

es an einer internationalen, einheitlichen und rechtlich bindenden Normierung über das Insolvenzverfahren selbst sowie über das materielle Insolvenzrecht.[619]

1.2 Verfahrenskonzentration und koordinierte Verwalterbestellung

Die Praxis ist über die Konzernblindheit der geschriebenen Rechtsquellen des internationalen Insolvenzrechts hinweggegangen[620]. Grenzüberschreitende Konzernsachverhalte sind im Insolvenzgeschehen längst eine Realität, mit der sich Geschäftsführer, Gläubiger, Berater, Gerichte und Verwalter auseinanderzusetzen haben.[621] Auf der Ebene des Konzerns besteht ein dringendes wirtschaftliches Interesse, eine Fragmentierung der Gruppe unter Insolvenzbedingungen und die entsprechenden negativen Auswirkungen für die Gläubiger und Stakeholder aller betroffenen Gesellschaften zu vermeiden.[622] Die Konzentration der gerichtlichen Zuständigkeit stellt die Mindestvoraussetzung dafür dar, dass die Insolvenz nicht zu einem unkontrollierten Auseinanderreißen des Konzerns durch unkoordinierte Verfahren über die einzelnen Gesellschaften und zur Zerschlagung der Unternehmen führt, sondern eine koordinierte Sanierung oder Abwicklung der Konzernunternehmen ermöglicht.[623] Denn die Vielfalt von Rechtsordnungen, Akteuren und Gepflogenheiten im Insolvenzgeschehen gefährdet den Zusammenhalt von Gesellschaften und Verfahren innerhalb Europas sowie die Koordination mit wirtschaftlich bedeutsamen Drittstaatenverfahren, insbesondere in Nordamerika.

724

Die internationale Zuständigkeit ist daher im Rahmen von Konzern-Sanierungen in erster Linie eine Frage der Verfahrenskonzentration.[624] Demgegenüber tritt die Auswirkung der Zuständigkeit auf das anwendbare Recht wegen den zwingenden Sonderanknüpfungen für maßgebliche Rechtsfragen[625] und wegen der Möglichkeit von nationalen Sekundärverfahren[626] in den Hintergrund.

725

Entscheidender Vorteil einer Zuständigkeitskonzentration ist es, dass eine einheitliche bzw. sinnvoll koordinierte Verwalterbestellung und -beaufsichtigung ermöglicht wird.[627] Hierdurch können Reibungsverluste vermieden und ein zumeist bestehender Konzernmehrwert erhalten werden. Konzentration und Koordination ermöglichen es, die Gesamtstruktur des Konzerns angemessen zu berücksichtigen, die einzelnen Massen einfacher und effizienter zu verwalten, und einen umfassenden Zugang der Insolvenzverwaltung zu internen wirtschaftlichen und strukturellen Daten der Insolvenzschuldner zu erreichen.[628]

726

---

619 Vgl. aber die Empfehlungen von UNCITRAL zur Konzerninsolvenz, *UNCITRAL* Legislative Guide, S. 276–279.
620 *Paulus* EWiR 2004, 493; vgl. Rechtsprechungsübersichten bei *Pannen/Riedemann* NZI 2004, 646, sowie MK-InsO/*Reinhart* Art. 3 EuInsVO Rn. 8 ff.; s auch *Mankowski* NZI 2008, 355.
621 *Vallender/Deyda* NZI 2009, 825, 829.
622 Vgl. *Jaffé/Friedrich* ZIP 2008, 1850; *Paulus* EWiR 2004, 493 f.
623 *Vallender/Deyda* NZI 2009, 825, 827; vgl. oben Rn. 153.
624 Der Gedanke der Verfahrenskonzentration durch Zuständigkeitsbündelung als Kern und Ausgangspunkt eines Konzerninsolvenzrechts findet sich – auf nationaler Ebene – bereits bei *Kübler* ZGR 1984, 587 f. Vgl. zur Verfahrensbündelung und koordinierten Verwalterbestellung auch oben Rn. 644 ff.
625 S. dazu unten Rn. 811, 823 ff., 853 ff.
626 S. dazu unten Rn. 913 ff.
627 *Vallender/Deyda* NZI 2009, 825 f.
628 Vgl. *Hirte* ZIP 2008, 444, 446; *Adam/Poertzgen* ZInsO 2008, 285; *Ehricke* S. 461 ff.

727 Eine koordinierte Verwalterbestellung beugt ferner Verzögerungen und Wertvernichtungen durch Profilierungskämpfe verschiedener Verwalter innerhalb der ökonomischen Einheit „Konzern" vor[629] und erleichtert die Ausarbeitung und Umsetzung eines einheitlichen Konzeptes für die Sanierung oder gemeinsame Veräußerung der Konzernunternehmen.[630]

728 Angesichts der derzeit noch recht eingeschränkten Kommunikation zwischen den Insolvenzgerichten und der national geprägten Bestellungspraxis erscheint eine einheitliche bzw. koordinierte Verwalterbestellung nur insofern realistisch, als die Zuständigkeiten über die verschiedenen Konzerngesellschaften weitgehend bei einem einzigen Gericht zusammenlaufen.[631]

729 *Vallender* und *Deyda* weisen zu Recht darauf hin, dass durch eine Konzentration der internationalen Zuständigkeit freilich nur dann etwas gewonnen ist, wenn das hierdurch in Anwendung gesetzte nationale Insolvenzrecht eine gemeinsame örtliche Zuständigkeit vorsieht und eine Verfahrenskoordinierung in der Konzerninsolvenz ermöglicht.[632]

1.3 Realisierung von Fortführungswerten der Einzelgesellschaften vom Konzernzusammenhalt abhängig

730 Das Interesse an der Verfahrenskonzentration innerhalb des Konzerns besteht ebenso auf der einzelgesellschaftlichen Ebene – und damit aus Sicht der jeweiligen Gläubigergesamtheit: Je stärker eine Unternehmensgruppe integriert ist, um so mehr hängt die Realisierung von Going-Concern-Werten für die einzelne Gesellschaft in der Insolvenz von der Bewahrung des funktionalen und grenzüberschreitenden Konzernzusammenhalts ab.[633] Dieser gewährleistet für die einzelnen Konzerngesellschaften beispielsweise erst die Nutzbarkeit der häufig von der Konzernmutter gehaltenen immateriellen Rechte, die Abdeckung der wesentlichen Absatzmärkte, den Zugang zu operativen Prozessen, die in bestimmten Einheiten zentral gebündelt sind (z.B. konzernweite IT-Dienstleistungen), den Zugang zu Einkaufskanälen sowie zu konzerneigener Produktion etc. All diese Faktoren tragen dazu bei, dass Betriebsfortführungen auf stand-alone Basis oft von vornherein aussichtslos sind. Unterbrechungen oder auch nur Störungen dieser Verbindungen würden in zahlreichen Fällen Betriebseinstellungen und Zerschlagungen unmittelbar nach sich ziehen. Gerade solche Unterbrechungen und Störungen sind jedoch anzutreffen, wenn die Gesamtstruktur und Interna des Konzerns aufgrund von Verfahrenszersplitterung nicht berücksichtigt und die Effizienz der Verwaltung durch unterschiedliche Auffassungen der verfahrensführenden Gerichte und Konkurrenzkämpfe verschiedener Verwalter erstickt werden.[634] Der typische Zeitdruck, unter dem Sanierungsbemühungen in der Insolvenz stehen, verstärkt diesen Befund noch.

---

629 *Eidenmüller* NJW 2004, 3455 f.; *Vallender/Deyda* NZI 2009, 827; *Jaffé/Friedrich* ZIP 2008, 1851; *Adam/Poertzgen* ZInsO 2008, 285.
630 *Vallender/Deyda* NZI 2009, 825, 831.
631 So nachdrücklich *Vallender/Deyda* NZI 2009, 828. Dies müssen auch *Adam/Poertzgen* ZInsO 2008, 286, einräumen, die für den Fall divergierender Zuständigkeiten – durchaus bedenkenswerte – „Verwaltermodelle" (dort S. 284 ff.) aufzeigen.
632 *Vallender/Deyda* NZI 2009, 831.
633 *Mankowski* NZI 2008, 356; *Mayer-Löwy/Plank* NZI 2006, 624, vgl. oben 9. Kap. Rn. 321 und 10. Kap. Rn. 679, 691, 714.
634 *Jaffé/Friedrich* ZIP 2008, 1851; *Adam/Poertzgen* ZInsO 2008, 285.

1.4 Chance zur Wiederherstellung der Verkehrsfähigkeit von Konzerngesellschaften

Durch eine Verfahrenskonzentration können auch jene Tochtergesellschaften in eine konzernweite Veräußerung des Geschäftsbetriebs einbezogen werden, die aufgrund ihrer eigenen lokalen Krisensituation (Passivseite, Ertragslage) im Rahmen von *share deals* nicht verkehrsfähig wären. Hierdurch wird vermieden, dass diese Gesellschaften bei der Veräußerung außen vor bleiben und nach Auflösung ihrer Konzernverbindung (insolvent) liquidiert werden müssen – mit den entsprechenden Werteinbußen für die Gläubiger. Ein Insolvenzgrund ergibt sich hier beispielsweise aus einer drohenden Zahlungsunfähigkeit angesichts der bevorstehenden Kappung der Intercompany-Verbindung bei entsprechend fehlender eigenständiger Überlebensfähigkeit der Konzerntochter. 731

Durch die Eröffnung von Insolvenzverfahren über diese Konzerngesellschaften kann zum einen das Problem nicht (mehr) restrukturierbarer Passivseiten überwunden werden und lassen sich zum anderen die Vorteile des jeweils anwendbaren Insolvenzrechts für die Sanierung der Ertragslage nutzen. Dies setzt freilich wiederum voraus, dass es nicht zu einer wertvernichtenden Fragmentierung der Unternehmensgruppe durch Eröffnung unkoordinierter Insolvenzverfahren in verschiedenen Staaten kommt. 732

1.5 Konzept simultaner, weltweit koordinierter übertragender Sanierungen

Soweit ersichtlich ist es erstmals in der Insolvenz des *Nortel*-Konzerns gelungen, das strategische Konzept einer simultanen, weltweit koordinierten übertragenden Sanierung. Ausführlich zur übertragenden Sanierung, oben 9. Kap. Rn. 286 ff. unter Einbeziehung zahlreicher europäischer Tochtergesellschaften im Wege des *asset deals* umzusetzen[635]. Dies ermöglichte es den Gläubigergesamtheiten von 19 europäischen Gesellschaften unter englischen Administration-Verfahren von strukturellen Verwertungsvorteilen einer außereuropäischen Rechtsordnung, namentlich dem sog. „Stalking Horse"-Verfahren zu profitieren. 733

Dabei handelt es sich um einen M&A Prozess nach Chapter 11 US-Bankruptcy Code, bei dem ein Bieter („Stalking Horse") sich vertraglich verpflichtet, den Betrieb zu erwerben, sofern kein besseres Gebot in einer nachfolgenden Auktion innerhalb einer gerichtlich bestimmten Frist (z.B. 60 Tage) abgegeben wird. Die veräußernden Insolvenzverwalter erreichen auf diese Weise zügig eine relative Sicherheit bei gleichzeitiger Erhaltung der wettbewerblichen Spannung. 734

Beispielsweise konnten in den entsprechenden Auktionen im Rahmen der *Nortel*-Insolvenz teils erhebliche Steigerungen der Verkaufserlöse erzielt werden. So erhöhte sich der weltweite Veräußerungspreis für die Geschäftskunden-Netzwerksparte („Enterprise") von 475 Mio. USD bei Abschluss des „Stalking Horse"-Vertrages auf 900 Mio[636] USD nach Durchführung der Auktion. 735

Daneben bietet die Bündelung europäischer Verfahren den dortigen Gläubigern den Vorteil eines wesentlich gesteigerten Verhandlungsgewichts gegenüber den außereuropäischen Insolvenzverfahren innerhalb desselben Konzerns, insbesondere dann, wenn das geistige Eigentum bei einer außereuropäischen Konzernmutter gebündelt ist. 736

---

635 Vgl. *Paulus* EWiR 2009, 177.
636 Nomineller Kaufpreis, der sich durch die üblichen Kaufpreisanpassungen zum Übertragungsstichtag („Purchase Price Allocation") im vorliegenden Fall noch erhöht hat.

1.6 Auslandsbezug auf einzelgesellschaftlicher Ebene

737 Unabhängig von einer Konzernverbundenheit wirft ein bestehender Auslandsbezug bereits auf einzelgesellschaftlicher Ebene Fragen auf, die für das Gelingen einer Sanierung im Insolvenzverfahren relevant sind.

738 So ist die grundlegende Effektivität des Insolvenzverfahrens als Handlungs- und Entscheidungsrahmen über den Eröffnungsstaat hinaus nur soweit gewährleistet, als die Anerkennung im Sinne des internationalen Prozessrechts reicht. Welche Sanierungsinstrumente im einzelnen wo genutzt werden können, hängt darüber hinaus von dem auf die verschiedenen betroffenen Rechtsverhältnisse jeweils anzuwendenden Recht ab. Diese konkret anwendbaren Vorschriften werden in grenzüberschreitenden Fällen anhand der Normen des sog. Kollisionsrechts identifiziert.

739 Unter den zahlreichen Themen des internationalen Insolvenzrechts soll im folgenden der Schwerpunkt deutlich auf diejenigen Fragestellungen gelegt werden, die aus Sicht der Praxis maßgebliche Auswirkungen auf den Erfolg einer Unternehmenssanierung unter Insolvenzbedingungen zeitigen.

2. Verschiedene Rechtsgrundlagen für europäische Insolvenzverfahren und Drittstaatenverfahren

2.1 Die Europäische Insolvenzverordnung (EuInsVO)

740 Welche Rechtswirkungen ein Insolvenzverfahren, das in einem Mitgliedstaat der Europäischen Union eröffnet und durchgeführt wird, in den anderen Mitgliedstaaten – mit Ausnahme Dänemarks[637] – entfaltet, regelt die Verordnung (EG) Nr. 1346/2000 des Rates v. 29.5.2000 über Insolvenzverfahren[638] (Europäische Insolvenzverordnung, kurz: EuInsVO[639]).

741 Die EuInsVO geht inhaltlich auf das multilateral-völkerrechtliche EU-Übereinkommen über Insolvenzverfahren vom 23.11.1995 (EuInsÜ)[640] zurück, das – damals aufgrund sachfremder politischer Motive[641] – scheiterte. Die später erlassene EuInsVO ist weitgehend wortgleich mit dem EuInsÜ geblieben, so dass zur Auslegung der EuInsVO auf Literatur und Materialien zum EuInsÜ, insbesondere auf den Erläuternden Bericht von *Virgós* und *Schmit*[642] zurückgegriffen werden kann.[643]

---

637 Dänemark hat sich unter Berufung auf die Art. 1 und 2 des Protokolls über die Position Dänemarks, das dem Vertrag über die Europäische Union und dem Vertrag zur Gründung der Europäischen Gemeinschaft beigefügt ist, nicht an der Annahme der EuInsVO beteiligt, die diesen Mitgliedstaat somit nicht bindet und auf ihn keine Anwendung findet (Erwägungsgrund 33 EuInsVO). Dänemark ist damit als Drittstaat zu behandeln und es gilt aus deutscher Perspektive insoweit das Regime der §§ 335 ff. InsO, *OLG Frankfurt* NJOZ 2005, 2532; *Kindler* in Kindler/Nachmann, § 1 Rn. 11.
638 AblEU Nr. L 160 v. 30.6.2000, S. 1; zuletzt geändert durch Verordnung (EG) Nr. 788/2008 des Rates v. 24.7.2008, AblEU Nr. L 213 v. 8.8.2008, S. 1.
639 In der englischsprachigen Praxis (und darüber hinaus) auch EIR für: European Insolvency Regulation.
640 Text in *Weinbörner* S. 602 ff.
641 Vgl. *Becker* Insolvenzrecht, 2. Aufl. 2008, Rn. 57.
642 *Virgós/Schmit* Erläuternder Bericht zu dem EU-Übereinkommen über Insolvenzverfahren, Doc. 6500/1/96; deutsche Fassung abgedruckt in *Stoll* S. 32 ff.
643 *Kindler* in Kindler/Nachmann, § 1 Rn. 11; MK-InsO/*Reinhart* Vorbem. Art. 1 EuInsVO Rn. 9.

Auch die EuInsVO enthält keine Vorschriften über eine Insolvenz eines Konzerns als solchen, sondern setzt – ebenso wie die InsO – entgegen der meist festzustellenden wirtschaftlichen Realität[644] beim jeweiligen Rechtsträger an. Die jeweils relevante Gläubigergesamtheit wird über die Person des gemeinsamen Schuldners identifiziert. Der so definierten Gläubigergesamtheit wird grundsätzlich das Vermögen dieses Rechtsträgers als haftende Insolvenzmasse zugeordnet[645]. Auch führt die Insolvenz der Muttergesellschaft nicht automatisch zur Insolvenz ihrer Tochtergesellschaften und umgekehrt.[646] Schließlich findet keine Zuständigkeitsanknüpfung an die Muttergesellschaft oder sonstige Zuständigkeitskonzentration kraft Gesetzes statt. Kurz: Die EuInsVO betrachtet nach ihrem Wortlaut jeden Insolvenzschuldner isoliert, auch wenn die Rechtspraxis längst weit darüber hinausgeht. **742**

Die EuInsVO bewältigt die grenzüberschreitende Ausdehnung der Gesellschafts-, Geschäfts-, Vermögens- und Haftungsverhältnisse wirtschaftlich agierender Rechtsträger systematisch in vier Schritten, die dem klassischen Repertoire des internationalen Privat- und Zivilprozessrechts[647] entnommen sind. Die Systematik folgt damit eher dem Gedanken zwischenstaatlicher Einzelzuordnungen als wünschenswerter europäischer Harmonisierung[648] oder – besser – Vereinheitlichung.[649] **743**

In einem ersten Schritt wird durch Art. 3 EuInsVO, wiederum anknüpfend an den einzelnen Schuldner,[650] die internationale Zuständigkeit der Gerichte eines Mitgliedstaats für ein Insolvenzverfahren im Sinne der Verordnung bestimmt. Die Wirkungen eines aufgrund dieser Zuständigkeit eröffneten Verfahrens werden – zweitens – im Wege der Anerkennung, die in Art. 16 EuInsVO verankert ist, grundsätzlich auf das Hoheitsgebiet der übrigen Mitgliedstaaten erstreckt. Drittens wird in Art. 4 EuInsVO die kollisionsrechtliche Frage des anwendbaren Rechts im Grundsatz zugunsten einer *lex fori concursus* beantwortet, die in den folgenden Art. 5–15 zahlreiche Einschränkungen und Ausnahmen erfährt. In einem vierten Schritt wird schließlich der Anerkennungsgrundsatz durch das Rechtsinstitut des Sekundärverfahrens nach Art. 27 EuInsVO unter dem Gesichtspunkt der Vermögensbelegenheit, also territorial-haftungsrechtlich, erheblich eingeschränkt.[651] **744**

---

644 *Gottwald/Kolmann* § 130 Rn. 29; *Göpfert/Müller* NZA 2009, 1057.
645 Rechtstechnisch genau genommen ordnet die EuInsVO diese Zuordnungen freilich nicht selbst an, sondern setzt sie für die von ihr erfassten nationalen Verfahren voraus. Vgl. die abstrakte Definition der von der Regelung erfassten Verfahren in Art. 1 Abs. 1 EuInsVO.
646 *Göpfert/Müller* NZA 2009, 1058.
647 Vgl. *Becker* ZEuP 2002, 289. Sowohl innerhalb der EU als auch im Verhältnis zu Drittstaaten verbindet das internationale Insolvenzrecht wie kein anderes Rechtsgebiet materiell-kollisionsrechtliche Fragestellungen mit international-verfahrensrechtlichen Fragestellungen, MK-InsO/*Reinhart* Vor §§ 335 ff. Rn. 24.
648 S. hierzu *Becker* Insolvenzrecht, 2. Aufl. 2008, Rn. 57 m.w.N.
649 Diese Vision zeigen bereits *Virgós/Schmit* Erläuternder Bericht zu dem EU-Übereinkommen über Insolvenzverfahren, Doc. 6500/1/96 Nr. 76 auf. Zurecht weist *Becker* ZEuP 2002, 291, 295 ff., 315, darauf hin, dass eine Vereinheitlichung des Verfahrensrechts zum einen durch eine umfassende, d.h. nicht punktuelle Regelung erfolgen sollte und zum anderen auch ohne staatliche Einheit möglich ist – und zwar leichter als eine Harmonisierung.
650 So ausdrücklich *EuGH* ZIP 2006, 907, 908 Rz. 30 – Eurofood.
651 In umgekehrter Richtung gilt dies auch für die (primären) Partikularverfahren, denen die Anerkennungswirkung durch Art. 3 Abs. 2 S. 2 EuInsVO von vornherein versagt bleibt.

2.2 Innerstaatliches Recht für Drittstaatenverfahren (§§ 335 ff. InsO)

745 Das Verhältnis zu Drittstaaten, d.h. Staaten außerhalb der Europäischen Union sowie Dänemark[652] wird durch das sog. autonome Recht, also nationale Vorschriften normiert. Die §§ 335 ff. InsO regeln, welche Wirkungen ein in einem Drittstaat eröffnetes Verfahren in Deutschland und welche Wirkungen ein deutsches Verfahren – aus Sicht des deutschen Rechts[653] – in Drittstaaten entfaltet.

746 Die kollisionsrechtliche Grundnorm zugunsten der Anwendbarkeit des Rechts des Eröffnungsstaates wird hier an den Anfang gestellt (§ 335 InsO); die §§ 336 ff. enthalten die davon abweichenden Sonderanknüpfungen. Die Anerkennung eines ausländischen Verfahrens, d.h. die Erstreckung von dessen Wirkungen ins Inland wird durch § 343 Abs. 1 InsO von inhaltlichen Voraussetzungen abhängig gemacht. Mit der Anerkennung unmittelbar zusammenhängende Rechtsfragen regeln die §§ 344–352 InsO. Die internationale Zuständigkeit wurde für Drittstaatenverfahren nicht ausdrücklich normiert, so dass in Analogie zur örtlichen Zuständigkeit nach § 3 Abs. 1 S. 2 InsO auf den „Mittelpunkt einer selbstständigen wirtschaftlichen Tätigkeit" des Schuldners abgestellt wird.[654] §§ 356 ff. InsO ermöglichen auch hier die Eröffnung von Sekundärverfahren über das inländische Vermögen.

747 Die wesentlichen Unterschiede zur europäischen Regelung resultieren daraus, dass es im Verhältnis zu Drittstaaten an dem für den innergemeinschaftlichen Rechtsverkehr geltenden Vertrauen in die ausländische Justiz fehlt.[655] Daher sind die Voraussetzungen für die Anerkennung ausländischer Verfahren strenger gefasst als nach der EuInsVO.[656]

748 Auch enthält das autonome Recht, anders als die EuInsVO keinen Katalog der anerkennungsfähigen Verfahren. Das ausländische Verfahren ist daher im Einzelfall an folgenden Kriterien zu messen: Insolvenz als Eröffnungsvoraussetzung, Staatlichkeit des Verfahrens sowie Vergleichbarkeit mit den Zwecken des § 1 InsO.[657] Nach dem Willen des deutschen Gesetzgebers ist es auch für das autonome Recht durchaus zulässig, sich am Verfahrenskatalog der EuInsO zu orientieren.[658] So sind Verfahren aus dem anglo-amerikanischen Rechtskreis (USA, Canada, Australien, weitere *Commonwealth*-Staaten) dann als „ausländische Insolvenzverfahren" i.S.d. § 343 Abs. 1 InsO anzusehen, wenn sie mit einem der britischen Verfahren in Anhang A zur EuInsVO vergleichbar sind[659]. Unter § 343 Abs. 1 InsO fällt damit insbesondere das Restrukturierungsverfahren nach Chapter 11 US-Bankruptcy Code[660].

749 Die Anerkennungswirkungen eines Drittstaatenverfahren können im Vergleich zum europäischen COMI-Verfahren leichter durch ein Sekundärverfahren zurückgedrängt

---

652 S. oben Rn. 740.
653 Die Durchsetzung der daraus folgenden Ansprüche hängt freilich davon ab, ob die ausländischen Gerichte das deutsche Insolvenzverfahren anerkennen, s. dazu MK-InsO/*Reinhart* Vor §§ 335 ff. Rn. 26.
654 *Kindler* in Kindler/Nachmann, § 1 Rn. 21.
655 *Kindler* in Kindler/Nachmann, § 1 Rn. 17; MK-InsO/*Reinhart* Vor §§ 335 ff. Rn. 17.
656 *Kindler* in Kindler/Nachmann, § 1 Rn. 17; vgl. unten Rn. 804 ff.
657 *Kindler* in Kindler/Nachmann, § 1 Rn. 18.
658 Regierungsbegründung zu § 343 InsO, BR-Drucks. 715/02, S. 25.
659 *Kindler* in Kindler/Nachmann, § 3 Rn. 4.
660 BGH ZIP 2009, 2217; MK-BGB/*Kindler* § 343 InsO Rn. 10 sowie Rn. 23 zu möglichen Einschränkungen der Anerkennung wegen *ordre public*-Verstößen.

werden, da hierfür – anders als nach der EuInsVO – keine inländische Niederlassung vorliegen muss, sondern nach § 354 Abs. 1 InsO bereits inländische Belegenheit von Vermögen genügt.[661]

Die folgenden Ausführungen stellen die EuInsVO in den Vordergrund. Auf Besonderheiten im Verhältnis zu Drittstaaten wird punktuell eingegangen. Abgesehen von den zuvor genannten Unterschieden ist das autonome Recht, insbesondere das Kollisionsrecht,[662] inhaltlich weitgehend (oft wörtlich) an die EuInsVO angelehnt.[663]

3. Internationale Zuständigkeit: Schlüssel zur Verfahrenskonzentration bei internationalen Sanierungen

3.1 Zuständigkeit nach der EuInsVO – Centre of Main Interest (COMI)

Art. 3 Abs. 1 EuInsVO regelt die internationale Zuständigkeit für die Eröffnung eines Insolvenzverfahrens mit Auslandsbezug. Nach Satz 1 der Vorschrift sind die Gerichte des Mitgliedstaates zuständig, in dessen Gebiet der Schuldner den Mittelpunkt seiner hauptsächlichen Interessen hat. Nach Satz 2 wird bei Gesellschaften und juristischen Personen bis zum Beweis des Gegenteils vermutet, dass der Mittelpunkt ihrer hauptsächlichen Interessen der Ort des satzungsmäßigen Sitzes ist.

Für das Merkmal „Mittelpunkt der hauptsächlichen Interessen" ist das Akronym COMI („centre of main interest") international geläufig geworden und wird auch im folgenden verwendet. Verfahren nach Art. 3 Abs. 1 EuInsVO werden im folgenden auch als COMI-Verfahren bezeichnet.

3.1.1 Auswirkungen der Anknüpfung am COMI

Aus deutscher Sicht ist das COMI eigentlich allein für Inlandsverfahren mit Auslandsbezug relevant, da es eine Eröffnungsvoraussetzung für ein derartiges Verfahren darstellt. Für die Anerkennung eines Auslandsverfahrens mit Inlandswirkung bedarf es nach Art. 16, 17 Abs. 1 EuInsVO keiner gesonderten Anerkennungsentscheidung oder Veröffentlichung; die Eröffnungsvoraussetzungen einschließlich der internationalen Zuständigkeit, sind von den Gerichten der übrigen Mitgliedstaaten inhaltlich nicht nachzuprüfen.[664]

Auch wenn die Wirkungen eines Auslandsverfahrens im Inland keine inländische COMI-Prüfung (mit gleichem Ergebnis) voraussetzen, hängt die Akzeptanz des Verfahrens realistischerweise doch weitgehend davon ab, dass die Annahme des COMI vertretbar bzw. nicht willkürlich erscheint. Bleibt hingegen Streit bestehen, so sind die Beteiligten allerdings mit der rechtlichen Geltendmachung von Einwendungen gegen die internationale Zuständigkeit des ausländischen Gerichts auf die Rechtsbehelfe im Eröffnungsstaat verwiesen.[665]

---

661 *Kindler* in Kindler/Nachmann, § 1 Rn. 17; MK-InsO/*Reinhart* Vor §§ 335 ff. Rn. 29.
662 Zum Begriff s. oben Rn. 738.
663 *Vallender/Deyda* NZI 2009, 825, 827; hilfreich dazu die Gegenüberstellung bei *Kindler* in Kindler/Nachmann, § 1 Rn. 23.
664 *Kindler* in Kindler/Nachmann, § 3 Rn. 2, 10.
665 *EuGH* ZIP 2006, 909 Rz. 43.

3.1.2 Zur Auslegung des COMI-Begriffes

755 Hinter dem Merkmal des COMI steht die Annahme, dass sich in diesem Staat im Regelfall der Großteil des schuldnerischen Vermögens und die meisten Gläubiger befinden werden.[666] Der COMI ist somit als Ausprägung des klassischen international-rechtlichen Anknüpfungspunktes des engsten Sachzusammenhanges gestaltet.[667] Gleichwohl stellt es ein grobes Versäumnis des europäischen Gesetzgebers bei Erlass der EuInsVO dar, keine internationale Zuständigkeit für konzernabhängige Gesellschaften abhängig von derjenigen der Muttergesellschaft geschaffen zu haben.[668]

756 Nach dem Willen des europäischen Gesetzgebers bezeichnet das COMI den Ort, „an dem der Schuldner gewöhnlich der Verwaltung seiner Interessen nachgeht und damit für Dritte feststellbar ist".[669] Mit dieser Formel verweisen Erwägungsgrund 13 der EuInsVO und der Erläuternde Bericht für die Auslegung des COMI-Begriffes auf zwei Gesichtspunkte, die nicht notwendigerweise zusammenfallen,[670] auch wenn beide Quellen dies mit den Worten „und damit" suggerieren. Der Begriff der „Interessen" ist bewusst weit gewählt und beschränkt sich nicht auf nach außen wirkende Tätigkeiten.[671] Er umfasst somit auch die rein unternehmensinterne Willensbildung und Führung. Andererseits soll das COMI-Kriterium die potentiellen Gläubiger, insbesondere Vertrags- und Verhandlungspartner in die Lage versetzen, die rechtlichen Implikationen einer Insolvenz vorhersehen und das damit verbundene Risiko kalkulieren zu können.[672] Dies erfordert aber, dass das COMI an objektive Umstände anknüpft, die für die beteiligten Verkehrskreise subjektiv erkennbar sind.[673]

757 Art. 3 Abs. 1 S. 2 EuInsVO stellt mit seiner „widerleglichen Vermutung" auf den Satzungssitz ab, der aufgrund seiner Registerpublizität eine Ausprägung der Erkennbarkeit darstellt, auf die zurückgegriffen werden kann, wenn ein Schwerpunkt erkennbarer Interessen sonst nicht ersichtlich ist.[674] Jenseits dieser Vermutung oder Zweifelsregelung stehen sich zwei Auslegungstendenzen gegenüber.

758 Die *Mind-of-Management-Theorie*[675] stellt (eher) auf den – auch nicht erkennbaren – unternehmerischen Interessenschwerpunkt, insbesondere das strategische Entschei-

---

666 Vgl. *Kindler* in Kindler/Nachmann, § 2 Rn. 2; *Duursma/Duursma-Kepplinger* DZWiR 2003, 447; *Reithmann/Martiny/Hausmann* Internationales Vertragsrecht, 7. Aufl. 2010, Rn. 5632.
667 Vgl. *EuGH GA* ZIP 2011, 918, 922 – Interedil.
668 *Kindler* in Kindler/Nachmann, § 2 Rn. 42; s. ferner zu Zuständigkeitsfragen bei in- und ausländischen Konzerngesellschaften *Rotstegge* ZIP 2008, 955 ff.; *Vallender/Deyda* NZI 2009, 825 ff.
669 Erwägungsgrund 13; ganz ähnlich bereits *Virgós/Schmit* Erläuternder Bericht zu dem EU-Übereinkommen über Insolvenzverfahren, Doc. 6500/1/96 Nr. 75.
670 Hierauf weist *Kindler* in Kindler/Nachmann, § 2 Rn. 15, 28 zurecht hin.
671 *Kindler* in Kindler/Nachmann, § 2 Rn. 15, 28; *Smid* Art. 3 EuInsVO Rn. 9; *Kolmann* S. 284.
672 *Virgós/Schmit* Erläuternder Bericht zu dem EU-Übereinkommen über Insolvenzverfahren, Doc. 6500/1/96 Nr. 75.
673 Der *High Court of Justice Leeds* ZIP 2004, 1769, verlangt ferner, dass die das COMI begründenden Umstände von einer gewissen Beständigkeit sind.
674 Zur Diskussion um die Bedeutung und Reichweite der Vermutung für den Satzungssitz s. unten Rn. 770 ff.
675 Auch *head office functions doctrine* genannt. High Court of Justice Leeds ZIP 2004, 963, 965 – ISA Daisytek; *AG Duisburg* NZI 2003, 160 – Babcock Borsig; *AG Offenburg* NZI 2004, 673; *AG München* ZIP 2004, 962, 963 – Hettlage; ausdrücklich aufgegeben durch *High Court of Justice London* ZIP 2009, 1776, 1777; vgl. auch *High Court of Justice London* ZIP 2010, 1816 – Hellas II; vgl. zum Ganzen MK-BGB/*Kindler* Art. 3 EuInsVO Rn. 19; s. auch Rechtsprechungsübersicht bei MK-InsO/*Reinhart* Art. 3 EuInsVO Rn. 8 ff.

dungszentrum ab, an dem die Geschicke des Unternehmens gelenkt werden. Maßgebliche Hinweise auf diesen Ort liefern neben dem Sitz der internen allgemeinen Unternehmensleitung (*headoffice functions*[676]) folgende Aspekte[677]: Buchhaltungs- und Bilanzierungsmethoden, Genehmigungswege für Investitionen und Beschaffung, Reisetätigkeit der Geschäftsleitung, Wahrnehmung von „Overhead"-Funktionen wie Personalwesen, Lohnbuchhaltung, Controlling, Marketing, Facility Management und Rechtsabteilung sowie die Formulierung konzernweiter Unternehmenspolitiken und -strategien.[678]

Demgegenüber bezieht sich die *Business-Activity-Theorie*[679] auf die objektive Erkennbarkeit der COMI-Gesichtspunkte. Anknüpfungspunkte sind somit insbesondere: Ort der Bankverbindung für den Zahlungsverkehr, Rechtswahl für die Vertragsbeziehungen mit Gläubigern, Ort der Abwicklung der Vertrags- und Geschäftsbeziehungen, Bereitstellung von Kreditsicherheiten zugunsten von Gläubigern, Finanzierung der Geschäftstätigkeit, Büro- und Produktionsräume, Arbeitsorte der Mitarbeiter[680] sowie nicht zuletzt die Belegenheit des Vermögens.

3.1.3 Leitentscheidungen des EuGH: „Eurofood" und „Interedil"

Der *EuGH* hat in seinem *Eurofood*-Urteil[681] über die Auslegung des COMI-Begriffes und die Reichweite der Vermutung für den Satzungssitz entschieden. Der Fall betraf eine Tochtergesellschaft des *Parmalat*-Konzerns, die ihren satzungsmäßigen Sitz in einem anderen Mitgliedstaat als ihre konzernleitende Muttergesellschaft hatte.[682] Der EuGH tendiert in der Entscheidung zur Business-Activity-Theorie, indem er verlangt, dass der COMI nach objektiven und zugleich für Dritte feststellbaren Kriterien zu bestimmen ist. Er lässt allerdings weite Auslegungsspielräume offen und beschreibt letztlich nur die beiden Extrempositionen, die er jedenfalls nicht hinnehmen will: Zum einen reiche die Tatsache, dass die wirtschaftlichen Entscheidungen der schuldnerischen Gesellschaft von einer Muttergesellschaft mit Sitz in einem anderen Mitgliedstaat kontrolliert werden (können), allein nicht aus, um die Vermutung für den Satzungssitz der Schuldnerin zu entkräften.[683] Zum anderen könne die Vermutung bereits dadurch widerlegt sein, dass eine Gesellschaft in dem Staat ihres Satzungssitzes keiner Tätigkeit nachgehe, etwa im Falle einer „Briefkastenfirma".[684]

---

676 Vgl. *Pannen/Riedemann* NZI 2004, 646 f.; *Paulus* NZI 2008, 1.
677 S. Aufzählung bei *Kindler* in Kindler/Nachmann, § 2 Rn. 26.
678 Man beachte, dass einige dieser Kriterien durchaus auch für Dritte erkennbar sind bzw. sein können.
679 AG Mönchengladbach ZIP 2004, 1064, 1065; *Bähr/Riedemann* ZIP 2004, 1066 ff.; *Pannen/Riedemann* NZI 2004, 646, 651; *Kübler* FS Gerhardt, S. 527, 555; *Vallender* KTS 2005, 283, 292 f.; mit Einschränkungen bei offensichtlicher Fernsteuerung *Lautenbach* NZI 2004, 384, 386; vgl. MK-BGB/*Kindler* Art. 3 EuInsVO Rn. 20; s. auch Rechtsprechungsübersicht bei MK-InsO/*Reinhart* Art. 3 EuInsVO Rn. 21 ff.
680 S. Aufzählungen bei *Kindler* in Kindler/Nachmann, § 2 Rn. 27 und *Vallender* KTS 2005, 283, 293 f.
681 *EuGH* ZIP 2006, 907 (m. Anm. *Knof/Mock*).
682 Namentlich ging es um die nach Satzung in Irland ansässige *Eurofood IFSC Ltd*, eine Gesellschaft irischen Rechts, die eine hundertprozentige Tochtergesellschaft der *Parmalat SpA*, einer in Italien ansässigen Gesellschaft italienischen Rechts, war. Zur Entscheidung des *Tribunale Civile di Parma*, das einen COMI in Italien erkennen wollte, s. *Riera/Wagner* EWiR 2004, 597.
683 *EuGH* ZIP 2006, 908 Rn. 36.
684 *EuGH* ZIP 2006, 908 Rn. 35, 37.

761 Der EuGH hat die Messlatte für eine Widerlegung der Sitzvermutung insoweit höher gelegt, als die Sitzvermutung durch unternehmensinterne Gesichtspunkte allein nicht zu widerlegen ist. Damit ist aber nicht gesagt, dass betriebsinterne Gesichtspunkte bei der Konkretisierung des COMI überhaupt nicht berücksichtigt werden müssen.[685] Eine solche Auffassung würde auch unzulässigerweise ignorieren, dass Art. 3 Abs. 1 S. 1 EuInsVO eben nicht von „Tätigkeiten" spricht, sondern das bewusst weitergehende Merkmal „Interessen" verwendet.[686]

762 Zuletzt hatte sich der *EuGH* in der Sache *Interedil* mit dem COMI-Begriff auseinanderzusetzen. In dem Verfahren geht es um eine nach italienischem Recht gegründete Gesellschaft, die ihren Satzungssitz von Italien nach England verlegte und von dort aus ihren Betrieb abwickelte, namentlich in Italien belegene Hotelkomplexe verwertete. Erst über ein Jahr nach Löschung der Gesellschaft im Unternehmensregister für England und Wales eröffnete das *Tribunale di Bari* auf einen Gläubigerantrag hin ein italienisches Insolvenzverfahren über die Gesellschaft. Die Generalanwältin am EuGH *Kokott* hat am 11.3.2011 ihre Schlussanträge vorgelegt.[687]

763 Sie arbeitet heraus, dass im Falle einer gelöschten Gesellschaft der letzte tatsächliche COMI maßgeblich ist und auch hier die Satzungssitzvermutung widerlegen kann.[688] Weiter wird betont, dass der COMI in einer wertenden Gesamtbetrachtung aus Gläubigerperspektive unter Berücksichtigung des jeweiligen Einzelfalls zu ermitteln ist.[689] Eine bemerkenswerte Nähe zur *Mind-of-Management-Theorie* enthält die Einschätzung der Generalanwältin, wonach dann, wenn sich die Hauptverwaltung tatsächlich am Satzungssitz befindet, eine anderweitige Verortung des COMI von vornherein ausscheide.[690]

3.1.4 Reaktionen der nationalen Gerichte auf die Eurofood-Entscheidung

764 Die Rechtsprechung der nationalen Gerichte ist nach der Eurofood-Entscheidung uneinheitlich geblieben.[691]

765 Kaum nachvollziehbar erscheint der Beschluss der *Arrondissementsrechtbank Amsterdam* im Fall *BenQ Mobile Holding BV.*[692] Nach Ansicht des Gerichts hatte die Holding mit Satzungssitz in Amsterdam ihr COMI in den Niederlanden, auch wenn dort nur neun Mitarbeiter mit untergeordneten Tätigkeiten befasst waren, während in München die Geschicke der Gesellschaft geführt wurden, dort im Gegensatz zu den Niederlanden wesentliche Vermögenswerte belegen waren und

---

685 *Knof/Mock* ZIP 2006, 914.
686 Vgl. *Kindler* in Kindler/Nachmann, § 2 Rn. 15, 28; *Smid* Art. 3 EuInsVO Rn. 9; *Reithmann/Martiny/Hausmann* Rn. 5632.
687 *EuGH GA* ZIP 2011, 918 ff.; eine Entscheidung des EuGH war bei Drucklegung noch nicht veröffentlicht.
688 *EuGH GA* ZIP 2011, 918, 921 f., insb. Rn. 54.
689 *EuGH GA* ZIP 2011, 918, 923.
690 *EuGH GA* ZIP 2011, 918, 923 Rn. 69.
691 Reaktionen auf die *Interedil*-Schlussanträge lagen bei Drucklegung noch nicht vor.
692 *Arrondissementsrechtbank* Amsterdam ZIP 2007, 492; zu Recht ablehnend *Paulus* EWiR 2007, 143 f.

von dort aus die Treasury- und Cash-Pooling-Funktionen, welche die operative Tätigkeit der Schuldnerin ganz überwiegend ausmachten, abgewickelt wurden.[693]

Der *Tribunal de Commerce de Paris* hat dagegen im Rahmen der *Eurotunnel*-Insolvenz für mehrere Gesellschaften mit Satzungssitz außerhalb Frankreichs ein COMI in Frankreich angenommen.[694] Als maßgeblich erachtete es das Gericht dabei, dass die strategische und operative Leitung aller Konzerngesellschaften von Paris aus erfolgt sei, und dass sich die meisten Arbeitnehmer und wesentlichen Vermögensgegenstände jeweils in Frankreich befänden. Auch seien die vorhergehenden Restrukturierungsverhandlungen in Paris geführt worden. **766**

Als richtungweisend kann die sorgsam begründete *PIN II*-Entscheidung des *AG Köln*[695] angesehen werden. Danach stehen untergeordnete Tätigkeiten im Sitzland einer Widerlegung der Vermutung für den Satzungssitz nicht entgegen. Das Gericht sieht vielmehr die Sitzvermutung als verdrängt an, wenn sich das COMI bereits nach Art. 3 Abs. 1 S. 1 EuInsVO ermitteln lässt. Es vollendet damit den Gedanken des EuGH, wonach die „Verortung am Satzungssitz" lediglich eine „Lage widerspiegeln soll", die sich anhand objektiver Elemente an der Wirklichkeit messen lassen muss.[696] Zu den insoweit maßgeblichen Interessen zählt das AG Köln auch typischerweise unternehmensinterne Umstände, nämlich die Planung und Gestaltung der Konzernpolitik, die Lenkung der Gruppe, das Controlling sowie die Ausarbeitung von Sanierungsmaßnahmen. Daneben wird auf wichtige für „verschiedene Verkehrskreise" feststellbare Gesichtspunkte abgestellt, wie Einkauf, Finanzen und Zahlungsverkehr sowie Marketing und Pressearbeit. **767**

Bemerkenswert erscheint dabei, dass als erkennbare – und damit stärker ins Gewicht fallende – Interessen ausdrücklich auch die Umsetzungen von Sanierungsmaßnahmen vor Insolvenzantragstellung verstanden werden, insbesondere Investorenverhandlungen, Gespräche mit Banken als Hauptgläubigern und Stundungsverhandlungen mit weiteren Gläubigern.[697] **768**

Zusammenfassend kann derzeit von einer gefestigten Rechtsprechung noch nicht die Rede sein. Immerhin ist im Verhältnis von England und Deutschland zunehmend eine Konvergenz der Rechtsprechung hinsichtlich der anzulegenden Maßstäbe, insbesondere mit Blick auf die *PIN II*-Entscheidung des *AG Köln*[695] und die *Hellas II*-Entscheidung des *High Court of Justice London*.[698] **769**

---

693 Hierzu gelangte das Gericht mit zwei fragwürdigen Schritten. Erstens wurden die maßgeblichen objektiven Umstände als nicht erkennbar ausgeblendet, da die einzigen Gläubiger der Schuldnerin Dritten nicht gleichgestellt werden könnten, weil sie konzernverbundene Gesellschaften seien. Zweitens verkehrt das Gericht die vom EuGH gezogene Grenze in ihr Gegenteil, wenn es unterstellt, die Vermutung des Art. 3 Abs. 1 S. 2 EuInsVO könne nur (sic) widerlegt werden, wenn am Sitz der Schuldnerin keine oder nur geringe Aktivitäten vorgenommen würden. Der EuGH hatte indes geurteilt, dass die Vermutung jedenfalls – aber keineswegs ausschließlich in diesem Falle entkräftet ist (*EuGH* ZIP 2006, 908 Rz. 34 f., 37; vgl. *AG Köln* ZIP 2008, 427).
694 Zit. nach *Schmidt* ZIP 2007, 408 m.w.N. zu den einzelnen Verfahrens-Aktenzeichen.
695 *AG Köln* ZIP 2008, 423 ff.
696 *EuGH* ZIP 2006, 908 Rn. 34.
697 *AG Köln* ZIP 2008, 427.
698 *High Court of Justice London* ZIP 2010, 1816; dazu *Knof* EWiR 2010, 563 („Mittelpunkt der gegenwärtigen Sanierungsbemühungen").

3.1.5 Stellungnahme zum COMI-Begriff

770 Richtigerweise kann weder der *Mind-of-Management*-Auffassung noch der *Business-Activity*-Theorie in Reinkultur gefolgt werden.[699] Beide Grundüberlegungen, die Berücksichtigung der strategischen Leitung der Gesellschaft und ihre maßgebliche Bedeutung für die Schwerpunktbestimmung der Interessen – einerseits – als auch das Erfordernis, dass sich der Interessenschwerpunkt für Dritte feststellbar nach außen manifestieren muss – andererseits – entsprechen von Anfang an dem Konzept des europäischen Gesetzgebers.[700] Auf keinen dieser Gesichtspunkte kann ganz verzichtet werden.

771 Dagegen spielt die Sitzvermutung im gesetzgeberischen Konzept nur eine untergeordnete Rolle im Sinne einer Minimal-Erkennbarkeit.[701] Dementsprechend ist die Bedeutung des Art. 3 Abs. 1 S. 2 EuInsVO in der bisherigen Rechtsprechung weitgehend zurückgedrängt worden[702] und beschränkt sich letzten Endes auf eine bloße Zweifelsregelung.[703]

772 In einem ersten Schritt ist daher stets zu bestimmen, von wo aus die Geschicke des Unternehmens geleitet werden. Dieses Ergebnis muss aber durch die objektiven und für Dritte feststellbaren Umstände – einschließlich etwaiger Restrukturierungsmaßnahmen – bestätigt werden können. Erst wenn dies nicht der Fall ist, kann auf die Vermutung für den Satzungssitz zurückgegriffen werden.[704]

773 Folgt man der von der Genaralanwältin *Kokott* vorgeschlagenen Prüfungsreihenfolge, so ist es indes überflüssig, (weitere) objektive und erkennbare Umstände des Einzelfalls heranzuziehen, wenn nur Satzungssitz und tatsächliche Hauptverwaltung sich am selben Ort befinden.[705] Dies erscheint angesichts des gesetzgeberischen Gedankens, wonach der Satzungssitz – nur – eine Ausprägung der Objektivität und Erkennbarkeit darstellt, fragwürdig.

774 In der Subsumtion des konkreten Falles wird schon wegen des Merkmals „hauptsächlich" so gut wie immer eine Gesamtbetrachtung anzustellen sein, in die zahlreiche, sehr unterschiedliche Gesichtspunkte einfließen, deren Gewicht naturgemäß unterschiedlich interpretiert werden kann.[706] Da diese Kriterien je nach Branche und Position in der Wertschöpfungskette höchst unterschiedlich ausfallen, wäre eine abstrakte Systematisierung schon im Ansatz verfehlt.[707] Ferner sind hier Fallgestaltungen denkbar, in denen die räumliche Zuordnung der objektiv erkennbaren Gesichtspunkte keinen eindeutigen Schwerpunkt in einem Mitgliedstaat ergibt, z.B. wenn Zahlungsver-

---

[699] Ebenso für die *cum grano salis* vergleichbare Auslegungsfrage zum innerstaatlich deutschen Kriterium des „Mittelpunkts der selbstständigen wirtschaftlichen Tätigkeit" *Vallender/Deyda* NZI 2009, 827.
[700] Vgl. Erwägungsgrund 13; *Virgós/Schmit* Erläuternder Bericht zu dem EU-Übereinkommen über Insolvenzverfahren, Doc. 6500/1/96 Nr. 75.
[701] Selbst die oft als „intern" bezeichneten Gesichtspunkte Controlling, Finance, Marketing nehmen realistischerweise mehr dritte Personen tatsächlich positiv zur Kenntnis als eine bloße Registerpublizität.
[702] *Göpfert/Müller* NZA 2009, 1058 mit zahlreichen Rechtsprechungsbeispielen.
[703] *Kindler* in Kindler/Nachmann, § 2 Rn. 36; *Huber* ZZP 2001, 141.
[704] *Kindler* in Kindler/Nachmann, § 2 Rn. 29 f., vgl. auch *AG Köln* ZIP 2008, 427 f.
[705] *EuGH GA* ZIP 2011, 918, 923 (Rn. 69) – Interedil
[706] Vgl. die ausführlichen Zusammenstellungen der berücksichtigungsfähigen Gesichtspunkte bei *Kindler* in Kindler/Nachmann, § 2 Rn. 14, 26 f. und *Kübler* FS Gerhardt, S. 527, 555.
[707] *Gottwald/Kolmann* § 130 Rn. 22; *Leithaus/Riewe* NZI 2008, 599; vgl. *EuGH GA* ZIP 2011, 918, 923.

kehr und Finanzierung zentral am Konzernsitz, die Vertragsbeziehungen zu den Kunden lokal und die Lieferantenbeziehungen gemischt lokal und zentral geführt werden. In solchen Fällen kann es für die Bestimmung eines Schwerpunktes gerade darauf ankommen, an welchem Ort die maßgeblichen unternehmerischen Entscheidungen getroffen werden.[708]

Im Ergebnis wird die Lokalisierung des COMI bei der Zentrale einer Unternehmensgruppe umso leichter fallen, als letztere funktional integriert ist. Gerade wenn dies in hohem Maße der Fall ist, besteht auch ein gesteigertes Interesse an einer Verfahrensbündelung im Sinne einer „Konzerninsolvenz" als Chance für eine sinnvolle, Vermögenswerte wie Arbeitsplätze schonende Konzernsanierung. Gerade wenn der Unternehmensgegenstand einer Tochtergesellschaft am Unternehmenszweck des Konzerns ausgerichtet ist, die Tochtergesellschaft geistiges Eigentum nutzt, das der Muttergesellschaft gehört, und die Corporate Identity so ausgeprägt ist, dass für einen Außenstehenden nicht die einzelne Gesellschaft, sondern der Konzern im Vordergrund steht, so spricht dies dafür, dass der wirtschaftliche Fortbestand des Tochterunternehmens von der Muttergesellschaft abhängt und die wirtschaftliche Einheit am Sitz der Muttergesellschaft verwaltet wird.[709]   775

3.1.6 Forum Shopping

Einem rechtsmissbräuchlichen Forum Shopping erteilt der *EuGH* mit Blick auf den Erwägungsgrund 4 der EuInsVO eine klare Absage.[710] Insofern ist allerdings zu unterscheiden zwischen rechtsmissbräuchlichen Scheinsitzverlegungen oder bloßen Scheinaktivitäten mit dem Ziel, den Gläubigerschutz negativ zu tangieren, und einer von tatsächlichen Aktivitäten gekennzeichneten Sitzverlegung im Rahmen echter Sanierungsbemühungen im Interesse des Konzernerhalts und damit auch der besseren Befriedigung der Gläubigergesamtheiten.   776

Das *AG Köln* hat in diesem Zusammenhang – pointiert aber zutreffend – das Argument in die Diskussion eingebracht, wonach eine COMI-Verlegung hin zu einem sanierungsfreundlicheren Recht noch nicht als Missbrauch, sondern umgekehrt als zulässige Ausübung der unionsrechtlichen Grundfreiheit der Niederlassung angesehen werden kann.[711] Die Generalanwältin am *EuGH* hat diesen Gedanken eines von der Niederlassungsfreiheit geschützten „Sanierungs-" bzw. „Abwicklungs-COMI" zustimmend aufgegriffen und hinzugefügt, dass daher regelmäßig auch nicht verlangt werden könne, dass zwischen COMI-Wechsel und Insolvenzantragsstellung eine bestimmte Zeit verstrichen sein müsse. Lediglich in Ausnahmefällen mit einem unmittelbaren zeitlichen Zusammenhang der beiden Ereignisse könne ggf. etwas anderes gelten, insbesondere wenn die haftungsrechtlichen Bestimmungen des Herkunftsstaats umgangen und Vermögensmasse dem Zugriff der Gläubiger entzogen werden soll.[712]   777

3.2 Zuständigkeit bei Drittstaatenverfahren

Zuständigkeitsfragen bei Drittstaatenverfahren sind davon geprägt, dass es an einer staatenübergreifenden Regelung, wie sie Art. 3 EuInsVO mit (annähernd) europawei-   778

---

708 Vgl. *Kindler* in Kindler/Nachmann, § 2 Rn. 15; *Vallender* KTS 2005, 283, 293.
709 *Vallender/Deyda* NZI 2009, 825, 830 f.
710 *EuGH* IPRax 2006, 151 Rn. 25 – Staubitz-Schreiber; *Kindler* in Kindler/Nachmann, § 2 Rn. 45.
711 *AG Köln* ZIP 2008, 428 – PIN II.
712 *EuGH GA* ZIP 2011, 918, 921 f., 924 (Rn. 48, 71 f.) – Interedil.

ter Geltung enthält, fehlt. Das autonome Recht eines Eröffnungsstaates definiert jeweils für diesen Staat die Voraussetzungen der internationalen Zuständigkeit für die Eröffnung eines Verfahrens, das aus Sicht dieses Staats auch im Ausland Wirkungen entfalten soll. Ob und unter welchen Voraussetzungen der betroffene Drittstaat diese Wirkungserstreckung hinnimmt, ist wiederum eine Frage der Anerkennung.[713] Insbesondere kann der Anerkennungsstaat die Zuständigkeitsregelung des Eröffnungsstaats an seiner eigenen messen, wie dies § 343 Abs. 1 S. 2 Nr. 1 InsO für Deutschland vorsieht.

779 Gerade hierdurch sind in Drittstaatenszenarien die Aussichten auf eine Verfahrenskoordination im Vorfeld der Insolvenzeröffnung weniger kalkulierbar, als dies im Geltungsbereich der EuInsVO der Fall ist.[714]

780 Das deutsche Recht entnimmt die internationale Zuständigkeit im Verhältnis zu Drittstaaten einer Analogie zur gesetzlichen Regelung der örtlichen Zuständigkeit. Für die hier interessierenden Unternehmensinsolvenzen mit laufendem Betrieb wird analog § 3 Abs. 1 S. 2 InsO auf den „Mittelpunkt der selbstständigen wirtschaftlichen Tätigkeit des Schuldners" abgestellt. Bei einer juristischen Person ist dies der effektive Verwaltungssitz[715]. Maßgeblich ist der Ort der tatsächlichen Willensbildung, d.h. von wo aus die unternehmerischen Entscheidungen getroffen und in laufende Geschäftsführungsakte umgesetzt werden.[716]

781 Bei Konzerninsolvenzen ist – wie auch unter der EuInsVO – die Zuständigkeit für jede Gesellschaft gesondert zu ermitteln, und eine bloße Beherrschbarkeit durch die Muttergesellschaft genügt nicht.[717] Auch ist eine Zuständigkeit am Ort der Zentrale der Unternehmensgruppe um so eher anzunehmen, als der Konzern funktional integriert ist.[718] Aus deutscher Perspektive ist damit kaum ein Unterschied zur neueren COMI-Rechtsprechung zu erkennen. Allein der Satzungssitz spielt nach § 3 Abs. 1 InsO nur außerhalb einer „selbstständigen wirtschaftlichen Tätigkeit" eine Rolle und ist damit für Sanierungsfälle (anders als nach der EuInsVO) irrelevant.[719]

4. Anerkennung kraft Gesetzes: Effektivität des Insolvenzverfahrens als Handlungs- und Entscheidungsrahmen

4.1 Anerkennung europäischer Verfahren nach der EuInsVO

782 Grundbestandteile des Systems der EuInsVO sind die automatische Anerkennung von mitgliedstaatlichen Insolvenzverfahren und deren Wirkungserstreckung in alle übrigen[720] Mitgliedstaaten.[721] Die Anerkennung der ausländischen Insolvenzeröffnungsent-

---

713 Vgl. unten Rn. 809.
714 Vgl. unten Rn. 807 f.
715 *Kindler* in Kindler/Nachmann, § 2 Rn. 53; vgl. *AG Essen* ZIP 2009, 1826 – Quelle (m. Gutachten *Pluta*).
716 *OLG Brandenburg* ZInsO 2002, 767; HambKomm-InsO/*Rüther* § 3 Rn. 13.
717 Vgl. *BGH* ZIP 1998, 477 f.; *OLG Brandenburg* ZInsO 2002, 767; HambKomm-InsO/*Rüther* § 3 Rn. 15; a.A. *Braun/Kießner* § 3 Rn. 19, der die Existenz der Konzernleitungsmacht für hinreichend erachtet.
718 *Kirchhof* in Kreft, § 3 Rn. 12.
719 Vgl. HambKomm-InsO/*Rüther* § 3 Rn. 3; *Kindler* in Kindler/Nachmann, § 2 Rn. 52 f.
720 Außer Dänemark.
721 *Virgós/Schmit* Erläuternder Bericht zu dem EU-Übereinkommen über Insolvenzverfahren, Doc. 6500/1/96 Nr. 154.

scheidung erfolgt nach Art. 16 Abs. 1 S. 1, 17 Abs. 1 EuInsVO unmittelbar kraft Gesetzes,[722] ohne Exequaturverfahren[723] oder sonstige Überprüfung in den Anerkennungsstaaten sowie zeitgleich mit dem Wirksamwerden der Eröffnung.[724] Jeder wirksame Beschluss ist anzuerkennen, auch wenn der Insolvenzgrund, die Insolvenzfähigkeit des Schuldners oder gar das Verfahren in dem anderen Mitgliedstaat unbekannt ist.[725] Eine Ausnahme besteht nur, wenn der Beschluss gegen den *ordre public* des Anerkennungsstaats verstößt.[726]

Entgegen dem Wortlaut[727] des Art. 16 Abs. 1 EuInsVO („durch ein nach Art. 3 zuständiges Gericht") darf die internationale Zuständigkeit des eröffnenden Gerichts von den Gerichten des Anerkennungsstaats nicht erneut geprüft werden.[728] Wer sich mit dem Argument fehlender internationaler Zuständigkeit gegen die Eröffnungsentscheidung zur Wehr setzen will, kann dies nur nach näherer Maßgabe des jeweils einschlägigen nationalen Insolvenz- und Prozessrechts vor den Gerichten des Eröffnungsstaats tun.[729] **783**

Durch das Nachprüfungsverbot für die Gerichte der Anerkennungsstaaten hinsichtlich der internationalen Zuständigkeit des Eröffnungsgerichts sowie durch den Katalog der anzuerkennenden mitgliedstaatlichen Verfahrensarten in Anhang A der EuInsVO wird zu einem frühen Zeitpunkt Gewissheit darüber erreicht, dass das Insolvenzverfahren in anderen Mitgliedstaaten anerkannt wird, dorthin also seine Wirkungen erstreckt. Da es auch keines förmlichen Anerkennungsverfahrens bedarf, tritt die für Unternehmens- und Konzernsanierungen besonders wichtige Rechtssicherheit über die grenzüberschreitende Effektivität der öffneten Verfahren – und damit auch über das Gelingen einer etwaigen Verfahrensbündelung – bereits spätestens dann ein, wenn die Rechtsbehelfsfristen im Eröffnungsstaat ergebnislos verstrichen sind.[730] **784**

Voraussetzungen der Anerkennung[731] sind unter der EuInsVO somit nur, dass (1) dass es sich um ein Verfahren nach Art. 2 lit. a EuInsVO i.V.m. Anhang A handelt, (2) die Entscheidung im Eröffnungsstaat wirksam ist, (3) die Anerkennung nicht gegen den *ordre public* nach Art. 26 EuInsVO verstößt und (4) das eröffnende Gericht sich – **785**

---

722 *Virgós/Schmit* Erläuternder Bericht zu dem EU-Übereinkommen über Insolvenzverfahren, Doc. 6500/1/96 Nr. 152 („*ipso iure recognition*"); *Gottwald/Kolmann* § 133 Rn. 6.
723 D. h. eine förmliche Prüfung der Anerkennungsvoraussetzungen und Ingeltungsetzung des ausländischen Hoheitsaktes.
724 *Kindler* in Kindler/Nachmann, § 2 Rn. 69, § 3 Rn. 10.
725 *Paulus* Art. 16 Rn. 5.
726 *Gottwald/Kolmann* § 133 Rn. 1.
727 Teleologische Reduktion des Art. 16 Abs. 1 EuInsVO aufgrund des aus Erwägungsgrund 22 klar erkennbaren Regelungsziels der Verordnung, vgl. MK-BGB/*Kindler* Art. 16 EuInsVO Rn. 9 f.
728 *EuGH* ZIP 2006, 908 f. Rz. 38 ff., insb. Rz. 42 – Eurofood; vgl. *Virgós/Schmit* Erläuternder Bericht zu dem EU-Übereinkommen über Insolvenzverfahren, Doc. 6500/1/96 Nr. 202 (keine révision au fond); *AG München* ZIP 2007, 495; h.M., s. u. a. MK-InsO/*Reinhart* Art. 16 EuInsVO Rn. 12; *Kindler* in Kindler/Nachmann, § 2 Rn. 67; MK-BGB/*Kindler* Art. 16 EuInsVO Rn. 10; *Gottwald/Kolmann* § 130 Rn. 51; *Uhlenbruck/Lüer* Art. 16 EuInsVO Rn. 5; HambKomm-InsO/*Undritz* Art. 16 EuInsVO Rn. 4.
729 *EuGH* ZIP 2006, 909 Rn. 43; *Paulus* Art. 16 Rn. 4.
730 Zum gegenteiligen Befund bei Drittstaatenverfahren s. unten Rn. 807 f., 911.
731 Vgl. (statt vieler) zu den drei erstgenannten Voraussetzungen HambKomm-InsO/*Undritz* Art. 16 EuInsVO Rn. 3.

wenn auch stillschweigend[732] – auf der Grundlage der EuInsVO[733] für international zuständig erklärt hat. Eine fehlerhafte Beurteilung der internationalen Zuständigkeit durch das eröffnende Gericht verletzt den *ordre public* nach ganz herrschender Meinung nicht.[734]

786 Die Anerkennung der Eröffnungsentscheidung in einem COMI-Verfahren schließt weitere Hauptverfahren in den Anerkennungsstaaten aus.[735] Im Interesse einer effizienten Abgrenzung stellt Art. 16 Abs. 1 UAbs. 1 EuInsVO, wie sich aus Erwägungsgrund 22 ergibt, eine zeitliche Prioritätsregel zugunsten des zuerst eröffneten Verfahrens auf.[736]

787 Vor diesem Hintergrund ist es von außerordentlicher Bedeutung, dass nach dem *Eurofood*-Urteil des *EuGH*[737] als „Eröffnung eines Insolvenzverfahrens" nicht nur eine Entscheidung zu verstehen ist, die nach der *lex fori* förmlich als Eröffnungsentscheidung bezeichnet wird, sondern auch jede in einem Eröffnungsverfahren ergehende Entscheidung, wenn sich der Insolvenzantrag auf ein Verfahren nach Anhang A richtet, die Entscheidung einen Vermögensbeschlag gegen den Schuldner zur Folge hat, und durch die Entscheidung ein in Anhang C genannter Verwalter bestellt wird.[738]

788 Anhang C der EuInsVO benennt für Deutschland auch den „vorläufigen Insolvenzverwalter". Zusätzlich muss laut *EuGH* bereits ein Vermögensbeschlag vorliegen. Das ist nach der InsO für den „starken" vorläufigen Verwalter der Fall[739] – für den „schwachen" ohne Zustimmungsvorbehalt hingegen nicht.[740] Die Bestellung eines vorläufigen Insolvenzverwalters mit Zustimmungsvorbehalt nach § 21 Abs. 2 Nr. 2, 2. Alt. InsO ist richtigerweise als „Eröffnungsentscheidung" i.S.d. Art. 16 Abs. 1 EuInsVO mit der entsprechenden europaweiten Sperrwirkung anzusehen.[741] Denn als Vermögensbeschlag gilt nicht nur der vollständige Übergang der Verfügungsbefugnis, sondern bereits die Einschränkung des Schuldners durch eine Überwachung seitens des Verwalters[742] wie dies beim Zustimmungsvorbehalt der Fall ist.[743] Diese Auffassung entspricht auch der deutschen Insolvenzpraxis, die dadurch geprägt ist, dass wesentliche Restrukturierungs- und Sanierungsentscheidungen während der vorläufigen Verwal-

---

732 *Gottwald/Kolmann* § 130 Rn. 51.
733 MK-InsO/*Reinhart* Art. 16 EuInsVO Rn. 13; *Bierbach* ZIP 2008, 2203, 2205.
734 Vgl. MK-BGB/*Kindler* Art. 26 EuInsVO Rn. 12 m.w.N.; *Gottwald/Kolmann* § 130 Rn. 51 m.w.N.; MK-InsO/*Reinhart* Art. 26 EuInsVO Rn. 7; *LAG Frankfurt/Main* ZIP 2011, 290; *OLG Wien* NZI 2005, 56 f.
735 Zu Einzelheiten der Ausschlusswirkung s. MK-BGB/*Kindler* Art. 16 EuInsVO Rn. 11.
736 *EuGH* ZIP 2006, 909 Rz. 49 – Eurofood.
737 *EuGH* ZIP 2006, 909 Rz. 45–58, insb. Rn. 50, 54.
738 Vgl. dazu *Kindler* in Kindler/Nachmann, § 3 Rn. 14.
739 *OLG Innsbruck* NZI 2008, 701 f.; *County Court Croydon* NZI 2009, 136; *AG Köln* NZI 2009, 135.
740 A.A. (wohl) *Pannen/Pannen* Art. 3 Rn. 92.
741 *LG Patra* ZIP 2007, 1875; *Gottwald/Kolmann* § 130 Rn. 34; *Knof/Mock* ZIP 2006, 911 f.; HambKomm-InsO/*Undritz* Art. 3 EuInsVO Rn. 25; *Pannen/Riedemann* Art. 16 Rn. 36; MK-InsO/*Reinhart* Art. 2 EuInsVO Rn. 9; a.A. (nur „starker" vorläufiger Verwalter) *Paulus* Art. 3 Rn. 12, Art. 16 Rn. 6; vgl. *AG München* ZIP 2007, 495, für die insofern mit dem deutschen vorläufigen Verwalter mit Zustimmungsvorbehalt vergleichbare niederländische *surséance van betaling* im Fall *BenQ Mobile Holding B.V.*
742 Vgl. *Virgós/Schmit* Erläuternder Bericht zu dem EU-Übereinkommen über Insolvenzverfahren, Doc. 6500/1/96 Nr. 49 lit. c.
743 *Gottwald/Kolmann* § 130 Rn. 34.

tung sowie zumeist durch den vorläufigen Verwalter selbst getroffen werden – praktisch jedenfalls nicht gegen ihn getroffen werden können.

Es ist nicht zu übersehen, dass der Systemwettbewerb[744], der vor dem Hintergrund positiver Kompetenzkonflikte der mitgliedstaatlichen Gerichte entstanden ist, sich durch die vom *EuGH* aufgestellte Prioritätsregel zu einem „Wettlauf" der (vorläufigen) Eröffnungsentscheidungen verschärfen kann[745]. Im Fall der *BenQ Mobile Holding B.V.* ist dies besonders deutlich geworden.[746] Andererseits eröffnet die *Eurofood*-Entscheidung mit der Einbeziehung vorläufiger Verfahren auch Chancen für die deutsche Insolvenzpraxis. Die Bestellung eines „schwachen" vorläufigen Insolvenzverwalters mit Zustimmungsvorbehalt ermöglicht es erst, den in einer Insolvenzgeldvorfinanzierung liegenden erheblichen Sanierungsvorteil nutzbar zu machen.[747] Ihre Behandlung als „Eröffnungsentscheidung" führt daher – zumindest soweit personalintensive Betriebe in Deutschland belegen sind – zu einem Wettbewerbsvorteil der InsO gegenüber Rechtsordnungen, die Sofort-Eröffnungen[748] vorsehen. 789

Neben der Eröffnungsentscheidung selbst werden nach Art. 25 Abs. 1 UAbs. 1 S. 1 EuInsVO gerichtliche Entscheidungen zur Durchführung und Beendigung des Verfahrens anerkannt. Sie müssen im Rahmen eines nach Art. 16 Abs. 1 EuInsVO anzuerkennenden Verfahrens ergangen sein. Für Sanierungen bedeutsam ist, dass zu diesen sonstigen Entscheidungen auch ein gerichtlich bestätigter Vergleich, mithin auch ein Insolvenzplan gehört.[749] 790

Ebenfalls werden Sicherungsmaßnahmen vor Verfahrenseröffnung nach Art. 25 Abs. 1 UAbs. 3 EuInsVO und sog. Annexverfahren, die in engem sachlichen Zusammenhang mit dem Insolvenzverfahren stehen,[750] nach Art. 25 Abs. 1 UAbs. 2 EuInsVO ohne weitere Förmlichkeiten anerkannt. 791

Auf der Rechtsfolgenseite folgt die Anerkennung nach Art. 17 Abs. 1 EuInsVO dem „Modell der Wirkungserstreckung".[751] Es handelt sich dabei, wie im folgenden gezeigt werden soll, um eine Wirkungserstreckung mit unterschiedlichen „Reichweiten". 792

4.2 Tatbestandswirkung

Die Anerkennung umfasst zunächst eine Konsequenz, die hier als grenzüberschreitende „Tatbestandswirkung" der Verfahrenseröffnung bezeichnet werden soll.[752] 793

---

744 Vgl. *Jaffé/Friedrich* ZIP 2008, 1854.
745 *Knof/Mock* ZIP 2006, 912; zur Kritik an der untergerichtlichen Rechtsprechung zur „Eröffnung" vorläufiger Verfahren *Paulus* Art. 16 Rn. 6; *Paulus* EWiR 2007, 143.
746 *Arrondissementsrechtbank Amsterdam* ZIP 2007, 492; *AG München* ZIP 2007, 495; ausführlich dazu *Bierbach* ZIP 2008, 2203.
747 *Knof/Mock* ZIP 2006, 912; *Smid* NZI 2009, 151.
748 Diese haben regelmäßig zur Folge, dass ab dem Tag der Antragstellung Masseverbindlichkeiten generiert werden.
749 *Kindler* in Kindler/Nachmann, § 3 Rn. 6; *Gottwald/Kolmann* § 131 Rn. 102 f., § 133 Rn. 73. Ausführlich zum Insolvenzplan nach deutschem Recht, oben 9. Kap. Rn. 67 ff.
750 Vgl. die Aufzählung einschlägiger Arten von Entscheidungen bei *Kindler* in Kindler/Nachmann, § 3 Rn. 7.
751 *Virgós/Schmit* Erläuternder Bericht zu dem EU-Übereinkommen über Insolvenzverfahren, Doc. 6500/1/96 Nr. 153; *Huber* ZZP 2001, 147.
752 Nach *Kindler* in Kindler/Nachmann, § 2 Rn. 71, bedeutet Wirkungserstreckung zunächst, dass das eröffnete Insolvenzverfahren in den anerkennenden Staaten nicht in Frage gestellt werden darf. Ähnlich *Lehr* KTS 2000, 528.

Diese stellt die am weitesten reichende Wirkungserstreckung durch das internationale Insolvenzrecht dar. Sie gilt auch für jene Fragestellungen, die über die Erstreckung des Insolvenzbeschlags, der Verwaltungs- und Verfügungsbefugnis und der Anwendbarkeit des Insolvenzrechts des Eröffnungsstaats hinausgehen, und die somit weiterhin dem Recht des Wirkungsstaats unterliegen.[753]

794 Ohne diese Tatbestandswirkung wären Sanierungen im COMI-Verfahren kaum denkbar. Denn wesentliche Rahmenbedingungen, wie etwa für Betriebsübergänge, Stellenabbau oder vorzeitige Beendigung von Mietverhältnissen etc. unterliegen nicht dem Recht des Eröffnungsstaats, sondern dem der Anerkennungsstaaten. Auch ist der Verwalter im Interesse einer zügigen Verfahrensabwicklung häufig auf Vorschriften der Anerkennungsstaaten angewiesen, die geeignete Abwicklungsakte ermöglichen wie beispielsweise die Ablösung von während der Betriebsfortführung erdienten Rentenanwartschaften derjenigen Arbeitnehmer, die nicht an Betriebsübergängen teilnehmen. In all diesen Fällen ist es die tatbestandliche Anerkennung des Verfahrens, die es dem COMI-Verwalter erlaubt, wie ein lokaler Insolvenzverwalter zu handeln. Damit geht für den COMI-Verwalter freilich ein hoher Bedarf an lokaler Rechtsberatung einher.

795 Wenn eine anwendbare Vorschrift des lokalen Sachrechts tatbestandlich auf ein (einheimisches) Insolvenzverfahren, das in Anhang A der EuInsVO genannt ist, abstellt, so genügt zur Erfüllung dieser Voraussetzung auch jedes ausländische Verfahren, das in demselben Anhang genannt und gem. Art. 16, 17 EuInsVO anerkannt ist. Das gleiche gilt für den Begriff des Verwalters i.S.v. Art. 2 lit. b EuInsVO in Verbindung mit Anhang C. Dies ergibt sich direkt aus der Anerkennungswirkung nach Art. 16 Abs. 1 UAbs. 1, 17 Abs. 1 EuInsVO. Darüber hinaus würden die Ausnahmevorschriften der Art. 5–11 und 13–15 EuInsVO ansonsten leerlaufen, was dem gemeinschaftsrechtlichen Grundsatz des *effet utile* widerspräche. Denn hier werden für die Wirkungen des Insolvenzverfahrens stets die lokalen Vorschriften der Anerkennungsstaaten für maßgeblich erklärt; dies setzt gedanklich voraus, dass diese Vorschriften das Verfahren im Eröffnungsstaat überhaupt als ein Insolvenzverfahren im Sinne ihrer eigenen Vorschriften verstehen.

796 Aus denselben Gründen ist es unerheblich, ob der Verwalter in Ausübung seiner Funktionen im Sinne von Art. 4 Abs. 2 S. 2 lit. c, 17 Abs. 1 EuInsVO als Vertreter oder in eigener Person (z.B. als Partei kraft Amtes) agiert, wenn lokale Vorschriften ein Handeln eines „Insolvenzverwalters" voraussetzen.[754]

4.3 Kern-Insolvenzrecht – ausdrückliche und ungeschriebene Grenzen

797 Neben der bloßen Anerkennung des Tatbestands, dass ein Insolvenzverfahren – wenn auch ein ausländisches – eröffnet wurde, bewirkt der Anerkennungsgrundsatz eine Erstreckung der Hauptwirkungen des Insolvenzverfahrens und des dafür geltenden Rechts des Eröffnungsstaats, die man als „Kern-Insolvenzrecht" bezeichnen könnte.

798 Dieses Kern-Insolvenzrecht umfasst den Vermögensbeschlag gegen den Schuldner, die Ernennung des Verwalters, die Übertragung bzw. Modifikation der Verwaltungs- und Verfügungsbefugnis, das Verbot der individuellen Rechtsverfolgung und

---

753 Vgl. *Gottwald/Kolmann* § 129 Rn. 17; *Paulus* Art. 16 Rn. 5 („Anerkennung des Verfahrens im Allgemeinen").
754 *ArbG Frankfurt/Main* ZIP 2010, 1313, 1315 f.; *LAG Frankfurt/Main* ZIP 2011, 289 f.

die grundsätzliche Einbeziehung sämtlicher Vermögensgegenstände unabhängig von deren Belegenheit.[755] Zum Kern-Insolvenzrecht des Eröffnungsstaats zählen neben diesen hoheitlichen Eingriffsbefugnissen gegenüber Schuldner und Gläubigern auch die übrigen, spezifisch insolvenzrechtlich zu qualifizierenden Vorschriften des Eröffnungsstaats, die durch Art. 4 EuInsVO kollisionsrechtlich[756] in Geltung gesetzt werden.[757]

Für eine Sanierung unter Insolvenzbedingungen sind der Vermögensbeschlag und die kollisionsrechtlich anwendbaren Vorschriften des Kern-Insolvenzrechts von grundlegender Relevanz: sie sichern überhaupt erst die Effektivität des Verfahrens als Sanierungsrahmen und identifizieren die zentrale Entscheidungsstruktur. Insbesondere bedarf es zur Fortführung des Betriebs in der Insolvenz einer Zuordnung der Verwaltungsbefugnis, während die Übertragung der Verwertungsbefugnis an den Insolvenzverwalter die Grundlage für (ggf. im Konzern koordinierte) übertragende Sanierungen im Wege von *asset deals* schafft. **799**

Welche Vorschriften und Rechtsakte im einzelnen als Kern-Insolvenzrecht über den Eröffnungsstaat hinaus gelten sollen, umschreibt die EuInsVO in offenen – und damit auslegungsbedürftigen – Generalklauseln,[758] die durch einen nicht abschließenden Katalog insolvenzrechtlich zu qualifizierender Rechtsfragen in Art. 4 Abs. 2 S. 2 EuInsVO verdeutlicht werden. **800**

Das Kern-Insolvenzrecht wird ausdrücklich durch die Art. 5–11 und 13–15 EuInsVO gegenüber Regelungskomplexen abgegrenzt, die zwar enge wirtschaftliche, sachlich-rechtliche, systematische[759] oder kodifikatorische[760] Bezüge zum Kern-Insolvenzrecht aufweisen, jedoch nach dem Willen des europäischen Gesetzgebers gesondert angeknüpft bzw. unmittelbar geregelt werden sollen. Die entsprechenden Sonderanknüpfungen und Sachnormen[761] betreffen u.a. dingliche Rechte Dritter, Aufrechnungsbefugnisse, Eigentumsvorbehalte, Immobiliarverträge, registergebundene Rechte, Arbeitsverträge, Anfechtungsrechte sowie den gutgläubigen Erwerb von Massegegenständen und die Wirkungen auf anhängige Rechtsstreitigkeiten. Gleiches gilt im autonomen Recht für Drittstaatenverfahren. Gerade die offensichtliche Nähe dieser Regelungsbereiche zum Insolvenzverfahren hat den europäischen und den deutschen Gesetzgeber veranlasst, im Interesse der Rechtsklarheit ausdrückliche Abgrenzungen zu treffen.[762] **801**

---

755 *Kindler* in Kindler/Nachmann, § 3 Rn. 56; vgl. *Virgós/Schmit* Erläuternder Bericht zu dem EU-Übereinkommen über Insolvenzverfahren, Doc. 6500/1/96 Nr. 154.
756 Zum Begriff s. oben Rn. 738.
757 Die dogmatischen Unterschiede zwischen prozessrechtlicher Anerkennung, Kollisions- und Sachnormen sollen nicht verkannt werden; diese Aspekte werden hier zusammengefasst, um das für die Praxis entscheidende Konzept der Wirkungserstreckung als solches herauszuarbeiten und abzugrenzen.
758 Art. 4 Abs. 1 und 2 S. 1, Art. 16 Abs. 1 UAbs. 1, Art. 17 Abs. 1, Art. 18 Abs. 1 EuInsVO.
759 Beispielsweise §§ 109, 123 InsO, s. dazu Rn. 827 f., 874, 877 f.
760 Insb. nicht-insolvenzrechtlich zu qualifizierende Regelungen, die in ein Insolvenzgesetz aufgenommen wurden, z.B. die arbeitsrechtlichen Sondervorschriften des § 125 InsO, vgl. dazu Rn. 881, 883.
761 Vgl. *Kindler* in Kindler/Nachmann, § 4 Rn 7
762 Vgl. *Virgós/Schmit* Erläuternder Bericht zu dem EU-Übereinkommen über Insolvenzverfahren, Doc. 6500/1/96 Nr. 21 f.

802 Daneben stößt die Wirkungserstreckung auch auf Grenzen, die nicht ausdrücklich in der EuInsVO oder der InsO genannt sind,[763] sich aber aus der sachlichen Unterscheidung des Kern-Insolvenzrechts von anderen Regelungsbereichen ergeben, die mangels hinreichender insolvenzrechtlicher Prägung nicht dem Recht des Eröffnungsstaats unterworfen werden sollen.[764] Die EuInsVO bringt die Existenz solcher, nicht einzeln kodifizierter Grenzen zum Ausdruck, indem sie in Art. 4 Abs. 1 die Erstreckung der *lex fori concursus* nur auf „das Insolvenzverfahren und seine Wirkungen" bezieht und in Art. 18 Abs. 3 S. 1 den Verwalter bei der Ausübung seiner (kern-insolvenzrechtlichen) Befugnisse auf die Beachtung des „Rechts des Mitgliedstaats, in dessen Gebiet er handeln will", verweist.

803 Erwägungsgrund 6 der EuInsVO unterwirft die Reichweite der Wirkungserstreckung eines COMI-Verfahrens dem Verhältnismäßigkeitsgrundsatz. Die EuInsVO greift damit in der Grauzone außerhalb ihrer in Art. 5 ff. kodifizierten Sonderanknüpfungen – insbesondere dort, wo der Katalog des Art. 4 Abs. 2 S. 2 EuInsVO ebenfalls keinen Aufschluss bietet – auf das europäische Verfassungsprinzip der Subsidiarität zurück.[765] Das Recht des Eröffnungsstaats soll demnach nur so weit in die Anerkennungsstaaten hineinwirken, als dies erforderlich ist, um die Zwecke der Verordnung zu erreichen. Gleichzeitig soll die Souveränität der Anerkennungsstaaten möglichst geschont werden.

4.4 Anerkennung von Drittstaatenverfahren

804 Nach § 343 Abs. 1 S. 2 Nr. 1 InsO muss für die Anerkennung eines Drittstaatenverfahrens in Deutschland die „Anerkennungszuständigkeit" der Gerichte des ausländischen Insolvenzeröffnungsstaats gegeben sein.[766] Die Anerkennung scheitert demnach, wenn die Gerichte des Eröffnungsstaats nach deutschem Recht, d.h. analog § 3 Abs. 1 InsO, nicht zuständig sind. Die Anerkennung erfolgt – wie bei europäischen Verfahren – kraft Gesetzes, also ohne eine die Anerkennung zentral und bindend feststellende Gerichtsentscheidung.[767] Anders als nach der EuInsVO kann aber von den deutschen Gerichten überprüft werden, ob das eröffnende Gericht die Anerkennungszuständigkeit besitzt.[768]

805 Die automatische Anerkennung von Sicherungsmaßnahmen sowie von Entscheidungen zur Durchführung und Beendigung des Insolvenzverfahrens ergibt sich bei Drittstaatenverfahren aus § 343 Abs. 2 InsO. Sie unterliegen allerdings denselben materiellen Anerkennungsvoraussetzungen wie die Verfahrenseröffnung nach Abs. 1 der Vorschrift.

806 Auch im Drittstaatenrecht werden die Wirkungen eines gerichtlichen Vergleichs bzw. Insolvenzplans im Wege der Anerkennung erstreckt.[769] Besonders bei Verfahren nach Chapter 11 US-Bankruptcy Code kann es jedoch wegen des erheblich abweichenden

---

763 *Huber* ZZP 2001, 147 f., hat bereits auf solche Grenzen neben den kollisionsrechtlichen Sonderanknüpfungen hingewiesen.
764 Vgl. MK-BGB/*Kindler* § 335 InsO Rn. 6; MK-InsO/*Reinhart* § 335 Rn. 8 und Art. 4 EuInsVO Rn. 2.
765 Vgl. *Kindler* in Kindler/Nachmann, § 1 Rn. 9.
766 *Kindler* in Kindler/Nachmann, § 1 Rn. 17, § 3 Rn. 41 f.
767 *Uhlenbruck/Lüer* § 343 Rn. 2.
768 *Kindler* in Kindler/Nachmann, § 3 Rn. 41 f.
769 *Kindler* in Kindler/Nachmann, § 3 Rn. 6; MK-BGB/*Kindler* § 343 InsO Rn. 38. Ausführlich zum Insolvenzplan nach deutschem Recht, oben 9. Kap. Rn. 67 ff.

Gewichts der Gläubigerautonomie im Einzelfall zu Verstößen gegen den deutschen *ordre public* kommen, die eine Anerkennung nach § 343 Abs. 1 S. 2 Nr. 2 InsO ausschließen.[770]

Insgesamt ist die Regelungssystematik des deutschen Drittstaatenrechts bezüglich der Anerkennung von Auslandsverfahren wenig geeignet, eine berechenbare Verfahrensbündelung im Rahmen von Konzernsanierungen zu ermöglichen. Denn anders als nach der EuInsVO[771] wird hier die automatische, kraft Gesetzes erfolgende Anerkennung nicht damit flankiert, dass die Anerkennungsfähigkeit der ausländischen Eröffnung einer Nachprüfung durch die inländischen Gerichte, die in einer Vielzahl von Zusammenhängen auf die Vorfrage der Anerkennung treffen können, entzogen wird. **807**

Ohne das Nachprüfungsverbot bedürfte es hingegen einer zentralen förmlichen Entscheidung eines einzigen Gerichtes im jeweiligen Anerkennungsstaat, um in einem relativ frühen Stadium der insolvenzförmigen Sanierung Rechtssicherheit darüber zu erlangen, dass sich die Wirkungen des Verfahrens tatsächlich in diesen Staat erstrecken.[772] **808**

Die Anerkennung eines deutschen Insolvenzverfahrens durch Drittstaaten hängt von deren innerstaatlichem Recht ab. Die Rechtsvergleichung zeigt, dass heute die meisten Staaten grundsätzlich bereit sind, den den Übergang der Verwaltungs- und Verfügungsbefugnis auf einen ausländischen Insolvenzverwalter anzuerkennen. Voraussetzung dafür ist zumeist, dass der Eröffnungsstaat international zuständig ist, kein vorrangiges inländisches Verfahren läuft, und der *ordre public* des Anerkennungsstaats nicht verletzt wird.[773] **809**

5. Anwendbares Recht: Gemischte Rahmenbedingungen der Sanierung aus verschiedenen Rechtsordnungen

Sanierungsmaßnahmen in der Insolvenz unterliegen – meist sehr detaillierten – rechtlichen Rahmenbedingungen, die im internationalen Vergleich höchst unterschiedlich normiert sind. Das gilt namentlich für das Annahmeverfahren von Insolvenzplänen und deren Wirkungen, den Bestand und die Wirkungsweise von Kreditsicherheiten, die Behandlung laufender Vertragsverhältnisse mit Kunden und Lieferanten, die vorzeitige Beendigung von Miet-, Pacht- und Leasingverhältnissen, den Abbau von Personal und den Übergang von Arbeitnehmern bei Betriebsveräußerungen. Es stellt sich damit jeweils die Frage, welche Normenkomplexe im Falle einer internationalen Insolvenz im einzelnen anzuwenden sind. **810**

Das sog. Kollisionsrecht, das zu den jeweils anwendbaren Vorschriften führt, ist sowohl in der EuInsVO als auch im autonomen Recht als Regel-Ausnahme-System ausgestaltet. Nach den Grundnormen des Art. 4 Abs. 1 EuInsVO und des § 335 InsO sind auf Insolvenzverfahren die Vorschriften des Eröffnungsstaats anzuwenden. Beide Grundnormen enthalten einen Vorbehalt zu Gunsten „anderweitiger Bestimmungen". **811**

---

770 MK-BGB/*Kindler* § 343 InsO Rn. 23.
771 S. dazu oben Rn. 784.
772 Vgl. zu den Auswirkungen auf die Wahrnehmung von Insolvenzantragspflichten unten Rn. 907 ff.
773 *Kindler* in Kindler/Nachmann, § 2 Rn. 113.

Dabei handelt es sich um Vertrauenstatbestände bzw. Schutzvorschriften.[774] Solche Ausnahmen sind in Art. 5 ff. EuInsVO sowie §§ 336–342 und §§ 349–352 InsO niedergelegt. Sie umfassen jeweils überwiegend Sonderkollisionsnormen für bestimmte Regelungsbereiche sowie vereinzelt auch sog. Sachnormen,[775] d.h. unmittelbare Regelungen für bestimmte Tatbestände.

812 An dieser Stelle soll nur ein Überblick über einige sanierungsrelevante Kollisionsnormen vermittelt werden. Die Einzelheiten zur Anwendbarkeit des Insolvenzarbeitsrechts, dessen praktische Bedeutung besonders herausragt, werden ausführlich und gesondert dargestellt.[776]

5.1 Rahmenbedingungen des Kern-Insolvenzrechts: Das Verfahrensstatut (*lex fori concursus*)

813 Die Anknüpfung des Verfahrensstatuts – d.h. des auf das Insolvenzverfahren selbst anzuwendenden Rechts – an den Eröffnungsstaat stellt eine sog. Sachnormverweisung dar, d.h. das Recht des Eröffnungsstaats kommt unmittelbar zur Geltung und kann nicht auf ein anderes Recht weiterverweisen[777]. Damit wird der erwünschte Gleichlauf von internationaler Zuständigkeit und anzuwendendem Kern-Insolvenzrecht erreicht.

814 Nach Art. 4 Abs. 2 S. 1 EuInsVO regelt das Recht des Eröffnungsstaats, unter welchen Voraussetzungen das Insolvenzverfahren eröffnet wird und wie es durchzuführen und zu beenden ist. Der Beispielkatalog des Art. 4 Abs. 2 S. 2 EuInsVO verdeutlicht, dass darunter mindestens folgende Aspekte fallen: die Insolvenzfähigkeit (lit. a), die Reichweite des Massebeschlags (lit. b), die Verwalter- und Schuldnerbefugnisse (lit. c), die Auswirkungen auf laufende Verträge (lit. e), das Verbot der Einzelzwangsvollstreckung (lit. f), die Rangordnung von Masseverbindlichkeiten und Insolvenzforderungen sowie das Feststellungs- und Verteilungsverfahren samt Kostentragung (lit. g–i, lit. l), die Voraussetzungen und Wirkungen der Verfahrensbeendigung, insbesondere durch Insolvenzvergleich (lit. j) und die Nachhaftung des Schuldners (lit. k). Für das deutsche Drittstaatenrecht trifft § 335 InsO – mit sehr knappem Wortlaut – inhaltlich die gleiche Anordnung wie Art. 4 EuInsVO. Die Auflistung des Art. 4 Abs. 2 S. 2 EuInsVO kann nach dem Willen des deutschen Gesetzgebers vollständig zur Auslegung des § 335 InsO herangezogen werden.[778]

815 Grundsätzlich nach dem Recht des Eröffnungsstaats – mit den nachstehend angesprochenen Modifikationen – richten sich auch die Frage der Aufrechnung mit Insolvenzforderungen (Art. 4 Abs. 2 S. 2 lit. d EuInsVO, § 335 InsO) und der Insolvenzanfechtung von gläubigerbenachteiligenden Handlungen (Art. 4 Abs. 2 S. 2 lit. m EuInsVO, § 339 InsO). Art. 6 und 13 EuInsVO sowie §§ 338 f. InsO enthalten allerdings wichtige Modifikationen.[779]

---

774 Zur EuInsVO: vgl. Erwägungsgründe 11, 25; MK-BGB/*Kindler* Vor Art. 4 EuInsVO Rn. 3. – Zur InsO: MK-BGB/*Kindler* § 335 InsO Rn. 8; MK-InsO/*Reinhart* § 335 Rn. 12.
775 S. im Einzelnen MK-BGB/*Kindler* Vor Art. 4 EuInsVO Rn. 3 und § 335 InsO Rn. 9; MK-InsO/*Reinhart* § 335 Rn. 12 ff.
776 S. Rn. 853 ff.
777 *Gottwald/Kolmann* § 132 Rn. 2; MK-InsO/*Reinhart* Art. 4 EuInsVO Rn. 1; MK-BGB/*Kindler* Vor Art. 4 EuInsVO Rn. 2; *Huber* ZZP 2001, 151; *Pannen/Riedemann* Art. 4 Rn. 5.; vgl. HambKomm-InsO/*Undritz* § 335 Rn. 3.
778 BT-Drucks. 15/16, S. 18.
779 S. dazu Rn. 849 ff.

5.1.1 Insbesondere: Laufende Verträge

Um den schuldnerischen Betrieb fortführen zu können, muss der Insolvenzverwalter in die Lage versetzt werden, Vertragsverhältnisse mit Wirkung für die Masse fortzusetzen (und zu begründen), und zwar ggf. mit einem Vorrang der daraus ab Verfahrenseröffnung erwachsenden Verpflichtungen vor den Altverbindlichkeiten. Ferner hängen von der Behandlung laufender Verträge die Chancen einer leistungswirtschaftlichen Sanierung in der Wertschöpfungskette ab. **816**

Nach Art. 4 Abs. 2 S. 2 lit. e EuInsVO und § 335 InsO sind die Auswirkungen des Insolvenzverfahrens auf laufende Verträge nach dem Insolvenzrecht des Eröffnungsstaats zu beurteilen.[780] Dies betrifft im einzelnen die insolvenzbezogene Beendigung des Schuldverhältnisses, Kündigungs- und Rücktrittsrechte des Insolvenzverwalters oder des Vertragspartners, Wahlrechte des Insolvenzverwalters hinsichtlich der Erfüllung (insbesondere bei beiderseits nicht voll erfüllten Verträgen, vgl. § 103 InsO) und insolvenzbedingte Abänderungen der Vertragspflichten.[781] **817**

Der Insolvenzverwalter kann sich somit bei der Stabilisierung des Betriebs und der Optimierung der Lieferanten- und Kundenbeziehungen[782] auf das ihm vertraute Instrumentarium zurückgreifen, im deutschen Verfahren namentlich auf die §§ 103 ff. InsO. **818**

Wichtige Ausnahmen bestehen u.a.[783] für Arbeitsverhältnisse (Art. 10 EuInsVO, § 337 InsO) und Mietverträge über Immobilien (Art. 8 EuInsVO, § 336, 2. Fall InsO).[784] **819**

5.1.2 Insbesondere: Insolvenzplan

Auch im internationalen Kontext kann es sich als sinnvoll erweisen, die Sanierung des Schuldnerunternehmens – ggf. in Abstimmung mit den Verfahren über weitere Konzerngesellschaften – im Wege eines rechtsgestaltenden Vergleichs, wie z.B. in Deutschland über einen Insolvenzplan,[785] anzustreben. Hierzu ist es erforderlich, dass die entsprechenden Rechtsgestaltungen, insbesondere (partielle) Forderungsverzichte („haircut") und Stundungen, gegenüber allen, auch ausländischen Gläubigern, wirken und universell gelten. **820**

Dies wird international dadurch gewährleistet, dass nach Art. 4 Abs. 2 S. 2 lit. j und k EuInsVO sowie § 335 InsO das Recht des Eröffnungsstaats über die Folgen eines Insolvenzplans oder sonstigen Vergleichs im Verfahren entscheidet.[786] Auf Staatsangehörigkeit oder Sitz der Gläubiger sowie auf die Forderungsstatute kommt es dabei nicht an.[787] **821**

---

780 MK-BGB/*Kindler* Art. 4 EuInsVO Rn. 29; MK-InsO/*Reinhart* Art. 4 EuInsVO Rn. 25 und § 335 Rn. 83; *Gottwald/Kolmann* § 132 Rn. 47.
781 *Gottwald/Kolmann* § 132 Rn. 47.
782 Das Recht des Eröffnungsstaats gilt ausnahmslos für die Wirkungen der Insolvenzeröffnung auf Kauf- und Werkverträge, vgl. *Gottwald/Kolmann* § 132 Rn. 48.
783 Vgl. auch Art. 7 EuInsVO (Eigentumsvorbehaltskauf) sowie Art. 9 EuInsVO, § 340 InsO (Zahlungssysteme und Finanzmärkte).
784 S. zum Mietverhältnis Rn. 824 ff. und zum Arbeitsrecht Rn. 853 ff.
785 Weitere Beispiele sind das englische *Companies Voluntary Arrangement (CVA)*, die französische *Procédure de Sauvegarde* und das italienische *Concordato Preventivo*; vgl. *Paulus* Art. 4 Rn. 33.
786 *Gottwald/Kolmann* § 132 Rn. 103; MK-InsO/*Reinhart* § 335 Rn. 117 f.
787 *Gottwald/Kolmann* § 132 Rn. 104.

822 Art. 34 EuInsVO und § 355 Abs. 2 InsO enthalten Regelungen, die es dem Hauptverwalter ermöglichen, Plangestaltungen im Hauptverfahren mit denjenigen in einem Sekundärverfahren zu koordinieren.[788]

5.2 Rahmenbedingungen außerhalb des Kern-Insolvenzrechts

823 Die vom Verfahrensstatut abweichenden Sonderanknüpfungen und Sachnormen sollen den Interessen und dem schutzwürdigen Vertrauen des (lokalen) Rechtsverkehrs besser Rechnung tragen als die Regelanknüpfung an das Recht des Eröffnungsstaats.[789] Gegenstand dieser Regelungen sind: dingliche Rechte Dritter (Art. 5 EuInsVO, § 351 InsO), Aufrechnung (Art. 6 EuInsVO, § 338 InsO), Eigentumsvorbehalt (Art. 7 EuInsVO), Erwerb und Nutzung unbeweglicher Gegenstände (Art. 8 EuInsVO, § 336 InsO), Zahlungssysteme und Finanzmärkte (Art. 9 EuInsVO, § 340 InsO), Arbeitsverhältnisse (Art. 10 EuInsVO, § 337 InsO), Registerrechte (Art. 11 EuInsVO), Gemeinschaftspatente und Marken (Art. 12 EuInsVO), Insolvenzanfechtung (Art. 13 EuInsVO, § 339 InsO), Schutz von Dritterwerbern (Art. 14 EuInsVO) sowie anhängige Rechtsstreitigkeiten (Art. 15 EuInsVO, § 352 InsO).

5.2.1 Insbesondere: Miet- Pacht- und Leasingverhältnisse über Immobilien

824 Die Möglichkeit, angemietete Standorte und Betriebsstätten in der Insolvenz zur Betriebfortführung weiterzunutzen hängt von den Wirkungen des Verfahrens auf die entsprechenden Vertragsverhältnisse ab. Gleiches gilt für den Sanierungsspielraum in Bezug auf nicht mehr oder in geringerem Umfang benötigte – oft kostenintensive und langfristige – Miet-, Pacht- und Leasingverträge.

825 Für Verträge über die Nutzung unbeweglicher Gegenstände gilt nach Art. 8 EuInsVO und § 336, 2. Fall InsO ausschließlich das Recht des Staats, in dem der Gegenstand belegen ist (*lex rei sitae*). Betroffen sind Miet-, Pacht- und Leasingverträge[790] über (unbebaute) Grundstücke, Gebäude und Räume.

826 Das lokale Recht ist dabei so anzuwenden, wie wenn dort ein Insolvenzverfahren eröffnet worden wäre.[791] Dies ergibt sich unmittelbar aus der Tatbestandswirkung der Anerkennung.[792] Aus demselben Grund ist es unerheblich, ob der Verwalter in Ausübung seiner Rechte aus dem lokalen Insolvenzmietrecht als Partei kraft Amtes oder Vertreter des Schuldners handelt.

827 Auf im Inland belegene Immobilien sind folglich die §§ 108, 109 InsO anwendbar. Miet- und Pachtverhältnisse bestehen nach § 108 Abs. 1 S. 1 InsO somit ungeachtet der ausländischen Insolvenzeröffnung mit Wirkung für die Masse fort. Auf der Mieterseite steht dem ausländischen Verwalter ebenso wie einem deutschen Verwalter das Sonderkündigungsrecht nach § 109 Abs. 1 S. 1 InsO mit einer maximalen Kündigungsfrist von drei Monaten zu. § 109 Abs. 1 S. 3 InsO gewährt dem Vermieter bzw. Verpächter wegen der vorzeitigen Beendigung des Vertragsverhältnisses einen Schadensersatzanspruch (sog. Verfrühungsschaden) und qualifiziert diesen zugleich als Insolvenzforderung i.S.d. § 38 InsO.

---

788 Hierzu ausführlich und mit zutreffendem Vorschlag der Begrenzung von Planobstruktionen im Sekundärverfahren *Gottwald/Kolmann* § 131 Rn. 154 ff.
789 Vgl. MK-BGB/*Kindler* Vor Art. 4 EuInsVO Rn. 3; MK-InsO/*Reinhart* Vor §§ 335 ff. Rn. 25.
790 MK-BGB/*Kindler* Art. 8 EuInsVO Rn. 3; *Huber* ZZP 2001, 163; *Virgós/Schmit* Erläuternder Bericht zu dem EU-Übereinkommen über Insolvenzverfahren, Doc. 6500/1/96 Nr. 119.
791 *Gottwald/Kolmann* § 132 Rn. 55.
792 Vgl. oben Rn. 793 ff.

Auf die Einordnung des Verfrühungsschadens als Insolvenzforderung durch § 109 Abs. 1 S. 3 InsO treffen die unten zu § 113 S. 3 InsO angestellten Überlegungen[793] gleichermaßen zu. § 109 Abs. 1 S. 3 InsO kann dem Verfrühungsschaden daher den Rang einer Masseverbindlichkeit versagen, obwohl die Vorschrift an sich im Rahmen eines ausländischen Verfahrens gem. Art. 4 Abs. 2 S. 2 lit. g und i EuInsVO bzw. § 335 InsO nicht zur Identifikation des Ranges berufen wäre. Im Wege der Substitution sollte es dem Recht des Verfahrensstaates vorbehalten bleiben, den Rang des Anspruchs auf Ersatz des Verfrühungsschadens – jedenfalls unterhalb der einer deutschen Masseverbindlichkeit am ehesten entsprechenden Stufe – selbst zu definieren. Dies kann dann für den Anspruch nach § 109 Abs. 1 S. 3 InsO auch zu einer bevorrechtigten Insolvenzforderung führen, sofern die Voraussetzungen des Vorrechts nach dem ausländischen Insolvenzrecht erfüllt sind.

828

5.2.2 Insbesondere: Einbeziehung von Sicherungsgut in übertragende Sanierungen und Insolvenzpläne

Der Erfolg einer übertragenden Sanierung, d.h. des Verkaufs eines „lebenden" Betriebs als Einheit im Wege des *asset deal*[794] hängt häufig davon ab, dass auch solche Vermögensgegenstände, an denen dingliche Sicherheiten bestellt sind, insbesondere sicherungsübereignete Vorräte, wirksam und lastenfrei an einen Betriebserwerber veräußert werden können.[795] Ferner kann es aus Sicht des Sanierers zweckmäßig bzw. notwendig sein, Geschäftsanteile an solventen Tochtergesellschaften, die zur Sicherung von Krediten der insolventen Muttergesellschaft verpfändet sind, zu veräußern.

829

Darüber hinaus spielt die Einbeziehung dinglicher Rechte auch im Rahmen von Insolvenzplänen eine wichtige Rolle. Die grundsätzliche Verwertbarkeit von Sicherungsgut und die dafür anwendbaren Rahmenbedingungen (z.B. Massebeiträge) wirken sich über *value break*-Berechnungen[796] auf die Planverhandlungen und die Rechtsgestaltungen durch den Plan aus.

830

Nach Art. 5 Abs. 1 EuInsVO werden dingliche Rechte von Gläubigern und Dritten an Gegenständen des Schuldners von der Eröffnung des Verfahrens „nicht berührt". Es ist dabei gleichgültig, ob der Sicherungsgegenstand körperlich oder unkörperlich, beweglich oder unbeweglich ist. Gleiches sieht § 351 Abs. 1 InsO einseitig für den Fall ausländischer Insolvenzverfahren bei Inlandsbelegenheit des Sicherungsgegenstands vor.[797] Damit werden vor allem die Kreditgeber geschützt, die sich außerhalb des Eröffnungsstaat an Vermögensgegenständen nach dem dort geltenden Sachenrechtsstatut (*lex rei sitae*) besichert haben.[798]

831

Eine parallele Regelung enthält Art. 7 Abs. 1 EuInsVO für den einfachen Eigentumsvorbehalt. Soweit dieser jedoch – wie in den meisten Rechtsordnungen zur Aussonde-

832

---

[793] S. unten Rn. 884 f.
[794] Zu den generellen Modellen Asset Deal und Share Deal vgl. 7. Kap. Rn. 12 ff. und 9. Kap. Rn. 301 ff.
[795] Vgl. MK-InsO/*Reinhart* Art. 5 EuInsVO Rn. 14.
[796] Rechnerische Ermittlung der Befriedigungsaussichten der verschiedenen gesicherten und ungesicherten Gläubiger in der Insolvenz für die alternativen Verwertungsszenarien der übertragenden Sanierung *(asset deal)* und der Einzelzerschlagung.
[797] Vgl. *Gottwald/Kolmann* § 132 Rn. 24.
[798] *Pannen/Ingelmann* Art. 5 Rn. 6.

rung – führt,⁷⁹⁹ stellt sich die nachfolgend diskutierte Problematik der Verwertungsbefugnis eines COMI-Verwalters nicht.

833 Die geschützten dinglichen Rechte sind dadurch gekennzeichnet, dass sie eine unmittelbare Bindung an den Sicherungsgegenstand (Sache, Forderung, sonstiges Recht) aufweisen und ein absolutes Recht gegenüber jedermann statuieren.⁸⁰⁰ Zu ihnen gehören auch Rechte an Gesamtvermögen mit wechselndem Bestand und Generalhypotheken, namentlich die englische, irische, aber auch ungarische *floating charge*.⁸⁰¹ Ferner sind der verlängerte und erweiterte Eigentumsvorbehalt erfasst.⁸⁰²

834 Art. 5 EuInsVO und § 351 InsO erfassen dagegen diejenigen dinglichen Rechte nicht, die bei Verfahrenseröffnung noch nicht entstanden waren, oder deren Sicherungsgegenstände sich zu diesem Zeitpunkt noch im Eröffnungsstaat befunden haben.⁸⁰³ Maßgeblich für den Zeitpunkt ist der Akt, den das Verfahrensstatut selbst als Eröffnung versteht. Die *Eurofood*-Rechtsprechung zur Prioritäts- und Sperrwirkung einer vorläufigen Insolvenzverwaltung⁸⁰⁴ führt an dieser Stelle nicht zu einer Vorverlagerung.⁸⁰⁵

835 Hat der Schuldner das dingliche Recht in anfechtbarer Weise bestellt, so kann sich der Sicherungsgläubiger nicht auf die Insolvenzfestigkeit berufen. Nach Art. 5 Abs. 4 EuInsVO geht dann Art. 4 Abs. 2 S. 2 lit. m (mit der Einschränkung durch Art. 13 EuInsVO) vor⁸⁰⁶. Nach diesen Vorschriften ist auch zu ermitteln, ob hinsichtlich eines in der kritischen Zeit vor Verfahrenseröffnung erworbenen Rechts eine Rückschlagsperre (wie nach § 88 InsO) eingreift.⁸⁰⁷

836 Das dingliche Recht ist zwar an sich insolvenzfest. Dies schützt den Sicherungsgläubiger jedoch nicht vor Kürzung seiner gesicherten Forderung und Kürzung seines Sicherungsrechts durch einen Sanierungsplan, Vergleich, Zwangsvergleich oder ähnliche Maßnahmen.⁸⁰⁸

837 Außerhalb von Insolvenzplänen, insbesondere für die hier interessierenden übertragenden Sanierungen, die eine lastenfreie Veräußerung von Sicherungsgut erfordern, sind die Rechtsfolgen des Art. 5 Abs. 1 EuInsVO⁸⁰⁹ umstritten. Nach der wohl überwiegenden Auffassung (Sachnormtheorie) sind dingliche Sicherheiten (und sonstige Rechte) nicht nur an sich insolvenzfest, sondern unterliegen weder den insolvenzrechtlichen Beschränkungen des Rechts des Eröffnungsstaats noch denen des Lagestaats.⁸¹⁰ So soll z.B. ein deutscher COMI-Verwalter nicht nach § 166 InsO zur Verwertung von Sicherungsrechten an im EU-Ausland belegenen Gegenständen berechtigt sein.⁸¹¹ Art. 5 EuInsVO erschöpfe sich nicht darin, das Kern-Insolvenzrecht i.S.v. Art. 4

---

799 MK-BGB/*Kindler* Art. 7 EuInsVO Rn. 10.
800 *Gottwald/Kolmann* § 132 Rn. 25; MK-BGB/*Kindler* Art. 5 EuInsVO Rn. 5 f.
801 MK-BGB/*Kindler* Art. 5 EuInsVO Rn. 7 m.w.N.; *Gottwald/Kolmann* § 132 Rn. 25.
802 *Gottwald/Kolmann* § 132 Rn. 25; zu Einzelheiten sowie zum einfachen Eigentumsvorbehalt s. dort Rn. 42 ff.
803 MK-BGB/*Kindler* Art. 5 EuInsVO Rn. 10 f.
804 S. dazu Rn. 787.
805 MK-InsO/*Reinhart* Art. 5 EuInsVO Rn. 12.
806 MK-BGB/*Kindler* Art. 5 EuInsVO Rn. 29 f.
807 MK-InsO/*Reinhart* Art. 5 EuInsVO Rn. 14; *Gottwald/Kolmann* § 132 Rn. 28.
808 MK-BGB/*Kindler* Art. 5 EuInsVO Rn. 25.
809 Ähnliches gilt für § 351 Abs. 1 InsO.
810 Zum Streitstand s. MK-BGB/*Kindler* § 5 InsO Rn. 15 ff. und § 351 Rn. 8 f.; MK-InsO/*Reinhart* Art. 5 EuInsVO Rn. 13 f. (jeweils m. ausführlichen w.N.); *Gottwald/Kolmann* § 132 Rn. 30 f.
811 *Gottwald/Kolmann* § 132 Rn. 30.

EuInsVO zu begrenzen, sondern enthalte eine Ausnahme von der allgemeinen Wirkungserstreckung des Art. 17 Abs. 1 EuInsVO.[812]

Unstreitig ist in diesem Zusammenhang immerhin, dass die besicherten Gegenstände selbst zur Insolvenzmasse des COMI-Verfahrens gehören.[813] Sie unterliegen damit an sich der universellen Verwertungsbefugnis des Verwalters, die nach Art. 4 Abs. 1 S. 1 und 2 lit. c EuInsVO zum Kern-Insolvenzrecht zählt. Der Verwalter kann daher jedenfalls die gesicherte Forderung befriedigen und den (dann unbelasteten) Gegenstand zur Masse ziehen und verwerten.[814] Unbestritten ist ferner, dass der besicherte Gegenstand (zumindest) durch ein Sekundärverfahren den insolvenzrechtlichen Beschränkungen im Recht des Lagestaats unterworfen werden kann.[815] **838**

Die Sachnormtheorie führt gleichwohl in vielen Fällen zu wirtschaftlich unsinnigen Ergebnissen.[816] Der Erläuternde Bericht weist bereits zutreffend darauf hin, dass eine übertragende Sanierung regelmäßig zu besseren Erlösen führt als eine separate Verwertung zu Zerschlagungspreisen.[817] **839**

Der Sekundärantrag des Hauptverwalters stellt dabei keineswegs den „Königsweg", sondern vielmehr die mit Abstand teuerste Variante einer Gesamtverwertung dar. Die Gesamtheit der Gläubiger hat ein berechtigtes Interesse daran, dass die ihnen jeweils zustehende Quote nicht geschmälert wird. Genau dies tritt aber ein, wenn die Gesamtmasse durch eine Sekundäreröffnung geteilt und die Sekundärmasse mit einer (im Vergleich zum singulären Hauptverfahren zusätzlichen) Verwaltervergütung belastet wird und aus beiden Teilmassen (erhebliche) Folgekosten der Verfahrensabstimmung aufzubringen sind.[818] **840**

Das Sekundärverfahren bietet ferner keinen Ausweg, wenn solvente ausländische Tochtergesellschaften, deren Geschäftsanteile die insolvente Muttergesellschaft vorinsolvenzlich verpfändet hatte, in gemischte Konzernverkäufe (*asset and share sale agreement*) einbezogen werden sollen[819]. Die Belegenheit der verpfändeten Beteiligung richtet sich dabei nach dem Gesellschaftsstatut der Tochtergesellschaft.[820] Als selbstständiger Rechtsträger erfüllt diese aber nicht die zur Sekundäreröffnung erforderliche Qualität einer Niederlassung.[821] **841**

Auch eine Ablösung der gesicherten Forderung ist nur dann behelflich, wenn die Masse die Mittel dafür aufbringen kann und diese „Herstellung der Verwertbarkeit" für die Gläubigergesamtheit per Saldo vorteilhaft ist. Haftet der besicherte Gegenstand freilich in Rangstufen für mehrere Forderungen, so müsste der Verwalter entwe- **842**

---

812 MK-InsO/*Reinhart* Art. 5 EuInsVO Rn. 13; *Gottwald/Kolmann* § 132 Rn. 30.
813 *Virgós/Schmit* Erläuternder Bericht zu dem EU-Übereinkommen über Insolvenzverfahren, Doc. 6500/1/96 Nr. 95; *Gottwald/Kolmann* § 132 Rn. 32.
814 MK-BGB/*Kindler* Art. 5 EuInsVO Rn. 24; *Gottwald/Kolmann* § 132 Rn. 32.
815 MK-BGB/*Kindler* Art. 5 EuInsVO Rn. 24; *Virgós/Schmit* Erläuternder Bericht zu dem EU-Übereinkommen über Insolvenzverfahren, Doc. 6500/1/96 Nr. 98.
816 MK-InsO/*Reinhart* Art. 5 EuInsVO Rn. 14 („konzeptioneller Fehler der Verordnung"); *Gottwald/ Kolmann* § 132 Rn. 31; vgl. *Paulus* Art. 5 Rn. 22 ff.
817 *Virgós/Schmit* Erläuternder Bericht zu dem EU-Übereinkommen über Insolvenzverfahren, Doc. 6500/1/96 Nr. 99.
818 Zu weiteren Nachteilen der Sekundäreröffnung für eine koordinierte Konzernsanierung s. Rn. 724 ff., 915
819 MK-InsO/*Reinhart* Art. 5 EuInsVO Rn. 14.
820 MK-BGB/*Kindler* IntGesR Rn. 756.
821 MK-InsO/*Reinhart* Art. 5 EuInsVO Rn. 14; *Paulus* Art. 5 Rn. 22.

der sämtliche Forderungen begleichen oder das Sicherungsrecht, ggf. zusammen mit der Forderung, vom erstrangigen Gläubiger erwerben, um ein Nachrücken der weiteren Sicherungsgläubiger im Rang zu blockieren, soweit dies nach dem jeweils anwendbaren Recht des Lagestaats überhaupt möglich ist.

843 Die nachteiligen wirtschaftlichen Folgen der Sachnormtheorie können schließlich auch den Sicherungsgläubiger selbst treffen. Erstens kann durch die schlechtere Einzelverwertung ein Ausfall entstehen oder sich erhöhen. Zweitens nimmt er mit seinem Ausfall regelmäßig als ungesicherter Insolvenzgläubiger am Verfahren teil und erleidet einen Verlust, wenn die ihm zustehende Quote wie beschrieben durch ein Sekundärverfahren geschmälert wird.

844 *Paulus* hat eine Auslegung des Art. 5 Abs. 1 EuInsVO formuliert, die dem COMI-Verwalter auch hinsichtlich des Sicherungsguts ein Verwertungsrecht einräumt – vorbehaltlich einer entsprechenden Berechtigung im Verfahrensstatut – und ihn dabei verpflichtet, dem Sicherungsgläubiger dasjenige zu belassen bzw. zu geben, was er nach dem Insolvenzrecht des Belegenheitsstaats im Falle eines dort durchgeführten Verfahrens bekommen würde.[822] Die Feststellungs- und Verwertungskosten (Massebeiträge) kann der Verwalter dabei nur verlangen bzw. einbehalten, wenn eine derartige Beteiligung auch nach dem anderen Insolvenzrecht vorgesehen ist.[823]

845 Dem ist zuzustimmen. Die EuInsVO impliziert in Erwägungsgrund 25, dass es eine Verwertung außerhalb des Sekundärverfahrens geben kann, und schweigt lediglich dazu, wie diese aussehen könnte[824]. Der Vorschlag von *Paulus* wird der Zielrichtung des Art. 5 EuInsVO, namentlich der Verlässlichkeit von Sicherheiten und damit dem Schutz eines funktionsfähigen Kreditwesens ohne jegliche Einbuße gerecht.[825]

846 Für ihn sprechen auch systematische Überlegungen. Zum Schutze des Vertrauens des lokalen Rechtsverkehrs, insbesondere um die Kreditvergabe nicht zu gefährden, will Art. 5 EuInsVO die „fremde" Verwertungsbefugnis nach der *lex fori*, soweit sie das dingliche Recht beeinträchtigen könnte, zurückdrängen. Dies bedeutet, dass das Kern-Insolvenzrecht des Eröffnungsstaats partiell, nämlich soweit die Sicherheitenverwertung reicht, eingeschränkt wird. Die systemkonforme Folge dessen kann nur sein, dass das Verwertungsregime des Lagestaats einschließlich seiner (nun nicht verdrängten) Vorschriften zur Sicherheitenverwertung in der Insolvenz wieder zur Geltung gelangt. Eine Nichtanwendung der lokalen Verwertungsvorschriften gegenüber dem COMI-Verwalter kann damit nur auf einer – im Gefüge der EuInsVO ungewöhnlichen – Versagung der Tatbestandswirkung beruhen.[826] Es ist nicht recht einzusehen, warum gerade in diesem Fall – auf der Grundlage eines durchaus ambivalenten Wortlauts[827] und ohne teleologische Notwendigkeit – die Tatbestandswirkung des COMI-Verfahrens als fundamentaler Bestandteil der Anerkennung entgegen Art. 17 Abs. 1 EuInsVO nicht gelten sollte.

---

822 *Paulus* Art. 5 Rn. 25 f.; vgl. auch *Virgós/Schmit* Erläuternder Bericht zu dem EU-Übereinkommen über Insolvenzverfahren, Doc. 6500/1/96 Nr. 97.
823 *Paulus* Art. 5 Rn. 26.
824 *Paulus* Art. 5 Rn. 2, 19.
825 Vgl. *Virgós/Schmit* Erläuternder Bericht zu dem EU-Übereinkommen über Insolvenzverfahren, Doc. 6500/1/96 Nr. 95.
826 MK-InsO/*Reinhart* Art. 5 EuInsVO Rn. 13 und *Gottwald/Kolmann* § 132 Rn. 30 weisen – genau in diesem Sinne – darauf hin, dass die Sachnormtheorie auf eine Beschränkung der Wirkungserstreckung der Anerkennung hinausläuft.
827 Art. 5 Abs. 1 EuInsVO: „wird […] nicht berührt".

Nach hier vertretener Auffassung ist die lastenfreie Veräußerung von Sicherungsgut durch den COMI-Verwalter an Unternehmenskäufer möglich, soweit das Verwertungsrecht nach dem Verfahrensstatut reicht und dieses sich zugleich im Rahmen dessen hält, was das Insolvenzrecht des Lagestaats zur Verwertung der Sicherheit durch einen (inländischen) Insolvenzverwalter vorsieht. Dies sollte zur Stärkung rechtssicherer und effizienter Sanierungen durch die anstehende Novellierung der EuInsVO ausdrücklich klargestellt werden. **847**

In der Praxis hat sich bereits gezeigt, dass Verwertungsvereinbarungen zwischen COMI-Verwaltern und Sicherungsgläubigern, die den insolvenzrechtlichen Verwertungsvorschriften des Lagestaats nachgebildet sind, für alle Beteiligten zu wirtschaftlich sinnvollen und rechtssicheren Ergebnissen führen können. **848**

5.2.3 Aufrechnung und Insolvenzanfechtung

Die Möglichkeit, mit einer Insolvenzforderung aufzurechnen, die sich grundsätzlich nach dem Recht des Eröffnungsstaats richtet,[828] wird durch Art. 6 Abs. 1 EuInsVO und § 338 InsO erweitert. Danach kann der Gläubiger jedenfalls dann aufrechnen, wenn dies nach dem Recht, das auf die Forderung des Schuldners anzuwenden ist, zulässig ist, wobei insolvenzbezogene Einschränkungen berücksichtigt werden müssen.[829] Es handelt sich dabei typischerweise um die lokale Rechtsordnung, in der sich der Insolvenzgläubiger vorrangig bewegt. **849**

Dagegen wird die Insolvenzanfechtung, für die ebenfalls grundsätzlich das Recht des Eröffnungsstaats gilt,[830] durch Art. 13 EuInsVO und § 339 InsO begrenzt. Danach ist die Anfechtung ausgeschlossen, wenn der Anfechtungsgegner nachweist, dass für die Rechtshandlung das Recht eines anderen Staats *(lex causae)* maßgebend und die Rechtshandlung nach diesem Recht in keiner Weise angreifbar ist. **850**

Beide Modifikationen wirken im Hauptverfahren massemindernd, sind jedoch dem Vertrauensschutz des Rechtsverkehrs außerhalb des Eröffnungsstaats geschuldet.[831] **851**

5.2.4 Rechnungslegung

Wenig geklärt ist bislang die Frage nach der allgemeinen Rechnungslegung während eines COMI-Verfahrens. Feststehen dürfte insoweit, dass die unmittelbar auf das Verfahren bezogenen und in dessen Ablauf „eingetakteten" Rechnungslegungen[832] (im deutschem Recht insbesondere die Verzeichnisse nach §§ 66, 151–154, 188, 193, 197 InsO) Bestandteil des Kern-Insolvenzrechts sind. Umgekehrt wird man davon ausgehen müssen, dass die Bekräftigung der allgemeinen Rechnungslegungspflicht in § 155 Abs. 1 S. 1 InsO als handelsrechtlich bzw. steuerrechtlich zu qualifizieren ist und damit nicht durch die Anerkennung eines COMI-Verfahrens verdrängt wird, auch wenn die Art. 5 ff. EuInsVO hierzu nichts regeln. Problematisch erscheint es jedoch, dass § 155 Abs. 1 S. 2 InsO dem Verwalter die Verantwortung für die Aufstellung des Jahresab- **852**

---

828 Art. 4 Abs. 2 S. 2 lit. d EuInsVO, § 335 InsO; vgl. oben Rn. 815.
829 *Uhlenbruck/Lüer* Art. 6 EuInsVO Rn. 4; MK-BGB/*Kindler* Art. 6 EuInsVO Rn. 8; *Gottwald/Kolmann* § 132 Rn. 72.
830 Art. 4 Abs. 2 S. 2 lit. m EuInsVO, § 339 InsO; vgl. oben Rn. 815.
831 Vgl. *Gottwald/Kolmann* § 132 Rn. 72, 76.
832 Zur Notwendigkeit der strengen Unterscheidung von handels- und insolvenzrechtlicher Rechnungslegung aufgrund der unterschiedlichen Zweckrichtungen s. HambKomm-InsO/*Weitzmann* § 155 Rn. 4.

schlusses *in persona* zuweist, wenn gleichzeitig das Recht des Eröffnungsstaats den Verwalter – kern-insolvenzlich – als Vertreter des Schuldners betrachtet. Letzteres kann wiederum zur Folge haben, dass es nach dem Rechtsverständnis des Eröffnungsstaats innerhalb der schuldnerischen Gesellschaft bei der Verantwortlichkeit des allgemeinen Vertretungsorgans (ggf. neben dem Verwalter) bleibt. In einem solchen Fall erscheint auch die Anwendbarkeit des § 155 Abs. 2 InsO, der den Beginn eines neuen Geschäftsjahrs anordnet, fragwürdig, sofern man den Sinn dieser Vorschrift in einer Abgrenzung der Verantwortungszeiträume[833] sieht.

6. Arbeitsrecht in der internationalen Insolvenz – insbesondere: Personalabbau und Betriebsübergang

853 Art. 10 EuInsVO regelt, dass für die Wirkungen des Insolvenzverfahrens auf einen Arbeitsvertrag und auf das Arbeitsverhältnis ausschließlich das Recht des Mitgliedstaats gilt, das auf den Arbeitsvertrag anzuwenden ist (*lex causae*). In Fällen, in denen deutsche Betriebe und Belegschaften von einer ausländischen Verfahrenseröffnung – oder umgekehrt – betroffen sind, muss sich die Insolvenzverwaltung daher praktisch stets mit den arbeitsrechtlichen Rahmenbedingungen einer aus ihrer Perspektive fremden Rechtsordnung auseinandersetzen.

854 Aus Sicht des Sanierers handelt es sich bei Art. 10 EuInsVO wegen der herausgehobenen Bedeutung des Arbeitsrechts für Unternehmens-Restrukturierungen und der Vielfalt der insoweit relevanten Normen um die mit Abstand wichtigste Ausnahme von der *lex fori concursus*. Die in der Literatur[834] geäußerte Skepsis, ob Art. 10 EuInsVO angesichts der Möglichkeit von Sekundäranträgen überhaupt praktische Bedeutung erlangen werde, kann durch die Erfahrungen im europäischen Teil der *Nortel*-Insolvenz zerstreut werden.

855 Dort waren außerhalb des COMI-Staats Großbritannien zur Zeit der Verfahrenseröffnung insgesamt 2 106 Mitarbeiter in 17 EU-Mitgliedstaaten von den Eröffnungen englischer Administration-Verfahren betroffen.[835] Ein späteres Sekundärverfahren wurde – auf Antrag der *Joint Administrators* – nur über eine französische Gesellschaft mit 670 Arbeitnehmern eröffnet.

856 Soweit von einer grenzüberschreitenden Sanierung Personal in Deutschland betroffen ist, sind insbesondere die Fragen nach der Anwendbarkeit der Restrukturierungserleichterungen des deutschen Insolvenzarbeitsrechts in §§ 113, 123 ff. InsO und der Vorschriften über Betriebsübergänge i.S.v. § 613a BGB im Rahmen von übertragenden Sanierungen von Interesse.

6.1 Arbeitsvertrag und Arbeitsverhältnis im Sinne der Kollisionsvorschriften

857 Die in Art. 10 EuInsVO enthalten Begriffe des Arbeitsvertrages und Arbeitsverhältnisses sind autonom, also aus der EuInsVO selbst ohne Rückgriff auf das nationale

---

833 Uhlenbruck/*Weitzmann* 12. Aufl., § 155 Rn. 9; vgl. Uhlenbruck/*Maus* § 155 Rn. 9, 11.
834 MK-InsO/*Reinhart* Art. 10 EuInsVO Rn. 3.
835 Insgesamt wurden in der europäischen *Nortel*-Gruppe 19 COMI-Verfahren eröffnet. Eine niederländische Gesellschaft beschäftigte keine eigenen Arbeitnehmer. Für die Arbeitnehmer der britischen Gesellschaft ergab sich ein Gleichlauf des (englischen) Arbeitsrechts mit dem Verfahrensstatut, also dem Recht des Eröffnungsstaats.

Recht zu bestimmen.[836] Wesentliches Merkmal eines Arbeitsverhältnisses in diesem Sinne ist, dass jemand während einer bestimmten Zeit für einen anderen nach dessen Weisungen Leistungen erbringt, für die er als Gegenleistung eine Vergütung erhält.[837] Ausschlaggebend ist dabei die persönliche und wirtschaftliche Abhängigkeit des Verpflichteten.[838] Umstritten ist derzeit, ob Art. 10 EuInsVO nur solche Arbeitsverhältnisse erfasst, die bei Verfahrenseröffnung bereits bestanden haben[839] oder auch bei – in der Insolvenz ohnehin seltenen – Neueinstellungen gilt. Der sachliche Anwendungsbereich des § 337 InsO entspricht dem des Art. 10 EuInsVO.[840]

6.2 Anknüpfung an den Arbeitsort

6.2.1 Rechtsgrundlagen und Systematik der Anknüpfung

Die Verweisungen in Art. 10 EuInsVO und § 337 InsO sind rechtstechnisch komplex, **858** da die Vorschriften nicht direkt auf das Sachrecht eines Mitgliedstaats, sondern wiederum auf das Kollisionsrecht[841] verweisen.[842] Ferner entscheidet die Vorschrift nicht die Frage, welches nationale Kollisionsrecht zur Entscheidung berufen ist.[843] Inhaltlich ist bzw. war die kollisionsrechtliche Anknüpfung jedoch letztlich in Art. 6 des Römischen Schuldrechtsübereinkommens (EVÜ)[844] zu suchen. Dieser wurde teilweise in nationales Recht umgesetzt, so in Deutschland durch Art. 30 EGBGB a.F.[845] In anderen Staaten wurde Art. 6 EVÜ direkt in Geltung gesetzt, so etwa in England.[846] Eine gewisse Vereinheitlichung ergibt sich wiederum daraus, dass die nationalen Umsetzungsnormen europarechtskonform im Lichte des Art. 6 EVÜ auszulegen sind bzw. waren.[847] Das EVÜ sowie die nationalen Umsetzungsnormen wurden inzwischen für die meisten Mitgliedstaaten durch die Verordnung (EG) Nr. 593/2008 des Europäischen Parlaments und des Rates v. 17.6.2008 über das auf vertragliche Schuldverhältnisse anzuwendende Recht (Rom I-VO) ersetzt[848], die am 17.12.2009 in Kraft getreten ist.[849] Die Verordnung gilt nicht für das Vereinigte Königreich und Dänemark;[850] insofern ist weiterhin das EVÜ maßgeblich.

---

836 MK-InsO/*Reinhart* Art. 10 EuInsVO Rn. 5; *Pannen/Dammann* Art. 10 Rn. 5; *Liebmann* S. 180.
837 *EuGH* Slg. 1986, 2121 (Rn. 17) – Lawrie Blum; Slg. 2004, I-2703 (Rn. 26) – Collins/Secretary of State for Work and Pensions.
838 MK-InsO/*Reinhart* Art. 10 EuInsVO Rn. 5.
839 *Uhlenbruck/Lüer* Art. 10 EuInsVO Rn. 8; a.A. *Pannen/Dammann* Art. 10 Rn. 7.
840 MK-BGB/*Kindler* § 337 InsO Rn. 4; vgl. MK-InsO/*Reinhart* § 337 Rn. 6.
841 Zum Begriff s. oben Rn. 738.
842 MK-InsO/*Reinhart* Art. 10 EuInsVO Rn. 22 und § 337 Rn. 1 f., 10; *Paulus* Art. 10 Rn. 4 f.
843 Ein angerufenes Gericht hat somit nach zutreffender Auffassung sein jeweiliges Kollisionsrecht anzuwenden, MK-InsO/*Reinhart* Art. 10 EuInsVO Rn. 22 und § 337 Rn. 1 f., 10; *Göpfert/Müller* NZA 2009, 1057, 1060.
844 Übereinkommen von Rom über das auf vertragliche Schuldverhältnisse anzuwendende Recht vom 19.6.1980 in der letzten konsolidierten Fassung bekanntgemacht in ABl. C 27 vom 26.1.1998, S. 34.
845 *Palandt/Thorn* Vor Rom I-VO Rn. 1, Art. 8 Rom I-VO Rn. 1.
846 Sec. 1 (a), 2 (1) des Contracts (Applicable Law) Act 1990, zit. nach *Göpfert/Müller* NZA 2009, 1057, 1060.
847 MK-InsO/*Reinhart* Art. 10 EuInsVO Rn. 22.
848 AblEU Nr. L 177 v. 4.7.2008, S. 6.
849 *Palandt/Thorn* Vor Rom I-VO Rn. 1.
850 Erwägungsgründe 45, 46 der Rom I-Verordnung. Für Dänemark ist das EVÜ allerdings nicht über Art. 10 EuInsVO von Bedeutung, sondern – im Verhältnis zu Deutschland – über § 337 EGBGB.

859 Für alle anderen Mitgliedstaaten ist das Kollisionsrecht für Arbeitsverträge nunmehr in Art. 8 Rom I-VO normiert. Art. 30 EGBGB ist dementsprechend weggefallen.[851] Da Art. 8 Rom I-VO in Systematik und Regelungsinhalt weitgehend mit Art. 6 EVÜ übereinstimmt, können Rechtsprechung und Literatur zu dieser Vorschrift bei der Rechtsfindung in der Regel weiterhin herangezogen werden.

6.2.2 Inhalt der Anknüpfung – konkrete Ermittlung des geltenden Arbeitsrechts

860 Nach Art. 8 Abs. 1 S. 1 Rom I-VO[852] gilt zunächst das von den Parteien des Arbeitsverhältnisses vertraglich gewählte Recht. Praktisch wird eine solche Rechtswahl nur selten getroffen.[853] Durch sie kann im übrigen gem. Art. 8 Abs. 1 S. 2 Rom I-VO[854] nicht von zwingenden Schutzvorschriften des ohne Rechtswahl anwendbaren Arbeitsrechts abgewichen werden.

861 In der Praxis greift somit regelmäßig Art. 8 Abs. 2 Rom I-VO[855], der grundsätzlich am gewöhnlichen Arbeitsort anknüpft (*lex loci laboris*), und zwar ungeachtet einer etwaigen vorübergehenden Entsendung des Arbeitnehmers.[856] Als gewöhnlicher Arbeitsort ist der Ort zu verstehen, an dem der Arbeitnehmer seine vereinbarte Tätigkeit tatsächlich ausübt bzw. den er einverständlich zum tatsächlichen Mittelpunkt seiner beruflichen Tätigkeit macht.[857] Dies ist der Betriebsort im Falle betrieblicher Eingliederung, ansonsten der Ort, der das zeitliche und inhaltliche Schwergewicht der Tätigkeit des Arbeitnehmers bildet.[858]

862 Bei dauernder grenzüberschreitender Wechseltätigkeit, die keinen gewöhnlichen Arbeitsort[859] mehr erkennen lässt, gilt nach Art. 8 Abs. 3 Rom I-VO[860] das Recht am Ort der Niederlassung, die den Arbeitnehmer eingestellt hat. In besonderen Einzelfällen kann sich aus der „Gesamtheit der Umstände" ergeben, dass das Arbeitsverhältnis oder der Arbeitsvertrag engere Verbindungen zu einem anderen Staat aufweist; dann gilt gem. Art. 8 Abs. 4 Rom I-VO[861] das Arbeitsrecht dieses Staates. Allein die Tatsache, dass die Muttergesellschaft der Insolvenzschuldnerin ihren Sitz im Ausland hat, genügt dafür jedenfalls nicht.[853]

863 In der Sanierungspraxis gilt für die Arbeitnehmer einer deutschen Gesellschaft aufgrund der genannten Vorschriften regelmäßig deutsches Arbeitsrecht; je nach Art der Geschäftstätigkeit und den konkret vorgefundenen Umständen kann bei grenzüberschreitenden Tätigkeiten jedoch sorgfältig auf die vorstehende Anknüpfungssystematik zu achten sein.

---

851 Für den deutschen Rechtsanwender gilt gem. Art. 2 Rom I-VO diese Verordnung auch im Verhältnis zu Großbritannien und Dänemark (Universalitätsprinzip).
852 Entspricht Art. 3 Abs. 1 i.V.m. Art. 6 Abs. 1 EVÜ.
853 *Göpfert/Müller* NZA 2009, 1057, 1060.
854 Entspricht Art. 6 Abs. 1 EVÜ.
855 Entspricht Art. 6 Abs. 2 lit. a EVÜ.
856 Zur Auslegung des Merkmals „vorübergehend" vgl. Erwägungsgrund 36 Rom I-VO.
857 *EuGH* Slg. 1997, I-57 (Rn. 26 f.) – Rutten/Cross Medical Ltd.
858 MK-BGB/*Martiny* Art. 8 Rom-I-VO Rn. 47.
859 Insoweit neu ist die Regelung in Art. 8 Abs. 2 Rom I-VO, wonach hierunter auch der Ort zu verstehen ist, von dem aus die Arbeit gewöhnlich verrichtet wird, z.B. die „home base" von Langstrecken-Flugpersonal; vgl. MK-BGB/*Martiny* Art. 8 Rom I-VO Rn. 48.
860 Entspricht Art. 6 Abs. 2 lit. b EVÜ.
861 Entspricht Art. 6 Abs. 2 aE EVÜ als Ausnahme zu lit. a und b der Vorschrift.

6.3 Geltung der Restrukturierungserleichterungen der InsO für ausländische Verfahren – Vertrauenschutz für deutsche Arbeitnehmer

Die Verweisung auf das so ermittelte nationale Sachrecht ist nach Art. 10 EuInsVO auf die „Wirkungen des Insolvenzverfahrens auf einen Arbeitsvertrag und auf das Arbeitsverhältnis" begrenzt. Dass dieser Normenbereich weit zu fassen ist, ergibt sich aus dem Zweck der Vorschrift, nämlich dem (Vertrauens-) Schutz der Arbeitnehmer vor der Anwendung fremden Rechts.[862] Der europäische Gesetzgeber übt sich in diesem Sinne bewusst[863] in Zurückhaltung gegenüber den zahlreichen vertrags-, insolvenz- und sozialrechtlichen Besonderheiten, die in allen Ländern für Arbeitsverhältnisse gelten.[864] Durch diesen möglichst geringen Eingriff in die Arbeits- und Sozialordnungen der Mitgliedstaaten werden Probleme der Rechtsanwendung aufgrund von Normwidersprüchen und Normmangel vermieden.[865] **864**

Der Arbeitnehmer soll auf die Fortgeltung des Normenbestandes, der nach allgemeinem Kollisionsrecht für sein Arbeitsverhältnis gilt, auch dann vertrauen dürfen, wenn sein Arbeitgeber von einem Hauptverfahren nach der EuInsVO betroffen ist. Das Arbeitsverhältnis wird mithin so behandelt, *wie wenn* nicht ein – aus Sicht des Arbeitnehmers – ausländisches, sondern ein *inländisches* Insolvenzverfahren eröffnet worden wäre. **865**

Einerseits muss der Arbeitnehmer somit nicht befürchten, allein wegen eines im Ausland belegenen COMI auf einen ihm unbekannten, ggf. niedrigeren „sozialen Besitzstand" verwiesen zu werden. Dieser Aspekt fördert in der Praxis die Akzeptanz ausländischer Verfahren durch die betroffenen Belegschaften erheblich. Andererseits ist der vertraute, inländische Normenbestand dann auch vollständig, also ggf. auch zu Lasten des Arbeitnehmers anzuwenden. Der Schutzzweck des Art. 10 EuInsVO richtet sich nämlich gerade nicht gegen jeglichen Nachteil aus der Insolvenz als solcher, sondern nur spezifisch gegen die Anwendung ausländischen Arbeitsrechtes. Auch würde der Arbeitnehmer ansonsten im ausländischen Verfahren besser gestellt als im inländischen, was weder dem Willen des europäischen noch des deutschen Gesetzgebers entspricht. **866**

Obwohl der *EuGH* noch nicht in diesem Sinne über die Anwendbarkeit von Vorschriften des Arbeitsvertragsstatuts, die den Arbeitnehmer spezifisch im Insolvenzfall belasten, im Rahmen von Art. 10 EuInsVO zu entscheiden hatte, erscheint es inzwischen zumindest nach der deutschen Rechtsprechung als gesichert,[866] dass derartige Normen des Insolvenzarbeitsrechts auch im Falle ausländischer Hauptinsolvenzverfahren gelten. **867**

Das *BAG* hat im Fall eines US-amerikanischen Insolvenzverfahrens entschieden, dass bei Anwendbarkeit deutschen Arbeitsrechts gemäß der Parallelnorm des § 337 InsO zwar die deutschen Bestandsschutzregelungen gelten, aber eben auch deren Einschränkungen durch die in der InsO vorgesehenen Sonderregelungen.[867] Die Begründung dieser Entscheidung mit dem Normzweck des § 337 InsO lässt sich zwanglos auf **868**

---

862 *Virgós/Schmit* Erläuternder Bericht zu dem EU-Übereinkommen über Insolvenzverfahren, Doc. 6500/1/96 Nr. 125.
863 Vgl. Erwägungsgrund 28 der EuInsVO.
864 *Pannen/Dammann* Art. 10 Rn. 1; MK-InsO/*Reinhart* Art. 10 EuInsVO Rn. 1.
865 MK InsO/*Reinhart* Art. 10 EuInsVO Rn. 1 a.E.
866 So *Göpfert/Müller* NZA 2009, 1061 für § 113 InsO.
867 *BAG* NZI 2008, 125.

Art. 10 EuInsVO übertragen, da auch § 337 InsO maßgeblich dem Schutz der Arbeitnehmer vor der Anwendung fremden Rechts dienen soll.[868] Das *LAG Frankfurt/Main* hat im Falle des englischen Administrationverfahrens über die deutsche Tochter-GmbH des *Nortel*-Konzerns folgerichtig §§ 113, 125 InsO auch im Rahmen des Art. 10 EuInsVO als anwendbar angesehen[869].

869 Die Anwendbarkeit auch der für die Arbeitnehmer ungünstigen Regelungen des Insolvenzarbeitsrechts wird in der Literatur ganz überwiegend befürwortet, insbesondere soweit diese die Wirkungen des Insolvenzverfahrens auf die Fortsetzung bzw. Beendigung des Arbeitsverhältnisses regeln[870]. Diese Ansicht kann sich auf Erwägungsgrund 28 EuInsVO berufen, der die Fortsetzung und Beendigung von Arbeitsverhältnissen ausdrücklich hervorhebt.

870 Unter Art. 10 EuInsVO fallen nach Sinn und Wortlaut der Vorschrift sowohl individual- als auch kollektivarbeitsrechtliche Normen.[871] Ferner ist es unerheblich, in welchem Gesetz die arbeitsrechtlichen Vorschriften enthalten sind.[872] Schließlich ist bei der Anwendung inländischen Insolvenzarbeitsrechts die Tatbestandswirkung der Anerkennung eines COMI-Verfahrens nach Art. 16 EuInsVO zu respektieren, wenn die inländische Vorschrift ein „Insolvenzverfahren" oder das Handeln eines „Insolvenzverwalters" voraussetzt.[873]

871 Hingegen betreffen die Anforderungen an die Anmeldung, Prüfung und Feststellung einer Forderung aus dem Arbeitsverhältnis sowie die Frage, welcher Rang einer solchen Forderung bei der Verteilung zukommt, nur indirekt,[874] und vor allem nicht spezifisch die Wirkungen des Insolvenzverfahrens auf das Arbeitsverhältnis. Sie werden daher nicht von Art. 10, sondern von Art. 4 Abs. 2 S. 2 lit. g–i EuInsVO erfasst und unterliegen damit dem Recht des Eröffnungsstaats[875]. Abgrenzungsschwierigkeiten treten bei den Rangbestimmungen der §§ 113 S. 3 und 123 Abs. 2 S. 1 InsO auf,[876] da diese eng mit dem jeweiligen insolvenzarbeitsrechtlichen Regelungsgehalt verzahnt sind, der seinerseits unter Art. 10 EuInsVO bzw. § 337 InsO fällt.

---

868 Vgl. BT-Drucks. 15/16, 18: „Insbesondere die Beendigung des Arbeitsverhältnisses berührt wesentlich die soziale Ordnung, so dass grundsätzlich das Recht des Arbeitsverhältnisses auch in der Insolvenz maßgeblich sein sollte, um der personellen Einbettung des Arbeitsverhältnisses in der dafür zuständigen Rechtsordnung Rechnung zu tragen."
869 *LAG Frankfurt/Main* ZIP 2011, 289, 291; in einem Parallelverfahren zuvor ebenso schon *ArbG Frankfurt/Main* ZIP 2010, 1313.
870 *Göpfert/Müller* NZA 2009, 1060 m.w.N.; *Paulus* Art. 10 Rn. 6 f.; HambKomm-InsO/*Undritz* Art. 10 EuInsVO Rn. 3.
871 *Paulus* Art. 10 Rn. 3.
872 So ausdrücklich für die Vorschriften der nationalen Insolvenzgesetze *Virgós/Schmit* Erläuternder Bericht zu dem EU-Übereinkommen über Insolvenzverfahren, Doc. 6500/1/96 Nr. 125; Vgl. ferner *Göpfert/Müller* NZA 2009, 1060; MK-InsO/*Reinhart* Art. 4 EuInsVO Rn. 2.
873 S. dazu oben Rn. 793 ff.
874 Auf die Unmittelbarkeit stellen u.a. *Kindler* in Kindler/Nachmann, § 4 Rn. 88; *Paulus* Art. 10 Rn. 8; *Göpfert/Müller* NZA 2009, 1062 ab.
875 Erwägungsgrund 28; *Virgós/Schmit* Erläuternder Bericht zu dem EU-Übereinkommen über Insolvenzverfahren, Doc. 6500/1/96 Nr. 128; *Kindler* in Kindler/Nachmann, § 4 Rn. 88; *Göpfert/Müller* NZA 2009, 1062; *Beck* NZI 2007, 5; *Gottwald/Kolmann* § 132 Rn. 61; MK-InsO/*Reinhart* Art. 10 EuInsVO Rn. 9.
876 S. dazu unten Rn. 884 f. und Rn. 877 f.

6.4 Kollektives Arbeitsrecht – Interessenausgleich und Sozialplan

Restrukturierungsmaßnamen im Personalbereich stellen in aller Regel Betriebsänderungen i.S.d. §§ 111 ff. BetrVG dar. Plant der Insolvenzverwalter Entlassungen, Betriebsspaltungen oder sonstige Betriebsänderungen, so hat er nach diesen allgemeinen Vorschriften den Betriebsrat zu unterrichten und mit diesem über einen Interessenausgleich zu verhandeln. Nachteile der Arbeitnehmer werden im Falle eines Interessenausgleichs über einen flankierenden Sozialplan gem. § 112 BetrVG ausgeglichen bzw. abgemildert. Wird ein Interessenausgleich durch den Verwalter erst gar nicht angestrebt, so steht den Arbeitnehmern unabhängig von der Insolvenz[877] ein Anspruch auf Nachteilsausgleich nach § 113 Abs. 1 und 3 BetrVG zu.[878]

872

Die §§ 121 ff. InsO enthalten Sondervorschriften, die Restrukturierungen durch den Insolvenzverwalter erleichtern, beschleunigen und im Interesse der Gläubigergesamtheit auch verbilligen. So kann nach § 121 InsO die Bundesagentur nicht mehr einseitig, sondern nur durch beide Verhandlungsparteien gemeinsam um Vermittlung angerufen werden. Ferner kann der Insolvenzverwalter, wenn nicht innerhalb von drei Wochen nach seiner Initiative ein Verhandlungsergebnis vorliegt, die Betriebsänderung auf der Grundlage eines Zustimmungsbeschlusses des Arbeitsgerichts nach § 122 InsO durchsetzen. Nachteilsausgleichsansprüche hat der Verwalter in diesem Falle wegen § 122 Abs. 1 S. 2 InsO nicht zu befürchten.[879]

873

§ 123 Abs. 1 InsO begrenzt das Volumen eines nach Verfahrenseröffnung aufgestellten Sozialplans absolut auf 2,5 Bruttomonatsverdienste der von einer Entlassung betroffenen Arbeitnehmer. § 123 Abs. 2 S. 2 InsO ordnet daneben eine relative Obergrenze an. Danach sind die Sozialplanforderungen insgesamt auf ein Drittel der Verteilungsmasse, die ohne diese Forderungen zur Verfügung stünde, begrenzt. Nach S. 3 der Vorschrift werden die Sozialplanforderungen anteilig gekürzt, wenn ihre Summe diese Grenze übersteigt. Diese Vorschrift ist im Zusammenwirken mit Abs. 2 S. 1 zu verstehen, wonach die Sozialplanforderungen vom Verwalter als Masseverbindlichkeiten zu berichtigen sind. Sie mindern daher die den Insolvenzgläubigern zur Verfügung stehende Verteilungsmasse. Die Quotenauswirkung auf die nachfolgende Befriedigungsstufe, nämlich diejenige der Insolvenzgläubiger i.S.v. § 38 InsO, wird durch die Kürzung nach § 123 Abs. 2 S. 3 InsO auf maximal ein Drittel begrenzt.

874

Ein im Zeitraum von drei Monaten vor dem Insolvenzantrag bis zur Verfahrenseröffnung aufgestellter Sozialplan kann nach § 124 InsO einseitig vom Insolvenzverwalter oder vom Betriebsrat widerrufen werden. Von anderen[880] Betriebsvereinbarungen, die die Masse belasten, kann sich der Insolvenzverwalter nach § 120 Abs. 1 InsO[881] durch ordentliche Kündigung mit einer Frist von drei Monaten, befreien, unabhängig davon, ob nach der Vereinbarung die Kündigungsfrist länger ist oder eine ordentliche Kündigung ausgeschlossen wurde.[882] Diese Möglichkeit kann insbesondere in Hinblick auf

875

---

877 Auch die Kappung auf 2,5 Monatsverdienste der von einer Entlassung betroffenen Arbeitnehmer nach § 123 Abs. 1 InsO gilt in diesem Falle nicht, *Bauer/Göpfert/Hausmann/Krieger* S. 334.
878 *Göpfert/Müller* NZA 2009, 1061.
879 HambKomm-InsO/*Ahrendt* § 122 Rn. 11.
880 § 124 geht dem § 120 InsO als lex specialis vor, HambKomm-InsO/*Ahrendt* § 124 Rn. 1.
881 Nach h.M. gilt die Vorschrift sowohl für freiwillige als auch für mitbestimmungspflichtige Angelegenheiten, so HambKomm-InsO/*Ahrendt* § 120 Rn. 3; HK-InsO/*Linck* § 120 Rn. 2; FK-InsO/*Eisenbeis* § 120 Rn. 3; MK-InsO/*Löwisch/Caspers* § 120 Rn. 4.
882 HambKomm-InsO/*Ahrendt* § 120 Rn. 9.

eine übertragende Sanierung sinnvoll sein, da der Erwerber ansonsten nach § 613a Abs. 1 S. 2 BGB für mindestens ein Jahr an die Vereinbarung gebunden bliebe.[883]

876 Alle vorgenannten Normenkomplexe des kollektiven Arbeitsrechts betreffen die Wirkungen der Insolvenzverfahren auf die Rechte und Pflichten der an einem Arbeitsverhältnis beteiligten Parteien. Soweit Betriebsänderungen in der Insolvenz – wie meist – einen Stellenabbau beinhalten, sind durch die §§ 121 bis 124 InsO auch die Wirkungen der Verfahrenseröffnung auf die Beendigung von Arbeitsverhältnissen angesprochen. Die Vorschriften sind deshalb im Rahmen von Art. 10 EuInsVO[884] und § 337 InsO anzuwenden und begrenzen insoweit die Wirkungserstreckung des Rechts des Eröffnungsstaates, wenn ein deutsches Arbeitsvertragsstatut vorliegt.[885] Zu beachten ist auch hier die Tatbestandswirkung der Anerkennung nach Art. 16 Abs. 1 EuInsVO. Bezugnahmen auf „Insolvenzverfahren" oder „Insolvenzverwalter" sind somit als Verfahren im Sinne von Anhang A bzw als Verwalter im Sinne von Anhang C der EuInsVO zu lesen.[886]

877 Welchen Befriedigungsrang Sozialplanforderungen hingegen einnehmen, ist bei Auslandsverfahren richtigerweise nicht nach § 123 Abs. 2 S. 1 InsO, sondern nach dem Recht des Eröffnungsstaates zu beurteilen.[887] Im Falle einer Gleichordnung mit einfachen Insolvenzforderungen wird damit aber das – bereits innerhalb des deutschen Rechts kuriose – Regelungsgefüge der S. 1 und 2 der Vorschrift gesprengt. Denn die schuldrechtliche Kürzung der Sozialplanforderungen in Abhängigkeit von der insgesamt[888] zur Verfügung stehenden Verteilungsmasse führt wirtschaftlich zu einer Quotierung der vereinbarten Sozialplanforderungen, um die insolvenzrechtliche Quotenauswirkung auf die (übrigen) Gläubiger zu begrenzen. § 123 Abs. 2 InsO geht es also nicht um die Einordnung als Masseverbindlichkeit, die sich – nach deutschem Recht – ohnehin schon aus § 55 Abs. 1 Nr. 1 InsO ergibt[889], sondern um eine Abschirmung der Gläubiger vor einem übermäßigen Zugriff der Betriebsparteien auf die Verteilungsmasse. Die Folge sind mathematisch korrelierende Befriedigungsquoten, die in aller Regel nicht gleich hoch sind.[890]

878 Würde man § 123 Abs. 2 S. 2 InsO im Falle eines Gleichranges von Insolvenzforderungen und Sozialplanforderungen unverändert anwenden, so würde sich diese Quotenverteilung erheblich zu Lasten der Arbeitnehmer verschieben, was dem Gesetzeszweck nicht mehr gerecht würde. In diesem Falle muss die Vorschrift deshalb im Wege der teleologischen Reduktion so eingeschränkt werden, dass die Sozialplanforderungen diejenige Befriedigungsquote erreichen, die ihnen bei Anwendung der deutschen Rangordnung zufiele (Kürzung der Kürzung). Zur Vermeidung von Rechtsunsicherheit ist allerdings beiden Betriebsparteien anzuraten, nach Möglichkeit die vorrangige Einstufung der Sozialplanforderungen unter Beachtung des

---

883 HambKomm-InsO/*Ahrendt* § 120 Rn. 1.
884 HambKomm-InsO/*Undritz* Art. 10 EuInsVO Rn. 3.
885 MK-InsO/*Reinhart* Art. 10 EuInsVO Rn. 8; *Gottwald/Kolmann* § 132 Rn. 62; *Paulus* Art. 10 Rn. 3.
886 Vgl. oben Rn. 793 ff.
887 So für EuInsVO-Verfahren *Göpfert/Müller* NZA 2009, 1062 und für Drittstaatenverfahren FK-InsO/*Wenner/Schuster* § 337 Rn. 9.
888 D. h. für Sozialplanforderungen *und* Insolvenzforderungen vorgesehene Verteilungsmasse.
889 Vgl. *Nerlich/Römermann/Hamacher* § 123 Rn. 3.
890 Bemerkenswerterweise kann – zumindest theoretisch – je nach Verhältnis der Sozialplanforderungen zu den Insolvenzforderungen, auf letztere eine wirtschaftlich höhere Quote entfallen als auf die als Masseverbindlichkeit rechtlich vorrangigen Sozialplanforderungen.

Rechts des Eröffnungsstaats ausdrücklich zu vereinbaren und ggf. durch entsprechende Rechtsakte herbeizuführen.

6.5 Erleichterte und beschleunigte Kündigungsmöglichkeit nach §§ 113, 125, 126, 128 InsO

Arbeitsverhältnisse bestehen gem. § 108 Abs. 1 InsO ungeachtet der Verfahrenseröffnung fort. Nach § 113 InsO können aber sowohl der Insolvenzverwalter als auch der Arbeitnehmer das Arbeitsverhältnis mit einer Frist von drei Monaten kündigen, wenn keine kürzere Frist maßgeblich ist. Vertragliche und tarifliche Kündigungsausschlüsse sowie Befristungen mit mehr als drei Monaten Restlaufzeit werden hierdurch überwunden.[891] § 113 S. 3 InsO gewährt dem Arbeitnehmer wegen der vorzeitigen Beendigung des Arbeitsverhältnisses einen Schadensersatzanspruch (sog. Verfrühungsschaden) und qualifiziert diesen zugleich als Insolvenzforderung i.S.d. § 38 InsO. 879

§ 113 InsO enthält jedoch kein selbstständiges Kündigungsrecht, insbesondere nicht wegen der Insolvenz des Arbeitgebers. Auch bei einer Kündigung durch den Insolvenzverwalter sind die allgemeinen und besonderen Kündigungsschutzbestimmungen zu beachten.[892] Die Abkürzung der Kündigungsfrist auf maximal drei Monate stellt gleichwohl ein wirkungsvolles Sanierungsinstrument in der Hand des Verwalters dar. 880

Dieses wird ergänzt durch die Möglichkeit des Insolvenzverwalters, mit dem Betriebsrat nach § 125 Abs. 1 InsO einen Interessenausgleich mit Namensliste der bei einer Personalanpassung betriebsbedingt zu kündigenden Arbeitnehmer abzuschließen. Dies führt im Kündigungsschutzprozess zu einer Umkehr der Darlegungs- und Beweislast zulasten des Arbeitnehmers hinsichtlich der dringenden betrieblichen Erfordernisse. Ferner kann die Sozialauswahl nur noch am eingeschränkten Maßstab der groben Fehlerhaftigkeit gemessen werden. Kommt ein Interessenausgleich nicht zustande, weil kein Betriebsrat besteht oder die Verhandlungen nicht zeitgerecht zu Ergebnissen führen, so kann der Verwalter nach § 126 InsO im Beschlussverfahren vom Arbeitsgericht feststellen lassen, dass die Kündigung bestimmter, wiederum namentlich benannter Arbeitnehmer betrieblich bedingt und sozial gerechtfertigt ist. Nach § 128 Abs. 2 InsO erstrecken sich die Vermutungswirkungen der §§ 125, 126 InsO unter bestimmten Voraussetzungen auch darauf, dass die Kündigungen nicht – gem. § 613a Abs. 4 BGB unzulässigerweise – durch einen Betriebsübergang motiviert sind. 881

Die Prozessrisiken für den sanierenden Verwalter werden durch diese Regelungen erheblich minimiert.[893] Häufig kann eine Verkehrsfähigkeit des insolventen Unternehmens aber erst erreicht werden, wenn die Prozessrisiken, und damit die Ungewissheit des Investors, wieviele Mitarbeiter er gem. § 613a BGB übernimmt, durch freiwillige, und damit rechtssichere, Übertritte in eine Transfergesellschaft weiter eingegrenzt werden. Die genannten Kündigungserleichterungen zeitigen in diesem Zusammenhang eine zusätzliche, mittelbare Wirkung, indem sie die Sozialplan-Verhandlungen über die den Mitarbeitern anzubietende Verweildauer in einer Transfergesellschaft (s. dazu ausführlich Rn. 186 ff. und Rn. 249) sowie deren finanzielle Ausstattung wirtschaftlich zugunsten der Gläubigergesamtheit beeinflussen. 882

---

891 HambKomm-InsO/*Ahrendt* § 113 Rn. 30.
892 HambKomm-InsO/*Ahrendt* § 113 Rn. 42 ff.; *Bauer/Göpfert/Hausmann/Krieger* S. 247 ff.
893 *Uhlenbruck/Berscheid* § 125 Rn. 6 f., § 126 Rn. 4; HambKomm-InsO/*Ahrendt* § 125 Rn. 1, 12 f., § 126 Rn. 1; *Göpfert/Müller* NZA 2009, 1061; *Bauer/Göpfert/Hausmann/Krieger* S. 334; vgl. oben 9. Kap. Rn. 393.

883 Die §§ 113, 125, 126, 128 InsO sind als Sonderregelungen der InsO, die den Bestandsschutz des Arbeitsverhältnisses einschränken und damit Wirkungen des Insolvenzverfahrens auf das Arbeitsverhältnis, namentlich auf dessen Beendigung nach dem oben Gesagten darstellen, gem. Art. 10 EuInsVO sowie § 337 InsO in einem anzuerkennenden ausländischen Insolvenzverfahren anwendbar.[894] Soweit die Vorschriften ein „Insolvenzverfahren" voraussetzten bzw. einen „Insolvenzverwalter" berechtigen oder verpflichten, greift wiederum die bereits dargestellte Tatbestandswirkung der Anerkennung nach Art. 16 Abs. 1 EuInsVO ein.[895]

884 Auch die Qualifizierung des Verfrühungsschadens[896] als Insolvenzforderung durch § 113 S. 3 InsO entfaltet über Art. 10 EuInsVO Wirkung, obwohl die Vorschrift an sich im Rahmen eines ausländischen COMI-Verfahrens gem. Art. 4 Abs. 2 S. 2 lit. g und i EuInsVO nicht zur Identifikation des Ranges berufen wäre. Das ausländische Verfahren findet jedoch insoweit eine zivilrechtliche Forderung vor, deren Anspruchsgrundlage von vornherein nur eine Insolvenzforderung generieren will. Im Übrigen würde der gem. Art. 10 EuInsVO anwendbare Norminhalt der S. 1 und 2 des § 113 InsO ohne die Rangbestimmung des S. 3 sinnentleert.[897] Denn würde der Anspruch nach S. 3 als Masseverbindlichkeit[898] behandelt, d.h. wäre er vom Verwalter grundsätzlich in voller Höhe und bei Fälligkeit zu erfüllen, so wäre die vorzeitige Kündigungsmöglichkeit entwertet.

885 Die Konkurrenz zur Rangordnung nach Art. 4 Abs. 2 S. 2 lit. i EuInsVO ist unter Rückgriff auf die allgemeinen Grundsätze des internationalen Privatrechts im Wege der Substitution zu lösen, so dass es der *lex fori concursus* vorbehalten bleibt, den Rang des Anspruchs auf Ersatz des Verfrühungsschadens – jedenfalls unterhalb der einer deutschen Masseverbindlichkeit am ehesten entsprechenden Stufe – selbst zu definieren. Dies kann dann für den Anspruch nach § 113 S. 3 InsO auch zu einer bevorrechtigten Insolvenzforderung führen, sofern die Voraussetzungen des Vorrechts nach dem ausländischen Insolvenzrecht erfüllt sind.[899] Freilich wird man fast unvermeidlich auf Auslegungsschwierigkeiten stoßen, soweit das Recht des Eröffnungsstaats die Rechtsinstitute der Fristabkürzung und des Verfrühungsschadens nicht kennt.

886 Die Erleichterungen der §§ 113, 125, 126, 128 InsO gelten im Ergebnis auch im COMI-Verfahren und einem anzuerkennenden Drittstaatenverfahren. In dem Maße, in dem sich die Rechtsprechung in dieser Richtung verfestigt, reduziert sich die Rechtsunsicherheit für einen ausländischen Verwalter darüber, ob er die Restrukturierungserleichterungen des deutschen Insolvenzarbeitsrechts durchsetzen kann. Dieses Durchsetzungsrisiko konnte bislang je nach Einzelfall durchaus legitimerweise in die Dotierung von Insolvenzsozialplänen „eingepreist" werden. Die feststellbare Ten-

---

[894] Vgl. *BAG* NZI 2008, 125; *LAG Frankfurt/Main* ZIP 2011, 289, 291; *ArbG Frankfurt/Main* ZIP 2010, 1313.
[895] S. oben Rn. 793 ff.
[896] Zum Begriff s. oben Rn. 879.
[897] Umgekehrt rechtfertigt Art. 4 Abs. 2 S. 2 lit. i EuInsVO es nicht, soweit in den Bereich des Art. 10 EuInsVO einzugreifen, dass man den Anspruch auf Ersatz des Verfrühungsschadens als ausgeschlossen betrachten würde.
[898] Da der Anspruch nach § 113 Satz 3 InsO durch die Kündigung des Verwalters ausgelöst wird, liegt es nahe, dass die meisten europäischen Insolvenzgesetze den Anspruch (ohne die Rangbestimmung in S. 3) als Masseverbindlichkeit einstufen würden.
[899] Vgl. *Virgós/Schmit* Erläuternder Bericht zu dem EU-Übereinkommen über Insolvenzverfahren, Doc. 6500/1/96 Nr. 128.

denz der Rechtsprechung zur Anwendbarkeit auch der die Arbeitnehmer belastenden Normen des Insolvenzarbeitsrechts lässt den wirtschaftlichen Gegenwert für die Gläubigergesamtheit mehr und mehr entfallen. Dieser Effekt trifft umgekehrt ebenso auf Inlandsverfahren mit Auslandswirkung zu, soweit das anwendbare ausländische Arbeitsrecht Restrukturierungserleichterungen im Insolvenzverfahren vorsieht.

6.6 Betriebsübergang im Rahmen der übertragenden Sanierung

Für das insolvenzarbeitsrechtliche Regime des Betriebsübergangs interessieren im wesentlichen zwei Themen:[900] Zunächst stellt sich die Frage, ob die zugrundeliegende *Acquired Rights*-Richtlinie („ARD")[901] bzw. deren Umsetzungsnormen (z.B. § 613a BGB für deutsche Arbeitsverhältnisse) im jeweiligen Insolvenzverfahren überhaupt gelten bzw. in welchem Umfang dies der Fall ist. Soweit einschlägig, ergibt sich die Folgefrage nach der Haftung des Betriebserwerbers für Altverbindlichkeiten. **887**

Dass § 613a BGB grundsätzlich auch in der Insolvenz gilt, ist bei rein inländischen Sachverhalten längst unstreitig und ergibt sich inzwischen auch aus § 128 Abs. 2 InsO. Die Richtlinie[902] gestattet es den Mitgliedstaaten jedoch, von der Richtlinie abweichende Regelungen für den Insolvenzfall zu treffen, mithin den Bestandsschutz des Arbeitsverhältnisses im Falle der übertragenden Sanierung anzutasten. Im internationalen Kontext ist damit das „Ob" der Wirkungen des Insolvenzverfahrens auf den Bestand des Arbeitsverhältnisses angesprochen.[903] Die Frage fällt daher unter Art. 10 EuInsVO. Bei deutschem Arbeitsvertragsstatut bleibt somit auch ein ausländischer Verwalter an § 613a BGB gebunden und kann sich nicht auf ein geringeres Schutzniveau im Eröffnungsstaat[904] berufen.[905] **888**

Die Regelung, inwieweit ein Betriebserwerber für vorinsolvenzliche Verbindlichkeiten gegenüber den Arbeitnehmern, insbesondere für die oft erheblichen Anwartschaften und Ansprüche der betrieblichen Altersversorgung einstehen muss, spielt eine entscheidende Rolle dafür, ob ein Unternehmen verkehrsfähig ist, und welche Erlöse aus dessen Veräußerung erzielt werden können. Die Frage ist nach Art. 10 EuInsVO durch das Arbeitsvertragsstatut zu beantworten, da es auch hier um Wirkungen der Verfahrenseröffnung auf das Arbeitsverhältnis geht. Im deutschen Recht besteht dabei die Besonderheit, dass sich die Beschränkung auf nachinsolvenzliche Ansprüche und Anwartschaften nicht aus dem Gesetzestext des § 613a BGB ergibt, sondern richterrechtlich anerkannt ist. Das *BAG* stützt die Haftungsbegrenzung auf eine teleologische Reduktion, also auf eine aus dem Normzweck des § 613a BGB selbst folgende Beschränkung des Anwendungsbereichs[906]. Die Beschränkung gilt gleichwohl **889**

---

900 Zum Betriebsübergang s. allgemein 9. Kap. Rn. 390 ff. und 10. Kap. Rn. 176.
901 Richtlinie 23/2001/EG des Rates v. 12.3.2001 zur Angleichung der Rechtsvorschriften der Mitgliedstaaten über die Wahrung von Ansprüchen der Arbeitnehmer beim Übergang von Unternehmen, Betrieben oder Unternehmens- oder Betriebsteilen, ABl. EG Nr. L 82/16 vom 22.3.2001 („Acquired Rights Directive" – „ARD").
902 Art. 5 ARD.
903 Vgl. MK-InsO/*Reinhart* Art. 10 EuInsVO Rn. 10.
904 So gelten nach der englischen ARD-Umsetzungsnorm Kündigungsschutzregelungen für Betriebsübergänge nicht im Insolvenzfall, vgl. Regulation 8 (7) Transfer of Undertakings (Protection of Employment) Regulations 2006 („TUPE"), zit. nach *Göpfert/Müller* NZA 2009, 1062.
905 *Gottwald/Kolmann* § 132 Rn. 63; HambKomm/*Undritz* Art. 10 EuInsVO Rn. 3.
906 St. Rspr. seit *BAG* Urt v. 17.1.1980, AP BGB 613a Nr. 18; bestätigt für die Insolvenzordnung durch *BAG* NZA 2003, 318 sowie durch *BAG* Urt. v. 15.6.2010 – 3 AZR 994/06; vgl. ErfK/*Preis* § 613a BGB Rn. 146.

auch im Rahmen eines ausländischen COMI-Verfahrens. Denn Art. 10 EuInsVO vermag das Arbeitsrecht des Vertragsstatuts nicht weiter in Geltung zu setzen, als dieses auch innerstaatlich reicht. Wenn das Sachrecht selbst seinen Anwendungsbereich durch ein ungeschriebenes Tatbestandsmerkmal „Insolvenz" eingrenzt, so verlangt ferner die Tatbestandswirkung der Anerkennung nach Art. 16 Abs. 1 EuInsVO, dass darunter auch ein COMI-Verfahren zu verstehen ist.

6.7 Insolvenzgeld

890 Der Anspruch des Arbeitnehmers auf Insolvenzgeld als staatliche Garantieleistung für vorinsolvenzlich offengebliebene Entgeltansprüche stellt keine Wirkung des Insolvenzverfahrens auf das Arbeitsverhältnis dar und richtet sich damit nicht nach der EuInsVO.[907] Der Gesetzgeber der EuInsVO geht davon aus, dass das Recht des Staates Anwendung findet, in dem sich die Garantieeinrichtung befindet.[908] Nach Art. 8a Abs. 1 der „Zahlungsunfähigkeits"-Richtlinie[909] ist die Garantieeinrichtung desjenigen Staates zuständig, in dem der Arbeitnehmer gewöhnlich seine Arbeit verrichtet.[910] § 183 Abs. 1 S. 2 SGB III sieht nunmehr vor, dass auch ein ausländisches Insolvenzereignis als leistungsauslösend anzuerkennen ist. Auch hier greift die Tatbestandswirkung des Art. 16 EuInsVO,[911] so dass zumindest sämtliche in Anhang A der EuInsVO aufgeführten Verfahren als derartige Insolvenzereignisse zu behandeln sind.

891 So wichtig diese Regelung für die von Lohnausfall betroffenen Mitarbeiter auch ist, bleiben die Chancen, Insolvenzgeld zum Zwecke der Unternehmensstabilisierung im COMI-Verfahren zu nutzen, hinter der Bedeutung der entsprechenden innerstaatlichen Praxis zurück. Der in einer inländischen Insolvenzgeldvorfinanzierung liegende erhebliche Sanierungsvorteil könnte in einem COMI-Verfahren nur nutzbar gemacht werden, wenn in diesem Verfahren während des Insolvenzgeldzeitraums nach dem Recht des Eröffnungsstaats keine Masseverbindlichkeiten generiert werden. Ferner müsste dieses Verfahren (dennoch) nach Art. 16 Abs. 1 EuInsVO anerkannt sein und dementsprechend als Insolvenzereignis gelten.[912]

6.8 Betriebliche Altersversorgung

892 Ansprüche und Anwartschaften aus der betrieblichen Altersversorgung unterliegen grundsätzlich dem Arbeitsvertragsstatut.[913]

893 Die Eintrittspflicht des PSVaG kann durch Rechtswahl (vgl. Art. 8 Abs. 1 S. 1 Rom I-VO) nicht beeinflusst werden. Voraussetzung der Insolvenzsicherung ist, dass der Arbeitgeber vom Betriebsrentengesetz (BetrAVG) erfasst wird und zu Beitragsleis-

---

907 *Kindler* in Kindler/Nachmann, § 4 Rn. 89; *Göpfert/Müller* NZA 2009, 1062.
908 *Virgós/Schmit* Erläuternder Bericht zu dem EU-Übereinkommen über Insolvenzverfahren, Doc. 6500/1/96 Nr. 128.
909 Richtlinie (EWG) 987/1980 des Rates vom 20.10.1980 über den Schutz der Arbeitnehmer bei Zahlungsunfähigkeit des Arbeitgebers , geändert durch Richtlinie (EG) 274/2002 des Europäischen Parlaments und des Rates vom 23.9.2002, ABl. L 270 vom 8.10.2002.
910 Zu den Einzelheiten der Anknüpfung, insbesondere ob noch eine inländische Niederlassung erforderlich ist, s. MK-InsO/*Reinhart* Art. 10 EuInsVO Rn. 11 ff.; *Göpfert/Müller* NZA 2009, 1062, HambKomm-InsO/*Ahrendt* Anh. zu § 113 Rn. 7, jew. m.w.N.
911 So auch MK-InsO/*Reinhart* Art. 10 EuInsVO Rn. 16.
912 Vgl. oben Rn. 793 ff.
913 HambKomm-InsO/*Undritz* Art. 10 EuInsVO Rn. 3; *Uhlenbruck/Lüer* Art. 10 EuInsVO Rn. 13; HK-InsO/*Stephan* § 337 Rn. 10., Art. 10 EuInsVO Rn. 5.

tungen zum PSVaG verpflichtet ist.[914] Ferner wird verlangt, dass über den Arbeitgeber auch nach deutschem Recht ein Insolvenzverfahren eröffnet werden kann.[915] Die Eröffnung eines COMI-Verfahrens gilt kraft Tatbestandswirkung des Art. 16 Abs. 1 EuInsVO als Sicherungsfall i.S.d. § 7 Abs. 1 S. 1 BetrAVG und wird als solcher vom PSVaG in ständiger Praxis auch anerkannt. Die Einstufung der auf den PSVaG nach § 9 Abs. 2 S. 1 BetrAVG übergegangenen Ansprüche richtet sich gem. Art. 4 Abs. 2 lit. i EuInsVO wiederum nach dem Recht des Eröffnungsstaates.

Führt der Verwalter den schuldnerischen Betrieb nach der Verfahrenseröffnung fort, so schuldet er den Arbeitnehmern als Gegenleistung für deren nach diesem Zeitpunkt erbrachte Arbeitsleistungen die vertragliche Vergütung, einschließlich der Betriebsrentenzusagen in dem Rang, den das Recht des Eröffnungsstaats bestimmt. Verwaltern und Arbeitnehmervertretern in deutschen Betrieben ist zu empfehlen, frühzeitig zu ermitteln, ob es sich dabei um eine Befriedigungsstufe handelt, die Masseverbindlichkeiten nach deutschem Recht entspricht, und ggf. ergänzende Vereinbarungen zu treffen. **894**

Im Interesse einer zügigen Verfahrensabwicklung müssen nach Verfahrenseröffnung erdiente Anwartschaften – sofern nicht wie z.B. bei Direktversicherungen eine Freigabe des Sicherungsgegenstands an den Arbeitnehmer ausreicht – auch in einem COMI-Verfahren nach § 3 Abs. 4 BetrAVG abgefunden oder nach § 4 Abs. 4 BetrAVG auf eine Liquidationsversicherung übertragen werden können. Dies ist dadurch gewährleistet, dass die Eröffnung eines ausländischen COMI-Verfahrens über Art. 16 Abs. 1 EuInsVO ein Insolvenzereignis im Sinne der genannten Vorschriften darstellt. **895**

7. Insolvenzantragspflichten in internationalen Sanierungsfällen

7.1 Risiko der Konzern-Fragmentierung durch „flächendeckende" Insolvenzantragstellung

Die Anerkennung ausländischer Insolvenzverfahren erleichtert die Bewahrung des Konzernzusammenhalts auch in Hinblick auf Insolvenzantragspflichten, wie sie im deutschen Recht seit dem 1.11.2008 in § 15a InsO zusammengefasst sind.[916] Das autonome Recht bleibt hier allerdings deutlich hinter der EuInsVO zurück. **896**

Insolvenzantragspflichten bezwecken die rechtzeitige Einleitung eines Insolvenzverfahrens, um sowohl Altgläubiger vor einer Auszehrung der Haftungsmasse als auch Neugläubiger vor Geschäftsabschlüssen ohne Massedeckung der daraus erwachsenden Kreditierungen zu schützen.[917] Sie sind insofern durchaus als sanierungsfreundlich zu verstehen und dienen wesentlichen Interessen der beteiligten Stakeholder. **897**

Geschäftsführer bzw. Vorstände sollten ihrerseits im eigenen Interesse nachdrücklich bestrebt sein, die zumeist einschneidenden Sanktionen versäumter oder fehlerhafter Erfüllung von Antragspflichten – in Deutschland: persönliche Haftung und strafrechtliche Verantwortlichkeit – zu vermeiden.[918] Zumindest im deutschen Recht wird dies dadurch erschwert, dass eine Antragspflicht nicht endet, wenn ein eigener oder von **898**

---

914 FK-InsO/*Wenner/Schuster* § 337 Rn. 10.
915 *Gottwald/Kolmann* § 132 Rn. 66; FK-InsO/*Wenner/Schuster* § 337 Rn. 10.
916 Ausführlich zu Insolvenzantragspflichten unten 4. Kap. Rn. 46 ff., 8. Kap. Rn 51 ff.
917 HambKomm-InsO/*Wehr* § 15a Rn. 1
918 Vgl. *Leithaus/Riewe* NZI 2008, 598; zur Haftung und strafrechtlichen Verantwortlichkeit s. oben 8. Kap. Rn. 29 ff., 54 ff., 66.

dritter Seite gestellter Antrag als unzulässig abgewiesen wird,[919] insbesondere mangels internationaler Zuständigkeit.

899 Gerade deswegen sind Antragspflichten bei international operierenden Konzernen jedoch geeignet, eine koordinierte Sanierung zu stören bzw. zu gefährden.

900 Die (potentiellen) Pflichtadressaten, namentlich das Management, stehen hier immer dann vor einer heiklen Aufgabe, wenn die (von ihnen im voraus zu ermittelnde) internationale Zuständigkeit auf einen vom Satzungssitz oder gesellschaftsrechtlichen Gründungsstatut abweichenden Staat verweist. Besonders groß erscheint das Risiko, wenn wichtige Unternehmensfunktionen – für Dritte erkennbar – in verschiedenen Staaten wahrgenommen werden und sich der Satzungssitz in einem dieser Staaten, die tatsächliche Entscheidungszentrale hingegen in einem anderen befindet.

901 Sollte sich das Management in derartigen Situationen zu möglichst „flächendeckender" Antragstellung hinreissen lassen, besteht die Gefahr von (zunächst) parallelen Hauptverfahrenseröffnungen und unkoordinierten Sekundäreröffnungen, die gerade in der kritischen Stabilisierungsphase nach Antragstellung zu allgemeiner Verunsicherung aller wirtschaftlich Beteiligten führen und eine Fragmentierung des Konzerns sowie Betriebunterbrechungen nach sich ziehen können. Die Erfolgsaussichten einer notwendigen Sanierung drohen hierdurch im Keim erstickt zu werden.

902 Mutwillig „flächendeckende" Insolvenzanträge mit dem vorrangigen Ziel, sich aus der persönlichen Verantwortlichkeit zu befreien, können je nach Sachlage durchaus den Sorgfaltspflichten der Geschäftsleitung sowohl aus dem jeweiligen Gesellschaftsstatut als auch aus dem Anstellungsverhältnis zuwiderlaufen, auch wenn man § 15a InsO keine Sanierungspflicht entnehmen kann.[920] Das Management befindet sich daher nicht selten in einem Dilemma.

7.2 Abhängigkeit der Antragspflichten vom Internationalen Privat- und Verfahrensrecht

903 Ob und mit welchem Inhalt Insolvenzantragspflichten bestehen, und welche Personen davon erfasst werden, richtet sich bei Auslandsbezug zunächst danach, ob entsprechende Pflichten gesellschaftsrechtlich oder insolvenzrechtlich zu qualifizieren sind[921]. Im ersten Fall richtet sich die Pflicht nach dem Gesellschaftsstatut. Für die praktisch besonders bedeutsamen EU- und US-Gesellschaften ist dies das Recht des Mitgliedstaats bzw. US-Einzelstaats, unter dem die Gesellschaft errichtet wurde.[922]

Die im deutschen Recht vorzufindenden Antragspflichten sind jedoch spätestens seit ihrer Zusammenfassung in § 15a InsO als insolvenzrechtlich zu verstehen.[923]

904 Bei dieser Einordnung wird die Antragspflicht vom anwendbaren Verfahrensrecht abhängig, das seinerseits der internationalen Zuständigkeit folgt.[921] Als Bestandteil

---

919 *Hirte* in Uhlenbruck, § 15a Rn. 18.
920 *Hirte* in Uhlenbruck, § 15a Rn. 13.
921 *Leithaus/Riewe* NZI 2008, 599.
922 Vgl. für EU-Gesellschaften: *EuGH* ZIP 1999, 438 – Centros; ZIP 2002, 2037 – Überseering; ZIP 2003, 1885 – Inspire Art. Vgl. für US-Gesellschaften: *BGH* ZIP 2003, 720; ZIP 2004, 1549; MK-BGB/*Kindler* IntGesR Rn. 333 ff.; 427 ff.
923 MK-BGB/*Kindler* Art. 4 EuInsVO Rn. 11; MK-InsO/*Reinhart* Art. 4 EuInsVO Rn. 7; *Paulus* Art. 4 Rn. 10; *Pannen/Riedemann* Art. 4 Rn. 82; *Leithaus/Riewe* NZI 2008, 600; kritisch *Uhlenbruck/Hirte* § 15a Rn. 2 f.

des Kern-Insolvenzrechts nach Art. 4 Abs. 2 S. 1 EuInsVO und § 335 InsO knüpfen insolvenzrechtlich zu qualifizierende Antragspflichten an das Recht des Mitgliedstaats, in dem sich der COMI befindet[924] bzw. an das Recht des zur Eröffnung eines Hauptverfahrens international zuständigen Drittstaates an. Insolvenzrechtliche Anknüpfungen muten den Adressaten der in Frage kommenden Pflichten somit zu, den aktuellen COMI (bzw. eine drittstaatliche internationale Zuständigkeit) fortlaufend zu überwachen, Antragspflichten nach entsprechendem Insolvenzstatut zu kennen bzw. sich entsprechend beraten zu lassen und die tatsächliche Lage darunter zu subsumieren. Für den (potentiellen) Adressatenkreis, insbesondere die Geschäftsführer und Vorstände der einzelnen Konzern-Gesellschaften werden die Antragspflichten damit zu einem *„moving target"*.

Sofern danach eine Antragstellung notwendig ist, darf und muss diese – nur – in demjenigen Staat erfolgen, dessen Gerichte für eine Hauptverfahrenseröffnung zuständig sind.[925] Die Antragspflicht nach § 15a InsO entfällt, auch bei deutschem Gründungsstatut, wenn der COMI der Gesellschaft im EU-Ausland liegt.[926] Dasselbe muss gelten, wenn die Gerichte eines Drittstaates sowohl nach eigenem Recht als auch nach deutschem Maßstab („Anerkennungszuständigkeit") zur Eröffnung eines universellen Hauptverfahrens berufen sind und letzteres nicht gegen den deutschen *ordre public* verstößt.[927] **905**

Die Antragspflichten des § 15a InsO zielen auf ein universelles, d.h. das gesamte, auch ausländische Vermögen erfassende Insolvenzverfahren. Es besteht keine Pflicht zur Beantragung eines Partikularverfahrens, und erst recht nicht eines Sekundärverfahrens.[928] Im europäischen Rahmen tritt ein weiterer Aspekt hinzu: nach der EuInsVO soll eine Insolvenz nach Möglichkeit in einem einzigen Verfahren abgewickelt werden *können*. Eine Pflicht, diesen Grundgedanken durch Sekundäranträge konterkarieren zu *müssen*, wäre demnach europarechtswidrig.[929] **906**

7.3 Risiko-Management für Vertretungsorgane und sonstige Antragspflichtige

Im praktischen Sanierungsfall wird der Adressatenkreis etwaiger Antragspflichten verständlicherweise um größtmögliche Rechtssicherheit bemüht sein. **907**

Für COMI-Verfahren erscheint das Risiko inzwischen kalkulierbar und tragbar. Abschließende Rechtssicherheit wird hier schon dann erreicht, wenn eine gerichtliche Entscheidung ergangen ist, die als Eröffnung eines Insolvenzverfahrens nach Art. 16 Abs. 1 EuInsVO anzuerkennen ist.[930] Eine Überprüfung des COMI, und damit des Verfahrensstatuts,[931] sowie der Wirksamkeit und Richtigkeit des Antrags ist den Gerichten der Anerkennungsstaaten – auch im Haftungs- und Strafprozess gegen die Geschäftsführung – versperrt.[932] **908**

---

924 *Hirte* in Uhlenbruck, § 15a Rn. 4; HambKomm-InsO/*Wehr* § 15a Rn. 4.; *Paulus* Art. 4 Rn. 10 f.
925 *Paulus* Art. 29 Rn. 10.
926 *AG Köln* NZI 2005, 564; HambKomm-InsO/*Wehr* § 15a Rn. 4.
927 Vgl. HambKomm-InsO/*Wehr* § 15a Rn. 4.
928 *Hirte* in Uhlenbruck § 15a Rn. 5.
929 *Paulus* Art. 29 Rn. 11.
930 *Leithaus/Riewe* NZI 2008, 599.
931 Zum Begriff s. oben Rn. 813.
932 S. dazu Rn. 783.

909 Unter dem Aspekt der Fristwahrung kommt es dem Antragspflichtigen entgegen, dass für die Anerkennung als Hauptverfahren nach der *EuGH*-Rechtsprechung[933] bereits die Anordnung eines vorläufigen Verfahrens genügt, wenn dieses mit einem Vermögensbeschlag verbunden ist und ein in Anhang C zur EuInsVO genannter Verwalter bestellt wird.[934] In Sanierungsfällen wird eine solche Entscheidung typischerweise in den ersten Stunden oder Tagen nach Antragstellung getroffen. Der Antragsteller erlangt somit rasch Klarheit darüber, ob sich das angerufene Gericht für zuständig hält und kann ggf. noch innerhalb etwaiger Antragsfristen reagieren.

910 Antragspflichtige Personen sollten dabei darauf achten, ob das Gericht ausdrücklich auf Art. 3 EuInsVO Bezug nimmt oder zumindest in geeigneter Weise (z.B. in Deutschland durch ein „IE"-Aktenzeichen) dokumentiert, dass es sich des Auslandsbezugs – und damit der zwingenden Folgefrage der internationalen Zuständigkeit – bewusst war.[935]

911 Wird nur ein Drittstaatenverfahren beantragt, verbleibt ein erhebliches Risiko, dass ein inländisches Gericht erst lange nach dem Insolvenzantrag, insbesondere im Haftungs- oder Strafprozess, die internationale „Anerkennungszuständigkeit" des drittstattlichen Gerichts gem. § 343 Abs. 1 Nr. 1 InsO ablehnt[936] und so zu einer – verletzten – Antragspflicht nach § 15a InsO gelangt. Die gleiche Folge tritt ein, wenn das eröffnete Drittstaatenverfahren seiner Art nach nicht als anerkennungsfähiges Insolvenzverfahren eingestuft wird. Eine Rechtssicherheit, wie sie der abschließende Katalog des Anhangs A zur EuInsVO vermittelt, fehlt im autonomen Recht.[937]

912 Die anspruchsvollen objektiven Anforderungen an die möglichen Adressaten einer Antragspflicht verlangen – besonders bei Drittstaatenbezug – nach einem Korrektiv auf der Ebene der subjektiven Verantwortlichkeit. Daher lässt sich der Vorwurf der Insolvenzverschleppung im Falle einer gutgläubigen Antragstellung beim falschen Gericht nicht rechtfertigen.[938] Zur Risikoabfederung gehört dabei, dass (potentiell) antragspflichtige Personen dokumentieren können, dass sie entsprechende rechtliche Beratung in Anspruch genommen und auf die ihnen erteilten Rechtsauskünfte hinsichtlich der internationalen Zuständigkeit vertraut haben.[939]

8. Sekundärinsolvenzverfahren – unvermeidbares Sanierungshindernis?

913 Die Wirkungserstreckung ausländischer Insolvenzverfahren findet neben den sachlichen Grenzen, die dem Kern-Insolvenzrecht gesetzt sind,[940] auch eine territorial-haftungsrechtliche Begrenzung.[941] Diese besteht darin, dass nach Art. 3 Abs. 2 und 3 i.V.m. Art. 27 EuInsVO in den EU-Anerkennungsstaaten Sekundärverfahren mit nur territorialer Wirkung eröffnet werden können. Gleiches gilt nach § 356 InsO in Drittstaatenfällen hinsichtlich Sekundärverfahren in Deutschland.

---

933 *EuGH* ZIP 2006, 909 Rn. 45–58, insb. Rn. 50, 54.
934 Vgl. dazu Rn. 787 f.
935 Vgl. dazu Rn. 785.
936 S. dazu Rn. 804.
937 S. dazu Rn. 784, 807 f.
938 *Mankowski* NZI 2006, 487; *Leithaus/Riewe* NZI 2008, 601.
939 *Leithaus/Riewe* NZI 2008, 601.
940 S. dazu oben Rn. 801 ff., 823 ff.
941 *Huber* ZZP 2001, 147; *Kindler* in Kindler/Nachmann, § 2 Rn. 70.

Den sog. Partikularverfahren, bei denen am Ort der internationalen Zuständigkeit noch kein Hauptverfahren eröffnet wurde,[942] und den Sekundärverfahren, bei denen ein anzuerkennendes Hauptverfahren vorliegt, ist gemein, dass der Insolvenzbeschlag sich von vornherein auf das inländische Vermögen beschränkt.[943] Für diese Verfahren wird angesichts fehlender internationaler Hauptverfahrens-Zuständigkeit auf die von den meisten Rechtsordnungen (einschließlich der deutschen) grundsätzlich beanspruchte Universalität[944] verzichtet. Sie können deshalb treffend unter dem Begriff „Territorialverfahren" zusammengefasst werden.[945] 914

Die Möglichkeit von Sekundärverfahren und der damit drohende Zerfall einer auf Rechtsträgerebene einheitlichen und auf Konzernebene koordinierten Insolvenzverwaltung können zu der oben beschriebenen wertvernichtenden Fragmentierung des Konzerns, zu Blockadesituationen und letztlich zu (unnötigen) Betriebsschließungen führen. Sie stellen damit eine wesentliche Gefahr für den Erfolg der Sanierung dar. 915

Partikularverfahren sind indes für internationale Sanierungen kaum relevant, zumal ein Partikularverfahren automatisch zum Sekundärverfahren wird, wenn ein Hauptverfahren in einem anderen Staat eröffnet wird.[946] 916

8.1 Voraussetzungen und Wirkungen von Sekundärinsolvenzverfahren

Die Anforderungen, die an die Eröffnung eines Sekundärverfahrens gestellt werden, sind denkbar niedrig.[947] Sie laufen nach Art. 29 EuInsVO weitgehend auf eine Art „*opting out*" für den Hauptinsolvenzverwalter und die im Sekundärverfahrensstaat antragsbefugten Personen, vor allem die Insolvenzgläubiger hinaus. 917

Hingegen ist es – jedenfalls aus deutscher Sicht – dem Vorstand bzw. der Geschäftsführung des Schuldnerunternehmens nicht möglich, aus eigener Rechtsmacht ein Sekundärverfahren zu initiieren, da es dem Schuldner insoweit an der Antragsbefugnis fehlt.[948] Damit ist es im Falle einer Konzerninsolvenz den – möglicherweise personengleichen – Vertretungsorganen der schuldnerischen Gesellschaften verwehrt, eine Bündelung von COMI-Verfahren durch gezielte Sekundärantragstellungen aufzubrechen oder aus der Drohung mit einem derartigen Verhalten Erpressungspotential bzw. Lästigkeitswerte zu generieren. Die Steuerungsgewalt, auf Schuldnerinitiative Sekundärverfahren herbeizuführen, steht insoweit dem Hauptverwalter zu. 918

---

942 MK-InsO/*Reinhart* Vor §§ 335 ff. Rn. 28.
943 Art. 3 Abs. 2 S. 2 EuInsVO; §§ 354 Abs. 1, 356 Abs. 1 InsO.
944 *Kindler* in Kindler/Nachmann, § 1 Rn. 1, 3.
945 Die Terminolgie ist bislang uneinheitlich geblieben, vgl. *Kindler* in Kindler/Nachmann, § 1 Rn. 24 m.w.N. Die häufig verwendeten Oberbegriffe „Nebenverfahren" und „Parallelverfahren" überzeugen nicht recht, da neben einem Parikularverfahren nicht zwangsläufig ein weiteres Partikularverfahren in einem anderen Staat bestehen muss.
946 *Kindler* in Kindler/Nachmann, § 1 Rn. 26; *Virgós/Schmit* Erläuternder Bericht zu dem EU-Übereinkommen über Insolvenzverfahren, Doc. 6500/1/96 Nr. 25.
947 *Kindler* in Kindler/Nachmann, § 1 Rn. 25.
948 Nach den meisten Rechtsordnungen – einschließlich der deutschen – verliert der Schuldner mit Eröffnung des Hauptinsolvenzverfahrens die Verwaltungs- und Verfügungsbefugnis. Die Entziehung eines lokalen Vermögens aus der Verfügungsmacht des Hauptverwalters durch Eigen-Sekundärantrag käme einer unzulässigen Verfügung über eine Teilmasse gleich, vgl. MK-BGB/*Kindler* Art. 29 EuInsVO Rn. 12; HambKomm-InsO/*Undritz* Art. 29 EuInsVO Rn. 3; *Pannen/Herchen* Art. 29 Rn. 22 f.; *Smid* Art. 29 EuInsVO Rn. 9; im Ergebnis ebenso, aber mit anderer Begründung *Paulus* Art. 29 Rn. 6 f.; a.A. AG Köln ZIP 2004, 471, 473 – Automold; *Uhlenbruck/Lüer* Art. 29 EuInsVO Rn. 3.

919 Zuständigkeitsbegründend ist nach Art. 3 Abs. 2 EuInsVO bereits eine Niederlassung i.S.d. Art. 2 lit. h EuInsVO, also ein „Tätigkeitsort, an dem der Schuldner einer wirtschaftlichen Aktivität von nicht vorübergehender Art nachgeht, die den Einsatz von Personal und Vermögenswerten voraussetzt". Hierunter sind alle Arten von Tätigkeiten mit einem wirtschaftlichen Zusammenhang zu verstehen, ohne dass es einer Gewinnerzielungsabsicht in Bezug auf die Niederlassung selbst bedarf.[949] Allerdings wird allgemein eine Erkennbarkeit der Tätigkeit für Dritte verlangt. Das bedeutet aber nicht, dass aus der Niederlassung heraus auch Rechtsgeschäfte abgeschlossen werden.[950] Ferner muss ein Mindestmaß an Organisation vorhanden sein[951]. Niederlassung in diesem Sinne kann somit auch eine reine Produktionsstätte mit fremdgestelltem Personal und in der Konzernzentrale organisiertem Einkauf und Vertrieb sein.

920 Der Begriff der Niederlassung setzt nicht die Tätigkeit eigener Arbeitnehmer der schuldnerischen Gesellschaft voraus. Ausreichend ist auch der Einsatz anderer Personen aufgrund von Aufträgen, Geschäftsbesorgungsverträgen oder konzerninterner Aufgabenverteilung, sofern diese Personen nach außen für den Schuldner auftreten.[952] Das *AG München* hat den Niederlassungsbegriff insoweit im Sekundäreröffnungsbeschluss über die *BenQ Mobile Holding B.V.* anhand von sechs namentlich bezeichneten Mitarbeitern der operativen *BenQ Mobile GmbH & Co. OHG*, die für jene *Treasury*-Funktionen wahrgenommen hatten, durchdekliniert.[953]

921 Nach deutschem Recht für Drittstaatenverfahren genügt für die Zulässigkeit des inländischen Sekundärverfahrens bereits die bloße Existenz von im Inland belegenem Vermögen. Eine Niederlassung ist hier nicht erforderlich.

922 Sowohl nach der EuInsVO als auch nach autonomem Recht sind Insolvenzgründe für die Entscheidung über die Sekundäreröffnung nicht zu prüfen.[954] Im Übrigen richten sich die Eröffnungsvoraussetzungen nach dem Recht des Staates, in welchem das Sekundärverfahren eröffnet werden soll.[955]

923 Wird ein Sekundärverfahren eröffnet, so scheidet das im Sekundärverfahrensstaat belegene Vermögen aus dem Insolvenzbeschlag des Hauptverfahren aus.[956] Der Vermögensbeschlag, die Verwalterbefugnisse, die Rangordnung in der Verteilung und der Verfahrensablauf richten sich gem. Art. 28 EuInsVO grundsätzlich nach den Vorschriften des Staates der Sekundäreröffnung *(lex fori concursus secundariae).*[957]

924 Zu beachten ist, dass das sekundäre Kern-Insolvenzrecht, das sich auf Art. 28 EuInsVO stützt, der insoweit Art. 4 EuInsVO lediglich wiederholt, seinerseits

---

949 *Paulus* Art. 2 Rn. 31; *Pannen/Riedeman* Art. 2 Rn. 52; MK-InsO/*Reinhart* Art. 2 EuInsVO Rn. 28.
950 MK-InsO/*Reinhart* Art. 2 EuInsVO Rn. 28; MK-BGB/*Kindler* Art. 2 EuInsVO Rn. 24.
951 *EuGH GA* ZIP 2011, 918, 924 – Interedil.
952 *AG München* ZIP 2007, 495; einschränkend MK-InsO/*Reinhart* Art. 2 EuInsVO Rn. 30, wonach dies für erkennbar selbstständige Personen wie Alleinvertriebshändler, Handelsvertreter u.ä. nicht gelten soll.
953 *AG München* ZIP 2007, 495 f.
954 Art. 27 S. 1 EuInsVO, § 356 Abs. 3 InsO.
955 MK-BGB/*Kindler* Art. 27 EuInsVO Rn. 17 ff; MK-InsO/*Reinhart* Art. 27 EuInsVO Rn. 18 f.
956 *Kindler* in Kindler/Nachmann, § 3 Rn. 118. Nach Auffassung des *AG Köln* ZIP 2004, 474, wird der Vermögensbeschlag durch ein COMI-Verfahren nicht durch die Sekundäreröffnung verdrängt, wenn für diese die Eigenverwaltung angeordnet wird (zweifelhaft).
957 *Kindler* in Kindler/Nachmann, § 3 Rn. 102.

ebenfalls durch die Sonderanknüpfungen und Sachnormen der Art. 5–15 EuInsVO begrenzt wird.[958]

Das Sekundärverfahren ist ausländischen Gläubigern nicht verschlossen[959], was besonders im allseitigen Forderungsanmeldungsrecht nach Art. 32 Abs. 1 EuInsVO zum Ausdruck kommt. Wirtschaftlich bewirkt die Sekundäreröffnung somit die territoriale Teilung der Aktivmasse, nicht jedoch der Schuldenmasse.[960] 925

8.2 „Liquidationsverfahren": Zerschlagung, Asset Deal, Insolvenzplan?

Art. 3 Abs. 3 S. 2, 27 S. 2 EuInsVO schreiben vor, dass das Sekundärverfahren ein „Liquidationsverfahren" nach Art. 2 lit. c EuInsVO nebst Anhang B zu sein habe. Es wäre höchst sanierungsfeindlich, wenn dies als Zwang zur Zerschlagung verstanden würde. Völlig zu Recht brandmarkt *Paulus* die Unsinnigkeit einer solchen Auffassung und weist nach, dass eine solche Interpretation sich auch systematisch am Regelungsgefüge der EuInsVO stößt.[961] 926

Sie entspricht auch nicht dem Schutzzweck des Sekundärverfahrens: Ein einzelner Gläubiger soll seine Rechtsposition, die ihm das Kern-Insolvenzrecht des Sekundärverfahrensstaats an den dort belegenen Gegenständen einräumt, bewahren können.[962] Er soll aber nicht in die Lage versetzt werden, zum Schaden der universellen Gläubigergesamtheit eine Zerschlagung eines restrukturierungs- und sanierungsfähigen Schuldnerunternehmens erzwingen zu können. Umgekehrt ist nicht einzusehen, warum ein (ungesicherter) Gläubiger den ihm durch das Kern-Insolvenzrecht des Sekundärverfahrensstaats gewährten Schutz nur um den Preis einer – wertvernichtenden – Zerschlagung beanspruchen können sollte, die ihn als Gläubiger beider Teilmassen unweigerlich ebenfalls träfe. 927

Hintergrund des Art. 27 S. 2 EuInsVO ist, dass man bei den Beratungen zum EuInsÜ der Auffassung war, dass eine Niederlassung einzeln nicht saniert werden könne, und eine mit dem Hauptverfahren abgestimmte Restrukturierung schwierig sei.[963] 928

Die Praxis hat indes am Beispiel des Sekundärverfahrens über eine französische Gesellschaft des *Nortel*-Konzerns – bei aller Schwierigkeit – gezeigt, dass dies zumindest für übertragende Sanierungen durch (in diesem Fall weltweit zusammengefasste) *asset deals* und die dazu notwendigen vorherigen Restrukturierungsmaßnahmen möglich ist. Da ein *asset deal* insolvenzrechtlich eine Form der Verwertung darstellt, ist jedenfalls die übertragende Sanierung auch im Sekundärverfahren zulässig.[964] 929

Darüber hinaus steht der Begriff „Liquidationsverfahren" nach hier vertretener Auffassung auch einer rechtsträgererhaltenden Sanierung durch Insolvenzplan[965] nicht 930

---

958 *Göpfert/Müller* NZA 2009, 1063.
959 *Becker* Rn. 124, 127; *Virgós/Schmit* Erläuternder Bericht zu dem EU-Übereinkommen über Insolvenzverfahren, Doc. 6500/1/96 Nr. 27.
960 Lediglich die Verteilung der Erlöse muss zwischen den Verfahren koordiniert werden, damit es nicht zu Doppelberücksichtigungen und damit zu Verletzungen der Gläubigergleichbehandlung kommt; vgl. Erwägungsgrund 21 zur EuInsVO.
961 *Paulus* Art. 3 Rn. 50 ff.
962 S. dazu Rn. 934 f.
963 *Virgós/Schmit* Erläuternder Bericht zu dem EU-Übereinkommen über Insolvenzverfahren, Doc. 6500/1/96 Nr. 221.
964 MK-BGB/*Kindler* Art. 27 EuInsVO Rn. 22; *Pannen/Herchen* Art. 27 Rn. 84.
965 Ausführlich zum Insolvenzplan nach deutschem Recht oben 9. Kap. Rn. 67 ff.

entgegen.⁹⁶⁶ Zum einen folgt aus Art. 34 Abs. 1 UAbs. 2 EuInsVO die Zulässigkeit der Beendigung eines in Anhang B genannten Verfahrens durch Insolvenzplan, da dort der nicht vom Hauptverwalter aufgestellte Sanierungsplan ausdrücklich angesprochen ist und lediglich unter den Vorbehalt der Zustimmung des Hauptverwalters gestellt wird.⁹⁶⁷ Zum anderen ermöglicht Art. 34 Abs. 1 UAbs. 1 EuInsVO die Einbeziehung der Sekundärmasse in ein übergeordnetes Sanierungskonzept, indem er dem Hauptverwalter insoweit ein Vorschlagsrecht einräumt.

8.3 Psychologie vs. Interessen – Akzeptanz des Hauptverfahrens oder Wettlauf der Eröffnungen?

931 Zu den Grundproblemen des internationalen Insolvenzrechts gehört es, dass ausländischen Insolvenzverfahren – oft auch aufgrund von Missverständnissen über das fremde Recht oder aus dessen bloßer Unkenntnis – Misstrauen entgegengebracht wird und daher Wege gesucht werden, um zumindest inländische Vermögensgegenstände nach inländischem Recht zu verwerten.⁹⁶⁸ Bei Konzerninsolvenzen spielt dabei in der Praxis, insbesondere bei wenig insolvenzerfahrenen Lieferanten, Kunden und Arbeitnehmern die Furcht vor einer Massenverschmelzung,⁹⁶⁹ die über die Haftungszuordnungen zu den einzelnen Gesellschaften hinweg ginge, eine wichtige Rolle.

932 Es sollte in jedem Eröffnungsstaat als Bestandteil einer professionellen COMI-Verwaltung gelten, insofern vermeidbare Irrtümer zu zerstreuen, die Besonderheiten des anwendbaren Kern-Insolvenzrechts zu erläutern und durch eine klare Gläubigerkommunikation und -beteiligung Vertrauen herzustellen.

8.3.1 Rationale Entscheidungsmaßstäbe

933 Inzwischen ist in der Praxis eine Versachlichung der Diskussion über Sekundärverfahren, bei der die objektive Interessenlage immer mehr in den Vordergrund rückt, zu beobachten. Es ist zu erwarten, dass – jenseits von überzogenen „Verklärungen" einzelner Insolvenzregimes und unreflektierter Scheu vor fremden Rechtsordnungen – immer häufiger die rationale Abwägung von Vor- und Nachteilen eines Sekundärverfahrens durch die potentiellen Antragsteller den Ausschlag geben wird.

934 Aus Gläubigerperspektive bewegen sich Sekundärverfahren im Spannungsfeld zwischen geschützten partikularen Gläubigerinteressen und dem Interesse der universalen Gläubigergesamtheit.

935 Einerseits soll Gläubigern, die nach dem Kern-Insolvenzrecht eines bestimmten Staates direkt⁹⁷⁰ oder indirekt⁹⁷¹ besser stehen, die Möglichkeit erhalten bleiben, die für sie günstige Haftungszuordnung von Vermögensgegenständen, die in diesem Staat belegen sind, zu verteidigen.⁹⁷² Dabei kommt es nicht darauf an, ob es sich um einen – nach Sitz, Aufenthalt oder Staatsangehörigkeit – „einheimischen" Gläubiger im Sekundärverfahrensstaat handelt. Entscheidend ist vielmehr, ob und wie das Kern-

---

966 Ebenso HambKomm-InsO/*Undritz* Art. 34 EuInsVO Rn. 1; *Paulus* Art. 34 Rn. 3.
967 MK-InsO/*Reinhart* Art. 27 EuInsVO Rn. 21; *Pannen/Herchen* Art. 27 Rn. 84.
968 MK-InsO/*Reinhart* Vor §§ 335 ff. Rn. 28.
969 Zur Unzulässigkeit der *substantive consolidation* im europäischen Rechtsrahmen s. Rn. 720, 742.
970 Z.B. durch einen Vorrang ihrer eigenen Forderung.
971 Z.B. durch einen Nachrang einer (erheblichen) Forderung eines anderen Gläubigers, der sich quotenerhöhend auswirkt.
972 Vgl. Erwägungsgründe 12, 18, 21 zur EuInsVO.

Insolvenzrecht dieses Staats das rechtliche Interesse eines (inländischen oder ausländischen) Gläubigers an dem dort belegenen Vermögen schützt.[973] So hat z.B. auch der niederländische ungesicherte Gläubiger ein Interesse daran, dass das deutsche Recht der Gesellschafterdarlehen im Sekundärverfahren – im Gegensatz zum niederländischen Recht des Hauptverfahrens[974] – den (z.B. taiwanesischen) Gesellschafter in den Nachrang verweist.

Andererseits haben die Gläubiger in ihrer Gesamtheit ein berechtigtes Interesse daran, dass die ihnen insgesamt zufließende Insolvenzdividende nicht geschmälert wird. Durch eine Sekundäreröffnung wird die Gesamtmasse aber (zunächst) nicht vermehrt, sondern nur geteilt[975] und durch die Kosten des Sekundärverfahrens, insbesondere eine weitere Verwaltervergütung belastet. Darüber hinaus entstehen sowohl im Haupt- als auch im Sekundärverfahren zusätzliche, vorab zu bedienende Kosten der Abstimmung mit dem jeweils anderen Verfahren, die einen erheblichen Umfang erreichen können. Das Sekundärverfahren macht die Gesamtverwertung für alle Gläubiger somit strukturell teurer. Eine Ausnahme von diesem Befund besteht nur dann, wenn erst das Sekundärverfahren – z.B. durch ein günstigeres Anfechtungsrecht – Massemehrungen ermöglicht, die das Hauptverfahren nicht bieten kann, die ferner die zusätzlichen Kosten überkompensieren und die schließlich mit hinreichender Wahrscheinlichkeit zu realisieren sind. **936**

Darüber hinaus besteht bei Sekundärinsolvenzanträgen die bereits beschriebene Gefahr einer wertvernichtenden Fragmentierung des Konzerns, die sich negativ auf die Quotenaussichten der Gläubigergesamtheit auswirkt. Ferner kann der Abstimmungsbedarf zwischen Haupt- und Sekundärverfahren die Verwertung im Vergleich zu singulären Verfahren verlangsamen und die Verteilung der Erlöse verzögern. **937**

Da die Schuldenmasse gem. Art. 32 Abs. 1, 35 EuInsVO – ungeachtet der territorialen Teilung der Aktivmasse – ungeteilt und „universell" bleibt[976], treffen die wirtschaftlichen Nachteile des Sekundärverfahrens auch den sekundärantragstellenden Gläubiger. Rational agierende Gläubiger werden all dies in ihrer Entscheidungsfindung zur Sekundärantragstellung berücksichtigen. **938**

Aus der Perspektive des nach Art. 29 lit. a EuInsVO sekundärantragsberechtigten Hauptverwalters sind die Nachteile, Gefahren und Kosten eines Sekundärverfahrens gegen die mit diesem bezweckte Überwindung von Sanierungshindernissen im Einzelfall abzuwägen.[977] **939**

Ein wichtiger Gesichtspunkt ist dabei, mit welcher Wahrscheinlichkeit der Hauptverwalter damit rechnen darf, dass lokale gesetzliche Sanierungserleichterungen, die tatbestandlich an eine „Insolvenz" anknüpfen, von lokalen Gerichten (und Behörden) auf das COMI-Verfahren tatsächlich angewendet werden. Wo lokale Gerichte (und Behörden) entgegen den europarechtlichen Vorgaben[978] die Tatbestandswirkung der **940**

---

973 Ebenso *Mankowski* NZI 2006, 418, 419.
974 *Paulus* EWiR 2007, 143; *Bierbach* ZIP 2008, 2203.
975 *Bierbach* ZIP 2008, 2203, 2205 f.
976 Sie wird lediglich in den verschiedenen Verfahren gesonderten Feststellungen zugeführt, die erst in einem zweiten Schritt gemäß Art. 31 Abs. 1 a.E. koordiniert werden; dazu ausführlich *Beck* NZI 2007, 1, 5 ff.
977 Vgl. oben Rn 693.
978 Im Drittstaatenrecht kommt es darauf an, wie weit der Anerkennungsstaat die Wirkungserstreckung in sein Gebiet selbst duldet.

Anerkennung des Hauptverfahrens[979] missachten, kann es für den Hauptverwalter nach Abwägung der Vor- und Nachteile sinnvoll sein, selbst Sekundärantrag zu stellen, und dem schuldnerischen Unternehmen auf diese Weise, d.h. vermittelt durch einen Sekundärverwalter, effektiv Zugang zu den lokalen Sanierungserleichterungen zu verschaffen.

941 Der Hauptverwalter wird insofern unter dem Maßstab wirtschaftlicher Zweckmäßigkeit für „seine" Gläubigergesamtheit zu berücksichtigen haben, wie gefestigt sich die Rechtsprechung im potentiellen Sekundärverfahrensstaat zur entsprechenden Frage darstellt.

8.3.2 Abhängigkeit von der konkreten Ausgangslage

942 Nach all dem hängt die Motivation zur Sekundärantragstellung weitgehend von der vorgefundenen Unternehmenssituation und der rechtlichen Konstellation im Einzelfall ab.

943 So wurde im europäischen Teil der *Nortel*-Insolvenz – bei 19 COMI-Verfahren in 17 EU-Staaten – während der gesamten, einschneidenden Restrukturierungsphase und den übertragenden Sanierungen nur ein einziges (französisches) Sekundärverfahren, und dieses auch nur auf Antrag der Hauptverwalter, eröffnet. Hinter dieser Zurückhaltung in Bezug auf Sekundäranträge stand neben intensiven Bemühungen um Transparenz für die Gläubiger auch das Interesse aller Gläubigergesamtheiten, an den jeweils weltweiten übertragenden Sanierungen der sechs operativen Geschäftsbereiche des Konzerns teilzuhaben.

944 Dagegen waren Haupt- und Sekundärverfahren über die *BenQ Mobile Holding BV*, dadurch geprägt, dass beinahe sämtliches Barvermögen der Schuldnerin in Form von Bankguthaben in Deutschland belegen war und hohe Gesellschafterforderungen bestanden.[980] Vor dem Hintergrund, dass das niederländische Recht keinen Nachrang von Gesellschafterdarlehen bzw. kapitalersetzenden Forderungen kennt,[981] war ein Sekundärverfahren nicht nur unvermeidlich, sondern es waren auch ein Wettlauf der Antragstellungen und wechselseitige Rechtsmittel gegen die Eröffnung im jeweils anderen Staat vorgezeichnet.

8.3.3 „Systemwettbewerb"

945 Der von Teilen der Literatur als Herausforderung aufgefasste „Wettbewerb der Insolvenzsysteme"[982] bzw. der an anderer Stelle bedauerte Wettlauf der Insolvenzgerichte[983] erweist sich angesichts der weitreichenden Ausnahmen vom Verfahrensstatut,[984] die für Haupt- und Sekundärverfahren gleichermaßen gelten, bei genauerem Hinsehen als ein Wettbewerb der Kern-Insolvenz-Regimes. Maßgebliche Bedeutung kann dabei der Qualifikation von Masseverbindlichkeiten, der Rangordnung von Insolvenzforderungen, der Schärfe des Anfechtungsrechts, den Erleichterungen der

---

979 Vgl. dazu oben Rn. 793 ff.
980 *Bierbach* ZIP 2008, 2203, 2205.
981 *Paulus* EWiR 2007, 143; *Bierbach* ZIP 2008, 2203.
982 *Jaffé/Friedrich* ZIP 2008, 1850, 1854.
983 *Pannen/Riedemann* NZI 2004, 646, 651; *Adam/Poertzgen* ZInsO 2008, 284; dagegen Betonung des legitimen Gläubigerinteresses an schnellstmöglicher Sekundärantragstellung bei *Bierbach* ZIP 2008, 2203 ff.
984 Zum Begriff s. oben Rn. 813.

Beendigung von laufenden Verträgen (außerhalb des Arbeitsrechts), sowie evtl. den Modalitäten für Insolvenzpläne zukommen. Das Gewicht dieser kern-insolvenzrechtlichen Unterschiede hängt wiederum von der konkreten Ausgangssituation ab.

Ferner erstreckt sich der Wettbewerb über die rechtlichen Rahmenbedingungen hinaus auf die Professionalität, Transparenz und Berechenbarkeit der jeweiligen Insolvenzpraxis in den (potentiellen) Eröffnungsstaaten. 946

Wirtschaftlich zwar von großer Bedeutung, jedoch nicht eigentlich Teil des Wettbewerbs der Insolvenzsysteme sind die oben beschriebenen Zweifel, ob die Gerichte eines Anerkennungsstaats die Tatbestandswirkung des COMI-Verfahrens auf lokale gesetzliche Sanierungserleichterungen respektieren werden. Sie stellen vielmehr eine Verzerrung dieses Wettbewerbs dar, die in dem Maße an Bedeutung verliert, wie sich europaweit praktische Standards herausbilden und durch eine sich verdichtende Rechtsprechung zunehmend Rechtssicherheit geschaffen wird. 947

8.4 Prävention gegen und Schadensminderung bei Sekundäreröffnungen

Da Sekundärverfahren eine Sanierung in der Insolvenz erschweren und gefährden können, werden Hauptinsolvenzverwalter jedenfalls bis zur Umsetzung der Sanierungsmaßnahmen in erster Linie an einer Prävention gegen Sekundäreröffnungen interessiert sein und in zweiter Linie, d.h. im Falle einer Sekundäreröffnung, versuchen, den Unternehmens- und Konzernzusammenhalt durch eine möglichst frühe Kommunikation mit dem Sekundärgericht und dem (vorläufigen) Sekundärverwalter zu sichern. 948

Freilich kann eine Sekundärantragstellung und -eröffnung vom Hauptverwalter kaum abgewendet werden, wenn sich Unterschiede der Kern-Insolvenzrechte im Haupt- und Sekundärverfahrensstaat für einen Gläubiger wirtschaftlich spürbar auswirken. Wegen der zuvor beschriebenen, geringen inhaltlichen Anforderungen an die Zulässigkeit eines Sekundärverfahrens erweisen sich Abwehrmaßnahmen, die am Verfahrensrecht ansetzen wie z.B. Feststellungsklagen gegen die Antragsberechtigung, Schutzschriften an eine Vielzahl möglicher Eröffnungsgerichte sowie Rechtsbehelfe gegen eine bereits erfolgte Sekundäreröffnung, in der Regel als ineffektiv.[985] 949

Um Gläubigern in grenzüberschreitenden Verfahren den objektiven Anreiz zur Sekundärantragstellung zu nehmen,[986] haben englische Gerichte ein bemerkenswertes Instrument entwickelt, das die Verteilung der Masse im Hauptverfahren teilweise oder vollständig an die Rangordnung im Sekundärverfahrensstaat adaptiert. Dazu wurde in den Fällen *MG Rover Group*[987], *MG Rover Belux*,[988] *Collins & Aikman*[989] sowie *Nortel Group*[990] den Joint Administrators, also den englischen Hauptverwaltern, durch Beschluss des Insolvenzgerichts jeweils gestattet, Zahlungen an alle Gläubiger 950

---

[985] S. im Einzelnen *Mock* ZInsO 2009, 895, 897 ff.
[986] Vgl. *Mankowski* EWiR 2006, 623, 624.
[987] *High Court of Justice Birmingham* NZI 2005, 515 m. Anm. *Penzlin/Riedemann*.
[988] *High Court of Justice Birmingham* NZI 2006, 416 m. Anm. *Mankowski*.
[989] *High Court of Justice London* NZI 2006, 654; dazu *Mankowski* EWiR 2006, 623.
[990] Die Anordnungen wurden hier bereits direkt in die (nicht eigens veröffentlichten) Eröffnungsbeschlüsse über die europäischen Tochtergesellschaften aufgenommen, vgl. *High Court of Justice London* ZIP 2009, 578 Rn. 5. In den früheren Fällen (einschließlich *Collins & Aikman*) ergingen die entsprechenden Anordnungen als gesonderte Beschlüsse im eröffneten Verfahren, sog. *supplemental orders*.

oder an eine bestimmte Gläubigergruppe so zu leisten, dass diese im Hauptverfahren den gleichen Befriedigungsrang erreichen, der ihnen in einem hypothetischen Sekundärverfahren zukommen würde.[991]

951 In der Literatur wird als weiteres Präventionsinstrument die Verlagerung von Vermögensgegenständen aus dem potentiellen Sekundär- in den Hauptverfahrensstaat angedacht.[992] Jedoch kann der Hauptverwalter die internationalrechtliche Belegenheit wesentlicher Gegenstände aus rechtlichen oder tatsächlichen Gründen überhaupt nicht beeinflussen, z.B. bei Grundstücken oder dem Forderungsbestand gegenüber Kunden. In Sanierungsverfahren ist darüber hinaus eine umfassende Verlagerung von Betriebsvermögen in der Regel schon aus wirtschaftlichen Notwendigkeiten ausgeschlossen, selbst wenn die einzelnen Gegenstände an sich dem Sekundärbeschlag vorab entzogen werden könnten.

952 Realistisch ist die Vermögenskonzentration somit oft nur hinsichtlich der Bargeldbestände. Dass der Verwalter sofort nach Eröffnung des Hauptverfahrens die Barmittel auch in den Anerkennungsstaaten sichern und in Besitz nehmen muss, ist selbstverständlich. Typischerweise wird er diese Mittel auf Verwalterkonten im Eröffnungsstaat einziehen. Dass er dies darf, solange kein Sekundärverfahren eröffnet ist, ergibt sich aus Art. 18 Abs. 1 EuInsVO.[993] Eine Präventionswirkung wird damit mangels vollständiger Vermögenskonzentration aber nicht erreicht. Allenfalls kann eine Einschränkung der Liquidität des (zukünftigen) Sekundärverfahrens dessen Verwalter möglicherweise veranlassen, sich angesichts einer für beide Verfahren vorteilhaften Betriebsfortführung enger mit dem Hauptverwalter abzustimmen, als dies mit „voller Kriegskasse" der Fall sein mag.

953 Hat sich ein Sekundärverfahren nicht vermeiden lassen, so stehen Haupt- und Sekundärverwalter jeweils in der Pflicht, vermeidbare Schäden von ihren Gläubigergesamtheiten abzuwenden. Hierzu ist es erforderlich, dass sie unverzüglich miteinander Kontakt herstellen und – soweit möglich – den Versuch unternehmen, sich auf eine gemeinsame Verwertungsstrategie zu verständigen. In Sanierungsfällen wird eine koordinierte Fortsetzung der Betriebsfortführung auch nach der Sekundäreröffnung mit dem Ziel einer übertragenden Sanierung oder abgestimmter Insolvenzpläne vielfach die besten Quotenaussichten für beide Verfahren bieten. Ggf. sind gemeinsame flankierende Maßnahmen zu treffen, insbesondere um Verunsicherung bei Kunden, Lieferanten und Arbeitnehmern entgegen zu wirken.

954 Art. 31 EuInsVO[994] weist den Verwaltern – mit allgemein gehaltenen Formulierungen – Unterrichtungs- und Kooperationspflichten zu, auf deren Einhaltung es gerade in dieser Phase besonders ankommt. Dass diese Pflichten nur an die Verwalter und nicht auch an die Richter adressiert werden, stellt eine missliche Lücke der EuInsVO dar[995], da die Gerichte im Zusammenhang mit einer Sekundärantragstellung oft den ersten Zugang zu zeitkritischen Informationen haben[996].

---

991 Im Fall *Collins & Aikman* wurde die Anordnung erstmals von einem *Justice* am Londoner *High Court* und nicht einem *Deputy Judge* in einer Außenstelle getroffen. Zugleich wurde mit ausführlicher Begründung Paragraph 66 Schedule B1 Insolvency Act 1986 als Rechtsgrundlage identifiziert; vgl. *Mankowski* EWiR 2006, 623, 624.
992 *Mock* ZInsO 2009, 895, 900.
993 *Bierbach* ZIP 2008, 2203, 2205; *Mock* ZInsO 2009, 895, 900.
994 Vgl. für das Drittstaatenrecht § 357 InsO.
995 *Paulus* EWiR 2007, 143, 144 sowie EWiR 2009, 177, 178.
996 Vgl. *Mock* ZInsO 2009, 895, 897.

Tatsächlich haben Gerichte in entsprechenden Situationen, wohl auch mit Blick auf ihre Verfahrensförderungspflichten nach dem jeweiligen lokalen Insolvenzrecht, die direkte Kommunikation gesucht. So haben der Münchener und der Amsterdamer Richter im Fall *BenQ Mobile Holding B.V.*, in dem es nicht einmal um eine Betriebsfortführung bzw. Sanierung ging, auf Eigeninitiative unter Hinzuziehung eines Dolmetschers miteinander telefonisch das weitere Vorgehen besprochen.[997] Kurz nach Eröffnung der Hauptverfahren über die europaweit weiter operierenden *Nortel*-Gesellschaften richtete der englische *High Court of Justice* eine – in der europäischen Praxis neuartige – schriftliche Bitte (*request*) an die für potentielle Sekundärverfahren in Frage kommenden Gerichte, dass den Hauptverwaltern vor Erlass eines Eröffnungsbeschlusses rechtliches Gehör gewährt werden möge.[998]

955

Derartige Ersuchen des Hauptverfahrensgerichts sind allerdings für ausländische Gerichte rechtlich nicht bindend.[999] In der Praxis können sich Hauptverwalter damit behelfen, dass sie ihre Teams oder Berater im Staat der Niederlassung bevollmächtigen,[1000] Anhörungsrechte des Schuldners im Sekundär-Eröffnungsverfahren (wie z.B. in Deutschland nach § 14 Abs. 2 InsO) wahrzunehmen und die in Frage kommenden Gerichte möglichst vor etwaigen Antragstellungen davon in Kenntnis zu setzen.

956

9. Fazit

Innerhalb der Europäischen Union bietet die EuInsVO brauchbare rechtliche Rahmenbedingungen für internationale Sanierungen in der Insolvenz – genauer gesagt: ein im Großen und Ganzen funktionierendes System zur Bestimmung und „Verzahnung" der sanierungsrelevanten Regelungskomplexe aus verschiedenen Rechtsordnungen der Mitgliedstaaten. Wenngleich das Desiderat der Kodifikation eines einheitlichen Konzerninsolvenzrechts unerfüllt geblieben ist, haben die Rechtsprechung und die Insolvenzverwaltungs-Praxis Lösungen gefunden und Standards entwickelt, mit denen die in der Verordnung angelegten Möglichkeiten für grenzüberschreitende Sanierungen bereits in mehreren prominenten Fällen wertoptimierend genutzt werden konnten.

957

Die EuInsVO ist geprägt durch die Anknüpfung der internationalen Zuständigkeit und – ihr folgend – des anzuwendenden Kern-Insolvenzrechts an das Center of Main Interests (COMI) sowie durch die automatische und unmittelbare Anerkennung des Hauptinsolvenzverfahrens kraft Gesetzes in allen Mitgliedstaaten[1001]. Hieraus ergeben sich zwei Elemente, die sich gerade in ihrem Zusammenwirken in bemerkenswerter Weise sanierungsfreundlich auswirken.

958

Zum einen ermöglicht der COMI-Begriff eine Verfahrensbündelung und -koordination bei einem Gericht und in der Hand desselben Verwalters, so dass der wirtschaftliche Konzernzusammenhalt auch in einer grenzüberschreitenden Insolvenz aufrecht erhalten werden kann. Die Gefahr einer Fragmentierung der Unternehmensgruppe

959

---

997 *Bierbach* ZIP 2008, 2203, 2205; lobend *Paulus* EWiR 2007, 143, 144.
998 *High Court of Justice London* ZIP 2009, 578 f.; dazu *Paulus* EWiR 2009, 177; *Mock* ZInsO 2009, 895.
999 *Mock* ZInsO 2009, 895, 896 f.; *Paulus* EWiR 2009, 177 f.
1000 Je nach Rechtsstellung des Hauptverwalters und Verfahrensrecht im Sekundärverfahrensstaat kann es zusätzlich hilfreich sein, auch die Gesellschaftsorgane – soweit möglich – zu veranlassen, entsprechende Vollmachten zu erteilen.
1001 Wiederum mit Ausnahme Dänemarks.

durch „flächendeckende" Insolvenzantragstellungen angesichts unklarer Antragspflichten erscheint im Rahmen der EuInsVO beherrschbar.

960 Zum anderen vermittelt die Tatbestandswirkung der Anerkennung dem Hauptinsolvenzverwalter Zugang zu den Sanierungserleichterungen nach lokalem Recht, die ein Insolvenzereignis voraussetzen. Bei einer Verfahrenskonzentration am gemeinsamen COMI der Gesellschaften einer internationalen Unternehmensgruppe ist dies besonders wichtig, da wesentliche Restrukturierungsmaßnahmen hier typischerweise nicht dem Recht des Eröffnungsstaates unterliegen.

961 Im Verhältnis zu Drittstaaten fehlt es an einer staatenübergreifend gleichlaufenden Zuständigkeitsregelung und es kann zu einer Vielzahl wechselseitiger Anerkennungsfragen kommen. Handelt es sich um ein deutsches Verfahren mit Auslandswirkung, so bestimmt das Recht des jeweiligen Wirkungsstaats, von welchen Voraussetzungen die Anerkennung abhängt, und ob sie – wie im umgekehrten Fall eines Auslandsverfahrens mit Inlandswirkung – kraft Gesetzes erfolgt, oder ob ein gesondertes Anerkennungsverfahren durchlaufen werden muss. Gleiches gilt für die Tatbestandswirkung des Inlandsverfahrens für ausländische Sanierungserleichterungen. Ob eine Verfahrensbündelung erreicht werden kann, und ob in diesem Falle Sanierungserleichterungen zur Verfügung stehen, hängt somit in Bezug auf Drittstaaten erheblich stärker von den Eigenheiten des jeweiligen Sanierungsfalles ab, als dies im europäischen Rahmen zutrifft.

962 Die – vornehmlich von der EuInsVO eröffneten – Möglichkeiten zur Verfahrenskonzentration bei gleichzeitiger Inanspruchnahme lokaler Sanierungserleichterungen stellen anspruchsvolle Herausforderungen für die Akteure einer grenzüberschreitenden Sanierung in der Insolvenz dar, insbesondere für den Insolvenzverwalter selbst. Dieser muss in der Lage sein, die Gemengelage aus unterschiedlichen rechtlichen Regimes, Gepflogenheiten und Erwartungen sowie daraus entstehende Konflikte zu bewältigen. Das Kern-Insolvenzrecht des Eröffnungsstaats muss den lokalen Gläubigern, Arbeitnehmern und anderen Stakeholdern verständlich gemacht werden, um deren Vertrauen und Kooperation zu erwerben. Zugleich ist es Aufgabe des Verwalters, in wesentlichen Bereichen (z.B. dem Gesellschafts-, Arbeits-, Pacht-, Kreditsicherungs- und Steuerrecht) innerhalb ihm fremder Rechtsordnungen effektiv zu agieren.

963 Es zählt daher zu den wesentlichen Erfolgsfaktoren, dass der COMI-Verwalter sowohl auf ein zentrales Team, das die Kohärenz der Konzerninsolvenz sicherstellt und ggf. Verhandlungen mit außereuropäischen Verfahren unterstützt, als auch auf „terrainkündige" lokale Teams zurückgreifen kann, und dass diese Teams möglichst reibungslos zusammenarbeiten. Je mehr Gesellschaften und Anerkennungsstaaten betroffen sind, um so eher ist dafür eine international aufgestellte Struktur erforderlich. Je nachdem, wie die Insolvenzpraxis im Eröffnungsstaat geprägt ist, kommen dafür die eigene Organisation des Verwalters oder die Inanspruchnahme transnationaler Berater-Strukturen oder auch eine Kombination aus beidem in Betracht. Entscheidend ist, dass sich die Teams und Berater des Verwalters – neben den obligatorischen Sprach- und Rechtskenntnissen – adäquat in verschiedenen Insolvenzkulturen bewegen können sowie die wirtschaftlichen und sozialen Verhältnisse, in welche die einzelnen Gesellschaften eingebettet sind, kennen.[1002]

1002 Ausführlich zu den genannten Anforderungen *Vallender/Deyda* NZI 2009, 825, 831.

VIII. Ausgewählte Themen aus Sicht der Banken

1. Der Konsortialkreditvertrag

1.1 Einleitung

Großvolumige Finanzierungen werden meist syndiziert, das heißt, die Ausreichung von Investitionen durch hohe Kreditsummen wird durch mindestens zwei Kreditinstitute dargestellt, die sich dann zu einem Konsortium zusammenschließen. Dies gilt auch für Überbrückungs- und Sanierungskredite. Diese folgen denselben Regelungen wie der (Neu-)Konsortial-kreditvertrag. **Konsortialkredite** sind vor allem vor dem Hintergrund der Risikostreuung zu sehen. Die Kredithöhe ist für eine einzelne Bank zu hoch und kann die meldepflichtige Großkreditgrenze nach § 13 KWG überschreiten. Nach dem Kreditwesengesetz (KWG) ist es Banken untersagt, einen Kredit zu vergeben, der mehr als 25 % des haftenden Eigenkapitals ausmacht. Zudem wird durch die Syndizierung großvolumiger Kredite das Klumpenrisiko einer einzelnen Bank vermieden. Bei den Kreditnehmern handelt es sich meist um Unternehmen oder aber auch öffentliche Institutionen, die große Investitionen finanzieren wollen.

Rechtlich gesehen sind Konsortien Gesellschaften bürgerlichen Rechts (GbR oder BGB-Gesellschaft) nach §§ 705 ff BGB. Die Geschäftsführungsbefugnis liegt beim Konsortialführer, der auch die Verhandlungen mit dem Kreditnehmer führt. Allerdings haften die Konsorten akzessorisch für etwaige Pflichtverletzungen des Konsortialführers.[1003] Im Innenverhältnis zwischen dem Konsortialführer und den beteiligten Konsortialbanken gelten die Vorschriften über den Geschäftsbesorgungsvertrag gem. §§ 675 ff BGB. Die Kreditabwicklung wie Kreditauszahlung und Einzug von Zins- und Tilgungsleistungen werden von dem Konsortialführer übernommen, der auch alleiniger Inhaber der Kreditforderung ist und der im Innenverhältnis entsprechend vereinbarter Quoten mit den Konsorten abrechnet.

Der klassische deutsche Kreditvertrag ist unterlegt von den Allgemeinen Geschäftsbedingungen der Banken und Sparkassen (AGB). Da die AGB keine Wirkung auf ausländische Banken entfalten, hat sich heute eine Vertragsgestaltung nach den Standards der Loan Market Association (LMA) durchgesetzt, die weitgehend englischem Recht unterliegen. Um auch eine entsprechende Standardisierung im deutschen Rechtsbereich zu erlangen, werden zwischenzeitlich auch dem deutschen Recht angepasste Vertragsmuster entwickelt, in denen die Geltung deutschen Rechts und ein deutscher Gerichtsstand vereinbart werden können. Gleichwohl ist auch in diesen Verträgen ein hoher Detaillierungsgrad zu finden. Die Standardisierung der Formulierungen hebt die hohe Komplexität dieser Verträge nicht auf. Insbesondere die festgelegten Berichtspflichten und die vereinbarten Auflagen (covenants) sind zuweilen breit angelegt und erfordern im Unternehmen einen hohen Aufwand.

Der Konsortialkredit ist von der **Unterbeteiligung** zu unterscheiden. Bei der Unterbeteiligung übernimmt der Unterbeteiligte einen bestimmten Anteil des von einem Hauptbeteiligten gewährten Kredits (oder eines Anteils) lediglich intern. Er übernimmt dabei das Risiko, einen etwaigen Ausfall quotenmäßig mitzutragen. Bedeutung hat die Unterbeteiligung im Bereich der Sparkassen/Genossenschaften, und zwar vor allem dann, wenn ein Kredit die satzungsmäßige Kredithöhe überschreitet. In der Regel werden dann von den Zentralinstituten Unterbeteiligungen übernommen, die

---

1003 *BGHZ* 146, 341 ff.

dem Kreditnehmer nicht offengelegt werden. Bei der Unterbeteiligung treten allein der Hauptbeteiligte und der Unterbeteiligte in Rechtsbeziehungen. Die Unterbeteiligung hat weder auf das Rechtsverhältnis zum Kreditnehmer noch auf das zwischen den Konsorten bestehende Rechtsverhältnis Auswirkungen. Es braucht niemanden gegenüber offengelegt werden und bedarf auch nicht der Zustimmung des Kreditnehmers oder der anderen Konsorten.[1004]

966 Die Kreditgewährung in einer wirtschaftlichen Krise des Unternehmers (**Sanierungskredit**) ist banktechnisch wie ein Neukredit zu behandeln und wird gegebenenfalls ebenfalls als Konsortialkredit herausgelegt. Er unterscheidet sich nur insoweit, dass auch Banken, die bisher nicht im Ursprungskonsortium teilgenommen haben, nunmehr dem Sanierungskonsortium beitreten können. Dieser neue Kredit soll eine eingetretene wirtschaftliche Krise beseitigen. Dabei ist generell festzustellen, dass eine Verpflichtung zur Kreditgewährung in aller Regel nicht besteht. Dies gilt auch oder erst recht, wenn sich der Kreditnehmer in der Krise befindet.

967 In der Praxis wird ein Sanierungskredit regelmäßig in Form eines Betriebsmittelkredits herausgelegt. Dabei ist die Prolongation eines abgelaufenen Betriebsmittelkredits in der Krise des Kreditnehmers als neue Kreditausreichung zu sehen. Da jede Kreditgewährung in der Krise eines Unternehmens voraussetzt, dass die Insolvenztatbestände nicht vorliegen und die Sanierungsfähigkeit des Kreditnehmers durch ein Sanierungsgutachten nach dem Standard IDW S6 bestätigt wird (Einzelheiten siehe dort), geht dem Sanierungskredit in der Regel die Gewährung eines **Überbrückungskredits** voraus, die die bestehende Zahlungsunfähigkeit kurz- oder mittelfristig beseitigen soll. Damit wird Zeit „erkauft", die benötigt wird, um ein Sanierungsgutachten erstellen zu lassen. Der Überbrückungskredit ist allerdings mit seinem Verwendungszweck in der Kreditzusage klar herauszustellen. Er ist in der Regel kein Sanierungskredit im Rechtssinne und kann deshalb vor dem endgültigen Urteil über die Sanierungsfähigkeit des Kreditnehmers gewährt werden. Er ist nicht nur als solcher zu kennzeichnen, sondern stets auch lediglich befristet.

2. Inhalt des Konsortialkreditvertrags

2.1 Übersicht

968 Die Gliederung eines Konsortialkreditvertrags lehnt sich in Deutschland eng an die LMA Vertragsgestaltung an. Es werden definierte Begriffe verwendet, die dem Vertrag vorangestellt werden.

Der Vertrag umfasst folgende **Gliederungspunkte:**
– Definitionen,
– Kreditart und Verwendungszweck,
– Rechte und Pflichten des Konsortiums,
– Ziehungsvoraussetzungen,
– Auszahlung,
– Rückzahlung, Tilgung,
– Zinsklausel,
– (zusätzliche) Kosten,

[1004] Unter den Sparkassen/Genossenschaftsbanken hat sich die Bezeichnung „Metakredit" eingebürgert. Hierbei handelt es sich rechtlich um Unterbeteiligungen.

- Ausstiegsklausel,
- Zusicherungen und Gewährleistungen,
- Verpflichtungserklärungen des Kreditnehmers und Auflagen (covenants),
- Kündigungsklausel,
- Agent und Sicherheitenverwalter,
- Quorum,
- Pro rata sharing,
- Befreiung vom Bankgeheimnis,
- Provisionen, Kosten ,Gebühren,
- Abtretungsklausel,
- Mitteilungen, Allgemeine Geschäftsbedingungen, Gerichtsstandort.

Werden für einen **Konsortialkreditvertrag** Sicherheiten neu bestellt oder werden bereits 969
bestellte Sicherheiten bei einer Bank, die dem Konsortium beitritt, eingebracht, können diese in einer **separaten Sicherheitenvereinbarung** – meist als Anlage – aufgenommen werden. Dann wird Bezug genommen auf die Klausel, in der die Verpflichtung des Agenten und des Sicherheitenverwalters im Konsortialkreditvertrag geregelt ist. Sie werden aber insbesondere auch dann, wenn besicherte Kredite von anderen Banken eingebracht werden sollen, in einem **Sicherheitenpoolvertrag** gesondert geregelt.

2.2 Definitionen

Unter den **Definitionen** sind zunächst diejenigen Begriffe zu finden, die eindeutig 970
bestimmt und festgelegt werden können, wie **Laufzeit des Kredits, die Marge, Sicherheiten, Parteien, Agent** etc.

Sehr viel umfangreicher sind diejenigen Definitionen, die **Begriffe und Tatbestände** 971
auslegen, und die der Klarstellung dienen. So enthalten die Definitionen u.a. auch, in welchem Umfang Finanzpläne gestaltet werden sollen, welche Prüfungsgesellschaft vorgesehen wird, welche zugewiesene Bedeutung z.B. der Begriff des „working capitals" hat. Es können auch noch weitere Tatbestände definiert werden, beispielsweise bei unterschiedlicher Bedeutung eines Begriffs in unterschiedlichen Rechtssystemen, wenn ausländische Banken an dem Konsortium beteiligt sind.

Die Definitionen können in einem Konsortialkreditvertrag z.T. sehr umfangreich sein, 972
erfüllen aber ihren Zweck dadurch, dass sie ein schnelles Auffinden der im Vertragstext verwendeten Begriffe ermöglichen oder auch das Erkennen des Sinn und Zwecks des Vertragswerks erleichtern.

2.3 Kreditarten und Verwendungszweck

Auch wenn dieser Gliederungspunkt im Konsortialvertrag die Festlegung des **Gesamt-** 973
kreditvolumens vorsieht, enthält er die Aufteilung der unterschiedlichen Kreditarten mit ihren **unterschiedlichen Verwendungszwecken und Laufzeiten**.

Die Bedürfnisse eines Unternehmens bei seiner Unternehmensfinanzierung sind viel- 974
fältig und abhängig von der Struktur des Unternehmens und der Branche, in dem es tätig ist. Der Konsortialkredit kann grundsätzlich in allen Kreditarten auch in separater Form geschlossen werden. Am häufigsten wird er allerdings in der Praxis als Zahlungskredit herausgelegt.

Häufig vorkommende **Kreditarten** sind:

2.3.1 Betriebsmittelkredit

975 Betriebsmittellinien dienen der Finanzierung des **Umlaufvermögens** und werden als **Barkredite** gewährt. Sie sind kurzfristige Bankkredite, die einen zeitlich bedingten Finanzierungsbedarf des Unternehmens abdecken sollen. Sie werden regelmäßig auf Kontokorrentkonten zur Verfügung gestellt und werden bedarfsentsprechend in Anspruch genommen. Aufgrund ihrer Kurzfristigkeit sind sie mit höheren Zinssätzen als der Investitionskredit versehen.

976 Als Konsortial(zahlungs)kredit wird zwischen **echten** und **unechten Konsortialkredit** unterschieden.

977 a) Beim „**echten**" **Konsortialkredit** stellt der Konsortialführer dem Kreditnehmer den vollen Kreditvertrag zur Verfügung und erhält im Innenverhältnis von den Mitkonsorten entsprechend ihrer Quoten ihre Anteile. Zinsen und Provisionen werden ebenfalls von ihm erhoben und an die Mitkonsorten verteilt.

978 Insbesondere wenn der Kredit in verschiedenen Tranchen ausgezahlt werden soll und vor jeder Auszahlung bestimmte Auszahlungsvoraussetzungen zu erfüllen sind, die vom Konsortialführer zu prüfen sind, empfiehlt sich diese zentrale Kreditbereitstellung.

979 b) Beim „**unechten**" **Konsortialkredit** stellt jede Konsortialbank ihren quotenmäßigen Anteil dem Kreditnehmer unmittelbar zur Verfügung und erhält auch unmittelbar den quotenmäßigen Anteil an Zinsen und Kreditprovisionen. Die Auszahlungsvoraussetzungen sind von jeder Konsortialbank selbst zu prüfen, der Konsortialführer wird hier in der Funktion eines Agenten tätig.

980 Die Unterscheidung beider Kredite liegt vorwiegend auf unterschiedlichen Möglichkeiten ihrer buchtechnischen Abwicklung. Die Rechtsbeziehungen im Außenverhältnis richten sich danach, ob bei Vertragsabschluss über die Kreditgewährung der Konsortialführer im **eigenen oder im Namen der übrigen Konsorten** gehandelt hat (§ 164 Abs. 1, 3 BGB).

2.3.2 Investitionskredit

981 Der **Investitionskredit** ist mittel- oder im Idealfall langfristig ausgelegt. Er dient der Finanzierung der **langlebigen Wirtschaftsgüter** im Anlagevermögen eines Unternehmens. Wegen ihrer **Langfristigkeit** ist er mit niedrigeren Zinsen als der Betriebsmittelkredit versehen. Es kann vereinbart werden, dass er in Teilbeträgen unterteilt wird (Tranchen). Auch hier kann man „echte" und „unechte" Konsortien bilden. Empfehlenswert ist aber ein echter Konsortialkredit mit zentralisierter Kreditbereitstellung.

2.3.3 Schuldscheindarlehen

982 **Schuldscheindarlehen** werden teils von Banken, teils aber auch von Kapitalanlagegesellschaften und Versicherungsunternehmen gewährt. Werden sie von Banken ausgereicht, können sie Teil der Konsortialvereinbarung werden. Sie werden eher **mittelfristig** ausgelegt, ihr Zinssatz liegt meist um 0,25-0,50 % höher als bei vergleichbaren Anleihen. Eine **vorzeitige Tilgung** des Schuldscheindarlehens ist regelmäßig **nicht möglich**.

2.3.4 Diskontkredit

Der **Diskontkredit** hat seine Bedeutung bei der **Exportfinanzierung**. Diskontkredite werden für den Ankauf von Wechseln eingeräumt, d.h., die Bank als Gläubiger stellt den Diskontkredit für die vorzeitige Einlösung eines Wechsels zur Verfügung. Da die Bank Gläubiger des Diskontkredits ist, kann auch er in die Konsortialvereinbarung aufgenommen werden. Dabei rechnet der Konsortialführer die vom Kreditnehmer eingereichten Wechsel ab und stellt den Diskontgegenwert zur Verfügung. Er fordert die auf die Mitkonsorten entfallenden Anteile gegen Abrechnung von den Konsorten ein.

2.3.5 Akzeptkredit

Der **Akzeptkredit** ist im Gegensatz zum Diskontkredit ein **Wechselkredit**, bei dem aufgrund des ausgestellten Wechsels keine Geldleihe sondern eine **Kreditleihe** erfolgt.

Der Akzeptkredit hat vor allem seine Bedeutung bei **Außenhandelsgeschäften**, um bei ausländischen Geschäftspartnern die Kreditwürdigkeit des Unternehmens zu erhöhen. Die Bank akzeptiert den Wechsel des Kunden und haftet für die Einlösung des Wechsels.

2.3.6 Avalkredit

Unter **Avalkredit** werden alle Bürgschaften, Garantien (**auch Wechselbürgschaften**) verstanden, die eine Bank im Auftrag ihres Kreditnehmers gegenüber Dritten übernimmt. Avale sind zunächst lediglich **Eventualverbindlichkeiten** der Bank, die erst bei Inanspruchnahme zu echten Verbindlichkeiten werden. Für das Unternehmen sind sie liquiditätsschonend, die zu zahlende Avalprovision liegt meist deutlich unter dem Marktzinsniveau. In der Regel wird die Garantie oder Bürgschaftsurkunde über den vollen Betrag von dem Konsortialführer allein unterzeichnet. Die Mitkonsorten geben zugunsten des Konsortialführers **Rückbürgschaftserklärungen** ab in Höhe ihrer Quoten und erhalten entsprechend anteilige Avalprovisionen.

2.3.7 Akkreditivlinien

Akkreditive dienen der Abwicklung des **Importgeschäfts** eines Unternehmens. Die Finanzierung dieses Geschäfts erfolgt durch die Bank. Auch sie sind **Eventualverbindlichkeiten**, ihr Risiko verwirklicht sich bei Bonitätsverschlechterung des Importeurs.

2.3.8 Roll Over Kredit

Der **Roll Over Kredit** (im Bankenjargon „Revolver" genannt) ist ein **mittel- oder langfristiger** Kredit, dessen Zinssatz nicht für die gesamte Laufzeit des Kreditvertrags festgelegt wird sondern periodisch den aktuell geltenden Marktverhältnissen angepasst wird. Nach Ablauf der vereinbarten Zinsbindungsfrist hat der Kreditnehmer die Option, den Kredit ganz oder teilweise zu tilgen oder eine neue Zinsbindungsfrist zu vereinbaren. Roll Over Kredite sind also hintereinander geschaltete, meist jährlich **revolvierende Kredite**, bei denen **jeweils neue Forderungen** begründet werden. Sicherheiten und Drittsicherheiten bleiben allerdings wie für den Zeitraum der Erstkrediteinräumung vereinbart bestehen.

Die **Gestaltungsmöglichkeiten** im Rahmen der Konsortialkreditvereinbarung sind so **vielfältig wie es Kreditarten** gibt. Entscheidend ist, in welchem Umfang sich der Kreditbedarf des Unternehmens darstellt und wie der Verwendungszweck definiert wird. Dadurch wird Transparenz für die Vertragsparteien geschaffen.

2.4 Rechte und Pflichten des Konsortiums

989 Durch den Konsortialkreditvertrag wird **kein Gesamthandsvermögen** gebildet. Im Regelfall erwirbt jede einzelne Finanzierungspartei eigene Forderungen und Rechte, die separat durchgesetzt werden können, soweit der Vertrag nicht andere Regelungen vorsieht. Außerdem wird in dieser Klausel bestimmt, dass eine Bank als Partei des Konsortialkreditvertrags **nicht für die Erfüllung der Verpflichtungen einer anderen teilnehmenden Bank** aus dem Vertrag heraus **haftet**. Allerdings werden die anderen Parteien, auch Drittsicherungsgeber, bei Nichterfüllung der Verpflichtungen einer Finanzierungspartei nicht von ihren jeweiligen Verpflichtungen frei.[1005]

990 Die ausdrücklich festgelegten Grundsätze, nämlich keine gesamtschuldnerische Haftung der Finanzierungsparteien und keine Bildung eines Gesamthandsvermögens sind wesentlich für das Verständnis der Verpflichtungen der Vertragsparteien untereinander.

Durch die Klausel wird ebenfalls festgelegt, dass die Finanzierungsparteien **ausschließlich für eigene Rechnung** und nicht gemeinschaftlich handeln.

2.5. Ziehungs-/Inanspruchnahmevoraussetzungen

991 Der Kreditnehmer ist zu einer **Ziehungsankündigung** erst berechtigt, wenn der Agent sowohl ihm als auch den Konsortialbanken bestätigt hat, dass die geforderten Unterlagen sowohl in der vereinbarten Form vorliegen als auch inhaltlich nicht zu beanstanden sind. Unterlagen werden meist in einer Anlage aufgelistet. Sie umfassen

2.5.1 Gesellschaftsrechtliche Unterlagen

992 – beglaubigte Handelsregisterauszüge,
– gültige Satzungen,
– Gesellschafter-/Geschäftsführerbeschlüsse, auch Beschlüsse der Bürgen/Garanten über die Abgabe der Bürgschaft/Garantie.

2.5.2 Jahresabschlüsse

993 – testierte Einzeljahresabschlüsse des Kreditnehmers und der wesentlichen Tochtergesellschaften,
– testierte Jahresabschlüsse der Bürgen/Garanten,
– testierter konsolidierter Konzernabschluss der Unternehmensgruppe mit den dazugehörigen Berichten der Wirtschaftsprüfer,
– Nachweis der Einhaltung der Finanzkennziffern,
– Wertgutachten für Sicherheiten (Immobilien, weiteres Anlagevermögen, Warenbestand etc.).

1005 Vom **Konsortialkreditvertrag** (Außenvertrag) **ist der Konsortialvertrag** (Innenvertrag, s. Anlage I) zu unterscheiden. Während der Konsortialkreditvertrag nach außen mit dem Kreditnehmer geschlossen wird, regelt der Konsortialvertrag die wechselseitigen internen Rechte und Pflichten der Konsorten untereinander. In ihm werden die konsortialtypischen Geschäftsvorgänge geregelt, wie die Festlegung der Quoten, Umfang der Geschäftsführungsbefugnis des Konsortialführers, Beendigung des Kreditkonsortiums etc. Der anliegende Mustervertrag ist ein vereinfachter **Konsortialvertrag** nach deutschem Recht, der bei international und komplex zusammengesetzten Konsortien ergänzt werden muss.

2.5.3 Sicherheiten

- rechtsverbindlich unterzeichnete und wirksame Sicherheitenverträge, gegebenenfalls mit Notarbestätigung hinsichtlich der Sicherstellung der Eintragung zu bestellender Grund Schulden,
- aktuelle Grundbuchauszüge,
- rechtsverbindlich unterzeichneter Sicherheitenpoolvertrag,
- Rechtsgutachten, insbesondere über die Rechtwirksamkeit und Durchsetzbarkeit des Konsortialkreditvertrags und die ordnungsgemäße Unterzeichnung durch die Gesellschaften,
- Verschiedenes, z.B. Provisionsvereinbarungen, Unterlagen zur Überprüfung der Legitimationsberechtigungen und Unterlagen, die den wirtschaftlich Berechtigten erkennen lassen (Geldwäscherelevanz).

994

Durch Vorlage der oben genannten Unterlagen soll sichergestellt werden, dass die Gesellschaften ordnungsgemäß errichtet wurden und der Konsortialkreditvertrag von den Gesellschaftern genehmigt wurde. Die Vorlage der Jahresabschlüsse und der Nachweis über die Einhaltung der Finanzkennziffern ermöglichen einen Einblick in die **wirtschaftliche Situation** des zu finanzierenden Unternehmens. Die Sicherheiten und die damit verbundenen Unterlagen und Dokumente sind eng an den **Verwendungszweck** gebunden und müssen daher vor der Ziehung/Inanspruchnahme vorliegen.

995

2.6 Auszahlung

Die Auszahlungsklausel regelt die genaue Festlegung der **Anforderung und Auszahlung** von den Kreditbeträgen an den Kreditnehmer und gibt eine Übersicht der **technischen Abläufe der Auszahlung**. Für den Kreditnehmer enthält sie wichtige Informationen, unter welchen Voraussetzungen und gegebenenfalls in welcher Höhe er mit der Auszahlung rechnen kann.

996

Die Auszahlungen erfolgen regelmäßig **über den Agenten**, der am Auszahlungstag den angeforderten Kreditbetrag an den Kreditnehmer auszahlt.

997

Jede Konsortialbank ist entsprechend ihrer Quote an der Inanspruchnahme bis zum Betrag ihrer Zusage beteiligt. Der Kreditnehmer hat dem Agenten bis zu einem bestimmten Zeitpunkt vor dem Auszahlungstag, der immer ein Bankarbeitstag sein muss, eine **unwiderrufliche Inanspruchnahmemitteilung** vorzulegen, in der abhängig vom Kredit Mindestangaben enthalten sind. Die Mitteilung muss mindestens den **Auszahlungstag, Benennung der Tranchen**, unter denen die Auszahlung verlangt wird, den **Betrag der Inanspruchnahme**, die **Zinsperiode** und das **Konto**, auf das die Auszahlung erfolgen soll, enthalten.

998

Der Agent hat die Mitteilung unverzüglich an die Konsortialbanken weiterzuleiten, damit diese entsprechend ihrer Quote dem Agenten ihren Betrag bereitstellen können. Der Agent überweist dann die von dem Kreditnehmer angeforderten Beträge auf das in der Inanspruchnahmemitteilung angegebene Konto.

999

Es kann in der Praxis durchaus vorkommen, dass der Agent den angeforderten Betrag an den Kreditnehmer auszahlt, obwohl noch nicht alle Konsortialbanken den auf sie entfallenden Anteil „angeschafft" haben. Die Konsortialbanken haften nur für ihren jeweiligen Anteil an einer Auszahlung an den Kreditnehmer, nicht aber für den Anteil einer anderen Bank im Konsortium. Da der **Agent** lediglich die **technischen**

1000

Abläufe der Auszahlung gewährleistet und die Konsortialbanken nur für ihren jeweiligen Betrag haften, handelt er bei Auszahlung von noch nicht „angeschafften" Kreditbeträgen auf eigenes Risiko. In der Praxis verlässt sich der Agent bei homogenen und überschaubaren Konsortien dann eventuell auf per mail abgegebenen Versicherungen der säumigen Konsortialbank, dass der Betrag unverzüglich überwiesen wird. Gibt es keine Regelung für diesen Fall, überweist der Agent dann, wenn eine oder auch mehrere Konsortialbanken den auf sie anfallenden Auszahlungsanteil nicht oder nicht rechtzeitig auf das Agentenkonto eingezahlt haben nur den auf dieses Konto eingegangenen Betrag, der dann gegebenenfalls geringer als der vom Kreditnehmer angeforderte Betrag ist.

1001 Um sowohl den Agenten als auch den Kreditnehmer vor diesen Fällen zu schützen, kann allerdings in der **Auszahlungsklausel** auch geregelt werden, dass der Agent den angeforderten Betrag vollständig an den Kreditnehmer auszahlt, für den Fall der Nichtzahlung einer oder mehrerer Konsortialbanken dem Agenten ein **Rückzahlungsanspruch** gegen den Kreditnehmer in Höhe des von einer oder mehrerer Konsortialbanken nicht überwiesenen Betrags eingeräumt wird.

2.7 Rückzahlung, Tilgung

1002 In der **Rückzahlungsklausel** werden der **Fälligkeitstag des Konsortialkredits** bzw. die **Tilgungsraten** festgelegt. Dabei werden die Besonderheiten der Kreditart berücksichtigt, d.h., ob Tilgungen am **Ende der Laufzeit** oder **pro rata erfolgen**. Auch die Ziehungsmöglichkeit eines Roll Over Kredits am Ende der Zinsperiode kann hier geregelt werden.

Sie enthält daneben auch Bestimmungen, unter welchen Bedingungen der Kredit vorzeitig vom Kreditnehmer zurückgeführt werden kann im Einklang mit den gesetzlichen Bestimmungen, insbesondere der Vorfälligkeitsentschädigung nach § 490 Abs. 2 BGB.

1003 Zusätzlich können etwaige Pflichtrückzahlungen vereinbart sein, sollte sich die Vermögenslage des Kreditnehmers zum positiven verändern, etwa durch den Verkauf nicht betriebsnotwendiger Assets oder durch Versicherungsleistungen, die nicht reinvestiert werden müssen. In nicht wenigen Verträgen findet man an dieser Stelle auch die Verpflichtung einer Rückzahlung, wenn die vereinbarten Finanzkennziffern nicht eingehalten werden. Eine solche Vereinbarung ist zweischneidig. Die **Nichteinhaltung der Finanzkennziffern** lässt erkennen, dass sich die Vermögenslage des Kreditnehmers verschlechtert und der Kreditnehmer in die gefährliche Lage kommt, seinen Finanzverpflichtungen ohnehin nicht oder nur noch eingeschränkt nachkommen zu können. Durch Zahlung eines „Strafzinses" wird die finanzielle Lage noch prekärer.

1004 Generell lässt aber die vertragliche Gestaltungsfreiheit Raum, die Bestimmungen der Rückzahlung flexibel und nach den Wünschen und Bedürfnissen der Vertragsparteien vorzunehmen.

2.8 Zinsklausel

1005 Die **Zinsklausel** erleichtert die **technische Abwicklung** durch den **Agenten** und gibt Transparenz über die Berechnung der Zinsen und der Zinsperioden, die jeweils nach der Kreditart unterschiedlich sein können. Der von dem Agenten ermittelte **Jahreszinssatz** sowie der **individuelle Zinssatz,** der sich aus der Summe der unterschiedlichen Bestandteile des Zinssatzes **(EURIBOR, LIBOR, Marge)** ergibt, sind Bestandteile dieser Klausel.

2.9 Zusätzliche Kosten

Zusätzliche Kosten können entstehen durch **Einführung** oder **Änderungen gesetzlicher oder behördlicher Bestimmungen** oder auch **Währungsschwankungen**. Daneben können sich auch **Kosten** der Bank für **Bereitstellung** und **Refinanzierung** der Kreditmittel ändern. Diese Kosten hat der Kreditnehmer als zusätzliche Kosten auszugleichen. Dadurch wird gewährleistet, dass sich jede Konsortialbank die Wirtschaftlichkeit des Kredits mit Abschluss des Vertrags errechnen kann. Das Risiko jeder gesetzlichen Änderung trägt also der Kreditnehmer, der allerdings bei unverhältnismäßigen Erhöhungen ein Kündigungsrecht derjenigen Konsortialbank gegenüber hat, die einen solchen Anspruch geltend macht **(Ausstiegsklausel)**.   **1006**

2.10 Zusicherungen, Gewährleistungen, Verpflichtungserklärung

Der Kreditnehmer und alle Drittverpflichteten geben gem. §§ 241, 311 BGB **selbstständige Erklärungen** ab, in denen sie anerkennen, dass die Parteien den Konsortialkreditvertrag im Vertrauen auf die Richtigkeit aller Erklärungen abgeschlossen haben. Die Zusicherungen und Erklärungen beziehen sich u.a. auf   **1007**

- Bestand und ordnungsgemäßer Abschluss des Konsortialkredits
- Bonität des Kreditnehmers und der Drittverpflichteten sowie eventuelle Tochtergesellschaften,
- Richtigkeit der den Konsortialbanken eingereichten Unterlagen zu den wirtschaftlichen Verhältnissen oder anderen Verträgen,
- Keine Anhängigkeit von Gerichts- oder Schiedsverfahren, die den Kreditnehmer wesentlich beeinträchtigen können und solche Verfahren auch nicht drohen.

   1008

Die Auflistung ist nicht abschließend und die Zusicherungen richten sich je nach Einzelfall nach der Kreditart und der Bonität des Kreditnehmers und der Drittverpflichteten. Jedenfalls sollen sie den Konsortialbanken darüber Sicherheit geben, dass die **tatsächlichen rechtlichen und wirtschaftlichen Gegebenheiten** der Kreditvergabe seit dem Zeitpunkt des Vertragsabschlusses auch vorliegen.   **1009**

Die Erklärungen und Zusicherungen werden ebenfalls in einer Anlage zusammengefasst und sind Vertragsbestandteile des Konsortialkredits.   **1010**

2.11 Kündigungsklausel

Die Voraussetzungen, unter denen eine Bank die **Beendigung des Kreditverhältnisses** oder sogar die Geschäftsverbindung insgesamt herbeiführen kann, sind unterschiedlich, je nachdem, ob es sich um den Ablauf eines von vornherein befristeten Kreditverhältnisses handelt oder ob die Bank ein **ordentliches** oder ein **außerordentliches Kündigungsrecht** ausübt oder ob es sich bei dem Kredit um einen Sanierungskredit handelt.   **1011**

2.11.1 Fristablauf

Ist in einem Darlehensvertrag vertraglich eine Frist bzw. bestimmte Termine oder Annuitäten vereinbart, hat der Kunde den Kredit entsprechend zu dem vereinbarten Zeitpunkt zurückzuzahlen, ohne dass es zuvor einer Aufforderung oder Kündigung seitens der Bank bedarf. Da der Termin der Rückzahlung für den Kreditnehmer bereits bei Aufnahme des Kredits voraussehbar ist und er sich auf diesen Zeitpunkt einrichten kann, gelten hierfür die Einschränkungen, die für die Ausübung eines   **1012** ordentlichen Kündigungsrechts gegenüber einem in wirtschaftliche Schwierigkeiten geratenen Kreditnehmers gelten, nicht. Für eine Kündigung zur Unzeit ist kein Raum, wenn sich der Kunde zu einer Zeit, als er sich noch nicht in wirtschaftlichen Schwierigkeiten befand, vertraglich zur Rückzahlung zu einem bestimmten Termin gebunden hat.

2.11.2 Ordentliche Kündigung

1013 Dieses Kündigungsrecht folgt aus § 488 Abs. 3 BGB, die Kündigunsfrist beträgt 3 Monate. Zusätzlich kann auch **Nr. 19 Abs. 1 AGB Banken (Nr. 26 Abs. 1 Sparkassen)** herangezogen werden, wonach die Bank als auch der Kreditnehmer die Geschäftsverbindung im Ganzen oder einzelne, auf Dauer angelegte Geschäftsbeziehungen einseitig aufheben kann.

1014 **Einschränkungen** ergeben sich bei der ordentlichen Kündigung allerdings in der **Krise des Kunden**, insbesondere im Wesentlichen bei der Fristbemessung, in der Rücksichtnahme auf Schuldnerinteressen, in der Deckung des Kredits durch Sicherheiten und bei **wirtschaftlicher Abhängigkeit des Schuldners**.[1006]

1015 In einem Konsortialvertrag können zusätzlich zu den gesetzlichen Kündigungsmöglichkeiten **besondere Tatbestände** festgelegt werden, die einen Kündigungsgrund darstellen. Sie orientieren sich an den Besonderheiten des Einzelfalls.

1016 So kann insbesondere vereinbart werden, dass die Kündigung u.a. auch aus den folgenden Gründen gerechtfertigt ist:
– Nichtzahlung der neben den Zins- und Tilgungsraten vereinbarten Beträge wie Wertermittlungsgebühren, Bearbeitungsgebühren, Kosten für die Bestellung von Sicherheiten,
– Verletzung des Konsortialvertrags durch den Kreditnehmer durch Nichteinhaltung von Auflagen, insbesondere Covenants,
– Wegfall oder Unwirksamkeit von Sicherheiten und Drittsicherheiten,
– Nichtzahlung von Leistungen, aus anderen Kreditverträgen als dem Konsortialkreditvertrag (Cross default Klausel).

2.11.3 Außerordentliche Kündigung

1017 Nach den AGB Banken (Nr. 19 Abs. 3) und Landesbanken/Sparkassen (Nr. 26 Abs. 2) liegt ein **außerordentliches Kündigungsrecht** vor, wenn es im Vermögen des Kunden zu einer **erheblichen Verschlechterung** oder einer **erheblichen Vermögensgefährdung** gekommen ist. Auch die Verletzung der Verpflichtung zur Bestellung oder der Verstärkung von Sicherheiten nach Aufforderung durch die Bank innerhalb einer angemessenen Frist ist ein wichtiger Grund, die zu einer außerordentlichen Kündigung führen können. Bei einem Sanierungskredit ist das dann der Fall, wenn die Sanierung des Unternehmens mit überwiegender Wahrscheinlichkeit nicht mehr erfolgreich sein wird.

1018 Die AGB nennen beispielhaft nur einige von der Rechtssprechung anerkannte Kündigungsgründe. Die Aufzählung ist nicht abschließend. So kann die Bank etwa auch kündigen, wenn der beantragte Kredit zweckwidrig verwendet wurde. Die Fortsetzung der Geschäftsverbindung kann der Bank nicht mehr durch einen **Vertrauensbruch**

1006 Weitere Ausführungen s. auch *Obermüller* Insolvenzrecht in der Bankpraxis, 6. Auflage 2002, S. 707 ff.

zumutbar sein. Ein solcher Vertrauensbruch kann beispielsweise vorliegen, wenn der Kreditnehmer innerhalb kürzester Zeit immer ständig wechselnde Planzahlen vorlegt oder auch, wenn das Gesellschafterverrechnungskonto nicht mehr zu vertretende Privatentnahmen neben dem Geschäftsführergehalt ausweist. Ob ein wichtiger Grund vorliegt, der zu einer außerordentlichen, rechtwirksamen Kündigung führt, kann nur aufgrund der Gesamtwürdigung aller Umstände im Einzelfall und unter Abwägung der Interessen der Vertragsparteien entschieden werden.

Wie bei der ordentlichen Kündigung gibt es auch bei der außerordentlichen Kündigung Schranken. Die Bank hat bei jeder Kündigung grundsätzlich die Belange des Kunden, sprich: des Unternehmens zu berücksichtigen. So kann eine Kündigung schon deshalb beispielsweise ausgeschlossen sein, wenn der Kreditnehmer nachvollziehbar darlegt, dass er kurzfristig dazu in der Lage ist, seine Kreditverbindlichkeiten umzuschulden. **1019**

Weder die ordentliche Kündigung noch die außerordentliche Kündigung dürfen zur **Unzeit** ausgesprochen werden (Analogie zu §§ 627 Abs. 2; 675 2. HS BGB). Durch eine solche Kündigung wäre das Gebot der Rücksichtnahme verletzt. Diese Schranke kann umgangen werden und die Kündigung könnte gerechtfertigt werden, wenn vorher eine Warnung zur Kündigung seitens der Bank erfolgt ist. Allerdings fehlt es dann an einem wichtigen Grund für die Kündigung, wenn erwartet werden kann, dass der Kreditnehmer nach seiner „Abmahnung" sich vertragsgerecht verhält. **1020**

Das Dulden eines vertragswidrigen Verhaltens kann die außerordentliche Kündigung ebenfalls unwirksam werden lassen. Wurden beispielsweise Kreditüberziehungen über einen längeren Zeitpunkt nicht beanstandet oder hatte die Bank längere Kenntnis von den sich verschlechternden wirtschaftlichen Verhältnissen, kann eine außerordentliche Kündigung ohne Fristsetzung rechtlich problematisch werden. **1021**

Liegen Kündigungsgründe vor, ist der Agent berechtigt zu kündigen, allerdings nur auf Anweisung der Mehrheit der Konsortialbanken. **1022**

2.12 Agent, Sicherheitenagent

Die Funktion des **Agenten** und/oder **Sicherheitenagenten** wird von einer der Konsortialbanken übernommen. Er ist nicht notwendigerweise der Konsortialführer sondern meist eine Bank, die das in komplexen Fällen **erforderliche Knowhow** und entsprechende **Personalkapazitäten** hat. **1023**

Die Pflichten des Agenten sind in dem Konsortialkreditvertrag aufgeführt und ausschließlich darauf begrenzt. **1024**

Im Wesentlichen besteht seine Aufgabe in der **Zahlungsabwicklung** mit Errechnung der auf die Konsortialbanken entfallenden **Quoten**, der Anforderung der **anzuschaffenden Beträge** bei den Konsortialbanken entsprechend ihren Quoten zur Auszahlungsweiterleitung an den Kreditnehmer, der **Einziehung der Zins- und Tilgungsleistungen** des Kreditnehmers und **quotaler Weiterleitung** an die Konsorten, der **Weiterleitung von Unterlagen** des Kreditnehmers an die Konsortialbanken und umgekehrt. **1025**

Wesentliche Aufgabe des Sicherheitagenten, der nicht notwendig mit dem Agenten identisch sein muss und meist auch nicht ist, ist die **Verwaltung der bestellten Sicherheiten**, ihre Freigabe und Erlösauszahlung an den Agenten. **1026**

10 *Ausgewählte Einzelfragen*

1027   Agent und/oder Sicherheitenagent werden von den Konsortialbanken bevollmächtigt und beauftragt und handeln **nicht im eigenen Namen**. Ihre Aufgaben sind rein **technischer Natur** und sie verhalten sich entsprechend den **Weisungen** der Konsortialbanken. Nur in absoluten Ausnahmefällen können sie berechtigt sein, nach eigenem Ermessen mit Wirkung für oder gegen die Konsortialbanken zu handeln.

1028   Agent und/oder Sicherheitenagent haften für ihre Aufgaben **nur für Vorsatz und grobe Fahrlässigkeit**. Sie dürfen darauf vertrauen, dass die von ihnen entgegengenommenen Unterlagen auch vom Urheber stammen. Der Agent hat **keine Prüfungspflicht** hinsichtlich Inhalt und Vollständigkeit der Unterlagen, er gewährleistet lediglich den reibungslosen technischen Ablauf zwischen Kreditgeber und Kreditnehmer.

1029   Die **Kosten**, die dem Agenten im Rahmen seiner Aufgabenstellung entstehen, werden von den Konsortialbanken entsprechend ihrer Anteile ersetzt und werden in einer entsprechenden **Gebührenvereinbarung** verhandelt. Für den Agenten übliche administrative Kosten werden dabei nicht ersetzt.

2.13 (Mehrheits-)entscheidungen

1030   Die Festlegung der **Entscheidungsmehrheiten** ist im Konsortialvertrag von grundsätzlicher Bedeutung. Generell bedürfen Entscheidungen über Änderungen oder Ergänzungen des Vertrags, die **kreditmaterielle Auswirkungen** auf die Konsortialbanken haben einer **100 %igen** Zustimmung aller Banken. **Änderungsanträge (waiver)** des Kreditnehmers zu Änderung oder Anpassung des Zinssatzes, des Kreditbetrags, des Verwendungszwecks, der Laufzeit oder Änderungen von Sicherheiten können für alle oder auch einzelne Banken nicht zumutbar sein. Um eine kreditmaterielle Ungleichbehandlung auszuschließen, ist daher eine Entscheidung aller Banken für diese Änderungen erforderlich.

1031   Allerdings gibt es auch **Änderungsanträge** seitens des Kreditnehmers, die für diesen **sinnvoll** sind z.B. eine die Strategie unterstützende Akquisition, die unternehmerisch zu einem Mehrwert führt. Falls eine Konsortialbank durch die Verweigerung ihre Zustimmung eine an sich sinnvolle unternehmerische Maßnahme den Änderungsantrag blockiert, ist in diesen Fällen die **2/3 Mehrheit** ausreichend. Die **Zustimmungsquoten** richten sich nach den jeweiligen **Anteilen** der Konsortialbanken an dem Gesamtkredit.

2.14 Ausgleichsklausel

1032   Da keine Konsortialbank im Rahmen des Konsortialkreditvertrages besser gestellt werden soll als andere an dem Vertag teilnehmenden Banken und die Rechtbeziehungen des Kreditnehmers und der Konsortialbanken außerhalb des Konsortialvertrags keine negativen Auswirkungen auf die Ansprüche der Konsortialbanken untereinander haben sollen, stellt die **Ausgleichsklausel** klar, wie Zahlungen auf eine Konsortialforderung außerhalb des Vertrags an eine der Banken erfolgen, die dieser nicht oder nicht in dieser Höhe zugestanden hätten, z.B. bei Aufrechnung. Das kann beispielsweise auch dann der Fall sein, wenn Zahlungen aus einem Gerichtsurteil einer Bank zugesprochen wurden, die dem Gesamtkonsortium aufgrund des Vertrags zustehen. Über den Agenten werden dann die Anteile der Konsortialbanken an diese verteilt.

1033   Sind allerdings Konsortialbanken nach Aufforderung einem entsprechenden Verfahren nicht beigetreten, obwohl die rechtliche und tatsächliche Möglichkeit bestanden hätte, haben sie keinen Ausgleichsanspruch.

2.15 Provisionen, Kosten, Gebühren

Der Kreditnehmer wird verpflichtet, alle erforderlichen **Aufwendungen** einschließlich der **Gebühren** und **Auslagen** für etwaige **Rechts- und Steuerberatung** zu ersetzen, die im Zusammenhang mit der **Vorbereitung, Dokumentation, Unterzeichnung** und **Umsetzung** des Konsortialvertrags entstehen. Dazu gehören auch etwaige **Kosten der Sicherheitenbestellung** mit den dazu gehörigen Verträgen, ebenso wie die den Konsortialbanken im Zusammenhang mit Vertragsänderungen oder zur Wahrnehmung ihrer Rechte gegen den Kreditnehmer entstehenden Kosten. 1034

2.16 Abtretungsklausel

In der **Abtretungsklausel** wird dem **Kreditnehmer** und den **Drittsicherheitsgebern** untersagt, ihre Rechte, aber auch Pflichten aus dem Konsortialkreditvertrag **ohne schriftliche Zustimmung** aller Konsortialbanken **abzutreten, zu übertragen** oder **zu verpfänden**. Andererseits ist jede Konsortialbank jeweils für ihren Anteil berechtigt, mit Zustimmung des Kreditgebers, die allerdings nicht rechtsgrundlos verweigert werden darf, ihre Rechte und Pflichten aus dem Vertrag und die dazugehörigen Sicherheiten zu übertragen. Diese Klausel wird gelegentlich im Konsortialvertrag (Innenverhältnis) aufgenommen. 1035

Eine **Abtretung** von Forderungen **innerhalb** des Konsortiums gibt den Banken im Fall der Kündigung eine **notwendige Flexibilität**. Die **Zustimmung des Kreditgebers** ist aber immer dann wichtig, wenn Forderungen **außerhalb des Konsortiums abgetreten** und **verkauft** werden sollen. In diesen Fällen sieht sich der Kreditnehmer eventuell mit Finanzinvestoren konfrontiert, die seinen Interessen entgegen stehen. Bei inhomogenen Konsortien mit divergierenden Interessenslagen kann durch den **Verkauf von Forderungen** in der Krise eines Unternehmens eine Restrukturierung **extrem erschwert**, wenn nicht sogar unmöglich werden. Seitens der Kreditgeber wird meist eine Öffnungsklausel gewünscht, der Kreditnehmer hingegen kann kein Interesse daran haben, dass er sich im Krisenfall Vertragspartnern gegenübersieht, die ihm hinsichtlich ihrer Interessenslagen das Leben noch schwerer machen. 1036

2.17 Mitteilungen, Allgemeine Geschäftsbedingungen, Rechtswahlklausel

Diese Klausel enthält nur **technische Erklärungen**, wie etwa die Aufnahme der Adressen des Agenten und der Vertragsparteien. Die Einbeziehung der Allgemeinen Geschäftsbedingungen kann zur Verkürzung der Aufnahme von Kündigungsgründen beitragen, und sollte in jedem Fall mit aufgenommen werden. 1037

Die **Rechtswahlklausel** verhindert, dass im Fall einer Klage nicht jede Bank an ihrem Sitz verklagt werden muss und damit langwierige Verfahren über die Zuständigkeit der Gerichte ausgeschlossen werden. 1038

3. Sicherheitenvertrag

3.1 Grundsätze

Grundsätzlich kann nach dem allgemeinen Vertragsrecht der Sicherheitenvertrag **formlos** geschlossen werden. Dies gilt selbst dann, wenn beispielsweise bei der Sicherheitsgrundschuld zur Sicherheitenbestellung selbst Formvorschriften zu beachten wären. 1039

Von diesem Grundsatz bestehen aber **wichtige Ausnahmen**, wenn das Gesetz eine bestimmte Form vorschreibt (z.B. § 766 BGB, § 1192 Abs. 1, 1194 BGB, § 15 Abs. 3 GmbH-Gesetz).

1040 Aus **Sicherheits- und Beweisgründen** werden in der Bankpraxis allerdings regelmäßig die Kreditsicherheiten **schriftlich** bestellt. Zwar ist nach Ansicht des BGH[1007] auch ein unvollständiger schriftlicher Sicherheitenvertrag wirksam, wenn er durch mündliche oder unter Umständen sogar stillschweigende Abreden geändert oder ergänzt wird. Gleichwohl wird sich ein Kreditinstitut nicht darauf einlassen, dass sie eine mündliche Ergänzungsvereinbarung **notfalls** beweisen muss. Zur Änderung eines Sicherheitenvertrages ist daher in jedem Fall eine **schriftliche Vereinbarung** zwischen Parteien des Vertrages **erforderlich**.

1041 Wenn in einem Konsortialvertrag (s. Anlage) Sicherheiten bestellt werden, was überwiegend der Fall ist, gibt es **vier Möglichkeiten:**
– Sicherheiten werden für den Konsortialkredit neu bestellt,
– bereits bestellte Sicherheiten von Konsortialbanken, die sich an dem Konsortialkreditvertrag beteiligen, werden in den Vertrag als solche mit eingebracht,
– es bestehen bereits Sicherheiten bei Konsortialbanken, die auch als Sicherheit für den Konsortialkreditvertrag dienen sollen und es werden noch weitere Sicherheiten für den Konsortialkredit bestellt,
– Banken treten dem Konsortium später bei und bringen somit auch ihre Sicherheiten zu einem späteren Zeitpunkt ein.

1042 Bei allen Konstellationen werden Sicherheitenverträge neu aufgesetzt oder existieren bereits. Diese Verträge werden dann in einer Anlage zusammengefasst.

1043 Wenn bestehende besicherte Kredite in den Konsortialkreditvertrag eingebracht werden empfiehlt sich der Abschluss eines **Sicherheitenpoolvertrags** in dem geregelt ist, wie sich eine Konsortialbank, zu deren Gunsten diese Sicherheiten bestellt wurde bei der **Verwaltung** und **Verwertung** ihrer Sicherheit zu verhalten hat.

1044 Eine oft schwierige Sanierung eines angeschlagenen Unternehmens kann nur dann erfolgreich gelingen, wenn alle wesentlichen Kreditgeber sich in ihrem Sanierungswillen einig sind und eine Rettung gemeinsam versuchen. Während es bei einem Sanierungspool üblich ist, dass jede der beteiligten Banken die ihr bestellten und in den Pool einbezogenen Sicherheiten auch nach Abschluss des **Poolvertrages** selbst, wenn auch **treuhänderisch für die übrigen Poolbanken**, verwaltet, werden bei einem **Konsortialkredit** die Sicherheiten in der Regel **nur der konsortialführenden Bank** bestellt, die diese zugleich für die **übrigen beteiligten Kreditinstitute** mit **verwaltet**.

1045 Schließen sich Banken zu einem Sicherheitenpool zusammen, weil der Kreditnehmer sich in einer **schwierigen wirtschaftlichen Situation** befindet, so liegt der Zweck neben einer **Vereinfachung bei der Sicherheitenbestellung** und -verwaltung vor allem darin, durch die **gleichrangige Teilnahme** an den gepoolten Sicherheiten alle bestehenden Möglichkeiten auszuschöpfen und eine optimale Nutzung des Sicherungsmittels zu gewährleisten.

1046 Das im Anhang vorgestellte **Vertragsmuster** eines Sicherheitenpoolvertrages ist als Standardvertrag zu sehen, der in erster Linie auf **inländische Kreditverhältnisse** zugeschnitten ist und der für einen Vertrag von **mittlerer Komplexität** angemessen ist. Er

---

1007 *BGH* WM 1966, 1335.

ist entsprechend anzupassen, wenn international gewährte Kredite in den Pool einbezogen werden sollen. Bei Anpassung an komplexere Fälle besteht aber stets die Gefahr, dass durch Modifikationen der Grundgedanke des Standardvertrags beeinträchtigt wird, da die Klauseln im Vertragsmuster aufeinander abgestimmt sind.

Bei Poolverträgen findet sich nicht selten eine **Präambel**, die Ziel, Zweck und Hintergrund der getroffenen Vereinbarung beschreibt. Solche Präambeln sind **entbehrlich**. Sollten Sie dennoch vorangestellt werden, ist bei einem Sanierungs-Pool bei der Formulierung darauf zu achten, dass auch die unbeteiligten Dritten im Sinne einer Sanierungspflicht nicht missverstanden werden. **1047**

Auch ein Sanierungspoolvertrag begründet keine **Sanierungspflicht** und erst recht **keinen Anspruch** auf die Gewährung **weiterer**, zur Sanierung **erforderlicher Kredite**. **1048**

3.2 Sicherheitenpoolvertrag

Der **Sicherheitenpoolvertrag** wird dem Konsortialvertrag beigefügt. Er besteht aus: **1049**

3.2.1 Rubrum

Üblicherweise wird die Bank, die dem Unternehmen den höchsten Kredit eingeräumt hat, zur **Poolführerin** bestellt. Konsortialführerschaft und Poolführerschaft können auseinanderfallen. praxisbedeutsam wird dies bei der Verwertung der Sicherheiten. **1050**

3.2.1.1 Einbeziehung des Unternehmens

Die **Einbeziehung des Unternehmens** in den Poolvertrag ist in jedem Fall **erforderlich**, weil zumindest die **Erweiterung des Sicherungszwecks**, der **Saldenausgleich**, die **Verpflichtung zur eventuellen Übertragung der Sicherheiten** auf die Poolführerin oder einem Treuhänder sowie die Gestattung einer **gegenseitigen Unterrichtung der Poolbanken** über die Einzelheiten der Kreditverhältnisse nicht ohne die Mitwirkung des Unternehmens vereinbart werden können. Wahlweise kann das Unternehmen als **Vertragspartner** aufgeführt werden oder nur lediglich formal dem, unter den Kreditgebern abgeschlossenen Vertrag zustimmen. **1051**

Dann würde eine solche **Zustimmungsklausel** in etwa heißen:

„Wir übernehmen sämtliche uns betreffende Verpflichtungen dieses Vertrages, insbesondere die gemäß den Regelungen in ... (Sicherheiten), ... (Bestellung eines Pfandrechts an Guthaben), ... (Sicherungszweck), ... (Sicherheitenfreigabe), ... (Saldenausgleich), ... (Erlösverteilung), ... (Kosten, Steuern, Vergütung) und ... (Unterrichtung). Dem Vertrag im Übrigen stimmen wir zu." **1052**

3.2.1.2 Einbeziehung der Drittsicherungsgeber

Drittsicherungsgeber stimmen dem Sicherheitenpoolvertrag in der Regel **lediglich** zu. Dies ist deshalb auch vorteilhaft, da der Pool dann schnell handlungsfähig ist und ein zügiger Beitritt des oder der Drittsicherungsgeber oft nicht sichergestellt werden kann. Außerdem wird einem Drittsicherungsgeber dadurch die Möglichkeit genommen, den Vertrag zu kündigen.[1008] **1053**

[1008] Für Verbraucher als Drittsicherungsgeber ist eine Widerrufbelehrung vorzusehen.

3.2.2 Kredite

1054 Mit dem Begriff der **Kreditlinie** im Mustervertrag ist die gegenüber dem Unternehmen **zugesagte Linie** gemeint. Die genaue Bezeichnung der besicherten Kredite und Kreditlinie ist insbesondere im Hinblick auf die Verteilung der Verwertungserlöse und für die Durchführung des Saldenausgleichs von Bedeutung.

3.2.3 Sicherheiten

1055 Die in den Poolvertrag einbezogenen **Sicherheiten** werden differenziert geregelt. Dies ist deswegen notwendig, da bei **akzessorischen Sicherheiten** wie Bürgschaften, Hypotheken und Pfandrechten, ein Auseinanderfallen von Forderungen und Sicherheiten unzulässig ist (§ 401 BGB). Es ist allerdings möglich, dass die Übertragung ein und desselben Sicherungsgegenstandes, wie etwa die **Verpfändung eines Depots**, gleichrangig an jede der einzelnen Poolbanken erfolgt. Es ist daher weitverbreitete Praxis, dass die künftigen **akzessorischen Sicherheiten gleichzeitig und gleichrangig** zugunsten der Poolführerin sowie jeder einzelnen Poolbank bestellt werden. Auch zugunsten einzelner Poolbanken bereits bestehende akzessorische Sicherheiten können auf diese Weise in den Pool einbezogen werden, gegebenenfalls durch **Nachverpfändung**.

1056 Bei einem **Sanierungspool** werden die eingezogenen bestehenden Sicherheiten aus Gründen der Praktikabilität in der Regel nicht auf den Pool als BGB-Gesellschaft und üblicher Weise auch nicht auf die Poolführerin übertragen. Werden Sicherheiten neu bestellt oder wird ein Konsortialkredit gewährt, so ist eine Übertragung der Sicherheit auf die Poolführerin bzw. ihre Bestellung zugunsten der Konsortialführerin üblich. Für die Verwertung der Sicherheiten gelten die Verwaltungsregelungen.

1057 Sollen zugunsten einzelner Poolbanken bestellte **akzessorische Sicherheiten** lediglich wirtschaftlich in den Poolvertrag einbezogen werden, kann dies auch dadurch geschehen, dass die Sicherheiten zwar bei der jeweiligen Bank verbleiben und diese im eigenen Namen, jedoch wirtschaftlich für alle Banken verwertet.

1058 Erhalten Poolbanken nach Abschluss des Poolvertrages **zusätzliche Sicherheiten** für die aufgeführten Kredite, so werden diese in den Sicherheitenpool einbezogen. Die gleichmäßige Behandlung der Poolbanken ist ein wesentlicher Grundgedanke des Vertrages. Ihm würde es widersprechen, wenn sich eine Bank für einen Kredit, der bei Vertragsabschluss vereinbart oder in Anspruch genommen ist, nachträglich weitere Sicherheiten vom Schuldner bestellen ließe, ohne dass die übrigen Poolbanken davon profitieren. Etwas anderes gilt, wenn eine Poolbank dem Unternehmen einen **neuen, zusätzlichen Kredit** einräumt und sich hierfür ebenfalls zusätzliche Sicherheiten bestellen lässt.

1059 Die Poolbanken sind regelmäßig über eine beabsichtigte Bestellung von Sicherheiten zugunsten Dritter **zu informieren**. Im Regelfall wird das Unternehmen zu einer solche Unterrichtung über eine beabsichtigte Sicherheitenbestellung verpflichtet, damit die Banken eine Gefährdung des Pools und der Poolsicherheiten erkennen und möglicher Weise verhindern können.

3.2.4 Bestellung eines Pfandrechts an Guthaben

1060 Eine **Verpfändungsregelung** in einem Poolvertrag dient im Wesentlichen der **Gestaltung eines insolvenzfesten Saldenausgleichs**. Entsteht bei einer der Poolbanken ein Guthaben zugunsten des Unternehmens und wird dazu eingesetzt, die Kreditforderungen der anderen Poolbanken zurückzuführen, besteht im Insolvenzfall die Gefahr einer Anfechtung gem. §§ 130, 131 InsO. Die **Bestellung eines Pfandrechts** im Poolvertrag stellt sicher, dass die nach § 129 InsO erforderliche Gläubigerbenachteiligung für eine wirksame **Anfechtung** entfällt.

3.2.5 Sicherungszweck

Die **Sicherungszweckbestimmung** in einem Poolvertrag ist von besonderer Bedeutung. Eine Erweiterung des Sicherungszwecks im Hinblick auf den Kreis der gesicherten Gläubiger und im Hinblick auch auf künftige Forderungen ist deswegen zweckmäßig, um das **Sicherungsinteresse** aller beteiligten Poolbanken an dem Unternehmenskredit anteilig zu berücksichtigen. Außerdem wird dadurch bezweckt, einen eventuellen Übererlös aus der Verwertung auch für die nicht poolgebundenen Banken heranziehen zu können. Daher ist es auch praktisch, die Ansprüche der **ausländischen Tochtergesellschaften** der Banken mit einzubeziehen. 1061

Die Besonderheit der Vereinbarung eines erweiterten Sicherungszwecks in einem (Sanierungs-)Poolvertrag und das Ziel, nämlich der Rettungsversuch eines angeschlagenen Unternehmens, lassen es grundsätzlich als angemessen erscheinen, wenn eine **Drittsicherheit mit weiter Zweckerklärung** vereinbart wird. Die Ausdehnung des Sicherungszwecks im Hinblick auf den Gläubigerkreis benachteiligt den Sicherungsgeber nicht unangemessen i.S.d. § 207, Abs. 1 BGB, da die gleichrangige Teilnahme der beteiligten Banken an den gepoolten Sicherheiten die notwendige Voraussetzung für das gemeinsame Bemühen für die Rettung des angeschlagenen Unternehmens ist. 1062

Die weite **Sicherungszweckklausel** bei einem Sanierungspool ist auch **nicht überraschend** i.S.d. § 305c, Abs. 1 BGB. Dem Kreditnehmer ist klar, dass die in einem Poolvertrag bezeichneten Banken wertmäßig an den zur Verfügung gestellten Sicherheiten teilnehmen. 1063

3.2.6 Sicherheitenverwaltung

Die Aufgaben des Sicherheitenverwalters sind wie die Aufgaben der Verwalterstelle im Konsortialkreditvertrag ausschließlich auf die dort aufgeführten Pflichten begrenzt. Seine Aufgabe ist rein technischer Natur und er hat sich, soweit nichts anderes vorgesehen ist, entsprechend der Weisungen der Banken zu verhalten. Auch der Sicherheitenverwalter haftet nur für Vorsatz und grobe Fahrlässigkeit. 1064

3.27 Erlösverteilung („Wasserfall")

Im Regelfall erfolgt die **Erlösverteilung** wie in dem beigefügten Vertragsmuster dargestellt. D.h. zunächst werden die **Kosten**, etwaige **Steuern** oder **sonstige Aufwendungen** beglichen, **gleichrangig** mit dem **Vergütungsanspruch** der Poolführerin. Schuldner dieser Positionen ist immer das Unternehmen. Kommt das Unternehmen seiner Verpflichtung zur Leistung der Kosten und Steuern nicht nach, tragen die Poolbanken diese im Verhältnis ihrer Kreditlinien. 1065

Die Rangklassen bei der Erlösverteilung können untereinander unterschiedlich verhandelt werden. So empfiehlt es sich, bei Krediten mit unterschiedlichen Risiken eine differenzierte Aufteilung vorzunehmen.

1066 **Anlage I**
Mustervertrag
Konsortialvertrag (Innenvertrag)
Die
Name und Anschrift – nachstehend **„Konsortialführerin"** genannt –
und
Name und Anschrift – nachstehend **"Konsorte"** genannt –
sowie
Name und Anschrift – nachstehend **„Konsorte"** genannt –
– Konsortialführerin und Konsorte – nachstehend gemeinsam als **„Konsortium"** oder als **„Konsortialpartner"** bezeichnet
– schließen zum Zweck der gemeinsamen Darlehensvergabe an

Name und Anschrift – nachstehend **„Darlehensnehmer"** genannt –

folgende Vereinbarung:

Die Konsortialführerin hat dem Darlehensnehmer im Namen und für Rechnung des Konsortiums zu den im Darlehensvertrag vom .... enthaltenen Bedingungen – siehe Anlage – ein Darlehen in Höhe von insgesamt

Währung, Betrag

zugesagt (im Folgenden **„das Darlehen"**).

An diesem Darlehen beteiligen sich die Mitglieder des Konsortiums – untereinander gleichrangig – mit folgenden Beträgen bzw. Quoten:
1. die ....Bank
   – als Konsortialführer –

   Währung, Betrag

   XX/100 (Bruchteilsanteil)
2. die ....Bank
   – als Konsorte –

   Währung, Betrag

   XX/100 (Bruchteilsanteil)
3. die ....Bank
   – als Konsorte –

   Währung, Betrag

   XX/100 (Bruchteilsanteil)

   •
   •
   •

I. Darlehensgewährung

a) Der zuvor und als Anlage beigefügte Darlehensvertrag gilt als wesentlicher Bestandteil dieser Vereinbarung. Die Bestimmungen des Konsortialvertrages gehen jedoch im Verhältnis zwischen den Konsortialpartnern den Bestimmungen des Darlehensvertrages vor.

b) Die Konsortialführerin handelt in allen das Konsortialdarlehen betreffenden Angelegenheiten nach außen im Namen und für Rechnung des Konsortiums; sie ist von den Beschränkungen des *§ 181 BGB* befreit.

c) Die Konsortialführerin tritt, auch für die in Zukunft zu valutierenden Tranchen, an die Konsorten jeweils einen der jeweiligen Konsortialbeteiligung entsprechenden Teilbetrag an der Darlehensforderung nebst Zinsen und Nebenleistungen ab. Die Konsorten nehmen hiermit die Abtretung an.

d) Ein gemeinschaftliches Gesellschaftsvermögen wird nicht gebildet. eine gesamtschuldnerische Haftung ist ausgeschlossen.

II. Sicherheiten

a) Zur Sicherung sämtlicher Ansprüche des Konsortiums aus dem Darlehen in Höhe der jeweiligen Beteiligung dienen:
   1. Briefgrundschulden in Höhe von (Währung/Betrag) .... an dem Beleihungsobjekt
   2. Abtretung der Rechte und Ansprüche aus ....

Die Sicherheiten werden – sofern nachstehend nichts abweichendes vereinbart wird oder gesetzliche Regelungen entgegenstehen – von der Konsortialführerin treuhänderisch für die Konsorten gehalten und verwaltet sowie – falls erforderlich – verwertet. Der Erlös aus den Sicherheiten im Verwertungsfall ist im Verhältnis der quotalen Anteile der Konsortialpartner zu verteilen, wobei die für die Verwertung aufgewendeten Kosten vorab aus dem Erlös gezahlt werden.

b) Die Konsortialführerin übernimmt keine weitere Haftung für den rechtlichen Bestand der Sicherheiten sowie deren Werthaltigkeit und Einbringlichkeit, für die Freiheit von Rechten Dritter und sonstige außerhalb des Einflussbereiches der Konsortialführerin liegende Umstände.

c) Eine Verwendung der Sicherheiten für andere Forderungen der Konsortialführerin und der Konsorten bedarf einer weiteren Vereinbarung zwischen den Konsortialpartnern.

d) Die Konsortialführerin tritt in gesonderten Abtretungserklärungen gleichrangige Teilbeträge der Grundschuld nebst anteiligen Zinsen von
(Währung/Betrag): .... an die .... Bank
(Währung/Betrag): .... an die .... Bank
oder
(Währung/Betrag): .... an die .... Bank ab.

III. Rechte und Pflichten der Konsortialführerin

a) Die Konsortialführerin wird die Interessen der Konsorten mit Sorgfalt eines ordentlichen Kaufmanns wahren.

b) Die Konsortialführerin wird die Konsorten über alle wesentlichen Vorkommnisse, die sich auf das Darlehen und dessen Besicherung sowie die wirtschaftlichen Verhältnisse des Darlehensnehmers beziehen, unterrichten. Sie wird den Konsorten unaufgefordert die zur Erfüllung der Anforderungen der für § 18 KWG erforderlichen Unterlagen nach Erhalt zur Verfügung stellen und auf

10 *Ausgewählte Einzelfragen*

Anfrage jederzeit Auskunft über alle Umstände geben, die das Darlehen, die Grundschulden, die sonstigen Sicherheiten und die Beleihungsobjekte betreffen. Dies gilt umgekehrt auch für die Konsorten.
c) Etwaige den Konsorten obliegende Identifizierungspflichten, z.B. nach Abgabenordnung oder Geldwäschegesetz, nimmt die Konsortialführerin für die Konsorten in deren Auftrag wahr.

IV. Zustimmungsbedürftige Geschäfte
a) Die Konsortialführerin wird sich vor wichtigen Entscheidungen mit den Konsorten abstimmen. In eiligen Fällen bei Gefahr im Verzug und einem drohenden Nachteil für die Konsorten ist die Konsortialführerin berechtigt, allein zu entscheiden. In diesem Fall wird sie die Konsorten unverzüglich von den getroffenen Maßnahmen nachträglich unterrichten.
b) Wesentliche Änderungen des Darlehensvertrages und der Sicherheiten wie z.B. eine Konditionenänderung oder eine Überziehung bedürfen stets der vorherigen Zustimmung der Konsorten *(alternativ: der vorherigen Zustimmung der Mehrheit von 66 % der Konsorten)*, die nur aus wichtigem Grund verweigert werden darf. Die Darlehenskündigung wie auch die zwangsweise Verwertung der Grundschulden oder der sonstigen Sicherheiten werden nach Einvernehmen der Konsortialpartner ausgesprochen bzw. eingeleitet.

V. Zins- und Tilgungsverrechnung
a) Die auf die Konsorten entfallenden Leistungsanteile (Zins und Tilgung sowie andere Zahlung) werden von der Konsortialführerin nach dem Sollprinzip abgeführt, d.h. die Leistungsanteile werden jeweils am Fälligkeitstermin – unabhängig von der tatsächlichen Höhe und dem Zeitpunkt des Geldeingangs bei der Konsortialführerin – an die Konsorten auf noch zu benennende Konten überwiesen. Gehen fällige Zins- und Tilgungsleistungen sowie andere Zahlungen bei der Konsortialführerin nicht bzw. nicht in voller Höhe ein, erhält der Darlehensnehmer 14 Tage nach Fälligkeit ein Mahnschreiben. Sofern daraufhin kein Geldeingang nach Ablauf von weiteren 14 Tagen erfolgt bzw. nur ein Teil der Leistung bei der Konsortialführerin eingeht, wird die Konsortialführerin die bereits ausgeführten Zahlungen in entsprechender Höhe von den Konsorten mit einer Zahlungsfrist von 14 Tagen zurückfordern.
b) Die Konsortialführerin behält sich vor, den ihr hinsichtlich der bereits an die Konsorten weitergeleiteten Zahlungen entstandenen Schaden gegenüber den Konsorten geltend zu machen. Zur Ermittlung dieses Schadens wird der durch die ESZB festgestellte EONIA zugrundegelegt.
c) Für den Fall der verspäteten bzw. nicht vollständigen Leistungserbringung durch den Darlehensnehmer behält sich die Konsortialführerin eine Umstellung auf das Ist-Prinzip vor, d.h. Weiterleitung der entsprechenden Leistungsraten an die Konsorten erst nach Eingang bei der Konsortialführerin. Über diese Umstellung wie auch die Rückkehr zum Soll-Prinzip wird die Konsortialführerin die Konsorten jeweils mit angemessener Frist vor Vornahme der Umstellung entsprechend informieren.

VI. Auszahlungsabwicklung, Konditionenfestlegung
a) Die Konsorten unterhalten bei der Konsortialführerin interne Konten, die die Konsortialführerin bei Darlehensvalutierung entsprechend belasten kann. Die

Konsorten werden die ihrer Beteiligungsquote entsprechenden Darlehensbeträge am Auszahlungstag valutagerecht der Konsortialführerin auf einem von dieser noch zu benennenden Bankkonto zur Verfügung stellen. Diese internen Konten werden für die Konsorten kostenfrei von der Konsortialführerin geführt.

b) Die Abstimmung der Konditionen erfolgt zwei Bankarbeitstage vor dem Ende der jeweiligen Zinsbindung bereits bestehender Darlehenstranchen. Nach erfolgter Konditionsfestlegung bestätigt die Konsortialführerin die vereinbarten Konditionen den Konsorten schriftlich.

VII. Provisionen

a) Das Bearbeitungsentgelt, das vom Darlehensnehmer zu tragen ist, wird anteilig in Höhe der jeweiligen quotalen Beteiligung an dem Darlehensbetrag auf alle Konsorten verteilt.

b) Die vom Darlehensnehmer zu tragenden Bereitstellungsprovisionen werden quotal entsprechend der Beteiligung an der Darlehenssumme im Konsortium aufgeteilt.

c) Zins- und Provisionsabrechnungen gegenüber dem Darlehensnehmer und den Konsorten erfolgen nach der im Haus der Konsortialführerin jeweils üblichen Methode.

VIII. Sonstige Bestimmungen

a) Die Konsorten sind verpflichtet sich, die Unterlagen für die Darlehensgewährung eigenverantwortlich zu prüfen. Dementsprechend wird auch die Entscheidung über die Darlehensgewährung von jedem Konsortialpartner selbstständig und eigenverantwortlich getroffen.

b) Die Konsortialpartner können Forderungen aus anderen Rechtsverhältnissen nicht gegen Forderungen aus dieser Vereinbarung aufrechnen.

c) Die Konsorten verpflichten sich, ohne vorherige Zustimmung der Konsortialführerin keine Abtretung ihrer Rechte und Pflichten aus dem Darlehensvertrag vorzunehmen.

d) Meldungen gem. § 14 KWG sind von den Konsortialpartnern für den jeweils eigenen Anteil eigenverantwortlich zu erstellen.

e) Änderungen des Vertrages bedürfen der Schriftform. Sollten einzelne Bestimmungen dieses Vertrages rechtsunwirksam sein, so wird hierdurch die Gültigkeit des Vertrages im Übrigen nicht berührt. Die Vertragsparteien werden die unwirksame und undurchführbare Bestimmung durch eine Vereinbarung ersetzen, die dem wirtschaftlich Gewollten entspricht und dem Inhalt der zu ersetzenden Bestimmung möglichst nahe kommt.

f) Die Konsortialführerin hält die bei ihr vom Darlehensnehmer eingehenden Zahlungen im Zeitraum zwischen Zahlungseingang und Weiterleitung an die Konsorten in Höhe der jeweils an die Konsorten zu zahlenden T Konten – den Konten bei der Konsortialführerin – treuhänderisch für die Konsorten.

g) Der Konsortialvertrag unterliegt dem Recht der Bundesrepublik Deutschland. Erfüllungsort und Gerichtsstand ist ...

IX. Anschriften der Konsortialpartner

Für Mitteilungen zwischen den Vertragsparteien gelten folgende Anschriften:
- für die Konsortialführerin: ....
- für die Konsorten: ....

Eilbeträge entsprechend der Quoten auf den
....

Ausfertigung in .... Original-Exemplaren.

Ort, Datum, Unterschrift der Konsortialführerin

Ort, Datum, Unterschrift des Konsorten

Ort, Datum, Unterschrift des Konsorten

1067 **Anlage II**
Mustervertrag
Sicherheitenpoolvertrag

Bank A (Name und Anschrift)

Zwischen der oben genannten Bank (nachstehend auch „Poolführerin" genannt),

Bank B (Name und Anschrift)

Bank C (Name und Anschrift)

(nachstehend insgesamt „Banken" und jede von ihnen „Bank" genannt)

als Gesellschaft bürgerlichen Rechts
und der Firma
Name und Anschrift
(nachstehend „Firma" genannt)

wird folgende Vereinbarung getroffen:

§ 1 Kredite
(1) Die Banken stehen mit der Firma in Geschäftsverbindung und haben ihr die nachstehend ausgeführten Kredite und Kreditlinien eingeräumt:
   Bank A
   – Kreditart   Betrag   EUR/Währung
   – Kreditart   Betrag   EUR/Währung
   – ...

Bank B
- Kreditart   Betrag   EUR/Währung
- Kreditart   Betrag   EUR/Währung
- ...

Bank C
- Kreditart   Betrag   EUR/Währung
- Kreditart   Betrag   EUR/Währung
- ...

Soweit die Kreditvereinbarungen dies vorsehen, können die Barkredite auch als Aval-, Diskont- und Akzeptkredit in Anspruch genommen werden. Eine Inanspruchnahme der Barlinien kann auch bei den nachstehend aufgeführten Tochtergesellschaften der Bank erfolgen.

Tochterinstitut	
Bank A	...
Bank B	...
Bank C	...

Die zwischen den Banken der Poolsicherheiten getroffenen Vereinbarungen gelten für die Kreditaufnahmen bei ausländischen Tochtergesellschaften mit der Maßgabe, dass deren Rechte und Pflichten von der jeweiligen Bank treuhänderisch wahrgenommen werden.

(2) Die Firma kann über die Kreditlinien selbstständig verfügen. Jeder Bank stehen die Forderungen aus den von ihr zugesagten Krediten allein und unmittelbar zu.

(3) Die Banken verpflichten sich untereinander, die Kreditlinien für die Dauer dieses Vertrages aufrecht zu erhalten und Reduzierungen oder Streichungen nur im gegenseitigen Einvernehmen vorzunehmen. Dies gilt nicht für außerhalb des Pools gewährte Kredite. Vor einer beabsichtigten Kündigung solcher Kredite sind jedoch die anderen Poolbanken zu informieren.

§ 2 Sicherheiten

(1) Die Firma hat folgenden Banken nachstehende Sicherheiten bestellt:

Bank A

Bank B

Bank C

(2) Die Firma wird folgenden Banken nachstehend aufgeführte nicht akzessorische Sicherheiten bestellen:

Bank A

Bank B

Bank C

Die Firma tritt hiermit ihre Ansprüche auf und aus Gutschriften gegen die übrigen Banken sicherheitshalber an die Poolführerin ab, soweit es sich um Gutschriften aus

Zahlungseingängen auf Forderungen handelt, die der Poolführerin aufgrund der oben aufgeführten Globalzessionsverträge abgetreten sind.

Für die Dauer der hiermit vereinbarten Sicherungsabtretung werden die übrigen jeweiligen kontoführenden Banken die ihnen aufgrund ihrer Allgemeinen Geschäftsbedingungen bestellten Pfand- und Sicherungsrechte an den Ansprüchen auf und aus Gutschriften aufgrund von zedierten Forderungen gegenüber der Poolführerin nicht geltend machen.

(3) Zugunsten der Poolführerin sowie jeder einzelnen Bank sind oder werden von der Firma gleichzeitig und gleichrangig folgende akzessorischen Sicherheiten bestellt:

Sicherheit a) ...

Sicherheit b) ...

(4) Der/die Drittsicherungsgeber hat/haben folgenden Banken nachstehende Sicherheiten bestellt bzw. wird/werden die nachstehend aufgeführten nicht akzessorischen Sicherheiten bestellen:

Drittsicherungsgeber ...

Sicherheit a) ...

bei Bank ...

Sicherheit b) ...

bei Bank ...

(5) Zu Gunsten der Poolführerin sowie jeder einzelnen Bank werden vom Drittsicherungsgeber

Name des Drittsicherungsgebers ...

folgende akzessorische Sicherheiten gleichzeitig und gleichrangig bestellt:

Sicherheit a) ...

Sicherheit b) ...

(6) Erhält eine Bank von der Firma künftig für einen in § 1(1) aufgeführten Kredite weitere Sicherheiten, so sind diese in den Poolvertrag einbezogen.

(7) Gewährt eine Bank der Firma zusätzliche Kredite und erhält sie von ihr hierfür weitere Sicherheiten, so sind diese mit ihrer Bestellung in den Poolvertrag einbezogen. Ein Verwertungserlös dient vorrangig zur Rückführung dieser zusätzlichen Kredite.

(8) Die Firma verpflichtet sich, Dritten erst nach Unterrichtung der Banken Sicherheiten zu stellen, außer bei branchenüblichen verlängerten Eigentumsvorbehalten von Lieferanten und aufgrund Allgemeiner Geschäftsbedingungen der Kreditinstitute bestellter Pfand- und Sicherungsrechte.

§ 3 Bestellung eines Pfandrechts

(1) Die Firma verpfändet hiermit jeder Bank gleichrangig und gleichzeitig sämtliche Forderungen auf Auszahlung von Guthaben, die ihr aus ihren bei den Banken jeweils geführten Konten gegenwärtig und zukünftig gegen die jeweils kontoführende Bank zustehen. Die Verpfändungen erfolgen entsprechend der Regelung in

§ 4 Absatz (1) zur Absicherung der dort genannten Ansprüche. Die hiermit bestellten Pfandrechte gehen den zu Gunsten der jeweils kontoführenden Bank auf Grund ihrer Allgemeinen Geschäftsbedingungen bestellten Pfand- und Sicherungsrechten im Range nach. Die Firma als Verpfänder zeigt hiermit die vorgenannten Verpfändungen jeder Bank gem. § 1280 BGB an.

(2) Die Banken sind befugt, die Firma bis zum Verwertungsfall nach § 8 Absatz (2) mit befreiender Wirkung über das Konto verfügen zu lassen. Der jederzeit zulässige Widerruf ist von der Poolführerin an die jeweilige kontoführende Bank zu richten.

§ 4 Sicherungszweck

(1) Die in diesen Poolvertrag einbezogenen nicht akzessorischen Sicherheiten der Firma

a) dienen vorrangig zur Sicherung aller bestehenden, künftigen und bedingten Ansprüche, die den Banken mit ihren sämtlichen in- und ausländischen Geschäftsstellen und ihren in § 1 aufgeführten ausländischen Tochtergesellschaften aus der Gewährung von Krediten gem. § 1 Absatz (1) und (2) dieses Vertrages gegen die Firma zustehen,

b) dienen nachrangig zur Sicherung aller bestehenden, künftigen und bedingten Ansprüche, die den Banken mit ihren sämtlichen in- und ausländischen Geschäftsstellen aus der jeweiligen bankmäßigen Geschäftsverbindung gegen die Firma zustehen.

(2) Hat die Firma die Haftung für Verbindlichkeiten eines anderen Kunden der jeweiligen Bank übernommen (z.B. Bürge), so sichert die jeweilige Sicherheit die aus der Haftungsübernahme folgende Schuld erst ab deren Fälligkeit, und nur, wenn die Firma zugleich der Sicherungsgeber ist.

(3) Die in diesen Poolvertrag einbezogenen nicht akzessorischen Sicherheiten der Drittsicherungsgeber dienen zur Sicherung der Ansprüche, die den Banken mit ihren sämtlichen in- und ausländischen Geschäftsstellen und ihren in § 1 genannten ausländischen Tochtergesellschaften aus der Gewährung von Krediten gem. § 1 Absatz (1) und (2) gegen die Firma zustehen.

(4) Die in den einzelnen Sicherungsvereinbarungen enthaltenen Abreden über den Sicherungszweck werden für die Dauer dieses Poolvertrages durch die vorstehenden Regelungen abgeändert und ergänzt.

(5) Bei den akzessorischen Sicherheiten bleibt es bei dem jeweils vereinbarten Sicherungszweck.

§ 5 Rückübertragung/Sicherheitenfreigabe

(1) Nach Befriedigung aller gem. § 4 gesicherten Ansprüche haben die Banken die in diesen Poolvertrag einbezogenen Sicherheiten, soweit sie von ihnen nicht in Anspruch genommen worden sind, an die Firma oder den jeweiligen Drittsicherungsgeber zurück zu übertragen. Dies gilt nicht, wenn die Banken verpflichtet sind, Sicherheiten oder einen etwaigen Übererlös an einen Dritten (z.B. einen Bürgen, der eine oder mehrere Banken befriedigt hat) zu übertragen.

(2) Die Banken sind auf Verlangen schon vorher verpflichtet, Poolsicherheiten nach ihrer Wahl ganz oder teilweise, wenn und soweit der realisierte Wert der Poolsicherheiten ... % der nach § 4 gesicherten Ansprüche nicht nur vorübergehend über-

steigt. Der realisierbare Wert der Sicherheiten wird nach den Regelungen der einzelnen Sicherungsvereinbarungen bestimmt oder ergibt sich, falls hierüber keine ausdrückliche Vereinbarung getroffen worden ist, aus der Art der jeweiligen Sicherheit.

(3) Die in den einzelnen Sicherungsvereinbarungen enthaltenen Abreden über Deckungsgrenzen und Freigabeverpflichtungen werden für die Dauer dieses Poolvertrages durch die vorstehenden Regelungen abgeändert und ergänzt.

§ 6 Sicherheitenverwaltung
(1) Die Poolführerin hält und verwaltet die in diesem Vertrag einbezogenen Sicherheiten zugleich treuhänderisch für die übrigen Banken. Die in § 2 (3) und § 2(5) als Poolsicherheit genannten akzessorischen Rechte (Pfandrechte, Bürgschaften) verwaltet und verwertet die Poolführerin auch namens und im Auftrag der übrigen Banken.

(2) Die Poolführerin wird den anderen Banken auf Anforderung Kopien der Verträge der von ihr gehaltenen Sicherheiten zur eigenverantwortlichen Prüfung zusenden. Etwaige Einwendungen werden die anderen Banken unverzüglich gegenüber der Poolführerin geltend gemacht, so dass eine einvernehmliche Regelung unter den Banken herbeigeführt werden kann.

(3) Die Banken bevollmächtigen die Poolführerin, alle für die Bestellung, Verwaltung und Verwertung der Sicherheiten notwendigen Erklärungen auch in ihrem Namen abzugeben und entgegenzunehmen sowie alle erforderlichen oder zweckmäßigen Handlungen vorzunehmen.

(4) Die ganze oder teilweise Freigabe von Sicherheiten bedarf der Zustimmung der anderen Banken.

(5) Die Poolführerin wird die Sicherheitenverwaltung nur mit Zustimmung der anderen Banken auf einen anderen Treuhänder übertragen.

(6) Soweit Sicherheiten von einer anderen Bank als der Poolführerin gehalten werden, gelten die vorstehenden Regelungen entsprechend.

(7) Sofern die Poolführerin als Poolbank aus der Gesellschaft bürgerlichen Rechts ausscheidet, ist über die Nachfolge Einvernehmen zwischen den Banken herzustellen.

§ 7 Gesellschafterwechsel
(1) Die Banken stimmen hiermit der Übertragung der in diesen Poolvertrag einbezogenen Forderungen einer Bank auf einen Dritten zu. Eine Bank, die ihre in diesen Poolvertrag einbezogenen Forderungen auf einen Dritten übertragen will, wird dies den anderen Banken schriftlich mitteilen und dabei die Person des Dritten benennen.

(2) Eine widersprechende Bank muss ihren Widerspruch gegen die Person des Dritten innerhalb einer Frist von 15 Tagen nach Zugang der in dem vorstehenden Absatz genannten Mitteilung gegenüber der übertragenden Bank schriftlich erheben und begründen.

(3) Die Befugnis einer Bank zur Übertragung ihrer in den Poolvertrag einbezogenen Forderungen auf einen Dritten im Verhältnis zur Firma wird von den vorstehenden Regelungen nicht berührt.

§ 8 Verwertung

(1) Die Poolführerin wird die in § 2 und § 3 genannten Sicherheiten im eigenen Namen, jedoch für Rechnung der Banken, verwerten. Soweit Sicherheiten nicht von der Poolführerin gehalten werden, sind diese in Abstimmung mit der Poolführerin von der jeweils haltenden Bank für Rechnung der Banken zu verwerten.

(2) Über die Frage, ob und wann Sicherheiten verwertet werden, entscheiden die Banken untereinander einvernehmlich.

§ 9 Saldenausgleich

(1) Die Firma wird die Banken nach Möglichkeit im Verhältnis der in § 1 (1) genannten Kreditlinien gleichmäßig in Anspruch nehmen.

(2) Die Banken verpflichten sich in unwiderruflichem Auftrag der Firma und auch untereinander für den Verwertungsfall gem. § 8 und ferner jederzeit auf Verlangen einer Bank ihre die Barkreditlinien gem. § 1(1) nicht übersteigenden Kreditforderungen durch entsprechende Überträge auf einen solchen Stand zu bringen, dass für sämtliche Banken eine Kreditinanspruchnahme nach dem Verhältnis der genannten Barkreditlinien entsteht. Die einzelnen Banken haben dabei eventuelle Guthaben auf nicht zweckgebundenen Konten zunächst mit ihren Kreditforderungen zu verrechnen, die sich im Rahmen der in § 1(1) genannten Barkreditlinien bewegen.

(3) Belastungen aus aufzunehmenden Lastschrift- und Scheckrückgaben werden im Rahmen des Saldenausgleichs den berücksichtigungsfähigen Forderungen zugeschlagen. Dies gilt nicht, wenn und soweit hierdurch die in § 1 (1) aufgeführten Barkreditlinien überschritten wird.

Wechseldiskonte werden bei dem Saldenausgleich erst berücksichtigt, wenn ein Ausfall feststeht; Akkreditive und Avale, soweit unter ihnen Zahlung geleistet worden ist

(4) Stichtage für den Saldenausgleich ist das Zustandekommen eines Beschlusses über die Einleitung von Verwertungsmaßnahmen gem. § 8(2) Satz 1 bzw. in Eilfällen der früheste Zugang der Mitteilung der Poolführerin über die Einleitung von Verwertungsmaßnahmen gem. § 8 (2) Satz 2 bei einer der anderen Banken. Wird der Saldenausgleich auf Verlangen einer Bank durchgeführt, ist maßgeblicher Stichtag der des Zugangs eines entsprechenden Schreibens bei der Poolführerin.

(5) Wenn sich nach Durchführung eines Saldenausgleichs dessen Berechnungsgrundlagen ändern (z:b: durch Verrechnung von Guthaben oder Zahlungen aus Avalen) sind die Salden erneut auszugleichen.

(6) Soweit ein Saldenausgleich aus Rechtsgründen nicht mit Wirkung gegenüber der Firma oder Dritten vorgenommen werden kann, sind die Banken im Innenverhältnis zur Herbeiführung eines entsprechenden Ergebnisses verpflichtet.

§ 10 Erlösverteilung

(1) Der Erlös aus der Verwertung der Sicherheiten ist nach folgender Rangordnung zu verwenden:

a) zur Begleichung der Kosten, etwaiger Steuern sowie etwaiger Ausgleichsansprüche aus steuerlichen Haftungsansprüchen, die gegen die Poolführerin oder eine Poolbank geltend gemacht werden, und sonstiger Aufwendungen, welche durch die Verwaltung und Verwertung der Sicherheiten entstehen, sowie des Entgelts der Poolführerin (§ 11),

b) zur Tilgung der Forderungen der Banken aus ihren Kreditgewährungen gem. § 1(1) und zwar gleichrangig im Verhältnis der Kreditinanspruchnahmen nach Saldenausgleich gem. § 9, wobei nur diejenigen Forderungen der Berechnung des Verteilungsschlüssels zugrunde zu legen sind, welche die in § 1 (1) genannten Kreditlinien nicht überschreiten;
c) zur Tilgung der Forderungen der Banken, deren Kreditlinien gem. § 1 (1) überschritten ist, und zwar gleichrangig im Verhältnis der Überschreitungen;
d) zur Tilgung der Forderungen der Banken aus zusätzlichen Krediten, und zwar gleichrangig im Verhältnis der Inanspruchnahme der zusätzlichen Kredite, soweit sie nicht aus den Verwertungserlösen der für sie gesonderten bestellten Sicherheiten (§2 (7)) zurückgeführt sind;
e) zur Erfüllung der sonstigen Ansprüche der Banken aus der bankmäßigen Geschäftsverbindung, und zwar gleichrangig im Verhältnis der sonstigen Ansprüche.

(2) Diskontkredite gelten erst als in Anspruch genommen, wenn ein Ausfall feststeht; Avale, Akzeptkredite und Akkreditive, soweit unter ihnen Zahlung geleistet worden ist.

(3) Steht die Höhe der zu berücksichtigenden Forderungen im Zeitpunkt der Erlösverteilung noch nicht fest, bleiben sie zunächst bei der Ermittlung des Beteiligungsverhältnisses am Verwertungserlös unberücksichtigt. Erst wenn diese Beträge endgültig feststehen, erfolgt eine abschließende Berechnung des Beteiligungsverhältnisses. Die sich hieraus oder aus gem. § 9 (5) durchgeführten weiteren Saldenausgleichungen eventuell ergebenden Veränderungen des auf die einzelnen Vertragsparteien entfallenden Erlöses sind – auch soweit bereits Zahlungen erfolgt sind – untereinander auszugleichen.

(4) Die Banken sind untereinander berechtigt, den vorgenannten Verteilungsschlüssel jederzeit zu ändern.

(5) Ein etwaiger, nicht mehr benötigter Erlös ist an die Firma oder den jeweiligen Drittsicherungsgeber abzuführen, es sei denn, die Banken sind verpflichtet, diesen Erlös an einen Dritten, der eine oder mehrere Banken befriedigt hat (z.B. einen Bürgen) zu übertragen.

§ 11 Kosten, Steuern, Vergütung

(1) Sämtliche Kosten und Steuern, die der Poolführerin bzw. jeder eine Sicherheit haltenden Bank aus diesem Sicherheiten-Poolvertrag, insbesondere im Zusammenhang mit der Verwaltung sowie der etwaigen Verwertung der Sicherheiten, entstehen, sowie Ausgleichsansprüche aus steuerlichen Haftungsansprüchen, die gegen sie oder eine Poolbank geltend gemacht werden, gehen zu Lasten der Firma. Daneben hat die Poolführerin gegenüber der Firma für die Wahrnehmung ihrer Aufgaben aus diesem Vertrag Anspruch auf ein Entgelt

in Höhe von ...

zuzüglich gesetzlich anfallender Umsatzsteuer.

Diese Vergütung ist

...

zahlbar.

(2) Soweit die Kosten und Steuerverbindlichkeiten von der Firma vorrangig aus den Verwertungserlösen beglichen werden können, tragen sie die Banken im Verhältnis der in § 1 (1) genannten Kreditlinien.

§ 12 Unterrichtung
(1) Die Poolführerin wird die anderen Banken nach pflichtgemäßem Ermessen über den stand der Abwicklung unterrichten.

(2) Die Banken werden sich gegenseitig darüber unterrichten, wenn Tatsachen bekannt werden, die eine Rückführung der in § 1 genannten Kredite nachhaltig gefährden könnten.

(3) Jede Bank ist auf Verlangen der anderen Banken verpflichtet, den anderen Banken Auskunft über ihre Forderungen gegen die Firma und die Sicherheiten zu geben, soweit sie diesen Vertrag und seine Abwicklung betreffen.

(4) Die Firma und die Drittsicherungsgeber befreien insoweit die Banken vom Bankgeheimnis.

§ 13 Befristung und Kündigung
(1) Dieser Poolvertrag wird auf unbestimmte Zeit geschlossen.

(2) Jede Bank ist berechtigt, den Vertrag unter Einhaltung einer Frist von drei Monaten zum Ende eines Kalendervierteljahres – jedoch frühestens zum .... – zu kündigen, wobei für die Einhaltung der Frist der Zugang des Kündigungsschreibens bei der Poolführerin maßgebend ist. Mit dem Wirksamwerden der Kündigung scheidet die betreffende Bank aus dem Poolvertrag aus. Dieser wird unter den übrigen Banken fortgesetzt.

(3) Im Falle einer Kündigung ist die Firma und jeder Drittsicherungsgeber verpflichtet, bei einer Sicherungsübertragung mitzuwirken, soweit dies rechtlich erforderlich ist. Auf Verlangen auch nur einer der Banken ist zum Zeitpunkt des Ausscheidens der kündigenden Bank ein Saldenausgleich entsprechend der Regelung in § 9 durchzuführen.

(4) Die Firma kann diesen Vertrag erst kündigen, wenn sämtliche Verpflichtungen aus den in § 1 genannten Krediten erfüllt sind.

§ 14 Erfüllungsort, Gerichtsstand und anzuwendendes Recht
(1) Als Erfüllungsort und Gerichtsstand für alle aus diesem Vertrag erwachsenden Verpflichtungen wird

...

vereinbart.

(2) Dieser Vertrag unterliegt dem Recht der Bundesrepublik Deutschland.

§ 15 Salvatorische Klausel
Sollte eine der vorstehenden Regelungen ganz oder teilweise unwirksam oder nicht durchführbar sein, bleibt die vorstehende Vereinbarung im Übrigen davon unberührt.

Ort, Datum

Unterschriften der

Banken, der Firma

§ 1 aufgeführten ausländischen Tochtergesellschaften aus der Gewährung von Krediten gem. § 1 Absatz (1) und (2) dieses Vertrages gegen die Firma zustehen,

Einwilligungserklärung der Drittsicherungsgeber
Wir (Drittsicherungsgeber) übernehmen sämtliche uns betreffende Verpflichtungen dieses Vertrages, insbesondere gemäß den Regelungen in § 2 (Sicherungsbestellung), § 4 (Sicherungszweck), § 5 (Sicherungsfreigabe), § 9 (Saldenausgleich), § 10 (Erlösverteilung), § 11 (Kosten, Steuern, Vergütung) und § 12 (Unterrichtung). Dem Vertrag im Übrigen stimmen wir zu.

Name(n) und Unterschrift(en) der/des Drittsicherungsgeber(s)

4. Vertragliche Nebenabreden (Covenants) im Kreditvertrag

4.1 Einleitung

1068 Der Begriff **Covenants** stammt aus dem anglo-amerikanischen Sprachgebrauch und bedeutet eine vertragliche Vereinbarung, durch die sich der Kreditnehmer zu einem Tun oder Unterlassen verpflichtet bzw. die Existenz bestimmter Tatsachen zusichert. Ganz allgemein spricht man von **vertraglichen Nebenabreden**, die einen verpflichtenden Inhalt für den Kreditnehmer enthält, d.h., er unterwirft sich während der Laufzeit eines Kreditvertrages Verpflichtungen im Hinblick auf sein geschäftliches Verhalten. Jeder Kreditvertrag, sei er als Einzelvertrag oder als Konsortialkreditvertrag gestaltet, enthält diese Bedingungen, die der Kreditnehmer entweder von Anfang an zu erfüllen hat oder die für die Laufzeit des Krediten von ihm zuzusichern und einzuhalten sind. Diese Kreditklauseln haben vertraglich bindende Wirkung.

1069 Übernommen wurden die Covenants aus der anglo-amerikanischen Kreditpraxis und sind heute auch aus deutschen Kreditverträgen nicht wegzudenken.

1070 Während das deutsche Recht über einen objektiven gesetzlichen Regelungsrahmen verfügt, wird im anglo-amerikanischen Common Law nach Grundsätzen und im Einzelfall nach Parallelfällen gesucht. Es gibt zumeist keine gesetzliche Vorschrift und keine verlässlichen richterrechtlichen Grundsätze, wie sie bei uns statuiert sind. Nach anglo-amerikanischem Verständnis hat der **Wortlaut** eines Vertrages eine deutlich größere Bedeutung für die Auslegung als dies im deutschen Recht der Fall ist.

1071 Insbesondere in Konsortialkreditverträgen ist die Verwendung von Covenants heute üblich. Sie gewähren dem Kreditgeber eine rechtzeitige Reaktion bei Gefährdung der Kreditrückzahlung und helfen dabei das Kreditausfallrisiko zu minimieren. Damit haben sie die Funktionen eines **Frühwarnsystems**, das dem Kreditgeber die Möglichkeit gibt, frühzeitig dem Kreditausfall durch kredit- und unternehmensseitige Maßnahmen entgegen zu steuern.

1072 Als Folge der **Finanz- und Wirtschaftskrise** werden insbesondere auch den **Financial Covenants** hohe Bedeutung beigemessen.

In einer Studie von Roland Berger[1009] wurden Führungskräfte von 20 deutschen Kreditinstituten zur Rolle von Financial-Covenants gebeten, u.a. Auskunft über die Fragen
- Wie werden Financial Covenants thematisch abgegrenzt?
- Welche Konsequenzen können Covenants-Brüche haben?
- Welche wesentlichen Aspekte sind bei der Festlegung von Financial Covenants sowie beim Management von Covenants-Verletzungen zu beachten?

zu geben.

Kernergebnisse dieser Befragung (Zitat):
- Die Befragten messen Financial Covenants eine hohe Bedeutung bei, mit steigender Tendenz zu strengeren Varianten, insbesondere bei LBO-Transaktionen und Finanzierungen von mittelständischen Unternehmen.
- Die Relevanz von Financial Covenants steigt mit zunehmendem Risiko.
- Covenants werden größtenteils kreditnehmerspezifisch festgelegt, wobei das Finanzierungsinstrument, das Geschäftsmodell sowie die Branche des Unternehmens besonders berücksichtigt werden.
- Am bedeutendsten sind Covenants, die sich auf Ertrags- und Cashflow-Kennzahlen beziehen (insbesondere EBITDA, Interest Cover, Dept Service Cover Ratio = Schuldendienstdeckungsgrad).
- Funktionalität, Praktikabilität und Robustheit der eingesetzten Covenants sind wichtige Einflussgrößen bei deren Festlegung.
- Der strategische Handlungsspielraum des Kreditnehmers wird nach der überwiegenden Meinung durch Financial Covenants kaum eingeschränkt.
- Financial Covenants werden mehrheitlich auf vierteljährlicher Basis überwacht.
- Covenant-Verletzungen führen in der Regel zu einer Verteuerung der Kreditkonditionen sowie zur Einbindung von externen Beratern (insbesondere Unternehmensberatungen und Wirtschaftsprüfungsgesellschaften).

4.2 Covenants

4.2.1 Arten von Covenants

Wenngleich die Financial Covenants für die Kreditwirtschaft die höchste Bedeutung haben, gibt es auch weitere vertraglich vereinbarte Bedingungen, die in den Kreditverträgen durch Zusatzbestimmungen aufgenommen werden und die die Rechtsfolgen definieren, wenn Covenants und andere Pflichten des Schuldners nicht eingehalten werden.

Covenants können ausgestaltet sein als
- positive Covenants,
- negative Covenants,
- Informationscovenants,
- Financial Covenants.

1009 *Hughani/Voll/Holzamer* Bedeutung und Management von Financial Covenants, Roland Berger Strategy Consultants Studie.

4.2.1.1 Positive Covenants

1077 **Positive Covenants** verpflichten den Kreditnehmer zur Einhaltung und Verfolgung bestimmter Maßnahmen, die er vornehmen soll, um seinen Geschäftsbetrieb ordnungsgemäß aufrecht-zuerhalten. Positive Covenants sind nahezu in allen Kreditverträgen enthalten. In Deutschland finden sich standardmäßig Formulierungen dazu.

Folgende Verpflichtungen sind beispielhaft:
- Aufrechterhaltung der Unternehmenstätigkeit,
- Unterhalt der Liegenschaften, Maschinen und Mobilien,
- Abschluss der für die Unternehmenstätigkeit notwendigen Versicherungen,
- Einhalten der für das Unternehmen relevanten Gesetze,
- Erhalt aller für die Unternehmenstätigkeit notwendigen Lizenzen,
- Einhalten und Zahlungen aller eingegangenen Verpflichtungen,
- Zahlung der Steuern bei Fälligkeit,
- Sicherstellung eines erfahrenen Managements,
- Informationspflichten des Kreditnehmers über wichtige Ereignisse, Bilanzen etc.,
- Unterhalt einer der Geschäftstätigkeit angemessenen Buchhaltung und eines angemessenen Controllings.

1078 Unter den oben genannten Verpflichtungen sind insbesondere die Informationspflichten des Kreditnehmers über wichtige Ereignisse, Bilanzen etc., der Abschluss der für die Unternehmenstätigkeit notwendigen Versicherungen, aber auch das Einhalten der für das Unternehmen relevanten Gesetze für die Fremdkapitalgeber, die oft verwendeten Klauseln.

Informationspflichten

1079 Als Frühwarnsystem können Covenants ihre Funktion nur dann erfüllen, wenn dem Kreditgeber die **Überwachung** ihrer Einhaltung möglich ist. Die Informationen, die die Unternehmen zur Verfügung stellen, sind daher wichtige Grundlage zur Kontrolle und zur Einleitung von eventuellen Gegenmaßnahmen. Vereinbarungen über Informationspflichten dienen auch zur Erfüllung der gesetzlichen **Verpflichtungen des Kreditgebers aus § 18 KWG**, der den Inhalt der Informationspflichten in einem gewissen Umfang schon vorgibt. Zwar enthält § 18 KWG selbst keine Einzelheiten bezüglich der Quantität und Qualität der vorzulegenden Unterlagen. Eine Konkretisierung der gesetzlichen Vorgabe ist jedoch in den zahlreichen Schreiben und Rundschreiben des Bundesamtes für Finanzaufsicht (BaFin) vorgegeben. Allerdings gehen die geforderten Informationen in den positiven Covenants über die Entwicklung der Vermögensverhältnisse des Kreditnehmers zum Teil weit über diesen Rahmen hinaus.

1080 In den **Berichts- und Kontrollklauseln** werden Art, Umfang und zeitlicher Rhythmus der Informationen definiert, die der Kreditnehmer zur Verfügung zu stellen hat.

1081 Regelmäßig wird der Kreditnehmer zur Bereitstellung von folgenden Informationen verpflichtet:
- Vierteljahres-Status, sowohl der Bilanz als auch der Gewinn- und Verlustrechnung sowie Cashflow Rechnungen der laufenden Periode und der einen Vergleich zum Business-Plan darstellt.
- Betriebswirtschaftliche Auswertungen auf kumulierter Basis (monatlich bei LBOs, Projektfinanzierungen und insbesondere in Krisensituationen).
- Quartalsmäßige Berichte über die Einhaltung der festgelegten Finanzkennzahlen.

- Business-Plan für das jeweils nächste Geschäftsjahr.
- Informationen über das inländische Grundvermögen unter Angabe der Verkehrswerte, der nominellen- und effektiven Belastungen sowie über die Entwicklung der Beteiligungs-/Anteilsbuchwerte, etc.

Darüber hinaus wird der Kreditnehmer regelmäßig verpflichtet, über besonders wichtige Ereignisse sofort zu informieren, wenn diese die Vermögens- oder Ertragslage verschlechtern oder eine erhebliche Vermögensgefährdung bedeuten können. 1082

Planrechnungen, wie z.B. **Finanzrechnungen,** haben einen besonderen Stellenwert. Gerade bei langfristigen Krediten stehen sie im Mittelpunkt der Kreditwürdigkeitsprüfung und der Kreditkontrolle des Kreditgebers. Sie können zumindest einen Anhaltspunkt für die zukünftige wirtschaftliche Entwicklung des Kreditnehmers vermitteln. Eine Gegenüberstellung von Soll- und Ist-Zahlen im Zeitablauf zeigt der Bank, wie planungsfähig der Kreditnehmer ist und gibt Aufschluss über die **Managementqualität.** Es ist jedoch stets abzuwägen zwischen dem Interesse des Kreditgebers an einer möglichst engen Überwachung des ausgereichten Kredits durch möglichst häufige und enge Informationen einerseits und dem damit verbundenen Aufwand bei dem Kreditnehmer für die Erstellung der entsprechenden Unterlagen. Es sollten daher zumindest im Normalfall keine häufigeren und genaueren Informationen angefordert werden als diejenigen, die von dem Kreditnehmer ohnehin für interne oder externe Zwecke erstellt werden. Der Detaillierungsgrad der Informationen erhöht sich allerdings dann, wenn das Unternehmen in eine Krisensituation gerät. 1083

Kreditgeber können, wie oben bereits erwähnt, durch die Vereinbarung von Informationspflichten auch ihre Verpflichtungen als Kreditgeber aus § 18 nachkommen, und damit aufsichtsrechtlichen Pflichten zur kontinuierlichen Beobachtung der Kreditwürdigkeit während der gesamten Dauer des Kreditverhältnisses vertraglich absichern. 1084

Unter den positiven Covenants kann vereinbart werden, dass in angemessenen Anständen die Jahresabschlüsse testiert werden. Auch dies dient der Vorsorge, da im Schadensfall eine Regresshaftung des Wirtschaftsprüfers in Betracht kommen kann. 1085

Einhalten der für das Unternehmen relevanten Gesetze
Eine Verpflichtung des Unternehmens zur **Gesetzestreue** mutet zunächst seltsam an, da natürlich von jedem Unternehmen erwartet wird, dass es die für sie relevanten Gesetze beachtet werden. Aber auch diese Klausel ist vor dem Hintergrund des anglo-amerikanischen Ursprungs von Covenants zu sehen, da im US-amerikanischen Recht Banken sehr viel stärker als in Deutschland dem Risiko ausgesetzt sind, für Gesetzesverstöße ihrer Kreditnehmer in eine Mithaftung genommen zu werden („Lenders Liability" bei z. B. Umweltverstößen von Kreditnehmern). Die US-amerikanischen Banken versuchen damit zu vermeiden, in eine Mithaftung hineingezogen zu werden. In Deutschland ist eine Mithaftung von Banken für Gesetzesverstöße ihrer Kreditnehmer weitgehend unbekannt (Ausnahme: kollusives Zusammenwirken), so dass es einer vertraglichen Absicherung eigentlich nicht bedarf. Hier steht eher die eigene Sicherung des Kreditgebers vor Gesetzesverstößen des Kreditnehmers im Vordergrund, die sich v.a. auf § 823, Abs. 2 BGB mit der Begrenzung des Schutzes auf die Verletzung spezifischer Schutzgesetzes ergibt. Eine vertragliche Verpflichtung zur Gesetzestreue macht jeden Gesetzesverstoß des Kreditnehmers zum Vertragsverstoß. 1086

Die wirtschaftliche Leistungsfähigkeit eines Kreditnehmers kann etwa durch Entziehung von notwendigen Lizenzen, Schadensersatzverpflichtungen oder Geldbußen 1087 erheblich geschwächt werden. Die immer restriktiver werdenden Umweltschutzgesetze verpflichten die Unternehmer zu weitreichenden Maßnahmen, deren Nichteinhaltung mit Sanktionen versehen ist. In der Klausel zur Einhaltung der für das Unternehmen relevanten Gesetze werden aus Praktikabilitätsgründen allerdings nur auf die Gesetze und Gesetzesbereiche Bezug genommen, die unternehmensspezifisch relevant sind. Die Nichteinhaltung dieser Gesetze wird aber nur dann sanktioniert, wenn sie einen **wesentlichen** negativen Einfluss auf die Unternehmenstätigkeit des Kreditnehmers haben.

4.3 Negative Covenants

1088 Während die positiven Covenants dem Kreditnehmer auferlegen, was er tun soll, legen die **negativen Covenants** klar definierte Handlungen fest, die der Kreditnehmer nicht ohne Zustimmung des Kreditgebers ausführen darf. Da sie also konkrete Handlungen unterbinden sollen, werden die **negativen Covenants** genauer formuliert und exakter ausgestaltet. Regelmäßig werden folgende Handlungsrestriktionen als Covenants vorgenommen:

- Investitionen ab einer bestimmten Größenordnung (oder ähnliche Geschäfte wie Leasing),
- weitere Inanspruchnahmen oder Aufnahmen von Kreditverbindlichkeiten (ausgenommen Verbindlichkeiten gegenüber Lieferanten im Rahmen des gewöhnlichen Geschäftsbetriebs),
- Kreditausreichungen oder Übernahme von Bürgschaften, Garantien oder ähnlichen Verpflichtungen an oder zugunsten Dritter,
- zur Verfügungsstellung von Vermögensgegenstände als Sicherheit an andere Gläubiger (Ausnahme der Stellung von Sicherheiten im Rahmen des gewöhnlichen Geschäftsbetriebes gegenüber Lieferanten),
- Veräußerung jetziger oder zukünftiger Vermögensgegenstände (Ausnahme Verkauf von Vermögensgegenständen im Rahmen des gewöhnlichen Geschäftsbetriebes),
- Abschluss, Änderung bzw. Kündigung wichtiger Verträge,
- Veräußerung von Beteiligungen,
- Unternehmensakquisitionen und -gründungen direkt oder über Tochtergesellschaften,
- Gesellschafterwechsel beim Kreditnehmer,
- Einschränkung bei Dividendenzahlungen oder anderen Zahlungen an Eigentümer des Unternehmens,
- Einstellung von Mitarbeitern mit einer Vergütung oberhalb eines vereinbarten Schwellenwertes,
- Einschränkung von weiteren Bankbeziehungen,
- Pari-Passu-Klauseln.

1089 Die negativen Covenants können weit in die unternehmerische Handlungsbefugnis reichen. Anderseits haben Kreditgeber, die weitgehend auf die Einräumung von herkömmlichen Kreditsicherheiten verzichten (z.B. bei LBO-Finanzierungen) ein hohes Interesse daran, dass der Kreditnehmer sein Vermögen nicht weiteren Gläubigern als Verwertungsmasse zur Verfügung stellt. Das Vermögen des Kreditnehmers soll lastenfrei erhalten und eine Bevorzugung anderer Gläubiger bei Bestellung von Sicherheiten am unternehmerischen Vermögen verhindert werden.

Negativklausel, Pari-Passu-Klausel
Die **Negativklausel** untersagt dem Kreditnehmer jegliche künftige Belastung seiner 1090
Aktiva oder denjenigen seiner Tochtergesellschaften bis zur vollständigen Rückzahlung des Kredits. Damit wird der Kreditnehmer in seinem wirtschaftlichen Handlungsspielraum erheblich eingeschränkt. In der Praxis wird daher die Negativklausel mit der sogenannten **Pari-Passu-Klausel** (= Gleichrangklausel) verbunden. Dies ermöglicht dem Kreditnehmer für den Fall der Besicherung eines Dritten den Kreditgeber für diese vorgesehenen Sicherheiten anteilsmäßig zu beteiligen oder gleichwertige Sicherheiten zu begeben. Insoweit wird dem Kreditnehmer die Überlassung von Sicherheiten an Dritte nicht generell verboten. Der Detaillierungsgrad der Negativklauseln hängt unter anderem auch von der Bonität des Kreditnehmers ab. Bestellt der Kreditnehmer Sicherheiten an Dritte, lassen sich daraus eventuell negative Schlüsse auf die wirtschaftliche Lage des Kreditnehmers ziehen.

Gesellschafterwechsel beim Kreditnehmer (Owner Maintenanceship-Klausel)
Durch diese Klausel wird der Kreditnehmer verpflichtet, keine **Veränderungen in der** 1091
Eigentümerstruktur seines Unternehmens vorzunehmen oder zuzulassen ohne Zustimmung des Kreditgebers. Die wirtschaftliche Identität soll im Wesentlichen unverändert bleiben. Rechtlich gesehen ändert zwar ein Gesellschafterwechsel oder die Hereinnahme eines weiteren Gesellschafters an der Kreditnehmereigenschaft als Vertragspartner nichts. Auch der Fortbestand der Verträge oder die Vermögenslage ändern sich nicht. Allerdings kann wirtschaftlich betrachtet die Hereinnahme eines anderen Gesellschafters das Unternehmen verändern. In den letzten Jahren, insbesondere bis zur Finanzkrise, haben sich zahlreiche **Hedge Funds** in Unternehmen „eingekauft". Durch die von ihnen gehaltenen Gesellschafteranteile üben sie oft einen beträchtlichen Einfluss auf das unternehmerische Geschehen aus. Soweit die Kreditwürdigkeit eines Unternehmens maßgeblich auf der Professionalität und der Vertrauenswürdigkeit des Managements beruht, kann daher ein Wechsel im Führungspersonal, veranlasst durch Gesellschafter, die wirtschaftliche Identität des Unternehmens verändern. Rechtlich gesehen ist eine vertraglich vorgesehene Zustimmung des Kreditgebers zum Gesellschafts- bzw. Managementwechsel brisant, greifen diese Abreden zum Teil doch massiv in die **unternehmerische Entscheidungsfreiheit** des Kreditnehmers und ihrer Gesellschafter ein.

4.3.1 Financial Covenants

Die bedeutendste Gruppe von Covenants sind die **Financial Covenants**. Sie werden 1092
auch als **Kapitalstrukturauflagen** bezeichnet. Financial Covenants beziehen sich auf die finanzielle Situation des Kreditnehmers und verpflichten diesen, während der Kreditlaufzeit bestimmte Kennzahlen zum **Eigenkapital**, zur **Verschuldung**, zum **Ertrag** oder zur **Liquidität** einzuhalten. Durch Zielvorgaben soll es dem Kreditgeber ermöglicht werden, die wirtschaftliche und finanzielle Lage seines Kreditnehmers zu erfassen und eventuelle Fehlentwicklungen frühzeitig zu erkennen.

Vor dem Ausbruch der Finanzkrise wurden die Financial Covenants zum Teil stief- 1093
mütterlich behandelt und waren sogar fast in Vergessenheit geraten. Bestenfalls wurden sie noch als „Covenant Light" mit in Kreditverträge aufgenommen. Durch die Finanzkrise haben sie an Bedeutung gewonnen und stellen heute das Kernstück von Covenant-Vereinbarungen dar.

4.3.1.1 (Praxis-)relevante Financial Covenants

1094 Folgende Financial-Covenants sind in der Praxis besonders bedeutend:
- Zinsdeckungsgrad (EBITDA-Interest Cover),
- Schuldendienstdeckungsgrad (Dept Service Cover Ratio, auch Cashflow-cover),
- Nettoverschuldungsgrad (Leverage Ratio).

1095 Weiterhin in der Kreditpraxis häufig verwendete Klauseln sind:
- Eigenkapitalklausel,
- Liquiditätsklausel,
- Investitionslimit (Capex Limit).

4.3.2 Ermittlung der Kennziffern

1096

a) **Zinsdeckungsgrad** $= \dfrac{\text{EBITDA}^{1010}}{\text{Zinsaufwand}}$

b) **Schuldendienstdeckungsgrad** $= \dfrac{\text{verfügbarer Cash-Flow}}{\text{Tilgung und Zinszahlungen}}$

c) **Netto-Verschuldungsgrad** $= \dfrac{\text{Netto Schulden}}{\text{EBITDA}}$

d) **wirtschaftliches Eigenkapital**[1011] = ausgewiesenes Eigenkapital + nachrangige Fremdmittel (z.B. Gesellschafterdarlehen) ./. Aktiva ohne wirtschaftlichen Wert (z.B. Firmenwert, Schutzrechte)

e) **Liquiditätsklausel** = kurzfristig realisierbare Mittel größer als kurzfristige Verbindlichkeiten

f) **Investitionslimit** = absolute kumulierte Obergrenze von Investitionen

4.4 Festlegung von Financial Covenants

1097 Financial Covenants sind einerseits so zu gestalten, dass dem Unternehmen ausreichende strategische Handlungsspielräume bleiben (zu den aus Covenants erwachsenden Haftungsgefahren für Banken s. 8. Kap. Rn. 201 ff.). Andererseits müssen sie, um ihre Funktion als Frühwarnsystem erfüllen zu können, belastbar, praktikabel und funktional sein. Die **Festlegung** von Financial Covenants erfordert also einen umfassenden Ansatz, die die unternehmensspezifischen Belange berücksichtigt. Damit die Covenants zielgerichtet festgelegt werden können bedarf es daher eines tiefgehenden Einblicks in das Unternehmen sowie der Analyse der jeweiligen Branche und des Marktes, der eine Untersuchung der historischen und aktuellen Unternehmens- und

---

1010 Eine allgemeingültige Definition des EBITDA gibt es nicht, üblich ist folgende Berechnung Überschuss-/Fehlbetrag +/./. Einkommens-, Ertragssteuern + Außerordentliche Aufwendungen ./. Außerordentliche Erträge + Zinsen und ähnliche Aufwendungen ./. Zinsen und ähnliche Erträge + planmäßige Abschreibungen auf Anlagevermögen. Letztlich ergibt sich die Berechnung des wirtschaftlichen Eigenkapitals aus der wirtschaftlichen Situation und der Bilanzierungspraxis des Unternehmens.

1011 Letztlich ergibt sich die Berechnung des wirtschaftlichen Eigenkapitals aus der wirtschaftlichen Situation und der Bilanzierungspraxis des Unternehmens.

Marktentwicklung vorangeht, aus denen die Lebenszyklusphasen der Branche sowie die Analyse der wesentlichen Wachstumstreiber hervorgehen.

Auf Basis der aus der **Branchen- und Marktanalyse** gewonnenen Erkenntnisse wird der **Businessplan** des Unternehmens (integrierte GuV-, Bilanz- und Cashflow-Planung des Managements für die nächsten 3–5 Jahre) detailliert geprüft und gegebenenfalls revidiert.

Die aus Unternehmenssicht (Management Case) getroffenen Annahmen zur Umsatz- und Kostenentwicklung sowie die Entwicklung der Vorräte, Forderungen und Verbindlichkeiten aus Lieferungen und Leistungen sowie die geplanten Investitionstätigkeiten werden ebenfalls detailliert betrachtet. Insbesondere die Ertrags-, Cashflow- und Verschuldensentwicklung des Unternehmens sind dabei mit besonderer Aufmerksamkeit im Hinblick auf Änderungen der zugrunde liegenden Annahmen im Rahmen unterschiedlicher Szenarien zu betrachten, da die aus dem Businessplan des Unternehmens abgeleiteten Finanzkennzahlen als Bezugsgröße für die Berechnung der Financial Covenants herangezogen werden.

In einem weiteren Schritt wird ein **Tilgungsplan** aufgestellt, der die **Schuldendienstfähigkeit** des Unternehmens feststellt, und zwar über den zeitlichen Ablauf der Kapitalrückzahlung über die gesamte Laufzeit hinweg bis zur restlosen Tilgung. Hierbei ist insbesondere der zur Bedienung der Tilgung und Zinsen zur Verfügung stehende **Cashflow** zu berücksichtigen. Erst danach kann die endgültige Finanzierungsstruktur und die Finanzierungshöhe festgelegt werden. Bei der Festlegung der Parameter zwischen Kreditgeber und dem Unternehmen im Rahmen eines sog. „Term Sheets"[1012] ist vor dem Hintergrund des Businessplanes wichtig zu beachten, das die vorgesehenen Tilgungen hinsichtlich des Zeitpunkts und der Höhe sowie der Laufzeit und der Rückzahlungstermine **realistisch** sind und nicht der gesamte zur Verfügung stehende Cashflow für die Rückführung der Kreditlinien genutzt werden muss.

Eine Festlegung der Financial Covenants kann erst dann vorgenommen werden, wenn neben dem vom Unternehmen dargestellten Normalfall auch ein sog. „Downside" ermittelt wurde. Dieses Szenario beruht auf ungünstigeren Annahmen. Auch bei negativen Abweichungen vom Management Case soll das Unternehmen in der Lage sein, seinen vereinbarten Zins- und Tilgungsvereinbarungen nachzukommen.

Der Korridor, der sich aus den auf Grund des Management Case ermittelten Kennziffern und dem Downside-Szenario ergibt, enthält üblicher Weise die Bandbreite, in deren Höhe die Financial Covenants festgelegt werden. Daneben wird üblicher Weise ein sogenannter Headroom berechnet. Der Headroom ist ein weiterer Puffer zwischen dem Wert der Finanzkennzahl nach Management Case und den festgelegten Covenant-Kennziffern. Bei Sanierungskrediten sollten sich Financial Covenants an die Vorgaben in dem Sanierungsgutachten orientieren und einen hinreichenden Spielraum lassen. Während der Sanierungsphase erweisen sich die im Gutachten festgelegten Finanzkennziffern in der Praxis als volatil und lösen eine Vielzahl von Waiveranträgen aus. Die damit verbundenen Waivergebühren belasten die Liquidität des Unternehmens zusätzlich. Ein plausibles, belastbares und sorgfältig erstelltes Sanierungsgutachten gibt die Bedingungen genau vor, unter denen der Turn Around

---

1012 Während der Kreditvertrag die rechtlichen Rahmenbedingungen vorgibt, enthält das „Term Sheet" die wirtschaftlichen Rahmenbedingungen, unter denen die Kreditgeber zur Kreditvergabe bereit sind.

erreicht werden kann. Dies sind insbesondere die Liquiditätszahlen, die regelmäßig im Reporting angepasst werden. Insoweit können sich die Festlegungen der Financial Covenants zum Teil erübrigen, soweit eine eindeutige Bezugnahme auf das Sanierungsgutachten erfolgt.

1103 Systematisch lässt sich die Festlegung der Financial Covenants wie folgt darstellen:

1 Branche und und Markt analysieren	2 Business Plan prüfen	3 Tilgungsplan aufstellen	4 Downside Case ermitteln	5 Einzelne Covenants festlegen
➢ Zyklizität/ Saisonalität ➢ Wettbewerb ➢ Lebenszyklusphase ➢ Wachstumstreiber	➢ Planannahmen prüfen ➢ Sensitivitäten auf Basis unterschiedlicher Szenarien berechnen	➢ Schuldendienstfähigkeit feststellen ➢ Parameter in Term Sheet festschreiben	➢ ungünstige Entwicklungen unterstellen – Zins und Tilgung sollen bedienbar bleiben	➢ geeignete Covenants aus Ergebnissen vorheriger Schritte ableiten

Abb. 4: Covenants
Quelle: Roland Berger

4.5 Sanktionsmöglichkeiten bei Covenant-Verletzungen

1104 Um ihre Funktion als wirkungsvolles Frühwahrsystem für die Laufzeit des Kreditengagements erfüllen zu können, müssen die Informationen über die Einhaltung der festgelegten Covenants und über die Entwicklung des Unternehmens zeitnah und vollständig vorliegen. In der Kreditpraxis werden die notwendigen Informationen, insbesondere nach den Erfahrungen aus der Wirtschaftskrise, quartalsweise geprüft. Im Fall einer Unternehmenskrise erfolgt die Überprüfung sogar monatsweise. Nur so kann ein Nichteinhalten der Financial Covenants durch das Unternehmen frühzeitig erkannt werden und entsprechende Gegenmaßnahmen rechtzeitig eingeleitet werden.

1105 Eine **Verletzung von Covenants** kann weitreichende negative Folgen für den Kreditnehmer haben, insbesondere auch im Hinblick auf das Vertrauensverhältnis zum Kreditgeber. Für den Kreditgeber bedeutet die Nichteinhaltung von Covenants eine Verschlechterung der Schuldendienstfähigkeit und damit der Bonität des Kreditnehmers. Damit wächst das Risiko der nicht fristgemäßen Rückführung des Kreditengagements.

1106 Den Kreditgebern steht eine Reihe von **Sanktionsmöglichkeiten** zur Verfügung. Zunächst können Gegenmaßnahmen zur Covenant-Verletzungen gefordert werden, beispielsweise durch die Veräußerung von nicht betriebsnotwendigen Vermögen oder durch Zuführung von zusätzlichem Eigenkapital. Damit können die nicht eingehaltenen Financial Covenants im Nachhinein gegebenenfalls geheilt werden.

1107 Als Sanktionsmaßnahmen kommen im Wesentlichen in Betracht:
– Anpassung der Kreditkonditionen,
– Nachbesicherung,
– Kündigung.

1108 Art und Ausprägungsgrad der gewählten Sanktionsmaßnahmen hängen vom Grad der Bonitätsverschlechterung und somit von der neuen Risikoeinschätzung der Bank über den Kreditnehmer ab.

4.5.1 Konditionenänderung

Nach den **Mindestkapitalanforderungen** für Banken (Basel II) wird die Eigenkapitalunterlegung eines Kreditinstituts auch in Abhängigkeit von der Bonität und der Ausfallwahrscheinlichkeit des jeweiligen Kreditnehmers bestimmt. Dabei ist die Frage zu stellen, mit welcher Wahrscheinlichkeit der Kreditnehmer in der Lage sein wird, seine vertraglich vereinbarten Kreditleistungen termingerecht und vollständig zu erbringen. Die von der Bank aufgrund der Basel II Anforderungen zu erbringende Risikounterlegung und damit auf die Auswirkung der Zinshöhe auf den jeweiligen Kredit sind abhängig von der **Bonitätszuordnung** des Kreditnehmers. Die Kreditinstitute sind gehalten, Kredite mit einer risikoadäquaten Verzinsung zu unterlegen.

1109

Da durch eine Covenant-Verletzung eine erhöhte Risikolage eingetreten ist, können die Kreditinstitute durch **Konditionenanpassung** den Vorgaben zur Eigenkapitalunterlegung nach Basel II Rechnung tragen. Daher enthalten Covenants-Vereinbarungen in der Regel **Zinsanpassungsklauseln**, wonach während der Dauer der Nichteinhaltung von Financial Covenants der Zinssatz um x % zu erhöhen ist.[1013]

1110

4.5.2 Nachbesicherung

Nachbesicherungsansprüche sind generell in der in den **AGB** der Banken, auf die in jedem Kreditvertrag Bezug genommen wird und dem Kreditvertrag beigefügt werden sollten, verankert. Der Anspruch nach **AGB** (Ziff. 13 Abs. 2 AGB Banken/Ziff. 22 Abs. 1 AGB Sparkassen) greift bereits dann, wenn zwar Covenants noch nicht gebrochen, aber eine erhöhte Risikolage eingetreten ist. Um sich dieses Anspruchs nicht zu berauben, sollte in jedem Kreditvertrag vereinbart werden, dass die AGB durch die Vereinbarung von Covenants nicht eingeschränkt werden.[1014]

1111

Der Nachbesicherungsanspruch durch die Vereinbarung im Kreditvertrag ist **rechtlich unbedenklich**. Allerdings ist die Durchsetzung dieses Anspruches bei Insolvenznähe gegebenenfalls anfechtbar gem. § 131 InsO. Nachbesicherungsansprüche aufgrund einer Covenants-Verletzung genügen in der Regel nicht den Anforderungen an eine kongruente Deckung, da sich dieser Anspruch in den übrigen verwendeten Klauseln nicht auf eine konkrete Sicherheit bezieht, sondern sich in soweit nur nach dem allgemeinen Nachbesicherungsanspruch nach AGB richtet. Eine Nachbesicherung ist nur dann als kongruente Deckung gem. § 131 InsO anzusehen, wenn der Kreditgeber einen fälligen Anspruch gerade auf die bestellte Sicherheit hatte, beispielsweise auf Eintragung einer Grundschuld auf ein genau festgelegtes Grundstück. Daher findet man in den Kreditverträgen auch konkrete Positiverklärungen, durch die der Kreditgeber den Anspruch auf Bestellung eines konkreten Sicherungsgegenstandes erwirbt. Der Kreditnehmer würde dann allerdings in seiner Dispositionsfreiheit über diese dann im Falle der Verschlechterung seiner Vermögenslage gegebenenfalls zu bestellende konkrete Sicherheit bereits von Anfang eingeschränkt.

1112

4.5.3 Kündigung

Die schwerwiegendste Sanktionsmaßnahme im Falle einer Verletzung von Financial Covenants ist die **Kündigung des Kreditvertrags**. Dieses Kündigungsrecht wird in

1113

[1013] Zinsanpassungs- bzw. Zinsgleitklauseln können des Weiteren auch an externe Ratings gekoppelt werden, sei es durch Margenerhöhung bei Unterschreitung einer Mindesteinstufung bzw. Margenstaffelung entsprechend der Ratingeinstufungen.
[1014] *Steinwachs* in Assies, Bank- und Kapitalmarktrecht, 2008, S. 1342.

der Praxis bei einer ersten Verletzung selten angewandt. In den meisten Fällen kommt es bei einer Covenant-Verletzung zu einer Nachverhandlung des Kreditvertrags. Allerdings beginnen mit zunehmender Krise die Banken bereits regelmäßig dann, die Kreditlinien einzufrieren, um bei der Nachverhandlung ihre Verhandlungsposition zu stärken.

1114 Ein **Verzicht auf das Kündigungsrecht** wird über den Waiver geregelt. Waiver sind Verzichtserklärungen der Banken auf ihr Kündigungsrecht und werden auf Antrag des Kreditnehmers entschieden. Der Waiver wird vor allem bei unkritischen Verletzungen von Financial Covenants ohne weitere Maßnahmen erteilt, kann allerdings eine Bearbeitungsgebühr, die sogenannte Waiver-Fee, auslösen. Regelmäßig wird, je nach Verletzungsgrad der Financial Covenants, ein Kündigungsverzicht durch weitere Maßnahmen begleitet. So kann die Bank beispielsweise die Veräußerung von nicht betriebsnotwendigen Vermögen oder die Zuführung von zusätzlichem Eigenkapital fordern. Durch diese Maßnahmen können die nicht eingehaltenen Financial Covenants nachträglich geheilt werden. Auch eine zunächst verhängte generelle Auszahlungssperre ist als Gegenmaßnahme üblich.

1115 Grundsätzlich ist bei der Kündigung allerdings die Sittenwidrigkeit wegen Zurückziehung der notwendigen Sanierungsmittel, der Kündigung trotz ausreichender (Nach-)besicherung und einer eventuellen Schadensersatzpflicht aufgrund der Kündigung „zur Unzeit" zu beachten. Kreditinstitute benötigen aber nicht die Vereinbarung von Financial Covenants, wenn sie aufgrund der Verschlechterung der für die ihre Kreditentscheidung wesentlichen wirtschaftlichen Kennzahlen die weitere Kreditvalutierung verweigern oder den Kredit vorzeitig fällig stellen wollen.

1116 Das Recht zur **außerordentlichen Kündigung** aus wichtigem Grund ergibt sich bereits aus den **AGB Banken** (Nr. 19 Abs. 3) oder **AGB Sparkassen** (Nr. 26). Allerdings ist in der Praxis bei der Verwendung von Financial Covenants ein Vorteil darin zu sehen, dass sie den Zeitpunkt einer möglichen Kündigung vorverlegen. Durch die explizite Vereinbarung eines Kündigungsrechts aus wichtigem Grund im Wege von Covenants in Verbindung mit einer Event of Default-Klausel, die den Umstand und die Bedingungen einer Covenant-Verletzung beschreibt, kann jede Verschlechterung der Vermögenslage ausreichend sein, die sich in einer Nichteinhaltung der vereinbarten Nebenpflichten niederschlägt. Daneben kann aufgrund einer präzisen Festlegung von Kündigungsgründen in vielen Fällen eine gerichtliche Auseinandersetzung über das Vorliegen eines wichtigen Grundes vermieden werden. Gleichwohl ist in jedem Einzelfall genau zu prüfen, ob der Covenant-Bruch zu einer relevanten Beeinträchtigung der wirtschaftlichen Interessen der Bank führt.

1117 Wie oben erwähnt, führen Covenant-Brüche nur selten zu einer Kündigung. Die bereits erwähnten Events of Defaults, die festlegen, welche Covenant-Verletzungen wann die Rechte des Kreditgebers – also Sanktionsmaßnahmen – auslösen, beinhalten in der Regel nicht die unbedeutenden Covenant-Verletzungen. Event of Defaults setzen weder ein Fehlverhalten noch ein Verschulden des Kreditnehmers voraus. Bereits die objektive Vertragsverletzung ist haftungsbegründend. Als Gründe für den Eintritt des Events of Default werden nicht nur die Financial Covenants beigezogen, sondern ebenso die generellen Covenants und die Informations-Covenants. Allerdings wird das Kündigungsrecht auf **wesentliche** Pflichtverletzungen beschränkt. Liegt eine Verletzung vor, die keine materiell bedeutsame Verschlechterung des Kredits zur Folge hat, werden die zeitlich befristeten Verzichtserklärungen (Waiver) regelmäßig abgegeben.

4.5.4 Schaubild

Systematisch lassen sich die Sanktionsmöglichkeiten mit nachstehendem Schaubild so zusammenfassen:[1015]

1118

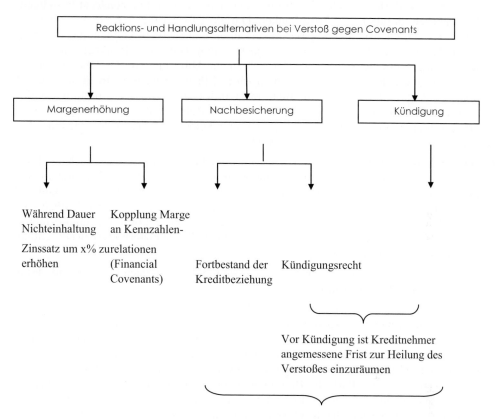

Abb 5: Sanktionsmöglichkeiten

5. Der Kreditverkauf

5.1 Einleitung

Die **Veräußerung von Problemkrediten (Non Performing Loans; NPL)** ist inzwischen ein Standardgeschäft geworden und bietet neben der eigenen Beitreibung und der Mandatierung eines Inkasso-Unternehmens eine dritte Option zur Realisierung notleidender Forderungen.

1119

1015 *Breitenbach* Kredit & Rating Praxis, 2/2004, 8.

1120 In der Vergangenheit haben Kreditinstitute Darlehensforderungen mit den dazugehörigen Sicherheiten in Portfolien zusammengefasst und verkauft. Im Nachgang setzten sich einzelne Darlehensnehmer gegen den Verkauf gerichtlich zur Wehr und beharrten darauf, weiterhin Kunde der abtretenden Bank zu sein. Die zunächst bestehende Unsicherheit darüber, ob **Privatbanken** Darlehensforderungen auch ohne Zustimmung des Darlehensnehmers wirksam verkaufen und abtreten können, hat der BGH mit Urteil v. 27.2.2007[1016] beseitigt. Danach stehen weder das Bankgeheimnis noch datenschutzrechtliche Regelungen der wirksamen Abtretung von Darlehensforderungen entgegen. Dass dies auch für **öffentlich-rechtlich organisierte Institute**, wie z.B. Sparkassen, gilt, hat der BGH nunmehr mit Urteil vom 27.10.2009[1017] bestätigt. In diesem Urteil wird auch klargestellt, dass die im Rahmen der Forderungsabtretung erfolgte Weitergabe vertraulicher Informationen keine strafbare Verletzung eines Privatgeheimnisses nach § 203 StGB darstellt.

1121 Banken können sich also – unabhängig von ihrer Organisationsform - rechtswirksam von Darlehensforderungen trennen – und zwar auch ohne vorherige Einwilligung des Darlehensnehmers. Jedoch kann der Darlehensnehmer u.U. die abtretende Bank auf Schadensersatz in Anspruch nehmen bzw. den Darlehensvertrag außerordentlich kündigen. Die Veräußerung von Darlehensforderungen sollte mithin nur dann erfolgen, wenn der Darlehensvertrag eine „**Syndizierungs-/Refinanzierungsklausel**" enthält oder bereits notleidend, also kündbar, ist.

1122 Der NPL-Markt kam 2003 über die USA, Asien und Italien nach Deutschland, das in 2007 größter NPL-Markt in Europa war.

1123 Das hohe Maß an freier Liquidität auf Seiten der Investoren, die eine geeignete renditeorientierte Anlageform suchten, war der Ursprung der Entwicklung. Zudem gibt es in Deutschland (noch) keine staatliche Intervention bezüglich steuerlicher/handelsrechtlicher Anreize. Insbesondere deutsche Immobilien galten in den Augen der Hedge-/Special Opportunity-Funds lange Zeit als unterbewertet. Als erstes führte diese Tatsache zunächst zur Portfolio-Bereinigung der Hypotheken-Banken. Der Fokus lag daher auch auf Immobilien Portfolien und fungiblen Single-Names. Nur wenige große Investoren dominierten die Käuferseite, wie zum Beispiel LoanStar und Goldman Sachs, weitere Bieter suchten gezielt nach Marktzugangschancen. Das ursprünglich prognostizierte Marktvolumen in Deutschland von 300 Mrd. EUR wurde allerdings nie erreicht. Zwischenzeitlich hat sich der Markt merklich abgekühlt, insbesondere die durch die Lehman-Insolvenz verursachte weltweite Finanzkrise und der ihr folgenden Wirtschaftskrise. Inzwischen erholt sich der Markt, das Preisniveau für einen Forderungsverkauf liegt aber weit unter dem noch 2008 erreichten Maß.

1124 Für Non Performing Loans gibt es **keine gesetzliche** oder allgemeingültige **Definition**. Für die Qualifizierung eines Non Performing Loans hat jedes Finanzinstitut eigene Kriterien. Allgemein kann aber gesagt werden, das Kreditengagements dann als Non Performing Loans gelten wenn sie:

– nachhaltig leistungsgestört,
– gekündigt oder zumindest kündbar

sind.

[1016] *BGH* Urteil v. 27.2.2007 XI ZR 195/05.
[1017] *BGH* Urteil v. 27.10.2009, XI ZR 225/08.

Bei dem Verkauf von Non Performing Loans handelt es sich meist um ein **Portfolio** oder ein **Basket** von notleidenden Krediten. Der Begriff **Distressed Assets** bezieht sich auf **Einzelkredite** (Single-Names). Portfolio-Transaktionen beziehen sich zumeist auf überwiegend homogene Forderungen, die im Bereich über 100 Mio. EUR liegen. Sie umfassen alle Asset-Klassen, insbesondere den Wohnungsbau, vereinzelt auch gewerbliche Kleinkredite, bei denen eine Betriebsimmobilie mitfinanziert wurde.

Als Käufer solcher Portfolio-Transaktionen treten eine limitierte Anzahl von Investoren auf, die eine mittel- bis langfristige Strategie verfolgen, nach der Devise „**buy and workout**".

Baskets sind Bündel von Forderungen aus der Asset-Klasse der Unternehmenskredite. Hier gibt es eine breite internationale Investorenbasis mit einer kurzfristigen Trading orientierten Strategie.

Neben dem Begriff der Non Performing Loans gibt es den Begriff „**Sub Performing Loans**" **(SPL)**. Diese werden noch vertragskonform bedient, aber z.B.
– zeitverzögerte und/oder unregelmäßige Zahlungen,
– Bonitätsverschlechterung des Schuldners,
– signifikante Wertreduzierung der Sicherheiten

sind bereits aufgetreten.

5.2 Marktteilnehmer und ihre Strategien

5.2.1 Investmentbanken und Loan Broker

5.2.1.1 Investmentbanken

Große Investmentbanken wie Deutsche Bank, Goldman Sachs, Credit Suisse, UBS, Morgan Stanley u.a. treten als Vermittler **(„Broker")** auf, die Banken und anderen Institutionen leistungsgestörte Kredite abkaufen und an interessierte Investoren (u.a. **Alternative Investment Funds** oder **Opportunity Funds** oder **andere Banken**) gegen eine Vermittlungsprovision weiterverkaufen.

Für Investmentbanken zählen **Alternative Investment Funds** sowie **Opportunity Funds** als Kapitalsammelstellen einer lukrativen Kundengruppe, die einen breiten Bedarf an Bankdienstleistungen nachfragen. Dabei geht es den Investmentbanken insbesondere darum, einerseits die Nachfrage der Fund Investoren nach geeigneten Investments auf Provisionsbasis zu bedienen und andererseits als Kernbank für Bankdienstleistungen aller Art zu fungieren (z.B. **Bereitstellung besicherter Kreditlinien, Custody/Wertpapierverwahrung, Cash Management/Zahlungsverkehr, Hedginginstrumente**).

5.2.2 Loan Broker

Loan Broker stellen einen spezifischen Ausschnitt aus dem Leistungsspektrum der Investmentbanken dar, der sich typischerweise auf die Bedienung der Nachfrage der Fund Investoren nach geeigneten Investments durch Vermittlung konzentriert.

Investmentbanken und Loan Brokern gemeinsam ist, dass beide laufend versuchen, für Fund Investoren neue Investmentideen zu generieren, und dafür auch eigene Recherchen und Analysen einsetzen, um geeignete Investmentideen zu identifizieren und zu entwickeln.

5.2.3 Investoren ohne aktive Restrukturierungsstrategie

1133 **Investoren ohne aktive Restrukturierungsstrategien** verfolgen das Ziel, die Rendite auf das eingegangene Investment zu maximieren, **ohne** aktiv in den Restrukturierungsprozess einzugreifen. Der Investor versucht üblicherweise zunächst durch eigene oder durch Investmentbanken / Loan Broker bereitgestellte Analysten geeignete leistungsgestörte Kreditfinanzierungen zu identifizieren, die mit einem **Abschlag vom Ursprungswert** gehandelt werden und hinsichtlich ihrer **Wertentwicklungsaussichten** als **positiv** eingeschätzt werden z.B. aufgrund werthaltiger und gut verwertbarer Sicherheitenlage der Kreditfinanzierung, Gewinnverbesserungspotenzial des Kreditnehmers.

1134 Typischerweise kommen für dieses Ziel in erster Linie **große leistungsgestörte syndizierte Kredite** in Frage, die ursprünglich an einen breiten Banken- und Investorenkreis platziert wurden und aktiv am **Sekundärmarkt** gehandelt werden.

1135 Aus diesem Kreis werden in der Regel durch Investmentbanken oder Loan Broker interessierte Banken und Investoren auf einen möglichen Verkauf hin angesprochen. Verkäufe kommen dann zustande, wenn der **Kaufpreis** für den Verkäufer **akzeptabel** ist und **kein langfristiges Interesse am Investment** besteht bzw. wenn eine Bank oder ein Investor die **Wertentwicklungsaussichten** für einen bestimmten Kredit **negativ einschätzt** und bereit ist, den mit einem Verkauf anfallenden Abschlag zu tragen.

1136 Investoren ohne aktive Restrukturierungsstrategie bevorzugen aktiv gehandelte Kreditforderungen aufgrund der damit verbundenen Liquidität, um, falls erforderlich, auch kurzfristig aus den eingegangenen Investments aussteigen zu können.

5.2.4 Investoren mit aktiver Restrukturierungsstrategie

1137 **Investoren mit aktiven Restrukturierungsstrategien** sind in der Regel daran interessiert, mit einem Investment in eine notleidende Situation eine Kontrollposition zu erreichen oder eine Position aufzubauen, die eine Einflussnahme (z.B. als Störfaktor) ermöglicht.

1138 Diese Art von Investoren können **sämtliche Investmentarten** von **Fremdkapital** über **Mezzanine** bis **Eigenkapital** darstellen.

1139 Eine **Kontrollposition** wird dann angestrebt, wenn der Investor beabsichtigt, eine unternehmerische Mitwirkung bzw. die unternehmerische Führung des Unternehmens auszuüben. In diesem Fall liegt der **Anreiz** für den Investor in der **Restrukturierung** bzw. **Verwertung** des Unternehmens, um aus einem anschließenden Verkauf eine Rendite auf das eingesetzte Investment zu erzielen. Die Restrukturierungsstrategie beinhaltet die **aktive Mitwirkung** im Unternehmen, indem Managementkapazitäten auf Geschäftsleitungs- oder Aufsichtsratsebene eingebracht werden, die gegebenenfalls noch mit externen Beraterkapazitäten unterstützt werden.

1140 Der Aufbau einer **Position zur Einflussnahme** im Unternehmen dient typischerweise dazu, entweder eigene Impulse im Rahmen einer Restrukturierung setzen zu können, oder aber durch Störungen des Restrukturierungsprozesses erreichen zu wollen, dass das Investment von anderen Investoren so abgekauft wird, dass der verkaufende Investor eine Rendite auf das eingesetzte Investment erzielen kann.

Generell erwarten Investoren eine **Rendite zwischen 10 – 20 %** durch
- Preisabschläge beim Verkauf,
- laufende Verzinsung auf Sub Performing Loans,
- effizienteres Servicing der Kredite,
- freie Auswahl der Exit-Strategie,
- schnellere Verwertung der Sicherheiten,
- Leverage durch Fremdkapital,
- Einstieg in sich erholende Immobilienmärkte,
- möglichst umfassende Verkäufergewährleistungen.

Abb. 6: Strategien der Marktteilnehmer

5.3 Motivation

5.3.1 Motivationen aus Verkäufersicht

Die **Motive** für den Verkauf **notleidender Kredite**, sei es als Portfolien oder als Einzelkredite, können vielfältig und im konkreten Einzelfällen unterschiedlich gewichtet sein. Treibende Gründe für den Verkäufer sind:
- Reduzierung von Konzentrationsrisiken oder „Klumpen"-Risiken von einzelnen Kreditnehmern, Branchen- oder geografischen Konzentrationen
- Rückzug aus einem nicht strategischen Geschäftsfeld des Kreditinstitutes
- Reduktion von notleidenden Krediten
- Bilanzbereinigung/Bilanzoptimierung
- Eigenkapitalentlastung vor dem Hintergrund der Basel II Richtlinien
- Optimierung gebundener Personalkapazitäten
- Generierung außerordentlicher Erträge

Das Risiko, den Restwert einer Forderung eventuell nicht mehr realisieren zu können, wird auf den Käufer verlagert. Einer der Hauptbeweggründe für den Verkauf liegt in deren **Bilanzeffekten**. In der Regel erzielt der Verkäufer eine **handelsbilanzielle Ent-**

10 *Ausgewählte Einzelfragen*

lastung, eventuell sogar eine **regulatorische Eigenkapitalentlastung**. Strategische Erwägungen wie die **Freisetzung finanzieller** und **personeller Ressourcen** können bei der Entscheidung, Forderungen zu verkaufen, ebenso eine Rolle spielen.

1145

Abb 7: Motivation aus Verkäufersicht

5.3.2 Motivation aus Käufersicht (Investoren)

1146 Die **Käufer von Forderungen**, sei es als Portfolio, Baskets oder Einzelforderungen, erwarten vorrangig eine angemessene Rendite, die zwischen 10 und 25 % ihrer Investition liegen kann. Sie erreichen diese Rendite zunächst durch die **Preisabschläge beim Ankauf** sowie die laufende Verzinsung auf Forderungen, die noch nicht notleidend geworden sind. Außerdem berufen sie sich auf ein stabileres Geschäftsmodell durch große Forderungsvolumen.

5.4 Marktfähige Arten von verkaufbaren Problemkrediten

5.4.1 Großkredite (Unternehmenskredite)

1147 Hierbei handelt es sich um **Blanko- oder besicherte Kredite** mit kaum standardisierten Kreditverträgen. Maßgeblich für die Kreditvergabe ist die **Ertragskraft** des Betriebes **(LBO-Kreditstrukturen)**. Für diese – leistungsgestörten - Großkredite existiert aufgrund des einschlägigen Interesses der Kredithandelsfunktionen der Investmentbanken für Non Performing Loans ein liquider Markt. Es handelt sich dabei typischer Weise um ein transaktionsbezogenes **Kreditvolumen von 0,5 – 1 Mrd. EUR** und mehr, das ursprünglich an ein **Bankenkonsortium** im In- und ggf. auch im Ausland platziert wurde. Während als ursprüngliche Kreditgeber Banken auftreten wird das Interesse der Kredithandelsfunktionen im Wesentlichen getrieben vom **Investitionsappetit** der alternativen Investmentfonds/Hedge-Funds. Die Investmentbanken treten dabei als

Broker für den Kredithandel auf, unter Nutzung ihrer Kontakte zu den Banken als Verkäufer und zu den Hedge-Funds als Käufer.

5.4.2 Gewerbliche Kredite mittlerer Größe

Bei **gewerblichen Krediten mittlerer Größe** handelt es sich typischer Weise um **Firmenkredite** oder **Immobilienkredite** mit regionalem Charakter (z.B. ein Kredit für eine **mittelständische Firma vor Ort** oder eine Finanzierung einer **Gewerbeimmobilie vor Ort**) und einem transaktionsbezogenen **Einzelvolumen bis zu 50 Mio. EUR**. Aufgrund der Regionalität und Größe wird diese Art von Krediten nicht liquide am Markt gehandelt. Als Endinvestoren treten daher typischer Weise **Investmentbanken** auf, die für ihren **eigenen Investmentbestand** kaufen oder **alternative Investmentfonds**, sofern diese über eigene bzw. unter Vertrag genommene Kapazitäten für die Bewirtschaftung (**Servicing**) leistungsgestörter Kredite verfügen. Typischer Weise wird das Kaufinteresse sowohl bei Immobilienkrediten als auch bei Firmenkrediten bestimmt durch das **Aufwertungspotential**, das sich aus der Bewertung der Sicherheiten (z.B. Immobilien, Garantien/Bürgschaften) ergibt. 1148

Grundsätzlich bietet sich sowohl bei Großkrediten als auch bei gewerblichen Krediten mittlerer Größe im Hinblick auf den in Leistungsstörung befindlichen ursprünglich Kreditnehmer neben einer reinen Zerschlagung und Verwertung als weitere Möglichkeit die **Kapitalbereitstellung durch Endinvestoren** an, sofern diese neben herkömmlichen Krediten auch Mezzanine oder **Nachrangkapital** und **Eigenkapital** bereitstellen können. Diese Möglichkeiten kommen dann in Betracht, wenn in Abhängigkeit von der zukünftigen Tragfähigkeit des Kreditnehmers auf Seiten des Investors Interesse an der **unternehmerischen Fortführung** besteht. Je nach Verhältnis und Größe von Fremdkapital zu Eigenkapital lässt sich mittels Umwandlung von Fremdkapital in Eigenkapital (**dept to equity**) für diese Art von Investoren gegenüber den Altgesellschaften die Mehrheitsposition erzielen und unter bestimmten Voraussetzungen auch die unbeschränkte Kontrolle über den Kreditnehmer gewinnen, um anschließend das eigene unternehmerische Konzept umsetzen zu können. 1149

5.4.3 Einzelforderungen gegenüber Privatpersonen

Einzelforderungen gegenüber Privatpersonen können aus einer Vielzahl unterschiedlicher Geschäftsbeziehungen stammen. Die zugrunde liegende Kreditforderung kann beispielsweise ursprünglich aus **nichtbezahlten Rechnungen für Mobilfunk, Versandhausbestellungen** oder ähnlichem stammen. Eine Einzelforderung gegen Einzelpersonen kann allerdings auch darin begründet sein, dass sich die **Einzelperson als Bürge** im Rahmen eines gewerblichen Firmenkredits oder einer gewerblichen Immobilienfinanzierung zur Verfügung gestellt hat und nunmehr aus der Bürgschaft im Zuge der Leistungsstörung bzw. Insolvenz des gewerblichen Kreditnehmers in Anspruch genommen wird. 1150

Als Käufer von Einzelforderungen gegenüber Privatpersonen treten einschlägig bekannte **Inkassounternehmen** auf. Diese Käufer stellen Kaufpreisgebote für Portfolien aus Einzelforderungen in der Regel anhand einer umfangreichen Datenbasis zu Höhe und Zeitraum die Wiedereinbringungsraten (recovery-rates) von Konsumentendarlehen. 1151

5.4.4 Sonderfall: Avale

1152 Sollen in einem gemischten Portfolio auch **Avale** mit verkauft werden ist es vertraglich üblich, dass der Investor den Verkäufer bei eventuell künftigen Inanspruchnahmen durch Avalbegünstigte in voller Höhe freistellt. Daher ist beim Ankauf das **Inanspruchnahmerisiko** der Wahrscheinlichkeit und der Höhe nach zu **prognostizieren**. Der Verkäufer muss den **Barwert** als entsprechende **Ausgleichzahlung** an den Erwerber leisten, d.h. es entsteht ein **negativer Verkaufspreis** der in einem gemischten Portfolio den Gesamtkaufpreis entsprechend reduziert.

1153 In der Praxis kann es sich empfehlen, eventuell die Avale aus dem Portfolio auszuklammern und nicht mit zu verkaufen. Das entzerrt die komplexen Verhandlungen mit dem Investor, insbesondere hinsichtlich der Prognose des Inanspruchnahmerisikos der Wahrscheinlichkeit und der Höhe nach.

5.5 Der Verkaufsprozess und Bewertung einer NPL-Transaktion

1154 Bevor eine Verkaufstransaktion initiiert wird, sind bei dem Verkäufer (Bank) die Vorteilhaftigkeit eines Forderungsverkaufs zu prüfen. Vorteilhaft ist ein Verkauf immer dann, wenn der **Kapitalfluss** durch den Verkauf **höher** ist als bei der **Eigenverwertung**. Daher ist im Vorfeld eines Verkaufs von Portfolien oder Single-Names eine **Wirtschaftlichkeitsbetrachtung** aus **Verkäufersicht** anzustellen. In Abhängigkeit von der Art der zu verkaufenden Kreditforderungen sind 2 Möglichkeiten der Wirtschaftlichkeitsbetrachtung zu unterscheiden:

5.6 Cashflow orientierte Betrachtungsweise

1155 Die **Cashflow orientierte Sichtweise** ist angebracht bei der Betrachtung der **mittel- bis langfristigen Wirtschaftlichkeit** von internen Bearbeitungsprozessen von Kreditforderungen. Dabei darf nicht übersehen werden, das ein wesentlicher Nachteil eines Verkaufs von Kreditportfolien aus Verkäufersicht der **hohe Aufwand zur Aufbereitung** (siehe Anhang) der kreditbezogenen Daten für den Verkauf ist. Prinzipiell handelt es sich um eine Entscheidung über die Eigenfertigung oder den Fremdbezug von Bearbeitungsprozessen (make or buy). Grundsätzlich macht eine Eigenbearbeitung dann Sinn, solange ein Bearbeitungsprozess zum Kerngeschäft gerechnet wird. Aus betriebswirtschaftlichen Gründen ist ein intern verrichteter Arbeitsprozess jedoch zu hinterfragen, wenn er nicht mehr zum Kerngeschäft gezählt wird, z.B. bei der Beitreibung von Einzelforderungen gegen Privatpersonen und tatsächlich externe Unternehmen den Bearbeitungsprozess als Dienstleistung oder die gesamte Kreditforderungsübernahme einschließlich der damit verbundenen Bearbeitungsprozesse anbieten.

1156 Bei der Cashflow orientierten Betrachtungsweise fließen in die erforderliche Wirtschaftlichkeitsberechnung u.a. die **direkt zurechenbaren Kosten der Eigenbearbeitung** sowie nach Möglichkeit auch **die indirekt zurechenbaren Kosten (z.B. Gemeinkosten)** ein. Daneben werden die erwarteten kumulierten abgezinsten Rückflüsse und die erwartete Zeit für die Rückflüsse aus der Betreibung berücksichtigt. Die auch als **Discounted-Cashflow-Analyse** bekannte Barwertbetrachtung ist dabei ein probates Mittel zur Ermittlung der Vorteilhaftigkeit einer NPL-Transaktion.

Tab. 7: Discounted-Cashflow-Betrachtung

Discounted-Cashflow-Betrachtung (Beispiel)					
Perspektive des Forderungsverkäufers Abzinsungszinssatz 5,0 %					
Zeit-punkt	Kaufpreis-zahlung	nicht vereinnahmte Schuldnerzahlung		Eingesparte Kosten		Saldo der Barwerte
		Nominal-betrag	Barwert	Nominal-betrag	Barwert	
0	10 000 000	0	0	0	0	10 000 000
1	0	-2 000 000	-1 904 762	300 000	285 714	-1 619 048
2	0	-3 000 000	-2 721 088	300 000	272 109	-2 448 980
3	0	-2 500 000	-2 159 594	300 000	259 151	-1 900 443
4	0	-2 000 000	-1 645 405	225 000	185 108	-1 460 297
5	0	-1 500 000	-1 175 289	225 000	176 293	-998 996
6	0	-1 500 000	-1 119 323	225 000	167 899	-951 425
7	0	-500 000	-355 341	150 000	106 602	-248 739
	10 000 000	-13 000 000	-11 080 802	1 725 000	1 452 877	372 074

5.6.1 Einzelwertberichtigungsorientierte Betrachtungsweise

Im Unterschied zur Prozessbetrachtung liegen der **einzelwertberichtigungsorientierten Betrachtung** die Annahmen des potenziellen Verkäufers über die zukünftige Werthaltigkeit einer Kreditforderung (**kreditmaterielle Entwicklung, Fähigkeit zur Tilgung und Rückzahlung**) zugrunde. Wird eine kreditmäßige Leistungsstörung erwartet, bei der Tilgung und Rückzahlung einer Kreditforderung nicht in voller Höhe erfolgen werden, drückt die für diese Forderung zu bildende Einzelwertberichtigung eine Annahme über die Höhe der Leistungsstörung und somit gegebenenfalls einen zusätzlichen Abschlag auf den Kaufpreis aus.

Die einzelwertberichtigungsorientiere Betrachtungsweise lässt sich grundsätzlich **bei Großkrediten** und **gewerblichen Krediten mittlerer Größe** anwenden. Hier steht die Bemessung der Höhe der Einzelwertberichtigung für die zu verkaufende Kreditforderung im Vordergrund. Für die Grundsatzentscheidung über die Durchführung eines Verkaufs ist die realistische Einschätzung und Bewertung der ursprünglichen Kreditforderung wesentlich. Bei dieser Höhe wird der um die Höhe der Einzelwertberichtigung reduzierten ursprünglichen Kreditforderung dem mit dem potenziellen Verkauf verbundenen Kaufpreis gegenüber gestellt. Wirtschaftlich ist der Verkauf dann für den Verkäufer sinnvoll, wenn der **Kaufpreis größer ist als** die **Kreditforderung abzüglich der Einzelwertberichtigung.**

5.6.2 Anhang

Üblicherweise vom Käufer angeforderte Portfolio-Informationen (Mindestanforderung)

Vorrangige Informationen:
1) Angaben zum Schuldner
   a) Schuldnerprofile (Unternehmenskunde, KMU, börsennotierte, nicht an der Börse notiert usw., Privatkunde),
   b) Branche,

c) Rating,
d) geografischer Standort (z.B. Bundesstaat, Bezirk, Postleitzahl),
e) kaufmännischer Status (Handel treibendes/nicht Handel treibendes Unternehmen),
f) Datum der Kreditzusage.

2) Angaben zum Kredit
   a) besichert/unbesichert,
   b) Branche (z.B. Hotel, Krankenhaus, Amt, Seniorenheim, Fondsfinanzierung, sonstige spezielle Finanzierung usw.),
   c) Nutzung des Objekts,
   d) Beschreibung von Fehlbeträgen in Relation zu den Bilanzzahlen per Jahresende.

3) Angaben zu Sicherheiten (pro Kredit/Schuldner)
   a) Art der Sicherheit (d.h. Grundschuld, Verpfändungen, Garantie usw.),
   b) Sicherheitenwert,
   c) letzter Bewertungsstichtag,
   d) Gutachter (intern oder extern),
   e) geografischer Standort der Sicherheit,
   f) Sicherungsgeber:
      – Selbst (z.B. Hauptgeschäftssitz, Anlageobjekt, Geschäftsräume, Grundstück, Eigenheim des Unternehmenseigners usw.),
      – Garantie (>Unternehmen, Privatpersonen, unbesichert usw.),
   g) Position der Bank in der Rangordnung,
   h) Falls die Sicherheit einer gerichtlichen Versteigerung unterliegt:
      – Zahl der Versteigerungen bis dato,
      – Wert laut Gerichtsgutachten.

4) Erforderliche finanzielle Angaben für jede der vorstehenden Klassifizierungen:
   a) Restschuld,
   b) aufgelaufene Zinsen über 6 Monate,
   c) Gesamtaußenstände (Kapital und Zinsen),
   d) gesamte Dokumentation zu Verzichtserklärungen (z.B. Tilgung, Konditionen usw.),
   e) Liste aller Engagements, die unter die Kreditüberwachung fallen (Problemkredite nach MaRisk).

5) Rechtliche Verfahren/Status:
   a) Zivilverfahren eingeleitet – Stand des Verfahrens,
   b) Insolvenzverfahren eingeleitet – Stand des Verfahrens,
   c) Zwangsversteigerungen in den letzten fünf Jahren und ihre Ergebnisse.

Zusätzliche Informationen:

6) Klassifizierung der notleidenden Kredite, weitere Unterteilung in:
   a) Ausreichend,
   b) Auffällig,
   c) Risikobehaftet,
   d) Zweifelhaft,
   e) ausfallgefährdet
   bzw. gemäß den Rückstellungsregelungen der Bank oder der Zentralbank.

7.) Aufgliederung der Rückstände nach Fälligkeit (Kapital- und Zinsrückstände gesondert ausweisen).

8.) Umstrukturierungsstatus:
   a) In der Umstrukturierung (formell, informell usw.),
   b) bereits umstrukturiert usw.

Angaben zu notleidenden Immobilienkrediten
a) Art der Immobilie,
b) geografischer Standort,
c) Kopien aller Eigentumsurkunden, Grundbuchauszüge,
d) geschätzter Wert einschließlich letztem Bewertungsstichtag, Gutachten,
e) Einzelheiten zu etwaigen Belastungen oder Rechten Dritter (z.B. Mietverhältnisse, Grunddienstbarkeiten, Wegerechte, alles, was sich auf den Wert auswirkt)
f) gezahlter Kaufpreis,
g) Name des gegenwärtigen Eigentümers (Unternehmen),
h) sonstige diesbezügliche Angaben.

6. Die doppelnützige Treuhand als Restrukturierungsinstrument

6.1 Einleitung

Durch die Finanzkrise und ihr folgend die reale Wirtschaftskrise hat die **doppelnützige Treuhand** eine Renaissance erfahren. Die wirtschaftliche Krise ist verbunden mit der Erwartung, dass sich die wirtschaftliche Lage bessern und die Krise in einigen Jahren überwunden sein wird. Weiterhin ist mit ihr verbunden die Erwartung auf Verbesserung des Finanzinvestorenmarkts sowie des Kapitalmarkts. Es ist zu beobachten, dass Gesellschafter ihre Finanzierungsverantwortung in der Krise auf die Kreditinstitute verlagern und häufig nicht zur weiteren Unterstützung der Gesellschaft wirtschaftlich in der Lage sind.

Anderseits erwarten die Kreditinstitute eine Beteiligung am Sanierungserfolg nach Überwindung der Krise. Über die doppelnützige Treuhand können Kreditinstitute zumindest bis zur vollständigen **Besicherung der Kreditlinien** durch die Wertsteigerung der Gesellschaftsanteile (Sicherungsgut der Treuhand) am Sanierungserfolg teilhaben. Die Gesellschafter, die die Sanierung nicht mehr aktiv begleiten können, erhalten nur den Übererlös.

Angesichts der derzeitigen Marktlage in der Wirtschaftskrise führt eine sofortige Verwertung nicht immer zu einer vollständigen Deckung der Kreditlinien. Die Verluste, die ein Kreditinstitut bei der Zerschlagung eines Unternehmens in der Insolvenz (Regelinsolvenz) realisiert, sind beträchtlich. Durch die Treuhand können **Vermögenswerte** und **operative Handlungsmöglichkeiten** erhalten bleiben und nicht unerhebliche insolvenz- und gesellschaftsrechtliche Risiken vermieten werden. Durch die Übertragung von Gesellschaftsanteilen bis zur Überwindung der Krise auf einen Treuhänder werden diese dort lediglich „geparkt", damit er diese Anteile zugunsten der Kreditinstitute aus einer Hand verwerten kann. Damit sichern sich die Kreditinstitute den Zugriff auf das Unternehmen ihres Kreditnehmers und bereiten einen späteren Verkaufsprozess vor. Eine doppelnützige Treuhand liegt immer dann vor, wenn der Treuhänder dem Sicherungsgeber gegenüber lediglich Verwaltungstreuhänder ist, für die Kreditnehmer hingegen Sicherungsinteressen wahrnimmt.

In der Vergangenheit wurde in den Treuhandverträgen häufig vereinbart, eine **Weisungsabhängigkeit** des Treuhänders bis zum Eintritt eines definierten Bedingungsfalls vorzusehen. Als Bedingungsfall wurde dabei die Verfehlung von Bilanzkennzahlen, Verzug bei der Rückführung von Krediten, Nichteinhaltung von Eckpfeilern des Sanierungsprozesses etc. vorgesehen. Die Tendenz, eine Weisungsabhängigkeit des Treuhänders vom Eintritt eines Bedingungsfalls abhängig zu machen nimmt seitens der Kreditinstitute ab. Vielmehr soll der Treuhänder **unmittelbar** nach **Abschluss des Treuhandvertrags** den Sanierungsprozess **effektiv überwachen** können, die **Kommunikationsprozesse** versachlichen und **Einwirkungen der bisherigen Gesellschafter** unterbinden. Kreditinstitute haben regelmäßig kein Interesse daran, dass die Altgesellschafter weiter aktiv sind und **Weisungsrechte** gegenüber der Geschäftsführung haben. Nicht nur die Weisungsunabhängigkeit des Treuhänders begann mit dem Bedingungsfall, auch die Berechtigung zum Verkauf von Gesellschaftsanteilen wurde in der Vergangenheit häufig dynamisch an Krisenindikationen festgelegt. Ein weiterer wesentlicher Grund, dem Treuhänder nunmehr unverzüglich Weisungsrechte einzuräumen, besteht darin, dass die Kreditinstitute durch die regulatorischen Vorgaben nach den Mindestanforderungen an das Risikomanagement (MaRisk)[1018] ein erhöhtes Interesse an einem transparenten Berichtswesen haben, das über einem Treuhänder organisiert wird.

1168 Ein weisungsfreier Treuhänder kann Geschäftsführer, Beiräte/Aufsichtsräte austauschen. Dabei ist der Austausch des Geschäftsführers häufig gekoppelt mit der Bestellung eines Chief Restructuring Officers (CRO). Allerdings sind weder Treuhänder noch CRO Sanierungsgutachter. Vielmehr begleitet der CRO im Idealfall die von einem neutralen Sanierungsgutachter aufgestellten Vorgaben für den Sanierungsprozess, auch operativ.

1169 Die Tätigkeit des Treuhänders und der Einhaltung des Sanierungsprozesses wird regelmäßig durch ein Steering Committee überwacht. Die Mitglieder des Steering Committees setzen sich zusammen aus Mitgliedern der Kreditinstitute, manchmal auch aus Mezzanin-Finanzierern oder Anteilseignern. Da das Steering Committee selbst nur die Einhaltung der abgeschlossenen Vereinbarungen, der Vorgaben im Sanierungsgutachten und die Einhaltung des Treuhandvertrags, gegebenenfalls der Restrukturierungsvereinbarung überwacht, ist eine Besetzung mit der Mehrheit der Kreditinstitute unproblematisch. Durch die Überwachung der Einhaltung des Sanierungsprozesses entsteht keine **Quasi-Gesellschafterstellung** der Kreditinstitute. Banken dürfen die Einhaltung der Treuhandvereinbarung überwachen, zu ihren Gunsten wird lediglich eine Drittbegünstigung konstituiert. Allerdings sollten Banken im Steering Committee dann in der Minderheit sein, wenn darüber hinaus auch die Sachgerechtigkeit von Treuhandmaßnahmen oder Geschäftsleitungsmaßnahmen überwacht werden.[1019] Vorsicht ist allerdings geboten bei der Beauftragung und Bezahlung des Treuhänders direkt durch die Bank oder bei einer derart starken Überwachung der Geschäftstätigkeit, dass jede noch so kleine Verfügung über Vermögenswerte von der Zustimmung der Bank abhängig gemacht wird. Der Kern der unternehmerischen und kaufmännischen Tätigkeit sowie die wirtschaftliche Selbstständigkeit müssen dem Kreditnehmer selbst vorbehalten bleiben.

1170 Die Weisungsfreiheit des Treuhänders sollte explizit im Treuhandvertrag geregelt sein. Der Treuhänder darf nicht dem Weisungsrecht der Banken unterliegen, das Steering Committee ist lediglich Kontrollgremium.

1018 Veröffentlicht durch die Bundesanstalt für Finanzdienstleistungsaufsicht (BaFin).
1019 *BGH* ZIP 2005, 1316.

Üblicherweise berichten die Geschäftsleitung, der Treuhänder (zusammen mit dem CRO) und gegebenenfalls auch der Sanierungsgutachter und der M&A-Berater viertel- bis halbjährlich dem Steering Committee über den Stand des Prozesses, insbesondere über die Entwicklung der vorgegebenen Finanzkennziffern, aber auch über die ergriffenen operativen unternehmerischen Maßnahmen. Umfang und Inhalt des Reportings werden im Regelfall mit dem Steering Committee abgestimmt.

Bis zum 31. 12. 2013 ist trotz rechnerischer Überschuldung keine Insolvenzantragspflicht gegeben, sofern eine positive Fortführungsprognose vom Sanierungsgutachter gestellt wurde. Allerdings muss die **Zahlungsfähigkeit** während der Laufzeit der Treuhand immer gewährleistet sein. Sollte es ab 1.1.2014 keine Verlängerung geben, ist bereits jetzt darauf zu achten, dass eine ausreichende Kapitalisierung nach diesem Zeitpunkt bereits im Sanierungsgutachten dargestellt ist sowie die Sanierungsphase über diesen Zeitpunkt hinaus geht.

Zusammenfassend ist festzustellen, dass die gegenwärtige wirtschaftliche Krise und deren Überwindung in den nächsten Jahren zu einer verstärkten Bedeutung der doppelnützigen Treuhand führen. Da die Gesellschafter noch weniger als in der Vergangenheit in der Lage sein werden, selbst den Sanierungsprozess mit Liquiditätshilfen zu begleiten, wird die Position des Treuhänders tendenziell verstärkt.

In der **Grundstruktur** überträgt der Altgesellschafter als Treugeber durch Treuhandvertrag die dinglichen Geschäftsanteile (**Treugut**) auf einen von den Banken weisungsunabhängigen Treuhänder, der allerdings das Vertrauen der Banken besitzen muss.

Durch die Vollrechtsübertragung der Geschäftsanteile wird der Treuhänder ohne Einschränkung Gesellschafter und wird als solcher entweder in das Handelsregister, die Gesellschafterliste gem. § 40 GmbH-Gesetz bzw. Aktienregister eingetragen. Kreditinstitute unterzeichnen den Treuhandvertrag nicht. Die Sicherungsabrede zugunsten der Banken wird in den Vertrag mit aufgenommen.[1020] Dadurch handelt es sich um einen echten Vertrag zugunsten Dritter, um Haftungsrisiken auf Seiten der Banken zu vermeiden. Es ist dabei zu empfehlen, ebenfalls in den Treuhandvertrag aufzunehmen, dass die Kreditinstitute kein Weisungsrecht gegenüber dem Treuhänder haben.

```
                    Treuhandvertrag
              Übertragung dinglicher Anteile auf Treuhänder

Altgesellschafter    <=======>     Treuhänder
(Treuhandgeber)                         echter Vertrag zugunsten
                                        Dritter/Sicherungsabrede
                                   |
                                   v    Auskehr der Verwertungs-
                                        erlöse
                                   Kreditinstitute
```

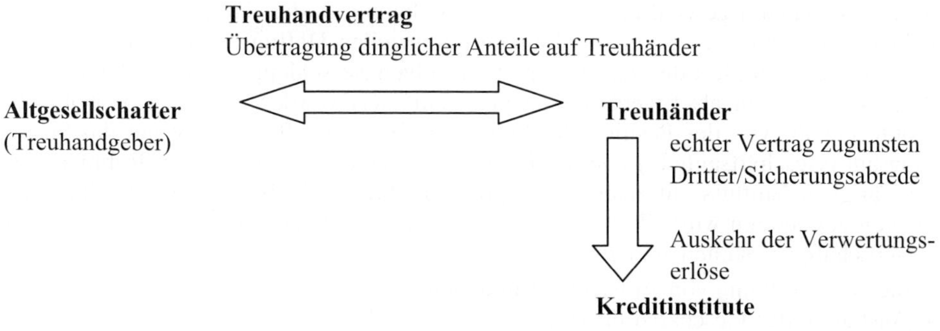

Abb. 8: Grundstruktur der doppelnützigen Treuhand

[1020] Auch bei Sicherungszweckvereinbarungen und optimalem Verlauf eines M&A-Prozesses über die doppelnützige Treuhand kann das Kreditinstitut nie mehr verlangen als die Rückführung der zur Verfügung gestellten Kredite. Allerdings partizipiert sie gegebenenfalls durch erhöhten Sanierungszins und einer „Success-Fee" an der Sanierung.

6.2 Motivation für eine doppelnützige Treuhand seitens der Bank/Gesellschafter

6.2.1 Motivation seitens der Banken

1177 Durch die doppelnützige Treuhand wird der Sanierungsprozess oder ggf. auch der Verkaufsprozess durch einen unabhängigen Dritten begleitet und kontrolliert. Der Treuhänder ist dabei auch Mediator zwischen den Stakeholdern, insbesondere zwischen den Gesellschaftern, dem Management und den Kreditgebern. Er ermöglicht die Suche nach einem Investor und die Umsetzung eines **strukturierten Verkaufsprozesses**. Damit gewährleistet er die bestmögliche Verwertung im Sicherungsfall.

1178 Über von einem unabhängigen Dritten erstelltes Sanierungskonzept, das die Sanierungsfähigkeit eines Unternehmens bestätigt, erfolgt die Kontrolle durch den Treuhänder als unabhängigen Dritten. Banken sind daher motiviert, zur Insolvenzvermeidung des Unternehmens die Gesellschafter zu einer doppelnützigen Treuhand zu bewegen. Bei Sicherstellung des **„going concern"** droht kein Forderungsausfall und damit kein bzw. geringer Abschreibungsbedarf. Regelmäßig geht die Sanierung eines Unternehmens einher mit einem Sanierungsdarlehen, das als „Super Senior" durch Verpfändung der Gesellschaftsanteile und sonstiges freies Vermögen besichert werden kann. Daneben stellt bei einer Verkaufstreuhand die Bestellung eines Treuhänders sicher, dass Gesellschafter sich bei späterem oder von Anfang an geplanten Einstieg eines Investors den Verkauf nicht mehr verhindern können.

1179 Durch den freihändigen Verkauf über den Treuhänder verbessert sich die Verwertungsmöglichkeit erheblich gegenüber einer Auktion („Enforcement") von verpfändeten Geschäftsanteilen.

1180 Gegenüber dem dept-to-equity-swap führt die Drittbegünstigung durch die Treuhand für Banken als Gläubiger nicht zur einer Bewertung ihrer Darlehen als Eigenkapital, die Forderungen werden weiterhin als Fremdkapital betrachtet und somit nicht zur Bilanzkonsolidierung in der Konzernbilanz des Kreditinstituts herangezogen.

1181 Aus Bankensicht eignet sich die doppelnützige Treuhand für Sanierungsfälle, bei denen kein kurzfristiger Exit durch den Verkauf des Unternehmens beabsichtigt bzw. möglich ist. Durch die Treuhand wird die Basis für die Begleitung einer Sanierung durch die Banken geschaffen. Durch die Beteiligung an der Sanierung eines Unternehmens in der Krise setzen sich Banken potenziellen Haftungsrisiken aus, wie zum Beispiel der Beihilfe oder Anstiftung zur Insolvenzverschleppung, oder der Gefahr, dass die Darlehen als Eigenkapitalersatz qualifiziert werden. Dabei geht wohl die größte Gefahr von der Position des faktischen Gesellschafters aus, wenn das Sicherungsgut (Geschäftsanteile) von der Bank selbst gemanagt wird und im Rahmen dieser Tätigkeit Einfluss auf zustimmungspflichtige Geschäfte bzw. operative Entscheidungen genommen wird. Wesentliche grundsätzliche Entscheidungen, die allein dem Gesellschafter zustehen sind zum Beispiel

- die Neubesetzung von Aufsichtsrat und Beirat,
- Austausch der Geschäftsführung,
- Änderung von Gesellschaftsverträgen und -satzungen,
- Verkauf von Tochtergesellschaften,
- Aufgabe von Teilgeschäften,
- Veränderung in der Organisation.

Durch den Einsatz eines weisungsunabhängigen Treuhänders werden durch die Übertragung der gesellschafterseitigen Handlungsverantwortung diese Haftungsrisiken auf ein Minimum beschränkt.

1182

6.2.2 Motivation seitens der Gesellschafter

Die Motive zum Einsatz einer Treuhandschaft sind für Gesellschafter ebenfalls vielfältig. Nicht nur die Vermeidung von Haftungsrisiken aus der Verpfändung von Geschäftsanteilen oder die Gewährleistung zielorientierter Gesellschafterentscheidungen zur Sicherung der Gesellschaftsinteressen und des Sanierungserfolges und damit der Darlehensrückführung sind potentiell Motivation zum Einsatz der doppelnützigen Treuhand, auch **Gesellschafterkonflikte**, wie die ungelöste **Nachfolgeregelung**, unzureichende **Führungsstrukturen**, Bereinigung von **Streuanteilsstrukturen, zerstrittene Familien-/Gesellschafterstimme, Vetorechte von Kleingesellschaftern** können Anlass sein, um über den Einsatz der Treuhandschaft nachzudenken. Insoweit ist der Einsatz der Treuhand also nicht auf den Bereich der Unternehmenssanierung und Krisenbewältigung beschränkt, sondern kann unabhängig vom wirtschaftlichen Zustand des Unternehmens ein geeignetes Instrument zur Beseitigung gesellschaftsseitiger Probleme, Unausgewogenheiten und Defizite sein.

1183

In der Sanierung bzw. Krisenbewältigung bezieht sich der Einsatz der doppelnützigen Treuhand entweder darauf, in die Rechte der Gesellschafter einzugreifen, d.h. Gesellschaftsanteile dinglich zu übertragen oder auf die Verwaltung und Verwertung der Sicherungsgüter jenseits der Gesellschaftsanteile. Insoweit kann die Treuhand mit oder ohne Übertragung der Gesellschaftsanteile gestaltet werden.

1184

6.3 Die Person des Treuhänders und der Auswahlprozess

Die doppelnützige Treuhand wird durch Vereinbarung zwischen Gesellschafter und Treuhänder begründet. Kreditinstitute werden durch einen echten Vertrag zugunsten Dritter begünstigt, sie unterzeichnen die Treuhandvereinbarung nicht. Daraus ist zu folgern, dass Gesellschafter Treuhänder frei auswählen können, die Kreditinstitute dies nicht verhindern können. Allerdings ist eine doppelnützige Treuhandvereinbarung ohne die Mitwirkung der Kreditinstitute nicht zielführend. Gesellschafter verfolgen in der Regel das Ziel, eine Treuhandvereinbarung als vertrauensbildende Maßnahme zu schließen, damit Kreditinstitute den Sanierungsprozess weiter begleiten. Den Kreditinstituten soll die Möglichkeit gegeben werden, einen Sanierungs(Neu-)-Kredit zu gewähren, im Regelfall zumindest die Kredite zu verlängern. Daraus folgt, dass die doppelnützige Treuhand zwar rechtlich betrachtet ohne die Mitwirkung der Kreditinstitute geschlossen werden kann, für die Gesellschafter dann aber die Erreichung dieser Ziele erschwert wird. Banken sind grundsätzlich frei, die doppelnützige Treuhand als vertrauensbildende anzuerkennen oder nicht. Wollen die Gesellschafter also eine positive Begleitung der Kreditinstitute erreichen, muss der Treuhandvertrag, insbesondere aber auch die Auswahl des Treuhänders, mit den Kreditgebern abgestimmt werden. Die Bank selbst kann den Treuhänder nicht bestimmen, da sie nicht Vertragspartner des Treuhandvertrages ist.

1185

Zur Bestimmung des Treuhänders bedarf es stets der Unterschrift und der Zustimmung des Gesellschafters. Eine Vereinbarung zwischen Bank und Gesellschafter, wonach allein dem Kreditinstitut das Bestimmungsrecht zukommt, ist nicht zulässig.[1021]

1186

1021 *BGH* KTS 1965, 238.

1187 Allerdings kann der Vorschlag eines Treuhänders durchaus von der Bank kommen. Sie kann mehrere oder auch nur einen Treuhänder vorschlagen. Dies ist sinnvoll, da die Gesellschafter über das Rechtsinstrument der doppelnützigen Treuhand meist keinerlei Kenntnis haben und die Kreditinstitute zunehmende Erfahrungen mit der doppelnützigen Treuhand gemacht haben und weiterhin sammeln.

1188 Rechtlich bedenklich ist es allerdings, wenn die Bank einen von ihr abhängigen Treuhänder vorschlägt. Die Person des Treuhänders sollte weder Mitarbeiter der Bank oder eines mit der Bank verbundenen Unternehmens sein und ebenso wenig von ihr wirtschaftlich abhängig sein. Dies wäre z.B. dann der Fall sein, wenn die Bank einen Wirtschaftsprüfer vorschlägt, dessen Gesellschaft die Jahresabschlüsse der Bank prüft. Hier kann der Rechtsgedanke des § 319 HGB herangezogen werden, wonach wirtschaftlich abhängig derjenige ist, der in den letzten 5 Jahren jeweils mehr als 30 % der Gesamteinnahmen aus seiner beruflichen Tätigkeit und der zu prüfenden Kapitalgesellschaft bezogen hat und dies auch weiter zu erwarten ist.

1189 Weiterhin ist rechtlich bedenklich, wenn die Bank etwa durch Androhung einer Kreditkündigung versucht, einen bestimmten Treuhänder durchzusetzen. Dadurch gerät die Bank in Verdacht, dass der von ihr durchgesetzte Treuhänder eine „Strohmannfunktion" ausübt. Unbedenklich ist es hingegen, wenn die Bank zwecks Durchsetzung eines Treuhänder die Kreditverlängerung oder Neukredit/Sanierungskredit oder die positive Begleitung des Sanierungsprozesses verweigert, da sie nicht verpflichtet ist, aktiv den Sanierungsprozess zu begleiten bzw. Kredite aktiv zu vergeben. Es gibt keine allgemeine Kreditversorgungspflicht der Kreditinstitute. Sie ist selbst dann nicht zur aktiven Begleitung der Sanierung verpflichtet, wenn andere Gläubiger den Sanierungsprozess positiv begleiten.[1022]

1190 Auch wenn ein Bankenpool besteht und andere Banken bei der Entscheidung für die Sanierung Nachteile erleiden würden, kann die aktive Begleitung der Sanierung von einer Bank nicht verlangt werden.

1191 Da bei der Sanierung die Bank regelmäßig zu erheblichen finanziellen Beiträgen aufgefordert ist, besteht ein nachvollziehbares Interesse an der Besicherung dieser bereitzustellenden Mittel durch die Verpfändung der Gesellschaftsanteile und einer effektiven Verwertung dieser Anteile in einem professionell gestalteten M+A-Prozess. Dies hängt ganz wesentlich von der Person des Treuhänders ab. Da die Bank rechtlich nicht verhindern kann, dass die Gesellschafter einen ihnen genehmen Treuhänder durchsetzen, haben andererseits die Gesellschafter wiederum zu akzeptieren, dass dann das Vertrauen der Bank in den Sanierungsprozess nicht mehr gegeben ist.

1192 Akzeptieren die Gesellschafter einen von der Bank vorgeschlagenen Treuhänder, kann die Treuhandschaft umgesetzt werden. Lehnen die Gesellschafter die Vorschläge der Bank ab, nennen aber akzeptable Alternativtreuhänder kann die Treuhand ebenfalls umgesetzt werden, wenn die Bank mit diesem Vorschlag einverstanden ist.

1193 Um die oft gegensätzlichen Vorstellungen um die Person des Treuhänders weitgehend zu entzerren, hat sich in der Praxis die Durchführung eines sogenannten „beauty contest" als praktisch erwiesen. Dabei schlagen Banken und Gesellschafter jeweils Kandidaten vor, die zu einem Vorstellungstermin eingeladen werden, und sich auf jeweils gleicher Informationsbasis präsentieren. Dabei versuchen Banken und Gesellschafter

---

[1022] *BGHZ* 116, 319 ff.

gemeinsam, den geeigneten Treuhänder zu finden. Eine Einigung durch den „beauty-contest" ist allerdings häufig nicht einfach, da erfahrungsgemäß die Parteien auf ihren Kandidaten beharren. Das Verfahren ist zeitlich und organisatorisch aufwendig, da die Vorstellungstermine mit mehreren Beteiligten zu koordinieren sind. Die Bank kann allerdings durch dieses Verfahren stärker ihre Interessen bei der Auswahl des Treuhänders wahren. Sie muss auf jedem Fall den parteiischen und unerfahrenen Treuhänder verhindern.

6.4 Fazit

Berühmte Beispiele aus der nahen Vergangenheit, aber auch zahlreiche eher unbekannte Fälle haben gezeigt, das sich die doppelnützige Treuhand inzwischen bei der Finanzierung von Unternehmenssanierungen als alternatives Verwertungs- und Sanierungsinstrument etabliert hat und zum Einsatz kommt.[1023]

Es ist davon auszugehen, dass sich der Einsatzbereich der Treuhand in den kommenden Jahren noch verstärken wird.

Zwar ist die Treuhand mit zahlreichen Vorurteilen belegt und wird insbesondere von Gesellschafterseite oft abgelehnt. Der erfolgreiche Einsatz der Treuhandschaft hat jedoch gezeigt, dass für alle Beteiligten Vermögenswerte und operative Handlungsmöglichkeiten erhalten und nicht unerhebliche insolvenz- und gesellschaftsrechtliche Risiken vermieden werden können. Die Sinnhaftigkeit des Einsatzes der doppelnützigen Treuhand ist aber in jedem Fall sowohl in ihrer Gestaltung als auch in der Auswahl der Person des Treuhänders sorgfältig zu prüfen. Bei professioneller Vorbereitung, Ausgestaltung und Begleitung kann die Treuhand wirtschaftlich und juristisch sehr sinnvoll sein.

1023 Z.B. Opel, Meckle/Ratiopharm/Phönix-Pharmahandel.

11. Kapitel
Branchenspezifische Probleme und Lösungsansätze mit Fallbeispielen

I. Sanierung im Einzelhandel

Die Ausgangssituation bzw. der Fall: Im Zuge des Generationswechsels übernahm der 1
Sohn die Unternehmensleitung. Er strebte eine Konzeptänderung an und verband
diese mit der Aufnahme eines Investors. Mit dem Verkaufserlös von Anteilen an den
Investor konnte er alle Familienmitglieder als Gesellschafter auslösen und die faktische Alleinverantwortung erreichen.

Bis zur Übernahme der Geschäfte durch den Junior lag der Schwerpunkt des Unternehmens im Großhandel. Die Attraktivität und der Erfolg des Sortiments resultierte aus einem guten Gefühl für den Zeitgeist der Kunden und wegen des hohen Importanteils des Warenangebotes aus guten Handelsspannen. Das Unternehmen übernahm bereits zu dieser Phase die Lagerhaltung, die Kommissionierung nach Warenthemen und belieferte mit Spediteuren seine Kunden möglichst zeitnah. Erste eigenbetriebene Filialen im Umfeld des Firmensitzes wiesen dem Junior den Weg zu seiner Neuausrichtung.

Ganz im Sinne eines Fashion Filialisten startete er eine Filialkette, d.h. die Supply 2
Chain vom Hersteller bis zum Endkunden wurde konsequent aufgebaut und zentral
gesteuert. So konnten alle Zwischenverdiener ausgeschaltet, eine sehr attraktive Rohertragsquote sichergestellt und Sortimente zeitlich gebündelt werden. Darüber hinaus wurden die Sortimentsbilder über die klassischen Saisonunterscheidungen, wie Frühling, Sommer, Herbst und Winter erweitert und monatlich neue „Sortimentsbilder" auf den Verkaufsflächen geschaffen, was wiederum einen rasanten Lagerumschlag zur Folge hat.

Von Anfang an liefen alle Fäden in der Zentrale zusammen und gingen auch von dort aus. Ein ausgeprägtes Feingefühl für den Geschmack der Kundschaft war und ist der eigentliche Ursprung des Erfolges. Für die vorrangig weibliche Kundschaft wurde ein stringenter, einheitlicher Auftritt in allen Filialen entwickelt, der die Grundlage für eine spürbare Identität wurde. Die Corporate Identity stand so von Anfang an im Fokus und wurde stetig weiterentwickelt. Die Vision für das Store-Design, wie auch für die Standort- und Sortimentsentwicklung waren in der Person des Unternehmers verinnerlicht. Intuitiv war er unerbittlich und kompromisslos, wenn des darum ging, seine Vision lebendig werden zu lassen bzw. die Werte der Marke zu schützen. Von Beginn an waren die Kunden mehrheitlich begeistert und sorgten für gute Umsätze.

Das Konzept überzeugte in mehrerer Hinsicht. Es stimulierte über die Präsentation 3
möglicher Gestaltungsideen und lies darüber hinaus bei den Kundinnen ausreichend
Raum für die eigene Kreativität, was wiederum ein sehr großes Maß an Identifikation mit dem Untenehmen zur Folge hatte.

Der Einstieg des Investors war besonders getrieben von der Vorstellung, mit einem 4
großen und schnell einzurichtenden Filialnetz, innerhalb von 6–7 Jahren ein sehr
ertragsstarkes und für einen Käufer sehr interessantes Unternehmen entwickeln zu

11 Branchenspezifische Probleme und Lösungsansätze mit Fallbeispielen

wollen. Die hierfür erforderliche Managementkapazität, wie auch die Qualität der Fachverantwortlichen war zu diesem frühen Zeitpunkt in der noch jungen Geschichte des Unternehmens noch nicht vorhanden. Mit Hilfe professioneller Unterstützung durch Berater in den Bereichen Visual Merchandising, Marketing, IT, Logistik und Controlling sollten die Defizite kompensiert, die Marktvorteile weiter ausgebaut und eine Alleinstellung (USP) erreicht werden. Ein neues Verwaltungsgebäude, ein Großregallager mit ausreichend Platz für die Kommissionierung wurden gemietet. Alles sollte unter einem Dach die kurzen Wege für Kommunikation und Steuerung unterstützen und beschleunigen, um somit die wesentlichen Voraussetzungen für das angestrebte Wachstum und die Expansion zu schaffen.

5   Im Verlauf der folgenden Jahre wurden die Ziele nur im Hinblick auf das Wachstum des Unternehmens erreicht. Die Steuerung der Sortimente, hinein in die vielen Filialen, überforderte allerdings das Management und die vorhandene Organisation zunehmend. Hektik und sog. Schnellschüsse prägten das Handeln der Verantwortlichen. Die außerordentlich hohe Handelsspanne konnte die Kosten nicht decken, die Investoren wurden nervös, Berater wurden ausgetauscht, Kritik am Management und am Unternehmer wurde zunehmend lauter. Die Banken zeigten sich unruhig und die „Gretchen Frage" wurde immer hörbarer bei den Investoren und bei den Banken gestellt, was letztlich zur Folge hatte, dass die Banken eine Sanierungsexpertise anforderten.

1. Der Sanierungsrahmen und die Vorgehensweise im Verlauf der Sanierung

6   Zwei Experten wurden hinzugezogen:

Diese bestanden aus einem anerkannten Sanierungsunternehmen und einem Einzelhandelsexperten mit langjähriger Erfahrung im Entwickeln und Steuern von Handelsbetrieben verschiedener Größen und Sortimente.

7   Das Sanierungsprojekt wurde von beiden Experten in engster Abstimmung klar und nach Zuständigkeit getrennt gesteuert. In den folgenden Ausführungen werden hauptsächlich die Besonderheiten, die sich aus der Betriebsform Einzelhandel ergaben, betrachtet. Dabei versteht es sich von selbst, dass alle über die unternehmensspezifischen Ansatzpunkte zur Ergebnisverbesserung hinaus, parallel bearbeitet wurden und gleichermaßen zum Ergebnis der Sanierung beitrugen. Die Vorgehensweise und die Idee der Sanierung basierte auf den Erkenntnissen der sogenannten Engpass – Analyse.

1.1 Die Engpass-Analyse

8   Diese Analyse setzt auf der Erkenntnis auf, dass Beschleunigungen bzw. Verbesserungen bei betrieblichen Abläufen nur an den Engpässen Erfolge sichern. Zeit oder Effektivität, die am Engpass verloren wird, kann an anderer Stelle nicht wieder gut gemacht werden. Wenn man demnach keine Klarheit über den wahren Engpass, also das eigentliche Problem hat, dann ist eine Veränderung nicht Ziel führend.

9   Fehlende Umsätze mit mehr Werbung zu kompensieren, ist ein Beispiel dafür, was die Engpass-Analyse meint. Zwar kommen über die erhöhte Werbung mehr Kunden in die Filialen, solange aber falsche Sortimente oder Preise oder fehlende Artikel nicht korrigiert werden, verstärkt sich der negative Eindruck bei den Kunden und das Problem wird noch größer. Die Zufriedenheit der Kunden und das Vertrauen in das Unternehmen sinken. Jede neue Nachricht, die jetzt am Kunden abgesetzt werden

soll, wird mit der schlechten Erfahrung in Verbindung gebracht. Um diesen „Schaden" auszugleichen, muss noch intensiver geworben werden, wodurch die Kosten unnötigerweise steigen. Vor dem Hintergrund dieses Beispiels ist es naheliegend, das Wissen um die Engpässe mit dem Wissen um die Besonderheiten des Einzelhandels zu verbinden.

1.2 Einzelhandelsspezifische Hebel zur Sicherung stabiler und wirtschaftlicher Abläufe

Folgende Hebel sind für einen funktionierenden Einzelhandelsbetrieb von besonderer Bedeutung und vorrangig zu korrigieren:
- Warenpräsenz in Verbindung mit Werbemaßnahmen,
- Personaleinsatz in Abhängigkeit von der Kundenfrequenz,
- Gesicherte Kassenabläufe,
- Klare Kompetenzen bzw. Zuständigkeiten,
- Qualität der „Schlüsselpersonen" in der Filiale und in den Zentralfunktionen, wie Einkauf, Logistik, Verkaufssteuerung und Visual Merchandising,
- Artikel, die zur Umsatzsicherung und -Steigerung geeignet sind,
- Artikel, die in Überzahl vorhanden und generell verkäuflich sind,
- Sogenannte „Dauerbrenner", d.h. Vorkommnisse, die wiederholt geregelt wurden und doch nicht zur Zufriedenheit und nachhaltigen Verbesserung geführt haben,
- Retouren bzw. Anzahl beschädigter Ware bei der Anlieferung.

Die vielen anderen Stellschrauben zur generellen Stabilisierung eines Einzelhandelsbetriebes müssen zwar ebenfalls festgezurrt werden, können aber im Hinblick auf die besondere Situation bei der Sanierung vorerst zurückgestellt werden. Es wird selbstverständlich auch während der Sanierung darauf zu achten sein, solche Interventionen bzw. Veränderungen bevorzugt einzuleiten, die anschließend nicht wieder korrigiert werden müssen. Gleichwohl gilt der Grundsatz, der auch für erste Hilfe Situationen gilt:

„Lebenserhaltende Maßnahmen haben Vorrang.
Ein stabilisierter Patient ermöglicht jede anschließende aufwendige Intervention."

Mit diesem Verständnis wird der Schwerpunkt der Ausführungen auf den vorgenannten potentiellen Engpässen beruhen. Allerdings macht jede dieser Interventionen erst dann einen Sinn, wenn das Unternehmen über ausreichende Stärken verfügt, die eine „gesunde" Zukunft erwarten lassen.

Was hilft es, wenn am Ende vieler Maßnahmen das selbständige „Leben" eines Unternehmens nicht erwartet werden kann?

1.3 Stabilisatoren für die Zukunft des Unternehmens

Mit der Prüfung der folgenden Stabilisatoren und der sich daraus ergebenden Erkenntnisse für eine nachhaltige Fortführung des Unternehmens, sind alle notwendigen Sanierungsschritte erst gerechtfertigt. Folgende Stabilisatoren geben Hinweise auf die Zukunftsfähigkeit eines Handelskonzeptes.

1.4 Die Marktfähigkeit des Sortimentes

Ein Unternehmen muss über ein marktfähiges Sortiment verfügen, d.h. Auswahl, Aktualität, Attraktivität und Preisleistung müssen den Ansprüchen der Kunden genügen.

15 **Hier hat das Unternehmen keine Probleme! Vielmehr eine alleinstellende Position!**

1.5 Die Vision des Unternehmens überzeugt im Markt

16 Das Unternehmen hatte zum Zeitpunkt der Intervention zwar keine schriftlich dokumentierte Vision, gleichwohl konnte in Gesprächen mit dem Unternehmer und seinen Führungskräften aber eine gemeinsame „Triebfeder" für ihr engagiertes Handeln erkannt werden. Sie kannten die Kundenwünsche und waren von der Idee, für die individuelle Gestaltung der heimischen Atmosphäre zuständig zu sein, vollständig überzeugt und strahlten eine zweifelsfreie Zuversicht darüber aus, auf der Grundlage dieses Verständnisses die Kunden gewinnen zu können.

17 **Die Vision war bereits lebendig!**

1.6 Die Multiplizierbarkeit und Modifizierbarkeit des Warenkorbes

18 Die **Multiplizierbarkeit** eines Konzeptes hängt wesentlich davon ab, wie sich das Sortimentsprofil in den verschiedensten Standorten, ohne große Modifikationen anbieten lässt.

19 Als Folge der bisher sehr breit angelegten Expansion, zeigten die Abverkäufe, dass die Sortimentsideen, sofern sie erfolgreich sind, in allen Standorten, unabhängig von der Größe des Ortes und des Bundeslands, gleich gut abverkauft werden können. Etwaige Unterschiede erklärten sich eher aus Management- und Steuerungsproblemen.

20 Die **Modifizierbarkeit** des Warenkorbes gibt Hinweise auf die Wachstumspotentiale eines Konzeptes im vorhandenen Markt.

Bei der Standortwahl legte das Management anfangs eher Wert auf die Lage, als auch auf die ideale Größe der Vertriebsfläche. Als Folge daraus sah sich das Management gezwungen, das Sortiment einmal auszuweiten und einmal zu verkleinern, also in verschiedene Module aufzuteilen. Darüber hinaus drängten sich Sortimentserweiterungen auf, weil der vorhandene Platz mit dem bisherigen Warenkorb nicht ausreichend gefüllt werden konnte. Die Kreativität des Unternehmers einerseits und die bisher noch nicht bearbeiteten Lebensbereiche im Kundenhaushalt andererseits, ließen den gewonnenen Spielraum schnell mit Ware und mit Warenideen füllen. Auf diesem Weg konnte weiteres Wachstumspotential des Warenkorbes nachgewiesen werden.

21 **Multiplizierbarkeit und Modifizierbarkeit des Warenkorbes nachweisbar!**

1.7 Alleinstellungsmerkmale im Sortiment

22 Wenn ein Sortiment in den Augen der Kunden als einmalig erlebt und verstanden wird, also eine direkte Vergleichbarkeit mit Konkurrenzangeboten schwerfällt, dann kann dem Sortiment eine Alleinstellung zugeschrieben werden.

Weniger die einzelnen Artikel, als vielmehr die vielen Inszenierungen der Artikel zu Sortimentsideen, machten die Alleinstellung aus. Mit sehr aufwendig vorbereiteten „Drehbüchern" kommunizierte die Zentrale und steuerte so die Umsetzung der Warenideen in die Filialen.

23 **Das Sortiment war wegen seiner Inszenierungen nicht vergleichbar!**

1.8 Konzept- und verkaufsorientiertes Einkaufen

Erfolgreiche Filialunternehmen funktionieren mit Hilfe von konzeptgetreuem und verkaufsorientiertem Einkaufen, d.h. die Einkaufsorganisation versteht es in Themen und Preislagen so einzukaufen, dass die Umsetzung auf der Verkaufsfläche bereits zu diesem Zeitpunktberücksichtigt wird.

In diesem Fall war und ist der erste und beste Einkäufer des Unternehmens, der Unternehmer selbst. Als Folge seiner Nähe zum Kunden, zu den Besonderheiten der Filialen und den Beschaffungsmärkten, sorgte er mit großer Kraftanstrengung bei Lieferanten, Einkäufern und Logistikern für die erforderliche Konzeptsicherheit.

Konzept- und kundenorientiertes Einkaufen gegeben.

1.9 Identifikation des Teams mit dem Unternehmen und der Unternehmensidee

Ein Unternehmen „lebt" umso gesünder und länger, wie es sich der Identifikation des Teams mit der Unternehmensidee sicher sein kann.

Dem Unternehmer war es von Anfang an gelungen, die Menschen ans Unternehmen zu binden und sie auf ihn, den Ideengeber und „Unruheherd", auszurichten. So konnte, trotz massiver Störungen im Tagesgeschäft und in der angespannten Unternehmenssituation, die Begeisterung für die Unternehmensidee in allen Unternehmensbereichen vom Expertenteam festgestellt werden. Das Team war generell leistungsbereit, belastbar und stolz auf das Unternehmen.

Identifikation des Teams mit der Unternehmensidee gegeben.

1.10 Feststellung der Sanierungsfähigkeit

Wenngleich die genannten Stabilisatoren das gewünschte Niveau nicht überall zur vollen Zufriedenheit erfüllten, hatte das Unternehmen im Hinblick auf seine Zukunftsfähigkeit und Daseinsberechtigung im Markt eher keine Probleme. Verbesserungen in den aufgezeigten Engpässen waren daher sinnvoll und sollten das Unternehmen in eine stabile Lage zurückführen.

2. Der Sanierungsprozess mit Lösungen und Maßnahmen

In der Einleitung wurden potentielle Stellmechanismen für die Sanierung von Einzelhandelsbetrieben aufgeführt. Die Reihenfolge weist dabei weder auf die Wichtigkeit noch auf die im vorliegenden Fall tatsächlich gewählte Reihenfolge beim Sanieren hin. Diese ist erfahrungsgemäß eher situationsgeprägt und muss daher von Fall zu Fall angepasst werden. Dennoch müssen alle genannten Hebel geprüft und gegebenenfalls „umgelegt" werden.

Die für diesen Fall vorgenommene Abfolge der Schritte wird in der Gliederung abgebildet bzw. in den Ausführungen erläutert.

2.1 Analyse der wichtigen Kennzahlen

Umsatzentwicklung, Überlager, Unterlager, Personalkosten , Überstunden, Fehlzeiten, Mieten, Inventurdifferenzen, etc. wurden durch das Sanierungsteam auf den Prüfstand gestellt und damit objektiviert, um dann die Ausreißer im Vergleich mit Branchenzahlen zu ermitteln.

2.2 Beobachtungen im laufenden Betrieb

33 Parallel zu diesem Schritt sammelte der Einzelhandelsexperte im Rahmen von Interviews, Filialbesuchen und Workshops mit verschiedenen Linienverantwortlichen weitere Erkenntnisse, insbesondere jene, die nicht oder noch nicht in den Zahlen erkennbar waren, wie zum Beispiel den Motivationszustand, die Qualität der Verantwortlichen, den Organisationsgrad, die Ärgernisse der handelnden Personen und letztlich den von der Mannschaft erwarteten Handlungsbedarf zur Verbesserung der Lage. Im Nebeneffekt führte diese Vorgehensweise auch dazu, Vertrauen aufzubauen, die Zusammenarbeit bei der Umsetzung sicherzustellen und die Leistungsträger bzw. die sog. Bremser auszumachen.

2.3 Abweichungen bzw. Ansatzpunkte für die Sanierung

34 Alle Abweichungen wurden gesammelt und anschließend im Sinne der bereits angesprochenen Engpass-Analyse priorisiert.

2.3.1 Die Zentralkosten

35 Die Zentrale als ganzes war zu teuer, da mit wenigen Ausnahmen, die entscheidenden Arbeiten von Externen geleistet wurden. Die notwendige Identifikation mit deren Interventionen war nicht immer gegeben.

2.3.2 Die Leistungsqualität der Steuerungsfunktionen in der Zentrale

36 Die Zentralfunktionen, insbesondere Warensteuerung, Warenversorgung, Erfahrung der handelnden Personen und der Kommunikationsgrad (Dichte und Offenheit) waren unterdurchschnittlich. Gleichzeitig zeigten alle Beteiligten Überarbeitungssignale.

2.3.3 Die Dominanz und Innovationsfreude des Chefs

37 Als Folge der unermüdlichen Schaffensfreude und der Durchsetzungskraft des Unternehmers befand sich das Unternehmen in einem permanenten Überforderungszustand. Die tatsächlichen Betroffenheiten in Bezug auf Belastung und Durchführungseffizienz wurden dem Chef nicht klar und zwingend zurückgemeldet.

2.3.4 Schwelender Konflikt bzw. Blockaden wegen eines Familienmitglieds

38 Obwohl die organisatorische Einordnung bzw. Zuständigkeit eine klare Unterordnung des Familienmitgliedes ausdrückte, fiel es den Kollegen und Mitarbeitern schwer, sich auf die Regeleinhaltung zu berufen. Allein der gemeinsame Name und das selbstverständliche Einfordern von Akzeptanz und Zustimmung verursachten eine unbeachtete Störung, die sich in vielen Korrekturen zum falschen Zeitpunkt ausdrückte. Alle Betroffenen stöhnten unter den Interventionen, aber offengelegt wurde der Konflikt bis dahin nicht.

2.3.5 Viele sich wiederholende Störungen in den Arbeitsabläufen

39 Als Folge der immer auf hohen Touren drehenden Organisation fanden die Verantwortlichen keine Zeit dafür, die immer wiederkehrenden Stolpersteine zu bearbeiten. Es gab eine Mitarbeiterin, die sich als „Mädchen für alle und alles" schier unersetzlich machte.

2.3.6 Unbefriedigender Wirkungsgrad der Filialbetreuer

Die stetig wachsende Zahl der Filialen, die nicht erstrangig auf eine Verdichtung des Filialnetzes ausgerichtet war, hatte ein sehr weites Betätigungsfeld jedes Filialbetreuers zur Folge. Somit verloren diese wertvolle Zeit auf der Straße und waren eher auf der „Durchreise", als mit der erforderlichen Aufmerksamkeit für die Belange ihrer Filialleiter vor Ort. Sie belasteten die Filialleitungen mit neuen Aufgaben und Anforderungen, ohne für deren Entlastung und die Lösung der Probleme offen zu sein. Sie wirkten gehetzt und überfordert.

2.3.7 Qualitätsdefizite in der Führung auf allen Ebenen

Das ungesunde, schnelle Wachstum des Filialnetzes hat auf allen Ebenen der Organisation nicht nur ein Quantitäts- sondern auch ein Qualitätsproblem ausgelöst. Der Zeitdruck einerseits und die unsichere Gesamtsituation des Unternehmens andererseits führten zu einem „Garen im eigen Saft", d.h. im Wesentlichen wurden die neuen Stellen aus dem Fundus der eigenen Mitarbeiter rekrutiert. Die Erfahrungen für die nunmehr erforderlichen Arbeiten und Anforderungen waren aber nicht vorhanden. Insbesondere das Führen einer rasant wachsenden Belegschaft, bei maximalen Leistungsanforderungen, konnte von nur wenigen Führungskräften zufriedenstellend erbracht werden.

2.3.8 Unkoordinierte Abläufe

Der hohe Zeitdruck und die sich permanent verändernden Gegebenheiten im Tagesgeschäft, ließen keinen Platz für die dringend erforderliche Koordination der Abläufe in den angrenzenden Arbeitsgebieten. Es war schon schwierig genug, die Abläufe im eigenen Zuständigkeitsbereich zu steuern, das Abstimmen mit den Nachbarbereichen bleib weitgehend auf der Strecke.

2.3.9 Unkoordinierte Verträge bei den Verkaufsverantwortlichen

Eine erst im Aufbau befindliche Personalverwaltung konnte zum Zeitpunkt der Sanierung noch nicht für ein einheitliches Vertragswesen bei Neueinstellungen sorgen. Die Filialbetreuer stellten in Eigenverantwortung und nach den Möglichkeiten, die ihnen der Markt bot, die neuen Mitarbeiter ein. So entstand eine völlig ungleiche Lohnstruktur, sogar innerhalb einer Region.

2.3.10 Feinsteuerung des Mitarbeitereinsatzes in Abhängigkeit von Kundenfrequenz und Warenbelieferung

Ein Filialunternehmen, das viele Sortimentsideen am Kunden zeigen möchte, hat gezwungenermaßen viel Anpass- und Umgestaltungsarbeiten vor Ort zu leisten. Waren kommen und müssen ausgepackt und teilweise auch noch ausgezeichnet werden. Waren, die nicht abverkauft und für die Parallelsaison geeignet sind, müssen versandfertig gemacht und in das Zentrallager verschickt werden.

Verkaufen, dekorieren, einräumen und kassieren sind Arbeiten, die im Tagesverlauf möglichst so zu erledigen sind, dass die Kunden nicht allzu sehr gestört werden. Zwangsläufig werden somit zu bestimmten Zeiten viele Hände und zu anderen Zeitpunkten weniger benötigt. Die Voraussetzung für eine kosten- und arbeitsablaufgerechte Steuerung des Personaleinsatzes sind flexible Mitarbeiter bzw. Arbeitsverträge. In unserem Fall wurden die Mitarbeiter zwar zur Mehrarbeit motiviert, der erforderliche Abbau von Arbeitszeiten konnte aber auf Grundlage der bestehenden Arbeitsverträge nicht erfolgen.

2.3.11 Unklare Kassenabläufe

45 Der Kunde will, wenn er seine Verkäufe getätigt hat möglichst schnell an der Kasse bedient werden. Eine Filiale mit normaler Größe verfügt in der Regel nur über einen Kassenplatz, an diesem zusätzlich auch alle Reklamationen und Sonderwünsche bearbeitet werden. Wenn darüber hinaus kein Kassensystem vorhanden ist, das einfach und eindeutig die möglichen Kassiervorfälle abbildet, kommt zudem noch eine hohe Belastung auf die einzelne Kassenverantwortliche zu. Fehler schleichen sich ein und Kassendifferenzen nehmen zu. Die Gefahr, dass „Fehlverhalten" nicht erkannt wird führt zu Gelegenheiten, die bekanntermaßen auch Diebe machen.

Das Kassensystem war zum Zeitpunkt der Intervention nicht dazu geeignet, um die oben beschriebenen Gefahren zu vermeiden.

2.3.12 Ordnung vor und hinter den Kulissen

46 Hoher Arbeitsdruck und fehlende konsequente Führung vor Ort, hatten in den meisten Filialen Unordnung vor und hinter den Kulissen zur Folge.

Erfahrungsgemäß ist Unordnung die beste Voraussetzung für Inventurdifferenzen. Unordnung verleitet die Kunden und Mitarbeiter zu unsensiblem Umgang mit der Ware, was wiederum Beschädigungen und Abschriften zur Folge hat.

2.3.13 Wirksame Verkaufsleitung über alle Regionen

47 Jedes Filialunternehmen steht und fällt mit einer qualifizierten Verkaufsleitung, die alle Vorteile aus der Koordination der Regionen sichert. Nicht nur Erfahrung in der Führung von Regionen sondern auch die Fähigkeit, trotz großer Freiheiten der Regionalleitungen vor Ort, eine straffe und im Gleichklang arbeitende Verkäufermannschaft zu generieren, macht die Qualität der Gesamtverkaufsleitung aus. Sie ist eine Herausforderung für jede Fachfrau und jeden Fachmann und erfordert eine ausschließliche Zuständigkeit. Zum Zeitpunkt der Sanierung war diese Stelle nicht besetzt, bzw. wurde in Personalunion von der Einkaufsleitung, durch den Chef abgedeckt.

2.3.14 Standards für effiziente Abläufe in der Zentrale wie in den Filialen

48 Filialisieren und Standardisieren sind untrennbar mit einander verbunden. Aus dem Streben nach standardisierten Abläufen erwächst die nachhaltige Steuerbarkeit und Effizienz eines Filialunternehmens. Wenn sich eine Organisation immer wieder neu „erfinden" muss, weil sie keine hinreichende Dokumentation bzw. Sensibilität für Standards entwickelt hat, kann kein nachhaltig effizientes Arbeiten erwartet werden. Gerade Unternehmen, die sich im Aufbau befinden „stolpern" häufig über dieser Tatsache, so auch in diesem Unternehmen.

2.3.15 Expansionswissen

49 Solange die Expansion im bekannten Umfeld des Ursprungsstandorts des Unternehmens erfolgt, ist mit einiger Sicherheit eine gute Standortauswahl machbar. Da es im Einzelhandel keinen wichtigeren Erfolgsfaktor, als die richtige Lage für den Verkaufsraum gibt, tut jedes expandierende Unternehmen gut daran, mit dem maximalen Wissen und dem Verständnis für die Bedeutung der Lage, Größe und Mieten pro Quadratmeter zu agieren. Diese Expertise darf nicht durch Selbsterfahrung aufgebaut werden. Insbesondere die Kosten für die Einrichtung, die Anpassarbeiten und letzt-

lich für das Freikaufen aus den Mietverträgen von falsch gewählten Standorten können ein Filialunternehmen in Schieflage bringen.

Zum Zeitpunkt der Sanierung wurde dieser Problematik nicht ausreichend vom Unternehmer gewürdigt.

2.3.16 Sortimentsprofil (Aktionsware vs. Basisartikel)

Der stetige Wechsel der Sortimente ist ein Muss für jeden Einzelhändler. So hält er das Interesse seiner Kunden aufrecht. Das Sortiment auf Aktionen auszurichten ist zwar notwendig, führt aber in aller Regel zu Sortimentslücken und zu hohen Abschriften, weil man die Reste nicht mehr zum Anfangspreis verkaufen kann. Mit einem angemessenen Anteil an Basisartikeln, also den Artikeln, die über längere Zeit nachgefragt werden, kann der Einzelhändler sowohl die Lücken im Aktionssortiment schließen, als auch ein zusätzlich lukratives Geschäft aufbauen. Beim vorliegenden Fallbeispiel gab es nur ein unterentwickeltes Basissortiment.

2.3.17 IT-gesteuerte Warenwirtschaft

Mit steigender Filialanzahl wird die Notwendigkeit für ein IT- gesteuertes Warenwirtschaftsystem immer größer. Das Wissen um die aktuellen Bestände, getrennt nach Artikel und Filiale und die artikelbezogene Erfolgsrechnung, sind für ein sensibles Steuern der Warenströme genauso wichtig, wie für die Disposition. Das Beispielunternehmen war zum Zeitpunkt der Intervention dabei, das Kassenwesen mit der bestehenden Warenwirtschaft zu verknüpfen. Zeitnahe und gesicherte Informationen zum Steuern der Warenströme standen dem Management definitiv nicht zur Verfügung.

2.3.18 Identifikation der Verantwortlichen mit den Planzahlen

Unternehmen, die eine Identifikation der Verantwortlichen mit der Planung anstreben, kommen an einer umfassenden Information über die Ergebnisse des Vorjahres genauso wenig vorbei, wie an einem Planungsprozess, der auf den Einschätzungen derer, die in die Verantwortung genommen werden sollen, aufsetzt.

Die Planung war in diesem Fall eher von den beiden Gesellschaftern und deren Zielen, im Hinblick auf Wachstum und Erträge getragen. Die Führungskräfte waren nicht eingebunden.

2.3.19 Anreizsystem zur Unterstützung der Umsatz- und Kostenziele in den Filialen und Regionen

Es gibt viele Philosophien darüber, wie eine Sensibilisierung, möglichst aller Mitarbeiter, für das Erreichen der notwendigen Umsatz- und Kostenziele im Unternehmen erreicht werden kann. Im Einzelhandel setzt man gerne auf solche Anreizsysteme, die nah am individuellen Interesse und an den Einflussmöglichkeiten ansetzen. Die Wahl des Systems, das eingesetzt werden soll, sollte erstrangig das Menschenbild, d.h. das Wertebild, das im Unternehmen praktiziert wird, berücksichtigen. Ohne ein, wie auch immer gewichtetes Anreizsystem, kommt kein Einzelhändler aus. Wichtig ist, dass alle Mitarbeiter das System kennen und von Anfang an eine Chance für sich und oder ihr Team erkennen. Über mehr Einsatz oder mehr Sorgfalt, Vorteile für sich ziehen zu können und über das Jahr zu wissen, was man zusätzlich erwirtschaftet hat, das sind die Faktoren, die beide Seiten verbinden. Das System muss demnach transparent und verlässlich sein. Ein Anreizsystem nach „Gutsherrenart" ist wenig geeignet. Das vorliegende Unternehmen hatte zum Beginn der Sanierung weder für ausreichende Transparenz der Zahlen gesorgt, noch ein durchgängiges Anreizsystem entwickelt. Der Unternehmer folgte eher dem Prinzip „Gutsherrenart".

2.4 Die Handlungsschwerpunkte der Sanierung

56 Die in Rn. 34 ff. dargestellten Abweichungen lassen sich in folgende Stoßrichtungen für eine Sanierung zusammenfassen:
– Verbesserung der Prozesse,
– Verbesserung der Strukturen,
– Verbesserung der Instrumente,
– Verbesserung der Qualität des Personals auf allen Ebenen im Hinblick auf Fachwissen bzw. Führungskompetenz.

57 Getreu dem Managementgrundsatz: „Zahlen werden von Menschen gemacht!" konzentrierte sich die Arbeit des Sanierungsteams auf die Entwicklung und Führung der im Unternehmen vorhandenen Menschen. Erfahrungsgemäß sind Teams durch qualifizierte Führung zu beachtlichen Leistungssteigerungen fähig. Eine sog. „Blutwäsche" durch massiven Austausch der Führungskräfte wäre auch in unserem Falle wünschenswert gewesen, doch unrealistisch und zu zeitaufwendig. Zusammen mit dem vorhandenen Management, dem erfahrenen Einzelhändler und den Sanierungsprofis entstand ein Sofort- und ein Strukturprogramm, das im Verständnis eines Projektmanagements von diesen gesteuert und inhaltlich gestützt wurde.

2.5 Sofortprogramm zur Steigerung der Geschäftsmodell-Rentabilität und Anhebung der Kapitalrendite

2.5.1 Rotationsplan

58 Die Analyse der Warenbestände nach Schnell- und Langsamdrehern, sowie nach Umsatzleistung der Filialen, hat gezeigt, dass sich durch eine Verbesserung der Warensteuerung aus vorhandenen Beständen mehr Umsatz generieren ließe.

Gut verkäufliche Ware zieht nicht nur die Kunden an, sondern vorher schon die Filialleiter. Es ist ein völlig normales Bestreben eines jeden Verkäufers, sich mit gut verkäuflicher Ware einzudecken. Gleichzeitig kann aber nicht jeder Verkäufer pro Tag gleich viel von dieser Ware verkaufen. Wenn man Liquidität generieren muss, kann man diese individuellen Bestrebungen nicht mehr zulassen, vielmehr muss man die Ware dort vermehrt anbieten, wo in kürzester Zeit die größte Menge abgesetzt werden kann.

59 Umgekehrt wird auch ein Schuh daraus.

60 Es verhält sich immer wie folgt, der Umsatz wird mit 20 % des Sortiments erlöst, die restlichen 80 % verursachen Überlager und Altware, das heißt Kapitalbindung und Abschriften bzw. sinkende Roherträge sind die Folge. Erfahrungsgemäß kann nicht an jedem Standort mit gleichem Aufwand reduzierte Ware verkauft werden. Erstens verliert man mit massiven Reduzierungen seine Preisposition und sein Image am lokalen Markt und zweitens gibt es Standorte oder Gegenden, in denen mehr Affinität zu Preisreduzierungen vorhanden ist. Die Analyse der Standorte nach Durchschnittsbon, d.h. danach wie viel Geld pro Einkauf die Kunden jeweils ausgeben, zeigt den Weg zu dieser zweiten Sofortmaßnahme.

Die Ergebnisse, aus den beiden beschriebenen Auswahlverfahren zum Bewältigen 61
von Überlagern und zur Generierung von Liquidität flossen in den erwähnten Rotationsplan ein. Was nichts anders bedeutete, als dass die ausgewählten Filialen nunmehr Ware aus anderen Filialen zugewiesen bekamen bzw. Ware an ausgewählte Filialen abgeben mussten. Die in die Rotationsplanung eingesetzten Filialen wurden auf Projektstatus gestellt und durch das Steuerungsteam auf Kurs gehalten. Gerade bei verunsicherten Teams helfen Umsatzerfolge am besten zur Stabilisierung der Gemüter. Die Teams, die Waren abgeben mussten, waren erleichtert, war doch das belastende Überlager sichtbar kleiner geworden. Sie waren nicht mehr alleine mit ihren Problemen, es tat sich was! Die anderen am Rotationsplan Beteiligten, hatten zwar viel zu tun, konnten sich aber an den „Sonderumsätzen" erfreuen. Die Stimmung im Verkauf wird massiv von den Tagesumsätzen geprägt. Dieser Tatsache wegen wurde diese Intervention auf Priorität 1 gesetzt.

Der Erfolg des Rotationsplan-Projektes war eine wichtige Voraussetzung für die vielen Veränderungen, die in der folgenden Zeit bevorstanden. Mit dem schnellen Erfolg konnte sowohl auf der sachlichen als auch emotionalen Ebene bei den Mitarbeitern und bei den Banken Entspannung und Zuversicht aufkeimen. 62

2.5.2 Personaleinsatzplan

Personalkosten sind im Einzelhandel naheliegender Weise ein großer Kostenfaktor 63
(in manchen Handelsformen machen sie 50 % der Gesamtkosten aus!). Bei der Steuerung von Personalkosten sind folgende Aspekte zu beachten:
- die Lohnkosten im Vergleich zu den geltenden Tarifen.
  So haben Mitarbeiter, die als Verkäufer eingesetzt werden andere Tarife als diejenigen, die als Lagerarbeiter eingestuft werden.
- Die vertraglich geregelten Einsatzzeiten der Verkaufsmitarbeiter/innen,
  Je offener die Arbeitszeitzusagen im Arbeitsvertrag geregelt sind, desto genauer lassen sich die Anwesenheitsstunden der Mitarbeiter auf die Erfordernisse des Tages anpassen.
- Die Umsatzverläufe pro Tag.
  Es gibt mittlerweile sehr verlässliche Kundenfrequenzkurven über einen Tag und für besondere Tage, wie „langer Donnerstag" oder Samstage. Die Aufgabe und das Selbstverständnis einer guten Filialleitung ist es, die Mitarbeiter entlang dieser Kundenfrequenzkurven im Ladenlokal einzusetzen. Es genügt nicht, dass die Mitarbeiter anwesend sind, sie müssen verkaufsbereit sein. Häufig stellen wir fest, dass der erste Kundenhochpunkt, um die Mittagszeit, von den Filialleitungen nicht ausreichend restriktiv bei der Planung der Pausenzeiten beachtet wird. Die Mitarbeiter stehen dann zwar auf der Lohnliste, sind aber in der Zeit, in der sich viele Kunden im Ladenlokal befinden, selbst beim Mittagessen. Somit werden die Anwesenheitsstunden nicht optimal genutzt.
- Die Anlieferbedingungen für Ware.
  Die in den Filialen ankommende Ware muss durch das Team angenommen, ausgepackt und gegebenenfalls mit dem Verkaufspreis ausgezeichnet werden. Eine Trennung nach der Warenmenge, die in den Verkaufsraum kommt und diejenige, die als Reserve in das verkaufsnahe Lager verbracht werden soll, erweitert den Arbeitsumfang der Verkaufsmitarbeiter. Wenn also die Kunden möglichst nicht gestört werden sollen, d.h. der Verkaufsraum für die Kunden attraktiv und einladend wirken soll, dann sind diese oben beschriebenen Arbeiten möglichst in die Vormittags-

stunden oder gar vor die Geschäftsöffnungszeiten zu legen. Was nicht nur Folgen für die Arbeitszeiten der Mitarbeiter hat, sondern auch für die Anlieferungszeiten der Spediteure.

64 In aller Regel sind die Bemühungen der Filialeiter, sich auf diese Erfordernisse im Rahmen ihrer Mitarbeitereinsatzplanung einzustellen, von großer Brisanz. Der Konflikt zwischen Unternehmensinteressen und denen der Verkaufsmitarbeiter ist ohne vertragliche Grundlagen nur mit gutem Betriebsklima und/oder durch einen „unternehmerisch" denkenden Betriebsrat zu lösen. Es ist erklärtes und auch nachvollziehbares Ziel eines jeden Einzelhändlers, den Personaleinsatz im Hinblick auf den Mehrumsatz, wie auch auf die Kostenrelation, zu steuern. Pausenregelungen, Arbeitszeiten, Lagerarbeiten und Auffüllen der Regale sind Faktoren, die es nicht einfacher machen, dieses Ziel zu erreichen. Gleichwohl ist „aktives Verkaufen" immer ein wirksames Mittel, um schnell die Umsätze zu steigern, wenn dabei auch noch massive Kosteneinsparpotentiale freigesetzt werden, dann sollte sofort an die Arbeit gegangen werden.

65 Im Rahmen der Sanierung wurde deshalb ohne zu zögern sofort mit den Vorbereitungen begonnen. Aus den Interviews mit Verkäuferinnen, Filialleitern und Gebietsleitern, wie auch den Führungskräften in der Zentrale konnten wir eine wichtige Gemeinsamkeit feststellen:

Die Begeisterung für die Unternehmensidee und auch für die Notwendigkeit gemeinsam den Wagen aus dem Dreck ziehen zu müssen.

66 Auf dieser Grundlage wurde vom Sanierungsteam mit einer sehr offensiven und für die Teilnehmer unerwarteten Informationsveranstaltung die aktuelle Situation durch den Unternehmer erläutert. Im Anschluss daran wurde die Notwendigkeit für eine geänderte Personaleinsatzplanung und eine massive Senkung der Personalkosten pro Filiale erläutert. Bevor dann die Vorschläge in Form eines Modells, das vom Sanierungsteam ausgearbeitet worden ist, offengelegt wurden, konnten die Führungskräfte des Verkaufs ihre Wahrnehmungen zu dieser Thematik ausdrücken und den Sanierern die bisherige Denk- und Handelsweisen erklären.

67 Somit war eine wichtige Voraussetzung für die Mitarbeit an diesem Modell erreicht und die Führungskräfte konnten so ihre bisherige Arbeit rechtfertigen. Darüber hinaus sollten sie auch eigene Vorschläge zur Verbesserung der derzeitigen Situation machen. Bei dem Sanierungsmodell ging es im Wesentlichen darum, die verschiedenen Arbeitsanforderungen im Tagesverlauf zu differenzieren, Qualitäten und persönliche Stärken der Mitarbeiter zu konkretisieren, die Augen für eine Veränderung zu öffnen und die Führungskräfte des Verkaufs, für die Mitarbeit zu einer Flexibilisierung des Mitarbeitereinsatzes zu gewinnen.

68 Immer, wenn Menschen mit neuen Abläufen und auch noch mit unangenehmen Maßnahmen zur Umsetzung konfrontiert werden, reagieren sie eher zögerlich, verhalten oder gar abweisend. Aus diesem Grund wurde dieses Verhaltensmuster bei der Entwicklung des Konzepts vorausgesetzt und bei der gewählten Vorgehensweise berücksichtigt. Im Rahmen der Informationsveranstaltung wurde darauf hingewiesen, dass dieses Modell lediglich dazu gereichen sollte, zusammen mit einer Gruppe von ausgewählten Verantwortlichen aus allen Führungsebenen und wichtigen Regionen des Verkaufs, die für das Unternehmen richtige Vorgehensweise zu erarbeiten. Somit war der erste Druck genommen, es sollte nicht sofort begonnen werden und das Vertrauen auf das Team der Delegierten tat das Seinige zur Entspannung bzw. Widerstandsbewältigung dazu.

Im Rahmen eines Workshops in den Räumen der Zentrale bekamen alle Regionalleiter und einige ausgewählte Filialleiter die Gelegenheit, in aller Ruhe ihre Fragen zum Verständnis zu stellen. Die Vorteile des Konzepts und auch die zu erwartenden Widerstände waren Thema der Gruppenarbeiten, die sich anschlossen. In Kleingruppen wurden die Widerstände hinterfragt und anschließend Vorschläge zur Verhinderung bzw. Beseitigung erarbeitet. Im Plenum wurden die Vorschläge präsentiert und ggf. korrigiert. Das gesamte Wissen wurde allen zugänglich gemacht und damit die Qualitätsunterschiede der Einzelnen nivelliert. Mit dieser Vorgehensweise konnte die notwendige Identifikation mit den Zielen und für die Umsetzung sichergestellt werden.

In einem zweiten Schritt, als sog. Hausaufgabe formuliert, hat eine kleine Zahl ausgewählter Regionalleiter in 1 bis 2 Filialen, in ihrer unmittelbaren Nähe zum Wohnort, das Modell „verprobt". Auf diese Weise bekamen alle Beteiligen noch mehr Sicherheit für die Machbarkeit und die Wege zum Ziel. Für die „Vorreiter" wurde eine Art Hotline eingerichtet, mit deren Hilfe unerwartete Fragen bei der Umsetzung quasi online vom Experten beantwortet wurden. Sein Wissen und seine Erfahrung konnte somit unmittelbar einfließen, ohne dass es zu einer Rückdelegation kam. Mit vereinten Kräften konnte auf diese Weise das Modell auf die Besonderheiten des Unternehmens und die Filialen angepasst und die Ergebniswirksamkeit sicherer beurteilt werden.

Im dritten Schritt wurden wieder alle Regionalleiter und die ausgewählten Filialleiter zusammengerufen und im Verlauf eines 1-Tagesworkshops über die Erfahrungen und die Vorschläge zur Lösung aus den Testfilialen informiert. Die in der Zwischenzeit für jede Region errechneten Ergebnisverbesserungen wurden den Verantwortlichen vorgestellt und mit einem Incentive-Programm verknüpft. Der besondere Reiz für die Führungskräfte war dabei, dass in dieser Phase der Neuorganisation die Ergebnisverbesserung auf die jeweilige Region und nicht jede einzelne Filiale bezogen wurde. So konnten die Regionalleiter dort, wo der Widerstand am geringsten war gegebenenfalls mehr holen und verloren nicht zuviel Kraft an den ganz harten „Brocken". Zudem konnte die Stimmung im Verkauf einigermaßen auf normalem Niveau gehalten werden. Wichtig war hierbei, dass das Sanierungsteam kontrolliert und qualifiziert Kosten im Verkauf senkte, ohne dabei die Leistung am Kunden zu gefährden. Es sei nur der guten Ordnung halber erwähnt, dass die Flexibilisierung der Personalkosten oder die Verbesserung der Personaleinsatzplanung mit diesem Schritt nur ihren Anfang genommen hat. Es handelt sich hierbei um eine Herausforderung, die über die Qualität des Unternehmens wesentlich entscheidet und permanent aktualisiert bzw. angepasst werden muss.

2.5.3 Sonderflächen

Umsätze generieren möglichst ohne große Vorlaufkosten und mit vorhandener Ware, ein Ziel, das sich nach der Quadratur des Kreises anhört oder doch nicht? Wo haben wir Flächen, die nicht genutzt werden?

Wer könnte mit unseren Sortimenten seine Sortimentsattraktivität steigern?

Entlang dieser beiden Fragen wurden neue Flächen gefunden und für Sonderumsätze bzw. Bestandsabbau gesorgt.

2.5.3.1 Lagerverkauf im ehemaligen Warenlager

Das Gebäude des ehemaligen Firmensitzes war zu diesem Zeitpunkt noch von der Gesellschaft gemietet. Es diente zur Lagerung der Dekorationsrequisiten und als Pufferlager für Retouren oder Saisonware (die für das Folgejahr gelagert wurde).

Die Idee, einen Lagerverkauf einzurichten und erstrangig die dort gelagerte Ware zu verkaufen, um keine Handlingkosten für eine spätere Umlagerung ins neue Lager zu verursachen, hat die Verantwortlichen in der Zentrale wie im Verkauf sofort überzeugt.

Ein Projektleiter aus dem Team der Zentralmitarbeiter war schnell gefunden. Er erhielt den Auftrag, einen Lagerverkauf zu initiieren und wurde verantwortlich für dessen Umsetzung. Der Erfolg seiner Arbeit wurde erstens an der Menge der verkauften Artikel und zweitens am Mehrerlös über dem Einkaufspreis der betreffenden Artikel gemessen. Dem Projektleiter wurde ein kleines Budget für Werbung und Hilfspersonal zur Verfügung gestellt. Bei der Freigabe der Artikel und bei der Festlegung des untersten Preises taten sich die Einkaufsverantwortlichen sehr schwer und mussten immer wieder „frei" gemacht werden. In der aktuellen Situation war es wichtig Liquidität zu schaffen und Kosten zu senken. Die Chance, zu einem späteren Zeitpunkt mit derselben Ware mehr zu erlösen, musste genauso ignoriert werden, genauso wie die Vermutung, dass einige der verkauften Artikel später wieder nachdisponiert werden müssten.

2.5.3.2 Sonderverkäufe in ausgewählten Filialen

72 Wie bereits an anderer Stelle (s. Rn. 58) erwähnt, gibt es Filialen und Gebiete, die sich für Sonderverkäufe besonders eignen. Dem widerspricht allerdings nicht, dass auch der Kunde, der generell aktuelle Ware sucht, nicht auch gerne ein Schnäppchen macht. Somit wurden in allen Filialen kleine Clearance- Corner eingerichtet. Die Filialleiter konnten in Eigenverantwortung entscheiden, ob sie die gelagerte Problemartikel selbst verkaufen wollten oder diese aus Image- oder Platzgründen an dafür definierte Filialen verschicken wollten. Die Projektleitung für diese Aktivität legte besonderen Wert darauf, sog. Problemware nicht noch mit weiteren Kosten (Transport und Verpackungskosten) zu belasten. In Ergänzung zu dieser Maßnahme wurden alle Filialen, die man eigentlich schließen bzw. stilllegen wollte, aber wegen einer Betreiberpflicht nicht in Betracht gekommen wären, zur „Schnäppchen-Filiale" erklärt. Als Folge dieser organisatorischen Regelung konnten die Personalkosten auf das absolute Minimum gesenkt werden. Die Konzeptänderung ermöglichte eine „organisationsbedingte Kündigung" und hierdurch konnten diese sofort umgesetzt werden.

2.5.3.3 Sonderverkaufsflächen bei anderen Einzelhandelsunternehmen

73 Diese Maßnahme, wenn sie sich denn realisieren ließe, würde zwei Fliegen mit einer Klappe schlagen! Erstens Expansion von Verkaufsflächen und zweitens Mehrumsatz, der sich ohne Investition in Ladenbau und Personal kurzfristig realisieren ließe. Mit dem Wissen um die Probleme einzelner Einzelhandelsunternehmen und den guten Kontakten zu den verantwortlichen Geschäftsführern wurde diese Idee machbar. Das Sanierungsteam führte gezielte Gespräche und konnte das Interesse dieser Einzelhändler gewinnen. Einer der Interessenten sah in einer Kooperation sogar die Lösung für seine veränderte Einkaufs- und Vertriebskonzeption. So konnte mit diesem Einzelhändler kurzfristig ein Sonderpostengeschäft begonnen werden und langfristig eine Expansion von ca. 40 Filialen gesichert werden. Die eigentlich auf Eis gelegte Expansion wurde mit diesem Schachzug wieder vital und finanzierbar.

2.5.4 Warensteuerung

Im Rahmen der Engpassanalyse wurde die Warensteuerung als ein zentrales Problem identifiziert. Die Kosten waren nicht marktgerecht und die sich immer wiederholenden Ärgernisse bei den Verkäufern sorgten für schlechte Stimmung zwischen Zentrale und Filiale. Völlig unabhängig von der Notwendigkeit, mit Hilfe einer IT- gesteuerten Warenwirtschaft, diesen Engpass nachhaltig aufzulösen, mussten Wege und Maßnahmen gefunden werden, die kurzfristig für Entspannung sorgen würden.

2.5.4.1 Steuern mit dem Know-how der Betroffenen

Als Folge der immer wiederkehrenden Probleme mit der Warenbelieferung in den Filialen war eine entspannte Kommunikation nur noch begrenzt möglich. Die Fehler wurden von beiden Seiten mit Aufmerksamkeit gesammelt und zu Beschwerden und Vorwürfen verwendet. In einem moderierten Meeting mit Regionalleitern, einigen Filialleitern und den Verantwortlichen aus Logistik, Warensteuerung, IT, Einkäufern und Visual Merchandising bekamen alle Beteiligten, Gelegenheit ihre Wahrnehmungen und Probleme zu präsentieren.

Bei den Rückmeldungen der Fachbereiche wurde durch den Moderator sichergestellt, dass lediglich Fragen und Kommentare zum besseren Verständnis gestellt wurden. Als die Problemlandschaft nach Meinung aller vollständig war, wurden die wichtigsten Handlungsfelder ermittelt. In Gruppenarbeit, bestehend aus immer einem Delegierten eines jeden Bereichs, wurden Lösungen und Maßnahmen erarbeitet, die vorrangig mit vorhandenen Mitteln für Verbesserungen sorgen sollten. Im Nebeneffekt zu vielen pragmatischen Lösungen lernten die „Kontrahenten" sich verstehen und kennen. Die Veränderungsarbeiten hatten jetzt gemeinsame „Väter" und „Mütter" und Störungen waren nunmehr Anlass zum Reden und Beseitigen.

2.5.4.2 Neue Warenanlieferungszeiten

In Verhandlungen mit den Spediteuren wurden die Anlieferungen vorzugsweise vor die Geschäftsöffnung oder in den späten Nachmittag verlegt. In den Filialen wurden Mitarbeiter im Wechsel zur sog. Frühschicht eingeteilt. Mit Rücksicht auf die vormittags eher schwache Kundenfrequenz konnte das Einräumen in dieser Zeit konzentriert erledigt werden. Die Verkaufsbereitschaft wurde hierdurch für die Kunden deutlich verbessert. Sauberkeit und Ordnung haben auf Verkäufer und Kunden bekanntermaßen eine entspannende Wirkung und fördern die Freude am Kaufen und Verkaufen. Wie bereits im Vorfeld thematisiert, sinken hierdurch auch die Inventurdifferenzen.

2.5.4.3 Hotline für Störungen und „Schnellschüsse"

Im Handel, insbesondere bei Filialbetrieben mit großem Aktionsanteil im Sortiment, sind Störungen zwar sehr teuer und belastend, doch wegen der vielen exogenen Faktoren, nicht ganz zu vermeiden. Wetter und andere Sondereinflüsse verlangen bzw. erfordern Elastizität und Flexibilität in den Abläufen, die nur mit dem Anerkennen solcher Abweichungen zu managen sind. Wer versucht, alles festzulegen und zu regulieren, der bringt sich um Umsatzchancen und programmiert unnötige Enttäuschungen bei den handelnden Personen vor. Werden „Schnellschüsse" als System immanent erkannt, dann finden sich eher organisatorische Lösungen, wie z.B. mit Hilfe einer Hotline zwischen Zentrale und Filialen.

79 In vorliegenden Falle, wurden auch normale Geschäftsvorfälle, wie Schnellschüsse behandelt, nur weil sich keine „Zeit" fand, die immer wiederkehrenden Störungen zu analysieren und so für nachhaltige Lösungen zu sorgen. Mit Hilfe einer sehr erfahrenen Führungskraft aus einer erfolgreichen Region und dem Sanierungsteam wurden die laufenden Schnellschüsse verfolgt und nach deren Ursachen und möglichen Lösungen, die sich ohne große Investitionen in Systeme und Technik realisieren lassen würden, gesucht.

2.5.5 Leistungssteigerung durch besser qualifizierte Führungskräfte

80 In Unternehmen, die sich im Sanierungsprozess befinden, sind mit qualifizierter Führung schnelle und gleichzeitig auch nachhaltige Ergebnisverbesserungen zu erreichen. Dies ist zunächst keine einzelhandelsspezifische Erkenntnis.

81 In diesem speziellen Fall kommt eine zweite Problematik hinzu, die schon eher zu den Besonderheiten des Einzelhandels zu zählen ist, das spezifische Wissen um die Besonderheiten bzw. Unterschiede der verschiedenen Handelsformen, Betriebsgrößen und Sortimente. Insbesondere bei Unternehmen, die in einem bisher unbekannten Segment oder in einer anderen Betriebsform die Geschäfte betreiben, kommt es besonders darauf an, dass viel Detailwissen zu der konkreten Handelsform „eingekauft" wird. Zudem spielt die Betriebsgröße des Unternehmens aus dem der Bewerber kommt, eine maßgebliche Rolle für den Erfolg einer Neubesetzung. Aus diesem Grund sind Bewerber, die aus großen Organisationen kommen für kleinere Unternehmen, mit geringerem Organisationsgrad, eher ungeeignet. Zwar schadet es keinem Unternehmen, die Besonderheiten anderer Handelsformen zu kennen, doch kann diese Qualität nur für die Suche nach Verbesserungen auf höchstem Anspruchsniveau empfohlen werden.

Die Arbeitsschwerpunkte eines Discounters sind beispielsweise deutlich anders gewichtet, als bei einem Fashionfilialisten. Allenfalls trägt das Wissen um die Unterschiede und die Besonderheiten verschiedener Handelsformen dazu bei, Kandidaten zu suchen.

In beschriebenen Fall, wäre ein Verkaufsleiter von einem Vertikalisten, der Fashion verkauft, viel geeigneter als ein Verkaufsleiter aus der Parfümerie oder gar von einem Warenhaus- oder SB-Warenhausunternehmen.

82 Insbesondere bei der Besetzung von Einkäufern, Verkaufsleitern, Regionalleitern, Visual Merchandising und sogar Werbefachleuten ist hierauf zu achten.

In diesem Fallbeispiel war ein großer Handlungsbedarf für die Besetzung der Gesamtverkaufsleitung festzustellen. Die Suche gestaltete sich aber als ausgesprochen schwierig und ließ auf keine schnelle Lösung hoffen. Naheliegender Weise musste deshalb eine Lösung mit Hilfe von Externen angestrebt werden.

2.5.5.1 Input von Externen

83 Die Vorgeschichte dieses Falls machte diesen Schritt nicht gerade leicht. Waren doch vor dem Zusammenbruch so viele Berater im Unternehmen, dass die Aufwendungen für deren Leistungen die Größenordnung des Unternehmensverlustes ausmachten. Die guten Erfahrungen der Menschen im Unternehmen mit der Arbeitsweise der beiden Sanierungsexperten und die gemeinsamen Erfolge mit diesen ermöglichten einen Neuanfang im Hinblick auf den Umgang und in die Wertschätzung von Externen. Die

Inputs von außen wurden generell mit eigenen Leuten und unter der Aufsicht der beiden Experten ins Unternehmen getragen Die Inputs wurden in einen Prozess eingelenkt, der die Identifikation der Verantwortlichen sicherstellte.

2.5.5.2 Interimsmanagement mit Hilfe einer „Management-Plattform"

Die Problemanalyse hatte Lücken in der Vertriebssteuerung, in der Logistik, Werbung, Regionalleitung, Filialleitung und Personalentwicklung aufgezeigt. Vor dem Hintergrund dieser existenziellen Engpässe musste eine Sofortlösung gefunden werden, die den zu erwartenden Zeitbedarf für Neubesetzungen ermöglichte. **84**

Für die Erledigung des Tagesgeschäftes gab es hinreichende Sicherheit und zwischenzeitlich auch Entspannung aus den oben ausgeführten Veränderungen. Was wirklich nachhaltig und gezielt neu aufgesetzt oder eingerichtet werden sollte, musste demnach mit mehr Expertise und gleichzeitig mit großem Verständnis für die Auswirkungen in alle Bereiche hinein entwickelt werden. Aus diesem Grund hat sich das Sanierungsteam für eine besondere Art von Interimsmanagement entschieden, die „Management-Plattform". **85**

Ausgangsüberlegung dieses Management-Werkzeuges waren die guten Erfahrungen in der Zusammenarbeit zwischen den Experten und den Führungskräften, seit die Sanierung gestartet worden war. Insbesondere das große Engagement, die Lernbereitschaft und die Offenheit in den Workshops legten die Spur. So wurde, anfangs wöchentlich, über einen ganzen Tag, eine Auswahl von Repräsentanten aller Funktionsbereiche mit den aus der Engpass-Analyse gesammelten Schwachstellen konfrontiert. Die Dringlichkeiten und auch die Machbarkeiten wurden gemeinsam bewertet und teilweise zur Lösungserarbeitung in Kleingruppen sofort bearbeitet oder dorthin delegiert. Immer dann, wenn Expertise im Team fehlte, wurden Externe eingeschaltet. Auf diese Weise war deren Einsatz immer überschaubar und auch gewollt. Alle fachbereichsbezogenen Lösungsvorschläge wurden im Plenum diese Gremiums „verprobt", d.h. die Schnittstellen zu den Nachbarbereichen und mögliche Auswirkungen wurden sichtbar gemacht und evtl. in der Lösung berücksichtigt. Bereits nach wenigen Monaten, waren die dringlichsten Engpässe in Arbeit entzerrt und die Treffen fanden nur noch monatlich statt. Auf dieser so etablierten „Plattform" konnten alle Führungskräfte an den wichtigen Unternehmenszielen mitarbeiten, auf diese eingestimmt und viele Fehler bei der Umsetzung vermieden werden. Die Management-Plattform ermöglichte die Führung des Unternehmens, weil die Veränderungen oder neuen Ziele von vielen erarbeitet bzw. getragen wurden. Die Zeit für die Suche nach guten Kandidaten für die offenen Stellen war gefunden. **86**

3. Schlussfolgerungen

3.1 Verschiedene Handelsformen im Einzelhandel

Im vorliegenden Fall wurde ein Filialist im Einzelhandel vorgestellt und der Weg der Sanierungsarbeit dargelegt. Anerkanntermaßen gibt es verschiedene Handelsformen im Einzelhandel. Von daher stellt sich die Frage, ob sich der Weg, der in diesem Fall gegangen wurde, sich auch für alle anderen Handelsformen empfehlen lässt. In Rn. 10 wurden die für die Sicherung stabiler und wirtschaftlicher Abläufe relevanten Hebel aufgezeigt. Vergleicht man den vorgestellten Weg, dann stellt sich heraus, dass die aufgelisteten Hebel in der Aufstellung (Rn. 34). im Rahmen der Kennzahlenvergleiche **87** bzw. der Beobachtungen des Geschäftsverlaufes alle überprüft wurden und im Wesentlichen auch Anwendung gefunden haben. Die Handlungsschwerpunkte für die Sanierung (siehe Rn. 56), die sich auf die Verbesserung der Prozesse, der Strukturen, der Instrumente bzw. der Qualität der Verantwortlichen konzentrierte, zeigten ebenfalls, dass hier die Handelsform ohne Relevanz ist. Selbst das Sofortprogramm in Rn. 58–86. bezieht alle allgemein relevanten Hebel zur Sicherung stabiler und wirtschaftlicher Abläufe mit ein.

Abschließend kann deshalb die Erkenntnis gewonnen werden, dass unabhängig von der Handelsform eines Einzelhandelsunternehmens, alle Hebel und eingeschlagenen Wege der beschriebenen Sanierung, Anwendung finden können.

3.2 Der Weg ist das Ziel

88 Wie bereits in der Aufgabenstellung dargestellt, sollten die Ausführungen insbesondere die Aspekte einer Sanierung aufzeigen, die im Einzelhandel relevant sind. Es war dabei nicht beabsichtigt, den ganzen Sanierungsprozess aufzurollen oder gar den Eindruck zu erwecken, dass diese Arbeit einmalig und nicht vergleichbar sei. Der Weg des Sanierungsteams definierte sich stark darüber, ein tiefes Verständnis für das Zusammenspiel der einzelnen Hebel und deren Wirkung auf eine Verbesserung der angetroffenen Situation zu haben. Es ist dabei gelungen, Expertisen aus zwei verschiedenen „Quellen" in einen harmonischen Prozess einzubinden. Der Weg war das Ziel und hat den Erfolg kurz- und langfristig gesichert.

II. Sanierung in der Automobilzulieferindustrie

89 Im Folgenden sollen einige mir wesentlich erscheinende Aspekte der Sanierung von Automobilzulieferern dargestellt werden. Der Anspruch besteht dabei weder in einer vertieft wissenschaftlichen Auseinandersetzung, noch in Vollständigkeit. Für beides ist das Format ungeeignet. Beabsichtigt ist vielmehr lediglich, dem Branchenfremden, der in ein Krisen- bzw. Sanierungsszenarios eines Automobilzulieferers gerät, eine *erste Idee* dieser äußerst komplexen Branche und einiger Parameter, die eine erfolgreiche Sanierung hier bestimmen, zu geben.*

1. Ausgangspunkte

90 Bevor wir sinnvoll auf einzelne Aspekte der Sanierung eines Automobilzulieferers eingehen können, sollten wir uns die aktuelle Lage und die Perspektiven der Automobilindustrie vergegenwärtigen.

1.1 Lage und Entwicklung des Automobilmarkts

91 Der **weltweite Automobilmarkt** war im Zuge der allgemeinen Finanz- und Wirtschaftskrise in den Jahren 2008 und 2009 dramatisch **eingebrochen**. Wurden weltweit in 2007 noch über 73 Mio. Fahrzeuge (PKW und Nutzfahrzeuge) **produziert**, sank

---

* Mein herzlicher Dank gehört den Herren *Bernd Hildebrandt* und *Thomas Fröhlich* von der GPM Gesellschaft für Produktivität und Management GmbH & Co KG, Frankfurt, mit denen ich nicht nur in der Praxis zusammenarbeiten konnte, sondern die mir auch bei der Verfassung dieses Artikels mit vielen Hinweisen geholfen haben. Dennoch vorhandene Fehler und Ungenauigkeiten gehen aber selbstverständlich auf mein und nicht auf ihr Konto.

diese Zahl von über 70,5 Mio. Einheiten in 2008 auf nur noch 62 Mio. Einheiten in 2009.[1] Der durch diesen Rückgang um 15 % ausgelöste Schock war so groß, dass ein Wiederanstieg auf das Niveau von 2007 zunächst erst für das Jahr 2012 erwartet wurde.[2] Tatsächlich erholte sich die Produktion, vor allem wegen der starken Märkte in China und Brasilien, aber wesentlich schneller. Bereits in 2010 übertraf die Produktion mit 77,6 Mio. Fahrzeugen den alten Rekordwert von 2007 wieder deutlich.[3] Und auch für 2011 und 2012 werden neue Produktionsrekorde erwartet.[4]

Regional betrachtet vollzog sich die Entwicklung sehr unterschiedlich. Besonders stark war der „Absturz" in der **NAFTA-Region** (USA, Kanada, Mexico) mit einem Rückgang zwischen 2007 und 2009 um nahezu 50 % auf nur noch etwas mehr als 8 Mio. produzierte Einheiten jährlich. Aber auch in **Westeuropa** ging die Produktion im genannten Zeitraum mit mehr als 30 % überdurchschnittlich zurück.[5] Spiegelbildlich hierzu verlief der Wiederaufstieg; hier konnten die nordamerikanischen Produzenten deutlich stärker zulegen als die europäischen.[6]

Dem gegenüber konnten die **BRIC-Staaten** (Brasilien, Russland, Indien und China) selbst in den Krisenjahren 2008 und 2009 zulegen. So erhöhte sich die Zahl der dort produzierten Fahrzeuge von 16 Mio. Einheiten in 2007 um gut 10 % auf 17,6 Mio. Einheiten in 2009.[5] Und in 2010 legte allein die Autoproduktion (ohne Nutzfahrzeuge) im asiatisch-pazifischen Raum um weitere 6,4 Mio. Einheiten zu.[7]

Ähnlich und ebenfalls mit erheblichen regionalen Unterschieden verhielten sich die **Märkte**. Auch hier war der „**Absturz**" in der **NAFTA-Region** mit einem Rückgang der Autoverkäufe von 19,3 Mio. Einheiten in 2006 (die Krise kam in den USA ein Jahr früher) um 35 % auf unter 13 Mio. Einheiten im Jahr 2009 besonders ausgeprägt. Und auch in **Westeuropa** ging der Absatz im genannten Zeitraum mit mehr als 20 % (von 19 Mio. Einheiten in 2007 auf 15 Mio. Einheiten in 2009) überdurchschnittlich zurück.[8] Differenziert erfolgte auch die **Erholung**: Während der Absatz in der NAFTA-Region in 2010 um immerhin 7 % auf 14 Mio. Fahrzeuge zulegen konnte,[9] gingen die Märkte in Westeuropa, wo der Rückgang in 2009 durch verschiedene Absatzprogramme verlangsamt wurde, nochmals leicht zurück.[10]

Diesen schrumpfenden Märkten standen selbst in der Krise die Wachstumsmärkte in den **BRIC-Staaten** gegenüber. Insbesondere in China und Indien stiegen die Autoverkäufe selbst in 2008 und 2009 mit zweistelligen Raten.[11] Und an dem für 2011 erwarte-

---

1 Zahlen nach Organisation Internationale des Constructeurs d'Automobiles (OICA), http://oica.net/category/production-statistics/.
2 Management Engineers, Düsseldorf/Center of Automotive an der FHDW, Bergisch Gladbach, Die Zukunft der Automobilzulieferindustrie, Folie 7. Nach Roland Berger Strategy Consultants GmbH. Global Automotive Supplier Study 2009, Folie 14, sollte die Erholung sogar bis 2013 dauern.
3 Zahlen nach OICA.
4 2011 – Hopp oder Topp? Automobil Produktion Januar 2011, S. 12 ff.
5 *CoA* Folie 8.
6 S. *PWC* Autofacts Q1/2011, S. 11; s. auch *KPMG* AutomotiveNow, Sommer 2010, zum come back der USA als Produktionsstandort.
7 *PWC* Autofacts Q1/2011, S. 11.
8 Alle Zahlen nach *Berger* Automotive Supplier 2009.
9 Germany Trade and Invest (http://www.gtai.de).
10 Pressemitteilung des VDA vom 17.1.2011 (sichtbar unter http://www.autotopnews.de/de/134/no/-/out/detail26673.htm).
11 *Berger* Automotive Supplier 2009.

ten Anstieg des weltweiten Absatzes von PKW und Kleinlastern auf 75 Mio. Fahrzeuge weltweit[12] wird diese Region wiederum einen Löwenanteil haben.

96 Diese Veränderungen im **Weltautomobilmarkt** werden sich aller Vorrausicht nach auch in den kommenden Jahren fortsetzen. Zwar wird auch für die klassischen Automobilregionen (die sog. „**Triade**" bestehend aus Westeuropa, Nordamerika und Japan) ein Wachstum bis zum Jahr 2018 zwischen 30 (Japan, Westeuropa) und 60 % (NAFTA-Region) erwartet. Doch werden die USA nachhaltig von **China** als größter Automobilmarkt abgelöst werden.[13] Dieses ergibt sich bereits auf Grund der unterschiedlichen demografischen Strukturen und des erheblichen Nachholbedarfs, der hier, aber auch in den anderen BRIC-Ländern besteht. So werden in diesen Ländern bis 2019 voraussichtlich allein 70 Mio. Fahrzeuge zur Deckung des **Nachholbedarfs** abgesetzt werden.[14] Insgesamt soll der jährliche Fahrzeugmarkt hier auf 35 Mio. Einheiten anwachsen und allein für China wird im Jahr 2035 ein Bestand von (je nach Schätzung) 270 bis über 400 Mio. Fahrzeugen erwartet.[15]

97 Diese veränderte Absatzstruktur wird auf die **Produktion** nicht ohne gravierende Veränderungen bleiben. Bereits in 2009 waren China, Indien und Brasilien wesentliche Fahrzeugproduzenten.[16] Insbesondere **China** kann bereits 2012 mit ca. 17 Mio. PKW und Leichtnutzfahrzeugen die Produktion Westeuropas erreichen und in den Folgejahren dann deutlich übertreffen.[17]

98 Wenngleich die Produktion aktuell und sicher auch noch mittelfristig zu einem erheblichen Teil durch Niederlassungen bzw. Joint-Ventures der klassischen Autohersteller erfolgt,[18] entsteht doch bereits jetzt die Wertschöpfung zu einem großen Teil vor Ort („**local content**"). Daran wird sich in den BRIC-Ländern allein schon auf Grund des politischen Umfelds auch kaum etwas ändern.[19] Hinzu kommen Kostenvorteile und sich auch dort vergrößernde technologische Kompetenzen,[20] so dass sich zumindest im Umfang des regionalen Absatzes, vermutlich aber überproportional die Wertschöpfung dorthin verlagern wird.

99 Zusätzliche Veränderungen in der Automobilindustrie werden sich durch die weiter deutlich steigenden **Umweltanforderungen** ergeben. Sind Hybrid- und Elektrofahrzeuge z. Zt. noch Nischenthemen, werden sie nicht zuletzt aufgrund politischer, teils sogar gesetzlicher Vorgaben zu wesentlichen Markttrends. Hier werden erhebliche Investitionen zu stemmen sein. Und auch die klassischen Antriebstechniken stehen unter massivem Innovationsdruck, um steigende Umweltvorgaben einzuhalten.

---

12 2011 – Hopp oder Topp? Automobil Produktion, Januar 2011, S. 13.
13 Vgl. hierzu und zu Folgendem: *KPMG* Global Auto Executive Survey 2010, S. 6, 37; *IKB* Information Automobilzulieferer, November 2009, S. 2.
14 *CoA* Folie 9.
15 Siehe *KPMG* AutomotiveNow, Herbst 2009, S. 9.
16 Mit 10 Mio., 2,3 Mio. bzw. 3,7 Mio. Fahrzeugen in 2009, Daten nach *CoA* Folie 8.
17 So *PWC* Autofacts Q1/2011, S. 12.
18 So auch *IKB* Information Juni 2009, Automobilindustrie 2020, S. 9. Allerdings haben rein nationale Hersteller in China bereits einen Marktanteil von 25 %, *KPMG* Herbst 2009 (Fn. 16), S. 8.
19 So auch *IKB* Information September 2009, Automobilindustrie, S. 3.
20 Im Bereich der Elektromobilität besitzen chinesische Unternehmen, siehe etwa BYD, sogar ein beträchtliches, teilweise führendes Know-how, näheres hierzu etwa bei *KPMG* Herbst 2009, S. 10. Zudem vergrößern chinesische Unternehmen auch durch Akquisitionen im Westen zielgerichtet ihr Know-how, siehe *KPMG* AutomotiveNow, Frühjahr 2011, S. 13.

Darüber hinaus dürfte der befürchtete **Rückgang** an verkauften **Mittelklassefahrzeu-gen** erhebliche Spuren hinterlassen.²¹ Dieses Segment, in dem gerade auch die deutschen Hersteller stark vertreten sind, erscheint durch den Trend zu billigeren Autos im Massenmarkt bedroht. Wenn dies eintritt, dürfte das gerade bei deutschen Herstellern deutlich Spuren in der Profitabilität hinterlassen, da die Mittelklasse mit der Kombination aus Gewinn je Fahrzeug und hohen Stückzahlen bislang noch ein wesentlicher Ertragslieferant und damit Finanzier des technologischen Fortschritts war.

1.1.1 Verhältnis der OEM zu den Zulieferern

Neben einer Verschiebung der regionalen Gewichte hat es in den letzten Jahren auch eine erhebliche Verschiebung des Verhältnisses zwischen den Fahrzeugherstellern selbst (OEM) und ihren Zulieferern gegeben.

1.1.2 Technische Zusammenarbeit

Die wesentliche Veränderung ist primär technischer Natur. Von Mitte der 1990er Jahre bis 2004 sank die **Eigenfertigung** der **OEM** um über 10 %-Punkte auf nur noch etwa 35 %. Nach einer vielbeachteten Studie soll sie bis 2015 auf nur noch 20 % sinken.²²

Dieser Prozess vollzieht sich allerdings innerhalb der verschiedenen Bereiche der Automobilzulieferindustrie höchst unterschiedlich.²³ Während die Innenausstattung nahezu vollständig und die Fahrzeugelektronik (Schaltung, Komfort, Stromversorgung) zu ca. 90 % in der Hand von Zulieferern liegen, ist die Motorenherstellung mit einem Drittanteil von nur 5 % weiterhin nahezu ungeteilte Domäne (und Differenzierungsmerkmal) der OEM. Dazwischen liegen die Bereiche Fahrwerk (80 %), Antriebsstrang („powertrain", Getriebe etc., 60 %), Exterieur (Spiegel, Scheiben und Deckel, 50 %) und Chassis („body", Karosserie, 20 %).

Diese Veränderung ist durch ein geändertes Produktionskonzept möglich geworden. Nachdem bereits die **Plattformstrategie** für die Erhöhung von Gleichteilen (d.h. Komponenten, die in verschiedenen Fahrzeugtypen eingesetzt werden) sorgte, hat sich dieser Trend durch das seit Jahren besonders bei den westeuropäischen Herstellern populäre **Modulkonzept** verstärkt.²⁴ Dabei steht der OEM – zumindest idealtypisch – an der Spitze einer pyramidenartigen Zuliefererstruktur.²⁵ Er übernimmt in weiten Teilen lediglich noch die Endmontage kompletter Teilsysteme, sog. Module (etwa Türen, Sitze), die von den **Tier-1-Lieferanten**, den sogenannten **Systemintegratoren**, gefertigt werden. Auch die Tier-1-Lieferanten haben allerdings nur eine sehr einge-

---

21 Vgl. *CoA* Folie 4; *PWC*, Autofacts Q1/2011, S. 17; so auch *Fröhlich/Sittel* Automobilzulieferer in der Sackgasse?!, ZinsO 2008, 432, 433 m.w.N.
22 Mercer Management Consulting; Fraunhofer-Institut für Produktionstechnik und Automatisierung, Stuttgart; *Fraunhofer-Institut für Materialfluß und Logistik*, Future Automotive Industry Structure (FAST) 2015 – die neue Arbeitsteilung in der Automobilindustrie 2004, *VDA* Materialien zur Automobilindustrie, 2004.
23 Siehe hierzu und zum Folgenden: perspektiv Research, 9/2010, S. 1 ff.
24 *Marktl* Die Koordination und Konfiguration der globalen Wertschöpfungskette in der Automobilindustrie, Bakkalaureatsarbeit WS 2005/06, Uni Graz, S. 21 ff.
25 Auf die sich hieraus ergebenden Chancen für Automobilzulieferer weisen etwa *PWC* Autofacts Q1/2011, S. 14, am Beispiel des „modularen Querbaukastens" des VW-Konzerns für Klein-, Kompakt- und Mittelklassefahrzeuge hin.

schränkte Fertigungstiefe. Sie beziehen ihrerseits fertige Komponenten, etwa Außenverkleidung, Innenverkleidung und Fenster für ein Türsystem, von **Komponentenherstellern**, den **Tier-2-Lieferanten**. Diese Tier-2-Lieferanten beziehen die Einzelteile, die sie beispielsweise zur Herstellung der Innenverkleidung benötigen, von einer Kette weiterer Zulieferer (*Tier-3 bis Tier-n-Lieferanten*).

105 Die hierdurch bewirkte starke Vernetzung hat auch zu einer Veränderung der Logistik und Qualitätsanforderungen geführt. Bereits in den 70er Jahren hatte sich in der Automobilindustrie weltweit die **just-in-time-(JIT)-Produktion** durchgesetzt. Diese stammt ursprünglich von Toyota und war dort schon in den 50er Jahren Teil des Toyota Produktionssystems (TPS). Ihr wesentlicher Gedanke war die Erhöhung der (OEM-)Produktivität und -rentabiltät durch die Verringerung von Lagerhaltung und Stillstands- sowie Rüstzeiten. Ihre Voraussetzungen sind (u.a.) integrierte EDV-Systeme entlang der Lieferkette und praktisch mangelfreie Vorprodukte (d.h. Qualitätskontrolle beim jeweiligen Teilhersteller).[26]

106 Durch das Modulkonzept haben sich die Anforderungen an Logistik, Qualitätsmanagement und Datenintegration weiter erhöht. Der Tier-1-Lieferant muss nun nicht mehr nur etwa Sitze in der benötigten Menge und den benötigten Varianten liefern, sondern die Sitze auch so an das Band des OEM stellen, wie dieser die Fahrzeuge baut. Er ist so in die Produktion des OEM eingebunden, dass man von einer **just-in-sequence-(JIS)-Produktion** spricht. Die hierdurch verbundenen Anforderungen an die Lieferkette und ihre Verletzlichkeit sind offensichtlich.

107 Die Verletzlichkeit der Lieferketten wird ferner durch das sog. **single-sourcing** erhöht. Hierunter versteht man, dass ein OEM für ein Teil nur einen Produzenten hat. Die Vorteile dieser Beschaffungsstrategie liegen auf der Hand: Durch große Mengen und damit verbundene Skaleneffekte (hohe Produktivität, geringe Werkzeugkosten) lassen sich günstige Teilepreise erzielen. Doch auch die Nachteile sind gravierend, insbesondere das Risiko von Produktionsausfällen bei Lieferschwierigkeiten eines Lieferanten in der Kette.[27]

108 Nicht nur diese Risikosteigerung hat in den letzten Jahren zu Entwicklungen geführt, die teilweise dem vorstehend geschilderten Trend zum „single outsourcing" entgegenlaufen. Zunächst hat es sich auch in der Vergangenheit hierbei nie um einen einheitlichen Trend gehandelt. Regional betrachtet haben etwa japanische OEM die Modularität und auch das Outscourcing nie so stark forciert, wie ihre deutschen Wettbewerber.[28] Und im Premiumbereich war und ist auch bei deutschen Herstellern weiterhin ein hoher Eigenfertigungsanteil anzutreffen.[29]

109 Des weiteren ist in den letzten Jahren ein Trend zum „**Inscourcing**", d.h. zur (Rück-)-Verlagerung von Fertigungsschritten zu den OEM zu beobachten. Dieser beruht ganz wesentlich auf den Beschäftigungssicherungsvereinbarungen, die in der „kleinen" Automobilkrise Anfang der 2000er Jahre zwischen OEM und Gewerkschaften in Deutschland geschlossen wurden. Die damit zementierten Überkapazitäten bei den OEM mussten schlicht ausgenutzt werden, beispielsweise in der Stahlumformung.

---

26 Eine Einführung findet sich etwa auf „http://de.wikipedia.org/wiki/Toyota-Produktionssystem".
27 Vgl. *PWC* In der Krise sitzen alle in einem Boot (abrufbar unter www.pwc.de).
28 *Marktl* S. 26; *Meißner/Jürgens* Zur Lage der deutschen Automobilzulieferindustrie im Jahr 2007, S. 38 f.
29 FAST 2015.

Diese Kernkompetenz des Automobilbaus war immer (auch) bei den OEM geblieben. Dementsprechend leicht konnten und können hier Fremdvergaben durch Eigenfertigung ersetzt werden.

Schließlich führt der Trend zu „**Weltautos**", d.h. Autos, die für verschiedene Märkte (fast) gleich sind, zu einer teilweisen Aufgabe des single sourcing, da aufgrund wirtschaftlicher, logistischer und teilweise auch politischer Vorgaben wesentliche Teile *jeweils* vor Ort gefertigt werden müssen. 110

Trotz dieser Einschränkungen spricht wohl viel dafür, dass sich langfristig der Trend der letzten Jahre zu einer geringeren Fertigungstiefe der OEM und einer Konzentration insbes. im Bereich der Tier-1-Zulieferer fortsetzen wird. Ebenfalls zunehmen wird die **Verteilung von Entwicklungskompetenzen** über die Lieferantenkette hinweg. Wie schon heute wird auch zukünftig in den Tier 2 und 3 erhebliches Know-how geschaffen werden. Das führt dazu, dass die OEM teilweise durch die Lieferkette „hindurchregieren", d.h. dem Tier 1 Lieferanten einzelne Unterlieferanten vorschreiben und mit denen auch direkte Entwicklungspartnerschaften eingehen.[30] Deshalb spricht man auch von einer Ablösung (so tatsächlich auch nie vorhandener) vertikaler Strukturen durch **Netzwerkstrukturen**.[31] 111

Aber nicht nur die Produktion wird mit den Lieferanten geteilt. Inzwischen hat sich auch die Entwicklung von Autos ganz wesentlich verändert. Geschah dies bis in die 90er Jahre noch überwiegend durch die OEM selbst, wird heute die Entwicklung kompletter Module an Zulieferer ausgelagert. Insgesamt hat sich der Anteil der **Fremdentwicklung** von ca. 30 % im Jahr 2000 auf 50 % in 2005 erhöht.[32] Bis 2015 wird ein Anstieg auf 63 % erwartet.[33] 112

Nicht berücksichtigt wird in dieser Darstellung die wachsende Zahl spezialisierter Ingenieur- und Designbüros, auf die ebenfalls ein erheblicher Teil der Entwicklungsarbeit verlagert wurde.[34] Bei diesen fehlt nämlich das Zusammenspiel von Entwicklung und Fertigung, wie es für die Automobilzulieferer der verschiedenen Tier typisch ist. 113

Durch diese Veränderungen gelangt zwangsläufig ein immer größeres Entwicklungs- und Produktions-Know-How an die Zulieferer. Auch die Rechtslage hinsichtlich dieser Entwicklungen wird immer komplexer. Zwar erfolgt die Entwicklung neuer Produkte durch Zulieferer zu einem erheblichen Teil immer noch für einen OEM, der dann auch die Schutzrechte hieran erhält (oder zumindest erhalten soll), doch gibt es mehr und mehr Bereiche, in denen spezialisierte Zulieferer nicht nur **Auftragsentwicklungen** machen, sondern **Eigenentwicklungen** an verschiedene OEM vermarkten bzw. in Produkte für verschiedene OEM integrieren. Bereits daraus lässt sich erahnen, was für – auch rechtlich – komplexe Strukturen wir in dieser Branche finden. 114

Vorstehend skizzierte Entwicklung verlief allerdings nicht gleichmäßig innerhalb der **Zuliefererkette**, sondern führte hier zu einer deutlichen Spreizung. Hauptsächliche Nutznießer dieser Entwicklung waren zum einen die großen **Tier-1-Lieferanten**. Zu 115

---

30 *PWC* Automotive summary 2011, S. 8.
31 *Meißner/Jürgens* S. 34 ff.; *Marktl* S. 30 ff. Näheres hierzu in einem Whitepaper zum Thema „Wandel in den Wertschöpfungsstrukturen der Automobilindustrie – Konsequenzen für Prozesse und Informationssysteme" der European Business School.
32 *Marktl* S. 34, m.w.N.
33 *EBS* Wertschöpfungsstrukturen, S. 3.
34 *Marktl* S. 16, m.w.N.

nennen sind in Deutschland etwa Bosch, Continental oder ZF, weltweit etwa Denso oder Magna. Diese Unternehmen haben in inzwischen eine erhebliche Marktmacht erreicht (Siehe etwa Bosch für den Bereich Kraftstoffeinspritzung oder ZF für Getriebe).

116 Zum anderen haben aber auch kleinere, hochspezialisierte Zulieferer von dieser Entwicklung profitiert. Auch auf den **folgenden Stufen** werden nämlich teilweise erhebliche Entwicklungsleistungen erbracht und starke Marktpositionen erarbeitet.[35] Als Beispiel sei die Entwicklung von Autositzen genannt. Der Lieferant des Sitzes gehört zum Tier-1. Er entwickelt ganz wesentliche Bereiche, etwa Airbags, Elektromotoren und Gurtstraffer, indes nicht selbst, sondern bedient sich hierfür spezialisierter Unterlieferanten, die damit – bezogen auf dieses Produkt/Modul – im Tier-2 stehen. Die Entwicklung des Gesamtsystems „Sitz" erfolgt dabei in enger Kooperation zwischen den Tiers und unter enger **Einbeziehung des OEM**, der teilweise dem Modullieferanten sogar den Tier-2-Lieferanten vorgibt. Noch differenzierter stellt sich die Lage bei den nachfolgenden Zulieferkreisen (Tier-3 bis Tier-n) dar. Hier stehen teilweise hochspezialisierte (und -profitable) Unternehmen (etwa Stahl-, Lack- und Granulathersteller) solchen Zulieferern gegenüber, die über keine Differenzierungsmerkmale verfügen und daher permanentem Kostendruck ausgesetzt sind.

117 Diese etablierten Strukturen könnten sich zukünftig durch eine starke **Elektromobilität** verändern.[36] Bei dieser gewinnt das Thema „Energieversorgung", dass bei der noch herrschenden Verbrennungstechnologie nur von untergeordneter Bedeutung ist, zentrale Bedeutung. Hier werden sich allem Anschein nach die Stromversorger nicht mit der passiven Rolle, die die Ölkonzerne insoweit in den letzten einhundert Jahren akzeptiert haben, zufrieden geben. Genannt sei das Beispiel der RWE, die sich dieses Themas zwar in Kooperation mit Renault annehmen, dort aber keineswegs die Rolle des Juniorpartners akzeptieren.

118 Eine weitere Verschiebung der Gewichte in der Automobilwirtschaft wird sich ergeben, wenn zukünftig nicht mehr so sehr einzelne Autos, sondern statt dessen **Mobilitätskonzepte** verkauft werden.[37] Ob diese – möglichen – Trends allerdings unmittelbar auf das Verhältnis OEM – Zulieferer durchschlagen, darf bezweifelt werden. Vermutlich wird ein zukünftiger Bedeutungsverlust der OEM aber deren Druck auf die Automobilzulieferer erhöhen.

1.2 Wirtschaftliches Verhältnis

119 Die enge Verzahnung zwischen OEM und Automobilzulieferern hat zu einer systematischen wechselseitigen Abhängigkeit geführt. Hieraus ist jedoch keineswegs ein auch wirtschaftlich partnerschaftlicher Umgang entstanden. Vielmehr wird das Verhältnis der OEM zu ihren Zulieferern im wesentlichen immer noch durch **Preisdruck** und **Risikoverlagerung** in der Kette nach unten bestimmt.[38]

---

35 *IKB* 6.2009, S. 4.
36 So auch *KPMG* Unternehmens- und Markenkonzentration in der europäischen Automobilindustrie, 2010, S. 32; siehe ferner *KPMG* Global Auto Executive Survey 2011, S. 16 f. zu den „mobility services" von Vattenfall.
37 *KPMG* AutomotiveNow, Frühjahr 2011, S. 5 ff.
38 Vgl. *Meißner/Jürgens* S. 49 ff., sowie die Darstellung einer internationalen Unternehmerbefragung in *KPMG*, Global Location Strategy For Automotive Suppliers, 2009, S. 13 f.

Ausdruck findet diese Strategie insbesondere in der sog. „**open-book-Kalkulation**", d.h. Offenlegung der Kalkulation/Preisgestaltung, die die OEM von ihren Zulieferern verlangen, verbunden mit sog. „LTA" (long time agreements) oder „savings", d.h. bereits bei Produktionsstart vereinbarten Preisreduzierungen über die Lieferzeit.

Hintergrund dieser **LTA** oder **savings**, die regelmäßig zwischen 1 und 5 % Preisreduzierung des anfänglichen Teilepreises für jedes Produktionsjahr betragen, ist, dass die OEM einen Teil der während der Produktion erwarteten Produktivitätsverbesserung für sich reklamieren. Da aber häufig die Materialkosten 50 % des Teilepreises ausmachen, muss die Produktivitätsverbesserung tatsächlich 2-10 % pro Jahr betragen, um nicht zu einer Senkung der Rohmarge zu führen. Derartige Verbesserungen sind aber selten realistisch. Im Gegenteil werden die Kosten der **Industrialisierung** (gerade bei den schwächeren Lieferanten der Tier-2 und darunter) häufig unterschätzt, so dass die Produkte bereits anfänglich nicht den erwarteten Deckungsbeitrag liefern. Über den Produktzyklus hinweg werden diese Teile dann evtl. sogar zu Verlustbringern. Das gilt insbesondere, wenn die Rohstoffpreise steigen und keine Materialpreisklauseln vereinbart wurden.

Auch der Entwicklungsbereich ist mehr von Druck denn von partnerschaftlichem Umgang geprägt. Die OEM verbinden ihre Entwicklungs- und Produktionsanfragen mit ihrer Absatz-, d.h. Meng*enerwartung*. Eine Absatz*garantie* geben sie hingegen nicht. Der Zulieferer muss im Rahmen der „open-book-Kalkulation" die Abschreibung seiner **Entwicklungskosten** auf Basis der OEM-Mengenerwartung vornehmen. Erfüllen sich die Mengenerwartungen nicht, lassen sich die Entwicklungskosten bei den vereinbarten Preisen nicht amortisieren. Preisnachverhandlungen stehen die OEM (und teilweise auch die Tier-1-Lieferanten, wenn sie in der Auftraggeberposition sind) dann unter Verweis auf die eingegangene „**Entwicklungspartnerschaft**" und eine damit angeblich verbundene Risikoübernahme durch den Zulieferer regelmäßig sehr „zurückhaltend" gegenüber. Drängt der Zulieferer zu stark, wird er mit der Drohung, künftig bei Aufträgen nicht mehr berücksichtigt zu werden, „eingefangen".

1.2.1 Struktur, wirtschaftliche Situation und Zukunft der Automobilzulieferer in Deutschland

Vorstehend dargestellte Strukturen und Entwicklungen in der Automobilindustrie sind im Grundsatz weltweit zu finden. Gleichwohl gibt es Besonderheiten der deutschen Automobilindustrie und damit dann auch der deutschen Automobilzuliefererlandschaft.

Zunächst ist die **deutsche Automobilindustrie** extrem **exportlastig**. Von den insgesamt in Deutschland im Jahre 2010 gefertigten 5,9 Mio. Fahrzeugen (PKW, LKW und Busse) gingen über 76 % (4,5 Mio. Stück) in den Export.[39] Deutschland verfügt damit nachhaltig über eine wesentlich höhere Exportquote als Japan, wo in 2010 der Anteil der Ausfuhren an der (ebenfalls wieder kräftig gestiegenen) Gesamtproduktion von 9,6 Mio. Stück (nach knapp 8 Mio. Stück in 2009) bei ca. 50 % (4,8 Mio. Stück) stagnierte.[40] Die deutsche Automobilindustrie konnte sich bislang also dem oben beschriebenen Trend zur Produktion in den aufstrebenden Ländern, insbes. den BRIC-Staaten, zumindest teilweise widersetzen.

---

39 Verband der Automobilindustrie, http://www.vda.de.
40 Zitiert nach JAMA (Japan Automobile Manufacturers Association Inc.), http://www.jama-english.jp/index.html.

125 Sodann war der Einbruch der deutschen Fahrzeugproduktion zwischen 2007 und 2009 mit -15 % deutlich geringer als der in den anderen entwickelten Automobilmärkten.[41] Diese Entwicklung erfolgte allerdings nicht einheitlich.

126 Während einige OEM bedingt durch die deutsche „Abwrackprämie" und vergleichbare Absatzförderungsinstrumente anderer europäischer Länder in 2009 sogar zulegen konnten, brach der Umsatz anderer OEM wesentlich stärker ein (z.B. Daimler mit -21 % im Vergleich zum Spitzenjahr 2007). Nach dem Auslaufen dieser Instrumente drehten sich die Verhältnisse allerdings 2010 zugunsten der exportstarken Premiumhersteller wieder um,[42] ein Trend der anhalten dürfte.

127 Ein noch stärker differenziertes Bild ergibt sich bei den **Unterbranchen** der Zulieferer. Während beispielsweise Gießereien und Metallverarbeiter von 2008 auf 2009 **Umsatzeinbrüche** von ca. 33 % zu verzeichnen hatten,[43] mussten die schon länger krisengeschüttelten Kunststoff- und Gummiverarbeiter nur einen Rückgang von 20 % erleiden.[44] Unterschiedlich verliefen auch die **Ertragsrückgänge**. Hier profitierten die Metallverarbeiter von den gesunkenen Rohstoffpreisen, ein Effekt, der bei den Gießereien durch hohe Fixkosten weitgehend aufgezehrt wurde. So kommt es, dass die Gießereien im Durchschnitt in 2009 ein negatives Betriebsergebnis von 4,3 % des Umsatzes erzielten. Bei den Metallverarbeitern betrug der Verlust 2,1 %, bei den Kunststoff- und Gummiverarbeiter 2,5 % und bei den Systemanbietern 2,3 % des Umsatzen.[45]

128 Und auch bezogen auf die **Unternehmensgröße** ließen sich signifikant unterschiedliche Krisenauswirkungen feststellen. Am härtesten traf die Krise die kleinen Unternehmen mit weniger als 40 Mio. EUR Jahresumsatz. Hier erreichte der Verlust im Schnitt 4,8 % des Umsatzes, während die Unternehmen mit 100 bis 400 bzw. die mit über 400 Mio. Umsatz mit einem durchschnittlichen Verlust von 1,2 bzw. 1,5 % deutlich besser davon kamen.[46] Eine Erklärung hierfür ist, dass es sich bei den kleineren Unternehmen häufig um Zulieferer der Tier 3 oder 4 handelt, bei denen der in der Krise erfolgte Lagerabbau besonders stark durchschlug.[47]

129 Auch die deutschen Automobilzulieferer konnten in 2010 von dem wieder anziehenden Markt profitieren. Die Umsätze und Erträge zogen im Durchschnitt nahezu auf das Niveau vor der Krise an.[48] Das darf jedoch nicht darüber hinwegtäuschen, dass nicht nur bei den OEM, sondern auch bei den Automobilzulieferern strukturelle **Überkapazitäten** bestehen. Darüber in welcher Höhe sie insgesamt bestehen, mag man trefflich streiten.[49] Kaum zweifelhaft ist jedoch, dass in einigen Bereichen, so

---

41 CoA Folie 8.
42 *IKB* Information Automobilzulieferer, November 2010, S. 2.
43 Was vermutlich daran liegt, dass diese Zulieferer überproportional für Nutzfahrzeuge tätig sind.
44 *IKB* 11.2010, S. 10.
45 *IKB* 11.2010, S. 9.
46 *IKB* 11.2010, S. 5.
47 *IKB* 11.2010, S. 6.
48 Siehe *IKB* 11.2010, S. 3 mit den Daten des 1. Hj. 2010; im Gesamtjahr haben sich die damals teilweise (und aus dem sehr schwachen Vergleichzeitraum 2009 ergebenden) extremen Sprünge relativiert.
49 Auf dem Höhepunkt der Krise wurden sie pauschal noch bei 20 % gesehen, vgl. *KPMG* Global Auto 2010, S. 10. Ende 2010 betrug die Auslastung der Automobilzulieferer im Schnitt allerdings wieder 81 % (nach nur 62 % im 2. Quartal 2009, vgl. *VDA* Presseerklärung vom 2.12.2010). Damit dürfte die durchschnittliche strukturelle Überkapazität eher bei 10 % liegen. Darüber hinaus sind Überkapazitäten, insbes. in dieser Branche, ein weltweites Phänomen, s. *KPMG* Auto 2011 (Fn. 37), S. 24.

etwa dem Chassisbau, der Antriebstechnik, Innenausstattung sowie Kunststoff- und Gummiverarbeitung, teilweise aber auch bei der Fahrzeugelektronik erhebliche Überkapazitäten bestehen.[50]

Über all diese Differenzierungen hinweg ist festzuhalten, dass die deutschen Automobilzulieferer insgesamt – dramatische Einzelfälle mögen eine andere Einschätzung nahelegen – besser durch die aktuelle Krise gekommen sind, als noch vor Jahresfrist erwartet wurde. Das liegt sicher auch daran, dass die **Automobilzulieferer in Deutschland** tendenziell und im weltweiten Vergleich **stark** sind.[51] Diese relative Stärke und der weiterhin sehr hohe Exportanteil haben aber auch bewirkt, dass die internationalen Strukturveränderungen in Deutschland bislang nur gedämpft ankamen und bisher auch nur einen begrenzten Veränderungsdruck erzeugt haben.[52] Daher sind die deutschen Automobilzulieferer auch heute noch sehr deutschland- und europazentriert und wagen eine Internationalisierung regelmäßig nur im „Schlepptau" der deutschen OEM.[53] 130

Dieser „**Provinzialismus**" ist sicherlich ganz wesentlich durch die immer noch weitgehend mittelständisch geprägte deutsche Automobilzuliefererindustrie verursacht. Zwar gibt es einige deutsche Zulieferkonzerne mit zweistelligen Milliardenumsätzen,[54] doch ist selbst von den etwa 700 deutschen Automobilzulieferer mit mehr als 10 Mio. EUR Jahresumsatz mehr als die Hälfte im Bereich bis zu 50 Mio. EUR zu finden; mehr als 250 Mio. EUR setzten in 2007 gerade mal 13 % um.[55] Bei diesen relativ **geringen Unternehmensgrößen** überrascht es nicht wirklich, dass die Masse der Automobilzulieferer lokal begrenzt bleibt. Hier fehlt schlicht die Kapitalbasis, um eine internationale Expansions- und damit Investitionsstrategie umsetzen zu können. 131

Ob das allerdings auf längere Sicht gut gehen kann, darf bezweifelt werden. Auch die deutschen **OEM** werden auf Dauer um eine stärkere **Verlagerung ihrer Kapazitäten** in die wachsenden Nachfragemärkte nicht umhinkommen. Da dieses bei einem weiter sinkenden Eigenanteil (Entwicklung und Fertigung) geschehen wird, wird zwangsläufig der Wertschöpfungsanteil der Zulieferer im Ausland, und hier insbes. den BRIC-Staaten, vor allem China, steigen.[56] Hiervon können deutsche Automobilzulieferer nur profitieren, wenn sie Ihre Kapazitäten in diese Märkte verlagern.[57] Hinzu kommt, dass auch die bislang noch rein regional agierenden Zulieferer in den BRIC-Staaten technologisch immer kompetenter werden, und daher in absehbarer Zeit ihre Kostenvorteile in Exporterfolge umsetzen werden. Auch dieser Aspekt der **Internationalisierung** wird die traditionellen deutschen Automobilzulieferer unter steigenden Druck setzen. 132

---

50 Siehe hierzu *IKB* 11.2010, S. 11; *Deloitte* Money vs. Technology 2009, zitiert nach einer Pressemitteilung vom 18.1.2010 (abrufbar unter www.deloitte.com).
51 Vgl. die – allerdings auf 2008er Zahlen und damit nicht auf dem Tiefpunkt der Krise beruhende – Studie *CoA* Folie 14 ff.; ähnlich *Roland Berger* Automotive Supplier 2009, Folie 24 für die europäischen Automobilzulieferer insgesamt.
52 Hierauf weisen etwa *AlixPartners* in ihrer Studie „Automotive Review 2010" hin, siehe hierzu die Pressemitteilung vom 14.6.2010 (abrufbar etwa über www.finanznachrichten.de).
53 *IKB* 11.2009, S. 4.
54 Siehe etwa die Liste unter „http://de.wikipedia.org/wiki/Automobilzulieferer".
55 *IKB* 6.2009, S. 8.
56 *IKB* 9.2009, S. 3; *KPMG* Location 2009, S. 2.
57 *KPMG* Location 2009, S. 3, 10; *IKB* 11.2010, S. 2 f.

133 Aber nicht nur für die Internationalisierung benötigen deutsche Automobilzulieferer Kapital. Auch die dargestellten **Technologiesprünge**, die unter dem Stichwort „Umweltschutz" verlangt werden, sowie die Verlagerung von Entwicklungsleistungen und Übernahme von Entwicklungs- und Marktrisiken stellen erhebliche **Kapitalanforderungen**, denen viele kleinere und mittlere Automobilzulieferer gerade vor dem Hintergrund der Umsatz- und Ertragseinbrüche der Jahre 2008 und 2009 und der hierdurch verursachten EK-Schmälerung vermutlich nicht gewachsen sein werden.

134 Andererseits gehen gerade von den kleineren Mittelständlern häufig wesentliche technologische Impulse aus, was sich auch daran zeigt, dass sich in der Vergangenheit neben Zusammenschlüssen größerer Automobilzulieferer immer wieder **neue kleinere Einheiten** gebildet haben. Daher stieg zwischen 2001 und 2007 die Zahl der Mittelständler in diesem Bereich sogar um 1/3 an.[58]

135 Die weitere Entwicklung wird vermutlich beide Aspekte bestätigen. Zwar werden auch kleinere, auf Deutschland begrenzte Automobilzulieferer zumindest dort dauerhaft am Markt erfolgreich sein, wo sie über günstige und hochflexible Kapazitäten verfügen, mit denen sie den OEM und den Tier-1/2-Lieferanten ein „atmen" erlauben. Ferner setzen auch zunehmend Kosten und Risiken der Logistik dem Sourcing nach reinem Teilepreis eine Grenze, wovon auch kleinere lokale Zulieferer profitieren können. Insgesamt wird jedoch eher ein Trend zur größeren Einheiten, die zumindest die deutschen OEM bei ihrem Auslandsgeschäft und den kommenden technischen Entwicklungen begleiten können, zu beobachten sein. Damit dürfte auch die deutsche Zulieferindustrie den schon seit längerer Zeit zu beobachtenden internationalen Trend zu **Konzentration**[59] nachvollziehen.

1.2.2 Insolvenztatsachen

136 Der Umsatz- und Ertragseinbruch der Jahre 2008 und 2009 hat zu einer Insolvenzwelle im Bereich der Automobilzulieferer geführt. Bereits in 2008 war – damals noch entgegen dem allgemeinen Trend – ein Anstieg der Insolvenzantragstellungen zu verzeichnen; so gingen etwa im Bereich „sonstiger Fahrzeugbau" die Insolvenzen um 75 % nach oben. Und in 2009 setzte sich die Entwicklung, dann allerdings im allgemeinen Trend, fort. Gut **80 Zulieferer** mussten den Weg zum Insolvenzrichter gehen.[60] Zu den Opfern gehörten auch so große Unternehmen wie die Edscha AG mit über 1 Mrd. EUR Umsatz und 6 500 Mitarbeitern oder TMD Friction mit 690 Mio. EUR Umsatz und 4 500 Mitarbeitern. Hinzu kamen eine Vielzahl kleinerer Unternehmen, die als Zulieferer in den Bereichen Maschinenbau/Automobil gearbeitet haben aber in der **Insolvenzstatistik** nicht branchenspezifisch zugeordnet werden. Der Anteil der Automobilzulieferer an den Insolvenzen ist in der Krise 2008/2009 in jedem Fall überproportional gestiegen.

137 Diese Insolvenzen haben allerdings **kaum** zu einer **Marktbereinigung** geführt.[61] Dies liegt daran, dass auch in der Insolvenz kaum Zulieferer geschlossen werden. Statt dessen werden die Kapazitäten – zumeist im Wege der übertragenden Sanierung, asset

---

58 *IKB* 06.2009, S. 8.
59 Vgl. *KPMG* Global M&A: Outlook for Automotive, 2009, S. 2, die von einem Rückgang der Automobilzulieferer international von 30 000 auf 4 500 in der Zeit von 1998 bis 2008 berichten. Siehe ferner „2011 – Hopp oder Topp?", Automobil Produktion Januar 2011, S. 14 f.
60 FAZ Nr. 162 v. 16.7.2010, S. 19.
61 FAZ, a.a.O.; *IKB* 11.2010, S. 11.

deal – auf vormalige Wettbewerber übertragen. Die OEM unterstützen diesen Prozess teilweise noch mit (regelmäßig befristeten) Preiszugeständnissen an den Erwerber. Dadurch sorgen sie dafür, das der Preisdruck auf die Zulieferer wegen der Überkapazitäten bestehen bleibt und der in Teilen ruinöse Preiswettbewerb fortgeführt wird.

Diese **Strukturprobleme** der deutschen Automobilzulieferer werden kurzfristig vermutlich noch keine starke Wirkung entfalten. Mittelfristig wird daraus aber erheblicher Restrukturierungsbedarf entstehen und ist eine weitere Insolvenzwelle möglich.

In diesem Umfeld ist auch der Fall angesiedelt, der uns im weiteren Verlauf zur Verdeutlichung dienen soll. Grundlage ist ein „echtes" Unternehmen. Zur Verdeutlichung wurde indes einzelne Aspekte ergänzt, andere weggelassen.

1.2.3 Beispiel

Bei der **M GmbH** handelt es sich um die Kerngesellschaft einer größeren Automobilzulieferergruppe. Mit über 3 000 Mitarbeitern erwirtschaftete sie zuletzt an 8 Standorten in 5 Ländern einen Gruppenumsatz von ca. 400 Mio. EUR. Entstanden ist diese Unternehmensgruppe vor über 10 Jahren durch das MBO des knapp 100 Mio. EUR „schweren" Teilbereichs „Präzisionsteile aus hochfestem Stahl für die Automobilindustrie" eines internationalen Konzerns. In den Folgejahren erfolgte dann eine Expansion sowohl räumlich auf den oben beschriebenen Umfang als auch inhaltlich in die Bereiche Scharniere und Kunststoffverarbeitung (Spritzguss und Galvanik). Diese starke Expansion geschah nicht primär organisch, sondern vor allem durch die Übernahme des Geschäftsbetriebs zweier anderer Unternehmen aus der Insolvenz 5 bzw. 2 Jahre bevor die eigene Krise die Existenz bedrohte. Die Integration dieser neuen Unternehmensteile gelang, um einen Teil des Ergebnisses vorwegzunehmen, nicht. Auch die – durchweg mündlichen – Zusagen der OEM, die M GmbH nach Übernahme der „Problemfälle" durch bevorzugte Beauftragung zu unterstützen, wurden nicht eingehalten. Daher konnte die M GmbH durch die Übernahmen zwar wachsen, die Managementqualität und dann auch Ertragskraft verschlechterte sich jedoch mit jedem Schritt.

1.3 Erfolgs- und Risikofaktoren bei Automobilzulieferern

Auch für Automobilzulieferer gelten zunächst die Erfolgs- und Risikofaktoren (Eigenkapitalquote, Finanzierungsstruktur, Working-Capital-Management, Finanz- und Liquiditätsplanung, Wachstumsgeschwindigkeit, F&E-Anteil etc.), die für alle Unternehmen gelten. Ich erlaube mir, insoweit auf die allgemeinen Kapitel dieses Buches zu verweisen. Ferner können **Unternehmensspezifika**, wie etwa im Beispiel die misslungene Integration zugekaufter Unternehmen, branchenspezifische Faktoren überdecken. Gleichwohl gibt es Erfolgs- und Risikofaktoren, die besonders für Automobilzulieferer gelten. Diese finden sich besonders in der strategischen Ausrichtung und der operativen Führung des Unternehmens. Auf sie werde ich daher im Folgenden näher eingehen.

1.3.1 Strategische Ausrichtung

Zu diesen Branchenspezifika der Automobilzuliefererindustrie gehört zunächst die Frage der strategischen Ausrichtung.[62]

---

[62] Siehe hierzu auch *CoA* Folie 17, mit einer erweiterten Darstellung von „Erfolgsfaktoren für die Zulieferindustrie".

1.3.2 Ausrichtung in der Wertschöpfungskette

143 Wie einleitend dargestellt, besteht grundsätzlich eine deutlich sinkende Ertragserwartung entlang der **Wertschöpfungskette**.[63] Das bedeutet zwar nicht zwingend, dass ein Tier-3-Lieferant weniger profitabel arbeitet als der Systemintegrator (Tier-1). Festhalten lässt sich jedoch, dass der Wettbewerbs- und damit Preisdruck umso größer wird, je weniger innovativ die Produktpalette ist. Als ein wesentlicher Erfolgsfaktor erscheint daher die **Innovationskraft** eines Unternehmens und damit die Positionierung in der Wertschöpfungskette.

144 Andererseits verursacht Innovation zunächst einmal erhebliche Kosten. Diese können unter Umständen aber nicht amortisiert werden, etwa weil die eigene Entwicklung zu langsam oder qualitativ nicht gut genug ist, oder aber, weil ein gesamter Trend sich als Sackgasse erweist. So benötigt der Elektromotor ganz andere Motorenlager, da er ein anderes Schwingungsverhalten zeigt als Verbrennungsmotoren. Dem bisherigen Lieferanten für Motorenlager droht daher ein Rückgang seines angestammten Geschäftes; er ist gezwungen, die Entwicklung von Lagern für Elektromotoren zu forcieren. Sollte aber das Elektroauto keinen Durchbruch in den Massenmarkt erzielen, was nicht wenige vermuten, muss er diesen **F & E-Aufwand** ohne dagegen stehende Erträge abschreiben.

145 Dieses Beispiel zeigt, dass mit Innovation nicht nur Chancen, sondern auch Risiken verbunden sind. Da weder die internen (F & E-Qualität) noch die externen (Trends) Faktoren sicher vorhergesagt werden können und die Risiken aufgrund der oben skizzierten „Entwicklungs*partnerschaften*" beim Zulieferer verbleiben, ist für diesen ein internes „**hedging**" wichtig. Dieses gelingt nur, wenn er in der Lage ist, verschiedene – möglicher Weise sogar gegenläufige – Entwicklungsprojekte parallel voranzutreiben. Dass dieses sowohl die Personal- als auch die Kapitalbasis kleinerer Mittelständler sprengen kann, liegt auf der Hand.

1.3.3 Regionale Ausrichtung

146 Auch der regionalen Ausrichtung kommt als Erfolgs- bzw. Risikofaktor eine erhebliche Bedeutung zu.[64] Bereits einleitend wurde darauf hingewiesen, dass die zur Zeit noch zu beobachtende lokale Beschränkung der deutschen Automobilzulieferer perspektivisch ein Problem sein wird. Andererseits birgt eine überregionale Expansion aber durchaus auch Risiken. Dieses musste auch die **M GmbH** schmerzhaft erfahren. Auf „Wunsch" eines OEM eröffnete sie ein Zweigwerk in der Türkei. Dort wurden Karosserieteile gefertigt. Auch nach Jahren gelang es nicht, weitere Auftraggeber zu gewinnen. Der Absatzrückgang bei den vom OEM in der Türkei gefertigten Fahrzeugen schlug daher voll auf M durch. Aufgrund der hohen Abhängigkeit des lokalen Werkes vom OEM wurde in der Vergangenheit auch keine besondere Anstrengung unternommen, es operativ eng an die Mutter anzubinden. Möglichkeiten, in der Krise kurzfristig operativ gegenzusteuern, gab es daher auch nicht. Der M GmbH blieb daher nichts anderes übrig, als trotz der eigenen Probleme die Tochter finanziell zu unterstützen. Anderenfalls wäre das Projekt ganz gescheitert, mit erheblichen finanziellen Auswirkungen (Abschreibungen auf Beteiligungswert und Gesellschafterdarlehen) und einer starken Störung des Verhältnisses zu einem Hauptkunden.

---

63 *KPMG* Auto 2010, S. 12.
64 Siehe hierzu die sehr informative Veröffentlichung *KPMG* Location 2009.

Dieses Negativbeispiel kann nun keineswegs die Notwendigkeit überregionaler Expansion entkräften. Es kann allerdings zwei deren Erfolgsfaktoren aufzeigen: Zum einen ist auch bei Auslandsengagements ein **einseitige Ausrichtung auf einen OEM** zu **vermeiden**. Lässt sich das, wie häufig, bei der Begründung des Engagements nicht vermeiden,[65] gehört es zu den zentralen Managementaufgaben, diesen Risikofaktor durch intensive Akquise von Drittkunden zu verringern. Zum anderen ist auch bei Auslandsgesellschaften auf eine **enge operative, insbes. IT-mäßige Einbindung in die Führungsstruktur** der Muttergesellschaft zu achten.

1.3.4 Fokussierung

Letztlich sei als Risikofaktor ein Problem angesprochen, dem sich gerade schwächere Tier 1-2 Lieferanten regelmäßig ausgesetzt sehen. Der OEM erwartet, dass der Lieferant bei der Auftragserteilung von „Volumenfahrzeugen" auch die Produktion von Teilen für **Nischenfahrzeuge** übernimmt. Die Annahme dabei ist, dass das unwirtschaftlich zu fertigende Nischenprodukt durch die Erträge des Volumenprodukts „gesponsert" wird. Aufgrund der immer stärker werdenden „open-book"-Kalkulation werden aber gerade bei Volumenprodukten keine interessanten Margen mehr erwirtschaftet. Würde sich der Lieferant jedoch wehren, Teile für das Nischenfahrzeug zu fertigen, bekäme er auch das Volumenprodukt nicht, das er wegen der Auslastung seiner Produktionskapazitäten benötigt.

Diesem Dilemma können nur Zulieferer entgehen, die aufgrund ihrer technologischen Stellung ein Gegengewicht zur Marktmacht der OEM darstellen. Andersherum lässt sich häufig aus der Anzahl unwirtschaftlicher (es gibt hiervon aber auch sehr einträgliche!) Nischenprodukte, die ein Zulieferer fertigt, seine **Marktposition** ablesen.

1.3.5 Operative Aspekte

Und auch operativ gibt es eine Vielzahl von Faktoren, die für Automobilzulieferer spezifisch sind und maßgeblich über deren Erfolg entscheiden. Auch wenn es sich hierbei im wesentlichen um betriebswirtschaftliche oder gar technische Themen handelt, will ich nachfolgend doch zumindest einige ansprechen, um auch anderen „Nichtfachleuten" zumindest ein **Gespür** für die operativen Aspekte dieser wichtigen und komplexen Branche zu geben. Denn gerade ein Jurist, der sich der Sanierung schon ausbildungsgemäß eher rechtlich (und allenfalls noch bilanziell) nähert, verkennt nur zu leicht, dass eine Krise (fast) immer operativ bedingt ist und eine Krisenbeseitigung ohne **operative Sanierung** allenfalls kurzfristig Erfolg geben kann.

1.3.6 Preiskalkulation

Es ist eine Binsenweisheit, dass eine wesentliche Krisenursache in nicht auskömmlichen Verkaufspreisen liegt (Ertragskrise). Ebenfalls weder originell noch branchenspezifisch ist die Erkenntnis, dass gerade Unternehmen in einer strukturellen Krise dazu neigen, Aufträge auch zu nicht die **Vollkosten** deckenden Preisen anzunehmen, um zumindest Deckungsbeiträge für die Gemeinkosten zu erwirtschaften. Eine Besonderheit im Bereich der Automobilzulieferer ist jedoch, dass sich aufgrund der überaus guten Branchenkonjunktur über Jahre ein besonderes „**Schneeballsystem**" etablieren konnte: In der – lange Zeit ja auch erfüllten – Erwartung weiterer Aufträge mit höheren Volumen und – insoweit häufig allerdings nicht erfüllt – steigender Mar-

---

[65] Vgl. auch die in *KPMG* Location, S. 10 f. berichteten Erfahrungen.

gen, nahmen Zulieferer Aufträge mit – bei Vollkostenkalkulation – nur geringen Margen herein.[66] Ertragsmäßig wurde das durch eine verzögerte Abschreibung von F & E-Aufwendungen sowie Werkzeugkosten kaschiert; liquiditätsmäßig ließ sich das in Zeiten steigender Umsätze ebenfalls bemänteln (deshalb „Schneeball"). Mit den starken Produktions- und damit Umsatzrückgängen 2008/2009 wurden beide „Tarnungen" indes aufgerissen. Auch die derzeit wieder angezogene Produktion wird an der erforderlichen Neubewertung nichts ändern.

152 Neben diesem grundsätzlichen Phänomen sei noch auf folgende bedeutsam erscheinende **Einzelaspekte** der Preiskalkulation hingewiesen:

153 – Zum einen werden regelmäßig die **Anlaufkosten** der Produktion unterschätzt oder können bei einer „open book"-Kalkulation nicht in Preise umgesetzt werden, ohne den Vorwurf mangelnder Expertise (und damit potentieller Unsicherheit) zu provozieren. Dieser Punkt gewinnt besondere Bedeutung, wenn ein Unternehmen (jeweils für sich) neuartige Produkte herstellt oder neue Produktionstechnologien nutzt, also versucht, in bereits besetzte Märkte vorzudringen. Hier wird es regelmäßig nicht gelingen, die Anlaufkosten in den Preis unterzubringen. Allenfalls über einen langen Produktzyklus wird sich hier eine auskömmliche Rendite erzielen lassen – wenn nicht auch diese Perspektive durch „savings" verbaut wird.

154 – Unterschätzte Anlaufkosten hatten auch bei der **M GmbH** einen ganz erheblichen Anteil an der Krise. M hatte vor einigen Jahren die bereits seit längerer Zeit betriebene Kunststoffgalvanik grundlegend erneuert und dabei die Produktionskapazität vervielfacht. Leider gelang es über zwei Jahre nicht, auch nur annähernd die erwarteten i.O.-Teil-Mengen zu produzieren; teilweise beliefen sich die Ausschussquoten auf über 80 %! Mitsamt der Folgekosten (Sonderschichten, Materialmehraufwand, Sonderfrachten etc.) summierten sich die Anlaufkosten über 2 Jahre auf ca. 8 Mio. EUR.

155 – Zum anderen erweist sich häufig erst am Ende eines Produktzyklus', dass sich die **Entwicklungskosten** aufgrund geringerer Stückzahlen als angenommen nicht amortisieren. Eine „vorsichtigere" Kalkulation wird dem Zulieferer aber regelmäßig im Rahmen der „open book"-Preisgestaltung verwehrt. Die möglichen Auswege sind entweder die gesonderte Erstattung des F & E-Aufwands durch den Kunden, oder die Vereinbarung einer Nachbelastungsklausel für den Fall, dass eine vollständige Amortisation über die Stückzahl nicht gelingt. Beides ist nicht ohne Nachteil. Im ersten Fall lässt sich der Kunde dann regelmäßig auch die F & E-Ergebnisse (Patente u.a. Schutzrechte) übertragen. Im zweiten Fall wird der Zulieferer auch bei starker technologischer Stellung regelmäßig nur eine weiche Klausel („Sprechklausel") durchsetzen können. Kommt dann der Verlustfall, wird der OEM alles („Zuckerbrot und Peitsche") daran setzen, eine effektive Durchsetzung der Klausel zu verhindern.

1.3.7 Entwicklung und Industrialisierung

156 Die Automobilindustrie ist einer der fortschrittlichsten Industriezweige Deutschlands und der Welt. Das gilt nicht nur für die Produkte, sondern – vielleicht sogar noch mehr – für die Produktionsmethode. Nicht von ungefähr ist eines der Hauptbeispiele früher Massenherstellung immer noch Fords T-Modell und haben die Automobilher-

---

66 Siehe hierzu auch *IKB* 11.2009, S. 6.

steller mit **JiT-/JiS-Produktion** sowie dem **TQM-Gedanken** moderne und universelle Produktionstrends, wenn nicht „erfunden", so doch ganz wesentlich entwickelt und durchgesetzt.

Einer der Kerngedanken, der die gesamte Automobilproduktion beherrscht, ist die **Fehlervermeidung**. Dieser liegt der einfache Gedanke zugrunde, dass Fehler, die erst im Endprodukt oder gar erst beim Kunden entdeckt werden, nicht nur am teuersten zu beseitigen sind, sondern über die Rufschädigung exorbitante Folgekosten verursachen können. Die Beispiele von Mercedes in den 90er Jahren des letzten Jahrhunderts und zuletzt die Gaspedal-Probleme von Toyota[67] können das eindrucksvoll belegen. Aber auch innerhalb der Produktion steigen die Fehlerbeseitigungskosten in Richtung Endprodukt exponentiell an.

Aufgrund dieser Erkenntnis hat sich in der Automobilproduktion inzwischen der Gedanke einer vorsorgenden Fehlerverhütung anstelle einer nachsorgenden Fehlererkennung und -korrektur (Fehlerbewältigung) durchgesetzt. Dieses geschieht durch die Identifikation und Bewertung potenzieller Fehlerursachen bereits in der Entwurfsphase eines Produktes bzw. seiner Einzelteile. Die OEM verpflichten ihre Zulieferer, bereits beim Produktdesign die Auswirkung sowie die Auftretens- und Entdeckungswahrscheinlichkeit etwaiger Fehler zu prüfen und numerisch zu bewerten (**FMEA, Fehler-Möglichkeits- und Einflussanalyse**, kurz Auswirkungsanalyse[68]). Erreicht das Produkt die jeweiligen Fehleranforderungen des OEM nicht, müssen Maßnahmen zur Risikoreduzierung ergriffen werden.

Nach der Logik des FMEA-Systems führt die – frühzeitige – Analyse dazu, dass noch in der Designphase auf Fehlerquellen reagiert werden kann. Tatsächlich werden FMEA oft (wenngleich sicher nicht in sicherheitsrelevanten Bereichen) erst im nachhinein zu Dokumentationszwecken erstellt. Damit werden jedoch die Chancen, die dieses System auch dem Zulieferer bietet, vertan.

Ähnlichkeit damit hat ein weiteres Phänomen, dass sich bei operativ nicht gut geführten Zulieferern findet. Ausfluss des die gesamte Produktionskette beherrschenden Qualitäts- und Fehlervermeidungsgedankens sind laufende **Projektreviews**, bei denen nicht nur FMEA durchgeführt, sondern auch andere Fragen des Produktes fach- und abteilungsübergreifend (und regelmäßig auch zusammen mit Vertretern der Kunden) erörtert werden. Diese Reviews verlieren aber an Sinn, wenn die gefundenen Fehlerquellen oder Verbesserungspotentiale nicht umgesetzt werden. Das geschieht aber nur, wenn die Ergebnisse der Reviews konsequent und sorgfältig nachgehalten werden. Gerade hieran fehlt es aber bei einer suboptimalen **Führungskultur**.

Letztlich sei in diesem Rahmen noch auf ein Phänomen hingewiesen, das gerade in Krisenunternehmen gehäuft anzutreffen ist. Bei der Preiskalkulation wird eine gewisse **Anlagenperformance** unterstellt. Diese beruht (sowohl hinsichtlich der Leistung als auch der Qualität) ganz wesentlich auf den eingesetzten Werkzeugen. Um Kosten zu sparen, bestellt der Einkauf in der Produktionsphase dann aber preisgünstige Werkzeuge, mit denen die Ziel-Performance nicht erreicht werden

---

[67] Wobei hier offen ist, ob es sich tatsächlich um technische Probleme handelt, vgl. „Toyota in den Mühlen des US-Wahlkampfs", FTD v. 23.2.2010.
[68] Für einen Einstieg in dieses Thema ist „http://de.wikipedia.org/wiki/FMEA" durchaus empfehlenswert.

kann. Über Sonderschichten, Nacharbeiten etc. verkehrt sich dann die erhoffte Einsparung in das Gegenteil.

1.3.8 Ganzheitliche Produktionssysteme

162 Das soeben dargestellte FMEA-System hat zusammen mit anderen arbeitsorganisatorischen Ansätzen der 1990er Jahre (Gruppenarbeit, KVP, TPM etc.) zu einer massiven Verbesserung der Produktqualität und Effizienzsteigerung in der Automobilindustrie geführt. Der Nachteil dieser Systeme ist jedoch, dass sie jeweils nur **einzelne Aspekte** eines gesamten Entwicklungs- und Produktionsprozesses herausgreifen und diesen dann verbessern. Da zudem auch Organisationsfragen „Moden" unterliegen, führte das in der Praxis (gerade der späteren 1990er Jahre) dazu, das nacheinander verschiedene operative Restrukturierungswellen über die Unternehmen hereinbrachen, die jeweils sicher viel bewirkten, durch die unterschiedlichen Ansätzen und mangelnde Verfolgung im Laufe der Zeit bei Belegschaft und Management aber zu deutlicher Ermüdung und gelegentlich einem **Restrukturierungsunwillen** führten.

163 Dieses zu vermeiden ist Ziel „**Ganzheitlicher Produktionssysteme**" (GPS). Diese sind nicht weitere isolierte Organisationsinstrumente, sondern verfolgen das Ziel, die verschiedenen organisatorischen Innovationen eines Unternehmens aufeinander abzustimmen und so ihre Anwendung zu erleichtern, Brüche zu vermeiden bzw. zu beheben und damit der teilweise stecken gebliebenen Umsetzung der verschiedenen Instrumente zum Durchbruch zu verhelfen.[69]

164 GPS wurden bislang primär bei größeren Unternehmen, allen voran den OEM selbst eingeführt.[70] Das liegt sicher daran, dass die Entwicklung und **Umsetzung** eines GPS einen erheblichen **Kraftakt** erfordert. Zwischenzeitlich ist das Thema aber auch bei fortschrittlichen KMUs angekommen. Sanierungsfälle gehören zwar üblicher Weise nicht dazu. Dennoch erscheint gerade hier die Einführung eines GPS im Rahmen einer auch operativ ansetzenden Sanierung angezeigt. Nicht selten trifft man gerade bei größeren Krisenunternehmen eine durch eine Vielzahl stecken gebliebener Sanierungsversuche demotivierte Belegschaft (bis hinein in das mittlere Management).

1.3.9 Overall Equipment Effectiveness (OEE)

165 Zu den Grundlagen operativer Sanierung gehört die Kenntnis der Effektivität der eingesetzten Maschinen und Anlagen. Diese ist mit dem **OEE-Konzept** nicht nur messbar, sondern es sind damit auch die unterschiedlichen Einflussfaktoren auf die **Gesamtanlageneffektivität** (oder GAE, wie der dt. Terminus lautet) bestimmbar. Im Einzelnen sind das der *Verfügbarkeitsfaktor*, der *Leistungsfaktor* und der *Qualitätsfaktor*, die jeweils zwischen 0 und 100 % liegen und deren Produkt die OEE oder GAE ergibt. Mit Hilfe dieser drei Faktoren, deren Gewinnung allerdings erheblichen Aufwand erfordert, lassen sich Schwachstellen in der Produktion erkennen und gezielte Verbesserungsmaßnahmen ergreifen.[71]

---

69 Vgl. hierzu *Lay/Neuhaus* Ganzheitliche Produktionssysteme (GPS) – Fortführung von Lean Produktion?, Angewandte Arbeitswissenschaften, S. 32 ff., sowie die Einführung der Fraunhofer Gesellschaft unter „www.produktionssysteme.iao.fraunhofer.de/".
70 Nachweis bei *Lay/Neuhaus* S. 34.
71 Näheres etwa bei *May/Koch* Zeitschrift der Unternehmensberatung (ZUB) 6/2008, 245 ff., oder auf „http://de.wikipedia.org/wiki/Gesamtanlageneffektivit%C3%A4t".

1.3.10 Vertragscontrolling

Die operative Fähigkeit eines Unternehmens hat aber auch – zumindest am Rande – juristische Aspekte. Hierzu gehört insbesondere das **Vertragscontrolling**. Gerade im Rahmen des mehr und mehr üblichen „**Simultaneous Engineering**", bei dem sich das genau geschuldete Produkt erst im Laufe der gemeinsamen Entwicklung ergibt, ist es zwingend erforderlich und trotzdem häufig vernachlässigt, die genauen Pflichten und Preise am Ende der Entwicklungsphase bewusst anzupassen bzw. festzuhalten. **166**

In der Praxis geschieht das nur höchst unvollkommen. Statt eines auch insoweit klar strukturierten Prozesses mit eindeutigen Zuständigkeiten und Verantwortlichkeiten trifft man gelegentlich auf einen „**Zettelkasten**" voller Änderungsprotokolle, bei deren Durchsicht man den Eindruck hat, Verkauf und (technisch getriebene) Entwicklung hätten sich einen Wettlauf darum geliefert, wer das Produkt/Projekt, um dem Kunden zu gefallen und das Maximum technologischer Machbarkeit zu erreichen, finanziell am sichersten ruinieren kann. In solchen Fällen, bei einer derartigen Mentalität in den Fachabteilungen hilft in der Sanierung nur ein klarer Schnitt, d.h. der auch zum Kunden erklärte Entzug aller Vertragskompetenzen der Fachabteilungen und die Konzentration auf einen persönlich **verantwortlichen Projektmanager**. **167**

Ebenfalls zum Vertragscontrolling gehört das Nachhalten von vereinbarten **Materialpreisklauseln**. Auch hier ist nicht selten zu erleben, dass Unternehmen diese Möglichkeit zur unmittelbaren Ergebnisverbesserung nicht nutzen. Die Gründe sind zahlreich und reichen von Kundenpflege über IT-Mängel bis zur Arbeitsüberlastung der zuständigen Mitarbeiter. Tatsächlich sind all' das indes nur Ausdrucksformen schlechter Unternehmensführung. Gerade in einer Krise, die sich bereits zur Liquiditätskrise zugespitzt hat, kann hier – notfalls mit Hilfe externer Fachleute – schnell Ertrag und Liquidität gewonnen werden. **168**

1.3.11 Altersatzteile

Ein weiteres Thema ist die Versorgung des OEM mit Ersatzteilen nach EOP („End of Production" des Fahrzeugtyps), den sog. **Altersatzteilen**. Der Zulieferer muss sich verpflichten, für eine bestimmte Zeit nach EOP die notwendigen Ersatzteile herzustellen. Diesen Bedarf kann man zwar abschätzen, genau wissen kann man ihn jedoch nicht. Dementsprechend ist der Zulieferer in einer **Zwickmühle**: Produziert er die Ersatzteile nach EOP mehr oder weniger „on demand", sieht er sich erheblichen Rüstzeiten (und einer damit einhergehenden Verschlechterung der OEE) sowie einem hohen administrativen Aufwand gegenüber. Produziert er den geschätzten Bedarf auf einmal, erfolgt die Produktion zwar effizient, doch hat er eine erhebliche Vorfinanzierungslast, Lagerkosten und das Risiko einer Überproduktion zu tragen. Auswege können ein Mittelweg zwischen vorgenannten Extremen oder die Verlagerung der Ersatzteilproduktion auf darauf spezialisierte Hersteller (regelmäßig im osteuropäischen Ausland) sein. Letztgenannter Weg bedarf wegen der Verlagerung der Werkzeuge und häufiger vertraglicher Vereinbarung der Zustimmung des OEM. Die wird er nur geben, wenn die vereinbarte Qualität gewährleistet bleibt, was wiederum eine Preisfrage ist. **169**

1.3.12 Identifizierung und Umsetzung

Wie einleitend angemerkt, kann es nicht Ziel dieser Abhandlung sein, auch nur das theoretische Rüstzeug für die operative Sanierung eines Automobilzulieferers zu geben. Schon mit der Identifizierung der operativen Schwachstellen wird sich auch der diesbe- **170** zügliche „Halblaie" zumindest schwertun. Erst recht kann ohne diesbezügliche echte Expertise keine operative Sanierung geplant und begleitet werden. Hierfür sind besondere Fachleute erforderlich, die auch vorhanden und in Automobilkreisen bekannt sind.

171 Gerade Krisenunternehmen scheuen indes häufiger – aus Kostengründen aber auch in Folge einer sich im letzten Krisenstadium gelegentlich entwickelnden „**Bunkermentalität**" – vor einem intensiven Einsatz dieser Berater zurück. Sollte das der Fall sein und die Unternehmensführung sich insoweit als beratungsresistent erweisen, sollte das auch von den anderen (juristischen und betriebswirtschaftlichen) Beratern als deutliches **Warnsignal** vor einer riskanten Sanierung verstanden werden.

1.4 Krisenerkennung

172 Wird der spezialisierte Sanierungsberater zu einem Automobilzulieferer gerufen, ist die Krise regelmäßig nicht mehr zu übersehen und hat sich häufig bereits zur Liquiditätskrise – nicht selten sogar zur Zahlungsunfähigkeit – fortentwickelt. Für diese Konstellationen sollen die nachfolgenden Stichworte erneute Anstöße sein, sich nicht nur mit den finanziellen Problemen zu beschäftigen, sondern trotz der Beteuerungen des Managements, nur dieser eine Auftragsverlust, überraschende Absatzrückgang etc. habe zur Krise geführt, nach den **tatsächlichen Krisenursachen** dahinter zu suchen.

173 Für die – leider viel selteneren – Konstellationen, in denen ein Berater mit Sanierungsfokus vor Manifestation der Krise ins Unternehmen kommt, können diese Stichworte vielleicht erste Prüfsteine darstellen. Sollte auch nur eines der Kriterien passen, sollte der Berater darauf drängen, einen Spezialisten für die operative Sanierung in der Automobilindustrie hinzuzuziehen.

1.4.1 Auftragssituation

174 Zu nennen ist hier zunächst die aktuelle Auftragssituation. Das Geschäft der Automobilzulieferer ist grundsätzlich langfristig angelegt. Der **Produktionszyklus** eines Fahrzeugs beträgt regelmäßig 5-7 Jahre, bei Nutzfahrzeugen und einzelnen Komponenten sogar noch wesentlich mehr. Zwar werden zwischenzeitlich im Rahmen sog. **Modellpflegen (MOPF)** auch einzelne Teile verändert, doch wird dabei im Regelfall kein neuer Lieferant gesucht. Auch das zukünftige Volumen lässt sich zumindest bei bereits angelaufenen Fahrzeugen recht genau bestimmen (Einbrüche wie in 2008/2009 lassen sich natürlich nicht vorhersagen, sind aber auch nur temporär). Dementsprechend lässt sich auch der zu erwartende Umsatz aus dem gebuchten Geschäft recht genau ermitteln.

175 Geht dieses **gebuchte Geschäft** in drei Jahren deutlich nach unten, ist das ein massives Krisenanzeichen. Es bedeutet nämlich, dass der Automobilzulieferer seit mindestens einem Jahr keine wesentlichen neuen Aufträge mehr erhalten hat. Das ist regelmäßig nicht mit einem „besonderen Bestellverhalten der Auftraggeber" oder ähnlichen Begründungsversuchen des bestehenden Managements zu erklären. Mutmaßlicher Grund hierfür dürfte eher sein, dass die Auftraggeber, insb. die OEM, massive Zweifel an der Zukunftsfähigkeit dieses Automobilzulieferers haben. Gerade die OEM haben nämlich in den letzten Jahren massiv in die Risikoerkennung investiert.[72] Und

---

[72] *Fröhlich/Sittel* ZinsO 2008, 432, 434. Und auch die Tier-1 Zulieferer schauen seit der Krise 2008/2009 verstärkt auf die Krisenfestigkeit ihrer Zulieferer, vgl. *PWC* Automotive industry summary 2011, S. 4.

das größte operative Risiko für einen Automobilhersteller ist aufgrund der eingangs dargestellten engen Vernetzung der Produktion ein Lieferausfall eines Zulieferers.

Nicht anders verhielt es sich auch bei der **M GmbH**. Bereits eine erste Bestandsaufnahme zeigte einen deutlichen Abfall des gebuchten Geschäfts in 3 Jahren. Der letzte nennenswerte Neuauftrag des Unternehmens lag über 2 Jahre zurück. Die seither eingegangenen Aufträge hatten durchweg eine nur geringere Bedeutung für die OEM, d.h. der Zulieferer war insb. kurzfristig ersetzbar.

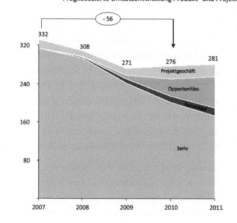

Abb. 1: Prognostizierte Umsatzentwicklung 2007–2011

1.4.2 Beteiligung an aktuellen OEM-Anfragen

Ein ganz ähnliches Krisenanzeichen ist die fehlende Beteiligung an aktuellen **OEM-Anfragen**. Bei der Entwicklung neuer Fahrzeuge lädt der OEM die relevanten Zulieferer regelmäßig frühzeitig zur Kooperation ein. Dieses folgt bereits aus dem gebräuchlich gewordenen „simultaneous engineering", dessen Kennzeichen ja gerade die gemeinschaftliche Entwicklung von OEM und Zulieferer ist. Je nach Bedeutung des Bauteils findet diese Beteiligung 1–3 Jahre vor geplantem **SOP** (Start of Production) statt.

Auch diese Beteiligung **unterbleibt** jedoch, wenn der OEM ernsthafte Zweifel an der Zukunftsfähigkeit des Automobilzulieferers hat. Da die Krise regelmäßig Zulieferer ohne technische Monopolstellung trifft, fällt es dem OEM auch selten schwer, sich einen anderen Partner auszusuchen. Aber selbst da, wo der – hier noch aus Sicht des OEM – kriselnde Automobilzulieferer eine technologische Führungsposition hat, sind OEM regelmäßig eher geneigt, die Entwicklung mit der aus technischer Sicht zweiten Wahl voranzutreiben (und diese dabei möglichst zur ersten Wahl zu machen!), als die spätere Produktion durch potenzielle Störungen aus dem Zulieferkreis zu gefährden.

Auch dieses Krisenanzeichen erfüllte die **M GmbH** bereits seit längerer Zeit. Die letzte wichtigere Anfrage eines inländischen OEM lag fast 2 Jahre zurück. Das galt auch für Bereiche, in denen M technisch führend war. Hier wurden Anfragen (Aufträge so und so) inländischer OEM an die Wettbewerber gerichtet; M kam allenfalls anfänglich noch als „Zählkandidat", um eine Wettbewerbssituation aufrecht zu erhalten, ins Spiel. Lediglich seitens ausländischer OEM, die offenbar nicht über die gute Kenntnis ihrer deutschen Kollegen verfügten, waren noch ernsthafte Anfragen zu verzeichnen.

1.4.3 Sonderfrachten

181 Als letztes, dann aber auch schon sehr spezielles Krisenanzeichen seien die **Sonderfrachten** erwähnt. Die JIT-/JIS-Produktion der Automobilwirtschaft setzt eine kontinuierliche, störungsfreie Produktion auf allen Ebenen voraus. Ist diese auch nur an einer Stelle nicht gegeben, kann die gefürchtete Produktionsunterbrechung („**Bandabriss**") allenfalls durch besonderen Einsatz vermieden werden.

182 Dieses Problem tritt bei operativ nicht gut aufgestellten Automobilzulieferern verstärkt auf. Aufgrund von Störungen in der eigenen Produktion (gelegentlich auch Probleme der Vorlieferanten) schafft es das Unternehmen nicht, die geforderten Teile in der erforderlichen Menge und Qualität herzustellen. Durch Nacharbeiten oder eine zu geringe Ausbringungsmenge (siehe oben zu OEE) müht sich die Produktion dem vorgegebenen Zeitplan hinterher. Um in dieser Situation einen Bandabriss beim OEM, der neben **Reputationsverlust** auch massive Schadensersatzforderungen nach sich zöge, zu verhindern, werden die dann doch irgendwie hergestellten (und teilweise händisch nachgearbeiteten) Teile mit Kurierfahrten dem OEM ans Band gebracht.

183 Diese Sonderfrachten verursachen zunächst und unmittelbar **Kosten**, die in der Produktkalkulation natürlich nicht eingeplant waren. Darüber hinaus bedeutet die **Organisation** von Sonderfrachten einen erheblichen logistischen Aufwand – und das nicht nur beim Zulieferer, sondern auch beim OEM, dessen normale Warenannahme damit gestört wird. Daher sind hohe Sonderfrachten, die sich in einem realen Produktionsablauf allerdings nie ganz vermeiden lassen, deutliche Anzeichen operativer Schwächen. Das Unternehmen selbst und seine Berater können daraus Schlüsse ziehen, dass und wo etwas im Argen liegt. Für die Auftraggeber ist es ein deutliches Negativzeichen beim Risikomanagement.

Auch insoweit kann die **M GmbH** als Beispiel dienen. Lagen die Kosten für Sonderfrachten in ihren „guten" Zeiten noch bei ca. 15 TEUR im Monat, erhöhte sich dieser Anteil in den letzten 2 Jahren auf über 100 TEUR p.M. In extremen Fällen mussten Rahmenteile sogar per Luftfracht über 10 000 km transportiert werden; hier erreichten die Frachtkosten bereits den Verkaufspreis

1.5 Krisenmanagement

184 Auch im Krisenmanagement eines Automobilzulieferers gibt es neben allgemeingültigen Aspekten Besonderheiten, die Gegenstand nachfolgender Betrachtungen sein sollen.

1.5.1 Feststellung und Ausräumung von Insolvenzgründen

185 Ausgangspunkt jeder Rechtsberatung in der Krise muss die Prüfung des Vorliegens etwaiger (zwingender) Insolvenzgründe sein (ausführlich hierzu unter D. I.).

1.5.2 Zur Zahlungsunfähigkeit

186 Zwingender und im Hinblick auf die haftungsrechtlichen Folgen auch besonders gravierender Insolvenzgrund ist die **Zahlungsunfähigkeit**. Ihr ist daher besondere Aufmerksamkeit zu widmen.

1.5.3 Feststellung

Die Feststellung der Zahlungsunfähigkeit ist beim klassischen mittelständischen Automobilzulieferern, der als Tier 1 Produzent primär mehrere OEM, darüber hinaus als Tier 2 aber auch andere größere Zulieferer beliefert, nicht einfach. Dieses liegt vor allem an der schwierigen Bewertung der buchhalterisch ausgewiesenen Forderungen aus L&L, die regelmäßig den Großteil der liquiden Mittel ausmachen und bei der Zahlungsunfähigkeitsprüfung zu berücksichtigen sind.[73]   187

Zumindest die **OEM**, teilweise aber auch große Automobilzulieferer wickeln ihre Kreditorenbuchhaltung automatisiert im **Gutschriftsverfahren** ab. Dadurch erhält der Lieferant für seine akzeptierten Lieferungen eine Gutschrift, deren Höhe sich aus den beim Auftraggeber hinterlegten Preisen und den angenommenen Mengen ergibt. Allein diese Gutschriften und nicht etwa die parallel vom Automobilzulieferer gestellten Rechnungen sind auch Basis der Zahlungen des OEM.   188

Problematisch an diesem System sind die gutgeschriebenen Preise. Während gerade die OEM **Preisabschläge** (etwa infolge vereinbarter „savings") pünktlich einpflegen, gibt es bei der Einstellung auch vereinbarter Preiserhöhungen, (etwa aufgrund von Materialpreiszuschlägen) häufiger Verzögerungen. Werden diese dann später nachgepflegt, erfolgt zwar eine Gutschrift der Differenz, das „Chaos" in der Buchhaltung des Automobilzulieferers, der seinen „Debitor" natürlich selbst gebucht hat, sowie die Liquiditätsbelastung durch die Verzögerungen bleiben jedoch. Ähnliche Schwierigkeiten ergeben sich bei der Abrechnung außerordentlicher Vorgänge, wie etwa Werkzeug- und Entwicklungskostenzuschüssen. Auch hier zahlt der OEM allein aufgrund seiner eigenen Gutschriften, die sowohl zeitlich als auch betragsmäßig regelmäßig von den Werten des Zulieferers abweichen   189

Die buchhalterisch beim Zulieferer ausgewiesenen Forderungen aus L&L mögen daher durchaus berechtigt (und dann regelmäßig auch werthaltig) sein, eine Aussage über die hieraus **zu erwartenden Einzahlungen** vermögen sie allerdings nur eingeschränkt zu vermitteln. Diese werden sich kurzfristig und mit vertretbarem Aufwand auch nicht exakt ermitteln lassen. Vielmehr sind hier ausgehend von historischen Werten (Verhältnis von Debitorenentwicklung zu Einzahlungen) und unter Trennung der Forderungen aus dem laufenden Geschäft von Sonderpositionen plausible Annahmen zu treffen. Hierbei sollte man zur Vermeidung von Haftungsrisiken **Zurückhaltung** üben.   190

Hat man so eine Abschätzung der zu erwartenden Einzahlungen aus dem operativen Geschäft gewonnen, ist der Grundstein für einen **Liquiditätsplan** gelegt. Dessen Aufstellung ist regelmäßig auch unverzichtbar, da die Liquidität ersten Grades (Barmittel, Bankguthaben und freie Linien) schon bei Unternehmen, die sich nicht in einer Existenz bedrohenden Krise befinden, selten ausreicht, die fälligen Verbindlichkeiten auch nur zu 90 %[74] zu decken. Dann aber reicht es nicht, den aktuellen Fälligkeiten nur die eingehenden Zahlungen der nächsten drei Wochen gegenüber zu stellen,[75] sondern es müssen auch die im gleichen Zeitraum hinzukommenden Verbindlichkeiten berück-   191

---

73 Vgl. *BGH* ZIP 2006, 2222, 2224.
74 So das Kriterium der Rechtsprechung (BGHZ 163, 134) zur Annahme einer nicht nur unwesentlichen Unterdeckung.
75 Missverständlich insoweit *BGH* ZIP 2006, 2222, 2224 unter III 1. a).

sichtigt werden.[76] In diesem Liquiditätsplan, der rollierend sein muss und kurzfristig (nächste 3 Monate) auf Wochenbasis, mittelfristig (für die Monate 4-12) auf Monatsbasis erstellt werden sollte, sind die zeitlich aggregierten (realistischen!) Einzahlungserwartungen den vorzunehmenden Auszahlungen gegenüber zu stellen. Eine bei Stichtagsbetrachtung und damit ausschließlich unter Berücksichtigung der Liquidität ersten Grades indizierte Zahlungsunfähigkeit ist ausgeräumt, wenn die Liquiditätsplanung am Ende des von der Rechtsprechung[77] gewährten Dreiwochenzeitraums eine mindestens 90 %ige Abdeckung der fälligen Verbindlichkeiten ergibt.

1.5.4 Beseitigung

192 Ergibt sich auch nach Aufstellung eines Liquiditätsplans eine **Zahlungsunfähigkeit** im Rechtssinne, läuft die Dreiwochenfrist des § 15a Abs. 1 InsO, binnen derer entweder dieser zwingende Insolvenzgrund beseitigt sein oder **Insolvenzantrag** gestellt werden muss. Aber auch dann, wenn die Krise noch nicht ganz so weit fortgeschritten ist, aber ein auch rechtlich erheblicher Liquiditätsengpass droht, genießt die Sicherung der Liquidität oberste Priorität. Diese kann durch Liquiditätsgenerierung oder Reduzierung der fälligen Verbindlichkeiten erfolgen.

193 Bei der Liquiditätsgenerierung richten sich die Augen meistens zunächst auf die beteiligten **Banken**, die um Sanierungsdarlehen angegangen werden. Sofern ein Sanierungskonzept noch nicht erstellt ist, tun sich die Banken damit aber zurecht schwer. Auch auf die Bitte nach Überbrückungsdarlehen reagieren Banken häufig zurückhaltend. Das insbesondere dann, wenn sie ihre eigene Sicherheitenposition als gut einschätzen und Sanierungsbeiträge anderer Stakeholder fehlen.

194 Damit kommen in einer Krise, die sich schon zur Liquiditätskrise zugespitzt hat, automatisch die **Kunden des Unternehmens** in den Focus. Unabhängig davon, ob es sich bei den Kunden um OEM oder andere Zulieferer handelt, werden diese nur dann zur Hilfe bereit sein, wenn das Krisenunternehmen wichtig für eine Lieferkette ist. Aber selbst dann ist Hilfe nicht sicher. Die OEM haben in den letzten Jahren nämlich erfahren, dass auch mit Insolvenzantragstellung keineswegs die Lichter ausgehen, sondern die Produktion in der Hand kundiger und verantwortungsbewusster (vorläufiger) Insolvenzverwalter manchmal sogar besser läuft, als vorher.[78] Und in ihren Abteilungen für Risikomanagement haben sie auch das Know-how für den Umgang mit Insolvenzverwaltern.

195 Erklären sich die Kunden bereit, das kriselnde Unternehmen zu unterstützen, kann das durch sie insbesondere auf folgende Arten geschehen:[79] Zunächst und häufig praktiziert erfolgt eine **Verkürzung** der **Zahlungsziele**. Im Regelfall erfolgt die Zahlung am 25. des Folgemonats der Lieferung. Eine Verkürzung auf beispielsweise 10 Tage nach Lieferung bringt somit einen (einmaligen) Liquiditätsgewinn i. H. v. ca. 8 % des Jahresumsatzes! Ein weiteres probates Mittel zur schnellen Liquiditätsgenerierung ist die vorgezogene **Abrechnung** von **Werkzeug- und Entwicklungskosten**. Beide Instrumente generieren aber lediglich Liquidität sichernde **Einmaleffekte**;

---

76 *Bork* ZIP 2007, 1749; vgl. auch die *IDW* PS 800.
77 BGHZ 163, 134.
78 *Fröhlich/Sittel* ZinsO 2008, 432, 434.
79 Hierzu auch *Dudenhöfer/Faulhaber* Automobilindustrie: Die Krise ist noch lange nicht vorbei. Eine Gemeinschaftsstudie des Centers Automotive Research (CAR) und der Struktur Management Partner GmbH, 2009, S. 4.

soweit sich der Kunde diese Hilfen über Skonti u.Ä. bezahlen lässt, sogar zu einem häufig sehr hohen Preis. Zu darüber hinausgehenden Hilfen, insb. etwa direkten **Darlehen** sind insb. die OEM regelmäßig nicht bereit. Selbst **Vorauszahlungen** für erst vorzunehmende Lieferungen lassen sich nur in seltensten Ausnahmefällen erzielen. Hat sich eine Krise schon so zugespitzt, erscheint auch aus Sicht der OEM die Insolvenz meist als der einzige Ausweg.

Wenig Hilfe kann der Automobilzulieferer in Zahlungsschwierigkeiten von seinen **Lieferanten** erwarten. Nicht wenige der involvierten Tier 2/3-Lieferanten werden zu einer wirkungsvollen Hilfe auf Grund eigener Schwäche gar nicht in der Lage sein. Zudem kann sich schon die Bitte um Zahlungszielverlängerung über die regelmäßig beteiligten **Warenkreditversicherer** binnen kürzester Frist zu einem finanziellen Desaster entwickeln: Die versicherten Lieferanten und das sind in den beteiligten Branchen die meisten, sind nämlich verpflichtet, derartige Anfragen umgehend an die Versicherer weiterzuleiten. Diese werden dann, bei größeren Risiken ggf. nach Rücksprache, die erteilten Limite zurücknehmen, wodurch das Krisenunternehmen über Nacht auf Vorkasse gesetzt ist und die Außenstände fällig gestellt werden. Der dadurch entstehende Liquiditätsbedarf kann durch Banken und Kunden gar nicht ausgeglichen werden.

Es verbleiben in der Krise daher nur Banken und Kunden für die externe Liquiditätssicherung. Daneben muss sich der Liquidität suchende Blick aber auch auf das Unternehmen selbst wenden. Das Stichwort hierfür heißt **Working-Capital-Management**. So effektiv dieser Weg auch sein mag, wirkt er doch erst mittelfristig.[80] In der Existenz bedrohenden Liquiditätskrise kann er daher nicht helfen. Trotzdem ist auch das unmittelbar anzugehen – allein schon, weil Banken und Kunden diesen Eigenbeitrag verlangen werden.

2. Zur Überschuldung

Gem. § 19 InsO ist auch die **Überschuldung** grundsätzlich noch ein zwingender Insolvenzgrund. „Verwässert" wird diese Vorschrift allerdings durch die nach jetzigem Stand bis Ende 2013 geltende Regelung in Abs. 2 S. 1 HS 2, wonach eine Überschuldung (richtiger wohl die Folge der Insolvenzantragspflicht) nicht gegeben sei, wenn „die Fortführung des Unternehmens [...] nach den Umständen überwiegend wahrscheinlich" ist.

Doch auch mit dieser „Entschärfung" behält die Vorschrift eine erhebliche und m.E. z.Zt. unterschätzte Bedeutung, da die Insolvenzantragstellung bei vorliegender Überschuldung nur dann unterbleiben darf, wenn für das Unternehmen eine positive **Fortführungsprognose** gestellt werden kann. Diese verlangt aber vor allem eine positive **Zahlungsfähigkeitsprognose** und dass nicht nur für 3 Wochen, sondern für mindestens das laufende und das folgende Geschäftsjahr.[81] Über diesen Zeitraum helfen die vorgenannten Liquiditätssicherungsinstrumente allein aber regelmäßig nicht. D. h., dass in die Unternehmensplanung, die Grundlage der Fortführungsprognose ist, bereits

---

[80] In der Krise 2008/2009 waren Verbesserungen im Working-Capital-Management gleichwohl ein nicht unerheblicher Stabilisierungsfaktor der Automobilzulieferer, vgl. *IKB* 11.2010, S. 3.
[81] Pressemitteilung des BMJ vom 13.10.2008 zur Änderung von § 19 Abs. 2 InsO durch das FMStG. Damit ist der Gesetzgeber, wenngleich – vorerst – befristet zum alten zweistufigen Überschuldungsbegriff der Rechtsprechung zur KO (vgl. *BGH* DB 1992, 2022) zurückgekehrt.

operative Sanierungsmaßnahmen eingearbeitet werden müssen. Und das muss alles – wenn auch zunächst sicherlich nur in groben Zügen – innerhalb der Dreiwochenfrist ab Aufdeckung der Überschuldung erfolgen. Schlaflose Nächte sind damit auch den Beratern garantiert.

200 Umso stärkerer Fokus sollte daher darauf gelegt werden, bereits die Überschuldung als solche mit nachvollziehbaren Gründen verneinen zu können. Hierfür bieten gerade Automobilzulieferer auch einige Ansätze, da bei Ihnen häufig nicht bilanzierte bzw. handelsrechtlich gar nicht bilanzierbare aber trotzdem werthaltige Vermögensgegenstände vorhanden sind.

2.1 Aktivierung selbstgeschaffener immaterieller Vermögensgegenstände

201 Bis vor kurzem war die Aktivierung selbst geschaffener immaterieller Vermögensgegenstände nach dem HGB unzulässig. Dementsprechend mussten **Entwicklungsaufwendungen** erfolgswirksam (d.h. -mindernd) verbucht und durften nicht in der Bilanz ausgewiesen werden. Gerade bei Automobilzulieferern der Tier 1/2 ist dieser Aufwand traditionell hoch und haben die geschaffenen Werte, häufig auch durch Patente und Gebrauchsmuster geschützt, erheblichen Wert. Es bestanden hier also erhebliche **Reserven**, die im Rahmen einer Überschuldungsprüfung zu berücksichtigen waren.

202 Durch das **Bilanzrechtsmodernisierungsgesetz** (BilMoG) vom 25.5.2009 hat der Gesetzgeber ein Aktivierungswahlrecht geschaffen, d.h. das Unternehmen kann wählen, ob es entwicklungsbezogene Aufwendungen weiterhin erfolgsmindernd verbucht oder erfolgsneutral aktiviert (§ 248 Abs. 2 HGB n.F.). Dieses Wahlrecht gilt aber nur bei Aufwendungen für Entwicklungen, die in Geschäftsjahren begonnen werden, die nach dem 31.12.2009 beginnen (Art. 66 Abs. 7 EGHGB), d.h. die zu diesem Stichtag bestehenden immateriellen Vermögensgegenstände dürfen weiterhin nicht aktiviert werden. Zumindest für aktuelle Sanierungsfälle und auf absehbare Zeit hat sich an den stillen Reserven also nichts geändert.

203 Problematisch ist indes die **Bewertung** dieser immateriellen Vermögensgegenstände. Üblich sind Marktwert, Kosten und Ertragswert orientierte Verfahren. Ohne auf Details einzugehen[82] scheiden Marktwertverfahren mangels Markt und (historische) Kostenverfahren wegen der fehlenden Bedeutung des erbrachten Aufwands für Dritte aus. Es verbleiben somit nur am Ertragswert orientierte Ansätze. Dabei wird regelmäßig auf übliche **Lizenzentgelte** abgestellt.[83] Lizenzentgelte für Automobilteile schwanken durchaus. Für Patente die marktgängige Teile im Karosseriebereich betreffen, etwa Scharniere, sind beispielsweise Lizenzen von 2-5 % des jeweiligen Teilepreises nicht unüblich.

204 Ist ein nicht aktiviertes Patent bewertet, kann es damit noch nicht automatisch und ohne weiteres in einer Überschuldungsbilanz aktiviert werden. Gerade im Automobilbau sind nämlich **Gemeinschaftsentwicklungen** zwischen Auftraggeber und Auftragnehmer mit vereinbarter gemeinsamer Berechtigung üblich. Aus Schaden klug geworden bestehen insbes. OEM als Auftraggeber inzwischen regelmäßig auch auf einer gemeinsamen Eintragung von Patenten (und, so noch vorhanden, Gebrauchsmustern). Ist das der Fall, kommt eine Aktivierung nur mit dem beim Zulieferer verbleibenden Bruchteil in Frage. Aber auch dann, wenn die Eintragung entweder noch gar

---

82 Siehe für einen ersten Überblick *Nestler* BM 2003, 71 ff.
83 *Nestler* 2003, 71 ff.

nicht oder nur auf den Zulieferer erfolgt ist, kann bei vertraglicher gemeinschaftlicher Berechtigung nicht ausschließlich aktiviert werden. Unabhängig von der sachenrechtlichen Bewertung und deren insolvenzrechtlichen Folgen muss in diesen Fällen in der Überschuldungsbilanz zumindest ein **Ausgleichsanspruch des Entwicklungspartners** in Höhe seiner vertraglichen Berechtigung passiviert werden.

2.2 Formen und Werkzeuge

Ein schwieriges Feld sind **Formen und Werkzeuge** in der Automobilindustrie. Unmittelbares Aufwertungspotential für die Überschuldungsbilanz besteht hier regelmäßig nicht. Zwar erfolgt die an dem eigentlichen Produktzyklus orientierte Abschreibung allein schon wegen des anschließenden Ersatzteilgeschäfts regelmäßig schneller als der reale Wertverlust, doch ist der überschießende Restwert meist kaum zu ermitteln – und kurzfristig schon gar nicht. 205

Die Schwierigkeiten beruhen maßgeblich auf der regelmäßig schlechten Dokumentation der Formen und Werkzeuge. So konnten trotz intensiver Recherchen bei der **M-Gruppe** nur gut 4 000 der geschätzten mindestens 6 000 Werkzeuge und Formen aufgefunden werden. Ein Großteil der nicht gefundenen Stücke dürfte bei Zulieferern „verschwunden" (oder zumindest nicht kurzfristig auffindbar) gewesen sein. 206

Für die Überschuldungsprüfung kein drängendes Thema sind hingegen die (in der Insolvenz dann stark thematisierten) **Fremdrechte** an Formen und Werkzeugen. Gibt es Fremdrechte des Auftraggebers, und das ist insbesondere bei deutschen OEM inzwischen regelmäßig der Fall, führen diese dazu, dass der Vermögensgegenstand schon gar nicht beim Zulieferer aktiviert werden darf oder zumindest Passivposten zu bilden sind.[84] Es ist zwar in der Praxis geradezu die Regel, dass in diesem System buchhalterische und dann **bilanzielle Fehler** vorhanden sind, doch lassen sich diese kurzfristig nicht aufklären und sind daher auszublenden. 207

2.3 Sanierungskonzept

Zumindest auf Anforderung der Beteiligten Dritten (Banken etc.), aber auch aus Eigeninteresse ist im Rahmen des Krisenmanagements sodann, d.h. nach Ausschluss zwingender Insolvenzgründe, ein **Sanierungskonzept** zu erstellen. Inhaltlicher Maßstab hierfür sind die aktuellen Richtlinien des IDW, d.h. nunmehr die S6. Grundsätzlich wurden diese bereits oben dargestellt. Es soll daher an dieser Stelle nur auf das oben bereits angesprochene, gerade für Automobilzulieferer besonders wichtige „**Leitbild des sanierten Unternehmens**" eingegangen werden (ausführlich zu Sanierungskonzepten unter 10. Kap. Rn. 9). 208

Nicht ganz selten begnügten sich Sanierungskonzepte in der Vergangenheit damit, das wirtschaftliche (sowohl makro- als auch mikroskopisch) Umfeld schlicht fortzuschreiben. Das entsprach jedoch weder den Intentionen der Verfasser der FAR 1/1991, noch den Anforderungen der Rechtsprechung und schon gar nicht sachlichen Erfordernissen einer nachhaltigen Sanierung. 209

Diese Beobachtung gilt insb. für Automobilzulieferer. Hier war und ist es leider immer noch zu beobachten, dass sich Sanierungskonzepte hinsichtlich der zukünftigen Geschäftsentwicklung mit einer Fortschreibung **historischer Trends** begnügen. Das erscheint vor dem Hintergrund des einleitend dargestellten tiefgreifenden Struktur- 210

---

84 *Förschle/Scheffels* DB 1993, 2393.

wandels, vor dem die deutsche Automobilindustrie steht, jedoch falsch. Zwar haben sich selbst die gravierenden Effekte des Absatzeinbruchs 2008/2009 in 2010 wieder weitgehend ausgeglichen, doch greift diese Betrachtung zu kurz. Tatsächlich werden die OEM die aktuelle Erholung des Marktes und damit ihrer Ergebnisse nämlich dazu nutzen, den einleitend dargestellten inhaltlichen und regionalen **Strukturwandel** voranzutreiben. Das bedeutet konkret, dass der Wandel in den Antriebskonzepten, der verstärkte Leichtbau, die weitere Individualisierung und qualitative Aufwertung des Interieurs, die massive Verstärkung der Informationstechnologie im Fahrzeug, das verstärkte Gleichteilkonzept über verschiedene Baureihen hinweg sowie die Verlagerung der Produktion in die BRIC-Staaten und in den NAFTA-Raum forciert werden. Automobilzulieferer die diese Trends nicht mitgehen (können), die nicht in 4 Jahren die richtigen Produkte am richtigen Ort anbieten können, werden dann in eine noch größere Krise stürzen, als wir sie zuletzt gesehen haben. Für diese Unternehmen wird es dann wirklich heißen: „*Nach der Krise ist vor der Krise*"[85].

211 Die Marktführer in der Automobilzuliefererindustrie haben diesen Wandel erkannt. Nicht von ungefähr kündigte die (dort bereits gut vertretene) Schaeffler-Gruppe zuletzt an, in den nächsten Jahren rund 300 Mio. EUR in Asien investieren zu wollen.[86] Nahezu zeitgleich gab Bosch bekannt, 400 Mio. EUR in die Elektrifizierung der Antriebe investieren zu wollen[87] und auch die geplante Übernahme des Klimaspezialisten Behr durch den viel größeren Kolbenspezialisten Mahle erklärt sich ganz wesentlich aus der Erkenntnis, dass das derzeitige Geschäftsmodell nur begrenzt zukunftsfähig ist.[88]

212 Auch wenn das Volumen sind, bei denen klassische Mittelständler nicht mithalten können, geben sie doch den Trend an. Jedes Unternehmen in der Automobilindustrie muss sich intensiv Gedanken machen, wo es **strategisch**, d.h. hinsichtlich der Produkte und der regionalen **Aufstellung**, in 3-5 Jahren stehen kann und will.

213 Das bedeutet selbstverständlich nicht, dass dann nur noch High-Tech-Unternehmen, die den größten Teil ihres Umsatzes mit innovativen Produkten in den aufstrebenden Märkten erwirtschaften, überlebensfähig sind. Es bedeutet jedoch für die Unternehmen, die zu einer solchen Entwicklung nicht die notwendige Kraft haben, dass sie sich auf längere Sicht entweder eine **alternative Nische**, die etwa in hochflexibler und kostengünstiger Produktion herkömmlicher Bauteile bestehen kann, suchen müssen, oder vom Markt verschwinden werden – wobei die **Übernahme** durch einen Konkurrenten jetzt sicherlich die bessere Wahl als ein Insolvenz in 5 Jahren ist.

214 Gar nicht näher betrachtet werden kann hier die Expansion in **branchenfremde Bereiche**. Zulieferer etwa aus den Bereichen Kabelbäume, Dichtsysteme und Schallisolierungen sind diesen Weg häufiger schon gegangen.[89] Aber auch darüber hinaus kann das erhebliche Produktions-Know-how, das bei Automobilzulieferern zu finden ist, durchaus auch eine Eintrittskarte für andere Branchen sein. Hier ist Phantasie und Recherche im Einzelfall gefragt.

---

85 So die treffende Branchenbeschreibung in der FAZ v. 27.7.2010, S. 11, bei der Kommentierung der Übernahme von Behr durch Mahle.
86 FTD v. 20.7.2010, S. 5.
87 FAZ v. 16.7.2010, S. 19.
88 Vgl. FAZ v. 27.7.2010, S. 11.
89 *KPMG* Herbst 2009, S. 5 ff.

Auf diese drängenden Fragen der strategischen Ausrichtung muss ein Sanierungskonzept für einen Automobilzulieferer Antworten geben. Begnügt es sich nur mit der Bewältigung der Folgen aktueller Absatzrückgänge, greift es zu kurz. Ausgehend von den jeweiligen Produkt- und Know-How-Schwerpunkten, den aktuellen und potentiellen Kunden, der mutmaßlichen Entwicklung der besetzten und in Reichweite befindlichen Teilmärkte sowie den zur Verfügung stehenden finanziellen Ressourcen ist vielmehr ein für das konkrete Unternehmen realistisches **Zukunftsszenario** zu entwerfen. Darin ist anzugeben, mit welchen Produkten das Unternehmen in 5 Jahren welche Kunden in welchen Märkten beliefern will. Erst darauf aufbauend kann sinnvoll auch der Sanierungsweg beschrieben – und dann beschritten – werden.

2.4 Kommunikation mit Kunden

Zu einem erfolgreichen Krisenmanagement gehört auch die richtige **Kommunikation mit den Auftraggebern**. Die Bedeutung dieses Aspektes kann gar nicht hoch genug eingeschätzt werden, da, wie bereits hervorgehoben, insb. die OEM[90] als Auftraggeber „der letzten Instanz" aufgrund der komplizierten Lieferketten extrem risikoavers sind und gerade bei unbekannten Risiken sofort alles unternehmen, um diesen Störfaktor auszuschließen. Daher gibt es, wie im Übrigen auch bei sonstigen Sanierungen, ein echtes Kommunikations*tabu*. Und das ist, mit „Kassandrabotschaften" („alles schrecklich") zum OEM gehen und ihn um finanzielle Unterstützung (möglichst noch ungewissen Umfangs) bitten. Derartige, in der Vergangenheit schon geschehene Ansinnen vermitteln nicht nur ein höchst unprofessionelles Bild des „Bittstellers", sondern lassen bei OEM auch deshalb alle Alarmglocken in höchsten Tönen schrillen, weil dieses Vorgehen die Furcht nährt, dass sich an der Krise nachhaltig auch nichts ändern wird.

Wie aber kann eine positive Krisenkommunikation mit dem Kunden aussehen? Ohne Kommunikation, d.h. im „Geheimen" wird man gerade in einer fortgeschrittenen Krise nicht auskommen, da sogar sehr kurzfristige (Liquiditäts-) Hilfen des OEM regelmäßig unverzichtbar sind. Die Kommunikation mit den betroffenen OEM ist daher zu einem **Zeitpunkt** erforderlich, zu dem regelmäßig weder das ganze Ausmaß der Krise, noch detaillierte Auswege aufgezeigt werden können.

Das gilt übrigens zumeist auch dann, wenn der direkte Auftraggeber ein Haupt-/Tier-1-Lieferant ist. Dieser wird nämlich zumindest dann, wenn ihm der jetzt kriselnde Unterlieferant vom OEM vorgegeben wurde (bei sog. „Setzteilen"), sich wegen etwaiger Zusatzkosten an den Verursacher wenden. Aber auch dann, wenn der Unterlieferant eigene Wahl war, versuchen die Hauptlieferanten regelmäßig (wenngleich mit nur begrenztem Erfolg) die durch Hilfen entstehenden Kostenerhöhungen an die OEM weiterzugeben. Der Informationsfluss ist daher „gesichert".

Für eine rasche Kommunikation spricht auch, dass die OEM – zumindest bei nicht ganz unbedeutenden Lieferanten – über die Schwierigkeiten des Partners regelmäßig früher Kenntnis haben, als Krisenberater eingeschaltet werden. Diese Kenntnis verdanken Sie der engen Lieferkette, aufgrund derer operative Probleme eines Zulieferers recht schnell zum OEM durchdringen. Das muss nicht der Bandabriss sein. Bereits häufigere Sonderfrachten, die der OEM in seinem Wareneingang erfährt und

---

90 Gleiches gilt mittlerweile aber auch für die großen Tier-1-Zulieferer, wenn sie in der Rolle des Auftraggebers sind, vgl. *PWC* Automotive industry summary 2011, S. 4.

ein sicheres Zeichen für operative Probleme darstellen (s. o.), fließen in sein **Risikowarnsystem** ein und schalten die Ampeln dort zumindest auf „gelb". Auch andere Warnsignale operativer (etwa nachhaltige Qualitätsmängel) und finanzieller (etwa Mitteilungen gemeinsamer Vorlieferanten über Zahlungsverzögerungen) Art führen dazu, dass die OEM regelmäßig zu einem relativ frühen Zeitpunkt von Krisen ihrer wichtigen Lieferanten erfahren. Daher kommt der Anstoß zu ernsthaften Sanierungen bei Automobilzulieferern auch häufiger von den OEM, als von Banken und anderen Financiers, die wegen ihrer lediglich finanzwirtschaftlichen und damit systematisch nachlaufenden Informationen häufig erst in der bereits eingeleiteten Sanierung oder kurz vor der Insolvenz Kenntnis von den Schwierigkeiten erhalten.

220 Dieser Kenntnisvorsprung erleichtert die Kommunikation insofern, als eine Kenntnis über die Krise an sich regelmäßig schon vorhanden ist und die Tatsache, dass auch der Zulieferer das erkennt und Gegenmaßnahmen ergreift an sich positiv bewertet wird. Dieses positive Moment kann aber in sein Gegenteil verkehrt werden, wenn diese Kommunikation unprofessionelles Vorgehen im (regelmäßig eh viel zu spät begonnenen) Krisenmanagement erkennen lässt. Und da sich zu dieser Zeit die **Professionalität** regelmäßig noch nicht in Ergebnissen erweisen kann, liegt viel in der Auswahl qualifizierter, anerkannter Berater, die zumindest die Hoffnung auf professionelles Krisenmanagement nähren.

221 **Inhaltlich** muss die Kommunikation dem Kunden in diesem frühen Stadium vor allem einen nachvollziehbaren und überschaubaren Zeitrahmen bis zur Vorlage detaillierter Erkenntnisse hinsichtlich Sanierungsfähigkeit und Kosten für den OEM sowie die Sicherheit, überhaupt soweit zu kommen, geben. Denn diese beiden Punkte (Sicherheit und Kosten) sind für den OEM von zentraler Bedeutung und auch in der weiteren Kommunikation ausschlaggebend. Daher sollte mit der Bekanntgabe „vorläufiger" Zahlen auch besser gewartet werden, wenn die Gefahr besteht, dass diese hinterher wesentlich (nach unten) korrigiert werden müssen. Im weiteren Verlauf der Sanierung wird man allerdings um exakte Angaben, die bei den OEM auch fachkundig überprüft werden, nicht herumkommen. Das **Zeitfenster** bis dahin sollte 3 Monate bei einer Serienfertigung nicht überschreiten; steht aber ein Neuanlauf (SOP) an, wird eine viel kürzere Informationsfrequenz erwartet.

222 Was die Kommunikation mit den OEM und diesen Aspekt der Sanierung weiter erleichtert, ist, dass die OEM ein systematisches Interesse am Erhalt ihrer Zulieferer haben. Dieses Interesse ist zum einen technologisch begründet. Zum anderen wollen die OEM aber auch ein weiterhin kompetitives Umfeld erhalten, um sich so dauerhaft niedrige Preise zu sichern.[91] Um dieses systematischen Vorteils willen sind sie auch bereit, im Einzelfall – zumeist allerdings zeitlich und sachlich begrenzte – Zugeständnisse in Form der o.g. Zahlungszielverkürzungen und sogar Preiserhöhungen bei deutlich im roten Bereich liegenden Teilen zu machen.

223 Diese systematische Unterstützung von erfolgsgeneigten Sanierungsbemühungen kann jedoch nicht verhindern, dass spätestens mit der Krisenkommunikation (in der Regel aber bereits schon deutlich früher, nämlich bei Ausschlag der OEM-internen Kontrollmechanismen) eine **Auftragssperre** durch die OEM verhängt wird. Je nach

---

91 So auch das Fazit einer aktuellen Untersuchung von *Roland Berger Strategy Consultants GmbH* Angezogene Handbremse – Die Konsolidierung in der Zulieferindustrie kommt kaum in Fahrt, 2010, zitiert nach der Presseerklärung auf „www.rolandberger.com".

Einschätzung der Erfolgseignung der Bemühungen durch den OEM wird der Automobilzulieferer zudem auch von Ausschreibungen ausgeschlossen. Aus beidem resultiert selbst bei erfolgreicher Sanierung ein zukünftiges Auftragsloch, das im Rahmen der Unternehmensplanung zu berücksichtigen ist. Zudem wird der OEM, umso intensiver, je bedrohlicher ihm die Krise erscheint, Szenarien zur **Verlagerung** der aktuellen Produktion prüfen und evtl. planen. Sicheres Indiz hierfür ist z.B. die Überprüfung des Bestandes der produktionsnotwendigen Werkzeuge und ihrer technischen Anschlusswerte sowie deren Kennzeichnung als Fremdeigentum des OEM. Sollte das zu beobachten sein, weiß man, dass der OEM bereits für die Insolvenz des Zulieferers plant.

2.5 Kommunikation mit Kreditinstituten

Noch schwieriger als mit den Kunden/OEM erweist sich mitunter die **Kommunikation mit** den beteiligten **Kreditinstituten**. Das liegt nicht zuletzt daran, dass die Bilanzen von Automobilzulieferern weiterhin relativ anlagenlastig sind und damit die Besicherung der finanzierenden Banken häufig komfortabel ist. In diesen Fällen besteht naturgemäß wenig Neigung, eine Sanierung durch Forderungsverzichte oder zusätzliche Darlehen zu unterstützen. Dieser Widerstand wird noch dadurch erhöht, dass zumindest die Kreditinstitute mit wesentlichem Automotive-Geschäft sehr gut um die Abhängigkeit der OEM von ihren Zulieferern wissen und daher bei Hilfeersuchen zunächst auf diese verweisen. **224**

Andererseits haben Kreditinstitute wenig Interesse daran, ihren Bestand an Problemkrediten (auch wenn sie abgesichert sind) weiter zu erhöhen. Daher sind sie regelmäßig bereit, *erfolgsgeneigte* Sanierungsversuche durch **Tilgungsaussetzungen** und die Verlängerung auslaufender Finanzierungen zu unterstützen. Weitergehende Hilfen wird man in der Krise jedoch regelmäßig vergeblich erwarten. **225**

Etwas Anderes sind selbstverständlich Finanzierungen von Investitionen gesunder Unternehmen. Diese sind, sofern man nicht gerade auf eine Bank trifft, die ihr Risiko in diesem Branchen-, Größen- oder regionalen Bereich reduzieren will bzw. muss, meiner Beobachtung nach weiterhin möglich. **226**

In technischer Hinsicht erwarten Kreditinstitute als Voraussetzung ihrer Beteiligung an einer Sanierung regelmäßig die Vorlage eines **Sanierungsgutachten** nach IDW S6. Ausnahmen bzw. Abstriche an dieser Voraussetzung werden allenfalls für kleine Engagements gemacht. Dies gilt auch dann, wenn es zivilrechtlich mangels Zurverfügungstellung neuer Mittel gar nicht erforderlich wäre. Diese Vorsicht ist aber begründet, da das Kreditinstitut sich nicht nur gegen potentielle äußere Angriffe, sondern sich auch vorbeugend gegen einen evtl. späteren Vorwurf zu lang hinausgezögerter Verwertung schützen muss. **227**

Bei der Bewertung von Sanierungskonzepten zeigen Kreditinstitute inzwischen regelmäßig eine beträchtliche Expertise. Zudem sind sie auch zunehmend weniger Kennzahlen fixiert und offen für qualitative Konzepte.[92] Auch die Jahre 2008 und 2009, die die Bilanzen der Automobilzulieferer massiv beschädigt haben,[93] werden daher wohl nicht dazu führen, dass Unternehmen mit einem zukunftsträchtigen Geschäftsmodell **228**

---

92 *CAR* Automobilindustrie 2009, S. 5.
93 *CoA* Folie 11 f.; *IKB* 11.2009, S. 3 ff.

die Finanzierungsgrundlage entzogen wird. Neue Mittel werden krisenbefangene Unternehmen andererseits aber nur in Ausnahmefällen erhalten.

2.6 Mezzaninekapital

229 Mitte der 2000er Jahre wurden einige **standardisierte Mezzanineprogramme** für den gehobenen Mittelstand aufgelegt.[94] Die vergebenen Nachrangdarlehen beliefen sich in der Größenordnung von 5–15 Mio. EUR und hatten eine Laufzeit von typischerweise 7 Jahren. Über die Vielzahl vergebener Darlehen ergaben sich Bündel, die regelmäßig verbrieft und am Kapitalmarkt platziert wurden. An diesen Programmen haben auch einige mittelständische Automobilzulieferer teilgenommen. Die Programme kamen gerade hier „passend", weil sie einigen Unternehmen halfen, die Schwierigkeiten des Jahres 2002 und den sich ab 2004 wieder zeigenden Aufschwung zu finanzieren.

230 Besonderes Kennzeichen dieser Programme war, dass die Kreditprüfung (fast) ausschließlich aufgrund von Kennzahlen erfolgte. Wie sich zwischenzeitlich zeigte, konnte diese Prüfung die wahren Risiken aber nicht realistisch abbilden. Bereits in den vergangenen Jahren waren daher an einigen Automobilzulieferkrisen auch Mezzaninegläubiger beteiligt. Deren Beteiligung wird weiter ansteigen, da nach Ablauf der Laufzeit das Kapital zur Rückzahlung fällig wird. Diese „Welle" dürfte in 2011 (Auslaufen der ersten 2004er Programme) beginnen und bis zumindest 2013 laufen.

231 Allenfalls die Hälfte der Unternehmen werden zur **Rückzahlung** des gewährten Mezzaninekapitals aus eigenen Mitteln in der Lage sein[95] – was auch nicht beabsichtigt war. Geändert hat sich allerdings das Finanzierungsumfeld, so dass eine ranggleiche Ablösefinanzierung in vielen Fällen nicht zu erlangen sein wird: Eine Neuauflage strukturierter Mezzanineprogramme ist nicht in Sicht, da seit 2007 (Ausbruch der Finanzkrise) eine Refinanzierung über den Kapitalmarkt, nicht mehr möglich ist.[96] Und für individuelles Mezzaninekapital dürfte bei der anderen Hälfte der betroffenen Unternehmen schlicht die Bonität nicht mehr ausreichen. Auch eine **Refinanzierung** über normale Darlehen wird kaum gelingen, da sich die Bilanzrelationen dadurch dramatisch verschlechtern würde und zudem kaum ein Kreditinstitut zur Ablösung eines Nachranggläubigers (ohne Sicherheit) bereit ist.

232 Daher richten sich in diesen Fällen die Augen erwartungsvoll auf den Mezzaninegeber selbst. Diese sind allerdings durch ihre **Verbriefungsregeln** an einer Laufzeitverlängerung regelmäßig gehindert. Selbst im Rahmen einer Sanierung gebotene Zinsstundungen scheitern hieran häufig. Einen möglichen Ausweg stellt die Übernahme des Mezzaninekapitals – mit erheblichem Abschlag – durch einen neuen Investor dar. Hierzu sind die Kapitalgeber bzw. ihre Servicer bereit, wenn sie sich in ein Sanierungskonzept fair eingebunden fühlen und anderweitig die Insolvenz mit der völligen Entwertung des Mezzaninekapitals droht. Ersteres setzt voraus, dass sich der erwartete „**hair cut**" in einer nachvollziehbaren Relation zu dem befindet, was von den ungesicherten senior lenders einerseits und den Eigenkapitalgebern andererseits erwartet wird, 1 €-Angebote helfen hier regelmäßig nicht weiter.

---

94 Etwa die PREPS-, MezzCap, Equinotes-Programme.
95 So die Analyse der *IKB* 11.2010, S. 4.
96 Vgl. Handelsblatt vom 11.4.2008, „Der Weg zum Geld ist versperrt"; „Welt Online" vom 27.1.2009, „Mezzanine-Kapital mutiert zum Rohrkrepierer".

2.7 Arbeitsrecht

Eine operative Restrukturierung wird regelmäßig nicht ohne **arbeitsrechtliche Maßnahmen** auskommen (ausführlich zu Arbeitsrecht in der Insolvenz unter 10. Kap. Rn. 103 und zu Beschäftigungs- und Qualifizierungsgesellschaften unter 10. Kap. Rn. 186 ff. und 249 ff.). Egal ob diese auf die Flexibilisierung von Einsatz und Arbeitszeit, auf Kostensenkung durch Wegfall oder Aussetzung von Zuschlägen etc. oder – als ultima ratio – auf die Reduzierung der Belegschaft zielen, ist aufgrund des weiterhin hohen Organisationsgrades in der Automobilzuliefererindustrie in aller Regel die Mitwirkung von **Betriebsrat** und **Gewerkschaft** erforderlich. Um diese zu erhalten ist auch insoweit eine frühe und offene **Kommunikation** erforderlich. Wird diese Grundvoraussetzung gewährleistet und ist vermittelbar, dass die geforderten Einschnitte unausweichlich und in fairer Lastenteilung entstanden sind, wird die Mitwirkung regelmäßig nicht versagt werden. Im Gegenteil wurden schon zur Aufarbeitung der letzten Krise zur Jahrtausendwende eine Vielzahl von Firmenverbandstarifen ausgehandelt, die zu deutlichen Kosteneinsparungen führten. Das gleiche war auch 2009 zu beobachten. **233**

Lassen sich die erforderlichen Personalkostenanpassungen allein durch Kürzungen und Flexibilisierungen nicht erzielen oder ist aus anderen Gründen die Entlassung von Mitarbeitern unumgänglich, sind **Transfergesellschaften** zur Abmilderung des Übergang in dieser Branche, die sie vor knapp 15 Jahren als Beschäftigungs- und Qualifizierungsgesellschaften erfunden hat, weiterhin „state of the art". Das mag man hinsichtlich der hohen Kosten, die damit trotz des Transferkurzarbeitergeldes für das abgebende Unternehmen verbunden sind, bedauern – an der Realität ändert das nichts. **234**

2.8 Operative Sanierung

Auf die Notwendigkeit **operativer Sanierungsmaßnahmen** und einige ihrer Aspekte wurde hier schon an verschiedenen Stellen hingewiesen. Dieser Bereich ist und bleibt der Kernpunkt jeder erfolgreichen Restrukturierung – auch eines Automobilzulieferers. Es besteht nicht der Anspruch, im Rahmen dieser Ausführungen auch nur annähernd vollständige Hinweise zu den insoweit zu bearbeitenden Feldern zu geben. Das ist, und alle weiteren Ausführungen könnten einen gegenteiligen Anschein erwecken und sollen daher auch unterlassen werden, das Feld darauf spezialisierter Organisationsberatungen. Deren Wirken kann im Rahmen einer nachhaltigen Restrukturierung gar nicht hoch genug eingeschätzt werden. **235**

Zu den Feldern, die nur mit dieser externen Hilfe erfolgreich bearbeitet werden können, gehören auch die für die kurz- bis mittelfristige Sanierung erforderlichen **Preiserhöhungen**. OEM sind zu substantiellen Zuschlägen regelmäßig nur bereit, wenn ihnen im Detail vorgerechnet wird, dass das betreffende Produkt deutlich „unter Wasser" ist. Das ist ohne eine detaillierte – und in Krisenunternehmen regelmäßig nicht bzw. nur fehlerhaft vorhandene – **Kostenrechnung** nicht möglich; diese ist daher häufig im Rahmen der operativen Sanierung erst aufzubauen. Ohne derartige Nachweise kann vom OEM als Sanierungsbeitrag allenfalls die Rücknahme (teilweise auch nur Aussetzung) der ursprünglich vereinbarten „savings" erwartet werden. **236**

Worauf aber noch hingewiesen werden soll, sind in eher makroskopischer Sichtweise die Felder, in denen die Automobilzuliefererindustrie insgesamt das größte Einsparpotential sieht. *KPMG* hat sich in einer Automotive-Studie u.a. diesem Thema auf **237**

Grundlage einer breit angelegten Managerbefragung gewidmet.[97] Danach stehen sowohl bei OEM als auch bei Zulieferern die Produktionsverlagerung in Billiglohnländer, Innovationen im Material sowie computerunterstützte Entwicklung im Vordergrund.[98] Nicht nur wegen der Darstellung solcher allgemeiner Trends ist die Studie lesenswert.

2.9 Sanierungscontrolling

238 Schließlich kann nicht oft genug auf die Bedeutung eines effektiven **Sanierungscontrollings** hingewiesen werden. Dieses gilt gerade auch für Automobilzulieferer, da die Sanierung hier immer auch technisch und organisatorisch höchst anspruchsvoll ist. Gerade in diesen operativen Bereichen liegt bei der Umsetzung eines Sanierungskonzeptes erhebliches Abweichungspotential. Daraus folgt, dass bei fehlender Verknüpfung der operativen Ebene (Veränderungen von OEE, Verschnittmengen etc.) mit der unternehmerischen Planung wesentliche Veränderungen u.U. nicht erkannt werden.

239 So beinhaltete die ursprüngliche Sanierungsplanung bei der **M GmbH** die mittelfristige Schließung einer Umformungsstraße. Dieser Bereich war trotz mehrfacher Restrukturierungen in der Vergangenheit nicht in der Lage gewesen, befriedigende Mengen in der geforderten Qualität zu liefern. Eine kurzfristige Schließung war aufgrund vorhandener Kundenaufträge allerdings nicht möglich. Zur Reduzierung der bei der Abarbeitung der vorhandenen Aufträge entstehenden Verluste wurden auch hier – nur temporär gedachte – operative Sanierungsmaßnahmen ergriffen.

240 Eine Maßnahme war die Verbesserung der Instandhaltung von Werkzeugen und die prozesssichere Einstellung von technischen Parametern. Eine zweite Maßnahme war das Klären der Grenzmuster (Qualitätsmaßstab gegenüber dem Kunden) mit den Werkern und die gezielte Schulung der Werker. Es kam nämlich immer wieder vor, dass Teile, die gemäß Grenzmuster in Ordnung waren, in den Ausschussbehälter geworfen wurden, da die interne Qualitätssicherung strenger war als die Vereinbarungen mit dem Kunden.

241 Weiter wurden die Auslastungsplanung der Maschinen und des Personals verbessert, so dass der Nutzungsgrad verbessert werden konnte. Obwohl Elemente des lean managements schon lange bekannt waren, war die Umsetzung dieser Prinzipien ebenfalls im Argen. Verstärktes externes Rüsten und Einführung von visuellem Management flankierten erfolgreich das Sanierungsprogramm.

242 Auch der dritte Faktor der OEE, der Leistungskoeffizient, wurde durch Verbesserung der Zykluszeiten (andere Programmierung der Handhabungsroboter) verkürzt.

243 Aufgrund der im Zuge der Sanierung eingeführten ständigen Überwachung der **OEE** aller Kernmaschinen zeigte sich schon nach einigen Wochen, dass die Verbesserungsmaßnahmen wesentlich besser als gedacht griffen. Der Ausschuss der derzeitigen Fertigung wurde durch die Maßnahmen von 5 % auf 1,5 % reduziert (kalkuliert waren bei Angebotsabgabe 2 %). Damit waren aber auch hier nennenswerte Deckungsbeiträge realistisch, zumal aufgrund der zwischenzeitlich gewonnen Erfahrung sogar weiteres Verbesserungspotential bestand. Dieses wurde aufgrund einer engen Verknüpfung der operativen Steuerung mit der strategischen Gesamtplanung ergriffen und der ursprüngliche Schließungsbeschluss rückgängig gemacht.

---

97 *KPMG* Auto 2010.
98 A.a.O., S. 15.

Dadurch konnten nicht nur Schließungskosten vermieden, sondern auch längerfristig rentables Geschäft gehalten werden.

2.10 Sanierung in der und durch die Insolvenz

Es gibt selbstverständlich eine Vielzahl von Gründen, warum ein Unternehmen in die Insolvenz geht. Gerade in der Automobilindustrie tun die OEM aber sehr viel, um eine Insolvenz zu vermeiden.[99] Zwar wissen auch sie, dass mit der **Insolvenzantragstellung** die Unternehmenswelt nicht zu Ende sein muss, doch ist die Insolvenz für OEM mit Extrakosten und Unsicherheiten (wer wird Insolvenzverwalter, gelingt kurzfristig eine nachhaltige Fortführungslösung etc.) verbunden, die sie aus geschilderten Gründen zu vermeiden suchen.

Möglicher Weise wird es auch hier Änderungen nach Inkrafttreten des **ESUG** geben. Gerade die dann – grundsätzlich wohl, um die genaue Ausgestaltung wird z. Zt. noch im Gesetzgebungsprozess gerungen – mögliche Auswahl des Insolvenzverwalters sowie die Einbeziehung der alten Anteilseigner in ein Insolvenzplanverfahren können auch OEM-seitig die Bereitschaft, eine Sanierung in der und durch die Insolvenz mitzutragen, steigern.[100]

2.11 Typische Gründe für die Insolvenz eines Automobilzulieferers

Verhindern OEM trotz dieser Risiken die Insolvenz eines Automobilzulieferers nicht, geschieht dies meistens aus einem begrenzten Set an Gründen. Dabei sei unbenommen, dass es auch andere Fälle, wie etwa den einen großen Haftungs- bzw. Gewährleistungsfall geben kann. Die Regel sind jedoch nicht diese, sondern eher die folgenden Gründe:

- Der Zulieferer *erscheint* nicht sanierungsfähig,
- eine Sanierung in der Insolvenz erscheint deutlich günstiger,
- der Sanierungsfähigkeit steht – zumindest aus Sicht der OEM – die bestehende Eigentümer- und/oder Managementstruktur im Wege,
- die Fremdkapitalgeber sind nicht zu den erforderlichen Verzichten/Rangrücktritten bereit.

Der letzte Fall ist am wenigsten automobiltypisch, in letzter Zeit jedoch (auch) in dieser Branche häufiger geworden.[101] Hintergrund sind die Welle von Mezzaninefinanzierungen aus der Mitte der 2000er Jahre sowie fremdkapitallastige Übernahmen aus der gleichen Zeit. Diese Konstellationen sind zugleich aber auch die, die sich am leichtesten durch ein Insolvenzverfahren lösen lassen, da dieses per Definition die **Entschuldung** bezweckt. Gerade Insolvenzplanverfahren bieten sich hier an.

Im ersten Fall wird sich hingegen auch in der Insolvenz kaum eine realistische Sanierungsoption ergeben. Das muss nicht daran liegen, dass das Unternehmen *objektiv* sanierungsunfähig ist; ohne Unterstützung der Kunden wird es aber nicht gelingen. Und es ist äußerst unwahrscheinlich, dass die OEM nach Insolvenzantragstellung in der zur Verfügung stehenden kurzen Zeit ihre Meinung zur **Sanierungsfähigkeit** grundsätzlich ändern. Dem Insolvenzverwalter verbleibt in einer derartigen Konstella-

---

99 FAZ v. 16.7.2010, S. 19.
100 Näheres im Regierungsentwurf vom 23.2.2011 und hierzu etwa *Rechel/Willemsen* Insolvenzrecht im Umbruch – ein Überblick über den RegE-ESUG, BB 2011, 834.
101 *Roland Berger Strategy Consultants GmbH* Insolvenzen in Deutschland 2010, Folie 16.

tion regelmäßig als beste Variante nur der Verkauf des Unternehmens in Einzelteilen. Auch dabei können allerdings häufig eine Vielzahl von Arbeitsplätzen erhalten werden. Im schlechtesten Fall droht jedoch die Auflösung.

250 Nicht selten wird aber auch die Sanierung in der Insolvenz als die günstigere Sanierungsvariante erscheinen.[102] Gründe, die diesen Weg der Sanierung billiger machen können, sind vor allem im Personalbereich sowie bei Miet- und Leasingverhältnissen zu suchen. Dabei übersteigen aber die Erwartungen an das **Kostensenkungspotential** häufig die real zu erzielenden Einsparungen nicht unerheblich.[103]

2.12 Arbeitsrechtliche Aspekte

251 Hinsichtlich der **Personalkosten** ist nämlich zu bedenken, dass bestehende Arbeitsverhältnisse durch eine Insolvenz grundsätzlich unverändert bleiben. Auch das Kollektivarbeitsrecht wird durch die Insolvenz kaum verändert. So führt die erleichterte Kündigung von Betriebsvereinbarungen nach § 120 InsO nur selten zu Einsparungen, da die meisten Lohnkostentreiber – gerade in der Automobilindustrie – in Tarifverträgen festgelegt sind. Und auch der Wegfall obligatorischer Vermittlungsversuche bei Streitigkeiten zwischen Unternehmensführung (dann Insolvenzverwalter) und Betriebsrat führt wegen dem verbleibenden Einigungsstellenverfahren regelmäßig nur zu einer unerheblichen Beschleunigung.

252 Es verbleiben somit als – formelle – Vorteile die nach § 113 InsO auf max. 3 Monate begrenzte Kündigungsfrist sowie die Kündigung nach Namensliste gem. § 125 InsO. Auch deren Wirkung auf die Sanierungsfähigkeit sollte indes nicht überschätzt werden, da die wirtschaftlichen Auswirkungen der Kündigungsfrist primär die Altgläubiger betreffen (Verteilung der Masse zwischen Massegläubigern und Insolvenzgläubigern) und auch die Namensliste keinesfalls vor Kündigungsrechtsstreitigkeiten schützt, sondern lediglich die Obsiegenschancen des Arbeitgebers erhöht.

253 Vor allem letzter Punkt führt dazu, dass ein etwaiger Arbeitsplatzabbau auch in der Insolvenz regelmäßig „außerhalb" gesetzlicher Institutionen, nämlich über die schon oben genannten **Transfergesellschaften** erfolgt. Gerade bei Automobilzulieferern ist es inzwischen Standard, dass ein sanierungsfähiger Geschäftsbetrieb im Wege der übertragenden Sanierung auf die NewCo eines Investors übertragen wird. Der Investor macht es dabei regelmäßig zur Bedingung, dass mind. 97 % der Belegschaft zuvor in eine Transfergesellschaft gewechselt sind. Dieses (oder ein ähnlich hohes) Quorum wird in der Insolvenz auch meistens erreicht, da die Alternative die Betriebsschließung mit Arbeitsplatzverlust für alle darstellt. Hierin, d.h. in der Vergleichsrechnung, liegt dann auch hauptsächlich der positive Sanierungseffekt von beschränkter Kündigungsfrist und nach § 123 InsO auf 2,5 Monatsgehälter begrenztem Sozialplanvolumen.

2.13 Miet-, Leasing- und sonstige Dauerschuldverhältnisse

254 Auch die möglichen Einsparungen im Bereich von Miet-, Leasing- und sonstigen **Dauerschuldverhältnissen** durch die Insolvenz werden häufig überschätzt. Einsparpotential gibt es insbesondere dort, wo das Unternehmen über derartige Verträge an nicht

---

102 *Berger* Insolvenzen 2010, Folie 21 f.
103 So wohl auch *Fröhlich/Sittel* ZinsO 2008, 432, 434, die zurecht darauf hinweisen, dass Kostensenkungspotentiale zumeist vorher schon gehoben wurden.

(mehr) benötigte Kapazitäten gebunden ist. Zwar mag die Insolvenzmasse (bei Mietverhältnissen über unbewegliche Gegenstände oder Räume) mit Auslaufkosten belastet sein, doch betrifft auch das letztlich wiederum nur die Verteilung zwischen den verschiedenen Gläubigergruppen, die Sanierungsfähigkeit berührt es hingegen nicht.

Einsparpotential besteht ferner auch da, wo Ressourcen zwischenzeitlich billiger beschafft werden können. Insoweit besteht die Möglichkeit, durch Beendigung der bestehenden Vertragsverhältnisse seitens des Insolvenzverwalters und Abschluss neuer durch den Investor Kosten zu reduzieren. Dieser Effekt wird allerdings nicht immer sofort, sondern – sofern anwendbar – erst mit Ablauf der Kündigungsfrist eintreten, da der Insolvenzverwalter die **Auslaufkosten** regelmäßig dem Investor auferlegen wird. 255

2.14 Kundenbeziehungen

Kaum insolvenzspezifisches Verbesserungspotential gibt es demgegenüber in den Kundenbeziehungen. Zwar werden diese dem (vorläufigen) Insolvenzverwalter gegenüber regelmäßig zu Preiszugeständnissen bereit sein. Das kann sogar soweit gehen, dass sich die betroffenen Kunden, insbesondere OEM verpflichten, einen im Rahmen der Betriebsfortführung in der Insolvenz entstehenden Verlust auszugleichen. Doch endet diese „Großzügigkeit" regelmäßig mit Übergang des Geschäftsbetriebes auf den Investor. In vorhergehenden „**trade agreements**" zwischen dem Investor und den Kunden werden in Einzelfällen auch längerfristige Preisanpassungen vereinbart. Häufig nutzen die Kunden, insbes. die OEM, die Konkurrenz verschiedener Interessenten bzgl. der Übernahme des schuldnerischen Geschäftsbetriebs dazu, das alte Preisgefüge möglichst unverändert zu erhalten. 256

2.15 Nachunternehmerbeziehungen

Auch bezüglich der Nachunternehmer bzw. Unterlieferanten besteht nur in Ausnahmefällen substantielles Einsparpotential. Soweit die Nachunternehmer lediglich austauschbare Teile liefern, wird dieses Potential in aller Regel vorinsolvenzlich schon gehoben sein. Besteht hingegen zwischen Schuldner und Nachunternehmer eine **Entwicklungspartnerschaft**, wie sie zwischen Tier 1 und Tier 2-Lieferanten häufiger besteht, wird es in der Insolvenz eher darum gehen, Irritationen beim Vertragspartner zu beseitigen, als diesem Verzichte aufzunötigen – Ausnahmen bestätigen die Regel. 257

2.16 Fremdrechte

Wie oben bereits dargestellt, ergeben sich aufgrund von Entwicklungspartnerschaften, Auftragsentwicklungen und Werkzeugkostenzuschüssen vielfältige Formen gemeinschaftlicher Berechtigung an wesentlichen Produktionsgrundlagen des Schuldners. Diese sind zwar häufig nur schuldrechtlicher Natur, d.h. sie sind in der Insolvenz des dinglich Berechtigten unbeachtlich bzw. führen bei Nichtbeachtung lediglich zu Insolvenzforderungen. Teilweise und, da gerade die OEM auch insoweit dazugelernt haben, in wachsendem Maße, gibt es aber auch echte dingliche **Mitberechtigungen** oder gar die **ausschließliche Berechtigung des Kunden**. Im ersten Fall ist die Auseinandersetzung nach § 84 InsO außerhalb des Insolvenzverfahrens vorzunehmen,[104] im zweiten Fall besteht ein **Aussonderungsrecht** des Kunden. In beiden Fällen besteht also keine Verwertungsbefugnis des Insolvenzverwalters. 258

---

104 Ganter in MK-InsO, § 47 Rn. 45.

259 Gerade bei größeren Zuliefererinsolvenzen wird sich die Frage, an welchen Produktionsgrundlagen nun Aussonderungsrechte bestehen, zumindest in vertretbarer Zeit und mit vertretbarem Aufwand nicht sicher klären lassen. Auch das führt regelmäßig dazu, dass der Verkauf des Geschäftsbetriebes nur im **Konsens** mit den Kunden erfolgt. Hinsichtlich der Verteilung eines anteiligen Verwertungserlöses zwischen Kunden und Insolvenzmasse ist dann eine pragmatischen Verständigung zu suchen.

2.17 M&A in der Insolvenz

260 Ist Ziel des Insolvenzverfahrens die Sanierung des Geschäftsbetriebes und erscheint dieses Ziel nach erster Bestandsaufnahme erreichbar, wird der Insolvenzverwalter regelmäßig einen strukturierten, d.h. professionell organisierten **M&A-Prozess** starten. Dabei ist Zeit der entscheidende Faktor.[105] Spätestens mit Insolvenzantragstellung, regelmäßig aber schon viel früher – nämlich mit sichtbar werden der Krise – haben die OEM gegen den späteren Schuldner einen Auftragsstop und den Ausschluss von der Beteiligung an Entwicklungsanfragen verhängt. Wie bereits erwähnt, führt das zwangsläufig dazu, dass in absehbarer Zukunft ein kaum mehr vermeidbares Umsatzloch entstehen wird. Je länger dieser „Bann" dauert – und vor erfolgreichem Abschluss des M&A-Prozesses wird er auch trotz gelegentlich anderweitigen Behauptungen nicht aufgehoben – umso größer wird das Loch das sich in den Geschäftsplänen der Investoren fortsetzt. Darüber hinaus – und noch schlimmer – führt die Sperre zu einer Abkopplung des Unternehmens von der technologischen Entwicklung der Branche und verlassen mit wachsender Sperrdauer die qualifizierten Mitarbeiter aus den F&E-Abteilungen das Unternehmen. Diese Umstände verschärfen das branchenübergreifend in fast jeder Insolvenz zu beobachtende Phänomen, dass der Geschäftsbetrieb mit Dauer des Insolvenzverfahrens immer instabiler wird. Auch hier bestätigen einzelne Gegenbeispiele m.E. nur die Regel!

261 Aufgrund des **Zeitfaktors** wird der M&A-Prozess meistens auch schon im vorläufigen Insolvenzverfahren gestartet werden. Trotzdem wird das „Ideal" einer Übertragung auf den Investor mit Insolvenzeröffnung nur in Ausnahmefällen zu erreichen sein, da selbst ein nur mäßig komplexer Fall kaum binnen weniger als einem halben Jahr abgeschlossen werden kann. Der für das Unternehmen wünschenswerte Ausnahmefall einer Übertragung mit Insolvenzeröffnung kann daher allenfalls erreicht werden, wenn die Investorensuche bereits deutlich vor Insolvenzantragstellung begonnen wurde, nur eine überschaubare Zahl wesentlicher Kunden vorliegt und zwischen diesen und den Interessenten bereits intensive Gespräche über eine mögliche zukünftige Zusammenarbeit geführt wurden.

262 In der aktuellen insolvenzbezogenen M&A-Szene hat sich übrigens eine interessante Verschiebung ergeben: Waren Käufer kriselnder und insolventer Unternehmen vor 3 bis 4 Jahren noch vor allem Finanzinvestoren, gehört dies Feld nunmehr weitgehend Wettbewerbern, die die Schwäche der anderen zur Ausweitung und Abrundung ihres Geschäftes nutzen.[106] Dabei erwerben **strategische Investoren** (häufig mit Unterstützung oder zumindest Sympathie der OEM) gerade auch Unternehmen, die noch vor wenigen Jahren von Finanzinvestoren übernommen oder im Wege von LBOs/MBOs entstanden sind. Die aktuellen krisenbezogenen M&A-Aktivitäten können daher obige These von einer beginnenden Konzentration im Bereich der Automobilzulieferer stützen.

---

105 So auch das Fazit einer Expertenbefragung von *Berger* Insolvenzen 2010, Folie 23.
106 So schon *KPMG* M&A 2009, S. 6.

2.18 Der Insolvenzplan in der Automobilzuliefererindustrie

Gerade bei vorbereiteten Insolvenzen stellt sich nahezu automatisch die Frage eines **Insolvenzplans**. Dieser kommt allerdings nur bei der zweiten der eingangs genannten Hauptfallgruppen, also beim in der Insolvenz erwarteten Sanierungsvorteil, in Frage. Ist hingegen Ziel der Insolvenz die Abwicklung des Unternehmens, gibt es kaum Grund hierfür. Auch macht z.Z. ein Insolvenzplan in den Fällen fehlenden Vertrauens in die Gesellschafter keinen Sinn. Dieses Problem kann das geltende Recht nicht lösen. Eine Abhilfe soll allerdings Ende 2011 durch das ESUG kommen.[107]   **263**

Ferner sprechen im Zuge der Sanierung etwa erforderliche erhebliche **Personalmaßnahmen** eher gegen einen Insolvenzplan. Wie oben dargestellt, geschieht das heute zweckmäßiger Weise mit Hilfe von Transfergesellschaften. Deren Vorteil, nämlich das Entheben von Sozialauswahl und das Abschneiden der Beschäftigungshistorie, ist relativ sicher aber nur bei einem Unterschied zwischen früherem (Schuldner) und späterem (Investor) Arbeitgeber erreichbar.   **264**

Andererseits können insbesondere erhebliche geschützte **Immaterialgüterrechte** (Patente, Gebrauchsmuster oder Marken) eher für den Erhalt des ursprünglichen Rechtsträgers, d.h. für ein Planverfahren sprechen. Das Gleiche kann gelten, wenn die Altinhaber etwa aufgrund besonderer Sachkunde trotz Insolvenz im Unternehmen gehalten werden sollen. Welche Aspekte überwiegen, ist nur in sorgfältiger Analyse und Abwägung des Einzelfalls zu entscheiden.   **265**

2.19 Das Beispiel

Auch bei der **M GmbH** ließ sich eine Insolvenz letztlich nicht vermeiden. Grund war auch hier das mangelnde Vertrauen wesentlicher Kunden in die Altgesellschafter. Auslöser waren dann Kreditversicherer, die die Limite zurückzogen.   **266**

Schon aufgrund dieser Historie lag ein Insolvenzplan nicht wirklich nahe. Ferner hatte sich bei den Sanierungsbemühungen im Vorfeld der Insolvenzantragstellung gezeigt, dass eine erfolgreiche Sanierung ohne massive Personalmaßnahmen in Teilbereichen nicht möglich sein werde. Damit war die Notwendigkeit einer Transfergesellschaft begründet, was ebenfalls gegen den Insolvenzplan sprach. Andererseits bestanden ca. 700 Patente, die zum großen Teil weltweit angemeldet waren. Die absehbaren Kosten der nach Verkauf notwendigen Registeränderungen waren erheblich. Zudem bestanden betriebsnotwendige Mietverhältnisse, deren Übertragung auf einen Erwerber nicht sicher erschien. Insgesamt sprachen die **überwiegenden Gründe** aber **gegen einen Insolvenzplan**. Ausschlaggebend war das gestörte Vertrauensverhältnis zwischen den Altgesellschaftern und wesentlichen Kunden. Dieser Faktor ließ sich auch hier nicht mit anderen Aspekten aufwiegen.   **267**

Im Zuge des Insolvenzverfahrens lag der Schwerpunkt des Verwalters dann auf dem zügigen Abschluss des bereits kurz nach Insolvenzantragstellung eingeleiteten **M & A-Verfahrens**. Die Durchführung des Verfahrens wurde einer Investmentbank übertragen. Diese erstellte nach Versand eines Exposes eine „**longlist**" erster Interessenten. Darauf befanden sich ca. **80 Namen** sowohl strategischer als auch von Finanzinvestoren. Erheblichen Aufwand bereitete die Auswahl der Interessenten, denen nähere Informationen zugänglich gemacht werden sollten. Schließlich wurden in   **268**

---

107 Siehe oben Rn. 245.

Abstimmung mit den Hauptkunden knapp 20 Parteien zugelassen und aufgefordert, binnen eines weiteren Monats auf Basis der nun übermittelten noch eher allgemeinen Informationen indikative Angebote abzugeben. Notwendiger Inhalt dieser Angebote waren Preis sowie zu übernehmende Standorte und Mitarbeiter. Von den Aufgeforderten zeigten sich **nur 4** in der Lage, die **geforderten Angaben** fristgemäß zu machen. Weitere 3 Interessenten machten grob unvollständige Angaben. Die restlichen Interessenten zogen sich bereits zu diesem Zeitpunkt zurück. Hinzu kamen allerdings noch zahllose (unerbetene) Gebote für Teilbereiche oder assets.

269 Bereits in diesem Stadium wurde deutlich, das letztlich wohl nur zwei Interessenten ernsthaft in Frage kamen. Einer war ein **Finanzinvestor** mit einem bereits vorhandenen automobilen track-record, der andere ein großer **Zulieferkonzern**. Wie häufig in solchen Konstellationen, wollte (musste) der Finanzinvestor mehr Mitarbeiter übernehmen, bot aber nur den geringeren Kaufpreis. Beide Kaufpreise reichten jedoch aus, die gesicherten Gläubiger zu befriedigen. Unter Berücksichtigung der Mehrkosten, die mit dem Wegfall von mehr Arbeitsplätzen verbunden gewesen wären, waren für die Insolvenzmasse letztlich beide Angebote gleichwertig. Den **Ausschlag** für den Finanzinvestor gaben dann auch hier die **OEM**, die dadurch den Wettbewerb der Automobilzulieferer stärken wollten.

270 Der so schwungvoll gestartete M&A-Prozess zog sich am Ende über fast ein Jahr hin. Zweierlei Gründe waren ausschlaggebend. Zum einen drohten auch die beiden ernsthaften Interessenten während des Prozesses mehrfach verloren zu gehen. Hintergrund waren operative Schwierigkeiten, die sich aus der langen **Fortführung in der Insolvenz** ergaben, aber auch interne Themen der Interessenten. Zum anderen ließen sich die OEM in ihren Verhandlungen über die trade-agreements, die mit beiden Interessenten geführt wurden, viel Zeit bzw. pokerten hoch.

271 Während der ganzen Zeit, von Insolvenzantragstellung bis zum closing waren es dann fast 1,5 Jahre, musste der Insolvenzverwalter die äußerst komplexe Unternehmensgruppe am Leben halten. Dabei zeigten sich all' die hier geschilderten Schwierigkeiten – und noch weitere: Durch die lange Zeit der Unsicherheit verließen eine Reihe hochqualifizierter Mitarbeiter das Unternehmen, so dass in Teilbereichen von F&E aber auch der Produktion die Personaldecke zum Schluss äußerst angespannt war. Die Unsicherheit schlug auch auf die Kundenbeziehung durch und das, obwohl einige der Kunden durch ihre langwierigen Verhandlungen mit den Interessenten die Verzögerung mitzuverantworten hatten. Die Folge war auch hier das abzusehende zukünftige Umsatzloch aufgrund zeitweiligen Ausfalls von Neuaufträgen. Besondere Schwierigkeiten machte es schließlich, die **ausländischen Niederlassungen** am Leben zu halten. Zwar waren auch dort die Haupt- bzw. weithin einzigen Kunden deutsche OEM, doch gab es mit den Arbeitnehmern vor Ort sowie den lokalen Lieferanten, Banken und anderen Geschäftspartnern viele Beteiligte, für die ein deutsches Insolvenzverfahren völliges Neuland war.

272 Insgesamt herrschte am Ende bei allen Beteiligten große Erleichterung, als das closing vollzogen werden konnte. Letzter Stolperstein waren wie so oft die **Mitarbeiter**, die praktisch geschlossen in die Transfergesellschaft übertreten sollten. Hier bedurfte es in Einzelfällen massiver Überzeugungsarbeit, um das Quorum zu erreichen. Dass dies gelang, war ganz wesentlich auch der engen Zusammenarbeit von Insolvenzverwaltung, Betriebsrat und Gewerkschaft zu verdanken.

2.20 Doppelnützige Treuhand als Sanierungshilfe

Abschließend sei noch auf ein Instrument hingewiesen, das in gewissen Konstellationen die Insolvenz vermeiden kann. Gemeint ist die **doppelnützige Treuhand** (hierzu 10. Kap. Rn. 1164). Bei ihr überträgt der Altgesellschafter die Geschäftsanteile am kriselnden Unternehmen auf einen Treuhänder. Dieser ist zunächst primär im Interesse des Altgesellschafters tätig (**Verwaltungstreuhand**). Gleichzeitig, wenngleich zunächst nachrangig, dienen die Anteile aber auch der Sicherung der Interessen der Geldgeber. Insoweit handelt es sich um eine **Sicherungstreuhand**.

273

In diesem Dreiecksverhältnis werden vertraglich die Aufgaben des Treuhänders sowie die Bedingungen des Eintritts des Sicherungsfalls festgelegt. Die Aufgaben des Treuhänders bestehen zunächst regelmäßig in der Überwachung und/oder Steuerung des Sanierungsprozesses. Sollte die Sanierung nicht gelingen, was regelmäßig am Bruch vereinbarter Covenants festgemacht wird, tritt der Sicherungsfall ein. Die bis dahin im Vordergrund stehende Verwaltungstreuhand tritt nun gegenüber der Sicherungstreuhand zurück. Der Treuhänder hat das Sicherungsgut (Geschäftsanteile) zu verwerten und den Erlös nach einem vorher vereinbarten Schlüssel zu verteilen.[108]

274

Die doppelnützige Treuhand erscheint unter folgenden **Randbedingungen** nützlich. Zunächst sollte eine weit überwiegende Wahrscheinlichkeit dafür bestehen, dass das Zielunternehmen außerhalb einer Insolvenz zu sanieren ist. Nur dann bietet die Treuhand den gesicherten Gläubigern auch tatsächlich einen Sicherungswert. Geht das Zielunternehmen hingegen in die Insolvenz, haben die Geschäftsanteile und damit die Sicherung regelmäßig keinen positiven Wert mehr. Sodann wird regelmäßig ein Vertrauensverlust zwischen den Beteiligten, insbesondere zwischen Altgesellschafter und Banken, vorliegen, der eine gemeinsame Sanierung auf Vertrauensbasis verhindert. Letztlich ist aber noch soviel Vertrauen und Gesprächsbereitschaft zwischen den Parteien erforderlich, um die selten leichten Verhandlungen über den Treuhandvertrag in akzeptabler Zeit abzuschließen. Knackpunkte sind hierbei vor allem die Definition des Sicherungsfalls sowie die Erlösverteilung.

275

Im Beispielsfall kam die Sanierung über eine doppelnützige Treuhand nicht in Betracht, da die Insolvenzgefahr nicht auszuschließen war. Diese Einschätzung bestätigte sich im Laufe der Zeit, als sich zeigte, dass wegen der erheblichen Personalprobleme die Sanierung wohl ausschließlich in der Insolvenz gelingen würde.

276

III. Sanierung von Finanzdienstleistern

1. Einleitung

Außerhalb des Finanzsektors sind an der Sanierung des Unternehmens die Geschäftsleitung, die Gesellschafter, die Belegschaft und Banken bzw. Finanzinvestoren beteiligt. Sie erbringen unterschiedliche Sanierungsbeiträge, z.B. durch Forderungsverzichte oder -stundungen und weitere Finanzierungsleistungen. Die Geschäftsleitung entwickelt – ggf. unter Einbeziehung eines geeigneten Sanierungsberaters[109] – ein

277

---

[108] Vgl. zum Ganzen etwa einführend *Portisch* Die Bank 02/2009 (abrufbar auch unter www.die-bank.de/betriebswirtschaft/die-rolle-der-finanzinvestoren); ausführlich *Achsnick* Die doppelnützige Treuhand in der Sanierung, 2009.
[109] Hierzu *Frege* NZI 2006, 545 ff.; *Smid* WM 2007, 1589 ff.; *Kuss* WPg 2009, 326 ff.

Leitbild für das sanierte Unternehmen und plant strategische und operative Maßnahmen zur Krisenbewältigung im finanzwirtschaftlichen und im leistungswirtschaftlichen Bereich.[110] Die Belegschaft setzt die Konzeption in der täglichen Arbeit um und bewirkt die ggf. erforderliche operative Neuausrichtung.

278 Die Sanierung von Kredit- und Finanzdienstleistungsinstituten weist im Vergleich zur Sanierung eines Unternehmens aus der allgemeinen Real- und Dienstleistungswirtschaft einige beachtliche Unterschiede auf.

279 Die Finanzdienstleistungsunternehmen sind in einem Markt tätig, der gem. § 6 Abs. 1 des Gesetzes über das Kreditwesen (KWG) durch die Bundesanstalt für Finanzdienstleistungsaufsicht (BaFin) überwacht und kontrolliert wird. Die BaFin ist gem. § 6 Abs. 2 KWG mit dem gesetzlichen Auftrag ausgestattet, Missständen im Kredit- und Finanzdienstleistungswesen entgegenzuwirken, die zu einer Gefährdung der anvertrauten Vermögenswerte führen und im schlimmsten Fall eine Beeinträchtigung der Gesamtwirtschaft nach sich ziehen können. Sie arbeitet hierzu mit der Deutschen Bundesbank zusammen.

280 Während bei einem Unternehmen aus der allgemeinen Real- und Dienstleistungswirtschaft die Geschäftsführung und die Gesellschafter vorrangig dafür zuständig sind, eine Gefahr für den Bestand des Unternehmens zu beantworten (vgl. auch §§ 76 Abs. 1, 91 Abs. 2 AktG), ist dies bei Kredit- und Finanzdienstleistungsinstituten im Rahmen der Aufsicht durch die Aufsichtsbehörden mit zu betreuen.

281 Soweit die laufende Aufsicht über die Kredit- und Finanzdienstleistungsinstitute eine Krise im Einzelfall – z.B. aufgrund der internationalen Verflechtung der Finanzmärkte – nicht verhindern kann, ist die BaFin gem. §§ 45 ff. KWG, 1 ff. KredReorgG berechtigt und unter Umständen verpflichtet, besondere Einzelmaßnahmen im Hinblick auf den Schutz und die Sicherung eines Kreditinstituts anzuordnen. Hierzu können Sanierungsmaßnahmen gehören, die dazu dienen, Bestandsgefahren abzuwenden und die Ertragskraft mittelfristig wiederherzustellen. Die Sanierung eines Kredit- oder Finanzdienstleistungsinstituts folgt insoweit eigenen – öffentlich-rechtlichen – Regeln des Bankaufsichtsrechts.

282 Im öffentlichen Interesse eines funktionierenden Finanzmarktes und zum Schutz der Marktteilnehmer – d.h. der Kunden des Instituts und der beteiligten Banken – greift die BaFin als Aufsichtsbehörde in den Sanierungsprozess anregend und/oder lenkend ein. Sie kann den Sanierungsprozess durch ihre aufsichtsrechtlichen Anordnungen in Gang setzen (siehe §§ 2 Abs. 3 S. 1 und 7 Abs. 2 KredReorgG), inhaltlich und personell steuern (siehe §§ 45 ff. KWG) und gegen störende Außeneinflüsse schützen.

283 In dem jeweiligen Umfang der staatlichen Intervention kann die Sanierung den originär an der Sanierung Beteiligten – Geschäftsleitung, Gesellschafter, Gläubiger – entzogen sein, soweit das gesetzliche Sanierungsinstrumentarium Gestaltungsbefugnisse der BaFin vorsieht (z.B. in §§ 45 ff. KWG). Unternehmensinterne Personengruppen sind hier zur Umsetzung der hoheitlich angeordneten Maßnahmen verpflichtet.

284 Umfangreichere Teilnahme- und Gestaltungsbefugnisse zugunsten des sanierungsbedürftigen Kreditinstituts sind im neuen KredReorgG vorgesehen. Hiernach obliegt es dem Institut selbst, ein Sanierungsverfahren durch Anzeige der Sanierungsbedürftig-

---

110 Vgl. *IDW Standard* Anforderungen an die Erstellung von Sanierungskonzepten (IDW S 6), Stand 20.8.2009, S. 17 ff.

keit bei der BaFin einzuleiten und dort einen Sanierungsplan vorzulegen (§ 2 Abs. 1 S. 1 und Abs. 2 S. 1 KredReorgG).

Aufgrund der jüngeren Gesetzesänderungen im Finanzmarktbereich, die als gesetzgeberische Antwort auf die internationale Finanzmarktkrise verstanden werden sollen, wurde das bislang praktizierte System der ausschließlichen Zuständigkeit der BaFin für Sanierungsmaßnahmen bei Banken reformiert. Das *„(Restrukturierungsgesetz)"* vom 9. Dezember 2010 ist – zum Teil mit sofortiger Wirkung, zum Teil mit Wirkung zum 1. Januar 2011 – in Kraft getreten.[111] Dieses Gesetz sieht in Art. 1 die Einführung eines Reorganisationsgesetzes für Kreditinstitute (KredReorgG) vor, mit dem die Rechtsfigur eines Sanierungs- und Reorganisationsberaters geschaffen wird, der unter der Aufsicht des örtlich zuständigen OLG gemeinsam mit dem sanierungsbedürftigen Institut die Sanierung und – soweit erforderlich – die Reorganisation begleiten und überwachen soll. In Art. 2 des Restrukturierungsgesetzes ist eine deutliche Erweiterung der Kompetenzen der BaFin für den Fall der Bestandsgefährdung eines systemrelevanten Kreditinstituts[112] durch Änderung des KWG (in §§ 48a ff. KWG n.F.) vorgesehen. Daneben ist in Art. 3 des Restrukturierungsgesetzes der Erlass eines Gesetzes zur Errichtung eines Restrukturierungsfonds für Kreditinstitute (RStruktFG) vorgesehen.

285

Das KredReorgG sieht auf einer ersten Stufe ein besonderes Sanierungsverfahren für Banken unter der Leitung des gerichtlich bestellten Sanierungsberaters und unter der Aufsicht des OLG am Gerichtsstand der BaFin vor. Die BaFin leitet ein solches Verfahren nach dem Willen der Entwurfsverfasser nur noch ein und beschränkt sich sodann auf die Überwachung des Vorgangs. Die Kompetenzen von Sanierungsberater und OLG sind in ihren Grundzügen mit denjenigen eines vorläufigen Insolvenzverwalters (§§ 21, 22 InsO) und des Insolvenzgerichts vergleichbar. Reichen diese Sanierungsmaßnahmen gem. §§ 2–6 KredReorgG nicht aus, kann auf der zweiten Stufe ein Reorganisationsverfahren auf der Grundlage der §§ 7–23 KredReorgG durchlaufen werden, welches mit Zwangseingriffen in die Rechte der Anteilseigner und der Gläubiger verbunden sein kann. In seiner Struktur weist es Ähnlichkeiten mit dem Insolvenzplanverfahren gem. §§ 217 ff. InsO auf, sieht jedoch wesentlich weiter reichende Eingriffe in die Rechte der Beteiligten vor.

286

Greifen sämtliche Sanierungs- und Reorganisationsmaßnahmen nicht, steht der BaFin exklusiv das Recht zur Stellung eines Insolvenzantrags zu. Sie bestimmt nach pflichtgemäßem Ermessen über den Zeitpunkt, zu dem ein Kredit- oder Finanzdienstleistungsinstitut in ein gerichtlich überwachtes Insolvenzverfahren überführt wird. In diesem Zeitpunkt erscheint eine Sanierung wirtschaftlich kaum mehr möglich, denn die Stellung des Insolvenzantrags ist nach der Systematik der §§ 45 ff. KWG ultima ratio und dient lediglich dazu, das nunmehr endgültig gescheiterte Institut in eine geordnete Abwicklung durch einen Insolvenzverwalter und unter der Aufsicht des Insolvenzgerichts zu überführen. Aufgrund des gestuften Maßnahmenkatalogs in den §§ 45 ff. KWG und den §§ 1–23 KredReorgG und schließlich der sich aus § 46b Abs. 1 S. 5 KWG ergebenden Pflicht der BaFin zur Ausschöpfung der Aufsichtsmittel ist mit

287

---

111 Gesetz zur Restrukturierung und geordneten Abwicklung von Kreditinstituten, zur Errichtung eines Restrukturierungsfonds für Kreditinstitute und zur Verlängerung der Verjährungsfrist der aktienrechtlichen Organhaftung (Restrukturierungsgesetz) vom 9.12.2010, BT-Drucks. 17/3024, BGBl I 2010, 1900 ff.
112 Zur Reorganisation systemrelevanter Kreditinstitute vgl. *Eidenmüller* FS Hopt, S. 1713 ff.

der Stellung des Insolvenzantrags zugleich die Einsicht verbunden, dass eine Sanierung innerhalb des Insolvenzverfahrens allenfalls in ganz besonderen Ausnahmesituationen gelingen dürfte.[113]

288 Diese Einschätzung liegt offenbar der Richtlinie 2001/24/EG des europäischen Parlaments und des Rates v. 4.4.2001 über die Sanierung und Liquidation von Kreditinstituten zugrunde (Sanierungs-RL), mit der das Sanierungs- und Insolvenzrecht für Banken und ihre Zweigstellen im europäischen Rechtsraum harmonisiert wurde.[114]

289 Diese Richtlinie behandelt in ihrem Titel II die Durchführung von *„Sanierungsmaßnahmen"*. Hierunter versteht sie Maßnahmen, *„mit denen die finanzielle Lage eines Kreditinstituts gesichert oder wiederhergestellt werden soll und die die bestehenden Rechte Dritter beeinträchtigen könnten, einschließlich der Maßnahmen, die eine Aussetzung der Zahlungen, eine Aussetzung der Vollstreckungsmaßnahmen oder eine Kürzung der Forderungen erlauben"*. Art. 3 der Richtlinie ermächtigt die Behörden oder Gerichte des Herkunftsstaates des Instituts zur Entscheidung über die Durchführung einer oder mehrerer Sanierungsmaßnahmen. Die Richtlinie ist in Titel II deutlich verwaltungsrechtlich geprägt. Sie ist Rechtsgrundlage für die §§ 45 ff. des KWG und sorgt dafür, dass die dort für den deutschen Rechtsraum vorgesehenen Maßnahmen europaweit unmittelbar wirken können.

290 In ihrem Titel III behandelt die Richtlinie das *„Liquidationsverfahren"*. Die Vorschriften im Titel III regeln vornehmlich die Ausgestaltung des Insolvenzverfahrens für Kreditinstitute und ihre Zweigstellen. Unter Liquidationsverfahren versteht die Richtlinie ein *„von einer Behörde oder einem Gericht eines Mitgliedsstaates eröffnetes und unter deren bzw. dessen Aufsicht durchgeführtes Gesamtverfahren mit dem Ziel, die Vermögenswerte unter Aufsicht der genannten Behörden oder Gerichte zu verwerten; dazu zählen auch Verfahren, die durch einen Vergleich oder eine ähnliche Maßnahme abgeschlossen werden"*. Der Titel III beginnt mit der Ermächtigung der Behörden oder Gerichte des Herkunftsstaates des Instituts, *„über die Eröffnung eines Liquidationsverfahrens gegen ein Kreditinstitut, einschließlich seiner Zweigstellen in anderen Mitgliedsstaaten, zu entscheiden"*. Offensichtlich ist damit die Durchführung eines Insolvenzverfahrens gemeint, soweit aufgrund der Herkunft des insolventen Kreditinstituts das deutsche Insolvenzrecht anwendbar ist. Die Umsetzung der Richtlinie erfolgte in den §§ 335 ff. InsO. Zwar enthält die InsO an unterschiedlichen Stellen Instrumente, die eine Sanierung aus dem Verfahren heraus unterstützen können, z.B. den Insolvenzplan gem. §§ 217 ff. InsO, das Wahlrecht des Insolvenzverwalters gem. § 103 InsO und die Verkürzung von Kündigungsfristen für Dienstverhältnisse gem. § 113 S. 2 InsO. Angesichts der umfangreichen aufsichtsrechtlichen Sanierungsinstrumente aus KWG und KredReorgG werden sie in der Rechtspraxis von untergeordneter Bedeutung sein.

291 Die Erweiterung der bankaufsichtsrechtlichen Sanierungsmittel durch das KredReorgG, die Änderung des KWG und die Einführung eines Restrukturierungsfonds für Kreditinstitute mit dem RStruktFG[115] werden in der Praxis dazu führen, dass die Sanierung von Kreditinstituten im Vorfeld eines Insolvenzverfahrens stattfindet.

---

113 S. auch *Pannen* 2. Teil, B. III. S. 72.
114 ABlEU Nr. L 125, 15 ff., umgesetzt mit dem Gesetz zur Neuregelung des Internationalen Insolvenzrechts v. 14.3.2003, BGBl I 2003, 345 ff.
115 Gesetz zur Errichtung eines Restrukturierungsfonds für Kreditinstitute (Restrukturierungsfondsgesetz – RStruktFG) vom 9.12.2010, BGBl I 2010, 1921 ff.

Soweit mit den Mitteln des KWG und des KredReorgG eine Sanierung nicht bewirkt werden kann, fehlt es an der Sanierungsfähigkeit des Unternehmens. Insoweit kann die Eröffnung des Insolvenzverfahrens lediglich zur geordneten Abwicklung führen.

2. Erfasste Unternehmen

Die Sanierungs-RL findet gem. Art. 1 Abs. 1 Anwendung auf „*Kreditinstitute*". Der Begriff ist in der Richtlinie nicht definiert. Offenbar soll auf die sog. Tätigkeits-RL 2000/12/EG zurückgegriffen werden.[116] Danach ist ein Kreditinstitut ein Unternehmen, dessen Tätigkeit darin besteht, Einlagen oder andere rückzahlbare Gelder des Publikums entgegenzunehmen und Kredite für eigene Rechnung zu gewähren.   292

Die §§ 45 ff. KWG sind auf „*Institute*" anwendbar. Darunter möchte das Gesetz gem. § 1 Abs. 1b KWG Kreditinstitute und Finanzdienstleistungsinstitute erfassen.   293

Kreditinstitute sind gem. § 1 Abs. 1 S. 1 KWG diejenigen Unternehmen, die Bankgeschäfte gewerbsmäßig oder in einem Umfang betreiben, der einen in kaufmännischer Weise eingerichteten Geschäftsbetrieb erfordert.   294

Bankgeschäfte sind in § 1 Abs. 1 S. 2 KWG aufgezählt: hierzu gehören das Einlagen-, Pfandbrief-, Diskont-, Finanzkommissions- und Depotgeschäft sowie Rückerwerbs-, Garantie-, Scheck-, Emissions- und E-Geld-Geschäfte.   295

Finanzdienstleistungsinstitute sind gem. § 1 Abs. 1a KWG diejenigen Unternehmen, die Finanzdienstleistungen für andere gewerbsmäßig oder in einem Umfang erbringen, der einen in kaufmännischer Weise eingerichteten Geschäftsbetrieb erfordert, und die keine Kreditinstitute sind.   296

Finanzdienstleistungen sind gem. § 1 Abs. 1a S. 2 KWG die Anlagevermittlung und -beratung, der Betrieb eines multilateralen Handelssystems, das Platzierungsgeschäft, die Abschlussvermittlung sowie Finanzportfolioverwaltung, Eigenhandel, Drittstaateneinlagenvermittlung, Sortengeschäft, Factoring, Finanzierungsleasing und Anlageverwaltung.   297

Das Gesetz verwendet zur Definition jeweils einen gemischt objektiv-subjektiven Tatbestand unter Heranziehung der Maßstäbe der §§ 1–6 HGB: es stellt auf die konkrete Art der Tätigkeit (objektives Element) ab und kombiniert dieses sachliche Merkmal mit der Größe bzw. dem Umfang des Unternehmens (subjektives Element). Soweit eine hinreichende Merkmalskombination für ein Institut i.S.d. § 1 Abs. 1b KWG gegeben ist, darf die BaFin zur Sanierung des Unternehmens auf die §§ 45 ff. KWG zurückgreifen und die dort umschriebenen Maßnahmen anordnen.   298

3. Europäisierung des Sanierungs- und Insolvenzrechts für Kreditinstitute

Kredit- und Finanzdienstleitungsunternehmen sind regelmäßig grenzüberschreitend tätig. Die ihnen im Herkunftsstaat, in dem sich ihr Satzungssitz und ihr effektiver Verwaltungssitz befindet (RL 2006/48/EG),[117] erteilte Bankerlaubnis wird europaweit anerkannt. Sie können ohne rechtliche Hindernisse Zweigstellen im europäischen Ausland errichten.   299

Das Bankaufsichtsrecht ist in Europa durch Richtlinien harmonisiert.   300

---

116 So *Paulus* ZBB 2002, 492, 497.
117 Vgl. zur Sitzverlegung von Finanzdienstleistern in der EU *Schuster/Binder* WM 2004, 1665 ff.

301 Die Sanierung von Kreditinstituten ist in besonderem Maße aufsichtsrechtlich geregelt. Die Sanierungs-RL enthält Vorgaben für behördliche oder gerichtliche Sanierungsmaßnahmen und für ein europaweit vereinheitlichtes Bankeninsolvenzverfahren. Sie beruht auf der Vorstellung, dass ein Kreditinstitut und seine außerhalb des Herkunftsstaates belegenen Zweigstellen eine wirtschaftliche Einheit bilden. Sämtliche Maßnahmen sollen am Hauptsitz des Instituts getroffen werden und für die gesamte Einheit unmittelbar im europäischen Rechtsraum wirken. Sie werden von den Mitgliedstaaten gegenseitig anerkannt.

302 Im Fall der Insolvenz eines Kredit- oder Finanzdienstleistungsinstituts soll ein universelles Einheitsinsolvenzverfahren am satzungsmäßigen Sitz, der zugleich Verwaltungssitz sein muss, eröffnet werden. Dieses Verfahren soll die europäischen Zweigstellen einbeziehen. Sekundärinsolvenzverfahren sollen nicht zulässig sein. Die europäische Insolvenzverordnung (EuInsVO)[118] ist auf Kreditinstitute gem. Art. 1 Abs. 2 EuInsVO nicht anwendbar.

303 Es gelten die folgenden europarechtlichen Vorgaben:

3.1 Sanierungsmaßnahmen gem. Sanierungs-RL

304 Die Sanierungs-RL behandelt Sanierungsmaßnahmen in den Art. 3–8. Nach der Definition in Art. 2 Abs. 7 sind Sanierungsmaßnahmen solche Maßnahmen, mit denen die finanzielle Lage des Instituts gesichert oder wiederhergestellt werden soll und die die bestehenden Rechte Dritter beeinträchtigen könnten.

305 Hierunter fallen:
 – die Aussetzung der Zahlungen,
 – die Aussetzung von Vollstreckungsmaßnahmen,
 – die Kürzung von Forderungen.

306 Dies sind hoheitliche Zwangsmaßnahmen, mit denen in die Rechte der Gläubiger des Instituts aus Art. 14 GG eingegriffen wird.

307 Die Richtlinie bietet nach der Systematik des EU-Rechts keine originäre Rechtsgrundlage für die behördliche oder gerichtliche Anordnung von Sanierungsmaßnahmen. Sie setzt die Zulässigkeit der in ihr vorgeschriebenen Maßnahmen voraus. Die Umsetzung erfolgte in den §§ 45 ff. KWG. Diese Vorschriften müssen verfassungskonform interpretiert werden.

308 Die Sanierungs-RL ordnet die folgenden Maßgaben an:
 – Behörden und Gerichte des Herkunftsstaates sind für die Anordnung von Sanierungsmaßnahmen zuständig; diese Kompetenz umfasst auch die Zweigstellen in anderen Mitgliedstaaten (*Einheitslösung*, Art. 3 Sanierungs-RL).
 – Es gelten die Rechtsvorschriften und Verfahren des Herkunftsstaates (Art. 3 Sanierungs-RL). Für ein Kreditinstitut mit satzungsmäßigem Sitz in Deutschland, das der deutschen Bankenaufsicht durch die BaFin unterliegt, bedeutet dies, dass sich die Sanierung nach deutschem Recht, mithin nach dem KWG richtet. In diesem Fall würden die Sanierungsmaßnahmen der BaFin unmittelbar europaweit wirksam, sobald sie nach deutschem Recht wirksam getroffen sind. Jedoch sehen die Art. 20 bis 33 der Sanierungs-RL in beachtlichem Umfang Sonderanknüpfungen für

---

[118] Verordnung (EG) Nr. 1346/2000 des Rates v. 29.5.2000 über Insolvenzverfahren, ABlEU 2000, Nr. L 160/1.

Arbeitsverhältnisse, Registerrechtsverhältnisse, Sicherungsrechte, Aufrechnungen, Pensionsgeschäfte und anfechtbare Rechtshandlungen vor.
- Wurden Sanierungsmaßnahmen von den Behörden oder Gerichten des Herkunftstaates getroffen, sind die zuständigen Behörden am Ort der Zweigstellen (Aufnahmemitgliedstaaten) unverzüglich zu unterrichten (Art. 4 Sanierungs-RL). Umgekehrt setzen sich die Behörden oder Gerichte des Aufnahmemitgliedstaates mit dem Herkunftstaat in Verbindung, soweit sie die Durchführung konkreter Sanierungsmaßnahmen für erforderlich halten (Art. 5 Sanierungs-RL).
- Sanierungsmaßnahmen müssen durch öffentliche Bekanntmachung im Amtsblatt der Europäischen Gemeinschaften und in zwei überregionalen Zeitschriften veröffentlicht werden, wenn Rechte von Dritten außerhalb des Herkunftstaates beeinträchtigt werden können (Art. 6 Sanierungs-RL). Die Betroffenen sollen in die Lage versetzt werden, rechtzeitig Rechtsbehelfe gegen die Sanierungsmaßnahmen einzulegen, um ihre Rechte zu wahren.
- Soweit Forderungen anzumelden sind, müssen die Gläubiger in geeigneter Weise darüber informiert werden (Art. 7 Sanierungs-RL).

3.2 Liquidationsverfahren gem. Sanierungs-RL

In den Art. 9–19 der Sanierungs-RL sind die Grundsätze eines europaweit anzuerkennenden Liquidationsverfahrens über das Vermögen des Instituts und seiner Zweigstellen geregelt. Soweit das Kreditinstitut seinen Sitz in Deutschland hat, ist hiermit ein Insolvenzverfahren nach Maßgabe der InsO gemeint. Hiergegen spricht nicht, dass die InsO auch die Sanierung des Unternehmens durch Reorganisation oder übertragende Sanierung zulassen möchte (vgl. §§ 1, 160 Abs. 2 Nr. 1, 260 Abs. 3 InsO), denn aus Art. 2 Absatz 9 der Sanierungs-RL ergibt sich, dass auch solche Gesamtverfahren als Liquidationsverfahren im Sinne der Richtlinie anzuerkennen sind, die *„durch einen Vergleich oder eine ähnliche Maßnahme abgeschlossen werden"*. 309

Die Vorgaben der Art. 9–19 der Sanierungs-RL weisen Ähnlichkeiten zu der Europäischen Insolvenzverordnung auf, die gem. Art. 1 Abs. 2 auf Kreditinstitute und Wertpapierfirmen nicht anwendbar ist. Zum Teil geht die Richtlinie hinsichtlich der Europäisierung über die Maßgaben der EuInsVO hinaus, denn sie setzt ein universelles europäisches Einheitsinsolvenzverfahren voraus, ohne z.B. einen *ordre-public*-Vorbehalt aufzunehmen (vgl. demgegenüber Art. 26 EuInsVO).[119] 310

Im Einzelnen: 311
- Die Aufsichtsbehörden und Gerichte des Herkunftstaates sind exklusiv befugt, über die Eröffnung eines Liquidationsverfahrens über das Vermögen des Instituts und seiner Zweigstellen zu entscheiden (Art. 9 Sanierungs-RL),
- Die Eröffnungsentscheidung wird in allen Mitgliedstaaten ohne weitere Formalitäten anerkannt und ist europaweit wirksam, sobald sie im Herkunftstaat wirksam ist (*Universalitätsgrundsatz*, Art. 9 Sanierungs-RL),
- Die Behörden und Gerichte der betroffenen Mitgliedstaaten sind verpflichtet, sich gegenseitig zu informieren (Art. 9 Sanierungs-RL),
- Grundsätzlich wird das Liquidationsverfahren nach den Rechtsvorschriften des Herkunftstaates durchgeführt (*lex fori concursus*, Art. 10 Sanierungs-RL); jedoch sieht die Richtlinie in den Art. 20 bis 33 einen Katalog von Sonderanknüpfungen vor, mit dem der Grundsatz des Art. 10 Sanierungs-RL aufgeweicht wird,

---

[119] S. auch *Paulus* ZBB 2002, 492, 497 f.

- Das Liquidationsverfahren umfasst auch die Zweigstellen (*Einheitsverfahren*); Sekundärinsolvenzverfahren über das Vermögen der Niederlassungen sind aufgrund der Besonderheiten der Bankeninsolvenz ausgeschlossen,
- Nach dem Scheitern von Sanierungsmaßnahmen wird die Zulassung des Kreditinstituts („*Banklizenz*") widerrufen (Art. 12 Sanierungs-RL),
- Die Eröffnungsentscheidung muss europaweit bekannt gemacht werden durch Veröffentlichung im Amtsblatt der Europäischen Gemeinschaften und in mindestens zwei überregionalen Zeitschriften (Art. 13 Sanierungs-RL),
- Die europäischen Gläubiger des Instituts müssen unverzüglich, detailliert und einzeln unterrichtet werden (Art. 14 Sanierungs-RL),
- Sämtliche europäischen Gläubiger haben das Recht, ihre Forderungen im Verfahren anzumelden; sie werden mit den Gläubigern des Herkunftstaates gleich behandelt (Art. 16 Sanierungs-RL),
- Sämtliche europäischen Gläubiger werden regelmäßig in geeigneter Form über den Fortgang des Verfahrens informiert (Art. 18 Sanierungs-RL),
- Zweigstellen, die sich nicht im europäischen Ausland befinden, werden nach den rechtlichen Maßgaben des Heimatstaates liquidiert; die Behörden, Gerichte und Liquidatoren des europäischen Herkunftstaates des Instituts bemühen sich um eine Abstimmung des Vorgehens mit den Liquidatoren der Zweigstelle (Art. 19 Sanierungs-RL).

4. Sanierung vor Eröffnung eines Insolvenzverfahrens

312   Die Sanierung eines Kredit- oder Finanzdienstleistungsinstituts wird regelmäßig durch aufsichtsrechtliche Maßnahmen der BaFin eingeleitet und/oder unterstützt. Insolvente Kreditinstitute können systemische Risiken in sich bergen. Deshalb kann im Interesse eines funktionierenden Finanzmarktes die „*aufsichtsrechtliche Sanierung*" geboten sein. Sie ist in den §§ 45 ff. KWG geregelt.

313   Die internationale Finanzmarktkrise hatte Anlass zur Überprüfung der Reichweite und Sanierungstauglichkeit dieser Vorschriften gegeben. Die Bundesregierung neigte der Ansicht zu, dass die Vorschriften des KWG insbesondere bei systemrelevanten Kreditinstituten i.S.d. überarbeiteten §§ 48a Abs. 2, 48b Abs. 1 und 2 KWG nicht ausreichend sind, um das Finanzsystem durch eine Bestandserhaltung des gefährdeten Instituts hinreichend zu stützen. Als Konsequenz hieraus wurden das KredReorgG und das RStruktFG und mit ihnen verschiedene Rechtsinstrumente neu geschaffen. Das Kreditwesengesetz wurde in den §§ 45 ff. KWG überarbeitet.

314   Grundsätzlich gilt, dass die BaFin gem. §§ 45 ff. KWG zunächst mit Maßnahmen ohne Außenwirkung gegenüber dem Institut selbst einschreitet, um eine möglichst frühe und „*stille*" Sanierung durchzusetzen. Die Information des Marktes könnte zu einem Ansturm der Kunden auf das betroffene Institut führen und zeitnah die Zahlungsunfähigkeit auslösen. Hiermit würden Sanierungschancen endgültig vereitelt werden. Eine Sanierung sollte deshalb weitgehend unbemerkt von der Öffentlichkeit vorbereitet und umgesetzt werden. Noch immer geht von der Sanierungsbedürftigkeit eines Kreditinstituts (vgl. § 2 Abs. 1 KredReorgG) ein negatives Signal aus, das bei Kunden und Geschäftspartnern zu einem Vertrauensverlust führen kann. Hierdurch kann die Sanierung in Gefahr geraten.

315   Als Aufsichtsbehörde beachtet die BaFin den Verhältnismäßigkeitsgrundsatz gem. Art. 20 Abs. 3 GG. Sie geht von weniger einschneidenden Maßnahmen zu intensiveren

Eingriffen über, soweit diese geeignet, erforderlich und angemessen im engeren Sinne sind. Hierbei sind die Grundrechte des Instituts und der beteiligten Gläubiger etc. in ein ausgewogenes Verhältnis zu bringen zu den verfolgten Zielen und dem Gesetzeszweck. Im Regelungssystem des KredReorgG ist der Verhältnismäßigkeitsgrundsatz bereits erkennbar in den Tatbestandsvoraussetzungen berücksichtigt.

Im Einzelnen sind die folgenden Maßnahmen gesetzlich zulässig: **316**

4.1 Maßnahmen bei unzureichenden Eigenmitteln

Soweit bei einem Institut die Eigenmittel nicht bestimmten gesetzlichen Anforderungen entsprechen bzw. die Annahme gerechtfertigt ist, dass die Anforderungen dauerhaft nicht erfüllt werden können, kann die BaFin Anordnungen gem. § 45 Abs. 1 S. 1 Nr. 1–4 und gem. Abs. 2 Nr. 1–7 KWG an das Institut richten. Besonderheiten gelten gem. Abs. 3 und 4 für Unternehmensgruppen und Finanzkonglomerate. **317**

4.1.1 Tatbestand

Nach der Überarbeitung der Vorschrift im Rahmen des Restrukturierungsgesetzes liegt ein zweigeteilter Tatbestand vor: **318**

Voraussetzung für die Anordnungen in Abs. 1 ist die aufgrund der Vermögens-, Finanz- oder Ertragsentwicklung des Kreditinstituts begründete Annahme oder Erwartung, dass die angegebenen Eigenmittelerfordernisse nicht erfüllt werden können. Hierzu stellt das Gesetz widerlegliche Vermutungen in § 45 Abs. 1 S. 2 KWG auf.

Voraussetzung für die Anordnungen in Abs. 2 ist die tatsächlich vorliegende Unzulänglichkeit der gesetzlich vorgeschriebenen Eigenmittel oder der Zustand unzureichender Liquidität des Kreditinstituts. Es wird vom Gesetz noch keine Insolvenzgefahr für das Kreditinstitut verlangt. Maßstab für die Unzulänglichkeit der Eigenmittel sind die §§ 10 Abs. 1 und 1b sowie 45b Abs. 1 S. 2, 11 Abs. 1 KWG. **319**

Das Ziel der Vorschrift besteht darin, eine Unternehmenskrise gar nicht entstehen zu lassen. Die BaFin soll bereits zu einem sehr frühen Zeitpunkt regulierend eingreifen können. **320**

4.1.2 Erlaubte Maßnahmen

Der BaFin wird sowohl in Abs. 1 als auch in Abs. 2 ein Anordnungsermessen eingeräumt, das verhältnismäßig auszuüben ist. **321**

Die BaFin kann gem. § 45 Abs. 1 S. 1 KWG bei zu befürchtender Eigenmittelschwäche Maßnahmen zur Verbesserung der Eigenmittelausstattung und der Liquidität anordnen. Hierzu gehören die folgenden Anordnungen: **322**
- Anordnung zur Vorlage einer begründeten Darstellung der Entwicklung der wesentlichen Geschäftsaktivitäten über einen Zeitraum von mindestens 3 Jahren inklusive Planbilanzen, Plangewinn- und Verlustrechnungen sowie Entwicklung der bankaufsichtsrechtlichen Kennzahlen (Nr. 1),
- Anordnung von Maßnahmen zur besseren Abschirmung oder Reduzierung der vom Institut als wesentlich identifizierten Risiken (Nr. 2),
- Anordnung zur Prüfung weiterer Risiken und zur Konzepterstellung für den Ausstieg aus einzelnen Geschäftsbereichen etc. (Nr. 2),
- Anordnung zum Bericht über geeignete Maßnahmen zur Erhöhung des Kernkapitals (Nr. 3),

- Anordnung zur Konzepterstellung im Hinblick auf die Abwendung einer möglichen Gefahrenlage gem. § 35 Abs. 2 Nr. 4 KWG (Nr. 4).

323 Bleiben die Eigenmittel tatsächlich hinter den gesetzlichen Vorschriften zurück, kann die BaFin gem. § 45 Abs. 2 KWG:
- Entnahmen durch die Inhaber oder Gesellschafter sowie die Ausschüttung von Gewinnen untersagen oder beschränken. Hierdurch verbleibt dem Institut mehr Liquidität zur Erfüllung seiner Aufgaben (Nr. 1),
- bilanzielle Maßnahmen untersagen oder beschränken, die dazu dienen, einen Jahresfehlbetrag auszugleichen oder einen Bilanzgewinn auszuweisen (Nr. 2),
- anordnen, dass Auszahlungen auf Eigenmittelinstrumente (mit Ausnahme von § 10 Abs. 5a KWG) ersatzlos entfallen, soweit sie nicht vollständig durch einen erzielten Jahresüberschuss gedeckt sind (Nr. 3),
- Kreditgeschäfte im Sinne des § 19 Abs. 1 KWG untersagen oder beschränken (Nr. 4),
- Anordnungen treffen, wonach bestimmte Risiken zu reduzieren sind, wenn sich diese aus bestimmten Arten von Geschäften, Produkten oder Systemnutzungen ergeben (Nr. 5). Beschränkungen des Kreditgeschäfts liegen vor, wenn die Vergabe neuer Darlehen bzw. die Verlängerung bereits bestehender Linien untersagt wird.[120] Die Aufsichtsbehörde kann auch einzelne Darlehensarten zeitweilig aus dem operativen Bankbetrieb entfernen,
- die Auszahlung variabler Vergütungsbestandteile untersagen oder beschränken (Nr. 6),
- die Vorlage eines Restrukturierungsplans anordnen (Nr. 7).

324 Die Anordnungen gem. § 45 KWG entfalten ihre Wirksamkeit lediglich im Verhältnis zum Institut. Überschreitet das Kreditinstitut unter Missachtung der Anordnungen der BaFin seine Befugnisse, berührt dies nicht die Wirksamkeit der im Außenverhältnis geschlossenen Verträge.[121] Die Anordnungen haben nicht die Qualität eines gesetzlichen Verbotes im Sinne von § 134 BGB. Eine präventive Absicherung durch Marktinformation scheidet aus. Die Maßnahmen im Innenverhältnis sollen gerade nicht öffentlich gemacht werden, um den Markt nicht zu verunsichern.[122]

4.1.3 Rechtsmittel

325 Gegen die Anordnungen der BaFin sind Widerspruch und Anfechtungsklage durch das Kreditinstitut zulässig. Ihnen kommt gem. § 49 KWG keine aufschiebende Wirkung zu.

4.2 Maßnahmen bei organisatorischen Mängeln

326 Erhält die BaFin Kenntnis von organisatorischen Mängeln im Institut kann sie gem. § 45b Abs. 1 KWG ebenfalls Maßnahmen zur Risikoverringerung anordnen. Gem. § 45b Abs. 1 S. 1 Nr. 3 KWG können zum Beispiel bestimmte Geschäftsarten (Annahme von Einlagen, Kreditgeschäfte) ganz oder teilweise untersagt werden.

---

120 S. *Obermüller/Obermüller* Kölner Schrift InsO, Kap. 44 B. Rn. 6.
121 *Obermüller/Obermüller* Kölner Schrift InsO, Kap. 44 B. Rn. 6.
122 *Obermüller/Obermüller* Kölner Schrift InsO, Kap. 44 B. Rn. 7.

4.3 Entsendung eines Sonderbeauftragten

Umgesetzt wurde zum 1.1.2011 die Einführung eines § 45c KWG durch Art. 2 des Restrukturierungsgesetzes. Hiernach ist die BaFin zukünftig befugt, einen Sonderbeauftragten in das Kreditinstitut zu entsenden. Diesem Sonderbeauftragten können verschiedene Beratungs- und Überwachungsaufgaben zugewiesen werden, insbesondere die Übernahme von Geschäftsleitungsbefugnissen, die Erarbeitung eines Restrukturierungsplans oder die Vorbereitung einer Übertragungsanordnung gem. § 48a KWG.

Die Befugnisse des Sonderbeauftragten, seine Rechtsstellung im Institut, die Übernahme der durch seine Entsendung entstandenen Kosten und seine persönliche Haftung sind in § 45c Abs. 1–7 KWG detailliert geregelt.

4.3.1 Aufgaben und Befugnisse

Dem Sonderbeauftragten können durch die BaFin gem. § 45c Abs. 2 KWG verschiedene Aufgaben übertragen werden:

– Wahrnehmung der Aufgaben und Befugnisse eines oder mehrerer Geschäftsleiter, soweit die vorhandenen Geschäftsleiter nicht über die erforderliche Sachkunde oder Zuverlässigkeit verfügen oder abberufen wurden (Nr. 1 und 2),
– Wahrnehmung von Aufgaben oder Befugnissen von Organen des Instituts nach Maßgabe der §§ 33 Abs. 3, 36 Abs. 3 S. 3 und 4 KWG (Nr. 3 und Nr. 4),
– Durchführung von Maßnahmen zur Herstellung und Sicherung einer angemessenen Geschäftsorganisation und eines geeigneten Risikomanagements, wenn das Institut nachhaltig gegen einschlägige gesetzliche Vorschriften verstoßen hat (Nr. 5),
– Überwachung der Einhaltung von Anordnungen der BaFin (Nr. 6),
– Erstellung eines Restrukturierungsplans, soweit die Voraussetzungen von § 45 Abs. 1 S. 3 oder Abs. 2 KWG vorliegen (Nr. 7),
– Gefahrenabwehrmaßnahmen im Zusammenhang mit §§ 35 Abs. 2 Nr. 4, 46 Abs. 1 S. 1 KWG (Nr. 8),
– Vorbereitung einer Übertragungsanordnung gem. § 48a KWG bei systemisch relevanten Kreditinstituten (Nr. 9),
– Verfolgung von Schadensersatzansprüchen gegen (ehemalige) Organmitglieder (Nr. 10).

4.3.2 Rechtsstellung im Kreditinstitut

Soweit dem Sonderbeauftragten Aufgaben oder Befugnisse übertragen werden, die regulär den Organen und Geschäftsleitern des Kreditinstituts zustehen, tritt der Sonderbeauftragte in deren Kompetenzbereich und verdrängt die Organmitglieder (§ 45c Abs. 3 S. 1 KWG). Die umfassende Übertragung der Aufgaben und Befugnisse ist nur in Ausnahmefällen nach Maßgabe des § 45c Abs. 3 KWG zulässig.

Soweit es zu einer (Teil-)Übertragung kommt, sind die Übertragung selbst, die Vertretungsbefugnis sowie die Aufhebung der Übertragung vom Amts wegen in das Handelsregister einzutragen (§ 45c Abs. 4 KWG).

4.3.3 Kostenübernahme

Eine Pflicht zur Kostenübernahme durch das betroffene Kreditinstitut ist in § 45c Abs. 6 KWG geregelt. Danach hat das Institut die anfallende Vergütung und die Auslagen zu übernehmen. Die Höhe der Vergütung wird durch die BaFin festgesetzt. Auf Antrag des Sonderbeauftragten kann die BaFin die Vergütung vorfinanzieren.

4.3.4 Persönliche Haftung

333 Gem. § 45c Abs. 7 S. 1 KWG haftet der Sonderbeauftragte für Vorsatz und Fahrlässigkeit. Das Gesetz sieht unterschiedliche Haftungsobergrenzen vor im Falle der Haftung bei fahrlässigem Handeln (1 Mio. EUR) und bei Vorliegen einer Aktiengesellschaft, deren Aktien zum Handel im regulierten Markt zugelassen sind (50 Mio. EUR).

4.4 Maßnahmen bei Gefahr für die Erfüllung von Verbindlichkeiten

334 Intensivere Eingriffe der BaFin sind gem. § 46 Abs. 1 KWG zulässig, wenn eine Gefahr für die Erfüllung der Verpflichtungen des Instituts gegenüber seinen Gläubigern, insbesondere für die Sicherheit der dem Institut anvertrauten Vermögenswerte besteht. § 46 KWG soll auch nach der Reform des Sanierungsrechts für Kreditinstitute durch das Restrukturierungsgesetz fortgelten. Gem. § 2 Abs. 4 KredReorgG führt die Anordnung einer Maßnahme gem. § 46 KWG zu der gesetzlichen Vermutung der Rücknahme eines Antrags auf Durchführung eines Sanierungsverfahrens gem. §§ 1 ff. KredReorgG. Die BaFin kann abweichende Regelungen treffen. Der Referentenentwurf des Restrukturierungsgesetzes sah in Art. 2 eine inhaltliche Erweiterung von § 46 KWG dergestalt vor, dass Teile des aufzulösenden § 46a KWG in die neue Fassung von § 46 KWG integriert werden. Diese Änderung trat zum 1.1.2011 in Kraft.

4.4.1 Tatbestand

335 Der Tatbestand des § 46 Abs. 1 KWG setzt eine konkrete Gefahr[123] für die Erfüllung der Verpflichtungen eines Instituts gegenüber seinen Gläubigern, insbesondere für die Sicherheit der anvertrauten Vermögenswerte voraus bzw. den begründeten Verdacht, dass eine wirksame Aufsicht über das Institut nicht möglich ist. Damit unterscheidet sich die Vorschrift von § 45 KWG, der eine eher abstrakte Gefahrenlage reguliert. Die konkrete Gefahr gem. § 46 KWG muss sich auf sämtliche Verpflichtungen aus Bankgeschäften beziehen, da nur diese von der BaFin beaufsichtigt werden.[124] Ein Indikator für das Vorliegen der Gefahr kann Verzug mit der Erfüllung von Verpflichtungen gem. §§ 286 ff. BGB sein, der auf vorliegende Zahlungsschwierigkeiten hindeutet. Drohende Zahlungsunfähigkeit begründet die konkrete Gefahr ebenfalls. Die anvertrauten Vermögenswerte sind regelmäßig bedroht, wenn die Hälfte des haftenden Eigenkapitals verloren gegangen ist oder wenn in drei aufeinander folgenden Jahren ein Verlust in Höhe von jeweils mehr als 10 % des haftenden Eigenkapitals eingetreten ist (vgl. § 35 Abs. 2 Nr. 4a und b KWG). In diesen Fällen kann die Bankerlaubnis entzogen werden.

336 Aus dem Wortlaut lässt sich die Zielsetzung des Gesetzes entnehmen, sowohl Gläubiger des Instituts zu schützen als auch die Bankenaufsicht zu effektivieren. Der Gesetzgeber möchte die Insolvenz eines Kreditinstituts verhindern. Hierzu setzt er die Sanierung unter Aufsicht der BaFin ein.

---

123 So Boos/Fischer/Schulte-Mattler/*Lindemann* § 46 Rn. 2.
124 Boos/Fischer/Schulte-Mattler/*Lindemann* § 46 Rn. 7.

4.4.2 Erlaubte Maßnahmen

Gem. § 46 Abs. 1 KWG kann die BaFin einstweilige Maßnahmen zur Gefahrenabwehr treffen. Ein Ermessensspielraum ist eröffnet. Die Maßnahmen sind für einen überschaubaren Zeitraum konzipiert. Zeigen sie keine Wirkung, sind weitere Anordnungen zu treffen (z.B. nach §§ 35 ff., 46a KWG). 337

Aufgrund der im Vergleich zu § 45 KWG höheren Anforderungen an die Gefahrenlage ist der Handlungsspielraum erheblich erweitert. Die BaFin kann die Maßnahmen gem. § 45 Abs. 1 S. 1 Nr. 1–3 KWG und diejenigen gem. § 46 Abs. 1 S. 1 Nr. 1–4 KWG anordnen. Letztere beziehen sich ebenfalls eher auf den Innenbereich des Kreditinstituts. Die Sanierung soll durch aufsichtsrechtliche Eingriffe in die Leitung und Organisation der Bank versucht werden. Es sind keine Zwangsmaßnahmen mit Wirkung gegen Dritte, d.h. Kunden oder Geschäftspartner, vorgesehen. Unabhängig davon, dass für derartige Maßnahmen gegenüber Dritten ein ungleich höheres verfassungsrechtliches Rechtfertigungsbedürfnis besteht, würden die Marktteilnehmer durch die Öffentlichkeit der Maßnahme verunsichert. Dies würde die Sanierung gefährden. 338

Auch nach bisheriger Gesetzeslage waren im Rahmen von § 46 Abs. 1 KWG folgende Einzelmaßnahmen zulässig: 339
– Anweisungen an die Geschäftsführung des Instituts (Nr. 1),
– Verbot der Annahme von Einlagen oder Geldern oder Wertpapieren von Kunden (Nr. 2),
– Verbot der Gewährung von Krediten gem. § 19 Abs. 1 KWG (Nr. 2),
– Untersagung der Tätigkeit von Inhabern und Geschäftsleitern (Nr. 3),
– Bestellung von Aufsichtspersonen (Nr. 4).

Mit der Anweisung an die Geschäftsführung kann die BaFin unmittelbar auf die Geschäftspolitik und die Unternehmensorganisation des Kreditinstituts einwirken.[125] Sie kann bestimmte Geschäftsarten und Gestaltungen unterbinden. Damit kann die Aufsicht einen Sanierungsbeitrag bewirken, da bestimmte Risiken für die Zukunft von dem Institut fern gehalten werden. 340

Mit dem Verbot der Annahme von Einlagen oder Geldern reagiert die BaFin auf die unzureichende finanzielle Situation des Instituts und verhindert, dass Rückzahlungsansprüche aufgebaut werden, die möglicherweise nicht bedient werden können. 341

Das Verbot der Kreditgewährung dient der Stabilisierung der Liquidität des Instituts. Es kann auch in der Weise angeordnet werden, dass bereits zugesagte Kredite nicht ausgereicht werden dürfen.[126] Im Schrifttum wird dazu geraten, von einer solchen Anordnung Abstand zu nehmen.[127] Denn sie würde zwangsläufig zu Verunsicherung im Kreditmarkt führen und die geplante Sanierung unter Umständen vereiteln. Es besteht die Gefahr, dass weitere Geschäftspartner sich von dem sanierungsbedürftigen Institut zurückziehen. Hierdurch würde die drohende Bestandsgefährdung vertieft. 342

Schließlich kann die BaFin gem. § 46 Abs. 1 S. 2 Nr. 3 KWG bestimmten Inhabern oder Geschäftsleitern des Instituts die Ausübung ihrer Tätigkeit untersagen bzw. diese angemessen beschränken, soweit sie die vom Tatbestand vorausgesetzte Gefahr durch 343

---
125 Boos/Fischer/Schulte-Mattler/*Lindemann* § 46 Rn. 19.
126 *KG Berlin* Beschluss v. 26.10.1984 – AR (B) 109/84, 5 WS (B) 251/84.
127 Boos/Fischer/Schulte-Mattler/*Lindemann* § 46 Rn. 22.

ihr Verhalten mit verursacht haben. Hiermit kann die BaFin auf die Vertretungsregelungen Einfluss nehmen und die interne Organisation des Kreditinstituts gestaltend regulieren. Die im Rahmen der Gefahrenabwehr erforderliche organisatorische Neuausrichtung kann Teil eines Sanierungsplans sein.

344 Sollten die beschriebenen Maßnahmen nicht hinreichend wirken, kommt die Entsendung einer Aufsichtsperson in das Kreditinstitut in Betracht. Zwar hat diese Aufsichtsperson keine geschäftlichen Kompetenzen; sie wirkt an den Geschäftsabschlüssen auch nicht infolge eines Zustimmungsvorbehalts mit. Gleichwohl kann die BaFin anordnen, dass die geplanten unternehmerischen Entscheidungen der Aufsichtsperson vorgelegt werden, damit diese die Vereinbarkeit mit dem KWG prüfen kann.[128]

345 Im Restrukturierungsgesetz ist eine Neufassung von § 46 Abs. 1 S. 2 Nr. 4 KWG und eine Ergänzung um die Nr. 5 und 6 vorgesehen, in der die Maßnahmen des § 46a KWG a.F. in leicht veränderter Form ihren Platz finden.

346 Hiernach darf die BaFin zukünftig auf Grundlage von § 46 Abs. 1 S. 2 Nr. 4–6 KWG
 – vorübergehend ein Veräußerungs- und Zahlungsverbot an das Institut erlassen (Nr. 4),
 – die Schließung des Instituts für den Verkehr mit der Kundschaft anordnen (Nr. 5),
 – die Entgegennahme von Zahlungen, die nicht zur Erfüllung von Verbindlichkeiten gegenüber dem Institut bestimmt sind, verbieten, es sei denn, die zuständige Entschädigungseinrichtung oder sonstige Sicherungseinrichtung stellt die Befriedigung der Berechtigten in vollem Umfang sicher (Nr. 6).

4.4.3 Rechtsmittel

347 Gegen die Anordnungen der BaFin sind Widerspruch und Anfechtungsklage durch das Kreditinstitut zulässig. Ihnen kommt gem. § 49 KWG keine aufschiebende Wirkung zu.

4.5 Maßnahmen bei Insolvenzgefahr

348 Gem. § 46a KWG a.F. wurde die BaFin zu noch weitergehenden Eingriffen ermächtigt, wenn die Gefahr der Insolvenz des Instituts bestand. Die Vorschrift war als Folge des Konkurses des *Bankhauses Herstatt* nachträglich in das KWG eingefügt worden, weil der Gesetzgeber aufgrund der bisherigen Erfahrungen davon ausging, dass das Instrumentarium der überkommenen §§ 45, 46 KWG im Falle drohender Zahlungsunfähigkeit einer Bank nicht ausreiche.[129] Der Maßnahmenkatalog des § 46 Abs. 1 S. 2 KWG a.F. sollte um ein allgemeines Veräußerungs- und Zahlungsverbot und um eine zeitweilige Schalterschließung ergänzt werden. Der Sinn und Zweck dieser Regelungen lag darin, durch eine kurzzeitige Abschirmung des Instituts Raum für eine Sanierung zu eröffnen.[130] In der Wirtschaftspraxis hat sich diese Vorstellung, dass ein Moratorium die Insolvenz verhindern kann, bislang nicht bestätigt.[131]

349 Das Restrukturierungsgesetz sieht – wie beschrieben – eine Streichung der Vorschrift vor. Da ihre Inhalte weitestgehend in § 46 Abs. 1 S. 2 Nr. 4 bis 6 KWG n.F. erhalten bleiben sollen, ist eine Darstellung geboten. Die Gesetzesbegründung zum Restruktu-

---

[128] Boos/Fischer/Schulte-Mattler/*Lindemann* § 46 Rn. 37.
[129] Boos/Fischer/Schulte-Mattler/*Lindemann* § 46 Rn. 3, § 46a Rn. 1.
[130] Boos/Fischer/Schulte-Mattler/*Lindemann* § 46a Rn. 1 und 2.
[131] S. auch *Obermüller/Obermüller* Kölner Schrift InsO, Kap. 44 D. Rn. 14.

rierungsgesetz zeigt, dass die Bundesregierung auf die in § 46a KWG a.F. geregelten Eingriffsbefugnisse grundsätzlich nicht verzichten möchte. Sie werden lediglich innerhalb des Gesetzes einen neuen Standort finden.

4.5.1 Tatbestand

Der Tatbestand ist eng an den bisherigen § 46 KWG angelehnt: die BaFin veranlasst danach Maßnahmen nach § 46a KWG a.F., wenn eine konkrete Gefahr für die Erfüllung der Verpflichtungen eines Instituts gegenüber seinen Gläubigern besteht, insbesondere, wenn die Sicherheit der anvertrauten Vermögenswerte bedroht ist oder wenn der begründete Verdacht vorliegt, dass eine wirksame Aufsicht über das Institut nicht möglich ist.[132] Dies Ziel der Regelung besteht darin, die Insolvenz des Kreditinstituts zu verhindern. Der Unterschied zu § 46 KWG a.F. bestand nach dem Wortlaut des Gesetzes darin, dass die BaFin die Kompetenzen gem. § 46a Abs. 1 S. 1 KWG lediglich dann in Anspruch nehmen durfte, wenn sie *„zur Vermeidung eines Insolvenzverfahrens"* handelte. Aufgrund der systematischen Stellung der Vorschrift vor der Reform des KWG und aufgrund ihrer Entstehungsgeschichte ist sie so zu verstehen, dass eine unmittelbare Insolvenzgefahr gegeben sein muss. Mit anderen Worten musste ohne die Anordnung der Maßnahmen gem. § 46a KWG a.F. zeitnah ein Insolvenzantrag durch die BaFin gestellt werden.

350

4.5.2 Erlaubte Maßnahmen

Es stand im Ermessen der BaFin, einstweilige Maßnahmen mit Außenwirkung zur Vermeidung eines Insolvenzverfahrens zu erlassen. Der Gesetzgeber ging bei der Schaffung von § 46a KWG a.F. davon aus, dass in den Fällen der konkreten Insolvenzgefahr mit einer spürbaren Gemeinwohlschädigung zu rechnen sein wird. Diese geht regelmäßig über die wirtschaftlichen Folgen einer regulären Unternehmensinsolvenz in den Bereichen Handel, Industrie und Dienstleistung, die ebenfalls zu einer empfindlichen Schädigung der Gläubiger führen kann, hinaus. Deshalb erschien es dem Gesetzgeber verhältnismäßig, auch die Anordnung von Schutzmaßnahmen mit Außenwirkung zu erlauben. § 46a KWG a.F. sieht hierzu einen Katalog von Maßnahmen vor, der in der Praxis als „Moratorium" bezeichnet wird. Im Gesetz wird dieser Begriff in §§ 46, 46a KWG a.F. nicht verwendet (vgl. aber § 47 Abs. 1 KWG).

351

Als konkrete Anordnungsinhalte kommen gem. § 46a Abs. 1 S. 1 KWG a.F. in Betracht:

352

– der Erlass eines Veräußerungs- und Zahlungsverbotes,
– die Schließung des Kreditinstituts für den Verkehr mit der Kundschaft,
– das Verbot der Entgegennahme von Zahlungen, soweit diese nicht zur Tilgung von Schulden gegenüber dem Institut bestimmt sind (es sei denn, die Befriedigung der Berechtigten wird durch die zuständige Einlagensicherungs- oder Anlegerentschädigungseinrichtung in vollem Umfang sichergestellt).

Die Aufzählung ist – anders als in dem vorstehenden § 46 KWG a.F. – abschließend. Jedoch konnten durch die BaFin Maßnahmen gem. § 46 Abs. 1 S. 2 KWG und gem. § 46a Abs. 1 S. 1 KWG a.F. kombiniert werden.[133] Dies wird bei der Auslegung des § 46 KWG in der Fassung des Restrukturierungsgesetzes zu beachten sein.

353

---

132 Zum Verhältnis von § 46a KWG zu § 46 KWG s. Boos/Fischer/Schulte-Mattler/*Lindemann* § 46a Rn. 5.
133 Boos/Fischer/Schulte-Mattler/*Lindemann* § 46a Rn. 9.

354 Faktisch standen der BaFin für diese Sanierungsmaßnahmen nur sechs Wochen zur Verfügung, weil die Behörde den Entschädigungsfall festzustellen hatte, wenn Maßnahmen nach § 46a Abs. 1 S. 1 Nr. 1–3 KWG a.F. angeordnet wurden und diese länger als sechs Wochen andauerten (§ 5 Abs. 1 S. 2 EAEG).[134] Mit diesem Zeitablauf fällt die Einsicht zusammen, dass keine hinreichende Aussicht besteht, dass das Kreditinstitut seine Verbindlichkeiten wieder erfüllen und die Einlagen der Kunden zurückzahlen kann. Insoweit wird die BaFin nach Feststellung des Entschädigungsfalles zur Insolvenzantragstellung übergehen.

355 Die Kompetenz zur Anordnung von Sicherungsmaßnahmen liegt nach Stellung des Insolvenzantrags ausschließlich beim Insolvenzgericht, so dass die BaFin kollidierende Anordnungen gem. §§ 46, 46a KWG a.F. aufzuheben hatte. Soweit das Insolvenzgericht gem. §§ 21, 22 InsO für die Sicherung und den Schutz des schuldnerischen Vermögens zuständig ist, verdrängt es aufgrund der spezielleren §§ 21, 22 InsO die BaFin aus ihrer Zuständigkeit. Bei konkurrierenden Anordnungen gehen diejenigen des Insolvenzgerichts als lex specialis vor.

356 Mit der Eröffnung des Insolvenzverfahrens greift die Zuständigkeitsordnung der InsO: Verwaltungs- und Verwertungskompetenz des Insolvenzverwalters (§§ 80 Abs. 1, 148 Abs. 1 InsO), Aufsicht durch das Insolvenzgericht (§§ 58 f. InsO), Überwachung und Unterstützung durch den Gläubigerausschuss (§§ 67, 69, 158 ff. InsO), Grundsatzentscheidungen der Gläubigerversammlung (§§ 74 ff., 157, 160 ff. InsO). Soweit die Befugnisse des Insolvenzverwalters im Hinblick auf die Insolvenzmasse reichen, entfallen die Regelungsbefugnisse der Finanzaufsicht.

357 Die Maßnahmen gem. § 46a Abs. 1 S. 1 KWG a.F. hatten die folgenden Inhalte:

Das Veräußerungs- und Zahlungsverbot gegenüber dem Kreditinstitut bezog sich auf sämtliche Sachen und Rechte. Es diente dazu, den Vermögensverbund des Instituts zusammen zu halten und verhindert die Befriedigung einzelner – ausgewählter – Gläubiger. Insoweit schützte es die Gläubigergesamtheit vor Vermögensverschiebungen und ermöglichte die koordinierte Ressourcenverwaltung.

358 Verbotswidrige Verfügungen waren gem. §§ 135, 136 BGB relativ unwirksam.

359 Mit dem Verbot korrespondierte die Einstellung der Zwangsvollstreckung gem. § 46a Abs. 1 S. 5 KWG a.F.

360 Ausgenommen von dem Verbot waren laufende Geschäfte und Abwicklungsgeschäfte nach Maßgabe von § 46a Abs. 1 S. 3 KWG a.F.[135] Neue Geschäfte waren im Rahmen der Abwicklung zulässig, soweit die Einlagensicherungseinrichtung Mittel hierfür zu Verfügung stellte oder garantierte.[136] Zahlungen für die laufende Verwaltung des Kreditinstituts konnte die BaFin gem. § 46a Abs. 1 S. 4 KWG a.F. gesondert genehmigen.

361 Naturgemäß kommt dem Veräußerungs- und Zahlungsverbot Außenwirkung zu, wenn sich das Institut seinen Vertragspartnern gegenüber erklären muss. Es kann insbesondere zu einer Marktverunsicherung kommen, wenn das Institut bereits zugesagte Kredite nicht mehr an den Kreditnehmer ausreicht oder selbst aufgenommene Kredite nicht an den Darlehensgeber zurückbezahlt. Die Marktteilnehmer werden

---

[134] Vgl. nunmehr § 46 Abs. 2 KWG.
[135] S. eingehend *Obermüller/Obermüller* Kölner Schrift InsO, Kap. 44 D. III. Rn. 28.
[136] Boos/Fischer/Schulte-Mattler/*Lindemann* § 46a Rn. 17.

Abstand vom Institut nehmen. Zwangsweise können sie ihre Forderungen gegen das vom Moratorium geschützte Institut nicht beitreiben.

Das Zahlungsverbot führte nach h.M. zu einer Zwangsstundung der von § 46a Abs. 1 KWG a.F. erfassten Forderungen, da es dem Kreditinstitut aufgrund der hoheitlichen Anordnung verboten war, Leistungen an die Gläubiger zu erbringen.[137] Die h.M. stützte sich im Wesentlichen auf eine Entscheidung des Reichsgerichts zum alten § 69 des Versicherungs-Aufsichtsgesetzes (VAG) (heute § 89 VAG) vom 22.1.1926 und auf eine Passage aus dem Gesetzesentwurf der Bundesregierung eines Gesetzes zur weiteren Fortentwicklung des Finanzplatzes Deutschland (Viertes Finanzmarktförderungsgesetz) vom 18.1.2002.

362

In der Entscheidung des Reichsgerichtes heißt es wörtlich:

363

„Wenn dem Schuldner verboten wird, zu zahlen, so wird damit gleichzeitig dem Gläubiger verboten, zu fordern. Tut er es dennoch, so kann sich der Schuldner ihm gegenüber auf das Zahlungsverbot berufen, weil es einer Verurteilung des Schuldners zu sofortiger Zahlung entgegensteht. Das zeitweilige Zahlungsverbot bedeutet eine von der zuständigen Behörde im gesetzlich geordneten Verfahren bewilligte Stundung und der Einwand der Stundung ist ein materieller, gegen den Anspruch selbst gerichteter Einwand".[138]

In der Regierungsbegründung zum vierten Finanzmarktförderungsgesetz heißt es, dass *„das Zahlungs- und Veräußerungsverbot die Wirkung einer Stundung sämtlicher gegen die Bank gerichteten Forderungen [habe]"*.

364

Die Rechtsfolge dieser im Schrifttum herrschenden Gesetzesauslegung bestand darin, dass keine zivilrechtlichen Ansprüche der Geschäftspartner auf Schadensersatz und Verzugszinsen wegen verspäteter Zahlung entstehen.[139] Soweit die Vertragsbedingungen von Kredit- und sonstigen Verträgen im Einzelfall Kündigungsrechte für die Vertragspartner vorsahen, konnten diese Rechte anlässlich der Anordnung von Maßnahmen gem. § 46a Abs. 1 KWG a.F. zwar ausgeübt werden (abweichend nunmehr § 13 KredReorgG, wonach Schuldverhältnisse während eines laufenden Reorganisationsverfahrens gem. §§ 7 ff. KredReorgG gerade nicht beendet von der Gegenseite werden dürfen). Jedoch werden Rückzahlungsansprüche aufgrund der Zwangsstundung nicht bedient, so dass die Vertragspartner unter Umständen einen Nichtanlageschaden erleiden, der aufgrund der Zwangsstundung jedoch nicht beim Institut liquidiert werden kann.

365

Alternativ oder kumulativ zum Zahlungs- und Veräußerungsverbot konnte die BaFin die vorübergehende Schließung des Instituts anordnen und die Entgegennahme von Geldern untersagen.

366

Schließlich konnte die BaFin gem. § 46a Abs. 2–7 KWG a.F. eine Neubesetzung der Geschäftsleitungspositionen vornehmen, wenn den bisherigen Geschäftsleitern die Tätigkeit aufgrund mangelnder Zuverlässigkeit etc. untersagt wurde. Hierzu regte die BaFin beim zuständigen Gericht die Installation geeigneter vertretungsbefugter Persönlichkeiten an.

367

---

137 RegE Viertes Finanzmarktförderungsgesetz, BT-Drucks. 14/8017, zu Art. 15 Buchstabe c Nr. 3, S. 141 linke Spalte; **a.A.** *Obermüller/Obermüller* Kölner Schrift InsO, Kap. 44 D. III. Rn. 39, 40; *Binder* S. 313 ff.
138 RG, Urteil v. 22.1.1926 – VI 413/25, RGZ 112, 348 [350].
139 S. Boos/Fischer/Schulte-Mattler/*Lindemann* 46a Rn. 22, 23.

4.5.3 Rechtsmittel

368 Als Rechtsmittel gegen die Anordnungen der BaFin stehen Widerspruch und Anfechtungsklage durch das Kreditinstitut zur Verfügung. Sie haben gem. § 49 KWG keine aufschiebende Wirkung.

4.6 Sanierungs- und Reorganisationsverfahren nach dem KredReorgG

369 Das Sanierungsrecht für Kreditinstitute wurde durch das Restrukturierungsgesetz vom 9.12.2010 umgestaltet und erweitert. Neben den beschriebenen Änderungen in den §§ 45 ff. KWG wurde mit dem KredReorgG, das Teil des Restrukturierungsgesetzes ist, ein zusätzliches Sanierungsverfahren für sanierungsbedürftige Kreditinstitute und ein besonderes Reorganisationsverfahren eingeführt. Hiermit wurden unterschiedliche Diskussionsentwürfe aus dem Bundesministerium für Justiz (BMJ) und dem Bundesministerium für Wirtschaft und Technologie (BMWi) aus der vergangenen Legislaturperiode abgelöst.[140] Die im KredReorgG enthaltenen Verfahren sind in Deutschland ohne konkretes Vorbild. Der Gesetzgeber betritt insoweit juristisches Neuland. Er lehnt sich jedoch erkennbar an einzelne Institute und Regelungsstrukturen aus dem Insolvenzverfahren und aus dem Bankaufsichtsrecht (§§ 45 ff. KWG) an, kombiniert und erweitert deren Inhalt jedoch. Insoweit wird die Rechtsprechung im Rahmen der Auslegung des KredReorgG auf Erkenntnisse und Erfahrungen aus dem Insolvenzrecht zurückgreifen können. In § 1 Abs. 2 KredReorgG wird zudem auf die ZPO verwiesen.

370 Die Befugnisse der BaFin nach anderen Gesetzen, insbesondere nach dem KWG, bleiben gem. § 1 Abs. 5 KredReorgG unberührt. Dies betrifft vor allem die §§ 45 ff. KWG, die weiterhin mit den aufgezeigten Modifikationen Anwendung finden.

4.6.1 Das Sanierungsverfahren

371 Das Sanierungsverfahren ist im 2. Abschn. des KredReorgG geregelt. Es handelt sich um ein eher unterstützendes Verfahren, mit dem die Ertragskraft und Wettbewerbsfähigkeit des Kreditinstituts wiederhergestellt werden sollen. Zwangseingriffe in die Rechtspositionen der Anteilseigentümer und der Gläubiger des sanierungsbedürftigen Bankhauses sind im Gesetz nicht vorgesehen.

4.6.1.1 Einleitung des Sanierungsverfahrens

372 Das Sanierungsverfahren wird gem. § 2 Abs. 1 KredReorgG durch das Kreditinstitut selbst eingeleitet, indem es seine Sanierungsbedürftigkeit bei der BaFin anzeigt. Es ist demnach Aufgabe der Unternehmensleitung zu prüfen, ob und zu welchem Zeitpunkt die Einleitung eines solchen Verfahrens opportun ist (vgl. §§ 76 Abs. 1, 91 AktG).

373 Zugleich legt es einen vorgefertigten Sanierungsplan vor und schlägt einen geeigneten Sanierungsberater vor. Ausdrücklich ist in § 2 Abs. 2 S. 2 KredReorgG geregelt, dass in dem Sanierungsplan alle zur Sanierung dienlichen Maßnahmen vorgeschlagen werden können, „*die geeignet sind, ohne einen Eingriff in Drittrechte eine Sanierung des Kreditinstituts zu erreichen*".

374 In Anlehnung an § 264 Abs. 1 InsO (sog. Kreditrahmen) kann im Sanierungsplan die spätere Privilegierung von Darlehen vorgesehen werden, die anlässlich des Sanierungsverfahrens gewährt wurden. Sie sollen – im Falle des Scheiterns des Sanierungs-

---

140 Zu diesen Entwürfen vgl. *Eidenmüller* FS Hopt, S. 1713 ff.

versuchs – in einem späteren Insolvenzverfahren über das Vermögen des Kreditinstituts vor den übrigen Insolvenzgläubigern bedient werden.

Es liegt sodann im pflichtgemäßen Ermessen der BaFin („*wenn sie dies für zweckmäßig hält*"), den Antrag auf Durchführung des Sanierungsverfahrens beim zuständigen OLG zu stellen (§ 2 Abs. 3 KredReorgG). Dem OLG ist der Sanierungsplan zu übermitteln. Zusätzlich ist dem OLG eine Stellungnahme der BaFin zu übergeben, in der sich die Aufsichtsbehörde zu den Sanierungsaussichten anhand des Plans und zur Eignung des vorgeschlagenen Sanierungsberaters positioniert. Soweit die BaFin den vom Kreditinstitut vorgeschlagenen Berater für ungeeignet hält, schlägt sie einen geeigneten Sanierungsberater vor. **375**

Mit der Antragstellung gibt die BaFin das Sanierungsverfahren aus der Hand. Zuständig für die Umsetzung und Überwachung der Sanierung sind nach Anordnung des Sanierungsverfahrens das Kreditinstitut selbst, der Sanierungsberater und das OLG am Gerichtsstand der BaFin. **376**

Das OLG prüft die Zulässigkeit des Antrags. Es prüft gem. § 3 Abs. 1 S. 1 KredReorgG, ob der vorgelegte Sanierungsplan „*nicht offensichtlich ungeeignet ist*" und ob der vorgeschlagene Sanierungsberater „*nicht offensichtlich ungeeignet ist*". Demnach fällt dem OLG keine Gestaltungskompetenz zu. Es führt eine Evidenzkontrolle durch. Hierbei enthält das Gesetz jedoch keine materiellen Tatbestandsmerkmale, aufgrund derer ermittelt werden kann, wann eine fehlende Eignung im Sinne des KredReorgG anzunehmen ist. Offensichtlich liegt ein Beurteilungsspielraum des OLG hinsichtlich der Eignung von Sanierungsplan und -berater vor. **377**

Hinsichtlich der Eignung des Sanierungsberaters kann nur sehr begrenzt auf die gesetzlichen Eignungskriterien des § 56 Abs. 1 InsO zurückgegriffen werden. Hiernach muss ein Insolvenzverwalter geschäftlich erfahren, objektiv und von den Gläubigern und dem Schuldner unabhängig sein. Der Sanierungsberater darf gem. § 3 Abs. 3 S. 1 KredReorgG auch Mitglied des Organs oder sonstiger Angehöriger des Instituts sein. Er darf gem. § 3 Abs. 1 S. 3 KredReorgG auch insoweit vorbefasst sein, dass er an der Erstellung des Sanierungsplans mitgewirkt hat. Stellt sich später heraus, dass diese Umstände der Eignung jedoch „*konkret*" entgegen stehen, kommt eine Korrektur der Bestellungsentscheidung nach Maßgabe von § 3 Abs. 3 KredReorgG in Betracht. **378**

4.6.1.2 Befugnisse des Sanierungsberaters

Die Kompetenzen des Sanierungsberaters sind in § 4 KredReorgG festgelegt. Der Katalog enthält Elemente aus §§ 21, 22 InsO und §§ 45 ff. KWG. **379**

Der Sanierungsberater ist gem. § 4 Abs. 1 KredReorgG berechtigt: **380**
– alle Geschäftsräume des Kreditinstituts zu betreten und dort Nachforschungen anzustellen (Nr. 1),
– Einsicht in die Bücher und Geschäftspapiere des Kreditinstituts zu nehmen und die Vorlage von Unterlagen sowie die Erteilung aller erforderlichen Auskünfte zu verlangen (Nr. 2),
– an allen Sitzungen und Versammlungen sämtlicher Organe und sonstiger Gremien des Kreditinstituts in beratender Funktion teilzunehmen (Nr. 3),
– Anweisungen für die Geschäftsführung des Instituts zu erteilen (Nr. 4).

- eigenständige Prüfungen zur Feststellung von Schadensersatzansprüchen gegen Organe und ehemalige Organe des Kreditinstituts durchzuführen oder Sonderprüfungen zu veranlassen (Nr. 5),
- die Einhaltung getroffener Auflagen nach dem Finanzmarktstabilisierungsfondsgesetz[141] vom 17.10.2008 zu überwachen (Nr. 6).

381 Hierbei steht der Sanierungsberater unter der Aufsicht des OLG. Er muss dem Gericht und der BaFin jederzeit Auskunft über die Geschäftsführung und den Stand der Sanierung geben.

382 Der Sanierungsberater setzt den Sanierungsplan gemeinsam mit dem Kreditinstitut um.

383 Im Übrigen ist die Rechtsstellung des Sanierungsberaters mit derjenigen des Insolvenzverwalters durchaus vergleichbar (§§ 56 ff. InsO). Er kann aus wichtigem Grund gem. § 4 Abs. 2 S. 2 KredReorgG entlassen werden (vgl. § 59 InsO). Er ist gem. § 4 Abs. 3 KredReorgG allen Beteiligten zum Schadensersatz verpflichtet, sofern er seine Pflichten aus dem KredReorgG verletzt (vgl. § 60 Abs. 1 S. 1 InsO). Er hat einen Vergütungs- und Aufwendungsanspruch gem. § 4 Abs. 4 KredReorgG (vgl. § 63 Abs. 1 S. 1 InsO). Das OLG setzt die Vergütung und die Auslagen des Sanierungsberaters durch einen unanfechtbaren Beschluss nach Anhörung des Kreditinstituts fest. Die noch zu schaffende Vergütungsverordnung des BMJ auf der Grundlage von § 4 Abs. 4 S. 3 KredReorgG wird sich strukturell an der insolvenzrechtlichen Vergütungsverordnung (InsVV) orientieren.

4.6.1.3 Befugnisse des OLG

384 Auf einen Vorschlag der BaFin hin, der besonders begründet werden muss, kann das OLG selbst weitere Maßnahmen veranlassen, *„wenn dies zur Sanierung des Kreditinstituts erforderlich ist und wenn die Gefahr besteht, dass das Kreditinstitut seine Verpflichtungen gegenüber den Gläubigern nicht erfüllen kann"*.

385 Der Maßnahmenkatalog ist in § 5 Abs. 1 S. 2 KredReorgG niedergelegt.

Hiernach kann das OLG
- die Abberufung der Geschäftsleitung verlangen (Nr. 1),
- den Mitgliedern der Geschäftsleitung die Tätigkeit untersagen oder beschränken (Nr. 1),
- die Anordnung treffen, den Sanierungsberater in die Geschäftsleitung aufzunehmen (Nr. 2),
- Entnahmen und Ausschüttungen untersagen oder beschränken (Nr. 3),
- das Vergütungssystem überprüfen und ggf. beschränken (Nr. 4),
- Zustimmungen des Aufsichtsrates oder Beirates ersetzen (Nr. 5).

386 Diese Befugnisse des OLG sind bankaufsichtsrechtlicher, d.h. verwaltungsrechtlicher Natur. Die Regelungsinhalte entsprechen zum Teil den §§ 45 ff. KWG. Das OLG erhält demnach Befugnisse, die bankaufsichtsrechtlich an sich der BaFin zuzuordnen sind. Soweit das OLG hiervon Gebrauch macht, muss sich sein Handeln an verwaltungsrechtlichen Maßstäben messen lassen.

---

141 Geändert durch Art. 4 des Restrukturierungsgesetzes vom 9.12.2010, BT-Drucks. 17/3024, BGBl I 2010, 1900, 1925 ff.

Schließlich hebt das OLG das Sanierungsverfahren gem. § 6 Abs. 3 S. 2 KredReorgG auf, wenn der Sanierungsberater die Beendigung der Sanierung angezeigt hat. Es kann die Aufhebung ferner anordnen und dies mit der Entscheidung über die Durchführung eines Reorganisationsverfahrens verbinden, wenn das Sanierungsverfahren gescheitert ist (s. §§ 6 Abs. 3 S. 3 i.V.m. 7 Abs. 1 S. 2 KredReorgG). Das Gesetz zeigt in § 6 Abs. 3 KredReorgG, dass das OLG im Hinblick auf die Verfahrensbeendigung lediglich eine Aufsichtsfunktion auszuüben hat, denn es entscheidet nicht eigenständig nach Zweckmäßigkeitsgesichtspunkten. Es reagiert auf die Anzeige des Sanierungsberaters. 387

4.6.2 Das Reorganisationsverfahren

4.6.2.1 Einleitung des Reorganisationsverfahrens

Das KredReorgG sieht neben dem Sanierungsverfahren der §§ 2 bis 6 ein Reorganisationsverfahren vor, welches auf Antrag durchzuführen ist, wenn das Kreditinstitut das Sanierungsverfahren von vornherein für aussichtslos hält oder das zunächst durchlaufene Sanierungsverfahren scheitert (§ 7 Abs. 1 S. 1 und 2 KredReorgG). In diesen Fällen wird das Reorganisationsverfahren durch das Institut oder den Sanierungsberater eingeleitet und ein Reorganisationsplan vorgelegt. 388

Daneben ist die BaFin zur Einleitung des Verfahrens befugt, wenn eine Bestandsgefährdung des Kreditinstituts nach § 48b Abs. 1 KWG vorliegt, die zu einer Systemgefährdung gem. § 48b Abs. 2 KWG führen kann. In diesem Fall muss das für die Eröffnung zuständige OLG aufgrund der Tatbestandsverknüpfung von § 7 Abs. 2 und Abs. 4 KredReorgG zugleich entscheiden, ob die Voraussetzungen von § 48b Abs. 1 und 2 KWG vorliegen, d.h. ob das zu reorganisierende Kreditinstitut in seinem Bestand gefährdet ist und ob hiervon eine Gefahr für das Finanzmarktsystem ausgeht. Eine Bestandsgefährdung ist gem. der Legaldefinition in § 48b Abs. 1 KWG gegeben, wenn die Gefahr des insolvenzbedingten Zusammenbruchs für den Fall des Unterbleibens korrigierender Maßnahmen besteht. Ist zu besorgen, dass sich diese Bestandsgefährdung „in erheblicher Weise" negativ auf andere Unternehmen des Finanzsektors, auf die Finanzmärkte und/oder auf das Vertrauen der Einleger und der Marktteilnehmer auswirken wird, liegt eine Systemrelevanz des Kreditinstituts i.S.d. § 48b Abs. 2 KWG vor, die zur Durchführung des Reorganisationsverfahrens führen kann. Die Feststellung von Bestandsgefahr und Systemrelevanz kann auch Grundlage einer Übertragungsanordnung der BaFin gem. § 48a KWG sein. 389

4.6.2.2 Durchführung des Reorganisationsverfahrens

Wird das Reorganisationsverfahren eröffnet, gelten die bereits dargestellten §§ 1–6 KredReorgG. Sie werden durch die §§ 7 ff. KredReorgG modifiziert und ergänzt. Beide Verfahren unterscheiden sich dadurch, dass im Reorganisationsverfahren auch Eingriffe in die Rechte der Gläubiger und der Anteilseigner nach Maßgabe der §§ 9–12 KredReorgG erlaubt sein können (so ausdrücklich § 8 Abs. 3 KredReorgG). 390

Reorganisationsplan
Die Gliederung und das Zustandekommen des Reorganisationsplans bestimmen sich nach § 8 KredReorgG. Die Vorschrift enthält zahlreiche Elemente aus dem Insolvenz- 391

planverfahren gem. §§ 217 ff. InsO. Zur Auslegung der Norm wird man deshalb auf die einschlägige insolvenzrechtliche Rechtsprechung und Literatur zurückgreifen.[142]

392 Der Reorganisationsplan ist in einen darstellenden und einen gestaltenden Teil zu gliedern. Der darstellende Teil (vgl. auch § 220 InsO) beschreibt die zu treffenden Regelungen und die Grundlagen. Im gestaltenden Teil werden die Rechte der Beteiligten unmittelbar geändert (vgl. § 221 InsO).

393 Im gestaltenden Teil kann vorgesehen werden, dass Ansprüche von Gläubigern in Anteile am Kreditinstitut umgewandelt werden (sog. *debt-equity-swap*), wenn die Gläubiger dem zustimmen; eine Umwandlung gegen den Willen der Gläubiger ist ausgeschlossen. Als Grundlage einer Umwandlung von Forderungen in Anteile am Kreditinstitut kann der Reorganisationsplan eine Kapitalherabsetzung oder Kapitalerhöhung, die Leistung von Sacheinlagen oder den Ausschluss von Bezugsrechten vorsehen. Sind derartige Maßnahmen des Gesellschaftsrechts im Rahmen der Reorganisation erforderlich, werden die Anteilseigner angemessen entschädigt, soweit ihnen ein Nachteil entsteht.

394 Hinsichtlich der geschilderten Umwandlung von Forderungen in Eigenkapital gem. § 9 Abs. 1 KredReorgG sind die Anfechtungsmöglichkeiten nach §§ 129 ff. InsO begrenzt, soweit der Bund, der Finanzmarktstabilisierungsfonds und diesen nahestehende oder abhängige Gesellschaften etc. betroffen sind.

395 Gesellschaftsrechtliche Maßnahmen können gem. § 10 KredReorgG im gestaltenden Teil des Reorganisationsplans direkt vorgenommen werden, wenn sie geeignet sind, die Reorganisation des Kreditinstituts zu fördern.[143] Über die Sanierungseignung derartiger Satzungsänderungen und Anteilsübertragungen etc. entscheidet das OLG im Rahmen der Planüberwachung.

396 Eine Verknüpfung mit den §§ 48a ff. KWG liegt insoweit vor, als § 11 KredReorgG die Ausgliederung von Vermögensteilen auf einen bestehenden oder neu zu gründenden Rechtsträger vorsieht. Insoweit ist bei einer Teilübertragung von Vermögenswerten auf einen neu zu gründenden Rechtsträger darauf zu achten, dass die Maßgaben der §§ 48a ff. KWG eingehalten werden. Der übernehmende Rechtsträger kann gem. § 5 RStruktFG vom Restrukturierungsfonds gegründet werden (sog. *„Brückeninstitut"*).

397 Parallelen zum Insolvenzplan bestehen insoweit, dass auch im gestaltenden Teil des Reorganisationsplans anzugeben ist, wie auf die Rechte der Gläubiger eingewirkt werden soll.

398 In Betracht kommen (§§ 12 KredReorgG, 221 InsO):
 – die Kürzung der Forderungen um einen bestimmten Bruchteil,
 – die Stundung,
 – die Änderung der Besicherung und sonstige Umgestaltungen.

399 Von großer Bedeutung für die Erhaltung der Sanierungschancen ist § 13 KredReorgG, wonach Schuldverhältnisse mit dem sanierungsbedürftigen Kreditinstitut ab dem Zeitpunkt der Einleitung des Reorganisationsverfahrens durch die Anzeige gem. § 7 KredReorgG nicht beendet werden dürfen. Dies betrifft vornehmlich die Kündigung von

---

[142] Vgl. zur Plangliederung und den Planinhalten *Frege/Nicht* Praxishandbuch des Restrukturierungsrechts, Kap. 15 D. I.

[143] Vgl. insoweit zum Insolvenzplanverfahren *Frege/Nicht* Praxishandbuch des Restrukturierungsrechts, Kap. 15 D. I. 6.1.6.

Darlehensgeschäften mit der sich in der Krise befindlichen Bank. Auch sonstige Beendigungstatbestände greifen gem. § 13 S. 3 KredReorgG nicht mehr; abweichende Vereinbarungen sind unwirksam. Hiermit wird insbesondere Vorsorge betrieben gegen die automatische Vertragsbeendigung durch den Eintritt eines vertraglich definierten *event of default* oder *event of termination*. Betroffen sind vor allem Derivatrechtsverhältnisse auf Grundlage internationaler Musterverträge.[144]

Soweit im gestaltenden Teil des Reorganisationsplans in die Rechte der Gläubiger eingegriffen werden soll, müssen die Gläubiger ihre Forderungen gem. § 14 KredReorgG beim Reorganisationsberater anmelden. Sie werden tabellarisch erfasst. Dieses Anmeldeverfahren ist an §§ 174 ff. InsO angelehnt. **400**

Abstimmung über den Reorganisationsplan
Die Anmeldung der Forderungen beim Reorganisationsberater dient dazu, das Stimmrecht für die Abstimmung über den Reorganisationsplan zu ermitteln (§§ 15, 16, 17 KredReorgG). Die Gläubiger stimmen gem. § 17 Abs. 1, 19 Abs. 1 KredReorgG in Gruppen über die Annahme des Reorganisationsplans ab. Das Verfahren des KredReorgG ist sehr eng an die Regelungen des Insolvenzplanverfahrens (§§ 235 ff. InsO) angelehnt, so dass zur Auslegung der Vorschriften auf Rechtsprechung und Schrifttum zum Zustandekommen des Insolvenzplans zurückgegriffen werden kann. **401**

Im Einzelnen gelten folgende Besonderheiten: **402**

Die Einberufung zum Abstimmungstermin erfolgt durch öffentliche Bekanntmachung mit einer Frist von mindestens 21 Tagen. Von diesem Zeitpunkt an muss das Institut den Gläubigern auf einer Internethomepage die Einberufung, die Abstimmungsbedingungen und die abstimmungserheblichen Inhalte des Reorganisationsplans bekannt machen. Soweit durch den Reorganisationsplan auf der Grundlage von § 12 KredReorgG in die Rechte von Gläubigern eingegriffen werden soll – was in der Praxis die Regel sein dürfte –, müssen diese Gläubiger förmlich geladen und auf die veröffentlichten Informationen hingewiesen werden (s. § 17 Abs. 3 und 4 KredReorgG).

Die Abstimmung über die Annahme des Plans erfolgt grundsätzlich in Gruppen (§ 17 Abs. 1 KredReorgG). **403**

Hierbei ist zu beachten, dass die Gruppe der Anteilsinhaber des Instituts in einer Hauptversammlung, die vom Reorganisationsberater einberufen wird, über die Annahme des Reorganisationsplans abstimmt (§ 18 KredReorgG). Das Ergebnis wird vom Reorganisationsberater im Erörterungs- und Abstimmungstermin der Gläubiger bekannt gegeben. Der Annahmebeschluss der Anteilseigner kommt mit der Mehrheit der abgegebenen Stimmen zustande. Soweit satzungsrelevante Änderungen oder ein Bezugsrechtsausschluss umzusetzen sind, wird eine Mehrheit von zwei Drittel der abgegebenen Stimmen verlangt. Überstimmte Gesellschafter können gegen den Beschluss der Hauptversammlung Widerspruch zur Niederschrift und Anfechtungsklage gem. § 18 Abs. 5 KredReorgG i.V.m. §§ 243 ff. AktG erheben. Soweit die Anfechtungsklage gegen einen Zustimmungsbeschluss der Hauptversammlung erhoben wird, kann vor dem OLG, welches das Reorganisationsverfahren betreut, ein besonderes Freigabeverfahren gem. § 18 Abs. 5 KredReorgG i.V.m. § 246a AktG durchgeführt werden. **404**

---

144 Vgl. auch *Hopt/Fleckner/Kumpan/Steffeck* WM 2009, 821 ff.

405 Die Zustimmung der Anteilseigner gilt im Falle ihrer Verweigerung gem. § 19 Abs. 4 KredReorgG als erteilt, wenn:
- die Mehrheit der abstimmenden Gruppen dem Reorganisationsplan mit den jeweils erforderlichen Mehrheiten zugestimmt hat (Nr. 1),
- die im Reorganisationsplan vorgesehenen Maßnahmen dazu dienen, erhebliche negative Folgeeffekte und Finanzmarktinstabilitäten zu verhindern und hierzu geeignet, erforderlich und angemessen sind (Nr. 2).

406 Zur Auslegung von § 19 Abs. 4 Nr. 2 KredReorgG wird man auf die Legaldefinitionen in §§ 48a, 48b KWG zurückzugreifen haben.

407 Die Gläubiger stimmen in Gruppen ab (§§ 17 Abs. 1, 19 Abs. 1 KredReorgG).

408 Inhaltliche Maßgaben für die Gruppenbildung sind im KredReorgG selbst nicht niedergelegt. Man wird insoweit auf die zu § 222 InsO entwickelten Grundsätze (z.B. Gleichbehandlungsgebot, Willkürverbot) zurückgreifen können. Die Zustimmung aller Gruppen ist gem. § 19 Abs. 1 KredReorgG erforderlich. Innerhalb jeder Gruppe muss die Kopf- und die Summenmehrheit der Gläubiger dem Reorganisationsplan zustimmen (§ 19 Abs. 1 S. 1 Nr. 2 und 3 KredReorgG, 244 InsO).

409 Werden in einer oder in mehreren Gruppen die erforderlichen Mehrheiten nicht erreicht, kann die Zustimmung dieser Gruppen gem. § 19 Abs. 2 und 3 KredReorgG fingiert werden. Diese Regelung ist erkennbar dem insolvenzrechtlichen Obstruktionsverbot gem. § 245 InsO nachgebildet, so dass sich die Gesetzesinterpretation an dem insolvenzrechtlichen Vorbild orientieren kann.

410 Die Zustimmung einer Gruppe gilt gem. § 19 Abs. 2 KredReorgG als erteilt, wenn:
- die Gläubiger dieser Gruppe durch den Reorganisationsplan voraussichtlich nicht schlechter gestellt werden, als sie ohne einen Reorganisationsplan stünden (Nr. 1),
- die Gläubiger dieser Gruppe angemessen an dem wirtschaftlichen Wert beteiligt werden, der auf der Grundlage des Reorganisationsplans allen Beteiligten zufließen soll (Nr. 2),
- die Mehrheit der abstimmenden Gruppen dem Reorganisationsplan mit den jeweils erforderlichen Mehrheiten zugestimmt hat (Nr. 3).

411 Das Tatbestandsmerkmal der angemessenen Beteiligung am wirtschaftlichen Wert im Sinne der Nr. 2 wird in § 19 Abs. 3 KredReorgG (vgl. auch 245 Abs. 2 InsO) konkretisiert.

412 Hiernach ist von einer angemessenen Beteiligung auszugehen, wenn:
- Kein anderer Gläubiger wirtschaftliche Werte erhält, die den vollen Betrag seines Anspruchs übersteigen (Nr. 1),
- nachrangige Gläubiger und das Institut bzw. an ihm beteiligte Personen wirtschaftliche Werte erhalten (Nr. 2),
- andere gleichrangige Gläubiger nicht besser gestellt werden (Nr. 3).

Gerichtliche Prüfung des Reorganisationsplans

413 Dem Erörterungs- und Abstimmungstermin schließt sich eine gerichtliche Prüfung des Reorganisationsplans gem. § 20 KredReorgG an (vgl. auch §§ 231, 250 InsO). Die Planbestätigung ist durch das OLG vom Amts wegen zu versagen, wenn gem. § 20 Abs. 2 KredReorgG:

- wesentliche formelle Fehler im Reorganisationsverfahren vorliegen (Nr. 1),
- die Annahme des Plans unter unlauteren Bedingungen zustande gekommen ist (Nr. 2),
- die erforderlichen Mehrheiten nicht zustande gekommen sind bzw. eine Ersetzung der Zustimmung gem. § 19 Abs. 2 und 4 KredReorgG ausscheidet (Nr. 3).

Auf Antrag eines Gläubigers wird die Zustimmung gem. § 20 Abs. 3 KredReorgG verweigert, wenn dieser Gläubiger im Abstimmungstermin schriftlich widersprochen hat und geltend machen kann, durch den Reorganisationsplan voraussichtlich schlechter zu stehen als ohne den Plan (vgl. auch § 251 Abs. 1 Nr. 1 und 2 InsO). **414**

Rechtswirkungen des bestätigten Reorganisationsplans
Die Planbestätigung durch das OLG führt zum Eintreten der Gestaltungswirkungen des Plans hinsichtlich der Änderungen der Rechte (z.B. Forderungsverzichte), der Übertragungen von Gesellschaftsanteilen oder anderen Gegenständen (§§ 21 KredReorgG, 254 InsO). Soweit im Reorganisationsplan eintragungspflichtige Rechtsänderungen enthalten sind, leitet das OLG die erforderlichen registerrechtlichen Schritte von Amts wegen ein. Es erfolgt gem. § 21 Abs. 3 S. 2 KredReorgG eine „*unverzügliche*" (vgl. § 121 BGB) Eintragung in das Handelsregister, soweit nicht die „*Nichtigkeit*" der eintragungspflichtigen Maßnahme „*offensichtlich*" ist. **415**

4.6.2.3 Aufhebung des Reorganisationsverfahrens

Im Anschluss hebt das OLG das Reorganisationsverfahren auf (vgl. ferner §§ 258 ff. InsO) und beschließt die Überwachung der Planerfüllung, soweit dies im gestaltenden Teil vorgesehen war (§ 22 KredReorgG, §§ 260 f. InsO). **416**

Die Aufhebung der Überwachung wird gem. § 22 Abs. 2 S. 2 KredReorgG beschlossen, wenn: **417**
- sämtliche Ansprüche aus dem Reorganisationsplan erfüllt worden sind (Nr. 1),
- nach Ablauf einer Sperrfrist (Nr. 2) oder
- im Fall der Anordnung aufsichtsrechtlicher Maßnahmen gem. §§ 45c, 46, 46b, 48a ff. KWG (Nr. 3).

4.7 Anordnung eines Moratoriums gem. § 47 KWG

Soweit von einem insolventen Kreditinstitut schwerwiegende Gefahren für die Gesamtwirtschaft ausgehen, kann die Bundesregierung gem. § 47 Abs. 1 KWG durch Rechtsverordnung ein Moratorium anordnen. **418**

Das Moratorium kann die folgenden Rechtswirkungen vorsehen: **419**
- Anordnung eines Zahlungsaufschubes (Nr. 1),
- zeitweilige Einstellung der Zwangsvollstreckung gegen das Kreditinstitut (Nr. 1),
- Anordnung der Unzulässigkeit von Arrest, einstweiliger Verfügung und Insolvenzverfahren (Nr. 1),
- Anordnung der vorübergehenden Schließung des Instituts für den Verkehr mit den Kunden (Nr. 2),
- vorübergehende Schließung der Börsen (Nr. 3).

Gem. § 47 Abs. 3 KWG wird von der Bundesregierung verlangt, dass sie die Rechtsfolgen dieses Moratoriums im Hinblick Fristen und Termine auf dem Gebiet des Bürgerlichen Rechts, des Handels-, Gesellschafts-, Wechsel-, Scheck- und Verfahrensrechts genau festlegt. **420**

4.8 Übertragungsanordnung und Unterstützung durch den Restrukturierungsfonds

421 Aufgrund der Erfahrungen aus der Finanzmarktkrise wurde das aufsichtsrechtliche Instrumentarium insbesondere im Hinblick auf systemrelevante Kreditinstitute erweitert. Hierzu wurde in das KWG ein neuer Abschnitt „4a. *Maßnahmen gegenüber Kreditinstituten bei Gefahren für die Stabilität des Finanzsystems*" nach § 48 KWG eingefügt. In den §§ 48a bis 48s KWG ist nunmehr ein Übertragungsverfahren für den Fall geregelt, dass ein systemrelevantes Kreditinstitut in seinem Bestand gefährdet wird.

422 Die BaFin wird gem. § 48a Abs. 1 KWG dazu ermächtigt, eine Übertragungsanordnung mit dem Inhalt zu erlassen, dass das Vermögen eines Kreditinstituts einschließlich seiner Verbindlichkeiten auf einen übernehmenden Rechtsträger übertragen wird. Eine solche Anordnung ist gem. § 48a Abs. 2 KWG zulässig, wenn Bestands- und Systemgefährdung kumulativ vorliegen und sich die von der Bestandsgefährdung ausgehende Systemgefährdung nicht auf einem anderen Weg in gleich sicherer Weise beseitigen lässt (Grundsatz der Verhältnismäßigkeit).

423 Der aufnehmende Rechtsträger („*Brückeninstitut*") kann vom Restrukturierungsfonds gem. § 5 Abs. 1 RStruktFG gegründet werden. Der Restrukturierungsfonds kann gem. § 5 Abs. 2 RStruktFG auch später Anteile an dem aufnehmenden Rechtsträger erwerben. Schließlich kann der Restrukturierungsfonds auch Garantien gegenüber dem übertragenden Kreditinstitut zugunsten des übernehmenden Rechtsträgers abgeben (§ 6 RStruktFG) oder sich an dessen Rekapitalisierung nach Maßgabe des § 7 RStruktFG beteiligen.

424 Aus den bereitgestellten Mitteln werden Ausgleichzahlungen an das bestandsgefährdete Kreditinstitut gem. § 48d KWG geleistet. Der Ausgleich kann darin bestehen, dass dem Kreditinstitut Anteile an dem übernehmenden Rechtsträger zugewiesen werden (§ 48d Abs. 1 KWG).

425 Das Verfahren zur hoheitlich verfügten Ausgliederung von Vermögensbestandteilen eines Kreditinstituts bei Bestands- und Systemgefährdung und die sich anschließenden Maßnahmen sind in den §§ 48a–48s KWG umfassend geregelt. Hiernach kann die BaFin – je nach Ausgliederungsgegenstand („*good bank*"/„*bad bank*") – auf die Sanierung des ausgegliederten Teils oder des Kreditinstituts hinwirken. So kann etwa die Vorlage eines Konzeptes zur Abwendung der Bestandsgefährdung („Wiederherstellungsplan") verlangt werden (§ 48c Abs. 1 KWG). Die BaFin kann innerhalb von vier Monaten nach Ausgliederung die (partielle) Rückübertragung des Vermögens anordnen (§ 48j KWG). Gem. § 48m KWG sind Maßnahmen gegenüber dem übernehmenden Rechtsträger zulässig.

426 Soweit es zur Ausgliederung von nicht werthaltigen Gegenständen kommt, wird die Haftung des ausgliedernden Kreditinstituts gem. § 48h Abs. 1 KWG auf den Betrag beschränkt, den der Gläubiger bei Abwicklung des Kreditinstituts hätte erhalten können. Die Haftung des Instituts ist in diesem Fall subsidiär.

427 Im umgekehrten Fall der späteren Insolvenz des Kreditinstituts bleibt die Wirksamkeit der Ausgliederung unberührt. Sie kann weder innerhalb noch außerhalb eines Insolvenzverfahrens angefochten werden (§ 48h Abs. 2 KWG).

4.9 Insolvenzantragstellung durch die BaFin

4.9.1 Anzeigepflicht des Vorstands gem. § 46b Abs. 1 S. 1 KWG

Die Sanierungsbemühungen der BaFin gem. §§ 45 ff. KWG dürfen nicht dadurch unterlaufen werden, dass Geschäftsleiter oder Gläubiger des Instituts einen Insolvenzantrag beim zuständigen Insolvenzgericht stellen. Damit würde ein förmliches Verfahren unter der Aufsicht des Insolvenzgerichts in Gang gebracht (§§ 20 ff. InsO). Die Anordnung von Sicherungsmaßnahmen durch das Insolvenzgericht gem. §§ 21, 22 InsO wäre geeignet, den Maßnahmen der BaFin gem. §§ 45 ff. KWG die Erfolgsaussichten zu nehmen. Durch die Einsetzung eines starken vorläufigen Insolvenzverwalters gem. § 22 Abs. 1 S. 1 InsO würde das Institut seine Verwaltungs- und Verfügungsmacht über das Vermögen verlieren. Die Geschäftsleitung wäre daran gehindert, die von der BaFin angeordneten Maßnahmen umzusetzen; der vorläufige Insolvenzverwalter ist nicht Adressat der Verfügungen der BaFin. **428**

Deshalb legt § 46b Abs. 1 S. 4 KWG fest, dass weder Geschäftsleiter noch Gläubiger einen Insolvenzantrag stellen dürfen. Das Recht zur Antragstellung liegt ausschließlich bei der BaFin als der nach dem KWG zuständigen Aufsichtsbehörde. Die Geschäftsleiter des Kreditinstituts sind gem. § 46b Abs. 1 S. 1 KWG verpflichtet, der BaFin die drohende oder bereits eingetretene Zahlungsunfähigkeit (§§ 17, 18 InsO) oder die vorliegende Überschuldung (§ 19 InsO) anzuzeigen.[145] Diese Anzeige versetzt die Aufsichtsbehörde in die Lage, eine pflichtgemäße Ermessensentscheidung bezüglich der Antragstellung zu treffen. Die Anzeigepflicht gem. § 46b Abs. 1 S. 1 KWG verdrängt die Pflicht zur Insolvenzantragstellung gem. § 15a InsO. Ein Verstoß gegen die Anzeigepflicht führt zur Strafbarkeit gem. § 55 Abs. 1 KWG. Insoweit liegen Parallelen zwischen allgemeiner Insolvenzantragspflicht gem. § 15a InsO und bankaufsichtsrechtlicher Anzeigepflicht vor.[146] Zumindest im Hinblick auf die bereits eingetretene Zahlungsunfähigkeit und die Überschuldung wird man aus der systematischen Vergleichbarkeit der Regelungen den Schluss ziehen, dass § 46b Abs. 1 S. 1 KWG ein Schutzgesetz i.S.v. § 823 Abs. 2 BGB darstellt, dessen Verletzung zu einem Schadensersatzanspruch gegen die Geschäftsleiter des Kreditinstituts führt.[147] **429**

4.9.2 Stellung des Insolvenzantrags durch die BaFin

Gem. § 46b Abs. 1 S. 4 KWG „*kann*" der Antrag auf Eröffnung eines Insolvenzverfahrens ausschließlich von der BaFin gestellt werden. Über diese Zuständigkeitsregel hinaus enthält das KWG die weitere Verpflichtung, die Zustimmung des Kreditinstituts einzuholen, wenn der Antrag wegen drohender Zahlungsunfähigkeit gestellt werden soll (§ 46b Abs. 1 S. 5 KWG). **430**

Ein Antrag wegen drohender Zahlungsunfähigkeit dürfte auch nach der Neufassung des § 46b Abs. 1 S. 5 KWG nur dann aufsichtsrechtlich zulässig sein, wenn die Sanierungsmaßnahmen gem. §§ 46, 46a KWG „*nicht erfolgversprechend erscheinen*". Vorrangig muss versucht werden, das Kreditinstitut mit den spezielleren Mitteln des Bankaufsichtsrechts zu stabilisieren, bevor eine eventuelle Sanierung im Insolvenzverfahren versucht werden kann. Denn hierzu dient die frühe Antragstellung wegen dro- **431**

---

145 Vgl. *Poertzgen/Meyer* WM 2010, 968, 969.
146 Nochmals *Poertzgen/Meyer* WM 2010, 968, 969.
147 Weitergehend *Poertzgen/Meyer* WM 2010, 968, 970, 971: auch bei drohender Zahlungsunfähigkeit soll aufgrund des drittschützenden Charakters der Vorschrift § 823 Abs. 2 BGB erfüllt sein.

hender Zahlungsunfähigkeit regelmäßig. Das pflichtgemäß Ermessen der BaFin hinsichtlich der Stellung des Insolvenzantrags ist in diesem Fall gesetzlich reduziert.

432 Auch die Antragstellung wegen eingetretener Zahlungsunfähigkeit und Überschuldung steht im pflichtgemäßen Ermessen der BaFin.[148] Die Gläubiger haben kein subjektiv-öffentliches Recht auf eine Antragstellung durch die Aufsichtsbehörde zu einem bestimmten Zeitpunkt. Dies stellt § 4 Abs. 4 FinDAG nunmehr heraus. Gleichwohl wird die BaFin ihr Ermessen mit Blick auf die wirtschaftlichen Positionen der Gläubiger ausüben. Stellt sich die wirtschaftliche Lage des betroffenen Kreditinstituts als nahezu aussichtslos dar, ist eine Ermessensreduktion gegeben. Das Finanzinstitut soll dann in die geordnete Abwicklung im Rahmen eines Insolvenzverfahrens überführt werden. Die Sachkunde für den Abwicklungsvorgang liegt bei den Insolvenzgerichten und Insolvenzverwaltern.

433 Jenseits des vollständigen Zusammenbruchs des Instituts ist die BaFin jedoch als die sachnähere Aufsichtsbehörde verpflichtet, die Sanierung mit den Mitteln des Bankaufsichtsrechts – z.B. durch Anordnung eines Moratoriums gem. § 46 Abs. 1 S. 2 Nr. 4 KWG – einzuleiten und zu steuern. Die Erfolgsaussichten der Maßnahmen sind fortlaufend zu überprüfen. Intensität und Dichte der Bankaufsicht sind hoch. Sie orientieren sich an dem Grad der Bestandsgefahr: je größer die Gefahr für das Institut, umso weitreichender muss die BaFin von den Ermächtigungen in den §§ 45 ff. KWG Gebrauch machen.

434 Greifen die Maßnahmen der BaFin ersichtlich nicht, wird der Insolvenzantrag gem. § 46b Abs. 1 S. 4 KWG i.V.m. §§ 17–19 InsO beim örtlich zuständigen Insolvenzgericht gestellt (vgl. § 3 InsO i.V.m. Art. 9 Abs. 1 RL 2001/24/EG).

4.9.3 Rechtsfolgen der Antragstellung

435 Mit dem zulässigen Insolvenzantrag durch die BaFin wird das Insolvenzeröffnungsverfahren gem. §§ 11 bis 34 InsO in Gang gebracht. Es folgt den allgemeinen Vorschriften der InsO. Die Verfahrensherrschaft wird durch das Insolvenzgericht ausgeübt. Das Insolvenzgericht ist gem. §§ 21, 22 InsO für die Sicherung des schuldnerischen Vermögens zuständig. Es kann einen vorläufigen Insolvenzverwalter bestellen. Es prüft, ob ein Eröffnungsgrund gem. §§ 17 bis 19 InsO gegeben ist und ob die zur Verfügung stehende Insolvenzmasse die Kosten des Insolvenzverfahrens decken kann (vgl. § 26 InsO).

436 Die Aufsichtsbefugnis der BaFin gem. § 6 Abs. 1 KWG endet nicht automatisch mit der Stellung des Insolvenzantrags. Zwar ist die BaFin ab Antragstellung insoweit nicht mehr Herrin des Sanierungsverfahrens, wie der konkrete Einsatz der Vermögenswerte betroffen ist. Hier findet aufgrund der §§ 21, 22 InsO eine Verdrängung durch das Insolvenzgericht statt. Gleichwohl gelten die zur Sanierung erlassenen Verwaltungsanordnungen gem. §§ 45 ff. KWG im Grundsatz fort. Sie sind von Amts wegen aufzuheben, wenn das Insolvenzgericht gleichlautende oder speziellere Anordnungen erlässt.[149]

437 Die BaFin überwacht auch die grundsätzlich mögliche Sanierung im Eröffnungsverfahren und im endgültigen Insolvenzverfahren (s. § 46e Abs. 4 S. 1 KWG).

---

148 Siehe Boos/Fischer/Schulte-Mattler/*Lindemann* § 46b Rn. 12.
149 Sie hierzu *Pannen* D. VIII. S. 58.

5. Sanierung im vorläufigen Insolvenzverfahren
5.1 Einleitung

Eine Sanierung des insolventen Kreditinstituts kann in jeder Lage des Eröffnungs- und Insolvenzverfahrens stattfinden. Gem. § 1 S. 1 InsO kann die Sanierung Ziel eines Insolvenzverfahrens sein, wenn sie zugleich zur bestmöglichen Befriedigung der Gläubiger des Unternehmens führt. **438**

Der Gesetzgeber hat für solche Sanierungen günstige rechtliche Rahmenbedingungen in der InsO geschaffen. Zum Beispiel: **439**
- kann gem. § 21 Abs. 2 S. 1 Nr. 5 InsO bereits im Eröffnungsverfahren ein gerichtliches Verwertungsverbot für Sicherungsgegenstände erlassen werden, damit das betriebsnotwendige Vermögen nicht entzogen wird,
- muss das Unternehmen grundsätzlich gem. § 22 Abs. 1 S. 2 Nr. 2 InsO fortgeführt werden, wenn nicht das Insolvenzgericht einer vorzeitigen Stilllegung zustimmt, um eine erhebliche Verminderung des Vermögens zu vermeiden,
- soll das Unternehmen auch nach Eröffnung grundsätzlich bis zum Berichtstermin fortgeführt werden, wenn nicht der Gläubigerausschuss die Stilllegung gem. § 158 Abs. 1 InsO ausdrücklich genehmigt hat,
- kann der Insolvenzverwalter das mit Sicherungsrechten belastete Vermögen des Unternehmens gem. §§ 166 ff. InsO benutzen und verwerten,
- können die Gläubiger den Insolvenzverwalter gem. §§ 157 S. 2, 218 Abs. 2 InsO beauftragen, einen Insolvenzplan für das insolvente Unternehmen auszuarbeiten,
- können die Gläubiger im Rahmen des Insolvenzplanverfahrens die Reorganisation des insolventen Rechtsträgers oder die übertragende Sanierung (vgl. § 260 Abs. 3 InsO) beschließen.

Der Gesetzgeber sieht insbesondere den Insolvenzplan gem. §§ 217 ff. InsO als taugliches Instrument zur Sanierung des Unternehmens durch Betätigung der Gläubigerautonomie an. Allerdings kann der Insolvenzplan erst im eröffneten Insolvenzverfahren nach Maßgabe der §§ 235 ff. InsO von den Gläubigern angenommen und gerichtlich bestätigt werden. Deshalb ist es geboten, die wirtschaftliche Substanz der Insolvenzschuldnerin im Eröffnungsverfahren zu erhalten und die Sanierung bereits vorzubereiten. Im Eröffnungsverfahren verfügt das Unternehmen in der Regel noch über den Marktzugang und die Kraft, eine leistungs- und finanzwirtschaftliche Sanierung umzusetzen. Üblicherweise werden die bedeutenden wirtschaftlichen Entscheidungen in diesem Verfahrensabschnitt getroffen. **440**

Im Hinblick auf die Sanierung eines Kredit- oder Finanzdienstleistungsinstituts sind neben den allgemeinen Erwägungen zur Unternehmenssanierung im Eröffnungsverfahren die Vorgaben der Richtlinie 2001/24/EG von Bedeutung, die in den §§ 46b ff. KWG und in §§ 335 ff. InsO umgesetzt wurden. Insbesondere kommt es auf das Zusammenwirken von Aufsichtsbehörde (BaFin), Insolvenzgericht und vorläufigem Insolvenzverwalter an. **441**

5.2 Antragsbefugnis der BaFin

Wie bereits geschildert ist die BaFin als Aufsichtsbehörde ausschließlich zuständig für die Stellung des Insolvenzantrags (vgl. Art. 9 Abs. 1 der Richtlinie 2001/24/EG, § 46b Abs. 1 KWG). Sie befindet damit – unter Beachtung der §§ 18, 19 InsO – abschließend **442** über den Zeitpunkt für die Einleitung eines Bankeninsolvenzverfahrens. Die BaFin handelt nach pflichtgemäßem Ermessen.

443 Der Antrag auf Eröffnung eines Insolvenzverfahrens ist zulässig, wenn ein Eröffnungsgrund gem. § 17 InsO (Zahlungsunfähigkeit) oder gem. § 19 InsO (Überschuldung) gegeben ist. Es bedarf keiner Glaubhaftmachung einer Forderung gem. § 14 InsO. Im Falle eines Insolvenzantrags aufgrund drohender Zahlungsunfähigkeit gem. § 18 InsO muss die BaFin gem. § 46b Abs. 1 S. 5 KWG die Zustimmung des Kreditinstituts einholen.

5.3 Zuständigkeit des Insolvenzgerichts

444 Zuständig für die Eröffnung eines Insolvenzverfahrens sind gem. Art. 9 Abs. 1 der Richtlinie 2001/24/EG und § 46e Abs. 1 S. 1 KWG die Gerichte und Behörden des Herkunftstaates des Kreditinstituts. Hat dieses seinen Sitz in Deutschland, ist der Antrag auf Eröffnung eines Insolvenzverfahrens durch die BaFin beim gem. §§ 2, 3 InsO zuständigen Insolvenzgericht in Deutschland zu stellen.

5.4 Anwendbares Verfahrensrecht

445 Die Durchführung des Eröffnungsverfahrens richtet sich – wie das Insolvenzverfahren selbst – gem. Art. 10 der Richtlinie 2001/24/EG nach den gesetzlichen Vorschriften, Regelungen und Verfahren des Herkunftsmitgliedstaats, soweit nicht die Richtlinie selbst Ausnahmen zulässt. Im Hinblick auf das Eröffnungsverfahren finden sich keine Ausnahmeregelungen, so dass insoweit von der Anwendbarkeit der *lex fori concursus* auszugehen ist. Herkunftsmitgliedstaat ist gem. Art. 2 erster Spiegelstrich der Richtlinie 2001/24/EG in Verbindung mit Art. 1 Nr. 6 der Richtlinie 2000/12/EG derjenige Staat innerhalb der EU, in dem das Kreditinstitut seinen satzungsmäßigen Sitz hat und in dem die hoheitliche Aufsicht über das Institut geführt wird. Aufgrund der aufsichtsrechtlichen Bindung ist eine Verlegung des Verwaltungssitzes in der Krise nach geltendem Recht nicht zulässig (Prinzip der Einheit von Satzungssitz, Verwaltung und Bankaufsicht).[150] Damit wird das bewusste Ansteuern einer insolvenz- und sanierungsrechtlich günstigen Jurisdiktion (sog. *„forum shopping"*) im Bereich der Kredit- und Finanzdienstleistungsinstitute unterbunden.

446 Hat das Kreditinstitut seinen satzungsmäßigen Sitz in Deutschland und unterliegt es demnach der Aufsicht durch die BaFin, ist sowohl für die Hauptniederlassung als auch für die europäischen Zweigstellen deutsches Insolvenzrecht unmittelbar anwendbar. Es wird partiell ergänzt durch die §§ 46b ff. KWG.

447 Dieser Grundsatz gilt im gesamten europäischen Rechtsraum. Die Richtlinie 2001/24/EG geht von einem universellen Geltungsanspruch des lokalen Insolvenzrechts im Hinblick auf Hauptniederlassung und Zweigstellen aus; eine Transformation in das deutsche Recht erfolgte in § 46e Abs. 1 S. 2 KWG.

448 Da das europäische Insolvenzrecht für Kredit- und Finanzdienstleistungsinstitute noch stärker von dem Grundsatz des gegenseitigen Vertrauens der Mitgliedstaaten geprägt ist als die EuInsVO[151] und an das Aufsichtsrecht anknüpfen möchte, sind Zuständigkeitsstreitigkeiten zwischen den Insolvenzgerichten mehrerer Mitgliedstaaten ausgeschlossen. Die Orientierung an der Herkunft des Instituts

---

150 Siehe *Schuster/Binder* WM 2004, 1665, 1668 ff.
151 Vgl. *Paulus* ZBB 2002, 492 ff.

ermöglicht eine eindeutige Bestimmung der gerichtlichen Zuständigkeit und des anwendbaren Insolvenzrechts.

5.5 Zulässige Maßnahmen des Insolvenzgerichts

Soweit das Kreditinstitut seinen Sitz in Deutschland hat, ergeben sich die Befugnisse des Insolvenzgerichts im Eröffnungsverfahren aus den §§ 20–22 InsO. Es gelten grundsätzlich die allgemein für insolvente Rechtsträger vorgesehenen Schutz- und Sicherungsmaßnahmen. 449

Dies sind gem. § 21 Abs. 2 S. 1 InsO die: 450
– Bestellung eines vorläufigen Insolvenzverwalters (Nr. 1),
– Anordnung eines allgemeinen Verfügungsverbotes (Nr. 2),
– Anordnung eines Zustimmungsvorbehaltes (Nr. 2),
– Einstellung und Untersagung der Zwangsvollstreckung (Nr. 3),
– Anordnung einer Postsperre (Nr. 4),
– Anordnung der Weiternutzung von Sicherungsgut (Nr. 5).

Auch für die Sanierung des insolventen Kreditinstituts ist entscheidend, dass das gefährdete Vermögen während des Eröffnungsverfahrens nach Möglichkeit zusammengehalten und durch die gerichtlichen Maßnahmen gesichert wird. Allerdings sieht § 21 Abs. 2 S. 2 InsO vor, dass die aufgezählten Sicherungsmaßnahmen nach § 21 Abs. 2 S. 1 InsO die Wirksamkeit von Verfügungen über Finanzsicherheiten gem. § 1 Abs. 17 KWG und die Wirksamkeit der Verrechnung von Ansprüchen und Leistungen aus Zahlungsaufträgen, Aufträgen zwischen Zahlungsdienstleistern oder zwischengeschalteten Stellen und bestimmte Wertpapierübertragungen nicht berühren. Die Vorschrift geht zurück auf Art. 4 Abs. 1 und 5 der Richtlinie 2002/47/EG v. 6.6.2002, wonach die Mitgliedstaaten sicherzustellen hatten, dass die Verwertung einer Finanzsicherheit – d.h. von Wertpapieren und Kontoguthaben, die als Sicherheit gestellt wurden – nicht durch Sanierungsmaßnahmen gem. §§ 45 ff. KWG und durch Sicherungsmaßnahmen im Insolvenzeröffnungsverfahren verzögert oder verhindert wird. 451

Soweit die Sicherungsmaßnahmen des Insolvenzgerichts reichen, hebt die BaFin ihre Anordnungen gem. §§ 45 ff. KWG von Amts wegen auf.[152] 452

Das Insolvenzgericht kann gem. § 21 Abs. 2 S. 1 Nr. 1 InsO einen vorläufigen Insolvenzverwalter bestellen und diesen mit den Kompetenzen gem. § 22 Abs. 1 und 2 InsO ausstatten. § 46b Abs. 1 S. 6 KWG sieht vor, dass das Insolvenzgericht vor der Bestellung eines Insolvenzverwalters die BaFin zu dessen Eignung zu hören hat. Nach Neufassung des § 46b Abs. 1 S. 6 KWG durch das Restrukturierungsgesetz wird man hieraus eine Umsetzungspflicht dergestalt herleiten können, dass das Insolvenzgericht den von der BaFin vorgeschlagenen Insolvenzverwalter zu bestellen hat, sofern dieser nicht offensichtlich ungeeignet ist. 453

Da der vorläufige Insolvenzverwalter in der Regel auch endgültig gem. § 56 Abs. 1 InsO bestellt wird, sollte die Anhörung bereits vor der Auswahl eines vorläufigen Insolvenzverwalters stattfinden, um die aufsichtsrechtliche Vorschrift nicht leer laufen zu lassen. Neben den Hauptgläubigern – dies könnten die Einlagensicherungs- und Entschädigungseinrichtungen, die Deutsche Bundesbank und andere Großbanken sein –, die vom Insolvenzgericht unter Umständen benach- 454

---
152 S. auch *Kirchhof* in Kreft, § 21 Rn. 5.

richtigt und angehört werden, wird die BaFin durch entsprechende Anregungen versuchen, das Verfahren mit zu gestalten.

455 In der Insolvenzpraxis hat sich gezeigt, dass die §§ 21, 22 InsO im Hinblick auf eine mögliche Sanierung des Kreditinstituts gegenüber den §§ 45 ff. KWG keine zusätzlichen Vorteile anbieten. Die §§ 21, 22 InsO dienen der Sicherstellung des Vermögens der Schuldnerin und dem Schutz gegen nachteilige Veränderungen zu Lasten der Gläubiger. Erreicht wird dies durch ein Verfügungs- und Veräußerungsverbot und durch die Anordnung von vollstreckungshindernden Maßnahmen. Diese Anordnungen können bereits auf der Grundlage von §§ 45 ff. KWG durch die BaFin getroffen werden. Auch die Prüfung eines Insolvenzeröffnungsgrundes kann bereits während des Moratoriums der BaFin erfolgen. Insoweit kann das Erfordernis eines vorläufigen Insolvenzverfahrens im Einzelfall entfallen, da dessen gesetzliches Ziel bereits erreicht ist. Das Insolvenzgericht eröffnet das Insolvenzverfahren unmittelbar. In einem solchen Fall kann der Eröffnungsantrag mit einem Insolvenzplan (sog. „pre-packeged-plan") und ggf. mit dem Antrag auf Anordnung der Eigenverwaltung gem. § 270 Abs. 2 InsO verbunden werden.

456 Auf der Grundlage des KredReorgG können derart weitreichende Sicherungs-, Sanierungs- und Reorganisationsmaßnahmen durchgeführt werden, dass das vorläufige Insolvenzverfahren bei Bankinsolvenzen in Zukunft an Bedeutung verlieren wird.

5.6 Aufgaben des vorläufigen Insolvenzverwalters

457 Kommt es gleichwohl zu einem vorläufigen Insolvenzverfahren unter Leitung des Insolvenzgerichts, ergeben sich die Aufgaben des vorläufigen Insolvenzverwalters aus § 22 Abs. 1 und 2 InsO. Hierbei ist danach zu unterscheiden, ob der vorläufige Insolvenzverwalter die Verwaltungs- und Verfügungsbefugnis in Verbindung mit einem Verfügungsverbot übertragen bekommen hat („starker vorläufiger Insolvenzverwalter") oder ob ihm lediglich Einzelermächtigungen gem. § 22 Abs. 2 InsO erteilt wurden („schwacher vorläufiger Insolvenzverwalter"). Aufgrund von Verhältnismäßigkeitserwägungen – die Anordnung einer bestimmten staatlichen Zwangsmaßnahme muss im konkreten Fall das mildestmögliche Mittel zur Erreichung des gesetzlichen Ziels sein – neigen die Insolvenzgerichte dazu, lediglich Einzelermächtigungen zu beschließen.

458 Soweit das Insolvenzgericht gleichwohl einen starken vorläufigen Insolvenzverwalter mit Verwaltungs- und Verfügungsbefugnis bestellt, muss dieser das Unternehmen gem. § 22 Abs. 1 S. 2 Nr. 2 InsO bis zur Eröffnungsentscheidung grundsätzlich fortführen. Dies ist Ausfluss der das Insolvenzverfahren beherrschenden Gläubigerautonomie. Den Gläubigern sollen sämtliche Verfahrensoptionen, also auch die Sanierung der Schuldnerin, offen gehalten werden.

459 Diese Pflicht zur Fortführung entfällt ausnahmsweise, wenn das Insolvenzgericht einer Stilllegung zustimmt, um eine erhebliche Verminderung des Vermögens zu vermeiden. Wann die Grenze zur Erheblichkeit der Vermögensminderung überschritten wird, ist in Literatur und Rechtsprechung umstritten. Die Ansichten bewegen sich in einem Korridor zwischen 10 und 25 % Vermögensverlust.

460 Unabhängig hiervon setzt die insolvenzrechtliche Fortführungspflicht voraus, dass eine Betriebsfortführung des Kreditinstituts aufsichtsrechtlich zulässig ist. Daran kann es fehlen, wenn die weiterhin wirksamen Maßnahmen der BaFin gem. §§ 45 ff. KWG einer Betriebsfortführung entgegen stehen.[153] Soweit die BaFin ein nach § 46 KWG verhängtes Moratorium im Zuge des vorläufigen Insolvenzverfahrens nicht aufgehoben hat, verhindert diese bankaufsichtsrechtliche Anordnung die aktive Fortführung durch den vorläufigen Insolvenzverwalter.

Die Fortführungsfähigkeit fehlt zudem, wenn die BaFin dem von der Insolvenz betroffenen Kreditinstitut gem. § 35 Abs. 2 Nr. 4 KWG die Bankerlaubnis entzieht. Hiernach kann die Bankerlaubnis nach pflichtgemäßem Ermessen der Aufsichtsbehörde aufgehoben werden, wenn das Insolvenzverfahren eröffnet worden ist oder sonst die Gefahr für die Erfüllung der Verpflichtungen des Instituts gegenüber seinen Gläubigern, insbesondere für die Sicherheit der dem Institut anvertrauten Vermögenswerte, besteht und dieser Gefahr nicht durch Anordnung von Maßnahmen gem. § 46 KWG begegnet werden kann. Die Entziehung der Erlaubnis ist ultima ratio. Sie hat zur Folge, dass das Institut keine Bankgeschäfte im Sinne von §§ 1 Abs. 1 S. 2, 32 Abs. 1 S. 1 KWG mehr gewerbsmäßig betreiben darf. Lediglich Abwicklungshandlungen mit dem Ziel der Liquidation sind anschließend zulässig. **461**

Der starke vorläufige Insolvenzverwalter wird im Rahmen seiner Sanierungsbemühungen eng mit der BaFin zusammenarbeiten. Er wird auf die Aufhebung beeinträchtigender Maßnahmen hinwirken und die Aufrechterhaltung der Bankerlaubnis anstreben. **462**

5.7 Zusammenfassung

In der Fachliteratur wird zutreffend der Standpunkt vertreten, dass die Sanierungsaussichten im Fall der Stellung eines Insolvenzantrags durch die BaFin äußerst gering sind.[154] Soweit das Kreditinstitut tatsächlich sanierungsfähig und sanierungswürdig gewesen sei, hätte vorab die Gelegenheit bestanden, diese Sanierungschance durch entsprechende Schritte des Instituts und flankierende Anordnung von Maßnahmen gem. §§ 45 ff. KWG auszuschöpfen. Gleichwohl wird die Sanierung aus dem vorläufigen Insolvenzverfahren heraus in Einzelfällen für denkbar gehalten. Neben geeigneten wirtschaftlichen Veränderungen ist ein Zusammenwirken der hinzutretenden Entscheidungsträger mit der BaFin unerlässlich. **463**

6. Sanierung im eröffneten Insolvenzverfahren

In der Wirtschaftspraxis spielt die Sanierung eines Kredit- oder Finanzdienstleistungsinstituts aus dem eröffneten Insolvenzverfahren heraus eine untergeordnete Rolle. Die Prüfung und Umsetzung von Sanierungschancen für bestandsgefährdete Kreditinstitute wird auf der Grundlage des Bankaufsichtsrechts vorverlagert. Wie gezeigt, enthält das KWG entsprechende Regelungen, mit deren Hilfe eine Sanierung in Gang gebracht und durchgesetzt werden kann und soll. Das moderne Bankenrestrukturierungsrecht verstärkt diese Tendenz. Gleichwohl schließt die Gesetzeslage in KWG und KredReorgG die Sanierung aus dem Insolvenzverfahren heraus nicht aus. Das geltende Insolvenzrecht begünstigt derartige Sanierungen grundsätzlich. Es sieht verschiedene Instrumentarien vor, die zu einer erfolgreichen Restrukturierung beitragen können. **464**

---

153 Vgl. *Obermüller/Obermüller* Kölner Schrift InsO, Kap. 44, F. Rn. 59, 60.
154 Siehe *Pannen* 2. Teil B. III, S. 72.

465 Dies sind grundsätzlich:
- das Wahlrecht des Insolvenzverwalters gem. § 103 InsO,
- die Verkürzung von Kündigungsfristen gem. § 113 InsO,
- die Verwertungsbefugnis hinsichtlich des Sicherungsguts gem. §§ 166 ff. InsO,
- die übertragende Sanierung gem. § 160 Abs. 2 Nr. 1 oder § 260 Abs. 3 InsO,
- das Insolvenzplanverfahren gem. §§ 217 ff. InsO,
- die Eigenverwaltung gem. §§ 270 ff. InsO.

466 Der Einsatz dieser Gestaltungsmittel ist auch im Insolvenzverfahren über das Vermögen eines Kredit- oder Finanzdienstleistungsinstituts prinzipiell denkbar. Das Insolvenzrecht lässt die Sanierung zu, sofern die Gläubiger in ihr die optimale Verwertung des Vermögens erkennen (vgl. § 1 S. 1 InsO). Die Gläubiger entscheiden nach Verfahrenseröffnung darüber, ob das Institut liquidiert oder restrukturiert werden soll. Wirtschaftlich sind die Gläubiger damit die Herren des Insolvenzverfahrens. Für die konkrete Verfahrensdurchführung ist gem. § 80 Abs. 1 InsO der Insolvenzverwalter zuständig. Das Insolvenzgericht übt die Rechtsaufsicht aus. Insoweit gelten in der Bankeninsolvenz die allgemeinen Prinzipien des Insolvenzrechts.

467 Das Insolvenzverfahren über ein Kreditinstitut weist jedoch einige Besonderheiten auf, die im Hinblick auf Sanierungen zu beachten sind:

6.1 Eröffnung des Insolvenzverfahrens

468 Die Eröffnung eines Insolvenzverfahrens über ein in Deutschland ansässiges Kreditinstitut erfolgt durch das gem. §§ 2, 3 InsO örtlich zuständige Insolvenzgericht. Dies gilt auch im Hinblick auf die Zweigniederlassungen des Instituts, die sich in anderen europäischen Mitgliedstaaten befinden. Gem. Art. 9 Abs. 1 der Richtlinie 2001/24/EG, der in § 46e Abs. 1 und 2 KWG umgesetzt wurde, gilt die Eröffnungszuständigkeit der Gerichte des Herkunftsstaates im Hinblick auf Haupt- und Zweigniederlassungen (Einheitsverfahren). Sekundärinsolvenzverfahren hinsichtlich der Niederlassungen sind unzulässig.

469 Dieses Einheitsverfahren kann sowohl Abwicklungen als auch Sanierungen begünstigen, weil ein Insolvenzgericht und ein Insolvenzverwalter für das gesamte Vermögen der Insolvenzschuldnerin zuständig sind. Es kommt nicht zu den grenzüberschreitenden justiziellen Kompetenzkonflikten, die aus dem Anwendungsbereich der EuInsVO (Haupt- und Sekundärinsolvenzverfahren) bekannt sind.

470 Die Eröffnungsentscheidung des Insolvenzgerichts wird gem. Art. 9 Abs. 1 der Richtlinie 2001/24/EU in allen Mitgliedstaaten *„ohne weitere Formalität anerkannt und ist dort wirksam, sobald sie in dem Mitgliedstaat, in dem das Verfahren eröffnet wurde, wirksam wird"*. Ein zusätzlicher Anerkennungs- und Vollstreckungsakt ist demnach nicht erforderlich.

471 Der Eröffnungsbeschluss wird gem. § 46e Abs. 3 S. 1 KWG vom Insolvenzgericht an die BaFin übermittelt. Das Insolvenzgericht veranlasst die Bekanntmachung des Beschlusses gem. Art. 46e Abs. 3 S. 2 KWG. Die BaFin informiert die Aufsichtsbehörden der anderen Mitgliedstaaten, in denen sich Zweigniederlassungen des Instituts befinden, von der Verfahrenseröffnung.

6.2 Verfahrensgrundsätze

Ausweislich der Richtlinie 2001/24/EG wird das Insolvenzverfahren über das Vermögen eines Kreditinstituts von den Grundprinzipien Universalität, Einheit, Herkunft und gegenseitiges Vertrauen beherrscht: 472

- Universalität: das am Sitz des Instituts eröffnete Insolvenzverfahren erfasst das gesamte Vermögen der Insolvenzschuldnerin im europäischen Rechtsraum,
- Einheit: es findet nur ein Insolvenzverfahren über die Hauptniederlassung und sämtliche Zweigstellen statt,
- Herkunft: zuständig für dieses Einheitsinsolvenzverfahren sind die Behörden und Gerichte des Staates, in dem der satzungsmäßige Sitz begründet ist,
- Gegenseitiges Vertrauen: die Entscheidungen der Behörden und Gerichte des Herkunftsstaates werden unmittelbar in allen Mitgliedstaaten anerkannt und umgesetzt; die Richtlinie 2001/24/EG enthält im Gegensatz zur EuInsVO keinen *ordre public*-Vorbehalt; die Behörden und Gerichte der von der Insolvenz betroffenen Mitgliedstaaten sind zur gegenseitigen Information verpflichtet.

6.3 Anwendbares Verfahrensrecht

6.3.1 Grundsatz

Gem. Art. 10 Abs. 1 der Richtlinie 2001/24/EG findet in der Insolvenz das Recht des Herkunftstaates Anwendung (*lex fori concursus*), soweit nicht in den Folgevorschriften Ausnahmen geregelt sind. In Art. 10 Abs. 2 der Richtlinie ist dieser Grundsatz konkretisiert. Hiernach regelt das Recht des Herkunftstaates insbesondere: 473

- die Massezugehörigkeit des Vermögens,
- die Befugnisse des Kreditinstituts und des Insolvenzverwalters,
- die Wirksamkeitsbedingungen für die Aufrechnung,
- die Auswirkungen der Verfahrenseröffnung auf laufende Verträge,
- die Auswirkungen der Verfahrenseröffnung auf anhängige Rechtsstreitigkeiten etc.
- die Anmeldung und Feststellung von Forderungen,
- das Verteilungsverfahren,
- die Beendigung des Insolvenzverfahrens,
- die Anfechtbarkeit benachteiligender Rechtshandlungen.

6.3.2 Sonderanknüpfungen

In den Art. 20 ff. der Richtlinie 2001/24/EG sind verschiedene international-privatrechtliche Sonderanknüpfungen enthalten, mit denen der Grundsatz des Art. 10 Abs. 1 der Richtlinie 2001/24/EG durchbrochen wird. Diese Maßgaben wurden in den §§ 335 ff. InsO umgesetzt. 474

Hiernach gelten für ein Kreditinstitut mit Satzungssitz in Deutschland folgende Ausnahmen von dem Grundsatz der Anwendbarkeit der *lex fori concursus*: 475

- Verträge über unbewegliche Gegenstände: es gilt das Recht des Belegenheitsortes (lex rei sitae) gem. § 336 InsO,
- Arbeitsverhältnisse: es gilt das autonome internationale Privatrecht gem. § 337 InsO,
- Insolvenzanfechtung: es gilt gem. § 339 InsO das deutsche Insolvenzrecht, soweit nicht der Anfechtungsgegner nachweist, dass ein anderes Recht vereinbart und die Rechtshandlung nach diesem Recht in keiner Weise angreifbar ist,

– Organisierte Märkte, Pensionsgeschäfte: es gilt gem. § 340 InsO das Recht, welches für den organisierten Markt oder das Pensionsgeschäft anwendbar ist.

6.4 Sanierungsmaßnahmen

476 Zur rechtlich weiterhin möglichen Sanierung eines Kredit- oder Finanzdienstleistungsinstituts im eröffneten Insolvenzverfahren können sich Insolvenzverwalter und Gläubigergemeinschaft der allgemeinen insolvenzrechtlichen Instrumente bedienen. Die Insolvenzordnung wird als sanierungsfreundliches Gesetz bezeichnet, weil ihre Regelungen eine Sanierung aus dem Verfahren heraus grundsätzlich zulassen. In § 1 S. 1 InsO ist der Erhalt des Unternehmens als Mittel zur Erreichung des Verfahrensziels – bestmögliche Gläubigerbefriedigung – genannt.

477 In der Insolvenz von Kredit- und Finanzdienstleistungsinstituten gelten Besonderheiten:

6.4.1 Unternehmensfortführung

478 In der regulären Unternehmensinsolvenz in der allgemeinen Wirtschaft soll der Insolvenzverwalter den Betrieb bis zur Entscheidung der Gläubiger über Liquidation oder Sanierung fortführen, wenn nicht erhebliche Verluste zu einer früheren Schließung zwingen. Die grundlegende Entscheidung über den Fortgang des Insolvenzverfahrens wird im Berichtstermin gem. § 157 InsO von den Gläubigern getroffen. Dieser Entscheidung soll nicht durch Handlungen des Verwalters vorgegriffen werden. Im Berichtstermin sollen sämtliche Verfahrensoptionen – Liquidation, übertragende Sanierung, Insolvenzplanverfahren mit Restrukturierung – zur Verfügung stehen.

479 Im Insolvenzverfahren über das Vermögen eines Kredit- oder Finanzdienstleistungsinstituts ist die Fortführung vom Bestand der aufsichtsrechtlichen Bankerlaubnis abhängig.

480 Hat die BaFin diese Erlaubnis zum Schutz des Finanzmarktes und seiner Teilnehmer bereits vor oder anlässlich der Verfahrenseröffnung aufgehoben, kann der gewerbsmäßige Bankbetrieb durch den Insolvenzverwalter nicht aktiv fortgesetzt werden. Bei Zuwiderhandlungen schreitet die BaFin gem. § 37 Abs. 1 KWG ein. Zudem würde sich der Insolvenzverwalter gem. § 54 Abs. 1 Nr. 2 KWG strafbar machen. Die Aufhebung der Bankerlaubnis führt zwingend zur Abwicklung des Instituts.

481 Nach der Gesetzeskonzeption des KWG kommt die Aufhebung der Bankerlaubnis gem. § 35 Abs. 2 Nr. 4 KWG bei Verfahrenseröffnung in Betracht. Die Aufhebung der Erlaubnis ist erst verhältnismäßig, wenn die Maßnahmen gem. §§ 45 ff. KWG keine Aussicht auf Erfolg haben und gem. § 46b KWG ein Insolvenzantrag gestellt wird.

482 Damit entfällt für den Insolvenzverwalter die Fortführungspflicht. Er befindet sich zwingend in einem Liquidationsinsolvenzverfahren. Seine Handlungen sind auf die Abwicklung und Vollbeendigung des Unternehmens gerichtet. Da er jedoch gem. §§ 1, 80, 148, 159 InsO verpflichtet ist, zugunsten der Gläubiger den höchsten Wert aus dem verbliebenen Vermögen zu realisieren, nimmt er auch bei der Vermögensliquidation wie ein Kreditinstitut am Markt teil. Der Insolvenzverwalter findet in der Insolvenzmasse Bank- bzw. Finanzprodukte (z.B. strukturierte Darlehen und Darlehensunterbeteiligungen, Schuldverschreibungen, Aktien) vor, die er durch den Einsatz von kompetitiven Marktmechanismen verwerten muss. Es werden Veräußerungsprozesse (z.B. Bieterverfahren) betrieben, in deren Rahmen der Insolvenzverwalter mit den

Massegegenständen handelt. Insoweit wird zumindest in einem Teilbereich wie ein Kreditinstitut tätig. Er ist lediglich daran gehindert, neue Bankgeschäfte aufzunehmen. Dies kann in Einzelfällen auch dazu dienen, den Bankbetrieb kurzzeitig zu stabilisieren, um eine (teilweise) übertragende Sanierung des Instituts zu ermöglichen.

6.4.2 Wahlrecht des Insolvenzverwalters

In der regulären Unternehmensinsolvenz wird der Insolvenzverwalter das Wahlrecht gem. § 103 InsO einsetzen, um die Insolvenzschuldnerin von ungünstigen Verträgen zu entlasten und günstige Verträge fortzuführen. Bei der Ablehnung der Vertragserfüllung wird die Gegenforderung lediglich als Insolvenzforderung gem. §§ 38, 174 ff. InsO zur Tabelle angemeldet. **483**

In der Insolvenz eines Kredit- oder Finanzdienstleistungsinstituts wird man verstärkt auf teilweise nicht erfüllte Verträge über Waren mit Markt- oder Börsenpreisen und auf Verträge über Finanzdienstleistungen treffen. Hierfür sieht § 104 Abs. 1 und 2 InsO vor, dass kein Wahlrecht des Insolvenzverwalters gegeben ist. Die Rechtsverhältnisse werden zu Abrechnungsrechtsverhältnissen umgestaltet. Die aus ihnen entspringenden Forderungen sind, soweit sie zugunsten des Gläubigers ausfallen, Insolvenzforderungen gem. § 38 InsO. **484**

§ 104 InsO ist zwingendes Recht und kann durch die Parteien eines Vertrages i.S.v. § 104 Abs. 1 oder 2 InsO nicht abbedungen werden. Dies hat zur Folge, dass auch bei für die Masse günstigen Geschäften eine Erfüllung, d.h. eine Lieferung oder Leistung, nicht verlangt werden kann, sondern im besten Fall eine Zahlung. Im Hinblick auf die Sanierung eines Instituts ist diese Rechtsfolge benachteiligend, weil der Schuldnerin nicht die gewollten handelbaren Vermögenswerte zufließen, die sie als Aktivvermögen einsetzen könnte. **485**

6.4.3 Beendigung von Arbeitsverhältnissen

Die Beendigung von Dienstverhältnissen ist gem. § 113 S. 2 InsO mit einer Frist von 3 Monaten zulässig. In regulären Unternehmensinsolvenzen außerhalb der Finanzwirtschaft kann ein Insolvenzverwalter diese Regelung nutzen, um einen unumgänglichen Personalabbau zu bewirken. In der Insolvenz von Kredit- und Finanzdienstleistungsinstituten ist der Insolvenzverwalter häufig auf den Sachverstand der Mitarbeiter angewiesen, die im Umgang mit den spezifischen Bankprodukten erfahren sind. Diese spezialisierten Mitarbeiter sind geneigt, das Unternehmen zügig zu verlassen. Deshalb wird ein Insolvenzverwalter einer Bank eher dazu tendieren, die Mitarbeiter im Unternehmen zu halten. **486**

Die personelle Umgestaltung der Leitungsebene wurde im Zweifel bereits im Rahmen der vorinsolvenzlichen Sanierung gem. §§ 45 ff. KWG durch die BaFin realisiert. **487**

6.4.4 Insolvenzplanverfahren

Ungeachtet der Einstellung des Betriebs infolge der Aufhebung der Bankerlaubnis kann die Abwicklung des insolventen Kreditinstituts im Rahmen eines Insolvenzplanverfahrens gem. §§ 217 ff. InsO erfolgen. Der Insolvenzplan ist ein Instrument zur autonomen Gestaltung der Abwicklung durch die Gläubiger. Das Gesetz formuliert für den Insolvenzplan keine konkreten Inhalte, sondern lediglich formelle Anforderungen für die Gestaltung und das Verfahren zur Planannahme und Bestätigung.[155] Die wirtschaft- **488**

---

155 Siehe nochmals *Frege/Nicht* Praxishandbuch des Restrukturierungsrechts, Kap. 15 B., D. I. 4.

lichen Inhalte des Insolvenzplans werden im Ergebnis durch die Gläubiger festgelegt. Das Insolvenzgericht nimmt im Rahmen seiner Rechtmäßigkeitsaufsicht lediglich eine Prüfung vor, ob der Plan den gesetzlichen Formalien entspricht. Eine materielle Inhaltskontrolle findet – abgesehen von § 251 Abs. 1 Nr. 2 InsO – nicht statt.

489   Das Insolvenzplanverfahren ist ergebnisoffen. Der Planverfasser kann sowohl die Liquidation und Reorganisation als auch die übertragende Sanierung vorsehen. In der Insolvenz eines Kredit- oder Finanzdienstleistungsinstituts scheidet die Reorganisation des Unternehmens aus, da ein Weiterbetrieb die bereits aufgehobene Bankerlaubnis voraussetzen würde. Es kommt allenfalls die übertragende Sanierung in Betracht, die gem. § 260 Abs. 3 InsO in einem Insolvenzplan verwirklicht werden kann.

490   In einem solchen Fall sieht der Insolvenzplan vor, dass die sanierungswürdigen Teile des Unternehmens auf eine Übernahmegesellschaft übertragen werden. Die Gegenleistung fließt als Kaufpreis in die Insolvenzmasse. Die Verwertungstechnik der übertragenden Sanierung führt damit zu einer Trennung der erhaltenswerten Aktiva des Unternehmens von den Verbindlichkeiten und den nicht benötigten Unternehmensteilen. Ein Erwerber kann das insoweit bereinigte Unternehmen in Gestalt der Übernahmegesellschaft weiter betreiben.

491   Im Hinblick auf insolvente Kredit- und Finanzdienstleistungsinstitute wird eine erfolgreiche Marktpositionierung und damit eine Reaktivierung des insolventen Unternehmens regelmäßig nicht in Betracht kommen. Denkbar ist jedoch die Integration der Übernahmegesellschaft in einen bereits am Markt positionierten Finanzkonzern. Faktisch kommt dies einer Teilsanierung der Insolvenzschuldnerin gleich.

7. Zusammenfassung

492   Die Sanierung und Restrukturierung von Unternehmen des Finanzsektors ist volkswirtschaftlich erwünscht. Denn diese Unternehmen sind häufig so stark wirtschaftlich und rechtlich vernetzt, dass ihnen eine wirtschaftspolitische Systemrelevanz zukommt. Soweit ein solches Unternehmen sanierungsbedürftig wird, überlässt das Gesetz die Sanierung nicht allein den Marktakteuren, d.h. den Geschäftsleitern, Gesellschaftern und Gläubigern des Kreditinstituts. Die Sanierung geht vielmehr von der Bankaufsicht aus, die durch die BaFin ausgeübt wird. Dies wird sich durch das geplante Restrukturierungsrecht für Kreditinstitute nicht verändern. Allerdings werden neue Zuständigkeiten begründet. Der BaFin stehen selbst verschiedene Eingriffsmittel zur Verfügung. Scheitert die Sanierung, wird ein Insolvenzverfahren über das Institut durchgeführt. Es führt regelmäßig zur Zerschlagung des Kreditinstituts.

IV. Sanierung von Immobilienportfolios als Managementaufgabe

1. Einleitung

493   Die Aktionsmöglichkeiten beim Immobilien-Portfoliomanagement sind vielfältig. Im Gegensatz bspw. zum Wertpapierportfolio, bei dem sich die Aktionen im Wesentlichen auf Kaufen und Verkaufen beschränken, kann der Investor bei Immobilien direkt in das Asset eingreifen. Er kann die bauliche Struktur seiner Immobilien verändern, die Energieeffizienz erhöhen oder den Mietermix beeinflussen. Durch jede

Maßnahme ändert sich die Rendite-Risiko-Struktur. Für das Portfoliomanagement ergeben sich entsprechend zahlreiche Gestaltungsoptionen. Diese Optionen werden auch zunehmend wahrgenommen. Bereits seit mehreren Jahren lässt sich der Wandel von Immobilieninvestoren vom eher reaktiven Bewirtschafter von Bestandsportfolios zum aktiven und interdisziplinär agierenden Asset Manager beobachten.[156] Das Portfoliomanagement von Immobilienbeständen gewinnt entsprechend an Gewicht.

494 Was genau verbirgt sich hinter dem Begriff „Portfoliomanagement"? Und wie gestaltet sich die Verknüpfung zur „Portfoliosanierung"? Rehkugler sieht das Portfoliomanagement als kontinuierlichen Prozess, der den ständig neuen Bedingungen an den Märkten angepasst werden muss.[157] Da es sich beim Portfoliomanagement somit um einen permanenten, mindestens aber wiederkehrenden Vorgang handelt, bei dem der Anlagebestand ständig optimiert wird, müsste die Erfordernis, ein Immobilienportfolio zu sanieren, eigentlich von vornherein ausgeschlossen oder doch zumindest sehr unwahrscheinlich sein. Denn das Portfoliomanagement müsste definitionsgemäß eine sich verschlechternde Marktsituation erkennen und das Portfolio entsprechend anpassen, bevor es in Schieflage gerät.

495 Die jüngste Krise hat jedoch gezeigt, dass dies in der Praxis nicht immer der Fall ist. Die Folgen sind noch immer spürbar: Dem Global Distressed Property Monitor des internationalen Branchenverbands RICS wird die Zahl der Immobiliennotverkäufe ab dem zweiten Quartal 2010 voraussichtlich in 19 von insgesamt 25 untersuchten Ländern steigen. Dabei wird in den Vereinigten Staaten von Amerika mit dem stärksten Anstieg gerechnet.[158]

In Deutschland hingegen ist bislang noch keine Welle an Notverkäufen zu beobachten gewesen. Zwar galten auch hier Zwangsverkäufe auf breiter Front fast als sicher. So rechneten bspw. bei der jährlichen Trendumfrage von Ernst & Young Real Estate Anfang 2009 rd. 98 % der Befragten damit, dass die Zahl der Notverkäufe signifikant zunehmen würde.[159] Als einer der Gründe dafür, dass dies in Deutschland noch nicht eingetreten ist, wird paradoxerweise häufig die schwache Marktsituation genannt –

---

156 Vgl. *Bone-Winkel* 2005 S. 494.
157 Vgl. *Rehkugler* S. 27.
158 Insbesondere die Vereinigten Staaten und Russland haben bereits mehrere Wellen von Notverkäufen erfahren. Die erste Phase von Notverkäufen fällt zeitlich auf den Höhepunkt der Finanzkrise. Zu diesem Zeitpunkt traten vor allem finanziell notleidende Eigentümer als Verkäufer auf, und die Verkäufe wurden entsprechend durch den Kapitalbedarf auf Unternehmensebene getrieben. Veräußert wurden i.d.R. attraktive Immobilien. Die zweite Welle von Notverkäufen war bis Ende 2009 zu beobachten. Während der Auslöser in der ersten Phase finanzielle Schwierigkeiten auf Unternehmensebene waren, waren es in dieser zweiten Welle in Russland und den Vereinigten Staaten vor allem Finanzierungsprobleme auf Objektebene. Banken stellten Darlehen bei Büroimmobilien mit hohem Fremdkapitalanteil aufgrund der Verletzung der Kreditbestimmungen fällig. Dabei lagen die Kreditforderungen häufig über dem Wert der Objekte. Da oft keine Anschlussfinanzierung zustande kam, stieg der Verkaufszwang. Für 2010 wird eine dritte Welle an Notverkäufen erwartet. Nach Finanzierungsproblemen auf Eigentümerebene in der ersten und auf Objektebene in der zweiten Welle wird für dieses Jahr erwartet, dass die Verkäufe nun auf wirtschaftlich notleidende Objekte zurückzuführen sein werden. Dabei wird erwartet, dass es sich um grundsätzlich attraktive Immobilien in guten Märkten handelt, die jedoch aufgrund hoher Leerstände und sinkender Mieten hinsichtlich der laufenden Einnahmen unter Druck geraten. Vgl. *Möll* Management der Finanzkrise aus der Sicht eines Projektentwicklers, Vortrag auf dem 5. Immobilien-Symposium der International Real Estate Business School IREBS, 3.10.2009.
159 Vgl. *Ernst & Young Real Estate* Transparenz im Leistungsdschungel – Real Estate Asset Management, 2009, S. 14.

die ohne Zweifel zumindest teilweise auch Auslöser der Probleme war. Viele Banken hätten in dem schwachen Markt der vergangenen Monate bewusst nicht auf eine Veräußerung gedrängt. Denn wenn sie die betroffenen Objekte in die eigenen Bücher übernommen hätten, wären oft weitere Abschreibungen die Folge gewesen.[160] Fazit: In Deutschland gab es also bislang vergleichsweise wenige Notverkäufe. Dennoch existieren aber durchaus sanierungsbedürftige Immobilienportfolios.

496 Einer der Gründe dafür, dass es sanierungsbedürftige Immobilienportfolios gibt: Viele Investoren fungierten in den boomenden Märkten kaum als mehr als bloße Kapitalsammelstellen. Bei stark steigender Zahl der zu verwaltenden Objekte und dem Fokus (oder Anlagedruck) darauf, weiterhin im großen Umfang Immobilien zu akquirieren, haben viele Investoren die Nähe zur einzelnen Immobilie verloren. Das Portfoliomanagement hat in vielen Fällen entweder versagt oder schlicht nicht stattgefunden.[161] Dennoch – oder vielleicht gerade deshalb – bestehen kaum Zweifel daran, dass ein professionelles Immobilien-Portfoliomanagement in den kommenden Jahren zunehmend an Bedeutung gewinnen wird. Es wird sich bei der Bewirtschaftung von Immobilienbeständen zu einem elementaren Managementtool entwickeln[162] – auch als Sanierungstool für Portfolios, die in Schieflage geraten sind.

2. Theorie des Portfoliomanagements und der -sanierung von Immobilien

2.1 Ebenen des Portfoliomanagements

497 In der Theorie des Portfoliomanagements werden die o.g. Fragestellungen auf zwei Ebenen diskutiert: Zum einen auf einer strategischen Ebene, zum anderen auf einer operativen.

2.1.1 Strategische Ebene

498 Die strategische Komponente umfasst bspw. die Portfolio- und Risikostrategie. Hier wird häufig eine erste grobe Unterteilung in drei verschiedene Risikoklassen vorgenommen: Core, Value Added und Opportunistic. In den meisten Fällen lag der ursprünglichen Anlagestrategie eine dieser Risikoklassen zugrunde. Bei der Portfoliosanierung muss die jeweilige Strategie kritisch hinterfragt und der jeweiligen Situation, in dem sich das Portfolio befindet, angepasst werden.

---

160 Vgl. Die Banken halten still, wo immer es geht, FAZ, 2.10.2009, B. 2.
161 Ein Indiz hierfür ist eine Asset-Management-Studie, bei der Ende 2008 rd. 60 Unternehmen befragt wurden. Mitte 2009 wurden die Ergebnisse hinsichtlich der Auswirkungen der Krise aktualisiert. Ein Ergebnis hierbei ist, dass elementar wichtige Portfoliokennzahlen häufig nicht betrachtet werden. Hierzu zählen insbesondere Nutzungsart und Flächeneffizienz, die von den abgefragten Kriterien am seltensten betrachtet werden (die Flächeneffizienz nur in vier von zehn Fällen, die Nutzungsart in fünf von zehn). Vgl. *Ernst & Young Real Estate* Trendbarometer: Immobilien-Investmentmarkt Deutschland 2009, 2009, S. 1 ff.
162 Vgl. *Lehner* S. 43 f.

Tab. 1: Charakteristika von Anlagestrategien[163]

	Core-Strategie	Value-added-Strategie	Opportunistic-Strategie
Risikograd	Sehr geringes Risiko aufgrund eines stabilen Cash-Flow und liquiden Marktes	Höheres Risiko, da geringer oder volatiler Cash-Flow und geringere Liquidität des Marktes	(Sehr) hohes Risiko aufgrund eines sehr volatilen Cash-Flow und illiquiden Marktes
Investitionsmerkmale	Langfristige Investitionen mit stabilen Renditen in liquiden Märkten mit einem relativ geringen Risikograd	Mittelfristige Investitionen mit relativ stabilen Renditen in relativ liquiden Märkten mit einem relativ niedrigen Risikograd	Kurzfristige Investitionen mit volatilen Renditen in liquiden Märkten und einem hohen Risikograd
Immobilientypen und -standard	Qualitative hochwertige Standardimmobilien (Büro, Einzelhandel, Wohnen) mit wettbewerbsfähigem Ausstattungsstandard	Standardimmobilien (Büro, Einzelhandel, Wohnen) und Sonderimmobilien mit Risikoaspekten, die finanziell, baulich oder managementspezifisch sind	Standardimmobilien (Büro, Einzelhandel, Wohnen) und Sonderimmobilien mit hohen Risikoaspekten (bspw. Investitionsstau)
Mieterbasis	Hoher Vermietungsgrad; langfristige, gestaffelte Mietverträge (10–15 Jahre) mit bonitätsstarken Mieten	Kurz- bis mittelfristige Mietverträge (5–10 Jahre) mit einem geringen Anteil an bonitätsstarken Mietern, ggf. Vermietung oft über Marktniveau	Kurzfristige Mietverträge (0–5 Jahre) mit einer hohen Anzahl bonitätsschwacher Mieter oder Leerstände, Vermietung eher unter Marktniveau
Lage	Top-Lagen in überregionalen liquiden Immobilienmärkten	B-Lagen in überregionalen liquiden Immobilienmärkten, Top-Lagen in mittleren regionalen Märkten sowie Märkte mit sich erholenden Ungleichgewichten	B-/C-Lagen in überregionalen, eher illiquiden Immobilienmärkten, mittleren regionalen Märkten sowie Märkten mit kaum prognostizierbaren Ungleichgewichten

---

163 Eigene Darstellung, auszugsweise in Anlehnung an *Stock* S. 36; vgl. auch *Schulte/Holzmann* S. 31 ff. Hierbei ist zu beachten, dass B-Standorte – bezogen auf das Bürosegment – nicht zwangsläufig risikoreicher sein müssen als A-Standorte. Ein Grund hierfür liegt in der Beschaffenheit vieler B-Märkte. Häufig weisen Büromieter in kleineren Städten eine geringere Neigung zur Standortverlagerung auf, so dass die Fluktuation niedriger ist als in A-Städten. Für die Eigentümer in B-Standorten kann dies eine größere Prognosesicherheit ihrer Mieteinnahmen bedeuten. Vgl. *Bock* Wer A sagt kann auch B sagen, Immobilienmanager Executive Summary, 26.4.2010, 2.

499 Neben der Portfolio- und Risikostrategie spielt auf der strategischen Ebene außerdem die Bewirtschaftungsstrategie eine wichtige Rolle – also die Frage, welche Dienstleister für das Portfolio operativ tätig werden sollen und wie deren Steuerung und Kontrolle erfolgt.

2.1.2 Operative Ebene

500 Die strategischen Entscheidungen werden in der zweiten Ebene – der operativen Ebene – umgesetzt. Diese zweite Ebene umfasst sämtliche Maßnahmen und Entscheidungen, die das einzelne Objekt betreffen. Hierzu zählen bspw. Überlegungen, Immobilien zu kaufen (dies ist je nach Strategie auch im Sanierungsfall durchaus möglich) oder zu verkaufen, Projektentwicklungen durchzuführen oder bspw. in einem Objekt über die Bewirtschaftung Wertsteigerungspotenziale zu heben.

501 Der operativen Ebene kommt, wie oben bereits angedeutet, eine elementare Bedeutung zu. Beim Portfoliomanagement und der Portfoliosanierung liegt der Blickwinkel zwar zunächst auf dem Gesamtbestand, der in geeigneter Weise strukturiert, vergrößert, aufgeteilt oder auf andere Art und Weise für den Eigentümer optimiert werden soll (bei diesem „Blick von oben" wird häufig von der Top-Down-Perspektive gesprochen). Wichtig ist jedoch, diesen Ansatz – wie mitunter in der Vergangenheit geschehen – nicht auf eine ausschließliche Betrachtung des Gesamtportfolios zu reduzieren. Der Blick von oben heißt ausdrücklich nicht, die jeweiligen Einzelobjekte auszublenden. Die einzelne Immobilie muss weiterhin permanent hinsichtlich ihrer Performance, ihrer Wertsteigerungspotenziale, der Vermietungssituation etc. analysiert werden. Die Portfoliobetrachtung von oben stellt jedoch den Rahmen dar, innerhalb dessen die jeweilige Einzelbetrachtung erfolgt.[164] Sie ist die konzeptionelle Gesamtsicht auf den Immobilienbestand.[165]

Tab. 2: Strategische Ausrichtung und Komplexität – auf Ebene des Einzelobjekts und des Portfolios[166]

	Konventionelle Hausverwaltung	Technisches Facility Management	Administratives/kaufmännisches Management des Bestands	Wertorientiertes Asset Management	Strategisches Portfolio Management
Strategische Ausrichtung	Nein	Zum Teil	Zum Teil	Strategisch und taktisch	Zwingend
Ebene	Einzelobjekt	Einzelobjekt	Einzelobjekt/Portfolio	Einzelobjekt/Portfolio	Portfolio

---

164 Vgl. *Hook/Sydow* S. 39.
165 Vgl. *Rottke* S. 347.
166 Eigene Darstellung, auszugsweise in Anlehnung an *Lehner* S. 40; vgl. auch *Wellner* S. 41.

2.2 Portfoliosanierung als Prozess

2.2.1 Drei Phasen des Portfoliomanagements

Der Weg, um die oben beschriebene Gesamtsicht auf die jeweilige Einzelimmobilie zu übertragen, wird in der Forschungsliteratur als Portfoliomanagementprozess bezeichnet. Der Prozess lässt sich in drei wesentliche Phasen gliedern: Die Planungs-, Steuerungs- und Kontrollphase. Die Planungsphase umfasst die Analyse des Ist-Bestands. Parallel werden die relevanten Immobilienmärkte in der Ist- und der erwarteten künftigen Situation analysiert. Gemeinsam mit den Zielvorgaben des Eigentümers – in diesem Fall die Sanierung des Portfolios innerhalb eines vorgegebenen Zeithorizonts unter den jeweils gegebenen ökonomischen Rahmenbedingungen – wird aus den Erkenntnissen der Planungsphase ein sog. Zielportfolio sowie eine Portfoliostrategie abgeleitet, wie aus dem Ist-Portfolio das jeweilige Zielportfolio werden soll. In der folgenden zweiten Phase – der Steuerungsphase – werden die erforderlichen Maßnahmen ergriffen, um das Ist-Portfolio zum Zielportfolio zu entwickeln. Häufig werden Teile des Portfolios veräußert, um das Portfolio zu stabilisieren und die Liquidität des Eigentümers zu stärken. In der folgenden dritten Stufe – der Kontrollphase – findet eine Performance- und Erfolgsmessung statt.[167]

502

Damit weist der Portfoliomanagementprozess für Immobilien Analogien zu den vom IDW formulierten Grundsätzen für Sanierungskonzepte für Unternehmen im Allgemeinen auf: Ziel ist es festzustellen, ob die Sanierung eines Unternehmens überhaupt möglich ist und welche Restrukturierungsmaßnahmen entsprechend ergriffen werden müssen. Am Ende steht eine rechentechnische Überprüfung der entsprechenden Maßnahmen.

503

2.2.2 Rückkopplung zwischen den Phasen

Im Sinne eines wiederkehrenden Prozesses müssen die Erkenntnisse aus der abschließenden Kontrollphase wiederum zu einer Revision des Portfolios führen, letztendlich also zu einer neuerlichen Analyse des Ist-Zustands. Der Prozess beginnt mit der ersten Phase erneut. In der Praxis kommt der Rückkopplung zwischen den einzelnen Phasen auch bereits vor der Kontrollphase eine enorm wichtige Bedeutung zu. Dies sei im Folgenden zugunsten einer sequentiellen Darstellung des Prozessablaufs ausgeblendet.

504

Die hier dargestellte Gliederung in einen dreistufigen Prozess soll als Gliederung des nachfolgenden Abschnitts dienen. Es folgt entsprechend eine Darstellung der Planungs-, Steuerungs- sowie der Kontrollphase. Dabei werden die jeweils üblichen Schritte zunächst theoretisch dargestellt und anschließend überall dort, wo es die Anonymität des konkreten Falls nicht gefährdet, anhand eines praktischen Beispiels erläutert.

505

3. Portfoliosanierung in der Praxis

3.1 Planungsphase

3.1.1 Bestandsaufnahme

Am Beginn der Planungsphase steht die Aufnahme des Immobilienbestands in der Ist-Situation. Hier werden einerseits immobilienbezogene Daten erhoben. Hierzu zählen bspw. Informationen über Standort, Lage, Nutzungsarten oder Alter des Gebäudes. Andererseits stehen die jeweiligen Mieter im Fokus. Wer sind die Unternehmen,

506

---

167 Vgl. *Stock* S. 33.

in welchem Umfang nutzen sie Flächen, welche Miete ist vertraglich vereinbart – und wird diese auch tatsächlich gezahlt? Auch die Bonität des Mieters kann je nach Fall zu den relevanten Punkten zählen. Weitere wichtige Aspekte umfassen insbesondere im Sanierungsfall das Investitionsvolumen, die Finanzierungssituation und die Performance[168] der jeweiligen Immobilie.

507 Grundsätzlich gilt, dass die Bestandsaufnahme nicht auf rein quantitative Kriterien wie bspw. Leerstandsquote, Mietrendite oder Verkehrswert reduziert werden darf. Vielmehr spielen zusätzlich qualitative Aspekte eine große Bedeutung, wenn später das Chancen-Risiken- und das Stärken-Schwächen-Profil des Portfolios adäquat dargestellt werden sollen.[169] Zu qualitativen Kriterien zählen bspw. Drittverwendungsfähigkeit, technische Ausstattung, Architektur und Ästhetik des Gebäudes oder auch die Mieterzufriedenheit.

508 Insgesamt können so pro Objekt durchaus mehrere hundert Einzeldaten relevant sein, die es zu erheben gilt. Vor allem bei Portfolios, die im Laufe der Jahre durch Zukäufe sukzessiv gewachsen sind, können dabei Probleme bei der Vergleichbarkeit auftreten. Ein Beispiel sind die Angaben zu Mietflächen in den Mietverträgen. Sie können unterschiedlich ermittelt worden sein – als Bruttogeschossfläche oder Nettogeschossfläche, die zudem jeweils unterschiedlich definiert sein können. Wenn hier oder an anderer Stelle Konflikte aufgedeckt werden, die zu Problemen bei der späteren Auswertung führen können, müssen sie zeitnah diskutiert und entweder die Mietverträge umgestellt oder aber die Datenerhebung modifiziert werden.[170]

509 Die Erhebung aller Daten ist folglich ein zeitaufwändiger Prozess. In einem aktuellen Beratungsfall hat DTZ für die Bestandsaufnahme eines Portfolios[171] einen Zeitraum von etwa zwei Monaten vorgesehen. In dieser Zeit werden die vorliegenden Daten auf Vollständigkeit überprüft sowie eine Erstbesichtigung aller Objekte durchgeführt. Sowohl die künftig zuständigen Property Manager als auch die Vermietungsmanager müssen die Besichtigungen durchführen, je nach Bedarf kommen zusätzlich die zuständigen Researcher hinzu. Hierbei finden auch persönliche Gespräche mit den wichtigsten Ankermietern vor Ort statt. Parallel erfolgt die Kontaktaufnahme zu den bisherigen Property Managern, um das Übergangsprocedere zu regeln. Hierbei werden unter anderem die Buchhaltungsdaten an DTZ übergeben und die bestehenden Objektverwaltungsverträge – also die Bindung an externe Facility Manager[172] – geprüft. Außerdem findet eine gemeinsame technische Begehung durch die neuen Property Manager von DTZ und die ehemals zuständigen Personen statt, um den

---

168 Vgl. auch Portfoliosanierung in der Praxis, III. Kap., Abschn. 3.3.1 Performancemessung.
169 Vgl. *Rottke* S. 347.
170 Vgl. *Lehner* S. 87.
171 Rd. 50 Objekte mit knapp 500 000 Quadratmetern Mietfläche und über 700 Mietern. Das Portfolio weist zu zwei Dritteln Büronutzung und einen Einzelhandelsanteil von 13 % auf.
172 Es gibt zwei Ansätze beim Facility Management (FM) für Immobilienportfolios. Zum einen gibt es originäre FM-Unternehmen mit einem üblicherweise hohen Eigenanteil an der erbrachten Leistung. Zum anderen gibt es Immobilienberatungsunternehmen, die kaum eigene FM-Dienstleistungen erbringen, sondern – wie in dem hier dargestellten Fall – überwiegend Dienstleistungen von Subunternehmen koordinieren. Bei einem Vergleich der beiden Anbietertypen, welche Gruppe die aktuellen Marktanforderungen am besten in den jeweiligen Dienstleistungsansatz integriert, schneiden die Berater mit geringer Eigenleistung besser ab. Vgl. *Teichmann*.

Know-how-Transfer zu beschleunigen. Am Ende der Bestandsaufnahme liegt neben den erforderlichen qualitativen Erkenntnissen – bspw. über den Zustand der Haustechnik – eine vollständige Übersicht über die relevanten quantitativen Merkmale wie die Situation auf der Ausgaben- und Einnahmenseite vor.

Anschließend werden die vorliegenden Daten in das IT-System von DTZ implementiert. Hierbei müssen Schnittstellen sowohl zum Eigentümer als auch zum künftigen Facility Manager[173] aufgebaut werden. Der Eigentümer muss die Möglichkeit haben, auf Daten aus dem DTZ-System zuzugreifen. Die Abstimmung mit dem Facility Manager ist erforderlich, um eine gemeinsame Reporting-Struktur zu schaffen.

3.1.2 Marktresearch

In der Planungsphase werden parallel zur Bestandsaufnahme die jeweiligen Immobilienmärkte, in denen sich die Immobilien des Portfolios befinden, analysiert und die künftige Marktentwicklung prognostiziert. Hierdurch können einerseits Chancen und Risiken identifiziert werden, die grundsätzlich für alle Objekte eines Markts gleichermaßen gelten. Beispiele sind hier konjunkturelle, Währungs- oder Rechtsrisiken. Andererseits gibt es eine Reihe von Risiken, die nicht alle Immobilien gleichermaßen betreffen. Hierzu zählen bspw. Leerstands-, Miethöhen- und Standortrisiken, die sich je nach Teilmarkt unterscheiden können. Ziel des Researchs und der anschließenden Analyse ist es, die relevanten Wettbewerbsvorteile und Nachteile des Portfolios und der jeweiligen Objekte zu identifizieren. Dies ermöglicht eine teilmarktspezifische Bewertung von Aspekten wie der Qualität von Nutzungskonzepten, der Mieterzusammensetzung, den gegebenen Standortfaktoren oder Wertsteigerungspotenzialen einzelner Immobilien und somit des Portfolios.[174]

Die Marktrecherche ist vor diesem Hintergrund höchst praxisrelevant. DTZ erstellt daher bspw. für das o.g. gegenwärtig betreute Portfolio neben dem Grundlagenresearch ein standortbezogendes Research für alle Immobilien des Portfolios. Der Eigentümer erhält in festgelegten Abständen einen spezifischen Bericht, der unter anderem folgende Aspekte erfasst:
– sozio-demographische und sozio-ökonomische Situation,[175]
– objektrelevante städtische Planungen,[176]

---

173 DTZ agiert hier – so wie in den meisten Fällen – mit externen Facility Managern, die durch die bei DTZ tätigen Property Manager koordiniert und kontrolliert werden.
174 Vgl. *Bone-Winkel* 1994 S. 187.
175 Der demografischen Betrachtung kommt ein großes Gewicht beim Research zu, da durch die alternde Gesellschaft die Zahl der Arbeitnehmer künftig sinken wird. Folglich wird auch die Nachfrage nach Büros deutlich zurückgehen. Von den 20 größten deutschen Städten wird für 14 Städte ein teilweise drastischer Rückgang erwartet. Der Rückgang beträgt in Frankfurt am Main 2,6 %, in Leipzig 5 %, in Berlin 6,5 % und beispielsweise in Magdeburg über 20 % im Vergleich zu 2006. Vgl. *Demary/Voigtländer* Immobilien 2025: Auswirkungen des demografischen Wandels auf die Wohn- und Büroimmobilienmärkte, 2009 S. 1 ff.
176 Die baurechtliche Planungshoheit liegt grundsätzlich bei den Städten, Kommunen und Gemeinden. Wenn Planungen eine Immobilie direkt betreffen, kann sich bspw. die Nutzungsart künftig ändern – im Extremfall auch gegen den Willen des Eigentümers. Wenn Planungen das Umfeld einer Immobilie betreffen, etwa eine angrenzende Brachfläche aufgewertet werden soll, strahlt dies positiv auf die nähere Umgebung ab. Umgekehrt kann eine Planung in der näheren Umgebung auch negativ auf eine Immobilie abstrahlen, wenn z. B. die Verkehrs- und damit die Lärmbelastung zunehmen. Städtische Planungen können somit großen Einfluss auf die Attraktivität von Immobilien haben.

- nutzungsspezifische Marktbedingungen (Wettbewerb, Nachfrage, Leerstände, Mietpreise).[177]

513 Daneben werden Instrumente zur Voraussage der Marktentwicklung eingesetzt. Ein Beispiel hierfür ist die von DTZ entwickelte Fair-Value-Methode.[178] Insgesamt gilt: Aufgabe des Researchs ist nicht allein, Einflussfaktoren aus den Bereichen des Umfelds der Immobilie, sondern auch – in Zusammenarbeit mit dem jeweiligen Property Manager – Chancen und Risiken der Immobilie und der Mieter zu identifizieren. In der Praxis wird häufig einem der wichtigsten Aspekte – der Mieterzufriedenheit – zu wenig Beachtung geschenkt.[179]

514 Die Zusammenstellung der Research-Informationen in Form eines regelmäßigen Berichts dient einerseits dem Eigentümer als Übersicht und Marktinformation. Andererseits ist sie eine wichtige Entscheidungshilfe bei der Frage, wie sich die Zielvorstellung des Eigentümers mit der Qualität des Immobilienportfolios im Ist-Zustand vereinen lässt – oder anders ausgedrückt: Wie das Ist-Portfolio derart saniert werden kann, dass das künftige Zielportfolio den Anforderungen des Eigentümers entspricht. In der Praxis führt DTZ hierfür eine sog. Veränderungsanalyse durch – es werden Richtung und Umfang der möglichen Veränderungen der Marktposition der Objekte gemessen und mit dem Eigentümer diskutiert.[180]

3.1.3 Zielportfolio

515 Die Definition des Zielportfolios und der entsprechenden Portfoliostrategie, mit welchen Maßnahmen der Portfolioumbau erfolgen soll, bilden den Abschluss der Planungsphase. Hierbei spielen die Eigentümerinteressen eine maßgebliche Rolle. Je nachdem, ob ein Eigentümer an einen langfristig stabilen Kapitalfluss aus dem Portfolio interessiert ist – in solchen Fällen kann der Zeithorizont durchaus mehrere Marktzyklen umfassen[181] – oder aber eine kritische wirtschaftliche Situation eine rasche Verkleinerung des Portfolios zum Zwecke der kurzfristigen Ertragsgenerierung erforderlich macht, stellt sich das Zielportfolio komplett unterschiedlich dar.

516 Insgesamt gibt es drei grundlegende Strategien, nach denen das Zielportfolio abgeleitet werden kann. Die erste ist die Investitions- und Wachstumsstrategie. Sie wird häufig bei Portfolios mit mittlerer bis hoher Marktattraktivität und vorhandenen relativen Wettbewerbsvorteilen angewendet. Kurzfristig kann – wenn bspw. anfangs noch Leer-

---

177 Die Marktbedingungen einzelner Nutzergruppen detailliert zu kennen, ist für die Vermietungsaktivitäten von größter Relevanz. Vgl. hierzu Rn. 535 ff.
178 Bei der Fair-Value-Methode werden die voraussichtlichen Renditen aus unterschiedlichen Immobiliennutzungsarten und Standorten in Relation zum jeweiligen Anlagehorizont (z.B. fünf, zehn oder 30 Jahre) mit den Renditen verglichen, die risikofreie Investments voraussichtlich künftig bieten. Aus der Differenz lassen sich Rückschlüsse darauf ziehen, wann die Rendite aus bestimmten regionalen Märkten und Nutzungsarten für Investoren attraktiv genug sind, um entsprechende Immobilieninvestments zu tätigen. Vgl. *DTZ*.
179 DTZ misst die Mieterunzufriedenheit u.a. über die Häufigkeit und den Grund von Mieterbeschwerden, die Höhe unberechtigter Mietminderungen, den Zeitraum, bis Nachzahlungen aus der Nebenkostenabrechnung eingehen, die Bereitschaft Indexerhöhungen zu akzeptieren, systematische Umfragen unter den Mieter sowie dokumentierte Mietereinzelgespräche.
180 Hierbei werden verschiedene Szenarien durchgespielt, bspw. wie sich die Marktposition ohne und mit Eingriff durch entsprechende Maßnahmen verändert.
181 Vgl. *Rottke* S. 347.

stand vorhanden ist oder Leerstand als Folge einer Projektentwicklung bewusst in Kauf genommen wird – der Kapitalfluss aus dem Portfolio dabei noch negativ sein, langfristig jedoch stabilisiert sich die Situation. Wenngleich auf den ersten Blick die Begriffe Portfoliosanierung und Investitionsstrategie wenig kompatibel scheinen, kann die Wachstumsstrategie durchaus für die Sanierung von Portfolios angewendet werden, die in Schieflage geraten sind. Dies ist im Einzelfall zu prüfen.

Der zweite wesentliche Ansatz umfasst selektive Strategien. Sie basieren darauf, dass Teile des Portfolios veräußert, andere Teile jedoch im Bestand gehalten und hier Werte gehoben werden. Folglich werden vor allem solche Immobilien veräußert, die nicht oder nur unter großen Mühen entwicklungsfähig sind. Das dritte Strategiebündel umfasst Abschöpfungs- bzw. Desinvestitionsstrategien. Hier dominiert ein sehr kurzfristiger ökonomischer Horizont mit großem anfänglichem Cashflow, der jedoch nach erfolgten Veräußerungen entsprechend rasch wieder verebbt.[182]

3.1.3.1 Kern-, Management- und Handelsportfolio

In der Praxis wird der zu sanierende Bestand häufig in ein Kernportfolio, einen Managementbestand und einen Handelsbestand unterteilt. Der Kernbestand beinhaltet dabei Immobilien, die ohne Anpassung bereits in die Struktur des Zielportfolios passen und folglich ein optimales Rendite-Risiko-Verhältnis aufweisen, das dem Zielsystem des Eigentümers entspricht. Der Managementbestand hingegen passt zwar ebenfalls grundsätzlich in das Zielportfolio, weist aber noch Optimierungspotenzial bei der Performance oder bspw. ein überdurchschnittliches Risiko auf. Hier sind entsprechende Entwicklungsmaßnahmen und eine Repositionierung der Immobilie am Markt erforderlich. Der Handelsbestand schließlich passt nicht in die Struktur des Zielportfolios und kann veräußert werden.[183]

3.1.3.2 Durchlässigkeit zwischen den Portfolios

Auf den ersten Blick scheint es, dass im Kernbestand eine Verbesserung der Immobilien – also ein Rendite-Risiko-Verhältnis, das noch mehr den Zielen des Eigentümers entspricht – nicht möglich ist. Dies mag in vielen Fällen zutreffen. Allerdings ist dabei zu beachten, dass es sich bei der Einteilung der Immobilien in das jeweilige Teilportfolio um eine Momentanbetrachtung handelt. Eine Immobilie zählt bspw. nach einer umfassenden Sanierung oder Neubau an einem guten Standort zum Kernbestand. Immobilien durchlaufen jedoch einen Lebenszyklus. Mit zunehmender Dauer verändert sich die Position der Immobilie am Markt – entweder dadurch, dass sich die Lagequalität ändert, bspw. durch negative Entwicklungen im Umfeld, oder aber dadurch, dass die Immobilienqualität infolge der üblichen Abnutzung sinkt.[184] Vor diesem Hintergrund gilt, dass die Einteilung der Immobilien in eine der drei Gruppen Kern-, Management- und Handelsportfolio regelmäßig überprüft werden muss.

Dabei gibt es Immobilien, denen eine besondere Aufmerksamkeit zukommen sollte. So können sich in der Praxis bspw. durchaus Immobilien im Kernbestrand befinden, die bei einer mittleren Standortqualität einen dennoch hohen Vermietungserfolg aufweisen. Hier besteht die Gefahr, dass sich die nur mittelmäßige Standortqualität noch

---

182 Vgl. *Bone-Winkel* 1994 S. 199 f.
183 Vgl. *Allendorf/Kurzrock* S. 123.
184 Vgl. *Hook/Sydow* S. 219 f.

nicht auf die Vermietungssituation ausgewirkt hat – dies aber künftig geschieht. Insofern können hier je nach Strategie Maßnahmen zur Aufwertung des Standorts sinnvoll sein. Umgekehrt sollte, wenn sich der Standort weiter verschlechtert, selbst bei einer anhaltend guten Vermietungssituation auch eine Desinvestition geprüft werden.[185]

3.2 Steuerungsphase

521 Basierend auf der Aufteilung des Portfoliobestands in die vorgenannten drei Teilportfolios müssen in der Steuerungsphase eine Fülle von Maßnahmen umgesetzt werden, um die Immobilien des Kern- und Managementportfolios zu stärken und den Handelsbestand auf die Veräußerung vorzubereiten. Typische Maßnahmenbündel umfassen hier einerseits die Optimierung der Einnahmen und andererseits der Kosten. Zu den größten Werthebeln zählen – ausgehend von der jeweiligen Portfoliostrategie – folglich unter anderem die

- Wertsteigerung durch entsprechende Objektstrategien,
- Wertsteigerung durch Projektentwicklungsmaßnahmen,[186]
- Senkung der Kapitalkosten und Reduzierung der steuerlichen Belastung,
- Ausschöpfung von Vermietungspotenzialen,
- Senkung der Instandhaltungskosten durch strategisches Instandhaltungsmanagement sowie Reduzierung der Bewirtschaftungskosten durch professionelles Facility Management.[187]

522 Grundsätzlich gilt auch hier, dass die Maßnahmenbündel zur Ertrags- und Kostenoptimierung in das übergreifende Portfoliokonzept eingebettet sein müssen. In der Praxis führt DTZ daher die einzelnen Faktoren im Ertrags- und Kostenreporting zur Budgetsteuerung der Einnahmen- und Ausgabeseite zusammen.

523 Das monatliche Kosten-Reporting stellt in den meisten Fällen gemäß Kundenwunsch einen reinen Soll-Ist-Vergleich dar, bei dem nur größere Abweichungen kommentiert werden. Zuvor werden mit dem Eigentümer objektspezifische Grenzwerte definiert, ab denen eine Abweichung zu erörtern ist.

524 Das quartalsweise Kosten-Reporting geht detailliert auf sämtliche Abweichungen ein und kommentiert sie. Je nach Kundenwunsch können auch hier Grenzwerte für zu vernachlässigende kleinere Abweichungen definiert werden. Das quartalsweise Kosten-Reporting gibt außerdem Hinweise auf die vom Property Manager für das verbleibende Geschäftsjahr erwartete Kostenentwicklung und geht der Frage nach, ob sich Mehr- und Minderkosten über einen bestimmten Betrachtungszeitraum voraussichtlich gegenseitig nivellieren oder ob Gegenmaßnahmen eingeleitet werden müssen, um Fehlentwicklungen zu korrigieren.

525 Das Ertrags-Reporting orientiert sich auf der Ebene zusammengefasster Soll-Ist-Vergleiche aus Erträgen und Kosten an den vorstehenden Maßgaben zum Kosten-Reporting. Dabei erfolgt bspw. ein detaillierter, monatlicher Bericht über evtl. Mietrückstände.

---

185 Vgl. *Hook/Sydow* S. 223 ff.
186 Projektentwicklungsmaßnahmen müssen dabei nicht zwangsläufig kapitalintensiv sein und kommen vor diesem Hintergrund z.T. auch für die Portfoliosanierung in Frage. Vgl. auch Abschn. 3.2.1.1 Projektentwicklung.
187 Vgl. *Lehner* S. 111 ff.

Für die Steuerungsphase und die Umsetzung der erforderlichen Maßnahmen, um vom Ist- zum Zielportfolio zu gelangen, gibt es in der Praxis kein allgemeingültiges Schema, das abgearbeitet werden kann. Die Maßnahmen müssen individuell aus dem jeweiligen Portfolio, der Marktsituation und den Zielen des Eigentümers abgeleitet werden und können höchst unterschiedlich ausfallen. Die im Folgenden aufgeführten Beispiele stehen vor diesem Hintergrund exemplarisch für mögliche Maßnahmen. Sie stellen weder eine abschließende Liste möglicher Maßnahmen noch Instrumente dar, die in jedem Sanierungsfall zum Erfolg führen. Es seien im Folgenden mit der Projektentwicklung und Sanierung zwei bauliche Maßnahmen sowie mit der Intensivierung der Vermietungsaktivitäten sowie zielgruppenspezifischen Marketingaktivitäten zwei nicht-bauliche Maßnahmen genannt, die positiv auf die Ertragsseite wirken können. Anschließend folgen in Anlehnung an die oben genannten Werthebel exemplarisch vier Felder, in denen die laufende finanzielle Belastung des Eigentümers reduziert werden kann. 526

3.2.1 Steuerungsmaßnahmen zur Ertragsoptimierung

3.2.1.1 Projektentwicklung

Diederichs definiert Projektentwicklung als Kombination aus Standort, Idee und Investment: Durch Projektentwicklung sind die Faktoren Standort, Projektidee und Kapital derart miteinander zu kombinieren, dass einzelwirtschaftlich wettbewerbsfähige sowie gesamtwirtschaftlich sozial- und umweltverträgliche Immobilienprojekte geschaffen werden, die dauerhaft rentabel genutzt werden können.[188] Projektentwicklung kann in Form von Neubauten oder auch Bauen im Bestand (Umnutzung[189] oder Neupositionierung bei gleich bleibender Nutzung) betrachtet werden. Für beide Bereiche gilt: Die Projektentwicklung ist eine der Königsdisziplinen der Immobilienwirtschaft. Kaum ein anderer Bereich ist anspruchsvoller. Während in Boomphasen spekulative Projektentwicklungen mit geringer Vorvermietungsquote oder sogar gänzlich ohne Nutzerzusage teilweise mehrmals vor Baubeginn – und dabei in der Regel stets mit Aufschlag – veräußert werden können, sehen viele Marktteilnehmer in der gegenwärtigen eher unsicheren Marktsituation größere Chancen im Bauen im Bestand. Üblicherweise wird in schwierigen Zeiten weniger gebaut, stattdessen liegt der Fokus mehr darauf, den Bestand zu optimieren und ggf. umzunutzen.[190] Auch im Falle der Portfoliosanierung dürfte dem Bauen im Bestand in den meisten Fällen die größere Bedeutung zukommen, da dies meist weniger kapitalintensiv ist. 527

---

188 Vgl. *Schulte/Bone-Winkel/Rottke* S. 32.
189 Ein Beispiel ist die Umnutzung leer stehender Büroimmobilien in Hotels, privaten Schulen und Universitäten. DTZ hat in der jüngeren Vergangenheit beobachtet, dass vor allem ältere Bürogebäude in Bahnhofsnähe für Büronutzer häufig nicht mehr attraktiv sind. Für Hotelbetreiber im Low-Budget-Segment können diese Objekte jedoch aufgrund ihrer Verkehrsanbindung und des jeweiligen Gebäudelayouts durchaus hochinteressant sein. Denn i.d.R. gruppieren sich um einen Mittelgang ehemalige Büros, die relativ leicht in Hotelzimmer umgebaut werden können. Aus ehemaligen Kantinen und Ladenflächen im Erdgeschoss lassen sich Restaurants entwickeln, Lagerräume und Tiefgaragenplätze erfüllen weiterhin ihren ursprünglichen Zweck, im Falle der Umnutzung lediglich künftig für das Hotel.
190 Vgl. Von der Königsdisziplin zum Problemfall?, FAZ *Frank Peter Unterreiner* 12.3.2010, B 4.

528 Bei unbebauten Grundstücken bietet sich an zu prüfen, ob eine vorbereitende Projektentwicklung sinnvoll ist – ein Grundstück also bspw. bauplanungsrechtlich für eine höherwertige Nutzung umgewidmet und vor Baubeginn veräußert wird. Gleiches gilt für bebaute Grundstücke, die jedoch aufgrund der zulässigen Nutzung nur geringe Erträge generieren. Ein Beispiel sind hier – je nach Makro- und Mikrolage – Lager- oder Parkhäuser. Werden solche Grundstücke für die künftige Nutzung als Büro- oder Handelsimmobilie vorbereitet, ohne dass der Eigentümer jedoch die erforderlichen Um- oder Neubaumaßnahmen durchführt, lassen sich auf diese Art Werte heben, ohne die risiko-[191] und kapitalintensive Bauphase stemmen zu müssen. Typische Schritte in dieser bauvorbereitenden Phase sind
- die Untersuchung standortspezifischer und baurechtlicher Rahmenbedingungen,
- das Erarbeiten von Flächennutzungskonzepten,
- das Betreuen von städtebaulichen Architektenwettbewerben oder -workshopverfahren,
- die Steuerung des Entwicklungsprozesses unter der Beteiligung von Behörden, Gutachtern und Fachplanern bis hin zur Baurechtschaffung sowie
- die Vermarktung des Projekts, ggf. mit vorheriger Nutzeransprache.

529 Im Rahmen der Prüfung alternativer Nutzungen kann auch die Intensität, mit der ein Grundstück bebaut werden darf, geprüft werden. Eine höherwertige Nutzung und eine zusätzlich bessere bauliche Ausnutzung[192] führen in der Regel zu deutlich höheren Grundstückspreisen.

3.2.1.2 Refurbishment

530 Im Gegensatz zur Projektentwicklung ist die Sanierung (auch Refurbishment genannt) im klassischen Sinne nicht mit einer Nutzungsänderung oder Flächenerweiterungen verbunden. Hier wird eine Immobilie meist nur auf den aktuellen Stand der Technik und Ästhetik gehoben. In Anlehnung an die Definition von Diederichs hieße dies: Eine Sanierung ist die Zusammenführung von Standort und Kapital, also eine Projektentwicklung, die im weitesten Sinne ohne neue Projektidee stattfindet. Sanierungsmaßnahmen können auch das Umfeld einer Immobilie betreffen, bspw. Außenanlagen auf dem jeweiligen Grundstück.

531 Obwohl eine Sanierung im Vergleich zur Projektentwicklung als weniger komplexe Aufgabe erscheint, gilt es auch hier eine Reihe von Aspekten zu beachten. Insbesondere wenn noch kein Nutzer feststeht, besteht grundsätzlich die Gefahr, dass bei einer umfassenden Sanierung an den Bedürfnissen künftiger Mieter vorbeigebaut wird.[193]

---

191 Die typischen Projektentwicklungsrisiken umfassen bspw. das Entwicklungsrisiko (Vermarktungsschwierigkeiten, wenn ein Objekt nicht nutzungs- und standortadäquat konzipiert worden ist), das Prognoserisiko (die ursprünglich getroffenen Annahmen sind zum Zeitpunkt der Projektfertigstellung nicht eingetreten), das Zeitrisiko (Bauzeitverlängerung etc.), das Baugrundrisiko (Altlasten, mangelnde Tragfähigkeit des Untergrunds etc.) oder das Kostenrisiko (als mögliche Konsequenz aus den vorgenannten Risiken).

192 Beispiele sind eine größere zulässige Grundfläche (GR) eines Gebäudes oder eine größere Geschossflächenzahl (GFZ). Das Maß der baulichen Nutzung kann bspw. durch Bebauungspläne (vgl. u.a. §§ 30 ff. BauGB) festgesetzt werden.

193 Vgl. Rotstift führt Regie, Süddeutsche Zeitung, 3.4.2010, V1/2.

Bei der Gestaltung der Innenräume sollte daher auf eine weitestgehende Flexibilität geachtet werden. Außerdem haben sich in der jüngeren Vergangenheit die Anforderungen an die Energieeffizienz von Immobilien mehrmals erhöht. Grundlage ist hier die Energieeinsparverordnung (EnEV), für die bereits 2012 eine weitere Verschärfung diskutiert wird.[194] Auch aus Vermarktungsgründen wird ein hohes Maß an Energieeffizienz immer wichtiger.[195] Dies gilt es bei Sanierungsmaßnahmen zu berücksichtigen.

Häufig wird eine Sanierung nicht sofort durchgeführt, sondern zunächst die Vermietungsphase abgewartet. Denn steht der Mieter bereits fest, hat er die Möglichkeit, auf die Sanierung Einfluss zu nehmen. Das Ergebnis spiegelt die Bedürfnisse des Mieters optimal wider. Das Problem hierbei ist, dass Mietinteressenten bei einer Besichtigung in diesem Fall unsanierte Fläche vorfinden. In der Regel können sich Mietinteressenten den späteren Zustand nach erfolgter Sanierung aber nur schwer vorstellen. Eine gänzlich unsanierte Immobilie hat somit entsprechend geringere Chancen auf dem Vermietungsmarkt. 532

Daher ist es sinnvoll, zumindest einen vergleichsweise kleinen Teil leerstehender Mieteinheiten zu sanieren, auch wenn noch kein Mieter feststeht. Die ersten 80-100 Quadratmeter, die sich an die Eingangstür anschließen, bieten sich hier besonders an. Denn Eingangshallen sind die Visitenkarte jedes Bürogebäudes. Gleiches gilt für Musterbüros. Sofern das Budget vorhanden ist, sollte hier sogar mehr als der eigentlich vorgesehene Standard gezeigt werden – dies ist hilfreich, selbst wenn der Mieter später einen niedrigeren Ausbaustandard wählt. Denn ausschlaggebend für eine Umzugsentscheidung des Mieters ist üblicherweise, dass der erwartete Nutzwert der neu angemieteten Flächen größer ist als der Nutzwert der aktuell angemieteten Flächen. Hierfür ist es wichtig, dass der Nutzer ein möglichst gutes Bild der Flächen vor Ort bekommt. 533

Eingangsbereiche oder Musterbüros müssen dabei keineswegs nur als „Showrooms" dienen. Dort können bspw. Grundrissvarianten oder Materialfragen zur Ausstattung mit dem Mietinteressenten besprochen werden. Interessenten können sich die vorgeschlagenen Lösungen vor Ort in der Regel besser vorstellen, als wenn sie eine E-Mail mit einer Grafik erhalten oder sich einen Grundrissplan am bisherigen Unternehmensstandort ansehen.[196] 534

---

194 Die EnEV wurde 2002, 2007 und 2009 novelliert und stellt u.a. die Grundlage für den Energieausweis für Gebäude dar. Der Energieausweis ist in Deutschland als Instrument zur energetischen Vergleichbarkeit von Immobilien verpflichtend. Daneben gibt es eine Reihe freiwilliger Zertifikate und Gütesiegel, die teilweise über rein energetische Aspekte hinaus gehen. Zu den bekanntesten freiwilligen Zertifikaten zählen DGNB (Deutsches Gütesiegel für nachhaltiges Bauen), das US-amerikanische LEED-System (Leadership in Energy and Environmental Design), das britische BREEAM (British Research Establishment Environmental Assessment Method) und das Green Building-Zertifikat der EU.
195 Die Berkeley-Universität kommt in einer gemeinsamen Studie mit einer niederländischen Universität zu dem Ergebnis, dass die Büromieten bei Green Buildings 6 % höher sind als in vergleichbaren konventionellen Gebäuden. Die Universität Reading hat ermittelt, dass die Miete für zertifizierte Gewerbeimmobilien in den USA fast 12 % höher ist als bei Objekten ohne Zertifikat. Beim Kauf beträgt der Preisunterschied sogar bis zu 31 %. Vgl. *Degi Research* S. 1 ff.
196 Vgl. Rotstift führt Regie, Süddeutsche Zeitung, 3.4.2010, V1/2.

3.2.1.3 Vermietung

535 Voraussetzung für eine erfolgreiche Vermietung ist, die Beweggründe von Unternehmen bei der Standortwahl möglichst genau zu kennen. Denn je besser die Kenntnis über den Auswahlprozess eines bestimmten Mietersegments ist, desto zielgerichteter können Mietangebote unterbreitet werden. In wirtschaftlich unsicheren Zeiten gilt dies mehr denn je, da der Wettbewerb um solvente Mieter in Phasen angespannter Märkte traditionell zunimmt.[197] Schließlich erhalten Unternehmen selbst in prosperierenden Zeiten teilweise mehrmals täglich Angebote für potenzielle neue Flächen.[198] Zielgruppen zu definieren, die jeweiligen Kundenbedürfnisse zu kennen und potenzielle Mieter gezielt anzusprechen, wird das Werben nach dem Gießkannenprinzip – der Immobilienverband IVD spricht von dem Phänomen, dass Makler teilweise „mit Exposés um sich werfen"[199] – größtenteils ersetzen.

536 Ein typisches Unterscheidungsmerkmal bei der Zielgruppensegmentierung ist die Branchenzugehörigkeit. Unterschiedliche Branchen haben üblicherweise auch unterschiedliche Standortanforderungen und bevorzugen somit unterschiedliche Immobilien und Umfelder. Kreative Unternehmen bspw. ballen sich oft in urbanen, zentralen Lagen in den Städten.[200] Internationale Beratungsunternehmen wiederum konzentrieren sich räumlich häufig in den Einzugsgebieten von Flughäfen.[201] Technologieorientierte Unternehmen wie die Computer- und Informationstechnologie bevorzugen oft eher periphere Stadträume.[202]

---

197 Bei der Bürovermietung gibt es drei Typen von Vermietungsaufträgen: Alleinaufträge auf der einen und Allgemeinaufträge und so genannte Lead Agent Aufträge auf der anderen Seite. Beim Alleinauftrag wird nur einem exklusiven Makler die Möglichkeit eingeräumt, das jeweilige Objekt anzubieten. Er hat jedoch die Möglichkeit, einen dritten Vermittler einzuschalten. Ein Alleinauftrag kann auch von vornherein an zwei Berater vergeben werden (in diesem Fall wird von Co-Exklusivität gesprochen). Alle Fälle haben gemeinsam, dass das jeweilige Objekt nur durch eine streng limitierte Zahl von Immobilienvermittlern am Markt angeboten werden darf. Alleinaufträge werden primär in Zeiten der Vermietermärkte gegeben – also wenn der Vermieter in einer starken Position ist. In solchen Phasen werden die Immobilienvermittler zum Teil auch von den Mietern honoriert. Im Gegensatz zu schwachen Märkten stellt sich nicht die Frage, ob ein Objekt vermietet werden kann, sondern vielmehr wann und zu welchen Konditionen. In solchen Phasen ist es wahrscheinlich, dass ein oder zwei Maklerunternehmen ein Objekt in einem überschaubaren Zeitrahmen relativ problemlos komplett vermieten. In Mietermärkten hingegen werden eher Allgemein- oder Lead-Aufträge vergeben. In solchen Fällen wird eine Vielzahl von Immobilienvermittlern und Vertrieben eingeschaltet.
198 Vgl. *Tschammler* Tenant Rep – den Mieter repräsentieren, Bizziety 2010, Heft 2, 48 f.
199 *IVD* Immobilienmarketing für Zielgruppen von morgen, Vortrag auf dem Branchenforum IHK Dortmund, 16.2.2009.
200 In Hamburg bspw. gibt es auffällige Unternehmenshäufungen der Kreativwirtschaft in der Langen Reihe, in Ottensen und der Sternschanze sowie in der Speicherstadt. Insbesondere die Werbebranche weist eine hohe Verdichtung in der Innenstadt auf. Vgl. Freie und Hansestadt Hamburg, Behörde für Stadtentwicklung und Umwelt, Kreative Milieus und offene Räume in Hamburg, Hamburg 2010, 35.
201 So beobachtet Wentz bspw., dass sich in einem Bereich, der einen Radius von etwa 15 km um Flughäfen oder Airport Cities herum abdeckt, bevorzugt Unternehmen mit internationalen Beziehungen ansiedeln. Vgl. *Wentz* Die Regeln der Ringe, Euro am Sonntag, 22.5.2010, S. 14.
202 Ein Beispiel hierfür ist München. Vgl. *Sorge/Ulmer* S. 179 f.

Befindet sich eine Immobilie in einem kreativen und zentral gelegenen Umfeld mit Cafés und Restaurants, das bereits Werbe- oder Medienagenturen aufweist, ist es naheliegend, eine Segmentierung potenzieller Mieter nach Branchen durchzuführen und entsprechend ebenfalls Werbe- oder Medienunternehmen anzusprechen. Hintergrund: Die standörtliche und immobilienbezogene Ist-Situation wird mit den Anforderungen der Zielgruppen an den für sie optimalen Standort bzw. die optimale Immobilie überlagert. Die Schnittmenge stellt die potenziellen Mieter dar.

537

Neben der Unterscheidung nach Branchen ist bspw. auch eine Segmentierung nach Unternehmensgröße bzw. Mitarbeiterzahl möglich. Die Vermietungszielgruppe in dieser Hinsicht zu kennen ist ebenfalls von großer Bedeutung – denn wenn bei der Mieterakquisition eher kleine Unternehmen angesprochen werden sollen, kann dies dazu führen, dass bspw. eine Etage in mehrere Mietparteien aufgeteilt werden muss. Außerdem haben kleine Unternehmen andere Kosten- und Umsatzstrukturen als große.[203] Folglich korreliert die Unternehmensgröße häufig auch mit der jeweils erzielbaren Miete.

538

Neben der Branche oder der Größe des Unternehmens gibt es zahlreiche weitere mögliche Parameter, über die Unternehmen als Zielgruppen für die Mieterakquisition segmentiert werden können. Weitere Beispiele sind die Zahlungsfähigkeit bzw. eine bestimmte Miethöhe als limitierender Faktor. Auch die Frage, ob Unternehmen Alt- oder Neubauten favorisieren – respektive die Frage nach dem Standard einer Büroimmobilie – kann als Unterscheidungsmerkmal dienen. Ein weiterer Aspekt kann die Dauer des Mietvertrages darstellen. In wirtschaftlich unsicheren Zeiten tendieren Unternehmen dazu, eher Mietverträge mit kurzen Laufzeiten abzuschließen. Wenn Eigentümer dennoch auf lange Laufzeiten beharren, verringert sich so die potenzielle Zahl an Interessenten für eine Fläche.

539

Grundsätzlich gilt: Welche Parameter im jeweiligen Fall herangezogen werden, muss stets anhand des konkreten Objekts und des Standorts entschieden sowie im Einklang mit der Portfoliostrategie erfolgen. Ein Beispiel: Objekte, die zum Handelsbestand zählen, jedoch keinen Mieter aufweisen, werden je nach Marktsituation äußerst unterschiedlich gewürdigt. In Boomphasen stellt ein Objekt ohne Mieter für einen Käufer eher eine Chance dar – es bietet die Aussicht, bei Neuvermietung einen höheren Mietpreis zu erzielen. In unsicheren Zeiten ist ein Objekt ohne Mieter für potenzielle Käufer hingegen meist unattraktiv. Die Portfoliostrategie muss hier die entsprechende Richtung vorgeben, in welchen Fällen Vermietungsmaßnahmen intensiviert und bei welchen Immobilien eher darauf verzichtet und ggf. ein Abschlag beim Verkauf akzeptiert werden sollte.

540

---

203 Unternehmen mit weniger als zehn sozialversicherungspflichtig Beschäftigten erzielen weit überwiegend Umsätze von weniger als zwei Mio. EUR pro Jahr, während etwa jedes zweite Unternehmen mit mehr als 250 Beschäftigten einen Umsatz von über 50 Mio. EUR erwirtschaftet. Vgl. Unternehmensregister des Statistischen Bundesamts, Online-Auskunft am 23.7.2010.

3.2.1.4 Marketing

541 Das Immobilienmarketing hat sich in den vergangenen Jahren gewandelt. Vom Online-[204] über Baustellen- oder Eventmarketing[205] bis hin zum Markenaufbau[206] – die Zahl unterschiedlicher Marketing-Ansätze hat zugenommen, und dies gilt für offline-, online-, mobile und medienübergreifende Aktivitäten gleichermaßen. Gleichzeitig haben aber auch klassische Printanzeigen, Mailings, Radio- und TV-Werbung weiterhin ihre Daseinsberechtigung. Welche Art der Zielgruppenansprache im jeweiligen Fall auch gewählt wird: Die oberste Maxime lautet immer, mit einem minimalen Aufwand den größtmöglichen Erfolg zu erzielen.

542 Dafür muss die Sprache der Mieterzielgruppe gesprochen werden. Eine zielgruppenorientierte und möglichst direkte Ansprache ist daher breit angelegten Werbeaktionen vorzuziehen, und es sollte stets ein Berater eingeschaltet werden, der auf das jeweilige Zielbranchensegment ausgerichtet ist.

543 Wenn ein Objekt an Unternehmen aus dem Finanzdienstleistungssektor vermietet werden soll, muss die entsprechende Agentur Erfahrung in genau diesem Segment vorweisen. Sie muss den Ton des Nutzers treffen, die richtigen Schlagworte einsetzen. Diese Schlagworte in der Mieteransprache unterscheiden sich je nach Zielgruppe – sollten aber jeweils einheitlich über alle Medien wie bspw. Broschüren, Events oder den Internetauftritt konsequent eingesetzt werden.

544 In der praktischen Arbeit gilt: Die Grenze zwischen Marketing, Vermietung und Immobilienmanagement verläuft fließend. Für die Portfoliosanierung schafft DTZ bspw. aus Marketing- und Vermietungserwägungen heraus Alleinstellungsmerkmale, die wiederum die Nutzung der Immobilie betreffen. Beispiele sind Doorman oder Concierge Services, das Etablieren eines eigenen CateringServices für eine Immobilie bis hin zur Einrichtung eines eigenen Fitness-Studios.

545 Ein weiteres Beispiel für die Verknüpfung von praktischen Vermietungsaspekten und Marketing ist, dass Objektbesichtigungen grundsätzlich in Abstimmung mit – und idealerweise in Anwesenheit – einer koordinierenden Stelle (Lead Agent) stattfinden. So kann gewährleistet werden, dass ein Gebäude nicht in zu kurzer Zeit am Markt verbrannt und zu vielen Nutzern von unterschiedlichsten Seiten angeboten wird. Das Objekt erhält sich so eine gewisse Exklusivität – dies trägt zum Imageaufbau der

---

[204] Eine Befragung von 186 Maklern und Bauträgern zeigt: Zwei Drittel nutzen Online-Plattformen als Medium zur Unterstützung der Immobilienvermarktung, meist in Form einer eigenen Homepage und Immobilienbörsen. Vgl. *Akermann* S. 31 ff.

[205] Eventmarketing bspw. bietet die Chance, Kunden emotional und erlebnisorientiert direkt anzusprechen, und Immobilien zugleich mit einem positiven Image zu belegen. Vgl. *Portig* S. 1 ff.

[206] Wenn Immobilien als Marken wahrgenommen werden, können sie dem Eigentümer einen wesentlichen Performancevorsprung verschaffen. Deutsche Immobilien, die in der Öffentlichkeit als Marke wahrgenommen werden, erzielen einen um 7,5 % höheren Mietpreis und einen um 15 % höheren Verkehrswert. Die Leerstandsquote ist um durchschnittlich 6,5 % geringer als bei herkömmlichen Immobilien. Entscheidend für einen optimalen Markenaufbau sind eine möglichst hohe Bekanntheit und ein positives Image der Immobilie. Dazu bedarf es einer außergewöhnlichen architektonischen Gestaltung, Kontinuität in den Marketingmaßnahmen über den gesamten Lebenszyklus der Immobilie hinweg sowie einer Zusammenarbeit mit professionellen Maklerunternehmen als Markenbotschafter. Vgl. *Pfrang* Immobilienmarken – Entwicklung eines Modells zur strategischen Markenführung in der Immobilienwirtschaft, noch unveröffentlichte Dissertation, IREBS Institut für Immobilienwirtschaft an der Universität Regensburg.

Immobilie am Markt bei. Außerdem wird unterbunden, dass ein und dasselbe Objekt möglicherweise mit unterschiedlichen Mietpreisvorstellungen angeboten wird.

3.2.2 Steuerungsmaßnahmen zur Kostenoptimierung

3.2.2.1 Finanzierung optimieren

Neben den o.g. Maßnahmen zur Ertragssteigerung aus einem sanierungsbedürftigen Immobilienportfolio gibt es eine Reihe von Maßnahmen, mit denen sich die Kosten reduzieren lassen. Ein Beispiel ist die Finanzierung der Immobilien. In der Vergangenheit wurden bei Transaktionen teilweise die bestehenden Immobilienfinanzierungen vom Verkäufer übernommen. Dadurch ist es in Fällen historisch gewachsener Portfolios mitunter zu einer Fülle unterschiedlicher Finanzierungsvereinbarungen mit entsprechend unterschiedlichen Konditionen gekommen. Ein Ansatz zur Reduktion der Fremdkapitalkosten ist, die Finanzierungen zu bündeln. Dies muss – wie grundsätzlich jede Maßnahme zur Ertragssteigerung oder Kostensenkung – im Einklang mit der Portfoliostrategie stehen. Steht das gesamte Portfolio zum Verkauf, ist eine einheitliche Finanzierung über alle Immobilien im Sinne der Transparenz und potenziell niedrigeren Kapitalkosten für den möglichen Käufer ein zusätzlicher Anreiz. Gibt es jedoch ein Kern- und ein Handelsportfolio, kann es unter Umständen sinnvoller sein, mehrere Finanzierungsbündel zu schnüren, um nicht ggf. später wieder Teile der Finanzierung aus der Gesamtfinanzierung herauslösen zu müssen. Außerdem gilt es zu bedenken, dass sich je nach Zeitpunkt, wann die ursprüngliche Kreditvereinbarung abgeschlossen wurde, die damaligen Eigenkapitalanforderungen deutlich von den Anforderungen zum Zeitpunkt der Finanzierungsrestrukturierung unterscheiden können. Einem günstigeren Zinsniveau können hohe Eigenkapitalquoten gegenüberstehen und das Ziel einer effizienten Finanzierungsbündelung möglicherweise konterkarieren. 546

3.2.2.2 Mietausfälle reduzieren

Neben leerstandsbedingten Mietausfällen – denen über eine Intensivierung der Vermietungsbemühungen begegnet werden kann – treten auch bei vermieteten Flächen Ausfälle auf. Je nach Portfolio und Mieterzusammensetzung ist dieser Ausfall – bezogen auf die vermietete Fläche – unterschiedlich hoch. In der Praxis sind Mietausfallraten über 5 % keine Seltenheit, selbst wenn es sich um namhafte Unternehmen als Mieter handelt und es keinen berechtigten Grund zur Mietminderung gibt. Denn häufig sind wirtschaftliche Gründe bei den Mietern die Ursache. 547

Hier ist es wichtig, einen persönlichen Kontakt zum Mieter herzustellen. Automatisierte Mahnschreiben in der ersten Woche nach ausbleibender Zahlung – dies ist in der Praxis durchaus zu beobachten – führen in vielen Fällen nicht zum Erfolg. Wenn hingegen im Gespräch mit dem Mieter die Gründe für die ausbleibende Mietzahlung erörtert werden, können häufig Lösungen gefunden werden. In der Praxis lassen sich die Mietausfallraten so oft mehr als halbieren. 548

Vor diesem Hintergrund hat DTZ ein Forderungsmanagement etabliert, das in Abstimmung mit dem jeweiligen Property Manager möglichst erst nach etwa einem halben Monat das erste Mahnschreiben versendet. So bleibt im Vorfeld ausreichend Zeit für den Property Manager, nach alternativen Lösungen zu suchen, die nicht auf zeit- und kostenintensive Gerichtsverfahren herauslaufen. 549

3.2.2.3 Instandhaltungskosten optimieren

550 Vor allem große Immobilienportfolios erfordern eine strategische Instandhaltungsplanung. Ein möglicher Ansatz ist die Klassifizierung der Immobilien in unterschiedliche Gruppen, denen jeweils eine eigene Instandhaltungsstrategie und unterschiedliche Budgets zugeordnet werden. Diese Strategien können von der reinen Gefahrenabwehr mit entsprechend minimalem finanziellen Aufwand bis hin zur wertsteigernden Modernisierung reichen. Die Zuordnung hängt dabei stets von den Zielen der Eigentümer beziehungsweise im Falle der Portfoliosanierung von der strategischen Ausrichtung ab – meist wird jedoch eine Immobilie, die längerfristig im Bestand gehalten soll, einer höheren Gruppe zugeordnet als eine Immobilie, die veräußert werden soll.

551 Wenn eine Immobilie für Projektentwicklungsmaßnahmen vorgesehen und ohnehin zeitnah umgebaut werden soll, hängt die Instandhaltung in der Zwischenzeit bis zum Beginn der Projektentwicklung von den Nutzerbedürfnissen und der Länge des Zeitraums bis zum Projektentwicklungsbeginn ab. Neben der Frage, ob eine Immobilie im Bestand verbleibt oder nicht, spielen auch die Nutzungsart und der Leerstand eine wesentliche Rolle: Vermietete Wohnimmobilien sollten anders gewürdigt und instand gehalten werden als komplett leer stehende Lagerhallen, die einer neuen Nutzung zugeführt werden sollen.

552 Ist eine Einteilung in verschiedene Instandhaltungsgruppen erfolgt, müssen die Objekte auf Schäden und Mängel untersucht werden. Hierfür finden regelmäßige Begehungen aller Gebäude statt – üblicherweise mindestens einmal jährlich. Basierend auf den zugeordneten Budgets und den festgestellten Mängeln können Maßnahmenpläne für die wichtigsten Gebäudegruppen erarbeitet werden.[207]

---

[207] Vgl. *Riede* Instandhaltungsstrategie für Immobilien, Behörden Spiegel, 2/2008, 25.

Tab 3: Instandhaltungsplanung – Beispiel aus der Praxis[208]

Instandsetzung / Investition / Gewährleistung	Kosten / Netto-Instandsetzungen und Investitionen in Euro	Anmerkungen sollte	Anmerkungen kann	Anmerkungen muss	2010 Instand-setzung	2010 Investitionen	2011 Instand-setzung	2011 Investitionen	2012 Instand-setzung	2012 Investitionen	2013 Instand-setzung	2013 Investitionen	2014 Instand-setzung	2014 Investitionen
Senkungen im Pflasterbereich ausgleichen	Instandsetzung	€ 2 500	x			€ 2 500									
Metallfassade, Reinigung und Neuanstrich notwendig	Investition	€ 17 000	x				€ 8 000								€ 9 000
Leerstände Büroflächen, Treppenhaus Sockelfliesen fehlen, Fensterscheibe gerissen, fleckiger Teppichbelag, schadhafte Fenster und Außentüren	Gewährleistung	€ 0			x										
Heizung / Lüftung	Instandsetzung	€ 7 500			x	€ 1 500		€ 1 500		€ 1 500		€ 1 500		€ 1 500	
Sanitär	Instandsetzung	€ 2 500			x	€ 500		€ 500		€ 500		€ 500		€ 500	
Türen/Tore/Fenster	Instandsetzung	€ 7 600			x	€ 500		€ 1 000		€ 1 300		€ 1 800		€ 3 000	
Elektroinstallationen	Instandsetzung	€ 4 600			x	€ 300		€ 500		€ 800		€ 1 000		€ 2 000	
Dachinstandsetzung	Instandsetzung	€ 9 500			x	€ 1 000		€ 1 000		€ 1 500		€ 2 000		€ 4 000	
Außenbeleuchtung	Instandsetzung	€ 3 000			x	€ 600		€ 600		€ 600		€ 600		€ 600	
Notbeleuchtung	Instandsetzung	€ 1 000			x	€ 200		€ 200		€ 200		€ 200		€ 200	
Fassadeninstandsetzung	Investition	€ 31 000	x						€ 5 000		€ 8 000		€ 8 000		€ 10 000
sonstige Kleinreparaturen	Instandsetzung	€ 12 500			x	€ 2 500		€ 2 500		€ 2 500		€ 2 500		€ 2 500	
Summe		€ 98 700				€ 9 600	€ 8 000	€ 7 800	€ 5 000	€ 8 900	€ 8 000	€ 10 100	€ 8 000	€ 14 300	€ 19 000

[208] Eigene, gekürzte und anonymisierte Darstellung. Die Tabelle bezieht sich auf ein Büroobjekt mit gastronomischer Einrichtung in Toplage einer deutschen Großstadt. Sanierung/Neubaustandard erfolgte Anfang der 90er Jahre. Die Immobilie umfasst eine Gesamtfläche von etwa 40 000 Quadratmetern.

3.2.2.4 Nebenkosten senken

553 Häufig wird unterschätzt, dass die Baukosten im gesamten Lebenszyklus einer Immobilie nur eine untergeordnete Rolle spielen. Sie verursachen meist nur etwa 20–25 % der Gesamtkosten. Das Gros entfällt auf die Betriebsphase und somit auf die Betriebs- und Nebenkosten. Durch professionelles Facility Management lassen sich die Kosten hier um 20–30 % reduzieren. Einsparpotenziale gibt es vor allem beim technischen und infrastrukturellen Gebäudemanagement und bspw. in der Energieversorgung.

554 Die Verbesserung der Energieeffizienz muss dabei nicht zwangsläufig mit großen Investitionen bspw. in eine bessere Fassadendämmung oder neue Heizungsanlagen verbunden sein. Es gibt zahlreiche Ansätze, ohne wesentliche bauliche Sanierung und mit entsprechend überschaubarem Aufwand, die Energie- und damit die Nebenkosten zu senken. Beispiele sind der Einbau von Sonnenschutzvorrichtungen, neuen Thermostatventilen oder automatisierten Lüftungen. Bereits ein hydraulischer Abgleich, also die Optimierung des Drucks in der bestehenden Heizungsanlage, kann zu Energieeinsparungen von über einem Drittel führen. Je nach Gebäudegröße sind so Kostenentlastungen im fünf- bis sechsstelligen Euro-Bereich pro Jahr möglich – und dies gänzlich ohne baulichen Eingriff.[209]

555 DTZ führt in der Praxis keine eigenen Facility Management-Leistungen durch, sondern fokussiert auf die Führung, Steuerung und das Controlling der Dienstleister. In der Vergangenheit hat sich dabei bewährt, die Kosten und Kosteneinsparungen mit vergleichbaren Objekten, die ebenfalls von DTZ gemanagt werden, zu vergleichen.[210] Zudem werden die zuständigen Facility Manager durch regelmäßige Vor-Ort-Präsenz sowie die Kommunikation mit den Nutzern der Immobilie kontrolliert. DTZ vereinbart vorzugsweise kurze Vertragslaufzeiten – idealerweise über ein, maximal über drei Jahre, um die Motivation des Facility Management-Dienstleisters auf hohem Niveau zu halten. Durch Bonus-Malus-Regelungen wird die Arbeit des Facility Managers zudem an den Erfolg gekoppelt.

3.3 Kontrollphase

556 Ab dem Zeitpunkt, in dem die jeweiligen strategischen Maßnahmenbündel durchgeführt werden, beginnt die Kontrollphase: Die Maßnahmen werden daraufhin überprüft, ob sie den gewünschten Effekt haben. Kontrolliert werden dabei im Wesentlichen zwei Parameter. Dies ist zum einen die Performance- und zum anderen die Risikoentwicklung des Portfolios.

3.3.1 Performancemessung

557 Die Performance wird meist über den sog. Total Return gemessen. Er wird bestimmt aus der Veränderung der Verkehrswerte unter Berücksichtigung der Einnahme- und Ausgabesituation in der jeweiligen Betrachtungsperiode. Beispiele für Zuflüsse sind die Nettomieteinnahmen und Verkaufserlöse, Beispiele für Abflüsse entsprechend Nettoinvestitionen wie Instandhaltungsaufwendungen und Kaufpreise.[211] Häufig wird auch die relative

---

209 Vgl. *Gartung* Behörden Spiegel 10/2009, 29.
210 DTZ in Deutschland verfügt über Daten für 4,5 Mio. Quadratmeter verwaltete Mietfläche, die als interne Benchmark herangezogen werden.
211 Vgl. *Thomas/Piazolo* „Performancemessung und Benchmarking" in Schulte/Thomas (Hrsg.), Handbuch Immobilien-Protfoliomanagement, 2007, S. 208 ff.

Performance gemessen. Hier wird die Entwicklung des Portfolios mit der jeweiligen Marktentwicklung verglichen. Im Ergebnis stellt sich das Portfolio – als Über- oder Unterperformer im Vergleich zum Markt dar. Sowohl die absolute als auch relative Beurteilung ist dabei sowohl auf Portfolio- als auch auf Objektebene wichtig. Denn nur so kann der individuelle Beitrag jeder Immobilie zum Gesamterfolg beurteilt werden. Dies dient wiederum als Indikator dafür, welchem Teilportfolio die jeweilige Immobilie künftig zugeordnet werden soll – dem Kern-, Management- oder Handelsportfolio.

3.3.2 Portfolio Monitoring

Neben der Performancemessung ist das sog. Portfolio Monitoring Teil der Kontrollphase. Hier werden über die Performance hinaus weitere Indikatoren analysisiert, die ausschlaggebend für eine Umschichtung zwischen den drei Teilportfolios sein können. Vor allem Veränderungen in den Anlegerzielen, den volkswirtschaftlichen Rahmenbedingungen und die Lage und Erwartungen auf den relevanten Immobilienmärkten können dazu führen, dass einzelne Objekte nicht mehr die Parameter erfüllen, aufgrund derer sie ursprünglich einem der drei Teilportfolien zugeordnet wurden.

3.3.3 Risikokontrolle

Um in der Kontrollphase Rückschlüsse auf eine ggf. erforderliche Strategieänderung ziehen zu können, ist neben den vorgenannten Aspekten die Risikokontrolle ein wichtiges Instrument. In der Praxis führt DTZ hierfür Szenarioanalysen auf Objekt- und Portfolioebene durch. Das bedeutet, dass im Vorfeld der Maßnahmen zur Umsetzung der Portfoliostrategie worst case-, base case- und best case-Betrachtungen durchgeführt werden. Später wird die Situation, wie sie tatsächlich eingetreten ist, den Szenariobetrachtungen gegenübergestellt. Ein permanenter Abgleich der erwarteten mit der tatsächlichen Entwicklung dient so einerseits als nachträgliche (Erfolgs)Kontrolle der getroffenen Entscheidungen. Andererseits kann die Szenariobetrachtung auch so gestaltet werden, dass sie als in die Zukunft gerichtetes Frühwarnsystem fungiert, mit dem Fehlentwicklungen bereits im Ansatz erkannt und deren Eintreten idealerweise abgewendet werden kann.

DTZ sieht folgende beispielhafte Kriterien auf Objektebene als Indikatoren für ein Frühwarnsystem im Sinne einer permanenten Erfolgs- und Risikokontrolle der Portfoliostrategie. Je nach Sanierungs- oder Managementfall muss eine entsprechende Konkretisierung und Anpassung erfolgen.

Tab. 4: Indikatoren für ein Kontroll- oder Frühwarnsystem für Fehlentwicklungen beim Portfoliomanagement auf Objektebene[212]

Nr.	Immobilienindikatoren	Skala
1.	Gebäudezustand	Metrisch 5-stufig
2.	Ausstattung	Nominal 5-stufig
3.	Funktionalität	Nominal 5-stufig
Nr.	**Umfeldindikatoren**	**Skala**
1.	Markt- und Rahmenbedingungen	Nominal 5-stufig
2.	Lagequalität	Nominal 5-stufig

---

212 Eigene Darstellung.

Nr.	Immobilienindikatoren	Skala
3.	Wettbewerb	Metrisch 5-stufig
4.	Preis	Metrisch 5-stufig
5.	Umfeld, Entwicklung	Nominal 5-stufig
Nr.	**Mieterindikatoren**	**Skala**
1.	Bonität	Metrisch 5-stufig
2.	Organisation	Nominal 5-stufig
3.	Zufriedenheit	Metrisch 5-stufig
4.	Mietermix	Nominal 5-stufig

4. Fazit

561 Der typische Ablauf von Portfoliomanagement und -sanierung umfasst drei Phasen. Die erste Phase stellt die Planungsphase dar, in der der Bestand aufgenommen und das Zielportfolio definiert wird. Flankiert wird diese erste Phase durch Research über die jeweiligen Immobilienmärkte. Üblicherweise steht am Ende der ersten Phase fest, welche Immobilien künftig weiterhin im Bestand des Eigentümers verbleiben, welche entwickelt bzw. aufgewertet werden und welche veräußert werden sollen. Die Zuordnung der einzelnen Immobilie zu einer dieser drei Gruppen ist im Zeitablauf immer wieder aufs Neue zu überprüfen.

562 In der zweiten Phase – der Steuerungsphase – werden die aus der Portfoliostrategie abgeleiteten Maßnahmen durchgeführt, um zum Zielportfolio zu gelangen. Je nach Ziel für die einzelne Immobilie sind Projektentwicklungs-, Sanierungs-, Vermietungs- oder Marketing-Maßnahmen zur Repositionierung oder sonstige Maßnahmen zur Aufwertung und Ertragssteigerung möglich. Ein weiterer Ansatz umfasst Maßnahmen zur Kostenreduzierung. Beispiele sind hier die Optimierung der Finanzierungs-, Instandhaltungs- und Nebenkosten. Häufig wird über ein entsprechendes Forderungsmanagement bspw. auch der Mietausfall in den vermieteten Flächen (Zahlungsrückstände) reduziert.

563 Es folgt eine dritte Phase, in der die Kontrolle der zuvor durchgeführten Maßnahmen erfolgt. Kriterien, über die der Erfolg oder Misserfolg der Maßnahmen operationalisiert werden kann, sind unter anderem die Entwicklung der absoluten und relativen Performance. Letztgenannter Aspekt beschreibt den Vergleich mit der allgemeinen Entwicklung auf den jeweiligen Immobilienmärkten. Die Ergebnisse der Kontrollphase führen zu einer Revision des Portfolios, also der neuerlichen Überprüfung der Immobilien, ob sie künftig weiterhin im Bestand gehalten, entwickelt oder ggf. veräußert werden sollen. Flankiert wird diese Phase von einer idealerweise vorausschauenden Risikokontrolle, um auch künftige Entwicklungen bei der Portfolio-Revision berücksichtigen zu können.

564 In der Praxis hat sich gezeigt, dass viele Eigentümer von Immobilienportfolios die Nähe zur einzelnen Immobilie verloren haben – dies ist neben der allgemeinen ökonomischen Entwicklung infolge der globalen Finanz- und Wirtschaftskrise einer der Gründe, warum zahlreiche Portfolios in Schieflage geraten sind. Sinnbildlich hierfür ist, dass umfassende Frühwarnsysteme für Immobilienportfolios in der Praxis noch

extrem selten sind. Und auch vermeintlich selbstverständliche Aufgabenfelder, wie der Mieterzufriedenheitsanalyse, werden in der Praxis oft eher stiefmütterlich behandelt. Sie sind jedoch essentiell für den langfristigen Erfolg eines Portfolios.

Vor diesem Hintergrund werden Portfoliomanagement und Portfoliosanierung von Immobilienbeständen als umfassende Managementaufgabe künftig an Bedeutung gewinnen. Ziel dabei muss es sein, in jedem Schritt des Prozesses den „Blick von oben" auf das Portfolio mit den konkreten Maßnahmen in jeder einzelnen Immobilie so zu vereinen, dass ein Rendite-Risiko-Verhältnis entsteht, das den Zielen des Eigentümers entspricht.

5. Case-Study: Strategien zur wirtschaftlichen Sanierung von Shopping Center-Portfolios

Die ökonomische Sanierung von Shopping Center-Portfolios weist im Vergleich zu anderen gewerblich genutzten Beständen eine Reihe von besonderen Herausforderungen auf. Dies gilt grundsätzlich sowohl auf Portfolio-Ebene als auch auf Ebene der Einzel-Immobilien. Zudem gibt es in vielen Aspekten Wechselwirkungen zwischen Immobilie und Portfolio. Ein Beispiel ist die Finanzierung des Portfolios und der Cash-Flow je Objekt – da Mietverträge in Shopping Centern je nach Fall umsatzabhängige Komponenten enthalten, ist unter anderem die Frage maßgeblich, wie variable Mietanteile bei der Finanzierung berücksichtigt werden. Nachfolgend werden zwei maßgebliche Bündel von Strategieansätzen aufgezeigt, die in der Praxis häufig zur wirtschaftlichen Sanierung von Shopping Centern angewendet werden: Das Sichern des Kapitalflusses sowie die Optimierung der Finanzierung.

5.1 Cash-Flow sichern

Zu den wichtigsten Aufgaben bei der wirtschaftlichen Stabilisierung von Shopping Centern zählt, zunächst den Kapitalfluss möglichst langfristig zu sichern. Hierfür muss parallel an verschiedenen Punkten angesetzt werden. Zum einen müssen die attraktiven Ankermieter im Center gehalten werden. Meist handelt es sich hierbei um Filialen der großen Ketten aus dem Elektronik-, Textil- oder Multimedia-Bereich. Auch Lebensmitteleinzelhändler, Filialen der großen Buchgeschäfte oder Warenhäuser können zu den Magneten eines Shopping Centers zählen. Um solche Mieter zu halten, ist es erforderlich, bereits deutlich vor Ende der entsprechenden Mietverträge Gespräche zu führen. In der Praxis hat DTZ bereits mehr als drei Jahre vor Vertragsende von Ankermietern in Shopping Centern Gespräche über eine Verlängerung eingeleitet. In vielen Fällen läuft ein Großteil der Mietverträge zeitgleich aus – dies erhöht die Bedeutung der Gespräche zusätzlich. Ein Eigentümer muss bei frühzeitigen Verhandlungen grundsätzlich bereit sein, dem Mieter Zugeständnisse zu machen. Solche Zugeständnisse können darin bestehen, dass die Flächen baulich modernisiert oder den geänderten Anforderungen des Mieters angepasst werden. In der Praxis können die entsprechenden Umbaukosten durchaus bei bis zu einer Jahresmiete liegen – der Cash-Flow verschlechtert sich kurzfristig entsprechend. Allerdings gilt: Häufig verschlechtert sich das Budget für das Objekt nicht, da ein Zuschuss zu Umbaukosten oft über ein separates Budget für Investitionsausgaben (Capex) läuft. Zudem gilt, dass eine vermietete Fläche in einem Shopping Center fast immer besser als eine leere Fläche ist. Große leere Flächen haben eine verheerende negative Signalwirkung auf die Besucher und die angrenzenden Shops. Zudem müssen auch leer stehende Flächen bewirtschaftet, mit Energie versorgt, bewacht und instand gehalten werden – so dass hier für den Eigentümer Kosten anfallen, denen keine Einnahmen gegenüberstehen. Wenn für einen wichtigen Mieter umfangreiche Baumaßnahmen erforderlich sind, sollten Eigentümer entsprechend die Kosten tragen, sofern der Mieter dadurch gehalten, Leerstand vermieden und die Besucherfrequenz im Center hoch gehalten werden kann.

568 Zudem muss der Besatz an Mietern – hierzu zählen neben Geschäften in Shopping Centern auch stets Gastronomen, Dienstleister oder Freizeitangebote wie Fitness Center – permanent an die jeweiligen Kundenanforderungen angepasst werden. Während bspw. das gastronomische Angebot noch vor einigen Jahren von den Center Managern eher dort verortet wurde, wo es schwer vermietbare Restflächen in den Centern gab, sind die sog. Food Courts heute zentrale Anlaufpunkte an prominenter Stelle. Sie stellen hochfrequentierte Bereiche dar und vermitteln eine Art Marktplatzgefühl. Umliegende Geschäfte profitieren von der hohen Frequenz. Die ehemalige Dominanz der Fast-Food-Ketten hat dabei einem breiteren Angebot Platz gemacht – heute sind es asiatische oder Bionahrungsangebote, die die amerikanischen Fast-Food-Ketten ergänzen. Um ein Center dauerhaft attraktiv und den Kapitalfluss mindestens konstant zu halten, müssen Sanierungskonzepte entsprechend immer auch die Analyse der Mieterzusammensetzung und deren räumliche Verteilung im Center umfassen. Dabei muss es stets eine Mischung etablierter Geschäfte und Marken mit jungen, aufstrebenden Shops und Labels geben. DTZ strebt in der Praxis einen Mietermix von 80 % etablierten Mietern (die sich bereits am Markt durchgesetzt haben) zu 20 % innovativen Mietern (die neue Trends beschreiben) an.

569 Der Kapitalfluss lässt sich außerdem weiter verbessern, indem die gemeinschaftlich genutzten Nebenflächen dauerhaft mit den Mietflächen mitvermietet werden. Dies erfolgt nach gif (Gesellschaft für Immobilienwirtschaftliche Forschung) anteilig zu den jeweiligen Mietflächen. In der Praxis werden für diese Flächen bis zu 50 % des Quadratmeterpreises der Hauptmietflächen erzielt. Besonders ertragreich wird es für einen Eigentümer, wenn er ein Center mit mehreren Etagen hat und sich in den Obergeschossen Ärzte oder Büros oder insgesamt Lagerflächen und ein hohes Maß an Flurflächen befinden. Vor allem in alten Mietverträgen gibt es jedoch nur selten eine einheitliche Festlegung der Zuordnung der gemeinschaftlich genutzten Nebenflächen – die Folge ist, dass häufig ein verhältnismäßig großer Anteil der Kosten für diese Flächen beim Eigentümer verbleibt beziehungsweise die Nebenkosten nicht gerecht verteilt zu werden scheinen. Um eine Umstellung alter Verträge zu ermöglichen, ist jedoch ein intensiver Dialog mit den entsprechenden Mietern erforderlich – oft muss zunächst Überzeugungsarbeit geleistet werden. Bei neuen Mitverträgen wird meist von vorneherein mit den gif-Standards gearbeitet, so dass sich die Frage dort nicht stellt.

570 Ein weiterer Ansatz, um den Cash-Flow langfristig zu optimieren, ist der Dialog mit solchen Mietern, die mit den Mietzahlungen im Rückstand sind. Statt auf automatische Mahnverfahren zu setzen, sollte auch hier der persönliche Kontakt zu den entsprechenden Mietern gesucht werden. Wir haben Fälle begleitet, in denen die Mieter wirtschaftlich gesund waren, aber schlicht in immobilienwirtschaftlichen Hochpreisphasen ihre Verträge abgeschlossen haben. Wenn aufgrund der jeweiligen Marktsituation bei einer späteren Neuvermietung keine nennenswert höhere Miete zu erzielen wäre, als der gegenwärtige Mieter zu zahlen in der Lage ist, kann es durchaus sinnvoll

sein, die Miete für den gegenwärtigen Mieter zu reduzieren. Wenn dies an eine gesonderte Vereinbarung mit Anreizen für den Mieter gekoppelt wird, dass bspw. der Eigentümer auf einen Teil der ausstehenden Zahlungen verzichtet, kann dies wirtschaftlich sinnvoller sein als eine Neuvermietung, für die unter Umständen Umbauarbeiten erforderlich wären, die wiederum Kosten induzieren würden. Ein weiterer wichtiger Aspekt: Gerade bei kleineren regionalen Shops bildet sich oft eine spezielle Stammkundschaft heraus, die das Shopping Center ohne das spezifische Angebot des betreffenden Geschäfts nicht anziehen würde. Das Center würde diese Klientel verlieren, wenn der Mieter das Center verlassen müsste.

Ein weiterer Ansatz, um den Kapitalfluss zu optimieren, sind zusätzliche Einnahmen. Sie können bspw. durch Standvermietungen oder Marktplatzbetreiber in den Allgemeinflächen generiert werden. Die Flächen können sowohl externen als auch internen Mietern angeboten werden, die zusätzliche Verkaufsfläche benötigen. In den meisten Fällen sind durch Standvermietungen vierstellige Eurobeträge pro Monat als zusätzliche Einnahmen möglich, bei hoch frequentierten Centern durchaus auch fünfstellige Beträge. Dabei gilt allerdings: Die Einzelvermietung ist vergleichsweise aufwändig, außerdem muss bei jeder Standvermietung überprüft werden, ob das entsprechende Sortiment und vor allem das Image zum Center passt. Beispiele sind Mieter, die an ihrem Stand Kreditkarten anbieten oder aber Autos, die im Center stehen und an denen Gewinnspiele stattfinden. Hier sollte im Einzelfall geprüft werden, ob den wirtschaftlichen Vorteilen gegebenenfalls Imagenachteile und Reputationsverlust gegenüberstehen. **571**

5.2 Finanzierung optimieren

Neben der Frage, wie der Kapitalfluss stabilisiert oder verbessert werden kann, ist eine optimierte Finanzierung von zentraler Bedeutung für den Eigentümer. Ein Ansatz zur Reduktion der Fremdkapitalkosten ist, eventuell vorhandene einzelne Finanzierungen für die Objekte im Portfolio zu bündeln. Dieser Ansatz wird allerdings eher im Verkaufsfall greifen, im Bestand jedoch seltener. Hier gilt es eher, statt auf der Portfolio-Ebene auf Einzelobjekt-Ebene Ansätze zu finden, die Finanzierung zu optimieren. **572**

So sind die Finanzierungsbedingungen auf Einzelobjektebene bspw. davon abhängig, wie die jeweiligen Mietverträge gestaltet sind. Kreditgeber blenden etwa variable Mietanteile, die an den Umsatz des Mieters gekoppelt sind, bei Shopping Centern üblicherweise aus. Obwohl hier faktisch Erträge generiert werden, spielen sie für die Finanzierungsbedingungen keine Rolle. Eine Strategie ist hier, Staffelmieten zu verhandeln oder Umsatzmietanteile in Fix-Mieten umzuwandeln. Üblicherweise erfolgt eine Umwandlung von Umsatzmieten bei neuen Mietern nach einem Jahr – folglich zahlt der Mieter ein Jahr lang eine feststehende Sockelmiete und darüber hinaus einen variablen Anteil, der von seinem Umsatz abhängt. Dieser variable Anteil wird nach einem Jahr gemittelt und für die restliche Dauer des Mietverhältnisses gemeinsam mit der Sockelmiete zur neuen Gesamtmiete als Fixbetrag. Steigt der Umsatz des Mieters ab dem zweiten Jahr, stellt sich diese Vereinbarung aus Mietersicht günstiger dar als der Umsatzmietanteil. Doch selbst in diesem Fall gilt aus Finanzierungssicht: Gegenüber dem Kreditgeber kann mit einer besser kalkulierbaren festen Miete argumentiert werden. Bei bestehenden Mietern kann eine Umwandlung sofort erfolgen – hier können die Umsätze der Vergangenheit im Center als Grundlage für eine neue, umsatzunabhängige Gesamtmiete dienen. **573**

574 Weitere Tücken im Mietvertrag, die sich auf die Finanzierung von Shopping Centern auswirken können, sind Laufzeiten und Kündigungsfristen. Ein unbegrenzter Mietvertrag mit einer Kündigungsfrist von drei Monaten wird von einer finanzierenden Bank als wertvoller eingestuft als ein Mietvertrag mit einer Laufzeit von drei Monaten, der vor Ablauf der drei Monate jeweils verlängert werden muss. Obwohl beide Vertragsgestaltungen für den Mieter keine wesentlichen Unterschiede bedeuten, kann der Unterschied aus Sicht der Finanzierung enorm sein. Insbesondere bei oben genannten Standvermietungen in den Allgemeinflächen kommt diese Frage häufig zum Tragen – in vielen Fällen hängt es allein von der Vertragsgestaltung ab, ob die Einnahmen aus Sicht des Kreditgebers in die Kalkulation mit einfließen oder nicht. Auch die oben dargestellte Umwandlung bestehender Mietverträge auf gif-Standard stellt implizit eine Möglichkeit dar, die Finanzierungskonditionen zu verbessern – die gemeinschaftlich genutzten Nebenflächen bringen in diesem Fall zusätzliche Mieterträge, der Kapitalfluss verbessert sich.

5.3 Marketing verbessern

575 Das Marketing ist beim Shopping Center im Gegensatz zu Büro- oder Wohnimmobilien ein wesentlicher Ansatzpunkt, um die Wirtschaftlichkeit zu verbessern. Während Unternehmen als Büromieter oder aber Privatpersonen als Wohnungsmieter in der Regel nicht auf eine hohe Frequenz in ihren Räumlichkeiten angewiesen sind, um die jeweilige Miete an den Eigentümer zahlen zu können, ist genau dies bei Shopping Centern der Fall. Eine zu geringe Kundenfrequenz bedeutet in der Regel auch einen zu geringen Umsatz. Die Folge ist, dass Umsatzmietanteile niedriger als möglich ausfallen. Im Extremfall können die Insolvenz eines Geschäfts und damit ein kompletter Mietausfall drohen. In der Praxis bilden daher Eigentümer und Mieter in Shopping Centern eine Werbegemeinschaft, der ein Marketing-Budget zur Verfügung steht. Üblicherweise tragen dabei sowohl der Eigentümer als auch die Mieter die Kosten. Dabei können sich Synergien ergeben – wenn bspw. ein Radiosender Mieter in einem Shopping Center ist, bieten sich kostenlose Werbezeiten für Radiospots als Beitrag des Mieters zum Center-Marketing an. In der Praxis werden Radiospots teilweise unterschätzt. Je nach Center lässt sich die Frequenz durch gute Radiowerbung nach unserer Beobachtung um 15 % je Tag in der Folgezeit erhöhen. Der Effekt lässt zwar mit der Zeit nach – wird jedoch ein attraktiver Marketing-Mix (dazu zählt auch wiederholte Radiowerbung) umgesetzt, lässt sich durchaus eine dauerhaft höhere Besucherfrequenz erzielen. Oberstes Gebot ist hierbei, intelligente, witzige oder auffällige Kampagnen abseits des Mainstream durchzuführen. So haben wir bspw. in einem Shopping Center eine Modenschau durchgeführt, in der das gesamte Center als Laufsteg diente – auch die Rolltreppen. Statt der üblichen Bühne, die eigens installiert wird, wurde das gesamte Shopping Center zur Bühne. Die Reaktionen und das mediale Echo waren enorm positiv. Umgekehrt gilt: Selbst wenn Aktionen wie bspw. ein intelligent konzipiertes Mitternachtsshopping oder o.g. Modenschau auf den ersten Blick keine nennenswert höheren Frequenzen zur Folge haben sollten, könnten die Frequenzen mittelfristig sinken, wenn auf entsprechende Events verzichtet wird.

5.4 Praxis-Beispiel aus einer deutschen Großstadt

576 Das in Rede stehende Shopping Center im Zentrum einer deutschen Großstadt wurde in den 1970er-Jahren errichtet. Bis zur Sanierung Mitte der 2000er-Jahre hatte es nicht allein Konsumcharakter, sondern wies bereits zusätzliche Dienstleistungs- und öffent-

liche Funktionen auf. Bei den Geschäften gab es neben zahlreichen bekannten Einzelhändlern zudem eine Vielzahl inhabergeführter Läden und Spezialgeschäfte. Die Sanierung wurde unter anderem deshalb erforderlich, weil die Gebäudestruktur veraltet, nicht mehr zeitgemäß und somit nicht mehr ausreichend kundenfreundlich war. Zudem sollte der Energiehaushalt des Objekts optimiert (Fernwärme statt Öl) sowie eine neue ressourcensparende Haustechnik installiert werden, um die Nebenkosten zu senken und marktfähig zu bleiben. Der Zeitpunkt Mitte der 2000er-Jahre war aus mehreren Gründen günstig: Eine Reihe von Mietverträgen lief aus, zugleich hatte die Konkurrenzfähigkeit des Objekts spürbar nachgelassen. Das Einkaufsverhalten der Kunden hatte sich im Laufe der Jahre geändert. Gleiches gilt für das Umfeld des Centers: Die Konkurrenzsituation hatte sich verändert, da eine Vielzahl neuer oder revitalisierter Einzelhandelsobjekte im direkten Umfeld entstanden waren.

Der Handlungsdruck war also zu einem Zeitpunkt groß, in dem ohnehin eine Reihe von Mietverträgen endete und die Nachvermietung schwierig geworden wäre – neben einer Optimierung des Mieterbesatzes konnten so bauliche Veränderungen in den leeren Flächen durchgeführt werden. Insgesamt wurden Investitionen im zweistelligen Millionenbereich erforderlich, die der vollständigen Erneuerung der Haustechnik, der Fahrtreppen, der Mallgestaltung und teilweise auch der Außenfassade dienten. Zugleich wurde die Vorplatzsituation verbessert – der Gehweg wurde verbreitert, die Straßenführung verändert. Durch eine moderne und zeitgemäße Architektur wirkt das Shopping Center heute heller, transparenter und damit kundenfreundlicher. Beim Mietermix hat DTZ darauf gesetzt, den Ursprungscharakter des Centers beizubehalten. Folglich gibt es weiterhin namhafte nationale und internationale Mieter sowie lokale Mieter. Als thematischer und inhaltlicher Schwerpunkt des Centers hat DTZ den Fokus auf Familien gelegt. Entsprechend ergänzen Mieter aus dem Spielwarenbereich sowie Sport den insgesamt textillastigen Mix. Für die wirtschaftliche Sanierung spielten in diesem Fall also zahlreiche der oben genannten Punkte eine wichtige Rolle. Die wichtigen Ankermieter (bspw. ein Filialist einer Textilkette oder ein Fast-Food-Restaurant) wurden gehalten. Zusätzlich wurden bei der Neugestaltung der Mall bspw. Kioskflächen mit gastronomischen Angeboten in die Allgemeinflächen dauerhaft integriert. So wurde zum einen die Palette des gastronomischen Angebots erweitert, zum anderen werden langfristig zusätzliche Einnahmen generiert – mit entsprechenden positiven Wirkungen auf die Finanzierungssituation. Beim Marketing wird besonderer Wert auf die „Story" rund um den Einkauf gelegt – Kunden wollen überrascht werden. Dies ist hier gelungen.

5.5 Fazit

Die oben dargestellte Auswahl möglicher Maßnahmen bei Shopping Centern zeigt: Oft genügt bereits ein enger Dialog mit den Mietern, um wirtschaftliche Nachteile zu verhindern (Beispiel: Mietrückstände) oder die Wirtschaftlichkeit eines Centers zu verbessern. Insbesondere mit den Ankermietern sollte – unabhängig davon, wann der jeweilige Vertrag ausläuft – selbst in wirtschaftlich guten Zeiten ein bis zwei Mal pro Jahr ein intensives Gespräch geführt werden, bspw. um Marketing-Aktivitäten langfristig abzustimmen. Dabei können Asset Manager durchaus wirtschaftliche Potenziale aufzeigen: Durch den Vergleich mit Mietern anderer Center kann der Asset Manager die Performance des Mieters in Bezug zum Markt setzen und ihm Vorschläge unterbreiten, wie er seine Performance verbessern kann. Neben dem Fokus auf die Ankermieter muss der Mieterbesatz insgesamt permanent optimiert werden –

im Sanierungsfall gilt dies in besonderem Maße. Darüber hinaus gibt es verschiedene Ansätze, bestehende Mietverträge zu optimieren oder zusätzliche Einnahmen bspw. über Standvermietungen in den Allgemeinflächen oder ein verbessertes Marketing zu generieren.

Tab. 5: Mögliche Strategien zur wirtschaftlichen Sanierung von Shopping Centern

Nr.	Strategie	Beispiele/Anmerkungen	Vorteile	Nachteile
1.	Ankermieter halten	Frühzeitig in die Gespräche gehen, je nach Mieter Umbau der Flächen als Incentive für eine frühzeitige Vertragsverlängerung	Ankermieter sind Besuchermagneten für das gesamte Center	Wirtschaftliche Einbußen durch Incentives
2.	Mieterbesatz optimieren	80/20-Ansatz: 80 % der Mieter sollten etabliert sein, 20 % aufstrebende Newcomer oder lokale Unternehmen. Auch die räumliche Verteilung sollte permanent überprüft werden.	Gewisse Individualität durch unterschiedlichen Mieterbesatz je Center bei gleichzeitig hohem Ertragspotenzial	Durch den Schwerpunkt auf etablierte Mieter weisen viele Center ähnliche Geschäfte auf.
3.	gif-Umstellung	Vor allem Mietverträge in älteren Centern weisen keinen gif-Standard auf.	gif-Umstellung bietet Ertragspotenzial	Es ist Überzeugungsarbeit beim Mieter zu leisten.
4.	Mietrückständen begegnen	Dialog mit säumigen Mietern suchen. Häufig lassen sich abseits gerichtlicher Auseinandersetzungen Lösungen finden, die für Eigentümer und Mieter tragbar sind.	Mieter können gehalten werden.	Auf einen Teil der Mietrückstände wird der Eigentümer in der Regel verzichten müssen.
5.	Zusätzliche Einnahmen	Standvermietungen, Marktplätze oder Kioskstände in den Allgemeinflächen bieten erhebliches Potenzial für zusätzliche Einnahmen.	Großes Ertragspotenzial durch wirtschaftliche Verwertung der Allgemeinflächen	Die Mieter passen nicht in jedem Fall in das jeweilige Center.

Nr.	Strategie	Beispiele/Anmerkungen	Vorteile	Nachteile
6.	Fixmieten beziehungsweise Staffelmieten vereinbaren	Eventuelle Umsatzanteile in den Mietverträgen werden von finanzierenden Banken bei der Kalkulation häufig ausgeblendet. Wird eine anfänglich variable Komponente in Mietverträgen in eine Fixmiete umgewandelt, kann dies die Verhandlungsposition des Eigentümers gegenüber dem Kreditgeber verbessern. Ein ähnlicher Effekt resultiert, wenn Staffelmieten vereinbart werden können.	Vorteile bei der Finanzierung	Entgangene Einnahmen, falls sich der Umsatz des Mieters nach Fixierung der Sockelmiete positiv entwickelt
7.	Lange Vertragslaufzeiten	Aus Finanzierungssicht sind lange Mietvertragslaufzeiten günstiger als kurze Mietverträge, die permanent verlängert werden müssen.	Vorteile bei der Finanzierung	Es ist Überzeugungsarbeit beim Mieter zu leisten, Mietermix- und Mietkonditionsveränderung werden seltener und dadurch gegebenenfalls schwieriger durchzusetzen.
8.	Marketing verbessern	Radiowerbung, Events im Center, Flyeraktionen.	Kundenfrequenz erhöht sich.	Eine höhere Frequenz bedeutet nicht per se einen höheren Umsatz.

Stichwortverzeichnis

Die fetten Zahlen verweisen auf die Kapitel, die mageren auf die Randnummern.

§ 46 Abs. 1 KWG
- Einzelmaßnahmen **11** 339

§ 46 KWG
- erlaubte Maßnahmen **11** 337
- Tatbestand **11** 334

§ 46a KWG **11** 348
- erlaubte Maßnahmen **11** 351
- Maßnahmen mit Außenwirkung **11** 351
- Tatbestand **11** 350

§ 47 KWG **11** 418

§ 216a Abs. 1 S. 2 SGB III **10** 304

§ 216b SGB III **10** 256 ff.

§ 613a BGB
- Anwendbarkeit **10** 204
- fehlerhafte Belehrung **10** 215
- Informationsschreiben **10** 216
- Verzichtserklärung **10** 224

360-Grad-Radar **2** 134

ABC-Analyse **4** 226
Abführungspflichten **8** 45
Abnehmermarkt **4** 191
Abschöpfungsstrategie **11** 517
Abwehrstrategie **10** 233
Abwicklungs-COMI **10** 777
Acquired Rights-Richtlinie **10** 887
Activity Based Costing **4** 196; *siehe auch ABC*
Administration **10** 675
Administrationsverfahren **10** 733, 855, 868, 950
Agentur für Arbeit **10** 272, 315
Akkordstörer **9** 9
Aktives Krisenmanagement **3** 16
Akzeptanz **10** 754, 866
Alleinauftrag **11** 535
Allgemeinauftrag **11** 535
allgemeines Veräußerungs- und Zahlungsverbot **11** 348
Altersvorsorgung
- international **10** 892 ff.

Altlasten
- Haftung **9** 388

Altlastensanierung **9** 388
Altverbindlichkeiten **9** 385
Amtsniederlegung **8** 87
Andere Zuzahlung **5** 12, 69
Anerkennung **10** 744, 746, 782 ff., 809, 958, 961
- grenzüberschreitende Insolvenz **10** 696 ff.
- Sperrwirkung **10** 786, 788

Anerkennungszuständigkeit **10** 804, 809, 905, 911
Anfechtbarkeit **9** 353
Anhörung **9** 25, 29
Ankermieter **11** 509, 567, 578
Annexverfahren **10** 791
Antragsbefugnis **10** 918, 949
Antragspflichten **10** 959
Anzeigepflicht **8** 6, 14
Arbeitnehmer **9** 391
- Forderungen **10** 184
- grenzüberschreitende Insolvenz **10** 676 ff., 710

Arbeitsausfall
- dauerhaft **10** 257
- Unvermeidbarkeit **10** 258

Arbeitsgerichtsverfahren
- massenhafte **10** 233

Arbeitskampfmaßnahmen **10** 228 ff., 243
Arbeitsmarkt **4** 191
Arbeitsort **10** 858 ff.
- Rom I-VO **10** 859 ff.

Arbeitsrecht **10** 853 ff.
- Interessenausgleich **10** 872 ff.
- kollektives **10** 872 ff.
- Sozialplan **10** 872 ff.
- Unternehmen, Begriff **10** 595
- Verhandlungen **10** 228 ff.

Arbeitsverhältnis **10** 857
- Übergang **9** 390

Arbeitsvertrag **10** 857
Aschenputtel-Gesellschaft **8** 140
Asset and Share Sale Agreement **10** 841
Asset Deal **7** 12 f.; **9** 289, 301, 339, 390; **10** 733, 799, 829, 929
- Abschreibungspotential **7** 22
- Bestimmtheitsgebot **7** 13
- Grundstück **7** 23
- öffentliche Genehmigung **7** 16
- Pensionsverpflichtungen **7** 17
- Rechtsmangel **7** 32
- Sachmangel **7** 30
- steuerlicher Verlustvortrag **7** 21
- Steuerverbindlichkeiten **7** 19 ff.
- Veräußerungsgewinn **7** 21
- Veräußerungsverlust **7** 21
- Verbindlichkeiten **7** 17
- Vertragsübergang **7** 16
- Zertifizierung **7** 16
- Zulassung **7** 16

Asset Manager **11** 578
Auction Process **9** 329

Stichwortverzeichnis

Auffanggesellschaft 9 296
Aufhebungsbeschluss 9 62, 195
Aufrechnung 10 815
– international 10 849 ff.
Aufsichtsrat 8 111, 115, 185 ff.
– Haftungsfolgen 8 193
– Herabsetzungspflicht 8 192
– Einberufungspflicht 8 191
– fakultativer Aufsichtsrat 8 185, 194
– Haftung 8 186
– obligatorischer Aufsichtsrat 8 195
– Pflichten 8 186
– Risikoüberwachung 8 189
Ausfallbürgschaft 5 103, 160
Ausfallwahrscheinlichkeit 2 85, 154
Ausgliederung 10 561
Auslandsbezug 10 724, 737 ff., 910
Auslandsgesellschaft 8 51, 115, 157
Ausschusssitzung 5 173
Ausschüttungssperre 5 15
Außenwirkung 11 361
Außergerichtliche Sanierung 9 74
Außergerichtlicher Vergleich 5 180
Australien 10 748
Auszahlungsverbot 8 29 ff.
– Cash-Pool 8 31
– Checkliste 8 99, 101 ff.
– Entlastung 8 39 ff.
– Ersatzanspruch 8 49
– Handlungsempfehlungen 8 99, 101 ff.
– Zahlung 8 30, 32 ff.
Automobilindustrie 11 90
– BRIC 11 93, 210
– Elektromobilität 11 117
– Export 11 124
– Fertigungstiefe der OEM 11 111
– Ganzheitliche Produktionssysteme 11 162
– just-in-time-(JIT)-Produktion 11 105
– Komponentenherstellern 11 104
– Märkte 11 94, 96
– Modulkonzept 11 104
– NAFTA 11 210
  – Westeuropa 11 92
– OEM 11 102, 109, 116, 118, 188
– Original Equipment Manufacturer 11 101
– Plattformstrategie 11 104
– Produktion 11 91, 97
– Systemintegrator 11 104
– Umweltanforderung 11 99
– Weltautos 11 110
Automobilzulieferer 10 73 ff.
Automobilzulieferindustrie 11 89 ff.
– Produktionskette 11 160
– Anlaufkosten 11 153
– Antriebsstrang 11 103
– Antriebstechnik 11 129
– Arbeitsrecht 11 233 ff.

– arbeitsrechtliche Aspekte 11 251 ff.
– Auftragsentwicklungen 11 114
– Auftragssituation 11 174
– Auftragssperre 11 223
– Auswirkungsanalyse 11 158
– Banken 11 193
– Beispiel 11 140, 146, 154, 176, 180, 183, 239, 266 f.
– Beispielsfall 11 266 ff.
– „body" 11 103
– Brandabriss 11 181
– Chassis 11 103
– Chassisbau 11 129
– Dauerschuldverhältnis 11 254
– doppelnützige Treuhand 11 273 ff.
– Eigenentwicklungen 11 114
– End of Production 11 169
– Entwicklung 11 156, 158, 166
– Entwicklungsaufwendungen 11 200
– Entwicklungskosten 11 122
– Entwicklungspartnerschaft 11 122
– Entwicklungspartnerschaften 11 111, 145
– Erfolgsfaktor 11 141, 143
– Exterieur 11 103
– Fahrzeugelektronik 11 103, 129
– Fehler-Möglichkeits- und Einflussanalyse 11 158
– Fehlervermeidung 11 157
– Fokussierung 11 148
– Formen und Werkzeuge 11 205 ff.
– Fortführungsprognose 11 199
– Fremdentwicklung 11 112
– Fremdrechte 11 207, 258
– Ganzheitliche Produktionssysteme 11 163 f.
– gebuchte Geschäft 11 175
– Gemeinschaftsentwicklungen 11 204
– Gesamtanlageneffektivität 11 165; siehe auch GAE
– Immaterialgüterrechte 11 265
– immateriellen Vermögensgegenstände 11 203
– Industrialisierung 11 121, 156, 158
– Innenausstattung 11 103, 129
– Inscourcing 11 109
– Insolvenz 11 136, 138
– Insolvenzantrag 11 192
– Insolvenzantragsstellung 11 194, 244
– Insolvenzantragstellung 11 260
– Insolvenzgründe 11 185 ff., 246, 248 f.
– Insolvenzplan 11 248, 263 ff.
– Insolvenzstatistik 11 136
– Internationalisierung 11 130, 132
– Just-in-sequence-Produktion 11 106
– Just-in-time-Produktion 11 105
– Kapazitäten 11 135, 137
– Kommunikation 11 216 ff., 224 ff.
– Konzentration 11 111, 135
– Kostensenkung 11 249 f.

Stichwortverzeichnis

- Kreditinstituten **11** 224
- Krisenerkennung **11** 172
- Krisenmanagement **11** 184
- Kundenbeziehungen **11** 256
- Kunststoff- und Gummiverarbeitung **11** 129
- (Liquiditäts-) Hilfen **11** 217
- Liquiditätsplan **11** 191
- („local content") **11** 98
- „LTA" (long time agreements) **11** 120
- M&A **11** 260 ff.
- M&A-Verfahrens **11** 268
- Markt **11** 91 f.
- Marktführer **11** 211
- Marktposition **11** 149
- Materialklauseln **11** 168
- Materialpreisklauseln **11** 121
- Materialpreiszuschlägen **11** 189
- Mezzanine-Kapital **11** 229
- Mezzaninekapital **11** 230 f.
- Modellpflegen (MOPF) **11** 174
- Motorenherstellung **11** 103
- Nachunternehmerbeziehungen **11** 257
- Nischenfahrzeuge **11** 148
- OEM **11** 137, 148, 164, 175, 179, 194, 216, 219, 221, 243 f., 249, 256, 258, 269
- OEM für ~ **11** 107
- OEM zu ~ **11** 109
- OEM-Anfrage **11** 178
- „open-blook"-Kalkulation **11** 148
- open-book-Kalkulation **11** 120
- operative Aspekte **11** 150
- operative Sanierung **11** 150, 173, 235 ff.
- Original Equipment Manufacturer **11** 103
- Overall Equipment Effectiveness **11** 165
- „powertrain" **11** 103
- Preiskalkulation **11** 151
- Produktionszyklus **11** 174
- Produktkalkulation **11** 154
- regionale Ausrichtung **11** 146 ff.
- Risikofaktor **11** 141, 143
- Sanierung **11** 244 ff.
- Sanierungscontrolling **11** 238 ff.
- Sanierungsgutachten **11** 227
- Sanierungskonzept **11** 208 ff.
- savings **11** 120, 153, 189, 236
- Setzteilen **11** 218
- simultaneous engineering **11** 178
- Smultaneous Engineering **11** 166
- Sonderfrachten **11** 181 ff., 219
- Start of Production **11** 178
- strategische Ausführung **11** 212
- strategische Ausrichtung **11** 143 f.
- Struktur **11** 123 ff.
- Strukturprobleme **11** 138
- Strukturwandels **11** 210
- Tier-1-Lieferanten **11** 104, 115
- Tier-2-Lieferanten **11** 104
- trade agreements **11** 256
- trade-agreements **11** 270
- Transfergesellschaft **11** 272
- Transfergesellschaften **11** 234, 253
- Überkapazitäten **11** 129
- Überschuldung **11** 198 ff.
- Unterbranchen **11** 127
- Unternehmensgröße **11** 128
- Verlagerung **11** 223
- Vertragscontrolling **11** 166 ff.
- Vollkostenkalkulation **11** 151
- Volumenfahrzeugen **11** 148
- Warenkreditversicherer **11** 196
- Wertschöpfungskette **11** 143 ff.
- Working-Capital-Management **11** 197
- Zahlungsunfähigkeit **11** 186 ff.
- Zuliefererkette **11** 115

Autonomes Recht **10** 745
Autonomie
- Transaktionsbeteiligte **9** 348

Autoritärer Führungsstil **3** 56

Baetge-Bilanz-Rating **2** 189, 264
BaFin **11** 282, 312, 480
- Anordnungsermessen **11** 321
- Antragsbefugnis **11** 442
- Anweisung an die Geschäftsführung **11** 340
- Aufsichtsbefugnis **11** 436
- ausschließliche Zuständigkeit **11** 285
- einstweilige Maßnahmen zur Gefahrenabwehr **11** 337
- Entsendung einer Aufsichtsperson **11** 344
- Gefahr für die Erfüllung der Verpflichtungen **11** 334
- gesetzlicher Auftrag **11** 279 ff.
- Insolvenzantragstellung **11** 354, 428
- Maßnahmen bei Insolvenzgefahr **11** 348
- Maßnahmen im Innenverhältnis **11** 324
- Maßnahmen mit Außenwirkung **11** 351
- Maßnahmen ohne Außenwirkung **11** 314
- Maßnahmen zur Risikoverringerung **11** 326
- Neubesetzung von Geschäftsleiterpositionen **11** 367
- Rechtsmittel gegen Anordnungen **11** 347, 368
- Rechtsmittel gegen Maßnahmenanordnung **11** 325
- Regelungsbefugnisse **11** 356
- Schließungsanordnung **11** 366
- Sonderbeauftragter **11** 327
- stille Sanierung **11** 314
- Tätigkeitsuntersagung **11** 343
- Veräußerungs- und Zahlungsverbot **11** 357
- Verbot der Einlagenannahme **11** 341
- Verbot der Kreditgewährung **11** 342
- verbotswidrige Verfügungen **11** 358

Stichwortverzeichnis

- Verhältnismäßigkeitsgrundsatz **11** 315
- Zahlungsverbot **11** 362
- zulässige Maßnahmen **11** 316, 318

Balanced Scorecard **2** 58, 142, 146; **4** 197
- Finanzperspektive **2** 144
- Kundenperspektive **2** 144
- Lern- und Entwicklungsperspektive **2** 144
- Perspektiven **2** 144
- Prozessperspektive **2** 144
- Vorgehen **2** 143

Bankaufsichtsrecht **11** 281, 433

Banken
- besondere Sanierungsverfahren **11** 286
- Reorganisationsverfahren **11** 286

Bankerlaubnis
- Aufhebung **11** 480

Bankgeschäft
- Definition **11** 295

Bankhaus Herstatt **11** 348
Bankrott **8** 306 ff.
Bargeldbestände **10** 952
Bartergeschäfte **5** 102

Beihilfe
- Umgehungstatbestand **9** 395

Beihilferechtliche Haftung **9** 395
Beihilfeverbot **5** 111
Beihilfewert **5** 121, 166
Beihilfezahlung **9** 395
Belegenheit **10** 744, 798, 825, 841, 935, 951
BenQ Mobile Holding B.V. **10** 920, 955
BenQ Mobile Holding BV **10** 765, 944

Beobachtungsbereiche
- externe **2** 122
- interne **2** 121

Berater **8** 265 ff.

Bericht
- grenzüberschreitende Insolvenz **10** 706

Berichtigungserklärung **10** 427
Berichtstermin **9** 49 ff.

Berichtswesen
- Covenants **6** 23
- internes **4** 115
- Kennzahlen **6** 23
- Liquiditätsplanung **6** 20
- Mehrjahresplanung **6** 26
- Monatsabschluss **6** 21
- Sanierungskonzept **6** 24

Beschaffungsmarkt **4** 191, 200
Beschäftigungs- und Qualifizierungsgesellschaft **10** 186; *siehe auch BQG*

Beschlussverfahren
- massenhafte **10** 233

Besserungsfall **5** 72 f.
Besserungsschein **10** 533
Besserungsvereinbarung **5** 37, 72 f.
Best-of-creditors-interest-Test **9** 166
Bestandsgefährdung **2** 17

Bestandsgrößen **2** 154
Bestätigungsbeschluss **9** 162
Bestimmtheitsgrundsatz **9** 309

Beteiligte
- Risikopositionen **4** 116 ff.

Betriebliche Altersversorgung **10** 889
Betriebliche Versorgungsverpflichtungen **7** 100 ff.
- Lohnsteuerpflichten **7** 103
- Pensions-Sicherungs-Verein **7** 100

Betriebsänderung **10** 872
- Kurzarbeit **10** 134

Betriebsaufspaltung **10** 473
Betriebsblockade **10** 240
Betriebserwerb **10** 203
Betriebsfortführung **10** 730, 794, 799, 816, 818, 824, 952 f., 955
Betriebsnotwendige Aktiva **5** 91
Betriebsorganisatorische eigenständige Einheit **10** 262
Betriebsort **10** 861

Betriebsrenten
- Abfindung **10** 895

Betriebsspaltung **10** 872

Betriebssteuern
- Haftung **9** 387

Betriebsübergang **7** 40; **10** 203
- Folgen **10** 222
- international **10** 887 ff.
- Massenwiderspruch **10** 229
- Unterrichtungsschreiben **7** 42

Betriebsvereinbarung **10** 875
Betriebsverfassungsrechtliche Pflichten **10** 604
Betriebsvergleich **2** 163

Betriebsversammlung
- mehrtägige **10** 235

Bewirtschaftungsstrategie **11** 499
Bezugsrecht **5** 5, 7, 16, 30 f., 33
Bezugsrechtausschluss **5** 5, 31
Bidding Process **9** 329
Bieterverfahren **9** 329

Bilanzanalyse
- klassische **2** 154
- moderne **2** 154

Bilanzdaten **1** 8
BilMoG **2** 218
Binding Offer **9** 329

Bonität
- Branchen **1** 15
- Entwicklung **1** 13
- Statistiken **1** 12 ff.
- Unternehmensgröße **1** 17

Bottom-up-Ansatz **2** 228, 262
BPR **4** 219
BQG **10** 186, 249; *siehe auch Transfergesellschaft*
- anteilige Finanzierungspflicht **10** 304

Stichwortverzeichnis

- Arbeitgeber **10** 323
- Arbeitnehmer **10** 318 ff.
- Arbeitnehmerwechsel **10** 191
- Arbeitslosengeld **10** 320 ff.
- Attraktivität **10** 275
- Aufgabe **10** 200
- Aufhebungsvertrag **10** 349 ff.
- Aufnahmevertrag **10** 375 ff.
- außerhalb einer Insolvenz **10** 293
- Auswahl **10** 337 ff.
- Auswahlkriterien **10** 339 ff.
- BAG **10** 342 ff.
- Bankbürgschaft **10** 315
- Begriff **10** 292 ff.
- Betriebsrat **10** 322
- Betriebsübergang **10** 294
- degressive Vergütung **10** 314
- Dienstleistungs- und Kooperationsvertrag **10** 385 ff.
- Drittfinanzierung **10** 297 ff.
- Durchführungsphase **10** 403
- Eigenleistungen **10** 298, 312
- Eigenleistungsfinanzierung **10** 309
- eingesparte Entgeltkosten **10** 309
- Einsparungen **10** 297 ff.
- Entscheidungsphase **10** 403
- Errichtung **10** 188 f.
- Erwerber **10** 325
- Erzwingbarkeit **10** 398 ff.
- Finanzierung **10** 307
- Finanzierungskonzept **10** 312
- Finanzierungsmöglichkeiten **10** 297 ff.
- Finanzierungssicherung **10** 313
- Förderung **10** 283
- Fortbildung **10** 288
- freiwilliger Eintritt **10** 310
- Genehmigung der Gläubigerversammlung **10** 298
- Gewerkschaft **10** 322
- Insolvenzverwalter **10** 323
- Interessenausgleich **10** 394
- Interessenlage der Beteiligten **10** 296, 317 f.
- Kosten **10** 298 ff.
- Kosten der Transfermaßnahme **10** 290
- Kosten für Qualifizierungsmaßnahmen **10** 303
- Kostenfinanzierung **10** 307 ff.
- Kostenminimierung **10** 314
- Kostenrisiko **10** 304
- Kündigungsfristen **10** 309
- Kurzarbeit Null **10** 300
- Lohn bzw. Gehalt **10** 300
- Massekredit **10** 315
- Masseverbindlichkeit **10** 315
- Mitbestimmungsrechte des Betriebsrates **10** 392 ff.
- Mobilitätsprämien **10** 314
- monatliche Personalkosten **10** 305
- Nachteile **10** 330 ff.
- Overhead-Kosten **10** 303
- personalabgebende Unternehmen **10** 385 ff.
- Personalkostenblock **10** 310
- Prämien **10** 310
- Probearbeit **10** 289
- Profiling **10** 283 f., 287
- rechtliche Gestaltungsmöglichkeiten **10** 342 ff., 346 ff.
- Renn- oder Sprinterprämien **10** 314
- Risiken **10** 330 ff.
- Risiken für Erwerber **10** 198
- Sozialplan **10** 397 ff.
- Sozialplanabfindungen **10** 311
- Transfermaßnahmen **10** 202, 278 ff.
- Umgehung des § 1 KSchG **10** 365
- Umgehung von § 613a BGB **10** 350 ff.
- Umstrukturierung von Unternehmen **10** 293
- unternehmensexterne Gesellschaft **10** 262
- Vertragsverhältnis **10** 347
- Verwaltungskostenpauschale **10** 303
- Verweildauer **10** 310
- Vorbereitung **10** 340 ff.
- Vorfinanzierung **10** 313
- Vorleistungspflicht für Maßnahmenkosten **10** 313
- Vorteile **10** 193 ff., 326 ff.
- Widerruf des Aufhebungsvertrages **10** 366 ff.
- zeitlicher Ablauf **10** 402
- zweckgebundene **10** 315
- § 613a BGB **10** 198 f.

Branchenentwicklung 3 40
Branchenrendite 10 84
Branchenübliche Rendite 10 71, 83
BRIC 11 210
Bruttogeschossfläche 11 508
Bruttosubventionsäquivalent 5 166; *siehe auch Beihilfewert*
Buchwertfortführung 10 555
Budgetsteuerung 11 522
Bündelungseffekte 4 191
Bundesanstalt für Finanzdienstleistungsaufsicht *siehe BaFin*
Bürgschaftsurkunde 5 174
Business-Activity-Theorie 10 770
Business-Process-Reengineering 4 214, 219; *siehe auch BPR*

Canada 10 748
Cash-Flow 4 7; **11** 567
Cash-Pool 8 12, 31, 77, 89, 136, 160; **10** 581
Cashflow 11 517
CCAA-Verfahren 10 675
Centre of Main Interests *siehe COMI*
Chance 2 87

843

Stichwortverzeichnis

Chapter 11 10 675
Chapter 11 US-Bankruptcy Code 10 734, 748, 806
Closing 9 340
Closing-Agenda 9 340
Collins & Aikman 10 950
Comfort letter 9 396
COMI 10 159, 662, 675, 751 ff., 755 ff., 770 ff., 838, 905, 908, 958
– Auslegung 10 755 ff.
– Business-Activity-Theorie 10 759 ff.
– Eurofood 10 760 f.
– Forum Shopping 10 776 ff.
– Insolvenzplan 10 820 ff.
– Interedil 10 760, 762
– Kern-Insolvenzrecht 10 797 ff., 813 ff.
– laufende Verträge 10 816 ff.
– Mind-of-Management-Therorie 10 758, 760
– PIN II 10 767 ff.
– Rechnungslegung 10 852
– Wirkungserstreckung 10 802 f.
COMI-Verfahren 10 752
Commonwealth-Staaten 10 748
Core 11 498
Corporate Restructing Officer 10 675
Corporate Trading 5 87, 101 f.
Covenants 8 199
– Affirmative Covenants 8 199
– Financial Covenants 8 199
– Gesellschafterstellung 8 201 ff.
– Haftungsrisiken 8 201 ff.
– negative Covenants 8 199
Creditreform
– Bonitätsindex 1 12 ff.
– Herbstumfrage 2010 1 6 ff.
CRO 10 675 *siehe Corporate Restructing Officer*

D&O-Versicherung 8 80 f., 316
Dänemark 10 740, 745, 858
Darstellender Teil 9 219
Datenerhebung 11 508
Dauerhafter Arbeitsausfall
– Anzeige 10 272
De-minimis-Beihilfen 5 121
Debt Equity Swap 1 42 ff.; 5 3, 8, 26 ff., 70; 10 497; 11 393
– Insolvenzplanverfahren 7 62
Debt to Equity Swap 7 58 ff.
– Differenzhaftung 7 61
– Due Diligence 7 59
– Sachkapitalerhöhung 7 58
– Sanierungsprivileg 7 61
Deckungsbeitragsrechnung 4 226 f.
Dept-Push-Up 10 542
Derivatrechtsverhältnis 11 399

Desinvestition 11 517, 520
Detaillierungsgrad 10 91
Dienstleistungssektor
– Insolvenzgeschehen 1 5
Differenzhaftung 5 33, 70; 7 61
Dingliche Sicherheiten 10 829 ff.
Disclosures 9 360
Doppelnützige Treuhand 11 273 ff.
Dritthaftung 8 273 ff.
Drittstaat 10 904
Drittstaaten 10 801, 809, 814, 886, 905, 911, 921, 961
Drittstaatenverfahren 10 745 ff., 778 ff.
– Anerkennung 10 804 ff.
Drittverwendungsfähigkeit 11 507
Drohende Zahlungsunfähigkeit 5 1, 10, 85
Due Diligence 7 7 ff., 59; 9 329 f.
– financial 9 334
– Vertraulichkeitserklärung 7 8
Dupont-System 2 162

EBITDA-Marge 10 72 ff.
Effet utile 10 795
Eigenantrag 8 51, 118; 9 21
Eigenkapitalausstattung 1 7
Eigenkapitalersatzrecht 8 152 ff., 207
– intertemporäre Geltung 8 155
Eigenkapitalersetzende Darlehen 5 46
Eigenkapitallücke 1 11
Eigenkapitalquote 1 9; 10 80, 476
Eigenkapitalrendite 10 73 ff.
Eigentumsvorbehalt 10 832 f.
Eigenverwaltung 9 90, 197, 288; 10 675
– InsO-Reform 1 36
– Stärkung 1 45
Einberufungspflichten 8 14, 191
– bei Verlust der Hälfte des gezeichneten Kapitals 4 45
Eingliederungsaussicht 10 270
Einzelhandel
– Alleinstellungsmerkmal 11 22
– Fall 11 1 f., 6 f.
– Handelsformen 11 87
– Identifikation des Teams mit Unternehmen 11 27
– Kennzahlen 11 32
– konzept- und verkauforientiertes Einkaufen 11 24
– Lagerverkauf 11 71
– Marktfähigkeit des Sortiments 11 14
– Sanierungsansatzpunkte 11 34
– Sanierungsfähigkeit 11 29
– Sanierungshebel 11 10
– Sanierungsprozess 11 30, 32 f.
– Sanierungsschwerpunkte 11 56
– Sofortprogramm zur Sanierung 11 58 ff.

Stichwortverzeichnis

- Sonderflächen **11** 70
- Sonderverkäufe **11** 72
- Sonderverkaufsflächen bei anderen Einzelhandelsunternehmen **11** 73
- Warenkorb **11** 18
- Warensteuerung **11** 74

Einzelnotifizierungspflicht **5** 153
Energieeffizienz **11** 493, 531, 554
Engpass-Analyse **11** 8
Entgeltausfall **10** 259
Erfolgskrise **10** 47
- Überwindung **10** 66

Erfolgsmessung **11** 502
Erfolgsplanung **4** 51
Erfolgswirtschaftliche Analyse **2** 162
Eröffnungsbeschluss **9** 43
Eröffnungsentscheidung
- Anerkennung **11** 470

Eröffnungsgrund **11** 443
Eröffnungsgutachten **9** 28
Eröffnungsverfahren **9** 26 ff.
Erörterungs- und Abstimmungstermin **9** 132
Ertragskraft **1** 11
Ertragslage **1** 6; **10** 732
- Analyse **4** 103 ff.

Ertragsreporting **11** 522
Ertragswirtschaftliche Maßnahmen **3** 46
Erwerberkonzept **10** 203
- Folgen für Erwerber **10** 226
- Kündigung **10** 207
- Vorteile **10** 225

ESUG **1** 37 ff.; **9** 37; **11** 245
EU-Übereinkommen über Insolvenzverfahren **10** 741
EuInsÜ **10** 741
EuInsVO **10** 740 ff., 748, 751 ff., 785, 795, 831 ff., 911
- Anerkennung **10** 782 ff.
- anwendbares Recht **10** 180
- Anwendbarkeit der §§ 120 ff. InsO **10** 172 ff.
- Anwendbarkeit des § 613a BGB **10** 176
- Arbeitnehmerforderungen **10** 184
- Arbeitsort **10** 858 ff.
- Arbeitsrecht **10** 165
- COMI **10** 158
- dingliches Recht **10** 836 ff.
- Hauptinsolvenzverfahren **10** 166 f.
- Hauptverfahren **10** 155
- Insolvenz **10** 154
- Rang von Arbeitnehmerforderungen **10** 179
- Sekundärverfahren **10** 156

Eurofood **10** 760 f., 787, 834
Europäische Union **10** 740
Eurotunnel-Insolvenz **10** 766
Event of default **11** 399
Event of termination **11** 399
Eventmarketing **11** 541

Evidence-based Management **3** 3
Existenzvernichtungshaftung **8** 122 ff.
- Fallbeispiele **8** 132 ff.
- Managementfehler **8** 129
- persönlicher Anwendungsbereich **8** 125 ff.
- Tatbestand **8** 129 ff.
- Unterkapitalisierung **8** 140

Exitstrategien **7** 1
- Debt to Euqity Swap **7** 58 ff.
- Employee-Buy-Out **7** 6
- Gesellschaftsanteile **7** 2
- Gewährleistungspflichten **7** 29 ff.
- Haftungsrisiken **7** 28 ff.
- Konkurrent **7** 3
- Kunden **7** 4
- Leveraged-Buy-Out (LBO) **7** 9 ff.
- Lieferanten **7** 4
- Liquidation **7** 73 ff.
- Management-Buy-Out **7** 6
- NPL-Portfolio **7** 64 ff.
- Private-Equity **7** 5
- strategischer Investor **7** 3
- Verkaufsstrategie **7** 2

Facility Management **11** 521, 553
Factoring **5** 69 f., 87, 98 ff.; **10** 521
Fair-Value-Methode **11** 513
Faktische Geschäftsführung **8** 90 ff.
Faktischer Geschäftsführer **8** 112, 116, 224 f.; **10** 411, 417
- Einzelfälle **8** 94 ff.
- Sanierung **8** 97

Faktischer Geschäftsleiter **8** 27, 51
- Eigenantrag **8** 51

Fehlerhafte Belehrung
- Rechtsfolgen **10** 217

Feststellungsbescheid **10** 410
Financial Covenants **2** 256
Financial Engineering **2** 166
Finanzdienstleistung
- Definition **11** 297

Finanzdienstleistungsinstitut
- Anordnung von Sicherungsmaßnahmen **11** 355; *siehe auch Kreditinstitut*
- aufsichtsrechtliche Sanierung **11** 312; *siehe auch Kreditinstitut*
- Beendigung von Arbeitsverhältnissen **11** 486 ff.; *siehe auch Kreditinstitut*
- Insolvenzplanverfahren **11** 488; *siehe auch Kreditinstitut*
- Insolvenzverfahren **11** 464; *siehe auch Kreditinstitut*
- Liquidationsinsolvenzverfahren **11** 482; *siehe auch Kreditinstitut*
- Sanierung vor Eröffnung eines Insolvenzverfahrens **11** 312; *siehe auch Kreditinstitut*

Stichwortverzeichnis

- Unternehmensfortführung in der Insolvenz **11** 477, 479 f.; *siehe auch Kreditinstitut*
- Wahlrecht des Insolvenzverwalters **11** 483 ff.; *siehe auch Kreditinstitut*

Finanzdienstleistungsinstitut, siehe auch Kreditinstitut
- Besonderheiten der Sanierung **11** 278 ff.
- Definition **11** 296
- Insolvenzantrag **11** 287
- universelles Einheitsinsolvenzverfahren **11** 302
- vorläufiges Insolvenzverfahren **11** 438

Finanzgläubiger 4 17
Finanzialisierung 1 22 ff.
Finanzierer 8 197 ff.; *siehe auch Kreditgeber*
Finanzierungsbedingungen 1 10
Finanzierungsmarkt 4 191
Finanzierungsstruktur 1 6 ff.
Finanzkrise 3 1
Finanzlage
- Analyse **4** 103 ff.

Finanzmarktkrise
- Auswirkungen **8** 313 ff.

Finanzplankredit 8 178
- gesplittete Einlage **8** 178
- Insolvenzanfechtung **8** 178

Finanzstatus
- einzustellende Verbindlichkeiten **10** 580

Finanzwirtschaftliche Analyse 2 162
Finanzwirtschaftliche Maßnahmen 3 43
Finanzwirtschaftliche Restrukturierung 10 732
Firmenfortführung
- Haftung **9** 386

Fixkostenstruktur 3 35
Flashmob-Aktionen 10 241
Floating charge 10 833
Forderungsanmeldung 9 52
Forderungsmanagement 11 549, 562
Forderungsverzicht 5 43, 68; **10** 526, 820
- bedingt **5** 72
- unbedingt **5** 72

Formwechsel 10 557
Fortbestehensfähigkeit 4 50
- Liquidität **4** 11
- Überprüfung **4** 6 ff.

Fortbestehensprognose 4 50 ff.; **10** 58
Fortführungsfähigkeit 3 27; **10** 63
- nachhaltige **10** 70

Fortführungsprognose 11 199
Fortführungswerte 9 338; **10** 730 ff.
Forum Shopping 10 776 ff.; **11** 445
Fragengeleitete Ursachenanalyse 2 195, 202
Fragenpyramide 2 197
Fragmentierung 10 724 ff., 732, 901, 915, 937, 959
Fremdantrag 9 22
Fremdgeld 8 46

Fremdkapitalkosten 11 546, 572
Frühzeitigkeitsprinzip 2 105, 130, 139, 169, 216
Führungslosigkeit 8 114 ff.
- Eigenantrag **8** 118
- faktischer Geschäftsführer **8** 116

Ganzheitlichkeitsprinzip 2 104, 129, 138, 148, 167
Garantiekatalog 9 360
Gebäudemanagement 11 553
Gebr. März 2 194
Generalklausel 5 129, 145
Generationswechsel 11 1
Gesamtbetrachtung 10 774
Gesamtveräußerung 9 361
Gesamtvollstreckung 10 719
Geschäftsanteile
- Verpfändung **10** 829, 841

Geschäftsjahr 10 852
Geschäftsleiter 8 5
- Checkliste **8** 98 f., 101 ff.
- Handlungsempfehlungen **8** 98 f., 101 ff.

Geschäftsleitung 8 4 ff.
- Eigenantrag **8** 51
- Haftung **8** 57 ff., 63, 70
- Insolvenzverschleppung **8** 50 ff., 65
- Kapitalerhaltungsgebot **8** 18, 25
- Risikomanagementpflichten **8** 6

Geschäftsmodell 10 88
Geschäftsverteilungsplan 10 413
Gesellschafter 8 107 ff., 144 ff.
- Aufsichtsrat **8** 111
- Eigenantrag **8** 118
- Existenzvernichtungshaftung **8** 122 ff.
- faktischer Geschäftsführer **8** 90 ff., 112
- Führungslosigkeit **8** 114 ff.
- Gesellschafterleistungen **8** 151 ff.
- Gesellschafterstellung **8** 161 ff.
- Gesellschaftsvertrag **8** 148
- Insolvenzantragspflicht **8** 115 ff.
- Insolvenzverschleppung **8** 114 ff.
- Insolvenzverursachung **8** 121
- Kapitalerhaltungsgebot **8** 113
- Nachschusspflichten **8** 145 ff.
- Unterkapitalisierung **8** 140 ff.

Gesellschafterdarlehen 5 37, 43 ff.; **8** 156 ff., 171; **10** 516, 935, 944
- gleichgestellte Leistungen **8** 156 ff.

Gesellschafterleistungen 8 151 ff.
- Auslandsgesellschaft **8** 157
- Cash-Pool **8** 160
- Doppelsicherheiten **8** 177
- downstream loans **8** 160
- Ersetzungsbefugnis **8** 175
- Finanzplankredit **8** 178
- gesellschafterbesichertes Drittdarlehen **8** 175 ff.

Stichwortverzeichnis

- Gesellschafterdarlehen **8** 156 ff., 171
- Gesellschafterstellung **8** 161 ff.
- gleichgestellte Leistungen **8** 156 ff.
- Insolvenzanfechtung **8** 171, 178 f.
- MoMiG **8** 152, 163
- Nutzungsüberlassung **8** 159, 180 ff.
- Rechtsfolgen **8** 170 ff.
- Sanierungs- und Kleinbeteiligtenprivileg **8** 166 ff.

Gesellschaftsvertrag **8** 148
- Änderung **8** 147
- Sanierungskonzept **8** 147

Gewährleistungsausschluss **9** 311
Gewinn- und Verlustrechnung **4** 51
Gewinnrealisierung **10** 467
Gläubiger
- grenzüberschreitende Insolvenz **10** 712

Gläubigeraufforderung **7** 78
Gläubigerausschuss **9** 55, 59, 338, 366
- vorläufiger **1** 38; **9** 378

Gläubigerautonomie **9** 114
Gläubigerbenachteiligung **5** 55; **9** 353
- vorsätzliche **9** 355

Gläubigerversammlung **9** 56, 102
- grenzüberschreitende Insolvenz **10** 706

Gläubigervorschlag **9** 36
Gleichgestellte Leistungen **8** 156 ff.
Globales Umfeld **2** 222
GmbH
- Sanierungsschwerpunkt **1** 33

Going-Concern-Werte **10** 730
Goodwill **9** 294, 367
Grenzüberschreitende Wechseltätigkeit **10** 862
Großbritannien **10** 748, 858
Gruppenbildung **9** 225
Gruppeneinteilung **9** 116
Gruppenzugehörigkeitswahrscheinlichkeiten **2** 179

Haftung
- Altlasten **9** 388
- beihilferechtliche **9** 395
- Betriebssteuern **9** 387
- Firmenfortführung **9** 386
- strafrechtliche **9** 352
- Veräußerer **9** 359

Haftungsfreistellung **9** 387
Haftungsnorm **10** 429
Haftungsproblem **9** 35
Haftungsrisiken **4** 5; **7** 28 ff.
- Asset Deal **7** 30 ff.
- Betriebsübergang **7** 40 f., 43
- Gewährleistungspflichten **7** 29 ff.
- Kapitalerhaltungsvorschriften **7** 37, 39 f.

Haftungsvermögen **9** 375
Haftungsverwirklichung **9** 2

Haircut **10** 820
Haltefrist **10** 453
Handelsbestand **11** 518 ff.
Handelsbilanz **4** 58
Harmonisierung **10** 743
Harte Kriterien **5** 132
Hauptversammlung **11** 404
Haushaltsrecht **5** 180
Headoffice functions **10** 758
Herkunftsmitgliedstaat **11** 445
Hinweispflichten **8** 266 ff.
Hybride Finanzierung **10** 503

IDW FAR 1/1991 **10** 2
IDW S 6 **10** 1
- Praxiserfahrungen **10** 98

Illiquidität **2** 44
- drohende **2** 34

Immobilien
- Abschöpfungsstrategie **11** 517
- Alleinauftrag **11** 535
- Allgemeinauftrag **11** 535
- Ankermieter **11** 509, 567, 578
- Asset Manager **11** 578
- Bewirtschaftungsstrategie **11** 499
- Bruttogeschossfläche **11** 508
- Budgetsteuerung **11** 522
- Case-Study **11** 566 ff.
- Cash Flow **11** 517, 567
- Core **11** 498
- Datenerhebung **11** 508
- Desinvestition **11** 517, 520
- Drittverwendungsfähigkeit **11** 507
- Energieeffizienz **11** 493, 531, 554
- Erfolgsmessung **11** 502
- Ertragsreporting **11** 522
- Eventmarketing **11** 541
- Facility Management **11** 521, 553
- Fair-Value-Methode **11** 513
- Finanzierungsoptimierung **11** 572
- Forderungsmanagement **11** 549, 562
- Fremdkapitalkosten **11** 546, 572
- Gebäudemanagement **11** 553
- Handelsbestand **11** 518 ff.
- Immobilien-Portfoliomanagement **11** 493 ff.
- Instandhaltungskosten **11** 521
- Kapitalfluss **11** 515 ff., 566 ff.
- Kapitalkosten **11** 521, 546
- Kernportfolio **11** 518
- Kontrollphase **11** 502 ff., 556 ff.
- Kostenreporting **11** 522
- Lead Agent Auftrag **11** 535
- Lebenszyklus **11** 553
- Leerstandsquote **11** 507
- Managementbestand **11** 518
- Markenaufbau **11** 541

Stichwortverzeichnis

- Marketing **11** 575
- Mieterakquisition **11** 538
- Mietermix **11** 493, 568, 577
- Mietrendite **11** 507
- Nebenkosten **11** 553 ff., 569, 576
- Nettogeschossfläche **11** 508
- Opportunistic **11** 498
- Performance **11** 501 ff., 557 ff., 563, 578
- Performanceentwicklung **11** 556
- Planungsphase **11** 502, 506 ff., 561
- Portfolio Monitoring **11** 558
- Portfoliosanierung **11** 494, 498, 501 f., 506, 516, 527, 544, 550, 565
- Portfoliostrategie **11** 502, 515, 521, 540, 546, 559
- Praxis-Beispiel **11** 576
- Projektentwicklungen **11** 500, 527 ff., 551
- Property Manager **11** 509, 513, 524, 549
- Rendite-Risiko-Struktur **11** 493
- Risikoentwicklung **11** 556
- Risikostrategie **11** 498 f.
- Steuerungsphase **11** 502, 521 ff., 562
- Strategien **11** 578
- Top-Down-Perspektive **11** 501
- Total Return **11** 557
- Value Added **11** 498
- Veränderungsanalyse **11** 514
- Verkehrswert **11** 507, 557
- Wertpapierportfolio **11** 493
- Wertsteigerungspotenzial **11** 500, 502
- Zielgruppensegmentierung **11** 536
- Zielportfolio **11** 502, 514 ff., 526, 561 ff.

Immobilien-Portfoliomanagement 11 493 ff.
Indicating Offer 9 329
Indikator 2 114
- Festlegung **2** 120
- Sollwerte **2** 123
- Toleranzgrenzen **2** 123, 127

Indikatororientierte Ansätze
- Probleme und Grenzen **2** 126

Individuelle Rechtsverfolgung
- Verbot **10** 798

Individuelle Sensitivitätsanalyse 2 195, 198
Informationen
- Qualität **10** 12
- Relevanz **10** 18
- Überprüfung **10** 13
- Wesentlichkeit **10** 18

InsO-Reform
- Eigenverwaltung **1** 35

INSOL-Grundsätze 10 685
Insolvenz 2 34
- Eröffnungsgründe **2** 34
- grenzüberschreitend **10** 717 ff.

Insolvenzanfechtung 8 171, 178 f., 248 ff., 253 ff., 284 ff.; **10** 815, 835, 936, 945
- inkongruente Deckung **8** 256 ff.

- unentgeltliche Leistung **8** 262 ff.
- Bargeschäft **8** 288 ff.
- Honoraranspruch **8** 297 ff.
- Honorarzahlung **8** 284 ff.
- international **10** 849 ff.
- Kreditrückzahlung **8** 240, 248
- Kreditsicherheiten **8** 253 ff.

Insolvenzantrag 9 17 ff., 38 ff.; **11** 192, 430
- Rechtsfolgen **11** 435
- Rücknahme **9** 42

Insolvenzantragsgründe 4 2 ff.
Insolvenzantragspflicht 4 1 ff., 46 ff.; **8** 51 ff., 115 ff., 223; **10** 903
- 3-Wochenzeitraum **4** 46
- Aufsichtsrat **8** 115
- Auslandsgesellschaft **8** 51, 115
- Eigenantrag **8** 51, 118
- faktischer Geschäftsleiter **8** 51
- international **10** 896 ff.
- Interpretationsspielraum **4** 46

Insolvenzantragstellung 11 260
Insolvenzantragsverfahren 9 26 ff.
Insolvenzarbeitsrecht 10 869 f.
Insolvenzbeschlag 10 798 f., 923
Insolvenzgeld 9 392
- international **10** 789, 890 f.

Insolvenzgeldvorfinanzierung 10 891
Insolvenzgericht 9 19 ff.
- Anordnung von Sicherungsmaßnahmen **11** 355
- Maßnahmen **11** 449 ff.

Insolvenzgründe 9 23, 345; **10** 922
Insolvenzkriterium 5 140
Insolvenzkulturen 10 963
Insolvenzmasse
- grenzüberschreitende Insolvenz **10** 709

Insolvenzplan 10 790, 806, 810, 830, 836, 930, 953; **11** 248
Insolvenzplanverfahren 9 306
- Reform **1** 40 ff.

Insolvenzpraxis 10 724, 946, 957, 963
Insolvenzprüfung
- Auftragsdurchführung **4** 4 ff.

Insolvenzrecht
- anwendbares **10** 675, 810 ff.
- international **10** 745 ff., 778 ff., 810 ff.

Insolvenzrechtsreform 9 1
Insolvenzreife 10 52
Insolvenzspezifische Haftung 10 431
Insolvenzstatistik 1 3 ff.
Insolvenzverfahren
- Anhörung **9** 25, 29
- Aufhebungsbeschluss **9** 62
- Beendigung **9** 58
- Berichtstermin **9** 49 ff.
- Eigenantrag **9** 21
- Eröffnung **9** 43

Stichwortverzeichnis

- Eröffnungsbeschluss **9** 43
- Eröffnungsgutachten **9** 28
- Eröffnungsverfahren **9** 26 ff.
- ESUG **9** 37
- Forderungsanmeldung **9** 52
- Fremdantrag **9** 22
- Gläubigerausschuss **9** 55, 59
- Gläubigerversammlung **9** 56
- Gläubigervorschlag **9** 36
- Haftungsproblem **9** 35
- Insolvenzantrag **9** 17 ff., 38 ff., 42
- Insolvenzantragsverfahren **9** 26 ff.
- Insolvenzgericht **9** 19 ff.
- Insolvenzgrund **9** 23
- Massearmut **9** 63 ff.
- Massegläubiger **9** 65
- Massegutachten **9** 28
- Massekostendeckung **9** 41
- Masseunzulänglichkeit **9** 63 ff.
- Masseverbindlichkeit **9** 34
- Masseverteilung **9** 61
- Prüfungstermin **9** 49 ff., 57
- Rechtsschutzinteresse **9** 24
- Rechtsstreitigkeit **9** 47
- Sachverständiger **9** 27
- Schlussbericht **9** 58
- Schlussrechnung **9** 58
- Schlusstermin **9** 60
- Schlussverteilung **9** 58
- schwache vorläufige Verwaltung **9** 32
- Sicherungsmaßnahmen **9** 30 ff.
- starke vorläufige Verwaltung **9** 33
- Überblick **9** 16 ff.
- Verfahrenseröffnung **9** 45
- Verfahrenskosten **9** 39
- Verteilungsverzeichnis **9** 60
- Vertragsverhältnis **9** 48
- Verwaltungs- und Verfügungsbefugnis **9** 46
- vorläufiger Gläubigerausschuss **9** 37
- vorläufiger Insolvenzverwalter **9** 30 ff.
- Zuständigkeit **9** 19
- Zwangsvollstreckungsmaßnahmen **9** 47

Insolvenzverschleppung **5** 55, 57; **8** 50 ff., 65, 114 ff., 223, 271; **10** 912
- Anstifter **8** 224 f.
- Auslandsgesellschaft **8** 51
- faktischer Geschäfsführer **8** 224 f.
- faktischer Geschäftsleiter **8** 51
- Führungslosigkeit **8** 114 ff.
- Gehilfe **8** 224 f.
- Haftung **8** 58, 63
- Insolvenzantragspflicht **8** 51 ff., 223
- Schadensersatzanspruch **8** 64 f.
- strafrechtliche Haftung **8** 66
- zivilrechtliche Haftung **8** 54 ff.

Insolvenzverursachung **8** 67 f., 70, 121
- D&O-Versicherung **8** 80
- Amtsniederlegung **8** 87
- Business Judgement Rule **8** 70
- Cash-Pool **8** 77, 89
- D&O-Versicherung **8** 81
- Haftungserleichterung **8** 80
- Kompetenzordnung **8** 72
- Schadensersatzanspruch **8** 78 f.
- Sorgfaltspflicht **8** 68 ff.
- Weisung **8** 73 ff.
- Zahlungen an Gesellschafter **8** 82 ff.

Insolvenzverwalter
- Bestellung **10** 724

Instandhaltungskosten **11** 521
Integrierte Unternehmensplanung **10** 11
Interdependenzen **4** 181 f.
Interedil **10** 760, 762
Interessenausgleich **10** 881
Interimsmanagement **11** 84
Internationale Insolvenz
- Arbeitsrecht **10** 853 ff.
- Betriebsübergang **10** 853 ff.
- Personalabbau **10** 853 ff.

Internationale Zuständigkeit **10** 724, 729, 744, 746, 778, 780, 809, 813, 900, 904, 910, 958
Interne Organisation **2** 225
Investitionsentscheidung **2** 155

Jahresabschluss
- Informationsbereiche **2** 162, 190

Jahresabschlussanalyse **2** 85, 150, 154
- klassische **2** 155, 158
- moderne **2** 171

Jahresabschlussprüfung **10** 14
Job-Enrichment **4** 215

Kapazitätsreserven **4** 210
Kapitalerhaltungsgebot **8** 18, 25, 113
- Ausfallhaftung **8** 26
- Ausnahme davon **8** 21 ff.
- Erstattungsanspruch **8** 25 ff.
- faktischer Geschäftsleiter **8** 27
- Gesellschafterdarlehen **8** 24
- Informations- oder Frühwarnsystem **8** 23
- Strohmann-Geschäftsleiter **8** 27
- Unterbilanz **8** 18
- Zahlung **8** 19 f.

Kapitalerhöhung **5** 4 ff.; **10** 490
- aus Gesellschaftsmitteln **5** 6
- Barkapital **5** 3, 16, 18 f., 21
- bedingt **5** 6
- gegen Einlagen **5** 3 ff.
- genehmigtes Kapital **5** 6
- ordentlich **5** 4 ff.
- Sachkapital **5** 3, 8, 27, 70

Kapitalfluss **11** 515 ff., 566 ff.

Stichwortverzeichnis

Kapitalherabsetzung 5 15 ff.; 10 484
– disquotale 10 487
– unter Mindestnennbetrag 5 16
– vereinfachte 5 3, 15 ff., 21, 27
Kapitalkosten 11 521, 546
Kapitalmaßnahmen 10 470
Kapitalrücklage 5 12 f., 15, 69
Kapitalschnitt 5 15 ff.
Kapitalverknappung 1 24
Kapitalverzehrskriterium 5 134
Katastrophe
– Begriff 2 16
Kaufpreisfindung 9 337
Kennzahlen 2 154, 161
– Auswahl, Gewichtung, Zusammenfassung 2 173
– bilanzpolitik-neutralisierende 2 171
Kennzahlenauswahl 2 162
Kennzahlenmuster 2 174
Kennzahlenvergleich 2 163
Kern-Insolvenzrecht 10 722, 800, 838, 904, 924, 927, 932, 935, 945, 949, 958, 962
Kernportfolio 11 518
KHD 2 194
Klassifikationsleistung 2 176
Kleinbeteiligungsprivileg 5 49
Kleingesellschafter 5 48
Kollisionsrecht 10 738, 744, 746, 798, 811 ff., 859
Kommunikation 10 728, 932, 948; 11 216 ff., 224 ff.
– grenzüberschreitende Insolvenz 10 707
Komplexität 4 181
– Beherrschung 4 183 f., 195, 197 ff.
– Bereiche 4 185, 187 f.
– endogene 4 184
– exogene 4 184, 190
– Interdependenzen 4 187
– Kosten 4 201
– Kundenportfolio 4 185
– Management 4 181, 189, 197
– organisationale 4 185, 188, 237
– Produkt 4 185, 230, 232
– prozessuale 4 185, 237
– Reduktion 4 197, 199 ff., 214, 234 f., 237 f.
– Sortiment 4 185, 226 f., 229
– strategische 4 185, 202, 207
– strukturelle 4 185, 207, 210, 237
– Treiber 4 184 f., 188, 191, 202, 213
– Wahrnehmung 4 193, 195
Komplexitätskosten 4 201
Komplexitätstreiber 4 192
Konflikt
– Begriff 2 14
Konjunkturentwicklung 3 39
Konsolidierungsstrategie 3 50
Kontextfaktoren 2 158
Kontrollphase 11 502 ff., 556 ff.

Kontrollstichprobe 2 176
Kontrollverlust
– grenzüberschreitende Insolvenz 10 690 ff.
Konzern 10 669 ff., 719
– Abfindungsansprüche außenstehender Aktionäre 10 641
– Anfechtungsrecht 10 583
– Arbeitnehmersanierungsbeiträge 10 612 ff.
– Arbeitsrecht 10 587
– arbeitsrechtliche Aspekte der Konzernsanierung 10 597
– Begriff 10 596
– Beherrschungs- und Gewinnabführungsvertrag 10 641
– Betrieb, Begriff 10 590
– Betriebsverfassungsrecht 10 598
– Cash-Pool 10 581, 632
– COMI 10 658
– Dominoeffekt 10 638
– Durchsetzbarkeit von Sanierungsansätzen 10 621
– Eigenkapitalersatzrecht 10 586
– EuInsVO 10 656
– faktischer Konzern 10 569, 573
– Fälligkeit von Verbindlichkeiten 10 580
– Finanzierungsstruktur 10 625
– Finanzplan 10 581
– Finanzstatus 10 580
– finanzwirtschaftliche Besonderheiten 10 625
– funktional integriert 10 775, 781
– Gesamtbetriebsrat 10 599 ff.
– grenzüberschreitende Sachverhalte 10 655 ff., 666
– Haftungsverbund 10 588
– Individualarbeitsrecht 10 617
– Insolvenz 10 154
– Insolvenz aller Gruppenmitglieder 10 637 ff.
– Insolvenzgründe 10 577
– Insolvenzmasse 10 640
– Insolvenzverfahrenskoordination 10 652
– Insolvenzverwalterbestellung 10 647
– und EuInsVO 10 661
– Insolvenzverwalterkooperation 10 651
– Kommunikation 10 621
– Konzernbetriebsrat 10 608
– konzerneinheitlicher Tarifvertrag 10 615
– Kooperation nach EuInsVO 10 662
– Kündigungsschutzgesetz 10 619
– leistungswirtschaftliche Besonderheiten 10 622
– Leitungsmacht 10 570, 642
– Massebildung nach EuInsVO 10 657
– Mischkonzern 10 614
– nahestehende Personen 10 584
– Planverfahren 10 653 ff.
– Planverfahren nach EuInsVO 10 664
– qualifiziert faktischer 10 643

Stichwortverzeichnis

- Sitzverlegung **10** 646
- Sonderinsolvenzverwalter **10** 649
- Sprecherausschuss **10** 610
- Tarifsozialplan **10** 616
- Tarifvertrag **10** 612 ff.
- tatsächliche Bedeutung **10** 568
- Überschuldungsstatus **10** 578
- unternehmensbezogener Verbandstarifvertrag **10** 614
- Verlustausgleichsverpflichtung **10** 641
- Verlustübernahmepflichten **10** 582
- Vertragskonzern **10** 569, 572
- Weiterbeschäftigungsmöglichkeit **10** 620
- Zahlungsunfähigkeit **10** 580
- Zahlungsunwilligkeit **10** 581
- zuständiges Gericht **10** 658
- zuständiges Gericht für Verfahrenseröffnung **10** 644

Konzerninsolvenz **9** 298; **10** 717 ff., 742, 775, 931
Konzerninsolvenzmasse **10** 640
Konzerninsolvenzplan **9** 88
Konzerninsolvenzrecht **10** 637, 723
Konzernklausel **10** 483
Konzernsanierung
- Ausgleichsansprüche **10** 574

Konzernversetzungsklausel **10** 619
Konzernwert **10** 679
Konzernzusammenhalt **10** 730, 896, 948, 959
Kooperativer Führungsstil **3** 57
Koordination
- grenzüberschreitende Insolvenz **10** 698 ff.

Koordinierte Verwalterbestellung **10** 724, 726 ff.
Kopfmehrheit **9** 155
Kosten
- remanente **4** 229

Kostenreporting **11** 522
Kostensenkung **3** 46
Kreditgeber
- Beteiligungspflicht an Sanierung **8** 233
- faktischer Geschäftsführer **8** 224 f.
- grenzüberschreitende Insolvenz **10** 711
- Haftung **8** 221 ff.
- Insolvenzanfechtung **8** 248 ff.
- Insolvenzantragspflicht **8** 223
- Risikofrüherkennung **8** 198
- Rücksichtnahmepflichten **8** 211 ff.
- Sanierungsgutachten **8** 244
- Sanierungskonzept **8** 229 ff.
- Sanierungskredit **8** 226 ff., 235 ff.
- Sanierungsphase **8** 226 ff.
- Schuldnerknebelung **8** 217
- Stillhalten **8** 214 ff.
- Strafbarkeit **8** 246
- Überbrückungskredit **8** 227 ff., 245
- Überwachungspflicht der Sanierung **8** 234
- Vor-Sanierungsphase **8** 208 ff.

Kreditgewährung **8** 219 ff.
- sittenwidrige Schädigung **8** 219

Kredithürde **1** 10
Kreditinstitut **5** 55 ff.
- Einheitsverfahren **11** 469; *siehe auch Finanzdienstleistungsinstitut*
- Eröffnung Insolvenzverfahren **11** 468; *siehe auch Finanzdienstleistungsinstitut*
- Eröffnungsverfahren, Verfahrensrecht **11** 445; *siehe auch Finanzdienstleistungsinstitut*
- Fortführungspflicht **11** 460; *siehe auch Finanzdienstleistungsinstitut*
- Insolvenzverfahrensgrundsätze **11** 472; *siehe auch Finanzdienstleistungsinstitut*
- Insolvenzverfahrensrecht **11** 473; *siehe auch Finanzdienstleistungsinstitut*
- Sanierungsaussichten **11** 463; *siehe auch Finanzdienstleistungsinstitut*
- Sanierungsmaßnahmen **11** 476; *siehe auch Finanzdienstleistungsinstitut*
- vorläufiger Insolvenzverwalter **11** 457 ff.; *siehe auch Finanzdienstleistungsinstitut*
- Zuständigkeit des Insolvenzgerichts **11** 444; *siehe auch Finanzdienstleistungsinstitut*

Kreditinstitut; *siehe auch Finanzdienstleistungsinstitut*
- Begriff **11** 292
- Eröffnungsverfahren **11** 440
- EuInsVO **11** 302
- Europäisierung des Sanierungs- und Insolvenzrechts **11** 299
- Insolvenzplan **11** 440
- Insolvenzverfahren **11** 290
- Liquidationsverfahren **11** 290
- Rahmenbedingungen der Sanierung **11** 438

Kreditinstituten **11** 224
Kreditkündigung **8** 209, 235 ff.
- außerordentliche Kündigung **8** 237 f.
- ordentliche Kündigung **8** 236
- sittenwidrige Schädigung **8** 212

Kreditlinie **5** 43, 54 ff.
Kreditprolongation **5** 177
Kreditrahmen **9** 207, 258
Kreditrückzahlung **8** 240, 248
Kreditsicherheiten **8** 253 ff.
- Insolvenzanfechtung **8** 253 ff.

Kreditstundung **5** 177
Kreditvergabe
- restriktive **9** 318

KredReorgG **11** 285, 456
- Befugnisse des OLG **11** 384 f.
- Befugnisse des Sanierungsberaters **11** 379 ff.
- Durchführung Reorganisationsverfahren **11** 390 ff.
- Einleitung des Sanierungsverfahrens **11** 372 ff.

851

Stichwortverzeichnis

- Einleitung Reorganisationsverfahren **11** 388 ff.
- Maßnahmenkatalog **11** 385
- Reorganisationsplan **11** 391 ff.
- Sanierungsberater **11** 373 ff.
- Sanierungsplan **11** 373 ff.

Krise
- Begriff **2** 12

Krisenausmaß **3** 36

Krisenerkennung
- prospektiv **2** 50
- retrospektiv **2** 51

Krisenfrüherkennung **2** 81
- Beobachtungsbereiche **2** 119
- Bottom-up-Ansatz **2** 8, 84, 148
- indikatororientiert **2** 114
- Top-down-Ansatz **2** 9, 85, 149

Krisenfrüherkennungssysteme
- Anforderungen **2** 101
- Operative Ansätze **2** 108
- strategische Ansätze **2** 133

Krisenmanagement **3** 15, 19

Krisenprozess
- erfolgs- und finanzwirtschaftliche Perspektive **2** 41
- finanz- und erfolgswirtschaftliche Perspektive **2** 32
- integrierte Betrachtung **2** 35
- objektive Sichtweise **2** 38
- subjektive Sichtweise **2** 38
- Wahrnehmungsperspektive **2** 25, 40

Krisensituation
- Auftragsübernahme **4** 5 ff.

Krisenstadium **4** 64 ff.; **10** 3
- Feststellung **10** 32

Krisenursachen **2** 58, 75; **10** 32
- externe **2** 55
- interne **2** 55
- Kategorien **2** 60

Krisenursachenforschung
- Kritik **2** 75
- qualitativ **2** 54
- quantitativ **2** 54

Krisenverlauf **2** 235; **3** 5

Krisenverlaufsmodell nach Müller **3** 5

Krisenvorsorgepflichten **8** 6; *siehe auch Risikomanagementpflichten*

Kunden **10** 678
- grenzüberschreitende Insolvenz **10** 713

Kundendeckungsbeitragsrechnung **4** 223 f.

Kundenportfolio **4** 221, 224, 237

Kündigung **10** 207
- international **10** 879 ff.
- Veräußererkonzept **10** 214

Kündigung, betriebsbedingt
- Kurzarbeit **10** 126

Kündigungsschutzprozess **10** 881

Künstliche Neuronale Netzanalyse **2** 264

Künstliche neuronale Netzanalyse **2** 173, 183

Kurzarbeit **10** 253
- allgemein **10** 108 ff.
- Betriebsänderung **10** 134
- betriebsbedingte Kündigung **10** 126
- Förderung **10** 123 ff.
- kombinierte Modelle **10** 131
- konsekutives Modell **10** 142
- paralleles Modell **10** 138
- Servicegesellschaft **10** 147
- Voraussetzungen **10** 112 ff.

Kurzarbeitergeld **10** 252 f.

Kurzarbeitergeldbezug
- Ausschluss **10** 268

KWG
- Insolvenzgründe **11** 430

Laufende Verträge **10** 945

Lead Agent Auftrag **11** 535

Leasing **5** 91 ff.
- Financial **5** 93
- Operating **5** 92
- Spezial **5** 94

Lebenszyklus **11** 553

Leerstandsquote **11** 507

Leitbild **4** 235, 237

Leitungsfunktion **2** 238

Lernstichprobe **2** 176

Leveraged Buy-Out (LBO) **9** 316

Leveraged-Buy-Out **7** 9 ff.
- Leverage-Effekt **7** 10

Lex causae **10** 853

Lex concursus **10** 667

Lex fori concursus **10** 744, 813 ff.; **11** 445, 473, 475

Lex loci laboris **10** 861

Lex rei sitae **10** 825

Lieferanten **4** 14; **10** 677
- grenzüberschreitende Insolvenz **10** 712

Limited **1** 32

Linienorganisation **4** 195

Liquidation **7** 73 ff.
- Auflösungsbeschluss **7** 75
- Auseinandersetzung **7** 77
- betriebliche Versorgungsverpflichtungen **7** 100 ff.
- Gläubigeraufforderung **7** 78
- Haftungsrisiken **7** 91
- Insolvenzantragsgründe **7** 84
- Kontrolle **7** 93
- Konzern **7** 90
- Liquidator **7** 76 f., 94
- Sozialplan **7** 98
- Sperrjahr **7** 79
- Vertragserfüllung **7** 97, 99 f.
- Wahlfreiheit **7** 84

Stichwortverzeichnis

Liquidationsplan 9 75
Liquidationsverfahren 10 930
– international 10 926 ff.
Liquidationsversicherung 10 895
Liquidationswert 9 332
Liquidationswertmethode 9 333
Liquidator 7 76 f.
Liquidität 2 234; 4 10; 10 680 ff.
– Anlagenbau 4 22
– Ausgaben 4 25
– Finanzgläubiger 4 17
– Gesellschafter 4 13
– Gläubiger 4 14
– grenzüberschreitende Insolvenz 10 711
– Inkasso 4 20
– Kunden 4 19
– kurzfristige Generierung 4 12 ff.
– Leasingfinanzierung 4 25
– Materialeinkauf 4 23
– nicht betriebsnotwendiges Vermögen 4 26
– öffentliche Hand 4 17
– Projektgeschäft 4 22
– Sale-and-Lease-Back 4 28
– Schlüsselkunden 4 21
– Sonderzahlung 4 25
– Stundungen 4 18
– Zahlungsfristen 4 21
– Zahlungspläne 4 18
Liquiditätsentwicklung 4 43
Liquiditätsgewinn 11 195
Liquiditätskrise 4 66; 10 50, 65
Liquiditätsplan 11 191
Liquiditätsplanung 4 7, 51
– Erstellung 4 42 ff.
– Prüfung 4 36 ff.
Liquiditätsszenario 4 60 ff.
Logistische Regression 2 173, 264
Logistische Regressionsanalyse 2 179

M+A 4 205
Make-or-buy 4 210
Management
– Einschätzung 4 99 ff.
Management Buy Out (MBO) 4 211; 9 315
Managementbestand 11 518
Managementprobleme 3 38
Mantelkauf 5 10; 10 477
Markenaufbau 11 541
Massearmut 9 63 ff.
Massebeitrag 10 844
Massegläubiger 9 65
Massegutachten 9 28, 93
Massekostendeckung 9 41
Masseunzulänglichkeit 9 63 ff.
Masseverbindlichkeit 9 34, 311
Masseverteilung 9 61

Masseverwertung
– grenzüberschreitende Insolvenz 10 714
Maßnahmeneffekt 10 92
Mezzanine-Finanzierung 1 26 ff.
– Abschreibungsbedarf 1 28
– Anschlussfinanzierung 1 27
– Endfälligkeit 1 26
– Refinanzierungsbedingungen 1 27
– Risikoqualität 1 28
Mezzaninekapital 11 230 f.
– Automobilzulieferindustrie 11 229
MG Rover Belux 10 950
MG Rover Group 10 950
Mieterakquisition 11 538
Mietermix 11 493, 568, 577
Mietrendite 11 507
Mietzahlungen
– Stundung 4 15
Milestones
– Festlegung 6 9 ff.
Mind-of-Management-Theorie 10 763, 770
Mindestbeteiligung 10 495
MoMiG 8 152 ff., 163, 207; 10 578
– intertemporäre Geltung 8 155
Monitoring 2 136
Moody's KMV RiskCalc 2 205, 264
Moratorium 11 348, 351, 361, 433, 455, 460
– Rechtswirkungen 11 418
Multivariate Diskriminanzanalyse 2 173, 175, 264
Mustererkennung 2 156, 183

N-Wert 2 185
Nachprüfungsverbot 10 783 f., 808, 908
Nachschusspflichten 5 33; 8 145
Nachteilsausgleich 10 872 f.
NAFTA 11 210
Nebenkosten 11 553 ff., 569, 576
Negativmerkmale 2 220, 268
Net Organisational Capital 3 42
Nettogeschossfläche 11 508
Neutralisationsprinzip 2 166, 218
Neutralitätsprinzip 2 103, 128, 137
Nicht betriebsnotwendige Aktiva 5 87 ff.
Niederlassung 10 841, 919 ff.
Niederlassungsfreiheit 10 777 ff.
Nortel 10 733, 735, 854 f., 868, 929, 943, 950, 955
Novation 5 43, 65 ff.
NPL-Portfolio
– Einzelrechtsnachfolge 7 67
– Forderungsdurchsetzung 7 69
– Gesamtrechtsnachfolge 7 67
– Veräußerung 7 63 ff.
Nutzungsüberlassung 8 180 f., 183

Stichwortverzeichnis

Objektivierungsprinzip 2 165, 217
Objektivitätsprinzip 2 102, 127, 137
Obstruktionsverbot 9 68
OEM
– Eigenfertigung 11 102
Operative Sanierung 11 235
Operatives Geschäft 2 224
Opportunistic 11 498
Ordre public 10 782, 806, 809, 905
Organisation
– prozessorientierte 4 195
Organschaft 10 474, 543
Original Equipment Manufacturer 11 101, 103
Örtliche Zuständigkeit 10 729
Outsourcing 4 216

Parmalat 10 760
Partei kraft Amtes 10 796
Partikularverfahren 10 906, 914 ff.
Patronatserklärung 10 539
Pensions-Sicherungs-Verein 7 100; 10 893
Pensionsverpflichtungen 7 17
Performance 11 501 ff., 557 ff., 563, 578
Performance-Measurement-System 4 197
Performanceentwicklung 11 556
Periodenabgrenzung 2 226
Personalabbau 10 203
Personalanpassungsmaßnahmen 10 261
Personaleinsatzplan 11 63
Personalressourcen 4 215
Phasenmodell Arogyaswamy/Barker/Yasai-Ardekani 3 21
Phasenmodell Krystek/Moldenhauer 3 24
Phasenmodell Robbins/Pearce 3 23
Philipp Holzmann 2 193
PIN II 10 767 ff.
PIN II-Entscheidung 10 777
Pittler 2 194
Planbilanzen 4 51
Planüberwachung 9 197; 10 97
Planung
– strategische 4 196
Planungsphase 11 502, 506 ff., 561
Planungsrechnung 4 7, 54
Planverfahren
– Anteil 9 399
Politische Einflussnahme 9 319
Portfolio Monitoring 11 558
Portfoliobereinigung 4 200, 204, 206, 225
Portfoliosanierung 11 494, 498, 501 f., 506, 516, 527, 544, 550, 565
Portfoliostrategie 11 502, 515, 521, 540, 546, 559
Praxis-Schwerpunkt 1 31
Praxisleitfaden
– grenzüberschreitende Insolvenz 10 700
Pre-packeged-plan 11 455

Preisspanne 9 337
Preiswettbewerb der Branche 3 41
Prepacked-Pläne 9 85
Privat Creditor Test 5 177
Privat Investor Test 5 177
Probability of Default 2 154
Problem- und Verlustbereiche 10 90
Produkt- und Absatzkrise 10 45
– Überwindung 10 67
Profiling 10 270
Projektentwicklung 11 500, 527 ff., 551
Property Manager 11 509, 513, 524, 549
Protokolle
– grenzüberschreitende Insolvenz 10 699 ff.
Prozesskostenrechnung 4 196
Prüfungsstandard 4 1
Prüfungstermin 9 49 ff., 57

Qualifizierte Führungskräfte 11 75
Quality-Function-Deployment 4 231

Rangadaption 10 950
Rangordnung 10 828, 871, 877, 885, 894, 935, 943 f.
Rangrücktritt 5 37 ff., 43, 47, 77 ff.; 10 524
– einfach 5 78, 83
– qualifiziert 5 78, 83
Ratingskala 2 213
Reaktives Krisenmanagement 3 17
Rechnungslegung 10 852
Rechtliches Gehör 10 955
Rechtsbehelf 10 754, 783, 944, 949
Rechtsschutzinteresse 9 24
Rechtsstreitigkeit 9 47
Rechtsträger 10 719, 742
Rechtswahl 10 860
Regionalförderung 5 114
Registerpublizität 10 757
Rendite-Risiko-Struktur 11 493
Rentabilität 2 197
Reorganisationsberater 11 400
Reorganisationsplan
– gerichtliche Prüfung 11 413
– gestaltender Teil 11 395
– Planbestätigung 11 415
Reorganisationsverfahren
– Aufhebung 11 416
– KredReorgG 11 369 ff.
Reputationsschäden 4 5
Restrukturierung 3 9
– finanzielle 1 30
– personalwirtschaftlich 10 103 f.
Restrukturierungserleichterungen 10 864 ff.
Restrukturierungsfonds für Kreditinstitute 11 285

Stichwortverzeichnis

Restrukturierungsgesetz 11 285
Rettungs- und Umstrukturierungsbeihilfen 5 125
Rettungsbeihilfen 5 149
Return on Assets 3 29
Return on Investment 3 29
Richtlinie 2001/24/EG 11 288, 441, 444, 468, 472, 474
Richtlinie 2002/47/EG 11 451
Risiken der Sanierung 9 11
Risiko 2 87
Risikobewältigungssystem 2 99
Risikoentwicklung 11 556
Risikofaktoren 9 1, 14
Risikofrüherkennung 8 6, 11, 198
– Bottom-up-Ansätze 2 107
– Covenants 8 199
Risikofrühwarnsystem 2 99
Risikomanagement 2 92; 8 70, 109 ff.
– betriebswirtschaftliche Notwendigkeit 2 95
– Definition (DRS 5.9) 2 97
– international 10 907 ff.
– rechtliche Grundlagen 2 94
– Risikoaggregation 2 98
– Risikoanalyse 2 98
– Risikobewertung 2 98
– Risikodokumentation 2 98
– Risikoidentifikation 2 98
– Risikokommunikation 2 98
– Risikosteuerung 2 98
– Ziele 2 92
Risikomanagementpflichten 8 6, 8 f., 76
– Anzeigepflicht 8 6, 14
– Cash-Pool 8 12
– Delegation 8 7
– Dokumentation 8 13
– Einberufungspflicht 8 14
– Haftung 8 76
– Risikofrüherkennung 8 6, 11
– Risikoüberwachung 8 6, 12
– Vorstand 8 8
Risikomanagementsystem 2 82
– zentrale Elemente 2 99
Risikostrategie 11 498 f.
Risikoüberwachung 8 6, 12, 189
– Cash-Pool 8 12
Risikoüberwachungssystem 2 99
ROCE 10 72
Rom I-VO 10 859 ff.
Rom I-VO 10 858
Römisches Schuldrechtsübereinkommen 10 858
Rotationsplan 11 58
Rückgriffsanspruch 10 536
Rückschlagsperre 9 6; 10 835
Rückzahlungssperre 5 47

Sachnorm 10 801 ff., 811, 823, 924
Sachnormtheorie 10 839 ff.
Sachnormverweisung 10 813
Sachverständiger 9 27
Safe-Harbour-Prämie 5 164
Sale and Lease Back 5 87, 91 ff.
Sanierung 3 7; 8 41, 97, 233
– Beteiligungspflicht 8 144 ff., 233
– ganzheitlich 1 23
– Gesellschafter 8 144 ff.
– Gesellschaftsvertrag 8 148
– grenzüberschreitend 10 668 ff.
– Nachschusspflichten 8 145 ff.
– Sanierungsgutachten 8 244
– Shopping Center-Portfolio 11 566 ff.
– Überwachungspflicht 8 234
– Vorgehensweise 11 6 ff.
– weltweit 10 733 ff.
Sanierungs-Auffanggesellschaft 9 296
Sanierungs-COMI 10 768, 772, 777
Sanierungs-Richtlinie 11 288
– Anwendungsbereich 11 292
– Einheitsinsolvenzverfahren 11 310
– Liquidationsverfahren 11 309
– ordre-public-Vorbehalt 11 310
– ratio legis 11 301
– Sanierungsmaßnahmen 11 303, 305 f.
– Umsetzung 11 290
Sanierungsbarriere 9 8
Sanierungsbedarf 1 12
Sanierungsberater 8 44, 266 ff.
– Auskunftsvertrag 8 274
– Bankrott 8 306 ff.
– Befugnisse nach KredReorgG 11 379 ff.
– Dritthaftung 8 273 ff.
– Hinweispflichten 8 266 ff.
– Honorarzahlung 8 284 ff.
– Insolvenzverschleppung 8 271
– Rechtsanwalt 8 283
– Steuerberater 8 309 ff.
– Untreue 8 302 ff.
– Vertrag mit Schutzwirkung 8 276 ff.
Sanierungserfolg 3 29, 31
Sanierungserleichterungen 9 4; 10 738; siehe auch Sanierungsinstrumente
Sanierungsfähigkeit 3 27; 10 7, 11, 63, 102
Sanierungsfeindlich 10 406
Sanierungsgesellschafter 5 48
Sanierungsgutachten 8 244; 11 227
Sanierungshilfe 9 3
Sanierungsinstrumente 9 69; 10 738, 794, 817, 820, 824, 856, 864 ff., 879, 886, 891, 940, 947, 960 f.
Sanierungsklausel 10 482

Stichwortverzeichnis

Sanierungskonzept 3 26; 8 147, 229 ff.; 10 9 ff.; 11 208
- Adaption 6 30 ff.
- Analyse der Unternehmenslage 10 27
- Ausgangspunkt 10 16
- Basisinformation 10 24
- Beispiel 10 73
- Bestandsaufnahme 10 23
- Kernbestandteile 10 11
- Klarheit 10 20
- Kommunikation 6 9 ff.
- Leitbild des sanierten Unternehmens 10 59
- Markt- und Wettbewerbsverhältnisse 10 28
- Nachvollziehbarkeit 10 20
- Reflektion 6 30 ff.
- Review 6 31
- Richtigkeit 10 22
- Übersichtlichkeit 10 20
- Überwachungspflicht 8 234
- Vertrauenswürdigkeit 10 22
- vollständige Datenerfassung 10 17
- wirtschaftliche Lage des Unternehmens 10 30
- zweistufiges 10 62

Sanierungskredit 8 226 ff., 235 ff.
- außerordentliche Kündigung 8 237 f.
- Haftung 8 241 ff.
- Kreditkündigung 8 235 ff.
- Kreditsicherheiten 8 253 ff.
- ordentliche Kündigung 8 236
- Sanierungsgutachten 8 244
- sittenwidrige Schädigung 8 241 ff.
- Strafbarkeit 8 246
- Überbrückungskredit 8 227 ff.

Sanierungslösung 9 2
Sanierungsmanagement 3 3, 18 f.
Sanierungsmaßnahmen
- Definition in Sanierungs-RL 11 303

Sanierungsphase 8 226 ff.
- Kreditkündigung 8 235 ff.
- sittenwidrige Schädigung 8 241 ff.

Sanierungsplan 9 81
- integrierte Planung 10 86

Sanierungsprivileg 5 10, 48 f.; 7 61
Sanierungsprozess
- Berichtswesen 6 15 ff.
- Implementierung 6 1 ff.
- Monitoring 6 27
- Überwachung 6 1 ff.

Sanierungsspielraum 10 10
Sanierungsstrategien 3 49
Sanierungsteam 6 3 ff.
Sanierungsverfahren
- KredReorgG 11 369 ff.

Sanierungsvergleich 9 344
Sanierungswürdigkeit 10 2
Sanierungszuschuss 5 12 ff., 71
Satzungssitz 10 721, 761, 767, 773, 781, 900

Scanning 2 136
Scheinsanierung 8 208
Schlussbericht 9 58
Schlussrechnung 9 58
Schlusstermin 9 60
Schlussverteilung 9 58
Schuldner
- grenzüberschreitende Insolvenz 10 713

Schuldnerknebelung 8 217
Schuldnerplan 9 114
Schutzschirm 1 46; 9 7
Schwache Signale
- Konzept 2 134

Schwache vorläufige Verwaltung 9 32
Schwachstelle
- Begriff 2 15

Sekundärantrag 10 840 ff.
Sekundäreröffnung
- Prävention 10 948 ff.
- Schadensminderung 10 948 ff.

Sekundärinsolvenzverfahren
- Sanierungshindernis 10 913 ff.
- Voraussetzungen 10 917 ff.
- Wirkungen 10 917 ff.

Sekundärverfahren 10 725, 744, 746, 749, 822, 838, 840 ff., 855, 906, 921, 923, 929, 936, 943
- Vorteile 10 693

Selbstanzeige 10 421, 427
Servicegesellschaft 10 148
Share Deal 7 12 ff.; 9 301, 305; 10 731
- Aufwendungen 7 26
- change-of-control-Klausel 7 16
- Grunderwerbssteuer 7 27
- Rechtsmangel 7 35
- Sachmangel 7 34
- Steuerverbindlichkeiten 7 19 ff.
- Veräußerungsgewinn 7 24
- Verbindlichkeiten 7 17
- Verlustvortrag 7 25

Sicherungseigentum 9 310
Sicherungsgut 10 829
Sicherungsmaßnahmen 9 30 ff.; 10 791
Sicherungsübereignung 10 829
Signing 9 339
Single-sourcing 11 107
Sitzvermutung 10 771
Sofortige Beschwerde 9 179
Soll-Ist-Vergleich 2 163
Sollprozess 4 219
Sonderanknüpfung 10 725, 746, 801 ff., 823, 924
Sonderbetriebsvermögen 10 513
Sonderkollisionsnorm 10 811
Sonderkündigungsrecht 10 827
Sortimentsbereinigung 4 210, 227
Sozialauswahl 10 211, 306, 881
Sozialer Besitzstand 10 866
Sozialplan 10 304, 875, 886

Stichwortverzeichnis

Sozialplanvolumen **10** 874, 878
Sperrjahr **7** 79
Sperrwirkung **10** 834
Stabilisierungsmaßnahmen **4** 1 ff.
Stakeholder **10** 38
Stakeholderbeziehungen **3** 42
Stakeholderkrise **10** 38
- Überwindung **10** 69
Stalking Horse **10** 733 f.
Stand-alone **10** 730
Starke vorläufige Verwaltung **9** 33
Statistiken **1** 2 ff.
Statistische Daten **1** 2 ff.
Steuerabführungspflicht **10** 447
Steuerberater **8** 309 ff.
Steuerforderung **5** 61
Steuerliche Haftung **10** 430
Steuerungsphase **11** 502, 521 ff., 562
Steuerungssystem **4** 185, 196 f., 202
Steuerverbindlichkeiten **9** 387
Stille Beteiligung **5** 36 ff.; **10** 499
- atypisch **5** 3, 36 ff.
- typisch **5** 3, 36 ff.
Stille Reserven **4** 61
Stillhalten **8** 214 ff.
- Auffüllen von Globalsicherheiten **8** 216
- Schuldnerknebelung **8** 217
- sittenwidrige Schädigung **8** 214, 216 f.
Stimmrechtsfestsetzung **9** 150
Störung
- Begriff **2** 15
Strategiekrise **10** 42
Strategische Entscheidungen
- Merkmale **2** 133
Strategische Krisenfrüherkennung
- Probleme und Grenzen **2** 137
Strategische Neuausrichtung **3** 49; **10** 68
Strategisches Radar **2** 134
Strohmann-Geschäftsleiter **8** 27
Stromgrößen **2** 154
Stufenkonzept des IDW Standards 6 **3** 27
Stundung **5** 43, 59 ff., 75; **10** 820
- Lohnsteuer **5** 63
- Umsatzsteuer **5** 63
Subsidiaritätsprinzip **10** 803
Substantive consolidation **10** 675, 720, 931
Substanzwert **9** 332
Subventionswert **5** 166; *siehe auch* Beihilfewert
Summenmehrheit **9** 155
Supplemental orders **10** 950
Systemtheorie **4** 182
Systemwettbewerb **10** 789
- international **10** 945 ff.

Target-Costing **4** 231
Tatbestandswirkung **10** 793 ff., 826, 846, 870, 876, 883, 890, 893, 895, 940, 947, 960 f.
Tätigkeits-RL 2000/12/EG **11** 292
Tax Compliance **10** 405
Team **10** 963
Teilbetriebsschließung **10** 306
Teilwertabschreibung **10** 509
Temporary Framework **5** 122; *siehe auch vorübergehender Gemeinschaftsrahmen*
Territorialverfahren **10** 914
Top-down-Ansatz **2** 228, 263
Top-down-Perspektive **11** 501
Total Cost of Ownership **4** 231
Total Return **11** 557
Trainingsstichprobe **2** 187
Transfer of Undertakings (Protection of Employment) Regulations 2006 (TUPE) **10** 888
Transfergesellschaft **9** 393; **10** 882; *siehe auch* BQG
- Gründungskosten **10** 299
- Rechtsform **10** 299
Transfergesellschaften **11** 234
Transferkurzarbeitergeld **10** 252
- Anspruchsvoraussetzungen **10** 256 f.
- Arbeitslosengeld **10** 276
- Aufstockung **10** 301
- Beitragsbemessungsgrenze **10** 275
- betriebliche Voraussetzungen **10** 260
- Bezugsfrist **10** 277
- Eigenleistung **10** 302
- Höhe **10** 301
- Laufzeit **10** 277
- Nettoentgelt **10** 275
- Nettoentgeltdifferenz **10** 301
- persönliche Voraussetzungen **10** 266
- Remanenzkosten **10** 302
- Unternehmensgröße **10** 257
- Urlaubsgeld **10** 301
- vermögenswirksame Leistungen **10** 301
- Weihnachtsgeld **10** 301
Transfermaßnahmen **10** 202
- befristete **10** 304
- Höchstbetrag **10** 304
- Kosten **10** 304
Traub **2** 194
Trennwert **2** 176
Treuhand **7** 70 ff.
- Sanierungstreuhand **7** 70
- Sicherungsfall **7** 71
- Treuhandabrede **7** 71
- Verkaufstreuhand **7** 70
Turnaround **3** 8; **4** 201, 203 ff.

Stichwortverzeichnis

Überbrückungskredit 5 57; 8 227 ff.
– Haftung 8 245
– sittenwidrige Schädigung 8 245
Übernahme-Auffanggesellschaft 9 296
Übernahmeerklärung 5 7
Überschuldung 2 34, 44, 233; 4 49 ff.; 5 1, 10, 85; 11 198
Überschuldungsprüfung 4 56 ff.
Überschuldungsstatus 4 58
Übertragende Sanierung 9 286; 10 799, 829, 837, 875, 888, 929, 953
– Bankrott 8 306 ff.
– Haftungsrisiko 9 368
– Zeitpunkt 9 346
Übertragung
– der handelsrechtlichen Firma 9 314
Übertragungspläne 9 75
Überwachungspflicht 8 234
Überwachungssystem 2 94
Umsatzsteigerung 3 46
Umsatzsteuer 10 438
Umstrukturierungsbeihilfen 5 150
Umwandlung 10 549
UNCITRAL
– Konzerninsolvenzrecht 10 666
UNCITRAL-Modellgesetz
– grenzüberschreitende Insolvenz 10 700 ff.
Unsicherheit 2 89; 4 183
– Kategorien 2 90
Unterbilanz 8 18
Unterkapitalisierung 8 140 ff.
– GAMMA-Fall 8 142
– Aschenputtel-Gesellschaft 8 140
– Existenzvernichtung 8 143
Unternehmen
– Veräußerung 9 374
Unternehmen in Schwierigkeiten 5 129
Unternehmensanalyse 4 66, 68 ff.
– Inhalt 4 69
– interne 4 77 ff.
– interne Informationen 4 78
– Kostenreduzierung 4 87 ff.
– Kundenstrategien 4 80
– Nettoumlaufvermögen 4 92 ff.
– nichtproduktive Bereiche 4 90
– Organisationsstruktur 4 98
– Produktion 4 81 ff.
– Produktstrategien 4 80
– Ziele 4 68
Unternehmensbegriff 10 595
Unternehmensbewertung 9 330
Unternehmensdaten
– Qualität 10 87
Unternehmensformen
– Statistiken 1 31 ff.
Unternehmensfortführung 10 55
Unternehmensführung 3 11

Unternehmensgröße 3 37
Unternehmensgruppe
– grenzüberschreitende Insolvenz 10 668 ff.
– international 10 668 ff.
– Internationalität 1 19 ff.
Unternehmensinsolvenz 3 1
– Statistiken 1 4 ff.
– Wirtschaftsbranche 1 5
Unternehmenskauf 9 301
Unternehmenskaufvertrag 9 339, 369
Unternehmenskern 9 331
Unternehmenskrise 2 45; 3 4, 6
– akute, beherrschbare 2 28, 40
– akute, nicht (mehr) beherrschbare 2 29, 40
– Auslöser 2 47
– Auswirkungen 2 231
– Auswirkungen auf Unternehmenskultur 2 245
– Bedeutung des Risikomanagements 2 95
– Erfolgskrise 2 34
– Finanz- und Illiquiditätskrise 2 44
– konstruktive Auswirkungen 2 251
– latente 2 27, 40
– Liquiditätskrise 2 34
– manifeste 2 40
– Merkmale 2 17
– operative 2 43
– potenzielle 2 26, 40
– Prozess 2 18, 259
– Prozessmodelle 2 22
– self-fulfilling prophecy 2 256
– stadiengerechte Bewältigung 10 61
– strategische 2 42
– strategische Krise 2 34
– Symptome 2 53, 76
– Ursachen 2 47, 53
Unternehmenskultur 2 239, 267
– Ausprägungen 2 240
– Bedeutung für Krisenfrüherkennung 2 243
– Funktionen 2 241
Unternehmensmakler 9 326
Unternehmenspachtvertrag 9 296
Unternehmensperformance vor der Krise 3 34
Unternehmensplanung
– integrierte 4 51 ff.
– Prüfung 4 110 ff.
Unternehmenssanierung
– Analyse des zu sanierenden Unternehmens 4 64 ff.
– Normziel 1 34 ff.
– Zukunft 1 47
Unternehmenssteuerung 4 185
Unternehmensstrategie
– Abschwung-induzierte Restrukturierung 4 290
– Adaptionsfähigkeit 4 269
– Ambition 4 261

Stichwortverzeichnis

- Ambition Driven Strategy **4** 242
- ambitionsgetriebene **4** 245
- attraktivste Strategie **4** 263
- Ausgangspunkt **4** 243
- Ausgangssituationen **4** 278
- Backward Reduction **4** 265
- Erneuerung **4** 239, 303
- Erweiterung **4** 301
- Humankapital **4** 292
- Ideal Company Profiling **4** 258
- ideale Unternehmensprofile **4** 258
- Innovations- und Wachstumsbemühung **4** 309
- Innovationsbemühungen **4** 280
- Innovationsfähigkeit **4** 322
- Innovationsführer **4** 327
- Innovationskultur **4** 280, 322
- Innovationsnetzwerk **4** 324
- Innovationsprozess **4** 297, 323
- Innovationsressourcen **4** 325
- Innovationsrestrukturierung **4** 276, 306
- Intensivierung **4** 300
- Kostensenkung **4** 289
- Momentum **4** 249
- Nash Equilibrium **4** 265
- Neuausrichtung **4** 248
- Orakel-Workshop **4** 254
- Plan **4** 268
- Portfolio-Bereinigung **4** 293
- Portfolio-Neuausrichtung **4** 293
- Produktkosten **4** 294
- Staffing **4** 317
- Star Trek Exercise **4** 253
- Strategieentwicklung **4** 242
- strategische Überwachung **4** 271
- strategischer Kernbereich **4** 327
- Technologieführerschaft **4** 282
- Überprüfung **4** 239
- Umsetzung **4** 268, 271
- Unternehmenskultur **4** 317
- War gaming **4** 265
- zielorientierte Strategieentwicklung **4** 276
- zielorientierter Restrukturierungsansatz **4** 248
- Zukunftsszenarien **4** 256
- Zukunftsvision **4** 252

Unternehmensträger **9** 293
Unternehmensübertragung
- Anfechtungsrisiko **9** 356

Unternehmensumfeld **2** 223
- Analyse **4** 71 ff.

Unternehmensveräußerung **9** 364
- nach dem Berichtstermin **9** 382
- vor dem Berichtstermin **9** 375

Unternehmenswert
- Erhaltung **10** 679 ff.

Unternehmensziele **2** 11, 232
Unternehmergesellschaft **1** 32

Untreue **8** 302 ff.
Unzureichende Eigenmittel
- erlaubte Maßnahmen **11** 316, 318, 320
- Tatbestand **11** 316, 318, 320

Upstream-loans **10** 635
USA **10** 748

Value Added **11** 498
Value break-Berechnungen **10** 830
Veränderungsanalyse **11** 514
Veräußererkonzept
- Kündigung **10** 214

Veräußerung
- Befugnis **9** 362
- Haftungserleichterung **9** 374
- Insolvenzplanverfahren **9** 397
- Regelverfahren **9** 397

Veräußerungserlös **9** 321
Veräußerungszeitpunkt **9** 344
Verbindlichkeiten
- Planungsrechnung **4** 7

Verdeckte Einlage **5** 14, 52, 75 f.
Vereinheitlichung **10** 743
Verfahrensabschluss
- grenzüberschreitende Insolvenz **10** 708

Verfahrensart **10** 675
Verfahrensbündelung **10** 722, 724 ff., 729, 775, 779, 784, 807, 918, 959, 962
Verfahrenseinleitung
- grenzüberschreitende Insolvenz **10** 694 ff.

Verfahrenseröffnung **9** 45
- Akzeptanz **10** 931 ff.
- Psychologie **10** 931 ff.
- Tatbestandswirkung **10** 793 ff.
- Wettlauf **10** 931 ff.

Verfahrenskonzentration **10** 724 ff.
Verfahrenskosten **9** 39
Verfahrensmanagement
- grenzüberschreitende Insolvenz **10** 687 ff.

Verfahrensstatut **10** 813 ff., 908
- Leasingverhältnis **10** 824 ff.
- Mietverhältnis **10** 824 ff.
- Pachtverhältnis **10** 824 ff.

Verfrühungsschaden **10** 827, 879, 884
Verfügungsbefugnis **10** 788, 798, 809
Verfügungsverbot **10** 422
Verführungsschaden **10** 828
Vergleichsrechnung **9** 115, 174
Verhältnismäßigkeitsgrundsatz **10** 803
Verkaufsentscheidung
- Haftungsrisiko **9** 372

Verkehrsfähigkeit **10** 731, 882, 889
Verkehrswert **11** 507, 557
Verlustausgleichsfunktion **5** 4
Verlustverrechnungsbeschrankung **5** 10
Verlustvortrag **10** 467

Stichwortverzeichnis

Vermögenslage
– Analyse **4** 103 ff.
Vermögensübersicht 9 269
Versagungsantrag 9 159
Verschmelzung 10 558
Verschuldung 2 197
Versicherungspflichtige Beschäftigung 10 267
Verteilungsverzeichnis 9 60
Vertragsanbahnungsphase 9 322
Vertragsverhältnis 9 48
Vertrauensschutz
– Arbeitnehmer **10** 864 ff.
Vertraulichkeitsvereinbarung 9 328
Vertreter 10 796
Vertretertheorie 10 826, 852
Verwalterkonten 10 952
Verwalterplan 9 114
Verwaltungs- und Verfügungsbefugnis 9 46
Verwaltungssitz 10 721, 773, 780
– Verlegung **11** 445
Verwertungsbefugnis 10 838, 844, 846
Verwertungserlös 4 205, 212
– grenzüberschreitende Insolvenz **10** 691 ff.
Verwertungsmöglichkeit 9 367
Verwertungsvereinbarung 10 848
Volkswirtschaftliche Förderungswürdigkeit 5 109, 172
Vor-Sanierungsphase 8 208 ff., 223
– Insolvenzanfechtung **8** 248 ff.
– Kreditgewährung **8** 219 ff.
– Kreditkündigung **8** 209 ff.
– Scheinsanierung **8** 208
– Stillhalten **8** 214 ff.
– Strafbarkeit **8** 223
Vorbehaltseigentum 9 310
Vorläufiger Gläubigerausschuss 9 37, 107
Vorläufiger Insolvenzverwalter 9 30 ff.; **10** 788
Vorläufiger Verwalter 10 419
Vorläufiges Insolvenzverfahren 10 789, 909
Vorstand 8 8
– Anzeigepflicht gem. KWG **11** 428
Vorstandsmitglied 10 672 ff.
Vorsteuerkorrektur 10 517
Vorübergehender Gemeinschaftsrahmen 5 122
Vorübergehender Unionsrahmen 5 122

Wachstumsstrategien 3 52
Warenkreditversicherer 4 14; **11** 196

Warnstreik 10 236
Weiche Kriterien 5 144
Weiterbeschäftigungsmöglichkeit 10 211
Wertpapierportfolio 11 493
Wertsteigerungspotenzial 11 500 ff.
Wettbewerbsverbot 9 313
Wettlauf 10 789, 944 f.
Widerlegliche Vermutung 10 721, 757, 761, 767
Wirkungserstreckung 10 792 f., 804
Wirtschaftlichkeitsprinzip 2 106, 131, 140, 168, 216
Working-Capital-Management 11 197

Zahlung 8 19 f., 30, 32 f., 82 ff.
– debitorisches Konto **8** 36 ff.
– kreditorisches Konto **8** 36 ff.
Zahlungseinstellung
– Definition **4** 31
Zahlungsfähigkeit
– Prüfung **4** 34 ff.
Zahlungsstockung
– Definition **4** 33
Zahlungsunfähigkeit 4 46 ff.; **5** 1, 10, 85; **10** 64; **11** 186
– Definition **4** 30 ff.
– grenzüberschreitende Insolvenz **10** 683 ff.
– Interpretationsspielraum **4** 46
Zahlungsunfähigkeits-Richtlinie 10 890
Zahlungsverbot
– Rechtsfolge **11** 365
– Schadensersatz **11** 365
– Verzugszinsen **11** 365
Zeitfaktor 9 294
Zeitvergleich 2 163
Zeitweilige Schalterschließung 11 348
Zerschlagung 9 2, 288; **10** 926 f.; **11** 492
Zerschlagungswert 9 321
Zielgruppensegmentierung 11 536
Zielportfolio 11 502, 514 ff., 526, 561 ff.
Zinsschranke 5 51; **10** 475
Zukunftserfolgswert 9 332
Zuständigkeit 9 19
– international **10** 751 ff.
Zwangsstundung 11 362
Zwangsvollstreckungsmaßnahmen 9 47
Zwei-Stufen-Theorie 5 174
Zwerganteilsprivileg 5 49

DAS ENTSCHEIDENDE WISSEN

INSOLVENZORDNUNG

Mit ESUG

Herausgegeben von Dr. Gerhart Kreft.

Das Standardwerk zur Insolvenzordnung bietet

- eine praxisnahe, aber wissenschaftlich fundierte Kommentierung
- die aktuelle Rechtslage, u.a. mit Haushaltsbegleitgesetz 2011, Gesetz zur Umsetzung der Dienstleistungsrichtlinie in der Justiz und den Änderungen beim P-Konto
- erste Erfahrungen mit MoMiG, Finanzmarktstabilisierungsgesetz und dem Pfändungsschutzkonto
- eine systematische Erläuterung der gesellschaftsrechtlichen Ansprüche in der Insolvenz
- Rechtsprechung aus erster Hand
- zuverlässige Argumente mit Lösungen für alle offenen Fragen
- eine kritische Auseinandersetzung mit den Entwicklungen des Insolvenzrechts, u.a. unter Einbeziehung der Änderungen durch das ESUG.

Kommentiert werden die InsO, die wichtigsten Vorschriften des EGInsO, die für das Insolvenzverfahren wesentlichen Vorschriften der Arbeitsförderung (SGB III), die InsVV und die EuInsVO.

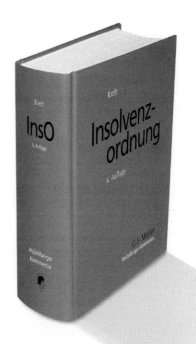

6., neu bearbeitete Auflage. 2011. 2.488 Seiten.
€ 159,95. ISBN 978-3-8114-3652-7
Heidelberger Kommentar

„Mehr Kommentar muss man nicht haben."
NJW 14/2009

C.F. Müller, Verlagsgruppe Hüthig Jehle Rehm GmbH
Im Weiher 10, 69121 Heidelberg
Bestell-Tel. 06221/489-555, Fax 06221/489-410
kondenservice@hjr-verlag.de, www.cfmueller.de

C.F. Müller
INSOLVENZRECHT

DAS ENTSCHEIDENDE WISSEN

INSOLVENZSTRAFRECHT

Von Prof. Dr. Gerhard Dannecker, RA Thomas Knierim und Dr. Andrea Hagemeier.

Das strikt auf die Belange der Praxis zugeschnittene Werk behandelt alle wichtigen Fragenkomplexe des Insolvenzstrafverfahrens und vermittelt dem Anwalt die erforderliche Fachkenntnis für eine effektive und erfolgreiche Verteidigung.

„Wer in diesem Bereich des Strafrechts tätig werden will, ist gut beraten, sich zuvor in die ihn erwartende Materie intensiv einzuarbeiten, denn Gefahren drohen hier ‚von allen Seiten'. Nach intensiver Lektüre dieses Buches wird sich der Leser gerüstet fühlen – und vorsichtig sein."
Fachbuchjournal 2/2011

„Insbesondere enthält es zahlreiche Hinweise und Hilfestellungen zu in der Praxis auftauchenden Fragen, die in der gängigen Kommentarliteratur überwiegend nicht behandelt werden."
wistra 2/2010

2., neu bearbeitete Auflage 2011. Ca. 500 Seiten. Ca. € 69,95
ISBN 978-3-8114-4455-3

Verlagsgruppe Hüthig Jehle Rehm GmbH
Im Weiher 10, 69121 Heidelberg
Bestell-Tel. 06221/489-555
Bestell-Fax 06221/489-410
kundenservice@hjr-verlag.de
www.cfmueller.de

C.F. Müller
STRAFRECHT